中国图书年鉴

ZHONGGUOTUSHU
NIANJIAN

2003

杨牧之　主编

湖北人民出版社

ISBN 7-216-04027-9

9 787216 040273 >

鄂新登字 01 号

图书在版编目(CIP)数据

中国图书年鉴·2003/杨牧之主编.
武汉:湖北人民出版社,2004.8

ISBN 7-216-04027-9

Ⅰ.中…
Ⅱ.杨…
Ⅲ.出版发行目录-中国-2003
Ⅳ.Z852.7

中国版本图书馆 CIP 数据核字(2004)第 056180 号

中国图书年鉴·2003　　杨牧之 主编

出版:
发行: 湖北人民出版社

地址:武汉市雄楚大街 268 号
邮编:430070

印刷:文字六 0 三厂
经销:湖北省新华书店
开本:787 毫米×1092 毫米 1/16
印张:59.25
字数:1835 千字
插页:5
版次:2004 年 8 月第 1 版
印次:2004 年 8 月第 1 次印刷
定价:145.00 元
书号:ISBN 7-216-04027-9/Z·42

本社网址:http://www.hbpp.com.cn

《中国图书年鉴》编委会

《中国图书年鉴》编辑部

主　　任　魏世弟
副 主 任　刘　苏
文字编辑　卢净璇　刘　苏　李　鹏　赖洁玉
责任分类　李　鹏
编　　务　章　玮
电子编辑　陈　革
责任印制　肖正华
责任校对　余兆伟
美术编辑　朱永锴

编辑说明

一、编辑《中国图书年鉴》是我国图书出版事业的一项基本建设，其宗旨是总结图书出版工作经验，观察、分析图书出版的现状与发展趋势，为科研、教学、著述、学习和图书出版工作提供系统的参考资料。

二、《中国图书年鉴》与《中国图书大辞典》(1949～1992)的收书截止时间相衔接，对从1993年起国内出版的图书及资料进行收集整理，每年编辑出版1卷，本卷为总第十卷。

三、《中国图书年鉴》(2003)主要反映2002年度全国图书出版工作的状况和信息，其主要栏目有“专论”、“各类图书综述”、“图书出版研究”、“图书市场分析”、“新书简介”、“获奖书目”、“统计资料”、“图书出版纪事”、“索引”等。

“专论”——选载对全国图书出版有指导性意义的重要论文。

“各类图书综述”——特邀国内有关专家、学者及图书出版编辑，对各类图书的出版动向作评论分析。

“图书出版研究”——选录各报刊杂志上发表过的有关图书出版研究的文章。

“图书市场分析”——选录报刊杂志上发表过的有关文章，汇集图书市场信息，分析其发展态势。

“新书简介”——从当年新版图书总数中，按10%～15%的比例选取优秀图书和有代表性的图书，以条目形式作介评，并按学科分类编排。辞条以介为主，寓评于介，着重反映所诠释图书的基本内容及主要特征。

“获奖书目”——主要刊载该年度荣获“国家图书奖”、“五个一工程·一本好书奖”、“中国图书奖”、“中国辞书奖”的书目。

“统计资料”——汇辑该年度全国图书出版情况，使用《中国标准书号》22类图书出版情况，各类课本以及少年儿童读物出版情况，图书销售及库存情况，图书出口、进口情况等。

“图书出版纪事”——记录该年度有关图书出版的重大活动。

“索引”——有“辞目分类索引”和“辞目笔画索引”。“辞目分类索引”以《中国图书馆图书分类法》(第四版)为框架，其编排方式与新书简介的正文相同；“辞目笔画索引”按辞目首字笔画数顺序编排。索引前注有使用说明。

四、编辑出版《中国图书年鉴》是一项文化积累和文化传播工程，此项工作得到了全国出版同仁及有关专家学者的支持与帮助，在此致以诚挚谢意。由于我们的水平和经验所限，该年鉴难免有不足和缺憾之处，恳请广大读者和各界人士批评指正。我们将不断改进工作，提高质量，以满足广大读者的需求。

目　次

专　论

各类图书综述

图书出版研究

图书市场分析

新书简介

获奖书目

统计资料

图书出版纪事

索　　引

专论

改革创新整体推进 事业发展欣欣向荣

——党的十五大以来我国新闻出版业取得令人瞩目的成就

石宗源

在全国各行各业纷纷以优异成绩与昂扬向上的精神风貌喜迎党的十六大召开之际，广大新闻出版工作者同样意气风发，在图书、报纸、期刊、音像电子出版物等领域奉献了大批精品与精彩报道，为党的十六大顺利召开营造良好的舆论氛围做出了突出贡献。与此同时，总结党的十五大以来我国新闻出版业坚持改革与创新所取得的成功经验，展示新闻出版行业各项工作所取得的辉煌业绩，正是继往开来，鼓舞业界广大同仁继续努力，将我们的新闻出版事业推进到一个新的阶段。

党的十五大以来，在以江泽民同志为核心的党的第三代领导集体的正确指引下，新闻出版战线高举邓小平理论伟大旗帜，全面贯彻“三个代表”要求，紧紧围绕全党全国工作的大局，牢牢把握正确舆论导向，各项工作都取得了很大的成绩：事业繁荣发展，实力不断增强；法制日趋完善，行政有法可依；市场监管有力，整治初见成效；改革稳步推进，结构更加优化，在促进改革发展、维护社会稳定、丰富人民群众文化生活等方面发挥了重要作用。

一、事业繁荣发展，实力不断增强

新闻出版事业是我国重要的舆论阵地与文化阵地，肩负着鼓舞人民、引导人民、为“科教兴国”战略的实施与现代化建设提供思想保证与智力支持的重任，也是实践“三个代表”重要思想、建设先进文化的重要载体与途径。新闻出版事业改革的目的与发展的标志，就是能够及时为社会、为人民群众提供大量的、丰富的精神产品，并涌现出在社会文化生活中能产生重大影响的精品出版物。党的十五大以来我国新闻出版事业不辱使命，取得了突出业绩，主要体现在：

1.出版物的数量品种销售增长迅速，出版市场购销两旺。2001年我国出版图书15万多种，比1997年增加28.7%；出版期刊8889种，比1997年增长12.3%，总印数29亿册，比1997年增加18.7%；出版报纸2111种，比1997年减少1.8%，总印数351.06亿份，比1997年增加22.1%。2001年全国出版书报刊的总印张为14459.6亿印张，折合用纸量为335.27万吨，较1997年有大幅度增长，表明了我国出版的实物量在快速增长。2001年，共出版音像制品9526种，出版数量1.37亿盒(张)，发行数量1.16亿盒(张)，发行总金额8.42亿元，电子出版物2396种，4507.17万张，较前几年都有不同程度的增长。版权贸易从1997年到2001年，全国各图书出版社从海外引进版权的数量逐年增加，累计达30745项，2001年为8250项，比1997年增加156%；全国各图书出版社向海外输出版权的数量呈明显上升趋势，累计达3254项，2001年为653项，比1997年增加85%。十五大以来的五年，是建国以来新闻出版事业发展的最好时期。

2.出版物质量显著提高，精品力作不断涌现。五年来，按照党的十五大提出的“新闻出版业要加强管理，优化结构，提高质量”的要求，组织实施“精品战略”，一大批弘扬时代主旋律，体现“三个代表”重要思想，讴歌党的丰功伟绩，反映我国改革开放和现代化建设成就，有利于提高广大人民群众思想道德素质和科学文化素质的优秀出版物先后出版。共有614种图书、135种期刊、54种音像制品、35种电子出版物分别获国家图书奖、国家期刊奖、国家音像奖和国家电子出版物奖。这些作品深受读者听众的喜爱，产生了良好的社会效益和经济效益。特别是2002年年初新闻出版总署在各地、各出版单位上报选题的基础上，所确定的迎接党的十六大的“百种重点图书”和“百种重点音像制品和电子出版物”选题计划,在党的十六大召开前后出版完成,为迎接党的十六大召开增添了一道绚丽的风景。

3.“九五”计划圆满完成,“十五”计划目标明确,措施有力。“九五”计划所确定的各项目标顺利实现。图书业销售额的增长幅度远远高于品种的增长幅度;报业发展迅速,质量有所提高;期刊业的“百刊工程”和“社刊工程”引人瞩目;音像和电子出版业成果累累。新闻出版业发展速度高于同期国民经济发展速度,为“十五”期间的发展打下了良好的基础。新闻出版业的“十五”规划提出了要把结构调整作为主线,力争在“十五”期间取得明显成效的要求。目前,“十五”国家重点图书出版规划、“十五”国家重点音像制品出版规划和“十五”国家重点电子出版物出版规划以及“十五”国家古籍整理重点图书出版规划,即将结出丰硕的成果。

4.出版业实力大为增强,产业体系初步形成。我国现有图书出版社562家、音像出版社294家、电子出版物出版社102家,图书发行网点7.4万处,各类印刷企业15万家,从业人员300余万人。2001年全国出版系统总资产达1362.53亿元,销售收入1536.80亿元,利润总额110.57亿元。已基本形成了图书、报纸、期刊、音像、电子和网络出版门类齐全,编辑、印刷、发行、科研、教育和贸易协调发展的产业体系。

二、法制日趋完善,行政有法可依

党的十五大以来,面对我国加入世贸组织、对外开放进一步扩大、社会主义市场经济体制初步建立、高新技术普遍应用于传媒领域的新形势,以及加强社会监管的需要,全国人大和国务院修订颁布了《中华人民共和国著作权法》、《印刷业管理条例》、《出版管理条例》、《音像制品管理条例》、《计算机软件保护条例》、《著作权法实施条例》等“一法五条例”。新闻出版总署又先后出台了《设立外商投资印刷企业暂行规定》、《计算机软件著作权登记办法》、《互联网出版管理暂行规定》等与之相配套的法规和规章。这一系列法律法规的颁布,形成了以宪法为根本,刑法、著作权法相互配套的法律体系,使得出版、编辑、印刷、发行等各个环节的管理基本上做到了有章可循。

更新观念、提高认识、采取措施,积极推进依法行政工作。新闻出版管理部门转变职能的一个重要标志就是能否实现依法行政。要努力实现从重管理、轻服务向强化服务转变;从注重权力向明确责任转变;从重审批向重监管转变;从重结果向重过程转变;从重实体向重程序转变。依照法定权限和法定程序来履行职责,不错位,不缺位,不失职,不越位。为了切实转变职能、实现政企分开和管办分离,2002年上半年新闻出版总署已与下属的人民出版社、人民文学出版社、中国大百科全书出版社、商务印书馆等多家出版单位脱离了隶属关系。大多数省级新闻出版局与其所属出版单位政企分开、管办分离的工作也取得了阶段性成果。不少管理部门还注重在提高管理的科学性和规范性、减少权力的“含金量”、缩小行政权力的随意性、健全对权力的监督和约束机制上下功夫,牢固树立有权要有责、用权受监督、侵权要赔偿的意识。按照国务院行政审批制度改革的总体要求,新闻出版总署目前已取消了首批5项行政审批项目,对其他的审批项目正在进行清理。全国新闻出版管理部门人员依法行政岗位培训工作也已提上议事日程。

版权保护取得重要进展,人民群众的版权保护意识明显增强。全国版权行政管理机关受理案件已由1995年的521起增加到2001年的4420起,累计达12256起,共收缴盗版品累计1.29亿件,共受理作品自愿登记累计21464件。积极开展打击盗版保护正版工作,由总署与全国“扫黄”“打非”工作领导小组办公室举办的一些重大活动和处理的一些重大案件引起了国内外的广泛关注,受到了社会各方面的好评。目前,国务院各部委、各直属机构使用的通用办公软件已全部实现正版化,推进地方政府部门使用正版软件工作也正在有条不紊地进行。

三、市场监管有力,综合治理初见成效

转变职能、加强监管,努力提高履行社会监管重要职责的能力和水平,是建立和完善社会主义市场经济体制,也是为顺应“入世”后新的形势对政府管理部门提出的新要求。党中央、国务院历来十分重视出版物市场的监督管理工作,多次做出重要指示。特别是2001年4月党中央、国务院进一步明确要求,要加强新闻出版社会监管职能,并将新闻出版署更名为新闻出版总署,升格为正部级机构。2001年12月13日,朱镕基总理、李岚清副总理和丁关根同志到总署机关考察,听取有关情况汇报,并再次强调要进一步转变职能,加强监管,充分体现了党中央、国务院对新闻出版事业的高度重视和殷切希望,对于新闻出版管理机构和队伍转变职能、加强监管起到了极大的推动作用。

1. 坚持不懈开展"扫黄""打非"斗争，努力将非法出版物的有害影响降到最低程度。多年来，在方方面面的大力支持下，"扫黄""打非"工作始终保持着高压态势，持续不断地进行着综合治理。据不完全统计，从1994年底到2002年5月，全国共收缴非法书刊1亿多册，非法音像制品和电子出版物3.2亿多件，其中淫秽色情出版物1400余万件，政治性非法出版物110余万件，"法轮功"类宣传品1330余万件，查缴非法光盘生产线141条，查处案件5万余起。"扫黄""打非"工作及其取得的成果得到了社会各界的普遍赞誉，为净化出版物市场做出了重要贡献。

2. 治散治滥、调整结构，报刊业实现了从面向行业到面向市场，从追求数量到注重效益的两个转变。新闻出版总署认真贯彻落实中央办公厅、国务院办公厅1996年37号和1999年30号文件的重要精神，按照"重点是转化内部报刊，压缩行业报刊"和解决政府机关"厅局办报刊与市场脱节，结构重复，消费公款，引起摊派而加重群众负担，损害政府形象"问题的治理原则，分别压缩报纸324种，期刊496种，取消了内部报刊系列，基本完成了内部资料的转化工作；划转政府机关厅局报刊550种，期刊299种，取消了厅局办报，大幅度减少了厅局期刊，有效地扭转了报刊业发展散滥的势头，在一定程度上解决了行政摊派问题，减轻了国家和群众的负担，进一步优化了结构，提高了质量，活跃了市场。

3. 从严从重治理整顿印刷业，切实减少非法印刷活动对社会主义市场经济秩序的干扰和破坏。在全国开展的整顿和规范市场秩序的集中治理活动中，共出动执法人员295574人次，抽查与检查印刷企业141039家，查办大案要案557起，收缴非法印刷品1137多万册，取缔无证无照或证照不全的印刷厂店4482户，对涉案企业给予行政处理共2262家，罚没款2206多万元，收缴印刷设备1252台（套），抓获犯罪嫌疑人375人，捣毁作案窝点514个，有效地堵塞了非法出版物以及假商标、假票据、假包装和假证件印制的源头。

4. 严格管理，严格纪律，加大了对违规出版单位处罚的力度。一方面进一步完善了出版管理和预警机制，加强了出版物审读队伍和市场监管队伍建设，建立了期刊和图书阅评制度，及时把握出版物的动态，有效控制和处理可能出现的问题；另一方面严厉查处和打击了导向错误、违纪违规、格调低下、内容荒谬等质量低劣的出版物和买卖书号、刊号、版号的行为。五年来，先后撤消了6家图书出版单位和2家音像出版单位，停业整顿近60家图书出版单位和4家音像出版单位；有160余家报刊受到处理，其中停刊的期刊有10余家，停业整顿报刊20余种。

四、改革稳步推进，结构更加优化

以推进集团化建设为突破口的产业结构调整及发行体制等方面的改革取得了明显进展，体制性障碍正在逐步得到消除，产业外向型发展的水平在不断提高。2001年由中办、国办转发的中宣部、国家广电总局、新闻出版总署《关于深化新闻出版广播影视业改革的若干意见》的颁布，标志着新闻出版业的改革已从试点阶段进入到整体推进的新阶段。经过几年深入反复的调研，2002年上半年新闻出版总署制定印发《关于贯彻落实〈关于深化新闻出版广播影视业改革的若干意见〉实施细则》以及与之相配套的8个文件，明确了我国新闻出版业改革必须坚持的指导思想、方针原则和应正确把握的总体要求、基本格局，并就集团化建设、跨地区经营、拓宽融资渠道、中小学教材出版发行改革、实施"走出去"战略和出版单位内部改革等方面，提出了原则性的指导意见。随后又下发了《报业集团组建基本条件和审批程序》、《出版集团组建基本条件和审批程序》、《发行集团组建基本条件和审批程序》等规范性文件。到目前为止，全国已组建试点出版集团9家、发行集团7家、期刊集团1家、报业集团38家。今年上半年，由人民出版社、商务印书馆、中国大百科全书出版社等13家著名出版社组成了中国出版集团，中国发行集团和中国印刷集团的组建工作近期也将完成。这一切使得新闻出版业改革的总体思路更加清晰，目标更加明确，措施更加有力，极大地推动了改革向纵深发展，带动了我国新闻出版业整体工作水平的提高，增强了我国新闻出版业的综合竞争能力。

构建全国出版物连锁经营网络的各项工作目标明确，出版物现代营销体系建设进展顺利。大型批发企业的产业布局初具规模，全国或区域性批销中心和物流配送中心建设起步平稳，中心城市大型书城相互间的连锁经营活动也已启动，多业态连锁方式相继出现，连锁网点的经营范围和功能进一步拓宽。目前，重点地区连锁经营进展较快，北京、上海、浙江、江苏、四川、广东、山东等地在组建连锁经营总部、加强市场整合、探索多种形式连锁、开展信息网络建设等方面先期进行了试点工作。到目前为止，全国已建立规模较大的连锁经营总部12家，各类连锁店 4000 多家,大型物流配送中心 8 家。

中小学教材招投标试点工作如期完成,教材价格得到了有效控制。根据《国务院办公厅转发体改办等部门关于降低中小学教材价格深化教材管理体制改革意见的通知》的精神,按照打破垄断、改革中小学教材出版方式和单一渠道发行体制的原则,由符合教材出版发行资质要求的出版发行机构在价格主管部门制定的价格范围内,对中小学教材的出版和发行进行招标投标。目前在福建省、安徽省和重庆市进行的 2002 年秋季中小学教材出版发行招投标试点工作已取得了一定的成效,为进一步深入改革积累了经验。

回顾和总结十五大以来我国新闻出版业改革与发展的历程,我们更加深刻地认识到:邓小平理论和“三个代表”思想是我国新闻出版业改革与发展的重要指针,全面贯彻落实党关于新闻出版的一系列方针政策,是新闻出版业与时俱进的根本保证;坚持发展是第一要务,抓住机遇、加快发展,是推动新闻出版工作不断迈上新台阶的关键;走改革创新之路,壮大实力、增强合力、激发活力、提高竞争力,是新闻出版事业前进的不竭动力;从实际出发,以积极进取的精神状态,不断研究新情况、解决新问题,是做好新时期新闻出版工作的根本要求。

当前,新闻出版业面临的任务十分艰巨,肩负的责任十分重大。党的十六大即将召开,举国关注,举世瞩目。这是我们党在新世纪召开的第一次代表大会,是在我国进入全面建设小康社会、加快推进社会主义现代化新的发展阶段召开的一次极其重要的代表大会。为党的十六大营造良好氛围,是党中央交给我们的一项重大政治任务,是当前新闻出版工作的头等大事,意义十分重大。新闻出版战线一定要以严肃认真、极端负责的精神,尽心尽力,扎实工作,着力营造团结奋进、昂扬向上、开拓创新的良好氛围,以更加优异的成绩迎接党的十六大胜利召开。

(原文载《中国出版》2002.11.)

抓住机遇 深化改革
加快发展有中国特色的出版事业

柳斌杰

抓住机遇、深化改革、加快发展有中国特色的出版业是我们的总目标,也是我们研究问题和制定政策的出发点。

一、服务大局,为十六大的召开营造良好氛围

服务大局对图书业来讲,不是一个口号,也不是一种套话。自从有了记录文字的载体以来,书都是同国家、民族利益连在一起。图书出版,历来都是治国安邦的大事。书的历史,源远流长。在中国的历史上,很多重要事件,都与书密切关联,既有盛世修典,倡导著书、印书、授书、读书、用书的善举;也有过焚书坑儒,大搞文字狱、禁书、封书、查书、炬书的恶行。由此可见,出版业自古以来都和大局密切联系着。书籍是我们积累文化、储存思想、传播知识、教化公民、传承人类文明的重要载体。图书业本身又是一个产业,出版的内容是知识性的,有思想内容。但是图书的生产过程同其他产品的生产是一模一样的,我们不仅要设计、要策划,还要组织创作,生产、制作、加工、销售。因此,图书出版业既是重要的思想文化阵地,也是推动生产发展、社会进步,满足广大人民精神文化生活需求的基础产业。培养现代劳动生产力,传授知识离不开书;建设先进文化,推动精神文明建设离不开书;提高素质,不管是科学文化素质,还是思想道德素质,都离不开书籍的作用。所以,讲出版服务大局,不要把它当成一种套话去理解,它本身的性质决定了它必然和大局紧密联系。出版社的社长、总编辑,要落实政治家办社办刊的要求,以高度的责任意识、政治意识、大局意识做好工作,为改革发展稳定服务。

当前,迎接党的十六大、宣传十六大、贯彻十六大的精神,是全国全党的一个大局。我们出版部门一定要通过自己的工作,努力为这个大局服务,目前主要是营造团结奋进的舆论氛围。

第一,要深入学习宣传落实“三个代表”的重要思想,进一步统一思想认识。“三个代表”的重要思想,是我们党马克思主义中国化的一个新的里程碑,

它从社会发展规律、党的执政规律和人类文明进步的规律出发,来阐述一个政党的基本纲领,是立党之本、执政之基、力量之源。人民群众是不是永远拥护党的领导,关键在于我们能不能做到"三个代表",能不能始终代表先进生产力的发展要求、代表先进文化的前进方向、代表广大人民群众的最根本的利益。所以"三个代表"的学习、宣传、贯彻落实,是我们迎接十六大的一个重要的思想和理论准备问题。大家千万不要忽视,要放在统领一切工作的地位上。

第二,围绕十六大,策划组织出版一批能够唱响"三好"、体现主旋律的精品力作,特别是要完成好重点选题的出版任务。凡是有这样任务的出版社都要加强领导,加大支持力度,确保完成任务。我们确定了100种重点选题,在京出版社也承担了一部分任务。要充分地做好准备,及时地把这批庆祝十六大的重点图书高质量地推出来,为十六大营造良好的思想文化氛围。

第三,认真执行现行各项出版制度,提高政治责任心,严格把关,守土有责,保证在十六大召开的前后不出有错误内容的图书。对各种敏感的问题要提高警惕性,出现问题及时报告,把问题解决在萌芽之中。

二、深化改革,探索有中国特色的出版业发展之路

改革是一切事业发展的动力,也是我们出版业发展的动力。"两办"十七号文件的出台,给我们整体推进新闻出版事业改革指明了方向,它对指导思想、基本原则、实施步骤都作出了明确规定,我们要按照文件精神去组织落实。

根据这个文件的精神,总署制定了关于实施十七号文件的细则和十多个配套文件。现在的问题,就是要按照这些文件的精神统一思想,按照总署所制定的实施细则来进行操作,抓好落实。

新闻出版业改革内容很多,目前主要集中在这几个方面:

第一,集团化的建设。集团化建设是目前改革的一个突破口,目的是要组织我们中国出版的主力军进入世界竞争。集团化怎样建设,集团怎样搞,得有一个标准。如果我们总共566家出版社,又搞了566个集团,那有什么用?那不就是一个翻牌公司吗?就像当年我们企业体制改革一样,把厂长换成总经理,把党委书记变成董事长,牌一挂,就算企业改制,过了两年发现是假改制,不解决任何问题,回过头来又重新改。我们不能搞这个。我们搞的是以资产为纽带,以强社为核心,体制机制一起改的有发展潜力的大集团。

第二,支持具有优势和特色的名社做大做强。除了组建集团外,还要关注和支持中小型出版社的改革和发展。特别是我们已经提出的内涵式发展的观点,要制定一套试点的规范,入门的条件要有一个标准。中小型出版社占全国出版社的80%～90%,要对中小型出版社的改革从政策上给予更多的扶持和支持。中小型出版社重点是发挥优势,突出特色,不求大而求强。

第三,推广试点单位内部深化改革的经验。试点单位中有一些出版社改革意识强,进行了很多的探索,积累了内部深化改革的经验,要注意总结推广。因为改革是多层次的,总结经验要根据不同情况,分层次地进行指导改革。出版社的体制、机制不一样,改革也就不能一个模式。

第四,解决改革的政策环境问题。改革涉及许多政策问题。比如说重组方面、组建集团方面,如何解决离退休人员的养老问题?如何剥离不良资产的问题等等。要组建集团,要做大做强,就要让它轻装上阵,必须解决这些政策性的问题。所以我们要加强政策法规方面的研究,抓紧研究解决出版单位改革的政策环境问题。

第五,调整结构,优化组合,解放出版生产力。改革的关键,是要把出版的生产力解放出来。特别要强调的是,改革不只是体制改革,主要是机制转换。要继续扩大试点,加速外部结构调整,整合资源,减少低水平的重复;推动社内经营机制转换,改革劳动、人事、分配三项制度,增强内部活力;鼓励产业升级、产品更新、技术创新,向世界先进水平迈进。

第六,扩大开放。首先是要选择一批项目,作为引进各种资产、管理和技术,发展出版业的试点。集团组建以后,集团里边的编辑业务和经营业务分离,经营性业务与内容无关,可以吸收业外的资金,包括非公有制的资本、境外的资本、国外的资本为我所用,壮大自己。总署制定了新闻出版业融资的暂行规定,大家要按照规定来做。此事不能一哄而起,必须严格审批,先行试点。

第七,进行各种合作出版规范化的试点。合作出版在国际上相当通行,在国内也相当流行,只是没有加以规范,像外国大使馆和中国的某个出版社合作出书,外国的某个组织和中国的某个单位或出版社合作出书早就有了。现在的问题是两个:一是正常的合作出书没有明确的规则;二是利用"合作出

版"从事买卖书号的行为仍然存在且比较严重。所以要制定规则,加以规范。到底是合作出版,还是买卖书号?要在科学界定的基础上规范行为,严格管理。

第八,安排一些外向型的出版工程,支持具备条件的出版社、出版集团,到境外、国外去开办出版公司、书店等等,鼓励走出去。我们不是消极地抵制外来文化的渗透,我们也要向外渗透,中国文化要走向世界,组织一些外向型的出版工程,鼓励名社、大社,采取合作出版、区域代理、版权贸易等形式,开展对外活动,扩大我们在国际图书市场的影响和份额。

第九,通过流通体制的改革,提高出版的市场竞争能力,带动整个出版业的繁荣。流通体制改革有两个建设的重点:一个是地区性的物流配送中心,一个是连锁经营,目前正在加速推广。因为加入WTO后,外国集团要进入我们的出版物分销服务领域,我们自己的主渠道要建立起来,占领阵地。

为此,改造新华书店也要列入流通体制改革的重点,有条件的国有新华书店要进行完全的股份制改造,建立新的运行机制。不转变机制,人的思想观念、运作的方式都变不过来。条件成熟的可以进行公司制的改造,公司制改造达到一定条件的经过批准可以上市,真正走向市场。可以看出,将来的流通是要发生重大变化的,所以我们出版的改革,要与流通体制的改革相衔接,积极探索新的经营管理方式。

以上是出版改革的重要方面和内容。出版社改革的另一个方面就是以转换机制为重点的内部改革。这在所有的出版社都可以进行,不管是组建集团的还是不组建集团的,不管是改制的还是没有改制的,都可以进行。例如,以下事情自己就能做好:

一是内外开放,对内、对外都要开放。对内部,要调动编辑人员出谋划策、开发选题的积极性。对外要吸收社会上在专业方面有造诣、有特长、有权威的学者参与,向这些人开放,联系一些有用的专业人才,帮出版社出题审稿。外国出版社的人数都很少,但它联系的社会人才却相当多,在很多方面是依靠了社会化的工作方式,值得我们借鉴。

二是前后延伸。所谓向前延伸就是大量地进行调查研究。我们过去以计划来指导,关门想题目,不看市场。现在要以市场来主导,要进行读者的调查、市场的分析,从调查分析开始,确定选题。为什么你出版的书卖不出去?原因是你没有进行很好的调查研究,对市场心中无数。向后延伸主要是市场服务,除了策划、选题、编辑、加工、印刷这样一整套的工作以外,要关注市场!你要有自己的销售渠道,要扩大销售网络,要找到自己的消费者、读者。销售不是说光卖书,国外很多出版社都策划大型的读书活动,专题促销它的出版物。国内也有类似的活动,但是与出版社联系不密切。我们出版社要和各种社会团体、社会组织联系起来,通过种种的读书活动来促进图书市场的开发。所以向两头延伸,为读者服务,是我们的根本出路。

三是调整内部结构。宏观调整结构是总署的问题,是省里的问题,出版社内部的结构要自己去主动地调整。调整的原则,就是发挥自己的优势,突出自己的特色。目前的格局是过去计划经济形成的,很多出版社由于有人员结构的限制,形成了它特定联系的作者群,但是,他们提供的书稿不一定是市场上需求的,需要的又找不到作者、编者,出不来。面对这种现实,我们要鼓励每一个出版社找到自己的优势和特色,找到自己的读者群。几十块钱一本的时尚杂志,卖得相当好,几毛钱的小书可能发行不出去,有的书畅销,有的书积压,其实一点都不奇怪:你的人员、产品、市场结构不适应。希望出版社很好地研究一下特色、优势和读者对象,根据市场调整结构。

四是强化市场营销。连锁经营、物流配送,这样一些新的流通体制即将形成。我们的出版社也要扩大市场,巩固原来的市场覆盖区,主动地与目前这样的改革相联系,尽快转化自己的营销机制。我们的出版社确实出了很多好书,但说实话,很多书很难到基层。我常常碰到基层群众写信给我,说他们那里没有书,要这书、要那书,我多次托人买书给他们送去。这就是发行渠道不畅的问题。订书不订书,就凭店员的兴趣,有的同志反映,小店员决定了我们出版业的命运。所以,要改变重生产、轻流通的旧观念,强化市场营销的力量。

三、加强管理,提高出版业的整体水平

现代管理就是生产力,管理就是效益,这个已经是大家都认识到的。一个出版社能不能科学地管理,是关系它能不能发展、壮大的一个关键的因素。管理有两个方面,有政府的管理,也有出版社的管理。

从政府管理来说,现在要按照转变工作职能、转变工作方式、转变工作作风这个根本要求来抓。要遵循政企分开、管办分离、转变职能、强化服务的思

路，充分发挥政府的宏观调控、社会管理、市场监督、公共服务这四个方面的功能。在这些基本的要求之下，目前应主要做好以下事情：

1.清理已经形成的那些法规、规章、审批事项等等。到底有多少规章制度？清理一下。凡审批的事项，有关的法规都要重新审核，不适宜的要抓紧修订，要实行透明、公开。凭什么审批，凭哪些条件你可以办出版社，凭什么可以给你批书号、刊号、版号，要有一定的规范。

2.制定出版规范和标准。由原来行业管理转向社会管理，按照中央的要求，重点是管理出版活动。活动怎么管，我们要制定规范。管的过程中各种事项要有一个标准，如总编辑、编辑室主任资格认证；如大社、名社，也要有一个标准。什么叫“大社”？什么叫“名社”？具备什么条件就够一个大社、名社？经济效益、社会效益、人才的储备，这些都要有可以比较、衡量的标准。

3.建设出版管理的信息平台，实行数字化的办公、电子政务，提高我们的效率，更好地为基层服务。

4.公开办事的程序，规定办事的时限特别是审批的时限。至于这时限多长，一个星期、半个月、一个月，根据类别的不同，难易的程度，需要协调的部门的多少来规定。凡是执行备案制度的也要有一个时限，备案期一过，视为自动生效。对重大选题备案中涉及的一些特殊情况，比如：书稿送审以后，必须要送中央有关部门审核把关，而在一定时间内没有返回审核意见，总署也要及时把情况告知出版单位，要加强沟通。总之，要用一些制度来提高我们办事的效率，规范行政事务。

5.关于专业化分工问题，我们要进行充分的研究，给大家发展的余地和空间，解决问题的着眼点是有利于发展。现代产业发展的特点是：专业化的程度越高效益越好。我们提倡在地区、行业特别是中小出版社，尽量有专业化的特点，专业化才能发挥优势。要做到一提你这领域，人家就想起你这个品牌。集团的结构调整也要突出专业化。关于分类指导的问题，我很赞成，没有区别就没有政策。但怎么样分类，怎么样指导，要进行很好的研究，大家共同出主意。

6.改进我们的作风，主动地为出版社服务。要树立起领导、管理就是服务的观念，多想想支持搞活的办法，少搞一管就死的那一套。

7.发挥中介组织的作用。政府的职能发生转变以后，很多工作要依靠中介组织来完成。所以，应把我们出版系统一些中介组织、团体组织利用好，让它能够及时起到政府和出版社之间的桥梁作用。

讲了政府管理之后，接着讲一讲出版社管理的问题。

1.首先配备好领导班子，选择一些政治强、业务精、懂管理、会经营的干部，充实出版社的领导班子。没有好的领导班子，难以实现管理的意图。新闻出版总署在出版社主要领导配备方面要同主管部门沟通，提出建议，避免把出版社当成安排干部、卸包袱的地方。我们正在配合各个部门管好出版社的班子，逐步地过渡到资格认证方面去，担任出版社的社长、总编辑要有相应的资格。要有一套公开、公正、公平、竞争、择优的民主程序来选配出版社领导班子，不能暗箱作业。

2.加强专业队伍的建设。通过培训，提高队伍的素质、声望。要重视引进、培养一批业务骨干，比如：策划、编辑、营销人员，都要有一些名牌骨干。有条件的出版社可在社内逐渐推行首席编辑制度。一个大的名牌出版社没有名牌的编辑，是支撑不了的。我们都要来培养这样的人才，提高队伍的素质。出版社要有名牌编辑的效应，这和电视台的名牌主持人一样。

3.要严格执行现行的各项制度，从策划、组稿、编辑、审核、印制、营销等各个环节上来把质量关，保证出书的质量。

4.严格组织纪律，加强社内的管理，要逐步改变出版社手工操作、一盘散沙的通病。

5.积极推行社务公开、民主管理。一些重大的决策，要多讨论、多讲民主、集思广益，以避免现在有些人利用社内的一套不完善的机制，进行违法出版活动。实行社内的民主监督就能解决这个问题，防止出版腐败问题的发生。

6.做好思想工作，关心和解决职工的实际问题，包括离退休的职工。因为我们没有完全进入社会保障系统，现在的人还是单位的人，单位人就要单位管。

我最后讲一下书号管理的问题，大家都很关心这个问题。设置书号管理是我们在改革开放的条件下出台的宏观调控措施，是减少低水平的重复、防止出版物过多过滥、控制总量的一个办法，总的来说是起了积极作用的。在目前没有找到更好的办法的时候，现在还要坚持书号管理的基本原则。但是确实像大家所说的，书号管理要改进，甚至于改革。要研究这个问题，把它的利弊，把它所产生的积极的作用、消极的影响研究透,然后针对这些问题,找出解决的办法。

总的想法是,总量调控要适当灵活,只要是高水平、高质量的好书都让它出。在目前的情况下,我考虑可以采用奖励加鼓励的办法,支持信誉好的实力强的出版社加快发展。逐步创造条件,实行书号的据实申报制度,你能出多少,你有多少选题,你尽可以申报,然后进行大平衡,就是有质量、有水平、有市场、不重复的书都有出版机会,逐渐地向这个方向过渡。

今年我们在书号管理上仍要执行老办法,同时也要拿出一个比较彻底的,短时期内起码不变的新办法。

四、抓住机遇,加快发展,努力壮大出版业

我们讲改革也好,讲管理也好,根本的目的就是发展壮大我们的出版业。发展壮大出版业,当前有很好的机遇,一定要认识到,也要抓住它。

1.“三个代表”重要思想的提出,对包括出版业在内的先进文化的建设提供了一个强有力的支持。“三个代表”的要求,把发展先进文化和先进生产力作为我们党的最重要的两大任务,提到我们的党纲上来。全党全国抓先进文化建设的自觉性空前地高涨,这是过去所没有过的。我觉得这是一个重大的机遇。

2.党的十六大的召开,是出版业繁荣的难得机遇。围绕十六大有许多理论和实践问题需要研究,许多专家、学者和党的工作部门都在研究这些问题,这些研究成果自然是要写成文章,印成书。十六大重点图书选题推动了我们出版业的繁荣。十六大精神的学习,更将出现一个新高潮。学习高潮就是读书高潮,大家要学会利用这个机遇。

3.加入世贸组织,深化改革,也将推动我们出版业的发展。加入世贸,我们要熟悉国际经济运行的规则,要学习。这给我们出版提供了很大的空间。我觉得我们承诺的几万个条款,每一个条款就是一本书,要很好地研究。现在还没有多少人去扎扎实实做这个事情。加入世贸是推动我国改革的强大动力,深化出版发行业的改革,本身也给我们带来一个重组发展的机会。这两个方面都有机遇可抓。

4.人民群众日益增长的精神文化消费的需求,给出版业提供了广阔的市场。从去年的统计结果看,人民群众的基本生活消费,吃、住的消费和精神消费的比例已经开始发生变化。这就预示着人民群众在教育、图书、文化生活这些方面的投入将会不断地增加,这就是市场。全国每人多买一本书,就是13亿册,情况就大不一样,我们出版业就会向前迈进一大步。

5.科技教育事业的发展,需要大量的图书来支持。教育是我们出版的重要资源。教育事业的发展,也需要出版界更多地提供图书上的支持,包括下一步进行的教材招标改革,也给出版社提供了参与教材出版的机会。另外,全国统编教材逐步减少,具有地方乡土气息的教材增加,也给编印出版教材带来了一个发展的机遇。加上成人教育、继续教育不断地发展,各种教育类的图书出版市场更大,将来这方面的需求还要上升,这是可以预想到的。

6.信息化的建设提出了更多的出版方面的需要,特别是电子软件,一些操作规范等方面图书的出版是大量的,社会需求量也很大。

7.产业结构调整,大量的劳动力需要进行转岗、培训,这也是图书出版发行的一个增长点。我们现在需要进行专业岗位调整的人,大约有1.4亿左右,转岗人员的培训也需要出版相应的图书。

8.面向国际的一个机遇,就是实施“走出去”的战略。到外国去出版发行图书,也是我们发展的一个空间。我们的出版业完全可以利用加入世贸组织的机会,建设一些外向型的工程,到境外、国外去发展。几乎遍布世界的华文书籍,我们没占主导地位。包括现在我们使用的中文软件,基本上都是台湾的产权,我们自己要出去发展,改变这种状况。虽然我们“走出去”也面临一些困难,但是总的来看,机遇还是很好的。

过去我们把所有的企业都保护起来,都让它活,事实证明是不可能的。今后我们出版业也是这样,通过市场竞争,总有一些要淘汰、关闭、破产,有一些要发展、要壮大,发展壮大了又要兼并、要重组,最终会形成一些大的集团。出版业竞争的结果是向大的实力强的集中。中小出版社是大集团的补充,建设有特色的小而强的一批出版社,把它做强,凭借规模较小、灵活机动、补充市场、应变能力强的优势,也能够生存下来。所以一定要借着这个机会好好研究,抓住机遇求发展。

各社要特别注意,在抓改革、抓发展的同时,要保证出版工作的正常进行。大家既要抓改革,也要抓发展;既要抓繁荣,又要抓管理,哪一个都不可偏废了。在我们现行体制下,一个出版社就是一个小的社会,大家担负的责任也很大。在京出版社得天

独厚,处在文化中心,政治地理是有优势的,信息是畅通的,人才是不乏的。在全国出版业改革发展中,只要进一步发挥自己的主动性,就一定能够做得更大、更强。中国出版事业的振兴,寄希望于大家。

(此文为作者 2002 年 5 月 21 日在在京出版单位工作会议上的讲话稿,原载《中国出版》2002.7.)

当前中国出版业改革的思考与探索

杨牧之

沿着党的十一届三中全会确立的改革开放路线,我国的社会主义出版事业不断推向前进。改革开放二十多年的实践和成果充分表明:出版行业在由传统的计划经济向社会主义市场经济转变的过程中,出版业各单位基本实现由事业单位向自主经营、自负盈亏的事业单位企业管理方向转变,出版市场正在大力规范和努力建设之中,提高质量,增进效益,实力明显增强,一个具有中国特色的出版业初步形成。但是,应该看到,随着我国进入小康社会,人民群众精神文化需求迅速增长;随着社会主义市场经济体制的初步建立,高新技术应用于传媒领域;随着我国加入世贸组织,对外开放进一步扩大,当前我国的出版业面临着前所未有的机遇和挑战。研究出版业发展存在的问题,探索出版业改革的道路,规划 21 世纪出版业发展的蓝图,是出版业发展亟待解决的重大课题。

一、十一届三中全会以来出版业发展的历程

为了探索当前的改革思路,我们有必要先回顾一下二十多年来改革的历程。我把这个历程划分为三个阶段。

第一阶段(1978 年 12 月党的十一届三中全会至 1985 年):拨乱反正,重新确立出版方针阶段。

十年"文革",我国的出版事业遭受严重摧残。"文革"结束后,出版事业面临的首要任务就是重新明确出版方针。首先抛弃了"以阶级斗争为纲,为当前政治任务服务"的"左"的方针,端正了对出版功能的认识,承认图书不仅有政治功能,还有认识功能、审美功能和娱乐功能。

1983 年 6 月,中共中央、国务院发布了《关于加强出版工作的决定》。这个文件提出:"社会主义的出版工作,首先要注意出版物影响精神世界和指导实践活动的社会效果,同时要注意出版物作为商品出售而产生的经济效果。"第一次提出"把社会效益放在首位,同时注重经济效益"。肯定了图书是商品,有两重性,出版工作也是一种经营活动。这个提法有突破传统观念的意义,对新时期出版业发展意义重大。

随着我们对出版工作认识的转变,出版管理工作进行了相应的调整,出版事业逐步走入正轨,很快,面貌发生了很大变化。这些变化主要有:

1. 调整地方出版社的出书方针。过去只允许地方出版社出书面向本省区,要求地方化、群众化、通俗化。1979 年 12 月长沙会议改为"立足本地,面向全国",大大解放了出版生产力。

2. 调整图书流通体制。1980 年 8 月,允许出版社自办发行;12 月又允许集体个体经营书店、书亭、书摊。

3. 拓宽发行渠道。1982 年发行体制改革,提出"一主三多一少"。即以国营新华书店为主,多种经济成分、多条流通渠道、多种购销形式,少流转环节。对发行渠道的拓宽,大大促进了全国图书市场发展。

4. 1984 年,提出"要使出版社由单纯的生产型逐步转变为生产经营型"。

随着指导思想的改变和一批改革措施的落实,到 1985 年,出版业的发展出现了一个高峰。从下面三个数字,就可以看出这种发展的态势:

	1975 年	1985 年
出版社	75 家	416 家
图　书	1.37 万种	4.6 万种
册　数	35.3 亿册	61 亿册

第二阶段(从 1986 年至 1995 年):出版业的迅速发展,要求规范管理。"一手抓繁荣,一手抓管理",新闻出版业治散治滥。

经过第一阶段的拨乱反正,出版业急于把失去的时间补上去,把损失夺回来,事业发展迅速。

1986年10月,国务院决定将文化部所属的国家出版局恢复为国务院直属机构。

1987年1月,国务院决定成立中华人民共和国新闻出版署。署的成立,为出版事业深化改革、加强管理,提供了十分有利的条件。

1987年10月,党的十三大提出社会主义初级阶段理论,把是否有利于推动社会生产力发展作为衡量一切工作的标准。在这样的背景下,出台了以下两个文件:

1.1988年5月,中宣部、新闻出版署颁发了《关于当前出版改革的若干意见》。这个文件重点是确立了出版社内部机制改革的原则,包括:管理机制改革,推行多种形式责任制、专业职务聘任制、岗位责任制。分配制度上按劳分配,奖金拉开距离,克服平均主义。开辟多种渠道,利用社会力量,扩大出版能力。

2.与此同时,又颁布了《关于当前图书发行体制改革的若干意见》。这个文件提出"三放一联"的思路:放权承包,搞活国营书店;放开批发渠道,搞活图书市场;放开购销形式和折扣,搞活购销机制。推行横向经营联合。重点在于放开搞活,增强企业活力,改革内部管理机制。

历史地看,这两个文件在出版社内部管理、出版市场、物资供应、价格等方面的思考上取得很大进展。按市场规律组织图书生产的要素基本具备,出版市场竞争的时代到来了。这时,出现了一些过去没有的现象——

出版社:新社老社处于同一起跑线上,特别是一部分新社小社,一方面没有或较少受传统观念影响,经营灵活;另一方面,缺少出版管理经验,法制观念不健全,选题下放,项目承包,编印发一条龙,表现出异常的竞争意识。

编辑:对市场反应快速,四面出击,抢占兴奋点,热点频出。言情小说热、武侠热、弗洛伊德热、萨特热、尼采热、未来学热、侦探小说热等等,纷至沓来,热闹非常。

正当此时(1988年),吉林延边出版社出版了《玫瑰梦》,中国工人出版社出版了《情场赌徒》。这两本书都是国外低档次读物,充满色情淫秽内容。这两本书的出版,给出版界敲响了警钟,国外一些夹杂色情淫秽内容的出版物正向中国市场走来。新闻出版署对出版这两种图书的出版社予以严肃处理。

1989年,上海文艺出版社出版了《性风俗》,严重伤害了穆斯林的感情,造成十一个省的示威游行,影响极坏。

面对这些问题,新闻出版署不能不拿出更多时间和精力进行整顿。1989年7月,开始整顿协作出版,查处买卖书号。8月,整顿书报刊市场。9月,压缩、合并重复的出版单位,撤销问题严重的出版单位。

再从统计数字来看,出版业的快速发展,出现了不容忽视的情况。图书品种连年高增长:1992年图书品种较1985年增长1倍多,从46000种增长到96700种。而图书的总印数从61亿册只增长到63亿册;总印张每年则递减3.7%。这也是三组数字。从这三组数字我们可以看出许多问题。广种薄收,造成总量激增;选题重复,平均印数下降;加上市场缺乏规范,二渠道推波助澜,出版业散滥现象严重。

正是在这样的背景下,针对出版界存在的问题,中央提出新闻出版业要"治散""治滥"。

1993年10月,中宣部、新闻出版署联合召开繁荣出版事业、禁止买卖书号座谈会。会上宣布了《关于禁止"买卖书号"的通知》,以前所未有的力度查处买卖书号问题。

随后,中宣部、新闻出版署以两单位的名义表彰15家优秀出版社。这是规格很高的表彰。

1993年10月,国家图书奖诞生。该奖是以政府名义进行全国图书评奖的最高奖项。

1994年8月,丁关根同志在全国新闻出版局长座谈会上提出要"一手抓繁荣,一手抓管理"两手抓的思想。这个思想科学地总结了新闻出版业的正反两方面经验,中肯地指出了新闻出版业发展前进的根本道路。

新闻出版署提出"要从以规模速度为主要特征的阶段向以质量效益为主要特征的阶段转移"的思路,强调"质量、效益"。

随后,出台了《关于图书质量管理的规定》。

1995年,中共中央政治局常委会议听取新闻出版署党组汇报。会议对在社会主义市场经济条件下做好出版工作做了重要指示。指出:出版工作是一项非常重要的事业。出版物是特殊商品,不能完全交给市场去调节。这就明确指出了在建设有中国特色社会主义进程中,作为意识形态一部分的新闻出版业的特殊性,很有指导意义。

第三阶段(从1996年至今):党的十五大提出新闻出版业要"加强管理,优化结构,提高质量",出版工作转入理性发展阶段。

2001年8月两办转发《中宣部、国家广电总局、新闻出版总署关于深化新闻出版广播影视业改革的若干意见》,标志着新闻出版业改革开始了一个新阶段。

1996年10月,党的十四届六中全会决议指出:包括新闻出版业在内的文化事业,“迫切需要一个大的发展”。

1997年1月,国务院发布《出版管理条例》。这是新中国成立以来第一个比较全面系统的出版管理行政法规。

1997年6月,颁布《图书质量保障体系》。

1998年12月,新闻出版署批准组建广东出版集团、上海世纪出版集团、广东发行集团、四川新华书店集团、江苏发行集团,作为全国试点单位。

2001年4月,国务院决定将中华人民共和国新闻出版署调整为中华人民共和国新闻出版总署,升格为正部级。这一调整,体现了党中央国务院对新闻出版总署的热切期望,意义重大。

2001年8月24日,中办、国办转发了经中央同意的《中宣部、国家广电总局、新闻出版总署关于深化新闻出版广播影视业改革的若干意见》,指出:新闻出版广播影视业面临新的形势,迫切需要抓住机遇,深化改革、加快发展,更好地完成党和国家赋予的任务。

综上所述,从20世纪80年代初期开始,我国出版业一步一步深化改革,面貌发生了显著变化,实力明显增强。这种变化,从宏观管理政策到微观经营者的具体行为,都具有了前所未有的特征。试概括为如下八个方面:

1.出版业思想统一、事业发展的指导原则明确,基本摸索出一套发展前进的思路。

党的十四大提出建立和完善社会主义市场经济体制的理论;十四届三中全会《关于建立社会主义市场经济体制若干问题决定》提出实现两个根本转变的要求。实现两个根本转变,成为出版业改革的根本纲领。

根据党中央的指示,总结新闻出版业正反两方面的经验,新闻出版署提出建立既要适应社会主义市场经济要求,又要符合社会主义精神文明建设需要,同时要体现出版工作自身规律的新型出版体制。

党的十五大,对出版工作提出了“加强管理,优化结构,提高质量”的要求。这三句话是一个整体。加强管理是前提,是基础。优化结构是关键,是保障。提高质量是目标,是方向。

2.出版业经营理念日趋成熟,在对十一届三中全会以来出版业走过路子的回顾与反思中,找到了事业发展的症结所在。

1984年,提出“要使出版社由单纯的生产型逐步转变为生产经营型”,为出版业走向市场做了必要准备。

1994年,针对总量增长过快、质量效益低下的状况,提出“新闻出版业要从以规模速度为主要特征的阶段向以质量效益为主要特征的阶段转移”的要求。这个阶段性转移的思路,应该说是我国出版业改革发展过程中的一个重要的阶段性标志。它的贯彻和落实,为出版业的深化改革做了必要的准备。

遵循党的十四届三中全会要求,出版业努力实现由传统的计划经济向社会主义市场经济转变,粗放型向集约型转变。

3.出版管理中的法制建设有了明显进展。

虽然“出版法”并没有颁布,但出版业努力通过立法规范、以法管理的思路日益清晰。

20世纪90年代初的《著作权法》,近几年《出版管理条例》、《印刷管理条例》、《音像制品管理条例》以及《出版物市场管理暂行规定》、《图书质量保障体系》等法规陆续出台,标志着适合我国现阶段特点的出版物法律体系逐渐建立起来。

4.出版物管理重在建设,正面引导的意向突出,管理的力度大大增强。较为重大的举措有:

评定优秀出版社、良好出版社,并给优秀、良好社优惠政策;

“八五”“九五”“十五”重点图书规划的制定和实施,形成抓重点图书的(国家——省——出版社)网络;

以国家图书奖为中心的评奖体系的确立;

科技出版基金、民族出版基金的支持和导向作用;

发挥行业协会作用;

建立职业道德标准;

岗位责任制、上岗培训制。

5.出版集团、发行集团的建立和积极试验,给出版业改革吹进一股强劲的改革之风。集团的未来,让人兴奋,也让人思考和研究。

集团,这是一个新的组合。

集团内各家出版社“专业分工的综合”意味着什么?集团试验“在各地建立编辑分部”意味着什么?集团内部的实际上的企业管理和运行意味着什么?

解决这些问题,让人兴奋,让人期待,也让人感到压力。

出版社内部,以“三项制度”改革为重点,立足于把自己发展壮大。

6.出版业技术手段发生革命性变化。

20世纪90年代初,全国出版业淘汰了铅排铅印;

电子分色、自动照排和胶印等技术和设备的引进使印制质量大大提高;

图书装帧设计观念发生明显变化;我国纸介质图书的外在品质和形象发生了巨大变化,面目一新,令人自豪。

7.出版物内容丰富多彩,空白或薄弱环节得到填补或大大改进。

8.图书品种总量增长明显减缓,经济效益显著增加。

根据国家统计局统计年鉴显示,出版行业经济效益居各行业前列。

1998年新闻出版业产品销售收入1221.90亿元,在全部国有及规模以上(年产品销售收入500万元以上非国有工业企业)各行业收入中占21位;利润总额为1176.70亿元,在各行业利润排序中占第5位,仅次于电力蒸汽热水生产供应业、电子及通信设备制造业、石油和天然气开采业、烟草加工业,但销售利润率9.55%,在各行业中是第一位,比石油天然气开采(8.37%)、烟草加工业(8.93%)还高,值得深思。

20世纪90年代初,全国出版社资产总额在5000万元以上的不足70家,现在已经超过200家。现在销售收入1亿元～5亿元的有50家;5000万元～1亿元的有60家;1000万元～5000万元的有90家。从出版业的总体实力和经济效益看,出版业已经成为一个名副其实的重要产业部门。出版社自己深有体会地说:如今出版社是家大业大,资本雄厚。

综上所述,出版改革实践成果表明,具有中国特色的出版产业初步形成。

回顾出版业二十余年的发展历程,我们认识到,改革是发展的动力。改革要坚持解放思想、实事求是的原则。江泽民同志几次提到恩格斯1888年从美国旅行回来途中写的《美国旅行印象》。在这篇文章中,恩格斯实事求是地谈到了他对建国只有一百多年、正在快速发展的美国的印象。他说:这个新世界由于藐视一切既成和传统的东西,而远远超过我们这些旧式的、沉睡的欧洲人。这个新世界是由现代的人们,根据现代实际的合理的原则,在处女地上,重新建立起来的。恩格斯的概括,对于我们今天建设有中国特色的社会主义出版事业是很有启发的。

二、初步形成的出版产业面临的严峻挑战

对于初步形成的我国出版产业,应该认清形势,分析利弊,审时度势,趁势而上。

1994年,党中央提出了建设社会主义市场经济的要求。建设市场经济,强调市场在资源配置中的基础性作用,突出了自主经营、自负盈亏的市场主体,市场竞争,优胜劣汰成为市场运作的基本法则。我们的出版单位,顺应改革的大潮,都在激烈的竞争中图发展。目前,中国已加入WTO,中国出版业的大舞台,必将由国内群雄竞争的态势转向国际国内资本交互竞争的激烈局面。

一个是市场经济,一个是加入世贸组织(WTO),逐步开放我国的出版市场,使正处于社会主义初级阶段,蓬勃发展的中国出版业面临着一个威胁、一个教训、一个问题。

一个威胁 今天,文化市场经济已经成为经济全球化的一个主要领域,文化产业的国际市场已经形成,主要发达国家的文化产品已经在国际市场上获得了垄断地位。据《中国音像》1998年30号提供的资料讲,美国文化产业自1983年以来一直保持连续增长的态势;其视听产品(影视音像)在国民经济中的位置由1985年的第11位,迅速跃居90年代的第6位,成为仅次于飞机的第二大出口商品。

如果我们把视角从美国掉转开来,就可以发现美国的文化产品是怎样在全世界泛滥。据1999年8月6日《环球时报》载:美国控制了全球75%的电视节目的生产、制作;许多第三世界国家的电视中,60%～80%的节目来自美国,几乎成为美国节目转播站;而美国自己的电视中,外国节目占有率仅有1%～2%;美国影片产量占全球影片总产量的6%～7%,却占有了全球总放映时间的50%以上。

这种局面太令人深思了。这不是传统意义上的“经济发展优势”,而是“文化传播优势”。如果像麦当劳、肯德基那样连锁店遍布中国的情况在文化领域出现,后果将是十分严重的。这种形势发展下去,将使我们的下一代成为西方文化的忠实消费者,会严重削弱或不再具有本民族文化的认同感。

透过这种挑战,我们发现,在即将加入WTO的背景下面,抓好繁荣,多出精品,不仅是为读者多出几本好书的问题,还关系到占领中国市场和进军国

际市场的问题；不仅关系到我们这一代的精神文明建设，还关系到中华民族优秀的民族文化的传承问题。事关重大，不可怠慢。

一个教训　在分析我国面临的严峻挑战、寻求对策之时，不能忽视的是我国经济正处于转型期，正在努力由传统的计划经济向社会主义市场经济过渡。不能忽视的是我国经济和社会发展所处的所谓后现代社会的世界性的环境。如果承认历史发展基本规律存在的话，我们可以从邻国日本在经济起飞后出版业的变化中，寻求教训。

20 世纪 50 年代末，日本制定了经济倍增计划。在美国的帮助下，日本经济进入了国际经济发展的大格局中，经济实力急剧增强，经过了五六十年代的经济起飞阶段后，70 年代的经济水平居于世界各国的前列，为世界瞩目。借助经济起飞的机会，日本出版业在 70 年代达到最高峰，进入鼎盛时期，日本成为世界出版大国。盛极而变。随后日本出版业长期停滞不前，1975、1976 年开始不景气；80 年代呈低迷缓慢态势；1997 年出版业居然是零增长，近三年出现负增长，退书率达 40％甚至更高。其中的原因，很值得思考。

现在日本的出版业的一个重要特点是："刊高书低"。刊与书的比例为 6∶4，甚至达到 7∶3。这"6"是些什么呢？主要是一些消闲、娱乐、广告信息为内容的刊物，压倒了文艺、知识、教养为内容的刊物。大量杂志以女性消闲娱乐为对象，以暴露隐私为主导内容。漫画杂志大量涌现。甚至书籍也出现杂志化的倾向。这占 4 成的图书又是些什么呢？其中：①漫画书比重很大。目前日本漫画书占市场营业额高达 23％，册数占 39.9％。②文库版大量出现。文库版图书曾经是日本出版业的明星和骄傲，但如今已改变了 30 年代典籍、知识的特征，变成投大众之所好，以奇闻逸事趣味为首选的图书的组合和汇集。③图书的出版追求轻、薄、短、少（文字）、低（定价）。④热衷于翻译欧美国家的流行作品。

如今，日本的出版物缺少前期的文化性质。高层次的文化、艺术、学术著作少了，原创性大大缺乏，追求短期效益。有人评论说，随着一代作家学者诸如井上靖、司马辽太郎和丸山真男等人物在 20 世纪 90 年代相继去世，好像日本战后文化重建发展的时代也结束了。究其原因，恐怕是日本的出版业在经济起飞的年代里，太看重经济效益，就像追求经济倍增那样，追求产值，完全市场化了；为此，努力贴近时潮，热衷对时潮、对市场的亦步亦趋。其结果是出版原本赋有的在文化教育上的追求，变成了对市场和时潮的讨好与乞求；出版对阅读口味和视野的引导，变成对读者喜好的迁就和附和。读者口味愈下降，出版愈迁就，日复一日，年复一年，读者、出版者素质双双下滑，其对社会文化的影响恐怕不难想像了。

我国目前也正处于经济起飞的重要时期，出版也面临着市场经济的形势。其他国家的前车之鉴，作为我国出版业改革发展的一面镜子，一定要引起我们的高度重视。即在商业化、时潮化形势下，如何关注文化事业发展、文化水平提高及民族文化的弘扬。我们必须也能够找到走出出版高速发展之后的发展步伐停滞、文化品位散失、附庸低俗口味的困境。

一个问题　转型期的中国出版业面临的形势是复杂的。我们国家的经济正在发生着两个根本性转变，传统的计划经济向社会主义市场经济转变，粗放经营向集约经营转变。这两个根本性转变必然引起人们精神世界的深刻变化，一方面人们的竞争意识、效率意识、民主法治意识和开拓创新意识大大增强，另一方面市场经济活动存在的弱点会给人们带来消极影响。同时国外资产阶级腐朽思想文化的进入，国内封建主义残余思想的泛起，这种社会存在引起人们思想意识的变化，也将会产生严重后果。正如江泽民总书记指出的：由于社会经济成分、组织形式、物质利益、就业方式日益多样化，人们思想活动的独立性、选择性、多变性、差异性明显增加（如诱发的自由主义、分散主义、拜金主义、享乐主义和利己主义）。反映在出版上，出版社在出版的内容、形式方面会呈现多样化的特征；读者对出版物的选择、偏好也会呈现多样化的特征。面对激烈的国际市场竞争，如果我们像一些国家的出版业那样，放弃出版事业的文化积累、传播、引导、教育的基本功能，毫无保留地与市场拥抱，中国出版性质的扭曲就为期不远了。

这不是无的放矢。近两年纪念改革开放 20 周年、新中国诞生 50 周年、五四运动 80 周年、20 世纪百年回顾所出版的图书中出现的问题，什么"另类文学"、"官场类"图书所散发出的怪味等，都说明问题是明明白白地摆在那里的。正如江泽民总书记指出的：这些年来，社会上一些与马克思主义、社会主义相违背的思想言论时有出现。而这些问题在我们的出版物上都有反映。解决这个问题的关键是坚持和巩固马克思主义在我国意识形态领域的指导地位。这一点不能有丝毫的动摇。我们的计划，我们的选题、书稿要以这把尺子去衡量；同时要坚持马克思主义与时俱进的理论品质，深入进行调查研究，努力回答在实践中不断产生的重大问题，不断发展我们的事业。

21世纪的中国出版产业的建设发展，何去何从，孰吉孰凶，直接取决于今天我们在一系列重大问题上的思考和抉择，取决于对“威胁”、“教训”、“问题”的处理和解决。

三、亟需考虑和解决的几个具体问题

出版业的改革对出版业的发展至为关键。目前，又由于中国加入WTO的形势，出版改革更加紧迫。如何改革？当前有哪些亟待解决的问题？试作探讨如下：

在讲具体的问题之前，我先谈谈深化改革需要注意的几个原则问题：

1.要从实际出发，大胆改革。第一要从实际出发，第二要大胆改革。换一句话说就是解放思想，实事求是。为什么要从实际出发？因为离开了实际就是空中楼阁。离开实际，想法再好也无法实现。我们的实际是什么？就是建设有中国特色的出版事业，就是社会主义市场经济。这个“实际”有三个要点要注意：第一点，我们既不是传统的计划经济，也不是资本主义的市场经济，而是社会主义的市场经济。第二点，既要坚定不移地以马列主义为指导，运用意识形态的管理手段，这就不可避免地带有某些传统的、行政的、计划经济的特征，又要运用市场经济的规律和杠杆，讲究自主经营、自负盈亏、自我发展，这也是一个实际。江总书记在宣传思想政治工作会议讲话中特别强调马列主义的指导地位，我们要深入领会，离开这一点，就不叫社会主义市场经济，就不叫有中国特色的社会主义。你不承认这一点，好比揪着自己的头发要离开地球，是无论如何做不到的。第三点，既要坚持社会效益，符合社会主义精神文明建设的要求，又要考虑经济效益，考虑经营成本与核算，努力做到两个效益的统一。这就要求每个出版社社长、书店经理要有很高的水平，既要懂经营，还要懂社会主义精神文明建设。这就比单纯的企业管理更难。

2.改革就要有突破。从某种意义上说，改革也是革命。如果没有重大突破就称不上改革。但一切方案要经过实践来检验，所以试验要积极大胆，推广要慎重小心。特别是涉及重大的原则性突破，要事先报告，没有经过批准不能随便试。我们这么大一个国家，五六百家出版社，几千家报纸，上万家杂志，几万家书店，大家都按自己的想法去试不就乱了套吗？现在乱和以前乱不一样了。以前如果乱，还是自己窝里乱，加入WTO之后，再乱，我们的“国民”有什么“待遇”，其他国家的“国民”就会要求这些待遇。

3.改革的关键是处理好宏观与微观的关系，既要建立在党和政府领导下调控适度、运行有序、促进发展的宏观管理体制，又要建立保证正确导向、富有经营活力的微观运行机制。简单地说，宏观要管住，微观要搞活，要有竞争力。

同时，在加入WTO的背景下面，我们既不要惶恐不安，乱了方寸；也不要按兵不动，坐等变化。任何一个组织都有它的法律规定。世贸组织29个法律规定，20多个部长级规定，五六十个文件，约束着每一个组织成员；但世贸组织成员的贸易，占全球95%的贸易额，不加入不行。谁被排除在外，谁就要受欺负。加入有加入的规则，什么国民待遇、最惠国待遇，都要遵守，但是，在本质上，一切都要根据本国的情况，有利于本国的发展。我们要研究例外法则，研究它的每一章每一款，我们可以在里边争取我们的利益。所以，既不要惶恐不安，乱了方寸，也不要按兵不动，坐等变化。如今，中办、国办“17号文件”已经下发，我们要遵循文件精神，解放思想，实事求是，积极主动，加大力度，深入创新，积极推进，结合本地实际，制定切实可行的方案。

有哪些问题亟需考虑呢？

第一，在修订的《出版管理条例》的基础上，尽快争取“出版法”早日出台。

依法管理，首先要有法。加入WTO之后，外资会进入中国市场。要人家守法，我们得先有个法。现在的“条例”内容尚不完善，在档次上也不够高，所以应在修订的《出版管理条例》的基础上，尽快争取“出版法”早日出台。利用WTO的例外法则，研究并制定既与国际接轨，又能保护中国民族出版业的条款。加入WTO的国家的许多案例，对我们都有启发。譬如，20世纪90年代欧共体国家，法国、西班牙就视听产品进入问题与美国打了一仗，最后美国打输了。美国要求视听产品自由流通，要把它写入关贸总协定，但是欧洲国家不同意，要保护欧洲文化，最后乌拉圭回合谈判把它搁置在一边了。可见，是可以利用例外法则去争取到符合我们国家利益的条款的。另外，出版业是一种特殊的文化产业，关系到一个国家民族和文化的认同，世界各国都给予了

特别关注，都不会那么轻易准入的，包括美国自己。一个民族的认同感，跟文化出版产业密切相关。现在世界的共识是：出版服务贸易自由化问题可以采取与服务贸易总协定不相一致的措施，而且可以通过逐项谈判，逐步达成一致意见。我们要利用WTO的例外条款，研究并制定既能与国际接轨，又能保护民族出版业的规定来，这是亟需解决的第一个问题。

第二，在我国的出版产业结构中，要大力培植能代表国家实力水平的大型出版产业。

这个问题“17号文件”给予极大的关注，要求我们“积极推进集团化建设，把集团做大做强”。

这些年，我们进行了许多的改革，特别在建立发行集团和出版集团方面有较大进展。

20年来，发行改革走了三大步：第一步是1982年的“一主三多一少”，重点是拓宽发行渠道。第二步是1988年的“三放一联”，重点在放开搞活，增强企业活力，改革企业内部的管理机制。第三步是1996年提出的“建立统一、开放、竞争、有序的图书大市场”的思路。经过这些年的努力，应该说发行改革正处于第三阶段，改革的方向和思路初具模形。改革的方向，就是建立统一、开放、竞争、有序的图书大市场，既不是一家独尊，垄断天下，也不是诸侯混战，地方割据。要形成几家大的发行集团，要展开有序竞争，最后形成跨地区、跨行业、跨所有制、辐射全国的局面。现在发行集团的布局是：西部有四川，南部有广东，东部有上海，北部有辽宁，中部是北京，东西南北中形成一个网络。这个网络形成以后，要鼓励他们进行竞争。

出版改革要建立与国际出版业抗衡的大的出版集团，也就是造大船。造大船有多种途径，可以是横向联合，即出版社之间的联合，包括同类性质出版社的联合。前几年大家酝酿的同类性质出版社联合的思路应积极提倡。面对同一个市场、同一批作者，为什么不能联合呢？所以，同类性质出版社的联合恐怕应该积极探索。也可以是纵向发展，一家出版社自己做大，发展自己。如日本讲谈社，有30多家子公司，小学馆有20多家子公司，这就是自己向纵深发展。目前，我们的出版社有很多家就是这样做的，已经有相当的规模。

这里，还要强调一点，在出版社建立集团实行改革的时候，大、中、小都是有用的。大有大的好处，可以跟国际出版商抗衡，可以起导向作用，可以更好地跟国外合作，学习他们的先进经验和做法。小有小的优越性，小的运作灵活，便于掉头，大船进不了港湾，小船就可以自由出入。但是，当前我们特别强调要造大船，强调要搞大型航空母舰。因为我们缺少大型航空母舰，我们缺少能与贝塔斯曼、时代华纳相抗衡的出版集团，所以我们要积极组织和建设。但是，不能因此就不要中的和小的出版社。在国际经济界，20世纪70年代有一个说法，“小的就是好的”。那时认为小的机动灵活，所以提倡小的。现在经济全球化，加上计算机网络化等等，又提出“大的就是好的”，出现了组建大公司、大集团的潮流。大的也好，小的也好，都是根据形势的变化而来，不能一搞大的就不要小的。但是，当前造大船是重点。为此，要打破均衡发展局面，关键是实现跨地区经营。没有金矿怎么能建立黄金加工厂呢？上海、北京条件好，能不能到偏远地区搞一个分社？能不能跟当地合作搞？没有跨地区经营，造大型出版集团和发行集团就没有价值。

建立了出版集团和发行集团之后，有三点应该注意：

第一点，肯定他们是全国的试点单位。对试点集团要给政策，要扶持他们成长。既然是整个出版业的期望所在，我们大家就要支持这种试点。

第二点，要定期进行评议检查。试点集团不是终身制，要制定集团建设的标准，试验好的要支持鼓励；试验效果不好的要帮助改进；经过试验确实不行的要取消试点资格。

第三点，在发展过程中，发现好的典型要扶植他们成为新的试点单位。新陈代谢，吐故纳新，才能健康发展。

现在应该重视一个问题，那就是由于种种原因，当前集团的建立基本上是行政推动的，不是在市场竞争中自然形成的。这是不可否认的事实。但，这不是我们愿意的，也不是谁非要这么做，而是事情刚开始不可避免，是几十年的计划经济带来的先天不足。我们得尽快搞起来，尽快组织起来，以应对紧迫的形势。今后，我们如果实行吐故纳新、优胜劣汰，是否会促进这个问题的解决？

这就要考虑很多问题了。我看到一个台湾的材料，台湾看到大陆出版业搞改革，成立了集团，很不安，派来调查组调查。他们得出结论，一是大陆搞改革，对他们是个威胁，要重视；但是另一个方面，也不必害怕，为什么呢，他们说这个改革主要是针对欧美的，针对WTO以后欧美对中国市场的进入，而且多半是以省区为主的行政结合式的出版集团，是通过行政和政策来形成的。他们认为还不能说是真正意义上的市场经济。这话对不对呢？我认为他们确实看出了一些问题。但是，我们处于由传统的计划经济向市场经济转变时期，市场发育还不完善，组建集团主要靠行政力量推动，这是受客观条件制约的。然而这种行政力量的推动，毕竟只是外部的动力，归根结底，还是马克思主义的基本原理：外因通过内因起作用。内部动力是主要的。也就是说组建一个集团，形成一个联合体，要认真研究它的内部驱动力是什么，内在凝聚力是什么？一个一个发育成熟的经济实体，为什么会抱成一团，成为一个集团，它们的利益共同点在哪里？它们为什么要加入集团？所以，已经建立起来的集团的领导要考虑集团的内部驱动力是什么，内在凝聚力是什么，时刻注意强化它。不解决这个问题，就抱不成一团。怎样能成为一个共同体，从而形成 1＋1≥2 的效应，这是组建集团之初不能不重视、不能不研究的重要问题。否则，就会是大家所说的那样"十个集团九个空，还有一个没成功"。

第三，关于融资问题。

"17 号文件"在这个问题上有许多政策规定，文件明确指出"开辟安全有效融资渠道，提高资本运作效率"。这两句话，有很丰富、很重要的内涵。

出版产业要加快发展，吸纳资金，以为我用，恐怕是很现实的问题。比如说 1995 年上海自己批准了与德国贝塔斯曼集团合资建立的企业，叫上海贝塔斯曼文化实业有限公司，要求中方控股。什么是中方控股，至少是中方入股应达 51%吧。德方也同意中方控股，但是中方由于资金不够，控不成股。德国一开始投资 500 万美元，中方出资 105 万，只占 1/5。后来 1997 年总投资增加到 1250 万美元，中方资金困难，所以比例是 1∶9，中方占 1，德方占 9。怎么控股？由于资金不够，做不到，这是很现实的问题。新闻出版业的改革，融资限于本系统的国有资产，这已经不成为问题。现在是要求突破，要突破本系统，甚至突破国界，吸收外资，因为出版业的强烈意识形态特点，我们应该尽快研究并制定出版业融资的政策，完善融资机制办法。既允许融资，又能控制得住，核心就是"开辟安全有效融资渠道，提高资本运作效率"。

要解决这个问题，恐怕首先要考虑这样几个方面：

第一点，融资不能遍地开花，必须有重点，有程序地进行。出版业究竟哪些项目急切地需要融资，是不是真的需要融资？真的需要融资是什么意思呢？比如说你的出版社根本就不成，编辑水平、出版水平都不够，暂时也干不了那么大的事，你也叫着没钱。在这种情况下，给你钱恐怕暂时也用不上，也用不到点子上。出版业要研究哪些项目急切地需要融资，是出版编辑部门，还是经营部门，诸如加工企业、销售企业。加工企业和销售企业可以放宽一些，出版部分要很好地考虑，要严格。

第二点，资金的性质、来源是否会对出版产业的方向产生影响。资金来源大体上有四部分：一是新闻出版系统内国有资本；二是国有资本；三是非国有资本；四是外资。我们融资，资金的性质、来源是否会对产业的方向产生影响，是我们要认真注意的问题。因为资本总是向回报丰厚的方向流动，所以就要考虑多方面因素。特别是在当前，以公有制为主体多种所有制共存的情况下，更应该考虑周到。要有利于出版事业，不能有损于我们的总目标，要符合社会主义精神文明建设的需要，要坚持以我为主，为我所用。

第三点，融资必须为发展壮大出版的主业服务，必须有科学合理的投资方向，必须确保国有资产的保值、增值。

第四点，要牢牢掌握融资产业的领导权，不仅仅限于控股权，而且应该掌握经营管理权，出版物的最终审读决定权。江总书记曾经讲过：什么叫国有经济起主导作用，主要体现在控制力上。我们控制什么？我认为主要是控制经营管理权，控制出版物终审的最终决定权，控制产业的方向，不能有损于我们有中国特色社会主义的出版方向。

第四，大力弘扬民族文化，多出优秀作品。

这一点至为重要。上述日本的教训，说明了大力弘扬中华民族文化，对本民族的文化认同感，对于进行爱国主义教育，特别是在当前建立社会主义市场经济的情况下，尤为重要。一个方面，从历史上看，中国本土文化都是在与外来文化的碰撞中发展起来的。历史上有三次大的碰撞和融合，最早的一次是东汉以后，印度佛学传入；随后鸦片战争以后，西学东渐；然后阿芙乐尔巡洋舰一声炮响，马克思主义传入中国，是第三次大碰撞、大融合。这三次大的融合对中国的文化产生了十分重大的影响，所以我们鼓励双向交流，一个是反对固守传统，抱残守缺，一个是反对妄自菲薄，全盘西化。这是一个方面，另外一个方面特别要注意弘扬民族文化。在当前，在加入 WTO 的背景下面，尤为重要，这一点，不能不再三予以申明。

第五，深化出版单位、发行单位的内部改革。

出版产业的改革，要处理好点和面的关系。以点带动面，以面促进点，实现全行业的大发展。在深化改革的进程中，一方面强调整个行业的改革，要抓紧搞好出版集团、发行集团的试点工作；另一方面，要强调搞好出版社、新华书店的内部改革。在建立社会主义市场经济体制过程中，在明确了方向、政策之后，没有哪个问题比自己实力强大更为重要。今后的竞争主要是实力的较量、实力的竞争。实力强的出版单位、发行单位，无论遇到什么情况、什么变化，都会立于不败之地。

出版社、书店内部改革的核心是：要认真进行"三项制度"改革。做好劳动人事制度的改革，改变能上不能下、能进不能出的问题；做好劳动分配制度的改革，改革大锅饭、平均分配问题；做好社会保障制度改革。这是社会稳定的需要，稳定是发展的保障，搞好社会保障，改革、发展才能顺利进行。

第六，最大限度地发挥政府在出版业中的积极作用。

出版业的深化改革，政府的管理职能不能弱化，而必须要强化，认真做好行业管理。这一点必须明确。因为市场经济本身也是不完善的。它没有办法满足整个社会的需要，保证不了社会的公正。市场经济本身的缺欠，不是一两家出版社所能够协调的，必须依靠政府进行宏观的调控。这是市场经济发展的必然，哪个国家都一样。

发挥政府的积极作用，要遵循一条，就是李岚清同志讲的："为了正确有效地履行职能，新闻出版部门必须实行政企分开，机关要与现在所属的出版社、印刷厂等企事业单位彻底脱钩，不再直接从事生产经营活动，从而集中精力依法搞好行政管理和执法监督工作，确保严格管理，公正执法，推动新闻出版业在改革中健康发展。"政企分开，目的是加强政府宏观调控力度，"确保严格管理，公正执法。"要处理好宏观调控与改革开放的关系，改革开放的力度与宏观管理的完善程度要相适应。从某种意义上说，改革的力度取决于管理的水平。实践证明，特别是近十年的实践证明，越是改革开放，越要加强管理，越是发展顺利，越要小心谨慎。否则，稍微一大意，问题就出来了，而这些问题，必将影响、贻误改革开放的进行。这一点大家都有深刻的教训。

政企分开，与所属企业单位脱钩以后，政府新闻出版主管部门特别要在出版单位的审批，出版规划（全国）的制定，出版经营活动的监督、检查，出版物质量的监管、保障，出版物市场的规范管理，出版队伍的培训等等方面做好工作，可以说是任重道远，使命光荣。

上述诸点，是我对十一届三中全会以来出版改革的思考，特别是学习"17号文件"之后的一些粗浅体会，会有很多片面性，写出来，请大家指正，目的是引起更深入的学习和讨论。

（原文载《编辑之友》2002.2.）

各类图书综述

哲学、宗教学类图书综述

李维武

2002年，对于中国的哲学、宗教学类图书来说，又是一个喜获丰收的一年。经过学术界和出版界的共同努力，一大批有质量有价值的哲学、宗教学类图书问世，既推进了学术研究，又繁荣了中国书业。

在本年度哲学、宗教学类图书出版中，最为引人注目的，是一批马克思主义哲学研究的著作在中国共产党"十六大"前后相继出版。这些著作从不同方面、不同视域推进了当代中国的马克思主义哲学研究。在马克思主义哲学创始人思想研究方面，有罗燕明著《马克思恩格斯思想研究（1833－1844）》（中央编译出版社）、孙伯鍨著《探索者道路的探索：青年马克思恩格斯哲学思想研究》（南京大学出版社）、郝敬之著《整体马克思》（东方出版社）等。在马克思主义哲学理论方面，有何萍著《马克思主义哲学与文化哲学》（武汉大学出版社）、郝立忠著《作为哲学形态的唯物主义辩证法》（山东大学出版社）、王炳书著《实践理性论》（武汉大学出版社）、谭培文著《马克思主义的利益理论——当代历史唯物主义的重构》（人民出版社）等。在马克思主义哲学中国化方面，有徐素华著《马克思主义哲学在中国——传播、应用、形态、前景》（北京出版社）、宋景堂著《邓小平哲学思想新论》（中国社会科学出版社）、朱书刚著《邓小平经济哲学思想》（中国财政经济出版社）、马汉儒主编《哲学大众化第一人——艾思奇哲学思想研究》（云南人民出版社）、谢龙主编《平凡的真理　非凡的求索——纪念冯定百年诞辰研究文集》（北京大学出版社）、蔡霞著《全球化与中国共产党人价值观》（四川人民出版社）等。由中山大学马克思主义哲学与中国现代化研究所主持的"马克思主义的当代价值丛书"由人民出版社出版，首批有孙正聿著《马克思辩证法理论的当代反思》、顾海良与张雷声著《马克思劳动价值论的历史与现实》、丰子义与杨学功著《马克思"世界历史"理论与全球化》、何萍与李维武著《马克思主义中国化探论》等专著，反映了当代马克思主义哲学研究的新成果。武汉大学马克思主义哲学研究所编《马克思主义哲学研究》2002年卷，由湖北人民出版社出版。当代西方马克思主义，在经历20世纪90年代的低潮之后出现新的发展，开始受到中国理论界和出版界的关注。中国人民大学出版社及时推出了《马克思主义研究译丛》，介绍当代西方马克思主义的发展，首批有戴维·施韦卡特著《反对资本主义》、丹尼尔·辛格著《谁的新千年——他们的还是我们的?》、道格拉斯·拉米斯著《激进民主》、罗伯特·韦尔与凯·尼尔森编《分析马克思主义新论》等书。2001年，哈贝马斯来华进行学术访问，先后在北京、上海作了五个学术报告，产生很大影响。由中国社会科学院哲学研究所编《哈贝马斯在华讲演集》，用中、德两种文字收录了哈贝马斯在华讲演的报告及有关资料，由人民出版社于本年度出版。这方面的图书还有：陈学明与马拥军著《走近马克思——苏东剧变后西方四大思想家的思想轨迹》（东方出版社）、俞吾金等著《现代性现象学：与西方马克思主义者的对话》（上海社会科学院出版社）、张立波著《后现代境遇中的马克思》（民族出版社）等。

中国古代哲学研究类的图书，继续呈现出一派万紫千红的气象。在先秦哲学研究方面，有陈来著《古代思想文化的世界——春秋时代的宗教、伦理与社会思想》（三联书店）、邓球柏著《帛书周易校释》（湖南人民出版社）、徐志钧著《老子帛书校注》（学林出版社）、陈伟著《郭店竹书别释》（湖北教育出版社）、陈奇猷著《吕氏春秋新校释》（上海古籍出版社）、杨俊光著《墨经研究》（南京大学出版社）、上海大学古代文明研究中心与清华大学思想文化研究所编《上博馆藏战国楚竹书研究》（上海书店出版社）等。学苑出版社出版的"学苑海外中国学译丛"，于本年度首先推出两种研究近30年出土老子文献的著作，一是美国学者韩禄伯著《帛书老子研究》，另一是美国学者艾兰和英国学者魏克彬编《郭店老子：东西方学者的对话》，这为中国学者了解西方汉学家的近期研究成果打开了一个新窗口。在汉唐哲学研究方面，有刘厚琴著《儒学与汉代社会》（齐鲁书社）、王四达著《〈白虎通义〉与汉代社会思潮》（南方出版社）、庞天佑著《秦汉历史哲学思想研究》（中国社会科学出版社）、董恩林著《唐代老学：重玄思辨中的理身理国之道》（中国社会科学出版社）等。在宋元明清哲学方面，有漆侠著《宋学的发展和演变》（河北人民出版社）、彭永捷著《朱陆之辩——朱熹陆九渊哲学比较研究》（人民出版社）、徐刚著《朱熹自然哲学思想论稿》（福建教育出版社）、王立新著《开创时期的湖湘学派》（岳麓书社）、钱明著《阳明学的形成与发展》（江苏古籍出版社）、王国良著《明清时期儒学核心价值的转换》（安徽大学出版社）、中国实学研究会主编《实学文化与当代思潮》（首都师范大学出版社）等。2002年是明清之际大哲学家王夫之逝世310周年。为了纪念这位中国古典哲学的集大成者，一批有关王夫之研究的著作于本年度问世，有萧萐父与许苏民著《王夫之评传》（南京大学出版社）、陈赟著《回归真实的存在——王船山哲学的阐释》（上海人民出版社）、汪学群著《王夫之易学》（社会科学文献出版社）等。齐鲁书社于本年度出版了《洙泗学人文库》共10册，由曲阜师范大学长期从事孔子、儒学研究的专职教授和兼职教授从已发表的文章中选编而成，有葛荣晋著《儒学精蕴新释》、骆承烈著《孔学研究》、许凌云著《经史因缘》、姜林祥著《儒学价值传统与现代化》、苗润田著《解构与传承——孔子、儒学及其现代价值研究》、王钧林著《门外说儒》、韩钟文著《美善境界的寻求——儒家教育哲学思想研究》、杜振吉著《伦理的智慧》、杨朝明著《儒家文献与早期儒学研究》、刘蔚华著《儒学与未来》。这套丛书从一个方面反映了齐鲁学者开展儒学研究的新成果。

20世纪中国哲学研究，近年来已成为中国哲学研究的一大热点；这方面的图书，在本年度有一大批出版。胡伟希著《观念的选择：20世纪中国哲学与思想透析》（云南人民出版社）、柴文华与陈红著《中国哲学的现代化研究》（黑龙江教育出版社），从总体方面对20世纪中国哲学的开展作了探讨。陈哲夫、江荣海、吴丕著《二十世纪中国思想史》上下册（山东人民出版社），着重对20世纪中国政治哲学与政治思想的演变作了梳理和评析。宋志明与孙小金著《20世纪中国实证哲学研究》（中国人民大学出版社）、胡伟希著《知识、逻辑与价值——中国新实在论思潮的兴起》（清华大学出版社），对20世纪中国哲学的一些重要思潮进行了研究。更多的则是从个案方面探讨20世纪中国哲学的图书，如姜义华著《章炳麟评传》（南京大学出版社）、周质平著《胡适与中国现代思潮》（南京大学出版社）、郭一曲著《现代中国新文化的探索——张申府思想研究》（广东人民出版社）、张光成著《中国现代哲学的创生原点——熊十力体用思想研究》（上海人民出版社）、胡军著《道与真——金岳霖哲学思想研究》（人民出版社）等。胡传楷、毛子水、吴相湘著《胡适传记三种》，由安徽教育出版社出版，这三位胡门弟子从不同方面记述了胡适其人其学。李维武编《徐复观文集》五卷本，由湖北人民出版社出版，为中国大陆学术界开展徐复观思想研究提供了一套基本文献。20世纪中国哲学与以往时代中国哲学一个重要的区别，就在于它是在中西古今哲学的碰撞、交流与融会中发展起来的。汤一介主编的"20世纪西方哲学东渐史丛书"，在本年度由首都师范大学出版社出版，从不同侧面深入探讨了近百年西方哲学在中国传播这一哲学文化现象，有黄见德著《20世纪西方哲学东渐史导论》、王中江著《进化主义在中国》、杨寿堪与王成兵著《实用主义在中国》、张耀南与陈鹏著《实在论在中国》、胡军著《分析哲学在中国》、陈晓明与杨鹏著《结构主义与后结构主义在中国》、张祥龙等著《现象学思潮在中国》、王岳川著《后现代后殖民主义在中国》、孙尚扬与刘宗坤著《基督教哲学在中国》、胡伟希著《中国本土文化视野下的西方哲学》等。

西方哲学研究类的图书出版，在本年度十分活跃，多姿多彩。王晓朝译《柏拉图全集》第1卷由人民出版社出版，这是中国学者开展古希腊哲学研究的一项重要成果。与之相比，对西方后现代思潮研究的图书更成热点，如吴伟赋著《论第三种形而上学：建设性后现代主义哲学研究》（学林出版社）、汪安民著《福柯的界线》（中国社会科学出版社）、秦嘉清著《让－弗·利奥塔：独树一帜的后现代理论家》（文化艺术出版社）、史蒂文·康纳著《后现代主义文化——当代理论导引》（商务印书馆）、齐格蒙·鲍曼著《后现代性及其缺憾》（学林出版社）和《生活在碎片之中：论后现代道德》（学林出版社）等。研究德国哲学的著作，在西方哲学研究类图书中占有很大比重。李文潮与H.波塞尔编《莱布尼茨与中国——

〈中国近事〉发表300周年国际学术讨论会论文集》中译本,由科学出版社出版,对莱布尼茨与中国文化及其哲学的联系作了多方面探讨。加拿大著名哲学家查尔斯·泰勒著《黑格尔》中译本,由译林出版社出版,使中国学者看到了当代西方学者对黑格尔哲学的深度解读。德国学者L.J.庞格拉茨主编《德国著名哲学家自述》,由东方出版社出版,汇集了23位20世纪著名德国哲学家的自传,展示了近百年来德国哲学发展的风貌。海德格尔仍是倍受关注的哲学大家,本年度出版的有关海德格尔的论著有:朱利安·扬著《海德格尔 哲学 纳粹主义》(辽宁教育出版社)、周民锋著《走向大智慧:与海德格尔对话》(四川人民出版社)、李文堂著《真理之光——费希特与海德格尔论SEIN》(江苏人民出版社)、胡自信著《黑格尔与海德格尔》(中华书局)等。有关德国哲学研究的图书,还有黄裕生著《真理与自由——康德哲学的存在论阐释》(江苏人民出版社)、温纯如著《认知、逻辑与价值——康德〈纯粹理性批判〉新探》(中国社会科学出版社)、张能为著《理解的实践——伽达默尔实践哲学研究》(人民出版社)等。在法国哲学研究方面,有尚杰著《归隐之路——20世纪法国哲学的踪迹》(江苏人民出版社)、孟登迎著《意识形态与主体建构:阿尔都塞意识形态理论》(中国社会科学出版社)等。柳鸣九、沈志明主编《加缪全集》四卷本,由河北教育出版社出版。在美国哲学方面,有孙有中著《美国精神的象征:杜威社会思想研究》(上海人民出版社)、陈亚军著《从分析哲学走向实用主义——普特南哲学研究》(东方出版社)、李增著《结构主义在美国的本土化过程研究》(东北师范大学出版社)等。沃浓·路易·帕灵顿著《美国思想史(1620－1920)》中译本,由吉林人民出版社出版。中英合作项目《当代英美哲学概论》,由社会科学文献出版社出版,该书英方主编是Nicholas Bunnin与E.P.Tsui－James,中方主编是燕宏远与韩民青。新华出版社出版了“常青藤译丛”,主张以全球性的眼光推介外国前沿思想文化成果,第一辑共四本:约翰·雷契著《敲开智者的脑袋——当代西方50位著名思想家的智慧人生》、塞缪尔·亨廷顿与劳伦斯·哈里森主编《文化的重要作用——价值观如何影响人类进步》、哈拉尔德·米勒著《文明的共存——对塞缪尔·亨廷顿“文明冲突论”的批判》、唐纳德·肯尼迪著《学术责任》。张文杰编《历史的话语:现代西方历史哲学译文集》,由广西师范大学出版社出版,介绍了近百年来西方历史哲学的基本文献及其思想走向。德国哲学家西美尔著《货币哲学》中译本,由华夏出版社出版,推动了中国哲学界和经济学界对货币哲学的关注与研究。在西方近现代哲学研究方面,还有一些值得重视的新书,如倪梁康著《自识与反思——近现代西方哲学的基本问题》(商务印书馆),刘放桐等著《马克思主义与西方哲学的现当代走向》(人民出版社)、欧阳谦著《20世纪西方人学思想导论》(中国人民大学出版社)、于文秀著《“文化研究”思潮导论》(人民出版社)等。

解释学在近年来成为中国哲学界关注的一个新领域。中国学者们开始在西方哲学与中国哲学之间、哲学与其他学科之间展开综合的解释学研究。洪汉鼎主编的“诠释学与人文社会科学丛书”,于本年度由上海译文出版社出版,就反映了这一研究工作的新开展。这套丛书有:章启群著《意义的本体论——哲学诠释学》、李建盛著《理解事件与文本意义——文学诠释学》、韩震与孟鸣歧著《历史·理解·意义——历史诠释学》、谢晖著《法律:诠释与应用——法律诠释学》、杨慧林著《圣言·人言——神学诠释学》、黄小寒著《“自然之书”解读——科学诠释学》、刘耘华著《诠释学与先秦儒家之意义生成——〈论语〉、〈孟子〉、〈荀子〉对古代传统的解释》。有关解释学研究的图书还有:金惠敏著《后现代性与辩证解释学》(中国社会科学出版社)、周光庆著《中国古典解释学导论》(中华书局)、李红著《当代西方分析哲学与诠释学的融合:阿佩尔先验符号学研究》(中国社会科学出版社)等。

伦理学类的图书在本年度中同样多有新著问世。对中国传统伦理与当代道德建设的探讨,仍然是本年度伦理学类图书的重点,如王华著《美德论——传统美德与当代公民道德建设研究》(山东人民出版社)、唐之享著《以德治国论》(湖南人民出版社)、张康之著《寻找公共行政的伦理视角》(中国人民大学出版社)、沈立江与万斌主编《从政以德 执政为民:与领导干部谈从政道德》(浙江人民出版社)、程立显著《伦理学与社会公正》(北京大学出版社)等。经济伦理学与生态伦理学已成为当代伦理学的重要分支学科,一批这方面的图书在本年度出版,如张应杭著《企业伦理学导论》(浙江大学出版社)、佘正荣著《中国生态伦理传统的诠释与重建》(人民出版社)、何怀宏主编《生态伦理——精神资源与哲学基础》(河北大学出版社)等。北京大学出版社推出了“未名译库·经济伦理学译丛”,有理查德·T.德·乔治著《经济伦理学》、博特赖特著《金融伦理学》、戴斯·贾丁斯著《环境伦理学——环境哲学导论》。互联网的兴起，强有力地改变了人类的生活及其伦理观念，使得网络伦理日益引人注目，这方面的图书也开始纷纷出现，如张震著《网络时代伦理》(四川人民出版社)、段伟文著《网络空间的伦理反思》(江苏人民出版社)、派卡·海曼著《黑客伦理与信息时代精神》(中信出版社)等。朱贻庭主编的《伦理学大辞典》(上海辞书出版社)，全书260余万字，是本年度出版的一部重要的伦理学辞书。

本年度美学类图书的出版，也呈现出多彩的色调。在美学原理方面，有冯宪光著《马克思美学的现代阐释》(四川教育出版社)、谭容培著《审美学原理》(湖南人民出版社)、赵连元著《审美艺术学》(首都师范大学出版社)、孔智光著《理想美学》(山东大学出版社)等。在中国美学研究方面，有梁一儒等著《中国人审美心理研究》(山东人民出版社)、朱志荣著《商代审美意识研究》(人民出版社)、韩烈文著《刘熙载〈艺概〉研究》(江苏古籍出版社)、钟仕伦与李天道主编《当代中国传统美学研究》(四川大学出版社)等。在西方美学研究方面，有张政文著《从古典到现代——康德美学研究》(社会科学文献出版社)、杨平著《康德与中国现代美学思想》(东方出版社)、牛宏宝著《西方现代美学》(上海人民出版社)等。在美学译著方面，也有不少新著问世，如理查德·舒斯特曼著《实用主义美学——生活之美，艺术之思》(商务印书馆)、马泰·卡林内斯库著《现代性的五副面孔：现代主义、先锋派、颓废、媚俗艺术、后现代主义》(商务印书馆)等。

随着中国学术界对政治哲学研究的日渐重视，这方面的图书在本年度中也多有出版。一批外国学者的政治哲学著作中译本先后出版，如厄内斯特·曼德尔著《权力与货币——马克思主义的官僚理论》(中央编译出版社)、伊曼努尔·华勒斯坦等著《自由主义的终结》(社会科学文献出版社)、约翰·罗尔斯著《作为公平的正义——正义新论》(上海三联书店)、杰弗里·C.戈德法布著《"民主"社会中的知识分子》(辽宁教育出版社)、斯拉沃热·齐泽克著《意识形态的崇高客体》(中央编译出版社)及斯拉沃热·齐泽克、泰奥德·阿多尔诺等著《图绘意识形态》(南京大学出版社)等。中国学者的政治哲学著作有：张传平著《市场逻辑与社会主义》(人民出版社)、袁久红著《正义与历史实践——当代西方自由主义正义理论批判》(东南大学出版社)、陈章亮等主编《当代中国的政治哲学：执政兴国面临重大问题的思辨》(中国青年出版社)等。

逻辑学类图书在本年度也有一批新著问世，如邹崇理著《逻辑、语言和信息——逻辑语法研究》(人民出版社)、桂起权等著《次协调逻辑与人工智能》(武汉大学出版社)、黄顺基等主编《逻辑与知识创新》(中国人民大学出版社)、梁彪著《推理与决策》(广东人民出版社)、张建军著《逻辑悖论研究引论》(南京大学出版社)、蒙绍荣著《直觉思维论》(广西人民出版社)等。值得一提的是，作为应用逻辑学的法律逻辑开始受到关注与研究，在本年度有几本新书出版：陈应芬著《法律分析逻辑》(西南交通大学出版社)、张成敏著《案史：西方经典与逻辑》(中国检察出版社)、陈锐著《规范逻辑和法律科学》(天津人民出版社)。

本年度宗教学类图书，从内容和品种上看，都相当丰富。中国宗教问题研究的图书，是本年度宗教学类图书的一大重点，所涉及的内容颇为广泛。关于中国道教方面的图书有：姜生与汤伟侠主编《中国道教科学技术史》汉魏两晋卷(科学出版社)、王永平著《道教与唐代社会》(首都师范大学出版社)、任宗权著《道教手印研究》(宗教文化出版社)、法国学者索安著《西方道教研究编年史》(中华书局)等。关于中国佛教方面的图书有：方立天著《中国佛教哲学要义》(中国人民大学出版社)、普慧著《南朝佛教与文学》(中华书局)、董平著《天台宗研究》(上海古籍出版社)、徐孙铭与王传宗主编《湖南佛教史》(湖南人民出版社)、日本学者忽滑谷快天著《中国禅学思想史》(上海古籍出版社)等。关于中国少数民族宗教方面的图书有：段丽萍著《中国少数民族宗教》(云南民族出版社)、霍旭初著《考证与辩析——西域佛教文化论稿》(新疆美术摄影出版社)、措如·次郎著《藏传佛教噶举派史略》(宗教文化出版社)、赛仓·罗桑华丹著《藏传佛教格鲁派史略》(宗教文化出版社)、牛军著《云南少数民族宗教文化与审美》(中国社会科学出版社)等。关于中国原始宗教与民间宗教方面的图书有：马书田著《中国人的神灵世界》(九州出版社)、刘毓庆著《图腾神话与中国传统人生》(人民出版社)等。关于中国基督教方面的图书有：陆建明与何除主编《基督教与中国伦理道德》(四川大学出版社)、英国学者汤森著《马礼逊——在华传教士的先驱者》(大象出版社)等。关于中国伊斯兰教方面的图书有：水境君与玛利亚·雅绍克著《中国清真女寺史》(三联书店)、丁宏与张国杰编著《百年中国穆斯林》(宁夏人民出版社)等。世界宗教研究的图书，在本年度也有新著问世。山东大学出版社的"汉译犹太文化名著丛书"，有三本新书于本年度出版：马丁·布伯著《论犹太教》、利奥·拜克著《犹太教的本质》、摩迪凯·开普兰著《犹太教：一种文明》。三联书店的《历代基督教学术文库》，在本年度又推出五本新书：克莱门著《劝勉希腊人》、巴尔塔萨著《神学美学导论》、卡尔·洛维特著《世界历史与救赎历史：历史哲学的神学前提》、莫尔特曼著《创造中的上帝：生态的创造论》、汉斯·昆著《世界伦理构想》。此外，邪教问题继续受到关注和研究。社会问题研究丛书编辑委员会编《再论邪教——邪教、教派与极端行为论文集》，由广西人民出版社出版，对深化邪教问题研究具有积极意义。

一些著名大学组编的哲学或人文社会科学丛书，进一步推动了哲学、宗教学类图书的繁荣。清华大学哲学系主办的《清华哲学研究系列》（河北大学出版社），继2001年出版韦正翔著《软和平——国际政治中的强权与道德》、田薇著《信仰与理性——中世纪基督教文化的兴衰》之后，又于2002年出版了唐文明著《与命与仁——原始儒家伦理精神与现代性问题》、方朝晖著《"中学"与"西学"——重新解读现代中国学术史》、宋继杰主编《BEING与西方哲学传统》。北京大学推出人文素质教育教材"人文社会科学是什么丛书"（北京大学出版社），其中胡军著《哲学是什么》、周宪著《美学是什么》、何怀宏著《伦理学是什么》、陈波著《逻辑学是什么》、张志刚著《宗教学是什么》、崔丽娟著《心理学是什么》，都是哲学、宗教学类图书。这些丛书产生了较大的影响，成为近年来哲学、宗教学类图书出版的一个新现象。

社会科学总论类图书综述

黄力

年鉴共选收社会科学总论类图书148种，与往年相比，收录图书数量略有增加，除丛书和文集外，主要集中在社会学、管理学、人口学和统计学等学科领域。图书内容和出版形式都较往年更为丰富。

本年度丛书以整体形式收录的数量不多，但涉及内容却十分广泛，有给纯洁的孩子以中国五千年文明启蒙的《小学生课外必读·国学启蒙卷》（台湾风车编辑群策划，文心社版），有紧紧贴近老年朋友的生活实际，给老年人提供生活指南的"现代老年人丛书"（陈尧、李群等编著，江苏人民社版），也有介绍中国传统文化，传承古老历史文明的《书韵楼丛刊》（巾箱本）（上海古籍社版）和《古籍赏读系列》（方文等编注，湖北人民社版），更有收录12位富有经验、译绩卓著的翻译家对翻译、文学、文化思考的文字，反映他们对翻译、对人生的领悟，对文学、对文化的思考，对生命、对精神的理解的"巴别塔文丛"（吕同六登等编著，湖北教育社版）。这些丛书一改往年着重文史研究、史料收藏的风格，无论是在收录内容还是在适用读者范围方面，都较以往有了较大的改变。

本年度丛书大多以图书单行本的形式收录，这些图书反映出本年度丛书的另一特点是涉及社会问题丛书数量增加。北方文艺社的"金丝带译丛"收录了多国社会学家对人生、情感、婚姻等社会问题的讨论与感悟，既提供了一些处世技巧，又富有深刻的人生哲理。浙江人民社的"智慧在线丛书"以平凡而生动的事例讲述生活中的道理，表达了对现实问题的思考，呼唤人们对真、善、美的追求。山东文艺社的"现代生活书屋"收录了5位日本学者的作品，在减轻现代人心理压力、缓解身心疾病、探究男女内心世界以及两性关系等角度都有独到的见解，用清新、通俗的笔调为现代人的生活展开了一片新的天地。

文集是本年度的一个亮点。多人文集《北大文章》（朱家雄主编，海南社版）收编了14位北大出身的思想家、文学家和著名学者的148篇文章，比较全面地反映了五四运动所奠定的北大精神，文中体现了作者们关注民族、国家乃至全社会、全人类的博大襟怀。《当代博士生导师文化随笔书系》（王岳川等著，山东友谊出版社出版）截取多位博士生导师发表过的学术文章、专著的富有辞采的章节、片段和三五语句，其中王岳川的《全球文化与中国》，对东西方文化的交汇、碰撞所引起人们困惑的理论问题，作了清晰的厘定；金元浦的《叩问仿真年代》，对时下的消费趋向引起人们心理、时尚的变化，进行深刻的探讨；周宪的《思想的碎片》，是对创作思维以及社会现象的解剖。

个人文集成果颇多，形式多种多样。中州古籍出版社出版的以辑注形式出版的秦代著名政治家、军事家、文学家、文字学家和书法家李斯作品集《李斯集辑注》（张中义、王宗堂、王宽行辑注）和以校注形式出版的汉代著名史学家、文学家班固作品集《班兰台集校注》（[明]张溥辑、白静生注），从不同角度给我们展现了两位历史名家的作品。科学社的《郭沫若全集·考古编》（第一卷　甲骨文字研究、殷契余论）收录了郭沫若关于甲骨文、金文、石鼓文等考古研究，对中国考古学、古文字学和中国古代史研究具有历史性的意义。北京古籍社的《读随园诗话札记》（手稿本）则呈现了郭沫若手稿的原貌，内容涉猎广泛，文字简约明了，透视出作者的治学态度和思想轨迹。《梁实秋文集》（15卷）（鹭江社版）收入了梁实秋一生的全部文学作品和学术专著，系统地体现了梁实秋一生的政治观点、文学思想和主要成就。《花花朵朵坛坛罐罐》（江苏美术社版）是沈从文艺术与文物研究论著结集，文间渗透着作者对古代造物艺术美的歌颂，深呈其学术价值。《文化浮生论学——李泽厚、陈明2001年对谈录》（华夏社版）是学界泰斗李泽厚与青年新锐陈明之间的对话录，全书浓缩了李泽厚学术思想的精华。

社会学领域图书是本年度的出版热门，丰富多彩的内容反映出社会学研究领域的广泛性与实用性。本年度社会学图书主要涉及以下议题：

总论社会学研究理论方法与现状的图书有：译著《有争议的知识——后现代时代的社会理论》（[美]史蒂文·塞德曼著，刘北成等译，中国人民大学社版）、《社会学——关于社会化形式的研究》（[德]格奥尔格·西美尔著，林荣远译，华夏社版）、《反自然的社会》（[法]塞尔日·莫斯科维奇著，黄玉兰译，天津人民社版）等介绍了国外社会学研究的一些思想与观点，反映了当代西方社会学研究的现状；大学生文化素质教育教材《新编社会学》（侯力、左伟清编著，华南理工大学社版）对社会学进行了系统研究和阐述，其内容涉及社会与文化、人的社会化、社会群体、社会组织等诸多方面。论述人际关系的著作有：《当前中国人际关系研究》（乐国安主编，南开大学社版）从理论上研究了不同环境、不同时代和不同文化背景下的中国人际关系；《闲谈：突破沟通的障碍》（[美]阿伊·杰伊著，王德庆、马小丰译，海南社版）则向人们传授了与人沟通的秘笈；《现代人完全礼仪手册》（赵颖梅著，海南社版）介绍了国际化交流中的礼仪知识，为现代人适应国际化生活打开了眼界。爱情与两性关系既是人类永恒的话题，也是社会学领域的经典话题。冯沪祥著，北京大学出版社的《两性之哲学》从哲学角度分析两性问题，为两性情感需求成功提供了既深具理性，又相当实用的方法；[美]布伦达·希弗著，邵文实、王爱松译，北方文艺出版社的《爱情方程式——爱与力的平衡》告诉人们在两性的情感关系中，需要保持爱与力的平衡。阐述了怎样通过生活经历调整自己，建立起圆满的情感关系。妇女学研究也有新的成果，《妇女学和妇女史的本土探索——社会性别视角和跨学科视野》（杜芳琴著，天津人民社版）着重从社会性别视角和跨学科视野阐述妇女学，侧重于学科建设的组织与探讨；《历史、史学与性别》（李小江等著，江苏人民社版）就史学中的性别研究以及妇女史研究中的相关问题进行了讨论；《女性主义思潮导论》（艾晓明译，华中师范大学社版）译自美国女性主义课程教材，较全面地介绍了各种流派的女性主义思想。

职业社会学方面的图书更倾向于实用与可操作性，曾凯民编著，上海科学技术文献出版社的《申请·面试·薪酬——谋职成功的三项修练》汲取了国外职业指导专家的研究新成果、新观点，综合国外人才市场的新动向、新趋势，系统介绍求职的实战技巧。舒风编著，金盾出版社的《失业人员求职指南》具体指导失业下岗人员如何改变就业观念、寻找新的职业。

展示城市社区建设与地域文化研究成果的图书有：李绘欣、刘庆龙编著，河南人民社出版的《中国城市社区》从我国城市社区实际情况出发，运用社会学、经济学、教育学、管理学等学科的研究方法，对我国城市社区建设的发展、特征以及城市社区的服务、文化、环境、教育、管理等方面进行了论述；张穗华主编，中国对外翻译出版公司出版的《城市迷宫》展现出世界各大城市的不同风貌，以及变迁和发展的历史，叙述都市化的壮阔历程，对城市的生态问题作了探讨，是一部关于城市的饶有趣味的百科全书；马说著，海南社出版的《河南人惹谁了》，全面描述了全国很多省份存在的丑化河南人的现象，深入分析了产生这种地域歧视现象的原因，反驳了种种不公正传闻，为河南人正名。

论述人类学与民族学的图书有：《中国的族群与族群关系》（周大鸣主编，广西民族社版）着重探讨了族群与中国的实践，中国的族群和族群互动等问题；《民族文化生态村云南试点报告》（尹绍亨主编，云南民族社版)是云南省进行的以文化保护和传承为宗旨的民族文化生态村试点建设的经验总结。

纵观本年度社会学图书,实用性、操作性强的图书以及涉及热门话题的图书数量明显增多,国外译著数量也大量增加,这一方面说明我国社会问题正趋于多元化,另一方面也说明我国的社会学研究正走出象牙塔,逐渐为更多的普通大众所接受,并不断吸收国外社会学新的研究成果,努力与国际研究接轨。

本年度收录人口学著作不多,但其中却不乏名人经典之作。《人口与计划生育文集》(中国人口社版)收录宋平 1988 年至 1998 年间关于人口与计划生育方面的部分文章、讲话、谈话和信函,从不同角度反映了著者对人口与计划生育的理论思考和工作实践。《新人口论》(中国人口社版)阐述了作者马寅初关于中国人口发展"新人口论"的十项内容,其中立论点落脚于:控制人口数量和提高人口质量,并从我国国情出发,提出了控制人口增长的各种措施。

管理学图书是本年度图书的另一个热点。与往年相比,本年度管理学研究的特色体现在着重将管理学置于全球与社会大背景之下进行讨论,充分反映了管理学理论研究者不断创新,与时俱进的科学研究精神。如张新胜等著,中国人民大学社的《国际管理学——全球化时代的管理》即在经济全球化大背景之下,对那些努力走向国际化的公司将面对的核心挑战进行阐述,分析了国际化的政治、法律与技术内容,论述了管理文化多样性的挑战;胡昌平编著,武汉大学社的《管理学基础》立足于社会信息化、知识经济发展以及科技进步环境,在全面阐述管理学基本原理与方法的基础上,突出在传统理论基础和管理实践发展的创新,强调信息化与知识经济发展中的管理变革。本年度管理学图书主要涉及以下几方面内容:有关管理学各分支学科理论著作,如《管理经济学》(李宝山主编,东北财经大学社版)、《管理运筹学》(龙子泉、陆菊春编著,武汉大学社版)、《管理统计学》(缪柏其主编,中国科学技术大学社版)与《组织行为学》(盖勇主编,山东人民社版)等;介绍新型管理思潮与管理理论图书,如《6Sigma——风行美国的管理思潮》([美]M. 哈里、R. 施罗德编著,中国科学技术大学社版)、《和谐管理理论》(席西民等著,中国人民大学社版)与《跨文化管理——一门全新的管理学科》(张静河著,安徽科学技术社版)等;论述现代管理技术与方法的图书,如《项目管理:计划、进度和控制的系统方法》(第7版)([美]哈罗德·科兹纳编,杨爱华等译,电子工业社版)、《现代信息系统设计方法》([印度]吉比泰施·米沙拉司编,光亚等译,电子工业社版)与《人事测评理论与方法》(唐宁玉主编,东北财经大学社版)等;论述领导科学的图书,如《领导的现代化进程》(高伟江著,苏州大学社版)与《领导科学》(姜法奎、刘银花编著,东北财经大学社版);论述咨询与决策科学的图书,如《咨询师的工具箱》([美]梅尔·西尔伯曼编,高变华译,机械工业社版)与《运筹学——管理决策的模型与方法》(杜延军、刘信生、马勤生著,甘肃教育社版)等;有关人才学的图书,如《从单位所有到社会经营——人才体制的第三种选择》(李小平著,山东人民社版)、《大力实施人才强国战略》(中共中央组织部干部一局编著,党建读物社版)与《跨世纪的湖南人才》(苏仁华编著,湖南人民社版)。本年度的管理科学图书涉及内容广泛,反映出管理科学研究领域的繁荣,展示出当代管理科学研究的新进展。

本年度收录统计学图书数量极少,仅有 6 种。总论统计学的有《统计学原理》(施燕萍主编,电子工业社版)、《新编统计基础》(李国艳主编,大连理工大学社版)和《漫画统计学入门》([美]戈尼克·史密斯著,梁杰等译,辽宁教育社版),它们从不同角度介绍了统计学的基础理论与方法,适合不同层次的读者阅读。苏金明等编著,电子工业社的"统计软件SPSS系列"则主要介绍统计软件 SPSS 开发与使用,具有较强的可操作性。

本年度有关社会科学研究方法、反映社会科学现状的图书依然不多,但其中两种图书颇具特色,它们是译著《社会研究方法基础》([美]艾尔·巴比著,邱泽奇译,华夏社版),该书采用最常见的例子,运用幽默的语言,深入浅出、循序渐进地展现了社会科学研究的多种实用方法,实践科学理念;《与时俱进的中国人文社会科学——中国人文社会科学论坛2002》(纪宝成主编,中国人民大学社版)汇集 2002 年 5 月在中国人民大学举行的"中国人文社会科学论坛 2002"的精彩内容,围绕近年来中国与世界重大事件与人文社会科学研究的热点问题为主题展开讨论,及时反映了当代中国人文社会科学研究的最新状况与进展。

本年度收录社会科学总论类图书数量较多、内容广泛、形式多样、精彩纷呈,总体上客观反映了社会科学研究的进展状况。尽管如此,仍存在一些不足之处,即图书过多集中于文集、社会学与管理学三方面，有关统计学、人口学等图书数量较少，而在反映社会科学理论与方法论，社会科学机构与团体、社会科学研究与发展现状、社会科学教育与普及等方面尤显不足。

经济类图书综述

张连辉 赵凌云

2002年，理论界和出版界的目光仍主要集中在区域经济、虚拟经济、经济结构、中外经济比较研究等热点问题上，经济学基础理论研究则依旧非常薄弱。引人注目的是，几本有关社会公正问题专著的出版，尽管为数不多，却为本年的经济类图书平添了几分人文与理性的色彩。

一、社会公正问题日益受到学界关注

在改革过程中，长期隐没在“效率优先”的强势话语之下的社会公正问题，随着经济的发展和改革的推进，涓流汇聚，暗潮涌动，近年来，日益表现出显性化的趋势。在社会公正方面存在的问题，对中国经济持续健康发展所产生的负面影响，已不容忽视。一批敏感而不乏学术良知的知识分子，在经年思考和研究社会公正问题的基础上，于本年度推出了《经济前沿学术札记·道德、公正和效率集》，表明社会公正问题正日益受到学界关注。

该文集由河南人民出版社出版，包括《自由、公正和制度变迁》（姚详著）、《道德、经济、制度》（金雁、秦晖著）和《经济转轨与社会公正》（茅于轼著）等3本。广泛探讨了市场经济条件下的经济、伦理、道德问题，经济、社会、文化转轨问题，市场培育问题，企业诚信问题以及宏观经济背景和人们的生产、生活方式等重大问题，进行较为深入的历史分析与理论思索，并与苏联、东欧诸国的经济转轨进行比较分析，深刻剖析经济现象背后的社会文化内涵，视野开阔，思维敏锐，具有历史的厚重感。

二、中外经济比较研究渐入佳境

中国改革和发展的推进，需要借鉴外国的经验和教训，因而对中国问题的审视也必须采用比较的视角。有鉴于此，中外比较研究近来倍受重视，成果时有面世。本年度，有关中外比较研究的著述较以往有明显的增加，中外比较研究渐入佳境。

从中外比较研究的内容来看，涵盖了体制、经济增长方式和发展道路等方面。赵伟君、何文安、马蔚云著的《中俄经济体制改革比较》（黑龙江人民出版社）一书，在对中俄两国经济体制改革全部历程进行较为详尽和清晰的概述的基础上，对中俄经济体制改革进行了整体的、综合的比较分析，提出了我们对中俄各个领域改革的基本价值判断和具有批判意义的历史分析。《粮食流通的比较分析》（王晓明著，中国人民大学出版社）分析了日本粮食流通的全过程，介绍了美国、欧共体和中国的粮食流通体制，在比较分析的基础上提出了中国粮食流通的目标模式。《经济增长方式研究》（田春山、李涛主编，江苏人民出版社）一书，采用实证分析方法，对世界各国经济增长方式的选择与利弊进行了对比研究，并首次将政府在经济增长中的作用机制纳入视野，尝试为中国实现经济增长方式的转变提供可行的路径建议。《韩中产业技术政策及其社会文化背景比较研究》（[韩]李晶雨著，东北大学出版社）从科学技术哲学的观点出发，从分析传统产业政策及产业技术政策的理论基础入手，以韩国、中国的产业技术政策作为考察对象，运用政策实施的经验教训，探索产业技术政策与社会文化背景之间的相互作用。

相关图书还有《中越经济改革比较研究》（刘威岳、[越]黎友层主编，广西人民出版社）；《中日韩农业现代化比较研究》（张忠根、田万获著，中国农业出版社）；《比较经济学》（荣敬本著，甘肃人民出版社）；《新比较经济学研究》（张仁德等著，人民出版社）等。

另外，还有两本比较研究的译著：《比较金融系统》（[美]富兰克林·艾伦等著，王晋斌等译，中国人民大学出版社）和《比较教育译丛·人力资源规划、方法、经验与实践》（奥利维·贝尔特朗著，王晓辉译，人民教育出版社）。

三、虚拟经济研究涌现热潮

伴随虚拟经济的迅猛发展,相关研究及时跟进。本年度出版的有关虚拟经济的图书,从上年度的寥寥4种,猛增至9种单行本及一套13本的丛书,而且,广度和深度上亦超过往年。虚拟经济研究涌现热潮。

相关的著作主要有:《电子商务模拟运作》(丛凤英主编,对外经济贸易大学出版社);《网络营销》(才书训、王雷震、叶柏青主编,东北大学出版社);《电子虚拟市场的演进与交易》(黄敏学著,武汉大学出版社);《电子商务网络建设》(李玉海编著,华中师范大学出版社);《电子商务经济学》(芮廷先编著,电子工业出版社);《电子商务原理》(王金胜编著,北京大学出版社);《电子商务原理及应用》(吴应良主编,华南理工大学出版社);《电子商务数据库》(陈菁华主编,华中师范大学出版社)等等。其中,《电子虚拟市场的演进与交易》一书探讨了在网络环境下信息技术对商务与整个市场的影响,阐明了电子虚拟市场的演进过程和电子虚拟市场的交易结构,分析了电子虚拟市场的交易模式和交易系统的构成,并讨论了我国电子虚拟市场的发展。《电子商务经济学》则力图使学生能够从经济学的角度理解电子商务的概念,学会用经济学方法来分析电子商务市场的特性、网络基础设施的定价、电子商务的市场效率、知识保护、信号质量与产品质量、消费者的信息搜索、产品选择与价格歧视、电子支付体系、物流管理和企业电子商务战略等问题。

四、区域经济研究“高烧”不退

2001年,有关西部大开发的研究呈现高潮。2002年,作为这一高潮的延续,区域经济仍是学术界研究热点。但是,同往年相比,本年度的区域经济研究一改以西部大开发研究占绝对主导的格局,东中部地区发展研究和一般区域发展研究比重明显上升。同时,对西部区域经济的研究,在宏观总体研究的基础上,进一步深入到次区域层面。

有关西部经济发展的宏观研究主要有:《中外西部开发史鉴》(杜平主编,湖南人民出版社);《21世纪中国西部发展探索》(赵曦著,科学出版社);《21世纪中国新工业化战略与西部大开发》(胡长顺著,中国计划出版社);《西部人文资源开发研究》(越惠强、洪增林著,甘肃人民出版社);《西部大开发战略的理论基础和实施对策》(徐国弟、陈玉莲主编,中国计划出版社);《西部开发与特色经济规划》(张丽君、李澜著,东北财经大学出版社);《西部边境城市发展模式研究》(王燕祥、张丽君,东北财经大学出版社);《西部地区城市化及就业结构转换研究》(贾志永、彭川宇、牛小安著,西南交通大学出版社);《实施西部大开发总体规划和政策措施》(国务院西部地区开发领导小组办公室编,中国计划出版社)。

有关西部次区域发展研究的图书有:《宁夏经济社会形势分析与预测(2001~2002)》(邓炎辉、张万寿主编,宁夏人民出版社);《乌鲁木齐地区产业组织问题研究》(罗辑、郭德辉著,新疆人民出版社);《WTO新疆如何应对》(杨引官等编,新疆人民出版社);《新疆经济发展实证分析和综合研究》(胡毅、高志刚著,新疆人民出版社);《重庆民族经济文化资源开发研究》(东人达、陈孝胜著,西南师范大学出版社);《土家族区域经济发展史》(邓辉著,中央民族大学出版社);《土家族区域可持续发展研究》(周兴茂著,中央民族大学出版社)。

有关东中部地区的经济研究有:《中国沿海经济低谷地区的崛起》(吴楚材、张落成、季子修等著,中国科学技术大学出版社);《首都经济研究报告》(文魁主编,首都经济贸易大学出版社);《两个根本转变与辽宁经济振兴》(方秉铸著,东北财经大学出版社);《陕西县域经济发展研究》(张毅主编,陕西科学技术出版社);《富民强省在江苏》(本书编写组编,江苏人民出版社);《21世纪河南经济问题研究书系》(史孝孔等主编,河南人民出版社);《河南经济发展若干重大问题研究》(徐兴恩著,河南人民出版社);《河南城镇化发展战略研究》(王彦武主编,河南人民出版社);《跨世纪的湖南区域经济》(唐之享主编,湖南人民出版社)。

有关一般区域发展研究的著作有:《区域创新与发展》(葛震远著,河南科学技术出版社);《区域农业发展与农作制建设》(中国耕作制度研究会);《区域产业发展与保税区研究》(董维忠著,天津人民出版社);《中国矿业城市研究》(周德群、汤建影、程东全著,中国矿产业大学出版社);《创新网络——区域经济发展新思维》(盖文启著,北京大学出版社);《高粱棵经济学》(张海钦著,中国财政经济出版社);《中国七大经济区产业结构研究》(邓玲、张红伟主编,四川大学出版社)。

五、经济结构仍是经济研究的中心话题

在改革过程中产生或得到强化的所有制结构、

产业结构、二元结构等经济结构问题，日趋成为制约经济持续稳定发展的关键因素。结构矛盾和结构调整已成为近来理论界关注的焦点。本年度出版的众多有关中国经济研究的著述，或专门、或辟专章讨论经济结构问题，即是对这种情势的反映。

张亚斌著《结构·系统·耦合——论所有制结构变迁与产业结构演进》（湖南人民出版社）在分析我国所有制结构变迁与产业结构演进的基础上，论证了所有制结构系统与产业结构系统耦合的内在机制，并提出了实现所有制结构系统与产业结构系统耦合的方案和路径选择。《论经济结构》（古建佳等主编，湖南师范大学出版社）则从宏观经济结构、产业经济结构、地区经济结构、企业经济结构和基础经济结构等五个方面论述了经济结构问题。《资本市场：结构调整和资产重组》（洪银兴主编，中国人民出版社）将经济发展、结构调整、资产重组、资本市场与市场化作为一个系统来研究，揭示了资本重组与经济结构调整之间的内在联系，研究了通过资本市场进行资产重组的机制和路径。《中国七大经济区产业结构研究》（邓玲、张红伟主编，四川大学出版社）则以比较的视角研究了区域经济结构问题。

另外，《改革：我们正在过大关》（吴敬琏著，三联书店）、《中国的外资经济——对增长、结构升级和竞争力的贡献》（江小涓著，中国人民大学出版社）、《中国经济改革和发展面临的问题》（周叔莲著，经济管理出版社）、《中国产业经济发展与企业制度改革》（吴家骏、李海舰主编，经济管理出版社）等书亦用相当的篇幅讨论了经济结构问题。

六、经济学基础理论研究有待加强

2002年，有关经济学基础理论研究的图书寥若晨星、乏善可陈，凸显出我国经济学基础理论研究的薄弱与落后，这对于中国经济学水平的提高、经济学的本土化和经济理论长期依赖国外输入的局面的扭转，均非常不利。经济学基础理论研究亟待加强。

本年度，相关著述中仅有的亮点是两部有关劳动价值论的著作。湖北人民出版社出版的《劳动价值论新探》（赵凌云）一书，运用新的理论视野分别从如何科学理解劳动价值论的思想方法与学理方法、如何构建社会主义劳动价值论体系和运用劳动价值论分析当代重大现实问题等三个层面，探讨了劳动价值论问题。深入地分析了当代中国的“剥削”问题、社会主义条件下的“资本”和“资本家”问题、中国改革开放过程中收入格局的变化、当代中国的阶层分化和当代资本主义的发展趋势等五个方面的现实问题。

晏智杰著《灯火集——劳动价值学说研究论文集》（北京大学出版社）是以重新认识劳动价值学说和重新研究经济学价值学说为主要内容的专题论文集。内容分为四部分，第一部分是对传统劳动价值论的反思，文章从各个角度分析了劳动价值论的性质、地位和作用，着重说明了随着时代变迁和形势的发展，该理论所显示出的历史局限性，以及这种局限性的历史与认识上的根源等等；第二部分是对经济学价值新论的探讨，特别是结合当前分配制度改革所涉及的理论和认识问题，以及作为经济学的基础理论所可能涉及的基本方面，包括对经济学价值概念、价值源泉、价值实现条件以及如何认识新条件下的“剥削”等问题，进行重新认识和探索；第三部分研究了中国理论经济学改革和发展的问题。第四部分收录了几篇对不同意见的评论、商榷和反驳文章。

文化、科学、教育、体育类图书综述

贺剑锋

2002年我国文化、科学、教育、体育类图书共出版69488种（初版32124种），总印数563110万册（张），总定价3066794万元，占全年出版图书总品种的41.17%（初版占32.28%），总印数占全部图书总印数的82.47%，总定价占全部图书定价总金额的58.2%。与2001年相比种数增长13.6%（初版增长16.7%），总印数增长8.1%，总定价增长13.9%。一般而言，一个国家文教类图书占全部图书的比重越大，说明这个国家的出版业越不成熟。这也反映出我国的出版业还处在典型的社会主义初级阶段。

人们的图书消费还偏重于与自己生存发展相关的必须部分。但不可否认的是,2002年我国文化、科学、教育、体育类图书出版取得的成就是巨大的。

坚持先进文化的前进方向,广泛吸收世界先进文化,努力发展我国的各项文化事业,繁荣文化理论研究

近年来,文化热在我国持续升温,2002年我国的图书出版仍然牢牢抓住多年来的文化热,出版了一大批关于文化理论、文化事业、文化产业的图书。而且随着党的十六大召开,将“三个代表”写进《中国共产党章程》,人们更加关注文化在社会、民族发展中重要作用。黎德化、程广云著的《与时俱进的社会主义文化》反映了中国先进文化的历史进程,论述了有中国特色社会主义文化的建设目标和内涵,分析了建设有中国特色的社会主义文化的途径和方式。

对中国文化的研究,以及对我国地方文化的研究,无疑是我国文化类图书出版的主要领域。王东著的《中华文明论——多元文化综合创新》揭示出中华文明起源的历史过程与世界历史地位,科学地回答了中国文化问题,特别是“中国文化向何处去”的新世纪发展问题,探讨了中国文化现代化发展战略和中华文明的现代复兴之路。中国的井文化,对民俗研究者来说,向来因其史料不足,研究者寡,更难见有专著问世。吴裕成著的《中国的井文化》犹如一幅展现井文化的历史长卷,延展多彩,风流百态,把个井的方方面面阐析得深透详细。潘琦主编的《刘三姐文化品牌研究》、上海科学技术文献出版社出版的《上海百年文化史》、沈晖主编的《建设文化大省新论》是该年我国地方文化研究的代表作。

比较文化、跨文化研究是我国文化研究领域的一个热点。1993年夏天,塞缪尔·亨廷顿在美国《外交》杂志上发表了题为《文明的冲突?》的文章,引起国际学术界、政治界的普遍关注,此后亨廷顿的著作成为全世界出版界竞相出版的热点。塞缪尔·亨廷顿、劳伦斯·哈里森共同主编的《文化的重要作用》延续了塞缪尔·亨廷顿多年来的一贯观点,并有所发展。作者们认为,文化问题在20世纪与21世纪是一个重要问题,文化是制度之母,本书从文化与经济发展、文化与政治发展等不同的角度回答了文化的价值观是如何影响人类进步的。金文学著的《中国人、日本人、韩国人》、方朝晖著的《“中学”与“西学”》、刘承华编著的《文化与人格:对中西方文化差异的一次比较》、王柯平著的《走向跨文化美学》等都是这类研究的力作。

近年来,国家对文化事业和文化产业的发展方针有了很大的变化,文化产业逐步从理性概念发展到国民经济的一个重要产业。尽管我国是文化资源的大国,却是典型的文化产业弱国。原因在于我国多年来对文化产业认识上存在偏差、意识形态过度控制,过分强调文化的教化功能而长期忽略文化的娱乐功能。十六大报告中提出了“文化产业”的概念,并提出要增强我国文化产业的整体实力和竞争力。因此,文化产业的核心是加快发展,以发展为主线,在发展中解决出现的问题,实现跨越式发展。随着文化事业与文化产业的发展,我国各类文化事业的理论研究十分繁荣,出版了一批又一批的重要成果。

信息与知识传播、新闻、出版是各类文化事业中研究的热点。吕新奎主编的《中国信息化》对中国信息化建设的发展历程、发展思路、发展经验和今后一段时间里的重点任务等进行了广泛而深入的研究。彭斐章主编的《信息资源管理人才培养研究》全面研究了我国信息资源管理人才培养的现状、差距、目标、方法等。尽管我国有世界上大众传播最多的受众人口,但在许多重大国内国际事件的传播议程方面却没有掌握在媒体自己的手中。中国的传播媒体一方面在国内新闻的报道上受到国家的严格控制,特别是在国内发生重大新闻的时刻,宣传主管部门往往决定什么能报、如何报、报道的焦点是什么。在另一方面,在国际新闻报道上,却很少有自己的独立的声音,报道的主动权掌握在以美国为首的西方发达国家的强势媒体上。李本乾著的《中国大众传媒议程设置功能研究》以问卷调查和内容分析相结合系统检验了我国大众传媒的特点、地区差异及其对议程设置效果的影响,总结和概括了具有中国本土特色的传播规律。刘建勋主编的《传播的艺术》、仲志远著的《网络新闻学》、金碚著的《报业经济学》等,从不同方面,研究了我国及世界新闻传播的发展历史、理论、发展规律。在出版理论方面,雷群明等著的《编辑修养十日谈》在业内产生了较大的影响。谢新洲编著的《数字出版技术》反映了近年来我国及世界出版技术数字化的发展情况。

在各类文化事业中,我国的图书馆事业并不十分发达,但我国的图书馆学却比较发达,近几年来,在世界图书馆学普遍不景气的情况下,我国的图书馆学研究成果迭出,发展较快。图书馆学、情报学与档案管理被列为管理学类的一级学科。孙家正主编的《数字图书馆——新世纪信息技术的机遇与挑战国际研讨会论文集》既有理论探讨，又有实例剖析；既涉及数字图书馆建设中的法律问题、标准问题、资金问题等，也详细讨论了一些数字图书馆建设的总体框架、所采用的技术、标准、规范等。张白影等主编的《中国图书馆事业——1996～2000》、吴建中编的《战略思考——图书馆发展的十大热门话题》等，反映了我国图书馆学理论与图书馆事业发展的新成果。

科学研究中无法回避的问题
——科学管理、科学教育、科学方法等

最近几年来，国家对科学研究的投入空前加大，可是根据一些国际机构的评估，我国的科研竞争力在国际上并没有明显增强，排名甚至还在下降。这里面可能存在信息不对称、评估方法等问题，但反映出来的一些问题不能不引起我们的高度重视，尤其是我国国家及企业创新能力不足是无法否认与回避的。有的人归结为管理问题，有的人归结为方法问题，有的人归结为教育问题。金新政主编的《软科学研究方法教程》以现代自然科学和社会科学的理论方法，探讨了我国政治、科技、经济、社会等方面管理、决策、组织等的优化问题。刘道玉主编的“创造教育丛书”研究了创造力培养的方方面面，如创造教育概论、创造思维方法、教学创新与创造思维培养等。

科学方法问题则产生了一大批成果。申建春著的《发现的方法》用专题的方式，介绍了“多式数据”“反复实验”“勇于联想”等 20 种发现的方法。严智泽等主编的《创造学新论》将创造学的基本原理和方法概括为创造的主体论、客体论、实践论、机制论等，融案例分析与理论探讨为一体。张忠有等编著的《创造理论与实践》主要由创造力开发、创造性思维及其训练、学习创造技法、科学发现和技术创新等内容构成。王永生著的《创新方略论》对创新思想、创新思维、创新素质、创新能力、创新管理等作了精辟、实际而又系统的阐述。

教育类图书出版全面繁荣

我国有世界上最庞大的受教育的人口。由于党和国家的高度重视，科教兴国各项政策逐步落实。九年义务教育落实情况作为各地主要官员的政绩考核指标之一，1998 年以来的高校扩招，成倍地增加了大学在校人数，职业教育、继续教育得到空前的发展。2002 年我国各级各类教育进一步加速发展。全国普通高等教育招生 321 万人，在校生 903 万人；成人高等教育招生 222 万人，在校生 559 万人。全国研究生教育招生 20 万人，在学研究生 50 万人。全国普通高中招生 677 万人，在校生 1684 万人。各类中等职业教育招生 470 万人，在校生 1197 万人。全国初中招生 2281 万人，在校生 6687 万人，毕业生 1904 万人。普通小学招生 1953 万人，在校生 12157 万人，毕业生 2352 万人。特殊教育招生 5.3 万人，在校生 37.1 万人。幼儿园在园幼儿 2036 万人。在这样一个基础上，我国教育图书出版全面繁荣。

教育理论百花齐放，百家争鸣。柳海民等编的《现代教育原理》主要论述了教育制度、教育思想、教育与社会发展、教育与人的发展等方面的问题。张庆林、杨东主编的《高效率教学》介绍了高效率教学的原则、方法、应用、评价等方面的问题。范德清、方惠坚主编的《科教兴国》阐释了科教兴国战略的理论基础和科学内涵，对科教兴国实践中必须解决的重大问题进行了综合分析。周明星著的《国际对接》用国际化的眼光对我国基础教育、职业教育、成人教育、高等教育的现状予以审视，对教育国际化可能引起的价值冲突进行了比较分析，并提出了解决方案。

各级教育是教育类图书出版的重点。《儿童的人格形成及其培养》是一本幼儿教育的名著，作者是阿尔弗雷德·阿德勒，他认为，一个人健全的精神心里是以他的理智、他对他人及社会的兴趣和关怀、他对于自卑的克服；由于人的人格结构形成于儿童期，所以要找出人格心理问题的症结，只能从人的童年时期入手。小学教育的教材编写、课外读物、教学方法与理论等方面图书出版竞争越来越激烈，取得的成果也很多。马亦男著的《小学考试评价改革实践与探索》，吴庆芳、应国庆主编的《小学语文一本通》等都反映了小学教育的新成果。何高大著的《语文课堂立体教学模式》、毕恩材著的《数学教学艺术论》、唐一鸣著的《物理教学艺术论》、朱嘉泰和李俊著的《化学教学艺术论》反映了中学教育的新成果、新方法。伴随着大学扩招、高校教育改革，我国的高等教育空前繁荣，高等教育出版物数量庞大。唐纳德·肯尼迪著的《学术责任》从学术责任的高度论述了如何恢复大学使命和价值观的问题，作者论述了大学至高无上之处在于给人类提供改良文化、创造文化、保障人类学术自由与可持续发展的一个平台。夏中义主编的《大学人文读本》则致力于培养当代大学生的人文精神。吴淞、沈紫金主编的《WTO 与中国高等教育发展》提出了在 WTO 环境下，我国高等教育如何应对的问题。

有关各类教育的图书出版受到前所未有的重视,取得了丰硕成果。陈宇等著的《职业资格考试概论》总结了我国近几年职业资格考试制度的发展经验,探索了其发展规律。丁兴富著的《远程教育研究》集中讨论了远程教育的教育管理、人员管理、质量保证等问题。王鉴著的《民族教育学》主要探讨了我国民族教育发展现状、经验,进一步提出了西部大开发中民族教育优先发展的战略构想。顾定倩编著的《特殊教育导论》阐述了特殊教育的基本概念、发展历程、课程设置、等方面的课题。家庭教育一直是我国图书出版的热门之一。元琪著的《孩子,妈妈赏识你》、谭虎著的《家庭教育的热门话题》、阿姆斯特朗著的《每个孩子都能成功》是家庭教育方面的力作。

随着人们生活水平的提高,
体育受到越来越多的重视

运动理论研究受到重视。田继宗主编的《运动处方教学模式》介绍运动处方在运动理论中的渊源与发展、运动处方教学模式、指导思想、处方分类及应用中的相关方法,并一一详细介绍。郑秀瑗等编著的《现代运动生物力学》是一部研究当前运动生物力学最新实验方法和理论分析的专著。

关于各种体育运动项目的著作也竟相出版,出版了盖哈德·弗兰克著的《足球运动全教程》、岳海鹏编著的《乒乓球打法与训练》、日本棒球杂志社编的《图解棒球规则》等一系列著作。

民族体育项目受到重视。人民体育出版社编的《四十八式太极拳》配有 VCD,陈正雷著有《陈氏太极拳剑刀》,黄康辉、王建华编著《陈氏太极拳竞赛套路练习与技击运用》,马琳璋编著有《心意拳》,等等,这一系列图书反映出我国传统体育的博大精深,以及在我国人民中的深远影响。

语言、文字类图书综述

陈勤奋

本年度语言、文字类图书在内容上主要包括语言学理论与研究、汉语言研究与运用、写作、少数民族数语言、外语教学与运用等五个方面;其中仍以外语教学与运用方面的图书年占比重最大,其次是汉语言运用与写作方面的图书。就图书类型而言,则主要分为辞书、教材教辅、语言应用指导、研究专著等四种类型。显然,辞书与教材教辅是语言文字类图书的主体部分。

一、辞书贵在推陈出新,与时俱进;专题性辞书重在"专题"的选择,精致出版

专题辞书是近年来辞书出版的主流之一,本年度出版辞书也以专题辞书为主。其中一些选题,看似较老,其实能够别出心裁,推陈出新。如鲍文超编注《通俗说文解字》采用《说文解字》的体例,对 3500 个常用汉字的字形、字义加以分析,探求其本义及其诸引申义,语言通俗,简明易懂。赵德生编《词语类编》从古今诗词歌赋中撷取词汇、成语与精彩短句,按其描述的对象分为人、景、物、事四部,简明易查,便于使用。陈光磊等编《中国古代名句辞典》、王延梯主编《中国名言大辞典》修订本都是在旧版基础上重新修订而成,修订时特别注重校订错讹、舛误,增添新语汇与新语料。刘占锋主编"中国语汇通检丛书"本年度出版了 4 部:《中国成语通检》、《中国名言通检》、《中国名诗句通检》、《中国辞赋词曲名句通检》重在"全"字,广录博收,融任意字检索、类书和古汉语构词字典功能为一体,为现有多种辞书的充分利用提供了便利。另一些选题则较为新颖。如蒋竹荪著《书信用语词典》汇集名家书信所用词语,分类立目,释义举例,实用性很强。徐复、宋文民《说文五百四十部首正解》实际上是一部专题研究著作,对《说文解字》所录每一部首进行系统而全面的考释,广征博引,形成自己的观点。整理本《康熙字典》以王引之校正《康熙字典》道光刊本为底本,将全书逐句标点,并标注汉语拼音和注音符号,以弥补读者不习反切注音的缺憾。张鼎盛著《现代韵文词汇》是供作者写作韵文时为选择合适的词语放在句末以押韵而查检用的工具书。作者根据汉语拼音的特点,把韵分为 22 部,较为合理。熊伟主编《新世纪热点词汇》是一部汉译英工具书,按政治、经济、科技、文化、

军事、教育等几个类别收集了当前的热点词汇，并作了英文注释，便于查索。潘绍中主编《新时代汉英词典》强调一个"新"字，所收总共 63000 余词条中，有 3000 余条是近年来出现的新词语，特别是着重收录高新科技与基本科技词语。张健编著《当代新编汉英词典》的特点也是"新"，其中收录约 12000 条自改革开放以来经常见诸报端的新词语。

本年度出版的辞书，大都能紧跟时代步伐，适应社会需要，既有较强的实用性，又能不断推陈出新，编撰也均较为精审。但部分专题性辞书选题不尽适当，或过专，使用面狭窄；或专题不甚明确，范畴界定不清晰；或编辑体例不尽合理，使用不便；或编撰较为粗糙，不够精细。凡此，都需要编著者与出版社共同努力。辞书乃千秋功业，又非一般图书可比，切不可以等闲视之，马虎从事。

二、教材教辅，特别是外语教材与教辅仍是语言文字类图书的大宗，所占比重最大；本年度的新趋势之一，是适应职业教育需要的教材、教辅图书略有增加

大学外语教材、教辅的出版仍主要由外研社与上海外教社占主导地位。《新编大学英语》、《大学专业英语》、《大学英语精读 1—4 册教案精粹》、《当代研究生英语》等，都各包括数册，结合大学英语教学需要，采用多种形式，开启学生学习兴趣，培养其语言能力。大学英语教辅图书除引进图书外，重点放在英语写作方面，阅读性图书仍然较少。这说明外语教辅图书的出版仍围绕外语应试需要，真正可以培养学生阅读能力、思维能力的图书并不多见，但也有一些精品。如《英语学习》编辑部编《时日留痕》、《科技之虹》分别是"《英语学习》四十年精选丛书"的"时文卷"和"科技卷"，收录曾在《英语学习》杂志发表过的时事与科技类文章精品，很值得一读。

随着职业教育的发展，适合职业教育特点的一些外语教辅图书成为一个新的热点。大连理工大学出版社出版的"行话连篇丛书"分为"为您服务"、"市场营销"、"电信网络"、"走出国门"、"应聘上岗"、"涉外公务"、"商务贸易"、"商务谈判"等分册，分别围绕各行业的需求，从实用角度突出行业用语，很具实用性。对外经贸大学出版社推出的中等职业教育国际商务专业国家规划教材《商务英语听说》、《商务英语函电》针对中等职业教育需要，以外事接待、商务谈判、商务函电的各个环节为素材与线索，对学生进行同步听、说、写训练，内容紧跟世界经济及国际商务发展的新动向、新形势，较适合中等职业教育使用。

三、语言应用指导类图书，主要集中在演讲艺术、口才训练与写作训练等方面，所占比重也较大，但真正具有社会影响的精品图书较少

本年度出版有关演讲艺术、口才训练方面的图书较多，其中最值得注意的是西北大学出版社推出的、由贝思德教育机构编著的分类口才训练教程，即《公关口才训练教程》、《导游口才训练教程》、《青年口才训练教程》、《律师口才训练教程》、《谈判口才训练教程》、《推销口才训练教程》、《教师口才训练教程》、《领导口才训练教程》等 8 种，针对不同职业需要，设计口才训练，较有实用性。如《推销口才训练教程》，围绕推销工作者如何运用语言技巧吸引顾客、赢得顾客信任这一中心，介绍了如何与顾客沟通、用何种语言赢得人心、怎样使用电话推销、推销谈判怎样进行等等，便于推销工作者自学，并在工作中逐步改进自己的推销语言技巧。海南出版社引进的、斯蒂芬·卢卡斯著《演讲的艺术》是以成人教育训练闻名于世的美国麦格劳—希尔公司于 1983 年推出的，被称为"全球公共演讲第一书"。它以诸多范例阐述了各种演讲的实用技巧，涵盖了演讲准备与表达各方面的主要内容，是本实用性与理论性并重的图书。

在汉语写作方面，应用文写作因适应社会需要，而备受出版社的青睐。傅德岷主编《应用文写作大全》囊括法定公文、法规公文、契约公文、事务文书、演说文书、司法文书、诉状文书、财经金融文书、外贸文书、科技文书、专用书信、日常生活文书、广告、教学文书、礼仪文书等主要类别的应用文书，300 多种文体，配合应用文种类及格式，收录了 400 多篇较有代表性的格式化例文。梁公卿等编著《应用写作经典》则更为全面，全书吸纳 30 多个大门类、1000 多种文体，几乎囊括了所有行业的常用应用文。但这种综合性的应用文大典，卷轶浩繁，缺乏针对性，用起来并不很方便。刘友林著《实用广告写作》就单纯针对广告这一种文体，结合广告案例，对广告写作进行深入细致的讲解，对广告从业人员来说更具实用性。

四、语言学理论著作与研究专著品种虽然不多，但学术水平有所提高

林焘主编《20 世纪中国学术大典·语言学》是《20 世纪中国学术大典》的语言学分卷，从理论语言

学、现代汉语语言研究、现代汉语词汇研究等12个方面对百年来中国语言学的研究状况作了总结，是一部20世纪中国语言学发展的学术史专著。徐世璇著《濒危语言研究》以濒危语言这一全球性的普遍现象为主题，探讨了语言濒危的原因及其后果，很有现实意义。孔江平著《论语言发声》从语音学、言语声学和嗓音生理的角度，对发声的语音学分析和理论、发声的声学特征及声学分析方法、基于高速成像的动态声门等问题展开了深入研究。而商务印书馆出版的《赵元任语言学论文集》则收入了中国现代语言学的奠基人赵元任的语言学论文63篇，内容涉及音韵学、语音学、方言学、词汇语义、语言理论等各方面，是研究语言学的必备书之一。马壮寰著《语言学论稿》选收中英文论文18篇，分语言理论、应用及书评三部分，其中对语言符号的属性、语言与思维的关系等问题的思考颇有新意。

总的说来，本年度语言、文字类图书的出版值得注意的新动向主要有两点：一是适应职业教育的教材、教辅图书的出版增多。随着我国职业教育的发展，这一类图书应当还有更广阔的市场。二是专题辞书、适应行业需要的应用文写作指导图书也有一定程度的增加。显然，这也是适应社会需求的。但有些专题辞书未经过充分的选题论证，有的专题又太过专、窄；应用文写作指导书偏重于求全、求大，不太实用。

文学类图书综述

昌 切 戚学英

2002年文学类图书市场不温不火，没有热点，呈现平稳发展的态势，无论是文学研究还是文学创作，都有新鲜力作推出。同时，在读者兴趣、文学的生产方式与传媒手段逐渐从单一走向多元的情况下，文学类图书也进一步走向多元化。

一、多维视角下的文学研究

本年度文学研究及文学理论方面虽然没有产生具有重大影响的力作，但其视角的多维化使文学研究的视野得到拓展。

文学史研究进一步朝着多样化态势发展。与上世纪文艺批评界“重写文学史”的要求相呼应，学者们开始重新审视文学的发展历程。卢星华的《世界文学史》(辽宁文学出版社)收录了很多以往世界文学史未曾涉及的新作品和文学现象，体现了作者不同一般的研究视角。《中国诗学史》(鹭江出版社)则用接受范式来整合多元材料，完整地显示了中国诗学发展的基本历程。本年度的现当代文学史写作继续打通过去壁垒森严的时间界限，并开始发掘文学史发展的内在逻辑性，以内在连续性将不同时段的文学现象整合起来。如《二十世纪中国文艺图文志》与湖南教育出版社出版的“20世纪中国文学价值研究丛书”，前者生动地展现了中国文艺的百年历程，后者则以中国传统及现代所持有的文化价值观念对20世纪中国文学作整体性观照，以揭示中国文学发展的内在规律性。

同时，本年度也产生了一批在宏观把握下的文学研究，如文体、流派、地域文学、作家作品研究等。《中国叙事诗研究》(江苏教育出版社)从先秦到当代，对中国叙事诗这一文体的发展进行了富有新意的描述。《中外散文纵横论》(西南师范大学出版社)纵横古今，审视中外，运用现代理念探索了散文发展的时代性、民族性、地域性、审美特征和发展规律。《老舍与现代中国》(湖南师大出版社)从老舍的文化性格、精神气质、文化理想、文艺思想等各个方面论述了老舍与现代中国文化、文学的关系。尤为让人注目的是出现了一批“中国少数民族文学史丛书”系列，探讨了德昂族、藏族、满族等少数民族文学的发展脉络及其规律，为地域文学史的研究做出了重大贡献。这些文学研究著作的出现为中国文学史研究提供了新的视野，拓宽了中国文学研究的边界。

多重文化视野烛照下的文学研究，是本年度文学类图书的一道亮丽的风景。在文学发展中，外部的文化关联与内涵的文化因子，经多重文化视角的观照，得到颇为开阔而深刻的揭示。《时代精神与风俗画卷》(河北人民出版社)以唐代民俗文化为突破口来研究唐诗。“20世纪中国文学价值观研究丛书”从主流文化、传统文化、市民文化、现代文化、后现代文化、宗教与作家作品、文学思潮、文学现象的关系等方面入手，探讨文化与文学创作的关系及其影响。而《精神中原》（河南大学出版社）则以中原文化的积淀与变革为轴心，描述了地域文化对河南作家文学创作的影响。本年度还出现了一批跨文化研究著作。宁夏人民出版社出版的“跨文化丛书”将中国文化与外国文化进行比较分析。《文化土壤里的情感之花——中西诗歌研究》（东方出版社）在跨文化视野中考察中西诗歌、诗人，探索其如何创造性地接受影响，挖掘各自的文化内涵，总结文学的共同规律。

从叙事模式、母题、创作主体的文化心态以及文学文本的现代性呈现等方面切入文学创作，构成了本年度文学研究的多维视角。《长篇小说与文化母题》（湖南师大出版社）从多个母题的角度切入20世纪长篇小说的研究，开辟了长篇小说研究的新路径。俞兆平《现代性与五四文学思潮》（厦门大学出版社）从现代性理论出发，重新分析“五四”时期现实主义、浪漫主义与文化保守主义三大文学思潮的形成、发展和变异。《小说的立场——新生代作家访谈录》（广西师范大学出版社）在对话中展现新生代作家们的写作方式与立场，探讨年轻作家们的生存状况。孟繁华、洪子诚的《当代文学关键词》（广西师范大学出版社）则通过对当代文学概念“本质化”理解的质疑，指出它们的形成和变异，在内在逻辑上把握并实现对当代文学的反思和清理。“上海批评文丛”（花山文艺出版社）既是新世纪地域性学者群的集体亮相，也是一次文学批评的成果展示与总结。它的出版在文学研究中具有较高价值。

文学理论研究及译介的图书，有的属于宏观的理论探索，如南帆主编的《文学理论新读本》（浙江文艺出版社），全书包括“文学的构成”、“历史与理论”、“文学与文化”、“批评与阐释”四个方面，贯彻了全新的理论构架；有的图书为读者提供了多维度的方法选择，如北京大学出版社推出《新叙事学》、《解读叙事》、《虚构的权威》等西方文学理论研究丛书，对文艺符号理论、叙事学理论、后现代主义、女性主义批评理论等文学理论进行译介，为本土文学理论研究提供了多方面的理论资源。

与“重写文学史”的要求以及文学研究多维化相一致的是，本年度重新出版了一批“经典”文集。“点击经典文丛”（山东友谊出版社））以另类观点对世界文学之林中的经典名著进行解读。“百年百篇经典散文”（长江文艺出版社）、“新世纪古典文学经典读本”（上海古籍出版社）“东岳文库”（山东文艺出版社）等等冠以“经典”二字的文丛层出不穷，囊括了中外古今以及各种文体。尽管众多经典内容并没有实质性改变，但它表达了学者们对文学经典的重新思考与清理整合的趋势。对外国经典文学的成套翻译也成了本年度引进版文学类图书的一个重要现象。“经典印象译丛”（浙江文艺出版社）收入了伍尔夫、博尔赫斯、哈代等五位著名作家的经典作品。《莫拉维亚文集》（译林出版社）的出版，让读者们有机会了解这位对意大利文学界乃至全世界文学界有着重大影响的小说家。

二、贴近现实、弘扬人文精神的当下性创作

本年度的小说创作相对沉闷，较少让人为之震撼的作品，但从总体上来说，它仍处于稳步前进的状态。在呈现多元化、分化化的文学发展格局中，面对当下写作，体现对现实人生的精神关照依然是文学创作类的主要特征。

关注现实生活，弘扬人文精神仍然是小说创作中的一个焦点。作家们承继了现实主义的传统，把焦点对准“当下”，写底层、写小人物，写普通人以及弱势群体的精神生活，从普通人身上发现时代的精神和风云变化。以“当下”写作的姿态表现对现实人生的关怀。柯云路《龙年档案》（人民文学出版社）是一部有着浓厚的人文思想的现实主义力作，深刻反映了人民大众的疾苦与心声，体现了作者对弱势群体的关注与关怀，成为柯云路重新介入严肃文学创作的代表作。李伯勇的《寂寞欢爱》（长江文艺出版社）小说中描写了一个深山女子身心不断遭受蹂躏的过程，写出了底层人、边缘人生活的重负、命运的无奈，以及他们人性的光辉与魅力，从乡土家族这一角度探索民族的性格。关仁山《天高地厚》（北京十月文艺出版社）将目光对准中国农村历史变革中的农民，关注农民在这场变革中的苦难与追求、欢乐与痛苦、苍凉与悲壮，力图展现出他们由底层人、边缘人向新一代农民转变的艰苦历程。王大进《欢乐》（北京十月文艺出版社）通过对农民进城淘金这一普遍现象的透视，深刻揭示了社会变革时期农民的痛苦。

本年度的报告文学与散文中出现了一批反映下层民众生活的作品。报告文学《根本利益》（作家出版社）讲述了山西运城纪委副书记梁雨润忠实实践“三个代表”，为民办事的故事，对现实问题中的农民生存状态给予深切关注。梁晓声的散文集《人生真

相》(湖南文艺出版社)直面现实,正面切入下层人民的真实生活状态。从心态上、精神上、情感上,最大程度地贴近普通大众,以更多的感情慰藉中国下层人民的心灵。张平散文《我只能说真话》(解放军文艺出版社)主要取材于普通民众的生活,表达了对下层人民的关注及为他们代言的热情。在时尚文化肆意泛滥的今天,这些作品因其对弱势群体的关注、对人民大众疾苦和心声的反映以及作品中浓厚的人文精神,使本年度文坛少了许多浮躁,多了几分厚重感。

本年度反腐题材的作品依然体现了作家对现实问题的关注及思考。这类作品深刻揭露了腐败分子给改革事业带来的危害,展示社会变革中人民内部、体制内部、人的灵魂深处的矛盾和斗争,热情呼唤社会公正、正义。《至高利益》(长江文艺出版社)谱写了一曲直面现实、与社会腐败现象斗争到底的正义之歌。《绝对权力》(作家出版社)是周梅森推出的又一部深刻思索权力监督问题的反腐小说,对绝对权力和递延权力的拷问,带给读者强烈的精神震撼。对于人间正气的讴歌、对于党的基层干部的英雄事迹的赞颂也成为本年度小说创作和报告文学的重要主题。《大江沉重》(作家出版社)刻画了一批勇于任事、力求务实、有浩然正气的广东地方干部,作品洋溢着理想主义的光芒。作品因其对现实问题的关注以及对人间正气的赞颂而成为一部现实主义力作。

现代境遇中人的精神问题成为本年度文学创作的另一主题,它体现作家们对现代人精神状态的一种关注。刁斗《重现的镜子》(浙江文艺出版社)从那些普通人的情爱与欲望入手,触摸现代人生存的创痛和精神困惑,描绘出现代人的人性及其"生存版图"。毕飞宇的《操场》(浙江文艺出版社)收录了七篇短篇小说,这些小说以人性为主题,取材于普通人生的某种关乎人性、人心、人情的事件,在平和的语言叙述中呈现现代人性,是当代作家面对"当下"写作的又一成果。贾平凹散文集《长舌男》(作家出版社)在机智诙谐的语言中解剖社会及社会大变革中各色人的生活形态,探索在传统文化桎梏下人性的复杂性。本年度的都市题材作品不再坚持纯客观地再现都市欲望,而是从各个角度讲述现代人在五光十色的都市生活中已陷入欲望与道德的纠葛,表现了现代人在物欲横流的社会对美好人性的呼唤。"镜子里的城市"小说丛书(花山文艺出版社)收录了铁凝5本以城市作为故事背景的中短篇小说,书中集中描摹了现代城市的人生百态。《擦肩而过》(安徽文艺出版社)透视了充满诱惑和欲望的都市生活中现代人生活的原生态,揭示了在商品经济大潮下,人们在情感、事业、亲情等方面的选择,表现出当代都市人心灵的真实处境,倡导正直、善良、诚信、关爱他人的人道主义精神。

知识分子题材依然是本年度文学类图书的一个热点。张者、李洱等作家以"知识分子的日常生活"为主题,表达人类面对现代社会的生存困境及对人类精神的关注。李洱的《夜游图书馆》(浙江文艺出版社)是一部当代儒林写生集。张者的《桃李》被称为现代版《围城》,该书讲述了发生在一群知识分子身上的日常故事,探讨了知识分子在新时期的生存尴尬。把知识分子题材从英雄主义的表现拉回到日常生活的描摹,反映了作家们面对当下的写作姿态。而另一些作家则通过对中国文人心态的描述,透视中国当下知识分子的文化性格及其成因。李国文的《中国文人的非正常死亡》(人民文学出版社)收入了作者近年来的文化反思性散文,内容涉及从司马迁、李斯到龚自珍、吴研人等26位中国古代文人的非正常死亡事件。以"当下性"的视角,对中国文人的自恋自大等心态进行入木三分的批判。事件是过去式的,但其批判锋芒却同样指向时下的知识分子群体。

对个体与历史的关系进行考察,将个人经验融入历史叙事之中,努力探寻个体精神成长的秘密,这是本年度文学创作的一个重要收获。《无字》(北京十月文艺出版社)、《远去的驿站》(长江文艺出版社)、《抒情年代》(作家出版社)、《把绵羊和山羊分开》(人民文学出版社)将个人经验放在历史背景下,通过对个人经验和宏大历史的执著究诘,在历史中探究当下中国人的精神境遇。张洁的《无字》不光是今年、也是近几年比较有分量的书。她借助几个女人的命运,反映整个中国20世纪的命运,描述了20世纪政治运动中中国妇女的命运史。作品不再过多地把注意力集中在性别意识和身心的成长上,而是把女性成长和社会政治历史文化的内容联系起来。作品穿透历史的怀疑精神直指当代生活中每个个体的生命核心。张一弓《远去的驿站》描述了三个家族的40多个人物半个世纪的特殊命运,展现并审视了一代知识分子的心灵史。《抒情年代》、《狗在1966年咬谁》、《把绵羊和山羊分开》将个人记忆融入"文革"这一历史叙事之中,在历史创伤中展现一代人的精神成长史。作品中对人性的认识以及反省,质疑了以往作家在"文革"记忆和知青经验基础上建立起来的习以为常的文学视野。

三、多元架构、时尚化写作的另类图书

由于城市化和市场化的急速推进，文学的写作和阅读开始走向“快餐化”、“时尚化”。2002 年，“70 年代生女性写作”、“青春成长小说”、网络文学成为时尚化写作。另外，本年度还出现了一股成人漫画出版热潮。它们构成了本年度严肃文学创作之外的另类图书，使本年度文学类图书呈现出多元构架的格局。

从 20 世纪 90 年代中期开始，女性写作一直呈强势发展，甚至有人提出“21 世纪”是“她世纪”的口号。本年度在文坛内外影响较大的文学类图书，属于女性写作的就为数不少。如张洁的《无字》三部曲，池莉的《水与火的缠绵》(华艺出版社)，徐坤的《春天的二十二个夜晚》(春风文艺出版社)，张抗抗的《作女》(华艺出版社)，潘婧的《抒情年华》，懿翎的《把绵羊与山羊分开》等等。女性作家们以其敏感而细腻的笔触，向人们展示了一个长期以来为男性所遮蔽的世界。而以戴来、魏微、周洁茹、金仁顺、赵波等人为代表的“70 年代生女性写作”，更是成为本年度阅读和写作的时尚。如赵波的《谈一个维他命爱情》(作家出版社)、戴来的《鼻子挺挺》(华艺出版社)、《练习生活练习爱》(作家出版社)、姝娟的《摇曳的教堂》(作家出版社)等。这些作品最大程度地改变了传统小说所设定的那些人物形象模式和价值取向，提示了与传统小说完全不同的生活经验与社会场景，揭示了女性的另类成长及其成长中隐秘的伤痛，使其成为一种另类创作。在她们的作品中，女主人公大多数是一些站在时尚前沿的另类女子，她们热衷于个人极端的生活与瞬间的激情碰撞，沉迷于都市物质欲望与感官享受之中，展现了 70 年代生女性生活的另一图景。在 70 年代生女性写作中，我们可以看到时尚文化对文学的强势影响，而其中浓厚的小资情调与激越的反叛姿态又使 70 年代生女性写作成为时尚文化的风向标，引领着时尚文化的发展，使其本身成为一种时尚而深受“小资”、“白领”们喜爱。但过度的时尚化与青春化使 70 年代生女性写作在一定程度上缺乏历史感、立体感而趋于平面化。

青春成长小说继韩寒《三重门》之后在本年度一时成为风尚。徐兆寿《非常日记》(敦煌文艺出版社)是一部以日记体写成的反映青春成长的小说，通过对主人公由勤奋好学走向压抑变态的心路历程，向世人展现了青春期男孩的性心理逐步扭曲的过程，揭示了青春成长过程中少年隐秘的伤痛。《大学无烦恼》(河南文艺出版社)是一部在校大学生写的青春成长小说。写出了现代青少年在物质化时代中的成长。安徽文艺出版社出版的“酷企鹅丛书”收录了一系列的青春成长小说，全面展现了校园原生态生活。这些小说洋溢着浓厚的青春气息。而《我爱陌生人》(中国工人出版社)、《你选择的生活》(北京十月文艺出版社)等女性作家则创作了一系列在现代都市生活中青春期女性由纯真走向成长的故事，带有鲜明的“类成长小说”的特色。本年度成长小说成就最高的是黄国荣的《兵谣》(作家出版社)，作品讲述了一个带着农民文化的全部特征进入兵营的农家弟子的成长史。主人公怀着出人头地的强烈欲望，在“异化”的道路上越走越远，最后的跌落和幻灭使主人公从虚妄中走向成熟。它的出现使青春成长小说走出平面化与私人化，而具有了更深广的社会内蕴。

表现另一种青春成长体验的成人漫画在 2002 年掀起热潮。传递了都市伤痛的“几米成人绘本”横空出世，成了都市文化大众案头必备之书。它的出现标志着一个读图时代的到来，生动表明了大众文化的新扩展与日趋成熟。几米的图画精美细腻，配上诗一样的文字，描绘出都市人的感慨、幻想与梦。他让“图像”成为另一种美妙动人的文学语言，从中能读出童趣、人情、诗意和哲理，表现都市人淡淡的乡愁。《地下铁》(三联书店)、《向左走向右走》(三联书店)把都市人的孤独、无奈以及对生命出口的苦苦寻找，演绎成带着淡淡哀伤色彩的画面语言表达出来。《月亮忘记了》、《森林唱游》、《听几米唱歌》(三联书店)则带给我们关于童真的回忆，试图唤醒现代都市人内心深处的对真与爱的渴望。此后，“摄影绘本”《你今天心情不好吗》(中信出版社)再次掀起阅读热潮。成人漫画以绚丽的色彩和诗句般的内心独白，在一定程度上缓解了都市人在竞争和奋斗中隐藏的恐惧和不安，从而成功地占据广阔的 BOBO 族市场资源，也为文学时尚化提供了一个崭新而广阔的空间。

此外，文学生产的方式在本年度也开始从单一耕作进一步走向多元构架。文学类图书开始借助影视的影响而走向大众文化市场。周梅森《至高利益》、池莉的《水与火的缠绵》、北村的《周渔的火车》(作家出版社)成为小说与影视结合的模范，严肃文学在与大众媒体的结合中获得新的发展空间，另一方面也使文学越来越走向商业化、快餐化与世俗化。

作为一种时尚创作,本年度越来越多的网络文学走下网络,成为文学类图书的一个重要组成部分。但跟往年相比,本年度出版的网络文学较少精彩之作,大部分作品都让人读来有似曾相识的感觉。它的出现反映了文学生产开始出现批量复制的特征。尽管如此,本年度较为优秀的网络文学仍然在一定意义上提供了一种关于"文学"的新的想象。江苏文艺出版社出版的《中国网络诗典》精选了三百多首网络诗刊歌,为读者提供了不同于传统诗歌的阅读体验。"BBS丛书"(湖南人民出版社)等网络文学的出版改变了文学为少数精英所有的事实,为文学多元、自由的发展提供了一个平台。文学与影视与网络等公众媒体的结合,在一定程度上扩展了文学的疆域。

此外,在《哈利·波特》热的带动下,本年度出现了一批深受读者喜爱的少儿幻想小说。冰波《阿笨猫全传》首次推出后,即获得极大成功。以《菊花香》为代表的韩流图书在中国市场的反响也是本年度不可忽视的现象。整个小说充满了时尚和小资喜欢的氛围,进一步说明了文学的时尚化趋势。

应该肯定,2002年文学类图书进行了多方面的有益尝试。但我们也应看到,整个文坛并未脱去浮躁之气,真正有影响力的作品较少,这是文界、出版界所需要深思的问题。

历史、地理类图书综述

鲁西奇、魏幼红

本年度历史、地理类图书较之往年有一些新的特点和趋势:涉及领域更为广泛,行文结构力图创新,表现形式追求新颖;图书品种更趋多样化,更注重针对不同的读者群体的需求,力求做到雅俗共赏。

首先,就大众化的通俗性读物而言,内容丰富,品种繁多;在知识介绍、人物传记的选取上,侧重于满足一般群众的趣味,关注当前比较热门的话题。

(1)在中国日益走向世界的今天,为了满足中西方经济文化交流的需要,各出版社竞相出了各种介绍中西方文化的书籍。有对中、西方文化历史发展特点的一般性概述,如徐新编著的《西方文化史》,叶胜年撰写的《西方文化史鉴》,德国马克斯·克鲁泽著,何珊、郭颖杰翻译的《在时间的长河里:西方文化五千年》,美国雅克·巴尔赞著,林华翻译的《从黎明到衰落——西方文化生活五百年》,张维青、高毅清合著的《中国文化史》,许结《中国文化史纲》,马敏主编的《中国文化教程》。也有对某个地域的文明的详细介绍和中西方文明交流的历史的回顾,如重庆出版社"追访逝去的世界丛书"对印度和美索不达美亚文明的描述;山东大学出版社出版的《齐鲁思想文化史·先秦秦汉卷》,阐述了在中国文化中占有重要地位的齐鲁思想文化从地域文化到主流文化的转变过程及其内涵,为当代思想文化建设提供历史借鉴。世界知识出版社出版的《五千年中外文化交流史》(5卷本)是目前较全面而系统介绍从古代到20世纪末中外文化交流历史的重要书籍。在叙述手法上,倾向于图文并茂,增强历史的直观感受。如中国社会科学院"世界文明研究课题组"编写的《世界文明图库》(共12本),以图文并茂的形式介绍了世界各主要文明的诞生、发展和现状,文字叙述简明扼要,图片生动精美,具有很强的鉴赏性。浙江教育出版社出版的《20世纪大画卷(1900～1999)》以年代为线索,以事件为核心,以图证史,将20世纪世界上发生过的重大事件尽收其中,并配备10张VCD。北京出版社出版的《历史真相:20世纪世界图片档案》从不同视角,利用3500余幅珍贵的历史图片,客观、真实地展现了20世纪人类的社会生活和意识形态。这种新的叙述手法,融知识性和趣味性为一体,具有很大的市场前景,可惜价格太贵,不是每个人都能有幸拜读的。

(2)寓教于乐,重视历史的借鉴作用。历史并不总是束之高阁,与现代社会格格不入的。俗话说"读史可以明智",本年度的历史、地理类图书的一个重要特点是更加强调历史的教育意义。秦学颀著《历史的背影——中国古代权术批判》,赵禄祥的《中华史鉴》,冷成金的《读史有学问》结合历史事件,对当今的社会现实进行反思和分析,有匡扶正义、使人凛然自戒的作用。近代军事战争,政坛内幕的历史对当今世界风云变化有很大影响,目前世界格局的形成无疑与中国的近代历史以及欧美国家和前苏联的政局变化有关。“前事不忘，后事之师”，因此，这方面的书籍是经久不衰的，而且，也拥有相当数量的读者。值得一题的是，金亚娜主编的《俄罗斯国情》吸收了国内外最新资料，一改原有此类教材厚古薄今的做法，突出当代俄罗斯国情的内容，给人耳目一新的感觉。冯天瑜、陈峰主编、团结出版社出版的“军阀系列丛书”，对军阀混战时期的桂系、奉系、滇系、晋系、湘系、直皖、北洋诸军阀的兴衰历史作了全面的介绍，可读性强。崔之清的《太平天国战争全史》对各阶段、各战场的战役指挥之学有深入论述，对当代军事指挥学有一定的启发作用。

(3)增加了对古今中外人物传记的知识性介绍。历史事件离不开人物的活动和精神意念。历史人物的真实事迹和可贵品德最能打动人们的心灵，扬善避恶，起到潜移默化的感召作用。而且，人物的故事性强，适合最广泛的读者群体。因此，这类书籍是历史、地理类图书的主体所在。河南文艺社的《犹太名人传》，介绍了许多犹太商业家、科学家、文学家、政治家、艺术家的成功历程和人格魅力。国内一些史学大家、将领、英才、科学家、著名的节目主持人、作家、戏剧家、体育明星也纷纷成为书中的主角。大象出版社的“大象人物自述文丛”，以图文并茂的形式，展现了各界人士的人生轨迹和精神世界。书中的人物娓娓而谈，向读者讲述自己的人生，读来备感亲切、可信。姜义华主编的《史魂——上海十大史学家》，扼要介绍了吕思勉、李平心、李亚农、周谷城、周予同、陈守实、陈旭麓、程应缪、谭其镶、魏建猷等10位史学前辈的学术成就和可贵品德，展现他们的精神，对当今史学研究者有激励作用。此外，广西师范大学出版了“百业趣话丛书”中的“庖屠趣话”，“优伶趣话”，“书商趣话”，“木匠趣话”等，以诙谐的笔调对这几行业的历史发展和著名人物进行梳理，也是一部较好的通俗性读物。

(4)历史实用性的体现——旅游地理、民族风情方面的书籍。在这一部分，历史更多的是为旅游提供当地人文风俗的信息咨询，地理类的书籍也主要是一些国内外的地名手册、旅游交通地图册，或对一些主要旅游城市的风景介绍。也翻译了一些外国人在中国的访问游记，如博克舍的《十六世纪中国南部行纪》，具有一定的史料价值。

其次，学术类著作内容深奥，语言较艰涩，适应的读者群体较少。因此，这一类书籍的出版数量不多，而且，学术价值较高的精品更是少见。本年度学术界关注的话题主要有以下几方面：

(1)“夏商周断代工程”研究的展开，在学术界掀起一股研究上古史的热潮。上海科技教育出版社的《中国古史寻证》是“夏商周断代工程”首席科学家、专家组组长李学勤和上海人民出版社总编辑郭志坤，就“古代史”、“考古学”、“古文字学”、“甲骨学”、“青铜器研究”、“夏商周断代工程”等10个方面的对话录，深入探讨了目前古史研究的现状和所存在的问题，具有高屋建瓴的启发作用。文物出版社的《神话、祭祀与长江文明》是1999年6月在日本京都国际日本文化研究中心召开的日中国际学术研究会“神话、祭祀与长江文明”的会议论文集。全书围绕“长江文明的神话与祭祀”、“世界文明的神话与祭祀”两个专题，精选海内外知名学者的佳作16篇，对早期的宗教信仰深入考察。许多文章都颇有见地，使人受益非浅。江蓝生翻译、日本伊藤道治著的《中国古代王朝的形成》把考古研究与文献研究融而为一，对殷周时期的各方面，尤其是贞人集团进行研究，其中不乏创新之见。郑杰祥主编的《夏文化论集》精选自20世纪30年代至90年代的比较有代表性的研究论文60余篇，书后附有“夏文化研究索引”，是对过去这段时间的夏文化研究状况的小结，有参考价值。此外，沈长云《上古史研究》是其研究论文的汇集，对先秦历史进行了实证研究。刘桓《甲古征史》通过对甲骨卜辞的释读和深入探索，就商殷史的若干重要问题做了专题研究，许多论述发前人所未发。

(2)其他的学术专著和论文集。随着中西文化交流的深入，西方，尤其是法国年鉴学派的史学研究方法的引进，近年来一些史学工作者也注意利用社会学、人口学、地理学、政治学等诸多学科的理论方法，拓宽研究思路，出现一些学术价值较高的作品。台湾学者毛汉光的《中国中古社会史论》和《中国中古政治史论》就是这样两部运用新方法、得出新观点的著作。他利用社会学和政治学理论，充分运用计量统计和分析比较的研究方法，对士族和中古时期的核心区与核心集团进行透彻的阐释，纵横捭阖，使人开卷有益。程存洁的《唐代城市史研究初编》也是运用历史地理学、考古、金石、文书学资料，多角度的对唐代都城及边城进行考察，取得很多富有新意的成果。明清社会史研究也是目前比较热门的话题，天津古籍出版社出版的《明清人口婚姻家族史论》以及冯尔康、常建华撰写的《清人社会生活》对明清社会诸多方面进行探讨，反映了目前明清社会史研究的现状和某些热点问题，具有一定的学术前沿性。

今年仍比较注意关注介绍外国汉学家的研究成果,《法国汉学》丛书编辑委员会推出以宗教史为专号的《法国汉学》(第七辑),刘正《海外汉学研究》从语言学、文字学、历史学、宗教学和思想史五个方面系统梳理了汉学在20世纪东西方各国研究和发展的历史。遗憾的是,史学理论方面的研究著作太少,本年鉴仅收了3本,而且,重在阐述历史学的性质和意义,缺少对史学研究理论、方法的创新。王学典的《20世纪中国史学评论》对20世纪中国史学进行专题探讨,论述了20世纪中国史学进程中的"乾嘉范式"和"年鉴范式",描述当代中国史学的基本走向。其观点透彻新颖,引人深思。

在考古发现和地方史志、民族史志方面,今年也出版了一些学术价值较高的新作。如黄树民著、素兰等译的《林村的故事:一九四九年后的中国农村变革》对解放以后农村生活和信仰、习俗进行了深入探讨。中国近代史研究专家苏云峰先生的《海南历史论文集》收录他多年来对海南历史文化的研究成果,对海南未来发展的趋势提出宝贵建议。考古方面的著作既有对已发掘的文献资料的研究,也有对新的考古发现的介绍。文物出版社的《郭店楚墓竹简》以及上海书店出版社的《上博馆藏战国楚竹书研究》是本年度考古方面比较重要的著作。上海博物馆藏的战国楚竹书是有史以来出土的最大宗的早期文献文本实物资料,《上博馆藏战国楚竹书研究》收录了大陆及港台学者的一些最新研究成果,具有较高的学术价值。文物出版社的《中国十年百大考古新发现》、《2001中国重要的考古发现》详细介绍了近年来考古发现的动向。此外,纪念李学勤先生从事学术活动五十周年,宿白先生八秩华诞文集也相继出版。但是,研究少数民族的著作不多,主要是对藏族、满族、苗族、蒙古族、畲族等少数民族的历史和文化进行介绍。地方史志类,仍倾向于当代地方志的编纂与出版,时间上跨越数千年,内容丰富详实,往往价格昂贵,更多的是为当前政府提供咨询服务。

(3)资料性图书。今年对古籍的整理和出版较之往年明显增多,且偏重于历史人物书信札记的整理。历史研究离不开新资料的发现。在重新校勘、完善已有的史学典籍、史料笔记的同时,出版社还推出了一些比较少见的珍贵史料。如金少英校补、李庆善整理的《大金吊伐录校补》是金朝一位佚名作者辑录的有关宋、金两国往还的"国书",以及金立伪楚、伪齐的相关文件。可以"补正史之所不逮,亦考古者所当参证也",具有很高的史料价值。《范成大笔记六种》也是史料价值较高的宋代史料笔记。北京燕山出版社的《北京庙会史料通考》,收录元至民国期间的方志、笔记、小说及近现代报刊上所载关于庙会方面的资料,是较为全面的资料汇编,有利于对庙会所反映的社会问题进行史学研究。上海世纪出版集团今年推出了中国地方志集成中的《北京府县志辑》,也是一件大功德。

总的说来,本年度历史、地理类图书,品种繁多,涉及史学理论、中外历史、民族史志、地方史志、人物传记、考古发现、风俗习惯、地理等诸多方面。在内容的选取上,注重贴近生活,突出热点,体现历史学与时俱进的特点。如对中西文化的研究与介绍,"夏商周断代工程"所引起的上古史研究热潮。但在满足一般读者的需求,普及历史知识的同时,也要注意扩大历史研究方面的学术类著作的出版;在对历史事件、文物、历史进程等进行深入研究的同时,也要注意历史理论、研究方法的探索。此外,如果少儿历史读物能做到价廉物美,其市场范围可能会更大,也更能体现历史的价值所在。

天文学、地球科学类图书综述

汤彩霞

年鉴收录天文学、地球科学类图书69种,其中天文学类图书13种,地球科学类图书56种。其中地球科学类图书又可以细分为:测绘学9种,地球物理学3种,大气科学(气象学)4种,地质学27种,海洋学8种,自然地理学5种。

本年度收集的天文类图书中以普及性天文知识为主,运用通俗易懂的语言和多样的写作手法,介绍了国内外最新的天文知识。收录的13本图书中有

6本是翻译自外国的图书。例如,《地外生存——人类文明在宇宙中的命运》是王义豹翻译的法国作家尼阔普郎察的作品,由湖南教育出版社出版。本书作者根据其天体物理学的专业知识对人类文明及宇宙的未来做了描述。而同样是翻译作品的《宇宙探索者——来自地外文明的信息》则用科幻的手法,将生物学、生理学、心理学、固体物理学、量子物理学等自然科学和哲学、社会学、政治学等社会科学融为一体,描述了人类对宇宙和外星文明的探索和思考。还有尤仪编著、福建科学技术出版社出版的《少年天文观测》,于系民翻译、辽宁出版社出版的《傻瓜系列:天文》,赵君亮主编、新疆科技卫生出版社出版的《十万个为什么——宇宙科学分册》,黄明信编著、青海人民出版社出版的、历史方面的研究成果——《西藏的天文历算》等都是读者感兴趣的科学普及图书。

测绘学类的图书中,东北大学出版社出版的《测绘学基础与数字化成图》,武汉大学出版社出版的《误差处理与可靠性理论》、《控制测量学》、《数字测量原理与方法》和《近景摄影测量》以及科学出版社出版的《遥感专题与地学图谱》主要是介绍各种测量的方法和运算。而电子工业出版社出版的《地理信息系统》和《地理信息系统原理与方法》及中国矿业大学出版社出版的《地理信息系统原理与应用》主要介绍了地理信息系统原理及其方法和应用。我们还可以发现9种图书中有7种是在高校的出版社出版,可见高校在测绘学发展方面走在了前列。

地球物理学类的图书有《地球内部的秘密》和《地球物理学基础》。《地球内部的秘密》由李营华主编、河北科技出版社出版,主要探索和揭示了大量的地球自然之迷。《地球物理学基础》由北京大学出版社出版,主要介绍了地震学、重力学、地磁学、地电学和地热学的一些基本原理和方法。

大气科学(气象学)有武汉大学出版社出版的《水文非线性系统原理与方法》,介绍冰川气候的《南极乔治王岛柯斯林冰帽冰川学研究》,福建科技出版社出版的《台风》以及介绍包括气象在内的综合性知识的《十万个为什么——地球科学分册》和《青少年科技活动大全——天文、气象、地理,创造发明分册》。

地质学历来是地球科学研究的重点,因而在出版的地球科学图书中,地质学图书数量最多,本年鉴收录也遵循了这个特点。与往年一样,本年鉴收录天文学、地球科学类图书中仍以地质学类图书居多,达27种,占全部收录图书的39.13%。就内容而言,主要分为:构造地质学、矿床学、地球化学、灾害地质学、地质、矿产普查与勘探、矿物学、岩石学等。研究的侧重点也反映了我国地质学研究的基本状况。

构造地质学研究是反映地质学研究水平的最主要内容之一,自本世纪初板块学说被广泛承认之后,以板块学为基础的大地构造理论与实践研究不断深入,地质学者研究的热点大都集中在一些特殊的地质带。我国多样的地质构造为地质学研究提供了丰富的素材。印度洋板块和欧亚板块挤压而形成的青藏高原及东部环太平洋造山带等具有构造地质学上的典型意义的地段一直是学者关注的中心。例如本年鉴收录了《青藏高原中部冰冻圈动态特征》。除此之外,近年学者们也把研究重点放在了其他地段造山带上。张本仁等著的《秦岭造山带地球化学》是在国家自然科学基金"八五"课题的研究成果的基础上,经过进一步的扩充加工提炼而成。本书尽可能从多个方面对秦岭造山带现今地球化学研究做一阶段性总结,从而为读者提供一个造山带地球化学系统综合研究的实例。徐树桐等著的《大别山造山带的构造几何学和运动学》,分析了大别山造山带的运动学特征和构造演化过程。而由郭华等著的《板内造山带主要构造特征研究》,从活动论观点出发,以构造解析思想为指导,运用构造变形研究手段,结合地球化学和地球物理学研究方法,将燕山和大别山造山带作为研究对象,对板内造山带主要构造特征进行了系统的研究。

我国地大物博,矿产资源十分丰富,并且矿产资源关乎国计民生,因此对于矿产资源的研究也十分重要。矿产资源的研究主要集中在成矿规律、矿藏、成矿预测等方面,此类图书在地质学图书中占有很大比重。矿床学著作主要集中于成矿及具体矿产品种上。成矿著作,以研究成矿环境、成矿机理、成矿体系等成矿规律为主。如《塔里木地块矿资源》中论述了20多个成矿带,指出了天然气、石油、铀、钾盐、铜金有巨大的找矿前景,铁、钒、钛、镍、银、铅、锌、金刚石、蛭石、宝玉石和石棉有明显的找矿潜力。还有《煤的结构与反映性》包括煤的结构及其研究方法,回答了实现煤的优化转化需要解决的三个基础性关键问题。《中国东南部晚中生代花岗质火山——侵入杂岩成因与地壳演化》主要论述了内陆S型花岗岩形成与演化规律。《胶东找来莱地区花岗岩和金矿床》、《面向21世纪的应用地球化学》、《华北古陆西南缘(龙首山——祁连山)成矿系统几成矿构造动力学》、《郭文魁文集》、《山西煤田水文地质与环境地质研究》、《江西二叠纪含煤盆地特征及聚煤规律》和《新疆东准噶尔陆相火山与金铜成矿》主要介绍各种矿石的成矿原因及找矿方法等。从这些作品中我们还可以看到资源开发与环境保护的矛盾，这也是我们当前可持续发展所要面临和急需解决的问题。

此外还有，地质出版社出版的《中国地质学会80周年记事》记述了中国地质学会自1922年成立以来的重要工作和活动。中国科学院地学部“中国地球科学发展战略”研究组编著的《地球科学：世纪之交的回顾与展望》，回顾了诸如板块构造理论等地球科学的重大成果及其发展贡献和对地球科学未来的展望。《陕西省泥石流灾害与防治》和《灾害地质学》介绍了人为和自然原因而导致的自然灾害，并提出了相应的措施。

有一句描述地球的老话为：地球上七分水，三分地。而这七分水中海洋水占了绝大部分。海洋中不仅有丰富的鱼虾等水产品，还有无限丰富的矿藏。随着陆地上矿产资源开发的深化和技术的进步以及人类对海洋研究的深入，人们逐渐把目标转向了海洋。海洋研究也逐渐凸现出其重要性，相关著作也越来越多。本年度年鉴收录海洋学著作8种。数量较之以前没有明显的变化，内容侧重点也没有巨大变化，除了介绍较专业知识的《蓝绿激光雷达海洋测量》、《海洋随机资料分析》、《中国东南近海冬季逆风海流》和《海域使用管理基本问题研究》，还收录了科学普及读物，如《海洋的故事》、《海洋小百科》和《凝看海洋》。其中，即使是比较专业的海洋知识也具有一定的普及性，迎合了当今读者的需要。

自然地理著作收录5种。其中有武汉大学出版社出版的《ARC/ZNFO应用与开发技术》，国家林业出版社出版的《防沙治沙使用技术》，沈阳出版社出版的《走进沙漠》和《触摸山脉》，科学出版社出版的《中国盐湖志》。

综观本年鉴天文学、地球科学图书收录，我们可以发现它顺应了当前科技的发展趋势——科学与生活、生产相结合，增加了科学普及性图书的收录。这反映了天文学、地球科学的发展逐渐与人民大众的生活相结合，而不是高高在上，这也激发人们了解地球、了解宇宙的强烈愿望，有利于普及天文地球科学知识，进而推动人民素质的提高和科学的全面发展。

生物科学类图书综述

韩丽芳

本年鉴收录生物科学类图书84种。其中生物科学基础理论·方法·技术类图书24种、分子生物学1种、生物工程学4种、古生物学6种、微生物学3种、植物学12种、动物学21种、昆虫学9种、人类学4种，以上各类中含青少年科普读物10种。

纵观2003年生物科学类图书出版状况，出书种类较多集中在基础理论·方法·技术类图书和动物学类图书上，这两类图书均占到总数的四分之一。其次是植物学和昆虫学类图书，共占总数的1/4。以下进行分类综述：

1. 生物科学基础理论·方法·技术类图书。这类图书出版比例与往年持平。唐守正、李勇著，《生物数学的统计学基础》是生物科学研究方法与技术图书，介绍了生物数学模型的统计学基础，讨论了统计模型之间的关系以及它们对某些与森林有关的数学模型的应用和局限。伊恩·斯图尔特著、周仲良等译，《第二重奥秘》(副名：生命王国的新数学)论及了与数学有关的及其广泛的生命现象。发育生物学是研究个体发育机制的学科，是当代生物学中发展最迅速的学科之一，桂建芳、易梅生等主编的《发育生物学》，是作者在长期从事发育生物学研究和教学的基础上编著而成，在强调本学科基础知识的同时，兼顾了应用及当前的热点问题。

有关生态学方面的著作有2种。生态学是研究个体、种群、群落、生态系统与生物圈等多层次的生物与环境之间相互关系及相互作用的学科。“生态学前沿ABC丛书”，选取生态学研究的7个前沿学科，即产业生态学、恢复生态学、生物多样性、进化生态学、行为生态学、城市生态学和分子生态学，分别介绍了各自的研究对象、研究方法及其在解决生态问题中所起到的指导作用。《现代生态学》作者按照生态学从微观到宏观发展的层次，分述分子生态学、生理生态学、种群生态学、生态系统生态学、景观生态学、系统生态学和应用生态学。简述生态学的基本原理、方法，系统论述国内外最新研究进展和发展方向。本书始终贯穿理论与实践结合，基础与前沿并重，着眼于提高分析问题和解决问题的能力。

发育生物学是研究个体发育机制的学科，是当代生物学中发展最迅速的学科之一。李俊清等编著的《保护生物学》是面向21世纪课程教材之一。该书综合介绍国内外在保护生物学方面的理论。主要内容：生物多样性、遗传多样性、生物进化与生态条件、适应与生物多样性形成机制、物种问题与物种保护、遗传变异与保护、生物多样性的保护方法。

细胞生物学图书4种。细胞生物学是在显微、亚显微和分子水平上研究细胞生命活动基本规律的科学，是生命科学重要的基础学科和前沿学科之一。裴雪涛主编《干细胞技术》，介绍了干细胞研究的基础理论及其临床应用前景，最新进展，以及干细胞研究的伦理学问题。涉及干细胞所有的种类。《医学分子细胞生物学》作者章静波、林建银、杨恬，特点是：着重介绍当今分子细胞生物学重要领域的发展，密切联系疾病，体现出它的医学院校适用性，介绍了当代分子细胞生物学中常用的方法技术。布鲁斯·艾伯斯等著，《基础细胞生物学》副名：细胞分子生物学入门，从细胞的不同结构层次和细胞间的关系，阐述细胞的生物活动，几乎涉及生命科学的所有分支领域，即反映学术研究的最新成果，又突出基本原理。刘志洁、宗英主编《野生动物血液细胞学图谱》，共收集100余种野生动物的血液细胞学图谱，分总论和各论。总论包括血液细胞形态学理论和彩色图谱，各论包括各种野生动物的血细胞彩图和注释，中英文对照。

遗传学图书3种。遗传学是研究生物体遗传和变异规律的科学，在当前，分子遗传学在进一步揭示生物体的遗传奥秘、构建生物基因图谱，探索基因与人类疾病的关系等领域中发挥了重要作用。遗传学是生物学科中非常活跃的一门分支学科，与其他学科相互渗透，相互交叉，组成了21世纪重要的学科群。

国家“十五”重点图书，中国遗传学的重要奠基人之一、德高望重的谈家桢院士与赵功民主编《中国遗传学史》，第一次全面总结了中国遗传学近百年历史。《中国遗传学史》共分三篇，第一篇“遗传学在中国的发生和发展”是主干，包括20世纪上半叶的中国遗传学、建国以来的中国遗传学、文化大革命及拨乱反正时期的中国遗传学、中国遗传学会的成立和发展、国家自然科学基金与中国遗传学、中国农作物育种遗传学的发展、中国人类和医学遗传学的发展、中国遗传工程的发展等八大部分，全面反映在我国特定的社会背景下，中国遗传学在近百年中经历着一条坎坷曲折的道路。第二篇“历史的回忆”中，每篇文章的作者都是遗传学在中国发展长河中的参与者和见证人。总体上反映了中国遗传学的发展状况，为丰富和匡正中国遗传学史提供了宝贵的第一手资料。第三篇“百年人物志”，为推动中国遗传学发展作出较大贡献的近40名遗传学家作传。收入“百年科技丛书”的《基因探奥秘—生物科技》一书，回顾了1900年来孟德尔遗传定律的重新发现100年来在遗传学领域具有划时代意义的若干重大事件，书中介绍了遗传学的基本原理、基本理论和基本规律。丁逸之、丁文山、高静编著《英汉遗传学及其应用词汇》，收有孟德尔遗传定律发现100年以来的遗传学以及各分科，及其在各方面应用的专业英语词汇30000余条。

生理学著作1种。国家“十五”重点图书，陈宜张、路长林主编《神经发育分子生物学》，主要是向国内外神经科学的同道，介绍神经系统的早期发育，神经元的决定及分化，神经元迁移，神经连接的形成及可塑性，以及神经营养素与神经细胞生长、凋亡。

生物化学著作1种。方允中、郑荣梁主编《自由基生物学的理论与应用》，详细论述了自由基生物学理论与应用的方方面面。内容包括：自由基生物学与医学的基础理论；抗氧化酶的结构、性质、生物学作用、生物合成与模拟抗氧化酶及测定方法；抗氧化剂，包括抗氧化维生素，可食植物中天然抗氧化剂的应用等。

近代生物学名著，《天演论》再版。《天演论》是中国近代著名的启蒙思想家和翻译家严复翻译的英国科学家赫胥黎《进化论与伦理学》一书的节译本，它系统的介绍和宣传“优胜劣汰”自然演化的进化论学说。1897年，严复翻译的《天演论》出版，其中所揭示的自然界“物竞天择，适者生存”的进化法则，给国人敲响了不自强就要亡国灭种的警钟；但同时也给人们以希望，寄希望于未来的一代。

生物学界有识之士始终未忘前人的教诲，值得注意的是：在生物科学全部84种图书中，青少年的科普读物有10种，占总数的1/8，这种比例在自然科学各学科中是不多见的。科技工作者们重视普及青少年生物科学知识，使生物科学人才辈出。《保护多彩的世界——全国青少年生物和环境科学实践活动第六届评选获奖项目汇编》,汇集了全国青少年生物和环境科学实践活动评选优秀项目,展示了我国青少年在生物和环保领域活动和实践的成果。内容涉及植物学、动物学、昆虫学、环境保护学、生态学、农学、林学等学科。凌立主编"自然传奇系列丛书",以"珍爱动物,热爱生命"为主旨,用浪漫的童话故事为引线,以真实的动物生活为基调,融入了对地球生态环境的思考和深切关爱。江苏教育出版社出版的"五彩科学丛书",荣获第六届全国优秀少儿图书奖二等奖,它以亲子共读、寓教于乐的方式帮助儿童从认识身体开始认识自己,通过孩子感兴趣的图画把关于"出生"、"血液"、"皮肤"、"营养"、"牙齿"等科学原理以短小诙谐的故事形式带到儿童面前,为儿童探索自身提供了最佳途径。杨焕明主编"解读生命丛书",从"人之初、人之迷、人之惑"的角度全面解读生命之谜。

2. 分子生物学类图书。分子生物学是从分子水平研究生命本质为目的的一门新兴边缘学科,它以核酸和蛋白质等生物大分子的结构及其在遗传信息和细胞信息传递中的作用为研究对象,是当前生命科学中发展最快并正在与其他学科广泛交叉与渗透的重要前沿领域。科学出版社的生命科学图书不断扩大外版图书的引进工作,他们出版的"现代生物技术译丛"之一,被分子生物学界誉为"圣经",[美]萨姆布鲁克等著,黄培堂等译《分子克隆实验指南》,全面介绍分子克隆技术的基本原理与操作程序,是国际通用的权威的分子生物学实验室手册,也是当今生命科学领域的重要工具书。

3. 生物工程学图书。生物工程学是研究以生命科学为基础,利用生物体的特性和功能,设计构建具有预期性状的新物种或新品系,以及与工程原理相结合进行加工生产的一门综合性的学科,是一门不久将改变我们整个生活的新兴学科。年鉴中收录有四种图书。马立人、蒋中华主编《生物芯片》,收集了2001年底网上最新资料,详述各种生物芯片的制作方法,生物芯片反应微流电路设计,生物芯片的检测方法,信号采集和数据处理。尤其侧重生物芯片在基因测序、基因突变的检测,遗传病和肿瘤的诊断,微生物检测,农业方面的物种改良,新药靶标的寻找,以及生物芯片在军事医学中的应用。王丽主编《基因工程原理与技术》,包括基因工程原理和基因工程技术两部分,采用简单的图表来阐述问题,加强了对基因工程基本概念的介绍。李越中、阎章才、高培基主编的《基因组研究与生物信息学》,主要是结合基因组学的研究,对研究生命现象的新学科——生物信息学进行了介绍。在介绍生物信息学基础理论和试验方法的基础上,对多个生物信息学软件作了编译介绍。"哲人石丛书·当代科普名著系列"之一《人之书—人类基因组计划透视》,该书通过一系列生动的实例,介绍了人类探索生命过程复杂机制的过程,揭示了为何我们的命运存在于我们的DNA之中。透视了"人类基因组计划"这一生物学领域最雄心勃勃的事业以及可能相伴而生的及其严重的伦理学问题。[澳]菲力普等著,温美思等译《食物的未来》,介绍了国际生物技术市场与政策。

4. 古生物学图书。古生物学是研究地质时代中的生物及其发展的科学。我国科学家在这方面的研究走在了世界的前列。年鉴收录古生物学图书五种。刘鸿雁著《第四纪生态学与全球变化》,介绍了第四纪生态学的理论、方法和应用。作者以种群、群落和生态系统、景观和生物群区等不同的生命组建水平为线索,详细阐述了第四纪生态学的最新理论进展及其在全球变化研究中的意义。《陡山沱期生物群》副名:早期动物辐射前夕的生命。作者袁训来、肖书海、尹垒明。分别描述了在晚前寒武纪陡山沱期的岩层中发现的以多细胞生物化石为主的瓮安生物群、庙河生物群和蓝田生物群,系统分析了各期生物与环境协同演化的结果。穆恩之,李基石著《中国笔石》一书,总结了我国笔石研究的历史概况,在大量描述笔石属种的基础上,根据近年来发现的新材料,修正和补充中国笔石的划分及其与国外的对比,参照新的分类标准,对中国笔石作了系统的规类。侯连海等著《中国辽西中生代鸟类》,记述了辽西中生代鸟类化石1999年以前的全部发现。[英]戴维·伯尔尼著《最新不列颠恐龙百科全书》。袁金良等著《黔东南早、中寒武世凯里组三叶虫动物群》。

5. 微生物学图书。微生物学是生命科学领域中重要的分支学科,是研究微生物(病毒,细菌、真菌等)生命活动规律及其与自然环境关系的基础学科。年鉴收录微生物学图书三种。刘志恒主编《现代微生物学》,研究生教科书,内容涵盖当今微生物学迅速发展的领域。谢天恩、胡志红主编《普通病毒学》论述各类病毒的本质、结构与功能的相似性和特点,概括各方面共同的理论和概念,从分子水平、细胞水平、机体水平及群体水平阐明病毒与宿主相互关系的规律。郭兴华主编《益生菌基础与应用》综合了当前益生菌研究领域的进展,阐明了利用益生菌防治疾病，促进发育、增强体制、提高产量、延缓衰老和延长寿命的机制，并指出未来应探讨的重大课题和用分子生物方法改造益生菌的重要性。

6. 植物学图书。我国疆域辽阔，植物资源丰富，植物学方面著作甚丰，年鉴收录植物学图书十二种。曹孜义编《实用植物组织培养技术教程（第三版）》收集规模化、商业化生产的植物种类，介绍植物组织培育和微型繁殖简史及国内外发展概况，介绍了植物组织培育的基本原理、方法、设备、技术、前景等。许大全著《光合作用效率》，主要介绍光合效率的定义、术语和光合效率研究的意义以及试验方法等。程积民著《中国黄土高原植被建设与水土保持》，根据生态学原理全面总结20年来黄土高原地区植被建设的实践与经验，系统研究了森林植被、灌丛植被和草地植被的类型、分布及其生态特点与演替过程。还有解淼著《恢复中国的天然植被》，曹福亮著《中国银杏》，胡适宜等主编《被子植物的受精生物学》，杨持等编著《四合木保护生物学》，《十万个为什么—植物分册（哈萨克文）》。工具书类图书4种：林侨生编著《观页植物原色图谱》，《英汉植物群落名称辞典》，曲秀春等编著《黑龙江省植物志（十）》，吴鹏程主编《中国苔藓志 第六卷 油目藓 灰藓目》。

7. 动物学图书。动物学图书是本年度出书重点，其中工具书比较受关注。《中国有毒及药用鱼类新志》，收集了近30年来我国有毒及药用鱼类的大量资料，经过综合分析，综合当前国内外有关有毒鱼类和药用鱼类的研究进展及最新成果，并在动物试验的基础上进行总结。《世界野生动物百科》从物种起源、进化、习性、生存状态及它们与人类关系的角度，描述了动物的分布、生活、繁殖、喜怒哀乐以及面临的生存压力等多方面情况。大量参考世界动物学家实地考察的科学结论采用他们实地拍摄的动物图片，是这套书的鲜明特色。《人和动物寄生虫图谱》，《常见龟鳖类识别手册》，《世界鸟类名称（拉丁、汉语、英文对照）（第二版）》，《中国动物志》无脊椎动物第二十八卷 第三十卷、《中国动物志》硬骨鱼纲 灯笼鱼目。

国家重点保护动物研究出书颇丰。国家“十五”规划重点图书“中国重点保护野生动物研究丛书”《大熊猫研究》胡锦矗著，内容有大熊猫的历史记载，还介绍了大熊猫的形态习性、栖息环境、活动、繁殖、数量分布、起源演化、饲养繁殖与保护管理，其中不乏近年来最新研究发现与研究成果。此外还有黄承明著《中国白头叶猴》，全国强、谢家骅主编《金丝猴研究》，张荣祖等编著《中国灵长类生物地理与自然保护·过去·现在与未来》，朱曦、邹小平著《中国鹭类》，马逸清、李晓民编著《丹顶鹤研究》，《中国扬子鳄及世界鳄类的保护现状与未来》。

科普图书依然受关注。《十万个为什么—动物分册（哈萨克文）》、“走进动物丛书”、《儿童动物百科》。

8. 昆虫学图书。年鉴收录昆虫学图书9种。李后魂著《中国麦蛾（一）》，系统报道了中国麦蛾的研究成果。李法圣著《中国蛄目志（昆虫纲）》，全面论述了蛄目志昆虫的研究史今、分类系统及演变、基本形态构造，分析归纳了生物学特性、各科分布特点及区系分布，提出了由于蛄虫对生活环境敏感、抗逆力差可作为环境监察昆虫等见解。王敏、范骁凌著《中国灰蝶志》，洪友崇著《中国琥珀昆虫志》，黄帮侃主编《福建昆虫志（第五卷）》，袁锋等编著《中国昆虫志 昆虫纲 第二十八卷》，洪友崇著《中国琥珀昆虫图志》，孙利平、孙国平著《小蕾蕾观察日记》，共四册，分别是《蜜蜂和蚕》、《蜻蜓、蜘蛛、蝴蝶》、《蝈蝈、瓢虫、蝉》、《螳螂、蚂蚁、蟋蟀》。

9. 人类学图书。年鉴收录4种。张海国编《中国民族肤纹学》从肤纹研究的历史沿革、研究方法到每一民族的肤纹参数，分析、总结了各民族的肤纹特征，论述了我国民族肤纹学的研究成果。李葆明著《心智家园》是《诺贝尔奖百年鉴》之“神经与脑科学”，概要介绍了从古至今人类探索脑和神经系统的历程，聚焦于过去100年间神经与脑科学领域诺贝尔奖得主的杰出成就及相关工作。唐纳德·L.哈迪斯蒂著《生态人类学》，介绍了生态人类学的理论和方法，专题论述了民族生态学、人类古生态学。还有吴汝康、李星学主编的《南京直立人》。

医药、卫生类图书综述

韩丽芳

年鉴收录医药、卫生类图书345种，覆盖面广，几乎包括了医学科学的各个领域。按照《中图法》该类的二级类目细分，其中医药、卫生总论4种；预防医学、卫生学41种；中国医学91种；基础医学27种；临床医学29种；内科学47种；外科学34种；妇产科学、儿科学13种；肿瘤学17种；神经病学与精神病学9种；皮肤病学与性病学3种；耳鼻咽喉科学、眼科学、口腔学13种；特种医学5种；药学12种。

中国医学乃国萃，本年度收录中国医学类图书91种，占医药、卫生类图书的27%。随着人民生活水平的提高，健康、保健、防病已成为人们生活中重要的组成部分，如何提高人的生存质量已成为广大学者研究的重要课题。中国医学博大精深，尤其在养生、抗衰老、延年益寿上有着几千年的经验积累，本年度收录了根据历代医家经验、医学典籍、祖传秘方、民间效验方等结合现代临床研究和应用的中医预防、卫生类图书，如：孟心欣著《健康长寿九十招》从若干生活常识入手，介绍了家居琐事中的健康知识。包括家庭自助养生、饮食养生、起居养生、补益养生、运动养生、精神养生、美容养生、房事养生，共8册。袁开昌等著《中华医籍经典注释》包括养生之要、养生延命录、寿业青编、饮膳正要、老老恒言5个分册。由于人类寿命的增加，老年化显得日渐突出，本年鉴吸收了中医老年病学图书，如：赵法著《老年人饮食与健康》介绍了老年人的基本营养需要、食物的营养成分、延缓衰老的食物和营养素。田金洲等著《中医老年病学》总论中介绍了中医老年病学研究内容，老年病发病、治疗、康复护理的特点、延缓衰老的中医研究，各论中介绍了老年多发病、常见病的病因病机、临床表现、诊断、鉴别诊断、治疗、转归与预后、护理与康复、预防以及古代文献摘要与研究进展。

图谱是本年度中国医学类图书中的亮点，以形象、生动、具体的形式展现给读者，对于提高医疗、教学、科研水平具有重要的作用，且有较高的学术价值和实用价值。严振国编著《经穴断面解剖图解》约1000幅图片，作者应用尸体冰冻断面解剖手段对全身361个经穴和常用奇穴进行系统研究。刘士佩等编著《新编耳穴望诊彩色图谱》彩图百余幅，反映了“耳穴望诊”这一诊断的新成果。鲁京硕编著《手诊手疗图解精要》作者根据28年的行医实践总结的宝贵经验将手诊、手疗的科学原理，用图文对照形式介绍了各种疾病的诊断方法和治疗方法。袁加编著《中国手法治疗骨折彩色图谱》全书配有1700余幅彩色照片及骨折治疗前后的典型照片。刘柏龄等编著《中国骨伤治疗彩色图谱》，充分展示了古今中国骨伤各流派的手法精华。措如才郎著《四部医典大详解》由四部医典诠释、藏药炮制配方和药物画册3大部分组成。药物画册是由600多幅药用植物、动物、矿物和人体解剖实物图构成。

本年鉴收录的中医药类图书对研究中医药的读者有着重要的参考价值。方肇勤著《分子生物学技术在中医药研究中的应用》，其主要内容有：中医药对基因组、单基因转录、多基因转录、广泛基因差异转录、单基因表达产物、多基因表达产物作用的研究，以及中医药对基因转录调控的研究和分子生物学的一些基本技术。马清钧等著《临床实用中药学》共收载入选中药的临床应用报道2568条，有效古方1746首，不同中药的配伍方法及效用951种，择要摘录了众多医药学家人选在药的精辟论述1501段。该书的重点为现代研究项中的“药理作用”和临床研究项中的“临床报道”，较为全面地汇集所选取中药的现代研究成果。由学苑出版社出版的“二十世纪中医药最佳处方丛书”本着尊重历史、客观总结、反复精选的原则，对20世纪中医药成就进行全面的总结。收集了从1900年至2000年一百年内中医药处方，前五十年内着重介绍近代各中医药临床流派的精华和代表处方，特别吸收各派名家临床使用的效验经验，后五十年内着重介绍现代中医药临床的杰出成果和临床经验，而且兼顾到港、澳、台及东南亚中医药的临床成果，还重点吸收了现代中西医结合的经验。

21世纪，人类社会的前途问题让学者们极其担忧，人口增长、食品安全、亚健康、城市化、人口老龄化、艾滋病等，本年鉴收录的41种预防医学、卫生学类图书涉及到以上诸方面，具有较强的针对性和鲜明的时代性。由K.雷辛格等著《六十亿人口的警示》，副名：21世纪的人口增长与食品安全，研究人口及人口增长面临的食品压力问题。王育学著《亚健康：21世纪健康新概念》详细论述了亚健康的概念、内容和意义，是我国医学史上，第一次对亚健康进行大样本的流行病学调查研究结果的总结报告，客观地反映了我国亚健康人群的特点，为构建"健康——亚健康——疾病"这一理论模型提供了可靠的科学依据。秦钰慧主编《饮用水卫生与处理技术》全方位介绍了中小城市水污染控制和污水处理厂建设管理的基本理论、实施办法、工艺设计和操作实例。储兆瑞主编《青少年性健康教育与预防艾滋病读本》是一套以性健康基本理论介绍为框架，穿插以生动活泼的问题回答和典型案例分析，同时配以幽默诙谐的卡通漫画，内容涉及到性生理、性心理、性伦理、性保健和相关政策与法规的对学生进行性健康教育与预防艾滋病的图书。洪涛等著《战胜瘟疫》主要内容包括：改变历史的魔咒；与传染病作斗争；病毒与传染病；第一种被消灭的瘟疫；与病毒肝炎的斗争；最恶的现代瘟疫等。

年鉴收录内科学图书47种，其中心脏、血管疾病类14种，陈国伟等著《现代心脏内科学》在编写形式上打破一般教科书或参考书的编撰模式，突出重点，主要论述心脏内科疾病的诊疗方法和具体措施。陈波等著《冠心病》是一本"随身医生丛书"，详细介绍了冠心病的概念、易患因素、特征、鉴别诊断、常用药物疗法、推拿疗法、拔罐疗法和气功疗法等内容。代谢疾病、老年疾病类图书有11种，梁玮等著《糖尿病》详细介绍了糖尿病的概念、分型分类、致病因素、发病机制、临床表现、鉴别诊断及治疗、预防知识。许曼音等著《享受健康人生——糖尿病细说与图解》主要叙述如何防治糖尿病，怎样合理地饮食、科学地运动、心理平衡对健康的重要性、药物治疗时机、自我检测，阐明糖尿病人同样可以享受人生。

外科学类图书34种，其中外科手术学8种，杭燕南等著《当代麻醉学》内容涉及临床麻醉研究的动态进展。黄钟英著《手术与康复》内容涉及手术后常见问题、手术前准备、神经外科手术、甲状腺手术、肝胆系统手术、心胸外科手术、泌尿系统手术、骨科手术和妇产科手术等。外科手术图谱7种，李衍杭等编著《实用普通外科手术彩色谱》介绍了经典、规范的手术术式和正规的操作方法。得国强等编著《实用胸心外科手术彩色图谱》以彩色图谱800多幅为主，系统地介绍了胸外科和心外科手术的规范、术式和操作方法。

临床医学类图书29种，其中诊断学10种，护理学5种。高世明等编著《现代医院诊疗常规》包括临床诊疗常规和医技诊疗常规两个部分共30章。赵榕富主译《美国最新临床病案精要——重症临床护案精选》收入185例临床病例摘要，读者可以像专家们在临床实践中所面临的挑战那样，自己尝试进行鉴别诊断，提出诊断方法的治疗方案。王峻等普《临床实用补液手册》介绍补液的基本理论、水电解质平衡、内科、外科、妇科和儿科的各种疾病临床治疗、静脉用药输液，补液方法及常规用量。冯玉荣等著《新编临床护理手册》介绍了各种常见病的观察要点、护理常规、健康教育等，还系统介绍了常见疾病的护理诊断问题的相关因素、期望目标与护理措施。由"家庭医学图书馆"编委会编著的《家庭医学图书馆》以图文并茂的形式介绍了健康生活、医疗保健、疾病防治、护理与急救、人类特殊问题5部分。

现代医学重视的是系统积累、在经验基础上的理论总结和在理论指导下的技术发展。基础医学的进步标志着我国医学研究领域的发展。本年鉴收录的基础医学类图书27种。王翰章编著《口腔基础医学》全面系统，主要内容有：口腔颌面种系演化、解剖学、颌面发育、生态学、生物化学、免疫学、分子生物学、医学美学、材料学、医学信息学和口腔设备学等14章节。刘怀军主编《实用人体医学影像断面解剖学》以人体各解剖部位为次序，通过切制尸体断面的方法用CT、MRI、B超等现代化医疗手段进行了描述和分析，准确地显示出身体各部位断面的形态变化和其比邻位置关系，且利用三维图像的重建，整体的再现其立体解剖与断面解剖的实际关系，以便为疾病的立体定位提供根本保证。郭峰等著《现代红细胞免疫学》介绍了国内外有关天然免疫研究前沿的最新成果。赵克森等著《休克的细胞和分子基础》阐明了重症休克的发生机制、为重症难治性休克奠定了诊治基础，反映了国内外休克研究的最新进展。

本年度收录的妇产科学、儿科学反映了当代妇产、儿科学的诊断、治疗的发展水平及科研动态。王德智等主编《中国妇产科专家经验文集》本着面向临床、突出实用的原则将1993～1999年刊登在《中国实用临床妇科与产科学杂志》上的专题笔谈、综述讲座等优秀文章结合临床经验编撰而成，为临床医师提供了重要的参考资料值。郑伟主编《现代小儿妇产科学》从小儿妇科基础理论和小儿妇科疾病的诊疗技术二个方面进行了介绍。王爱连等编著《小儿男科女科疾病问答》以问答与实例相结合的形式,对小儿时期泌尿生殖系统常见病的原因、临床表现、对人体的危害、治疗、预防家庭护理以及自我保健措施等作了详细的解答。

近几年来,对肿瘤学的研究日新月异,本年鉴收录的肿瘤学共17种,丛文铭等主编《肝胆肿瘤诊断外科病理学》全面介绍了150余种肝胆肿瘤的病理学分类和分型、形态特征、诊断与鉴别诊断。高永良等主编《恶性肿瘤的诊断手段与评价》介绍了常见肿瘤的常规诊疗手段,并根据最近的肿瘤咨询学发展对各种手段的价值及意义进行了比较和评价。吴传恩主编《肿瘤康复指南》从三部分进行了介绍,"名医指点"由18位著名肿瘤专家根据各自的研究领域而撰写的最新进展,"有问必答"就肿瘤病人及家属特别关心和极愿了解的问题给予了解答,"为您服务"推荐、介绍了国内外的防癌要点、早期信号等,并提供了国内外部分肿瘤医院的地址。

农业科学类图书综述

韩丽芳

年鉴选收农业科学图书149种,其中农业基础科学类10种、农业工程类7种,植物保护类16种,农作物类16种,园艺类36种,林业类27种,畜牧、动物医学、狩猎、蚕、蜂业类33种,水产类4种。

农业是关乎国计民生的产业,如何使全国九亿农民增收致富,如何改善我们生存的环境,是国家长治久安、持续发展的关键。年鉴在这方面有所侧重,收录最多的是园艺类图书,其次是畜牧和林业,这三类图书占农业科学类图书总数的64%,从收录数量来说是农业类图书的第一梯队。

园艺类图书的重点是蔬果种植和花卉景观类图书。由全国农牧渔业丰收计划办公室、农业部种植管理司、全国农业技术推广服务中心主编的《无公害蔬菜生产技术》,阐述了无公害蔬菜产地环境条件及其控制技术、无公害蔬菜产品安全质量的主要问题、无公害蔬菜栽培技术、无公害蔬菜产销策略。加入WTO对我国蔬菜产业的影响与对策等内容,对全国无公害蔬菜的生产具有指导意义。收入"蔬菜高新技术丛书"的有《植物激素与蔬菜的生长发育》叙述和介绍了植物生长激素的生物合成、代谢与生理功能、植物生长物质对蔬菜生长发育的调控,以及植物生长激素作用机理研究的最新进展;《蔬菜生物技术概论》介绍了蔬菜生物技术的原理和最新研究进展;《菜田土壤与施肥》以生态学原理为指导,将菜田土壤—蔬菜作物—人工调控作为菜田生态系统的组成部分,阐述了菜田土壤的特性、管理、退化污染及其防治。《成都园林植物》搜集了成都市各公园及主要风景区所栽培的园林植物共2798种,隶属于193科,802属。重点介绍这些植物在成都及四川的野生分布情况,对习性、观赏特性、园林用途及重要经济价值有所说明。[法国]米奥莱恩编,郑瑞斌等译《彩图室内园艺大百科》全书共介绍了1500多种植物,附有1500多张照片,有250个不同房间的装饰构思,教人如何用不同植物装饰不同的环境。全书还有几百个养花小窍门和专家建议。

畜牧类图书中工具书是比较受关注的。在33种图书中,工具书或工具书性质的图书竟占了13种,有百科全书、手册、辞典、图谱、大全等形式,内容涉及牲畜和宠物的生产与饲养、动物医学等。其中《中兽医学大辞典》为最大的一部工具书,全书130万字,收词11类,9069条,配图562幅。释文对词目进行了严格的定义、缜密的考证、原理的阐述和实用技术的推介。《中国额尔齐斯河鱼类资源及渔业》,本书是1999～2001年"额尔齐斯河渔业资源调查及评价研究"课题组调查成果的结集,对额尔齐斯河的水文、水质、水生生物、鱼类以及渔业生产等方面进行了全面系统的调查,为发展额尔齐斯河的渔业生产提供了科学依据。林业类图书多涉及森林自然保护和森林生态,其中令人瞩目的是《中国国家级自然保护区》一书,全套3册,300万字,收录133个国家级自然保护区,主要分为自然生态系统类、野生生物类、自然遗迹类等。书内提供了大量的保护区资料,包括各保护区的地理概况、自然环境、动植物资源、旅游资源、对保护区的评价等,是多学科的科研基础资料。还有《自然保护区工程项目建设标准(试行)》、《长青国家自然保护区生物资源》。关于森林生态研究的图书有《生态林业论》、《海南岛热带林生物多样性及其形成机制》、《森林资源与环境》。新技术在林业方面的应用,如《林业遥感》内容有航空和航天遥感基本知识,图像处理技术,遥感在林业中的应用,以及遥感,地理信息系统与全球定位系统(3S技术)应用实例。

植物保护和农作物图书的数量是农业科学图书的第二梯队,占农业科学图书收录总数的21%。植物保护主要涉及植物各种病虫害的防治,如农作物病虫害、蔬菜病虫害、园林果树病虫害及防治药物的使用。《农作物病虫无害化治理》(论文集),收录农作物病虫无害化治理技术研究与推广学术论文126篇;《蔬菜病虫草害综合治理》分上下两篇,根据我国蔬菜生产的现状和存在的植保问题,结合病虫草害发生的特点规律及综合治理措施,介绍了我国病虫草害防治的基本原理和方法,我国无公害绿色蔬菜的生产情况;还有《水果果实害虫》、《园林花木病虫害诊断与防治原色图谱》、《烟草常用农药使用指南》等。

农作物是基本的农业产业,这类图书中比较重要的著作有:"杂交水稻之父"袁隆平主编《杂交水稻学》,着重从理论和方法上阐述了两系法杂交水稻、超级水稻、杂交水稻分子育种、制种、栽培方面的新技术;《水稻一次性全层施肥法》是作者及其协作者根据参与国家和省"九五"重点科研攻关项目成果撰写而成,包括:水稻一次性全层施肥法研究综合报告、基础理论研究技术效应分析、示范推广效果等;《水稻遥感估产》详细论述了水稻遥感估产的农学机理研究、遥感资料的定量处理与图像增强技术、水稻遥感估产的分区(层)技术、水稻长势遥感监测与遥感数值模拟模型。其他农作物生产技术方面的图书有,《优质牧草生产大全》,从牧草的经济学和生态学功能入手,介绍了加入WTO给我国牧草产业和以草食动物为主的畜牧业发展带来的机遇,牧草生产的投资决策,还分别介绍了优质牧草的品种、栽培技术、病虫害防治技术、加工调制技术及开发利用技术。根据当前发展食草动物生产的实际,介绍了牧草与食草动物的生产关系;《药用植物实用种植技术》重点介绍了我国丰富的中药资源及药用植物的栽培历史;药用植物种植与环境条件的关系,种植特点,引种驯化及病虫害防治;产地加工与质量控制的关系,并提出了为适应21世纪中药现代产业化的"中药材生产质量管理规范(GAP)"的新概念和指导原则;系统介绍了全国范围内105个常用中药植物的使用种植技术。

农业基础科学类10种图书中,肥料与土壤学有7种,分别是《红壤物质循环及其调控》较全面地反映了我国红壤研究的水平与近期的研究成果,同时还提出了控制我国红壤退化的综合技术与调控途径;《中国东部红壤地区退化的时空变化、机理及调控》;《土壤学》;《肥料实用手册》;《有机肥料加工与施用》;《化肥科学使用指南》;《农地水土保持》等。

我国人均水资源是非常缺乏的国家之一,年鉴的农业工程类图书紧扣农业与水资源的主题,收录有:《节水农业新技术研究》是"九五"国家科技攻关计划项目"节水农业技术研究与示范"研究成果的系统总汇。这个项目通过调研、室外试验、理论分析、模型计算及试验示范区建设、产品定型中试等,取得了较好的研究成果;《人工汇集雨水利用技术研究》论述了我国黄土高原半干旱地区的集雨利用经验,全面汇集了国家"九五"科技攻关专题成果;《节水灌溉系统建模与优化技术》;《旱地农业实用技术》等。

水产渔业类收录淡水养殖技术图书4种。《养殖全书》为"中国现代养殖技术丛书"之一,系统介绍了淡水养殖的配套技术;还有《淡水名特优水产品苗种培育手册》、《南方鲇的繁殖与饲养》、《淡水虾规模养殖关键技术》。

图书出版研究

论图书品牌的特性和培育

韩惠言在《出版发行研究》上著文指出，图书品牌是指出版者(即出版社)的名称(即社名)、标志(如社徽)、术语(如社训)和图书书名，或其组合，其主要功能在于区别不同出版者的出版物或同一出版者的不同出版物。图书品牌有以下几个特性：第一，品牌结构上的梯次性。图书品牌可分为个别品牌、系列品牌、分类品牌和整体品牌四类。它们形成由低级到高级、由个别图书品种到整个图书品种、由较小的品牌效应到较大的品牌效应的梯次结构。第二，图书品种的分散性。图书出版产品品种多，且多属一次性生产；图书要满足各个文化层次、各种职业、各个年龄段、不同消费目的的读者的需求，从形式到内容，千变万化，各不相同。在一个整体品牌或分类品牌下，会有许多图书连续不断的出版。这种客观状况使得单个品牌的市场占有率非常有限，统一品牌产品过于庞杂，不易形成气候。第三，品牌内涵的个性化。图书是充满个性化、差别趋于极大化的产品。图书品牌的成功，关键一点就是要充分展示自己的特色和个性。第四，品牌塑造上的局限性。首先，由于产品的分散性和多样性，塑造图书的整体品牌需要经历一个较长的过程；其次，图书的整体品牌一般表现为"社名＋社徽"，在社名之外，不存在注册商标，我国出版社的名称绝大部分都冠以地域名，具有很强的地域和行政级别色彩，使得很多出版社，特别是经济落后地区的出版社在品牌塑造和宣传上处于不利地位；再次，很大一部分书名不可能有独创性，无法注册，这无疑不利于品牌的脱颖而出和保护。关于怎样培育图书品牌，文章指出：第一，要以个性和特色出奇制胜。特色是指在出书的范围、种类等方面有侧重点，体现出版者的特点、风格和追求。出版者要从自己的实际情况出发，充分发掘、利用优势出版资源，以特色推出品牌，用品牌弘扬特色。第二，着眼整体，从个别入手，锲而不舍，逐步推进。首先从一本一本、一套一套图书抓起，努力提高单本书的效益，逐步提高图书的整体质量和品位，增强市场竞争力，进而重塑出版者的形象，最后形成整体品牌。第三，增强法律意识，学会用法律手段保护品牌。图书品牌只有经过注册而变成商标，才能受到法律保护，才能有效地防止假冒和模仿。第四，为品牌培育创造良好的环境。建立有利于出精品、有利于人才施展才华的科学高效的管理体制；培养一支高素质、有创新和奉献精神的编辑、发行队伍；建立一支相对稳定、不断发展、适应品牌创建需要的作者队伍；将公关策划、形象宣传提上议事日程。

试论图书出版的品牌战略

马赛在《编辑学刊》2002 年第二期上撰文指出，近年来图书市场热点不断，但总体上，图书市场依然处于一个整盘期。出版物品种繁多，但缺乏显著亮点，新书层出不穷，但市场热点不多，选题范围广泛，但策划力度和深度不够，市场上的短视行为导致选题重复、跟风、炒作之风日盛。从而出版社要根据自身条件，寻找适当的市场定位，开拓属于自己的市场。图书是一种商品，现在的图书消费者在购书时也是会选择图书品牌的。读者认版本、认出版社，出版社就要树立自己的图书出版品牌战略。应该说，图书市场已进入了"商标"品牌竞争时代。对于出版社来说，品牌就意味着效益。如北京大学出版社、科学技术文献出版社和策划人胡东华共同推出的"胡东华系列文教图书"、中国人民大学出版社的考研书等品牌图书就为出版社带来了巨大的经济效益和社会效益。归纳了目前图书市场上的品牌图书格局，大致可分为：具有某一单种品牌图书；具有某一系列品牌图书；拥有多个图书品牌的名牌出版社。出版社要制定自己的品牌战略，可以通过以下途径：首先，必须明确品牌必须时创新产品和创新质量的统一。创造品牌是一个永不停息的过程，是一个不断创新的过程，品牌必须是以质量为生命的。其次，成功地打开市场离不开成功的领导者及其科学管理。文章总结“布老虎之父”安波舜的“品牌”经，要创造品牌图书有三个要素：1. 品牌图书的定位必须有实际发展的市场潜质，特别是长期市场潜质。2. 品牌图书必须有明确的追求。3. 品牌图书的名称必须要有传播性和符号性，能够使人印象深刻。再次，品牌的发展需要有规模效应。品牌应是企业、产品、商标、广告语等要素的有机结合；出版社应有一整套品牌发展长远计划，从一种品牌进而一个系列、一个类别品牌，到多品种、多类别品牌，形成滚动规模效应。第四，优秀的专业队伍和良好的管理机制是实现品牌战略的可靠保证和坚强后盾。出版社要有相对稳定的专业编辑队伍、作者队伍和产业化的公关策划、生产销售。第五，出版社应大力挖掘和广泛开发自己的地域文化资源，充分利用天时、地利、人和之便的有利条件，依托优势逐步形成具有地域特色的图书品牌。随着我国加入 WTO，参与世界全球化浪潮，国际经贸、文化交流日益广泛，未来中国经济的发展将充满机遇与挑战。对中国出版业来说，如何使我们的图书产品从国内市场成功拓展到世界图书市场？如何把中国优秀的文化产品更多更好地传播给世界？出版业联合制定和实施图书品牌战略是当务之急和必然之路。

坚持全方位的选题管理

贺圣遂在《编辑学刊》2002 年第五期上撰文指出，选题管理更重要的是理念层次的管理，也即是从办社方针到选题思路，从选题结构到品牌特色的全方位管理。文章从四个方面探讨了有关选题管理的问题。第一，通过管理来实现出版理念：选题思路的确定。出版社要想求得生存与发展，首先必须进行准确的定位，选择实践自己独特出版理念的合适途径，也就是出版社独特选题思路的确定。结合大学出版社的具体情况，可以总结出通过管理来贯彻选题思路的方法：首先，通过管理整合自己的出版资源，确立自己的强势产品。其次，通过管理拓宽选题视野，围绕重点，对选题品种进行延伸，进行产品的系列开发。只有围绕重点图书，开发丛书、套书、系列书，才能真正在读者心目中树立出版社的品牌。第二，总编室＋市场部：优化选题的机构保障。总编室作为编辑业务管理机构和总编辑的办事机构，长期以来主要负责全社的选题管理工作，此项职能还应该进一步加强，通过总编室，调动其他编辑人员的市场意识，强化他们的选题策划能力。但是，仅仅有编辑部门的市场意识还不够，为从整体上实现编辑与营销功能的整合，使得图书的选题策划与管理功能进一步科学化，一个现实的选择就是成立市场策划部。市场部与总编室在选题方面分工协作，联合作战，从不同侧面共同保障选题的合理性，充分做到选题的最优化。第三，品牌战略：选题管理的新方向。选题管理是一个系统工程，应该由零打碎敲、单打独斗向系列化、系统化的方向发展，其最高形式就是实施品牌战略。而实施品牌战略并不是说一个出版社只能搞一个品牌，而是可以多个品牌互动，同时发展，齐头并进。如何搞好系列品牌的经营是出版社面对的新的挑战。第四，通过网络来提高管理效率：选题管理的技术支撑。选题管理最终要落实到技术层面，随着信息技术的不断更新与发展，编务工作已由传统的手工操作或单机操作逐步过渡到网络化操作。选题管理的网络化至少有以下益处：首先，选题管理的网络化有利于领导做出正确的选题决策。其次，选题管理的网络化有利于领导对选题的落实进行控制，随时掌握动态，然后根据情况及时做出调整。最后，选题管理的网络化可以扩大选题来源。综上所述，选题管理是关系到一个出版社办社方向和出版特色的系统工程，它涉及到多方面的专门知识和管理艺术，需要多方面的人才通力合作，需要在具体的工作中从各个层面不断进行实践与探索。

优化选题的战略思考

罗哲在 2002 年 9 月 17 日的《中国新闻出版报》上著文认为，编辑工作是出版社工作的中心环节，其中，优化选题是搞好编辑工作的关键。一般来讲，出版社在选题安排上分为三个层次：(1)编辑通过市场调研和预测，提出选题设计，经过论证、批准后，进入实施阶段。(2)每年年底，出版社经主管部门批准向出版管理部门报送第二年的年度计划。(3)出版社根据自身的发展战略制定中长期选题计划。在优化选题时，既要突出各个层次的重点，又要处理好相互之间的关系，总的原则是要体现出版社的发展战略。一、充分调动编辑策划、开发选题的积极性，奠定选题优化的数量基础。要特别注意调动编辑的积极性，发挥好编辑的主导作用。不能苛求每个选题都是最优，而是根据出版社的自身优势和读者要求，根据图书的品种结构，先以选题是否立得住为底线，扩大选题范围，奠定选题多中选好、好中选优的数量基础。从实际工作看，选题能否立得住，关键是这个选题能否有一两个强项被认可。二、充分论证、优化结构,提高年度选题计划的兑现率。论证充分,就是要克服不能充分拥有信息的不利条件,尽可能地掌握信息,包括其他出版社特别是与本社形成直接竞争的出版社的出版动向、读者需求、市场变化和专家建议等各方面的信息,在此基础上对选题进行定性和定量分析、论证,真正做到心中有数。结构合理主要指品种结构合理。通过充分论证和优化结构,年度选题计划会更加切合实际,具有可行性,从而提高兑现率,为出版社的发展战略取得阶段性成果创造条件。三、科学决策、制定发挥本社优势,突出本社特色的中长期选题计划,这是出版社长远发展目标的核心。在进行选题规划决策时,应注意考虑以下几点:1.时间跨度上3～5年为宜。没有3～5年的中长期规划,年度计划就容易失去明确方向,甚至导致短期行为。较长时间的跨度,是进行长期安排、分阶段、分步骤实现战略目标的前提条件。2.体现创造性思维,积极应对外部环境和自身条件的变化。四、在重点选题中选优,为品牌图书奠定良好的基础。优化重点选题是通过优中选优,找到品牌图书的苗子:1.精选有权威作者的选题;2.精选有发展前景和潜力的选题;3.精选读者有较多需求和较高关注度的选题。这种优化不是一次性或阶段性的,而是一个过程。要根据读者需求的变化和出版社自身情况的变化,及时进行选题的筛选和调整。五、优化选题还要树立三个观念。1.全局观念。2.长远观念。3.具有风险决策的观念。

中国出版与海外交流走向

许力以在《出版科学》2002年第3期上撰文指出,1949年新中国成立以后,进行了一系列政治经济的改革,为新社会服务的出版事业,也进行了大量的工作,在通过出版物同海外交流方面,也做出了重大的贡献。从1979年到现在我国出版领域同海外进行交流的发展大致经历了这三个阶段。从1979到1989年,这是"文革"以后我国出版界对外交流的起步阶段,这10年我国与海外合作出版方式多样,方法灵活,涉及范围广,与世界20多个国家和地区的200多家海外公司签订了600多项图书合作出版合同,合作出版图书1000多种。同时为扩大中国图书在国外的影响,中国出版社直接参加国际性的图书展览,如法兰克福图书博览会等,还在世界各地先后举办了中国书展。通过进行一系列的交流活动,图书对外发行向多样化的方向发展,品种繁多,内容丰富。1988年中国出版的外文图书,出口达1100多种,比1978年出口的243种增加长了3.5倍,中文图书的出口品种由1978年的1500种增长到1988年的3万种,增长了19倍。在图书品种增加的同时,海外发行的网络从东欧国家扩展到西欧和美洲地区。同时中国也积极引进国外的书刊,汲取国外的学术研究成果和知识,翻译国外重要的学术著作和文学作品,进行国际间的文化交流。从1990年到2000年就是兴旺发达和蓬勃发展的阶段。我国与海外建立了正式的版权贸易关系,合作出版和引进版权逐步扩大,除了在出版项目的大量增加以外,从国家和地区上也从20世纪80年代的西欧、美国与日本扩展到北欧、东南亚各国各地区以及南太平洋和澳大利亚、新西兰等地。与海外合作出版的图书走向系列化,对外输出与对内引进开始注重有分量的读物。合作出版也引进的图书也多为系列书,并且注意高科技读物的引进与合作,以促进我国高科技产业的发展。在教材方面也开始与海外出版社合作,不过主要只涉及外语教材。随着我国人民文化水平的提高,学习外语的需求与日俱增,特别是高等院校师生要求阅读原著,于是购进版权直接翻印原著出版这种出版方式在我国兴起。外研社与清华大学出版社购进版权,翻印有关原文图书100多种,受到师生们的欢迎。随着图书载体的变化,图书资料开始电子化,对外合作出版音像制品迅速增长,近十年,每年进口音像制品2000多种,引进版权出版意向300多种,与海外个人及实体建立音像制作、复制公司70多家。现在又出现网络出版,网上阅读,高科技的发展日新月异,有战略眼光者应特别注意高科技运作。改革开放20多年来,我国同海外的合作出版与书刊交流,开辟了新天地。头10年,我们打开门户建立了基础,后10年我们延伸发展,与世界各国各地区建立了关系。除了举办和参加国际书展以外,也不断组团出国访问,与国外同业建立联系。一些省市还成立了版权代理公司,帮助本省市出版机构与海外沟通业务,进行版权交易,现在我国出版界与海外交往广泛,接触频繁。20多年来,书刊贸易也发展很快,由20世纪80年代初书刊进出口一年几百万美元的交易增长到现在每年五六千万美元。在取得成绩的同时也遇到很多问题,如与海外联系不够广阔,体制上还要加大改革力度,以及从业人员的外语水平普遍不高等等。此外我们还要注意版权的输出问题。

"入世"后我国图书市场竞争的八大特征

贺剑峰在《出版科学》2002年第二期上撰文指出，2001年11月，中国加入WTO，我国的图书市场将面临新的挑战和新的竞争格局。加入世界贸易组织后，我国图书市场竞争将发生根本性的变化，主要表现为以下几个方面：一、由局部的、国内的竞争发展到国际的、全球范围内的竞争。目前我国出版业仍然是一种典型的封闭型产业，产业竞争局限于国内，甚至国内图书大市场、大竞争的格局也远未形成，省域之间的出版产业缺乏有效的流通、兼并和重组。而加入WTO以后，我国出版业必定面临着开放的压力，外资的进入，必将改变我国出版业原有的竞争态势，我国出版业既面临国内企业的国际化问题，也面临国外企业国内化问题，一种全方位的竞争格局势必形成。二、由垄断竞争到公平竞争。我国出版业目前的竞争还属于垄断竞争的阶段，主要就是我国出版业中占印刷册数、总码洋、利润大部分的教材出版实行垄断经营。而这种情况将随着我国教材出版发行改革的全面启动而迅速改变。公平竞争的另一个层面就是允许各种所有制的资本参与我国图书市场的竞争，WTO的无歧视待遇原则、国民待遇原则、透明度原则、市场准入原则将逐步在我国出版业中得到贯彻实施，今后我国图书市场各类出版发行企业将在同一起点上展开竞争，优胜劣汰。三、由产品竞争发展到品牌竞争。品牌是一个企业产品质量、企业形象、产品价值、价格、知名度、信誉度、服务水准的综合体现。在当今我国经济市场化、市场国际化和普遍买方市场的条件下，出版企业要求得生存和发展，除了在生产技术、经营管理、营销推广、客户关系上下功夫外，最主要的是要塑造自己的品牌。随着市场经济的发展和对外开放的扩大，我国出版业已经进入品牌竞争的时代。四、出版产业组织结构由原子型结构向大、中、小梯队发展。所谓原子型结构就是我国出版企业普遍规模不大，不能形成规模效益，采用新技术能力差，产业组织分散，产业关联度低，地域分布均衡，缺乏能引领整个出版业发展，在世界上有较大影响力的大型出版企业集团。合理的出版产业组织应是大、中、小型出版企业并举，既形成一批在国内举足轻重，在世界上有较大影响的出版企业集团，同时也努力搞活国内中小型出版企业，强调产业内的关联度，实施跨媒体、非均衡发展，使产业组织得到优化，竞争力得到提高。六、从资本、产品竞争到人才竞争。现代市场的竞争，说到底是人才竞争。加入WTO后，国外出版企业凭借其资金、品牌、机制的优势，必然和国内出版企业争夺优秀出版人才，国内出版企业有面临人才空洞化的危险，所以必须尽快实施人力资源管理创新，在人力资源配置、培训与开发、工资福利、制度建设等方面加大创新力度，并且要使出版企业的人力资源管理从目前的事务性管理向战略管理转变。七、加强我国资本运营增强我国出版企业竞争力。以资本的循环和周转来实现价值的增值是现代企业经营活动的灵魂，资本运营在现代企业经营中有重要地位。我国出版业要迎接加入世后的挑战，获得自身的发展，就必须走资本运营的道路，优化产业结构，提高管理水平。八、市场竞争由单一能力竞争转为综合能力竞争。加入世贸组织后，企业的竞争将是全方位展开的，表现为一种出版企业的综合能力。任何单一的能力不能成就一个好的出版企业，缺乏任何一种必需的能力，也不能成就一个好的出版企业。

出书结构调整直面的几重关系

谢清风在《出版科学》2002年第1期上撰文指出，出书结构牵涉的问题很多，但究其根本是在处理着各种关系。对这些关系的认识和处理是决定出书结构调整是否合理的到位的基础。出书结构的基本关系有以下几种。第一，基本的和非基本的。出版社要重视出书结构中基本与非基本的区分，出书结构的调整要从基本领域走向非基本领域。以专业分工形成的基本领域范围为基础，再逐层细分。在找到基本领域的调整点之后，以核心构筑核心品种，再以核心品种向外扩散和辐射，形成一个个层级关系明晰的富于立体感的读者群，构建调整出最佳的结构状态。第二，理想的和现实的。一个面向市场的、成熟的、富于影响的出版社要有服务社会、传承文化的理想图书，也要有能给出版社带来是的经济利益的现实图书。出版社应该合理安排理想图书和现实图书的比例。而理想和现实往往会有矛盾，这种矛盾的症结点在于社会和文化与出版的交接点——读者。出版人从现实走向理想的桥梁在于读者，要适应变化发展了的读者的需要。要学会为现实中的读者出书，这样就可能带来理想和现实的和谐。第三，大众化的和特色化的。大众化就是指出版社面向市场策划图书。紧跟市场可以避免风险，可是长此以往，也将难以为继。所谓特色化是指出版社从自身资源优势出发，立足某一二学科领域出版图书，突出出版个性。特色化经营的好处在于做到具有别人不能替代的东西,可以长久立于不败之地。在出版社调整出书结构时,大众化图书和特色化图书的比例一定要合理。同时,大众化图书的出版也应该围绕着特色化进行,也就是说,在追求特色化的过程中,发现与特色的某一方面相匹配的大众化图书浮出水面。于是紧跟这种图书,以特色化为依托做出大众化的品种。这样的大众化既不影响图书结构的整体布局,还可以为特色化品种边缘开发的大众化开辟道路。第四、规模的和精品的。面对市场,出版社都在走集约化经营的道路,集约化经营需要一定的规模作为基础,没有一定的规模谈不上规模效益,没有规模效益不可能赢得可观的效果。出版社出书是在一定的出书基础上进行的。调整出书结构,首先是围绕一定的核心重组以往的品种。在重组的时候,有两点一定要显示出创意:一是要灌注理想,没有理想的重组还是拼盘,还是没有灵魂的一堆原料;二是要培育新的品种,甚至是核心品种,没有别人一时半载还赶不上的新品种,就没有高人一筹的风采和魅力,还是没有生命力的行为。而精品有着很多层次上的含义,这里所说的精品,指的是灌注理想和特色的精品,是一种全方位的精品。其要求立足于创造文化氛围,引导读者趋向。这种精品是可能带来畅销书的富于前卫意识的运作。全面的理解出版理想应该是市场形象和文化学术形象的完美结合。任何一家出版社都需要"理想和现实"中的理想图书的运作,也期盼"规模和精品"意义上的理想图书的运作。

学术图书路在何方?

赵明节在《编辑学刊》2002 年第二期上撰文认为,学术图书不仅指学术专著,也包含具有较强学术性的一般图书,如高层次的文化读物、比较专深的科普图书、科学家的传记、哲学社会科学类的普及读物等。有些论者称这些图书为"严肃读物",作者以为不太妥帖。"学术性"与"严肃性"并不能等同,尤其不可置换。举例说,纯文学作品,该是"严肃读物"吧,但它恐与"学术性"无涉,不能被指认为学术图书。虽然学术图书的出版发行对社会发展具有极大意义,但目前其发行难度极大,表现在:发行量小;销售势头缓慢;书店进添货不易;退货形势严峻;供需脱节,造成"卖书难,买书也难"的尴尬局面,并形成恶性循环。面对苦境与僵局,文章以为,学术图书发行的步履维艰是一个综合症,成因甚多且关系复杂,因此走出困境之道在于综合治理:首先,要转变观念。对学术图书的出版发行给予高度重视;正确评估学术图书的市场潜力;发行上细大不捐,切切实实去做;正确认识市场"大与小"的关系,正确把握具体的读者数量以及对图书的需求潜力。其次,要提高编辑、发行人员的素质。编辑人员的素质制约者学术图书的质量,发行人员的素质则在一定程度上影响着发行,因此必须强调内行运作。再次,要更新发行体制。主要依靠新华书店、机械印数等被动的发行模式是计划经济的产物,早已不能适应变化了的实际,我们必须探索适合学术图书发行的新体制,新模式,可以借鉴"二渠道"的发行经营。最后,要出版与发行整合。学术图书的出版与发行是相互激发又相互制约的,出版与发行的整合,既是出版社守土有责的当然之举,也是出版界与发行界的通力合作。而出版社作为源,作为肇基之处,需要做到:第一,出精品。强调学术图书的文化和学术含量,强调其原创性,减少重复出版。第二,挤掉水分。编辑人员要去粗取精,去伪存真,淘汰那种四处抄写拼凑而成的"专著"或者无关痛痒的废话太多的著作。第三,增强学术图书的可读性。不少学术图书语言生涩,逻辑混乱,似乎有意设置阅读障碍,以使读者产生"疏理感"。第四,确定合理的价位。学术图书定价普遍较高,降低定价的途径有降低生产成本和减少发行环节两种。第五,广泛建立发行网点。学术图书专用性强,单个城市的需求量有限,不太可能做到重点突破,所以要广布网点以广泛占有市场。出版社要正确评估中盘与终端,多品种、少数量主发。第六,加大宣传力度。学术图书的销售与其他商品的营销一样,广告、宣传起着十分重要的作用。宣传的重点应针对图书内容,让读者明了图书价值所在,起到导购作用。

对中国儿童图书出版的基本分析和展望

海飞在《编辑之友》2002 年第 3 期上撰文对中国童书出版的现状基本分析如下:第一、中国童书出版得天独厚,总量增长高歌猛进。改革开放以来,我国新闻出版业取得了长足的发展,童书出版界更是处于历史最好时期。从数量上说,中国童书出版已告别"短缺出版",中国已进入童书出版大国行列。第二、中国童书出版巅峰将过,过剩出版业已形成。一方面,童书的市场需求逐渐下降,全国童书出版的高速增长势头将明显放缓;另一方面,互联网时代的来临,极大地改变了新一代少年的阅读习惯和获取信息的方式,纸媒体阅读受到极为严峻的挑战。第三、中国童书市场面临重新洗牌,"四狼夺子"触目惊心。这四匹“狼”是:“少狼”,即国内的专业少儿出版社。他们由早期的协力对外,防止他人插足转为内部互相激烈竞争。表现为“克隆”和“挖版权”。“老狼”,即国内老牌出版社。他们凭借其品牌、人力、资金等方面的优势,回过头来建立少儿读物编辑室,大量出版少儿读物。“独狼”,即个体书商,他们作为所有制成分中的一员,已经成为整个出版业的一个组成部分。个体书商以种种合法的或不合法的、正当的或不正当的手段,冲击着国有出版的一统天下。“洋狼”,即用种种办法进入中国市场的外国出版社或传媒巨头。第四、中国童书出版合纵连横,大少儿文化战略天地一新。体现在:1.开始打造自己的市场版块,寻找区域同盟,稳固区域市场。2.社际合作日见频繁,自发积极尝试优势组合、利益均沾。3.纷纷跨地区经营,进京设立“窗口”。4.少儿传媒集团浮出水面。第五、中国童书市场战国争雄,境外资本大举进入势所必然。中国加入 WTO 后,境外资本涌入中国出版市场的程度和力度正进一步加大。合作方式已不局限于早期的版权买卖,而偏向于资金投入为主,通过与国内相关社、店多元合作经营的方式,逐步占领中国市场,扩大在华消费者群体。此外,国家已率先放开图书零售和批发市场,外国资本可以较先进入物流行业。他们很可能从控制终端市场入手,转而影响图书的编辑工作。从而出现“下游”控制“上游”、营销反弹出版的局面。作者在文中对中国童书出版的展望是:第一、中国童书出版,在质的竞争上要有超越。第二、中国童书出版,在人力资源开发上要有质的飞跃。第三、中国童书出版,要架构新的产业链,做大做强童书出版。第四、中国童书出版,要学习资本运营,尝试资本运作。第五、中国童书出版要敞开大门,强化国际合作,强调发展有责。最后,作者强调,童书出版是一项“为了孩子,为了未来,为了祖国,为了世界”的神圣事业,我们必须牢记这一办社宗旨,在新的时代,主动迎接新的挑战,努力实现中国童书出版的新超越。

女人的天性与女性读物选题的确立

梁玉梅在《编辑之友》2002 年第 12 期上指出,女性题材出版物近几年热销不降温,各种媒体畅销书排行榜中,女性题材上榜率达到 3－4 成,而且涉猎面越来越宽,挖掘度越来越深。各种现实的、历史的、女性自身的、外界施加的等原因造就了一个潜力无限的女性出版物市场,促成了一个庞大的女性读者群体。主要原因有以下几点。第一、女人天生是读书的坯子。这一读者群的定位、市场消费群的把握为选题的确立、市场信息的回馈提供了直接明确的指向。女性文静的天性和完美主义倾向决定了“读书”这一浪漫安静类活动成为她们提高自身素养,提升文化品位不断完善自己的首选途径。从心理认知角度分析,女性更倾向于获得间接经验,既能扩大对外部世界的了解,又无危险和多变,坐家即知天下事的最好捷径就是读书。深谙这些特点,对编辑选题方向的把握,读者群体的分类,市场销售选择都有主攻对象的选择都极有参考价值。第二、社会发展的多元化引起的婚恋形式的多样化趋势加速了女性自身的反思,因而要求图书编辑以解决社会问题为己任,以诠释女性心理难题为这类选题的确立重点。面对传统婚恋形式遭受各种非主流婚恋模式冲击的局面,女性既是既得利益者,也是受害者。其中受害者的身份更重一些,面对各种感情的困惑和伤痛,女性开始对自身进行思考,如果把握自己、调整自己,如何走出情感的怪圈,走向轻松健康之路。有关两性婚恋的图书如安顿的《绝对隐私》、《相逢陌生人》,程黛眉的《爱情的第二张面孔》等将普通女人生命中令人唏嘘感叹的情与爱、悲与哀的命运昭然若揭的展示给读者,令女性读者更加明智,更加冷静,更加理性,认清狡狯,拆穿虚假,漠视伪装。这些书成了女性的情感指南,心灵向导。这种市场需求,为选题的开发、遴选、确立提供了非常可观的空间。第三、女作者异军突起,美女作家引领时尚潮流。创作信息的发达成熟培育了如虹影、陈染、毕淑敏、铁凝、迟子建、王安忆、陈丹燕、张抗抗等一大批女性写作者,她们成为创作市场的崭新亮点,这无疑对编辑信息,选题的确立、市场信息、市场热点走势有推波助澜的功效。第四、女性主义思潮在中国悄然兴起,追赶其思潮也好,引进西方女权动态也罢,对编辑而言,在图书可开发资源日益稀少的今天,这可以说是中国出版业的新大陆。百花洲文艺出版社出版的《百花洲》大型女性文学双月刊以及《当代女学人》文丛就是女性自我意识觉醒的典型产物。这些作品都倡导女性独立,反对对女性的偏见和歧视,倡导女性不畏男权、强权,起来抗争以求得自身的解放。不难看出,随着社会的进步,受教育机会的公平,经济的日趋独立,社会分工的均等,再将女性皆划为弱势群体已不现实,女性以其独有的特质与男性互相依存,相互扶携,相互支撑。女性已占半壁江山对出版界人士来说是个值得庆贺之事。它预示着出版资源的增加和出版走向的拓展、迁移。第五、国民生活水平的提高,直接促动了女性书籍的大量出版。市场反馈的信息告诉出版业内人士:赢得女性好感,我们永远是对的,这应是图书编辑在选题确立上永远要牢记的一句话。

第十万零一个为什么
——上少社"十万"品牌成长的秘密

徐斌在《出版广角》2002年第三期上著文指出,维系少儿社《十万个为什么》作为品牌图书不断发展是该社在图书出版中一贯坚持的"高质量、针对性、文化积累"的出版传统和努力实现自我蜕变的文化创新。从初版和最新版的比较看一部书的成长,我们可以看到一个出版社的文化传承。首先,比较出书背景。从1956年中共中央号召"向科学进军"到1978年全国科学大会召开再到1995年"科教兴国"战略方针的提出,虽然时代背景不同了,但是紧扣时代发展的脉搏,洞悉读者对科学教育的需求变化,却成为少儿社的编辑们赋予"十万个为什么"不变的使命。第二,比较主要内容。1999年以前"十万"版本的发展体现了"紧紧扣住自然科学各学科基础知识中的为什么"的编辑思路;新世纪版本扣住人类知识的制高点,俯瞰和囊括现代科学技术的最新成果。无论是小部分内容的更新,还是大幅内容的修订,保证内容的鲜活度是少儿社《十万个为什么》的品质要求所在。第三,比较编辑工作。编辑第一版时,编辑们三管齐下,发动了几十所学校、少科站、少年宫的老师、学生提问题,请科技工作者和大学教师提问题,自己还从大量的报纸刊物上摘编问题;编写新世纪版时,2/3以上的篇目为改写和新写。按照读者特点有针对性的进行编辑加工工作,不仅体现在选题上,同样还体现在文字的可读性、插图的安排等很多方面。第四,比较作者群。《十万个为什么》成功的一个很重要的原因是它始终拥有一批优秀的作者,他们都是科普的"热心人",第一版中有以"山边石"署名的一批编辑和华罗庚等老一辈科学家;而在新世纪版里,有一些积极主动地加入编写的留学海外的学子。从品牌图书的蜕变看"十万"读者群的形成,我们可以看到少儿社的文化创新。一变是品牌观念的改变。少儿社一方面继续加大新世纪版的宣传力度,另一方面开始投入少儿社十万品牌的深度开发之中,希望能在短时间内完善自身"十万"的产品线,以品种多、规模大和质量好来树立少儿社"十万"的形象。二变是品牌拓展的深入。针对市场空白,少儿社不失时机地推出适合学龄前儿童的十万、新世纪版CD-ROM、新世纪版精读本。品牌拓展的深入有效地加强了其影响力。三变是品牌合作的扩大。从以往依靠自身力量完成品牌图书的修订变成尝试图书品牌输出,走合作致胜之路,是少儿社开发"十万"品牌中体现出来的又一个特点。少儿社与悠游网合作,与清华大学研究中心合作,这种跨媒体发展不仅让现在的读者有了多元的选择,也为出版社今后继续开发这一图书品牌打下了坚实的基础。

社会转型与我国图书出版的趋势、特点

张金柱在《中国出版》2002年第五期上著文指出,改革开放以来,中国社会各方面发生翻天覆地的变化。第一,政治上,中国社会开始从传统政治型的"计划社会"向现代消费型的"市民社会"转变,社会主体从以"革命斗争"为中心转为以"经济建设"为中心。第二,经济上,"计划经济"向"市场经济"过渡。第三,文化上,以马克思主义先进文化和中国传统文化为主体实现多元并存、和谐发展。以企业文化和营销文化为代表的市场文化成为社会文化的主流和大势。第四,人的存在模式上,人从"家庭人"、"单位人"发展成"社会人"。个人对家庭、单位等中国传统社会组织的依赖弱化,施展个人才能、实现人生价值的空间更宽松。建立在社会转型种种特质基础上的图书出版的强化趋势有:第一,交流信息、传播新知识的功能强化。社会生产市场化、国际化带来对劳动者教育程度、文化素质要求的提高,个人对目标理想的追求及学习化社会的提倡都构成了图书出版传播新知的市场基础。第二,实用主义、功利色彩的目的强化。社会竞争压力迫使人们追求快速有效的阅读。图书出版也当然的受读者需求的影响。第三,世俗情怀、精致时尚的特色强化。为缓解精神压力,情感调剂类图书将长期行销于市场。人们生活水平的提高也必然带来图书内容和形式上的精致与多样化。同时,建立在社会转型基础上的图书出版也有三种"弱化"趋势:第一,图书出版的创新意识、想象能力弱化。旧有科技成果、原创作品被挖掘殆尽,科技界、研究界、创作界一时又很难有重大新成果大量涌现。在此情况下出版社或大量译介外国作品,全线引进以补国内原创之不足,或广泛与影视结合,或低水平重复,恶意模仿跟风。第二,图书出版在社会生活、人们的精神文化生活中的影响和地位弱化。在争夺"新生市场"时图书因过于传统、阅读费力而处于劣势。第三,图书出版的社会效应和畅销指数也弱化。社会进步带来人们需求与选择的多样化,

今天的畅销书建立在“感兴趣的内容＋愉人的制作形式＋成功的营销策划”基础上，不再借用政治概念、组织手段的影响和干预。图书出版也出现了相应的变化：第一，图书市场细分化。服务经济时代倡导的人性化、个性化服务，必然要求生产者进行市场细分。第二，购买行为理性化。读书会更生活化，图书产品越来越丰富，同时读者生活节奏又加快了，这要求读者更慎重地挑选图书，以实现阅读效用最大化。第三，读者主体年轻化。生于七八十年代的人将成为图书市场的消费主体。

中国图书出版产业的垄断分析

周蔚华在《大学出版》2002年第四期上著文指出，出版产业的行政垄断现象十分突出，这与建立全国统一、竞争、有序的大市场的目标背道而驰，对出版产业的发展极为有害。行政垄断主要表现在四个方面。第一，进入壁垒。我国出版界的进入壁垒主要是由法律和制度造成的壁垒。在市场进入存在巨大障碍的同时，形成了图书市场的不规范进入，各种各样的“工作室”、“文化公司”实际上就是变相的出版机构，他们通过买卖书号、“合作出版”等手段，已经进入出版、印刷、发行等各个环节。这种现象一方面破坏了正常的图书市场秩序，是当前图书市场竞争不规范的主要原因；另一方面也是造成出版界一些腐败问题的直接原因，同时它还造成国家的税收流失等等。第二，行业保护。行政主管给所属出版机构提供出版资源和行业垄断性“市场资源”，使某类出版物只能在自己行业出版社出版，不能在其他出版社出版，而且其他出版社还不允许出版这类选题的图书，这就对出版资源和市场资源两个方面形成垄断。第三，地区保护。各地的行政主管部门为了保护当地的出版企业，往往采取地区封锁、市场封闭等手段，排斥其他地区的出版物进入该地区的图书市场，对发行量大的出版物如中小学教材、教辅读物等尤其如此。第四，专业分工和书号控制。专业分工人为地把出版社的选题的界限给划定了，出版社经营的好坏不是靠其自身苦练内功，进行技术、经营管理体制等方面创新形成的，而是由于主管机构根据其“名称”人为划定的，因而出版社各出版单位的绩效是扭曲的、无法正常评定的。根据出版社编辑人数分配书号的管理方式实际上是“奖劣罚优”。现在出版界的“一书多号”等书号使用不规范、买卖书号等出版行为不合法，在某种意义上是由现行的书号管理制度造成的。出版领域行政垄断产生了极为严重的消极后果。它使市场结构严重不合理、市场行为严重不规范和市场绩效严重扭曲，使资源配置效率低下，生产与需要脱节，生产者与消费者疏远；它造成了消费者的福利损失，侵害了消费者的合法权益；它造成了莱宾斯坦所说的X－非效率，即在垄断的大企业中企业凭借其垄断利润就不会有大的外来的威胁，在这种情况下，企业内部各利益主体就会偏离争取利润最大化这一企业的本来目标，在企业内部追求各利益主体或利益集团本身的利益，导致企业效益下降；它还造成了市场行为和政府行为的双重不规范运作；另外，它导致了“寻租”行为，为政府管理部门有关人员的腐败提供了温床。

影响我国图书出版产业市场集中度的主要因素

封延阳在《中国出版》2002年第九期著文指出，市场结构决定企业在市场中的行为，企业行为决定市场运行的经济绩效。决定市场结构的最重要因素是市场集中度，即表示产业中买者或卖者具有怎样的相对规模结构的指标。我国图书出版产业的市场集中度还很低，即我国图书出版产业中的企业规模相对较小，尚未形成较大规模、能够对图书市场产生重大影响的领导型企业。这反映我国图书出版产业组织结构低级化、不合理的现状。优化产业组织结构，提高市场集中度成为提高图书出版产业竞争力的当务之急。影响图书出版产业市场集中度的主要因素如下：第一，规模经济性不明显。图书出版产业与其他工业企业在生产经营上的最大不同是产品品种数的巨大差异。出版社每年生产的产品有上百种。对一种图书而言，增加印数、扩大产量可以降低成本、提高利润，就出版社整体经营而言，单靠增加出书品种、扩大生产规模、提高生产能力，并不一定能增加利润，扩大效益。这一产业特性决定图书出版产业不是一个具有明显规模经济性的产业。因此出版企业通过规模扩张、降低成本、增加收益的动力就不如规模经济性明显的企业那么大，这影响了整个产业市场集中度的提高。对处于经济转型期的中国来说，要求图书出版产业有很高的市场集中度，是不客观不现实的。但目前过低的市场集中度也与我国图书出版产业的发展水平不相适应。第二，专业分工体制和产业布局政策。提高市场集中度的本质，是在市场竞争机制、风险机制、价格机制的作用下，通过生产要素在产业内的自由流动来实现资源的优化配置。我国图书出版的专业分工体制和产业布局政策限制了生产要素在不同专业生产及地区间自由流动,遏制了产业市场集中度的提高。第三,政府行为。在由计划经济向市场经济的转轨过程中,出版管理体制也进行了一系列的改革,并提出新闻出版管理机关要与下属出版社脱钩,转变职能,切实做好管理工作。但同时,政府职能的转变还滞后于市场化进程的要求。这表现为政府部门主要运用行政手段进行行业管理和宏观调控,使出版企业无法以独立经营主体,自主参与市场竞争;还表现为政府管理部门完全代替出版企业,成为产业进入与退出的"当事人",使出版产业无法形成市场经济条件下的进入、退出机制。而适度的产业退出机制是产业组织结构优化、升级,提高市场集中度的必要条件。我国图书出版产业进行以提高市场集中度为目标的产业组织优化、升级,最有效的手段是推进出版产业的集团化建设,这必须依靠市场实现。

我国出版社结盟取胜的发展模式

刘杨在《编辑学刊》2002年第一期上撰文指出,进入新千年,新闻出版业的结盟、合并的势头,更加引人注目了。世界上最大的互联网服务提供商——美国在线公司和世界上最大的新闻出版集团之一的美国时代华纳公司合并了,中国的出版社集团化也在探索中展开,上海世纪出版集团、北京出版社出版集团、辽宁出版集团等出版集团纷纷成立。在现代出版业发展战略中,协作竞争,靠"结盟取胜"已经成为重头戏。出版社可以通过有选择地与竞争对手以及内容提供商合作,共享资本、进入市场的机会、信息和技术,为受众和社会创造最高价值。可以说,未来的出版业发展战略将日益以协作而非单纯的竞争为依据。双赢将体现它的价值和意义:首先,巩固和加强中国先进思想文化阵地。出版社通过结盟合作,在扩大宣传与各国的文化交流与合作,积极介绍国外优秀文化产品的同时,可以防止和抵御不良文化的侵入。其次,有利于提升我国出版业信息资源的整体竞争力。最后,巩固和扩大图书市场。中国加入WTO后,出版社的竞争更直接的体现为读者市场的竞争,出版社只有在结盟合作的基础上才能避免恶性竞争,在实现互惠互利的同时赢得读者。所以,在出版社发展战略创新的设计中,需要注意研究"合作竞争"、"竞争合作"的问题。在有中国特色的社会主义建设环境里,出版社的竞争与协作是不可分割地联系在一起的,他们有着共同的社会责任基础:推动社会主义精神文明建设。没有竞争就没有活力,但没有合作,竞争和社会效益也就无从谈起。而无论是竞争还是合作,关键是要发挥自身优势,优势是管理和精良的内容制作。在未来世界舞台上要能够长期占据一席之地,就必须把自己的看家本领拿出来与别人的优势合作。在未来的市场竞争中,其实很难出现一家包打天下的情况,必须打出自己的优势和特长,同对方结盟取胜。在合作竞争、联合竞争、协作竞争中,"双赢模式"越来越引起人们的重视。"双赢模式"是要从传统关系中的非赢即输、针锋相对的关系,改变为更具合作性、共同为谋求更大利益而努力的关系。当然,协作竞争、"双赢模式"的具体内容和表现形式应是多种多样的,出版社既可与作者群、发行商结盟取胜,也可与竞争对手协作结盟,体现"双赢"。目前,从整体来看,我国出版业基本上还是一块未被市场规模化的开垦的"处女地"。我国虽然已经开始尝试建立出版集团等,但刚刚起步,效果还不明显。这就要求出版业要加快改革,努力转化机制,提高竞争能力,按照市场经济的规律尽快充实壮大一批出版集团。通过结盟取胜逐步创建出若干世界级有竞争力的名牌出版社和出版集团,不仅抓住中国图书市场,而且走向世界,扩大我国出版社在世界各国读者中的影响力。

业界关注的八大问题

刘拥军、叶新、张新华、孙晶、吴晓敏在《出版广角》2002年第六期和第七期上著文指出,2001年业界关注的八大问题分别是:网络出版、连锁经营、市场规范、版权贸易、WTO、集团化、人力资源开发和品牌经营。出版界对网络出版的关注源于网络技术对出版的冲击实在太大,它在根本上改变着传统出版发行的方式,将重建出版发行的技术和产业基础。对网络出版的关注大致有三方面:我国已具备了网络出版的物质技术和市场基础;网络出版从根本上改变了传统出版流程,具有巨大优势;为网络出版规划实施方案。连锁经营不仅是解决我国目前发行集团的运作问题,也不仅仅是解决出版、印刷、发行各环节的供应链管理问题,而是应对WTO,"做大、做活、做强"我国图书市场的大问题。信息流和物流是目前连锁经营中存在的两个突出的问题。另外,连锁经营中还存在强化地方保护主义的倾向。在WTO环境中,规范出版行为,构建统一、开放、竞争、有序的大市场成为出版产业最紧迫的任务之一。市场规范不仅仅是浅层次的市场管理的规范化,而且主要是深层次的出版产业运作的规范化。2001年市场的不规范主要表现在:买卖书号,书价飞扬而折扣无度,"减负令"后教辅市场混乱依旧。入世和经济全球化浪潮将以更快的速度和更大的规模把我国出版业拉入国际出版的行列。通过引进版权,可以增强出版社的竞争能力,提升出版质量和经营管理水平,培养人才。WTO,不仅要积极地去应对,更要以此为契机,努力学习 WTO 规则和先进的出版理念,加快我国出版业的国际化进程。转变政府职能,加快出版管理体制的改革,为出版业的发展创造良好的体制环境成为 WTO 研究的另一个热点。随着我国出版产业市场化进程的加快以及加入 WTO,组建集团成为必然的选择。政府推动组建出版集团,是目前状况下最可行的办法,但也为加剧业已存在的地方割据和贸易壁垒埋下了深深的隐患。现阶段,集团建设的重心主要集中在培养核心竞争力、技术创新和一体化扩张等方面。"人才是出版社最重要的资源",已被出版界理解和公认。但是,在人才的开发、使用、流动等方面,尚有许多不尽如人意之处。对复合型人才的需求,使高学历相对集中的出版界仍痛感人才缺乏。对品牌经营的注重使中国出版业开始走上营销之路。作者品牌、单本图书品牌、系列图书品牌、出版社品牌、编辑品牌,以及这些品牌的整合塑造和整体发展,构成出版业品牌经营的各个要件。

中国版权代理:让人欢喜让人忧

阮慧勤在《中国图书商报》2002 年 5 月 23 日版上著文认为,中国版权代理让人欣喜的一面体现在中华版权代理公司、北京版权代理公司、辽宁版权代理中心和广西万达版权代理中心经过多年的经营都已经积累了不少的经验。这四家版权代理公司(中心)都意识到资源的积累非常重要。首先是作者资源的积累,其次是文化资源的积累,包括转载权、改编权、摄制权等等资源的积累,再次则是人才的积累。中华版权代理公司每年经营的品种在 200 种到 300 种之间,与其他版权公司不同的是它还有权受理版权诉讼,曾在代理王蒙等 6 位作家状告北京在线侵权案中胜诉,而且顺利地与俄罗斯、乌克兰签订了长期合作协议。其他三家版权公司(中心)一年的交易品种也最少在 200 种以上,北京版权代理公司多达 500 种。从工作方法上看,国内版权公司(中心)已非常接近发达国家水平。辽宁版权中心后台的管理就全部利用数据库,十分先进。尽管国内版权公司(中心)从无到有,从百废俱兴到初具规模,大多已具备了一定的资源储备。但是从四家版权公司的总体情况看,版权代理在中国还是举步维艰,存在着让人担忧的一面。首先,语言障碍导致成本太高。在版权代理上,容易成功的多半是港台地区,韩国次之。因为语言问题事先要进行大量的翻译工作,因此向欧美国家的版权输出工作非常复杂,难度也很大。法国有家出版社拟买铁凝的作品,要求万达版权代理中心把铁凝的简历、代表书目、作品简介等翻译文本寄过去,由于万达希望对方承担这笔不菲的翻译费而使双方未达成一致。其次,文化隔阂是输出版权的另一大障碍。出版交流当中的强势文化影响也使中国人的作品难被发达国家接受。刘墉的书在华语地区好销,当万达决定向日本推出刘墉时却屡屡受挫,在版权引进方面,日本根本就没有引进华人作品的打算。第三,国外版权公司业务很重的一块是代理著作权人与出版社签约。但是由于国内缺乏出版经纪人制度和信用制度不完善等原因而没有开展此项业务。另外,最靠信用说话的版权代理业务在中国很难发展的一个重要原因就是没有规则的制约。按照国际惯例,每本版权书再版之后,都应该按时向版权公司呈报,至少每年呈报一次。但国内许多出版社不遵守这一规则,不仅使版权代理公司受到经济损失,作者受到版税损失,更恶劣的是使中国在国际上长期蒙受不讲信誉的恶名。

图书定价的辩证法

程孟辉在《编辑之友》2002 年第 5 期撰文认为,图书定价的合理与否,不但关系到出版社、书商、读者之间的经济利益,甚至会直接影响到一本书进入市场后的前途和命运。因此,出版社给图书作定价,并不是一个简单的成本核算上的加减乘除问题,而是牵涉到对市场的综合价值判断,是一项颇为繁复的工作,其中充满着辩证法。近些年来,许多出版社已开始不同程度地走向市场。在图书定价问题上,也开始坚持"以市场为导向"的原则:首先,定价要基于图书生产过程中所需原材料的实际消耗(直接成本);其次,要考虑每个具体出版社行政消费或行政开支的实际消耗;第三,要考虑每本图书首次的开印数量;第四,要考虑该图书的生命周期;第五,要考虑在生产制作过程中由于工作安排不当或由于主管人员缺乏经验而导致工价、生产原材料进价过高等原因,致使直接成本过高而有可能造成的定价偏高的后果;第六,要考虑高材质导致高价位后读者消费者对之的心理接受度;第七,要考虑到城市和乡村以及发达富裕地区与欠发达贫困地区综合平衡的接受度;第八,要考虑精品低价位的原则和薄利多销的原则;第九,要考虑社会效益和经济效益兼顾和统一的原则等。综观我国出版社目前的图书定价情况,就总体水平而言还是好的,但我们又必须看到我国出版业在图书定价方面所存在的诸多问题。其主要表现在以下几个方面:一、定价的机械性。二、定价的随意性。三、定价的偏高性。当然,对于图书定价合理性的评判目前还没有一个统一的标准。其实,也很难有一个统一的标准。因为,每个出版社的经营理念和管理手段都是不太一样的,故体现出来的效益优劣情况也是各不相同的,加之每个出版社对图书的评判原则、付酬标准以及对图书材质的选用情况也是各不相同的。然而,市场和广大读者是图书定价合理与否的最佳评判手,供求关系和价值规律是图书定价的公正无情的审判官。因此,作为出版人,我们一定要本着对读者高度负责和诚实无欺的精神,老老实实地、实实在在地打造精品,以此奉献给读者。不但如此,同时一定要低价位,而且是精品低价位。当然,这样的低定价对于出版社来说,的确是很有风险的。但我们历来认为,风险和机遇始终是并存的,低定价会带来广泛意义上的销售,而广泛的销售也会在薄利的意义上为出版社赢得经济效益。这就是图书定价的辩证法。当然,在实施这种"精品低定价"策略的同时,我们也要做许多尽可能多的压缩成本等工作。

出版广告的九个不足

杜恩龙在《出版发行研究》2002 年第二期撰文指出,近几年来出版广告发展很快,对图书促销也起了不小的作用,但整体来讲,多数广告的广告词特色不明显,版面设计简单,缺乏对图书内涵的认真挖掘,没有找到该书与社会发展潮流的契合点,缺乏好的创意,广告千篇一律现象较为明显。归纳起来,当今出版广告有九大不足:一、计划性不够。相当多的出版社平常不做广告,大多是在重要的图书订货会、书市、国家图书大奖评奖前才做一些广告;被动应付现象较为明显。他们或是没有广告意识,或是广告意识还处于朦胧阶段。笔者曾电话采访过的一些出版社中,约 50%—60% 的出版社没有广告计划。二、没有专门的科室,缺乏专门广告宣传人才。各出版社广告的具体负责人员大多是兼职,没有学过广告专业,对广告业也缺乏了解。三、不会利用广告代理,不注意广告效果调查。大部分出版社直接与媒体打交道,广告由媒体负责制作。广告发布出去就万事大吉。而事实上,把广告委托给专门的广告公司来做能很好地提高广告商品的内在价值和市场价值。广告公司具有专业水准的创意,并能根据市场反馈随时调整广告策略。除此之外,广告公司还负责广告商品的市场调查,包括市场占有率、市场购买力、知名度调查、媒体的购读率、注目率、视听率、竞争商品销售情况及优势所在、广告效果调查及反馈等。四、广告的连续性不够。书业广告工作缺乏系统性、连续性,每次广告都是零散的、盲目的,与上次广告之间没有必要的联系,因而广告的效应得不到累积,以前的广告费很大程度上付诸东流。五、广告媒体过于单一,针对读者的广告较少。大多数出版社的习惯做法是,不管什么书的广告都在行业内的媒体上发布,既不对书的内容进行研究,也不考虑哪种媒体对本书特定读者群的影响力最大,发布效果最好。没有占有科学的、大量的市场情报。如何找到一种小众媒体与大众媒体的有效结合,使之既经济而效果又好,是当今出版界应该考虑的重要问题。六、广告投入总量不够。国外发达国家的出版广告费用一般是年图书销售码洋的 5%—10%,而我国出版社的广告投入大多在年图书销售码洋的 1%—5%。从总量上讲很少,与自己的生产规模不相符。七、广告发布前很少做市场调查,针对性较差。图书广告发布前必须进行市场调查,包括市场环境调查、出版物情况调查、市场竞争性调查和读者调查等。八、没有广告词或广告词特色不明显,并缺乏稳定性,很少将企业标识放进广告。据不完全统计,现在全国大约有 20% 的出版社没有自己的广告词。这说明出版广告的现代气息和市场化程度还较低。九、出版广告好的创意较少。国内的出版广告大多还处于简单的告知和低水平的简单重复阶段,好的创意少。之所以出现上述与现代市场经济相背离的一些做法,关键在于现在的出版社真正的利润来源是靠行业的特许经营获得的,他们将现代广告看成可有可无的事情,对广告内容不认真研究,广告发布还处于粗放经营阶段。

图书广告如何牵住读者眼球

王玮在《出版发行研究》2002 年第 8 期上著文指出在读者的导向时代业已到来的形势下,出版社应提高图书宣传策划意识,采取适当、有效、符合读者行为特点的图书广告宣传,来提升出版社的品牌形象,拉动图书销售。具体而言,第一,突出中心广告词,牵住读者的眼睛。出版社在做图书宣传时要双管齐下。广告的图画或照片要有吸引力,版式设计要协调、美观,更要重视标题和正文的表现力。标题不只要醒目、新颖、富有创意,文字还要简洁、好理解、便于识记,最多不要超过14个字。图书广告的标题,要么放入主要内容,要么有真正使人感到惊奇的东西,如新信息、新经验等;要么能调动起读者的好奇心,诱使人们去读正文。图书广告的标题中要有能产生良好效果的中心词。第二,宣传强调个性,突出市场卖点。出版社对于本社重点图书的广告宣传要挖掘和突出个性化特征,强调它们给读者带来的具体好处,强调它们的功效和利益。这一功效要没有被竞争者宣传过,是其他同类图书所不具有的,或者这种特殊性是竞争对手无法提出的。这一宣传的主张必须能够推动销售,有强劲的销售力,是影响读者购买的重要保证。图书宣传策划还要保持对市场变化的高度敏感,注意竞争对手的变化情况,并根据竞争对手的变化来调整宣传策略。第三,采用灵活方式,顺风造势扩大影响。目前出版社的主要做法是,积极主动同有关媒体联系,组织书评人和专业学者撰写书评和有关评价、介绍性的文章,在媒体上集中刊登,以引起读者注意,达到促进销售的目的。还可利用大众媒体引导并提供机会让普通读者去读书、评书。出版社的图书广告宣传除了造势,还要善于搭新闻、影视剧顺风车,使读者爱屋及乌。另外,制造事件性广告也是一条广告金规。第四,重形象宣传,传内在精神。广告有助于企业树立良好的企业形象。出版社企业形象是社会公众对出版社的外在形象与内在精神的总体印象和评价。出版社的形象宣传,除了保持出版社社名、社徽、标准色等一贯性外,还要把出版社的内在精神加以浓缩和提炼,浓墨重彩地加以宣传。对于出版社来说,只有把图书广告宣传作为对品牌形象的长期投资来经营,把出版社单品种或单本书的图书广告宣传作为出版社精神追求的延伸与具体化来实施,通过媒体的传播,让读者在有意与无意中记识,出版社的形象才会在读者心目中通过积累学习而鲜活起来,才会对读者的行为活动产生影响。第五,利用"家族商标",培养忠诚读者。出版社的广告宣传行为更注重读者对本社图书的多重购买,并形成对该社不同种类、不同层次产品的信任。出版社的图书广告宣传着眼于出版社的形象经营,把出版社的形象作为一个强势资源和一个"家族商标"来看待,通过读者以往对出版社构建的美好印象,让读者有可能对新加入"家族商标"的新产品—新品图书也产生信任感,让读者把本社的图书从同类产品中挑出来,实现"认社买书",有利于出版社的长远利益。

发展我国电子出版业的对策与措施

赵一丹在《图书情报知识》2002年第三期上撰文认为,为了顺应全球信息社会化的潮流,必须采取以下相关对策与措施,加快发展我国电子出版业。第一,完善我国电子出版业的宏观管理体系。首先,应加强电子出版业主管部门的产业研究和协调职能,重视产业的宏观发展战略的构建和论证。其次,对发展电子出版业的政策、发展战略及有关技术规范等问题进行研究,初步建立起国家电子出版业决策支持系统。再次,应制定一系列有关电子出版业的政策、法规,建立一套比较完善的行业政策法规体系。最后,应建立国家电子出版信息中心,并在各级新闻出版行政管理部门建立相应的机构。第二,加大对电子出版业的财政支持力度。首先,国家应建立电子出版专项基金。其次,对符合国家实施科教兴国战略及出版政策的单位或选题,优先安排投资。再次,要加速折旧和适当减免税收。第三,加大对电子出版业的技术支持力度。优化技术结构,集中专业人才,采用国家重点扶持与企业自办相结合的方式,力争尽快建立一批在行业居于领先地位并起到带头作用的大型集团化电子出版机构;由国家主管部门会同产业界人士及科研、教育界专家学者,确定一批对我国电子出版业发展至关重要的技术开发和研制项目;为鼓励企业采用先进技术,国家可在财政上进行鼓励,包括设备加速折旧等。第四,在产业改造中发展电子出版业。一方面,国家应制定相应的产业政策,优化产业结构,促进电子出版产业向集约化方向转变。另一方面,国家在技术力量、资金等方面要尽量予以支持。第五,统筹安排和重点发展相结合。既要全国统筹安排,照顾到长远发展格局的地区间平衡,又要确立一些有条件和有基础的省、市进行重点发展。同时,把对一些重点电子出版单位的扶持发展和全国范围内面上的发展结合起来,形成不同规模、各有特色、地区布局合理的发展格局。第六,采取以点带面和横向联合相结合的发展战略。发展一批具有较高出版规模和档次的重点出版单位来带动整个电子出版业的快速发展。第七,大力培养我国的电子出版物市场。其关键一是建立畅通有效的电子出版物购销渠道和流通网络,二是加强法制建设和市场管理,建立良好的市场秩序。第八,大力开发与市场需求相结合的产品。在大力开发面向家庭和个人的电子出版物的基础之上,搞好面向团体、单位、公司的电子出版物。第九,采用必要的外贸对策与自我发展相结合。一方面制定必要的外贸保护措施,另一方面我国的电子出版业要大力增强自身的综合实力。第十,加强对电子出版业发展的人才培养。国家应建立与电子出版业相对应的人才培训体系和机制。

揭开面纱 渐露真容
——可圈可点的"掌上书房"

周化铁在《出版广角》2002年第三期上著文指出,今年的北京图书订货会,辽宁集团展示了自产第一代电子阅读器——"掌上书房",意味着一种崭新的阅读方式在概念酝酿上的结束,进入商业推动阶段。掌上书房吸收了美国阅读器的教训,在软硬件的配置和内容提供上比他们做得更好。掌上书房所使用的标准将成为今后同类电子阅览器的统一标准,它所制定的电子图书的格式体系也将在全国得到默认和使用。辽宁集团准备向掌上书房的购买者免费赠送500种电子图书,这为阅读器提供了生存基础,使它具有了市场价值。辽宁集团可以使用所属出版社的图书版权,不存在购买图书版权费用昂贵的问题。掌上书房的市场价格在2000元至4000元之间,功能配置在PDA之上,PC电脑之下,突出离线使用的便利性和浏览、下载、阅读电子图书的专业性,是一种专业的阅读设备。它的价格构成更多集中在硬件配置上,不会像其他电子产品那样因为过快的升级而导致产品的贬值。从设计上看,掌上书房强调阅读的人性化,注意模仿阅读纸质书的感觉,大小、重量与相当厚度的纸质书差不多,一屏能显示370多个字,在翻页的时候,屏幕走得很平滑,视觉感觉很舒服。它还有背光设置以及下划线、加批注、折页、字号缩放、全文检索、查字、注音等助读功能。掌上书房配置了一个2万多字的字库,基本解决生僻汉字的问题。阅读器必须与网站、电子图书捆绑在一起,才有生存的意义。在网站建设方面,辽宁集团除了自己的cnbook网站之外,还打算与所有的出版社合作,让出版社懂得按照统一的标准制作电子图书。所有按照这一标准制作的电子图书都可以在掌上书房浏览和下载。这为消费者建立了一个庞大的电子书库,也为出版社提供了一个无限扩大的电子图书销售网络。随着知识经济和网络时代的到来,电子书的生产对物质的消耗越来越少,甚至渐趋虚拟,精神创造的价值凸现出来,价格趋近于价值。但是图书生产者不会因为电子书定价太低而减少收益,反而会使总利润增长,因为任何一本畅销的电子图书都可能被100万个拥有阅读器的人购买,销售量的扩大会使每本书的单位成本下降,边际收益增加。掌上书房还为保护电子版权提供了完美的解决方案,对电子图书的数据库和网站采取的是软硬件双重加密的方法,每一本储存在数据库中的电子书都单独加密,在网站数据库和掌上书房上都设立秘匙,读者只有通过密码上传,将电子书下载到掌上书房中才能打开阅读。这种方法是国际上公认的最高级的版权保护方案,使得电子图书很难盗版。

网络出版与数字版权保护

潘勤在《出版广角》2002年第四期上著文指出,网络出版在中国市场的前景是相当光明的。网络出版(ePublish)是通过互联网传播数字内容的过程,包括三个阶段:获取原始素材、制作数字内容和传播数字内容,并通过有偿提供数字内容的复制品来获取收益。eBook有两个层面的含义。其一,eBook,即电子图书,是以互联网为流通渠道、以数字内容为流通介质、以网上支付为主要交易方式的一种信息传播方式,是网络时代的新生产物,是网络出版的主流方式。其二,eBook,即是专用硬件阅读器的简称。相对于传统出版,网络出版的优越性在于:资源利用方面是绿色的生产方式,物流方面不需物流和库存,加工制作方面制作修订方便易行。整个网络出版的流程是:准备原材料——材料加工——生成最终文件——网络付费下载。数字版权管理(英文缩写为DRM)的目的是保护知识产权,使电子内容不被盗版,不被篡改,不被非法使用。那么基于eBook的网络无形的传输,我们要如何保护数字版权呢?首先eBook存在于网上,无论是网上的开架售书,还是免费提供,eBook都必须是不能够非法拷贝,不能够被任意修改,以及不能够无限制的传播,这是保护数字版权的基础。其次,就是如何精确统计eBook的销售数量,这是数字版权保护的主要因素,同时也是整个eBook产业商业模式的基础。其三,读者下载eBook后,如果可以被无限次的打印,数字版权一样会受到冲击,在此问题上,按需印刷(POD,Print－Oo－Demand)将是未来的发展方向之一。最后,作为经过深度加工的、个性化eBook,读者付费下载将是对作者成果的肯定。对于数字版权保护,目前国内比较成功的是北大方正开发的Apabi(阿帕比)方案,采用了高新加密技术,防止非法拷贝,防止

eBook内容的非法传播。北大方正Apabi电子图书馆的特点主要是电子书显示质量好、有效数量大、电子书有出版社授权提供、由于对硬件性能及存储空间要求很低而极大地节约了硬件投入。事实证明，在很长时期以内，电子图书对纸质图书不会形成冲击，网络图书和纸质图书是相辅相成的。但是，从纸书到电子图书不会是线形的稳步增长，电子图书的发展将是爆炸式的指数增长形式。尽管整个eBook产业环境正在培育之中，但作为网络时代的新生力量，作为一种新的阅读方式，它将在阅读习惯、阅读文化上引发人们在沟通方式、信息传播方面出现一次新的变革。

图书出版博弈说

——用“博弈论”阐释图书出版的一种尝试

张金柱在《出版发行研究》2002年第二期撰文指出，以“博弈”之说考察图书出版的某些理论和实践，在感叹出版界的很多现象特别“契合”于“博弈”的同时，更“顿悟”出社会诸多现象之间本来具有的惊人的相似与一致。一、“大盘”论。做出版只要抓住社会发展和变化的“大盘”，你就摸着了图书出版的“牛鼻子”，赶上了出版发行“大牛市”(或大熊市)。编辑要关心国家大事，研究时代特征，注意方针政策、舆论导向，就是这个意思。下面对已经跨入21世纪的中国出版“大势”做一下大盘分析：自1998年起图书出版进入了一个平稳发展、波浪式前进的时期，其中不排除短时期内总体趋势的下降。其原因的表层说法是：(1)改革开放加深了书业市场化程度；(2)科技进步和新的出版方式对传统出版业带来了冲击；(3)“减负”“减利”给中国出版业的“釜底抽薪”；(4)落后的观念形态、体制机构、管理模式对出版业迈向现代化的羁绊等。但更深层次的原因在于社会民众对知识、文化的漠视和淡忘。中国出版业的振兴，不仅依赖于中国经济的快速提升，更在于社会整体素质的提高和全民族的知识升值和“文艺复兴”。从全球的范围看，有两大潮流为我们出版业未来的发展提供了无限大的市场空间，一曰终身教育思潮；二曰学习化社会。二、“波浪”论。图书出版的“波浪”理论首先体现在对出版形态的高低冷热周期或繁荣萧条轮回规律的把握或认识上。图书出版在遵守出版原则和出版规律的前提下，也须遵循市场规律，即在图书出版的波峰期间，可加大出版力度，增加出书品种；而在到达波峰后，应适当控制规模，强化规避风险意识。而“波浪”理论本身的含义包括了对理论本身可进行反向操作。“波浪”理论的另一层含义是，在一个正常的图书出版周期内，一本书何时出版、何时营销、何时造势，也需要遵循“波浪”理论。根据我国目前的图书市场情况，一般图书的推出最好能赶在大型订货会期间；其次，可选择年底、年初的次高峰热销期上市。三、“板块”论。图书出版于板块学说上的体现也非常明显。其一，图书出版板块的形成与社会发展密切相关。如教辅板块的形成，电脑板块的趋热等。其二，图书板块本身有大小、厚薄之分，板块“趋热”的程度或保持的时间更有强弱、长短之别，这就造成图书出版者之间市场份额的大小或销售时间长短的区别。“文教板块”本身很大很厚，“电脑板块”更有做大的趋势，且热销时间都有可能很长或较长，“法律板块”、“经管板块”、“医药板块”，则相对较小，文学名著类、人文科学类、散文类图书则市场需求起伏较大。其三，股市板块的冷热起伏之间有一个周期性的轮回，图书市场的板块之间则有可能在一个较为长期的时间段内表现为较强的一致性和稳定性。比如前几年兴起“文化热”、“寻根热”。四、“个股”论。图书的最高追求是“两个效益”的最佳结合。因此，寻求绩优的“个股”，捕捉或策划具有两个效益的图书，始终是编辑的基本功、试金石。

培育优势，塑造民族的生命型书业企业

沈望舒在《中国出版》2002年第一期上著文指出，加入WTO后中国出版业面对挑战必须以培育自身优势为根本应对战略，造就强势企业并以此实现产业的全面强盛。第一，注重培育战略原点和战略定位的优势。CIS是关于文化形象设计和发展战略策划的学说。它分为理念识别系统(MIS)、行为识别系统(BIS)和视觉识别系统(VIS)。其中的理念识别系统主要是优势性的战略原点和正确可行的战略定位相结合。书业企业要重视战略原点和战略定位的选择，一要清楚自身能力和优势所在，二要明确市场情况。对特定企业而言，市场是具体的、细分后的市场。中小型书业企业要树立坚定建设核心产业，适时发展相关产业的信念，从内容门类或产业流程环节进行战略定位，走专业化道路。该类企业的优势主要在流程某环节的高精尖上，应培育和扩大局部性的比较优势，抓住书业流程中关键或不可或缺的环节做足服务工作。第二，注重培育业务流程的优势。CIS中的行为识别系统反映着产业、企业、项目和理念识别系统的一致程度和真实性。很多书

业企业低效忙乱，行为与效果偏离初衷和战略定位，就是因为理念和行为脱节。这是机制体制、素质、能力、观念等方面的问题。因此即使有正确的市场选择，也有书业企业因无恰当的方法、技术、程序、责任人而无法采取产业化的行动。用行为识别系统的标准看，经营不善的书业企业的业务活动是低效、无效甚至负效应的盲目运动，让人看不到企业在正确业务目标指引下应具有的连动互动工作机制。书业企业培育优势必须让自己的行为呈现先进状态，使企业变强。第三，注重培育文化形象、市场信誉、业务品牌的优势。中国书业企业在相当长的历史阶段，在国际范围内只能算中小企业，但书业企业完全能在做强的理性概念上建立市场优势地位。视觉识别方面书业企业的培育优势包括结构优势，既指企业内部治理结构和从业人员的知识、能力的互补结构，也指外部目标市场结构，自身产品或服务的品种和层级结构，及企业营销组合中的文化科技含量优势。要把塑造、维护企业文化形象，制定和执行品牌战略放在培育优势的突出位置。信誉形象是文化形象最重要的内容。书业产品的品牌优势要靠内容要素支撑，靠热销新品加强，用相关衍生品和优势活动的声威来扩展。第四，潜心创造中国书业的生命型企业群体。企业的成长性、活力性就是所谓生命问题。生命型书业企业将创造价值远置于单纯的经济指标之上，不断吸收新知识、新信息，重视构造优化的企业生态。

中小出版社发展问题

于国华在《出版发行研究》2002 年第九期撰文指出，办好出版社的关键是解决好出版社的班子、路子(思路)、目标、队伍、机制、方法、环境、文化等问题。班子是关键的关键，班长是班子的核心；路子是灵魂，是统帅；目标是方向，是动力；队伍是基础；方法、环境是保障；文化是构建一切的平台，是长期起作用的精神力量。一、办社思路。中小出版社应从解放思想，实事求是出发，在认真分析外部环境的基础上，从自己现有的条件出发，走自己的发展道路，创自己的品牌，继而再进一步提升自己的资源优势、产品优势、服务优势、市场优势和可持续发展优势，不断更新机制和加强队伍建设。二、发展目标和经营目标。中小出版社在制定发展目标时，要从自身中小规模的特点出发，选准经营位置，充分发挥自己的优势；在确定经营目标时，要兼顾短期能见效的项目和长期有后劲的项目；还应处理好畅销书与长销书的关系。即应把精力和财力放在长销书上，形成出版物的学科、类别和层次特色及市场品位；畅销书可以做，但务求做好。三、发展战略。中小出版社制定发展战略要注意以下几点：第一，在出版的学科或专业上，应实行少而精的战略和策略，以达到出版物的专和精。为此，要对出版项目进行认真调研和设计；要对作者进行认真遴选；要全力做好宣传促销工作，组建适合自己特点的销售渠道；要全面做好对各方面的服务工作，树立良好的社会信誉。第二，坚持以诚相待、平等互利的原则选择对自己发展有帮助的单位进行合作，以便加快发展速度，提高社会影响。第三，建立邦联合作关系在学科互补、媒体互补、地域互补、市场互补、渠道互补、资源互补的基础上，与志同道合的出版社及相关单位建立紧密的合作关系，增强综合竞争力。四、机制和队伍。选择热爱出版又有所需专业知识水平和思想品德好的人组建出版队伍是办好出版社的首要问题。建立选人、用人、育人和留人的良性用人机制，构建协调的运行机制和组织机构，创造和谐的工作氛围，是队伍建设的基础；主要负责人的人才观和人事管理水平以及个人魅力是队伍建设的关键。五、健康向上的企业文化是一种凝聚力、竞争力，中小出版社应认真建设具有自己特色的企业文化。六、出版资源建设和销售渠道建设。要把出版资源变成高水平的出版物，除了要有高水平的编辑队伍和尊重作者、关心作者、爱护作者的政策之外，还要有高水平的印制队伍和印刷厂、高水平的营销队伍和畅通的销售渠道。中小出版社要千方百计地建立一支高水平的稳定的作者队伍，要建立符合自己出版物特点的有潜在发展优势的销售渠道。

培育出版社核心竞争力等三题

陈学振在《出版发行研究》2002 年三期撰文指出，对出版社的发展作深层次的思考，有三个方面内容是关键：一、培育核心竞争力。核心竞争力是企业的战略资产或组成资本，它形成于企业价值链的战略环节，是企业生存成长发展的最基本单元。核心竞争力具有四种特殊属性。一是稀缺性；二是难以模仿性；三是难以取代性；四是产品的有价性。核心竞争力是企业最本质的东西。可以预料，谁能最大限度地规避出版物的可模仿性和可替代性，从而形成自己的核心竞争力，谁就将占有市场。而且，随着市场经济的发展，出版社将进一步分化，最终的格局是：大型出版集团全国有几个，中型出版社有一批，小型出版社有许多，而且处于一种动态平衡之中。笔者意识到，培育自己的核心竞争力是一个应该也必须解决的出版社发展中的带根本性的问题。简言之，一是要抓住、抓好出版主业；二是要做出、做准中长期战略规划，形成共识和合力，坚决摒弃短期行为；三是要用足、用好“高人”。四是要不断创新，形成优势，创立品牌。这是核心竞争力的关键部位。二、优化内部结构。结构调整主要有几个方面。1.发展规模，这是研究其他结构问题的一个前提。2.人才结构，出版社的人才主要有专业分工结构、学历结构、年龄结构三个方面。其中，专业分工包含编辑人员、发行人员、行政人员，要下最大力气压缩行政人员；学历结构要合理，员工的学历应该有高也有低；年龄结构要逐步有计划地解决。3.机构设置：以精干、高效为原则，最大限度地减少非直接生产部门。生产部门的设置要符合出版特点和市场要求，出版社的发行部应改为市场部，增加或强化营销策划、市场调查、信息反馈的职能。4.资金结构。怎样在出版这一特殊行业中去积极稳妥地探索公有制的多种有效实现形式，已是一个敏感而又不容回避的问题。5.选题结构。注意以下几点：一是要有规模；二是正确处理获奖书与双效书的关系；三是着力形成自己的特色，发挥自己的优势。多年来许多人不断地抱怨出书范围限定得太死，其实辩证地来看，它恰好逼使我们在既定的领域里形成自己的特色，对某一出版领域的把握可以转化为竞争的优势；四是引进版图书要纳入本社出书大框架，要成规模；五是全部出书品种里只有好书，没有坏书；6.产业结构。就目前而言，出版产品包括图书、期刊、报纸、音像制品、电子和网络出版物等。图书是出版社的主导产品，就要下最大的力气把它做好、做足。三、形成独特的企业文化。有个性的企业文化是保持出版社有特色的精神支柱，也是出版社核心竞争力的重要的不可或缺的组成部分。

出版社如何有效开发人力资源

白国娟在《出版发行研究》2002 年第二期撰文指出，人力资源开发是对人的能力与潜能的开发，开发得好，对出版社的贡献将会非常大。一、出版社人力资源开发的三个层次。1.对员工知识水平的开发。这是最基本的开发，主要激发员工的学习热情，培养开发员工的学习能力。2.开发员工的技能水平。针对不同层次的员工，开发他胜任本职工作的技能和业务能力。一般来说，层次较低的员工，就越要精通业务；层次较高的管理人员，则要求熟悉专业；对高级管理人员，要求必须精通管理；作为领导则主要是把合适的人用到合适的岗位上。3.开发员工的工作态度，即对职业道德进行开发。现代企业员工应该有与他人合作的意识，善于沟通，有团队的协作精神，有与他人共享成功与失败的理念。二、出版社人力资源开发急需解决的问题。1.组织落实。要建立健全出版社人力资源开发与管理的组织机构。从组织机构的称谓上，许多出版社把人事部改为了人力资源部，其地位放在与出版社的编辑部门、营销部门、财务部门同等重要的位置上，甚至还更加重视，这是完全必要的。2.制度落实。出版社要制定有利于人才开发及人才成长的政策、制度，通过制度来保障人力资源的有效开发。如制订相应的现代企业人事制度，包括干部任用制度、调配制度、流动制度、辞退制度、退休退职制度、培训制度。再比如，现代企业人力资源管理的激励原则与机制，包括考核制度、奖惩制度、晋升与降职制度、工资制度、福利保障制度等。3.人力资源的使用开发。即对每个人的使用做到人与事的合理结合。同时，要大胆地提拔有创造力的年轻人才，让他们尽快地上升到出版社的管理层发挥才干，防止真正有用的人才外流。4.帮助员工制订个人发展计划。三、几条建议。现阶段出版社仍处于新旧体制的过渡时期，老员工要尽快适应新的管理方式，摆脱过去吃大锅饭的思想，对新员工要加强职业责任感的教育和职业技能的培训。1.有条件的出版社要建立员工培训计划。定期对员工进行岗位培训，技术人员要及时掌握国内外最新高科技动态；管理人员要随时学习国家有关政策和规定，学习国外先进的管理理念；员工轮岗、换岗、交流、外派等，也要参加相应的培训。2.出版社领导层一定要高度重视人力资源开发工作。要选择事业心强，责任心强，最具忠诚度和亲和力的人来做人力资源开发工作。通过他们加强制度建设，包括人员招聘制度、考核制度、晋升与降职制度、奖惩制度、工资制度、轮岗换岗制度、培训制度等。选好人力资源开发部门的负责人是搞好这项工作的关键，完善制度建设在现代企业管理中也具有至关重要的作用。3.出版社核心管理层应立足于从本单位内部选拔。现在有些出版社从外部引进高级管理人员，未尝不可，但人数不可过多。因为本单位的人才更宝贵，由于他们在本单位任职多年，了解本单位情况，对本单位有认同感、归属感，对单位的忠诚度更强。

出版社如何利用 WTO 规则

杜燕在《出版发行研究》2002 年第四期撰文指出，我国包括出版业在内的服务业和发达国家相比发展严重滞后。但是加入 WTO 后，面对开放服务业市场，其他成员国将为我们打开市场，我们将有更广阔的活动舞台。一、世贸规则为出版业提供了发展空间。1. WTO 规则为出版业走出国门提供了法律保障。不管是《服务贸易总协定》还是《与贸易有关的知识产权协定》，都为中国出版业走出国门提供了法律保障。国际规则是一把双刃剑，通过灵活运用国际规则，我们可以利用它来保护和发展自己。2. 为出版业国际化经营提供了宽松的生存环境。WTO 规则许可我国出版业可实行五年保护性措施，出版业开放可以分步走。我们可以按照服务业的贸易承诺，扩大开放地域，但可以根据我国经济发展条件，适时地全方位对外开放；我们也可以根据我国的产业结构要求别国开放市场。加入 WTO 之后，中国出版业将更加需要国际化的经营理念和市场拓展观念，注重个性化服务。3. 加入 WTO 为出版业走向世界提供了广阔的发展空间。一方面，目前我国出版物出口市场基本上还是一块未被市场规模化开垦的“处女地”，有很大的发展空间；另一方面，我们的出版物在品种和质量上远远不能满足国外读者的要求，买方市场远没有形成。出版业进入国际市场，必须熟悉国际竞争环境和国际竞争规则，图书产品要适应消费者不断增长变化的需求。由此带给出版者的也一定是市场份额和利润。在这一方面我国书业中少儿读物的出版已开始有了国际眼光。二、加入国际图书市场竞争的前期准备。1. 出版社政企功能分开，并使之法制化。将出版社明确为赢利出版社、非赢利出版社。赢利出版社以平等的身份进入市场，以品牌为先导，进行辐射性、发散性的经营，在利润最大化的同时，实现在公平竞争条件下的优胜劣汰。非赢利出版社可以由政府、民间团体、企业投资，以宣传教育为己任，出版物不进入市场。两类出版社，政企功能分开，在各自的领域发展壮大。2. 优势互补，走联合之路。一是组建大型出版集团；二是更值得称道的资金联合，可以是合作出版、发行联合、分工合作，或是一本书、一个项目的联合。总之，联合应该有具体的内容，优势互补，利益均沾，而不是走形式、随大流、长官意志下的联合。3. 国内练兵，培养自己的竞争力群体。我国的书商、“二渠道”私下买书号出书早已是不争的事实，与其让他们“地下活动”，不如让他们“浮出水面”，扮演出版社的竞争对手，作为与外国对手正面交锋前的练兵。

我国图书出版产业的集中度和规模经济分析

周蔚华在《中国出版》2002 年第 10 期上著文指出，我国正进行以集团化为重点的新的出版改革，但目前国内出版产业的集中度和规模效益较低，本文对此进行分析如下：首先，中美图书出版产业的集中度比较分析。市场结构是决定产业组织竞争性质的基本因素，集中度是决定产业结构的最重要因素之一，它反映市场垄断程度的高低。美国近年来出版业出现集中化趋势，且集中程度加剧，根本上说是因为有限的产业规模和企业规模的无限扩张必然造成生产的集中。国际出版产业的集中化趋势如下：与信息有关的企业的横向纵向一体化；经营其他部门的企业介入出版；兼并重组使少数几家公司占市场的份额越来越高；个体企业规模比以前有更大的扩展。我国出版产业集中化程度低且集中趋势不明显，制约了中国出版产业规模效益的产生。其次，出版产业如何实现规模经济。规模经济的产生方式有：第一，兼并与收购。为适应经济全球化和战略竞争需要，以美国为首的西方发达国家的媒体和出版企业从 20 世纪 90 年代以来掀起了又一次兼并和重组浪潮。美国前 20 家出版公司的收入占美国全部出版业收入的 85%以上。我国出版企业规模效应极差，没有一家年收入过 10 亿元人民币的出版巨头。同时，现有体制下没有产权的清晰界定和资本市场的介入，我国出版业很难发生兼并收购现象。第二，纵向一体化。在互相买卖投入和产出的厂商间发生的兼并就是纵向一体化。它可以使企业增强垄断势力，减少交易费用，因为当交易双方进入一个经济实体时，价格和数量调整都变得比企业间贸易更容易，双方就实现了利润最大化。印刷对图书、期刊、报纸三者的可占用准租的可能性依次上升，因此报纸出版商更倾向于纵向一体化。第三，经营多样化。它指跨行业、跨领域的兼并，包括纯粹型、产品扩张型和市场扩张型。其实现途径是通过企业对不同领域的投资和对其他企业的兼并、收购等。多元化经营成为企业发展或扩张的流行趋势，是企业规模及品牌扩张的需要，能降低固定成本，分散投资风险。在国内，多元化经营的重要性虽被出版企业所了解，但其发展水平还处于较低层次：绝大多数出版社不仅达不到跨行业经营，载体类型也仅限于图书；

即使有出版社实现了跨行业经营，但很少利用品牌效应，达到品牌扩张。我国出版产业要做大做强，必须充分利用规模经济的优势，实现规模扩张、品牌扩张和效益扩张，把实现多元化经营作为发展战略，走集团化道路是实行多元化战略的捷径。

从产业竞争结构看中国出版产业发展的方向

李明杰在《出版发行研究》2002年第三期撰文指出，目前中国出版业正处于产业形成的初期，呈明显的不完全竞争市场特征。一方面，参与竞争的中小出版企业数量较多，提供的产品和服务却替代性较强；另一方面，出版业受国家高度控制，国有出版企业垄断性较强。笔者拟从产业竞争结构原理分析中国的出版产业。一、产业内竞争者：与发达国家相比，我国出版企业结构存在重大缺陷，主要表现在出版市场是以行政为手段，出版业规模基本上是一个模式；出版实力的大体相当，规模效益很难形成。而在未来出版市场是大出版社的天下，小出版社也有生存之所。因此，我国出版产业重组势在必行，而进行重组的原则之一必须是以市场为中心，从企业改制入手，通过实质性的联合、兼并实行规模化、集约化经营，最终按照经济规律而不是依赖行政手段来进行出版体制的变革。二、潜在进入者：出版业面临国内社会资本和跨国出版资本两大新进入者的威胁。出版资本的社会化是大势所趋，现有的出版政策对国有出版企业的保护并不能保证自我防御能力的同步增长，反而会使竞争对手有更多的资本积累时间。目前很多国内外力量已经渗入中国出版业，国有出版独占市场的局面终将被打破，眼下最紧要的是出台出版法，使各项政策趋于明朗化，使各种社会力量能有序地进入利润率比较高的出版业，推进平均利润率时代的到来。三、替代品：相对于传统的出版物产品和服务而言，对出版业形成替代威胁的主要是与高新技术、信息技术相关形成的多介质、多媒体出版物和网络服务。出版载体的传媒化使高新技术出版领域成了行业外资本参与出版的一大突破口。就在出版载体传媒化的同时，大众传播业资本的进入使得传统出版业也正在逐步向大文化传媒业演进。出版产业向传媒化发展，或者说传媒业向出版业的渗透，其实质都是为了更充分地占有更大的信息资源和信息创造者，扩大产业规模。这要求出版文化机构必须以资本连接为纽带，以信息资源处理和创造为核心，以人才为根本，建立起具有灵活应变机制和市场反应能力，同时更具有引领市场能力的大文化产业集团。四、供应者：出版市场专业分工精细化。未来对出版资源的争夺将更加激烈，出版社签约作家制和出版经纪人制将浮出水面。实际上，目前一些出版社所实行的项目负责人制就带有经纪人制的色彩。五、购买者：出版商品个性化。中国与世界经济的接轨预示着文化多元化时代的到来，读者阅读的个性化会越来越明显。当前我国原创性、经典性的图书品种十分匮乏，主要原因是忽视了对市场的调查和对出版内容的策划和创意。出版社应该抽调出专门的人员从事图书市场的调查和读者阅读倾向的研究工作，紧扣专业，形成自己的品牌优势。除传统出版业要向个性化出版转变外，未来的网络出版更将进入一个前所未有的出版个性化时代。新的出版规则不仅具有交互方式和协作精神，而且能够大大提高各个环节的运行效率，进而推动实现任何时间、任何地点、任何人的个性化出版进程。

（以上文摘由唐小兵等人整理）

图书市场分析

2002年图书市场走势分析

王建平在《出版广角》2002年第六期上著文指出，2002年图书市场热点有五个趋势。第一，社科类图书风景这边独好。因为党和政府的每一项重大决策的出台都事关民心的背向和经济的发展，所以社科类图书的热点与政治紧密相关，主要是：世贸规则类，如《WTO规则与中国服务贸易》、《WTO规则与中国服务贸易》等专业性和操作性很强的图书；十六大政治读物类，包括十六大学习读本、辅导材料和单行本；政治体制改革类图书，如《改革中国》、《焦点访谈》等理论专著和社会新闻快餐都赢得不少读者。第二，文艺类图书温而不火。今年文艺市场在平淡中有一些涟漪。由于人们生活水平的提高和审美情趣的变化，艺术类图书畅销，如《绘画技艺》、《书法技法》。现代传媒方式的不断更新导致读者阅读方式也在悄然发生变化，逐渐转向娱乐身心的“快餐式”文学作品，如《漫画集》、《故事会》。受影视剧和第四媒体对图书市场的影响，“互动式”文学作品仍有市场，如《大宅门》、《康熙帝国》、《第一次的亲密接触》等。第三，文教类图书容量在放大。随着我国应试教育向素质教育的转轨和全社会对高素质人才的不断需求，素质教育成为社会热点，也使素质教育类图书异军突起，如《哈佛女孩刘亦婷》、《千万别管孩子》。由于国家劳动就业资格制度的实施，用人单位从单一注重学历转向学历和职业技能并重，各行各业的职业资格考试和鉴定活动众多，如计算机等级、会计资格、教师资格、资产评估师、导游等，这促成了考试用书的持续走红。在“科教兴国”理论的指导下，我国教育产业逐渐与国际接轨，高校扩招使高校学生人数呈几何倍数递增，这使新教材市场行情看涨，如《信息技术》、《英语》等新教材拥有新的发展空间。第四，科技图书稳中趋升。生态环保类图书成新宠，有关政府还林还草以及荒漠化土地治理的相关政策法规、研究小流域或区域治理方略的图书都有市场，固沙植物、速生林的育苗、栽种技术图书市场需求较大，如沙棘、沙柳、沙蓬等的栽培技术图书和VCD碟片。在劳动力培训机构，像家电维修、钟表修理、美容美发以及各种养殖种植的培训活动方兴未艾的社会背景下，技术普及类图书和VCD长销不衰。第五，少儿读物有涨有落。虽然新生儿出生数量在减少，但是由于启蒙教育的消费却在增加，因此少儿读物市场总体上仍有上扬空间。创新产品是新的市场卖点，如折纸、贴画、迷宫系列和新近推出的“口袋书”。电子版少儿读物开始热销，如游戏软件、成语故事、卡通片以及引进版的少儿“大片”——《哈利·波特》系列和《谁动了我的奶酪》等碟片很受欢迎。

全国书市，你告诉了我们些什么

吴培华在2002年《中国出版》第11期上著文指出，第十三届全国书市以迎十六大的政治氛围和首次作为世贸组织成员而显示出的更开放的姿态为特色，台湾省代表团的参赛则使之成为真正意义上的全国书市。我们出版人有义务就此热闹场面进行理性分析。第一，书市的发展与嬗变。全国书市从自发的商业行为变为大规模的政府行为，由书市变为“书会”，经历了四个阶段：(一)以销售为主要特征的市场启动阶段(第1至3届)。1980年在京举办的第一届全国书市是新中国成立以来首次举办的具有开创意义的全国图书大展销；第二届书市呈现出全国书市全国办的动机；第三届书市使书市有了业内官方色彩。(二)以展销结合为特征的功能拓展阶段(第4至7届)。第四届广州书市体现了展览、销售、订货、批发、批发贸易相结合的多功能特点；第六届武汉书市主办者从书店扩大到党政部门、行业组织，个体书业第一次进入会场。第七届深圳书市是首次也是唯一一次在新华书店自有物业中举办，高新科技的运用给业内带来深远影响。(三)以展示成就为特征的内涵嬗变阶段(第8至10届)。第八届书市开了由省级人民政府与省会城市联办的先例，从此书市成了政治任务和政府行为。（四）从“市”到“会”，多元化功能定型阶段（第 11 至 13 届）。自第八届全国书市开始，书市的销售功能已弱化，展示的力度得到加强，同时完善了“书会”的功能。第二，书市的思考和期待。书市是读书人期盼的节日。这是书市存在的基础。读者在书市里接受知识洗礼和文化熏陶，而书市也会推出各种读者互动活动。其次，书市是书业界交流的盛会。书市是业界交流切磋、新旧出版理念碰撞的盛会。随着订货功能弱化，书市的交流信息功能越来越重要。同时书市也是促销手段大碰撞、营销策略争高低的战场。最后，书市是举办地形象展示的平台。书市的展示功能得到强化后，参加书市成为一个省展示文化建设成就的政治任务，因此书市也成为各省和举办地形象大战的集合地。书市也给举办地带来一定周边效益。书市规模扩大，知名度提高，可总有出版社不想参加而不得不参加因而有苦难言。出现这种状况一是由于书市功能的转换，书市以销售为主变成展示为主，大多省、自治区、直辖市又以组团形式参加，出版社个性不突出，费用高，得不偿失；二是由于市场运作的日渐弱化。展示为主的书市更大程度上是政府行为，出版社感到不划算，所以没兴趣。三是由于书业的暗流仍在涌动。回扣、虚高的码洋等暗流说明中国书业运作还不规范。书市，将走向何方？订货功能削弱、展示交流功能加强是书市的发展趋势。我们应建立书市健康的运作机制。书市应办成书会，读书人应有自己的节日，书市应成为内容、形式丰富的盛会，我们要让先进的文化理念成为办书会的指导思想。书会应追求功能的多元化，发挥展示、交流、传播、销售、社会功能。

2002 春北京图书订货会观感

王志明在《出版广角》2002 年第四期上著文指出，国有渠道两级分化，民营渠道快速发展，民营渠道对国营渠道冲击的力度和强度有一种令人心悸的震撼。从宣传方式上看，大社、强社及各省级店宣传力度大，小社、穷社宣传简单，内部反差巨大；民营渠道大多宣传很少，总体投资较少，内部反差较小。从选题内容上看，出版社是大而全，在出书门类、选题内容上都较其他渠道广、深、专；民营渠道则更多关注市场需求面较宽、知识含量较少的门类。从装帧质量上看，出版社虽然较以往有了较大的进步，但与民营渠道相比，提高速度较慢；而民营渠道中的许多产品都达到或超过了国内一流出版社出版的同类书水平。在定价上，两渠道基本相同，即基本上都是根据用料的质量高低、数量多少、发行量多少而定。在折扣上，出版社发货折扣一般在 60％～70％，省级店给销货店的折扣一般在 66％～68％，民营书店一般在 35％～50％。结算时，出版社对新华书店一般发货后 3 个月至半年通过银行办理托收，对民营书店一般仍是先收款后发货；民营渠道对民营书店一般采用先收款后发货的方式，对国有书店则是先发货后收款。在发货速度上，出版社一般要在 10 天至 40 天左右送达订货店；民营渠道一般在订货后的 5 至 10 天可送达订货店。在经销方式上，两个渠道全都实行经销包退，但出版社的退货率总体高于 10％，民营渠道退货率总体不超过 5％。在收货上架速度上，国有书店一般需 3～10 天，民营书店一般 1～2 天，发货后出现的差错查询问题的沟通解决，后者也较前者快捷、方便。在出版社看来，国有书店比民营书店的诚信度要高。为什么会有以上情况？这与经营体制、经营机制、国家相关政策、两者的经营成本、不同的经营管理方式和经营风格、经营规模及实力、两者所承担的有区别的社会职能以及从业人员素质有关。随着国家相关政策的实施，投资主体多元化，以资本和业务为主要纽带的按照现代企业制度建立的跨行业、跨所有制、跨地域的图书出版发行企业联合体将出现。民营渠道经过几十年的发展，在教辅、少儿读物等知识含量较少的大众普及型出版物经营方面，已具一定的竞争实力。特色经营和规模经营在将来的图书市场竞争中会受国资、民资、外资或混资各方的关注。以连锁经营为支撑的图书发行渠道经过技术提升和体制改革将引发出版、流通各环节的利益再分配。课本教材出版发行招、投标办法的实施将对出版社和各级新华书店造成冲击。国际资本必将逐步直接或变相涉足图书发行领域，形成强大的图书发行力量影响我国的出版业。尽管国家最新政策明确规定，民资、外资和社会其他资本不得进入并从事出版社的有关活动，但部分出版社仍会因生存发展的需要采取各种变通手法措施，在不违背相关法律法规和政策的前提下与民营、外资进行部分项目合作。

我国图书市场结构研究

封延阳在《出版发行研究》第九期上撰文指出，我国图书出版产业的市场结构现状可从以下几个方面进行分析：第一，我国图书出版产业的市场集中度。依据2000年统计资料，我国图书出版产业前4位出版社的集中度为C·R=5.61%，前8位出版社的集中度为C·R=9.38%，前10位出版社的集中度为C·R=11.14%，出版产业的H.I指数为0.0035。从绝对集中度和H.I指数来看，我国图书出版产业的市场集中度低，属于不存在集中现象的原子型产业。西方发达国家的图书出版产业也属于低集中度的产业，但其集中度仍比我国高得多。第二，规模结构。我国小规模出版社的比重较大，且生产能力也占到了相当的比重；大规模出版社的比重较小，且生产能力也不是特别突出。这突出反映了我国图书出版产业生产能力分散、专业化协作程度低的结构性缺陷。第三，产品差异化。图书的产品特性和图书的市场消费特征决定了图书是一种具有明显差别性的产品，图书出版社进行产品差别化的空间很大。从整体时常结构上看，我国图书出版的差别化程度很不理想。原因除了出版社经营理念落后，创新能力有限外，更重要的是我国图书出版均衡性产业布局导致的产业组织结构趋同和专业分工体制造成的出书结构雷同。第四，进入壁垒。我国出版产业在规模经济、必要资本量、产品差别化、绝对费用方面的壁垒很低。我国图书出版产业进入壁垒却很高。这主要是由于图书出版的特殊性，国家对出版产业制订了一系列有别于其他产业的政策，其中最主要的是出版社的审批制。第五，退出壁垒。对图书出版产业来说，资产专用性和沉没资本几乎不构成退出壁垒，我国图书出版产业极高的退出壁垒，也是有政策制度构成的。影响我国图书市场结构调整的根本原因是出版管理体制。以行政手段为主进行行业宏观调控的产业管理体制对市场结构的调整具有巨大的制约作用，十分不利于产业组织结构的优化、升级。现行出版管理体制使出版社不能成为独立的市场竞争主体。政企不分的管理体制削弱了出版社的竞争主体地位，遏止了市场经济环境下市场结构自我调整机制的形成。现行的出版管理体制使得出版社无法成为产业进入、退出的“当事人”。地方出版管理部门会出于对地方、部门以及个人利益的考虑，不会使其管理下的出版社退出出版产业，而会通过地方保护、政策扶持维持地方出版业的结构和规模。政企不分的出版管理体制下引发的政府行为，是阻碍出版业市场结构调整的根本原因。在市场经济条件下，资源配置中起基础作用的是市场。而不是政府，只有更有效的转变政府职能，淡化政府作用，强化市场的作用，我国图书出版的产业组织才能得到真正改善。

中文图书市场发展的大趋势

祝君波在《编辑学刊》2002年第五期上撰文认为，中国加入WTO后，内地图书市场会受到来自国内外出版势力的巨大冲击已是不争的事实。对此，我们应以怎样的心态和眼光来面对这一挑战显得尤为重要。总的来说，对形势特别是内地图书出版形势的分析还是要全面、辩证。既要看到机遇，也要看到挑战。一段时间以来，两种偏向都是存在的。一种是过于乐观，看不到问题的严重性，对于今后面临的困难没有足够的估计，认为中国政府不开放出版业，出版社形势就不严峻。另一种是把图书出版的前景说的一无是处。认为网络可以取代读者的图书阅读，打败图书出版；或E－BOOK将占领90%的市场；又或是只要一开放出版，外国公司可以一下子打败中国现有的出版社，占领中国市场。针对以上偏见，根据目前出版业发展状态，作者预测未来10年内地图书出版将会持续发展，具体基于以下理由：第一，中国有13亿人口，写书人的资源很丰富。第二，国家科教兴国的战略和重视文化建设的背景，还会持续拉动图书尤其是教材、教科书的出版。第三，经济的高速发展，居民生活质量的提高，包括图书在内的文化消费将有进一步的增长。第四，中国图书的品质会进一步升级换代，这也是出版产业一种巨大的推动力。第五，中国出版社在90年代积聚的实力(人力、智力和财力)，在新世纪的发展中会进一步释放出来。第六，如果出版业对外开放，会加速中国出版社的优胜劣汰，促使市场机制的形成和图书出版业的进一步繁荣。尽管图书出版将持续发展，但是我们不能轻视我国图书出版业和国有出版社已经或即将面对的强大竞争：1.来自电视、报纸、网络、期刊与广播等媒体或者音像制品、电影等文化产品的竞争或挤压。2.来自海外同业的竞争。3.来自内地业外的竞争，如民营书店、文化工作室、国营大书店和大批发商等。4.来自业内的竞争。激烈的竞争造成了选题重复，平均印数下降，单产效益下降，使内地图书产业隐含了极大的矛盾。5.来自写书人与卖书人的合力夹击。未来的内地图书市场，写书人和卖书人的利益得到了市场化的保障，风险将转嫁到出版人身上。面对今后复杂、多变的图书出版形势，政府、市场和出版社都有很多工作要做和可做。首先是我们的政府尤其是中央政府，对把握中国图书出版产业的发展负有重大的责任和握有关键的主动权，要强化政府的宏观调控职能。其次，市场的培育和市场机制的进一步完善是十分重要的。统一、开放、竞争、有序的全国图书大市场有待形成；写书人、出书人和卖书人三者关系有待协调。最后，对于市场的主题出版社来说，最重要的是审时度势，保持清醒的头脑。

国产图书为何走不出去

卢云在《瞭望》2002年第4期著文认为，今日的中国版权贸易喜忧参半。喜的是版权引进由被动跟风型向主动出击，由慢三步到一路小跑，由盲目无序的幼稚阶段走向有序操作、快捷印装、营销紧跟、市场开花的成长期，出现了洽谈、代理、翻译、包装、流通、销售一条龙的文化景观。忧的是版权输出连年滑坡，品种相对于引进的数量明显偏少，悬殊太大，比例失调。版权贸易的现状表现在以下三个方面。1.入世活跃了版权贸易。商务印书馆总经理杨德炎指出，入世后出版界的国际文化交流将更加频繁，版权贸易的前景非常乐观，中国书业界将不断调整发展思路，更加注重原创品牌的树立，为版权的大规模输出创造条件。中国有望成为版权输出大国。第九届北京国际图书博览会举办时间提前，其主题是"版权贸易"和"发展版权贸易，促进文化交流"。一切活动围绕版权贸易展开。国家新闻出版总署署长、国家版权局局长石宗源发表文章，要求加大国外优秀作品的引进力度和速度，要努力作好版权输出工作。石宗源指出，目前版权贸易存在引进多、输出少，向港澳地区输出多、向外国输出少的现象。版权输出虽然有一定的困难，但要知难而进。2.版权引进，争先恐后。北京图书订货会上一些声名不显的出版单位也亮出了引进版的品牌。吉林美术出版社的大手笔是立在展览中心广场的引进版系列图书的6个招牌广告。知识产权出版社也大规模引进了国外优秀建筑读物。自1998年至2001年期间，人大社陆续推出了其风靡全国的三大引进品牌。在第53届法兰克福国际书展上，辽宁出版集团引进版权45项，输出10余项。目前与国际合作力度最大、效果最佳的国内出版单位是辽宁教育出版社，它已成为国内版权引进的"大哥大"。3.版权输出，不成气候。首先，大家普遍认为输出版权不如买版权合算。原因在于中国具有国外及港台地区不具备的人口、市场优势，且引进版权版税不高，风险不大。其次，欧美国家在引进中国版权时将要面对语言不通、翻译难度大和成本高的不利因素，因而他们的积极性不高。最后，中国大陆参展图书局限于传统的饮食、茶艺、棋术、历史等，缺乏创新意识，因而备受冷落。其实，国内书业界应纠正认为国外市场小、发行量不大的版权输出偏见。如商务印书馆国际有限公司2000年6月推出的《汉英双解新华字典》目前已有新加坡、香港等国家和地区的出版商购买版权，美、英、法、德、加等西方国家也洽谈该字典的版权贸易事宜，全世界60多个国家的1000多所学校开设有汉语课，这又为这本字典开辟了广阔的市场空间。

图书热销中的冷思考

邓雷仑在《新闻出版导刊》2002年第7期中著文认为，在图书市场白热化竞争中出版人都在寻求市场的热点效应，以求图书热卖畅销，于是存在一热方起，便有多家追逐，数社跟风现象。但我们必须明确一个问题：畅销书方向并不完全等同于出版界的选题方向。首先，一本书的畅销原因是多方面的，单一原因很难找到。个中原因除了编校质量、装帧艺术、印刷水平、发行能力等要素外，一个很重要的因素，还是图书的特色或品牌效应。如《哈里·波特》版权七家竞争最终归属人文社，《杰克韦尔奇自传》由中信社独家享有，外商看重的都是出版社的品牌、实力和令人折服的营销方略。可见，这家出版社能出的，那家出版社不见得能出；这家出版社发得好的，那家出版社不一定销得出。所以策划选题不能盲目地跟着排行榜走，要善于分析和判断，找准合适本社实际，又为读者欢迎的出版视点择优而用之。其次，热点未必都是亮点。APEC会议在中国上海召开，带动了出版界一般以APEC为主题的图书出版热潮。然而，事与愿违，全国各大书城、书店当时的图书销售排行榜没有一本APEC图书上榜。由此，我们可得启发：不是所有的机会都适合于图书的出版和销售，针对不同的机会要采取不同的出版策略、出版不同的内容、运用不同的出版形式，发行上也要考虑时机和促销的手段。另外，书好也未必一定畅销。如今的书，一年十多万种，洋洋大观，目不暇接，要发好，则需要深度开发。这里要注意两个问题：1.切忌跟风出版，品种雷同，相互撞车，更忌仿效畅销书作秀，大家同挤一股道，不是你死我活，就是同归于尽。2.切忌言过其实热炒冷卖，一方面炒作得沸沸扬扬，另一方面实则冷销，但热炒往往容易导致营销者判断失误，盲目追风赶潮，掉进积压陷阱。湖南科技出版社的《九亿农民健康教育读本》的发行实践强有力地说明了只有抓住契机，精心筹划，深度开发,谋求效益,将书发好,才能带动读书、用书蔚然成风,形成热潮。发以促读,读以致用,趟出了一条获大奖图书深度开发其“综合效应”的成功之路。最后,畅销书不畅的根本缘由在于图书本身的问题。对出版者来说要能够有眼光地开发适销对路的选题,并成功地操作成图书精品,也就是人们俗称的“硬通货”,并捷足抢占市场销路的制高点。“硬通货”要的是操作者的硬功夫。硬功夫包含的是一个企业的综合性因素,最关键的当数创新能力和创新机制。这绝不是“炒”所能解决得了的。那种跟风搭车之类的出版行为,是毫无创造力的表现,大量滞销压库的图书,往往是尾随模仿别人所出的剩余产品。由此看来,要让畅销书真正热卖畅销起来,首要的任务还在于出版人要围绕着畅销书自身先练好内功。

特价书市场的喜与忧

李寿春、吴培华在《中国出版》2002 年第 10 期上著文指出:第一,特价书市场红火引人。传统书店、图书公司及网站已纷纷介入特价书经营,形成热潮。大量库存书的存在是特价书零售业繁荣的原因,让有价值的库存书实现二次流通符合市场规律。特价书能使三方得利:出版社可盘活资本,降低仓储成本,读者可以少花钱买好书,特价书经营者则得到巨大商机和丰厚利润。同时特价书零售业的兴旺也暴露了出版业自身问题,大量库存书反映的盲目生产、缺乏营销理念的粗放经营方式,及图书市场有效供给不足、产业结构失衡的问题不能通过二次流通得到根治。特价书市场畸形发展对出版业的利弊还需观察。第二,特价书市场折射出我国书业的痼疾。全行业图书库存逐年递增,库存成为制约出版社发展的瓶颈之一。产生库存的原因,首先是出版社出版理念和经营思想的问题。出版理念的问题在于过分依赖教材、教辅及选题跟风、缺乏市场调研等,经营思想的问题在于一味采取价格竞争,扰乱正常市场。其次是流通渠道的营销理念和服务意识问题。我们要增强市场意识,掌握市场规律,实行全程营销,让发行部门了解市场动态,觉察市场风险,介入策划选题。另外,有营销人员的市场调查,寄销制才能发挥其优势。社店双方必须增强服务意识,在业务上协作沟通才能实现双赢。再次是中国图书市场的毒瘤——盗版盗印的问题。盗版书冲击市场导致正版书的退货,特价书市场就有了货源。这一问题需要社会综合治理,会随中国加入世贸组织而逐步解决。第三,畸形发展的特价书市场令人担忧。首先,特价书导致消费心理的失衡。图书定价制在图书库存增加和出版社让利竞争的背景下很脆弱,读者习惯于购书打折,若习惯了买特价书,长此以往出版社的创利能力必受重创。其次,特价书冲击新一轮图书销售。读者习惯于买特价书,就会推迟购买行为,这影响新书销售,导致整个链条的崩坏,最终将影响中国书业的发展。我国出版业低成本、低定价的运作方式以及保本微利的政策要求和买方市场的过早形成,都在一定程度上积压着出版社的发展空间。借鉴国外经验,我们应生产高档次的精品书,让书价拉开档次,满足不同层面读者的需要。这才能提高出版水平,与国际接轨。英、美两国的特价书业繁荣,但并未给出版社的发展带来冲击,这是因为他们有严谨的出版理念、成熟的经营模式和系统、规范的图书销售链条。更重要的是国外许多出版集团拥有雄厚的资产,市场抗风险能力强。但我国出版业现阶段尚不具备这些条件,因此必须以确定的法则和游戏规则来规范特价书市场,在源头上加以控制,提升出版理念,优化图书结构,强化图书全程策划意识,加强市场调研与预测,提高编校质量和装帧水平,畅通物流,遏止库存逐步攀升的发展势头,使特价书市场健康发展。

我国图书市场高折扣现象成因及其对策研究

江剑伟、鲁兴虎在《中国图书评论》上著文说,图书销售高折扣的原因主要分为市场和制度两个方面。市场方面的原因有:第一,图书定价偏高导致图书高折扣。首先,图书成本提高导致图书价格提高。近几年纸价上涨是影响书价的一个重要原因。随着我国经济的发展,人均年用纸量已达 15 公斤,其需求量远大于供给量,由此造成纸价的大幅度上涨。而纸张费用一般会占到图书制作成本的 50%以上,再加上油墨、稿费等各种费用都在涨,某些用量不大的图书如果不调整书价,必然造成亏损。其次,出版社营运费用高,带动成本上升。有的出版社内部经营管理粗放落后,水平低下,费用支出不合理。目前不少出版的新版图书分担的编录经费、管理费用、财务费用等各种间接费用几乎可以和直接生产成本相持平。这些因素都不可避免的造成了图书价格的上涨。第二,流通环节高折扣导致图书定价偏高。我国图书流通领域环节多、无序。编、印、发上下游之间的分割和地区市场的分割,是我国目前存在的最大问题,也正是这种无序和分割状态导致了流通环节高折扣现象的产生。制度方面的原因有:第一,图书定价无人监管导致图书市场高折扣现象的产生。尽管国家对图书定价有明确细致的标准和规定，但由于管理体制跟不上，政策得不到很好的落实，任由各出版社自由定价，定得再高，也无人过问。第二，垄断发行导致图书高折扣。市场垄断类图书价格偏高则是出版社与各出版单位共同作用的结果。垄断发行主要是一些学习材料、统编文件、政治读物，其发行依靠行政权利自上而下，而购买者多为国家或地方行政机关。除此之外，一些培训教材、考试用书价格也节节上升。第三，非法出版活动导致图书高折扣。高额利润的驱使、法制的不健全、一些地方政府主管部门的麻木不仁、敷衍了事，狭隘的地方保护主义，使盗版、盗印等非法出版活动在出版界屡见不鲜。另外，书好交易现象的存在也加剧了图书价格的无序竞争。我国图书市场高折扣现象的对策有：第一，健全法规，加迫政府部门对图书市场的有序监控与调控。有关部门要加快图书出版市场的立法、完善出版业市场运行机制，培育和规范图书市场，加大管理力度，坚决取缔、严厉打击非法出版和盗版盗印活动，净化书刊市场。第二，加强经营管理，改善企业管理的组织模式，降低生产成本和图书价格。我国出版企业人才结构不合理，主要表现为编辑人才多，管理人才和营销人才相对缺乏。图书销售困难，与出版发行部门人员文化素质不高是有一定关系的。第三，改革图书出版定价体制。国家有关部门应制定图书定价的指导价，规定不同类别图书的合理定价区间。出版社应在国家规定的指导价内，根据实际情况制定具体图书的定价策略。

我国畅销书策划运作的基本模式

赵焱在《学术研究》2002 年第 8 期著文认为，我国传统的图书出版，是一个以编辑工作为核心的出版过程，编辑与发行人员、读者市场缺乏直接的有效沟通，这使得许多图书的读者定位不够准确，造成积压或销路不畅。畅销书的策划是以推出上榜图书为目标的图书策划，体现现代营销学上的新潮流——整合营销，即以达到营销目标为前提，通过对全局的考虑，合理安排各种营销活动，发挥整体营销力量，达到最好的效果。对畅销书的策划而言，图书选题的确立、内容形式的表达、图书价位的确定、发行渠道的选择、图书的宣传造势等都应围绕制造畅销书这个核心目标。媒体对畅销书的影响非常显著，通过广播、电视、报刊甚至网络等媒体宣传，已经成为我国策划畅销书的主要手段。1. 与媒体互动——当前我国畅销书策划的主要模式。《逆风飞飏》搭上新闻媒体的顺风船，自 1999 年 10 月进入全国畅销书排行榜，连续几个月一直居于榜首，当年发行约 40 万册，成为 1999 年度销量最大的传记类作品；《智圣东方朔》一书的市场运作也充分说明了媒体的优势地位，不仅抓住了该书的新闻点，同时也打造新闻点，使该书的上市 40 天便发行了 15 万余册，迅速登上畅销书的排行榜。当前我国畅销书运作的主要手段和模式，即从媒体宣传动向上发现选题，把握图书与大众注意焦点和媒体特性的契合点，使图书本身即具有新闻性，首先增强对新闻媒体的吸引力，接着通过媒体对大众的影响力影响图书市场，宣传与促销效应水到渠成。而图书市场显著的市场业绩又会再次成为媒体关注的对象。同时我们要从读者和图书产品两个方面的特性来认识这种模式。首先，读者接受新事物的差异性影响其购书行为及畅销书的宣传策略。最后，图书生命周期对畅销书策划宣传策略有很大影响。媒体宣传的作用主要在于使图书与读者产生有效的沟通，促成读者对图书的认可而购买。2. 当前我国畅销书策划中应注意两个方面的问题。第一，图书宣传中的“炒作”问题。对畅销书的宣传不能脱离图书的内在品质，应实事求是地将图书的内容、意义广而告之，既不能夸大其辞，也不能通过名不副实的书名、目录、摘要，甚至虚伪的所谓专家评价等来蒙蔽读者。第二，图书出版中的追风现象。盲目追风出版遏制了图书市场的繁荣，图书品种缺乏个性，随着读者购书心理的日趋成熟，追风的行情就会变得不太乐观。因此，图书市场应杜绝盲目追风出版现象。

畅销书整体运作规律纵横谈

张胜友在《编辑之友》2002 年第 1 期撰文指出，畅销书是出版社打好市场牌的一个拳头产品，是参与市场竞争实力的一种标志。作家出版社自 1995 年底实施改革以来，以“坚持正确导向，奉献精品力作，参与市场竞争，创造一流效益”为办社宗旨，既强调图书的意识形态属性，又强调图书的商品属性的商品属性，追求图书的文化价值和市场价值的双重取向价值，摸索出了一条以畅销书为基础，打造本社品牌的良性发展道路。优秀畅销书有三个标准：一、内容是健康的；二、思想是向上的；三、具有一定的文化品位，又含有畅销书的潜质。一本好书的概念是：好的思想内容＋好的艺术品位＋好的市场占有率。畅销书要强调畅销书的品位：思想品位、文化品位、市场品位,而且要逐渐把这种品位越做越高。古今中外的畅销书不外乎三大类型:第一种是实用性图书。第二种是满足广大读者阅读的心理需求的图书,满足读者几方面的阅读心理需求:一是满足知情权。二是消遣。三是满足好奇感。第三种是能唤起读者共鸣,对读者有所启发的图书。图书是否畅销与社会的变迁息息相关,畅销书是时代的产物。我国目前处于转型时期,这个时期的社会热点就特别多,也就特别容易形成畅销书。畅销书是时代的产物,畅销刊物也不例外。如何操作畅销书?首先要在理念的树立和心理的把握上下足功夫。还要辅之以适合畅销书市场规律的运作,才会畅销。要找准市场,摸清群众的心理,搞清楚他们对什么感兴趣,想看什么。要抓住最恰当的选题,找准最有效的市场运作范围。畅销书主要的运作是防止盗版,一次性铺满市场,随后紧密跟踪。做畅销书,不但要会选题,还必须要在宣传和营销上多动动脑筋,主动向市场出击。营销是畅销书实现价值的最终环节。目前在我国整个图书市场管理不规范、竞争无序的条件下,畅销书营销遇到的最大的问题是盗版。对付盗版商,最关键的是要把市场铺满。关于改革机制的问题,市场经济有两条铁的法则,一是竞争性,物竞天择,适者生存,优胜劣汰。二是法制性,市场经济实质上是一种法制经济,需要强有力的管理。搞好畅销书,需要在出版社内外形成一种适应畅销书发展规律的机制。出版业首先必须产业化,使出版社真正成为市场竞争的主体,按照企业规律进行运作,自主经营、自负盈亏、自我约束、自我发展,使出版体制真正符合市场经济的要求;其次,要理顺图书业各部门间的关系,实行出版立法,加强法制建设,对图书市场进行规范化的法制管理,改变无序竞争局面,构建一个公平、公开、有序的图书业竞争环境;再者,出版社内部经营机制的转换和完善应加大力度,扩大规模经营,充分发挥员工的潜能,主动出击市场,增强自身竞争实力。具体到畅销书的操作上,出版社要始终注意社会效益和经济效益的统一。

畅销书及其运作机制

王姗姗在《中国图书评论》2002 年第 3 期发文记录了张胜友、梁刚建和金丽红谈畅销书及其运作机制。文章主要围绕以下五点:1.畅销书概念的界定。张胜友认为畅销书可以分成两大类:一类是满足读者阅读好奇心理的畅销书。另一类是具有实用性、使用价值和参考价值的畅销书。梁刚建认为畅销书就是在一段不间断的销售过程中,持续销量达到 10 万册以上,通过开发、自然的市场渠道获得,并由读者自主认同、自主阅读的图书。其实质是经济、文化交融的结果。金丽红则认为畅销书不是人们所认为的单纯追求经济效益的“垃圾书”,也不能把畅销书和品位不高、无法留传相提并论。2.什么样的书畅销?梁刚建认为有这样几种:首先,是一些畅销书作家的书,比如贾平凹、余秋雨写的书;还有游离于这种文学圈子之外的作家写的书。其次,书的主角不是作者,而是一个公众人物或一个事件。第三,随着网民的增多,网上图书容易畅销。第四,有关名人的书。最后,影视互动型的书。张胜友认为经典的爱情类图书和培养儿童阅读兴趣、满足儿童阅读好奇心的书都很畅销。金丽红认为文字功底深厚的作家所写的书以及历史题材的书都很有可能好销。3.畅销书的策划及市场运作。梁刚建认为畅销书的形成不能仅仅简单地归结为是社会性偶然因素的影响,它是可以把握和预测的,作者、出版人应多思考,应善于发现、利用热点、热门话题和市场机会,应积极探索一套可行的畅销书运作机制。张胜友认为畅销书的运作是有规律的,要善于发现卖点和市场,要下功夫去做。金丽红认为要把畅销书的内容简介和目录做到位,要选择有一定知名度的作家,同时又不能忽视装帧设计和书的合理定价。4.畅销书的宣传。梁刚建认为图书的宣传也要策划,要弄得富有特色,可选择事先预热型、突然爆发型和后发制人型等。金丽红认为宣传是一种告知,是一种服务性的工作,不等于炒作,同时也要注重宣传技巧。张胜友强调了从市场细分来做畅销书。5.畅销书的品牌效应。梁刚建认为畅销书的品牌可以以社来划分,也可以以丛书的形式来划分。张胜友认为畅销书是一家出版社走向成熟的标志,要处理好两个效益问题。畅销书的出现有多方面原因,体现在以下几点:前些年文化市场上充斥着大量格调不高的、低级趣味的、不健康的读物;文化消费的多元化;畅销书市场份额很大,可以带动主旋律图书;经济回报丰厚,可增强出版社市场竞争力。金丽红认为图书的整个结构应体现整体效益、影响和品牌,应注意畅销书占所出书的比例。梁刚建批判了许多出版社不把功夫花在做品牌上,而是花在抢畅销书上,这是很不理性化的运作方式,同时号召国内出版单位应有突出、鲜明、持久的出版理念,应善于实施复制原则,即把摸索出来的规律化成一些因素加以运用。

畅销书《哈利·波特》的整体开发与营销

聂震宁在《编辑之友》2002 年第 5 期撰文论述了畅销书《哈利·波特》书稿的选择、编辑、整体设计和制作、宣传、促销、销售等一系列运作及其经验。他认为这是一项“生命工程”。人文版《哈利·波特》目前出版的 4 卷共销售 118 万套平装本,7 万套精装本,按照国际上统计办法,总册数是 500 万册,码洋为 1.5 亿元人民币。《哈利·波特》2001 年还获得了第五届全国优秀少儿图书奖。《哈利·波特》鲜活的生命是怎样在中国孕育、培养成长起来的?一、导入新生命:《哈利·波特》从何而来?在项目确立过程中,除了版权引进的技术手段之外,出版社的经营思路、经营策略、经营目标、思维方法与《哈利·波特》的成功具有比较内在意义的因果关系。首先,《哈利·波特》是从出版社调整后的经营思路里来的。人民文学出版社的经营思路是:“挺拔主业,优化结构,强化品牌,丰富品种,加大市场覆盖面,争取更大双效。”其二,《哈利·波特》是从出版社确定的经营策略中来的。确定了经营上的两个策略,一是“蛙跳战术”,二是“突出重点”。其三,《哈利·波特》是出版社对少儿读物出版组织落实之后得来的。其四,《哈利·波特》是出版社通过资讯搜集得来的。其五《哈利·波特》是责任编辑通过艰苦谈判锲而不舍地引进来的。二、迎接新生命:引发对《哈利·波特》的期待。引进《哈利·波特》中文简体字版权,一开始是在比较保密状态下进行的,目的都是为了减少竞争对手,出其不意,攻其不备。经过多方策划与运作,业内人士和广大读者对《哈利·波特》的兴趣越来越浓厚,形成了比较充分的舆论先导和市场准备。三、铸造新生命:对《哈利·波特》的整体制作。坚持整体设计的原则,要求对于《哈利·波特》系列图书的设计制作,从一开始就要有意识地去适应读者和市场营销的需要;其次,要对一系列的工序,包含翻译、编审、校对、装帧设计、出片、选料、印装等,做好统筹安排。在开本、封面设计、版式设计、插图、材料、定价、书名、印装、各个细节进行精心设计和制作,为后续的促销和销售提供了质量过硬的产品。四、生命在于运动:《哈利·波特》上市促销。把一部畅销书营销的全过程比喻成一条大江,这条大江的上游就是出版者的前期宣传,要求是起点要高,信息量大;接着就是针对图书批销商的业内宣传和分销设计,这是大江的中游,需要宽阔的视野和切实的部署;到了图书上市销售阶段,则是大江的下游,需要鼓动性、弥漫性、持续性的宣传和推动。上市销售阶段的宣传和推动,主要实施了以下促销计划:1.全国同时首发;2.广告招贴宣传;3.撷英手册导读;4.精致礼物相赠;5.首发仪式创新;6.后续新闻不断;7.发动第二波促销;8.第四卷首发再掀高潮;9.多元品种互动。做到出版不息,促销不止。五、生命铸成的“生命工程”。成功的营销要具备三个重要因素:正确的理念、创新的计划,积极的团队。尤其是团队的因素,这是事业成功的决定性因素。

与网络文学亲密接触
——蔡智恒系列作品营销策略

谢刚在《出版广角》2002 年第九期上著文指出,蔡智恒的“横空出世”和其作品的成功推出,自有其特定的环境、时间和作品本身的魅力、渲染力,但与知识出版社周密、细致、科学的营销策略也不无关系。第一,睿智判断,科学分析市场。出版社经过认真分析认为:《第一次的亲密接触》就小说本身有销售点,作者是个有造就的有才气的有市场潜力的文学新人,其次,如果出版社在网络文学方面创出品牌必然会吸引一批作者团结一批读者,另外,知识出版社也很需要几部能够鼓舞士气和增强凝聚力的作品。为了增强信心,出版社对《第一次的亲密接触》的市场前景做了调查,在此基础上决定抓住网络文学的契机,力推蔡智恒,开创网络小说出版模式。第二,有明确的目标和营销思路。对蔡智恒系列作品的包装、营销与宣传,出版社有清晰的思路:从作品到作者再到作品;也有明确的目标,那就是在网络文学出版方面形成品牌和特色。第三,对读者对象明确定位。对网络感兴趣或者说经常上网的人是第一直接读者群,大学生和对大学生活极其向往的高中生则是第二直接读者群,恋爱中的年轻人是作品的第三类直接读者群,生活、工作、学习在直接读者群周围的人则成了作品的间接读者群。第三,有合理、准确的定价原则。网络小说一般在 10 万—50 万字左右,定价稳定在 10—15 元之间。所以,《第一次的亲密接触》定价 12.8 元,《雨衣》定价在 13.8 元。第四,起个好书名。书名对图书非常重要,现代出版要求书名要有创意、有新意,要琅琅上口。一本书名拗口或有生僻字,在销售过程中可能会影响读者的购买热情。《第一次的亲密接触》、《雨衣》、《爱尔兰咖啡》,这些书名都是在仔细斟酌后确定的。第五,装帧设计极具冲击力。畅销书在封面设计上追求“夺目”、“突显”、有冲击力,设计师用不同的但是纯正的颜色使作品在众多图书中"卓而不群"。在图书的开本上,《第一次的亲密接触》用的是 850×1168 的纸型,但在成书上竖切一刀,比大 32 开要窄一些。正文设计也颇有讲究,从封面、扉页、目录到正文,完全模仿电脑开机时的感觉,使文学和网络有机地结合起来了。第六,选择最有利的出版时机。出版社故意避开了订货会、全国书市,而在出版界认为最清淡的 11 份推出,有两个考虑:一是《第一次的亲密接触》的读者群有很大一部分是在校大学生,元旦和寒假是他们的购书高峰;二是在春季全国订货会前销售一轮,在订货会上追加添货。第七,出版社采取了保守的销售策略。这主要体现在倡导"零库存"概念,减少库存量和退货量,降低风险。当然,这样做给盗版留下了市场空间,所以,出版社一方面加大打击盗版书的力度,另一方面实行区域代理制,调动代理销售商打击盗版的积极性。第八,蔡智恒系列作品的出版是成功的,出版社借蔡智恒的系列作品树立了品牌,成功地开创了网络文学出版的新局面。

现代营销:演绎图书背后的故事
——来自两起著名图书营销案例的思考

张文飞在《出版发行研究》2002 年第十期上著文,从分析几起颇具"轰动效应"的营销案例入手,结合书业现状,对营销策略做了初略探讨。首先是从《富爸爸,穷爸爸》谈市场拓展及书业的多元化经营。1999 年底,世界图书出版公司北京分公司取得《富爸爸,穷爸爸》一书的版权时,决定借鉴国外模式,引进风险投资,并以项目组的方式进行运作。自由投资人汤小明得以加盟该书的全程操作,其巨额资金加上现代营销策划的立体攻势,使得这一畅销品牌横空出世。从中我们可以得到的启示是,出版行业可以寻求行业外资金,打造出版战略联盟,以求在与其他企业共存一体利益格局中实现优势互补,在广泛挖掘出版资源中不断拓展市场半径,开辟新的市场"无人区",培育自己的核心竞争力。"富爸爸"出售的不仅仅是一套思想,同时也是一套包括图书、玩具、培训、话剧、卡通等的系统。"富爸爸"已成为一个品牌,在品牌背后是一连串选题的积累。人们可以从中得到一种启示,即图书出版应注重品牌积累,开展相关多元化经营。出版社应依靠专业化、市场细分和加强营销来实现内涵扩张,逐步建立特色、建立品牌以及构筑企业无形资产。一旦这一目的得以实现,我们即可以凭借自身的品牌优势,调整企业的产品结构,使品牌优势继续向相关文化产业领域延伸,在企业内部营造相得益彰的文化生态环境,使各类文化资源得到更深层次的开发,从而使出版产业的优势取得最佳的边际效益。第二,是从《EQ》谈图书的营销策略。《EQ》系列的宣传、推广大致分为三个阶段:首先是设定话题,制造概念;接着是密集曝光,刺激购买欲;然后组织系列讨论,延续热度。《EQ》的成功引发了我们对于图书营销策略的重新思考。图书市场营销应当关注概念营销,创造市场机会。"概念营销"用于图书市场很容易获得成功,因为图书是一种精神消费,读者一般不会从图书的实物形态上去辨别其使用价值的差别,更多的是考虑图书的内容、品位或"概念"所赋予图书的丰富的想象和社会定位,于是出版社就可以利用读者的从众心理和媒体的权威性实施营销概念,获得效益的最大化。"EQ"系列无疑也同时向我们透露了这样的信息,谁善于抓住契机,捕捉热点,制造"轰动效应",谁就能有效地将有关信息注入读者的潜意识,极大地激发读者的购买欲望,成为图书市场的赢家。制造"轰动效应"关键在于策划创意,把握时局变化,从事物中提炼出独特的文化内涵,并以独有的优势整合出版资源,适时加大信息刺激的新鲜度和频率,巧妙地引导读者的注意力沿着出版社设定的轨迹指向既定的目标,使读者在记忆再现中与出版社结下不解之缘。

从《我为歌狂》谈图书营销策划

邵敏在《编辑学刊》2002 年 2 月上著文说,图书的营销策划绝不是简单的宣传和销售的叠加,而是对目标选题预先进行适合市场的、具有自己鲜明创意特色的、各环节紧紧相扣,并随市场演变而相机调整的整体设计与运作。策划是整体的。从发稿至出版,其中必然要涉及市场预测、封面设计、封面文案创作、版面安排、定价原则、印制要求、宣传计划、营销手段等一系列环节,而其中任何一个环节的变动都会影响图书的外观、进度和发行量,倘若能精心筹划,必获益匪浅。因此,一个成功的策划必然要对各环节进行周密考虑和设计。不仅要对各环节的衔接过渡做出安排,以确保环环相扣,层层递进,而且还要在前阶段预设一些要素,以便为后阶段的制作和宣传推广提供方便并埋下伏笔。策划是先在的。如《我为歌狂》的策划尝试着向企业的成功经验学习,在发稿前根据该书特点进行了周密的设计,并于发稿的同时提交了一份五六千字的详尽的营销策划方案,在对市场进行详细分析的基础上,对图书的装帧、制作、宣传、推销等进行了整体的预先的策划，由于设计在先，就为美术装帧、生产制作、营销宣传等赢得了时间和主动。策划是对位的。任何策划都是针对特定的目标群而展开，因此，是否契合贴切到位是策划的关键所在。从整体策划而言，至少得预先考虑这样三个层面的“对位”：读者的对位、记者的对位、书商的对位。《我为歌狂》的创意大致体现在这样两个方面：一是增添图书的附加值，以买书送卡的形式进行促销。二是开发图书的附加值，以图书广告的形式吸收广告，做到堤内“织锦”，堤外“添花”，形成多渠道创收，拓展利润的增长点。策划是合时的。整体策划中的一个重要因素是在最佳时点上将产品图书推向市场，尤其是对一部没有明星效应的书来说更是如此。《我为歌狂》便是抓住一年一度的假期作为推出图书的黄金时机。策划是流动的。在强调策划方案的整体性、先在性的同时，对图书进入市场后的反馈必须予以密切的跟踪，并随时根据情况发展予以调整或推进。即整个策划的运作是始终处于一种流动过程。策划是实践的。实践的第一层涵义指策划方案是可以实施的。一个方案的好坏不仅在于其创造性、周密性和整体性，更在于它的可操作性。因此，制定方案时就需要以周密的调查、详尽的分析作为基础。实践的另一层涵义指一个可操作的方案是必须去实施的。一个策划项目从设计到完成，往往历时数月乃至一年以上，会遭遇许许多多的困难曲折，没有坚强的意志和自我激励是坚持不下来的。这其中既要有对工作的激情、对细节的认真，还要有对挫折的韧劲、对困难的拼搏。

发行工作要实现多元化

李春凯在 2002 年 5 月 16 日《中国图书商报》著文认为，目前出版发行工作已逐步从单一以客户订单为主的发货结算模式向全方位服务多渠道多形式促销的营销模式转变。面对激烈的市场竞争，发行人员只有全面树立服务意识，全方位拓展发行工作人员以及有科学的工作制度和工作规范上的保障，才能最大限度地发挥自身优势，实现真正意义上的营销。一、发行人员树立服务意识。作为出版单位与市场的直接联系人，高素质的发行人员是图书参与市场竞争的重要人力保障，也是出版社了解市场的主要途径。发行人员不仅要具备相关的专业知识，更多的是对市场的调查、分析、应变及决策等综合能力。而这一切都应建立在发行人员牢固树立服务意识的基础上。二、发行工作要实现多元化。现代服务体系要求发行工作更积极主动地为销售商提供图书资料和信息，帮助销售商开发市场，协助销售商作好进一步的宣传推广等等，更深入、多角度地为产品的顺畅提供可能。同时，发行部门作为与市场接触的前沿，有条件搜集大量的市场信息或做详细的市场调研，为出版活动提供必要的参考和比较，提高图书出版的有效性，真正地实现其在出版社与市场的纽带职能。首先，发行部门应树立主动参与意识，参与图书前期的加工生产。此外，发行部门也可以通过自己对市场的了解，寻找空白点，提出合理的选题计划，供本社编辑选择参考。这一方面体现了发行为出版社的多方位服务功能，另一方面也客观地提高了发行业务人员对图书的分析能力和对市场的把握能力，适应了发行业的总体要求和趋势。其次，发行工作要把图书宣传推广作为基本且必要的工作。推广工作有效与否，直接影响到经销商对图书的重视程度和推广力度。同时在图书推广时间上合理安排，结合图书特点选择最佳时机。此外，发行人员还应结合图书特点和销售期望值，采用多种营销方式如独家代理、降低折扣、负担一定宣传费用等手段来保证经销商的利益，鼓励和激发各地经销商宣传推广的积极性。只有针对读者大众的媒体宣传与针对经销商业内推广有机的结合，相辅相成，加之良好的销售服务才能实现真正意义上的营销。再者，发行工作还要创建相应的规范和标准，有专人负责，构建成一个整体系统，作为日常出版发行工作的指导参考，实现从感观和经验性判断向科学决策和科学论断的转变。

大书城力推首问负责制

尹云岚在 2002 年 5 月 16 日《中国图书商报》著文认为，“首问负责制”被众多大书城采用，成为大书城解决读者找书难问题的一剂良药，并被各大书城普遍肯定为提升自身服务质量，树立书城形象的一项必要服务制度。1. 首问负责制使找书有了责任人。“首问负责制”要求当读者向营业员询问某一种书时，营业员无论分不分管此书，在知道的情况下都应当将读者带到该书所在的书架前；如果实在是不清楚或无法离开岗位，营业员也要将读者带到了解情况的其他营业员那儿或是告诉读者图书所在的楼层和位置。“首问负责制”已经成为考核深圳书城的一个硬指标。北方图书城、青岛书城和上海书城等都实行了该制度。2. 首问负责制以读者为本，切实提高了读者满意度。“首问负责制”作为一项重要的服务制度在各大书城推出之后,彻底解决了过去由于没有一套完整的营业员考核制度和硬性的服务指标,而让读者在书店中询问营业员时经常吃闭门羹的问题。北京王府井新华书店、北京图书大厦、北方图书城、广州购书中心和上海书城等在实行首问负责制后读者满意度非常高。3.能否有效执行首问负责制,监督体系是关键。各大书城在推出首问负责制后一般都有相应的监督管理体制,从而保证了首问负责制能够得到有效的贯彻执行。王府井新华书店专门成立了服务质量检查科,对书店的服务情况进行总体监督。安徽图书城则让读者监督,同时还设立了专门的监督服务台。深圳书城还设立了督导部,对营业员服务质量和服务的规范性进行监督考核。现在,首问负责制基本上已经形成为各大书城考核营业员的一项重要指标。它大大提高了书城的缺书登记和找书服务质量,提升了书店的形象,增强了营业员的责任心和业务能力,客观上也促进了书城的图书销售。几乎所有的书城在实行了首问负责制后,营业额都比过去有所增长。虽然首问负责制已经普遍在大书城中得以实施,但从实施要求的严格程度、监督机制的健全程度来看还存在参差不齐的问题。一些大书城没有形成成文的规定,因此在量化考核时就无法有统一的标准;有的大书城虽然有这个制度但缺乏相关的监督机制,从而使该制度的实施效果大打折扣。

抱团应对市场竞争,携手共拓发展空间中小社合纵连横

樊卿在2002年3月28日《中国图书商报》著文认为,近一段时间,一些新的出版社联合频频出现,比如在北京图书订货会上,上海交大、北方交大、西安交大、西南交大四家出版社联合打出了"天下交大是一家"的口号。中小出版社联合体蓬勃发展的原因和它与产业发展的意义在于:抱团应对市场竞争,携手共拓发展空间。一、联手抢占市场。全国图书订货会也才起步,为了使"产销见面"在一个小范围内见得更真切、更具体,一些同类出版社组织在一起,举办图书交易会,这便是最初出版社联合的初衷。十几年来,这些出版社联合体的图书订货会也的确起了重要的作用。在中国加入WTO,发行也大举改革的背景下,此番出版社走向联合有了更多新的意义。一些中小出版社势单力薄,不能上架,谈何开发市场,在这样现实的市场困境面前,一些出版社联合体应运而生了。他们的初衷很简单,联合起来开拓市场。二、有五种合作形式。在这样一个市场背景下产生的联合,本身就是市场行为,做的也是市场的事。目前,在联合的初级阶段,联合体主要是在发行上做工作。1.举办订货会。这是出版社联合体的一道老菜,但是老菜要有新的吃法。目前这几家联合体均办有图书订货会。2.联合促销。在北京图书订货会上,交大社联合体、科技六联就联合展示了形象。3.渠道共享。这也是出版社成立联合体的一个重要功能。4.合作开展项目。随着合作的深入,联合体会选择一些合适的项目来共同运作。5.相互交流。这些联合体都是由于出版社相互之间有很多共同点,长期保持合作,才会走向联合,因此出版社之间的工作交流也是联合体一个重头内容。三、联合亟待升级。这些联合体中的出版社,或是出版专业范围相对狭窄,或是出版品种少,规模小,导致了其不太可能走内涵式发展的道路,而在现有的体制下,出版社不能自由进行业外融资,这些中小出版社要发展,其资本实力是一个很大的瓶颈,因此在行业内实现联合,用多家社的钱来办事,不失为一条可行的资本扩张之路。中小出版社建立联合体,虽然还是松散的、初级层次的,但这是出版社整合资源、资本扩张、做大做强的一个契机。把握好这个契机,在资本运作上、管理制度上寻求一些突破,共同操作一些项目,真正实现资产增值,联合体之路会是一条光明大道;反之,联合体则只会流于形式,最终归于解散。

重营销,降重心,贴市场发行部组织结构调整成热潮

陈旷在2002年1月24日《中国图书商报》著文认为,出版社产品领域不断拓宽,产品线不断拉长,传统的发行部组织结构就难以有效地发挥销售功能。对发行部组织结构进行调整成了当前许多出版社应对的措施。一、全面整合业务。如中国人民大学出版社对发行部进行全面改组,由信息部、业务部、开发部和储运部组成了"市场营销部"。在这种新的组织结构中,出版社越来越注重整体营销,出版社新的组织结构从不同层面和不同环节围绕产品的生产和销售来设计,更加贴近市场。同时销售部门必须拥有更灵敏的市场反应能力,才能适应出版社发展的需要。二、旧有结构弊端不小。在传统体制下,出版社往往按地区划分业务范围,并按贫富搭配以体现对业务员的公平。这种组织结构过于粗放,地区销售经理难以同时深入了解和分析几个地区的

经济特点和消费特点。不同类别的图书销售策略和操作方法不一样，出版领域的拓展和图书品种的激增，就使发行部面临如何把产品作细作深的问题。发行部单纯以区域划分业务范围，不仅难以充分运用地区经济差异性，而且无力顾及细分市场的营销，更难以满足出版社的战略扩张需求。快速成长的出版社，必须建立适应图书市场发展需要的发行机制，调整发行部门的工作定位以市场为导向的营销架构下，要体现变发行行为为营销行为的理念。三、突破社店对接障碍。发行部组织结构改革受到下游书店业务模式的影响。直接设置产品销售经理可以减小销售经理的管理幅度，增加销售工作的深度和营销宣传的针对性及延续性。但在目前的市场条件下，这种销售模式与下游书店业务模式很难实现对接。书店是以出版社派出多个产品销售经理，同几十家乃至上百家出版社打交道的书店进货员就要面对成倍增长的销售经理。这样，除了扩大书店业务员的工作面，也为管理比较粗放的书店在结款环节上带来了麻烦。目前，大多数出版社只能考虑在做大市场的同时兼顾每个细分市场。发行部改变组织结构，意味着随着市场和出版社的发展，发行业务模式发生了变革，意味着出版社把更多的核心业务转移到了营销部门，出版社的工作重心大大降低，因而能够更加贴近市场，拥有更强的市场反应力。组建具有营销功能的销售部门，在市场与销售两种职能之间所做的协调，在当前独立的市场部门运作普遍不力的阶段不失为一种阶段性解决方案，必须将营销理念贯穿于图书的选题策划和市场推广以及销售实现的所有环节。

整合营销传播理论在图书营销中的运用

李继东在《大学出版》2002 年第三期上著文分析整合传播理论，结合营销实例，指出如何将整合营销传播理论（IMC）应用于图书营销之中，以塑造企业品牌形象。整合营销传播理论（IMC）的内涵是：以消费者为核心重组企业行为和市场行为，综合协调地使用各种形式的传播方式，以统一的目标和统一的传播形象，传递一致的产品信息，实现与消费者的双向沟通，在消费者心中树立产品品牌形象，与消费者建立长期关系，以便更有效地达到市场推广与销售的目的。我国的图书营销的发展阶段可以粗略地划分成三个阶段：1. 起步阶段（1979－1985 年）。在这个阶段，图书品种供小于求，图书营销以新华书店为主，从理论上讲这个时期的图书销售不是真正意义上的营销。2. 发展阶段（1986 年至今）。在 1986 年到 1996 年的发展初期，图书品种增加，民营渠道壮大，其他行业参与，图书销售全面步入了买方市场；在 1997 年至今的图书营销发展后期，一方面图书品种和数量供过于求，盗版猖獗，竞争无序盲目，图书营销工作面临严重挑战；另一方面以读者为中心的营销观念逐渐成为图书营销的主要理念之一，营销向个性化、多元化的趋势发展。3. 21 世纪市场阶段。在这个阶段，营销传播手段的现代化和多元化以及互联网的出现使图书营销越来越需要整合，需要用先进的整合营销的理念推进图书营销的发展。

IMC 理论在图书营销中的运作模式分为四步：1. 确定自己的位置，树立品牌形象。首先对图书市场和自己的情况进行全面的分析与研究；然后确定自己的出版重点与方向，拟定自己的企业形象；其次是协调、调动、调整内部的各个环节使之成为一个“连贯的、统一的整体”，以便能围绕品牌形象和谐、高效地工作，提高出版社的整体运作效率。2. 确定传播目标，拟定传播计划。一个完善的计划包括：围绕品牌，确定选题方向，将有限的资源集中在自己的出版重点上；分割有价值的读者、客户；从客户的角度拟定传播的内容；选择传播手段。3. 实施传播计划。在计划的实施过程中有两个很重要的问题值得注意：有效沟通，包括社与店、读者和各种公众沟通，店与读者、公众沟通，读者之间及读者与其他公众的沟通；建立信息库，完善的信息库包括：基本信息，过去购买行为信息，读者和客户的行为、态度、经济状况等数据，利用各种分析工具分析客户特点为下一步营销提供指导性信息，确定信息收集的优先权从而建立一个更紧密和有更多反馈的长期关系等内容。4. 评估与控制。对整个计划、市场进行评估与控制，形成一个闭环测试系统，从而可以运用 IMC 推动下一步的战略决策。

整合营销：图书营销大趋势

刘进社在《编辑之友》2002 年第 3 期上撰文说，近来，不少出版社引进了图书整合营销的概念，并在实践中加以应用，取得了较好的效果。整合营销强调的是出版社在市场所有的营销活动中针对不同的读者，进行“一对一”的传播，形成一个总体的、综合的印象与情感认同。整合营销之所以会被我国出版社大量采用，是因为整合营销适合中国当前的出版社经营氛围与战略使命，包括：第一，从计划到市场的转轨,对某类图书出版权的垄断被逐渐打破,政策的扶持力越来越弱;第二,从群雄并起、市场竞争的无序到龙头出版社、出版集团的形成,逐渐使市场竞争进入有序状态;第三,从市场的不成熟到成熟,出版市场的不成熟,集中体现在缺乏法治、道德的约束,缺乏一个出版界均认可的评价标准。这一现状随着出版管理层建立全国统一大市场的战略规划而渐趋好转;第四,从出版社的无品牌到追求品牌、拥有品牌、维护品牌以及图书市场竞争越来越理性化,图书的市场营销越来越重要,出版已告别短缺,而出版过剩渐渐袭来;第五,经过20多年的发展,不少出版社已拥有品牌,在读者心目中塑造了良好的形象,所出版的图书占有了一定的市场份额,在市场上产生品牌效应。一个出版社的成功,关键就两点:一是选题开发能力;二是营销能力。整合营销方案的实施应充分了解图书的营销特点,实行目标管理,分解目标,落到实处。大多数图书的生命周期短,营销的时效性强,越是赶潮流的图书,生命周期越短,对营销速度要求越高,所以要在图书问世前就拟订好营销方案;图书的品种众多,不同种类的图书其营销的主渠道、折扣、推向市场的时机把握各有千秋,这实际上是一门艺术。不少出版社对选题开发、市场调研的经济投入存在认识上的误区。拘囿于传统的出版经营思想,出版社的投入往往在选题立项后,尤其是图书的宣传推广更是在选题成书后,而对选题立项前的出版市场调研投入,选题开发投入重视不够,甚至不肯投入,这就致使一些选题开发初期就孕育着风险。出版社不要一直盯着既有的市场来竞争,更重要的是从如何赢得目标市场来深化选题开发。营销中确定的诉求概念要与读者所关心的密切相关,将这一概念导入到读者的头脑中,这才能为日后图书的推出打下坚实的基础。铺货要广泛,有图书销售的地方就应有宣传品,介绍自己的图书;宣传品所至,图书就要跟上。整合营销中要树立读者理念,忌讳把读者作为一个被动的受众,向读者传播图书信息,而是强调与读者的沟通。整合营销其战略思想要集中在创造品牌价值,而其中扎实细致的工作是了解读者需要。整合营销同时也要求出版社的管理模式、组织结构等根据市场营销的需要不断做出调整,如减少管理层次,使各个部门沟通得到简化,提高工作效率。

地方出版社应在"本地化"营销上做文章

黄君妮在《中国出版》2002年第12期上著文指出,地方出版社受专业分工和传统销售的影响,以全国各地的新华书店为重点目标客户,该群体具有以下特征:第一,目标客户在地理上分布广泛,数量却相对有限,且每一地的新华书店可拓展性及成长性较差,有限的客户资源导致了各地图书营销竞争的激烈性。第二,客户购买行为受"关系"与"服务"的影响。这需要地方出版社以客户为中心,真正服务好每个客户,在业界形成口碑,扩大机会来源,促进销售业绩增长。通过对地方出版社管理现状和所属行业特征的分析,可总结出以下问题:第一,渠道策略重全面铺点,轻集中开发。地方出版社往往急于跳出地方圈子,但竞争格局与地方壁垒易使长线网络形同虚设。第二,销售过程难以监控,人员行动难以管理,协同性差。第三,缺乏客户服务意识,不注重通过服务与客户建立伙伴型贸易关系来稳定市场。解决这些问题有两个方案:第一,抓住"土"优势,制定正确的渠道策略。出版社渠道策略要与整体战略目标保持匹配,而营销部门抓本地市场优势实际上就是信息优势,直控中小书店和终端读者,冲击竞争对手已有网络,阻退后来者,以利建立市场优势和长远发展。第二,技术支持。出版社要实施CRM系统来提升营销管理能力,其中最关键的是数据库管理的应用。通过运用CRM系统,可实现以下效果:第一,利用有限的资源集中兵力对本地客户进行一对一管理。要尽量接近客户,而接近客户的关键是信息。通过数据库管理,出版社可以以非常低的成本建立起相当完备的客户资料,甚至可以精确到对每一位终端读者的购买行为、消费行为进行量化分析。要做到真正接近客户,立足本地的优势在于能集中资源深度服务,与当地客户建立亲密的伙伴关系,满足客户各种需求,培养出版社的忠实读者群,并通过双方的互动关系,得到各种信息反馈,降低图书选题和销售的非理性程度。第二,地方出版社能按客户、按过程监控图书销售。运用CRM系统,由于每个业务员的销售活动会及时在系统中反映,地方出版社决策人可以在任意时间对本地所有客户状况和图书销售进展状况进行有效监控,使出版社客户资源由业务员控制变成出版社控制,避免因业务员流动而造成客户的流失。第三,量化评估,提升业务员销售能力。通过设置可以量化的基本要素,使地方出版社业务员积极、主动改变自身工作习惯,使销售计划更有针对性,销售行为更有效果。当然,图书营销的本地化并不意味着出版社眼光仅限于周边市场,而是通过对本地市场的开发为继续开拓提供模式与动力。出版社在坚持图书营销本地化的同时也必须坚持品牌的无地域性。

对图书发行主体市场三个改革阶段的忧思

吴培华在《出版广角》2002年第四期上著文指出,改革开放之后,中国图书发行主体市场的改革经历了三个阶段:第一阶段:中盘雄起的呼唤。中盘雄起大讨论的序幕始于1997年,讨论热点是什么是中盘、图书市场呼唤中盘、中盘雄起的关键。"中盘雄起"的大讨论给了我们许多有益的启示。这实际上是对这一时期出现的种种形式的集团在理论上的反思与否定,是对大市场的热切期盼,是入世之前中国图书出版发行界最初的一次理性思考。应该承认,在"中盘雄起"的大讨论中,对中盘的理解是正确的,遗憾的是在"呼唤"之后的实践中,"中盘"概念的解释被扭曲为"中盘"即等于各省级新华书店,市场分割、贸易壁垒、地方保护主义与建设大中盘的要求之间的矛盾凸现出来。第二阶段:集团建设热兴起。这是继"中盘"讨论之后的又一次较具规模和影响的理性思考,它直接催生了第三阶段的集团建设。主要内容是关于组建发行集团的必要性、发行集团的运作机制,集团建设中应注意的问题。新一轮的集团建设热在实践意义上是对以前出现的种种形式的联合体的否定,同时希翼以新的集团模式成为图书发行业强有力的"中盘"组织。组建集团是我国发行业应对入世在机制改革上的又一次尝试。以区域性联合为目标,对发行集团进行战略性联合和重组,其指导思想是积极的,而且是富有实践意义的。组建"集团"的目标在于协力创造效益增量,而决不是重新分割效益存量,然而,挥之不去的地方保护和地方分割思想,使集团的建设在原有意义上大大倒退了。第三阶段:连锁经营大讨论。在中国发行界,为了应对入世以后与国际出版业的竞争,早在入世半年前就开展了书业如何实行连锁经营的大讨论。讨论热点之一,连锁经营是运作机制改革的重大举措;热点之二,连锁经营的关键是"连";热点之三,连锁经营的难点是"锁"。在集团建设中一直都未能解决的地方保护主义、贸易壁垒的问题,是随着连锁经营的展开得到解决呢,还是进一步得以强化?情况不容乐观。笔者认为,连锁经营关键在于打破地域限制,超级书店连锁的关键在于促进业态升级,发展连锁经营首先应从直营店做起,还要优化人力资源配置。三个阶段所针对的都是同一顽症——市场分割、地方保护。前两个阶段的改革不但没有改掉顽症,还大有越改越"顽"、滑向改革对立面的危险。第三个阶段会怎样?到第四、第五阶段,改革所针对的还是同一顽症吗?

关于图书发行业开展连锁经营的断想

张文飞在《中国出版》2002年第12期上著文指出:第一,"以管而锁"不是要造就地方割据的铜墙铁壁。关注我国图书发行业现状,可以看到虽然新华书店系统几十年间做出一定努力,但体制、机制、资金等限制了它的进一步发展。加入WTO以后,外商独资、中外合资的发行集团将大举进入我国零售、批发市场。面临这种挑战,"开展连锁经营"成为抵御外来势力、谋求自身发展的一条重要出路,它有助于建立统一有序的出版大市场,抵御外来资本和业外资本对出版市场的渗透和侵入,但实际操作中人们易将"连锁经营"的"锁"理解为"死死管制",造成"三权"上收,甚至地方保护。国家首先应尽快制定促进连锁经营发展的扶持政策,给连锁企业广泛支持,以尽快打破这种局面,其次要进一步完善、增强和开发连锁体系的各项功能,使图书发行业在连锁经营所营造的网络氛围中培育、造就实实在在的广阔市场。第二,"以管而锁"是要构筑一个统一规范与开放兼容相统一的市场运作体系。"锁"要锁得规范,要形成统一规范的内部管理模式,如建立信息管理系统,采取现代化管理手段,和高效运转的配送中心,以多种途径发展连锁业等。要"锁"住整个书业市场,构建开放兼容的市场运作体系。首先,连锁经营要强调服务营销,将营销触角伸向市场各角落,最大限度满足各层次读者的文化消费,如细分市场,建立专业书店;变坐商为行商,开拓店外市场;建立读者俱乐部,组织相关营销活动等。其次,连锁书店要强调与供应商即出版社之间结成战略联盟,密切合作并寻求双方利益的最佳结合点。具体途径有产权联合,项目合作等。这样社店服务关系由被动变为主动,并最终实现双赢。第三,"以管而锁"是以营造特定的文化氛围、充实企业的文化内涵为前提的。"以管而锁"不排斥柔性管理,特定的企业文化更容易形成特色,吸引消费者,挖掘和保持企业潜力。利用连锁企业的无形资产价值、管理水平和社会影响力可实现连锁店间的资源共享并降低成本。同时连锁网络也易受其连锁店的负面影响,所以要以良好的企业形象锁住所有加盟店,以确保连锁网络健康、稳定的发展。建立企业文化内涵的途径,一是从图书产品中找到切入点加以包装,使之形成企业鲜明的文化特色。二是营造环境,寻找机会,通过公关活动和宣传手段来营造书店特有的文化氛围。以高品位的文化理念"锁"住企业形象,正是我们担负传承文化重要使命的连锁书业应该做到的。连锁书业内锁管理运作,外锁企业形象,关键在于规范,目标在于活力,决不是锁住自己的门户和手脚。

图书连锁经营:实践问题解析

于殿利在《中国出版》2002 年第四期上著文指出,图书连锁经营存在操作层面和技术层面的问题。首先,必须正确认识贸易壁垒问题,做好应对的心理和措施准备。第一,贸易壁垒是市场经济发展的必然产物,并且伴随市场经济活动的始终。竞争意味着风险,有风险就决定了采取保护性的措施来规避风险成为必然。第二,贸易壁垒是分层的,其层面取决于经济发展和竞争的层面以及管理者的决策眼界。贸易壁垒的"厚度"随市场经济的深入发展和不断成熟,市场开放程度的不断扩大而一层层被逐渐打破。我国书业界受经济实力和发展水平的限制,基本不具备国际竞争的实力,竞争主要在内部展开,因此区域间壁垒在一定时期内必然存在。第三,我国图书出版业市场化程度低、市场经济处于最初级的层面,其贸易壁垒也必然带有市场经济初级阶段的烙印。第四,入世后我国图书市场使得外国竞争对手在我们还没有"准备"好时就站在我们面前。在"外敌"面前,我们若能团结一致对外,贸易壁垒将在"外力"压迫下加速"倒塌"。其次,行业信息标准化程度低将影响图书连锁经营的规模和效率。第一,作为销售单位,各地区的书店之间,甚至本地区的书店之间执行不同的信息标准和操作规范,彼此兼容性低或无法兼容,更不可能对接。新华书店的行政划分造成其业务上的条块划分。组建跨地区甚至跨所有制的图书连锁股份有限公司,在理论上可以解决该问题,作为连锁经营支柱和核心的统一信息平台的建立至少在一定区域范围内不会遇到太大困难,从而为跨地区连锁经营提供保证。第二,作为销售单位和供货单位,书店和出版社之间对信息的需求不同,且相互间信息不对接。有两种情况会给书店造成信息检索和管理上的困难,一是大型系列丛书或图书的一号多书,二是个别出版社的不规范操作,把未退出流通领域的旧书书号用在新书上。第三,出版社之间缺乏统一的图书信息规范。出版社信息的标准化影响着图书发行行业的标准化进程,影响着出版社和书店间的信息对接与共享。它不是单一出版社能完成的,依赖于行业主管机关和行业协会。最后,连锁经营应遵循或顺应书店和图书销售行业的发展趋势。第一,书店发展的专业化倾向与连锁经营的大型化需求的矛盾。在连锁经营的同时,我们必须争取多品种上架,重视专业书店的建设和对独立书店的支持。第二,图书需求的区域性差异与连锁经营诸多"统一"之间的矛盾。统一经营管理、统一采购供货、统一仓储配货和统一信息管理与不同的市场需求存在矛盾。

书业电子商务与图书营销

周蔚华在《科技与出版》2002 年第 6 期上撰文认为,图书行业是最适合以电子商务方式运作的行业之一。书业电子商务,不是传统意义上的书店,它是网络出版、网上信息发布、在线图书评论等信息流,网上零售、网上批发、地面配送等物流,网上支付和结算等资金流以及维护网络的全天候安全、正常运转的技术流的四流合一的崭新的商业运行活动。经过这几年的发展和探索,网上书店形成了三种电子商务模式:"BtoC"商业模式是"商家—顾客"的模式。"BtoC"模式的一个突出特点,就是将传统书店的卖书功能即零售移植到性能先进、效能高的网络上;"BtoB"模式是一种"商对商"(出版商到批发商、出版社到书店、批发商到书店)的商务模式。这种网络书店实际上扮演的是中间商的角色;"BtoBtoC"模式是一种全面整合"BtoC"和"BtoB"的"出版社—批发商"、"书店—读者"的全流程电子商务模式。网络书店之所以受到人们的青睐并获得迅猛发展,是因为它有着传统书店无法比拟的特点和优点:第一,运作方式独特。它把信息流、物流、资金流和技术流融为一体。第二,能为读者提供切实的利益。它可为顾客提供方便舒适的网上购物环境,能够随时为顾客购买图书提供针对性非常强的建议。网上书店可供读者选择的图书品种多,而且能为顾客提供实实在在的价格折扣。第三,提供全方位的图书信息和双向交流的渠道。网上书店提供的图书信息包括书名、作者、封面照片、国际标准书号、原书定价、优惠价、有否现货等,还设有读者评论、专题推荐、作者访谈、专家点评等专栏,在网上形成了一个有很好氛围的文化社区,达到双向交流、相互沟通的目的。第四,提供优质的售后服务和增值服务。书店会通过它的网页和电子邮件同读者保持联系,并专为读者设计"推荐书目"。书业的电子商务,有着非常好的发展前景。但我国书业电子商务在信息流、资金流、物流和技术流这四个方面都不同程度地存在着问题。在信息流方面,现在网络的作用发挥得远远不够。一方面在网上的可供书目的总品种远远不够;另一方面,即使对这些少得可怜的书目,其介绍也极其简单,其信息增值服务做得也很不到位。在资金流方面,国内的网上信用制度和银行信用制度与电子商务支付环境的要求相比差距更大,网上支付仍未成主流。就物流而言,目前存在的问题更大,商品配送问题越来越严重。现在我国的物流方式不发达,出版物属于低价位产品,在异地送货、及时送货、送货费用过高等方面存在着较大的问题,而顾客对送货时间和渠道的要求越来越高。物流服务的发展速度慢于用户的期望,这成为制约书业电子商务发展的瓶颈。就技术流而言,尽管技术发展日新月异,但现有的技术仍然存在一些问题,如宽带不够,上网速度过慢,网上知识产权的保护技术不够成熟,网上个人信息安全得不到充分保障等。

读者俱乐部市场化运营应向深层次发展

廖秉宜在《出版发行研究》2002 年第 2 期上著文说,读者俱乐部这一别具特色的图书营销模式经过近一个世纪的发展,它已与传统意义上的出版物营销方式鼎足而立,并在整个图书消费市场中占有的份额不断上升。1995 年以后,读者俱乐部在我国犹如雨后春笋般地涌现出来,超过 80 多家。但是,伴随着读者俱乐部的成长,其中也暴露出很多问题,例如资金短缺,规模太小,物流、商流和信息流不顺畅以及读者购书习惯的障碍等。借鉴国外读者俱乐部运作的成功经验,解决问题的关键在于读者俱乐部要实行规范、整合的市场化运作。进行股份制改造、组建俱乐部集团是俱乐部走出困境的根本出路。股份制是现代企业的一种资本组织形式,它有利于所有权和经营权的分离,有利于提高俱乐部及其资本的运作效率,并能广泛地吸收社会闲散的资金,解决俱乐部首要的困难——资金。这种真正意义上的集团是以资本为纽带、各投资者在自愿基础上的联合。它具有以下基本特点:一是以经济关系为纽带,通过资产重组实行自愿联合,不受行政隶属关系的限制。二是经营规模大,竞争能力强。三是按照现代企业制度运作,遵循市场经济规律开展经营活动。可以预计,小型读者俱乐部未来仍将长期存在并继续发展。同时,国内将会出现多个超大型的俱乐部集团。这种俱乐部有两种模式:其一,属大型出版集团的子公司。根据出版产业政策,这类集团以强大的资金作后盾,拥有雄厚的编辑、发行力量,还可以出版"俱乐部版图书"。都受到会员的广泛关注。其二,属大型的图书发行集团。由于其网点众多,贴近读者,也必将受到读者的青睐。发展读者俱乐部是一个系统工程,需要每个环节的完善。这些环节我们可以分为三个阶段:前期工作阶段,即利用现代化的大众传播媒介和网络媒介来宣传俱乐部和图书。国外在这一阶段的投资都比较大,需购买邮购户名单、支付广告和促销费、印刷书目、预付版税等等。中期工作阶段,即以发达的邮政系统和金融结算系统为支撑,完善邮购、物流、货款结算和计算机信息网络等一系列配套服务。后期工作阶段。即采用科学方法,对会员的信息进行搜集、整理和分析。俱乐部建立自身会员档案,包括会员姓名、年龄、性别、职业、文化程度、兴趣爱好及联系方式等,利用计算机定期对会员情况进行数据统计分析,及时调整经营战略。成立网上读者俱乐部必须具备一定的条件,首先,书业企业要对图书市场及读者进行充分的调查,进行可行性析;其次,要具备资金优势和高容量的计算机数据处理能力。再者,要具备较强的备货、发货能力。在国外开展俱乐部图书业务将成为扩大图书销售的新渠道。俱乐部业务向海外延伸,有自身的可能性和必然性。我国的书业企业同样可以与国外的企业资本融合,在国外组建大型读者俱乐部;可以通过互联网络向全球 24 小时营业,进行网上图书宣传,发展新会员,采用电子商务方式进行国际货币资金结算;还可以发展乡村读者俱乐部。

(以上文摘由唐小兵等人整理)

新书简介

A 马克思主义、列宁主义、毛泽东思想、邓小平理论

A000001 **列宁的一生(全二册)** [美]路易斯·费希尔著,彭卓吾译。北京图书馆出版社 2002 年 9 月版。86 万字。60.00 元。根据美国作家路易斯所著同名传记俄文版翻译。著者是美国著名新闻记者兼传记作家。他曾两度访问俄国,并和列宁直接交往,在俄居住长达 14 年之久,搜集并掌握了大量珍贵资料。经过 40 多年的艰苦努力,写出这部记述列宁一生政治活动、社会活动和生活情况的长篇巨著。本书形象地写出一个活生生的列宁,并兼及列宁时代的苏俄历史和重要历史人物。但由于作者资产阶级观点、立场的局限性,书中对列宁本人及列宁主义、无产阶级革命及社会主义制度的看法上,都存在着资产阶级的偏见。(孙彦)

A000002 **历史的真迹——毛泽东风雨沉浮 50 年** 邸延生著。新华出版社 2002 年 7 月版。65 万字。40.00 元。记述毛泽东 1893～1947 年间的革命生涯和人生经历:包括他的工作、生活以及所反映出的他丰富的内心世界和思想感情,从一个独特的视角再现这段历史中作为中国人民伟大领袖真实的毛泽东。展现了他无产阶级革命家的理想、抱负、胆略、情操、胸怀、神采和风范。(白云章)

A000003 **毛泽东自传** 毛泽东著。解放军文艺出版社 2002 年 1 月版。10 万字。15.00 元。该书是一本珍贵的革命历史文献。最早出版于 1937 年,是当时的进步书社——上海复旦大学文摘社出版的,是毛泽东亲向美国著名记者斯诺口述生平事迹的忠实记录。2001 年其手稿在西安被发现后重新出版。全书包括"一颗红星的幼年"、"在动乱中成长起来"、"揭开红史的第一页"、"英勇忠诚和超人的忍耐力"等内容及"毛泽东论中日战争"、"斯诺眼里的毛泽东"等附录,最后还附上 1937 年版的影印本作为对照。(陈京蕾)

A000004 **毛泽东的说服与攻心之道** 唐春元、黄先健编著。湖南人民出版社 2002 年 10 月版。25.6 万字。20.40 元。作者以 51 个真实生动的故事,描述了毛泽东不仅是一位伟大领袖,而且是一位艺术大师。毛泽东以渊博的知识,风趣幽默的语言和独具一格的表达技巧,以及博大的心胸和非凡的睿智,令亲人、战友、朋友、百姓甚至敌人心悦诚服。书中配有数幅珍贵的照片。(李茜)

A000005 **毛泽东遇险实录** 苏北编著。广东人民出版社 2002 年 1 月版。40 万字。29.80 元。根据历史文献和新发现的史料,按时间顺序描写了毛泽东在与敌人斗争、与自然斗争、与疾病斗争中不畏艰险、遇险不惊、化险为夷、有惊无险等险象迭出的故事,其中有战地遇险、陆地遇险、空中遇险、水中遇险、病中遇险等惊心动魄的情节。讴歌了毛泽东不畏艰险、威武不屈的雄伟气魄,颂扬了毛泽东多谋善变、机动灵活的斗争艺术。

A000006 **毛泽东遗物故事** 龙剑宇、夏佑新著。大象出版社 2002 年 7 月版。21.9 万字。13.50元。毛泽东是一位推动历史进程的巨人,他给人们留下丰厚的、弥足珍贵的历史遗产。本书介绍毛泽东生前各个时期的近百件最有代表性的遗物和背后鲜为人知的故事。(李亚楠)

A000007 **邓小平的说服与攻心之道** 唐春元、伍英编著。湖南人民出版社 2002 年 10 月版。22 万字。18.00 元。以邓小平的生平事迹为线索,通过一个个生动事例,对他在与各种各样的人(包括同事、上级、下属、朋友、群众、政敌、外国政要等)做工作、打交道的过程进行背景分析、情景回顾,展示这位伟人的大智大勇和人格魅力。(彭富强)

A000008 **马克思列宁主义基本问题** 全国干部培训教材编审指导委员会组织编写。人民出版社

2002 年 2 月版。30.7 万字。19.50 元。简要叙述马克思列宁主义的哲学、政治经济学和科学社会主义三个组成部分的学说的理论要点，并理论联系实际研究和探讨了马克思列宁主义遇到的新情况和新问题。

A000009 **与时俱进的马克思主义** 中共广东省委宣传部理论处编。广东人民出版社 2002 年 3 月版。21 万字。13.00 元。把“与时俱进”这一马克思主义的理论品质作为全书的主旋律，展现马克思主义发展历程中的五个历史阶段，突出马克思主义必须随着时代、实践和科学的发展而发展这一主旨，反映了当代中国共产党人对马克思主义的新发展、新贡献。

A000010 **马克思理论世界观形成轨迹论要** 张澍军著。东北师范大学出版社 2002 年 7 月版。22.2 万字。18.00 元。在体例框架的设计上力图摆脱过于倚重以马克思某一重要著作的完整解说和国际共产主义运动史分期的时间段为划分“块块”的方式，而是更多地依据马克思理论世界观的重要而具体的某一构成方面或要素自身的形成、演进过程设计章、节，重在探讨阐述马克思理论世界观的各个“思想观点”形成发展的轨迹及其理论思维过程中的得失。研讨、厘清马克思理论世界观形成时期重要思想和观点的来龙去脉；发掘马克思理论世界观形成过程中理论思维的示范意义和榜样价值，为当代马克思主义理论与思想政治教育提供有益启示。（任云霞）

A000011 **分析马克思主义新论** ［加］罗伯特·韦尔等编，鲁克俭等译。中国人民大学出版社 2002 年 11 月版。44.1 万字。42.00 元。本书是继罗默尔等人主编的《分析马克思主义》(1986)之后又一本分析马克思主义的重要文集，为《加拿大哲学杂志》20 世纪 80 年代末推出的“新论”系列之一。以不同的方式对分析马克思主义作出评价，讨论分析马克思主义的方法论和微观基础，研究了马克思主义中的一些具体问题，如历史进步、意识形态、剥削观、异化等。进入 20 世纪 90 年代以后，分析马克思主义进一步往市场社会主义方向发展，本文集收入了分析马克思主义的最新研究成果。为“马克思主义研究译丛”之一。（林坚）

A000012 **马克思主义新闻学词典** 陈力丹著。中国广播电视出版社 2002 年 1 月版。30 万字。22.00 元。“新闻与传播理论丛书”之一。以词典的形式编排，分理论思想、观点术语、人物活动、论著文件、媒体组织、历史事件六个部分，全面阐述马克思、恩格斯、列宁、斯大林、毛泽东、邓小平等关于新闻、宣传的理论思想，展示了马克思主义新闻学的基本内容和框架结构。（邹娓玲）

A000013 **毛泽东诗词修改始末与修改艺术** 孟昭诗著。华夏出版社 2002 年 12 月版。19.80 元。作者在对毛泽东诗词及文学作品深入研究的基础上，选 27 首诗词为例，结合毛泽东的诗歌创作理论、毛泽东诗词写作特点、写作态度、时代背景等方面对毛泽东诗词修改艺术做了细致的鉴赏，展示了一代伟人对人民、对社会高度负责的精神，严肃的写作态度及高超的写作艺术。书中收有毛泽东手迹若干。（闫娜）

A000014 **超越与回归——毛泽东的心路历程** 何显明著。学林出版社 2002 年 6 月版。27.5 万字。28.00 元。从文化学的视野，从中西文化冲突、融合的背景中透视毛泽东个人思想理论的精神特色、文化渊源，及其在中国思想文化史和马克思主义思想文化史上的地位。作者深入地探究中国传统的哲学精神、思维方式、价值观念、情感方式、审美意识，中国传统文化中的诸思想流派、主流文化与非主流文化、士大夫文化与俗文化等，对毛泽东的人格世界和文化心理的影响，以真正认识毛泽东思想理论的文化性格及其传统文化精神的根基，进一步理解毛泽东的思想创见和建树。（曹坚平）

A000015 **走向理想的精神家园** 副名：毛泽东、邓小平精神文明建设思想比较研究。周向军著。山东大学出版社 2002 年 8 月版。31.2 万字。28.00元。从历史与逻辑的统一中、理论与实践的结合上，对毛泽东、邓小平精神文明建设思想进行比较研究。首先运用历史的方法，对毛泽东、邓小平精神文明建设思想的历史轨迹作了考察。围绕“为什么要建设精神文明”、“建设什么样的精神文明”、“怎样建设精神文明”、“谁来建设精神文明”等问题，考察了毛泽东、邓小平在精神文明建设地位、内容、规律、主体认识上的真实关系。从纵横统一中说明党的第三代领导集体在自觉坚持和运用毛泽东邓小平精神文明建设思想的同时，对社会主义精神文明建设思想的丰富和发展。（朱以青）

A000016 **毛泽东邓小平江泽民论教育** 中华人民共和国教育部、中共中央文献研究室编。人民教育出版社 2002 年 4 月版。17.7 万字。16.00 元（平），30.30 元（精）。共收入毛泽东、邓小平、江泽民同志有关教育工作的重要文稿 108 篇，有些文稿是他们的讲话节录。分为“毛泽东论教育”、“邓小平论教育”、“江泽民论教育”三部分。每部分的文稿分别按其发表的时间顺序排列。毛泽东、邓小平、江泽民十分重视和关心教育事业。他们在不同历史时期,根据时代要求,提出一系列重要的教育思想,推进了我国教育事业的发展。(王莉)

A000017 **毛泽东文艺思想与中国文艺实践** 黄曼君主编。华中师范大学出版社 2002 年 10 月版。50 万字。30.00 元。力求用现代视野阐释毛泽东文艺思想及其对中国文艺实践的影响,从一种全新的层面上为认识毛泽东文艺思想和它对当今文艺创作和文艺理论批评的意义,提供一些有价值的观点和参照。在具体阐释毛泽东关于文艺与人民、文艺与生活、文艺的继承和发展等一系列科学原理的同时,还分析了毛泽东在文艺观念,价值取向,审美爱好等方面的种种矛盾状态和局限性。书中追溯了从近代至改革开放这一世纪来毛泽东文艺思想的孕育与形成,发展与波澜,开放与重建的过程,着重辨析了毛泽东文艺思想与中国文艺实践之间错综复杂的互动关系,并对毛泽东文艺思想的内在特征、毛泽东与传统文化的关系以及毛泽东文艺思想的世界地位等方面作了探讨。(张家梅)

A000018 **画说毛泽东思想** 中共茂名市委宣传部、茂名市教育局编。广东人民出版社 2002 年 6 月版。94 幅图、5 万字。7.80 元。以中共十一届三中全会的决议中关于毛泽东思想的地位的论断为依据,精选毛泽东关于实事求是、中国革命、政权建设、文化建设、军队建设和党的建设等七个方面的主要论述,配以彩色插图。

A000019 **从邓小平到江泽民——建设有中国特色社会主义理论跟踪研究** 宋士昌著。山东人民出版社 2002 年 6 月版。44 万字。36.00 元。通过对“社会主义初级阶段”、“社会主义优越性和生命力”、“社会主义道路”、“江泽民有中国特色社会主义全面发展的论述”、“江泽民关于开展‘三讲’教育的论述”、“江泽民关于‘三个代表’的重要思想”等专题研究探索,展示邓小平理论和江泽民“三个代表”重要思想的发展过程,揭示邓小平理论是江泽民诸多论述的理论基础和思想渊源,“三个代表”重要思想是对邓小平理论的继承、创新和发展,是马克思主义中国化的新的里程碑。(刘海涛)

A000020 **邓小平社会主义观研究** 黄蓉生、李国安主编。西南师范大学出版社 2002 年 5 月版。33.7 万字。20.00 元。在科学界定邓小平社会主义观的科学涵义的基础上,构建邓小平社会主义观研究的科学体系,全面、客观地评价邓小平社会主义观的理论价值和实践意义,阐述第三代领导集体对邓小平社会主义观的发展与创新。认为:邓小平社会主义观是邓小平把马克思、列宁、毛泽东的社会主义观与时代特征和当代中国实际相结合的产物,是关于如何对待、认识和弄清社会主义,如何建设、坚持和发展社会主义等基本思想、基本方法以及由这些思想、观点和方法构成的科学体系。邓小平社会主义观开拓了科学社会主义的新境界,具有时代性、继承性、发展性、民族性、创新性等特征。(张六莲)

A000021 **邓小平理论的哲学基础** 陈筠泉、方军主编。北京出版社 2002 年 10 月版。18.6 万字。22.00 元。分七个方面研究邓小平理论的哲学基础,探讨邓小平理论的精髓——解放思想、实事求是的丰富内涵及其所蕴涵的科学方法论对于我国社会主义建设的指导意义,阐述“三个代表”重要思想在中国共产党价值观发展史上的显著地位和影响。(总编室)

A000022 **1999—2001 邓小平理论研究** 李锦坤主编。天津社会科学院出版社 2002 年 8 月版。62 万字。34.00 元。对邓小平理论研究动态作跟踪性分析研究的学术资料著作。分上、下两部。上部第一篇介绍关于邓小平理论科学体系的研究情况,包含对以江泽民为核心的第三代中央领导集体丰富和发展了邓小平理论;第二篇探讨邓小平对党的思想路线的阐发和理论的贡献,研究江泽民对党的思想路线的进一步丰富和发展。共列出 16 个主题。下部各篇则是围绕江泽民“三个代表”重要思想展开研究的 10 个专题。集中评介近年来对“三个代表”重要思想自身理论的研究,包括其时代背景、理论来源、深刻内涵、理论贡献、现实意义等方面。作者在广泛收集、整理资料的基础上,主要对 1999～2001 年的邓小平理论和“三个代表”重要思想的研究成果做了系统梳理和评介,有的专题也包括了 2002 年上半年的部分研究成果,专题篇末均附有主要参考文献索引。(赵荣)

A000023 **邓小平理论基本问题** 全国干部培训教材编审指导委员会组织编写。人民出版社 2002 年 2 月版。35.7 万字。22.50 元。全国干部学习读本之一。以专题的形式,对邓小平理论体系中主要问题,如解放思想、实事求是的思想路线,什么是社会主义和怎样建设社会主义,社会主义初级阶段理论,社会主义现代化建设的经济发展战略,社会主义市场经济与经济体制改革、政治体制改革，对外开放与和平外交，有中国特色的社会主义文化建设，“一国两制”，现代战争与新时期军队建设，社会主义建设者和领导者等，进行概述和剖析，阐明了邓小平理论体系中的基本问题。

A000024 **邓小平理论概论** 肖秀荣、任中夏主编。中央民族大学出版社 2002 年 8 月版。26 万字。18.00 元。教材。内容涉及邓小平理论的科学体系与精髓论、社会主义本质论、社会主义初级阶段论、社会主义发展论、社会主义改革开放论、社会主义市场经济论、社会主义政治文明论、社会主义精神文明论、“一国两制”论、独立自主的和平外交论、依靠力量与政治保证论、领导核心论等。（李飞）

A000025 **李君如文集：邓小平理论研究** 李君如著。湖南人民出版社 2002 年 9 月版。66 万字。68.00 元。分上、下册，按“邓小平和邓小平理论总论”、“邓小平南方谈话前后的理论探索”、“十四大报告研习心得”、“《邓小平文选》和《理论学习纲要》的研究宣讲”、“精神文明理论研究”、“江泽民5·29讲话和十五大报告学习研究”、“迈向 21 世纪的理论思考”、“访谈、随笔和序跋”等八个专题汇集作者在 20 世纪 90 年代学习和研究邓小平理论的大部分论文(未包括著作)。论文反映了作者思考中国改革开放和现代化建设的重大问题，研究邓小平理论的主要研究成果。（李声笑）

A000026 **春天的画卷——纪念邓小平南方谈话发表 10 周年** 镡德山、阎建琪主编。中央文献出版社 2002 年 1 月版。252 幅照片。380.00 元。画册，分两部分。第一部分收入邓小平 1992 年视察南方时的照片。图文并茂反映了邓小平南方谈话的重要内容；第二部分收入反映武汉、深圳、珠海、上海 1992 年至 2002 年发展成就的照片，展示了四个城市欣欣向荣的时代风貌。每部分均按四个城市顺序组成单元，并有导语式引言，简介本单元的背景和概况。（张文和）

A000027 **邓小平方法论** 李义凡、刘明贵、张远新著。河南大学出版社 2002 年 10 月版。30.8 万字。20.00 元。从哲学方法论、具体方法论原则和具体方法三个层次及其内在联系的角度进行研究。具体特点表现在：第一，把邓小平方法论作为一个理论体系进行系统研究，拓展了邓小平理论研究的新领域。第二，从界定方法、方法论、邓小平方法论等基本概念入手，概述邓小平方法论的逻辑结构，阐述研究邓小平方法论的基本原则和意义，为全书设计了基本框架。第三，运用马克思主义的基本立场、观点和方法，论述邓小平方法论的体系。（史锡平）

A000028 **邓小平与当代中国政治** 陈少英、方世南、陆建洪著。苏州大学出版社 2002 年 10 月版。30 万字。20.00 元。深入探讨邓小平的政治洞察力、政治视域对当代中国政治的发展方向与总体方略的巨大影响力，为当代中国政治走向良性发展的轨道提供了理论依据和分析方法。分 10 章，从邓小平思想的科学体系、中国政治的生态环境、治国方略、政治制度、国家模本、政治文化等不同层面，透析当代中国政治的总趋势和发展特色；并结合中国国情，阐述邓小平理论在发展中坚持原则、在动态中把握方向、在决策时掌握实情的特色。（许周鹣）

A000029 **邓小平理论与当代中国政治学** 宁骚、关海庭主编。北京大学出版社 2002 年 12 月版。32.3 万字。23.00 元。从总体上论证邓小平政治学理论对当代中国政治学的指导意义，阐述邓小平政治学理论的基本构架和研究方法。分别探讨邓小平理论对当代中国政治学各分支的贡献及指导价值，如邓小平理论在马克思主义国家学说、政党政治理论、马克思主义政治发展学说、马克思主义政策科学，以及当代中国的公共管理学、国际发展战略等方面的重大贡献，回答了究竟什么是社会主义，如何在新的历史条件下建设无产阶级政党，如何促进中国政治发展，如何进行政府职能转变和行政体制改革等一系列的重大问题。阐述了邓小平理论与政治学中跨学科研究的关系，分析了邓小平理论对马克思主义政治学学科发展趋势的指导意义。（刘金海）

A000030 **邓小平理论与当代中国经济学** 吴树青主编。北京大学出版社 2002 年 10 月版。34 万字。24.00 元。从邓小平理论产生的时代背景入手，阐述邓小平经济思想的主要内容、形成和发展过程，以及它对中国整个社会主义现代化建设的指导意义和对当代中国经济学历史性变革的深远影响。书中列举了邓小平对中国社会主义建设的根本任务、发展道路、发展阶段、发展动力、发展战略和发展重点的深刻论述，阐明邓小平提出的社会主义初级阶段理论、社会主义市场经济理论、社会主义本质理论、科学技术是第一生产力理论及改革开放理论等。论述了邓小平经济思想在邓小平理论中的重要地位。（刘金海）

A000031 **画说邓小平理论** 中共茂名市委宣传部、茂名市教育局编。广东人民出版社 2002 年 6

月版。84幅图、3.2万字。6.80元。以《邓小平文选》一至三卷为依据,以《邓小平同志建设有中国特色社会主义理论学习纲要》为线索,精选邓小平的重要言论,并配上彩色插图,反映了邓小平理论的思想体系及主要观点。

B 哲学、宗教

哲学理论

B000001 **哲学是什么** 胡军著。北京大学出版社2002年5月版。15万字。18.00元。围绕"哲学是什么"这一问题,从四个方面:即哲学何谓、哲学问题、哲学方法、哲学价值展开论述,阐明哲学就是爱智慧,是对智慧的不懈的追求。追求智慧就是从一个无限的角度来关照我们有限的生活,寻求生活的意义或价值,提升我们的境界。(杨书澜)

B000002 **哲学理论创新丛书** 韩庆祥主编。云南人民出版社2001年8月至2002年1月版。丛书共9本,包括《文化哲学》(衣俊卿著,25.00元)、《人学》(韩庆祥著,27.50元)、《生存哲学》(张曙光著,27.80元)、《实践诠释学》(俞吾金著,28.00元)、《社会哲学》(王南湜著,26.50元)、《经济哲学》(张雄著,23.80元)、《历史哲学》(韩震、孟鸣岐著,19.00元)、《主体性哲学》(郭湛著,22.00元)、《社会认识论》(欧阳康著,29.00元)丛书由中青年哲学工作者撰写,每本以"哲学理论创新"为基础和核心,以清理与总结、梳理与分析、评价与检讨、回顾与展望、创新与建构为写作要件,以其多年来取得的富有创新性的研究成果为内容,展现了我国改革开放以来马克思主义哲学在反映时代和研究重大现实问题方面的进展及其意义与价值。(郭木玉)

B000003 **马克思主义与西方哲学的现当代走向——当代哲学向何处去?** 刘放桐等著。人民出版社2002年5月版。44.5万字。38.00元。立足于当前我国现代西方哲学与马克思主义哲学研究的现状,把两者结合起来进行研究,得出了现代西方哲学与马克思主义哲学在哲学思维转型的意义上具有某种程度的共性的结论。并据此对我国马克思主义哲学的研究、现代西方哲学的研究进行新的探索。

B000004 **哲理与情趣** 阳作华著。华中科技大学出版社2002年3月版。25万字。18.80元。札记性哲学随笔。哲学源于人生的情趣。人类在刻木结绳记事之前就有了哲学,那就是图腾文化与巫觋文化。哲学是随着社会生产实践,阶级斗争的实践和人们对自然认识的加深,经过哲学家的概括和总结而发展起来的。本书涉猎广博,有助于人们掌握马克思主义哲学,洞观宇宙之奥妙。(刘丽昆)

B000005 **价值观念与现代化** 肖海鹏著。广东人民出版社2002年8月版。21万字。20.00元。分三部分:一、"导论",对价值观的内涵、世界观、现代化运动的来龙去脉、基本特征以及在现代化问题上的一些错误认识、当前现代化面临的严峻挑战等等问题作了全面阐述;二、"历史篇",主要对发展中国家在追求现代化过程中碰到的主要障碍特别是观念障碍作了分析;三、"实证篇",分别从总体及年龄、性别、教育、地域、收入、婚姻等不同群体形和不同角度反映广东人对价值观念与现代化的关系及当代广东人价值观念的巨大变化。

B000006 **相对性知识——理性沉思录** 陈志红著。广东人民出版社2002年5月版。22万字。15.00元。分8章:第一章探讨真实在理论上固有的不确定性问题;第二章主要论述非理性存在的必要,论述非理性存在的必然性;第三章是评述科学的可靠性问题;第四章分析理论与现实的必然矛盾;第五章对决定论、概率论和系统论方法等进行剖析,分别指出它们之中的不合理性;第六章主要阐述理论的一般形式及性质,以及相对性在理性的普遍性;第七章对黑格尔式的真理定义提出批评,提示了在现有理性框架内真理界定的困难性;第八章归纳了理性的三个主要特征,总结理性的局限性。

B000007 **总体论** 甘向阳著。湖南人民出版社2002年3月版。30.5万字。23.00元。作者基于"总体论哲学是高级有序哲学"这一观点,从"总原子"、"总矛盾"、"总系统"的视角层次来规定"总体"

范畴，并从“零哲学即原始混沌哲学→原子论哲学1→矛盾论哲学2→系统论哲学3→总体论哲学4→超哲学即发达混沌哲学”的哲学总模式中规范“总体论”哲学形态，从而揭示和阐述了总体论的框架、范畴、公设、算符、原理、规律、模式、图像和逻辑。总体论具有很强的应用性和解释力。作者利用总体论的原理，建立了国力公式，探讨了年薪标准这一年薪制改革棘手的问题，并对邓小平关于建立深圳特区的决策等也给予了有说服力的解释。（钟伦荣）

B000008 **后现代性及其缺憾** [英]齐格蒙·鲍曼著，郇建立等译。学林出版社 2002 年 12 月版。20.8 万字。15.00 元。本书是作者针对弗洛伊德的经典著作《文明及其缺憾》而写的。书中考察了道德、艺术、文化、宗教、性等诸多的社会生活领域，认为，作为文明或文化的现代性是关于“美”、“清洁”和“秩序”的，然而在追求的过程中人们却付出了沉重的代价。在一个有序的现代世界中，世界往往被感知为确定的、可控制的和安全的，而在一个非规则的世界中，世界则被感知为极其不确的、不可控制的和令人可怕的。作者指出，文明的缺憾源于压抑，即人们在获得某些安全的同时，失去了自由；后现代的缺憾则源于自由，即人们得到日益增多的自由的同时，却失去了安全感。在一个不确定的世界中，自由需要集体的保护。但是，绝不能“为了社会/集体的目的”而牺牲个体自由。（曹坚平）

B000009 **论第三种形而上学** 副名：建设性后现代主义哲学研究。吴伟赋著。学林出版社 2002 年 3 月版。15 万字。14.00 元。关于后现代哲学的论著。“第三种形而上学”是美国学者哈曼提出的一个后现代主义哲学的术语，意为：有三种形而上学供人们选择以作为世界观的基础，其一是唯物主义一元论，其二是二元论，其三是先验一元论。第三种选择是世界文化史上长期存在的一种神秘的传统，与人类经验中最深刻的智慧具一致性，而且与科学知识并不矛盾。本书就第三种形而上学的理论展开思辨性的审视，指出，在总体上建设性后现代主义哲学难以成立，但作为 20 世纪一个重要流派，一种试图克服现代性缺陷的后现代哲学，却蕴含着大量发人深思、富有启迪意义的见解。（曹坚平）

B000010 **结构主义在美国的本土化过程研究** [中]李增著。东北师范大学出版社 2002 年 6 月版。13.2 万字。8.00 元。主要内容有：从语言学到结构主义，列维一施特劳斯：法国结构主义的创始人，法国结构主义文学理论，本土意识；美国对法国的结构主义接受的先决条件，法国结构主义在美国。系统、全面地阐述了结构主义的起源、发展和在美国的本土化进程。（任云霞）

B000011 **中国古典解释学导论** 周光庆著。中华书局 2002 年 9 月版。33.1 万字。26.00 元。按时代、专题论述两千年来我国历代有代表性的文化经典的解释方法。分七章：第一章，中华文化经典的历史存在。第二章，中国古典解释学的发展。第三章，中国古典解释学的典范体式。第四章，中国古典解释学的语言解释。第五章，中国古典解释学的历史解释。第六章，中国古典解释学的心理解释。第七章，中国古典解释学的个案研究。（凌金兰）

B000012 **世界思想家译丛** 张世英、赵敦华主编。中华书局 2002 年版。每册 8.00 元。论述了西方历史上著名思想家及其主要思想，体现出西方学界对经典思想的当代阐释，而且在撰述时注重简明扼要，深入浅出。第一辑 30 种，包括《马克思》、《萨特》、《康德》、《杜威》、《斯宾诺沙》、《怀特海》、《阿奎那》、《海德格尔》、《加缪》、《弗洛伊德》、《洛克》、《莱布尼茨》、《胡塞尔》、《黑格尔》、《奥古斯丁》、《休谟》、《波伏瓦》、《尼采》、《卢梭》、《罗素》、《苏格拉底》、《霍布斯》、《罗梭》、《柏拉图》、《福柯》、《维特根斯坦》、《亚里士多德》、《笛卡尔》、《哈贝马斯》、《叔本华》。（申作宏）

B000013 **犹太名人传·思想家卷** 傅有德主编。河南文艺出版社 2002 年 3 月版。53 万字。26.50 元。介绍 15 位犹太思想家，他们是斐洛、斯宾诺莎、马克思、弗洛伊德、托夫勒等。书中融传记人物的生平故事与思想学说为一体，反映不同时代的思想家的鲜明个性和思想体系。（陈莹）

B000014 **思想解放史录** 新华音像中心编著。海南出版社 2002 年 12 月版。15 万字。29.80 元（附送光盘）。根据新华社的大型专题版《思想解放史录》的文字稿整理而成，由我国思想理论界的权威人士和专家学者策划和撰稿。本书世界篇从哥白尼革命、文艺复兴、启蒙运动写到独立宣言、明治维新和共产党宣言；中国篇由辛亥革命、五四运动、延安整风写到 80 年代的真理标准大讨论、90 年代的南方谈话和三个代表的重要思想。作者从上述史实的分析论述中，提出并论证了思想解放是推动社会发展的真谛的观点。（伍君之）

B000015 **哲学的故事** 布莱恩·麦基著，季桂保译。生活·读书·新知三联书店 2002 年 8 月版。33 万字。120.00 元。回顾了从古希腊到现代思想家这2500年的西方哲学历程，涉及了从柏拉图、圣奥古斯丁、洛克、尼采到波普尔的每一个重要哲学家。作者从专业的角度介绍了观念和思维的历史进程，阐释了诸如“什么是存在”、“能否证明上帝的存在”等哲学上的基本和重大的问题。书中附加了许多背景资料，介绍了哲学家的历史背景、他们的生活和著作及所受的种种影响等。全书图文并茂，内容丰富，评点透彻。(冯金红)

B000016 **敲开智者的脑袋——当代西方50位著名思想家的智慧人生** [英]约翰·雷契著，吴琼、齐鹏、李志红译。新华出版社2002年2月版。35.3万字。26.80元。是一本关于从结构主义到后现代性理论的哲学专著。介绍当代极具影响力的50位著名的思想家。其中包括尼采、弗洛伊德、德默、利奥塔和卡夫卡等人。每部分前有一个简短的导言性评述。(齐鹏)

B000017 **纯粹哲学丛书** 叶秀山、黄裕生、李文堂、尚杰著。江苏人民出版社2002年5～10月版。106.7万字。101.00元。丛书有4册：《中西智慧的贯通——叶秀山中国哲学文化论集》(叶秀山著)，在对道家、儒家哲学的研究中，作者致力于它们在形而上学层面的内涵及其与西方哲学的沟通。在讨论中国古典艺术的文章中，着墨于京剧和书法，为理解中国传统文化提供了一个深度的哲学支点。《真理与自由——康德哲学的存在论阐释》(黄裕生著)，在对康德哲学研究中，着重阐释时间如何构成存在论的出发点，讨论了意识与时间意识的本质区别。《真理之光——费希特与海德格尔论SEIN》(李文堂著)，主要围绕“存在”(“有”)概念，重新梳理了费希特与海德格尔的哲学思想。《归隐之路》(尚杰著)，其主要论述观点是，20世纪以来法国哲学的走向，是从“显”到“隐”的过程。

中国哲学

B000018 **中国思想文化概论** 秦燕、张启勋编著。西工大出版社2002年11月版。25.2万字。14.00元。高校理工科大学学生教材。重点内容突出，凡是中国思想文化史上有重要影响的思潮和人物都有专章介绍和评析；在评价一些重要的思想或思潮时，注意结合当时的社会背景。讨论了诸如“儒道互补”、“天人合一”、“传统文化与现代文化的关系”等学生既有兴趣又有学术价值的问题。(刘晖)

B000019 **中国哲学史** 刘文英主编。南开大学出版社2002年12月版。85.6万字。43.00元。教材。共十编，分上、下两卷。上卷六编，包括先秦、两汉、魏晋南北朝、隋唐五代时期，内容有：中国哲学的萌芽与开端，中国哲学思想的开拓与哲学学派的形成，百家争鸣与诸子哲学的活跃，儒家经学的统治与不同的哲学倾向，玄学的兴盛与道教、佛教哲学的形成，儒、道、佛三大哲学思潮的消长与互动。下卷四编，包括宋元明，明清之际至清代中期和近代、现代时期。论述了宋明新儒学的发展与不同的哲学派别，宋明理学的衰落与中国古代哲学的终结，中国近代哲学的精神困惑与探索历程，中国现代哲学的不同思潮与理论创造。(藩国起)

B000020 **20世纪中国学术大典·哲学** 汝信、陈筠泉主编。福建教育出版社2002年9月版。125万字。160.00元。以学科体系为框架，分学科研究、专题研究、学术事件、学术人物、学术名著名篇、学术机构团体、学术刊物等7类条目。从以下八个方面对中国哲学的百年发展历程作了总结：一、马克思主义哲学的传播和研究；二、中国哲学研究；三、东方哲学研究；四、西方哲学研究；五、科学技术哲学研究；六、伦理学研究；七、逻辑学研究；八、美学研究。(孙汉生)

B000021 **自由的表演与魅力——中国人的自由观** 吴根友著。广西人民出版社2002年3月版。14万字。12.00元。“新世纪人文丛书”之一。以轻松的文笔，浅显的文字，阐述中国人的自由观。分八部分，主要内容为：自由之梦、自由的交谈、自由的悲剧、自由的喜剧、自由的呐喊、中国剧场上演的自由、自由是蓝天下的一只鸟、中国自由思想传统之再审视。作者从多个角度，对中国人的自由思想进行探讨，从老子“为无为”的理想、孔子的自由意志、孟子的德性自由、庄子的自由理想、屈原的自由精神，对中国传统的自由观进行剖析；从严复的自由观、李大钊的自由观、陈独秀的自由观、胡适的自由观，对中国近代的自由思想进行探究。(张平)

B000022 **实学文化与当代思潮** 中国实学研究会主编。首都师范大学出版社2002年10月版。49.7万字。35.00元。分5篇30章，围绕“实学文化与当代思潮”这一主题，从不同层面作出阐述和分析。5篇为：通论篇、专题篇、价值篇、成果篇、争鸣篇。真实地展示了中国及世界各国学者这二十年来研究实学的不同观点和论辩及海内外实学研究的成果。(李荣平)

B000023 **简明中国哲学通史** 高令印著。厦门大学出版社 2002 年 11 月版。43.2 万字。30.00 元。分绪论、4 编、14 章。按远古夏商西周、春秋战国秦汉、东汉末至两宋、元明清近现代四个时期阐述中国哲学思想的发展。主要内容包括先秦和秦汉哲学思想，道与道教的形成，佛教的传入及其义理，儒家由玄学至朱子学，心学与气学，渐进与革命思潮，释道之学，实用主义在中国，毛泽东思想，现代新儒学与东学西渐，中国传统哲学现代化等。凸显了儒家思想在儒释道三家中居于主导地位，尤其强调中国文化重心南移与南宋理学家继往开来的地位和作用。专节评述了谭峭、陈抟、白玉蟾、游酢、杨时、王廷相、陈樱宁、印顺、辜鸿铭、杨献珍、陈荣捷等一些尚少论及的哲学家及其思想。（薛鹏志）

B000024 **绵绵瓜瓞与中国本原哲学的诞生** 靳之林著。广西师范大学出版社 2002 年 1 月版。150 万字。68.80 元。讨论中国本原哲学体系的诞生与发展。中国本原哲学体系以阴阳观与生生观为基础，并作为民族文化的发展基因自始至终渗透贯穿于民族文化发展全过程。以地上的民间艺术和地下出土文物、考古文献作印证，用中西哲学、艺术体系比较揭示中国哲学里生命与生殖崇拜的秘密。附录 5000 年前辽河流域的哲学王国，另有图版目录。（总编室）

B000025 **漫画诸子百家** 黄中业等主编，郭竞雄等绘画。吉林摄影出版社 2002 年 8 月版。（每册）2 万字，700 幅图。（每册）8.00 元。漫画集。图释中华民族千年智慧，弘扬博大精深的传统文化，由国内著名漫画家倾力制作。丛书共 12 册。即：孔子、孟子、老子、庄子、墨子、孙子、晏子、左传、管子、诗经、商君书、韩非子、屈原、荀子及大学中庸。运用现代卡通漫画类形式，文字与漫画相结合，重新诠释中国历史上的诸子百家。（严黛玲）

B000026 **传统经典现代读系列(共 10 册)** 东方桥著。上海书店出版社 2002 年 11 月版。220 万字。160.00 元。书系含《论语现代读》、《孟子现代读》、《易经现代读》、《孝经现代读》、《老子现代读》、《庄子现代读》、《坛经现代读》、《金刚经现代读》(附《心经》)、《楞伽经现代读》、《楞严经现代读》凡 10 种，涵盖了堪称儒、道、佛三家“神经”的元典之作，标以“现代读”的依据，主要是：适应现代人的阅读习惯，通过概述架构、归领大义和相关知识的链接串讲，使读者对各种经典的成书过程、主要思想和整体风貌，形成清晰具体的概观；从现代社会人文观念出发，紧紧抓住这三家学说最主要的交合或异同之点，如人类在宇宙中的地位、人生的价值与理想、人的生死、道德的塑造等一系列问题；运用现代科学知识和思维方式，对这些文化遗产在现代生活中的实际作用，作出恰如其分的评估。作者是台湾著名学者。（完颜绍元）

B000027 **帛书周易校释** 邓球柏著。湖南人民出版社 2002 年 6 月版。48.1 万字。36.00 元。以 1972 年长沙马王堆汉墓出土的帛书周易为底本，吸收了中国传统易学的合理内核和近 20 年周易研究的学术成果，对帛书周易进行系统校释。论述了中国易学与仰韶文化、中国易学与中国数学、结绳纪事——锥刺——八卦与书契、爻题与爻画等几个问题。为“学海一家鸣丛书”之一。（李建国）

B000028 **历代易学名著整理与研究丛书** 林忠军主编。齐鲁书社 2002 年版。240 万字。264.00元。丛书辑录从汉代到清代的不同体系的易学研究名著《京氏易》、《易纬》、《周易注疏》、《周易集解》、《程氏易传》、《横渠易说》、《周易本义》、《易经集注》、《易纂言》、《易图明辩》、《周易述》、《焦氏易学三书》共 12 种，精选底本，广采博稽，收罗善本，精心校勘。每书撰写“导读”，从该书思想体系、诠释语言、新颖见解、重要贡献和版本流衍等方面详加论述。（严茜子）

B000029 **东方辩证法** 张今、罗翊重著。河南大学出版社 2002 年 2 月版。47.3 万字。39.00 元。所谓东方辩证法就是周易辩证法。作者用公理化方法推导出周易辩证法的整套符号系统，并由这些符号系统推导出其范畴系统和原理系统，从而初步建立起周易辩证法的科学理论体系。（张今）

B000030 **东坡易传** 苏轼著，龙吟点评。吉林文史出版社 2002 年 12 月版。24 万字。28.00 元。是苏轼继承其父苏洵未竟之志而完成的一部重要著作。苏轼终生与道士交往频繁，深晓《周易》占卜和“胎息”等养生之术，在其被贬黄州时开始撰写，经过不断修改，直到去世都尚未改定，后以《毗陵易传》之名悄然印行，南宋孝宗时才得以公开发行。明代又分别以《苏氏易解》和《东坡先生易传》两种版本印行于世，后者清时收入《四库全书》，定名《东坡易传》。苏轼生平出处，文章内涵，诗词玄妙之处，无一不在其《易传》中可觅渊源。（王尔立）

B000031 **与命与仁** 副名：原始儒家伦理精神与现代性问题。唐文明著。河北大学出版社 2002 年 7 月版。32.3 万字。22.00 元。原始儒家伦理精神与现代性的相与之道，是本书的主题。“相与之道”是这个时代最需要探讨的真义大道。在“全球化”(globalizing)的时代,更需要探寻多元文化之间的相与之道;而事实上今天生活的世界仍然缺少人际、群际、族际、国际的相与或对话的资源。作者旨在通过西方哲学的某些视野来解释原始儒家的思想与精神特点,探讨儒家如何适应“现代性”,以获得其现代生命,以及如何能为现代思潮提供某种启发等问题,以开创中西思想比较的新方法和新途径。(王仲华)

B000032 **宋元明清儒学年表** [日]今关寿麿编撰。北京图书馆出版社 2002 年 4 月版。218 页。25.00 元。宋元明清四朝是中国儒学的新形态——宋明理学产生、发展和走向成熟的时期。日本学者今关寿麿所编《宋元明清儒学年表》,始于宋仁宗明道元年(1033),即理学集大成者程颢诞生之年,终于中华民国元年(1912)孔教会创立。全书以年代(首列中国帝王纪年,次附西历、日本年号)为经,以宋明理学重要学者的诞生、著作刻印及重大活动为纬,构垒了四朝 870 余年的理学发展框架。该年表虽以儒学名,举凡政治、教育、军事、文化诸种活动无不涉猎,盖因宋元明清之士大夫皆儒士也,亦可视为宋元明清大事年表。本书成于日本明治四十年(1907)。日本大正九年(1919),由作者自印发行。至今,中、日图书馆均已罕见收藏。现将中央民族大学图书馆收藏本影印出版。(贾贵荣)

B000033 **洙泗学人文库** 刘蔚华、骆承烈等著。齐鲁书社 2002 年 3 月版。226 万字。215.00 元。文库是曲阜师范大学的知名教授从多年研究的结晶中精选出来的佳作。共 10 卷:1.儒学与未来。2.儒学精蕴新释。3.孔学研究。4.经史因缘。5.儒学价值传统与现代化。6.解构与传承——孔子、儒学及其现代价值研究。7.门外说儒。8.美善境界的寻求——儒家教育哲学思想研究。9.伦理的智慧。10.儒家文献与早期儒学研究。(侯仰军)

B000034 **儒家文化与当代社会** 周立升、颜炳罡等著。山东大学出版社 2002 年 5 月版。32.3 万字。20.00 元。分 7 章:“儒学与全球化浪潮”,“儒学与知识经济”,“儒家精神与网络世界”,“儒学与环境伦理”,“儒学与当代生命伦理”,“儒学与现代管理”,“儒学与现代教育”。立足于当代社会,用现时代的眼光审视,剖析儒家文化及其基本价值取向,同时也从儒学的角度,对人类在全球化过程中出现的人与自然以及人与社会的疏离乃至敌对关系,进行全面分析,力图通过儒学与当代社会的双向审视,实现儒学与现代文化的交流、对接和融通。著者认为,儒学作为一个相对独立的文化系统和相对完善的文化形态,作为中国传统文化的主体,包含着强烈的入世情怀和人文关切,儒家天人合一的有机整体观,追求和谐的价值趋向以及天下为公、天下大同的社会理想,可以为我们今天处理全球化问题、环境伦理问题、生命伦理问题等,提供有益的启发。(赵玉华)

B000035 **千秋圣贤孔子与《论语》六二智略** 史义军、张荣庆、孟建华编著。中华工商联合出版社 2002 年 8 月版。28 万字。22.00 元。阐述《论语》中所蕴含的孔子的人生智慧。分四卷:卷一、修身;卷二、处世;卷三、治学;卷四、治世。分别选择孔子的要言慧语,共编成 62 条小目。除对孔子学说进行解释、评说外,引用历史上的真人实事加以印证。(郭敬梅)

B000036 **东方圣哲——孔子** 张宗舜著,张建华译。山东友谊出版社 2002 年 6 月版。20 万字。15.00 元。选收孔子创办私学、周游求索、凄凉而辉煌的晚年坎坷艰辛的生平行事。从哲学、政治、教育、伦理、经济、法律、军事、美学 8 个方面反映孔子博大精深的思想体系。叙述孔子思想在国内乃至世界悠久而深远的影响。采用汉英对照的形式。(刘奎胜)

B000037 **童趣经典一百篇(插图本)** 曾晓峰选注。湖北人民出版社 2002 年 10 月版。27 万字。19.30 元。文章主要选自《诗经》、《尚书》、《易经》、《论语》、《孟子》、《孝经》和《礼记》,再加上《荀子》和从《礼记》中独立成篇的《大学》和《中庸》。书中除了重点选择儒家的经典名篇外,还对夹杂其中的寓言故事、成语故事给予特别关注,具有趣味性;注释通俗;对经典的解说点评,深入浅出。(祝祚钦)

B000038 **老子帛书校注** 徐志钧校注。学林出版社 2002 年 5 月版。21 万字。18.00 元。马王堆汉墓出土的老子帛书乙本的校注本。校注中直面老子帛书原文,乙本缺损的文字用甲本补上。校注中采用王弼、河上公、景龙、傅奕四种本子作为传世本的代表,同时也使用《郭店楚墓竹简·老子》与老子帛书进行校勘。注释大量引用先秦文献加以解释和比较,以期使老子文句回到先秦的语言环境并求得较为合理的理解。由于老子思想中含有丰富的原始观念,因此本书在注释部分较多地运用文化人类学的研究成果,以期对古今注字难以通解的部分作更为合理的理解。(张建一)

B000039 **吕氏春秋新校释** 陈奇猷校释。上海古籍出版社2002年4月版。143万字。130.00元。由战国末秦相吕不韦门客编写的《吕氏春秋》是一部收录儒、道、名、法、墨、农及阴阳家学说的杂家著作。旧有东汉高诱和清毕沅《吕氏春秋新校正》。陈先生集合众说，辨析异同，整理、研究并于1984年出版了《吕氏春秋校释》；其后，又时时检阅，多有修改，更吸收近20年来考古研究的新发现，补入近百条考校，更名"新校释"、是体现学界最新科研成果的一部古籍整理专著。（达世平）

B000040 **朱陆辩——朱熹陆九渊哲学比较研究** 彭永捷著。人民出版社2002年5月版。24万字。18.50元。运用比较哲学与中国哲学逻辑结构论的方法，围绕朱陆之争辩，着眼于其基本范畴和命题，对朱熹与陆九渊哲学进行探讨，对朱陆之辩论的主要问题给予诠释和剖析，从宋明理学乃至中国哲学史角度阐明朱熹道学与陆九渊心学的基本内容、学术分野、特点及异同，揭示和评判了朱陆哲学的学术影响、历史地位、价值取向及其思维上的经验教训。

B000041 **宋代理学三书随劄** 钱穆著。生活·读书·新知三联书店2002年8月版。13.7万字。12.00元。作者对宋代理学三书——元代刘因所编《朱子四书集义精要》、周濂溪《通书》及朱熹、吕东莱编《近思录》——所作的读书劄记，以发挥理学家之共同要义为主，简明扼要地辨析宋代理学对传统孔孟儒家思想的阐释、继承和发展。书末附有四篇论文，深入浅出地探讨中国文化、思想之大要、精义。（冯金红）

B000042 **宋明理学研究** 张立文著。人民出版社2002年11月版。48.9万字。35.00元。运用中国逻辑结构论的方法与和合学理论，在充分掌握和理解典籍文本的基础上，对宋明理学的产生、称谓、内涵分系、发展阶段、范畴结构、特点等进行归纳总结；从理学家的主要范畴和基本命题出发，对理学思潮中的主要代表人物如周敦颐、张载、二程、朱熹、陆九渊、王阳明、王夫之等人的学说进行分析；通过对理学家之间的学术源渊、学说思想、历史发展及学术互动关系的探讨，揭示理学家各自的学术思想、个性及创见，特别是宋明理学所具有的人文精神价值。

B000043 **宋学的发展和演变** 漆侠著。河北人民出版社2002年10月版。49万字。40.00元。分四编。第一编，论述自唐中叶以来到宋学形成以前的学术思想情况，指出宋学的形成受到佛道两家思想的深刻影响。第二编，论述北宋初年以来的学风、文风、政风的巨大变革，指明范仲淹、欧阳修等思想家重视对社会实际的改革，此时以他们为代表的宋学开始形成。第三编，主要论述宋学发展过程中荆公新学、司马光哲学、苏蜀学派和二程洛学等各学派的地位、作用和特点，并指明以王安石为代表的荆公学派占宋学发展的主导地位。第四编，论述二程理学的突然兴发，成为官学的过程，并指出宋学演变至此时出现以朱熹为代表的闽学以及以陈亮为代表的浙东事功派。（王书华）

B000044 **稿本宋元学案补遗** 清·王梓材、冯云濠辑。北京图书馆出版社2002年4月版。986页。135.00元。《宋元学案》始创于黄宗羲，中经黄百家（黄宗羲之子）续作，成于全祖望。然最后校补付梓《宋元学案》者乃王梓材。他在校补《宋元学案》过程中，发现该书对宋元诸儒支流余派遗漏颇多，遂联络当地大藏书家冯云濠，逐案逐条辑补，共补录约有500余条，于清道光十八年（1838）完成四十二卷的《宋元学案补遗》。此次所据底本乃南开大学图书馆藏《宋元学案补遗》手稿，共八册四十二卷，纸墨俱佳。全书用工整小楷写就，时有删补于书眉行间者。目录之后分别有王梓材、冯云濠的跋识，记其校补《宋元学案》、撰写《宋元学案补遗》的原由和过程。为便于查阅，在目录上为每卷编制了所在页码。书前附有胡适、单不庵分别撰写的跋。（贯贵荣）

B000045 **朱熹自然哲学思想论稿** 徐刚著。福建教育出版社2002年8月版。32万字。30.00元。论朱熹自然哲学思想，先论《内经》，接着是《大学》、《中庸》、《孟子》、佛道思想，自古而今地梳理着中国古代哲学思想对朱熹自然哲学的影响与渗透。并将北宋诸子与朱熹的科学思想联系在一起进行考察，还对沈括进行了分析。作者还将朱熹自然哲学对元明清的数学、中医学、自然哲学及近代科学启蒙思潮的影响作了论述。对朱熹的时间自然哲学、环境伦理哲学、生命哲学、养生哲学、堪舆哲学等方面的思想内容进行深入的挖掘与探索。（汤源生）

B000046 **绘画菜根谭** ［明］洪应明原著，傅益瑶绘画，李兆良书法，赵昌平助读。上海古籍出版社2002年4月版。5万字。112图。16.00元。《菜根谭》蕴含着深邃的人生哲理。本书绘画的是画坛巨擘傅抱石女傅益瑶，她有良好的国画根底，闯荡扶桑多年，以《菜根谭》中的人生历练况味入画，笔墨灵到，别有意韵。赵昌平所撰助读，融汇古今，读来香醇怡人。名家联手打造，兼之原文英译，更独具特

色。(秦志华)

B000047 **20世纪中国实证哲学研究** 宋志明等著。中国人民大学出版社2002年1月版。18万字。15.00元。以中国现代哲学三大思潮之一实证哲学为研究对象,比较实证哲学在西方与在中国的不同,具体分析了严复与实证方法、王国维与实证原则、胡适与实用主义、王星拱、丁文江与马赫主义、陈独秀的科学信念、吴稚晖的科学信念,洪谦与逻辑实证主义、张东荪的多元认识论、金岳霖的哲学体系等,阐述中国实证哲学的特色及历史影响等问题。(林坚)

B000048 **岭南维新思想述论** 宋德华著。中华书局2002年1月版。37.5万字。26.00元。以康有为、梁起超为中心,论述了岭南维新思想的发展脉络、理论特点及政治文化作用。分5章:第一章,突破中学束缚的新思想体系。第二章,疑古用古的学术观。第三、四章,成熟完备的变法观(上、下)。第五章,逐步深化的西学观。(凌金兰)

B000049 **藏族哲学思想文化论集** 洲塔著。甘肃民族出版社2002年5月版。16万字。20.00元。精选作者在藏学研究中观点成熟,影响较大,具有一定学术价值的论文。内容包括藏传因明学、俱舍论、戒律论等,其中大部分作品在大型国际、国内学术研讨会上作过学术交流或在国内藏学刊物上发表过。(周加克)

B000050 **章炳麟评传** 姜义华著。南京大学出版社2002年5月版。53.4万字。46.00元。从近代中国知识精英的蜕变与新生这一角度切入,展现近代中国"有学问的革命家"章炳麟的一生。分三编:甲编叙述章炳麟的革命生涯,政治斗争经历;乙编对章炳麟各个时期的代表性著作依次进行分析、评介,说明其学术成就与思想全貌;丙编结合章炳麟同康有为、孙中山、宋恕、刘光汉、吴稚晖、吴承仕、鲁迅的关系,探讨章炳麟同广东两大知识精英群体、浙江、江苏等不同知识精英群体的关系。(冯晓哲)

B000051 **二十世纪中国思想史** 陈哲夫、江荣海、吴丕著。山东人民出版社2002年8月版。100万字。96.00元。分12章:"20世纪启幕前后中国社会的各种思潮","'五四'新文化运动前期的中国新思潮","十月革命后的中国政治思想","中国共产党成立前后中国出现的各种思想","第一次国内革命战争时期的思想","第二次国内革命战争时期的思想","抗日战争时期的思想斗争","第三次国内革命战争时期的思想斗争","中国共产党在建国后巩固无产阶级专政和进行社会主义革命的思想理论","社会主义建设时期的思想斗争","'文化大革命'时期的思想","1977年以来的思想解放历程"。论述了一个世纪以来,在中华大地上产生、传播,对中国社会的进程产生过影响的各种思想、流派及其代表人物;分析了它们赖以生成的土壤、基本内容、传播途径以及对20世纪中国社会发展所起的作用;科学评价了各种进步思潮、流派及其代表人物在20世纪中国思想发展史中的历史地位和进步意义。(刘海涛)

B000052 **马一浮思想研究** 滕复著。中华书局2001年10月版。18.7万字。15.80元。分5章,结合马一浮的生平和他所处的时代背景,对马一浮的思想作了系统深入的研究。他一生研究儒学,在浙江大学开过国学讲座,并创办过复举书院。在哲学上主张理气一元,知能合一;在文化上主张以儒家学说会通中外一切学术文化。(薛有红)

B000053 **元哲学初论** 杨方著。湖南人民出版社2002年5月版。23.1万字。18.00元。作者综合考虑元哲学内在所要探讨的论题和该学科研究者们所普遍关注的论题,将哲学对象(含哲学特性)、哲学分类、哲学派系、哲学功能、哲学素质(含哲学思维和哲学话语)等作为主题,介绍作者在借鉴先哲的相关思想之基础上,对这些主题进行研究的见解。(张志红)

B000054 **中国先进文化的代表——中国共产党人文化思想研究** 孙占元主编。山东人民出版社2002年6月版。40万字。29.80元。以人物为主线,运用有关人物的选集、文选、文集和著作集,进行研究。共四章。第一章介绍党的三代领导集体的核心毛泽东、邓小平、江泽民的文化思想;第二章到第四章分别介绍陈独秀、李大钊、瞿秋白、蔡和森等五四新文化的倡导者的文化思想,刘少奇、周恩来、朱德等在民主革命和社会主义建设时期的文化观,李达、华罗庚、吴玉章、范长江、茅盾等科学文化界代表人物的思想。(李岱岩)

B000055 **20世纪中国哲学** 丁祖豪、郭庆堂等编著。中国矿业大学出版社2002年1月版。138.2万字。100.00元。分4册:《20世纪中国哲学导论》、《20世纪中国马克思主义哲学》、《20世纪中国保守主义与自由主义哲学》、《20世纪西方哲学在中国》。内容涉及20世纪中国哲学的诸多领域,对20世纪中国哲学发展过程中最重要、最具有广泛影响的哲学事件、哲学人物、哲学问题、哲学论战进

行评析，梳理出20世纪中国哲学发展的基本脉络。（张怡菲）

B000056 **台湾新士林哲学研究** 樊志辉著。黑龙江人民出版社2002年1月版。39.7万字。24.00元。作者系统地阐释和分析了台湾新士林哲学的缘起，对有关的形而上学、理性神学、理性与信仰的关系、有神论的人文主义等进行了论述，还从儒家思想与基督宗教的比较诸方面来把握和剖析台湾新士林哲学的思想特质和义理纲要；揭示台湾新士林哲学家如何谋求多玛斯思想和中国传统思想的结合，进而建立中国的天主教哲学。具体阐释和分析了于斌、吴经熊、罗光、李震、邬昆如、傅佩荣等台湾主要新士林哲学家的思想演进过程和思想特质。（刘悒汐）

B000057 **现代中国新文化的探索——张申府思想研究** 郭一曲著。广东人民出版社2002年10月版。20万字。18.00元。从现代中国文化转型和建构的层面，对张申府思想进行系统研究。共8章，分别阐释张申府的心路历程和学术渊源。在阐明现代中国社会转型和文化转型进程中"救亡与启蒙的困局"的基础上，对张申府与现代中国三大思潮（马克思主义思潮、西化思潮、文化保守主义思潮）的关系作深刻分析，揭示张申府思想的时代意义和个人局限。

B000058 **现代新儒家传** 李山、张重岗、王来宁著。山东人民出版社2002年1月版。60万字。39.00元。选取在中国现代史及海外有重要影响的新儒家学派重点人物梁漱溟、熊十力、张君劢、方东美、唐君毅、牟宗三、徐复观七人立传。记述各位传主在西学滥觞的时代冀求儒学复兴、倡导仁德的心路历程，再现各位传主的生平和主要社会活动，分析了他们各自学说的主要内容及对现时代影响，纵向地再现了新儒学派产生、发展及现今的海外活动情况。（于宏明）

B000059 **道与真——金岳霖哲学思想研究** 胡军著。人民出版社2002年9月版。39.8万字。28.50元。对著名哲学家金岳霖的形而上学、知识论、逻辑学的理论体系作了分析，揭示出其体系的内在理论结构，剖析了每一个基本概念或基本命题的确切含义，评述了金岳霖在处理和解决形而上学、知识论和逻辑学一系列理论问题上的得与失。

B000060 **汉英中国哲学辞典** 郭尚兴、王超明编著。河南大学出版社2002年6月版。105.2万字。68.00元。共收入条目3135条，涵盖从上古到1949年中国哲学中的学派、人物、著作、概念、学说、事件等各个方面。条目以汉字笔画排序，正文后附有按字母顺序排列的"英语译文＋汉语条目"对照表。条目的设置参考汉语中国哲学辞典，并考虑到英语读者的需要，设置合理，重点突出；部分条目还附有较为流行的多种译文。（郭尚兴）

B000061 **传统与创新** 副名：第四届冯友兰学术研讨会论文集。胡军主编。北京大学出版社2002年版。54万字。冯友兰先生是我国现代著名的哲学家、哲学史家和教育家。他开创了以现代治学方法来研究中国传统哲学的新方向，并努力将中国哲学传播到西方世界，对20世纪中西哲学和文化的交流作出了卓越的贡献。他所创建的哲学思想体系成为了中西哲学融合的典范。汇集海内外几十位学者对冯友兰的哲学观、哲学史观、境界观、文艺观、文化观、方法论等重要的哲学问题的研究成果，反映了近年来冯学研究的最新进展和趋势。（杨书澜）

B000062 **马克思主义哲学在中国传播、应用、形态、前景** 徐素华著。北京出版社2002年11月版。42.9万字。26.00元。通过马克思主义在中国的传播、应用、变化、发展曲折历程的探索，总结了马克思主义哲学在中国社会革命领域、中国学术研究领域具体应用的成功经验和失败教训，揭示马克思主义哲学在与中国传统文化、中国革命建设实践相结合的过程中，内容和形态发生的变化，以及这种变化对马克思主义哲学、中国哲学、乃至整个中国社会发展所产生的巨大影响。在总结历史经验的基础上，立足现实，展望了马克思主义哲学在21世纪的发展前景。（总编室）

B000063 **不灭的天火** 副名：马克思主义哲学在中国。李德学、于景洋、姜思学著。黑龙江人民出版社2002年7月版。28万字。22.80元。以马克思主义哲学在中国传播与发展的历史为基础，构建了富有特色的叙述体系；以较多的篇幅，阐述和评论了20世纪后50年马克思主义哲学在中国发展的复杂过程，提出了一些值得思索的重要问题；作者尝试以一种散文化的方式来叙述这样的课题。（刘悒汐）

B000064 **中日共同研究·东亚近代哲学的意义** 卞崇道主编。沈阳出版社2002年8月版。30万字。30.00元。由中日两国学者共同撰写的关于东亚近代哲学的形成、发展及其意义的学术著作。通过揭示日本哲学的萌发和形成为基础，分析了东西方的文化交流，东亚各国间的文化交流的各自地位,体现了西方哲学与东亚哲学的关系,东亚宗教与宗教哲学的关系,马克思主义对东亚的影响,论述了21世纪东西方跨文化对话的哲学问题和前景展望。(信群)

外国哲学

B000065 **李退溪与东方文化** 高令印著。厦门大学出版社 2002 年 10 月版。18 万字。15.00 元。共 7 章,附录"李退溪事迹访问记"、著者论著要目等。主要从东方文化的发展角度论述李退溪以易学为核心演化东方文化、继承和完善儒家"天人合一"传统、修己化人的人生哲学,以及"为仁在己"的道德伦理、取信于民的民本、文以载道的文艺、办书院立乡约的教育等思想,阐明"儒学是东亚文明的体现"和李退溪是继朱熹之后儒家思想的集大成者。退溪学是韩国的传统文化精神,是 16 世纪后东方文化的主要表征。它所体现的理想与理性相结合的人生观,成了东方人成就人生意义和人格价值的典范。(薛鹏志)

B000066 **韩国实学思想史** 葛荣晋主编。首都师范大学出版社 2002 年 1 月版。40 万字。28.00元。从中国人的视角,按照中国人的理论框架和治学方法撰写的有关朝鲜实学的专著。其特色有:1.纠正以往有人将性理学与实学对立的做法,将朝鲜前期性理学与朝鲜后期实学作为朝鲜儒学发展的同一链条的不同环节加以考察,使两种性质不同的社会思潮有机地结合起来。2.针对目前朝鲜实学研究中重"实用"而轻"实体"的倾向,在分析实学家思想体系时,从体用相结合方面加以阐述。3.把中国传统文化特别是明清实学与朝鲜实学联系起来,从双向交流和优势互补的层面加以说明。(李荣平)

B000067 **"神体儒用"的辨析** 王健著。大象出版社 2002 年 9 月版。20.3 万字。17.10 元。以中国现代社会之转型为问题关注点,提出"神体儒用"这一传统的精神结构是日本社会从传统向现代过渡的重要精神资源,然而它在现代人文价值和普世情怀上的明显缺陷,又提醒人类:保持工具理性与价值理性之间的合理张力,应是全球性的现代化运动的精神方向。(李亚楠)

B000068 **印度吠檀多不二论哲学** 孙晶著。东方出版社 2002 年 6 月版。38.5 万字。29.00 元。分上下两篇。上篇对印度吠檀多不二论的两位最重要的哲学家乔荼波陀和商羯罗的哲学思想进行述评,主要针对他们的重要哲学著作《圣教论》和《示教千则》而展开。下篇是对商羯罗的著名梵文经典《示教千则》的汉译与注解。

B000069 **我思故我笑——哲学的幽默一面** [美]约翰·艾伦·保罗斯著,徐向东译。上海科技教育出版社 2002 年 12 月版。11.0 万字。14.40 元。"哲人石丛书·当代科学思潮系列"之一。分 4 章:两对不可能的搭档;逻辑;科学;人物。通过维特根斯坦与卡罗尔、格劳乔与罗素之间虚构的对话,妙趣横生地探讨"哲学的幽默一面"、逻辑推理中的"傻段论"、说谎者悖论,生动形象地阐释哥德尔不完全性定理、绿蓝—蓝绿悖论、渡鸦悖论,从还原论、可错论和机会主义,到随机性、复杂性和贝尔不等式,借助大量寓言、故事、谜题,发掘分析哲学与幽默的深层共鸣,揭示非决定论、囚徒困境、投票悖论背后的意蕴,最终归结为"我思故我笑"。(潘涛)

B000070 **柏拉图全集(第一卷)** [古希腊]柏拉图著,王晓朝译。人民出版社 2002 年 1 月版。42 万字。39.00 元。《柏拉图全集》是根据伊迪丝·汉密尔顿和亨廷顿·凯恩斯编辑的,1961 年出版的英译本为主要蓝本并参照希腊原文版娄卜丛书的《柏拉图文集》翻译编辑的。第一卷收入有 13 篇对话,它们分别是申辩篇、克里托篇、梦多篇、卡尔米德篇、拉凯斯篇、吕西斯篇、政绪弗洛篇美涅克塞努篇、小希庇亚篇、伊安篇、高尔吉亚篇、普罗泰戈拉篇、美诺篇。全集中的专有名词、哲学术语等均根据已出版的多卷本《希腊哲学史》译名为基准,依据最新研究状况,用现代汉语学术语言加以表述,并采用国际惯例,用边码标出斯特芳标准页,以利学术研究之用。

B000071 **黑格尔与海德格尔** 胡自信著。中华书局 2002 年 10 月版。12.3 万字。11.00 元。"跨文化对话丛书"之一。从五个方面,即"胡塞尔的先验现象学——黑格尔的精神现象学——海德格尔的精神现象学"、关于"无"、"经验与存在"、"无限与有限"、"存在与时间"的问题,论述现当代哲学家海德格尔区别于黑格尔哲学和对其重要思想成分的"吸纳",提出了迥然不同于传统哲学的、具有划时代意义的哲学观点和学说。(王瑞玲)

B000072 **黑格尔** [加拿大]查尔斯·泰勒著,张国清、朱进东译。译林出版社 2002 年 5 月版。62.5 万字。43.00 元。作者是加拿大哲学家,晚近英语哲学的关键人物之一,社群主义的主将。书中对黑格尔哲学进行全面的探讨。认为,虽然黑格尔哲学一再遭到拒斥,但是其普遍性话语在当代世界中仍然占有重要地位,我们现在仍然生活在黑格尔哲学所揭示的时代中。本书涉及黑格尔哲学的广泛领域,勾画出一个现代性实足的黑格尔形象。(李瑞华)

B000073 **德国著名哲学家(上、中、下)** [德]L.J.庞格拉茨主编,张慎等译。东方出版社 2002 年 12 月版。71.1 万字。70.00 元。是 20 世纪 23 位最著名的德国哲学家的自传。本书最独特之处在于其原创性。其文章均由不同流派、不同学派的哲学家自己写成,读者可通过哲学家本人生动的描述,经历哲学家不同的心理起源,面对不同的理论观点和解释立场,并受到激发,对它们进行比较分析与感受。

B000074 **马克斯·韦伯传** [德]玛丽安妮·韦伯著,王利平译。江苏人民出版社 2002 年 10 月版。60 万字。49.00 元。作者是马克斯·韦伯的妻子。作者在书中展示了他们充满烦恼的生活内容以及他们置身其中的乱世景象,她试图唤起人们对一个政治与学术局外的同情。她的做法是,把这位哲学家为保持心智健全和思想的创造力而付出的痛苦努力,同一个家族的代际冲突史、一些夫妻间的紧张关系、疾病和死亡结合起来,全方位地向人们展示。

B000075 **理解的实践——伽达默尔实践哲学研究** 张能为著。人民出版社 2002 年 11 月版。27.4 万字。20.00 元。对伽达默尔的实践解释学进行全面论述,揭示伽达默尔从理论解释学转向实践哲学的内在逻辑;阐述实践哲学的基本架构理论内容与性质;探讨伽达默尔是如何运用实践哲学对当今科学理性和科技文明时代进行批判性反思的,伽达默尔实践哲学的现代价值、意义及其局限;还展望了伽达默尔实践哲学对马克思主义哲学的发展、对中国解释学和实践哲学建设以及对现代信息网络社会所具有的意义。

B000076 **论俄国革命·书信集** [德]罗莎·卢森堡著,殷叙彝、傅惟慈等译。贵州人民出版社 2001 年 10 月版。24.5 万字。21.00 元。卢森堡(1871~1919)是著名的德国工人运动领袖,伟大的无产阶级革命家,列宁曾撰文,对她给予极高评价。本书是她的《论俄国革命》及近 200 封书信的合集,体现了作为一位革命家的宏伟的战略思想和博大的人文关怀。(夏昆)

B000077 **清华哲学年鉴(2001)** 万俊人主编。河北大学出版社 2002 年 11 月版。58 万字。39.00 元。共收录学术论文 25 篇、学术综述 4 篇、附录 4 篇。论文专栏主要有:现代性与伦理学,西方哲学:古典与现代,比较语境中的中国哲学,哲学视野中的经济与文化,语言逻辑与语用学,科学技术哲学与社会。突出反映出在这些研究领域的最新学术成果和学术动态。学术综述和附录全面记述了该年度清华大学哲学系重大的学术交流活动和学术研究成果。(邹卫)

B000078 **自由的铁笼:哈耶克传** [英]安德鲁·甘布尔著,朱之江译。江苏人民出版社 2002 年 10 月版。20.1 万字。16.00 元。哈耶克是 20 世纪最重要的自由主义思想家之一。他的著作涉及了许多学科和不同国家。20 世纪 40 年代,他曾警告说,在西方民主政治中,集体主义的出现将会使人类走向通往奴役之路,他因此闻明遐迩。哈耶克还是二战之后自由市场主义英美"新右派运动"的主要思想启蒙者之一。本书对这位当代最有影响力也最具有争议的思想家进行了全面诠释。

B000079 **后现代性的预言家:齐格蒙特·鲍曼传** [英]丹尼斯·史密斯著,萧韶译。江苏人民出版社 2002 年 10 月版。22.3 万字。16.00 元。人物传记。当代思想家齐格蒙特·鲍曼经历过大的思想转型,但其最终的坐标定位在对整个现代性社会的科层制管以及现代理性规则的深刻怀疑上。鲍曼对后现代的生存状态和后现代性又是一个雷区,作为前者的批判者和后现代的预言家,他揭示了我们一道处于的困境——如何才能实现现代性和后现代性的相互超越呢?

思维科学、逻辑学

B000080 **超级智力大比拼** [美]保罗·斯洛安等著,惠敏等译。明天出版社 2002 年 7 月版。46.2 万字。52.60 元。丛书 5 册:《智力蹦极》、《智力攀岩》、《智力滑板》、《智力冲浪》和《智力越野》。丛书中有许多智力题,这些巧思妙解是作者多年潜心研究、积累的结晶。这些作者个个事业有成、著作颇丰。他们的共同特点是勤于思考、幽默风趣。丛书在近期的欧美图书市场大受欢迎。(冯晨)

B000081 **德·波思维训练教程·六顶思考帽** [英]波诺著,德·波思维训练中心编译。新华出版社 2002 年 7 月版。30 万字。68.00 元。励志类素质教程。介绍一种思维管理技能。建立在平行思维理论基础上的六种思考法。作者认为,当大家站在不同的角度并坚持自己的观点是对的时候,讨论是最无效的。只有将思考的不同方面分开,取代一次解决所有问题的做法,集中分析信息、利益、情感以及风险等,才能使人们可以依次对问题的不同侧面给予足够的重视和充分的考虑。(黄绪国)

B000082 **创新思维学** 陈文宽、何临春、刘俐编著。四川科学技术出版社 2002 年 9 月版。26 万字。25.00 元。高等教育经济与管理专业核心教材。系统地介绍创新思维的基本概念,创新思维生成的基本生理机理、创新思维的基本特征、创新思维的基本方式、创新思维能力的培养、创新思维艺术的养成以及创新文化等。分别从理论到实际进行阐述,并举有国际、国内成功人士的实例。

B000083 **推理与决策** 梁彪著。广东人民出版社 2002 年 10 月版。21.5 万字。18.00 元。分四部分,第一部分从介绍推理开始,主要介绍演绎推理的基本知识;第二部分介绍科学推理,提示人们用不同的方法探讨不同类型的假设的确证:一种类型包含公认、以及可被公认的理论。另一种类型包括某些人口的资料假设以及更复杂的因果性假设等;第三部分介绍统计推理,主要是研究如何评价各种统计假说;第四部分介绍决策,包括对策论的部分内容。

B000084 **逻辑学是什么** 陈波著。北京大学出版社 2002 年 1 月版。18 万字。18.00 元。从逻辑史和逻辑学这一学科的基本内容出发,概述逻辑学发展的历史,通俗地介绍逻辑学的内容:命题逻辑、谓词逻辑、传统三段论理论、证明理论、谬误理论,并阐明逻辑学在现代科学体系中的地位和作用。(杨书澜)

B000085 **逻辑学·哲学全书(第一部分)** [德]黑格尔著,梁志学译。人民出版社 2002 年 12 月版。32 万字。38.00 元。本书俗称《小逻辑》,是德国古典唯心主义的集大成者黑格尔的主要代表作。在书中,他讨论形而上学或本体论学说,亦即关于存在本身的理论和研究,是研究"事物的本质"的学问。从概念运动过程来看,主要有存在论、本质论和概念论三部分。本书是第一次依据德文原版翻译而成。

B000086 **论真假** 副名:兼论真善美的统一。刘永富著。西安交通大学出版社 2002 年 12 月版。48.8 万字。38.00 元。从"我有所知"入手说明"我们所知的一切都是由我们的相应的活动确立的";然后根据这一基本观点考察了"什么是真假"、"真假的模态"、"真假的确证"、"真假与善恶、美丑"以及一系列有关的问题。收入"西安交通大学学术专著丛书"。(薛玲玲)

B000087 **证明的方法** 赵雄辉著。湖南人民出版社 2002 年 3 月版。11.6 万字。11.00 元。从浩如烟海的证明文献中含英咀华,介绍一些证明的历史、典故和基本方法,以及有关证明的趣闻。为"脑开发丛书"之一。(张志红)

B000088 **逻辑哲学初步** 梁彪著。广东人民出版社 2002 年 5 月版。25 万字。21.60 元。以通俗的方式对逻辑哲学的概念、命题进行生动有趣的叙述。第一篇预备知识,包括:命题演算,谓词演算,模态逻辑,多值逻辑;第二篇逻辑哲学问题,逻辑哲学的定义与范畴,什么是逻辑,有效性问题,逻辑联结词,量词,个体词,句子、陈述、命题,"矛盾律"和"排中律",真理理论,悖论,有关逻辑分支的问题,意义理论、有关分析性和必然性问题的讨论等。

伦　理　学

B000089 **东西方道德的转型与比较** 秦英君主编。首都师范大学出版社 2002 年 8 月版。32.4 万字。26.00 元。从文化比较学的视角,分析了中国、日本、新加坡、韩国等具有儒家传统道德的东方国家和俄国、英国、法国、德国、美国等西方国家道德的源流及实现道德现代转型的途径和特点,侧重分析东方国家在实现现代化的过程中,如何处理儒家传统道德与西方道德观的冲突与融合,在继承创新中实现道德的现代转型。(李荣平)

B000090 **伦理学导论** 倪愫襄编著。武汉大学出版社 2002 年 10 月版。31.5 万字。18.00 元。21 世纪高等学校通选课系列教材。共 10 章,前 5 章从绪论对什么是伦理学的界定为起点,对伦理学的理论前提、伦理原则、伦理价值、伦理评价等基本理论问题进行分析与整合,后 5 章对公民道德建设、市场经济与伦理道德之间的关系、经济伦理、制度伦理和应用伦理等现实问题进行探索与展望。(陶佳珞)

B000091 **伦理学是什么** 何怀宏著。北京大学出版社 2002 年 5 月版。15 万字。18.00 元。介绍伦理学学科的基本概念和主要原理以及中外哲学史上一些重要的伦理学流派和哲学家的观点;分析实例,其中包括对一些最近现实生活中发生的材料和例证进行分析。推崇一种独立思考和深入反省的精神,倡导一种有"思"有"德"的生活。(杨书澜)

B000092 **美德论——传统美德与当代公民道德建设研究** 王华著。山东人民出版社 2002 年 11 月版。19 万字。19.00 元。分美德史论、美德综论和美德新论三篇。系统论述中华传统美德思想的演变、东方伦理文化中的美德思想、西方伦理文化中的美德思想;阐述美德的含义与本质、美德的种类与内容、美德的特点与价值、美德的内化与外化;探讨美德与"以德治国"、传统美德与公民道德建设、有中国特色的爱国美德、中国传统与当代家庭伦理、中华美德教育与学生品德修养、当代公民道德教育等理论与现实问题。(刘海涛)

B000093 **梁漱溟伦理思想研究** 李宁淇著。湖南人民出版社 2002 年 8 月版。24.5 万字。18.50元。通过对梁漱溟的人生经历及他的伦理思想的建构基础,总体特征及核心内容等的归纳整理和分析研究,指出其成败得失,评价其历史地位和时代局限,阐明其在当今时代的价值和意义。主要内容有八个方面:第一部分论述梁氏伦理思想形成的心路历程;第二部分论述梁氏伦理思想的学理传承;第三部分论述梁氏伦理思想建构的理论基石;第四部分论述梁氏伦理思想的整体特征;第五部分论述梁氏伦理思想的核心内容;第六部分论述梁氏伦理思想的价值取向;第七部分论述梁氏伦理思想的实现途径;第八部分论述梁漱溟的伦理实践。(曹有鹏)

B000094 **道德进家家家美** 杨福平编著。中原农民出版社 2002 年 7 月版。8 万字。9.00 元。"三个代表"进农家丛书之一。用简明的文字和生动有趣的图画,按照最新颁布的《公民道德建设实施纲要》,介绍道德基础知识、家庭美德、社会公德、职业道德等方面的内容。(郑电波)

B000095 **道德情感论** 副名:当代中国道德建设的一种视角。李建华著。湖南人民出版社 2001 年 12 月版。24 万字。18.00 元。共 5 章。第一章,从历史发展的角度提出一种假设,即认为道德建设的着力点应由道德理性走向道德情感。在此前提下分析了西方近代道德情感理论产生的必然性、基本主张和思维教训,中国伦理思想史上情理关系的变化形态,并论述了情感在马克思主义伦理学中的地位和意义。第二章,从情感和道德情感的概念入手,揭示了道德与情感的同构关系,分析了道德情感与道德认识、道德意志、道德人格、审美情感、宗教情感等心理因素的关联。第三章,对道德情感做出了明确分类。第四章分析道德情感的功能效应问题。第五章着重探讨道德情感的培育。提出了道德情感培育的目标系统、社会措施,主张要通过道德教化的深度走向、道德环境的全面优化、道德控制的合理适度来为道德情感的培育提供外部条件。(章红立)

B000096 **德治与现代治国方略** 张德友等著。湖南人民出版社 2002 年 8 月版。20 万字。15.00 元。共 9 章:领袖道德与国家治理,构建先进道德文化,反对腐败与道德建设,政党治理需要道德,公共生活中的道德建设,市场经济下的新职业道德,家庭道德重在建设,法治与德治的融合,道德教育在德治中的作用。围绕"以德治国"这一主题,探讨了道德建设在现代国家治理中的地位与作用,基本方式与途径,以及与法治的融合。在比较古今中外国家治理方式、方法、经验教训的基础上,就德治与现代治国方略提出了一些新观点。(李声笑)

B000097 **以德治国论** 唐之享著。湖南人民出版社 2002 年 1 月版。23.6 万字。19.50 元。共 10 章。以马克思主义特别是以"三个代表"重要思想为指导,对江泽民提出的"以德治国"方略进行探讨。分析了以德治国方略与中国传统的德治思想的渊源关系,勾勒了我党德治思想的光荣传统,揭示出以德治国方略是对这一光荣传统的继承和发展。分析了以德治国的核心和基本原则,指出,以德治国必须以为人民服务为核心,以集体主义为原则。还分析了以德治国与社会公德、职业道德、家庭美德"三德"建设的关系,以及与依法治国、市场经济、现代化、全球化、以德治政、人的全面发展的相互促进、良性互动的关系。(章红立)

B000098 **技术现代化的文化制约** 王前著。东北大学出版社 2002 年 2 月版。18.5 万字。20.00元。"东北大学技术哲学博士文库"之一。探讨技术现代化的文化制约的有关理论问题,包括从文化视角看中国的技术现代化,技术文化观念的内涵,技术发展中的人与自然关系,技术发展中的人与社会关系,技术发展中的人与人关系,技术发展中的人与物关系,以及技术发展中的自身问题等内容。(刘振军)

B000099 **生态伦理——精神资源与哲学基础** 何怀宏主编。河北大学出版社 2002 年 5 月版。42 万字。29.00 元。探寻国内外历史和现实的有关生态伦理的诸种思想和精神资源,展示有可能支持它的各种信仰体系、宗教思想和各种审美与价值观念,阐述当今世界出现的各种形式和内容的生态哲学理论。其特点是:不直接指向行为规范,不是直接告诉人们要改善环境应当怎样做,而是想寻找和发掘一切有利于环保的各种精神动力和理论旨趣,并相信只有这样,环保的动力才会足够强大。(韩勇)

B000100　**当代西方道义论与功利主义研究**　龚群著。中国人民大学出版社 2002 年 3 月版。30 万字。20.00 元。道义论与功利主义是当代西方两个最重要的伦理学流派。作者在对这两个流派进行历史追踪研究的前提下,全面而综合研究了当代西方道义论与功利主义的最新理论及其主要表现形态。对罗尔斯、诺齐克、哈贝马斯与边沁、密尔、斯马特、布兰特等人理论的时代特征、内在逻辑关联结构做了深入的分析。(林坚)

B000101　**生活在碎片之中**　副名:论后现代道德。[英]齐格蒙·鲍曼著,郇建立等译。学林出版社 2002 年 6 月版。25 万字。20.00 元。为作者另一部《后现代道德》的姊妹篇。本书则重在对"原始"道德场景的深化研究,并进一步探讨这些场景所固有的危险和机遇,或者说是障碍还是新的开端。书中有八个命题:"无伦理的道德","和睦的形式","破碎的生活,破碎的策略","后现代忧虑的总目","对陌生人的再考察","暴力、后现代","种族道德","道德与政治"。并揭示了诸如"社会不再受道德上的共识的统治"、"社会秩序不再需要公民的知识性认同","对限制我们自由权的事物的厌烦,对无约束行为的偏爱"等现象性结论。但作者无意研究"非预期的后果"而是考察后现代矛盾所附属的危机和机遇。(曹坚平)

B000102　**一生的计划:如何卓有成效地树立目标和制定计划**　[美]格莱恩·布兰德著,理子、罗鲲译。北京新华出版社 2002 年 3 月版。10 万字。20.00 元。励志类专著。内容分两部分。第一部分为成功的思想原则。作者从个人奋斗的体验中,加上对历史人物的考察,发现了成功的方法与技术在不断改变,但成功的原则决不改变。这些原则包括:生活在一个积极的世界上,要有信心;认识成功的自然法则;过一种平衡的生活等。第二部分为成功的方法论。介绍了一个人如何制定切实可行的长、中、短期计划,并让生命里的每一秒钟都为你的目标服务。(黄绪国)

B000103　**人生心语**　禹蓝、简华、易军主编。湖北人民出版社 2002 年 2 月版。30.8 万字。23.00元。分为人生哲理、生存智慧、生活艺术、心灵鸡汤、成功心径、永不放弃、珍爱自己、善待他人、处世经验、永远的朋友、温柔尘缘、快乐源泉共 12 部分。叙述一些充满人性、生动活泼的人生经验。这是大家、智者的心灵独白,是难得的人生感悟和生命律动中的真情之语。(邓宁辛)

B000104　**启功人生漫笔**　启功著。同心出版社 2002 年 7 月版。20 万字。19.00 元。分师友篇、随笔篇、诗词篇、论文篇。作品展现出在 20 世纪不同时代背景下作者的思想历程、学术经历以及立身处世的人生态度和曲折的人生轨迹。(王小云)

B000105　**慧眼看人生**　魏星著。湖北人民出版社 2002 年 6 月版。23.5 万字。20.00 元。将人生中一系列对立范畴或者并列范畴,作为问题提出来,并通过深入浅出的说理,牵引古今中外的名人事、行、言和果来阐发人生的操作系统的功能如何才能有效并有益于与事者。共分六部分。第一部分是涉及到个人的品德修养的论述,共有 17 对范畴,告诉人们在这些对立的范畴间取舍的不同,造成人生结果的不同。第二部分阐述个人事业发展的范畴,共有 20 对,强调成功和失败的各种原因与个人的努力与选择有着深刻的关系。第三部分是享受生活与认识生活的问题,通过 11 对范畴,表述了做一个享受生活和主宰生活的人,应该注意什么和重视什么、实践什么。第四部分是论述健康心理活动的问题,通过 14 对范畴,告诉人们在遇到现实不如意时,如何保持心理健康。第五部分是人际关系问题,通过 11 对范畴,说明如何界定关系的性质,如何处理这些不同性质的关系。第六部分是发展自己的智慧能力的问题,也是对人生的一些真理性知识的认识和实践的问题。(刘冠军)

B000106　**与青年人谈人生**　公方彬著。湖北教育出版社 2002 年 3 月版。38.4 万字。27.00 元。一个三上战场经受过生死考验的青年军人和你谈人生;一个以 300 万字著作和 50 多项课题立身的青年学者和你谈人生;一个在 20 年时间里,资助 179 名孩子读书的道德先行者和你谈人生;一个荣立两次一等功,先后被广州军区授予"模范思想工作骨干",被团中央和全国青联授予"中国青年五四奖章",受到邓小平、江泽民等党和国家领导人多次接见的青年典型和你谈人生;一个不断通过中央电视台等媒体,来阐发理念的活跃的思想传播者和你谈人生。作者是军事科学院研究员、上校。该书是他多年来对人生、理想、事业、追求的多方位、深层次思考的结晶。(王位庆)

B000107　**公民道德格言**　钟阳胜主编。广东人民出版社2002年6月版。10万字。7.00元。为贯彻江泽民依法治国和以德治国相结合的重要思想，落实《公民道德建设实施纲要》而编写的通俗易懂、脍炙人口的道德行为规范读本。

B000108 **从政以德 执政为民** 副名：与领导干部谈从政道德。沈立江、万斌主编。浙江人民出版社2002年10月版。24万字。18.00元。以从政以德、执政为民为主题，由相互关联的三个部分组成。第一部分对新时期干部从政道德的内涵、特点、规律和要求进行较为系统的论述；第二部分是关于领导干部从政道德的调查研究；第三部分用事理结合的方式，对以传统美德、革命道德为主要内容的中国古今从政范例及古代“官德”规范进行有选择的阐述。（王利波）

B000109 **市场经济条件下的政府官员道德建设** 李世英等著。中国人民公安大学出版社2002年1月版。29.5万字。27.00元。从社会主义市场经济条件下政府官员道德建设的新视角，探讨政府职能，构架了有中国特色的政府官员道德体系，阐述了马克思主义行政道德观，从政府官员道德角度，对新中国反腐倡廉经验作了深入分析，论述了市场经济与行政道德的关系，探讨了当代政府官员道德的理想目标模式；论述了官员道德建设与反腐倡廉，与法制行政，与精神文明建设的诸多关系；提出了政府官员道德建设对策思路；运用比较研究方法，介绍了外国政府官员道德建设法制化经验。（甄岳刚）

B000110 **与古人对话——传说中的千年葵花宝典** ［台湾］吴道文著。中国友谊出版公司2002年7月版。25.2万字。25.00元。图文并茂，引经据典，选材取自经传、史册，也从传奇、笔记中援引，再用白话翻译，并引申其意，文章中艰深的字句、地名和官职都有详细注释，将古人哲思释以白话并加以发挥，启迪心智，讲述人生哲学的真谛。（张美丽）

B000111 **谁为我们担保——诚信危机在中国** 魏建等著。山东人民出版社2002年2月版。33万字。21.80元。分为“谁为中国公民担保”、“谁为中国股市担保”、“谁为中国教育担保”、“谁为中国法律担保”和“谁为中国足球担保”五个部分。分别选取新闻报道中披露的涉及百姓经济生活、证券股市以及教育界、司法界和体育界的一些典型案例，加以剖析，并予以理论上的阐释、道德上的批判、法律上的导引。（景洪兴）

B000112 **伦理学大辞典** 朱贻庭主编。上海辞书出版社2002年10月版。261.9万字。180.00元。以邓小平理论和江泽民“三个代表”重要思想为指导，突出反映邓小平和江泽民关于社会主义精神文明和社会主义思想道德一系列重要论述和思想理论。全面展示伦理学原理、应用伦理学、中国伦理思想、外国伦理思想的术语、学说、学派、人物、著作、刊物、组织、事件、会议，其中特别对近年来学术界关于中国特色道德体系和应用伦理学的研究作了重要介绍。在应用伦理学部分，收入“经济伦理学”、“生态（环境）伦理学”、“生命（医学）伦理学”等15个应用伦理分支学科，附有“中国伦理思想史大事记”、“外国伦理想史大事记”、“建国以来伦理学著作概览”和“词目外文索引”等。（总办）

美学、心理学

B000113 **美学教程** 张玉能主编。华中师范大学出版社2002年9月版。26万字。17.00元。为高校中文专业的文艺学系列教材之一。全书围绕“为什么要学美学”、“如何学好美学”两大中心课题进行编著。分为“美学的对象”、“美感的形成与发展”、“美感的性质和特征”、“美感心理原素”、“美的本质”、“美的形态”、“美学范畴”、“审美教育”等八章。（陈昌恒）

B000114 **美学新探** 毛宣国著。岳麓书社2002年5月版。33万字。23.50元。高等学校文科专业选修教材。对美学作了整体概述，主要章节有“什么是美学”、“美的本质”、“美感”、“社会美、自然美、科技美”、“形式美”、“艺术”、“美学范畴”、“走向美的人生——谈美育在人类生活中的意义”。（徐耕白）

B000115 **理想美学** 孔智光著。山东大学出版社2002年8月版。46.7万字。28.00元。作者认为，美学研究的整体对象是理想关系。书中把理想关系作为美学研究的逻辑起点，首先论述人类社会实践与理想关系的形成；理想关系在美本质研究史上的地位；美的本质是在人类社会实践基础上形成的主体与客体高度统一的和谐自由的理想关系；美作为客观规律与长远目的辩证融合的理想存在的感性特征等问题，然后把理想关系的逻辑运行分为创美活动、审美活动、艺术活动、美育活动四个不断推进和上升的层域，论述了创美活动的本质规律、现实美的形态、美的基本类型；审美活动的根源与本质、审美心理活动的系统构成，审美心理活动的运行机制；艺术活动的本质特征、艺术美的起源、艺术创

作规律;美育活动的本质特征、美育活动的基本方式与具体方式、当代美育活动的形态转换等基本理论问题。(焦世瑜)

B000116　**美学与美育**　王一川编著。中央广播电视大学出版社 2002 年 1 月版。51.6 万字。37.00 元。中央广播电视大学教材。分 9 章:什么是美学,美及其形态,美感,什么是美育,形式美与美育,艺术美与美育,审美文化形态与美育,青少年发展与美育,教师角色与美育等。各章除正文外,还配备学习指南、建议、小结、思考与练习、综合测试题。(总编室)

B000117　**中国人审美心理研究**　梁一儒、户晓辉、宫承波著。山东人民出版社 2002 年 3 月版。35 万字。24.80 元。共 10 章。第一章到第三章,由孕育期、萌牙期、形成期,记述中国人审美心理发展的线索;第四章到第七章,介绍中国人审美心理的主要范畴及其特点;第八章、第九章,从心理类型、语言、宗教、文化、民族气质等诸多方面,分析中国各民族间以及中西不同民族间审美心理的异同;第十章,解析了作为个体的中国人,其审美心理在社会审美文化的氛围中形成的机理。作者认为,中国人形象思维的特点(如直觉、顿悟)及其外化形式的文学艺术,最鲜明最突出地体现了中国人审美心理结构的民族特色。(秦志)

B000118　**现代性的五副面孔**　副名:现代主义、先锋派、颓废、媚俗艺术、后现代主义。[美]马泰·卡林内斯库著,顾爱彬、李瑞华译。商务印书馆 2002 年 5 月版。30 万字。24.00 元。作者从美学角度分析了与现代性有关的五个重要主题:现代主义、先锋派、颓废、媚俗艺术和后现代主义;对其来源、演变过程直至目前的状况作了详尽的论述,并列举了丰富的实例。提出的主要论点是美学现代性应该理解成一个包含三重辩证对立的危机概念:即对立于传统;对立于资产阶级文明的现代性;对立于它自身,因为它把自己设想为一种新的传统或权威。本书 1977 年首版名为《现代性的诸副面孔》,至今已被翻译成日文、西班牙文、罗马尼亚文、瑞典文、葡萄牙文等多种外国文字。此中译本根据 1987 年第二版译出,与首版不同,它包括了新扩充的一章,即写于 1986 年的"论后现代主义"。(朱泱)

B000119　**当代中国传统美学研究**　钟仕伦、李天道主编。四川大学出版社 2002 年 6 月版。55.8万字。38.00 元。内容包括中国传统美学的现代转换与跨文化比较,当代中国传统美学史研究,当代中国传统美学范畴研究,当代中国传统书画美学研究,当代中国传统音乐美学研究,王国维的中国传统美学研究,朱光潜的中国传统美学研究,李泽厚的中国传统美学研究,叶朗的中国传统美学研究,周来祥及蒋孔阳的中国传统美学思想研究,皮朝纲的中国传统美学研究。(汪萍、成杰)

B000120　**心理学**　杨虹、杨敏杰、李梅主编。黑龙江人民出版社 2002 年 7 月版。25.4 万字。16.50 元。师范院校学生教材。在原有心理学教材的基础上作了一些调整,主要阐述心理学的基本理论,并增加了教育心理学、青少年心理、人际关系心理及健康心理的相关内容。(刘恺汐)

B000121　**心理学是什么**　崔丽娟等著。北京大学出版社 2002 年 1 月版。22 万字。18.00 元。以通俗易懂的语言讲述心理科学的基础内容。在介绍心理学的历史、发展、研究方法之后,重点介绍心理学的三大支柱:精神分析理论、行为主义与人本主义。以主要心理学家为重点,介绍各流派的主要观点及发展方向。还叙述了与人们日常生活关系密切的研究领域,包括:感觉、知觉、记忆与遗忘、思维、社会性、社会同化、人际交往等。每章有关键词,章末附有思考题。书中有多个小专栏,将相关内容列于其中。(陈小红)

B000122　**20 世纪心理学通览**　库尔特·考夫卡等著,黎炜等译。浙江教育出版社 1997～2002 年版。丛书共 29 种。是一部关于心理学在 20 世纪的思想集锦。精选 20 世纪心理学科发展史上具有里程碑意义的心理学著作,作者都是在心理学各个领域颇具威望的一流学者,例如,行为主义创始人华生,构造主义创始人铁欣纳,社会心理学创始人麦独孤,格式塔心理学创始人考夫卡,拓扑心理学创始人勒温等等。具体书名如下:《人类与动物心理学论稿》(16.00 元)、《动物和人的目的性行为》(23.00 元)、《社会心理学导论》(16.50 元)、《人类动机:比喻、理论和研究》(21.00 元)、《心理诊断法》(11.75 元)、《认知失调理论》(13.00 元)、《格式塔心理学原理》(35.75 元)、《发展的自我》(17.00 元)、《拓扑心理学原理》(11.00 元)、《人的能力》(22.00 元)、《思维与语言》(9.50 元)、《心理测验》(34.00 元)、《行为主义》(13.00 元)、《系统心理学:绪论》(11.00 元)、《人类的学习》(9.25 元)、《机体论》(19.50 元)、《自我的发展》(20.00 元)、《个人结构心理学》(55.00 元)、《记忆:一项关于实验的心理学研究》(19.50 元)、《论人性》(12.00 元)、《同一性:青少年与危机》

(16.00 元)、《权力主义人格》(60.00 元)、《基础与应用心理学》(16.25 元)、《人格与心理治疗》(15.00 元)、《心理学史》(35.00 元)、《知觉学习和发展的原理》(20.00 元)、《精神病学的人际理论》(20.00 元)、《心理发展的社会和伦理阐释》(15.00 元)、《人猿的智慧》(13.00)。

B000123 **普通心理学** 王雁主编。人民教育出版社 2002 年 3 月版。35.7 万字。20.20 元。大学本科小学教育专业教材。从学科发展的角度阐述心理现象的定义、分类及有关规律,并将有关规律应用于小学教育教学实践。每章开始设有"本章学习目标",明确指出达到识记、理解、应用的不同内容;还提供"阅读材料";每章最后有"思考与实践"。(曾红梅)

B000124 **儿童多元智能训练与测试** 吴骥编译。少年儿童出版社 2002 年 9 月版。3000 幅图。80.00 元。比利时卡拉梅尔出版公司授权引进版。测试儿童智商、开发儿童智力的实用读物。共 8 册:《百变智慧》、《超级智慧》、《极限智慧》、《绝对智慧》、《开心智慧》、《神奇智慧》、《突破智慧》、《无敌智慧》。每册有 100 多个智慧题、测试题、游戏题等等。(洪祖年)

B000125 **儿童注意力障碍的诊断与矫正** 刘翔平著。同心出版社 2002 年 6 月版。16.6 万字。13.60 元。叙述了儿童注意力障碍的行为表现、测查和诊断标准及其病因和生理机能,并对学习障碍与注意力障碍的关系、家长和教师如何矫正注意力障碍做了阐述。介绍了家长和教师应当如何教育注意力障碍儿童的方法,如环境改变法、行为矫正法、有结构活动法、社会技能训练法和自我监控方法等,并对感觉训练和药物治疗的效果进行了客观描述。(王小云)

B000126 **宣泄你的情感** 陈波、张怀民著。湖北人民出版社 2002 年 4 月版。22.2 万字。16.00元。分 9 章:为什么要研究宣泄,宣泄的最初形态,宣泄步入心理世界,宣泄的真正价值,男人和女人不同的宣泄方式,人向自身的宣泄,宣泄的运动轨迹、模拟人生的宣泄、走向复归的宣泄。阐述宣泄存在的由来、方式、价值以及不正常的宣泄渠道,探讨在宗教、战争、赌博、体育竞技中的宣泄特点。(施先稳)

B000127 **情商系统培养方案** 冯化平主编。内蒙古科学技术出版社 2002 年 10 月版。35 万字。22.00 元。"儿童素质培养丛书"之一。由胎儿情商培养、幼儿情商培养、道德品质培养、健康情感培养、心理素质培养、艺术素质培养、兴趣爱好培养、体质体能培养、生理卫生培养等部分组成。(喜迎)

B000128 **情感之源** 副名:关于人类情绪的科学。维克托·约翰斯顿著,翁恩琪等译。上海科学技术出版社 2002 年 10 月版。14.3 万字。14.00 元。人们为什么会产生喜怒哀乐?人类的这些情感意义是什么?作者用通俗的笔触作了解释。从计算机模拟结果到进化心理学研究,作者清晰地描绘了自然选择在人类知觉进化中的决定作用,用方方面面的证据指出,我们人性的基础——情感——同身体其他结构一样,是为了基因的生存而存在。这是用全新观点诠释人类情感和美学的著作。(应韶荃)

B000129 **心理医生** 樊作树著。中国人口出版社 2002 年 12 月出版。32.3 万字。25.00 元。主要介绍人群中常见的心理困扰、心理障碍、心理问题并提出解决和治疗办法。结合人群的不同年龄、不同职业、不同生活背景分别论述,涉及面广,分析精辟。(朱双龙)

B000130 **咱们孩子的"心病"** 副名:心理医生与家长的对话。郭兰婷主编。四川科学技术出版社 2002 年 8 月版。13 万字。11.00 元。以问答形式,介绍孩子从出生到青少年期整个成长过程中常见的心理问题,包括行为、情绪、智力、心理发育、睡眠、进食、体重、性心理等方面的问题以及解决方法等。(李蓉君)

B000131 **儿童亲社会行为的发展** 李丹主编。上海科学普及出版社 2002 年 9 月版。20.7 万字。25.00 元。少儿心理学著作。作者研究了少儿的生长环境、心理成长过程、家长如何实施科学的家庭教育等问题,阐述一系列关于儿童健康成长的学术见解。认为,儿童的健康成长,健全的人格培养,首先离不开家庭的影响,家庭、亲友、社会等构成的生长环境,对儿童产生了巨大的影响。(总编办)

B000132 **现代青年心理学** 张进辅主编。重庆出版社 2002 年 11 月版。46.1 万字。28.00 元。阐述现代青年心理学的基本原理,介绍国内外具有代表性的青年心理学理论,反映近年来青年心理研究的最新成果,紧密联系我国现代青年心理的特点和发展现状,构建我国青年心理学的学科体系。全书对青年生理、心理、社会诸方面的发展、特征、水平和成因作了全面阐述。(王梅)

B000133 **青春正点丛书** 叶斌、金颖主编。广东教育出版社 2002 年 7 月版。89.5 万字。

74.50元。6册:《开心钥匙》、《青春心电图》、《心灵剧场》、《心解魔鬼辞典》、《心理游戏》、《心情工作室》。用轻松愉快的语言,从6个不同的侧面剖析青少年常见的心理问题。丛书旨在挖掘青少年读者的心理潜力,培养自助能力,以便更好地适应环境,保持和提高其身心健康水平,促进人生的积极发展,当遭受挫折和痛苦时,能及时走出人生低谷,去开拓自己的美好的未来。(卞晓瑛)

B000134 **人类梦史** [英]安东尼·史蒂文斯著,杨晋译。海南出版社2002年1月版。24.6万字。24.00元。关于梦的百科全书式的图书,作者是一位荣格学派的分析家和一位经验丰富的精神病专家。在书中,作者介绍了人类有史以来的所有著名的梦的理论,并集中介绍了弗洛伊德和荣格的学说,探讨了梦涉及的所有领域,如意识与潜意识、梦和记忆、梦和精神病、梦与治疗、梦和创造性、梦与艺术以及对各类梦境的分析和对一些名人的梦的分析,揭示了人类作梦的源动力;通过对大脑的探索和一个世纪以来的实践累积,证明了人类梦境与人类的起缘、进化的历史以及个人种族的历史有关。(伍君之)

B000135 **中国古代梦幻** 吴康著。海南出版社2002年6月版。28.8万字。20.00元。一部研究中国古代梦幻的学术性著作。作者在广泛研读浩瀚古代典籍文献中关于梦幻的记载文字的基础上,通过分类归纳、整理和研究,从整体上描绘勾勒出了中国古代梦幻的图景。作者并从文化现象的角度加以分析研究,探寻这些梦幻所反映的中国古代各个不同时期人们的精神追求及其所折射出的当时的社会结构、思想传统、政治传统和人文风貌等各个层面的状况。对中国古代社会的政治、文化现象的研究有一定的参考价值。(伍君之)

B000136 **朱智贤全集** 朱智贤著,北京师范大学出版社2002年2月版。331.9万字。265.00元。共6卷,包括:中小学教育与心理;教育研究与方法;心理学基本理论问题;儿童心理学;思维发展心理学;儿童心理学史。基本收录作者各个时期的有关学术著作,是研究教育科学、心理科学和朱智贤学术思想的一套较为完整的图书。(傅占武)

B000137 **心理障碍诊治指南** 杨权著。四川科学技术出版社2002年6月版。57万字。46.00元。采用问答式写法介绍精神病性障碍、心境障碍、焦虑障碍、应激障碍、适应障碍等,由躯体(包括颅脑)疾病和物质(成瘾物质、治疗药物和有毒物质)的直接生理效应引起的精神障碍,如精神病性障碍、心境障碍等;它们引起的器质性损害具有共同的特征,表现为谵妄、痴呆、遗忘障碍和其他认知损害;它们引起的较特殊表现分别在第四章和第五章介绍。第二章则描述了心理障碍的各种表现,如感知觉异常、言语异常、妄想和行为异常,引言只简单介绍了心理和心理障碍及有关问题,特别强调如何看待心理障碍。(林思聪)

B000138 **24重人格** [美]卡梅伦·韦斯特著,李永平译。上海译文出版社2002年3月版。30.1万字。20.00元。是一本文学描写意味很浓的心理类书籍。作者身兼"人格分裂"患者和心理学家两个矛盾角色,由于他小时候受过性虐待,患有严重的多重人格障碍,他体内有24个分身存在。该书描写的就是他和他的家庭与分身们相处的详细经历,有痛苦,有绝望,充满诡异色彩。作者将他自己人格分裂的令人心碎的经历,以及他治疗满是创伤的心灵的过程展现在读者面前,在日益对他失去信心的妻子和年少不更事的孩子面前努力运用意志力接受多方治疗,渴望过一种正常的生活。最后在家人的鼓舞下与诸多分身和平共处,克服小时候受到亲人性虐待的心理障碍,承认事实,最终走向正常生活。(范彦萍)

B000139 **心态决定一切** 副名:心态篇。众行管理资讯研发中心编著。广东经济出版社2002年11月版。24.8万字。25.00元。"新进员工职业化训练学习方案丛书"之一。包括心态决定一切、认识企业和如何融入团队三个学习方案。阐述新进员工如何调整和维持积极的心态,更好地认识和了解企业,把握好自己在企业中的发展目标,并迅速地融进团队,进入角色。(陈剑娜)

B000140 **别和自己过不去:完善自我的88个心理分析** 李可欣著。新华出版社2002年1月版。25万字。19.00元。励志类专著。从88个方面入手,分析你可能存在的心理问题,这些心理问题是某些你所不能或者不愿意认识到的人生侧面的反应机制。88个案例还能让你获得一种内省能力——客观地看待自己。对每项行为的分析包括如下三部分:对同此反应机制相对应的行为、态度和感受的简单介绍;对此反应的分析,包括导致它的原因,以及行为根源;摆脱此反应的具体练习和技巧。(黄绪国)

B000141 **能力立体培养方案** 冯化平主编。内蒙古科学技术出版社2002年10月版。35万字。

22.00 元。“儿童素质培养丛书”之一。由想象创造能力培养、空间智慧能力培养、独立生存能力培养、社交处世能力培养、基本理财能力培养、智能学习能力培养、文化学习能力培养、特殊技艺能力培养等内容组成。(喜迎)

B000142 **唤起心中的巨人** [美]安东尼·罗宾斯著,李成岳译。新华出版社 2002 年 8 月版。37 万字。28.00 元。作者是美国心理学家。书中他提供了一个基础的循序渐进的课程,使你通过富于灵感和乐趣的轶事、例子和一步步扎实的策略,组成一个控制情绪和财政困难并获得灿烂生活的程序,用来帮助你发现你的真实目的,并控制你的生活,激发你控制命运的能力。(陈洁)

B000143 **激发无限的潜力** [美]安东尼·罗宾斯著,李成岳译。新华出版社 2002 年 8 月版。20 万字。22.00 元。作者是美国心理学家,曾有从穷困潦倒的逆境中崛起,通过自我奋斗走向成功的经历,他举办的成功学演讲、成功心理咨询和激励训练在美国影响巨大。作者详尽地阐释帮助他获得成功的理念,讲述如何改变旧有观念,调整传统思维模式,使情绪、能力、信心和勇气等诸方面都处于最佳状态,从而最充分地发挥自己的潜能,并通过模仿成功人士的操作达到成功的方法和理论。(赵之援)

B000144 **智商综合培养方案** 冯化平主编。内蒙古科学技术出版社 2002 年 10 月版。35 万字。22.00 元。“儿童素质培养丛书”之一。由胎儿智商培养、幼儿智商培养、脑力智商培养、感知能力培养、语言能力培养、数学能力培养、观察能力培养、记忆能力培养、思维能力培养等内容组成。(喜迎)

B000145 **儿童分龄智力训练丛书** 台湾毅霖文化文化科技有限公司编。辽宁少年儿童出版社 2002 年 1 月版。共 10 册。120.00 元。针对不同年龄儿童的心智发展特点,通过游戏的方式,让孩子们在动手动脑中得到观察力、判断力、想象力、逻辑思维等诸多能力以及健康心理素质的培养。各分册是:《2 岁动动手——运笔涂鸦练习》、《2 岁动动脑——头脑开发游戏》、《3 岁动动手——运笔认知练习》、《3 岁动动脑——头脑开发游戏》(A)、《3 岁动动脑——头脑开发游戏》(B)、《4 岁动动手——运笔认知练习》(A)、《4 岁动动手——运笔认知练习》(B)、《4 岁动动脑——头脑开发游戏》、《5 岁动动脑——头脑开发游戏》、《5 岁动动手——运笔认知练习》。

B000146 **ABO 在中国** 副名:百年血型再发现。续金健著。黑龙江人民出版社 2002 年 1 月版。18 万字。16.50 元。血型究竟同性格有无必然的联系,一直是人们争论的话题。作者认为,大量的事实表明:血型决定人的性格,以至于一个民族的性格。血型和性格具有相互印证的特点,这是血型性格的科学性所在。本书在前人研究的基础上,运用血型性格原理,对人类社会的诸多现象进行归纳和演绎,进而科学地诠释过去,把握现在和预见未来。(刘恺汐)

宗 教

B000147 **20 世纪中国学术大典·宗教学** 任继愈、卓新平主编。福建教育出版社 2002 年 9 月版。77 万字。110.00 元。对中国一个世纪宗教学术研究进行总结。主要内容有以下 14 个方面:宗教学理论研究、佛学研究、道教学研究、基督教研究、中国基督教史研究、世界伊斯兰教研究、中国伊斯兰教研究、犹太教研究、儒教研究、中国民间宗教研究、印度教研究、摩尼教研究、琐罗亚斯德教研究、新兴宗教研究等。(孙汉生)

B000148 **宗教学是什么** 张志刚著。北京大学出版社 2002 年 6 月版。18 万字。18.00 元。从“学术纵横”和“问题聚焦”两部分展示宗教学的宽广度和深厚度。本书重“述”轻“评”,注重让原著说话,使读者从中感受“原汁原味的思想理论”。(杨书澜)

B000149 **科学无神论研究** 李士菊著。人民出版社 2002 年 6 月版。26 万字。19.00 元。分上、下两篇,共 9 章。上篇是科学无神论的历史发展,分别研究了马克思主义科学无神论的理论来源、创立过程、理论体系及在俄国的发展传播。下篇是“科学无神论与现时代”,对社会主义初级阶段的宗教、马克思主义科学无神论中有争议的几个问题、宗教与经济、宗教与艺术、宗教与科学等问题进行研究。并提出了现阶段在青少年中进行科学无神论教育是教育工作者面临的一个重要课题。

B000150 **中国少数民族宗教与文化丛书** 赵锦元、戴佩丽主编。中央民族大学出版社 2002 年 9 月版。185 万字。100.00 元。围绕文化与宗教之间的关系,以及所产生的社会影响力展开阐述。共 10 册。内容从萨满教到喇嘛教、满族与萨满文化、东巴族与纳西文化、藏族宗教与文化、彝族原始宗教与文化、突厥语民族的原始信仰与研究、布依族宗教信仰与文化、瑶族祖先崇拜与瑶族文化、傣族宗教与文化、鄂温克族宗教信仰与文化等。(李飞)

B000151　**宗教学小辞典**　何光沪编。上海辞书出版社 2002 年 12 月版。25.3 万字。16.80 元。以《宗教大辞典》宗教学条目为基础，经过增订修改而成。收词目约 680 条，包括宗教学总论、宗教哲学、宗教史学、宗教人类学、宗教社会学、宗教心理学、新兴宗教等七个大类，每一大类又分为若干小类。吸收当代宗教学研究的成果，在宗教学研究理论、传统宗教与新兴宗教、宗教学研究方法等诸多领域内提供系统知识。正文按分类编排，正文前有任继愈撰写的绪论，对宗教的起源、历史演变和现状等作了阐述。附有词目笔画索引。(总办)

B000152　**中国人的神灵世界**　马书田著。九州出版社 2002 年 1 月版。30 万字。28.00 元。介绍中国民间信仰诸神的书。其诸神，是在我国社会生活中影响最大、最有代表性的神灵。主要阐述诸神之由来演变和社会影响，以及从神灵所折射出的社会百态、人生追求与民族心理，以使读者走近神佛，明了真相，获得真知。书中配有插图。以明清木版画为主，共 300 余幅。(林欢)

B000153　**辽宁省志·宗教志**　辽宁省地方志编纂委员会办公室主编。辽宁人民出版社 2002 年 10 月版。53 万字。120.00 元。反映上溯汉末，下至 1985 年，辽宁省内佛教、道教、伊斯兰教、天主教、基督教等五种宗教传入、发展与分布、宗派、宗教组织与人员、宗教信仰与活动场所、宗教教育、宗教艺术、宗教文化、宗教建筑及宗教管理的历史。附有大事年表、重要文献辑存。有彩色图片 98 幅。(于虹)

B000154　**中国少数民族宗教**　段丽萍著。云南民族出版社 2002 年 11 月版。16 万字。18.00 元。分 17 章：第一章，中国少数民族的自然崇拜；第二章，中国少数民族的图腾崇拜；第三章，中国少数民族的祖先崇拜；第四章，北方民族的萨满教；第五章，白族本主崇拜；第六章，布依族传统宗教；第七章，傣族传统宗教；第八章，独龙族原始宗教；第九章，景颇族传统宗教；第十章，傈僳族原始宗教；第十一章，纳西族东巴教；第十二章，怒族原始宗教；第十三章，羌族白石崇拜；第十四章，瑶族道教；第十五章，彝族传统宗教；第十六章，藏族苯教；第十七章，壮族师公教。本书在体例和框架构思上有详有略，集知识性、资料性和学术性为一体。(浩杰辉)

B000155　**图腾神话与中国传统人生**　刘毓庆著。人民出版社 2002 年 4 月版。33 万字。23.00 元。论述了对中国传统文化与传统人生之间联系的认识。这种认识是通过对龙腾的分析而逐步展开的。龙的外形虽是动物的，它的内涵却是神话的和社会的，书中论述了此种庞然大物的真正文化含义，揭示其作为民族象征与崇拜物的奥秘所在。作者从神话、民间传说入手，对龙的各种文化元素进行分析、诠释，揭示中国文化的本质，探寻其历史根源，探寻龙文化对于中国人内在精神的影响。书中附有精美插图。

B000156　**藏传佛教护法神及眷属画像与供品图案**　根秋登子编。云南民族出版社 2002 年 5 月版。96 幅。180.00 元。着重介绍具善怙主玛哈噶啦护法神(系佛教的一尊护法神)以及其伴神。共录入 96 幅画，是藏传佛教噶玛派传教士约 13 世纪在云南藏族、纳西族地区传教时用于本尊念修仪轨、设坛、灌顶等用的具善怙主诸神画片，和该念修仪轨相配套的供品图案等。画片具有很高的史学、佛学、绘画、材料加工工艺等研究价值。由于此画与现代佛教绘画区别较大，它是集早期佛教绘画的简洁、线条简单、构图朴实、色彩明快的特点，反映出早期佛教绘画的方式，是佛教绘画发展过程中的一个重要轨迹。(张东平)

B000157　**福建寺院**　林文斌主编。鹭江出版社 2002 年 8 月版。23.5 印张。380.00 元。画册。从全省 3000 来座在册寺院中，精选建寺历史悠久、在国内外及当地较有影响、保有历史遗存、建筑形式特殊的 125 座寺院进行介绍。注重反映各寺院里的古迹、造像、各类雕刻作品及寺藏文物。展示了福州华林寺大殿、泉州开元寺、福清瑞岩寺弥勒造像、九日山摩崖石刻、安海草堂石刻、莆田广化寺释迦文佛塔等全国重点保护文物。福州鼓山千佛陶塔，闽侯枯木庵题刻，同安梵天寺婆罗门教塔，宁德支提山华藏寺，顺昌宝山寺大殿，仙游枫亭天中万寿塔、三会寺，泉州崇福寺、清源山瑞像岩、弥陀岩和碧宵岩三尊佛像等省级保护文物。画册展示了部分寺院的镇寺之宝。收入“福建大观丛书”。(高虹)

B000158　**考证与辨析——西域佛教文化论稿**　霍旭初著。新疆美术摄影出版社 2002 年 7 月版。30 万字。28.00 元。是一部关于西域佛教文化考证与研究的专著。它内涵对龟兹佛教佛经翻译家鸠摩罗什与龟兹石窟文化艺术相联系的研究；关于中国佛教音乐起源问题的新考证；通过新发现的阿艾石窟，对探讨敦煌艺术文化的西传问题；对古代广泛流行的“无遮大会”和西域金刚力士的艺术造像的研究是作者最新的研究成果。运用“考证学”的方法、历史唯物主义的态度对中原文化与西域文化的流源、衍化，进行多侧面的对比研究，为西域（新疆）两千年来统一于祖国的历史潮流，提供了佐论，说明新疆自古就是中国不可分割的一部分。对佛教文化中存在的史据失当、不实的问题都进行了辩析。还附有关于克孜尔石窟的分期、石窟内容比较和我国考古学家考察石窟的基础性资料、例图。（麦粒）

B000159 **佛教戒律研究论集** 恰日·嘎藏陀美、卓玛杰等整理。甘肃民族出版社 2001 年 12 月版。15 万字。25.00 元。所汇编的戒律三事主要以拉卜楞寺历代高僧对戒律方面进行研究的论著为主，在这些论著中主要论述格鲁派的戒律三事即：夏住、长净、解制等三种细则的资第等内容。同时与其他宗派的观点等进行详细的对比研究。（周加克）

B000160 **南朝佛教与文学** 普慧著。中华书局 2002 年 2 月版。22.9 万字。18.00 元。共 7 章：佛教的发展与晋宋思想文化的特质，佛教哲学与晋宋山水文学，齐梁文人的佛教活动与其佛学思想，齐梁文人崇佛诗歌之创作，诗歌声律与佛教，梁陈宫体文学与佛教，佛教与五朝叙事小说及"世说体"，史传文学。对南朝佛教的发展、佛教思想的衍变，对南朝重要的文人和重要的文学事实同佛教的关系，作了梳理和论析。（冯宝志）

B000161 **湖南佛教史** 徐荪铭著。湖南人民出版社 2002 年 3 月版。27.6 万字。21.00 元。系统论述湖湘佛教文化史及其优良传统的专著。用五章篇幅从历史纵向发展角度，对两晋南北朝、隋唐五代、宋元明、清代至近现代、当代五个时期的湖湘佛教的发展历程作了回顾和阐述；用四章的篇幅从横的方面对湖湘佛教与湖湘学派、湖南道家和道教、文学艺术、民间习俗的关系作了论述。作者把对史的研究与一定时代的政治、经济、文化、民俗结合起来，注重从寺院谱志、碑记中收集第一手史料，并借鉴国外研究成果。揭示了湖湘佛教文化的内在发展规律及其在中国佛教乃至在东亚、东南亚佛教文化中的地位。（莫金莲）

B000162 **弘一大师考论** 陈星著。浙江人民出版社 2002 年 7 月版。15.6 万字。15.00 元。考证集。分为"弘一大师书信考"与"弘一大师事迹考论"两辑。前者考证已出版的弘一大师书信的写作时间与地点，后者考证弘一大师研究中的重大问题。作者以史料互证的方法，本着"不疑处有疑"的精神，指出了弘一大师研究中不少史料的失实之处。（周向潮）

B000163 **太平经今注今译** 杨寄林译注。河北人民出版社 2002 年 4 月版。132.2 万字。116.00元。《太平经》是中国道教最早的典籍。它始创于西汉，成书于东汉中后期，共分十部、一百七十卷、三百六十六篇。全经内容庞博，既对道、儒、墨、医、阴阳、数术和汉代《易》学及谶纬之说择取糅合，又集前代神仙方术之大成。《太平经今注今译》以明刻《正统道藏》为底本，吸收王明《太平经合校》的若干成果整理校勘的。全书体例包括综论、题解、原文和注释、译文、内容说明、附录、附图。（张琦）

B000164 **西方道教研究编年史** ［法］索安著，吕鹏志、陈平等译。中华书局 2002 年 11 月版。20.3 万字。17.00 元。"世界汉学论丛"之一。分 10 部分：一、导言；二、道藏中的老庄精神；三、资料；四、道教史；五、道教世界；六、中国文化中的道教；七、道教和佛教；八、中国域外道教；九、前景；十、文献。按专题分门别类展开叙述，蕴涵了丰富的学术信息。原著为英文。书后附录介绍本书作者与作品及学界对此书的评论和争鸣。（王守青）

B000165 **古都西安·长安道教与道观** 樊兴春著。西安出版社 2002 年 2 月版。17.5 万字。15.00 元。分孕育与形成阶段、巅峰阶段、相对沉寂阶段、再度兴盛阶段、向世俗化发展阶段等五个部分，对中国传统文化重要组成之一的道教在古代长安这一特殊的社会文化地域形成与发展的兴衰史进行探讨，对每个阶段特定社会环境下道教的教义发展，教事活动、代表活动、道观变迁等作了阐释。（连英）

B000166 **中国清真女寺史** 水镜君、［英］玛利亚·雅绍克著。生活·读书·新知三联书店 2002 年 5 月版。30 万字。25.00 元。清真"女寺"与"女学"是伊斯兰教在中国本土化的产物，是远离伊斯兰世界的我国中原穆斯林在适应主流社会文化过程中的一种独特创造。本书追溯了其产生、发展的历史，考察分析了女寺文化及其对妇女生活的影响，探讨了穆斯林妇女在民族宗教身份形成过程中的作用。此书系我国回族女学者水镜君与英国牛津大学研究员玛利亚·雅绍克多年合作的成果。英文版由英国 Curzon 出版社出版。（许医农）

B000167 **伊斯兰文化巡礼** 丁俊著。甘肃民族出版社 2002 年 6 月版。19 万字。13.00 元。论文集。选收作者的 10 多篇论文。分 6 部分：一、导言；二、《古兰经》与古兰学；三、圣训与圣训学；四、教义与教义学；五、教法与教法学；六、伊斯兰文化与中国文化和世界文化。全书内容广泛，从文献经典到

教义教法,从历史文物到风俗习惯,无论译介还是阐释,大都体现出一种认真求实的精神和历史、客观的态度。(杨昀)

B000168 **百年中国穆斯林** 丁宏、张国杰编著。宁夏人民出版社 2002 年 9 月版。34 万字。28.00 元。在对 100 年来有关穆斯林的历史资料进行全方位、多角度透视的基础上,梳经理纬,描述了 20 世纪中国穆斯林所经历的风风雨雨,反映了中国穆斯林抗争崛起、自强不息、与时俱进的精神风貌。(宁宣)

B000169 **圣经故事** 玛丽·巴切勒编,文洁若译。华夏出版社 2002 年 5 月版。29.00 元。讲述《圣经》里最重要和最著名的典故。分为“旧约”和“新约”两部分。本书版本来源于英国 Lion 出版社。书中配有精彩的插图。(冯清华)

B000170 **马礼逊——在华传教士的先驱** [英]汤森著,王振华译。大象出版社 2002 年 9 月版。18.8 万字。15.50 元。马礼逊是基督教新教来华传教的第一人,他开创性的工作,为以后中西文化的交流奠定了基础,本书介绍了马礼逊的生平及其翻译《圣经》、创办英华书院、编纂《华英字典》等事迹,也介绍了基督新教各派来华传教的历史,并对中外文化差异进行了比较。书中附有大量刻版插图。(李亚楠)

B000171 **犹太教:一种文明** [美]摩迪凯·开普兰著,黄福武、张立政译。山东大学出版社 2002 年 2 月版。57.8 万字。39.80 元。“汉译犹太文化名著丛书”之一。该书完成于两次世界大战之间,旨在为面临现代观念冲击的犹太人提供一种符合时代要求的文明,将犹太教内部观点各异的教派和纷纭复杂的观念纳入重建派的犹太哲学思想之下,从而挽救犹太人的精神与民族危机。书中对犹太文明的历史、现状和未来作了全面分析,提出了现代犹太文明的蓝图。指出,在现代犹太宗教不再是犹太人的全部精神与物质的“惟一”。通常所说的犹太教不仅包括犹太宗教,还包括了历史、文学、语言、社会组织、民间约束、社会和精神理想、审美价值等,所有这些构成了一种文明。(张晓博)

B000172 **犹太教的本质** [德]利奥·拜克著,傅永军、于健译。山东大学出版社 2002 年 2 月版。22 万字。17.00 元。“汉译犹太文化名著丛书”之一。作者从现代神学角度反思犹太传统,重新审视犹太教的本质和特征,并阐发其独具特色的自由宗教神学思想,从而推动犹太教在现代境况中的典范转换。全书分 3 部分。第一部分,通过分析犹太教历史的发展、教义的表现、宗教团体的形式以及犹太教所拥有的独特宗教观念,讨论了犹太教的特征。第二部分,通过对犹太教的基本观念(如上帝、创造、天启、圣洁、救赎、弥赛亚崇拜等)的分析,从“同胞”、“个人”、“人类”三个概念所折射的独特言说方式论述上帝与人类的关系,确立了犹太教上帝信仰存在的价值,论证了作者关于犹太教本质上是一种伦理,一种神教的基本见解。第三部分则重点论述了如何维护犹太教的问题,阐明在现代境况下维护犹太教的历史使命及其任务。(黄福武)

C 社会科学总论

C000001 **社会研究方法基础** [美]艾尔·巴比著,邱泽奇译。华夏出版社 2002 年 5 月版。68.2 万字。45.00 元。为《社会研究方法》(第八版)的精简本。该书自 1975 年第一版出版以来,不断修订,是社会科学专业最受欢迎的教材之一。本书采用最常见的例子,运用幽默的语言,深入浅出、循序渐进地展现了社会科学研究的多种实用方法,实践科学研究的理念。作者是当代西方最著名的社会学家之一,先后任教于哈佛大学、夏威夷大学、加州大学伯克利分校、加州州立大学、查普曼大学等。(冯清华)

C000002 **莺啼梦晓** 副名:科研方法与成才之路。王梓坤著。上海教育出版社 2002 年 1 月版。26.6 万字。23.00 元。作者是数学家。1991 年当选为中科院院士。该书是关于科学思想和方法论科学小品的论文集。书中不时夹杂了一点文学、历史和数学。书中一些篇章被选入多种语文教材。(毛永谦)

C000003 **小学生课外必读·国学启蒙卷** 台

湾风车编辑群策划。文心出版社 2002 年 1 月版。42.9万字。96.60 元。丛书共 7 本，包括《唐诗三百首》、《成语故事》、《格言·谚语》、《菜根谭》、《论语》、《弟子规》、《圣贤名言》。丛书给纯洁的孩子以中国五千年文明的启蒙，给生活繁忙的你我一个厚重国粹的人文关怀，这无疑都是为一个人乃至一个民族素质的提高。（齐占辉）

C000004 **书韵楼丛刊(巾箱本)** 本社编。上海古籍出版社 2002 年 12 月版。593.00 元。4 函，共 22 册。辑集《周易》、《老子》、《庄子》、《古诗源》、《唐诗三百首》、《宋词三百首》、《南唐二主词》、《漱玉词》、《纳兰词》、《水浒人物像赞》、《水浒故事画传》、《聊斋志异图咏》、《红楼梦图咏》等。该丛刊将实用、观赏、收藏三者完美结合，力避粗制滥造。入选作品选择上乘版本，明其源流，辑集前贤精彩评点，并多方辑补佚作，力求完备；在版式设计上别出心裁，分别以各种框线与图案有机结合，多色套印，清丽优雅，赏心悦目。（李保民）

C000005 **古籍赏读系列** 方文等编注。湖北人民出版社 2002 年 1 月版。109.5 万字。97.00 元。包括《孔子语录》、《庄子语录》、《兵家语录》、《行乐第一》、《花不可以无蝶》等 5 本图书。《孔子语录》从《论语》中选出最能代表孔子思想的内容，分为学习、交友、家庭、修养、君子、进取、知人、社会、仁德、礼义和审美等部分，加以注释和翻译。《庄子语录》选入《庄子》中的精华内容，分为入道、自然、逍遥、达观、大知、论世、应世、养生和审美等部分，集中反映了庄子的宇宙观、人生观和价值观，是庄子人生智慧的结晶。《兵家语录》收入《孙子兵法》和近代很有影响的《曾胡治兵语录》，书间还穿插了孙膑、吴起等著名兵家的若干语录，对中国兵法有一个较完整的呈现。《行乐第一》是清代李渔《闲情偶记·颐养》的配图本。从养生的角度出发，详细谈论中国人的生活艺术，体现了中国人机智、幽默和乐生达观的一面。《花不可以无蝶》是清代张潮《幽梦影》的配图本，用“文人的格言”的形式，反映中国文人享受生活、享受大自然的审美情趣。

C000006 **杜维明文集** 郭齐勇、郑文龙编。武汉出版社 2002 年 4 月版。290 万字。280.00 元。杜维明是闻名中外的著名学者、哈佛大学中国历史与哲学教授、美国人文社会科学院院士。编者搜集、整理了杜维明迄至今日绝大部分中英文著作、论文、访谈、札记、讲演稿，选取最佳版本，重新译校，并首次发表其中大部分论文、著作、日记、书信，编成五卷本的文集。文集有学术论著，有作者与世界著名思想家、学者、宗教领袖、社会活动家对话的记录，也有通俗的演讲，有作者负笈北美，游学欧洲、东亚和印度的感悟和体验，从中可以窥见这位著名学者闪光的思想历程。（邹德清）

C000007 **现代老年人丛书** 陈尧、李群等编著。江苏人民出版社 2002 年 1 月版。105.6 万字。100.60 元。丛书共 10 本：《老年心理保健 40 题》（陈尧、朱义豪等著），紧紧贴近老年朋友的生活实际，把多年从事老干部工作所了解的老年人心理问题的经验穿插其中，进行分析，并提出解决办法。《观赏鱼的喂养》（李群、周涛等编著），介绍各种观赏鱼的喂养、疾病及预防等情况。《老年就医指南》（黎雪、朱雪奇等主编），把老年人晚年生活中常见的疾病一一举例出来，进行分析，并提出解决方法。《老年人书法》（黎东编著），在介绍各大家、各种书法的同时，更注重培养老年人对书法的兴趣，培养老年人鉴赏书法的能力。《时政新说》（廖进编著），以记录的手法阐述对当前时政的新看法。《养花入门》（康明、张秀春编著），介绍了各种花卉的生长习性、疾病及其预防等情况。《老年人与继承法》（缪蒂生主编），深入浅出地介绍了老年人与继承法密切相关的问题。《老年健身舞蹈》（古心著），介绍了老年朋友各种舞蹈的跳法、玩法及相关的知识。《老年疾病体疗》（吴晓红等编著），紧紧贴近老年朋友的生活实际，把老年人晚年生活中常见的疾病一一举例出来，进行分析，并提出解决方法。《老年人炒股入门》（周跃年主编），介绍炒股的方法，注重实用性和可操作性。

C000008 **仁智文丛** 朱英等著。湖北教育出版社 2002 年 6 月版。104.50 元。以全新的视角研究了中国商人、中国现代性、中国革命、批判理性主义、新保守主义、存在哲学等重要领域。该文丛包括何怀宏著《生命与自由》、夏晓虹著《晚清社会与文化》、邓晓芒著《新批判主义》、萧功秦著《与政治浪漫主义告别》、杨奎松编《走近真实——中国革命的透视》、张法著《文艺与中国现代性》、朱英著《近代中国商人与社会》等 7 种。（王位庆）

C000009 **文化进家家家乐** 杨福平编著。中原农民出版社 2002 年 7 月版。8 万字。9.00 元。“三个代表”进农家丛书之一。用简明的文字和生动有趣的图画，介绍历史文化知识、传统习俗、民间艺术等内容。（王锦）

C000010 **巴别塔文丛** 吕同六登等编著。湖北教育出版社 2002 年 5 月版。310.00 元。“巴别塔”即通天塔，典出《圣经·创世纪》。自从人类有了语言隔阂，翻译家们就为民族的语言、文化交流从事着一项英雄般的事业。他们是一群坚忍不拔的巴别塔建设者。文丛收入 12 位富有经验、译绩卓著的翻译家对翻译、文学、文化的思考文字。他们对翻译、对人生的领悟，对文学、对文化的思考，对生命、对精神的理解，有助于我们进一步认识翻译家的高尚情怀和神圣追求。(王位庆)

C000011 **北大文章** 朱家雄主编。海南出版社 2002 年 10 月版。62 万字。35.00 元。收编了 14 位北大出身的思想家、文学家和著名学者的 148 篇文章，比较全面地反映了五四运动所奠定的北大精神，从中可以读到作者们关注民族、国家乃至全社会、全人类的博大襟怀，富有我国知识分子应当一脉相承的历史使命感和社会责任感，其锋芒、气节和风骨，激励后人勇于向腐朽落后的事物发起凌厉的进攻。(伍君之)

C000012 **朱谦之文集** 朱谦之著，黄夏年编。福建教育出版社 2002 年 9 月版。791 万字。1200.00元。共 10 卷。主要有以下内容：(1)生平自述和有关社会、政治方面的著述，反映著者一生从“五四”弄潮儿到三民主义信徒再到以马克思主义为指导的理论家的思想历程，也是 20 世纪中国从“五四”到“文革”各个历史时期社会思潮的重要思想资料，主要著作有《七十自述》、《革命哲学》、《一个唯情论者的宇宙观及人生观》等。(2)文化理论研究。针对德国斯宾格勒的《西欧的没落》、英国汤因比的《历史研究》中所谓中国文化僵死论，作者的《文化哲学》和《文化社会学》，提出了自己的文化类型学说，论证中国文化代表世界文化的未来。(3)文化比较与文化交流研究，是个案研究、比较研究和历史研究，代表作有《中国哲学对于欧洲的影响》、《哥伦布前一千年中国僧人发现美洲说》、《日本的朱子学》、《中国景教》等，揭示了中国文化的生命力和影响力。(4)中国古典哲学、文化、史学的研究，充分揭示中国文化的特质、中国文化的生命力、影响力，其代表作有《周易哲学》、《中国人性论史》、《庄子哲学》、《老子校释》等。(孙汉生)

C000013 **李斯集辑注** 张中义，王宗堂，王宽行辑注。中州古籍出版社 2002 年 9 月版。11.4 万字。13.00 元。为“中州名家集”之一。李斯是秦著名政治家、军事家、文学家、文字学家和书法家。辑录散见于古籍中的李斯作品 34 篇，附录篆文 7 篇，及历代有关李斯活动的部分记述、评论和李斯年表。(孙宝瑞)

C000014 **杨献珍文集** 杨献珍著。河北人民出版社 2002 年 12 月版。132.6 万字。160.00 元。分 3 卷。依时间顺序收录作者从 1940 年至 1990 年 50 年中的主要文章、论著、讲稿、读书笔记及重要书信共 95 篇。文集Ⅰ、Ⅱ卷主要收录著者论述把“马克思主义普遍真理和中国革命具体实践相结合”原则运用于党校的创办、管理和教学的理论方针，以及关于马克思主义特别是辩证唯物主义和历史唯物主义教学、研究的文章 41 篇。如《克服形而上学的思想方法》、《什么是唯物主义?》、《关于中华人民共和国在过渡时期的基础与上层建筑》等。文集Ⅲ卷主要收录著者 1967 年在狱中及其平反后所写的理论文章 54 篇。特别是关于三个著名哲学理论的文章，即关于“思维和存在的同一性”问题、关于“合二而一”问题、关于“我国过渡时期的经济基础和上层建筑问题”的文章。文章反映了作者的马克思主义哲学观和为真理而斗争的精神。(李剑霞)

C000015 **陈寅恪集** 陈寅恪著。生活·读书·新知三联书店 2001～2002 年版。约 350 万字。580.00 元。含《寒柳堂集》、《金明馆丛稿初编》、《金明馆丛稿二编》、《隋唐制度渊源略论稿》、《唐代政治史述论稿》、《元白诗笺证稿》、《柳如是别传》、《诗集》、《书信集》、《读书札记一集》、《读书札记二集》、《读书札记三集》、《讲义及杂稿》，共计 13 种 14 册。含专著、论文集、书信、诗作、读书批语、讲义、备课笔记、讲话、评语、听课笔记等，凡目前所能找到的作者全部著述均已收入其中，另附各类图片 140 余幅。该书在 80 年代上海古籍出版社《陈寅恪文集》基础上修订增补而成。其中读书札记、书信集、讲义及杂稿均为新辑面世。其余各册均作了文字校对。(孙晓林)

C000016 **现代中国(第二辑)** 陈平原主编。湖北教育出版社 2002 年 3 月版。36.6 万字。28.00元。辑刊，意在“以学术的方式，积极参与当代中国的精神及文化建设”，其内容不局限于文学领域，而是包括整个人文学科。辑刊每年分春、秋两辑出版，每卷 2/3 篇幅为论文和评论，1/3 篇幅为书评。(王位庆)

C000017 **念楼学短** 钟叔河著。湖南美术出版社 2002 年 8 月版。38.00 元。文集。共收 190 篇文章，分为 20 个单元：(一)论语十篇、(二)孟子九篇、(三)庄子十篇、(四)左传八篇、(五)国语九篇、

(六)战国策十篇、(七)世说十篇、(八)议论文十篇、(九)记叙文十篇、(十)抒情文九篇、(十一)说明文十篇、(十二)游记文十篇、(十三)人物志十篇、(十四)苏东坡小品、(十五)苏东坡短简、(十六)陆放翁题跋、(十七)张岱文九篇、(十八)王渔洋诗话、(十九)广阳杂记选、(二十)郑板桥杂文,并带自序和后记。是用古人的文章做题目,写作者自己的文章。(萧沛苍)

C000018 **班兰台集校注** [明]张溥辑,白静生注。中州古籍出版社 2002 年 8 月版。8 万字。9.00元。为"中州名家集"之一。班固是汉代著名史学家、文学家,代表作为《汉书》。明代张溥将其各种文体的作品 41 篇辑为《班兰台集》,该书为此校注。《班兰台集》收赋 6 篇(附诗 5 首),表 1 篇,奏记 1 篇,笺 6 首,书 9 首,议 1 篇,符命 1 篇,设难 2 篇,颂 3 篇,铭 3 篇,论 2 篇,哀辞 1 篇,连联 5 首,文 1 篇,诗 3 首,附录本传。校注本以扫叶山房《汉魏六朝百三名家集》中的《班兰台集》为底本,同时参照其他版本。(孙宝瑞)

C000019 **徐复观文集** 李维武编。湖北人民出版社 2002 年 4 月版。173.7 万字。128.00元。"港台海外鄂籍学人文丛"之一。分五卷,前两卷收录单篇文章,后三卷收录学术专著。第一卷《文化与人生》,收录徐复观的论文化问题及有关个人身世的代表性文章,展示了他的文化哲学及中国文化观,以及他的学问的根基、背景与历程。第二卷《儒家思想与人文世界》,收录徐复观研究中国思想史的有代表性的论文,其中有个别篇章是学术专著的选录,展示了他对中国思想史作"现代的疏释"的态度、方法与基本思路,特别是他对以儒家思想为重点的中国哲学思想史和中国文学思想史的理解和阐释。后三卷《中国人性论史·先秦篇》、《中国艺术精神》、《两汉思想史》(选录),分别展示徐复观对中国道德精神、中国艺术精神及中国史学精神所作的"现代的疏释"。展示了他对中国专制政治形成时期思想史的反思,特别是他对儒家命运的同情理解和对专制政治的抗议精神。(谢嘉星)

C000020 **郭在贻文集** 郭在贻著。中华书局 2002 年 5 月版。157.1 万字。136.00 元。语言文字学论著。凡 4 卷。卷一、二分别收录专著《训诂丛稿》、《训诂学》、《敦煌变文集校议》。卷三、四收录文字训诂、俗语词及敦煌卷子研究论文和读书札记、书信等。末附语词索引。作者在训诂学、敦煌学、楚辞学研究领域成就斐然,尤其在汉魏六朝以来的俗语词研究上多有发明、创获,成就突出。《文集》集中体现了作者在上述领域中的研究成果。(李晨光)

C000021 **郭沫若全集·考古编(第一卷 甲骨文字研究、殷契余论)** 郭沫若著。科学出版社 2002 年 10 月版。132.00 元。郭沫若全集·考古编 10 卷内容分别为第一卷:甲骨文字研究、殷契余论、安阳新出土的牛胛骨及其刻辞;第二卷:卜辞通纂;第三卷:殷契粹编;第四卷:殷周青铜器铭文研究、商周古文字类纂;第五卷:金文丛考;第六卷:金文丛考补录;第七卷:两周金文辞大系图录考释(一)、第八卷:两周金文辞大系图录考释(二);第九卷:石鼓文研究、诅楚文考释;第十卷:考古论集。此套书的出版,对中国考古学、古文字学和中国古代史研究具有历史性的意义。(闫向东)

C000022 **读随园诗话札记(手稿本)** 郭沫若撰并书。北京古籍出版社 2002 年 12 月版。85.00 元。本书涉猎广泛,文字简约,观点犀利,内容论及诗文鉴赏、典章考据、道德褒贬以及对秦始皇、曹操、武则天等历史人物的评价等众多问题。书中的许多论点为学界所重视。《读随园诗话札记〈手稿本〉》,为读者真实地呈现了作者手稿的原貌,透视出作者的治学态度和思想轨迹。(总编室)

C000023 **理论进家家家明** 杨福平编著。中原农民出版社 2002 年 7 月版。8 万字。9.00 元。"三个代表"进农家丛书之一。用简明的文字和生动有趣的图画,介绍江泽民总书记"三个代表"重要思想,有关党的建设的基本理论,马克思主义哲学、经济学的一般理论。(王锦)

C000024 **梁实秋文集(15 卷)** 梁实秋著。鹭江出版社 2002 年 10 月版。634.7 万字。998.00 元。本文集是一部比较完整的梁实秋著作的版本,收入梁实秋一生的全部文学作品和学术专著,包括文学批评、《英国文学史》,以及部分翻译作品。即英国文学选;从大量报刊杂志中搜辑了约 300 多篇佚文。力图系统地体现梁实秋一生的政治观点、文学思想和主要成就,为现代文学研究者提供一份比较翔实的研究资料。(余丽珍)

C000025 **中式批评** 彭德著。湖南美术出版社 2002 年 5 月版。23 万字。23.00 元。论文集。选收论文 35 篇,分 3 部分。代表性的论文有:《国营批评》,《批·评·吹·捧》,《拯救批评》,《学贯中西》,《拒绝图式》,《放弃实验》,《挑剔科学》,《中式批评》,《画出智慧》,《中国美术考释》,《禁止考古》,《艺术的女性化》,《〈色情误〉注疏》,《陷阱中的前卫艺术》,《走火入魔的〈收租院〉》,《中国民居营造热与文化危机》,《未来美术一百年》等。这些批评文字从中国学研究的角度出版,分析了90年代以来中国当代艺术的现状,展示了代表性的个案,预示了未来的发展之趋势。

C000026 **文化浮生论学** 副名:李泽厚、陈明2001年对谈录。李泽厚、陈明著。华夏出版社2002年1月版。33万字。26.00元。是学界泰斗李泽厚与青年新锐陈明之间的对话录。主要内容是对以美学热、文化热、国学热、西学热为标志的近二十年的思想进程的评述、当代国内学界热门话题的点击、对各种类型的学术风云人物的浅论、九十年代李泽厚出国游历以来的读书思考及心得。全书浓缩了李泽厚学术思想的精华,其间穿插着李泽厚的一些个人经历、生平、家事以及若干幅堪称经典的老照片。(刘淑兰)

C000027 **文境与哲理** 成复旺著。中华书局2002年12月版。19.5万字。15.00元。论文集。收入作者关于古代文论12篇:一、自然、生命、与文艺之道;二、"诗画本一律"考论;三、天机自动,天籁自鸣;四、论文艺宗旨;五、美在自然生命;六、关于形式美学的思考;七、审美异化与实践美学;八、中国美学研究的自我突破;九、盈天地间只是一个大生;十、宇宙生命的自觉者;十一、无思无虑始知道;十二、明代哲学启蒙。论文对中国古代文论中的"道艺论"进行了考察,对中西美学研究作了比较,对中国古代的宇宙观和思维方式等进行了论述。收入"中国人民大学古典文学研究丛书"。(李聪慧)

C000028 **当代博士生导师文化随笔书系** 王岳川等著。山东友谊出版社2002年10月版。160万字。170.00元。随笔集。多是由博士生导师发表过的学术文章、专著中检索,截取虽时过境迁仍有思想洞见、亦富辞采的章节、片段和三五语句,重新编排。其中王岳川的《全球化与中国》,对东西方文化的交汇、碰撞所引起人们困惑的理论问题,作了清晰的厘定;金元浦的《叩问仿真年代》,对时下的消费趋向引起人们心理、时尚的变化,进行深刻的探讨;杨守森的《灵魂的守护》,则是从美学角度,对文学创作的一些规律进行分析;周宪的《思想的碎片》,是对创作思维以及社会现象的解剖;徐岱的《感悟存在》,主要对当代几位代表性的女作家和金庸的武侠小说,对中国传统文化中的"侠士",进行有深度的评价;陈炎的《日神与酒神》,对古代哲学和当代生活中流行的某些现象,以比较的方式进行思辩;陶东风的《现代与后现代之间》,则是对当代西方文艺思潮和重要流派予以介绍和评介。(丁建元)

C000029 **花花朵朵坛坛罐罐** 沈从文著。江苏美术出版社2002年8月版。250幅图。68.00元。是作者的艺术与文物研究论著结集。共收集作者著述的诸如中国古代陶瓷、玻璃工艺的历史、织金锦、古代人的穿衣打扮、湘西苗族艺术、龙凤艺术、谈谈《文姬归汉图》、北京是个大型建筑博物馆等46篇文章。本书大部分著述是文物研究"把史部的文献和出土的东西和留在图画上的形形色色三者结合起来分析判断",说理明晰、考证严谨。每篇文章均渗透着作者对古代造物艺术美的歌颂、深呈其学术价值。(樊达)

C000030 **我们面对什么** 李小山著。湖南美术出版社2002年5月版。25万字。25.00元。当代艺术批评论文集。选收论文共40篇。代表性的文章有:《批评之风》,《吹捧之风》,《体制中的画家》,《当代性的前提》,《品牌意识》,《什么是原创的》,《从"中国画"到"实验水墨"》,《中国前卫艺术与现状》,《谁来分中国文学这杯羹》,《我们面对什么》等。展示了90年代以来中国当代艺术的主要脉络,重点研究了"新中国画"和"实验水墨"的现状和发展,还对代表性艺术家进行了个案分析。(张卫)

C000031 **欧亚学刊(三)** 余太山主编。中华书局2002年4月版。35.5万字。28.00元。论文集。收入有关内陆欧亚历史文化研究的论文14篇。其研究对象主要是历史上活动于欧亚草原及其周邻地区诸民族本身及其与世界其他地区在经济、政治、文化各方面的交流与交涉。内容包括历史、考古、历史地理、研究述评、书评等。(王守青)

C000032 **清儒学术拾零** 陈祖武著。湖南人民出版社2002年6月第2版。29.3万字。20.50元。以清顺治入关迄于鸦片战争前后的学术史为研究对象,以20个章节的篇幅勾勒出清初至清中叶学术史的轮廓,对近200年间经学、理学、史学、文学中的重要问题,如清初南北学派的传承及其代表人物的思想贡献、学术贡献和两派之间的交涉、融汇,乾嘉学派的形成、分野、发展及其各个时期的学术代表人物之学术成就、局限和对乾嘉学派的历史评价,学案体史籍在清代的演进及对其代表作品和代表人物的评价,清中叶今文经学的复兴及梁启超、钱宾四的学术成就及其影响的评价等,在尊重古哲先贤的基础上,或推陈出新,或独抒己见,作出系统的探究。为"学海一家鸣丛书"之一。(莫金莲)

C000033 **与时俱进的中国人文社会科学** 副名:中国人文社会科学论坛2002。纪宝成主编。中国人民大学出版社2002年10月版。28.2万字。25.00元。汇集2002年5月在中国人民大学举行的"中国人文社会科学论坛2002"的精彩内容,包括开幕辞和致辞、主题报告,从不同学科的角度阐述如何发展内涵丰富的人文社会科学;论坛分别以"全球化语境中的文化论争"、"重建诚信"、"9·11事件后的全球政治经济"、"关注民生——就业、收入分配与社会保障",以及"北京2008——人文奥运"等人文社会科学研究的热点问题为主题展开。(林坚)

C000034 **重庆社会科学年鉴(2001年卷)** 重庆市社会科学界联合会编。西南师范大学出版社2002年4月版。172万字。180.00元。记录重庆市1999～2000年度社会科学研究的发展动态、成果和水平。内容涉及"三个代表"、西部大开发、三峡库区移民、国企改革、国土资源与房地产经济、生态环境保护和建设等方面,还对其间的学术活动与学术交流、学术会议、学术研究动态进行介绍,对一些研究机构、高校、学会、理论刊物、重要的研究人员也作了简介,对一些代表性的论著进行了评介,还收录文史哲、文化教育、财经、新闻出版、广播电视、法制公安、工商税务等方面的论文90余篇。(米加德)

C000035 **小小辞书架** 上海辞书出版社编。上海辞书出版社2002年5月版。98.00元。由常用字、字词辨析、同义词反义词、成语、组词、造句、应用文、标点符号、数学手册、政治常识、道德行为常识、历史常识、地理常识、文艺常识、古诗文讲析、名言精选、英汉词典共17种图书组成,是根据小学一年级至初中二年级学生的学习、查检和阅读的实际需要来设计编纂的。所涉及的内部都是小读者应当了解和掌握的基本知识,并着重为小读者释疑解惑提供帮助。(总办)

C000036 **长大做什么** 李名慈主编。少年儿童出版社2002年9月版。1200幅图。54.00元。介绍人文科学知识方面的百科性少儿读物。全彩色。以一千多幅图片,分近百种社会职业,展示这些不同领域中作出杰出贡献的人物的风采,以此启发孩子从小树立远大志向,长大做一个于社会有用的人。全书共介绍约500位知名人物,有政治家毛泽东、周恩来、邓小平、孙中山、华盛顿等;军事家孙武、巴顿、朱可夫等;教育家陶行知、孔子等;物理学家爱因斯坦、伦琴等;探险家马可·波罗、哥伦布等。设有"名人榜"、"大开眼界"、"Yes or No"、"人物档案"、"知识快递"、"资料库"、"旋转视角"等栏目。(洪祖年)

C000037 **统计学原理** 施燕萍主编。电子工业出版社2002年8月版。33.28万字。19.00元。系统介绍统计学的基本理论和实务计算工作方法。具体内容包括:统计数据的收集、整理和显示,统计分布的数值特征,抽样推断,相关与回归分析,统计指数,时间序列分析,统计预测,计算机在统计中的应用等知识。(总编办)

C000038 **新编统计基础** 李国艳主编。大连理工大学出版社2002年2月版。23万字。16.00元。以培养学生应用统计方法解决实际问题的能力为重点,构建适合高职院校学生知识层次的统计基础框架。全书包括统计概论、统计调查、统计整理、统计数据趋势分析、动态数列分析、指数分析、抽样推断、相关分析和回归分析。每章均配有应用能力训练题。(总编室)

C000039 **漫画统计学入门** [美]戈尼克、史密斯著,梁杰等译。辽宁教育出版社2002年1月版。6万字。15.00元。以简洁、通俗的语言,配以生动、幽默的图画,介绍统计学的基本知识,涵盖了现代统计学的精髓:数据的汇总、整理,随机变量、伯努利实验,中心极限定理,假设检验,估计置信区间,林林总总,书中都有解释。至于日常生活中的小问题,如在风雨交加的夜晚能打到出租车的可能性有多大?产品的不合格率如何计算?书中亦有回答。(吴晓红)

C000040 **统计软件SPSS系列·二次开发篇** 苏金明等编著。电子工业出版社2002年11月版。50.56万字。35.00元。主要介绍统计软件SPSS的二次开发,利用基于SPSS内置的客户语言SaxBasic实现统计功能。共6章,第一章介绍SaxBasic的开发环境;第二章讲述SaxBasic编程基础,包括SaxBasic语法、函数、过程以及文件操作等编程理论;第三章讨论对话框的设计和实现;第四章介绍SPSS对象的分类、各种对象的属性和方法以及对象创建过程;第五章分析有关宏编程和运行的技巧;第六章讲述SaxBasic的高级应用,如动态链接库的声明及调用、DDE编程、OLE自动化、以及ActiveX控件制作等。(总编办)

C000041 **统计软件SPSS系列·应用实战篇** 苏金明编著。电子工业出版社2002年10月版。58.88万字。36.00元。基于目前统计软件SPSS的最高版本11.0编写。主要介绍SPSS软件的基本操作功能、图表功能和统计分析功能。图形功能部分包括常见的统计图形和二维、三维交互图形。统计分析功能包括样本分析与数据准备、参数估计、假设检验、非参数检验、方差分析、回归分析、相关分析、因子分析、聚类分析、判别分析和可靠性分析等。(总编办)

C000042　**有争议的知识**　副名:后现代时代的社会理论。[美]史蒂文·塞德曼著,刘北成等译。中国人民大学出版社 2002 年 12 月版。37 万字。28.00 元。建构一个关于社会学理论的后现代解释框架,对社会学理论史重新梳理和诠释。作者勾勒了自孔德、马克思、杜尔凯姆、韦伯直到后现代主义以及各种社会学理论,吉登斯、布尔迪厄、沃勒斯坦,英国的文化研究,后殖民理论,美国的当代的各种社会运动。作者的解释框架有两条主线:社会分析,道德立场。用这种所谓"后现代"的方法批判和梳理传统的社会学理论史和思想史,就会发现,我们以往的社会学知识,作为既定的、大一统的、无可置疑的科学知识,都是"有争议"的。因为,对社会现象有多少不同的相互抵牾的解释,就有多少不同的互相抵牾的含义,但没有任何一种解释可以在理论范围内证实自己或证伪其他。列入"社会学译丛"。(王爱玲)

C000043　**社会学**　副名:关于社会化形式的研究。[德]格奥尔格·西美尔著,林荣远译。华夏出版社 2002 年 10 月版。66 万字。65.00 元。社会学文集。在文体上以随笔的形式为基本模式,作者的主要的社会学观点多散见在这些随笔和笔记当中。作者社会学的核心思想是辨析在社会中个体与社会共同体的相应关系。在认识社会共同体的重要意义的基础上,强调社会交往过程中个体性的社会学价值;突出描述了社会交互作用的形式,形成了以形式主义为基本特征的"形式的社会学"。文集反映了作者有关社会学的基本观点。(冯清华)

C000044　**社会学家茶座(第一辑)**　张立升主编,王焱执行主编。山东人民出版社 2002 年 10 月版。14 万字。10.00 元。"学人茶座系列"之一。本辑开设如下栏目:社会经纬、众生世相、性与社会、社会保障、学术沙龙、海客谈瀛、科际整合、社会史话、名著点评和学术资讯。(王海玲)

C000045　**现代化研究(第一辑)**　北京大学世界现代化进程研究中心主编。商务印书馆 2002 年 11 月版。27 万字。30.00 元。共收录论文 16 篇,其中"学术专论"5 篇,分别是:杨奎松的"资本主义化,还是现代化?"、牛可的"历史对发展意味着什么?"、韩毓海的"社会自由理论的几个问题"、何晓明的"再论文化保守主义"和朱荫贵的"'官利'制度及其他:近代中国企业的资金运作";"主题研讨:现代化理论"3 篇,收有钱乘旦的"再论'反现代化'——理论建构与实例分析"、尹保云的"经济现代化的三个层面"、何传启的"第二次现代化理论——兼谈世界现代化研究的三个新热点;"经济与社会:'三农'研究"2 篇,即张强的"中国都市型农业发展的实践与理论"、刘一皋的"工业化村庄中的组织重建";"各国研究"3 篇,即张洁的"印尼威权统治结束后的亚齐分离运动"、郑振成的"墨西哥新自由主义改革及其影响"、张健康的"80 年代以来印度的电子工业政策及其结果";"思考评论"3 篇:杨玉圣的"现代化研究——从学科建设的视角观察"、邹兆辰的"宏观视野下的当代中国现代化史学"、安然的"在断裂与连续之间——评吉登斯的现代性思想"。书末附有 1998 年发表和出版的现代化研究的论文及著作索引。(丛晓眉)

C000046　**新编社会学**　侯力、左伟清编著。华南理工大学出版社 2002 年 9 月版。28 万字。17.50 元。大学生文化素质教育教材。对社会学进行系统研究和阐述,具体内容包括社会学的性质、功能、历史发展、社会与文化、人的社会化、社会群体、社会组织、社会分层与社会功能、社会问题和社会控制、社会保障与社会工作等。(乔丽)

C000047　**哲学人类学导论**　副名:从马克斯·舍勒《人在宇宙中的地位》开始。顾士敏著。云南大学出版社 2002 年 7 月版。13.5 万字。11.00 元。以马克斯·舍勒的《人在宇宙中的地位》这一哲学人类学奠基作品为基点,对哲学人类学及其相关问题作系统论述与批判。在"导言"中提出了"哲学人类学是什么?"继而在第一章提出了"哲学人类学问题是什么?"并就这两个基本问题作了系统阐述与分析。随后对哲学人类学以前的神话——宗教人类学、自然主义人类学和理性主义人类学作了系统的、历史的辩证批判。在此基础上,对哲学人类学的诸多基本问题进行分析、论述,并对马克思主义的哲学人类学意义作了客观论述。在"结语"中,把马克斯·舍勒创立的哲学人类学与中国传统儒学作了对比研究,做出批判性的结论。(李兴和)

C000048　**人生的资本**　李若编著。新疆人民出版社 2002 年 10 月版。20 万字。24.80 元。分 13 章,分别介绍年轻人的涉世资本、个性资本、EQ 资本、品位资本、财富资本、职业资本、社交资本、创业

资本、理财资本、爱情资本、新知资本、管理资本和幸福资本。指导人们善用人生的资本,走出成功的人生。(李燕)

C000049 **有效沟通** [美]桑德拉·黑贝尔斯、里查德·威沃尔著,李业昆译。华夏出版社2002年1月版。40万字。39.00元。介绍人际沟通的原理、方法和技巧。书中指出,每个人都需要友谊,都需要与他人进行沟通,尤其对那些经常在各种场合和情况下打交道的人,与他人关系处理是否恰当,与他人的沟通是否充分,这些都会对其工作绩效产生重要影响。(江山美)

C000050 **当前中国人际关系研究** 乐国安主编。南开大学出版社2002年7月版。30.9万字。18.00元。分上、下两篇。上篇四章:第一章人际关系的理论研究,介绍人际关系的基本理论和历史演变;第二章国内学者研究成果述评;第三章从人性透视人际关系;第四章从文化解析人际关系,分别对中国传统文化和我国市场经济初期的人际关系进行解析。下篇五章:第五章市场经济条件下人际关系基本状况的实证研究与分析;第六章市场经济条件下人际关系变化的新态势及原因分析;第七章社会主义市场经济条件下人际关系的应然性及其调适,对当前中国人际关系的特点与趋势进行研究;第八章网络时代人际关系与人际交往探析;第九章当前中国农村人际关系探究,分别对城市和农村的主要群体进行具体探析。(焦静宜)

C000051 **交际与口才** 李元授主编。华中科技大学出版社2002年1月版。35.7万字。19.80元。系"大学生文化素质教育书系"教材之一。运用交际学和口才学的理论,借鉴社会学、文化学、心理学、思维学、传播学和语言学等相关学科的理论和方法,论述交际学、口才学的基本原理,揭示其本质与主要规律,展示其基本方法与技巧。全书由导语、交际篇、口才篇、实践篇等四部分构成。交际篇论述了交际与交际学,交际的结构形式、社会功能,以及交际与符号、与角色、与人际关系、与民族心理等方面的问题。口才篇论述了口才艺术的形成与发展、口语表达的基本原则、口语交流的程序、口语表达的环境、口语交流主体与口语表达技法、口语表达风格等。实践篇对演讲、辩论和谈判分别作了系统阐述。(包以健)

C000052 **交往的姿态与艺术——中国人的人际观** 谢俊凯著。广西人民出版社2002年3月版。16.8万字。15.00元。"新世纪人文丛书"之一。借鉴西方人际理念的积极成分,力求全面、公正、客观地考察和深刻反思中国人传统的和现代的人际理念,结合人类发展、社会进步和新人文精神的基本要求,来构建有中国人文特色的新型人际理念。作者尝试以随笔的形式,从多学科的角度出发来诠释中国人的人际关系,涉及哲学、心理学、社会学等多方面的内容。(陈红)

C000053 **闲谈:突破沟通的障碍** [美]阿伊·杰伊著,王德庆、马小丰译。海南出版社2002年10月版。10.2万字。18.80元。本书作者、公共演说家、滑稽演员和专业小丑演员阿伊·杰伊讲述了展示自己魅力的秘密以及如何在生活中运用闲谈这一黄金法则。本书向你展示:如何同你的老板、同事和顾客闲谈;如何用礼物和戏法使你和别人保持亲密的关系;如何用闲谈得到爱;在首次见面时给别人留下良好、永久的印象;与朋友、邻居、儿童和少年闲谈等。(伍君之)

C000054 **沉思录** [古罗马]马可·奥勒留著,何怀宏译。海南出版社2002年1月版。10万字。18.00元。一部自己写给自己的书,是自己和自己的12篇对话。作者在这部书中探讨了自然与社会、宇宙与人生的关系,探讨了人与人之间的关系和个人独特的内心世界。他强调人要循其自然,按照普遍理性或者说人的本性生活和行动,一方面介入社会,把种种劳作看作自己的应分;另一方面又退隐心灵,保持自己精神世界的宁静一隅。书中所蕴涵的那种胸襟浩大、视万物为一体的世界主义,以及宣扬众生平等、悲天悯人的博爱思想,对后世亦有很大影响。(伍君之)

C000055 **现代人完全礼仪手册** 赵颖梅著。海南出版社2002年12月版。17.4万字。19.80元。一本介绍国际化交流中礼仪知识的图书。除了介绍基本社交礼仪、商务礼仪之外,还从衣食住行等方面入手,条分缕析地解说了礼仪规范,为现代人适应国际化生活打开了眼界,并提供了良好的建议。(伍君之)

C000056 **金丝带译丛·不再痴迷** 副名:走出心灵的误区。[美]梅洛蒂·贝蒂著,李静滢译。北方文艺出版社2002年1月版。18万字。14.00元。详细介绍互赖情结带来的种种感受、态度和行为,提出有助于个人生活得更加充实更有意义的一些观点和具体做法。富有深刻的人生哲理。(梁春芳)

C000057 **金丝带译丛·男人让人爱** [德]威

尔弗里德·威克著，赵国栋译。北方文艺出版社2002年1月版。20万字。14.00元。作者通过对自己生活的叙述以及长年从事心理治疗的实践经验，总结剖析了男人的弱点，指出：从某种意义上说，男人原本是软弱无力的，而使他们保持"良好运转机能"的恰恰是女人。也就是说，在女人的支持下，男人们才建立起自己的竞争能力，才激发出他们为尊严为权力而奋斗的勇气。（梁春芳）

C000058　**朋友的力量**　[美]简·聂格著，傅小平译。新华出版社2002年12月版。20万字。17.00元。分5部分：一、朋友意味着什么；二、友谊如何在一生中变化；三、如何做一个好朋友；四、工作与友谊；五、生活与友谊。强调在现代社会，友谊是人应学会的一种技巧，分析了人的一生对朋友的需求。（王苹）

C000059　**总体性与人的存在**　车玉玲著。黑龙江人民出版社2002年12月版。18万字。22.00元。考察了总体性与人的存在之间的关系，阐释了对总体性的追求，亦即克服二元分裂追求终极统一的诉求，一直内蕴于人的活动之中，是人的存在方式的体现，分析了当代总体性失落之原因，并指出总体性失落之后，人的存在状态与时代的精神状况。提出要克服人的存在困境与时代所面临的危机，必须重建总体性，恢复总体性在人的存在中的根基地位。（刘恺汐）

C000060　**智慧在线丛书**　小虫作坊著。浙江人民出版社2002年9月版。34.8万字。36.00元。励志书。包括3种，分别为《替真实打开窗门》、《让善良晒晒太阳》、《给美丽留张门票》。每种书均由5辑、共60篇文章组成，以平凡而生动的事例讲述生活中的道理，表达了对现实问题的思考，呼唤人们对真、善、美的追求。每篇文章开头均有引自正文的一句话，揭示该文主旨；文后有与正文内容相关的名人名言或作者感悟，引人深思。每种书中均随文配有数十幅漫画，犀利深邃。每种书各有一种主打的小动物形象。《替真实打开窗门》的主打形象是一只可爱的小蚂蚁。该书从给真实脱去外套、给名声减减肥等多角度出发，分析人们应该怎样面对真诚、名誉、理想等一系列问题，提示人们认真思考生活的本质，真实、坦诚地面对生活。《让善良晒晒太阳》和《给美丽留张门票》也从不同方面讲述了生活的道理。（吴华）

C000061　**公共关系学概要**　额尔德木图编。内蒙古少年儿童出版社2002年5月版。20万字。28.00元。主要内容有：公关之概述、公关观念与行为、公关组织、公关人员、公关程序、公关内容、公关策划、公关传播、公关礼仪、公关技巧等方面的知识。（刘金花）

C000062　**西方的幽灵与翻译的政治——"印迹"(1)**　酒井直树、花轮由纪子主编。江苏教育出版社2002年8月版。34.2万字。29.80元。学术论文集。编著者所发表的研究论文、观点交流和评论，将面向多语种的读者，除了文化研究、女性主义研究，以及批判种族研究，或后殖民研究等跨学科研究领域外，也包括各传统的社会与人文学科。书中每一篇文章都会在这本论集的所有语言版本中出现。每位撰稿人都意识到自己是为完全不同的、多种语言的读者写作。编著者希望，他们在其中争论和交流的社会空间将挑战民族和民族语言所构成的空间。这个空间由翻译过程构成，有多种语言和人员参与，通过争论，通过作者、评论者、翻译者和读者之间的交流而得以维持和扩展。（王家俊）

C000063　**金袋鼠励志丛书**　梅尔·席柏曼、王淑俐等著，陈玫瀞等译。浙江人民出版社2002年12月版。55.7万字。71.00元。丛书4种，以情商、心理素质、人际沟通技巧为主要内容。《情绪管理》以情商为主要话题，告诉读者如何了解自己的情绪，如何避免消极的情绪，如何发挥积极的情感。《巧舌如金》、《人气密码》以人际交往技巧为主要内容，讨论了"说服"在人际网络中的重要作用，阐述人际高手需要哪些素质。《心理健康维他命》以日常生活中常常遇到的不顺心事做引子，引导人们克服心理障碍，保持健康向上的心理状态。（陈巧丽）

C000064　**反自然的社会**　[法]塞尔日·莫斯科维奇著，黄玉兰译。天津人民出版社2002年4月版。24万字。20.00元。法文版1972年第一次出版。书中指出：我们建设我们的社会，不是反自然、与之决断而为之，而是利于创造我们共同选择的自然的方方面面而为之。这样，社会属于一部历史，而这部历史的精神变化和社会方面的转变造就了每个时期。这幅前景终能展示一个意义十分广泛的观念，是充满活力的社会学和生态学可能体现的观念，它针对的是普及化的匮乏所需要的"生存新艺术"。作者是法国高等社会学专科学校科研指导教师，曾参加生态学运动的创办工作，出版了关于社会心理学史、科学史与技术史、现代社会问题的著作。（黎遥）

C000065　**文化的解读 Understanding Cultures**

副名:美国及泰国部族文化研究 An Anthropological Study of American and Thai Tribal Cultures。珍尼·理查森·汉克斯著,刘晓红主译。云南大学出版社 2002 年 9 月版。46 万字。32.00 元。该书系作者从事文化人类学 60 年,对美国凯欧瓦印第安人及泰国北部民族进行长期深入的田野调查之后的研究成果。作者根据其第一手田野调查资料,对美国凯欧瓦印第安人的社会法则和凯欧瓦印第安人在其社会各层面中的社会活动,用不同的个案进行比对研究,揭示了凯欧瓦印第安人的社会结构、社会组织及文化事象。作者在 20 世纪 50 年代到 90 年代对泰国北部民族进行深入的田野调查,从中研究了泰国北部民族的文化现象,讲述了泰国北部民族的宗教文化、宇宙观、妇女生育及生活状况、民族迁徙、生活习俗、生产方式等文化模式。并在长达 40 年之久的过程中对这些地区民族的社会文化变迁从生态原则进行审视,以及对其文化形貌的特点进行阐释。(邓立木)

C000066 **河南人惹谁了** 马说著。海南出版社 2002 年 4 月版。15 万字。15.00 元。全面描述了全国很多省份存在的丑化河南人的现象。深入分析了产生这种地域歧视现象的原因,批判了偏见歧视的思想根源和"理论",反驳了种种不公正传闻,重正视听,为河南人正名,从而清除这种地域歧视。

C000067 **中国城市社区** 李绘欣、刘庆龙编著。河南人民出版社 2002 年 8 月版。25.5 万字。20.00元。"中国社区工作书系"之一。从我国城市社区的实际情况出发,运用社会学、经济学、教育学、管理学等学科的研究方法,对我国城市社区建设的发展、特征以及城市社区的服务、文化、环境、教育、管理等方面进行了论述。注重对城市社区建设中的现实问题进行理性思考,寻求解决问题的具体办法。还注重借鉴其他发达国家和地区城市社区建设的经验,以期对我国的社区建设有所启示。(李小龙)

C000068 **我国城市社区发展政策研究** 严浩主编。中国计划出版社 2002 年 12 月版。11.7 万字。11.00 元。介绍了关于社区、法定社区以及城市管理体系中"单位制"和"社区制"的概念。指出,我国城市社区属于典型的法定社区,由政府人为地划定区域,冠以"社区"的称谓,作为城市管理体制中的一个基层单位,并指定成立相应的管理机构。介绍了社区服务、社区建设和社区发展等概念在我国的沿革和发展。指出,社区服务、社区建设和社区发展三者之间存在着递进发展的逻辑关系。最后对社区建设内涵、外延、特征、原则和功能等理论问题进行了探讨。收入"中国宏观经济丛书"。(何欣)

C000069 **城市社会学** 顾朝林编著。东南大学出版社 2002 年 8 月版。31.9 万字。29.00 元。高等学校城市规划专业系列教材。主要内容有:社会学与城市社会学概念、城市社会结构、城市社会分层与流动、城市社会空间结构、城市社会学基本理论体系、城市社会地理学理论与方法、城市社会学研究方法等。(徐步政)

C000070 **城市迷宫** 张穗华主编。中国对外翻译出版公司 2002 年 8 月版。10 万字。23.80 元。叙述都市化的壮阔历程,对城市的生态问题作了探讨。展现出世界各大城市的不同风貌,以及变迁和发展的历史,从北美、拉美到欧洲、非洲和亚洲,所介绍的城市有墨西哥城、纽约、柏林、布加勒斯特、列宁格勒、耶路撒冷、巴西利亚、丹吉尔、马赛、拉巴斯、温哥华、北京、莫斯科、开罗、巴黎、阿比让等,其中包括世界上六个最大的城市:东京、孟买、拉各斯、圣保罗、达卡和卡拉奇。是一部关于城市的饶有趣味的百科全书。收入"信使精华丛书"。(黄定)

C000071 **什么都想要:幸福的艺术** [英]多罗茜·露著,陈德中译。海南出版社 2002 年 9 月版。28.6 万字。23.80 元。如何能够幸福,并实现自我的价值,是本书探讨的主要内容。作者追寻了现代社会中人们不满足现实,找不到幸福的种种原因,并深刻剖析了社会、家庭对每一个人实现自我、寻找幸福的影响。作者将这种自我调节、追寻幸福的艺术,称为第二种智慧,与人们追求外部世界规律的第一种智慧相对应。(伍君之)

C000072 **生命的"后花园"** 副名:抵达精神自由的审美之舟。黄建华、李成琳著。重庆出版社 2002 年 5 月版。90 万字。29.50 元。以崭新的视觉和方式观照人的内心世界的读本。在文字与图片的"互动"中,探析中国书画和人文情怀对生命的意义。书的主线是对话,一个书画家和一个散文家的"对话",关涉到传统文化、艺术人文,中国书法、绘画,幸福、成功、人生境界。对话是对中国书画精神的回应,书中的字、画则是中国书画精神的具象表达。对话和书画的互动使中国书画精神落实到墨韵书香之中,它暗合中国美学言、象、意之间别有洞天的递进和超越。它是旁通到生命后花园的一扇门窗。(陈建军)

C000073 **70 年代人——湖南卫视《新青年》系列** 彭国梁编。湖南人民出版社 2002 年 7 月版。

22.8万字。25.00元。《新青年》是湖南卫视的名牌栏目。该栏目围绕新闻人物和热点事件展开话题，立足于经济文化思想领域，以青年的视角观察世界，关注中国社会经济和文化领域的人和事，掌握新锐概念。该书收集《新青年》栏目中先后录播的“奔跑者”“花样年华”“新团队文化”“我们这一代”等节目，通过与丁磊、段云松、胡延平、邵建平、李敬泽、撒贝宁、郭小橹、秦全耀、张天蔚等人的对话，叙说了70年代人的学习、生活、工作经历，同时选取杨晖、安妮宝贝、张晨、周洁茹、方达等人的描写小资情节的文章，反映当代青年中部分群体的精神面貌和生活态度。(易斌)

C000074 **现代生活书屋** 山东文艺出版社2002年6月版。46.4万字。56.40元。丛书共5本:《别勉强自己》([日]富田隆著，林青华译)、《快乐性脑学》([日]大岛清著，苗胡译)、《身心处方笺》([日]永井明著，曹亚辉、王华伟译)、《男人的内心世界——写给不懂男人的你》([日]秋元康著，高晓钢译)、《女人的内心世界——写给不懂女人的你》([日]冈部麻里著，张平译)。丛书在减轻现代人心理压力、缓解身心疾病、探究男女内心世界以及两性关系等角度都有独到的见解，用清新、通俗的笔调为现代人的生活展开了一片新的天地，提供了一系列摆脱身心压力、争取轻松生活的指导和建议。(李燕)

C000075 **信息社会4.0** 副名:中国社会建构新对策。熊澄宇著。湖南人民出版社2002年11月版。22.4万字。34.80元。提出中国信息社会发展的四个阶段:信息社会1.0是信息社会的萌芽期，以基础建设为主，其代表性的特征是大量的硬件投入和基础建设，是信息技术的应用阶段;信息社会2.0是信息社会的起始期，它突出的特征是发展有自主产权的软硬件技术，形成了技术产业，是信息产业的发展阶段;信息社会3.0阶段则开始了信息技术在社会经济领域的广泛应用，其主要特征表现为信息技术和传统产业的结合，是信息社会的经济推进阶段;信息社会4.0是信息社会发展的高级阶段，其表现形式是以电子政务为起点，计算机信息处理技术向生产关系和上层建筑领域拓展，是信息社会的建构阶段。作者从新公民社会、新经济时代、新文化建构、新媒体形态、学习化社会、新安全问题、填补鸿沟等七个方面对信息技术、网络技术对社会发展所产生的深层影响进行了分析和研究。(朱永红)

C000076 **听来的爱情故事** 刘学红著。湖南人民出版社2002年6月版。18万字。14.50元。“BBS丛书”之一。讨论人类永恒而常新的话题:爱情和婚姻。分几个部分:守望爱情、经营婚姻、两性物语。“听来的爱情故事”只是其中一篇，极富故事性。它提醒我们:要谨慎而理智地对待爱情和婚姻。(杨纯)

C000077 **表达的方法** 黄耀红、陈文著。湖南人民出版社2002年3月版。8.8万字。8.50元。介绍寻求表达的“点金术”。指出，语境不同、对象不同、目的不同，表达的形式与内容也就不同。为“脑开发丛书”之一。(张志红)

C000078 **金丝带译丛·为了你爱我，我就放弃自己吗?** [美]乔丹·保罗、玛格丽特·保罗著，马永波、王玉华译。北方文艺出版社2002年1月版。20万字。13.60元。书中告诉夫妇们如何以创造更多的爱和亲密的方式来解决冲突，而非相反。解决冲突的途径以图表形式表示出来，然后予以详细的阐释。指出对爱情造成障碍的恐惧和错误观念。还为夫妇们提供了完整的练习题，以此共同探索他们对价值观、权力斗争、性期待等等的感觉和信念。这是一本追求丰富与深刻的终生相爱关系的夫妇的经典读本。(梁春芳)

C000079 **金丝带译丛·两性情感秘籍** [英]凯海利·A.凯瓦里等著，周美娇、黄学民译。北方文艺出版社2002年1月版。19.5万字。13.60元。作者认为，持续终生的美好婚姻是在每个人的掌握之中。书中讨论的主题包括为婚姻做准备及吸引合适的伴侣、婚姻中兼容和互补的重要、如何保持开放的沟通。提供了各种技巧来处理伴侣的感情、安排金融事务、与亲属打交道、避开威胁最可靠关系的共同陷阱。(梁春芳)

C000080 **金丝带译丛·婚姻的精神** [美]伊芙琳·莫斯奇塔、保罗·莫斯奇塔著，邵文实译。北方文艺出版社2002年1月版。21万字。14.80元。揭示了婚姻精神的最大秘密:浪漫激情本质上属于精神领域，寻找灵魂之侣并非异想天开。作者用大量的故事、案例和练习，指导你如何培养夫妇间的相互信任和尊敬，发掘自己的超凡潜能，超越一般意义的伴侣关系，获得爱情的巅峰体验。(梁春芳)

C000081 **结婚实用手册** 曹务民编著。金盾出版社2002年6月版。19.1万字。11.50元。介绍恋爱、结婚、夫妻生活、生育等方面科学知识的通俗读物。其内容包括:婚姻与恋爱常识、婚前筹备、婚礼形式、婚礼摄影及录像、婚礼主持、婚礼讲话、新婚心理健康常识、性生活常识、妊娠常识、婚姻官司法律常识等 13 个类目，200 余个子目，并附有新修正的《中华人民共和国婚姻法》和《婚姻登记管理条例》。（陈俊峰）

C000082 **爱，请对号入座：26 种幸与不幸的爱情** [美]罗伯特·斯坦伯格著，北京拓维炜胜翻译公司译。新华出版社 2002 年 7 月版。24 万字。19.00元。叙述 26 种爱情故事——包括师生故事，收集故事，恐怖故事，花园故事，幻想故事等。分五部分，第一部分阐述“爱是一个故事”，分析了故事的元素和种类，探究“故事从哪里来，又到哪里去”。第二部分重点讲述 26 个爱情故事。第三部分分析故事的意义，并回答什么是爱。（黄绪国）

C000083 **爱情不风流** 周国平著。海南出版社 2002 年 10 月版。14.80 元。国内著名的畅销书作家周国平的随笔集之一。大多数篇章的主题是议论爱情、两性关系、婚姻和家庭，本书作者的思考带有哲学意味，因而在轻松自然的笔调中显露出深刻的哲理。（伍君之）

C000084 **爱情方程式** 副名：爱与力的平衡。[美]布伦达·希弗著，邵文实、王爱松译。北方文艺出版社 2002 年 1 月版。23 万字。14.60 元。作者认为，每个人内心深处都存在三个“爱人”——渴望拥有对方的沉溺性爱人、关心对方成长的健康性爱人、产生共鸣的精神性爱人。在两性的情感关系中，需要保持爱与力的平衡。阐述了怎样通过生活经历调整自己，建立起圆满的情感关系。（梁春芳）

C000085 **爱情课** [英]玛丽·雅卡什著，杨白译。海南出版社 2002 年 1 月版。10 万字。28.00元。从 4 个方面对爱恋关系是快乐生活的基础进行阐述：第一章相处关系秘诀，揭示构成良好的感情关系的因素；第二章积极现实的生活艺术，告诉你如何以新的方式来看待你的恋情；第三章情感关系的策略，教给你如何改善彼此的关系并且提供了十道循序渐进的练习题来帮助你和你的伴侣去修复你们的情感裂缝；第四章拓宽关系网，告诉你如何运用你的新技能和更深的理解力来拓宽除伴侣以外的其他关系。（伍君之）

C000086 **婚恋百分百** [美]霍华德·J.马克曼、斯科特·M.斯坦利、苏珊·L.布隆伯格著，马永波译。海南出版社 2002 年 12 月版。20 万字。22.80元。原名为《保卫你的婚姻》。作者从“事先了解通往持久之爱的路上的风险”、“彼此欣赏”、“齐心协力来处理冲突”、“怎样坚持到底”等几个方面告诉读者，婚恋并不是随心所欲的行为，完全能够用科学理智的态度去指导和处理，如何避免无意义的相互猜疑和不信任，如何从情感、娱乐与性几方面循序渐进地增进感情，增加承诺和责任的分量，共同缓解生活中的压力和不幸，保卫自己的婚姻和恋爱，减少婚恋破裂的几率。（伍君之）

C000087 **婚恋进行时** 副名：没有爱情的婚姻与没有婚姻的爱情。[德]赫拉德·申克著，赵蕾莲译。北京出版社 2002 年 3 月版。16.6 万字。14.00 元。“野婚”、“未婚同居”、“非婚同居”名称的变化表明了社会态度的变迁。法律之外的生活共同体，从古希腊、罗马到中世纪，从资本主义时期到今天，从雅典的奴隶社会到行会工人，从沙龙里的贵妇到名动天下的艺术家，学者，都曾发生过。什么保证了爱情之为爱情？什么使得婚姻作为婚姻？本书试图从人类同居史中寻找一个严肃而认真的回答。与该书为同一系列的还有《自我价值与共享思想——运用社会智慧获得持久成功》、《享用道德——对价值的自然渴望》、《两性关系的内心解约》、《告别牺牲者的角色》。（总编室）

C000088 **人类与性** 副名：幸福人生。刘来发、林盛中编著。黑龙江人民出版社 2002 年 10 月版。18 万字。18.00 元。主要内容有：性科学——开启人生的钥匙；性观念——文化兴衰的标识；性生理——激情期待唤醒；性生活——一条扯不断的红丝线；性心理——身心健康的调节器；性艺术——美妙的生活乐章；性诱惑——难以填平的陷阱；性疾病——不该开放的“罂粟”；性烦恼——拨开乌云晴空万里；性变态——坠入死亡之海。（刘恺汐）

C000089 **创造真爱的五项修炼：两性沟通秘笈** [美]盖瑞·查普曼著，王云良译。新华出版社 2002 年 1 月版。16 万字。19.80 元。从理论上分析两性之间的沟通。提到了沟通的类别，除言语的沟通，还包括身体的接触（行为语言的了解），探讨了如何发现主要爱语（隐示沟通）。第二章到第八章重点讨论爱的语言：肯定的言词、精心的时刻、接受礼物、服务的行动。最后还有作者心语以及婚姻小组讨论研读指南。（黄绪国）

C000090 **两性之哲学** 冯沪祥著。北京大学出版社 2002 年 3 月版。12 万字。12.00 元。从哲学角度分析两性问题的专著。分六章：两性哲学的重要性；两性沟通如何成功；两性爱情如何成功；两性婚姻如何成功；女性主义之思潮重点；西方近代妇女运动。作者认为，两性问题具有超越性别、时空、

种族、政党、年龄、学历的特点。书中为两性情感需求而提供的获得成功的方法,既深具理性,又相当实用。(王春茂)

C000091 **申请·面试·薪酬——谋职成功的三项修炼** 曾凯民编著。上海科学技术文献出版社2002年6月版。25.4万字。18.00元。汲取国外职业指导专家的研究新成果新观点,综合国外人才市场的新动向新趋势,系统介绍求职的实战技巧。第一章包含20多则英汉对照的个人简历和申请信的成功范例详解,从字体格式、谋篇布局到克敌制胜的秘密武器条分缕析。第二章全方位透视九大谋职信息源,其中有大量鲜为人知的高薪工作岗位以及互联网上60余个求职网址及详解。第三章谋职交际和第五章薪酬谈判,系根据我国国情,精选编译自国外有关专著和论文,首次发表。第四章介绍外国大公司令人生畏的心理测试程序及方法,剖析一般面试的种种陷阱和门坎,对200多个面试问题作了分析与解答。(何兰林)

C000092 **新进员工职业化训练学习方案丛书** 众行管理资讯研发中心编著。广东经济出版社2002年11月版。100万字。97.00元。丛书由12个学习方案组成,按照内容的联系分为心态篇、沟通篇、方法篇、技能篇四部。心态篇包括:心态决定一切;认识企业;如何融入团队。沟通篇包括:职场上的人际关系;有效的沟通;电话沟通技巧。方法篇包括:科学的工作方法;时间管理;如何塑造职业化形象。技能篇包括:商务写作技巧;时间管理;会议——新人进步的阶梯。(陈剑娜)

C000093 **蹦豆哥的理财智慧** 孙继忠主编。中国少年儿童出版社、天津科学技术出版社2002年6月联合出版。30印张。48.00元。分6册:打工奇遇记、货币的奥秘、消费新天地、金融大世界、投资苦辣甜、财税万花筒。图文并茂,通过一件件发生在身边的经济事例而引发的趣味故事加以通俗易懂的知识点评,帮助少年儿童了解货币的起源和职能;接触消费、金融、投资的一些基本概念;弄懂财政与税收的有机联系及劳动与财富的关系等等。收入“理财智慧启蒙丛书”。(杨向荣)

C000094 **失业人员求职指南** 舒风编著。金盾出版社2002年6月版。8.3万字。6.00元。主要讲述九个问题:一是正确认识下岗、失业的两重性,正确评估自己,改变就业观念。二是做好应聘前的准备,开发自己的潜在创造力,学会一些技术,了解职业市场的供需情况。三是怎样根据个人兴趣爱好、知识和能力选择职业。四是如何收集职业信息。五是怎样写好求职信、简历等自荐材料。六是做好面试的心理、物质和内容准备。七是掌握面试的技巧。八是注意保护自己。九是变就业为创业。(王金相)

C000095 **消费文化学** 尹世杰著。湖北人民出版社2002年6月版。16.4万字。15.00元。共10章。第一章界定文化和消费文化的含义,阐述消费文化学的研究对象与方法。第二章分析了影响消费文化的因素,即分析了政治制度、经济体制、经济发展水平、价值观念、消费者素质等对消费文化的影响。第三章从时代特征出发,分析在知识经济时代消费文化的新变化、新特点,知识经济对消费文化产生的巨大影响。第四、五、六章为重要内容,分别分析论证了消费领域的三大文化形态,即物质文化、精神文化、生态文化各自的特点、作用以及发展趋向。第七、第八两章探讨了如何进一步开发和利用我国极为丰富的文化资源,形成具有中国特色的文化产业,充分发挥消费文化的作用。第九、第十章探讨如何发展面向现代化、面向世界、面向未来的民族的科学的大众的社会主义文化;如何发扬我国文化的优秀传统,合理吸收外来文化的精华,建立有中国特色的消费文化体系;如何加强对消费文化的引导,大力发展消费文化,提高全民文化意识,提高消费中的文化含量,提高人的文化消费素质。(张开群)

C000096 **体验成长** 副名:青少年民宿地球村报告。孙云晓主编。天津教育出版社2002年1月版。24.8万字。16.50元。民宿,即让不同文化背景,不同国家和民族的青少年,到世界各国人民的家中去生活、去体验、去理解。而民宿活动的意义,则在于促进国际交流与发展、推进世界和平。中国青少年研究中心课题组用一年多时间投入民宿研究,并完成本书。其特点在于:它是研究性的,也是文学化的;是理论的探索,也是实用的指南;它适合教育工作者和研究人员借鉴,也适合青少年及其父母学习。(王艳超)

C000097 **青春策划** 孙雅君编。天津教育出版社2002年1月版。28.7万字。20.00元。分六部分,分别从青年人的恋爱、人际关系、职业选择、择业考试几个重要方面给青年人提出建议;其中,职业选择包含了对现今高薪职业的介绍、获得高薪职业要通过的考试的介绍以及跨国公司企业的聘人政策和人才观的介绍。整本书由一个个的案例组成,政策性较强的文章则辅之于具体说明。既讲述轻舞飞

扬的浪漫故事,又不乏职场择业的冷静与理性的分析;同时辅之于政策性条文的说明。(向保)

C000098 **老年生活礼书** 吴幼敏、傅善来、张钟汝等编著。上海科学技术出版社 2002 年 10 月版。约 70 万字。50.00 元。丛书有 8 本组成:《老年法律求助》、《老年人就医问药指南》、《健康生活方式与长寿》、《老年心理保健》、《人际交往与老年生活》、《营养与药膳》、《老年人与现代家用电器》以及《老年生活也精彩》。丛书针对老年人在生活中可能遇到的种种问题,介绍实用的科学知识以及科学、健康、文明的生活方式,使老年人能健康、长寿、幸福地安享晚年。(武时勉)

C000099 **女性主义思潮导论** 艾晓明译。华中师范大学出版社 2002 年 10 月版。43.7 万字。25.00元。译自美国女性主义课程教材。本书有助于全面地认识各种流派的女性主义思想。自由主义女性主义认为,妇女的屈从地位植根于一整套社会习惯和法律限制,这一切妨碍妇女进入公共领域并在其中获得成功。激进的女性主义者认为,仅仅改良父权制并不行,必须推翻父权制的法律和文化基础。马克思主义女性主义将妇女的不平等归结于阶级压迫,因此妇女解放首先就要推翻资本主义制度。精神分析的女性主义认为,压迫妇女的根源深藏在妇女的精神内部,而存在主义女性主义认为,妇女解放首先在于她不能把自己作为他者,而要作为主体。本书还详细讨论了后现代女性主义、后殖民女性主义以及生态女性主义。(马元龙)

C000100 **妇女学和妇女史的本土探索** 副名:社会性别视角和跨学科视野。杜芳琴著。天津人民出版社 2002 年 12 月版。27.5 万字。23.00 元。妇女史研究论文集。从社会性别视角和跨学科视野来叙述,其中包括妇女学内容,侧重于学科建设的组织与探讨。含四方面内容。一、介绍了妇女学不再单纯关注妇女史一个学科,而是注重建立多学科和跨学科的妇女学学科群的重要性,并把妇女史研究更自觉地定位于历史学与妇女学的交叉点。二、讨论了中国妇女史的议题,侧重在理论、方法上的引入、消化和结合本土的初步探索。三、介绍妇女发展和妇女组织,是对前几年组织活动和妇女发展研究活动的小结。四、部分妇女学研究的书评、短论和跋文。(王华)

C000101 **历史、史学与性别** 李小江等著。江苏人民出版社 2002 年 10 月版。33 万字。21.00 元。集结"历史、史学与性别"圆桌座谈会的论文。座谈会邀请中国历史学、人类学领域中有相当影响力的学者参加,采用"个人表述"和"自由论坛"相结合的方式,就史学中的性别研究以及妇女史研究中的相关问题进行讨论,对中国传统史学和妇女史建设具有双向的推动作用。

C000102 **文化、教育与性别——本土经验与学科建设** 李小江等著。江苏人民出版社 2002 年 10 月版。22.1 万字。15.00 元。"本土化"和"主流化"是妇女研究领域与性别研究领域中谈论最多的两个问题。本书在"妇女/性别研究与高等教育实践"国际论坛的基础上辑稿整理而成。主讲人全部来自大学,是近年来在妇女/性别研究领域中卓有成就且在教学实践中颇具经验的教授,她(他)们的演讲具有鲜明的原创性,是多年探索、思考的结晶,在很大程度上代表了当下中国大陆妇女/性别研究在各领域中的发展进程和学术水平。

C000103 **文学、艺术与性别** 李小江等著。江苏人民出版社 2002 年 10 月版。25.7 万字。17.00元。"性别屏蔽"是近年来女性文学、艺术创作和研究中十分突出的问题,它严重制约着女性艺术活动的成长空间和发展走向。本书作者均为我国文学、艺术和评论、研究界的佼佼者,他们就"性别"因素对创作的影响坦诚陈述自己的见解,突破单一艺术形式和单一性别视角的封闭结构,提倡男女两性性别立场和视角的对比与置换,创建不同艺术表述形式间的沟通渠道,在经验与理性的交锋中深化对文学艺术的认识,从而在突破"性别屏蔽"和"门户壁垒"方面做了有益尝试。

C000104 **社会保障学** 陈树文主编。大连理工大学出版社 2002 年 9 月版。35 万字。22.00 元。以社会主义市场经济体制为基础和出发点,以社会保障活动中的各种经济关系、社会关系的内在联系及其运动的规律性为研究对象,以西方的社会保障理论和社会保障实践为借鉴,以国民收入在社会保障中分配关系为主线,将社会保障的理论与社会保障的改革和发展实践相结合,构建具有中国特色的社会保障理论体系。(总编室)

C000105 **西方社会学文选(英文版)** 于海主编。复旦大学出版社 2002 年 8 月版。133.2 万字。68.00 元。为 20 世纪西方社会理论文选。分经典与当代两大部分,当代理论再分为美国、德国、英国和法国等四个小部分,选入过去 100 年在西方产生过最重要影响的欧美社会理论家 50 多位,文献 78 篇。(曹珍芬)

C000106 **中国社会工作** 周湘斌、田序永编著。河南人民出版社 2002 年 8 月版。25.9 万字。20.00元。“中国社区工作书系”之一。主要论述中外社会工作的历史、差异及相互借鉴，社会工作的基本原理、工作方法、知识技能、组织机构管理等，是社会工作专业教育教材。(李小龙)

C000107 **以自由看待发展** [美]阿马蒂亚·森著，任赜等译。中国人民大学出版社 2002 年 7 月版。36 万字。39.00 元。作者改变狭隘发展观的旧范式，阐述人的实质自由是发展的最终目的和重要手段，建立了全新的理论框架。全书论证，发展是涉及经济、政治、社会、价值观念等众多方面的一个综合过程，它意味着消除贫困、人身束缚、各种歧视压迫、缺乏法治权利和社会保障的状况，从而提高人们按照自己的意愿来生活的能力。作者分析了发展中国家面临的重大问题，阐明在实践中的解决途径。在强调市场机制、全球化对提高人们生活水平做出基础性重大贡献的同时，指出还需要政府和社会在人的生存、保健、教育等领域承担责任，更需要人作为发展的主体在全面的社会交往和变革中发挥主动作用。列入“当代世界学术名著·经济学系列”。(王爱玲)

C000108 **人口与计划生育文集** 宋平著。中国人口出版社 2002 年 5 月版。10 万字。30.00 元。收录宋平 1988 年至 1998 年间关于人口与计划生育方面的部分文章、讲话、谈话和信函，从不同角度反映了著者对人口与计划生育的理论思考和工作实践。(樊艳华)

C000109 **人口与计划生育管理大全** 李宏规主编。中国人口出版社 2002 年 12 月版。310 万字。586.00 元。分 11 部分，对人口与计划生育工作的管理及相关知识进行阐述。内容包括：人口与计划生育管理概述、计划生育政策与计划生育法制、计划生育宣传教育工作、计划生育规划统计管理、计划生育技术服务管理、计划生育财务管理、计划生育组织机构与干部队伍建设、计划生育信访、流动人口计划生育管理、生殖保健与优生优育简明知识、基层计划生育工作实践与探索等。收录 1991～2001 年有关人口与计划生育的法律、法规、中共中央文件、全国人大文件、国务院文件、国家计生委文件、相关部委文件，每一类文件按时间顺序排列，便于检索。(何军)

C000110 **避孕节育优质服务与知情选择** 高尔生等主编。中国人口出版社 2002 年 3 月版。32.4万字。45.00 元。分三部分。第一部分为“生殖健康与计划生育优质服务”，着重介绍这一领域的最新理论和国内外研究动态；第二部分为“知情选择人际交流与咨询技巧”；第三部分为“避孕节育咨询指导手册”，介绍了各类避孕节育方法的适应症、禁忌症、副作用以及详细的用法用量。(樊艳华)

C000111 **人口与计划生育大趋势** 林盛中著。黑龙江人民出版社 2002 年 9 月版。23 万字。26.00 元。把握婚育文化及人口与计划生育的发展趋势，在充分分析经济体制转型期计划生育基本矛盾的基础上，指出在新的历史条件下，孩子成本转移，婚外性行为控制整合资源以及中国加入 WTO 后给计划生育带来的机遇与挑战，构筑了中国计划生育道路的基本框架，描绘了中国计划生育工作的发展方向。(刘恺汐)

C000112 **人口，将给中国带来什么** 蔡昉、张车伟等著。广东教育出版社 2002 年 9 月版。27 万字。20.00 元。在可持续发展理论的背景下研究中国人口问题。探讨的双主题是：在中国的可持续发展过程中人口究竟起着什么样的作用；怎样的人口特征、结构和转变过程才是可持续的。各章论述了经济持续增长面临的人口、资源和环境条件，可持续的人口发展观，可持续发展的人口贡献，传统发展战略与人口机制，人口控制与市场机制，发展绩效与人口因素，中国人口是资源还是悬剑，以人为本的人口发展，人口特征与可持续性，人口迁移与流动，人口增长与就业创造，人口的边缘化等问题。指出，人作为劳动者和消费者，是经济过程中的主角；无论什么样的发展，归根到底都要服务于人。古今中外的社会生产力发展和社会经济条件变化，又都离不开人口特征、规模的相应调整、发展和变化。(常丹琦)

C000113 **新人口论** 马寅初著。中国人口出版社 2002 年 6 月版。2.25 万字。2.80 元。分十部分内容，主要包括：我国人口增殖太快；我国资金积累得不够快；我在两年前就主张控制人口；马尔萨斯人口理论的错误及破产；我的人口理论在立场上和马尔萨斯是不同的；不但要积累资金而且要加速积累资金；从工业原料方面着想亦非控制人口不可；为促进科学研究亦非控制人口不可；就粮食而论亦非控制人口不可；几点建议。通过对人口增长过快与国民经济发展之间存在的一系列矛盾的分析，阐述了“新人口论”的中心论点：控制人口数量和提高人口质量。从我国的国情出发，提出了控制人口增长的各种措施。(何军)

C000114 **中国民族人口(第一集)** 田雪原主编。中国人口出版社 2002 年 6 月版。160 万字。280.00元。收入主要聚居在内蒙古和东北地区的满、蒙古、朝鲜、锡伯、达斡尔、鄂温克、鄂伦春和赫哲等 8 个少数民族,共分 8 卷。内容包括:东北地区民族的起源与变迁,民族人口的规模与分布,身体与文化素质,年龄与性别结构,职业结构,民族人口的生育率与死亡率变动,婚姻与家庭,人口预测与发展趋势等方面内容,并对上述各族发展进程中共同的特点、存在的问题和面临的挑战,进行分析和阐述。将人口学和民族学的理论与研究方法相结合,提出一些新的思路和观点,指出:中国少数民族作为一个整体,与世界其他民族比较,在数量、文化、结构变动中具有自己的某些特点,影响和促进着经济、文化、社会的发展。近年来,少数民族人口与计划生育工作卓有成效,少数民族的生育率下降,缩短了与生育率更替水平之间的差距,创造了有利于经济、社会发展的条件,民族人口身体素质、文化教育素质提高较快。我们要根据中国民族人口的特点,以可持续发展战略为指导,为进一步贯彻民族政策、发展人口与计划生育事业、促进民族繁荣、维护祖国统一、增进民族团结,做出积极的贡献。(何军)

C000115 **天津人口研究(1404～1949)** 高艳林著。天津人民出版社 2002 年 10 月版。20 万字。20.00 元。就 1404 年天津建卫至 1949 年期间天津人口研究的薄弱方面作研究。以 1860 年天津开埠为界分为两编,共九章。上编"开埠前天津人口的来源及其性质的变化",按照人口性质逐渐演化的特点分为三章。下编"开埠后天津人口的继续发展",以六章篇幅对 1860～1949 年这一时期的天津人口状况进行研究。提出了 1404～1949 年天津人口史给予人们的一些有益的启示:天津是一个移民城市;移民对天津城市的发展起了非常重要的作用;宗教人口在天津发展历史上具有独特的作用;外国移民在历史上对天津的发展发挥了不可替代的作用;天津在历史上,特别是开埠后文化教育居全国的前列,这是其时天津之所以能够成为北方经济中心、全国先进地区的一个重要支撑点。(王康)

C000116 **6 Sigma—风行美国的管理思潮** M.哈里,R.施罗德编著。中国科学技术大学出版社 2002 年 2 月版。23 万字。20.00 元。分 5 部分 15 章,各部分都有相应的企业案例,案例大多数来自于两位作者的亲身实践。第一部分(第 1、2、3 章)介绍 6σ 管理思想的起源和它的基本原则,描述革新战略的 4 个核心阶段。第二部分(第 4、5、6 章)解释 6σ 管理思想的统计原理,并从流程出发揭示出隐藏工厂现象对企业的危害。第三部分(第 7、8 章)建立 6σ 的评估方法。第四部分(第 9、10、11 章)专门介绍 6σ 革新战略的实施过程,以及 6σ 战略执行者——黑带。第五部分(第 12、13、14、15 章)探讨 6σ 管理思想与服务行业、项目遴选、心理学的关系,并引导企业为 6σ 管理做好准备。书中所有建议和经营策略都经过了实践检验,被证明是行之有效的。(胡开华)

C000117 **国际管理学** 副名:全球化时代的管理。张新胜等著。中国人民大学出版社 2002 年 8 月版。66.2 万字。58.00 元。对那些努力走向国际化的公司将面对的核心挑战进行阐述,分析了国际化的政治、法律与技术内容,论述了管理文化多样性的挑战,考察了如何设计与开发国际化的组织,探讨跨文化的沟通与谈判问题,阐明不同文化中的激励与领导方式,解释了不同国家系统中的人力资源和劳工关系问题。书中吸纳了目前国内国际管理学教学与研究领域中的最新成果,并从独特的视角分析了中国企业在国际市场竞争中将会面临的问题及应对方法。(郑伯平)

C000118 **重思管理的艺术** [美]汤姆·莫里斯著,游敏译。海南出版社 2002 年 5 月版。21 万字。19.80 元。以假设古希腊思想家亚里士多德生活在今天社会为引子,以亚里士多德的思想观分析今天复杂多变的商业社会,探讨了在当今快节奏的混乱而又充满挑战的社会环境中,如何求得个人的工作成就,如何求得企业长久而辉煌成就的诸多问题,对时下一些棘手的社会问题也进行了颇有意味的分析。(伍君之)

C000119 **第五项修炼·实践篇——创建学习型组织的战略和方法** [美]彼得·圣吉等著,中国人民大学工商管理研修中心组织翻译。东方出版社 2002 年 9 月版。58 万字。68.00 元。作者将关注的焦点从观念突破转向具体实践,并以集体智慧的结晶,描绘出创建学习型组织的战略、方法、工具及实践案例,从而使学习型组织理论具有了更强的实践性和可操作性,并为包括企业在内的各类组织的变革和管理创新提供了一种全新的思路与方法。

C000120 **领导者的对话** F.海森贝恩,P.柯恩编著。中国科学技术大学出版社 2002 年 6 月版。28 万字。25.00 元。收集 37 篇管理大师的文章。文章选自彼特·德鲁克非赢利管理基金出版的同名杂志。作者多为终身研究与实践管理科学的专家与企业家,他们的观点代表了管理科学最前沿的思维。全书7篇,分别阐述领导艺术、管理创新与变革、新信息经济中的领导艺术、全球化经济中的竞争战略、团队建设和组织机构效率等等。(胡开华)

C000121 **管理学基础** 胡昌平编著。武汉大学出版社 2002 年 1 月版。50.2 万字。25.00 元。面向 21 世纪课程教材,高等学校信息管理类专业核心课教材。立足于社会信息化、知识经济发展以及科技进步环境,在全面阐述管理学基本原理与方法的基础上,突出在传统理论基础和管理实践发展上的创新,讨论了现代管理中的组织设计与再造、流程管理、决策、计划、控制、创新管理以及管理沟通与管理信息活动的组织。强调信息化与知识经济发展中的管理变革,归纳了有关前沿研究的新进展。(严红)

C000122 **管理经济学** 李宝山主编。东北财经大学出版社 2002 年 1 月版。34.9 万字。24.00 元。21 世纪高等学校经济类核心教程教材。以介绍管理经济学的理论知识为基础,目的是使企业管理人员通过对市场经济基本理论、分析方法的学习,提高在管理决策过程中理性思考、理性创新及“用经济方法管理经济”的能力。主要讲述微观经济学在企业优化决策中的作用,包括供求函数、生产函数、成本函数、市场结构、机遇与风险分析、市场失灵、展望新经济等。(孟鑫)

C000123 **管理经济学** 孙多勇著。湖南人民出版社 2002 年 9 月版。35 万字。31.00 元。为公共管理及工商管理的基础教材,主要论述企业经营管理活动和公共管理活动中的经济问题。借助微观经济学理论对现代市场经济中企业的运作和政府对社会经济活动的干预进行分析,对如何在公共决策中体现经济学原理也发表了自己的看法。(陈敬)

C000124 **孔子管理学** 杨先举著。中国人民大学出版社 2002 年 10 月版。29 万字。23.00 元。作者认为孔子思想可供现代管理参用的主要有:某些哲学思想,如“天人合一”的天道观,“立人之道,曰仁与义”的人道观,“不语怪、力、乱、神”的反迷信的认识论,“允执厥中”的方法论等;某些为政思想,如孔子的“为政以德”思想;某些伦理思想。如果能对《论语》中所讲的“仁”、“义”、“礼”、“智”、“信”作出“重亲和”、“知道义”、“守礼仪”、“爱智慧”、“讲诚信”等的解释,即可为现代管理参用;某些经济思想,如“见利忘义”、“百姓足”等观点;某些教育思想,如“敏而好学,不耻下问”;某些修身思想,如“其身正,不令而行”;以及孔子学说中的不少法律、美学思想。本书用随笔形式,以文章为单位,每篇 2000 字左右,从哲知、为政、伦理、教育、齐家、修身等几方面讨论问题,汲取孔子学说的现代价值。此处所指的管理是宽泛的,管国家,管企业,管家庭,管自身。(郑伯平)

C000125 **和谐管理理论** 席酉民等著。中国人民大学出版社 2002 年 11 月版。31.7 万字。29.00元。和谐管理理论沿袭原和谐理论的基本思路,即将组织系统视为基于规则和单元自治的整体,来考虑组织如何在急剧变动的外部环境中发挥整体优势而非部分或整体的改进。该理论的主要特点在于,它认为管理问题的有效解决必须遵循双规则,即用优化思路解决客观科学的一面,用减少不确定性的思路解决主观情感的一面,并设法使二者有机地结合起来,以提高组织有效性。和谐管理理论通过对组织系统要素的分析,以及对“主题和谐”的强调,形成了一套独特的组织管理理论。它阐述了和谐与和谐管理的必要性,并论证了企业的竞争力之源在于和谐,从而使和谐的研究建立在客观需要和理论可能的基础上;介绍了和谐管理理论的基本思想和理论框架,对组织的整体性进行了相关研究,阐明了和谐管理理论重建的基石及其用途和作用,并通过案例分析对其应用进行示范性说明。列入“管理科学文库”。(陈丹)

C000126 **项目管理:计划、进度和控制的系统方法(第 7 版)** [美]Harold Kerzner(哈罗德·科兹纳)编,杨爱华等译。电子工业出版社 2002 年 9 月版。149.76 万字。108.00 元。这本由项目管理领域最知名、最受人尊重的权威之一,哈罗德·科兹纳博士所著的最畅销的项目管理“圣经”最新版,全面阐述项目管理的基本原理和概念。覆盖了项目管理的所有关键领域,从决定项目成功的复杂精细的组织行为和结构框架到对有效的项目管理至关重要的计划、进度和控制过程;介绍最新的全球化项目管理、项目管理成熟度模型、六西格玛法、冲突解决方案,并包含 46 个实例研究和 340 多个讨论问题。(总编办)

C000127 **客户关系管理——价值导向及使能技术** 杨永恒著。东北财经大学出版社 2002 年 12 月出版。21.9 万字。24.00 元。当代管理前沿理论。提出了客户关系管理的三个合理内涵和关系成长的三个维度,归纳出一套易于实施的客户关系管理模型。分 8 章,第一章为引言;第二章为客户关系管理导论;第三章为顾客价值;第四章为关系价值和关系赢利性;第五章为信息技术——客户关系管理的使能者;第六章为全书的总结;第七章为结束语。(刘东威)

C000128 **管理智典** 金新政主编。华中科技大学出版社2002年1月版。40万字。39.80元。作者集成自己的理论、整理有效的方法、总结过去的经验,并吸纳目前国内外很多参考资料中的精华写成此书。书中有定律有点评,有案例有说明。指出,管理规律是人类在管理过程中获得的真理性认识,也是管理过程本身所固有的、本质的、必然的联系。正确地运用管理规律是进行有效管理的根本保证。(李东明)

C000129 **人事测评理论与方法** 唐宁玉主编。东北财经大学出版社2002年12月版。36.9万字。20.00元。21世纪高等院校人力资源管理专业教材。由12章构成。第1~3章是基本理论部分,对人事测评的基本概念、范畴、目的和作用进行介绍,对人事测评的基本原理、基本方法、指标体系的构建进行分析;第4~7章是人事测评的方法和内容部分,对心理测验、面试评价中心、绩效评估的理论进行回顾;第8~10章是人事测评的技术部分,对人事测评技术关键指标信度、效度和测评误差进行介绍并指出这些指标对实践的意义;第11~12章是人事测评的应用部分。(陈薇)

C000130 **管理运筹学** 龙子泉、陆菊春编著。武汉大学出版社2002年12月版。44.3万字。27.00元。分12章,分别介绍线性规划、运输问题、整数规划、动态规划、决策分析、存储论、排队论、对策论、网络计划技术、多目标决策以及图与网络分析等内容。书中注重对学生实际能力的培养,在有关部分配备了例题。(刘成重)

C000131 **管理统计学** 缪柏其主编。中国科学技术大学出版社2002年9月版。28.6万字。18.00元。以管理经济管理论为背景,介绍了常用的描述性统计方法与数理统计方法,如数据收集及其表示、描述性统计量、均值的区间估计、参数统计推断、正态检验,t检验,x^2检验,Wilcoxon和检验,符号检验和游程检验等,并介绍了回归分析与时间序列分析等统计分析方法,还专门介绍了著名的统计软件包SPSS的使用方法。有关内容着重于数理统计基本概念与基本理论的介绍,并配有管理实例讲解。书末附有泊松分布表、标准正态分布表、游程检验表、威尔克逊秩和检验临界值表、Durbin Watson序列相关检验表等常用的数理统计表。(伍传平)

C000132 **跨文化管理** 副名:一门全新的管理学科。张静河著。安徽科学技术出版社2002年9月版。34.6万字。20.00元。系统介绍西方跨文化管理经典理论及最新研究成果,从霍夫斯泰德的权力距离说、民族的男性化与女性化特征、不同国家与企业的文化类型,直到判断人类行为差别的十个文化变量。以中西文化差异的对比分析为基础,建立一个系统的跨文化管理理论框架。本书旨在以通俗的方式介绍和梳理国外关于跨文化管理理论的发展及最新成果;借助于对具体案例的讨论,重点分析中西文化差异的特征及产生原因;剖析现实问题,由此寻找现代企业管理的有效途径,并在此基础上构筑与中国国情相关的跨文化管理理论构架。(刘桂霞)

C000133 **12小时MPA** 副名:新世纪公共管理精英必读手册。高旺、马宝成编著。中华工商联合出版社2002年4月版。25万字。19.00元。MPA(公共管理硕士)教育是专门为政府和公共部门培养应用型管理人才的职业研究生教育。本书包括MPA发展状况、政治学、公共管理学、公共政策分析、公共经济学、行政法学、公共部门人力资源管理、定量分析方法等MPA应掌握的基本知识以及我国MPA招生的有关资料和报考指南。(蔡今)

C000134 **管理核变来自于互动——管理互动游戏100例** 胡铨编著。中国标准出版社2002年12月版。18.1万字。22.00元。本书的管理培训互动或游戏是作者在培训的实践中积累的经验,并提升到理性认识高度。书中从我国现代培训的实际和成人学习的特点出发,按经营管理、创新思维、团队协作、其他互动游戏为分类,有选择地按照"游戏目的、游戏程序、游戏规则、游戏准备、注意事项、培训师小结提示、笔者的体会"的格式排列,并穿插与游戏相关的案例与分析,穿插了培训师参考的表格、测评表,还采用轻松的插图,生动有趣,通俗易懂。(曹敏)

C000135 **职业秘书手册系列** 廖金泽编著。海天出版社2002年9月版。180万字。从书有《公司秘书手册》、《高级秘书手册》、《商务秘书手册》、《行政秘书手册》、《秘书自修手册》、《秘书训练课程》、《秘书培训课程》、《秘书怎么办》共8册。内容从一个个范例娓娓道来,举凡秘书工作涉及的方方面面:能力素质的标准,行为规范,事务处理,商务操作,企业运作,人际关系,文书函电,社交礼仪,谈判

技巧,旅行安排,乃至一个职业秘书的服饰标准,办公室风水等。(廖译)

C000136 **现代信息系统设计方法** [印度]Jibitesh Mishra 吉比泰施·米沙拉司编,光亚等译。电子工业出版社 2002 年 4 月版。44.8 万字。27.00元。全面介绍现代信息系统设计的教材。包括信息系统设计的基本概念,设计和开发信息系统所使用的各种方法,系统分析技术及工具,信息系统设计的传统方法和现代方法,信息系统的实现与管理等内容。(总编办)

C000137 **项目管理案例与习题集(第 7 版)** [美]Harold Kerzner(哈罗德·科兹纳)编,杨爱华等译。电子工业出版社 2002 年 9 月版。38.00 元。作者是国际项目管理权威大师,该书是被誉为圣经般的《项目管理》(第 7 版)的配套读物。书中 40 多个按项目管理知识点编写的大小案例,大部分都来自作者亲历的咨询实践,还包括 9 个纵横字谜和 640 个多项选择题,解题思路及答案均附于书后,其中大多数是项目管理认证考试的典型题目。(总编办)

C000138 **咨询师的工具箱** [美]梅尔·西尔伯曼编,高变华译。机械工业出版社 2002 年 6 月版。25 万字。26.00 元。由咨询业 45 名顶级专家联手编撰而成。其中一些工具易于复制,并可根据客户的不同需求而量身打造。包括 45 种工具:13 种评估问卷,用来了解客户的需求;15 种方法工具,帮助解决客户的问题;17 种改善方案工具,帮助客户提高效率。本书最大的特点是实用、方便,介绍的 45 种工具是作者们多年经验和智慧的结晶。(石会敏)

C000139 **咨询心理学** 乐国安主编。南开大学出版社 2002 年 8 月版。44.3 万字。28.00 元。分为上、中、下三篇。上篇包括绪论、心理咨询过程和作用机制、心理咨询发展简史、心理咨询对从业者的要求等四章。中篇包括咨询关系的建立、来访者问题的评估、咨询目标的确立与咨询方法的选择、心理咨询中的会谈技术、心理咨询中的阻力与干扰、咨询效果的评定与行为改进的维持等六章。下篇包括精神分析方法、行为疗法、理性—情绪疗法、患者中心疗法、森田疗法、中医心理疗法、心理咨询与治疗的本土化、后现代主义心理治疗、心理咨询与治疗的未来与发展等九章。附光盘。(焦静宜)

C000140 **领导的现代化进程** 高伟江著。苏州大学出版社 2002 年 12 月版。23 万字。15.00 元。领导科学研究专著。分 10 章,从领导科学的产生与界定、现代化与领导现代化的关系、领导与现代化进程、领导与现代决策等层面展开论述,深入研究现代化进程中领导活动的本质和一般规律,重点阐述领导现代化的动态性。(许周鹣)

C000141 **领导科学** 姜法奎,刘银花编著。东北财经大学出版社 2002 年 3 月版。37.9 万字。20.00元。21 世纪高等院校本科人力资源管理专业教材新系。从领导的概念与特点入手,阐述领导理论、领导结构、领导体制、领导组织等领导科学原理,介绍了组织领导角色定位、领导者素质和技能,对未来的组织和领导进行必要的探讨。强调在现代社会,怎样才能成为一个好的领导,一个好的领导者应该具备什么特性、应该怎样行动等内容。(孟鑫)

C000142 **运筹学——管理决策的模型与方法** 杜延军、刘信生、马勤生著。甘肃教育出版社 2002 年 7 月版。35 万字。19.80 元。第一章简要介绍决策科学的一般知识;第二、三章是确定型决策中的经济分析法和线性规则;第四章是关于非确定型与风险型决策的内容;第五章是对策论;第六章讨论多目标决策和层次分析法;第七章介绍网络分析决策技术;第八章是动态规划决策的内容;第九章讨论决策的模拟技术。(堵杰展)

C000143 **组织行为学** 盖勇主编。山东人民出版社 2002 年 9 月版。49 万字。35.00 元。“21 世纪管理系列教材”之一。共 14 章。分别介绍和阐述组织行为学的基本概念、产生与发展过程、学科性质、研究内容与方法,探讨组织中的人的心理与行为规律,以及这些规律如何影响组织绩效和组织发展。阐述了知觉与个体决策、个性心理与管理、态度与管理、激励理论与应用、群体行为与管理、沟通与领导、团队管理、冲突与谈判、权利与政治、组织结构、组织变革与发展、组织文化等组织行为学的基本理论问题。书后附有名词解释。(于宏明)

C000144 **组织学:行为、结构和过程(第 10 版)** [美]James L. Gibson(詹姆斯·吉布森)编,王常生译。电子工业出版社 2002 年 5 月版。56 万字。36.00 元。是美国最经典和最畅销的 MBA 教材之一。内容反映了当代西方组织学研究和发展的精髓,从组织行为、组织结构和组织过程三个方面总结了组织学最新的研究成果,尤其是对信息技术、电子商务、新经济、多样性、全球化管理、组织学习、业绩奖励、团队建设和全面质量管理等问题增加了相当多的内容,大量采用现实情景和案例来展示理论

和研究成果在工作场所中的应用。(总编办)

C000145 **中国的族群与族群关系** 周大鸣主编。广西民族出版社 2002 年 4 月版。33.8 万字。32.00元。论文集,“人类学文库丛书”之一。分四篇:第一,全球化中的族群与族群关系;第二,“汉”的重新思考与华南的族群互动;第三,中国少数民族的认同;第四,港澳与国外华人的认同。叙述了族群的基本概念、理论和相关问题,用族群的性质和特点研究社会群体文化差异和生存发展,从而引申出同化、文化多元、生物和人文生态等理论,并从多方面论及民族与族群的区分和关系,赋予了族群认同新的内涵,着重探讨了族群与中国的实践,中国的族群和族群互动等问题。(凌华)

C000146 **民族文化生态村云南试点报告** 尹绍亭主编。云南民族出版社 2002 年 12 月版。8.9 万字。584 幅图。150.00 元。作为民族文化大省的云南,如何建立、保护民族文化已引起有识之士的关注。以尹绍亭为主的一批学者,就如何挖掘、保护和利用民族文化提出了方案,并付诸实践。该书报道了他们进行的以文化保护和传承为宗旨的民族文化生态村试点的建设,其做法是:首先选出石林县月湖村、景洪市巴卡小寨、腾冲县和顺乡、丘北县仙人洞村、新平县南碱村作为建设试点村,每个村成立一个项目组,在得到当地政府的支持后,在村中建设文化中心及开展文化传承活动,最后总结经验广泛推广。此书为该项工作的经验总结。(董艾)

C000147 **从单位所有到社会经营——人才体制的第三种选择** 李小平著。山东人民出版社 2002 年 5 月版。25 万字。22.00 元。回顾人才体制改革的历程,揭示其过程中的问题与症结,探讨人才市场体制创新的理论基础和框架设计。借鉴国际上人才市场体制创新的经验,以中国人才体制的现状为起点,提出了与之协同适应的中国人才体制改革的对策与策略以及总体目标:打破部门地方界限,人才产权界定明晰,行为主体相对分离,人才资源社会所有、通开共享、市场配置、供需自主、中介沟通、动态开放、全国统一、外向联网、分类管理、中枢调控,建立有社会主义中国特色的现代化新型人才市场体制。(秦志)

C000148 **大力实施人才强国战略** 副名:《2002～2005 年全国人才队伍建设规划纲要》学习辅导。中共中央组织部干部一局编著。党建读物出版社 2002 年 12 月版。23.8 万字。18.50 元。为深入贯彻党的十六大精神,配合《2002～2005 年全国人才队伍建设规划纲要》的学习宣传和落实而编写。本书理论结合实际,系统阐述《2002～2005 年全国人才队伍建设规划纲要》的指导方针、目标任务和政策措施,有很强的思想性、理论性和政策指导性。(建萱)

C000149 **跨世纪的湖南人才** 苏仁华。湖南人民出版社 2002 年 8 月版。25 万字。26.00 元。共 12 章。总结 50 年来湖南省人事制度发展与改革的成绩与不足;分析了经济全球化、知识化条件下湖南经济、人才面临的影响和挑战,勾勒了跨世纪湖南人才发展的总体构想。对跨世纪湖南人才进行分门别类的分析,如对跨世纪的湖南农业人才、国有企业人才、高新技术产业人才、湖南非公有制经济人才、高层次人才、县乡村实用人才、行政管理人才、区域经济人才等的现状、需求预测、结构调整与开发的对策措施,进行分析,提出了建设性措施。收入“跨世纪的湖南丛书”。(章红立)

D 政治、法律

政治理论

D000001 **我看美国——美国的新闻业、美国的性革命** [日]立花隆著,于涛等译。世界知识出版社 2002 年 6 月版。37 万字。7.00 元。作者在美国深入采访后所写的两篇报道。探讨的是美国社会的敏感问题:一是美国的新闻媒介是否可靠,二是美国当年的性革命结果究竟如何。作者认为美国的新闻业是当权派;利益集团的喉舌,内容的真实性是值得怀疑的;美国的性革命结果,并不是像外人想象的那样放纵,在很大程度上已经开始回归。为“立花隆

文选”之一。(范景峰)

D000002 **公共政策分析导论(第二版)** [美]威廉·N.邓恩著,谢明等译。中国人民大学出版社2002年6月版。58.7万字。49.00元。从宏观到微观、从理论到实践,全面系统地介绍政策分析及其相关知识的导论性质的教科书。概括了政策分析的方法论以及政策分析在政策制定过程中的作用、目的和功能;介绍了政策分析的历史发展过程,政策分析的含义和形式,政策论证的功能、结构和模式,阐明政策分析方法如何为创造、评价和交流政策相关知识提供便利;详细介绍了政策分析方法在政策过程中的具体运用,涉及的环节有:构建政策问题、预测政策前景、建议政策行动、监测执行结果和评价政策绩效。收入“公共行政与公共管理经典译丛”。(郑伯平)

D000003 **利益分化的政治时代** 桑玉成著。学林出版社2002年10月版。17.2万字。16.00元。“政治问题新视角系列”丛书之一。分9章:第一章,现代化进程中的利益分化;第二章,利益分化下的社会特征;第三章,利益分化下的社会资源配置;第四章,利益分化与政府职能的调整;第五章,利益分化条件下的政府责任;第六章,利益协调的政治意义;第七章,利益协调的一般原则;第八章,利益协调的基本途径;第九章,社会福利与利益协调。全书围绕“利益分化”、“政府职能”、“利益协调”三个中心问题展开论述。指出,在改革开放、推行市场经济的时代背景下,社会各阶层所得利益发生了相当程度的分化倾向,形成了以利益为主导、受利益所趋动、因利益而矛盾的新特征。产生利益分化的原因是社会资源配置方式——以政府配置转换为市场配置,而政府的职能要求政府在考虑问题时应把出发点放在保证按市场规律分配资源的前提下,尽量消除由此而产生的不公正现象。(乐惟清)

D000004 **与时俱进的科学社会主义** 冯立鳌主编。广东人民出版社2002年6月版。21万字。20.00元。系统叙述马克思主义科学社会主义理论的发展史,涉及科学社会主义理论的创立、形成、发展及其在中国的巨大理论成果,体现了马克思主义与时俱进的理论品质。

D000005 **科学社会主义专题研究** 靳英辉等主编。西安交通大学出版社2002年5月版。23.2万字。12.50元。硕士研究生教材。分九个专题:社会主义代替资本主义的必然性;社会主义的历史进程及前景;正确认识资本主义的历史进程;当代社会主义思潮评述;邓小平建设有中国特色社会主义理论;社会主义本质论;社会主义初级阶段论;社会主义改革论;“三个代表”是无产阶级执政党建设的伟大纲领。(薛玲玲)

D000006 **科学社会主义中国化问题研究** 赵明义、赵永宪等著。山东大学出版社2002年8月版。70万字。48.00元。共7卷。卷一为总论,既总领全书又是该书精华之所在:指出准确把握马克思主义的本性及品格,是科学社会主义中国化的理论前提。从理论与实践的角度阐述马克思恩格斯关于共产主义社会的设想与现实社会主义的冲突。阐述了科学社会主义中国化过程中的若干重要理论问题,如“马克思主义中国化”与“使马克思主义在中国具体化”的联系与区别;马克思主义科学社会主义中国化过程中的“实事求是”与“教条主义”两种传统之斗争与命运;提出了如何正确对待马克思主义中国化之理论成果的命名问题及如何准确把握党的指导思想的科学内涵,以避免个人崇拜与庸俗主义的产生。第二至七卷分别阐述马克思、恩格斯关于社会主义发展进程的两种设想;科学社会主义与中国实际相结合的艰难历程及其在此过程中产生的有中国特色的夺取政权的革命道路、社会主义改造道路、社会主义建设道路;当代社会主义的发展趋势等问题。(曲厚芳)

D000007 **政治人的心理世界** 蒋云根著。学林出版社2002年10月版。20万字。17.00元。“政治问题新视角系列”丛书之一。共分成“政治中的人性”、“政治行为的心理背景”、“政治人与政治人格”、“政治参与心理”、“政治宣传心理”、“政治家心理”、“权力运用的心理”、“政治影响力”等13章。作者用通俗的语言、生动的事例剖析政治人的心理世界,力图对政治人的行为作出理性的说明,拓宽政治研究的视野。(乐惟清)

D000008 **反对资本主义** [美]戴维·施韦卡特著,李智等译。中国人民大学出版社2002年9月版。39.3万字。35.00元。中心论题是,尽管社会主义在东欧和苏联瓦解崩溃,资本主义在经济和伦理上也得不到辩护,但实际上,对资本主义还是存在某种替代方案,它可以承诺更高的效率、更合理的增长以及更多的平等、民主和富有意义的工作。作者把这种替代方案称为“经济民主”,它是一种带有非集中化投资计划和“车间民主”的市场社会主义。作者将自己的模式同自由放任的保守主义理念、凯恩斯的福利国家以及当代“新自由主义”等模式都作了对比,认为自己的模式几乎在每一点上都具有优越性,并分析了从发达资本主义、集中计划经济的遗留形态以及第三世界不发达国家向"经济民主"过渡的可能性。展望了共产主义、历史唯物主义和马克思主义的未来。为"马克思主义研究译丛"之一。(林坚)

D000009 **社会主义发展阶段理论与实践研究** 徐恕著。中国人民大学出版社 2002 年 1 月版。23.6万字。15.00 元。分析了社会主义发展阶段问题的逻辑前提、划分标准和定位依据,阐述了苏联、南斯拉夫、东欧六国、朝鲜、越南等对社会主义发展阶段的界定,探讨了中国关于社会主义初级阶段的理论,并对社会主义发展阶段理论进行评述。(林坚)

D000010 **政体学说史** 徐祥民、刘惠荣等著。北京大学出版社 2002 年 8 月版。36 万字。23.00 元。对古今中外著名政治家和思想家们关于政体的学说,作了系统全面的释阐,主要包括柏拉图、亚里士多德、托马斯·阿奎那、马基雅弗利、洛克、孟德斯鸠、卢梭、杰弗逊、联邦党人、密尔、马克思、列宁、孙中山、毛泽东等思想家的政体学说。在论述这些思想时作者也提出了自己的新思想,对政体学说的发生、发展与政体建设关系做了全面总结。(李霞)

D000011 **公民授权与代议民主——人民代表直接选举制比较研究** 彭宗超著。河南人民出版社 2002 年 6 月版。21 万字。20.00 元。"公共管理体制研究论丛"之一。从代议民主的相关理论入手,并借助典型国家案例的比较,对现代政论权力的根本源泉——公民授权——人民代表直接选举制的有关理论与实践进行研究。作者以英国、印度等国为主要比较对象,对中国相关制度发展历史做了深入分析,对未来 20～30 年间中国人大代表直选制的稳步发展进行战略性的构想,提出了独具特色的"渐进加优先"五步走战略。对中国直选发展的具体制度和配套环境建设也提出自己的真知灼见。(李小龙)

D000012 **无缝隙政府** 副名:公共部门再造指南。[美]拉塞尔·M. 林登著,汪大海等译。中国人民大学出版社 2002 年 1 月版。27.6 万字。30.00元。所谓再造,就是在诸如全面质量管理等创新能力不能及的情况下,挑战那些建立官僚机构的重要观念,从根本上对整个体系进行重新设计,围绕过程和结果,而不是职能或者部门展开工作,从而使组织充满新的活力。为此,作者把再造原理应用到政府的管理之中,阐述怎样进行政府再造以满足顾客无缝隙的需要,论述了再造的原则,再造的步骤,在政府再造过程中怎样评估、设计,着重探讨成功的公共部门再造所应当具备的条件和关键角色,以及在公共部门再造中怎样从顾客的需求和不满这一终端着手,重新设计各种制度(业绩、预算、信息资源、奖励等等),克服阻力,逆方向地实施根本性的改革。提供了许多优秀的再造典范,作者用来自政府再造过程中成功和失败的案例来阐释他的再造原理。例如,他展示了一个州政府怎样改变以控制为导向的再造过程,从而使一个提供失业援助的服务体系简化而富有效率,讲述了地方政府怎样再造商业许可、公立中小学、人力资源项目。在联邦政府层面上,展示了护照发放、森林管理、美国税务局的服务、国防后勤局的管理和采购物资的方式,怎样在顾客导向思想指导下有效地进行再造。收入"公共行政与公共管理经典译丛"。(陈丹)

D000013 **公共行政与公共事务(第八版)** [美]尼古拉斯·亨利著,张昕等译。中国人民大学出版社 2002 年 4 月版。80.8 万字。58.00 元。内容涉及公共行政的各个方面。阐述公共行政学科发展的范式变迁,从不同视角探讨公共组织的研究途径、结构和人的因素,揭示了广义和狭义的公共组织行为。系统介绍公共管理的理念发展,即公共信息资源管理、公共项目绩效管理、公共预算编制程序以及公共部门人力资源管理。详细阐明如何制定和执行公共政策,探讨了政府间合作与协调问题以及公共部门企业家精神。收入"公共行政与公共管理经典译丛"。(林坚)

D000014 **公共职位论纲——公共职位的属性与配置机制** 王振海著。河南人民出版社 2002 年 6 月版。16.3 万字。17.00 元。"公共管理体制研究论丛"之一。该书以公共职位为分析的主要对象,以公众与政府间的委托代理理论为基础,论述通过人力资本的均衡配置促进政府效率、政治发展、社会公平和经济增长。(李小龙)

D000015 **电子政务基础与应用** 姚国章编著。北京大学出版社 2002 年 12 月版。35.5 万字。19.00 元。包括电子政务基础与电子政务应用两部分。电子政务基础部分系统阐述电子政务的基本理论问题,详细介绍国际、国内电子政务的发展状况,论述了电子政务发展中的政府改革与创新问题,探讨了电子政务与数字鸿沟的相关问题,并对数字化城市的理论与发展问题进行分析。电子政务应用部分重点对政府电子化采购、政府电子化服务、电子税务、电子工商行政管理的相关理论与实践问题进行探讨,并对外经贸电子政务、审计电子政务、公安电子政务、农业电子政务和水利电子政务在我国的发展状况作了介绍。收入“电子政务与信息技术丛书”。(王登峰)

D000016 **行政行为的效力研究** 叶必丰著。中国人民大学出版社 2002 年 9 月版。22.1 万字。26.00 元。以公共利益本位论为理论基础,系统、深入地分析和探讨了行政行为的先定力、公定力、确定力和执行力,论证了上述效力源于法律的观点,阐明了它们的基本构造,实证了它所在实务中的功用。分析、探讨了行政行为的存续力,即行政行为的生效和失效规则、追溯力和延迟效力等。对行政行为的效力从各个视角展开广泛、深入的探讨,扩展了对行政行为效力研究的空间。作者认为,行政行为的效力来源于法律而非权力,因为权力本身都来源于法律。如果以革命作为观察的起点,那么法律本身是革命、政权及其权力的产物,行政行为的效力根据也可以归结为权力。然而,把法律作为权力的一种结果,就意味着权力高于法律,法律只是权力的一种工具,从而与法治相矛盾。运用权力所作的行政行为的效力根据自然也应当归结为法律。收入“法律科学文库”。(社资)

D000017 **寻找公共行政的伦理视角** 张康元著。中国人民大学出版社 2002 年 8 月版。25.9 万字。22.00 元。通过对公共行政一系列经典理论的历史考察,揭示了现代公共行政的“思想模型”中的各种缺陷。采用理论与实践一体性的视角,富有创见地认为整个 20 世纪公共行政的理论和实践的根本缺陷在于放弃了伦理价值的要求。对于公共行政的这一缺陷的救治问题,作者从公共行政的制度、程序、行政人员的行为等方面提出了伦理化方案,特别是提出了在公共行政领域中拒绝权利的设想。(林坚)

D000018 **政府全面质量管理** 副名:实践指南。[美]史蒂文·科恩等著,孙宪遂等译。中国人民大学出版社 2002 年 2 月版。19.8 万字。25.00 元。质量管理的理念正引起美国工业界静悄悄的革命,美国政府中的这种变革也越来越明显。在新型的全球一体化的经济中,工业正处在生死攸关的时刻,而政府也一直承受着压力——用越来越少的资源提供越来越多的服务。像《国际报》和纽约市公园及俱乐部这样的多样化的组织,都鼓励工作人员分析并改进自身组织中的工作程序。其结果富有戏剧性:质量提高了,费用降低了。我们发现:聪明地工作能使我们在全球化的市场上重新具有竞争优势。质量管理并非一次性的、短期的项目,它一旦被引入到某一机构,就必须不断地巩固它。首先,机构中总会有一些人安于旧的工作方式,会在一定时期反对政府全面质量管理的实施;其次,可能机构外的那些人不理解,不支持这种新的管理体制,也许你将不得不说服上层管理者顶着风险把这个项目坚持下去。你必须不断支持那些愿意把工作分析和全面质量管理引入到日常工作中去的员工。这是一本政府全面质量管理的入门书。收入“公共行政与公共管理经典译丛”。(陈丹)

D000019 **突破官僚制:政府管理的新远景** [美]麦克尔·巴泽雷著,孔宪遂等译。中国人民大学出版社 2002 年 11 月版。22.9 万字。25.00 元。叙述官僚制的历史发展及其所面临的挑战,结合具体案例,分析突破官僚制的必要性、可能性和紧迫性,从而对政府变革提供了有价值的观察和思考,提出了政府改革所应采取的步骤、措施。其内容包括如何提高政府工作效率、协调行政责任、激发政府工作人员的创造性以及降低政府运行财务支出等事关官僚制改革的关键问题。本书代表了政府机构改革的最新观点,全方位地阐述了现实中改革的步骤、过程及所取得的效果,展示了政府机构改革新的视角。收入“公共行政与公共管理经典译丛”。(社资)

D000020 **摒弃官僚制:政府再造的五项战略** [美]戴维·奥斯本等著,谭功荣等译。中国人民大学出版社 2002 年 1 月版。39.2 万字。45.00 元。从战略高度,系统提出政府再造的路线图,并在充分吸收美国和国际案例研究的基础上,阐述了核心战略、后果战略、顾客战略、控制战略、文化战略及其在实践中的运用。指出,再造就是创造具有内在改进动力和企业家式思维的公共部门,即创建“自我更新的体制”。书中所提供的这些战略性思维代表着政府再造理论在全球范围内的最新发展。收入“公共行政与公共管理经典译丛”。(社资)

D000021 **创建高绩效政府组织** 副名:公共管理实用指南。[美]马克·G. 波波维奇主编,孔宪遂等译。中国人民大学出版社 2002 年 5 月版。18.1万字。23.00 元。作者根据参加政府改革的亲身经验,精辟地指出政府改革成功的关键在于提高政府绩效。书中对创建高绩效政府的途径作了深刻、透彻的论述与分析,认为实现高绩效政府不仅要对政府工作方法和它的组织构造进行改革,也应当对政府的服务对象、文化以及它的管理系统进行全面的改造。还着重阐述了对创建高绩效政府起重要作用的政府预算、人力资源及政府采购三大制度的改革。为创建高绩效政府设计了极有价值的参考方案，对各国实施政府改革具有重要的借鉴意义和参考价值，收入“公共行政与公共管理经典译丛”。（张冬梅）

D000022 **“两课”教学法研究** 石云霞等著。武汉大学出版社 2002 年 4 月版。44.9 万字。24.00元。两课即马克思主义理论课、思想品德课。该书力图用教育学的基本理论与方法整理“两课”教育教学的经验，梳理“两课”教育教学中所提出的原则、规律和方法问题。分 11 章：1.“两课”教学与教学法；2.中外教学法的历史发展及其对“两课”的借鉴意义；3.“两课”教学的教学过程和基本规律；4.“两课”教学的基本原则、哲学方法和一般方法；5.“两课”教学的具体方法和运用艺术；6.“两课”教学的评介方法；7.“两课”教学的教学研究方法；8.“两课”教学的教学管理方法；9.“两课”教学法改革与素质教育；10.“两课”教学手段创新与现代教育技术；11.“两课”教学法研究述评。（张俊超）

D000023 **民主集中制** 副名：社会主义政坛的永恒话题。吴家骥著。云南大学出版社 2002 年 1 月版。26 万字。16.00 元。主要内容有：导论——作为社会主义国家政治制度的民主集中制；第一章民主集中方式的历史发展过程和表现形态；第二章社会主义国家政治体制中的民主集中制；第三章民主集中制在计划经济体制中运作的基本态势；第四章市场经济的缺陷与民主集中制的误区；第五章地方保护主义——民主集中制的窘境；第六章财政体制改革与民主集中制的运行走向；第七章民主集中制运作主体的价值偏颇；第八章对影响民主集中制理论思潮的评价；第九章民主集中制的制度创新；第十章人的现代化——民主集中制的最高命题。（徐曼）

D000024 **平等观念的历程** 周仲秋著。海南出版社 2002 年 6 月版。28 万字。25.00 元。从古至今论述了人类平等观念思想的产生、发展历程，论述了人类历史上不同时期的平等观念的内涵与特征，及古今中外关于平等的主要理论和这些理论的代表人物的主要论点。作者既肯定了人类原始平等思想、宗教平等思想、资产阶级平等思想的进步意义，又指出了他们的历史局限性和阶级局限性。作者在本书中充分肯定了马克思主义平等观的科学性和思想光辉。（伍君之）

D000025 **正义诸领域** ［美］迈克尔·沃尔泽著，褚松燕译。译林出版社 2002 年 5 月版。32.8 万字。24.80 元。从分配的角度对正义所做的研究。作者认为，在任何社会，正义存在于社会诸善的分配之中。不同的物品应有不同的分配原则。作者顺次研究了成员资格、安全与福利、商品、官职、艰苦劳动、教育、闲暇、神恩等一系列重要事物，归纳并证明了三种不同的分配原则，这就是市场交换、需要与应得。不同的物品应遵循不同的分配原则，这就是作者所说的多元正义、复合平等。（李瑞华）

D000026 **社会的正义基础研究** 彭定光著。湖南师范大学出版社 2002 年 5 月版。22.5 万字。19.80 元。只有当社会的重点正义问题得到了正当合理的解决，才能维持良好的社会秩序，促进社会的发展。该书列举了当代西方伦理学家最具代表性的正义理论，指出它们的缺陷和不足，并提出了自己的克服上述不足、维持人类社会存在发展的正义理论：正义是信仰标准与操作标准的统一，社会的正义基础包括正义的基本理念（即发展理念与和谐理念）与正义的操作原则（即整体利益原则、平等原则和对等原则）两大层次、依据自己的理论，作者还就当代中国的正义问题提出解决方案。（黄林）

D000027 **激进民主** ［美］道格拉斯·拉米斯著，刘元琪译。中国人民大学出版社 2002 年 10 月版。18.8 万字。20.00 元。力图通过重新建构民主观念，使民主重新有利于人民和左翼的反资本主义运动。作者认为，自由主义往往将民主等同于西方发达资本主义国家的现有政治制度，而事实上后者在很多领域是反民主的。作者总结了 20 世纪 70 年代以来的新社会运动，如美国反越战运动、菲律宾的反马科斯运动、墨西哥的恰帕斯自治运动等的经验，主张为政治、文化和经济等多种目的，形成面对面的小群体，以普遍价值观为尺度，争取在社区、工作场所和第三世界的本土尽可能实行直接民主和自治，壮大公民社会，建立自由空间，逐渐导致资本主义国家消亡，从而既可以代替资本主义代议制民主的制度安排，又可以代替传统左翼的权威主义的组织方式。作者认为，这样的民主重建可以使左翼发现资本主义不是历史的终结，并使左翼获得新的目标和号召力，民主将再次和人民在一起，有利于人民，这样的民主就是激进民主。收入“马克思主义研究译丛”。（林坚）

D000028 **人权研究（第二卷）** 徐显明主编。

山东人民出版社 2002 年 11 月版。48 万字。36.00 元。论文集。探讨了人权的基本理论和各种具体人权制度。论述了多元世界中的人权观念,讨论了人权的相对性与绝对性问题,对功利主义人权观作了分析与批判;阐释了中国 20 世纪 30 年代的"人权派"的人权保障思想和当代中国人权制度建设的五大主题(自由权、平等权、财产权、生存权、发展权);论述了公民的平等权,知情权,发展权,环境权,作为人权的性权利,国际人权法上的权利限制与克减制度,人权的国际保护,人权与国际法的关系等的相关问题。(李怀德)

D000029 **国外马克思主义哲学流派新编** 俞吾金、陈学明著。复旦大学出版社 2002 年 9 月版。86.5 万字。75.00 元。《国外马克思主义哲学流派新编》由《西方马克思主义卷》、《东欧新马克思主义卷》和《西方马克思学和其他流派卷》三卷独立的著作构成。为教育部重点教材和上海市优秀教材。本卷为《西方马克思主义卷》,具有以下的特点:一是取材宏富。全书对西方马克思主义阵营中的三十二位作者的八十七部(篇)论著进行了详尽的评述,内容涉及哲学观、自然观、实践观、历史观、本体论、认识论、辩证法、现代性、意识形态、国家理论、政治哲学、社会哲学、生态哲学、宗教哲学、美学、资本主义批判等诸多方面,全方位地展示了西方马克思主义者的整体视域和问题域;二是立足原著。全书是在认真解读外文原著的基础上撰写出来的,为了便于阅读,在西方马克思主义者所用的重要术语后面都注上了英文、德文或法文,书后也增加了《主要外文参考书目》;三是注重前沿。书中收入了西方马克思主义发展中出现的最新流派——分析的马克思主义、生态学的马克思主义、马克思主义批评学派和后马克思主义的十三位作者的二十一部(篇)论著,比较全面地反映了当代西方马克思主义者对各种政治、社会、文化、生活问题的新的思考。全书视野开阔、内容丰富、分析细致、新见迭出,一册在手,就可以对西方马克思主义的全貌和最新发展态势获得全面的了解。(陈士强)

D000030 **西方政治思想史** 唐士其著。北京大学出版社 2002 年 5 月版。52 万字。33.00 元。"21 世纪国际政治丛书"之一。围绕西方政治思想发展过程中的一些重大理论问题以及各种不同思潮之间的关系,对西方政治思想的历史进行全面介绍,并且就一些重要的理论家在不同的理论问题上的贡献及其思想中存在的缺陷进行分析,同时对于西方政治思想史这门学科的形成与演变、以及在这个领域中的主要研究成果作了简介。本书以大量的原始文献为基础,突破了围绕思想家个人写史的传统,既体现了两方政治思想发展中的连续性,又兼顾了各个重大理论问题的相对完整性,对于政治思想史的教学与研究具有参考价值。(耿协峰)

D000031 **中国治国思想史** 张国著。新华出版社 2002 年 10 月版。36 万字。28.00 元。分七章:一、夏商西周时期的治国思想;二、春秋战国时期的治国思想;三、秦汉时期的治国思想;四、三国两晋南北朝时期的治国思想;五、隋唐五代十国时期的治国思想;六、宋辽西夏金元时期的治国思想;七、明清时期的治国思想。通过历史上的各朝代的人、物、事反映各朝代的治国思想和治国措施。(阎秋华)

D000032 **中国近百年政治史** 李剑农著。复旦大学出版社 2002 年 9 月版。46.3 万字。30.00 元。本书叙述鸦片战争至北伐战争的中国近代政治史,因其厚实的史料而具有重要价值。(吴仁杰)

D000033 **妇女城** [法]克里斯蒂娜·德·皮桑著,李霞译。学林出版社 2002 年 12 月版。21 万字。16.00 元。"欧洲文化系列"丛书之一。本书完成于 1405 年,是欧洲女性在文艺复兴时期发出的第一声人文主义呼唤。分五个部分。作者描述了她理想中的女性世界——妇女城。在城中,任何男性都不得进入,居民来自不同地域甚至不同时代。她们不需要考虑婚姻生育,不必关心土地财产,没有吃饭穿衣之忧,妓女、平民和贵妇比邻而居。入住的条件是她们的言行必须体现女性的美德;不是由于年龄、容貌、出身、宗教信仰,而是因为她们拥有勇敢、智慧、审慎、孝顺、坚毅、慷慨、诚信、贞洁和信仰之爱。在美国部分大学西方文明专业课程中,本书被列为必读书之一。(乐惟清)

中国共产党

D000034 **共产国际、联共(布)与中国大革命** 姚金果、苏杭、杨云若著。福建人民出版社 2002 年 10 月版。40.3 万字。27.00 元。俄罗斯国家档案管理改革后,大量绝密档案陆续公布。作者对共产国际、联共(布)与中国大革命关系进行深入研究,探讨共产国际与联共(布)之间,共产国际代表与苏联顾问之间,共产国际和联共(布)及其驻华代表、顾问与中国共产党和国民党之间的合作与分歧,共产国际、联共(布)在各个时期的对华政策及其影响,等等,力图对共产国际、联共(布)指导中国大革命的功过是非、大革命失败的原因和责任作出符合历史的回答。作者的研究成果有:一、对新的档案资料反映出的新问题,即以前鲜为人知或知之甚少的问题,弄清事情的来龙去脉;二、对以往有争议的问题,通过运用新的档案资料,提出自己的见解;三、对以前由于资料缺乏所造成的史实上的谬误和错误的结论,根据新的档案资料给予修正。书后有2附录:"共产国际、联共(布)与中国大革命关系大事记";"本书涉及的共产国际、联共(布)主要在华人员"。(雷戎)

D000035 **世纪宣言——画说"三个代表"** 安徽省委宣传部编。安徽美术出版社2002年5月版。120幅图,3万字。7.00元。以通俗、浅显的文字,结合社会生活实际及我们党和国家的发展历史,阐述"三个代表"重要思想的历史背景、主要内容、理论贡献和现实意义。配有120幅线描图画。其主要特点有:文字生动,具有感染力;图画活泼,人物造型栩栩如生。(丁怀超)

D000036 **伟大的理论创新** 许志功等。解放军出版社2002年2月版。38万字。28.00元。以江泽民"七一"讲话为依据,建构全书框架,共分3篇21章。第一编共6章,阐明"三个代表"思想是马克思主义中国化的最新成果。此篇是对"三个代表"思想的总体评价,具有总论性质。第二编共10章,阐明"三个代表"思想是全面推进有中国特色社会主义事业的科学指南。此篇是"三个代表"思想在经济、政治、文化等方面的展开论述。第三篇共5章,阐明"三个代表"思想是全面加强和改进党的建设的根本指针。此篇是"三个代表"思想对加强和改进党的建设提出的要求。(田红战)

D000037 **江泽民建设有中国特色社会主义重要论述学习读本** 本书编写组编著。党建读物出版社2002年9月版。32.7万字。22.00元。本书共分二十五讲,从理论与实践的结合上,对江泽民同志关于建设有中国特色社会主义的一系列重要论述进行了较为完整的概括,特别是对于其中的新思想、新观点、新论断进行了比较系统的分析,从中可以更好地理解江泽民同志在哪些方面、怎样丰富和发展了马克思列宁主义、毛泽东思想和邓小平理论。本书深入浅出、内容丰富,具有较强的权威性和指导性,是广大党员、干部学习江泽民同志论有中国特色社会主义的重要辅导读物。(建萱)

D000038 **江泽民战略思想研究** 夏东民、陆树程著。苏州大学出版社2002年6月版。31.5万字。30.00元。内容简介:以发展战略为视角,全面论析江泽民战略思想的科学体系与特征,分4篇12章。以江泽民"三个代表"重要思想为核心,系统阐述江泽民治党、治国、治军与国防建设战略思想和国际战略思想,这四大战略思想构成了江泽民战略思想完整统一的科学体系。论述了江泽民战略思想是在新的历史条件下,创造性地发展了马克思列宁主义、毛泽东思想和邓小平理论而形成的具有时代特征和中国特色、具有全球视野和创新思维的战略思想体系。(陈林华)

D000039 **江泽民思想理论体系研究** 王敏主编。山东人民出版社2002年10月版。66万字。89.00元。分14部分,阐述了江泽民思想理论体系产生的时代背景、丰富内涵、时代特色、历史地位,以无可争辩的事实诠释了十三届四中全会以来党的各项方针政策的正确性、科学性,立体地展示了13年来我们所取得的巨大成就,剖析了风云变幻的国际局势,再现了我国波澜壮阔的改革开放和现代化建设历程,揭示了"三个代表"重要思想是我们党必须长期坚持的指导思想的重大理论与现实意义。(刘海涛)

D000040 **社会协调发展与人的全面发展——江泽民全面发展思想研究** 刘相、魏焕信主编。山东人民出版社2002年10月版。38万字。40.00元。分"导论"、"社会协调发展论"、"人的全面发展论"和"社会协调发展与人的全面发展统一论"四部分,在全面梳理人类社会发展思想,对比分析东、西方不同的发展观,系统研究马克思主义发展理论的基础上,论述了江泽民全面发展思想形成的时代背景,基本内容、结构、特征,历史地位及现实意义;揭示了社会协调发展,人的全面发展和社会协调发展与人的全面发展统一的重要性、紧迫性和其基本内涵;探讨了实现社会协调发展、人的全面发展和社会协调发展与人的全面发展统一的基本原则、重要方略和基本途径。(刘海涛)

D000041 **画说江泽民"三个代表"** 中共茂名市委宣传部、茂名市教育局编。广东人民出版社2002年6月版。69幅图。3万字。6.80元。以中央文献出版社的江泽民《论"三个代表"》为依据,以江泽民《庆祝中国共产党成立八十周年大会上的讲话》为线索。精选反映江泽民"三个代表"的重要言论,并配上彩色插图,体现了"三个代表"的主要观点。

D000042 **高举科学的旗帜——论江泽民的科**

学思想 沈谦芳著。江西高校出版社 2002 年 12 月版。23 万字。21.80 元。全面论述江泽民的科学思想。在理论上,江泽民明确提出科学包括自然科学和哲学社会科学,深刻揭示出科学的本质就是创新,科学技术是第一生产力,而且是先进生产力的集中体现和主要标志,马克思主义是科学;在战略上,江泽民主张把科技工作摆在优先发展的战略地位,坚决实施科教兴国战略和可持续发展战略,强调提高全民族的科学素质,自然科学与哲学社会科学并重;在实践上,江泽民强调努力探索中国特色的科学发展之路,建立和完善国家创新体系,确立人才是第一资源的理念,建立和完善高尚的科学伦理,确保科学技术为人类造福;在政治保证上,江泽民认为社会主义制度为科学的运用和发展开辟了极其广阔的前景,要求把"三个代表"重要思想贯穿到全部科学工作中去。江泽民的科学思想开辟了马克思主义科学思想的新境界。(花传贵)

D000043 **第三代领导集体的理论创新** 刘振华、郑仓元等著。浙江人民出版社 2002 年 8 月版。26.6 万字。20.00 元。全面阐述第三代领导集体理论创新的具体内容和丰富内涵,系统探析理论创新的发展走向与逻辑体系。分九部分:一、导论;二、高举邓小平理论的伟大旗帜;三、深化社会主义初级阶段理论;四、坚持社会主义市场经济改革方向;五、保持国民经济持续、快速、健康发展;六、不断推进有中国特色社会主义民主政治的发展;七、依法治国,建设社会主义法治国家;八、推进有中国特色社会主义文化建设;九、按照"三个代表"要求全面加强党的建设。(王利波)

D000044 **十六大党章学习问答** 本书编写组编著。党建读物出版社 2002 年 11 月版。13.7 万字。10.00 元。为配合十六大党章的学习宣传,我们特邀请权威作者撰写了本书。本书收入了十六大党章全文,中共中央关于党章修正案的说明,十六大秘书处负责人就党章修正案答新华社记者问;并以问答形式全面系统地阐释了十六大党章的内容。本书深入浅出,内容丰富,具有权威性和实用性,对深入学习十六大党章具有很好地帮助和指导作用。(建萱)

D000045 **中国共产党红色里程盛会要览** 邵维正等主编。解放军出版社 2002 年 6 月版。45 万字。28.00 元。记录中国共产党 100 多次重要会议的基本情况和主要内容,反映出党的几十年的光辉历程。本书采用 80 年大事聚集的写法,主题明确,内容集中,体例统一。有约 200 张图片。(董玉华)

D000046 **中国共产党第十六次全国代表大会文件汇编** 云南民族出版社 2002 年 12 月版。15 万字。5.00 元。云南民族出版社用白文、苗文、德宏傣文、傈僳文、拉祜文、纳西文、西双版纳傣文、彝文、景颇文、藏文、哈尼文共十二种少数民族文字组织翻译出版了《中国共产党第十六次全国代表大会文件汇编》一书。为广大边疆各族少数民族群众了解党和国家的大事提供了最直接的政治思想宣传读物。

D000047 **十六大以前——中国共产党全国代表大会图史** 罗平汉、曹光哲编著。广西人民出版社 2002 年 1 月版。24.8 万字。15.00 元。以丰富的史料和珍贵的历史图片,展现中共已召开的历次全国代表大会的历史面貌,对历次党代会召开的背景、准备工作情况、大会主席团及秘书处的设立、各代表团的组成、大会的议程及每次会议取得的主要成果、理论贡献和选举产生的领导人等均做了介绍,对中共十二大、十三大、十四大、十五大的阐述更为详尽。(李庭华)

D000048 **党的十六大报告学习辅导百问** 本书编写组编著。党建读物出版社 2002 年 11 月版。29.1 万字。22.00 元。为全面、深入地宣传党的十六大精神,我社特邀请权威作者撰写了本书。本书收入了十六大报告全文,同时收入了胡锦涛同志的重要文章《一篇马克思主义的纲领性文献》;本书还着重对 106 个问题进行了解答,并附有名词解释。本书专门针对十六大报告中的重大理论观点、重大举措、重大部署,逐一进行了科学的权威的回答,是帮助全党深入学习、全面把握十六大报告精神的辅导读物。(建萱)

D000049 **时代的旗帜** 涂武生、陈飞龙等编著。辽宁美术出版社 2002 年 10 月版。400 幅图,5.5万字。180.00 元。政治学习资料。分八个部分:一、总论;二、启蒙篇(在红色理想中警醒);三、号角篇(吹响起救国的军号);四、共和国篇(百花争艳春满园);五、开放篇(文艺发展的又一春天);六、弘扬篇(创新文化的基石);七、导向篇("二为""双百"相辅相成);八、新时代篇(迈入新世纪,掀开新篇章)。热情讴歌了中国共产党人始终以"先进文化"为"最广大人民的根本利益"服务的文化,走过的光辉历程和所取得的辉煌业绩,是一部中国共产党的史诗般的文化编年史。(魏丽)

D000050 **党史札记** 龚育之著。浙江人民出版社 2002 年 1 月版。28.5 万字。28.00 元。包括《党史札记》(80 篇)、《胡绳琐忆》(8 篇)、《散论和杂感》(13 篇)三部分内容。主要围绕新中国成立后的党史，从理论阐述到史实考订，从党的领袖到普通记者，从高层决策的演变到一首歌曲的命运，都有涉及；既还历史以本来面目，又实事求是地解读历史演变的因由。作者多年从事党史研究工作，掌握丰富的史料并且运用自如，例如，关于斯诺所说"手执雨伞云游四方的孤僧"的考证，毛泽东宣告"中国人从此站立起来了"的考证，令人信服。又如，关于民族区域自治制度的决策，关于中国农村改革的进程，关于中国工业化道路的探索，关于社会主义改造和社会主义改革等问题，作者从历史由来、历史背景等方面作深刻分析，给人以启迪。(杨淑英)

D000051 **从《共产党宣言》到"三个代表"** 聂月岩著。广东人民出版社 2002 年 10 月版。22.5 万字。19.00 元。分七部分阐述从《共产党宣言》到"三个代表"理论的发展及延伸，"三个代表"理论是在《共产党宣言》的基础上，指引全党全国各族人民共同前进的行动纲领。收入"与时俱进的社会主义丛书"。

D000052 **共产党执政规律研究** 张全新主编。山东人民出版社 2002 年 10 月版。60 万字。48.00元。首先论述了关于共产党执政规律的探索过程，论述了马克思、恩格斯、列宁、斯大林、毛泽东、邓小平、江泽民对共产党执政规律的理论贡献。认为，共产党执政规律的主要内容是，关于共产党能够成为执政党的规律，关于执政的共产党加强自身建设的规律，关于执政的共产党领导社会主义建设的规律，关于把握共产党执政规律应处理好的若干重大关系等。(齐晓霞)

D000053 **三个代表与党的建设** 邢贲思主编。湖北人民出版社 2002 年 10 月版。27.6 万字。17.80 元。详细介绍"三个代表"重要思想诞生的历史背景，分析了"三个代表"重要思想的理论基础，阐述了"三个代表"重要思想的科学内涵。着重论述"三个代表"重要思想与党的建设的辩证关系："三个代表"重要思想是党的建设的指导纲领，全面加强党的建设是为了更好地实践"三个代表"。从八个方面论述了关于党的建设的问题：坚持和改善党的领导，努力提高党的执政水平和领导水平；加强党的思想建设，在实践中丰富和发展马克思主义；坚持党的工人阶级先锋队性质，加强党的阶级基础和扩大党的群众基础；坚持和健全民主集中制，增强党的活力和战斗力；建设高素质的干部队伍，培养选拔现代化建设事业的骨干；加强党的作风建设，全面贯彻"八个坚持，八个反对"；坚持从严治党，坚决遏制党内消极腐败现象；加强基层组织建设，巩固党的执政基础。(雷振清)

D000054 **"三个代表"图文读本** 许建波、王均伟编著。武汉出版社 2002 年 10 月版。10 万字。6.00元。采取生动的事实叙述和浅显易懂的理论阐释相结合，文字和画面相结合的方式，介绍"三个代表"重要思想的深刻内涵以及其形成、发展的深刻历史和现实根源。作者注重青少年学生这一特殊群体的阅读特点和理解能力，将"三个代表"重要思想的精神实质和主要内容，以通俗生动的语言、图像表现出来。(陈里京)

D000055 **"三个代表"学生读本** 叶梧西等主编。新蕾出版社 2002 年 7 月版。50 万字。32.00 元。以青少年为主要阅读对象的关于"三个代表"重要思想的简明读本。丛书根据不同年龄段读者的认知能力和实际需要，分四册编写，即：《新世纪的伟大旗帜——"三个代表"大学生读本》、《新世纪·新宣言·新纲领——"三个代表"高中生读本》、《站起来·富起来·强起来——"三个代表"初中生读本》、《知党·爱党·跟党走——"三个代表"小学高年级读本》。(刘增杰)

D000056 **"三个代表"思想：领航 21 世纪的中国** 石中泉著。广东教育出版社 2002 年 7 月版。42 万字。32.00 元。近两年来，作者石中泉对"三个代表"思想进行了持续研究，从历史到现实，从实践到理论，对这个思想作了多角度，多层面的阐发。他用"三个代表"思想解读党的历史，认为"三个代表"思想不仅实现了马克思主义党的理论的伟大创新，而且对以邓小平"南方讲话"为标志的新的社会主义理论形态作了重大发展，这本专著是把理论研究和党史研究紧密结合的力作。本书出版后，《人民日报》、《光明日报》、《解放军报》、《中国青年报》和《文汇报》等 11 种报纸发表了书评，著名学者、专家对这部著作的出版予以充分的肯定和高度评价。

D000057 **"三个代表"重要思想学习读本** 陈祥骥、赵崇义主编。宁夏人民出版社 2002 年 10 月版。27 万字。20.00 元。对"三个代表"重要思想科学理论体系进行综合研究，阐述了"三个代表"重要思想形成的时代背景和这一重要思想发展、完善的历史过程，对"三个代表"重要思想的本质、科学内涵、理论依据、逻辑建构和诸多新思想、新观点、新论断进行了理论阐发。还详尽地论述了现代科学技术与先进社会生产力、改革与发展社会生产力的关系；繁荣发展有中国特色的社会主义新文化，把握中国先进文化的前进方向；忠实代表最广大人民的根本利益及最广大人民根本利益的实现途径。(张燕宁)

D000058 **“三个代表”重要思想研究** 王伟光主编。人民出版社 2002 年 10 月版。44 万字。33.30元。从马克思主义发展史的角度，分析了“三个代表”重要思想与马列主义、毛泽东思想、邓小平理论一脉相承的关系，肯定了“三个代表”重要思想在马克思主义发展史上的重要地位；凸显了“三个代表”重要思想所体现的马克思主义与时俱进、开拓创新的理论品质；阐述了“三个代表”重要思想的形成和发展，分析了“三个代表”与党的建设的若干重大问题；多角度地揭示出“三个代表”重要思想的丰富内涵。

D000059 **“三个代表”热点问题答疑** 宋海庆、徐贵相著。广西人民出版社 2002 年 6 月版。17.2万字。15.00 元。共 12 章，主要内容有：为什么说“三个代表”重要思想是时代的产物；为什么说“三个代表”重要思想是一个科学的理论体系；怎样理解代表中国先进生产力的发展要求；怎样理解代表中国先进文化的前进方向；怎样理解代表最广大人民的根本利益；为什么说“三个代表”是对历史经验的深刻总结；怎样理解“三个代表”是新世纪党的建设的伟大纲领；“三个代表”与党在新世纪的三大历史任务；怎样贯彻落实“三个代表”。采用问答的形式，对理解“三个代表”重要思想存在的一些片面的认识进行分析解答。(白竹林)

D000060 **大学生情系“三个代表”** 杨尚勤主编。西北工业大学出版社 2002 年 11 月版。26 万字。20.00 元。由综述篇、学习篇、实践篇和新闻报道篇等 4 部分组成。综述篇主要论述“三个代表”对高校工作和人才培养的思想内涵以及学习实践“三个代表”思想的重大意义。学习篇主要反映博士生、硕士生和本科生同学们学习实践“三个代表”的收获和体会。实践篇主要收录大学生在实践“三个代表”活动中涌现出来的先进事迹。(雷军)

D000061 **与时俱进 永葆活力** 副名：“三个代表”与中国共产党的建设。赵子平主编。湖北人民出版社 2002 年 9 月版。30.7 万字。33.80 元。导论对三个代表和党建关系作了阐释，然后分七章进行论述：21 世纪党面临的挑战与三个代表的提出；三个代表思想的科学内涵，理论品格；按照三个代表要求，加强和改进党的思想建设，组织建设，作风建设；最后一章是永葆党的活力，永葆党的先进性，继续推进党的建设新的伟大工程。书中阐述了三个代表重要思想的历史地位，提出了党在经济、文化、政治等方面必须做到三个代表的高标准要求，强调了加强和改进党建工作的重要性。(易学金)

D000062 **与时俱进的中国共产党的建设** 李玉荣著。广东人民出版社 2002 年 10 月版。20 万字。17.00 元。共 8 章，分别阐述中国共产党建设目标的定位，思想上建设党，围绕党的基本路线建设党，干部队伍建设等问题，提出要按照“三个代表”要求，与时俱进建设中国共产党的基本思路。收入“与时俱进的社会主义丛书”。

D000063 **中国共产党建设八十年大事纪要** 童阳秀编著。党建读物出版社 2002 年 3 月版。41.2万字。36.00 元。为了更好地回顾和总结历史经验，以史为鉴，开创未来，为学习和研究中国共产党建设的理论和历史提供较为系统的线索和资料而编著本书。本书以时间为序，比较历史、客观地记录了中国共产党建党 80 年来，加强自身建设中的重大事件、重要会议和重要活动等。全书史料翔实，内容丰富，注重突出党的自身建设的内容，对于学习、研究中国共产党加强自身建设的理论和历史具有较强的参考作用，同时具有一定的收藏价值。(建萱)

D000064 **从“三个有利于”到“三个代表”** 董德刚著。海天出版社 2002 年 6 月版。27 万字。28.00元。江泽民“三个代表”重要思想的提出是党的基本理论即邓小平理论的重大发展，已成为在新世纪加强党的建设的伟大纲领。从“三个有利于”到“三个代表”，即研究和阐发新时期我们党的基本理论的历史发展，从理论层面上反映党和人民改革开放和社会主义现代化建设的伟大实践，探索和回答党和人民面临的重大实际问题。(冬风)

D000065 **江泽民“三个代表”思想学习笔记** 《江泽民“三个代表”思想学习笔记》编选组编。辽宁人民出版社 2002 年 9 月版。31.1 万字。45.00 元。选收国内理论界的知名学者、专家的有关文章、学习笔记、体会等 41 篇。内容涵盖江泽民“三个代表”重要思想的各个方面。探讨了“三个代表”思想的理论内涵、理论贡献及实践意义。(边洛莎)

D000066 **路标：追寻“三个代表”的理论足迹** 张志明著。广东教育出版社 2002 年 10 月版。26.5万字。本书追寻“三个代表”的理论足迹，透过生动的材料和详实的背景，回顾了江泽民总书记从受命于危难到广州讲话期间“三个代表”思想形成的思考过程，分析了“三个代表”对解决毛泽东晚年命题的历史意义，阐述了“七一”讲话的深刻内涵，回答了“三个代表”提出以来，甚至是“七一”讲话以来广大共产党员和人民群众非常关注和思考的问题，为什么总书记要在新世纪伊始提出“三个代表”的思想？如何历史地把握这一重要思想和党的建设的伟大纲领？本书主题重大，被中宣部、国家新闻出版署列为全国迎接“十六”大百种重点图书。它不仅有历史事实的回顾，更重理论足迹的追寻，从理性高度的分析，体现了浓厚的理论色彩；注意从历史进程的逻辑脉络和逻辑结果进行阐析，论述严谨，层次清晰。（罗志梅）

D000067 **新世纪的行动指南——“三个代表”重要思想概论** 张南征、张胜旺主编。东北师范大学出版社 2002 年 3 月版。18.4 万字。9.80 元。理论专著。分九部分：一、党始终要代表中国先进生产力的发展要求；二、党要始终代表中国先进文化的前进方向；三、党要始终代表中国最广大人民的根本利益；四、环境、地位、任务的重大变化；五、与时俱进是马克思主义的理论品质；六、深化对劳动和劳动价值论的认识；七、正确认识党的阶级基础和群众基础；八、加强社会主义民主政治建设；九、党的最低纲领与最高纲领之间的辩证统一。全面阐述了“三个代表”重要思想的提出及其伟大的意义，并指出学习和落实“三个代表”，关键在于解放思想、实事求是。学习好、领会好“三个代表”的根本目的在于贯彻好、落实好“三个代表”。（任云霞）

D000068 **党的作风建设的新视野——基于宪法学思维方式的一种研究** 周叶中、邓联繁著。人民出版社 2002 年 4 月版。27.2 万字。25.00 元。以宪法学的思维方式去思考党的作风建设的问题。作者指出，当代社会科学发展的一个重要趋势就是学科间的综合集成，其突出表现就是方法论上的互相渗透，或者说融会贯通。作者遵循“是什么”——“为什么”——“怎样办”的分析问题的思路，由表及里，由浅入深地对党的作风建设的理论和实践进行剖析。

D000069 **《党政领导干部选拔任用工作条例》学习辅导** 中共中央组织部干部一局编著。党建读物出版社 2002 年 8 月版。23.8 万字。15.00 元。2002 年，中央印发了《党政领导干部选拔任用工作条例》（以下简称《干部任用条例》）。这是我们党关于党政领导干部选拔任用工作必须遵循的基本规章，也是从源头上预防和治理用人上不正之风的有力武器。为配合《干部任用条例》的学习宣传和贯彻落实，中组部《干部任用条例》修订小组和有关部门，专门推出系列图书，本书为其中之一。本书系统地阐释了《干部任用条例》的内容，注重思想性、理论性和政策指导性。（建萱）

D000070 **发展党员工作手册** 本书编写组编著。党建读物出版社 2002 年 5 月版。15.8 万字。10.00元。本书以邓小平理论为指导，以党章、《发展党员工作细则（试行）》及有关文件为依据，以问答的形式，深入浅出地就：向党组织提出申请，确定入党积极分子，对入党积极分子的培养、教育和考察，确定发展对象，确定入党介绍人，对发展对象进行政治审查，对发展对象进行短期集中培训，听取党内外群众的意见，填写入党志愿书，支部大会讨论，上级党组织指派专人谈话，上级党组织审批，举行入党宣誓仪式，预备党员的教育和考察，预备党员转正，发展党员工作的领导和纪律，组织队伍建设等 17 个方面，分 200 余个问题进行了阐述，是广大党组织、党务工作者做好发展党员工作的工具书，也是广大申请入党的人必备的书籍，本书具有较强的指导性、操作性和规范性。（建萱）

D000071 **十六大代表风采录** 本书编写组编。党建读物出版社 2002 年 11 月版。30.9 万字。22.00 元。本书选取汇编了 90 名来自生产和工作一线的党的十六大代表的先进模范事迹，内容丰富，事迹感人，具有较强的示范意义和教育意义，是对广大党员干部进行典型教育的良好教材。（建萱）

D000072 **典型进家家家跟** 杨福平编著。中原农民出版社 2002 年 7 月版。8 万字。9.00 元。“三个代表”进农家丛书之一。用简明的文字和生动有趣的图画，介绍了农村优秀基层干部、农民致富带头人的先进事迹，用榜样的力量激励农村干部群众学好“三个代表”重要思想，进一步推动农村经济发展。（王锦）

D000073 **脊梁——“村官”李连成** 邢军纪、形式著。中原农民出版社 2002 年 10 月版。23.6 万字。24.00 元。以翔实的资料，优美的文笔，真实再现了全国优秀共产党员、党的十六大代表、濮阳市庆祖镇西辛庄村党支部书记李连成从独战贫穷、率村出击、辐射四方、直到受到省委和中央领导高度重视，成为各级组织学习效仿的楷模的曲折动人的全过程。

D000074 **藏汉之子** 副名：优秀援藏干部任

国庆。张国擎著。江苏文艺出版社2002年5月版。18万字。14.80元。真实地再现援藏优秀干部任国庆同志可歌可泣的先进事迹,再现任国庆奋斗奉献的光辉一生。任国庆自1979年受江苏省委委派援藏,多次放弃回内地工作的机会,坚持在西藏工作,21年如一日,为促进藏汉关系,推动西藏地区两个文明建设作出了很大的贡献。他主持参加建成西藏自治区境内第一座地区级广播电台和电视台转播台,被列为中国改革开放20年成果之一。尤其是在退休后,为了西藏"乡乡通广播电视"事业,他毅然决然重返西藏,努力工作,直到生命的最后一刻,真正做到了为了西藏的建设,为了西藏人民的利益,鞠躬尽瘁,死而后已。(郭济访)

D000075 **预备党员培训教程** 赵培举、王凤和、徐恒俊主编。黑龙江人民出版社2002年7月版。29万字。20.00元。针对预备党员,青年党员的思想实际,深入浅出地阐述在新形势和市场经济条件下如何加强马克思主义理论学习和党性修养,如何做一个合格共产党员等一系列问题,该书有党的理论学通俗讲解、马克思主义经典著作原著及简介、江总书记"三个代表"重要论述、预备党员必读知识介绍。(刘恺汐)

D000076 **干部进家家家亲** 杨福平编著。中原农民出版社2002年7月版。8万字。9.00元。"三个代表"进农家丛书之一。用简明的文字和生动有趣的图画,着重介绍干部如何做细、做实、做好农村工作的各种实用知识和必备常识。在文字表达上深入浅出,在漫画和插图的设计上注重直观性、趣味性,有助于密切农村党群干群关系,为群众办实事、办好事。(童苏平)

D000077 **青春的足迹——北京青年运动大事记(1919—2002)** 共青团北京市委员会编。人民出版社2002年4月版。30.2万字。36.00元。图文并茂地再现从1919年到1949年北京市共青团的前身组织的革命斗争经历,再现了它从1949年到改革开放时期在中国共产党的领导下团结全市青年投入社会主义建设的生动事迹,以及在建国后历次政治运动中的曲折过程。

D000078 **新世纪高校共青团工作** 严占君、裴广为主编。黑龙江人民出版社2002年5月版。20万字。11.00元。以邓小平理论和江泽民"三个代表"重要思想为指导,立足新世纪,面对新形势新任务,研究新情况新问题,着眼于在社会思想发生复杂变化的情况下,如何加强共青团的思想建设;在高等教育改革深化、高校普遍实行学分制和后勤社会化的情况下,如何加强团的组织建设;在受经济全球化、市场化的影响,青年思想观念呈现复杂化、多样化的情况下,如何增强团组织的凝聚力和战斗力,发挥团组织服务青年成长成才的职能等突出问题。(刘恺汐)

D000079 **共产党和社会党百年关系史** 黄宗良、林勋健主编。北京大学出版社2002年9月版。32.8万字。22.00元。"21世纪国际政治丛书"之一。阐述了世界社会主义运动从19世纪末20世纪初发生分裂以来的百年间共产党和社会党(社会民主党)之间的对立、斗争或联合协作之间的错综复杂关系。这些关系包括四个方面的内容:一是两类党之间的协作、联合或对立、斗争;二是指两类党从政治、思想、组织上相互转化的关系,即常说的社会民主党的共产党化或共产党的社会民主党化;三是各个时期两类党的力量和影响、此消彼长的关系;四是共产主义(科学社会主义)同民主社会主义两个"主义"的比较。本书讲的主要是欧洲范围的共产党和社会党关系史,也涉及苏联(俄国)及个别非欧洲国家的社会主义政党。本书内容写至20世纪90年代末。(胡利国)

工人、农民、青年运动与组织

D000080 **向农民道歉** 副名:一个县委组织部长的驻村手记。马银录著。西北大学出版社2002年6月版。21.6万字。15.00元。收入"当代中国乡村治理与选举观察研究丛书"第二辑。2000年11月,陕西白水县西固镇器休村发生了数百名农民打砸镇政府和派出所的恶性事件。2001年4月9日,马银录和县、乡政府12名干部组成的工作组到器休村调查处理该事件。经三个月工作,事件得以圆满解决。三个月的驻村手记即本书。全书以原汁原味的形式,真实地讲述了解放农民创造性和调动农民积极性的故事,讲述了农村治理中不尽职守的干部的不负责任而使农村改革面临的困境,揭露了农民在某种程度上的无依无靠与个别政府官员高高在上的强烈反差。说明要解决日益加重的"三农"问题,保持社会稳定,摆脱社会转型时期可能出现的各种问题和困难,仅仅向农民道歉是不够的。(何惠昂)

D000081 **21世纪少先队工作丛书** 卢刚等编著。中国少年儿童出版社2002年8月版。148万字。98.00元。中国少年先锋队活动及素质教育工作小百科手册。包括《少先队小干部工作必读》、《少先队活动的设计与范例》、《少先队素质教育读本》、《少先队文艺活动百花园》、《少先队鼓号队实用教学法》、《少先队阵地建设小百科》、《少先队基础知识讲座》、《少先队节日假日活动指导手册》、《向着太阳歌唱——少先队歌曲大集合》等9册。(陈斌)

D000082 **新时期共青团工作手册** 廖良辉主编。海南出版社2002年5月版。28万字。20.00元。以马列主义、毛泽东思想、邓小平理论和"三个代表"重要思想为指导,详细阐述了新时期共青团工作的各个方面,不仅有共青团的历史介绍,不同历史阶段党的领导核心毛泽东、邓小平和江泽民对共青团工作的指导,还有共青团的基本知识,以及如何开展共青团工作的详细论述。在材料收集上,也注重一个新字,对团的公开报刊、各级团的工作网站、各省级共青团委员会以及团的主要干部院校的通讯地址、电话及网址都有收集。为各级共青团组织开展各项工作的参考性工具书。(伍君之)

D000083 **创新风采:全国少先队"创新杯"最佳活动130例** 柯英、楚锐主编。中国少年儿童出版社2002年7月版。36万字。20.00元。荟萃全国少先队"创新杯"活动中130个活动范例。这些活动既体现儿童性,又贴近社会实践,充满儿童情趣和时代气息。这些丰富多样的活动,可以激励、培养少年儿童勤于动脑、敢于质疑、勤于探索的创新精神。(资料室)

D000084 **青少年美德书** [美]威廉·贝内特编著,刘旭译。海南出版社2002年5月版。16万字。24.00元。一本由小说、民间故事和诗歌组成的选集,旨在阐明那些能够体现构成人类文化、历史以及传统的美德,全书分为:责任、勇气、同情、忠诚、诚实、友谊、毅力、工作、自律和信仰等10个篇章。并选择最能体现这十个方面道德准则的故事、诗歌和箴言,深入浅出地加以阐述佐例。同时本书还配画了几十幅生动活泼的插图。(伍君之)

D000085 **新中国青年文化研究** 朱清孟等主编。河南人民出版社2002年12月版。23.2万字。30.00元。本书为河南省哲学社会科学"九五"规划项目。青年文化的提出与研究已有一定的历史,但是对中华人民共和国成立以来的50年青年文化进行历史性的回顾与总结,尚无人作过。本书首次在这方面进行了十分有益的尝试。作者收集并整理了较大的历史资料,对新中国青年文化发展的轨迹进行了全面、系统的阐述。在此基础上,研究了青年文化与社会主文化之间的关系、中国青年文化自身发展的历史比照、中国青年文化与西方青年文化的比较等,进而探究与概括了新中国青年文化发展的规律,对中国青年文化未来的发展进行了前瞻并提出一些具有建设性的对策。(李小龙)

D000086 **青少年思想教育工作新探** 安徽省思想政治工作研究会编。安徽科学技术出版社2002年9月版。22万字。15.00元。分上、下2篇11章。上篇对青少年思想状况、教育工作背景进行全面阐述,下篇探讨了青少年思想教育应具备的环境建设,青少年思想教育工作者应遵循的工作原则和工作方法,指出思想教育工作者也必须时时注意提升自身的素质,加强人品道德修养。此书为安徽省思想政治工作研究会"新时期青少年思想教育特点和规律研究"的课题研究成果。(范源)

世界政治

D000087 **文明的共存——对塞缪尔·亨廷顿"文明冲突论"的批判** [德]哈拉尔德·米勒著,郦红、那滨译。新华出版社2002年2月版。25万字。21.80元。分四部分:一、批判;二、理念;三、分析;四、展望。作者针锋相对地反驳了亨氏文明敌对论的全球观,认为简单地渲染或者接受这种片面的世界观或敌对论是极其危险的。指出:不是文明的对抗,而是文明的共存与对话;国际社会必须更多地尝试进行合作,应该保持国际关系的复杂性、多样性,并且善加利用。(齐鹏)

D000088 **当代世界经济与政治** 郑北雁、陈勇主编。东北财经大学出版社2002年1月版。23.8万字。12.00元。21世纪高等教育标准教材。根据21世纪充满不确定性的特点,介绍了世界政治格局的形成和演变、世界经济发展的历程和趋势、国际性组织在解决争端中的作用、我国的对外政策、我国在世界政治、经济中的地位和作用等内容,从不同角度分析和研究世界政治和经济问题,吸收了近年来学术界对国际问题研究的最新成果。(孟鑫)

D000089 **2002年人类发展报告:在碎裂的世界中深化民主** 联合国开发计划署组织编写,本书翻译组译。中国财政经济出版社2002年12月版。49.8万字。40.00元。是联合国开发计划署委托有关专家撰写的年度性系列报告之一。报告的主题是民主治理。正文由5章组成,分别论述了世界各国和地区政治参与和民主治理的发展趋势,政治自由与民主和人类发展的关系,如何在治理实践中深化民主,安全武装力量的民主治理,以及如何在全球层面上深化民主。本报告承袭了历年报告的结构特征,还附有一个反映世界各国和地区社会、经济与人类发展状况的"人类发展指标",它由30幅表组成,包括近200个统计指标和约3万个数据。本书自始至终体现出这样一个主题思想,即政治学对于社会发展的重要性丝毫不亚于经济学。减少贫困需要有平等的增长来支撑,但它更需要穷人的参与,即要赋予穷人参与的政治权力,而在社会各个层面上建立起根深蒂固的民主治理形式,是穷人获得政治权力的保障。(童映华)

D000090 **转折年代** 副名:美国著名学者眼中的世界走向。许知远著。浙江人民出版社2002年12月版。17.7万字。19.00元。采访录。共收对15位美国著名学者的采访对话实录。采访的主题是"震荡之后的世界(指冷战结束、新经济崛起及"9·11"事件发生等)将以何种面目出现"。接受采访的有经济学家、政治学家、中美关系专家、国家关系专家等,包括约翰·肯尼斯·加尔布雷斯、罗伯特·基欧汉、大卫·兰普顿、诺姆·乔姆斯基等。他们都是各自领域蜚声世界的著名学者,他们的观点代表了当今美国主流思想界对目前世界及其发展趋势的看法。(黄建光)

D000091 **谁的新千年** 副名:他们的还是我们的[美]丹尼尔辛格著,曹荣湘等译。中国人民大学出版社2002年8月版。25.2万字。25.00元。从西方左翼批判的立场纵观整个20世纪的国际政治、经济和社会发展历程,集中展示了在新千年来临之际的世界现状,论述的国家和地区有欧美等发达国家,也有苏联、东欧和亚洲等转轨国家。对20世纪各国左翼运动进行深刻的反思,对全世界弱势群体面临的悲惨命运和未来出路作了考察。作者对"工作的终结"、"历史的终结"、全球化、平等、民主等问题的分析,反映了西方马克思主义者的一贯立场。为"马克思主义研究译丛"之一。(林坚)

D000092 **当代中西政治制度比较** 郑楚宣、刘绍春著。广东人民出版社2002年7月版。39万字。39.80元。运用马克思主义的基本理论方法以及现代社会科学的新方法对中西(主要是中、美、英、法、德、意)当代政治制度进行综合研究,着重从中西政治制度的思想文化基础、历史形成、结构功能、实践运作及实际效应等方面展开观察和论证。

D000093 **现代私人侦探完全手册** 汪岩焯、汪永全、周冰冰编著。中华工商联合出版社2002年10月版。37万字。25.00元。系统介绍国外现代私人侦探活动的专著。书中以经济冷战、市场竞争和愈演愈烈的全球性情报活动为背景,就私人侦探活动在现代社会经济、政治和公民生活中的作用、地位、社会认同,私人侦探的从业条件、侦探方法与手段、侦探公司的组织、作业及其与客户和官方的关系,秘密情报员的招募与培养,网络组织的建设与操纵,窃密与反窃密,侦探与反侦探,风险预测与危机化解,发展趋势与存在问题等,作了详实的阐述。(刘向鸿)

D000094 **反恐时代** [英]彼得·哈克莱罗德著,王振西等译。新华出版社2002年10月版。40万字。32.00元。提供20世纪后半叶世界范围内的主要恐怖活动情况以及各国特种部队的组织编制、武器装备、训练和部署情况,反恐时代的作战活动。共十四章。第一章,国际恐怖活动。第二章,战争在继续。第三章,恐怖活动的第三个十年。第四章,世界各国的反应。第五章,秘密战争(Ⅰ)。第六章、"霹雳"行动。第七章、"火魔"行动。第八章、"猎迷"行动。第九章、山姆大叔的反恐行动。第十章、黎凡特的恐怖主义。第十一章、"拱卒"行动。第十二章、"马赛出击"行动。第十三章、"查文·德万塔尔"行动。第十四章、秘密战争(Ⅱ)。(贾晓伟)

D000095 **伊斯兰与国际热点** 金宜久、吴云贵著。东方出版社2002年12月版。65万字。48.00元。分五编。第一编为导言,讨论伊斯兰教与国际政治的概念、伊斯兰教的发展模式、伊斯兰世界,近现代伊斯兰教的发展与演变以及伊斯兰教与国际政治相关的理论问题。第二编选择伊斯兰世界具有代表性的13个国家,分别论述这些国家的政教关系。主要包括伊斯兰教在这些国家的传播,60年代末70年代初以来各国的伊斯兰复兴以及80年代和90年代的政教关系问题。第三编论述冷战时期的地区冲突和战争。第四编论述冷战时期的伊斯兰世界。第五编从不同侧面论述冷战后的伊斯兰世界,着重讨论90年代以来国际政治中的伊斯兰因素问题。

D000096 **布波族——一个社会新阶层的崛起** [美]大卫·布鲁克斯(David Brooks)著。中国对外翻译出版公司2002年10月版。20万字。21.00元。"布波"一词取自布尔乔亚(bourgeois)和波希米亚人(bohemian)两者的第一个字,读这本书有助于了解这个新世纪、新品味的新族群。本书作者是美国《纽约时报》的资深记者，他对生活中出现的新的动向都非常敏感，他以一连串的观察开始，对布波族(BoBo)这个新兴统治阶级与其利己的作风，做辛辣而有趣的描述。本书描写这个阶层的意识形态、生活方式和道德观，深入浅出而且试图找出布波族精英分子的未来方向。(黄定)

D000097 **知识分子论** 爱德华·W.萨义德著，单德兴译，陆建德校。生活·读书·新知三联书店 2002 年 4 月版。11.9 万字。10.50 元。为著者 1993 年所做的英国广播公司(BBC)著名的瑞思系列演讲的演讲集。分六讲：一、知识分子的代表；二、为民族与传统设限；三、知识分子的流亡；四、专业人士与业余者；五、对权势说真话；六、总是失败的诸神。著者在演讲中总结近年文学、文化和政治批评的经验，对"知识分子"这一重要论题进行系列反思。指出，在当今媒体发达、政治与学术利益交融的时代，所谓的知识分子已经是一种特殊专业，集编辑、记者、政客及学术中间人于一身。他(她)们身不由己，往往成为各种权力结构中的一员。反而在背井离乡的移民逐客中，在甘居异端的"业余者"、"圈外人"中，我们能找到知识分子不屈不挠卓然特立的风骨典型。书中附有译者序、著者序、萨义德著作书目提要，以及译音对萨义德的两次重要访谈录。(李学军)

D000098 **科技最前沿** [日]立花隆著。世界知识出版社 2002 年 6 月版。30 万字。23.00 元。是作者深入采访日本的电脑应用、人脑研究的第一线，所写的两篇报道结集。介绍了巨型电子计算机在工业、科研领域如何完成人脑所难以完成的复杂运算、模拟实验等，对最新型计算机的研制情况做了前瞻性报道。关于人脑科学的研究情况，也做了追踪报道。为"立花隆文选"之一。(范景峰)

D000099 **信使精华丛书** 张穗华主编。中国对外翻译出版公司 2002 年 8 月版。157.5 万字。289.80 元。联合国教科文组织《信使》杂志创刊已有 54 年历史，它拥有 28 种文字，在世界上 100 多个国家和地区发行。它广泛涉及人类社会各种问题，涵盖众多不同科学的界域，以丰富的知识、健全的理念、新颖的思想，促进读者对人类自身的认识。该书特撷其中文版发行以来 21 年各期译文之精华，根据人类的重大主题或不同领域，分为 12 种：《世界名人一席谈》、《神灵，图腾与信仰》、《媒介的变迁》、《城市迷宫》、《电影一百年》、《天涯孤旅》、《人类的星群》、《通往自由之路》、《大革命与乌托邦》、《家庭今昔》、《石头，文化和时间》、《艺术之光》。(黄定)

D000100 **通过权利、资源和言论上的性别平等促进发展** 世界银行编著。中国财政经济出版社 2002 年 8 月版。28.7 万字。30.00 元。系世界银行的政策研究报告。它集合了几门社会科学学科现有的和最新的研究方法，用以考察长期的性别歧视给社会福利和国家发展前景造成的代价；揭示了正式的和非正式的社会制度如何塑造性别角色和性别关系，家庭决策及其行为方式如何复制了那些性别角色。还探讨了性别平等与经济发展之间的关系及社会公共政策和民间活动对促进性别平等所起的作用。认为不重视性别关系和不解决性别差距的政策将限制发展的效率。提议将机构制度的改革与促进经济发展结合起来。采取积极措施纠正在资源占有和政治言论上长期存在的性别差异。在战胜性别歧视从而使社会更大程度地获益的过程中，国家、民间组织和国际社会都将扮演重要的角色，发挥更大的作用。(李玲兰)

中国政治

D000101 **中国社会政策** 刘庆龙、韩树军编著。河南人民出版社 2002 年 8 月版。24 万字。20.00元。"中国社区工作书系"之一。从对社会政策的概念和起源、政策的环境、政策的制定和实施、政策评价和调整、政策的法律地位至我国现阶段有关社会保障和优抚政策，社区工作和人口政策，对社会政策的发展和演变的脉络做了分析。(李小龙)

D000102 **政策进家家家用** 杨福平编著。中原农民出版社 2002 年 7 月版。8 万字。9.00 元。"三个代表"进农家丛书之一。着重介绍涉及农村经济、政治和文化生活等方面的有关政策。在内容上贴近农业、农村和农民的实际，文字深入浅出，有利于提高农村基层干部和农民的政策素质。(童苏平)

D000103 **中国战略构想** 胡鞍钢主编。浙江人民出版社 2002 年 1 月版。27 万字。25.00 元。文集。所收文献大部分曾在《中国国情分析研究报告》中发表。其主题是面对中国经济发展与社会转型的重大的现实挑战。作者试图回答中国面临的诸多难题，思考如何在现有的经济发展水平下，以及现行的政治制度框架下，主动地、有效地迎接挑战。主要内容包括：中国当前经济形势与宏观调控政策；中国加入 WTO 的机会与威胁；中国共产党如何才能

代表最广大人民的根本利益；转型期防治腐败的综合战略与制度设计；中国：寻求后冷战时期的新格局等。(蔡玲平)

D000104　**民主的根基——广东农村基层民主建设实践**　李江涛、郭正林、王金洪、李大华、童晓频著。广东人民出版社 2002 年 10 月版。22.5 万字。19.00 元。由 8 章构成，用新的视野和理论来观察思考广东农村基层民主制度建设所取得的成功经验。第一章考察了社会主义民主理论的来源和发展轨迹。第二章着重分析了改革开放以来广东农村经济体制的两个转变。第三章阐述广东省为促进、保障和规范村委会选举、村会组织、村务管理、村务公开等村民自治活动而开展的地方立法过程。第四章阐述村民自治"四个民主"在广东农村是如何开展起来的。第五章主要分析在村民自治的新形式下，广东农村基层党组织面临的新情况、新问题和新挑战。第六章主要论述村民自治制度建立后，广东乡村基层出现的多重关系以及动态调适的过程、方式与效果。第七章论述民主浪潮如何激荡人们的心灵。第八章是本书的理论总结。收入"与时俱进的社会主义丛书"。

D000105　**走进新时代——大型理论文献电视片配图解说词**　中共中央党史研究室编。辽宁人民出版社 2002 年 10 月版。8.1 万字。19.80 元。大型理论文献电视片《走进新时代》的配图解说词。该电视片共分十集，主要从思想理论、经济发展、扩大开放、科教兴国、民主法制、精神文明、外交工作、国防建设、祖国统一和党的建设等方面，宣传邓小平理论和江泽民"三个代表"重要思想，以及改革开放的巨大成就和宝贵经验。(边洛莎)

D000106　**革命与建设的成功实践**　林庭芳主编。西南师范大学出版社 2002 年 1 月版。40.3 万字。28.00 元。以毛泽东、邓小平、江泽民三个伟人为线索，对中国革命与建设实践进行系统论述，认为：毛泽东领导中国人民站起来，建立了中华人民共和国，将一个贫穷落后的旧中国建设成为具有初步繁荣的新中国；邓小平领导中国人民富起来，完成了拨乱反正，实现了党和国家工作重点的转移，开创了建设有中国特色的社会主义建设；江泽民领导中国人民强起来，确立了社会主义市场经济体制，完善了宏观调控体系，构建了实现经济、社会环境可持续发展战略，开始了全面建设小康社会。(张六莲)

D000107　**中国改革开放史**　中共中央党史研究室第三研究部著。辽宁人民出版社 2002 年 12 月版。35 万字。48.00 元。记述自"文化大革命"结束后到党的"十六大"召开这段改革开放历程的专著。分 18 章，除序章、结束语外，分三部分：一、改革开放起步阶段；二、改革开放全面展开阶段；三、改革开放进入新阶段。以时间为序，展示政治、经济、军事、文化、外交等内容。(张洪)

D000108　**"三个代表"重要思想在广东的实践**　刘玉浦、钟阳胜主编。广东人民出版社 2002 年 10 月版。15 印张。260.00 元。分六个部分：一、与时俱进的理论创新，现代化建设的伟大纲领；二、代表先进生产力的发展要求，推动广东率先基本实现社会主义现代化；三、代表先进文化的前进方向，大力推进精神文明建设；四、代表最广大人民群众的根本利益，全面建设文明社会；五、全面加强党的建设，努力提高领导水平和执政水平；六、展望未来，再铸辉煌。有约 600 多幅图，展示了广东省学习和实践"三个代表"重要的经验和成效。

D000109　**党的三代领导核心与中国社会主义道路探索**　马兆明著。山东人民出版社 2002 年 7 月版。18 万字。18.00 元。通过对中共党史的回顾和对比分析研究，阐述以毛泽东为核心的党的第一代领导集体，带领全党和全国人民推翻帝国主义、封建主义的双重压迫，走上了社会主义道路；以邓小平为核心的党的第二代领导集体总结社会主义建设正反两方面的经验，带领全国人民走建设有中国特色的社会主义之路；以江泽民为核心的党的第三代领导集体高举邓小平理论伟大旗帜，在建设有中国特色社会主义道路上阔步前进，取得了举世瞩目的伟大成就。阐述中共三代领导集体为寻找一条适合中国国情的社会主义建设道路，所进行的探索，对其重大思想理论贡献做了科学的概括。(刘海涛)

D000110　**与时俱进的社会主义**　庞井君著。广东人民出版社 2002 年 10 月版。22.5 万字。19.00元。分 4 章。从社会主义发展历史的纵向角度和社会主义横向发展的视角，分章论述社会主义过去、现在和未来的理论问题和实际问题，深入阐述有中国特色社会主义理论的科学性及其丰富内涵。收入"与时俱进的社会主义丛书"。

D000111　**中国对外关系中的台湾问题**　卢晓衡主编。经济管理出版社 2002 年 5 月版。34.5 万字。26.00 元。论文集。收集中国社会科学院所属 9 个研究所的研究人员关于台湾问题的研究报告和一些院外学者的论文共计近 20 篇。内容包括：中国对外关系中台湾问题的起因、演变与趋势；台湾当局在对外关系中诉求的变化；台湾问题在中国对各国关系中的表现；台湾当局“重返”联合国的活动，台湾与国际组织的关系等等。（总编室）

D000112 **台湾问题实录** 全国台湾研究会编。九州出版社 2002 年 7 月版。99 万字。58.00 元。分上下册。根据《开罗宣言》和《波茨坦公告》，台湾同中国的东北、澎湖列岛一起归还中国，无论从法理上和事实上都是毫无疑义，也是国际社会公认的。20 世纪 40 年代国共两党的大决战、外国势力的干涉及两岸关系的变迁，使这个本来没有问题的台湾变成了“台湾问题”。本书顺着 20 世纪 40 年代国共两党大决战后国民党残余势力逃台到世纪之交台湾政局发生重大变化这 50 年的轨迹，以历史事实为依据，以重大事件为切入点，客观地展现这一过程。（郑福臣）

D000113 **全军对台宣传优秀作品汇编(1998～2001)** 辛旗主编。华艺出版社 2002 年 10 月版。43 万字。29.60 元。为有关对台宣传的新闻作品集。共收录郭学林、何端端等 242 人(次)的新闻作品 127 篇。汇编分新闻、评论、专题三部分。新闻部分报道了我海军某部航空兵成功拦截敌机的实践演练、“中国资源二号”卫星发射成功等重要新闻。评论部分对台湾陈水扁、吕秀莲的“台独”言论、台湾当局穷兵黩武的行径及其企图“以武拒统”“决战境外”的“台湾新战略”等予以痛斥和批驳。专题部分，对在台湾大地震时祖国大陆对台湾同胞的深情、“99 海峡两岸中元海望联谊晚会”等活动进行了专题追踪报道，对台湾的著名作家苏庆黎、商业巨子李志仁、法律界知名人士朱伟雄等作了专访。（孔德骐）

D000114 **闽台关系** 蒋伯英主编。武汉出版社 2002 年 9 月版。35.4 万字。25.00 元。系“国共关系与两岸关系丛书”之一。从文化的角度论述自古以来闽台文化的地缘近、血缘亲、语言通、神缘同，从历史的角度展示了闽台之间在政治上、经济上密不可分的关系。通过对闽台关系产生的历史文化原因、过程、特点的研究及在此基础上对闽台关系发展前景的预测，揭示了祖国的统一和繁荣富强是中华民族的根本利益所在，也是台湾同胞的福祉所系。（孙敏）

D000115 **速读中国** 《北京晚报》深度报道部著。北京出版社 2002 年 11 月版。11 万字。18.00 元。本书以大量的数字和生动的文字，反映了 13 年来特别是近 5 年来中国改革开放和经济建设社会发展的巨大变化。书中解读的近 900 个数字基本覆盖了社会生活的方方面面，从中可以感受到祖国日新月异的变化。8 位年轻的记者以敏锐的眼光，全方位、多角度地关注着党的十五大以来的这五年给我们国家经济和社会生活所带来的巨大影响。文章大到宏观经济小至人们思想观念及日常生活方式进行了描述和评析，既充分肯定成绩又不回避矛盾，客观地记录了发生的新事物。（总编室）

D000116 **腾飞的龙** [韩]金夏中著。世界知识出版社 2002 年 10 月版。16 万字。20.00 元。作者为韩国驻华大使。记述 30 年来作者与中国的缘分和对中国的了解、认识及喜爱，从“老外”的角度介绍中国人的气质、思维方式，并提到中国在改革中存在的问题及将来会如何改进，中韩关系的未来等话题。（范景峰）

D000117 **2002 年数字天津** 副名：天津市国民经济和社会信息化。天津市信息协会编。天津人民出版社 2002 年 12 月版。40 万字。298.00 元(平)，398.00 元(精)。全面反映天津市国民经济和社会信息化建设成就和发展水平的年鉴。分为综合篇、政府信息化篇、企业信息化篇、社会信息化篇、信息产业篇、信息化环境与法建设篇，对天津市各行业各部门的信息化建设成就、发展水平以及未来趋势，进行全面介绍。（樊金树）

D000118 **社会主义改造时期的沈阳** 中共沈阳市委党史研究室编著。沈阳出版社 2002 年 11 月版。25.3 万字。35.00 元。是“沈阳社会主义时期党史丛书”第一部。以丰富翔实的史料，生动记述社会主义改造时期(1949－1956 年)，沈阳人民在中国共产党领导下，战胜重重困难，胜利完成国民经济恢复任务，实现三大改造，建立社会主义制度的辉煌成就，对社会主义改造时期沈阳市党的工作，进行全面系统的总结评价。（王莉）

D000119 **当代新疆风云** 张旭凯主编。新疆人民出版社 2002 年 10 月版。35 万字。28.00 元。展现新疆在和平解放 50 年中政治、经济、民族、文化等经历的曲折发展的历史，反映新疆从落后到繁荣的历史事实。分 8 章，第一章，反映新疆和平解放前后的历史，叙述新疆和平解放和人民解放军进驻新疆各地的过程，介绍解放初期戡平乌斯满等叛乱的经过，介绍新疆第一批共产党员产生的过程。第二章，叙述新疆和平解放后社会主义建设情况。如进疆人民解放军和 10 万起义部队解甲归田后对新疆经济建设所作的贡献。第三章阐述新疆各族人民在党的民族政策的关怀下，实施民族区域自治政策的情况。第四章、第五章,叙述20世纪50至60年代新疆具有代表性的历史事件,如伊塔事件、上海知青、杨勇智斗"四人帮"、破获"东突党"。第六章,主要介绍改革开放后新疆的经济发展变化及反对民族分裂的情况。第七章,叙述在党的三代中央领导集体的关怀下,新疆经济建设正在更上一层楼的发展情况。第八章介绍为新疆社会主义建设事业无私奉献的在各条战线涌现的英雄模范人物。本书主要用纪实的手法,选择了新疆和平解放50年来发生的有重大影响的60余件人和事,配有大量珍贵的照片。(徐晓琳)

D000120 **新疆新貌** 阿不来提·阿不都热西提、韩学琦主编。新疆人民出版社2002年10月版。10万字。138.00元。画册。图文并茂展示了新疆维吾尔自治区"八五"、"九五"和"十五"计划初期取得的经济建设成就。全书分为"新疆概况、特色农业开发、基础产业与基础设施建设、石油及石油天然气化工、地质勘探与开发、改革开放、旅游业、民营企业、城镇建设、科教文化"等十个部分。反映了新疆各族人民团结一心,奋发努力,依托自然资源优势和向西开放的地缘优势,取得了经济建设和社会发展的辉煌成就。(李春华)

D000121 **跨世纪的湖南总论** 赵德之著。湖南人民出版社2002年6月版。28.2万字。29.00元。介绍建国后湖南社会主义建设的历史进程和在政治、经济、文化等方面取得的伟大成就,总结了50年来的基本经验,并对21世纪湖南社会主义建设进行战略思考和前景展望。从介绍湖南省发展的大思路出发,以专题论述形式,对贯穿于全书中的重要历史线索,特别是对一些根据当时形势和实践的发展所作出的重大决策,进行系统论述。(唐艳)

D000122 **重庆直辖五周年** 中共重庆市委党史研究室、中共重庆市委研究室、重庆市人民政府研究室编。西南师范大学出版社2002年9月版。39万字。25.00元。分前言、重庆发展综述、专题篇、区县篇并附大事件。全面回顾、总结了重庆直辖五年来,以邓小平理论、"三个代表"重要思想为指导,紧密结合重庆实际,努力把重庆建设成为长江上游的经济中心,在改革开放和两个文明建设方面取得的辉煌成绩和积累的宝贵经验。(卢旭)

D000123 **历史的丰碑** 本书编委会编。西藏人民出版社2002年7月版。约10万字。380.00元。画册。通过图片忠实记录和客观反映了中央第三次西藏工作座谈会以来党中央、国务院和全国各民族人民,特别是15个对口援藏省市关心西藏、支援西藏改革和发展所取得的巨大成就。(扎西平措)

D000124 **全国支援西藏** 自治区人民政府办公厅等编著。西藏人民出版社2002年10月版。76万字。86.00元。图文并茂,全面地记述西藏和平解放以来,中央三代领导集体关心支持西藏,全国各族人民无私援助西藏,促进西藏加快发展,取得举世瞩目辉煌成就的不平凡历史。(扎西平措)

D000125 **理想政治秩序的探求** 袁峰著。学林出版社2002年10月版。20.3万字。17.00元。"政治问题新视角系列"丛书之一。分7章:第一章,政治的理想与探求;第二章,人类政治秩序的形成;第三章,人类对理想政治秩序的探求:思想的演化;第四章,中国政治秩序的发展:社会生态分析;第五章,中国政治秩序的结构分析:政治实体层面;第六章,中国政治秩序的结构分析:政治规则层面;第七章,中国政治秩序的结构分析:政治控制层面。作者以"当作中国社会主义政治秩序的结构"为主线,从社会、历史、经济、文化的视角,分析了马克思政治秩序理念与中国客观现实的相互关系,以及维护社会主义政治秩序权威的重要性。(乐惟清)

D000126 **五星红旗** 华琪、杨汝戬、马堪岱主编。河北少年儿童出版社2002年10月版。380.00元。收入精美图片600多幅,包括历史照片、文稿资料、邮票、奖章及各种纪念(物)品等。叶延滨、雷抒雁、石祥等国内著名诗人还专门为本书撰写了诗歌,书中还选编了与国旗有关的文字资料。全书图文并茂,生动记述国旗的历史。图集分为六个部分:(一)美丽的旗(国旗的诞生经过);(二)庄严的旗(外交战线、香港澳门回归场景);(三)辉煌的旗(经济、科技、体育战线的成就);(四)威武的旗(国防、军队、武警等);(五)神圣的旗(制定《国旗法》,执行《国旗法》);(六)心中的旗(各民族、海内外炎黄子孙对国旗的热爱)。书后附有《中华人民共和国国旗法》、国旗制法说明以及天安门广场升降国旗时刻表等。(冯铁军)

D000127 **市场发育、社会生长与公共权力构建——以县为微观分析单位** 杨雪冬著。河南人民出版社2002年6月版。20.7万字。21.00元。"公共管理体制研究论丛"之一。以县为研究单位,全面深入地探讨了中国自近代以来国家构建的不同阶段,重点研究20世纪80年代以后中国国家构建的关键阶段。提出中国国家构建的基本方向是理性化和民主化。(李小龙)

D000128 **公共行政概论** 全国干部培训教材

编审指导委员会组织编写。人民出版社2002年2月版。26.6万字。17.50元。结合当今世界经济全球化、政治多极化,特别是我国的基本国情,从十一个方面全面阐述了公共行政的基本概念、基本理论,勾勒出公共行政的理论框架。

D000129 **迈向行政管理现代化——顺德行政体制改革实践** 郑年胜主编。广东人民出版社2002年10月版。20万字。18.00元。分6章,系统阐述顺德改革开放以来,尤其是1992年以来行政体制改革的历程、做法、成效和特色,回顾、总结了顺德机构与职能、社会公共事务管理体制、农村管理体制等方面的改革和制度创新的做法及其内容,研究和探讨了顺德应对"入世"的现代化选择及体制改革的路径与方向。收入"与时俱进的社会主义丛书"。

D000130 **孙学生链式管理法** 本书编写组著。河南人民出版社2002年8月版。16.1万字。18.00元。链式管理法是一种以链式互动原理为机制,以责权利相统一为核心的行政管理方法。该法在实践中已成功运用,并得到国内知名专家的充分肯定。(李小龙)

D000131 **政府职能梳理与重构** 金太军主编。广东人民出版社2002年7月版。30万字。26.00元。剖析了传统计划经济体制下我国政府职能的弊端,系统阐述现阶段市场化进程中政府的政治职能的重心转移,政府经济职能的战略重构,政府社会职能的重组,以及政府职能重塑与机构改革、中央和地方关系的改革之间的关系,并对全球化时代中国政府职能面临的新挑战作了前瞻性研究。收入"当代中国政府管理与社区治理丛书"。

D000132 **MPA最新案例全集** 洪向华编。湖南人民出版社2002年1月版。75.2万字。72.00元。在MPA教学方式中,案例教学是最重要的教学方式。案例来源于现实生活,但又不是现实生活刻板机械的反映。好的教学案例是根据教学的需要,经过多方面的收集、删节、整理而成。本书分上、下两册,有管理篇,公共政策·决策篇、领导篇、法律篇等。(易斌)

D000133 **政府改革** 副名:地方政府职能和运行机制转变研究。柴松岳主编。浙江人民出版社2002年11月版。30万字。27.00元。地方政府职能和运行机制的转变,是市场化改革的重要组成部分,在这方面,浙江较早实施和推行了一系列切合本省实际、行之有效的改革措施和办法,形成了具有浙江特色的政府改革进程。本书各章从各个具体方面阐述了浙江政府改革实践及下一阶段对策思路,可归纳为五方面:1.调整政府与市场的关系。2.调整政府与企业的关系。3.调整省、市、县政府关系,推进行政性分权。4.转变政府运行机制,推进行政方式改革。5.推进政府机构改革,建立精简、高效的政府。(蔡颖春)

D000134 **干部考察工作问答** 中共中央组织部干部三局编著。党建读物出版社2002年8月版。18.9万字。14.00元。本书系统回答了干部考察的基本原则、干部考察的类型、干部考察的内容、干部考察的对象。干部考察的程序和方法、干部考察情况的综合分析、干部考察材料、干部考察结果的运用、干部考察机构、干部考察人员、干部考察工作责任制、干部考察的纪律与监督等十四个方面的问题。本书充分吸收了近年来干部考察工作的研究成果特别是各地创造的新鲜经验,以干部工作的有关政策和规定为根据,具有较强的理论性、知识性、指导性和可操作性。(建萱)

D000135 **与时俱进 创新干部选拔制度** 广东省公开选拔领导干部工作办公室、广东省竞争上岗办公室编。广东人民出版社2002年2月版。38万字。25.00元。论文集。围绕推进干部选拔制度创新这个主题,展示了广东省和兄弟省市干部选拔制度创新的成果。全书收集研讨会的领导讲话和论文共88篇,内容涵盖了竞争上岗和公开选拔的组织领导、实施步骤、操作方法、改进意见等。

D000136 **公务员制度创新与实施** 金太军主编。广东人民出版社2002年7月版。27万字。23.00元。主要考察了我国国家公务员制度的建立过程、总体架构、基本内容和中国特色,着重讨论了国家公务员制度实施过程中存在的问题、面临的阻力及其成因,寻求行之有效的对策思路,提出科学合理的解决办法。收入"当代中国政府管理与社区治理丛书"。

D000137 **行政腐败解读与治理** 金太军主编。广东人民出版社2002年7月版。28万字。24.00元。上篇着重讨论如何认识腐败的问题,分析行政腐败现象的分类、特点、具体表现及其危害与根源,比较各国行政腐败的特点以及我国当代行政腐败的演变规律。下篇主要讨论与分析如何治理行政腐败的问题。收入"当代中国政府管理与社区治理丛书"。

D000138 **红与黑的较量** 副名:共和国反腐实录。刘禹著。青岛出版社2002年3月版。24万字。16.00元。改革开放以来,公共权力的腐败已成为国人关注的焦点。作者对建国以来各个时期,特别是改革开放以来公共权力腐败的现状、危害、成因及其发展趋势作了初步探讨,并对今后如何遏制腐败提出了自己的见解。本书立意深刻,切入点独到,以历史上的重大事件为主线,将一个个反腐败成果串连起来,展现给读者的是波澜壮阔的画卷;但又不仅如此。因为进入20世纪90年代,在市场经济的大潮中,经不起考验的贪官纷纷落马,中央明显加大了反腐败的力度,越来越多的高官露出真面目被一一查处,“刑上省部级”已成为反腐败中渐趋明显的新现象。如此对此全景式展现是个难题。作者驾御文章的能力很强,将此分成三大块——重灾区的政治领域,经济领域,党风领域,每一大块领域又细分开来,于是出现了一个个精彩的篇章——大桥落水,赃官浮出水面;官出数字,数字出官;娃娃干部;三乱几时休等,从而对某一领域的经典案例进行详尽阐释。作者刘禹,建国后长期从事政法工作,历任研究员、巡视员、特约律师等职,著作有《张学良大传》、《北洋军阀末代元首》等。(杨成舜)

D000139 **新时期反腐倡廉知识读本** 敖海林主编。新疆人民出版社2002年10月版。第一次印刷。39万字。28.00元。从加强党的全面建设入手,以领导干部、共产党员、国家公务员的行为规范为重点,针对常见的违纪错误,有侧重地介绍了反腐倡廉的有关理论、实践和党纪、政纪及法律规定,并注重资料依据的权威性、内容的稳定性和操作的规范性。提出了要根治腐败一是要建立完善的制度,要让所有的党政官员、国家公务员、执法人员等确确实实在制度的约束之下;二是制定和完善各项法律法规、条例,提高法律的权威性,真正做到法律的强制约束力无处不在、无时不在,法律面前人人平等;三是确定建立完善、科学的、现代理念的民主监督体系,要让所有党政官员、国家公务员、执法人员等都处于公民和监督部门的监督之下;四是政治文明推进将为廉政建设创造良好的环境,腐败现象将失去滋生的政治条件。(徐晓琳)

D000140 **新中国行政管理简史(1949－2000)** 中国行政管理学会编。人民出版社2002年2月版。88万字。76.00元。对1949～2000年中国行政管理的发展历程,进行全面、系统的梳理与概括。对新中国行政管理的建立、运行过程,架构沿革、行为管理观念、行政管理体制和制度的改革以及主要大事等均进行详细介绍,力求科学地总结出行政管理历史发展的规律、行政管理的基本特点以及历次行政管理改革的经验与教训等。

D000141 **信息化的警务创新** 俞国行主编。中国人民公安大学出版社2002年11月版。31.4万字。36.00元。将公安工作置于信息社会的时代背景之下,着重研究信息社会与犯罪,信息技术与观念变革,信息技术与警务工作的方法、手段机制等方面的一些理论和实践问题,对当代世界警务的变革与发展,对我国公安工作改革的未来走势等重大问题作了一些有益的探索,并提出了“数字警务”、“社区警务”、“合作警务”等一些具体的构想。(周佩荣)

D000142 **警察体育概论** 宋万年主编。中国人民公安大学出版社2002年3月版。22万字。15.00元。从宏观角度论述中国警察体育的理论著作。论述了中国警察体育的产生、发展;目标、手段、特征;与公安工作的关系及相互作用;警察群众体育、院校体育、训练与竞赛;警察体育管理、组织机构及其科学研究等,阐明警察体育学科的内涵、范畴、结构和基本框架,对中国警察体育理论体系的建立、警察体育学科的研究方向及发展打下夯实的基础。(吕燕京)

D000143 **中国警察心理保健手册** 张振声、张伯源、崔占君编著。中国人民公安大学出版社2002年9月版。27.4万字。32.00元。借鉴国内外心理学的研究成果,紧密联系我国公安工作的实际,论述了公安民警的各种心理健康问题。使用了较多的相关图片用以说明和解释心理学的基本问题,有较强的直观性。附有心理测试光盘,以便公安民警自我测试、自我调节。(徐志红)

D000144 **公安语用学** 阎俊杰主编。中国人民公安大学出版社2002年3月版。27万字。22.00元。中国人民公安大学实用教材。公安常用语句规律研究。分总论、常用口语运用策略、警用书面语运用策略、侦讯言语理解策略等。(姚燕生)

D000145 **广东治安经典** 刘傅海著。广东人民出版社2002年12月版。34万字。38.00元。真实记述广东80年代严打和90年代社会治安综合治理的光辉历程,热情讴歌党中央的英明决策,讴歌广大政法公安干警和人民群众同心一致,团结战斗,为民除害、为国增光的英雄壮举。

D000146 **治安事件预防、预警与处警** 冯锁柱著。中国人民公安大学出版社2002年3月版。29.2万字。20.00元。通过对治安事件的深入研究,使人们充分看到事件发生、发展、变化的规律。

介绍了治安事件预防、治安事件预警、治安事件处警预案、治安事件处置的指导思想和原则、治安事件处置指挥以及治安事件以及治安事件处置的步骤和方法。(卢建义)

D000147 **中国治安史** 陈鸿彝主编。中国人民公安大学出版社 2002 年 8 月版。32.4 万字。26.00元。21 世纪警官高等教育系列教材。我国历来十分重视国家的安全稳定和社会的有序发展,其中包括警卫、人口管理、公共秩序管理、交通管理、消防管理、监狱管理等等,内容涉及自古以来的"大治安"的各个社会层面的管理理念。本书对古代治安的介绍,力求从国家治理和社会管理的总体上宏观把握,对历代治安思想、治安法理与治安体制、治安方略、治安措施给予了较多的关注;对近代治安,则是在引进西方近代警察制度的基础上,根据我国百年近代史不同发展阶段的治安需要,注重介绍近代治安制度、治安机构、治安立法及治安管理业务。(张洪英、汪伊红)

D000148 **城乡社会:从隔离走向开放——中国户籍制度与户籍法研究** 俞德鹏著。山东人民出版社 2002 年 1 月版。35 万字。24.00 元。论述了在我国城乡壁垒是如何建筑起来的及城乡隔离体系的内容,中国的户籍身份制度与世界范围内的身份制之异同。分章论述了户籍制度与公民的机会平等、就业权利平等、地位平等、自由迁徙权利的冲突,在指出它的积极意义的同时,着重分析了它给农民这一社会群体在实现公民平等权时带来的负面影响,及其中国在城市化进程中由此所付出的代价。在对中外户籍法律制度作比较后指出,中国的户籍制度应当以实现公民的身份平等和自由迁徙为目标来进行全面而深刻的改革。(李怀德)

D000149 **道路交通管理理论与实践** 丁立民编著。中国人民公安大学出版社 2002 年 6 月版。29.2万字。25.00 元。以专题探讨的形式,从不同的方面、不同的角度,阐述道路交通管理中的人、车、路、环境和管理诸要素及其相互关系。包括:道路交通安全感分析、驾驶技能与交通安全、交通肇事逃逸因素分析、我国大城市的停车问题和道路交通科技与应用等,提出了构建我国城市可持续发展的交通模式的新思考、新建议。(汪伊红)

D000150 **企业消防管理** 雪冰主编。河北科学技术出版社 2002 年 6 月版。27 万字。22.00 元。本书详细介绍了十几种消防现代管理技术,其中有消防安全检查表、因果图、ABC 法、系统图法、PDCA 循环事故树、事件树,消防安全定性评价,可靠性定量评价,单件设备指数定量评价,一般工序指数定量评价,火灾爆炸指数定量评价,消防目标管理等内容。(总编室)

D000151 **中国警务英语手册** 朱恩涛主编。江苏教育出版社 2002 年 7 月版。20 万字。12.00 元。本书按单元编写,每单元分为三部分,第一部分为基本用语 1 到 30 个小题,第二部分为情景对话,第三部分为生词提示。本书可作为干警在执行公务中与外国人会话、处理涉外事件和案件时的实用手册。(王家俊)

D000152 **中国社会保障** 冯杰、韩树军编著。河南人民出版社 2002 年 8 月版。26.5 万字。22.00元。"中国社区工作书系"之一。对中国的养老保险制度、失业保险制度、医疗保险制度、工伤保险制度、生育保险制度、社会福利制度、社会救济制度等社会保障制度体系中各子系统的基本概念、特征、制度建立与发展,已取得的成绩与完备的问题、进一步改革的目标与措施等都作了深入而完备的阐述;中国农村相对经济水平较低,人口较多,社会保障工作开展得也较慢,此书对中国农村社保也作了专门分析;发达国家的社保制度较完善,其成绩与问题对中国的社保制度建设较强的借鉴意义,书中对瑞典、德国、英国、美国的社保制度分别作了分析,指出了其成绩与不足。(李小龙)

D000153 **中国社会保障制度变迁与评估** 郑功成等著。中国人民大学出版社 2002 年 11 月版。67.8 万字。66.00 元。以新中国社会保障制度为研究对象,首次从历史纵深与政策评估的角度,对中国以往 50 年来社会保障制度的变迁与近 20 年的改革进行系统的总结与评论,根据中国现阶段的形势与发展趋势提出建议。主要内容有:中国社会保障制度总体的变迁与评估;养老保险、医疗保险、失业保险、农村社会保险、社会救助、社会福利、女性社会保障制度的变迁与评估;中国社会保障制度 50 多年来的重大事件索引;历史数据资料整理等。(陈丹)

D000154 **新疆城镇社会保险制度研究** 李儒忠、张际信、马洁等著。新疆人民出版社 2002 年 6 月版。22 万字。28.00 元。分 8 章,并附有详细的统计资料与调查报告。重点研究新疆城镇社会保障体系中的核心部分,即新疆城镇社会养老保险、社会失业保险、社会医疗保险以及工伤和生育保险,力求揭示其存在的重大问题,剖析成因,并就改革与完善提出相应的对策。注重社会调查和实际问题的分析，对目前新疆城镇社会保险制度建立中共同存在的若干方面的问题进行探讨，分别对养老保险、失业保险和医疗保险方面存在的特殊问题加以研究，为寻求解决相关问题提供参考。(李庆晖)

D000155　**国有企业破产劳动保障工作手册**　北京市劳动和社会保障局编。中国农业科学技术出版社 2002 年 3 月版。18 万字。30.00 元。分六部分：一、文件汇编。精选 24 项从《中华人民共和国企业破产法》颁布以来，党中央、国务院和北京政府在北京市实施破产的 7 年中下发的关于企业破产工作的一系列文件；二、企业破产有关政策问答。以问答的形式解答了 18 项破产企业的相关政策；三、企业破产实施方案；四、职工安置方案、范例。列举 9 项解决破产企业职工的安置方案；五、特殊问题处理实例。列举 15 项特殊问题的解决方案；六、经验材料。(徐平丽)

D000156　**民族理论和民族政策概论**　徐玉圻主编。新疆人民出版社 2002 年 8 月版。19.6 万字。13.80 元。分 9 章 27 节。绪论，阐述民族理论研究的对象和内容，马克思主义民族理论在中国的实践和发展，学习民族理论的重要性及研究方法。第一章，介绍民族的概念和特征，民族形成的历史过程、途径和类型，民族发展的基本因素和趋势。第二章，阐述民族问题的由来及其特点，中国的民族问题等。第三章，阐述民族与国家的关系，弘扬爱国主义精神等。第四章，介绍我党处理民族问题的根本原则以及"三个离不开"的思想等。第五章，叙述我国民族区域自治制度的探索与实践，民族区域自治制度的内容、特征和优越性，坚持和完善民族区域自治制度。第六章，探讨民族与经济的关系，发展少数民族地区经济的政策，少数民族地区经济可持续发展战略。第七章，大力发展少数民族地区的文化，内容有：民族文化的发展是民族进步的重要内容，尊重各民族风俗习惯，发扬优良的社会风尚等。第八章，介绍宗教与民族的关系，马克思主义关于宗教的基本理论和党的宗教政策，坚持"政教分离"的原则等。第九章，维护祖国统一，反对民族分裂。将"三个代表"思想融入民族理论之中，把民族经济融入到全国、全区经济体系中论述，突破了狭隘民族经济论的思想。(贺灵)

D000157　**新疆民族团结新论**　王拴乾主编。新疆人民出版社 2002 年 10 月版。21 万字。42.00 元。运用马克思主义、毛泽东思想、邓小平理论关于民族团结理论的基本原理，结合新疆民族团结的历史经验与新中国成立后新疆民族团结的伟大实践进行论述。内容涉及中华民族历史上的民族大团结、党的民族政策和宗教政策、民族平等与民权保障、新疆的经济建设与文化建设、祖国统一与反对分裂，以及西部大开发和"三个代表"的重要思想。还涉及在社会主义市场经济条件下新疆民族团结面临的新情况、新问题。(曹可)

D000158　**梦逐流水闯天涯**　副名：侨刊乡讯采英。吕伟雄主编。广东旅游出版社 2002 年 11 月版。14 万字。23.00 元。为迎接"第二届世界广东同乡联谊大会"在广东召开，编者把近几年广东省内各地侨刊乡讯中精选的文章编辑成册，主要反映了分布在 40 多个国家和地区的粤籍华人艰苦创业的历程、生活状况以及热爱祖国、思念家乡的真情实感。(李瑞苑)

D000159　**第二届世界广东同乡联谊大会侨情交流文集**　广东省海外交流协会编。广东旅游出版社 2002 年 11 月版。11 万字。17.50 元。广东是全国最大的侨乡，广东人最早出洋谋生，足迹遍及南洋和世界各地。他们艰苦创业、团结互助，并以不同的方式热心支持和参与中国的经济建设，为中国的经济腾飞发挥了重要的作用。广大粤籍乡亲的奋斗史和赤子情，最集中地体现了中华儿女优秀的民族品格。本书是为配合"第二届世界广东同乡联谊大会"在广州召开而编辑的一本反映粤籍华侨华人在世界各地的生存状况、创业历程及心向祖国的书，记录了粤籍乡亲在海外艰苦创业的历史和思念热爱家乡的感情。(李瑞苑)

D000160　**吧城华人公馆(吧国公堂)档案丛书·公案簿(第一辑)**　[荷]包乐史著，吴凤斌校注。厦门大学出版社 2002 年 8 月版。38.5 万字。50.00元。吧城华人公馆(又称"吧国公堂")，是华人半自治组织，负责处理华人社区的民政事务。现存档案，包括清代乾隆五十二年(1787)至 1978 年的公文、公告、公案簿(民事诉讼案卷)，以及华人资产、户口、婚姻、墓地、寺庙等公文、证件、账册、簿录等(以中文为主，少量荷兰文、印尼文)，约 2000 万字，是现存数量最大的海外华人社区历史档案。《公案簿(第一辑)》是巴达维亚华人半自治组织"吧城公馆"审理华人社区民事诉讼的案卷，是华人社会生活史、东南亚史、欧洲殖民史、中外交流史等诸多研究领域的珍贵原始史料。本辑包括清代乾隆五十二年九月二十一日至五十六年正月初六(1787.10.31～1791.2.8)的案卷。(侯真平)

D000161 **扩展中的公共空间** 副名:中国第三部门研究年鉴2001年。中国青少年发展基金会非营利组织研究委员会编。天津人民出版社2002年4月版。33万字。30.00元。中国青少年发展基金会组织实施的"第三部门研究"课题,是国内第一次对非营利事业的系统研究。本书是2001年研究成果的汇总。涵盖了与"第三部门"有关的最主要的研究领域,包括社区建设、中国民间环境运动、农民环保协会、志愿精神、成人教育、第三部门与就业创造、农民合作组织以及国际比较(包括转轨中东欧国家的民间组织、中欧和东欧的非营利部门)等。(王康)

D000162 **乡村关系与村民自治** 金太军主编。广东人民出版社2002年7月版。25万字。25.00元。运用现代政治学与行政管理学的研究方法,对我国人民公社体制下农村基层社区管理、人民公社体制解体后乡村政治的基本格局的形成、乡镇行政管理与村民关系以及理顺二者关系的对策进行了研究。收入"当代中国政府管理与社区治理丛书"。

D000163 **乡村关系视野中的村庄选举** 副名:以内蒙古桥乡村委会换届选举为个案。仝志辉著。西北大学出版社2002年6月版。25.8万字。16.50元。收入"中国当代乡村治理与选举观察研究丛书"第一辑。以内蒙古桥乡的乡村关系和村民委员会换届选举的实地调查为基础,力图在乡村关系视野中研究村委会选举。作者认为,由于村庄矛盾的复杂性和村庄自主倾向的发展,乡干部本地化和流动性的增强,压力型体制下选举推进的上级压力的存在,使得乡政府倾向于选择公正组织选举,村民中法律法规的普及程度和村庄经济对乡财政的贡献程度,也影响着乡政府在选举中的行为选择;在竞争性选举制度刚开始推行的村庄中,村民在选举中的参与程度取决于两个因素,一是选举开放性,二是精英动员;在村庄选举中虽然乡政府采取越来越超然的态度,但仍然通过影响村级治理,进而影响选举中的竞争和村民参与,从而对村委会选举产生影响,这正是乡村关系影响村委会选举的机制所在。附录收集桥乡选举工作的各种文件、反映乡村关系的各种文件以及针对乡村关系的访谈,还有经过整理的书中所论述各主要村庄的书面和访谈资料。(何惠昂)

D000164 **无声的革命** 副名:村民直选的历史、现实和未来。刘亚伟编。西北大学出版社2002年6月版。31.8万字。20.00元。收入"当代中国乡村治理与选举观察研究丛书"第一辑。包括17篇文章,分为六部分。第一部分所选论文主要介绍中国农村在人民公社体制瓦解后,如何寻找自我管理、自我服务和自我教育的方式,政府又是如何果断制定村委会组织法,为"四个民主"奠定基础。第二部分所选论文侧重评估自1987年村委会组织法(试行)通过,特别是1998年该法修订之后,在中国农村陆续展开的选举的状况和质量,其中包括选举的数据统计和分析。第三部分讨论村委会选举与乡镇行政能力、村委会选举与农村经济发展的关系、村委会选举与农民负担、宗族对村委会选举的影响、村委会与村党支部的关系。第四部分主要回顾中国社会和学术界对村委会选举和村民自治展开的异常激烈的论战,理出一条理解和认识村委会选举意义的脉络。第五部分介绍西方中国问题专家研究村民选举和村民自治的方法和理论。第六部分初步分析村民选举和村民自治可能对中国农村、农业和农民问题带来的影响,及对中国政治改革和民主化产生的震荡。(何惠昂)

D000165 **中国城市社区自治** 徐勇、陈伟东等著。武汉出版社2002年11月版。36万字。29.00元。以中国城市社区自治为观察的视角和分析的切入点,坚持理论分析和个案研究相结合,科学分析中国城市社区自治的客观必然性,在总结各地开展社区自治实践经验的基础上,探讨推进中国城市社区自治的制度规则及运行机制,分析目前中国城市社区自治过程中尚存的若干问题,提出解决问题的对策,并在此基础上,力求提出中国城市社区自治的新的分析框架和制度规则。(郭庭军)

D000166 **村民自治的村庄基础** 副名:来自全国十个省市的村民自治调查报告。范瑜、贺雪峰主编。西北大学出版社2002年6月版。31.5万字。18.00元。收入"当代中国乡村治理与选举观察研究丛书"第一辑。包括10篇调查报告。上篇题为"派性、选举与村庄秩序";下篇题为"集体经济、选举与村庄秩序"。各篇报告主要从"村庄的规模"、"村民与村民之间的联系"和"村庄精英"三个方面探索在村级直选中变幻莫测的乡村秩序。进而大胆而犀利地分析目前尖锐的乡村关系和随着村级直选而日趋紧张的所谓"两委关系"。(何惠昂)

D000167 **宗族、乡村权力与选举** 副名:对江西省十二个村委会选举的观察研究。肖唐镖主编。西北大学出版社2002年6月版。32万字。22.00元。收入"当代中国乡村治理与选举观察研究丛书"

第一辑。选收村委会选举观察报告12篇。每篇报告分三部分:一是“村情背景”,介绍其经济、人文、地理和宗族状况,分析选举前的村干部及村治状况;二是“选举过程”,详细展示选举的运作过程,介绍其背后发生的“故事”;三是“分析结论”,对选举观察研究进行小结。作者研究表明,宗族只要一经重建,往往会对选举发生影响力。宗族对选举的影响以选举对宗族的刺激为条件,两者呈现出一种互动状态。这种影响是非正式的非组织行为,是自发的个人行为。它主要表现为选民的投票心理与倾向,以及候选人及其支持者将宗族或房股作为竞争的资源与手段之一,而不是以宗族或房股的组织形式来影响选举。村委会选举越是公平、公正、公开,选民的选择取向就越是理性化,越能跳出宗族血缘的视野来选择自己的“代理人”。(何惠昂)

D000168 **给农民让权** 副名:直选的回声。刘亚伟编。西北大学出版社2002年6月版。17万字。13.00元。收入“当代中国乡村治理与选举观察研究丛书”第二辑。旨在探讨乡村两级的关系,回答实行乡镇长直选是否为解决目前乡村关系失调、干群关系紧张、农民负担加重的出路之一。共四篇,分别为“乡村治理的现状与出路”、给农民让权的“步云实验”、“给农民让权的可能性、存在问题及建议”、“给农民让权的另一种思路:乡镇自治”。第一篇描述中国乡镇治理目前所面临的巨大危机和造成这一危机的社会的、经济的、体制的原因,并探讨解决危机的办法、进行改革的路径。第二篇的文章介绍四川省遂宁市步云乡1998年进行的直选乡长的实验,并试图探讨这次直选的深远意义。第三篇的文章把直选乡镇长作为一个问题提出来,研究它的可能性、游戏规则、可能产生的深远影响和可以预测的副作用。第四篇只有一篇文章,代表目前关于乡镇体制改革的辩论的一种极端化的观点,仅供参考。(何惠昂)

D000169 **遭遇选举的乡村社会** 副名:荆门市第四届村委会选举观察。贺雪峰主笔。西北大学出版社2002年6月版。37.9万字。24.00元。收入“当代中国乡村治理与选举观察研究丛书”第一辑。从1999年9月至11月的两个多月时间里,调研者即全面参与到荆门市第四届村委员换届选举之中,本书所选10篇调查报告即调研者观察成果的一部分。分上下两篇:上篇为“村庄选举的政策后果”,下篇为“村庄选举的社会基础”。作者认为,在研究村庄选举的政策后果时,一定不能忽视对村庄选举社会基础的研究,特别是以个案形式进入到政策研究,因为个案本身的特殊性,使其上升到政策结论时大有风险。研究村庄选举的社会基础,尤其是将村庄选举的个案特殊性与地域特殊性凸现出来,就有可能更好地理解村庄选举和村级治理,从而可以提出真正有针对性的政策结论来。(何惠昂)

D000170 **思想政治教育专论** 罗洪铁主编。西南师范大学出版社2002年1月版。41万字。25.00元。主要内容有:思想政治教育的对象;社会实践的教育功能及其在大学生素质教育中的作用;高等工程教育中的人文素质教育;20世纪90年代大学生思想特点、发展趋势及教育对策研究;当代大学生价值观“三多”现象透析;当代女大学生的思想素质教育;妨碍女大学生成才的原因分析及对策研究;高校思想政治教育的环境;因特网对我国青少年的影响及思想政治面临的挑战和对策;网络与高校“两课”教学改革探索;现代远程教育给德育带来的机遇及对策思考。(曾艳)

D000171 **思想教育、政治教育、道德教育比较研究** 王玄武、骆郁廷主编。武汉大学出版社2002年7月版。25.5万字。17.00元。全国教育科学“九五”规划国家教委重点课题的最终成果。以思想教育、政治教育、道德教育为研究对象,对它们的性质与特点,作用和目的,内涵和结构,思想政治品德的形成及规律,教育过程、原则、途径和方法,教育环境以及考核、评估等方面,分别展开了比较研究。研究对象不同于其他思想政治教育的著述,研究内容亦与伦理学、政治学等著作中的某些论述有所不同。通过比较研究可知,思想教育、政治教育、道德教育不仅各有其特定的含义、相对独立存在的合理性及不可取代性,而且相互之间还具有互容并包、彼此促进、统一生效的内在联系。这种辩证关系的揭示和阐述,深化了思想政治教育专业基础理论的研究,也有利于增强教育的针对性和有效性。(严红)

D000172 **思想政治教育环境论** 沈国权主编。复旦大学出版社2002年8月版。22万字。22.00元。依据马克思主义的哲学原理揭示思想政治教育与客观环境的内在联系及互动机制,从受动和能动相统一的角度把握思想政治教育对客观环境既“顺应”又“优化”的调节功能。从根本上讲,是要不断研究和适应国内外形势及其大小环境的变化,使思想政治教育与时代的动态发展同频共振,与时俱进,永葆生机和活力。(孙晶)

D000173 **成长的中国——当代中国青年的国**

家民族意识研究　房宁、王炳权、马利军等著。人民出版社 2002 年 5 月版。30 万字。24.50 元。从一些具有较大影响的思潮、作品、人物事件入手，沿着当代中国青年的国家民族意识从 80 年代的“民族虚无主义”向 90 年代民族主义、爱国主义情绪重新高涨转变这一主题，对当代中国青年的国家民族意识的发展演进进行了深入研究。认为，国家民族意识是人们在实践中对于个体与整体的权利义务关系的认知，它包含两个基本层面，一是对个人与国家关系的认知，二是对民族、国家与世界关系的认识。国家民族意识首先反映了一国国民对自己的国家和民族的认同程度。本书还实事求是地指出了当前我国爱国主义教育中存在的一些问题。

D000174　**回族爱国主义传统教育读本**　周瑞海、马金宝著。宁夏人民出版社 2002 年 10 月版。27 万字。20.00 元。系统总结和研究回族爱国主义历史传统和思想发展的著作。分“思想”、“创造”、“开拓”、“卫国”、“御海”、“团结”、“新生”7 篇。（宁宣）

D000175　**中国公民道德读本**　仓道来主编。河北人民出版社 2002 年 1 月版 2002 年 10 月版。18.5 万字。15.00 元。以“爱国守法、明礼诚信、团结友善、勤俭自强、敬业奉献”的公民基本道德规范为核心，细化成 15 篇 30 个道德规范，涉及民族精神、道德原则、社会公德、职业道德、家庭美德、个人修养等公民道德诸多方面的内容，构建了公民道德的精神结构和规范体系，阐释了中华民族优秀传统道德的丰富内涵。（赵锁学）

D000176　**公民道德建设读本**　刘玉堂主编。湖北教育出版社 2002 年 2 月版。7.4 万字。4.90 元。系湖北省青少年公民道德建设主题教育活动用书。分学前班、小学低年级版，小学高年级版，中学版，青年版四个版本，以适应不同层次读者需要。《读本》以浅显易懂的语言，引用大量新近发生的生动活泼、富有教育意义的事例，意在使青少年在“知”的前提下重在“行”，强调道德养成的重要性。其中后三个版本配有精彩的“美妙诗文”或“美文共赏”。（王位庆）

D000177　**公民道德建设通论**　李春秋、张君、高雅珍等主编。青岛出版社 2002 年 6 月版。60 万字。38.00 元。中共中央印发的《公民道德建设实施纲要》是对中共十四届六中全会决议中关于道德建设内容的补充、丰富和发展，在道德理论上有所创新，在道德实践和道德规范上也有重要突破。本书旨在将《纲要》的要求和内容具体化，以适应广大公民、特别是青年公民的学习和践行。全书共分五章，就结构而言，主要是三个部分：一是阐述我国公民道德建设的重要意义、指导思想、方针原则、主要内容；二是阐述社会生活三大领域的道德要求，即社会公德、职业道德和家庭美德建设的有关问题；三是阐述公民道德建设活动的一些基本知识、方式、方法等，即如何通过具体实践途径搞好公民道德建设的有关问题。书后附有“中华传统伦理道德名言选粹”，选编了中国思想家（从先秦至五四运动前后）关于道德建设的部分论述，并加了名词注释和今文大意翻译。中国伦理学会会长、中国人民大学原副校长、著名伦理学家罗国杰教授应邀担任本书顾问，并撰写了序言。

D000178　**全球问题与德育**　李太平著。华中科技大学出版社 2002 年 8 月版。24.1 万字。18.50元。系“华中科技大学文科学术丛书”之一。全球问题是决定人类命运而又只有通过全人类的共同努力才能解决的问题，如环境污染、人口爆炸、核战争威胁、人性异化、信仰危机等，人类如果不解决这些问题就会影响自身生活的质量和发展的速度。本书以全球问题与德育关系作为研究视点，研究了全球问题的表现、本质、特点，分析了全球问题形成的思想根源，论述了解决全球问题对人的素质，尤其是人的道德、政治和思想素质提出的新要求。重点分析了德育如何面对全球问题提出的挑战，指出，为了面对全球问题的挑战，从根本上解决全球问题，必须更新德育的目的、内容和方法。本书的研究视野也较广阔，涉及全球学、未来学、政治学、哲学、教育学等领域。（周小方）

D000179　**社会主义义利观——面向 21 世纪的价值选择**　黄亮宜著。河南人民出版社 2002 年 10 月版。35 万字。32.00 元。确立科学的社会主义的义利观，对于切实贯彻党中央下发的《公民道德建设实施纲要》，加强公民道德建设，建设和发展中国先进文化，引导人们在市场经济条件下做出正确的价值选择，具有重要的现实意义。本书作者以马列主义、毛泽东思想、邓小平理论和江泽民同志“三个代表”重要思想为指导，从中国数千年“义利之辩”谈起，系统审视和恰当评价了中国的传播和发展，认真总结了新中国成立以来在义利问题上的实践经验，深入研究了毛泽东、邓小平等领导人的义利思想，详细阐述了在当前市场经济条件下确定科学的社会主义义利观应遵循的原则和程序，它应有的科学内涵和完善的形成机制,提出应在全社会倡导和坚持义利统一、以义为先,把国家和人民利益放在首位而又充分尊重公民个人合法利益的社会主义义利观。(李小龙)

D000180 **现代以德治国理论与实践** 庞隆昌审编,韦胜主编。广西民族出版社 2002 年 4 月版。13.3 万字。18.00 元。全书共分六章,首先在理论上阐述了以德治国的基本含义、内容、目标和江泽民同志以德治国思想的理论创新以及德治与法治的关系,进而在理论与实践的结合上对德治与经济社会发展、与科教兴国、与"三德"建设、与"三个代表"、与全民道德建设等问题作了论述。全书通俗易懂,既有基本理论,又有实践操作,为广大干部群众学习和宣传"以德治国"重要思想,提供了很好的材料,具有重大意义。(徐美)

D000181 **财政干部职业道德教育读本** 项怀诚主编。人民出版社 2002 年 10 月版。11.3 万字。16.00 元。分九章,系统论述什么是财政干部的职业道德,其具体内容有哪些,其核心原则是什么,如何对财政干部进行职业道德的教育,以及财政职业道德的约束机制等。指出,贯彻"以德治国"必须加强构建社会主义道德体系,其中加强各部门、各行业的职业道德建设是极重要的一方面,而财政部门担负着国家财政政策执行、财政资金收支、财政监督管理等重要任务,因而财政职业道德建设具有重要的意义。

D000182 **道德新歌** 辽宁省委宣传部组编。辽宁人民出版社 2002 年 9 月版。6 万字。8.00 元。围绕《公民道德建设实施纲要》的主要精神和内容结构,以五言歌体的韵文形式,反映了《纲要》的主要内容。分七个部分,注重从《纲要》的基本要求上,阐释《纲要》的实际作用。全书采用韵文、格言、故事与画图相结合的方式,图文并茂。(边洛莎)

D000183 **反邪教理论与实践** 何矩、覃珠坚主编。广西民族出版社 2002 年 3 月版。26.8 万字。16.00 元。精心选编人反邪教斗争成果论文 30 篇。全面系统论述了法轮功等邪教组织的本质、特点,这场斗争的性质,以及打击处理法轮功等邪教组织违法犯罪活动的基本对策。这场与法轮功邪教的斗争,无疑是长期的,复杂的,艰巨的。在现实的斗争中,还会出现这样或那样的新情况,新问题。各篇论文,摄取斗争中大量的活生生的具体事实事例,准确把握斗争情势,实时分析、研究斗争新动向,在理论与实践的结合上,相得益彰:从理论上界定邪教组织的涵义,邪教组织的基本特征,反邪教斗争的现实的、历史的意义,这场斗争的事实与真相,犯罪事实的认定和打击犯罪的方略,法律的适用、刑法的应对,以及对痴迷者的心理剖析、教育转化、化解切入点,等等。(韦方红)

D000184 **我们拒绝邪教** 本书编写组编。河北少年儿童出版社 2002 年 5 月版。20 万字。8.50 元。为中小学生编写的通俗科普读物。分三部分:一、邪教——人类社会的公敌;二、"法轮功"——危害社会的毒瘤;三、从小树立科学的世界观。(彭涛)

D000185 **崇尚科学 反对邪教——学术论文精选** 上海市反邪教协会编。上海科学普及出版社 2002 年 4 月版。19.5 万字。19.50 元。学术论文选。收录近 20 篇论文,内容涉及有马克思主义宗教观概述,科学与邪教、宗教与邪教的本质区别,世界范围内邪教的产生、发展及其各种危害,"法轮功"的邪教本质及所造成的生命财产危害,提高公众科学知识水平、自觉抵制邪教危害,建立公众科普网络、形成崇尚科学的社会氛围等。(总编办)

D000186 **再论邪教——邪教、教派与极端行为论文集** 社会问题研究丛书编委会编。广西人民出版社 2002 年 9 月版。36.6 万字。22.00 元。中国国际友谊促进会 2001 年"Cult 问题研讨会"论文集。从社会学、心理学、政治学、宗教学、犯罪学、历史学、档案学等不同学科的视野和方法,将宏观探讨与个案剖析、历史问题与现实关注、学术思考与实际对策结合起来,对国内外邪教的极端行为进行多层次、多角度的分析。还收录几篇关于我国历史上教门、道门问题的译文和论文,从文化和历史传统角度分析了我国历史上教门暴力行为的根源以及明清时期社会主流文化对教门影响的情况。收入"社会问题研究丛书"。(钟编)

D000187 **中国城市社区建设新探索** 副名:百步亭花园社区研究。李光、周运德、张秀生、王树义著。武汉出版社 2002 年 8 月版。16 万字。22.00元。对武汉市百步亭花园社区的建设实践进行理论上的总结。指出,百步亭花园社区建设的创新有许多方面,但最重要、最关键的创新在于它所首创的社区建设模式,即在党的领导下、政府指导下、"以企业为主导的社区管理"模式。这一模式突破了长期以来我国在城市社区建设中的条条框框,开辟了一条新的社区建设道路,为我国城市社区建设提供了企业经营社区的新经验。(王业勤)

D000188 **中国七问** 曹锦清、陈保平著。上海科技教育出版社 2002 年 5 月版。21.8 万字。29.00 元。本书是“名家与名编——世纪初的对话”丛书之一。曹锦清，上海华东理工大学社会学院教授，引起较大反响的《黄河边的中国》一书的作者；陈保平，上海文艺出版社总编辑，主编过许多著名的文学书籍。在《中国七问》一书中，两位作者本着“理论创新的前提是客观地认识中国现实”的原则，用对话体的形式共同探讨了中国的现实问题，对关于向西方学习、公平与效率、民族主义、人权、社会转型与社会分层、人生意义、宗教等七个问题，进行了有锋芒、深刻而不失公允的探索。（贾立群）

D000189 **中国民工潮** 朱力著。福建人民出版社 2002 年 4 月版。37.6 万字。24.80 元。以个案资料的方式，实录了十几位农民工的原生状态。通过对农民工流动的阶段、外流的动因、进城的途径的分析，回答了农民工为什么进城与如何进城；通过对农民工的收入、居住、婚姻家庭状况的描述，揭示农民工如何在城市生活下去；通过对农民工在城市生活中的适应、融合与流动代价的描述，研究了农民工在城市整合中遇到的问题；通过论述国内外关于农民流动的理论、劳动力市场、流出地与流入地政府的管理经验，对农民工教育管理提出了建议。（王金団）

D000190 **直面中国——当代中国难点问题透析** 范希春主编。山东人民出版社 2002 年 5 月版。44 万字。30.00 元。选取当前中国政治、经济、文化、外交等方面的难点问题，以加入 WTO 后与国际接轨的要求为参照，结合当前国家政策和经济结构战略性调整的具体情况，对各个有典型意义并与国计民生密切相关的问题进行个案分析，提出相应的对策，并作出具有前瞻性的预测。内容涉及反腐败、打击黑社会性质犯罪、西部大开发、金融安全、股市黑幕、网络经济、风险投资、知识产权、农业、制假贩假、人口、资源、环境、住房改革、下岗与再就业、反邪教、信用危机、干群关系、文化产业等。（李明功）

D000191 **聚焦时政——献给中国官员** 王东京著。广西人民出版社 2002 年 5 月版。16.3 万字。19.60 元。通过对当今中国社会面临的主要经济问题和政治问题进行分析和研究，提出许多新观点。论述的主要专题有：“用新思路扩大内需”，“为‘三农’问题求解”，“中国金融的走向”，“国企改革仍需努力”，“以民生为重”，“沉稳应对 WTO 的挑战”，“政府改革应当提速”，“人们为什么偏好‘做官’”，“官场为何屡出贪官”等。（李常秀）

D000192 **坚强与无奈** 副名：单亲家庭。王世军著。河北人民出版社 2002 年 1 月版。16.9 万字。12.80 元。结合访谈实例论述单亲家庭产生的社会背景、单亲家庭的中外比较、单亲家庭的类型与生存状况、单亲家庭中的女性，以及单亲家庭面临的主要问题（经济保障、社会歧视、子女教育、情感需求和安全感）。收入“变革中的中国家庭丛书”。（解京宁）

D000193 **沉重的翅膀** 副名：再婚家庭。金一虹等著。河北人民出版社 2002 年 1 月版。12.4 万字。10.00 元。再婚家庭中的关系十分复杂，这是导致再婚失败的主要原因。本书从分析不同年龄段人群的再婚家庭特点入手，对再婚家庭进行介绍和分析。（解京宁）

D000194 **挑战孤独** 副名：空巢家庭。穆光中著。河北人民出版社 2002 年 1 月版。18.3 万字。13.50元。空巢家庭指子女结婚后搬出去单住，家中只剩下老人的家庭。他们面临寂寞、孤独、无助的困境……本书从代际冲突、代际理解以及社会支持诸方面展开叙述。收入“变革中的中国家庭丛书”。（解京宁）

D000195 **叛逆与追求** 副名：丁克家庭。刘倩著。河北人民出版社 2002 年 1 月版。14.9 万字。11.50元。丁克家庭是指有生育能力但志愿不育的家庭，此类家庭形式的出现对我国传统生育文化是一个极大的冲击。本书阐述了丁克家庭的类型、丁克家庭面临的挑战、丁克家庭对未来中国社会的影响、丁克家庭中的婚姻关系等。收入“变革中的中国家庭丛书”。（解京宁）

D000196 **大学生就业指导实用教程** 杨广耀、李建宁主编。机械工业出版社 2002 年 8 月版。26.8 万字。16.00 元。大学生就业指导教材。作者根据国办发[2002]19 号通知精神和现行的就业政策、就业环境，从毕业生“自主择业”的实际需要出发，全面介绍了新形势下高等学校毕业生就业工作的管理体制、就业模式以及大学生就业的必备知识。附录编入了与大学生就业的有关资料。（商红云）

D000197 **未成年人犯罪及预防** 冯云翔、娄鸿雁著。哈尔滨工业大学出版社 2002 年 12 月版。26.67 万字。16.00 元。分上下两篇：上篇未成年人犯罪，下篇未成年人犯罪预防。犯罪篇中论述未成年人犯罪的概念、特征、类型，犯罪心理和犯罪原因；预防篇论述未成年人犯罪预防的一般原理，预防犯罪的教育、矫治，自我防范和法律责任。书中包括未

成年人犯罪问题理论研究和司法实践的各个方面。(王超龙)

D000198 **走近我的梦** 辽宁省残疾人联合会组编。辽宁人民出版社 2002 年 7 月版。12 万字。20.00元。描写享誉中外的中国残疾人艺术团的一部书籍。描述了党和国家领导人对残疾人事业的亲切关怀,再现了艺术团走过的 15 年历程,以及取得的辉煌成就,展示了残疾人艺术家的风采。(边洛莎)

D000199 **残疾人工作基本知识读本** 郭建模主编。华夏出版社 2002 年 1 月版。27.8 万字。15.00元。系统介绍残疾人工作的政策、法规、措施、知识的工具书。旨在指导和服务于残疾人事业,为广大残疾人事业工作者提供必需的知识、技能和操作规范。书后附有相关的章程、法规和条例。(徐军)

D000200 **中国残疾人事业年鉴(1994～2000年)** 中国残疾人联合会编。华夏出版社 2002 年 10 月版。250 万字。150.00 元。收录 1994～2000 年党和国家领导人有关残疾人事业的重要讲话、残疾人事业法律法规与重要文献、重大活动和各项业务工作的主要成绩、经验,在残疾人工作方面做出突出成绩而受表彰的先进单位、个人等,还收录地方残疾及基层单位的一些典型经验,并在"地方残疾人事业"专栏中全面介绍了各省、自治区、直辖市、计划单列市的残疾人事业。收有重要图片 26 幅,文图并茂,检索方便。(梅子)

D000201 **青少年禁毒教育画册** 李红梅主编。南海出版公司 2002 年 12 月版。9 万字。6.50元。画册。以卡通画为表现形式,包涵毒品常识、毒品预防、毒品的危害、毒品法规四个方面的内容,通过 20 个小故事加以串连,通俗易懂,以达到宣传禁毒知识的目的。(廖思拍)

D000202 **中国大论坛丛书** 蒋晓伟、孙宜学等主编。山东友谊出版社 2002 年 5 月版。125 万字。121.30 元(总)。丛书共 7 种,即《中国教育现状沉思录》、《中国住房消费焦点访谈》、《中国流动人口心态调查》、《中国图书音像市场访谈录》、《中国婚姻状况剖析》、《中国"星"批判》、《网络:你向何处去》。丛书采用讨论的方式,旨在集中国内外著名专家学者对当前老百姓普遍关注的经济、文化、哲学、法律及道德伦理等问题进行讨论,每册围绕一个焦点话题展开,分别就中国婚姻现状、流动人口的心态、中国教育的现状及其发展态势、中国住房市场的特征及住房制度改革、网络与教育、网络文学、网络的未来、网络与犯罪、中国图书音像市场的现状及音像市场的种种不规范行为及如何发展、规范图书音像市场等问题进行研究探讨。(程华涛)

D000203 **台前幕后——1949～1989 年的国共关系** 马振犊著。广东人民出版社 2002 年 9 月版。28.6 万字。22.00 元。如实记录自蒋介石败退台湾之后到李登辉上台后 40 年间的国共关系,也就是台海两岸的关系。记述了蒋介石政权败退台湾之后经营岛内的史实,对蒋政权坚持反共立场企图反攻大陆以及镇压岛内人民的革命斗争的行径给予了揭露和批判;对蒋氏父子在这 40 年里进行岛内经济建设的成绩进行了切合实际的叙述;同时叙述了中国共产党人和老一辈无产阶级革命家为解放台湾统一祖国而做出的贡献,对我党及中央政府确定对台和平统一的前后过程也有完整的记述。

D000204 **当代台湾政治分析** 刘国深著。九州出版社 2002 年 6 月版。23.5 万字。16.00 元。以动态与静态相结合的分析手法,描绘一幅当代台湾政治变迁的生动而又系统的图像。所讨论和研究的问题由三部分组成:第一部分,"政治文化篇",共分五章,主要探讨当代台湾民众政治心理的演变问题,介绍了台湾人的政治知识结构、政治情感以及政治价值观。第二部分,"政治结构篇"共分六章,主要探讨当代台湾政治系统的演变问题,介绍当代台湾"政府政治结构"与"非政府政治结构"的基本构成情况。第三部分,"政治行为篇"共分四章,主要探讨当代台湾政治过程与公共政策的实际演变问题。阐述台湾政治特定环境下的政治输入、转换、输出、反馈的全过程。作者曾多次赴台,并在台湾一所研究机构做过一个月的专题研究。本书的许多资料是出自作者的亲身体会。(李勇)

D000205 **台湾警察** 谢小青主编。中国人民公安大学出版社 2002 年 5 月版。21 万字。22.00 元。从历史、现在和未来发展方向介绍了台湾警察的组织架构、基本职能、警察业务、人员管理、后勤保障等方面。具体设立的章节包括台湾警察制度的历史沿革、基本任务和职权、入出境管理及安全检查、指挥中心系统、警械的使用与管理、人事管理、教育与训练、后勤管理、公共关系、"警政再造方案"等,基本上概括了台湾警察的全貌。(黄波)

D000206 **台湾黑社会内幕** 王建民著。新华出版社 2002 年 5 月版。31 万字。28.00 元。纪实性读物。对台湾黑社会进行全面剖析,勾勒出一幅幅惊心动魄的黑社会纵横四海、血雨腥风的画面，如帮派内部与帮派之间的明杀暗斗及多位黑道老大命归黄泉的惨剧等；揭示了台湾黑社会林林总总的帮派组织内幕与地域发展特征："竹联帮"、"四海帮"与"天道盟"三大帮派组织及众多黑道帮派的不同地域分布与活动；介绍了黑道教父陈启礼、"白狼"张安乐、"青蛇"邓国沣、黑道杀手刘焕荣与杨双五、军火走私大王许金德等知名台湾黑道老大的人生经历及其他许多黑道兄弟的情况；展现了黑社会赌博、走私、洗钱等种种罪恶；描绘了台湾黑社会介入球赛、围标工程、渗透娱乐圈、影响股市、驰骋政坛、纵横商海等许多鲜为人知内幕。（白云章）

D000207 **中国政治制度史** 白钢主编。天津人民出版社 2002 年 1 月版。81 万字。56.00 元。分上下册。从原始社会氏族民主制的产生，到 20 世纪末当代中国的政治体制改革，本书涵盖了近 7000 年的中国政治制度演变史。它采用现代政治学研究方法，综合了历史学、法学、民族学等多学科学术研究成果。它是人民出版社 10 卷本《中国政治制度通史》的提要本和精华本。与传统的以年代为经、史实为纬的研究方法不同，它按照政治学规范，将国家机构的运行、政策法令极其执行为研究对象，以中央决策体制及政体运行机制为轴心，归纳总结各单项制度，探索其客观规律。对行政、司法等传统政治制度范畴，以及对财政、宗教、文化教育等制度，对政治家关于政治制度改革的思想与实践等，做出了理论分析和说明。（韩玉霞）

D000208 **中国宪政史** 徐祥民等著。青岛海洋大学出版社 2002 年 3 月版。47.6 万字。39.80 元。高等学校法律专业教材。分 18 章，研究 100 年来中国宪政发展的经验教训和制度成果，梳理了中国宪法沿革过程。着力探索变化的原因，揭示变化的规律，总结宪政建设的经验教训。（施薇）

D000209 **大同书** 康有为著。华夏出版社 2002 年 10 月版。26.7 万字。18.00 元。近代资产阶级改良派代表人物康有为面对西方资本主义列强的侵略，为拯救中国而撰写的一部重要著作。作者把中国传统的儒学思想与西方庸俗近化论思想结合起来。把人类历史划分为据乱世、升平世、太平世三个阶段，认为社会发展的规律是由文明尚未开花的据乱世进化到人理至公的升平世，最终演变为世界大同的太平世；人类社会的进步只能通过改良维新来逐渐演变，而暴力革命则会导致天下大乱，灾难滔天。该书是在中国古代儒家传统思想的外衣下包裹的西方资本主义君主立宪制度的新生儿，是作者试图为灾难深重的中华民族构建理想国的一次有益尝试。这次评注，以 1935 年中华书局版《大同书》为底本，并参考了已有的整理和注释成果。收入"影响中国近代史的名著丛书"。（倪友魁）

D000210 **仁学** 谭嗣同著。华夏出版社 2002 年 10 月版。11.8 万字。11.00 元。主要内容为抨击封建社会宣扬三纲五常的专制制度、提倡资产阶级平等与民主观念；主张维新变法，发展资本主义经济。作者对封建专制主义统治下旧思想、旧传统的批判，是为宣扬维新变法与发展资本主义经济的主张做准备；而对西方资本主义政治、经济的提倡，反过来更加深化了对君主专制以及纲常名教的批判。它对中国封建的政治、经济、思想各方面所进行的猛烈挞伐，对晚清顽固保守的社会风气具有摧陷廓清之功，被时人目为晚清思想界的旋风和急雨，引起思想界极大震动。这次评注，以中华书局版《谭嗣同全集》为底本，并参考了已有的整理和注释成果。收入"影响中国近代史的名著丛书"。（倪友魁）

D000211 **訄书** 章炳麟著。华夏出版社 2002 年 10 月版。23.9 万字。16.00 元。资产阶级革命家和思想家章炳麟早年撰写的一部学术与政论文集，主要内容是探讨国学精蕴、阐发思想见解、宣扬反清革命、提倡社会改造。《訄书》的结集出版，给中国资产阶级民主革命派提供了反清革命的历史依据和现实理论武器，被誉为中国旧民主主义革命时期"战斗的文章"。这次评注，以 1916 年上海右文社印本《章氏丛书》为底本，并参考了已有的整理和注释成果。收入"影响中国近代史的名著丛书"。（倪友魁）

D000212 **变法通议** 梁启超著。华夏出版社 2002 年 10 月版。13.8 万字。12.00 元。维新派领袖梁启超在戊戌变法前夕撰写的一组政论文章，主要内容是论证中国社会变则存，不变则亡；而只有改良现行的腐朽官僚体制和科举取士制度，兴为新式学校培养变法人才，才能从根本上解决封建制度的弊端，维护清朝的政治统治。是近代中国最为系统全面地向国民宣扬维新变法主张的著作。收入"影响中国近代史的名著丛书"。（倪友魁）

D000213 **经世大典(9 卷)** 安作璋、刘相主编。山东人民出版社 2002 年 1 月版。302 万字。279.00元。包括"经世大典·治国方略"、"经典大典·家政要览"两套丛书。"经世大典·治国方略"丛书由《历代名君治国方略》、《历代名相施政方略》、

《历代名吏安民方略》、《历代名将治军方略》、《历代名家用人方略》五部专著组成,“经世大典·家政要览”丛书包括《历代名人修身之道》、《历代名人教子之道》、《历代名人治家之道》、《历代名人成业之道》四部专著。丛书以马克思主义辩证唯物主义和历史唯物主义为指导,在深入研究历朝历代治乱兴亡和历代名人家政成败的基础上,以“治国方略”、“家政要览”为中心内容、为纲,以历史上同类的人物、事件为目,分别论述先秦至明清4000多年中国历史上历代统治阶级治国思想、治国方法和中国古代至现、当代5000多年中国历史上历代名人修身、教子、治家、成业等方面的思想言论、实践活动,总结其成功的经验和失败的教训,以为今人之借鉴。丛书参考了100余种各类史籍中的资料,并作了考证和分析,凡属传说和演绎的故事概未引录。对于一些真实历史人物的言行和历史事件,也给予客观公允的评价。(刘海涛)

D000214　**革命军**　邹容著。华夏出版社2002年10月版。6.5万字。8.00元。20世纪初年中国杰出的资产阶级民主革命宣传家邹容撰写的著作。它以火热的激情、犀利的笔锋、通俗的语句,以西方资产阶级革命理论为武器,号召世人推翻腐朽的清王朝反动统治,挽救中华民族的危机。在中国近代史上首次明确而且系统地提出了资产阶级民主共和国的纲领,主张用资产阶级共和国取代封建专制制度,抛弃了资产阶级君主立宪制度的方案,被誉为近代中国的《人权宣言》。这次评注,以1903年上海大同书局印本为底本,并参考了已有的整理和注释成果。收入“影响中国近代史的名著丛书”。(倪友魁)

D000215　**盛世危言**　郑观应著。华夏出版社2002年10月版。45.5万字。26.00元。清末维新派思想家和著名实业家郑观应撰写的一部倡导自强求富、维新变法的重要著作,集中体现了作者关于改良封建社会、逐步实现君主立宪制度和资本主义经济制度的思想。本书最突出的特点是“商战”思想占据主导地位,指出要改变近代中国落后局面,仅仅采取“强兵”政策、依靠军事力量与西方列强竞争是远远不够的,必须设立议院、建立君主立宪制度,发展资本主义经济,抵御外国殖民经济入侵,才能真正实现民族独立和国家富强。本次评注的底本是清光绪二十六年待鹤斋重印本。收入“影响中国近代史的名著丛书”。(倪友魁)

D000216　**猛回头 警世钟**　陈天华著。华夏出版社2002年10月版。8万字。9.00元。辛亥革命前夕著名的民主革命宣传家陈天华反帝反清作品中最有影响力的两本著作。作者以激昂的爱国热情、通俗流畅的文笔,简洁透彻地阐明了中国必须行民主革命的道理。两书的主要内容是揭露近代西方列强特别是俄、日两个帝国主义国家对中国的侵略,敲响落后中国亡国灭种的警钟;宣扬民族民主革命,反对帝国主义和清朝封建专制统治;主张学习西方国家先进科学技术,使中国走上独立富强之路。这次评注,以曹亚伯《武昌革命真史》前编为底本,参照了其他已有的整理成果。收入“影响中国近代史的名著丛书”。(倪友魁)

D000217　**道家、道教与中国古代政治**　副名:道家道教政治伦理阐幽。吕锡琛著。湖南人民出版社2002年6月版。40万字。30.00元。运用思想史和社会历史研究相结合的办法,就道家、道教、神仙方术和中国封建王朝政治的关系问题,进行系统阐释。本书所说的道家,沿袭传统习惯包括道教方士等,作者认为在中国古代政治体系构建过程中,道家、道教曾发挥重要作用。为“学海一家鸣丛书”之一。(李建国)

D000218　**中国科举制度研究**　王炳照、徐勇主编。河北人民出版社2002年6月版。37万字。25.00元。科举制度是中国封建王朝设立科目进行考试、用以选拔官吏的制度。科举制度对我国传统的政治、经济、文化以及社会风习等社会生活的一切方面,产生了深远影响。本书采用专题研究的形式,兼顾历史演进的线索,以丰富的史料,对科举制度进行研究,力图揭示带有规律性的内涵。(王苏凤)

D000219　**古都西安·长安吏治**　杜文玉著。西安出版社2002年2月版。25.3万字。22.00元。长安地区自西周以来就是中国的统治中心,同时也是全国的政治、经济、文化中心。正由于如此,历代统治者都十分重视其吏治建设,形成了一整套不同于其他地区的制度。本书主要介绍了吏治思想、吏治的选授、监察考课、道德规范、奖励制度等方面的内容。认真总结和整理这些经验,去粗存精,古为今用,将会为今天提供可贵的历史经验和教训。(连英)

D000220　**品味与职位——秦汉魏晋南北朝官阶制度研究**　阎步克著。中华书局2002年2月版。47.2万字。36.00元。历史学专著。以秦汉魏晋南北朝时代的官阶制度为研究对象,分11章。首先提出并诠释“品位分等”和“职位分等”概念,构建了一个新鲜的分析框架。对周代的爵命,秦汉二十等军功爵和禄秩，魏晋南北朝的官品、中正品、勋品、将军号、文散官，直到唐代的文武散阶进行细密考察，将之勾勒连缀为一条演进变迁的线索，并对其性质和意义进行解释。(宁映霞)

D000221 **户等制度史纲** 邢铁著。云南大学出版社 2002 年 5 月版。15.3 万字。16.00 元。以户等制度基本史实的考述为主，共分五章，按户等制度发展过程中自然形成的五个明显阶段，依次考察各阶段的制度规定、作用范围等内容，将历代户等制度的发展变化过程进行勾勒，讨论了户等制度产生、发展、高潮、混乱和衰落等问题。书后附有“井田制度与户籍管理”一文，专从户籍管理的角度对井田制的内容予以考察。(蔡红华)

D000222 **19 世纪中期中国双重统治格局的演变** 张研等著。中国人民大学出版社 2002 年 6 月版。37.8 万字。29.00 元。中国传统社会的双重统治，是指上层政权与基层社会实体组织、或者说“国”与“家”的双重统治。本书以安徽作为研究切入点，分三编，分别从战乱之前、战乱之中及当时各种政治力量的凸现，对安徽双重统治格局及其演变进行了考察与分析。作者认为，19 世纪中期以后，中国社会发生剧烈变动，在变乱中各种政治力量均凸现出自己的实力，原有的双重统治格局发生变化。在基层社会中，作为地方实体组织的家族、宗族、乡族、行业组织的力量显见增强，而国家政权的力量则呈弱化的趋势。这种此消彼长尚保持在“稳定”、“均衡”的框架下。战乱后上层政权虽努力恢复以上层为主导的双重统治格局，但其实质已发生了变化。收入“19 世纪中国社会研究”。(社资)

D000223 **钦定旗通志** 李洵、赵德贵、薛虹、周毓芳主校点。吉林文史出版社 2002 年 12 月版。800 万字。1980.00 元。12 卷 。研究满清八旗制度的基本资料。是在清朝雍正时期编纂的《八旗通志·初集》的基础上，为了《四库全书》的编纂，受乾隆皇帝之命，由纪昀等主持重纂而成，故名《钦定八旗通志》。全书 12 册共 356 卷。记事始于八旗制度肇始，止于乾隆末年。内容为旗分志、兵制志、职官制、人物志、土田志、典礼志、学校志、选举志、营建志、民族志、封爵表、世职表及中央、地方大臣年表等。(赵世德)

D000224 **中国古代中央客馆制度研究** 王静著。黑龙江教育出版社 2002 年 10 月版。23 万字。15.00 元。历代王朝所设立中央客馆，作为中央政府对周边民族所实施的民族政策、对外政策与所建立的边疆管理机构、对外交往机构的重要组成部分，集中反映着中国历史上内地与边疆、中央政府与少数民族地方、中国与外国间的政治、经济、文化等的全面交往关系。作者在这一大视角下，考察了我国古代中央客馆制度的产生、发展、演变与衰落的全过程。(梁昌)

D000225 **晚清上海社会的变迁** 副名：生活与伦理的近代化。李长莉著。天津人民出版社 2002 年 8 月版。41 万字。29.80 元。中国近代社会文化史研究专著。上海是晚清中国第一通商大埠，伴随着它的城市化、商业化的进程，社会风尚发生了一系列颠覆性的演变：洋货流行，贵贱颠倒，崇奢享乐，妇女走出家门娱乐就业，台基姘居，男女自由交往等等。生活方式和社会风尚的变化，带来了人们观念的转变，发展工商、社会平等、消费合理、男女平等、自主择偶等新观念悄然形成。本书即以晚清上海为个案，对最先遭遇近代化社会变迁的这一群人，他们的生活方式和伦理观念所发生的一些带有时代趋向的变化作了比较细致的分辨解析，以从中探究中国近代伦理的演生机制和特点所在。书中配有 30 余幅选自《点石斋画报》的精美图片，生动再现了晚清上海社会生活的面貌。(韩玉霞)

D000226 **晚清社会风尚研究** 孙燕京著。中国人民大学出版社 2002 年 6 月版。29.9 万字。23.00元。对晚清社会风尚的变化过程、趋势进行梳理，从文化史、社会史相结合的角度考察晚清社会风尚的变化，论述了风尚变化与社会变迁的互动关系。基于晚清风尚变化的地区、群体差异等情况，书中分析了晚清社会风尚的影响，概括了晚清社会风尚的四个特点：呈现一种多元的、多种性质并存的状态；呈现一种实用主义、“功利”的色彩；地域空间差异和社会群体差异明显；伴随社会变革和社会革命，旧风尚的破坏大于新风尚的建设。收入“19 世纪中国社会研究”。(郑伯平)

D000227 **影响中国近代史的名著丛书** 罗炳良主编。华夏出版社 2002 年 10 月版。212 万字。164.00 元。包括《四洲志》、《劝学篇》、《天演论》、《盛世危言》、《大同书》、《变法通议》、《仁学》、《革命军》、《猛回头·警世钟》、《訄书》、《建国方略》、《平民主义》12 种。丛书与现有评注和整理的学术成果相比较，其特点是：原有的评注著作重在字词的音义训诂与典故的解释，这次评注则重在典章制度、历史人物和旧名今译。对于历史人物，家喻户晓、尽人皆知如孔子、司马迁、乾隆(爱新觉罗·宏历)、孙中山、陈独秀等不注，但对称呼郡望、封爵、谥号、别字者，如宣尼、韩昌黎、朱晦翁等等，即使名人亦出注。至于近代学者对有些中外人名、地名的称呼，已经发生变化的作重点注释。评注了某些前人未曾整理或较少涉及的名著，如林则徐《四洲志》、梁启超《变法通议》、邹容《革命军》、陈天华《猛回头》和《警世钟》、李大钊《平民主义》等等，或是首次单独整理评注出版，或是建国以后没有标点整理的单行版本。对注释的名著写出《评介》和著者《评传》。《评介》介绍每一部名著写作的时代背景、思想内容、学术价值极其所产生的社会影响，了解版本流传情况，从而更好地理解名著的精神。还有，在前人成果的基础上注疏和整理更加完善。(倪友魁)

D000228　**平民主义**　李大钊著。华夏出版社2002年10月版。8万字。10.00元。中国共产党早期领导人李大钊撰写的一部具有反帝反封建思想的重要著作。本书以马克思列宁主义思想为指导，运用阶级斗争学说，对新民主主义革命初期中国革命所面临的一系列问题作了初步的探讨。作者把农民反抗地主、工人反抗资本家、殖民地半殖民地人民反抗帝国主义殖民掠夺的斗争称为平民主义运动，同时又把资产阶级的“平民主义”与无产阶级的“平民主义”明确区别开来，认为无产阶级“平民主义”的阶级基础是工人政治，性质是无产阶级专政，前途是实现社会主义。这次评注，以1923年上海商务印书馆印本为底本，并参考了已有的整理和注释成果。收入“影响中国近代史的名著丛书”。(倪友魁)

D000229　**建国方略**　孙中山著。华夏出版社2002年10月版。29.4万字。19.00元。辛亥革命以后资产阶级革命派领袖孙中山为总结资产阶级民主革命成功与失败的经验教训，启发与唤醒全社会的民众，开创未来社会建设新局面而撰写的重要著作。本书由《孙文学说》、《实业计划》和《民权初步》三部分组成，提出了一套系统地建立新型资产阶级民主国家的规划，描绘出一幅完整的资产阶级共和国的蓝图。这次评注，以1922年上海民智书局印本为底本，并参考了已有的整理和注释成果。收入“影响中国近代史的名著丛书”。(倪友魁)

D000230　**中国近代资产阶级政党学说研究**　杨德山著。人民出版社2002年8月版。23.6万字。18.00元。以历史资料为依据，以政党学的一般原理为基础，按照中国近代资产阶级政党学说发展的基本情况，对其在每一个历史阶段所反映出的主要内容进行介绍和说明，并结合中外政治文化的发展状况，探索其思想渊源，分析其基本特征，揭示其发展趋向。

D000231　**中国秘密社会(七卷本)**　谭松林主编。福建人民出版社2002年10月版。总193万字。136.00元(平)，171.00元(精)。秘密社会也称秘密结社，是社会上一部分人为了某些政治、经济和其他目的而自发结成的社会组织，因为没有取得合法地位，因而是一种“非法结社”。这种非法结社在历史上有，今天仍然存在。中国历史上的秘密结社，按照其组织形态与行为方式，分为“秘密会党”与“秘密教门”两大系统。前面是以结拜异姓弟兄的方式所结成，以江湖义气和其他封建伦理观念作为维系内部团结的纽带；后者是以师徒传承的方式结成，以被他们曲解、改造的儒释道三家典籍作为维系内部团结的纽带。后来，秘密会党逐渐演化为帮会，有些变成了黑社会；秘密教门则演化成了会道门。系统论述中国秘密社会的历史与现状，实事求是地评价它的是非功过，总结历史上治理秘密结社的经验与教训，为今天治理非法结社提供了政治依据。其特点有：1.研究中国农民战争史的理论，应该对其造反活动做深入细致的分析，一味地歌颂历史上的一切造反活动是不客观的。特别是对历史上那些利用秘密社会的造反活动，应该给予实事求是的评价。由帮会演化成黑社会和由教门演化成的会道门，乃是人民政权公开或潜在的敌对势力，是社会的不稳定因素。作者阐述历史上秘密社会及其发动的造反活动，具有重要的理论价值。2.近些年来，国内外一些学者，把会道门及其前身秘密教门定位为“宗教”，称之为“民间宗教”。有人还论证所有的正宗宗教都是从民间宗教发展而来的。而现存的民间宗教，将来也必然发展为正宗宗教。这些观点的流行，为会道门的复辟制造了舆论，不利于国家的稳定。本书把会道门及其前身秘密教门定位为秘密结社即非法结社，为有关部门依法取缔和打击会道门的复辟活动提供了理论根据。(刘亚忠)

D000232　**秘密社会与中国民主革命**　周建超著。福建人民出版社2002年10月版。27万字。19.50元。运用宏观历史学研究方法，从社会史的角度，对中国秘密社会这一重大社会现象的发生、发展和灭亡的历史过程和内在规律，以及它在中国民主革命历史过程中的复杂影响进行整体性的分析，科学地阐明近代以来中国社会发展的脉络、复杂的历史环境和下层群众在反帝反封建革命洪流中的发展变化及其在革命进程中的作用，并深刻揭示秘密社会与辛亥革命，秘密社会与中共领导的工人运动、农民运动、根据地建设、军队建设、抗日战争、解放战争的关系和中国共产党人在争取、利用、教育、改造秘密社会问题上政策和策略的形成、发展及成熟的全过程。（晓籁）

各国政治

D000233 **日本政法考察记** 王宝平主编，刘雨珍、孙雪梅编。上海古籍出版社 2002 年 3 月版。480 面。98.00 元。本书系“晚清东游日记汇编”之一种。随着明治维新后日本国势的强盛，欲研求其原委的晚清士人日多。他们或出使，或观光，或视察，或留学，以对日本进行实地考察。这其中，对日本行政司法的考察又占据了很大比例。而这，为清廷即将推行的新政提供了必要的参考。本书收录的这 15 种有关政法考察记，其中既有概述性的考述，又有专题性的报告，于日本明治维新后的行政建置、司法制度等等，均有详尽的论述，而考察者夹杂其间的感慨文字，亦可于今人颇多启悟。依丛书体例，书前撰有 15 种考察记的解题，书末并附人名索引，以便查检。（秦志华）

D000234 **小泉纯一郎面面观** ［日］本泽二郎著，张碧清等译。学苑出版社 2002 年 3 月版。20 万字。15.00 元。日本首相小泉纯一郎上台后强力推行国家主义政策，作为战后日本首相，其言行最为右倾，但他却在日本国内有相当好的声誉和很高的支持率。针对这一现象，作者以一个新闻记者的身份对其及其内阁进行评论分析，介绍了大量鲜为人知的日本政治内情。（学苑）

D000235 **大象和孔雀——解读印度大战略** ［美］斯蒂芬·科亨著，刘满贵等译。新华出版社 2002 年 10 月版。27 万字。25.00 元。共十章。第一章，为印度定位。第二章，印度战略精英的世界观。第三章，不会说“是”的印度。第四章，印度的国内形势。第五章，作为军事大国的印度。第六章，作为核武器大国的印度。第七章，印度与巴基斯坦。第八章，作为亚洲大国的印度。第九章，印度与美国。第十章，印度正在崛起。本书评估印度经济、科技、军事实力，以及印巴、印美、印中与印俄关系，探讨印度作为一个文明古国如何在现代化浪潮中解决现实难题，印度能否成为世界性大国等可能趋向。（贾晓伟）

D000236 **关注印度——崛起中的大国** 马加力著。天津人民出版社 2002 年 6 月版。16.00 元。国际关系学专著。对印度的政治、经济、军事和外交进行全方位的扫描和透视。分 4 章：第一章介绍印度综合国力发展的情况，对印度政治、经济、军事、科技、教育等方面的情况作了阐述；第二章介绍印度外交谋略的运用；第三章介绍印度在南亚地缘政治中的态势，主要探讨印巴克什米尔冲突和核竞赛的原因以及美国和中国在南亚的作用。第四章专门论述印中关系，表达作者对中印关系的期待。重点分析了印度的信息产业和军事潜力以及战略态势，指出了印巴冲突的历史渊源和发展趋势，揭示了印度要成为“有声有色的大国的政治野心”。作者多次访问印度并同其高级官员共同探讨中印关系问题，对印度有深入的了解。（张献忠）

D000237 **外交官谈阿富汗** 马行汉主编。世界知识出版社 2002 年 2 月版。15 万字。13.80 元。阿富汗是一个怎样的国家？为什么几百年来，大国都想在那里称王称霸？本·拉登为什么选择了阿富汗？以色列为何频频受到“人体炸弹”的袭击？马行汉等几位曾在我国驻阿富汗使馆或毗邻的中东、南亚地区中国使馆工作过的外交官从不同角度对阿富汗历史事件做了真实而客观的叙述和回忆。讲述了他们亲身经历的一些生动故事。对阿富汗的战略地位、民族特性、国家历史进行了分析与研究。（范景峰）

D000238 **欧洲联盟的政治与社会研究** 陈志强、关信平等著。天津人民出版社 2002 年 7 月版。23 万字。18.60 元。当代欧洲一体化进程最初是以经济共同体的模式开始的，并在其发展过程中始终受到经济因素的强力推动。随着对欧洲研究的深入，人们发现如果不从政治、社会、历史和文化等方面去研究欧洲的社会，很难全面和深入地把握当代欧洲一体化的实质和内在的动力及机制。本书作者拓展研究领域，把研究的焦点放在当代欧洲的社会，包括政治、社会、法律等方面的问题：欧盟共同外交与安全政策的困境；全球化与欧盟的合作安全；当代欧洲贫困问题研究；欧盟国家人口老龄化与中国的比较研究等等。（李晶）

D000239 **叶利钦时代** ［俄］格·萨塔罗夫等著，高增训等译。东方出版社 2002 年 7 月版。87.4 万字。60.00 元。根据莫斯科瓦格里乌斯出版社 2001 年版翻译。作者在书中以其亲身经历和大量鲜为人知的史料，介绍了 20 世纪 90 年代俄罗斯总统的权力和整个权力机关的状况与争斗；叙述了

1993年十月事件、两次总统选举和两次车臣战争给俄罗斯带来的后果,国内经历的几次重大政治和经济危机,践踏法律的现象,以及形成当今俄罗斯面貌的过程的内幕。对叶利钦时代做了全面的剖析和评析。

D000240 **来自上层的革命** 副名:苏联体制的终结。[美]大卫·科兹等著,曹荣湘等译。中国人民大学出版社2002年7月版。30.2万字。25.00元。对苏联解体的原因作出全新解释。流行的看法是:苏联旧体制的终结是由苏联经济崩溃、人们要求放弃社会主义所引起的。本书认为撼动苏联体制根基的正是苏联内部曾占统治地位的一些精英。本书内容涵盖了从1917年苏联政治体制的确立,到20世纪90年代初走向资本主义,再到1995年共产党力量的惊人复兴等各个关键时期。作者通过对50多名新旧政要的访谈,对苏联解体作了独到的解释,对研究苏联和当代俄罗斯的历史、经济和政治有参考价值。(林坚)

D000241 **苏共亡党十年祭** 黄苇町著。江西高校出版社2002年4月版。15万字。18.00元。作者客观地说明了苏共亡党、苏联亡国的时代背景,深刻地解说了苏共亡党、苏联亡国的深层根源,令人信服地揭示了亡党必然亡国、抛弃人民就必然被人民所抛弃等铁一般的真理。书中通过剖析苏共因失人心而失天下的历史悲剧,深刻阐释了保持党和人民群众的血肉联系是党的生命线,坚持"三个代表"重要思想是党的执政资格所在这一重大主题,找出了中国为什么没有重蹈苏联、东欧覆辙的基本答案。(花传贵)

D000242 **民族主义幽灵与苏联裂变** 吴楚克著。中国人民大学出版社2002年7月版。18.1万字。13.00元。以苏联裂变为切入点,分析苏联裂变与民族问题的本质关系,反思了马克思、恩格斯、列宁、斯大林民族理论与苏联出现民族分离主义的关系,论述了当代民族主义的发展趋势和正确认识社会主义多民族国家的民族问题。书中不回避问题,敢于追究事件表面掩盖下的实质,特别是对马克思列宁主义民族理论的反思以及对当代民族主义泛滥原因的考察,具有一定的理论难度。作者从民族学、历史学、政治学等角度,理论与实践相结合,历史与现实相结合,不但对民族主义与苏联裂变的关系进行深入分析,而且结合中国的民族问题与民族区域自治进行比较研究,并对民族发展和社会主义运动的未来作了展望。(社资)

D000243 **美国自由的故事** [美]埃里克·方纳著,王希译。商务印书馆2002年10月版。53万字。46.00元。作者认为,自由的内涵其实在不断地受到挑战,自由的历史始终是一个充满了辩论、分歧和斗争的故事。作者把自由放在美国历史的特定背景之中,展现美国历史上不同时期内,不同内容的自由思想是如何产生的和实践的,以及占主导地位的和被斥为异见的自由观之间存在的那种对立和冲突是如何持续不断地重新界定美国内涵的。在梳理繁杂的历史事实时,以三个相互关联的主题作为中心,确立美国自由的历史框架。这三个主题是:第一,自由的内容是什么?第二,致使自由成为可能的社会条件是什么?第三,自由的界限或谁应享有自由的问题。还揭示了自由的四个维度:政治自由、公民自由、个人自由和经济自由,从而加深了人们理解美国自由的深度。(王明毅)

D000244 **自上而下的政策制定** [美]托马斯·R.戴伊著,鞠方安等译。中国人民大学出版社2002年8月版。23.8万字。23.00元。全面评估了国家精英集团如何将他们的价值观念、兴趣爱好转化为公共政策的过程。首先阐述了国家政策制定的一种模式,这种模式包括四个独立的运作过程,即政策的形成过程、利益集团的运作过程、选举领导者的过程和民意的制造过程。正是通过这四个过程,精英集团在影响和左右着政府政策的制定。在精英集团的推动下,政府会使其政策合法化并加以执行,也会对其政策加以改革。公众和个人也参与政策的评估。作者认为,即使在民主政体下,公共政策也是自上而下制定,而不是自下而上制定的。它论述了如何通过一系列的基金会所形成的网络、智囊团、政策策划组织和媒体,政治的议事日程表如何从精英集团流向政府;在选举国家领导人的过程中,用金钱全副武装的精英集团所发挥的决定性作用;由精英集团用金钱所支持的利益代表集团的运作,正是这些利益代表集团操纵着华盛顿的政策制定;美国的媒体精英在政策形成,以及向政府政策制定者和民众传达精英集团的观点和选择中所发挥的独特作用。全书穿插一些特写,其内容涉及了我们要探讨的话题,以及在目前的政策制定环境中扮演关键角色的各种人物,并提供了政策制定过程的栩栩如生的图解和说明。收入"公共行政与公共管理经典译丛"。(陈丹)

D000245 **公共行政的合法性** 副名:一种话语分析。[美]O.C.麦克斯怀特著,吴琼译。中国人民大学出版社 2002 年 12 月版。30.7 万字。33.00 元。以公共行政的合法性问题为切入点，对各个时期公共行政理论的缘起、发展和话语架构进行批判性分析，对公共行政合法性基础进行深刻反思，对传统公共行政的话语结构，尤其是“理性人”的意识形态作了全面的检讨，并从性别理论的角度说明合法性和异化性之间的联系，最终对合法性问题提出新的架构方法。作者独特的历史阅读视角，为我们理解美国民主政治制度建立了祛魅化的效果；敏锐的学术触角，给我们提供了美国当代公共行政研究的最新趋势。收入“公共行政与公共管理经典译丛”。（社资）

D000246 **公共部门标杆管理：突破政府绩效的瓶颈** [美]帕特里夏·基利等著，张定淮译校。中国人民大学出版社 2002 年 7 月版。26.8 万字。28.00元。为不同层次的政府管理者提供如何执行其组织任务的一部实践指南。本书突破了抽象的概念，用联邦、州和地方政府中的生动案例阐明政府中施行标杆管理的前提条件，如何作出标杆管理战略规划，标杆管理如何实施以及如何使标杆管理活动获得成功等内容。书中所涉及的现象在我国行政部门和事业单位中十分常见。所附“标杆管理和最佳实践组织名录”不仅包括在美国十分突出的实行标杆管理和最佳实践的单位和组织的地址、电话、传真号码和电子邮件地址等，还包括这些组织的网页等内容。（社资）

D000247 **后现代公共行政** 副名：话语指向。[美]查尔斯·J.福克斯著，楚艳红等译。中国人民大学出版社 2002 年 11 月版。19.1 万字。22.00 元。本书被称为美国后现代公共行政理论里程碑式的著作。作者在对美国现代和后现代公共行政的现状和理论进行批评性反思的基础上，通过吸收西方现代哲学尤其是现象学与现代物理学的基本概念，以话语理论为立足点，对后现代状况下公共行政的问题逐一分析，并提出要以开发性的对话模式来激发公众的参与意识，以确保公共行政的有效实施。作者将公共行政与公共政策研究置于后现代主义的基础之上，批驳了公共管理学、制度主义、社群主义等目前广为流行的理论，致力于建构一种全新的公共行政“话语”理论。收入“公共行政与公共管理经典译丛”。（社资）

D000248 **行政过程的政治** 副名：公共行政学新论(第二版)。[美]詹姆斯·W.费斯勒等著，陈振明等译。中国人民大学出版社 2002 年 7 月版。52.2万字。49.00 元。立足于当代西方特别是美国政府管理的实践，用大量现实的资料及案例来说明公共行政学的理论问题，强调政治与行政的密不可分以及民主社会中立法和司法机关对行政机关监控的重要性。该书虽然沿用“公共行政学”的学科名称，但突破了传统行政学的界限，增加了大量传统行政学所未涉及的内容，包括政策分析和“新”公共管理的一些基本论题。该书界定了公共行政学的研究范围；讨论了政府的角色以及政府的工具问题；探讨了公共组织理论，包括组织理论原理，行政组织(行政机关)、行政改革以及其他组织问题；讨论了美国公务员制度以及高级公职的基本问题；还涉及政策的制定、执行及财政预算，民主制中的行政，行政伦理等主题。收入“公共行政与公共管理经典译丛”。（陈丹）

D000249 **美国安全解读** 周建明、张曙光著。新华出版社 2002 年 6 月版。31 万字。26.00 元。从科技、国防财政、军事力量、战略观念和全球主要地区安全与发展态势等方面对美国的国防战略给予分析，从理论到具体决策过程，系统地介绍了美国最新的国家安全战略思想。（王晓顺）

D000250 **秘密机构** [美]詹姆斯·福德著。世界知识出版社 2002 年 6 月版。48.5 万字。30.00元。揭露美国核心间谍活动机密的专著。披露了美国国家安全局在冷战中所扮演的角色，它在越南战争期间进行的间谍活动，它对俄罗斯潜艇“库尔斯克”号和本·拉登基地组织的监听以及它遍布世界各地的高科技全球监听网络系统。（范景峰）

D000251 **吻与倾诉——20 世纪性学报告** [美]朱莉亚·A.埃里克森著，马永波译。北方文艺出版社 2002 年 1 月版。20 万字。18.00 元。详细叙述一个世纪的美国性调查历史，记录公众和个人对性的理解上的根本变化。揭示出，性调查在反映一个时代的性价值观和种种假设的同时，也有力地塑造了有关“正常”性欲的社会现实。展示了性调查是如何反映社会对青春期发育、青少年性行为、乱交、艾滋病的焦虑的，以及社会是如何努力保护婚姻和引导妇女性欲的。

D000252 **美国生活百科丛书** 吴瑞卿、陈纪安、罗志雄主编。中国科学技术大学出版社 2002 年 1月版。107 万字。83.00 元。共 5 册，分别为《美国医疗》、《美国法律》、《美国教育》、《美国福利》和《美国社会服务》。丛书由香港三联书店引进中文简体字版权。作者全是长期旅居美国、在一线从事相

关职业的华裔专家。每册包含三部分内容:1.基本概念和背景知识;2.重要资料;3.案例故事。(张春瑾)

D000253 **20世纪美国宗教与政治** 董小川著。人民出版社 2002 年 2 月版。21.1 万字。15.00元。以历史为基本线索,阐述美国宗教与政治的关系,重点论述宗教在美国社会政治生活中的作用,如宗教在选举中的作用和价值,总统和议员的宗教信仰及其政治意义、法院对宗教问题的裁决的社会政治特征、宗教在美国文化外交中的表现等等。

D000254 **卡斯特罗与古巴** 陈久长著。湖南人民出版社 2002 年 8 月版。22 万字。18.80 元。作者曾为驻古巴大使,走访了古巴各地,与各界人士广泛接触,对当地社会的方方面面进行了认真的考察、了解,本书记述作者当年的所见所闻。书中各篇独立成章,又前后连贯,展现了卡斯特罗的传奇经历及古巴的今昔变化和风貌。(黄楚芳)

外交、国际关系

D000255 **现代外交** [英]R.P.巴斯顿著。世界知识出版社 2002 年 9 月版。35 万字。26.00 元。作者是英国当代著名的外交学家,曾在英国外交与英联邦事务部任职,现为加的夫大学教授。本书根据 1997 年英文版译成,旨在对构成当代外交的各个要素进行概要分析。

D000256 **中国和世界的国际战略视角** 刘万文编著。中国矿业大学出版社 2002 年 12 月版。25.8万字。25.00 元。国际关系方面的专著。由世界大趋势的总体分析、国际主角的基本考量及其与中国的关系、中国外交的理性沉思三部分组成。简要介绍当今的国际形势和世界上几个势力较强国家之间的外交关系,重点分析我国在国际关系中的地位,以及我国在国际关系中的对策,对我国外交的历史进行反思,阐述了我国在当今国际社会中的重要地位和作用。(孙浩)

D000257 **瞬间的力量** 郝雨凡、王建伟、于滨、林至敏著。新华出版社 2002 年 9 月版。28 万字。30.00 元。分格局篇、美国篇、大国篇、地区篇四个部分,分三个层次探讨"9·11"对美国和世界的影响。第一,"9·11"在多大程度上改变了美国,改变了世界。第二,这一事件是怎样改变美国,改变世界的。第三,这一事件又会如何影响美国和世界将来的发展,对中国又会有何种影响。(王晓顺)

D000258 **联合国纪事** 联合国公共信息部编,信达雅翻译公司翻译。中国财政经济出版社 2002 年 5 月版。15 万字。12.00 元。原为季刊。记录联合国大会的重要新闻、联合国各机构近期的重要活动,以及联合国在处理当前世界重大事件中的立场、观点和作为。该刊每期由 3~4 个主要栏目组成,内容涉及政治、军事、人权、维和、生态环境、人类健康、经济发展等各个领域,以访谈、评论、记叙、回忆、图文等文体和形式,生动突出各栏目的主题。(童映华)

D000259 **冯宾符国际问题文选** 杨学纯、沈中明编。世界知识出版社 2002 年 6 月版。70 万字。52.00 元。冯宾符(1912~1966)是我国著名的国际问题专家、出版家。本书共收其 167 篇文章,编为 7 卷,内容涉及中国外交、抗日战争、欧洲与美国的外交、第三世界、世界和平问题等方面。

D000260 **全球化进程中的国家主权** 陈安国著。中国矿业大学出版社 2002 年 9 月版。37.8 万字。25.80 元。学术性专著。主要论述三个问题:第一,全球化进程中国家主权存在的合理性,并以马克思主义的基本原理分析了目前存在的各种全球化话语;第二,全球化进程中国家主权所面临的困境,提出了全新的主权观;第三,着重论述全球化语境中国家主权应对危机的策略,提出了"主权正义"、"主权交往"和"内生型主权危机"、"外生型主权危机"等富有创意的概念。对全球化与国家主权问题进行了系统的研究。(万士才)

D000261 **全球问题与当代国际关系** 蔡拓等著。天津人民出版社 2002 年 5 月版。38 万字。28.00元。系统介绍全球问题研究的由来与发展,立足于国际政治的视角,梳理、分析了生态、环境、资源、人口、难民、毒品、人权、互联网、艾滋病、民族主义、恐怖主义、南北差距、军备竞赛等全球问题的主要表现,及其对当代国际关系的影响,揭示了 21 世纪人类必然反对的全球主义与国家主义之关系的历史主题,探讨了全球化和全球问题挑战的基本思路与对策。(盛家林)

D000262 **冷战与中国** 章百家、牛军主编。世界知识出版社 2002 年 6 月版。38 万字。28.00 元。论文集。收录中国学者的 18 篇论文。论文大多是为近年召开的关于冷战与亚洲国际学术研讨会而做,其中一些曾在国内学术期刊上发表。论文涉及的时间范围从上个世纪 40 年代后期至 70 年代初期。内容涉及对雅尔塔体系的新评论、冷战的起源、

中苏关系、中美关系、抗美援朝、越南战争等。(范景峰)

D000263 **探究亚太新秩序** 曹云华著。世界知识出版社 2002 年 9 月版。21 万字。18.00 元。着重探讨如何建立亚太地区新秩序,尤其研究中美日及东盟在建立亚太新秩序过程中担当的角色,从亚太地区的角度探究中国与东盟关系,中美关系及中日关系。(范景峰)

D000264 **新创世纪** [以]西蒙·佩雷斯著,高秋福等译。新华出版社 2002 年 5 月版。12 万字。15.00 元。共 10 章。第一章,金字塔与《圣经》。第二章,微软芯片与护照。第三,从敌人世界到危险世界。第四章,经验教会我什么。第五章,带领走向未来的路。第六章,一个学习的社会。第七章,犹太教:对 21 世纪是挑战还是启示?第八章,经济原则与原则经济。第九章,宗教与政治。第十章,在一起独处。作者认为,新世纪呼唤新的摩西,一种超越宗教与政治的新文明形态正在构建之中。在巴以冲突愈演愈烈的今天,铸剑为犁的和解思路才是正确的方向。(贾晓伟)

D000265 **阿以冲突——问题与出路** 殷罡主编。国际文化出版公司 2002 年 5 月版。40 万字。35.00元。全面阐述阿以冲突的缘起、历史和现状,对于宗教、地缘等焦点问题和有关政体分章节专述。转引资料文献截止至 2001 年。附有珍贵地图、示意图 20 余幅。(王逸明)

D000266 **第三只眼看恐怖主义** 胡联合著。世界知识出版社 2002 年 6 月版。35 万字。23.00 元。国际问题专著。系统论述恐怖主义。作者搜集大量资料,深入浅出地阐述有关恐怖主义的问题:如何定义恐怖主义,恐怖主义的基本特点,恐怖主义对旅游业、世界政治的影响,恐怖主义的未来发展趋势,等等。

D000267 **近现代国际关系史** 唐贤兴主编。复旦大学出版社 2002 年 7 月版。48.4 万字。40.00元。系统阐述 1648～1945 年以来近现代国际关系形成和发展的历史,以国际关系体系的演变为线索,把近现代国际关系史的演变划分为威斯特伐里亚体系、维也纳体系、俾斯麦体系、一战前的两极体系和战后的凡尔赛—华盛顿体系、二战后的雅尔塔体系等几个阶段史论结合,对每个体系的基本内容、本质特征、主要矛盾、大国关系的变化以及国际关系基本力量的分化组合等进行剖析。(邬红伟)

D000268 **中国外交** 外交部政策研究室编。世界知识出版社 2002 年 6 月版。57.3 万字。52.00元。阐述中国外交政策及中国政府对当前国际形势的看法,介绍 2001 年中国外交关系状况。精装版随书附送有 APEC 上海峰会 VCD 光碟一张。(范景峰)

D000269 **话说外交调研** 金桂华著。世界知识出版社 2002 年 1 月版。10 万字。15.00 元。集中介绍外交调研的起源及发展、外交调研工作的重要性、要求、操作规则、技能等,以及外交人员的素质及培养。对于信息时代的外交调研,作者特别强调要有能够从浩如烟海的资料中筛选出有价值的信息的本领。指出在新的时代,情报分析已经重于情报搜集。(范景峰)

D000270 **中日民间交流五十年** 王成家主编。世界知识出版社 2002 年版。19.8 万字。260.00元。画册。以大量珍贵的照片全面反映战后 50 年(1952～2002)中日民间交往的历程。通过民间的友好交往,以民促官,使中日关系实现了邦交正常化,签署了中日和平友好条约,并在世纪交替时期促进了两国民间交往的进一步发展和深化。(范景峰)

D000271 **中华人民共和国外交大事记第 3 卷(1965 年 1 月～1971 年 12 月)** 外交部档案馆编。世界知识出版社 2002 年 10 月版。40 万字。68.00 元。记事起讫年月为 1965 年 1 月至 1971 年 12 月,用编年体,以事件先后为序,客观、真实记载了新中国建国以来的重大外交事件及重要活动。(范景峰)

D000272 **外交官(第一辑)** 王成家主编。世界知识出版社 2002 年 6 月版。10 万字。9.00 元。丛书。真实记录外交官们的生涯。精美的图片和外交官们生动的文字浓缩了大量来自外交第一线的回忆。丛书主要以当事人本人的记述内容为主,语言平实,是共和国外交的活档案。(范景峰)

D000273 **意大利与中国** 白佐良、马西尼著,萧晓玲、白玉崑译。商务印书馆 2002 年 10 月版。25 万字。18.00 元。作者为意大利两位最著名的汉学家。本书具有如下特点:一、时间跨度大。它自古罗马时代讲起,至第一次世界大战爆发止,凡 20 余世纪,展现中意文化交流的全貌。二、引用资料丰富。书中引用了意大利文和其他西方资料,以及大量中文资料。三、持论公正。中意文化交流中并不尽是鲜花美酒,也有种种令人不快的插曲。本书既介绍了意大利人的观点,又介绍了中国人的观点,从而客观地展现了两国在对方国形象的变迁及主要原因。四、重点突出。本书并非平铺直叙这两千年的历史,而是选择一些重点事件和人物为例进行阐述。比如,罗马人是否曾与中国人兵戎相见?利玛窦等传教士眼中的中国和中国文人眼中的意大利是什么样子?被关在中国监狱中的意大利人和第一个到意大利的中国人是谁?诸如此类,不一而足。(常绍民)

D000274 **虎视中亚** [美]胡曼·佩马尼著,王振西主译。新华出版社 2002 年 5 月版。13.5 万字。15.00 元。中亚国家重要的战略位置,丰富的油气资源,已成为全世界关注的热点,特别早已在其主要邻国伊朗、土耳其和俄罗斯虎视眈眈之中。本书重点论述主要邻国和各大国在政治、经济、军事及安全体制等方面对中亚国家的影响。(尚惠敏)

D000275 **丘吉尔与英国对外政策** 萨本仁、萨支辉著。世界知识出版社 2002 年 10 月版。32 万字。20.00 元。叙述自希特勒 1933 年上台后到二战结束期间英国对外政策的演变。分两个阶段:以张伯伦为代表的绥靖政策;以丘吉尔为代表的主战政策。此外,如何处理英国与美、法、苏关系,如何维护英国的殖民利益也是丘吉尔就任首相后外交政策的重要内容。最后一章讲述丘吉尔的"冷战"思维和战时作风不适合英国公众的需要,成为第一位"冷战"的牺牲品。(范景峰)

D000276 **英国外交与文化** 计秋枫、冯梁等著。世界知识出版社 2002 年 1 月版。31 万字。28.00元。在阐述英国外交历史和现状的同时展现英国文化的某些特征和现象,并揭示文化因素在英国外交中的影响所在。影响英国文化特色及其国民性形成的一个确定的因素是地理位置。将英国人在海上殖民事业方面锐意进取、无所不用其极,在大陆事物上保守谨慎,在外交和世界事务上圆滑机巧等特征描述得淋漓尽致。(范景峰)

D000277 **巨大的转变:战后美国对东亚的政策** 赵学功著。天津人民出版社 2002 年 3 月版。35 万字。25.00 元。国际关系史专著。系统论述战后 50 多年来美国对东亚政策的发展演变,深入剖析美国政策变化的主要缘由,揭示了美国东亚政策内在的矛盾性。除前言、结语和参考文献外,分 8 章,按历史发展顺序和专题论述了美国东亚政策演变的轨迹:第一章美国的遏制政策与东亚的冷战,论述了战后初期美国政府对中国、日本、朝鲜和东南亚的政策,分析了美国将逐步把东亚纳入美苏冷战体制的过程,揭示其中的意识形态因素。第二章论述朝鲜战争及对中美关系的影响,指出这场战争大大强化了东亚的冷战。第三章论述朝鲜战争后至 60 年代末美国对中国的政策,指出既对抗又对话是这一时期中美关系的一个重要特征。第四章论述了越南战争,指出它是美国与东亚关系史和整个美国外交史上悲剧性的一幕,是美国进行全扩张的一次大失败。第五章论述尼克松政府从越南收缩兵力和美国对华政策的重大转变。第六章分析 50~70 年代美国对日政策。第七章论述里根、布什政府的东亚政策。第八章分析冷战后克林顿政府的东亚政策。(张献忠)

D000278 **美国霸权的困惑** [美]约瑟夫·奈著,郑志国等译。世界知识出版社 2002 年 6 月版。18 万字。16.00 元。作者是美国前国家情报委员会主席和助理国防部长,美国哈佛大学肯尼迪政治学院院长。该书概括分析了美国霸权的现状和面临的问题,对美国外交政策的单边主义、傲慢自大和鼠目寸光提出了警告。作者对美国外交政策提出了批评意见,回答了美国在 21 世纪面临什么样的挑战,如何重新界定美国利益等一系列重要问题。(范景峰)

D000279 **谁是无赖国家** [美]威廉·布鲁姆著,罗会均等译。新华出版社 2002 年 10 月版。25 万字。25.00 元。对美国全球干涉主义的种种恶行进行大胆而又明确的揭露和批判,展示了美国的政策如何在自由、民主和人权的幌子下所导致的侵犯人权、使用大规模杀伤性武器、干涉别国内政等野蛮行径。(李树林)

D000280 **新外交·旧世界——伍德罗·威尔逊与国际联盟** 韩莉著。同心出版社 2002 年 6 月版。26.6 万字。18.00 元。伍德罗·威尔逊是美国最富争议的总统之一。他主持美国政府(1912~1920 年)期间,美国在实力上已成为世界上最强大的国家,威尔逊毫不含糊地为美国选择了领导世界的新外交战略。这一外交战略,影响了美国整个 20 世纪的外交政策和形象。本书从传统与现实的冲突这个角度来考察威尔逊国际联盟政策从提出到受挫的过程,以此了解威尔逊外交的一些特征:利用美国独特的地缘政治地位及强大的经济实力,推行以集体安全为旗帜的政策,以一种貌似中间立场而实为超越欧洲列强之上姿态,来达到主宰世界的目标。但是当美国想要以自己的实力来使世界都服从于自己的目标时却发现多元化的国际环境与多元化的国内因素使之心有余而力不足。这也是整个 20 世纪美国外交的特征。(王小云)

D000281 **美国的安全战略与东亚——美国著名国际战略专家访谈录** 陈舟编著。世界知识出版社 2002 年 1 月版。26 万字。15.00 元。作者利用在美国哈佛大学威瑟海德国际问题研究中心进行高级客座研究的机会，就国际关系与地区安全、未来的中美关系及美国的中国人民解放军研究等问题，先后采访了 17 位美国国际战略专家。包括三位美国前国防部长，即约瑟夫·奈、格雷厄姆·艾里森、艾什顿·卡特。以及其他诸如塞缪尔·亨廷顿、斯蒂芬·彼得·罗森、西奥多·波斯托尔、傅高义、罗伯特·苏廷格、道格·帕尔、罗伯特·罗斯、阿拉斯泰尔·伊恩·约翰斯顿和戴维·香博等。这些学者大多是学术界名流，在国际关系和国际安全领域有较大影响，其中一些人还曾在政府中任过高级职务。他们的观点反映了美国学界对一些重大国际安全问题的基本看法。（范景峰）

法　律

D000282 **司法公正理念及其现代化** 李修源著。人民法院出版社 2002 年 9 月版。33.1 万字。25.00元。司法改革离不开传统的司法公正理念和司法文化，又必须与西方司法公正理念和司法文化相参照，既要从现代社会实践和社会发展中寻找司法公正理念的根基，又不能离开传统司法公正理念的土壤。作者有着数十年的司法和行政工作历练，积累了丰富的理论和实务经验，对与司法公正相关的理论和实践进行了全面的考察及研究，深刻阐述了司法公正理念及其现代化这一极富思辨性的命题。（陈燕华）

D000283 **权利现象的逻辑（法理文库）** 公丕祥著。山东人民出版社 2002 年 3 月版。42 万字。34.00元。论述了权利概念在法哲学上的重要意义与马克思权利哲学的理论特征，并对马克思的权利哲学思想进行了历史的综合的分析。全书由 6 编 23 章组成。第一编考察了马克思权利哲学思想的理论渊源；第二编分析了马克思新理性批判主义权利观；第三编着重探讨了马克思由新理性批判主义权利观向历史唯物主义权利观的转变过程；第四编概述了马克思的历史唯物主义权利思想的基本理论内容；第五编研究了《资本论》及其手稿中的权利思想；第六编探讨了马克思晚年人类学笔记中的权利学说。收入“法理文库”。（李怀德）

D000284 **法学方法论导论** 胡玉鸿著。山东人民出版社 2002 年 4 月版。42 万字。34.00 元。是作者《法律方法与法律人》之第一卷。首先探讨了法学是否为一门科学，它是属于社会科学还是人文科学及法学理论的科学特质与要素。分析了法学方法论在法学研究中的意义，并探讨了个人主义方法论与整体主义方法论之得失。书中提出，人是法学研究的逻辑起点，并应以此来重新构造中国的理论法学体系，就此作者分析了经济、政治等不同模式下人的特征，指出人的模式构造是法学研究的基础工程，在法学上人的模式的形态即“法律人”。收入“法理文库”。（李怀德）

D000285 **法律之门** 邓子滨译。华夏出版社 2002 年 1 月版。86 万字。89.00 元。译自美国的法律教科书。资料来源广泛而多样，包括法庭意见、法律现象的社会学、心理学和人类学的分析以及对法律的历史学和哲学的探讨；还包括从小说和诗歌中选取的有关法律的文学观点。该书在教学上的特点是话题开放、激发提问和讨论。不试图将法律归结为“字面上”的答案，认为法律是在不同的文化和历史阶段以不同的方式进化的。这是一本关于美国法治的全面解说，它的风格也反映了法治精神：没有说教，没有口号，没有强加的标准答案，有的只是理智的对话和精微的制衡。（冯清华）

D000286 **法理学** 公丕祥主编。复旦大学出版社 2002 年 9 月版。68.2 万字。55.00 元。旨在对现代法理学的基本理论问题作出新的分析与叙述。分 6 篇：法的现象的本体与价值、法的现象的历史逻辑、法律调整、法律的创制、法律的实现和法制现代化。全书运用马克思主义法律观，分析法与法律的基本问题，探讨法律运行的内在机理，揭示法制现代化的客观规律性，进而审视和回应当代法律变革进程所提出的诸多重要论题。坚持传承与创新相结合，既传承当代中国法理学的优良学术传统，又对法理学的重要课题作出了创造性的阐释；并注重从理论的高度解读当代法治进程中的重要法律现实问题。（张永彬）

D000287 **法理要论** 张恒山著。北京大学出版社 2002 年 11 月版。46.8 万字。28.00 元。从对立法意义上的原理推导和在符合这些原理的前提下对法的最基本概念的阐释的法理学著作。由 17 章构成。以对人的行为驱动机制的研究为铺垫，引入对法律规则的现象分析，进而讨论法律规则的来源，而后研究对立法具有指导意义的最关键问题：以正义为中心的法的价值；最后是对义务、法律义务、法

律权利、法律责任、制裁与惩罚等概念的辨析以及关于在立法中对它们加以设定的基本原则的讨论。(孙战营)

D000288　**宪政新论**　副名:全球化时代的法与社会变迁。季卫东著。北京大学出版社2002年8月版。30.6万字。20.00元。论文集。收入作者从法社会学的视角、用复眼式观察方法来分析宪政、法制改革以及法与社会变迁的一些文章。分三部分:第一部分主要以价值和文化的多元性为背景,讨论现代宪政以及法治秩序如何定位、在中国是否可行的问题。第二部分重点写在现代化过程中日益加强的社会和法的动态性以及变革的方式,包括对法治与民主、宪法中的原则与妥协、财产权与政治参与、思想上的分歧与社会整合等一系列相互关系和相互作用的考察、整理及阐述。第三部分的论稿都与国际化、全球化对国家体制的影响有关,或者是对域外的法与社会变迁及其启示的评述。(耿协峰)

D000289　**道德与中西法治**　崔永东著。人民出版社2002年9月版。21.5万字。20.00元。主要从两个方面进行探讨:道德教育与法制建设的关系,道德原则与法律规范的关系。通过中西思想家对道德与法律的评析,介绍了法制的发展和现状,特别介绍了我国现代法治建设中一些立法(宪法、行政法、民法、刑法、诉讼法、经济法等)的道德法律化的内容。还探讨了"德治"与"法治"的人性基础及道德意义,道德与法律的两难等问题。

D000290　**语言与法律——司法领域的语言学研究**　吴伟平著。上海外语教育出版社2002年12月版。18.3万字。12.50元。共13章,前两章阐述法律语言学的形成、现状、分类及研究对象;第三、四、五章分别探讨口语研究的不同领域和案例,如语音识别、录音会话分析等;第六、七、八章探讨书面语研究,包括立法语言、准法律文字、笔迹学等;第九、十、十一章探讨双语研究,涉及双语、多语、多种方言的翻译问题与文化背景问题;最后两章探讨法律语言学的常用研究方法,法律语言学家面对的问题与应具备的素质。书中精选大量中外案例,语言学家以专家身份对口语、书面语与双语等语料进行分析,为刑法、商法、民法等法律问题提供咨询或出庭作证,体现了语言学在司法领域的应用。(吕佩英)

D000291　**授权立法的法理思考**　邓世豹著。中国人民公安大学出版社2002年6月版。22.5万字。24.00元。"宪政中国论丛"之一。由导论和7章内容构成,分别介绍授权立法的产生、概念,授权立法的实施,授权立法的位阶,授权立法的监督。还详细介绍了我国授权立法的理论和实践,指出了制约我国授权立法制度进一步完善的因素。(卢建义)

D000292　**罗马法辞典**　黄风编著。法律出版社2002年3月版。32开257页。28.00元。系统介绍罗马法律制度的法学专业词典,共收录与罗马法相关的词条大约2600个,其中绝大部分是法律术语,同时也包括一些与拉丁文形式表现和流传的法律格言(谚语)和短语,此外还有对罗马法历史人物的简要介绍。(吴中华)

D000293　**外国法制史**　何勤华、李秀清主编。复旦大学出版社2002年7月版。71.3万字。58.00元。本书系统论述了自古代埃及至现代世界各地区法律发展的基本脉络。在体例上有较大的创新,即将在其他外国法制史教材中一般各占一章篇幅的古代埃及、巴比伦、印度、希腊等国的法律制度,合成"法律文明的起源"一章,第二章直接从罗马法开始。同时,首次增加了加拿大法、非洲法、现代亚洲地区法等章节。此外,本书在其他章节中强化了古埃及法、希伯来法、罗马公法、伊斯兰法、欧洲联盟法等内容。书中还首次从原版著作中选用了40余幅珍贵的世界法律史照片,作为插图编入各个章节。全书内容丰富,结构新颖,既可以作为高等法律院校的本科生教材,也可作为法律专业研究生的参考读物。(张永彬)

D000294　**比较宪法——对八国宪法的比较研究**　沈宗灵著。北京大学出版社2002年1月版。37.2万字。22.00元。对英国、美国、法国、德国、意大利、日本、俄罗斯以及当代中国共八国宪法的比较研究。其中当代中国宪法与其他七国宪法在社会制度、指导思想等方面有原则区别,因而在本书中作了重点论述。在前面七国中,又以美国宪法作为主要研究对象。绪编包括导论、八国宪法中首先实行的制度。其余四编,分别对人权和公民基本权利、国家制度与国家机关、其他政治制度、宪法的制定与实施等各方面加以比较阐述。还收入《中国内地与香港法律制度的重要差别》等五篇相关论文作为附录。(李昭时)

D000295　**宪政法律秩序论**　肖北庚著。中国人民公安大学出版社2002年6月版。23万字。24.00元。"宪政中国论丛"之一。从宪政法律秩序的一般理论分析入手,揭示出宪政法律秩序的构成要素:宪法主体、宪法行为和宪法调整机制,并着重论证了上述三个构成要素与宪政法律秩序实现的关

系。(卢建义)

D000296 **通向宪政之路——宪法监督的理论和实践研究** 王广辉主编。法律出版社2002年12月版。32开536页。37.00元。系统介绍和分析宪法监督的概念、基本原则、理论基础和理论发展,各国宪法监督制度的运作模式、制度发展。在分析评价各类宪法监督制度的特点和价值体现的同时,也对我国现行宪法监督制度现状和存在的问题进行剖析,提出对我国今后宪法监督制度框架的设计和构想。收入"法学研究文集"。(吴中华)

D000297 **域外痴醒录(第2版)** 何家弘著。法律出版社2002年12月版。32开278页。18.00元。为作者精心挑选的50多篇或长或短的文章,在第1版的基础上补充了几篇与本书风格一致的文章。以轻松诙谐的笔法和语调展现在日常生活中遇到的法律问题和自己的感触。收入"法苑随笔丛书"。(吴中华)

D000298 **城市规划行政与法制** 耿毓修、黄均德主编。上海科学技术文献出版社2002年5月版。34.8万字。32,00元。分六部分:第一章,简述法、法制和行政法的基本知识,它是依法行政必须具备的一些主要的基本知识;第二章,概述行政的基本知识和城市规划行政任务与特点,并简要回顾了我国城市规划行政发展的历程;第三章,介绍城市规划行政的法律规范,它是依法行政的主要依据;第四章,围绕城市规划主要行政行为,即城市规划的制定、城市规划许可的审批、城市规划行政检查和行政处罚等,论述依法行政的要点;第五章,阐述城市规划行政的法制监督、行政违法和行政救济等内容,它是依法行政的重要法制保障;第六章,介绍某些发达国家的城市规划行政和法制建设的概况,用以借鉴有益的经验。书后附录了相关资料。(吕梅萍)

D000299 **警察行政权力的规范与救济** 副名:警察行政权力若干前沿性问题研究。余凌云著。中国人民公安大学出版社2002年1月版。28.2万字。25.00元。结合行政法基本理论问题对警察行政法上的一些问题进行思考。包括十个专题,四个主题:一、对警察使用枪支与警械的法律控制。二、警察行政强制问题。三、治安责任承诺协议以及各类责任书。四、行政救济问题。书的附录,收有丹麦学者Jorgen Jepsen撰写的"丹麦有关虐待被羁押人的申诉控告——案例、理由与救济"。(刘悦)

D000300 **欧元法律问题研究** 张庆麟著。武汉大学出版社2002年6月版。26.1万字。17.00元。"欧洲问题研究丛书"之一。探讨欧元的若干重要法律问题,既涉及与欧元有关的公法问题,如国家货币主权、区域货币联盟的国际法性质等,也论述与欧元相关的私法问题,如由于欧元的导入而引起的合同连续性及其合同债务的重新估价与支付问题。特别是对一些我国理论界在国际货币法领域缺乏深入系统研究的问题,如货币的法律性质、国家货币主权、货币更迭引起的合同连续性、欧元的导入对受中国法律管辖的合同的影响等,作了探索。(柴艺)

D000301 **民法研究(一)** 邱聪智著。中国人民大学出版社2002年10月版。49.5万字。46.00元。是作者从事民法研究以来一系列重要文章的结集。内容以侵权行为法为主,涉及民法方法论、民法的体系、债法的体系、合同法、证券法等方面内容。尤其在侵权行为法领域,作者发挥通晓英、德、日等多门外语的优势,使用比较法,旁征博引,利用大量国外资料梳理了侵权行为法在各国发展与演进的历程。作者全面论述了民法体系以及债法体系;对侵权行为法的研究突破了我国台湾学者就法论法的痼疾;在危险责任方面,将民法学的发展与社会生活的变迁之间的互动关系论述得淋漓尽致。收入"台湾法学研究精要丛书"。(社资)

D000302 **企业技术创新与合同法律保护** 李正华主编。中国人民大学出版社2002年7月版。32.9万字。18.00元。分析了目前形势下企业技术创新在经济发展中的巨大作用,对企业技术创新成果的保护提出了建议,对目前的经济技术、技术转让合同的形式及特点进行分析。列举大量的技术合同文本范例,介绍了国际技术创新成果及其转化的法律保护体系。主要内容分10章:知识经济与企业的技术创新,企业技术创新的管理机制,企业技术创新中的法律保障,企业技术开发中的合同问题,企业技术转让中的合同问题,企业技术咨询中的合同问题,企业技术服务中的合同问题,企业技术合同争议及其解决,企业技术创新中常见的法律问题,技术市场与技术新发展。书中以实际的数据和实例、通俗易懂的法学原理、简单的操作方法给人以启迪。(社资)

D000303 **物权二元结构论** 孟勤国著。人民法院出版社2001年12月版。24万字。23.80元。对中国应制定什么样的物权法作了阐述。分析了大陆法系物权理论及体系的缺陷,指出传统理论独尊所有权,轻视财产利用权的二元物权理论,对物权的基本问题,包括物权的客体、物权的设立与原则、物权的移转与公示、物权的分类与登记和物权的保护，都进行了探析，根本改变并重新建立了物权制度的理论基础。以二元物权理论为指导，作者重新认识了所有权制度中有关问题，对所有权的概念、性质、内容，以及共有权和相邻义务等进行了具体探讨，并根据中国国情，对国家所有权和集体所有权作了规定。全书共5章，从证明传统物权理论不适用于中国，到提出二元物权体系，基本完成了中国找寻一条新的、现实的、科学的物权理论之路的命题。(林志农)

D000304 **知识产权研究** 副名：中国高校知识产权研究会第十届年会论文集。中国高校知识产权研究会编。西安交通大学出版社2002年7月版。49.5万字。32.00元。共收来自全国各地知识产权研究者提交的论文54篇，汇集成本论文集。作者既有高校知识产权研究人员，也有知识产权管理工作第一线的工作人员；向年会提交的论文内容广泛，既有传统知识产权领域内专利、商标、著作权基本理论及新问题的研究，也有新兴知识产权领域内对网络知识产权、生物技术知识产权的研究；研究方向既有知识产权基本理论的研究，也有知识产权管理、知识产权战略、WTO与知识产权保护以及知识产权与交叉学科的研究。(薛玲玲)

D000305 **电子商务政策法规导论** 娄策群、王伟军主编。华中师范大学出版社2002年4月版。27.5万字。25.00元。根据国内外电子商务法规的现状对电子商务法规作深入探讨。从电子商务法规的概念与作用，电子商务中政府管理的政策选择、电子商务基础设施建设与管理政策、电子商务金融与税收政策、电子商务人才政策、数据电文与电子签名法律制度、电子商务认证的法律问题、电子合同法律规范、电子货币与网上支付的法律问题、电子商务中的知识产权保护、电子商务中的管辖权等问题进行阐述。收入“电子商务专业系列教材”。(杨发明)

D000306 **商务法律英语** 杜惠筠编著。中国财政经济出版社2002年10月版。40万字。36.00元。教材。以中英文对照的形式对商务法律的内容进行讲解，涉及的内容有：商业侵权行为、商业犯罪行为、合同法的性质、协议、对价、真实的合意、合同的形式、合同的解释、第三人受益的合同、合同的履行和解除、合同的补救措施、买卖与买卖合同、所有权和风险的转移、品质担保和产品责任、代理的创设和终止。每一专题后附有实际案例，以培养分析能力、推理能力以及运用中、英文法律语言的能力。(蔡丽兰)

D000307 **电子商务法(第四版)** [美]简·考夫蔓、本杰明著，张楚、董涛、洪永文等译。北京邮电大学出版社2002年12月版。110.6万字。86.00元。电子商务法是20世纪90年代初与电子商务发展脉络同步的开山之作，堪称电子商务法学中的百科全书。本书由6部分构成(共21章)。一、引论部分阐述电子商务中的商务与技术问题、电子商务的物质基础以及法律纠纷的司法管辖权和法律实践。二、电子合同部分阐述电子合同的订立及范围。三、电子支付与借贷部分阐述消费者的电子支付、电子商务中的支付和借贷与破产问题。四、知识产权与数据库权部分阐述了专利、商业秘密、域名、商标、法版权、软件与信息的使用许可和隐私权保护等问题。五、电子商务市场的管理部分阐述反托拉斯与贸易惯例、证券与银行管制、加密技术以及电子商务中的税收问题。六、电子商务管理部分阐述电子商务中有关记录、电子证据和电子通讯的管理方法。(常丽萍)

D000308 **外国民商法精要** 谢怀栻著。法律出版社2002年11月版。32开363页。24.00元。介绍西方国家的民商法(不包括前苏联)，主要介绍西方国家两大法系(大陆法系和英美法系)中的大陆法系，也涉及英美法系和社会主义法系。共3编：总论对民商法的发展、形成与体系进行介绍；民法编对物权、债法、合同法、继承与亲属法进行阐述；商法编主要研究公司法与票据法。(吴中华)

D000309 **商事人格权论** 副名：人格权的经济利益内涵及其实现与保护。程合红著。中国人民大学出版社2002年10月版。31.1万字。36.00元。“商事人格权”是一个未见诸于法律和法学教科书中的新概念，它是指公民、法人为维护其人格中包含经济利益内涵在内的、具有商业价值的特定人格利益——商事人格利益而享有的一种民(商)事权利。它的提出，是基于在财产与人格领域，存在着一些于现代商业社会中日益重要的个体利益现象，而这种利益又是单纯用传统的人格权或财产权概念与理论所不能完全解释和充分保护的。本书试图为这种兼具人格与财产双重属性的个体利益现象的法理解释与法律保护提供一个新的视角，揭示人格权与财产权之间的关系；引起人们对人格权中经济利益内涵的重视；为人格权的商业利用提供理论基础；强调对人格权利益内涵的全面保护。收入“法律科学文库”。(郑伯平)

D000310 **教唆犯研究** 魏东著。中国人民公安大学出版社 2002 年 12 月版。23.4 万字。20.00 元。从考察教唆犯历史开始，研究教唆犯的性质、概念和构成等理论问题，对教唆犯进行分类解剖，论述了教唆犯的未完成形态及罪数形态，教唆犯应付刑事责任的根据和处罚原则；同时，在考察国外关于教唆犯立法趋向和分析我国学者关于教唆犯的立法建议的基础上，提出了关于完善立法的个人意见和理论方案。（张乾、汪伊红）

D000311 **罪与刑的思辨** 贾宇著。法律出版社 2002 年 4 月版。32 开 530 页。36.00 元。收集、整理作者 18 年来在罪与刑的领域内的研究心得。共四编：第一编"罪与刑的基本理论研究"，着重讨论了犯罪故意；第二编"罪与刑的具体问题研究"，探讨了破产诈欺、保险诈骗、虚假广告等具体问题；第三编"国际刑法与区际刑法研究"，通过与国外及港澳台地区的比较，对我国刑法的修改、补充提出建议；第四编"犯罪原因与对策研究"，重点分析了犯罪生物学等前沿课题。（吴中华）

D000312 **诉讼法学研究** 樊崇义主编。中国检察出版社 2002 年 1 月版。56.1 万字。38.00 元。系中国政法大学诉讼法学研究中心组织编辑的系列丛书，每年 2 卷。设置了诉讼原理、理论研究、证据论坛、学术前沿、实施问题、宪政程序、比较法学、域外法制、古代诉讼等栏目，各栏目下分若干篇论文，内容涵盖各诉讼领域，体现了各诉讼学科之间、诉讼法学与其他法学科之间的交流与融合。（李健）

D000313 **败诉论** 钱卫清、张诗伟主编。中国人民公安大学出版社 2002 年 8 月版。33.2 万字。28.00 元。通过对败诉的初步解析；败诉的界定、原因的分类、预防和挽回（律师应对策略）的原则等的理论分析以及对典型实例的介绍，对败诉的具体成因做了详尽、深入的分析。还站在律师的立场上对如何防止、克服和挽回败诉做了针对性分析。作者没有局限在法律一个方面去分析败诉，而是综合运用哲学、法律社会学等方法，站在法治进步的立场上，对败诉这一法律实践现象进行了理论分析和实例研讨。（陈少波）

D000314 **刑事证人证言论** 王进喜著。中国人民公安大学出版社 2002 年 4 月版。34.2 万字。25.00 元。"诉讼法学文库"之六。从司法实践的角度，采用各种比较研究的方法，针对实践中有关证人证言的问题和立法前景进行探讨和研究，分上下两编：证人论主要探讨证人的适格性、证人的权利和义务、证人特权与豁免、证人保护等问题；证言论主要探讨证人证言的质证模式、证人宣誓与郑重陈述、证人证言证明力的审查判断、证人庭前陈述的采信等问题。（罗永红、汪伊红）

D000315 **非法证据排除规则研究** 杨宇冠著。中国人民公安大学出版社 2002 年 11 月版。28 万字。22.00 元。诉讼法学术专著。共 10 章，从内容上分 4 部分：第一章、第二章主要讲述"非法证据"的基本含义及非法证据排除规则在美国产生的背景和发展过程。第三章至第六章主要阐明美国非法证据排除规则的主要内容。第七章、第八章评介联合国和英国、德国、日本、俄罗斯等国以及我国台湾、香港、澳门地区关于非法证据排除规则的制度规定。第九章、第十章集中论述我国非法证据排除的立法现状及在我国系统确立非法证据排除规则的基本设想。书后附有参考文献和美国人权法案的节选。（杨玉生）

D000316 **证据学新论** 宋世杰著。中国检察出版社 2002 年 3 月版。39.1 万字。26.00 元。共 13 章。涵盖了我国诉讼活动中运用证据现状剖析、证据运用原则、证据收集与运用程序、证明与证明责任的区分、举证责任运用及其分配、证据的审查判断与运用、证明标准、证据运用的一般性规则、非法证据排除规则、不同诉讼性质的证据的具体运用、不同证据形式的证据运用、法庭审理中的证据运用、证据运用中的人权保障等方面的内容。（李健）

D000317 **中国人，你有权保持沉默？** 余定宇著。人民法院出版社 2002 年 6 月版。41.6 万字。28.00元。系统介绍"沉默权"这项西方刑诉司法制度的来龙去脉、规则内容、理论背景及其历史作用，并全面介绍了我国民主法制事业 20 年的辉煌成就，剖析了我国司法目前仍然存在的一些对公民权利保障不力、刑讯逼供、野蛮司法等不良现象的产生原因，并揭示出：在中国的刑事司法现代化改革中，尽快确立"沉默权"规则的必要性和与国际准则接轨、迈向司法文明法治国家的历史必然性。（陈燕华）

D000318 **宏观调控法律制度研究** 刘定华、肖海军主编。人民法院出版社 2002 年 12 月版。41 万字。29.00 元。主要论述宏观调控法的基本原理；宏观调控法律制度的构建与理论基础；对经济总量调控的法律制度，产业政策调控法律制度，财政、税收调控法律制度，金融调控法律制度，以及宏观调控程序法律制度等若干具体调控法律制度的理论与

实务进行研究分析。(林志农)

D000319 **当前中国流动人口犯罪研究** 王智民等著。中国人民公安大学出版社2002年5月版。42万字。29.00元。分15章,主要对我国流动人口这一特殊的社会现象进行历史性回顾。具体分析了在改革开放新的历史时期产生流动人口大潮的社会背景,探讨了流动人口的概念、构成、规模、流向、特点及其积极和消极的社会效应;同时从总量特征和结构特征两个方面描述了当前我国流动人口犯罪现象的现实状况。最后探讨了今后一个时期影响和制约我国流动人口犯罪现象动态变化的主要因素,并运用定性分析的方法,对今后流动人口犯罪现象的发展变化趋势进行了预测。(周兰星)

D000320 **毒品犯罪研究** 杨鸿著。广东人民出版社2002年10月版。26.8万字。20.60元。研究毒品犯罪的理论与实践中的一些问题,共分七章:第一、二章对毒品、毒品原植物和易制毒化学品的概念、特征及其具体分类,刑法中毒品犯罪的基本理论进行了分析和阐述。第三、四章是关于常见毒品犯罪的个罪研讨。第五章是对毒品犯罪相关罪——洗钱罪的分析探讨。第六章关于完善毒品犯罪的立法。第七章关于毒品犯罪的综合治理与防范。书中还介绍了我国相关的法律法规。

D000321 **美国犯罪学研究概要** 刘强编著。中国人民公安大学出版社2002年3月版。23.3万字。24.00元。首先对美国犯罪学研究的基本情况作了介绍与分析,包括犯罪的概念、犯罪学的研究对象、犯罪与法律的关系以及犯罪学的研究方法和对犯罪的测定等;然后,从生物学、精神和个性(心理)分析,社会学角度介绍和分析了美国的犯罪学理论及其发展,包括各种理论学派的优劣、得失等;最后介绍并分析了四种主要的犯罪类型,即暴力犯罪、财产犯罪、反对公共秩序的犯罪、滥用权力的犯罪及相关的研究。(甄岳刚)

D000322 **腐败犯罪学研究** 林喆、马长生、蔡雪冰主著。北京大学出版社2002年5月版。50万字。30.00元。研究腐败犯罪问题(包括其成因、分析及惩治)的专著。由9章构成。从权力、国家、市场经济本质的学术理论的探讨,逐渐深入到社会实践的各个领域;从对腐败犯罪的各种原因的剖析到从源头上遏制腐败犯罪。书后有附录:国内反腐败犯罪及廉政建设研究文献索引,概括了从1981年至2001年国内有关反腐败犯罪及廉政建设方面的文献。(孙战营)

D000323 **犯罪经济学** 宋浩波著。中国人民公安大学出版社2002年8月版。18.1万字。16.00元。从犯罪经济学产生的历史背景切入,阐述犯罪经济学的原理、概念及与相关学科的关系;从经济学的基础理论出发,运用经济学观点、公式分析犯罪现象和犯罪预防对策。是一部将经济学理论与方法引入犯罪学研究领域的理论专著。(汪伊红)

D000324 **法医DNA分析** 郑秀芬编著。中国人民公安大学出版社2002年6月版。74.4万字。63.00元。作者从事法医DNA分析研究工作十几年,就DNA分析做了系统的理论基础研究和实验操作技术分析,广泛吸收了国内外学术成果,将其融入到作者的研究成果和办案经验之中。本书对DNA芯片和单核苷酸多套性等DNA分析应用的新内容、新技术,也多有涉及与研究。全书23章,有大量图片和图表。(姚燕生)

D000325 **在中南海和大会堂讲法制(二)** 高铭暄等著。商务印书馆2002年11月版。27万字。20.00元。本书是法学家在中共中央和全国人民代表大会,为国家最高决策层进行法制讲座的讲稿汇编。本书为第二辑,收录讲座时间为1999年6月至2002年4月。内容涉及国家政权理论、中华法制文明、法学基础理论、宪法、行政法、刑法与刑事诉讼法、民法、商法、婚姻法、社会保障法、金融法、科技法、国际法、国际经济法,以及国有企业、公司、农业、西部大开发等法律问题。(王兰萍)

D000326 **法学家茶座(第一辑)** 宫本欣主编,何家弘执行主编。山东人民出版社2002年8月版。14万字。10.00元。杂志型图书,学人《茶座》系列中的一种。设置了法制漫谈、法学札记、法律解读、法苑随笔、专家访谈、身边法事、法林轶事、治学之路、名师剪影、书城夜话等栏目。提倡讲老百姓生活中的法理,力求让法学走出象牙塔,进入寻常百姓家。(李岱岩)

D000327 **中德不起诉制度比较研究** 陈光中、[德]汉斯-约格、阿尔布莱希特主编。中国检察出版社2002年1月版。29.6万字。25.00元。该书是中国政法大学刑事法律研究中心与德国马普外国与国际刑法研究所合作开展项目研究的成果。全书十个专题,共十九章,对不起诉制度的历史发展、原则和理论基础、轻罪和证据不足不起诉、不起诉制度的制约、改革与展望、中德与不起诉制度有关的统计资料、案例分析、中国香港的检控机关和不起诉制度等进行了专题研究,最后对中德公诉制度及不起

诉作了比较分析。(李健)

D000328 **中国司法评论** 万鄂湘主编。人民法院出版社2002年版。98.8万字。分4卷,每卷28.00元。以确立和指导司法改革和司法审判为主题的丛书,每年有4卷,分别为春之卷、夏之卷、秋之卷、冬之卷。设有特稿、部长论坛、专论、立法研究、司法改革研究、法官论坛、学者天地、案例评析等栏目;收录大法官、资深法官和知名学者撰写的优秀论文,为司法改革的深入进行提供法理依据和参考。(刘德权)

D000329 **中国法理学精萃(2002年卷)** 法苑精萃编辑委员会编。机械工业出版社2002年9月版。44.6万字。32.00元。精选2001年度全国主要报刊上公开发表的有代表性的优秀法理学论文编辑而成。主要包括:当代中国法理学研究范式的转换,法学是一门什么样的科学等。涵盖法理学总论、法学认识论、法治论、法律职业论、法理学新视野等方面。(梁代军)

D000330 **见证中国法治进程** 中国广播电视法制节目委员会编著。中国人民公安大学出版社2002年11月版。80万字。80.00元。中国电视法制节目精选汇粹。记载中国电视法制节目委员会成立8年来,我国数十家电视法制节目、栏目从一枝独秀到百花齐放的历程。收入全国50余家电视法制栏目(频道)精心选送的资料,图文并茂,展示了包括中央台和地方台在内的法制栏目(频道)为我国电视法制宣传所做出的突出贡献,也展现了广大制片人、主持人、编号、记者们的电视人风采。主要版块包括主持人风采、大案探秘、编导手记、八年回眸、栏目巡礼、电视人语、回顾与展望。(罗中)

D000331 **见证——世纪之交的共和国立法、执法报告** 阿计著。人民出版社2002年2月版。45.8万字。36.00元。记录中国立法、执法的进程。开卷收入《命运转折——改造中国的十大经典立法》,对改革开放后至20世纪末的中国立法史是具有总结性和思考性的论述。正卷收入16篇作品是对16部具体立法的描述,涉及宪政民主、权力制约、民商制度、行政执法、环境资源等领域。

D000332 **地方立法的民主化与科学化构想** 汤唯、毕可志等著。北京大学出版社2002年10月版。50万字。30.00元。以《宪法》、《立法法》为根据,探讨了地方立法的基本范畴和基本原则,分析了地方立法体系、立法权限、立法程序、立法技术、立法监督等论题。通过历史分析法、价值确证法、比较研究法、学术争鸣法、图表列示法的运用,形成了结构严谨的地方立法理论体系,并对中国的地方立法的发展与完善提出了具体意见,使该领域的研究有了新的突破。(李霞)

D000333 **社会主义法制理论读本** 张福森主编。人民出版社2002年2月版。35.4万字。22.50元。是全国县处级以上领导干部教育培训系列教材之一。内容包括:中国法制发展历史进程、邓小平法制理论与依法治国、宪法与社会主义民主政治建设、依法治国与立法。依法行政、公正司法、人权的法律保障、社会主义市场经济的法律保障、社会稳定的刑法保障、科教兴国与可持续发展战略的法律保障、国际政治新秩序与国际法、国际经济新秩序与国际经济法,等等。书中对目前我国立法情况、执法情况及法学理论的发展作了介绍;对有关国际法收入入世后遇到种种规则和对外贸易中的各种条款、规则等给予特别关注。

D000334 **社会主义法治的生动实践——广东依法治省十年历程** 广东省依法治省工作领导小组办公室编。广东人民出版社2002年10月版。21.3万字。18.00元。分5章。回顾改革开放以来,特别是邓小平发表南方谈话到江泽民提出"三个代表"重要思想这十年间,广东人民以邓小平民主法制理论和江泽民依法治国重要论述为指导,凭借改革开放先行一步之势,勇于解放思想,开拓创新,率先开展依法治省工作,有创造性地推进社会主义法治实践活动的法制工作历程,全面总结敢闯敢试、发挥四项作用、推动三个法治化等经验和成绩。收入"与时俱进的社会主义丛书"。

D000335 **公法(第三卷)** 信春鹰编。法律出版社2002年7月版。16开577页。65.00元。共收学术论文、调查报告、翻译文章共40篇。论文均以司法改革为主题,是法学界关注的热点问题。绝大部分论文为首次发表。(吴中华)

D000336 **疑难案例实务研究第2辑** 北京市高级人民法院编著。法律出版社2002年10月版。32开300页。22.00元。本卷要目:"案例研究"、"疑案探讨"与"案例分析"栏目通过个案分析,探讨商品房预售合同纠纷、合同之诉中的精神损害等20余个现实法律问题;"法律文书之窗"栏目提供了北京市高级人民法院行政判决书与民事判决书;"参阅案例"栏目介绍了精神损害赔偿、放纵走私罪两个案例;"司法文件"栏目刊登了最高人民法院有关证据等问题的相关规定。(吴中华)

D000337 **不讼而胜·生产经营篇** 兰建勇主编。河北人民出版社2002年10月版。14.5万字。11.00元。主要涉及合伙企业法、商标法、专利法、著作权法和保险法的有关内容,都是公民和企业在生产经营过程中遇到的法律问题,作者通过家常化的语言和生动的案例,把复杂的法律问题告诉读者,例举案例都是已经发生过的生活中常见的问题。(马千海)

D000338 **中华人民共和国最高人民法院司法解释全集(第三卷)** 最高人民法院研究室、最高人民法院人民法院出版社编。人民法院出版社2002年3月版。399.2万字。288.00元。收录1996年1月至2001年12月最高人民法院颁布的所有司法解释以及《最高人民法院公报》刊载的对办案具有参考意义的典型案例,并收录最高人民法院向社会公布的裁判文书。为适应我国加入WTO之后的司法实务需要,本卷特将最高人民法院废止的司法解释附列于后。(郭继良)

D000339 **中国审判案例要览(2001)** 国家法官学院、人大法学院编。中国人民大学出版社2002年7月版。295.6万字。241.00元。全国法院每年审结各类案件几百万件,本书从中精选400余件,分三卷,其中,民事审判案例卷收入案例133件;刑事审判案例卷收入案例96件;商事审判暨行政审判案例卷收入商事审判案例132件、行政审判案例70件。还收入各市级的审判组织、诉讼参与人、审结时间、诉辩双方的主张、认定的案件事实、采信的证据和适用的法律条文。对案件事实、审判过程、审判理由、处理结果等完全尊重办案实际,具有客观性、真实性。编者还写了解说,对裁判的不足之处加以评点。(社资)

D000340 **"四五"普法法律法规选编** 司法部宣传司、中共中央直属机关工作委员会宣传部编。法律出版社2002年2月版。32开492页。33.00元。在"一五"、"二五"、"三五"普法法规汇编的基础上,针对党政机关干部工作、生活的特点,将有关基本法及近几年来颁布的相关法律、法规进行了选编。主要内容有:中共中央、国务院关于转发《中央宣传部、司法部关于在公民中开展法制宣传教育的第四个五年规划》的通知;全国人民代表大会常务委员会《关于进一步开展法制宣传教育的决议》;有关基本法律、专业法、相关法;有关法律的重要决定、法规、规章;有关党纪、政纪条规等。(吴中华)

D000341 **判解研究系列丛书(2002年)** 王利明主编。人民法院出版社2002年版。23万字。22.00元。丛书旨在对审判实践中的重大典型疑难案件及司法解释展开研究,在案中寻找法理与裁判的连接点,在判决中发掘对法律予以选择的理由、法条的内涵以及判决的一致性,藉此丰富对法律的解释,总结法律适用的经验,探求法律的精神。(吴秀军)

D000342 **法治的力量** 全国普法办·中央电视台编。中国人民公安大学出版社2002年6月版。27万字。20.00元。全书由权威声音、特别报道、法律论坛、记者感言、幕后故事和观众心声六部分组成,对百姓格外关注的法律话题,聘请权威的法律专家、资深法制记者和一些特邀嘉宾从各自角度畅所欲言,通过对典型案例所做的特别报道,使百姓切实感受到法治的力量和人民的权利。(魏耘)

D000343 **法律小全书(2002年版)** 法律出版社组织编辑。法律出版社2002年1月版。32开1900页。148.00元。编注式法律全书,突破同类图书之编辑通例,于各法规中附注条文主旨和参见条;增加了条旨、参见、略语、索引的查阅、检索功能,并附检索光盘;涵盖了中国全部重要的基础性法规约870件,500多万字。每两年修订一次,凡有重要法规颁布的,书内附有增补登记表。包括:全国人大及其常委会制定的全部现行有效的法律、重要的行政法规,国务院部门规章,司法解释和国际条约等。(吴中华)

D000344 **法律进家家家安** 杨福平编著。中原农民出版社2002年7月版。8万字。9.00元。"三个代表"进农家丛书之一。用简明的文字和生动有趣的图画,着重介绍农民经常用到的实体法和程序法的主要内容,教育广大农村干部和农民群众知法懂法,依法行政,行使并维护自身的合法权益。在内容上贴近农业、农村和农民的实际,使广大农村基层干部和农民学得着、用得上;在文字表达上深入浅出,在漫画和插图的设计上注重直观性、趣味性。(童苏平)

D000345 **法律伴你行** 陆振球编,王文科责编。上海译文出版社2002年1月版。大32开,29.7万字。17.80元。本书根据《解放日报》"法律服务"专栏2000年发表的文章精选结集而成。内容涉及婚姻家庭、债券债务、房地产、合同、担保、公证等方面,以案例和读者来信的形式,向读者介绍了日常生活中经常碰到的200余例法律问题。作者都是法律界专业人士,文字通俗易懂,法理辨析透彻,能够让读者从身边事例中学习法律知识。本书被评为“丰收杯”2002 年上海读书活动推荐书目——“我最喜爱的 20 本书”。(管舒宁)

D000346 **法律赔偿丛书** 河南人民出版社 2002 年版。113.9 万字。72.50 元。共 8 本。采用问答形式,以案说法,请律师讲述国家赔偿、医疗损害赔偿、保险赔偿、违约损害赔偿、交通事故赔偿、婚姻家庭赔偿、人身损害赔偿、精神损害赔偿等的赔偿条件、范围及标准,索赔的程序,证据收集和举证责任,及其索赔过程中的权利、义务等。主要有:《律师谈国家赔偿》(司元贵著);《律师谈医疗损害赔偿》(赵新河著);《律师谈保险赔偿》(杨来运著);《律师谈违约损害赔偿》(李峰著);《律师谈交通事故赔偿》(乔金茹著);《律师谈婚姻家庭赔偿》(海文卫著);《律师谈人身损害赔偿》(刘信业、邸瑛琪著);《律师谈精神损害赔偿》(祁雪瑞著)。(李小龙)

D000347 **国家司法考试重点试题归类分解及考点预测** 本书编写组编。人民法院出版社 2002 年 11 月版。100 万字。65.00 元。选取 1998 年以来律考及 2002 年司法考试的真题。本书结构:一、复习要点指引,主要分析该部门法的分值分布规律与题型配置情况并对 2003 年作预测;二、选择题分类解析,将考查同一知识点的所有选择题放在一起,形成本书之最大特点,有利于读者识别重点,总结规律;三、案例分析题解析。(林志农)

D000348 **不讼而胜丛书** 刘淑娟、周英、付文明、李秀华主编。河北人民出版社 2002 年 10 月版。96.4 万字。73.60 元。丛书共 6 册。作者通过典型案例,告诉人们在日常的生产、生活、学习和工作中,自己所具有的法律权利和义务,使读者明了自己的法律地位,在不同条件下法律角色的转换,从而有效地行使自己的权利,履行自己的义务,以防止纠纷的发生。(马千海)

D000349 **中华人民共和国现行法律法规** 全国人大法制工作委员会审定。国家知识产权局知识产权出版社 2002 年 11 月版。300 万字。686.00 元。上卷为法律部分,收录 1979 年以来全国人民代表大会通过的各项现行有效法律,包括:宪法、国家法、民商法、行政法、经济法、社会法、刑法、程序法;下卷为行政法规部分,收录 1949 年以来的政务院、国务院颁布的各项现行有效的行政法规。全部资料由全国人民代表大会常务委员会法制工作委员会提供和审定,所用资料截止日期为 2002 年 9 月 30 日。(向良穗)

D000350 **中华人民共和国法库** 肖扬主编,全国人民代表大会常务委员会法制工作委员会审定。人民法院出版社 2002 年 10 月版。2600 万字。2380.00 元(精装);3800.00 元(豪华)。由宪法卷、民法卷、商法卷、行政法卷、社会法卷、刑法卷、程序法卷、国际法卷和索引卷共 9 卷 16 册组成。收录新中国成立以来现行有效的法律、法规、司法解释等法律文件,是迄今为止我国最权威、全面、系统、实用的大型法律、行政法规、司法解释汇编全书。(郭继良、陈健)

D000351 **公民常用法典** 全国人大常委会法制工作委员会审定。南海出版公司 2002 年 7 月版。390 万字。86.00 元。收入截止 2002 年 4 月底现行有效的法律、法规、规章和司法解释共 1000 余件,分为宪法国家法、民商法、行政法、劳动社会法、刑法和诉讼法 6 编。内容实用、全面,分类新颖、科学,易于查阅。(廖思拍)

D000352 **公民常用法律知识读本** 敬元沭主编。安徽文艺出版社 2002 年 1 月版。14 万字。5.00元。法律类。安徽省司法厅敬元沭主编,由丁章鹏等 26 位法律工作者撰稿。全书共 7 部分:一、宪法篇;二、民事篇;三、经济篇;四、刑事治安篇;五、行政篇;六、教育篇;七、诉讼篇。每篇又根据其内容划分为数量不等的章节。本书内容涉及我国宪法、国家正式颁布的各种现行法律及其派生的各项法规,尤其是广大公民急需了解和掌握的各项法律、法规,以深入浅出的形式,或结合具体案例及生活实际,加以论述、阐释。目的是让法治的主体,即广大人民群众,强化宪法观念,提高自身的法律素质,培养现代法制理念,自觉地依法行使权利和履行义务,加速法化和法治文明的进程。(王谦元)

D000353 **社会保障常用政策法规** 国务院法制办公室政法劳动社会保障法制司、劳动和社会保障部法制司编。法律出版社 2002 年 8 月版。32 开 374 页。20.00 元。编选社会保障方面常用的法律、行政法规、部门规章等规范性文件,分为总类、社会保险、社会救济、优抚安置、残疾人保障、工资工时节假日和城镇住房制度 7 个部分。系“常用法律手册系列”之一。(吴中华)

D000354 **建设系统四五普法指定教材** 副名:建设法规知识读本。建设部政策法规司编。国家知识产权局知识产权出版社 2002 年 8 月版。共 132 万字。100.00 元。普法教材,共 4 册:《行政处罚与行政救济法规知识读本》、《城乡规划与建设法规知识读本》、《工程建设与建筑业法规知识读本》、《住宅与房地产业法规知识读本》。教材深入浅出地介绍建设系统各项法律法规起草背景、基本概念及重点内容，并附有最新的建设法律、行政法规、部门规章及部分相关法律法规。(向良穗)

D000355 **婚姻家庭法律手册(第2版)** 本书编写组编。法律出版社2002年6月版。32开263页。15.00元。收录与结婚、离婚、涉外及港澳台婚姻以及与家庭成员关系、继承收养有关的法律、法规、司法解释80余件，是公民处理婚姻家庭关系的法律帮手。收入"常用法律手册系列"。(吴中华)

D000356 **中华人民共和国历次宪法及宪法知识** 买买提力·达尼编。新疆人民出版社2002年10月版。17万字。20.00元。刊录中华人民共和国成立以来颁布的所有宪法版本。把每次修正案的内容编到宪法正文中，将旧版本与修正案合为一个完整的宪法版本。编者把我国现行宪法的三次修正案表格化，分别进行相互对照，把被修改的语句用不同符号区别标示出来，以利了解我国政治、经济、文化发展的步伐和现行宪法的完善过程。围绕现行宪法，编写出52个通俗易懂的宪法知识问答题。(丁璇)

D000357 **中国宪法学精萃(2002年卷)** 法苑精萃编辑委员会编。机械工业出版社2002年9月版。31.5万字。26.00元。精选2001年度全国报刊公开发表的有代表性的优秀宪法学论文编辑而成。主要包括：因特网时代的宪法学研究新课题，宪政与中国等。涵盖学科论要、基础理论研究、基本权利研究、宪政制度研究、比较宪政研究几个方面。(梁代军)

D000358 **宪法学** 周伟主编。四川大学2002年8月版。33.8万字。22.00元。"高等学校法学教学丛书"之一。现行宪法于1982年颁布后，已作了三次较大的修改，宪法学理论也有了长足的进步。本教材在反映宪法及宪法学发展的基础上编写而成。有如下特点：注意教材结构体系的创新；引用资料全面详实，体现了最新研究成果；注重从宪法的规范性入手对宪法进行法理分析。(汪萍、成杰)

D000359 **中国民族区域自治法律法规通典** 国家民族委政法司 全国人大常委会编。中央民族大学出版社2002年7月版。19.6万字。17.00元。对新中国成立50多年来有关民族区域自治的法律法规进行系统整理、汇编，详实地介绍了我国民族区域自治法制建设的成果。(李飞)

D000360 **广西民族自治地方立法研究——广西民族问题研究书系** 覃乃昌著。广西民族出版社2002年8月版。18万字。15.00元。学术专著。广西哲学社会科学"九五"规划重点课题。全书共分九章：第一章民族自治地方立法：中国民族立法体制的重要组成部分；第二章立法自治权：民族自治地方首要的自治权；第三章民族自治地方立法的法律依据及其历史演变；第四章广西民族自治地方立法的历史回顾；第五章制定广西民族自治条例研究；第六章制定自治县自治条例研究；第七章制定民族自治地方单行条例研究；第八章制定民族自治地方变通规定和补充规定研究；第九章民族立法与完善广西民族区域自治。以马列主义、毛泽东思想法学理论和民族理论以及邓小平理论为指导，以广西民族自治地方为主要对象，将民族区域自治地方立法的基础研究和应用研究结合起来，阐述民族自治地方立法的特点、指导思想和基本原则、民族自治地方立法的范围、自治法规的内容及结构、民族自治地方立法在我国地方立法中的地位，同时对广西壮族自治区自治条例草案长期未获通过的原因，对如何通过民族自治地方立法，充分运用宪法和法律赋予的自治权，加快广西对外开放和社会主义市场经济体制的建立，促进广西经济文化发展等问题进行了探讨。(蓝芝同)

D000361 **不讼而胜·国家权力与公民权力篇** 刘淑娟主编。河北人民出版社2002年10月版。14.8万字。11.50元。主要涉及行政法律问题和公民的基本政治权利、人身权利方面的问题。行政法部分，包括《行政诉讼法》、《行政处罚法》、《治安管理处罚条例》、《国家赔偿法》中的各种法律规定，叙述国家机关应如何正确履行自己职责和在错误履行职责和不履行职责、给公民财产或人身造成损害时要承担的责任；公民基本权利部分，包括《宪法》、《选举法》、《民法通则》等基本法律中所规定的作为公民应具有的基本权利。(马千海)

D000362 **最新机动车驾驶员必备手册** 中国道路交通安全协会编。中国人民公安大学出版社2002年2月版。20.4万字。15.00元。依据《中华人民共和国机动车登记办法》，针对机动车驾驶员在办理车辆登记遇到的问题，如机动车的抵押登记；对暂住人口在暂住地办理牌证以及军人购买自用车申请民用牌证和开办机动车代理业务等，以问答的形式，介绍了相关的规定和具体操作办法，汇集了部分车管法规。(魏耘)

D000363 **危险化学品安全管理条例** 释义、王德学主编。化学工业出版社 2002 年 8 月版。16.5万字。25.00 元。内容包括：中华人民共和国国务院令(第 344 号)、危险化学品安全管理条例、危险化学品安全管理条例释义、作业场所安全使用化学品公约(第 170 号公约)、作业场所安全使用化学品建议书(第 177 号建议书)、农药管理条例、易燃易爆化学物品消防安全监督管理办法、化学品安全技术说明书编写规定、化学品安全标签编写规定、重大危险源辨识。附有多种图表和索引。(郭燕)

D000364 **文物保护法概论** 李晓东著。学苑出版社 2002 年 11 月版。30 万字。28.00 元。分 16 部分,系统论述 2002 年《文物保护法》的规定和当前文物保护中存在一些重要问题。其中第一至第八部分是对 2002 年《文物保护法》第一章总则内容的论述,其他部分分别对 2002 年《文物保护法》第二章不可移动文物、第三章考古发掘、第四章馆藏文物、第五章民间收藏文物、第六章文物出境入境、第七章法律责任等方面进行论述。书后附录 2002 年《文物保护法》全文。(学苑)

D000365 **教育法制基础** 王悦群编。中央广播电视大学出版社 2002 年 1 月版。37.7 万字。28.00元。是教育部人才培养模式改革和开放教育试点项目教材。分 8 章:教育法概述、教育法的实施、学校、教育行政机关、教师、学生、教育法律救济、学校管理中的有关法律问题等;每章前采用“内容提要”和“教学要求”的形式,使学生对每章有个概要了解;每节前,有“ 学习目标”和“导学提要”;每章后有“小结提要”、“关键术语”和“复习思考题”。(总编室)

D000366 **医疗纠纷案例分析与防范对策** 徐玉生主编。军事医学科学出版社 2002 年 9 月版。36.7万字。26.00 元。医疗纠纷是医患矛盾激化的表现,防范医疗纠纷,正确处理医疗纠纷是摆在医疗机构、医务人员面前的重要问题。本书通过 20 余例医疗纠纷进行分析,依据医疗卫生管理法律、部门规章、行政法规、诊疗护理规范、常规,联系医学科学、医学实践、医疗管理的最佳成果,重点分析案例中医疗机构、医务人员的过失或缺陷,希望医疗机构管理者和医务人员从中吸取教训。(李俊卿)

D000367 **房地产开发法律实务** 中华全国律师协会审定,朱树英著。法律出版社 2002 年 11 月版。32 开 537 页。38.00 元。选作者承办的 60 多个各具特色的房地产开发中的非诉讼和诉讼案例,其中许多案例具有一定代表性并系业内有重大影响的典型案件,同时辅以有关报道、论文和专业法律文书,为作者多年来从事房地产开发法律服务的经验总结。(吴中华)

D000368 **房屋拆迁实务** 王才亮著。法律出版社 2002 年 4 月版。32 开 500 页。29.00 元。内容从房屋拆迁的实施准备到拆迁补偿安置合同的谈判、订立和效力认定,重点介绍拆迁补偿与安置的范围和标准及纠纷处理,全面论述如何解决房屋拆迁遇到的法律问题。收入“房地产法律实务指导丛书”。(吴中华)

D000369 **社会抚养费征收管理办法** 徐玉麟、赵炳礼主编。中国人口出版社 2002 年 8 月版。8 万字。7.00 元。2002 年 8 月 2 日,朱镕基总理签署第 357 号国务院令,公布了《社会抚养费征收管理办法》,于 2002 年 9 月 1 日起执行。《社会抚养费征收管理办法》是贯彻实施《中华人民共和国人口与计划生育法》的一部重要的配套行政法规,为各地制定征收社会抚养费的具体办法提供了法律依据。该书内容;中华人民共和国国务院令(第 357 号),社会抚养费征收管理办法,国务院法制办、国家计生委关于《社会抚养费征收管理办法(草案)》的说明,《社会抚养费征收管理办法》释文等。(樊艳华)

D000370 **社会保障法的理念、实践与创新** 林嘉著。中国人民大学出版社 2002 年 4 月版。36.4万字。45.00 元。从法律学的角度,采用经济分析和社会分析的方法,对社会保障法的理论问题进行深入分析,并透过各项社会保障制度探讨我国当前社会保障立法中存在的难点和热点问题。全书分两篇:上篇包括社会保障概述、社会保障法的基本理论、社会保障制度的历史考察、几种典型社会保障立法模式之比较研究、我国社会保障法律制度的建立与发展、社会保障的法理分析、社会保障的经济和社会功能分析;下篇包括养老保险法、失业保险法、医疗保险法、工伤保险法、生育保险法、社会救助法、社会福利和社会优抚法、社会保障基金法、社会保障管理法、完善我国社会保障法的思考。收入“法律科学文库”。(郑伯平)

D000371 **中华人民共和国政府采购法实务全书** 中国法学会编。新华出版社 2002 年 7 月版。300 万字。980.00 元。依据我国刚刚颁布的《中华人民共和国政府采购法》的规定,对政府采购与支出管理,政府采购管理体制与政府采购组织,政府采购方式与方法,政府采购投招标管理,政府物资设备、工程建设、服务项目采购运作，政府采购执法监督与经济责任审计以及政府采购案例分析与法律法规等，进行了阐释。特别介绍了西方各国政府采购法实施的情况和经验。(卢瑞华)

D000372　**税法专题研究**　刘剑文著。北京大学出版社 2002 年 9 月版。37 万字。20.00 元。针对我国税法理论和实践中需要解决的一些重点和热点问题进行研究，分成若干专题："二十年来中国税法学研究的回顾与前瞻"，"税收法律关系"，"税法基本原则"，"税收立法与税法体系"，"纳税人权利与税法意识"，"所得税收法律制度"，"税收征管法律制度"，"税收保全法律制度"，"税费改革的法律问题"，"WTO 与税法"，"国际税法"等。还收录作者近来已发表的与本专题关系密切的一些论文。(冯益娜)

D000373　**中华人民共和国涉外税收法律法规汇编(续二)**　国家税务总局国际税务司编。中国税务出版社 2002 年 9 月版。127 万字。70.00 元。国家税务总局国际税务司继 1995 年 8 月编纂出版《中华人民共和国涉外税收法律法规汇编》及 1998 年 4 月编纂出版(续一)后，又编纂出版了(续二)。(续二)收录 1998 年 2 月至 2002 年 7 月以前发布的现行有效的涉外税收法律法规及部分相关法律法规。这三部书共收录文件 1200 余个，并附截止 2002 年 6 月底生效执行的国际税收协定一览表、中国对外开放地区名单，并编录了文号索引。(李震雨)

D000374　**地方税收法规汇编**　黑龙江省地方税务局编。黑龙江人民出版社 2002 年 5 月版。42.7万字。24.00 元。汇辑全国人大、国务院、财政部、国家税务总局、黑龙江省人民政府、省地方税务局等国家机关在 2001 年间发布的现行有效的地方税收法律、法规、规章及规范性文件，以及社会保险费征收方面的规范性文件。还编入以前年度汇编中漏编的规范性文件。(刘恺汐)

D000375　**流转税法**　刘隆亨著。北京大学出版社 2002 年 2 月版。35.8 万字。24.00 元。"税法丛书"之一。全面阐释了流转税制的基本原理，流转税的各个税种如增值税、消费税、营业税、关税、印花税、证券交易税、燃油税等，以及我国流转税的对外征收，最后分析了流转税的征收管理问题和其他热点问题。(邓丽华)

D000376　**商业银行典型法律问题与案例**　范绍杰、陈晓主编。机械工业出版社 2002 年 10 月版。36.8 万字。28.00 元。针对商业银行基础业务中一些典型和常见的法律问题做出简明扼要的解释，说明银行员工在遇到这些问题时如何运用相关的法律法规。书中内容以实务操作为主，辅之以法律理论，解之以法律分析，提出解决问题的思路和对策。(燕静君)

D000377　**票据法论**　曾世雄、曾陈明汝、曾宛如著。中国人民大学出版社 2002 年 10 月版。23.5 万字。25.00 元。阐释票据法的基本观念、原理以及汇票、本票、支票等重要法律制度，并结合作者在实践教学中的心得，旁引多家观点，对特定问题进行探讨。全书由第一作者主笔，第二作者提供其丰富的票据实务经验，第三作者就其教学心得提出不同见解。对特定问题偶有不同意见时以主笔作者见解定稿。收入"台湾法学研究精要丛书"。(社资)

D000378　**中国证券市场违规要案点评**　任自力著。法律出版社 2002 年 12 月版。32 开 372 页。20.00元。作者长期从事证券法律研究与实务工作，对中国证券市场的违规案件经过分析与挑选，以违规行为的性质为标准，将相关案件分为 10 类，每类 10 个典型案例。相关内容基本采用中国证监会进行处罚的原文，仅对部分内容进行删节或调整，同时辅以相关企业、案情简介或者基本的法律点评。(吴中华)

D000379　**中华人民共和国证券期货法规汇编(2002)**　中华人民共和国证券监督管理委员会编。法律出版社 2002 年 5 月版。16 开 450 页。120.00 元。按年度编排，收录当年与证券期货相关的全国人大制定的法律、国务院制定和批准发布的行政法规和法规性文件，中国证券监督管理委员会单独或联合国务院等其他部门制定发布的部门规章、规范性文件。附 CD－ROM1 张，收录文件 848 个，包括 1992 年至 2001 年所有相关文件全文检索。(吴中华)

D000380　**中国经济法学精萃(2002 年卷)**　法苑精萃编辑委员会编。机械工业出版社 2002 年 9 月版。46.1 万字。32.00 元。精选 2001 年度全国主要报刊公开发表的有代表性的优秀经济法论文编辑而成。主要包括：WTO 与中国社会主义市场法律制度建设问题，政府适度干预经济的范围等。涵盖经济法原理、宏观调控法、市场竞争法三个方面。(梁代军)

D000381　**中国加入 WTO 经济法律调整概览**　张德霖主编。法律出版社 2002 年 7 月版。32 开 322 页。25.00 元。归纳中国加入 WTO 后经济法律、法规方面的调整情况。分 8 章，分别就货物贸易、服务贸易、与贸易有关的知识产权、与贸易有关的投资措施以及规范市场秩序和规范立法行为、法律法规的修订、制定情况做了详细解说,并结合中国“十五”期间的经济发展规划,对经济法制建设趋势做了展望。(吴中华)

D000382 **资产评估业常用法规规范手册——房地产、机械设备和无形资产** 《资产评估业常用法规规范手册》编写组编。中国计划出版社 2002 年 7 月版。35 万字。28.00 元。汇集 1991 年 11 月至 2002 年 5 月期间国务院及其有关部委局颁布的房地产、设备和无形资产等评估的有关法规、规章和规范 58 件,并按实务操作和管理程序及文件颁发时间的先后排序。全书将国家有关主管部门发布的相关法规、规章和规范划分为六部分:一、收费管理;二、机构及人员管理;三、行业管理;四、行业操作规范及制度;五、担保和金融资产管理;六、其他。(何欣)

D000383 **中国国有资产法研究** 屈茂辉著。人民法院出版社 2002 年 1 月版。27.5 万字。20.00元。国有资产问题是现代任何一个国家政府面临的重大课题,特别在我国,新旧体制转型,国有资产问题以及由此引发的种种经济现象,呼唤着人们对国有资产主体、客体的认识。作者基于社会主义法治的基本理论,立足中国国情,对中国国有资产法的基础理论和实践问题进行了深入探索。(林志农)

D000384 **中国公司企业法规全书** 虞政平主编。法律出版社 2002 年 9 月版。16 开 1066 页。126.00元。选编 2002 年 5 月以前颁布的常用公司企业法律、行政法规和规章以及司法解释,共计 327 件;附录关键词 223 个。将所收法规划分为 12 类,即:公司法规,全民所有制企业法规,外商投资企业法规,集体、合伙、独资企业法规,专门职业性企业法规,涉及特批企业法规,企业财务与税收法规,企业产品与竞争法规,企业职工保护法规,证券发行与交易法规,综合类公司企业法规以及关于公司企业的司法解释。(吴中华)

D000385 **最高人民法院关于破产法司法解释的理解与运用** 最高人民法院民事审判第二庭编。人民法院出版社 2002 年 9 月版。43 万字。25.00 元。由破产法司法解释条文释义与适用,破产法司法解释背景材料,相关法律、法规、司法解释三部分组成,便于广大法官及其他法律工作者准确理解和适用破产法司法解释,正确处理破产案件。(陈燕华)

D000386 **铁路货物运输法律知识读本** 本书编委会编著。人民交通出版社 2002 年 6 月版。24.2万字。16.80 元。系统介绍铁路货运法律关系、铁路货物运输合同、铁路货运事故处理等方面的法律知识,对铁路货物保价运输、合同当事人的法律地位、事故处理与理赔应注意的问题进行分析。介绍了铁路货物运输法律规范的构成、铁路货物运输合同、铁路限额和保价运输的法律基础、铁路货运事故处理的原则和程序等铁路货物运输基本法律问题,并通过分析部分铁路货运案例,使读者了解铁路货物运输法律制度。(蔡健)

D000387 **电信业法律实务** 白永忠著。法律出版社 2002 年 1 月版。32 开 527 页。42.00 元。作者通过从事 6 年电信法律事务所积累的实践经验和收集国外电信法律实务方面的大量资料,写作成书。第一章电信法律与合同概述;第二章电信基础设施采购合同;第三章电信网组网服务合同;第四章电信网间互联互通方面的法律事务;第五章电信网间漫游合同;第六章电信传输合同;第七章互联网法律问题概述;第八章入世后电信业利用外资的某些法律问题;第九章移动通信许可证的招标;第十章国外电信管制制度简介。并附赠国内外相关法律法规光盘。(吴中华)

D000388 **建设工程招标代理法律制度概论** 全国建设工程招标投标从业人员培训教材编委会编。中国计划出版社 2002 年 3 月版。22.9 万字。20.00元。全国建设工程招标投标从业人员培训教材。依据《招标投标法》的规定,为保证工程项目招标投标的合法性和有效性,招标人有权自行选择招标代理机构,委托其代理招标事宜。在建立和完善与国际接轨的工程建设招标投标活动和我国招标代理制的推行过程中,作为招标人、招标代理人以及第三人,均应学习和掌握必要的民法、经济法、商法等相关的法律知识。本书即介绍了招标代理人员要学习和掌握必要的相关法律知识。(何欣)

D000389 **工程建设中的合同法与招标投标法** 何红锋著。中国计划出版社 2002 年 7 月版。39 万字。25.00 元。作者长期从事建设工程招标投标和合同管理的教学与研究,接触和处理过大量的建设工程合同与招标投标的纠纷。本书是他多年教学与研究的成果,在理论上作了有益的探讨。(何欣)

D000390 **政府采购法实用手册** 《政府采购法》起草小组编。中国财政经济出版社 2002 年 8 月版。40.4 万字。36.00 元。主要内容有:第一部分法律条文释义。第二部分介绍政府采购法的立法背景、立法宗旨、适用范围及相关概念的含义,对采购过程中对本法及实际操作可能遇到的问题进行归纳和答疑。第三部分是国内外主要相关法律。选编了与我国政府采购法关系最密切的六个国内外法规,其中包括:《中华人民共和国招标投标法》、《中华人民共和国建筑法》、《中华人民共和国合同法》、《WTO的〈政府采购协定〉》、《联合国贸易发展委员会货物、工程和服务采购示范法》《联合国贸易发展委员会货物、工程和服务采购示范法立法指南》等。(周桂元)

D000391　**用人单位劳动法操作实务**　左祥琦编著。法律出版社 2002 年 6 月版。32 开 531 页。29.50元。通过丰富的案例,紧紧结合劳动法及其相关法规的条文,阐述了用人单位和劳动者在劳动关系中所面临的问题。从劳动法的适用范围到劳动争议的解决,都有实例、操作提示、实用法规条目三部分予以详细说明。(吴中华)

D000392　**中华人民共和国安全生产法**　第九届全国人民代表大会常务委员会第二十八次会议审议通过。煤炭工业出版社 2002 年 7 月版。1.4 万字。3.80 元。《中华人民共和国安全生产法》由中华人民共和国第九届全国人民代表大会常务委员会第二十八次会议于 2002 年 6 月 29 日通过,自 2002 年 11 月 1 日起施行。该法是我国安全生产工作领域中一部综合性大法。它的实施对加强安全生产管理,规范生产经营单位的安全生产工作,防止和减少生产安全事故,保障人民群众生命和财产安全,促进经济发展,都将具有十分重要的意义。在我国境内从事生产经营活动的单位的安全生产均适用该法。(向云霞)

D000393　**林业法规与行政执法**　马广仁、孙富主编。中国林业出版社 2002 年 1 月版。34 万字。15.00 元。系统介绍法的基本知识、林业行政执法和林业行政处罚法律知识、林业行政复议和林业行政诉讼法律知识,并对森林培育、林地管理、森林保护、野生动植物保护、森林采伐利用等行政执法进行全面论述。(刘若云)

D000394　**森林司法**　王志新等著。中国林业出版社 2002 年 11 月版。58 万字。45.00 元。从森林司法管辖、司法制度、司法程序、诉讼程序、处罚程序、法律责任等七个方面介绍我国森林司法实践中的基本知识,下篇还介绍了一些森林司法案件的范例。(刘若云)

D000395　**走向市场经济的中国环境政策全书(2002 年)**　国家环境保护总局政策法规司编。化学工业出版社 2002 年 5 月版。148.3 万字。130.00元。共收录各类文件 300 多件(所收文件截止 2002 年 4 月)。所收文件共分为七篇,内容包括:综合性环境政策、环境经济政策、环境管理政策、环境技术政策、环境产业政策、环境贸易政策和环境国际合作政策。附录收录我国环境保护计划和行业发展规划部分文件。(郭燕)

D000396　**为中国民法典而斗争**　梁慧星著。法律出版社 2002 年 7 月版。32 开 299 页。11.00 元。作者的第四本文集,收录从 1998 年以来的文章和译文。内容分为三部分:一是关于民法典的编纂;二是关于物权法的起草;三是关于现行法的解释。另有一组选择自日本评论社《法学 SEMINAR》2000 年第 12 期的译文。(吴中华)

D000397　**侵权损害赔偿的经济分析**　王成著。中国人民大学出版社 2002 年 6 月版。32.6 万字。38.00 元。用经济学的方法对侵权损害赔偿进行研究的专著。在对经济分析方法作了介绍后,分别对过失、无过失责任、因果关系、损害赔偿的计算和不可抗力侵权损害中的重要问题进行讨论。作者提出,法律应当是围绕激励而不是强制展开的整体,一个好的侵权损害赔偿制度应当通过激励当事人投入适当的预防以避免损失的发生;过失及不可抗力存在的经济理由是效率。书中所作理论分析贯穿在绝大多数首次披露的案例分析中。收入"法律科学文库"。(社资)

D000398　**国有独资公司前沿问题研究**　李建伟著。法律出版社 2002 年 6 月版。32 开 338 页。19.00元。从法学的角度借鉴经济学、管理学的理论,对国有独资公司的若干前沿问题进行研究。研究了国有独资公司在我国企业改制中扮演的角色,它与传统国有企业的关系,它的一元化股权结构和法人治理制度的局限性,它与现代企业制度的关系,它自身的发展趋势等等。收入"中国民商法专题研究丛书"。(吴中华)

D000399　**国际投资保护的国际法制——若干重要法律问题研究**　刘笋著。法律出版社 2002 年 3 月版。32开 515 页。30.00 元。将国际投资国际法制中的重要法律问题作为研究对象,将研究重点集中在国际投资双边和多边国际法制的发展变化的原因、表现特点及其影响上。共 7 章:讨论调整国际投资关系的国际法制的发展与演变;阐述投资准入问题；对投资待遇问题进行说明；对投资保护问题进行研究；探讨了国际投资争议的解决；阐述了 WTO 法律规则体系与国际投资法的重大发展；分析了值得重视的对象和应注意的问题。收入“中国民商法专题研究丛书”。（吴中华）

D000400 **不讼而胜 · 日常生活篇** 付文明主编。河北人民出版社 2002 年 10 月版。17.3 万字。13.00 元。主要涉及民法总则和公民日常生活中所遇到的问题、行为能力问题以及租房、供款、购物等，通过通俗的语言说明复杂的法律问题，所举案例是已经发生过的生活中常见的问题。（马千海）

D000401 **民商审判指导与参考(2002 年)** 最高人民法院民事审判第二庭编。人民法院出版社 2002 年 5 月版。43 万字。35.00 元。原名为《经济审判指导与参考》，为适应“大民事审判”格局而改名。分 10 个栏目：“商事审判精神与政策”栏目，刊登了最高人民法院副院长李国光在全国民商事审判工作会议上的讲话。“庭推精要”栏目，刊登《关于恶意抵押的认定》和《关于核押的法律意义和构成要件》两篇文章。其他栏目如“审判专论”、“司法解释”、“案例评析”等栏目，刊登了最高人民法院民二庭对民商事审判工作中某些问题的思考及处理意见，典型案例的评析以及近期分布的对审判工作具有指导意义的重要司法解释。本书既有民商事审判精神与政策、司法解释、请示与鉴定、管辖，又有专论、案例评析、裁判文书及司法解释征求意见稿。（钱小红）

D000402 **精神损害赔偿数额的确定与评算** 关今华主编。人民法院出版社 2002 年 5 月版。41 万字。30.00 元。基于 2001 年 3 月 8 日最高人民法院公布的《关于确定民事侵权精神损害赔偿责任若干问题的解释》的规定，借鉴主要典型国家和地区对精神损害赔偿制度的立法和实务经验，集中就精神损害赔偿数额的确定和评算问题，进行考察和研究。主要内容有：精神损害赔偿数额评定与中国现行法律的实践、对中外精神损害赔偿数额确定与评算之考察、精神损害赔偿数额范围确定论、确定与评算精神损害赔偿数额的原则论、确定与评算精神损害赔偿数额的方法论、精神损害赔偿数额确定与评算主观和客观因素、精神损害赔偿数额确定与评算的类型化和标准化、民事侵权的精神损害赔偿及数额评定的类型化和标准化、精神损害赔偿数额评定与法官自由心证裁量权。（陈燕华）

D000403 **民事法律行为** 董安生著。中国人民大学出版社 2002 年 12 月版。23.7 万字。28.00 元。本书偏重于从具体侵权行为规则（如合同规则）到一般法律行为规则的法律抽象过程。在系统分析和借鉴中外法律行为理论和立法成果的基础上，联系我国民法实践，对法律行为制度的历史、法律行为制度的适用范围、意思自治原则的价值、法律行为的概念、法律行为制度的基本原则、意思表示原理、法律行为控制中的强行法与推定法等问题，进行研讨。书中所论主题涉及大陆法民法理论中最为重要而艰深的问题。收入“法律科学文库”。（社资）

D000404 **物权法新论——一种法律经济分析的观点** 周林彬著。北京大学出版社 2002 年 3 月版。68 万字。38.50 元。学术专著。分三编：一、物权法总论的经济分析；二、所有权的经济分析；三、他物权的经济分析。作者用法律的经济分析方法对物权制度进行研究，借助于经济学的范畴、原理、分析方法，对物权法的基本概念和制度进行探讨，指出了当前物权法理论研究的一些缺陷和不足，并对我国物权立法的完善提供一些有价值的建议。（胡利国）

D000405 **物权法研究** 王利明著。中国人民大学出版社 2002 年 5 月版。61 万字。78.00 元。密切结合我国物权立法的理论与实践，并在借鉴国外物权立法先进经验和理论成果的基础上，对我国未来物权立法的体系、基本原则以及物权法的基本制度进行全面的研究。认为，我国物权立法不应采纳物权行为理论，而应区分公信原则与善意取得制度的适用范围；我国物权立法应对国家所有权、集体所有权、个人所有权等各种类型的所有权分别做出规定。对我国用益物权的内容和体系作了较深入的分析研究，提出了符合我国国情的用益物权体系；还提出了我国物权立法应当规定特别法上的物权，如水资源使用权、养殖权、采矿权等。收入“中国当代法学家文库”。（社资）

D000406 **审判监督指导与研究** 最高人民法院审判监督庭编。沈德咏主编。人民法院出版社 2002 年 9 月版。25.2 万字。20.00 元。主要收录有关审判监督工作的政策与精神、法律、立法解释、法规、司法解释的理解与适用以及案例评析等，还选登部分优秀裁判文书并进行点评，附录了港、澳、台地区及外国有关再审的法律规定。（辛秋玲）

D000407 **标准化与知识产权战略** 张平、马骁著。国家知识产权局知识产权出版社 2002 年 7 月版。31.6 万字。26.00 元。加入世贸组织后，我国企业面对经济全球化浪潮，如何增强企业竞争力，如何摆脱某些发达国家超级企业加工厂的角色，如何在技术标准制订等方面争取自己的发言权，这一系列问题如果不解决，就很难实现成为现代成功企业的梦想。本书从现实需要出发，通过研究国外标准化组织及企业在技术标准化、技术壁垒及知识产权保护战略等方面的制度办法和实践经验，为我国企业提出了许多富有建设性的设想和建议。其中对TBT协议的相关研究尤为重要。(向良穗)

D000408 **新闻侵权与法律责任** 顾理平著。中国广播电视出版社2002年1月版。25万字。20.00元。从社会主义法制的宏观背景出发，对新闻侵权进行考察，重点论述新闻侵权行为对于社会和新闻传播活动的损害，强调制裁和预防新闻侵权行为对于依法保障整个新闻传播活动的健康开展的意义和作用。作者广泛考察了各种形式的新闻侵权行为，并且把新闻侵害人格权行为同新闻活动中非法现象联系起来予以综合性的研究。(邹娓玲)

D000409 **入世后我国知识产权法律保护研究** 蒋志培著。中国人民大学出版社2002年11月版。26.3万字。18.00元。从研讨发生在法庭中的知识产权审判难题出发，剖析入世后我国知识产权司法保护中的重大的适用法律问题，通过对若干具体问题的研讨，试图构架知识产权侵权理论的框架，并对其侵权构成、归责原则、各类侵权行为认定、侵犯知识产权法律责任的设置、入世后我国知识产权执法水平的要求等内容进行阐述。对涉及计算机网络的知识产权纠纷作了研究，提出了有关该方面立法、司法解释的具体建议。(郑伯平)

D000410 **企业知识产权保护与管理实务** 何敏主编。法律出版社2002年2月版。25.00元。32开372页。对企事业单位内部知识产权管理制度进行了现状分析、问题分析和对策分析，为企事业单位建立知识产权管理制度提出了参考意见。共四篇：第一篇知识产权的保护；第二篇知识产权管理原理；第三篇知识产权管理战略；第四篇知识产权管理制度。收入“知识产权保护前沿丛书”。(吴中华)

D000411 **知识产权法律法规精选** 国务院法制办公室教科文卫法制司编。法律出版社2002年7月版。16开569页。78.00元。辑录与知识产权有关的法律、行政法规、部门规章、司法解释、国际条约以及其他相关法律、行政法规百余件。分为综合、专利、商标、著作权、其他及附录六部分。前五部分按以下顺序编排：法律，全国人大常委会有关法律问题的决定，行政法规，国务院文件，国务院办公厅文件，国务院部门规章及部门规范性文件，司法解释。附录部分收录有关知识产权的国际条约和双边协定。附有光盘。(吴中华)

D000412 **专利申请文件的撰写与审查要求** 黄敏著。国家知识产权局知识产权出版社2002年3月版。18万字。17.00元。为“专利申请文件撰写与实务丛书”之一。针对国内在专利申请文件撰写和对专利申请的新颖性、创造性、实用性的判断中普遍存在的问题所做的理论阐述和实际分析，特别是通过一些典型案例的说明，使读者易于理解和掌握。书中介绍的对权利要求拟定进行简单易行的核查方法以及国外有关创造性判断的图解表格，有参考价值。该书是对1997年9月版的同名书作的修订，以适应自2001年7月1日起施行的新专利法和专利法实施细则的要求。附件收入作者近年曾经发表过的有关文章。(向良穗)

D000413 **专利保护——为企业入世支招** 副名：企业知识产权培训读本。温旭著。国家知识产权局知识产权出版社2002年1月版。18万字。18.00元。为“企业知识产权培训读本丛书”之一。内容分21章，系统介绍专利的基础知识、专利申请及其审批的相关程序、专利申请文件的撰写要求、专利侵权的判定原则、专利诉讼的提请方式和抗辩技巧及加入WTO与专利保护和专利的国际保护等内容。着重阐述企业专利战略的制定及专利的综合保护问题。(向良穗)

D000414 **图解知识产权ABC** 马连元主编。知识产权出版社2002年3月版。3.5万字。16.00元。通过通俗的对话和生动形象的图例，介绍许多人们在经济生活中经常碰到的知识产权基本常识。是知识产权相关法律法规的普及读物。(向良穗)

D000415 **知识产权法论(修订本)** 陈志刚著。甘肃人民出版社2002年12月版。46.5万字。30.00元。高等学校法律专业知识产权法教材。在1996年版的基础上作了较大的增删。由著作权法论、专利法论、商标法论、商业秘密保护法论和其他知识产权等五部分构成。

D000416 **知识产权问答丛书** 国家知识产权局知识产权出版社2002年1月版。共7本：《专利申请问答》、《专利法实用问答》、《著作权法实用问答》、《商标法实用问答》、《商标申请问答》、《企业知识产权保护问答》、《WTO与知识产权协议常识问答》。丛书以设问作答的形式，生动、活泼的写作手法，阐述知识产权基本知识。丛书问答根据最新修定的专利法、商标法和著作权法撰写,其目的在于帮助读者学习理解这几部重要的知识产权法律。实用性问答则是帮助读者运用相关的知识产权法律捍卫自身的智慧劳动成果,具体解答了人们在专利、商标申请中遇到的各种实际问题。(向良穗)

D000417 **修改导读丛书** 国家知识产权局条法司等编著。国家知识产权局知识产权出版社2002年版。79.80元(套)。5册。详尽介绍相关法律法规的修改过程及具体修改内容,并对修改前后的全部法律条文进行对照,具有权威性和指导性。其中《专利法第二次修改导读》、《专利法实施细则第二次修改导读》由国家知识产权局条法司撰写。《审查指南修改导读》由国家知识产权局审查业务部专家撰稿。《中华人民共和国著作权法修改导读》由中国社科院法学研究所研究员李顺德为主撰写。《中华人民共和国商标法及其实施条例修改导读》由国务院法制办有关专家编写。(向良穗)

D000418 **中国知识产权年鉴 2001/2002** 国家知识产权局主办。国家知识产权局知识产权出版社 2002 年 11 月版。156 万字。160.00 元。是由国家知识产权局主办,国家版权局、国家工商总局商标局,最高人民法院民事审判第三庭等全国知识产权行政主管、司法机构共同撰稿的大型资料性年刊。以大量的统计数据,反映了 2001 年全国知识产权系统取得的成绩。本期增加了典型案例的比重,增加了全国主要知识产权期刊刊登的论文摘要。(向良穗)

D000419 **合同法研究(第一卷)** 王利明著。中国人民大学出版社 2002 年 11 月版。67.2 万字。75.00 元。结合我国合同立法和司法实践,在借鉴国外合同立法的先进经验和理论成果的基础上,对合同的概念、特征、分类,合同法的基本原则,合同的成立,合同的内容与形式以及合同的效力进行研究。作者认为,合同法的基本原则应由合同自由、诚实信用、合同正义、鼓励交易四项构成;应区分合同的成立与生效以及合同的不成立与无效;合同法应当将违反诚信义务作为缔约过失责任的理论基础,并在法律上严格区分缔约过失责任与违约责任、侵权责任;对欠缺生效要件的合同,应区分效力待定、无效和可撤销合同。并对合同法在当代的发展以及合同法中的一些新的疑难问题,如涉他合同、电子合同、格式条款、效力待定合同的类型、合同漏洞的填补等都做了深入探讨。收入"中国当代法学家文库"。(社资)

D000420 **合同法原理与审判实务** 何志著。法律出版社 2002 年 12 月版。32 开 744 页。47.00 元。按照我国《合同法》章节,共分 21 编,基本包含《合同法》及其司法解释的全部内容,采用专题研讨形式,每章从案例入手,提出所要研究的问题,然后用合同法理论来解决问题,并对案例进行评析,形成"提出合同问题"(先举案例)——分析问题(合同法原理)——解决问题(审判实践应用及案例评析)"的审判思维;力求通过对合同法原理的阐述,把握合同法审判原则。(吴中华)

D000421 **保险合同法理论与实务** 许崇苗、李利著。法律出版社 2002 年 10 月版。32 开 671 页。36.00 元。以保险合同为切入点,阐述保险合同法的基本原则,保险利益理论,保险代位权,无效、效力未定和可变更或撤销的保险合同及其处理和保险合同争议解决等问题;探讨了目前保险实践中的热点问题;对我国保险法未作规定和不完善之处,在借鉴国外立法经验的基础上,提出了修改和完善的具体建设;解答了保险合同的订立、保全和履行过程中可能遇到的法律问题;对构建和完善我国保险合同法的理论体系提出了自己的主张。(吴中华)

D000422 **合同法原理** 艾奇主编。江西高校出版社 2002 年 2 月版。36 万字。21.00 元。围绕 1999 年 10 月正式实施的《中华人民共和国合同法》的规定进行适当的理论阐释,并充分考虑到合同法学的学科体系的完整性,在内容上不拘于合同法的条文,介绍了合同法中没有的合同制度,突出了"应用"与"操作"的特色,以达到理论性、实践性和应用性的统一。(蔡卫红)

D000423 **不讼而胜·特殊群体保护篇** 周英、李秀华主编。河北人民出版社 2002 年 10 月版。16.1 万字。12.50 元。主要针对几类受到法律特殊保护的群体,计有:妇女、儿童、老人、劳动者、未成年人的合法权益进行阐述。这些群体由于自身的先天条件或者其他原因,在生活中处于相对弱者的地位,我国法律对他们的权利进行了特别规定,如:女性同工同酬,学生不能随意开除等等。通过具体的案例如作者的点评,读者可以充分了解上述群体的特殊权利,自己维护或者履行法律的有关权利和义务。(马千海)

D000424 **中华人民共和国人口与计划生育法释义** 张维庆、张怀西、张春生、徐玉麟主编。中国人口出版社 2002 年 1 月版。10 万字。9.00 元。《中华人民共和国人口与计划生育法释义》由国家主席江泽民以第63号主席令予以公布，于2002年9月1日起施行。这是我国第一部以人口与计划生育为主要内容的基本法律。这部法律的颁布实施，标志着国家通过法律的形式确立了计划生育基本国策的法律地位，为实现人口与经济社会协调发展和可持续发展战略提供了法律保证。《中华人民共和国人口与计划生育法释义》共包括七章，分别是总则、人口发展规划的制定与实施、生育调节、奖励与社会保障、计划生育技术服务、法律责任、附则。本书对47条分别作了详尽的解释。(樊艳华)

D000425 **不讼而胜·婚姻家庭篇** 李秀华、周英主编。河北人民出版社2002年10月版。18.2万字。13.60元。主要涵盖婚姻、收养、继承等方面的法律问题。包括结婚、涉外婚姻、涉港澳台婚姻、无效婚姻等和收养、涉外收养、继承等规定。婚姻法部分，根据我国2001年新修订的法律条文和最高人民法院的最新解释精神编写。(马千海)

D000426 **中国十大公诉名案** 张穹主编。中国检察出版社2002年3月版。37.5万字。25.00元。以最高人民检察院公诉厅和检察日报社联合评选出来的"中国十大公诉案件"为基础编辑而成。包括张子强等36人非法买卖运输爆炸物，抢劫，绑架，走私武器弹药，非法买卖枪支弹药，私藏枪支弹药，窝赃案；李深、张猗等走私普通货物、行贿案；梁笑淇、杜荣军等35人故意杀人，故意伤害，组织、领导黑社会性质组织，敲诈勒索，组织卖淫，私藏枪支弹药，赌博，妨害公务，非法拘禁案；胡长清受贿，行贿，巨额财产来源不明案；许运鸿滥用职权案；林世元等受贿，玩忽职守案；高瑞平、汤智强、吴五艳诈骗案；翁沺亮、索尼·韦等38人故意杀人，抢劫，非法持有毒品，私藏枪支弹药案；韩本余等17人失火，重大责任事故，传播淫秽物品案。以"案情传真"、"公诉纪实"、"判决传真"、"公诉经验谈"等栏目分别向读者简介了案情，展示了起诉书、公诉意见和公诉人的风采，说明了法院对辩护意见和公诉意见的采纳情况及公诉人的公诉经验。(李健)

D000427 **刑事法治发展研究报告** 赵秉志主编。中国人民公安大学出版社2002年12月版。36.9万字。41.00元。内容既有涉及国家长治久安的宏观政策性问题的研究，也有对当前司法实践中热点、难点和新型犯罪的重点探讨。本卷收录8篇研究报告，题目视角都是近一二年的热门课题，包括："严打"中刑法适用问题，国际恐怖主义犯罪，中国反洗钱法的构建，制售假冒伪劣商品犯罪的刑法问题，金融诈骗罪的疑难认定，贿赂罪共同犯罪问题，律师刑事责任问题，北京外来人口犯罪问题等。(熊成乾、汪伊红)

D000428 **罪状解构——刑事法解释的展开** 刘树德著。法律出版社2002年11月版。32开305页。20.00元。对罪状解构进行宏观考察，着重结合我国刑法若干罪状的规定引发的争论，从理论上倡导罪状解构的新理念，反思多年来的司法解释并提出完善司法解释的建议。书中不乏作者的新观点，如罪状建构的合宪性审查，罪状解构的伦理考量，空白罪状构成要件的填补等等。(吴中华)

D000429 **不讼而胜·预防犯罪篇** 河北人民出版社2002年10月版。15.5万字。12.00元。本书选取部分大家熟知的事例，从法学的角度进行剖析，有助于读者更好地领会法律规定的具体内容；范围覆盖刑法总则和各分则的内容，也部分地涉及治安管理处罚条例中的有关内容。作者在点评案例时，不仅仅对问题进行解说，还给出了许多中肯的建议供读者参考，使读者读后能够真正认清如何了解自己的行为和控制自己的行为，预防犯罪。(马千海)

D000430 **刑事法判解研究(2002年)** 赵秉志主编。人民法院出版社2002年9月版。23万字。22.00元。是刑事法判例和司法解释方面的专门研究系列丛书。设案例研究、解释研究和实务专题三个栏目，文章源于学术界著名专家学者以及司法实务部门精英，涉猎内容广泛，研究细致深入，具有针对性。(杜澎)

D000431 **中国单位犯罪研究** 杨毓显著。云南大学出版社2002年5月版。21万字。19.00元。对中国单位犯罪问题进行探析，以7章的篇幅，运用比较法学的研究方法，从指导司法实践的角度，对中国单位犯罪的结构、认定、处罚、追诉以及立法完善、犯罪预防等基本问题进行深入研究。既有对司法实践的概述、归纳，也有独特的观点和理论论证；介绍了国外的研究情况，以及国内的种种学术观点和自己的主张。(蔡红华)

D000432 **网络安全与计算机犯罪** 常建平、靳慧云、娄梅芝等编著。中国人民公安大学出版社2002年3月版。44万字。26.00元。对计算机网络的安全问题和计算机的犯罪问题进行系统介绍，如计算机网络面临哪些威胁？如何抵御这些威胁？计算机犯罪采用哪些手段？黑客如何攻击网络？如何对计算机犯罪进行侦查？从法律上如何惩治计算

机犯罪以及如何保护自己的计算机系统安全等。(李文华)

D000433 **金融诈骗犯罪研究** 李文燕主编。中国人民公安大学出版社 2002 年 6 月版。46.3 万字。35.00 元。分 3 编。绪论介绍金融诈编犯罪的总体情况，其从金融诈骗犯罪的现状、特点、分类、成因、防范及认定入手，对现行金融体制下的金融犯罪的总体特征进行阐述；对一般类型的金融犯罪从集资、贷款、票据、金融凭证、信用证、信用卡、有价证券、保险诈骗罪八个犯罪类型入手，论述了八个主要犯罪类型的构成特征、学术争议问题、司法疑难问题及刑罚适用；对特殊类型的金融诈骗犯罪主要研究了金融工作人员购买假币、以假币换取货币罪，持有、使用假币罪，编造并传播证券、期货交易虚假信息罪，诱骗投资者买卖证券、期货合约罪，操纵证券、期货交易价格罪，骗购外汇罪六种犯罪类型。(罗永红、汪伊红)

D000434 **洗钱罪比较研究** 阮方民著。中国人民公安大学出版社 2002 年 1 月版。32.3 万字。30.00 元。对洗钱罪进行超前性研究，并有一定的创见。例如，对欧洲、美洲、亚洲等许多国家、地区的洗钱罪刑事立法进行剖析，论证了它们的优劣和异同之点；首次提出了我国《刑法》第 9 条未明确规定普遍管辖权，以及为惩治洗钱罪带来的实际问题；根据联合国禁毒公约的规定，对照我国刑法有关洗钱罪的规定，指出了我国实际上未能完全履行国际法义务，提出了如何进一步完善我国洗钱罪刑事立法的具体建议。(甄岳刚)

D000435 **职务犯罪控制论** 车承军著。法律出版社 2002 年 12 月版。32 开 301 页。22.00 元。用逻辑和比较的方法，从社会学、政治学、犯罪学、心理学的角度，对职务犯罪进行多方面的理性思考，从社会因素和个体心理两方面研究了职务犯罪产生的根源，结合古今中外控制职务犯罪措施归纳了中国古代控制职务犯罪的五种方式，针对职务犯罪的控制方式，提出在我国预防控制、制度规范控制、道德文化控制和司法惩治四个方面构建我国职务犯罪控制体系，分析了世界各国(地区)控制职务犯罪的六种模式。(吴中华)

D000436 **金融犯罪理论专题研究** 刘宪权、卢勤忠著。复旦大学出版社 2002 年 10 月版。50.6 万字。35.00 元。分总论和分论两部分。总论部分的专题是金融犯罪中一些普遍性、共同性的法律问题；分论部分的专题是金融犯罪中大多数个罪的构成和认定上的法律问题。在研究方法上，侧重于金融犯罪中的疑难问题，结合司法实践；运用刑法的基本原理，提出解决对策；对理论上的争议较大的问题予以归纳、剖析，并提出独立的见解。(张永彬)

D000437 **中国刑法学教程** 向朝阳主编。四川大学 2002 年 11 月版。75.1 万字。46.00 元。分两编，对中国刑法做了全面介绍。第一编为刑法各论，共 22 章，包括刑法概述、刑法的基本原则、刑法的效力范围、犯罪概述、犯罪构成、犯罪客体、犯罪客观方面、犯罪主体、犯罪主观方面、排除犯罪性的行为、故意犯罪过程中的犯罪形态、共同犯罪、单位犯罪、一罪与数罪、定罪、刑事责任、刑罚概述、刑罚的体系与种类、量型、量刑制度、行刑制度、时效与赦免。第二编为刑法各论，共 11 章，包括刑法分则概述、危害国家安全罪、危害公共安全罪、破坏社会主义市场经济秩序罪、侵犯公民人身权利及民主权利罪、侵犯财产罪、妨害社会管理秩序罪、危害国防利益罪、贪污贿赂罪、渎职罪、军人违反职责罪。(汪萍、成杰)

D000438 **中国诉讼法学精萃(2002 年卷)** 法苑精萃编辑委员会编。机械工业出版社 2002 年 9 月版。53.3 万字。39.00 元。精选 2001 年度全国主要报刊上公开发表的有代表性的优秀诉讼法学论文编辑而成。主要包括：论刑事诉讼法律观的转变，WTO 协议与中国民事司法制度的完善等。涵盖刑事诉讼法、民事诉讼法、行政诉讼法三个方面。(梁代军)

D000439 **侵权损害赔偿典型案件诉讼证据运用** 谢佑平、廖中洪主编。广东人民出版社 2002 年 9 月版。45.9 万字。38.00 元。将最新司法解释和审判实务中的证据运用融于一体，运用证据理论对民事诉讼中较为常见的侵权损害赔偿诉讼中的证据运用进行分析、评价和研究。收入“民事案件证据运用丛书”。

D000440 **民事诉讼法** 江伟主编、邵明副主编。复旦大学出版社 2002 年 12 月版。72 万字。57.00元。系统阐述我国民事诉讼法领域的立法内容和司法实践。在体例上，增加了海事诉讼特别程序和区际民事司法协助；将“民事诉讼证明”独立为一编，吸收了最高法院《关于民事诉讼证据的若干规定》。内容上在介绍基本理论时引入了大量国外学说，对理论上的热点问题作了深入的探讨，对立法和司法实践中的不足提出了自己的看法，力图阐明有关民事诉讼的基本知识、正当程序保障原理和法的

精神。专设“海事诉讼”一章,对相关规定作了介绍。(梁道坤)

D000441 **刑事司法体制原理** 张建伟著。中国人民公安大学出版社 2002 年 3 月版。40.8 万字。30.00 元。诉讼法学术专著。分 3 部分:第一编刑事司法权,主要阐述“司法”的含义、刑事司法权的特征及司法体制与行政体制的本质区别。第二编刑事司法体制的精神构造,主要论述支持现代刑事司法体制运行的基本观念,如人民主权观念、分权制衡观念、法治观念。第三编刑事司法体制的实体构造,主要论及现代刑事司法体制有关的制度性设计,如司法独立、检察体制独特性等。书后附有主要参考文献。(杨玉生)

D000442 **沉默权问题研究** 陈光中、崔敏主编。中国人民公安大学出版社 2002 年 6 月版。47 万字。35.00 元。主要内容有 3 部分:有关沉默权问题的论文,有关如何遏制刑讯逼供的论文,沉默权问题和如何遏制刑讯逼供研究综述。收录了崔敏、樊崇义、何家弘等刑事诉讼法学界专家的多篇论文,对沉默权和如何遏制刑讯逼供问题从不同角度进行了论述和探讨。(徐志红)

D000443 **刑事程序的法哲学原理** 锁正杰著。中国人民公安大学出版社 2002 年 1 月版。23.8万字。18.00 元。诉讼法学术专著。共六章,从内容上分为四个部分:第一章为引论,宏观介绍该书的方法论基础。第二章为刑事程序的本体论,主要阐明刑事程序的要素和结构。第三章、第四章为刑事程序的认识论,集中讨论法律事实观与客观事实观的冲突以及司法认识论的基本原理。第五章、第六章为刑事程序的价值论,主要阐发刑事程序的价值与意义以及以人权为核心的程序正义论。书后附有参考文献。(杨玉生)

D000444 **最高人民法院《关于刑事再审案件开庭审理程序的具体规定(试行)》的理解与适用** 最高人民法院审判监督庭编著。人民法院出版社 2002 年 9 月版。23.6 万字。18.00 元。最高人民法院司法解释条文释义。对最高人民法院于 2001 年 12 月 26 日公布的《关于刑事再审案件开庭审理程序的具体规定(试行)》这个司法解释制订的背景、修改过程及全部条文逐一进行诠释,并附有相关的法律、法规、司法解释。(张益民、侯笑宇)

D000445 **刑事诉讼法原则:程序正义的基石** 谢佑平、万毅著。法律出版社 2002 年 7 月版。32 开 448 页。29.00 元。对刑事诉讼法的程序和相关原则作了论述。分 3 编:第一编为刑事诉讼法原则概论,介绍刑事诉讼法原则的概念、特征、体系、功能等;第二编刑事诉讼法公理性原则,讨论程序法定、司法审查、审判中立等 15 个重要原则;第三编分析我国刑事诉讼法的政策性原则,包括配合制约原则与检察监督原则。(吴中华)

D000446 **中国行政诉讼法学新论** 夏蔚、柯梅森主编。广东人民出版社 2002 年 1 月版。27 万字。19.60 元。分 16 章,介绍了行政诉讼法律知识、法律制度、法律程序等法律理论。包括行政诉讼法概述,行政诉讼历史发展,基本原则,行政诉讼受案范围,行政诉讼管辖,行政诉讼参加人,行政诉讼证据,行政诉讼的期间、送达和诉讼费用,行政诉讼强制措施,起诉与受理,第一审程序,第二审程序,审判监督程序,行政诉讼的执行程序,行政侵权赔偿法律制度,涉外行政诉讼。

D000447 **最高人民法院《关于行政诉讼证据若干问题的规定》的理解与适用** 孔祥俊主编。中国人民公安大学出版社 2002 年 10 月版。41.5 万字。30.00 元。我国现行的行政诉讼有关证据规定比较原则,难以解决行政审判实践中纷繁复杂的证据问题;特别是我国加入世贸组织后,迫切需要对行政诉讼证据制度加以完善,以适应行政审判工作的发展。本书分别阐明了各条规定的核心问题,从司法解释及法理的角度对各条作了详细、符合司法原意的解释。(王淼)

D000448 **最高人民法院《关于行政诉讼证据若干问题的规定》释义与适用** 李国光主编。人民法院出版社 2002 年 9 月版。41.7 万字。30.00 元。应用法学理论与法律实务操作。介绍了起草司法解释的过程、背景、指导思想等,对司法解释进行逐条解释,介绍起草司法解释中争论较大的问题及不同观点,从理论和实践等方面对各种不同观点进行分析以及阐明司法解释最后定稿的理由,提醒适用该司法解释需要注意的问题。(吴秀军)

D000449 **司法改革报告——司法考试·司法官遴选·司法官培训制度** 孙谦、郑成良主编。法律出版社 2002 年 7 月版。32 开 495 页。30.00 元。是由国家检察官学院组织,与有关科研机构和单位合作,研究、编写、翻译的关于“司法改革的系列书籍”之一。第一次就司法考试、司法官遴选和司法官培训制度展开专著式论述。分 3 部分,第一部分是中国学者关于司法考试、司法官遴选、司法官培训制度的观点和主张;第二、第三部分是关于日本和韩国

司法考试和司法官遴选方面的经验。(吴中华)

D000450 **司法改革报告——检察改革·检察理论与实践专家对话录** 孙谦、樊崇义、杨金华主编。法律出版社 2002 年 6 月版。32 开 307 页。21.00元。是由国家检察官学院组织,与有关科研机构和单位合作,研究、编写、翻译的"关于司法改革的系列"书籍之一。由关于检察改革的研讨和关于检察理论及实务问题研讨两部分组成,以专家对话的新颖形式,探讨检察改革的热点、难点、焦点问题。(吴中华)

D000451 **审判独立与司法公正** 王盼、程政举等著。中国人民公安大学出版社 2002 年 1 月版。44.8 万字。34.00 元。从理论上界定了审判独立的概念,并通过对我国司法审判的现状、司法机构的设置状况、现行政治制度的分析,提出了如何建立我国的独立审判法律制度,如何改革我国的司法审判制度的建议和意见。(卢建义)

D000452 **新编中国法律文书范本——写法格式与范例** 中国司法文书学会编。国家知识产权局知识产权出版社 2002 年 3 月版。80 万字。58.00 元。以我国各司法机关最新制定的各种法律文书格式为依据,专门讲述法律文书写作知识的著作,以基本写作理论为指导,结合法律文书的个性特点,深入浅出地阐释各种法律文书的写作知识和规范要求。(向良穗)

D000453 **中国司法行政年鉴 2002** 《中国司法行政年鉴》编辑委员会编。法律出版社 2002 年 12 月版。16 开 1031 页。285.00 元。记载中国司法行政工作情况,反映司法行政工作全貌和各个年度工作发展和成就的综合性大型书刊。2002 年本反映的是 2001 年全国司法行政工作情况,所收录的资料截至 2001 年 12 月 31 日,未包括台湾省。(吴中华)

D000454 **立案工作指导与参考(2002 年)** 最高人民法院立案庭编著。人民法院出版社 2002 年 10 月版。30.6 万字。28.00 元。栏目包括:(1)法律、法规。主要是与立案信访工作有关的法律、法规,也包括立法机关和有关部门颁布的一些最新的法律、法规。(2)政策与精神。主要包括领导同志对立案工作的指示、讲话,以及最高人民法院关于立案工作的有关规定。(3)司法解释、请示与答复。刊登最高人民法院作出的涉及诉讼程序的司法解释、请示与答复,并对相关问题进行分析和阐述。(4)立案工作探索与研究。介绍专家、学者、有关部门同志及法院干部关于立案工作的思想观点,刊登具有精辟见解的论文、文章。(5)立案工作前沿。反映对立案工作热点、难点问题的研究成果和立案工作深化改革的成功经验。(6)再审复查案例评析,主要包括最高人民法院立案庭作出再审裁定或驳回通知书的一些重大、疑难再审案件。(7)工作经验交流。(8)信访工作。(9)外国诉讼程序介绍。(贯毅)

D000455 **反败为胜** 钱卫清著。中国人民公安大学出版社 2002 年 1 月版。18 万字。18.00 元。选取作者做律师后亲身经办的有代表性的经典案例。涉及的多是一审或二审败诉,而二审或再审胜诉的经济案件。内容为:首先是对案件事实和诉讼过程的简介,对一审判决、认定理由及争议焦点的认识。其次是对该案的法律分析和诉讼策略的探讨。再次,为通过对二审的最终判决结果的分析和与一审的对比,达到对案件的深入认识。最后是事件的启示。作者将自己面对不同案件所采取的不同诉讼策略进行了探讨,对办案时遇到不同情况应如何应对,在做反败为胜的诉讼时应做好哪些工作等进行了分析,对律师办案的思考方法、需注意的问题和需深入认识的法律概念进行了阐述。也收录了部分两审均败诉的案例,以提供借鉴。收入"中国律师实践丛书·赢家策略"。(陈少波)

D000456 **律师刑事责任比较研究** 王丽著。法律出版社 2002 年 5 月版。32 开 381 页。28.00 元。以站在被告席上而不是辩护席上的律师为研究对象,对律师的刑事责任问题进行阐述。分上中下 3 篇 10 章。上篇理论构架,集中探讨有关律师刑事责任的理论问题;中篇实证比较,比较分析涉及律师职业活动的若干具体犯罪;下篇制度分析,系统研究重构律师的职业责任惩戒体系及刑事责任制度。(吴中华)

D000457 **险中求胜** 王健波著。中国人民公安大学出版社 2002 年 1 月版。18 万字。18.00 元。着重从真实案件中挖掘律师之道,不仅对若干民事案件的代理进行详尽的分析,还对一些有争议的刑事和行政案件的诉讼经验进行总结。最大的特点是反映了整个诉讼的经过和律师在其中的工作,而不是案情和法律的一般堆砌。对各案涉及到的疑难法律问题进行归纳分析,将案件中不为人所知的证据材料、控辩双方争议的焦点、律师在全案中的思维方式及执业技巧展现给读者。收入"中国律师实战丛书·赢家策略"。(陈少波)

D000458 **稳操胜券** 雪仁著。中国人民公安大学出版社 2002 年 1 月版。24.5 万字。22.00 元。通过对 23 个典型案例的案情介绍、判决与理由、案件焦点、辩护切入点、法律问题的分析与诉讼策略、结案后的启示等方面，对具体问题做具体分析，介绍了律师在行使职务时为达稳操胜券之境地，应怎样理论联系实际，细致、深入地了解案情、分析案情，特别强调了掌握证据、分析证据、考证证据和运用证据的重要性，以及在辩护中对适用法律的准确选择。通过对案例诉讼过程的介绍，还提出了某些执法人员素质方面暴露出的一些问题及现行法律条文需进一步完善的问题。收入“中国律师实践丛书·赢家策略”。(陈少波)

D000459 **黑龙江省行政政法教科文财务制度选编** 黑龙江省财政厅教科文处、行政执法处编。黑龙江人民出版社 2002 年 6 月版。65 万字。46.00元。适应我国加入 WTO 的需要，根据中共黑龙江省委、省人民政府的要求，在全面清理有关法规文件后，对其保留部分进行整理选编，具有全、新、简的特点，即：属于财政、财务法规性质的文件全文编入；属于财务管理政策方面的文件以最新为主；属于财务开支标准与财务管理政策方面的文件以最新为主；属于财务开支标准与财务管理有关业务规定的文件采取摘编或以表代替的办法。(刘恺汐)

D000460 **浙江法制建设蓝皮书(2002)** 万斌、周国辉主编。浙江教育出版社 2002 年 11 月版。25 万字。20.00 元。由浙江省人大法制委员会和浙江省社会科学院法学研究所组织实施，为连续出版物，每年一本，为“浙江蓝皮书”的组成部分。追踪浙江法制发展的实践、分析、预测浙江法制发展的现状和趋势，对浙江法制建设的经验和存在的问题作出理性思考。

D000461 **民法讲义Ⅰ** 副名：契约之成立与生效。陈自强著。法律出版社 2002 年 9 月版。32 开 489 页。29.50 元。作者是台湾政治大学法律系教授。本书为民法讲义系列书关于契约总论的第一部分，主要讨论的对象囊括“台湾民法总则”的法律行为、债编通则的契约之成立与代理权授予等相关规定，以及物权法中有关物权行为的基本概念。收入“法学研究生精读书系列”。(吴中华)

D000462 **中国古代法制研究** 张秋华等编著。吉林文史出版社 2002 年 8 月版。25 万字。25.00元。记述中国古代法制历史：夏商周三代是奴隶制历史类型的法制；战国至秦汉，是封建法制确立时期；魏晋南北朝时期是封建法制发展时期；隋唐是封建法制成熟时期；宋元明清是中国法制进一步发展并趋于解体阶段；清末，中国法制走上近代化道路。论述了中国古代法制历史的特点：1. 以儒家学说作为法制的指导思想和理论依据。2. 引礼入法，礼法结合。3. 法自君出，权尊于法，司法和行政高度合一。4. 以刑为主，诸法合体。5. 制定法与判例法结合。(康迈伦)

D000463 **中国古代法官责任制度研究** 巩富文著。西北大学出版社 2002 年 8 月版。20.5 万字。25.00 元。采用理论联系实际的方法，大量搜集掌握我国古代法官责任制度的有关立法和司法实践材料以及理论成果，借鉴外国历史上有关法官责任的立法和理论，重点对中国古代法官责任制度的发展演变、基本内容、时代特点、社会成因、历史作用以及现实借鉴等问题进行系统的研究和客观的阐述。其中既有宏观的扫描与俯瞰，又有微观的精心构造与雕琢，对中国古代法官责任制度进行了动态的研究和立体的考察。(黄伟敏)

D000464 **中国法制史** 叶孝信主编。复旦大学出版社 2002 年 3 月版。49.4 万字。40.00 元。本书按照历史朝代顺序，全面介绍了中国有史以来法律制度发展演变的基本脉络和主要内容，以及在历史的不同阶段中国法律制度的基本特色。书中吸取了近年来中国法制史学科研究的最新成果，尤其是加强对于中国古代法律制度中有关民事财产制度方面内容以及司法诉讼方面内容的介绍和总结。在体例结构上设置了“本章要点”、“资料”、“解说”、“案例”、“人物”、“插图”、“本章小结”等栏目形式，通过对史料的引用、法律现象的解说、典型案例的列举和古代法官事迹的介绍，帮助学生在接受授课和阅读教材后确立法治意识，提高认识能力，深入理解和掌握中国法律文化和法律传统。全书结构新颖，文字通俗，条理清晰，是法律专业师生和法律爱好者研习中国法制史的理想教材和适用读物。(张永彬)

D000465 **中国法律史研究在日本** 俞荣根、胡攀、俞江著。重庆出版社 2002 年 1 月版。84.5 万字。42.00 元。收录日本学者对中国法律从上古、三代(夏、商、周)时期到中华人民共和国时期的研究和收集成果，并以目录的形式反映出来。本部目录书以时代为经，法律部门分类为纬，同类资料又以其发表先后为序进行排列。除通史通论部分外，古代分上古三代、春秋战国、秦汉、魏晋南北朝、隋唐、宋辽西夏金元、明清 7 个部分；近现代分清末、中华民国时期、中华人民共和国时期 3 个部分，共分

11个部分。所收资料不以狭义的中国法律史研究为限，而是适当扩及了与中国法律史研究相关的其他专门史、断代史、通史等的研究成果，尤以古代各部分为甚。本目录的栏目分为：著作或论文名称、作者、出版者或刊物名称、资料来源。（陈建军）

D000466 **批判与重建——中国法律史研究反拨** 倪正茂主编。法律出版社 2002 年 11 月版。32 开 303 页。18.00 元。主要收录 5 篇论文：中国古代法律功能再审思，对中华法系的再认识，罪刑法定与非法定的和合，虚假的材料与结论的虚假，法律史研究的文化解释使命。其内容涉及法律史学学科理论、法律的起源、中国古代法制的历史分期等等。（吴中华）

D000467 **宋代茶法研究** 黄纯艳著。云南大学出版社 2002 年 5 月版。24.5 万字。20.00 元。分宋代东南茶法和专题研究两篇。上篇有六方面的内容：北宋初期的茶法；嘉佑四年以前的茶法；嘉佑通商法；蔡京茶法；南宋茶法；福建茶法。下篇研究四川茶法；北宋水磨茶法；茶法的地区差异；私茶与私茶法；茶利与茶价；宋代茶法演变的基本规律。（钱新宇）

D000468 **未成年人家庭法制教育读本** 董柏林、梁威主编。地质出版社 2002 年 3 月版。20 万字。15.00 元。作者通过调查研究、科学思考、大胆实践和总结经验，对培养青少年一代依法做人这一主题进行探索，分析了目前家庭法制教育的情况、家长对子女教育的方法、家庭教育的影响及个别孩子违法犯罪的原因。并就家庭法制教育面临的普遍问题及热点、难点问题展开了研究和分析。全书共 6 章，内容包括未成年人家庭法制教育、案例点评、未成年人要学会自我保护、家长要做好孩子的保护工作、家长要学会纠正未成年人不良习惯、相关法律和法规。（王永奉）

D000469 **东方法律改革比较研究** 王云霞著。中国人民大学出版社 2002 年 5 月版。32.2 万字。18.00 元。以近现代东方主要国家的法律改革为主题的综合性专著。在宏观论述儒家、印度和伊斯兰三大法律文化圈的传统特色和法律改革的动因、方法、进程及其特征的基础上，分别对三大法律文化圈的改革作总体描述，然后从宪政制度的确立、刑事法律制度及其观念的更新、民商法体系的调整和司法制度的改革等方面，分别对三大法律文化圈的改革后果作具体分析。进而论述了当代中国的法律问题，描述了建国以来社会主义法制建设的发展进程、特点、成就及其经验教训，分析了当代中国法律改革的必要性和可能性，并从宪政体制的民主化、市场经济法律体制的建立、民法法典化、刑事法制的完善、司法改革和法律意识现代化等方面具体分析了当代中国法律改革的成就、不足与前景。收入"法学理论与实务丛书"。（社资）

D000470 **实践宪法学** ［日］三浦隆著，李力、白云海译。中国人民公安大学出版社 2002 年 8 月版。36.5 万字。28.00 元。学术专著的中译本。从动态的角度分析宪法运行过程，从宪法的实践功能揭示宪法发展的过程。重点突出，基本概括现行日本宪法制度和基本理论；侧重比较，信息量大。原作者根据其三次担任日本众议院议员、在职 7 年所保存或查阅的日本国会原始记录以及议员们在国会的质询、听证活动，对日本宪法的一些重点、要点问题，作了叙述。既有广泛介绍日本国宪法科学知识的一面，又有丰富的语言词汇和文学典故。（孙静）

D000471 **经济刑法** ［日］芝原邦尔著，金光旭译。法律出版社 2002 年 9 月版。32 开 200 页。14.00元。对经济刑法所面向的领域，即有关公司经营的犯罪、金融犯罪，证券犯罪、反垄断法所规定的犯罪以及侵害消费者利益的犯罪进行全面系统的论述。结合大量的企业违法行为的实例，以简明通俗的语言解说了经济刑法中诸多费解的理论与实际问题。反映了日本有关经济刑法的立法与实践的现状，以及在背后存在的当今社会企业违法经济活动的种种形态。（吴中华）

D000472 **司法改革报告——有关国家司法改革的理念与经验** 孙谦、郑成良主编。法律出版社 2002 年 7 月版。32 开 218 页。15.00 元。"司法改革系列书籍"之一，是译著。介绍了世界银行资助的有关国家司法改革的情况报告和评价和 21 世纪日本司法制度的改革报告，介绍了日本司法改革计划。（吴中华）

D000473 **东南亚七国法律发展史** 何勤华、李秀清主编。法律出版社 2002 年 5 月版。32 开 785 页。49.00 元。收录印度、韩国、马来西亚、菲律宾、新加坡、泰国、越南等七个东南亚国家的法律发展史，这七个国家是近来经济发展迅猛、社会政治制度日益完善、科技文化日益繁荣的国家。这些国家的法律则在社会发展过程中起到了规范政府行为、促进经济发展、保障人民权利的重要作用。（吴中华）

D000474 **德国支付不能法** 杜景林、卢谌译。

法律出版社 2002 年 11 月版。32 开 180 页。15.00 元。德国《支付不能法》共 11 编 335 条,另有《施行法》110 条。两部法律同于 1999 年 1 月 1 日生效。本书是德文版的中文译本。旨在为完善我国的破产立法,开展我国的破产法研究以及对我国的破产法及破产法研究向支付不能立法及支付不能法研究方面的提升有所裨益。收入"外国法典译丛"。(吴中华)

D000475 **英国证据法** 齐树洁主编。厦门大学出版社 2002 年 7 月版。62.5 万字。39.00 元。对英国证据制度进行系统研究的学术专著。英国证据法历史悠久,影响深远,对我国证据制度的完善有理论上和实践上的借鉴意义。本书利用大量最新的英国法资料,全面、深入地研究英国证据法的历史、演变、现状及发展趋势,包括证人、特权、书证、实物证据、禁反言、交叉询问、非法证据、传闻证据、意见证据、品格证据、推定、司法认知、正式自认等专题。(施高翔)

D000476 **朗文法律辞典** [英]L. B. 科尔森编写。法律出版社 2002 年 12 月版。16 开 471 页。68.00元。英国法律专门用语工具书,1997 年首次出版,多次重版、加印,在 2002 年出了第 6 版。词典直接由英文版影印,解说文字准确规范,易于理解。所收词条大多是一些基本词汇,词汇来源于构成传统的法律研究中心的领域,诸如合同法、侵权行为法、宪法、土地法、家庭法、衡平法和信托法以及法理学,而法制史、证据法、程序法和欧共体法亦有所收录。所收词条充实,词义因为司法解释、司法判决和格言的引用而得以强化,并且和法律评论、法令以及其他法律文本相互印证。还罗列大量的参考资料线索。(吴中华)

D000477 **法律小辞典** 浦法仁编。上海辞书出版社 2002 年 12 月版。56.1 万字。28.80 元。帮助正确理解法律术语、正确运用法律的小型法律实用工具书。收录日常生活中常见常用法律名词术语 2270 多条,内容涉及一般法律名词、宪法、行政法、民商法(民法、合同法、知识产权、公司法、企业法、破产法、保险法、票据法、金融法、证券法等)、婚姻法、继承法、经济法(土地法、税法、环保法、广告法等)、社会法(社会保障、劳动法等)、刑法、诉讼法等。释文以现行法律为依据,准确、科学。(辞书总办)

D000478 **OMAY 海上保险法律与保险单** [英]Donald O'may & Julian Hill 著,郭国汀等译。法律出版社 2002 年 10 月版。32 开 1079 页。78.00 元。作者朱连·希尔(Julian Hill)先生原系英国英士律师行资深高级合伙人,保险与再保险部负责人,伦敦保险协会保险市场上有关协会保险条款的顾问,联合国贸易发展会议海上保险委员会的顾问,伦敦城市大学客座教授,Chartered 保险协会主考官,现任伦敦海事仲裁委员会仲裁员及专家证人。本书是有关船舶、货物海上保险法律和实务的名著。原著者通过长期海上保险和司法实践并对海上保险判例的深层分析、剖解,作者以其毕生心血编著这一誉为世界海上保险法的经典巨著。收入"当代国际贸易航运名著译丛"。(吴中华)

D000479 **美国版权法(附英文文本)** 孙新强等译。中国人民大学出版社 2002 年 4 月版。37 万字。42.00 元。美国《版权法》属联邦成文法,1790 年美国第一届国会依据美国《宪法》中的专利与版权条款,以 1710 年英国《安娜法》为蓝本制定了第一部版权法。该法立法方式过于简约、原则化、保护客体范围较窄(仅限于地图、图表及书籍),保护期限亦较短(仅为 14 年)。此后,国会曾多次对《版权法》进行修订。美国现行版权法即是美国第四部版权法。此前,美国版权法是沿着联邦成文法和各州普通法两个方向发展,这种二元体制因繁琐复杂而遭广泛批评。1976 年的第四部版权法全面修订了 1909 年版权法,废除了已实行一个半世纪的二元保护制,改成统一的保护体制。1976 年版权法于 1978 年 1 月 1 日生效后又经多次修正。美国 1976 年版权法已成为目前世界各国版权法中规定最详尽、立法技术较高,保护范围亦较完善的几部版权法之一。收入"世界贸易组织与中国知识产权制度的发展研究丛书"。(社资)

D000480 **美国刑事法院诉讼程序** [美]爱伦·豪切斯泰勒·斯黛丽等著,陈卫东等译。中国人民大学出版社 2002 年 1 月版。56.2 万字。68.00元。关于美国刑事诉讼程序的译著。书中探讨了美国刑事法院诉讼程序的演变、发展及现状,并对当前美国国内有关这方面的争论作了详尽的介绍和评述。作者从三部分进行论述。第一部分从历史、现实和比较的角度,介绍抗辩制诉讼中被指控者的角色及法院的诉讼程序与结构;第二部分对参与到法院刑事诉讼的三个关键角色即法官、检察官和辩护律师的人员设置、职责、特点等方面进行全方位探讨;第三部分讨论了案件在刑事法院诉讼的具体步骤,展现了抗辩制诉讼,尤其是在法院诉讼的全貌。书中引用大量数据和实证研究的结果,并有丰

富的案例，包括美国法院近几年关于刑事诉讼的最新判例。收入“刑事诉讼法学译丛”。(郑伯平)

D000481 **超级律师——美国40位顶级律师成名案例** [美]科林·埃文斯著，马永波译。北方文艺出版社2002年1月版。22万字。18.00元。描绘了美国40位顶级律师的生活及其成名案例，以有趣的新闻体风格展示了这些大律师的成长、奋斗历程，介绍了引起公众极大兴趣的著名案例的审理。这些律师的演说技巧、对陪审团和证人的心理把握；在运用法律条文时的机智灵活、力求公正的敬业精神，以及极具个性的人格魅力，无不让人为之折服和倾倒。(梁春芳)

D000482 **国际法** 梁淑英编。中央广播电视大学出版社2002年1月版。52.4万字。37.00元。为中央广播电视大学法学专业学生必修课程教材。分12章并附有一些重要案例，即：国家、国际领土、海洋法、航空法和外层空间法、国际法上的个人、国际人权法、外交和领事关系法、条约法、国际组织法、和平解决国际争端、战争法等。(总编室)

D000483 **中国国际法年刊1999** 王铁崖、李兆杰主编。法律出版社2002年5月版。32开413页。38.00元(精)。分为五个部分：论文部分：海牙国际和平会议与国际法发展；涉外民事诉讼上的过度管辖权及其规制；海洋环境污染的国家责任问题等。述评部分：国际刑事法院框架内的国际司法合作制度；恢复对澳门行使主权与有关的国际法问题；WTO金融自由化与金融监管等。特载部分：国际法委员会的过去、现在和未来；联合国在东帝汶的维持和平行动等。事件部分：美国为首的北约袭击中国驻南斯拉夫大使馆。学术活动与动态部分：中国国际法学会1999年学术活动；联合国国际法院1998～1999年司法工作；联合国海洋法法庭1999年的案件审理等。(吴中华)

D000484 **商贸法律与案例** 吕红军主编。对外经济贸易大学出版社2002年6月版。33.9万字。15.90元。中等职业教育国际商务专业国家规划教材之一。根据《商贸法律与案例教学大纲》的要求，结合国际经贸法律、法规的最新发展，特别是我国入世以后对外经贸法规方面的变化编写。将国际商贸法律知识与案例教学有机地结合起来，文中有案，案中有题，以案说法，深入浅出。每章的内容分为导读、正文、课堂案例讨论和复习与思考四个部分。(顾永才)

D000485 **国际私法** 赵相林编。中央广播电视大学出版社2002年8月版。44.8万字。32.00元。为中央广播电视大学法学专业系列教材。主要包括：国际私法基础理论、国际私法发展史、冲突规范、冲突规范使用过程中的法律制度、涉外民事关系的主体、法律行为和代理、涉外物权的法律适用、涉外知识产权的国际保护、涉外和统治者的一般法律适用原则、几种具体合同的法律适用、涉外婚姻家庭的法律适用、涉外继承的法律适用、国际民事诉讼程序、国际商事仲裁等15章内容。(总编室)

D000486 **国际私法学** 金明主编。四川大学出版社2002年8月版。35.7万字。22.00元。“高等学校法学教学丛书”之一。分16章：第一章为概论；第二章为国际私法学说史；第三章为冲突规范；第四章为与适用冲突规范有关的制度；第五章为国际私法主体；第六章为涉外物权问题；第七章为一般涉外合同之债；第八章为国际货物买卖法律制度；第九章为国际货物运输与保险法律制度；第十章为国际贸易支付；第十一章为涉外侵权行为之债；第十二章为知识产权的国际保护；第十三章为涉外婚姻家庭关系；第十四章为涉外继承问题；第十五章为国际民事诉讼程序；第十六章为国际商事仲裁。(汪萍、成杰)

D000487 **国际特许经营指南** 对外贸易经济合作部条约法律司编译。法律出版社2002年5月版。32开260页。21.00元。这是国际统一私法协会向全球商界和法律界推出的一本关于国际特许经营业务的出版物。此书正在被译成世界主要通用语言并为越来越多的从事国际特许经营的人士所重视和参照。本书对特许经营的概念，权利授让，当事各方之间的关系，合同条款，特许者、被特许者及被特许者的权利义务，广告、设备、产品与服务的提供，知识产权等都做了翔实全面的分析与咨询。(吴中华)

D000488 **国际刑事法院研究** 王秀梅著。中国人民大学出版社2002年1月版。33.3万字。25.00元。阐释常设国际刑事法院建立和运作过程中的基本、核心问题。作者认为，创设常设国际刑事法院已成为历史发展的必然。为确保常设国际刑事法院的有效运行，尊重国家主权原则和保障人权原则不可或缺。为体现该原则的精神，国际刑事法院的管辖权与国家管辖权之间的关系必须是并行的，国际刑事法院的管辖权在某种意义上弥补了国家刑事管辖权行使中的缺憾。作者试图打破国际法上个人承担刑事责任的传统观念，探讨了团体或组织，甚至国家承担刑事责任的可能性，并进一步强调打击

国际犯罪,维护人类和平与发展的关键是加强国际刑事司法合作与协助。收入“法律科学文库”。(郑伯平)

D000489 **引渡与国际法** [韩]李万熙著,马相哲译。法律出版社2002年6月版。32开338页。26.00元。作者是韩国检察官、法学家,对国际公法、刑事法、司法制度有较深造诣。主要内容有:犯罪的国际化与国际刑事司法协助,引渡制度的发展及其主要内容,日美引渡条约的发展过程,现行日美引渡条约中的几项基本原则,现行日美引渡条约中的引渡程序,关于引渡理论的几个问题,最新国际动向。(吴中华)

E 军事

E000001 **军事理论教程** 刘光权等编著。兵器工业出版社2002年9月版。33.1万字。26.00元。在高等学校《军事学教程》的基础上编写。分我国古代军事思想、外国军事思想、毛泽东军事思想、邓小平新时期军队建设战略、现代军事科学技术、高技术战争、军事地形学、国防军事战略、我国国防和军兵种知识等10章。(张小洁)

E000002 **肖劲光军事文选** 肖劲光著。解放军出版社2002年12月版。32万字。38.00元。收录肖劲光在战争年代和在海军工作期间的文稿、讲话、报告等,共67篇,反映了肖劲光的军事观点和关于军队工作、国防建设的经验总结及理论探索。还收录了肖劲光在担任海军主要领导人期间,为创建人民海军,为海军的建设和发展,为建设强大的国防,所起草签发的40余篇报告、总结、书信等文稿和发表的文章。(杜艳丽)

E000003 **黄克诚军事文选** 黄克诚著。解放军出版社2002年9月版。60万字。50.00元。收入著者在红军时期、抗日战争时期、解放战争时期、社会主义建设时期的文章、电报、文件等共148件,反映他的重要观点和思想风貌。(董玉华)

E000004 **世界高技术武器市场透视** 叶卫平主编。天津人民出版社2002年6月版。38.5万字。27.00元。涉及的武器类型有核战略武器、航天航空、舰艇、坦克等。运用了国际政治、经济和军事诸领域的多学科、跨学科的研究方法,对美国、俄罗斯、独联体其他国家、东北亚主要国家、东南亚主要国家、台湾地区、中东地区、海湾地区、南亚主要国家、南非等非洲国家、拉丁美洲、欧盟主要国家、以色列、巴西等的大量进出口高技术武器的历史与现状背景,特别是它们的地缘战略、安全政策和军事方针,作了介绍与分析。(盛家林)

E000005 **数字化部队与战场** 胡永丰著。解放军出版社2002年12月版。28万字。军队院校高技术应用及管理教材。主要介绍数字化部队的产生和发展,数字化部队的武器、作战及训练方式,数字化部队战场的特点及建设,数字化部队战场的指挥及后勤保障等内容。(田红战)

E000006 **目击战争100年** 成勇编著。广东旅游出版社2002年1月版。53万字。72.00元。共6册,根据年份辑录战争史实,图文并茂。用图片和文字,反映从1900年到2000年间人类世界所发生的战争。从这些珍贵的摄影照片中,真切地触摸那些锥心的惨痛,目睹那些血淋淋的伤口,感受战争给人们带来的惊恐、惨烈、彼此的扶助和安慰;看到那些本来平庸朴实的普通人如何在战争的血与火的洗礼中变为叱吒风云的英雄,人类平凡的情感和精神是如何在残酷的战争中升华和崇高起来,战争如何毁灭了一切又创造出崭新的一切。(李瑞苑)

E000007 **20世纪中国学术大典·军事科学** 马天保主编。福建教育出版社2002年9月版。106万字。145.00元。内容涉及军事思想、军事学术、中国人民解放军政治工作、军事后勤、军事技术、军事历史、军事地理测绘气象等军事科学研究的主要领域。通过对20世纪中国军事科学研究的重要领域的发展情况、发展规律进行回顾,以展现20世纪100年间,特别是中华人民共和国成立以后中国军事科学发展的丰硕成果,宏扬中华民族军事文化的精华,推动中国军事科学研究的繁荣与发展。(林鼎华)

E000008 **世纪之交的若干思考** 申勇著。解放军出版社2002年2月版。11.5万字。15.00元。

反映世纪之交我军建设的理性思考的文集。收集作者从 1990 年至 2001 年的 22 篇文章，内容涉及党的建设、思想政治建设、军队后勤建设、军事经济理论与实践、军事人才培养等方面。该书的许多文章曾公开发表过。分四个方面：1. 对战略后方基地人才培养的思考。2. 关于提高领导艺术几个问题的哲学思考。3. 关于军事经济管理与效益问题的若干思考。4. 进一步加强和改革学院思想政治建设的几点思考等。（田红战）

E000009 **新时期军队思想研究** 陆卫荣著。解放军出版社 2002 年 12 月版。25 万字。军队院校教材。系统研究毛泽东、邓小平、江泽民国防和军队建设思想，特别是全面研究了党的第二代领导核心邓小平和党的第三代领导核心江泽民关于国防和军队建设思想理论创新的历史背景、理论体系的主体内容，阐述了邓小平、江泽民国防和军队建设思想的历史地位和对于我军进行新世纪现代化建设，实现国防和军队建设“三步走”战略目标的现实指导意义。该书以《邓小平新时期军队建设思想学习纲要》框架为基础，着眼江泽民对毛泽东特别是邓小平国防和军队建设思想的继承和发展，对新时期两代领导核心的国防和军队建设思想作了深化研究。（田红战）

E000010 **中国军事后勤百科全书** 中国军事后勤百科全书编委会编。金盾出版社 2002 年 8 月版。585 万字。1700.00 元。汇集古今中外军事后勤领域知识的专著。共 14 卷，选收条目 5627 条，配图片 3609 幅。分后勤综合、后勤理论、后勤历史、后勤指挥、军事财务、军需勤务、卫生勤务、军械勤务、军事交通、车船勤务、油料勤务、物资勤务、基建营房勤务、军队审计等 14 个正文卷，辑有中国军事后勤大事记为附录，正文卷本设有条名汉语拼音、汉字笔画和英文三个索引。全书介绍和阐述了军事后勤各专业的基本概念、基本事实、基本理论，突出中国和中国人民解放军的特色，注重反映当代军事后勤的新发展、新成就。（马文斌）

E000011 **地缘政治与中国国防战略** 楼耀亮著。天津人民出版社 2002 年 6 月版。19 万字。18.00 元。系统研究地缘政治与国防特别是中国国防之间的关系。分四章：第一章地缘政治与国防。从地缘政治的基本概念、主要特征和理论框架等方面对地缘政治作了简要分析和介绍，介绍了国防的基本内涵、国防观的发展和变化、国防的内容等问题，论述了地缘政治对国防的影响和制约。第二章中国国防的地缘政治回顾。研究了地缘政治对历史特别是当代中国国防的影响，内容包括古代、近现代和当代几个不同时期地缘政治的主要特点，中国历代具有地缘意义的国防战略思想，以及中国历代国防战略思想和实践的地缘政治评价和反思。第三章中国国防面临的地缘政治形势。从国际、周边和国内几个层次具体分析当前我国国防面临的地缘政治形势及发展趋势，判断我国国防所面临的现实和潜在威胁，明确我国国防斗争和建设的目标和任务。第四章中国地缘政治思考，从地缘政治角度提出了我国国防斗争应采取的战略和措施。（张献忠）

E000012 **野外生存百科全书** ［英］亚历山大·史迪威著，卫平、穆金译。明天出版社 2002 年 9 月版。24.8 万字。18.50 元。分 13 章。首先介绍野外生存训练准备工作以及所需要的装备，有关沙漠、海洋、热带、极地、山地、特殊自然条件下求生的基本知识与技巧。还介绍野外急救、燃火、工具与武器、狩猎陷阱、捕鱼方法、可食用植物、信号与方位、捆扎木筏、渡河方法、绳索与结扣等方面的基本技巧与成功经验。最后详细介绍有关国外旅行的一些常识。（王兰福）

E000013 **人民防空知识** 武汉市人民防空办编。湖北人民出版社 2002 年 8 月版。7.7 万字。3.60 元。初级中学人民防空读本。教材重点介绍现代高技术常规空袭的特点与防护、核武器与生化武器特点与防护以及防护器材的使用、人防工程的建设、防护技能的演练等方面。本教材体现了现代高技术条件下人民防空的特点，坚持平战结合的原则，注重高技术空袭环境下人民防空知识与防护技能的传授，又突出防灾自救的应变能力和生存能力的提高。（沙铁军）

E000014 **图说中国海军史** 陈贞寿著。福建教育出版社 2002 年 9 月版。3440 幅图，70 万字。1800.00 元。以海军的发展为主线，概说从古代到近代的海洋文化及海军的演变与发展，详述近百年来中国海军的建设、变异与战争，展示了中国人民海军的创建与崛起的光辉历程。分上、中、下 3 册。书中纵列史实，横陈佐证，许多图片首次面世，弥足珍贵。（谢从荣）

E000015 **特种兵野战生存秘笈** ［英］彼得·达曼著，卫平、仝学林译。明天出版社 2002 年 3 月版。24.5 万字。17.30 元。吸纳美、英、加拿大、法国、俄罗斯、瑞士、澳大利亚等国的特种兵在野外作战中，身处极地、山地、沙漠、热带地区以及海上绝境时,向极限挑战的有关资料。讲述在极端困难的情况下,如何求生,并解决下列问题:淡水、生火、食物、住处、工具、急救以及信号与方位诸方面应该采取的有效措施。还介绍了世界各地的政治现状以及民族习俗。附有丰富的图片。(王兰福)

E000016 **古都西安·西安的军事与战争** 杨希义著。西安出版社 2002 年 2 月版。20.7 万字。18.00 元。以古都西安的历史变迁为线索,详细阐述由先秦到辛亥革命两千多年间发生在古都西安的历次重大军事变动与战争。对历朝相应的军事制度及变革措施作了全面介绍,尤其是对唐之后长安的历史地位作了简要分析。(连英)

E000017 **龙旗飘扬的舰队(增订本)** 副名:中国近代海军兴衰史。姜鸣著。生活·读书·新知三联书店 2002 年 12 月版。48 万字。38.00 元。叙述并分析 1861～1911 年中国近代海军发展历程及失败的教训。分 7 章:一、海军事业的先声(1861～1874);二、南北并举(1875～1884);三、马江之战前后(1884～1885);四、海军衙门的设立(1885～1894);五、北洋海军成军(1885～1894);六、甲午海战及北洋海军的覆灭(1894～1895);七、海军发展的第二个浪峰(1895～1911)。内容涉及晚清海军管理体制及机构、造舰和购舰、海防经费的筹措、海军军官和士兵的教育培训、军港建设,以及历次海战的情况,并在此基础上探索中国军事现代化的有关问题。每章后均有详细的注释,书后附有主要参考书目和人名索引、舰船索引。(潘振平)

E000018 **刘邓大军史话** 姜思毅著。解放军出版社 2002 年 8 月版。40 万字。32.00 元。回忆录文集,选收原第二野战军部分指战员回忆第二野战军及其前身在解放战争时期若干重要战役的文章。书中真实地再现了刘伯承、邓小平、张际春、李达等老一辈无产阶级革命家在不同战场的主要活动、高超的指挥艺术,在战略、政略上对毛泽东军事思想的丰富和发展,以及他们的作风和性格特征;热情讴歌了第二野战军广大指战员的崇高革命理想,坚定的革命信念,威武不屈、献身革命的高贵品质。记述了他们不怕艰难困苦,执着追求,顽强拼搏的革命精神。(杜艳丽)

E000019 **走近最后的决战** 副名:平津战役参战将士访谈录。平津战役纪念馆编。天津人民出版社 2002 年 6 月版。50 万字。32.80 元。为“平津战役史料丛书”之一。书中被采访的 70 多位将士,既有当时参战的高层领导,又有身先士卒、作战勇敢的基层官兵,他们以自己的亲身经历,讲述了中国人民和人民解放军广大指战员在中共中央、中央军委和毛泽东主席的领导下,以民族独立、人民解放和新中国的诞生为崇高理想,不畏强敌、前赴后继、浴血奋战的英雄故事以及地方政府和人民群众大力支前的光辉业绩。(赵艺)

E000020 **淮海战役研究** 李建国著。湖南人民出版社 2002 年 1 月版。53 万字。42.00 元。以淮海战役的发生、发展为线索,对战争全过程中的许多重要史实进行研究,对战役中敌我双方的战略战术和敌军遭受失败、我军取得胜利的原因进行探讨。既有纵向梳理,又有横向比较,全面深刻地揭示了那段宏伟壮阔的历史画面。(彭富强)

E000021 **点击新战争丛书** 曹应龙、赵焕文编著。江苏少年儿童出版社 2002 年 4 月版。每册 4 印张。每册 12.00 元。包括《太空战》、《导弹战》、《网络战》、《无人战》、《反恐战》5 册,分“战争奇观”、“兵器探秘”、“军队点击”、“知识网页”等栏目。引用翔实的资料、大量的战例,以军事科普的形式,将高技术战争的特点形象化,将深奥的新战争理论通俗化,将军事科学与技术具体化。(钱旭东)

E000022 **俄罗斯武器装备透视** 易军、秦毅编著。国防工业出版社 2002 年 1 月版。12.6 万字。10.00 元。主要介绍俄罗斯的军事思想、军队建设、军事技术、武器装备、兵役制度等内容,主要包括俄罗斯军事领导与指挥体制及运行机制,武装力量以构成和部署情况,武器装备的战术技术性能,武器装备在各军兵种的配备情况,以及军事科研、战争潜力等,对俄罗斯未来的军事发展也作了前瞻。(郝刚)

E000023 **汉英·英汉军事大辞典** 中国军事教育学会编。学苑出版社 2002 年 11 月版。350 万字。195.00 元。共收条目近 18 万个,汉英、英汉双向查阅。本书囊括军事领域的军事战略、作战指挥、武器装备、后勤保障、军事医学及体育等各个方面。附录有:《常用军事缩略语》、《外国主要武器装备、军用航天装备、自动化指挥系统名称》、《美国海军舰艇代字》、《英、美军军衔》、《中国人民解放军军衔》、《外国重要战争、战役和军事事件》、《部分国家军事网址》、《世界国家和首都英汉对照》、《计量单位换算》等。(学苑)

E000024 **美国陆军士官手册** [美]凯瑟·波恩著,张宝田译。解放军出版社 2002 年 6 月版。40 万字。35.00 元。内容包括美国陆军士官的地位、作用、职责、道德以及教育、训练、奖惩制度等。译著对原著美化美国历史上的对外侵略战争、宣传资产阶级价值观念、鼓吹物质利益至上原则等内容进行了适当处理。（田红战）

E000025 **美国陆军军官指南** ［美］凯瑟·波恩著，张宝田译。解放军出版社2002年5月版。60万字。45.00元。全面介绍美国陆军情况的专著。内容包括美国陆军生活、习惯与礼节、业余生活；军官的专业发展、参谋制度、指挥职责；军官的社会生活、家庭事务及工资津贴等。译著对原著存在的某些错误观点进行了适当处理，它客观准确地再现了原著的主要风格和内容。（田红战）

E000026 **中国战术史** 金玉国著。解放军出版社2002年12月版。25.00元。以马克思主义的认识论为指导，全面分析影响战术发展的因素，按照历史朝代顺序，对战术发展状况进行探索，勾画出各个朝代的战术特征，揭示了中国战术发展规律。其内容涵盖了军队规模，军兵种结构，军队编制，武器装备，战斗形态，战术运用等方面，也有政治、经济、文化等方面的内容。（董玉华）

E000027 **防空信息战概论** 王风山主编。航空工业出版社2002年8月版。27.3万字。28.00元。高等军事院校防空专业教材。从信息时代、信息战争的宏观地位，分析防空的历史、现实和未来，研究了防空指挥控制战、情报战、电子战、网络战、心理战、精确打击战的对策和措施，采用有价值的最新理论成果，反映防空作战的最新成就。（黄苏桥）

E000028 **孙子兵法(珍藏本)** 刘庆评注。中国少年儿童出版社2002年1月版。24.8万字。20.00元。中国古代兵法选注。选收“孙子兵法”13篇，“孙膑兵法”16篇。每篇原著的后面，配有原文注释、白话译文，并精选古今中外的著名战例及点评，结合古往今来的战争实践进一步说明其思想观点的运用方法。（韩彬）

E000029 **中国经典兵书** 于汝波、李兴宾主编。山东友谊出版社2002年10月版。250万字。268.00元。从我国存世的数百种兵书中，选收最有代表性的经典著作《孙子兵法》、《孙膑兵法》、《尉缭子》、《六韬》、《三略》、《将苑》、《卫公兵法》、《唐李问对》、《太白阴经》、《武经总要》、《何博士备论》、《百战奇法》、《酌古论》、《历代兵制》、《北征录》、《阵纪》、《纪效新书》、《投笔肤谈》、《兵经》、《乾坤大略》、《曾胡制兵语录》等36种，加以注释和翻译。还以简明扼要的文字，对每一种兵书的内容特点、理论价值、学术成就、重要影响、版本源流以及原作者的生平事迹，作概括性介绍。

E000030 **漫话银雀山** 郭文铎著。解放军出版社2002年10月版。30万字。23.00元。简要回顾1972年6月在山东临沂银雀山汉墓中挖掘《孙子兵法》竹简，《孙膑兵法》竹简的过程，着重叙述银雀山汉墓竹简博物馆成立后对兵书竹简的发掘、整理工作以及博物馆开放后的现实意义和历史意义。本书收录研究文章47篇，作者是有关方面的专家，文章大多数都发表过。（董玉华）

E000031 **先秦兵书通解** 徐勇主编。天津人民出版社2002年8月版。34.8万字。24.50元。现存先秦兵书以《孙子》、《吴子》、《司马法》、《孙膑兵法》、《六韬》、《尉缭子》最为完整，本书将上述兵书悉数收录，并作注释、解读及校勘。书中“通解”介绍了作者情况、成书时代、版本流传、思想特点及理论价值等。附录有《军志》、《军政》、《握奇经》、《阴符经》等与军事有关的文献。兵书正文参照了考古发现的秦汉兵书竹简，使之尽量与历代流传过程中的错讹相区别。（陈益民）

E000032 **孙武兵法破解** 陈宇著。解放军出版社2002年8月版。24万字。21.00元。各篇文章主要由提要、经典句、原文、原文意解、原句意解、原句辩释、专题解论等六部分组成。原文意解，较好地解决了以往拘泥字句注释直译中存在的一些词句生硬，文意不顺等问题，在用词和句法上进行一些必要的文字修饰，并对许多句子有新的诠释。原句辩释，从原文中精选出有代表性的63个句段逐一进行辩释，并以独特的视角，对一些字句进行全新的释读破解。专题解论，涉猎76个专题，可谓是当前有关孙武兵法主要研究问题的一个概要集成。（董玉华）

E000033 **孙膑兵法破解** 陈宇著。解放军出版社2002年5月版。22万字。19.80元。解读《孙膑兵法》的专著。分提要、精典句、原文、意解、话说五部分。有意解，也有论说，尽量将玄奥的兵法理论通俗化。不拘泥于前人的观点，勇于提出自己的见解，如对“赞师”、“短兵”等词的辨析；“近者弗则，远者无能”、“日其精也”、“八风将来”等句的理解，都具有新意。话说部分穿插了古代战争故事。（田红战）

E000034 **外军特种战的武器装备** 黄学爵等著。解放军出版社2002年12月版。12万字。9.80元。军事科普读物。分“神兵天将，坏蛋全完了”，“老兄，尝过意大利钢铁的味道吗”，“好可怕啊！坏蛋瞬间成了马蜂窝”，“使用方便，就是价格特贵”，

“黑夜如同白天,坏蛋无所藏身”,“恐怖分子怎么全傻了”,“哼!太岁头上动土,尝尝我们的新鲜玩意吧”,“更特别的未来”,“特种兵的法宝:神奇的特种枪”,“哇!好厉害的变形金刚”,“游荡在网络上的幽灵”,“未来战场上的超级杀手”等12部分。用故事的形式,讲述特种部队使用的刀、枪、炮、服装等相关的武器装备。(田红战)

E000035 **坦克与装甲车辆之最** 钟振才编著。国防工业出版社2002年2月版。26.6万字。15.00元。介绍20世纪以来主战坦克、轮式战车、火力支援车辆、履带式战车等坦克与装甲车辆精华的科普读物。书中介绍了坦克和装甲车辆的发展历史、性能特点、发展水平,以及它在战争中的地位和作用。为“兵器王国之最”之一。(郝刚)

E000036 **新世纪新兵器丛书** 凌翔主编。辽宁少年儿童出版社2002年3月版。87.4万字。50.00元。重点介绍火炮、轻武器、军舰、装甲车、飞机等新武器并从每类精选几十种代表性的新型武器,例如在被誉为“战争之神”的火炮一类中,介绍榴弹炮、加农炮、迫击炮、火箭炮、反坦克炮、高射炮等。概述了它们的发展历程及未来的发展趋势。内容新颖,重点突出,可读性强,能使读者获得现代兵器知识,增强国防意识。本套书适合小学高年级以上的学生和广大军事及兵器爱好者阅读。主要有:《新世纪轻武器》(国涛、树宝编著,17万字,10.00元);《新世纪飞机》(瞿颖兵、凌翔编著,17万字,10.00元);《新世纪军舰》(浩舟、顾维方编著,19万字,10.00元);《新世纪火炮》(国涛、树宝编著,17万字,10.00元);《新世纪装甲车》(凌翔、刘成志著,14.8万字,10.00元)。(广大)

F 经济

经济学

F000001 **团队建设操作实务** 孟汉青、郭小龙编著。河南人民出版社2002年4月版。15.4万字。16.00元。“人力资源管理操作实务丛书”之一。讲述现代企业团队塑造的各项技巧、方法。(李小龙)

F000002 **实战智库** [台湾]张永诚著。中国纺织出版社2002年1月版。每册60万字。65.00元。分5册,以明确的主题为轴,规划出一个个小系列,每一种一个主题。《行销高手101》书中的101位高手是笔者以旁观者的立场,就中外各行各业千余个行销个案中筛选出的精华。每一篇都介绍一件和行销有关的活动,并从专业的角度诠释他们独特的创意、风格或贡献。他们的行销理念、思考模式、奋斗过程及才智表现,或多或少都有可供我们省思、借鉴的价值。《管理高手101》介绍的101位管理高手中,有的高瞻远瞩,雄才大略;有的脚踏实地,默默耕耘;有的霸气强势,长于开创;有的胜在专业;有的善于颠覆;有的精于算计。然而,不管这些管理高手们以什么样的风格或方式领导,他们最主要的共同特质,都是重视“行动”与“绩效”,并且具有比竞争者更敏锐的“洞察力”和更快的“学习力”。《集客高手101》最大的亮点就在于让您读完此书后成为第101位集客高手。《策略高手101》精选了100个策略供您参考。《服务行销高手101》用100个案例告诫我们:服务,永远不够。(许小莉)

F000003 **综合英汉经贸词典** 劳允栋主编。商务印书馆2002年8月版。260余万字。56.00元。收入50000余词条及250000余条精选的经贸术语和习语。收词范围涉及国际贸易、商业经营、企业管理、金融、财税、保险、航运、统计、证券交易等经济领域各个方面。不仅在本词的收录上精心筛选,还列出了本词的语音、基本词义、语法特征、常用句型以及习语,并配有充实的短语例证和经贸英语例句。其经贸术语之齐全、用例之翔实、覆盖面之广、数量之多为同类词典所鲜见。词典后附3种附录:“部分中国经济贸易机构”和“部分国际经济贸易机构”;“各国及地区货币名称表”;“世界主要港口”。(卢艳丽)

F000004 **与中国著名经济学家对话(第三辑)** 毛增余主编。中国经济出版社2002年1月版。15万字。16.80元。为我国著名经济学家的访谈录。所收录的经济学家有6位。他们是:我国国际金融学大师——陈彪如;我国政治经济学大师——宋涛;凯恩斯经济学大师——宋则行;“一个不断悔改的马克思主义经济理论工作者”——蒋学模;中国“入世”的最早倡导者——汪尧田;我国发展经济学大师——谭崇台。访谈所涉及的内容有:经济学家个人的成长经历、求学经历、对自己有重要影响的恩师、主要代表作、对经济理论的贡献、与经济学界同仁的交往轶事、曾经参与不同学术观点的争论、本人所在学派的介绍、对当前经济学和经济热点问题的看法、以及重要的其他话题。

F000005　**西方经济学**　孙建中、杨俊青编。电子工业出版社2002年1月版。33万字。21.00元。将纷繁复杂的西方经济学理论归结为两点:微观经济学证明亚当·斯密的“看不见的手”原理;宏观经济学论证总供给和总需求如何在充分就业处实现均衡。本书用市场这一主线将这两点贯穿起来,系统而清楚地介绍了西方经济学的主要内容。(何瑞)

F000006　**西蒙选集**　[美]赫伯特·西蒙著,黄涛译。首都经济贸易大学出版社2002年1月版。49.2万字。39.00元。为作者亲自为中译本编撰的文集。收录的论文包含了作者对各种经济管理主题的思考,并用其创建的有限理性说为主线形成了一个松散的整体。全书充满着西蒙先生对彼此差异很大的各类主题处理方式的灵活性,显示出西蒙先生知识的广博和处理学术问题的精湛技巧。其广泛的兴趣和独特的创建也会给人留下深刻的印象。书中收集的一些论文已成为经济管理科学的经典,并成为相关学科理论体系的重要组成部分。特别是其论述过的问题可能已过时,但其论述问题的方法却会给人以莫大的教益和启迪。(薛捷)

F000007　**现代经济学与金融学前沿发展**　商务印书馆2002年10月版。80万字。62.00元。论文集,共由17篇文章所组成。其绝大部分文章是华中科技大学经济学院于2001年6月举办的“现代经济学、金融学前沿发展”系列讲座的产物,受邀的讲座者有:2000年度诺贝尔经济学奖得主、美国芝加哥大学经济学教授詹姆斯·J.赫克曼(James J. Heckman),世界著名经济学家、曾任世界计量经济学会主任和欧洲经济学会主席的法国图卢兹大学金—亚克·拉丰(Jean—Jacques Laffent)教授,以及来自海外的华人经济学教授,本论文集还收集了2000年度诺贝尔经济学奖得主、美国加州大学柏克利分校经济学教授丹尼尔·L.麦克法登的一篇讲演稿,还包括了杨晓凯教授和李东教授的文章。17篇文章中,其中14篇是关于经济学的,另外3篇是关于金融学的。头4篇是赫克曼教授、麦克法登教授和拉丰教授关于教育回报、怎样量化环境损坏或改善的经济价值及规制经济中激励机制设计的专题研究。另外13篇都是由海外华人学者所写的综述性文章。其中两篇是由石寿永和黄晓东所写的关于宏观经济学和货币理论方面最新发展的文章。接下来的两篇是谭国富和田国强关于拍卖理论和机制设计理论的综述性文章。杨晓凯关于超边际分析的文章是本论文集中所收集的唯一的一篇关于非主流经济学方面的文章。文玫的关于民营化的文章介绍了民营化理论和实证方面的研究。艾春荣、张跃平的文章以及李东的文章分别对微观计量经济学和横截面时间序列模型的文献做了简要综述。由邹恒甫、尹恒所写的关于收入分配理论和刘安平所写的规制理论与实践方面的综述文章可看出政府能在这些方面发挥很好的作用。最后的三篇文章是关于金融学方面的文章,宋敏的文章对期货市场的起源、基本特征及其功能进行了介绍;张俊喜的文章介绍了金融管制的起因、特征、存在形式及可能引起的后果;刘俏在他的综述文章中介绍了市场有效性假说的理论和实践依据,并讨论了此假说在理论和实践上的缺陷。(杨宝兰)

F000008　**英汉汉英MBA专业词典**　中国科学院计算机语言信息工程研究中心编。科学出版社2002年12月版。140.68万字。68.00元。收集了20世纪90年代以来国际上通用的涉及经济学、管理学、管理经济学、财务管理、会计与审计、金融、国际贸易、商务、市场营销、人力资源、生产与作业管理、战略管理、消费者行为、运筹学、管理信息学、管理统计学、商法等方面的常用词语,共66000余条。其中英汉部分31000条,汉英部分35000条。并配有一个提供与MBA专业相关信息、工作和学习中常用信息和具有多种学习功能的光盘。(总编业务部)

F000009　**经济学是什么**　梁小民著。北京大学出版社2002年11月版。15万字。18.00元。系统地介绍了经济学这一学科的研究对象、具体内容以及同人们日常生活的关系,阐明了像经济学家一样去思考经济现象的意义。同一般的教科书相比,从内容上此书增加了家庭决策以及企业经营方面的内容,具有更强的实用性。(杨书澜)

F000010 **政治经济学概论** 王元璋编著。武汉大学出版社 2002 年 1 月版。30.1 万字。19.00 元。分为“始论:政治经济学的对象和任务”、正文、“尾论:资本主义未来发展趋势”3 部分。正文分上下两编。上编为“对资本主义生产方式的一般考察”,主要阐明马克思在《资本论》第一、二卷中对资本的直接生产过程和流通过程作抽象研究所揭明的理论内容,适用于资本主义各个发展阶段。下编为“对资本主义生产方式的具体考察”,由抽象研究上升到具体研究,依次安排了“自由资本主义”、“垄断资本主义”和“当代资本主义”3 章,使整个资本主义生产过程都得到全面、完整的考察。(柴艺)

F000011 **管理经济学导论** [美]夏普著,朱恒鹏译。首都经济贸易大学出版社 2002 年 1 月版。15 万字。12.00 元。以深厚的经济学理论功底,简洁流畅的文笔介绍了那些和企业经营管理人员直接相关的经济理论,如需求、收益、成本、利润、投入—产出、时间及风险等。这些内容对企业的经营管理人员极有价值。其最大特点是未涉及高深的数学知识。(薛捷)

F000012 **自由、公正和制度变迁** 姚洋著。河南人民出版社 2002 年 2 月版。22.5 万字。20.00元。探讨市场经济条件下的经济、伦理、道德问题,经济、社会、文化转轨问题,市场培育问题,企业诚信问题以及宏观经济背景和人们的生产、生活方式等重大问题,进行较为深入的历史分析,并与苏联、东欧诸国的经济转轨进行比较分析,深刻剖析经济现象背后的社会文化内涵,视野开阔,思维敏锐,具有历史的厚重感。(李小龙)

F000013 **经济转轨与社会公正** 金雁、秦晖著。河南人民出版社 2002 年 2 月版。20.9 万字。19.00元。探讨市场经济条件下的经济、伦理、道德问题,经济、社会、文化转轨问题,市场培育问题,企业诚信问题以及宏观经济背景和人们的生产、生活方式等重大问题,进行较为深入的历史分析,并与苏联、东欧诸国的经济转轨进行比较分析,深刻剖析经济现象背后的社会文化内涵,视野开阔,思维敏锐,具有历史的厚重感。(李小龙)

F000014 **经济前沿学术札记** 茅于轼、姚洋、金雁、秦晖著。河南人民出版社 2002 年 2 月版。共 64.6 万字。59.00 元。包括《自由、公正和制度变迁》、《道德经济制度》和《经济转轨与社会公正》3 本。探讨市场经济条件下的经济、伦理、道德问题,经济、社会、文化转轨问题,市场培育问题,企业诚信问题以及宏观经济背景和人们的生产、生活方式等重大问题,进行较为深入的历史分析,并与苏联、东欧诸国的经济转轨进行比较分析,深刻剖析经济现象背后的社会文化内涵,视野开阔,思维敏锐,具有历史的厚重感。(李小龙)

F000015 **经济理论比较研究** 洪远朋主编。复旦大学出版社 2002 年 3 月版。52.3 万字。45.00元。以马克思主义为指导思想对马克思主义经济理论和西方经济理论进行比较研究。主要对经济利益理论、生产力理论、产权理论、市场理论、价值理论、货币理论、劳动力理论、资本理论、剩余价值理论、经济增长理论、经济周期理论进行比较研究。(徐惠平)

F000016 **道德 经济 制度** 茅于轼著。河南人民出版社 2002 年 2 月版。21.2 万字。20.00 元。探讨市场经济条件下的经济、伦理、道德问题,经济、社会、文化转轨问题,市场培育问题,企业诚信问题以及宏观经济背景和人们的生产、生活方式等重大问题,进行较为深入的历史分析,并与苏联、东欧诸国的经济转轨进行比较分析,深刻剖析经济现象背后的社会文化内涵,视野开阔,思维敏锐,具有历史的厚重感。(李小龙)

F000017 **生产力经济学辞典** 张志诚等主编。立信会计出版社 2002 年 3 月版。69.5 万字。55.00元(精装)。收词目近 1600 条,分 12 个分篇,包括总论、生产力因素、生产力特征、生产力动力、生产力环境、生产力结构、生产力规模、生产力布局、生产力时序、生产力综合优化、生产力战略和生产力方法等。生产力经济学是一门新兴的马克思主义的经济理论学科,是马克思主义的经济理论的组成部分。本辞典比较集中地反映了生产力经济学领域长期积累起来的科研成果。(张谷镛)

F000018 **劳动价值论新探** 赵凌云著。湖北人民出版社 2002 年 10 月版。27 万字。18.00 元。运用新的理论视野从三个层面探讨了劳动价值论问题:1.提出了科学解读劳动价值论的思想方法与学理方法。2.试图构建社会主义劳动价值论体系。3.运用劳动价值论分析当代重大现实问题。主要从 5 个方面进行了探讨:①运用劳动价值论分析当代中国的“剥削”问题。②运用劳动价值论分析社会主义条件下的“资本”和“资本家”。③运用劳动价值论分析中国改革开放收入分配格局的变化。④运用劳动价值论分析当代中国的阶层分化。⑤运用劳动价值论分析当代资本主义的发展趋势。(喻华伟)

F000019　**灯火集**　副名:劳动价值学说研究论文集。晏智杰著。北京大学出版社 2002 年 10 月版。45 万字。28.00 元。以重新认识劳动价值学说和重新研究经济学价值学说为主要内容的专题论文集。收入的论文大体按内容分为 4 部分,第一部分是对传统劳动价值论的反思,收录的文章从各个角度分析了劳动价值论的性质、地位和作用,着重说明了随着时代变迁和形势发展,该理论所显现出的历史局限性,以及这种局限性的历史与认识上的根源,等等;第二部分是对经济学价值新论的探讨,特别是结合当前分配制度改革所涉及的理论和认识问题,以及作为经济学的基础理论所可能涉及的基本方面,包括对经济学价值概念、价值源泉、价值实现条件以及如何认识新条件下的“剥削”等问题的重新认识和探索;第三部分研究了中国理论经济学改革和发展的问题,特别是建立和探索中国特色经济学的问题。第四部分收录了几篇对不同意见的评论、商榷和反驳文章。(陈莉)

F000020　**英语宏微观经济原理阅读**　田耀、蒋瑜主编。天津大学出版社 2002 年 5 月版。33 万字。18.00 元。主要论述了基础经济学的主要概念,每课后均附有单词注释、关键概念注释和综合练习及练习答案。(张津红)

F000021　**高级微观经济学**　张军主编。复旦大学出版社 2002 年 12 月版。28.9 万字。16.00 元。较多地运用和介绍了经济学研究的数理方法和数理工具。书中还选择了部分优秀的研究性论文作为专论纳入,选择时放弃了一些过于技术性和烦琐的论证,对相关的论题也改用研究文献的综述。(刘子馨)

F000022　**微观经济学**　汪祥春主编。东北财经大学出版社 2002 年 9 月版。51.7 万字。32.00 元。共有 6 部分:1. 导论;2. 消费者行为与市场需求;3. 生产者供给;4. 产品价格的决定;5. 生产要素价格的决定;6. 效率、信息与政府。是 1993 年版《当代西方经济学》的修订版,变动的内容有:1. 增加了博弈论与决策行为;2. 增加了不对称信息;3. 专设一章研究微观经济中的政府职能;4. 第四篇增补了垄断竞争市场的价格决定;5. 第五篇增补了土地价格。每章后均有内容提要和附例,书后还附有微观经济学术语。(孙越)

F000023　**微观经济学**　范家骧、刘文忻主编。东北财经大学出版社 2002 年 10 月版。43.7 万字。28.00 元。分 15 章。第一章,导论;第二章,需求和供给概述;第三章,消费者行为理论;第四章,不确定条件下的选择;第五章,生产理论;第六章,成本理论;第七章,完全竞争市场理论;第八章,非完全市场竞争理论;第九章,博奕论;第十章,生产要素市场理论;第十一章,利率和资本市场;第十二章,一般均衡理论;第十三章,福利经济学;第十四章,信息经济学;第十五章,外部性和公共物品。(陈薇)

F000024　**微观经济学**　蔡继明主编。人民出版社 2002 年 5 月版。35.9 万字。24.00 元。在全面、客观、准确和精炼地介绍微观经济学的基本理论和方法,使学生了解市场经济运行的基本规律和微观经济主体的行为方式,认清市场机制和政府的作用及其局限,学会运用微观经济学的基本方法,分析现实的经济问题,并为学习宏观经济学和其他应用经济学及管理学奠定基础。

F000025　**第四次大觉醒及平等主义的未来**　[美]罗伯特·福格尔编著。首都经济贸易大学出版社 2002 年 12 月版。40 万字。34.00 元。作者是诺贝尔经济学奖得主罗伯特·福格尔。通过对当今美国社会日益增长的保守主义和宗教复兴运动的考察,认为美国社会正出现一场强大的宗教社会运动,即处于“第四次大觉醒”时代,这场运动的焦点集中于精神改革方面。在研究中提出了一项新的平等改革方案。(王晓云)

F000026　**长期的菲利普斯曲线与经济增长**　庞明川著。东北财经大学出版社 2002 年 4 月版。21 万字。18.00 元。分 4 篇 10 章。分别从历史考察、实证分析、理论模型和政策选择四个方面就失业与通货膨胀之间的关系这一重大理论和实践问题进行了研究。第 1 章:费雪与菲利普斯的原始曲线。第 2 章:菲利普斯曲线的变动:货币主义与理性预期学派。第 3 章:菲利普斯曲线:进一步的阐释、批评与最新进展。第 4 章:长期菲利普斯曲线的运行轨迹。第 5 章:长期菲利普斯曲线的运行特征。第 6 章:长期菲利普斯曲线的环形曲线模型。第 7 章:菲利普斯曲线模型的比较研究。第 8 章:长期菲利普斯曲线的变动与经济增长。第 9 章:反通货膨胀与治理失业的成本和路径。第 10 章:关于通货膨胀与失业的经济政策组合。(刘贤恩)

F000027　**社会主义市场经济概论**　全国干部培训教材编审指导委员会组织编写。人民出版社 2002 年 2 月版。28.9 万字。18.50 元。全国干部学习读本之一。对社会主义市场经济各方面的内容进行了全面地论述。分 13 章。导论部分系统介绍了市场经济形成和发展的过程以及建立社会主义市场经济的客观必然性。从企业制度、农村经济制度、市场体系、对外经济关系、收入分配、社会保障、宏观经济调控、社会主义市场经济中的政府职能、社会主义市场经济法律制度与依法行政等方面详细阐述了市场经济的内容,指出建立社会主义市场经济必定在宏观调控下以市场作为资源配置的基础。同时还指明在建立社会主义市场经济体制的过程中,必须正确处理好改革、发展与稳定三者间的关系。

F000028 **西方现代经济学丛书** 刘凡主编。湖北人民出版社 2002 年 10 月版。130 万字。82.80元。包括《过渡经济学》、《产权经济学》、《新制度经济学》、《增长经济学》、《现代企业理论》、《信息经济学》和《政府经济学》7 册,其特点表现为:(1)内容全面、时代感强。西方经济学历经了数百年的坎坷,其发展经历了几个重要阶段,从最早形成的古典学派,到边际效用学派、新古典经济学派,到后来的货币主义、供给学派、理性预期学派等。而如今西方经济学已经从"后凯恩斯主流经济学"发展到"现代主流经济学的新综合"。本丛书就是这种新综合趋势的突出代表,它们都是当今西方经济学家的最新研究成果。(2)比较评价、分析客观。本丛书对各种经济学派进行了尽可能客观的阐述、比较和评论。在介绍、评论这些经济学派时,将它们的长处与短处、优势与差异,系统地进行了分析。这样,读者可以从这些评价中清楚地了解这些经济学派产生的背景、理论基础以及社会的适用性。(3)通俗易懂、可读性强。本丛书在策划之初就将阅读人群定位在普通读者,在写作上大多采用文字叙述的方法,避免复杂的数学模型。对于难于避免的数学推导,或放在附录中介绍,或放在脚注中。同时,丛书还对较为重要的经济学家的生平和主要著作进行了介绍。(傅爱民)

F000029 **工程经济学** 武献华、宋维佳、屈哲编著。东北财经大学出版社 2002 年 3 月版。32.9 万字。20.00 元。以规程项目为主体,以技术—经济系统为核心,把工程技术、经济理论、管理科学、计量方法等相关学科的成就有机融合在一起,研究了如何有效利用资源、提高经济效益的问题,形成了工程经济系统的分析方法。主要内容包括工程经济分析的基本要素、方法基础、工程项目财务评价、投资多方案间的比较和选择、资金成本、费用—效益分析、设备更新的经济分析、不确定性分析、价值工程与价值分析、项目后评估等内容。(孟鑫)

F000030 **公共经济学** 黄恒学主编。北京大学出版社 2002 年 10 月版。53 万字。30.00 元。共 12 章,从公共经济主体入手,对公共产品、公共选择与公共经济决策、公共支出、公共收入、公共分配与社会保障制度、公共经济管理、公共经济政策、地方公共经济以及政府采购活动等,均做了相应的介绍和讨论。在每章的后面还分别给出了思考题和阅读书目。(金娟萍)

F000031 **产业经济学的学科定位与理论应用** 于立、肖兴志主编。东北财经大学出版社 2002 年 1 月版。30 万字。18.00 元。论文集。收选了东北财经大学产业组织与企业组织研究中心关于产业经济学学科建设问题的研究成果。收录了 26 篇论文,研究成果主要包括产业经济学的产生和发展、产业经济学专业博士研究生课程设置、产业经济学专业博士研究能力培养中的问题与尝试、产业经济学专业研究生英文经典文献选录、规制理论发展综述规制经济学的产生与发展、自然垄断理论演进综述、自然垄断产业规制体制改革的国际比较、英日规制改革模式差异及体制成因、自然垄断型国企改革的战略思考、企业联盟和虚拟企业的理论解释与现实意义、特殊法人企业有关问题、企业降价竞争行为的产业经济学分析、日本企业环状持股的利弊与借鉴等。(孟鑫)

F000032 **家庭经济行为论** 刘茂松著。湖南人民出版社 2002 年 5 月版。23.1 万字。18.00 元。提出了"家庭经济实体"这个现代微观经济学的重要范畴。提出了"近似瓦尔拉均衡"的家庭内部市场概念。作者认为家庭活动都具有两个基本的经济要素,一是都要消耗一定的资源,二是都会产生一定的效用,这种投入与产出关系正是进行经济分析的理论逻辑。微观经济是由家庭、个人和企业依托市场而组成的一个有机整体。提出了支撑家庭经济实体地位的家庭生产理论。作者认为家庭生产由面对市场的商品性生产和面对家庭需要的消费性生产以及面对生命繁衍的生育性生产三者构成,它们是在家庭幸福最大化目标的约束下相互联系相互促进的有机的生产体系。提出了家庭家务劳动价值理论。从根本上说,家务劳动与其他社会劳动没有差别,只是由于家庭内部准市场的存在,家务劳动的价值往往转化或替代了。还提出了家庭经济制度和管理体制的构想。(张人石)

F000033 **经济人类学** 施琳著。中央民族大学出版社 2002 年 1 月版。27 万字。大 32 开。

22.00元。系统地研究了经济人类学的学科发展史，详细阐述了这一新兴边缘学科的历史理论源流、学科发展历程、学术流派、观点方法及未来发展趋势，从而拓宽了我国民族学研究与经济学研究的视野，增强了民族经济这一特定研究领域中的理论性与现实性；其次，本书不是简单地套用国外学者的眼光来阐述与分析经济人类学，而是坚持运用马克思主义"实践"的观点、"发展"的观点与"广义"的观点来研究这一边缘学科的学说史。特别对比分析了经济人类学与中国民族经济学在历史背景、理论源流、研究对象、研究目的与任务和作用方面的异同，初步地探索了经济人类学中国化问题，提出了建立与发展中国特色鲜明的、理论性与应用性兼备的中国经济人类学体系的新看法，不仅显示出独创与开拓性，而且对于构筑中国民族科学新体系，亦具有积极的促进作用。（李飞）

F000034 **比较经济学** 荣敬本著。甘肃人民出版社 2002 年 9 月版。27.5 万字。26.00 元。通过经济体制和经济发展的比较研究，阐明了比较经济学的基本原理——比较制度分析、资本配置理论、产权理论制度变迁和经济发展理论、博弈理论、委托代理理论等。并且根据最新资料介绍了俄国、日本和韩国在改革和经济发展中的经验教训，从比较分析中得出对我国体制改革和经济发展有益的借鉴。（胡福生）

F000035 **新比较经济学研究** 张仁德等著。人民出版社 2002 年 1 月版。37.5 万字。26.00 元。在总结国内外最新研究成果的基础上对比较经济学的最新理论，以及世界经济中最新的制度变迁进行探索和研究，对比较经济学在理论、方法和内容全面、系统地革新作出了应有的贡献。首先从批判现实主义哲学和新老制度经济学高度，探讨比较经济学可否和如何从中汲取理论营养问题出发，系统介绍了比较经济学的理论基础；然后，对现实的市场经济模式进行专题研究；最后研究了转轨经济实践和制度变迁理论。

F000036 **富国裕民的梦寻** 副名：经济学的进化与当代图景。赵凌云著。天津教育出版社 2002 年 1 月版。29.3 万字。21.00 元。介绍经济思想史的随笔性著作。以通俗易懂的文字介绍了经济思想史上著名的人物、理论、经济学流派及经济思想的发展演进过程。（杜平）

F000037 **现代西方经济学主要流派** 赵红梅、李景霞编。中国财政经济出版社 2002 年 9 月版。32 万字。25.00 元。所论及的现代西方经济学流派，是指 20 世纪 30 年代以来形成和发展起来的经济学的各种派别。全书遵循各学派的历史轨迹，同时兼顾各学派之间的关联性和学派内容的完整性，将现代西方经济学流派分为 4 篇 13 章进行说明。第一篇为凯恩斯主义经济学说，第二篇为新自由主义经济学说，第三篇为新制度学派与新制度主义经济学，第四篇为当代西方经济学流派的新发展。（张若丹）

F000038 **现代西方经济学流派** 王志伟编著。北京大学出版社 2002 年 9 月版。45 万字。42.00元。介绍 20 世纪初以来直到当前的西方经济学主要流派的理论观点和政策主张，以及这些流派间的相互联系、发展与变化的过程，并加以适当的评论。概括地讲，内容主要包括：(1)西方主流经济学中国家干预主义思潮下各主要经济学流派的理论、政策主张、研究方法和各学派间的联系和发展；(2)西方主流经济学中经济自由主义思潮下各主要经济学流派的理论、政策主张、研究方法和各流派间的联系和发展；(3)在上述两大经济思潮之外，或者处于两大经济思潮之间，但倾向并不十分明显的其他相对独立的或非主流的重要的经济学流派的理论、政策主张、研究方法以及它们与其他流派之间的联系与区别。（陈莉）

F000039 **一本拯救资本主义的名著——解读凯恩斯《就业、利息和货币通论》** 高鸿业著。山东人民出版社 2002 年 5 月版。14 万字。16.00 元。"名家解读经典名著丛书"之一。凯恩斯的《就业、利息和货币通论》被公认为 20 世纪西方经济学最重要的著作，同时也是一本公认的艰涩难懂的著作，其对当今世界经济仍然发挥着其他经济学著作所无法替代的作用。本书从原著的学术和时代背景入手，全面介绍了《就业、利息和货币通论》的理论体系、政策建议和疑难之处，详细分析了它在思想上、学术上和政策制定上对西方的作用和影响，并客观评价了它对我国有用的地方和值得注意的方面。（丁莉）

F000040 **中国古代经济思想名著选** 赵靖主编。北京大学出版社 2002 年 10 月版。40 万字。42.00元。共选文章 90 篇，时间自公元前 6 世纪至公元 18 世纪末。选文的原则是：在经济思想方面是各个时期有代表性、有较高水平的著作；在文辞方面流畅生动，能够比较清楚明确地表达作者的经济观点，读起来引人入胜。对选文均加注释，并写了"经济思想述评"，对每一作者写一简介，以帮助读者掌握文义,理解每篇的主要经济思想和产生的历史条件。所有这些加工环节,都简明扼要;尤其是“经济思想述评”,一般只作提示性的评介。(王煜玲)

F000041 **中国十位著名经济学家批判** 梁正等著。学林出版社 2002 年 6 月版。25.1 万字。20.00元。经济学论文集。收集南开大学经济学院梁正等十位博士撰写的对吴敬琏、厉以宁、萧灼基、茅于轼、林毅夫、张维迎、樊钢、温铁军、胡鞍钢、张五常等十位著名经济学家的主要学术观点进行批判质疑的文章。全书通过合乎学术规范的分析、向读者表明,经济学从本质上来看是一门“社会阐释”的科学,它所得出的结论,在很大程度上受到阐释者自身个性的影响,知名经济学家的观点同样有可能是片面的、主观的甚至是错误的,因此希望通过批判和质疑,破除对著名经济学家的迷信和盲从,推动中国经济学的“百家争鸣”。(张建一)

世界各国经济概况、经济史、经济地理

F000042 **世界经济入门** 副名:改变你观察世界的 81 个经济学概念。兰迪·查尔斯·埃平著,胡汉辉译。生活·读书·新知三联书店 2002 年 10 月版。15 万字。15.00 元。以日益发展的全球经济为背景,提出并解释了 81 个基本的经济学概念:什么是世界经济?如何比较世界经济?如何在全球范围内衡量财富?什么是自由浮动货币?什么是虚拟货币?什么是资本市场、通货膨胀、货币供给?什么是关税、配额?什么是经济制裁等等。经济全球化给我们带来了机遇和挑战,也以前所未有的方式影响着我们:环境污染、艾滋病、童工、苦役、黑市交易、洗黑钱、商业间谍、世界经济腐败等等,在书中均有涉及。作者语言简练,叙述亲切、生动。全书毫无枯燥的图表与公式,每个概念的解释都配以日常鲜活的案例,通俗易懂。(张艳华)

F000043 **世界银行经济学家论坛** 桑特亚南·德瓦拉简、F·哈尔西·罗吉斯、林恩·斯奎尔编,马小丁译。中华工商联合出版社 2002 年 1 月版。17 万字。18.00 元。收集了世界银行第一届经济学家论坛上发表的 9 篇优秀论文。内容涉及到现代发展经济学的各个方面,探讨了相同范围内的许多领域,诸如财政政策、资本流动、贸易、市场化、劳动力市场、基础设施、健康、劳动力培训等发展中国家面临的挑战性核心问题。提供了本届经济学家论坛的最新的研究成果。(徐海鸿)

F000044 **国际经济学** [美]罗伯特 J. 凯伯著,原毅军等译。机械工业出版社 2002 年 10 月版。48 万字。45.00 元。原书第 8 版的中译本。从两方面阐述了国际经济学理论:国际贸易关系和国际货币关系。第一部分从国际贸易理论基础出发,讲述了国际贸易中遇到的问题,包括国际均衡、贸易模型的扩展和应用、关税壁垒和非关税壁垒等。第二部分则从外汇、国际收支、汇率的调整等讲述了国际经济中的货币关系。(石会敏)

F000045 **经济增长方式研究** 田春生、李涛主编。江苏人民出版社 2002 年 9 月版。30 万字。18.00元。为中国社会科学院重点课题《经济增长方式的国际比较》的最终成果。采用实证分析方法,对世界各国经济增长方式的选择与利弊进行了对比研究,并首次将政府在经济增长中的作用机制纳入视野,尝试为中国实现经济增长方式的转变提供可行的路径建议。

F000046 **国际经济学(第五版)** [美]保罗·克鲁格曼等著,海闻等译。中国人民大学出版社 2002 年 4 月版。102.3 万字。79.00 元。主要阐释了两个领域的理论:国际贸易和国际金融。国际贸易分析主要集中于国际经济中的实际交易,即经济资源实体的流动;国际金融分析则集中于国际经济的货币方面,也就是金融行为,如美元的购买等交易。在现实社会中,贸易和金融问题之间并没有简单的分界线。大部分国际贸易中必然包含金融行为。同时,很多金融事件对贸易有重大影响。本书的前半部分将探讨国际贸易问题:第 1 篇(第 2 章至第 7 章)详细阐述国际贸易理论;第 2 篇(第 8 章至第 11 章)把贸易理论应用到对政府贸易政策的分析中。本书的后半部分讨论国际金融问题:第 3 篇(第 12 章至第 17 章)阐述国际金融理论;第 4 篇(第 18 章至第 22 章)讨论这些理论在国际金融政策中的实际运用。列入“经济科学译丛”。(梁硕)

F000047 **世界新经济发展透视** 张震龙著。华中科技大学出版社 2002 年 4 月版。37.8 万字。26.00 元。从现实的经济生活出发,以马克思主义为指导,采用全新的视角来观察和分析新经济现象。主要内容有:新经济的由来、基本含义和理论基础;新经济的实证分析,新经济与网络经济、与金融业、与创造型人才、与新理念、与新规则;美国、欧洲、亚洲新经济发展的现状分析与趋势预测;中国发展新经济应采取的措施。全书系统地、有重点地分析了当代新经济发展的热点问题,鲜明地提出了一些新

观点、新认识和新对策。(包以健)

F000048 **华侨华人经济新论** 李鸿阶主编。福建人民出版社 2002 年 7 月版。27 万字。22.00 元。重点探讨了华侨华人经济的形成与发展机制、华侨华人经济的性质、华侨华人经济实力综合评估、华侨华人企业集团与跨国投资、东南亚金融危机对海外华人资本影响以及华人经济发展趋势等问题。通过对华侨华人经济发展史的综合考察和对现实问题的研究,概述出一些趋势性的观点,如海外华侨资本首先在商业领域形成,对银行业的投资又标志着华侨资本进入新的发展阶段;战后,华侨资本向所在国民族资本转变,由家族资本向现代资本转变,由商业资本向产业资本转变;华侨资本积累不是通过暴力方式,而是通过中介资本方式实现的;华侨华人经济实力是华侨华人创造的一种以维护自身权益的保护性经济力量等。(史霄鸿)

F000049 **跨世纪考察:经济发展与社会变革** 中国社会科学院外事局编。经济管理出版社 2002 年 1 月版。34.4 万字。29.00 元。论文集。分 5 部分:全球化与经济发展;技术革命与技术创新;资金利用与金融管理;税制改革与社会保障;区域发展与市场变革。本书汇集了中国社会科学院的专家学者出国考察后形成的二十多篇专题研究报告。这些文章介绍了世界各国在社会、经济方面的新发展,探讨了可供中国参考、借鉴的发展经验和教训,并提出了中国应对这些新变化的方法策略等。(总编室)

F000050 **2001 年世界发展指标** 世界银行《2001 年世界发展指标》编写组编著。中国财政经济出版社 2002 年 5 月版。100 万字。60.00 元。世界银行的综合性年度发展指标数据集。其中“世界概览”中确定的全球发展目标作为重点,全书反映发展中国家所面临的最为重要的问题:卫生保健、教育和人民福利;自然资源的可持续利用以及环境损失状况的逆转;经济增长与经济管理;政府与私营部门间的互补作用以及世界经济一体化。书中数据展示了人口在 100 万以上的 148 个定期由有关当局汇报数据的经济体,以及 59 个人口在 3 万到 100 万之间较小的世界银行成员国(地区)及没有定期呈报统计数据的较大的经济体的情况。全书分为世界概览、人口、环境、经济、政府与市场 5 部分,用 80 多个表、40 多幅图全面反映了 207 个不同收入组别的经济体的各类数据。(张彦平)

F000051 **全球化理论谱系** 程光泉著。湖南人民出版社 2002 年 10 月版。56 万字。35.00 元。介绍了马克思的世界历史理论、麦克卢汉的地球村理论、罗伯森的文化系统论、哈贝马斯的主权终结理论、吉登斯的激进现代性理论、贝克的自反性现代化理论、詹姆逊的左派全球化理论、亨廷顿的文明冲突论、福山的历史终结论、布罗代尔的时段理论、斯塔夫里阿诺斯的全球历史观、多斯桑托斯的新依附理论、阿明的不平等发展理论、弗兰克的依附理论、沃勒斯坦的世界体系理论、赛义德的“东方主义”全球观、史密斯的全球化教育思想等。从各个流派的产生、发展、成为主流的过程揭示全球化正在成为澎湃的时代潮流,我们不应忽视全球化问题。(易斌)

F000052 **泡沫与泡沫经济** 王子明著。北京大学出版社 2002 年 7 月版。26 万字。18.00 元。对泡沫与泡沫经济重新进行了界定,给出了比较严格的泡沫度量方法,分析了泡沫产生的机理,对泡沫进行了分类研究,同时对泡沫的成因、社会影响进行了比较深入地探讨,提出了治理和预防泡沫的政策性建议。本书的特点是:(1)提出了泡沫与泡沫经济的科学定义;(2)对其社会效应进行了全面分析,指出泡沫与泡沫经济会对社会经济的许多方面产生有害影响;(3)全面分析了产生泡沫的环境因素、制度因素、市场心理因素、诈骗和道德风险因素等等;(4)提出了泡沫与泡沫经济现象的系统性防范措施;(5)针对日本泡沫经济和我国海南泡沫经济进行了回顾性研究。(符丹)

F000053 **市场经济 400 题** 赵德水主编。江苏教育出版社 2002 年 10 月版。45.5 万字。大 32 开。295 页。31.80 元。分 8 个部分:一、市场经济的基础理论;二、市场经济的微观基础;三、市场经济的机制与体系;四、市场经济的分配;五、市场经济的社会保障体系;六、市场经济的对外开放;七、市场经济的宏观调控;八、市场经济的法制建设。它对市场经济方方面面的知识作了详细的介绍,特别是对发达的资本主义国家,如什么是英国传统型经济、美国“垄断主导型”市场经济、德国社会型市场经济、法国计划型市场经济、日本政府主导型市场经济、韩国政府管制型市场经济,等等,对我国构建社会主义市场经济体制,有着很好的参考价值。(王家俊)

F000054 **国家的多样性和全球的资本主义** [美]苏珊·伯杰等主编,韩胜军等译。重庆出版社 2002 年 3 月版。34 万字。27.00 元。“当代资本主义研究丛书”之一。研究的出发点是在发达的工业国家中,国际经济在改变国内结构中所发挥的作用。

思考的出发点是:面对外部威胁和机会—竞争、模仿他国的做法、经济流动的全球化和政治压力,生产和分配制度是以何种方式发生变化的。在这两点基础上,本书避免事先假定目前学术和政治论著中的许多观点。相反,这些论文首先通过分析经济在各个层次上和经济政策中的变化,仔细讨论趋同说的依据;然后,考虑了促进趋同的机制和阻挠趋同的根源;最后,提出问题。趋同是可取的,或是将造成一场新竞争,降低社会福利的标准,消灭具有独特性价值的国家制度。(余国枢)

F000055　**国家竞争优势**　迈克尔·波特著,李明轩等译。华夏出版社 2002 年 1 月版。80 万字。106.00 元。根据企业凭以竞争的生产率,给出了理论解释,诸如自然资源和劳动力之类的传统比较优势,波特解释了它们作为财富的源泉是如何被替代的,以及对于竞争力泛泛的宏观经济解释是不充分的。书中介绍了波特的“钻石”模型——一种理解国家或地区全球竞争地位的全新方法,现在已经成为国际商业思维中不可或缺的一部分。(江山美)

F000056　**中国—东盟自由贸易区与广西**　古小松主编。广西人民出版社 2002 年 11 月版。20 万字。28.00 元。分 6 个专题:中国—东盟自由贸易区的建立对广西的机遇和挑战及我们的对策、东盟自由贸易区和中国—东盟自由贸易区、金融危机前后的东盟经济及其未来发展态势、东南亚金融危机和“9·11”恐怖袭击事件前后的东南亚社会、中国与东盟国家经贸关系现状及前景分析、越南投资环境分析与建议等。书中重点阐述了东盟自由贸易区的架构和实施步骤,并进一步阐述中国—东盟自由贸易区的内容、时间表和前景,以及与“中国—东盟自由贸易区”的有关问题,观点鲜明,材料详尽,分析透切。附有东南亚概况、越南外国投资招商项目。(张平)

F000057　**权力与财富——全球化下的经济民族主义与国际关系**　庞中英著。山东人民出版社 2002 年 4 月版。25 万字。19.80 元。共 7 章 31 节,以独特的视角探讨了经济民族主义概念的历史、内涵及在当代世界全球一体化背景下的作用,具体探讨了经济民族主义,财富与权力的结合,民族主义与国际政治经济学,民族主义与重商主义、自由主义的结合,民族主义与国际关系,全球化、民族国家与民族主义,全球经济与中国,全球经济、民族国家与国际关系等内容。(李运才)

F000058　**全球化/民族化**　刘康著。天津人民出版社 2002 年 1 月版。14 万字。13.80 元。以最为前沿的理论,进行了深入的思考。世纪之交,随着经济“全球化”进程的加剧,对于非西方国家而言,全球化/民族化已成为一种二元对立式的话语。然而在这些林林总总的话语的背后又遮蔽了些什么呢?作者运用弗雷德里希·杰姆逊的后现代理论,以及巴赫金的对话理论等思想武器,对西方的话语霸权给予了揭露和批判,对中国的相关文本给予了深层的解读,揭示了中国 20 世纪 80 年代至世纪交替这一历史时期,相关话语方式的悄然改变,以及这些改变之后的,文本深层的意义。(藏策)

F000059　**论全球化的区域效应**　[美]芭芭拉·思多林斯主编,王镭等译。重庆出版社 2002 年 2 月版。32.4 万字。26.00 元。“当代资本主义研究丛书”之一。对当代世界四大地区的发展提出了全新的观点。第一部分提示了冷战结束后资本主义大国之间的关系调整、贸易与生产的全球化、融资的模式改变。认为,现代全新的思维方式已经改变了第三世界四大地区的发展内容。第二部分分析了不同地区对全球变化所作出的反对强权如:拉美地区的美国、东亚和南亚地区的日本、非洲地区的欧洲国家的国际金融机构等纳入他们自己的模式。第三部分提出了分析地区运做的概念框架:由于每一个地区的经济实力、贸易机会以及进入规范的金融体系的程度、发展机遇的不同等原因,从 20 世纪 80 年代起到 90 年代初,造就了充满活力的亚洲、缓慢增长的拉美以及矛盾横生的撒哈拉以南的非洲。最后,还在分析各地区不同的发展模型的基础上,从国际关系的角度,对未来的发展趋势进行了探索。(余国枢)

F000060　**经济全球化与二十一世纪**　张晓忠主编。黑龙江人民出版社 2002 年 6 月版。24 万字。96.00 元。“经济全球化与二十一世纪中国经济丛书”之一。阐述了以信息技术为标志的现代科学技术的迅猛发展为经济全球化创造了重要的技术条件。使经济活动在世界范围内连成网络,大大缩短了世界各国和各种市场之间的距离。商品、资本、劳务等生产要素在全球范围内自由流动与配置,将各国经济相互交织在一起。在科学技术的推动下,世界经济发展走上信息化、网络化、知识化的道路。国际分工与生产活动的全球化,世界多边贸易体系与全球市场的形成,各国金融的日益融合,国际资本在全球范围内的流动,跨国公司全球战略的延伸,都使经济全球化在世界经济各个领域得到充分的展示。(刘恺汐)

F000061 **经济全球化与二十一世纪中国共产党** 张晓忠主编。黑龙江人民出版社2002年6月版。24万字。96.00元。"经济全球化与二十一世纪中国经济丛书"之一。认为,中国共产党之所以在20世纪立于不败之地,并胜利地跨入21世纪,其根本就在于坚持马克思主义与时俱进的理论品格,把马克思主义普遍原理同中国革命的具体实践结合起来,在社会主义的不同阶段形成了具有中国特色的革命理论,用以指导社会主义革命和建设。在全球化条件下面对理论和实践中出现的新情况、新问题,不断地进行理论创新,推动中国的政治、经济、文化快速发展,社会的全面进步,是党在全球化条件下的重大历史使命。(刘恺汐)

F000062 **经济全球化与二十一世纪思想政治教育工作** 王风岐主编。黑龙江人民出版社2002年7月版。25万字。96.00元。"经济全球化与二十一世纪中国经济丛书"之一。认为,思想政治教育工作与经济全球化密切相联,从辩证法角度看来,它们是一对矛盾的两个方面,现代宏观社会全球化与思想政治教育工作之间是互动统一的。经济全球化是工具理性,而思想政治教育工作则是价值理性。经济全球化的兴起不会排斥思想政治教育工作,相反会需要思想政治教育工作作为其补充;思想政治教育工作继续发展也不会阻碍经济全球化的客观进程,相反会在对经济全球化的探索中寻找到自己新的发展空间。(刘恺汐)

F000063 **欧洲当代一体化思想与实践研究(1968~1999)** 胡瑾、宋全成、李巍著。山东人民出版社2002年7月版。27万字。19.80元。共8章24节,详细阐述了从1968年到1999年当代欧洲一体化的理论和实践,具体论述了当代欧洲共同体的经济一体化,欧洲政治联盟的形成与发展,欧洲联盟的经济货币政策,欧洲联盟机构、决策机制及政体,欧洲联盟的共同社会政策、欧洲联盟的东扩问题以及20世纪70年代以来欧美学者关于欧洲一体化的理论观点等内容。(李运才)

中国经济

F000064 **中国产业经济发展与企业制度改革** 吴家骏、李海舰主编。经济管理出版社2002年3月版。20.4万字。18.00元。论文集。1983年以来,中国社会科学院工业经济研究所同日本有关单位围绕中国经济发展和经济改革的主题,轮流在中国和日本联合举办中日经济学术讨论会。2001年1月在北京举行了第七次讨论会。本书汇集了提交会议的论文。内容包括:关于中国的经济形势与"十五"计划;关于经济结构调整问题;关于日本的养老金制度和对华直接投资与援助问题;关于财政金融体制问题;关于中国加入WTO问题;关于中国的国有企业改革问题等。(总编室)

F000065 **中国现代化报告2002** 中国现代化战略研究课题组。北京大学出版社2002年1月版。45万字。48.00元。与《中国现代化报告2001》相比,有如下特点:(1)扩展了评价范围,揭示了更多现代化进程信息,对世界131个国家1960~1999年、中国1960~2000年和我国地区1970~2000年的现代化进程评价。(2)根据国家现代化程度进行了分组。(3)分析了不同国家的现代化进程的特点。(4)比较了中国现代化水平与世界中等发达国家的差距,提出了中国现代化的战略思考。(5)分析了我国34个地区现代化进程及其特点,分析了地区现代化程度排名的历史变化。(6)根据地区现代化发展水平的不同,提出了地区现代化目标的建议。(周月梅)

F000066 **中国经济:崩溃还是成长** 程超泽著。江苏文艺出版社2002年10月版。28万字。23.00元。纵论当今国际社会的经济前景,从中国社会50多年来综合国力显著提高这个国际社会毋庸置疑的事实引发开去,着力分析和描绘了中国现实经济走势和远景目标,并且以理性客观的态度探讨中国的发展又将是在危机和困境中进行的壮举。这部作品以认清国情,分析危机,抓住发展机遇,让更多的人早日进入小康社会为出发点,从生产力诸要素,从国内和国际角度,对制约中国长期发展的主要限制因素进行分析,阐述这种发展的内因和外因,进而引导读者深刻理解一些阻碍中国经济发展的障碍物的大致轮廓、主要特点和严重后果,以期在发展过程中少走弯路,以稳健改革促进长治久安,在长期稳定中求得持续发展,逐步推进中国现代化进程。(陈敏莉)

F000067 **中国综合国力论** 李方主编。安徽科学技术出版社2002年12月版。32.6万字。30.00元。系统地分析研究当代中国综合国力的状况,对综合国力的来龙去脉,综合国力的构成要素及其相互关系都作了详细的阐述与回答。本书在研究当代中国综合国力论中,能够坚持"四个结合",即理论与实际、历史与现实、中国与世界、定性分析与定量分析的结合，做到逻辑清晰、史论相融、言之成理、论之有据，特别是本书对中国综合国力的多种组成部分的研究，有观点、有数据、有论证，对提高广大读者的认识水平有很大的帮助。(胡春生)

F000068 **2002年中国国民经济和社会发展报告** 曾培炎主编。中国计划出版社2002年3月版。31.1万字。25.00元。第一部分为宏观经济；第二部分为产业发展和结构调整；第三部分为对外经济；第四部分为科技、教育与可持续发展；第五部分为人民生活；第六部分为经济体制改革和经济法制建设。附录中给出了2001年国民经济和社会发展大事记和2001年国际经济大事简记。(何欣)

F000069 **全球化挑战中国** 胡鞍钢主编。北京大学出版社2002年6月版。34.8万字。35.00元。论文集。分5篇：第一篇“一体化与经济追赶：中国经济全球化战略研究”。第二篇“收入贫困、人类贫困与知识贫困：全球化条件下中国综合反贫困战略”。第三篇“创造性毁灭：中国失业冲击和就业新战略”。第四篇“信息与发展：缩小信息差距的国家战略”。第五篇“三国四方：中国区域集团化发展战略”。着重研究和探讨21世纪初期中国在更广范围和更深层次上融入世界经济过程中所将面临的机遇、挑战和战略选择。(王煜玲)

F000070 **韩中产业技术政策及其社会文化背景比较研究** [韩]李晶雨著。东北大学出版社2002年7月版。19.5万字。20.00元。从科学技术哲学的观点出发，从分析传统产业政策及产业技术政策的理论基础入手，以韩国、中国的产业技术政策作为考察对象，运用政策实施的经验教训，探索产业技术政策与社会文化背景之间的相互作用。从全新的角度叙述韩中两国产业技术的发展背景和历程。从中反映出韩中经济发展模式的变迁及差异。通过对韩中实施产业技术政策、工业化以及现代化历程的实证分析和理论总结，针对中国的实际问题，从理论和对策方面提出有意义的参考意见和思路，以求对中国的经济发展有所贡献。(刘振军)

F000071 **与时俱进的社会主义经济** 董正平著。广东人民出版社2002年10月版。20万字。17.00元。“与时俱进的社会主义丛书”之一。分为4章：第一章，经济落后国家走向社会主义的道路：时代发展的新课题。第二章，建立社会主义的物质技术基础：世纪性的难题。第三章，社会主义初级阶段：新的历史定位。第四章，市场经济：利用商品货币关系建设社会主义。介绍了社会主义国家经济发展所走过的道路，以及中国共产党面临未来经济发展所作出的思考。

F000072 **站在经济生活的前沿** 副名：中国著名经济学家访谈录。杨越著。华艺出版社2002年2月版。26.4万字。20.00元。经济生活本来就是人们关心的话题，改革开放以来，人们对经济生活的关心从来也没有达到今天这样的程度。这是因为，一方面，我国的经济发展取得了令世人瞩目的成绩，即使是世界经济低迷的时候，我国经济仍保持着较快速度的增长，这为国人带来了福音；另一方面，随着经济改革的深入，经济生活中一些深层次问题显现出来，而这些问题涉及人们的切身利益，人们萌生了理性把握的欲求。作者正是从满足人们的这种欲求出发，凭借职业的优势，走访了数十位在我国颇具名望和影响力的著名经济学家(包括经济官员)，以访谈的形式和通俗的语言介绍了当前中国经济生活的前沿问题。(宋福江)

F000073 **中国经济改革和发展面临的问题** 周叔莲著。经济管理出版社2002年4月版。25.2万字。20.00元。论文集。收集了经济学家周叔莲近两年的二十几篇论文。分4部分：社会主义可持续发展问题；经济增长和结构变动问题；国有企业改革的地位和前景问题；应对入世挑战问题。作者力求理论联系实际，对上述这些中国经济改革和发展所面临的重要问题，提出科学的解释和有用的意见。(总编室)

F000074 **中国重塑世贸** 副名：WTO总干事解读入世。[泰]素帕猜·巴尼巴滴、[美]马克 L.克利福德著，刘崇献、李红利译。机械工业出版社2002年1月版。12万字。23.00元。从全球化的角度，分析了中国入世将会对世界产生的深远影响，中国入世对美国、欧洲、亚洲的具体影响；世界贸易组织在未来世界经济中的作用；由于中国加入世界贸易组织，将会导致世界经济中心发生转移，对中国某些特定部门和行业提出了一些具体的建设性意见。附录了中美、中欧双边协议概要。(王磊)

F000075 **中俄经济体制改革比较** 赵传君、何文安、马蔚云著。黑龙江人民出版社2002年3月版。35万字。25.00元。首先对中俄两国经济体制改革的全部历程进行了较为详尽和清晰的概述，在此基础上对中俄经济体制改革进行了整体的、综合的比较分析，然后选择了5个最具代表性、也最具实质性的领域(即所有制、财税、金融、外贸和社会保障)进行了分别比较。在比较中，提出了我们对中俄各个领域改革的基本价值判断和具有批判性的历史分析。我们的目标是要建立社会主义的市场经济，而现在还仅仅是在建设过程之中，还没有到达市场经济的彼岸，对此我们应该有一个清醒和客观的认识。（刘恺汐）

F000076　**中越经济改革比较研究**　刘咸岳、[越]黎友层主编。广西人民出版社 2002 年 12 月版。43 万字。35.00 元。分 3 编。第一编中国的经济改革，对中国经济改革的背景、理论、实践及发展方向等进行了探讨，由中国学者完成；第二编越南的经济革新，对越南经济革新的背景、理论、成就和问题及政策等进行了探讨，由越南学者完成；第三编中越经济改革的比较，分别从经济改革的背景、经济改革理论、经济改革的进程及经济改革发展方向等四个方面进行比较研究，由中越两国学者共同完成。在中国和越南河内分别用中文和越文同时出版。（张平）

F000077　**打破地方市场分割**　陈东琪、银温泉主编。中国计划出版社 2002 年 11 月版。20 万字。16.00 元。“中国学术基金丛书”之一。以路径依赖理论为分析工具，从历史的、国际比较的角度论证了地方市场分割是经济转轨过程中出现的特有现象，强调以财政包干、大量国有企业事实上的地方所有制为基本特征的行政性分权是导致这一现象出现的深层体制原因。而传统体制遗留的工业布局、地区间经济发展不平衡、地方领导干部的业绩评价等现实因素，都强化了地方市场分割倾向。尽管行政性分权所形成的体制曾经推动了中国经济自改革开放以来的迅速发展，但同时也产生了地方市场分割，阻碍了国民经济包括地方经济的进一步健康发展。1988 年以来中央政府积极采取措施，包括实施分税制为核心的财政体制改革，试图对过去的有关政策和体制进行调整，但既有体制的路径依赖性质，使得问题并没有得到彻底解决，特别是基本没有触动企业的地方所有制这一重要的体制因素。在以上分析的基础上，本书强调如果抓住主要矛盾，主要是体制性问题，积极制定恰当的政策措施，深化改革，我国完全可能在今后 5～10 年的时间内基本打破地方市场分割，完成国内市场的整合，建立一个全国一体化的大市场（integrated market）。这也是我国经济增长方式转变、经济结构战略性调整、建立完善的社会主义市场经济体制和加入 WTO 的客观要求。（何欣）

F000078　**论经济结构**　古建佳、缪炳堃主编。湖南师范大学出版社 2002 年 2 月版。36 万字。28.00元。分五篇：宏观经济结构篇、产业经济结构篇、地区经济结构篇、企业经济结构篇、基础经济结构篇。（任海龙）

F000079　**社会主义市场经济体制若干重要问题研究**　白和金主编。中国计划出版社 2002 年 12 月版。30.4 万字。25.00 元。“中国经济学术基金丛书”之一。对我国经济体制改革进程作出了基本判断，分析了国际国内经济环境的重大变化和我国现代化建设新阶段对深化经济体制改革提出的新要求，探讨了关系完善社会主义市场经济体制的几个重要认识和理论问题，提出必须在坚持社会主义基本经济、政治制度的前提下以大力推进市场化为深化改革的基本取向，不仅要进一步从广度上拓展市场化，尤其要着力于深度市场化。重点是，以建立比较完善的社会主义市场经济现代产权制度为基础，理顺收入分配关系，大力提高生产要素市场化水平；以加入世贸组织为契机，构建与国际经济规则接轨的高度开放型的社会主义市场经济体制，积极促进我国市场经济的国际化；以整顿和规范市场经济秩序为突破口，进一步厘清政府与市场的边界和完善政府与企业的行为规则，全面实现社会主义市场经济的法制化。围绕上述深化改革的基本取向和攻坚重点，协调配套地有序推进全面制度创新，力争在 21 世纪前十年建立起比较成熟、比较定型化的社会主义市场经济体制。还对固有经济布局的战略性调整和国有企业改革、规范市场经济秩序、规范完善收入分配方式和社会保障体系建设、深化政府管理体制改革和完善社会主义市场经济法制等重要问题作了比较深入的探讨，提出了一系列政策建议。（何欣）

F000080　**改革：我们正在过大三**　吴敬琏著。三联书店 2002 年 3 月第二版。30 万字。23.00 元。收集文章包括，市场经济：理论与改革（11 篇）；国有部门：改组与改革（9 篇）；亮点在哪里：民间企业与高技术产业（9 篇），资本市场：发展与泡沫（11 篇）；人·事·书（10 篇）。作者认为，中国目前面临的改革大关或需要重点解决的问题有四个：一、按照“三个有利于”的判断标准调整所有制结构。为此，要加快推进国有经济有进有退的改组和国有企业的公司化改革。二、尽快解决私营企业的国民待遇问题。对私营企业的歧视性待遇，正制约着其健康发展。三、市场经济的支持性系统亟待建立。现在金融系统的市场化程度很低，与市场经济的要求相去甚远。

四、要确立公正透明的游戏规则，要确立法治。要让老百姓知道自己拥有哪些权利，并使他们有足够的手段来维护自己的权利。要让官员在法律规定的范围内，依法行使自己的职权，并受到法律的监督。(贾宝兰)

F000081 **结构·系统·耦合** 副名：论所有制结构变迁与产业结构演进。张亚斌著。湖南人民出版社 2001 年 12 月版。21.7 万字。18.00 元。在分析我国所有制结构变迁和产业结构演进的基础上，论证了所有制结构系统与产业结构系统耦合的内在机制，并提出了实现所有制结构系统与产业结构系统耦合的方案和路径选择。(唐艳)

F000082 **资本市场：结构调整和资产重组** 洪银兴主编。中国人民大学出版社 2002 年 4 月版。32.7 万字。25.00 元。将经济发展、结构调整、资产重组、资本市场与市场化作为一个系统来研究，揭示了资本重组和经济结构调整之间的内在联系，研究了通过资本市场进行资产重组的机制和路径。书中系统阐述了我国在买方市场背景和新的经济增长方式下，结构调整的内容和机制，对现实中出现的各种资产重组的方式及其正负效应作了全面分析，还对现行的资本市场结构及其症结进行深刻分析，并相应提出了以进一步推进市场化的途径完善资本市场结构的途径。列入“中国经济问题丛书”。(社资)

F000083 **中国民营经济投资体制改革与政策环境** 王元京主编。中国计划出版社 2002 年 12 月版。32.4 万字。25.00 元。“中国经济学术基金丛书”之一。在对民营投资体制与政策环境全新而独特的分析框架的基础上，全面评估了改革以来民营经济投资进入、资金融通、投资服务、权益保障政策与体制环境的进步，分析了上述四大体制政策环境的若干突出问题，深入地剖析了民营经济投资体制与政策环境存在问题的根源，提出了未来完善民营投资政策与体制环境的改革思路。具有以下几个特点：一、建立了民营经济投资体制与政策环境的新的研究框架，对民营经济投资的进入、融资、服务与权益保护体制与政策环境四方面的研究内容作了界定。同时，还从统计数据的角度对民营经济投资的发展、现状及前景进行分析，对民营投资企业增长的轨迹给出了一个基本的描述。二、尝试从纵向上比较民营投资体制与政策环境的一系列改革成就，从横向上比较民营经济、国有经济与外商投资体制与政策环境方面的差异，从而更为深刻地剖析民营投资体制与政策环境的状况。三、提出了民营经济投资还存在若干产业“禁区”，形成“禁区”的政策与体制根源在于四大行业垄断因素，即部门垄断阻碍了民营经济投资基础设施与基础产业，国家垄断限制了民营经济投资进入金融保险电信服务业，集团垄断阻碍了民营经济投资汽车等制造业，并提出了打破垄断的途径。四、提出了未来民营经济在投资领域的战略地位、投资重点与完善体制和政策环境的配套对策思路。提出要全面有序地开放投资进入领域，让民营投资主体在基础设施领域发挥补充和重要作用，在高科技产业起生力军作用、一般制造起主力军作用、在服务业领域发挥积极作用、在产权交易领域发挥合作作用。五、对保障民营投资权益体制与政策环境进行了探讨性分析。六、本书对 11 个地区的民营投资的市场准入环境、融资环境、社会服务环境的状况与问题进行了概括，提出了采取“外商东进，民营西进”的民间投资地区推进新战略。七、提出了完善民营经济投资服务体制与政策的新的思路与途径。运用各种政策组合与经济杠杆，引导民营经济向规模化、专业化、聚集化、科技化、外向型方向投资。强化投资监督机制，建立企业信用公示制度与企业进退制度，有效规范与约束民营投资行为。八、提出了开拓民营经济项目融资、股权融资与信贷融资的新途径。(何欣)

F000084 **中国的外资经济** 副名：对增长、结构升级和竞争力的贡献。江小涓著。中国人民大学出版社 2002 年 7 月版。20.6 万字。18.00 元。描述、分析外资经济在中国经济中的重要内容。外资经济的重要作用体现在提供资金来源、改善投资效益、扩大产出、引进先进技术和研发能力、提升产业结构、扩大出口和提升出口商品结构以及推进体制改革等许多方面。全书分别对上述方面进行描述和分析。着重探讨了一些有争议的问题，包括外商投资企业是否有垄断行为，外资经济占有较大比重是否会损害经济稳定和安全，依靠外资引进技术是否会导致技术依赖性，吸引外资是否会导致利益外流等。书中还有几章展望外商在华投资前景，提出吸引外资参与国有企业改革与重组，形成高附加值、高技术含量的全球制造基地，通过扩大开放保障经济稳定安全等吸引外资的战略重点，还提出了对外资经济加强监管的重点领域。列入“中国经济问题丛书”。(陈丹)

F000085 **中国七大经济区产业结构研究** 邓玲、张红伟主编。四川大学出版社 2002 年 11 月版。35 万字。25.00 元。共 10 章。内容上包括 5 大部分:一、总论;二、关于七大经济区性质及成因的探讨;三、跨省区经济区产业结构分析的理论和方法探索;四、七大经济区产业结构的特征分析;五、七大经济区产业结构的比较研究。(汪萍 成杰)

F000086 **WTO与中国宏观经济调控** 国家发展计划委员会培训中心编。中国计划出版社2002年10月版。24.9万字。23.00元。主要内容包括:(1)WTO与中国宏观经济调控;(2)WTO与中国价格管理;(3)WTO与中国贸易政策管理;(4)WTO与中国利用外资;(5)WTO与中国农业;(6)WTO与中国工业;(7)WTO与中国服务业;(8)WTO与中国专利保护制度。书末附录了WTO的有关法律文件和我国加入WTO的议定书。(何欣)

F000087 **2002中国宏观经济政策蓝皮书** 刘溶沧、李扬、江小涓主编。中国财政经济出版社2002年3月版。32万字。28.00元。书中收集了刘溶沧、高培勇等多位教授及研究员的20篇论文。随着我国加入WTO,外部经济环境的不确定性影响日渐增加,国内经济发展中不断出现新情况、新特点和新问题,今后我国宏观经济政策的走势与动态性调整,将更为国内外投资者和市场主体所密切关注。本书收集的成果就是对中国宏观经济的分析,问题的提出与讨论,态势的展望等。(张若丹)

F000088 **从治理通货膨胀到防止通货紧缩——1990年以来的中国宏观经济与宏观调控** 尹艳林著。中国计划出版社2002年9月版。48.2万字。35.00元。共3篇。第一篇形势分析,收集了32篇有关1990年至2002年间的经济形势分析文章,以及经济发展中有关问题的研究文章,包括第三产业发展问题、消费需求问题、社会集资问题、通货膨胀问题、经济增长速度问题、需求不足问题、国际经济形势问题等。第二篇政策研究,收集了17篇关于宏观经济政策和宏观调控问题的文章,有金融调控问题、投资率问题、扩大消费问题、"八五"和"九五"期间宏观调控经验问题以及"十五"时期的人民生活问题和"十五"时期的宏观调控政策问题等。第三篇理论与方法,收集了15篇关于宏观调控的若干理论探索及宏观经济管理中的分析方法的探讨文章,包括计划、调控与市场的关系,结构调整中的宏观调控,以及宏观经济总量平衡计划方法、供求平衡状况判断方法、经济增长贡献的分析方法等。(何欣)

F000089 **论市场条件下的国有经济控制力** 薛占胜等主编。山东人民出版社2002年6月版。27万字。29.00元。研究了社会主义市场经济发展、多种经济成分不断壮大、国有经济比重有所减少的条件下,如何保持并加强国有经济对国民经济的控制力的问题。上篇探讨了国有经济控制力的控制力度。并指出,国有经济控制力的主要表现在于,在经济命脉部门、重要行业和关键领域中占据支配地位,保持强大的市场竞争力,和对社会资本的参与和支配等。下篇提出了国有经济控制力的实现途径:通过对国有经济布局、国有资产、产业结构的战略性调整和重组,实现并提高国有经济控制力。(秦志)

F000090 **中长期发展规划的基础理论和办法** 钟契夫、许光建主编。中国计划出版社2002年6月版。22.4万字。22.00元。主体部分分为6章:第一章,中长期发展规划的指导思想和理论基础;第二章,中长期发展规划的内容和体系;第三章,发展战略的理论和实践;第四章,中长期发展规划形成过程;第五章,中长期规划后评价的理论和方法;第六章,中长期规划方法和技术。除主体部分内容外,还将关于规划与计划的语义和使用情况、西方国家计划、国外规划数量分析方法等问题的论述和评介,作为附录附在书后。(何欣)

F000091 **2003中国经济展望** 国家信息中心编。中国计划出版社2002年12月版。95.6万字。150.00元。对国际国内2002年经济运行情况作了全面系统分析,对2003年中国宏观经济、产业动态、区域热点和国际经济发展趋势进行了前瞻性分析预测。(何欣)

F000092 **伟大的共谋** 副名:市场经济条件下的利益关系研究。张晓明著。中国人民大学出版社2002年11月版。30.2万字。22.00元。"新生代学人文丛"之一。针对市场经济条件下的利益关系这个问题,把历史的观念审察、理论的逻辑论证和当代中国的社会现实分析有机结合起来,准确有力地指出了当代中国社会诸利益关系及其关联互动的复杂内涵。合法性、合理性设计等多重性新视角,把利益研究与当代中国社会的转型和企业运行紧密结合,对市场经济条件下的利益关系进行了总体性的描述和分析。(林坚)

F000093 **2001~2002宏观经济形势分析** 国家计委宏观经济研究院课题组编著。中国计划出版社2002年5月版。23.5万字。18.00元。紧紧围绕世界经济变化对我国的影响及如何培育我国经济的内在性增长动力这一当前极为迫切的问题进行跟踪、分析、研讨。对全年经济增长的总体状况作出了较准确的预测，提出了相应的政策建议，具有如下三个创新点：1.对当前世界经济和我国经济运行判断准确，对全年经济增长指标预测的准确度明显提高；2.进一步阐明了当前经济增长的内在机制尚未形成的态势；3.站在战略高度准确把握世界经济对中国经济运行产生的影响，并及时关注我国经济运行中出现的重大问题。（何欣）

F000094 **规范市场——经济运行研究** 钱津著。东北财经大学出版社 2002 年 10 月版。29 万字。28.00 元。分为 9 个部分：第一部分包括两篇上世纪 90 年代末发表的论文，主要论述了我国的资本市场的创立与发展问题，指出必须全面认识资本市场的构成，说明资本市场包括国债市场、企业债券市场、股票市场、借贷市场、产权市场，其中不可忽视国债市场的作用；第二部分是关于资产评估的理论研究；第三部分是关于分配与消费的关系研究；第四部分是有关财政金融问题研究，主要是研究财政和财政信用；第五部分是劳动经济研究；第六部分是有关工商行政管理的研究；第七部分是关于西部大开发的研究；第八部分是对五个部门的研究；第九部分是附录，共收集 3 篇文章。（陈薇）

F000095 **中国高技术产业融资** 葛建新著。中国计划出版社 2002 年 7 月版。17.6 万字。12.00元。主要特点是：一，体系严谨。本书首先从理论上探讨了高技术产业发展的规律及其资金需求特点，并以此为基点，分析了高技术产业融资的三个主要障碍及其产生原因，提出了金融创新是化解融资障碍的主要途径等观点。这些分析有深度，为本书的写作提供了科学的理论依据。二，视角新颖。作者综合运用实证分析与规范分析方法，对我国高技术产业的融资环境、各种融资方式的作用以及存在的问题进行分析，整个研究论证充分，具有综合性和全方位性。三，重点突出。在“机制设计与政策选择”部分，作者没有泛泛地谈论一般性的措施和对策，而是从深层次上侧重探讨了机制设计这一根本性的问题，提出了一些有价值的观点，如“引导资金投向技术创新活动的关键，在于构建一套有利于技术创新、创业、融资的制度基础和环境”等等。（何欣）

F000096 **中国资源利用战略研究** 刘江主编。中国农业出版社 2002 年 11 月版。136 万字。160.00 元。包括 1 个综合报告和 17 个专题报告。综合报告主要从宏观的角度研究 21 世纪初期我国在资源利用方面的重大问题，包括创新资源利用观念、重要资源利用评价和重大问题研究思路、中国资源利用面临的有利条件和问题、实施中国资源利用战略的基本内涵和指导思想以及主要任务等。特别强调了要用资源配置的市场化、资源经营产业化、资源利用国际化和资源管理法制化的战略思想，并且以此作为主线来指导和推进我国的资源开发、利用、整治和保护工作开创新局面和再上新水平。专题报告主要涉及淡水、土地、森林、海洋、生物、石油、煤炭、主要金属、主要非金属、新能源、可再生能源、旅游等自然资源和人力资源、信息资源、资金资源、技术资源等社会经济资源以及粮食、木材等资源类产品。综合报告和专题报告相互照应，又各自独立，共同构成一个系统的研究成果。（赵刚）

F000097 **总量平衡、收入分配与宏观调控** 孙小系主编。中国计划出版社 2002 年 10 月版。31.8万字。22.00 元。内容包括“八五”以来我国宏观调控的主要经验、问题，我国 20 世纪 90 年代以来两次宏观调控的比较与“十五”加强和完善宏观调控的建议，社会资金流量核算方法与实际应用，建立适合我国国情的经济供需总量平衡判断方法，国民经济总体分配关系，“十五”期间居民收入分配与消费研究，以及进一步扩大消费的政策。这些研究成果是国家制订相关政策的依据。（何欣）

F000098 **双信·互利·共赢——中(青岛)韩经贸合作走势研究** 孔庆峒主编。青岛海洋大学出版社 2002 年 7 月版。30 万字。35.00 元。“中韩合作研究丛书”之一。由绪论、中韩交流的历史渊源、当代中韩关系的恢复与发展、中(青岛)韩经贸关系的改善与跨越式发展、中(青岛)韩经贸合作的结构特点、中(青岛)韩经贸合作的前景展望、中(青岛)韩经贸合作的成功案例分析、当代中(青岛)韩交往大事记等 8 章构成，在搜集到的大量翔实、准确的第一手资料的基础上，全面、系统、深层面地分析了中(青岛)韩经贸合作的背景及轨迹，同时以前瞻性的视角展望了中韩两国，特别是青岛与韩国区域经贸合作的前景。（李建筑）

F000099 **中美经济关系研究** 仇华正著。人民出版社 2002 年 7 月版。46.9 万字。33.00 元。对 1927～1937 年间中美经济交往中所发生的重大事件，如中美签订新关税条约、中美债务的整理、美国对华投资；中美贸易、美国白银政策对中国经济的影响、中国币制改革与中美货币协定等作了详细的论述。认为这 10 年中，美国基于最惠国待遇和门户开放原则的利己主义对华经济政策及活动，使中国民族经济越来越摆脱不了美国的控制；但另一方面，美国的对华投资和债款，客观上也增强了中国抵抗日本侵略物质力量。能将这10年的中美经济关系置于远东乃至整个国际关系大格局中考察是本书的主要特征。

F000100 **中国城镇居民收入差距研究** 李爽主编。中国计划出版社2002年11月版。25.5万字。20.00元。“中国学术基金丛书”之一。根据居民问卷调查资料，通过设计指标及量化分析，得出了“中国大多数城市居民对收入差距不断扩大的现实是不满意的，尤其是低收入和中低收入群体的主观承受力偏低，但总体上仍未超出承受力范围”的结论。总体判断结论：当前城镇居民基尼系数较为适度，且有一定扩大空间。中国城镇居民收入差距扩大对经济增长的影响更多地体现为激励和促进的作用，而对社会稳定和公众心态的影响，更多地表现为不公平感增强，但总体看来，积极影响大于负面影响。从收入差距扩大的性质看，是属于在居民收入整体水平提高基础上的差距拉大，与少数人收入提高，多数人收入下降背景下的收入差距扩大具有本质的不同。（何欣）

F000101 **土家族区域可持续发展研究** 周兴茂著。中央民族大学出版社2002年6月版。23万字。25.80元。“土家族研究丛书”之一。对土家族地区经济的可持续发展作了全方位的研究与探讨，内容涉及土家族经济的历史分期、基本框架与研究方法、原始时代的土家族经济、奴隶制时代的土家族经济、封建制时代的土家族经济、土家族经济、社会、生态的可持续发展等。（李飞）

F000102 **区域产业发展与保税区研究** 董维忠著。天津人民出版社2002年4月版。25万字。26.00元。分为上下两篇。上篇集中阐述了区域产业发展的理论与实践，论述了竞争优势理论和区域产业集中、技术进步在区域产业结构发展中的作用、区域交通设施建设和城市发展、利用港口空间发展区域经济，还特别结合天津滨海新区的情况对其进行了产业发展的思考。下篇集中论述保税区问题，着重研究世界经济自由区的发展与管理。中国保税区的性质与发展作用、保税区发展中的理性思考、入世后发挥保税区功能作用的选择、保税区与国际惯例接轨的发展策略等。（赵艺）

F000103 **区域农业发展与农作制建设** 中国耕作制度研究会2002年8月版。83万字。50.00元。论文集。论文涉及了关于农作制、农作学、耕作制度、耕作学的学术讨论，共选用了国内外100篇论文。我国著名草业科学家任继周院士、澳大利亚沃加沃加农业研究所的Heenan P. Damian博士、Yin Chan博士和李光棣博士、加拿大农业部的甘延太博士也应邀为会议撰文。分5部分：一、农作制（学）理论与实践探索；二、区域农业与试验区建设；三、WTO与农作制结构调整；四、各地区种植制度与多熟技术；五、农田生态与可持续发展。（黄培武）

F000104 **中外西部开发史鉴** 杜平主编。湖南人民出版社2002年6月版。51万字。38.00元。对中国及世界其他国家在开发本国落后地区方面的经验教训进行回顾与比较。第一、二章介绍与总结了新中国西部开发的历程和新中国以前对落后地区开发的历史。以后各章分别论述了美国、澳大利亚、巴西、英国、加拿大、法国、德国、印度、意大利、日本、韩国、俄罗斯和欧盟这些国家及区域在开发其落后地区、缩小地区之间发展差距所作的努力和效果。外国部分侧重于近现代以来，尤其是当代的开发，中国部分则追述到古代。重点论述分析了中外开发西部的利弊得失，提出要依法进行开发、设立区域开发机构专职负责、有计划及有重点地逐步推行开发、注重政府资金的倾斜投入、促进欠发达地区产业结构优化等较成功的作法；要防止出现过分强调依托矿产资源发展重加工业引起产业结构失调、过于“贪大、冒进”降低布局效益、过度倚重区域优惠政策而损害投资环境、片面简单注重经济增长而影响社会进步和可持续发展等开发中容易出现的弊端。（穆陵宁）

F000105 **中国矿业城市研究** 周德群、汤建影、程东全著。中国矿业大学出版社2002年12月版。12.5万字。35.00元。研究了我国矿业城市的历史沿革，对矿业城市进行了界定和分类，并从中选出51个矿业城市作为样本进行研究，对这些城市从空间特点、社会经济发展现状等方面进行了探讨，分析了我国矿业城市出现结构性危机的原因。书中对我国矿业城市经济发展规模效率、矿业城市生产函数、矿业城市技术进步等问题进行了定量研究，对矿业城市演化的动态轨迹进行了描述，并对城市经济发展水平作了排序比较。针对矿业城市容易陷入结构性危机的特点，书中讨论了矿业城市如何规避风险的政策建议。（姜华）

F000106 **中国沿海经济低谷地区的崛起** 吴楚材、张落成、季子修等著。中国科学技术大学出版社2002年9月版。26万字。19.00元。以山东、江苏、上海、浙江、福建和广东沿海六省市为重点研究区域，系统分析了我国沿海地区内部中小尺度地区发展差异的形成条件、历史演变，经济低谷地区的分布特点以及面临的机遇和挑战，深入探讨了经济低谷地区崛起的基本理论、机制与途径，提出了加快经济低谷地区崛起、促进地区协调发展的基本思路与对策，剖析了不同类型低谷地区崛起的经验和发展模式，为东部沿海地区经济持续发展提供决策参考，同时也可为国家加快西部开发、缩小东西差距提供有益借鉴。(冯慧滨)

F000107　**未来50年**　副名：中国西部大开发战略。王洛林主编。北京出版社2002年1月版。45.8万字。28.00元。探讨了当前中国西部地区发展存在的主要问题、实施西部大开发的难点和总体思路，以及未来50年实施西部大开发的战略目标、战略阶段、战略重点和战略布局。在此基础上，该书从多个层面详细讨论了今后中国实施西部大开发的重要战略领域。书中严谨的学术观点和切实可行的战略规划，对我国西部大开发的实战具有长期的指导意义。(总编室)

F000108　**21世纪中国西部发展探索**　赵曦著。科学出版社2002年8月版。25.3万字。20.00元。"华夏英才基金学术文库"之一。运用区域经济学和发展经济学的基本理论，围绕21世纪中国西部大开发战略的基本思路与战略途径、区域资源开发与转换、产业发展与结构调整、传统农业人口发展与城市化、少数民族地区经济、社会进步、贫困地区稳定脱贫方式的选择、对外开放与发展等问题进行了综合性的分析和研究。全书共分9章。(总编业务部)

F000109　**21世纪中国新工业化战略与西部大开发**　胡长顺著。中国计划出版社2002年9月版。25.8万字。21.00元。以产业结构和空间结构为主线，总结了我国工业化的基本政策和取得的进展，并对未来工业化及西部大开发战略进行了阐述。提出21世纪中国要采取一种"复合型"工业化战略；一是对进口替代中战略产业的保护与培育；二是对出口导向中战略产业的支持与鼓励；三是促进那些原来进口替代的产业不断壮大的保护，转变为出口导向产业。(何欣)

F000110　**西部人文资源开发研究**　赵惠强、洪增林著。甘肃人民出版社2002年6月版。20.2万字。20.00元。以新颖的理论视角，论述了西部开发的新领域——人文资源的开发。阐述了大资源观念的确立在西部开发中的战略意义，对西部开发中的传统开发模式及资源观进行了深刻的反思，在展示西部地区丰厚绚丽的人文资源图景的同时，深入分析了西部人文资源的现状和存在的问题，并据此提出了西部人文资源开发与转换的具体对策与措施。(胡福生　刘明易)

F000111　**西部大开发战略的理论基础和实施对策**　徐国弟、陈玉莲主编。中国计划出版社2002年12月版。33.3万字。22.00元。综合分析各地区、各部门实施西部大开发战略的目标选择和开发动向，为国家提出若干可供决策参考的政策建议；为各地区在西部大开发中的科学定位和协调发展，提出创新思路和构想；为企业在西部开发中发挥主体作用，提出政策性建议。提出了"西部大开发战略的理论基础和实施对策"研究报告。(何欣)

F000112　**西部开发与我国地缘经济安全研究**　丁志刚、王宗礼著。甘肃人民出版社2002年4月版。24万字。22.00元。从国家地缘政治经济的现实和国家安全的角度探讨了西部开发与地缘经济安全的关系。提出了西部开发应与开拓亚欧大陆国家间经贸往来、保护开发西部资源、维护西部边疆稳定，处理好跨国民族等问题同步进行，从国际经济战略、政治战略、安全战略的高度勾画出了西部开发的总体蓝图和长远走向。(胡福生)

F000113　**西部开发与特色经济规划**　张丽君、李澜著。东北财经大学出版社2002年10月版。25.3万字。24.00元。西部大开发理论研究。作者的规划思路是：大力发展能够进入垄断市场的产业，以赚取垄断利润和超额利润。这些产业包括：畜牧业及相关产品加工、自然风光与民族文化旅游、特色农产品种植与加工、部分生物药品以及部分能源和矿产品的开发。全书有引言，各章也有导语，重点强调特色经济的发展思路，所提出的规划理论具有指导性和实践性。(刘东威)

F000114　**西部正年轻——湖南卫视《新青年》系列丛书**　杨晖著。湖南人民出版社2002年7月版。21.1万字。23.00元。收集了《新青年》栏目中先后在重庆录播的"观念就是市场"、在西安录播的"人才就是资源"、在兰州录播的"创新就是机遇"、在乌鲁木齐录播的"生态就是根本"、在拉萨录播的"金色喜玛拉雅"等节目，通过与刘永好、张贤亮、宗庆后、王石、左宗申、董明珠、肖方儒、荣海、钟朋荣、徐通模、徐少春、周厚健、牛玉琴、邹蓝、张世贵、卓玛青宗、采丹卓玛、巴桑、张顶壮等人的对话，探讨西部发展的现状、观念及前景，同时引用了茅于轼、樊纲、厉以宁等有关西部开发的研究文章，期待目前的东部繁荣景象在西部再现。（易斌）

F000115 **西部边境城市发展模式研究** 王燕祥、张丽君著。东北财经大学出版社 2002 年 4 月版。32.1 万字。28.00 元。“新千年之初的西部大开发”丛书之一。分上、中、下 3 篇。上篇绪论部分包括 3 章：第 1 章，西部少数民族地区经济发展概要；第 2 章，城市的起源与发展；第 3 章，沿边开放背景下的边境城市。中篇个案研究部分包括五章：第 4 章，海拉尔与满洲里发展研究；第 5 章，二连浩特发展研究；第 6 章，伊宁发展研究；第 7 章，瑞丽与畹町发展研究；第 8 章，凭祥发展研究。下篇综合研究部分包括五章：第 9 章，边境城市功能研究；第 10 章，边境城市城市产业结构研究；第 11 章，边境城市的城市建设；第 12 章，西部边境城市的对外开放；第 13 章，关于西部边境城市发展的展望。（刘贤恩）

F000116 **西部地区城市化及就业结构转换研究** 贾志永、彭川宇、牛小安著。西南交通大学出版社 2002 年 10 月版。14.6 万字。13.00 元。在分析西部地区城市化进程的历史、现状及西部地区城市化进程影响因素的基础上，探索一种推进西部地区城市化进程的适宜模式，并且对城市化进程中就业结构转换的规律与对策进行考察。全书分为上下两篇，第 1～4 章为上篇，侧重考察西部地区城市化进程及模式。第 5～8 章为下篇，侧重考察西部地区城市化进程中就业结构转换的规律与对策。（王婷）

F000117 **创新网络** 副名：区域经济发展新思维。盖文启著。北京大学出版社 2002 年 6 月版。27.3 万字。21.00 元。从探讨和解析理论入手，应用经济学、地理学、社会学和管理学等多种学科领域的新知识和新观点，系统地建构创新网络的一般性理论体系，并以此理论来研究我国一些区域经济发展的现实问题，探讨未来区域及其创新网络的发展趋势。书中对意大利、德国和美国等国外一些成功区域的发展进行对比分析，对我国高新技术产业今后的发展提出启示，特别是对我国中关村地区的区域创新网络进行实证分析。（胡美香）

F000118 **国务院关于实施西部大开发若干政策措施及其实施意见** 国务院西部地区开发领导小组办公室编。中国计划出版社 2002 年 4 月版。6.7 万字。10.00 元。由“国务院关于实施西部大开发若干政策措施的通知”和“关于西部大开发若干政策措施的实施意见”两部分组成。前者系中华人民共和国国务院 2000 年 10 月 26 日颁发的国发[2000]33 号文件，内容为：一、制定政策的原则和支持的重点；二、增加资金投入的政策；三、改善投资环境的政策；四、扩大对外对内开放的政策；五、吸引人才和发展科技教育的政策。以上政策措施，主要适用于当前和今后 10 年(2001—2010 年)。随着所规定的各项政策措施及其细则，自 2001 年 1 月 1 日起开始实施。后者是国务院办公厅 2001 年 9 月 29 日颁发的国办发[2001]73 号文件，共 20 项、70 条实施意见。全书中英文对照。（何欣）

F000119 **制度、趋同与人文发展** 副名：区域发展和西部开发战略思考。蔡昉等著。中国人民大学出版社 2002 年 3 月版。18.2 万字。16.00 元。对以往的地区政策进行了反思，通过理论与经验的分析，揭示了导致发达与不发达的更深层原因——贫困地区之所以长期陷于贫困的恶性循环，除了在人均收入、投资水平、效率上与发达地区存在差距外，在一系列人文发展条件上的差距更为重要。这些人文发展条件包括体现在教育和健康水平上的人力资本禀赋、资源环境条件、产品和生产要素市场的发育水平，以及其他制度因素。列入“中国经济问题丛书”。（于波）

F000120 **实施西部大开发总体规划和政策措施** 国务院西部地区开发领导小组办公室编。中国计划出版社 2002 年 7 月版。16.8 万字。20.00 元。内容包含：国家计委、国务院西部开发办关于印发“十五”西部开发总体规划的通知、国务院关于实施西部大开发若干政策措施的通知、国务院办公厅转发国务院西部开发办关于西部大开发若干政策措施实施意见的通知、国务院关于进一步做好退耕还林还草试点工作的若干意见、国务院关于进一步完善退耕还林政策措施的若干意见。全部内容均为中英文对照。（何欣）

F000121 **高粱棵经济学** 张海钦著。中国财政经济出版社 2002 年 10 月版。35.7 万字。48.00 元。各篇紧扣欠发达地区如何走出经济发展的怪圈，作了深入的理性思考与艰难的实践探索，使深奥的经济学理论与现实经济生活达到巧妙对接，具有很强的可操作性。作者长期在基层从事经济工作，现任河南周口市市长。他在研读大量的经济学著作的基础上，结合工作实际，提出了一套独特的“经济学理论”，他戏称为“高粱棵经济学”。他的这套“理论”是老百姓容易接受、干部们易于操作的方法论，并且在实际工作中运用取得了明显的成效。（杨波）

F000122 **首都经济研究报告** 文魁主编。首都经济贸易大学出版社 2002 年 12 月版。50 万字。36.00 元。具有下述特点:1.系统性。从首都经济概念的形成、内涵认识的逐步深化到首都经济的发展、体制改革进行了系统的研究。2.理论性。提出了广义首都经济和狭义首都经济的概念,在和北京经济概念的对比中,提出对首都经济内涵的独到见解,并将课题研究对象锁定在广义首都经济上。其他各部分研究也都注意了理论的探讨、理论与实际的结合。3.独创性。在大多数人将首都经济定位于知识经济和高新技术时,本课题一开始就将首都经济定位于“服务经济”,随着研究的深入,逐步按这一思路深化认识,并将此观点向市政府汇报。4.操作性。分别就北京市国民经济各部门、各产业的发展进行了深入细致的分析,就经济体制各方面的改革进行了探索和论证。这些论述针对性比较强,紧密结合实际,提出很多具有操作性的政策建议。5.开放性。在世界城市发展的大系统下思考北京的城市定位和未来命运。通过对北京在世界城市发展进程中的历史阶段、作为社会主义国家和最大发展中国家首都的特性以及北京在当前世界城市格局中所处位置和提升战略等问题的探讨,重点突出了在世界经济全球化的国际背景下,北京走向国际化的优势、问题和前卫性参照标准分析。在更为宽广的视野下,对北京的首都优势发挥、首都的安全稳定与城市和谐发展、首都城市文化多元化与民族个性保持联系等北京发展的全局性问题进行了更深层面的论述,为首都新经济寻找国际依托进行了尝试。(薛捷)

F000123 **两个根本转变与辽宁经济振兴** 方秉铸著。东北财经大学出版社 2002 年 5 月版。25.6万字。24.00 元。经济体制改革理论研究。分 3 个部分:一、关于我国经济体制的根本转变;二、关于我国经济增长方式的根本转变;三、关于辽宁的经济振兴。经济体制的根本转变是建立社会主义市场经济体制;经济增长方式的根本转变是由经济增长的外延型转向内涵型,由粗放经营转向集约经营,作者特别强调经济增长方式的转变要以技术创新为依托;辽宁的经济振兴则取决于“两个根本转变”的实现情况。作者以改革与发展为主线,从辽宁的基本省情特点出发,就如何看待改革,如何搞好发展,如何正确处理改革与发展的关系,结合二十多年来经济工作的实践,进行了探讨。(刘东威)

F000124 **陕西县域经济发展研究** 张毅主编。陕西科学技术出版社 2002 年 2 月版。27.4 万字。22.00 元。以区域经济学理论为指导,以第一、第二、第三产业为主线,对陕西县域农业、畜牧业、乡镇企业、中小企业、第三产业、小城镇建设和扶贫开发做了系统深入的调查和总结,揭示了存在的问题,分析了成因,提出了陕西县域经济发展的六大战略模式:赶超型、主导型、开放型、新科技型、向心型和分工协作型。本书特色鲜明。其一,是在我国经济体制改革、国民经济战略调整和世界经济一体化,特别是我国加入世贸组织的大背景下研究陕西经济发展的,站位高,视角新。其二,是用系统的观点和方法研究陕西县域经济发展的,是在正确认识第一产业、第二产业、第三产业之间关系,以及经济增长、社会进步、生态保护之间关系,资金密集、技术密集与劳动密集之间的关系,中央、地方(陕西)、个人(农民)之间关系,经济改革、经济发展、社会稳定之间关系的前提下研究陕西经济发展的,思路较为明确。其三,有一些创新见解,提出了不少可操作性的对策建议。其四,用规范分析与个案分析相结合、定性分析与定量分析相结合、从抽象到具体,再从具体到抽象等方法进行论述,论述明确,脉络清晰。(郭一博)

F000125 **宁夏经济社会形势分析与预测(2001～2002)** 邓炎辉、张万寿主编。宁夏人民出版社 2002 年 2 月版。39 万字。28.00 元。分为上下两部分。上篇经济篇包括 2001～2002 年宁夏经济形势分析与预测总报告、11 个专题报告、农业和农村经济形势分析预测、工业经济形势分析预测和财政收支与税收分析等。其中 11 个专题报告都是有关影响当前经济运行和发展趋势的重大问题和难点、热点问题。下篇社会篇包括 2001～2002 年社会形势分析与预测总报告和精神文明建设、教育、卫生、文化、党风廉政建设和反腐败斗争、社会治安、城镇居民收入差别、小城镇建设、人口、民族宗教、劳动就业、社会保障、生态环境评价治理等 13 个专题报告,基本都是当前宁夏社会生活中最需要认真加以对待和解决的问题。(张燕宁)

F000126 **乌鲁木齐地区产业组织问题研究** 罗辑、郭德辉著。新疆人民出版社 2002 年 6 月版。20 万字。20.00 元。分 6 章,运用产业经济学与发展经济学的有关理论,从产业组织发展的角度和经济增长研究视角出发,把现代经济增长理论中的“组织”要素与“集约”经济增长方式相联系,进而深入研究和分析地区经济发展问题。以翔实的资料数据对乌鲁木齐地区产业组织的现状、存在的问题进行了

全面的分析，在此基础上提出了通过资产重组实现产业组织优化的可操作性建议。（李庆晖）

F000127 **WTO新疆如何应对** 杨引官等编。新疆人民出版社2002年4月版。8万字。主要介绍了WTO的基本原则和运行机制，介绍了WTO与关贸总协定、WTO的性质、宗旨、职能和特点，WTO的基本原则，运行机制。叙述了货物贸易协议规则、服务贸易协议规则。简述了中国加入WTO所面临的挑战，如宏观经济管理问题、农业问题、工业主要行业、部分服务业。探讨了转变政府职能、发展特色农业、调整工业结构、加快发展服务业，进行扩大对外开放等问题。重点阐述了新疆这个经济落后地区如何应对WTO的问题，分析了新疆目前存在着既与全国各地共同面临的问题，同时也有自己的独特性，提出了当前大量吸引外资是不现实的，应从狠抓基础性建设入手的观念，最大限度地借中国加入WTO为新疆的发展营造良好的环境。（徐晓琳）

F000128 **新疆经济发展实证分析和综合研究** 胡毅、高志刚著。新疆人民出版社2002年8月版。30万字。25.00元。介绍新疆石油天然气资源、农业资源和人力资源，介绍新疆区域产业结构转换与经济发展、新疆经济效益分析及城镇化研究、新疆天山北坡经济带发展的制度供给与制度创新、新疆外向型经济发展研究和新疆非国有经济发展研究等内容，旨在分析新疆经济发展中的相对比较优势及不利条件，并提出相关对策；从产业结构转换、沿亚欧大陆桥区域产业的形成及工、农业技术进步的测算，研究新疆产业结构的调整、优化以及技术进步在新疆经济发展中的作用。（李燕）

F000129 **中国华东工商指南2002～2003** 国家统计局工业交通司贸易外经司主编。中国计划出版社2002年12月版。630万字。180.00元。分为两部分。第一部分收录了有关经济统计专家的分析文章，内容包括2002年上半年全国经济综述，华东各省市概述、各省经济分析等。第二部分分为十多万家华东工商企业名址、电话、经营业务数据等工商信息，以及各省相关行政机关、事业单位的有关信息，并对35个工业大类行业2002年一季度运行情况进行了统计点评。（何欣）

F000130 **青岛市经济社会发展蓝皮书（2002）** 徐万珉主编。青岛海洋大学出版社2002年1月版。29.6万字。30.00元。分“主报告”、“经济篇”、“社会篇”和“区（市）篇”4部分，从经济体制改革、产业结构调整、对外经贸发展、金融运行情况、农村经济形势，以及人口状况、社会保障、社区建设、人才需求和教育发展等方面，兼顾往年，立足当年，预测下年，跨年度地对青岛市经济社会形势及热点问题进行了分析和预测。（李建筑）

F000131 **富民强省在江苏** 本书编写组编。江苏人民出版社2002年10月版。37.3万字。24.00元。对富民强省战略思想提出的背景、理论依据、战略目标、重点内容、实施途径等进行了较为深入、系统的研究和探讨。对今后如何进一步做好富民强省的工作提出了不少颇有创见和富有理论价值的意见和建议，并对江苏充满希望的未来进行了预测和展望，对十六大以后江苏全面建设小康社会的工作具有较强的指导作用。

F000132 **2002年浙江发展报告·社会卷 经济卷** 万斌、杨建华、葛立成主编。浙江教育出版社2002年1月版。68万字。36.00元。分经济、社会两卷，分析浙江2001年经济发展形势，总结浙江经济社会的发展经验，预测2002年浙江经济社会的发展走势，研究社会发展走势，提出对策与建议。

F000133 **21世纪河南经济问题研究书系** 史孝孔等主编。河南人民出版社2002年版。78.5万字。62.00元。以21世纪河南经济面临的一系列重大经济问题为研究对象，从不同角度对21世纪河南经济发展的前景进行了分析与预测，提出了许多富有新意的观点和建议。（李小龙）

F000134 **河南经济发展若干重大问题研究** 徐兴恩著。河南人民出版社2002年12月版。31万字。26.00元。“21世纪河南经济问题研究书系”之一。对河南经济发展战略，河南经济运行的资金底线及其财政保证，河南经济规模的成本水平及其控制，河南经济活动的企业组织及其引导，河南经济中的传统产业改造与提升，河南高新技术产业的基础与培育，河南人口就业及政策选择，河南农业、农村、农民与城市化道路等，从理论到实践，并侧重在现实应运与可操作性上提出新的观点，旨在为省委、省政府的经济决策提供理论与政策支持。（李小龙）

F000135 **河南城镇化发展战略研究** 王彦武主编。河南人民出版社2002年11月版。26.1万字。18.00元。“21世纪河南经济问题研究书系”之一。以国家和我省的“十五”规划纲要为指导，以城镇化理论为基础，广泛借鉴发达国家和我国沿海发达地区的城镇化实践经验，通过分析我省城镇化进程中存在的问题以及城镇化滞后对我省国民经济发

展的不良影响，提出加快推进我省城镇化进程的政策措施和建议。(李小龙)

F000136 **区域创新与发展** 葛震远著。河南科学技术出版社 2002 年 6 月版。32 万字。36.00 元。根据郑州市实际情况和客观形势变化，对区域发展与创新的思考和总结。全书以区域可持续发展为核心，从可持续发展、知识经济与区域创新、城市发展、工业与高新技术产业发展、旅游业发展、农业发展六个方面，通过 27 篇文章，介绍和探讨了河南省以郑州为代表的中心城市区域创新与发展的理论和实践。(赵志刚)

F000137 **跨世纪的湖南区域经济** 唐之享主编。湖南人民出版社 2002 年 8 月版。23.2 万字。24.00 元。"跨世纪的湖南"之一。运用区域经济学、经济地理学、经济学、管理学等学科的有关理论，从湖南区域经济的实际出发，提出了湖南区域经济发展的一些理论模式、发展思路和建设性意见。(李茜)

F000138 **深圳高科技与中国未来之路丛书** 魏达志、李津逵等编著。海天出版社(中国·深圳) 2002 年 8 月版。520 万字。556.00 元。共 20 本，分别为：(1)深圳高新技术产业发展的十大启示；(2)新经济给我们的十大激励；(3)深圳高新技术领域前沿的十大企业；(4)高新技术对未来的十大影响；(5)高新技术产业发展带来的十大挑战；(6)深圳富有技术创新价值的十大品牌；(7)民营高科技企业发展的十大机遇；(8)高新技术产业发展的十大热点；(9)硅谷高科技产业化的十大借鉴；(10)城市经营的十大抉择；(11)深港高科技合作的十大趋势；(12)高新技术产业应对 WTO 的十大对策；(13)新经济对教育带来的十大思考；(14)高新技术及其产业的十大特性；(15)全球高科技企业间的十大并购；(16)深圳高新技术产业的十大片区；(17)创业板市场必备的十大要素；(18)深圳高新技术产业群中的十大民营；(19)深圳吸引外资发展高科技的十大要领；(20)高科技产业化的十大条件。以最新、详实、准确、权威的材料，展示深圳自改革开放以来在高新技术产业方面所取得的巨大成果，展示深圳经济特区高新技术企业的奋斗历程，当然也包含着编著者们的思考、探索和期盼。(杨五三)

F000139 **深圳实践与中国特色社会主义** 中共深圳市委宣传部编。广东人民出版社 2002 年 10 月版。19 万字。16.00 元。"与时俱进的社会主义丛书"之一。共有 8 章，以邓小平理论和江泽民"三个代表"重要思想为指导，力图从理论与实践相结合的角度，反映深圳经济特区 22 年来对有中国特色社会主义道路的积极探索，总结深圳经济特区改革开放和现代化建设取得的成功经验。

F000140 **重庆民族经济文化资源开发研究** 东人达、陈孝胜著。西南师范大学出版社 2002 年 4 月版。25 万字。18.00 元。主要内容包括：重庆民族地区的概况；重庆民族地区的经济文化资源概览；重庆民族地区经济的优劣势及发展思路；以旅游业带动重庆民族文化资源开发的研究；重庆民族地区人力资源现状、存在的问题和开发思路；民族文化的保护；加入 WTO 后对民族地区经济发展的影响及对策。(曾艳)

F000141 **科技工业园区的建设与管理** 严正主编，严正等著。福建人民出版社 2002 年 12 月版。20.6 万字。14.50 元。在反思福建省福州、厦门高新技术产业开发区问题的基础上，对我国一批高新区做了调研，以理论和实践相结合的形式对我国科技工业园区的发展历程、主要成就、发展模式、园区布局、功能配制、管理体制、风险投资、发展战略、典型范例和存在的主要问题作了全面介绍，并对国外、境外的成功经验作了剖析，提出了促进我国科技工业园区的建设与管理的建议和措施。书中有大量的案例分析。(陈艺静)

F000142 **土家族区域经济发展史** 邓辉著。中央民族大学出版社 2002 年 6 月版。25万字。25.80元。"土家族研究丛书"之一。结合考古学、历史学史料，分析了土家族区域的经济发展，内容有土家族区域早期历史阶段的经济生活，先秦历史阶段的经济生活，汉、晋、元朝时期的经济生活，唐宋历史时期的经济生活、土司时代的经济生活等。(李飞)

F000143 **《史记·货殖列传》研究** 李埏等著。云南大学出版社 2002 年 5 月版。25.3 万字。23.00 元。从各个不同的方面对中国经济史上的这一第一篇经济专文进行了集中的、全方位的研究，试图从中找到中国商品经济的发展之源及发展的方向，找到影响后世中国经济发展的若干因素。全书主要由各自相对独立的多篇论文组成，内容涵盖《史论·货殖列传》的时代研究、《史记·货殖列传》中引"老子"语研究、商人阶级的兴起研究、地域经济研究、贫富分化问题研究、经济地理研究、分工论研究、司马迁经济思想研究等，涉及到《史记·货殖列传》所论述的各个方面。(蔡红华)

F000144 **唐代区域经济研究** 翁俊雄著。首都师范大学出版社 2001 年 12 月版。24.1 万字。18.00元。以数十种史书丰富的唐各地区社会经济的资料作为基础,以“安史之乱”为界线,详细地叙述了唐朝前期经济的恢复和发展;唐朝后期的经济发展的概貌。从中可以得到各个地区如何充分利用本地区优势,发展区域经济的借鉴。(张成水)

F000145 **明代社会经济史研究** 田培栋编著。北京燕山出版社 2002 年 2 月版。40 万字。28.00 元。侧重对明史研究中有争议的问题,进行深入细致的研究论证。如:明代国家政权对社会经济发展的作用,明代人口变动的考察,明代朝贡贸易、海外贸易,明代农业、交通、商业、手工业的经济发展等问题。史料丰瞻,分析入理,结论妥贴,常见新意。(责群)

F000146 **自开商埠与中国近代经济变迁** 唐凌等著。广西人民出版社 2002 年 8 月版。27.4 万字。22.00 元。“现代化研究丛书”之一。全书 5 章:首先从 19 世纪末的中国和世界大势综论了清末自开商埠的背景;进而选取吴淞、南宁、昆明和三都澳几个不同类型的自开商埠进行具体分析,阐明它们的异同,说明各自的特性,了解个案与整体的关系;继之着重论述了自开商埠的近代工商企业、银行业、交通业、关税收支、市场发育以及城市近代化的关系;最后就中国近代约开商埠和自开商埠,以及中国、日本两国开埠的特征、效果及其原因等进行了比较。(钟编)

F000147 **中国资本主义的发展和不发展** 副名:中国近代经济史中心线索问题研究。汪敬虞著。中国财政经济出版社 2002 年 4 月版。35.4 万字。35.00 元。最为重要的学术贡献就是提出了将资本主义的发展与不发展作为中国近代经济史的中心线索。认为封建主义制度在中国延绵了几千年,从社会经济制度嬗变的角度观察,资本主义当是中国社会前进的历史方向。然而,1840 年以后,在外部环境和内部机制共同作用下,中国沦为半封建半殖民社会,中国资本主义走上了一条既发展又不发达的道路。这是鸦片战争以后一百年间中国的现实。近代中国没有产业革命的现实,但却充满着对产业革命的梦寐。在资本主义世界,产业革命是继资产阶级革命的胜利而发生的。17—18 世纪,英、法、美等国资产阶级革命的胜利,给资本主义的发展扫清了道路。在欧美一些主要资本主义国家,先后发生了以机器生产代替手工业劳动,以机器大工业代替工场手工业的重大变革。以外国资本主义入侵而开端的近代中国,情形与此不同。从 19 世纪 70 年代开始,在由封建政权内部的洋务派所发动的现代企业创建活动中,人们已经开始感到中国的产业革命的步伐。但是,由手工向机器的转变,在 20 世纪初的中国,仍然是一个艰难的进程。中国的资产阶级对产业革命寄托了深厚的希望,但近代中国不可能出现真正的产业革命。近代中国产生了代表新的生产关系和生产力的资本主义生产方式,但中国没有产业革命。(张立宪)

F000148 **中华人民共和国经济大事辑要(1978～2001)** 白和金主编。中国计划出版社 2002 年 6 月版。157.7 万字。120.00 元。以邓小平建设有特色社会主义理论和党的基本路线为指针,记述 1978 年党的十一届三中全会以来到 20 世纪末中国发生的重大经济事件,侧重反映改革开放以来我国经济建设、发展和经济体制改革与对外开放的基本脉络,以及经济建设取得的重大成就,力求给以历史的、正确的反映。史料收集的范围和重点为 1978～2001 年之间中国经济建设、改革和发展的宏观政策要点;具有全局性影响的经济事件;重要的全国性的经济活动;重大的建设成就。资料选自公开发布的信息和已经解密的信息,客观叙述,不作评价,尽可能保持历史原貌。记述的事件、材料和数字力求真实准确,对重大事件的来龙去脉力求表达清楚。体例的编排,以编年体为主,兼顾专项分类。检索的方法,既以时间为序编排目录,又附专项分类索引。(何欣)

F000149 **2001 年中国国土资源报告** 中华人民共和国国土资源部编。地质出版社 2002 年 10 月版。20 万字。40.00 元。全面反映和记录了当年土地、矿产、海洋等国土资源规划、管理、保护与合理利用以及地质环境工作的进展情况。包括 5 个部分,共 8 章。第一章为概述,全面反映国土资源利用、保护所取得的成就;第二、三、四、五章着重阐述了土地、矿产、海洋等自然资源的状况和形势,以及这些资源的调查评价、保护和合理利用的进展情况;第六章阐述了地质环境、地质灾害及其防治状况;第七章介绍了在推动科技创新和信息化方面的努力和成效;第八章介绍了西部地区国土资源开发利用的有关情况,以满足对西部大开发国土资源领域的数据和分析的需要。本报告设立了若干专栏,有助于读者更加全面地了解某些方面的进展或详细背景。(何蔓)

F000150 **湖南省国土资源遥感综合调查** 湖

南省发展计划委员会编。地质出版社 2002 年 10 月版。35.8 万字。35.00 元。内容包括:遥感信息源及地理底图、土地资源、矿产资源及远景区预测、水资源、森林资源、旅游资源等遥感综合调查,自然灾害、生态环境、洞庭湖区环境等综合遥感调查及建立湖南省国资遥感综合调查信息系统。(陈磊)

各国经济

F000151　**东亚区域经济合作:中国与日本**　王振锁、李钢哲主编。天津人民出版社 2002 年 3 月版。34.5 万字。28.00 元。中、日、韩三国的老中青学者,用政治、经济、历史相结合的方法,以各自的视角,共同探讨了围绕东亚区域经济合作,中国与日本在东亚区域经济合作中的地位和作用等问题。文章内容所及,有的是对宏观问题的概述——对经济全球化与东亚区域经济进行了研究,就东亚地区新型国际合作的构想及其前景等问题进行了探索;有相当一部分文章是就某一专门性的课题进行探讨;还有一些是从个案入手,介绍情况,分析比较。(李晶)

F000152　**经济增长与财政政策**　副名:以战后日本经济发展经验为视角。高长春著。黑龙江人民出版社 2002 年 1 月版。22 万字。20.00 元。阐明和分析了日本战后经济高速增长时期财政的不可低估作用。对战后日本财政的作用做了深入细致地分析,有许多独到之处。(刘恺汐)

F000153　**当代日本产业结构研究**　薛敬孝、白雪洁等著。天津人民出版社 2002 年 8 月版。20 万字。22.00 元。从产业结构的角度对日本的经济增长等问题进行了分析。主要内容是把日本产业结构高级化调整相对滞后作为其经济增长乏力的原因之一进行研究,详细阐述了日本产业结构及其影响因素之间的相互作用机制,全面分析了日本产业结构变动对日本经济增长与就业及其国际竞争力的影响,深入探讨了日本产业结构高级化调整现状、调整相对滞后的原因及日本产业结构的变动趋势。而第三次产业结构高级化调整,虽然也提出了培育知识密集型产业的主导产业地位及实现产业结构服务化和信息化的调整目标,但实现的效果并不理想。(岳勇)

F000154　**2001～2002 年东南亚发展报告**　刘咸岳、黄铮主编。广西人民出版社 2002 年 1 月版。26.2 万字。30.00 元。是东南亚蓝皮书系列的第一本,由 3 部分内容组成。第一部分(上篇)为有关东南亚的一些基本情况、综合和专题报告;第二部分(中篇)为有关东南亚各国年度发展报告;第三篇(下篇)为 2001 年东南亚及中国—东南亚关系大事记、东南亚各国经济社会统计资料。(张平)

F000155　**民营化与公私部门的伙伴关系**　[美]E.S.萨瓦斯著,周志忍等译。中国人民大学出版社 2002 年 6 月版。39.6 万字。39.00 元。采用系统、翔实的资料,概括了 49 个国家民营化的经验,从三个方面论证了民营化理念:首先是民营化的推动力量的问题,提出民营化运动的主要推动力量被分为现实压力、经济、意识形态、商业等方面的动力和平民主义的影响。其次是政府增长的原因及其后果,提出需要重新审视政府的角色,发挥其促进者及管理者的作用,更多地依靠公民、社区和市场。第三是物品分类和提供机制的理论分析,萨瓦斯强调了不同安排方式之间的理性权衡与选择,提出服务提供或安排与服务生产之间的区别十分重要,是整个民营化概念的核心,是政府角色界定的基础。书中从民营化的背景、理论与实践这三个角度出发,论证了民营化是改善政府的最佳途径这一基本理念,深刻分析了民营化运动中所出现的问题,提出了切实有效的解决之道和具体方法。(熊鲜菊)

经济计划与管理

F000156　**国有资本经营专论**　副名:国有资产管理、监督、营运体系研究。郭复初领著。立信会计出版社 2002 年 6 月版。23.3 万字。17.60 元。在以公有制为主体、国有经济为主导、多种所有制经济共同发展的经济制度前提下,系统研究了经营性国有资产与非经营性国有资产由不同部门分开管理,国有资本实行国家财务总公司、子公司和国资企业三级管理模式,国有资本分层次多形式监督体系,国有资本营运风险、激励约束机制、效馈评价、资本重组、债转股、国有资本与非国有资本组合营运和西方国有企业发展的启示等问题,提出了在新形势下如何构建国有资产管理、监督、营运体系的设想与有关政策建议。并且批评了否定国有经济的积极作用的错误思想。(朱百鸣)

F000157　**GB/Z19027 — 2001idt ISO/TR10017:1999《GB/T19001－1994 的统计技术指南》实用详解**　副名:2000 版 ISO9000 族标准辅导教材。王毓芳、郝凤主编。中国计量出版社 2002 年 7 月版。58 万字。58.00 元。针对 ISO/TR10017

的各条款，特别是描述性统计、试验设计、假设检验、测量分析、过程能力分析、回归分析、可靠性分析、抽样、模拟、SPC图、统计容差法、时间序列分析等12种统计方法的原理、应用程序做了详细的讲解。其中运用了大量的图表和案例。（朱和平）

F000158 **现代经济分析的数学原理** 王生喜编著。新疆科技卫生出版社（K）2002年10月版。20万字。19.00元。选取了国内外流行的经济学、管理学教材及文献中最常见的数学知识，涵盖了中高级经济学管理学中所需要的数学基础。突出了经济分析中实际问题的需要，重点放在如何运用数学的语言、公式、关系去反映经济管理中所面临的问题。

F000159 **计量经济学** 王维国主编。东北财经大学出版社2002年1月版。34.2万字。20.00元。在系统介绍计量经济学基本原理及方法的基本思想的基础上，突出计量经济学的应用。作者尽可能地运用计算机软件EVIEWS去教学，重点介绍数学模型、计算结果的统计与经济意义。主要内容包括计量经济学的基本问题；回归分析的基本内容及应用问题；建立单一计量模型所产生的异方差、自相关、多重共线性、虚拟变量和随机解释变量等计量经济及其解决方法；约化建模理论与传统建模理论的比较；中国宏观经济模型设计的主导思想、主要特点、应用和进一步的改进等。（孟鑫）

F000160 **计量经济学** 祝发龙、龙如银主编。中国矿业大学出版社2002年6月版。27万字。21.50元。分8章，以多元线性计量经济模型为基础，详细地介绍了违背假设问题、模型扩展问题、联立方程模型等方面的理论和方法。对经典计量经济模型、宏观经济模型及计量经济模型的实际应用也进行了深入浅出地讨论。书中在运用各种理论和方法的数学描述和推导的同时，重点对实际经济问题进行了分析，特别是在例题的选择上，注重理论联系实际。（姜华）

F000161 **社会经济定量研究** 副名：与SPSS和SAS的应用。骆克任编。电子工业出版社2002年1月版。30万字。24.00元。介绍了在研究中，如何根据研究目的，提出变量和问题、形成研究假设、设计研究方案、选择计量方法、搜集信息并用现代统计技术去分析，以及如何引出结论和撰写研究报告等一系列的定量研究方法。同时，结合定量研究的各个步骤，相应地介绍了SPSS和SAS统计软件的使用技术。作者希望该书不仅对定量分析研究起到科学和规范的引导作用，而且能对以上统计软件的使用有所指示。（赵建宏）

F000162 **非均衡经济计量建模与控制** 张世英、李忠民著。天津大学出版社2002年6月版。30万字。19.00元。讨论了非均衡经济计量建模和非均衡经济控制两个方面的原理、方法和实际应用。在非均衡经济的计量建模方面，包括非均衡经济模型建模基础、单市场和多市场非均衡模型建模方法，讨论了非均衡市场建模的模拟矩方法和变结构非均衡模型建模方法，并对各种方法均结合我国实际进行了实证研究。在非均衡控制方面，包括对非均衡经济调控机制的讨论、经济控制理论和生存控制理论在非均衡经济中的应用，非均衡经济过程的动态分析及对我国非均衡经济调控实证研究等。（张质文）

F000163 **新编经济应用数学** 王景琰、于庆年编著。大连理工大学出版社2002年8月版。34万字。16开。18.00元。具体包括：微分学、积分学、多元函数、线性代数、概率论与数理统计。（总编室）

F000164 **博弈论** ［美］朱·弗登博格等著，黄涛等译。中国人民大学出版社2002年10月版。70.8万字。68.00元。第1章介绍了纳什均衡和它的性质。第2章定义了纳什均衡的一个扩展称为“相关均衡”，并引出了重复剔除严格优势和可理性化的概念。第3章定义和讨论了这个概念以及相关的可置信承诺的问题。第4章和第5章分析了几类动态博弈的子博弈完美均衡。第4章围绕着三个例子展开：重复囚犯困境，鲁宾斯坦恩—斯塔尔轮流出价谈判模型和时间选择模型以及它们在产业组织理论中的应用。第5章介绍了对待重复博弈的系统方法，由行为可以完全观察的情况开始到参与人的行为不能被完全观察的博弈。第6章介绍了海萨尼的思想。第7章将这些思想应用到了“机制设计”问题。第8章介绍了将子博弈完美性的想法扩展到不完全信息博弈的求解思想。第9章使用这些概念研究了“声誉效应”的思想。第10章讨论了一些论文，这些论文将买卖双方的讨价还价模型化为不完全信息的动态博弈。第11章讨论了一些限制性更强的对均衡的精炼。第12章介绍了三个高级的与策略式有关的题目。第13章使用“马尔可夫完美均衡”的概念分析了完全信息的动态博弈。第14章对“共同知识”和“近似共同知识”给出了正式的定义并讨论了博弈的均衡如何随着共同知识的结构而发生变

化。列入“经济科学译丛”。(梁硕)

F000165 **有效的项目管理(第2版)** [美]罗伯特·K.威索基(Robert K. Wysocki)、小罗伯特(Robert Beck Jr)编,贝克、李盛萍等译。电子工业出版社2002年4月版。48.64万字。48.00元。是3位著名的项目管理方面的专家以多年的实践经验编写的实用项目管理编程,被许多继续教育项目、专业社团、学校采用,为项目管理学会(PMI)所推荐,列入美国项目管理研究所PMP考试必读核心书库。书中还特别加大了IT项目管理的内容。详细展示项目经理的职业发展道路。书中采用案例研究,教你如何使项目按进度、在预算内、根据规范完成。(总编办)

F000166 **现代项目管理** 白思俊主编。机械工业出版社2002年4月版。139.9万字。108.00元。分为3册,共7个部分、35章。上册主要讲述项目与项目管理、项目组织与项目团队、项目论证与评估三个方面的内容,涉及项目管理的发展及其应用、项目及项目管理的概念、项目构思及项目的周期理论、项目组织、项目经理、项目人力资源管理、项目团队、企业项目管理、项目论证的基本原理、项目的机会选择和方案选择、项目的可行性研究、项目的经济评价和环境影响评价、项目融资、项目评估及投资决策。中册主要针对项目的实施与控制过程进行了系统阐述,项目的进度、费用与质量管理是本册讨论的重点,涉及项目启动、采购与合同、网络计划技术、进度管理、费用管理、质量与安全管理、变更与控制。下册主要讲述项目的收尾与后评价、项目的综合管理,同时结合实际案例讲述了项目管理的应用过程,包括项目验收、项目审计、项目后评价、项目信息管理、项目沟通管理、项目冲突管理、项目风险管理、生产要素管理、现场管理和环境保护、项目监督、项目管理综合应用案例及IPMP认证模拟试题。(常淑茶)

F000167 **会计新视野丛书** 刘俊彦等著。中国财政经济出版社2002年8月版。共8本,包括《财务管理机制论》、《跨国公司财务战略管理》、《创业板上市公司研究》、《企业融资方式、结构与机制》、《会计理论方法体系》、《注册会计师审计质量控制理论研究》、《会计理论创新》、《国有企业财务监督机制研究》等。丛书收集了国内众多中青年学者在会计、财务上的研究成果及一些优秀的会计博士论文,涉及到会计、财务、审计以及证券市场相关问题等各个方面。在研究方法上宏观与微观结合、理论分析与实证结合、定性与定量相结合、典型案例与综合比较相结合,研究对象广泛,在研究范围上将不同学科进行交叉研究,既有继承,又有发展。

F000168 **财政部重点会计科研课题系列丛书(2002)** 课题管理单位:中国会计学会。中国财政经济出版社2002年7月版。《改进企业财务报告问题研究》葛家澍、陈少华著,19.00元。《会计信息失真的现状、成因与对策研究——上市公司利润操纵实证研究》蒋义宏著,17.00元。《计算机信息处理环境对会计理论与实务的影响及对策研究》杨周南著,16.00元。《关于资本(股票)市场与会计信息披露问题研究——我国证券市场会计信息披露问题研究》王又庄著,12.00元。《管理会计应用与发展的典型案例研究——预算管理与绩效评估案例》潘飞著,13.00元。《企业经营业绩评估问题研究——中国企业绩效评价方法研究》孟建民著,16.00元。《会计人员职业道德与自律机制研究》韩传模著,10.00元。《保险业会计问题研究》杨华良著,13.00元。《人力资源会计研究》张文贤著,20.00元。(王晨)

F000169 **简明会计辞典** 冯淑萍主编。中国财政经济出版社2002年9月版。58.1万字。45.00元。所收词条以会计专业为主,按照会计学科类别共分为会计一般、财务会计、财务管理、管理会计、成本会计、政府及非营利组织会计、审计、附录等八个部分,选词2000余条。词条均以最新制度或准则的释义为基础,结合国内及国际通用含义作出定义。词条的选择体现了针对性、实用性和广泛性等特点,力争做到既简明扼要,又突出重点。词条释义尽量做到了新颖性、知识性、科学性、实用性和简明性的统一。除按所属学科体系排列外,还按字母索引和笔画索引进行了排列。(樊清玉)

F000170 **大会计学概论** 于玉林主编。立信会计出版社2002年5月版。38.8万字。27.20元。从实践出发探讨会计学中的新问题、寻求会计的规律、培养研究与解决实际问题能力的人才,对大会计学的基础、形成、体系和发展趋势作了非常系统、详细的论述。还将大会计学与其他社会科学、自然科学进行了全面比较。指出新世纪大会计学向边缘化方向、向细化方向、向综合化方向发展的趋势;现代大会计学的发展在于创新。(吴尚云)

F000171 **中国会计研究文献摘编(1979~1999)·财务会计卷** 中国会计学会编。东北财经大学出版社2002年7月版。94.3万字。82.00元。

主要由“财务会计结构”、“财务会计核算规范”、“财务会计要素”、“会计确认理论”、“会计计量理论”、“会计记录理论”、“会计报告理论”、“政府与非营利组织会计”等8部分组成。(陈薇)

F000172 **会计学** 魏素艳、栾甫贵主编。机械工业出版社2002年2月版。50.1万字。29.50元。根据最新修订和颁布的《企业会计准则》和《企业会计制度》,并参照国际惯例及结合多年的教学经验,编写而成。具有如下特色:①内容尽可能全面,包括会计基础、财务会计、财务分析和管理会计4部分内容,并注意与其他相关课程既衔接又不重复。②根据管理者所需要的知识结构,安排本书的具体内容和结构,尽可能淡化会计核算方法,侧重于介绍会计与经济活动的联系、会计政策的选择,采用不同的会计政策对企业财务状况和经营成果的影响,会计信息的披露方式,以及资产、负债、成本费用的控制方法和管理要点。③为了便于学生自学和检查知识的掌握程度,每章前有重点内容介绍,每章后有小结、思考题、练习题和案例分析。(商红云)

F000173 **会计类原版教材影印系列** 拉尔森等编著。中国财政经济出版社2002年12月版。920万字。749.00元。共10册,涵盖会计学科的所有专业方向。包括会计原理、中级会计、高级会计、成本会计、管理会计、审计原理、财务管理、国际会计、财务报告分析、财务会计等书。主要内容包涵会计学的基本原理、会计实务操作和基本会计业务核算,会计特殊业务如并购、重组,非营利组织会计核算等,成本会计核算、本量利分析及作业会计等管理会计创新内容,另外审计学介绍了审计基本理论及实务,国际会计介绍了跨国公司会计及各国会计比较等,财务管理学介绍了理财基本理论及实务,财务报告分析则介绍了有关财务报表的分析技术与方法。并配有教师指导用书。采用双色印刷,全英文版面。(文远怀)

F000174 **会计基本理论比较** 李孝林、孙芳城等著。立信会计出版社2002年2月版。32.6万字。25.00元。“会计理论探索丛书”之一。运用比较的方法,对会计基本理论涉及的方方面面,诸如会计环境理论、会计对象理论、会计职能理论、会计动因理论、会计起点理论、会计属性理论、会计目标理论、会计理论框架、会计规范理论、复式记账理论、会计账户理论、财务报告理论等,进行全面、深入、系统的比较研究,并提出了许多新颖的见解。(张立年)

F000175 **新编会计模拟实验** 郑树旺、沈燕主编。大连理工大学出版社2002年8月版。88万字。16开。88.00元。分4册:基础篇、财务篇、成本篇、综合篇。(总编室)

F000176 **新编基础会计** 孙恒等主编。大连理工大学出版社2002年7月版。45万字。16开。20.00元。以会计循环过程为主线来说明各种会计核算方法及其应用。全书贯穿了模拟真实的会计数据与资料、图表等的使用与设计也尽可能的模仿真实。(总编室)

F000177 **中国会计模式论** 周晓苏著。东北财经大学出版社2002年4月版。26.9万字。28.00元。三友会计论丛第四辑。系统地研究了中国会计模式的基础理论、会计模式的构成及其发生的演变过程,中国会计模式的允许及其在世界会计模式中的地位。这种研究结构突破了以往研究会计模式多从外部进行比较、以借鉴为主的局限性,更好地深入到了会计模式内部进行分析研究,具有开拓性和创新性。还提出了构建会计模式应遵循的原则、指导思想及会计模式职能的观点、中国会计模式的构成及运行特征以及划分模式的方法等富有新意的内容。(孟鑫)

F000178 **发票、票证管理与使用** 中国税务出版社编。中国税务出版社2002年7月版。60.00元。分六大类,包括:发票的印制、领购、开具和保管,增值税专用发票的管理与使用,出口货物专用发票的管理与使用,普通发票的管理与使用,发票的检查和违规处罚,税收票证的管理,分类列举关于发票、票证管理与使用中的各项问题计350余项。对问题的回答是依据现行有效的税收法律、法规、规章、规范性文件作出的摘引及归并。同时对每一条摘引都列出了发文文号,便于读者查找全文,全面理解。全书没有采用一般图书“章、节”的编排结构,而是采用多级数字编码的形式编排,对每一个问题根据其分类层次给出分类编码,通过编码使读者的查阅更加便捷。附带光盘。光盘具有任意词和渐进检索系统。(李震雨)

F000179 **中外财务会计报告比较** 陈哲卿等编译。中国财政经济出版社2002年12月版。58万字。38.00元。共12章,主要对中外财务会计报告的实例、中外审计报告、中外企业内部控制等企业的财务问题,从中外实行的会计、审计准则和中外企业的财务会计报告实例两个层面做了深入的分析和阐述。(彭翔)

F000180 **财务报告分析** 副名:利用财务会

计信息。[美]查尔斯·吉布森著,马英麟等译。中国财政经济出版社 2002 年 1 月版。76.5 万字。60.00 元。原书第八版的中译本。在内容上有如下一些特点:1.广泛使用耐克公司的财务信息;2.许多正表和例子都是基于可能与学生有关的实际公司,如:康柏、微软、默克、阿道夫库斯公司、温迪斯、河西食品公司等;3.每章增加了互联网的练习题;4.增加了与诸如综合收益等当前话题有关的信息和举例。(李静)

F000181 **中国会计改革与国际协调** 冯淑萍著。中国财政经济出版社 2002 年 10 月版。27.8 万字。25.00 元。真实地记录了我国社会转型时期会计改革的历史进程,展示了中国会计的发展轨迹,也体现了中国会计理论研究者对会计理论认识的深化和拓展过程。所收集的 29 篇文章,可分为 1988～1992,1992～1998,1999～2002 三个阶段。除了对外宣传我国会计改革的成果之外,还注意介绍国际会计界的最新研究成果与发展动态,书中收录了作者在这一方面的 5 篇文章。(王晨)

F000182 **会计制度设计** 李殿富编。中央广播电视大学出版社 2002 年 6 月版。44.2 万字。16 开。26.00 元。主要包括:会计报表的设计;会计凭证、会计账簿和会计科目的设计;账务处理程序设计和会计机构与会计人员的设置;货币资金业务会计制度的设计;应收及预付业务会计制度的设计;存货业务会计制度的设计;生产制造过程业务会计制度的设计;投资业务会计制度的设计;固定资产和无形资产业务会计制度的设计;负债业务会计制度设计;收入与费用业务会计制度的设计;所有者权益业务会计制度的设计;计算机会计信息系统制度设计等 14 章内容。(总编室)

F000183 **成本与管理会计** 李守明主编,冉秋红副主编。武汉大学出版社 2002 年 9 月版。69.5万字。41.00 元。分为 5 大部分,共 16 章介绍了成本会计、管理会计的主要内容,它们分别是:成本与管理会计的基础、管理及成本概念、产品成本计算基础、产品成本计算基本方法、变动成本法、本量利分析、企业经营预测、短期经营决策、长期投资决策、全面预算、责任会计、成本控制、作业成本计算与管理、人力资源管理会计、战略管理会计及电算化会计管理信息系统。每一章之后均附上了小结、关键名词、参考阅读、思考题及习题。(刘成望)

F000184 **高级成本管理会计** 胡玉明著。厦门大学出版社 2002 年 8 月版。30.8 万字。24.00 元。共 13 章,以现代公司制度、金融市场与会计学科的共生互动为背景,回顾 20 世纪成本管理会计的发展历程,讨论 21 世纪成本管理会计主题的转变,构造 21 世纪成本管理会计的基本框架;剖析传统企业财务绩效评价制度的局限性,研究企业可持续发展战略绩效评价制度的构建;介绍作业成本计算,并与传统成本计算进行比较;讨论作业管理在企业管理中的重大开拓性;对技术经济一体化成本管理、质量成本管理、资本成本管理、人力资本管理、企业激励机制与经理人激励报酬设计、事项会计等进行了深入探讨;揭示中国企业成本管理会计制度的变迁与特色。(陈丽贞)

F000185 **新编成本会计** 曹玉黎、张秀珍主编。大连理工大学出版社 2002 年 8 月版。25 万字。16 开。16.00 元。除讲述了会计基本理论方法外,还吸纳了会计制度关于成本开支范围与费用分配方面的最新规定,适当插入了一些具有启发性和趣味性的思考提示及案例,并穿插配备了分量相当的业务训练课题。(总编室)

F000186 **管理会计的理论思考与架构** 孙茂竹著。中国人民大学出版社 2002 年 5 月版。20.6 万字。15.00 元。"财会文库"之一。介绍一种管理会计的新思维:将企业战略思考贯穿于管理会计实践的始终,并以价值链为主线对管理会计的教材体系进行重新架构。首先对管理会计理论体系和学科体系进行了阐述,主要解决管理会计能否独立的问题。在此基础上,提出应以价值链分析为基础重新架构管理会计,突出管理会计将价值转移和价值增值管理与使用价值的生产和交换过程紧密结合这一传统特点。最后,分别从价值链分析的三大构成方面对管理会计重新架构中应重点注意的内容进行了理论探讨。(张冬梅)

F000187 **财务会计四大难题** 常勋著。立信会计出版社 2002 年 4 月版。36 万字。28.00 元。从历史的演变、现状和未来的发展趋向,对尚在继续论争和探索的主要问题,作较全面的论述和剖析。全书分为四大篇十四章。第一篇为金融工具会计,包括金融工具和衍生金融工具的定义、确认衍生金融工具、以公允价值计量所有金融工具、套期活动会计、金融工具和衍生金融工具的披露等五章;第二篇为企业合并和合并财务报表,包括企业合并的会计处理、合并财务报表的编制—基本框架、合并财务报表的编制—变异与变革等三章;第三篇为外币交易和外币报表的折算,包括外币交易的会计处理、期汇交易的会计处理、外币报表的折算、折算方法的选择与编制合并报表的要求等四章；第四篇为物价变动与财务报告，包括物价变动会计的基本模式、物价变动会计的国际展望等二章。（张立年）

F000188 **比较国际会计** ［英］克里斯托弗·诺比斯、罗伯特·帕克著，潘琰主译。东北财经大学出版社2002年10月版。60.8万字。56.00元。分四篇，由国际会计的环境、国别研究、国际会计专题、分析与管理专题等组成。第一篇是比较国际财务报告的综述，是其他部分的铺垫。第二篇介绍了英美法德日等具体国家和公司的详细信息。第三篇对财务报告的四个重要的具体问题进行了广泛的检验和比较。第四篇包括了国际分析和管理的四个方面的内容。部分篇章还提供了财务报表格式、相关国家的年度报告实例及有关国际会计的术语缩写。（石建华）

F000189 **多种经营会计** 李晓峰主编。金盾出版社2002年1月版。58万字。31.00元。内容包括企业会计通论和商品流通企业、施工企业、运输企业、旅游饮食服务企业、房地产开发企业和物业管理企业等多个行业会计所涉及的特殊业务核算方法。其突出特点是实用性强、涉及面广、行业特点突出、业务典型。每章前有学习提示，章后有复习与思考和会计实物练习。（董焕庆）

F000190 **审计学** 余玉苗主编。武汉大学出版社2002年6月版。56.9万字。35.00元。以注册会计师审计为主线，同时阐述了政府审计和内部审计的特点及二者在国内外发展的状况。全书具有下述鲜明的特色：(1)既反映了国际审计惯例和审计理论与实务发展的动态，又紧密结合了我国审计的实际。(2)充分体现了已颁布的《注册会计师独立审计具体准则》和《实务公告》的要求，注重审计职业责任和审计质量控制体系的介绍。(3)采用国际通行的教材编写法，书中插有与内容相关的新闻摘录、案例分析，每章后附有小结、关键名词中英文对照、参考阅读材料、大量思考题和各类练习题，有较强的实用性且便于组织教学。（柴艺）

F000191 **经济责任审计** 朱锦余、赵新杰主编。东北财经大学出版社2002年1月版。28.3万字。19.00元。“中国注册会计师实务丛书”之一。在总结我国审计工作所取得的初步经验的基础上，结合注册会计师参与经济责任审计业务的需要编写，探索经济责任审计中的新方法、新情况、新问题，创造性地系统研究经济责任审计理论问题和全面解决经济责任审计实务问题。（孟鑫）

F000192 **计算机信息系统控制与审计** 张金城著。北京大学出版社2002年4月版。36.8万字。38.00元。系统论述了计算机信息系统控制与审计的基本知识、基本理论、基本方法与技术。本书的特点是既注重系统性和科学性，又注重实用性；既有原理性论述，又有丰富的实例与之配合。全书分14章。第一章和第二章论述了计算机信息系统及其控制与审计的基本知识；第三至七章分别论述了计算机信息系统各要素的审计方法；第八章和第九章论述了计算机辅助审计信息系统的开发方法，并通过实例说明如何开发审计软件；第十至十三章论述了高级的计算机信息系统控制与审计方法；第十四章论述了计算机犯罪的控制与审计方法。（林君秀）

F000193 **审计判断研究** 张继勋著。东北财经大学出版社2002年12月版。26万字。26.00元。借鉴和运用了系统论、经济学、心理学、计算机科学等学科的理论和方法，以审计判断的构成要素——人和任务及其环境为切入点进行阐述：首先对审计判断的基本理论进行了探讨，包括审计判断的分类、定位等；而后进一步研究审计判断过程和方法，主要包括审计判断模式、原则、标准、方法及实际应用；进而对审计判断偏误的表现、成因及应对措施进行了研究；最后对我国注册会计师审计判断问题提出了具体的改善措施及需要进一步研究的问题。（石建华）

F000194 **企业经济责任审计** 审计署经贸司课题组编。中国电力出版社2002年7月版。40.4万字。48.00元。回答了企业经济责任审计的基本理论，提出了解决审计实践中遇到问题的思路和方法，总结了一些地方和部门开展经济责任审计的经验和好的做法，还辑录了有关的重要法规和文件。（华峰）

F000195 **IT审计** 胡克瑾等编著。电子工业出版社2002年8月版。84.8万字。48.00元。全面透彻地介绍了IT审计的基本概念、目标、理论方法及技术；深入浅出地介绍了IT审计准则的框架、基本要求及与此相关的知识。（总编办）

F000196 **固定资产投资控制与内部审计** 湖北省内部审计师协会武汉钢铁(集团)公司审计部《固定资产投资控制与内部审计》课题组编。中国计划出版社2002年9月版。30.2万字。39.00元。认为，固定资产投资控制是复杂的系统工程。首先固定资产投资决策的正确与否起着决定性的作用。决策正确,固定资产投资才能发挥应有的作用,才能促进经济的发展,否则只能造成损失和浪费。正确的决策取决于决策的科学性。与通常的财务审计相比,固定资产投资的审计要复杂得多。进行这样的审计必须做到经济与审计的结合,技术与审计的结合,工程与审计的结合。为提高我国在实现经济发展第二步战略目标过程中固定资产投资的质量和效益,必须把固定资产投资的控制和审计当作大事来抓,以提高我国固定资产投资效果,保证我国经济建设的良性循环。(何欣)

F000197 **建设项目审计** 时现主编,朱恒金副主编。北京大学出版社 2002 年 4 月版。42.7 万字。37.00 元。以理论与实际相结合为基本原则,以《国家审计机关审计准则》以及《中华人民共和国审计法》等相关的法律、法规为主要依据,按照建设项目审计的逻辑线路,深入浅出地分析了建设项目审计的范围、审计程序以及审计的技术方法等相关内容,旨在回答"什么是建设项目审计,如何进行建设项目审计"等一系列问题。系统地架构了建设项目审计理论的框架体系,沿着项目建设程序这条主线,介绍了建设项目计划审计、造价审计、招标投标审计、财务审计以及投资效益审计等相关内容,并将建设项目质量审计和管理审计的内容纳入书中。(叶楠)

F000198 **证券公司审计** 何威明、张岚编著。东北财经大学出版社 2002 年 1 月版。22.3 万字。16.00 元。"中国注册会计师实务丛书"之一。以风险审计为核心,紧紧围绕证券公司的主要业务特点,在剖析审计风险的基础上,确定相应的审计目标、审计策略和重要的审计程序。全书内容共分为证券公司体系概览、审计计划的编制、证券公司的内部控制与风险管理体系的评价、货币资金业务、证券经纪业务、证券自营业务、证券承销业务、其他证券业和或有事项 9 章,归纳了作者近 10 年来从事证券公司审计的实务经验,在每一章后都附有审计工作底稿范例。(孟鑫)

F000199 **人力资源训练完全指南** [澳大利亚]苏珊娜·斯基芬顿(Suzanne Skiffington)、佩里·佐斯(Perry Zeus)编,王莉等译。电子工业出版社 2002 年 6 月版。30.4 万字。24.00 元。在书中提供了大量案例研究、练习、训练模型和检查清单,为组织选择适合自己的训练方式、成功实施训练提供了明确的循序渐进的蓝图。(总编办)

F000200 **人力资源信息系统** 张磊编著。东北财经大学出版社 2002 年 3 月版。32.7 万字。20.00元。全书内容包括信息技术基础、HRIS 信息系统概述、人力资源信息系统开发:系统分析、人力资源信息系统开发:系统设计、人力资源信息系统开发:子系统设计、人力资源信息系统开发:应用案例、人力资源网站、个人求职主页设计八章。本书的编写力图体现新颖、易学和实用的原则,介绍了人力资源信息系统发展的最新知识和未来发展方向,在最后一章专门阐述了个人求职主页的设计方法,可以使学生在学完本教材后,设计出较完善的个人求职主页。(孟鑫)

F000201 **人力资源管理** 萧鸣政著。中央广播电视大学出版社 2001 年 12 月版。45.8 万字。16 开。26.00 元。系统的介绍了人力资源管理的理论、方法与技术。分为 10 章,即:人力资源管理概述、人力资源管理基础、工作分析与评价、员工招聘与甄选、员工培训、员工考评、薪酬管理、员工保障管理、职业管理、人力资源管理信息系统,每一章都包括学习目标、内容提示、本章小结、思考与练习及案例分析等。(总编室)

F000202 **人力资源管理** 副名:21 世纪高职高专规划教材·经济管理类。周占文、宗蕴璋编。电子工业出版社 2002 年 1 月版。29.5 万字。19.00元。按照人力资源管理的实践顺序和认识顺序,介绍了人力资源管理的基本理论、方法和技能,主要内容有:组织设计,岗位研究,劳动条件管理,人力资源计划,员工的招聘、培训、使用、绩效评估、报酬、心理关怀以及劳动关系协调等。各章后面附有案例,实用性强。(何瑞)

F000203 **人力资源管理** 赵景华主编。山东人民出版社 2002 年 1 月版。33 万字。27.00 元。"21 世纪管理系列教材"之一。共 9 章。阐述了人力资源管理理论的形成和发展,人力资源管理的基本概念、基本原理及欧美国家的人力资源管理实践,着重介绍了人力资源规划、工作分析、人员招聘与录用、绩效考评、奖酬与福利、员工培训与职业发展、劳动关系与社会保障、跨文化人力资源管理等问题。借鉴和吸收发达国家人力资源管理研究成果及实践经验,使之与中国国情相结合,以图解决我国政府、企业在人力资源开发和管理方面的实际问题。书后附有名词解释。(于宏明)

F000204 **比较教育译丛·人力资源规划:方法、经验与实践** 奥利维·贝尔特朗著,王晓辉译。

人民教育出版社2002年9月版。9.5万字。11.80元。共3部分7章。第一部分介绍传统的规划方法,包括劳动力需求和培训与就业相适应的方法;需求评估与培训优先交替选择的方法;效益评估方法。第二部分介绍人力资源规划的新趋势,包括发达国家就业与职业预测;行业研究;劳动与培训内容的质量分析。第三部分总结各国人力规划的经验。揭示了培训系统与劳动力市场的关系,旨在为发展中国家和刚刚实行市场经济的国家提供经验与方法。(邹海燕)

F000205　**对人进行的投资——人口质量经济学**　[美]舒尔茨著。首都经济贸易大学出版社2002年6月版。21.4万字。17.00元。为诺贝尔经济学奖得主舒尔茨教授从其系列专题讲座中抽出相关内容组成的。主要内容包括:(1)从农业经济学和人力资本投资的角度论证了世界上大多数穷人都可以依靠农业来维持生计;(2)世界性贫困的出路是增加粮食生产;(3)世界性贫困和饥饿是可以克服的;(4)人的素质和其他投入的质量低下,是阻碍世界粮食产量增加的主要原因。(薛捷)

F000206　**劳动经济学——当代经济体制的视角**　陆铭著。复旦大学出版社2002年9月版。30.9万字。25.00元。分10章,对劳动经济学的基本概念和研究对象、劳动力市场的基本结构、劳动力供给和需求劳动力资源配置、劳动力流动、失业及收入分配等作了详细论述。本书的特点是紧扣中国的实践,书中有关中国问题的论述每一章中都有单独一节阐述,力图揭示中国劳动力资源配置的内在规律。(徐惠平)

F000207　**思创人力资源管理丛书**　冉斌编著。海天出版社2002年2月至2002年9月版。共约50万字。共86.80元。包括《员工满意度测量手册》、《新酬设计与管理》、《目标与绩效管理》、《工作分析与组织设计》4册。全面介绍了人力资源管理三大核心领域——绩效、新酬、岗位组织设计——最新的理念、工具和方法,并针对企业存在的各种纷繁复杂的问题,提出了科学和成熟的全套解决方案。(来小乔)

F000208　**生产力促进中心服务业务规范应用指南**　徐禄平主编。中国计划出版社2002年5月版。31.5万字。38.00元。具有以下几个特点:1.系统性强。阐述了生产力促进中心规范服务的目的和重要意义,比较完整地介绍了有关标准、标准化、质量管理体系等方面的基本概念及其作用,并提供了相关实例。2.针对性强。是以过去没有接触过标准或标准化工作的人员为对象,将《生产力促进中心服务业务规范》系列标准逐条加以说明和解释,可帮助生产力促进中心从业人员更好地理解标准的内容。3.实用性强。对信息与信息化、咨询、培训等业务以及建立质量管理体系都给出了可借鉴使用的参考材料或范本,便于有关人员了解、掌握和使用这套系列标准。(何欣)

F000209　**养老金制度的经济分析与运作分析**　朱青著。中国人民大学出版社2002年5月版。19.1万字。13.00元。侧重于从财政、税收和金融的角度对养老基金的运行进行分析,重点探讨了公共养老金制度的结构模式、资金来源及筹资模式,发展企业年金制度的意义和方式,以及养老保险基金与资本市场的有机结合问题。力求反映国际上养老金问题研究的最新理论成果,跟踪国外养老金制度改革和发展的现状,同时结合我国的实际情况,对我国养老金制度改革中亟待研究解决的一些问题,诸如养老社会保险制度的筹资模式是否应转向基金式、开征社会保险税的必要性、社保基金能否入股市、如何鼓励企业举办补充养老保险等问题提出了一些个人看法。列入"财会科学文库"。(张冬梅)

F000210　**薪酬管理操作实务**　李剑著。河南人民出版社2002年4月版。17.4万字。18.00元。"人力资源管理操作实务丛书"之一。系统讲述企业薪酬结构的制定与薪酬水平的选择,市场化薪酬体系的建立以及包括期权/期股/股权等长期激励形式的建立方法。

F000211　**薪酬管理(第六版)**　[美]乔治·T.米尔科维奇等著,董克用译。中国人民大学出版社2002年10月版。84.5万字。58.00元。阐述了市场经济体制下的薪酬理论与实践。它以薪酬战略、薪酬技术和薪酬目标为导线,从内部一致性、外部竞争性、员工贡献和薪酬管理四大领域,对薪酬所涉及的各个方面都给予了详细的分析,特别是薪酬体系的确定基础、决定机制、结构类型和实施步骤等,向读者清晰地展示了薪酬在人力资源管理和企业战略中的重要作用。薪酬问题涉及劳动者、用人单位、市场、社会、政府各方面,无论对宏观经济还是微观经济都有着重要影响。在有些时候,薪酬还会成为政治问题,对社会生活和社会稳定产生重要影响。薪酬问题是劳动力市场和人力资源管理的核心问题之一。列入"人力资源管理译丛"。(梁硕)

F000212　**鹫与龙**　副名:跨国公司战略与华

人创新网络。[日]蔡林海著,李旭光等译。青岛出版社 2002 年 11 月版。22 万字。15.00 元。分析世界经济全球化背景下华人知识阶层在全球的结构与发展趋势,从分析中国经济 20 多年来的高速增长人手,除改革开放和推行市场化改革外,“创新”和“人力资源”是引起中国经济产生质的变化的基本要素。由于决定创新胜负的是人力资源,所以全书重点落脚于对中国人力资源的分析。认为人力资源分“现有人力资源”、“潜在人力资源”、“海外储备人力资源”三部分,而中国的优势在于庞大的“潜在人力资源”和“海外储备人力资源”,仅“海外储备人力资源”就达 32 万人之多。这些人才学得西方发达国家的尖端科学技术和企业经营方法,拥有创新能力,而且他们以美国硅谷为中心集聚,形成“华人创新网络”。而中国的创新和稳定发展,为这一“华人创新网络”的融合注入了动力,并必将随着知识经济的跳跃式发展、信息革命的巨浪与日益强化的跨国公司战略的展开,显示出强大的作用。(郭东明)

F000213 **三峡库区人力资源开发研究** 罗洪铁主编。重庆出版社 2002 年 1 月版。32.7 万字。25.00 元。从历史考察出发,对三峡库区人力资源开发的现状作了较为透彻的分析,提出建库移民应坚持以下原则:人本原则、系统原则、长期原则、共生原则、超前原则。同时,在库区人才资源开发方面提出了不少很有创见的对策,不仅注意到培养性开发和使用性开发,更是强调了政策性开发。(李李)

F000214 **西部地区人力资源开发研究** 中央教科所信息研究中心编。浙江教育出版社 2002 年 6 月版。27.6 万字。16.00 元。运用现代人力资源管理理论,结合中国的实践,从理论与实践结合的角度,研究了在西部大开发这一重大的历史背景下,有关西部地区人力资源的认识、管理、开发、规划等重大问题。

F000215 **美国的私有退休金体制** 林羿著。北京大学出版社 2002 年 5 月版。24 万字。19.00 元。介绍了美国复杂的私有退休金制度的发展历史,并着重对美国私有退休金制度的现状,包括其法律法规要求的具体内容、管理和投资运行及未来的发展趋势进行详细的讨论。本书共分三部分。第一部分包括三章,着重介绍美国私有退休金制度的起源、发展经过和理论基础。这一部分还对美国私有退休金制度和公共社会保险制度的作用进行比较分析。第二部分包括六章,对美国私有退休金体制中的税收制度及税收优惠退休金计划的种类、税收优惠各方面的要求等进行重点的分析和详细的介绍。第三部分包括四章,对管制美国私有退休金制度的最重要的法规——《雇员退休收入保障法》的一些主要概念和要求及美国私有退休金计划的投资运营和管理进行讨论和介绍。后记部分集中讨论美国目前对退休金制度进行改革的情况。(林君秀)

F000216 **英汉—汉英物流词典** 周振雄编著。上海辞书出版社 2002 年 12 月版。54.4 万字。26.00 元。参考了美国、加拿大、英国、澳大利亚等国的物流资料,汇集了物流及供应链管理中从原材料或零部件的采购、储运、加工生产、产品包装、分拨及逆向物流的处理环节上一系列有关物流、资金流、信息流等方面专业知识词汇。在选词上力求规范、常用和易掌握。还附有国际物流公司企业名录、专业院校著作等 7 个附录,大都提供网址。

F000217 **物流管理学** 王槐林、刘明菲主编。武汉大学出版社 2002 年 10 月版。46.8 万字。28.50元。分为上、中、下 3 编。上编包括第一章至第三章,主要讨论物流管理学的全貌、发展过程和基本概念、基础理论,包括导论、系统和系统工程、物流和物流系统。中编包括第四章至第十一章,主要讨论分销物流学,即 20 世纪 80 年代中期以前的物流学理论与方法,着重阐述各个职能物流,包括仓储、库存、运输、配送、包装、装卸、流通加工、物流网点布局、企业生产物流和购销管理。下编包括第十二章至第十五章,主要讨论现代物流学,即 80 年代中期以来新出现的物流学理论与方法,着重阐述集成化、现代化的物流,包括第三方物流、物流战略管理、供应链物流、电子商务物流和物流信息化。每章后面都附有小结、思考题和习题。全书后面还附有课程设计课题集和库存控制模型体系。(任翔)

F000218 **棉麻仓库建设标准(修订本)** 中华全国供销合作总社主编。中国计划出版社 2002 年 10 月版。3.8 万字。9.00 元。分 6 章:总则、建设规模和项目构成、选址与建设条件、建筑与建设用地、工艺设备及配套设施、主要技术经济指标。本次修订的主要内容有:调整了棉麻仓库建设规模;项目构成中对独立工程作了必要的调整和增加;对棉麻仓储工艺设备及安全防范、仓储管理等配套工程作了相应的补充和规定;对生产及非生产设施面积进行了调整;调整了棉麻仓库用地指标;对棉麻仓库工程投资控制指标进行了调整;对棉麻仓库建设工期进行了调整;压缩了棉麻仓库劳动定员。(何欣)

F000219 **电子商务物流** 桂学文主编。华中师范大学出版社 2002 年 1 月版。27.6 万字。20.00元。探讨物流活动的内容、物流与物流科学的发展状况，阐述了电子商务与现代物流的关系、电子商务物流系统以及物流管理中的供应链管理、JIT管理等基本理论与方法，提出了电子商务中的物流由第三方物流与企业自营物流两大体系构成的思想，并探讨了构建我国电子商务物流体系的策略。（刘敏）

F000220 **我国物流业发展政策研究** 汪鸣、冯浩主编。中国计划出版社 2002 年 12 月版。19.5 万字。18.00 元。“中国宏观经济丛书 2002”之一。对国内外物流相关企业与相关政府部门进行了广泛的调查研究，并结合过去的研究成果，对我国现代物流业的发展现状与发展模式以及发展所涉及的其他相关问题，从理论研究与实际应用两个层面上，进行了较为深入和系统的研究与探索。（何欣）

F000221 **工商管理概论** 全国干部培训教材编审指导委员会组织编写。人民出版社 2002 年 2 月版。23.8 万字。16.00 元。介绍了工商管理的主要内容，文中涉及到企业战略管理、市场营销管理、生产运作管理、企业会计、财务管理与资本经营、人力资源管理、组织结构与设计、技术创新管理等内容。

F000222 **管理咨询与企业诊断** 张文泉、沈剑飞编著。中国电力出版社 2002 年 2 月版。36.1 万字。26.00 元。内容分为总论篇、咨询篇、诊断篇，主要论述介绍咨询与诊断的内涵实质、国内外发展、工作方法及操作实务。（华峰）

F000223 **CI 与网络广告** 熊回香主编。华中师范大学出版社 2002 年 4 月版。39 万字。31.00 元。包括两大部分：CI 战略与网络广告。CI 战略是对企业形象的有关要素（理念、行为、视觉）进行全面系统的策划，以期塑造出独特的、优良的企业形象，实现企业的良好运作。网络广告则是企业借用网络媒体发布广告。在当今的社会里，CI 战略与网络广告有着必然的联系。一方面，企业形象需要借助网络广告来推广；另一方面，网络广告的策划和设计又要受到 CI 基本要素的制约。（刘曦涛）

F000224 **100 个成功的品牌策划** 魏国编著。机械工业出版社 2002 年 5 月版。30.5 万字。26.00元。选用了 100 个国外及国内企业营造及管理、提升品牌的成功实例。全书由品牌基础、品牌战略及品牌策略 3 篇构成。第一篇介绍了在创建品牌与认识品牌方面的成功实例；第二篇具体阐释了在品牌战略规划、品牌定位、品牌宣传与推广、品牌管理与维护、名牌战略及国际化方面的优秀经验；第三篇则介绍了品牌发展的运营策略、组合策略、延伸策略、多品牌策略等，在各案例后还有精当的评析及相关知识的链接。（陈海娟）

F000225 **中小企业信用担保探索与实践** 杨锡怀、杜辉主编。东北大学出版社 2002 年 9 月版。32.3 万字。26.00 元。全书 4 篇 19 章，理论篇内容有中小企业概述、信用担保概述和中小企业信用担保概述；实务篇内容有我国中小企业信用担保的实践、中英合作中小企业信用担保项目的概况及实施的初步成效和启示；管理篇内容有中英合作中小企业信用担保基金的管理、机构内部管理和企业文化；发展篇内容为该项目的发展与展望。（秦振华）

F000226 **内部控制学** 李凤鸣著。北京大学出版社 2002 年 3 月版。63.1 万字。49.00 元。分上、中、下 3 篇共 10 章，论述了内部控制的基本理论、目标要素、程序方法、组织过程、基础设计、管理过程设计、交易循环设计、评价方式、评价工具及作业评价等。其中，第二、四、七、八、九、十等 6 章内容均是新作。（林君秀）

F000227 **公司战略计划（The Rise and Fall of Strategic Planning）** 副名：大败局的分析。明茨伯格（Mintzberg，H.）著，张艳等译。云南大学出版社 2002 年 4 月版。42.2 万字。60.00 元。揭示了从 1965 年以来一直困扰很多组织的一个问题——战略计划屡屡失败之原因，通过战略计划的兴衰成败，追溯其起源和历史，对计划和战略的限定性作了新的阐述，以不同寻常的方式来考察各种战略计划模式，并对它们失败的原因进行实证性研究。在文中详述了三个常见的计划的谬误，即：可以预见的突发性；战略与组织运作可以分离；战略制定过程本身会被形式化。还对计划、计划制定以及计划制定者的作用作了新的阐释，即：它们的作用不在于参与战略计划制定过程，而是应围绕战略计划，支持并提供实现战略计划所需的投入和支出，鼓动对战略计划作全方位的战略思考。（冯峨）

F000228 **六西格玛质量之旅** 副名：管理者读本。上海质量管理科学研究院编著。中国标准出版社 2002 年 11 月版。14 万字。25.00 元。“六西格玛管理丛书”之一。吸取了国内外企业推进六西格玛管理的成功实践和经验教训，以使企业在实施六西格玛管理过程中得以借鉴，读完本书可以满足管理者以下几方面的需求：了解六西格玛管理产生的背景和发展过程,认识企业推行六西格玛的意义,理解六西格玛管理的含义和知识,掌握实施六西格玛的目标、计划和资源,充分估计推行六西格玛的困难和障碍。丛书其他分册为:《六西格玛核心教程 黑带读本》、《六西格玛成功实践 实例荟萃》、《六西格玛自由论坛 论文汇编》。(高莹)

F000229 **六朝松知识管理文库** 杨治华等著。东南大学出版社 2002 年 10 月版。180 万字。120.00 元。丛书。由《知识管理——用知识建设现代企业》、《核心竞争力——知识管理战略与实践》、《竞争情报——挖掘企业的知识资源》、《学习型组织——提升企业的学习力》、《知识分类——以文献分类为中心》、《知识管理案例》共 6 册组成,着重介绍了知识管理的内涵、渊源、业务流程重组、信息管理、人力资源管理、客户关系管理、竞争情报在企业建设中的重要作用和获取有价值的情报的方法及市场运作系统、建立学习型组织的途径和如何对知识进行分类,最后,推荐了几十个国际顶级企业的经验,树立知识管理在某特定领域的可资借鉴的"标杆作用"。(卢冬梅)

F000230 **文化制胜:如何建设企业文化** 贾强编著。沈阳出版社 2002 年 4 月版。20 万字。22.00元。选取了企业文化中最为表象与重要的几个"着力点,进行企业文化的"打造,从中阐示出企业活动中的一个重要定律:文化中存在着巨大的力量。全书分为 10 个篇章:①什么是企业文化;②如何建立企业的价值观;③如何树立企业精神;④如何塑造企业的行为文化;⑤怎样建立企业的组织文化;⑥如何营造企业的文化氛围;⑦怎样建立企业管理文化;⑧企业怎样建立营销文化;⑨CL 战略的导入与实施;⑩企业文化的传播与评估。(滕建民)

F000231 **21 世纪的管理** Subir Chowdbury 主编,高核等译。云南大学出版社 2002 年 1 月版。19.3 万字。30.00 元。对全球范围内正在产生和发展的各种新型企业和文化作了详细描述。在第一部分里提出了吉纳斯神式的领导、两重性的领导、以价值观为基础的教师式领导、激情式的领导及人才集体、熟练和心智模式的力量等一些新概念。在第二部分介绍了领导者和管理者们为了适应 21 世纪的竞争所需要的行动、技能和战略思路。在最后一部分,定制化生产、创造性网络和自由思考的想象力等内容将会促使你重新认识 21 世纪的组织并帮助你为适应它而做好准备。(张丽华)

F000232 **市场的微观结构** 副名:中间层组织与厂商理论。[美]丹尼尔·F.斯普尔伯著,张军译。中国人民大学出版社 2002 年 10 月版。37.9 万字。28.00 元。提出了关于厂商的一种理论,该理论把厂商的经济角色理解为客户与供应商之间的中间层,系统地论证了在一个交易是有成本的市场均衡中为什么会存在厂商,并由此说明了厂商的中间层理论如何来解释厂商的出现。书中的理论还通过说明厂商将如何选择市场出清价格,从而帮助解释了市场是怎样运行的。本书作者从在微观经济学和金融学中建立起来的中间层模型和市场的微观结构模型入手,深入阐述了厂商的形成和制造市场的活动。还将厂商的中间层理论与现有的厂商理论,如新古典的、工业组织的、交易成本的,以及委托—代理的各种模型作了比较,并对厂商在市场中扮演的角色作出了新的、丰富的理论分析。列入"经济科学前沿译丛"。(社资)

F000233 **先进制造模式与管理丛书 灵捷虚拟企业科学管理** 陈菊红等编著。西安交通大学出版社 2002 年 5 月版。22.1 万字。18.00 元。深入剖析了灵捷虚拟企业形成的原因和机理,分别从交易、生产、竞争战略和知识资源有效集成等多个角度阐述了灵捷虚拟企业的理论基础;对其组织运行过程中的相关管理问题,包括运行环境/平台、合作机制、组织结构、组建过程、盟主问题和委托权安排等进行了系统分析;对影响其成功运作的两个关键问题,即伙伴选择和利益分配问题采用科学的管理理论和方法进行了研究。在此基础上,介绍并分析了灵捷虚拟企业的三个典型案例。最后,对灵捷虚拟企业的知识管理问题进行了探讨。(薛玲玲)

F000234 **企业文化建设** 王永生主编。青岛出版社 2002 年 4 月版。25 万字。20.00 元。在内容结构上共分上、中、下 3 篇,上篇为理论篇,分为 5 章,包括企业文化概述、企业价值观与企业精神、企业道德、企业形象与 CI、企业文化建设的途径与方法。中篇为实践篇,分别介绍了海尔、海信、青啤等一些名牌企业在企业文化建设中的典型经验和好的作法,可为提升青岛企业文化建设起到示范带动作用。下篇为国外知名企业文化篇,分别介绍了日本、美国、德国等国家的企业文化特征、企业精神和企业文化管理的作法,值得我们学习和借鉴。(于红岩)

F000235 **企业文化(第三版)** 刘光明编著。经济管理出版社 2002 年 3 月版。45.3 万字。40.00元。分上、中、下 3 篇:上篇,企业文化概说;中篇,企业文化的营造和借鉴;下篇,企业文化与企业管理。本书从企业文化的研究对象和范围，企业文化的兴起和发展，企业文化的结构，企业的营销文化、广告文化，企业文化与企业形象，企业文化与管理文化，企业家与企业文化，企业文化与环境文化等多个层面论述了企业文化在企业发展中的地位和作用，并阐述了如何建设企业文化等问题。（总编室）

F000236 **企业文化管理** 陈春花主编。华南理工大学出版社 2002 年 5 月版。54 万字。33.50 元。分 12 章，阐述了企业文化管理的概况、企业文化的结构、企业精神与企业价值观、领导行为与企业文化管理、组织行为与企业文化、企业文化的传播与沟通、企业的跨文化管理、企业文化塑造等内容。文后附有海尔、TCL 集团公司等十个企业文化管理成功的案例。书中既有对企业文化建设及作用的理论分析，又有对企业走向成功经营的实践方法的探讨，并且提供了大量的案例分析。（乔丽）

F000237 **企业业务流程设计与管理** 蒋志青著。电子工业出版社 2002 年 10 月版。35.84 万字。22.00 元。探讨的是在"企业外部环境和自身资源的约束下，如何设计和管理业务流程"。通过大量流程设计和管理案例，系统介绍了企业各类业务流程设计的原则、方法、优化、重组和管理，特别谈到了信息技术条件下的业务流程设计和管理，说明业务流程设计和管理的质量决定了企业持续发展的前景，并阐释了有关 BRP、ERP 方面的问题和相互联系。附录中完整的企业业务流程管理资料将对实施业务流程管理的企业有很大的操作参考价值。（总编办）

F000238 **企业、政府与社会** 乔治·斯蒂纳著，张志强等译。华夏出版社 2002 年 1 月版。77 万字。96.00 元。说明企业、政府和社会之间的关系及其对企业经理的影响。经理们在持续变化的世界中掌握着企业的方向，而改变世界的力量主要来自两个方面：第一，源远流长的力量在不断重塑我们的经济、文化、政治、技术和生态，而这些都是企业经营所依赖的基础。第二，日益增加的大量股东对传统观念发出挑战，诸如公司的某种经营活动是否符合道德，是否负起了应有的社会责任等。（江山美）

F000239 **企业集团治理** 赵增耀等编著。机械工业出版社 2002 年 5 月版。21.6 万字。20.00 元。从企业集团致力于一般公司治理的共性与特殊性出发，首先分析了企业集团治理要解决的基本问题；其次，分析了解决这两个问题的内部机制和外部机制；再次，比较了美、日、韩三国企业集团的治理，并从中得出一些启示；最后，专门分析了我国企业集团治理中存在的问题及解决思路，并通过某集团公司的案例加以印证。（刘秀云）

F000240 **论战略管理丛书** 周三多主编。共 7 册：《战略管理思想史》，周三多、邹统钎著。48 万字。30.00 元。《行业选择战略》，邹统钎著。30 万字，22.00 元。《多元化战略》，李敬著。20.5 万字。20.00 元。《归核化战略》，祁顺生著。19.8 万字。20.00 元。《战略联盟与企业竞争力》，周建著。22.7万字。22.00 元。《持续竞争优势》，蒋学伟著。18.6 万字。20.00 元。《风险投资战略》，任荣伟著。25.6 万字。28.00 元。复旦大学出版社 2002 年 12 月版。在"新经济"或称"知识经济"的时代背景下，企业战略管理的观念、理论、范式及其应用都有十分强烈的时代特征。从理论和实践的不同角度，反映了战略管理研究的前沿和新的观点，并搜集了我国某些行业和企业发展战略的翔实数据和真实案例，在理论与实践的结合上，提出了作者的新观点和新见解。（刘子馨）

F000241 **麦肯锡意识** 艾森·拉塞尔等著，张涛等译。华夏出版社 2002 年 1 月版。16 万字。25.00元。麦肯锡公司由于对客户的商业形势作出明晰而有深度的分析，并提出独创性的有效解决办法而闻名全球。麦肯锡在保护其革命性的方法不受竞争对手的仔细研究上也获得了成功。本书摒弃这一阻碍，揭示了麦肯锡的顾问们能够始终展现其魔力的方法，以及如何使用这些方法在雇员数从 10 名到 10000 名不等的公司里获取非凡的效果。（江山美）

F000242 **运营与变革管理(Operations and the Management of Change)** 吉尔吉斯(Vic Gilgeous)著，杨怀旭等译。云南大学出版社 2002 年 1 月版。57.2 万字。66.00 元。以运营管理的角度描述变革管理，增进对变革和运营管理的理解；发展运营和变革管理领域的管理技能和能力；示例一个组织如何进行有效的运营和变革管理，是全书的宗旨。在此宗旨下，书中定义了什么是变革，描述了变革的过程；讲解了运营与变革策略开发的框架，并为策略开发提出了提示，介绍了重要的运营策略开发方法；提出对优秀的运营管理主动性的最新考察方法，即全面质量管理、物料需求计划、生产资源计划、准时生产系统、最优生产技术；解决变革过程中人们之间的关系，包括变革发起者、变革拥护者、执行变革者；阐述了变革的动机，如团队、授权、学习型组织、业务流

程再造等在组织中的推动力;研究了变革的推动,即个人发展、管理进步和持续改进等。(伍奇)

F000243 **财务主管的角色转变** 郝绍伦译。电子工业出版社 2002 年 1 月版。18 万字。22.00 元。“财务经理新书架”之一。从战略管理、全局管理、会计、流动资产管理、审计监督、计划管理、变革管理、资源管理、信息管理、公关关系管理、全面质量管理以及职业伦理等方面探讨了财务主管的职能定位。书中指出:变化是企业生存发展的永恒要素。为了适应这一变化,财务主管不应该是传统的只会捣弄数字的管家,其职责范围还包括战略管理、风险管理等。财务主管必须学会以全局性、战略性的眼光来看待管理的方方面面,必须以更加商业性的方式来处理管理中的问题,必须具有很强的人际交往和管理能力。(何瑞)

F000244 **体验经济** [美]B.约瑟夫·派思等著,夏业良等译。机械工业出版社 2002 年 5 月版。27 万字。28.00 元。用生动的语言和大量的实例讲述了经济形态是如何从产品、商品、服务演进到体验的。书中提出了体验的四大类别,归纳出了设计体验的五个基本原则,展示了在体验经济中成功的企业或个人是如何以服务为舞台、以商品为道具、以消费者为中心,创造出值得消费者回忆的活动的。(谢小梅)

F000245 **汽车维修企业创新管理** 副名:现代汽车维修企业前期建设与经营管理。胡建军编著。机械工业出版社 2002 年 3 月版。33 万字。48.00 元。内容基本按汽车维修企业运营流程顺序展开,依次介绍了企业前期可行性分析、投资分析,企业规划(前期实际操作)、设备选择原则及品牌介绍、设备管理、客户管理、配件优化管理、人力资源管理、质量工艺管理、资金运作分析、财务管理、经营管理创新等。侧重经验分析,具有很强的可操作性。并附有“现代汽车维修企业内部管理文件汇编”和“现代汽车维修企业进行 ISO 9000 族(2000 版)质量管理认证程序文件汇编”光盘。(刘涛)

F000246 **环球企业家——与 26 位世界级商业领袖对话启示录** 《环球企业家》杂志社编。辽宁人民出版社 2002 年 1 月版。30.3 万字。29.50 元。选收了《环球企业家》杂志 1999 年至 2001 年以来的有关世界各国企业家专访的文章。以个人经历、背景以及企业历史介绍和记者访问的形式,收录了 26 位世界著名企业家在企业管理方面的特点和经验。这些企业家来自汽车、IT、运输、通信、家电、石油、航空、日用品、饮料、娱乐以及装饰品等众多行业,他们所在的企业也大多名列“世界 500 强”企业中(如通用汽车公司、大众汽车公司、微软公司、宝洁公司等),展现了世界级企业成功的不同侧面。(董喃)

F000247 **环境变革中的企业与企业集团** 姚小涛、席酉民著。机械工业出版社 2002 年 5 月版。20.2 万字。18.00 元。通过对经济组织运作环境变革的分析,借用分工与知识积累这一企业研究的新视角,对现代企业理论进行了系统的评析。继而在以上线索上对企业的生产与演进过程进行了深刻的揭示,并从企业组织结构、规模与边界、经营战略三个方面重构企业分析的系统框架。在上述基础上,从企业与市场相结合的中介组织这一角度,对企业集团的成因进行理论上的揭示,讨论企业集团的组织与控制结构及其在当前环境中的新变化。最终对企业集团的成长模式与发展过程中的多元化战略选择进行分析。(刘秀云)

F000248 **顶级歧途** 臧云鹏、贾鹏云编。中华工商联合出版社 2002 年 10 月版。25.80 元。剖析了 30 家大企业经营决策的得失成败,给企业界人士以深刻的警示。书中的多篇文章在发表时即在企业界及当地政府引起震动。书中还收录了九篇知名企业家的经典言论,任正非、柳传志、张瑞敏、王石等人的重要演讲均列其中,读者可以从中领略企业家们的经营智慧。书中附有精彩照片、人物档案和采访手记。(李扬)

F000249 **MBA 杰出高层经理人手册** 现代企业高层管理课题组编。西北大学出版社 2002 年 12 月版。420 万字。312.00 元。共 8 册,包括总经理、策划总监、市场总监、生产总监、质量总监、行政总监、人事总监、财务总监。根据国际企业管理的新趋势、新理念,从 WTO 的挑战和激烈的市场竞争出发,结合 MBA 经典教材和典型案例,全面阐述了各高层管理职位的基本素质要求、职责权限和各自的工作任务,准确分析了各个管理岗位的新问题、新机遇、新挑战,详尽介绍了各相关职位的运作程序和操作实务,具体解答了现代企业整个管理过程中已经面临和可能遇到的种种问题。同时还以宽阔的国际视野,敏锐的时代意识,勇于开拓创新的精神,紧密结合现实需要,详尽地提供一整套可供操作的方法与程序。(张养年)

F000250 **卓越公司(Unique now…or never)** [丹麦]杰斯帕·昆德(Jesper Kunde)著,王珏译。云南大学出版社 2002 年 10 月版。27 万字。60.00

元。除“绪论”外分为3大部分,共22章。从新型的价值经济的视角出发,从多方面全面叙述了现代新价值经济下现代公司创造品牌体系、确立品牌地位与品牌价值的必要性与重要性,系统阐述了现代公司应采取的品牌战略。作品理论联系实际,列举了大量案例,用成功与失败的实例证明了作者的观点。书中收录了大量的照片与图、表。(李兴和)

F000251 **国际企业管理** 潭力文主编,吴先明等副主编。武汉大学出版社 2002年1月版。42.4万字。26.00元。分为6大部分,共14章,分别介绍了国际企业概论、政治环境与经济环境分析、人际环境和文化环境分析、国际贸易理论、政府对国际贸易的干预、外国直接投资理论、区域经济一体化、外汇市场、汇率的预测、国际企业经营方式的选择、国际企业经营地点的选择、国际市场营销、国际财务管理、国际人力资源管理等内容。在每章内容的结尾处还附上了本章小结、复习思考题、案例及有关问题。(刘成生)

F000252 **“金融时报”工商管理译丛** [英]托尼·格伦迪等著。江苏人民出版社 2002年1月至10月版。共9种,原著均由世界最著名的培生出版集团下属的“金融时报”出版社出版。译丛汇集一流的工商管理专家、市场营销专家的最新著作,集中介绍了世界顶尖企业的管理模式,企业无形资产的运营,企业扩张的战略及其战略行为,如何在互联网上赢利,新世纪的市场营销模式,企业如何在激烈的市场竞争中脱颖而出,现代商务的游戏规则,如何根据市场的要求推动公司的发展等等现代企业关注的微观问题。从书既有理论上的启迪,又有经典案例的佐证,且出自名家和名出版社之手,具有相当高的实用价值、操作性和号召力。译丛包括:1.《持续增长——21世纪企业扩张战略》[英]托尼·格伦迪著,徐海良译。32万字。23.00元。在叙述理论的过程中提供了一系列的实践性工具,并可以结合本书中列举的许多大公司的经典案例进行比较、分析、研究。2.《网上掘金1000万》[英]约瑟芬·门罗著,谭卫译。13.4万字。10.00元。虽然本书无法给你靠山父母、名校学位或是几十万英镑的融资,但它能帮你把顶刮刮的创意变成一个很好的电子商务小公司;让你不再害怕国内税收部的信,并教你一些从簿记到注册有限公司的基本知识,帮你运营一家小公司。如果你的确很棒,又有鸿运,此书可以帮你致富。3.《个性与政策——21世纪企业战略行为》[英]托尼·格伦迪著,袁志田译。20.5万字。16.50元。讨论的战略行为,重点集中在那些由各具个性的经理人员组成的、小型的、互相交错的团体,而不是整个组织。4.《卓越管理——一流企业的模式》[英]丹尼·萨姆森著,周凯、黄毅译。25万字。18.50元。在书中,涉及了诸多方面,并考虑了很多不同的问题。5.《抓住顾客的心》[英]布赖恩·克莱格著,黄彬译。15.8万字。13.00元。根据当时市场竞争态势,对提升企业竞争力进行了12个方面的论述。针对企业的营销活动,本书着力探讨了以加强客户服务为主要手段的竞争方法。其中不乏一些良好的设想,及在某些企业中已获成功的方案,此一切均在书中有大量的例述。6.《21世纪的营销》[英]吉姆·布莱思著,陈景雄等译。30万字。25.00元。沿着一条较为传统的营销理论线索,独特而创造性的在营销者角色、消费者与购买者行为、市场细分与选择目标市场及市场定位、产品包装、分销渠道等领域进行了理论诠释和案例分析。尤其针对品牌战略这一21世纪市场营销热门话题提出了品牌认知、品牌发展、品牌符号、品牌战略等一系列讨论。7.《现代商务游戏规则》[英]克里斯·布雷迪等著,田霖译。16.4万字。12.00元。详细介绍商务活动必须遵循的规则,以及规则的运用方法。8.《没有重量的财富——无形资产的评估与运营》[荷]丹尼尔·安德里森等著,王成等译。16.6万字。12.00元。

F000253 **战略管理** 副名:竞争与全球化概念。[美]迈克尔·A.希特等著,吕巍等译。机械工业出版社 2002年7月版。70万字。52.00元。分3个部分,以战略制定的要素——战略的形成过程——战略的执行与评估为主线,从战略管理的概念和行动两方面讲述了战略管理过程,内容涉及公司间动态竞争及其对公司战略结果的影响,公司取得战略竞争优势的具体做法,战略领导者在战略管理中的重要作用,通过内部创新、战略联盟与外部收购和风险资本来实现公司创业和创新,21世纪全球化竞争格局及互联网和电子商务等新环境下的战略思考。书中还配有大量完整案例,向读者展示了战略管理过程的概念和方法在不同组织中的应用。(吴颖洁)

F000254 **战略管理精要(第2版)** [美]J.戴维·亨格、托马斯·L.慧伦著,王毅、应瑛译。电子工业出版社 2002年1月版。25万字。22.00元。《战略管理学》(第8版)的浓缩精要本。采用简洁的、概括性的及严谨的语言对战略管理的最重要的概念和方法进行了阐述。不仅很好地概括了战略管理的经典概念与方法,如结构追随战略、波士顿矩阵、SWOT 等,而且还总结了一些最新观点,如企业资源观、核心能力、流程再造、学习型组织、产业矩阵分析、竞争与合作战略、价值链分析等。(赵建宏)

F000255 **追逐财富:五千年不可思议的财富故事** [美]罗伯特·索贝尔著,莫竹芩、拾仟译。海南出版社 2002 年 10 月版。34 万字。38.00 元。本书旨在探讨试图获得财富的 3 个阶段,并依照这 3 个阶段分为 3 个部。分别对从古代中东到美洲的起源以及 18 世纪后期工业革命期间,19 世纪晚期以及发端于公司性质企业的涌现和美国真正意义上的工业化强国出现和全景式的描述,时间跨度超越五千年,是一部恢弘的人类迅速提升积累、聚敛资金的财富发展史。(伍君之)

F000256 **穿越玉米地** 吴晓波著,丁睿娟编,郑凯军漫画创作。浙江人民出版社 2002 年 4 月版。8 万字。18.50 元。财富寓言类图书。说的是一个“穿越玉米地”的竞赛故事——看谁能最早并安全地穿越玉米地,同时手里的玉米又最多,从而引出了速度、效益、安全三个概念。作者要告诉我们的是,作为企业、作为理性经济人,该如何审视这三者关系?如何理性地、科学地进行三者之间的权衡与取舍?这是我们每个人、每个企业都必须面对和回答的永恒课题。本书认为,要作出理性、科学的选择就首先必须了解自身、审视自身,因此书中巧妙而又科学地设计了几十道测试题,对稳健度、谋略力、机遇观、竞争力、冒险观、金钱观、创新力、持久度等都设计了十分细密而有趣的题目,供读者自测,这对每个读者,尤其是刚刚走上社会的大学毕业生、创业者都是很有吸引力和实际帮助的。书中配有很多生动有趣的漫画。(丁睿娟)

F000257 **高技术产业管理** 马可·伊恩斯蒂等著,吴雯芳译。中国人民大学出版社 2002 年 6 月版。13.9 万字。18.00 元。“《哈佛商业评论》精粹译丛”之一。汇集了《哈佛商业评论》中的一些重要理念,由 12 位活跃在高技术产业研究领域的知名教授和学者的 8 篇力作构成。作者们以具有典型意义的半导体、制药、计算机以及信息技术等行业为实证,深入剖析了高技术产业在研究与开发、组织战略、产品战略以及生产制造流程等方面的创新,从不同的角度论证了“整合”这一富有魔力的高技术产业发展之道。本书并不是一部全面论述高技术产业管理的著作。但是,由于它剖析了高技术产业发展最核心的成败因由,提供了高技术产业管理的主导思路和方式,因而极有助于读者借此去衍生和发展出富有个性的高技术企业管理模式。(于波)

F000258 **资本经营** 杨波编。中央广播电视大学出版社 2002 年 7 月版。40 万字。16 开。24.00 元。系统的介绍了资本经营的基本知识和基本原理,结合国内外企业资本经营的实际状况,研究证券市场融资、企业并购、战略联盟、管理者收购、股份回购、资产剥离、企业分立、资产重组、托管经营、租赁经营、跨国资本经营等的理论运作过程,并通过对资本经营典型案例的剖析,培养学生独立分析和解决资本经营实践当中存在问题的能力。(总编室)

F000259 **瓶颈管理** 王玉荣编著。机械工业出版社 2002 年 6 月版。14 万字。15.00 元。企业业绩为何依然不振?如何处理亲友同事关系?为什么感觉处处是瓶颈,处处卡脖子呢?到底怎样才能松口气?工作中、生活中,我们常常被太多层出不穷的问题的困扰,瓶颈管理(或者说“约束理论”,TOC)恰恰指出了一种冷静、系统解决问题的方法。瓶颈管理强调识别并消除企业管理甚至个人生活中的“瓶颈”,用一种系统的方法来发现、分析和解决瓶颈所在。本书敏锐地把握了这一国际管理学界理论发展的最新动态,总结了瓶颈管理较之其他管理理论/技术的独到新颖之处,深入研究了瓶颈管理的三种重要技术,并结合诸多案例对这些技术的使用进行了介绍。(吴雄江)

F000260 **蒂蒙斯创业学译丛——战略与商业机会** 杰弗里·蒂蒙斯著,周伟民等译。华夏出版社 2002 年 1 月版。34.4 万字。39.90 元。阐述了发现和挑选创业机会的过程,说明了什么样的机会能够促成高发展潜力企业的创建,如何充分发掘自己的才能和优势,如何制定个人创业的战略,如何设定自己的目标来模仿成功创业者的行动、态度、习惯和战略。(江山美)

F000261 **MBA 最新案例全集** 龙羽著。湖南人民出版社 2002 年 1 月版。66.2 万字。65.00 元。精选了有关中外企业成败得失的几十个案例,并进行有侧重的分析,全书分上、下两册,上册精选国内明星企业案例,下册精选国外明星企业案例。(易斌)

F000262 **新编企业管理** 陈文安、穆庆贵著。立信会计出版社 2002 年 1 月第四版。40.8 万字。25.70 元。共 5 篇。第一篇阐述企业运行的基本原理,如企业的运行系统、运行方式、企业领导与管理组织、企业文化与企业形象;第二篇阐述企业经营战略与导向、跨国经营、经营决策与计划、定价与促销策略;第三篇阐述企业生产组织与控制、精益生产、网络技术与优化、人力资源管理、物流控制原理与方法、物料需求计划(MRP)与制造资源计划(MRPⅡ)、计算机在MRP和MRPⅡ中的应用等;第四篇阐述企业科技创新、新产品开发及其计算机辅助设计、质量管理与质量认证、设备选择、评价与设备综合工程学、企业资产评估理论与方法;第五篇对企业财务成本信息管理系统的理论与应用作了较全面的论述。(张谷镛)

F000263 **管理创新十讲** 副名:学习型组织团队读本。王强、胡汉辉编著。天津人民出版社2002年9月版。18万字。26.00元。提出一种新的培训理念,提供了近100个企业故事,有创新成功的经验,有不创新而没落的教训。设计了很多讨论的话题,使讨论有个起点。(陈立新)

F000264 **管理是金:有效管理全书** 贾强、刘新军编著。沈阳出版社2002年4月版。28万字。29.80元。分为17个专题阐述:1.如何拟定企业的经营战略;2.中小企业进行组织设计;3.如何拟订商业计划书;4.人力资源规划与管理;5.如何招聘与选人;6.企业如何进行薪酬管理;7.如何做好员工培训;8.怎样对员工进行绩效考核;9.企业如何做市场调查;10.如何拟订市场营销战略;11.如何组建营销队伍;12.怎样做好销售管理;13.如何制定会计核算管理制度;14.企业如何规范财务管理制度;15.怎样通过财务报表来了解你的企业;16.企业如何推行目标管理;17.现场管理如何运用5S。(滕建民)

F000265 **G管理模式·思想篇** 郭咸纲著。广东经济出版社2002年5月版。56.3万字。80.00元。认为人是企业中最重要的资源,是企业管理之本,制度是企业管理之法,创新是企业管理之源。人本管理使企业能够存在,制度管理使企业能够发展壮大,创新管理使企业经久不衰。(黄一霜)

F000266 **精神资本** 张天富著。浙江人民出版社2002年9月版。16.1万字。21.00元。分“认识精神资本”、“培植精神资本”、“运用精神资本”上中下3篇,既从理性的层面,对“精神资本”的内涵、构成要素、主要内容、基本特性、重要功能、生成规律和途径,作了深入的分析和揭示;又从实践的层面,对如何培植精神资本,实现精神资本与物质资本的最佳结合,在企业管理和地区开发中如何运用好精神资本,进行了系统的阐述。(蔡玲平)

F000267 **企业级软件解决方案——集成策略与实践** [美]瑟吉奥·洛金斯基(Sergio Lozinsky)编,李明等译。电子工业出版社2002年12月版。33.28万字。25.00元。评估与实施软件包的解决方案的参考手册。首先介绍了如何选择和购买合适的软件包,如何签订软件、培训和实施服务合同;然后是软件项目的实施方法,并分4个阶段详细阐述了包软件产品的实施过程;最后介绍了软件包运行后的维护及一些注意事项。涵盖了预算、团队合作、成本调整、再设计、培训和软件选择过程等方面。(总编办)

F000268 **企业信息化建设指南** 黄海嵩主编。安徽科学技术出版社2002年10月版。38万字。25.00元。从环境、技术、实施和案例等几个方面深入浅出地向读者介绍了企业信息化的基本知识、技术要点和实施保证体系,同时还精选了诸多案例,以资读者借鉴,内容简明、系统,对企业如何加快信息化建设和如何解决信息化建设中存在的突出问题等具有很强的指导性,书中尤其强调“企业信息化,关键是管理信息化”的重要理念。(何宗华)

F000269 **企业资源计划(ERP)与SCM、CRM** 上海现代物流培训中心编著。电子工业出版社2002年3月版。46.08万字。28.00元。主要介绍企业资源计划ERP的概念、原理,ERP软件的分销、制造、财务三大功能模块,ERP实施策略、规范及评估,ERP软件的选择、培训与本地化,ERP软件浏览,以及SCM的概念、原理、内容、实施及软件,CRM的概念、原理、内容、实施及软件,ERP与SCM、CRM的关系。(总编办)

F000270 **IT项目经理实践入门** 简学译。电子工业出版社2002年1月版。18万字。19.00元。以简洁的语言,清晰的结构,源自于实践的丰富经验,分别从人员开发技能、技术技能、管理技能三个视角,为刚开始做项目的经理,尤其是IT项目经理提供了项目管理完整的知识体系与丰富的资源,使他们能在繁忙的工作中快速地获得关于一个IT项目的总体功能和行为的基本知识。(张青)

F000271 **CRM原理·设计·实践** 何荣勤著。电子工业出版社2002年12月版。84.48万字。49.00元。系统地论述客户关系管理(CRM)的技术管理。用提出问题、解决问题的写作手法,在准确定义CRM概念的基础上,对CRM应用系统的设计思想、设计平台、CRM实践的最佳方法、CRM软件项目的确立和实施进行了多方位、详细的论述。

书中的 CRM 三角概念,客户关系计算机模型,CRM 业务流程应用设计及以"下一个最佳活动 NBA"为核心的 CRM 实践方法论都是本书作者多年研究与实践心得,可使读者全面、透彻地理解 CRM 的核心理念,并有效提高企业的 CRM 实践能力。(总编办)

F000272 **ERP 原理·设计·实践(第 2 版)** 罗鸿著。电子工业出版社 2002 年 11 月版。62.08 万字。38.00 元。对 ERP 相关知识的讨论涵盖了原理、设计与应用的全部过程。在第 1 版的基础上案例和内容适时做了很大调整,还针对读者来信选出有代表性的问题在书后做了详细解答。(总编办)

F000273 **中小企业创业与发展指导手册** 马玫、陈玉清主编。东北大学出版社 2002 年 9 月版。36 万字。28.00 元。全书 3 篇 11 章,创业篇内容有创业者,创业企业的类型、条件和程序、商业计划;运行篇内容有市场营销、财务管理、人力资源管理、生产运作管理和企业经营风险与管理;发展篇内容有发展概述和发展框架。(秦振华)

F000274 **CEO 与北大对话——企业的核心竞争力** 张维迎主编。辽宁人民出版社 2002 年 5 月版。16.9 万字。35.00 元。由互联网和联想发展战略、趋势之路——下一轮财富的创造、NET——下一代互联网经济的源动力、神州数码直面电子商务、MADE IN CHINA:软件产业发展与软件企业经营、中国新经济之源以及面向新经济的管理革命等 7 部分构成。以企业背景介绍、企业家(联想集团的杨元庆、趋势科技的张明正、微软中国的高群耀、神州数码的郭为、用友软件的王文京、联和运通的张树新、汉普咨询的张后启)演讲和北京大学著名教授点评的形式集中讨论了有关企业核心竞争力和网络时代盈利能力的问题。(董喃)

F000275 **企业并购:理论、实务、案例** 千春晖、刘祥生编著。立信会计出版社 2002 年 3 月版。61.2 万字。48.00 元。论述了企业兼并和收购的基本理论和基本知识,反映了我国经济体制改革以来有关的新经验,概括了企业兼并和收购的操作方法,并有选择地吸收了国外有关公司兼并和收购的研究成果与方法,介绍了许多实际案例。主要内容包括:公司兼并与收购的动因与类型,公司兼并与收购的战略分析,公司兼并与收购的评估——上市公司的评估与非上市公司的评估,公司兼并与收购的程序,公司兼并与收购中的税收问题,公司兼并与收购中的财务问题,西方国家对公司兼并与收购的管理,公司兼并与收购中的其他问题,剥离与分立,反兼并与反收购对策等。(徐小霞)

F000276 **企业组织塑性理论** 田也壮、方淑芬著。哈尔滨工业大学出版社 2002 年 8 月版。25.3万字。15.00 元。揭示组织运作与管理过程的组织层面及组织行为层面上的一些奥秘。设计了企业组织塑性机理的基本理论框架,其中包括企业组织塑性机理的动力系统、静态构成、动态构成、组织塑性的应力与场及企业组织塑性的评价要素,此外对组织的变数及变数组合进行了分析,对企业组织塑性机理优化进行了分析,并辅以优秀企业作为案例研究。(张秀华)

F000277 **蒂蒙斯创业学译丛——快速成长** 杰弗里·蒂蒙斯著,周伟民、钱敏译。华夏出版社 2002 年 1 月版。16.6 万字。24.00 元。论述了新建的风险企业在成长过程中会遇到的具体的问题和危机,解释了许多风险企业所经历的发展阶段及其独特性,提出了避免及摆脱困境的方法,介绍了企业的各种收获方式及其优缺点,描述了创业型风险企业在领导和管理上的突破性方法的特征。(江山美)

F000278 **蒂蒙斯创业学译丛——资源需求与商业计划** 杰弗里·蒂蒙斯著。华夏出版社 2002 年 1 月版。18.2 万字。25.00 元。考察了成功的创业者对资源——人、资本和其他资产所持的独特态度和方法,提出了如何利用资源与制定商业计划,通过分析两个具体的案例,向读者介绍了企业如何寻找资金来源、发展战略联盟、获得商业运营许可证,使人们很好地了解 20 世纪 90 年代企业的创业运作状况。(江山美)

F000279 **不确定条件下的投资** [美]阿维纳什·迪克西特等著,朱勇等译。中国人民大学出版社 2002 年 11 月版。49.6 万字。49.00 元。提供了一种关于企业资本投资决策的新理论,强调了大多数投资决策中的不可逆性,以及作出这些决策时经济环境中的不确定性。关于投资的这种新方法认识到了等待更好(但永远不完全)信息的期权价值。它利用了金融市场期权理论的一种类推,这使它比传统投资理论拥有一种更丰富的动态框架。作者以一种清晰而且系统的方式阐述了这种新理论,阐述了这种理论在投资的产业动态均衡和政府政策方面的影响,揭示了这种理论如何应用到特定产业及各种更宽泛的商业问题,而且还巩固、综合并拓展了从这种理论中发展出来的各种研究领域。列入"金融学前沿译丛"。(社资)

F000280 **中国身份制及其潜功能研究** 副名:一个国企的实证分析。郭玉锦著。黑龙江人民出版社2002年12月版。25万字。25.00元。揭示中国文化中的身份规则及其与中国企业组织运作的深层关系。主要论述了三个方面:1.中国身份制的存在;2.中国人有较强的身份意识;3.身份制影响中国企业组织运行。首先诠释身份和中国身份制的涵义,并通过揭示身份的源起,身份制形成和中国身份制的结构论证中国身份制的存在,由中国身份制的持续形成意识形态。(刘恺汐)

F000281 **企业经理人考评理论与实践** 朱伟著。浙江人民出版社2002年1月版。15.5万字。16.00元。从理论和实践两方面探讨如何对企业经理人进行科学考评。全书分9章,并附有两个操作实例。考评对象为国有企业经理人,在作者设计的考评系统中,业绩考评和任用考评是其主要内容,并给出了一系列考评的指标与方法。同时,还对国外企业经理人考评系统作了比较分析。(李子才)

F000282 **转型时期企业家机制论** 李垣、刘益、张完定、宋宇著。中国人民大学出版社2002年10月版。31.1万字。28.00元。对转型时期企业家机制进行了系统论述,提出了一个较为完整的分析框架。以企业家资源的配置、使用过程为主线,分析这一过程中的基本因素及其作用机理。对企业家机制与当前我国改革的关系加以分析,提出了企业家契约治理的组合模式;探讨企业家的选择,论证了拥有人力资本是成为企业家的必要条件;从契约的角度讨论了物质激励与非物质激励;从企业治理结构角度分析了对企业家的监督机制。列入"管理科学文库"。(于波)

F000283 **商界女性赢得权力的12种策略** [美]贾尼丝·里尔斯·埃利戈等著,徐静等译。新华出版社2002年10月版。16万字。20.00元。生动地叙述了挖掘女性人才的重要性,并教女性如何去战胜高级领导层中存在的性别偏见,在当今商界的最高管理领域找到自己的职位。在事业选择、商界生活、冒险、高级管理、权谋、交流、营销、职责、焦点、权力、两性关系和领导能力等方面提供了12种策略——一套完整的、行之有效的行动方案,使女性获得管理能力、政治智慧、工作技能及奋斗精神,从而取得公司的领导权力。(王苹)

F000284 **人力资源管理(原书第8版)** [美]乔治·米尔科维奇等著,彭兆祺等译。机械工业出版社2002年7月版。50万字。68.00元。原英文第8版的中译本。核心部分是如何做出有效的人力资源决策,经理人员面临的普遍压力和问题,讨论相关的观念、理论和研究,以及主导企业为实现其目标所采取的措施等。全书以人力资源管理中评估面临的状况、计划和确定公司人力资源管理的目标、采取适当的措施和评价成果四个阶段为基础,分析了当前有关人力资源管理和工作环境的理论和研究,以及经理人员实践中迅速变化的情况。其中列举了大量实例,研究范围包括北美、韩国、新加坡、日本、欧洲、南美、俄罗斯、澳大利亚、中国和中国香港地区。在结构上每章均设有"你的实践",给出社会中问题,请你做出决策。(李玲)

F000285 **WTO后企业人力资源管理策略与实务** 万瑞嘉华经济研究中心主编。对外经济贸易大学出版社2002年6月版。47.7万字。28.00元。内容包括加入WTO后企业人力资源开发与管理的变革、现代人力资源管理者、企业人力资源规划与供需预测、工作分析及其衍生结果、员工聘用过程管理、员工的使用与留用、员工激励、员工工作绩效考评、员工薪酬管理、员工培训、E时代的人力资源管理以及综合案例等。书中提出了许多有指导价值的观点。该书并不是一种理论分析类的书,而是一部实用指南,书中阐述了人力资源管理方方面面的具体做法和实用案例。(顾永才)

F000286 **员工招聘与人事测评操作实务** 李剑、张勉编著。河南人民出版社2002年4月版。19.4万字。18.00元。"人力资源管理操作实务丛书"之一。全面讲述现代企业的各项招募技术以及心理测试与素质测评等。(李小龙)

F000287 **点石成金:企业培训实务** 刘新军编著。沈阳出版社2002年4月版。27万字。25.80元。包括3个部分:第一部分主要介绍培训的过程与管理,读者可以轻易地了解培训工作实施过程与管理方法;第二部分为结合企业的不同职位人员的特点有针对性的具体操作方法;第三部分针对培训讲授者,详述了各种培训技巧。(滕建民)

F000288 **怎样管理有缺点的员工** 陈企华、孙科炎编著。中华工商联合出版社2002年10月版。25万字。23.80元。由8部分构成:1.怎样管理有性格缺陷的员工。2.怎样管理缺乏修养的员工。3.怎样管理有其他问题的员工。4.怎样管理员工的不良行为。5.怎样对付员工中的小人。6.怎样批评有缺点的员工。7.管理有缺点的员工的步骤。8.应对有缺点员工的一般原则。从心理学的角度观

察员工的特殊性，从分析员工的本质特点入手，介绍企业管理工作中的具体管理方法。(王静)

F000289 **绩效考评** 副名：致力于提高企事业组织的综合实力。[加]加里·P.莱瑟姆等著，萧鸣政等译。中国人民大学出版社2002年10月第2版。25.7万字。22.00元。反映了近年来西方发达国家企事业组织绩效考评的最新成果，简明扼要地阐述了绩效考评系统内外涉及的管理问题、法律问题、方法技术问题和结果运用问题。书中介绍了各种考评工具、考评指标体系的类型、研制方法与优缺点；论述了绩效考评中的法律问题、程序公正问题与目标设置问题；还介绍了考评信息来源以及如何进行考评者培训和绩效辅导，如何让考评不合格的员工自觉自动地离开组织的具体方法。这些内容对于指导与帮助我们解决我国企事业组织管理中的实际问题，解决当前我们在实行绩效工资，离岗分流与末位淘汰制度过程中所遇到的种种难题，具有重要的参考价值。列入"人力资源管理译丛"。(郑伯平)

F000290 **绩效考核操作实务** 刘韬著。河南人民出版社2002年4月版。21.4万字。20.00元。"人力资源管理操作实务丛书"之一。系统全面讲述了绩效考核的最新理念以及这项现代人力资源管理技术在企业中的操作应用，包括考核程序、考核指标体系、考核标准、考核过程设计等。

F000291 **激励理论(第一卷)** 副名：委托—代理模型。[法]让-雅克·拉丰等著，陈志俊等译。中国人民大学出版社2002年6月版。46.5万字。36.00元。对激励问题作了三方面的阐述：逆向选择，道德风险，以及不可验证性。而激励理论的出发点设在委托—代理理论上。在第1章中，简要地回顾了与激励理论相关思想的发展过程，它表明，虽然直到近30年，经济学家们才认识到激励问题的重要性，但它的基本思想在近两个世纪中广泛地出现在经济学的诸多领域。第2章提出并分析了逆向选择下的委托—代理关系中出现的租金抽取与效率的权衡问题，而该基本框架将在第3章得到进一步的扩展。第4章将分析道德风险下的两种基本冲突：有限责任租金的抽取与效率之间的权衡以及保险与效率之间的权衡。第5章对此基本框架作了进一步的推广。第6章讨论不可验证性问题，并分析了不会导致效率扭曲的一般框架。第7章分析了逆向选择，道德风险和不可验证性的混合模型。第8章则把逆向选择和道德风险下的委托—代理模型扩展到了完全承诺下的动态环境中。最后的第9章将本卷的基本模型作了一些简单的扩展。列入"经济科学译丛"。(梁硕)

F000292 **现代企业人力资源管理实务丛书** 刘军胜等编著。机械工业出版社2002年1～8月版。200万字。140.00元。共6册，分别为《现代企业人力资源管理导论》、《人员培训实务手册》、《薪酬管理实务手册》、《工作分析实务手册》、《绩效管理实务手册》、《员工招聘与选拔实务手册》。每本书都包含3个部分，一是某项人力资源管理活动的实用方法与技巧；二是该项人力资源管理活动的运行程序；三是各种人力资源管理工具、方案、案例介绍与分析。(王磊)

F000293 **生产运作管理的理论与实践** 陈荣秋等编著。中国人民大学出版社2002年10月版。34.4万字。33.00元。归纳出指导生产活动的供需协调论、劳动分工论、资源整合论和天人和谐论；总结了六个竞争因素(价格、质量、品种、时间、服务、环保)及其随消费水平提高而变化的规律；阐述了大量生产、精细生产、集成制造、敏捷制造、大量定制和绿色制造等典型的生产方式随主要竞争因素变化的规律，对以企业为中心的管理模式和以顾客为中心的管理模式进行了探讨；分别就基于成本竞争、基于质量竞争、基于柔性竞争、基于时间竞争、基于服务竞争和基于环保竞争的生产管理进行了详细的阐述。列入"管理科学文库"。(社资)

F000294 **再造竞争优势** 张后启著。中国科学技术大学出版社2002年10月版。20万字。38.00元。首先分析了时代变革对传统的大规模生产模式的挑战，接下来通过剖析新的大规模定制模式的竞争优势指明企业应对挑战的必由之路，并阐述了在大规模定制模式下实施全程供应链管理的策略与方法。由于实施全程供应链管理的前提是面向大规模定制的业务模式重组，因此书中第四～第七章分别阐述了市场营销、生产制造、产品研发和物流配送这四大环节的业务模式重组，以及在新的目标模式下相应业务的管理策略与方法。(胡开华)

F000295 **全面规范化生产维护——从理念到实践** 李葆文著。冶金工业出版社2002年9月版。20.2万字。20.00元。主要内容包括：从TPM到TNPM，生产现场改善的管理，TNPM的目标管理，TNPM的企业教练法则，TNPM的可视化管理，TNPM的企业形象法则，TNPM与TQM、ISO、JIT、LEAN体系的融合及开展TNPM的企业案例。(王秋芬)

F000296 **运营管理** 夏健明主编。立信会计出版社 2002 年 1 月版。35.8 万字。24.00 元。以现代企业运营战略为导向，以企业产品和服务创意设计为起点，介绍了流程设计、需求预测、计划安排、过程控制、质量保证、物流管理和人员组织等，并在内容中导入业务流程再造（BPR）、客户管理（CRM）、供应链管理（SCM）、并行工程（CE）、企业资源计划（ERP）、计算机集成制造（CIMS）、电子商务（E－b，E－c）、OEM、ODM、OBM 等国际通行的先进管理理念和方法，以及现代企业制度下的董事会运作管理。（夏健明 周健临）

F000297 **现代企业供应物流管控** 窦孟华、郭俊伟著。中国矿业大学出版社 2002 年 5 月版。42 万字。59.00 元。全面分析了在建立现代企业制度、全面走向全球市场的条件下，企业物资供应工作面临的挑战、出路和发展趋势；深入阐述了企业物资供应实现全新运作、跨入崭新企业供应物流阶段的时代要求和所要解决的问题；系统论述了企业供应物流的内涵、系统构建、环节管控、管控理论等内容；为现代企业供应物流运行及其管控构建了一个科学、完整的体系，为现代企业供应物流全面提高核心竞争能力、创新能力、发展能力和增创比较优势提供了一个运作、管控思路和战略、策略方案。（姜华）

F000298 **技术创新的信息过程论** 吴永忠著。东北大学出版社 2002 年 5 月版。20 万字。20.00元。"东北大学技术哲学博士文库"之一。共 6 章，包括：导论，技术创新系统建构观，信息整合与技术创新，企业技术创新信息整合机制研究，知识创造型企业：背景与趋势，转换信息机制，推进技术创新。（刘淑芳）

F000299 **沃顿论新兴技术管理** 乔治·戴等著，石莹等译。华夏出版社 2002 年 1 月版。37 万字。39.00 元。展示了最主要的商业思想家们敏锐的洞察力，所应用的工具和框架。提取了大量专业管理者的见解，涉及到成功管理新技术的许多方面。（江山美）

F000300 **产品数据管理（PDM）技术及其应用** 葛江华、隋秀凛、刘胜辉编著。哈尔滨工业大学出版社 2002 年 2 月版。30 万字。20.00 元。从应用的角度，结合优秀的国产 KMPDM 软件系统，介绍了 PDM 的概念、原理、主要功能及软件的使用和操作方法，并讨论了 PDM 的实施方法与应用集成技术。在基本理论基础上，注重联系企业实际，对应用软件和案例的具体操作与实施也进行了具体论述。全书内容包括 PDM 技术概述、PDM 文档管理、PDM 产品配置管理功能、PDM 系统的工作流程及其他管理功能、PDM 相关技术与集成、PDM 前期调研报告的编制和实施方案的制定。（孙杰）

F000301 **2000 版 ISO 9000 系列标准实施指南** 倪颙、倪国良主编。中国计量出版社 2002 年 8 月版。37.4 万字。40.00 元。在叙述 2000 版 ISO 9000 系列标准结构、性质、特点与内容的基础上，着重介绍如何应用并提供了质量手册、程序文件、记录表式及审核检查表等实例。包括：一、2000 版 ISO 9000 系列标准简解；二、质量（管理）手册的编制；三、程序文件的编写；四、记录表式的配置；五、内部质量管理体系审核。（朱和平）

F000302 **2000 版 ISO 9000 标准质量管理体系内部审核** 李欣主编，付盛智、赵文彪、姚芩编著。中国计量出版社 2002 年 8 月版。18.4 万字。30.00元。全面阐述了 2000 版质量管理体系标准的产生背景、理论基础及基本术语；特别是对 GB/T 1900/标准的要求做了逐条解释，对标准的理解与实施提出了指南；本书还就如何进行质量管理体系的审核和内部审核做了详细的阐述。包括：一、ISO 9000 族标准概论；二、2000 版 ISO 9000 族标准的基本原理；三、质量管理体系基本术语；四、GB/T 19001—2000 标准的理解要点及审核提示；五、内部质量管理体系审核概述；六、内部质量管理体系审核的实施。（朱和平）

F000303 **2000 版标准质量管理体系的建立与文件编制** 金华彰、马彦冰编著。中国计量出版社 2002 年 3 月版。52.9 万字。45.00 元。分 5 章：第一章 2000 版 ISO 9000 族标准的基本思路，介绍 2000 版相对 1994 版的主要变化；第二章 ISO 9001：2000 标准内容及过程控制要求，理解标准内容，提出了过程控制要求，结合实际提出了值得关注的问题；第三章如何建立质量管理体系，主要探讨如何以过程管理为主导的原则来建立体系；第四章如何编制质量管理体系文件，介绍了五类文件的编制方法；第五章质量管理体系文件的控制，结合文件控制过程中存在的问题，介绍了有效控制文件的方法。（朱和平）

F000304 **2000 版 ISO 9000 族标准培训教材理解与实施要点** 李宇杰、毛雕翔编。中国计量出版社 2002 年 1 月版。29.5 万字。22.00 元。阐述了 2000 版 ISO 9000 族标准背景、理论基础及常用的基本术语；对 ISO 9001 标准的要求逐项地阐明了其理解、实施及审核要点，同时提供了有关标准结构图及其有关的实施指南的附件，以助于对标准的准确理解和统一认识；对 ISO 9004 标准超越 ISO 9001 标准要求内容作了简要的归纳和提示，并给出了质量手册示例。(朱和平)

F000305 **质量环境职业健康安全一体化管理体系基础知识** 董长德、崔志惠编著。中国计量出版社 2002 年 6 月版。25.7 万字。26.00 元。依据现代管理科学的发展，将已推出的 GB/T 1900/, GB/T 2400/,GB/T 2800/三个管理体系要求进行整合。以 GB/T 1900/—2000 标准要求为一体化管理体系的主线，介绍了企业管理综述，企业管理八项原则，分别讲述了 GB/T 1900/—2000, GB/T 2400/—1996,GB/T 2800/—2001 标准的理解要点，并阐述了质量、环境、职业健康安全一体化管理体系的建立等。(曹纪宗)

F000306 **质量管理体系文件参考文本精编** 张富山主编。中国计划出版社 2002 年 4 月版。41.7万字。78.00 元(含光盘)。由质量管理体系文件概论、质量管理体系文件的控制、质量管理体系文件编写要点、质量手册的编制、程序文件的编写、质量记录的设计、作业指导书的编写和质量计划的编制等 8 章构成。以已通过 509001:2000 认证的组织为对象，在阐述 2000 版 ISO9000 族标准对文件的基本要求的同时，运用大量示例帮助读者理解并掌握这些新要求。书中尽可能多地编入了不同风格、不同用途和不同行业的文件(表格)案例，在深度和广度上满足了各行业对文件的编写和控制需求，是各类组织编写质量管理体系文件的重要参考资料。(何欣)

F000307 **质量管理体系文件编写与运行参考** 郝凤、王毓芳编著。中国计量出版社 2002 年 12 月版。41.8 万字。45.00 元。就有关质量管理体系文件编写的准备、文件种类、各相关文件的编写和运行要求，以及文件编写和运行过程中应掌握的相关基础知识和术语等，做了通俗实用的说明并给出示例。包括：一、编写质量管理体系文件的准备工作；二、质量管理体系文件的作用、种类及其简介；三、编写质量管理体系文件的原则及注意事项；四、编写质量管理体系文件所必需的基础和术语；五、ISO 9001：2000 标准引言的提示；六、质量手册的编写及运行参考；七、内部审核运行参考；八、程序文件编写参考；九、作业指导书编写参考；十、记录的策划和运行；十一、质量计划的策划与编写参考。(朱和平)

F000308 **质量管理体系认证咨询实例** 马京生、于久清编。中国计量出版社 2002 年 8 月版。41 万字。35.00 元。主要包括：质量管理体系认证咨询概述；GB/T19001—2000 idt ISO 9001：2000《质量管理体系 要求》标准理解及实施要点；内部质量审核程序、方法和要求；文件编写要求及示例；内部质量审核及管理评审示例；质量管理体系认证不合格事实陈述实例。(朱和平)

F000309 **ISO9001/GB/T1900/质量管理体系统计技术原理及应用** 张玉柱、曹世民等编著。中国标准出版社 2002 年 8 月版。41.5 万字。40.00 元。系统全面地论述了在质量保证体系中使用的 12 种统计技术，在技术内容上与 GB/Z19027－2001 完全匹配。共分为 14 章，包括概述、思考性方法、描述性统计、统计过程控制图、过程能力分析、测量分析、假设检验、回归分析和方差分析、试验设计、统计容差法、时间序列分析、可靠性分析、抽样检验方法、模拟技术。各章介绍的统计技术相对独立，可供读者有选择地阅读。此外，体现了突出实用的特点，对于各种统计技术的原理介绍，尽量简化繁琐的理论推导，重点突出了方法的使用范围、实际背景、应用条件、操作程序和注意事项等，并配有应用实例，便于读者正确选择和应用。需特别说明的是，本书对 1994 年版和 2000 年版两种版本的 ISO9000 族标准的质量管理体系对统计技术的需求做了大量的分析、比较、研究，在此基础上，给出了 1994 版和 2000 版两种版本的 GB/T1900/针对定量数据的需求和支持性统计技术。(王晓萍)

F000310 **健壮设计手册** 《健壮设计手册》编委会编著。国防工业出版社 2002 年 9 月版。74.2 万字。120.00 元。系统地介绍了健壮设计技术——开发高质量、高可靠性、短周期、低成本产品的通用设计技术。分 11 章。概述健壮设计的定义、指导思想、基本原理、主要技术方法及相互之间的关系，并给出了健壮设计的流程图。介绍质量功能展开、系统设计、试验设计、静态特性参数设计、静态特性容差设计、动态特性参数设计、FMEA 和 FTA 分析技术。健壮设计中的可靠性度量与评估以及健壮设计在可靠性工程中的应用。健壮设计的数学基础方差分析与回归分析。最后一章给出了 15 个应用健壮设计技术的典型案例。(王祖珮)

F000311 **ISO9001:2000 理解与实施精要** 刘爱基、李虹主编。中国计划出版社 2002 年 1 月版。23 万字。138.00 元。“2000 版 ISO9000 族标准理解与实施丛书”之一。由质量管理体系的理论基础、重要的质量管理术语和理解与实施3部分、12章组成。第一部分重点讲述了质量管理的八项原则及其内涵;第二部分讲解了重要术语的概念、定义和理解要点,以及各术语之间的关系;第三部分是对质量管理体系要求的全面阐述,重点讲述了质量管理体系的总要求和"管理职责"、"资源管理"、"产品实现"及"测量、分析和改进"四大板块的理论、方告及应用要点。介绍ISO9001:2000的理论、方法和实施手段等方面的知识。(何欣)

F000312 **GB/T 1900/ GB/T 2400/ GB/T 2800/管理体系一体化总论** 陈志田主编。中国计量出版社2002年6月版。40.6万字。58.00元。"管理体系一体化丛书"的第一部。主要介绍管理体系一体化的由来、发展趋势、要素,并给出了GB/T 1900/,GB/T 2400/,GB/T 2800/三个标准的详解与实施要点。同时,还介绍了一体化管理体系的建立与实施、文件的编制、运行实例及一体化管理体系的审核。(曹纪宗)

F000313 **企业之间的联系与通信** 刘震宇著。中国人民大学出版社2002年10月版。28.8万字。28.00元。"管理科学文库"之一。企业之间的联系与通信是电子商务研究和应用的重点之一,本书讨论了其中若干主要问题。首先,从企业运作管理的角度来讨论组织际信息系统对企业的影响,介绍了组织际信息系统方面的进展情况,并就组织际信息系统对企业竞争战略、组织结构、企业之间的关系、企业过程再造和供应链管理的影响进行讨论,使人们了解组织际信息系统开发与应用的战略与战术方面的重要意义,为在我国开展电子商务给予必要的指导,从中吸取经验和教训,少走弯路。组织际信息系统所依赖的基础设施是通信系统,特别是基于因特网的现代通信技术,故对组织际信息系统的理解及使用有赖于对通信系统的了解与把握。本书接着讨论了通信系统及其对企业管理的影响,内容包括:通信与企业联网、电信系统的应用、数字经济、电子商务等。其目的是让企业管理者了解应用通信系统进行运作管理的基本思路,使花费巨大的通信基础设施能实实在在地发挥倍增器的作用,为企业创造出效率与效益。(陈丹)

F000314 **本土品牌** 副名:低成本创建强势大品牌的黄金法则。翁向东著。浙江人民出版社2002年5月版。23.3万字。22.00元。系统地将品牌战略管理概括为四条主线,即由品牌识别系统提炼出来的"核心价值统帅论"、品牌化战略与品牌架构、品牌延伸。书中有大量作者亲自策划的案例,既是作者品牌思想在实战中的灵活运用,又印证了作者的品牌思想。(蔡玲平)

F000315 **客户关系管理成功奥秘** 副名:感知客户。[加]杰姆G.巴诺斯著,刘祥亚、郭奔宇、王耿译。机械工业出版社2002年1月版。25万字。29.00元。书中探索了客户对某些公司怀有深厚情感的原因,并讨论了大公司如何利用"街角杂货店"的技巧来与客户建立良好的关系。深刻地揭示了客户对于公司的含义;同时告诫公司应如何对待个体客户以获得最有利的市场位置和长期的成功。通过对许多成功建立客户关系的小公司成功秘诀的探讨,全书主要讲述了以下内容:衡量价值、客户满意度、客户关系等概念的一些基本要领;建立客户关系的过程中应该努力避免的一些问题;以一种崭新的角度剖析影响客户满意度的各种因素,如价格、产品质量、客户在与公司打交道的过程中的感受等;品牌关系战略;从客户的角度而言,如何为客户创造和增加价值。(季阳)

F000316 **中级财务管理** 宋献中、吴思明编著。东北财经大学出版社2002年1月版。46.8万字。24.00元。对企业正常生产经营活动中所出现的日常财务问题进行了阐述,主要介绍了金融市场与有效市场理论;风险与收益;投资组合;资本资产定价模型;资本预算的现金流量分析、风险分析及最优投资方案的决策方法;普通股筹资、长期负债筹资、租赁筹资、可转换债券、认股权证等中长期的融资决策;资本成本与融资结构;股利理论与股利政策;短期融资、现金及有价证券、应收账款、存货管理等营运资本的管理。(孟鑫)

F000317 **财务分析** 卢雁影主编。武汉大学出版社2002年6月版。41.5万字。26.00元。分为13章,分别介绍了财务分析概论、企业财务报表分析、企业盈利能力分析、企业偿债能力分析、企业营运能力分析、企业发展能力分析、企业财务报表的综合分析、成本与费用分析、企业其他财务信息分析、企业财务报告分析、上市公司信息披露制度、通货膨胀对财务分析的影响等内容。在内容结构上有以上市公司财务年报为背景、将分析的视角拓展到报表以外的其他财务信息、重点介绍合并报表的分析方法、借鉴和吸收财务分析的新理念等诸多特点。(刘成望)

F000318 **财务主管的有效管理** 李敏著。立信会计出版社2002年9月版。32.4万字。24.00

元。主要内容包括:培养理财智慧;依法当家理财;注重资金管理;关注企业风险;勤于财务诊断;重于财务保健;精于税务筹划;善于资本经营;勇于理财致胜等几个部分。本书以相关的财务会计法规与财务管理文件为指南,结合对企业财务管理和财务主管的要求进行论述,内容新、实、精。在写作方法上有大量的案例分析与理财心得、必要的图表解析与理财提示,形象生动。(蔡莉萍)

F000319 **财务案例研究** 汤谷良编著。中央广播电视大学出版社 2002 年 7 月版。36.7 万字。16 开。22.00 元。通过对 14 个案例(如:华南石油化工股份有限公司治理结构、贵州仙酒股份有限公司的改制上市等案例)的分析研究,培养学员清晰的专业理念、高超的专业技能和敏锐的专业判断力;充分体现财务管理活动对特定的理财环境和案例教学的实践性、操作性要求,在案例的选取和内容安排上,尽可能反映财务管理课程的基本问题、知识要点,便于教师教学和学员自学,以适应电大远程教学的特点。(总编室)

F000320 **现代财务管理** 崔毅、邵希娟编著。华南理工大学出版社 2002 年 10 月版。81.4 万字。46.00 元。由财务管理基础、长期融资决策、长期投资决策、营运资金管理与决策、资本结构与股利政策、财务管理前沿 6 部分组成。财务管理基础阐述财务管理的环境、价值观念等。长期融资决策阐述债券、股票及其估价、长期借款和租赁。长期投资决策介绍了资本预算中现金流的确定及评价方法、风险分析。营运资金管理与决策包括流动资产管理、流动负债管理等。资本结构与股利政策介绍了资本结构、资本成本、杠杆效应分析、股利政策等。财务管理前沿介绍了实物期权和财务投资决策、资本运营、MBO 与 LBO 等。(周莉华)

F000321 **高级财务管理** 张兆国主编。武汉大学出版社 2002 年 6 月版。39.7 万字。24.50 元。以专题形式介绍了各种特殊条件下的企业财务管理问题,包括企业财务战略管理、企业集团财务管理、企业业绩评价、企业财务制度设计、企业并购财务管理、企业重整与清算财务管理、跨国公司财务管理、基金投资管理和风险投资管理等。每章前附有学习目标,每章后附有小结、参考阅读材料、关键名词、思考题、案例等。(柴艺)

F000322 **新世纪财务专论** 黄鹏著。苏州大学出版社 2002 年 3 月版。44.3 万字。32.00 元。分 15 章,围绕企业价值最大化亮一财务目标,对新世纪财务科学最重要的观念、理论、方法进行了专门论述。认为在全球经济一体化条件下,企业财务已不再是被动筹集外部资金和处理内部具体财务问题的工具,而是已经成为格外注重在有效金融市场上,对各种金融商品进行理性选择,以便抓住机遇、规避风险、实现企业价值最大化的一门科学。全书内容涉及财务目标理论、财务环境理论、价值及价值守恒定律、风险控制理论、资本成本理论、期权理论、资本市场理论、信息不对称理论、跨国兼并理论和网络财务理论等许多工作方面,由于融合中西方理财思想和管理文化,又以国际通用准则为基础,因而具有观念前瞻性、理论先进性和方法实用性的特点。(张凝)

F000323 **中国中小企业融资问题研究** 修光霁著。黑龙江人民出版社 2002 年 1 月版。15 万字。17.80 元。从中小企业融资的基本范畴、基本理论、中小企业融资的国内外经验比较、我国中小企业融资的现状、完善我国中小企业融资体系的对策等方面,对中小企业融资这一当前经济理论界的前沿问题进行了深入系统的研究,这对丰富与完善企业金融理论及我国转轨时期资本市场理论具有重要的实用价值和较高的学术价值。(刘恺汐)

F000324 **公司营运资金运作方略** 张鸣主编。立信会计出版社 2002 年 8 月版。35.4 万字。25.20元。针对企业营运资金管理的理论、概念、方法和有关策略等进行了系统的论述。全书分 11 章,阐述了企业营运资金概念的基本涵义和管理理念,企业营运资金管理的计划与策略,现金流量的控制,企业货币资金管理的有关方法,短期投资决策和管理,应收账款的信用管理和日常业务管理,存货决策模型和管理策略,企业短期筹资的管理方法,企业营运资金的分析和指标等。(朱百鸣)

F000325 **蒂蒙斯创业学译丛——创业企业融资** 杰弗里·蒂蒙斯著。华夏出版社 2002 年 1 月版。17.6 万字。26.00 元。研究了新企业融资的各种关键问题,债务资本市场的新现实情况,提出创业融资和传统的经营融资明显不同、创业者和投资人在评估公司价值上差别很大,交易结构对企业成功与否至关重要,通过分析四个具体的案例,向读者介绍了如何部署融资和筹资战略,如何寻找股权投资者并与其打交道,如何在资本市场中获取债务融资源。(江山美)

F000326 **ERP 制造成本管理** 副名:ERP 制造成本设计实施与控制。吕文清、吕文彬著。广东经济出版社2002年7月版。43万字。48.00元。全面介绍了ERP成本管理设计、实施方面的内容。全书分4部分:第一部分介绍ERP基本知识、成本基本知识;第二部分介绍ERP成本系统设计;第三部分介绍ERP成本系统实施;第四部分介绍ERP成本管理的作用。(黄霜)

F000327 **薪酬管理实务手册** 刘军胜编著。机械工业出版社2002年8月版。50万字。27.00元。"现代企业人力资源管理实务丛书"之一,系统介绍了薪酬管理的基本理论和方法。同时,将大量成功企业的薪酬管理体系穿插其中,反映了企业薪酬管理实际运作过程中的各种问题、解决依据及基本方法。附录大量有关薪酬管理的法律法规。(魏杰)

F000328 **小企业运营** 杰斯汀·隆内克等著,郭武文等译。华夏出版社2002年1月版。17.8万字。26.00元。"小企业管理丛书"之一。介绍了小企业运营中的各种问题,包括商业道德、内部管理、人力资源管理、质量管理等,并描述了如何在管理中引入计算机技术。本书是小企业主的现场管理手册。(江山美)

F000329 **小企业财务管理** 杰斯汀·隆内克等著,刘武文等译。华夏出版社2002年1月版。18.2万字。27.00元。"小企业管理丛书"之一。介绍小企业如何进行全面的财务管理,包括财务运作、企业资产管理、风险与保险等主题;书末分析了如何转让企业管理权。(江山美)

F000330 **小企业营销** 杰斯汀·隆内克等著,郭武文等译。华夏出版社2002年1月版。15.6万字。23.00元。"小企业管理丛书"之一。从小企业的角度来研究营销战略、细分市场、营销组合等问题,着重于提高顾客忠诚度,并介绍了在提供顾客服务过程中如何使用新科技。(江山美)

F000331 **乡镇企业发展深层问题研究** 于金著。黑龙江人民出版社2002年12月版。18万字。22.00元。回顾了乡镇企业发展的历史轨迹,深入研究了乡镇企业发展的内在条件以及外部环境,并且试图从中国转制(由计划经济向社会主义市场经济的转换)以及社会主义市场经济条件下独特的资本原始积累过程的复合化的视角揭示乡镇企业发展的内在必然性和规律性。本文通过对目前中国的经济体制改革、农民分化以及农业劳动力转移这三个直接影响乡镇企业发展的三个基本因素的比较分析(日本、英国、美国、德国以及俄罗斯),探讨了乡镇企业产生的历史必然性。(刘恺汐)

F000332 **开发商业计划** 杰斯汀·隆内克等著,郭武文等译。华夏出版社2002年1月版。21.1万字。30.00元。"小企业管理丛书"之一。详细描述了开发商业计划的每个要素,强调了战略联盟对于小企业的重要性,对于小企业主怎样理解资金流动的问题有独到的见解。(江山美)

F000333 **中小企业创新** 陈凤杰编著。东北财经大学出版社2002年7月版。20万字。18.00元。分7章来论述中小企业创新问题。第1章重点对中小企业创新的概念、意义、地位、作用、特点,以及影响中小企业的主要因素进行了深入分析,从而找出中小企业创新的基本思路;第2章重点分析了有关企业创新理论及其产生的背景和历史条件,并提出在新的经济形势下,企业创新的未来发展趋势;第3章全面介绍了企业的技术创新、产品创新、市场创新、服务创新、组织创新、管理创新和企业文化创新等有关内容;第4章重点介绍了政府在企业创新中的作用以及提供支持的原则、内容和方法;第5章重点介绍了我国中小企业创新的现状及存在的问题,探索我国中小企业创新的途径;第6章重点介绍了主要发达国家政府所采取的支持中小企业创新的主要政策和措施;第7章介绍创新的成功案例,通过这些案例的介绍,为企业开展创新活动提供参考。(陈薇)

F000334 **中小企业诊断** 侯庆轩编著。东北财经大学出版社2002年7月版。21.5万字。20.00元。针对中小企业以"经营"为工作重点的独特之处,深入分析了中小企业的基本特征,提出了开展有效的中小企业诊断活动的方法,旨在引导中小企业抓住机遇、主动适应环境变化、谋求快速、持续发展,以实现管理创新。全书内容分为企业诊断的发展与中小企业诊断、中小企业经营特点与诊断、中小企业诊断的基本要领、中小企业诊断事项、中小企业诊断的调查技法和中小企业诊断展望8个部分。(孟鑫)

F000335 **中小企业现代经营** 刘伟东、陈凤杰著。东北财经大学出版社2002年7月版。28.7万字。22.00元。"中小企业丛书"之一。共有11章:1.中小企业基本特征;2.中小企业存在理论;3.中小企业经营本质论;4.中小企业经营;5.中小企业融资;6.家族企业;7.中小企业创新;8.风险企业;9.中小企业诊断概述;10.中小企业政策;11.主要国家和地区中小企业发展经历。各章后均附有经营案例。有3个特点:1.针对我国中小企业所处的时期,采取专题的方式进行展开;2.以日本中小企业为主线,并借鉴其他国家中小企业发展的经验,采取比较的方式来探索中国中小企业发展的道路;3.注重从经营的角度去把握中小企业发展的特点及规律性。(孙越)

F000336　**创业机会**　杰斯汀·隆内克著。华夏出版社 2002 年 1 月版。18.2 万字。27.00 元。"小企业管理丛书"之一。分析了什么样的人会成为企业家,新建企业有哪些思路,特别介绍了小企业有效地与大公司竞争的战略。(江山美)

F000337　**高校科技企业的制度逻辑**　袁靖宇著。中国矿业大学出版社 2002 年 8 月版。21.8 万字。20.00 元。以高科技企业为研究对象,通过规范经济学意义上的理论研究和实证分析,构建了一个关于中国高校科技企业的理论分析框架,对高校科技企业的动因与性质、结构与行为以及绩效进行了深入探讨,并由此对高校科技企业的孵化载体、融资结构、制度安排等问题进行了应用研究。(王景华)

F000338　**心声**　副名:全国非公有制经济代表人士抒怀。中华全国工商业联合会主编。中华工商联合出版社 2002 年 11 月版。36 万字。40.00 元。分 4 大部分,即畅想篇、沉思篇、感悟篇、抒怀篇,汇集了全国 136 位知名企业家学习江泽民同志"七一"重要讲话、"5·31"重要讲话的体会文章,不仅反映了全国非公有制经济代表人士的学习心得和思想收获,而且表达了各地非公有制经济人士拥护"三个代表"重要思想、期盼十六大召开、坚决跟共产党走、争做合格社会主义建设者的真挚情怀,是各地非公有制经济人士交流思想、共同进步的借鉴和参考。书中还配发了 40 余幅企业家照片、100 余条企业简介或企业家档案。(李扬)

F000339　**呼唤理解**　副名:关于中国民营经济的是非曲直。保育钧著。中华工商联合出版社 2002 年 11 月版。16.7 万字。22.00 元。选收 63 篇文章,主体内容是非公有制经济理论研究和商会工作研究,反映了作者近年来关于对内开放、体制转轨、机构改革、观念创新的理性思辨。作者通过深入研究,在 1996 年即指出"非公有制经济的产生和发展过程,伴随着并取决于对社会主义初级阶段的认识深化过程";针对非公有制经济面临的现实问题,作者反复呼吁国家"应完善立法,明确保护私有财产";当入世成为街谈巷议的热门话题时,作者敏锐地指出"要搞两个开放";出访过程中了解到国外正在积极吸引中国的投资移民和人才移民后,作者不禁深为忧虑:如果我们不珍惜,宝贵的资金和人才就会被别国"配置过去"……本书中的文字都是作者以严谨的治学态度,在搜集阅读大量文件资料和勤奋思考基础上阐发的独到见解。(李扬)

F000340　**公开上市**　[美]詹姆斯·B.阿科波尔等著,吴珊等译。中国人民大学出版社 2002 年 4 月版。30.9 万字。36.00 元。对公开上市的各个环节,从上市前的改组、信息、机构等各方面的准备,到注册、发行上市以及完成公开发行后的二级市场交易、持续性信息披露等,都做了详细介绍。还翔实地介绍了公开发行过程中涉及到的机构,对各个机构的职能和如何选择最佳机构等方面均作了充分说明。作者对互联网直接公开发行(DPO)表示了极大的关注,并为读者演示了 DPO 的全过程。列入"资本市场运作经典译丛"。(社资)

F000341　**公司财务理论**　[美]威廉·L.麦金森著,刘明辉主译。东北财经大学出版社 2002 年 6 月版。63.2 万字。48.00 元。"财务管理经典译丛"之一。共九章:财务理论概述;所有权、控制与报酬;投资风险、投资收益与市场效率;债券与股票的评价;期权估价;资本预算与投资决策;资本结构理论;股利政策;认识与运用金融市场。本书的特点有:第一,内容丰富新颖。不仅包含传统财务学的主要内容,还分析了相关的经济问题。第二,体例编排合理。作者通常先介绍一个基本概念,再讨论有关的学术研究成果,最后,通过引入案例或其他方式,将有关理论同公司财务管理结合起来。(李智慧)

F000342　**公司经营与资本家阶级**　[英]约翰·斯科特著,张峰译。重庆出版社 2002 年 4 月版。26.4 万字。22.00 元。"当代资本主义研究丛书"之一。研究了当代资本主义公司结构及其变迁的历史过程,并对公司控股权与经营权的分立趋势作了分析。作者认为,随着公司规模的扩大和生产经营的全球化,专业化的经理阶层将逐渐取代家族,而成为企业发展的中心,而且经理阶层也将逐渐成为资本家阶级的一部分。(余国枢)

F000343　**公司理财基础**　[美]斯蒂芬·A.罗斯、伦道夫·W.韦斯特菲尔德等著,方红星译。东北财经大学出版社 2002 年 6 月版。113.8 万字。66.00 元。以独特的视角、完整而有力的观念构建了企业财务学。主要内容包括:公司理财概览、财务报表与长期财务计划、未来现金流量估价、资本预算、风险与报酬、资本成本与长期财务政策、短期财务计划与管理、公司理财专题等。并附有实例材料、数学用表及重要的公式。大胆地删减了一些不太相关的专题,压缩了纯理论问题,突出了重要性和有用性。自1991年第一版面世以来,至今已出至第五版,并且已经出版了澳大利亚版、加拿大版、国际版和南非版等适用于不同国家和地区的版本。(石建华)

F000344 **21世纪的企业形态** [日]奥村宏著,王键译。中国计划出版社2002年7月版。14.7万字。15.00元。所予以关注的内容是21世纪的企业应当如何发展。作者多年从事企业特别是股份公司的研究,从这个角度对日本的股份公司进行了分析。在此研究过程中,提出了法人资本主义论。(何欣)

F000345 **产权改革与员工持股** 谷照明著。北京大学出版社2002年6月版。28.4万字。18.00元。分5章:产权改革的两大前提、产权改革的理论创新、产权改革的实践探索、法人治理结构的规范化、员工持股与股票期权:美国的经验与中国的实践。前四章主要写产权改革,后一章主要写员工持股。在产权改革部分,作者主要谈了三个问题,即国有企业的民营化、投资主体的多元化和法人治理结构的规范化。在员工持股部分,借鉴了美国员工持股与股票期权的经验,并结合中国近几年来员工持股与股票期权的实践,对中国特色的员工持股与股票期权问题提出了一些自己的见解。(叶楠)

F000346 **现代公司治理研究** 副名:资本结构、公司治理和国有企业股份制改造。李维安等著。中国人民大学出版社2002年4月版。33.2万字。29.00元。以资本结构的优化为起点,以公司治理结构的构建和完善为核心,以国有企业的股份制改造为最终归宿,在系统研究企业的资本结构和公司治理结构的基础上,以股权资本和债权资本的有机结合为主线,通过对公司治理模式的比较和借鉴,针对我国在国有企业渐进式改革过程中资本结构和企业治理结构存在的若干问题,从国有企业股份制改造的角度深入研究了企业融资结构与治理结构的变革,并提出了构建我国公司经济型治理模式的若干设想。列入"管理科学文库"。(郑伯平)

F000347 **转轨经济中的上市公司治理** 于东智著。中国人民大学出版社2002年12月版。27.4万字。22.00元。在构建了一个理论研究框架的基础上,从融资的视角出发,以我国上市公司为研究样本,以大量事实为依据,对其存在的治理问题进行实证分析,提出了许多有针对性和建设性的政策建议。提出了研究公司治理问题的概念框架;总结了治理要素的绩效相关模型,对以美国为代表的市场基础型模式和以德、日为代表的银行主导型模式进行了比较分析,为完善我国的公司治理系统提供了借鉴;在国内率先研究了董事会行为与公司治理效率之间的关系。列入"财会文库"。(郑伯平)

F000348 **股份公司发展史论** [日]大塚久雄著,胡企林等译。中国人民大学出版社2002年3月版。38.9万字。29.00元。研究了股份公司的发展史,研究阐释了17世纪以来资本集中形态形成、发展和演变的过程,在此基础上阐明了近代资本主义从中世纪经过漫长岁月逐步走向近代化的历史过程。对前人的成果进行了认真的研究,在分析和批判的基础上作了独特的理论史的叙述,在股份公司的本质形态,即资本集中形态以及它的结合与支配关系的基础上进行了其历史理论和历史分析的叙述。(陈莹)

F000349 **董事责任制度** 王影丽著。中国财政经济出版社2002年8月版。30万字。32.00元。广泛借鉴英、美、法等董事责任制度建立较早、发展较为成熟的国家的经验,比较中国香港和内地公司法中关于董事责任方面的规定,从法律的角度详细讨论了董事的义务、董事会制度、董事违反义务的民事责任、董事违反义务的负责事由、董事责任的追究程序等问题。在论述过程中引入了大量案例讨论,在表明鲜明的个人观点的同时,兼具很强的资料价值。

F000350 **新编公司理财** 李宏旺、刘世奇主编。大连理工大学出版社2002年8月版。25万字。16开。16.00元。本书是新世纪以股份公司为背景学习公司理财理论与实务知识,高屋建瓴的透过股份公司把握企业理财的一般规律。(总编室)

F000351 **SAP德国造—财富500强背后的管理大师** 邵莹著。海南出版社2002年11月版。20万字。38.00元。介绍德国著名软件公司SAP的创建与发展史。SAP公司是德国最大的一家数据库平台软件开发公司,由于德国人不愿张扬的传统,这家公司从未为外界所知,但在业内它有着显赫的声名。本书作者通过与SAP公司多方交流,取得了第一手资料,全景式地扫描了SAP的成长过程,面对挫折表现出的惊人斗志,以及其在中国的业务开展情况,并试图向读者说明德国企业文化与美国企业文化间的异同及相互间的竞争。(伍君之)

F000352 **整合绩效管理** 副名:实现股东价值的有效方式。李克成译。电子工业出版社 2002 年 1 月版。12 万字。13.00 元。展示了一种有效实现股东价值的商业绩效管理方法——整合绩效管理(IPM)。这种方法通过五个关键的管理过程将战略、衡量标准、组织/结构、通过和管理、技术、技巧和能力、奖励和认可、文化和沟通等方面有效地整合在一起,从而创建一个有机结合的管理控制系统。凭借这个管理控制系统,企业可以充满信心地真正实现总的战略,创造巨大的商业利益实现股东价值。(何瑞)

F000353 **跨国公司内部贸易研究** 孙国辉著。山东人民出版社 2002 年 10 月版。20 万字。19.00元。从跨国公司内部贸易入手研究跨国企业生产分布、产权内部化及经营内部化问题。将跨国公司内部贸易理论归纳为跨国贸易理论、跨国投资理论和跨国经营理论;将内部贸易具体划分为简单、纵向、横向、混合和战略联盟等不同的形式,并分析了内部贸易的各种功能和制约因素,研究了跨国公司内部贸易价格的运行机制。以大量的实证材料分析论证了跨国公司内部贸易在中国的大量存在及对中国进出口、国际收支和产业政策的重要影响,分析了中国作为投资国对外投资的现状,提出了我国对跨国公司内部贸易的管理对策和对外投资的发展战略。(于宏明)

F000354 **跨国公司新发展及其经济效应分析** 李洪江著。黑龙江人民出版社 2002 年 12 月版。22 万字。25.00 元。从四个方面进行了概括:跨国并购成为跨国公司对外直接投资的主要方式;网络型组织逐渐取代层级组织;跨国公司之间广泛缔结国际战略联盟;跨国公司研究与开发国际化。本书运用既有的跨国公司理论和相关学科的最新研究成果,对跨国公司新发展进行了理论分析,并提出了解释跨国公司新发展的新的理论视角。在此基础上,对跨国公司新发展的经济效应,从资本形成、就业、竞争、技术扩散、产业转移、民族国家利益关系等六个方面进行了分析,构建了分析跨国公司新发展的经济效应体系,指出了跨国公司新发展对投资母国和东道国的利弊得失。(刘恺汐)

F000355 **世界 500 强及其在中国的投资分布** 史同伟编。山东人民出版社 2002 年 9 月版。140 万字。288.00 元。收录了世界 500 强中 488 家(12 家内地企业略)海外和香港最大企业的背景资料及其在华投资企业的详细情况。内容包括:500 强总部 2000 财政年度主要经营指标、主要产品及服务内容、主要子公司及业务范围、国际化拓展情况、发展简史、近几年重组购并情况、今后在华投资与合作的发展重点;500 强在华设立的 2800 多家投资企业的名称、注册地、设立时间、产品及服务范围、合作方式、国内合作者以及其他情况等;500 强总部及其在华主要办事机构的地址、电话、传真、电子信箱、网址等资料。

F000356 **环球企业家——图谋全球的 28 家精英企业及其领导们** 《环球企业家》杂志社编。辽宁人民出版社 2002 年 9 月版。35 万字。29.50 元。收录了 28 家图谋全球的精英企业及领导者们,重量级公司的重大变动,重量级人物的发现与还原,第一时间的鲜活报道。(边洛莎)

F000357 **现代企业活力理论与评价** 李维安等著。中国财政经济出版社 2002 年 5 月版。24.6 万字。34.00 元。在探索企业生命力机制的内在规律和反映我国企业生命力的表面特征的基础上,建立企业活力指标体系,测算出我国企业活力指数,用以科学地评价我国企业的活力状况,为增强我国企业活力和竞争力提供具体的方法支持。与以往同类研究相比,本书研究的范围和深度都有进一步的拓展。特别在以下几方面的研究创新上有一些新的成果:(1)对国外有关企业活力理论的最新研究成果进行了重新梳理,对如国外的企业组织理论、企业成长理论、竞争理论、资源战略理论等进行了整理,勾勒出了较为系统、清晰的企业活力理论研究脉络。(2)初步构建新环境下我国的企业活力理论分析框架。结合新形势,提出了识别中国新型活力企业的基本思路。(3)初步建立了适应新经济形势的我国企业活力指标体系。确立了相关的指标量化方法,用以对企业活力及其程度加以考察。(4)设计了新的企业活力评价软件及数据库模型。从而使新的企业活力指标评价系统具有现实的应用性和可操作性。(周桂元)

F000358 **中国的公司治理与企业改革** 副名:建立现代市场制度。坦尼夫、张春霖等著。中国财政经济出版社 2002 年 5 月版。16 万字。39.80 元。探讨了中国在对企业进行公司化和所有制多元化改造过程中所面临的重大公司治理问题,并从政策法律框架、程序和制度保障等方面,对于改善中国公司治理实践提出了许多建议。提出,企业由国家所有并控制的结构是造成公司不良绩效的因素之一,一方面是因为公司管理层缺乏足够的动力来为

投资者和债权人实现价值最大化，另一方面是因为政府部门的一些使企业可免受市场约束的行为。(党海鹏)

F000359 **中国企业会计实况调查** 南京大学会计学系课题组著。东北财经大学出版社 2002 年 2 月版。45 万字。28.00 元。以问卷调查为基础，首先对调查结果进行概括性的说明及比较以得出一个初步印象；然后分别从行业、地区和企业规模三个侧面进行对比分析，揭示我国不同行业、不同地区和不同规模企业应用管理会计和成本管理方法的差异所在及内在原因。(孟鑫)

F000360 **广州国有企业改革实践** 杨建城、刘小钢主编。广东人民出版社 2002 年 10 月版。18.9万字。16.00 元。分为 10 章，结合广州国有企业改革和发展的实际，坚持以“三个有利于”为标准，按照“三个代表”的要求，以建立现代企业制度使企业真正成为法人实体和市场经济为目标，以所有制结构调整和产权制度改革为突破口，以“三改一加强”为主要途径，使全市国有经济运行质量不断改善，效益明显好转，结构全面提升，国有经济在国民经济中的控制力得到了进一步的增强。收入“与时俱进的社会主义丛书”。

F000361 **国有企业治理结构** 史忠健著。北京大学出版社 2002 年 8 月版。15 万字。12.00 元。以探讨国有企业改革和制度创新过程中的有效治理为研究目的，运用历史考察的方法，分析概括了企业理论的形成发展过程和我国国有企业及其领导制度改革的历程，从系统整合与结构功能入手，提出了我国国有企业治理结构的基本模式和基本功能，分析了这种治理结构的互动功能与制衡功能，研究了国有资产运营与企业法人财产权的相互关系。(符丹)

F000362 **国有企业治理结构研究** 郑林著。河南人民出版社 2002 年 7 月版。18.9 万字。18.00元。从分析国有企业治理的特殊矛盾入手，就国有企业治理主体的选择、国有企业治理组织的职责整合、国有企业经营者和监督者的激励机制、国有企业的外部监控和约束等问题进行了深入研究。(李小龙)

F000363 **国有企业重组案例研究** 康锦江、关志民、邓学民主编。东北大学出版社 2002 年 9 月版。30.7 万字。26.00 元。系统地介绍了该项目 4 家试点企业重组工作的全过程，包括项目协议和工作计划、咨询过程与流程、方法与工具，以及建议方案；评价了该项目的实施效果；总结了重组项目成功的经验，提出了尚需解决的问题，得出了有益启示，提出了若干建议；还详细介绍了国际咨询专家开展企业重组的科学理论、基本思路、业务流程、咨询方法与工具，可以开阔思路，扩大视野，具有启迪性和可操作性。(秦振华)

F000364 **国有企业核心论** 伍柏麟主编。复旦大学出版社 2002 年 4 月版。24.7 万字。15.00 元。从国有制实现形式的多样化出发，阐明国有企业的社会性和企业性，行为的微观理性和宏观理性。(徐惠平)

F000365 **国有企业根本改革论** 金碚主笔。北京出版社 2002 年 1 月版。30 万字。20.00 元。中心思想和核心内容是：国有企业是特殊企业。国有企业具有特殊的功能和优点，能够发挥特殊的作用，在国民经济中占有特殊的地位，但从市场经济发展的长期过程来看，国有企业绝不是普遍适用于大多数企业的企业组织形式，在我国只能是特殊企业。(总编室)

F000366 **国有企业管理现状分析** 黄群慧等著。经济管理出版社 2002 年 3 月版。25.1 万字。20.00 元。学术专著。共分 10 章：绪论；企业的管理环境变化；国有企业管理现状的总体描述；国有企业经营战略的演进与调整；国有企业营销管理的现状；国有企业组织文化建设：问题与创新；国有企业人力资源开发培训的现状；国有企业财务管理制度现状与不良资产研究；国有企业信息化管理现状；国外企业管理创新的新进展等。本书对中国国有企业管理的整体现状进行了分析研究，对国有企业管理的突出特征进行了归纳和描述。(总编室)

F000367 **中国中小企业发展与预测——政策导向与中小企业发展(2002～2003)** 陈乃醒主编。经济管理出版社 2002 年 9 月版。55 万字。46.00 元。分 9 篇，即综述篇、结构调整篇、技术创新篇、财政扶持篇、融通资金篇、信用担保篇、健全服务篇、公平竞争篇、组织领导篇。论述主要是围绕着政策展开的，而且力求系统、全面、深入。在每一篇中几乎都包括了理论阐述、国外情况介绍和我国实施现状评价。(总编室)

F000368 **中国中小企业融资** 俞建国主编。中国计划出版社 2002 年 11 月版。37.4 万字。28.00元。“中国学术基金丛书”之一。从融资主体、融资方式、融资结构、融资体系、融资环境和企业制度等方面，较为系统地阐述了中小企业融资的基本理论和政策背景，分析了当前城乡中小企业融资的主要特点,认识到当前中小企业融资问题突出表现为"企业贷款难、银行放款难"这样一种"两难"局面,并试图从宏观资金运动入手来解释这一局面的形成。在借鉴国内外成功经验和充分考虑到我国现阶段特殊性的基础上,提出了解决中小企业融资难问题的一系列对策建议。(何欣)

F000369 **高技术产业国际化经营** 吴国蔚等编著。中国经济出版社 2002 年 1 月版。33 万字。26.00元。首先概括地界定了高技术产业的含义,对国际化经营理论作了新的诠释。对高技术如何向生产力转化的途径进行了描述,对企业孵化器、创业服务中心、高技术产业开发区的功能、作用等作了总结。对高技术企业的规模、融资等问题作了深入研究。对高技术产业"走出去"战略提出初步设想。对高技术产品如何开拓国际市场,如何扩大市场份额作了较全面的分析。对国际上主要竞争对手的高科技政策进行了比较。对高技术产业在国际化经营中的法律问题,特别是知识产权保护作了研究,对我国的相关法制建设提出了建议。(毛增余)

F000370 **上市公司财务问题及其分析** 肖星著。中国计划出版社 2002 年 11 月版。20 万字。27.00元。首先介绍了财务信息的内容及其与企业经营活动的关系,以及如何结合企业的业务特性和经营战略深入理解这些财务数据,对企业的状况做出判断。在此基础上,分析了我国资本市场运行的独特环境和由此产生的上市公司的财务与会计问题。(何欣)

F000371 **公司治理与独立董事** 廖理主编。中国计划出版社 2002 年 11 月版。73.8 万字。77.00元。国内实情与国际前沿并重,在深入分析我国公司治理与独立董事制度的同时,参阅了大量国外公司治理与独立董事制度研究的最新成果,力求使我国的公司治理得以最大限度地借鉴国际最新的研究动态和运作模式。理论研究与实践运作并重。在介绍公司治理与独立董事制度的同时,还用近一半的篇幅针对上市公司改善公司治理和推行独立董事制度中的具体实践进行了详细阐述。此外,还编写了部分上市公司治理文件范本,并编译了部分国外机构和企业制定的公司治理准则等。(何欣)

F000372 **公司治理与独立董事最新案例** 廖理主编。中国计划出版社 2002 年 7 月版。36 万字。39.00 元。认为,我国上市公司中不同程度地存在着公司治理结构问题,突出地表现为股权结构过于集中而导致的一股独大;控股股东和上市公司之间没有完全分开,国有股权出资人不到位,导致内部人控制;董事会运作不规范,董事未尽诚信和勤勉义务;监事会未能发挥应有的监督作用;经理层缺乏规范的激励和约束机制等。由于我国经济处在体制转轨过程中,同时面临着加入 WTO 后经济全球化带来的诸多挑战,中国上市公司治理结构的完善是一项艰巨的任务,既要按照市场经济的要求解决旧体制遗留的问题和影响,又要积极借鉴国际上进行公司治理的经验和方法。这就需要包括政府监管部门、所有者股东、上市公司、中介机构、社会公众等各方面的积极参与。(何欣)

F000373 **非常营销——娃哈哈:中国最成功的营销教案** 吴晓波、胡宏伟著,丁睿娟编。浙江人民出版社 2002 年 9 月版。22 万字。25.00 元。系两位新华社记者多年追踪采访、研究娃哈哈后的一大结晶,也是对中国成功企业的一个生动的个案分析。娃哈哈从校办工厂起步,经过 14 年的奋斗,一跃而为可与跨国公司可口可乐等相抗衡的中国饮料行业第一品牌,其成功的原因固然很多,但它在中国企业界公认的核心竞争力,是其几乎无人可以比肩的营销理念和营销运作。娃哈哈公司董事长宇庆后因此被誉为中国企业最神奇的营销大师。本书不仅详尽展示和描述了娃哈哈成功的营销经验,还对诸多与娃哈哈有过争斗和合作、或成或败的中外著名企业的营销模式作了参照分析。(丁睿娟)

F000374 **聚焦海信** 副名:新国企调查。张德勇、李春编著。河北大学出版社 2002 年 12 月版。21.3万字。18.00 元。在简要回顾了青岛海信集团的艰难创业历程的基础上,重点剖析了该企业独特的资本运营方式、技术创新的先进理念、保守与健康的财务制度以及融智胜于融资的人才观,展示了海信集团极具魅力的企业文化及巨大的发展潜力。(臧燕阳)

F000375 **面向未来的抉择——上海市中小企业体制改革报告** 孙承叔等编。复旦大学出版社 2002 年 6 月版。47 万字。27.00 元。分为综述、主题报告、分报告、区域个案分析、哲学沉思、企业案例、他山之石、附录八个部分,对上海市中小企业的概况、现状、存在问题以及对策思路,作了全面深入的论述。(陈士强)

F000376 **悲情施乐** 钟文庆著。海南出版社 2002 年 12 月版。16 万字。30.00 元。一部以施乐公司的兴衰历程来探讨企业管理发展问题的著述。施乐公司是美国硅谷具有代表性的公司之一,它的产品曾领先市场近20年,但由于管理失策,尤其是财务出现问题,被迫申请破产保护。本书的作者曾长期供职于施乐中国公司,所以对施乐公司的发展历程、管理理念、经营特色等较为了解。在本书中,作者对施乐公司往日的辉煌与近年来遭受的挫折娓娓道来,具有一定的可读性。在叙述施乐公司从草创到昌盛,然后又盛极而衰的过程中,对施乐公司的管理有较为详尽的介绍,对该公司管理、经营的成与败都给予了较为公正的评说。(伍君之)

F000377 **工程经济学** 虞和锡著。中国计划出版社2002年1月版。75.7万字。50.00元。其特点是把管理经济与工程经济融为一体,结合我国社会主义市场经济面临的融资、项目投资、证券投资、重组、合营等问题,介绍预测、风险分析、保险、资产评估等内容和最优化技术(如线性规划、整数规划、动态规划和马尔柯夫过程、排队论、排序论、库存存储论以及效用理论和MonteCarlo模拟方法)的应用,以及决策领域中行之有效的一些新的决策方法。(何欣)

F000378 **工程项目系统评价** 吴泽宁等著。黄河水利出版社2001年版。38万字。16开。23.00元。以工程项目系统评价的内容为主线,并按经济评价和综合评价两大部分展开。全书分12章。第一章至第五章为工程项目经济评价的基本理论和方法;第六章至第八章为工程项目经济评价,包括财务评价和国民经济评价;第九章为工程项目系统评价;第十章至第十一章为特殊工程项目经济评价;第十二章选编了三个工程项目经济评价案例。全书理论联系实际,注重实际操作。(马广州)

F000379 **西部开发重大基础设施投融资方式研究** 汪文祥主编。中国计划出版社2002年12月版。16.9万字。15.00元。"中国宏观经济丛书2002"之一。内容包括:一,在国内首次比较系统地研究了当前西部地区重大基础设施投融资建设问题,运用标准化汇总方法,对西部地区基础设施建设总体发展水平进行了科学描述;对制约西部基础设施建设发展的现有投融资方式存在的主要问题进行了分析。二,运用投资效果系数法和投资比例法,对"十五"及2010年西部地区基础设施建设投资需求和重大项目所需投资,以及相应的资金来源渠道进行了分析。三,提出了按基础设施行业的项目特性,拓展西部地区基础设施投融资渠道的思路及具体的投融资方式,为国家及西部地区政府部门制定相应行业具体的、可操作性的投融资政策提供了决策依据。四,提出了发行西部基础设施建设长期特别国债、建立专项建设基金、发行地方政府债券,对西部地区投资项目实施投资补贴,扩大利用外资和各类民间资本的参与力度,改善投资环境等具体的投融资政策建议,在现实中也具有一定的可操作性。五,对包括"西气东输"、"西电东送"、西部出入境通道建设、退耕还林和天然林保护、城市基础设施在内的一批重大项目进行了案例研究。(何欣)

F000380 **工程设备监理——理论·法规·实务** 钱仲裘主编。同济大学出版社2002年5月版。163万字。90.00元。分上、下册。由理论、法规、实务3篇组成。理论篇介绍工程设备监理概论,工程设备监理目标、范围,工程设备监理招标投标、质量管理、质量管理工具,成本管理,时间管理,合同管理和信息管理;法规篇介绍法的基本知识、质量法律、招投标法律、合同法律、工程设备监理法规体系和职业道德;实务篇介绍石油化工、冶金、电力、机电和智能化系统、环保、船舶、道路轨道交通、医药和特种设备等10个专业的工程设备监理实务。实务部分是我国开展工程设备监理试点省市上海市十多年实践经验的总结。(张平官)

F000381 **工程建设标准化实用知识问答** 杨瑾峰主编。中国计划出版社2002年3月版。30.1万字。21.00元。系统地对工程建设标准化的基本概念、历史发展、基础理论、有关的方针政策、国际标准化组织、WTO以及我国工程建设标准化的改革与发展等方面可能遇到的问题,作了比较详尽的解答。(何欣)

F000382 **中国工程咨询业贯彻GB/T19001－2000标准实施指南** 中国工程咨询协会编著。中国计划出版社2002年7月版。8.5万字。20.00元。结合工程咨询业的特点,对GB/T19001－2000标准的要求,逐条加以解释,详细阐述每一条款的目的和如何准确理解应用,有助于各工程咨询组织正确贯彻实施国际化的质量管理体系标准。同时提出了"按GB/T19001－2000标准编写文件的基本要求"、"质量手册的基本内容"、"对工程咨询组织编写程序文件的建议"、"编制可行性研究报告工作流程示例图"4个附件。(何欣)

F000383 **中国招标投标年鉴(2001)** 中国招标投标年鉴编辑委员会编。中国计划出版社2002年2月版。196.2万字。800.00元。全面介绍了改革开放以来我国招标投标领域取得的重大成果,反映了国家颁布的有关政策法规、技术资料、各地方基本建设项目及相关行业的发展情况，特别对国家重点工程建设项目从概况到设计、施工、监理、设备供应商各方面都做了较详细的介绍。分为8个部分：(一)“有关领导人讲话”专栏选载了国家领导同志和各部委领导同志的有关讲话。(二)“综述”专栏集中反映了我国招标投标的现状和实践，以及对国外招标投标制度的借鉴。(三)“招标投标论坛”专栏选载了国内外招标投标专家、学者、行政工作者对招标投标的理论研究及学术探讨。(四)“国家重大建设项目招标投标案例分析”专栏选载了部分国家重点工程建设过程中“招标投标法”的实施情况、遇到的问题及解决方法，特别介绍分析了重点工程招投标实践中的经验。(五)“招标投标在各省区(市)”专栏分述了全国各省区(市)的年度招标投标法实施概况。(六)“基本建设项目”专栏分述了各地计委年度建设项目名单及工程项目概况、招标投标在各工程中的实施情况、各地参与工程建设的设计施工监理机构和工程材料设备供应商。(七)“招标代理机构资质认证”专栏分述了国家经贸委外经贸部、建设部、财政部等部委对各招标代理机构的年度资质认证，选载了地方各招标代理机构的资质业绩介绍。(八)“附录”专栏包括有关招投标的政策法规，其内容包括国务院和有关部委、各省区(市)制定的招标投标的法规和政策及相关资料，有关国际组织和金融机构招投标的规定和相关指南，“大事记”则按时间顺序记录了国家相关规定的发布情况及有关重大活动和重要会议。(何欣)

F000384 **建设工程合同法律制度** 全国建设工程招标投标从业人员培训教材编委会编。中国计划出版社 2002 年 3 月版。26.2 万字。22.00 元。叙述了合同管理是现代工程建设管理中一项十分重要的组成部分。因为，在任何工程项目的建设过程中，其主体的行为必定会形成各个方面的法律关系，诸如政府建设主管机关、工程建设招标投标监督管理部门、项目法人单位、招标代理机构、工程设计单位、工程施工单位和工程建设监理单位等相互之间的各种关系。其中，除了法定的行政管理和监督关系外，其他进入建筑市场竞争性的法律关系，均须依据招标投标的规则，优化组合形成工程建设主体之间的契约——合同关系。(何欣)

F000385 **建设工程招标实务** 全国建设工程招标投标从业人员培训教材编委会编。中国计划出版社 2002 年 3 月版。45 万字。40.00 元。针对工程项目建设不同标的的发包特点，从实际应用的角度分别介绍了招标的程序和步骤，以及评标的原则和方法。(何欣)

F000386 **建设工程施工发包承包价格** 全国建设工程招标投标从业人员培训教材编委会编。中国计划出版社 2002 年 3 月版。41.8 万字。38.00 元。由 8 个部分组成：《中华人民共和国价格法》等与建设工程施工发包承包价格相关的法律制度；建设工程施工发包承包的基本理论；建设工程施工发包承包价格构成；建设工程施工发包承包价格的计算依据和价格分类；建设工程施工招标标底价格；建设工程施工技标报价方法；建设工程施工工程价款的管理；建设工程施工发包承包价格管理的计算机应用。为了提高对招标投标从业人员的教学效果，本教材除了进行基本理论知识和计价方法的阐述外，还介绍了我国发包承包价格体制改革的成果、国外发包承包价格的主要理论和方法、有关法律法规和部门规章、招标标底和投标报价案例等。(何欣)

F000387 **建设项目管理指南** 张检身编著。中国计划出版社 2002 年 3 月版。57.2 万字。43.00元。共 5 章 20 节，在编著中整理和研究了 20 世纪 80 年代建设市场开放以来数十项重大建设项目的实践经验与教训。(何欣)

F000388 **项目投资现代管理** 陈荟云编著。中国电力出版社 2002 年 7 月版。46.9 万字。35.00元。围绕新经济形势下项目投资管理各环节的工作内容，结合项目管理实例论述项目投资的现代管理，分为项目投资管理总论、项目投资决策、项目投资实施与控制、项目投资审计与效益考核等四篇内容，共计 20 章。(华峰)

F000389 **房地产经纪实务** 中国房地产估价师学会编。中国建筑工业出版社 2002 年 6 月版。23.9万字。30.00 元。内容包括：房地产市场及市场营销；房地产市场调查的方法、程序及一般内容；房地产项目的产品定位、形象定位；房地产项目定价方法与策略；房地产项目市场推广的方法及推广控制；房地产销售的实施、管理以及促销方式；房地产居间操作的基本要求、业务信息收集、业务操作方法与技巧；房地产转让交易的洽谈、签约及住房抵押贷款操作；房地产租赁；房地产居间业务中的投资范围与投资分析等。(李坚)

F000390 **房地产开发项目经济评价案例** 建设部标准定额研究所编。中国计划出版社 2002 年 2 月版。21.1 万字。25.00 元。在我国房地产开展项目经济评价工作现状的基础上，借鉴国内外技资项目经济分析的理论和实践，按照现行房地产财税制度的要求，通过对房地产开发经营的特点进行深入分析研究，建立了房地产开发项目经济评价指标体系和报表体系；规范了房地产开发项目经济评价中使用的概念、术语和科目；明确了房地产开发项目的市场调查与预测、项目策划、投资估算和成本估算等方面的内容；引入了房地产开发产品成本和经营成本的新概念，实现了开发产品成本向经营成本的合理转化，解决了这一领域中长期存在的问题。（何欣）

F000391 **住房金融创新研究** 蔡德容、潘军著。东北财经大学出版社 2002 年 4 月版。26.8 万字。24.00 元。分 3 部分：一、住房制度改革与住房金融发展；二、住房金融的国际比较；三、住房金融创新。第一部分介绍了住房产权制度改革、住房融资投资体制改革、房租、房价改革、住房市场、住房基金等内容；第二部分介绍了美国、英国、德国、新加坡、日本、巴西、泰国等国家的金融政策、住房金融机构、住房融资、住房金融工具、住房金融市场等；第三部分是住房金融创新的主要理论。（刘东威）

F000392 **物业设备管理** 丁云飞主编。华南理工大学出版社 2002 年 1 月版。40 万字。27.50 元。分上、下篇，上篇为物业设备技术，介绍物业设备的基础知识，包括给排水系统，供热、供燃气、通风与空调系统，电气系统等；下篇为物业设备管理，介绍在物业设备管理工作中涉及的维修管理和运行管理，以及相应的管理制度和维护方法。（胡元）

F000393 **物业管理与业主实务全书** 中华工商联合出版社 2002 年 9 月版。50 万字。36.00 元。系统地介绍了国内外有关物业管理的知识、经验，从物业管理的诸多方面，详细介绍了物业管理兴起以来的法规、成功的经验以及教训等等；从业主角度分析，从入住、签订物业管理公约、交纳费用、房屋装修、选举管理委员会、监督物业服务以及处理物业管理中出现的各种纠纷、维护业主的合法权益、履行业主的义务等方面为您提供了参考意见和方法。（高滨）

F000394 **商业物业管理** 宋建阳、陈锦锋、郑淑玲编著。华南理工大学出版社 2002 年 9 月版。22.7 万字。17.00 元。以经营性、共众性、服务性等三大特征作为划分商业物业的标准，对商业物业管理的类型、模式、内容作了一般性论述，并对正在蓬勃发展的几种主要商业物业，包括写字楼、零售商业物业、批发商业物业、酒店物业、会所、会议展览物业的经营管理作了重点介绍。（陈怀芬）

F000395 **中国城乡结构调整研究** 副名：工业化过程中城乡协调发展。张国著。中国农业出版社 2002 年 6 月版。28.5 万字。28.00 元。内容包括：城乡发展历史的考察、工业化过程中城乡协调发展的理论辨析、中国工业化过程中的城乡发展、中国城乡协调发展的理论探索和实现中国城乡协调发展的对策建议及前景展望。关于城乡协调发展的问题，作者认为应从三方面入手：一是加快农村农业发展，切实增加农民收入；二是协调农业及城乡工业发展；三是加快城市化进程。并提出逐步打破城乡隔离的户籍制度，加快城市用工制度改革，建立城乡统一的劳动力市场，进行农村土地承包制及其他农村土地使用制度改革等建议。（白洪信）

F000396 **中国城市化：实证分析与对策研究** 陈甬军、陈爱民主编。厦门大学出版社 2002 年 6 月版。77.3 万字。58.00 元。论文集。收录 60 篇论文。分 6 部分。一、中国城市化进程的宏观透视；二、中国城市化的发展目标和战略；三、城市化与农村工业化、农业劳动力转移；四、城市发展中的市场机制与政府作用；五、城市化的国际经验与城市化可持续发展；六、中国各地区城市化发展模式与对策。文集收集了中美两国近百位学者的论文，对世界尤其是美国城市化的轨迹进行了分析与借鉴，分析中国城市化存在的问题、对策，以及中国城市化应选择的道路，反映了目前学术界有关城市化问题研究的方法与成果。

F000397 **中国房地产业发展与管理研究** 曹振良、高晓慧等著。北京大学出版社 2002 年 4 月版。43.3 万字。30.00 元。除序论外有 13 章，基本内容分 4 大部分：（一）房地产产业地位和对国民经济发展的作用，包括：房地产业是国民经济的主导产业，其发展对调整和优化我国产业结构的重要意义；住宅业作为新的增长点和消费热点对扩大内需、拉动国民经济增长的重要作用。（二）房地产业内在运行机制和发展规律，包括：房地产市场化及其发育程度的测度、房地产价格及其调节机制、房地产融资和投资决策、中国房地产发展周期波动规律、房地产发展与泡沫经济等。（三）房地产业发展与管理的国际比较。（四）发展中国房地产业的管理保证措施，包括：房地产业发展的预警装置、房地产发展的法规管理、深化“房改”的制度保证、物业管理服务等。（王煜玲）

F000398 **中国城市土地财产制度的法经济学**

研究 李玉峰著。中国计划出版社2002年7月版。12.9万字。12.00元。从我国现行城市土地财产法律制度权属分析出发,继而分析土地的公共管理以及制度体系的绩效,进而分析如何优化我国城市土地财产制度。从而形成了一个涉及经济、政治、法律、社会各个领域的城市土地财产制度的新的理论分析基本框架。其中,在所有权存在地基础、土地公共管理的原因及管理强度的控制、城市政府角色定位、决定国有土地使用权制度的四重博弈关系等一系列问题上,提出了新的、科学的理论观点,并对我国城市土地财产制度改进提出了新的见解,具有重要意义。(何欣)

F000399 **地产圣经 引爆深圳地产成功的二十六个模式** 时昶、冷鸿文主编。中国建筑工业出版社2002年4月版。83.2万字。236.00元。介绍了深圳房地产业形成了一套适合社会主义市场经济要求的运行机制,出现了一批精品热销楼盘和经营有素的中介服务,以及素质优良的物业管理,在许多方面成为中国房地产的一个典范。(常燕)

F000400 **农业经济学基本理论探索** 丁泽霁著。中国农业出版社2002年10月版。26万字。26.00元。分5篇,详细论述了农业经济学的形成、农业经济学的两大悖论、农业经济学三方面的原理、土地制度的理论、农业经济发展趋势。(张欣)

F000401 **农业与工业化(上卷)** 副名:农业国工业化问题初探。张培刚著。华中科技大学出版社2002年10月版。23.7万字。18.00元。"发展经济学研究丛书"之一。以第二次世界大战后中国将面临如何实现工业化的问题为中心目标,从世界范围来探讨农业国家或发展中国家在工业化过程中将要遇到的问题,特别是农业与工业的相互依存关系及其调整和变动的问题,系统而深入地对农业国工业化问题进行了考察和分析。(陈晓娟)

F000402 **农业与工业化(中下合卷)** 副名:农业国工业化问题再论。张培刚著。华中科技大学出版社2002年10月版。29.1万字。22.80元。"发展经济学研究丛书"之一。以第二次世界大战后中国将面临如何实现工业化的问题为中心目标,从世界范围来探讨农业国家或发展中国家在工业化过程中将要遇到的问题,特别是农业与工业的相互依存关系及其调整和变动的问题,系统而深入地对农业国工业化问题进行了考察和分析。(陈晓娟)

F000403 **农机维修系统管理工程** 段铁城主编。中国农业出版社2002年12月版。33万字。45.00元。通过维修体制比较学、维修制度比较学和若干维修经济规律的研究,运用统计学和计算数学的方法,结合我国的实际情况,试图说明我国农机维修的某些宏观管理规律和运行机制,回答我国农机维修向社会主义市场经济转变中所面临的一些重大问题和最近一个时期我国农机维修界曾经争论过的一些理论问题。还讨论了维修市场需求预测、维修基地建设、维修学科建设、维修法规管理、乡镇维修管理、制造厂家用户服务等方面的理论与实践、方法与原则等涉及农机维修的宏观和中观的管理问题。(段丽君)

F000404 **粮食流通的比较分析** 王晓明著。中国人民大学出版社2002年4月版。18.7万字。12.00元。分析了日本粮食流通的全过程;介绍了美国的粮食流通体制;介绍了欧共体的粮食流通体制与政策;详细介绍了中国粮食流通体系;提出了中国粮食流通的目标模式。在已有的粮食流通文献中,很少有对粮食流通的具体环节与过程进行细致分析的,进行比较分析的更少。但粮食流通的每一个环节和每一个成本过程都同效率、体系、体制密切相关,对具体过程的分析正是制定宏观政策的立足点。通过对日本、美国、欧共体等国家和地区的粮食流通体制的介绍和比较分析,为中国粮食流通体制走向科学化、合理化和市场化提供了参考。(郑伯平)

F000405 **社会林业论(林业文苑·第1辑)** 张建国、林迎星著。中国林业出版社2002年2月版。18.2万字。216页。33.00元。对社会林业研究概述,社会林业的定义、发展目标与指导思想、运行机制、资金动员方式等进行了全面的理论研究,并对社会林业生产的历史与背景、国外社会林业实践概况、中国社会林业概况及发展趋势进行了实践总结。全书分4个部分:社会林业基本理论问题;社会林业实践;社会林业调查;社会林业研究综述。(刘若云)

F000406 **森林资源资产化管理改革理论与实践** 罗江滨、高玉英、丁立新主编。中国林业出版社2002年5月版。76万字。88.00元。内容包括自然资源资产化管理改革、森林资源资产化管理改革、森林资源资产会计核算研究与试点、森林资源资产评估、抵押研究与试点、生态型森林资源资产的研究、森林资源资产产权管理探索、国外森林资产化管理借鉴等。(刘若云)

F000407 **以生态环境建设为主体的新林业发**

展战略研究 蒋敏元等著。东北林业大学出版社2002年9月版。21.9万字。26.00元。内容共分5个部分,包括15个(章)专项成果。第一部分是以生态环境建设为主体的新林业发展战略总论。包括两章:第一章林业发展战略的演进;第二章以生态环境建设为主体的新林业发展战略的构想(社会生态环境建设对林业的需求,建立新林业发展战略的指导思想、原则和依据以及新林业发展战略的框架设计)。第二部分是以生态环境建设为主体的林业大经营战略研究。包括五章(章次统列):第三章以多资源为主体的多效益林业系统;第四章林业大经营的内涵和目标;第五章林业生态体系和林业产业体系的协同运行;第六章天然林保护工程和人工林基地建设工程的协同建设;第七章林区、农牧区、工矿区、城镇区、荒漠区林业经营模式及协同发展。第三部分是以生态环境建设为主体的林业大流通战略研究。包括三章:第八章林业大流通概述(林业流通的演进,建立林业大流通的必要性及林业大流通的特点和目标);第九章林业大流通的渠道和市场;第十章林业大流通的运行调控。第四部分是以生态环境建设为主体的林业大财经战略研究。包括四章:第十一章林业大财经概述(林业财经制度的演进,建立林业大财经战略的必要性,林业大财经的主要内容);第十二章林业大财经的多重投资与多重补偿;第十三章林业大财经的财税政策和保险;第十四章林业大财经的多项资产综合核算体系。第五部分(第十五章)以生态环境建设为主体的新林业发展战略的实施,包括实施的过程及要点、原则及内容、环境及框架以及新林业发展战略的调控系统。(卜彩虹)

F000408 **中日韩农业现代化比较研究** 张忠根、田万荻著。中国农业出版社2002年10月版。18.2万字。18.00元。对中国浙江省、台湾省与日本、韩国的现代农业发展水平和农业现代化支撑体系进行了系统比较研究,分别从农业发展的基本条件、农地制度、农业保护政策、农业社会化服务体系、非农化和城市化等方面进行实证分析,审视不同国家和地区农业现代化支撑体系的特点、经验和启示;介绍了农业发展与现代化理论,对现代农业的基本特征、农业现代化的内涵、标志、发展阶段等进行了梳理和评价,对世界农业发展模式的演变做了总结和展望;探讨了浙江省农业现代化的模式选择和对策。(赵刚)

F000409 **中国农村经济管理与研究** 万宝瑞著。中国农业出版社2002年5月版。74.2万字。75.00元。收录了万宝瑞同志从事农业领域研究、领导工作以来,先后发表的87篇论文、讲话。共分8个专题:发展战略、新阶段与结构调整、科教兴农、体制改革、布局与管理、乡镇企业与小城镇、专题研究、国外考察。(姚红)

F000410 **市场化·国际化:新世纪中国农业发展** 黄祖辉、林坚、卫龙宝主编。中国农业出版社2002年10月版。42.1万字。30.00元。论文集。选收50篇农经专家学者的论文。紧扣新世纪中国农业发展主题,对新世纪农业、农村改革与发展,农业市场化与国际化,农业产业化与农业结构调整,城市化与农村土地制度改革,农户经济行为与农民收入等方面的热点问题进行了深入探索,提出了较有价值的改革思路。(赵刚)

F000411 **加入世贸组织与中国农业** 农业部软科学委员会课题组编。中国农业出版社2002年7月版。52万字。50.00元。包括13章,其中第一章为总论,全面论述了"入世"对我国农业各产业以及农民收入的影响,提出相应的对策意见和建议;第二章至第七章分别对粮食、工艺原料作物、园艺作物、畜禽产品、渔产品的影响进行研究;第八章至第十三章分别就农产品进口的防御与预警、农产品出口促进政策、履行《SPS协定》、建立农产品市场、农业国内支持政策和农业管理体制等问题,进行分析研究并提出相应政策建议。最后还将我们去台湾的农业考察报告——台湾农业如何应对WTO挑战,以及我国加入WTO农业谈判承诺内容等材料作为附录纳入,以供参阅。(姚红)

F000412 **农业与农村发展的制度透视** 副名:理论述评与应用分析。黄祖辉、蒋文华等著。中国农业出版社2002年10月版。28.1万字。25.00元。分4篇20章。运用新制度经济学的理论和方法,从制度安排与农村发展、农村土地制度、农业生产与组织、农业增长与可持续发展四个方面对中国农业和农村发展的制度进行了透视分析,力求寻找实现中国农业和农村现代化的有效途径和政策思路。书后附有国际农业经济学家协会第24届国际会议综述。(赵刚)

F000413 **农民收入、农民负担与结构调整** 夏永祥等著。中国农业出版社2002年5月版。27.8万字。19.80元。内容包括:中国二元结构下的"三农"问题、中国农业发展的新阶段、加入WTO与中国农业发展、农民收入的演变与现状、农民负担的演变与现状、农业税制改革、农业与农村结构调整、结构调整与农村市场建设、结构调整与农业产业化、结构调整与乡镇企业的改革和发展、结构调整与小城镇建设、结构调整与农业可持续发展、结构调整与农业科技和教育、结构调整与农村土地制度创新等。(白洪信)

F000414 **对农民让利** 副名:一个乡镇党委书记的工作笔记。张晓冰著。西北大学出版社2002年6月版。16万字。13.00元。"当代中国乡村治理与选举观察研究丛书"第二辑之一。内容有二:一是作者的工作笔记,记录10年来所见所闻的中国中部农村一隅的政治、经济和社会的变化及这些变化给数十万农民生活带来的影响;二是作者的调查报告、论文和关于农业、农民和农村经济发展著作的读后感。(何惠昂)

F000415 **转型期农村制度变迁与创新** 金祥荣主编。中国农业出版社2002年9月版。25.4万字。22.00元。选收26位专家学者的论文。论文围绕转型期农村制度变迁与创新这一主题,从土地制度、乡镇企业改革、农民合作组织、粮食购销体制、农业结构调整、农民增收、农村金融、农村城镇化、农业产业化和温州模式等不同视角展开讨论。(赵刚)

F000416 **黄土高原土地生产潜力研究** 王冬梅、孙保平著。中国林业出版社2002年10月版。19万字。216页。18.00元。以黄土高原丘陵区宁夏西吉县黄家二岔小流域为例,在前人研究成果的基础上,发展了土地生产潜力研究的理论方法,提出了土地生产潜力研究应以土地的适宜利用类型为对象,特别在小流域治理中,应将土地生产潜力研究落实到地块,在土地利用类型划分的基础上分别加以研究。(刘若云)

F000417 **当代中国典型农业合作社史选编** 《当代中国的农业合作制》编辑室编。中国农业出版社2002年9月版。97.1万字。60.00元。《当代中国的农业合作制》的姊妹篇,是从收集到典型社史500多份中筛选出61份编纂而成。其调查研究者、编纂者,大多为当时身临其境的参与者、见证人。因此,本书有较大的史料价值。(穆祥桐)

F000418 **甘肃黄土高原生态环境建设与农业可持续发展战略研究** 蒋文兰主编。甘肃科学技术出版社2002年6月版。35万字。50.00元(精)。深入系统地研究了甘肃黄土高原生态环境建设与农业持续发展战略、农业产业结构调整与农业资源优化配置、生态恢复与重建科技发展规划;从行业角度对甘肃黄土高原旱地农业、草业、林业、畜牧业、水土保持、气象等6个方面进行可持续发展战略的深入研究;从专题方面就影响甘肃黄土高原生态环境建设与农业可持续发展的重要限制因素——水分、物质循环、产业结构、耕作体系、生态恢复等方面作了进一步的探讨。(刘海平)

F000419 **农村市场与农村经济发展** 国家计委培训中心编写。中国计划出版社2002年10月版。32万字。28.00元。首先研究了我国农村市场的基本状况:第一,从农村市场的概念界定入手,展示了我国农村市场的发育、发展过程和特点,论述了农村市场在国内市场体系中的地位和对整个国民经济发展的促进作用;第二,农村市场主体是农村市场的最活跃因素,是核心。对农户、国有商业企业、乡镇企业等市场主体的地位、作用以及如何参与市场活动进行了分析;第三,农村市场体系是农村市场的载体。对农产品商品市场、农村工业消费品市场、农村要素市场、农村服务市场等的建立与完善进行了论述并提出了建议;第四,农村市场机制是农村市场正常运行和发挥作用的前提。从农村市场的供给机制、价格机制、竞争机制和风险机制等几个方面向读者展示了农村市场运行的内在机理。(何欣)

F000420 **推进新的农业科技革命的探索与实践** 李学勇主编。中国农业出版社2002年11月版。38万字。25.00元。把世界农业科技新进展与中国实际情况结合起来,从不同视角探讨了中国进行新的农业科技革命的目标、重点及问题;同时探讨了进行新的农业科技革命的新思路、新战略、新对策。共分5章:世界农业科技革命历史进程与标志,中国农业科技的变革,农业产业的科技革命中国新的农业科技革命展望,高新技术对农业科技革命的影响。附录收有新中国后的农业科技政策,典型国家农业科技革命的举措。(赵刚)

F000421 **生存在边缘** 副名:流动家庭。周伟文等著。河北人民出版社2002年1月版。14.8万字。11.50元。"变革中的中国家庭丛书"之一。在农村经济体制改革和社会变革,特别是在工业化和城市化的推动的背景下,对农民的社会流动对他们的家庭和婚姻的影响、流动人口家庭的生存方式、城市化进程中的性别角色与差异等问题进行了深入地研究。(解京宁)

农业经济

F000422 **回乡，还是进城？——中国农村外出劳动力回流研究** 白南生、宋洪远等著。中国财政经济出版社 2002 年 9 月版。37.9 万字。45.00 元。认为中国农村剩余劳动力到底向何处转移，这个问题实际上从一开始就伴随中国经济体制改革的进程，并随着改革的深化日益突出。中国农民进城，从被视为"盲流"加以遏制到被定位为"有序流动"加以引导，不仅反映了社会变迁过程中人们认识的变化，更为重要的是它表达了城市化战略的确立及在此战略下就业政策的某种导向。并得出结论，增加农村就业是我国长期经济发展的一项基本任务。农业的集约化经营、发展农村的非农产业和加快城市化，是吸收农村劳动力的三个主要领域。（张立宪）

F000423 **中国农户储蓄行为** 曹和平著。北京大学出版社 2002 年 11 月中英文版。24 万字。18.00元。运用最新的经济计量学理论和方法，采用跨期模型研究了 20 世纪 80 年代中期以后中国农户储蓄行为。其特点是：第一，通过一个精心构造的动态偏好函数，推导出储蓄—消费方程组；第二，运用方差—协方差分析手段，剔除了收入和消费的调查度量误差，从而使储蓄的误差得以剔除；第三，通过比较中国农户和美国普通家庭储蓄行为的差别，验证了迪腾的储蓄假设；储蓄并不绝对地在于经济增长，而且还具有平滑消费的功能。（符丹）

F000424 **中国农村扶贫方式研究** 国务院扶贫办编。中国农业出版社 2002 年 6 月版。18.4 万字。15.00 元。总结中国以往扶贫开发政策、农业产业化、农村企业、小额信贷、移民工作、农村基础设施建设的经验。指出，亚行不仅可以为扶贫项目提供贷款，同时还可以与政府进行对话，协助开发更多有效的扶贫项目。亚行项目应不仅针对绝对贫困人口，也应针对易陷入贫困的群体，尤其是对那些对扶贫资金进行了良好管理的地区。（姚红）

F000425 **农村税费改革知识问答** 国务院农村税费改革工作小组办公室编写。党建读物出版社 2002 年 4 月版。16.5 万字。14.60 元。简明扼要地回答了农村税费改革中的一系列理论与实践问题，并收集了党中央、国务院领导对农村税费改革和农民负担问题的重要指示，以及党中央、国务院及有关部门最新出台的相关文件，对推进农村税费改革工作具有重要的指导和帮助作用。（建萱）

F000426 **我国农村税费改革研究** 马晓河主编。中国计划出版社 2002 年 12 月版。18.8 万字。16.00 元。"中国宏观经济丛书 2002"之一。认为，农民负担问题出在下面，根子却在体制。减轻农民负担的根本出路，在于深化农村税费改革；巩固农村税费改革的根本途径，在于税费外，在于以宏观改革为根本，深化整个配套改革。减轻农民负担和提高农民收入，都是农村发展的当务之急。深化农村税费改革，要注意将费改税与依法治理税费结合起来；在加快农村税费改革的同时，积极促进农村税费改革的巩固和深化。还认为，加快农村税费改革，需要注意(一)以提高农民收入为中心，把深化农村税费改革与促进城乡其他改革结合起来，积极促进区域经济发展。(二)按照发展市场经济的要求，抓两头(市以上、乡以下)，带中间，加快行政体制的改革。(三)按照财权与事权相对应的原则，进一步加大财税体制的改革力度，加强对乡村负债的清理消化工作。(四)加快农业组织形式的创新，降低农村税费收取过程中的交易成本。农村税费改革能否取得最终成功，关键在于能否给农民提供"国民待遇"。（何欣）

F000427 **帮扶进家家家暖** 杨福平编著。中原农民出版社 2002 年 7 月版。8 万字。9.00 元。"'三个代表'进农家丛书"之一。用简明的文字和生动有趣的图画，介绍解决农村各类问题时应该了解和掌握的各种办事程序。（王锦）

F000428 **中国农业保险与农村社会保障制度研究** 庹国柱、王国军著。首都经济贸易大学出版社 2002 年 12 月版。45.2 万字。28.00 元。主要论证了建立健全农业与农村保险制度中最重要的农业保险、农村社会养老保险和农村社会健康保险等制度的必要性和可能性，同时讨论了我国加入世界贸易组织后，农村商业保险与社会保险将如何整合与协调发展的问题。所提供的论证和对策建议对政府和其他有关部门关于发展农业和农村社会养老、健康保险的决策有一定参考价值。其主要内容包括：1.我国农村风险管理体制的变化及其影响；2.农业保险的体制改革势在必行；3.农村社会养老保险的实践、理论及改革思路；4.农村社会健康保险的实践、理论与改革思路；5.农村商业保险与社会保险制度的整合与协调。（乔剑）

F000429 **东北地区粮库建设研究** 国家粮食局编。中国计划出版社 2002 年 7 月版。23.5 万字。20.00 元。以粮库建设为切入点，研究探讨适应粮食流通体制改革需要和应对“入世”挑战的粮食储运体系，布局和安全储粮管理。以东北三省和内蒙古自治区的粮库建设为研究对象，对东北三省及内蒙古自治区的粮库建设有指导意义。(何欣)

F000430 **20世纪中国粮食经济** 张培刚、廖丹清著。华中科技大学出版社 2002 年 10 月版。51.6万字。39.80 元。分为 5 篇，共 21 章。首篇总论阐述了粮食问题的涵义和研究方法，粮食问题与工业化的关系，以及对中国粮食自给程度估计方法的评述；接着两篇比较详尽地分析和研究了半封建、半殖民地时期和抗日战争时期的中国粮食经济；最后两篇则概括地阐述和讨论了社会主义计划经济时期和向市场经济转轨时期的中国粮食经济。本书前三篇的研究，既是农业国工业化理论得以形成的重要基础，同时也是这一理论体系的有机组成部分之一。后两篇则初步阐述了社会主义市场经济体制下的粮食经济的特点和问题，同时也展望了 21 世纪中国粮食经济的发展前景。(陈培斌)

F000431 **WTO与中国棉花** 毛树春、喻树迅主编。中国农业出版社 2002 年 5 月版。22 万字。20.00元。分总论和各论两部分，共 10 章。分别论述中国棉业国情，WTO 相关知识和规则，WTO 与中国农村、农业和农民，WTO 与棉纺工业，WTO 与棉花流通贸易和种子产业化，WTO 与棉花生产和科技，WTO 与中国农业投资和基地建设，棉花生产景气报告。各章均有应对 WTO 挑战的近期措施。(赵刚)

F000432 **中国大豆经济研究** 朱希刚主编。中国农业出版社 2002 年 9 月版。33 万字。60.00元。分为两部分。第一部分进行中国大豆经济的宏观研究，具体目标为：(1)正确估计中国大豆及大豆产品的供给和需求，全面分析大豆及相关产品供需变动的历史变化。(2)找出影响中国大豆产业发展的影响因素，分析引起大豆产品供需变动的原因。(3)根据中国未来大豆业发展所面临的宏观经济环境和可能采取的政策，预测 21 世纪初中国大豆及大豆产品的发展趋势。(4)最后，提出中国未来大豆业的发展战略和政策建议。第二部分是中国大豆经济的地区研究，以分析中国不同地区大豆生产、加工和消费习惯的差异。为此，我们选取了两个省，黑龙江省、河南省，其预期目标为：(1)结合对农户生产、消费和收入结构的详细分析，在省、县、村和农户层面上，描述各地的农业系统和大豆的地位。(2)通过对相关的加工和贸易企业或商人等经济行为的分析，在省和县的层面上调整大豆、豆粕和豆油的生产和流通链。(3)评估所研究地区的大豆系统对新需求的适应能力。(姚红)

F000433 **社区林业** 徐国祯主编。中国林业出版社 2002 年 8 月版。29 万字。344 页。15.00元。重点介绍了：结合农村社区发展，推进中国农村社区林业的建设和发展；使农村社区林业更好地为促进农村社会的综合、协调与可持续发展服务；国外社区林业的先进经验等内容。(刘若云)

F000434 **WTO与中国林业** 姚昌恬主编。中国林业出版社 2002 年 3 月版。37 万字。316 页。38.00元。包括：WTO 有关条款及其运行机制、WTO 与中国林业、中国林业现状分析和国际比较、加入 WTO 对中国林业发展的影响、加入 WTO 后中国林业的对策等。(刘若云)

F000435 **2002中国林业发展报告** 国家林业局编。中国林业出版社 2002 年 11 月版。16.4 万字。88.00 元。内容包括 2001 年林业发展总体状况、林业投资、主要林产品价格与市场、林产品进出口、林业政策执行效果评价、林业法制建设、林业与国民经济和社会发展等。(刘若云)

F000436 **再造秀美山川的壮举——六大林业重点工程纪实** 周生贤主编。中国林业出版社 2002 年 10 月版。47.8 万字。296 页。158.00 元。从“现实呼唤”、“战略抉择”、“跨越式发展”、“历史性转变”、“有力保障”和“举世关注”六大方面详细论述了我国实施六大林业重点工程的背景、前期工作的开展、实施后的成效等。并在书中的前面部分重点介绍了党和国家领导人对六大林业重点工程的关怀。(刘若云)

F000437 **充满希望的十年——新时期中国林业跨越式发展规划** 周生贤主编。中国林业出版社 2001 年 11 月版。65 万字。432 页。99.00 元。主要论述了中国林业第十个五年计划，重点介绍了六个重点工程。全书包括：序言、总论、专论和附录。(刘若云)

F000438 **森林资源资产化管理法规制度选编(1981～2001)** 国家林业局发展计划与资金管理司编。中国林业出版社 2002 年 5 月版。52 万字。624 页。49.00 元。根据我国林业经济发展形式和加入世界贸易组织后的要求，选编了 1981～2001 年有关森林资源资产化管理的现行有效的规定(含 2002 年的 2 个文件)，包括 4 部分内容：法律法规、产权管理、资产评估、森林资源管理。(刘若云)

F000439 **唐山市水产志** 杨学诚主编。天津人民出版社 2002 年 5 月版。38 万字。50.00 元。客观地记录了唐山渔业的发展历史,包括自然环境及渔业资源、海洋捕捞业、海水养殖业、淡水渔业、水产科技、渔政船检港监电讯、水产供销、水产大事记、水产机构改革等 7 编若干章节,全面系统地记述了解放后,特别是改革开放以来唐山市水产养殖业发展的全过程。(张佩卿)

F000440 **制度变迁与东西部农村发展比较研究** 把多勋、平惠敏著。甘肃人民出版社 2002 年 6 月版。24.5 万字。24.00 元。运用制度经济学的基本原理和方法,对我国历史存在并经由市场化改革以来进一步拉大的东西部农村经济发展差异进行系统研究。作者在西部开发和中国入世的大背景下,深入考察了我国东西部农村土地制度的变迁、考察了东西部农村乡镇企业的不同发展模式和经济绩效、考察了东西部农村不同的人力资本投资水平和积累水平,认为要缩小东西部农村差距,必须在西部策动并实施有助于农村发展的制度创新,并为此提出了一系列对策。(胡福生 刘明易)

F000441 **青海省土地资源调查评价** 青海省国土资源厅编。青海人民出版社 2002 年 7 月版。25 万字。25.00 元。内容共分 3 章。第一章为综述;第二章为坡耕地资源调查与评价;第三章是耕地后备资源调查与评价。在掌握青海省土地利用现状数据和图件的基础上,根据青海省的实际情况,重点调查全省坡耕地的数量、类型、分布以及相关地区的社会经济状况,并对坡耕地生态退耕(还林还草)的可行性进行分析,对耕地后备资源进行调查评价;同时,掌握可开发复垦的后备资源的数量、类型、等级、分布情况等,提出开发利用的方向和措施。其范围涉及全省 34 个市县。为西部大开发、青海大发展,合理开发利用土地资源,合理调整土地利用结构,以及生态环境的保护、建设和可持续发展提供科学依据。(王绍先)

F000442 **青海省农村牧区经济区划** 青海省农业资源区划办公室编著。青海人民出版社 2002 年 5 月版。39.2 万字。40.00 元。分为上、下两篇。上篇主要介绍青海省农村牧区概况、经济发展态势、经济发展战略及若干专题研究,并对全省四大农村牧区经济区进行了简要的论述;下篇着重分析西宁市、海东地区和海北、海南、海西、黄南、果洛、玉树等 6 个民族自治州及格尔木市农村牧区的发展情况,提出了措施与对策。(陈孝全)

F000443 **WTO 与河南农业** 史孝孔、尚玉和主编。河南人民出版社 2002 年 1 月版。21.4 万字。18.00 元。“21 世纪河南经济问题研究书系”之一。分析了河南农业与农村经济现状,阐述加入 WTO 对河南农业与农村经济的影响,提出加入 WTO 后河南主要农产品的发展对策。(李小龙)

F000444 **明代华南农业地理研究** 王双怀著。中华书局 2002 年 5 月版。28.6 万字。21.00 元。分 7 章:一、明代华南的农业环境,二、明代华南的人口资源,三、明代华南的土地开发,四、明代华南的水利建设,五、明代华南的粮食生产,六、明代华南的副业经营,七、制约明代华南农业发展的因素。运用历史地理学方法,并借鉴历史学、地理学、农史学等学科方法,通过文献与考察结合,对影响明代福建、广东、广西三布政司农业生产的自然、人文、政治等因素,以及三布政司农业生产的规模、状况等问题作了比较全面的分析研究。(柳宪)

F000445 **黄土高原旱地农业——理论、技术、潜力** 胡恒觉、张仁陟、黄高宝等著。中国农业出版社 2002 年 9 月版。57.8 万字。100.00 元。分 10 章,介绍了旱地农业生态系统及其调控,土壤水分及其有效性,水肥耦合互馈效应、作用机理及其调控,集水农业技术体系,土壤次生盐渍化防治,黄土高原旱地农作制度,主要作物栽培技术及其增产原理,黄土高原旱作农业生产潜力与持续发展,黄土高原生态环境的保护与建设等方面的内容。(赵立山)

F000446 **石油、天然气会计问题研究** 林金高主编。东北财经大学出版社 2002 年 7 月版。18.1万字。20.00 元。“财政部重点会计科研课题系列丛书”之一。由 4 大部分组成,即油气会计基础理论研究部分、油气会计准则研究部分、油气会计专业核算制度研究部分和附录。在介绍和描述基本问题、奠定课题的理论基础之后,重点研究了我国油气会计准则的框架结构和表述结构以及油气会计专业核算制度设计的总体框架。附录部分包括油气会计准则文本和油气专业会计核算制度文本。(李智慧)

工业经济

F000447 **汽车供应商如何实施 ISO/TS 16949:2002** 聂微主编。中国标准出版社 2002 年 12 月版。29.7 万字。35.00 元。系统地介绍 ISO/TS 16949:2002,对该标准八大部分中的每个分要素都进行了详细地对照解释说明,并为这些要素提供

了一些典型案例。(易彤)

F000448 **电力标准化工作指南** 辛德培编著。中国电力出版社 2002 年 1 月版。13.8 万字。12.00元。系统地介绍标准化基本理论、标准化的基础知识和标准化工作的有关规定。内容共分 6 章:标准化工作概述,电力标准化工作的发展,电力企业标准化工作,标准化与质量、环境管理,电力标准的制定,电力标准信息和服务。书后还列有 7 个附录。(华峰)

F000449 **电力营销管理手册** 王相勤、丁毓山主编。中国电力出版社 2002 年 6 月版。96.1 万字。69.00 元。主要内容包括:电力营销管理的一般问题;电力负荷控制;节约用电;营业管理工作的生产流程;电价和电费管理;计量管理;用电检查;用电营业人员内容监督机制;低压供电系统;漏电保护;变压器经济运行;用电营业分析;线损管理;无功补偿;电力市场营销;计算机在电力营销管理工作中的应用;安全用电管理。(华峰)

F000450 **超越混沌:有效管理软件开发项目** [美]拉里·康斯坦丁(Larry L. Constantine)编,雷明等译。电子工业出版社 2002 年 3 月版。65.92 万字。42.00 元。汇集世界级权威专家的精粹论文集,展示了软件项目开发及组织中最为关键的实践过程、设计方法、团队管理等。通过那些引导思考的、实用的、具有里程碑式的精悍文章,对实际工作者在软件开发、网络应用开发、软件工程和技术管理等领域提出了指导和建议。(总编办)

F000451 **建筑企业实施 2000 版 ISO 9001 标准** 谷树棠、周玉兰主编。中国计量出版社 2002 年 1 月版。43.2 万字。35.50 元。结合建筑设计和施工企业的实际情况,介绍了如何依据 2000 版 ISO 9001 标准建立质量管理体系和实现体系的第三方认证的方法与策划,给出了企业编制质量手册实例和 22 个程序文件实例。(曹纪宗)

F000452 **WTO 与中国汽车工业** 庄继德、叶福恒著。北京理工大学出版社 2002 年 6 月版。22.5万字。14.00 元。围绕入世后中国汽车工业存在的一些热点问题进行系统分析,并以战略高度提出了解决问题的指导思想和策略措施。内容包括:世界汽车工业及其零部件的发展趋势和最新动态;中国汽车工业发展战略系统的结构、特点、模块分析和管理;入世后汽车零部件工业的发展战略。(总编办)

F000453 **软件质量管理——标准、技术与实践** 王青、李怀璋、李明树编著。中国计划出版社 2002 年 7 月版。32 万字。43.00 元。从软件质量管理的标准、技术和实践三个层面探讨了软件的质量管理问题。对 CMM、ISO9000 等质量管理的模型和标准进行了详细的分析和阐述,更主要的是针对软件组织的特点,介绍了这些标准和模型在软件组织的应用,以及质量管理的理论、方法、技术和实践。(何欣)

F000454 **工业转型研究** 齐建珍、杨中华、张龙治主编。东北大学出版社 2002 年 5 月版。207 万字。152.00 元。分 3 个部分。之一是区域煤炭产业转型研究,从体制、方向、劳动力、资金和政策等多个方面研究分析了以煤炭工业为主的城市所面临的问题,可借鉴的国内外经验和转型的可行方案及相应措施;之二是工业转型与产业发展研究,以中英文对照的形式,汇集了中外官产学相结合的辽宁工业转型暨产业发展国际会议论文,交流了国内外工业转型的经验教训,研究了产业发展方向,探讨了有效措施和解决途径;之三是工业转型理论与实践研究,从理论研究入手,结合辽宁实际,多方面多层次分析探讨辽宁工业转型所面临的问题和解决方案,每篇论文前都有法文概要。(秦振华)

F000455 **中国大型工业企业战略性再造研究** 任佩瑜主编。四川大学出版社 2002 年 8 月版。59.7万字。38.00 元。根据我国国有工业企业改革的实践,在系统论、管理矛盾论以及复杂性科学的管理熵论和管理耗散结构论的研究基础上,将经济学与管理学相结合,提出具有中国特色的大型工业企业战略性再造与实践模型。具体包括中国工业企业再造理论探讨、企业生产方式与流程再造、企业营销系统再造、企业资产重组与财务管理再造、企业人力资源管理与激励机制再造、工业企业再造案例。(汪萍 成杰)

F000456 **中国工业发展报告(2002)——WTO 规则下的企业和政府行为** 中国社会科学院工业经济研究所编。经济管理出版社 2002 年 7 月版。87.2万字。50.00 元。专题研究报告。共分 33 章:政府管理经济方式的转变;工业品进出口贸易制度的变化;引进外资的形式和结构调整;服务贸易的开放及其对工业的影响;工业知识产权制度与工业发展;金融环境的变化与工业投融资;建立公平竞争和有效运行的市场秩序;行业协会在反倾销中的作用;工业就业及其政策措施;工业结构的调整与升级;利用过渡期壮大我国机械工业;电子工业的出路在于技术创新;因势利导,扬长避短,发展汽车工业;医药工业受到的冲击及出路;纺织工业的双轨式发展;不断提高轻工业的发展水平;加快钢铁工业结构调整的步伐;能源工业的发展战略;以及对地区经济和企业发展的分析研究。(总编室)

F000457 **工业产品生产许可证教程** 全国工业产品生产许可证办公室编著。中国标准出版社2002年4月版。41万字。45.00元。全面、系统地介绍了我国工业产品生产许可证工作发展概况,各部门的工作职责和业务范围,尤其是企业生产条件审查方面的知识。(韩玉彬)

F000458 **矿物资源与西部大开发** 朱旺喜主编,兰新哲、赵西城副主编。冶金工业出版社2002年1月版。38.3万字。38.00元。收录了2000年9月20~22日在西安建筑科技大学召开的“西部矿物资源开发利用战略研讨会”上发表的文章。本次会议由国家自然科学基金委员会工程与材料科学部、中国工程院化工冶金与材料工程学部主办。本书所收文章是参会的国内专家从不同专业角度,阐述对我国西部矿物资源开发利用的战略,建议采用高新技术、高起点开发并高效利用资源,提出了促进资源优势转化为经济优势的途径,论述了新技术的推广应用和生态环境保护以及可持续发展等问题。(张卫)

F000459 **中国能源五十年** 国家电力公司战略规划部编。中国电力出版社2002年1月版。51万字。68.00元。以系统的观点和全球的视角全面论述中国能源的历史和现状;以尊重历史、实事求是的态度分析中国能源事业的经验教训;用丰富翔实的资料展现中国能源的全貌。共分9章:综述、能源效率与节能、煤炭、石油和天然气、电力、农村能源、可再生能源、能源运输、能源与环境。书末还有附表及附图。(华峰)

F000460 **21世纪初10年中国煤炭企业教育管理模式研究** 中国煤炭教育协会职工教育分会课题组编著。中国矿业大学出版社2002年11月版。31万字。28.00元。包括煤炭企业教育管理模式研究的总课题报告、分课题报告、调研资料集锦和附录等部分。煤炭企业教育如何定位、如何发展、机构怎样调整、制度怎样建设,等等,是企业领导人和广大企业教育工作者关注的问题。本书的管理模式研究抓住了企业教育中的根本性问题。经过理论研究和实践探索,提出了几种可供选择的管理模式,这对煤炭企业教育的全面发展和提升大有裨益,对其他行业的企业教育工作有一定的作用。(李朝雯)

F000461 **煤炭企业集团发展战略研究** 张青著。中国矿业大学出版社2002年12月版。15万字。20.00元。以我国煤炭企业集团发展战略为主要研究对象,以一切从实际出发、实事求是、解放思想,大胆探索、勇于创新为宗旨;本着继承与创新相结合,科学性与艺术性相结合,理论性与实用性相结合,一般性与特殊性相结合的原则,采用了定性与定量、宏观与微观、实证研究与个案研究相结合的研究方法;在借鉴吸收了国内外近年来有关发展战略方面的先进理念与方法的基础上,对煤炭企业发展战略与管理之中的一些重要问题与方法进行了较为系统地、有针对性的研究。全书共分七章:第一章,勾画了本书的研究架构;第二章,探讨了企业发展战略研究的理论渊源——煤炭企业周期性发展演化规律;第三、四、五、六章分别从煤炭企业集团的产业定位与产业结构调整、煤炭主业的规模与经济结构的优化、煤矿企业的退出以及组织体制战略性调整对煤炭企业集团目前亟待解决的战略问题进行了较为深入地研究;第七章主要讨论了煤炭企业战略管理绩效评价问题。(姜华)

F000462 **中国石油天然气发展战略** 张抗等著。地质出版社、石油工业出版社、中国石化出版社2002年11月版。122万字。120.00元。分17章,论述了中国油气地质特点,油气资源量研究,油气储量的静态分析、动态分析,油气开发形势分析;中国21世纪初期油气供需预测;世界油气资源量分析;国际油气贸易和市场分析;中国油气发展的区域战略、开放战略、安全战略,油气科技发展战略,以及中国油气资源战略与能源发展战略。(郁秀荣)

F000463 **重构生产组织:发展中国装备工业的战略思路** 胡春力主编。中国计划出版社2002年12月版。18.5万字。16.00元。通过实证分析得出的结论是:中国装备工业缺乏技术开发能力,制造加工质量不高。在对这两个问题的讨论中,本书的观点是:缺乏技术开发能力是由于没有承担技术开发职能的核心龙头企业,制造加工质量不高是由于没有形成高度专业化、对用户反应灵敏的配套加工企业群。本书得出了“以大型企业的生产组织形式来组织单纯的配套加工是不合理的”这一结论。在政策设计部分,针对以上问题,主张以专业化为标准,通过产权制度改革,形成多种所有制结构包括众多非国有、非公有制小企业组成的技术专业化、标准化、运作市场化的加工企业群。与此同时,要集中各方面的技术要素和资源，形成一批具有技术开发能力的核心企业。核心企业通过扩散产品、委托加工来把各种专业的中小企业组织成共同制造设备产品的整体。收入中国宏观经济丛书2002。(何欣)

F000464 **中国电力发展的历程** 《中国电力年鉴》编委会编。中国电力出版社2002年7月版。159万字。200.00元。以史料文献为依据，以综述性文章为转折，通过"纪念中国电力120年(1882～2002)、回顾十年的伟大成就、见证电力历史的关键时刻"三个篇目，以及大事记、重要讲话和重要文件、电力规划、电力生产和建设、组织机构与体制改革、水电、火电、核电、科学技术、统计资料、电力企事业单位、统计资料图表等内容，全面反映中国电力工业的发展历程。(华峰)

F000465 **中国电力年鉴(2002)** 本书编委会编。中国电力出版社2002年12月版。155.3万字。150.00元。主要收录了2001年我国电力工业各方面所取得的成绩，全面、系统地提供电力工业的经济技术资料和统计数据。框架由篇目、栏目、类目、条目4个层次组成。主要包括特载、大事记、综述、组织机构、电力生产与经营、重点工程、部分电力企事业单位、各地区电力工业、精神文明建设与企业文化、电力工业行业管理与服务、电力科学技术、教育培训与新闻出版、国际交流与合作、学术团体与行业协(学)会、重要文献、统计资料、人物、附录、索引等19个篇目，附有100多幅彩图。(华峰)

F000466 **电力工业"九五"总结** 国家电力公司编。中国电力出版社2002年1月版。88.3万字。90.00元。全面总结"九五"期间电力工业的改革与发展，给出了国家电力公司和各省(市、区)电力公司电力工业"九五"总结报告。全书分上、下两卷，包括全国电力工业"九五"总结总报告、"九五"专题总结报告、分地区总结报告和"九五"期间电力工业统计资料四部分内容。这些报告站在电力行业发展的高度，在全国和分地区两个层面，从计划、生产、管理、经营、调度、改革、市场建设、精神文明建设等多个角度出发，全面、系统、客观地描述了"九五"期间国民经济环境和电力工业的总体发展变化情况，总结了电力改革发展的成绩、经验教训和存在的问题，并对"九五"期间电力改革发展的一些重点和热点问题做了更深入的总结研究。(华峰)

F000467 **电力企业标准化管理** 赵世友、张立世主编。中国电力出版社2002年1月版。24.7万字。20.00元。系统地介绍了电力企业标准化管理及实践经验，从理论和实践的结合上，阐述了标准化对建立现代企业制度的意义和作用。主要内容有：市场经济形式下的电力标准化、电力企业标准化组织体系及管理职能、企业标准体系的构成和要求、技术标准、产品标准、管理标准、工作标准、编制标准的共性问题、标准制定修订审查发布程序、标准的宣贯实施与监督考核、电力企业标准化管理等。(华峰)

F000468 **2000版ISO9000族标准 电力企业质量管理体系实施导论** 北京市电力企业管理咨询有限责任公司编。中国标准出版社2002年5月版。60.8万字。98.00元。分4篇25章。标准篇阐述了ISO9000族标准的由来和发展、应用及结构特点、质量观念、八项质量原则、质量管理体系基础，以大量的流程图形式解释了GB/T 19001－2000和GB/T 19004－2000的理解要点；方法篇研究了质量体系文件的编制原则、编制体例与文件结构，对内部质量审核的程序方法和策略技巧作了系统的论述，为组织编写质量管理体系文件提供框架性指南；实践篇阐述了电力行业质量管理体系范围、删节的可能性、过程特点及其相互关系、产品实现过程实施要点，并以流程框图说明输入、输出和活动内容，作为电力企业编写质量体系文件时参考；电力企业全面一体化管理篇重点阐述发供电企业"三标"一体化建设的问题，对电力企业中"三标"一体化管理体系建设的必要性、策划、建立、运行、评价等问题作了专题论述。(王成)

F000469 **供电优质服务规范手册** 国家电力公司纠风办组编。中国电力出版社2002年9月版。40.2万字。30.00元。以巩固电力市场整顿和优质服务年活动成果为出发点，以建立健全优质服务常态运行机制为目标，以加强企业管理，提高优质服务水平为目的，按照"关于开展电力市场整顿和优质服务年活动的决定"提出的六项要求为主要内容，分为：建立电网调度信息公开制度，规范供电企业经营行为，公开服务承诺、规范服务行为，提高供电质量、推出便民措施，加强行风建设、接受社会监督，切实加强组织领导等六部分，编录了相关的法律法规、规程规范、文件规定等作为优质服务常态运行强基固本依据的内容，指导供电优质服务工作制度化、规范化、科学化、正规化、经常化，建立优质服务常态运行机制。(华峰)

F000470 **中国电子工业年鉴·电子工业出版社2002** 《中国电子工业年鉴·电子工业出版社

2000》编委会编。电子工业出版社2002年9月版。115.2万字。300.00元。主要介绍2001年中国信息产业电子工业的发展情况，并对电子工业出版社2002年电子信息产品市场的发展趋势做了预测。内容包括：电子工业经济运行分析与综合统计资料，各类电子工业，科技与教育，电子行业管理，电子产品与技术进口，地区电子工业大事记，附录（含国外电子工业简介，中国香港及台湾地区电子工业简介，西欧和澳大利亚主要电子产品市场概述等）。（总编办）

F000471 **中国电视产业的危机与转机** 陆地著。中国人民大学出版社2002年8月版。23.5万字。16.00元。选取历史视角、全球视角和产业视角；采取历史比较法、资料分析法和逻辑分析法三种研究方法，从分析世界电视产业的发展模式入手，探讨电视产业发展的一般规律和特殊规律，透视中国的电视产业，对中国电视产业的资源补偿、管理系统、市场系统和国际化四个方面存在的危机及其产生的主客观因素进行了系统的透视，并就如何实现中国电视产业的转机提出了自己的见解。作者认为，中国电视产业的现状危机四伏，最大的危机是缺乏危机意识和不知真正的危机在何处；中国电视产业的主要转机亦在内部而非外部；中国电视产业面临的主要矛盾是"死"与"活"的矛盾和"进"与"出"的矛盾；中国电视产业应巧妙利用中国加入WTO后电信业和电视业的开放不等式（电信业的开放度大于电视业的开放度）和国内庞大的信息服务需求市场，推进电视产业向电信业的"单向扩张"或"两电"的"双向不完全对称开放"，为中国电视产业争取尽可能多的调整时间和国内市场空间，最大限度地减少中国信息产业的内耗，提高信息产业的规模效益和整体实力。列入"新闻传播学文库"。（社资）

F000472 **知识英雄2.0** 刘韧著。重庆出版社2002年4月版。40万字。大32开平装。12.00元。是作者2000年所著《知识英雄》的续篇。全书描述2001年海峡两岸计算机、网络领域各路英雄的突围与无奈。2000年的网络热潮之后，计算机、网络市场急剧降温，柳传志、杨元庆、郭为、王志东、杨伟强、王江民、王峻涛、孙丕恕、王文京等风云人物奋力拼搏、应变图存，其中一些人更是不得不面对英雄末路的困境，作者以这些高科技领域的精英们处理技术、管理和市场难题的过程中表现出来的智慧和勇气，肯定地告诉人们，市场虽无情，网络和计算机的明天一定是一片光明，英雄必将拥有最后的辉煌和胜利。（苟坤明）

F000473 **中药产业经济与发展** 施建勇编著。上海科学技术出版社2002年12月版。87万字。85.00元。系统地回顾了中药产业的历史源流和当代中药产业的发展概况，从中药的品种、分布、蕴藏量和栽植等方面分析了中药资源的经济结构；结合当代社会经济特点阐述了中药产业的科技特征、企业竞争特点和市场营销方略；概要地介绍了我国加入WTO以后中药产品进入发达国家市场的技术要求，提出了相应对策；论述了国际知识产权保护体系和中药产品的保护手段；并从产业理论角度系统地探讨了中药产业的结构、关联、布局，对其进行了基本定位，确立了产业升级和优化的措施和方向。本书是中药产业领域在理论归纳和实践探索方面的第一部专著，其问世将有助于理清中药产业的发展脉络，探究中药产业的运行机制，以及推动中药产业的有序发展。（应小雄）

F000474 **中国大陆与香港牛仔布工业** 香港理工大学纺织及制衣学系、香港服装产品开发与营销研究中心编著。中国纺织出版社2002年5月版。20.6万字。25.00元。"牛仔布工业丛书"之一。根据中国大陆和香港牛仔布工业的发展历史、生产能力、产品特点、地理分布及市场情况的大量数据，结合行业营运的宏观经济环境，对大陆及香港两地牛仔布工业竞争力进行了全面详尽的分析，提出了中国大陆入世后牛仔布行业的竞争策略以及相关在特定的新的环境下的发展趋势。（许小莉）

F000475 **中国肉类产品国际竞争力研究** 乔娟著。中国农业出版社2002年11月版。24.5万字。25.00元。通过对国际市场占有率、主要进口国市场占有率、本国国内市场占有率、贸易竞争指数等指标，及对影响肉类产品国际竞争力的直接和间接因素的国际比较研究发现：中国肉类产品的基本生产要素相对于某些肉类产品主要出口国具有一定资源优势，但中国的高级生产要素基本处于劣势。在对上述问题进行国际比较研究的基础上，提出提高中国肉类产品国际竞争力的对策建议：在全球范围内实施目标营销战略；在全球范围内实施目标营销战略，必须尽快健全和完善适应中国特定条件的畜禽养殖和加工销售的产业组织形式，同时加强政府对肉类产品生产经营活动的宏观调控，保障市场机制有效运行。（姚红）

F000476 **WTO与全球牛仔布产品贸易** 香港理工大学纺织及制衣学系、香港服装产品开发与营销研究中心编著。中国纺织出版社 2002 年 5 月版。40.2 万字。35.00 元。“牛仔布工业丛书”之一。利用迈克·波特的“钻石模型”理论,分析了中国纺织服装行业的现状及入世后的前景,同时结合当前国际牛仔布产品的贸易格局,探讨了国内纺织服装、牛仔布生产商可采取的战略措施与竞争对策。(许小莉)

F000477 **中国西部资源型城市工业发展研究** 陆武成著。甘肃人民出版社 2002 年 9 月版。28.5万字。28.00 元。围绕西部大开发这一具有重大战略意义的问题,专门研究了资源型工业城市工业经济可持续发展问题。从一般性城市形成和发展入题,重点对资源型城市特别是西部资源型城市工业发育、发展、兴盛、衰亡等全过程进行了研究,提出新观点、新见解。本书引用了国内外近百座典型的资源型城市的资料,尤其是我国数十座资源型城市经济社会发展的历史资料和最新资料,吸收了国内外一些研究成果。

F000478 **光辉的历程** 副名:新疆石油工业在前进。简新著。新疆人民出版社 2002 年 12 月版。20 万字。25.00 元。全面地反映了新疆石油工业的创业、发展的过程,记录了 50 年来所取得的丰硕成果、辉煌成就及宝贵的经验并展示了未来发展的光明前景。共分 6 章。第一章历程与成就,分 5 节论述:“光辉的起点伟大的进军”、“艰苦的岁月火红的事业”、“重大的转移卓著的成就”、“亲切的关怀巨大的鼓舞”、“美好的前景灿烂的明天”;第二章形势与潜力,主要记述了我国中外能源消费状况、油田开发状况及新疆石油工业、天然气工业的发展潜力;第三章发展与对策,记述了新疆科技兴油、管理兴油、学习兴油、党建兴油工程的现状;第四章规划与设想,记述了塔里木油田为石油工业发展和地方经济做出的贡献及西部第一个千万吨大油田克拉玛依油田再创辉煌的业绩;第五章中收录了有关新疆石油工业的新闻报道 50 篇;第六章数据与资料,本章以表格的形式清晰地反映出中国原油年产量在世界产油国中的位次、全国不同计划时期原油产量和年平均增长率、中国及新疆历年原油产量、我国及塔里木历年原油、天然气产量等数据。(丁璇)

F000479 **杜邦 200 年:发源于白兰地河的科学奇迹** [美]阿德里安·金南著,杜邦中国集团有限公司译。上海科学技术出版社 2002 年 8 月版。45 万字。180.00 元。以历史的眼光客观、真实地审视杜邦 200 年的历程,介绍杜邦的成功和荣耀,也不讳言曲折和失误;翔实记叙了杜邦创业的艰难,探索中的彷徨,变革的痛苦,成功的喜悦,条分缕析了杜邦管理思想之演变,杜邦的企业精神及延续至今的企业文化底蕴,从而客观全面地描绘了真实的杜邦,也从一个侧面反映了美国近代工业的发展历程。书中有 600 多幅精美珍贵的历史照片。(李维靖)

交通运输经济

F000480 **2001 年中国交通信息化发展报告** 中华人民共和国交通部编。人民交通出版社 2002 年 8 月版。28 万字。160.00 元。通过对国内外信息化概述,交通部机关信息化,地方交通信息化,交通信息化新技术的应用以及交通信息的政策和保障措施等内容的描述,全面系统地总结了我国交通信息化发展状况,同时也重点介绍了 2001 年交通信息化建设的成果。(郑文荣)

F000481 **都市捷运:发展与应用** 张志荣著。天津大学出版社 2002 年 10 月版。62.5 万字。120.00元。系统性地从规划设计、技术特点、运营服务等层面详细介绍世界各主要城市的大众运输及捷运系统。对于每一种系统类型除了以浅显易懂的文字作详尽的定义与解说外,加上生动珍贵的图片辅助说明构成各类运输系统的技术因素,以及营运应用的实例。(刘大蓉)

F000482 **跨世纪的湖南交通** 唐之享著。湖南人民出版社 2002 年 9 月版。26.8 万字。28.00 元。以翔实的资料和发展的眼光,记载了湖南交通运输事业发展的历史进程和取得的辉煌成就,并对 21 世纪湖南交通运输事业的发展作了理性探索。(唐艳)

F000483 **长治市交通志** 《长治市交通志》编纂委员会编。人民交通出版社 2002 年 1 月版。58.8万字。65.00 元。上溯先秦,下详现代,全书按古道、公路、铁路、航空的内容顺序谋篇,前陈概述,后缀大事和附录,横排竖写,图文并茂。大量的事实、详细的数据,记载了到 1998 年底,长治交通发展的新状况。(张新文)

F000484 **福建海外交通史** 廖大珂著。福建人民出版社 2002 年 10 月版。51 万字。33.00 元。以翔实的史料,回顾了福建历史上曾经有过的辉煌的海洋时代,追寻福建海外交通的发展嬗变,探索福建海外交通的发展规律,认识福建在中外文化交流中所发挥的桥梁作用。(吴锦通)

F000485 **交通经济带** 张文尝、金凤君、樊杰主编。科学出版社 2002 年 2 月版。30.6 万字。28.00元。分为：上篇——交通经济带理论；下篇——典型交通经济带分析与研究，共 14 章。分别论述了国内外交通经济带的基本概况，交通经济带的基本理论、形成机理、空间与构成模式、类型，交通经济带与区域经济协同发展、运输通道形成机理与实证，以及我国沪宁杭、哈大、胶济·兰烟、京九交通经济带，日本东海道、美国、德国主要交通经济带的形成、发展与经验等。（吴三保）

F000486 **现代铁路运输概论** 黄方林主编，宾晖、谢楚农副主编。西南交通大学出版社 2002 年 11 月版。27.7 万字。23.00 元。系统介绍了我国铁路的发展、在国民经济中的重要地位、铁路运输的特点、现代铁路运输的各种先进的技术装备及发展趋势、现代化运输管理等内容。除了介绍铁路线路、铁路车辆、铁路机车、铁路车站、铁路信号与通讯设备、铁路运输组织以外，还介绍了红外线探测轴温、超声波钢轨内伤探测以及养路作业机械化等一些现场使用的新技术和新设备。（刘娉婷）

F000487 **高速公路收费系统** 郭敏主编。人民交通出版社 2002 年 7 月版。28.9 万字。28.00 元。共 7 章，即：收费系统规划、收费结算中心、收费站设计、联网收费系统的支撑平台，电子收费系统、收费系统实例。介绍了高速公路收费系统的规划、设计、施工与管理以及联网收费系统的建设，并引用了本领域许多已有的研究成果和文献资料。（赵瑞琴）

旅游经济

F000488 **旅游汉日分类辞典** 董永光著。云南大学出版社 2002 年 5 月版。28.9 万字。28.00 元。以吃、住、行、游、娱、购六大旅游要素为线索，将游客或导游可能涉及的词汇、短句纳入书中。如行包含了海关、交通标志、道路、车辆、航空、铁路、船运等，游包含了中国主要景区景点常用语以及相关宗教文化用语、动植物名等；吃不仅收入了中国、日本两国的饮食常用语，还收入了西餐常用语；住则囊括了宾馆、饭店住宿常用语以及银行服务、医疗服务常用语，并将中医相关语作了归纳。附录中专门讲解了日本传统文化，并附有日本地名的汉译名。（伍奇）

F000489 **东道主与游客（Hosts and Guests）** 副名：旅游人类学研究（The Anthropology of Tourism）。瓦伦·L. 史密斯（Smith，V. L.）主编，张晓萍、何昌邑等译。云南大学出版社 2002 年 2 月版。28.4 万字。30.00 元。系统全面地以人类学理论为基础，对旅游的本质问题进行了研究。着重探讨了旅游业主与游客之间的涵化问题，分析了现代化与旅游业对于东道国的文化变迁所起的作用，认为旅游业不是大多数社会文化变迁的主要因素，并收容了以纳什和格雷伯恩为代表的旅游人类学两大流派的思想观点。书中分为两大部分，即以丰富的案例一方面研究旅游业的影响、游客对旅游业的影响、游客与东道国的关系，另一方面研究旅游业的文化象征意义。前者研究了非西方社会的旅游业、欧洲旅游业、复杂社会的旅游业，对各种旅游形式的产生和发展作出了自己的解释。后者则着重于研究旅游业的文化象征。书中收容了十几位作者的文章，但是各章节之间有内在联系，观点也异中有同。（伍奇）

F000490 **现代旅行社管理** 上海春秋旅行社编。中国旅游出版社 2002 年 1 月第二版。44.5 万字。24.00 元。在 1996 年版基础上进行修订，在教材体例上更加完善，并把 6 年来探索旅行社管理的新经验充实进来，删除了过时的名称和概念，撰写了新的旅行社业务管理章节，同时增加了新的经营方式和内容。全书分“思想篇”包括哲学思想、运筹管理、事理管理、产权管理、授权管理和企业文化；“业务篇”包括旅行社计划管理、广告管理、营销管理、接团管理、发团管理、会展业务管理、公关管理、财务管理、质量管理、导游人员管理和人事管理；“发展篇”包括旅行社目标管理、电脑管理、票务管理、集团管理和对旅行社经理的论述。（管邗江）

F000491 **特级导游论文点评** 肖潜辉编。中国旅游出版社 2002 年 1 月版。32 万字。22.00 元。选编了我国 23 名特级导游员的资格论文。所请发表点评意见的同志，都是长期从事导游及相关专业研究的专家，不少还是“名导”和“大导”。（管邗江）

F000492 **生态旅游** 白光润主编。福建人民出版社 2002 年 6 月版。32.4 万字。20.60 元。阐述了生态旅游的产生、内涵、意义，生态美学，生态文化与文明，生态旅游资源，生态旅游的类型、开发与管理、策划。书末附有生态旅游策划案例、自助生态旅游方法等。（何海勤）

F000493 **旅游市场营销管理** 马勇、王春雷著。广东旅游出版社 2002 年 6 月版。27 万字。

21.00元。以旅游市场营销战略为中心展开论述,系统介绍了旅游市场营销管理基本理论、机会分析、战略管理以及国际旅游市场的营销管理,强调一般原理和实践方法的结合。(李瑞苑)

F000494 **旅游商品学** 刘敦荣主编。南开大学出版社 2002 年 5 月版。27 万字。15.00 元。以马克思主义关于商品和商品市场的理论为指导,创设了旅游商品学的体系、结构,对旅游商品类型及其划分,对旅游商品文化和商品文化建设,对旅游商品的市场需求等方面,都提出了新的观点。全书充分论述了景观旅游商品、都市旅游商品、民俗旅游商品、旅游服务商品、旅游设施商品、旅游购物商品等各种旅游商品类型,并对旅游商品的可持续发展、市场供求、市场开发、市场营销及管理作了阐发。(薄国起)

F000495 **国际旅游发展导论** 罗明义著。南开大学出版社 2002 年 5 月版。38.8 万字。20.00 元。采用史论结合的方法,应用丰富的史料和大量的数据资料,全面系统地分析和介绍国际旅游产生和发展的历史进程,揭示国际旅游发展的客观规律和特点,使学习者全面了解和掌握国际旅游的基本理论和发展历史。包括三个方面的内容:首先,对国际旅游基本理论进行了分析和阐述。主要是针对国内外对旅游基本理论研究比较薄弱的状况,重点对国际旅游资源、国际旅游市场、国际旅游产品、国际旅游交通、饭店、餐饮及国际旅行商和国际旅游组织等基本概念、特征、分类和发展地位等进行了较全面的介绍。其次,对国际旅游发展的进程进行了阐述和分析。本书通过对有关国际旅游及其主要组成部门的大量资料进行分析,阐述了国际旅游及其组成部门的起源、形成和演进过程,揭示了国际旅游在不同历史阶段的发展规律和特点。第三,对国际旅游发展的趋势和特点进行了分析和预测。根据对国际旅游历史发展进程的分析,结合对国际旅游发展的内在规律和外部影响因素的分析,应用实证方法对现代国际旅游的发展趋势和特点进行了分析和预测。(焦静宜)

贸易经济

F000496 **现代经理人不可不知的经济语汇** 张戬编著。中国对外翻译出版公司 2002 年 2 月版。13 万字。18.00 元。汇集现代经济学和管理学方面新语汇近 250 个,分为“新概念”、“新理论”、“新经济”三辑。解释简单扼要明晰、深入浅出,并配以生动插图。语汇汉英对照。(黄定)

F000497 **征程** 副名:黑龙江邮政三年扭亏纪实。王春力主编。黑龙江人民出版社 2002 年 6 月版。50 万字。28.00 元。共收集 41 篇文章,从不同的角度总结了过去三年来全省广大干部走过的路、所做的工作,展示了全省邮政广大干部职工艰苦创业、勇往直前的精神面貌,抒写了全省近 3 万名邮政干部职工在各自岗位上创造的光辉业绩,全书总结了成功经验和典型做法,使人们在开展今后的工作时更加富有针对性,进一步增强企业的凝聚力、更好地解决前进道路中存在的问题,克服困难,更快地实现黑龙江邮政良性循环的目标。(刘恺汐)

F000498 **新世纪日汉经贸辞典** 张录贤主编。北京出版社 2002 年 5 月版。250 万字。68.00 元(精)。共收入经济、贸易、金融及相关词汇 45000 余条。内容涉及经济、财政、企业管理、对外贸易、会计统计、海关税收、国际结算、信贷投资、期货期权、股票证券、外汇、保险、海洋运输与法律等专业词汇。同时收入了经济、贸易、金融等方面常用的重要缩略语和世界各国(地区)货币一览表、世界各国(地区)中央银行一览表、日汉计量单位名称对照表和汉字音训读法索引。

F000499 **商人活用36计** 王一彪编著。沈阳出版社 2002 年 4 月版。23 万字。17.80 元。有以下 5 个方面的特点:①在篇前语中,从商业角度,为每个计谋加了简明扼要的概括语,点明计谋主旨,使读者一目了然;②在正文中,从忠于原著的角度考虑,对原文予以直译,以避免损害其思想主旨,并加以必要的注释;③精选了大量商业经营中的典型事例,与计谋相互印证;④配以计谋图解,帮助读者理解与运用;⑤在点评当中,从商业角度出发,对计谋所包含的内容、运用的时机与技巧,运用时所应注意的事项做出详尽的论述,以引导读者进行独立思考。(滕建民)

F000500 **商人活用孙子兵法** 王宇飞编著。沈阳出版社 2002 年 4 月版。24 万字。17.80 元。通过阐明古典战争理论、原则,总结现代商战的运行规律的独特书籍。全书将《孙子兵法》中的至理名言引做导言,将其中可致用于商业的哲理、方法以相应的商业范畴和指导技巧对应之,分解出四十个要点,以百余件商业典案予以印证,后加“商人活用”,或对案例加以分析,或将哲理加以拓展,或启发读者联想,意在帮助读者将《孙子兵法》这一千载名典的商

战权谋运用到现实生活中。(滕建民)

F000501 **现代物流管理** 肖胜萍、萧鹏编著。中国纺织出版社2002年10月版。26万字。26.00元。"商务书库"之一。以物流活动为着眼点,进而侧重于运作管理。其目的是将生产、调度、买卖和物流等活动连接起来,也就是对商业从买卖过程到结果的综合管理。介绍了国内外物流研究及实践的动态,特别是了解到我国现代化物流进程中的一些重点、难点与热点问题。(许小莉)

F000502 **服务营销管理** 陈祝平编著。电子工业出版社2002年10月版。49.92万字。28.00元。以美国服务管理和营销学者蔡特哈莫尔(V. Zeithaml)和毕特纳(M. Bitner)设计的目前国际上比较流行的服务质量差距模型作为框架,以服务期望和服务感知理论为导向,系统地研究了服务营销管理的各个方面。它的特点是:(1)将国外先进的营销管理模式与我国服务营销的实际相结合;(2)大量采用实例和案例对理论进行实证和提高读者的分析、应用能力;(3)涉及的行业面较广,既包括零售、交通、电信、金融、旅游、餐饮等营利性服务行业,也包括医疗、教育等非营利性服务行业。(总编办)

F000503 **商业实战手绘POP** 丛斌主编。吉林美术出版社2002年2月版。48.00元。精选260余幅作品,内容涉及企业商业活动的各个方面。(孔庆梅)

F000504 **狂热行销52** 赵树钢著。海南出版社2002年12月版。13万字。18.00元。介绍行销方法和理念的专著。作者从事行销实践工作多年,有着丰富的实战经验,本书归纳总结出行销工作6个方面的突破:如行销的观念、行为、创意以及如何对待"行销抗拒",如何拓宽行销的思路,如何使行销效果倍增等,书中有具体案例分析,有简练的理论探讨,同时文中还配画了多幅卡通插图。(伍君之)

F000505 **科特勒看中国与亚洲** [美]菲利普·科特勒、迈克尔·阿兰·哈米林、安温·雷恩、多纳德·海德尔著,罗汉、汪金铃、王晓英等译。海南出版社2002年1月版。30万字。35.00元。本书视野锁定在亚洲地区,论述了在亚洲地区,诸如东亚、东南亚诸国,尤其是中国如何进行地区营销的知识和建议。(伍君之)

F000506 **推销员智慧书** 副名:最伟大的推销员实战技巧380法。冯志民著。海潮出版社2002年1月版。20万字。22.80元。选用了380条最有意义的思想精华,运用明白、睿智而又生动的语言,对推销活动的基本原理、推销工作的一般规律、成功推销实施的方法与操作技巧进行了鞭辟入里的剖析,大量引用了推销大师与推销高手的经典案例,讲述了他们与众不同的推销方式与高超的推销技能,以及他们独特的推销理念。每条阐释文字只有三五百字,行文简洁,叙述精辟,展现了现代推销工作的致胜奥秘与赢家策略。(陈开仁)

F000507 **强势推销** 副名:21世纪迈向巅峰的销售心法。林有田著。海潮出版社2002年1月版。28万字。20.00元。从加强业务人员心理素质,鼓舞自我"精神力"进阶,循序渐进地介绍如何做好访问准备以接近顾客?如何进行说服?如何克服顾客的异议……一直到交收款为止,使顾客永远满意。

F000508 **电子政务与网上工商** 顾佳敏主编。机械工业出版社2002年8月版。31.2万字。25.00元。主要侧重从了解"网上工商"都有哪些服务功能入手,指导读者顺利地到"网上工商"办理公务和查询信息。内容有:电子政务实施、工商行政管理的概念、网上办理企业登记互联审批、网站备案登记、警示系统管理、企业登记与年检、网上投诉等网上审批与监管的操作程序与方法,并辅有北京市工商局网上工作平台——红盾315网站成功实施的电子政务案例。(王虹)

F000509 **电子虚拟市场的演进与交易** 黄敏学著。武汉大学出版社2002年1月版。18.9万字。13.80元。探讨了在网络环境下信息技术对商务与整个市场的影响,阐明了电子虚拟市场的演进过程和电子虚拟市场的交易结构,分析了电子虚拟市场的交易模式和交易系统的构成,并讨论了我国电子虚拟市场的发展。

F000510 **电子商务网络建设** 李玉海编著。华中师范大学出版社2002年8月版。25.7万字。25.00元。阐述了电子商务与网络的关系;介绍了电子商务网络建设所涉及的相关技术,如计算机网络基础知识,局域网建设技术,网络互联技术;介绍了电子商务网络规划、设计、开发、实施等知识;介绍了网络软件建设和网络系统安全知识;介绍了网络的运行管理,具有较强的实践性和可操作性。(杨发明)

F000511 **电子商务系列教材** 丛书编委会编。东南大学出版社2002年8月版。共13册。由《电子商务概论》、《电子商务系统设计》、《网络营销策划》、《电子商务物流管理》、《企业信息化与电子商务》、《电子商务项目运作》、《电子商务英语》和计算机技术专业课程——《网页设计与制作》、《电子商务与数据库应用》、《电子商务网站建设技术》、《网络广告实务》及相关的实验课——《电子商务教学模拟系统实习指导书》(配商友公司软件)、《电子商务实验教程》组成,均配有多媒体教学光盘。(张绍来)

F000512 **电子商务经济学** 芮廷先编著。电子工业出版社 2002 年 6 月版。38.4 万字。19.00 元。本教材使学生能从经济学的角度理解电子商务的概念,考虑伴随电子商务而出现的各种问题,学会用经济学,特别是微观经济学、信息经济学、产业经济学的方法来分析电子商务市场的特性、网络基础设施的定价、电子商务的市场效率、知识保护、信号质量与产品质量、消费者的信息搜索、产品选择与价格歧视、电子支付体系物流管理和企业电子商务战略等问题。(总编办)

F000513 **电子商务原理** 王全胜编著。北京大学出版社 2002 年 1 月版。34.2 万字。22.00 元。全面介绍电子商务的应用和相关技术。全书共分 8 章,分别介绍了电子商务的概念、发展历史及其对社会经济的影响、电子商务的机理与运行模式,电子商务的网络基础——Internet 和 WWW,电子商务的安全技术,电子商务的支付技术,电子商务物流,电子数据交换标准——EDI 和电子商务交换标准,最后探讨了企业电子商务应用战略。(王登峰)

F000514 **电子商务原理及应用** 吴应良主编。华南理工大学出版社 2002 年 6 月版。96.6 万字。49.50 元。介绍电子商务的概念、应用和相关技术,包括电子商务概述,电子商务的基本原理,电子商务的技术基础,电子商务的安全问题与对策,电子商务支付系统与工具,网络营销,网络促销,电子商务应用系统的实施,以及电子商务的社会与法律环境建设等。(罗月花)

F000515 **电子商务概论** 高家望主编。华中师范大学出版社 2002 年 9 月版。21.8 万字。21.00元。基本内容有:电子商务的性质和意义;电子商务的起源和发展;电子商务的技术基础(网络技术与通讯技术、EDI 技术、电子商务安全技术、电子支付技术);电子商务系统;网上虚拟商场;基于 Java 的电子商务实例;电子商务的其他应用领域(网上银行、网上证券、网上教育、网上医疗、网上旅游服务、电子政务);电子商务的法律环境。(刘敏)

F000516 **电子商务数据库** 陈青华主编。华中师范大学出版社 2002 年 9 月版。37 万字。35.00元。主要内容包括:(1)介绍了电子商务数据库,构建它的软、硬件环境,以及电子商务数据库的工作方式等。(2)讲解了目前流行的、用于电子商务数据库的数据库软件 Access 及 SQL Server。(3)详细阐述了电子商务数据库中的相关技术:ASP、ADO 及 VBScript。(4)通过"电子商务购物系统"的制作实例,实现了数据库技术在电子商务中的应用。(刘曦涛)

F000517 **电子商务模拟运作** 丛凤英主编。对外经济贸易大学出版社 2002 年 6 月版。28.8 万字。13.50 元。根据《电子商务模拟运作》教学大纲,以进出口贸易运作流程为主线,按业务环节的不同特点分为四个模块。每一模块包括:"要点提示"——着重说明各主要业务环节所涉及的知识要点、程序、手续、注意事项、常见问题和处理办法;"基本练习"——以填空、判断、选择、问答、计算、案例分析和操作题的形式,让学生在上机操作前先进行基本练习,从而衔接网上操作,使整套操作充实、完整,提高训练效果;"网上操作"——使用本教材配套教学训练软件,在计算机上按软件提供的商务环境,进行进出口电子商务有关业务环节的模拟操作;"附加练习"——作为网上模拟操作之后为学生提供的再训练,它以每一操作环节中的重难点为内容,用案例形式提供训练背景,以期在反复训练中使学生加深对专业知识的理解,熟悉知识的运用,提高业务技能,形成良好的职业能力。此外,本教材还设置了附加模块,包括"综合测试"以及外经贸部"中国国际电子商务网"目前使用的"外贸业务管理及制单系统"和"加工贸易计算机联网审批管理系统"。附加模块属选修内容,不占课时,供各学校选择使用。(顾永才)

F000518 **网络营销** 才书训、王雷震、叶柏青主编。东北大学出版社 2002 年 4 月版。21.6 万字。16.00 元。电子商务本科系列教材之一。从微观角度采用管理研究方法对网络营销的基本理论与基本方法进行了较为全面、系统的概括与阐述。全书共 11 章,包括网络营销战略管理、网络营销环境分析、市场调研、网站、网页设计、产品策略、定价策略、网络渠道、广告策略、公共关系策略、顾客服务策略、促销策略等营销策略及其规划与实施,以及网络营销的产生、发展、现状,网络营销的特点、安全、政策、法规等。(刘淑芳)

F000519 **Web 站点的设计与管理** 何浩、张自然主编。华中师范大学出版社 2002 年 8 月版。

27.5万字。30.00元。系统地介绍了基于Windows平台的Web站点的建立过程和相应技术,如Windows NT技术,Internet技术,Web服务器,HTML与网页制作,Web应用开发技术,Java与JDBC,ActiveX控件等;介绍了Web站点的管理技术和Web站点的安全防护。(杨发明)

F000520 **经济全球化与市场战略** 副名:市场原理主义的批判。[日]金子胜著,胡靖译。中国人民大学出版社2002年10月版。15.4万字。13.00元。分析了实行全球化对日本经济的影响。他认为,所谓全球化即美国化,所谓世界标准即美国标准。由于日本盲目追随世界标准、世界规则,推行日本版的金融危机路线,致使日本的金融体系多次出现不稳定,最终导致泡沫经济以及泡沫破灭,大量中小企业破产,许多人失业,经济完全陷入低迷状态。书中提出了对日本今后道路的思考,日本今后的发展方向,既不可能是单纯的计划经济,又不可能是单纯的市场经济,而是改造市场,将市场和政府收归自己掌握的道路。此即被称为第三条道路的战略性思考。(陈莹)

F000521 **八种武器** 副名:销售案例·培训核心教程。付遥著。中华工商联合出版社2002年1月版。23万字。19.80元。分上下两篇。上篇的目的是帮助销售代表定出正确的销售策略,下篇是介绍销售代表在实战中的技能。各章的内容是:上篇:一、什么决定业绩;二、了解客户;三、销售的六个阶段;四、八种武器;五、成长之路;下篇:六、面对面销售;七、销售演讲技巧;八、战胜异议;九、高级销售技巧(案例)。全书比较全面地讲解了决定销售代表业绩的因素和提高销售业绩的方法,其中重点讲述了各个阶段销售的重点,特别是8种进行销售的场合和方法。不仅讲解销售技巧,而且列举了大量的销售实例。(郭敬梅)

F000522 **人员推销(第六版)** 罗纳德·B.马克斯著,郭毅等译。中国人民大学出版社2002年1月版。75.5万字。53.00元。"工商管理经典译丛"之一。阐述了有关人员推销的经验和技能,力求帮助学生作出职业生涯选择,提供了有关推销职业生涯的重要信息,讨论了社会上对销售人员普遍的、负面的,然而却是错误的印象。还描述了推销在我们这个社会中高效率的职能作用,以及在市场营销组合中的重要作用。据悉,许多学生并不重视销售生涯问题,原因是他们相信,非道德的交易才是成功的先决条件。开篇便指出了这种印象的错误所在,并且提出了包括导致失职行为的压力来源的推销活动架构。同时,还展示了有助于学生首次推销所需的实用技能。现有的营销课程常常忽视学生的即时需求,只注重讲授那些更高管理层次才感兴趣的理论概念。结合大量实例,讨论了销售所需的寻找潜在顾客、初次会晤、提问技巧、现场演示和促成购买等环节中的各种已被证实有效的即时技能。(于波)

F000523 **六西格玛的力量** [美]苏比尔·乔德赫利(Subir Chowdhury)编,郭仁松等译。电子工业出版社2002年5月版。7.68万字。15.80元。以通俗易懂、近似故事的形式,将复杂的6σ法的原则、实施方法与步骤等引人入胜地展现出来,使几乎所有业务领域的读者都易于理解与应用。这种独具匠心的透彻分析、化繁为简的超凡能力,是作者多年实践经验的凝聚以及对6σ法了然于胸、深刻理解的体现。(总编办)

F000524 **世界上最伟大的推销员** [美]奥格·曼狄诺著,安辽译。世界知识出版社2002年8月版。18万字。16.00元。励志类图书。记载了一则感人肺腑的传奇故事。一个名叫海菲的牧童,从他的主人那里幸运地得到十道神秘的羊皮卷,遵循卷中的原则,他执著创业,最终成为一名伟大的推销员,建立起了一座浩大的商业王国。该书一经出版,就引起巨大反响,适合任何阶层的人士阅读。它振奋人心,激励斗志,改变了许多人的命运。(范景峰)

F000525 **世界上最伟大的销售训练** [美]罗伯特·纳尔逊著,贾宗宜、卢爱君译。新华出版社2002年10月版。14万字。18.00元。综合了十位销售与励志大师的思想精髓,制定了有效实用的销售培训计划,它告诉你如何有效地运用这些原则来扩大销售额。(吕仙挺)

F000526 **业务EQ** 副名:顶尖销售人的自我修炼。洪兆武著。机械工业出版社2002年4月版。11.8万字。16.00元。分4个部分、49个专题,详细地介绍了一个成功的销售人员必备的素质与技巧。主要包括:心理建设篇,主要介绍销售人员如何树立自信心,培养良好的心理素质去应对挑战,包含11个专题;基本技巧篇,主要介绍销售人员发现客户、赢得客户的一般方法,包含14个专题;进阶密技篇,分14个专题介绍了销售成功的诀窍与创新方法;乐在销售篇,主要介绍销售人员自我激励的方法技巧,共分10个专题。(陈海娟)

F000527 **市场调研精要(第3版)** [美]小卡尔·迈克丹尼尔(Carl McDaniel, Jr.)、罗杰·盖兹

(Roger Gates)编，范秀成等译。电子工业出版社2002年8月版。65.92万字。42.00元。是国外最流行的市场调研教科书之一《当代市场调研》(第4版)的精要版，作者均为国际知名市场调研专家。全书以生动、精炼的语言，多年实践经验，以调研用户为导向，从管理者角度，将因特网和技术问题、方法无缝整合，介绍了市场调研的管理思想、调研设计、数据资料的获取、市场调研的实际应用等诸多内容。突出国际化特色；完全更新了“二手数据、数据库、因特网、决策支持系统”的内容，反映最新市场调研技术；真实、最新的案例，并设有专门的网站支持。(总编办)

F000528 **市场营销创新** 张文贤主编。复旦大学出版社2002年2月版。37万字。30.00元。系统而全面地介绍了国内外市场营销创新的最新研究成果，包括文化营销、知识营销、品牌营销、形象营销、整合营销、关系营销、网络营销、互动营销、定制营销、全球营销、绿色营销和服务营销。(李华)

F000529 **市场营销学** 甘碧群主编。武汉大学出版社2002年11月第三版。69.8万字。40.00元。紧扣知识经济和全球化大背景，以基于经济学、行为科学和管理学的综合方法，全方位纵深地探讨了一体化全球市场中的消费者、企业及其他市场主体的价值和行为的演变，并以此为基础，展开对营销策略的论述，从而使理论与实践在新环境中紧密结合。

F000530 **市场营销学教程** 纪宝成主编。中国人民大学出版社2002年3月第三版。45.8万字。29.00元。建立于引进的市场营销学基础之上，同时又切合我国国情、本土化的市场营销学教材。主要内容由市场分析、市场选择、市场营销组合、营销计划、组织与控制、特殊领域的市场营销等五部分组成，并附有主要名词术语英汉对照表。本书初版于1989年，并于1995年和2001年两次根据学科的发展变化进行了修订，此为第三版。(陈莹)

F000531 **市场营销研究:应用导向(第3版)** [美]纳雷希·K.马尔霍特拉(Naresh Malhotra)编，涂平等译。电子工业出版社2002年10月版。97.28万字。63.00元。全面系统地介绍了市场营销研究过程的各步骤，以及在实际应用中应注意的问题；将现代研究工具与最先进的管理实践相结合，反映了国际上市场营销研究过程、方法及应用方面的最新趋势；尤其是数据分析部分对分析市场营销研究数据的常用统计方法进行了非常全面、系统和实用的介绍，并附有很好的应用实例与数据。此外，还通过案例和对知名市场营销研究公司的介绍，强调了市场营销研究的实践活动。(总编办)

F000532 **当代推销学——建立质量伙伴关系(第8版)** [美]杰拉尔德·L.曼宁(Gerald. L. Manning)、巴里·L.里斯(Barry L. Reece)编，吴长顺等译。电子工业出版社2002年7月版。55.04万字。38.00元。涵盖了顾问性推销、战略性推销、伙伴关系、增值性推销以及销售自动化等方面的内容。从建立推销哲学到达成销售以及与客户建立质量伙伴关系，系统论述了人员推销的全过程。还介绍了当代最新的推销理念。详细阐述了信息时代电子商务对于推销的影响，以及在此环境下的伙伴关系和战略联盟的发展。书中采用了大量真实案例，设置了客户关系管理操作练习以及角色模拟训练，特别适用于课堂教学。(总编办)

F000533 **传统营销的终结** [美]塞尔希奥·齐曼著，沈开艳等译，责编赵凤珍。上海译文出版社2002年4月版。大32开，17.1万字。15.60元。作者是美国可口可乐公司前任副总经理。在书中，他以其从事营销工作数十年的经验告诉人们，营销是一门科学，而不是魔术。他认为，营销的本质就是：“必须把商品卖出去。”营销不是创造一个形象，或是哗众取宠的广告，它是要通过方案设计、促销活动、广告宣传、更新品牌、制定战略等诸多手段来达到实际效果，其目标即要使人们相信，他们必须而且应该购买你的商品。能够做到这一点，营销就成功了。企业也就兴旺发达了，作者以时而平实朴素的语言、时而夸张且充满激情的描述，对原本显得神秘莫测的营销术做了淋漓尽致的剖析。(管舒宁)

F000534 **全球营销原理** [美]沃伦·J.基坎等著，傅慧芬等译。中国人民大学出版社2002年3月版。73.3万字。56.00元。“工商管理经典译丛”之一。紧密联系一二十年来众多跨国公司的经营实践，引入和创造了一些全新的概念、理论和操作方法，如价值链、国家竞争优势、国际产品贸易周期、国际营销管理指导观念、杠杆理论、全球营销货源外购、战略伙伴关系、标准化和当地化相结合的全球沟通理论等。除了对国际营销领域作了简明的介绍外，还具有以学生为导向的风格。作者将有关的真实世界的案例、花絮和特写及对全球营销领域挑战的清晰叙述融为一体，每章结尾都配有案例，这些案例都来自公司实践，真实地反映了全球市场上的机会和挑战、全球营销的规律及运筹操作的乐趣。(于

波）

F000535 **国际营销学** 王兴邦等编著。甘肃人民出版社2002年6月版。31.7万字。22.00元。由国际营销理念设计、国际营销战略制定、国际营销过程管理三个方面构成。对国际营销环境、全球市场机会、国际营销战略计划和组织、国际产品策略、国际分销体系、国际广告和促销、人员推销和销售管理、国际市场定价、国际营销战略的实施与管理等进行了全面系统的论述，梳理了20世纪营销学的论点，介绍了一些行之有效的国际营销战略，提出了许多新的操作性强的国际营销理念。（肖林霞）

F000536 **服务营销** ［美］瓦拉瑞尔 A.泽丛曼尔等著，张金成、白长虹译。机械工业出版社2002年1月版。60万字。48.00元。英文第2版的中译本。最大的特点是结构新颖、系统、科学。全书围绕服务质量差距模型展开论述，将服务营销过程中顾客的角色、期望、行为、感知等与企业的战略、运营、人力资源等管理要素合乎逻辑而又清晰简明地联系在一起，同时引用大量"全球特写"、"技术亮点"和"专栏"，为读者分析和处理实际问题提供了指导。（王颖）

F000537 **科特勒谈营销** 副名：如何创造、赢取并主宰市场。菲利普·科特勒著，高登第译。浙江人民出版社2002年10月版。20.4万字。25.00元。共分4篇，分别是战略性营销、战术性营销、行政营销和转型营销。第一篇从新世纪营销环境变化及现有营销模式存在的问题出发，提出新时期营销战略。第二篇主要阐述前述营销战略的具体实施战术。第三篇讨论营销活动的计划、组织及评估。第四篇则是对信息经济新条件下企业未来营销方向的展望。各章后都附有"必须思考的问题"。（黄建光）

F000538 **营销新世纪：与思想对话** 郑学益主编。北京大学出版社2002年1月版。24万字。17.00元。分"从勤营销到懒营销"、"从硬营销到软营销"、"从'手段人'营销到'目的人'营销"、"从营销科学到营销艺术"、"从传统营销到创新营销"5编，在营销思想、营销艺术、营销创新、营销中"人"的角色转换以及团队合作等方面赋予市场营销以新内涵、新活力、新颖独到的理论见解和典型翔实的案例分析为企业营销决策者和研究者提供了新启迪、新思维、新创意。（叶楠）

F000539 **营销管理** 王方华编著。机械工业出版社2002年5月版。50万字。38.00元。将营销学理论同现代的新营销思想结合起来，注重从战略的角度介绍营销学的系统知识。全书共分6章，内容涉及营销与营销学、营销战略、分析营销机会、计划营销方案以及21世纪的营销。在每一章后都附有案例分析，并在各章节中引入了专论，对营销基本思想进行了有益补充和说明。（吴颖洁）

F000540 **零时——即时响应客户需求的创新战略** ［美］Raymon Yeh（雷蒙德·叶）等著，唐德琴等译。电子工业出版社2002年6月版。26.88万字。20.00元。提出了"零时"公司的概念，解释了技术是如何影响组织结构的，并结合英特尔、福特、亚马逊、戴尔等公司的创新实践归纳出零时公司的五条法则：零价值间隙、零学习间隙、零管理间隙、零流程间隙和零内部间隙，为企业在瞬息万变的商业环境中的生存和发展提供了前瞻性的指南。（总编办）

F000541 **懒人赚钱术** ［美］理查德·G.尼克松著，刘天伟等译。新华出版社2002年8月版。25万字。29.00元。讲述美国人乔·卡尔博白手起家成为富翁，并拥有幸福、轻松生活的经验、体会和人生哲学，介绍帮助他和众多成功人士获得财富和成功的理念和方法。全书分为上下两篇。上篇阐述获得成功的基本原则和种种"秘诀"，教授怎样真正认识自我，搞清楚自己的欲望和要实现的目标，树立成功的信念，培养和创造获得成功需具备的素质和条件，以及在走向成功的努力中，怎样不断选择正确的道路，修正心态，处理阻碍发展的种种问题等成功学方面的理论和方法。下篇介绍卡尔博和许多美国人赖以成功的致富途径——直销商务，并讲授具体的操作方法和窍门。（赵之援）

F000542 **服务人员的五项修炼** 副名：专业服务技巧训练。众行管理资讯研发中心编著。广东经济出版社2002年4月版。8万字。15.00元。认为服务既是无形的，又是有形的。把服务行为分解成五项最基本的元素，即①如何观察客户——看的技巧；②如何拉近与客户的关系——听的技巧；③如何提供微笑服务——笑的技巧；④客户更在乎你怎么说——说的技巧；⑤如何运用身体语言——动的技巧，并通过对这五个最基本的元素的修炼来提高服务人员的专业服务技巧。（陈剑娜）

F000543 **服务战略（Seven of Service Strategy）** 霍罗威茨（Jacques Horovitz）著，雷华译。云南大学出版社2002年7月第二版。13万字。28.00元。分7章，每一章围绕一个核心问题来阐述，这些核心问题都是商务实战中各种公司在顾客服务方面应当并且必须重视和面对的关键问题，如了解顾客、为顾客创造价值、服务工作进展测评、处理来自顾客的投诉、培养忠实的顾客、满意服务从人做起、服务管理——财富之源。每一章都先介绍方法，阐述理论，再以自己的经验，为读者勾划出“误区”。这一特点使本书既具有理论性，又具有很强的可操作性。(冯峨)

F000544 **与广告同道** 马林著。云南大学出版社 2002 年 6 月版。23 万字。26.00 元。最明显的特色是突出了作者对于广告的感觉与独特的分析。其中有对广告文化深层意义的思考，有广告公司经营理念的探讨和阐释，还有广告创意方案的写真范例等。(冯峨)

F000545 **100 个成功的广告策划** 徐小娟编著。机械工业出版社 2002 年 9 月版。25.7 万字。23.00元。选取了 100 个国内外企业成功广告宣传的案例。分方法篇、技术篇及实战篇等 3 篇。方法篇中主要介绍了广告调查与定位、广告目标及广告媒体等方面的成功运作经验；技术篇中主要介绍了广告诉求、广告说服、广告创意及广告传播等工作的主要经验；实战篇则介绍与分析了二十余个企业广告策划的经典案例。在每个实例后，都附有精当的案例评析及相关知识链接。(陈海娟)

F000546 **现代广告设计** 赵琛编著。辽宁师范大学出版社 2002 年 6 月版。29.6 万字。46.00 元。分别从广告含义、现代广告设计的基本原理、现代广告设计流程的诸多环节、现代广告设计的基本内容、平面广告设计、电波广告、户外广告与 PoP 广告、网络广告的设计等 8 个方面向读者全面而深入地阐释了现代广告设计的内涵与外延。配有大量的广告原形图片，以真实的记录向读者展示了广告从古至今发展的历程。(杨人格)

F000547 **酒品广告的奥秘** 罗立著。广东经济出版社 2002 年 5 月版。40.8 万字。48.00 元。“新视界”广告与品牌书系列之一。分 8 章：即天下谁人不饮酒——世界酿酒业发展态势；酒外乾坤大——酒类广告的内涵与特点；醉翁之意不在酒——酒类广告的定位与创意；酒酣心自开——酒类广告的表现技巧；酒香最怕巷子深——酒类广告的媒体选择；酒向人间都是酒——酒类广告的全案策划；今宵酒醒何处——酒类广告的误区；陈年老酒，历久弥香——优秀酒类广告赏析。通过对世界著名酒类品牌案例的分析，探讨了酒类广告定位、创意、传播以及其他创造性的解决策略。(陈剑娜)

F000548 **广告学(原书第 2 版)** [美]托马斯 C. 奥吉恩等著，程坪、张树庭译。机械工业出版社 2002 年 5 月版。92 万字。358.00 元。原书第 2 版中译本。详细阐述了广告业的结构，现代广告的进化过程及其社会、伦理和法规因素，广告与消费者行为，广告调查、广告策划的基础及过程，以及在广告计划实施过程，包括从信息设计到媒介策划与评估中必须注意的所有问题。整合营销传播的观念、方法及例证始终贯穿全书。书中还提供了 400 多条广告以及大量的网址，并采用了许多最新、最广泛的参考资料。(吴颖洁)

F000549 **现代广告设计** 王肖生编著。复旦大学出版社 2002 年 8 月版。23.3 万字。48.00 元。全面地介绍了广告设计的艺术构思、色彩配置、编排法则以及绘制技巧等。全书共分 18 章，主要讲述了广告设计的艺术基础、色彩在广告设计中的运用、广告与字体设计、广告招贴设计与艺术、商标标志设计、包装设计、漫画广告设计、展示广告设计、报纸杂志广告设计、电视广告故事画版设计、气模广告等内容，全方位地阐述了广告设计的有关理论与技巧。(李华)

F000550 **价格改革二十年回顾与前瞻** 汪洋主编。中国计划出版社 2002 年 6 月版。26.5 万字。28.00 元。讲述了中国价格改革的历史背景、基本轨迹、成就和基本经验，价格变动与价格改革的主要特征，价格立法的沿革与发展，价格管理组织体系和机构改革，新时期价格改革的主要任务等内容。(何欣)

F000551 **消费合作社经营论** [日]高村勣著，符纯华译。中国农业出版社 2002 年 3 月版。18.8万字。20.00 元。系统介绍日本消费合作社的起源，经营理念，组织结构、发展动向、人事和教育政策、商品政策、财务政策、共同购买事业、店铺事业、情报信息系统、神户生协经营史。(赵刚)

F000552 **律商** 张翔著。北京大学出版社 2002 年 11 月版。32 万字。22.00 元。系统地介绍了律商的概念，提出了律商的十大衡量标准，分析了律商与人性的关系、律商与市场经济规则、法律和道德之间的相互关系，从文化多元化、经济全球化、依法治国等视角，探讨了律商的培养途径，主张打破枷锁，培养个人的创新意识。(符丹)

F000553 **商务礼仪现用现查** 张春红主编。沈阳出版社 2002 年 4 月版。22 万字。22.80 元。针对中国加入 WTO 后的国内外商务活动中所遇到的具体礼仪问题进行系统的论述。全书分为15个章节加以论述。(1)商务装束礼仪;(2)商务语言礼仪;(3)行为举止礼仪;(4)商务办公礼仪;(5)会议及会务礼仪;(6)商务社交礼仪;(7)行业服务礼仪;(8)餐饮礼仪;(9)商务旅行礼仪;(10)商务人员出国(出境)礼仪;(11)涉外礼仪;(12)仪式活动礼仪;(13)礼仪文书规范;(14)求职的礼仪;(15)外国习俗礼仪。(滕建民)

F000554 **运营管理** 陈福军编著。东北财经大学出版社2002年1月版。40.2万字。28.00元。在MBA指导委员会制定的教学大纲的基础上,根据MBA教学和学习特点进行编写。全书共分运营管理概述、运营战略管理、运营计划、项目计划与管理、库存管理与MRP、运营控制、工作研究、现场管理、质量管理、设备管理、精益管理十一章。书中采用了案例、实验等多种先进教学手段。(孟鑫)

F000555 **现代物流管理** 王自勤主编。电子工业出版社2002年11月版。36.48万字。18.00元。主要内容:现代物流与物流管理,企业物流与现代物流业,顾客服务,现代运输管理,采购与库存管理,物流结点与物流中心,仓库与配送中心业务管理,包装与物料搬运,国际物流信息管理,现代物流成本管理,现代物流的发展趋势。(总编办)

F000556 **现代美国饭店销售管理** [美]阿默德·依斯梅尔著,王才美译。湖南科技出版社2002年6月版。24.8万字。大32开。20.00元。"现代美国饭店管理丛书"之一。以一种独特的方式探讨饭店业的复杂领域,涉及饭店销售和市场营销的各个方面,为饭店管理专业学生或饭店销售人员提供基本概念和销售技巧。集中探讨客房销售问题,还结合讨论了餐饮服务设施、辅助的销售问题。(戴涛)

F000557 **物流与供应链管理:降低成本与改善服务的战略(第2版)(英文版)** [英]马丁·克里斯托弗(Martin Christopher)。电子工业出版社2002年11月版。48.64万字。25.00元。讨论了物流在实现这些目标的过程中所扮演的角色,勾勒出了物流在采用服务层级细化市场、探索评估物流效率和服务绩效的方法中所起的作用。这本实用指南提供了评审物流系统和描述如何通过减少交付周期来提高供应链的反应性的信息。书中用大量各行各业、各个国家的案例研究和图表丰富生动地阐释了各种要点。(总编办)

F000558 **服务贸易** 副名:自由化与竞争力。王粤著。中国人民大学出版社2002年3月版。21.6万字。18.00元。着眼于探讨国际服务贸易自由化趋势及其对不同国家的服务业竞争力的要求。首先从目前流行的国际竞争力理论出发,探讨它在服务贸易中的运用,提出未来服务业发展中的竞争力问题是关键;继而围绕中国服务业的开放问题,分析了中国服务业在加入WTO之后所面临的国际国内环境与发展条件,提出了发展国际服务贸易的重要性与必要性,并指出提升服务业竞争力是发展服务业贸易的必由之路。全书在比较、分析国内外有关服务贸易理论的基础上,创新地将竞争力分析,与服务贸易的整体、分析相结合,提出不少服务业综合分析的有价值的观点。(社资)

F000559 **新编饭店英语** 武汉大学出版社2002年11月版。28.1万字。14.80元。分为两部分:第一部分以情景对话的形式指出各个部门人员的工作职责和服务规范;第二部分为短文,重点介绍饭店的特点、类型,以及重要部门的人员配置和职责,并提供了饭店专门术语。每一章节后都配有大量练习。(路小静)

F000560 **饭店工作英语** 《饭店工作英语》编写组编。中国旅游出版社2002年8月版。35万字。26.00元。突出"实"、"新"和"用"。所谓"实",就是所编内容紧扣旅游业特别是饭店业实际,讲求实用。所谓"新",就是内容新鲜入时。如初级英语部分,除一般的"招呼、送行、投诉、询问、兑币、雇出租车和打长途电话"外,增加了"兑换欧元、国际互联网、电子商务和用电脑缴关税"等简单实用的新内容;在中级英语部分有许多切实有用、新颖入时的内容,如:发伊妹儿、解释时区及时差的不同、打对方付款电话、安排团队乘车,饭店促销、安排新闻发布会、寄存、保姆服务和客人讨论时尚、服饰等。另外,中级英语部分还有一些介绍中国文化、习惯及中国补酒补品、东方特色风味食品、中国篆刻、书法、字画等。所谓"用",就是学习本书的目的不是为了考试,而是要能在工作中实际交流运用。(殷钰)

F000561 **饭店战略管理** 副名:理论前沿与中国的实践。邹统钎等著。广东旅游出版社2002年3月版。32万字。23.00元。"现代饭店管理知识丛书"之一。从饭店战略管理的角度,介绍了国际上饭店行业的前沿理论及一流饭店、集团的成功经验,并结合中国饭店长期以来存在的一些问题,指出了弊端所在及发展趋势。(李瑞苑)

F000562 **现代饭店服务方略** 张铁编著。河北科学技术出版社 2002 年 3 月版。21 万字。13.00元。主要介绍现代饭店、宾馆的经营理念、基本业务知识、饭店各职能部门的岗位职责、服务程序及在服务过程中需达到的质量标准。同时,对与饭店、宾馆服务工作有密切联系的菜点、酒水、礼节、礼貌等相关知识、理念,亦作了简明扼要介绍。在阐述中注重知识、技能和素质与科学性、知识性、实用性的结合,在内容上兼顾高中低档饭庄、餐馆特点,对其服务工作有很强的适用性和参考作用。(总编室)

F000563 **现代饭店营销管理艺术** 黄浏英编著。广东旅游出版社 2002 年 6 月版。31 万字。25.00元。"现代饭店管理艺术丛书"之一。以新世纪现代饭店面临的环境为研究背景,突出了饭店经营思想与管理的艺术性特点,强调在科学的基础上注重管理的灵活性和创造性,追求管理的适度性。并注重理论与实际和中西方管理的有机融合,借鉴西方先进的饭店管理理论与经验,切合中国实情,提出中国饭店管理的基本对策。(李瑞苑)

F000564 **度假村管理与运营** [美]罗伯特·克里斯蒂·米著。大连理工大学出版社 2002 年 9 月版。38 万字。16 开。57.50 元。重点研究了度假村行业的三个主要问题:娱乐设施、住宿与餐饮服务以及客人活动的组织。书中详细论述了自然资源和娱乐设施开发之间的关系,度假村经营者所面对的经营和后勤方面的挑战,并从人口统计学、心理学和客人身体素质的基础上阐述了创造收入并同时使客人满意的方法。(总编室)

F000565 **酒店业人力资源管理** [美]富兰克·M.戈等著。大连理工大学出版社 2002 年 9 月版。30 万字。16 开。39.50 元。主要从个人、团体、企业三个层次方面,就人力资源管理的各种技能和相关策略进行了论述,提出了许多人力资源管理的方法和技巧。包括:交流、领导艺术、员工激励、冲突的处理、压力与应对、决策、培训、组织发展及总的指导力。(总编室)

F000566 **酒店业经营全书** [美]保尔·R.迪特默著。大连理工大学出版社 2002 年 9 月版。43 万字。16 开。59.00 元。内容涵盖了餐饮、住宿、旅行和旅游业四个方面,对每一个方面,本书从行业规模、行业范畴和经营特点出发,到这一行业的独特经营理念、产品和服务,以独特的章节论述了本行业的管理特点,尤其是市场营销、人力资源管理、财务管理和计算机管理。(总编室)

F000567 **特色餐饮服务** 美国烹饪学院著。大连理工大学出版社 2002 年 9 月版。18.5 万字。16 开。36.50 元。分 13 章:餐饮服务的九项基本原则、餐饮服务的流派、餐厅组织结构和人事管理、前门、服务前的准备工作、顾客服务:主要事件、酒水服务、葡萄酒服务、送客、挑战特殊化服务、宴会、结账、安全与卫生。(总编室)

F000568 **餐饮特许经营** 宿荣江、朱士兰编著。辽宁科学技术出版社 2002 年 6 月版。28 万字。34.00 元。分为 12 章。内容包括餐饮特许经营的概念、特许经营基础与理念、特许经营种类与市场细分、特许经营优点及缺点、特许经营申请细节、特许经营与特许经营授权者的选择、特许经营法律要求、标准特许经营授权者向特许经营者提供的服务、特许经营财务要求、如何处理特许经营授权者与特许经营者关系、非传统特许经营、餐饮特许经营的国际拓展等。(李伟民)

F000569 **中国农产品市场行为研究** 武拉平著。中国农业出版社 2002 年 10 月版。16.3 万字。25.00 元。介绍了农产品市场行为有关理论问题,农产品市场行为的分析方法,农产品市场和价格的发展变化,农产品价格的地区波动行为,国内农产品市场间的行为关系,农产品收购、批发和零售市场间的行为关系,国内外农产品市场间的行为关系等,并指出需要进一步研究的问题。(赵刚)

F000570 **中国粮食市场研究** 肖国安等著。中国农业出版社 2002 年 9 月版。10.5 万字。12.00元。在以往粮食问题研究的基础上,在中国粮食如何应对 WTO 挑战的背景下,从粮食市场经济的角度,着重从六个方面进行了更为深入的理论研究与理论创新,还借鉴国内学者的研究成果,分别就粮食安全、粮食生产结构调整、粮食流通市场、粮食价格政策、粮食流通体制改革等系列问题进行了全面分析和研究。(张欣)

F000571 **纺织品及服装外贸** 张神勇主编。中国纺织出版社 2002 年 5 月版。29 万字。28.00 元。"纺织业工商管理系列丛书"之一。详细介绍了市场调研、客户开发和管理、进出口合同的签订和履行等各个环节的原理和方法,对纺织品出口配额管理、电子商务的运用和跨国经营也作了介绍。实例介绍以纺织品和服装为交易对象。(许小莉)

F000572 **野生动物产品学** 费荣梅主编。东北林业大学出版社 2002 年 10 月版。30.2 万字。23.00元。主要讲授兽类产品、鸟类产品、爬行类产品、两栖类产品,这些产品包括药用、食用、毛皮、羽毛、观赏几个方面，同时还介绍了产品的形态、结构、功能、鉴别，产品加工，产品市场等相关内容。尽管有些野生动物已列入《国家重点保护野生动物名录》或被列入《濒危野生动植物种国际贸易公约》附录中，其产品目前已禁止利用、贸易和销售，但为了保持全书的完整性和科学性，也为了解野生动物产品的历史和种类，在书中也作了介绍。（卜彩虹）

F000573 **福州老铺** 潘群主编。福建人民出版社 2002 年 3 月版。22.1 万字。16.90 元。记录、介绍福州各行各业“老字号”店铺今昔状况，收录的范围包括百货店、工艺品店、食品店、菜馆、酒家、风味小吃店、药店、医院、书店、文化商店、温泉澡堂、照相馆、理发店等，共计 100 余家。对所收入的老铺，从其创始人、开业年代、历史沿革、经营范围、产品特色、管理经验、掌故轶闻等方面作了介绍，追本溯源，由古及今，融史料性、知识性、趣味性为一体，以实事求是的态度，客观的介绍，通俗平实的语言，将百年老店的兴衰娓娓道来，给人以启迪，展现出福州传统悠久的民俗文化，从一个侧面打开了了解福州、认识福州的窗口。（陈力凡）

F000574 **2002 年全球经济展望与发展中国家** 副名：使国际贸易有利于穷人。世界银行《2002 年全球经济展望与发展中国家》编写组编著。中国财政经济出版社 2002 年 8 月版。32.25 万字。20.00元。为世界银行年度性经济读物。主题是如何使国际贸易更有利于穷人。全书阐明了这样一个议题，即要实现新的全球倡议对扩大贸易所作的承诺，在制订贸易政策时，必须齐心协力把发展作为其中心阶段。一开始就审视了全球发展前景，审视了把工业国和发展中国家命运联系在一起的全球化道路。随后，又阐明了对发展中国家尤为重要的四大方面的问题：货物贸易、服务业、运输业和知识产权。最后一章总结了前面所提出的政策议题，并对进一步的全球化和更快的经济增长给全球穷国生活水准造成的潜在影响进行了评价。本书建议国际社会应采取行动重构全球贸易体系以便在四个政策方面推动发展：在 WTO 内启动一轮有关发展的贸易谈判；为扩大 WTO 之外的贸易而推进全球合作；使高收入国家为增加贸易资助而制定新的政策；使发展中国家内部实行贸易改革。在把焦点置于全球性问题的同时，指出通过适当设计的地区性协议的道路，作为推动新贸易和加深一体化的手段，以此来加强多边的集体行动。（李玲兰）

F000575 **马克思主义国际贸易理论初探** 杨圣明主编。经济管理出版社 2002 年 4 月版。30.2 万字。35.00 元。学术专著。分 9 章：国际贸易的产生和发展；国际贸易在国民经济发展中的地位与作用；国际分工理论及其发展；世界市场理论；国际价值理论及其发展；马克思主义的国际贸易政策问题；世界货币与汇率理论；马克思、恩格斯对于各种国际贸易学说的评述；大国之间的贸易关系；国际服务贸易理论；与贸易有关的外资问题等。介绍了马克思国际贸易理论的基本内容及其发展，并指出，这个发展过程可分为三阶段：马克思、恩格斯时期；列宁、斯大林和毛泽东时期；邓小平时期。（总编室）

F000576 **国际贸易——原理·政策·实务** 陈宪等编著。立信会计出版社 2002 年 2 月第 2 版。60 万字。43.00 元。分导言、原理篇、政策篇和实务篇。循序渐进地论述了国际贸易的重要性、研究对象和内容，介绍了国际贸易的分类及国际贸易的法律环境；叙述了国际贸易、国际分工、世界市场的历史演进进程及规律性，介绍、评论了传统国际贸易理论、国际贸易新理论、西方宏观国际贸易理论，以及发展经济学国际贸易理论；分析了国际贸易政策的演变及国际贸易中的有关战略与政策，介绍了国际贸易条约与协定及世界贸易组织；讨论分析了国际货物买卖合同的各项交易条件，阐述了交易磋商和合同履行的基本过程，并介绍了主要的贸易方式。（王美鸿）

F000577 **国际贸易理论与实务** 张亚斌著。湖南人民出版社 2002 年 8 月版。38.5 万字。25.00元。分理论篇和实务篇。在理论篇，全面介绍了国际贸易的基本概念、发展趋势以及中国对外贸易的发展概况。对国际贸易理论的发展从完全竞争到不完全竞争、从静态到动态、从外生到内生的架构，重新进行了梳理。同时针对我国加入 WTO，专门介绍了 WTO 的相关规则，对我国的影响及应对策略。在实务篇，介绍了国际货物买卖合同，并对此内容逐一展开。如商品品名、品质、包装；国际贸易术语和商品价格；国际货物运输；国际货款的收付。针对现在社会网络通讯的飞速发展，专章介绍了 EDI 和电子商务。最后，介绍了国际贸易争议的预防和处理。（车戈平）

F000578 **国际贸易基础知识** 袁永友主编。对外经济贸易大学出版社 2002 年 6 月版。19.8 万字。9.30 元。分国际贸易基础知识篇和国际贸易选修篇两部分。针对中职国际商务专业学生应具备的知识结构和能力结构，突出了国际贸易知识的实用性和基础性，并尝试将国际贸易与中国对外贸易知识有机结合，力求做到深入浅出，举一反三。本教材还根据学习国际贸易基础知识的需要，在每章之后列有复习思考题，并按问答、判断、选择和案例分析等题型加以设计，便于学生把握重点，加深对教材内容的吸收消化，提高分析问题和解决问题的能力。(顾永才)

F000579 **国际商务** 副名：全球市场竞争。[美]查尔斯·W.L.希尔著，周健临等译。中国人民大学出版社 2002 年 5 月第三版。106.5 万字。82.00元。"工商管理经典译丛"之一。具有以下特色：(1)内容具有鲜明的国际性。全书列举了大量的跨文化研究的事例，涉及视角极广，可谓一本小型的"国际商务"百科全书。(2)体系的完整性。各篇、章、节联系紧密，过渡自然，布局系统。在全面介绍国际企业的重要理论基础上，为了帮助读者理解国际商务的演进，还从多角度着力论述了全球产出量、贸易状况、对外直接投资、多国公司的性质及世界秩序发生的变化。(3)理论联系实际。不仅综合了各种理论及各国政府、各种国际组织的政策原则，还十分注重实证检验。(4)注意吸收最新的研究成果。(5)强调提升理论层次。在系统阐述基础理论上，克服了一般教科书不加批判的浅显解释，对一些新的理论都作了相应的评述。当然，作者毕竟是一个美国学者，其价值观带有明显的西方世界的色彩。书中对中国的部分看法和评价难免失之偏颇，希望读者能用批判的眼光审视之。(于波)

F000580 **国际商务英语实用手册** 宋德利、张坚编著。中国纺织出版社 2002 年 6 月版。66 万字。58.00 元。采用中英文对照的编排方式，利用大量实例，以外贸基本流程为主线，从报价、询价、包装、仓储、货运、海关等多个环节全面系统地介绍了外贸交易和谈判中商务英语的规范用法和谈判技巧，介绍了商务书信的基本格式和写法，商务谈判中常用的口语短句、词组和句法，并大量列举了商务函电中的英语词汇和短语的缩写写法。(许小莉)

F000581 **进出口贸易实务** 王万义、吕红军主编。对外经济贸易大学出版社 2002 年 6 月版。32 万字。15.00 元。以货物买卖为对象，以合同条款为中心，以国际贸易惯例和法规为依据，全面介绍了国际货物买卖合同的具体内容、合同的履行环节及一般的贸易做法。将每章内容分为导读、正文和复习思考 3 部分。(顾永才)

F000582 **外贸单证实务** 周树玲主编。对外经济贸易大学出版社 2002 年 6 月版。32.6 万字。15.30 元。根据《外贸单证实务教学大纲》的要求，结合我国对外贸易的最新发展，特别是入世后我国对外经贸政策、法规及其贸易做法方面的变化，突出讲解外贸单证实务中的具体操作，并加大练习的力度，强调了实际动手能力。教材的内容多数选自目前进出口业务一线实际材料，在整个教材中严格遵循有关国际惯例。(顾永才)

F000583 **世界贸易组织概论** 刘军著。首都经济贸易大学出版社 2002 年 3 月版。36.44 万字。25.00 元。对世贸组织成员目前所达成的规则进行细致剖析，根据世贸组织的基本框架以及关于货物贸易、服务贸易、知识产权的规则，对每个部分的相关协议的条规进行了法律和经济上的分析，特别分析了各项协议达成的政治背景。(赵颖君)

F000584 **与官员谈 WTO 游戏规则** 李自杰等编著。广西人民出版社 2002 年 6 月版。24.1 万字。19.60 元。系统地阐述了"世界贸易组织的经济学基础"、"世贸组织基本原则"、"世贸组织协议"、"规则重在执行——WTO 争端解决机制"等内容。(胡晓波)

F000585 **中国加入世界贸易组织法律文件(中英文对照本)** 对外经济贸易合作部世界贸易组织司编。法律出版社 2002 年 2 月版。16 开 1146 页。280.00 元(精装)。收录了中国加入世界贸易组织法律文件——《中华人民共和国加入议定书》及其附件《中国加入工作组报告书》的英文原文和中文译本。(吴中华)

F000586 **中国加入 WTO 要言释义** 韩玉军主编。中国经济出版社 2002 年 7 月版。36 万字。29.80元。对世界贸易组织的基本知识作了系统介绍；对中国加入 WTO 的过程和 WTO 的主要协议与条款作了阐释；分析了中国入世的机遇和挑战；提出了中国应对 WTO 挑战的策略；借鉴和总结了其他发展中国家加入世界贸易组织的经验与启示。

F000587 **发展中国家与 WTO 的政治经济关系(修订本)** 张向晨著。法律出版社 2002 年 6 月第 2 版。32 开 290 页。20.00 元。"世界贸易组织丛书"之一。在第一版的基础上作了较大幅度的改动。对于发展中国家与多边贸易体制关系演变的历史，发展中国家参与多边贸易体制过程中的具体经验和教训进行了总结和分析，就发展中国家参与多边贸易体制的风险和收益问题得出一些初步结论。还在分析发展中国家与多边贸易体制关系的基础上，提出了这一关系对于中国的启示，通过比较中国与其他发展中国家的异同，对中国参与经济全球化和多边贸易体制问题提出了政策建议。（吴中华）

F000588 **全国“四五”普法推荐读物 中国加入WTO法律知识读本** 胡泽君主编。法律出版社2002年9月版。32开319页。18.00元。分3大部分：第一部分，WTO基本规则；第二部分，中国加入WTO的承诺；第三部分：中国法律制度的建设。全书将WTO法律知识分解成700多个问题，逐一进行了深入浅出的回答。（吴中华）

F000589 **WTO争端解决——案例与评析** 扬荣珍编著。对外经济贸易大学出版社2002年1月版。44.1万字。26.00元。包括上下两篇。上篇概括介绍了自1995年1月1日WTO成员根据《关于争端解决的程序与谅解》的规定，向争端解决机构提起磋商和投诉的234个案例（截止2001年7月13日）的基本概况。下篇主要对已结案的50个案件进行重点介绍和分析，包括各案专家组报告和上诉机构报告的主要内容，并就其对我国可能具有的现实意义进行了简要评析。（顾永才）

F000590 **WTO监督机制的法律与实践** 张军旗著。人民法院出版社2002年1月版。23.7万字。18.00元。主要论述了世贸组织的监督机制，并从宏观角度分析了WTO监督机制的基本问题，即监督的目标和对象、主体和机构以及WTO体制下国际监督的各种程序和争端解决机制等。（刘延寿）

F000591 **GATT/WTO案例及评析（1948—1995）** 韩立余编著。中国人民大学出版社2002年5月版。79.6万字。45.00元。分上、下卷。包括1947年关税与贸易总协定适用期间（1948年到1995年）缔约方全体通过的争端解决报告，以世界贸易组织正式公布的案例为准。经整理合并，将原来的101个案例压缩为88个案例。根据每一案例涉及的主要问题共分为12个部分，分别是最惠国待遇、关税减让、国民待遇、数量限制、反倾销措施、补贴与反补贴措施、保障措施、一般例外、争端解决、临时适用议定书、政府采购措施和其他。上卷包括前4部分，下卷包括后8部分。对关税和贸易总协定框架下的案例进行梳理，力图体现世界贸易组织争端解决制度的源本和基础。为了突出争端解决制度的稳定性和一致性，突出案例之间的相互联系，在每一案例中特别标明了案例的相互引用情况。（郑伯平）

F000592 **案释WTO反倾销协议** 陈静编著。对外经济贸易大学出版社2002年1月版。31.8万字。19.00元。对自1995年1月1日至2001年12月31日的全部WTO反倾销纠纷的上诉机构5个报告和10个专家小组报告（其中被上诉机构改正的部分除外）编辑整理，以案释的形式对《反倾销协议》的条款加以诠释。通过反倾销纠纷案例来阐释WTO反倾销协议的各项条款，读者可查阅与利用案例来理解与掌握WTO反倾销协议的实质。本书书末还附有到2001年12月31日为止经专家小组和上诉机构审理的全部10个案例的简介。在案例简介中，作者补充了某些案释条目的复杂的背景，总结了专家小组和上诉机构对《反倾销协议》条款的重要解释结论。对WTO反倾销协议的解释全部以WTO专家小组和上诉机构的解释为依据，WTO专家小组和上诉机构的解释对今后WTO成员、专家小组、上诉机构如何解释WTO规则具有约束力。因此，WTO专家小组和上诉机构的解释具有“准法律效力”，对准备在WTO体制下维护中国企业的合法利益有重要的参考价值。中、英文对照。（顾永才）

F000593 **WTO基本规则与公共管理** 副名：浙江省国家公务员公共课培训教材之十四。浙江省人事厅编。浙江人民出版社2002年3月版。28万字。17.50元。共16章分三篇。第一篇概要介绍世贸组织及其基本原则，以及中国与世贸组织的关系；第二篇概要介绍世贸组织若干重要协议，并讨论这些协议的国内实施对我国及浙江省的主要影响；第三篇，围绕入世对我国公共管理及体制提出的新要求，讨论如何改进政府管理工作，以及如何提高国家公务员的素质。（刘华）

F000594 **WTO概论** 罗知颂主编。广西师范大学出版社2002年9月版。37.6万字。17.50元。由上中下三篇构成。上篇WTO基础知识，概述WTO的组织结构、宗旨原则、法律制度和运行机制。中篇WTO与中国经济社会发展，对加入WTO后中国经济社会发展若干主要问题进行专题讨论，尤其专门分析了WTO框架下货物贸易、服务贸易、知识产权保护在中国的发展。下篇WTO与中国高等教育，对高等教育和人才的培养提出新的发展思路。序言部分概括介绍加入WTO后的中国经济发展。（总编室）

F000595 **世界贸易组织基础知识教程** 贾志永主编。西南交通大学出版社2002年8月版。

19.2万字。12.00元。分为6个部分。第一部分介绍了从关税与贸易总协定到世界贸易组织的发展过程;中国加入世界贸易组织的意义、加入世界贸易组织的历程及如何抓住机遇、迎接挑战。其余五个部分分别阐述了世界贸易组织的宗旨和职能、基本构架与运行机制;世界贸易组织的最惠国待遇原则、国民待遇原则等五个基本原则;世界贸易组织的多边贸易协定;中国加入世界贸易组织的基本权利、义务和承诺;中国加入世界贸易组织对中国经济发展的影响等等。每一部分前有“学习目的和要求”提示该部分重点,后附有“补充阅读材料”和“思考题”帮助加深理解,并提供了资料的来源。(刘永淑)

F000596 **中国加入WTO后的外经贸发展战略** 王允贵主编。中国计划出版社2002年11月版。23.6万字。19.00元。“中国学术基金丛书”之一。运用多要素法证明了我国目前实行的贸易战略是温和的进口替代战略。综合归纳了我国加入WTO后可以运用和不可以运用的贸易手段。提出了遵循(静态)比较优势、继续大力发展劳动密集型产业不利于我国结构优化升级。提出了有管理的贸易自由化战略,旨在在自由贸易和政府干预、适度保护与温和扶持间找到政策平衡点。论证了“以市场换技术战略”的理论缺陷。提出了技术转让二元促进利用外资战略,即通过竞争激励战略和R&D投资引力战略来促进跨国公司转让技术。提出了外商投资企业对我国产业成长的简单计量模型。提出了我国西部大开发中利用外资的“三分战略”(分地区、分产业、分阶段)。(何欣)

F000597 **中国近代海关史** 陈诗启著。人民出版社2002年8月版。91.4万字。100.00元。内容包括从外籍税务司海关制度的酝酿、建立、发展到1950年在中国国土上最后消失的全过程。海关以征收对外贸易关税、监督对外贸易为核心,兼办港务、航政、气象、检疫、引水、灯塔、航标等海事业务,还经办外债、内债、赔款及以邮政为主的洋务,从事大量的业余外交活动,对中国近代社会有着广泛的影响。深入地探讨中国近代海关的起源、发展、活动及其对近代中国社会的影响和作用,不但可以丰富近代中国财政史、对外贸易史、港务史、洋务史、外交史以及中外关系史等专门学科的内容,而且可以充实、扩大整个中国近代史,加深对中国近代社会性质的认识。

F000598 **辽宁省志·海关志** 辽宁省地方志编纂委员会办公室主编。辽宁人民出版社2002年12月版。32万字。100.00元。全面记述了1840～1990年辽宁省行政区域内设置的大连海关、沈阳海关、丹东海关、营口海关、瓦房店海关的历史沿革、机构设置、监管区域、监管业务、征税、口岸缉私、海关资料统计等,附有大事年表、重要文献辑存。有彩色图片32幅。(于虹)

F000599 **食品进出口贸易与质量控制** 陈绍军等编著。科学出版社2002年12月版。43.3万字。45.00元。从我国食品国内外贸易现状入手,围绕进出口食品的贸易与生产需要等,从多层面深入阐述如何搞好农产食品的进出口业务,为从业者提供相关的优质安全食品生产知识与法律服务。全书共分10章,系统介绍我国农产食品进出口概况、相关法律规则、优质产品生产、食品安全与质量保证、食品电子商务、食品文献与商业信息获取等方面知识,这些均为作者多年从事本科生和研究生教学、食品科研和食品出口产业管理的总结与体会,对食品生产经营业者、高等院校师生及有关研究人员有参考价值。(科学出版社总编业务部)

F000600 **开拓美国市场指南** 秦贞奎主编。中国财政经济出版社2002年9月版。59万字。70.00元。中国加入WTO后,对外贸易进一步发展。美国是世界第一经济强国,在世界贸易中占有重要地位,同时也是一个开放的大市场,有大量消费品需进口,给中国产品生产者提供了一个市场。美国已是我国重要贸易伙伴,我国企业应充分认识我们产品的优势,对美国的重要性并且应提高技术含量避开技术性贸易壁垒,改进自己的产品,使其适应美国的需要,让美国消费者接受中国产品。本书就以上种种作了详细的分析与介绍,还提供相关法规以及美国的进出口程序,检验检疫等等方面的第一手实用信息。(李冰)

F000601 **面向世界的理性思考** 副名:浙江对外贸易增长机理分析。吴钢等著。浙江人民出版社2002年1月版。29万字。25.00元。除“绪论”外,按照“增长机理分析”和“增长战略研究”两大部分展开。“用事实说话,用数据说话,用热爱对外贸易事业的良心说话”是全书的基本定位。反复强调要尊重客观事实,运用现代经济分析方法进行定量分析和实证分析。作为一个自由主义学派学者,他的思想是反对政府的过多管制和不恰当的干预,主张充分发挥市场作用和间接政策调节。(蔡玲平)

F000602 **云南对外贸易史** 吴兴南著。云南大学出版社2002年5月版。26万字。26.00元。

"云南地方经济史研究丛书"之一。论述了云南对外贸易的演变历程。指出秦汉以前云南各部族间的物物交换形式即是最初形态的对外贸易形式，把这一贸易关系扩展至与其相邻的但更为广阔的境外市场时，就奠定了真正意义上的云南对外贸易的市场基础，而自汉晋至清前期，是云南传统对外贸易形成、发展直至成熟的阶段，它在开拓海外市场的同时又促进了社会经济的繁荣与发展；近代，在商品经济发展的内在动因和帝国主义经济侵略的外部力量的共同作用下，云南对外贸易出现了飞速发展。通过分析研究指出：一方面，云南对外贸易具有曲折性和多变性，尤其是近代，对外贸易带有半殖民地特征；另一方面，从商品经济的角度看，对外贸易发生发展的物质前提，从根本上说是社会生产力的发展和社会分工的扩大。（蔡红华）

F000603 **鉴赏与品味系列** Nigel Groom 等编著，涂蓉等译。上海科学技术出版社 2000～2002 年版。约 150 万字。754.00 元/册。共有 13 个分册：《香水鉴赏手册》、《咖啡鉴赏手册》、《墨水笔鉴赏手册》、《干邑鉴赏手册》、《白葡萄酒鉴赏手册》、《红葡萄酒鉴赏手册》、《威士忌鉴赏手册》、《茶鉴赏手册》、《干酪鉴赏手册》、《雪茄鉴赏手册》、《巧克力鉴赏手册》、《香槟鉴赏手册》、《啤酒鉴赏手册》。每个分册都有一个主题，例如《香水鉴赏手册》中的香水，针对其历史、文化作了从古到今的探查，进行了分类详介，介绍了主要的生产、制造公司及其因之出名的豪华、精致的产品，回顾了这些公司的历史文化和它们杰出的品种。（胡毅）

F000604 **商品检验不确定度评定释例** 李慎安主编，郭兰典副主编。中国计量出版社 2002 年 11 月版。36 万字。42.00 元。针对商品质量检测结果不确定度评定以及产品检测实验室认可中有关不确定度的问题，提出了一系列的计算实例与有关说明，侧重于探讨当前这一工作中存在的问题以及评定的简化。（朱和平）

F000605 **羊毛贸易与检验检疫** 周传铭、郭喜良主编。中国纺织出版社 2002 年 5 月版。47 万字。40.00 元。"纺织业工商管理系列"之一。详细论述了世界绵羊毛主要生产国的发展概况，羊毛纤维的结构、性能，国外羊毛的分级和质量管理，羊毛贸易的一般程序和规定，进出口羊毛检验，进出境羊毛的检疫，羊毛检验检疫数据的数理统计，羊毛检验检疫的合格评定及对外索赔，羊毛的合理使用等内容。（许小莉）

F000606 **铅锌质量技术监督手册** 中国有色金属工业标准计量质量研究所编著。冶金工业出版社 2002 年 4 月版。74.7 万字。80.00 元。分 8 章。主要介绍国内外铅、锌的资源、生产和消费概况及其冶炼技术发展动向，LME 的铅、锌贸易要求、价格走势，世界铅、锌进出口贸易统计，铅、锌的品种和质量，铅、锌的检验方法及质量标准要求等，其中包括 40 个国家标准和行业标准。（王之光）

财政、金融

F000607 **新编财政与金融** 马云峰主编。大连理工大学出版社 2002 年 8 月版。25.4 万字。16 开。16.00 元。内容涉及财政的一般理论、财政支出与财政收入基本理论和基本知识、国家预算及其体制的基本原理、金融的一般理论与基本知识、金融市场基本知识、商业银行与中央银行的基本理论和基本知识、外汇与国际金融的基本知识、财政政策与货币政策的基本理论和基本原理等。（总编室）

F000608 **国际税收学** 程永昌、李万甫主编。中国税务出版社 2002 年 1 月版。大 32 开。22.00 元。主要阐述了国际税收学概念问题、税收管辖权问题、国际重复征税及其避免问题、国际避税与逃税问题、国际税收协定问题、涉外税收问题以及商品税国际税务协调问题。（李震雨）

F000609 **事业行政单位会计应用题解** 温殿有、王建成主编。黑龙江人民出版社 2002 年 7 月版。30 万字。19.00 元。针对事业行政单位财务管理、会计核算中常见的问题，结合日常财务会计实际，集中提出了近 400 个疑问和 400 多个例题，并对其一一予以解答。（刘恺汐）

F000610 **财政货币政策与现代市场经济** 李圣君著。东北财经大学出版社 2002 年 1 月版。28 万字。28.00 元。围绕多年来我国理论界关于财政政策与货币政策探讨中的主要问题、基本观点及政策主张，展开讨论。在全面介绍财政货币政策基本理论的基础上，总结我国特别是中国建国以来，特别是改革开放以来国家运用财政政策与货币政策手段调节宏观经济的经验与教训，扼要地介绍了西方发达国家运用财政政策与货币政策的做法与经验，并就当前国内国际经济的发展趋势，提出了关于财政政策与货币政策适应新形势的一些见解和主张。（孟鑫）

F000611 **中国印花税票总目录** 王平武、徐惠恩主编。中国税务出版社 2002 年 1 月版。180.00元(平),200.00 元(精)。由中国税务学会组织、税票集邮研究会承办,历时两年多,邀请了税务界、集邮界的知名专家和税票收藏家,经过研究论证编纂而成。本书共收录印花税票 2300 余枚,每一枚票均注明印刷厂、印刷年月、面值、颜色、齿孔状态、图幅大小、加盖情况和市场参考价等。本书分为清代印花税票、中华民国印花税票、中国解放区印花税票和中华人民共和国印花税票四部分,每一部分均附有大事记和参考文献。(李震雨)

F000612 **中国当代税收要论** 金人庆著。人民出版社 2002 年 6 月版。21.6 万字。30.00 元。对中国改革开放以来的税收工作进行了深入研究和系统论述。内容包括税收经济篇、税收法治篇和税收管理篇 3 部分,结合中国税收的实际,阐明了税收与经济、税收与法治、税收与管理的辩证关系。本书不仅对中国税收工作做了总结,而且对中国税收事业的发展进行规划。

F000613 **中国现代税收文化概论** 湖北省宜昌市国家税务局著。湖北人民出版社 2002 年 12 月版。24 万字。19.80 元。论述了税收文化的内涵、税收文化的功能及表现形式、税收文化的起源和演变、税收文化的发展规律、税收文化在当代的成果与经验;全面阐述了税收文化与环境、税收物质文化、税收行为文化、税收精神文化的基本概念和科学内涵;深入探索了如何建设有中国特色税收文化的途径、发展方向和奋斗目标。(张开群)

F000614 **中国税务年鉴(2002)** 国家税务总局编。中国税务出版社 2002 年 12 月版。220.00 元。分 8 篇,包括:重要文献;税收法规选编;国家税务总局工作;国家税务局工作;地方税务局工作;机构和人员情况;税收统计资料和附录。全面、系统地记述中国税收年度工作的基本概况,刊载中国税收方面的重要政策法规、信息资料和统计数字。(李震雨)

F000615 **中国税收季度报告(2002)** 国家税务总局办公厅组织编写。中国税务出版社 2002 年 12 月版。112.00 元。为季度出版物,主要以图表形式简明扼要反映一个季度全国税收的运行情况,再附以经济点评、工作点评、主要观点综述,同时刊登相关的经济数据和财政税收政策。每季过后一个月末出版(即每年 4 月底、7 月底、10 月底和次年 1 月底出版)。内容上力求权威、准确、及时,形式上力求精致。(李震雨)

F000616 **中国税收实务手册(2002)** 国家税务总局税收科学研究所编著。新华出版社 2002 年 5 月版。50 万字。38.00 元。介绍我国现行税收制度和税收基础知识的实务手册。内容包括 24 种税收征收管理的问题解答、有关税收的名词解释和现行主要税收基本法规等 3 部分。(卢瑞华)

F000617 **2003 年全国注册税务师执业资格考试辅导用书** 中国税务出版社 2002 年 12 月版。分 3 册,3 级。第一级(税法Ⅰ、税法Ⅱ),35.00 元。第二级(财务与会计、税收相关法律),35.00 元。第三级(税务代理实务),28.00 元。紧紧围绕应试这个主题,兼顾提高考生的实际能力,力求多个角度、多种形式、多种方法,帮助考生在较短时间内掌握重点内容,熟悉考试题型,增强应试能力和信心。内容包括:历年命题规律分析与趋势分析;重点难点辅导;考点辅导、考题分析、典型例题解析、同步强化练习题、跨章节综合练习题、全真模拟试题。(李震雨)

F000618 **国家税收(修订)** 许善达、胡彦炜主编。中国税务出版社 2002 年 2 月版。大 32 开。19.00元。主要阐述了税收的概念和特征、税收的产生和发展、税收的必要性和根据、税制要素与税制结构、税收负担、税法体系、税权、商品和劳务税类、所得税类、财产税类、其他税类、税收征管制度、税务违法与处罚、税务行政复议与诉讼、国际税收等内容,力求反映近年来我国税收理论与实务方面的新观点、新问题和新规定。与同类教材相比,本书在内容上有以下特色:一是在税收负担部分,编者尝试着从宏观税收负担水平、行业税收负担水平、地区间税收负担水平等方面介绍一些新的研究成果。二是增加了税法体系和税权部分,并吸收了各方面的最新研究成果。三是加重了税务管理部分的分量,对税收征管制度、税务违法与处罚、税务行政复议与诉讼等内容均设专章作详细介绍。四是在税收的国际关系部分,增加了世界贸易组织和欧盟的税收一体化等内容。(李震雨)

F000619 **教您纳税** 副名:办税员必读。贺志东编著。机械工业出版社 2002 年 4 月版。67.9 万字。48.00 元。共 20 章,系统深入地介绍了纳税人在办税过程中的所有业务操作问题和纳税技巧,内容涵盖税收制度基础知识,国、地税机关征管范围划分,纳税人与税务机关各自的权利、义务,税务登记管理,账簿、凭证管理,增值税专用发票的使用和管理,税款的征收,税务行政复议、诉讼,所有税种的纳税核算,纳税会计,纳税申报,税收优惠政策等。

（常淑茶）

F000620　**税务会计**　涂龙力主编。中国税务出版社2002年12月版。大32开。19.00元。按税种编排，主要阐述税务会计的基本原理和基本核算方法，突出案例教学。（李震雨）

F000621　**税务辅导站（第2辑）**　中国税务出版社2002年12月版。丛书。介绍了纳税人在具体的办税过程中遇到的问题，并根据国家有关税收法律、法规的规定进行了详细的操作指导，这些在实际中产生的办税操作实例，无论对熟练的财会人员还是对刚刚从事财会工作时间不久的新手来说，亦或对税务从业人员和纳税人来说，都有较高的实用价值。全套书共4册：《办税操作实例》赵连志主编，9.4万字，10.00元。《会计处理实例》赵连志主编，10.5万字，10.00元。《税收会计实例》赵连志主编，7.7万字，10.00元。《纳税审查实例》赵连志主编，10.6万字，10.00元。（李震雨）

F000622　**税收负担与深化税制改革**　中国税务学会学术研究委员会编。中国税务出版社2002年7月版。23.5万字。24.00元。"税收学术研究丛集"之一。主要内容包括：我国当前宏观经济形势与税收政策选择，宏观税负状况分析及评估，经济结构调整与税制结构调整，世界各国税制改革、税负调整动向及其借鉴，我国深化税制改革的思路，并附各方专家学者对我国当前税收负担的评估资料。（李震雨）

F000623　**税收经济文库**　卢仁法等著。中国计划出版社1997年7月至2002年12月版。丛书包括：《中国税收调控》卢仁法等著，1997年7月版，28.00元，《宏观税收负的数量分析模型》李丽、陆颖著，1997年4月版，28.00元，《所得税调节作用与政策选择》沈玉平著，1999年7月版，22.00元，《生态税收论》计金标著，2000年3月版，24.50元，《税种结构研究》邓子基著，2000年8月版，20.00元，《中国税收经济问题计量研究》张培森著，2002年3月版，28.00元，《中国增值税转型可行性实证研究》陆炜、杨震著，2002年1月版，15.00元，《国际税收制度规则和管理方法的比较研究》2002年12月版，49.50元。（李震雨）

F000624　**税收筹划操作实务（Ⅱ）**　赵连志主编。中国税务出版社2002年11月版。35.00元。较为系统、完整地对宏观税收政策进行了分析、预测，同时对宏观税收筹划和微观税收筹划（增值税、营业税、消费税、企业所得税、个人所得税）进行了较为详尽地提示，指出了税收筹划中的一系列操作实务中的重大问题，并为这些问题提出了较好的解决方案。（李震雨）

F000625　**中国税制（中英文对照）**　刘佐、刘铁英著译。中国税务出版社2002年2月版。18.00元。以中国现行税收法规和有关权威性资料为依据，概要介绍了中国现行的税收制度。有利于中外各界人士准确、便捷的了解中国现行税收制度的基本情况。（李震雨）

F000626　**税务系统质量管理体系**　沈宁主编。中国计划出版社2002年12月版。29.5万字。92.00元（含光盘）。以已通过ISO9001：2000认证的税务机构为实例，全面讲述了ISO9001：2000族标准的形成与发展，质量管理理论基础，ISO9001：2000主要内容的理解与实施，并结合税务系统的具体工作内容，阐述了税务系统建立和实施质量管理体系的过程、方法、难点及工作实施步骤等。包括四大部分内容，第一部分：2000版ISO9001：2000族标准概述；第二部分：国家税务机关质量管理体系的建立；第三部分：国家税务机关实施ISO9001：2000要略；第四部分：国家税务机关质量管理体系文件实例。书中给出了丰富的质量管理体系文件实例，其中包括质量手册、程序文件和作业指导书，构成了国家税务机关完整的质量管理体系文件。书后附有税务管理、税务评估和检查业务工作用表证单书，税务机关业务用表单和体系用表单示例，税务机关业务程序文件编写流程图以及税务机关质量管理体系工作计划书等。书中附《税务系统质量管理体系文件文本实例》光盘一张。光盘内容包括税务法律、法规文件、ISO9000：2000、ISO9001：2000和ISO9004：2000等标准，税务系统质量管理体系文件参考文本实例等。（何欣）

F000627　**税务检查**　谭光明主编。中国税务出版社2002年1月版。大32开。17.00元。重点介绍了税务检查的基本理论、基本知识和基本技能，阐述了商品及劳务税、所得税、财产税和其他各税的税务检查内容和方法及账务调整。（李震雨）

F000628　**完善个人所得税问题**　中国税务学会学术研究委员会编。中国税务出版社2002年7月版。14.4万字。16.00元。收集了中国税务学会学术研究委员会税制改革课题组研讨个人所得税制的改革指导思想、设计方针、政策取向等问题。（李震雨）

F000629　**国债的理论分析**　类承曜著。中国人民大学出版社 2002 年 5 月版。17.6 万字。15.00元。分为 3 个部分:第一部分主要是对与国债有关的几个基本问题进行了理论分析,并对国债理论的发展进行了详细的考察,这一部分为后面的分析奠定了理论基础。第二部分对国债的经济效应进行了分析,对国债的作用进行了重新探讨,着重论证了国债为促进我国经济稳定健康发展可以在哪些方面发挥积极的作用。第三部分则反驳了发行国债必然导致通货膨胀的观点,说明只要运用得法,国债就是无害的,就不会引发债务危机与通货膨胀。通过规范性理论分析和实证研究,紧密结合中国的实际情况,对国债方面的具有重大现实意义的问题进行了深入的分析,得出了一些有价值的、富有新意的结论,说明了在我国目前的经济形势下,只要满足一些前提条件,发行国债将有助于宏观经济健康稳定的发展。列入"财会科学文库"。(张冬梅)

F000630 **国债政策的可持续性和财政风险研究** 刘立峰主编。中国计划出版社 2002 年 12 月版。18.3 万字。16.00 元。"中国宏观经济丛书 2002"之一。在理论与实证、定性与定量的分析方法相结合的基础上,重点研究国债政策在政府反周期调节过程中的经济必要性与经济可能性。主要内容包括:第一,从概念入手,对国债政策可持续性的内涵进行了多角度的分析,提出了具有一定新意的解释。第二,对国债政策的现实经济效应进行了讨论,包括国债政策对经济增长和经济波动的影响,国债使用方向对国债政策可持续性的影响等等。第三,对国债的经济负担进行了理论与实证的研究,提出从政府资产负债和国债负担率两个方面研究国债经济负担合理性的基本思路,确立了国债相对规模变动的合理路径及其实现路径的条件。第四,对不同发展条件下,我国国债负担率的变动趋势进行模拟,对我国政府隐性及或有债务规模及直接财政成本进行了估算,以明确我国国债政策未来的作用空间。第五,对国债政策的通货膨胀效应、挤出效应进行了研究,分析了国债政策导致通货膨胀和挤出效应的条件和机制。(何欣)

F000631 **货币哲学** 陈戎女译。华夏出版社 2002 年 6 月版。49.8 万字。49.00 元。从社会的、心理的、哲学的角度对货币经济进行了范围极其广博的论述。分为"分析卷"和"综合卷"两大部分,前者从社会生活入手剖析货币的本质,剖析产生货币的需求以及货币所满足的需求,后者则反之,综合考察货币对整体的人类生活的影响,以此建立起西美尔式独特的世界图景。(冯清华)

F000632 **货币史** 副名:从公元 800 年起。[英]约翰·F.乔恩著,李广乾译。商务印书馆 2002 年 9 月版。26.00 元。详细考察了约公元 800 年查理大帝改革至 1896 年白银战争结束之间货币的历史,简要概述了 20 世纪与货币有关的重大事件;讨论了货币是如何由中世纪简单、粗鄙的金属铸币一步步演化成今天这种样子的。它涉及各个时期(西方的)重大货币论争,比如英王亨利八世与托罗斯·格雷沙姆之争、1696 年艾萨克·牛顿的重铸货币方案、李嘉图与金银委员会等,讨论了许多经济学家以及诸如洛克、笛福、斯威夫特和沃尔特·司各芬等不同人士的货币理论。作者认为,当前争论不休的热点问题和金融难题大都牢牢植根于过去,实际上所有与货币有关的现代性难题都在过去出现过。(程秋珍)

F000633 **辛亥革命时期货币** 马传德、徐渊著。上海教育出版社 2002 年 3 月版。400 多幅。190.00元(特精)。系统介绍和研究辛亥革命时期历史货币。从货币这个特定的角度,反映这一时期的经济、政治、军事、文化、社会等状况。史学界通常将 1894 年孙中山创立兴中会开始至 1913 年"二次革命"失败为止的历史阶段称之为"辛亥革命时期"。故收录了在此期间"孙中山在海外发行的筹饷票券、各地军政府及地方所发行的纸币、南京中华民国临时政府发行的纸币、民国初建时的其他纸币、辛亥革命时期的金银币、铜元和铜钱"和各地军政府及南京临时政府发行的公债票。对以孙中山在海外发行的筹饷票券和各地军政府及中华民国南京临时政府发行的纸币和债券进行重点介绍,文字上采用中英文对照排版。(毛永谦)

F000634 **中国人民货币钞币图录** 熊剑秋编著。四川大学出版社 2002 年 9 月版。25.8 万字。86.00元。分 4 个时期(土地革命战争时期、抗日战争时期、解放战争时期、中华人民共和国时期)列目录,每个时期均按所属区域和银行排列。有的银行延续时间跨越两个时期,均以各时期分段列出。书中的目录齐全,而实物图片因受篇幅所限,只选编具有代表性的币种,以供实物图片与目录对照查阅区分之用。具有以下两个显著特点:①第一次出现的新品种达 100 余种;第一次列出的人民政权货币钞币品种达 1916 张;人民货币第一次展现了自己的收藏价值。②这部"图录"极具鉴赏性、可读性、参考性。(汪萍 成杰)

F000635 **日元国际化** 副名：进程与展望。［日］菊地悠二著，陈建译。中国人民大学出版社2002年10月版。24.3万字。19.00元。从国际化的视点出发，以伴随日本现代化同步前进的通货——日元的历史追溯及未来展望为焦点，揭示21世纪日本所应该解决的课题，并指明其解决的方向。作者以客观的立场分析了从德川幕府末期到20世纪末近130年的日元演变的历史，并结合自己长期从事国际金融业务的实践，对日元国际化进程中的问题提出建议。作者认为日元将来可能成为亚洲经济稳定发展的铁锚，将发挥作为一种国际公共财富的作用。要实现日本经济复苏，日元全面国际化是一个不可或缺的重要课题。列入“现代日本社会科学名著译丛”。（郑伯平）

F000636 **金融工程学** 叶永刚主编。东北财经大学出版社2002年4月版。53.8万字。36.00元。分为3大部分：一、概论篇，论述了金融工程的基本概念、基本原理和基本方法；二、工具篇，分析了现货工具和衍生金融工具的基本原理及其配置；三、综合运用篇。在金融工具的定价上运用的是无套利分析法，在金融工具的应用上运用的是积木分析法。将基本原理的分析与案例分析紧密结合，将金融工程的基本原理与中国金融财务领域的实际紧密结合。不仅分析了衍生金融工具在金融工程中的应用，而且强调了现货工具在金融工程中的应用。每章前有学习目标，章后有习题，书后附有参考文献。（孙越）

F000637 **金融服务集团：新金融浪潮** 李季、王宇编著。东北财经大学出版社2002年11月版。21.2万字。24.00元。在多样化战略框架内介绍了金融服务一体化的效应与形势，并分析了产生这一市场组织结构的背景、因素与动因。在此基础上，对金融服务集团的内部控制机制、结构与整合程度进行剖析。同时，介绍了有关国家相应的金融监管措施。本书还以花旗集团(citi group)和荷兰国际集团(ING)为个案对金融服务集团进行了具体而细致的分析。

F000638 **金融理论与实务** 邓超主编。湖南人民出版社2002年1月版。36.8万字。31.00元。将现代金融理论与我国金融改革相结合，具体说明了货币与货币制度、信用及利息、金融机构体系、金融市场、商业银行、信托与租赁、保险、中央银行、货币均衡和通货膨胀、国际收支与汇率、国际货币体系、金融深化与金融改革等内容。（陈敬）

F000639 **关于衍生金融工具的会计问题研究** 陈小悦课题主持人。东北财经大学出版社2002年7月版。17.2万字。18.00元。“财政部重点会计科研课题系列丛书”之一。共8章：引言；研究综述；衍生金融工具的定义、特点及其监管问题；衍生金融工具的会计问题；衍生金融工具会计准则的国际发展和差异分析；套期会计问题；关于我国衍生金融工具会计准则模式选择的建议；我国衍生金融工具相关调研结果与建议。衍生金融工具在我国尚属新生事物，种类较少，市场发育亦极不健全，重点对其所涉及的会计问题进行了分析与阐述。书后还附有相关的六份国际资料及两份国内资料。（李智慧）

F000640 **银行业会计问题研究——基于商业银行的思考** 庞月瑛主编。东北财经大学出版社2002年7月版。7.3万字。15.00元。“财政部重点会计科研课题系列丛书”之一。共4章：影响商业银行会计的主要因素；商业银行财务会计研究；商业银行管理会计体系建设研究；结论。第一章重点分析了我国商业银行现行会计体系的形成，指出其历史合理性及在新的经济条件下的局限。第二章着眼于财务会计领域。第三章探讨了管理会计在商业银行中的应用。第四章在总结前三章内容的基础上，得出若干基本结论。（李智慧）

F000641 **商业银行会计** 王允平、李晓梅主编。立信会计出版社2002年8月版。36.3万字。24.20元。主要介绍商业银行会计的基本核算方法和各项业务的会计处理方法。基本核算方法侧重于银行的账务组织的总体构成和运行方式；各项业务的核算包含了商业银行的主要资产和负债业务以及中间业务，包括存款、贷款、社会支付结算、外汇、联行、金融企业往来；还有银行的对外投资和损益核算、财务报告以及财务分析等有关内容。（张立年）

F000642 **电子支付与网上金融学** 才书训主编。东北大学出版社2002年4月版。24.6万字。17.00元。电子商务本科系列教材之一。全书共9章，主要阐述了电子支付的方式、手段、性能特点及业务流程，电子货币的产生、发展、各种类型电子货币的特点、电子支付设备、电子支付软件的安装与使用、电子支付涉及的相关协议和法律法规等。同时介绍了网上金融机构、网上金融业务、网上银行模式、网上银行发展存在的问题，以及网上金融风险防范等内容。（刘淑芳）

F000643 **网上支付与电子银行** 刘刚编。华中师范大学出版社2002年6月版。26.9万字。

22.00元。主要从支付方式与电子支付系统、电子货币、网上支付工具、大额支付系统、电子银行、金融信息增值服务系统、安全电子支付的技术保障(包括安全电子交易协议SET、安全套接层协议SSL、我国的CA建设和体系结构)等方面,系统地阐述了在网络金融的发展过程中实现电子支付的相关理论问题和实践操作问题,并提出了我国电子银行发展的战略与对策。(刘道静)

F000644 **风险投资** 林江、胡延平著。首都师范大学出版社 2002 年 7 月版。33.1 万字。30.00元。全面和系统地研究了风险投资的主要问题。对风险投资许多重要问题,作了十分详尽的论述。许多论述不仅具有针对性和可行性,而且具有可操作性。对高新技术发展现状和前景做了分析和判断。对我国高新技术产业和风险投资基金的现状作了深入的剖析和论述,着重介绍了863计划和火炬计划实施情况。对风险资本退出机制和二板市场作了较深入的研究。(李荣平)

F000645 **风险投资运作机制与决策分析** 刘德学、樊治平著。东北大学出版社 2002 年 7 月版。17.5 万字。16.00 元。结合我国风险投资运营管理的实际,在微观层面上对风险投资的运作机制及相关决策问题进行了系统的介绍。主要内容包括:风险投资运作机制,风险投资公司组织管理,风险投资项目决策分析,风险企业监控,风险投资退出,风险投资环境评价等。本书在上述内容阐述的基础上,还给出了一些应用实例分析。(刘淑芳)

F000646 **投资运营的经济分析——分析方法与实际应用** P.贝利 J.安德森、H.伯纳姆 J.迪克逊、谭继鹏著,中华人民共和国建设部标准定额研究所译。中国计划出版社 2002 年 9 月版。14.7 万字。52.00 元。"世界银行学院发展丛书"之一。是世界银行专家多年项目经济评价实践经验的总结,对项目评价中经常出现的许多问题,有针对性地做了阐述。虽然本书非理论研究方面的专著,但对一些关键性的理论问题也做了精辟的论述。(何欣)

F000647 **投资学** [美]滋维·博迪等著,朱宝宪等译。机械工业出版社 2002 年 9 月版。126 万字。118.00 元。原书第 5 版的中译本。全书分为 3 部分:第一,基本理论部分,详细介绍了风险投资理论、资本资产定价模型、套利定价理论和市场有效性理论。第二,证券投资分析,对固定收益证券、股票和衍生工具的投资实务做了详细的介绍,重点分析了有关的投资理论。第三,证券投资分析的基础和背景及证券投资的管理。除了根据金融市场的变化和理论的发展更新了上一版中的有关资料、添加了新的内容外,还充分利用网络资源为学生和本书的使用者提供了更多的网上参考资料。(吴颖洁)

F000648 **投资学** 陈松男著。复旦大学出版社 2002 年 9 月版。65.6 万字。39.00 元。系统地介绍了投资经济学的一般理论及其实务应用,包括众多现代投资学的理论,如资本资产评价理论、套利评价理论、选择权评价理论以及现代组合管理策略等。(张宇宏)

F000649 **投资学基础(第3版)** [美]Gordon J. Alexander, William F. Sharpe, Jeffery V. Bail 编,赵锡军等译。电子工业出版社 2002 年 12 月版。77.44 万字。48.00 元。系统介绍了现代投资理论、投资组合管理方法、衍生金融工具、金融市场等基础知识以及金融工具在实际中的应用,阐述了现代投资理论的框架与分析方法。本书减少了《投资学》中的数理知识部分,语句更简明易懂,但仍保留了内容的丰富和完整性,并突出了实务操作的内容,增加了国际化的内容,同时在编排结构上各章相对独立,便于教学。(总编办)

F000650 **到山上挣钱去** 副名:投资铁律 11 条。[日]村上龙著,舜子、王超伟译。青岛出版社 2002 年 5 月版。16 万字。23.80 元。借助日本经典的 11 个寓言故事阐说投资的 11 条铁律,是一本"全新概念的投资与人生教科书"。全书的主题是让经济上的弱势群体——一般投资者如何做到远离无知,真正地对投资有所"知",用自己的知识来保护自己的财产、资源和潜质。全书时时处处都透出生活化、休闲化、形象化、浅显化的现代投资新观念,投资的理论问题变得不再晦涩难懂,风险的估算方法、个人的赚钱方案、资产运营和设计人生的重要方法——投资组合的思路在实际生活中的具体应用等投资的难题在书中都得到了详尽而富有启迪性的阐述。(杨成舜)

F000651 **管道的故事** [美]贝克·哈吉斯著。中国对外翻译出版公司 2002 年 4 月版。5 万字。11.80 元。告诉读者,如何让每一个人都可以建立一个源源不断收入的"管道",并学会为自己和家人建立真正财务自由的策略。(黄定)

F000652 **国际汇兑实务** 魏秀敏主编。对外经济贸易大学出版社 2002 年 6 月版。22.4 万字。10.50 元。包括国际收支、外汇汇率、外汇交易、外汇管制、外汇风险防范及进出口报价等方面的问题,讲授国际汇兑实务的基本知识,训练国际汇兑业务的操作技能,培养学生具有在国际商品交易的业务程序中主动规避外汇风险的基本意识和避险技巧,进而强化学生在以国际商务为中心的国际汇兑领域内的基本认知能力、动态思维能力、融会贯通能力以及动手操作能力。(顾永才)

F000653 **比较金融系统** [美]富兰克林·艾伦等著,王晋斌等译。中国人民大学出版社 2002 年 6 月版。46.6 万字。56.00 元。在充分比较现有的主要金融系统模式的基础上,从投资者、金融中介及其他经济主体的微观行为入手,详尽剖析了金融市场和金融中介在金融系统中所起的重要作用,发展了关于金融系统若干问题的新模型和新思想,力图准确刻画各种金融系统模式的特征以及这些特征对资源配置的影响。作者提出如下观点:与银行等金融中介相比,金融市场在风险分散方面并无必然优势,片面强调金融领域市场化是错误的,银行业竞争可能不利于资源配置,一味强调竞争无根据;金融危机具有两面性,对金融危机的硬性消除可能有害;金融市场和金融中介是互补,而非替代;在金融系统的发展过程中,要特别重视投资者的参与成本。列入"金融学前沿译丛"。(社资)

F000654 **机构投资与基金管理的创新** [美]大卫·史文森著,郑艳文等译。中国人民大学出版社 2002 年 4 月版。34.4 万字。40.00 元。将机构基金经理、养老基金受托人、投资经理以及大学、博物馆、医院、基金会的受托人所构成的投资领域生动地展示在读者面前。将作者自己管理耶鲁基金的感受与经验无私地奉献给读者,大到捐赠基金的目的与投资理念,小到组合管理的战略和战术,还强调了一些基本概念,如操作风险、投资顾问的选择、单个资产类别投资的机会与缺陷,并借助具体案例来加强读者对这些概念的理解,可以帮助机构基金经理构建成功的投资框架。书中所介绍的投资知识是针对教育型的捐赠基金的收益及其挑战的,其中的投资思想却适用于所有金融市场参与者。列入"资本市场运作经典译丛"。(社资)

F000655 **国际金融市场** 副名:价格与政策。[美]理查德·M.莱维奇著,施华强等译。中国人民大学出版社 2002 年 5 月版。97.2 万字。79.00 元。包括 4 个方面的内容:(1)外汇;(2)离岸市场;(3)衍生证券;(4)国际资产组合投资。其中第 1 章,首先概述了从 20 世纪 60 年代以来国际金融市场发生的变化。在第 2 章中,作者评述了本世纪国际金融制度的历史,阐述了国际金融市场新近的价格行为。第 3 章考察了外汇市场的结构和制度方面。第 4 章和第 5 章,介绍了国际金融评价条件,这些内容已成为国际金融领域任何教程的标准组成部分。第 6 章,阐述了汇率决定的经济因素。与汇率建模研究密切相关的内容是市场有效性和汇率预测,这两方面的内容成为第 7 章和第 8 章的主题。第 9 章集中讨论了欧洲货币市场的短期银行存款和贷款。第 10 章对离岸市场的长期市场——欧洲债券市场进行了讨论。第 11、12、13 章分别分析了期货、期权和互换的制度特点和定价关系。第 14 章考察了国际债券市场的规模,中心内容是在无套期保值和有货币套期保值的两种情况下,债券投资的收益率计算。第 15 章给出了国际股权资产组合的类似分析。第 16 章考察了国际金融头寸风险的衡量和管理。第 17 章揭示了监管者如何把握国际金融市场的发展方向。列入"金融学译丛"。(梁硕)

F000656 **金融市场与金融机构** 曹凤岐、贾春新著。北京大学出版社 2002 年 2 月版。38 万字。32.00 元。描述与分析了中国相应领域的历史变迁与现实问题。既有基本理论与市场运行的框架性介绍,又有切中中国金融市场与机构热点问题的深入讨论。主要内容包括:1.金融市场:涉及一级市场、二级市场,股票市场(含二板市场)、货币市场、财政证券市场、公司债券市场、市政债券市场、抵押贷款市场等各个金融工具的子市场,期货、期权、互换与上限下限等衍生产品市场;2.金融机构:包括商业银行等存款性金融机构,投资基金、投资银行等非存款性金融机构;3.金融市场上的价格:包括利率的风险与期限结构、汇率的决定、证券的定价等;4.中央银行:包括中央银行、货币政策、银行监管与货币的创造等。(陈莉)

F000657 **金融市场学** 夏德仁、王振山主编。东北财经大学出版社 2002 年 9 月版。58.3 万字。32.00 元。内容包括金融市场原理、基础性金融市场、衍生金融市场、金融市场的风险、监管与国际化等。在进行系统的理论分析的同时,注重了与实践问题的融合,针对金融市场正在经历的创新与变革,分析了新技术革命和经济全球化对金融市场的影响,对金融市场和金融结构的发展变化趋势进行了概括与前瞻。(石建华)

F000658 **衍生金融工具会计新论** 耿建新等主编。中国人民大学出版社 2002 年 5 月版。25.5 万字。19.00 元。全面阐述了衍生金融工具会计产生的背景和作用;描述了衍生金融工具会计的发展过程及其主要特征;分析了衍生金融工具会计在我国的研究现状和应用情况。论述了我国会计实务中关于商品期货会计、外汇远期业务会计、金融期权业务会计等的具体规定,探讨了股票衍生金融工具会计、利率衍生金融工具会计、外汇衍生金融会计的会计理论与实践,并分别对股票衍生金融工具会计、利率衍生金融工具会计和外汇衍生金融工具会计在我国的发展情况作了客观的分析和积极的展望。列入“财会文库”。(社资)

F000659 **可转换债券及其绩效评价** 杨如彦等著。中国人民大学出版社 2002 年 7 月版。40.9 万字。28.00 元。系统探讨可转换债券理论及其操作方法,书中全面使用了成熟资本市场所一贯运用的标准证券分析技术,把可转换债券的内部构造全部落实到财务基本面中去,它的一些方法可以较容易地推广到其他金融工具的研究中去。书中既讨论了可转换债券的性质和特点,探讨了作为发行人和投资人权利交换的工具,它所具有的债性和股性及其变化,也讨论了它的风险和收益及其在投资组合中的功能和作用;既考察了公司在选择融资方式时考虑的因素,不同融资方式的稀释效应、税盾效应和财务负担及其比较,也分析了利益相关人的权益评估和分配;既从公司治理结构角度讨论了可转换债券引发的控制权交易及其作用,也从法律和经济学的角度讨论了可转换债券的法律规则;既讨论了可转换债券的定价理论和定价方法,也讨论了可转换债券的衍生品种及其创新途径。帮助发行人和中介机构正确认识可转换债券这一融资工具的优缺点,避免以短期利益伤害长期利益;帮助监管人在中国证券市场建设中对可转换债券进行准确定位;通过努力,研究一种富有中国特色的金融产品。(社资)

F000660 **证券市场会计监管研究** 徐径长著。中国人民大学出版社 2002 年 5 月版。22.1 万字。16.00 元。以监管的理论分析和对证券市场功能、组成和风险的认识为基础,从证券市场与信息披露制度的“血缘”关系出发,具体剖析了我国证券市场会计信息披露中存在的诸多问题,进而确立了证券市场会计监管的理念。作者对证券监管的总体目标和会计监管的具体目标进行了相互关联的分析;对财政部、证监会和会计师事务所作为会计监管主体的地位作出界定,并把上市公司和会计师事务所这两类证券市场的主要参与者明确为会计监管的具体对象,同时,就目前我国证券市场上普遍存在的关联交易和盈余管理阐明了会计监管的具体对策。列入“财会文库”。(社资)

F000661 **证券投资学** 姬宇、史建朝主编。中国矿业大学出版社 2002 年 8 月版。33.5 万字。26.00元。由总论篇、分析篇、管理篇三部分构成。内容包括:证券市场、证券投资工具、证券投资技术分析、证券投资的收益和风险等内容。本书旨在研究和揭示旨在研究和揭示证券市场和证券投资的一般规律,介绍证券投资的理论、技术和方法,以指导广大学员和投资者掌握和了解证券投资的系统理论知识和技术方法,科学、理性地投资,最大限度降低风险,提高收益水平。(孙浩)

F000662 **彼得·林奇的成功投资** [美]彼得·林奇等著,焦绪凤等译。机械工业出版社 2002 年 5 月版。20 万字。19.80 元。用浅显生动的语言娓娓道出股票投资,尤其是在选股中的诸多技巧,向中小投资者提供了简单易学的投资分析方法。其中的这些方法和技巧得益于彼得·林奇多年的经验总结,具有很强的实践性,对广大投资者来说尤为有益。书中不仅阐释了精辟的投资方法与理念,还可以让你一窥这位传奇式的基金经理人在领导富达麦哲伦基金成为世界上最成功的基金的背后所蕴藏的独到的投资技巧与投资眼光。(李玲)

F000663 **股票投资分析** 沈冰编著。重庆出版社 2002 年 10 月版。36.2 万字。23.00 元。主要介绍和分析了股票、股票市场、股票价格指数、股票投资的收益与风险等一些基本的理论和知识;重点对股票投资的基本分析和技术分析进行了分析和阐述,在分析时注重理论与实践的结合;同时还介绍和分析了一些股票投资的具体操作策略与技巧,其实用性和操作性较强。(王梅)

F000664 **汇市透析与外汇交易** 周力主编。河北科学技术出版社 2002 年 4 月版。33.8 万字。24.00 元。介绍了外汇和汇率的一般知识、外汇市场和外汇交易的一般原理及各种外汇交易的具体操作规程,并分析了外汇风险的识别、计算及其防范措施。(总编室)

F000665 **现代金融:理论·政策·借鉴** 吴晓求主编。中国人民大学出版社 2002 年 9 月版。21.7万字。18.00 元。“资本市场评论精粹”之一。收录了 2000 年 1 月至 2001 年 12 月在《资本市场评论》上刊载的 21 篇论文。其中,金融理论与政策方面的论文 15 篇,国际经验比较研究领域的论文 6 篇。这些论文,有的从资本市场发展的角度探讨现代金融的演变特征;有的从多样性的角度研究不同金融模式的异同;有的从基础理论上探讨现代金融的质的规定;有的从现实出发,论述并评析当前的金融政策,特别是资本市场的政策;有的总结了成熟市场经济国家在金融领域的经验与教训。反映了作者对现代金融特别是资本市场的探索和思考。(社资)

F000666 **国际金融** 何璋等编。中央广播电视大学出版社 2002 年 7 月版。44.2 万字。16 开。26.00元。主要包括:国际收支与国际储备、外汇导论、国际资本流动、国际金融组织和国际货币体系、外汇业务与外汇风险管理、国际金融市场业务等六篇内容。(总编室)

F000667 **国际金融** 钱荣堃等主编。南开大学出版社 2002 年 11 月版。35.7 万字。18.00 元。分 4 部分:第一部分是基础篇,含 3 章,即国际支付体系、国际收支账户、外汇与汇率。主要内容是展示国际货币及国际金融交易产生的本源。第二部分是市场篇,包括 4 章,即外汇市场、汇率决定理论、国际金融市场、跨国公司财务管理。主要内容是分析国际金融市场的运行机制和市场环境,以及企业如何利用国际金融市场进行投资和风险管理。第三部分是资本流动篇,包括 4 章,即国际收支理论、国际收支调节、国际储备、国际资本流动与国际金融危机。主要内容是分析国际收支均衡的机制及失衡的原因,以及国际收支调节及相关的国际资本流动对不同类型经济所产生的影响。第四部分是政策篇,包括 4 章,即汇率政策、开放经济条件下的宏观经济政策、国际货币制度、国际金融机构。主要内容是展示开放经济条件下的宏观经济内外均衡和国家之间的宏观经济政策协调,并以国际货币合作作为全书的终结。(丁福原)

F000668 **WTO 与中国金融监管法律制度研究** 马卫华著。中国人民大学出版社 2002 年 10 月版。36.6 万字。39.00 元。分析了中国金融监管的现状,从维护国家金融安全以及促进国民经济健康有序发展的角度出发,深入探讨了 WTO 法律规则和有关的国际金融监管的法律文件,针对中国加入 WTO 后金融业所面临的机遇和挑战,对金融监管的理论和实践进行了较为系统的研究。书中分别从银行监管、保险监管、证券监管几个方面分析了中国加入 WTO 后金融监管法律制度存在的问题、产生的原因、面临的挑战及应采取的对策。内容涵盖了金融监管理论、金融监管法律制度、国内外金融监管法律制度的现状和特点以及发展趋势。列入“法律科学文库”。(社资)

F000669 **投资银行学** 陈琦伟编著。东北财经大学出版社 2002 年 9 月版。45.2 万字。35.00 元。针对中国股票和资本市场存在的缺陷,揭示了投资银行的真谛。对什么是投资银行、为什么需要投资银行、如何做投资银行等三个大方面进行阐述,具体包括投资银行的概论、发展历程及趋势、业务类型、基本功能、组织结构,投资银行在中国经济发展中的作用,经济与金融体系中的投资银行,投资银行与客户及与政府之间的关系,投资银行的客户管理及人力资源,投资银行的经营业务及策略等。每章之后配有小结及重要概念。(石建华)

F000670 **商业银行内部控制与稽核** 蒋建华编著。北京大学出版社 2002 年 8 月版。33.4 万字。35.00 元。从商业银行的风险管理和内部控制的定义、目标、原则、要素、评价标准与方法入手,借鉴国际上商业银行内部控制成熟的经验,系统地阐述了我国商业银行主要业务内部控制评价与稽核的标准和方法。本书分上下两篇。上篇介绍了内部控制制度,商业银行内部控制制度及其评价,商业银行内部控制稽核评价程序与方法,商业银行内部控制与内部稽核、商业银行内部控制与风险管理的关系,商业银行内部控制的重要组成部分及我国商业银行内部控制的现状与完善思路。下篇根据我国商业银行主要业务,具体论述我国商业银行各个业务环节的内部控制及其评价稽核。(林君秀)

F000671 **中国金融大趋势:银证合作** 吴晓求主笔。中国人民大学出版社 2002 年 4 月版。62.5万字。78.00 元。对未来中国的银证合作发展的四个层面进行了系统而深入的阐述与分析,并指出银证合作将对金融技术、金融信息化、货币政策以及金融法律体系等产生深远的影响。(张冬梅)

F000672 **中国机构投资者研究** 耿志民著。中国人民大学出版社 2002 年 11 月版。42.5 万字。45.00 元。“资本市场运作文丛”之一。系统研究中国机构投资者管理。从国际资本市场的一体化、机构化和基金化趋势出发,在宏观、微观等不同层面提供了一个关于中国机构投资者管理制度及政策决策的理论框架体系,以及可供选择或参考的技术方案。(于波)

F000673 **中国国债市场机制及效率研究** 李新著。中国人民大学出版社 2002 年 3 月版。20.6 万字。16.00 元。从中国国债市场的微观机制入手进行细致的分析,如国债发行、流通、衍生工具及市场管理的微观运行机制。在此基础上提出新颖的观点,将"流动性"定义为"及时性的价格",将拍卖理论应用于国债市场,提出预售国债的建议;根据交易的全过程分析,指出市场信息的披露是对交易过程的全面反映;认为可靠的价格发现、公正的信息传播及有效的风险规避是市场稳定的基石。应用市场微结构理论,对中国国债市场的实际情况进行分析,并尽量与国外进行比较,得出有益的启示。并且,作者把建立国债市场体系的立足点放在加入 WTO 后将中国融入全球化的国际债券市场。具有前瞻性和建设性。列入"中国经济问题丛书"。(王爱玲)

F000674　**香港H股投资指南**　夏天主编。中华工商联合出版社 2002 年 5 月版。25 万字。28.00元。由 H 股的发展历史、H 股投资价值分析和香港 H 股上市公司详解 3 部分组成。H 股的发展历史阐述了 H 股的概念、H 股的发行初衷、第 1 家在港上市的 H 股企业及 H 股市场的走势原因分析。H 股投资价值分析阐述了 H 股公司采用的资本运作手段及随着改革开放和公司股权结构优化所带来的 H 股市场的美好投资前景及重大投资机会。香港 H 股上市公司详解则重点对在 H 股市场挂牌交易的 54 家内地企业的经营情况和投资价值做出详细的评估和展望。(高晓博)

F000675　**跨世纪的湖南金融**　缪曼聪著。湖南人民出版社 2002 年 6 月版。35 万字。33.00 元。对建国以来湖南金融业改革与发展的历程进行了系统的回顾与评价,总结了成绩与经验教训,并站在全国乃至全球的高度,对 21 世纪湖南金融业的发展进行了展望。(唐艳)

F000676　**香港金融监管**　国世平主编。中国计划出版社 2002 年 2 月版。20.6 万字。15.00 元。讨论经受了历次金融危机考验的亚洲最健全的香港金融监管体系给我们带来的启示,包括:合理、有效的监管组织结构;稳定、审慎、严密的监管制度;规范、公平、高效、有力的监管手段;与金融发展并进的监管理念;主体法律框架的稳定与实施细则的及时检讨、修正;防范风险和应变危机的能力;基于长期发展的行业自律与自控;公开透明的公众监督;市场规则、民主法制思想、人才观念的不断完善等。(何欣)

F000677　**九府裕民**　副名:上海钱庄票图史。傅为群著。上海书店出版社 2002 年 7 月版。5 万字。200 幅图。55.00 元。以紧贴生活的态度,抓住了"上海钱庄票"这一富有典型意义的题材,其原因是上海钱庄不仅在形式和功能上完整地继承了中国旧式钱业的历史传统,而且由于它在素称全国工商、贸易和金融中心的上海这一特殊的环境中成长壮大,对近代崛起的新式银行的管理方式,特别是现代化的拓业和营业的手段,有过多方面的借鉴吸收,并通过外通内联、便民利商的多姿多彩的业务实践,为当代民间融资业在新的历史条件对传统钱庄的继承和创新,提供了丰富的经验和教训。所有这些,都通过丰富珍贵的历史照片、碑刻文献,尤其是数百幅精印逼真的钱庄票示,得到了生动直观的展示,使人对钱庄的兴衰更具历史的纵深感。书中还附有 1776 年至 1949 年数千家上海钱庄的名录,凡名号、地址、资本乃至老板经理姓名等,一一分项入表。(完颜征元)

F000678　**宋代信用票据研究**　缪坤和著。云南大学出版社 2002 年 5 月版。15.4 万字。16.00 元。对宋代信用票据进行研究,能更深入更全面地把握宋代社会经济发展的规律和特点,正确评价宋代商品经济发展的水平。第一章首先考察唐代信用业的发展状况,探寻唐代信用业发展对宋代信用票据产生的积极因素。考察的一个关键问题就是宋代社会经济,特别是商品货币经济的发展状况。第二、三章对两种不同类型的信用票据各选取其典型进行具体的考察,着重在信用票据演进为纸币的过程。第四章对信用票据市场进行考察,揭示一些新的特征。第五、六、七章集中考察信用票据涌现后对社会经济发展产生的一些影响,如信用票据与商品经济发展的关系,信用票据与货币流通的关系,信用票据与财政的关系。(张丽华)

F000679　**保险学**　陈继儒、肖梅花编著。立信会计出版社 2002 年 8 月版。57 万字。36.80 元。分上、下两篇。上篇为保险学总论,着重论述保险学的基本理论;下篇为保险学分论,在基本理论的基础上,分述各险种的内容、特点和操作实务。(张立年)

F000680　**保险精算技术**　曾庆五、陈迪红、黄大庆编著。东北财经大学出版社 2002 年 6 月版。34.3万字。30.00 元。共分 8 章:1. 生命表基础;2. 保险给付的成本;3. 均衡纯保费与纯保费准备金;4. 责任准备金制度;5. 保险费率与保单红利;6. 风险保费;7. 经验费率;8. 未决赔款准备金。前 5 章为寿险精算,后 3 章为非寿险精算。主旨不在于精算理论与实务的创新,力求以通俗易懂的语言和简单明晰的数学推导,深入而真实地阐述保险精算的原理、方法和实务。编著者参考了大量国内外精算教材与文

献，根据学习目标精心构造了适量的例题和习题。书后有附录、习题答案和参考文献。（孙越）

F000681 **寿险精算基础** 杨静平编著。北京大学出版社 2002 年 10 月版。31 万字。17.00 元。讲述寿险精算学的基本模型和方法。书中较系统地介绍了保险中产品的定价及准备金的提取等方面的随机模型，并针对相关模型的性质及模型之间的关系作了深入讨论。在此基础上给出了不同险种的保费及准备金的计算方法。全书由 4 部分组成：第一部分介绍生存模型，利用随机方法讨论个体寿命的不确定性；第二部分引入精算现值的概念刻画了保险人现金流的不确定性；第三部分介绍保险产品定价理论——净保费及费用负荷保费；第四部分介绍净准备金。书中列出许多模型。（刘勇）

F000682 **英汉精算保险词典** 张雨萌、韩雪、张剑编。冶金工业出版社 2002 年 8 月版。76.3 万字。55.00 元。收录了精算、保险、金融、统计等专业的英文词语 11000 余条，并对其中大部分词条给予恰当的阐释。中文索引收录了 8000 余词条，中英文对照，以方便读者查阅。附录包括英文商业习惯用语及国际精算符号。（刘小峰）

F000683 **财产和责任保险(第四版)** ［美］所罗门·许布纳等著，陈欣等译。中国人民大学出版社 2002 年 8 月版。92.9 万字。76.00 元。涉及以火灾保险为代表，从有形财产保险、无形财产保险、各种保证保险、各种责任保险、员工赔偿保险，到财产和责任综合保险的近乎全部财产和责任保险的险种，以及许多技术性和法律方面的内容。作者详细介绍了各个险种产生和发展的历史，保单制定的过程，保单条款的理论的法律依据，承保和理赔方法，费率厘定原则，以及保险监管的法律与技术。书中强调的重点是风险、承保危险。第一版出版于 1911 年，是美国最早的大学保险教科书，许布纳先生被尊为美国保险教育之父。列入“英美保险经典译丛”。（社资）

F000684 **中国保险业竞争力研究** 裴光著。中国金融出版社 2002 年 1 月版。44.2 万字。36.00元。总结了二十多年来我国保险业从垄断走向竞争的发展之路，把我国保险业放置于我国宏观经济及世界保险业发展之中，对我国保险业竞争力问题进行了深入系统的探讨。全书从经济竞争理论切入，以保险业竞争力为主线，联系我国保险业竞争力现状和面临的问题，采取国际比较的方法，对保险业竞争力优势进行了开拓性的探索，并提出了提升我国保险业竞争力的意见和建议。（孙铭）

G 文化、科学、教育、体育

文化理论

G000001 **当代大众文化批评丛书** 李陀主编。江苏人民出版社 2002 年 10 月版。90 万字。59.00 元。以人文知识分子观察思考并质疑的文化视野，对 80 年代以来诸如流行小说、电影、电视剧、广告、时尚等大众文化现象做了精彩而独到的分析。丛书共 4 本，分别是《在角色与非角色之间——中国的青年文化》(陈映芳著)，从把握社会——角色——年轻人三者关系入手，探讨年轻人的角色扮演、角色的逃离、角色化程度等等在他们的文化式样中的表现，对青年文化作社会学的探讨；《崇高是爱昧——作为现代生活方式的休闲》(胡大平著)，作者将现代休闲归结为一种让人“爱恨交织”的生活方式，它源自资本生产并服从它的要求，它体现自由又处于物化之中。作者站在当代立场上，有说服力地分析了当代这一困境；《双重视域——当代电子文化分析》(南帆著)，作者审视了电子传播媒介对历史环境改变的影响，提出了作为掌握这一系列技术的人类来说必须在双重的视域中重新勘测种种的传统文化坐标；《上海酒吧——空间、消费与想像》(包亚明、王宏图、朱生坚等著)，上海酒吧所代表的空间，不是单纯、被动的地理环境，而是消费主义全方位地进驻当代日常生活的一个绝妙注脚。它一方面向全球化的文化想像敞开了意义的通道，另一方面也为地方性知识的重建提供了想像的空间。

G000002 **文化的重要作用** ［美］塞缪尔·亨

廷顿、劳伦斯·哈里森主编,程克雄译。新华出版社2002年2月版。36.5万字。29.80元。论文集。选收23位经济学者、哲学家、文化学家24篇。分7部分:一、文化与经济发展;二、文化与政治发展;三、人类学家辩论;四、文化与性别;五、文化与美国少数民族;六、亚洲危机;七、促进变革。文化问题在20世纪与21世纪是一个重要问题,"文化是制度之母"可以说是本书的点睛之笔。更为重要的是本书从不同的角度回答了文化的价值观是如何影响人类的进步。(齐鹏)

G000003 **马克思主义哲学与文化哲学** 何萍著。武汉大学出版社2002年1月版。23.8万字。13.50元。"马克思主义哲学研究丛书"之一。由5章组成:一、文化哲学的兴起;二、维科与马克思哲学;三、问题与视野;四、认识与方法;五、文化哲学与当代问题。该书对文化哲学的传统作了理论的清理,提出了一个自成体系的马克思主义文化哲学的理论框架,突出地论述了马克思主义文化哲学的世界观和方法论;运用马克思主义文化哲学的世界观和方法论反思了当代中国发展中的种种实际问题,如建设有中国特色的社会主义理论的性质和特点、中国知识分子与中国现代社会的转型问题、市场经济条件下的中国妇女与家庭问题等等。(陶佳珞)

G000004 **中华文明论——多元文化综合创新** 王东著。黑龙江教育出版社2002年12月版。150万字。148.00元。分上中下3卷:中华文明源头论、中华文明基因论、中华文明创新论。本书的思想主旨,是从逻辑与历史、现实与实践的统一之中,系统地阐发综合创新文化观,借以揭示出中华文明起源的历史过程与世界历史地位,科学地回答了中国文化问题,特别是"中国文化向何处去"的新世纪发展问题,从文化哲学的理论思维高度,探讨了中国文化现代化发展战略和中华文明的现代复兴之道。作者以马克思列宁主义、毛泽东思想和邓小平理论作指导,不仅面向历史,为中华文明寻根,寻找中华文明现代复兴的源头活水与文化精神,而且面向未来,探寻中国文化基因的现代革新:把中华文明母体中的活东西,西方近现代文明成果中的新东西,社会主义文明中的好东西,三者熔为一炉,创造出面向新世纪的文化理念,全球化与民族化统一的新型文化,中国特色社会主义新型文明的文化基因。(张希玉)

G000005 **中国人,日本人,韩国人** 金文学著,金英兰译。山东人民出版社2002年6月版。15万字。16.00元。随笔形式的比较文化著作。共5章。由同属汉字文化圈的中国、日本、韩国三国语言中,同一汉字(词)的不同的含义、同一称谓的不同指代开篇,逐步分析探讨了三国间文化的相似与差异。揭示了中、日、韩三国人在各自不同的自然环境、历史体验、文化风土中培育出的各具特色的意识构造、思维模式、生活方式、民族习惯、行为方式、价值观、审美观及言语等。最后,作者预言:汉字文化、以人情为基础的融洽的人际关系、开放性的东亚文化这三者,在构筑21世纪美好蓝图时,将发挥更大的作用。(秦志)

G000006 **"中学"与"西学"** 方朝晖著。河北大学出版社2002年9月版。36.4万字。23.00元。自明代中叶以来,中学与西学的异同分合一直是学术界热烈论辩的问题。本书所论及的中学与西学的不同,关系到中西方思维方式的不同,也涉及到一个中学与西学可比或不可比的问题,因而在中学与西学这一老问题的解析中开发出新境界,从而给中国学术的未来走向给以启示。(邹卫)

G000007 **文化与人格:对中西方文化差异的一次比较** 刘承华编著。中国科学技术大学出版社2002年4月版。25万字。13.00元。以人格结构为文化生成的支点,上溯文明产生的源头,下察文化形态的终端,既纵向地描述了中西方文化各自生成的历史、逻辑轨迹,又横向地比较了中西方文化在心理结构、生活形态、知识形态、艺术形态等众多方面的不同特质。为突出中西方文化各自的独特性,对双方文化的比较采取略其同而详其异的原则,在行文中只作客观分析和陈述,思路开阔深邃,行文活泼流畅,时有精彩之论,发人深省,体现了文化比较所特有的智慧和趣味性。(冯慧滨)

G000008 **文化学教程** 吴克礼主编。上海外语教育出版社2002年12月版。35万字。15.50元。分文化学的理论简介、原始文化和世界文化的历史类型、西方文化简史及中国文化简史4个部分。各部分之间的衔接合理,内容既有理论分析,又有史实叙述。(岳永红)

G000009 **走向跨文化美学** 王柯平著。中华书局2002年10月版。20.3万字。16.00元。美学研究著作。"跨文化对话丛书"之一。由现代审美文化和古代礼乐文化两篇组成。上篇侧重探讨文化与美学的关系、跨文化美学的方法论与学理要求,同时追溯东西方审美文化的历史绵延与流变。下篇主要探讨孔子和柏拉图的诗学乐教思想,针对东西方古代的礼乐教化思想提出了一些富有创见或补正性的

看法。(申作宏)

G000010 **中国的井文化** 吴裕成著。天津人民出版社2002年1月第一版。28万字。19.80元。作者以广博而翔实的资料、令人折服的论据和推理、优美而风趣的语言系统地讲述了井的历史渊源及其沿革、由井而折射出的仁、义、德等价值观、儒释道各家围绕井所生发的义理哲思、千年帝王史中与井关联的人物事件,以及有关井的岁时习俗、诗词歌赋、戏曲典故、神话传说等等。(袁秀荣)

G000011 **多元文化素养** 副名:大众文化研究与文化制度话语。米歇尔·德·塞尔托著,李树芬译。天津人民出版社2002年1月版。17.8万字。15.00元。代表欧洲"文化研究"的理论名著。作者米歇尔·德·塞尔托作为研究16—18世纪欧洲近代史的第一个历史学家,他对宗教领域和神秘人物的经验进行了专门研究。按照塞尔托的观点,任何文化都会带来某种活动、某种适应方式、某种思考、某种个人的转变、某种社会团体的内部交流。正是这种"文化化"类型,赋予各个历史时期的本来面目。因为"在一个社会与其科学模式之间,在一种历史背景和与之相适应的知识载体之间,存在着某种关系,这种关系构成某种文化体系"。精英文化/大众文化历来被看作是泾渭分明的不同文本,果真是这样的吗?在已进入到了"后现代"的今天,怎样才算是具有多元文化的素养呢?本书对精英文化/大众文化话语以及相关的传统的文化制度做出了话语深层的剖析。(藏策)

G000012 **鬼怪迷的勇敢手册** [奥地利]埃里希·巴林格。人民文学出版社2002年6月版。11万字。8.80元。又名《大话鬼怪》,被称为"鬼怪世界的百科全书"。在书的第一页,作者首先回答了鬼怪迷们心中最大的问题,鬼怪存在吗?不,鬼怪并不存在。作者以图的形式表现了鬼怪的"家谱",他们的根源在于"人的创造性、游戏欲、幻想、恐惧、愿望和神经病",他们的类别则有"外星生物、人造生物、动物、可变物、异形物"等等。随后,作者按字母顺序,分述了353个鬼怪形象的特征和来源,他们中有电影中的"哥斯拉"、"吸血鬼德拉库拉伯爵"、"外星人E.T"等等,有希腊神话中的"阿耳戈斯"、"喀迈拉"、"许德拉"等等。有现在还没有人看到过的"尼斯湖怪",有埃及金字塔中能复活的"木乃伊"。当然,还有创造这些鬼怪的著名作者"爱伦·坡"、"玛丽·雪莱"等等,有扮演鬼著名演员"朗·切尼"等等。其中,作者还介绍了如何创造一个新的鬼怪的方法,以及如何演出一场鬼怪戏剧等等。(王永洪)

G000013 **文化的主流和支流** 郭太风著。学林出版社2002年5月版。20万字。16.00元。通俗理论专著。通过对中国改革开放后诸如新儒学、新保守主义、当代政治自由主义思潮、民族主义、马克思主义史学观、毛泽东文化思想、邓小平理论、江泽民的文化思想等诸多主流或支流思潮的回顾、分析和评介,探讨了在社会主义中国如何加强精神文明建设的问题。本书对各种思潮的渊源、主要人物、主要观点等等都作了比较清晰的综述。该书的不足之处是体现主流和支流关系的体系感还不是很强。(李晓梅)

G000014 **与时俱进的社会主义文化** 黎德化、程广云著。广东人民出版社2002年10月版。21.7万字。19.00元。收入"与时俱进的社会主义丛书"。分4章:一、中国先进文化的历史进程;二、有中国特色社会主义文化建设的目标;三、建设有中国特色社会主义文化的内涵;四、建设有中国特色社会主义文化的途径和方式。

世界各国文化与文化事业

G000015 **刘三姐文化品牌研究** 潘琦主编。广西人民出版社2002年4月版。34万字。25.00元。刘三姐是广西壮族自治区主要的民族文化品牌,是广西特色文化的一个重要体现。这个品牌形成于二十世纪五六十年代,不仅在广西也在中国的民族文化品牌建设中具有典型意义。本书便是围绕刘三姐文化品牌而展开综合研究的专题论文集。书中研究植根于民族优秀传统文化,站在时代发展前列,融入现代文化精神。作者站在中华民族文化的大背景的角度,将刘三姐文化品牌作为一个典型案例,就如何保护和开发民族文化资源、如何树立和建设好民族文化品牌,对刘三姐文化品牌作了全方位、多角度的研究。书中既纵向追溯了刘三姐文化品牌的形成过程,又横向上从时代性、民族性、地域性、群众性、包容性等方面,全面阐述了刘三姐文化品牌的特征,论述了刘三姐文化的审美特质及此文化品牌的形象意境等。尤其可贵的是,文集中用了相当的篇幅探讨了刘三姐文化品牌的运营机制,开发与利用,特别是相关旅游文化的挖潜与保护。(廖集玲)

G000016 **上海百年文化史** 《上海百年文化史》编委会著。上海科学技术文献出版社2002年5月版。169.6万字。280.00元。共3卷5册。第一卷“上海百年文化的整体脉络”以5个章节,对20世纪上海地区文化活动作系统回顾。同时附以“百年文化记事”和“文化设施概览”两个大型附录,为宏观记述充实了大量历史细节。第二卷“上海百年文化的门类演进”分22章,每章再现一种文化形态的历史演进,综合记述、记事和演进三者结合的创新体例,将可满足历史概况了解和专业历史研究等多方面的阅读需求。第三卷“上海百年文化的理论思考”在8个章节中从上海文化的性格、载体、机制、政策、设施等多个角度,直到文化—科技—经济—社会互动的宏观鸟瞰,进行了深入的理论阐述。这一结构令全书在纵横交叉的史料基础上,又平添了浓厚的理论学术气息,成为文化史编撰在史论结合方式上的一种全新尝试。全书配合历史记述,提供了串文图片400余幅,为读者了解20世纪上海地区文化活动提供了感性认识途径。(童志强)

G000017 **建设文化大省新论** 沈晖主编。浙江人民出版社 2002年10月版。26.6万字。23.00元。浙江省各级党委、政府及宣传文化部门围绕发展先进文化、认识文化经济、建设文化大省等问题,开展了扎实、深入的调查研究,进行了积极、大胆的探索创新,取得了许多有价值的调研成果和实践成效。本书即全面、系统地汇集了这些成果,以促进这些成果的转化和应用,进一步推进文化大省建设。(王志里)

信息与知识传播

G000018 **博学·新闻与传播学系列** 复旦大学出版社 2001年3月～2002年3月版。34.9万字。共5种:《新闻学概论》(李良荣著,34.9万字,30.00元)。着重总结、阐述了人类新闻活动主要是新闻事业的基本规律及新闻学中的基本概念和知识,并概括了不断进步着的当代新闻实践,如“大众传媒与社会”、“新闻自由与社会控制”、“中国新闻事业的工作原则”等章节,反映了改革开放以来中国新闻业的进步和发展。《中国新闻事业发展史》(黄瑚著,35.5万字。30.00元)。以新闻事业自身发展的历史规律为脉络,阐述了中国新闻事业的发展。其内容包括:中国近代报刊的诞生,清代的二次国人办报高潮,无产阶级新闻事业的初步发展,国民党的新闻统治制度,中国共产党新闻事业的壮大和全面胜利,社会主义新闻事业的建立和发展等,共12章,反映了近现代中国新闻事业发展的全貌。《当代广播电视新闻学》(张骏德主编,38.3万字,32.00元)。研究阐述了广播电视新闻事业的产生、发展的特殊规律,广播电视新闻传播的特殊规律与工作原则,以及广播电视新闻工作的重大理论和实践问题。该书还总结了我国广播电视新闻改革的经验,揭示了广播电视的发展趋势。《网络传播概论》(张海鹰、滕谦编著。30.7万字,30.00元)。阐述了网络时代的传播环境,网络传播在当代社会的发展趋势、优势以及带来的冲击,网络媒体的挑战和发展,以及传统媒体的回应和生存,并探讨了网络新闻媒体的采写、编辑和广告等方面内容。《新闻采访教程》(刘海贵著,27.3万字,25.00元)。系统讲述了新闻采访的特点以及所必备的知识、方法,阐述了新闻工作的要求、条件,介绍了新闻采访在实施和运作工程中的种种策略和应变手段。作者还结合新闻实践的变化,对近年来媒体频频出现的连续报道、深度报道、批评性报道、预测性报道、精确性报道等作了讲评。(顾潜)

G000019 **信息技术教育学** 彭绍东著。湖南师范大学出版社 2002年6月版。67.9万字。35.00元。高等学校信息技术公共课教材。共13章:一、绪论;二、信息技术教育本质论;三、信息技术教育发展论;四、信息技术教育课程与目标论;五、信息技术教育教材论;六、信息技术教育过程与原则论;七、信息技术教育方法与模式论;八、信息技术教育人本论;九、信息技术教育技能论;十、信息技术教育资源论;十一、信息技术教育病理论;十二、信息技术教育实践论——教学网站制作实践与研究;十三、信息技术教育未来论——人工智能技术在教育中的应用。全书从全新的角度建立了信息技术教育学的理论体系。(曹爱莲)

G000020 **十万个为什么——信息科学分册** 卢嘉锡主编,哈比旦、艾拜提译。新疆科技卫生出版社(K)2002年9月(哈萨克文)版。28万字。17.30元。根据少儿版《十万个为什么》(新世纪版)翻译出版。本分册介绍了基础信息知识以及新的科学发展成果和应用。

G000021 **中国信息化** 吕新奎主编。电子工业出版社 2002年3月版。58.88万字。58.00元。对中国信息化建设的发展历程、发展思路、发展经验和今后一段时期内的重点任务等进行了广泛深入的研究,是对多年来中国信息化工作的全面总结和阐述,具有较强的现实指导意义。书中的信息化基本理论、典型实例和文献资料也具有指导意义和参考价值。

G000022 **信息工程建设监理** 葛乃康主编。电子工业出版社 2002 年 9 月版。55.04 万字。36.00元。我国信息工程建设监理领域最早出版的著作之一，内容如下：第一部分对信息工程建设监理的框架和定位进行了描述；第二部分提出了监理过程的体系结构；第三部分描述了全过程的监理内容；第四部分讨论监理的依据；第五部分研讨了监理软件编制及监理领域的发展。附录部分突出反映了信息工程建设监理领域起步所需的资料、方法及具体实例。

G000023 **信息技术** 《信息技术》编写组编。上海科学技术出版社 2002 年 3 月版。123.7 万字。105.70 元。信息技术基础知识普及教育丛书。分《信息技术——基础篇（高中年级用）》、《信息技术——基础篇（初中年级用）》、《信息技术——基础篇（小学年级用）》、《信息技术——板报园地》、《信息技术——文字处理》、《信息技术——网络世界》、《信息技术——网页制作》、《信息技术——数据处理》、《信息技术——程序设计入门》、《信息技术——多媒体信息处理》、《信息技术——多媒体作品制作入门》共 11 个分册。（李林高）

G000024 **信息资源管理人才培养研究** 彭斐章主编。武汉大学出版社 2002 年 7 月版。27.4 万字。16.00 元。国家社会科学基金“九五”重点研究项目“我国信息资源管理（IRM）人才建设工程规划、设计与模式研究”的重要成果。在全面、系统地分析研究 IRM 的基本内容、实质和发展趋势，深入考察各行业和部门对 IRM 人才的基本需求特征，并充分吸收发达国家 IRM 人才培养的合理成分的基础上，设计出了完善的 IRM 人才学科知识基础与专业能力结构，构建了创新型的 IRM 人才培养模式与培养方案。主要涉及如下方面：1. 我国 IRM 人才建设的现状（现有人才的数量、类型、结构特点、主要问题）及与发达国家的主要差距；2. 对我国在 21 世纪初 IRM 人才需求情况的预测；3. 对我国企业 IRM 体制和人才需求及培养战略的研究；4. 对 IRM 人才知识结构及其学科知识优化组合模式的研究；5. 现代条件下我国 IRM 人才培养的目标、模式、课程体系、教学内容与方法研究；6. IRM 人才继续教育研究；7. 我国 IRM 人才培养的计算机辅助教学研究。（严红）

G000025 **中国大众传媒议程设置功能研究** 李本乾著。甘肃人民出版社 2002 年 7 月版。16 万字。19.00 元。以问卷调查和内容分析方法相结合，系统检验了我国大众传媒的特点、地区差异及其对议程设置效果的影响，总结和概括出了具有中国本土特色的传播规律，填补了我国在此研究领域中的空白。为党和政府科学地管理媒介质，监督和控制传播效果提供了理论依据，同时也为有效地提高媒介的传播效果，减少媒介实践中的盲目性和随意性提供了指导。（胡福生）

G000026 **传播的艺术** 刘建勋主编。西北大学出版社 2002 年 1 月版。45.8 万字。39.80 元。收录西北大学新闻传播学院教师论文 70 篇，集中反映了该院 1997～2001 年，特别是 2000 和 2001 两年的科研状况与雄厚实力。全书共 7 编，第一编是对新闻传播理论及实务的研究，着重探讨新闻的本质特征、时代特色、价值体系，新闻学的学科构架、学科基础、学科方向，以及当代新闻学的一些热点、焦点理论问题。第二编为新闻传播史研究，主要解析我国现代史上几位传播大师的写作之道，总结延安及陕甘宁边区的新闻传播成就。第三、四编论述的是媒介的经营管理与媒介的批评理论及其实践，对陕西报、刊、台的成败得失做了公允评介。第五、六编是对广告学与传播学习俗的研究，重点分析陕西广告业的发展状况和存在的突出问题，解剖关中农村的传播习俗、传播渠道和模式，并在此基础上，对如何挖掘这一丰厚矿藏资源提出了一系列建设性意见和建议。第七编探析的是新闻传播教育，对报刊、电台电视台、图书、网络等媒介人素质、广告人素养，编辑素养及其教育的方式方法进行了深层次剖析，提出当代新闻教育的核心在于将一切体制建构导向启迪式教育框架中来，彻底摆脱灌输方式，使新闻尽量专业化、精深化。（张养年）

G000027 **网络新闻学** 仲志远著。北京大学出版社 2002 年 12 月版。77 万字。43.00 元。个性化色彩浓郁的新闻论著。作者以亲历者的身份，立足于网络媒体所架构的媒介产业的人文视角原点，全方位地俯瞰中国大陆新闻传媒由事业机构大步迈向传媒产业的动态转换，周密地剖析了全球华人文化圈尤其是大中华地区商业网站、媒体网站、网络媒体之间的传承与流变。网络媒体与传统媒体在新闻日常业务上有着千丝万缕、藕断丝连的历史渊源、变异与衍生。基于触目可见的媒介演变事实，作者指出了中国大陆新闻传媒的大致走向，淋漓尽致地走笔于新闻理论与现实操作之间，并对网络新闻的日常业务进行了可资借鉴的探索。（王登峰）

G000028 **新闻评论教程** 丁法章著。复旦大学出版社 2002 年 6 月版。35.9 万字。32.00 元。分三大部分，内容涵盖了新闻评论学的科学原理、评论写作的基本程序和常用技法，许多观点、案例概括了新闻评论在新时期的发展轨迹，提炼出了其最新研究成果。诸如，对新形态下新闻评论独特功能和发展机遇的论述，对广播电视新闻评论、网络新闻评论发展前景的阐释，以及结合实例详尽讲述的评论写作基本技能，等等，其中不乏独创性见解。

G000029 **网络新闻传播导论** 屠忠俊、吴廷俊著。华中科技大学出版社 2002 年 7 月版。32.2 万字。19.80 元。对网络传播在新闻传播活动中的地位，作了历史审视，对网络新闻传播的特征，网络新闻传播与其他新闻传播手段在功能和性质上的异同，以及对新闻伦理、新闻道德、新闻法制、新闻教育与新闻传播学研究等方面的影响，作了绵密细微的论述和分析。（刘丽昆）

G000030 **网络新闻传播实务** 柳泽花著。华中科技大学出版社 2002 年 7 月版。32.4 万字。19.80 元。网络新闻传播实务研究专著。从网络传播的数字化、超链接、交互性、聚成性全球化、快捷性等特点出发，在以传统媒体实务为参照系的基础上，初步勾勒出了网络新闻传播实务的内容体系。这一体系对网络新闻传播实务的技术、原则、方法及其基本流程（采写编评、网站设计与编排、发布）等进行了总结和探讨。在研究过程中，力求将网络实务的每一环节中所用技术和原则有机结合起来，并在重点部分配以实例，做到原则、技术和应用并行。（刘丽昆）

G000031 **马克思主义新闻经典教程** 童兵著。复旦大学出版社 2002 年 11 月版。33.5 万字。28.00 元。系统分析梳理马克思主义新闻思想发展脉络和主要观点的教材。以马克思主义经典作家新闻思想的发展为经，按奠基人——马克思、恩格斯，初步发展——列宁，继承创新——中国共产党三代领导核心的新闻思想发展为序，依次展开大师们的新闻观点；以他们所处的时代背景评述及经典论著的内容分析为纬，简明介绍这些新闻经典的写作时代、主要内容及重要观点在马克思主义新闻思想发展中所占据的地位。为对马克思主义新闻思想的来源、形成及新闻观点所依托产生的理论渊源有系统了解，本书就马克思主义新闻思想的哲学基础作了专门论述。为使读者系统了解经典作家的总体新闻思想以及对新闻实务的指导价值，本书还专就新闻传播的真实报道、党性原则、全党办报、舆论导向、新闻伦理等操作规范列出专章系统阐述。（顾潜）

G000032 **当代新闻写作学** 孙发友著。华中科技大学出版社 2002 年 3 月版。20 万字。11.80 元。作者在书中首次提出新闻写作学的“四大元素关系说”，并以四大元素之间的关系来构建论述问题的框架。这在理论上是有创建性的。本教材的另一个特点是，摒弃了人们在论述新闻特征和文本制作技法时常常采取的“静态展示法”，而采用动态的描述。过去人们在教学中往往只强调“写”，重视的是学生的练“笔”；本教材主张“思”、“写”并举，“思”重于“写”，重视的是学生练“脑”。本教材还十分关注当前中国新闻改革和世界传媒发展导致新闻文体变化的最新动态。（李东明）

G000033 **编辑修养十日谈** 雷群明等著。上海科技教育出版社 2002 年 5 月版。17.9 万字。29.00 元。“名家与名编·世纪初的对话丛书”之一，系统地阐述了新时期编辑应具备的修养问题。全书采用对话形式，分 10 章（十日）：一、编辑乎“杂家”乎；二、不朽与艰难；三、在文化的长河中；四、做好把关人；五、人格的魅力；六、“动口”与“动手”；七、心中要有“上帝”；八、编辑的语言文字修养；九、“学者型编辑”；十、“大侠”如何修炼。指出编辑必须不断提高自身政治、思想、道德品质、情操、知识技能、组织能力、应对能力、学识水平等方面的素质和水平，才能胜任编辑作为文化事业把关人的角色要求。

G000034 **报业经济学** 金碚著。经济管理出版社 2002 年 4 月版。24.7 万字。25.00 元。学术专著。共 11 章：报业经济学的研究对象和报纸的经济特性；报纸的生产；消费者偏好和报纸的需求；供给决策和生产者选择；报业的市场结构和竞争行为；策略行为；联合生产和纵向连接；人力资源和劳动市场；战略经济分析；不对称信息条件下的行为；政府参与和管制。作者尽可能采用了较通俗的经济学论述方式，避免过于艰深的理论分析和复杂的经济模型，力求进行深入浅出的阐述。

G000035 **大公报百年系列文丛** 大公报社编。复旦大学出版社 2002 年 5 月版。38.6 万字。23.00 元。包括《大公报一百年社评选》、《大公报一百年头条新闻选》、《大公报一百年新闻案例选》、《大公报环球特写选》、《我与大公报》。通过不同角度，回顾《大公报》一百年历程。既记载《大公报》一百年历史，又通过一百年《大公报》版面上的重要新闻报道及评论，以及部分名家作品，回顾一个世纪以来世界的变化、中国的变化、香港的变化。（孙晶）

G000036 **中国现当代新闻业务史导论** 刘海贵主编。复旦大学出版社 2002 年 8 月版。58.9 万字。36.00 元。现当代新闻业务史方面的专著和教材。作者依据各个历史时期中的新闻采访、写作、编辑、评论业务，进行了深刻、独到、精辟的分析和论述，比较客观、全面地反映了我国现当代新闻业务的发展特点、规律及其走向，构建了一个较完整的中国现当代新闻业务史体系。本书许多观点和见解颇具创新意义，在这一领域中具开拓的性质，对于我国的新闻教育和新闻媒体的业务发展都会起到十分有益的作用。（顾潜）

G000037 **偏见：CBS 知情人揭露媒体如何歪曲新闻** ［美］伯纳德·戈德堡，李昕等译。新华出版社 2002 年 8 月版。18 万字。19.00 元。2002 年美国最烫手的一本书，由 CBS 资深记者伯纳德·戈德堡用第一手资料讲述美国主流媒体内幕故事。以真实的事例揭露了美国三大电视网在新闻报道中常常一边倒的问题，并以新闻界一名知情人的角色披露了这样一些内容。《偏见》的批评被美国主流媒体视为一种极端的批评，美国三大电视网对此书进行了封杀，但这本书依然犹如一枚重磅炸弹，引起美国政府高层及大众的普遍关注，作者先后接受了 400 多家电台专访、几十家有线电视台访谈。在国际上，从巴西、瑞典到中国，多国媒体采访和报道他或评论他的书。这本书对于从一个新的视点观察美国媒体有着重要参考价值。（吴丹）

G000038 **当代广播电视概论** 陆晔、赵明主编。复旦大学出版社 2002 年 4 月版。51.5 万字。36.00 元。紧密结合广播电视飞速发展的现实，以新的时代理念和中外参照的视野诠释出广播电视传播观念与传播功能的新发展，广播电视节目的栏目化、板块化与节目意识，广播电视新闻性节目的主导性，广播电视的其他类型节目，节目主持人，电视纪录片，广播电视的经营管理等内容，深入浅出，内涵丰富，思想前卫。（顾潜）

G000039 **电视节目编辑技巧** 黄匡宇等著。中国广播电视出版社 2002 年 10 月版。23 万字。19.00 元。"电视节目制作技巧丛书"之一。从人文视角出发，论述电视节目的编辑技巧。在所涉及的电视节目编辑概念的论述中，更多的是考虑对原始素材如何注入文化思考及如何操作。书中创设了一系列简明实用的电视节目结构操作模型。（邹娓玲）

G000040 **电视新闻编辑与数字制作** 张丽、孟群编著。中国广播电视出版社 2002 年 6 月版。22 万字。20.00 元。"广播电视新闻系列教材"之一。对电视新闻的编辑与制作作了较全面的阐释。研讨电视新闻编辑所涉及的理论与实务，反映了最新的数字技术在电视媒介制作方面的应用。（邹娓玲）

G000041 **开心辞典（2）** 郑蔚等编著。长江文艺出版社 2002 年 5 月版。20 万字。18.00 元。以中央电视台同名电视栏目为依托，全面解读益智节目"开心辞典"的游戏内容，试图通过电视和图书的互动，打造既有知识储备，又有生存能力、竞争能力及挑战能力的智力英雄。分 6 部分：一、介绍"开心辞典"电视节目的游戏规则和参与方法；二、电视节目制片人诠释"开心辞典"的创办经历及支持理念；三、主持人王小丫、李佳明的工作、生活"小秘密"；四、电视节目幕后的趣闻佚事；五、二十余期"开心辞典"、数百道溶知识性、实用性、趣味性的开心答题；六、和读者聊一聊几个与"开心辞典"电视节目相关的话题。书前面的彩色插页中，附有主持人以及"开心辞典"特别节目的现场靓照。（谢将）

G000042 **主持人语言表达技巧** 吴郁著。中国广播电视出版社 2002 年 1 月版。15 万字。13.00元。"播音主持艺术技巧丛书"之一。通过生动的语言和具体的分析，集中介绍主持人的语言基本功、语言功力、语言特点等基本知识和规律，列举了许多著名主持人的语言范例。（邹娓玲）

G000043 **播音发声技巧** 白龙著。中国广播电视出版社 2002 年 1 月版。22 万字。17.00 元。"播音主持艺术技巧丛书"之一。专门阐述语言发声艺术，论述气息的运用、共鸣的调节、吐字的技巧、嗓音的保护，既有理论高度，又介绍了通俗易懂、行之有效的训练方法。（邹娓玲）

G000044 **播音语言表达技巧** 柴璠著。中国广播电视出版社 2002 年 1 月版。29 万字。21.00 元。"播音主持艺术技巧丛书"之一。采用与读者面对面交流的写作方式，将专业播音小课的场景再现于读者面前。不仅提供了各种技巧的理论依据，还奉献了大量适合于广播电视节目播出的训练稿及启发性的训练指南。（邹娓玲）

G000045 **电视节目策划技巧** 张联著。中国广播电视出版社 2002 年 7 月版。23 万字。19.00 元。"电视节目制作技巧丛书"之一。本书立足于电视节目策划技巧原理，对电视节目策划涉及的概念、意义、发展历程、现状、背景、原则、流程、方法等做了创造性的整合。本书涵括了新闻、文艺、娱乐益智、

社教、服务等五大类电视节目的策划技巧，举证涉及国内外数十家电视台的上百个栏目。(邹娓玲)

G000046 **电视画面创作技巧** 黄匡宇、江强、施建著。中国广播电视出版社2002年7月版。22万字。17.00元。“电视节目制作技巧丛书”之一。分6章：一、电视画面基础；二、电视画面的基础结构；三、电视画面的总体结构—构图；四、电视画面的时空结构；五、电视画面语言的结构；六、电视画面精华赏析。(邹娓玲)

G000047 **政治、市场与电视制度——中国电视制度变迁研究** 钱蔚著。河南人民出版社2002年6月版。18.1万字。19.00元。“公共管理体制研究论丛”之一。通过对西方新闻、电视制度的介绍，对中国电视制度的描述，探索了符合建设有中国社会主义特色的新的电视制度模式，是中国电视制度管理的开拓性研究。(李小龙)

G000048 **日本广播电视手册** 日本民间放送联盟编，秦建、李俊译。中国广播电视出版社2002年5月版。41万字。39.00元。回顾了日本国广播电视走过的半个多世纪的历程，展示了日本广播电视从草创阶段到数字时代的发展脉络。阐述了广播电视工作者应具备的基础知识，以及广播电视的编排、制作、报道、经营、技术等多方面工作，介绍了日本广播电视界行业管理的概貌及特征。(邹娓玲)

G000049 **谋划出书** 要力石著。新华出版社2002年9月版。20万字。20.00元。以市场策划的视角，对图书出版的全过程，诸如图书的选题、编辑、封面、版式、印刷、宣传和发行等进行了全新的扫描。这本书结合图书选题策划和宣传策划的实例，既有对图书出版机制的研讨，对读者购买心理的探究，又有对出版思路的分析，并在图书出版界较早提出了图书出版策划中的哑铃模式、第一策划及第二策划和图书出版的时效竞争的命题。(曲晓敏)

G000050 **数字出版技术** 副名:21世纪新闻与传播学系列教材。谢新洲编著。北京大学出版社2002年1月版。50万字。32.00元。在介绍数字出版技术基本概念的基础上，系统详细地介绍了电子出版物的类型，文本电子出版物和多媒体电子出版物的制作技术，网络出版设计与WWW网站，网络电子信息资源，电子出版物的基础与管理及版权保护，以及网上书店和数字图书馆等相关内容。(王登峰)

G000051 **中国编辑研究(2001)** 《中国编辑研究》编委会编。人民教育出版社2002年5月版。59万字。33.90元。编辑研究年刊之一。共收论文80篇，代表了2000年我国编辑学研究的最新成果。全书分栏目编排，依次为：理论探讨、工作研究、“入世”与中国出版、面向新世纪、高科技与编辑、专业教育、装帧设计、校对论坛、历史和人物、国外编辑出版研究、中国编辑学会等。(邹海燕)

G000052 **编辑校对实用手册** 彭匈等编著。广西师范大学出版社2002年5月版。45万字。46.00元。工具书。分上下两篇。上编从文字、词语、语法、标点、数字、量和单位、版面格式等方面谈编校的基本规范，融入图书编校质量检查中发现的普遍性、规律性的问题。下编主要收录语言文字的法规，国家标准和规范，其中包括一些最新资料。

G000053 **中国图书商报文丛** 张小影、程三国主编。辽宁人民出版社2002年10月版。共150万字。共150.00元。《中国图书商报》1995年创办以来至2000年几个重要栏目所发文章的汇集，共5种。《中国书业思考》是出版业内人士对中国书业改革、书业现状与发展、书业营销、发行与连锁等方面的思考。《中国书业调查》包括对成人阅读的调查、儿童阅读的调查、市场观测与分析、专题调查、统计与分析等。《中国书业透视》是《商报》记者欧宏撰写的一系列产业观察文章，其中包括产业观察·问题篇、产业观察·改革篇、产业观察·看潮篇、产业观察·评论篇、书市定货会述评、出版史话。《世界出版观潮》反映了这一阶段中国出版与世界出版的互动情况，世界出版前沿的一些重要信息、重要人物以及一些重要出版社的情况。具体分为世界出版趋势、出版管理与各国出版、新出版、出版集团、出版经营—股权制与产权、出版经营—中介服务、出版经营—出版营销。《世界发行扫描》有这样几部分：各国发行观潮、批发商的立足之本、连锁书店成功之道、独立书店经典案例、网络书店与新技术、书店营销策略。(冯静)

G000054 **WTO与中国传媒的改革与发展** 中国新闻出版报社编。新华出版社2002年5月版。80万字。260.00元。百名报刊社长、总编论文集。在中国加入世贸组织前夕，中国新闻出版报社组织全国地方百强报刊社社长、总编辑登台论大局，就如何应对加入世贸组织对我国报刊业提出的新问题、新挑战，如何与时俱进，加快发展，使自己一步步强大起来，谈举措，找方法。本书共收集文章212篇。其中有报业集团打造品牌的思路，有党委机关报创新机制的经验，有行业报刊实现跨越式发展的思考.

有期刊社赢得市场的论述。(卢瑞华)

G000055 **山西出版大事记(1949—1999)** 潘俊桐、孙琇编纂。山西科学技术出版社 2002 年 9 月版。31.1 万字。20.00 元。记载从 1949 年至 1999 年山西省出版方面所发生的大事,包括图书的编辑出版、印刷、发行、物资供应、出版管理、教育、科研等方面的重要活动。条目一律按年、月、日顺序排列。在每年大事条目文前,扼要提示当年全国和本省的重大事件。(温洁茹)

G000056 **书林随缘录** 俞晓尧著,沈芝盈编。中华书局 2002 年 5 月版。44.8 万字。46.00 元。将俞晓尧多年以来发表的有关中国出版史的文章编辑而成,共收录文章 5 组 39 篇,大致反映了辛亥革命、五四运动、抗日战争、解放战争以及建国以来我国出版界的概貌,对于我国出版史的研究具有重要价值。这些文章都是作者亲身见闻和辛勤采访或查阅有关档案的基础上写成,对于其中的一些人和事,作者多有不同程度的接触和感受,因而倾注了深深的感情,读来非常感人。(冯宝志)

G000057 **中国图书情报网络化研究** 黄长著,周文骏、袁名敦主编。北京图书馆出版社 2002 年 1 月版。34 万字。30.00 元。介绍了中国图书情报网络化的现状,并与国外情况进行了对比;对 CNNIC 的数据进一步分析。在此基础上,从信息资源共享、图书情报网络化平台、软件系统、数字图书馆及网络环境中图书情报事业的选择机制等几个方面提出自己的创新方案。(李德升)

G000058 **面向 21 世纪的中国图书情报网络化研究报告** 黄长著,周文骏、袁名敦主编。北京图书馆出版社 2002 年 1 月版。12 万字。15.00 元。内容包括国内外图书情报工作网络化现状、信息资源分布与配置模式、图书情报网络的结构与物理实现、图书情报软件系统概况、标准化及配置和评价、数字图书馆的结构与功能、数字图书馆的核心技术及数字图书馆工程中存在的问题等,同时对网络环境中图书情报事业的机制选择和发展有中国特色的图书情报网络提出了较有操作性的建议。(金丽萍)

G000059 **数字图书馆——新世纪信息技术的机遇与挑战国际研讨会论文集** 孙家正主编。北京图书馆出版社 2002 年 7 月版。130 万字。100.00 元(平装)/120.00 元(精装)。关于数字图书馆技术与应用方面的国际会议论文集,汇集了国内外众多专家、学者和具体从事数字图书馆构建工作的技术人员的研究和实践成果。既有理论探讨,又有实例剖析;既涉及数字图书馆建设过程中的法律问题、标准问题、资金问题等信息环境问题,也详细讨论了一些具体数字图书馆建构的总体框架、所采用的技术、所遵循的标准、规范、资源建设情况等。该书基本代表了当前我国及日、美等国的研究现状。(李德升、金丽萍)

G000060 **阅读史** [加]阿尔维托·曼古埃尔著,吴昌杰译。商务印书馆 2002 年 5 月版。30 万字。36.00 元。作者通过纵贯人类历史、遍及整个世界的无数佚闻和实例,来证明阅读活动在人类生活中具有多方面的意义。全书分为"最后一页"、"阅读活动"、"读者的力量"和"补页"4 个部分,共 22 个章节,并配以 130 幅插图。笔调轻松明快,写法不拘一格,每一章的主题从审查制度到读者所喜欢的阅读氛围,从翻译的有限性到为特殊读者所写作的书的晦涩难解,不一而足;而跨越时间与地域的广征博引更让人有目不暇接之感。(吴相)

G000061 **中医药文献检索** 胡滨、黎汉津主编。上海科学技术出版社 2002 年 9 月版。27.4 万字。18.00 元。全国高等院校文献检索课程系列教材之一。1987 年出第一版,经十多年的教学实践,不断进行更新修改,日臻完善,现为第四版。本版教材为了适应 21 世纪社会信息化发展的趋势和加强中医药院校大学生素质教育的需要,在继承三版教材联系实际,深入浅出,重在实用的基础上,又结合全国中医药院校的实际,总体结构作了相应变动。增加了中医药文献计算机检索和网络资源检索的内容,使其既适合中医院校的中医、中药、针灸、骨伤等各传统专业使用,也适合以中医药学为背景所设的新专业使用。本教材总论部分介绍中医药文献及其检索的基础知识和具有共性的检索途径;各论部分详细介绍各类型中医药文献检索时常用的检索工具和参考工具书的内容、体例和使用方法等,并强化了中医药文献计算机检索的内容。书末介绍了中医药文献积累、引用、文献综述的撰写及中医药文献信息资源开发与利用等内容。(周瑞芳)

G000062 **中国文史资料工具书举要** 吴小如、吴同宾著。天津古籍出版社 2002 年 10 月版。25.8 万字。24.00 元。除逐一介绍了字书、词书、类书、政书、年表、谱录等工具书之外,还广收了可资翻检之用的丛书、总集及经、史、子部的大部头资料书,作者不仅指出其应用的范围,还指出了其不足和一些错误。(韩嘉祥)

G000063 **公安文献检索** 戴勇敢主编。中国人民公安大学出版社 2002 年 12 月版。35 万字。24.00 元。公安专业学生的文献检索教材。分引论、总论、分论 3 部分。引论介绍图书馆的历史、现状与类型,图书的分类原理与目录的使用方法等。总论依据文献检索原理的内在逻辑,按照文献存储——文献的顺序逐步展开。内容包括:文献的概念、类型与中外公安文献概述;文献的存储方式;工具书与文献数据库的类型、检索语言与排序法;文献检索的基本方法以及几种流行文献数据库的检索方法。分论主要讲解运用基本知识查找公安图书、报刊、法规、标准、案例等常用公安文献的具体方法。(周兰星)

G000064 **轻工信息检索与利用** 胡世炎等主编。大连理工大学出版社 2002 年 4 月版。34.1 万字。16.50 元。高等学校文献检索与利用课系列教材之一,除了介绍传统的印刷型手工检索部分外,还讲述了光盘数据库检索和网上资源查询,并开辟了专章介绍轻工业经济信息检索,力图反映信息检索从手工到联机、光盘直至因特网的过程。

G000065 **信息资源检索与利用** 郭太敏主编。中国矿业大学出版社 2002 年 5 月版。48.7 万字。19.00 元。高等学校规划教材。分 9 部分:一、信息资源与现代社会;二、信息检索的基本理论与方法;三、网络信息检索基础知识;四、国内主要的检索工具及数据库使用方法;五、国外主要的检索工具及数据库使用方法;全文电子期刊及其使用;七、电子图书及其使用;八、电子报纸及其检索;九、信息资源的综合利用。各单元后附有练习题。(李士峰)

G000066 **古籍整理出版十讲** 全国古籍整理出版规划领导小组办公室编。岳麓书社 2002 年 10 月版。23 万字。20.00 元。首届全国古籍编辑培训班讲座文集。共收讲稿 11 篇:一、对当前中国出版业改革的思考与探索;二、当前古籍整理出版工作的十项任务;三、古籍整理出版工作概述;四、古籍版本的识别和底本的选择;五、关于目录、目录学与古籍整理;六、古文献与古文献学;七、古籍的标点与校勘;八、古籍的注释及今译;九、古籍影印出版的规范问题;十、古籍的选题策划和普及读物的做法;十一、略谈古籍编辑的基本素养。文集的作者为现今出版界古籍整理和出版方面的 10 位专家、学者(如杨牧之、李国章、程毅中、李致忠、孙钦善等),从古籍工作的总体展望到具体实践都进行了论述。(蒋浩)

G000067 **电子出版与网上发行** 程蕾主编。华中师范大学出版社 2002 年 8 月版。21 万字。21.00 元。围绕电子出版物的开发、制作与行业管理等问题,对国内外电子出版物的发展进行了初步探讨与分析,并从电子商务的角度对网上书店的构建、经营和发展模式进行了一定的研究。全书共 7 章。第一章:电子出版物概述;第二章:电子出版物的特征与分类;第三章:电子出版物的发展概况;第四章:电子出版物的创作;第五章:电子出版物的存储;第六章:电子出版物的发行与网上书店;第七章:电子出版物的管理。书后附有相关参考文献。(严定友)

G000068 **书于竹帛** 副名:中国古代的文字记录。钱存训著。上海书店出版社 2002 年 4 月版。18 万字。25.00 元。研究中国古代典籍制度及铭刻起源与发展的综合之作。上溯商殷,今日所见最早的中国文字起始;下迄初唐,即印刷术发轫之期。这最早的二千余年是中国书史的滥觞时代,所采用的各种书写材料、制作技术、记载方法以至编排形式,皆在此一时期逐渐形成。本书共 9 章,首章综述中国古代文字记录的价值、社会背景和学术因素。其他各章分论各个时代主要文献载体的类别,包括甲骨、青铜、陶泥、玉石、简牍、缣帛、纸卷以及书写工具。分别叙述其内容、发展、形制和特质。结论就全书内容重加分析,摘要综述。书中特别指出汉字的特殊功能,其延续、广度和多产性,不仅表现中国文化的多彩多姿,也是世界文明史上所独具的特色。书后附录中、英、日文本序评介以及世界各国学术刊物的评介摘要。(竺金琳)

G000069 **古书版本常谈(插图增订本)** 毛春翔著。上海古籍出版社 2002 年 7 月版。21 万字。20.00 元。学习古书版本知识的入门书。全面系统地介绍了古书版刻的起源和发展、历代版刻的概况和特点、善本的界定、巾箱本活字本书帕本套印本的特点等版本知识,同时对抄本、稿本、校本等特殊版本,对如何鉴别古书版本也作了介绍和指导。本书曾多次重版。此次修订出版,又增加了“清刻本述略”、“常用版本术语”、“版本书目”、“版本避讳举要”等内容,并配有大量插图。原有插图质量较差者也全部得到替换,使图片更加清晰精美。(郑明宝)

G000070 **顾廷龙文集** 顾廷龙著。上海科学技术文献出版社 2002 年 7 月版。70.8 万字。68.00元。“芸香阁丛书”之一,由中国国家图书馆、上海图书馆、南京图书馆联合编纂,收入著名版本目录学家顾廷龙历年所撰序跋、考证文章及友朋信札。主要内容为:尚书文字合编序跋、景宋礼记正义跋、孙诒让古籀余论跋、古匋文舂录自叙、小篆疑难字字典后记、影宋抄本集韵跋、声韵考跋、輶轩使者绝代语释别国方言跋、恒言广证跋、百衲本二十四史校勘记序、鄉嬛妙境藏书目跋、映雪楼藏书目录跋、安雅廔藏书目跋、章氏四当斋藏书目跋、番禺叶氏遐庵藏书目录序、杭州叶氏卷盦藏书目录跋、涵芬楼烬余书录后序、吴县潘氏攀古楼吴氏窸斋两家藏器目叙、大晋龙兴皇帝三临辟雍皇太子又再莅之盛德隆熙之颂跋;释克、释良、读郁华阁金文记、读汉金文小记、南宋敕牒残本真迹考等。本书还以一定篇幅收入作者致叶景葵、叶恭绰、顾颉刚、刘承干、许石枏、陈垣、胡适等人的信札。本书对从事古籍整理和研究的读者有借鉴作用。(陈宁宁)

G000071 **蛾术轩箧存善本书录** 王欣夫撰,鲍正鹄、徐鹏标点整理。上海古籍出版社 2002 年 12 月版。170 万字。198.00 元。著名藏书家、版本目录学家王欣夫先生为其家藏善本书所作的提要。王欣夫(1911—1966),苏州吴县人,名大隆,字欣夫,室名蛾术轩,复旦大学中文系教授。本书著录了他所藏的 1000 多种罕见的刊本、钞本、校本和稿本,在提要中,他考释了多种善本书的成书和流传经过,纠正了有关书目和研究者的错误,记载了自清代以来许多不为人所知的学者活动以及学术史的史实,并在提要之后附录该书在流传过程中原来的抄校者、收藏者的题跋。(吴旭民)

G000072 **潘天祯文集** 潘天祯著。上海科学技术文献出版社 2002 年 4 月版。29.5 万字。38.00元。"芸香阁丛书"之一,由中国国家图书馆、上海图书馆、南京图书馆联合编纂,收入著名版本目录学家潘天祯历年来发表在各学术刊物上的考证文章。主要内容为:唐、五代江苏印刷史料校释;明代无锡会通馆印书是锡活字本;《鹤林玉露》版本杂谈;胡正言生卒、定居以及启用十竹斋名的时间考察;扬州诗局杂考;康熙武英殿刻书的实录;乾隆、嘉庆年间所印日报《题奏事件》的发现;《秘本书目》收录书的归属问题;汲古阁本《说文解字》的刊印源流;汲古阁主人毛晋诸子生卒年试考;陆贴典的生卒年;毛表、毛扆师事魏冲质疑等。其中关于明代无锡会通馆印书是锡活字本的观点,作者用了"再谈、三谈、四谈",重点加以论述。本书还集中讨论了传世汲古阁刻本《说文解字》和汲古阁主人毛晋的事迹。本书对从事古籍整理和研究的读者有借鉴作用。(陈宁宁)

G000073 **国家图书馆藏古籍题跋丛刊(全三十册)** 国家图书馆编。北京图书馆出版社 2002 年 5 月影印版。22256 页。15000.00 元。收录国家图书馆藏书籍题跋类普通古籍 67 种,系明、清及民国时期著名藏书家、目录学家或学者的著作。所影印版本包括大量的刻本以及少数抄本和稿本。书后附《题跋篇名索引》,便于查阅。本书对于研究古代文献、古籍版刻源流及书籍校刊具有重要的文献价值,是各大中型公共图书馆、高校图书馆及相关研究型图书馆应重点收藏的文献。(宋安莉)

G000074 **三目类序释评** 李致忠释评。北京图书馆出版社 2002 年 8 月版。47 万字。35.00 元。研究中国古典目录学的一部专著。作者选取中国古典目录著作中有典范意义的《汉书·艺文志》、《隋书·经籍志》、《四库全书总目》"三目"作为研究对象。对三目总序、部序、类序分别对应展开,将每篇序文加以规范标点,对有关文句加以注疏,并进行通释,然后在每类之后加以按语,评论三目优劣长短。(孙彦)

G000075 **现代家庭藏书文化** 黄显功、张伟主编。上海科学技术文献出版社 2002 年 7 月版。18.4 万字。16.80 元。针对家庭藏书爱好者,介绍图书的基础知识与历史,对家庭藏书的组织与利用提出了基本原则与方法;对于丰富多彩、博大精深的藏书文化,本书从书斋、藏书印、藏书票等几个侧面作了描述。同时,还结合当前书业动态,对书籍这种特殊藏品的投资属性、保值增值作了介绍。最后根据现代家庭居室特点,对藏书环境的设计提供一些参考实例。(应丽春)

G000076 **现代化图书馆队伍建设方略** 王琼林、邓儒伯主编。人民教育出版社 2002 年 9 月版。20 万字。17.70 元。"师范大学图书馆教育丛书"之一。旨在探讨图书馆的队伍建设问题,内容包括:分析当前图书馆队伍的现状,明确图书馆队伍建设的目标;阐述合理的图书馆队伍群体结构,具体包括群体的知识结构、智能结构、年龄结构、性别结构;指出图书馆员个体应该具备的综合素质;明确图书馆人才培养的目标、环境、方法;提出网络馆员应具备的能力;阐述图书馆人力资源的开发和利用。(曾红梅)

G000077 **战略思考——图书馆发展的十大热门话题** 吴建中编。上海科学技术文献出版社 2002 年 2 月版。22.7 万字。25.00 元。围绕图书馆改革提出了图书馆的生存价值、图书馆的范式演变、WTO 与图书馆、无偿与有偿、虚拟参考服务、数字图书馆与资源描述、图书馆联盟、图书馆员的专业性、图书馆法与知识产权、国际图联的改革及未来走向等十大热门话题,并进行了较为详尽的阐述。(胡

德仁)

G000078 **高校图书馆与校园文化** 曹廷华主编。人民教育出版社 2002 年 9 月版。13 万字。13.40 元。"师范大学图书馆教育丛书"之一。共 6 章。内容包括:绪论、高校图书馆的性质与校园文化、高校图书馆的文献资源与校园文化、高校图书馆的环境氛围与校园文化、高校图书馆的条件设施与校园文化、高校图书馆的服务与校园文化、高校图书馆与校园文化活动的组织领导和学生社团。作者特别结合当前科技、信息网络发展的特点,阐述了图书馆在新形式下的特点及与高校校园文化的关系。(邹海燕)

G000079 **网络环境下高校图书馆的建设与服务** 徐克谦主编。人民教育出版社 2002 年 8 月版。16.3 万字。15.10 元。"师范大学图书馆丛书"之一。共 7 章。内容包括:绪论、高校图书馆服务模式的历史回顾、信息技术革命与图书情报工作的变革、网络环境下高校图书馆的资源保障系统建设、信息资源数字化与数字图书馆、网络环境下高校图书馆服务新特征、网络环境下的服务者与服务对象、网络环境下图书馆人力资源的开发与管理。(邹海燕)

G000080 **高校图书馆与素质教育** 康万武主编。人民教育出版社 2002 年 11 月版。17.1 万字。15.70 元。"师范大学图书馆教育丛书"之一。主要探讨以下问题:高校图书馆在素质教育中的地位和作用;高校图书馆如何在素质教育中发挥其教育职能和情报职能;高等学校图书馆实施素质教育的途径与方法等。(韩华球)

G000081 **中国图书馆事业 1996—2000** 张白影、荀昌荣、曹晓莉主编。湖南科技出版社 2002 年 7 月版。103.8 万字。大 32 开。78.00 元。全面反映我国改革开放以来,中国图书馆界的重大事件、事业发展、教育状况、人物文献等方方面面的研究报告、综述、专题资料和数据等。

G000082 **艺术平台系列丛书** 鲁仲连主编。广西师范大学出版社 2002 年 5 月版。共 7 册,分别是:《在拜占庭精神的沐浴中——俄罗斯、匈牙利、捷克、奥地利、瑞士博物馆之旅》(24 万字,49.80 元)、《贵族之后——英国、西班牙博物馆之旅》(17 万字,39.80 元)、《浪漫主义的先声——法国博物馆之旅》(17 万字,39.80 元)、《理性的光芒——德国、尼德兰、北欧博物馆之旅》(25 万字,49.80 元)、《在艺术中呼吸——意大利博物馆之旅》(17.9 万字,39.80 元)、《自由的张力——美国博物馆之旅》(16.4 万字,39.80 元)。丛书按地理区域划分章节,选美术为主题。有参观博物馆的旅游须知,诸如地图、住宿、交通、开馆时间等,详尽介绍了各馆的历史背景、建筑风貌和著名典藏品。书中还辟有专文,谈论如何参观博物馆,领略各个地区的艺术特色。另以专栏报道重要艺术家的生平事迹、特殊作品和轶闻趣事。

G000083 **走进博物馆丛书** 齐吉祥等编。四川少年儿童出版社 2002 年 6 月版。9 万字/册万字。4 印张。15.00 元。包括《三星堆博物馆》、《中国历史博物馆》、《河南博物院》、《上海博物馆》、《秦始皇兵马俑博物馆》等 5 本图书。本系列图书由各个博物馆的研究员编写而成,内容丰富,主次清晰,充分展现了各个博物馆的藏品特色。

G000084 **青海省档案馆指南** 青海省档案馆编。青海人民出版社 2002 年 9 月版。20 万字。39.80 元。一部全面反映青海省档案的基本情况,介绍馆藏档案、资料的主要内容,指导利用者查阅档案、资料的工具书,是了解青海社会、经济、文化、政治、军事、民族发展变化概况的指南。该书编写体例依据国家档案局印发的《档案馆指南编制规范》,结合省馆实际和馆藏特点编写而成。全书共 6 章,由前言、正文、附录、图片等部分构成。主要介绍上世纪 90 年代初期以前接收进省档案馆的 220 个全宗的档案情况,按立档单位逐一介绍。主要内容包括:全宗名称、全宗号、档案起止年代、全宗构成者机构沿革、主要职能隶属关系、档案主要内容及数量等情况。(吴引水)

软科学研究方法教程

G000085 **软科学研究方法教程** 金新政主编。湖北科学技术出版社 2002 年 8 月版。224 页。25.80 元。以现代自然科学和社会科学的理论方法,特别是软科学和软技术的理论方法为依据,以政治、经济、科技、社会、管理环境等广泛而复杂的问题及其内在联系为研究对象,并对其现实和发展的各个层次,各个方面进行系统、综合、全方位的分析、研究,预测和评价,从而提出方案和战略,制订政策和策略,编订计划和规划,优化组织和管理,为决策科学化和管理现代化服务。(冯友仁)

G000086 **科技地理学导论** 赵海军著。广西人民出版社 2002 年 1 月版。17 万字。15.00 元。系统地论述了科技地理学的基本理论与方法。主要内容包括科技地理学建立的理论基础及其研究对象、任务、内容与方法，科技布局条件，科技布局规律，科技布局原则，科技区划，区域科技发展战略，区域科技地理，部门科技地理，历史科技地理，科技地理信息数据库建设等。(陈红)

G000087 **科学技术化——技术时代的科学基础** 周春彦著。东北大学出版社 2002 年 4 月版。18.8 万字。20.00 元。有关"科学技术化"的理论及现实问题的学术著作。共 9 章，内容包括：科学技术化的历史考察，科学在技术发明中的作用，科学技术化的微观机制和宏观过程，科学技术化的条件与模式等；并从哲学的视角透视了科学技术化的本质，重点研究了科学技术化中的"化"的含义和内容；探讨了科学技术场论，科学技术化的主体协同问题、投资问题以及相关科技政策制定等。(秦振华)

G000088 **科学救国之梦** 任鸿隽著，樊洪业、张久春选编。上海科技教育出版社 2002 年 8 月版。80 万字。58.00 元。文集。"八面风文丛"之一，中国著名爱国科学家、教育家任鸿隽先生是中国现代科学事业的倡导者、组织者。作为 20 世纪影响最大的综合性科学杂志《科学》和学术团体"中国科学社"的创始人之一，他为中国科学的勃兴奠定了坚实基础。他在"中基会"任职期间，充分发挥中基会职能，为中国科教事业的发展作出了巨大贡献。本书共精选任鸿隽重要文章 100 多篇，分列为"追问'科学之为物'"、"播撒'科学种子'"、"运筹'因材而笃'"、"痴情说'国策'"、"漫述'前尘'"5 篇。(邢志华)

G000089 **新疆软科学年报** 新疆科技卫生出版社(K)2002 年 9 月版。38 万字。45.00 元。汇集了 1995～2000 年获得新疆维吾尔自治区科技进步三等奖以上的软科学研究成果，以及 1997 年召开的新疆第一次软科学研讨会获奖论文和部分在《新疆软科学工作》(简报)上发表的有代表性的软科学研究论文。这些论文为政府部门决策提供了许多有价值的咨询建议。

G000090 **全球技术预见大趋势** 李健民主编。上海科学技术出版社 2002 年 10 月版。24 万字。21.50 元。系统地评价了当今世界主要国家和地区开展技术预见的历史、现状、运作方式以及实际绩效；还介绍了我国国家层面和上海、北京、台湾地区开展的技术预见活动的过程与初步结果。(陆正华)

G000091 **创造教育丛书** 刘道玉主编。湖北教育出版社 2002 年 9 月版。共 7 本：《创造教育概论——谈知识 智力 创造力》(刘道玉著，17.00 元)、《创造思维方法大纲》(刘道玉著，13.50 元)、《创业与人生设计》(刘道玉著，12.00 元)、《创造技法的理论与应用》(李小平著，16.00 元)、《教学创新与创造思维的培养》(王焱明编著，14.50 元)、《非智力因素与创造力的培养》(李兴业等著，12.00 元)、《校园文化与创造力的培养》(汪子为等著，12.00 元)。(王位庆)

G000092 **科学技术体系学** 姜井水著。学林出版社 2002 年 6 月版。13.7 万字。15.00 元。社科学术著作。本书所构筑的科学技术体系。纵向采用物质运动的基本形式和具体形式，横向以"否定之否定规律"，纵横统一采用系统论作为研究方法和研究根据，将所有科学技术排列为 8 个分系统，每个分系统又具有若干支系统，并通过三个不同角度，包括排列说明、科学分类和体系特性的角度进行分析和叙述，揭示出构筑科学技术体系的功能和价值。

G000093 **干部创新创造能力培训读本** 袁张度、徐方瞿主编。上海科学普及出版社 2002 年 7 月版。43.4 万字。24.00 元。中共上海市委组织部和市人事局为"2001—2005 年上海市干部教育培训规划"中关于创新创造能力开发编写的教材。书中以"三个代表"的重要思想为主线，详细论述了知识创新、科技创新、行政管理创新、经济管理创新，以及发现、发明、创造等方面的基本内容和方法，突出地体现了"不断解放思想、实事求是、与时俱进"的时代特色。(徐林林)

G000094 **风神独特之美：优化青春与创新思维** 金马著。河北人民出版社 2002 年 10 月第 1 版。22 万字。21.50 元。"金马·青春创新素质系列丛书"之一。以创新精神统领着青年人的思维取向，针对当代青年普遍存在的现实状况，通过几十个命题，与青年人展开心灵的平等对话，引导他们如何在竞争日益激烈的现代社会中，拥有创新思维的崭新精神境界，使他们的青春底色更加绚烂多彩，发挥各自最大的潜力，从而走向自己成功而快乐的人生之旅。金马是国内撰写青年读物的知名作家，二十多年来已有 60 余部青年读物出版。他以散文的形式写成的文章，语言抒情优美，富有哲理，颇受青年读者喜爱。(李方)

G000095 **发现的方法** 申建春著。湖南人民出版社 2002 年 3 月版。8.4 万字。8.00 元。用专题的方式，介绍了"多试数据"、"反复实验"、"勇于联想"、"捕捉灵感"、"勤于观察"等 20 种发现的方法，

这些方法有助于读者们获得知识,培养能力。收入“脑开发丛书”。(张志红)

G000096 **创造学新论** 严智泽、余伦信、尹全忠、张进英主编。华中科技大学出版社 2002 年 4 月版。32.5 万字。17.50 元。该书遵循与时俱进、开拓创新的精神,将创造学的基本原理和方法概括为创造的主体论、客体论、实践论、机制论、方法论、环境论和成果论,融案例分析与理论探讨于一体,把当代最新的科学思想创造与科学方法探索结合起来,构建了创造学新的理论体系。该书有以下主要特点:一是构思的创见性。跟踪高科技的新成就,抓住科学技术创造中的典型事件和人物进行解剖,从中提炼出带有普遍性的结论,使创造学适应信息时代的需要。二是内容的科学性。广泛收集科学技术的发现和发明、工程创造的新资料,并从新的角度进行审视,力求观点与材料融为一体,使之更具有科学底蕴和事实根据。三是催人创新的思想性。展示国内外创造的辉煌,守旧的悲哀,引导读者强化创新欲望,坚定创新信心,训练创新思维,提高创新能力,为增强我国的综合国力,创造性地学习和工作。四是语言表达的生动性。力求用明快、简洁、形象的语言,将科学发展的深奥学问表述出来,深入浅出,亲切感人。(包以健)

G000097 **创造理论与实践** 张忠有、宋世贵、陈桂芝编著。中国矿业大学出版社 2002 年 7 月版。29.4 万字。20.00 元。高等学校选修课教材。共 12 章,主要由创造力开发、创造性思维及其训练、学习创造技法、科学发现和技术创新等部分构成。阐述了创造的一般理论方法,不同领域的创造理论和方法,具体学科和工作中的创造。书后附有参考书目。(张怡菲)

G000098 **创新方略论** 王永生著。人民出版社 2002 年 9 月版。20.1 万字。33.00 元。对创新思想、创新思维、创新素质、创新能力、创新管理、创新机制、创新方法和创新人才,作了精辟、实际而又系统的阐述,具有强烈的理性色彩,哲辩色彩和创新色彩。

G000099 **创新能力开发** 汪馥郁主编。甘肃人民出版社 2002 年 12 月版。17.2 万字。14.00 元。以讲座的形式写成,共 30 讲。主要内容包括:一、创新的基本特征;二、创新的必要性;三、创新的紧迫性;四、知识创新;五、管理创新;六、技术创新;七、创新与思维活动;八、创新的基本方法;九、创新的主要障碍;十、创新的合理性标准;十一、创新人才的基本素质等。其主要特点有三:一是比较全面地论述了创新能力开发的方方面面;二是通俗易懂;三是注意适用性。全书每一讲均以各种实例引导,穿插必要的理论阐述,并附有思考与练习题。(郝军)

G000100 **创新能力的形成与培养** 赵卿敏著。华中科技大学出版社 2002 年 1 月版。25.4 万字。16.00 元。分上、下两篇。上篇“创新能力的形成”,包括“创新能力与身心”、“创新能力与环境”、“创新能力与实践”、“创新能力与思维”4 章内容,试图探索人的创新能力究竟是如何形成的;下篇“创新能力的培养”,则包括“着眼于发展”、“着眼于内化”、“营造育人环境”、“落实因材施教”共 4 章内容,试图从教育学角度,集中探讨如何依据上篇中提出的四条原理来培养学生的创新能力。同时,作者对应试教育作了较深入的分析与批判,并提出了一系列改革主张。(周小方)

G000101 **技术进化创新论** [英]约翰·齐曼主编,孙喜杰、曾国屏译。上海科技教育出版社 2002 年 10 月版。39 万字。35.00 元。科技创新论文集。“八面风文丛”之一。作者们是来自进化生物学、科学技术史学、科学技术社会学、认知科学与计算机科学、经济学、心理学、教育学、文化人类学和研究管理学等学科的国际专家。本书概述对技术创新进化论研究的有关概念、问题和讨论的共同框架,着重探讨技术创新进化的若干细节,研究其变异和选择的条件和过程。共 22 章,分为 5 篇:一、进化思维;二、作为一种文化实践的创新;三、作为一个过程的发明;四、制度化的创新;五、宽广视角中的技术变化。(柴元君)

G000102 **灵犀畅达之门:创新思路、方法与技巧** 金马著。河北人民出版社 2002 年版。20 万字。20.50 元。“金马·青春创新素质系列”之四。从具体的实践理念和行动方式入手,列举了许多切实可行的创新思路、方法与技巧,以便让青年人掌握创新的核心武器,灵活运用,事半功倍,为实现自己的人生价值,打下坚实而有力的精神根基。(李方)

G000103 **知识创新学** 刘助柏、梁辰著。机械工业出版社 2002 年 6 月版。25.8 万字。19.00 元。普通高等教育国家级规划教材。融自然科学与社会科学于一体,以高等教育中全面实施素质教育为切入点,阐述知识创新的内含及特征。书中选用了 23 位中国院士的“院士思维”,每位分 4 个栏目:简介、思维特色形成背景、主要贡献、思维之光。(邓海平)

G000104 **神猴多变之路:学习新解与创新风格** 金马著。河北人民出版社 2002 年 10 月版。21 万字。21.00 元。“金马·青春创新素质系列丛书”之二。围绕创新型学习的主题,从若干个问题的不同角度,讲出创新型学习的丰富内容和深刻内涵。(李方)

G000105 **魅力常新之谜:青春形象与创新艺术** 金马著。河北人民出版社 2002 年 10 月版。20 万字。20.50 元。“金马·青春创新素质系列”之三。紧扣当代青年朋友的身心发展特点,围绕创新艺术的主题,从几十个命题出发,让青年人在学习、工作、生活中,领悟到最重要、最基本的创新艺术,使他们的青春形象更加富于时代的魅力和新意。(李方)

G000106 **理性与情结——世纪诺贝尔奖** 陈其荣、袁闯、陈积芳主编。复旦大学出版社 2002 年 11 月版。35 万字。25.00 元。为纪念诺贝尔奖颁奖 100 周年,复旦大学与上海科学技术协会、中国自然辩证法研究会共同举办了全国“纪念诺贝尔奖 100 周年学术研讨会”。本书即是这一历史性世纪盛会的成果结晶。全书由 42 个论题组成,分成 4 篇。第一篇“情结:中国离诺贝尔奖有多远?”是对中华民族之诺贝尔情结的反思;第二篇“历史与精神:诺贝尔奖如何辉煌?”对诺贝尔奖所蕴含的科学思想、科学精神作了深入的挖掘与阐释;第三篇“理性:诺贝尔奖的意义、作用及其他”,对诺贝尔奖进行了科学理性的透视,特别是从科学、技术与社会的视角揭示了诺贝尔奖的重大意义;第四篇“启迪;我们还要做什么?”通过对诺贝尔奖的考察与分析,对我国的科技、教育等方面的工作与未来的发展,提出了一些有价值的看法和建议。(范仁梅)

G000107 **2001 年度北京科技年鉴** 北京市科学技术委员会编。北京科学技术出版社 2002 年 11 月版。69.4 万字。90.00 元。2001 年度北京市科学技术工作的概况。精选讲话、专文、规章制度等文章共 152 篇,包括 8 个部分:2001 年度北京市科学技术工作概况;2001 年度关于科技工作讲话的特载;2001 年度的科技进展;2001 年度重大科技成果;2001 年度科技工作专文;2001 年度的科技统计;2001 年度的科技规章制度;2001 年度科技大事记。(苏向鹏)

G000108 **青海省“九五”科学技术研究成果汇编** 青海省科技厅科技成果管理办公室编。青海人民出版社 2002 年 9 月版。30 万字。28.00 元。科技成果项目汇编。介绍了青海省在“九五”期间取得的科技成果 555 项。分农林牧渔业、工业、医药卫生、文化教育和经济信息 4 部分。其中,达国际领先水平的科技成果 8 项,国际先进的 19 项,国内领先的 80 项,国内先进的 147 项。(汪家驹)

G000109 **2002 上海科技年鉴** 上海科技年鉴编辑部编。上海科技教育出版社 2002 年 9 月版。110 万字。200.00 元(精装)。主要反应 2002 年上海市各领域、各部门及各行业的各项工作中取得的新成就、新进展、新经验,以及涌现出来的“新”人才。本年览共包括“基础性研究与高新技术研究”、“科技促进经济社会发展”、“科技管理与服务”、“法规·统计·大事记”等 4 大篇 19 章、“重要论述选摘”“特载”与附录等 3 部分以及彩色插图等内容。(蔡平)

G000110 **堂吉诃德的长矛——穿过科学话语的迷雾** 田松著。上海科技教育出版社 2002 年 12 月版。29.6 万字。28.00 元。文集。“八面风文丛”之一,选收作者在不同时期公开发表的关于科学、科学社会学、科学史、科学传播等的科学文化随笔、书评及学术论文等。分 8 部分:一、误解了科学——在科学与人文之间;二、爱因斯坦的意义——科学人生;三、鸡与鸭与李约瑟——中国古代有没有科学;四、全无敌——民间科学爱好者;五、月亮照耀在实在的真理之路上——品书录;六、从信赖到理解——科学传播论;七、田老师讲物理;八、从构成到生成——学术文本。全书总体上围绕讨论科学性质与精神、科学与人类生存及未来、中国古代有无科学、科学普及与科学传播等问题。(柴元君)

教育

G000111 **迈向个性的教育** 副名:一位留英、美学者解读华德福教育。黄晓星著。广东教育出版社 2002 年 5 月版。18 万字。14.80 元。文学体裁教育专著。中国内地出版的首本关于华德福教育的图书。全面、系统地介绍了起源于德国流行于欧美,遍布世界各大洲,具有八十多年历史的华德福教育体系、理念和教学模式。全书通过作者所亲身经历的一个个饶有趣味的故事,用散文笔调深入浅出地阐述华德福的教育理论,包括教材课程设置、教学过程等教学实践细节的具体描写,以及作者在英国和美国亲身实践华德福教育思想的深刻感受。(刘宗贵)

G000112 **网络社会与学校教育** 马和民、吴瑞君主编。上海教育出版社 2002 年 12 月版。26.5 万字。26.00 元。就网络社会与当代学校教育间的关系作了记述,提出了教育如何适应当代以"因特网、信息高速公路"为标志的社会变迁等思考问题。(毛永谦)

G000113 **你的教育生态了吗** 吴一舟著。浙江教育出版社 2002 年 10 月版。6.2 万字。12.00 元。对现行的教育理念、教育环境、教育方法提出挑战,对世俗的、扼杀孩子创造力和生命力的成才观提出质疑,倡导一种快乐的、符合自然天性的、充分展现自我的成才。它以一个简单有趣的寓言故事,帮助你在轻松的阅读中不知不觉地形成一个"生态"的教育观——把成长的权利交给孩子,尊重孩子内心的发展需求,给孩子一个充满自信心、自主性和生命活力的人生。

G000114 **现代教育原理** 柳海民等编。中央广播电视大学出版社 2002 年 7 月版。48.6 万字。B5 开。34.00 元。为中央广播电视大学公共关系管理本科课程计划中的一门专业基础课。包括:教育概说、教育的历史演进(上)教育制度、(下)教育思想、教育与社会发展、教育与人的发展、教育目的、教育内容、教育途径、教育形态、教师、学生等 11 章内容。

G000115 **教育创新与民族创新精神** 冯增俊著。福建教育出版社 2002 年 12 月版。23 万字。28.00 元。以教育创新为重点的教育理论研究论著。共 11 章,从比较教育的难度,探讨了教育创新在激发民族精神、促进民族兴旺与国家强盛的作用,不但在理论上进行了比较系统的探索,而且从实践的角度,分析了东西方不同国家教育创新与民族创新精神的历史状况,并据此研究了东方民族由盛及衰的原因。最后,作者对教育创新与中国的振兴强盛,提出了颇具创见的理论观点。收入"明日教育文库"。(任凤生)

G000116 **教育的理想与信念** 肖川著。岳麓书社 2002 年 6 月版。18.2 万字。25.00 元。随笔集。收录了 60 多篇文章,涉及教育学众多的重要领域和主题。分 10 部分:一、与经典为友;二、教育的意蕴;三、教育给了我们什么;四、审视教育目标;五、教育的灵魂;六、教师的学习与成长;七、完美的教学;八、教育的期待;九、有所执着;十、真诚的言说。书中对教育界中一些司空见惯的现象,给予学理上的阐释,并发掘出其中的文化内涵,从而收到见微知著、洞幽察微的效果。(刘芳)

G000117 **教育学** 赵彦宏、郭启华、常汉东主编。黑龙江人民出版社 2002 年 7 月版。33.2 万字。19.80 元。集中反映高师院校教育理论与实践的教育学专著。从中学教学实践的角度,阐述教育规律与教育思想,并提出一些新的教学方法和技术。(刘恺汐)

G000118 **儿童素质培养丛书** 冯化平主编。内蒙古科学技术出版社 2002 年 10 月版。105 万字。共 3 册,分别为智商综合培养方案、情商系统培养方案、能力立体培养方案等。主要介绍了儿童智商、感知能力、语言能力、观察能力、记忆能力、思维能力、儿童情商、道德品质、健康情感、心理素质、艺术素质、兴趣爱好、体质体能、生理卫生、想象创造能力、空间智慧能力、独立生存能力、社交处世能力、基本理财能力、智能学习能力、特殊技艺能力等的培养内容、培养方法及注意事项等。(喜迎)

G000119 **生态文明观与全面发展教育** 缪福霖著。东北林业大学出版社 2002 年 11 月版。22 万字。17.50 元。以生态文明观为指导研究全面发展教育的一部探索性著作。分 5 篇 14 章。第一篇为生态文明观与全面发展教育,阐述了绿色化教育、教育生态学以及以生态文明观指导教育三者之间的联系与区别,在此基础上着重探讨了以生态文明观指导全面发展教育的本质要求和科学方法,共两章。从第二篇第三章开始,分篇分章研究以生态文明观指导德育、智育、体育和美育,提出德育系统和智育系统的基础链、中心链和顶级链概念,阐述了教育生态、学习生态中的一些基本规律,诠释了智能流动过程的金字塔模式等新的教育理论。(卜彩虹)

G000120 **教育的秘诀是真爱——孙云晓教育建议** 孙云晓著。新华出版社 2002 年 4 月版。30 万字。20.00 元。教育类。作者是我国知名的教育专家。本书凝聚着作者十几年的心血,其中的思想发现与教育建议基本上囊括了现代素质教育的全部内容。他提出教育的本质就是唤醒,是解放,是发现,是选择,具体表现为先进的教育观念与科学的教育方法。本书正是从教育的本质出发,从没有尊重就没有教育、教育的核心是做人、给孩子一个宽松的空间、捍卫孩子的权利、人人都能成功等 5 个方面提出了明确的 101 条基本教育建议,既有精彩的案例与科学的理论,又有切实可行的操作建议。(徐光)

G000121 **新编大学美育** 蒋国忠编著。复旦大学出版社 2002 年 9 月版。37.2 万字。28.00 元。由作者在多年讲授"大学美育"课程的基础上,广泛吸取前人已有成果,并根据教学实践反复修改提高而成。全书共 14 章,围绕着大学美育的基本使命,全面地介绍了美学美育的基础理论和基本知识;并结合社会审美实践和学生的审美特点,着重讲述了美的各种观念、形态和特征,以及如何提高审美修养和增强审美能力的理论与方法。(陈麦青)

G000122 **元教育学** 唐莹著。人民教育出版社 2002 年 6 月版。48 万字。32.80 元。“教育科学分支学科丛书”之一。在占有大量材料的基础上,从元理论的视角对已有的教育学认识论的成果,主要是西方的研究成果,从历史的角度,作了系统的介绍和评析。此外,作者还阐述了元教育学研究的章法。(韩华球)

G000123 **学科教育学** 陶本一主编。人民教育出版社 2002 年 2 月版。36 万字。28.30 元。大学研究生教材。力求摆脱已有学科教育学孤立地研究各门分科的局限,试图按照一种新思路,即将学科作为一个整体来探讨,其主要目的是创立一个新的学科教育学理论体系。本书的绪论部分论述了学科教育学的研究对象,以及建构一种整体性学科教育学的必要性、合理性;第一、二、三、四、五章分别阐述学科教育学理论体系的六个层面:人才规格;学科课程;学科教学;学科学习;现代教育技术与学科教育;学科教育评价。

G000124 **教育与经济增长分析** 安雪慧著。甘肃教育出版社 2002 年 12 月版。19 万字。13.80 元。作者从新经济增长理论入手,分析现代经济持续增长的主要动力源,运用计量经济学的方法对教育的经济贡献进行实证分析,并对实证结果给予一定的经济解释,从而为国家的发展战略和投资分配决策提供理论和实证依据。此外,本书还在考察各类典型经济增长理论的基础上,运用新古典的均衡分析法推导现代经济持续增长的条件;在对现有教育经济贡献研究评述的基础上,针对我国总体教育、三级教育、东中西三大经济区域教育经济贡献实证研究薄弱的情况,选择适当的模型,对这三个方面进行了计量研究,并在进行国内外比较的同时,从经济发展对教育供给与需求的影响及教育经济贡献的阶段性特征等角度进行了一些定量分析。(邓玲玲)

G000125 **教育技术基础** 刘雍潜等编。中央广播电视大学出版社 2002 年 11 月版。35.2 万字。20.00 元。阐述了教育技术的基本概念、学科体系、研究对象、领域、范畴和方法,以及教育技术的学科基础,介绍了教学设计的一般方法,以及信息技术在教育教学中应用的方法与模式。主要包括:教育技术的产生与发展、教育技术概论、教育技术学科研究的对象和范畴、教育技术学科研究的领域和方法、教育技术学科的哲学基础和方法论基础、教育技术学科的理论基础和技术基础、教学设计、信息技术在教育中的应用、教育技术标准等内容。

G000126 **教育逻辑学** 郭元祥著。人民教育出版社 2002 年 10 月版。27.8 万字。21.70 元。“教育科学分支学科丛书”之一。以教育理论和教育实践的逻辑问题为中心,初步构建了“教育逻辑学”的体系。上篇:教育逻辑学的合理性、意义,以及它在教育科学体系中的必要性。中篇:主要从教育范畴逻辑、教育概念和命题的逻辑、教育认识的辩证逻辑等方面来探讨教育的主观逻辑。下篇:以微观教育活动为线索,在从总体上对教育本质加以逻辑分析的基础上,着重从课程、教学的逻辑问题上考察教育的客观逻辑。(韩华球)

G000127 **思想政治课课程·教学新论** 谢树平著。黑龙江人民出版社 2002 年 7 月版。21 万字。26.00 元。探讨了现代思想政治课的性质、功能、目标、教育理念和教育规律与方法,对传统和现行的思想政治课的功能、目标、课程结构、教材、教学模式和教育评价进行了深刻的反思,揭示了其功能缺陷及其成因。(刘恺汐)

G000128 **高效率教学** 张庆林、杨东主编。人民教育出版社 2002 年 3 月版。40 万字。23.50 元。由 5 部分构成:第一部分是高效率教学的理论,主要介绍教学的效率观、有效学习的条件、高效率教学的原则,以及高效率教学的认知理论、动机理论;第二部分是高效率学的方法,主要介绍高效率学习知识的策略、高效率解决问题的策略和元认知监控策略;第三部分是高效率教学的方法,主要介绍过程启发式教学、研究性学习指导和治学型学习指导;第四部分是高效率教学在学校教学实践中的具体应用,主要介绍学科思维策略的教学实践;第五部分是高效率教学的评价。(曾红梅)

G000129 **教学风格论** 李如密著。人民教育出版社 2002 年 9 月版。16.5 万字。11.40 元。对教学风格的定义、教学风格的分类、教学风格对学生的影响、教学风格的形成过程及规律、学习和创造教学风格的基本方法等进行了系统的研究。

G000130 **交往教学论** 田汉族著。湖南师范大学出版社 2002 年 5 月版。31 万字。26.80 元。运用哲学、文化学、人类学、心理学、脑科学等学科的最新研究成果,通过对我国现有的教学理论进行系统的分析批判,对我国教学实践进行系统反思,寻找交往教学的理论逻辑、实践逻辑和时代连接点,并对交往教学的要素、结构、功能、本质、过程、原则、模式、方法、评价等进行了系统建构。书后附录有小学、中学、大学交往教学模式案例3个,可以为教师,特别是中小学教师提供一种可以参照的范式。(黄林)

G000131 **考试统计学** 凌云著。华中师范大学出版社 2002 年 5 月版。35 万字。30.00 元。分 12 章,其内容可分为 4 大部分:一是学科绪论部分,其中包括学科性质、研究对象、基本内容、研究方法和学习意义。二是统计描述部分,包括统计量数和统计图表。三是统计推断部分,包括参数估计、假设检验和回归分析。四是统计设计部分,包括统计设计原则,统计抽样原则、统计分组设计和统计误差控制。另外本书还单设一章:考试质量的统计分析,就考试统计分析报告的一般模式进行了示范性讲析。(张永梅)

G000132 **中国考试发展史** 刘海峰等著。华中师范大学出版社 2002 年 6 月版。39.5 万字。30.00 元。根据中国古代、近代、现代考试发展史的实际,以"条块结合"的方式来安排全书的篇章结构。上编古代部分,以时间顺序来铺陈叙述各个朝代考试的兴亡;中编近代部分,按清末、民国时期和考试类别来分别概述考试历史和演进;下编现代部分,则依考试的种类来分门别类论述考试的发展,对新近逝去的考试进行了冷静客观的分析描述。全书结构严谨,体例新颖,对考试的发生、发展的演变史进行了全方位的展示。难能可贵的是,该书还把当今时代对高考存废问题的争议也进行了阐释,按照考试发展的客观规律分析高考等问题,从而证明了以高考为代表的现代考试制度有其长期存在的价值和合理性。(张永梅)

G000133 **研究性学习多样化模式丛书** 陈玉琨总主编。少年儿童出版社 2002 年 3 月版。60 万字。90.00 元。教学科研的理论读物。由教育部中学校长培训中心、华东师范大学教育科学学院组织编写。共由 5 本书组成:陈玉琨、程振响的《研究性学习概论》,何晓文、沈玉顺的《小课题研究与研究性教学——华东师大二附中模式》,葛朝鼎、胡玉倩的《研究性选修课与科学实验室——东北育才学校模式》,仇忠海、刘志青的《开放性主题活动——上海市七宝中学模式》,鲁善坤、饶家澍的《科技四小活动——重庆市第一中学模式》。(洪祖年)

G000134 **复习教育学** 邓朝喜、潘旭著。西南师范大学出版社 2002 年 5 月版。20 万字。15.00元。全面系统论述复式教育的学术专著。作者把中外教育教学理论运用于中国的复式教学,结合长期从事复式教学的理论研究和教学实践,对复式教学的理论和实践进行了全面总结和系统阐述。主要论述了复式教育学的性质、研究对象、研究目的、研究方法和理论基础;复式教学的功能、基本原理、教学流程、一般方法、组合形式、教学手段和教学常规,尤其是对教学流程进行了深入细致的研究。书末附有复式教学的实验研究、复式班学生注意力、自学力、自治力的培养实验方案及实验研究报告,对复式教学具有重要的参考价值。(曾艳)

G000135 **信息技术与教育技术(下册)** 李永健等。中央广播电视大学出版社 2002 年 8 月版。39.2 万字。16 开。23.00 元。教育部人才培养模式改革和开放教育试点教材。主要包括:教育技术概述、教育技术学的相关理论、听觉教学媒体及其应用、视听觉教学媒体及其应用、组合教育媒体系统及其应用、教学设计(一)(二)、学校教育技术管理、远程教育等 9 章内容。

G000136 **信息技术与教育技术(上册)** 高利明编。中央广播电视大学出版社 2002 年 1 月版。42 万字。16 开。25.00 元。教育部人才培养模式改革和开放教育试点教材。主要包括:信息、信息科学与信息技术;计算机及其教育应用;视窗操作系统的功能和使用;字处理软件;电子表格;演示创作工具;计算机网络知识与运用等 8 章内容。

G000137 **育心之路——学校心理辅导丛书** 贾晓波主编。天津教育出版社 2001 年 11 月至 2002 年 1 月版。120 万字。78.10 元。为中小学教师和心理辅导员编写的一套培训教材和自修读物。包括 5 册:《学校心理辅导实用教程》、《走出心理误区——中小学心理辅导与咨询案例》、《小学心理辅导活动设计指南》、《初中生心理适应能力训练教程》、《高中生心理适应能力训练教程》。内容设计紧紧围绕中小学心理健康教育工作的主要任务,体现了心理辅导员培训工作的基本要求,既有理论知识较为系统、完整的教材;又有针对性、应用性、操作性都比较强的咨询案例;还有为开设心理辅导与训练活动的教案与参考资料。(耿学明)

G000138 **不要让水果太诱人** 副名:心理咨询第一现场。王国红、王宇著。天津教育出版社

2002年10月版。12万字。9.50元。依据作者工作中所接触到的素材，揭示了中学生在学习、生活中经常遇到的心理问题，并用作者的亲身实践回答了如何应用心理学知识来解决这些常见问题。(向保)

G000139 **少数民族学生心理发展与教育研究** 万明钢主编。甘肃教育出版社2002年1月版。35万字。35.00元。学术研究著作。为作者承担的教育部、甘肃省多项研究课题的成果，系统地对西北几个主要少数民族(藏族、回族、东乡族和维吾尔族等)学生的智力、双语、文化认同、自尊、应对方式、心理健康等方面进行了研究。全书共9章，每部分内容都是在大量的文献检索基础上进行概念界定、实测、访谈、统计分析等，并提出对民族教育发展的建议。(杨马胜)

G000140 **初中生心理适应能力训练教程** 天津教育出版社2002年5月版。23.4万字。15.20元。"育心之路——学校心理辅导丛书"之一。以对心理适应能力问题研究的最新成果为依据，针对当前中学生心理适应能力方面存在的问题，从环境适应、学习适应、人际适应和挫折适应4个方面设计有关内容，以改变中学生心理适应能力偏低的现状，提高他们心理适应水平。(耿学明)

G000141 **高中生心理适应能力训练教程** 天津教育出版社2002年5月版。21.4万字。9.25元。"育心之路——学校心理辅导丛书"之一。以对心理适应能力问题研究的最新成果为依据，针对中学生心理适应能力方面存在的问题，从环境适应、学习适应、人际适应和挫折适应4个方面展开论述，以改变中学生心理适应能力偏低的现状，提高他们心理适应水平。(耿学明)

G000142 **小学生心理辅导活动指南** 天津教育出版社2002年5月版。11.7万字。4.75元。"育心之路——学校心理辅导丛书"之一。天津市"九五"社科规划课题《非智力因素培养与德育》的研究成果，对小学心理辅导活动的开展具有一定的参考价值。(耿学明)

G000143 **走出心理误区——中小学生心理辅导与咨询案例集** 天津教育出版社2001年11月版、2002年5月第2版。13.20元。"育心之路——学校心理辅导丛书"之一。从学习心理辅导、个性发展辅导、人际交往辅导、青春期性心理卫生辅导和常见心理障碍与疾病辅导等5个方面收集了50余个中小学生心理辅导与咨询的案例，基本上代表了学校心理辅导工作的主要方面。特别是每部分的专家评析，对同类案例的表现、成因及其辅导原理与方法作了简明扼要的分析与归纳，有些地方起到了画龙点睛的作用，对初学者熟悉和掌握个别心理辅导工作的特点与要领很有帮助。案例中反映的现象都具有较强的代表性。(耿学明)

G000144 **学校心理辅导实用教程** 天津教育出版社2002年5月版。45.1万字。27.00元。"育心之路——学校心理辅导丛书"之一。系统介绍学校心理辅导理论与方法。全书共12章，首先概述心理辅导的性质意义、形式、途径、基础理论，然后介绍了个别辅导的过程，个别辅导与治疗的方法，学习辅导，生活与适应问题辅导，升学就业辅导，性心理与异性交往辅导，中小学生常见的心理障碍的辅导与矫治等，最后，阐述了心理测验在心理辅导中的作用及学校心理辅导的组织与管理等。(耿学明)

G000145 **教师行为研究** 唐松林著。湖南师范大学出版社2002年6月版。28.4万字。20.00元。探讨了教师行为的内涵和范畴、教师行为的结构、教师行为的形成等问题。其内容有以下三方面的特色。一是研究对象上，对教师行为的结构问题进行了深入的探讨。二是在教师行为的形成上，作者以终身教育理论和教师职业发展阶段论为基础，对教师行为形成的规律与养成问题进行了探讨。三是在教师行为的具体内容上，作者采取比较、抽象、概括的思维形式，对教师行为的基本内容如教师行为的基础系统、动力系统和效率系统等进行了详细的分析与论述，并且对每一问题都有新鲜的见解。(莫华)

G000146 **师德全书** 倪益琛主编。同心出版社2002年3月版。320万字。16开。498.00元。以"三个代表"重要思想和以德治国方略为指导，按照《公民道德建设实施纲要》的有关精神，从十个方面对教师的道德建设和道德要求进行了全面论述和说明。书中对教师职业道德建设的基本理论进行了系统阐述，介绍了古今中外的教师职业道德建设和教师道德修养理论，比较全面地总结了古今中外教师的职业道德建设和教师道德修养实践经验，特别是收录了新世纪中国当代青年骨干教师的师德建设经验和他们的先进事迹，并系统介绍了我国对新世纪教师道德的要求和教师的职业道德规范。本书对教师如何提高职业道德水平和进行职业道德修养给予了指导。(王小云)

G000147 **知心姐姐书屋——做人做事故事书** 卢勤主编。中国少年儿童出版社2002年1月版。

40 印张。115.20 元。亲子教育故事丛书。“知心家庭学校”是由全国少工委和中国少年儿童新闻出版总社共同创办的亲子学校,目的是促使父母与孩子的相互沟通,共同学习做人做事的道理。这套丛书就是知心姐姐送给孩子的 12 件礼物。包括四个方面 12 句话。一、快乐人生三句话:太好了!我能行!我帮你!二、文明礼貌三会做:你好!谢谢!对不起!三、培养责任感三记住:自己的事自己做;家里的事帮着做;大家的事抢着做。四、与人相处三秘诀:捧出我的心——热忱;打动你的心——沟通;你真棒——赞美。这 12 句话也是影响孩子一生的 12 种品格,本书用拼音图画故事的形式将这 12 句话的内涵诠释出来,并在每件礼物后面开辟了家庭小课堂、快乐迷宫、小游戏等栏目。(韩彬)

G000148 **调研方法与调研报告** 叶至诚、叶立诚著。中国纺织出版社 2002 年 9 月版。20.2 万字。22.00 元。作者根据多年的教学实践并吸收相关研究成果,准确地勾画出调查研究的科学方法和调研报告的写作技巧,为读者有效地开展调研工作提供了简洁的入门途径。(许小莉)

G000149 **学校管理学(第三版)** 萧宗六著。人民教育出版社 2002 年 1 月版。45 万字。27.20 元。高等学校文科教材。由 3 部分组成。第一部分是基本理论;第二部分是管理者与被管理者;第三部分是学校各项具体工作的管理,偏重于中学。本书的特色:一是在写法上采用总结法与比较法。二是反映了最新研究成果,体现了改革的精神。三是每章后面附有案例,以供学生阅读、思考、研讨。除此之外,本书还具有注重实用、强调常规管理等特点。修订后的第三版除了保留原书的特点之外,着重在如下方面做了大的修改。一是增写了《素质教育概述》一章,对全国进行的素质教育的有关问题进行了回顾与深入的探讨,并对中小学如何全面推进素质教育问题做了重点说明。二是对《校长的自我管理》一章做了大的改动,以适应新世纪校长自我提高的时代要求。(王莉)

G000150 **学生体质健康标准(试行方案)解读** 副名:为了每一位学生的健康。学生体质健康标准研究课题组编著。人民教育出版社 2002 年 8 月版。18 万字。12.40 元。论著。分 3 部分,第一部分为政府文件;第二部分阐述了实施学生体质健康标准的具体要求和方法;第三部分介绍通过教学促进学生体质健康的方法。包括《标准》的意义、结构与内容、具体操作方法、具体实施方案、测试仪器的使用与保养和指导学生锻炼等内容。(胡滨)

G000151 **外国教育督导** 顾明远主编。人民教育出版社 2002 年 4 月版。17.5 万字。12.40 元。全国督学培训教材。共 6 章,内容包括:英国教育督导、法国教育督导、联邦德国督导、美国教育督导、日本教育督导、苏联教育督导。分别介绍各国教育督导的历史、机构、管理、人员、实施等。(邹海燕)

G000152 **外国近代教育史** 滕大春主编,吴式颖副主编。人民教育出版社 2002 年 11 月版。50.3 万字。27.20 元。高等学校文科教材。与我社出版的《外国古代教育史》和《外国现代教育史》是一套完整的高师外国教育史系列教材。全书共 3 编 30 章。第一编,17 世纪中期至 18 世纪中期的教育,包括英、法、德、美、俄的教育,以及洛克、卢梭等人的教育思想。第二编,18 世纪后期至 19 世纪中期的教育,包括英、法、德、美、俄的教育,以及康德、裴斯泰洛齐、赫尔巴特、福禄培尔、第斯多惠、欧文、斯宾塞、霍勒斯·曼、乌申斯基、马克思恩格斯等人的教育思想。第三编,19 世纪后期至 20 世纪初期的教育,包括英、法、德、美、俄、意、印度、日本的教育,以及杜威、蒙台梭利等人的教育思想。(邹海燕)

G000153 **科教兴国** 副名:中国现代化的战略抉择。范德清、方惠坚主编。人民教育出版社 2002 年 10 月版。40 万字。29.40 元。“科教兴国战略研究丛书”之一。系统论述了邓小平科技、教育思想的主要内容,阐释了科教兴国战略的理论基础和科学内涵,对科教兴国实践中必须解决的重大问题进行了综合分析。(曾红梅)

G000154 **现代教育论集** 成有信著。人民教育出版社 2002 年 8 月版。45 万字。34.20 元(平);41.50 元(精)。“中国当代教育论丛”之一,一部关于现代教育问题的论文集。所收入的选文有的内容是作者目前对现代教育的认识,是作者观点的理论的或逻辑的延伸,这些内容都反映了作者自改革开放以来对现代教育的认识,反映了作者的现代教育观和现代社会观。全书共 3 部分。第一部分是有关拨乱反正、改革开放、教育方针的根本转变的论文;第二部分是关于教育与生产劳动相结合的论文;第三部分是有关现代教育问题的论文。全书清晰地反映了作者在学习中、实践中和在研究及写作中其现代教育观和现代社会观的形成。(王莉)

G000155 **国际对接** 副名:中国教育的樊篱与跨越。周明星著。天津教育出版社 2002 年 10 月版。31.2 万字。22.00 元。分上下两篇。上篇着重于教育的客观方面，包括教育国际化理念及基础教育、职业教育、成人教育和高等教育“四大块”；下篇着重于教育的微观方面，包括学校德育、信息技术教育、教育产业等。在内容上，用国际化的眼光对每块每点教育的现状予以审视，对教育国际化可能引发的价值冲突以及模糊这些冲突的路向进行了比较分析。（赵和年）

G000156　**新教育之梦**　朱永新著。人民教育出版社 2002 年 7 月版。15 万字。15.90 元。共 10 章。内容包括：理想的德育、理想的智育、理想的体育、理想的美育、理想的劳动技术教育、理想的学校、理想的教师、理想的校长、理想的学生及理想的父母。作者围绕当前我国教育界的一些热门话题，采用通俗易懂的语言，理论结合实际，勾画了一幅理想的教育蓝图。（邹海燕）

G000157　**精神与教育**　王坤庆著。上海教育出版社 2002 年 6 月版。24.5 万字。20.50 元。从马克思的实践唯物主义和历史观出发，通过分析精神与精神教育，揭示人在历史和现实中的地位及价值，特别注意运用马克思的历史辩证法思想，全面考察当代社会中人的精神状况，并从教育哲学的角度论述人的精神属性存在的客观性及其教育意义。期望通过实施精神教育，既改革教育现状，又提升教育价值和人生价值，使我国当代社会发展保持正确的价值向度。（毛永谦）

G000158　**90 年代中国教育改革大潮丛书**　郝克明、顾明远总主编。北京师范大学出版社 2002 年 12 月版。共 123.00 元。由教育部有关司局、教育部教育发展研究中心、北京师范大学、华中师范大学等单位通力协作，对 20 世纪 90 年代中国教育各个领域改革与发展的历程、经验、不足等作了系统、全面的回顾与分析。各卷体例基本一致，包括综述篇、论文篇和文献篇。综述篇试图对 90 年代各领域教育改革与发展的主要问题进行概括和总结；论文篇选编了 90 年代各领域教育改革与发展的重要论文；文献篇选编了中共中央、国务院以及国家教育主管部门有关教育改革与发展的重要文献和这些领导同志的有关重要讲话。（刘生全）

G000159　**中小学教育科研管理**　傅文第著。黑龙江人民出版社 2002 年 7 月版。15.2 万字。24.50 元。从中小学教育科研现状出发，分析现今中小学科研管理中存在的问题及成因，中小学教育科研的特点和现状、管理方法及科研队伍建设、教育科研运行与保障体系，提出中小学教育科研管理的基本思路——确定目标，制定原则，选择方法，实施研究，提供保障，加强控制与反馈，搞好队伍培训，搞好成果的评估与推广。（刘恺汐）

G000160　**天津教育史（上卷）**　赵宝琪、张凤民主编。天津人民出版社 2002 年 3 月版。36.5 万字。50.00 元。全国哲学社会科学“九五”规划国家级重点课题。“中国地方教育史研究”的一个子课题，是一部天津教育的通史。上卷撰写的是中华人民共和国成立以前的天津教育史。在广泛搜集和挖掘地方教育史料的基础上，在全国社会和教育发展的框架下，记述了天津教育发生发展的历史过程及规律、特点。该书含有如下内容：一、清中期以前的天津古代教育。即元以前天津的社会发展与文化教育；明清天津的书院教育等。二、清代末期的天津教育。近代教育的萌芽；北洋大学堂的建立；严修与南开学校体系的建立及对天津近代教育发展的贡献。三、民国前期的天津教育。天津第一所私立大学——南开大学的建立；张伯苓的教育思想等。四、民国中期的天津教育。在推行义务教育中发展的初等教育；在调整改革中发展的中等教育；高等教育的改革；陈宝泉的教育活动与教育思想。五、民国后期的天津教育。日伪统治对天津教育的摧残；坚持大后方办学；抗战胜利后的天津教会。六、天津近代教育界的爱国民主运动。抵制美货与立宪运动中天津学界的爱国运动；五四运动中天津学生的爱国运动。抗日战争时期天津教育界反抗日本侵略者的斗争。七、天津教育史（上卷）大事记。（王华）

G000161　**21 世纪的青海教育与可持续发展**　白玛主编。青海人民出版社 2002 年 8 月版。25.7 万字。25.00 元。以邓小平理论和江泽民同志有关教育改革的论述为指导，深入分析可持续发展对教育发展提出的新要求，新使命，以及经济全球化、知识化和社会主义市场经济体制的确立对教育改革和发展所产生的重大影响，在对青海省教育改革和发展的历史，现状进行深入调查分析的基础上，对 21 世纪初期（2000—2010）青海省教育发展的指导思想、战略目标、战略对策进行了较为全面，系统的研究，在多个层面取得可喜的成果。（陈浩、喇海永）

G000162　**中国朝鲜民族教育史料集**　许青善、姜永德编。延边教育出版社 2002 年 12 月版。103 万字。98.00 元。共 4 卷。第一卷收录清末，民国时期史料，第二卷收入东北沦陷时期和解放战争时期史料，第三卷收入建国后十七年和“文革”时期史料，第四卷收录新的历史发展时期史料。第一卷史料分8个部分:档案资料37篇,教育志、地方志资料19篇,历史文献17篇,文史资料16篇,《中国朝鲜族足迹丛书》资料17篇,参考资料16篇,照片13幅。有不少资料实属“抢救性发掘”所得。所选资料原系朝鲜语,汉语,日语3种文字资料,为了保存资料的真实性一律收录原件。(严永俊)

G000163 **西北回族教育史** 张学强著。甘肃教育出版社2002年11月版。26万字。26.00元。“西北少数民族教育研究丛书”之一。共7章:一、西北回族与西北回族教育;二、唐、宋、元时期西北回族先民的教育;三、明清时期的西北回族经堂教育;四、清代甘宁青伊斯兰苏菲门宦的教义及功修礼仪;五、民国时期(1912—1949年)西北回族教育的发展;六、陕甘宁边区的回族教育;七、影响西北回族教育历史发展的因素探析和发展西北回族教育的几点建议。书后附有参考书目。(康克仁)

各级教育

G000164 **天天日记** 夏光清、钟祖岚著。浙江教育出版社2002年9月版。22.3万字。25.00元。一本记录一个普通孩子0—3岁教育过程的书。书的一半是从孩子的角度,用孩子的语言所写的日记,写孩子对父爱母爱、对家庭、对自然、对世界的感受,真切生动而别有情趣。另一半是父母在教育孩子过程中的具体做法和感悟,他们的教育渗透在孩子的生活中,平常实在,具体可感。

G000165 **幼儿左右脑平衡训练丛书** 李秀英等编。四川少年儿童出版社2002年5月版。5万字/册万字。2.5印张。8.50元。包括《1岁金色方案》、《2岁金色方案》、《3岁金色方案》、《4岁金色方案》、《5岁金色方案》等5本图书。作者针对1～5岁幼儿大脑发育状况而设计的益智游戏,有利于幼儿左脑和右脑平衡发展,突破了以往在幼儿早期大脑训练中的种种局限,让孩子的右脑和左脑得到全面锻炼。

G000166 **胎育与胎教** 安徽科学技术出版社2002年7月版。12.7万字。11.00元。“优生优育新系列”之一。精选胎育与胎教方面的典型问题150个,采用问答方式,运用现代的生育理念,亦图亦文地讲解。(倪颖生)

G000167 **雏鹰成长记录** 副名:金色摇篮幼童潜能开发500例。程跃主编。地质出版社2002年10月版。65万字。80.00元。阐述了幼童早期教育及潜能开发的重要意义、基本理念及方案,记录了500多个孩子在金色摇篮潜能开发婴幼园的成长历程及家长们的心得体会,每个孩子的经历均由家长撰写,单独成篇,原汁原味地展示了孩子们幸福快乐的幼童生活及各方面素质潜能开发的成效。(刘亚军)

G000168 **儿童的人格形成及其培养** 韦启昌译。河北人民出版社2002年12月版。13万字。10.00元。奥地利著名心理学家和精神病理学家阿尔弗雷德·阿德勒(1870—1937)的一本关于儿童教育的著作。他认为,一个人健全的精神心理是以他的理智、他对他人及社会的兴趣和关怀、他对于自卑的克服为标志;由于人的人格结构形成于儿童期,所以要找出人格心理问题的症结,只能从人的童年时期入手。本书围绕如何帮助儿童形成一个正常、健康的人格这一问题,提出了一种全新的教育理念,着重强调要用正确的方法帮助培养孩子的独立、自信、勇敢,不畏困难的品质,以及与他人合作的意识和能力。收入“汉语世界教育名著丛书”。(牛素琴)

G000169 **创造孩子** 廖雨兵著。湖南美术出版社2002年5月版。29.80元。作者依据自身长期的观察、体验、实践和思考,试图在创造孩子的三个阶段:生育——养育——教育,研究每个阶段如何尽力为孩子做些有利于他们成长的事情,并提供有参考价值的个性化意见。本书是关于教育目标的议论,哲学、哲学人类学、美学、伦理学的遐思和散步;并提供了许多可操作的教育方法。(李奇志)

G000170 **没有秘密的孩子长不大——孙云晓与您网上聊天** 孙云晓、孙宏艳编著。辽宁少年儿童出版社2002年1月版。35万字。15.00元/册。儿童教育专家孙云晓大胆提出我要改变中国的教育。基于这种使命感,他于2000年6月建立了自己的网站,每月推出一个教育的最新观点,然后与网友进行论谈,其内容之深邃,其想象之丰富,令人耳目一新。本书收录了他一年来的话题及聊天实录,情感强烈,语言鲜活。

G000171 **天才大卡片** 叶子编。青海人民出版社2002年1月版。1万字。98.80元。幼儿启蒙教育知识卡片,有《认物卡》、《拼音卡》、《儿歌卡》、《英语卡》4种。融趣味性、娱乐性、知识性于一体,寓教于乐。每张卡片配有色彩鲜艳、造型美观活泼的卡通图。(陈浩)

G000172 **好聪明系列** 卢敏主编,北京阶梯数码科技有限公司编著。中国少年儿童出版社

2002年12月版。35.5印张。150.00元。亲子共读幼儿益智丛书。分10册,每册一个主题。一、《显微镜》,介绍显微镜的来历、形状、作用及用法。二、《恐龙》,介绍各种恐龙化石和恐龙的种类。三、《交通工具》,告诉小读者各种交通标志的含义和各种车辆。四、《地球》,讲解地球知识、地球上的生物、动物及保护地球的重要性。五、《奇妙的海洋》,了解海洋的神秘,介绍海洋生动、鲸鱼的种类。六、《健康每一天——牛奶》,教你认识奶牛,告诉你牛奶是怎么来的、牛奶的营养。七、《与大自然捉迷藏》,介绍草原、森林和沙漠里的动物。八、《大自然的魔法——天气》,解释下雨、彩虹、冰雹等自然现象的成因。九、《空中“巴士”——飞机》,告诉你飞机的发明过程和各种类型的飞机。十、《圣诞节》,讲一个圣诞节的故事,做一个圣诞礼物的游戏。每册除大主题外,还有“我爱大自然”、“社会万花筒”、“童话故事”、“益智游戏”和“英语学习”等栏目,介绍大自然和各种知识,内容丰富多彩。全书采用大16开本,电脑制作彩色图画。每本书的最后都设计了一个小手工制做,小读者看完书后,还可以自己动手做一个小玩具。(韩彬)

G000173 **迪士尼启发学习系列** 迪士尼公司著。明天出版社2002年4月版。288幅图。共96.00元。以迪士尼公司著名的卡通人物唐老鸭及其3个侄子为主角,以自然妥贴的故事情节,新奇有趣的游戏设计和动手又动脑的贴纸诱惑,让孩子在不知不觉中将许多抽象的数学、语言概念轻轻松松地理解消化掉。本丛书共10册,涉及了0—6岁学龄儿童需了解的中文、英文、计算和认知常识等启蒙教育方面的知识。(金军)

G000174 **婴儿洗澡书** 中国少年儿童出版社2002年8月版。15.00元/册。婴儿故事书。共4册。有《鲸鱼探险记》、《帆船救援记》、《潜艇巡航记》、《鸭鸭出游记》。是中国少年儿童出版社与英国Emma Books Ltd.联合推出,由台湾龙山塑胶制品厂制作。这套塑胶海绵图书的内文采用环保材料EVA制作而成,油墨中不含铅和汞,无毒无害,质地柔软,不易撕破,性能安全,可水洗。每册只有6页,各讲述一个简单的小故事。内容浅显易懂,画面颜色鲜艳,形象有趣。每册书还赠送一个小玩具,可以玩浮水、下潜的游戏。婴儿洗澡书可以帮助怕水的孩子克服心理恐惧,把洗澡变成有趣的游戏。在洗澡过程中,家长与孩子亲子共读,共玩,让孩子增长知识,学习语言。(陈斌)

G000175 **奥林匹克头脑训练** 田田等著,徐开云等绘画。少年儿童出版社2002年9月版。2000幅图。36.00元。学前预备训练手册。分为“语文类”、“数学类”、“英语类”和“常识类”4本。由生动形象的大嘴蛙和小松鼠两个卡通,引领小读者开心地学习、游戏,达到学前预备训练的目的,使之今后顺利入学。(洪祖年)

G000176 **新编幼儿入学准备教材** 徐文等编,崔晓云等画。中国少年儿童出版社2002年8月版。12印张。共28.00元。幼儿学前读物。分:学语文准备、学数学准备、学科学准备、学前书写准备、社会适应准备、美术、手工准备6册。(杨向荣)

G000177 **聪明宝宝、快乐宝宝** 幼儿教育读物研究组编。接力出版社2002年1月版。88幅图/册。4.80元/册。“小小班丛书”。包括《聪明宝宝》、《快乐宝宝》,按1~2岁、2~3岁的年龄段进行划分,共8册。其中《聪明宝宝》主要培养和训练孩子的语言、数的初步概念、与人交往、生活自理等方面的认知与实践能力;《快乐宝宝》主要培养和发展孩子与人合作、解决问题、动手、动脑、运动等方面的协调与创造能力。每册书都附有“提示”,提供每一个训练内容的要点与方式方法,具有较强的可操作性。(韦建成)

G000178 **文字的故事** 葛英会著。南海出版公司2002年5月版。10万字。18.00元。专门为小朋友识字,特别是家长教孩子识字编写。用古文字作为图与现代文字之间的桥梁,加上必要的科学的说明,让小朋友借助直观的图文资料,了解现代文字的来历。(廖思拍)

G000179 **幼儿认字图库** 河北少年儿童出版社2002年1月版。54万字。5.50元×4册。分《生活篇》、《社会篇》、《常识篇》、《动物篇》4册,配以中英文,并加拼音。“生活篇”包括花卉、树木、水果、蔬菜、食物及生活用品、学习用具和工具、乐器;“社会篇”包括交通工具和标志、人体、体育运动和兵器;“常识篇”包括认识颜色、形状、数字及对比大小等,还有天气及各种自然现象;“动物篇”就是一个小小动物园,是幼儿最有兴趣的地方,大到蓝鲸、小到昆虫、远的有恐龙、近的有家庭宠物。(黄志凯)

G000180 **幼儿欢乐英语** 孙光峰主编。金盾出版社2002年1月版。9万字。共34.00元。幼儿园教师和家长指导用书,针对幼儿园小、中、大班分一、二、三册,内容紧扣儿童日常生活场景,使儿童在做动作、情景会话、学童谣、吟诗歌、唱歌曲、猜谜语、玩游戏、说绕口令等多样化的活动中学英语、讲英语。与图书配套的有外国专家朗读录音磁带、儿童识字卡及VCD教学光盘。(汪乾祥)

G000181 **看图认物学说话 0—3岁** 王选等编著。辽宁少年儿童出版社2002年4月版。8万字。5.80元/册。共4册,以图为主,侧重介绍日常生活中常见的动物、日常用品、人体器官、瓜果蔬菜。通过看图认物学说话,让孩子们掌握和了解各自不同的特点,模仿动物的样子及叫声;知道日常用品及人体器官的各自功效;初步掌握浅显的生活道理。

G000182 **幼儿创造性美术教育** 张福芝编著。地质出版社2002年1月版。19万字。22.00元。该书既尊重幼儿美术活动的自发性和游戏性,又注重幼儿美术的表现力和创造力的培养,将提高美术技能与启发想像、培养创造思维融合在一起,解决了多年来许多教师和家长感到困惑的问题。(王永奉)

G000183 **多功能儿童启蒙学画丛书** 张克明等编写。辽宁少年儿童出版社2002年2月版。12万字。72.00元/全套。共6册,包括:《十用儿童简笔画·识字认动物》、《十用儿童简笔画·识字认植物》、《十用儿童简笔画·识字认静物》、《十用儿童简笔画·识字学拼音》、《十用儿童简笔画·识字学数学》、《十用儿童简笔画·识字学英语》。每册收入儿童日常生活熟知、常见、易画的事物42个,每个内容以两面对开的形式编排(一面单色,一面彩色)。书名为"十用",实际是"一书多用",即六册书中,每幅图画都具有十种不同的学习功能,其中彩色页上7种:描画、认物(或认知)、识字、拼写(拼音和汉字读写的合称)、组词、造句;单色页上3种:学儿歌("说一说")、小知识("你知道吗")、考考你("想一想")。

G000184 **学前游戏论** 丁海东编著。山东人民出版社2001年11月版。24万字。19.80元。一部全面反映学前游戏理论及教育实践研究的专著。共3编。第一编论述学前游戏的基本理论,阐释学前游戏的基本概念,学前游戏的分类、发展、价值以及影响学前游戏活动的诸因素等基本问题。第二编阐述学前游戏教育实施的基本原则、基本任务以及分类指导要点,并涉及家庭教育中的亲子游戏。第三编介绍学前游戏理论各流派及研究发展状况,重点介绍国外心理学界影响较大的各游戏理论流派,以对我们的学前游戏研究及实践以借鉴和启悟。(王晶)

G000185 **超级大迷宫** 江岸绘制。辽宁少年儿童出版社2002年3月版。112面。60.00元/全套。融知识性与趣味性为一体的迷宫书。共4册:《智慧交通》、《刀兵时代》、《大闹天宫》、《抗日烽火》。分别以古代战争与兵器,现代城市道路、铁路、航空、航天,中国传统的神化形象,抗日战争中的地道战、地雷战、铁道游击队等内容而绘制迷宫路线,以鲜艳的色彩,立体表现形式,反映出古代劳动人民的聪明才智及现代城市的风采。

G000186 **儿童活动大本营丛书** 王家琦著。少年儿童出版社2002年9月版。1000幅图。45.00元。共4册。《纸边造型与趣味印画》介绍了平面、立体、画幅式、场景式和工艺性等各种形态的纸边造型与描、吹、点、复、盖、染和刻等多种方式的趣味印画;《七彩魔术与开心游戏》介绍了扑克、绳子、纸张、手掌、科学等各种方式的魔术和室内、室外、桌上和地上、双人和多人以及蒙眼、瓶罐、智力、球类、绳子、沙袋、毽子、纸张、军事、体育等不同方式和内容的游戏100则;《快乐棋子与新版迷宫》介绍了占位、跳跃、围攻、算术、知识、转盘和对抗等18只形式各异的游戏棋和图案、动手、知识和故事等18只趣味迷宫;《怎样办好队报》从队报的形态、素材来源、编辑组版和美术设计几个方面,介绍了办好队报的内容、方法、过程和技巧。本书是少先队办好队报参照操作的实用书。(洪祖年)

G000187 **学前儿童入学准备丛书** 于沈平编写。辽宁少年儿童出版社2002年1月版。2.4万字。26.00元/全套。分为春季和秋季巧学算、巧识字两种,共4册。

G000188 **好妈妈育儿知识宝典丛书** 本社编。江苏少年儿童出版社2002年8月版。2.75印张/册。8.00元/册。分《智力篇》、《语言篇》、《美术篇》3册,从智力开发、语言表达、手眼协调三个角度来提高2~6岁儿童的脑、眼、手的协调能力。在家长和老师的引导下,通过看、说、读、写、画等方式,让孩子获得知识,提高对事物的认知能力。(钱旭东)

G000189 **小学教育统计与测量** 王景英主编。人民教育出版社2002年8月版。29.7万字。17.30元。大学本科小学教育专业教材。侧重从量的角度阐述研究教育现象及其规律的理论与方法。(曾红梅)

G000190 **基础教育再把脉** 朱永新主编。苏州大学出版社2002年11月版。21.1万字。18.00元。教育论坛的报告、采访汇编。本书基于2001年在苏州举行的首届"21世纪教育论坛"的有关报告、对话、访谈等内容选编而成。这次论坛活动的主体为“国际化、数字化与基础教育”。本书分 3 部分:12 位嘉宾有关教育的报告、12 位嘉宾的主体对话与有关媒体对部分嘉宾的专访录,并收录了部分“教育在线”网友的跟帖及论坛活动的背景资料。本书观点新颖,就国际化、数字化与中国基础教育的关系等有关问题,展示了探讨,多角度反映了中国基础教育的现状与发展的新思路。(许周鹣)

G000191 **特殊需要儿童的随班就读** 华国栋主编。辽宁师范大学出版社 2002 年 4 月版。23 万字。12.40 元。根据全国高等教育自学考试特殊教育(专科)的考试计划要求编写,是全国高等教育自学考试指定教材。分别介绍了随班就读儿童的特征与特殊教育需要,以及如何对其进行随班就读的教育。书后附有自学考试大纲及考试题型举例。(颜秋)

G000192 **中国少年道德手册** 成尚荣主编。江苏少年儿童出版社 2002 年 1 月版。12.5 万字。7.50 元。将《公民道德建设实施纲要》中关于公民道德规范 20 字具体化为中小学生应该恪守的十条道德要求,即:爱国爱民,尊敬师长,遵纪守法,诚实守信,勤劳俭朴,团结互助,坚忍不拔,刻苦学习,认真负责,知错就改。每一条要求均有 4 项内容:警世性的“伟人语录”、激励性的“名人言丛”、经典性的“古今范例”、启发性的“从小做起”。(钱旭东)

G000193 **小学考试评价改革实践与探索** 马亦男著。首都师范大学出版社 2002 年 7 月版。19.8万字。14.00 元。作者以“全面考查、突出应用;分散分项、减轻压力;多种形式,增加选择;多种评定、尊重差异”为特点进行考试评价改革,把考试评价改革与教育教学改革紧密结合起来,坚持从学习者全面主动发展的需求出发,从努力为儿童创造宽松环境着眼,不断完善自己的设计,不断深入自身对教育教学活动本质的认识,使学校教育教学工作不断前进。(张成水)

G000194 **小学语文一本通** 吴庆芳、应国庆主编。农村读物出版社 2002 年 8 月版。25 万字。12.50 元。根据最新《小学语文课程标准》的新理念编写,共 11 章,包括汉语拼音、查字典、汉字、词语、句子、标点符号、课文、阅读及作文等内容。每章再分为复习要求、知识集合、学法指导、基础训练、能力提高与综合检测等 6 个部分。(李红枫)

G000195 **九年义务教育五年制、六年制小学教科书·社会(第一册)** 小学《社会》编写组编。地质出版社 2002 年 10 月版。10 万字。6.77 元。九年义务教育五年制、六年制小学教科书。分“我们的生活”、“安全的生活”、“学会用图”、“农业与生活”、“工业与生活”等个单元,让学生通过学习认识社会、认识自己周围的事物,并能对事物有正确的判断,培养他们动手、动脑等各方面的能力,使他们能更好的适应社会生活。(李帮)

G000196 **与大师对话** 王少东主编。苏州大学出版社 2002 年 6 月版。27 万字。22.00 元。“苏州教育丛书”之一,论文集,是苏州市名教师、名校长培训班学员的成果汇编。共收论文 45 篇,均来自教育第一线。在内容上,直面教育存在,聚焦教育改革,反映了广大一线教师在实践基础上,对基础教育的深切关注。其中,既有对教育现象的忠实记录,也有对存在问题的分析探讨,更有对教育过程的回顾总结和对教育未来的憧憬向往、名师报告后的所思所得,体现了广大学员在大师、名师指导下正形成自己的思想与个性。(张凝)

G000197 **学科教学与学生素质发展研究** 范蔚、孙亚玲、朱德全等著。西南师范大学出版社 2002 年 5 月版。30 万字。20.00 元。“学科教学与学生素质发展研究”的终期结果。采取了“以点带面”的研究思路,选择中小学语文、数学、外语三门学科作为研究的“着力点”。主要研究了:实施素质教育的基本问题、语文教学与学生素质发展、数学学科实施素质教育问题、外语教学与素质教育问题。解决了:在学科教学中怎样发挥学科教学固有的育人优势、怎样改革学科教学才能有效实施素质教育等问题,具有很强针对性与实用性。(曾艳)

G000198 **教坛思絮** 刘湘溶、白解红主编。南方出版社 2002 年 12 月版。32 万字。28.80 元。包括课程与教材、教师与教法、学生与学法 3 个部分。书中内容为全国 40 多位骨干中学教师对于中小学课堂教学的精辟见解和独到建议。本书对如何掌握教材要点和知识体系,教师如何灵活运用教学法手段、学生如何自主学习、创新学习等都有详实论述。

G000199 **走向新课程** 任长松著。广东教育出版社 2002 年 4 月版。25.8 万字。20.00 元。中小学教师和家长参考书。由走向生活、走向创新、走向综合、走向新科学、继承与创新、关注西部、学科体系与学生心理、国家课程标准、后记几个部分构成。主要介绍新课程改革的意义和重点以及如何改革。(李朝明)

G000200 **中学多媒体教学** 王柏庐主编。重庆出版社2002年1月版。25万字。18.00元。全国教育科学“九五”规划重点课题“中学计算机辅助教学软件品质与教学模式的相关优化研究”的科研成果总结。作者依据所取得的成果及工作经验,借鉴国外CAI教学的理论和经验,较系统全面地论述了中学多媒体教学的原理、操作方法和实施策略。该书涉及中学学科教育、计算机教育软件系统设计及课件编制技术、教学论及教育心理学等多方面专业知识。书中优选了参加课题研究的老师们在中学物理、语文、外语、数学、化学、生物、地理等各个学科进行多媒体教学的20多节课作为范例介绍,采取深入浅出的论述方式,引导读者逐步掌握在中学学科教育中进行多媒体教学的具体方法。(王梅)

G000201 **世界数学奥林匹克解题大辞典** 周学光等编。河北少年儿童出版社2002年5月版。80万字。48.20元/本。分《代数卷》、《几何卷》、《数论卷》、《组合卷》、《选择题卷》5卷。广泛收集了100多年来世界60多个国家和地区的数学竞赛试题,包揽了数学奥林匹克的精髓,并为这些试题提供了精确、简捷的解法。(安力戈)

G000202 **研究性学习书系** 萧菲、修义主编。广西师范大学出版社、中央民族大学出版社2002年4月版。教学研究专论。包括《研究性学习百法·研究性学习的组织与管理》(30万字,15.00元)、《研究性学习百法·研究性学习指导》(30.8万字,14.00元)、《研究性学习百例·理科综合》(24万字,12.80元)、《研究性学习百例·数学》(15.6万字,7.80元)、《研究性学习百例·文科综合》(26万字,15.80元)、《研究性学习百论·研究性学习与创新教育》(31.6万字,14.00元)。各册均分理论和实践部分,理论部分为中学校长,老师对研究性学习的论断、相关研究性学习的高效组织实施、管理、指导、成功课案;实践部分为几百名亲历研究性学习的学生的论文、指导老师的成功案例、调查报告、畅谈研究性学习后的成功经历、感想。

G000203 **语文课堂立体教学模式** 何高大著。广西教育出版社2002年3月版。33.9万字。25.00元。“立体教学模式”是全国教育“九五”规划重点课题“教育建模”子课题。本书从科学与艺术的角度,揭示了课堂教学的立体性规律,论证了教学思路三坐标论——教学结构二重性论、教学信息双反馈论、教学艺术和科学完美统一论等诸多新颖独到的观点,具有理论的创新与前瞻性。并从教学思想、目标、程序、方法、原则及评价诸方面,创建了语文课堂立体教学模式体系,操作性强,对于落实素质教育,发展学生智力,培养学生的创新精神与创新能力,具有现实而深远的指导意义。(袁家剑)

G000204 **语文的诗意** 高万祥著。苏州大学出版社2002年4月版。28万字。18.00元。“苏州教育丛书”之一。分4编。第一编“我的语文思想”提出中学语文教学应该具有“诗意”,以激发学生想象创造能力;第二编“语文的批判”,揭露当今语文教学存在的诸种弊端;第三编“走进‘作文餐厅’”,全面探讨了中学作文教学取得成功的途径;第四编“追随语文名师”,介绍了中学语文教学战线上名师的成就与经验。此书从中学语文教学实践出发,提出问题,分析问题,解决问题,有理论、有实例,内容生动,富于启发性。(王英志)

G000205 **数学教学艺术论** 毕恩材著。广西教育出版社2002年5月版。18.2万字。13.00元。揭示了数学教学艺术研究的对象、内容和方法,论述了数学教学艺术研究的理论基础,主要是它的科学基础、教学论基础、心理学基础和社会学基础,阐述了数学教学的语言艺术、不同教学内容及各种教学方式的教学艺术问题。初步建构起数学教学艺术的理论体系,并紧密结合我国数学教育实际,指出解决学生“远离数学”、提高数学教学质量的有效途径。(袁家剑)

G000206 **物理教育心理学** 乔际平、邢红军著。广西教育出版社2002年3月版。23.6万字。16.00元。高等师范院校研究生或本科生使用教材,也可作为中学物理教师继续教育的教材。以皮亚杰的认知心理学理论为依据,在长期教学研究和教学实践的基础上,构建了物理教育心理学的新的理论体系,系统地阐述了物理教育心理学研究的基本思想、基本方法和基本内容。对物理教育心理学的理论基础,对学生的物理学习能力培养、物理观察能力培养、物理实验能力培养、物理思维能力培养、科学方法教育、非智力因素培养以及学生的个性差异与群体差异等方面,进行了深入而细致的研究。同时,全书注重理论与实践、定性研究与定量研究、传统研究方法与现代研究方法的有机统一,从而较好地反映了物理教育领域的最新研究成果。(袁家剑)

G000207 **物理教学艺术论** 唐一鸣著。广西教育出版社2002年3月版。23.6万字。16.00元。以中学物理教学过程为研究对象,从教学艺术的角度,揭示物理教学艺术的基本原则、基本规律、基本特点和基本方法。本书以“物理科学和教学艺术”、“物理教学实验演示的艺术”、“物理教学过程调控的艺术”、“物理教学学法指导的艺术”等方面展开详述，既包含了作者四十余载中学物理教学的实践与思考，又汲取了不少探索物理教学艺术真谛的先行者的想法与做法，是一本既从理论层面，又从技术（操作）层面全方位论述物理教学艺术的优秀文本。（袁家剑）

G000208 **化学教学艺术论** 朱嘉泰、李俊著。广西教育出版社 2002 年 5 月版。20.5 万字。14.50元。高等师范院校和教育学院化学系的选修教材，也可作为中学化学教师继续教育研修用书和中学化学教师的教学参考书。本书以现代教育教学理论为基础、以素质教育观念为指导，从化学教学的特点出发，探讨了有关化学教学艺术的主要问题，包括化学教学艺术的实质与特征、化学教学艺术的原则、化学教师素质与教学艺术以及化学教学实践中的教学设计艺术、教学过程调控艺术、教学语言及讲解艺术、实验教学艺术、板书艺术、学习方法指导艺术、创造性思维和实践能力培养艺术、计算机辅助化学教学艺术等。（袁家剑）

G000209 **中小学武术训练** 刘庆菊、刘庆兰编著。北京科学技术出版社 2002 年 3 月版。18 万字。13.00 元。共 4 章：一、中小学生如何练好武术；二、武术基本功；三、基本技术的练习；四、长拳，刀、枪、棍、剑的动作名称和图解。（王藏）

G000210 **中学各科知识网络丛书** 陈孝德主编。湖南师范大学出版社 2002 年 4 月版。约 250 万字。85.00 元。共 5 册。囊括了中学各学科基本知识，汇集了各学科典型例题及解法，凝聚了众多中学特级教师和高级教师的教学结晶。它既可作各学科教师的教学参考书，也是中学生复习、备考实用工具书。（廖建军）

G000211 **“同步互动笔记”系列初中教辅丛书** 本丛书编写组编。商务印书馆 2002 年 8～12 月版。311 万字。230.60 元（总）。一套依据“素质教育”的理念精心编写，可与“人教版九年义务教育三年制初中教材”配套使用的新式同步助学读物。在摒弃了以往大多数助学读物“填鸭式”和“题海战术”的写法后，代之以充分调动学生积极性的“互动”方式。本书在编写中注重引导作用，为教师教学提供了与学生课堂互动的很好“脚本”。本书为每一课的内容都提供了从预习到复习的完整思路，学生可凭借本书轻易找到自学的路径。本书的活页装订方式更适于日常使用与阶段复习。本书还有配套网站（www.diy－edu.com）作为支持，为互动学习与交流提供更便捷的途径和更广大的天地。全套丛书共 20 册，分别适用于初中三个年级语文、数学、英语、物理和化学 5 个主科的学习。（刘嘉程）

G000212 **高考急诊室丛书** 丛书编委会编。北京教育出版社 2002 年 1 月版。124.4 万字。10.00 元/册。分语文、英语、数学、政治、物理、化学、历史分册。针对 1995 年以来每年的高考试卷，按“试卷分析”、“典型试题典型错误分析”、“备考启示”3 方面进行了细致认真的阐述，特别是“典型试题典型错误分析”，不但分析了考生典型错误的原因，而且总结了完整解决问题的方法；不但找出了考生易犯习惯性错误的根源，而且开出了诊治的良方。（总编室）

G000213 **发散 · 收敛 · 整合** 希扬主编。大象出版社 2002 年 6 月版。1163.7 万字。初一至高三学生与教学同步的新型素质教育丛书。是《发散收敛大课堂》的姊妹篇。初中全套 15 本，高中全套 21 本。内容层次丰富，贴近教学环节，从而增强学生迁移应变的能力和思维的灵活性。（惠萍）

G000214 **路路通丛书** 莫志斌主编。湖南师范大学出版社 2002 年 6 月版。1000 万字。414.00 元。涵盖中学主要课程（语文、数学、英语、物理、化学）的同步学习辅导用书。共 27 种。包括 5 个栏目：知识要点通晓、典型例题通析、综合能力通训、课本习题通解、单元考点通测。作者来自湖南师范大学附属中学、长郡中学等湖南省重点中学教学第一线的优秀骨干教师。（何海龙）

G000215 **中考捷径与误区** 希扬主编。大象出版社 2002 年 5 月版。250 万字。共 7 册，剖析解题的通径和捷径，重点揭示解题捷径的技巧和思维方法；点明误区，扫描考生在双基知识、审题要求、解题思路中存在的盲点和误区，归类分析，从而引导学生在考场中轻松折桂。（惠萍）

G000216 **高考捷径与误区** 希扬主编。大象出版社 2002 年 5 月版。260 万字。共 7 册。剖析解题的通径和捷径，重点揭示解题捷径的技巧和思维方法；点明误区，扫描考生在双基知识、审题要求、解题思路中存在的盲点和误区，归类分析，从而引导学生在考场中轻松折桂。（惠萍）

G000217 **九年义务教育初级中学自学辅导实验教材 · 语文（修订本）第一册** 张勇信主编。地质出版社 2002 年 6 月版。31.8 万字。12.80 元。根据《九年义务教育全日制初中语文教学大纲(试用修订版)》的精神,并按中国科学院心理研究所卢仲衡提出的关于自学辅导教学九条有效的心理原则、七条教学原则的基本要求编写。本教材与人民教育出版社现行语文课本同步,编者着意从单元提示、课文自学指导、自学程序、阅读要点、文章点拨、练习设计等方面体现自学辅导教学的基本精神,让学生通过以自学为主的学习方式,养成自学习惯,发展自学能力。这套教材同时也能有效地发挥教师的主导作用,保证学生学习的主体地位的真正落实。打破了教师满堂灌的教学方法,而注重培养学生的阅读能力、独立思考能力、独立操作能力,即着重培养自学能力。(林建)

G000218 **中学生人文阅读新干线** 云山、苏澜主编。广西师范大学出版社 2002 年 12 月版。36 万字/册万字。17.50 元/册。学生课外读物。收入中外著名作家王蒙、余华、钱钟书、季羡林、张爱玲、泰戈尔、伍尔夫等的优秀作品。分 6 卷,每年级 1 卷。每卷内容包括选文和点评两方面。每篇文章之后还附有趣味性较强的练习,点、评、练相结合。

G000219 **新读写大语文** 蔡智敏主编。辽宁人民出版社 2002 年 6 月版。29.6 万字。15.00 元。语文辅导丛书。共 16 本,小学 8 本,初、高中各 4 本。本书融读写为一体,每本以时间为单位,将内容分为 13 周。每周由知识点概说、阅读双轨道、读写立交桥、写作三级跳 4 部分构成。每周讲解一个知识点,围绕知识点,选 3～4 篇名人佳作以供欣赏,旁边附有专家点评。其次选 4～5 篇优秀学生习作,分析比较学生习作的优缺点,最后提供几个能力自测题,检测学生知识点掌握情况。(祁雪芬)

G000220 **新编高中语文知识手册** 许学成主编。苏州大学出版社 2002 年 6 月版。35.4 万字。15.00 元。中学语文工具书。根据新的中学语文教学大纲和新"高考说明"要求,逐一排列语文知识点,按"语文知识"、"文言知识"、"修辞知识"、"文学常识"四大板块组织编写,历年高考语文卷中涉及的语文知识试题,都能在本书中找到答案,体现了系统性和全面性的特点,同时,对教学大纲及"高考说明"中的重点、难点和新增内容,如 18 个虚词用法、150 个实词注释、20 部课外阅读篇目简介,以及近年来高考中的热点问题,如"语素分辨"、"虚词分辨"、"仿句"等,均作了重点分析介绍。另外,针对相关重点内容,均有针对性的训练题,并附有参考答案。(朱坤泉)

G000221 **卡通版新世纪初中生作文书系** 崔勇谋、许科甲策划。辽宁少年儿童出版社 2002 年 1 月版。176 万字。112.00 元/全套。共 8 册,分别是:《卡通版材料作文精品》、《卡通版新体验作品精品》、《卡通版初中生中考作文精品》、《卡通版初中分类作文精品》、《卡通版初中生英语作品精品》、《卡通版初中生金奖作文精品》、《卡通版初中生演讲作文精品》、《卡通版海外中学生优秀作文大全》。从题材、体裁和写作方法上,涵盖了初中作文教学所涉及的各个方面,具有鲜明的针对性、指导性和实用性。每一分册所选作品都是《初中生写作》(全国中学语文教学研究会中学生文学社初中部会刊)创刊以来所发表的此类作品的精华。每本书都配置了大量的现代卡通画。

G000222 **身边的 ABC 丛书** 张德胜主编。上海科学技术文献出版社 2002 年 1 月版。12.00 元/册。已出版《身边的哲学》、《身边的文字学》、《身边的美学》、《身边的心理学》、《身边的化学》,还将推出《身边的生物学》、《身边的物理学》。作者以大家熟悉的"身边"事物来印证书中的理论,(忻静芬)

G000223 **英语巧记速记歌诀** 郑德才编著。山东友谊出版社 2002 年 10 月版。70 万字。43.00 元。初中英语学习歌诀。分初一、初二、初三 3 册。采用汉语诗歌的韵律,按照中学英语教学大纲对初中各年级应掌握词汇、语音、语法的具体要求,从不同角度出发,分别采用歌诀记忆法、拼读规则记词法、反复循环记词法、同义反义对比记词法、构词规律记词法、同类联想记词法、形音义三位一体记词法、以旧带新记词法等方法编写而成,将教材中的难点、知识点做了分散处理。(王谦)

G000224 **高考英语攻坚战术** 李力、汪素文等编者。外语教学与研究出版社 2002 年 2 月版。111.5 万字。43.50 元。高中英语辅导用书。分听力理解、单项填空、完形填空、阅读理解、短文改错与书面表达共 5 本。每本书由能力指导、能力形成和能力强化 3 部分组成。能力指导部分指出高考对考生各方面的能力要求,帮助学生发现自己的不足。能力形成部分采取套题式的强化。每一套题都针对学生各个方面的不足,帮助学生突破能力。能力强化部分针对能力形成阶段初步形成的能力进行综合的、全面的、反复的训练,以达到知识的巩固,从而实现能力的强化。(陈海燕)

G000225 **义务教育课程实验教科书《历史与社会地图册》(七年级上)** 地质出版社地图编辑室

编。地质出版社2002年5月版。2.5印张。3.48元。配合义务教育课程标准实验教科书《历史与社会》(北师大版七年级上)使用。以地图为主,照片彩画为辅,图文并茂地突出课本的重点和难点,并以课本顺序为顺序,便于广大学生学习时同步参考。(王作勇)

G000226 **义务教育课程标准实验教科书《历史与社会》(八年级上册)** 《历史与社会》编写组编。地质出版社2002年10月版。10万字。8.48元。义务教育课程标准实验教科书《历史与社会》的第三册,内容侧重人类地域经济、文化活动,共6个单元16课,可分为两大主题,一个是区域的形成与发展,主要从区域的产生、工农业地域与自然资源、环境的关系、区域的合作与交流等几个方面,表述人类文明演进的认识、发展过程;另一个是人口、资源、环境,用可持续发展的观点方法,通过分析列举全球不同国家、地区环境状况,从人口构成、人口迁移、人类对人地关系的认识过程、全球资源和环境现状等方面,说明人地关系协调发展,走可持续发展的道路,是人类社会生存与发展的惟一正确选择,该书结构严谨,内容丰富,选取了大量的典型实例,采用以图配文、以图代文、图文并茂的编排形式。该册教材已通过教育部全国中小学教材审定委员会审查,供全国各省(区)选用。(白建明)

G000227 **中学地理复习考试地图册** 哈尔滨地图出版社编制。哈尔滨地图出版社2002年9月版。4万字。22.00元。将中学地理学习中所用的地图进行系统的编辑,内容丰富,重点突出。不仅涵盖了中学地理教学中重要的、典型的图表,还对一些地理基本分布原理、规律、解题方法进行了概括和总结。(张文亮)

G000228 **历史数学名题赏析** 沈康身著。上海教育出版社2002年9月版。93.2万字。62.00元。介绍了世界数学史上各国一些著名数学名题之解。其中有希腊Archimedes、中国刘徽和祖冲之父子关于牟合方盖和球积之精巧构思,印度Aryabhata、中国孙子和秦九韶、德国C.F.Gauss关于同余式组的周到解法,法国J.V.Poncelet和德国K.W.Feuerbach关于九点圆、内切圆和旁切圆位置关系的奇妙结论,英国F.Morley对三角形所作偶然中的必然推断,荷兰A.J.W.Duijvestijn对正方形中含有21个全异小正方形存在、惟一的例证等。名题含各种命题(原理、定理、性质、法则、公式及其多方位推导、推论和推广),各种算题(中外古典算题及其各种算术解法,代数和数论考虑),各种图形和图象,历来益智趣闻、轶事和数学游戏等。书中的"思考与习作"中选录的一部分试题,均来自:匈牙利奥林匹克数学竞赛(HMO,1895—),我国全国高中数学联合竞赛(CSMO,1981—1998),中国数学奥林匹克(CMO,1956—1998),国际数学奥林匹克(IMO,1959—1998)。(毛永谦)

G000229 **中考数学创新题解法指导** 石智萍、崔建勤。地质出版社2002年2月版。21.5万字。8.00元。以开放、探索、应用为主导思想,以全国各省、市、地区的中考开放型、能力型、应用型题目为主线,分15讲对各种数学中考题目进行归纳、分类,使全书既有对各类问题的分析、解法、延伸与拓宽,又有与其相适应的练习题。(江橙)

G000230 **高中数学问题点击 高二(上)** 杨鹤云、季新民主编。江苏教育出版社2002年9月版。37.7万字。19.70元。按新教材中自然小节编写,每节由提出问题、典型题剖析、解题回顾、自我诊断4个部分组成。在"提出问题"部分,重点就教材中基本概念、定理、公式以及数学问题、数学问题的解法、数学问题的逆向思考、数学思想方法等内容提出问题,在"典型题剖析"部分,作者依照本小节的重点内容编排例题,加深对概念、定理、公式的理解,注重数学解题技能、技巧的训练,并辅以学法指导,旨在培养学生数学思维品质,养成良好的思维习惯,提高解决数学问题的能力。"解题回顾"部分的重心是帮助同学归纳每节的重点知识、解决数学问题的常规方法和难点问题,提炼、抽象数学思想与方法,以达到对数学知识的理性认识。在"自我诊断"部分,按照教学大纲要求,根据每节授课时数,配备了相应的课时练习和滚动练习,并附有参考答案,对基本概念、基础知识、基本技能和综合能力、数学思维品质进行检测。尤为值得一提的是,该丛书每章结束均有知识结构图以及主要的数学思想方法的归纳小结,结合综合题,从理性的角度剖析学生对数学思想方法的理解与运用,培养学生综合运用数学知识的能力,提高数学思维能力,通过综合检测,测试自我运用数学知识解决实际问题的能力。(王家俊)

G000231 **高中新教材进阶导航丛书** 王乐君主编。中国标准出版社2002年12月版。共7册。以高中新教材章节为序,兼顾知识体系进行重点难点的讲解和分析,既保证同步教学和自学辅导,又保证知识系统的优化和完整性,分栏目对各章节内容进行同步讲解和进阶辅导。[知识结构]栏目将本章知识点进行科学提炼，以填空、图表、问题探究等形式列出内容框架，供学生感知基础知识和深化基本技能；[重点难点精析]栏目将重点、难点分专题进行整合，优化知识脉络，拓展认识范围，并总结归纳题型和解题方法；[题型例析与方法总结]栏目与重点难点相结合，通过典型题目强化学生对重点、难点的认识，并通过对方法的总结，提高分析、归纳和解决问题的能力；[错例分析与失分对策]栏目借助典型例题，揭示学生在学习过程中容易出的问题和解题过程中易犯的错误，并给出该问题详细的解释和回避该错误的方法；[思考与探究]栏目立足教材，提供相关知识背景材料，引导学生进行开放性和研究性学习，结合学科具体内容，提示探究方法和学习策略；[学法指导]栏目从整体和全局的角度理顺、理清知识和方法。(王成)

G000232 **潇洒走七月——2001年浙江省高考文理科十大强手考坛论剑** 焦愚主编。浙江教育出版社2002年1月版。23.5万字。14.80元。汇集2001年浙江省高考文科、理科前10名考生的经验之谈，以及对其家长、老师的访谈，探讨这些新科高考状元有什么好的学习方法？有什么好的高考应试技巧？临考前应做好哪些方面的准备？有哪些需要注意的问题？如何在高考冲刺阶段保持良好竞技状态？

G000233 **高等教育产业的特殊性研究** 史秋衡著。厦门大学出版社2002年8月版。21万字。15.00元。理论专著。运用产业经济学、人力资本理论、组织学等，分析了高等教育作为一种特殊产业的内涵以及实践的可行性与运行机制，既全面探讨了高等教育产业化的理论基础、社会基础和内在要求，又分述了高等教育产业的属性、高等教育产业化的条件和途径、我国高等教育的抉择和政策的基本框架等问题，具有很强的实践性和理论性。(牛跃天)

G000234 **学术责任** [美]唐纳德·肯尼迪著，阎凤桥译。新华出版社2002年2月版。27万字。23.80元。分10部分：一、学术自由与学术责任；二、学术生涯之准备；三、教学；四、指导；五、参与管理；六、发现；七、发表；八、诚实；九、校外活动；十、变革。学术责任在学术界是一个十分重要的问题。作者以学者和大学校长的双重身份，从学术责任的高度首先阐述了如何影响未来大学，如何恢复大学使命和忠诚的价值观的问题；其次，作者论述了大学至高无上之处在于给人类提供改良文化、创造文化、延续生命和保障人类可持续发展的一个智力平台。(齐鹏)

G000235 **汉译世界高等教育名著丛书(12册)** 伯顿·克拉克等著，王承绪等译。浙江教育出版社1987—2002年版。250万字。166.80元。从浩瀚的西方高等教育理论著作中，精选出最经典、最具影响力的，反映高等教育的历史、作用、职能、理念、体制、政策及所面临的困境的12本著作，分别是：《高等教育哲学》、《高等教育新论——多学科的研究》、《学术权力——七国高等教育管理体制比较》、《大学的使命》、《现代大学论——美英德大学研究》、《探究的场所——近代大学研究生教育专科学研究》、《研究生教育的科学研究基础》、《走出象牙塔》、《大学的理想》、《高等教育不能回避历史》、《国际高等教育政策比较研究》、《美国高等教育》。

G000236 **经济全球化与高等教育** 副名：2001年高等教育国际论坛文集。湖南师范大学出版社2002年6月版。64.5万字。50.00元。论文集。选收中外84位教育理论学者、教育管理专家的论文共75篇。文集分4部分：一、国内著名大学的领导、省、市教育行政部门负责人、国内知名教育理论专家撰写的30篇文章；二、从“2001年高等教育国际论坛”会议代表提交的论文中精选出的16篇文章；三、湖南省高校领导撰写的19篇文章；四、国外代表提交的10篇文章。文集选收了一批著名教育理论和教育管理专家(周远清、许智宏、纪宝成、徐通模、钟秉林、潘际銮、潘懋元、张楚廷等)有代表性的专题论文，反映了经济全球化条件下高等教育发展的特点和规律，为高等教育应对经济全球化对高等教育提出的新要求作出了有益地探索，提出了许多有益的有见地的对策。(向纯武)

G000237 **互联网对高校师生的影响及对策研究** 中共北京市委教育工作委员会编。首都师范大学出版社2002年4月版。23.8万字。18.50元。通过调查北京高校校园网建设、管理及师生使用情况，深入分析互联网对高校师生的影响，总结了高校应对网络冲击特别是消极影响工作中的问题与不足，提出了有针对性的对策。(张成水)

G000238 **变革与建构——新世纪高校德育探索** 课题组编著。中国矿业大学出版社2002年7月版。26.5万字。16.80元。全国教育科学“九五”规划部委重点课题“社会主义现代化建设过程中高校德育工作特点与规律的研究”的最终成果。对高校德育面临的新形势、新挑战，高校德育的规律，社会主义现代化建设过程中社会经济、政治、文化、科技、教育与高校德育的关系，高校德育内容、方法、机制、手段、途径等的改进与创新等问题进行了较为深入、系统的探索。（王德福）

G000239 **大学人文读本** 夏中义主编。广西师范大学出版社 2002 年 7 月版。青年修养读物。包括《人与国家》（46 万字，28.00 元）、《人与世界》（45.4 万字，27.00 元）、《人与自我》（49.8 万字，29.00元）。对人类共同的价值谱系进行纵深探讨，辑录名家文字，含著述、演讲、诗文、信函、奏章、碑铭、日记、随笔、格言、遗嘱诸多文体，涉猎多方面知识，呈现跨学科的视野。各册有导言，简介各专题的相关科学知识及相互关系，专题之后还有编者旁白。

G000240 **大学生思想道德修养** 荆兆勋、陈红军、吴道同等主编。青岛出版社 2002 年 9 月版。27 万字。16.80 元。依据教育部思想政治工作司编印的《思想道德修养教学大纲》，紧紧围绕毛泽东、邓小平、江泽民同志关于青年和青年大学生素质的基本要求，认真落实《公民道德建设实施纲要》和“三个代表”重要思想，力求从内容上做到“新”、“深”、“实”，从理论与实践的结合上回答大学生在思想道德修养方面关注的诸多问题，为大学生的健康成长提供理论食粮。本书着重讲述了公民道德建设、塑造健康的心理、塑造高尚人格、建立正确的人生观、培养审美能力、建立协调的人际关系、培养正确的恋爱观、做坚定的社会主义爱国者等问题，结合大学生实际，深入浅出地讲解了大学生如何加强思想道德修养。（曹永毅）

G000241 **MBA 教育质量控制系统研究** 章达友著。厦门大学出版社 2002 年 10 月版。22 万字。16.00 元。理论专著。在高等教育相关理论的指导下，运用系统分析的理论和方法，对 MBA 教育的本质、特点及模式进行了阐述，归纳出欧美著名商学院 MBA 教育的八大特征，提出了 MBA 教育的培养目标和人才规格。在此基础上，构建了一个 MBA 教育质量控制系统，并将该系统应用于我国 MBA 教育质量控制的实践中，为改进和提高我国的 MBA 教育质量提供了一种理论模式。（牛跃天）

G000242 **校本课程开发实践系统论** 顾书明著。中国矿业大学出版社 2002 年 12 月版。22.6 万字。16.80 元。教育改革方面的专著。全国高等教育科学“十五”规划重点项目“高师课程教学体系对基础教育课程改革的回应变革综合研究”阶段性成果。内容包括：校本课程开发实践系统概论、校本课程规划论、校本课程组织论、校本课程实施论、校本课程评价论等内容。重点讲述了高师院校的课程教学体系与基础教育课程改革及教师专业化发展不相适应的问题，研究了高师院校课程教学体系的适应性变革在基础教育课程改革及教师专业化发展方面的意义、作用以及内在机制和高师院校现今课程教学体系的特点及优缺点以及其变革的趋势、特点。（孙浩）

G000243 **大学生社会调查研究导论** 方巍著。浙江人民出版社 2002 年 8 月版。12.3 万字。8.00 元。在总结浙江工业大学三年社会实践环节教学的基础上，新修订的一本教学指导用书。分绪论、上篇、中篇和下篇 4 部分。绪论部分着重介绍“思想道德修养”课程理论教学与社会实践环节的关系。上篇在介绍社会调查研究的基本概念以及社会实践环节的类型的基础上，说明如何在社会实践中发现问题，并结合文献阅读，特别是借鉴已有的理论提高对有关问题的认识水平。中篇介绍社会调查研究方案的制订、研究资料的收集方法以及整理和分析的技术，强调了科学认识社会的思维与方法。下篇说明了调查研究报告的格式和撰写过程中应该注意的问题。此外，附录部分还对部分大学生的研究报告作了较详尽的点评。该书的针对性很强，针对大学生社会实践环节所存在的问题，详细介绍了社会调查研究的基础知识和技能。（章依）

G000244 **北大日记** 朱家雄主编。海南出版社 2002 年 12 月版。30 万字。28.00 元。北京大学部分学生的日记汇编。共 6 部分，真实地记载了年轻学人成长的历程，其中既有关于军训生活、北大校史上重大事件、北大百年校庆的记录，也有年轻大学生学习、生活的有意义的片断、对人生的感悟。从这些不加雕琢的鲜活文字，可以真切地感受到青春的脉搏，当代大学生及青年人的思想状况。全书虽都是个人独白，但字里行间却充满时代精神。这些日记的主人从各个不同侧面对天下事给予了热切的关注，读来丝毫没有个人一己情怀的自我玩味，对那些未上大学或正在学校就读的年轻读者颇有启迪。（伍君之）

G000245 **公共组织的人事决策——转型期中国大学人事改革的政策选择** 陈文申著。河南人民出版社 2002 年 6 月版。21.3 万字。21.00 元。“公共管理体制研究论丛”之一。通过对北大、香港大学、哈佛、东京、牛津等大学的比较研究，具体阐述了大学决策单元的层次、大学决策领域的划分、大学决策的程序或机构、大学决策体制的变革等问题。（李

小龙)

G000246 **自助留学丛书** 文哲、海玥编著。青岛出版社2002年9月版。220万字。133.00元。包括《留学美洲》、《留学亚洲》、《留学欧洲(上)》、《留学欧洲(下)》、《留学大洋洲》5个分册,内容涉及美国、加拿大、日本、新加坡、韩国、马来西亚、英国、德国、法国、爱尔兰、瑞士、俄罗斯、荷兰、澳大利亚、新西兰等15个中国学生主要留学热点国家。每个国家都按照国家概览、教育体制、留学指南、名校详情、学校列表、留学常识等体系尽可能翔实地予以介绍,每本书还附录有IELTS考试、国家留学政策、留学贷款以及中介服务机构信息等。还列有各国相关机构、各相关学校的具体联系方式和官方网址。书中的主要资料来自于所介绍国家驻华的外交机构,准确性、权威性较高。书中收录有英国、澳大利亚、爱尔兰、俄罗斯、马来西亚、新加坡、韩国、瑞士、荷兰、德国、加拿大等国驻中国外交官的专访,直接详细地介绍各自国家的留学政策、教育体制、教育优势、深造机会、就业可能、经济要求、回中国发展空间等中国留学生关心的问题。(郭东明)

G000247 **世界著名美术院校教育丛书** 范迪安主编。人民美术出版社2000年6月版—2002年陆续出版。6－10万/册万字。图200幅/册。60.00元左右/册。各分册的作者通过留学亲历和感受,生动地向读者介绍了世界各著名美术院校的历史沿革、现实状况;艺术教育的指导思想、教学特色;主要系、工作室的教学经验、教学成果和历来培养的杰出艺术家以及师生的代表性作品,具有高层次的学术内涵和研究借鉴价值。本丛书提供了大量的第一手资料信息,包括教学内容、课程设置、专业方向、著名导师、报考要求、联系方法等,本丛书共10余册,第一批已出版5册:《涅瓦回望——俄罗斯列宾美术学院绘画系》、《精神的游历——德国柏林艺术大学自由绘画系》、《自由与秩序——法国巴黎国立高等美术学院绘画系》、《扫描与透析——美国洛杉矶艺术中心设计学院》、《技艺的穿越——日本京都市立艺术大学漆工专业》。(许征云)

G000248 **WTO与中国高等教育发展** 吴松、沈紫金主编。北京理工大学出版社2002年8月版。33.9万字。24.00元。一本探索WTO对中国高等教育的影响和冲击的专著。作者从中国高等教育的百年发展历程说起,点出了WTO挑战中国高等教育的主题,展开了关于WTO创新中国高等教育理念、转变中国高等教育发展模式、推进“211工程”、建设、促进中国高等教育资源优化配置、拉动教育产业发展、加快中国高等教育依法治教等等问题的分析和思考。(总编办)

G000249 **北大地图** 庞洵著。广西师范大学出版社2002年10月版。8.4万字。39.80元。以图文并茂的形式记录了北京大学一百多年的沧桑历史和人文景观。详尽的实景照片和一些珍贵的老照片全面展示了北大的过去和现在。

G000250 **清华地图** 庞洵著。广西师范大学出版社2002年10月版。8.2万字。39.80元。全面介绍清华的历史和人文景观,展现最高学府的风貌。以图片、文字记录清华大学的发展。

G000251 **中国书院** 朱汉民、邓洪波、陈和主编。上海教育出版社2002年12月版。10万字。380余幅照片。420.00元。画册。摄影者将一个个镜头对准历经风雨沧桑而定格于历史画框里的一座座书院建筑,从其优美的外部环境、古朴庄重的形貌、充盈儒雅文气之美的内部空间,来透视其传播学术、藏书刻书与祭祀的三大文化功能。画册将书院深蕴的文化内涵与其优雅的视觉形象融合在一起,全面展示了书院的历史、传统文化的内涵,及其教育与学术功能。反映了书院的特点、特色及对中国文化的贡献。该书配有一册英文译本。(毛永谦)

G000252 **剑桥漫步** 张酣著。山东教育出版社2002年6月版。7.3万字。5.30元。作者张酣——北京大学物理系教授、著名物理学家,依据自己多年在不同国家的生活经验,以英国剑桥大学为背景,用科学家的眼光,描述了西方社会的生活习惯,西方人待人接物的方式,剑桥大学的教育情况、科学研究特色等,其中穿插有不少科普知识及西方社会轶闻趣事。书中作者对中西文化的异同有相当比较,指出中国的教育、科研领域中存在的弊端,并提出了明确的改革建议。

G000253 **美国高等教育的发展与改革** 王英杰著。人民教育出版社2002年1月版。23.9万字。14.20元。正文7章,附录3篇。作者通过自己多年的研究和对美国高等教育的实地考察,详细论述了美国现代高等教育制度的发展与变革历史,分析了美国高等教育的发展特点与成功经验,并结合我国高等教育的实际,提出了改革我国高等教育的一些设想。(邹海燕)

G000254 **师范大学生职业心理素质特点与教育** 张大均主编。西南师范大学出版社2002年8月版。27.3万字。15.00元。从师范大学生职业心理素质研究的理论问题、职业价值观特点与教育、职业气质特点与教育、知识价值观特点与教育、知识结构特点与教育、课堂教学提问技能形成特点与教育、课堂教学监控技能形成特点与教育、职业道德特点与教育等角度，深入剖析了师范大学生职业心理素质特点与教育对策，对提高师范大学生心理健康教育水平有重要指导作用。（米加德）

G000255 **幼儿师范学校《中国历史地图册》（全一册）** 地质出版社地图编辑室、人民教育出版社历史室合编。地质出版社 2002 年 1 月版。6.5 印张。11.70 元。根据人民教育出版社出版的幼儿师范学校《中国历史》（全一册）编制而成，并与之配合使用。全书内容分为两大块：古代史部分有地图 65 幅；近代现代史部分有地图 60 幅。该书的表现形式主要由地图和图片构成。适量使用与地图内容相关的人物或事件的照片。（袁亚琴）

G000256 **幼儿师范学校《世界历史地图册》（全一册）** 地质出版社地图编辑室、人民教育出版社历史室合编。地质出版社 2002 年 1 月版。4 印张。7.20 元。依据《中等幼儿师范学校历史教学大纲》的要求和人民教育出版社出版的幼儿师范学校教科书《世界历史》（全一册）编制。由古代史部分、近代史部分、现代史部分 3 大板块组成，编排顺序严格依据教科书，以便于学生使用。在地图的选取上，力求反映教科书的重点和难点。同时，为了增强学生学习历史的兴趣和活跃版面，图册里穿插了适量的图片。（夏贵根）

G000257 **幼儿师范学校《地理地图册》（全一册）** 地质出版社地图编辑室、人民教育出版社地理社会室合编。地质出版社 2002 年 1 月版。6.75 印张。12.15 元。根据《中等幼儿师范学校地理教学大纲》的要求和人民教育出版社出版的幼儿师范学校教科书《地理》（全一册）编制。密切配合课本的知识结构，用图片、图表、地图等多种直观的形式表述课本的重点和难点，帮助学生形成良好的人地关系。本图册的编排顺序与课本一致，便于学生图文对照学习。（李书伟）

G000258 **北京师范大学百年图志** 马新国、刘锡庆主编。北京师范大学出版社 2002 年 8 月版。488 面。300.00 元。北京师范大学百年校庆的重点图书（册）。以图文并茂的形式，详细地介绍了北京师范大学从戊戌变法中诞生到今天以科教兴国，教育为本，为中国现代教育事业的发展奋斗的百年历史。本书以史为序，大致分为：清末初创师范率先；改大扩建学风蔚然；西迁陕甘迎接解放；调整求新发奋图强；改革开放蓬勃发展；开拓进取再铸辉煌等几大部分。在画册的开始还刊登了我们党三代领导毛泽东、邓小平、江泽民与北师大师生、校友的合影。（傅占武）

各类教育

G000259 **职业教育学通论** 周明星等著。天津人民出版社 2002 年 2 月版。32 万字。30.00 元。本着批判精神和创新意识，针对我国职业教育学理论研究之现状，运用学科体系建构的方法论思想，在研究职业教育基本矛盾与规律的基础之上，构建一个新的职业教育学理论体系。这个新的理论体系由以下几大部分组成：导论，论述职业教育学的研究对象、学科特色、学科体系；历史，探讨中外职业教育的历史发展规律、现状及趋势给我们的启示；现实，研究职业教育的本质理论、结构理论、课程理论、教学理论、师资理论、德育理论、法制理论、研究理论；未来，分析未来职业教育结构体系，展望未来的职业教育发展趋势。

G000260 **职业资格考试概论** 陈宇等著。华中师范大学出版社 2002 年 10 月第 1 版。33.9 万字。28.00 元。“新世纪考试科学丛书”之一。全书主要分 4 大块：总论篇、职业技能鉴定篇、专业技术资格考试篇、国家公务员录用考试篇。在总结我国近几年职业资格考试制度发展经验的基础上，提出了职业资格考试的概念，并对其规律作了初步的探索。该书较全面地介绍了我国职业资格考试体系主要部门的考试政策，考试运作程序和考试制度的演变发展。（曾友贵）

G000261 **远程教育研究** 丁兴富著。首都师范大学出版社 2002 年 12 月版。52.2 万字。40.00 元。论述了远程教育的历史和发展；远程教育学科理论基础的基本概念和基本理论；远程教学和远程学习、远程课程开发和远程教育的资源建设；以学生为中心的远程学习圈理论。论证了以学生为中心思想的核心：以学生为本、学生自主学习、学生自治和学生支助服务、双方通信交互为基础的学生自助学习。集中讨论了远程教育的教育管理、人员管理和远程教育的质量保证。（张成水）

G000262 **开放远程教育的现状和趋势——张伟远研究论文集** 张伟远编。中央广播电视大学出版社 2002 年 9 月版。28.2 万字。30.00 元。论文集。收集的23篇论文涉及了开放远程教育的几个主要领域,包括开放远程教育管理、远程学习者的研究、师资培养、网上教学以及历史与理论等方面。

G000263　**面向未来的探索——中国远程教育科学研讨会论文集(2001.青岛)**　孙绿怡编。中央广播电视大学出版社2002年9月版。55万字。48.00元。中国远程教育科学研讨会论文集。经论文集编委会对121篇论文复审,选编了55篇论文结集出版,这些论文无论是从理论研究,还是实践探索,在研究领域有所拓展,研究水平有新的提高。

G000264　**中国广播电视大学教育统计年鉴(2000、2001)**　中央电大教育管理信息中心编。中央广播电视大学出版社2002年6月版。88.1万字。47.00元。反映全国广播电视大学教育发展情况的资料性年刊,是研究广播电视大学远程高等教育改革和发展的资料工具书。全书由上篇(2000)、下篇(2001)和附录3部分组成,上下篇的内容均为:广播电视大学综合情况,学历情况,非学历教育,教师、职工,固定资产及校舍。各部分的主要统计指标、统计范围、统计方法、历史变动情况的都附有简要说明。

G000265　**民族教育学**　王鉴著。甘肃教育出版社2002年1月版。31万字。33.00元。有关民族教育学学科建构的专著。共5编。第一编为结论,主要内容包括民族教育学的研究对象、学科性质、研究方法等;第二编为民族教育的基本理论,主要内容有民族教育的概念、特点、规律、价值取向、理论研究等;第三编为民族双语教学论,主要包括双语教学的概念、基础模式;第四编以多元文化为主题,主要讲述了多元文化课程论、课程的基础、实施及个案研究;第五编以民族教育事业管理论为基础,主要探讨了从古至今我国民族教育发展的现状、经验,并进一步提出了我国西部开发与“少数民族教育优先发展”的战略构想。(邓玲玲)

G000266　**听力残疾儿童心理与教育**　张宁生主编。辽宁师范大学出版社2002年4月版。42.6万字。22.00元。全国高等教育自学考试特殊教育专业教材。全书共13章,后附有考试大纲及样题。第一章听力残疾概述;第二章至第六章介绍听力残疾儿童的认知、情感和意志、个性、品德心理和社会适应;第七章至第十三章介绍聋教育的发展和我国聋校制度的确立、聋校教育教学、听力残疾儿童语言沟通法与语文教学法、教学心理学问题、劳动技术教育、聋校教师的心理品质以及聋校的管理。本书主要介绍了听力残疾儿童身心发展的特点、教育的目的和任务,教育教学的基本组织形式及安置形式,教育教学的基本原则,相应的课程设置、教育设施及教具等,在内容上具有整体性、综合性和应用性等特点。(马海燕)

G000267　**特殊儿童康复与训练**　汤盛钦主编。辽宁师范大学出版社2002年4月版。26.5万字。14.20元。全国高等教育自学考试特殊教育专业指定教材。全书共13章,后附有考试大纲及题型。第一章绪论;第二章特殊儿童康复与训练评估;第三章至第十章分别介绍物理疗法、运动疗法、作业疗法、感觉统合疗法、言语疗法、心理治疗、游戏疗法和音乐疗法;第十一章感觉、动作教育与训练;第十二章体操康复;第十三章感知觉学习室和多感官室。全书主要介绍了如何培养和训练特殊儿童的感知能力、大小肌肉运动能力、认知能力、交往能力、自理能力和社会适应能力以及对各类残疾儿童康复训练的内容和方法,具有理论指导意义和实用价值。(马海燕)

G000268　**特殊教育导论**　顾定倩编著。辽宁师范大学出版社2002年9月版。30.2万字。13.60元。全国高等教育自学考试特殊教育专业指定教材。以朴实的语言对特殊教育的基本概念、发展历程、理论基础、师资构成、教育对象、课程设置、教学原则,以及特殊教育与家庭、学校及社会的联系等方方面面的课题,做了透彻的阐述。书后附有详细的考试大纲及试题举例。(郭长征)

G000269　**智力落后儿童心理与教育**　肖非主编。辽宁师范大学出版社2002年4月版。39.6万字。20.50元。根据全国高等教育自学考试特殊教育专业(专科)考试计划的要求编写。书中详细介绍了智力落后儿童的鉴定方法,心理发展、认知、情感、个性特点等,以及如何对智力落后儿童进行教育、引导,使之能最大限度地达到健康、独立生活。书中援引了大量的国内外相关理论的量表和案例,书后附有自学考试大纲及考试题型举例。(颜秋)

G000270　**开启孩子的财商**　庄恩岳著。浙江人民出版社2002年11月版。11.4万字。16.00元。培养孩子财商的亲子互动类图书。作者认为,父母不仅要培养孩子的智商、情商,也不应忽视孩子财商的培养。这就既要向钱看——不要认为爱钱、追求钱是不光彩的,要光明正大地追求财富,同时又不能只爱钱,因为如果没有良好的品性、远大的志向、自强自立和创新能力,也是不可能成功致富的。

本书既有理性的论述，又有具体的案例，还配有思考题和漫画点缀，形式活泼。（丁睿娟）

G000271 **父爱的力量** 廖永静著。新华出版社 2002 年 10 月版。25 万字。18.00 元。家庭教育读物。作者为台湾著名教育专家，台湾嘉义大学家庭教育研究所教授，他所带领的“爸爸成长团体”对父爱在家庭中的作用产生深远的影响。作者把自己作为一位儿子、丈夫、父亲、男人，经历酸甜苦辣诸多感触与反省倾注于笔端。他针对孩子对父亲的期望，不再只是“赚钱机器”，而要兼做“情感专家”、“精神导师”，帮孩子疗伤止痛。家应是孩子每天停靠的安全的港湾，是情绪出口，是补充能量的地方。他以真实故事或有意义的寓言作材料，采用“藉事论理”方式，对这些故事作解读，铺陈父爱的力量。（徐光）

G000272 **芝麻开门：美国父母床头的早教圣经** 周兴旺，李喜编译。新华出版社 2002 年 3 月版。20 万字。23.80 元。教育类专著。从早教的 10 项基本法则、正确母爱的 10 项法则、潜能开发的 10 项法则、亲子教育的 10 项法则等 4 个方面阐述了父母应当如何选择早教的时间、如何进行婴儿的五官潜能开发、如何激发孩子学习的兴趣、如何教孩子学习外国语、如何启发孩子的灵感、如何培养孩子爱的能力等，其中还包括母亲们应当掌握的感官训练法、语言训练法、游戏训练法等十个训练法则。本书中的 40 条早教法则均选择 200 年来世界上产生最重要影响的、被最大多数人采纳的、被实践证明最有效的早教大师们的智慧精华。收入“新民教育文丛”。（黄绪国）

G000273 **因为我是妈妈** 卢尔慧著。北京十月文艺出版社 2002 年 10 月版。26.2 万字。18.00 元。作者讲述了自己在养育病残孩子的十八年艰辛历程中，以坚韧不拔的毅力和矢志不渝的信念，克服常人难以想像、难以承受的精神压力和生活磨难，通过自己长期潜心摸索出的调养、教育孩子的独特方法，使这个智弱体残的孩子从小学读到高中并上了大学。这奇迹不仅是早期开发幼儿教育的结果，更是神圣母爱的结晶。（总编室）

G000274 **如何教养霸道的孩子** ［美］詹姆斯·杜布林博士著，刘海译。新华出版社 2002 年 1 月版。18 万字。20.00 元。教育类专著。通过众多的案例，阐明了“爱心和管教”联手的教养方式，提供了一套父母切实可行的操作准则，帮助孩子成为既顺服又不丧志的自信自重的人。前言提出霸道的孩子拥有创造性潜力，父母应该帮助他们疏导自己的冲动，第二、三章“亲子战争”解释父母如何管教小孩。之后几章阐述父母应当保护小孩的志气，避免用错误的方法惩罚小孩；如何处理手足相争、养育 H 症的孩子，在“好父母培训教程”，教父母如何恩威并重，带领孩子建立正常的人际关系。第十章说明孩子在经过“躁动的青春”之后，就会从一个依赖父母的小孩变成成熟的大人。本书的目的就是使父母能帮助孩子学会疏导自己的冲动，控制无羁无束的意志。（黄绪国）

G000275 **我的儿子是“小爱因斯坦”** ［韩］陈京慧著，刘菁译。新华出版社 2002 年 10 月版。10 万字。18.00 元。教育类专著。讲述的是美国年纪最小的大学生 9 岁的肖亚诺的故事。肖 8 岁参加美国学术水平测验考试，取得优异成绩，9 岁就获得芝加哥洛约拉大学的全额奖学金，成为迄今为止美国年龄最小的大学生。肖的母亲陈京慧公开了她的教育方法：只站在领先孩子半步的位置上教育孩子，不要过分低估孩子的能力。（黄绪国）

G000276 **奔跑的青春** 副名：全美中学生领袖范紫光。范紫光、张国红著。人民文学出版社 2002 年 6 月版。17.6 万字。16.00 元。留美学生范紫光及其母亲张国红介绍了范紫光在美国青春时期的学习和生活，以及家长的教子良方。范紫光讲述了自己学习上的动力源：一是生存的压力。他到美国后学会的第一句话是“我要上厕所”。这是他父母外出时把他托付给邻居照看时学会的。二是交流的欲望。他父母经常带他去公园玩，可是语言不通，他无法加入到其他孩子的游戏中去。三是榜样的力量。一生执着于萨克斯的爷爷范圣琦，爸爸的好朋友、30 岁才开始学英语却成为纽约百老汇第一个中国明星的王洛勇，以及边读研边打工的爸爸……身边的这些榜样不仅给了他学习的动力，也给了他学习的目标。提起教育孩子，范紫光的母亲张国红说的最多的首先是“从小事入手”。当紫光到美国后他们提的第一个要求是“见人不能低下眼皮”，这不仅让孩子懂得尊重别人，也让孩子树立了自信心。又如“自己动手”，这是美国教育中非常普通的观念，爸爸和紫光一起整治后院的事情给紫光留下了很深的印象，也让他养成了自己动手的好习惯。其次，是跟孩子一起学习。张国红经常带紫光去一个好地方——波士顿公众图书馆。这里不仅可以阅读图书，还经常会有各种活动，如著名作家来给孩子们讲故事等等。两人经常一起学习讨论，这不仅培养了紫光的学习兴趣，而且教给了他学习的办法。第三，尊重孩子,面对面交流,从小任何跟紫光有关的事情,爸爸妈妈都不回避,从不把成人的观念强加给孩子。特别是随着年龄的增长,涉及到网络、交友等敏感问题的时候,全家人还公开辩论。(王永洪、王瑞琴)

G000277 **放飞——自尊自信成才之本** 刘建国著。中国广播电视出版社 2002 年 5 月版。27 万字。23.00 元。1988 年,中国小姑娘刘佳佳随妈妈到伦敦与爸爸团聚。上学的第一天,她学会并使用的第一个单词是 toilet(厕所),2001 年,她以全面优异的学习成绩、出类拔萃的个人品格素质,被英美 9 所一流大学以高额奖学金录取,最后她选择了哈佛。在孩子的培养过程中,父母应该扮演什么角色?是如何引导女儿克服脆弱敏感的性格、正确地面对失败、超出种族歧视的阴影、排除青春期的困扰、培养全面能力的?本书给读者以详细的回答。(邹娓玲)

G000278 **帮助孩子成长的 150 个诀窍** [美]凯琳·爱尔兰德著,薛晓金译。新华出版社 2002 年 10 月版。12 万字。15.00 元。家庭教育读物。凯琳·爱尔兰德是美国畅销书作家,著名的亲子教育专家,曾著有 13 种亲子教育方面的图书。本书为读者提供了 150 种简单有趣的教育孩子的方法,如鼓励你的孩子对世界充满好奇心、教他灵活变通、帮助孩子明白积极进取与独断专行的区别、做游戏提高孩子的逻辑思考和交流能力、花一些时间表达你的爱、鼓励他自我激励等等。这些积极的教育方法便于你在日常的生活中将你的期望和要求悄然转化为他的行为。(徐光)

G000279 **咱们孩子的家庭教育** 副名:儿童心理教育专家与家长的对话。郭兰婷主编。四川科学技术出版社 2002 年 8 月版。10 万字。10.00 元。以问答形式,介绍了不同时期和不同情况下的家庭教育方式。包括胎教、出生后的教育及家庭环境的影响、独生子女的教育、单亲、离异家庭中的教育、躯体有疾病孩子的家庭教育。(李菩君)

G000280 **养育儿子** 副名:父母与健康男性的塑造。[美]珍妮·艾里姆、唐·艾里姆著,柴海鹰等译。北京出版社 2002 年 8 月版。23.3 万字。17.00 元。从男性的困惑、抚养者的责任以及一个男孩如何从摇篮走向事业成功这三个方面,通过讲述男孩子的生理特点、父母怎样创造一种工作与家庭之间的平衡,怎样建立稳定的亲子关系等多个侧面,向年轻父母介绍如何正确培养一个强壮、勇敢、宽和、有爱心的男子汉的问题。并对男孩子成长的各个阶段:从出生至 7 岁、8～12 岁、13～17 岁、18～29 岁的特点及对策做了具体阐述。

G000281 **养育女儿** 副名:父母与健康女性的唤醒。[美]珍妮·艾里姆、唐·艾里姆著,施建农等译。北京出版社 2002 年 8 月版。26.6 万字。19.00 元。强调了不断变化着的文化和社会观念会影响人们对女儿的抚养,帮助家长认清在育女过程中所面临的种种冲突。作者指出了母女关系所面临的独特挑战、父亲所感受的迷惘,以及单亲家长的独特需要。作者针对从婴儿到青少年再到成熟的健康女性,讲述女儿每一个发展阶段的问题。

G000282 **养育青春少年** 副名:父母与培养负责的少年。[美]珍妮·艾里姆、唐·艾里姆著,石绍华、赵端端译。北京出版社 2002 年 8 月版。13.2 万字。12.00 元。为有青春期孩子的父母提供了一个较为全面的指导。作者阐述了青少年发展的焦点:哪些是青少年应付得了的;哪些是应付不了的;他们需要哪些帮助、指导才能体会到爱,感受到家庭中的一分子……父母以什么样的智慧,就能够引导青春期的孩子顺利度过青春期。作者在书中引用实例,以循循善诱的口吻向父母提出忠告、见解和指导方法,帮助父母答疑、解惑。

G000283 **孩子可以说"不"** 亚子著。接力出版社 2002 年 1 月版。13 万字。13.00 元。分"要求自立的呼声"、"重建自信的呐喊"、"捍卫权利的宣言"、"寻求沟通的心声"4 部分,反映了孩子在成长过程中的苦恼,展示了孩子说"不"的内心世界,让教师、家长走进孩子的心灵,倾听孩子的心声,再通过"聊天室"内主持人、教育心理学家、教师和家长的谈话聊天,分析孩子说不的原因,阐述了如何妥善处理孩子说不的问题,从思想、道德、学习、生活等方向父母提供养儿育女的经验和理论。(韦建成)

G000284 **孩子,妈妈赏识你** 元琪著。花山文艺出版社 2002 年 4 月版。18.6 万字。15.00 元。家庭教育经验谈类书籍。作者以一位母亲的切身体会,讲述了帮助孩子成才的日常琐事及感受和处理方式——爱·赏识。即关注孩子特点,针对孩子的优点与进步,给以赞誉和夸奖。这是由衷的赏识,不要斥责与惩罚;发自内心的慈祥眼神,对于孩子便是无声的鼓舞,有力的推动。作者用生活中与孩子相处的一个个小故事,阐述自己的观点,平实而生动,且具操作性。(贾启森)

G000285 **家庭教育的热门话题** 谭虎著。江西高校出版社 2002 年 5 月版。9 万字。8.00 元。

作者围绕近年来家长比较关心或容易忽略的问题，用与家长谈话和讨论的方式发表意见、进行分析、提供建议，以期望家庭教育这一课题能引起家长乃至社会每个成员的关注、思考、讨论和研究。（蔡卫红）

G000286 **第一母亲:培养了总统的女人们** [美]波尼·安杰洛著，詹歌，詹颂译。新华出版社 2002 年 1 月版。24 万字。20.00 元。教育类专著。讲述了罗斯福、杜鲁门、艾森豪威尔、肯尼迪、约翰逊、尼克松、福特、卡特、里根、布什、克林顿等 11 位美国总统的母亲的故事。通过这些著名人物母亲们的日常生活、思想和情感以及她们与儿子间的关系，讲述了她们如何使传统的价值观在儿子身上得到最完美的体现，以及她们教育儿子成长的经验。（黄绪国）

G000287 **超越课堂——一位博士女孩的家教揭秘** 黄晋、李永生著。湖南科技出版社 2002 年 2 月版。15 万字。18.00 元。全面系统地介绍了 20 岁的清华大学博士生李路珂同学的成功之路。三次休学，两次跳级，15 岁轻松考入清华，20 岁攻读博士等等。书中倡导的冲破贯性思维，大胆超越课堂的教育思想非常引人注目。作者的教子之法值得家长借鉴，新的教育理念值得广大家长和教育工作者深思。本书除了穿插在全书的教育方法之外，第八章“家庭教育揭秘”专门介绍了其家教方法。

G000288 **“酷”爸“酷”妈的五项修炼:亲子沟通的密码** [美]盖瑞·查普曼，罗斯·甘伯著，吴瑞诚译。新华出版社 2002 年 1 月版。17 万字。19.80元。教育类专著。介绍了 5 种关于儿童的爱的语言，帮助父母决定最能使孩子明白你爱他的那一种爱语。本书的第二章到第六章，从身体的接触、肯定的语言、精心的时刻、接受礼物、服务的行动 5 个方面详细解释了孩子能从 5 种接受爱的方式中获益。书中强调爱在养育子女中的重要性，结论部分还会提出一套行动计划，其中包含许多案例与练习。（黄绪国）

G000289 **我平庸，我快乐（升级版）** 周洪著。广东教育出版社 2002 年 10 月 2 版。22.8 万字。17.00 元。从一个父亲教育独生女儿的平实角度娓娓道来，叙述了女儿从出生到中学的种种趣事。在书中，女儿的母亲、老师、邻居们众志成城要培养一代天才，独有名满天下的作家兼父亲的周洪本人却独具超尘出世的目光，运用他的“平庸快乐教育法”，极力让女儿在应试教育与“天才教育”的双重重压下逃脱出来，充分享受成长的快乐。升级版继续演绎女儿在北京市某重点中学的快乐的学习生活，让我们了解到:快乐的孩子并不一定平庸。（黄红丽）

G000290 **幼儿能力全面培养家教丛书** 罗英智主编。辽宁少年儿童出版社 2002 年 1 月版。6.35万字。精选了对 0—6 岁宝宝各方面能力培养的内容，以配合对 0—6 岁不同年龄孩子的教育，每本书都是根据某一年龄孩子各方面发展的特点和需要，及按孩子学习领域而编排和设计的，主要以图为主，尽量使内容游戏化、趣味化，从孩子容易接受的内容开始，逐步渗透，使宝宝在愉悦的学习中得到提高与发展。

G000291 **来自美国的家教心经丛书** 简宛、倪进云主编。天津教育出版社 2002 年 9 月版。40.6万字。35.40 元。为广大家长提供的一系列行之有效的家教经验及心得，其中有专家的见解，教育的学理，以及为人父母的心路历程，让不知所措的父母迅速做出正确的判断，帮助孩子健康快乐地成长，更为身处彷徨的家长带来些许的启示，尽快地摸索出一条适合自己孩子成长的“爱之道”。（王艳超）

G000292 **观察的方法** 成松柳著。湖南人民出版社 2002 年 3 月版。8.9 万字。8.50 元。从“兴趣是观察最好的老师”、“好的观察会达到事半功倍的效果”、“观察需要良好的心理品质”、“借助好的观察方法”4 个方面介绍了观察的方法。收入“脑开发丛书”。（张志红）

G000293 **每个孩子都能成功** [美]阿姆斯特朗著，肖小军等译。新华出版社 2002 年 1 月版。15 万字。18.00 元。教育类专著。第一章阐述了学校为何没有重视和开发孩子的特殊能力与天赋，反而甚至把许多十分有天赋的孩子送往学业残疾班。第二章介绍了加德纳多类型智力理论。第三章和第四章分析了当前流行的测试与教学方法，探讨为何这些方法对小孩帮助不大，并解释我们有必要做些什么。第五章介绍了 7 种不同的方法，它们有助于孩子学习各门功课。最后 8 章深入分析了学习对孩子来说意味着什么，探讨了父母和教师有必要了解的 8 种不同因素，以便鼓励孩子发展自己特有的学习风格。本书最后展望了未来的学习者，讨论那些所谓的“没有上进心”与存在的“学习障碍”的孩子，将如何在未来成为信息处理方式的先锋。（黄绪国）

G000294 **现代学习方法与技巧** 姜来编著。金盾出版社 2002 年 6 月版。28.8 万字。13.00 元。介绍最近 50 年世界涌现的先进学习方法及技巧 204 种。其中包括:组块法、直觉法、强力法、节奏

法、整体法、内省法、睡眠法等等。(姜庭晨)

G000295 **治学体会漫谈——类比交叉的广泛应用** 副名:院士治学体会谈。肖纪美著。冶金工业出版社 2002 年 9 月版。15.6 万字。15.00 元。肖纪美先生是中国科学院院士,国内知名冶金材料专家。肖院士从事冶金材料方面的生产、科研、教学以及咨询已逾 60 余载。本书记录了肖院士 70 余年来在求学、教学、科研与生产过程中总结出的学习和工作方法,以及思考解决问题的思路。(张卫)

G000296 **中华读书之旅** 谭华军等主编。海燕出版社 2002 年 5 月版。102.5 万字。80.00 元。分一星卷、二星卷、三星卷。采用阶梯型的阅读形式,"一星卷"是读书的入门卷,"二星卷"是读书水平提高卷,"三星卷"是读书水平再提高卷。(李冰晨)

G000297 **书架的故事** [美]亨利·彼得洛斯基著,冯丁妮、冯速、万绍愉译。海南出版社 2002 年 11 月版。21 万字。25.00 元。一部谈论藏书与阅读的著作,论述了书是怎样从古代卷轴变成手抄书,又变成印刷制品的,书架的制作与放置以及对书的保存和管理等多方面的知识,探讨了人们的阅读习惯、藏书技术、图书馆的设计、书的管理和变迁与进步等,此外,作者也谈及罗马大哲赛尼卡体会的"藏书之恶",日记名家皮普斯藏书不超过 3000 册的原则,以及数百年来的卖书、买书、收藏书的轶闻。既讲书架的由来,又论藏书的原委,是一部谈书的终极之窗。(伍君之)

G000298 **架桥——童年阅读的回忆** [日]美智子著,唐亚明译。少年儿童出版社 2002 年 10 月版。5 万字。40.00 元。为纪念中日邦交正常化 30 周年,日本皇后美智子在中国出版的第一本书。1998 年 9 月 20 日至 24 日,在印度首都新德里的阿索卡饭店召开国际儿童读物联盟——International Board on Books for Young People(IBBY)第 26 届世界大会第一天会议上,美智子的主题发言题目为《儿童读物带来和平》,副题为"童年阅读的回忆"。本书即该发言的中译文,书中附有:IBBY 主席的《皇后与 IBBY》一文,及皇后发言稿的英文版。(洪祖年)

G000299 **阅读的方法** 李维鼎著。湖南人民出版社 2002 年 3 月版。12.9 万字。12.50 元。先举出一些短小的例文,并有步骤地在解说、简析中提出方法的某些层面或方面,最后再予以"合一",用各种形式,具体而明白地介绍阅读的方法。收入"脑开发丛书"。(张志红)

体 育

G000300 **运动处方教学模式** 田继宗主编。广东教育出版社 2002 年 12 月版。21.2 万字。14.00元。体育教学应用研究专著。以身体运动为研究对象,针对我国青少年学生体质与健康方面存在的问题进行对策性研究。分上下编共 8 章。上编为"运动处方教学模式概述",介绍运动处方在运动理论中的渊源与发展、运动处方教学模式、指导思想、实施原则和方法、处方分类及应用中的相关方法;下编为"运动处方教学范例简介",介绍了促进身体素质发展的运动处方、开发机体潜能的运动处方、培养个性品质的运动处方和促进心理健康的运动处方等,其中有单一型和多项型运动处方,有身体敏感期运动处方,有促进儿童智能与体能协调发展运动处方,有趣味运动处方、自创自练运动处方、肥胖儿防治运动处方和培养意志力运动处方等。各处方皆有实施目的、实施形式、适应年龄、处方内容、练习频度、强度控制等具体规范。(常丹琦)

G000301 **现代运动生物力学** 郑秀瑗等编著。国防工业出版社 2002 年 10 月版。36 万字。28.00 元。科技专著。研究当前运动生物力学最新实验方法和理论分析的专著。重点介绍运动生物力学的理论研究方法、各种基本参数的实验采集及数据处理,以及运动生物力学在不同科技领域中的应用。人体基本参数测试内容先进,利用其中介绍的方法测得的数据的精度比国外的提高了一倍。而可编程控制器在水上牵引训练系统中的应用属国内外首创。中国人体尺寸库、中国人体各组织与器官的密度、根据体态特征预算人体环节惯性参数的回归方程、中国假人的设计与计算、飞机弹射救生中飞行员上肢甩打运动的仿真,都反映作者的科研成果,填补我国的空白。按书中介绍的"比例配置法"设计制造的中国形体假人已随神州 1 号、2 号、3 号航天飞船上天。介绍人的脑颅骨及运动系统的生物力学,其中在特殊条件下的生物力学,如人在超重、失重、冲击及流体中的运动规律、射箭的生物力学,都非常有实用价值。不足之处是未涉及人体运动系统中的肌肉力学。(朱秀芬)

G000302 **《学生体质健康标准(试行方案)》解读** 副名:为了每一位学生的健康。学生体质健康标准研究课题组编著。人民教育出版社 2002 年 8 月版。18 万字。12.40 元。分 3 部分,第一部分为政府文件；第二部分阐述了实施学生体质健康标准的具体要求和方法；第三部分介绍通过教学促进学生体质健康的方法。具体内容包括《标准》的意义、结构与内容、具体操作方法、具体实施方案、测试仪器的使用与保养和指导学生锻炼等内容。对于指导体育、教育行政人员和体育教师了解《标准》的精神，搞好《标准》的实施工作，提高学生的体质健康水平有较强的指导作用。(胡滨)

G000303 **学生体质健康标准锻炼手册** 学生体质健康标准研究课题组编著。人民教育出版社2002年9月版。5.4万字。5.60元。分5部分：一、《学生体质健康标准》测试的内容和意义；二、体育锻炼的基本原则与监控方法；三、身体健康素质与体育锻炼；四、《学生体质健康标准》评分表(中学部分)；五、《学生体质健康标准》评价结果记录表。(胡滨)

G000304 **运动健康完全手册** [美]布莱恩·J.萨克(BRIN J SHANKEY)著。湖南文艺出版社2002年10月版。50万字。28.00元。健身健康指南。分6部分：第一部分讲述了定期适度的体育活动的重要性，它说明了积极的生活如何有利于身体、精神以及生活质量，也探讨了得到改善的供氧及肌肉健康所带来的好处。第二部分涵盖了你想要知道的有关有氧健身的所有内容。第三部分提供了有关肌肉健美训练的知识与指导。第四部分提供了营养和体重控制这一领域的新知识。第五部分探讨如何提高工作和运动的表现以及如何适应环境。第六部分讨论了运动心理学以及运动对衰老和长寿所起的作用。每一章都有图、表资料，有的章节还有测试程序和健身项目举例。(唐明)

G000305 **学校体育素质教育理论与方法** 葛菁、刘军峰、沈在天编著。黑龙江人民出版社2002年6月版。23万字。24.50元。根据中学生素质教育的要求，全面系统地阐述了学校体育素质教育理论与方法，提高参加锻炼身体的自觉性和积极性；提高学生体育素养，系统地掌握体育锻炼、卫生保健、快乐体育的方法；懂得锻炼身体的基本原理；学会生活中和运动中所需要的基本技术、技能和锻炼身体的方法；培养学生对体育活动的兴趣、爱好和习惯；通过理论课教学，巩固、提高、扩大所学的运动技能，掌握锻炼的科学方法和一、两项既有兴趣，又有特长的运动项目，为终身体育奠定良好的基础。(刘恺汐)

G000306 **高校体育与健康教程** 朱柏宁、李伟民主编。同济大学出版社2002年8月版。55万字。25.00元。高等学校公共基础课体育与健康教材。由方法技能篇、理论知识篇和休闲健身篇3部分组成。方法技能篇主要以径赛、田赛、球类、游泳、健美和太极拳等14章组成；理论知识篇主要以体育锻炼与健康、心理、营养、疾病预防和养生保健等10章组成；休闲健身篇主要以现在时尚的流行运动，如网球、棒球、垒球、攀岩、拳击、轮滑和散打等14章组成。每章均按本章提要，教与学、运动欣赏、研究和实践编写。书中基本采用摄像照片，效果逼真、形象。(卞玉清)

G000307 **百年奥运 中华圆梦——北京申办2008年奥运会文献汇编** 北京2008年奥运会申办委员会编。人民体育出版社2002年12月版。共5部分：一是党和国家的支持；二是申奥领导小组、北京奥申委及有关方面的工作；三是北京奥申委向国际奥委会递交的报告；四是国际奥委会第29届奥运会评估委员会对北京的评价；五是附录。

G000308 **美国田径训练指南** [美]美国田径运动协会编，刘江南等编译。人民体育出版社2002年8月版。42万字。35.00元。分5个部分20章，分别由不同项目的33位专家和教练员撰写而成。是一本操作性强、通俗易懂，具有较强实践指导意义的田径专业指导书。

G000309 **足球训练全教程** [德]盖哈德·弗兰克著，何晖译。人民体育出版社2002年10月版。19万字。15.00元。提出了足球训练尤其是业余足球训练的一些新观点。针对业余足球运动员训练时间少、条件较差的状况，在诸多方面提出了独到的训练观点，并结合业余训练的特点及作者本人的训练经验，向人们提供了96种训练方法。

G000310 **现代英汉、汉英足球词典** 吴禄成编著。人民体育出版社2002年2月版。22万字。20.00元。共收入3000多个词条，1000多个常用足球技术词汇和短语，以及1800多个常用例句。为了便于读者使用，书中收编了100多个在国际足球比赛中常用的英语。

G000311 **乒乓球打法与训练——乒乓球技战术与训练之四** 岳海鹏编著。人民体育出版社2002年5月版。16万字。12.00元。介绍了乒乓球的主要打法和主要战术，以及相应的训练方法。全书共分3部分：第一部分为知识篇，介绍了乒乓球运动的发展、国际组织及重要赛事、乒乓球器材方面的有关知识；第二部分为打法篇，介绍了各种类型打法的分类及主要技术，优秀运动员技术动作示例，以及各种类型打法的训练方法；第三部分为战术篇，主要介绍了各类打法的训练方法。

G000312 **图解棒球规则** ［日］棒球杂志社编，何阳译。人民体育出版社 2002 年 12 月版。13.3万字。12.00 元。以图解的形式介绍棒球规则。全书分两部分：第一部分为规则篇，包括基本知识，投手，击球员，跑垒员，比赛，继续比赛和死球，裁判员，术语定义等共 8 篇。第二部分为实际判例篇，包括队员、比赛场地、用具，用语的定义与比赛，结束比赛，死球、比赛中断，投手与投球，击球员与击球，跑垒员与跑垒等共 7 章。

G000313 **民族传统体育研究** 芦平生、杨兰生编著。甘肃教育出版社 2002 年 12 月版。27.6 万字。20.00 元。"西北少数民族教育研究丛书"之一。分两部分，第一部分勾画出了民族传统体育自夏、商、周三代肇始，元、明、清时兴盛，直至未来以武术为代表的民族传统体育进入奥运会，融入现代体育、世界体育的大家庭，完成其最终使命的轨迹。第二部分为抢救性整理西北民族传统体育的资料及完整科学的数据，勾勒了西北少数民族传统体育开展的概貌，并为进一步促进民族传统体育发展，促进当地经济建设，提出了有益的见解。（邓寒峰）

G000314 **四十八式太极拳＋VCD** 人民体育出版社编。人民体育出版社 2002 年 12 月版。7 万字。20.00 元。共 4 部分，介绍了四十八式太极拳的特点、技术要领、动作图解和动作路线示意图。书中附 VCD 光盘，有详细教学过程。

G000315 **陈氏太极拳剑刀** 陈正雷著。中州古籍出版社 2002 年 2 月版。34.4 万字。20.00 元。作者为陈氏太极拳嫡宗传人，全国十大武术名师。该书采用图文结合的形式，分 8 编介绍了太极拳的源流、发展及演变；陈氏太极拳的门规及特点；陈氏太极拳的老架一路，即陈家沟陈氏第 14 世祖陈长兴在陈王廷所创基础上，由博归约编排的流行式；陈氏太极单剑共 49 式；陈氏太极单刀，即在原来十三刀基础上增加 9 个动作；陈氏太极推手法，即两人搭手互相缠绕，起到技击、健身和娱乐等多重效果；陈氏太极拳散手，是一种对抗性功夫，以杠杆、螺旋的缠丝劲原理，依靠充盈的内劲击出；太极拳内气浅论，主要介绍太极拳内气与经络的关系和练习方法；最后是陈氏太极拳论，主要有"拳经总歌"、"太极拳经谱"、"太极拳拳谱"、"太极拳十大要论"、"用武要言和战斗篇"、"太极拳论分类语录"；附录陈氏太极拳家传略等。（孙宝瑞）

G000316 **陈式太极拳竞赛套路练习与技击运用** 黄康辉、王建华编著。人民体育出版社 2002 年 7 月版。16 万字。18.00 元。作者总结自己多年的实践与教学经验，对太极拳竞赛套路中每个动作的技击含义进行了分析说明，并介绍了每招每势的技击运用。收入"太极拳技击应用丛书"。

G000317 **随曲就伸——中国太极拳名家对话录** 余功保编著。人民体育出版社 2002 年 3 月版。31.3 万字。28.00 元。作者同我国当代各派太极拳的著名代表李德印、杨振铎、乔松茂、门惠丰、崔仲三、冯志强、孙剑云、陈正雷、钟振山等人的谈话录。对话中，名家们从太极拳的理论及实践等多个侧面对太极拳进行了详实、深刻、全面的阐释。

G000318 **心意拳** 马琳璋编著。安徽科学技术出版社 2002 年 3 月版。10 万字。6.50 元。主要对心意拳的精髓——十大真形，进行了完整、系统的介绍，是国内外武术家和武术爱好者们不可多得的参考资料。（何宗华）

G000319 **尚派形意拳械抉微** 李宏、武高辉著。哈尔滨工业大学出版社 2002 年 12 月版。20 万字。58.00 元（含光盘）。中华传统武术普及读本。通过传统形意拳械的演释，介绍形意拳大师尚云祥的尚派传统形意拳械套路，展现尚派传统形意拳别具特色的拳理拳法。内容包括形意拳传统套路：六合拳、八式拳、十二洪锤拳、杂式锤拳；形意传统器械：五行（劈、钻、崩、炮、横）单趟的刀、枪、剑、棍的演练。全书讲解许多前辈不传之秘，文言有据，论理深入浅出，拳理拳法紧密结合，阐述精微。（卞秉利）

G000320 **游泳——运动医学与科学手册** ［美］科斯蒂尔等著，温宇红译。人民体育出版社 2002 年 7 月版。33.9 万字。25.00 元。国际奥林匹克委员会医学委员会授权出版的运动医学的专业图书。作者均为有关领域的资深研究人员。作者运用基础生物力学、游泳训练的生理适应过程对游泳技术进行了详尽的分析。主要分析了游泳的推进力、四种基本滑水方式和打腿的作用，并对每种姿势的技术、出发与转身方面最新信息，进行了简明扼要的介绍。

G000321 **航空模型制作新编** 汪耆年主编，明昱编著。金盾出版社 2002 年 8 月版。18.1 万字。11.50 元。向广大青少年朋友及航模爱好者介绍怎样制作航空模型的科普读物。编入了从风筝到

共轴式直升模型飞机等航模发展各阶段有代表性的航空模型25种，详细介绍了所用材料、制作与放飞的方法。（安家坦）

G000322 **娱乐体育** 卢锋主编。人民体育出版社2002年2月版。19.2万字。15.00元。共3篇。上篇为基础理论篇，重点论述了娱乐体育相关概念和理论体系，研究了体育娱乐活动的历史演化和发展，探讨社会休闲和体育娱乐的未来方向；中篇为经营篇，介绍了余暇休闲和体育娱乐的组织经营和管理的形式、方法、原则、原理以及国外体育娱乐管理体制、经营模式；下篇为娱乐实践篇，介绍了有益于身心健康和愉悦的体育娱乐活动。

G000323 **百变神妙象棋谱** 明·祖龙氏编，杨明忠诠正改编。人民体育出版社2002年12月版。15.2万字。15.00元。"象棋古谱精编丛书"之一。根据著名象棋古谱《百变象棋谱》和《神妙变化象棋谱》整理诠正改编而成，全书共有89个古局，着法精妙，引人入胜。《百变》是我国现存最早的象棋排局古谱。《神妙》谱刊于清同治年间，本书对原谱有误的棋局，作了诠正和修改，并加入了必要的注解。

G000324 **杨官璘象棋研究** 杨官璘著。人民体育出版社2002年11月版。10.8万字。10.00元。特级大师杨官璘先生曾4次获得全国象棋冠军，是我国象棋界元老，对象棋理论研究之精深蜚声棋坛。本书是作者近年来新的研究成果，内容包括全局研究、中局研究、残局研究和对局评注。

G000325 **走向桥牌大师译丛** ［美］迈克·劳伦斯著，季军等译。安徽科学技术出版社2002年5月版。12万字。12.00元/本。世界桥牌专家的优秀桥牌著作系列。首批引进的主要是美国著名的世界冠军、桥牌理论家和伟大的桥牌教师劳伦斯先生的精选作品，包括《平衡叫大全》、《争叫大全》、《技术性加倍大全》、《二盖一叫牌体系》、《牌张价值估算大全》等10种，以及著名的世界冠军拉里·柯恩的名著《叫还是不叫》。（何宗华）

G000326 **彩图本实用收藏辞典** 朱裕平等编。上海画报出版社2002年6月版。3万字。1260幅图。精选一千余条有关收藏方面内容的条目。对器物特征、鉴定方法、注意要点作了简明的阐述，书中的内容及时反映了当前文博界和收藏界的最新研究成果，对读者掌握鉴定方法具有重要意义。（陈幼霞）

G000327 **文物收藏图解辞典** 李学勤顾问，李缙云、于炳文主编。浙江人民出版社2002年9月版。60.3万字。50.00元。以大量图解，介绍有关文物的知识。书中涉及的文物门类有陶器、瓷器、玉器、金银器、青铜器、漆木器、钱币、家具、车马类、兵器等十大类。（汪维玲）

G000328 **野外生存生活训练指导手册** 张惠红主编。人民教育出版社2002年5月版。12.7万字。8.30元。高校体育教材。分基本技能学习篇、野外生活实践篇和安全急救指导篇3部分。野外生存生活训练拓展了高校体育课的内容，与学生生活紧密相连，增强了体育课程的实效性和趣味性，符合现代课程改革的发展趋势。本书较全面地介绍了野外生存生活活动的知识和技能，以及有关内容，对如何实施教学有一定的指导作用。各部分相对独立，可根据需要查阅有关章节，有较强的工具性。（胡滨）

G000329 **少年头脑奥运会** 李苑、余音、余文编。中国少年儿童出版社2002年8月版。6.30元/册。智力游戏丛书。共5册。其中《数学奇境1001夜》收编了70个由阿拉伯数字组成的数学难题和数学魔术，以及与数学有关的趣味小故事。《趣味迷宫》选编了70个东、西方经典数学迷宫游戏，非常有代表性。《图画王国探秘》收编的是考察观察力、眼力和脑力的游戏。《智力游戏大观园》设计选编了摆火柴、分图块、拼桌面、一笔画、堆积木、移棋子等70个智力游戏。而最特别的《小福尔摩斯出击》讲述的是一位号称"小福尔摩斯"的卜克探长和他的助手萝波特小姐，还有警犬巴比破解发生在"扑克号"豪华旅游列车的54宗谜案的故事。这本书的插画设计独特：每节车箱都是一张扑克牌，每张扑克牌包含一个独立案件。（陈斌）

G000330 **迷宫谜** 于放绘画。中国少年儿童出版社2002年5月版。10印张。60.00元。卡通科幻游戏丛书。共5册，分别为《星座探秘》、《迷途知返》、《古怪城堡》、《梦幻奇遇》和《星际旅行》。以彩图的形式展现梦中的世界，那些普通的花草、鸟兽、海洋生物以及齿轮、灯台、乐器、中西式建筑都变幻成一座座造型奇特的迷宫城堡，还有许多远古的、中世纪的、现代的、甚至是在遥远的未来才会出现的新奇事物。书中主人公是姐弟俩，姐姐玛吉18岁，弟弟迪诺16岁，他们还有一个忠实的朋友——白狼雷欧。他们在多次迷宫历险中，用智慧和勇气排除了一切险阻，出色地完成了任务。读者可以与主人公一道参加迷宫游戏，在获得快乐的同时，增长知

识,开发智力。(韩彬)

G000331 **大象超级迷宫书架** 北京读图时代有限公司编绘。大象出版社 2002 年 9 月版。2 印张/册。共 100.00 元。将大量的知识通过彩图展现,并通过一个个奇妙的故事附之有趣的迷宫形式,开启幼儿智慧,培养学习兴趣。本套迷宫共 5 个系列(50 本)。分别是:一、恐龙迷宫(10 本)、二、游乐场迷宫(10 本)、三、英语字母迷宫(10 本)、四、环球旅游迷宫(10 本)、五、太空探险迷宫(10 本)。(惠萍)

G000332 **飞镖** [美]克里斯·凯里著,孙建译。人民体育出版社 2002 年 6 月版。7.5 万字。8.00 元。美国飞镖团体用书。介绍了飞镖器材、技战术、运用范例及一系列有趣的在当今国际上流行的比赛,无论对专业运动员还是对业余爱好者,都有全面的指导作用。飞镖是适合每一个人的游戏,本书向读者介绍了适合的各种飞镖玩法。书后的美国飞镖组织的锦标赛规则,则对飞镖比赛的组织者有一定的参考价值。

G000333 **电脑游戏秘技攻略口袋书** 张丽君等编。花山文艺出版社 2002 年 1 月版。丛书包括张丽君、池凤玲、杨平编著的《月光宝盒——角色扮演游戏篇》(上、下)(18.6 万字,11.00 元)、张丽君、池凤玲、杨平编著《月光宝盒——冒险游戏篇(上、下)》(18.1 万字,10.00 元)、张丽君、池凤玲、杨平编著《月光宝盒——策略游戏篇》(9.9 万字,6.00 元)、张丽君、池凤玲、杨平编著《月光宝盒——战略游戏篇》(9.9 万字,6.00 元)、池凤玲、张丽君、杨平编著《月光宝盒——射击游戏篇》(12.4 万字,7.00 元)、池凤玲、张丽君、盛强编著《月光宝盒——模拟养成游戏篇》(10.3 万字,6.00 元)。收录了近百种时下流行的电脑游戏的秘技和攻略文章,并按游戏的类型分门别类,以便于读者查找参考。(刘红哲)

G000334 **家庭养鸟 300 题** 常俊仁等编写。江西科学技术出版社 2002 年 9 月版。23.2 万字。20.00 元。以问答的方式解答了如何更好地掌握科学养鸟驯鸟知识。分 6 部分:一、家庭养鸟基础知识;二、养鸟用具及其制作技巧;三、笼养鸟饲养管理诀窍;四、笼鸟繁殖技术;五、常见笼鸟饲养经验与技巧;六、笼鸟病害防治。(刘舒)

H 语言、文字

语 言 学

H000001 **20 世纪中国学术大典·语言学** 林焘主编。福建教育出版社 2002 年 9 月版。51.4 万字。90.00 元。《20 世纪中国学术大典》是以条目形式总结百年来自然科学、工程技术、社会科学、人文学科领域中国学人学术成果的大型工具书。它按学科分类分卷出版。各卷以学科体系为框架,分学科研究、专题研究、学术事件、学术人物、学术名著名篇、学术机构团体、学术刊物等 7 类条目。其中学科研究和专题研究为主体内容,占各卷的主要篇幅。语言学卷从 12 个方面对百年来的语言学研究状况作了总结:一、理论语言学研究;二、现代汉语语言研究;三、现代汉语词汇研究;四、现代汉语语法研究;五、汉语方言研究;六、现代汉字研究;七、汉语修辞研究;八、古代汉语词汇研究;九、古代汉语语法研究;十、古文字学研究;十一、应用语言学研究;十二、中国少数民族语言研究。(孙汉生)

H000002 **语言多学科研究与应用** 杨自俭主编。广西教育出版社 2002 年 4 月版。55.8 万字。32.00 元。分 18 章,涵盖 18 个学科:语音学、词汇学、语法学、语义学、语用学、修辞学、文体学、语篇人析、语篇语言学、社会语言学、心理语言学、人类语言学、数理语言学、计算语言学、对比语言学、形式语言学、系统功能语言学和语料库语言学。每章都包含三部分:1.本学科的基本理论、研究方法和发展动态;2.如何运用其基本理论和方法提高教学及其研究能力与水平;3.如何运用其基本理论和方法提高学术研究的能力与水平。每章之后附中外文必读书目和参考文献。(袁家剑)

H000003 **语言学论纲** 张旭著。天津人民出版社 2002 年 6 月版。20 万字。18.00 元。本书对语言本体论予以高度重视,对以往学者多重视语言非本体论有所突破。对语言学演进的介绍与评述提高挈领地展现了中国学界的状貌。在吸取美国结构主义合理成分的基础上,对现代语言学新的观念和思路有所探索。给词汇以重要地位,首次把较为充实的词汇一般理论引入理论语言学著作。在言语的分析研究方面,重点突出了语言获得理论,个中多有中肯的见解。(黎遥)

H000004 **语言学概论** 邢福义、吴振国主编。华中师范大学出版社2002年6月版。30.4万字。15.00元。分八章。第一章是关于语言和语言学的总论,其余七章比较系统地介绍语言学各个主要分支学科的内容,特别注意介绍语言学及各分支学科的新进展。例如,综合性语言学科介绍了最新的认知语言学、计算语言学、语料库语言学等,语音学部分介绍了感知语音学,语义学部分介绍了述谓结构和语义指向,文字学部分介绍了文字信息处理,等等。书中重要术语都有明确的定义,每章前面有学习提示,后面有参考文献,每节后面有思考练习,书后附有术语索引和外国人名索引。

H000005 **语料库语言学导论** 杨惠中主编。上海外语教育出版社2002年7月版。34.8万字。18.60元。分三个部分,第一部分阐述语料库语言学的基本概念、语料库的种类、语料库语言学的发展概貌、语料库数据的性质、一般的研究方法等问题;第二部分讨论语料库建设的一般原则、具体方法和程序、常用的统计手段和索引工具;第三部分介绍用语料库方法开展的部分研究。(晓彤、王彤福)

H000006 **濒危语言研究** 徐世璇著。中央民族大学出版社2002年1月版。23万字。30.00元。以濒危语言这一当前全球性的普遍现象为主题,描述了语言数量急剧减少的现象,从多方面探讨语言濒临消失危机的原因,分析这一现象可能造成的后果,并报道了语言学界和国际社会对此的态度、作出的反响和采取的行动。(李飞)

H000007 **论语言发声** 孔江平著。中央民族大学出版社2002年1月版。24万字。30.00元。从语音学、言语声学和嗓音生理的角度,介绍和讨论了作者在语言、嗓音发声类型方面的研究。研究涉及到发声的语音学分析及理论、发声的声学特性及声学分析方法和基于高速数字成像的动态声门研究。(李飞)

H000008 **中国大学学术讲演录(2002年卷)** 编委会编。广西师范大学出版社2002年4月版。45万字。29.00元。精选国内外著名学者2001年度在中国各高等学府发表的精彩乃至引起极大轰动的演讲。本卷讲演录的作者,有国内著名学者刘小枫、陈思和等,还有海外著名学者,如美国科学院院士、哈佛大学东亚系主任杜维明,法国巴黎高等社会科学研究院研究主任、法兰西公学名誉教授德里达。(总编室)

H000009 **舌战羊皮卷** [美]弗朗西斯·韦尔曼著,林正译。新华出版社2002年10月版。22万字。26.00元。为美国各大学法学院所规定的辩论学课程必读参考书。迄今修订了4版,被译成28种文字,全球发行量超过1600万册。书中列举的有些案子的胜诉几乎完全依靠律师高超的辩论技巧,同时有些案子则完全败于拙劣、草率或者过度自信的法庭辩论。书中叙述的法庭中戏剧性的针锋相对,以及激烈的言词攻防战,更是精彩万分。(王丽)

H000010 **现代文化名人演讲辞精品评析** 愚士编著。湖南人民出版社2002年6月版。35.2万字。21.00元。选辑现代中外文化名人,包括作家、画家、戏剧家、艺术家、理论家、经济学家的重要演讲辞,从中可以窥见历史发展的轮廓。每篇演讲辞篇末有评析,精短扼要,将要义和华彩尽呈其前。(易和声)

H000011 **现代实用口才** 周绪全、董小玉主编。西南师范大学出版社2002年4月版。24万字。18.00元。包括绪论、演讲、交际、辩论、商务谈判、自我推销六部分。绪论部分论述了口才的作用,提高口才能力的途径;演讲部分论述了演讲的界定与传达手段,演讲及演讲稿的特点,演讲稿的写作和演讲技巧;交际部分论述了成功与人打交道的方法;辩论部分论述了辩论的界定和作用,赛场辩论获胜的方法,法庭辩论的特点和诀窍;商务谈判部分论述了谈判的界定和作用,商务谈判的特点,商务谈判的技巧;自我推荐部分则从自荐、自信、机遇、准备、自荐信、面试等几个环节论述了如何成功地推荐自我,达到成功求职的目的。(曾艳)

H000012 **现代政坛领袖演讲辞精品评析** 雷池月编著。湖南人民出版社2002年9月版。33.6万字。20.80元。精选现代政坛领袖最为珍贵、精彩的演讲辞,以重现世界级政治领袖当年叱咤风云的英姿、唇枪舌剑力挽狂澜的睿智以及独特的思维和匠心独运的口才技巧。每篇演讲辞后有对演讲辞背景进行客观介绍的文字,对演讲辞的内容要领及成功之处有点评。(易和声)

H000013 **诗歌朗诵技巧** 李红岩著。中国广播电视出版社 2002 年 1 月版。24 万字。18.00 元。“播音主持艺术技巧丛书”之一。讲述诗歌朗诵艺术创作的总体情况,以及在朗诵过程中各个环节应做的工作,包括诗歌的选定、从文字向有声语言的转化、相关要素的配合等。讲述了格律诗、古体诗词、现代诗等不同体裁诗歌的朗诵要求和方法,选编了一些朗诵作品并提供了朗诵解读。(邹娓玲)

H000014 **素质·语言·口才** 杨海明著。重庆出版社 2002 年 6 月版。34 万字。20.00 元。分为素质、语言、口才新论、演讲、辩论、谈判面面观、主持、教学、求职面面观五章。每一个小问题都在讲解的基础上附加了相关的测试题,书后附有答案。(刘嘉)

H000015 **朗读技巧** 王宇红著。中国广播电视出版社 2002 年 1 月版。22 万字。17.00 元。“播音主持艺术技巧丛书”之一。集几十年语言教学的丰富经验和心得体会,抓住朗读的基本点,着重对语义的理解,对朗读的准备阶段、感受、停连、重音、语气、节奏等朗读中各个要素进行了论述。(邹娓玲)

H000016 **演讲与口才艺术** 张雪梅、张红清主编。重庆出版社 2002 年 9 月版。22 万字。16.00元。分口才概述、演讲艺术、辩论艺术、日常交际语言艺术、军事指挥语言艺术几部分,每一章节中,具体的情景构建、案例教学、技巧训练各占三分之一篇幅。(彭欣)

H000017 **演讲的艺术** [美]斯特芬·卢卡斯著,李斯译。海南出版社 2002 年 11 月版。35 万字。58.00 元。首版由以成人教育训练闻名于世界的美国麦格劳—希尔出版公司于 1983 年推出,现为该公司演讲系列国际版的第七版。本书被称为“全球公共演讲第一书”,是 20 世纪 90 年代以来又一风行世界的演讲经典。本书将演讲放在了全球多元文化的背景当中,书中以诸多的范例阐述了各种演讲的实用技巧,涵盖了演讲的准备与表达各个方面所有主要的内容,从“演讲的准备”,“组织列提纲”,“利用可视辅助物”,“倾听”等多个角度,深入浅出地叙述了怎样与人交往,怎样成为公众的注视点,怎样使听众得到最大程度的认可和接受等,是一本实用性与理论性双重成功的图书。(伍君之)

H000018 **公关口才训练教程** 贝思德教育机构编著。西北大学出版社 2002 年 10 月版。35 万字。23.80 元。共 8 章。第一章主要介绍口才的特点、作用及其在公关活动中运用的一般规律;第五章与第六章的部分内容为公关人员的素质要求,着重从思想水平、道德修养、心理素质、逻辑运用、语言功能、个人情感和人生阅历等方面的综合锤炼上阐释。第二到第七章集中讲解实用公关口才训练的方法与技巧,特别是对公关口才在不同环境下、不同场所中如何运用,公关口才怎样针对不同对象进行卓有成效的劝说、说服,公关口才在各种媒介面前征服人心、赢得主动等等,进行讲授。最后一章,针对公关人口语中常见的假大空话、不良口头禅、不懂禁忌的冒失语等现象,提出一套克服这种种坏习惯的方式方法。(张养年)

H000019 **导游口才训练教程** 贝思德教育机构编著。西北大学出版社 2002 年 10 月版。35 万字。23.80 元。全面介绍导游服务各阶段的口才训练内容。例如:怎样在接站时给游客一个良好的第一印象;怎样将风俗民情介绍与景点导游糅为一体,既吸引人又不失雅致优美;怎样调动客人情绪与兴趣,恰当进行产品推销;怎样让讲解内容牢牢抓住人心;怎样为大家排忧解难;怎样解决双方的种种误解等,重点阐述有关导游讲解的一整套知识和技艺。(张养年)

H000020 **青年口才训练教程** 贝思德教育机构编著。西北大学出版社 2002 年 10 月版。35 万字。23.80 元。针对当代青年特点,结合目前各项职业技能和各行各业的口才训练方法与技巧而编写。通俗性与专业性兼容并蓄,采取叙述加事例的开放式结构,将大量鲜活的实际问题与素质技能诸种要求完美统一起来。详细介绍有关不同形式交流所必须具备的口才基本功、口才表达基本原则,包括常用口头术语、常用专业词汇活用,包括面对不同对象所必须采取的相应方法等。(张养年)

H000021 **律师口才训练教程** 贝思德教育机构编著。西北大学出版社 2002 年 10 月版。35 万字。23.80 元。从成就律师口才的必备素质、律师口才的基本功训练、律师应当如何组织语言并表达自己的观点、律师怎样参与论辩等方面,揭示律师口才的奥妙所在。全书七章,其特点有:第一,重点突出。着重阐述律师怎样准备论辩材料,怎样恰当运用各种论辩方法和技巧,怎样进行口语表达训练,怎样展开论辩攻守战略,怎样做好问答与说服工作,怎样开展定纷止争工作,怎样识别和应对诡辩等。第二,材料生动。采取叙述加案例的开放式结构,在整个说理过程中穿插了大量生动鲜活的事例,并采用随笔与小品文的笔法。第三,循序渐进。采取从低层次的基本功训练开始,逐步过渡到高层次的论辩

技巧，逐级递进，逐层攀升的体例编排模式。（张养年）

H000022 **谈判口才训练教程** 贝思德教育机构编著。西北大学出版社 2002 年 10 月版。35 万字。23.80 元。共 8 章。第一章概论，重点讲述谈判口才的概念、特点、要素、对象、过程与环节、基本原则及其在生活中的作用等，集中体现了谈判是一种合作行为的思想。第二章讲解谈判口才训练的基本原则与方法、倾向思维能力、语言艺术、谈判风格的培养等。第三章谈判高手综合素质的培养。第四、五、六章围绕谈判的开局、磋商、问答、讨价还价、打破僵局、让步以及说服对方等等，进行了实战策略的讲述。第七章对各种意外事件和矛盾冲突的分析，重在介绍应付突发事件、处理冲突的方法与技巧。最后一章介绍怎样避免与解决谈判的失误，提出一些必须注意的事项。（张养年）

H000023 **推销口才训练教程** 贝思德教育机构编著。西北大学出版社 2002 年 10 月版。35 万字。23.80 元。共 8 章，围绕推销工作者怎样用精妙绝伦的语言技巧吸引住顾客，用精彩的示范表演赢得客户的信任，用热情备至的推销态度赢得对方的赞许这一中心，介绍了如何与顾客沟通，用何种语言赢得人心，怎样使用电话推销，推销谈判如何进行，与顾客洽谈应注意什么，口才培训的方法等。着重强调，推销的对象不仅仅是商品，更是礼貌形象、个性展示、信心耐心恒心和热诚周到的服务；成功的推销就是口才与心智的完美结合。（张养年）

H000024 **教师口才训练教程** 贝思德教育机构编著。西北大学出版社 2002 年 10 月版。35 万字。23.80 元。共 7 章。首章是教师口才的基本功训练，概述教师语言的基础知识、语气在教学口语中的运用、授课口语表达方式和教育语言艺术的规范作用。第二章为教师口才特点训练，侧重讲授教师口语的表达特点、教学的语言艺术与口语的多体性等。第三章探讨提高教学口才的具体途径，其中对加强口语练习，克服教学中的语病，提高口语表达能力的方法等作了重点讲述。第四章为语言节奏的运用训练，主要介绍节奏的意义、作用和形式，特别注重语言节奏训练的方法与技巧。第五章强调了教师与学生交流的方法，教学语言的技巧、魅力、风格等。第六章主要讲解公众场合的谈话艺术、课外交流的技巧等。末章为教师口语评估标准，附录国家有关部门针对口语达标颁布的有关文件，主要是国家普通话水平测试规定、普及普通话工作的部署及文件、普通话异读词审音表。（张养年）

H000025 **领导口才训练教程** 贝思德教育机构编著。西北大学出版社 2002 年 10 月版。35 万字。23.80 元。共 8 章。首章概述领导口才的重要性、作用和特点等，重点强调思想品德和素质修养在领导口才中的地位和作用。第二章是口语训练和语言表述，说明只有把语言基本功练好才能提高口才，重点阐述口语和书面语的训练，包括发音、语调、语速、语气、节奏、词语运用、常用讲话稿的写作以及语言修辞方面的训练方法。三至七章分述口才在不同场合的运用，主要探讨领导口才的说谈艺术、与下属的人际沟通、赞美和批评的技巧、会议演讲口才的运用方法。第四章着重探讨领导如何处好与下属职员的关系，掌握好日常沟通的方法，处理好出现的矛盾，并进而分析领导与被领导的关系模式、日常沟通技巧和处理问题的方式。第五章讲解赞美和鼓励的艺术，批评的方法方式。第六章研究会议发言的答问技巧，就如何开好高效会议、如何指导会议、如何运用会议语言等进行深入剖析。第七章详细分析演讲口才的准备工作，做好演讲开头对演讲过程的把握，演讲辩论技巧的运用，演讲口才训练及其要求。最后探析了包括信息、宣传、听力、体态等在内的非口才语言因素的沟通。（张养年）

H000026 **青年新概念演讲辞完全手册** 邵守义主编。时代文艺出版社 2002 年 5 月版。120 万字。60.00 元。演讲辞汇集，共 5 册。第一册，比赛夺冠。分为：祖国人民、理想事业、人生拼搏、青春情感、改革反思。第二册，行业出头。上编：行业演讲基础知识，下编：行业演讲佳作。第三册，仪典圆满。分为：会议演讲、仪式演讲、典礼演讲。第四册，校园称雄。分为：教师篇、学生篇。第五册，节日快乐。常见的节日都包括在内。（王志茹）

H000027 **文字的产生和发展** ［苏］伊斯特林著，左少兴译。北京大学出版社 2002 年 8 月第 2 版。49 万字。34.00 元。作者是前苏联书籍学家，其所著该书于 1960 年出版，1965 年杜松寿据此翻译为中文出版。译本据第二版译出，1987 年 6 月出第 1 版。附图 150 幅。作者提出并论证了文字与思维即书写符号与概念之间可以有直接关系。认定图画文字的最终形成大概是新石器时期，甚至在铜石并用时期，我国对属于新石器时期的半坡文化、大汶口文化等遗存所见与汉字有关的刻画符号的研究结果，与伊斯特林的论断是相符的。作者分析了文字产生的条件，认为贸易的需要和腓尼基语言的特点使字母—音素文字在当地得以产生。他把文字分为句意字、表词字、词素字、音节字和音素字5种,但几乎没有哪一种是纯音素型或纯词素型的。以较多的篇幅讨论汉字的特点。(胡双宝)

H000028 **图说文字起源** 李万福、杨海明著。重庆出版社2002年1月版。17.6万字。15.00元。目前世界上最具代表性的自源文字,是苏美尔人的楔形文字、古埃及人的圣书文字、古印度人的印章文字和中国的甲骨文字。本书以散文化的风格,叙说从原始书写符号,经演变最后发展成文字的过程;讲述文字发明中一些有趣的故事;介绍各家各派有关文字起源研究的基本理论和方法。书中引用了丰富的考古学、民族学、历史学、文化人类学方面的资料和图片。(刘嘉)

H000029 **身体语言** [澳]阿伦·皮斯著,贾宗宜、卢爱君译。新华出版社2002年8月版。15.2万字。17.00元。行为科学的通俗读物。讲述人类除口头语言之外另一种重要的直接沟通方式——身体语言,即通过姿势、仪态、表情、位置以及同他人的距离远近等进行交流的方式。共18章。第一章简要介绍身体语言的研究状况、基本知识和学习方法,其他诸章逐一探讨身体语言的各个组成部分,如手、臂和腿的姿势;眼神的信号;地盘和区域;身体高度的升降和社会地位等。配有插图182幅。(赵之援)

H000030 **非言语交际概论** 李杰群主编。北京大学出版社2002年3月版。28万字。17.00元。综合吸收国内外的研究成果,系统地对非言语交际的各方面进行专题性的分析和讨论。全书共十章。第一章为绪论,介绍学科内容、研究历史及非言语交际的特征、功能等。其他各章结合大量的实例分别论述表情、手势、身势、触摸、界域、服饰、副语言、时间和场景诸问题。(吕幼筠)

H000031 **成功女性箴言录** [美]凯罗儿·特金顿著,徐奇志译。海南出版社2002年12月版。11万字。18.00元。汇集不同历史时期、不同国度的女性对生活的观察评论,并按照主题分类,除了有关类似"美"、"死亡"、"情感"、"爱情"和"幸福"等重大主题的见解之外,还有许多较小的有趣的话题,如"青春期"、"猫"、"吻"、"优雅"等等,也许因为文化背景的不同,有些语录让我们一时难以理解,但通览全书,处处闪现真知灼见,其中所蕴含的智慧、妙趣、真情、至理令人赞叹称奇,对读者颇具启迪意义。(伍君之)

H000032 **名人名言系列丛书** 王海丰主编。青海人民出版社2002年1月版。70万字。48.00元。在广泛采撷中外名人经典言录的同时,又收集了诸多当代名人的言录。分4册,分别从名言、格言、警言、赠言4个大的方面加以归纳;每册又根据表达内容的不同而分为几大部分,然后再细分,尽可能使内容层次化、秩序化。(金作祥)

H000033 **科学家箴言录** [美]莱斯利·阿兰·郝维兹著,杨自德译。海南出版社2002年12月版。11万字。18.00元。汇集科学家对人生、对世界、对未来的看法的一些机敏、睿智的语录,按科学的各领域如科学史、医学、遗传学、化学等进行分类归纳。(伍君之)

H000034 **幽默技巧大观** 高胜林著。上海科学技术文献出版社2002年11月版。29.9万字。24.80元。从探讨幽默技巧出发,讨论了60种幽默修辞格,通过大量的例证分析,揭示每一种辞格的内在特点,探讨各种幽默的适用场合,从而对幽默的语言规律做了系统的总结,对幽默的技巧做了比较全面的归纳。全书精选近千个中外古今的经典幽默故事,充满了机智敏捷和哲思,令人叹为观止。(邹西礼)

H000035 **赵元任语言学论文集** 赵元任著,吴宗济、赵新那编。商务印书馆2002年1月版。70万字。47.00元。收入中国现代语言学的奠基人和开拓者赵元任1916~1979年撰写的语言学论文63篇,包括两部分:一是赵元任用中文写的,共50篇;二是由几位学者从赵元任部分英文论文译为中文的,共13篇。两部分分别按发表时间先后排序。按内容大致可分为:(1)国语罗马字研究。如《国语罗马字的研究》(1922~1923)、《国语罗马字认声调法》(1935)、《国语罗马字的特点》(1936)。(2)音韵学研究。如《高本汉的谐声说》(1927,译)、《上古中国音当中的几个问题》、《关于臻栉韵的讨论》、《中国音韵里的规范问题》(1959)。(3)语音学研究。如《语音的物理成素》(1924)、《音位标音法的多能性》(1934)、《北平语调的研究》(1929)、《汉语的字调跟语调》(1933)、《英语语调(附美语变体)与汉语对应语调初探》(1932)。(4)方言学研究。如《南京音系》(1929)、《方言性变态语音三例》(1935)、《中国方言当中爆发音的种类》(1935)、《方言记录中汉字的功用》。(5)语法学研究。如《北京、苏州、常州语助词的研究》(1926)、《中国语法图解两例》(1964)。(6)词汇语义研究。如《语言成分里意义有无的程度问题》(1961)、《借语举例》。(7)语言理论研究。如《中

国语言的问题》(1916)、《谈谈汉语这个符号系统》(1973)。(谢仁友)

H000036 **语言学论稿** 马壮寰著。中华书局2002年10月版。11.3万字。10.00元。论文集。“跨文化对话丛书”之一。选收中英文论文共18篇。分语言理论、语言理论应用及书评等三部分。作者重视基础语言理论研究,对语言符号的属性、语言与思维的关系等的思考具有一定的新意。结合教学实践,探讨了若干语言的应用问题,如英语应用语言学专业研究生课程的设置、阅读理解的模式及阅读课教学、英语缩略语的特征等。对几部国内外语言学方面的力作的评介,也全面而细致。(董慧洁)

H000037 **歌曲翻译探索与实践** 薛范著。湖北教育出版社2002年5月版。17.6万字。“中华翻译研究丛书”第二辑之一。著者致力于外国歌曲的翻译、介绍和研究,已译配发表的世界各国歌曲近两千首。本书是作者长期实践和探索的经验之谈。书中列举大量翻译实例,从各方面探讨、论述歌曲翻译的特性,基本要求与素养,基础知识及歌曲翻译的特殊技巧,并加以理论总结。(王位庆)

H000038 **中国口译史** 黎难秋主编。青岛出版社2002年3月版。36万字。21.00元。全书以历史发展为经,以社会活动的各个领域为纬,上起先秦,下迄中华人民共和国成立,分章叙述了外交、外贸、军事、科学、文化与教育等领域的口译史,并设专章介绍了中国共产党革命历程中的口译。作者对散见于史籍的口译史料进行了爬梳整理,发现了许多口译史上的重要史实,并对各历史时期口译的概况作了归纳,对其水平也给出了客观的评价。(曹永毅)

H000039 **机器翻译研究进展——电子工业出版社2002年全国机器翻译研讨会论文集** 黄河燕主编。电子工业出版社2002年11月版。46.08万字。98.00元。由3部分组成:1.会议组成情况介绍,大会主席的简单致辞,目录等;2.机器翻译学术文章,约30篇;3.国内研究开发的机器翻译系统的介绍材料。(总编办)

H000040 **跨文化语境下的外语教学** 姚君伟、张向阳、张伊娜主编。中国矿业大学出版社2002年1月版。30万字。20.00元。将十余位作者在各自研究领域的独特研究综合起来的学术专著。从文化人类学、符号学、语言哲学、语言习得学、跨文化交际学、文学理论、教学法理论等多种学科的研究成就出发,剖析教学与文化的关系。(何戈)

H000041 **外语教学法丛书** [英]威里斯(Willis,J.)等编。上海外语教育出版社2002年11月版。662.2万字。291.20元。丛书共20种,涉及面广、种类多,包括外语教学技巧和原则、语法教学、语音教学、阅读教学、写作教学、教学管理、测试、教材选择、第一语言和第二语言习得、儿童英语教学等,其中绝大多数为20世纪90年代和本世纪所出版,反映了当今国外外语教学法研究及其相关学科的现状。丛书的特点是以实践为主,从实践活动着手,再以理论去分析评述实践活动的优缺点,具有很强的操作性,能够指导教师的课堂教学活动,引导教师制定出切合自己需要并切实可行的教学方法。(钱明丹)

H000042 **语言系统与语用因素** 胡华著。东北师范大学出版社2002年7月版。21.2万字。20.00元。分九章:一、语用:表达与理解;二、语言观念和语用领域;三、语用:汉语与汉字;四、音位系统和语音运用;五、词语:系统与成分;六、句法成分;七、词类;八、名法结构;九、句子。详细论述语言、语言运用和语言运用结果之间的复杂关系,及每种语言现象内部存在的复杂的关系。(任云霞)

H000043 **语言文字规范简明读本** 湖北省语言文字工作委员会编。武汉大学出版社2002年6月版。25.3万字。12.00元。以讲解新时期语言文字工作的方针政策、法律法规和传授语言文字规范的基础知识为主要内容,并介绍了朗诵和演讲的基本常识。本书运用一问一答方式,易读易记。(李汉保)

汉 语

H000044 **普通话水平测试实用手册** 江苏省语言文字工作委员会办公室编。苏州大学出版社2002年6月版。54.2万字。26.00元。由普通话和普通话水平测试概述、普通话语音基础知识及语音训练、江苏方言及方音辨正、朗读、说话等五章及十个附录组成,主要介绍国家和江苏省普通话培训测试的有关规定、普通话水平测试的程序要求,以及普通话的基本知识、朗读和说话的技巧等。(史创新)

H000045 **古代汉语论要** 晏鸿鸣著。武汉出版社2002年7月版。20万字。15.00元。论文集,分概论编、汉字编、词汇编、语法编、音韵编、修辞编、训诂编、教研编等8部分共18篇论文,反映了作者

在古代汉语专业教学和研究中的认真思考和钻研，为科学地研究古代汉语提供了一些全新的视角和有价值的观点。(孙敏)

H000046 **新编现代汉语** 张斌主编。复旦大学出版社 2002 年 7 月版。66.4 万字。48.00 元。本书以促进语言的规范化与适应新时期学习和研究现代汉语的需要为宗旨，在吸取现代语言学理论和方法的基础上，对现代汉语的语音、文字、词汇、语法、修辞等进行了系统的分析和说明。全书信息量大，知识结构新颖，力求反映汉语研究的最新成果。(韩结根)

H000047 **音韵学通论** 胡安顺著。中华书局 2001 年 12 月版。22.4 万字。20.00 元。音韵学教材，分 4 编 12 章。4 编依次为：一、绪论；二、中古音；三、近代音；四、上古音。初学音韵学的人，在学习音韵学理论的同时，要涉猎音韵学的基本文献，了解历代著名音韵学家，也要掌握音韵学不同学派的各种观点。本书巧妙利用脚注、附录、附论等形式，融会贯通上述内容，使初学者读一本通百本，免去读者翻检之劳。(郑仁甲)

H000048 **陈独秀音韵学论文集** 陈独秀著。中华书局 2001 年 12 月版。19.1 万字。14.00 元。收入陈独秀有关音韵学的论文 7 篇：古音阴阳入互用例表；中国古代语音有复声母说；连语类编；荀子韵表及考释；屈宋韵表及考释；晋吕静《韵集》目；《广韵》东冬锺江中之古韵考。书中还收入作者自序和魏建功的序。这些文章虽写于 20 世纪 30、40 年代，但由于种种原因，现在才得以正式出版。书中有唐宝林写的代序，介绍了陈独秀进行语言学研究的背景及经过。(王勉)

H000049 **文字的奥秘——中国文字的前世今生** 邱昭瑜编著。广西人民出版社 2002 年 6 月版。30 万字。47.40 元(平)，68.40 元(精)。本丛书从台湾引进，包括《文字的奥秘·生活篇》、《文字的奥秘·大自然篇》、《文字的奥秘·动植物与人体篇》3 本。丛书依据汉字具有的象形、会意、指事的特点，按汉字的甲骨文—金文—小篆—繁体字—简体字的演变过程，揭示了汉字特有的形体美和蕴涵的丰富内涵。丛书有以下特点：1. 以注音和图文并茂的形式，益于小朋友自读与理解，尤其是形象生动的画面，有画龙点睛之妙，可读性很强。2. 从一个个汉字的故事入手，介绍它的来龙去脉以及形体与内容一致性特点，揭示了中国汉字的奥秘，趣味性强，真正体现了寓教于乐的特点。3. 融中国汉字的演变史于单个汉字之中，又将单个汉字与其相应的俗语、历史故事、具体操作活动于一体，引申了知识点，扩展了知识面。(白竹林)

H000050 **通俗说文解字** 鲍文超编注。山东教育出版社 2002 年 9 月版。45.5 万字。28.00 元。对 3500 个常用汉字和次常用汉字的字形、字义，一一加以分析。旨在分析字形，探求本义及其诸引申义。采用东汉许慎"说文解字"的方法，语言通俗简明易懂。(赵燕翊)

H000051 **中国古文字三大遗存(三种)** 孙慰祖、马今洪、顾音海等著。上海书店出版社 2002 年 11 月版。32 万字。52.00 元。这套书所写对象为古文字中的三大类别：甲骨文、简帛、封泥(书名分别为《甲骨文：发现与研究》、《简帛：发现与研究》、《封泥：发现与研究》)，它们的共同特点为：都是通过发掘出土为世人所知，而不像碑刻或青铜器有不少是传世的，因此便被称为"遗存"。本丛书尝试以通俗的文字配以丰富的图片资料，让读者对它们的被发现经过以及专家们研究的成果有较形象的了解。三大古文字载体当年所派用场是不同的，介绍中各有侧重点，甲骨文为古代占卜所用，祖先们当年是如何占卜的自然不可不谈；封泥则可反映古代的封缄方式和印制；而竹木简是当年书写的主要载体，在古书版本的鉴定方面便有了独特的作用。随着收藏热的兴起，它们也被收藏者和非法牟利者看中，如何收藏这类文物以及辨别它们的真伪便成为三本书的共同内容。(陆坚心)

H000052 **女书字典** 周硕沂编。岳麓书社 2002 年 11 月版。34.5 万字。40.00 元。女书是湖南江永县、道县一带瑶族妇女使用的一种文字符号，用以书写湘南汉族人的土语。本字典共收女书字 1800 余个。条目的编排遵从方言读音。条目的内容按"女书字"、【注音】、【注】、【释义】顺序排列。女书字音的声母、韵母采用国际音标标注，声调采用五度标记法。声、韵、调相同的女书字归于同一条目之下，形同而音不同的女书字分列于不同的条目下。【释义】下列出同一条目女书字所代表的汉字及其意义，并分别举例于后，例句有相应的汉文译句及文献出外。书前附有凡例、音节表、汉字笔画检字表。(蒋浩)

H000053 **容易读错写错用错的字** 高更生主编。山东友谊出版社 2002 年 8 月版。10 万字。9.00元。为满足中小学师生、文秘工作者及中等文化程度读者的实际需要而编写。包括四个方面内

容。一,容易读错的字。二,容易写错的字。三,容易用错的字。四,其他不规范字。(王健男)

H000054 **错字美谈** 王希禹著。辽宁少年儿童出版社 2002 年 7 月版。23.6 万字。14.00 元。分上下两篇,约 200 篇文章。作者选择了几百个人们容易读错、用错、写错的汉字进行辨析。本书将对转变我们识字、教字观念,扩展我们的语文教育大有裨益。

H000055 **错字病句问答辞典** 王国钦编著。江苏少年儿童出版社 2002 年 7 月版。28.4 万字。13.50 元。小学生工具书。列举中小学生常见的错别字、语法修辞错误、病句,分析产生的原因,并提出改正措施。全书按照读错、写错、用错的顺序,以问答的形式编排。还选录一些字谜和漫画并引用一些专家学者的观点和例子。(钱旭东)

H000056 **易混字辨析与用法手册** 王会、王旭光编著。金盾出版社 2002 年 10 月版。11.7 万字。5.00 元。为克服在阅读和写作中容易出现的读错字音、写错字形、用错字义的缺点,准确掌握汉字的读音、意义和用法而编写此书。该书选取的例句规范,辨析独到。(王金相)

H000057 **现代汉语异形词规范词典** 李行健主编。上海辞书出版社 2002 年 12 月版。58.7 万字。30.00 元。针对已成为语言文字规范的难点和热点的异形词问题,收入异形词 1600 多组,进行详尽的考订和辨析,对绝大多数的异形词确定正体和异体,对少数意义有别的词语则指出其区别之处。(辞书总办)

H000058 **阅读传世经典** [丹麦]安徒生、[德]格林兄弟、[法]封·拉丹、法布尔、黎达等原著,方卫平领衔改编,解传广等翻译,潘东篱等绘画。中国少年儿童出版社 2002 年 10 月版。24 印张。81.00元(共 6 册)。儿童拼音读物。分:安徒生童话、格林童话、经典寓言、一千零一夜、昆虫记、黎达动物故事 6 册。改编力求突出原著风格,使故事内容、人物形象更加生动、鲜活、丰满。(杨向荣)

H000059 **古文误注匡正** 陈涛著。天津人民出版社 2002 年 8 月版。28 万字。28.80 元。汇集现在通行的大专院校古文教材等书中出现的错误注释近 800 条。分为词语、活用、通假、读音四大类,对这四个方面的误注逐条进行匡正。在对误注进行分析纠正的过程中,引用大量古书例用,指出误注之所在。附录中《古汉语词语札记》一文对古文的词语释义、词类活用、通假注释诸问题,提出了新见解,对“词类活用”和“通假注释”中存在的以今释古的现象进行了具体分析。(樊金树)

H000060 **汉语词汇学** 葛本仪主编。山东大学出版社 2002 年 10 月版。86.4 万字。66.00 元。共 6 分册:《汉语的词和词汇探析》、《汉语的字、词、词素探析》、《汉语的词义探析》、《汉语词汇的语用探析》、《汉语词汇的动态发展变化探析》、《汉语词汇和古书句读标点关系探析》。各分册以专题的形式,对汉语词汇的古今情况进行探析。该书的特点是在现代语言理论与词汇理论的指导下,把词汇学研究与训诂学研究结合在一起,起到优势互补、相得益彰的作用。(周广璜)

H000061 **训诂学初稿(修订版)** 周大璞主编。武汉大学出版社 2002 年 7 月版。35.5 万字。18.00 元。高等学校文科教材。由绪论、训诂体式、训诂条例、训诂的运用、读注和作注、训诂源等章结构而成,从多个视角介绍训诂学的概念、研究方法和应用实例。此次修订,对初版书中的错讹疏漏之处进行补苴罅漏的工作,总结了 20 年来训诂学及其应用领域的新变化、新成果,从《汉语大字典》、《汉语大词典》编纂中传统训诂成果的广泛应用及其系统理论的归纳整理到计算机语言信息处理密切相关的当代汉语语义学的理论建设;从当代电子信息辞典的编写,到最新出土的简帛古文——郭店楚简的整理等内容,书中均有涉及。(蔡先保)

H000062 **汉语词汇计量研究** 苏新春等著。厦门大学出版社 2002 年 7 月版。22.5 万字。17.00元。运用词汇定量理论,在数据库的基础上,以大量词条为例,对《现代汉语词典》、《现代汉语方言大词典》,汉语新词进行了研究。其中对《现代汉语词典》的研究最为详细,主要是探讨了该词典的词汇单位与结构、常用字与难僻字、同形词与异形词、标音与词汇属性标注、释义内容与释义方法等问题,以及新旧版本在上述方面的异同。(牛跃天)

H000063 **词语类编** 赵德生编。天津人民出版社 2002 年 8 月版。93.9 万字。35.80 元。从诸多古今名著、散文、诗词歌赋中撷取大量的词汇、成语和精彩短句,按所描述的对象将其分为人部、景部、物部、事部四部分。每部分又细分成类和小项。以词语的描述对象分类是本书的特点,具体的编排方法是:(1)按词语的主要语义和描述对象划归不同的类项;(2)对多义词,选取其中一个最常用的词义作词条放在同义的小类中;对该词所表示的其他词义,采用“也指×××”的方式表示;(3)对于词义相

同,写法和读法不同的词语,本书将其合并为一条,在词条中用"也称××"来表示该词语的其他称法和写法。(袁秀荣)

H000064　**浙江大学人文学术丛书(第二辑)**　黄金贵等著。上海古籍出版社2002年4—8月版。该丛书第二辑推出3本:《古汉语同义词辨释论》、《〈史记〉同义词研究》和《十七世纪中期汉学著作研究》。《古汉语同义词辨释论》是一部关于古汉语同义词辨释的理论著作。该书从同义词的界定、同义词研究的功用、研究传统、同义词构组以及研究方法等各个层面探讨了古汉语同义词辨释的深层次理论问题。《〈史记〉同义词研究》是一部以《史记》为文本的断代古汉语同义词研究著作。全书按一个义位和共时视角对《史记》同义词作了穷尽性、系统性的勾稽组合,并作了"同中之异"的辨释,在此基础上,对《史记》同义词的来源、构成、修辞功能、区别性特征等作了考察,探讨了古汉语同义词研究中的一些难点、热点问题。《十七世纪中期汉学著作研究》是一部关于汉学史研究的著作。该书以早期汉学的两部代表作——曾德昭的《大中国志》和安文思的《中国新志》为研究对象,通过介绍其作者生平、分析其写作背景、勾勒其主要内容及特点等。(李志茗)

H000065　**似非而是**　肯特·基思著,雷格译。中信出版社、辽宁教育出版社2002年4月版。5.4万字。21.90元。原书名来自于《圣经》的十诫,模仿十诫的方式给人提供格言似的戒条。每一条戒律针对的是人们在这个世界上感到茫然或者痛苦的原因,所以它提出的戒律才能深入人心,让人在疯狂的世界中找到内心的平静和安详。(胡大为)

H000066　**学生写作语典**　汪靖洋主编。江苏教育出版社2002年7月版。66万字。36.80元。收录中外古今名言佳句谚语两万多条,按写作主题分类列目汇编。使用者按总目、编类目录、语目表查阅,并可进一步按需参阅有关的相近的语目。语目和语条的排列组合,力求有序性和整体综合性。中外古今的诗文佳句,摘录时力求不损原意。语条皆标明出处。语典所选编的是中外古今的名言警句、格言箴言、诗文佳句和俗谚成语等。(王家俊)

H000067　**中国古代名句辞典(修订本)**　陈光磊等编。上海辞书出版社2002年12月版。109.7万字。50.00元。从浩如烟海的古籍里选录古代名句。按意义作初步分类,而后汇总,以"自然——人类、社会——意识形态"为序,来编次全书的类目及词条。原书1986年问世,本次修订,校正一些名句文字上的错讹;删去一些知名度不高的句子,而代之以较有意味的名句;增补一些名句,添列"倡廉"这一子目,附于"政治"类后面;改正数条名句的出处;订正注文里的释义失误,等等。(辞书总办)

H000068　**中国名言大辞典**　王延梯主编。山东大学出版社2002年2月版。122万字。58.00元。收入上起先秦、下迄清末,包括诸子百家、正史笔记、诗词歌赋、散文小说、戏典杂著等各类体裁作品的名言佳句6700条,并以类细分为事理、述政、论政、经济、军事、生活、人事、修养、志向、节操、人才、教育、学习、工作、事业、文论、情感、婚恋、体貌、景物共20大类、130小类。每个词条后列有出处、白话翻译、喻意说明,书后还附有按笔画排序的词条索引。此版为修订增补本,订正了前版的错讹,对某些辞条作了删除或合并处理,增补了一些辞条,增设了新类,并在原书的基础上重新编排。(狄思宇)

H000069　**中国歇后语大词典**　温端政主编。上海辞书出版社2002年12月版。121.6万字。68.00元。从古今文献中选收歇后语7000余(含副条)。主条是歇后语的常见语汇形式,立为词目,按《汉语拼音正词法基本规划》注音,逐条进行注释。主条和副条都举出书证或用例,并注明出处。书后附录"古代有关歇后语的资料"、"汉语方言歇后语选注",以及歇后语研究论著和辞书目录。正文按主条汉语拼音顺序排列,书前有词目首字拼音索引和词目笔画索引。(辞书总办)

H000070　**汉语成语实用词典**　倪宝元主编。上海世纪出版集团汉语大词典出版社2002年12月版。52.00元。收录成语5000余条。只收严格意义上的四字格成语,所选词目经反复筛选,多为现代汉语中使用频率高、有生命力的成语,且以多见形式为主条立目,其变式作副条不立目,但在主条的用法中交代,以加大信息量。每个条目一般有两个采自现当代有定评作家典型白话文的用例,多为第一手资料,贴近实际,显示语境。除一般成语词典都有的注音、释义、例证外,尚有功能、结构、辨析、探源等内容。本词典为《汉语成语九用词典》的增补本。经过全面修订,新增条目1000多条,调换用例近1/3,纠正各类错误,使篇幅有所压缩而容量大增。(王土然)

H000071　**智慧格言辞典**　万镇鲁编。上海辞书出版社2002年8月版。38万字。25.00元。从古今中外的典籍中,广为收集、精选近4000条富有人生智慧内涵的名句格言,并根据时代特征和读者

实际需要与兴趣分设 17 个大类 148 个小类，以期给读者在创造美好人生的旅途上获得启迪和智慧。(辞书总办)

H000072 **英汉新词语例解词典** 王仁强、段景文主编。重庆出版社 2002 年 5 月版。40 万字。33.00 元。主要收集改革开放以来，尤其是 20 世纪 90 年代以来的汉语新词语 1200 多条，如“三个代表”、“依法治国”、“安居工程”、“终身教育”等等。本词典收集的例证及其来源增强了英译的可靠性及权威性。一词多译及相应的例证为语篇中词语翻译的灵活性提供了佐证，注释或解释增强了词典的适用性和针对性。附录的内容有：联合国政府间组织及专门机构，中国国家机构、政协、政党和人民团体，世界主要银行、财团，世界名牌商标等等。(江萍)

H000073 **中华语汇通检丛书** 刘占锋主编。河南大学出版社 2002 年 1 月版。1047.1 万字。280.00 元。该丛书首批出版 4 部：《中国成语通检》，《中国名言通检》，《中国名诗句通检》，《中国辞赋词曲名句通检》等。共收成语三万多个，各种名句四万多条。收录原则是广录博收，力避遗珠之憾。上起商周，下迄现代，上下三千年的经史子集，诗文词曲，笔记杂著，以及一些深刻反映时政传为口碑的童谣和警世的楹联也列入了遴选的范围。它融任意字检索、类书和古汉语构词字典功能为一体的独特体例，为现有多种辞书的充分利用提供了便捷的工具。(王纯)

H000074 **类语大辞典** 陈立荣主编。鹭江出版社 2002 年 10 月版。285 万字。160.00 元。按大类、中类、小类、词群四个层次加以分类，全书分八大类，即人、物、事、理、性、状、情、杂(包括虚词、谦词、敬词等)。大类下分 348 中类、2583 小类。分类精细恰当，便于查找义类。该书收词 10 万余条。收词范围广，包括单字、单词、成语、较固定的词组，如俗语、成语、术语等。既收语文词语，也收百科词语，既收古代词语，也收现代词语，还收列了近几年才出现的较稳固的常用新词语，如“三个代表”、“与时俱进”、“纳米”等。不但有论著、释义、例句等，还首创词聚释义法，并加注语体及修辞色彩等。(杨柳青)

H000075 **语法修辞讲话** 吕叔湘、朱德熙著。辽宁教育出版社 2002 年 8 月版。28.5 万字。26.00元。普及性语法修辞著作。1951 年 6 月开始在《人民日报》连载，1952 年出版单行本。纠正了当时社会上在使用语言文字方面的混乱现象，内容切合实际，流传和影响比较大。分六讲：语法的基本知识、词汇、虚字、结构、表达、标点。将语法与修辞结合起来，条分缕析，使人一目了然。在以现代汉语语法规律做基础的同时，吸收外国语和古汉语的语法规律。(李忠孝)

H000076 **古汉语常用实词辨析** 向叙典撰。甘肃教育出版社 2002 年 4 月版。33 万字。20.00 元。收古汉语常用实词 134 组 383 个词，对词义的异同及其发展变化逐个进行辨析；尽可能搜集所辨析的实词最早出现于古代典籍诗文中的例句，对大学教材和中学语文课本里的例句，详细地加以引用，以期为汉语史研究、古汉语教学和古代文学教学提供一些资料，对例句进行了语译。(杨马胜)

H000077 **20 世纪现代汉语语法八大家丛书** 季羡林主编。东北师范大学出版社 2002 年 12 月版。约 327.8 万字。185.00 元。共 7 册，包括《黎锦熙选集》、《王力选集》、《吕叔湘选集》、《胡裕树、张斌选集》、《朱德熙选集》、《邢福义选集》、《陆俭明选集》，是 8 位学者现代汉语语法论著精华之集大成。8 位学者系 20 世纪现代汉语语法研究的杰出代表，他们的学术成果标示着 100 年里该领域的研究水平和所达到的高度。编选者不是简单的搜集排列，其编辑过程是对论著的深刻理解和再创造的过程。(任云霞)

H000078 **现代汉语动词的句法语义属性研究** 陈昌来著。学林出版社 2002 年 6 月版。20 万字。16.00 元。全面考察了各类动词的配价情况，首次把动词的配价分解为价量、价质、价位、价用四个层面，对配价的性质、价的确定提出了独到的看法。这些研究为建立科学的汉语语法体系提供了帮助，也有利于对外汉语教学和汉语信息处理。(李晓梅)

H000079 **中国写作学发展概论** 李道荣著。文心出版社 2002 年 10 月版。44.6 万字。35.00 元。全书五章，分古代写作学和现代写作学两部分。古代写作学分为四个时期，即先秦两汉为古代写作学的萌芽期、魏晋南北朝为古代写作学的形成期、隋唐宋金元为古代写作学的发展期、明清为古代写作学的成熟期。现代写作学分为三个历史时期：第一时期是 1917 年至 1927 年、第二时期是 1927 年至 1937 年、第三时期是 1937 年至 1949 年。各章着力描述出一个特定历史时期写作理论的总体面貌和精髓，揭示出这一历史时期自身的理论特色。(贾为敏)

H000080 **八股文概说** 王凯符著。中华书局

2002年4月版。20.2万字。17.00元。分两部分：一是从八股的产生、八股取士制度、八股与程朱理学的关系、八股与古代诗文的渊源关系以及它对社会的影响等知识做了介绍；二是着重讲解了八股文的基本特点、程式结构和作法，并选出了明清两代各时期名家名篇的八股文41篇加以注释和说明。(李聪慧)

H000081 **制艺丛话·试律丛话** 清·梁章矩著，陈居渊校点。上海书店出版社2002年1月版。50万字。40.00元。是关于八股文的文学批评专著，作于道咸年间，当时科举尚行，梁氏此书即为此而作，实用性很强。科举由宋至清，凡八百余年，源流演变，诸事丛雄，梁氏披离析乱，使为一清，颇见识力，有较高理论性。该书前多谈制义产生、发展的过程，后将制义按八股分解，逐部讲析笔法，附以大家程墨，讲例串插。书中还有一些掌故趣闻。(上海书店出版社总编办公室)

H000082 **论文写作与网络资源** 田力平编著。北京邮电大学出版社2002年9月版。19.6万字。18.00元。高等学校研究生英语写作教材。该书从跨文化思维(Intercultural Reasoning)的角度入手，依次介绍了学术论文的语法特征(Grammatical Features of Academic Writing)、词的选择(Word Choices)、句子表达的准确性(Effective Sentences)、论文选题(Research Writing — Question Posing)、论文写作策略(Writing Strategies)、资料的整理(Evaluating Sources)、写作步骤与注意事项(Planing and Drafting)、论文摘要的写作(Abstract Writing)、文稿格式(Document Design)、网络资源检索(Tracking down Relevant Internet Sources)、网上图书(Books, Magazines and Libraries Online)等内容，并在附录里介绍了网络专用词汇(Glossary of Internet Terms)。该书通篇用英文写作，采用了英文论文写作的思维思路，文后配有最新的时文阅读。(刘洋)

H000083 **应用文写作大全** 傅德岷主编。新疆人民出版社2002年9月版。85万字。39.90元。囊括法定公文类、法规公文类、契约公文类、事务文书类、演说文书类、司法文书类、诉状文书类、财经金融文书类、外贸文书类、科技文书类、专用书信类、日常生活文书类、广告类、教学文书类、礼仪文书类、史志类、新闻报道类共17大类，300多种文体。配合应用文种类及格式所需，收录400余篇较有代表性的格式化例文。每一类后面都附有该类文书写作应注意的事项。附录收入《中国共产党机关公文处理条例》、《国家行政机关公文处理办法》、《中华人民共和国国家标准·国家行政机关公文格式》、《国务院公文主题词表》等法规性文件。(贺灵)

H000084 **应用写作经典** 梁公卿、张佐邦、何宣编著。云南民族出版社2002年5月版。634万字。760.00元。全书吸纳30多个大门类、1000多个文种的应用文体，几乎囊括了所有行业的常用应用文，并第一次将一国四方(大陆、台湾、香港、澳门)的行政公文汇集在一起，丰富了应用写作的内容，拓宽了我国应用写作的研究领域。注重对应用写作基本理论的思索与升华，改变一度存在的纯粹总结描述、转引重复、缺乏新意等对应用写作学科建设和实践借鉴裨益不大的状况，因而具备了较为理想的理论层次而脱离了纯工具书的面貌，在理论的可操作性与例文的典范性上狠下了一番功夫，增强了该书对机关文书工作的指导作用与实用价值。(董艾)

H000085 **实用广告写作** 刘友林著。中国广播电视出版社2002年1月版。24万字。21.00元。"广告实务操作丛书"之一。介绍广告语言、主题与广告文案写作的基础知识，阐述印刷、广播、电视、网络等各种广告文案的写作要求与技巧，并按照文体，结合当今国内外著名的广告案例分析，根据每一种不同的媒体，对韵文类、散文类、表演类、情节类、短语类、论述类等各类文体的广告写作进行深入而细致的讲解。(邹娓玲)

H000086 **唐礼摭遗** 副名：中古书仪研究。吴丽娱著。商务印书馆2002年11月版。51万字。34.00元。从敦煌本书仪的研究入手，将唐五代书仪(朋友书仪、吉凶书仪、表状笺启书仪)纳入礼制、礼仪的范围加以整体考察。作者对书仪的分类、书仪的系统化以及书仪所涉及的礼仪、规格、语词、称谓、书体等问题进行系统研究，在此基础上揭示唐五代书仪的渊源、性质、内容演变、制作方式等，纠正了以往的一些错误认识，提出了许多精辟的见解和新的研究角度。本书的学术贡献主要有：1.对各类书仪进行详细解说，对以往注意不多、重视不够的行第、书体、尺牍源流等问题，或在前人成果的基础上补充新内容，或提出新的见解，使学界对书仪的认识更准确、更全面。2.结合不同时代的特点，通过三类书仪互相递进、吸收、改造的关系，梳理出各时代书仪自身演变的轨迹。3.对书仪背后的社会历史、文化背景进行细致的发掘，例如吉凶书仪中反映的中古社会由贵族制向官僚化的转变，唐初对服制的修改与北朝社会风气的影响、服制的变化与中古礼制变革的方向，表状笺启书仪的大量出现与唐后期藩镇割据的局面及中央、地方礼仪交接的关系，作者都作了深入的探讨。（谢仲礼）

H000087 **新编公文教程** 王凯编著。黑龙江人民出版社 2002 年 5 月版。30 万字。24.00 元。本书所介绍的都是国家机关公文的新规定、新要求、新知识，同时引用大量近两年的新例文；以行政公文为主，还介绍了党的机关公文。按每一文种的分类来讲解公文的用法、写法，不是孤立地介绍每一文种，而是在广泛地联系、对比中加以介绍。书中有党政公文在公文格式、行文规则方面的比较；行政公文新、旧《办法》的比较；公文格式新、旧标准的比较。（刘恺汐）

H000088 **新编财经应用写作** 王志、姚丽芳主编。大连理工大学出版社 2002 年 8 月版。32 万字。20.00 元。以突出学生财经应用写作能力为主线，适当淡化写作理论的叙述，而致力于强化学生财经应用写作的能力。设有课前提示、文种阐释、例文评析、综合训练这四大模块，强化实践教学环节，突出能力培养。（总编室）

H000089 **书信用语词典** 蒋竹荪著。上海辞书出版社 2002 年 4 月版。43.8 万字。28.00 元。汇集名家书信所用词语 4000 余个，分类立目，释义举例。正文分格式与主体两大部分。格式部分收书信开头、结尾的礼貌或客套用语；分书信别称、称谓语、提称语、启事语、结束语、请安语、具名语、附言等 8 项。主体部分收书信中间叙述具体事项的用语，按人际交往活动方式分通联、邀约、请托、求教、馈赠、庆贺、借还、慰问、吊唁、述况、职业、荐举、行旅、赞扬、劝勉等 15 大类。每一个大类下面又根据其内在固有组成成分或过程、程式分若干子目，如邀约类下有约请、承访、迎接、往访、会晤、宴饮、陪伴、送辞行、表歉等 9 个子目；又如行旅下有启程、途中、驻足地、返程等 4 个子目。（辞书总办）

H000090 **说文五百四十部首正解** 徐复、宋文民著。江苏古籍出版社 2002 年 12 月版。36.1 万字。28.00 元。东汉许慎所著《说文解字》，是中国语言学史上具有里程碑式的著作。其对汉语史研究、辞书编纂、考古研究等，均有重要参考价值。《说文》15 篇，收字 9353 个，分列于 540 部首之中，每部建一首字，以统领部中各字。徐复、宋文民参考历代学者的研究成果，并参阅甲骨文、金文和传世的早期文献等，探源析流，对每个部首依照宋代徐铉所校定的大徐本、清段玉裁《说文解字注》本一一讲疏，并对部首分类原则、具体方法、存在的局限、文字的差讹等，进行系统而全面的考释，形成自己的观点。本书广征博引，去芜存精，形成由博返约的特点；每个部首下或举一二字，或举三五字，进行串讲，涉及二千多个基本字，具有提纲挈领的作用。（王华宝）

H000091 **古今汉语常用字字典** 宛志文主编。湖北人民出版社 2002 年 10 月版。255.3 万字。80.00 元。收古今常用汉字 1400 多个，并酌收少量复音词和词组。字典正文按部首排列，正文前列有《单字汉语拼音索引》，正文后附有《笔画字表》。字头形体以现在通行的为标准，繁体字、异体字在相关字头后标出。有古文字的单字，在字头后面选列能够反映字形源流演变的古文字形体，并加以解说。采用汉语拼音字母注音。多义字一般按本义、引申义、通假义的顺序排列。例证注重典型性。古义列举例句，今义以词举例。注意释文和例证的互补性。注意对相关的字头就形音义容易混淆的地方加以辨正。（易学金）

H000092 **学生多功能汉语表格字典** 王林溪主编。辽宁少年儿童出版社 2002 年 5 月版。90 万字。36.00 元。运用汉字的构字规律，采用同声连类的方法，对国家语言文字工作委员会和国家新闻出版署联合发布的《现代汉语通用字表》中比较常用的 6750 字重新分类编排，在此基础上编写该字典。该字典还对每个字都标出了电脑输出用的五笔字型符号。

H000093 **整理本《康熙字典》** 汉语大词典编纂处整理。上海世纪出版集团汉语大词典出版社 2002 年 6 月版。178.00 元。以王引之校正《康熙字典》道光刊本为底本，将全书逐句标点。根据原书反切注音标注汉语拼音和注音符号，弥补读者不习反切注音的缺憾，并力求反映汉字音义的配合及字音的源流演变；依据徐铉校本《说文解字》加标篆文附正文相应字头之后，以反映汉字篆、楷形变脉络；书眉处标明该页单字所属部首及除部首外的笔画数，书末附新编四角号码索引；全书以横排分栏印刷。（李鸿福）

H000094 **小学语文规范词典** 李行健主编。江苏教育出版社 2002 年 8 月版。85.6 万字。14.80元。共收字 4000 多个。对每个字都标注了读音、笔画数、结构、笔顺和部首等。在字义方面，注意对字的基本义和常用义的注释，在方法上尽量用浅近的、适合小学生理解的语言，举例力求切近他们的认知能力和生活实际。字头设计用楷体并加方框，框内分格使每个字头都成为学生写字的范本。要把字写正确写得规范，笔顺非常重要。因此，对每个字头都有必要的规范的书写笔顺的展示。《词典》还增设了组词一项，以扩展学生的词汇量，解决他们作文和阅读中的困难。（王家俊）

H000095 **汉语成语大词典** 湖北大学古籍研究所编。中华书局 2002 年 1 月版。224.5 万字。60.00 元。收有成语 17000 余条，除常见形式的成语及其变体外，也包括少数古今常用的熟语和谚语。其优点是：①信息量大。从几百部古今典籍中认真爬梳剔抉，获得了大量第一手成语资料。②材料丰富。语源最早的成语作主条，与主条意义完全相同或相关的变体作副条紧随主条之后，形成了"葡萄串式"的成语系列。大量的书证对于成语源流演变的研究提供了系统的资料。③知识性强。给与作为数千年中华文明的重要载体的成语以深入浅出的解说，辨析难字，阐释语境，点明掌故。该书 1985 年初版，修订本从内容到形式上较原书有了很大变化，对不太典型的或文字冗长的用例作了删减或更换，在核对所引文献的基础上对初版的错漏进行了补正。（张力伟）

H000096 **现代韵文词汇** 张鼎盛著。湖南人民出版社 2002 年 3 月版。58.8 万字。39.00 元。供作者写作韵文时（包括古体诗词、新诗、戏曲唱词、歌词、快板、儿歌、顺口溜、某些曲艺的道白或唱词、某些广告等等），为选择合适的词语放在句末用来押韵而查检用的工具书。收集的词语有 9 万余条，既有反映当今社会各领域人们的种种情况的现代、当代词语，如三个代表、千年虫等，也有古体诗词或反映、歌咏古代人物事件的古代词语，如同室操戈、九烈三贞等。作者按照汉语拼音的特点，根据韵腹或韵腹韵尾相同的汉字乃是同韵的这一原理，把韵分为二十二部，这样分韵较合理，是作者的一大创见。（曹有鹏）

H000097 **学生现代汉语词典** 李国炎、吴崇康、郑宣沐著。湖南人民出版社 2002 年 8 月版。137.4 万字。38.00 元。语文小词典，主要读者对象为中小学生。共收录单字 8000 余个，词语 2 万余条，单字只附繁体，不附异体。收录字词合理，释义简明，例证浅近，词语均标注了词性，附录齐备，查检方便，体现了现代汉语的语言风格和特色。（曹有鹏）

H000098 **常见错读错写错用字词词典** 许正元主编。东方出版社 2002 年 5 月版。55 万字。29.00 元。收入字词约 1800 条。其素材选自近年全国上百种报纸、刊物、书籍、广播及电视节目当中大量错写、错用、错读的字词，做到了有的放矢，从正反两方面举例说明，为人们正确使用汉字提供了具体指导。

H000099 **新世纪热点词汇** 熊伟主编。武汉大学出版社 2002 年 12 月版。16 万字。10.00 元。汉译英工具书。经济的发展、科学技术的进步、国际局势的风云变幻、社会生活的多姿多彩，使一些词汇频繁出现在各种报纸、期刊、电台、电视上，如"三个代表"、"全球通"、"减负"、"下岗"、"网友"、"基地组织"等。为准确用英文来表达这些词汇，本书按政治、经济、科技、军事、教育等几个类别收集了当前的热点词汇，并作了英文注释。（谢群英）

H000100 **新华拼写词典** 尹斌庸主编。商务印书馆 2002 年 1 月版。63 万字。19.00 元。以国家标准《汉语拼音正词法基本规则》为依据，全面讲解如何规范使用汉语拼音注音和拼写普通话的类推型实用词典。共列拼写规则 320 余条，从最常用的地名、人名、出版物名、组织单位名等专有词语到名词、代词、数词、量词、动词、形容词等普通词语，一一说明应怎样拼写（分写、连写、大写、缩写等），为什么这样拼写。词典还在版面空余处辟有知识窗，介绍有关汉语拼音的知识、趣事等。正文前配有拼写类型音序索引。

H000101 **汉语方言特征词研究** 李如龙主编。厦门大学出版社 2002 年 7 月版。33.2 万字。22.00 元。论文集。收专题性论文 11 篇，分别列举了一批官话方言、山东方言、晋语、吴语、徽语、赣方言、客家方言、闽方言、闽东方言、粤语、雷琼闽语中区外少见，区内比较通行的方言词，并从语音和词义等方面对其进行分析。（牛跃天）

H000102 **南部吴语语音研究** 曹志耘著。商务印书馆 2002 年 9 月版。24.5 万字。18.00 元。系"中国语言学文库"第三辑专著之一，是运用历史语言学、地理语言学以及社会语言学的分析方法对南部吴语语音进行综合性研究的学术著作。分八章：第一章是对南部吴语的范围、语言概貌及写作体例的概述；第二章、第三章、第四章分别对南部吴语的声母、韵母、声调进行了全面的语音描写和音韵分析；第五章对南部吴语特殊的语音现象"小称音"和"小称调"的类型、分布区域、产生过程和发展趋势作系统论述；第六章分析南部吴语内部的语音共性和差异，讨论南部吴语的分区和各片方言的语音特点；第七章分析语音变化的原因和过程，提出了“冲刷、感染、扩散、碰撞”等几种影响南部吴语语音变化的动因；第八章是南部吴语11个方言点的字音对照材料，共选择有代表性的汉字1000个，按音韵地位，以列表的方式逐一进行字音对照。附有南部吴语地区图和方言分区图，另有语言现象图6幅、表48幅。（冯爱珍）

H000103 **永州方言研究** 张晓勤著。广西民族出版社2002年10月版。21.8万字。20.00元。分四章：第一章导论；第二章永州方言的语音系统；第三章永州方言分类词表；第四章永州方言的语法特点。第一章主要介绍永州市的地理人口概况、历史沿革、永州方言概况及音标符号。第二章内容包括永州方言的语音系统、永州方言同音字表、永州方言音系与古音比较、永州方言与北京话音系比较。第三章永州方言分类词表分为天文、地理、时令时间、农业、植物、动物、房舍、器具用品、称谓、亲属、身体、疾病医疗、衣服穿戴、饮食、红白大事、讼事、日常生活、交际、商业交通、文化教育、文体活动、动作、位置、代词等、形容词、副词、介词等、量词、附加成分、数字。第四章介绍永州方言的词法特点、句法特点和语法例句。（韦光化）

H000104 **20世纪中国语文教学** 陈黎明、林化君著。青岛海洋大学出版社2002年7月版。45万字。29.80元。分引言、上编、下编、余言四大部分，作者按语文教学发展的内在规律，在将建国前后的语文教学分称“中国现代语文教学”和“中国当代语文教学”的基础上，又将20世纪中国语文教学依次划分为“中国现代语文教学的兴起时期”（1901～1910）、“中国现代语文教学体系的形成时期”（1911～1926）、“中国现代语文教学的持续发展时期”（1927～1949）、“中国当代语文教学的新生时期”（1949～1957）、“中国当代语文教学的曲折探索时期”（1958～1976）、“中国当代语文教学的改革发展时期”（1977～2000）等六个时期，力图从语文史和教育史的视野，以学校语文教育为主线，从社会教育形势、语文进步、语文课程标准的制定、语文教材的编写、语文教学方法的改革、语文教学研究和改革实验等方面，交互鸟瞰语文学科教育的发展轨迹，全面总结20世纪中国语文教育教学所走过的路程，并在此基础上探讨21世纪中国语文教育教学的发展。（纪丽真）

H000105 **语文教育学** 魏本亚著。中国矿业大学出版社2002年2月版。39.1万字。24.00元。高等师范院校中文专业专业课教材。绪论全面阐述语文教育学的性质、任务、意义。另有十八章：语文教师；学习的动因——学生；语文教材；语文课堂教学流程设计；上课与说课；听课与评课；语文基础知识教学；阅读教学；写作教学；口语交际教学；综合性学习；语文教育媒体；语文教育属性；语文学科教育目标；语文教学原则；语文教育评价；中国语文教育历程；语文教育研究。（关湘雯）

H000106 **语言自迩集** ［英］威妥玛著，张卫东译。北京大学出版社2002年4月版。85万字。80.00元。威妥玛（1818～1895）1841年到中国，负责英方海外雇员的汉语教育。所著该书于1867年在伦敦出版，第二版于1886年在上海出版。译本据第二版译出，意在为学界提供汉语发展史、汉语教学史研究资料。全书分发音、部首、散语章、问答章、谈论篇、秀才求婚（《西厢记》故事对话）、声调练习和词类章等8章。书中把北京话口语作为研究和描写对象，把北京官话作为教学对象，用西方字母给北京口语标记声韵调及变调、轻声、儿化等语流音变现象，归纳了北京话口语连读变调的若干规律，详细描述声调对韵母元音的影响，讨论汉语的词类并依语法功能为汉语做了词类划分。书中附有北京话音节表和北京话字音表。（胡双宝）

H000107 **大学语文教程** 徐美恒、魏静、郭玲编著。天津大学出版社2002年9月版。52.8万字。26.50元。理、工、经、法、管等专业选修课教材。分5编20章。第一编，中国古代散文，包括5章：中国古代神话选讲、先秦散文选讲、汉魏晋南北朝散文、唐宋散文、元明清散文；第二编，中国古代诗歌，包括5章：《诗经》选讲、屈原和《楚辞》、汉魏晋南北朝诗歌、唐诗选讲、宋词选讲；第三编，中国古代小说、戏曲，包括2章：中国古代戏曲艺术概论、中国古代小说名著评介；第四编，20世纪中国文学，包括4章：概述、20世纪中国诗歌、20世纪中国小说、20世纪中国散文选读；第五编，外国文学经典作品评介，包括4章：古代亚非文学、古代希腊罗马文学、欧洲中世纪文学、文艺复兴后的欧美文学名著导读。（高希庚）

H000108 **新概念作文金梯子** 聂双等编著。山东友谊出版社2002年1月版。130万字。90.10元。丛书有7本：《稻草人卷》、《小红帽卷》、《小星星卷》、《景物卷》、《记叙卷》、《议论卷》、《文心卷》。每本书分为四个阶梯，每个阶梯收入范文20篇。每篇文章中有眉批，简析文章中有特色的字、句、段，每篇文章后有简评，从内容、写作特色、写作启示等方面入手，分析和总结作品。每阶梯结束后，均有小结，强调本梯学习和借鉴的重点。(朱晓云)

H000109 **中华童铭** 云关秋著。辽宁少年儿童出版社 2002 年 1 月版。9.6 万字。48.00 元。以“四言”的形式概括中华民族的历史和文化，配以全新形式的精美插图(电脑制作)，并附有注音和注释，是一本文图并茂的新的蒙学读物。

其特点有：1.继承了传统蒙学读物的精华。2.在表现中华民族文化、历史时，注重事件、人物和文化精神相结合。3.信息含量丰富，事件、人物、文化典故、诗文名篇等十分凝练、集中。4.注重知识传授和德商、情商、人生观教育的结合，培养孩子的健全人格。5.“四言”形式，概括精当，文学性强，语言优美，朗朗上口。

H000110 **名人作文 精彩回放** 胡铁军编著。苏州大学出版社 2002 年 9 月版。28.4 万字。13.00元。世纪名人习作汇编。入选者为社会生活或者某一领域中具有较高知名度的社会名流；入选作品为名人们学生时代所写的作文。共收 81 篇，按入选者出生年月排序。题材包括政论、散文、小说、日记等多种形式；内容涵盖政治抱负、理想志趣、时事评论、学术研究、文化生活、社会活动各个方面。(张凝)

H000111 **新语文读本·小学卷** 王尚文、曹文轩、方卫平主编。广西教育出版社 2002 年 1 月版。138 万字。112.00 元。丛书共 12 册。丛书所精选的绝大多数篇目是现行教材中所没有的，具有民族性、现代性、世界性的经典作品，在编排上以单元为单位，精心设计阅读与训练内容，体现最新的小学语文教学课程标准，关注学生阅读心理、情感和兴趣的建立与培养，强调语文教育的人文性。(袁家剑)

H000112 **文心作文精品库·中学卷** 孟素琴、陈达仁主编。文心出版社 2002 年 3 月版。224.6万字。112.50 元。丛书共 9 本，包括《中学生纪实作文精选》、《中学生热点话题作文精选》、《中学生趣味作文精选》、《中学生新风采作文精选》、《中学生新思路作文精选》、《初中生常考作文精选》、《初中生常练作文精选》、《高中生常考作文精选》、《高中生常练作文精选》。(景琳)

中国少数民族语言

H000113 **汉藏语同源研究** 吴其安著。中央民族大学出版社 2002 年 2 月版。50 万字。42.00 元。专著。本书从考古学、民族学角度全面阐述了汉藏语的同源关系，内容涉及方言和谱系树、汉藏文化的历史背景、汉藏诸语的文化源头和支系、汉语古音构拟、藏缅语古音构拟、汉藏语的同源关系等。(李飞)

H000114 **傣汉词典** 西双版纳傣族自治州人民政府编。云南民族出版社 2002 年 1 月版。34.2 万字。56.00 元。所收条目包括单词、词组和常用词等 2 万余条，绝大多数是傣语中的常用词和基本词汇，同时也收入一些唱词和文献中常用的古语词汇，在一定程度上反映了西双版纳傣族的历史文化和语言特色。(刀桂兰)

H000115 **畲族语言** 游文良著，汪毅夫主编，蓝炯熹、郭志超副主编。福建人民出版社 2002 年 6 月版。49.9 万字。37.90 元。运用畲族聚居的最主要省份闽、浙、赣、粤 4 省 13 个代表点的畲语材料，描述了占全国畲族总人口 99%以上的畲族使用接近汉语客家方言的畲语的语音、词汇和语法系统。继而探讨畲族历史踪迹以及畲民族的思维特征。全书分七章。绪论“部分简介从古畲语到现代畲语的演变过程和现代畲语的分布情况。第一至第三章介绍 4 省 13 点畲语音、词汇、语法的共性和特点，并精选 13 点有特色的词语 600 多条作比较；第四章“古畲语考”、第五章“畲族语言与汉语客家方言”、第六章“畲族语言与畲族居住地汉语方言”，对畲语中的壮侗语和苗瑶语的底层、汉语客家话的中层、畲族现居住地汉语方言的表层作考证分析；第七章“畲族语言与畲族文化”阐述畲语和畲文化的关系。收入“畲族研究书系”。(薛剑秋)

外 国 语

H000116 **大学专业英语** 卜玉坤主编。外语教学与研究出版社 2001 年 8 月～2002 年 12 月版。407.25 印张。452.20 元。是大学本科学生三四年级必修课教材。每册书 10 个单元，每单元由阅读理解、阅读应用、听力训练、口语训练、写作训练、翻译训练 6 部分组成。本系列教材包括 12 个专业：计算机英语、电气与电子英语、能源动力英语、机械英语、材料英语、化学与化工英语、土木建筑英语、农林植物学英语、医学英语、经济学英语、管理学英语和人文社会科学英语，每个专业 4 级。已出版 18 本。（张红方）

H000117 **大学英语阅读·完形·翻译·简答·写作贯通学习手册** 吴霞、姚量编著。上海外语教育出版社、新疆人民出版社 2002 年 9 月版。14.5 万字。6.80 元。分五个部分讲述大学英语教学大纲对大学英语阅读、完形、翻译、简答、写作的教学要求，大学英语过级考试对阅读、完形、翻译、简答、写作的占分比例和评分标准，着重讲解答题的步骤、方法和技能技巧，同时选用典型例题进行分析指导。（李燕）

H000118 **大学英语精读 1—4 册教案精粹** 郭建荣主编。上海外语教育出版社、新疆人民出版社 2002 年 9 月版。18.6 万字。8.40 元。是编者所在大学重点建设课程"大学英语"内容之一。本书弥补了教师用书缺乏课堂活动设计的不足，以提问、讨论方式导入课文，设计各种课堂活动形式，列出每篇课文中的同义词、反义词及下义词，找出课文中所用的修饰手法，发掘课文中所蕴含的文化背景知识。（李燕）

H000119 **开心英语** 叶子编。青海人民出版社 2002 年 1 月版。1 万字。39.60 元。开心英语采用"三文治故事教学法"。该法根据儿童学母语的规律，从少到多，由浅入深，循序渐进，是一种适合儿童的独特的教学方法。讲故事学英语，以故事人物、情节为支柱，把英语词句安插在生动的故事里，通过听、看、读，充分调动孩子的形象思维和创造性，使孩子在不知不觉中学到英语。为"英语也疯狂系列丛书"之一。（陈浩）

H000120 **当代研究生英语** 刘润清、汤德馨、王贵明主编。外语教学与研究出版社 2000 年 8 月至 2002 年 9 月版。共 117 印张。149.20 元。根据最新的《研究生英语大纲》编写，分《读写教程》、《翻译教程》、《听说教程》、《视说教程》和《自学读本》5 个分册，配有教学参考书、录音带与光盘。其中《读写教程》采用"以读导写，读写结合"的原则；阅读部分针对实用英语文体的写作进行具体指导。《翻译教程》采用"简明实用"的原则，围绕理解和表达两个层面提高研究生的翻译技能；《听说教程》采用交际法，内容涉及英、美等国的日常生活、风俗习惯、文化背景等。《视说教程》采用情景教学法，进行"视听"与"说"的交互训练；以视听—模仿—解说—视听—展示为教学形式。《自学读本》采用以与主干教材同步的方式，对基本功的训练既全面覆盖又单项深入。（张红方）

H000121 **英语语体和文体要略** 秦秀白编著。上海外语教育出版社 2002 年 4 月版。39.1 万字。21.70 元。介绍有关英语文体和语体的基础知识。重点讨论英语中已经形成的各种变体，例如因交际媒介不同而形成的口语语体和书面语体；因语音的使用领域不同而形成的各种功能变体（广告语体、新闻语体、法律语体、宗教语体等）；因交际者双方关系不同而形成的正式语体和非正式语体等。（庄智象）

H000122 **新视野大学英语** 郑树棠主编。外语教学与研究出版社 2002 年 3 月版。共 57.25 印张。76.60 元。本教材是教育部组织实施的"新世纪网络课程建设工程"重点项目之一。教材共八个级别，分别为预备 1、2 级和大学英语 1～6 级，每级配有课本、光盘和网络课程三种不同的载体。每一级分别由《读写教程》、《听说教程》、《综合训练》和《教师用书》四个分册组成。

H000123 **新编大学英语** 应惠兰主编。外语教学与研究出版社 1999 年 4 月～2002 年 3 月版。721.2 万字。433.80 元。该教材共 7 级（含《新编大学英语基础教程》），1～4 级包括学生用书、活页、教师用书、自主听力和自主听力答案 5 部分，基础教程、5～6 级包括学生用书、活页、教师用书 3 部分。教材配有录音带和多媒体光盘。教材采用以学生为中心的主题教学模式，理解和体现学生的知识、智力、情感和个性需求。每单元围绕一个主题，围绕大学生共同关心的话题，展开听、说、读、写、译活动，语汇复现率高，便于联想和记忆，培养学生的语言综合应用能力。

H000124 **最新托业考试综合训练与技巧指导** 副名：Thomson Preparation Course for the TOEIC Test 1/2。罗伯特·斯坦尔勃格编著。外语教学与研究出版社 2002 年 10 月版。40 万字。32.80 元。共 2 本。托业考试主要用于测量员工在国际工作环境中英语交流的能力。本书针对托业考试而编写，重点在于模拟测试。每本书都有三套模拟试题，从题型设计、题量分布和难易程度等方面都与实际考题相似。还配有录音磁带、听力录音原文、一定的试题解析和思路点拨等供学习者参考。（宋德伟）

H000125 **GMAT 词汇思马得记忆法** 苑涛、樊一昕编。天津大学出版社 2002 年 10 月版。

28.08万字。18.80元。为GMAT考试而准备的词汇书。编者将那些以字母排序的单词重新进行排列组合,得到了一群又一群十分容易记忆而又相关的单词。以便读者快速而准确地记忆。将同根、同义、反义、相关的单词放置在一起,本书的选词荟萃了国内外权威机构的统计结果,并用电脑进行再次筛选。该书配有磁带。(蒋荣蓉)

H000126 **金典英语词汇达标** 史燕燕主编。西北工业大学出版社 2002年4月版。207万字。79.00元。内容设计有同义词、反义词、衍生词、辨析、例句、例题及分析、短语搭配,简练地对词汇进行解释。选词按照近年来各种考试中出现词频统计得出,具有很高的参考价值。本套书有高考词汇、四级词汇、考研词汇、四六级短语、专业四级词汇、专业八级词汇共六个分册。(李东红)

H000127 **突破英语单词手册** 郝振甫编著。江西科学技术出版社 2002年2月版。21万字。15.00元。共收入英语词汇约3500余条,其主要特点是:选词常见实用,注有音标;释义简明扼要,例句精炼典型。例句中每个词条或以选词填空、或以补全单词、或以多选题的形式出现,提供A、B、C、D四个选项,并附有答案和汉词译文。(刘舒)

H000128 **大学英语六用词汇手册** 李平武、欧阳勤主编。外语教学与研究出版社 2002年11月版。24万字。15.90元。根据教育部新颁布的《大学英语教学大纲》编写,包括了大纲要求的全部6500个单词。它有如下特色:1.分级:将《大学英语教学大纲》所有词汇分为四个级别,分别加以标记;2.正字:对同形异义词、异形同义词均做了科学的处理;3.辨音:所有词条及其不规则变化都标注了国际音标;4.释义:汉语释义准确而简明;5.用法:说明学习各个单词的要点和难点;6.词组:共收录了1000余个词组,分别列在各中心词词条下。(朱云奇)

H000129 **小学生同义词近义词反义词大全** 李成主编。江苏少年儿童出版社 2002年7月版。50万字。18.00元。根据小学生语文学习和课外阅读的需要,选收常用词语5500多条,配以同义词、近义词1万多条,反义词7千多条,囊括现行小学语文教材的全部同义词、近义词、反义词,并融合了解词、组词、搭配、造句、词义辨析等多项词典功能。还融合了《解词词典》、《组词词典》、《搭配词典》、《造句词典》、《同义词词典》、《近义词词典》、《词义辨析词典》等词典功能。(钱旭东)

H000130 **常用英语成语用法词典** 吴桂林、刘新主编。中国标准出版社 2002年5月版。135万字。58.00元。共收3200余条常用成语。主要根据桑代克(Thorndike)和韦斯特(West)关于英语词汇常用率的统计,删除陈旧和不常用的词义。特点:(1)根据英美最新研究成果,对绝大多数成语按其在句法中的作用标出词性。对用法活、含义多的成语的词性和词义进行归纳、分条列出。(2)将词义按原意、转义和引申的次序排列。(3)书后的英语成语汉语索引等于增加了汉英功能。(段方)

H000131 **"英语词组"丛书** 李泽池主编。山东友谊出版社 2002年10月版。145万字。44.00元。丛书共3种,即《初中英语词组手册》、《高中英语词组手册》、《大学英语词组手册》。《初中英语词组手册》、《高中英语词组手册》依据最新中学英语新课程标准的要求和初中、高中英语教学大纲的词组附表为基础,根据中考、高考对英语词组的要求,从语义、语用、语法以及惯用法等方面,分别对初、高中英语词组逐条分析解释,同时附以大量专项练习题。《大学英语词组手册》依据最新版的大学英语教学大纲的词组附表为基础,结合最具广泛性的大学英语教材,以大学英语四、六级测试对英语词组的要求为出发点,对大学英语词组进行分析举例,并对一些重难点词组给出其同义或反义的词组表达法,以使学生触类旁通。(程华涛)

H000132 **大学英语1~4级词汇贯通学习手册** 郁金香、胡新慧编著。上海外语教育出版社、新疆人民出版社 2002年9月版。37.3万字。15.50元。汇编大学英语1-4级词汇,按字母表顺序编写。本书集英语单词的多义功能、派生功能、搭配功能和实用功能于一身,每个单词下列释义、例句、同义、反义、搭配、词组、分辨、语法、归类速记、典型考题等栏目内容。(李燕)

H000133 **大学英语词汇贯通学习手册** 韩新雷、张建磊、李嘉东、王军等编著。上海外语教育出版社、新疆人民出版社 2002年9月版。83.5万字。37.20元。分4册,为上海外语教育出版社版《大学英语精读》(4册)词汇学习内容,按本教材各单元学习顺序同步编写。本书集英语单词的多义功能、派生功能、搭配功能和实用功能于一身,每个单词下列释义、例句、同义、反义、搭配、词组、分辨、语法、归类速记、典型考题等栏目内容。(李燕)

H000134 **英语直通车 动画文法** 温士仁著。江苏教育出版社 2002年9月版。31.2万字。25.00元。利用生动活泼的漫画配上文字,将复杂的语法规则简洁明了地说清楚，且便于记忆。书中所配的练习针对性强，再加上利用网络互动式的学习方法为读者找到一条最理想的捷径。（王家俊）

H000135 **英语直通车 直觉造句** 温士仁著。江苏教育出版社 2002 年 1 月版。9.5 万字。20.00 元。提供了 4 000 多个日常生活中常用的句子，根据词汇、语法的难易程度、句子的长短、句子结构的复杂程度，把所有句子分为六个级别。从易到难、循序渐进，有词汇、短语、句型的不断复现和总结归纳。通过这些造句活动，学习者不断地积累知识，形成一定的读写句子的能力，从而逐步提高语言的整体应用能力。（王家俊）

H000136 **英语常用短语例解词典(A Dictionary of English Phrases and Idioms with Examples)** 杨信彰主编。厦门大学出版社 2002 年 2 月版。82.3万字。40.00 元。收集 8200 多条常用英语短语，包括短语动词、介词短语、形容词或副词短语。每个条目提供释义和例证，释义的每个义项后收入一个或者数个句子作为例证，例证后附有汉语译文；部分条目提供语法或者使用方面的用法注释。（王依民）

H000137 **研究生实用英语教程** 井升华、何江胜主编。外语教学与研究出版社 2002 年 8 月版。30 万字。36.80 元。上、下册，每册书十个单元，每个单元围绕一个主题，每个主题又包括多篇课文，课后附有练习，练习皆属主观题型，包括写作与翻译。教材文章均选自英美作家的语库，原汁原味。选材涉及文化、教育、法律、科学、体育、娱乐、管理、旅游等方面的内容。分上、下册，每册供一个学期使用。（刘相东）

H000138 **当代英语惯用法词典** 王琼、徐达山主编。北京科学技术出版社 2002 年 9 月版。207 万字。85.00 元。介绍英语惯用法的工具书。提供了英语单词的释义、说明、例证，并根据词条需要附有词性变换、句式结构、词语搭配、词义引申、语体风格、英美用法、中国人使用常见错误等信息。书中还在同义词比较、近义词或相关词语对照和词语用法辨析方面进行了探讨。（王藏）

H000139 **大学英语语法贯通学习手册** 岳福曹、刘新平编著。上海外语教育出版社、新疆人民出版社 2002 年 9 月版。20.7 万字。9.20 元。分词法和句法两部分。词法部分着重对词的特殊用法、习惯用法和区别用法的归类总结；句法部分着重对惯用句型和实用句型的归类总结，同时选用典型考题进行应用分析、讲解。（李燕）

H000140 **大学英语写作指南** 石林平著。敦煌文艺出版社 2002 年 9 月版。21 万字。15.80 元。针对全国四、六级英语统考、硕士研究生入学考试、MBA、TOEFL 考试写作之用，逐步分析写作要点和技巧。帮助考生攻克写作难点，具有较强的实用性。（田园）

H000141 **大学英语写作新思维——写作技巧·典型范文** 许德法、陈红主编。西北工业大学出版社 2002 年 8 月版。19 万字。11.00 元。内容紧扣新大纲，论析学生英语写作中的未知、疑惑与错误处。1.扣好主题，挖掘了篇幅理论，即篇幅大小由提纲内容纵横级别及各级内容展开的多少而定；2.结构全面，揭示了三段体写作中三部分各自的意义、特点与写法；3.拟纲行文，提出了标准三段体和非标准三段体理念；4.实践提高，归纳了备考应试四步法时间表，备考配有 20 个试题及其审题列纲与范文；应试配有 30 个试题与范文，文中带有段落主题句下划线，文后有结构与内容评析。（雷军）

H000142 **英语修辞学** 胡曙中著。上海外语教育出版社 2002 年 5 月版。48.5 万字。18.80 元。共 11 章。第 1 章介绍修辞学的定义；第 2 章阐述经典修辞学的理论框架及其发展历史；第 3、4 章分别研究英国和美国的传统英语修辞学；第 5、6、7 章研究了现代英语修辞学的建构过程及其理论体系；第 8 章和第 9 章分别探讨修辞学两个重要的研究领域：作文修辞学和文体修辞学；第 10 章阐述并分析修辞学作为一门交叉学科的本质，展望了未来修辞学研究发展的趋势；第 11 章介绍修辞学批评的两种研究方法和三种体系，提供了修辞学批评的示例。本书以英文撰写而成，是英语修辞学研究领域的最新成果。（韩天霖）

H000143 **挑战雅思丛书:写作** 郑奇民主编。武汉大学出版社 2002 年 7 月版。18.6 万字。20.00元。遵从写作的基本规律，抓住雅思写作的要求和特点，有针对性地进行考前实战模拟训练来编写。本书分为学术类(A 类)和普通培训类(G 类)两种形式，重点阐述信件写作、图表作文写作、论说文写作的模式，特征、分类详解，此外在模拟写作及范文参考上依据考题的要求，向广大考生提供了大量的信息和准备材料。（谢群英）

H000144 **新科学家英语** 副名:硕博英语演讲与写作。王景惠编。哈尔滨工业大学出版社 2002 年 8 月版。45 万字。30.00 元。以教育部颁布的研究生英语教学大纲为依据,根据硕士生、博士生英语教学的实际,培养研究生跨文化交流的能力。本教材聚焦英语科技写作、英语短文写作和应用写作,题材广泛。其特点有:1.从英语词、句、篇三个层面展开,重点解决研究生英语写作“四差一慢”的问题,引导学生积极建构语篇,写出简洁、准确、信息层次清楚的文章。2.围绕中外科技人员所需要的英语写作知识,启发英语写作灵感,使英语知识变成英语能力。3.内容丰富,包括英语论文摘要、科研资金申请、国际会议学术报告、英语短文写作。4.实用为本。针对中国学生英语写作的实际需要,选择高频词语和核心词汇,使学生在实践中完善写作构思,学以致用。该书配有光盘。(孙雅杰)

H000145 **电力科技英语翻译方法与技巧** 郑仰成编著。中国水利水电出版社 2002 年 7 月版。27.9 万字。25.00 元。以英译汉为主,论述翻译的标准,科技英语的特点,翻译技能的基本要求,翻译的方法和较详尽的翻译技巧。为“加入 WTO 电力行业英语学习丛书”之一。(陈跃)

H000146 **英汉翻译综合教程** 王宏印编著。辽宁师范大学出版社 2002 年 11 月版。34.8 万字。19.00 元。运用多学科交叉研究和多渠道贯通方法编写的英汉翻译教材。作者提出以文本再造为核心的翻译新概念,力求从理论探讨,技法掌握,篇章习作和译作赏析四个方面,通过应用、科技、论述、新闻、文艺五种文体系统而科学地进行翻译教学和训练。全书分为 5 个单元,每一单元包括理论探讨、技法实习和译作欣赏 3 章。各章内容在单元内既各自独立又互有联系,在单元间则前后相继逐渐拓展,最终构成一个完整的知能系统和易行的教学系列。(徐佳东)

H000147 **《英语学习》四十年精选丛书** 《英语学习》编辑部编。外语教学与研究出版社 2002 年 11 月版。115.60 元。分 7 卷。分别为:《英语的门槛有多高》(名家箴言卷)、《时日留痕》(时文卷)、《性情人生》(美文卷)、《话里话外》(语言文化卷)、《给我讲个故事吧》(童话传说卷)、《科技之虹》(科技卷)、《国外风情面面观》(异域风情卷)。收录《英语学习》杂志自 1958 年创刊以来各个时期、各个栏目的精华文章,反映了时代的变迁、社会的发展及语言文化的变革。

H000148 **当代新编汉英词典** 张健编著。上海世界图书出版公司 2002 年 3 月版。307.8 万字。160.00 元。以收录汉语常用词汇和当代报刊中新词新义为主的汉英工具书,共收约 5500 个单字条目,近 10 万个多字条目。与以往的汉英词典相比,本词典的特色就是“新”,其中收录约 12000 条自改革开放以来经常见诸报端的新词语。全书释义准确,例证实用。(王丹)

H000149 **新时代汉英词典** 潘绍中主编。商务印书馆 2002 年 12 月版。500 余万字。78.00 元。是“新时代汉英词典系列”的中型本。共收录单字条目和多字条目 63000 余条,其中有 3000 余条是近年来出现在政治、经济、科技和日常生活领域的新词语。所收的字、词、词组、成语、方言、俗语、例证等非常实用。社科词语保留了最主要、最常用或英译有一定难度的。科技词语着重收入高新技术和基本科技词汇。尽量使用短语、短句作为例证,将释义或译文比较简单的条目作为例证收入字头中。正文中的“见”和“互见”的使用更方便读者在单字和多字条目之间相互参照。在正文中配有 160 余幅图表。还有 5 种附录,涵盖了中国历史、区划、民族、联合国机构,世界各国首都和货币等信息。为方便检索,印装上采用拇指索引显示汉语拼音音序。(卢艳丽)

H000150 **新英汉袖珍词典** 何大基编。中国对外翻译出版公司 2002 年 10 月版。22 万字。26.00元。主要供中、初等程度的中外读者使用。共收单词条目、派生词和复合词、各种习语及例句共 2.3 万余条,最大的特点是,它在绝大部分中文释义前都加上了英文说明词(indicators),这有助于读者理解、分辨不同的词义并获得一些有关搭配等用法的知识。中文释义与英文说明词密切结合,并在汉语简体字后加注繁体或异体汉字。(黄定)

H000151 **实用英语正误词典** 本书编写组编。山东友谊出版社 2002 年 8 月版。238 万字。106.00 元。收集整理中国学生学习英语最常出现的错误并归纳成册。这些错误主要表现在用词、搭配(如名词与介词、动词与介词、动词与名词、形容词与名词、形容词与介词)、句型结构、读音拼写等方面,以使学生学到地道英语。本书所选例句主要取材于国内各级各类考试:如高考、托福考试、自学考试和英语等级考试试卷中出现的主要语言点。以条目词为单位,先给出汉语句子,接着举出误正英语,再配以简明易懂的解释。(程华涛)

H000152 **儿童英语分级读物 Hello Reader!** [美]大卫·麦克费尔、卡伦·伯曼·内格尔、乔安妮·罗克林、马古·伦德尔等编,刘秀玲、高燕、田永秋、徐金光等译。外语教学与研究出版社 2002 年 1

月版。185.00 元。系列丛书分四级，共 22 本。该书从 SCHOLASTIC 公司原版引进，辅以注释、翻译，选材科学，主要突出四个方面的特点：贴近生活，以引起儿童的共鸣；寓教于乐，让儿童在快乐中掌握知识；心理教育，选取对儿童成长富有教育意义的小故事。内容活泼，遣词造句由易到难，并有意识地科学复现重点词句，利于儿童学习记忆。丛书分为四级，由易到难适合不同英语程度的儿童阅读，每级均配有一盘声音优美、地道的音带。每本书均采用英汉对照的形式，并辅以形象生动的彩色图画。对重点和难点的词、词组作出注释。

H000153 **大胡子伯伯英语系列** 纪玉华、许其潮主编。鹭江出版社 1993～2002 年版。33 印张。240.00 元。分初、中、高级版。采用“三文治”式英语教学，在汉语的帮助下，理解、记忆和掌握英语单词、短语及句子。英语的比例由少到多，逐渐过渡到全英语环境，通过母语这座桥梁，顺利到达英语学习的目标。其中，初级版(5 册书配 5 盒磁带)；中级版(5 册书配 5 盒磁带)；高级版(5 册书配 5 盒磁带)。(王爱华)

H000154 **中英比较儿歌** 孙建秋、孙建和编著。中国少年儿童出版社 2002 年 3 月版。16 印张。26.00 元。中英儿歌选集。共收儿歌 250 首，中国儿歌和英国儿歌各 125 首。根据儿歌的作用和内容划分为 11 类：1.摇篮曲；2.膝上歌和拍脚板歌；3.手指戏；4.游戏歌；5.动物歌；6.顺口溜和幽默歌；7.爱情和婚姻；8.智慧歌；9.谜语；10.童话及古怪谣；11.传说与民俗。无论中英儿歌，都将原文放在每页的上方，译文及汉语拼音随后。左页是英国儿歌，右页为中国儿歌。书中配有插图。(韩彬)

H000155 **现代教育技术与现代外语教学** 何高大著。广西教育出版社 2002 年 3 月版。33.9 万字。25.00 元。以现代教育技术与现代外语教学的情结为基础，探讨了现代教育技术在现代外语教与学中的理论基础与应用，并对我国外语教学现代化、信息化、智能化、多元化的发展做了一些创新性的探索。全书分十章，主要探讨国内外现代教育技术的发展；多媒体系统的原理、特征、应用与发展；突出地探讨了教育技术辅助外语教学的理论基础、软件设计、课堂教学设计、教学模式与教学方法、教学技巧；教育技术与外语教师信息素养；教育技术与外语学习；Internet 与外语教学；网站与软件评价；网络教学及发展趋势等；并在有关章节附有个案研究和网址。(袁家剑)

H000156 **大学财经英语阅读** 肖文科主编。外语教学与研究出版社 2002 年 6 月版。30 万字。28.90 元。高等学校财经专业英语教材。共分 10 个部分，45 个单元。内容涉及经济学、国际贸易、金融学、管理学、市场营销学、会计学、统计学、信息科学、法学和世界经贸发展趋势等。绝大部分内容选自 20 世纪 90 年代末西方财经界的名人名著。(田洪成)

H000157 **小书架** 蒙哥马利等著。安徽科学技术出版社 2002 年 7 月版。12 万字。8.50 元。插图版英语世界名著系列丛书(36)英文世界名著简写本。包括《爱丽丝漫游奇境记》、《80 天环游地球》、《大卫·科波菲尔》等 36 部长篇小说。全英文本，配插图及少量注释。丛书为引进版权书，每本书篇幅为 240 页左右，文字和插图比重大致相等。由英美专家改写，保留原书风格。丛书体例统一，在每一页的英文文字下配有重点单词的音标、词性和词义，少数地方加以语法点的解释和分析。图注文字全部译成中文，并有较难句子的翻译。(王飞)

H000158 **ABC 双语系列** 杨歌、朱邦彦编著，季青等绘图。天津教育出版社 2002 年 10 月版。64.5 万字。85.00 元/套。从台湾民生报社引进的一套双语图书，从不同角度帮助孩子们以游戏的心态掌握英语知识。其内容丰富、图文并茂。共 8 册：《四月一日愚人节—英文游戏闯关通》，《大象鲸鱼从天降—跟动物学英文》，《骑星期四去得州—英文脑筋急转弯》，《狐狸在秋天恋爱了—绕口令学英文》，《ABC 人和剑人—看笑话学英文》，《我的名字叫 Younger—英语文化面面观》，《有其父必有其子—英文名句模仿秀①》，《过去的，就让它过去吧！—英文名句模仿秀②》。(袁颖)

H000159 **时日留痕** 副名：《英语学习》四十年精选丛书之时文卷。《英语学习》编辑部编。外语教学与研究出版社 2002 年 11 月版。18 万字。17.80元。选收《英语学习》自 1958 年创刊以来登载过的时事文章的精品，从各个侧面反映了过去 40 余年中社会的变迁及人们思想观念的转变。

H000160 **英语故事会** 贾柱立编。天津大学出版社 2002 年 3 月版。28.9 万字。15.00 元。“走入英语圈”系列丛书之一。汇编古今中外各种趣味性读物数百篇，体裁和内容包括：通俗短文、童话寓言、幽默小品、民间传说、神话故事、人文民俗、名篇简写、佳作采撷、作家生平、故事梗概、名人轶事、传记故事、小说散文、成语故事、史地名胜等。每篇读

物后均有注释。(黎恋恋)

H000161 **国外风情面面观** 副名:《英语学习》四十年精选丛书之异域风情卷。《英语学习》编辑部编。外语教学与研究出版社 2002 年 11 月版。18.9 万字。19.80 元。收录《英语学习》"海外风情"栏目文章中的精华,介绍和展示世界各地的人们的生活和习俗等。所收录的文章大多来自外刊,部分文章是中国人在外国的所见所闻所感。

H000162 **科技之虹** 副名:《英语学习》四十年精选丛书之科技卷。《英语学习》编辑部编。外语教学与研究出版社 2002 年 11 月版。16.7 万字。16.80 元。收录《英语学习》自 1958 年创刊以来登载的科技类文章中的精华,汇集 40 余年来的科技动态和科学成果,反映了科学技术的发展和变化。

H000163 **语言学名著选读** 杨达复,谭志明主编。西北工业大学出版社 2002 年 10 月版。67 万字。35.00 元。为英语专业硕士研究生选编的阅读教材。选自世界著名语言学家的原著,其 33 篇选文涵盖了语言与语言学、语言学与音位学、形态学与句法、语义学与语用学,心理语言学及语言发展等内容。每篇选文后附注释及思考题。(李东红)

H000164 **浪漫英语诗歌** 顾飞荣等编著。安徽科学技术出版社 2002 年 5 月版。13 万字。8.50 元。选取近百首适合英语初学者诵读的短小诗篇。所选诗作均能从不同角度展现作者丰富多彩的想像世界。每首诗歌都配有中译对照,个别难词难句附有注释,还配有诗人简介和诗歌赏析。(邵梅)

H000165 **外研社—剑桥雅思考试培训教程** 副名:Cambridge Practice Tests for IELTS 1 Cambridge IELTS 2 Insight into IELTS。英国剑桥大学考试委员会,Vanessa Jakeman 等编著。外语教学与研究出版社 2002 年 4 月版。70 万字。89.70 元。雅思备考教程。包括《剑桥雅思考试全题型预测试题集》、《剑桥雅思考试全真试题解析》、《剑桥雅思考试题型透析》三本,是一套专门为雅思考试编写的权威英文原版教材。本丛书系英联邦国家雅思培训机构专用教材,书中提供的实例最为接近雅思考试真题。全书配有录音磁带和录音资料原文。(宋德伟)

H000166 **大学英语泛听** 石高玉、李胥翔等编。外语教学与研究出版社 2002 年 7 月版。共 4 册。共 108 万字。64.60 元。高等学校非英语专业泛听教材。选材力求体现一个"泛"字:涉及日常生活、社会习俗、体育、教育、择业、历史、文化、艺术、经济、法律等方面;内容形式有简短对话、情景对话、短文幽默故事以及各种形式的练习。书后附参考答案和录音材料。(赵东岳)

H000167 **为您服务 行话连篇** 钟秀平等编著。大连理工大学出版社 2002 年 8 月版。25.3 万字。25.00 元。分四章,每章为十个话题,每个话题下有若干个对话,突出了交际场景、任务、交际句型及常用词语。"行家指点"部分还帮助读者克服跨文化交际困难,提出了有益建议。(总编室)

H000168 **电信网络 行话连篇** 杨文菊等编著。大连理工大学出版社 2002 年 8 月版。31.6 万字。25.00 元。口语学习书,第一、二、三章是有关电话的话题,第四章围绕 IT 服务商为用户提供的服务展开,对话涉及技术及服务用语。第五、六章是电子商务和业务服务的话题。第七、八、九章内容表现了网络对人们生活的影响。(总编室)

H000169 **市场营销 行话连篇** 钟玲主编。大连理工大学出版社 2002 年 8 月版。28 万字。25.00 元。英语读本。着重从应用的角度突出营销行业用语的特色,以顺应国际市场的需求。在每一章的每一节后就行业特点及行业经营技巧方面缀有"行家指点"栏目。(总编室)

H000170 **走出国门 行话连篇** 王雪松主编。大连理工大学出版社 2002 年 8 月版。25.8 万字。25.00 元。共九章,包括:签证面试、登上飞机、校园生活、海外推销、海外商务考察、海外旅游、结交朋友、信息社会、善自珍重。涵盖了走出国门之后所涉及的交际场景,从海外读书、海外工作、海外旅游、海外商务四个方面提供交际对话和交际表达场景。(总编室)

H000171 **应聘上岗 行话连篇** 薛昌学、付岗编著。大连理工大学出版社 2002 年 8 月版。26.5 万字。25.00 元。分七章,涵盖了应聘、秘书、推销、经理、宾馆接待等涉外行业岗位,英语会话情景贴近现实。(总编室)

H000172 **妙语连珠舌战考官——实战雅思口语** 王陆著。国家知识产权局知识产权出版社 2002 年 12 月版。40 万字。34.00 元。"雅思宝典丛书"之一。该丛书共 5 册。其余 4 册为:《事半功倍打好基础—雅思词汇速记》,《一目十行高效快捷—雅思阅读速成》,《才思泉涌梦笔生花—雅思写作要诀》、《耳聪心明手疾眼快—备战雅思听力》。该书为雅思考生介绍口试技巧,并对有关试题提供参考答案。(何良穗)

H000173 **挑战雅思丛书:听力** 严丹红主编。

武汉大学出版社 2002 年 8 月版。39.8 万字。31.00元。雅思考试辅导书。分五章,包括:雅思听力简介、分立题型训练、模拟试题、答案和录音稿。题型包括:图文对应、句子与二项选择、填空、是非选择、简答、多项选择、句子补充、任务小结等多种题型。内容选材广泛、涉及天文、历史、地理、教育、人文科学、自然科学、航天、风土人情等。另配有由外籍语言专家朗读的磁带。(黄朝昉)

H000174 **涉外公务 行话连篇** 张红娜、张玉玺编著。大连理工大学出版社 2002 年 8 月版。26.6万字。25.00 元。英语口语读本。共 12 章,涉及外企审批、工商税务、外企交往、进出口贸易、货品检验、外事招待、金融银行、物业管理等行业内容,48个话题,约 190 多个情景会话,基本涵盖了涉外公务的方方面面。(总编室)

H000175 **流行英语 900 句** 柳荫编。湖南人民出版社 2002 年 1 月版。18.1 万字。12.50 元。介绍一些最常用的美国口语会话,并纠正一些源于中国大中学校某些英语教育中的谬误。介绍美国的有关文化和一些日常生活习惯,以及我们与人交往、待人接物时应该注意的风俗与礼仪等。(曹伟明)

H000176 **家庭英语** 李志钦、解雪超编著。金盾出版社 2002 年 12 月版。5.9 万字。10.00 元。围绕家庭日常生活交谈中必然涉及的 18 个情景与意向性话题,如起床与就寝、上班上学、做饭吃饭、看电视、听音乐、用电脑、衣着、住房、生日、健康、喜怒、祝愿、批评建议等,选取简练常用的口语句子,英汉对照,配以外教课文朗读录音磁带。(杨士文)

H000177 **商务英语听说** 刘洪、陈祥国主编。对外经济贸易大学出版社 2002 年 6 月版。49.9 万字。23.70 元。中等职业教育国际商务专业国家规划教材之一。有以下特点:1.围绕一笔外贸交易,以外事接待和商务谈判的各个环节为素材和线索,对学生进行听、说同步训练。内容紧跟世界经济及国际商务发展的新动向,新形势。另外还有六课新闻报道。2.将商务英语的听力和口语有机地融为一体,每课由以下几部分组成:示范对话、词语表、注解、实用句子和练习。3.切合生活实际,语言口语化,简单化,有代表性。(顾永才)

H000178 **商务英语函电** 王乃彦主编。对外经济贸易大学出版社 2002 年 6 月版。31.3 万字。14.70 元。中等职业教育国际商务专业国家规划教材之一。系统地介绍国际商务函电的基本格式、写作特点、国际商务过程的各个主要环节及每个环节所涉及的代表性信函。共 12 章,按业务环节的先后顺序编排。其中第一章介绍国际商务函电的基本格式及写作特点,第二至第十章为业务环节专题,属必修内容,第十一章、第十二章介绍独家代理及电子通信方式。(顾永才)

H000179 **商务贸易 行话连篇** 厉秀仁等编著。大连理工大学出版社 2002 年 8 月版。28.7 万字。25.00 元。英语口语读本。以商品贸易的各环节为中心内容,包括贸易联络、讨价还价、支付形式、包装发货、货物保险、寄售代理、申诉索赔和法庭仲裁等内容。全书共 8 章,每章为一个主题,每个主题下有四个话题,每个话题下有三到四段对话。(总编室)

H000180 **商务谈判 行话连篇** 韩会玉、高晓瑞编著。大连理工大学出版社 2002 年 8 月版。30.9万字。25.00 元。就国际商务活动中常见的代理、合资、技术转让、招标与投标、贸易、协议书等谈判,提供了常用的基本句型及情景会话,使读者在具体的谈判气氛中掌握所学的知识。(总编室)

H000181 **掌握美语口语** 张翔主编。大连理工大学出版社 2002 年 6 月版。41 万字。16.80 元。是美语口语、情景会话用书。内容包括:如何形容别人、关于健康、时间、成功、人生、犯罪、生活、变化、如何表达控制、关于忙碌等内容。(总编室)

H000182 **奥运安保服务英语** 吴焕成主编。中国人民公安大学出版社 2002 年 7 月版。20.7 万字。16.00 元。内容包括:寒暄,介绍,劝告,指路,寻人,失物招领受理,交通疏导,交通违章处理,交通事故处理,盘查人员,盘查车辆,失窃报案,斗殴事件处理,毒品,枪支管理,抢劫杀人案审理,灾害,反恐怖活动,防范,安全检查,场馆安全检查等。(刘悦)

H000183 **奥运英语速成 1000 句** 张德玉、韩玉堂主编。青岛海洋大学出版社 2002 年 1 月版。28.3 万字。17.50 元。包括住宿篇、餐饮篇、交通篇、购物篇、旅游篇、运动篇和附录 7 部分。前六篇采用独立成句、同一视面中英文对照的形式按顺序编写,每篇自成体系;篇后对某些疑难英语词句给出注释。附录提供了奥运小知识集锦、青岛申办 2008 年奥运会帆船比赛大事记等数十条资料。书中还选取若干幅突出青岛特色的彩图,图文并茂。(纪丽真)

H000184 **新世纪英语口语教程** 李华东、栾述文、袁洪婵等编。外语教学与研究出版社 2002 年 4 月版。85 万字。60.70 元。高等学校英语必修、选修口语教材。共3册。分六大板块:一、预热;二、听力;三、阅读;四、功能句型;五、交际活动;六、写作。教材贯彻“以功能为突破口的跨文化交际法”的原则,每单元围绕功能或符合学生需要和兴趣展开,着重发展口语能力,兼顾听、读、写等技能,练习方式从功能操练到结合跨文化语境组织对话和练习,使学生学会常用交际功能的核心句型,并结合不同的语境进行灵活运用。(赵东岳)

H000185 **人人说英语丛书(Speak Up)** 侯毅凌,蒋祖康,张在新等编著。外语教学与研究出版社2002年7月版。75万字。77.70元。英语口语教程。分为初级、中级和高级三本,适合不同起步水平的英语学习者。全书配有录音磁带供读者进行模仿和跟读训练,书后配有关键词汇表。(宋德伟)

H000186 **美国英语口语词典** [美]理查德·艾·斯皮尔斯,斯蒂文·阿·克莱内德勒,贝蒂·杰·比尔纳著,张强,许钟译。上海译文出版社2002年9月版。36.7万字。24.00元。根据美国国家教科书出版公司新近出版的NTC'S DICTIONARY OF EVERYDAY AMERICAN ENGLISH EXPRESSIONS英文原版译出,是一本双语口语辞典。词典收入7000多条当代美国英语口语中常用的习惯表达用语,其中包括各种文体和修辞色彩:如正式用语,非正式用语,俚语,套语等等。本书共分为18类,然后按话题细分为773个小类。场景几乎涉及人们日常生活的方方面面。在本书的每一小项里,原作者根据不同的场合、说话人的身份、年龄以及性别设计相应的句子,极大丰富了人们的表达方式。(乐韬昀)

H000187 **语言研究与语言教学** 田国柱主编。新疆人民出版社2002年12月版。17万字。29.80元。论文集。包括《约克郡方言的研究和思考》、《提高翻译技能的主要手段——语言对比分析》、《英语易混辞格辨析》、《英语修辞之研究与思考》、《关于开发儿童外语习得能力的研究》、《大学英语精读课教学任务和方法》等23篇论文。(李燕)

H000188 **法语实用语法** Y.德拉图尔等编著,曹德明编译。上海译文出版社2002年4月版。55.2万字。33.80元。内容涉及法语学习最初几年中正确理解和运用法语所必需的所有语法要点。本书以巴黎索邦大学对外法语教学专家丰富的教学经验为基础,对法语语法常用规则和常见现象作了精辟讲解,并配有大量例子。全书共29章,每一章由若干实用教学卡片组成,重点突出,内容编排先后有序。每章还配有为法语学习证书测试(Delf)而准备的练习;书末附有各类动词的变位表和常用动词结构表及练习答案手册。(管舒宁)

H000189 **法汉大词典** 黄新成等主编。上海译文出版社2002年6月版。1383万字。360.00元。综合性法汉辞书,收录词目12万余条,内容包括今古社会通用语和惯用语词汇、科技词汇、外来词汇、常用缩略语、重要人地名、各种词缀、动词变位、词干词形等内容。(乐韬昀)

H000190 **现代标准德语1** [德]莱奥诺雷,陈壮鹰编著。上海译文出版社2002年9月版。73.2万字。60.00元。是从德国马克斯·慧伯出版社引进的专门为外国人学德语编写的教材。采用国际标准16开本,书中配有大量的图画。本书的特色:语音在课文里集中体现,课文与练习紧密结合,听力练习,填空练习,会话练习,阅读理解,德语会话,语法图解,练习参考答案等。配有现代标准德语音带四盒。(乐韬昀)

H000191 **德语学习词典** 王颖频主编。同济大学出版社2002年9月版。78万字。29.00元。共收词条约15000个(不包括扩展词条),其中约有5300个词条在其释义后面附有例句或短语。还收有“语法简要、缩略词表、常用固定搭配”等内容。(吴凤萍)

H000192 **国际旅游接待德语** 王志佑编著。同济大学出版社2002年11月版。11.5万字。9.00元。主要介绍国际旅游接机、陪同、导游、送客及宾馆服务方面常见的德语对话以及一些德国的礼节常识。适用于具有一定德语基础、从事旅游行业的服务人员,特别是专业导游和业余导游。采用德国新正字法编写。(林梅英)

H000193 **基础德语听力教程** 王志强、戴启秀编著。同济大学出版社2002年5月版。17.3万字。11.00元。以《基础德语》(第二版)为基础,按照由浅入深的原则选择听力课文,共计50篇。内容以原版德语故事为主,并根据《基础德语》教材编写大纲对之进行了适当的改编。在体例上,每篇听力课文由原文、注释(词汇与课文释义)和课文提问三部分构成,书后配有总词汇表。(吴凤萍)

H000194 **范畴·规则·操作** 副名:俄语语言学问题探索。傅兴尚著。黑龙江人民出版社2002年6月版。20万字。26.00元。本书是作者十几年来在俄语语言学研究领域取得的一些成果,它涉及语法学、语义学、语用学、计算语言学等多个学科。语言学问题庞杂多样，但超不出范畴、规则和操作三个方面问题。这里所谓的操作问题是指对范畴知识和规则知识的实际运作，主要体现一种策略性的问题。（刘恺汐）

H000195 **修辞学通论** 张会森著。上海外语教育出版社2002年3月版。23.9万字。14.00元。围绕修辞学的基本理论问题进行阐述，突出了现阶段俄语修辞学及普通修辞学研究中存在的问题及发展的新趋势，首次在国内外修辞学中对俄语语言学界占统治地位的“功能修辞学”理论进行反思，并将改进后的功能修辞学理论纳入本书的“言语体裁理论”部分；还提出了“语用修辞学”等新的理论观点并进行了论证。（岳永红）

H000196 **基础日本语（下）** 董国民等编著。东南大学出版社2002年2月版。33.7万字。19.50元。系由东南大学外语系和日本语言教学专家精心编写的一套自学日语读本，适合广大日语自学者，日语初、中级人员以及在校学生作为二外教材选用。本套丛书共分上、下两册，上册相当于日本国际交际基金日本语能力考试的3级水平，下册相当于2级水平。配有磁带。（刘坚）

H000197 **日语动词用法词典** 顾明耀主编。商务印书馆2002年10月版。150万字。39.00元。共收日语动词2500余条。其中包括基本动词、常用动词、实质动词、派生动词和转喻动词，可把中国大学生学习日语时所应掌握的动词囊括殆尽。（韩秀英）

H000198 **日本语句型辞典** ［日本］佳码析疑研究小组编著。外语教学与研究出版社2002年12月版。72万字。37.90元。日语句型辞典。以“与句子、句节的意义、功能、用法相关的形式”的框架为指导思想，收录各类句型3000个。内容涵盖了日语中、高级学习的句型。在所有的日文汉字上，均标注了读音假名。配有大量的例句及少量的误用例句。在例句解说中，着眼于句型的结构、句型的使用场景，以及类义表达方式的不同使用方法。附有“50音序索引”、“末尾音逆序索引”、“意义、功能项目索引”。（钟诚）

H000199 **日汉大辞典** 日本讲谈社编，上海译文出版社编译。上海译文出版社2002年版。1100万字。320.00元。以日本著名的讲谈社编纂出版的日本第一部全彩色图版辞典《日本语大辞典》（1989年初版，1995年修订，后多次重印）为底本翻译编纂而成。收词约18万条，附录13种，黑白插图330余幅、彩色插图45幅，资料的截止期为2001年3月。除语词条目外，本辞典还收录涉及政治、经济、哲学、社会学、地理、军事、民族、宗教、数学、物理、化学、生物、艺术等领域的大量条目，包括外来语、专业用语等。语词条目以现代日语为主，兼收古语，各词条例句丰富，并附有同义词、近义词、对义词、比较词、参阅词、派生词及助数词等。12万余条目后附有英语对应译词，还收录1万余条日语汉字单字条目。（管舒宁）

H000200 **日汉双解学习词典** ［日］株式会社旺文社编著，王萍等译。外语教学与研究出版社2002年12月版。382.8万字。85.90元。日汉双解中型工具书。以《旺文社 标准国语辞典》（新订版）为蓝本，插入中文对译编写而成。共收词4.5万条（资料截止到2002年10月）。以现代日语为主，收录了文理各学科的核心词汇以及重要的人名、地名、作品名等专有名词。表格栏目达234个。其中，【学习】栏目阐释了同音异义词、同训异字词在用法上的区别，并对近义词作了细致的比较。插图达630幅。前有出版说明、前言、编译者语、体例说明等，后有附录11项。经旺文社同意，①加注了声调符号；②将分散在正文中的古语、和歌和俳句抽出并另立为3项附录；③明示了读音假名的促音与坳音在书写上的区别；④在符号的使用方面作了调整或追加。（刘永志）

H000201 **日语新辞林** ［日］松村明、佐和隆光、养老孟司主编。北京出版社2002年9月版。150.00元。收词有15万多条，并配有550多幅精美的插图。收入世界各国的人名、地名、作品名、动植物名、物产名、机构组织名称、事件名称等条目多达数万条，医学和生物学等名词都注出拉丁文名，化学名词如化合物等都列出分子式。该辞典既是一部语言辞书，也是一部浓缩的百科全书。

H000202 **外研社—三省堂日汉汉日词典** ［日本］杉本达夫、牧田英二、古屋昭弘编。外语教学与研究出版社2002年12月版。246万字。58.90元。日语词典。日汉、汉日两部分合二为一，是一部中型便携式词典。在日汉词典部分中，收录3万个词条，2万多个例句。配有30个专业用语单词汇总栏目，如：问候语、游戏和玩具、乐器、卡通形象、电脑、职业、体育、动物、植物、蔬菜、水果、饮料、疾病、医疗关联语、身体部分、服装和服饰、交通工具、邮政等。在汉日词典部分中，收录4万个词条。在选词上着眼于当代中国日常性的词语，还收入一些成语、

谚语及短句等。(钟诚)

H000203 **两万汉字中日韩越英俄读音释义字典** 邓应烈著。上海辞书出版社2002年5月版。726.3万字。220.00元。在中文版Windows95、Windows97、Windows98和Windows2000中使用的"GBK统一码中日韩大汉字库"中,收录了中国国家标准GB－2312(80)中的汉字、中国台湾通用的汉字、常用日本式简化汉字、日本自造汉字、某些韩国式汉字、一些带喃字性质的汉字、还有繁体字、异体字、部首符号,全部共21003个汉字,并用多语言进行注音释义,所用语言涉及汉语及其主要方言,其他使用汉字的或使用过汉字的语言(日语、朝鲜语、越南语),中国少数民族语言(壮语、维吾尔语),以及英语、俄语。通过本字典能找汉字在中国、日本、朝鲜半岛、越南的读音及各种字母体系中的拼写法,也可反过来,从各种拼写法的索引表中查找挑选正确的汉字。(总编办)

H000204 **新日汉大辞典** 尹学义、顾明耀主编。北京出版社2002年1月版。600万字。178.00元(精)。收有普通词汇,即社会使用频率较高的、与日常生活、学习密切相关的常用词约3万条,社会科学和自然科学、工程技术等方面的常用词汇9万条。附录部分收入科技书籍中常用的英语缩写词、主要日语语法表格及科技常用术语日汉对照表格。(总编室)

H000205 **旅游接待实用日语会话** 吴侃主编。同济大学出版社2002年3月版。31.9万字。18.00元。教材。共九个部分,分别为:基础篇、迎送、出行、宾馆接待、购物、健康与美容、用餐、观光、其他等。每一部分以会话为主,并附有生词、常用语句和常用词。另配有三盒磁带。(封云)

H000206 **阿拉伯语修辞新探** 谢秩荣著。中国对外翻译出版公司2002年8月版。20万字。22.00元。把现代语言学理论、现代阿拉伯语材料和现代科学研究方法融为一体,研究阿拉伯语修辞学的专著。试图为建立适合阿拉伯语发展的现代阿拉伯语修辞学体系作一探索性努力。(黄定)

H000207 **李朝朝汉对音研究** [韩国]蔡瑛纯著。北京大学出版社2002年12月版。65万字。60.00元。15世纪中叶,朝鲜李朝创制谚文之后,为方便学习汉语,以朝鲜语音对译兰茂《韵略易通》、金尼阁《西儒耳目资》、徐孝《重订司马温公等韵图经》、毕拱宸《韵略汇通》、樊腾凤《五方元音》、李汝珍《音鉴》等著作反映的语音系统,先后产生了《洪武正韵译训》、《翻译老乞大》、《译语类解》、《朴通事新释谚解》、《华音启蒙谚解》、《华语类抄》等资料。作者通过对声、韵、调三方面的细致比勘,区分出明清时期大致以洛阳方言为代表的官话音系和朝鲜赴华使节实际学习、运用的北京音系,并且考察出所受朝鲜语音的某些影响。本书为作者自撰汉文稿。书前有李鍌、唐作藩分别写的序言。(胡双宝)

H000208 **简明汉希词典** 朱圣鹏、王小英编。上海外语教育出版社2002年8月版。133万字。56.80元。"简明汉外系列词典"之一。收录词条25000左右,其中包含新词1000条左右,均是常用词,以保证词典的实用性;外语释义力求做到正确、规范、简明。在词条后注有汉语拼音并附有简体字和繁体字对照。(高玲玲)

I 文 学

文学理论

I000001 **文艺符号新论** 巫汉祥著。厦门大学出版社2002年10月版。20万字。13.00元。从文艺符号的核心概念——特征图式入手,阐述了特征图式作为文艺作品的本体符号的理论内涵、建构特征、本体特征和功能特性,分析了传统媒介和数字媒介的文艺作品的符号系统形态及其内在转换机制,在文艺本体观念、文艺象征功能等方面提出了探索性的观点。(牛跃天)

I000002 **文学艺术教育** 孟抗美著。人民出版社2002年9月版。29万字。24.50元。把文学艺术教育纳入素质教育的范围,读者对象锁定为非文学专业的大中专院校学生,通过文学艺术教育达到提高其综合素质的宗旨。作者为长期在高等院校从事艺术素质教育的一线骨干教师，有扎实的文学功底又有丰富的教学经验，在阐释文学艺术教育新理念的基础上，从文学知识教育、文学欣赏教育、文学批评教育、文学创作教育等环节探讨作为素质教育的文学艺术教育的理论与实践，既有宏观的理论探索，又有具体的实践操作，更重要的是它注重给受教育者提供多维度的方法选择。

I000003 **文学原理** 王元骧著。广西师范大学出版社 2002 年 11 月版。40 万字。30.00 元。高校文科教材。阐述文学中具有普遍意义的、最基本的道理，在观念上视文学活动为以作品作为中介所构成的创作与阅读互相作用、往返流动的过程。引入西方现当代文学理论并全面深入介绍传统理论。如关于意识形态的反映性与实践性的二重性，文学语言的描述功能与交往功能的统一性，文学创作中的意识性与无意识性的交融等。

I000004 **文学理论新读本** 南帆主编。浙江文艺出版社 2002 年 8 月版。29.5 万字。38.00 元。由国内中青年文学理论权威南帆（福建社科院副院长、研究员；福建师大教授、博士导师）领衔编撰。全书贯彻了全新的理论构架，共 4 编 27 章，第一编为“文学的构成”；第二编为“历史与理论”；第三编为“文学与文化”；第四编为“批评和阐释”。本书在突破、创新和承担教学启蒙等方面，都有出色的表现和作用。编者从原文中选择上百处重点理论句段，置于留白处，为教学重点提供参考。（朱怡瓴）

I000005 **西方文论** 副名：文艺学系列教材。张玉能主编。华中师范大学出版社 2002 年 9 月版。37 万字。20.00 元。“文艺学系列教材”之一。全书以时为序，清晰地勾勒出了从古希腊罗马直至 20 世纪 60 年代后现代主义文论发展的历史轨迹，在各章的论述中，全书采用了以点代面、史论相结合的著述方法，即抓住各个时期文论的主要思潮及其特点，并选择最具代表性的文论家的观点予以详述，对古希腊罗马时期的古典主义、中世纪的人文主义、17～18 世纪的新古典主义和启蒙主义、19 世纪的浪漫主义与现实主义以及唯美主义、20 世纪的现代主义与后现代主义的代表作及特征进行了全面介绍。（陈昌恒）

I000006 **比较文学基本原理** 方汉文主编。苏州大学出版社 2002 年 4 月版。46.8 万字。28.00元。高等学校比较文学专业教材。分总绪论和 14 章：比较文学概述；比较文学的研究对象；比较文学研究方法；类型学研究；主题学研究；译介学研究；形象学研究；中国各民族文学比较研究；同语异域文学研究；阐释学研究；比较诗学；跨学科研究；文学与文化研究；比较文学学科的发展历史。（金振华）

I000007 **比较文学概论** 杨乃乔主编。北京大学出版社 2002 年 7 月版。48 万字。36.00 元。从比较文学的视野介绍比较文学的基础理论、基础知识和基本方法。（高秀芹）

I000008 **阻力与潜能** 副名：创作情绪障碍研究。胡炳章著。湖南人民出版社 2001 年 12 月版。23.5 万字。18.00 元。从影响作家创作过程的一些较有代表性的心理现象出发，较为系统、深入地阐述了自卑感、惰性、嫉妒、冷漠、情感的弱化、积累与宣泄、表象等对创作活动的重要影响，在此基础上，更进一步地提出了如何化消极为积极、变被动为主动，使创作过程更为积极主动、更有成效的意见和建议，是一本颇具新意和创见的文艺理论作品。（李茜）

I000009 **作为修辞的叙事** 副名：技巧、读者、伦理、意识形态。[美]詹姆斯·费伦著，陈永国译。北京大学出版社 2002 年 5 月版。20.6 万字。15.00元。后经典修辞性叙事理论的一部力作。作者詹姆斯·费伦是美国《叙事》杂志主编，俄亥俄州立大学英文系主任，美国叙事学界的重要理论家，曾任美国叙事文学研究协会主席。本书中，费伦教授采用具有独创性的理论模式，结合约瑟夫·康拉德、凯瑟琳·安·波特、厄内斯特·海明威、洛里·穆尔、威廉·M. 萨克雷、弗吉尼亚·伍尔夫、F. 司各特·菲茨杰拉德、托尼·莫里森等作家的作品，就叙事中的声音、叙述进程、模仿、阅读伦理、文本顽症、同故事叙述的悖论以及意识形态在讲故事和阐释中的作用等论题，进行了深入细致的探讨，堪称修辞性叙事理论与批评实践的一次完美结合。（张冰）

I000010 **解读叙事** [美]J. 希利斯·米勒著，申丹译。北京大学出版社 2002 年 5 月版。23.2 万字。15.00 元。线条意象是 J. 希利斯·米勒这本分析叙事作品的中心点。构成该书逻辑骨架的为一系列理论问题，它们涉及叙事线条的开端、结尾和中部。米勒从亚里士多德的《诗学》和索福克勒斯的悲剧《俄狄浦斯王》开始，提出了有关叙事线条的基本问题。又在后面的章节里，以西方文学众多作家的作品为实例，探讨了叙事线条的各种复杂问题及它们是如何通过交互作用来产生或悬置意义的。（张冰）

I000011 **新叙事学** [美]戴卫·赫尔曼主编，

马海良译。北京大学出版社 2002 年 5 月版。28.6 万字。18.00 元。近处来,我们亲眼看到叙事研究领域里的活动出现了小规模但确凿无疑的爆炸性局面。新叙事理论借鉴了女性主义、巴赫金对话理论、解构主义、读者—反应批评、精神分析学、历史主义、修辞学、电影理论、计算机科学、语篇分析以及(心理)语言学等众多方法论和视角,不仅没有消亡,反而顽强地存活下来……正如后经典物理学不是把牛顿模式简单地抛在一边……后经典阶段的叙事研究不仅揭示结构主义旧模式的局限性,而且也充分利用它们的可能性。(张冰)

I000012 **小说门** 曹文轩著。作家出版社 2002 年 7 月版。27 万字。22.00 元。北大教授、博士生导师、作家曹文轩先生最新的教学研究成果;是一部关于小说艺术研究的理论专著。由于作者本人就是一个有多部小说文学原创的作家,所以他这部谈小说艺术的专著可能就不是一部严格意义上的,或者说是十分纯粹的学术专著,作者在写作它的时候,并没有按时下的所谓学术规范而将自己的主观与个人的经验排除,恰恰相反,倒是一直将自己的体会与感受融入其中。这里头既有作者长期教学、与理论打交道而形成的观念系统;但更多的却是作者在文学创作实践中获得的深刻感悟,而这种观念和感悟经作者因多年的学术训练而掌握的一套手段将它们条理化、逻辑化、理论化了。《小说门》中的"门",即"门类"之门、"门道"之门、"入门"之门。全书除"绪言""后记"外共分 9 章,分别为:缘起、经验、虚构、时间、空间、悬置、摇摆、风景、结构。(袁敏)

I000013 **点击经典文丛** 崔苇等著。山东友谊出版社 2002 年 10 月版。80 万字。96.00 元。书话集。共 5 册,以另类观点对世界文学之林中的经典名著进行解读,思想及文字表达具先锋新锐性。《非常荒诞》评述 20 世纪最富盛名的荒诞文学作品,作者以文本阅读来观照现实,使读者在透视荒诞的同时直面人性的本质;《非常思维》从对托尔斯泰、卡夫卡、茨威格等文豪名著的分析中,解绎出内含的语言文字的杀伤力;《非常美境》注重边缘阅读,传达出作者读书"自适其适,自乐其乐"的庞杂乐趣;《非常纯情》选取世界爱情名著,立足文本,透视爱情,别具慧眼,文笔婉约富于情致;《非常悬念》于家喻户晓的名著之中选取惊人悬念或作品细节独具的诱惑,带领读者玩味故事结构的内蕴所在。(王谦)

I000014 **文化土壤里的情感之花——中西诗歌研究** 曾思艺著。东方出版社 2002 年 11 月版。31.1 万字。23.00 元。由 3 部分组成。第一部分为俄国诗歌研究,或对我国极少研究而又极有价值的诗人首次进行研究,或对一些经典作品从文化角度进行新的阐释;第二部分为中国诗歌研究,主要从新的角度对中国古代或现当代的一些诗人、作品进行阐发;第三部分是比较文学视野中的诗歌研究,以比较文学的眼光考察中西的诗歌、诗人,探索其如何创造性地接受影响,挖掘其各自文化的内涵,总结文学的共同规律。

I000015 **英美后现代主义小说叙述结构研究** 胡全生著。复旦大学出版社 2002 年 11 月版。22.0万字。15.00 元。以研究为支撑,作者广征博引,对英美后现代主义小说重新定义:认为后现代主义小说与现代主义小说的关系,可视作"父与子"的关系。后现代主义小说源生于现代主义小说,二者一脉相承。同时,后现代主义小说又有对现代主义小说的超越。通过比较的研究方法,将英美后现代主义小说放在现代主义与传统现实主义小说中进行比较,考察,使三者之间的异同一目了然。(唐敏)

I000016 **英美悲剧小说研究** 董俊峰著。海南出版社 2002 年 5 月版。22.5 万字。21.00 元。研究英美悲剧小说的学术著作。作者把英美悲剧小说置于西方文化的广阔背景中加以分析研究。全书共 3 篇。"上篇"在系统梳理与综述西方各个历史时期主要悲剧理论、追溯西方悲剧文化本源、发展演变及在历代悲剧经典中的展现的基础上,提出了作者的研究结论性意见,即西方悲剧是一种文化精神,是对人生无涯苦难的反抗,是对人类尊严的肯定。"中篇"从英美悲剧小说史中选取 6 位最具代表性的悲剧小说家进行对比分析研究,从宏观上研究英美悲剧小说的文化精神。"下篇"则是从微观方面对英美悲剧小说的经典文本予以剖析、阐释和论证作者的观点。(伍君之)

I000017 **侦探迷的聪明手册** [奥地利]埃里希·巴林格。人民文学出版社 2002 年 6 月版。10.6万字。8.80 元。又名《大话侦探》,被称为"侦探世界的百科全书"。作者按字母顺序,讲述了侦探世界许多秘密的东西:谁是阿尔·卡波内?美国最可怕的监狱在哪里?世界上最著名的侦探奥古斯特·迪潘、蝙蝠侠、波洛、布郎神父、福尔摩斯都究竟是怎么样的人?是谁创造了他们?他们的作者又是什么样的人?而且关于侦探的必备行头、侦探必须掌握的知识,作者也是解释得非常详细。此外还介绍了侦探们最喜欢的几种枪的详细信息,以及如何

制作密码,如何与同伴一起玩一场案件侦破游戏以及如何创作一部侦探小说等有趣的内容。(王永洪)

I000018 **追寻心灵的秘密** 副名:现代心理小说论稿。张怀久、蒋慰慧著。学林出版社 2002 年 9 月版。25 万字。18.00 元。所谓“心理小说”,乃指以不同于传统的叙事方法挖掘和表现人类错综心理活动的一种小说流派。是 20 世纪文学的一大特色。论稿结合作家作品,对现代小说这一重要类型进行了纵向与横向的研究。该书共 9 章,前 7 章是直接研究心理小说的,后两章则重在研究心理小说的理论基础,从马克思、恩格斯的著作中,慧眼独具地勾勒出有关文艺心理问题的一系列重要观点,为建构科学的文艺心理学作出了有益的尝试。但该书的结构有不够有机和谐之处。前 7 章与后两章有两块之嫌,文字风格也不太统一。(李晓梅)

世界文学

I000019 **中外散文纵横论** 副名:深思冥想的音乐。傅德岷著。西南师范大学出版社 2002 年 5 月版。50 万字。26.00 元。分 4 大板块:引论、演进论、作家作品论(上、下)、思潮与综论,共 50 个专论。该书纵横古今,审视中外,观照本体,运用现代理念探索了散文发展的时代性、民族性、地域性、审美特征和发展规律等。

I000020 **世界童话史** 韦苇著。福建教育出版社 2002 年 9 月版。28 万字。世界儿童文学史研究专家韦苇教授的一部童话专史、专著。书中以翔实、丰富的材料为基础,理出童话文学发展的脉络与流程,带领读者溯源而上,探寻童话古老的源头,再顺流而下,展现繁花似锦、美不胜收的童话世界。全书在建构章节方面颇富创意,抛开通常的年代纪元,而以里程碑式的童话作家和童话作品为依凭来划分童话发展。(陈鹰平)

I000021 **文化批评与比较文学** 黎跃进著。东方出版社 2002 年 11 月版。27.5 万字。21.00 元。全书按研究对象的相对确定分为 4 编。第一编铺设理论基础,并就东方文学的几个专题从宏观、中观、微观的不同层面实践“文化批评”。第二编是在中外现代文学交流的几个点上,描述与分析其影响、渗透变异的情景,试图在跨文化的比较中探讨民族文化的本质。第三编对中外几个文学思潮或流派的文化内涵与价值作出阐释,在比较中把握对象的内在意义。第四编是评论的评论,在几种研究著作的品评中,同样贯穿着文化批评的精神和比较研究意识。

I000022 **世界文学史** 卢星华著。辽宁民族出版社 2002 年 12 月(朝鲜文)版。350 万字。248.00元。共 5 卷。第一卷为古代文学部分。介绍了巴比伦、古埃及、希伯来、古印度、古朝鲜、古希腊、古罗马文学。第二卷为中世纪文学和近代文学部分。中世纪文学中介绍了中世纪的东亚、东南亚及阿拉伯文学和英国、法国、德国、俄罗斯、意大利等国的文学。近代文学介绍了封建时期末、资本主义时期初期的西方文学。第三卷介绍了 18 世纪末至 19 世纪初的浪漫主义文学和 19 世纪的批判现实主义文学。第四卷介绍了 19 世纪的自然主义文学和唯美主义、象征主义文学。第五卷介绍了 20 世纪的当代文学。包括后期象征主义、意象主义、意识流、超现实主义、未来主义、表现主义、存在主义、新小说派文学等。本书收录了很多以往的世界文学史未曾涉及的新作品和文学现象,而且为便于读者理解,详细介绍了作品的梗概。庞大的篇幅和丰富的信息是本书最大的特点。另外将世界文学的发展宏观性总结和具体文学作品的微观性叙述有机地结合起来,将文学发展史的“史”和学者的精彩分析及论评有机地结合起来,体现了叙述体系的崭新的一面。以往的世界文学史主要侧重于文学与政治、经济、哲学的关系。用较多的篇幅分析文学与音乐的相互渗透、相互影响的关系是本书的另一个特点。(李勇军)

I000023 **西方古典文学导引** 周可编著。华南理工大学出版社 2002 年 10 月版。37 万字。21.80元。大学生文化素质教育教材。打破了传统文学史的思维框架和编写体例,从始于古希腊止于 20 世纪的纷繁文化和文学现象中梳理出近 500 条关键词,对欧洲三千年社会变迁、文化演进及文学发展中的重要现象、事件、人物及作品予以点评,视角独特、分析精当、行文流畅。具体内容包括:古希腊文学、文艺复兴时期的文学、启蒙主义文学、浪漫主义文学、现实主义文学等。(乔丽)

I000024 **虚构的权威** 副名:女性作家和叙述声音。[美]苏珊·S.兰塞著,黄必康译。北京大学出版社 2002 年 5 月版。30.8 万字。18.00 元。本书作者认为,在以男性为中心的现代社会里,女性主义表达“观念”的“声音”实际上受到叙述“形式”的制约和压迫;女性的叙述声音不仅仅是一个形式技巧问题,而且更重要的还是一个社会权力、意识形态冲突的问题。作者把这一论点置入十分宽广的文化视野,分析讨论了 18 世纪中叶以来至 20 世纪英、法女作家和美国黑人女作家的一些主要作品，展示了历史和地域、阶级、种族、婚姻状况以及自然性别身份等因素对女性文本权威建构的种种权利制约关系。这是文化在经历了符号抽象、意义结构后的思想重建。(张冰)

I000025 **文学批评学** 鲁原著。山东文艺出版社 2002 年 10 月版。24 万字。18.00 元。后现代文化语境下的文学批评学著作，由以下几部分组成："导言：批评的世纪"概括了 20 世纪西方批评观念方法层出迭起的现实及它带来的思想文化的深刻转型；"本体论"以"作品本体论"、"作家本体论"、"批评家本体论"几章，对古今中外不同批评观念的侧重点进行了梳理和评述，而理论的结穴在"结构本体论"；"对象论"将作品视为文本，对文本的语言、存在、历史、审美特征进行了分析，使文本和批评成为一定历史语境下的文化表述；"主体论"将主体析为价值主体、知识主体、审美主体，使批评成为一种文化意识的体现；"方法论"着重对社会学、心理学、文化学三大批评方法进行了理论概括和批评实践，确认了当代批评的文化倾向；"写作论"以选题的确定、角度的选择、复述与表达、诗意与哲理几章对批评的思维过程及写作追求作了论述。(孙立寿)

I000026 **欧美自然主义的现代阐释** 蒋承勇等著。复旦大学出版社 2002 年 6 月版。27.2 万字。15.00 元。客观地站在自然主义赖以产生的文化基点上，考察并揭示自然主义文学思潮的文化成因、文化内涵、美学追求、创作个性，并通过与现实主义和现代主义文学的比较分析，阐述了它对欧美文学的贡献。(曹珍芬)

I000027 **跨文化丛书** 钱林森主编。宁夏人民出版社 2002 年 8 月版。200 万字(6 本)万字。168.00 元(6 本)。一套研究外国作家与中国文化的比较学方面的原创论著，其中包含了《梅红樱粉》(日本卷)、《异域的召唤》(德国卷)、《跨越太平洋的雨虹》(美国卷)、《悠远的回响》(俄罗斯卷)、《丝路驿花》(阿拉伯卷)、《雾外的远音》(英国卷)等 6 种，丛书的整个写法是循着外国文学发展的历史脉络，打通文史哲和文化隧道，并对文学史上的人、流派、作品等个案进行深入剖析。(宁宣)

I000028 **大学生文学读本** 朱恒夫主编。江苏教育出版社 2002 年 8 月 1 版。65.1 万字。41.00 元。选文以中外大家的代表作为主。体裁上以诗歌、散文、戏剧、小说、电影 5 部分为骨架，汇中外几千年文明于方掌中，每一册都能做到史实结合，史论部分为读者提供脉络及引导，文选则赋予这些脉络以"质感"。书中对每位作者都带有生平简介，并指出选文的社会背景，以便加深读者对于文章的理解；"题解"部分介绍选文的出处及其主要内容、艺术蕴涵、思想价值和文学地位。书后还附有习题，可备学生根据自己的阅读进度随时"自查"。(王家俊)

I000029 **世界文学名著漫画本** [英]莎士比亚等著。海燕出版社 2002 年 5 月版。1.3 万字/册。10.00元/册。以漫画形式诠释世界文学名著的通俗读本。全套 40 本，涵盖了一批脍炙人口的文学名著，2002 年出版 15 本，分别为：《茶花女》、《巴黎圣母院》、《王子复仇记》、《唐·吉诃德》、《少年维特之烦恼》、《鲁滨孙漂流记》、《爱丽丝梦游仙境》、《斯巴达克思》、《木偶奇遇记》、《三剑客》、《汤姆·索亚历险记》、《欧也妮·葛朗台》、《卡门》、《傲慢与偏见》、《上尉的女儿》。(李冰晨)

I000030 **20 世纪外国小说读本** 宋兆霖主编。浙江文艺出版社 2002 年 2 月版。125.6 万字。56.00 元。共收入外国 20 世纪中短篇小说 100 篇，介绍 20 世纪外国小说创作成就，特别是中短篇小说创作的概貌及其演变，从纵的方面显示出中短篇小说的发展、演变和沿革，从横的方面展示出中短篇小说的题材、风格和技巧。(朱怡钪)

I000031 **经典印象译丛** 浙江文艺出版社 2002 年 7 月版。共 5 种。分别是：《米佳的爱情》([俄]蒲宁著，戴骢译。约 19 万字，15.00 元)，收入俄罗斯作家中短篇名著名篇 10 种；《挂在脖子上的安娜》([俄]契诃夫著，乌兰汗、马心水等译。约19.5 万字，15.00 元)，俄国作家契诃夫的短篇小说作品集；《墙上的斑点》([英]费吉尼亚·伍尔夫著，黄梅等译。约 11.5 万字，11.00 元)，收入英国著名女作家伍尔夫的 11 个中短篇小说。这些作品均为她的代表作；《小径分岔的花园》([阿根廷]博尔赫斯著，王永年译。约 16 万字，13.00 元)，收入英国著名短篇小说 35 篇，是阿根廷著名作家博尔赫斯(1899—1986)的短篇小说精选集；《儿子的否决权》([英]哈代著。约 16.5 万字，17.00 元)，英国著名作家哈代的短篇小说集，反映了 19 世纪英国乡村妇女的爱情生活。(徐虹)

I000032 **学生版世界文学经典丛书** 吉林文史出版社 2002 年 2 月版。520 万字。300.00 元。世界文学读物。选收世界文学名著共 52 本。精选各国文学巨匠(如托尔斯泰、哈代、思汤达、巴尔扎克、奥斯丁等)的代表性作品。全套书每本都有导

读,简介了本书作者及其作品的主要内容。(周新莫)

I000033 **小学生漫画幽默大笑话** 一凡等编选。辽宁少年儿童出版社 2002 年 8 月版。60 万字。36.00 元。汇集古今中外儿童幽默笑话精华之作,配以漫画插图,共 6 册。《我是我爸爸》共编选笑话 176 则,分为"大奇与大怪"、"吹大牛与假正经"、"大智与大愚"、"老爸与老妈"、"马大哈与大笨蛋"等。《两个笨蛋》共编选笑话 176 则,分为"小聪明与大傻瓜"、"大奇与大怪"、"大智与大愚"、"老爸与老妈"、"老师与学生"、幽默与笑话等。《蠢人名单》共编选笑话 176 则,分为"大奇与大怪"、"大智与大愚"、"老爸与老妈"、"老师与学生"、"实话与谎话"、"幽默与笑话"等。《马大哈》共编选笑话 176 则,分为"马大哈与大笨蛋"、"小聪明与大傻瓜"、"大奇与大怪"、"大智与大愚"、"老爸与老妈"、"老师与学生"、"实话与谎话"、"幽默与笑话"等。《三个糊涂虫》共编选笑话 176 则,分为"吹大牛与假正经"、"小聪明与大傻瓜"、"大奇与大怪"、"大智与大愚"、"老爸与老妈"、"老师与学生"、"幽默与笑话"等。《懒汉兄弟》共编选笑话 176 则,分为"马大哈与大笨蛋"、"小聪明与大傻瓜"、"大奇与大怪"、"大智与大愚"、"老爸与老妈"、"老师与学生"、"幽默与笑话"等。

I000034 **全译本世界儿童文学名著** 朱自强主编。吉林文史出版社 2002 年 9 月版。180 万字。120.00 元。文学名著丛书。由《安徒生童话》、《格林童话》、《爱的教育》、《杜里特航海记》、《水孩子》、《彼得·潘》、《木偶奇遇记》、《爱丽丝漫游奇境记》、《宝岛》共 10 本组成。这些作品都是由精通儿童文学的中青年翻译家翻译的,均采用全译本,不缩写,不改编,保持了原作的本色和风采。每部作品的前面,有我国一流的儿童文学作家、评论家高洪波、朱自强、梅子涵、彭懿等人写的作品导读。(于涉)

I000035 **明天儿童手工系列·童话手工乐园** [西班牙]尤拉里亚·温杜拉等改写,萧心玫等译。明天出版社 2002 年 8 月版。3 印张。12.80 元。集故事性、操作性和趣味性于一身的手工劳作书。包括两大板块:经典童话与手工制作。童话是广为流传的世界经典童话故事,手工制作则引领孩子们走进奇妙的美劳世界。(傅玛丽)

I000036 **经典童话世纪珍藏版** 明天出版社 2002 年 8 月版。26 万字。198.00 元。由《安徒生童话》、《格林童话》和《俄罗斯童话故事》组成,从众多的安徒生童话、格林童话和俄罗斯童话当中精心挑选了 58 篇脍炙人口的经典作品,均为世代传诵的名篇佳作。(傅巧丽)

I000037 **彩色拼音世界经典故事丛书** 刘文轩等著,范云等注音,黄株等绘画。中国少年儿童出版社 2002 年 10 月版。16 万字。76.00 元。儿童拼音读物。分金色神话故事、银色神话故事、金色童话城堡、银色童话城堡、金色传说奇境、银色传说奇境、金色寓言王国、银色寓言王国 8 册。丛书注重选人经久流传的中外经典神话、童话、民间传说故事 59 篇和寓言 80 则。书中配以精美的彩图和准确的拼音辅读。(杨向荣)

I000038 **最受喜爱的世界名著** [英]肯尼斯·葛兰等著,郭恩惠等编译。新蕾出版社 2002 年 5 月出版。(全套)49.5 印张。480.00 元。儿童文学名著绘图缩略本,所选篇目都是脍炙人口的经典之作,包括《青鸟》、《白猫》、《辛巴达》、《金银岛》、《白鲸记》、《柳林风声》、《彼得·潘》、《木马屠城记》、《汤姆历险记》等。绘画作者则分别来自意大利、乌克兰、法国等国家,都是曾在世界各种绘画展上荣获过殊荣的顶尖级画家,他们的作品曾多次参加意大利波罗尼亚儿童绘画展。(冯劲蕾)

中国文学

I000039 **回想延安·1942** 王海平、张军锋主编。江苏文艺出版社 2002 年 10 月版。32 万字。24.00元。访谈回忆录。由第一编圣地踏访:走入历史深处,第二编窑洞情结:文艺老人访谈,第三编历史回声:重要回忆辑录,以及附录 4 部分构成。第一编全面介绍了 1942 年前后延安文化界文艺界的情况,以及毛泽东《在延安文艺座谈会上的讲话》形成与产生的动因与背景,并且描述了"讲话"发表后延安文艺运动轰轰烈烈的感人情景。第二编延安文艺运动的参与者见证人的访谈。共对刘白羽、周巍峙、贺敬之、王朝闻、华君武、罗工柳、张庚、干学伟、黎辛、欧阳山尊、于蓝、王昆等 26 位文艺界著名人士进行访谈。(经录音整理,经本人审校)他们作为这一伟大历史运动的参与者与见证人,不仅回想了当年延安文艺运动的盛况,而且高度评价了"讲话"对他们的影响,以及对中国文化的重大影响。第三编编选了一组已经去世的延安文艺运动的重要亲历者的回忆文章,共收入胡乔木、周扬、丁玲、艾青、萧军等 7 人的回忆。附录为朱鸿召整理的简要的《延安文化活动大事记》。(郭济访)

I000040 **中国比较文学批评史纲** 杨义、陈圣生著。福建教育出版社 2002 年 9 月版。32.1 万字。28.00 元。中国近现代文学批评史专著。分“导论”、“中国前期的比较文学批评”、“中国中期的比较文学批评”、“中国近期的比较文学批评”等 4 部分,凡 14 章,勾勒出中国比较文学批评史的基本脉络,着重探讨梁启超、王国维、胡适、周作人、梁实秋、鲁迅、茅盾、郭沫若、朱自清、梁宗岱、朱光潜、李健吾、李广田、钱钟书、宗白华等著名学者的理论建树。(阙国虬)

I000041 **在文学馆听讲座(1)(2)(3)** 舒乙、傅光明主编。华艺出版社 2002 年 1 月版。76.5 万字。68.00 元。分 3 册,编辑了 2000 年 7 月以来的讲座内容,共 29 次,分为“文学的使命”、“作家的风骨”、“喧哗的时代”3 辑。(郑实)

I000042 **元前陶渊明接受史** 李剑锋著。齐鲁书社 2002 年 9 月版。32 万字。29.00 元。学术专著。主要运用接受美学理论,论述了自东晋至宋末元初历代对陶渊明的继承和接受状况,认为东晋南北朝为陶渊明接受史的奠基期,隋唐五代为发展期,而两宋则为高潮期。该书的研究,在共时态上把握住了陶为人和诗文两条横线(陶渊明接受史并不仅仅是其诗文的接受史,还是其人品的接受史,两者在历史上几乎同等重要),在历时态上则把握住了五条纵线:重点读者史、声名传播史、创作影响史、阐释评价史和视野史。通过此研究,可以察知时代的文艺风气和审美趣味的变化轨迹,总结出某些诗学规律。(孔令顺)

作 品 集

I000043 **韦庄集笺注** 聂安福笺注。上海古籍出版社 2002 年 4 月版。31.3 万字。29.00 元。韦庄是晚唐五代著名文人,其所长是诗与词。韦庄的集子,在宋代时已散佚不全,至明代时又有散佚。《四部丛刊》以明正德年间朱承爵刊本影印,今人向迪琮则以《四部丛刊》影印本为底本,以清康熙席鉴刻本、清中叶胡介祉谷园本、明旧抄本及官本《全唐诗》参校;词集则以《彊邨丛书》本《尊前集》、宋晁谦之本《花间集》为底本,并以诸本《花间集》、《金奁集》及《全唐诗·附词》参校。《韦庄集笺校》以向本为底本,以毛氏绿君亭本、《才调集》、《文苑英华》、《万首唐人绝句》、李一氓校《花间集》及百家词本《花间集》、林大椿《唐五代词》补校,并作补辑,共得诗 321 首,词 54 首,文 3 篇,《峡程记》残篇,剔除伪作。书后附有“诗文残句”、“伪作考”、“诗词集评总论”、“书录序跋”、“传记资料”、“年谱简编”等资料。全书精校精注,每篇作品后集录前人对该作品的评语。注释以笺为重点,详细排比旧说,得出新解,翔实可信。词语注释也较详赅。这是一部迄今为止收作品最全、考订最精审、资料最详备、注释精当的韦庄文学作品集,被列入我社《中国古典文学丛书》。(丁如明)

I000044 **冈村繁全集** [日]冈村繁著,华东师范大学东方文化研究中心编译。上海古籍出版社 2002 年 8 月版。350 万字。460.00 元(估)。共 10 卷 10 册,已出版前 6 卷,全书将于 2003 年出齐。已出版的 6 种依次是:《周汉文学史考》(1 卷)、《文选之研究》(2 卷)、《汉魏六朝的思想与文学》(3 卷)、《陶渊明李白新论》(4 卷)、《唐代文艺论》(5 卷)、《历代名画记译注》(6 卷)。冈村繁先生是当代日本的中国文学研究界有代表性的资深学者,其治学特点是:继承日本“中国学”京都学派的优良传统,重视版本、训诂、考据以及资料索引等基础工作方面的学术训练,独立思考,勇于提出新见。20 世纪 50 年代,冈村繁先生编著的《文心雕龙索引》早为学界所熟悉,其书与王利器先生的《文心雕龙通检》都是“龙学”必备和常用的工具书。在勇于提出新见方面,《全集》第四卷《陶渊明李白新论》可谓是典型代表。历来学者对陶渊明有一个比较固定的看法:陶渊明是一个志趣高洁的隐逸诗人。冈村繁先生不囿于旧说,他通过对文本的细读,综合各种材料,大胆地提出:陶渊明其实是一个十分世俗的人。类似创见,《全集》中比比皆是。反映出作者好学而深思的治学特点。(杨万里)

I000045 **古代文论的人文追寻** 袁济喜著。中华书局 2002 年 12 月版。21.4 万字。17.00 元。“中国人民大学古典文学研究丛书”之一。中国古代文论研究的论文集。收在本书中的文章有的是首次发表,有的是对原有研究成果的修改补充。著者从文化的角度关注并激活古代文论的研究,在严格考察文献资料的基础上,努力追寻古代文体论、传统美学和美育中的人文意识。既有以古代文艺作品分析其人文蕴涵的论文,也有从先秦孔孟、老庄的学说中挖掘其内在的哲学意蕴和人格精神的理论篇章,著者在上下求索中试图找到古代文论与今天文论建设有契合点的精神价值。(宋凤娣)

I000046 **汉魏六朝唐代文学论丛(增补本)**

王运熙著。复旦大学出版社2002年5月版。40.7万字。25.00元。初版本曾于1981年由上海古籍出版社印行，这次是增补版。初版本原收文30篇，1996年出版《乐府诗述论》(上海古籍出版社)时，把《论丛》中论述汉魏六朝乐府诗的4篇文章抽出，收入《述论》下编。它们是《略谈乐府诗的曲名本事与思想内容的关系》、《乐府民歌和作家作品的关系》、《蔡琰与胡笳十八拍》、《吴声西曲中的扬州》。现在作为增订版的上编，共收文26篇；下编共收文20篇，则是20世纪八九十年代20年来陆续写成的。(陈麦青)

I000047 **李清照集笺注** 宋·李清照著，徐培均笺注。上海古籍出版社2002年4月版。31万字。30.00元。徐培均先生在前人研究整理的基础上，重新辑校李清照的作品。全书共3卷，卷一为词，凡53首，存疑辨证之作7首，佚句4则；卷二为诗，凡16首，佚句14则，存疑1则；卷三为文，凡10篇。附录3种：李清照年谱、传记序跋、总评。李清照的词以日本东京大仓文化财团所藏彭氏知圣道斋钞汲古阁未刻词本《漱玉词》为底本，校本中有清汪玢辑、劳权手校之道光二十年刊《漱玉词汇钞》和清沈瑾钞《漱玉词》，这3种版本世所罕见，前人校辑李清照词集皆未曾使用，本书选用最佳版本，收词最全，是为超越前人之处。书中广泛寻求旁证，深入挖掘内证，尽可能将每一篇作品的时代背景分析清楚，对全部作品进行编年。这是前人未做过的工作，多有创见。作者披沙拣砾，辑得李清照佚词二首，弥足珍贵，较之前人辑本，亦有突破。(朱怀春)

I000048 **宋代咏梅文学研究** 程杰著。安徽文艺出版社2002年6月版。32万字。20.50元。“随园薪积丛书”之一。分上中下3卷。上卷从魏晋南北朝咏梅文学渐起说起，经唐五代至宋，咏梅文学渐趋繁荣，作品数量大增，至南宋中后期臻于鼎盛，成为中国古代文学长河中重要的流派。作者对各个时期尤其是两宋重要的咏梅作者、作品进行分析，寻绎其间的传承关系，探讨各个时期审美态度的变化和文化意趣的拓展，认为宋代的林逋开创了咏梅重在品格意趣的新境界，达到咏梅文学的高峰。中卷对梅花的习性、色香、枝干的文学描摹及其蕴藉的品格与德性作进一步的探求。下卷介绍梅花的典故。全书对各节文章中所引用的原始资料均注明出处，便于读者阅读与查检。(王克谦)

I000049 **《侯鲭录》、《墨客挥犀》、《续墨客挥犀》** 宋·赵令畤撰，彭□辑，孔凡礼点校。中华书局2002年9月版。30.5万字。28.00元。《侯鲭录》8卷，作者赵令畤(1051—1134)，为皇族，历神、哲、徽、钦四朝，本书共记374事，其中160事左右评论当朝人的诗、文、词作，而尤以评论苏轼所作为最多。本书保存中国文学史上不少重要资料，如卷五所记“元徽之莺莺商调蝶恋花词”，使散文与韵语相间，有说有唱，展示了由词向诸宫调演变的轨迹，对研究宋元说唱文学与戏剧文学具有重要价值。《墨客挥犀》8卷、《续墨客挥犀》9卷，这两部书都属辑撰，即辑录前人有关文字，而辑录最多的则是《梦溪笔谈》、《倦游杂录》、《遁斋闲览》和《冷斋夜话》4书，具有显而易见的校勘价值。尤其是在所引书中，《倦游杂录》、《遁斋闲览》等早已亡佚，幸赖本书保存了部分佚文。这两书的辑录者姓彭，但名字已无从查考。以上3书均由孔凡礼先生点校，合为1册。(崔文印)

I000050 **黄庭坚与宋代文化** 杨庆存著。河南大学出版社2002年8月版。32万字。28.00元。论著立足历史演进与文化发展，分9章研究考察黄庭坚的成长历程、文化实践与深广影响，剖析宋代文人强烈的历史意识、发展观念和民族精神，总结宋代文化联系现实、思考历史、关注社会、人文为本、全面发展的特点及各种文化形态相互融合的发展规律。该书征引大量典籍史实，驳正自宋迄今黄氏宗系讹误，分析黄氏深厚的家学渊源和其父黄庶创作建树；黄氏与苏轼友谊推动了宋代诗词散文和书法艺术的创新与发展；山谷诗文化积淀丰厚，艺术精湛，是宋代文人文化和高雅文化的代表；“点铁成金”与“夺胎换骨”是综合历代创作经验和个人深切体会，用佛道妙语总结的创新规律；山谷词俚雅迥异而造诣俱精，体现了宋词创作的新趋向；山谷散文精于意而得于体，具有深厚广博的文化底蕴和很高的美学价值。(杨庆存)

I000051 **隋唐五代文艺理论汇编评注** 肖占鹏主编。南开大学出版社2002年12月版。151.1万字。198.00元。分上、下两册，共3部分，即诗文理论、书法理论和绘画理论。涉及作者近230人，选文总计800余篇(首)。所选作者大略按生卒年或成名先后排列，以方便读者查阅。对每一作者都有简单介绍，对选文都加以简明注释和评析，以助读者厘清文论的主要观点及其产生的背景和影响。(丁福原)

I000052 **韩愈文集探元决异** 徐发前撰。西北大学出版社2002年5月版。48.7万字。38.00

元。唐代长庆四年,韩愈去世后,其门生为其整理遗文,称为《昌黎先生集》。为《昌黎先生集》进行校注者,由于后世版本繁多,且各版本说法不一。该书便以上海古籍出版社 1984 年版《韩昌黎文集校注》为底本,对文集中的赋、杂著、书、启、序、哀辞、祭文、碑志、状、表状、遗文等 11 个类别中所出的典故、人名、地名、书名、官制、地理以及原义、引申义、虚词、通假字等进行了考证,并以上海古籍出版社 1985 年版《昌黎先生集考异》为依据,以引经据义的方式对《考异》中的疏漏失误,对历代韩文的研究者有共同存疑的问题,以作者自己考证的论点,进行了阐释和答疑。书中的核心内容也旨在去伪存真,为质正几百年来韩愈文集中以讹传讹的说法,作一正本清源的梳理工作。(黄伟敏)

I000053　**顾易生文史论集**　顾易生著。复旦大学出版社 2002 年 5 月版。40.9 万字。25.00 元。中国古典文学、中国古代文学批评史研究专家顾易生教授的论文集。主要内容均为有关中国古典文学、中国古代文学史、文学批评史诸方面的研究心得之作。全书按研究论述对象、题材的时代先后排列。收入"复旦大学人文库"。(陈麦青)

I000054　**宋代文学研究年鉴(2000—2001)**　刘扬忠、王兆鹏、刘尊明主编。武汉出版社 2002 年 10 月版。38.5 万字。26.00 元。《宋代文学研究年鉴》总第二辑,收集 2000～2001 年资料,分 7 个部分:一、统计分析;二、会议追踪;三、研究综述;四、专题讨论;五、论文摘要;六、新著选评;七、论著索引。较第一辑,本次新增栏目"统计分析"下刘学、王兆鹏合撰"1997～2001 年宋代文学研究论著的定量分析"一文,采用定量分析的方法,对五年间大陆学界出版、发表的宋代(含金元)文学研究的论著进行统计分析,从数量的变化看宋代文学研究的发展走向。相关资料数据,已制作成多功能检索数据库光盘。(车艳芬)

I000055　**与朱自清游欧洲**　张寄波编。四川美术出版社 2002 年 5 月版。16 万字。250 幅图。38.00 元。朱自清是中国新文学史上重要的散文作家,他的作品以清丽见长。本书汇编了他在欧洲游历期间创作的优美篇章。这些作品俯察世相,考证历史,文字扎实而缜密。(任思淑)

I000056　**与郁达夫游江南**　张寄波编。四川美术出版社 2002 年 5 月版。16 万字。250 幅图。45.00 元。在现代文字史上,江南才子郁达夫占据着极其重要的地位。他一生好游,主要游踪大多在杏花春雨的江南。从某种意义上讲,那唐诗里的江南,宋词里的江南,恰好与郁达夫的气质相吻合。因此书中郁达夫对江南的描述便有一种更为独特与更为进入本质的神韵。(任思淑)

I000057　**与徐志摩游欧洲**　张寄波编。四川美术出版社 2002 年 5 月版。16 万字。250 幅图。38.00 元。根据徐志摩原著,以欧洲风物人情和人文掌故为对象的游记。因为徐为诗人,易感慨、善联想,许多篇章便不仅仅是对山川形胜的描述,而是融入了诗人许多个性化的思考与情感,文字舒缓优美,配有大量精美图片。(任思淑)

I000058　**中国现代文学批评史新编**　许道明著。复旦大学出版社 2002 年 12 月版。48.5 万字。38.00 元。依照现代中国文学批评发展的本色脉络,描述了 60 年的历史过程,将其滥觞与建立阶段归为理性时期,深入与发展阶段称作综合时期,抗战以后至建国前夕为重塑时期,建国后至新时期开始则为"一体化"时期。除对重要批评家及其论著均予以相当全面的论评之外,还以批评家为重点,阐释了各个时期的批评样貌和特征。(陈麦青)

I000059　**东南大学与"学衡派"**　高恒文著。广西师范大学出版社 2002 年 4 月版。24.8 万字。15.80元。"20 世纪中国文学与大学文化丛书"之一。叙述一个大学与文学流派的关系。分述东南大学的兴起、衰落和"学衡派"的聚集、离散。东南大学与"学衡派"部分相对独立又互相联系,展示了 20 世纪 20 年代"学衡派"与东南大学之间的息息相关。包括引证的材料,需要考证与辩证的诸多历史细节。

I000060　**老舍与现代中国**　汤晨光著。湖南师范大学出版社 2002 年 1 月版。19.4 万字。15.00元。研究老舍的学术专著。分 10 章。分别从个人的挣扎与民族的奋斗、变化的时代与不变的现实、中国的中国人与世界的中国人、个人与国家、在革命的边缘、老舍的文化批判与文化理想、老舍的文艺思想与创作道路、老舍与中外文学传统、面对政治的洪流、老舍的文化性格与精神气质等各个角度论述现代小说大师老舍与现代中国文化、社会的关系。(曹爱莲)

I000061　**网络张爱玲**　葛涛编选。人民文学出版社 2002 年 9 月版。15.7 万字。13.80 元。广泛搜集了互联网上各大著名网站、论坛中众多"张迷"对于张爱玲其人其文的精彩评说文字,精心编辑为 7 辑:一、引言·爱张人语,集录各类张迷对于张爱玲种种不同的爱法儿,清浅的,深邃的,痴迷的,理性的；二、阅读课(上)，从《倾城之恋》、《红玫瑰与白玫瑰》乃至张爱玲的"少作"《霸王别姬》，一一细读品评；三、阅读课(下)，关于张爱玲创作的综合考察与理论性阐释；四、张爱玲情事，漫说张爱玲与胡兰成、赖雅的爱情故事，张爱玲的身世遭际以及她选择的生活姿态；五、名利场，将张爱玲放在文学史的长河中，与鲁迅、钱钟书、冰心、苏青、三毛、劳伦斯、村上春树等中外作家相比较，甚至将她与流行歌坛上的大腕王菲比较，好不热闹；六、不爱张爱玲，个性而另类地见解，不爱自有道理，特别推荐其中一篇《不爱张爱玲的五大理由》；七、戏仿戏说，都是幽默轻松文字，游戏之作亦别有深意。另外附有本书编选者葛涛的《互联网上的张爱玲》一文，全面介绍了有关张爱玲的网站、频道、专栏情况。(郭娟)

I000062 **现代性与五四文学思潮** 俞兆平著。厦门大学出版社 2002 年 5 月版。22.5 万字。15.00元。从现代性的理论视野，重新分析"五四"时期写实主义、浪漫主义与文化保守主义等三大文学思潮的形成、发展和变异。作者选择了现代性的构成要素——科学主义这一理论视角，对"五四"文学思潮重新梳理，具体考察了"五四"作家对科学主义语境形成过程中所争论问题的多重反应。尤其是对"五四"文学的浪漫主义思潮的历史反思，提出了全新的观点，并作了有力的论述。(陈福郎)

I000063 **苦雨斋识小** 止庵著。东方出版社 2002 年 3 月版。13.6 万字。19.00 元。作者将周作人亲自编写的 36 种文集(从最早的《欧洲文学史》到最后的《知堂随想录》逐一进行研究，考察其艺术与思想发展脉络，分析每种著作的散文美学意义上的特色，既注意其阶段性的一面，又注意其在整个创作过程中所起的作用。因而，其每篇文章单独看是一则则书话，合起来便是一部评传。本书是以书话的形式写成，并配有多幅书影(包括周氏著作的所有版本)、手迹、照片、印章。

I000064 **京派文学与现代文化** 周仁政著。湖南师范大学出版社 2002 年 1 月版。26.4 万字。20.00元。学术研究专题。以京派文学为研究对象，共分 9 个部分。首先分析了现代文化与京派文学的起源问题，随后重点探讨了现代文化与京派文学观念，分析了周作人与前期京派文学观念以及胡适、徐志摩与后期京派文学观念，同时对小品文运动、朱光潜与后期京派的美学世界进行了论述。在现代文化与京派文学品格中，重点分析了其小品文生态、经典意识与诗性营构以及闲适志趣与学院派风采。对京派文学形态的研究，又结合沈从文、凌叔华、林徽因、萧乾、冯至等代表人物进行深入阐述。全书最后论述了京派文学的终结，同时对其进行了总结评价，作出了较为客观公正的介定。(刘苏华)

I000065 **二十世纪中国文学研究** 季羡林名誉主编。北京出版社 2002 年 1 月版。600 万字。357.00元。全方位展现了中国从先秦时代直到 20 世纪末年产生的文学思潮、文学现象、作家作品等研究成果，描述其发展与演进的过程，肯定其突破性的发展，并明确指出其阶段性的不足，从中找出文学研究的内部及外部规律。丛书 10 卷分别为：《先秦两汉文学研究》、《魏晋南北朝文学研究》、《隋唐五代文学研究》(上、下)、《宋代文学研究》(上、下)、《辽金元文学研究》、《明代文学研究》、《清代文学研究》、《近代文学研究》、《现代文学研究》、《当代文学研究》。

I000066 **中国旅游文学** 章尚正著。福建人民出版社 2002 年 8 月版。21.1 万字。15.00 元。大学旅游教材。详述了中国旅游文学的类型与结构、发展轨迹，旅游文学与山水自然(山岳丘陵洞穴、江河海瀑泉池、天文季节、花木鸟兽)、人文古迹(建筑、园林、寺庙、名胜)、民俗风情、域外风光的关系，旅游文学的主题取向、生命精神、艺术境界(追求新奇与先进、独特与丰富、流变与深挚，绘画美、辞采美、修辞美、意象美、意境美)。(何海勤)

I000067 **文学争鸣档案(1949～1999)** 副名：中国当代文学作品争鸣实录。张学正等主编。南开大学出版社、百通(香港)出版社 2002 年 8 月版。118 万字。89.00 元。一部比较全面、系统地记述新中国成立 50 年来大陆文坛作品争鸣与批判实况的书。所谓"争鸣作品"包括 3 部分：一、对思想内容、创作倾向、艺术形式、表现手法等评价上存在重要分歧、产生较大争议的作品；二、由于种种原因受到公开批判的作品；三、一度受到批判后又平反的作品。本书共收入在文艺界和全国产生过重大或较大影响的争鸣或批判作品条目 625 个。入选作品均以大陆公开发表与出版的作品为限，台湾、香港及海外华人的文学作品暂未列入。本书共分 7 个部分，即：诗歌，散文及报告文学，短篇小说，中长篇小说，戏剧、戏曲与曲艺，电影，电视剧。其中每一条目均具体介绍了作品的基本资料(包括作品名称、作者、作品原始出处)、作品内容、作品争鸣或批判的背景及过程、参与争鸣或批判的各方的主要观点等。(焦静宜)

I000068 **百年文学与主流意识形态** 宋剑华著。湖南教育出版社 2002 年 8 月版。31.8 万字。

21.70元。“20世纪中国文学价值观研究丛书”之一。对20世纪中国文学与主流意识形态价值关系作了独创性的论述。本书分为5章:第一章,集体主义精神理念的价值准则;第二章,阶级斗争人生哲学的价值认同;第三章,思想启蒙社会角色的历史互换;第四章,理想主义浪漫情愫的价值追求;第五章,英雄主义完美意识的价值推崇。(符本清)

I000069　**百年文学与市民文化**　田中阳著。湖南教育出版社 2002年9月版。34.6万字。23.00元。“20世纪中国文学价值观研究丛书”之一。在中国走向现代化历史进程的背景上,对20世纪中国市民文化价值观和中国文学的互动关系作了富有原创性的整体性研究。对中国市民文化和市民文学的历史嬗变和区域性特点等基本问题作了富有创见性的分析,并选择最典型的市民文化价值观对20世纪中国文学的影响作了深入探讨。(符本清)

I000070　**百年文学与传统文化**　罗成琰著。湖南教育出版社 2002年9月版。27.4万字。19.50元。“20世纪中国文学价值观研究丛书”之一。对20世纪中国文学与传统文化的价值关系作了较为系统的论述。本书分为儒家文化价值观、道家文化价值观、佛教文化价值观、侠文化价值观与中国文学的关系4个部分,对于20世纪中国文学所体现的中国传统文化价值及其互动关系,以及传统价值观对于中国文学的影响,作了深入的分析和研究。(符本清)

I000071　**百年文学与后现代主义**　阎真著。湖南教育出版社 2002年12月版。27.8万字。20.20元。“20世纪中国文学价值观研究丛书”之一。对20世纪中国文学与后现代主义的价值关系作了系统的论述。本书以后现代主义的价值理念来观照中国文学,作出了富有学术性的价值评判;作者从“荒诞、变形、解构、狂欢、文本”5个方面来分析和研究20世纪中国文学及其作品,尤其突出了后现代主义价值理念与新时期文学创作之间的关系及其影响。(符本清)

I000072　**百年文学与宗教**　谭桂林著。湖南教育出版社 2002年8月版。27.3万字。19.50元。“20世纪中国文学价值观研究丛书”之一。对20世纪中国文学与宗教价值关系作了系统的论述。本书分为6个部分:宗教价值理念与中国现代文学传统的建构、基督教价值观念与20世纪中国文学、佛教价值观念与20世纪中国文学、区域宗教与20世纪中国文学、宗教体验与20世纪中国文学中的神秘倾向、与神对话——建构中国文学价值体系的新维度。(符本清)

I000073　**当代文学关键词**　孟繁华、洪子城主编。广西师范大学出版社 2002年2月版。22万字。19.80元。当代文学研究论集。汇编当代文学关键词研究文章28篇。注意当代文学概念产生的环境、特有含义,明察“当代文学”的“构造”之间的复杂关系,发现矛盾与裂隙,指出它们的形成和变异,与当代文学形态的确立和演化之间的互动关系。从对象内部,在内在逻辑上把握并实现对当代文学的反思和清理。

I000074　**网络金庸**　葛涛编选。人民文学出版社 2002年5月版。20万字。15.00元。网上写手一如江湖侠客,各怀绝技,从不同角度、以不同风格解读金庸武侠小说,一语中的,一剑封喉,妙语解颐,高论频出,本书即精选了这些品评文字,编为7辑:一、我与金庸武侠,是“金迷”们回忆读金庸的青春岁月;二、华山论剑,争论金庸与古龙、梁羽生等武侠小说作家的长短高下;三、歪批与乱弹,快人快语短评随笔式文章,文章好看;四、解读金庸,带有专业批评色彩的理论文章;五、网络金学,仿“红学”而作精细密致的考据文章,亦庄亦谐;六、大话金庸,搞笑之作,幽默滑稽,借金庸而贬时弊、讽世风;七、金庸宝贝,为金庸武侠小说中令狐冲、郭靖、黄蓉一干人等排座次,品评人物性情、作为。本书开卷即有一试卷:《金庸招博士生试题》,当然是武侠搞笑版,但也能测试出你读金庸武侠小说的用功程度;本书还附有本书编选者葛涛的《互联网上的金庸》一文,全面介绍了网上有关金庸的网站、论坛情况。(郭娟)

I000075　**批评:文化审美之维**　陈继会著。山东文艺出版社 2002年6月版。26.4万字。20.00元。作者长期尝试运用文化批评进行文学研究的总结。作者从文化·历史·审美,从“形式的意义”、“价值的寻绎”诸多方面,对20世纪中国文学作了多层面的、富于新意和深度的探索。(孙立寿)

I000076　**周涛大写意**　游成章编。新疆人民出版社 2002年8月版。36万字。35.00元。一部以文化散文的形式全面评介著名诗人、散文家周涛的著作。周涛从戎20余年,出版了诗歌、散文集40部。他的作品豪放恢宏,品味高雅,意境深邃。在读者中有广泛影响。国内许多评论家、作家、记者发表文章、专访,评论周涛其人、其作品。本书从报刊杂志发表的大量文章中精选出了74篇,荟集成书出版。全书分为3部分,“上篇:看 卓异人品”、“中篇:

读 雄浑诗文"、"下篇:听 坦荡心声"。对作家的人品和作品进行了比较深入的剖析和评论。这些文章,既评价和介绍了作家周涛,也表述了众多作者对近年来的文学作品、文学现象、文学创作的观点和态度。书中还选发了部分周涛人生、创作经历中的照片,既生动真实,又亲切感人。(李春华)

I000077 **裂变中的守成与奔突** 李运抟著。湖南师范大学出版社 2002 年 1 月版。20.8 万字。18.00元。全书分 17 章,对中国当代文学有代表性的重要思潮进行了深入探讨。一是对中国当代文学与文化思潮、政治思潮和其他社会思潮的双向关系作了研究,分析了这些思潮对当代文学的重大影响。二是对当代一些重要创作现象中出现的政治羁绊、思想冲突、文化矛盾与价值观念作了描述与探讨。三是对文学的失误予以了关注,对重要文学思潮中出现的形形色色的文学景观,进行了追根溯源的探讨。(莫华)

I000078 **新时期文艺散论** 王凤胜著。明天出版社 2002 年 6 月版。43 万字。20.00 元。作者自选的文艺评论与研究的论文集。共 4 辑:第一辑,为研究党中央三代领导集体中的重要人物毛泽东、周恩来、邓小平、江泽民文艺论述的论文。从中可以看到在马克思主义文艺思想中国化的过程中,具有中国特色社会主义文艺思想的形成、继承、丰富的历史轨迹。其中最重要的部分,是论述了周恩来文艺思想在中国现当代文艺发展史上,在与其他几位领导人的关系中,所具有的某种特殊的"中介"、"桥梁"作用。第二辑为研究新时期文艺发展趋向、文艺思潮、文艺现状的论文。第三辑为研究山东作家在全国产生较大影响的作品论文。第四辑为作者出版的几部专著的序言及后记,以及文艺界、学术界专家的评论文章。(傅玛丽)

I000079 **精神中原** 副名:20 世纪河南文学。刘增杰、王文金主编。河南大学出版社 2002 年 12 月版。52.7 万字。38.00 元。河南地域文学、文化研究专著。作者通过对 20 世纪河南文学曲折发展历程的宏观扫描,和对徐玉诺、姚雪垠、李凖、张一弓、张宇、李佩甫、刘震云等 30 多位有代表性的作家的个案分析,认真总结了一个世纪以来河南文学所取得的辉煌成就,并透过文学这扇窗口,向世人展示了现当代河南人丰富而独特的精神世界。以文学为切入点,而不局限于文学;重视悠久历史和丰厚的文化积淀对形成 20 世纪中原文化的积极影响,也不讳言它同现代文明的碰撞与不适;充分肯定"精神中原"光彩照人的一面,又实事求是地指出它的局限性,表现出作者严肃的治学态度和深邃的理论眼光。(袁喜生)

I000080 **上海新批评文丛** 郜元宝等著。花山文艺出版社 2002 年 1 月版。共 5 种。包括郜元宝著《另一种权力》(20.9 万字,14.00 元)、杨扬著《文学的年轮》(33 万字,20.00 元)、葛红兵著《轻快的柔板》(34.1 万字,20.00 元)、张新颖著《火焰的心脏》(15.3 万字,9.00 元)、王宏图著《深谷中的霓虹》(21.6 万字,14.00 元)。本丛书既是新世纪地域性青年知名学者群的首次集体亮相,也是一次 20 世纪 90 年代文学批评的成果展示与总结,所涉内容广泛,举凡作家作品与相关的文学现象、文学批评与文化论争、文学史与思想史研究、知识分子价值与人文学术取向,甚至文化随笔、创作谈等一应俱全。(侯福词)

I000081 **世纪之门文艺时评丛书** 河南大学出版社 2002 年 1 月版。122.3 万字。103.00 元。当代文艺评论丛书,第一批推出《陈晓明小说时评》、《程光炜诗歌时评》、《廖奔戏剧时评》、《尹鸿影视时评》、《郎绍君美术时评》5 种。各卷作者都是 20 世纪 90 年代以来在相应艺术领域最为活跃且有代表性的评论家,所选文章,都是他们近期所写最能代表其学术水平和个性特色的力作。(袁喜生)

I000082 **中国古代文学论集** 湖北大学中国古代文学学科编。中华书局 2002 年 1 月版。45.2 万字。32.00 元。中国古代文学研究论文集。收录湖北大学中国古代文学学科 18 位教师的 36 篇论文。收文时限和范围以 1996 年以前公开发表的论文为主。论文的编排分为 5 大板块:一、综论与概论;二、先秦汉魏六朝文学研究;三、唐宋文学研究;四、元明清小说研究;五、元明清戏曲研究。这些论文既有对中国古代文学的宏观探索,也有对先秦至元明清各时期和各类文学体裁的微观研究,尤其在词学研究和《红楼梦》研究方面显示出鲜明的特色。(宋凤娣)

I000083 **韦庄诗词笺注** 齐涛笺注。山东教育出版社 2002 年 6 月版。60.3 万字。31.50 元。以向迪宗点校本《韦庄集》为底本(人民文学出版社 1958 年版)进行校订与辑补。另辑旧本《韦庄集》之末辑文 4 则,变为附卷。按凡可确定年代或大致可确定年代诸诗,辑为编年诗,按韦庄生平分为 7 卷,以年次列之;凡不能确定或不能大致确定年代诸诗,辑为不编年诗,编为 1 卷。书后附有韦庄诗编年,考

述编年缘由;另附韦庄生平考,考述韦庄生年及主要行事。本书注文旨在究明出处,诠释疑难词义。(赵燕瑚)

I000084 **中国古代歌诗与当代歌词鉴赏** 副名:大学生人文景观导览。赵飞编著。西南师范大学出版社 2002 年 5 月版。23.2 万字。12.80 元。非中文专业大学生公选课教材。共 12 讲,导言概述了古代歌诗与当代歌词承上启下的渊源关系,旨在引导学生泛舟千年文化之流,饱览我国民族精神人文风光;从第一到第十一讲,按专题内容需要,例析了百余首古代诗歌精品和当代流行歌词佳作,着重探讨了 10 个时下大学生至为关注亦为困惑的问题:如何看待进取不息的人格力量、古诗中女性的至美形象留给我们今天的思考,怎样做到笑对人生宠辱不惊、如何处理与看待亲情和友情、真正的爱情经得起时空距离的考验、泰山北斗杜甫丰厚的人格模式、南北朝乐府民歌形式与内容的完美结合对现实的启迪意义、集"大我""小我"于一体的光辉典范——陆游、当代歌词对古代歌诗的继承与借鉴、当代歌词的雅俗之辩……。教材在最后一讲还专门介绍了歌诗歌词鉴赏和创作的手法技巧及基本要求,并附录了诗歌韵辙和歌诀对仗的基础知识。(李红)

I000085 **六朝文章新论** 谭家健著。北京燕山出版社 2002 年 4 月版。46.2 万字。30.00 元。一部有体系的专题研究学术专著。全书在着眼点上,以文学性较强的著作为主,所研究的文体以散体古文为主,也包括骈体文和赋。对于通俗文作者也简略提及。时代着重六朝,有些章节的论述向上追溯到先秦两汉,往下联系到唐宋。在写作方法上采用了贯穿历史的比较法。章节安排上,有时以点为主——作家作品论,有时以线为主——历时性的考察,有时以面为主——共时性问题概括。该书重点甚为突出。魏晋集中于《列子》,南北朝集中于《水经注》。(李等肖)

I000086 **古文精读举隅** 吴小如著。天津古籍出版社 2002 年 7 月版。32.7 万字。28.00 元。作者吴小如先生是北京大学著名教授,文学史专家。本书遴选了 50 多篇经典古文,上自先秦下迄明清,进行鞭辟入里的赏析。所选录的这 50 余篇古文都是习闻习见的,作者在赏析或讲解这些古文中,始终遵循:通训诂、明典故、察背景、考身世,最后又归结揆情度理这一总的原则。而且讲析中广征博引而又自出机杼,言之成理而又信而有征。再附以要言不繁的注释,使之更适应多层次的读者。另外,本书的序言——中国古典散文发展述略,以史家的笔法,概述了古典散文的发展及各朝各代散文的面貌;毫无陈旧因循之嫌。本书也是作者吴小如先生近 60 年教授古代散文、古代文学史的浓缩。(韩嘉祥)

I000087 **古典诗词札丛** 吴小如著。天津古籍出版社 2002 年 1 月版。34.4 万字。30.00 元。作者吴小如先生是北京大学著名教授、文学史专家。本书是作者在研究及教学中,对古典诗词的订证、考释、赏析。所收的诗歌上自先秦的歌谣、汉代的乐府,下迄清代的诗词之作。全书共 3 部分,第一部分是古代诗歌札记;第二部分是词曲札记;第三部分是学诗小札。第一、二部分是对古典诗词的赏析,第三部分是古诗格律与作法。(韩嘉祥)

I000088 **唐宋诗词点评** 杨蔚编著。华南理工大学出版社 2002 年 9 月版。38.3 万字。22.80 元。大学生文化素质教育教材。由唐宋诗词基础知识、诗词欣赏知识及名篇分析 3 部分组成。全文从总体上概述了诗词的发展、不同流派的风格特点、诗词的欣赏方法,同时,从具体篇章展开作品分析,分析侧重在作家作品特色、风格特征等。对不同风格的作品加以比较分析,同时集评部分历代名家的经典评论。(乔丽)

I000089 **中国当代歌词史** 晨枫著。漓江出版社 2002 年 10 月版。44.2 万字。22.00 元。作者以 1949 年新中国成立到 1999 年底的半个世纪中祖国大陆歌词艺术的发展历程为主线,用翔实的资料与丰富的例证,勾勒出了各个不同历史时期政治、经济与文化生态环境的背景下歌词艺术的发展轨迹,归纳分析了各个阶段歌词创作的价值取向、风格特征、社团情况、作家队伍情况,以及歌词出版物情况,并对各个时期的代表作家、作品作了较详尽的评介。

I000090 **诗文声律论稿** 启功著。中华书局 2002 年 7 月版。6 万字。36.00 元。语言学论著。手写影印本。全书共 14 节,以精辟独到的见解、生动简洁的语言、丰富翔实的例证探讨了中国古典诗、词、曲、骈文、韵文、散文等文体中的声调与律调的法则,指点了学习汉语诗文声律的简要途径。作为修订本,书中除个别内容有修改外,作者还将对"永明声律说"的新认识写成《'八病''四声'的新探讨》一文,排于第 14 节之后;另附录了《汉语诗歌的构成及发展》一文。由于作者是著名书法巨匠,此手书影印本又可供鉴赏书法及收藏之用。(柴剑虹)

I000091 **个性化的多彩人生** 副名:唐代诗人趣闻。朋星著。河北人民出版社 2002 年 12 月版。

16万字。14.00元。分“侠气雄心，狂放豁达”、“科场悲欢，宦海沉浮”、“情天欲海，风月无边”、“赛诗赌唱，切蹉品评”、“嗜诗如命，爱诗若狂”、“嬉笑怒骂，谐谑嘲讽”、“聪颖早慧，才思敏捷”等几大类别，辑录了唐代诗人及诗文趣事，显现了唐代诗人多姿多彩的个性化人生，看到了唐代诗人、乃至唐人的真实面貌，真实的内心世界。（李成轩）

I000092 **韦应物诗集系年校笺** 孙望编著。中华书局2002年3月版。38.1万字。32.00元。“中国古典文学基本丛书”之一。关于中唐诗人韦应物诗集的整理著作。以《四部丛刊》影印明嘉靖间华云刻《韦江州集》为底本进行校勘，遵循的原则是：底本中有讹、脱、衍、倒者，一般不作改动，而在校记中据他本以辨正之；底本文字与他本异文两通者，出校说明；底本不误而他本误者，一般不出校，为慎重起见，对少量异文略加引述，并加按断；诸家校改意见有可采者，亦酌加引录。全书按韦氏生平履历，即自洛阳县丞时期至苏州刺史时期，将韦氏诗歌汇为9卷，依次编年。诗篇年代无考者，辑为1卷，列于最后。每篇笺注之后，附录部分前人评语，供研读者参考。（宋凤娣）

I000093 **中西诗学的会通** 副名：20世纪中国现代主义诗学研究。陈旭光著。北京大学出版社2002年1月版。32万字。22.00元。对20世纪中国新诗中的现代主义进行了全面、宏观、系统和深入的整体性研究。就20世纪各个历史时期现代主义诗歌对西方现代主义影响的接受、诗人主体人格影响、与主流文学及相关诗潮流派的关系、诗学思想的建设等角度，进行了历史的考察和理论的探讨。另外，还对现代主义的西方源头之发生发展及其含义和性质作了详尽的考察，同时考察了这一思潮与外来影响、本土传统及现代中国知识分子的文化心态诸因素的关联，藉此揭示其总体艺术形态、诗学特征以及在不同时期的演变规律。（高秀芹）

I000094 **中国诗学史** 陈伯海、蒋哲伦主编。鹭江出版社2002年9月版。178万字。158.30元。共7卷。前6卷按历史时期分编，起自先秦，迄于清末，分别为《先秦两汉卷》、《魏晋南北朝卷》、《隋唐五代卷》、《宋金元卷》、《明代卷》、《清代卷》，以求完整地显示中国诗学由萌生、演进以至转型、蜕变的基本历程；另设《词学卷》1卷，综述词学的发展状况，以见词学与诗学的会通。书从中国诗学的多种形态出发，采取全景式视野，以诗歌理论演进为经，以各类诗歌活动为纬，将诗学观念与接受主体、接受对象之间的互动关系及其在阅读、批评、写作诸环节的展现相结合，建立起了一种以诗歌的接受史为独特视角、用接受范式来整合多元材料的论述体系，从而完成了历史与逻辑相互结合的理论建构，是一部体大思精、极富创意的学术专著。（陈辉）

I000095 **中国叙事诗研究** 高永年著。江苏教育出版社2002年9月版。24.4万字。26.80元。从先秦到当代，对中国叙事诗的发展阶段和时代特点，进行了富有新意的点评；对《诗经·卫风·氓》、《长恨歌》、《圆圆曲》、《大堰河——我的保姆》、《格萨尔》等名篇进行了考释。本书独具匠心地将古代文学的研究带进现代文学领域，又将现代文学的研究方法带入古代文学研究领域，令人耳目一新地揭示了中国叙事诗的发展规律和艺术魅力。（王家俊）

I000096 **中国·格萨尔（第一集）** 降边嘉措等著。中国民族摄影艺术出版社2002年6月版。9万字。100多幅照片。36.00元。为了进一步弘扬中华民族优秀的文化遗产，向世界充分展示我国在《格萨尔》方面所取得的巨大成就，由中国政府向联合国教科文卫组织提出申请，将《格萨尔》诞生千周年活动作为2002年联合国教科文卫组织的参与项目。2001年10月在巴黎召开的联合国教科文卫组织第31届大会上，一致通过此项提案。为了配合千周年纪念活动，出版了《中国·格萨尔》一书，收集了20篇专家学者的文章，插图100多幅，图文并茂，形式活泼，信息量大。其中降边嘉措撰写的《亲切的关怀，巨大的鼓舞》一文比较详细地介绍了《格萨尔》产生、发展的过程、中外研究成果，以及党和国家对抢救《格萨尔》的重视和关怀；杨义的《深入发掘〈格萨尔〉的文化内涵》、丹曲的《凝固在黄河源头的历史》、巴荒的《探寻象雄》、岗日曲成的《昔日乞丐，今日国宝》等论文展示了《格萨尔》研究的最新成果。书中还收入了我国文坛一代泰斗、民俗学家钟敬文的《一件文化界值得注目的盛事》、《雪中送炭》两篇讲话稿，以及《斯人虽去，伟业长存》等数篇纪念钟老的文章，介绍了钟敬文对《格萨尔》研究的关怀和重大贡献；《在拍摄〈话说格萨尔〉的日子里》和《大型纪录片〈话说格萨尔〉摄制完成》中记录了30集电视纪录片近两年的拍摄过程，这是全面反映《格萨尔》的文化大片，也是献给《格萨尔》千周年纪念活动的一份厚礼。（邹继先）

I000097 **中诗英译比录** 吕叔湘编。中华书局2002年1月版。19.3万字。16.00元。语言文化研究著作。跨文化交际学、翻译与文化研究、比较文学等的高等教材。集中外古今译学名家许渊冲、杨宪益、柳无忌、威廉·琼斯、理雅各、翟理士、韦利、华逊的经典力作,展现中西文化对中国瑰宝——上起风雅,下及唐季的207首诗歌的真情诠释。是一本比较、学习、鉴赏和研究中诗英译的"案例"珍藏图书,是吕叔湘先生在译学上的顶峰之作《伊坦·弗洛美》的姊妹篇。尤为可贵的史书中的"序",对中诗英译作了许多精辟的论述,如以诗体译诗的利弊以及变通的限度等等,均引实例以说明,足以译诗者借鉴。(王瑞玲)

I000098 **方回的唐宋律诗学** 詹杭伦著。中华书局2002年12月版。21.7万字。18.00元。"中国人民大学古典文学研究丛书"之一。关于方回唐宋律诗学的专著。方回是我国宋元之际的著名诗人、诗评家。他曾对唐宋律诗作过深入的研究,列举诗歌流派,洞彻源流,历历如数家珍;评价诗人诗作,见解精辟,多能切理餍心;尤其对杜甫与江西诗派的评论,具有总结性与权威性。方回的《瀛奎律髓》等著作,是指引后人步入唐宋律诗殿堂的指南和阶梯。此书在对方回生平、思想、著述及其诗歌综合考察的基础上,重点探讨了他对唐宋律诗学特别是对杜甫和江西诗派的研究及其在中国诗学批评史上的杰出贡献。(张文强)

I000099 **民国诗话丛编** 张寅彭主编。上海书店出版社2002年12月版。300万字。450.00元(精)。从百余种现存的民国诗话著述中,几经甄别删汰,辑出影响较著和流传较罕者37种,汇聚成编,其中多有首刊乃至得于稿本、钞本或油印本者,弥足珍贵。即使如学林仰名已久的《石遗室诗话》、《今传是楼诗话》等,因仅此一版,经过半个世纪以上的劫历,亦几近绝迹,此番重镌,还由编者代为拟定了细目,足比新刊。所辑各种诗话前,均由编者作一"编校说明",详实交代版本、作者、编辑、校点等方面的情况,若干书目如《光宣诗坛点将录》等,还有校者按语,点示脉络。仅从全书存录数万首民国旧体诗作这一点讲,《丛编》的辑集文化之功已称不可磨灭。而其对诗歌理论与技巧的探讨,对诗人活动及相关史实的记述,都为近现代历史特别是文学史、文论史的研究,提供了丰富宝贵的资源。(完颜绍元)

I000100 **全唐五代诗格汇考** 张伯伟撰。江苏古籍出版社2002年4月版。42.2万字。32.00元。作者在1996年出版的《全唐五代诗格校考》基础上重新修订而成的有关诗格文献的辑录和考释。诗格是古人作诗的范式,从中可窥见古代诗歌演进的进程。作者通过对历史文献的收集和整理,对原著作了详尽的修订,特别是补入了不少以前鲜见的海外文献资料,从而使这项资料性的工作成为一个总结。本书的前言论述了"诗格"一词的缘起、范围,考察了从初唐到宋代的诗格概观。书中所收的"诗格"按年代先后次序排列;所收的"诗格"著作前附有"解题",着重对某一诗格作者予以介绍,并考释其著作的流传情况。对每一种"诗格"内容,作者根据业已收集到的资料,作了详尽的汇考,显示了作者扎实的学术功底。(王建平)

I000101 **江山胜迹待登临** 副名:唐诗与名胜。张忠纲、董利伟著。河北人民出版社2002年12月版。23万字。19.50元。书中所引唐诗多为千古名句,作者精彩的赏析、评价,使诗与名胜有机地融为一体;同时,对于名胜古迹,还多有历史渊源的介绍、阐述,增加了作品的文化内涵。作品几乎揽尽了神州的胜境古迹,辅之以诗情画意的标题、优美的文笔、流畅的行文,使读者在饱览祖国大好河山的同时欣赏了唐诗。(李成轩)

I000102 **杜甫诗话六种校注** 张忠纲。齐鲁书社2002年9月版。47.4万字。40.00元。收有稀见的杜甫诗话6种,包括宋方深道辑《诸家老杜诗评》5卷、蔡梦弼集录《杜工部草堂诗话》2卷,清翁方纲辑《渔洋杜诗话》1卷、刘凤诰撰《杜工部诗话》5卷、潘德舆撰《养一斋李杜诗话》3卷及近人蒋瑞藻辑《续杜工部诗话》2卷。其中《诸家老杜诗评》使用北京大学图书馆所藏全五卷抄本鲜为人知。它所收200余条诗话中有60余条不见于今存宋人著作,资料弥足珍贵。《新编渔洋杜诗话》则是在翁著基础上增益渔洋论杜百条重加整理而成。诗话6种共收录宋至清近代诸家所论杜甫诗话近900条,内容涉及到杜甫其人、其诗的各个方面,对研究杜诗颇有参考价值。每种诗话之前均有简要说明,概述版本源流,纠谬辨误,评论得失,并以数码标明条目,极易翻检。书后附录古诗平仄论及主要引用书目,供研究参考。(闫昭典)

I000103 **杜诗新补注** 信应举著。中州古籍出版社2002年1月版。61.4万字。36.00元。分23卷,补注杜甫诗作723首(作品大部为节录)。补注内容大致包括5类:释难词、解疑句、正错误、补缺失、辨异注。释难词,重在解释其罕见义。解疑句,重在解释因对仗、押韵字序颠倒的句子。正错误,是考证旧注中的错误。补缺失,即补足旧注中引证书名篇名不全者。辨异注,即在诸多注释中确认正确的。该书所用版本主要为郭知达集《九家注杜诗》、王嗣奭《杜臆》、钱谦益《钱注杜诗》、朱鹤龄《辑注杜工部诗集》、仇兆鳌《杜诗详注》、浦起龙《读杜心解》、杨伦《杜诗镜铨》等。(孙宝瑞)

I000104 **时代精神与风俗画卷** 副名:唐诗与民俗。赵睿才著。河北人民出版社 2002 年 12 月版。23 万字。19.50 元。从博大精深的唐代民俗文化中抽取与人生最为切要的服饰、饮食、居行、婚姻、丧祭、节令等几个方面,以唐代民俗的丰富性、开创性、兼容性为突破口来研究、欣赏唐诗。(李成轩)

I000105 **诗苑英华** 黄瑞云选注。湖北教育出版社 2002 年 1 月版。270 万字。182.00 元。选录自汉至清诗凡 3 951 首,分"两汉魏晋南北朝"、"唐代"、"宋金"、"元明"和"清代"5 卷。每卷均由诗史、诗选、注释和星评 4 部分组成。其诗史以专文评述每一时期诗歌概况,包括形制传承、风格演变、流派形成以及重要诗人评介等;诗选自数千年积存的浩如烟海的诗词典籍,作者皆缀有小传;诗注或释难词,或明本事,或疏句意,皆简明扼要;星评则多有真知灼见,如星光之闪烁耀目。(王位庆)

I000106 **诗酒风流赋华章** 副名:唐诗与酒。葛景春著。河北人民出版社 2002 年 12 月版。20 万字。18.50 元。从唐代酒文化的内涵谈起,分析、阐述了酒在唐诗中的文化功用,唐诗与酒及酒文化的关系;还有与酒有不解之缘的唐代诗人的轶闻趣事、醉眼中的诗世界。一方面让我们了解了唐代的诗文化、酒文化、诗酒文化;另一方面,可以更真切地把握唐代诗人率真、豪放的内心世界。(李成轩)

I000107 **屈辞体研究** 黄凤显著。湖南人民出版社 2002 年 6 月版。24 万字。17.00 元。作者选取屈辞的文体作为切入点,将屈辞分为体裁、语体和风格三个层面进行剖析,全面而深入地论述了诗人屈原的天才创造和伟大成就。并在前人研究的基础上,提出了不少新见。如屈辞的出现,除从诗体嬗变的角度分析外,还强调和分析了屈原的思想感情和文化素养之下的主观选择性;在论述屈辞的出现和创新时,从 5 个方面详加剖析和论证;从屈辞的意象、意境的组合来探讨屈辞风格的基本特征等。"学海一牛鸣丛书"之一。(胡如虹)

I000108 **格萨尔学史稿** 扎西东珠、王兴先编著。甘肃民族出版社 2002 年 12 月版。51 万字。45.00元。学术专著。分 4 大部分:一、《格萨尔》的搜集与整理;二、《格萨尔》的译介与编纂、出版;三、《格萨尔》的多学科研究;四、研究《格萨尔》的人物与成果。《格萨尔》是我国藏族人民集体创作的一部历史悠久、流传广泛、内容丰富、规模宏大的英雄史诗,具有极高的文学欣赏价值和学术研究价值。全书从格萨尔学的缘起与建立、体系与意义;《格萨尔》的流布概况,搜集、整理与抢救;《格萨尔》的译介、编纂与出版;《格萨尔》史诗基本理论的研究,史诗的文学研究、史学研究、语言学研究、艺术研究、宗教研究、民族学研究、民俗学研究等多个侧面对《格萨尔》这部优美的史诗进行了全面、多方位的研究。(杨昀)

I000109 **清代诗学主潮研究** 李剑波著。岳麓书社 2002 年 4 月版。23.6 万字。19.00 元。研究古代文艺理论的学术专著。绪论系统介绍了清代诗学研究的学术情况、清代诗学产生、发展的历史特点、社会背景、学术环境,分析了清代诗学的整体特点。主体部分有 4 个方面:第一,神韵说研究,探讨神韵说的历史、美学要求、生命意识、审美创造心理等问题;第二,格调说研究,探讨格调说的源流、基本思想、宗古倾向、文体学意义等问题;第三,性灵说研究,论述以袁枚为首的诸人对性灵说的继承、发展、完善;第四,肌理说研究,全面介绍翁云纲的肌理说的理论系统。(曾倩)

I000110 **隋唐及初盛唐赋风研究** 韩晖著。广西师范大学出版社 2002 年 12 月版。28.8 万字。18.00元。文学研究专著。从宏观角度研究隋至盛唐 170 余年间的赋论及赋作,兼有赋史与赋学批评功能的赋学著作。分上中下 3 编,上编论述过渡期隋代辞赋,中编论述沿革期初唐辞赋,下编论述上升期盛唐辞赋。从赋体文学创作实践和赋学批评角度,结合时代、社会、文化、心理诸因素对盛唐辞赋作家群赋风的形成、演变进行具体描述。其中有相当的新见解:关于隋文中较优秀的作品多以赋体创作出来的观点,关于陈子昂的风骨主张应将辞赋包括在内的见解,关于盛唐辞赋气象及成因的论述。引言概括赋史赋风的研究。附盛唐赋家赋作、参考文献及诸篇评议书。

I000111 **稀见本宋人诗话四种** 张伯伟编校。江苏古籍出版社 2002 年 4 月版。36 万字。26.00 元。收宋代诗话 4 种,附诗格 1 种、考释 1 种。它们皆为现藏于海外的中国古代典籍版本,分别为:日本五山版《冷斋夜话》(后附日僧道忠撰《冷斋夜话考》、日本宽文版《天厨禁脔》)、台湾广文书局影印明抄本《西清诗话》、韩国奎章阁所藏朝鲜版《唐宋分门名贤诗话》、台湾广文书局影印明抄本《北山诗话》。编校者对上述四种中国大陆稀见的古代诗学著作,精审

精校，在与各类校本的校勘中，附校勘记。（姜小青）

I000112 **新译唐诗英韵百首** 刘军平选译。中华书局2002年5月版。9.5万字。10.00元。中西文化和语言研究著作。精选精译126首唐诗，书中关于中西文化和诗歌翻译的问题讲解深入浅出，译例精选读者熟记能诵的唐诗，加上夹叙夹议的论述方法和旁征博引的考证，真实地剖析了中西思维的巨大差异和中外学者文人的美学追求。（王瑞玲）

I000113 **藏族诗歌美学** 东主才让著。青海民族出版社2002年5月版。25万字。20.00元。作者通过多年的教学经验，大量搜集和运用藏族古典诗歌作品和诗学论著，并结合五省区高校藏语言文学专业的特点，用藏文撰写的国内第一部较系统地论述藏族诗歌美学的文学理论专著。该书以现代美学理论为指导，较系统地分析和探讨了藏族诗歌的美学传统，把藏族诗歌置于现代文化背景下，从传统诗歌的创作、修辞艺术、哲理、思维逻辑及鉴赏多种角度，对藏族诗歌进行比较研究，以求在传统的诗歌和现代化之间找到一种契合，进而开创藏族诗歌文化的新途径。（索洛）

I000114 **唐诗探趣丛书** 张忠纲主编。河北人民出版社2002年12月版。共4种，《时代精神与风俗画卷——唐诗与民俗》字里行间透露出中国传统文化博大精深的厚重之感；《诗酒风流赋华章——唐诗与酒》阐述了从唐代的酒具到酒文化，再到唐诗与酒及酒文化的关系；《江山胜迹待登临——唐诗与名胜》文笔清新，如行云流水，将名胜古迹浏览与唐诗欣赏水乳交融，使读者沐浴于双重审美享受；《个性化的多彩人生——唐代诗人趣闻》着重展现因唐诗而引发的唐代诗人既侠骨雄心、狂放豁达，又风月无边、儿女情长的多姿多彩的个性化的、率真的内心世界。（李成轩）

I000115 **唐宋诗散论** 章继光著。湖南人民出版社2002年6月版。19万字。18.00元。作者对唐宋诗词研究的论文合集。作者对李白诗作的悲剧性、李白歌行的散文笔法，以及隋诗与唐诗的关系，唐代教坊和都市伎伶在唐诗繁荣过程中所起作用，宋之问、李绅迁谪诗的比较，宋人以"气象"论诗，宋人"诗画一体"观念与"尚意"美学追求等问题都进行了深入的研究。（何新波）

I000116 **汉赋辞典** 费振刚、仇仲谦编。北京大学出版社2002年12月版。115万字。66.00元。收列现存汉代赋作整篇、残篇及断句三百余篇中的6 170个字、26 000余条普通语词和专有名称及成语典故，分义项诠释在汉赋中的意思、用法，并各酌列1～2条汉赋书证。异体、异形均收。异形词在书证后指明异同。全书采用繁体字。单字依新版《辞源》部首按笔画多少排列。附有难检字表。本书定格为断代文体辞典。（胡双宝）

I000117 **历代词话** 张璋著。大象出版社2002年3月版。154.5万字。32开。85.00元（精）。分上下卷，汇编历代词话120余编，上起唐宋，下迄清末，按历史顺序排列，采取汇编体例。所辑词话，以讲词学理论、体制、风格、流派、品评、作法为主，对格律音韵、考勘辨、版本诸方面之论述，亦适当兼顾。（惠萍）

I000118 **宋词举(外三种)** 陈匪石编著，钟振振校点。江苏古籍出版社2002年4月版。20万字。12.00元。陈匪石(1883—1959)，近代著名词人、词学家。本书是两宋名家词选本，选张炎、王沂孙、吴文英、姜夔、史达祖、辛弃疾、周邦彦、秦观、苏轼、贺铸、柳永、晏几道12名家词作53首，编次用逆溯法，先南宋，后北宋，由近及远。每家之前，为作者小传及其词集版本源流、历代评语；每首之后，先校记，次考律，次讲论。所选、所论，皆体现出先生独到之词学见解；其举词详析之作法，且开后人词作鉴赏之先河，备受词学界推崇，为建国前大学的教科书。外三种分别为：《声执》二卷、《旧时月色斋词谭》、《旧时月色斋论词杂著》，均是陈匪石先生的词学著作。附录《陈匪石先生传略》等6篇有关其人其事其著的资料。校点整理工作由当代词学家钟振振教授担任，词学大师唐圭璋先生生前撰写后记。陈匪石先生词学著述，庶几大备矣。（倪培翔）

I000119 **明词史** 张仲谋著。人民文学出版社2002年2月版。27万字。20.00元。断代专题文学史。作者从最基础的资料爬梳做起，掌握了大量第一手材料，不仅写作上从容不迫，游刃有余，而且对旧说多所匡正。作者敏锐注意到明词在词史上的独特之处，即女性词人的大量出现和词学理论的建设，将音韵谱律之学、词集刊刻、词学批评等纳入"史"的视野范畴。作者有意突破多数人通过《明词综》论明词的局限，指出那是明词的一个"洁本"，并往往删去词题、小序且有径改原作文本的情况。作者的另一长处是论述中始终保持着清醒的头脑，以反映明词原貌为准则，不回避明词俚俗、浮艳的一面，从而客观、准确地勾勒出明词的发展脉络和明代词坛全貌。（宋红）

I000120 **唐宋词与人生** 杨海明著。河北人民出版社 2002 年 5 月版。36.6 万字。25.00 元。以“人生”为切入点来读词论词，将唐宋词置于新的视野中作全面和重点的关照，揭示了唐宋词与社会生活和词人人生之间“花果与土壤”的关系。全书分两编：上编以作家为中心，选择具有典型意义的词人或词人群体进行个案分析，重点论述他们独特的人生体验和人生态度，以及由此而形成的独特词风，揭示唐宋词人在处理人生重大问题方面所表现出来的共同心态和个性化的感情世界。下编以作品为中心，按照词所反映的社会生活和所表现的感情内容对宋词作“土壤学”的分类研究。宋人的人生是丰富复杂的，既有“酣玩”和“雅玩”的人生享受，又有夹杂着甜蜜和苦涩的恋情经历，更有着种种不幸和痛苦。凡此种种，便形成了宋词题材多样、风格繁复的总体风貌。本编以“人生世相”和“人生况味”为标题，以“人生”作为提挈全文的纲要。余论部分揭示词中人生意蕴对于当代人的思想启示，认识唐宋词在现代社会中的“活性效应”。（王静）

I000121 **唐宋词欣赏** 夏承焘著。北京出版社 2002 年 1 月版。11.2 万字。11.00 元。“大家小书”之一。所谓“大家”既指书的作者是大家同时也指书是写给普通读者看的；所谓“小书”者，即篇幅精短。该套包括《中国史学入门》、《唐宋词欣赏》、《诗词格律概要》、《训诂简论》、《史籍举要》、《文言津逮》、《孔子的故事》、《司马迁》、《红楼小讲》、《中国古代衣食住行》。

I000122 **元明清词鉴赏辞典** 钱仲联等撰。上海辞书出版社 2002 年 12 月版。175.1 万字。66.00 元。收元明清词 403 家 842 首，兼顾各种流派风格、各类题材内容，执此一编，当可收纵览七百年词史之效。元代张翥、明代陈子龙堪称大家，清代号称词学中兴，阳羡派、浙西派、常州派、临桂派先后兴起，名家迭出，陈维崧、朱彝尊、纳兰性德、张惠言、蒋春霖、文廷式、朱孝臧等重要词人佳作甚丰，论者以为可上追两宋。参加撰稿的词人，如马兴荣、钟振振等，是当代著名的词学家，钱仲联老先生是老一辈学人中硕果仅存者，叶嘉莹女士是海外治古典诗词斐声于时的名教授，阵容之盛，有目共睹。本书还收有多种附录，如词人小传、词人流派社团别称简介、元明清词书目要录、佳句索引等。

I000123 **中国现代新诗理论批评史** 潘颂德著。学林出版社 2002 年 8 月版。52 万字。38.00 元。新诗是在西方诗歌影响下产生、发展起来的。随着西方诗歌、诗论的译介、传播和新诗创作的发展，中国现代新诗理论批评也随之萌生、发展，并形成了各种新诗美学主张与批评方法，发生了各种诗论论争，各种诗体的理论建设也逐步充实、完善。本书即着重阐述了中国现代新诗理论批评形成的 5 个时期：一、滥觞期（1917—1923）；二、转轨期（1924—1931）；三、发展期（1932—1937.7）；四、深化期（1937.8—1946.5）；五、综合期（1946.6—1949.9）。作者针对每一时期的重要诗论家、重要诗论流派、重要诗论论争、诗体理论建设和新诗史以及每一时期重要诗集的评论均一一进行了研究。本书以历史的态度和美学的态度，客观公正地分析和评述；占有资料翔实丰富，观点新颖明确，是一部全面、系统的中国现代新诗理论批评史。（许钧伟）

I000124 **古都西安·长安戏曲** 焦文彬著。西安出版社 2002 年 2 月版。26 万字。22.00 元。全面系统地勾勒出长安戏曲的历史与艺术特色，并把它设置在整个中国戏曲的总画面上加以考察，从唐代到近代长安戏曲的声腔、戏曲文字、戏曲音乐等都作了介绍。（连英）

I000125 **我与金庸的战争** 迟宇宙著。青海人民出版社 2002 年 1 月版。30 万字。22.00 元。一本对金庸小说戏说的作品。以人物为经，议论为纬，通过对金庸作品的研读，对人物内心的分析，进而演绎了一个新的金庸小说世界。全书始终以第一人称的方式进行叙述。通过这种方式，进而表现了郭靖、令狐冲、杨过、张无忌、张三丰、小龙女等诸人的一个侧面，一个内心世界。应该说，这是对金庸小说进行的一次颠覆。作者以后现代的精神，对传统的武侠小说进行了一次新的审视。（班果）

I000126 **文言小说审美发展史** 陈文新著。武汉大学出版社 2002 年 10 月版。52.7 万字。32.00元。“武汉大学学术丛书”之一。对中国文言小说的 3 种类型——志怪小说、轶事小说、传奇小说的审美风范、审美特征进行了历时和共时两个维度的考察和阐释，对审美发展历程作了描述。全书共分 22 章，对从汉代小说至清代轶事小说的全部文言小说作了系统探讨。（陶佳珞）

I000127 **世说新语汇校集注** 南朝宋·刘义庆撰，梁·刘孝标注，朱铸禹汇校集注。上海古籍出版社 2002 年 12 月版。62 万字。52.00 元。《世说新语》这部笔记小说集，对研究汉末、魏晋间的历史、哲学、语言、文学等方面有着重要的学术价值，但书中所用文字却有不少古体僻字或是当时的口语、方言，不易索解。朱铸禹先生选用现存最早、最完整的宋绍兴刊本为底本,校注的范围不限于《世说新语》本文,还包括刘孝标的注文,并采用各家的校注,包括国内近现代的专家们的论点及国外研究者的注释,古人的评语,对人物的异称注了本名,是一部汇集各家成就的《世说新语》整理著作,对《世说新语》的研究有着重要的价值。(周小虹)

I000128 **《歧路灯》研究** 李延年著。中州古籍出版社 2002 年 7 月版。34.1 万字。22.00 元。清中叶李绿园所撰《歧路灯》曾在中国小说史上产生过重要影响,他以写实主义手法深刻地揭露了清代社会的黑暗及各级官僚的无耻行径。本书在研究中将其归纳为“教育小说”,并以此为线索展开探讨,不但对该书重新定位,而且在中国长篇小说史的研究方面也引入一个新概念。本书分为 5 章:第一章为应运而生:《歧路灯》在清中叶由李绿园写出的主客观原因,第二章为主部主题:形象化的教育思想,教育思想的形象化,第三章为副主部主题:《歧路灯》主部主题之外的多层思想意蕴,第四章为美学特色:《歧路灯》美学特色新观照,第五章为比较研究:横向比较研究。该书不但从社会发展、文学演变等方面,而且联系作家的家世、生平、思想,全面分析李绿园创作《歧路灯》的主客观原因;在分析作品的思想内容时,既抓住其为教育小说的主要特征,又重视其多层面的意义,客观辩证;在阐述作品的美学特征时,能结合若干现代理论,富有特色。(孙宝瑞)

I000129 **论红楼梦思想** 冯其庸著。黑龙江教育出版社 2002 年 10 月版。20 万字。25.00 元。冯其庸先生是研究《红楼梦》的大家,是当代研究红学最有成就的学者。本书是冯先生晚年最重要的著作,就《红楼梦》所反映的思想给予了科学的评价,突破了前人的束缚,把《红楼梦》的研究又向前推进了一大步。(程俊仁)

I000130 **红学风雨** 杜景华著。长江文艺出版社 2002 年 2 月版。20 万字。16.00 元。红学史研究专著。全书共分成百年风雨红学之路、《红楼梦》流传中的评点派、绵延不绝的红学索引派、蔡胡论战与新红学建立、胡适和他的考证红学、王国维:超前的《红楼梦》美学探索、鲁迅:经典性的小说学发现、风雨中的弄潮儿——50 年代“批判红学”、《红楼梦》的历史背景讨论、暴风雨中的完全迷失——70 年代的“政治红学”、新时期迎来的红学辉煌——80 年代的“乡法论”探讨、关于“红学”观念的新论争、“全璧”之说等部分,对自“红学”诞生以来所走过的风风雨雨进行了较系统的梳理。(姚梅)

I000131 **红楼梦(程乙本)——桐花凤阁批校本** 清·曹雪芹著,陈其泰批校。北京图书馆出版社 2001 年 12 月(影印)版。4128 页。1280.00 元。“清代评点本红楼梦丛书”之一。清末民初一批极有价值的评批本《红楼梦》之一,是陈其泰对《红楼梦》程乙本的手批本,在前人评红注录中略有所述。今将全貌影印出版,以求对现代评红的研究有一定参考价值。(姜红)

I000132 **《三国演义》与传统文化溯源研究** 熊笃、段庸生著。重庆出版社 2002 年 11 月版。25 万字。17.00 元。古典文学研究专著。全书分为 7 章。第一章“《三国演义》与伦理学”从“忠”、“义”、“妇道”观念对《三国演义》的影响来研究传统伦理学的演变;第二章“《三国演义》与宗教学”研究了早期道教、佛教、谶纬神学与《三国演义》的关系;第三章“《三国演义》与政治学”从仁政民本思想、联盟抗战的政治思想、纵横游说的外交之术三方面阐述《三国演义》的政治观;第四章“《三国演义》与军事学”着重探讨《三国演义》中涉及的军事战略、兵家权谋、重要战术和八阵图;第五章“《三国演义》与人才学”分别分析《三国演义》中的各类人才,并研究其用人之道;第六章“《三国演义》与文学”着重研究《三国演义》的虚与实、悲剧发微、结构艺术、地位影响;第七章“《三国演义》的改编”研究毛宗岗对《三国演义》的批改和关于电视连续剧的编导得失。(杨希之)

I000133 **《儒林外史》试论** 张国风著。中华书局 2002 年 12 月版。12.5 万字。11.00 元。“中国人民大学古典文学研究丛书”之一。全书共分 3 章,第一章《儒林外史》的思想渊源,从吴敬梓生活的时代思潮的演变,谈他接受思潮影响的原因;从康雍乾三朝强调躬行的风气,谈他的《儒林外史》的写实特色。第二章《儒林外史》的政治倾向,从康雍乾三朝关于知识分子政策的演变,谈吴敬梓的政治态度和对三朝盛世的否定,进而谈到他的政治态度在小说中的体现。第三章《儒林外史》在小说史上的地位,将中国古代小说的发展概况作一分析,把《儒林外史》放到其中加以剖析,把它与同期的小说加以对比,借以突出它在小说史上的地位。(李聪慧)

I000134 **小说的立场——新生代作家访谈录** 张钧著。广西师范大学出版社 2002 年 2 月版。44.4万字。29.80 元。当代文学研究专著。收入对 28 位新生代作家访谈的记录,从作家年龄和参与文学活动的时间两个角度切入,从访谈对象的日常生活中分析其写作方式与立场,探讨年轻作家们的生存状况、内心世界，采访他们的知识构成与文学师承，较为完整地提供了自先锋小说衰落后的文学图景。附录为张钧的朋友对他的纪念。

I000135 **小说家笔下的人性图谱** 副名：论新时期小说的人性描写。管宁著。福建教育出版社 2001 年 12 月版。23 万字。18.00 元。学术著作。共 11 章，把当代小说对于人性的纷纭探索凝聚在简明的逻辑构架中。从先锋小说家笔下的人性的虚拟化呈现，到私人化小说的幽闭独白；从新现实小说生存本相的现实摹写，到风俗画中的文化深层意味；从历史小说的风云际会，到知识分子的灵魂裂变；从官场小说中的权力结构透视，到爱情小说中的崭新动向，都进行了简明的概括。脉络清晰，自成格局。（张永钦）

I000136 **中国现代浪漫主义小说模式** 朱曦、陈兴芜著。重庆出版社 2002 年 9 月版。22.3 万字。18.00 元。全书由序、上篇、下篇、附录、主要参考文献及后记组成。上篇“多维视野中的现代浪漫主义小说”由 3 章构成，即第一章“中国现代浪漫主义小说的生命流程”、第二章“中国现代浪漫主义文学的二元模式”、第三章“中国现代浪漫主义小说的选择依据和审美方式”。下篇“结构意义上的现代浪漫主义小说”由 5 章构成，即第四章“创造社作家的‘模仿与表现’小说模式”、第五章“废名小说的‘本土化’模式”、第六章“沈从文小说的多元化模式”、第七章“艾芜小说的‘行走’模式”、第八章“徐讦、无名氏小说的‘浪漫与现代’模式”。全书在审视和梳理了历来中国学术界对中国现代小说的研究状况后，作者提出了自己探究的课题、意见和观点，欲以研讨“中国现代浪漫主义小说模式”打开一条分析、研讨之路，俾便考察浪漫主义小说的结构形态和美学意义、浪漫主义小说与外来文化、传统文化的关联以及它在中国现代文学中应有的历史地位等问题。（周显军）

I000137 **长篇小说与文化母题** 谭桂林著。湖南师范大学出版社 2002 年 1 月版。25.9 万字。20.00元。母题是一种人类过去不断重复，今后还会继续重复的精神现象，如乡土、都市、生命、死亡、战争、复仇、漂泊、童年、成长、家族、性爱等。本书从母题的角度切入长篇小说的研究，以精神分析学说为理论基础，对《子夜》、《呼兰河传》、《白鹿原》、《马桥词典》、《心灵史》、《九月寓言》、《黄泥街》、《废都》、《施洗的河》、《丰乳肥臀》、《私人生活》、《在细雨中呼喊》、《尘埃落定》、《长恨歌》14 篇小说进行了解读，开辟了长篇小说研究的新路径。（黄林）

I000138 **二十世纪先秦散文研究反思** 常森著。北京大学出版社 2002 年 8 月版。30 万字。19.00元。作者分 50 年代以前、70 年代以前及以后三个阶段研究，得出总体的认识是：20 世纪的先秦散文研究处于滞后状态，没有完成从古典到现代的转型。传统的评点被逐渐遗弃，跟现代学术理念相因依的研究范式渐趋确立；评点基本退化为知识的积累，而不再是把握作品的方法；学者已无力操持评点这一批评武器，演化为以存在决定意识为核心观念的解释系统来解释文学与社会、自然等要素之间的关系；通过分析作品人物形象元素、写作语言元素等来认识作品文学特色、价值和成就，成为普遍的模式；文化学方法的引进影响甚至改变了人们审视作品的基本理念和方法。研究中的一个重要偏失是，没有从根本上解决学界反复触及的传世文献真伪等一系列关键问题，不重视研究方法的探讨，缺乏比较彻底的历史性观念，背离了历史性原则，而趋同于用西方近现代文学理念来汰洗传统观念，筛选传统典籍。另一个重要偏失是，普遍地遵循决定论的理论，而忽视作家与读者的巨大能动作用。（胡双宝）

I000139 **中国当代联坛千家论典** 王庆新主编。中国民族摄影艺术出版社 2002 年 5 月版。95 万字。160.00 元。综合性对联理论的合集。以一题一论的精短论语，收千余作者的观点于一集。论典探讨了承古联今的楹联文化的发展，形式与内容的和谐统一，对联艺术的无穷生命力，对联的实用功能与特殊属性，对联的创新与开拓，对联与其艺术及载体的相互联系等诸方面的问题。（周琪）

I000140 **中国民间故事类型研究** 刘守华主编。华中师范大学出版社 2002 年 10 月版。58 万字。45.00 元。由两大块构成，主体部分是“故事类型解析”，对 60 个常见故事类型进行评说；卷首的“导论”除评述故事学中的母题、类型研究方法之外，着重从类型构成上勾勒中国民间故事艺术世界的总体特征。（程继松）

I000141 **民间文学教程** 刘守华、陈建献主编。华中师范大学出版社 2002 年 2 月版。48.8 万字。23.80 元。按教材的文体风格编著而成。全书坚持马克思主义的历史观与文化观，从中华文化多元一体的格局出发，强调了少数民族对中国民间文学的贡献，尽力吸收了本学科国际成果和 20 世纪八九十年代我国科研的最新成果，运用现代文化的广阔视野审视民间文学的基础知识、基本理论，具有

“新”、“深”、“实”的现代人文学科的品格。该书上卷为“通论”,以17章的形式综论民间文学的整体特征及各类民间文学的界定、个性特点、目前研究的现状。下卷为各类民间文学的“作品选”,共辑选民间文学作品78篇。(陈昌恒)

I000142 **浦漫汀儿童文学论稿** 浦漫汀著。河北少年儿童出版社 2002年9月版。40万字。25.00元。北京师范大学教授、著名儿童文学理论家、中国儿童文学研究会名誉副理事长浦漫汀先生的论文选集。编选了浦漫汀先生自20世纪80年代以来的50多篇文章,可分为4组:一、研究、评论中国现代和当代作家作品;二、评析中国古代儿童文学;三、评析外国儿童文学;四、对有关理论问题的探讨和评述。另外,书中还收录了浦漫汀先生的两部长篇论著,《从古代至建国初期的儿童文学》和《安徒生简论》。(彭涛)

I000143 **风雅丛书** 顾宏义、庞坚等编著。上海书店出版社 2002年10月版。870.4万字。15.00元/册。共5个分册,分别介绍了《满江红》、《菩萨蛮》、《水调歌头》、《贺新郎》及《念奴娇》5种词牌及其代表作。每个分册的《前言》部分分别介绍该词牌的来历、词调特点、别名,正体平仄等等。正文部分分别介绍各词牌的代表作品的作意、赏析、集评,对于难以理解的词语作注释,并附作者小传。其中《仰天长啸》(顾宏义、蒋灵编著)介绍《满江红》词作62首,《月笼轻雾》(姜斌编著)介绍《菩萨蛮》词作89首,《舒卷江山》(蔡慧莘编著)介绍《水调歌头》词作64首,《落日孤城》(王铁麟编著)介绍《贺新郎》词作60首,《千古风流》(庞坚编著)介绍《念奴娇》词作60首。(徐力励)

I000144 **中国古代戏曲与古代文学研究论集** 黄天骥主编。中华书局 2002年12月版。42.7万字。32.00元。论文集。收录中山大学中文系的学者们近年来的研究论文共33篇。全书分上下编,上编为古代戏曲方面的研究论文;下编为古代诗文与诗文批评的研究论文。书中所收文章均为近年在学术界产生较大影响的作品,充分展示了中山大学在文学研究方面的成果。(李聪慧)

I000145 **德昂族文学简史** 黄光成著。云南民族出版社 2002年2月版。24.5万字。27.00元。“中国少数民族文学史丛书”之一。全书对德昂族文学发展的历史概貌作了叙述,对其发展的线索尽可能作了大的分期。书中把德昂族文学发展史大致分为:上古、中古至现代、当代几个时期。全书分为:导论、第一编上古的回音、第二编中古至现代的交响、第三编当代文学的传承与创作。全书对德昂族各个时期的文学作品及其主要作品作了记叙、介绍,也进行了适当的分析、论述和理论归纳。(郭玉萍)

I000146 **藏族文学史** 扎布主编。青海民族出版社 2002年2月(藏文)版。70万字。40.00元。分上、下两册,共3编30章:原始社会和土番王朝崩溃时期的文学;萨迦巴、帕竹巴、仁蚌巴、藏巴巴时期的文学;噶丹颇章时期的文学。书史概要地叙述了各时期藏族社会的政治、经济、文化状况,应用藏族传统文艺观,并结合现代文艺理论评价历代作家作品,初步归纳了各时期藏族文学的特点,探讨了各时期文学之间的发展脉络和继承规律。该书还叙述了藏族文学与国内各兄弟民族文学,特别是与汉族文学的关系。与此同时,也阐述了藏族文学与友邻国家印度、尼泊尔等国的文学交流和相互影响。(仁吉当周)

I000147 **清代满语文学史略** 赵志忠著。辽宁民族出版社 2002年7月版。28万字。25.00元。一部论述清代满族人用满语创作的文学史,并兼及锡伯人、达斡尔人的满语作品。共8章18节,分别论述了后金时期的满族传统文学、顺康年间的满语翻译文学、乾隆年间满语文学的兴盛、嘉道年间的满汉语混用文学、清代末期满语文学的衰落以及清代锡伯人、达斡尔人的满语文学等。在满语文学史的分期上,在满汉语文学接触上,在满语文学的兴起、发展及衰落等方面,进行了系统的论述,并提出了自己的见解。(吴昕阳)

I000148 **河南文学史** 王永宽、白本松主编。中州古籍出版社 2002年12月版。67万字。50.00元。分8编,全面阐释了自先秦始至清代后期1840年鸦片战争爆发止的河南文学的发展概况,真实地反映了在全国政治、经济、文化大背景下河南文学各个历史时期发展状况和轨迹,揭示出地域特征,同时,正确评价了河南作家个人在河南文学发展中的历史地位,从整体上估价河南文学对中国文学发展的贡献。注重从新的视角和理念进行研究探讨,历史意识和当代意识相结合,提出了河南古代文学发展两个阶段论:即赵宋王朝建立前为上升期;赵宋王朝建立至1840年鸦片战争爆发的880年间为下降期。并深刻反思了河南文学盛衰的原因。(孙宝瑞)

I000149 **学生阅读经典** 李晓明主编。吉林文史出版社 2002年5月版。200万字。148.00元。文学名著。选收了9位著名文学家的著名作品共

10本。包括《鲁迅小说》、《鲁迅散文·杂文》、《冰心散文》、《朱自清散文》、《叶圣陶文集》、《徐志摩文集》、《林语堂散文》、《丰子恺散文》、《张爱玲文集》、《周作人散文》。(于涉)

I000150 **新版鲁迅杂文集** 鲁迅著,朱飞、王得后等校注。浙江人民出版社 2002年10月版。201万字。168.00元。收入鲁迅先生的全部杂文作品,并进行重新整理、校勘、注释。鲁迅亲手编定的文集,从最早的《热风》到最后的《且介亭杂文二集》,以及《两地书》,共计15种,一律按照初版本原貌收入,分编成《坟·热风·两地书》、《华盖集·而已集》、《伪自由书·准风月谈·花边文学》、《且介亭杂文·且介亭杂文二集》、《三闲集·二心集·南腔北调集》5种出版。他人所编的文集,包括杨霁云编的《集外集》、许广平编的《且介亭杂文末编》,以及后来的《集外集拾遗》及其补编、古籍和译文序跋集,再加上没有编入集子的佚文,重新整理编为《集外文集》(上下)。凡有手稿存世的,都据手稿(影印本)作了校勘,同时参校了部分最初发表的报刊,以校正错讹。为了便于读者理解,各篇都加有注释。注释尽量采用最新资料,并注意吸收近年来学术界的最新研究成果。(陈巧丽)

I000151 **鲁迅小说全编绘图本·呐喊(一)** 罗克编文,舒霄工作室绘。新华出版社 2002年1月版。12万字。12.00元。小说绘图本。收入鲁迅小说:《狂人日记》、《明天》、《故乡》、《药》、《一件小事》、《阿Q正传》。由著名作家罗克改编。作品既保持了鲁迅原著的风格,并体现其精髓,在图书形式上又有所创新;改编忠实于原著,保留了原作的艺术完整性。每篇作品都有鲁迅专家所撰写的"作品导读"。(黄绪国)

I000152 **鲁迅小说全编绘图本·呐喊(二)** 罗克编文,舒霄工作室绘。新华出版社 2002年1月版。12万字。12.00元。小说绘图本。收入鲁迅小说:《孔乙己》、《风波》、《端午节》、《社戏》、《白光》、《兔和猫》、《头发的故事》、《鸭的喜剧》。由著名作家罗克改编。作品既保持了鲁迅原著的风格,并体现其精髓,在图书形式上又有所创新;改编忠实于原著,保留了原作的艺术完整性。每篇作品都有鲁迅专家所撰写的"作品导读"。(黄绪国)

I000153 **鲁迅小说全编绘图本·彷徨(一)** 金波编文,舒霄工作室绘。新华出版社 2002年1月版。12万字。12.00元。小说绘图本。收入鲁迅小说:《祝福》、《在酒楼上》、《长明灯》、《孤独者》、《离婚》。由首都师范大学教授金波改编。作品既保持了鲁迅原著的风格,并体现其精髓,在图书形式上又有所创新;改编忠实于原著,保留了原作的艺术完整性。每篇作品都有鲁迅专家所撰写的"作品导读"。(黄绪国)

I000154 **鲁迅小说全编绘图本·彷徨(二)** 金波编文,舒霄工作室绘。新华出版社 2002年1月版。12万字。12.00元。小说绘图本。收入鲁迅小说:《幸福的家庭》、《高老夫子》、《肥皂》、《示众》、《伤逝》、《弟兄》。由首都师范大学教授金波改编。作品既保持了鲁迅原著的风格,并体现其精髓,在图书形式上又有所创新;改编忠实于原著,保留了原作的艺术完整性。每篇作品都有鲁迅专家所撰写的"作品导读"。(黄绪国)

I000155 **鲁迅小说全编绘图本·故事新编(一)** 王景山编文,舒霄工作室绘。新华出版社 2002年1月版。12万字。12.00元。小说绘图本。收入鲁迅小说:《补天》、《理水》、《出关》、《铸剑》。由首都师范大学教授王景山改编。作品既保持了鲁迅原著的风格,并体现其精髓,在图书形式上又有所创新;改编忠实于原著,保留了原作的艺术完整性。每篇作品都有鲁迅专家所撰写的"作品导读"。(黄绪国)

I000156 **鲁迅小说全编绘图本·故事新编(二)** 王景山编文,舒霄工作室绘。新华出版社 2002年1月版。12万字。12.00元。小说绘图本。收入鲁迅小说:《奔月》、《采薇》、《非攻》、《起死》。由首都师范大学教授王景山改编。作品既保持了鲁迅原著的风格,并体现其精髓,在图书形式上又有所创新;改编忠实于原著,保留了原作的艺术完整性。每篇作品都有鲁迅专家所撰写的"作品导读"。(黄绪国)

I000157 **吴中杰评点鲁迅书信** 吴中杰编著。复旦大学出版社 2002年6月版。64.3万字。38.00元。从鲁迅1455封书信中,精选出299通,大都是一些思想价值极高的篇幅。有些涉及对人生道路和社会问题的看法,补充了杂文未尽之意,而且有所发挥,有些对人和事作出毫无遮掩的批评,至今仍有现实意义。吴中杰的评点,阐明书信写作背景,颇有研究价值。(高若海)

I000158 **多维视野中的鲁迅** 冯光廉、刘增人、谭桂林主编。山东教育出版社 2002年1月版。100.7万字。52.00元。该书参照、吸收各方面的研究成果,对鲁迅进行全方位、多角度的理论探讨和阐释,赋予鲁迅研究新的理论深度和思辩色彩。全书22章,分别从文化哲学、人格学、伦理学、思维学、宗教学、艺术学、编辑学、批评学、社会学、心理学、艺术语言学、翻译学、学术史、文化史等方面,重新探究鲁迅的成就与贡献,解决鲁迅研究中的空白点、薄弱点、分歧点、偏面点、困难点。该书极具理论探索深度、创新意义和历史厚重感。(赵燕瑚)

I000159 **寻找鲁迅·鲁迅印象** 钟敬文著译。北京出版社2002年1月版。30.5万字。21.00元。分上、下篇。上篇为钟敬文自1927年在广州寻找鲁迅先生以来研究鲁迅的著作,他的考证、分析和创见是平易而严谨的,他人难以取代。下篇为钟敬文译日本友人、鲁迅的学生增田涉关于鲁迅的回忆著作《鲁迅印象》。日本人透过生活细节和直接交谈看鲁迅,篇章短小、角度独特,通俗易读。

I000160 **中国当代文学史·作品选** 洪子诚编。长江文艺出版社2002年5月版。99万字。61.00元。作品集。共两册,分别选收1949—1976年和1977—1999年在当代文学史上产生重大影响、有一定文学史价值的各类文学作品。包括散文、诗歌、小说、戏剧,长篇小说存目。(阳继波)

I000161 **彩图本诗词曲百首系列** 王运熙、邬国平等选译。上海古籍出版社2002年6~8月版。20.00元/本。共5种:《彩图本古诗一百首》(王运熙、邬国平选译)、《彩图本唐诗一百首》(赵昌平、丁如明选译)、《彩图本宋诗一百首》(王水照、朱刚选译)、《彩图本唐宋词一百首》(吴熊和、徐枫、陶然选译)、《彩图本元曲一百首》(蒋星煜、张溦选译)等。每种精选作品一百首,不仅展现了古典诗歌发展的主要形态:先秦至六朝延续诗骚传统的古体诗、唐代趋于成熟的格律诗、宋代转型新变的格律诗,而且也包含了诗、词、曲三类文学体裁所在颠峰时期的代表之作。每篇作品配备准确、流畅的白话今译,言简意赅的古人评语,并附题意相符的古今名画。其中有画家专门创作的本事图,也有编辑根据理解选择的示意图,偶而也穿插了篆刻或书法名作,均付以精美的彩印。(奚彤云)

I000162 **新世纪古典文学经典读本** 徐志啸等撰。上海古籍出版社2002年12月版。300万字。236.00元。第一批已出书20种:《诗经楚辞选评》(徐志啸撰)、《古诗十九首与乐府诗选评》(曹旭撰)、《三曹诗选评》(陈庆元撰)、《陶渊明谢灵运鲍照诗文选评》(曹明纲撰)、《谢朓庾信及其他诗人诗文选评》(杨明、杨焄撰)、《王维孟浩然诗选评》(刘宁撰)、《高适岑参诗选评》(陈铁民撰)、《李白诗选评》(赵昌平撰)、《杜甫诗选评》(葛晓音撰)、《刘禹锡白居易诗选评》(萧瑞峰、彭万隆撰)、《韩愈诗文选评》(孙昌武撰)、《杜牧诗文选评》(吴在庆撰)、《柳永词选评》(谢桃坊撰)、《王安石诗文选评》(高克勤撰)、《李清照诗词文选评》(陈祖美撰)、《陆游诗词选评》(蔡义江撰)、《辛弃疾词选评》(施议对撰)、《关汉卿戏曲选评》(翁敏华撰)、《西厢记选评》(李梦生撰)、《牡丹亭选评》(赵山林撰)。(曹明纲)

I000163 **名家视角丛书** 江苏古籍出版社2002年9月版。162万字。135.00元。中国古代文学作品的系列选本,共计有10种,包括《古诗精选》、《汉魏六朝文精选》、《唐诗精选》、《唐宋词精选》、《唐宋散文精选》、《宋诗精选》、《元明清散曲精选》、《金元明清词精选》、《明清诗精选》、《明清散文精选》。在选篇立目、注释品评、装帧设计等方面,做到精品与新见相结合,名为"名家视角",就是希望广大读者通过名家的引导,进入人类文学遗产的艺术殿堂。(卞岐)

I000164 **古文观止(珍藏本)** 迟赵俄等编。中国少年儿童出版社2002年1月版。36万字。27.00元。古文选集。从《左传》、《国语》、《史记》等浩如烟海的经典古籍中精选出73篇美文。其中先秦散文19篇;两汉散文10篇;魏晋南北朝散文14篇;唐宋散文16篇;明清散文14篇。这些文章有的反映了特定历史时期所发生的一系列政治、军事事件及各诸侯国之间的矛盾斗争,有的表达了忧国忧民的心情,有的抒发怀才不遇的感慨,有的寄情于天地山水之间,从不同的侧面展示了中国历史的博大精深。每篇文章前面注明出处,作者简介、阅读指导,文章后面配有注释和白话译文。(韩彬)

I000165 **范仲淹全集** 李勇先、王荣贵校点。四川大学2002年9月版。110万字。320.00元。精装3卷。正集部分以宋本为底本,别集、尺牍、奏议、补编部分则以康熙本为底本。参校的本子主要有:一、元天历元年褒贤世家家塾岁寒堂刻本。二、四部丛刊初编影印明覆元刻本。三、影印文渊阁四库全书本。四、宣统二年重雕岁寒堂刻本。为了方便读者了解和研究范仲淹及其著作,本书辑录了有关资料作为"附录",共16部分,涉及范氏生平及其著述和研究的方方面面。(汪萍 成杰)

I000166 **昌黎文录辑校** 韩愈著,赵德编,刘真伦辑校。华中科技大学出版社2002年2月版。27万字。23.80元。"华中科技大学文科学术丛书"

之一。反映了韩文的早期面貌,体现了韩愈本人在学术、文化及文学创作方面的理论追求和价值取向,在中国思想文化发展的历程中占有重要的地位。该书依据9个韩文宋代传本,勾画出这部早已失传的重要著作的原貌,并利用现存的12个珍贵的韩文宋代传本尤其是台湾故宫博物院藏本以及其他唐宋史料,对《昌黎文录》入选作品进行了综合校理。(刘丽昆)

I000167 **戴名世遗文集** 王树民、韩明祥、韩自强编校。中华书局2002年3月版。18.4万字。22.00元。收录了清初著名文学家戴名世散失于民间的《忧庵集》和手抄苏东坡《薄薄酒》诗二首及跋文、《孟庵公传》、《知者乐水》全章会试墨卷、《王孝子诗》5种遗文。书首并发表《忧庵集》、手抄苏东坡《薄薄酒》诗二首及跋文、《王孝子诗》手稿影印原件。书后附有编校者收购整理《忧庵集》的4篇研究文章和《重订戴南山先生年谱》。本书具有文物价值和文献价值,为研究戴名世及清代文字狱提供了新的资料。(凌金兰)

I000168 **上海四十年代文学作品系列** 柯灵名誉主编。世纪出版集团上海书店出版社2002年6月版。239万字。193.00元。20世纪40年代的上海,是一个充满战乱、动荡和搏斗的年代。开始是上海已被日军占领、租界尚存的"孤岛时期";其后是太平洋战争爆发上海完全被日汪控制的沦陷时期;接着是抗战胜利后上海人民在中国共产党领导下与国民党反动统治作斗争迎来解放的时期。就在这样一个特殊的年代,作为中国最大都市的上海,作为新文学运动重要基地的上海,文学上呈现出非同寻常的景象。进步的爱国的作家们虽不能自由地写作甚至受到恐吓与威胁,但他们仍然沿着"五四"和30年代以来现实主义的文学道路,描绘错综复杂的社会生活,直面悲欢离合的乱世人生,赞颂讴歌真善美,鞭挞暴露假丑恶,写作出一批反映时代的作品。为了总结和继承这一份重要的文学遗产,几位在世的当时曾在上海战斗过的作家,在柯灵先生指导下,编纂了这一套文学作品系列。系列共收入中篇小说22篇、短篇小说131篇、纪实文学41篇、散文66篇,编为中篇小说2卷、短篇小说4卷、纪实文学1卷、散文1卷,分别由袁鹰、沈寂、徐开垒、吴岩作序,后附作者小传。系列原定由柯灵作总序,后因柯灵先生去世,改以他生前对本书编辑工作的谈话作卷首语。(俞子林)

I000169 **红豆书系** 徐志摩、陆小曼等著。湖北人民出版社2002年10月版。41.9万字。40.80元。现代文化名人李唯建、黄庐隐;高君宇、石评梅;蒋光慈、宋若瑜;徐志摩、陆小曼文笔优美、情调忧伤的爱情散文、诗词、书信及少量小说等的配图结集。共4本,分别是《云鸥情笺》(李唯建、黄庐隐著)、《象牙戒指》(高君宇、石评梅著)、《牯岭遗恨》(蒋光慈、宋若瑜著)、《爱眉小札》(徐志摩、陆小曼著)。(徐德欢)

I000170 **20世纪中国文艺图文志** 徐乃翔总主编。沈阳出版社2002年11月版。400万字。1548.00元。共9卷10册,分别为《戏曲卷》、《电影卷》、《摄影卷》、《美术卷》(全彩色)、《小说卷》(上、下)、《散文卷》、《新诗卷》、《话剧卷》、《音乐卷》(双色)。国际16开本,哑粉铜版纸精印,精装。全书精选了包括20世纪以来100年中大陆、香港、台湾和澳门的精品之作,使读者在欣赏20世纪中国文艺的精彩华章之余,了解中国文艺的百年历程。5000多幅图片为读者留下了一部生动形象的百年中国文艺史。(李树权)

I000171 **东岳文库(第二批)** 莫言、李锐著。山东文艺出版社2002年9月版。260.6万字。198.10元。收录中国新时期最有影响的经典作家的经典作品,第二批推出莫言、李锐两位作家的作品15种共17册。莫言以深邃的笔法表现对生命处境的领悟,李锐以厚重的笔触折射社会的变迁。(王玲玲)

I000172 **百年百篇文学精选读本** 谢冕主编。天津教育出版社2002年1月版。203.2万字。117.00元。分为诗歌卷、散文卷和短篇小说卷(上、中、下)。从浩如烟海的20世纪的中国文学作品中选择那些经典的诗歌、散文和短篇小说,无论是从其艺术性,还是从流传广泛性上,都代表了20世纪中国文学创作的最高水平。(杜平)

I000173 **侗族本土文化丛书** 张泽忠主编。广西民族出版社2002年8月版。104万字。70.00元。拟分若干辑,第一辑共4册,其余各辑待陆续编辑出版。《理性的曙光》为当代侗族文学的评论集,共收入文章61篇,计有谢冕评标原诗作《海南山水》的文章——《壮美的〈海南山水〉》,李频评既是作家又是编辑家的龙业辉的——编辑过《林海雪原》、《三家巷》、《苦斗》等——《龙世辉:文学编辑史不会遗忘的名字》等。《山乡纪事》是三江侗族自治县当代小说作品选,共收入作品33篇,计有覃水坤的《山乡纪事》、吴浩的《青石碑》、周东培的《钓山溪的人》、肖启中的《侗寨二题》、《碚秀》及卜蓬的《天婵》等。《救太阳》是侗族神话和民间故事精选，共分“神话故事”、“历史人物传说”、“爱情故事”、“生活故事”、“风物风俗传说”、“魔幻故事”、“机智人物故事”、“动植物故事”和“笑话故事”9 辑，87 个故事。《努志潭》是三江县内一些村寨起源和历史的传说，按现行乡镇分类，每乡 1 辑，共 9 辑，68 个故事。(隆海人)

I000174 **新编中国现当代文学作品选** 刘川鄂、聂运伟主编。武汉出版社 2002 年 9 月版。140 万字。130.00 元。高等学校中文系及相近专业(新闻、秘书等)现当代文学教材。由现代小说，现代诗歌、散文、戏剧，当代小说，当代诗歌、散文、戏剧 4 卷组成。收入 20 世纪 90 年代以来的作家作品，如邱华栋、孙甘露、韩东、陈染、刘索拉、残雪、马原等有影响的作品，较充分反映了现当代文学的整体面貌。且尽量做到与近年来各高校通用的文学史教材配套。(车艳芬)

I000175 **杨守松文集** 杨守松著。江苏文艺出版社 2002 年 11 月版。460 万字。480.00 元。共收集作者近 20 余年来创作的小说、报告文学、散文，分 11 卷，其中长篇小说两卷，中短篇小说 1 卷，报告文学 4 卷，散文 3 卷，资料 1 卷。这些作品具有鲜明的时代特征和浓郁的生活气息，充满着作者对生活的思考和激情。作者的主要影响和成就在于报告文学创作上，其中《昆山之路》、《苏州老乡》等因取材于改革开放的现实、讴歌了勇于开拓和创新的诸多形象而获得广泛好评，还两次获得全国优秀报告文学奖。(刘健屏)

I000176 **华罗庚:下棋找高手** 华罗庚著。解放军出版社 2002 年 6 月版。16 万字。18.60 元。华罗庚先生的诗文集，由罗来勇、经纬整理编辑成册。主要由日记、散文、讲话、诗词等内容构成。言为心声诗言志，本书稿的重点是先生谈做人、做学问的追求、探讨、方法、体会经历、原则等，对后学者治学、为人有实际的指导作用和借鉴作用。(杜艳丽)

I000177 **齐鲁山水诗文大观** 张茂华、金敬华主编。山东友谊出版社 2002 年 12 月版。41 万字。26.00 元。分“山之卷”、“水之卷”两大部分，共收录 248 位历代文人骚客的诗文。它始自上古，迄至晚清，选诗 282 首，文 85 篇。诗采取注释并赏析，文采取注释并翻译的方式。每座山、每处水前皆有源流并重的简介。在诗文的取舍上也尽量选取那些文化意蕴丰富、文笔优美流畅且真切传神地展现齐鲁山水特色的作品，并将原作者简介附于正文之后。(刘国兴)

I000178 **刘延陵诗文集** 葛乃福编。复旦大学出版社 2002 年 12 月版。32 万字。18.00 元。刘延陵(1894—1988)是中国第一代的白话诗人，文学研究会的会员，中国第一本新诗杂志《诗》月刊的主编，又是第一个介绍法国象征派的新诗及其理论至中国的拓荒者。本书集编了刘延陵的诗歌、小说、随笔、论文和书信，也编入了部分名家对刘延陵的缅怀和评论的文章。(杜荣根)

I000179 **花衣裳 QQ 版丛书** 郁雨君、伍美珍、饶雪漫著。广东教育出版社 2002 年 4 月版。共 3 本:《天使落在头发上》(郁雨君著，15.3 万字，15.00元)为青春散文集。在书里，作者一路畅叙着一群女孩的长大:过去的黑白女生，现时的缤纷女生，在一天接一天的日子里，她们和太阳一起上山下山，读来令人震憾，也令人迷乱和欢喜。《假如给猪一对翅膀》(伍美珍著，11.7 万字，13.00 元)中，飞猪、狒狒、RAIN、阿 MOON……他们是一群简单而又快乐的初三学生，享有着网络和现实的双重空间，幽默和笑声伴随着他们的每一天。他们中的每一个人，又都隐藏着一个丰富而幽秘的少年情感世界。他们总是小心翼翼地隐藏起自己的心思，焦急地观望和探究学兄、学姐和老师的情感世界。在现实中插科打诨，在网络中流露真情;流过眼泪，有过失望，但他们始终是简单、快乐、渴望飞的一族!《冰淇淋恋爱了》(饶雪漫著，12 万字，13.00 元)是一部音乐小说集。每一首歌都是一个动人的故事，每一段旋律都印证一份曾经的感情。雪漫在书中带你走进她新奇好看的音乐小说世界。在 QQ 跳跃的网络中，在音乐弥漫的情节里，都市的奇遇和爱情的甜美让读者的心百转千回。(陶己)

I000180 **长舌男** 副名:贾平凹幽默作品选。贾平凹著。作家出版社 2002 年 9 月版。15 万字。18.00元。“幽默丛书”之一。精选了贾平凹幽默散文 40 余篇，幽默小说数篇。这些作品从各个角度反映、解剖社会及社会大变革中各色人等的生活形态，探索人性在传统文化桎梏下的抗争与人性的复杂性。所选的作品，大多是贾平凹近 20 年来最精彩、最受读者欢迎的散文随笔，如:《听来的故事》、《笑口常开》、《名人》、《我的老师》、《关于女人》、《长舌男》、《说奉承》、《五十大话》，还有几篇短篇小说，如:《饺子馆》、《王满堂》及《太白山记》等，这些作品的共同点是充满了机智与诙谐，首先让你感受到的是无处不在的阅读愉悦，而在笑声背后又让你产生许多的

深层思考，这是贾平凹作品又一个十分明显的艺术特征。（黎云秀）

I000181 **东岳文库·李锐卷** 山东文艺出版社2002年9月版。124.2万字。92.90元。汇编作家自创作以来的主要作品，按长篇小说、中篇小说、短篇小说、散文随笔编次。其小说从不同侧面反映农村苍茫古朴、艰苦奔涉的历史与现状，其散文围绕文坛的情与事独抒胸臆。《旧址》，长篇小说；《万里无云》，长篇小说；《无风之树》，长篇小说；《厚土》，系列小说，收《锄禾》、《合坟》、《秋语》等18篇；《运河风》，中篇小说集，收《红房子》、《运河风》、《古墙》等6篇；《月上东山》，中短篇小说集，收《指望》、《小小》、《凤女》等13篇；《拒绝合唱》，散文随笔集，收《走进台北》、《旧景》、《生命的歌哭》等篇；《另一种纪念碑》，散文随笔集，收《无言者的悲哀》、《生死与共》、《清醒的立场》等29篇。（王玲玲）

I000182 **东岳文库·莫言卷** 山东文艺出版社2002年9月版。136.4万字。105.20元。汇编作家自创作以来的主要作品，按长篇小说、中篇小说、短篇小说和散文编次。其作品多取材于民间，对人的某种生命处境的领悟达到了异常深邃的地步，而笔法却又相当的简约和凝练，语言独特，风格奇崛。《红高粱家族》（上下），长篇小说；《酒国》（上下），长篇小说；《透明的红萝卜》，中篇小说集，收《爆炸》、《金发婴儿》、《牛》等5篇；《师傅越来越幽默》，中篇小说集，收《藏宝图》、《我们的七叔》等5篇；《罪过》，短篇小说集，收《枯河》、《老枪》、《粮食》等13篇；《拇指铐》，短篇小说集，收《初恋》、《沈园》、《良医》等17篇；《清醒的说梦者》，散文集，收《故乡往事》、《会唱歌的墙》、《俄罗斯散记》等17篇。（王玲玲）

I000183 **张之路文集** 张之路著。湖北少年儿童出版社2002年9月版。200万字。108.40元。共5册，收编了作者到目前为止包括长篇小说、中短篇小说、中短篇童话、散文等文类在内的所有最优秀和最具代表性的作品。其中包括《第三军团》、《足球大侠》、《霹雳贝贝》、《傻鸭子欧巴儿》、《谁为蝉鸣》、《非法智慧》等名作。（何龙）

I000184 **徐鲁青春文学精选** 徐鲁著。青岛出版社2002年9月版。102万字。85.20元。作者近年来的校园诗歌、散文、长篇小说、散文诗、读书随笔等作品的精选文集。共6册：《天空从哪里开始》、《世界早安》、《青春的玫瑰》、《男孩女孩含羞时》、《旷野上的星星》、《文学家的后花园》。作家以优雅、清丽的文笔和浪漫、飘逸的风格抒写了青春欢宴中的点点滴滴，记录了生命与精神长河上的一些美丽波纹与涟漪。（于红岩）

I000185 **鲁彦周文集** 鲁彦周著。安徽文艺出版社2002年10月版。410万字。330.00元。鲁彦周先生是我国当代著名作家。文集分8卷，第一卷“长篇小说卷一”，收《彩虹坪》、《古塔上的风铃》二部；第二卷“长篇小说卷二”，收《阴阳关的阴阳梦》、《双凤楼》二部；第三卷、第四卷辑录以《天云山传奇》、《苦竹溪 苦竹林》、《逆火》、《乱伦》为代表的中篇小说作品；第五卷为短篇小说卷；第六卷为散文卷；第七卷、第八卷辑录电影电视戏剧文学作品。文集内容丰厚，承续了“五四”的启蒙精神、批判精神和悲悯的人道主义精神，也折射了中华人民共和国历史和文学史的发展脉络。（徐海燕）

I000186 **三江源探秘** 邓本太主编。青海人民出版社2002年12月版。32万字。26.00元。运用文学的笔调，采用不同的体例和创新的手法，根据实物、史料、传说等，将三江源地区神秘而独特的自然景观、风土人情、民俗文化以及历史遗迹等以一种全新的角度、新的观点，比较全面地展现在读者面前。本书的着力点在“探秘”上。在介绍事物本身的同时，紧扣中心，突出重点，对每一记述的事物赋于一种灵性和生命，尽可能深的探究和挖掘居于青藏高原腹地的三江源文化内涵。（李永华）

I000187 **西宁文学丛书** 西宁市委宣传部编。青海人民出版社2002年3月版。130万字。124.20元。共9本，集中地展现了西宁文化事业发展中文学队伍的状况，展示了西宁文学界人士在文学创作，理论研究领域取得的丰硕成果，用文学的语言诉说一个城市的思想和感情，同时，通过营造文化氛围去塑造一个城市的精神。书中既有老一代西宁人对这片热土的热爱与眷恋，也有对青海民间文学的采撷与整理、更有从人的本质抒发对生活的情感、于情于心无不表现了作者的真情挚感。（孙明娟）

诗歌、韵文

I000188 **龙之吟——中国历代帝王诗词** 陆钦主编。天津古籍出版社2002年6月版。210印张。26800.00元。收录了自秦始皇嬴政始，迄清宣统溥仪，凡两千多年间，共99位帝王的诗词之作。从这些诗词之作中也折射出每位帝王人生境界、政绩、修养诸方面情况，提供人们多层次地深入研究他

们的思想的史料文献。(韩嘉祥)

I000189 **幼儿认知宝典** 叶其青、陈玉莲、欧阳佩儿等画。湖北少年儿童出版社 2002 年 2 月版。48 幅图/册。8.00 元/册。少儿课外文学读物。共 4 册,分别为《看图学唐诗》(上、下)、《看图学宋词》、《看图学历代诗》。(李抒)

I000190 **高中文言文百篇精释精练** 梁葆申主编。少年儿童出版社 2002 年 8 月版。24 万字。17.00元。共收中国历代古文 160 篇。有记叙性短文、议论性短文、说明性短文等;所选范围较广,有吕氏春秋、战国策、三国志、左传、史记、论语、孟子、庄子、墨子、列子、韩非子、后汉书、宋史、元史、明史、资治通鉴、苏东坡集、列女传、柳河东集、说苑等等。每篇都有注释,并出数题供读者练习。按"实词"、"虚词"、"文言句式"3 个部分编排。第四部分为"高考文言文模拟试题"(共 40 题);第五部分为"1998—2002 年高考文言文试题"(上海及全国高考的文言文试题)。书后附有参考答案。(洪祖年)

I000191 **童趣诗词一百首(插图本)** 黄崇浩选注。湖北人民出版社 2002 年 10 月版。20 万字。14.30 元。选录中国古代少年诗人的作品和成年诗人反映少儿生活的诗作共一百首,每首配有精美插图。每首诗作均有作者介绍、注释和导读。(祝祚钦)

I000192 **千家诗(珍藏本)** 林冠夫、郑雷编。中国少年儿童出版社 2002 年 1 月版。39.9 万字。29.00 元。古诗选集。选收中国唐、宋两代诗 267 首,分为 4 个部分,依次为:绝句 115 首;七言律诗 42首;五言绝句 60 首;五言律诗 50 首。各部分又按春夏秋冬时序,并以时令早晚为编。《千家诗》是古时儿童的启蒙读物,为了便于少年读者诵读,专选唐宋两代的五、七言绝句、律诗。本书在旧本《千家诗》的基础上,进行了增删,凡是名篇佳作,尽可能人选进来。在每首诗后,附有作者简介、生僻词句的释义,还有对全诗写作手法、意境等作了细致的分析。(韩彬)

I000193 **天人合一** 武汉大学出版社 2002 年 11 月版。16.7 万字。10.00 元。"古诗精华品鉴丛书"中的山水田园卷。选篇目 120 首,着重于诗思意趣、审美心理和艺术特色的鉴赏,集中笔墨赏析最见功力最有特色之处,同时还注意独到新颖、尽力挖掘诗中那些前人未注意到的、富有时代感的、给人以启迪的东西,以帮助读者打开思路,满足其审美需求。

I000194 **中国画款题类编** 副名:历代中国画题款精选。陆家衡编。人民美术出版社 2002 年 7 月版。24 万字。36.50 元。历代中国画题款精选。书中所录题句,或录自古画题诗,或选自前人诗作,句子或长或短,以类相从,既便于参考,也便于检索。全书分花鸟篇、山水篇 2 部分。花鸟篇中有:春季花卉、夏季花卉、秋季花卉、冬季花卉、竹、松、柏、枫、石、芭蕉、翎毛、草虫……山水篇中有揽胜、隐居、渔钓、村落、江帆、舟舫、亭榭、楼阁、耕樵、瀑泉、风雨、烟云、雪景、花草、树木……全书后面部分有诗人小传和主要引用参考书目。(陈振新)

I000195 **心弦和鸣** 武汉大学出版社 2002 年 11 月版。19.8 万字。12.00 元。"古诗精华品鉴丛书"中的爱情友谊卷。所选的 120 余首诗作(包括词),都是我国古诗中关于爱情友谊的佳作名篇。本书以品鉴为主,对于所选之作,不作版本文字上的考订,择善而从。品鉴文字,着重从艺术上进行评述,大多概括数条,力求帮助读者领悟原作佳处。注释力求简明,涉及出处典故,点到为止。(路小静)

I000196 **古诗精选** 余冠英、韦凤娟编选。江苏古籍出版社 2002 年 9 月版。19.2 万字。15.00 元。"名家视角丛书"之一,是从《诗经》至魏晋南北朝这一历史时期诗歌作品选集。精选 160 多首诗歌,包括约 50 位诗人和无名氏的作品及乐府民歌,充分表现了这一时期诗歌体制日趋完备、诗歌内容日趋丰富、诗歌形式日趋精美、诗歌风格日趋多样的创作风貌。编选者余冠英、韦凤娟均是中国社会科学院文学研究所研究员,是古代文学研究领域著名的专家学者,著述甚多。(卞岐)

I000197 **语文课程标准小学古诗 70 首** 柯孔标、屠铁梅编写。浙江教育出版社 2002 年 10 月版。8.90 元。为《全日制义务教育语文课程标准》推荐篇目古诗 70 首的"解读"本。配以两盒童声录音带。

I000198 **壶中天地** 武汉大学出版社 2002 年 11 月版。18.2 万字。11.00 元。"古诗精华品鉴丛书"中的品茗饮酒卷。共选诗篇 110 首,在每首古诗后,除了简要的注释外,有三五百字的品鉴文字,或交代诗的写作背景,或介绍诗的内容特色,或分析诗的表现手法。(路小静)

I000199 **唐诗 300 首** 张永英等编,侯长春绘图。中国少年儿童出版社 2002 年 1 月版。19.25 印张。28.00 元。唐诗选集。选收中国唐代 99 位诗人的 300 首诗歌。李白、杜甫、白居易、孟浩然、王维等名家名篇尽在其中。为了便于少年儿童阅读和背诵,对每一首诗都标注了拼音,对部分难解、生僻

的词句加了注释,并为每首诗配了译文。(韩彬)

I000200 **颖悟人生** 武汉大学出版社2002年11月版。17.3万字。10.00元。“古诗精华品鉴丛书”中的哲理禅趣卷。书中所选的哲理禅趣诗,无一不展示着诗人充满睿智的人生理念,就鉴赏而言,它们又往往借藏于艺术形象之中看似违反常理常情,实则合于更深之情理的体验,去启迪人们认识生活、感悟人生。毫无疑问,这些诗歌的审美价值正体现在这种震撼人心却又难以言说的“悟”字之上。在感悟人生的同时,这些诗歌又充分展示着诗人彻悟之后的机智与诙谐。(路小静)

I000201 **分门纂类唐宋时贤千家诗选校证** 刘克庄编集,李更、陈新校证。人民文学出版社2002年12月版。68万字。44.90元。《分门纂类唐宋时贤千家诗选》。成书于宋元之际,因托名南宋著名文人刘后村(克庄)编撰,又称《后村千家诗》。此书有两大特点:一、它保存了丰富的、不见于唐宋人别集的诗歌资料,连前不久整理出版的《全宋诗》也失收或误收的诗歌,从这里都能找到并得到正确的著录。具有古籍整理意义。二、作为诗歌选本,在编纂体例上不同于一般图书,分为时令门、节候门、天文门、地理门、人品门等几十个门类,更接近于类书,又与时下各种名目的“千家诗”均有区别,在历代古文献研究领域里被使用的频率极高,也是其后多种“千家诗”所从出的祖本。对后代影响很大。本书的传世版本共计5种,在两种元刊本中,一种存于日本难于获睹,另一种即为本书的底本。校证整理时,广泛参校了明抄本和清代的两种本子。使本书成为了最具版本价值的一个新品种。整理前原书存在三方面的问题:1.编选体例不统一。如名为“唐宋时贤”,却收入了不少六朝人的作品。同一作者,又有用名、字、号、别号、谥号、官称等的不同。2.编选者不明,托名刘克庄所做。3.编选工作粗糙,错讹较多。如作者署名紊乱、张冠李戴之处俯拾即是。又如原来的古诗或律诗被删节成八句或四句等等。陈新和李更严格按照古籍整理的惯例,除对每篇诗作逐一考证校勘外,还对《诗选》的版本、成书时间、材料来源、编者身份、社会影响等,作了多方探索,以令人信服的考证,说明了编选者不可能是刘克庄。并撰写了《考述》一文,全面陈述了他们的研究成果,附于书后,供读者参考。此外,为方便读者,还编了全书作者索引。前人有关的序跋等,亦收作附录。(傅璇琮)

I000202 **明清诗精选** 钱仲联编选。江苏古籍出版社2002年9月版。14.5万字。12.50元。“名家视角丛书”之一。从明清两代浩翰的诗歌作品中,取其精粹,既选入各时期各流派的代表作家,又选入代表其风格特色、主要成就的作品,所选作品既体现各个历史时期的重大历史事件,又照顾流传广泛、脍炙人口的名篇,共选收明清诗人70余家的100多首作品,除了《圆圆曲》、《圆明园词》、《度辽将军歌》这三首具有诗史价值的长篇外,其余均为短篇。每首作品均加以注释和品评,做到精品与新见相结合。编选者钱仲联先生是古代文学研究领域的泰斗,苏州大学教授,著述甚多。(卞岐)

I000203 **唐诗精选** 霍松林编选。江苏古籍出版社2002年9月版。18.7万字。15.00元。“名家视角丛书”之一。根据唐诗发展的初、盛、中、晚4个时期,以及各种不同的流派、风格、题材等,精心挑选50位诗人的130余首佳作,加以注释与品评,做到精品与新见相结合。编选者霍松林先生是唐诗研究界的泰斗,陕西师范大学教授,在唐诗研究方面著述甚多。(卞岐)

I000204 **宋诗精选** 程千帆编选。江苏古籍出版社2002年9月版。16.3万字。13.50元。“名家视角丛书”之一。根据宋代诗歌发展的概况,重在发掘有异于唐诗的宋诗风味,精选宋代诗人60家的120多首作品,加以注释和不拘一格的品评,做到精品与新见相结合。编选者程千帆先生是古代文学研究领域的泰斗,生前是南京大学教授,著有《古诗今选》、《两宋文学史》等。(卞岐)

I000205 **金元明清词精选** 严迪昌编选。江苏古籍出版社2002年9月版。17.5万字。14.50元。“名家视角丛书”之一。根据金元明清四代长达800年的发展历程,抓住词这一文学体裁的特点,精选70余位词家的120多首词作,加以注释和品评。编选者严迪昌先生是著名词学专家,苏州大学教授,著有《文学风格漫说》、《清词史》、《阳羡词派研究》、《近代词钞》等。(卞岐)

I000206 **唐宋词精选** 吴熊和、萧瑞峰编选。江苏古籍出版社2002年9月版。17.3万字。14.50元。“名家视角丛书”之一,从唐宋两代各个发展阶段的名家词作中,取其精粹,以既充分反映词体特性又充分反映作者个性为选录标准,共选收唐宋时期60余位词人的佳作120多首,加以简明的注释和重在领略词境的品评,做到精品与新见相结合。编选者吴熊和、萧瑞峰均为浙江大学教授,是词学界的著名专家,著有词学研究专书多种。(卞岐)

I000207 **全清词·顺康卷** 南京大学中国语言文学系全清词编纂研究室编,程千帆主编。中华书局2002年5月版。816.8万字。980.00元。词之断代总集。按清代各朝次序编为顺康、雍乾、嘉道、咸同、光宣5卷,共20册,收录作者近2100家,词作计5万余首。本书于每家之前,均撰有作者小传,简介字号、年里、仕履、著述诸项;所辑各家词概以足本、定本为准,篇目顺序依底本之旧,注明版本出处;无专集者,则从选本、笔记、词话、方志、书画等采录,并略加编次。所记录作品,均按《词律》、《词谱》、断句、标点,与谱、律不合或有背文义者,参酌词意标点。有多种版本者,则予以校勘。卷末编有《全清词顺康卷作者检索》,以方便读者查阅。第二册与第二册此次经修订重印,与全卷一起推出。(樊玉兰)

I000208 **佞宋词痕** 吴湖帆著。上海书店出版社2002年6月版。400幅。60.00元。吴湖帆是海派画坛具有划时代意义的代表性画家,其书、画作品名闻遐迩。世人只知其书画的艺术价值,不知其词学上的造诣。《佞宋词痕》却透露出吴湖帆那鲜为人知的杰出文学创作的才能,展现出一位优秀词人的灿烂风采。全书词句均以其独步书坛的瘦金体小楷手法,工整精心的抄写而成。摘录其一生的词句或书画题跋上的词句,内容涉猎广泛,有写景抒情的闲情描写、有对书画技法的独立见解、并有对篆刻艺术的精辟论述等等。本书是以家藏珍贵孤本作底本,以原色印影,还其原本神韵。原本共分上、下2册,共10卷,集词429首,现汇编成一册。作为集小楷书法、词句欣赏为一体的集子。(童辰翊)

I000209 **儿童少年朗诵诗精选** 尹世霖著。同心出版社2002年7月版。16.5万字。18.00元。尹世霖创作的儿童诗充满热情和对生活细致的观察,这些诗是专为孩子们写的,针对少年儿童的年龄特点,贴近孩子们的生活,富于联想,给孩子们以美的感受,洋溢着诙谐幽默的儿童情趣。(王小云)

I000210 **三海全咏** 黄畲著。北京燕山出版社2002年6月1版。29.9万字。22.50元。《三海全咏》于1941年初稿成书,其后曾不断增补修改。1958年黄先生曾献此稿于周总理;1972年复献此稿于毛主席,主席甚欣赏之。此稿线装一厚册。此书体裁较特殊,以地为经纬,以诗为纲,首南海,次中海,次北海。举凡三海之殿阁楼台,桥榭亭坊、以至古木奇石,珍贵文物,一一井然排列。每处赋诗一二首;前有小序,略作简明介绍;诗后附以大量资料,征引繁富,考证翔实。(陈果)

I000211 **乡恋** 张长山著。解放军出版社2002年1月版。20万字。18.00元。诗集。作者原是沈阳军区坦克旅政治部主任,转业后到大庆油田总机厂任党委书记。该诗集是作者用生命写就的最后诗篇,抒发了一位军人对军营,对家乡,对自然,对人生,对生活的热爱和感悟。作品积极向上,立意清新,有很强的感染力。(董玉华)

I000212 **中国网络诗典** 马铃薯兄弟编选。江苏文艺出版社2002年9月版。22.80元。从大量的网络诗歌中,精选活跃在网络上的110位诗人的300余首作品,书中的作者,主要是20世纪60年代到80年代出生的诗人,既有在纸面上曾经产生广泛影响的诗人如韩东、伊沙、杨黎、车前子、沈浩波、尹丽川、何小竹、杨克、李元胜、树才、马永波、李南、岩鹰、徐江等,也有大量伴着网络成长起来的年轻诗人,其中大部分是70年代以后出生的诗人,还有一批80年代出生的诗人也在书中出现,基本体现了新世纪年轻一代诗人的创作面貌与成果。编选者以艺术质量和网络特色兼顾的编选思路,对网络文学的“垃圾化”进行了一次大胆的清理。所选作品以自由、质感、新潮及冲击力,为读者提供了不同于传统诗歌的全新阅读体验,并给读者带来深深的震撼。书中还收录了多篇与网络及网络论战有关的重要争鸣文字,是认识与了解网络诗歌与网络论战的重要的文学史料,具有重要的文献价值。书中还附录了一批主要诗歌文学网站的名录。(于奎潮)

I000213 **心帆** 高洪波著。北方文艺出版社2002年5月版。21万字。16.00元。诗集。收人诗歌200余首,从改革开放之初的80年代直到生活发生了巨大变化的新世纪初年,作者历时20年的创作,心血和诗情凝聚成这片“心帆”,从远处向我们驶来。这里有诗人对抚育了他生命的科尔沁草原的怀恋,有他对大自然的无限热爱和歌颂;有诗人20多年奋斗、拼搏的足迹,有他在不倦追求中体味的酸甜苦辣;有诗人对历史的凝眸回顾,更有他对现实的深沉思索。(徐秀梅)

I000214 **在北大课堂读诗** 洪子诚主编。长江文艺出版社2002年10月版。30万字。23.00元。中国当代先锋诗歌解读课的内容选编。收录了北京大学20多位文学博士、硕士研究生和年轻诗人在解读课上的主讲报告与讨论。所讨论的诗篇系20世纪90年代最活跃的十多位先锋诗人张枣、王家新、臧棣、欧阳江河、翟永明、吕德安、孙文波、萧开恩、西川、韩东、柏桦、于坚、陈东东等的著名又有一定欣赏难度的作品。讨论涉及到90年代诗歌关键词"九十年代诗歌"、"叙事性"、"写作"、"身份"、"细读"、"民间刊物"等。北大博士生导师、诗评家洪子诚主持了讨论并写序。(何性松)

I000215 **2001年中国诗歌精选** 中国作协创研部编。长江文艺出版社2002年2月版。1万行。22.00元。诗歌选集。系从2001年度各地报刊发表的数以万计首诗歌中精选出的佳作。诗集基本反映了当年诗歌创作的新收获,及不同风格,不同流派诗歌的特点,具有欣赏与收藏价值。(周百义)

I000216 **走遍全中国** 孙钢著。中国旅游出版社2002年10月版。120.00元。作者几十年来所创作的诗词作品的结集。作者为国家旅游局副局长,由于工作上的关系,其足迹遍及中国内地各省、自治区、直辖市,以及香港、澳门和台湾地区。各地的山川形胜、历史地理、人文掌故、民俗风情,特别是内地改革开放以来所发生的举世瞩目的变化,一一印入作者的心田,被创作成一首首情真意切的诗词。这些诗词,是祖国大好河山的颂歌,是爱国主义的协奏曲,是最近几十年来中国发展进步在一些重要侧面的记事碑,也是作者将古体诗词这个中国文学瑰宝翻新用于反映当代现实生活的可贵探索。《走遍全中国》总共收入诗词约1500首,分为《北方卷》、《东南卷》、《中南卷》、《西部卷》4部。(王建华)

I000217 **李铎诗词书法集** 李铎著。湖南人民出版社2002年1月版。80万字。58.00元。作者为书法大家,又擅写古体诗词。本书收录了作者自撰50首诗词,为其托物寄兴或是酬唱应和之作,并手书之,是形式与内容的完美结合。(许久文)

I000218 **我听见花开的声音** 肖毅著。江苏文艺出版社2002年10月版。11万字。15.00元。诗歌集。收录了少年盲诗人肖毅的130余首诗歌、7篇短文、部分友人的赠诗、著名诗人冯亦同的诗评以及有关媒体对肖毅事迹的报道。肖毅9岁失明,16岁开始写诗,目前诗作已达200余首。本书中收录的《朋友》获2000年世界汉诗大赛一等奖;《是》被当代作家、诗人代表作陈列馆永久性收藏;《赫尔库伦之歌》等20首作品被选入《中华诗词家词典》。肖毅虽然不能用眼睛来看这个世界,但他以坚强的毅力走出了黑暗,用他一首首闪光的诗,证明了自己的生活也是洒满阳光、铺满鲜花的。(王昕宁)

I000219 **汪国真新作选** 汪国真著。新华出版社2002年6月版。10万字。15.00元。诗集。分诗歌、诗词、附录3部分。收录了汪国真的最新诗词作品,并提供大量鲜为人知的照片与书法作品,对于汪国真与媒体对簿公堂的风波予以披露。汪国真的新作除保留了他早期作品清新、优美的风格外,经过几年沉淀后对感情有了新的解释,对中国历史、文化有了新的感悟。诗集有新诗58首、诗词61首。(贾晓伟)

I000220 **胡乔木诗词集** 人民出版社2002年5月版。10万字。26.00元。分"正编"和"补编"。共收110首。"正编"基本上是作者编定出版的《人比月光更美丽》。所不同者:一、按作者生前的意愿,把他久觅不得的《挑野菜》(发表于1937年)列为首篇。二、《人比月光更美丽》再版时按家属意见把胡乔木所作"歌词"作为一组,放在第一辑的最后。现歌词又有新的发现,征得家属同意,把这一组移到"补编"第一辑中。三、对每一首诗作了题注,说明写作时间、发表情况并抄录作者的附记、原注。"补编"编入《人比月光更美丽》之外的诗作共35首,也按诗体分为两辑。第一辑为新诗,共20首。第二辑为旧体诗词,共7题15首。

I000221 **萤窗八集** 杨子才著。解放军出版社2002年5月版。31.4万字。15.00元。作者自2001年以来在报刊公开发表文章诗词选集。其四咏史诗,对自先秦至南北朝的260个历史人物逐一作了评说,自成特色。(董玉华)

I000222 **黑暗传** 胡崇峻整理。长江文艺出版社2002年4月版。5000行万字。18.00元。叙事长诗。整理者从神农架地区流传于民间的"跳丧歌"中整理而成。长诗叙述了地球及人类的起源,塑造了众多神话人物形象,被人称之为"汉民族神话史诗"。(周百义)

I000223 **蓝天白雪集** 陈奎元著。河南文艺出版社2002年7月版。15万字。38.00元。作者陈奎元现任河南省委书记,书中收录的作品是他在西藏工作期间创作的古体诗词,共131首。(陈莹)

戏剧文学

I000224 **再生缘** 清·陈端生著,郭沫若校订。北京古籍出版社2002年11月版。82万字。60.00元(精)。《再生缘》是清中期奇杰才女陈端生撰写的一部弹词杰作,实际是用七言排律的语言形式,写就的一部长篇叙事诗。本书由郭沫若生前编定,分为卷首和《再生缘》前17卷校订本两大部分。

卷首收录郭沫若在赞同陈寅恪对《再生缘》所作评价的基础上,对陈端生其人其事其书又作了进一步考证的9篇论著。第二部分收录的陈端生著《再生缘》前17卷,由郭沫若亲手校订。原作通过孟丽君(即郦君玉)、皇甫少华、苏映雪(即梁素华)等人错综复杂的爱情故事以及三大家族背景的矛盾纠葛,热情赞美了女性的才智和胆略,歌颂了敢于挣脱封建礼教,追求女性自由平等独立的思想与作为,在一定程度上批判了封建社会的"三纲五常"。通篇情节曲折,结构精密,人物迭出,形象鲜明,擅于刻画不同角色的内在性格和不同环境中的复杂心理。

I000225 **莫言影视剧本精粹** 莫言著。花山文艺出版社 2002 年 9 月版。包括《红树林》(36.1万字,25.00元)、《英雄·美人·骏马》(34.9万字,22.00元)两本。《红树林》是莫言的第一部长篇电视连续剧剧本,该剧通过一个沿海城市在改革开放大潮中的变迁,展示了人性中的美与丑。《英雄·美人·骏马》包括《太阳有耳》、《大水》(与刘毅然合作)、《英雄浪漫曲》、《英雄·美人·骏马》、《哥哥们的青春往事》(与刘震云合作)、《姑奶奶披红绸》(与懿翎合作)6个电影剧本。这些作品有的已拍成电影,有的是初次发表,具有莫言影视作品特有的粗犷豪迈、荡气回肠的艺术风格。(兰小宁)

I000226 **CCTV 对话** 中央电视台经济部《对话》栏目组。南海出版公司 2002 年 5 月版。33 万字。29.80 元。将中央电视台《对话》栏目 2001 年 7 月至 2002 年初的节目加以整理成书,其中加入了大量的背景材料、嘉宾介绍、陌生词汇的解释等,传递给读者是创新的理念、前沿的思考以及人格的魅力、过人的智慧,给人以启迪指导,具有较强的思想性和可读性。(廖思拍)

I000227 **张学良** 副名:少帅涅槃。王朝柱著。作家出版社 2002 年 6 月 1 版。34 万字。22.00 元。电视文学剧本。以影视艺术形象真实全面地展示了伟大的爱国者,中华民族的千古功臣张学良将军传奇、悲壮的一生。全书突出他坚持祖国统一的爱国主义、民族主义的思想,具有极强的现实意义和深远的历史认识价值。(朱燕)

I000228 **元明清散曲精选** 黄天骥、康保成编选。江苏古籍出版社 2002 年 9 月版。14.1 万字。12.00元。"名家视角丛书"之一。精心选收了元明清三代 60 余位散曲作家的 110 多篇作品,加以注释和品评,做到精品与新见相结合。编选者黄天骥、康保成两位先生,均为中山大学教授,是词曲研究界的著名专家,著有词曲研究专著多种。(卞岐)

I000229 **唐宋传奇集** 鲁迅校录,王中立译注。天津古籍出版社 2002 年 8 月版。34 万字。21.50元。唐宋文言小说集。鲁迅 20 世纪 20 年代搜集校录,每篇来源和版本详加考证,编作校记。共 8 卷,48 篇。内容丰富,情节曲折,许多对后来中国小说的发展及戏剧创作产生了重大影响,其中不少故事流传到元代,成为杂剧创作的素材。此译注本以文学古籍刊行社单行本为底本,译文通畅顺达,信而有证,同时保留了原文、序言及"裨边小缀"。(赵娜)

I000230 **稀见旧版曲艺曲本丛刊·潮州歌册卷** 北京图书馆出版社编。北京图书馆出版社 2002 年 9 月影印版。48096 页。30000.00 元。收入清代以来潮汕地区著名的"李万利"、"李春记"、"瑞文堂"等书坊刊行的稀见旧版潮州歌册 130 种,计 1460 余卷。其中包括广为传诵的"隋唐演义"、"梨花征西"、"双鹦鹉"、"玉楼春"等。这些歌册所表现的宏富的社会生活、典型的叙事长歌体例、鲜明的潮州方言特点,为文学、美学、语言学、文献学、版本学、民俗学、社会学等领域的研究工作,开启了一座全新的文献宝库。(殷梦霞 于浩)

I000231 **青史演义好来宝** 劳斯尔改编。内蒙古少年儿童出版社 2002 年 11 月版。9.3 万字。9.80 元。好来宝为蒙古族传统说唱艺术形式。《青史演义》由近代著名文学家伊湛纳希著作,该书由当代著名说书家劳斯尔改编为好来宝。《青史演义》作为蒙古历史文献之一,对蒙古历史的研究有重要价值。从蒙古民族的起源开始,详细叙述了成吉思汗为统一蒙古民族而作出的卓越贡献。(鲁玛)

小 说

I000232 **文言小说白话类编** 言青等编。齐鲁书社 2002 年 4 月版。100 万字。86.60 元。文言小说集。分为"情爱姻缘"、"游侠剑客"、"机巧智谋"、"仙狐鬼怪"、"奇技异能"、"灵禽异兽"等 6 编。分类精选汉魏至明清历代文言小说 600 多篇,通译为语体白话,荟萃了 2000 多年间的文言笔记精华,大体反映出古代文言小说的发展脉络。作品融会丰富的历史典实、奇闻异事、社会百态,其中不乏正史典籍缺载的史料和文化珍品。各卷并配以精绘插图 15~20 幅,以加强故事人物的鲜活形象感。(闫昭典)

I000233 **袖珍图文本四大名著故事** 上海辞书出版社编。上海辞书出版社 2002 年 6 月版。87.4万字。88.00 元。袖珍图文本《红楼梦故事》、《西游记故事》、《三国演义故事》、《水浒传故事》是经文学专家精心剪裁,保留原著精华与基本故事情节,用通俗流畅的语言选编改写而成。在二度创作过程中,编写者以忠实于原著为原则,既注重故事的独立成篇,又考虑到全书的连贯、衔接,以及人物形象的完整性和故事情节的有序发展。所叙故事情节曲折动人,内容引人入胜,人物形象丰满,蕴藏着广泛的知识内涵,从各个方面展现中华民族孝悌忠信、崇尚节义的传统美德和追求自由幸福的执着理想。刘旦宅、戴敦邦等几十位著名画家分别随文创作彩色国画 100 余幅,构思精到,为文增色,有很强的观赏价值。

I000234 **古城返照记** 徐凌霄著,徐泽昱整理。同心出版社 2002 年 6 月版。62.5 万字。52.00元。尘封 70 年的我国近代第一部京味长篇小说,一部名记者以“史笔”留给我们的旧北京世态百象图。分上下卷。上卷宦海浮沉,反映了袁世凯称帝前后政坛人物明争暗斗种种鲜为人知的故事。小说中涉及到京师大学堂、科举制度下的考场作弊及戊戌变法等方面,涉及如章太炎、张之洞、康有为等许多真实的历史人物,读来犹如一部用小说体写成的近代史。下卷梨园盛事,记述京剧的发展、变迁及历史上几位著名演员如谭鑫培、梅兰芳的“走红”史。(王小云)

I000235 **少年黑卡** 常新港著。少年儿童出版社 2002 年 6 月版。13 万字。13.00 元。少年小说。写一个男孩风和他的狗伙伴耐特的故事。10 岁男孩风和耐特随心所欲地生活在一座城市里,他和耐特每天都在寻找着快乐。一个偶然机会,风得知自己有着与同学们不一样的、复杂而又奇怪的背景,他的真实年龄应该是 18 岁了,另外,他丧失了部分记忆,连续留级 8 年。原来他在 8 年前被一个神秘的特殊法庭判为一个不再生长的人。为了恢复自己和耐特的本来面目,开始他们的正常的生活,风和耐特走进了一个个意料之外的遭遇中。最后,男孩风和狗耐特终于回到了 8 年之后,但是,风和耐特已经失去了他们最美好的时光。(洪祖年)

I000236 **未来战士三部曲** 葛红兵著。少年儿童出版社 2002 年 6 月版。40 万字。48.00 元。由 3 部科学幻想小说组成:《太空人》为三百年后宇宙航行题材;《机器人》为二百年后机器人技术方面题材;《克隆人》为一百年后生物技术方面题材。(洪祖年)

I000237 **2001 中国中篇小说精选** 中国作家协会创研部编选。长江文艺出版社 2002 年 2 月版。72.8 万字。48.00 元。分上下两册,共收入优秀中篇小说 20 篇,基本体现了 2001 年度中篇小说的创作全貌。书后附有研究性文章“关注弱势群体,弘扬人文精神——2001 中篇小说概观”及“2001 年中国中篇小说参考选目”。(姚梅)

I000238 **中国当代名作家读本书系** 叶兆言等著。花山文艺出版社 2002 年 1 月版。包括叶兆言著《叶兆言读本》(29.1 万字,19.80 元);张炜著《张炜读本》(27.2 万字,19.60 元);韩少功著《韩少功读本》(28.2 万字,19.60 元);方方著《方方读本》(32.4 万字,22.00 元)。选取自上个世纪末叶迄今 20 多年中,中国文坛上最为活跃、最为重要的一流作家的作品,首批包括这 4 册。篇目由作家本人编选,除一些未曾入集的新作品外,其余均为作家的代表作品,是作家本人最为珍爱、最为中意的作品。由小说、随笔、对话、作家主要作品目录等几部分构成。(申强)

I000239 **20 世纪中国小说读本** 钱理群主编。浙江文艺出版社 2002 年 2 月版。119.3 万字。55.00 元。共收入中国 20 世纪中短篇小说 73 篇,介绍 20 世纪中国小说创作成就,特别是中短篇小说创作的概貌及其演变,从纵的方面显示出中短篇小说的发展、演变和沿革,从横的方面展示出中短篇小说的题材、风格和技巧。(朱怡钒)

I000240 **有女人做伴的日子** 杨建业著。中国工人出版社 2002 年 1 月版。23 万字。19.80 元。这是 1 个男人和 4 个女人的故事。沈晓丹是“我”生活中的第一个女人。因为我穷,她离我而去。琪琪是“我”生活中的第二个女人。她使我知道了什么叫“早熟”。宁林是“我”生活中的第三个女人。她只要我的身体,而不许我有钱。想做一个完整男人的我忍无可忍逃离了她。杜羽云是“我”生活中的第四个女人。我和她在锦江饭店的大堂相识,她是我所渴望得到的纯粹的女人,她带我回了家……在上海,“我”生活中的两个女人相遇了,我该选择谁呢?没有女人的生活是孤独的。有了女人做伴的男人就幸福吗?(刘岚)

I000241 **至高利益** 周梅森著。长江文艺出版社 2002 年 1 月版。36.2 万字。24.00 元。作品描写了经济发达市平阳几天内发生的壮丽感人故事，把姜超林、高长河等为代表的高层领导，田立业、何卓孝等中层干部，田立婷、李堡垒等社会底层的普通群众三个层面的人物的思索和奋斗、奉献和牺牲、感情和命运，纠葛交织成一幅迎接新世纪的改革交响曲，气势恢宏，情感真挚，情节动人，是作家又一部反映新时期的扛鼎之作。作家一如既往地勇敢地直面人生，不仅深刻揭露了耿子敬等腐败分子给改革事业带来的危害，也不回避在风起云涌的社会大变革中人民内部、体制内部、人的灵魂深处的矛盾和斗争，热情地呼唤社会公正、正义和真情，从而使得每一个人物都活灵活现有血有肉。尤其是高长河、田立业、李堡垒等众多艺术形象，经过作家精心塑造，真正为文学人物画廊中增添了具有独特魅力的新形象。（张正平）

I000242 **刘庆邦中短篇小说精选** 刘庆邦著。花山文艺出版社 2002 年 1 月版。50 万字。18.00 元。收集著名作家刘庆邦近几年发表过的中短篇小说精品 23 篇。其中，中篇小说 2 篇，短篇小说 21 篇。这些作品中，短篇小说《鞋》获 1999—2000 年第二届鲁迅文学奖，全国优秀短篇小说奖；《谁家的小姑娘》获人民文学 1999 年优秀短篇小说奖。中篇小说《家道》获北京市庆祝建国 45 周年征文奖；《月光依旧》获全国煤矿乌金奖一等奖。其作品创作主张社会性与人性结合，注意挖掘人性的丰富性。主张感性与理性相结合，注重题材中的情感因素。他创作的目的主要是给人以美的享受，希望能够改善人心，提高人的精神品质。（翟建文）

I000243 **远去的驿站** 张一弓著。长江文艺出版社 2002 年 5 月版。23.2 万字。20.00 元。长篇小说。作者通过 3 个家族的 40 多个人物半个多世纪特殊命运的描述，展示了一个时代的变迁。这 40 多个人物，有深受中国文化熏陶又最早接触西方文化的洋博士，有清末举子和革命的同路人，有出身豪门而走上革命道路的红色资本家。有秀美无比又敢爱敢恨、温情绵绵又深受传统文化和道德观念束缚的知识女性。3 个家族不同的文化和社会背景，使这些知识分子在性格上产生了极大的差异。作者通过陌生的结构方式将其有机的融为一体。用散文化的语言展示人物的心灵，让读者在轻松的语境环境中去了解一代知识分子的家族史和心灵史，去审示一个时代知识分子的命运。收入“九头鸟长篇小说文库”。（秦文仲）

I000244 **走进夏天** 蒋杏著。长江文艺出版社 2002 年 7 月版。31 万字。22.00 元。这是一个悲壮的故事。临安纺织总厂厂长路天明因经济问题被捕入狱，副厂长章秋出任代理厂长。此时的临安纺织总厂已经濒临绝境：设备老化，资金匮乏，原料奇缺，产品积压，人心动荡。为了让纺织总厂走出绝境，非常时刻章秋采取非常之举：集资，一声令下，数千人慷慨解囊；“断奶”，改造兼并企业，不走刀背走刀锋；暴力讨债，一个普通工人酿造一场惊天大案；挥泪关闭老厂，不惜让上千职工下岗！作品纵横捭阖，情节紧凑，扣人心弦，人物鲜活，错落有致。（胡敦焕）

I000245 **我爱陌生人** 麦灵著。中国工人出版社 2002 年 1 月版。18 万字。17.80 元。浪漫的人是不该相遇的。浪漫的人相遇必然会产生不再浪漫的故事。从网络到现实，从浪漫到苦涩，从纯真到成长，从梦想到幻灭，从幻灭到复活……本书主人公麦风在灵与肉的体验与冲突中坐落飞升。麦风 23 岁，美丽浪漫，在这躁动的年龄，在这人生的花季，像所有的同龄女孩一样，麦风对生活充满了美好的憧憬，对爱情充满了激情与渴望，但是，不知不觉中，她却走入了现代化的陷阱。你死我活的卿卿我我，一日不见如隔三秋的耳鬓厮磨，揭开面纱后的追悔莫及，由爱生恨的互相报复与自我伤害，爱情与邪恶相伴相依，心灵的苦涩演化成肉体的放纵，这一切全压在一个柔弱的女孩肩上，她该怎样面对，如何承受？在现代都市，每位新新人类都有可能经历的故事，被主人公演绎得淋漓尽致，而那无疑是一首悲怆的交响诗，给青春以震撼与裸露。（卢锐锋）

I000246 **抵抗者** 何顿著。长江文艺出版社 2002 年 1 月版。26 万字。18.00 元。长篇小说。以抗日战争时期湖南抗战为背景，写到了常德保卫战，长沙保卫战，衡阳会战等战争场景，我抗战军民的英勇卓绝，日本侵略军的凶恶残暴，在这部战争小说中得到了较为充分的展现。战争场面的恢宏，气势的宏伟，人物性格的鲜明突出，故事情节的跌宕起伏，使这部小说具有了史诗般的感染力量。（陈辉平）

I000247 **单位** 田东照等著，金左胜编。湖南文艺出版社 2002 年 5 月版。33 万字。21.80 元。“中国最新写实小说丛书”之一，汇编了 2001 年最新中篇小说如《寻找舞伴》、《杨伊准备生活》等。（汤亚竹）

I000248 **活着就是折腾** 董鹏著。中国工人出版社 2002 年 1 月版。20 万字。19.80 元。电台 DJ 米多多于 1999 年策划创作“中国新音乐发表会”

后，结束自己动荡不安的摇滚生涯，从此“向主流投降”，专心担任“排行榜”主持，因遭遇排压歧视，又目睹歌坛怪现状，萌生不快，郁闷牢骚如影随行，不吐不快。生活中的米多多和电视台主持人、签约歌手、女大学生发生了三段惊心动魄一波三折的爱情故事，亦令他无地自容悔痛欲绝。此书为“2001上海之春国际音乐节”获金奖DJ董鹏创作的第一部音乐小说，除大量圈内鲜为人知的内幕惊爆，其中的音乐文稿，充分展示了作者独特的创作天赋与艺术才情。（刘岚）

I000249 **夏日机关** 王跃文等著，金在胜编。湖南文艺出版社2002年5月版。33万字。21.80元。“中国最新写实小说丛书”之一，汇编了2001年最新中篇小说如《学习》、《天气不好》、《萧瑟的秋天》等。（汤亚竹）

I000250 **罢官** 东西等著，金在胜编。湖南文艺出版社2002年5月版。31万字。21.80元。“中国最新写实小说丛书”之一，汇编了2001年最新中篇小说如《罢官》、《等待牛市》、《谈话》等。（汤亚竹）

I000251 **透明的红萝卜——莫言中短篇小说精选** 莫言著。青海人民出版社2002年10月版。31.3万字。25.80元。“天驹文库”之一。精选莫言代表作中篇小说《透明的红萝卜》、《欢乐》、《师傅愈来愈幽默》，以及短篇小说《沈园》、《初恋》、《白狗秋千架》、《辫子》、《良医》、《大风》、《秋水》、《姑妈的宝刀》等15篇，书末附有《莫言创作及文学活动简历》、《主要作品年表》、《莫言研究资料索引》等。（安海民）

I000252 **爱情伊妹儿** 麦琪(英儿)著。长江文艺出版社2002年1月版。22万字。18.00元。长篇纪实小说。为旅澳大利亚女作家麦琪(英儿)因“顾城弑妻自缢”事件飘然隐居后，首次突破心理底线的桎梏，将她与著名诗人刘湛秋的爱情和盘托出的严肃作品。小说三分之一篇幅涉及到作者与顾城的情感纠葛，三分之二的篇幅写与刘的爱情生活及旅澳生活。（何性松）

I000253 **黄金草原** 红柯著。浙江文艺出版社2002年9月版。23万字。18.00元。收录8篇短篇小说，包括《哈纳斯湖》、《库兰》、《跃马天山》、《金色的阿尔泰》、《红蚂蚁》、《啤酒花开了以后》、《表》、《家》。这些小说以天山为故事的发生地，以“英雄”为主题，西部的野性力量作为一种精神贯穿始终，全书充满浪漫主义色彩。作者是60年代出生的作家群中的一位，他的这些作品有着浓厚的时代气息，是面对“现在”写作的一次成果，阐释着当代生活，真实而又精彩，感伤而又无奈。（朱怡钒）

I000254 **黄蜡蛀** 王维胜著。敦煌文艺出版社2002年6月版。40万字。28.60元。长篇小说。以夏州地区近代历史为背景，以李家庄、后沟两村人们的恩恩怨怨为线索展开。旧中国政治黑暗、政权更迭、军阀混战、贪官污吏渔肉百姓、土匪横行，造成经济凋敝、民不聊生的惨景，小说所反映的就是辛亥革命之后西北地区的部分史实。作者对临夏一带的近代史资料的占有比较充分，整个故事安排得当，可以当作一部小说化的地方史来读。

I000255 **银城故事** 李锐著。长江文艺出版社2002年5月版。14万字。14.00元。长篇小说。以辛亥革命时期川西某小城为背景，以一场失败的暴动为线索，再现了一段惊心动魄的历史。革命党人与清廷官吏，乡绅与平民，土匪与牛屎客，活动在当时社会舞台的各色人等，栩栩如生而又个性鲜明。小说悬念丛生又结构精巧，在大开大阖的叙事中，历史的偶然与必然，人生的大悲与大喜，让人难以释怀。（陈辉平）

I000256 **寂寞欢爱** 李伯勇著。长江文艺出版社2002年1月第1版。28万字。18.00元。长篇小说。描写了几个女性的边缘生活情态，循着“与情人好也与丈夫好”的情感生活轨迹，展示她们在自然状态下勃发的精神欲求和强大的青春生命张力。作品在一种没有文化负累、没有历史羁绊的背景下，展示女人的个性化生存，以及她们的痛苦、欢欣与美丽……（姚梅）

I000257 **锐舞派对** 骆平著。长江文艺出版社2002年12月版。17万字。18.00元。长篇小说。写一位当代女白领——苏画的不同于传统的恋爱和婚姻。苏画是一位社会新闻的资深记者，有着不俗的容貌和智慧，以及较高的经济实力。工作忙碌，生活时尚，有些玩世不恭，内心孤独而干净，但缺少有所依托的安宁，是一个当代女“雅痞”类的人物。十年前，一方面和一体育系的大学生恋爱，一方面又单恋上表面文静，内心敏感、急躁，有自杀情绪的电台主持人——维嘉，最终导致好友雅子不幸死亡。十年后，与一个追求她的政府小公务员林梧榆结婚，但对爱情和婚姻已有着随意和麻木的态度，最终理所当然地走向失败。（何性松）

I000258 **雾雨花开时** 韦伟著。辽宁少年儿童出版社2002年9月版。24万字。13.50元。小说通过对几名初中生在生理、心理都在变化时期的学习生活描写，表现他们实现自我、追求美好理想的愿望，展现了他们既单纯又丰富的情感世界。

I000259　**0℃酷小说**　董鹏、杨建业、罗静、麦灵等著。中国工人出版社 2002 年 1 月版。80 万字。91.00 元。首辑推出 5 本，分别是《活着就是折腾》、《有女人做伴的日子》、《我爱陌生人》、《我本纯情》、《中国病》。作者多为 20 世纪 70 年代甚至 80 年代出生的年轻人，0℃的用意，其实是表达一个良好的期盼，这批朝气蓬勃、锐气十足的作者，将终结一个文学时代，并以崭新的创作开拓一个新的文学纪元。5 部小说虽风格不尽相同，但有一点是共通的，那就是对语言外在质感的强烈关注，年轻的作者们不再醉心于当职业作家，他们对惯常的文学内涵也失去了兴趣，他们一往情深的，是对文本趣味性的追求。0℃酷小说鄙视传统的"现实主义"、"浪漫主义"……的手法，其创作带有很大的随意性，使小说有较强的可读性和娱乐性。这类小说包含了网络文学的诸多特征，是一种快餐式文化。(吴仁　卢锐锋)

I000260　**川江女儿红**　唐胜才著。重庆出版社 2002 年 5 月版。57.6 万字。40.00 元。公元 1921 年 10 月 8 日晚，一个女婴在川江之畔的凤凰山下呱呱落地。从此，灾祸和苦难便与她和她的家人结下了不解之缘。父母相继被恶霸势力害死，哥哥气疯，姐姐遭人绑架后跳楼自杀，她和妹妹离散……十年后，为了抗战，她送走了心爱的哥哥，自己也投身于抗战活动之中。她历经磨难，铲凶除暴，扶弱济贫，大闹州县，声震四方。国民党派兵围剿她，共产党派人争取她。经过艰苦斗争和痛苦抉择，她终于走上了革命的道路，成了一名坚强的共产主义战士。长篇小说《川江女儿红》(第一部)通过女主人公的这一段生活经历，反映了解放前川江人民所受的种种剥削和压迫，深刻揭露了旧中国统治阶级的反动、黑暗、腐朽与没落，揭示了中国人民只有在中国共产党的领导下，才能真正推翻三座大山，摆脱苦难与贫困，获得幸福与自由、翻身与解放。作品故事曲折、生动感人；人物众多，个性鲜明，有浓郁的地方色彩和强烈的艺术感染力，是一部了解、认识旧中国，宣传妇女解放运动，进行革命传统教育、社会主义教育和共产主义理想教育的形象教科书。(李盛强)

I000261　**日出西藏**　蔡英著。花山文艺出版社 2002 年 10 月版。44.8 万字。29.00 元。一部反映西藏 50 年前民主改革前夜社会现实生活的长篇小说。小说塑造了强巴、达娃、央金拉姆等一系列性格鲜明的人物形象，展现了藏族同胞的淳朴善良，热情奔放，勤劳勇敢，爱憎分明；他们对宗教的虔诚，对生命的执着，对爱情的坚贞；他们的觉醒与抗争，以及对封建农奴制的斗争以及与中国人民解放军的血肉深情。小说以普通的贫苦藏民的人生命运为视角，再现了当时西藏社会生活的风云变幻和孕育着的深刻变化。(张采鑫)

I000262　**北地雪(上下)**　贺廷雷著。敦煌文艺出版社 2002 年 7 月版。64 万字。50.80 元。以农耕文明最早的发源地之一的董志塬为背景，历数了从民国十八年至解放初期董志塬人的历史沧桑，小说以"土地"为中心意象和斗争焦点，讲述了发生在这里的斗争冲突以及董志塬人深深的土地情结，表现了主人公坚韧顽强的生命意志和不屈不挠的个性力量。(宋学娟)

I000263　**走出大山**　刘邦厚著。作家出版社 2002 年 9 月版。25 万字。18.00 元。长篇小说。抗日战争后期，东北抗联领袖杨靖宇的警卫员张海泉不幸被日军俘虏。想方设法逃出牢笼后，潜入赫哲人聚居的深山老林。他与当地的赫哲人结下深厚友谊，进而带领他们走出大山，走向新中国。(杨葵)

I000264　**逐鹿中原**　钱广亮著。山东文艺出版社 2002 年 8 月版。29.8 万字。20.00 元。一部描写解放战争时期刘邓大军转战中原、千里跃进大别山的长篇小说。作品按史实顺序展开故事，浓缩描绘了波澜壮阔的军事斗争，成功再现了老一辈革命家的艺术形象，塑造了一系列栩栩如生的英雄群像。(侯书良)

I000265　**军歌嘹亮**　石钟山、朱秀海著。漓江出版社 2002 年 11 月版。36.2 万字。20.00 元。军旅题材作品。写的是一个叫高大山的革命军人，在战争年代，出生入死，屡立战功；战争结束后，他豪情依旧，在国防的建设中兢兢业业，奋斗不止，刚直不阿，以朴素的一生，演绎了一出激越慷慨的壮剧。小说把对时代的书写和对英雄的刻画相结合，把时代的变迁和人物命运的兴衰相交织，激情洋溢，大气磅礴，充满了理想主义、英雄主义和传奇色彩，它代表了当代军旅小说对军人内心世界解剖的新高度与新水平。

I000266　**楚河汉界**　马晓丽著。解放军文艺出版社 2002 年 5 月版。35 万字。27.00 元。长篇小说。作品描写了老军人周汉突发重病，在宁静和死亡与烦恼的生活之间徘徊；此时儿子周东所在边防团出了一起伤亡事故，是将事故如实上报还是把它变成典型，这是周东面临晋升与转业选择之际必须面对的事关理想与现实矛盾的问题。作品提出了安于现状或许可以苟且偷生，甚至得到某些实惠之利；而勇敢前进越过楚河汉界一去不返，人格和灵魂却能够得到升华这一主题。（陈京蕾）

I000267 **中国当代战争小说丛书** 莫言等著。解放军文艺出版社 2002 年 1 月版。35 万字。35.00元。包括《战友重逢》（莫言著）、《清晰度》（朱苏进著）、《远离稼穑》（邓一光著）、《穿越》（阎连科著）、《生命通道》（大风著）5 部中篇小说。这些作品分别就战争小说观念、战争与和平的关系、军人与战争、战争文学的本土形态及反思中国战争文学角度进行了探究。（陈京蕾）

I000268 **巴水苍茫** 欧阳玉澄著。重庆出版社 2002 年 6 月版。43.5 万字。23.80 元。一部描写长江三峡百年巨变的长篇小说。从 1898 年第一艘小火轮入川，到 1997 年重庆直辖市成立，正好整整一百年。这一百年，社会发生了翻天覆地的变化。无论是政治还是经济，无论是生产力生产关系，还是经济基础或上层建筑，都发生了空前的巨变。小说以"八姑奶"这一百岁老人为主人公，展现了几代人所经历的不同的生活状况，有百年前的袍哥，有崇尚"五伦""八德"者，有信奉忠、孝、仁、义者，还有越来越开放、越来越前卫的现代人……小说展现给读者的是一幅生动的历史画面。（寇德江）

I000269 **孝庄皇太后** 颜廷瑞著。辽宁人民出版社 2002 年 1 月版。96 万字。68.50 元。一部以清朝孝庄皇太后一生为题材创作的三卷本长篇历史小说。孝庄皇太后是中国历史上的杰出女性。她历经三朝，辅佐、培育了顺治、康熙两代皇帝，为清朝的建立和巩固，作出过重大贡献。本书选取了福临继位，入主中原、太后下嫁等重大事件，力图展示孝庄皇太后叱咤风云、深谋远虑、锐意进取、血泪悲欢的一生，感受遥远年代的历史启迪。该书分 3 卷：第一卷 血泪清宁宫；第二卷 风云山海关；第三卷 悲欢紫禁城。（边洛莎）

I000270 **沧浪酒魂张弼士** 安家正著。山东文艺出版社 2002 年 8 月版。30.2 万字。28.00 元。一部纪实性的长篇小说。作品记述了清末爱国华侨、商业巨子张弼士，为实现"实业救国"的宏愿，誓与洋人一争高下，回国创办烟台张裕酿酒公司，历尽艰辛，终于酿造出荣获国际金奖的世界一流葡萄酒的故事。作品在描写张弼士艰苦卓绝的创业历程时，还记述了他与中国近代史上洋务运动的代表人物张之洞、张謇、盛宣怀之间错综复杂的关系，以及得"西风东渐"风气之先的老烟台的历史风貌，从不同侧面反映了中国近代洋务运动的发展轨迹。（董乃德）

I000271 **国命纵横** 孙皓晖著。河南文艺出版社 2002 年 10 月版。80 万字。40.00 元。正面表现秦帝国时代的长篇历史小说《大秦帝国》的第二部。以商地民众安葬商鞅与秦国镇压旧贵族叛乱为切入点，描写了稳定强大的秦国东进中原，山东六国合纵抗秦，秦国连横分化六国的曲折故事。（陈莹）

I000272 **鬼谷子** 孙方友著。河南文艺出版社 2002 年 9 月版。24 万字。16.60 元。描述了春秋战国时期纵横家祖师鬼谷子为实现其政治抱负辗转于各国王侯之间的传奇人生。鬼谷子学艺十年下山，时逢魏韩交战，又巧遇魏国公主。他为平息战争，不惜以母为人质，多方解救被施毒的公主，力谏魏王罢兵休战，又设巧计逼魏将退兵。鬼谷子虽胸怀大志，才华横溢，却际遇坎坷，不被魏楚所容，屡屡遭暗算，最终被迫归隐云梦山，著书收徒，造就了军事家孙膑、庞涓，说客苏秦、张仪等旷世奇才。（陈莹）

I000273 **钱王** 钟源、瀛泳著。辽宁人民出版社 2002 年 2 月版。39 万字。29.00 元。长篇历史小说。由同名电视连续剧改编而成。主人公王炽，号称"钱王"，云南省弥勒县人。"天顺祥"商号创始人，云南金融业开山鼻祖，清末三代一品红顶商人。本书共 15 章，以历史上的王炽为原形，描写了他如何从一个赤手空拳的少年成长为清末第一银行家的艰难历程，着重刻画了其"以德为人，以德经商"的商德与人格，同时展现了独具特色的云南民俗风情。（祁雪芬）

I000274 **惊天旧案** 叶大春、阿章、黄志远、东方明著。山东文艺出版社 2002 年 9 月版。26 万字。15.50 元。"今古传奇畅销作品精选丛书"之一。用畅快淋漓的笔触真实再现了 1923 年临城劫车案的全过程。匪首孙美瑶在津浦线上劫走英美法意瑞（瑞士）5 国教士、商人、游客 20 余人，引起 5 国强烈抗议，几近导致战争，吓得北洋政府慌忙调吴佩孚部血腥清剿。（刘江）

I000275 **鹰嘴麻雀** 王愈奇著。天津古籍出版社 2002 年 1 月版。20 万字。18.00 元。"历史题材长篇小说丛书"之一。描写了 20 世纪 30 年代北京南城一条街上所发生的事情。作者着力表现了那个特殊时代人们的原生状态——照相馆掌柜的奸诈,冷酷;小油盐店老板的困苦且忠厚善良;天桥小戏子的艰难无奈;洋车夫的穷困与悲壮;上报访员的卑鄙和愚蠢……故事跌宕起伏,京味语言流畅简洁,人物刻画鲜明生动,具有浓厚的地方色彩和生活氛围。(董今生)

I000276 **首席执行官** 副名:一个中国企业家的真实故事。吴天明、罗雪莹、胡建新著。作家出版社 2002 年 10 月版。37 万字。22.00 元。海尔,一个享誉世界的家用电器名牌,一个令中国民族工业骄傲的品牌;张瑞敏,一个人们熟悉的青岛企业家的名字,一个叱咤风云的传奇人物。短短十几年,张瑞敏使一个亏损的集体工厂,跻身世界五百强的行列,创造了一个世界工业发展的神话。面对海尔这个富于传奇色彩的企业和它的领导人物,吴天明、罗雪莹、胡建新深入海尔近两年,在“强烈的情感震撼和灵魂的洗礼”下,完成了这部以海尔发展历程中一系列真实事件与素材的充满激情和感人故事的长篇小说,为读者提供了一部成功人士启示录,一部加入 WTO 后的中国企业成功启示录;向读者展示出真实的海尔理念、张瑞敏思想。(王宝生)

I000277 **血色狼烟** 查羽龙著。解放军出版社 2002 年 5 月版。20 万字。25.00 元。描写未来 400 多年后的科幻小说。作者以细腻的笔调展示了未来天战的精彩画面。书中的故事情节设计合理,人物性格鲜明,场景有大有小,节奏有张有弛,可读性较强。(董玉华)

I000278 **决斗圈** [美]安东尼·皮尔斯著。花山文艺出版社 2002 年 4 月版。51.3 万字。35.00元。一本描写大劫难后幸存的人类劫后余生重建文明的长篇神秘幻想小说。在核废墟上,文明被摧毁殆尽,人们于是以决斗圈作为生存、道德、荣誉的决斗台,最后又演化为部落战争。人类的天性推进着文明的进程。令人悚然而惊的是:当人类为了文明重建法则并使文明更高地发展时,毁灭的种子也在萌发、生长,大劫难还会无法避免。本书是美国著名科幻作家安东尼·皮尔斯的成名作,作品奇谲、曲折,语言生动、流畅,在描述大灾难、大劫掠的惊心动魄中蕴含深厚的人文关怀,将人类的萌生、毁灭与再生、发展、再毁灭写得入木三分。(侯福河)

I000279 **花山科幻文库** 郑军等著。花山文艺出版社 2002 年 1 月版。共 5 种。包括:郑军著《银河侠女》(17 万字,12.00 元);王晋康著《拉格朗日墓场》(17.8 万字,12.00 元);周末著《时间影子》(16.3 万字,11.00 元);王麟著《纳米杀手》(13.5 万字,9.00元);吕哲著《带我回地球看流星》(17.8 万字,12.00元)。内容分别涉及到环境保护、宇宙天体、外星生命、纳米技术等多学科领域知识。作者采用多种表现手法,进行了大胆的艺术创新。丰富的想像力、跌宕起伏的故事情节、细腻深刻的人物刻画、简练流畅的文笔、知识和幻想的巧妙结合,构成了一个个惊险神奇、充满幻想的故事。(郝卫国)

I000280 **一方水土丛书** 阿宁等著。花山文艺出版社 2002 年 11 月版。共 4 种。包括阿宁著《城市季节》(24.8 万字,18.00 元)、关仁山著《共同利益》(36.2 万字,26.00 元)、陈冲著《车到山前》(33.5 万字,24.00 元)、谈歌著《激情岁月》(29.9 万字,22.00 元)。4 位作家都是河北人,都是当今文坛著名的现实主义作家。丛书在保持作家个人创作特点、强调阅读吸引力和情节性的同时,都具有以弘扬时代主旋律为己任、自觉地将现实生活的矛盾和站在时代高度上的思索结合起来的特点,在思想性和艺术性上都达到了较高水准。(申强)

I000281 **“镜子里的城市”小说丛书** 铁凝著。花山文艺出版社 2002 年 1 月版。作家铁凝自选的 5 本以城市作为故事背景的中短篇小说集。分别为:《永远有多远》(10 万字,18.00 元);《遭遇礼拜八》(10 万字,18.00 元);《第十二夜》(10 万字,18.00元);《午后悬崖》(10 万字,18.00 元);《何咪儿寻爱记》(10 万字,18.00 元)。丛书选收了已经公开发表的 26 篇描摹现代城市人生百态和人的精神世界、人性隐秘的中短篇小说。作者为这套丛书的编选撰写了《关于“镜子里的城市”》的总前言。(张采鑫)

I000282 **密字三部曲** 王鸣鹊著。时代文艺出版社 2002 年 8 月版。75 万字。54.00 元。系列长篇小说。分 3 部:《密字 812》、《密字 929》、《密字 707》。以我国海滨城市绿江市国家安全局的反间谍斗争为切入点,艺术地再现了 20 世纪 90 年代我国安全战线反谍斗争的真实内幕。作品通过侦查科长蓝青,侦查员刘杏红、卢少武、覃小文、孙法医等隐蔽战线的英雄群体侦破潜伏间谍“黑鼠”;识破以代号“白狐”为首的间谍网;在敌中有我,我中有敌的复杂险恶的环境中层层剥笋,挖出谍首“黑桃老 K”等一系列重大案件的胜利告破,揭示了中国改革开放的历史阶段中,境外敌对势力“人还在,心不死”这一客观现实;告诫善良的人们在经济建设的大潮中,居安思危,时刻维护国家安全的无比重要。作品中的重要情节均有生活原型和案例,全书敌我人物个性鲜

明，情节惊险曲折，时代风貌凸显，是一套具有中国特色的反谍侦探文学力作。（刘德来）

I000283 **新世纪长篇小说·誓言无声** 易丹、钱滨著。山东文艺出版社2002年4月版。40.2万字。24.80元。“新世纪长篇小说”之一。作品反映的是一段20世纪60年代的隐秘往事：在台湾海峡极度紧张的背景下，一个旅居欧洲的华裔舰艇动力专家，取道香港，回国协助海军制造新型潜艇，却险遭台湾特务机关暗杀。于是，一场智慧和勇气的较量在若无其事的外表下展开了。我反间谍专家许子风与他的小组成员蓝美琴、骆战，以过人的智慧和胆略，识破了敌方的一个又一个圈套与陷阱，采取各种反间谍的战术和手段，最终成功挖出了潜伏在我内部的台湾间谍。（姚焕吉）

I000284 **八戒传** 汪淏著。安徽文艺出版社2002年5月版。15万字。12.00元。当代青年作家汪淏创作的幽默小说。小说以家喻户晓的八戒形象为依据，却又以现代的各种观念加以改造，使此一八戒不同于彼一八戒，使八戒形象焕发出许多现代意味浓厚的光彩来。作家重新塑造的八戒形象，更为机智，更为幽默，也更易于被当代人所接受和喜爱。八戒是一个颇为复杂的人物形象，他的身上既具有中国文化恶俗的一面，又体现了中国文化的乐观色彩。作家的创作使八戒不仅机智幽默，又朴实忠厚、积极乐观，是一个底蕴丰富的形象。（凌敏）

I000285 **大江沉重** 吕雷、赵洪著。作家出版社2002年8月版。62.5万字。28.00元。一部深刻地反映处于日新月异的发展中的当代中国现实生活，气势磅礴地奏响了时代乐章的主旋律的不可多得的扛鼎之作。这部小说，无论在概括社会生活的深度和广度方面，还是在揭示历史时代的本质和趋势方面；无论是长篇小说的艺术结构的营造方面；还是在众多人物形象的塑造方面；无论是文学语言的创新和提炼方面，还是在南方生活色彩和神韵的敷设和展示方面，都取得了突出的，值得认真圈点和阐发的成就，尤其塑造了县委书记邝建童这一典型形象。这是一个“鬼马人精”以乌纱帽做抵押从政做大事的英雄故事。这是一曲波折迭起缠绵悱恻反差极大令人嗟叹的爱情悲歌。这是一部珠江三角洲高速发展千古奇观的浓缩历史，这是一首高扬“发展才是硬道理”的主旋律英雄史诗，这是一篇讴歌人间正气的充满阳刚气概的辉煌乐章。小说深化了生活的真实、深化了社会的真实，尤其是邝建童那勇于任事，娴于谋略的广东地方干部那开放型的形象，寄寓了作者对于新时期党的基层干部那闪耀理想的光芒，浪漫主义神彩，力求务实的新的文学人物的向往。（懿翎）

I000286 **大学无烦恼** 南飞雁著。河南文艺出版社2002年12月版。23万字。17.50元。一部在校大学生所写的青春成长小说。小说多侧面地描绘了当代大学生多彩的生活：复杂多元的思想、变化多端的爱情和友谊、年少轻狂的憧憬，及在面临毕业分配时的世俗心态；刻画了众多个性较为鲜明的人物形象，既有男女大学生，有教授、博导，有校系的领导和政工干部，也有社会上的所谓大款和犯罪分子等，写出了形形色色人等对校园生活的影响，及物欲对学生的诱惑，带有转轨时期的时代烙印。（陈莹）

I000287 **巾帼血泪** 楮远亮、王伶、杨延俊、曹阿娣著。山东文艺出版社2002年9月版。25.2万字。15.50元。“今古传奇畅销作品精选丛书”之一。包括《月上昆仑》、《最后一个丫鬟》、《小镇上的女人》3部作品，分别以细腻的情感和流畅的笔触讲述了不同时代背景下的女性故事，以女性的酸甜苦辣、悲欢离合折射出时代的暗影，情节感人，耐人寻味。（刘曾文）

I000288 **女市长** 巴陵著。浙江文艺出版社2002年5月版。22.5万字。17.00元。一部由现任女市长撰写的长篇小说。主人公于汝冰，上海人，就读于曾经是培养“最后的贵族”的市三女中，修钢琴课、家政课和礼仪课，英文课由美籍教师担任，中学六年，品学皆优。但她毕业时填写的第一志愿却是农业大学，引得全校哗然。大学三年级，离经叛道的她与一位得了不治之症、被迫退学的学长登记结婚。始料未及的是丈夫病愈后寄来一纸离婚协议书。二次婚姻她嫁给了一个只有小学三年级文化程度、又长她13岁的“劳模”，新婚之夜却发现他竟然是一个虔诚的道教徒。多年后，改革开放的浪潮把一个知识女性推上了副市长的岗位。在这个岗位上，她一连干了十年。这十年中，有成功、有挫折、有无可奈何，但无论身处何境，她对党对人民的忠诚，对正义和真理的追求，为基层群众办实事的念头难以放弃。作者以亲身的经历、文学的笔法，展示了江南一个富庶的地级市的改革路程，刻画了党的干部在新时代的精神面貌，也揭露抨击了官场上的不正之风。（朱怡瓴）

I000289 **天高地厚** 关仁山著。北京十月文艺出版社2002年10月版。47万字。28.00元。一部全景式反映中国农村近30年历史变革的长篇力作。冀东平原上的蝙蝠村,以蝙蝠多而得名。这片本该福星高照的土地,20世纪70年代初竟全村逃荒。青年农民荣汉俊,因种"黑地"被判刑8年。改革开放使他提前获释,他率先办起了乡镇企业,并当了20年村长,却因制造假冒伪劣商品贪污腐败等问题陷入困境……农村变革的每一步都牵动着村民们的喜怒哀乐,三个家族、三代农民的爱恨情仇、坎坷人生在改革大潮中交织展开。这里有刻骨铭心的爱情,也有权欲熏心的罪恶;有把生命交付土地的一腔热血,也有极欲改变命运的苦苦追寻。苦难与抗争,欢乐与泪水,苍凉与悲壮,凝聚出当代中国农民的时代写真。我们看到,传统意义上的农民正在消失,新一代产业农民正在崛起,我们听到了他们的声声呼唤。

I000290 **无字** 张洁著。北京十月文艺出版社2002年1月版。81.4万字。66.00元(平),86.00元(精)。长篇小说,共3部。小说以女作家吴为的人生经历为主线,讲述了她及其家族几代女性的婚姻故事,描摹了社会大动荡、大变革中各色人等的与世浮沉、坎坷人生,展现了中国近百年间的风云际会,对20世纪的中国进行了独特的记录与审视,写出了一个说不尽的时代。

I000291 **见谁爱谁** 贴儿著。华夏出版社2002年1月版。17.4万字。13.00元。一部形式奇特的小说,时空相对集中,内容时断时续。在那个动荡的年代,小主人公经历了大地震,这残酷的天灾,带给她的却是一种难得的轻松和解放:不用上学、满世界疯跑、许多人一起睡觉、欢欣雀跃。孩童的心灵放松,折射出一种令人窒息的难耐与孤独。她爱树、爱花、爱小鸟、爱小狗、爱会画画的小男孩、爱民工队长、爱体育老师、爱爆玉米花的,还搞小小的三角恋……她渴望的情感慰藉,任由她四处追寻,她天性中的顽皮、泼辣、妒忌、霸道,都活脱脱地跃然纸上。这一形象的成功塑造,得利于作者一颗细腻的慧心和圆熟可贵的语言功力。(高苏)

I000292 **风雨乾坤** 曾庆发著。湖南文艺出版社2002年3月版。32万字。24.80元。当代题材长篇小说。锦江市宏达公司的货仓被一场疑窦丛生的大火烧了个精光,公安局欲以意外事故为由草草结束。省纪委派出调查组及时介入,一桩惊天腐败大案渐渐露出了冰山一角。最终违法乱纪的高官要员被押上了审判台,作奸犯科的社会蛀虫自掘了坟墓。该书是一部视角独特的反腐力作,是一曲深刻反映正义与邪恶大较量的时代强音。(陈新文)

I000293 **龙年档案** 柯云路著。人民文学出版社2002年10月版。38.4万字。22.90元。忧国忧民的现实主义力作。因其青天式的人文思想引起争议;也因反映了人民大众的疾苦和心声,深受读者欢迎;更因是作者迷失于气功和特异功能创作后"浪子回头"重返文坛的发愤之作,倍受舆论关注。(周昌义)

I000294 **平民世纪** 吴恩泽著。河南文艺出版社2002年10月版。52万字。29.00元。一部题材厚重,内涵丰富,艺术水准较高的长篇小说。展现了贵州某山区一个少数民族聚居区特定的生活。通过对主人公文必汉人生经历的描写,演绎了中国大地上一个边远山区从土地改革、新中国成立、反右运动、文化大革命和改革开放前后半个多世纪的历史过程。这是一个特殊地域、特殊人群的故事;这故事透过平民的视觉,折射出20世纪上下近百年的历史。(陈莹)

I000295 **叫板** 弘魁著。华夏出版社2002年1月版。25万字。18.00元。故事发生在当今北京南城大杂院里。记者胡大英远没有人们想像的那么潇洒。工作上,他因小人横行而怀才不遇,生活上,夫妻间平平淡淡、母子间龃龉连连,而大杂院里各色人等光怪陆离的生活,时时诱惑、推动着他。为了混出个模样来,他也放下清高,在单位与小人频频"斗法",乐此不疲;在对世俗的品咂中,感知了多种滋味,领略了外面的精彩。中年的困惑和焦灼、夫妻间的游离与依存,同样令他心怀忐忑,在与家人、亲友的周旋中,也能口蜜腹剑地各取所需,左右逢源。现实的"生存能力"锻炼,使他跃跃欲试,愈挫愈奋。本书以大杂院为背景,绘制了一幅当代市民的日常生活图卷,声色逼真,光影斑斓,气息浓郁,质感生动。它以连贯紧凑的外部情节,链接了都市平民的各种心态及灵魂内涵,令人深思,而轻松俏皮的京味调侃,则明显地带给人一种阅读快感。诙谐有趣与深刻哲思交迭映现,体现着一种崭新的人文力量。(高苏)

I000296 **出卖** 万芳著。江苏文艺出版社2002年4月版。22万字。18.00元。一个关于几个女人成长的隐秘故事。一本从身心探讨女性存在方式的书。作者对20世纪七八十年代成长中年轻的一代女性作出了认真的从身体到心灵的探索。小说叙述作家陈心茗在孤寂与喧嚣的矛盾与混乱中,自觉不自觉地经历着为金钱出卖肉体和为情感出卖肉体以及被自己最相信的人所出卖;商人蓉蓉人生的每一步都在出卖与被出卖的旋涡中挣扎；高干子女梦妍处处以“买家”面目出现，进行着权力、金钱与肉体的交易；老于世故的林秋天视出卖自己与他人为救命稻草，看透世事的她最终没能为自己卖个好价钱；为爱而沦落风尘的王岚尝尽出卖与被出卖滋味最终选择毁灭自己和他人作为人生的结局……本书从几个少女成长的隐秘故事中，从身体到心灵全方位探讨了在当前这个迅速裂变的时代年轻女性如何找到自己位置，并如何理性地得到生存。虽然豆蔻年华的不平凡经历给这些年轻女性的人生打上了抹不去的灰色印迹，但在她们成长过程中通过对人性及性爱的描写仍从字里行间映现着留存在记忆中的刻骨铭心并永远感动心灵深处隐秘的一种真美的、尽情的、直至生命终结的精神依恋。

I000297 **再见，妈妈** 应晨著。浙江文艺出版社 2002 年 8 月版。8.5 万字。9.00 元。小说以一个少女的口吻描写了母女间的代沟冲突。母亲爱女儿，但爱得让女儿感到窒息；女儿渴望得到母亲的爱和理解，却一直没有感受到，于是走上反叛母亲的道路，企图以自杀来报复母亲，摆脱母亲可怕的爱。小说情节脉络清晰，以心理描写为主，具有很强的冲击力，令人深思。本书同时有英文、意大利文、西班牙文、波兰文版。（朱怡钒）

I000298 **华尔街职场** 周继述、裔锦声著。世界知识出版社 2002 年 11 月版。15 万字。20.00 元。现代小说。从金融风险管理的角度，用华尔街具体的案例，向我们清晰地阐述了职场的奥妙。男主人公陆乔 80 年代中期从中国大陆到美国求学，毕业后进入一家美国主流电脑公司，从事新技术开发工作，后到华尔街；女配角兰邦丽则是一位出身香港富豪之家、在英国和美国长大的“国际女孩”，曾与陆乔是麻省理工学院的同窗。这两位昔日的青春知己在多年之后再次相逢，在他们背后，是全球最大的金融企业—美洲集团；而这只金融巨龙又沉浮在全球性的经济波动、残酷竞争、公司合并风潮与办公室政治之中。中国学子陆乔真能在华尔街激烈的竞争中占领一席之地吗？

I000299 **阳光海岸** 周祥先著。花山文艺出版社 2002 年 4 月版。18 万字。15.00 元。一部以台湾黑社会为背景的长篇小说。描写了从特种兵部队退役的瞿卫军因生活所迫，误入黑道世界，在你死我活的拼杀和利欲的诱惑中挣扎。几经沉浮，最终道德和良心让他警醒，当他想脱离这个肮脏的社会时，却成了被疯狂追杀的对象。作者意欲通过这个惊险曲折的现代传奇故事，讲述正义与邪恶的激烈较量。（张采鑫）

I000300 **欢乐** 王大进著。北京十月文艺出版社 2002 年 10 月版。26.4 万字。20.00 元。农民二叔一直以种地为生，邻居赵二进城发了大财也没有让他动心。有一天他卖完粮后却被骗子骗走了粮款，为此落下了一个笑柄并受到家人的埋怨。这促使他义无反顾地走上了进城打工的道路。费尽一番周折之后，二叔终于找到了一个看门的工作并认识了不走运的生意人牛德衡。在他的带领下，老婆、儿子、女儿甚至女婿都一起来到了城里打工，共同做起了淘金之梦。但城市并不属于他们。在城市里打工，并没有使二叔一家过上幸福的生活。老婆乔凤英在人家当保姆，不幸得了绝症。女婿曹七炫在二叔的带领下干起了非法传销，结果死于非命。二叔走投无路，被已经把“事业”做得很大的牛德衡所收编，结果沦为诈骗者的一个帮闲……本书通过农民进城打工这一普遍现象，深刻揭示了社会变革时期农民的痛苦。

I000301 **把绵羊和山羊分开** 懿翎著。人民文学出版社 2002 年 7 月版。30 万字。26.00 元。长篇小说。主人公“小侉子”出生于北京一个知识分子家庭，淘气、顽劣，在那个特殊年代里，她 12 岁到雁北高原做了知青，又因“教育回潮”，14 岁做了知青身份的中学生，与数学老师江远澜相遇，就此展开一段“柏拉图”式的恋情。其中，最华彩的段落是江远澜如诗如画的数学论述。小说不靠残忍的激情与绝望的忧伤令人沉醉，而是让人物的命运因为对时代生活的丰富含藏和清晰折射而引人深思，使我们在“文革”记忆和知青经验基础上建立起来的惯以为常的文学视野遭到质疑。（杜丽）

I000302 **抒情年华** 潘娟著。作家出版社 2002 年 4 月版。16 万字。16.00 元。描述了 20 世纪 60 年代末至 70 年代中北京一小部分特殊的青年。他们生活在颓废与困顿之中，在那个灰暗、荒凉的年代结成一个个“圈子”，在“革命”造成的社会缝隙中穿行。他们是无声的，被主流社会遗弃，但即使在遗弃中他们依然承袭了某种无形的权力；他们秘密地引导深潜的潮流，在普遍的贫瘠中保存精神生活，他们是一群贵族，被流放于时间中的西伯利亚。由此出发，他们在后来的年代成为诗人、顽主和社会栋梁。（张懿翎）

I000303 **你选择的生活** 王芫著。北京十月文艺出版社 2002 年 5 月版。11.4 万字。12.00 元。

都市里司空见惯的塞车事故引发了一场爱情灾难,一条道路的建设终止了一段同居生活。大专毕业的鹿敏儿在写字楼结识了名牌大学毕业生沈光一。两人从相爱到同居,并决定边工作边读书,然后一起出国。共同学习英语,既加深了他们的感情,也使他们不得不陷入真实的生活。最终,他们因经受不住日常生活的考验而分道扬镳。鹿敏儿在事业、恋爱双线溃败的情况下背水一战,从一个根本不会英语且没有学习习惯的人,神奇地变为一架学习的"机器",并终于通过了各种英语考试,留学美国。小说描述了另外几个人物——外企白领、留学生、商人妻子、消磨青春的失业者……他们生活在下述城市新经典场景之中:国贸中心写字楼、新东方英语学校、城市里令人发疯的堵车……

I000304　**玫瑰的翅膀**　张庆国著。北京十月文艺出版社 2002 年 5 月版。11.6 万字。12.00 元。这是一个奇特的爱情故事。几十年来,玫瑰的生活目的是嫁人,她的母亲刘茶花的生活目的是把玫瑰嫁出去。玫瑰和她的母亲忙忙碌碌,信心十足,寻访一个又一个男性公民,坚持等待好男人从天而降,绕了半辈子岁月的圈子,发生了很多爱情事件,生命却狼狈不堪地回到原地。

I000305　**拍案惊奇**　辛保平、邱伟鸣著。山东文艺出版社 2002 年 9 月版。22.2 万字。13.80 元。"今古传奇畅销作品精选丛书"之一。包括《一级恐怖》、《巅峰的枪手》、《疯狂的蟋蟀》3 部作品,分别以不同的故事和场景描写了现实生活中的种种弊端、腐败与狭隘。小说富于传奇性,雅俗共赏,既有艺术的吸引力又具思想的感染力。(侯书良)

I000306　**择校生**　冬阳著。江苏文艺出版社 2002 年 1 月版。18 万字。14.00 元。长篇小说。描写了一批来自不同小学、不同家庭,因为择校而有缘成为同学的初中生。他们放弃了原来就近升学的"差"学校,像过去古人所说的"好鸟择良木而栖"一样择校而来。而这"良木"却不是想栖就能栖的,它不仅要有好的分数,更少不了大笔的择校费。他们在品尝幸运和自豪的同时,也一起感受着痛苦与压力,它来自于学校、老师,更来自于家长。这"良木"是一个激烈的竞技场,择校生们则是这个竞技场上的角斗士,他们拼搏、厮杀,不能停歇,不能言败,直到冲进重点高中、名牌大学。作为本身就是一名初中生的作者,冬阳较真实地反映了当代中学生们的生存状态和心理状态,同时也理性地表现了对全社会普遍关心的择校问题的思考。文笔机智幽默。(王昕宁)

I000307　**非常日记**　徐兆寿著。敦煌文艺出版社 2002 年 7 月版。20 万字。18.60 元。一部以日记体写成的反映校园生活的长篇小说。主人公林风是一位来自北方农村的大学生,勤奋、好学,但自卑、封闭,由于没有建立健康向上的人生观,最终压抑变态,走向悲剧。(刘铁巍)

I000308　**金太阳**　曹利军著。作家出版社 2002 年 5 月版。31 万字。19.00 元。初夏的一个傍晚,在柳城市最繁华的地段——马缨街新世纪大酒店门前,爆发了一场鲜血淋淋的械斗。此后,有人在不经意间跌入了毒品的陷阱,有人在新婚之夜被割掉生殖器……一系列恶性事件撕开了柳城残疾人群体的生活界面,也引发了当地残联负责人乃至市长对残疾人工作的关注与思考……当残疾人经受现实大潮猛烈拍打的时候,残疾与健全,美丽与残酷、自强与堕落的种种内蕴便会在社会的坐标之上对撞出独特的曲线。作家站在人道主义的精神高度,从社会、人生、人性和心理的多重视角,为人们展示了一幅纷繁多彩的现实主义生活画卷。《金太阳》为青年作家曹利军继《红尘手》之后的又一力作。(张玉太)

I000309　**周渔的火车**　北村著。作家出版社 2002 年 4 月版。28.8 万字。23.00 元。小说精品集。收入了北村不同时期最优秀的 8 个中短篇小说:《周渔的火车》、《最后的艺术家》、《陈先和》、《公民凯恩》、《强暴》、《消灭》、《破伤风》和《玛卓的爱情》等。小说大多以爱情为主题,对生命,对爱情具有敏锐而独特的思考,有些小说充满了神秘的艺术色彩。(黎云秀)

I000310　**狗在 1966 年咬谁**　沈乔生著。江苏文艺出版社 2002 年 9 月版。18 万字。18.00 元。小说的背景是 1966 年的上海,一个 15 岁的男孩,资产阶级家庭出身的狗崽子,在当年的恐怖中游戈。两个母亲的爱在争夺他,又在撕裂他,显现了一段真实而又荒诞的生活,唱出了一曲黑色幽默的青春祭歌。和以往反思小说不同的是,作品的锋芒不是指向外部,而是指向主人公内心,在自己身上抓鬼。故事生动有趣,使人在感觉精神痛苦的同时,忍不住捧腹发笑。

I000311　**法网天下**　龙文辉著。湖南文艺出版社 2002 年 4 月版。37.5 万字。27.80 元。当代题材长篇小说。以十分翔实的生活素材、深刻的写实手法,直面社会和人生、直面司法腐败和司法改革。既毫不避讳当前法院审判工作中的痼疾和深层次原因，又时刻闪耀出以法治为主要内容的现代法律精神，依法治国的理念贯穿始终，浩然正气洋溢全书。（陈新文）

I000312 **荒塬** 雷志宏著。敦煌文艺出版社 2002年11月版。32万字。23.60元。描述了一群兰州知青在河西走廊的荒塬上生活的经历及这些知青返城后的遭遇。以历史与现实交错的手法重现了那个特殊年代的生活以及由此引发的深沉的思索。歌颂了那一代人虽经受磨难，但仍以顽强的精神投入生活；歌颂了他们强烈的社会责任感和使命感。（侯军利）

I000313 **浑噩的天堂** 何顿著。江苏文艺出版社 2002年6月版。28万字。19.80元。小说以一个女性的视角展开叙述。王梅是一个生活在社会最底层的小镇女子，母亲病逝，家境贫寒，父女靠扎花圈赚死人钱为生。她的第一任丈夫刘刚是一个小学老师，两人生活贫寒却充满温馨，但不安现状的丈夫当上公务员后便开始拈花惹草，面对丈夫的变心，王梅毅然选择了离婚。但造化弄人，她的第二次婚姻比第一次更糟，第二任丈夫黄小山是个十足的流氓，他通过一次强奸把生米煮成了熟饭，婚后他的流氓本性就暴露无遗，妻子完全成了他发泄性欲的工具。王梅没有向命运低头，她开始勇敢地追求自己的爱情，与农民个体户刘硕良暗结秦晋之好。但落后与愚昧却使刘最终走上了杀妻并沦为死囚的道路，他们的爱情也以悲剧告终。虽然生活的磨难接踵而至，但王梅还是坚强地活着，为了生计，她贩卖淫秽书籍，播放黄色录像，甚至一次次委身小镇权贵。历经磨难，最后终于迎来了她的第三次婚姻，拥有了一份真正的爱情。小说以一个当代社会底层的弱女子为描写对象，通过一个底层弱势女性一生的遭遇，揭示了社会底层人们生活的真实状态，尤其是底层女性的生活状态。王梅的身上既体现了中国女性特有的善良伟大与坚忍，同时又揭示了社会对女性的不公。王梅的悲剧既是性别的悲剧，也是社会的悲剧，王梅作为底层女性的代表，反映了女性这种弱势群体所面临的生活不公的种种可能。小说语言平实，不夸张也不掩饰，通过一幅幅看似毫无诗意的生活画面产生了一种令人震撼的艺术效果。（汪修荣）

I000314 **穿过无尽的流水** 晓航著。北京十月文艺出版社 2002年5月版。16.3万字。15.00元。赵晓川以商人的身份重回电台去当客座主持人，同时与他的朋友们——一帮社会“闲张”开办“那行”文化娱乐公司，誓将娱人娱己的活动进行到底。此时恰逢美女沈青青及电台女主持人陈丹出现，于是他们与她们之间，在美色与利欲之间，在善良与泪水之间，进行了一场场风起云涌的搞笑游戏，最后他们终成正果——那是异常滑稽的结果，也是这个社会异常疯狂的结果……

I000315 **绝对权力** 周梅森著。作家出版社 2002年4月版。33.6万字。22.00元。继《中国制造》、《至高权利》之后周梅森鼎力推出的又一部深刻思索权力监督问题的意义深远的优秀政治小说。市委书记齐全盛创造了镜州改革开放的历史辉煌，也酿成了镜州从未有过的严重腐败。一夜之间，市委两名常委和自己的老婆、女儿同时被省纪委双规。前来查处此案的是齐全盛的“宿敌”—省纪委副书记刘重天。就在这场激烈的政治斗争帷幕拉开之际，一个诡谲阴险的政治阴谋也草灰蛇线隐藏其中，女市长赵芬芳更是将这场政治斗争推向了白热化……独具政治慧眼的周梅森再一次展现了他的政治禀赋，他对绝对权力和递延权力的考问，发人警醒。小说在给读者带来强烈的精神震撼的同时，将一场政治人物之间的“三国演义”写得跌宕起伏，石破天惊。齐全盛、刘重天，赵芬芳等几位堪称时代人物画廊的典型形象，亦带有鲜活的生活气息和时代朝露与读者神会。（懿翎）

I000316 **都市情感标签系列小说** 西岭雪著。北方文艺出版社 2002年1月版。包括《天香》（17万字，12.80元）、《眼儿媚》（16万字，12.80元）、《点绛唇》（19万字，14.80元）3本。《眼儿媚》写了一个当代女子唐艳，期待着一个具有男人气魄的白马王子，救助自己脱离感情与生命的苦海，然而她所恋的唐代武士的魂魄终究是一场虚无，最终她仍是嫁了一个平庸的男人，过起了平常的日子。小说讲述现代女子由对理想男人的期盼到回归现实的感情历程。演绎了现代版的“执子之手，与子偕老”的爱情故事。《点绛唇》中，当那双有力的手，第一次将口红涂上她稚气的唇，她便认定了他为她的一生所爱。然而，爱不只是玫瑰与风月，不只是锦书与燕盟，还有背叛与伤害，还有痛楚与无奈。《天香》、《眼儿媚》、《点绛唇》同样讲述的是发生在当代都市生活中愁肠百转的爱情纠葛；书中的女子，同样的骄傲、独立、自爱，且懂得爱人；同样让读者在有个性的文字中去体味真的爱和真的痛。（徐秀梅）

I000317 **笑而不答** 副名：玄思小说。王蒙著，谢春彦、康笑宇绘图。辽宁教育出版社 2002 年 6 月版。13 万字。16.00 元。收录了我国当代著名文学家、文艺理论家王蒙先生的新作 120 篇。以幽默又鲜活、独到的笔调叙述了主人公在现实生活中诸如：上网、看球、谈天、看病、买新房、丢车等等平常杂事。(王丽君)

I000318 **唐山绝恋** 关仁山、王家惠著。作家出版社 2002 年 1 月版。35 万字。23.00 元。1976 年地震前的唐山，某报社记者周海光与女医生杨文燕相恋，他的好友地震预报专家何亮因暗恋杨文燕而陷入苦恼之中。杨文燕的妹妹舞蹈演员杨文秀不幸被流浪汉黑子强奸，男友靳唐生救出正欲卧轨自杀的她并带回家，他们的婚事遭到市委书记靳东征夫妇的反对。夜里，唐山大地震发生了。值夜班的杨文燕救出了周海光，何亮却因为救文燕而献出了生命。靳唐生与文秀两人被砸在了一起，只能在黑暗中摸到对方的手，爱情激励他们与死神拼搏六天六夜，最后时刻，靳唐生用一把血土塞进自己喉咙，为文秀赢得了生命。杨文燕被煤粉堵住喉咙死去，一场大雨使她奇迹般活下来。失去文燕的周海光在废墟中找到了文秀，终于化解她的误解与怨恨，在何大妈撮合下，组成了一个新家庭。杨文燕归来，三人陷入无边的纠葛与烦恼之中。文秀离开了周海光。文燕也没与周海光走到一起，她正式宣誓做了 SOS 儿童村的妈妈，终身不嫁。这部小说气势恢弘，惊心动魄，情感描写真实细腻，在大灾大难中写出了人性深度，讴歌了人性美和爱情的光辉，是一部“灾难中的爱情绝唱”。(那耘)

I000319 **资本爱情现在时** 洛艺嘉著。北京十月文艺出版社 2002 年 5 月版。18.1 万字。15.00元。周联想，留美归来的洋博士，中国网络首富，年轻有为却目中无人。舒慧，IT 业的名记，成熟貌美，却固执保守。当这样的一对男女相遇时，好奇、吸引、体贴、争执，都在所难免。两个人慢慢磨合，开始了共同的生活。就在这时，周联想突然发现自己爱上了网络小姐大赛中的冠军；而舒慧，也被小小年纪的网络黑客穷追猛打。激情和理智，冒险和责任，现实又一次让他们不知何去何从……

I000320 **流泪的冰淇淋** 叶珺著。天津教育出版社 2002 年 10 月版。18.1 万字。16.80 元。作者从女性的视角，以细腻的笔触，展现了正处于十六七岁的花季女孩的内心世界。反映了她们从青春的迷茫、躁动逐渐走向成熟的过程，是一部洋溢着青春气息的校园文学作品。(匡威)

I000321 **偏岩** 正铭著。四川少年儿童出版社 2002 年 12 月版。21 万字。19.80 元。故事发生在偏岩下始建于 20 世纪 60 年代的军工厂和针织厂。两厂紧邻，许多职工几代人都是两厂联姻。这两家国有大型企业，早些年真是风光无限。而今，军工厂已在半停产的状况下挣扎多年，针织厂濒临破产。下岗职工的家庭面临前所未有的磨难和考验。厂子弟校的学生费小刚和叶娜娜考上大学无力就读。费小刚将助学名额让给娜娜，并婉谢了两家厂职工和家属的捐赠，与两个下了岗的舅舅办起了养殖场。后来，子弟校高中部解散了，针织厂破产了，养殖场也垮了。在接踵而来的打击面前，费小刚和胡明礼、芮兵、毛鑫鑫、王四妹等伙伴走上了人生之路，有的险入歧途。他们走过迷茫，走过困惑，走向希望，走向成熟，用诚信、勤劳和奉献，找到自己的人生坐标。连续的暴雨使偏岩出现滑坡，胡明礼鸣锣报警不慎摔死，他用自己年轻的生命，展示了在逆境中成长起来的年轻人的精神风貌。军工厂因开发民品获得转机，针织厂下岗职工们逐步重新再就业，偏岩下呈现出一派勃勃生机。风雨之后，偏岩傲然屹立。

I000322 **紫泥湖** 荒原著。沈阳出版社 2002 年 8 月版。36 万字。28.00 元。长篇小说《彩虹家园》的第一部，是沈阳市文联合同制作家王滨(笔名荒原)历时五载创作的一部现实主义长篇力作。描写了生活在紫泥湖边的郎姓家族及一方百姓生存的兴衰历史。清朝道光末年，山东登州浅水集上的郎家遗孀因天灾人祸背井离乡，携子渡海至辽东半岛。异地再生的郎家历经几代繁衍，成为紫泥湖边听雨屯中的阔宅大户，凭借当家人的智谋周旋于豪庶之间。甲午战争、日俄战争、日本残民统治、抗日战争、解放战争、土地改革……听雨屯人伴随着历史的变迁，在承受内忧外患的同时，一直在寻找世代传说中的湖底沉宝。九一八事变后，在中共地下党员郝成武的领导下，他们不惜流血牺牲，从日本开拓团手中夺回了紫泥湖，并与山里土匪进行了殊死搏斗，保住了自己赖以生存的家园。他们辛勤耕耘着土地和爱情，创造着生活与民风，让生命之火代代相传。作品通过辽南山村农民家族历经百年光阴繁衍发展的漫长历史，在细致入微的百姓生活描写和淳朴浓厚地域风情的勾勒中，重现了历史演进的时代轨迹和社会发展的坎坷历程。在甲午战争、日俄战争、日本殖民统治、抗日战争、解放战争、土地革命及合作化运动的历史背景下，展开了千丝万缕的人物关系和错

综复杂的矛盾冲突，由此界定了这部作品历史内容的丰富和社会意义的深刻。（王莉）

I000323 **蛐蛐四爷** 林希著。天津古籍出版社2002年1月版。12万字。12.00元。长篇小说。以20世纪30年代的天津为背景，以中国传统文化中斗蛐蛐这样一种民间活动为引子，讲述了一个封建大家族中兄弟手足之间窝里斗的悲惨故事。主人公余元诚从小喜爱蛐蛐，对斗蛐蛐有天生的灵性。他半生为蛐蛐而献身，最终却落得为争得做人的一口气而被自己的母亲剪断一只手指的惨痛下场。小说情节跌宕起伏，津味语言特色鲜明。说到乐处令人忍俊不禁，说到悲处令人扼腕叹息。（孙青）

I000324 **街谣** 黄国荣著。作家出版社2002年10月1版。41万字。25.00元。莫望山、闻心源、沙一天，三个原在同一村插队的知青，15年后命运让他们又走进同一个城市。图书出版发行业这个古老而新兴的行业，充满诱惑、机遇和陷阱，弄潮儿、淘金者良莠混杂、泥沙俱下，智慧与狡诈，良知与私欲、公正与邪恶的较量搏杀，演出了一幕幕人间喜剧与悲剧。坚韧不屈、不向命运低头的莫望山；睿智清高、书生气十足的闻心源；见利忘义、善于钻营的沙一天；性格的左右和伴侣的推波助澜，注定他们走出不同的人生轨迹。作品并作简单地对近二十年书业界改革作出肯定或否定，而是理智而卓有见地揭示其内在规律，笔墨倾注于人与命运的抗争，展示其人性与生命的价值，可说是一部全新视角、全新内容的书业创业史。作品故事新鲜独特，情节起伏跌宕，语言纯朴幽默，人物个性鲜明，不失为一部原创佳作。（王宝生）

I000325 **游戏法** 刁斗著。江苏文艺出版社2002年5月版。17万字。13.90元。长篇小说。小说主人公沈阳是一名不满于婚姻羁绊的富商之子。在与前妻青青分手后，偶遇雯雯，相恋一段时日后，沈阳因生活方式以及过去玩世不恭而遭到雯雯的背弃，这促使沈阳的内心发生了裂变，开始了他的游戏人生：网上猎艳、篡改交通指示牌、夜闯过去上司的办公室、在公司开业仪式上搅局、捉弄与他有关甚至无关的人……最后，与他一起展开“世纪之玩”的“合作者”们也离开了他，他重新成为孤家寡人。这个貌似“好玩”并颇具戏剧性的故事，只是一个“表壳”，读者可以看到生存状态、意识形态等对日常生活各个方面的渗透。虽然这部小说有个世俗的“表壳”，却并没有给一般读者带来期望的阅读快感，而是让读者阅读后感到心理上不舒服。这正是作者希望达到的创作境界，他认为：好的小说应当像挂满的绒毛一样使人不安，却又能触及人的灵魂。（王昕宁）

I000326 **蓝楼** 薛宝新著。山东文艺出版社2002年6月版。26.4万字。18.00元。一部描述20世纪80年代以后城市里一群青年男女的人生轨迹的小说。作品从戈列夫由工厂进机关开始，描写了他和几位朋友追求知识、追求文化、追求真正的爱情，所走过的艰难曲折的奋斗历程。戈列夫与梦海伦的爱，真挚而凄婉；罗姬对戈列夫的宽容和理解，令人称许……总之，这些有文化、有修养，也有生活趣味的年轻人，为读者演绎了一派都市风情。（姚焕吉）

I000327 **遥远的北方** 程树榛著。作家出版社2002年9月版。40万字。28.00元。一部反映20世纪60年代“文革”前夕工业战线生活的长篇小说。作者站在时代和历史的高度，以波澜壮阔的构思和传神娴熟的笔触，以研制填补我国空白的尖端产品为背景，描绘了年轻的技术人员之间的感情纠葛、情感历程、真切动人地抒写了他们的理想抱负和多舛的命运。小说不仅深刻地揭示了当时党内和社会上所存在的诸多深层次、难以定性的矛盾，还将这些矛盾带给知识分子事业的重创以及他们情感、家庭和凄美的爱情悲剧写得挚深感人。此书揭示了那段特定历史的真实面目，并将那段“空白”的历史记录呈现给了今天的现实。（懿翎）

I000328 **管得着吗你** 毛颖著。华夏出版社2002年1月版。25万字。18.00元。动荡的年月，在风暴的中心北京，活跃着数不清的大小“佛爷”（偷儿）。主人公“我”坠入黑道，歧路蒙尘，但聪明伶俐中仍不泯良善的本性。在一次“行动”中，他邂逅了美丽而充满野性的“叶大姑娘”，情窦初绽，一发不止，生活重心由此改变。“叶大姑娘”带给他另一个天地。不料，黑道上醋海扬波，血腥殴斗一茬一茬，从南城到北城，“我”周旋在几股水火不容的势力中，凶险横生，夺人魂魄，情义无价也难保……“叶大姑娘”风尘漂泊，小弟枫子带给她的欢愉，远胜过为她火拼的那几个“顽主”。她虽然几乎可以掌控京都“佛爷”，但最终也只得夺路逃生。枫子的一次传奇义举，使二人天河路绝。二人开始了绵绵的苦寻……（高苏）

I000329 **激情燃烧的岁月** 石钟山著。华夏出版社2002年10月版。20万字。18.00元。包含了电视剧《激情燃烧的岁月》赖以改编的全部中篇小说《父亲进城》、《父母离婚记》、《父亲离休》、《父亲和他的警卫员》等。书前附有彩色剧照12幅，书末附有中篇小说《幸福像花样灿烂》。小说生动形象地塑造了老一辈革命军人石光荣的形象，第一次深入地描写了特定时代特定人群的爱情生活。与电视剧相比，小说表现出来的生活更为复杂，父亲在命运面前的无力感更深入，母亲爱情上的无奈更丰富。（倪友魁）

I000330 **擦肩而过** 鲁书潮、王丽萍著。安徽文艺出版社 2002年6月版。28万字。20.00元。一部现代都市情感小说，根据同名电视连续剧创作。小说通过平佳和林天南的情感纠葛以及平、林两家的日常生活，透视了改革开放时代当下都市人生活的原生态，揭示出商品经济大潮下人们在情感、事业、亲情、就业等方面的选择，大角度覆盖了不同的都市人群，表现出当代都市人心灵的真实处境，倡导正直、善良、诚信的人格，执着、坚韧的事业追求和风雨共渡、关爱他人的人生情怀。小说情节跌宕，扣人心弦，悬念叠出，富于人生启迪。（岑杰）

I000331 **小说风景线丛书** 陈众议等著。花山文艺出版社 2002年4月版。共7本。包括陈众议著《风醉月迷》(26.8万字，20.00元)；周洁茹著《小妖的网》(21.4万字，18.00元)；魏微著《流年》(17.2万字，15.00元)；王坤红著《情感练习》(19.6万字，16.00元)；海男著《与染有关》(17万字，14.00元)；余国华著《不流血的战争》(110.4万字，80.00元)；扬帆著《国风》(27.7万字，28.00元)。这些作品全方位地描绘当代社会生活的方方面面，像一组大型的命运变奏曲，或舒缓，或激越，或深沉阔大，或细腻入微，多个主题，多个声部，共同唱尽了人间的悲欢离合、世情百态；以它的奇崛的构思，独特的视角切入、语言个性和意象场景安排以及出人意表的表现领域结结实实地展示了新世纪伊始中国小说创作的实绩与魅力。（侯福河）

I000332 **今生今世爱情小说丛书** 张欣等著。花山文艺出版社 2002年10月版。共6本。包括张欣著《缠绵之旅》(21.5万字，15.00元)、王晓玉著《水清和她的男人们》(24.9万字，17.00元)、刘敏著《你让我有了爱的感觉》(23.8万字，16.00元)、黄蓓佳著《危险游戏》(26.5万字，18.00元)、赵凝著《美丽深渊》(23万字，16.00元)、周洁茹著《梅血梅兰我爱你》(16.9万字，12.00元)。作家们以柔美的语言，娓娓叙述着一个个不了的情缘，她们或以真情流露、或以娓婉动情的写作手段，讲述着一个个或幸福、或坎坷、或平实、或浪漫、或真挚、或深情、或长久、或短暂、或坚强、或脆弱、或刻骨铭心、或凄凄婉婉的爱情故事。（刘桂欣）

I000333 **方圆丛书·女性犯罪系列** 阿金等著。花山文艺出版社 2002年10月版。共5种。包括阿金著《洗钱魔女》(35.2万字，15.00元)、魏秋星著《天堂之约》(35.1万字，24.00元)、刘冬立著《危情时刻》(27.1万字，19.00元)、乔桑著《风雨玫瑰》(28.1万字，20.00元)、薛勇著《恩怨朝阳》(28.4万字，20.00元)。作品从多个角度和侧面，以女性在当前社会条件下的生存现状、内心世界、喜好奢望、精神追求、价值观念等视角，截取生活某一层面，以栩栩如生、鲜活异常的人物形象，生动紧张、跌宕起伏的情节，真情道白、舒缓有致的笔调，深刻揭示了女性走向犯罪的心路里程。（刘斌武）

I000334 **新绿丛书** 张永生、郭兴等著。宁夏人民出版社 2002年10月版。152万字(6本)万字。120.00元(6本)。含6部长篇小说。其中有3部是以农村题材为主线——《底色》、《碾盘井纪实》、《危岸》。《危岸》是作者郭兴的遗作，作者在得知自己不久于人世的情况下，夜以继日地写作，终于在临终前完成了他的作品。另外3部，《城市的荒凉》向读者展现了现代城市生活的婚姻、家庭关系；《女性烟火》演绎的故事表现了当代青年人对人生观、价值观和对生命及生存质量的思考；《人事风波》则对社会热点问题进行了思考。（杨旭红）

I000335 **酷企鹅丛书** 饶雪漫等著。安徽文艺出版社 2002年4月版。24万字。28.40元。分为4册，即《QQ兄妹》(饶雪漫著)、《蝴蝶落在流泪手心》(伍美珍著)、《刻着名字的夏天》(赵蔚华著)、《少女楼兰》(陈曙光著)。皆为生动有趣、各具特色的青春小说，全面展示校园原生态生活、关注都市少年成长的种种细节，具有明确的青春特质和浓郁的校园气息。（马晓芳）

I000336 **亡命江湖** 谈歌、黄嘉德、陈祖基著。山东文艺出版社 2002年9月版。20.6万字。12.60元。“今古传奇畅销作品精选丛书”之一。包括《逍遥楼》、《洪七爷与神叉周》、《江南八大剑客》3部作品，描写了古今多位慷慨悲歌之士，写的是英雄，文字也充满了阳刚之气。情节紧张，悬念跌起，写出了江湖枭雄可悲可叹的悲剧命运。（林蕙）

I000337 **白衣飘飘的年代：有多少青春可以重来** 苏德等著。中国少年儿童出版社 2002年8月版。30万字。19.80元。中国当代短篇小说作品集。历届新概念作文大赛获奖者新小说集。玉女本。选入12位女孩子的文章。她们是第一、二届新概念作文大赛一、二等奖得主，以及著名网络写手、少年作家。在每篇作品前面，首先由每位作者进行自述，写自己的喜好和感想等，接着是作协专家对作者文学综合素质、语言能力、思想深度、纯情指数的点评，以及对作者综合素养的评价。每篇作品的后面还有专家对本篇作品的评语。作品中表达了年轻的作者们所有的美好理念和愿望，她们期盼、讴歌纯真、忠诚的友谊和爱情，她们尖刻、蛮不在乎的调侃所有看不顺眼的事情。以机智、幽默的语言全方位地张扬着鲜明的个性。（陈斌）

I000338 **我曾经是那样的企盼：有多少青春可以重来** 刘嘉俊等著。中国少年儿童出版社2002年8月版。30万字。19.80元。中国当代短篇小说作品集。历届新概念作文大赛获奖者新小说集。金童本。选入12位男孩子的作品。他们是四届新概念作文大赛中一二等奖得主，著名的少年作家。每一位作者在其作品的前面都写有一段随笔，后面是作协专家的点评，包括文学综合素质，语言能力，思想深度，可读性，以及一句简单的、对作者文学素养的综合评语，在每一篇作品的后面除了对作品进行补充说明的后记或补记外，还有专家对本篇作品的点评。这些年轻的作者个性鲜明，现代而自我意识强烈，头脑清醒，但对人生感到忧虑，他们对事物的描述，常常语出惊人。这是思想解放的一代，他们比前辈活得更真诚、更自由，他们自称是后纯真的一代。他们的作品极富时代感。（陈斌）

I000339 **夜游图书馆** 李洱著。浙江文艺出版社2002年9月版。20.9万字。17.00元。收录10篇短篇小说，包括《夜游图书馆》、《悬浮》、《喑哑的声音》、《威胁》、《黝亮》、《午后的诗学》、《抒情时代》、《白色的乌鸦》、《上花轿》、《加歇医生》。这些小说以"知识分子的日常生活"为主题，表现一个时代的宏大叙事和世俗生活之中琐碎的日常表象如何在人文知识分子身上相互遭遇，自始至终是一种漫不经心和无奈的叙述风格，而这也正是当今许多人文知识分子典型的文化姿态。作者是60年代出生的作家群中的一位，他的这些作品有着浓厚的时代气息，是面对"现在"写作的一次成果，阐释着当代生活，真实而又精彩，感伤而又无奈。（朱怡钒）

I000340 **重现的镜子** 刁斗著。浙江文艺出版社2002年9月版。21万字。17.00元。收录7篇短篇小说，包括《罪》、《重现的镜子》、《看不见风景的房间》、《人类曾经有多少种性别》、《去天堂的路有多远》、《古典爱情》、《捕蝉》。这些小说以"日常处境中人的精神问题"为主题，从那些人生或情感的细微和不经意处入手，触摸现代人生存的创痛和精神的困惑，描绘出现代人真正的"生存版图"。作者是60年代出生的作家群中的一位，他的这些作品有着浓厚的时代气息，是面对"现在"写作的一次成果，阐释着当代生活，真实而又精彩，感伤而又无奈。（朱怡钒）

I000341 **操场** 毕飞宇著。浙江文艺出版社2002年9月版。17万字。14.00元。收录7篇短篇小说，包括《白夜》、《玉秧》、《家里乱了》、《唱西皮二簧的一朵》、《好的故事》、《大热天》、《写字》。这些小说以人性为主题，取材于人生的某种特别敏感的，最关乎人性、人心、人情的事件、阶段或状态，在不温不躁的语言叙述中，让我们感受到一种令人怦然心动的美。作者是60年代出生的作家群中的一位，他的这些作品有着浓厚的时代气息，是面对"现在"写作的一次成果，阐释着当代生活，真实而又精彩，感伤而又无奈。（朱怡钒）

I000342 **长翅膀的绵羊** 妞妞著。海天出版社2002年7月版。22万字。25.00元。一个16岁的女孩留学英国的故事。反映了这一代年轻人的成长、苦恼和困惑。（周海彦）

I000343 **为新中国而战** 袁德金、陈培军、任振杰编。湖北少年儿童出版社2002年9月版。38.4万字。37.50元。包括《辽沈战役的故事》、《淮海战役的故事》、《平津战役的故事》、《解放大西南的故事》、《抗美援朝的故事》5本。每本书中，有惊心动魄的战争场面，血与火演绎的战斗故事，军民的鱼水深情；有"塔山英雄团"、"窑湾战斗第一大功连"、"黄草岭英雄连"等英雄群体可歌可泣的事迹；有梁士英、黄继光、邱少云、罗盛教等英雄人物的平凡与伟大。丛书以小故事的形式，深入浅出地介绍了各大战役的前因后果、战争进程、双方战争谋略。（王钊）

I000344 **心情急转弯** 林木编。湖南文艺出版社2002年7月版。18万字。14.50元。故事集。"智慧氧吧丛书"之一。共撰写140个故事。分3辑：一、心的力量；二、情里乾坤；三、勿忘我。所撰写的故事多选材于财经领域，涉及古今中外，重点是现当代中外财经题材。每篇故事均配有趣味插图并附有不同形式的心情文字，如"幽默双解"、"貂尾续狗"等。（曾昭来）

I000345　**世界名片**　副名:各国货币上的动物故事。谷丰、天乐著。长虹出版社 2002 年 8 月版。29 万字。22.00 元。纪实文学。主要介绍各国货币上的动物的故事。它以货币为载体,以动物为主线,联带出世界各国的政治、经济、地理、历史、文化等方面的知识。上了货币上的动物都不是一般的动物,有的是国宝,有的是宠物,有的是珍稀物种,该书以此为切入点,呈现出了鲜明的特点:1.透视了世界各国对动物、对自然的热爱和保护,从而折射出这个国家的思想道德水平。2.充满了对动物保护和绿色环保的主体意识,唤起人们要热爱大自然、保护大自然。尤其要保护好这些国宝和世界生物遗产。3.通过货币了解这个国家的文明程度和政治制度。(田红战)

I000346　**阳光里的金钩**　林林编。湖南文艺出版社 2002 年 7 月版。18.3 万字。15.00 元。故事集。"智慧氧吧丛书"之一。共撰写 143 个故事。分 3 辑:一、跨越障碍;二、嘴上功夫;三、隐形金钩。所撰写的故事选材于营销领域,涉及古今中外,重点是现当代中外经典营销题材。每篇故事均配有趣味插图并附有不同形式的心情文字,如"幽默双解"、"貂尾续狗"等等。(曾昭来)

I000347　**听几米唱歌**　几米绘著。生活·读书·新知三联书店 2002 年 4 月版。0.6 万字。25.00元。收录了 1998—1999 年几米在《自由时报》花编心闻专栏的作品。几米用清新的画风、幽默的笔调唱出他对人生的体验、对社会的观察。本书是卡片式图画的结集,每一幅画都配有机警、幽默的小文字,充分描绘都市生活中的各种情绪。(张志军)

I000348　**匪夷所思**　林森编。湖南文艺出版社 2002 年 7 月版。18.8 万字。15.50 元。故事集。"智慧氧吧丛书"之一。共撰写 147 个故事。分 4 辑:一、飞马踏燕;二、超越已有;三、开路先锋;四、有无相生。所撰写的故事取材于科技与财经领域,涉及古今中外,重点是现当代题材。每篇故事均配有趣味插图并附有不同形式的心情文字,如"幽默双解"、"貂尾续狗"等等。(曾昭来)

I000349　**虚掩的财门**　木木编。湖南文艺出版社 2002 年 7 月版。18.5 万字。15.00 元。故事集。"智慧氧吧丛书"之一。共撰写 142 个故事。分 3 辑:一、财富必由之路;二、享受财富;三、财富是什么。所撰写的故事取材于财富领域,涉及古今中外,重点是现当代中外题材。每篇故事均配有趣味插图并附有不同形式的心情文字,如"幽默双解"、"貂尾续狗"等等。(曾昭来)

I000350　**精彩故事丛书**　马成龙等主编。河北少年儿童出版社 2002 年 5 月版。120 万字。50.80元。包括《故事宝盒——精彩诗词故事》、《故事城堡——精彩小说故事》、《故事列车——精彩名人故事》、《故事罐子——精彩成语故事》4 本。诗词故事编写了自唐代以来跟著名诗词有关的作者生活、诗词写作背景、诗词内容含义等有益有趣的故事 139 则;小说故事选取了古典名著《西游记》、《水浒传》、《红楼梦》、《三国演义》等 6 部小说中的精彩片断,分别编写了 80 个故事;名人故事编入了自古至今中国历史上著名的政治家、军事家、科学家、文学家、教育家、革命家 31 位及与他们的各方面有关故事 128 则;成语故事编入了常见常用、有益有趣的成语故事 400 则,分别以故事的形式通俗易懂地讲了成语典故的来由和内容。(李远杰)

报告文学

I000351　**中东风云人物**　时延春著。世界知识出版社 2002 年 12 月版。28 万字。24.00 元。作者从事中东地区工作近 40 年,在该地区常驻 1/4 世纪,掌握了大量第一手材料。本书以纪实文学的形式向读者介绍几位备受关注的中东风云人物,其中有"不死鸟"阿拉法特、接连撞击热点问题的萨达姆、传奇人物卡扎菲、雄才大略的穆巴拉克、中东雄狮阿萨德、执政近半个世纪的侯赛因国王、统一也门的萨利赫、遐迩闻名的沙特王室家族,还有以色列鹰派人物沙龙。书中这些人物既具鲜明个性,又具传奇色彩。他们的立体形象既反映了他们的成长道路、历史背景、主要活动、政治主张和经历的重大事件,也反映了他们作为重要历史人物对自己的国家、所在地区及国际社会所产生的影响。通过对他们的描写也折射出中东地区的战略地位、悠久历史、灿烂文化、丰富资源和热点冲突缘由,勾画出当今国际政治舞台上中东画卷的轮廓。(范景峰)

I000352　**中国东北角**　郑加真、杨荣秋著。黑龙江人民出版社 2002 年 10 月版。88.2 万字。60.00元。记述了半个世纪来北大荒翻天覆地的变化,特别是各路垦荒大军、三代北大荒人用可歌可泣的共同奋斗凝聚起来的北大荒精神。大荒魂实际上就是党魂、国魂、民族魂!那些垦荒战士不愧是忠诚的无产阶级战士,他们发扬我党我军艰苦奋斗、无私奉献、开拓进取的优良革命传统,为我国的社会主义革命和社会主义建设立下了不可磨灭的功勋。(刘

恺汐）

I000353 **中国有座鲁亚监狱** 王光明、姜良纲著。作家出版社 2002 年 9 月版。16 万字。20.00 元。长篇报告文学，一部全面反映新时期监狱面貌的力作，为读者揭开了中国现代监狱的神秘面纱。真实生动地描写了鲁亚监狱全体干警职工在以监狱长曹务顺为首的领导班子带领下艰苦奋斗的感人故事。书中主要记叙了鲁亚监狱的干警们在监管改造工作中，严格执行管理规范，同时坚持法德结合、文明改造，对罪犯动之以情、晓之以理，充分发挥地处孔孟之乡的地域优势，利用优秀的传统文化对罪犯强化基本伦理教育，设立亲情电话、亲情餐厅、亲情家访等教育方式，从犯人的心理入手进行思想情感教育，塑造罪犯健康的人情观，以及探索推行服刑人员短期生活保险等。全方位多角度地反映了一座现代化监狱的全貌。（黎云秀）

I000354 **中国往事** 王立新著。昆仑出版社 2002 年 1 月版。39 万字。26.50 元。报告文学。开滦煤矿历经百年沧桑，至今仍是国家大型企业，作为中国工业化和现代化进程的活标本，一场长达数十年的产权诉讼，经由清朝、北洋、日伪，直至 1986 年才由邓小平与撒切尔夫人解决。这是一个围绕中国第一次开放却遭受屈辱的故事，也是关于中国民族工业及其命运的故事。（陈京蕾）

I000355 **公仆的楷模龙清秀** 国家计委政策法规司编。中国计划出版社 2002 年 3 月版。13.5 万字。15.00 元。收入了人事部、国家计委关于向模范公务员龙清秀同志学习的有关文件，龙清秀先进事迹报告会报告材料、新闻媒体对龙清秀同志先进事迹的评论和报道，从各个侧面展示了龙清秀同志平凡而伟大的一生。（何欣）

I000356 **文学大师的故事** 黄宝生著。解放军文艺出版社 2002 年 5 月版。35 万字。28.00 元。报告文学。收录了海明威、萨特、劳伦斯、马尔克斯、川端康成等 60 多位外国著名文学家的故事，包括成长经历、生活趣事、性格特点、文思情趣等，不仅有助于读者了解这些作家，也有助于阅读世界文学大师的作品。（陈京蕾）

I000357 **邓小平八次南巡纪实** 董怀平。解放军文艺出版社 2002 年 1 月版。20 万字。21.00 元。纪实文学。分 8 卷记述了邓小平同志在 4 个历史时期的 8 次南巡：复出前对革命老区的视察，表现了邓小平同志忧国忧民、艰苦朴素的优秀品质；改革初期的视察，他以实事求是的科学态度加快了经济的发展；80 年代中期对特区的视察，使人们打消顾虑、大胆探索；90 年代初到上海深圳的考察则抓住了机遇、深化了改革，直接迎来了中国改革开放的又一个春天。（陈京蕾）

I000358 **世纪警钟** 于波著。解放军文艺出版社 2002 年 1 月版。196 万字。120.00 元。纪实文学。一部全景式、多视角描述第二次世界大战的纪实文学作品，分为《东方卷》和《西方卷》两部。作品真实生动地叙述了第二次世界大战的整个进程，内容丰富翔实，文笔流畅，可读性强。该书致力于展示“二战”恢宏的战争画面，从西方到东方、从战争爆发到“二战”结束，对欧洲、北非、太平洋、中国等战场上的各个重大战役，都做了全面客观的描写和评析，尤其是针对西方一些研究“二战”史的学者忽略中国战场，或评价有失偏颇的弊病，再现了世界人民特别是中华民族不屈不挠的反法西斯斗争的伟大功绩，对中国共产党领导抗日战争的史实也做了补遗的工作。该书注意吸收有关“二战”的最新研究成果，作者在经过充分准备后，以严肃认真的态度写史，并且用军人的体验表现出人类对战争与和平的思辨，在强烈的忧患意识中洋溢对人类前途命运的关注。（陈京蕾）

I000359 **生命极地——走近精神病人** 王汝编著。中国友谊出版公司 2002 年 5 月版。21.5 万字。24.00 元。一部反映精神病人生活内容的书籍，作者经多年采访调查研究，才得以完成。这本调查手记主要反映被调查人从事业顶峰沦为精神病人其间一系列心理动态的变化，走近他们，重述他们人生际遇的转变，从而揭示出人如何在理想与现实中奋斗，又将怎样从名利中的失败中再次成功的道理。（张美丽）

I000360 **冯玉祥自传** 冯玉祥著。解放军文艺出版社 2002 年 1 月版。94.3 万字。63.00 元。纪实文学。冯玉祥将军（1882—1948），身经两朝（清、民国）数代（光绪、宣统直至蒋介石），历尽沧桑，饱尝忧患，毕生追求光明和进步，是中国近代和现代史上有重大影响的著名军事家、政治家和杰出的爱国主义者、坚强的民主斗士。该书包括《我的生活》、《我的抗战生活》和《我所认识的蒋介石》三部，是其“为人所不敢为，说人所不敢说”之人格魅力的真实写照。《我的生活》是冯玉祥将军 1930 年以前生平事迹的忠实记录，以第一人称讲述了冯玉祥将军从出生、到弱冠从军、滦州起义、兴兵讨袁、力挫张勋，驱逐清帝，直至誓师北伐的全过程，真实反映了冯玉祥将军从一个贫苦百姓的儿子，成长为赫赫有名的战将的艰苦磨难的心路历程，批判了旧中国政治黑暗、经济衰败、官场腐败、民不聊生和军事脆弱的种种弊病，再现了冯玉祥刚直不阿、嫉恶如仇、忧国忧民的无畏精神和人格魅力，《我的抗战生活》是冯玉祥将军口述、由其秘书笔录而成的。1937年抗战伊始，冯玉祥将军抱着共赴国难的愿望，奔走各地，呼吁国共合作，共同抗日，他既亲临前线作战，又巡视督察军训，向百姓宣传救亡道理，广泛发动救国运动。他深知士兵生活和民间疾苦，痛斥亲日派投降卖国罪行，“屹然成为抗战的中流砥柱”。《我所认识的蒋介石》是冯玉祥将军在美国口述、由其夫人李德全笔录成书的。1928年冯玉祥与蒋介石换帖结盟、拜为兄弟，开始了20年的合作关系和私人交往，过从甚密，交往之久，非一般人能及。故冯玉祥对蒋介石的了解可谓入骨三分，具有无可置疑的权威性。本书以大量的事实，讲述了蒋、冯之间关系的发生、发展和变化，揭露了蒋介石的真实面目。(陈京蕾)

I000361　**写字也流行**　阿琪著。北京出版社2002年5月版。17.3万字。15.00元。李碧华、张小娴、刘墉、林清玄、张曼娟、蔡智恒、虹影、余华、阿来、皮皮、二月河、迟子建、石康、邱华栋等28位作家由资深记者阿琪细致访来，一些不为人知的趣事、家事、情事如话家常般娓娓道来，再加上生动的照片、清新的装帧，能让你零距离感受他们最具亲和力的微笑。

I000362　**加拿大生存报告**　侯明清著。中国财政经济出版社2002年4月版。13万字。23.00元。长篇纪实作品。作者针对中国大陆人移民加拿大这一热点问题作了较全面的介绍。作者通过自己一家人移民温哥华的亲身经历，对中国大陆新移民的采访和深入加拿大社会各阶层的调查，列举了许多人物事例，同时配以准确的加拿大官方统计数字和文字资料，从多方面对近些年来中国大陆移民加拿大的精英们在温哥华的生活状况进行了深度报道和分析。(李冰)

I000363　**发兵制水**　咏慷著。解放军出版社2002年11月版。25.5万字。20.00元。军旅作家咏慷的一部长篇报告文学新作。它以生动的笔触和充沛的激情，全景式地展现了我国水电部队诞生、发展以及壮大的历程，描绘了水电部队官兵几十年来投身国家水电建设事业，参与西部开发，奋战于三峡世纪工程的卓功殊勋，同时也折射出新中国水电事业的发展历程与辉煌成就。作品视野开阔，生活内蕴丰实，着力刻画了一批艰苦奋斗、无私奉献、勇攀科技高峰的人民子弟兵的鲜活形象。(董玉华)

I000364　**决战朝鲜**　李峰著。长江文艺出版社2002年7月版。42万字。25.00元。长篇军事纪实文学。全景式地再现了抗美援朝的全过程，使读者能在占有全新资料的基础上了解抗美援朝的全貌。尤其是令人信服地再现了我志愿军越战越强的历史真实，并以此告诉读者：正是朝鲜战争为我国赢得了进行和平建设的环境，奠定了中国走上国家与民族复兴之路的坚实基础。(韩敏)

I000365　**好人周光裕**　副名：一个普通工人平凡生活的报告。张茂龙著。江苏文艺出版社2002年4月版。16万字。16.00元。报告文学。周光裕是南京钨钼材料厂的一名下岗工人。2001年11月12日下午路遇三名歹徒抢劫一名妇女财物，他见义勇为，挺身而出，与歹徒英勇搏斗，不幸壮烈牺牲，用鲜血和生命谱写了一曲下岗工人的正气之歌。江苏作协报告文学作家张茂龙沿着周光裕的生活足迹实地采访写成此书，书中着重突出了周光裕在极普通和平凡的生活中体现出的中国人民勤劳勇敢的民族品格，体现了中国工人阶级无私无畏的革命本质。通过周光裕的先进事迹和思想品德，体现了平凡与伟大的统一。(钱兴奇)

I000366　**红水河传**　高艳华、施杰锋著。漓江出版社2002年11月版。39.1万字。38.00元。反映红水河水电开发的长篇报告文学。反映了半个世纪以来，广大水电建设者浴血奋战，改造红水河的艰辛进程。叙述了一代又一代的仁人志士为红水河历史沉淀增添了无限的悲壮，叙述了新中国的诞生带来红水河建设的生机。她用现代的视觉艺术地再现了历史画面和现代画面，具有很强的艺术感染力，笔触凝练，结构跌宕起伏。全书如英雄史诗般壮阔。(漓江出版社总编室)

I000367　**我的高考故事**　河图、王雁若主编。北京科学技术出版社2002年3月版。17.9万字。18.00元。由8位清华、北大在校生撰写的个人高考经历，作者以流畅的文笔记录了自己难忘的高考经历，真实再现了他们那段寻梦岁月的心路历程，字里行间都流露着他们的真情实感及刻骨铭心的拼搏之路。本书的作者都是高考中的优胜者，他们曾经是优秀的高中生，他们的高三经历虽各不相同，其中几多感慨、几多无奈，几多惊喜，几多苦涩，但文章中却流露出对“高三”的怀念。(卢小林)

I000368　**拓荒人**　曲晓平、陈玉谦著。北方文艺出版社 2002 年 7 月版。25 万字。18.00 元。讲述了一个山东移民村的真实故事，通过付华廷带领兴十四村人搞农业产业化的艰难历程，非常具体地表现出农村企业集团化之后的资产重组、引进高科技、高级管理人才运作中，所产生故事的神奇魅力和付华廷人格展现的震撼力，使这部直面人生现实主义的作品具有了真实、深刻、大气、厚重的思想性和艺术冲击力与震撼力。为广大农村迅速更新观念，调整他们实现自己产业化提供了真实的参照。通过兴十四村的历史巨变，盛赞了中国改革开放所取得的辉煌成就；展示了"三个代表"的忠实实践者付华廷的光彩人生。树立了黑龙江省农村实践"三个代表"的先进典型。长期以来，付华廷和兴十四村党总支以邓小平理论和江泽民"三个代表"重要思想为指导，解放思想，开拓进取，牢记宗旨，执政为民，无私奉献，树立了新时期共产党人的良好形象。他领导群众把一个资源匮乏、交通闭塞、基础薄弱的穷村，建设成拥有 8.7 亿元总资产、33 家企业、以农副产品就地转化的农业产业化新村。在创业的艰苦奋斗中，付华廷和村党总支的每个成员率先垂范、忘我工作、严于律己、清正廉洁、长年超负荷工作，突出体现了党员干部为了党和人民的利益殚精竭虑、甘于奉献的崇高情操，体现了新时期农村基层党组织和党员干部与时俱进、开拓发展的时代精神。揭示了新世纪黑龙江人艰苦奋斗、勇于进取的精神风貌。《拓荒人》不仅是一部弘扬兴十四村人艰苦创业的拓荒史，而且也是一部独具黑土地特色的文学作品，有一种时代的博大情怀和阳刚之气。这种独特的黑土地文化构成，使作品形成了别具一格的文化特色。在表现社会潮流、时代精神的进程中，始终高奏出响亮的声音。（梁春芳）

I000369 **范匡夫之路** 廉声、张廷竹著。浙江文艺出版社 2002 年 6 月版。20.8 万字。17.00 元。报告文学。忠实地记录了和平年代里一个军人——范匡夫的成长足迹。范匡夫 1945 年生于一个普通农民的家庭，聪明又刻苦，但却意外地在高考中落榜，于是返乡当农民。他助人为乐，嫉恶如仇，敢怒也敢言，天性中有一份善良，还有一份刚毅。1965 年入伍，范匡夫的生命之舟从这里启航，一路阳光，三十多年的军旅生涯，无论作战士、当干部，也无论在战地当记者，或是在物欲横流的商品经济时代里做领导，都无愧于优秀共产党员的光荣称号，清正廉洁，一身正气，被认为是军队学习"三个代表"的代表人物。书中有些章节写得很有感染力，比如"高考落榜"、"恋爱婚姻"、"战地记者"、"军中伯乐"等等。（朱怡钒）

I000370 **金日成与张蔚华** 吕明辉著。世界知识出版社 2002 年 4 月版。37 万字。25.00 元。20 世纪 20 年代，朝鲜的热血青年金日成辗转来到中国东北抚松小县城求学，与家境殷实的中国青年张蔚华结为同窗知己。共同的志向使他们投身于抗日救国的洪流，并在凶险的斗争中结下患难之交。叛徒向日寇出卖了张蔚华，并企图以张蔚华为诱饵，诱捕金日成。张蔚华毅然决然地服毒自尽，使敌人的阴谋彻底落空。重情义的金日成主席一直牵挂着为己献身的张蔚华的遗属，经多年苦寻终于找到了烈士的后代，并盛情邀请他们多次访问朝鲜，以国宾相待，留下催人泪下的中朝人民生死友谊的佳话。（范景峰）

I000371 **根本利益** 何建明著。作家出版社 2002 年 7 月 1 版。16 万字。20.00 元。讲述的是山西运城纪委副书记梁雨润忠实实践"三个代表"，为民办事的故事，作品抓住了现实问题中的农民生存状态和一名共产党干部如何为民执政的情怀，切入点具有鲜明的时代性、现实性，在表现手法上的真情、真实、真诚和贴近社会、关注农民等特点，典型性和艺术性的统一，都是本书能够打动读者的地方，同时由于它抓住的主题重大，关注点正是党和国家现实中面临的深刻现实问题，因而它产生了强烈艺术魅力。（何建明）

I000372 **留住张学良** 赵杰著。辽宁人民出版社 2002 年 9 月版。23 万字。21.80 元。详细介绍了曾创造世纪壮举的张学良先生在长期幽禁台湾，被解禁后去美国访问、定居的有关内幕。作者亲赴海外采访了张学良及其子女、重要历史见证人及知情者，探究了张学良的心路历程，澄清了张学良终究未能返回祖国大陆的真实原因。对研究张学良生平、晚年生活等一些重要事件均有全新的材料，是国内记录张学良离开台湾后仅有的一部纪实性图书，极具史料价值。书中配有大量照片，均为第一次发表。（于虹）

I000373 **解放军文艺出版社纪实文学精品书系** 顾保孜等著。解放军文艺出版社 2002 年 6 月版。212 万字。180.00 元。包括《红墙里的瞬间》（顾保孜著）、《毛泽东、周恩来与李宗仁握手》（陈敦德著）、《毛泽东、尼克松在 1972》（陈敦德著）、《国防部长浮沉记》（马泰良、马铬、佩璞著）、《毛泽东与蒋介石》（陈敦德著）、《将军决战岂止在战场》（黄济人著)、《南京大屠杀》(徐志耕)、《志愿军战俘纪事》(靳大鹰著)、《陈毅元帅的最后岁月》(铁竹伟著)、《余秋里与石油大会战》(陈道阔著)10部。《红墙里的瞬间》记述的是中南海红墙内的摄影师杜修贤在20世纪六七十年代用摄影机拍摄毛泽东、周恩来、刘少奇、邓小平等人的精彩镜头的故事。他的摄影机同时也记录下了共和国历史上的许多重大事件的瞬间。《毛泽东、周恩来与李宗仁握手》记述了国民党政府在大陆的末代总统李宗仁回归祖国的前后详情,书中对中国共产党和国民党桂系集团关系的发展起伏也作了翔实的披露。《毛泽东、尼克松在1972》,毛泽东和尼克松的握手,打开了中美关系的大门。本书描写了中美建交的详细内情,文中的毛泽东、周恩来、尼克松、基辛格等人物的性格特征和心理状态都栩栩如生。《毛泽东与蒋介石》勾勒出1949年之后,人民共和国的缔造者毛泽东和逃到孤岛上的蒋介石之间的数次交锋,有上层决策的内幕,也有影响历史进程的关节点,有斗智斗勇的浴血奋战,也有惟妙惟肖的秘密接触。《南京大屠杀》一部完整的、全面的反映1937年12月13日,日本侵略者在南京制造的震惊世界的大屠杀事件的著作,书中以详尽的事实和史料,把这一事件的始末及其历史教训和历史深思告诉读者。《志愿军战俘纪事》以翔实的历史资料和细腻的文学语言表现了志愿军战俘的命运遭遇和心灵历程,展示了他们心向祖国,九死不悔的气节本质。《将军决战岂止在战场》写的是国民党战犯的改造生活,主要描写了邱行湘、杜聿明、宋希濂、黄维、康泽、文强等一大批国民党高级将领在这个比军事战场更为激烈、复杂和漫长的决战中改造从新的详情。《国防部长浮沉记》写的是1959年彭德怀庐山会议蒙难后所经受的悲惨遭遇的故事,对彭大将军为民请命、敢于犯颜直谏的高尚品格给予了高度的歌颂。《陈毅元帅的最后岁月》,陈毅元帅在长期革命战争中叱咤风云、战功卓著,他在“文革”中的事迹同样生动、丰富、感人肺腑。作品讴歌了陈毅元帅在极其严峻的考验面前,光明磊落,刚直不屈,直言敢谏的无产阶级革命家的高尚品德。《余秋里与石油大会战》讲述了20世纪60年代余秋里将军受命出征,组织了一场石油大会战,使中国甩掉了“贫油”的帽子,作品详述了这场大会战的决策和展开,以及它无论是在当时还是在今天都大长中国人民志气的历史意义。(陈京蕾)

I000374 **操盘华尔街** 副名:闯荡美国十五年的成功经历。谭健飞著。长江文艺出版社2002年10月版。22万字。18.00元。纪实文学。真实纪录留学美国的华人谭健飞如何在经历过曲折的留学、打工之后,最终实现了儿时的梦想,成为金融圣地——华尔街上的一名出色的即日操盘手的历程。书中“我的操盘日志”翔实纪录了20天的操盘实战;“第三只眼看华尔街”对华尔街最新的操盘方式——“电子即日操盘”作了介绍,对操盘手成功的内外要素作了分析,同时提出在中国培训操盘手的“华尔街工程”的构想。(杨前旷)

I000375 **只言片语** 副名:中国作协前秘书长的回忆。张僖著。北京出版社2002年10月版。10.4万字。12.00元。在卢沟桥畔的炮火声中,热血青年张僖投笔从戎参加了新四军,几经辗转,却在中国作协的领导岗位上工作了几十年。不是作家而是作协领导,这一独特的身份,使他撰写的这本回忆录,极具亲历性、真实性。打开书,上个世纪五六十年代中国文坛上变幻莫测、云谲波诡的政治风雨,迎面扑来。打开书,赵树理、田间、郭小川和其他文坛巨擘的音容笑貌,立即浮现在读者面前。读这本书,可以读出苦涩,读出沧桑,读出中国文学的一段难忘历程。

I000376 **血色冀中** 李秉新主编。河北人民出版社2002年4月版。50万字。45.00元。以当事人回忆录的形式,以简洁、朴实的语言,真实生动地再现了60年前冀中军民“五一”反“扫荡”的严酷斗争历程,既真实记录了日本侵略者对中国人民所犯下的滔天罪行,又讴歌了我冀中抗日军民不畏强暴、不怕困难、前仆后继、英勇斗争的英雄气概和爱国主义精神,展现了中华民族高尚的英雄气节和强大的民族凝聚力。该书所收录的文章,绝大多数是当年“五一”反“扫荡”的亲历者和见证人所写的回忆录。(王书华)

I000377 **领袖、元帅与战友** 薄一波著。人民出版社2002年3月版。27.8万字。32.00元。关于老一辈无产阶级革命家回忆文章的汇编本。作者以平实的语言叙述了他与共和国第一代领导人、元帅和他的老战友交往经历和他们的业绩,对某些历史事件作了评价,得出了值得后人借鉴的经验和教训。

I000378 **最后的宣战** 黎家明著。天津人民出版社2002年5月版。20万字。20.00元。世界上可能还没有哪一种疾病的威力能比得上艾滋病,也没有哪一种疾病能引起全世界如此的关注和惊恐。本书不是死亡日记,作者已没有时间矫情,更不企求怜悯，这是求生的最后呐喊和对艾滋病魔最后的宣战。如果有人在即将迷失自己的那一刻，能因想到这样一个人经历的悲惨故事而放弃那些危险的游戏，远离艾滋病这个恶魔，如果可以让人更多地了解防治艾滋病的知识，从而更加珍惜生命，如果能以公开个人生命悲哀换回健康、鲜活的生命，那么，这便是此中所有文字的希望："艾滋病是一个完全可以预防的疾病！梦想着有一天，艾滋病魔终于被征服了，所有的病人重新拥有了健康的生命。"那一天，就是人类防治艾滋病成功的节日。黎家明在人生道路上的遭遇不幸而典型，他对生死的大彻大悟生动精辟，他对自己的批评深刻勇敢，他对未来世界的期望真诚得催人泪下。（任洁）

I000379 **黑哨** 杨明著。新华出版社 2002 年 2 月版。22 万字。20.00 元。独家披露了新华社记者在跟踪黑哨事件调查中，亲眼目睹和见证的许多鲜为人知的内幕和谜团。作者在录音和采访笔记的基础上，描写了如何撬开中间人的嘴巴，和涉嫌"黑哨"的秘密接触，记录了对"黑哨"事件中心人物阎世铎、陈培德、宋卫平和李书福等人的密访场景。本书在揭露批判足坛腐败的同时还对黑哨、假球等现象进行了深刻和冷静的思考，从个人和社会的双重视角再现了这场全国性的轰轰烈烈的反腐败斗争。（张雪梅）

I000380 **世纪歌** 副名：乌鲁木齐市民营企业家启示录。周建明主编。新疆人民出版社 2002 年 11 月版。20 万字。20.00 元。改革开放中，新疆涌现出了一大批民营企业家。书中主要以乌鲁木齐市政协委员中 19 位民营企业家为观照对象，真实地记叙了他们在市场经济中摸、爬、滚、打的成长历程和他们为新疆经济建设发展和企业改制所作出的贡献。热情讴歌了他们艰苦创业、坚忍不拔、不怕困难、勇往直前的精神，颂扬了他们善于捕捉商机的经营理念和远见卓识。他们的创业历程和成功经验无疑对战斗在新疆各条战线的国营民营企业家是启示和激励。他们用自己的人生谱写出不朽的世纪之歌。（许培龄）

I000381 **宝山** 副名：中国改革开放的经典之作。李春雷著。花山文艺出版社 2002 年 11 月版。24 万字。24.00 元。长篇纪实文学。宝钢建设的前前后后是中国工业化进程中一个极其重大的特殊事件。它的孕育和诞生的全过程都与国家的命运直接联系在一起。它曲折的风雨历程是常人难以想象的。轰轰烈烈的上马，凄凄切切的停建，人民大会堂咄咄逼人的质询，惊天动地的地基移位……作品通过这一系列典型事件，透视了国人从传统的工业心理到现代化意识艰难的嬗变和阵痛过程。文中有国家领导人，有省部级干部，有企业管理者，有科学家，有普通工人，时间跨度从 20 世纪 70 年代一直到 21 世纪初，涵盖了整个宝钢三期建设和生产的全过程。作者把宝钢置于一个时代的大背景下，放在政治、经济、文化的坐标点上，多侧面、大角度、全景式地展开文笔，以颇具穿透力的语言，进行深入的开掘，让人感到一股股热浪扑面而来，有一种俯瞰历史，吞吐日月的浩然大气，充分表现了作者驾驭题材和语言的功力。（王大民）

I000382 **我在北约机翼下追逐巡航导弹** 顾玉龙著。安徽文艺出版社、光明日报出版社 2002 年 10 月版。32 万字。25.00 元。不戴钢盔作秀，不穿防弹衣护身，本书真实地讲述一位中国战地记者，在南联盟前线手执采访话筒，追逐北约巡航导弹的惊心动魄的故事。作者作为央视驻北约首席记者，真实感人地记录下自己穿梭在科索沃战争的硝烟和瓦砾中的见闻，以最快的速度客观地报道来自战争前线的第一手资料，他的许多报道获得了国内外媒体的关注和好评。本书就记录了那段难忘的日子和事件、难忘的经历和难忘的人。（岑杰）

I000383 **亲历阿富汗前线** 陈俊锋、戚恒著。新华出版社 2001 年 12 月版。15 万字。20.00 元。战地新闻纪实。分见证 21 世纪第一战、"快反部队"的特殊使命、政治斡旋的舞台、走入阿富汗倒记时等 13 章。本书是新华社记者独家历尽艰险赴阿富汗战争前线实地采访的记录。附有"苏联入侵阿富汗大事记"、"关于政治解决阿富汗问题的日内瓦协议"。（崔金玉）

I000384 **造福人民群众** 副名：天津市危改工程实录。吴敬华主编。天津人民出版社 2002 年 5 月版。100 万字。198.00 元。全面真实地描述了中共天津市委、天津市人民政府对天津市危陋平房进行改造的伟大历史工程。共分为"亲切关怀"、"重大决策"、"精心施工"、"政策扶持"、"辉煌成就"、"百姓心声"、"深刻启示"、"大事记"7 个部分，具体介绍了党和国家领导人对天津人民的亲切关怀，天津市委市政府为改造危陋平房作出的重大决策，建筑队伍的精心施工，对危改工程的政策扶持，危改工程取得的辉煌成就，危改成功后百姓的欢乐心声，危改工程带给人们的深刻启示等。（樊金树）

I000385 **聚焦新疆** 副名：海内外媒体看新

疆。许文编。新疆人民出版社 2002 年 11 月版。38 万字。25.00 元。新闻作品集。分 4 辑。第一辑“中央领导考察新疆”,选用的是中央政治局常委以上的领导同志在新疆考察工作时所作的指示。第二辑“中央媒体上的新疆”,以中央媒体上报道新疆的获奖作品为核心选编而成。共 3 部分:第一部分“关注新疆的宏观和未来”,第二部分“聚焦新疆的系列报道”,第三部分“点击新疆的可视之点”。第三辑“海外媒体上的新疆”,选择采用了中国新闻社新疆分社在海外媒体上报道新疆的文章。第四辑“外省媒体上的新疆”,从各省区市报道新疆的作品中,选择了 3 个新闻采访团的 3 个系列,以东南沿海 3 个经济发达省的视野,对新疆作一番评述。本书对了解、认识和把握新疆,对新疆近年来的发展、变化有一个较全面的、全方位的“聚焦”。(李春华)

I000386 **女刑警** 副名:中国当代女性超级犯罪侦破。沉石著。华艺出版社 2002 年 2 月版。27 万字。20.00 元。著名军旅作家沉石在某女子监狱体验生活后,获取了亲身感受,披露了一系列形形色色超级犯罪的案件以及一个个活生生而复杂的女性罪犯的犯罪心理。同时展现了女刑警侦破的艺术,披露了女刑警背后的故事。(宋福江)

I000387 **AAPP 在重庆** 副名:新闻报道集锦。中共重庆市委宣传部编。重庆出版社 2002 年 8 月版。38.8 万字。52.00 元。收录了 2001 年 10 月至 2002 年 4 月关于 AAPP 会议重庆筹备工作和会议期间主要的采访报道和综述、评论等文章、图片,包括“山城喜迎 AAPP 盛会”、“见证历史性时刻”、“开放的重庆阔步走向世界”等几个部分,全面地反映了重庆市委、市政府对会议筹备工作的高度重视、精心筹划和周密部署;全面地展示了新重庆的形象以及全市人民良好的精神风貌,真实地记录了会议的历程以及亚洲各国议会对促进世界“和平与发展”问题的探讨和努力。(寇德江)

I000388 **关东大动脉(续集)** 王中才等著。解放军出版社 2002 年 4 月版。28 万字。22.00 元。报告文学集。收录的 22 篇报告文学从不同角度、不同侧面反映了沈阳军区军交运输战线先进单位、先进个人的事迹,展示了军区在贯彻江泽民主席关于打赢高科技条件下局部战争等一系列指示取得的丰硕成果。其主要特点共有三点:1. 主题鲜明,思想性强。沈阳军区是实行军交改革最早的部门,并在全军位于前列。书中从不同角度反映了他们在军交保障方面的经验。2. 人物生动,说理性强。无论是“老军交”还是“新军交”都有“魅力四射”之感。3. 语言朴实文笔酣畅。集纳的各短篇中,有些出自专业作家之手,展示了不同的艺术风格和语言表达的迥异。(田红战)

I000389 **军旅英才(3)** 副名:第三届全军十大学习成才标兵报告文学集。总政组织部青年局编。解放军出版社 2002 年 10 月版。20.7 万字。9.70 元。报告文学集。由总政组织部会同有关大单位组织部根据 2002 年 4 月总政通报表彰的第三届全军十大学习成才标兵的事迹编写的报告文学集。这些标兵是在全军和武警部队为贯彻落实江泽民主席为全军青年所作的“努力学习,艰苦奋斗,做无愧于新时代的高素质青年军人”的题词精神广泛开展学习成才活动中涌现出的优秀青年人才。(田红战)

I000390 **兵车行** 公丕才、郑智清著。甘肃人民出版社 2002 年 10 月版。25 万字。28.00 元。以纪实的手法、感人的故事记述了西部军人半个世纪以来进军新疆、西藏,屯垦戍边,修筑新(青)藏公路,对印反击作战,守卫和建设边疆等重大历史事件。讴歌了大西北部队军交运输战线广大官兵高尚的爱国主义情怀和面对一切艰难困苦勇敢无畏、艰苦奋斗、无私奉献的高尚品质。(胡福生)

I000391 **战犹酣** 副名:刘伯承邓小平从太行山到大别山。柯岗、曾克著。解放军出版社 2002 年 8 月版。21 万字。18.00 元。纪实文学。全面记述了八路军第 129 师在太行山地区和晋冀鲁豫边区的抗日战争,刘邓大军千里跃进大别山建立根据地,粉碎了蒋介石的战略进攻计划。本书的两位作者是一对革命老夫妻,曾作为军队政工干部、记者和作家的身份长期跟随刘邓大军,经历过从太行山到大别山的战斗生涯。全书记述了以毛泽东为首的中央军委正确的战略指导,刘伯承、邓小平等领导人对重大战役的指挥艺术、战略战术,广大指战员英勇善战的事迹,根据地的开发建设和军民团结抗敌、同甘共苦的鱼水关系。(田红战)

I000392 **情系上甘岭** 副名:记上甘岭将士的妻子们。崔露著。湖北人民出版社 2002 年 10 月版。27.7 万字。24.00 元。分 16 篇,以参加上甘岭战役的先后时间为序,经过采访、整理,记录下志愿军将士们的妻子可歌可泣而又被英雄光芒掩盖的动人事迹,再现了抗美援朝战争中最惨烈的上甘岭战役的战况,讴歌了志愿军将士的英雄主义、爱国主义和国际主义精神。妻子们中有送夫参军的农村妇女，有千里追随夫婿的女军人，也有在朝鲜战场与丈夫并肩作战且荣立功勋的女战士，她们的丈夫很多都是电影《上甘岭》的原型人物。（施先稳）

I000393 **雇佣军——破解世界神秘部队** 杨建华等著。解放军出版社2002年12月版。20万字。19.80元。纪实文学。介绍了雇佣军的历史、现状及未来发展趋势，以纪实手法为读者揭开了笼罩在战争幽灵雇佣军身上的神秘面纱，将一个充满暴力、压迫、鲜血、金钱耻辱的世界暴露在读者面前。该书通过描述世界上由雇佣军参与的著名军事行动、战役和武装冲突，如号称“上百国籍一兵团”的法国外籍军团、声名远播的廓尔喀军团、阿尔及尔的雇佣“秘密军”、当代雇佣军最大雇主卡扎菲、非洲EO佣兵公司、美国职业军人储备公司等雇佣军及雇佣公司内幕，展示了雇佣军这一特殊的组织和群体。（田红战）

I000394 **温州悬念** 胡宏伟、吴晓波著，张振华、李育智、鞠朗校。浙江人民出版社2002年1月版。24.8万字。23.00元。温州是中国市场经济的发源地，也是中国富人的聚集地。作者用报告文学的笔触、理性的视角审视了温州这个中国改革的最前沿地带，向世人揭开了很多悬念：温州的市场经济模式是如何从“异端”走向合法化的？温州的富人到底有多少，富人们又有多少财富？温州的钱庄，作用如何，命运又如何？温州的民间经济力量能否成为未来社会新秩序的拥护者？在经济全球化的今天，温州模式是否还有推广价值？本书与其他已经出版的关于温州的图书不同的是，它第一次站在阶层分析的角度，以新生民间经济力量的崛起为主线，展现了政府、新生民间力量、知识分子、民众等社会阶层共生互动、耐人寻味的关系，有较大的新闻价值和社会学研究方面的前瞻性。（丁睿娟）

I000395 **我去美国读高中** 徐倞婧著。浙江文艺出版社2002年7月版。13.7万字。12.00元。“萌芽丛书”之一。以纪实文学的形式，以第一人称的手法描写一名赴美留学交流（AFS）的上海高中女生到美国读高中的经过和到美国后一年的学校生活，以及所遇所闻。书中配有插图50幅，向读者展现多彩的生活。（徐虹）

I000396 **黑哨调查** 方益波著。浙江人民出版社2002年2月版。22.5万字。20.00元。新华社记者方益波撰写的反映中国足坛“黑哨”问题的长篇纪实报告。作为最早向高层写足球“黑哨”问题内参、全程跟踪采访报道“黑哨”事件的新华社记者，方益波在掌握丰富、翔实的第一手采访资料的基础上，运用纪实手法写成了本书，记述了“黑哨”事件中鲜为人知的调查情节和离奇故事。书中许多资料取自对“黑哨”事件中当事人宋卫平、李书福、阎世铎、陈培德和受贿中间人等人的独家采访，并配以珍贵的采访图片。全面揭示和客观反映了“黑哨”事件背后存在的深层次问题，被称为国内最权威、最全面反映“黑哨”事件的图书之一。（虞文军）

I000397 **中国人民解放军征战纪实丛书** 吴振录等著。解放军文艺出版社2002年1月版。974万字。698.00元。包括革命暴动卷、红军征战卷、抗日战争卷、解放战争卷和抗美援朝卷5卷，共29册。分别为：革命暴动卷——《秋收起义纪实》（吴振录、邱恒聪著）、《广州起义纪实》（郭晓晔著）、《南昌起义纪实》（尹家民著）；红军征战卷——《红一方面军征战纪实》（上下）（柳建伟、傅建文著）、《红二方面军征战纪实》（上下）（陈道阔、许福芦著）、《红四方面军征战纪实》（上下）（朱秀海、魏碧海著）、《陕北红军征战纪实》（冯捷著）、《南方游击队征战纪实》（万剑声、余天宝著）；抗日战争卷——《新四军征战纪实》（上下）（常敬竹、董保存、顾保孜著）、《八路军一一五师征战纪实》（魏碧海著）、《八路军一二〇师征战纪实》（冯捷著）、《八路军一二九师征战纪实》（傅建文著）、《延安红色大本营纪实》（肖思科著）、《东北抗联征战纪实》（朱秀海著）、《牺盟会及新四军征战纪实》（曾凡华著）、《粤海军民征战纪实》（雷铎等著）、《晋察冀军民征战纪实》（李金明等）；解放战争卷——《第一野战军征战纪实》（许福芦著）、《第二野战军征战纪实》（王玉彬著）、《第三野战军征战纪实》（胡兆才著）、《第四野战军征战纪实》（魏碧海著）、《东北野战军征战纪实》（李金明著）、《海军征战纪实》（黄传会著）、《空军征战纪实》（王苏红著）、抗美援朝卷——《中国人民志愿军征战纪实》（王树增著）。这套丛书，以浩瀚的笔墨，客观真实地记叙了中国人民解放军从诞生开始，历经国内革命战争、抗日战争、解放战争和抗美援朝战争的壮阔征战历程。丛书以革命英雄主义为精神基础，以翔实的资料和大量的采访为写作前提，结构宏大，描述生动，不但具有战争历史档案的性质，其文字亦洋溢着饱满激情，具有史诗的品格。（陈京蕾）

I000398 **中国文化记者丛书** 徐虹等著。花山文艺出版社2002年4月版。共4种。包括：徐虹著《有内容的眼神》（20.7万字，15.00元）；王晓晖著《红椅子·黑眸子》（20.3万字，14.00元）；熊元义著

《拒绝妥协》(19.7万字,14.00元);红孩著《阅读真实的年代》(20.9万字,15.00元)。荟萃名报记者,将他们多年来对文化界追踪、关注、思考的成果结集出版,每集各有特色和着眼点:有的抒发对家园质朴而纯真的依恋,有的在城市的繁华与喧闹的时尚中搜集浪漫的画面,有的用平实素朴的笔触直写上层大人物的内心世界,有的试图用冷静的理性拂去世俗浮土洞见真理之清泉。作者因有直接的身感心受,所以他们能时时以其鲜活、锐利、迅捷的眼光及时捕捉社会文化生活中的每一个动人画面。(郝卫国)

散　文

I000399　**汉魏六朝文精选**　曹道衡编选。江苏古籍出版社2002年9月版。15.2万字。12.50元。"名家视角丛书"之一,是两汉魏晋南北朝时期古典散文作品选集。本书根据这一时期古文的发展状况,精心挑选在思想上、艺术上成就较高的作品,以反映汉魏六朝文的发展风貌,共选收近40位作家的40多篇作品,并作了较详尽的注释,每篇文章均加以画龙点睛式的品评,做到精品与新见相结合。编选者曹道衡先生是古代文学研究领域著名专家,中国社会科学院文学研究所研究员,著有《中古文学史论文集》、《南北朝文学史》等。(卞岐)

I000400　**晏子春秋(全文注释本)**　华夏出版社2002年1月版。11.3万字。8.00元。"华夏迷你文库丛书"之一。《晏子春秋》是我国古代一部优秀的散文名著。全书以短篇故事的形式,记述了晏婴的生平言行。其内容广泛涉及当时齐国的内政、外交、经济等各方面,既赞扬了晏婴对君主的犯颜直谏,对百姓的庇荫爱护,也叙述了家庭生活中的乐闻趣事,从而反映了晏子爱民、节用、勤政、爱才、重德、清廉、明理的思想主张和当时的社会状况。本书以世界书局《诸子集成》中《晏子春秋》为底本,主要参考了吴则虞《晏子春秋集释》、张纯一《晏子春秋校注》等书,基本做到了准确、流畅。(刘淑兰)

I000401　**明清散文精选**　郭预衡编选。江苏古籍出版社2002年9月版。13.8万字。12.00元。"名家视角丛书"之一。根据明清两代的时代特征及散文创作状况,精选明清时期的39位著名文学家的散文作品50余篇,加以品评和注释。编选者郭预衡先生是古典文学研究领域的泰斗,北京师范大学教授,著有《中国散文史》、《中国古代文学史》等。(卞岐)

I000402　**唐宋散文精选**　王水照编选。江苏古籍出版社2002年9月版。16.5万字。13.50元。"名家视角丛书"之一,根据唐宋时期散文的特点和发展状况,着眼于散文的文学性特点,精选包括"八大家"在内的唐宋散文作家31家的60多篇作品,加以注释和品评,做到精品与新见相结合。编选者王水照先生是唐宋文学研究界的著名学者,复旦大学教授,著有《宋代散文选注》、《苏轼选集》、《唐宋文学论集》等。(卞岐)

I000403　**一夜芳邻**　王充闾著。河南文艺出版社2002年9月版。22万字。15.00元。"鲁迅文学奖散文获奖者丛书"之一。王充闾先生是中国当代文坛上的散文名家,从文化、历史的角度撷英取材,切入生活,构成了这部书凝重、沉蕴、冷隽、淡泊的基本格调。作者通过对文化巨人或名家、历史遗迹或胜景的追寻造访,以史家的深邃、文学家的机睿,将永恒与有限、存在与虚无、幻灭与成功、苦难与辉煌展现得淋漓尽致,妙趣横生。敏锐的思辨,使深厚的文化内涵和精神亮点闪现在字里行间。(陈莹)

I000404　**人间·个人的活着**　副名:别一种散文(1990—2002)。冯秋子编。青海人民出版社2002年10月版。37万字。32.00元。收选67位作者的作品。每篇作品都力图把人间最简约、最诚实的心性创造交还于人,并体恤存在本身、关注个人的生存,在有限的时空中,使每个人的内心世界尽可能地博大、延伸,通过一系列对生活的理解、感悟,使人们在具体的日子里、坦然地生活、工作。(辛茜)

I000405　**大河遗梦**　李存葆著。昆仑出版社2002年1月版。20万字。20.00元。散文集。收录了《飘逝》、《绝唱》、《鲸弦》、《大河遗梦》、《祖槐》等篇章,从自然地理环境、人文环境的实地考察入手,关注人类社会普遍关注的环保问题和生存危机,表达了一种大忧患与大思考。(陈京蕾)

I000406　**大学 社会 人生**　副名:来自大学生毕业前的内心独白。张福昌主编。中国建筑工业出版社2002年6月版。20.5万字。19.00元。大学校园故事。这些故事的真正作者是数以千计读过大学的人——包括那些学业有成,也包括那些历经种种校园坎坷的同学在即将毕业告别母校前,对往事的深深回忆。一个个天真无邪的内心世界,真实再现了学生时期的喜怒哀乐,成长、成熟与成才,这里有成功的喜悦,也有失误的懊悔,有诗有歌更有情,字里行间充满着感悟、经验与教训。(常燕)

I000407 **与50位当红名人谈情说爱** 吴祖光荣誉主编，吴宝丽主编。新华出版社 2002 年 5 月版。33 万字。20.00 元。收集了 50 余位当红名人的情爱历程与心灵感悟。包括邬倩倩和尤小刚、付笛声和任静、方青卓、常远、田震、小柯、李慧珍、何静、韩磊、杨扬、王军霞、谢东娜、张子扬、莫元季等演艺界与体育界的名人向读者倾诉真情挚语，讲述生命中的亲情、友情和爱情故事。书前有名人的彩色照片，每篇文章开头是名人的经典鉴言，文章中间配有多幅插图。（王丽）

I000408 **上海探戈** 程乃珊著。学林出版社 2002 年 6 月版。24.5 万字。25.00 元。散文集。以几个极富上海特色的词语如“小开”、“阿飞”、“老克勒”、“洋盘”、“ARRDW 先生”等作为串联，开启通向上海都市内心深处的大门。作者以接近小说的手法“实录”下一个丰富迷人的、风情万种的，也是她所无限热爱的上海。以丰富的细节和朴实的语言还原了一个与教科书中有极大差异的上海，一个没有被时代遗忘的贵族式的上海。“新视觉书坊”之一。（许钧伟）

I000409 **天然夏威夷** 张抗抗著。河南文艺出版社 2002 年 9 月版。21 万字。15.30 元。“鲁迅文学奖散文获奖者丛书”之一。这是张抗抗眼中的世界，这是世界眼中的张抗抗。在她笔下，一草一木，凝聚天地真情；一书一画，饱蘸人生感悟。从五光十色的海外掠影到绚丽多姿的女性体验；从无法抚慰的知青岁月到浸染着热血的生死情谊，无一不蕴含着丰富的人生阅历与沧桑的心灵历程。隽永而兼具深邃，幽默而不失犀利。（陈莹）

I000410 **木已成舟** 陈丹燕著。作家出版社 2002 年 9 月 1 版。15 万字。28.00 元。出版过《上海的风花雪月》等“上海系列”之后，陈丹燕反身来写深刻地影响了她的精神和写作的欧洲系列。本书专题是欧洲博物馆。十年游历欧洲，参观了上百个博物馆、故居、纪念地，大到卢浮宫，小到一个酒窖，一步步走着，看着，既是看人类文明如何“从木变成舟”，也是看自己的精神成长历程。陈丹燕从细节入手，一片灰绿色，一张遗物清单，一双绣花拖鞋，从中看到宏大历史背后个人的脆弱，脆弱的生命中被顽强保护着的自尊，自尊受伤之后的忧郁的心灵所呈现的高雅教养，重压之下的恬淡、从容，所有不幸集于一身时仍能创造出欢乐的艺术；如何捍卫一颗自由的心，是陈丹燕从上海到欧洲、又从欧洲到上海的不穷思索。本书不同于一般游记，陈丹燕的独特视角总能发现一般人熟视无睹的事物中的新鲜意义，文风细腻婉约，即使面对血腥和残酷，也不言辞激烈，一笔一笔慢慢写来，却令人心痛，感受到极大的冲击力。（林金荣）

I000411 **中国文人的非正常死亡** 李国文著。人民文学出版社 2002 年 4 月版。24.1万字。15.00元。收入作家近年来的文化反思性散文 20 篇，涉及从司马迁、李斯到龚自珍、吴趼人等 26 位中国古代文人的非正常死亡事件。作者对众多触目惊心的历史事件都进行了入木三分的文化批判，认为文人的自恋与自大，以及不合时宜的反抗姿态，往往促成悲剧的发生，最终使自己命丧黄泉；而其命运的主导者常常是他生活时代的统治者和取媚于统治者的小人。事件是过去式的，但本书描写这些事件时的笔锋却不断地尖锐指向时下的文坛，无情地揭去其中种种丑态怪像外的面纱，充分体现了真正有良心的作家的批判意识。附录“功能”系列 7 篇，从人文批判角度对人体各部位进行嬉笑怒骂式的描写而精义时见，与“文人之死”系列相映成趣。作者李国文，当代著名作家，著有长篇小说《花园街五号》、《冬天里春天》，后者获首届茅盾文学奖。另有短篇小说集《危楼纪事》、《没意思的故事》等。（葛云波）

I000412 **什么气味最美好** 莫言著。南海出版公司 2002 年 9 月版。16.5 万字。20.00 元。收入著名作家莫言不同时期散文随笔中具有代表性的篇章，共 30 篇。作品保留了他独有的写作风格，汪洋恣肆，激情勃发，文字鲜活率真，妙趣横生，令人回肠荡气，痛快淋漓。（廖思拍）

I000413 **六朝松随笔文库** 雷雨等主编。东南大学出版社 2002 年 5 月版。298.4 万字。300.00元。关于中国教育史、文化史、学术史、图书经典及文人轶事的文史随笔丛书。共 12 册。每册配有 100 幅左右的人物照片、书影、文物图片、手迹墨宝等。（卢冬梅）

I000414 **巴黎，艺术至上** 冯骥才著。作家出版社 2002 年 3 月版。11.5 万字。38.00 元。一本解读法国文化和法兰西精神的书。为什么荷兰人梵·高、俄国人夏加尔、西班牙人毕加索和米罗、意大利人莫第里安尼以及我国的赵无极等等，都是在法国修炼成仙，成为光照人类的绘画大师？是由于法国的浪漫吗？自由吗？为此作者几次赴法国进行文化考察和研究，他说：不是！他从法国的人文层上找到了这个最根本又极美妙的答案，那就是——法兰西的精神至上。凭着他大量的发现性的素材，全新的角度,惟画家才有的艺术感觉以及散文诗般的精美文字,把他的答案如画一般呈现给我们。这是一本独特的散文集。既是作家写的画家,又是画家写的画家。是一本典型的冯骥才式的作品。(潘宪立)

I000415 **平和,或者不安分** 李辉著。河南文艺出版社 2002 年 9 月版。32 万字。20.00 元。"鲁迅文学奖散文获奖者丛书"之一。当代著名作家李辉的散文,篇篇都含有浓得化不开的历史情结和人文精神。一个个文化名人形象的塑造,一桩桩历史现象的条分缕析,一处处旅游地发生的历史故事。作者都意在拨开历史迷雾,探究个体生命多样复杂的色彩。其行文冷静客观,逻辑严密,思想深刻,发人深省。(陈莹)

I000416 **e 代奇遇** 陈昕冉、Alaric Radosh、戴仲燕著。江苏少年儿童出版社 2002 年 1 月版。24.5万字。14.00 元。收录了一个 15 岁的中国女生(陈昕冉,昵称"晨晨")和一个 39 岁的美国老师(Alaric Radosh)在为期一年的时间里,通过网络传递的 300 余封信件。信件内容覆盖面广,有中学生常态生活中的学习、考试、交友、读书话题,并由此延伸开去,对文化、历史、时事、教育、友谊与爱情等问题展开充满理趣的网上讨论,异域文化、两代思想在网上碰撞出灿烂火花。女生的母亲戴仲燕女士为此书撰写了 16 篇"妈妈手记",穿插在女儿与老外相关的话题中,使全书内容更为深厚、绵密。该书还保留了晨晨和 Alaric 部分信件的英文原稿,局部中英文对照、背景写实,帮助更多的"晨晨"用新法学习英文,做心灵美好、胸怀广阔的世界少年。(钱旭东)

I000417 **百年百篇经典散文** 王剑冰编。长江文艺出版社 2002 年 9 月版。46 万字。28.00 元。选集。汇编了从 1901 年至 2000 年之间的优秀散文 100 篇。体现了百年散文发展的脉络,汇集了百年散文不同题材,不同风格的作品,展示了作家艺术探索的追求。(周百义)

I000418 **回到欢乐** 铁凝著。河南文艺出版社 2002 年 9 月版。26 万字。17.20 元。"鲁迅文学奖散文获奖者丛书"之一。铁凝的散文具有独特的韵致和异常的气质,快乐的铁凝,眼中的世界到处都充满着温情和微笑。普通的小人物、琐碎的生活小事,在她的眼里和笔下,都变得生趣盎然,富有哲理,读之,令人忍俊不禁。她的细腻、流畅、清新的风格,使其散文达到了一种自然而又丰满的层次。对于人类和生存,对于文学和艺术,铁凝又以敏锐的目光,道出了自己深刻的见解,传达出女性的智慧和别样的理性及情感。(陈莹)

I000419 **网上江湖** 刘学红著。湖南人民出版社 2002 年 6 月版。20 万字。16.00 元。"BBS 丛书"之一。精心撷取了"中青论坛"上众多网友对于网络的种种理解和感受,并将之分门别类辑成:网趣、网惑、网悟和网侠 4 大板块。文章材料组织看似不经意,其实却道出了每一个有过上网深刻经历者的"网路历程"。这种历程与人生不同年龄时段看山看水所见相类似。待到看山仍然是山,看水依旧是水时,神游于网络之林却在网络之门内外进出自如者便可称"网侠"了。(杨纯)

I000420 **创造超越的人生** 刘墉著。接力出版社 2002 年 9 月版。10 万字。11.00 元。一部仍归属于作家主流作品励志类散文的准自传体作品。全书以作家自己人生的追求、奋斗的经历为题材,在写作构思上以王国维《治学三境地》中宋代三词人"独上高楼"、"衣带渐宽"、"蓦然回首"三个脍炙人口的名句为文眼,贯穿于尼采的精神三变,归纳总结出人生的理想、追求的目标是超越——要创造超越的人生。正如作家所说:"写作这本书的目的,是以最精简的文字,谈我半生思想的挣扎,并希望得到读者的共鸣。"(吴耀华)

I000421 **我是如此美丽** 刘学红著。湖南人民出版社 2002 年 6 月版。22.4 万字。18.00 元。"BBS丛书"之一。全部内容都是从"中青在线"网站"中青论坛"的众多网友所发贴子中精选出来。本套丛书保留了网上论坛的原生状态——先是一个主贴引起话题,而后是众多网友不同观点的跟贴。丛书共分 4 册,每一册都有一个相对独立的主题。《我是如此美丽》是本丛书中以网友个人文集的形式出版的,它表明,以网络写手为代表的文坛新生代正在以其独特的实力进入传统出版。作者网名"三糊涂",是一个"触网"两年的大学老师。在课堂内外、网上网下、家庭与事业之间平衡感极强。作者初为人师、为人妻、为人母,每一处细小的感动都让她感觉世界和自身的美。(杨纯)

I000422 **冷峻与激情** 刘致福著。明天出版社 2002 年 8 月版。14 万字。8.00 元。作者自选的一本较为完备的散文集,共收散文 55 篇,作者自迈入文坛以来的主要作品均已收录其中。全书共分为 4 辑:《深情的写意》、《虚构的魅力》、《在友情的树林中漫步》、《爱的命题》,以作者的乡土情结为构筑全书的灵魂与基本线索,风格偏向写实,文笔朴素。本书是对作者多年散文写作的一个理性的审视与回顾，也是对作者文学创作理念、实践的一次深层次的总结。本书反映了作者在散文领域所达到的艺术水准，也昭示了作者今后所要为之努力的可能方向。（孟凡明）

I000423 **灵魂之光** 赵玫著。河南文艺出版社2002年9月版。28万字。18.50元。“鲁迅文学奖散文获奖者丛书”之一。从女性的角度感知社会、感悟人生、感化自我、感触亲情，是这部散文集的精华之处。女人的灵光、缜密、深蕴、风流，女人的理念、襟怀、情愫、探求，被作者饱蘸激情之妙笔，挥洒得溢光流彩，韵味无穷。全书不显雷霆万钧、排山倒海之势，却独具征魂夺魄、震撼人心之力。（陈莹）

I000424 **灵魂只能独行** 周国平著。海南出版社2002年10月版。12万字。14.80元。一个学者在长年的暗夜孤独中所体味到的灵魂的呓语。这其中有关于人的灵魂、信仰、人的生与死、义与利、人和智慧、精神生活、孤独与静处等等问题的哲学思考。作为一本畅销的随笔集，其笔调是自然而又简朴的，作为一个学者的灵魂，其思想是深刻而又精炼的。作者在书中通过自己对人生的体味，在娓娓的絮语中缓缓道出了人的一生中关于灵魂的思考。（伍君之）

I000425 **城里有条发呆的鱼** 东方月绘著。广西师范大学出版社2002年10月版。12万字。29.80元。共4辑。以随笔加漫画的形式，从年轻一代知识女性的视角，抒写自我心灵和心境，对当下特前卫的种种“时尚流行”进行个性分析，描写人性的各式细腻感受，以平和心态在纷乱市井间看橱窗里信步的小鸡崽儿。绘画上追求“虚静”的丰子恺大师的风格。

I000426 **拾回的欧洲画页** 赵蘅著。作家出版社2002年1月版。25万字。23.00元。一位女画家的欧洲游记，因其少女时代在欧洲的一段特殊经历又使本书不同于一般游记。赵蘅的父亲赵瑞蕻、母亲杨苡都是著名翻译家，赵蘅在上世纪50年代随父母旅居前东德一年，结交了一位好友玛丽，40年后，她怀着故地重游的心情再访欧洲，主线便是寻找玛丽。她寻找的不仅仅是一位童年好友，而是一段难忘的历史和情愫。同时作为画家，这次游历又是一次艺术的旅程，赵蘅怀着艺术家的激情访问她景仰的艺术圣地，把她对艺术和艺术家的理解、热爱呈现给读者。她找到了玛丽，完成了一次情感与艺术交织缠绵的旅程。（林金荣）

I000427 **故事边缘** 马宇桢著。宁夏人民出版社2002年6月版。19万字。20.00元。散文集。选收作者散文共43篇。记下了作者对人生的思考，对历史的反观，对生活的洞察，对往事的追溯，对心灵的抚慰，对感情的梳理，对社会现象的剖析等。反映了作者的一种思想历程和心路历程。（杨旭红）

I000428 **南极无新闻** 周国平著。海南出版社2002年11月版。14.7万字。20.00元。著名学者周国平的旅游随笔。记述了他2000年底随人文学者极地考察团在极地生活了将近两个月的经历、见闻以及随想。

I000429 **蚂蚁的天堂** 刘学红著。湖南人民出版社2002年6月版。24.3万字。19.50元。“BBS丛书”之一。有位网友曾说中青论坛的“青年话题”一栏是个“蚂蚁窝”，每一个流连于此的人都是一只孜孜不倦的蚂蚁，他们在这里发表自己的意见和观点，品评和指点文化，讨论热点事件，反思社会和自我的行为，乐在其中，如在天堂信步、遨游。他们的思想和文字结集成书，便有了《蚂蚁的天堂》。（杨纯）

I000430 **看下去很美** 赵世民著。广西人民出版社2002年11月版。4.3万字。30.00元。中央音乐学院赵世民教授近年来在国内各大报纸、杂志上发表的文章汇编，共收入了幽默杂文100多篇，编为6辑。第一辑乐评，第三辑书评，这二辑是纯粹的评论。第二辑世民课堂之一，第四辑世民课堂之二，第六辑反弹琵琶，都是带有评论性质的杂文。第五辑是随笔，文章选材不拘一格，从音乐、电影、图书直到生活琐事，无所不包。看似随手拈来，无不精辟入微。作者以他独特的视角、犀利的目光，由表及里的思维，多侧面地观察社会，剖析人生，扬善贬恶。（李常秀）

I000431 **重拾心情** 伊秀丽著。时代文艺出版社2002年10月版。13万字。16.80元。散文集。选收48篇当代散文。分3部分：一、雪落无声；二、皈依灵魂；三、尺素寸心。散文轻松、散淡、自然、空灵。在笑声里，身为报社记者的作者，同千千万万个读者对话，记述了亲身经历的故事、曲折的情节，更有切肤之痛后和痛定思痛的升华。（王志茹）

I000432 **逃跑的火焰** 周涛著。华艺出版社2002年9月版。28.5万字。26.00元。周涛现为新疆军区专业作家，20世纪80年代曾因“新边塞诗”的代表人物之称闻名诗坛，后改以散文创作为主。该书是他近十年来散文创作的精品选集。共分两辑。第一辑荟萃了作者以动物为主题的作品,是中国当代散文创作中此类作品难得的上乘之作。第二辑以西部人文、自然景观为主,表达了作者对生命、自然、历史的独特敏锐的思考和感受。(郑实)

I000433 **孩子是个哲学家** [意]皮耶罗·费鲁齐著,陆妮译。海南出版社2002年8月版。9万字。18.80元。本书作者是意大利著名哲学家和心理学家。但在本书中作者则以一个有时急躁、有时狼狈、有时甚至焦头烂额的父亲的面目出现。本书写的是在他40岁当爸爸之后,被自己的孩子感动,为自己开启了令人难以置信的丰富世界,从中看到了生命的本质。本书即是他与两个年幼的儿子相处时的种种趣事给他的启迪和感动所写下的一部幽默的写实散文集。作者以详实有力的事例,幽默诙谐的笔触,向读者述明"孩子都是哲学家"的主题。(伍君之)

I000434 **笨拙的自由** 李方著。青海人民出版社2002年1月版。30万字。22.00元。随笔集。李方在本书中为我们呈现的,乃是一种真正意义上的随笔。无论对现实、历史、天文、地理、艺术各个领域,作者均较好表现出了自己的良好素养和艺术气质。在一些批评文章中,也因其文章自有的人文内涵而不失艺术意味。作品视野广阔,既涉及当下大众关注的重大问题,又有象牙塔内的小品之作;既探讨天文问题,又跋涉于地理学之中。给人以极大的想象空间和一定的阅读享受。(班果)

I000435 **淡泊集** 王华超著。中国矿业大学出版社2002年11月版。27.3万字。22.00元。文集。是继《淡墨集》、《淡雅集》之后作者的第三部文集。收入了作者2000年以后撰写的141篇文集。全书以"养生"作开篇,以"养心"为主体,构成"短文短论"、"杂题杂谈"、"云斋书话"、"星窗漫笔"4辑,透露出作者对国家民族的热爱与关注、对人生主题的沉思与探索以及对所思所感的熔铸与宣泄。(王德福)

I000436 **紫藤园夜话续集** 千里青著。西北大学出版社2002年9月版。38.5万字。35.00元。校园随笔集。分为人物、纪事和言论3篇。收入作者记述、议论与西北大学有关的人和事的散文101篇,附收他文7篇。随笔从一个侧面反映了百年名校的沧桑历程以及改革开放以来所取得的辉煌成就。(何惠昂)

I000437 **智性时光** 周国平著。海南出版社2002年12月版。12万字。14.80元。周国平先生关于读书体会的随笔集。作者通过自己的读书体会,向读者展示了一个学者的读书观——读书,然后思考,然后写作。(伍君之)

I000438 **感受哈佛** 副名:与哈佛全面接触。伍方斋著。北京出版社2002年8月版。19.5万字。15.00元。记录了作者在哈佛求学期间360多个日日夜夜的苦读、静思,从强化语言到汲取知识,从课堂听讲到学术交流,从学问访谈到专题探讨,学习研究中不乏借鉴反思,友好交往中更有辩论交锋。全书正文共分为"魅力哈佛"、"校园印象"、"学在哈佛"、"品味特色"、"挑战生活"、"哈佛点滴"等5大部分,同时,"附录一""附录二"又记录了作者在哈佛求学时美国政坛、商界所发生的一些情况。

I000439 **感官世界的灵魂** 张慧瑜著。山东文艺出版社2002年1月版。38万字。28.60元。一部电影手记的合集。作者通过看电影观照世界、体验人生、思考问题得到的感悟,用文学随笔的形式纪录下来。书中既有作者对近几年部分中外艺术电影的感性评述,也有对一些当下国内影视现象问题的思考,还有一些感悟戏剧和品题生活的作品。(刘江)

I000440 **简单·寂寞** 郭春燕著。时代文艺出版社2002年10月版。15万字。16.80元。散文集。选收散文49篇。分4辑:第一辑"闻香识人";第二辑"风月行舟";第三辑"苍茫天地";第四辑"似水流年"。拈一朵花,拂一缕尘,看一段故事,一股沉香袅袅升起,曾经的容颜一点点浮现……(王志茹)

I000441 **蔷薇岛屿** 安妮宝贝著。作家出版社2002年8月版。15万字。18.00元。青年女作家安妮宝贝继《告别薇安》、《八月未央》、《彼岸花》之后的第四本著作。作者在上海、北京、香港、越南、柬埔寨之间一路行走,在旅途中拍摄一些视角独特的照片,写下一些别具韵味的文字,留下时光和幻觉的印记,这是一本关于旅行、爱和生死的影像书。(杨葵)

I000442 **暴走的日子——央视女导演手记** 樊馨蔓著。广西人民出版社2002年11月版。22.3万字。18.00元。中央电视台《东方时空》的女导演的一本手记,有图有文,相映成章。樊馨蔓作为《东方时空》中"百姓故事"、《直播中国》的导演,十年电视经历自有一番心得,其内心的甘苦又可从书中得以一见。央视女导演的暴走带给读者全新的电视的新闻、图片的新闻、文字的新闻。(罗宇飞)

I000443 **蘸雪为墨** 周涛著。河南文艺出版社2002年9月版。17万字。12.00元。“鲁迅文学奖散文获奖者丛书”之一。当代著名作家周涛的散文新作精品集。周涛是“新边塞诗”的倡立者,后改写散文,堪称一家。其文风粗犷而不乏细腻,不羁而多有锐气。他将历史文化的哲思、人生的感悟,巧妙地融入新疆壮美的景物与西部人情风俗的描绘之中,从而形成独特的具有浓郁地域特色及文化内涵的周涛式散文。(陈莹)

I000444 **人生真相** 梁晓声著。湖南文艺出版社2002年10月版。24万字。20.00元。梁晓声近年来潜心创作的数十篇的随笔、散文,是一部充满激情,又极具生活色彩和现实意义的最新力作。该书再现了梁晓声一贯持有的侠义率真的创作风格,言之有物,爱憎分明,且有气势,充满活力和激情——如《中国“尼采综合症”批判》;亦如《思考鲁迅》以沉郁凝重的笔调,对鲁迅人格与思想的独特理解,还有《问官,问法》、《世界多元了么》等许多篇章尖锐且深刻,愤世而嫉俗。该书许多出色的篇章从心态上精神上感情上最大程度地贴近世俗大众,以更多的感情和同情慰藉中国中下层人们的心灵。像《人生的真相》、《羊皮灯罩》、《小垃圾女》等直面人生,切入百姓大众们的真实生活和真切感受;还有那些脍炙人口,充满着温柔、温馨、温暖的《好女人是一所学校》、《怀念》、《窗的话语》等美文,如汩汩溪流般静淌的散文语言娓娓道来,的确动人心扉,感人肺腑……(薛健)

I000445 **女人,你病得不轻** 邵江天著。广东旅游出版社2002年9月版。16万字。19.00元。有关婚姻、家庭、社会的随笔,作者以新颖的角度,深入浅出地剖析了女性在这三者关系中所采用的有别于男性的态度;还有女性在人生旅途中的执着与追求,都被作者用诙谐幽默、活泼轻松的笔调加以描述。(李瑞苑)

I000446 **五音不全** 曹利群著。浙江人民出版社2002年7月版。23万字。23.40元。一本关于音乐的随笔散文,包含了评论音乐家、音乐作品、CD唱片、音乐会现场演出等等多种类的文章。第一部分是欧游乐记,记述了作者在一些欧洲国家游历时并不从容的音乐旅途。“大师速写”和“唱片乱谈”两部分,作者从音乐唱片和音乐大师的角度下笔,或谈人或论曲。“现场走笔”和“灯下随感”两部分,一是音乐会现场聆听之后的评论,一是静夜中独坐灯下的心语。(朱丽芬)

I000447 **不喜欢读书的小子** 吴科迪、殳俏等著。浙江文艺出版社2002年8月版。约12万字。12.00元。“萌芽丛书”之一。作者多为大学低年级和高中学生。收录的35篇散文一定程度上反映了当代学生的校园生活现状和他们的所思所想。文笔稚嫩、流畅、风趣幽默,能引起少男少女们的共鸣。反映当代学生的学习、生活和思想面貌,是校园生活的反光镜。(徐虹)

I000448 **午后的岁月** 叶兆言、余斌著。广西师范大学出版社2002年1月版。13万字。16.80元。访谈录。关于人生和文学的对白。记录两位作者切近生活的对话,从2000年2月18日至2000年7月15日:上大学的经历、对学校的看法、个人性格、世界观、文学标准尺度的形成、如何看电影和诺贝尔奖、创作心情的调整及谈现代、当代文学和外国、古典文学等。话题围绕生活、文学和个人生平事迹,以时间为顺序。

I000449 **文心与画胆** 韩静霆著。解放军文艺出版社2002年5月版。10万字。28.00元。随笔集。分“拾梦”、“画缘”、“问古”3个部分,收入了作者近年来创作的散文十余篇,在这些清新、率真而又富有粗犷美的文字中配有40余幅画。不仅展现了作者丰富的想象力,也显示了作者的艺术才华。(陈京蕾)

I000450 **心灵的水墨** 冯骥才著。解放军文艺出版社2002年5月版。8万字。28.00元。随笔集。作者从他自己的全部作品中选出的13篇最好的散文和40幅绘画。既有对生活的感悟,也有对人生的思索,无论是抒情、叙述,还是议论,都透出作者纯真、朴实的人格魅力。全书图文并茂,文中有画,画中有诗,视角独特,意境深远,展示了作者日臻成熟的艺术水准。(陈京蕾)

I000451 **老人老事** 贾植芳著。大象出版社2002年7月版。20.3万字。20.00元。收录了贾植芳先生晚年写的近50篇文章,时间从1989年始至今。书中文章一部分是对故人、旧事的回忆和思考,另一部分是为作者自己或他人的著译写的序文。从中对他同时代的一批历史人物例如胡风、邵洵美、林同济、杨必、郑超麟、公木、王中等人都会有更加深刻的了解。(李亚楠)

I000452 **吴冠中美文美画系列** 吴冠中著。广西美术出版社2002年10月版。10万字。126.80元。我国绘画巨匠、散文大师吴冠中先生的散文集,共4册,分别为:《朱墨春山——画外思絮卷》、《山水屐痕——山川漫旅卷》、《又见巴黎——域外风情卷》、《望尽天涯路——人生沧桑卷》。吴先生的文章短小精练,文风优美,有深沉的文化内涵和点评当代的犀利文笔,再加上用吴先生的绘画加以点缀,图文并茂。(梁坚)

I000453 **我只能说真话** 张平著。解放军文艺出版社 2002 年 1 月版。16 万字。16.00 元。随笔集。收录著名作家张平的散文随笔 20 余篇,内容多为普通民众的生活。表达了作家热爱人民,愿意为他们代言的激情与行动。(陈京蕾)

I000454 **张耀工作室视觉都会** 张耀著。广西师范大学出版社 2002 年 10 月版。共 4 册。《上海女人》(10 万字,39.80元)、《巴黎女人》(10 万字,39.80元)讲述了各种上海、巴黎女人的故事和细节,包括她们的秘密情事。这两本书全新的视觉带你走进她们的最深处。《上海 77 层楼》(8 万字,49.80 元)、《东京 288 小时》(8 万字,49.80 元)描绘了上海和东京这个太平洋东岸真正国际化的都会,以及在这里生活的人们。作者张耀是《时尚》杂志的特约摄影师,散文诗的作者。他和他的工作室,用闪光的镜头和灵动的文笔,渲染出浓浓的都市风情和异域色彩。他的创作有"张耀式"的放肆创意、影像视觉和文学混合的个人风格。

I000455 **画里画外** 吴冠中著。解放军文艺出版社 2002 年 5 月版。10 万字。28.00 元。随笔集。吴冠中的散文别具一格,他的文章清澈、生动、棱角分明,具有独特的色彩感和造型感,在本随笔集中,作者收入了 2000 年至 2001 年创作的 10 幅新作以及与文相对应的旧作 30 余幅。读文看画,可以感受到作者不同时期的发现。(陈京蕾)

I000456 **鸢尾花图文书丛** 张燕玲主编。广西美术出版社 2002 年 12 月出版。15 万字。38.00 元。由两位著名畅销书作家执笔,分为:《语音画》(刘索拉著,30.00 元)、《遥远的完美》(铁凝著,38.00元),每册都是由作者自由选取对其一生有重大影响的绘画、雕塑、摄影等作品,引发文思。美画美文,以画启文,以文生境,给人以美的享受。(梁坚)

I000457 **驻足边缘** 党国英著。福建人民出版社 2002 年 10 月版。21.3 万字。18.00 元。经济学随笔集。记录了党国英博士用经济学的眼光审视社会、审视人类已经积累起来的人文知识体系的感悟。作者的思考与写作追求一种灵气,一种挑战智力的快感,一种自由言说的真诚,而对虚伪避之惟恐不及。书中大量文章涉足经济学的"边缘地带",但每一篇文章却印有深深的经济学的胎记。(陈艺静)

I000458 **临机随感** 葛剑雄著。天津古籍出版社 2002 年 1 月版。20 万字。19.50 元。个人随笔文集。"学人随笔丛书"之一。文集的内容很杂,记录了作者在日常生活、研究工作中的思索和感想,大致分成 4 组:生活篇、求索篇、自然篇、人文篇。文集中既有作者对早年生活的回忆,也有对社会问题、环境问题的关注,还包含着一名历史地理学者对历史问题、历史趣闻的独到见解。学术腐败现象是目前学界的一个热点问题,文集对此也有涉猎。文集的视野和思路十分开阔,交织着学者对历史与现实的严肃思考,体现了一个学者的人文关怀。(侯林莉)

I000459 **思想者说** 副名:当代散文随笔名家名篇。桂苓、刘琅编。青岛出版社 2002 年 10 月版。65 万字。56.00 元。收入当代我国著名的学者、作家、艺术家散文随笔名作共计 120 篇,分上、下册。有著名学者季羡林、王世襄、冯其庸等近年的散文精品,也有冯骥才、刘心武、余秋雨、贾平凹等当代知名的中年作家的散文名作,还收入了沈鹏、吴冠中、范曾等许多艺术家的作品。(刘永贵)

I000460 **闻上去的青春年华** 小饭、周嘉宁等著。浙江文艺出版社 2002 年 8 月版。18 万字。15.00元。"萌芽丛书"之一。收入了十多位大学低年级和高中生优秀散文小说 30 余篇,反映当代学生的学习、生活和思想面貌,文笔体现出他们前卫的观念、敏锐的思想、奇特的想象。(徐虹)

I000461 **美国写真** 阙维杭著。浙江教育出版社 2002 年 1 月版。35.7 万字。15.50 元。以随笔与纪实性报道为主,关注与追踪美国社会文化教育等现状及东西方文化的差异,以及对新移民生存与发展态势的观察,告诉人们一个真实的美国。

I000462 **爱茶者说** 王旭烽著。解放军文艺出版社 2002 年 1 月版。18 万字。18.00 元。随笔集。通过讲茶的来源、饮法和茶界的奇人趣事,说明了茶对身心健康的良好作用。作品描写细腻,引人入胜,并具有一定的陶冶情操的作用。(陈京蕾)

I000463 **就这样日益丰盈** 阿来著。解放军文艺出版社 2002 年 1 月版。22 万字。20.00 元。随笔集。共 4 章:第一章"太阳攀响群山的音阶",是作者写藏区的散文;第二章"穿越时空的视线"是作者作为《科幻世界》主编写的科幻作品;第三章"在寂静处歌唱"选录了作品有代表性的两首长诗;第四章"面对的姿态",是作者写的十余篇生活随笔。全书

表达了热爱生活、崇尚科学、歌颂真善美的思想。(陈京蕾)

I000464 **童第周:追求生命真相** 童第周著,罗来勇、经纬编。解放军出版社2002年5月版。12万字。18.60元。主要收集了童第周的一些自传性随笔、散文,以及一些科普文章,既谈人生、谈工作、谈事业、谈奋斗、谈生活、谈爱情,也谈苦闷、谈矛盾、谈官司,字里行间闪动的是丰富瑰丽的生活、多姿多彩的人生、深入浅出的哲理、科学严谨的精神、追求真谛的执著、真知卓见的胆识、求真务实的精细……坦坦荡荡、娓娓道来,如潺潺流水、明白透澈。(杜艳丽)

I000465 **感恩之心** 钟伟著。福建人民出版社2002年10月版。14万字。12.60元。经济学随笔集,从庸常的生活中梳理出经济学的万象。这些随笔既有理性思辨的色彩,也有悲天悯人的情怀,有对弱势群体的慨叹,也有对契约精神的执著;有对市场经济这个"看不见的手"的困惑,也有对政府这个"看得见的手"的忧虑;有凝视草根阶层的一咏三叹,也有不可说者无言沉默的进退趑趄。文风雄浑、激越,极富感染力,犹如星夜的一杯苦咖啡,令人辗转反侧。(陈艺静)

I000466 **碎玻璃** 王兆军著。作家出版社2002年1月版。16万字。15.00元。一本关于社会文化批评的杂文随笔集,作者之所以名为"碎玻璃",是因为它们"透明晶莹,边角锋利如刀。这特点可以成为刮去沉着污垢的小器具,但也要小心,它们也会伤及皮肉"。全书分为3辑。第一辑收入12篇文章,既有从开车、求人、聊天等现象入手分析当今中国人的文化心态的内容,也有从文学、教育等领域出发进行中西方比较的议论。这类文章有《喘气与开车》、《文明的分寸》、《东张西望说》、《每个人都是最好的》等。第二辑收入17篇文章,其中包括对中国传统文化积极面与消极面的分析(《传统自有灿烂之处》)、中国社会中价值观念的流变及现状(《理想之美》)、关于职业道德和权力观念(《论职业神圣》和《泥石流背景上的树》)等。第三辑收入6篇文章,全部是对当代长篇小说和传记图书的评论。这些作品从纷繁的社会文化现象中条分缕析,运用不同文化比较的方法,对中国人的精神走向和心理状态做出深刻而独到的解剖。(杨德华)

I000467 **蔡澜叹世界** 蔡澜著。广东旅游出版社2002年5月版。4万字。20.00元。蔡澜是香港有名的作家和美食家。本书辑录了他带领旅行团到世界各地享用各类美食、享受当地的娱乐及健身设施,通过"随笔"的形式介绍的一些国家的饮食和民俗文化。(李瑞苑)

I000468 **醉乡漫步** 蔡澜著。广东旅游出版社2002年8月版。10万字。16.00元。香港著名作家与美食家蔡澜的又一随笔佳作。文章篇幅短小,文字洗炼,从人、事,到人生百态的感悟,均有其独到的见解。(李瑞苑)

I000469 **默默之旅** 副名:一个十三岁女孩的画与话。姚默默著。广东旅游出版社2002年8月版。5万字。12.00元。一个13岁的女孩,带着她的绘画本与日记,随着父母旅游欧洲。途中所历所记,皆富才情与诗意,大量的速写绘画与精美照片及美丽的文字造就了一位才女的诗意之旅,可谓真正的花季之旅!本书通过速写画、照片及旅途上对人和事及景地的随笔,展现了当代青少年的成长之旅。(李瑞苑)

I000470 **开卷丛书** 曹聚仁等著。上海辞书出版社2002年6月版。名家随笔丛书。共5本:《温馨上海,悲情纽约》(董鼎山著,27.7万字,21.30元)、《浮过了生命海》(曹聚仁著,11.95万字,12.80元)、《生活哲学》(马国亮著,26.2万字,20.40元)、《人生往事》(沈寂著,23万字,18.30元)、《域外拾零》(董木兰著,23.3万字,18.50元)。5位老人阅历丰富、知识渊博,他们将各自的人生体验,以平实的文字娓娓道来,这些文风各异、言之有物的精美随笔,将令新世纪的年轻人开卷有益。

I000471 **世纪风铃文丛** 林非主编,李国文等著。海天出版社2001年12月—2002年5月版。收入中国当代知名作家散文随笔集10种。分别是《一生爱好是天然》(王充闾著,21万字,20.00元)、《水流云在》(崔道怡著,30万字,22.00元)、《春的祝愿》(林非著,18万字,18.00元)、《秋天的感觉》(李国文著,20万字,19.80元)、《无奈的告白》(柳萌著,19万字,19.00元)、《生存的悖论》(梅洁著,18万字,18.00元)、《心灵的解读》(韩小蕙著,25万字,19.80元)、《哀驴》(赵丽宏著,28万字,22.00元)、《友谊比爱更长久》(肖复兴著,22万字,19.80元)、《追寻遥远的美丽》(梁衡著,33万字,23.80元)。作家分别是茅盾文学奖、鲁迅文学奖、冰心散文奖、中宣部"五个一工程"奖等各种大奖得主。这10部集子风格多样,摹写社会世态,抒发人生感悟,针贬时事,体现出作者对生活的洞见和较高的艺术表现力。(丁放鸣)

I000472 **名家看世界丛书** 叶辛等著。少年儿童出版社 2002 年 4 月版。10 万字。144.00 元。6 个著名作家访问、旅游世界各地的游记、随想等文章的书,有:叶辛的《西雅图之思》(在泰国、意大利、斯里兰卡、日本、美国、马来西亚、俄罗斯的印象);赵丽宏的《异乡的天籁》(在墨西哥、美国、俄罗斯、乌克兰、泰国、日本、澳大利亚的印象);王小鹰的《这里也有个金色池塘》(在美国、俄罗斯的印象);曹正文的《无边风月之旅》(在新加坡、马来西亚、泰国、越南、俄罗斯、美国、瑞典、韩国、澳大利亚、加拿大的印象);陆星儿的《白宫外的长椅》(在加拿大、美国、德国、法国、泰国的印象);王周生的《哈佛铜像前的故事》(在美国的印象)。各书都配有大量的彩色照片。(洪祖年)

民间文学

I000473 **爱情花儿** 朱仲禄编。敦煌文艺出版社 2002 年 4 月版。15 万字。21.00 元。"花儿"是中国西部的一朵绚丽多彩的奇葩,是民间诗歌的一颗璀璨明珠。《爱情花儿》是编者依靠丰富的生活经历和深厚的演唱实践,掌握了大量的传统花儿素材,长期地深入生活,学习西部民族的语言、民俗、风情,在周游各地"花儿会"对歌的活动中谨慎地、认真地保留了"花儿"的古朴风格、乡土韵味、语言特色,并在继承、发扬、创新的基础上,编著成此集。(侯军利)

I000474 **中国故事系列·侠义英雄** 徐正考著。河北人民出版社 2002 年 1 月版。18.2 万字。15.00元。以中国本土著名传奇故事荟萃的《中国故事》系列丛书之一种。选取中国古代剑客侠士的仗义故事,路见不平,拔刀相助,豪侠神技,探囊取物,飞檐走壁,来去如风,红线盗盒,红拂识英,铸剑复仇,少女斩蛇,点染出一段段出神入化的故事。(李大星)

I000475 **中国故事系列·神异奇幻** 刁晏斌著。河北人民出版社 2002 年 1 月版。16.3 万字。13.00元。选取中国古代神仙人物的传奇故事,神异飘渺,出人意料,天上人间,变化莫测,仙窟神游,古刹奇谈,夜月闻诗,黄粱梦幻,洞天府地,引发出一段段跌宕起伏的故事。(李大星)

I000476 **中国故事系列·浪漫情缘** 范力今著。河北人民出版社 2002 年 1 月版。14.9 万字。12.00元。选取中国古代才子佳人的著名神奇故事,情节曲折,起伏有致,缠绵动人,娇娃公子,悲欢离合,人鬼多情,再世姻缘,倩女幽魂,蓝桥艳遇,敷演出一段段浪漫动人的故事。(李大星)

I000477 **月亮忘记了** 几米绘著。生活·读书·新知三联书店 2002 年 1 月版。0.6 万字。28.00元。讲述了一个月亮的故事:电视不断重复播报月亮失踪的消息,世界末日的恐慌瞬间弥漫全球。还好,月亮出来了。一车车微笑的月亮,运往每个哀伤黑暗的城市。莹润可爱的月亮,发出温柔的光芒,焦虑的人们暂时忘记了害怕。寓言是让人们思考:看不见的,是不是就等于不存在?记住的,是不是永远不会消失。(张志军)

I000478 **向左走·向右走** 几米绘著。生活·读书·新知三联书店 2002 年 1 月版。0.289 万字。29.80 元。城市丛林的浪漫寓言。以精致的笔触和诗意的画风描绘了一对情人一个又一个的巧合和偶然,以及一个又一个的意外和错过,但那种城市中忧郁的美却照亮了人们的心灵,告诉读者:注定相遇的人们会有一个温暖的结局。(张志军)

I000479 **森林唱游** 几米绘著。生活·读书·新知三联书店 2002 年 4 月版。0.6 万字。25.00元。收录了 1999 年 3 月到 2000 年 2 月几米在《自由时报》花编心闻发表的"听几米唱歌"专栏作品。书中讲述了一个寓言故事:森林里举行了一场音乐会,胖猫、鲤鱼、老鼠、青蛙通通粉墨登场,低哑的呢喃,嘹亮的独唱,释放了麻涩的痛楚,焦躁的惊慌。作者藉故事中森林小动物的唱游嬉戏,传递都市生活的感想。本书是卡片式图画的结集,每幅画都配有机警、幽默的小文字。(张志军)

I000480 **汉字字谜大典** 孙雍长主编。广东教育出版社 2002 年版。收集古今字谜共 26200 多条,按谜面的字数或谜底的性质进行分类。书前有"汉字字谜概说",帮助读者了解字谜的有关知识;书后附有音序、笔画两种"谜底字检索"。(曾大力)

I000481 **笑笑笑·当代笑话段子** 刘正荣选编。黑龙江人民出版社 2002 年 1 月版。44 万字。40.00 元。收录许多当前流传的笑话,种类繁多,具体有:童言稚语、情场逸闻、夫妻之间、非常男女、家庭趣事、求医问药、生意场上、餐饮住宿、职场风云、广而告之、交通逸事、出门在外、治安司法、官场众相、文体艺苑、足球专题、另类人物、农人轶事、醉酒百态、市井风景、人际交往、左邻右舍、金融信贷、婚丧嫁娶、电脑天地、人与动物、动物世界、台湾笑话、外国人在中国等等。(刘恺汐)

儿童文学

I000482 **我最喜爱的书(3岁前)** 鲁兵等写，王晓明等画。少年儿童出版社2002年6月版。200幅图。40.00元。婴幼儿读物。分5袋装，每袋5册。分别为《我最喜爱的儿歌书》，共有40首儿歌，每个儿歌配1图；《我最喜爱的故事书》，共有6个婴幼儿故事；《我最喜爱的谜语书》，共有40则谜语，每则谜语配1图；《我最喜爱的认物书》，分"蔬菜和水果"、"用品"、"工具"、"动物"(1、2)5册，共40物，每物1图；《我最喜爱的计算书》，分"数字"、"比较"、"颜色"、"形状"、"加法和减法"5册。(洪祖年)

I000483 **我最喜爱的书(6岁前)** 王铨美等写，周翔等画。少年儿童出版社2002年6月版。200幅图。50.00元。幼儿读物。分5袋装，每袋5册。分别为《我最喜爱的认字书》，共有200个单字，每字一图；《我最喜爱的故事书》，共有10个幼儿文学故事；《我最喜爱的名著书》，有"小红帽"、"卖火柴的小女孩"、"渔夫和金鱼"、"小狗和小猫"、"七色花"；《我最喜爱的唐诗书》，共有50首适合幼儿背诵的唐诗，每诗一图，并附浅显的解说；《我最喜爱的英文书》，按英文字母排列，每个字母选几个浅近的英文单词，每词一图，共100个单词，每词有一个英文句子。(洪祖年)

I000484 **张天翼儿童文学全集** 张天翼著。中国少年儿童出版社2002年8月版。97万字。98.00元。儿童文学个人作品全集。"儿童文学大师全集书系丛书"之一。共4册。共收集了中国现代著名小说家、儿童文学作家张天翼创作的童话、小说、寓言和戏剧作品53篇。每篇文章后面均注明其出版的时间、曾用过的篇名和原载于何处。在所有作品后面还附写了张天翼生平年表简编，书中漂亮的插图出自我国著名漫画家华君武、缪印堂等大师之手。张天翼的作品大多具有鲜明的现实主义精神，以讽刺与幽默见长，是继叶圣陶和冰心作品之后中国儿童文学第二个创作高潮的杰出代表。是中国现代童话的典范之作。(陈斌)

I000485 **雨中的红蜻蜓** 白宇、刘洋著。辽宁少年儿童出版社2002年6月版。10万字。6.50元。两位少女的诗歌集。作者在诗中用诗的形式表现了少女对生活、大自然和生命的感受和热爱。每一首诗都非常纯洁、热情、浪漫，充满幻想与生机。

I000486 **配图新编童话诗** 滕毓旭著。金盾出版社2002年6月版。10.4万字。9.00元。少年儿童读物。选收23首童话诗，全部以动物为主人公，用适合儿童心理的语言和符合儿童想像力的情节，讲述发生在它们身上的故事。每首诗都配有富有儿童情趣的卡通画。故事的主题分别是热爱家园、热爱生活、关爱他人、关心集体、勤劳俭朴、勇敢坚毅、谦虚好学、文明礼貌等。(李云清)

I000487 **骑扁马的扁人** 王立春著。辽宁少年儿童出版社2002年7月版。10万字。15.00元。一部以少年儿童为读者对象的儿童诗歌集。分4辑，歌颂了真善美，表达了儿童热爱家乡、热爱亲人、热爱学习和生活的愿望。诗句简洁而又优美，有些诗歌近年曾获过大奖。作者长期从事儿童诗歌创作。

I000488 **新时代365夜儿歌** 鲁兵主编。少年儿童出版社2002年6月版。12.00元。收有近几年来儿童文学家鲁兵、李少白、郑春华、唐鲁峰、刘喜成、任溶溶、圣野、张秋生、张继楼、金波、屠再来等新创作的儿歌112首。每首配有彩色插图。(洪祖年)

I000489 **动物与人类小说系列** 刘海栖主编，[加拿大]埃里克·沃尔特斯等著，张建平等译。明天出版社2002年3月版。10万字/册万字。42.00元。以人类与动物之间相互依存、交流、冲突等为主题的少年小说。透过这些作品。少年儿童将会更加深切地体会到动物的存在对维护自然界的生态平衡起着不可忽视的重要作用。而自然界的生态平衡对人类自身的生存又具有十分重要的影响，失去了生态平衡，人类将不可避免地面临生存危机。本丛书所表现的主题思想对教育少年儿童保护野生动物、保护自然环境，保护人类自己的生存空间有着积极的现实意义。(傅大伟)

I000490 **死亡进化** 琳达著。少年儿童出版社2002年6月版。11万字。10.00元。中国原创科学幻想小说。一颗小小的陨石坠落到地球，这颗看似普通的陨石上带有神秘的外星生物基因。这些基因在到达地球以后立即开始进化，速度令人难以置信，一天内就能完成人类千百年走过的历程。人类的科技水平根本无法对它们造成任何伤害，惟一的希望是在进化完成前对它们进行核打击，但决策者却希望通过和它们谈判来取得先进科技。更可怕的是，外星怪物的巨型战舰正向地球飞速驶来……(洪祖年)

I000491 **"妖湖怪谈"系列** 彭懿著。少年儿童出版社 2002 年 6 月版。24 万字。36.00 元。彭懿新创作的科学幻想系列小说,共 3 册,风格离奇、惊险。主人公都是一个少年的“我”。《湖怪》写:一个雨天,我经过妖湖边上的一座叫“百年墓石”的老宅时,觉得有一双眼睛在盯着我,而且是双一百年前的眼睛,我一下子想起了湖怪的传说……《三条魔龙》写:一天午夜之前,我上了一列在淡淡的月光中开出的有轨电车,没想到来到了与妖湖接壤的地方,那是一个魔龙沉睡的地方,那里有三条魔龙已经等了我 9600 年了……《九命灵猫》写:我在有轨电车上见到了一个干瘪的老太婆,叫我大吃一惊;电车远去时,她那一张鬼魅般的脸贴在车窗,还冲着我微笑。我想起来了,那就是我在噩梦中没有能杀死我的那个老太婆……(洪祖年)

I000492 **QQ 宝贝** 周桥、周晴著。少年儿童出版社 2002 年 5 月版。14 万字。12.00 元。小说。描写了 4 个中学生丰富多彩的校园生活,以及他们用 QQ 所引发的种种奇特有趣的故事。(3)班的韩月,想在知识竞赛中战胜始终第一的(4)班才女郝圆圆,萧敏却在这关键时刻要求退出竞赛;“单挑谁怕谁”霍胜不自量力地提出代表萧敏参赛,他自称在网上打遍天下无敌手,却栽在小小的“聪明药丸”上,因而误了和“紫衣云梦”的网上约会……郝圆圆一心想在年级竞赛中胜过语文尖子生韩月,把心思扑在了竞赛上,不料期终考试成绩下降,迫于家庭的压力,无奈之下,她请韩月帮忙,上网招聘陌生人参加家长会,“不幸”被揭穿。郝圆圆一错再错,最终只好出走……韩月觉得自己应该为郝圆圆离家出走负责,从此踏上漫漫的寻找之路,正当他无计可施时,却无意中发现了寻找郝圆圆的最佳方法,他凭借霍胜的 QQ 知识,终于找到了郝圆圆的下落,却又与她擦肩而过……“风中玫瑰”萧敏以为自己在网上找到了知音,她接受了网上好友“沙漠之狐”的劝说,决定参加竞赛,又开始了与韩月的“早上时光”;可她却意外发现,“沙漠之狐”居然是个又黑又丑的中年人……小说在描写当代少年丰富多彩的生活时,把已深入中学生生活的网络世界巧妙镶嵌其中,并加以正面引导。(周晴)

I000493 **星之大海** 戴维斯著。少年儿童出版社 2002 年 6 月版。11 万字。10.00 元。中国原创科学幻想小说。书中有“宇宙战士 009”称号的传奇式人物乔那森·本德将告诉你 2150 年的世界将是怎么样的。乔那森·本德是个勇敢的科学家,一次他在沙漠中遭遇到时间风暴,瞬间就把他推向了 150 年后的一个梦一样的世界……人类面临着前所未有的困境,硅基种族佐格拥有难以置信的恐怖力量和惊人的繁殖速度,传说中的种族波特斯人也神秘出现,他们的科学技术水平是人类所望尘莫及的……(洪祖年)

I000494 **恐龙智慧** 米勒著。少年儿童出版社 2002 年 6 月版。11 万字。10.00 元。中国原创科学幻想小说。科摩多龙神秘逃逸,研究所里发生了离奇命案。所有的疑点都集中在乔那森·本德身上,而他外出时更遭到了职业杀手的连环追杀,最后逃到一个孤悬海外的小岛上。在这诡异的岛上,本德发现了非同寻常的智慧恐龙,它们完全脱离了人类的控制,成为最危险的敌人……(洪祖年)

I000495 **家里有我** 陈磊著。四川少年儿童出版社 2002 年 11 月版。18.7 万字。17.00 元。“鬼马少年系列”中的一本。讲述了贾政庆班上的学习尖子刘毅然在新学期突然一反常态,变得孤僻、敏感,上课注意力不集中,有时甚至不能按时完成作业。刘毅然的变化引起了慕容老师的注意,她鼓励同学们不要抛弃刘毅然,而应该弄清事情的原由。经过查访,同学们得知原来刘毅然的父亲下岗了,刘毅然觉得很没面子,害怕同学们知道后瞧不起自己。贾政庆等想尽一切办法,终于在同学钱泰和父亲的公司为刘毅然的爸爸找了一份新的工作。但刘毅然的爸爸并不满意。不久,刘毅然的爸爸南下打工去了。贾政庆等决心为下岗的爸爸妈妈们做点事情。他们帮危若舟的妈妈薛阿姨办起了“从头再来校服回收站”,并且将这段经历编成歌舞音乐剧《永不放弃》,在市里组织的文艺汇演中大获成功。令那些下岗的父母亲们异常感动。家长们从孩子们的身上看到了未来的希望,因为他们小小年纪就已经学会替父母分担艰辛了。

I000496 **燃烧在海底** 米勒著。少年儿童出版社 2002 年 6 月版。11 万字。10.00 元。中国原创科学幻想小说。最先进的战斗机和潜水艇诡异地失踪,最高军事机密成为报纸头条,海底惊现蓝色的金字塔!乔那森·本德只身潜入深海,与大白鲨和魔鬼乌贼激烈搏斗!而当乔那森·本德最终潜入金字塔后,发现那里竟然是克隆人的研究所,人类将被像种植萝卜一样大量制造,取走有用器官后处理掉……(洪祖年)

I000497 **十五岁之夏** 秦文君著。接力出版社 2002 年 1 月版。13.00 元。少儿小说。描写一群少男少女欢聚在海边的夏令营,他们多才多艺,富于幻想;他们有自己的小秘密,有自己的观察和思考;他们经历了亲情与友情的纠葛,幻想与现实的碰撞;他们在相互的交往中磨炼了意志,体验了成长的痛苦与快乐。小说从3个少女的不同视角,勾画出当代都市少女的成长足迹,展示了她们丰富的内心世界,同时也折射出成人社会对她们的深刻影响。(余人)

I000498 **小哥俩和一只猫精** 单瑛琪著。中国少年儿童出版社2002年9月版。9万字。12.00元。中国当代儿童文学。长篇小说。“不倒翁丛书”之一。作者是出生在20世纪70年代的小布老虎姐姐。书中写爱拆东西的汪一一和英文特棒的汪天天这对双胞胎小哥俩,与李奶奶家的小白猫成了知己。这只猫精特别会讲故事。因为它的缘故,引出了一连串的人和事。这本书与众不同的地方是每一章虽然都是以第一人称“我”来讲事情的经过,但每一章的“我”不是同一个人。而是主人公汪一一、汪天天、小白猫、小哥俩的爸爸、妈妈、家里的小阿姨脚丫、学校里的刘老师、于笑笑、张小楠、“小胖墩儿”刘根。一章一个人物,每个人物都从自己的视角阐述事情发生的经过。书中的插图,以及全书的装帧设计生动有趣,对文字具有补充和相辅相承的作用。(陈斌)

I000499 **女生浪漫系列** 副名:校园阅读新书坊。张法等著。湖北少年儿童出版社2002年9月版。40万字。40.00元。以少男少女为对象的中篇小说,共5册,分别为《花开的时候》、《蓝森林陶吧》、《再见!蓝眼睛》、《Love天长地久》、《黄色潜水艇》。丛书以校园生活为背景,描述了不同性格的几位女生的学习、生活、情恋经历。丛书的作者是国内著名的几位女性作家,她们以女性特有的细腻描写少女的成长。(刘海燕)

I000500 **芝麻开门(配图修订版)** 祁智著。江苏少年儿童出版社2002年7月版。28.4万字。15.00元。以四年级小学生为原型的儿童长篇小说。讲述了一个班集体、一群有个性和才情的孩子、几位可敬的老师、几个都市普通家庭在一年里发生的故事。转学的男孩张天,走进了大钟亭小学四(1)班的教室,结识了想当元帅的迟速、心眼比炮粗的胖女孩姜珊、小服装设计师孙新悦、少年老成的中队长尹露露、热心肠的李强、帮爸妈约会的杨晨……在这个可爱的集体里,他和伙伴们快乐着、承担着、成长着。小说故事情节曲折,人物形象丰富,叙述流畅而富有美感。作家在创作这部作品的过程中,在小读者中广泛征集故事,先后有100名小读者参与了创作。这种独特的写作方式使作品与生活结合得更紧,更加贴近儿童的心灵,为纯文学作品的出版探出了一条卓有成效的新路。(钱旭东)

I000501 **远离课桌的日子** 马中马著。黑龙江人民出版社2002年1月版。7万字。7.50元。当年,日本鬼子曾在北疆小城——孙吴的海星山秘密押解劳工,修筑了18座仓库。然而,解放后,只发现了17座,第十八仓库却神秘地失踪,成为孙吴人无法解开的斯芬克司之谜。50多年后的今天,有三少年,拟定了“鼹鼠行动”的计划,利用暑假去海星山寻觅探险。他们远离课桌,也远离了父母的呵护,独自去大山里撑起一方天。他们一旦扑进大自然的怀抱,那愉悦的心情是无法言喻的。在险象环生的境遇里,他们机智勇敢,团结友爱,战胜一个又一个困难,思想得到锻炼,情操受到陶冶,展示了新一代青少年的积极进取的精神风貌。(刘悦汐)

I000502 **走马神灯** 张旗著。河南人民出版社2002年1月版。26万字。20.00元。一部具有中国民族文化特色、融合中西文化、面向世界的以少年儿童为主要读者对象的原创长篇科幻神话小说,主要讲述一位12岁的华裔少年小汉子,在一群中外小伙伴的帮助下,借助一盏神奇的走马灯,开启时空隧道,从20世纪返回中国古代神话世界,用现代科技制邪恶、救百姓,上天入地,遨游古今,展现了一群少年儿童的创造性智慧、非凡的想像力、百折不挠的意志品质、勇敢的探险精神和爱憎分明的正义感。(李小龙)

I000503 **男生日记** 杨红樱著。作家出版社2002年1月版。15万字。15.00元。杨红樱继《女生日记》后的又一部儿童长篇力作。这是一段从小男生成长为男子汉的心路历程。本书沿用了《女生日记》的日记体形式,以轻松幽默的笔调,真实地记述了六年级男生吴缅小学毕业后,他的精彩难忘的暑假生活。充分表现了当代少年儿童成长的快乐和烦恼,成功地塑造了有个性、有责任心、有冒险精神的少年形象,特别突出了吴缅身上作为当代少年人最可贵的创造力和幽默感的特质。(王淑丽)

I000504 **男生惊悚系列** 副名:校园阅读新书坊。查羽龙等著。湖北少年儿童出版社2002年9月版。42万字。40.50元。科学幻想小说,共5册,分别为《幻象恶魔》、《幽灵在线》、《天使之怒》、《蜥蜴指环》、《魔鬼拳击手》。丛书的读者对象定位于初中生以上的少年,以他们感兴趣的生物克隆、互联网技

术等高科技技术为背景,展示了正义与邪恶的较量。(刘海燕)

I000505 **我飞了** 黄蓓佳著。江苏少年儿童出版社 2002 年 4 月版。17.4 万字。12.50 元。著名作家黄蓓佳继《我要做好孩子》、《今天我是升旗手》之后又一部儿童长篇小说。小学高年级男生单明明热情、仗义,酷爱中长跑,却过早地失去了母亲。生活在沮丧中的他一心盼望生活中能有奇迹发生。他与新来的男生杜小亚无意中成为邻居和朋友,可是杜小亚却因病离他而去。那个关于"飞"的理想和对杜小亚的深切怀念,伴着单明明成长,伴着六(3)班成长。在毕业前夕,单明明终于在同学们关切的目光中"飞"起来了。今后,还会有更高、更远、更美的飞翔,在等着单明明和他的同学。整部小说激情荡漾,既有对现实生活的真切描绘,又结合了浪漫的魔幻手法,在作家以往的写作风格上有大胆的突破和成功的尝试。(钱旭东)

I000506 **阿尔太·哈里** 赵燕翼著。甘肃少年儿童出版社出版 2002 年 1 月版。10.3 万字。12.30 元(平),14.10 元(精)。赵燕翼儿童文学集五卷本中的一本——小说卷二。赵燕翼先生是我国著名儿童文学作家、当代小说家。从 20 世纪 40 年代,赵燕翼先生就开始了他的儿童文学创作。其作品曾得到茅盾先生的高度评价。他创作的童话《金瓜儿银豆儿》、《五个女儿》已成为我国儿童文学创作史上的经典之作,早在半个世纪以前,就产生了广泛的社会影响。20 世纪 90 年代至今,赵燕翼先生虽步入古稀之年,仍笔耕不辍,又创作了大量深受广大读者喜爱的儿童文学作品。《阿尔太·哈里》收入了赵燕翼先生惟一的一部长篇小说,这也是他最偏爱的一部重要的作品。这部作品曾于 1980 年获得由中央八部委联合颁发的"全国少年儿童文艺创作奖"。《阿尔太·哈里》在 20 世纪七、八十年代,曾给当时的少年儿童留下过极其深刻的印象。现在经过作者进一步修改后,将其重新呈现在读者面前。

I000507 **阿笨猫全传** 冰波著。接力出版社 2002 年 9 月版。16.3 万字(上),16.1 万字(下)万字。16.00 元/册。少儿幻想小说。是作者在动画片《阿笨猫》脚本的基础上重新撰写而成并首次推出。由《阿笨猫与外星小贩》、《阿笨猫与气功大师》、《阿笨猫与发明家》3 部分组成。《阿笨猫与外星小贩》讲述了来自阿尔法星球的小商贩巴拉巴不断以新奇、有趣的商品来吸引阿笨猫的注意,并和阿笨猫做生意的各种故事;《阿笨猫与气功大师》讲述了元空大师用各种"气功"来吸引、诱惑阿笨猫的故事;《阿笨猫与发明家》讲述了发明家金哥能发明各种看起来完美无缺、神奇无比的东西,但这些东西总令阿笨猫洋相百出的故事。(余人)

I000508 **e 班 e 女孩** 张弘著。中国少年儿童出版社 2002 年 8 月版。10 万字。12.00 元。中国当代儿童文学。长篇小说。作者以时尚、独特、充满灵气的网络语言塑造了一群阳光少年,其中的代表人物—主人公诸贺,是一位网名叫"长发飘飘"的淘气女孩。她是新时代少年的代表。全书以诸贺参加幻想中国网的 e 少年评选活动为线索,引出了一系列校园故事。但书中的校园故事却与以往的校园故事不同,因为这些故事都与网络有关,特殊的网络语言在书中随处可见。在故事的讲述方式上,作者选取了多个故事多条线索平行叙事的方式。作者的这篇作品为网络小说和校园小说找到了最佳彻合点,为少年小说的创作增添了新的视点和新的途径。(陈斌)

I000509 **彩色的晨梦** 利格登著。内蒙古少年儿童出版社 2002 年 12 月版。8.4 万字。6.60 元。儿童中篇小说。根据巴雅尔同学梦中的故事情节,以奇特的幻想和手法使之描写成七彩纷呈的美丽童话。书中描写了小巴雅尔自从懂事起到现在为止的全部过程。小巴雅是一名乌珠穆沁普通牧民的儿子,他身体强健、性格开朗、勤奋好学、爱好体育运动。作者生动地描写了巴雅尔如何勤奋学习,如何克服了一系列困难,如何成为八强之一,又做了一系列什么样的奇特梦,诸如:如何去操场参加劳动,怎样遇到小刺猬,又怎样大战老鼠,怎样下决心去寻找八骏马等等有趣的故事。通过对上述故事的描写,表达了当今学生应怎样茁壮成长,发挥自己的聪明才智,成为社会有用之材的思想。(萨仁娜其其格)

I000510 **鸡皮疙瘩系列丛书** [美]R.L.斯坦著。接力出版社 2002 年 3 月版。16.00 元/册。长篇少儿惊险小说集,英文版共 137 本,中文版 2002 年共出 8 本,分别是:《死亡之屋·远离地下室》(16.5万字)、《噩梦营之旅·邻屋幽灵》(16 万字)、《古墓毒咒·魔镜隐身记》(18 万字)、《魔血·倒霉相机》(17.5 万字)、《木偶惊魂·追妖女孩》(17.2 万字)、《魔鬼面具·小心许愿》(16 万字)、《钢琴杀手·湿地狼人》(17 万字)、《你吓不着我·恐怖乐园》(16.2 万字)。1992 年第一本面市,1999 年以 27 种文字版本出版、全球销售近 2.2 亿册的成绩,被吉尼斯世界大全评为历史上销售量最大的儿童系列图书，作者R.L.斯坦亦被评为当年最受欢迎的儿童文学作家。作品每本故事完全独立，主要人物均为十二三岁的男孩女孩。作品借助超越现实的科幻、神话、传说和鬼怪世界，创造出挑战孩子们想象力极限的情境和经历，激发孩子们观察、思考和审视现实社会和科技时代，反省人类自身的丑陋与卑劣，升华内心的真善美情感。（余人）

I000511 **天山少年传奇** 赵燕翼著。甘肃少年儿童出版社2002年1月版。13.9万字。16.50元（平），19.00元（精）。赵燕翼儿童文学集五卷本中的一本——小说卷一。赵燕翼先生是我国著名儿童文学作家，当代小说家。从20世纪40年代，赵燕翼先生就开始了他的儿童文学创作。其作品曾得到茅盾先生的高度评价。他创作的童话《金瓜儿 银豆儿》、《五个女儿》已成为我国儿童文学创作史上的经典之作，早在半个世纪以前，就产生了广泛的社会影响。20世纪90年代至今，赵燕翼先生虽步入古稀之年，仍笔耕不辍，又创作了大量深受广大读者喜爱的儿童文学作品。《天山少年传奇》收入了赵燕翼先生的13篇短篇小说。这些小说，一半写甘肃河西走廊祁连山区藏族牧民的生活，一半写新疆天山山区哈萨克族牧民的生活。作品具有浓郁的民族风情和地方特色。情节紧凑、故事生动、形象鲜明、语言鲜活，富有生活气息，是赵燕翼儿童文学作品——不论是童话，还是小说的显著特点。

I000512 **一个故事一个谜** 西周等著。金盾出版社2002年9月版。8万字。10.50元。彩图含谜故事书。分两册，是集卡通画、故事、知识、猜谜为一体的多功能图书。第一册包括：狮子王招聘；叫天子的歌；守林爷爷；迷人的金丝猴小姐；森林里的“锯树郎”；狒狒先生求医。第二册包括：象房里的小老鼠；海上养殖场奇案；黑蚁国大战红蚁国；果园里的不速之客；粗心的工程师；小驼鸟沙漠遇险记。每一个有趣惊险的故事都有一个谜，答案会告诉小读者一个科学知识，内容涉及自然、宇宙、动物、植物、海洋等多方面知识。（于玉珍）

I000513 **一百二的飞翔** 王巨成著。北京少年儿童出版社2002年9月版。9万字。12.00元。一百二本来有一个好听的名字，但别人不叫，偏要叫他一百二。一百二有许多好玩儿的故事，成了四年级学生后，故事就更精彩了。比如：拉了一下张小花的辫子，家长还没喊来，口袋里的小蛇却大闹课堂；被罚站到外面，又站出了黑衣人大战青面兽的故事来；被罚扫地，不但发明了“两边甩”的方法，还换回了许多宝贝……

I000514 **儿童故事版上下五千年** 秋雯等编著，陈大元等绘画。少年儿童出版社2002年9月版。16万字。80.00元。彩图本。分4册，从远古传说中的黄帝开始，一直到20世纪初的辛亥革命爆发，讲述了近两百个历史上最有名的事件和人物的故事。正文全注音；每个故事，分别设有“人物档案”、“知识窗”、“小词典”、“跟踪追记”、“成语今说”等栏目。（洪祖年）

I000515 **100个杰出人物的童年故事** 高厚满编著。湖北少年儿童出版社2002年9月版。12万字。9.00元。少年儿童读物。讲述100个杰出人物童年时代的故事。每个人物故事分为小档案、正文、动脑筋3个部分。小档案简要介绍正文人物的生平、贡献。正文主要讲述中外杰出人物从小立大志、在艰苦环境下刻苦学习、打抱不平等故事。动脑筋则根据正文故事提出相关的问题，供小读者在读完故事后思考。（罗杜芳）

I000516 **中外优秀美德故事** 陈之曦主编。少年儿童出版社2002年2月版。16万字。8.00元。共收72则小故事。有中国传统的美德故事，如：大禹治水、晏子使楚、屈原投江、司马迁忍辱写《史记》、苏武牧羊、史可法就义、林则徐禁烟、小甘罗十二岁拜相、花木兰代父从军；有中国近代的美德故事，如：孙中山奔走革命、陈嘉庚赤子之心报祖国、钱学森回国兴科技、王进喜铁人精神、袁隆平培育高产稻、好干部焦裕禄。也有外国美德故事，如：法国女英雄贞德、美国总统华盛顿童年诚实故事、马克思在图书馆、爱迪生搞发明、荷兰小男孩身堵海堤，等等。（洪祖年）

I000517 **成长的旅行** 王巨成著。北京少年儿童出版社2002年9月版。8万字。11.00元。郭芳芳是学校的名人，歌儿唱得好，舞也跳得棒，而且还有着与众不同的辫子，可是她却怕一个人……有人说郭芳芳和谢明好了，为此，郭芳芳和谢明打了一架；天上掉下个魔法师，郭芳芳决定请魔法师把她的《世界童话名著》再变一套出来，可你就是把头发想白了，也想不出魔法师原来竟是……

I000518 **米球球的隐身术** 郑春华文、程思新图。北京少年儿童出版社2002年2月版。3万字。9.50元。讲述米球球和爸爸妈妈之间的故事。比如说，爱玩藏猫猫的米球球总是让爸爸妈妈找不着，为了判定米球球到底是藏在屋外还是阁楼上，爸爸妈妈竟像小孩似的用“石头、剪子、布”来决定听谁的，米球球遮脑门的一溜头发，被人误认为是“娃娃头”，米球球真想躲起来，要是有隐身术该有多好。

I000519　**豆豆姐姐讲故事**　冰波等编文。少年儿童出版社2002年5月第1版。8万字。60.00元。共4册彩色幼儿注音读物，收有50多个幼儿文学故事，由冰波、谢华、刘喜成、郑春华、周锐、彭懿、张秋生等编写。每册附有一盒故事磁带，都由上海电视台儿童节目主持人“豆豆姐姐”播讲。(洪祖年)

I000520　**我们的公虎队**　梅子涵著。新蕾出版社2002年9月版。2.45万字。24.00元。通过“大香蕉大土豆”、“大方的林小气”、“足球特务”等十几个小故事，将戴小桥、林晓琪、马儿帅、汪小中等人物刻画得栩栩如生，呼之欲出。书中的每个小故事都充满机智与幽默的噱头，如肯德基店里汪小中与同学鸡大腿与鸡小翅的争抢；下课只顾打逗的林晓琪课上尿裤子的尴尬场面；还有那一篇篇只有孩子才能写出的日记，无不使读者忍俊不禁。为本书作画的，是我国著名儿童画插图画家沈苑苑。她善于刻画有个性的人物，本书中人物形象生动活泼，富有情趣，为全书增色不少。(李春芬)

I000521　**狂想城系列**　北董著。新蕾出版社2002年10月版。48.4万字。59.00元。小学生司空大虎和鹿家宝是小城的“滑板王”，可是有一天家宝的滑板被盗，他在追捕的路上与盗贼一起撞到了酒店前的石狮子上，奇迹发生了：他们来到冰天雪地的狼人世界……之后，他们又不断地置身离奇、诡异的环境及事件当中。作者“狂想”，信马由缰，读者则会挣脱一切羁绊，随之神游，在获得知识的同时，也必定引起对环境保护、人类命运的关注。(王公惠)

I000522　**奇奇童和灵灵孩**　吴今月著。天津教育出版社2002年10月版。29.5万字。20.00元。主人公奇奇童是一枚小胡桃，灵灵孩是一条大青虫。雷妈妈送给他们一片地图树叶，跳进树叶就可以到中国的任何地方。他们两个凭着这片树叶走遍了全中国，遇到了不少奇怪的动物与奇怪的事，并且凭借自己的勇敢和智慧，帮助了许多动物。最后，奇奇童变成了一棵胡桃树，灵灵孩化作了一只美丽的蝴蝶。书中共涉及国家濒危保护动物50多种，在每一章的后面有关于本章所涉及动物的小知识，以及一个关于爱护动物的小故事。(匡威)

I000523　**梦飞天丛书**　白凤昆著。金盾出版社2002年8月版。75万字。90.00元。彩色绘图本故事书。共15本。分别为：《蓝色的梦》、《插翅上蓝天》、《会飞的木鸟》、《飞人斗飞兽》、《乘龙跨凤战飞魔》、《风筝和竹蜻蜓》、《夜幕高悬松脂灯》、《飞天冒险家》、《飞车传奇》、《达·芬奇画飞机》、《滑翔大师》、《莱特兄弟》、《航空器大家族》、《登上月球第一人》、《飞碟之谜》。从嫦娥奔月的传说至载人航天飞机登上月球，每本书都讲述一个航空文明史中的故事。(于玉珍)

I000524　**稀奇古怪的好好玩学校**　萧袤著。甘肃少年儿童出版社2002年12月版。16.2万字。9.60元。荒诞儿童文学作品集。故事中虚构了一个叫“好好玩”的学校，通过这个学校中一个叫“莫须有”的老师和同学们之间发生的种种有趣而又荒诞不经的故事，发出了孩子们的心声。本书属系列作品，是国内第一部以“荒诞”命名的儿童文学作品集，由我国儿童文学新秀作家萧袤独家提供版权。(李东涛)

I000525　**频道怪兽**　杨鹏著。甘肃少年儿童出版社2002年2月版。5.4万字。3.20元。好读的科幻故事集。由《频道怪兽》、《透明人》、《收购烦恼》、《疯狂游戏》、《颠覆校园秘密行动》、《疯狂薇甘菊》6篇故事组成。每篇故事为我们设立了一个特殊的场景，讲述了在这个场景中有趣的人和事。例如：在《频道怪兽》中，有一只潜伏在电视中的频道怪兽，它很善良，它会哭会笑会撒娇，但它专吃动画片，为此它和小朋友们发生一系列由对立到友好的有趣故事。在《疯狂游戏》中，你将经历一场充满危机和恐惧的网络游戏，当然，胜利属于智慧而勇敢的人。(新莉)

I000526　**新时代365夜故事**　鲁兵主编，王祖民等插图。少年儿童出版社2002年6月版。7万字。24.00元。收有106个近几年来儿童文学作家为幼儿新创作的幼儿文学作品，分上下册。作者有鲁兵、郑春华、谢华、张秋生、王晓明、赵冰波、周锐、庄大伟、方轶群、郑开慧、胡莲娟等；每个故事配有彩色插图。(洪祖年)

I000527　**新编一天一个好故事**　曾长清编著。河北少年儿童出版社2002年3月版。25万字。40.00元。分4册：《动物探秘》、《窗外奇事》、《智慧金屋》、《中华美德》。作者根据时代的发展和孩子们成长的需要，在《一天一个好故事》思路基础上，新设栏目、新编故事。(石庆林)

I000528　**聪明侦探600案**　水云编文，腊月绘画。黑龙江少年儿童出版社2002年9月版。28万字。58.80元。选择侦探、破案为切入点，编写了600个这类有趣的小故事，分6册出版。分别是：

《蓝色热带鱼》、《红色游泳衣》、《绿色罐头盒》、《黑色的死猫》、《紫色的尸体》。(宣森)

I000529 **历险故事丛书** 李满园等著。河北少年儿童出版社 2002 年 9 月版。60 万字。79.10 元(套)。包括《马虎大王历险记》、《撒谎大王历险记》、《邋遢大王历险记》、《懒惰大王历险记》、《馋嘴大王历险记》、《吹牛大王历险记》等 6 本童话故事。马虎大王是小学生旺旺豆因平时做事粗心大意,因此吃了"马虎丸"而走入"割耳谷",又掉进"魔鬼湖",因而发生了许多稀奇有趣的事。撒谎大王说的是爱撒谎的孩子李波因说谎而带来的一系列麻烦事。邋遢大王说的是小学四年级的学生不小可因生活邋遢,不讲卫生和苍蝇阿黑小姐成了朋友,他们在邋遢山谷发生了很多难为情和坎坷的事。吹牛大王林西里、馋嘴大王王小奇、懒惰大王马义都因他们平时有吹牛、嘴馋、懒惰的毛病,因而在他们身上发生了许多滑稽可笑,离奇有趣而又使人思考的故事。(李远杰)

I000530 **走进神秘地域丛书** 尹树义、力格登、蓝怀昌等著。明天出版社 2002 年 5 月版。38.3 万字。30.30 元。包括《踏歌而行的依兰》、《放飞的画眉鸟》、《康定童话》、《巴雅尔的彩梦》、《野孩儿达瓦》5 册。书中描写了少数民族居住地区那充满神奇的生活,以及那里的少男少女勇敢、清纯和迷人的自然本色。(冯晨)

I000531 **美德故事丛书** 河北少年儿童出版社 2002 年 10 月版。180 万字。120.00 元。共 10 本,分别为《正直的故事》、《守法的故事》、《爱国的故事》、《勤俭的故事》、《诚信的故事》、《自强的故事》、《仁爱的故事》、《合作的故事》、《好学的故事》、《热爱自然的故事》。汇集了大量的中外美德故事,同时设计了大量情景和可操作的活动,使学生在实践中提高道德素养。(贾亚青)

I000532 **少女成长丛书** 殷健灵等著。少年儿童出版社 2002 年 3 月版。32 万字。32.00 元。写给花季少女阅读的私房书。共 4 册:包括《悄悄话对你说》、《玻璃爱心》、《云想衣裳花想容》和《成长密码》。《悄悄话对你说》以少女成长过程中必须经历的生理变化入手,告诉读者如何面对变化,沉着应对,让她们在面临身体发育的时候,作好充足的思想准备。《玻璃爱心》写了少女时代美好朦胧的感情,对明星的崇拜,对师长的景仰,对同龄人的爱慕等,都在书中有很好的诠释,帮助少女正确对待这一段情窦初开的岁月。《云想衣裳花想容》说的是关于女孩装扮自己的故事,青春与清纯、颜色与个性、休闲的日子,以及对名牌的理解等,从不同的方面,告诉女孩年龄与装扮的关系,帮助少女学会打扮自己。《成长密码》从一个女孩成长的心理角度,综合讲述成长历程,如何完善自我,如何尊重他人,如何珍惜拥有等等,帮助少女健康成长。这套书每本都列有 9—10 个专题,各收入 20 余篇散文,提供给少女读者更多关于成长岁月的经验和知识,帮助她们更好地成长。书中还增加了"博士姐姐评点"和"小知识"等栏目,提供一些少女生活中的必需知识,增加这套书的实用性。(周晴)

I000533 **一变二童话·想走的树和想留的兔子** 王一梅著。甘肃少年儿童出版社 2002 年 9 月版。9.50 元。低幼读物。所谓"一变二童话"就是由一条童话线索派生出的两个既相互对应、相互关联,又各自独立的童话故事。让幼儿尝试一种新的童话思路和更新奇的童话阅读方式。《想走的树和想留的兔子》就是这套"一变二童话"中的一本。讲的是"一棵想去流浪的树"的故事和"一只情愿留下来守着树墩的流浪兔"的故事。故事本身就很新奇、有趣。该书由目前国内最具实力的童话作家和儿童画家创作和绘画。

I000534 **大人们在干什么注音童话系列** 楚庄、吴祖心主编。湖北少年儿童出版社 2002 年 9 月版。103.5 个印张。103.50 元。共 8 册:《街头艺术家》、《跳跳草过马路》、《神奇的花带》、《美好小区的谋杀案》、《守林的老王头》、《开公共汽车的乔丹》、《特殊的缝纫师》、《电视台的模仿秀》。书中向我们介绍了一些动物王国的居民,他们和人类社会的居民一样,从事着各自的职业,干着自己所喜爱的行当,从中得到了快乐,得到了锻炼。(陆凤霞)

I000535 **大头儿子小书架** 郑春华著,沈苑苑等画。中国少年儿童出版社 2002 年 5 月版。15 印张。46.00 元。汉语拼音读物。共 3 册,其中《夜晚的声音》是童话诗集,收入儿童诗 65 首。《浑身长毛的》和《小老鼠丁丁》是童话故事集,共有童话故事 40 个。(韩彬)

I000536 **中国儿童文学名著** 严文井、张天翼等著。农村读物出版社 2002 年 3 月版。15 万字。400 幅彩图。全套 101.20 元。以彩图配拼音文字的形式介绍我国 8 位著名的儿童文学作家——张天翼、洪汛涛、陈伯吹、严文井、颜一烟、郑文光、诸志祥、孙幼军创作的儿童文学名著。其中《宝葫芦的秘密》讲述小学生王葆做了一个有趣的梦;《神笔马良》

讲的是马良用神笔画画的惊险经历;《一只想飞的猫》讲的是一只聪明的猫从树上"飞"起来的故事;《丁丁的一次奇怪旅行》讲述丁丁和蚂蚁进行的一次奇怪旅行;《海龟传奇》讲的是一个老海龟当"国际巡回大使"的经历;《小马倌和大皮靴叔叔》讲的是发生在抗日战争时期的一个有名的故事;《黑猫警长》讲述黑猫警长破案的故事;《小猪的生日礼物》讲述一只糊涂的小猪给妈妈送生日礼物的趣事。(卫洁)

I000537 **中国当代奇妙童话** 柯玉生主编。新蕾出版社 2002 年 7 月版。91 万字。66.00 元。遴选老、中、青、新四代童话作家的优秀作品编辑而成。共 4 册:《大侦探和魔法糖》、《天下武功大决战》、《孙小圣大战牛狸王》、《福尔摩斯镇上的小侦探》。书中的故事精彩有趣:苦苦寻找魔法糖的大侦探却是巧克力做的;孙大圣的后代孙小圣和牛魔王的后代牛狸王动了干戈;福尔摩斯镇上的小侦探不知为什么就是不破案;至于天下武功大决赛嘛,保证你三天三夜也想不到他们要比些什么!书中作品语言幽默风趣,情节紧张刺激;内容集武侠童话、侦探童话于一身,分类新颖、别出心裁。(刘海旻)

I000538 **火凤凰童话画丛** 王一梅、汤素兰著,马少峰、汤素兰、颜青、江健文画。新蕾出版社 2002 年 7 月版。6 印张。40.00 元。共 4 本:《高高的低低的故事》、《书本里的蚂蚁》、《晚出世的妈妈》、《红鞋子》。童话作品充满童趣:黑知了在高高的树上和低低的树下讲的故事都是动听的故事;书本里夹着的一个小蚂蚁竟然率领着书中从未活动过的字们构成了一个个永远常新的故事;谁见过晚出世的妈妈?但在童话的世界里无奇不有;一只丢失的红鞋子和一只流浪的小老鼠,一次悲欢离合的经历,给我们留下了难忘的回忆……(李春芬)

I000539 **叶子三兄弟** 郭运娟著。重庆出版社 2002 年 8 月版。23 万字。17.50 元。神秘的大耳朵夫妻从遥远的波娜丝星球来到了地球。一天夜里,妻子生下了三个头上分别长着黄、红、绿树叶子的非常可爱的儿子,取名"叶子三兄弟"。三年后,大耳朵夫妻要离开地球回波娜丝星球了,他们为三个儿子"红哥"、"绿哥"、"黄哥"聘请了知识渊博、见多识广的狗先生"问不倒"和聪明善良、机智勇敢的猫小姐"饭菜香",从此,有趣的生活,意想不到的故事便一个接一个地发生了……几年后,勇敢的叶子三兄弟要去遥远的波娜丝星球寻找父母,他们不畏艰险,开始了崭新的、惊险的星际漫游……小说有 25 个科幻童话故事,这 25 个故事像珍珠一样串在一起,融为一体。每个故事新奇而有趣,惊险又刺激,幻想色彩浓郁,语言生动天真,并有很强的画面感,每个故事配上一幅精美的插图和一幅题花。小说充满了对生命的热爱,对动植物的呵护,对星际漫游的渴求。(冯建华)

I000540 **网络大盗** 李志伟著。甘肃少年儿童出版社 2002 年 2 月版。5.4 万字。3.20 元。作者带我们进入网络和游戏的世界畅游,这里看似是虚拟的世界,但发生的一切又似乎离我们很近,读起来有一种亲切感。故事中有黑客、基因、游戏、恐龙,还有电脑高手大打出手,网络大盗不甘示弱,机器人粉墨登场,灌篮高手竟是个"人机混血儿",……故事热闹非凡。全书由《黑客学校》、《猎杀恐龙》、《基因芯片》、《虚拟城市》等 12 篇科幻故事组成,内容精彩丰富,情节惊险紧张,语言生动风趣,适合小学中高年级学生阅读。(新莉)

I000541 **自私的毛驴** 薛彬、陈勉编。地质出版社 2002 年 1 月版。2 印张。6.00 元。"卡通寓言新说"之一。讲述了 7 个寓言故事,分别为"自私的毛驴"、"狮子和兔子"、"龟兔赛跑"、"羊过独木桥"、"驴、公鸡和狮子"、"老鼠开会"、"猫和公鸡"。通过一个个可爱滑稽的卡通动物形象,再现了脍炙人口、深受儿童喜爱的寓言佳作。本书语言生动,情节有趣,寓意深刻。既颂扬善良又鄙视邪恶,既赞美聪明又嘲笑愚蠢,既歌颂勤劳又讽刺懒惰。(高愉)

I000542 **庄大伟幽默系列** 庄大伟著。湖北少年儿童出版社 2002 年 9 月版。48 万字。48.00 元(每册 8.00 元)。幽默童话集,共 6 册。《"不得了号"飞船》太空童话集,集子里少不了外星人,充满了奇思妙想。《少年探长柯北》侦探童话集,讲述了大侦探、小侦探惊险的侦探故事。《让我猜猜你是谁》网络童话集,书里充满神秘色彩。《胆小的大鱼和胆大的小鱼》海洋童话集,是关于大鱼小鱼、虾兵蟹将的故事。《西瓜街 88 号》都市童话集,写的是发生在都市中大街小巷里令人捧腹的故事。《肚皮里的定时炸弹》历险童话集,包含了 6 个精彩有趣的童话。(王欣)

I000543 **红蚂蚁 黑蚂蚁** 赵燕翼著。甘肃少年儿童出版社 2002 年 1 月版。10.5 万字。12.50 元(平),14.40 元(精)。赵燕翼儿童文学集五卷本中的一本——童话卷二。赵燕翼先生是我国著名儿童文学作家,当代小说家。从 20 世纪 40 年代,赵燕翼先生就开始了他的儿童文学创作。其作品曾得到茅盾先生的高度评价。他创作的童话《金瓜儿 银豆儿》、《五个女儿》已成为我国儿童文学创作史上的经典之作，早在半个世纪以前，就产生了广泛的社会影响。20世纪90年代至今，赵燕翼先生虽步入古稀之年，仍笔耕不辍，又创作了大量深受广大读者喜爱的儿童文学作品。《红蚂蚁 黑蚂蚁》主要收入了赵燕翼先生创作于20世纪八九十年代的童话作品19篇。赵燕翼先生在这一时期创作的童话，已摆脱了对民间文学的依赖，从更广泛的社会生活和更深厚的文化积累中获取灵感，其作品透出浓郁的时代气息。其中《铁马》等多篇作品先后获全国优秀儿童文学奖、陈伯吹儿童文学奖及全国童话名作家邀请赛金童奖。

I000544 **图书馆里的老鼠** 亦弛著。辽宁少年儿童出版社2002年8月版。4.5万字。5.00元。精选作者近年创作的50余篇寓言故事。作品题材广泛，内容丰富，具有生动的故事性，广泛的知识性和深刻的哲理性。既有善意的批评，又有巧妙的劝喻。作品短小精悍，立意新颖，构思巧妙，语言简练，幽默诙谐。

I000545 **金瓜儿 银豆儿** 赵燕翼著。甘肃少年儿童出版社2002年1月版。10.3万字。12.30元(平)，14.10元(精)。赵燕翼儿童文学集五卷本中的一本——童话卷一。赵燕翼先生是我国著名儿童文学作家，当代小说家。从20世纪40年代，赵燕翼先生就开始了他的儿童文学创作。其作品曾得到茅盾先生的高度评价。他创作的童话《金瓜儿 银豆儿》、《五个女儿》已成为我国儿童文学创作史上的经典之作，早在半个世纪以前，就产生了广泛的社会影响。20世纪90年代至今，赵燕翼先生虽步入古稀之年，仍笔耕不辍，又创作了大量深受广大读者喜爱的儿童文学作品。《金瓜儿 银豆儿》收入了赵燕翼先生根据流传在汉族及各少数民族地区的民间传说创作的优秀的童话作品19篇。这些作品故事生动，节奏明快，语言极有特色，篇篇堪称童话精品。

I000546 **经典童话系列** [德]格林原著，上海经典工作室制作。少年儿童出版社2002年9月版。2000幅图。80.00元。彩色图画故事本。共8本：《青蛙王子》、《小裁缝》、《大野狼和七只小羊》、《幸运的汉斯》、《白雪公主》、《金鸟》、《大拇指》、《怪物的三根金毛》。每本收两个格林的童话故事，汉字加注拼音。(洪祖年)

I000547 **追捕猫魔** 葛水著，玉峰改编，灵犀绘画。重庆出版社2002年4月版。9印张。18.00元。“快活林卡通画库”之一。共9册。杂耍班小丑在一次将人体和灵魂重新组合的科学试验中，由于发生意外，使他失去人形，变成一只狡诈、凶残、魔力无边的怪猫，从而敌视人类，进行疯狂的报复。猫魔滥施幻术，将善良的儿童变成凶恶的野兽，将动物组织训练成盗窃团伙，偷盗珠宝，滥杀无辜，无恶不作。并妄图统治、奴役人类。少年科学家卡特为民除害，以科学和智慧为武器，与猫魔展开殊死搏斗，历尽艰险，终于消灭了猫魔，维护了人类的安全和尊严。(娄亚杰)

I000548 **神秘的女老师** 杨红缨著。江苏少年儿童出版社2002年7月出版。10万字。10.00元。校园童话。美丽的红宫学校，来了一位神秘的女老师。她喜欢孩子，想念有孩子的地方就有美丽的故事发生。她给“不快乐”举行特别的葬礼，她让每个孩子都思考“我可以做什么?”她在月光下的田野里给大家过中秋，她让自助餐厅变成小绅士小淑女聚集的地方，她还扮成女探长去抓“爱心杀手”，她让空气都微笑起来了……她是谁呢?(钱旭东)

I000549 **神秘的红丝带——一个讲述艾滋病的童话** 叶赫那拉·姗晓著。黑龙江少年儿童出版社2002年12月版。18万字。16.80元。一部以艾滋病为题材的长篇童话。通过对火狐狸薇娅公主、卡西上校、小侠女朵儿与艾滋病的罪魁祸首血魔王惊心动魄的斗争，把读者带进了一个充满幻想、奇妙、有趣的童话世界。通过广大少年儿童容易接受的形式，介绍了艾滋病的起源、发展、传播途径以及如何预防。(张立新)

I000550 **超级球迷** 周锐著。少年儿童出版社2002年6月版。8万字。9.00元。中篇童话故事。在一个国家的一个城市的一个住宅小区里，住着故事的主人公，球迷柯克。他住在一座三层小楼的顶层，是他租的，房东老夫妻带着孙子吉果住在下面。对面那座同样的小楼住着球星林格。柯克是特意租了这间能经常看见球星的房子。和柯克住在一起的，还有一只狗，叫马拉。本来还有一只猫也跟他们住在一起，柯克叫她多纳。但猫不喜欢足球，后来跑到一位舞蹈演员那里去了。猫走后柯克对狗说，你干脆就把两个名字合起来，叫马拉多纳吧，但狗不愿意用猫用过的名字，仍然叫马拉……(洪祖年)

I000551 **《葛翠琳童话系列》续集** 葛翠琳著。河北少年儿童出版社2002年3月版。15万字。3.50元/册。共5册。分别有：《小鸭子学跳舞》、《胖子猪洗澡》、《小羊吃早餐》、《小花狗上学》、《空中小屋》等。通过这些生动有趣的故事，介绍一些基本知

识,以及许多做人的道理。(贾志红)

I000552 **雁儿飞 马儿飞** 赵燕翼著。甘肃少年儿童出版社 2002 年 1 月版。9.7 万字。11.50 元(平),13.20 元(精)。赵燕翼儿童文学集五卷本中的一本——童话卷三。赵燕翼先生是我国著名儿童文学作家、当代小说家。从 20 世纪 40 年代,就开始了他的儿童文学创作。其作品曾得到茅盾先生的高度评价。他创作的童话《金瓜儿 银豆儿》、《五个女儿》已成为我国儿童文学创作史上的经典之作,早在半个世纪以前,就产生了广泛的社会影响。20 世纪 90 年代至今,赵燕翼先生虽步入古稀之年,仍笔耕不辍,又创作了大量深受广大读者喜爱的儿童文学作品。《雁儿飞 马儿飞》主要收入了赵燕翼先生创作的具有传奇色彩的童话作品,是当代童话中的名篇佳作。而《半个匈奴人》和《天马之歌》,不仅以故事生动、曲折,富有传奇色彩而引人入胜,而且以恢宏的气势、慷慨悲歌的英雄主义气概,给人以强烈的精神振奋。这也是作者最新创作的、具有突破性的重要作品。

I000553 **新时代 365 夜谜语** 鲁兵主编。少年儿童出版社 2002 年 6 月版。236 则。12.00 元。收有 236 则新创作的谜语,不少富于时代特色,如:电视机、吸尘器、潜艇、宇宙飞船、录音机、空调、冰箱、电视塔、直升机等等,每则配有彩色插图。(洪祖年)

I000554 **儿童拼音读物宝典** 闻欣等改写,周春等绘画。少年儿童出版社 2002 年 5 月版。12 万字。60.00 元。全注音读物,共 6 册,精选了《西游记》、《水浒传》、《三国演义》、《格林童话》、《安徒生童话》、《一千零一夜》各十来个故事,按低幼儿童的阅读水平,进行改写,配有彩色插图。(洪祖年)

I000555 **小巨人丛书** 安徽科学技术出版社 2002 年 2 月～6 月版。10 万字/册。6.00 元/册。引进美国 Sterling Publishing Co.,Inc 的版权,共 6 本,分别为:《画中画》(一)(二)(三)、《数学猜谜》、《走迷宫》、《智力操》。《画中画》(一)(二)(三)精选大量的字画谜,小恶作剧和幻术般的视图戏法。《数学猜谜》收集了各种数字谜语,如数字、图形、逻辑判断、小圈套等。《智力操》汇集了 25 套测试题,为读者提供全方位的脑力锻炼机会。每套题由数字、图形、字母组合 3 大块组成。《走迷宫》包含 240 多幅容易让你混淆、晕眩和迷惑的迷宫图。(曹天健)

I000556 **中华故事** 潘武、屠元礼编选,杨世文、鲁竹等点评。中华书局 2002 年 1 月版。3 万字/册。7.00 元/册。1915 年至 1923 年由中华书局出版的少儿读物,共有 500 多个故事。这些故事均选自中国古代典籍,经、史、子、集都有。编选者对文字太深的故事进行了修改,以求平易。该丛书选材活泼有趣,故事内容包括神异传说、历史故事、人物轶事等。每个故事均按文字内容绘成精图加以说明,文字浅显,图画明了。为了适应新时代的要求,2001 年中华书局约请业内人士对 1940 年至 1941 年重印的《中华故事》进行了修订。原文采取了简体横排,同时加上注释、译文、点评 3 个方面的内容。以便读者对照阅读。(欧阳红)

I000557 **邓爷爷,我爱您** 上海市普陀区教育学院编文,杨宏富绘图。少年儿童出版社 2002 年 4 月版。188 幅图。6.80 元。以连环画形式,展示了邓小平的一生:童年成长、留法投身革命、留苏追求马列、百色起义、长征途中、抗日威震华北、解放战争决战淮海、进军西南、党中央的"总管家"、文革受冤、复出倡实事求是、改革开放总设计师、南巡绘蓝图、"一国两制"收港澳、交班推新人、中国人民的儿子全国永怀念。(洪祖年)

I000558 **地下铁** 几米著。辽宁教育出版社 2002 年 2 月版。1 万字。32.00 元。故事讲述了一个失明的小女孩,在 15 岁生日当天,决定自己一个人在城市里探险的经历。她战战兢兢地搭乘地下铁,从一个陌生的小站出发,前往另一个陌生的小站。旅途中,她一边回忆、拼凑、感觉、摸索这被黑暗笼罩的世界,"寻找心中隐约闪烁的光亮",也同时感受到新的希望、新的方向和新的生命力。书中几米大胆地应用了"重复",结合不同的色彩与背景,带来了不同的映象效果及心情变换。"地下铁"其实是一种隐喻,它是先进城市生活来来去去的必经之地,象征了女孩眼盲后所进入的黑暗世界,也隐映了现实生活中的匆忙与迷失感,那些无可避免的跌跌撞撞与重新爬起。本书承袭了作者一贯的创作与设计概念,以绚丽的色彩和诗句般的内心读白,为读者创造出一种前所未见的阅读诗意,带领大家共同去寻找心中点滴的亮光!(张国际)

I000559 **"我真棒"幼儿成长图画书(第二辑)** 崔利玲主编。江苏少年儿童出版社 2002 年 4 月出版。1.5 印张/册。6.00 元/册。全新原创的幼儿图画书。本辑共 5 册,分别为:《好忙的熊贝贝》、《小树熊出门》、《下雨啦》、《他有点白》、《黄叶儿跳舞》。全套拟出版 20 册,第一辑 5 册已于 2001 年 8 月出版。丛书着眼于儿童非智力因素的培养,以科学的方法，将新世纪儿童完美人格分解成20个既独立又联合的要素；配合这些要素创作成20个鲜活、有趣、独具个性的童话故事；再由画家将故事进行再创作，形成诙谐、幽默、刺激、令孩子捧腹继而深思的画面，儿童教育专家、作家、心理医生为每册书撰写导读；经验丰富的幼教老师为每一册书设计了实施性较强的游戏活动。（钱旭东）

I000560 **秀逗宝贝** 李强等著。四川少年儿童出版社2002年8月版。8万字。6.00元。适合小学中高年级阅读的时尚漫画书。讲述了一对古灵精怪的孪生小姐妹“阿雪”、“小妮”和他们身边一群让老师家人“头疼”不已的伙伴的成长历程。图书风格清新健康，故事幽默自然。书中的人物和故事都取材自校园和家庭日常生活，以生活中的平常事作为铺垫，于平凡中捕捉闪光点和幽默点。

I000561 **宝贝手指点读故事书** 阳光工作室编绘。湖北少年儿童出版社2002年2月版。600幅。93.00元。低幼故事画册。全套书共10册，每册精选了4个世界著名经典童话，配以60幅精美的彩色插图。该书根据幼儿语言发展特点和接受能力，在孩子听故事、学着讲故事的过程中，激发孩子的阅读兴趣，培养孩子的阅读习惯。该书文字分两部分，家长讲给孩子听的故事，内容完整，文字生动，可以反复读给孩子听；孩子读的故事，文字简单，每句话配一幅彩图，孩子在听熟了故事后，可以自己点读彩图上的简单句子，从而自然学习认字；每面还选出一个在彩图文字中出现过的字组成简单的词，孩子在认字的同时可以学习用词，从而丰富孩子的口语表达。（毕娜）

I000562 **经典名著动感系列** 田田等改写。少年儿童出版社2002年5月版。3万字。48.00元。幼儿图画故事，共8册，都是经典的世界文学名著故事：《丑小鸭》、《渔夫和他的妻子》、《海的女儿》、《白雪公主》、《阿里巴巴》、《阿拉丁》、《木偶奇遇记》、《爱丽丝梦游仙境》。配有生动的图画，每本有许多趣味性的小游戏、眼力小测验。（洪祖年）

I000563 **中国儿童文学丛书（第二辑）** 洪汛涛等著。人民文学出版社2002年7月版。150万字。122.10元。继第一辑之后的又一批经典儿童文学图书。入选的10位作家及作品是：洪汛涛的童话故事《神笔马良》、郑文光的科幻小说《海洛丽姑娘》、葛翠琳的童话故事《野葡萄》、孙幼军的童话故事《冰小鸭的春天》、金涛的科幻小说《土拨鼠的传奇》、张之路的校园小说《羚羊木雕》、梅子涵的少年小说《警察游戏》、蓝玛的侦探小说《消逝的黑纽扣》、曹文轩的少年小说《疲软的小号》、秦文君的少年小说《哦，我的坏女孩》。（王玉梅）

I000564 **当代儿童文学的精神指南** 赵郁秀主编。辽宁少年儿童出版社2002年8月版。46万字。39.00元。第六届亚洲儿童文学大会的文选集。文章反映了亚洲各国儿童文学的现状与发展趋势，展示了亚洲各国在儿童文学方面取得的成就。英汉对照。

各国文学

I000565 **菊花香** ［韩］金河仁著，荀寿潇译。南海出版公司2002年7月版。14万字。19.80元。爱情小说。承宇与散发着菊花香味美姝邂逅，渐渐地，承宇爱上了坚强、有个性的，比他大三岁的美姝。他勇敢地、坚持不懈地追求她，但美姝一直没有接受他。8年了，承宇成了电台DJ，美姝做着电影，时间的流逝，没有改变承宇的热情，美姝终于被感动，有情人终成眷属。可是，命运总是在戏弄人，甜蜜的生活没开始多久，美姝怀孕了，但同时她又被检查出癌症晚期。为了爱，美姝选择了孩子。他们度过了一生中最难忘的日子……（廖思拍）

I000566 **日本古典文学** 王健宜、刘伟编著，加野庸子审校。上海外语教育出版社2002年7月版。27.3万字。13.30元。由日本古典文学发展史综述、日本古典文学佳作名篇赏析、日本古典语法要点三个部分构成。赏析部分收入了20部日本古典文学名著中的42篇文章，比较全面地反映了日本古典文学概貌。每篇选文后设有“日文注释”、“内容赏析”、“现代日语译文”，富有较强的鉴赏性和实用性。为方便读者更好地欣赏日本名著原文，书后附有日语古典语法要点及相关的语法练习题（附答案）。（赵丽君）

I000567 **八月的马科斯** ［日］新野刚志著，杨洪鉴译。山东文艺出版社2002年6月版。18.5万字。8.50元。日本最新获奖推理小说第二辑。作者新野刚志凭借此作品荣获第45届日本江户川乱步奖。这是一部典型的日本社会派推理小说，作品以日本喜剧演艺圈为背景，以喜剧新人丸山雅贵的坠海身亡为楔子，引出了一系列恐怖、凶杀和丑闻事件。小说情节的展开从主人公笠原对一盘录像带的调查入手，层层深入，将谜团一一解开，最终揭示了事实的真相。作者以近乎平铺直叙的语言生动地刻画了人物的复杂心态和微妙的心理活动,在制造悬念叙述故事的同时,揭示了日本社会的矛盾冲突,将社会性的内容融入了推理小说当中。(李燕)

I000568 **山田太郎的故事** [日]塚本裕美子著,锐奇译。花山文艺出版社 2002 年 8 月版。共 4 种。包括:《贫穷中的快乐》(8 万字,7.00 元)、《战斗的少年》(8.3 万字,7.00 元)、《快乐的打工仔》(8.9 万字,7.00 元)、《太郎趣事》(8.7 万字,7.00 元)。本故事的主人公山田太郎是私立高中的免费优待生,他成绩优异、体育万能、眉清目秀、气质高雅,却偏偏出身贫寒,这是倾慕和追求他的女生们想不到的。然而尽管太郎家极度贫困,但是洋溢在这个家庭中的浓浓的爱意以及太郎和弟妹们自强不息的精神却使他们不但没有被贫困压倒,反而在困境中磨练出了坚强的意志和过人的本领,所以这个家里常常充满了欢笑!作品通过一个个令人忍俊不禁的故事告诉人们如何战胜困境,做生活中的强者。(兰小宁)

I000569 **少年侦探金田一系列** [日]天树征丸著,李平等译。海天出版社 2002 年 5 月版。以少年金田一和他的青梅竹马的女友美雪、警官剑持为主人公,串联起来的破案故事。全套书共 9 本。分别为:《歌剧院迷案》、《迷雾中的幽灵客船》、《鬼火岛之谜》、《恐怖的鱼人传说》、《雪地恶魔》、《杀戮深蓝》(上、下)、《邪宗馆惊魂》、《电脑山庄魅影》。故事情节紧张、惊险,悬念丛生,但真相大白之后又能让人体验到浓重的人性色彩。(周海彦)

I000570 **冰点** [日]三浦绫子著,朱佩兰译。新华出版社 2002 年 4 月版。25 万字。22.00 元。小说。讲述的故事发生在北海道,一个美好温馨的家庭,一对恩爱互相依赖的夫妻,一双纯真无邪的儿女,当冰雪来临的时节,突然间,罪魔像贼一样偷偷溜进了这个家。这个家从此陷入万劫不复的诅咒,几近家破人亡。小说通过主人公阳子、启造的曲折命运,突出了"人类原罪"的主题,使读者在同情主人公凄惨处境的同时,深刻地体会到了人类的罪性。(黄绪国)

I000571 **奇鸟形状录** [日]村上春树著,林少华译。上海译文出版社 2002 年 11 月版。55.5 万字。大 32 开。30.00 元。村上春树篇幅最大的小说三部曲,是村上春树的毕生巨作,是站在美国土地上远眺日本列岛的整体审视。小说的引子是以"我"的妻子久美子突然不告而别,还来信说她另外有了男人。但是"我"决不相信。久美子的背后有黑手控制,那便是她的兄长绵谷升众议员、当代日本恶之源的象征。回绝了女灵媒师协议离婚的调停,回绝了"意识娼妇"远走希腊的提议,"我"下到深深的枯井冥思苦索,来到嘈杂的大街死死守候,从神秘的吉他汉子手中夺得球棍,在虚幻中将对手击伤,久美子又在现实中将其杀死。小说色彩诡异,规模宏大,虚实交叉,被称为当代的"一千零一夜"。同样是小人物单挑黑势力的故事,但"我"不再像《寻羊冒险记》里那样被迫应战了。村上春树的妙笔下站起强硬的男子汉,面对着嚣张鼓噪的"恶"与"暴","我"当面严斥、正面宣战、主动进攻、志在必胜。(乐韬昀)

I000572 **恐怖分子的阳伞** [日]藤原伊织著,吴晓玲译。山东文艺出版社 2002 年 6 月版。18.8 万字。8.60 元。日本最新获奖推理小说第二辑。一个心灵扭曲、欲望极端的日本青年,从学生运动的激进分子发展到对恐怖活动感兴趣并跃跃欲试的危险分子。后来他逃亡国外参加了国际恐怖组织。多年后他改名换姓,以外国人的身份潜回日本,在日本建立恐怖组织,大肆搞恐怖活动,最终制造了震惊日本的中央公园爆炸案。小说深刻地揭示了酿成人生悲剧的种种社会原因,具有强烈的时代色彩。(郝玉华)

I000573 **彩色的河流** [日]松本清张著,叶荣鼎译。重庆出版社 2002 年 11 月版。57.4 万字。39.80元。长篇小说。含上下册。银座牡安夜总会妈妈桑山口和子因自杀未遂而隐居,可不久惨死在香才里才影剧院。不日,被视为山口和子经济后台的高柳秀夫,在遗书中宣布其领导的东洋商社破产倒闭并自缢身亡。同时,该商社的山林不动产被秘密划入一家名不见经传的不动产公司名下。《经济论坛》杂志记者山越贞一察觉其中有诈,经调查得知高柳秀夫不是山口和子的经济后台,而是某大人物的替身;并得知那家不动产公司是该大人物的个人金库,曾巧立名目侵吞了所在企业的大量资产。可掌握确凿证据的山越贞一没有协助警方破案,而是敲诈勒索,与该大人物暗中交易,不料误入美人计圈套坠死在断崖下。曾爱过山口和子的井川正治郎,分析了山口和子、高柳秀夫和山越贞一的相继死亡事件,嗅出山越贞一的死因是由于其掌握了凶手的证据,遂派遣山越静子以厕所保洁工名义深入有重大疑点的夜总会侦查。当山越静子的侦查获得大踏步进展的时候,不幸惨遭杀害。井川正治郎分析山越静子生前寄给自己的邮件,找到曾向山越静子提供重要线索的知情人。他俩联袂策划上演了请君入瓮并让凶手自我暴露的一出好戏，对企业的大蛀虫和残忍杀害山口和子等人的凶手进行了彻底清算。小说集中反映了松本清张独树一帜的社会派创作风格，深刻地挖掘了日本的现实社会，十分感人。（别必亮）

I000574 **舞！舞！舞！** ［日］村上春树著，林少华译。上海译文出版社 2002 年 6 月版。37.4 万字。25.00 元。村上春树紧接于《挪威的森林》之后发表的又一部重要长篇小说。其内容与《寻羊冒险记》相衔接，主人公“我”与《寻羊冒险记》中的主人公是同一人。小说分两条线索，一条是“我”与老同学——被演艺界包装得精神分裂的电影明星五反田结识了两名应召女郎，五反田出于心理扭曲杀死了她们，自己也驾着高级跑车“玛莎拉蒂”投海自杀。另一条是“我”结识了孤独的女孩“雪”、她的摄影家母亲“雨”及“雨”的男友笛克，“雪”与“雨”在这个冰冷的世界相依为命，有笛克像护神般地守护在她们身边，但善良的笛克却死于车祸。“我”在死亡阴影下度过了一段惊魂日子，最后与一个宾馆女服务员相恋并获得了安全感，也有了在安静城市过安静生活的具体计划。小说揭示了资本主义社会的不合理性、对人的心灵的扭曲，以及这种社会下人的精神孤独和生命的脆弱，在手法上现实与虚幻交织，艺术水准高超。（乐韬昀）

I000575 **田中军团** ［日］大下英治著，彭广陆校，应杰等译。华夏出版社 2002 年 10 月版。33 万字。23.80 元。以日本前首相田中角荣政治生涯中被多数日本人称颂的政绩——恢复日中邦交为开篇，继而施浓墨重彩描绘了自民党田中派由盛至衰，最终分崩离析的全过程。本书共 12 章，对田中传奇般的一生特别是他苦心创建的日本自民党空前绝后的最大派系——巅峰时多达 140 余名国会议员组成的“田中军团”，作了全景式的生动描述。其史料挖掘的丰富性，内幕揭露与剖析的深度性，叙述事理的清晰性，遣词造句的生动诙谐性，使得这本政界人物的纪实作品，内涵着回味无穷的文学性。本书作者大下英治先生以记者的犀利目光和积累的丰厚史料，将战后日本政坛及社会百态淋漓尽致地展现在了读者面前。（赵晓燕）

I000576 **泰戈尔英诗汉译 飞鸟集 流萤集** ［印］泰戈尔著，王广州译。海燕出版社 2002 年 1 月版。36 万字。44.00 元。诺贝尔文学奖获得者印度著名诗人泰戈尔的两部意味隽永的小诗集。从中选取意境深远并富有美感的 100 余篇，每篇均配以精细的工笔插图，中英文对照，一画一文，宜赏宜咏，行云流水，美轮美奂。（李冰晨）

I000577 **萨逊的大卫** ［亚美尼亚］佚名著，寒青译。译林出版社 2002 年 9 月版。30 万字。23.60元。讲述了萨逊家族四代巨人英雄的史诗故事。既描绘了亚美尼亚英雄率民众抗击哈里发等外敌入侵的壮阔画面，也展示了英雄创建萨逊城堡、建设家园的火热场面，但这些都是英雄们成长史的背景，史诗在英雄们从摇篮经马背到坟墓的过程中着重刻画了其英勇顽强、善良纯真的性格：童年放牧，杀妖降魔，千里娶亲，比武招亲等，全面展现了这个民族的起源、风土人情、民族性格、历史事件等。（冯一兵）

I000578 **群星灿烂的文学——俄罗斯文学论集** 张铁夫著。东方出版社 2002 年 11 月版。30.5 万字。23.00 元。分 3 部分：第一部分《俄罗斯作家作品论》对一些重要作家（卡拉姆津、普希金、列夫·托尔斯泰、高尔基、蒙洛乌欣）的重要作品作了评析。第二部分《普希金与世界文化》将普氏置于世界文化的大背景中，既从誉舆学的角度，把普氏作为放送者（影响的起点）来进行考察，也从渊源学的角度，把普氏作为接受者（影响的终点）来进行审视；既注重事实联系，也注重平行比较，以探讨世界文学的某些共同规律。第三部分《随笔与序跋》选收一组访问几位作家纪念地的文章和几篇序跋。

I000579 **漂泊的灵魂** 副名：陀思妥耶夫斯基与俄罗斯传统文化。赵桂莲著。北京大学出版社 2002 年 9 月版。43 万字。28.00 元。以俄罗斯传统文化为背景揭示陀思妥耶夫斯基创作的内在隐秘意义，同时在研究中透视问题的深度和广度。本书通过深入剖析作为陀思妥耶夫斯基创作思想产生和孕育之根源的俄罗斯文化的本质和特色，包括俄罗斯民族生存的自然环境、历史命运、宗教信仰乃至民俗习惯的特点，使得作家创造的一系列形象，尤其是所谓“反面人物”之中所蕴涵的深层本质被彰显出来，而其中的矛盾对立也迎刃而解。（张冰）

I000580 **中国俄罗斯侨民文学丛书** 李延龄主编。北方文艺出版社、黑龙江教育出版社 2002 年 10 月版。174 万字。700.00 元（平），1110.00 元（精）。共 5 卷，其中《松花江晨曲》、《松花江畔紫丁香》、《哈尔滨，我的摇篮》以诗歌的形式突出地表现了俄侨诗人在异国他乡对自己祖国的深深思念和挚爱之情，饱含深情地讴歌了他们的第二个故乡中国，真诚地感激接纳他们的中国人民。《兴安岭奏鸣曲》

抒发了俄侨作家对东北大自然的热爱,对动物的深情,对人性至善至美的追求。《中国,我爱你》以散文和回忆录的形式再现了20世纪前50年东西两种韵味融合而成的中俄合璧文学。

I000581 **克里姆林宫医院的秘密** [俄]普·尼·莫申采娃著,唐修哲等译。新华出版社2002年6月版。17万字。15.00元。回忆录。作者20世纪50～80年代供职于克里姆林宫医院这一为"特殊阶层"服务的场所,与斯大林、赫鲁晓夫、勃列日涅夫、安德罗波夫及其家人接触过,还与当时知名作家、作曲家如肖洛霍夫、肖斯塔科维奇等有医疗上的交往。本书为审视特殊时代的特殊人物提供独特视角。根据作者回忆时段,分5章:第一章坦波夫母狼。第二章战争军医院。第三章在国外不寻常的遭遇。第四章拉夫鲁申巷的大楼。第五章克里姆林宫的病人。(贾晓伟)

I000582 **库尔斯克号爆炸之谜** [俄]尼古拉·切尔卡申著,张铁华译。新华出版社2002年5月版。18万字。15.00元。纪实文学。分4章:一、潜艇遇难;二、神秘的大海;三、无尽的痛苦;四、救援行动。全书通过对有关部门的专家和首长、艇员亲属、参与此事报道的记者以及外国军人的大量采访并查阅大量详细的资料,对库尔斯克号核潜艇惨剧发生的社会根源和历史背景进行了全方位的透视,试图从深层次剖析这一事件的前因后果,全方位展现俄罗斯潜艇舰队的真实画面。书前有序言、作者的话、中文版序言。书后有附录和译者的话。简要介绍了库尔斯克号核潜艇爆炸及救援行动的过程和影响。(李向东)

I000583 **母亲的心** [苏]沃斯克列先斯卡娅著,乔平、张厚涵译。中国少年儿童出版社2002年8月版。16.2万字。15.00元。长篇小说。俄国著名报告文学女作家卓·伊·沃斯克列先斯卡娅于20世纪60年代写成的长篇传记文学。用35篇感人至深的故事描写了列宁的母亲玛丽亚·亚历山德罗芙娜·乌里扬诺娃的生平和她的一家。讲述了她是如何培育子女,并支持他们闹革命的经历。列宁是世界公认的20世纪最伟大的人物之一。他缔造了苏联共产党,创立了世界上第一个社会主义国家,改变了整个世界的格局。虽然他的母亲不是革命党人,只是平常的家庭主妇,但她以正直、善良、勇敢、坚强为表率,培育了出色的子女,对俄国革命作出了不平凡的贡献。(陈斌)

I000584 **希区柯克经典小说珍藏版** [德]马克思等著,杨益仁等译。中国少年儿童出版社2002年6月版。112万字。92.00元(共4册)。世界著名推理侦探小说集,中少社"地球村"图书系列之一。作者成功塑造了3位品学兼优的中学生为主人公,自称"三问号侦探,他们具有强烈的社会责任感,性格鲜明,不断求索,善于推理,执著求证,利用业余时间协助警方破获了一个又一个迷雾重重、有难度的案件,深受当地警方和居民的高度赞扬,赢得了广泛的社会赞誉。书中讲述的每一个破案故事,情节一波三折、扑朔迷离、引人入胜。作者善用营造氛围、刻画人物鲜明的性格、恰如其氛的心理描摹、蒙太奇手法的环境描写来烘托正义与邪恶进行斗争的主题,以故事的戏剧化演变、跌宕起伏的艺术魅力丰富作品的可读性,使读者在充满悬念的阅读中汲取文学艺术的营养,提高分析问题的能力,得到人格的培养。(杨向荣)

I000585 **来自矮人国的小兄妹** [德]瓦尔特·莫尔斯著,王太智、沈惠珠译。人民文学出版社2002年5月版。17.5万字。19.80元。《蓝熊船长的13条半命》的续篇。《蓝熊船长的13条半命》的结尾提到,从灾难中解脱出来的彩熊族最终定居在一片原始森林中,这个名为"彩熊寨"的田园诗般的地方就成了查莫宁地区的旅游胜地。但是在大森林的深处,希奇古怪的事情却层出不穷。每到夜间,人们就听到双头鸡和三眼猫头鹰的呻吟、从树洞中传来的令人毛骨悚然的哭叫,时而还看到闪烁不定的火光。人们传说森林蜘蛛女巫至今仍在林中无人的地方出没。来自矮人国的小兄妹恩塞尔和克莱特随父母到彩熊寨度假,有一天误入了这片神幻莫测的大森林的禁区,在那里,他们所经历的,远远超过了我们的想象……《蓝熊船长的13条半命》出版之后,该书作者瓦尔特·莫尔斯再次把我们带入查莫宁的魔幻世界,他的想象力和幽默再一次失控,《来自矮人国的小兄妹》的故事就发生在这块大陆西北部的神秘的大森林中……(王瑞琴)

I000586 **蓝熊船长的13条半命** [德]瓦尔特·莫尔斯,李士勋译。人民文学出版社2002年1月版。50万字。39.80元。叙述了主人公蓝熊在一个虚构的名叫查莫宁的大陆上的神奇冒险经历。蓝熊从一出生就被灾难中的父母忍痛抛弃于大海,被侏儒海盗抚养,当他长到比侏儒海盗高出5倍的时候,侏儒们把他放逐在一个海岛上。他又和船怪幽灵生活在一起,经历了许多奇奇怪怪的事情,就在一个巨大的植物精要吞食他的时刻.从天而降的一只恐龙将他救起。在这以后，他与这只恐龙解救了许许多多濒临危险的人类和动物。随后恐龙把他送进了一所学校，在具有7个大脑的教授纳赫蒂博士的指导下接受教育。纳赫蒂教授有一个理论：智力是一种传染病。果然蓝熊受到了他的传染，学到了各种科学知识并掌握了战胜各种困难的生存本领，还将一部“查莫宁及其周边地区的奇迹、种群和怪异现象百科全书”铭记在大脑中。在他随后经历的各种各样的危险中，比如：盘踞着坑道龙的迷宫、奇幻迷离的巨大蜘蛛网、恐怖的布满飞毯的维度空间洞、具有无限吸力的海上激流旋涡、狂啸的龙卷风、有形的沙尘暴、虚无缥缈的海市蜃楼、各种半人或非人的生灵、智慧的外星人等等，这部百科全书都给予了他及时的指导和释疑。蓝熊船长是德国当代儿童作家瓦尔特·莫尔斯创造的具有“永恒性格”的形象，这个形象已经传遍欧美。书中的一些警句妙语已经成为人们的口头禅，如：“智力是一种传染病”，“生命太宝贵，不能任凭命运支配”等等。《蓝熊船长的13条半命》也使莫尔斯成为当代德国最重要的儿童文学作家。许多评论家把他与欧洲著名作家米夏埃尔·恩德（《讲不完的故事》的作者）、托尔金（《魔戒》的作者）、斯威夫特（《格列佛游记》的作者）等著名小说家相提并论。1999年瓦尔特·莫尔斯因《蓝熊船长的13条半命》获得德国格林文学奖。（王瑞琴）

I000587 **大侦探小卡莱** ［瑞典］阿斯特丽德·林格伦著，E·帕尔梅奎斯特插图，李之义译。中国少年儿童出版社2002年5月版。29.6万字。29.60元。林格伦儿童文学作品集。中少社“地球村”图书系列之一。作者是瑞典当代杰出儿童文学大师、“安徒生金质奖章”等大奖获得者，她用毕生心血创作70多部优秀儿童文学作品，被翻译成85种文字，倍受各国少年儿童喜爱。本书译文注重保持原著的风格和精髓，插图选自原作具神秘色彩。作者用通俗的儿童文学形式，生动刻画了小卡莱超级侦探的小英雄形象。卡莱立志当侦探，法制意识强烈，善于组织小伙伴安德士、艾娃—露达，以强烈的社会责任心积极寻找犯罪分子的蛛丝马迹，智取万能钥匙、巧按指纹、化验检测毒药、利用敌人电台呼救……，三少年用智慧和勇敢与穷凶极恶的大盗、杀人犯、绑匪进行顽强的斗争，为协助警方侦破珠宝盗窃大案、高草地谋杀案、窃取军事机密要案做出了重大的贡献。热情讴歌了三少年热爱祖国、机智勇敢的可贵品质。作者尊重儿童天性，以卓越的才华突出表现儿童个性和人格的魅力，笔下纯真的童趣世界和浓浓的北欧风情交相辉映，让幽默、幻想、爱和勇气陪伴着小读者快乐成长。（杨向荣）

I000588 **吵闹村的孩子** ［瑞典］阿斯特丽德·林格伦著，伊龙·维克兰插图，李之义译。中国少年儿童出版社2002年5月版。17.2万字。20.50元。林格伦儿童文学作品集。中少社“地球村”图书系列之一。作者是瑞典当代杰出儿童文学大师、“安徒生金质奖章”等大奖获得者，她用毕生心血创作70多部优秀儿童文学作品，被翻译成85种文字，倍受各国少年儿童喜爱。本书译文注重保持原著的风格和精髓，插图选自原作生动有趣。作者以自己的童年成长环境和兄弟姐妹为原型，用纯朴的语言描绘了吵闹村孩子们的热闹生活：他们化装、寻宝、睡牧草房、造游戏室、捕野牛、捉龙虾、玩滑雪车；他们兴高采烈地过生日，过仲夏节、圣诞节、复活节……，其中虽然有过争吵、打架、哭鼻子的时候，但更多的是非常欢乐开心的日子。孩子们用天真烂漫和水晶般的心灵编织出五彩缤纷的童年乐园，吵闹村里充满了孩子们幸福的笑声。作者尊重儿童天性，以卓越的才华突出表现儿童个性和人格的魅力，笔下纯真的童趣世界和浓浓的北欧风情交相辉映，让幽默、幻想、爱和勇气陪伴着小读者快乐成长。（杨向荣）

I000589 **疯丫头马迪根** ［瑞典］阿斯特丽德·林格伦著，伊龙·维克兰插图，李之义译。中国少年儿童出版社2002年5月版。22.5万字。24.50元。林格伦儿童文学作品集。中少社“地球村”图书系列之一。作者是瑞典当代杰出儿童文学大师，“安徒生金质奖章”等大奖获得者，她用毕生心血创作70多部优秀儿童文学作品，被翻译成85种文字，倍受各国少年儿童喜爱。本书译文注重保持原著的风格和精髓，插图选自原作生动活泼。作者采用通俗和喜剧相结合的形式成功塑造了小女孩马迪根离经叛道、别具一格的可爱形象：她会疯闹打架；敢走高高的屋脊；为检验自己是否有火眼金睛深夜在黑屋子探险；甚至逞能撑着雨伞从房顶上往下跳……，这么一个疯丫头却舍得把难得的坐飞机的机会让给男孩子阿贝。马迪根非常爱父母，爱妹妹，爱家中女工，对小伙伴们的友情真挚，使她如同天使般正直、善良、可爱。作者尊重儿童天性，以卓越的才华突出表现儿童个性和人格的魅力，笔下纯真的童趣世界和浓浓的北欧风情交相辉映，让幽默、幻想、爱和勇气陪伴着小读者快乐成长。（杨向荣）

I000590 **淘气包埃米尔** ［瑞典］阿斯特丽德·林格伦

德·林格伦著,B.贝里插图,李之义译。中国少年儿童出版社 2002 年 5 月版。19 万字。22.50 元。林格伦儿童文学作品集。中少社"地球村"图书系列之一。作者是瑞典当代杰出儿童文学大师、"安徒生金质奖章"等大奖获得者,她用毕生心血创作 70 多部优秀儿童文学作品,被翻译成 85 种文字,倍受各国少年儿童喜爱。本书译文注重保持原著的风格和精髓,插图选自原作幽默风趣。作者采用夸张的笔调、喜剧的形式极其成功地塑造了小男孩埃米尔超级淘气包的可爱形象。他到哪儿哪儿就有了麻烦,闹得鸡飞狗跳,大家不得安宁:他居然把汤罐套在头上拿不下来;把妹妹当国旗升到旗杆顶;刚闯了祸躲着爸爸的惩罚,又爬进储藏室把妈妈马上招待客人要用的香肠吃个精光;踩高跷出一连串错竟跌进餐桌上的大盆汤里;敢骑着马走进宴会厅向市长炫耀……如此顽皮的他,在紧急关头却敢于冒着生命危险救助别人。淘气包生性好动的恶作剧得到了人们的谅解,他富有同情心、正义感的品质受到人们的广泛赞扬。作者尊重儿童天性,以卓越的才华突出表现儿童个性和人格的魅力,笔下纯真的童趣世界和浓浓的北欧风情交相辉映,让幽默、幻想、爱和勇气陪伴着小读者快乐成长。(杨向荣)

I000591 **萨迦** [冰岛]佚名著,石琴娥、斯文译。译林出版社 2002 年 12 月版。46.50 元。冰岛史诗《萨迦》是欧洲民族文化和民族文学基础的重要组成部分,是世界文学宝库中的瑰宝。本书收录了 5 部讲述冰岛中古英雄事迹的萨迦,包括《埃吉尔萨迦》、《拉克斯达尔萨迦》、《尼亚尔萨迦》、《贡劳格萨迦》和《福尔松萨迦》。这些萨迦即说书人的话本绘声绘色地讲述了各个英雄世系的丰功伟绩,从中我们看出了冰天雪地的古国在血与火中发展的惊心动魄的历程。这是一部关于北欧文化历程的教科书,也是一部饶有趣味的叙事文学作品。(施梓云)

I000592 **回家** [冰岛]雷克雅未克著,熊德米、王黎译。重庆出版社 2002 年 9 月版。15.6 万字。12.50 元。故事发生在 20 世纪 60 年代初期。20 多年来,女主人公迪萨在英国过着平静的生活,她和安东尼共同经营了一家乡村饭店。当得知自己的生命快到尽头的时候,她决定回到阔别几十年的家乡——冰岛。然而,越往北走,那些她想忘却的事情却件件涌上心头:与母亲不和,未婚夫被德国纳粹杀死。为了忘却战争给她带来的伤痛,她在一冰岛富豪人家做厨师。然而,那里却隐藏了性暴力和政治暴力。最具讽刺意味的是,她为一名德国崇拜者生下了孩子……这次回家,对迪萨来说,实际上是一次感情之旅。这是她生平第一次敢于真正面对自己的过去,也是她第一次试图找寻一个解决的办法。作者以一名女性的口吻,采用了意识流的某些表现手法,将现在和过去不断地交织,为我们展现了一位女性丰富的内心世界。(江萍)

I000593 **生死巴尔干** [黑山]巴托·托马舍维奇著,达洲译。新华出版社 2002 年 10 月版。31 万字。30.00 元。自传。由 15 章组成,反映了在 20 世纪巴尔干地区人民的战斗和生活。反映了南斯拉夫人民反法西斯战争和铁托游击队的战斗和生活,反映了当地各个不同民族的思想和情感,反映了民族之间的矛盾。作者对自己大半生的斗争和生活,他所经历的事件和所接触到的人物,作了生动的描述。他对社会发展的情势,发表了自己的看法。(赵春铭)

I000594 **野性故事** [保]海托夫著,余志和等译。新华出版社 2002 年 10 月版。23.4 万字。18.00元。小说集。收入 20 个短篇小说。展现了 19 世纪末、20 世纪初保加利亚罗多彼山区的风土人情与社会风貌,描写了保加利亚人浓郁的生活气息和鲜明的个性。小说富有喜剧色彩,语言诙谐幽默,语调轻松。该书被翻译为 23 种外文,是保加利亚的一部经典小说。(黄绪国)

I000595 **希腊神话** [俄]尼·库恩著,朱志顺译。上海译文出版社 2002 年 2 月版。41.7 万字。大 32 开。20.00 元。深入浅出地着重叙述希腊神话和传说中神祇与英雄的故事,古希腊史诗,其中包括遐迩闻名的阿耳戈船英雄、特洛伊的故事、俄底修斯的故事等。(乐韬昀)

I000596 **莫拉维亚文集** [意大利]A.莫拉维亚著,吕同六主编,袁华清等译。译林出版社 2002 年 10 月版。104.5 万字。62.00 元。阿尔贝托·莫拉维亚(1907—1990)是意大利当代最著名的小说家。他的作品在意大利文学界乃至世界文学界都有着重大的影响。由意大利文学研究专家吕同六主编的这部文集分上下卷,收录了莫拉维亚 5 部最杰出的作品:《冷漠的人们》创作于上个世纪 20 年代后期,被认为是莫拉维亚在未意识到的情况下写出的世界上第一部存在主义文学作品。通过一个资产阶级家庭在三天内发生的故事,揭露了当时意大利资产阶级灵魂深处的冷漠。《乔恰里亚的女人》创作于第二次世界大战刚刚结束之后,被公认为意大利战后最杰出的小说。作品通过切西拉母女二人在战乱中的经历，揭露了战争给普通民众带来的苦难，特别是对人的心灵的摧残。《鄙视》的主人公莫尔泰尼有志于从事戏剧创作，为博得妻子的爱，他违背自己的意愿，为电影制片人编写电影脚本，以获得金钱，满足妻子的物质欲求，当他满足了妻子的欲求时，却发现妻子已不再爱他。小说从一个侧面写出了西方社会中人的异化。长篇小说《注意》是一部手法奇特的作品，用书中人物的话来说，作品真正的主人公并不是小说的主人公，而是小说的主人公"我"一直在写着、准备将来有一天用作小说的素材的日记。作品通过大量的心理描写，通过主人公"我"在日记中写出的或真实或虚假的种种事件，探讨"原罪"问题。短篇小说集《不由自主》共有41篇作品，身分、地位各不相同的人物都由于一些自己也不明白的原因，不由自主地做着自己并不想做的事。通过他们，作者写出了现代西方社会中，人们普遍感到的迷惘与困惑，以及人的精神状态的扭曲。(陆元昶)

I000597 **英诗概论** 罗良功编著。武汉大学出版社2002年9月版。22.8万字。13.00元。共6章。前3章对英语诗歌的音乐系统、视觉系统和意义系统作了基本介绍；第四章从文学史的角度对英美文学中的主要诗歌流派、代表人物、风格特点等作了介绍；第五章简略地谈及了诗歌阅读与欣赏的角度和方法，特别介绍了英诗汉译的基本主张和做法，以帮助读者更好地阅读英诗的汉语译作；第六章选取了英美不同时期主要诗人的较能代表其一贯风格的短小诗篇，并设计了一些思考题供读者阅读时参考。(曾建华)

I000598 **罗西与苹果酒** [英]洛瑞·李著，朱岚岚、周易译。海南出版社2002年8月版。16万字。18.00元。作者洛瑞·李以他在故乡山坡上的号叫开启记忆之门，带领读者穿越时空，重返那个死亡阴险缭绕的灰白求恩村落，进入童年时期的各式幻想与梦魇之中。宛如一部朴实而美丽的怀旧电影。(伍君之)

I000599 **匹克威克外传** [英]狄更斯著，刘凯芳译。译林出版社2002年9月版。72.6万字。39.80元。长篇小说。该书通过正直善良的匹克威克及三位朋友旅行途中的一系列遭遇，其中既有正义与邪恶的斗争，又有辛辣的政治讽刺；既有妙趣横生的民间故事，又有对社会阴暗面的无情揭露，最广泛地记录了19世纪初英国城乡的社会生活和风土人情。该书是19世纪英国最重要的作家狄更斯的成名作，一直受到各国读者的欢迎，无可争辩地成为世界文学的经典名作。(叶凡)

I000600 **法国中尉的女人** [英]约翰·福尔斯著，陈安全译。上海译文出版社2002年12月版。35.4万字。30.00元。讲述了一个发人深省的爱情故事，描写了一位承受精神重负、地位卑下而性格倔强的女子与社会、传统习俗作抗争，努力获取自由的经历。富家子弟斯密森在海边遇上被人称为"法国中尉女人"的萨拉·伍德拉夫。据说这个女子"很堕落"，然而她身上那种极富女性魅力的特殊气质使查尔斯为之倾倒。他热烈追求萨拉，导致他与未婚妻的婚约被解除，不过萨拉虽钟情于他，却与他若即若离，最后竟不辞而别，等到查尔斯好不容易找到她时，她却已经在一位名人的保护下，成了一个强调自由和男女平等的"新女性"。这部作品创作手法上的两大特点引人注目：一是在叙述过程中作者插入各种议论；二是作者为故事设计了三个不同的结尾。(管舒宁)

I000601 **河湾** [英]V.S.奈保尔著，方柏林译。译林出版社2002年6月版。22.9万字。16.00元。2001年诺贝尔文学奖获奖作品。一部关于非洲的充满悲观情绪的小说，凸现了一个古老大陆在本土化与普遍化之间的艰难处境。主人公萨林姆是一个穆斯林，出生于一个已在非洲生活了几百年的印度商人之家。在刚果河拐弯处的一个小镇上，萨林姆接手了一个商店，并获得了成功。然而，这是个前途渺茫且不属于任何人的地方，大人物控制了一切，为所欲为，使得他以及无数像他这样的芸芸众生没有任何前途可言。奈保尔在书中表达了对于殖民国家建立民主体制的怀疑。他以平实的文风和清醒的洞察力，向我们揭示出边缘世界里被掩盖了的真实历史存在。(李瑞华)

I000602 **魔戒** [英国]托尔金著。译林出版社2002年10月版。62.60元。托尔金(1892—1973)是英国著名作家、语言学家、牛津大学教授。其创作的《魔戒》讲述的是一个发生在古老的中洲大地的故事。该书分3部曲：第一部《魔戒再现》(丁棣译，郭少波校订，22.60元)；第二部《双塔奇兵》(姚锦镕译，郭少波校订，18.80元)；第三部《王者无敌》(汤定九译，郭少波校订，21.20元)。很久以前，在中洲的第二纪，黑暗势力的代表索隆将他的生命力熔铸于一枚戒指之中，即魔戒之王。他企图借此来控制整个世界。然而，精灵族与人类达成同盟，与索隆展开大战，并在战场上砍下了索隆之手，魔戒就此消失。若干年后，这枚魔戒又出现了，戴在霍比特人弗拉多手上。围绕着它,各方面展开了激烈的争夺。索隆希望能重新占有魔戒,以获得统治世界的能力;精灵族、矮人族与人类和其他爱好和平的种族一起,希望能将之投入打造它的火焰山中,予以毁灭;白衣术士萨茹曼原先是和平的护卫者,此际却为权势所惑,也一心想得到魔戒,完成罪恶的计划。更可怕的是,这枚魔戒本身所具有的魔力可以影响它的携带者,使之不知不觉中产生占有欲与权势欲。经过各种族的协商,一支由霍比特人、人类、矮人族和精灵族组成的魔戒队护送弗拉多踏上征途,目标便是将魔戒摧毁。围绕着对魔戒的争夺,一场错综复杂、敌我难辨、旷日持久的大战拉开了序幕。经过种种艰险,弗拉多最终完成了使命,将魔戒毁灭在它的铸造地。正义与和平再一次回到中洲大地,索隆、萨茹曼和其他的邪恶力量就此灰飞烟灭,而中洲所有热爱和平的种族又过上了安宁的生活。本书是幻想文学的代表作,人物众多而个性鲜明,线索复杂而不凌乱,气势恢宏而又有细腻的细节刻画,被评为20世纪最伟大的著作之一。(张昱)

I000603　**儿童诗园(英汉对照)**　[英]罗伯特·路易斯·史蒂文森著,刘荣跃译。重庆出版社2002年8月版。13.9万字。13.00元。英国小说家、散文家和诗人罗伯特·路易斯·史蒂文森(1850—1894)的一部专门为少年儿童创作的诗歌,颇富童心童趣,清新活泼,天真纯朴。全书共分“献给艾莉森·坎宁安”、“孤独的孩子”、“花园里的日子”和“结尾的诗”4部分,约70首,第一部分是主体,占了约一半篇幅。诗歌涉及的内容丰富多彩,抒发了书中的“我”作为一名天真活泼的孩子在童年的各种生活与经历中产生的欢乐、向往和不安等心情。本诗集用朴实的语言写出了不平凡的诗情,令人回味无穷。该译本特别注重在韵律上与原诗亦步亦趋,并对每首诗的韵律给予注明。(彭欣)

I000604　**拂过杨柳的风**　[英]肯尼思·格雷厄姆著,孙法理译。安徽文艺出版社2002年10月版。14万字。17.00元。英国儿童文学经典之作。小说以充满灵感的细腻笔触,讲述了动物世界中鼹鼠与水老鼠的友谊以及动物世界的自然生态及美丽风光,体现了作者对少年心灵的敏锐的理解。(徐海燕)

I000605　**杜利特医生故事全集**　休·洛夫廷著,任溶溶译。新蕾出版社2002年3月版。166.5万字。131.00元。共6册:《杜利特医生非洲历险记·航海记》、《杜利特医生的邮局·马戏团》、《杜利特医生的动物园·大篷车》、《杜利特医生的花园·在月亮上》、《杜利特医生归来和神秘的湖》、《杜利特医生和金丝雀·家乡奇遇》。《杜利特医生故事全集》是享誉全球的经典名著,曾获纽伯瑞儿童文学大奖,并多次被搬上银幕。作者休·洛夫廷是英裔美籍作家,第一次世界大战时,他在法国前线给自己的孩子写故事信,还配上滑稽画。1919年他负伤回家,孩子们说喜欢他信中写的杜利特医生和那个胖墩墩的人物形象,于是他把这些信改写成书:《杜利特医生非洲历险记》,此书出版,一炮打响。而后他一口气写了8本,本想收笔,但小读者们不答应,于是他又写了《杜利特医生归来》等,一共12本,最后两册是他去世后出版的。故事讲述了一名古怪的医生因太爱动物而放弃了优越的生活,为动物们治病并与它们生活在一起,他还学会了鸟言兽语。非洲的猴子瘟疫蔓延,他借船渡海(途中遇海盗)为它们治病;他买地,成立“退休老马协会”;为无家可归的狗成立“狗俱乐部”;为救海豹他被疑为杀人犯、蹲监狱……他与他的动物一家子(包括小猪、老鹦鹉、小老鼠、母鸭、小狗)相亲相爱,有着许多温馨逗趣的幽默故事。(王公惠)

I000606　**比利时文学经典译丛**　河南人民出版社2002年10月版。共5册:《弗朗德勒女人》(凡尔哈伦著,杨松河译,17万字,14元。)比利时最伟大的诗人凡尔哈伦的诗选,收入了凡尔哈伦的所有代表作。《偷猎者》(卡米耶·勒莫尼埃著,顾微微译,17万字,13元。)比利时自然主义文学鼻祖卡米耶·勒莫尼埃的代表作,讲述了偷猎者卡夏普雷和美丽的姑娘热尔梅娜之间的狂热爱情,以及可怜的林中女孩加德莱的一腔柔情。《亡妻》(乔治·罗当巴克著,郎维忠译,11.8万字,9元。)一部介于心理分析小说、神怪故事和散文诗之间的作品,死亡和忧伤贯穿全篇的主题,在文学史上拥有一席之地,被认为是象征主义文学的代表作之一。《一个疯子的忏悔》(安德烈·巴庸著、周翎译。河南人民出版社2002年10月版,10.7万字,8元。)比利时小说之王安德烈·巴庸的代表作。《黑蜘蛛》(莫里斯·卡雷姆著,胡小跃译,18.2万字。13元。)比利时“诗歌王子”莫里斯·卡雷姆的诗选。(李小龙)

I000607　**丁丁历险记**　[比利时]埃尔热编绘,卢晓等译。中国少年儿童出版社2002年4月版。88印张。220.00元。世界经典连环漫画。分:丁丁在刚果、丁丁在美洲、法老的雪茄、蓝莲花、破损的耳朵、奥托卡王的权杖、黑岛、金钳螃蟹贩毒集团、神秘的流星、独角兽号的秘密、奔向月球、黑金之国、太阳的囚徒、714航班、丁丁与流浪汉、红色拉克姆的宝藏、卡尔库鲁斯案件、红海鲨鱼、丁丁在西藏、绿宝石失窃案、月球探险、七个水晶球22册。漫画大师倾毕生精力，以惊人的想像力创作了主人公丁丁带着小狗白雪风风火火穿行于世界各地甚至在月球上的系列传奇性历险故事，该书被誉为世界级漫画精品。历险记文字活泼精练，画风幽默传神，造型夸张有力度，色彩柔和明快。故事构思奇特、情节紧张、悬念迭出，使探险、破案、解谜扣人心弦。充分展示了丁丁的机智、勇敢、善良和真诚，宣扬正义战胜邪恶、智慧克服险阻、友谊给人温暖的生活哲理，对陶冶少年儿童乐观主义情操，培养勇敢的精神具有潜移默化的积极作用。（杨向荣）

I000608 **法国文学大手笔** ［法］弗朗索瓦兹·普洛坎等编著，钱培鑫、陈伟译注。上海译文出版社2002年9月版。32万字。18.00元。“法汉对照及注释书系”之一，收集了法国文学史上著名作家最具代表性的作品选段及其评论。本书的线索如下：从中世纪的情人、僧侣和英雄主题开始，历经16世纪的文艺复兴和人文主义、17世纪的古典主义和理性主义、18世纪的启蒙时代——理性和情感、19世纪的“世纪病”变奏，一直到20世纪的语言黄金时代。对于每个作家，书中用简短的定义指出其特点，然后以几个重要年份为基础，介绍作家生平。“文学评论”扼要地勾勒了作家在文学史上的地位，提示介绍了作家某个显著的侧面，并简洁介绍了文学流派或法国文学生活中的主要现象。收录的作品篇幅短且完整，体现了作家的风格，其中复杂的词汇都作了注解，便于理解。（管舒宁）

I000609 **说谎的女人** ［法］苏菲·玛索著，司徒逸译。北京出版社2002年5月版。8.4万字。10.00元。以演艺女人第一人称手法创作，写出了作者的生活与感受。书中的女人，与封面女郎苏菲是完全不同的另一年轻女人，同时，喜读书喜独睡喜带狗散步等习性，又与苏菲生活的某些方面有着惊人的相似。书中追忆童年生活、少女时代、与男孩交游、与情人做爱、演戏拍电影、应约去好莱坞，最后在剧场当领座，虚虚实实，半真半假。所以苏菲一面说：“这不是一本关于我自己的书。”一面又承认：“这本书，是迄今为止最个人化的东西。”

I000610 **玫瑰的回忆** ［法］龚苏萝·圣埃克絮佩里著，黄荭译。上海译文出版社2002年9月版。17.7万字。16.00元。从另一个角度见证圣埃克絮佩里真实人生的感性记录，让我们触摸到一个更加血肉丰满的“小王子”，看到天上的巨人懦弱和不成熟的一面。1944年，法国伟大的飞行员作家圣埃克絮佩里在一次军事飞行中失踪，像他笔下的小王子一样永远消失在他热爱的天空中。于是飞行员先是成了作家，然后成了英雄，最后成了神。作为圣埃克絮佩里的妻子，龚苏萝身上维系了太多的传奇和令人费解的谜。1927年，他们在充满异国情调的布宜诺斯艾利斯相遇，像大男孩一样的飞行员马上就被这位优雅、美丽、倔强的西班牙女郎迷住了，当场就将她“劫持”到空中去“看星星”。龚苏萝也为圣埃克絮佩里在飞行间隙写下的文字打动，于是把未婚夫关起来“逼”他写作。1931年，两人终于走上了婚姻的礼堂，然而圣埃克絮佩里成名后，接踵而至的荣誉、鲜花和光荣只属于丈夫一人，妻子被冷落、排挤，在自己的角落织补脆弱破碎的心灵。不是不爱，只是如圣埃克絮佩里在《小王子》中所说：“我太年轻了，不知道怎样去爱。“但龚苏萝承受了，绝望中总是希望着，希望中总抹不去绝望的阴影。生活在传奇里，他们的故事有很多超出常人想象的点滴。龚苏萝只是记录了她和爱人的生活，不想评价对错。文稿在她死后留下的行李箱里一搁就是25年，所幸这部玫瑰的回忆终于可以展现给世人。（乐韬昀）

I000611 **一个巴黎女子的拉萨历险记** ［法］大卫·妮尔著，耿昇译。东方出版社2002年1月版。24.5万字。21.00元。法国著名的东方学家、汉学家及藏学家大卫·妮尔于20世纪20年代所著的一部探险游记。真实地记录了大卫·妮尔于1923年化装成一名女朝圣人，与其义子一起一路乞讨化缘，历经8个多月的时间徒步穿越西藏腹地最终到达拉萨探险考察的全过程。为躲避哨卡和怕人识破其西方人的真实身份，作者把自己装扮成一名真正的藏族女子，昼伏夜行，放弃坦途大道而翻山越岭。途中不仅要克服西藏地区极其恶劣的自然环境所带来的困难，还要忍受因粮食不足、装备简陋所导致的饥寒交迫，以及随时要提防一些土匪的抢劫杀害。书中向世人展示了一个西方人眼中20年代西藏的山川风貌、宗教习俗及其历史文化。

I000612 **凡尔纳四大科学幻想名著** ［法］凡尔纳著，杨晓舸译。中国少年儿童出版社2002年8月版。22万字。88.00元。科学幻想小说集。凡尔纳经典科幻探险小说选集。选译了《格兰特船长的儿女》，《八十天周游世界》，《海底两万里》，《神秘岛》4部小说作品。凡尔纳善于将现实和幻想巧妙地相结合,以生动流畅的语言、扣人心弦的情节、大胆的想象、神秘的场景、包罗万象的科学知识,创作出引人入胜的故事。故事中的主人公大多是具有坚强的意志,不断探索的精神,敢于与自然、与恶人作斗争的既平凡又伟大的英雄式人物。他的许多在当时被认为不可思议的科学预见,如今都已实现或即将实现。(陈斌)

I000613 **“剩”贤奇迹** [新西兰]石帝文·爱尔德瑞德—格利格著,石莉安译。上海译文出版社2002年5月版。22.2万字。13.80元。此书的背景是在二战期间的新西兰,一双女娃阿菲和阿姜出生在清贫之家,随着父亲的离开,她们的日子越见窘困,母亲的劳作和泼辣让她们自小在缺乏温情的环境中成长,她们希冀用读书或者婚姻来改变自己的前途和命运,日夜辛劳,含辛茹苦,生活总在循环往复中前进;但最后两人藉着自己的努力奋进和好运气都找到了各自安身立命的依靠。阿菲甚至得以进入上流社会,过上了殷实富足的生活。小说的最后阿姜看着雍容华贵的阿菲潸然泪下,因为那个曾经有着梦想、追求和渴望的阿菲已经踪迹难寻。这是一个在新西兰家喻户晓的故事,人们在这个波澜不惊的故事里,读到的是小人物最普遍的生存状态,读到的是不假矫饰的生活本身。(范彦萍)

I000614 **天使的指印** [加拿大]南茜·休斯顿著,郑大民译。上海译文出版社2002年2月版。15.9万字。18.00元。一位长期旅居法国的加拿大女作家在美国出版的第一部小说。叙述的是一个热烈恋情与历史重负相互交织的故事,读来发人深省。休斯顿回顾了欧洲人在20世纪中叶所遭受的灾难,审视人类自身的缺陷、羞耻和悲哀,她借助于一个热烈的,也是悲剧性的婚外恋故事,出色地描写了人性深处对爱的渴望,探索和反映了历史事件如何影响人们的生活和命运,描写了人们所遭受的精神创伤,在探讨如何从法律与道德两个不同角度来理解犯罪以及什么是高层意义上的纯真无邪等等问题上,给予读者多方面的启示。(乐韬昀)

I000615 **偶然事件** [加]卡罗尔·希尔兹著,孙骊、裘因译。上海译文出版社2002年9月版。35万字。24.00元。加拿大著名女作家希尔兹的这部小说分为独立成篇的两部分,由妻子和丈夫分别叙述5天中的经历与感受。杰克和布伦达是对结婚近20年的夫妻,两人十分恩爱,彼此坦诚相待。杰克优越的工作与收入使得家庭生活平静快乐。但生性聪慧率真的布伦达不甘心做家庭主妇,致力于工艺拼花这一爱好,并屡屡获奖。在被邀请参加在费城举行的全国工艺品展览会的5天里,布伦达偶遇了一位善解人意的中年工程师并为之倾心。在对感情与责任做了一番深沉思考之后,布伦达做了妥善的处理。而在家的杰克,也在5天里遭遇到始料不及的情景。作品生动反映了美国中产阶级的家庭观、婚姻观。(管舒宁)

I000616 **走向文化诗学** 副名:美国犹太小说研究。刘洪一著。北京大学出版社2002年11月版。29万字。20.00元。19世纪末至20世纪中,大量犹太移民进入美国,他们所负载的犹太传统文化与美国文化发生着复杂而深刻的冲突和融合,美国犹太小说作为异质文化接触的产物和表征,蕴藏着巨大的文化与审美内涵。本书以美国犹太小说为切入点,用文化诗学的理念作导引,力图突破传统的文学研究方法,从文化与诗学综观的角度,对美国犹太小说的文化价值和诗学价值进行系统的梳理和界说,并对小说与文化的一般规则和文化诗学的若干普遍原理进行探讨和诠释。(张冰)

I000617 **美国后现代主义小说艺术论** 陈世丹著。辽宁师范大学出版社2002年5月版。36.3万字。25.00元。以巴恩、巴塞尔姆、库弗、海勒,冯内古特、品钦、霍克斯、多克特罗、德里罗、纳博科夫10位美国后现代主义代表作家的重要作品为研究对象,深入讨论这些作品的主题和艺术手法,从而发现后现代主义作家如何在他们的小说中从超现实、虚无主义的角度出发,用荒诞的笔法、多层次的结构,多种多样的实验性新手法,来折射、揭示当代西方资本主义社会中复杂的光怪陆离的现实世界的。研究重点是作品的主题和作家的世界观,而要突破的难点则是对作品的文体结构、各种实验性艺术手法的探索。(徐华东)

I000618 **美国文学史** [美]童明著。译林出版社2002年12月版。45万字。28.80元。美国文学史研究专著。可作英语专业文学史教材。全书主要内容由5部分组成:一、美国早期文学:从殖民时期到1815年;二、美国浪漫主义:1815—1865年;三、美国现实主义:1865—1914年;四、美国现代主义:1914—1945年;五、美国多元文学:1945年到21世纪。书后附有参考书目、大事年表及索引。作者以跨文化的视点、多层次的叙述,涵盖了美国从殖民时期至新世纪全球化600年来的文学、哲学、文化思潮,精辟解读重要作家的经典作品,考察美国文学的传统风格及近50年来文学的主流及走势。(许冬

平）

I000619 **美国黑人文学史论** 王莉娅著。黑龙江人民出版社2002年7月版。26.5万字。26.00元。全面介绍黑人文学的专著。通过对主要黑人作家休斯，赖特，埃里森，沃克和莫里森等的介绍及其作品分析，以及对黑人文学理论的创立，审美观的确定及民族意识的作用的阐释，使读者能够看到黑人作家一直致力保存和弘扬的民族精神及文化，并通过有关作家各自的代表作了解黑人的历史，命运及精神世界。（刘恺汐）

I000620 **新编美国文学史（四卷本）** 刘海平、王守仁主编。上海外语教育出版社2002年版。全面论述美国文学的著作。分4卷。第一卷（张冲主撰，43.6万字，34.00元）跨度上自公元前的印第安传统文学，下至美国南北战争。内容包括印第安传统文学、殖民时期文学、独立革命前后的文学、浪漫主义文学以及美国"文艺复兴"文学。第二卷（朱刚主撰，52.7万字，38.70元）跨度上自南北战争，下至第一次世界大战。第三卷（杨金才主撰，68.4万字，48.60元）论述的重点是两次世界大战之间的美国文学。第四卷（王守仁主撰，57.5万字，41.70元）跨度自1945年第二次世界大战末至2000年。本书作者对诗歌、小说、戏剧、散文、政论文以及各个时期的文学批评乃至文艺理论，作了全面、系统的描述。除此之外，另有专章论述美国黑人文学、女性文学、华裔文学、通俗文学以及犹太作家、本土作家等。本书还对美国的一些重要作家与中国文学、文化的互动关系作了深入的考察。（金蕴华）

I000621 **甜美生活** ［美］弗朗西丝·梅耶斯著，郑达华、罗轶、潘志良译。海南出版社2002年8月版。22万字。22.80元。为《在托斯卡纳的太阳下》的姊妹篇。经过几年来在意大利最古老的地区托斯卡纳的生活经历，作者和丈夫驱车深入到欧洲文化的腹地，通过对遍布古迹的城镇及居民生活的描写，写出了这种生活给读者带来的震撼和感触。本书通篇洋溢着现代都市人对自然的崇尚、对回归自然的渴望，以及对田园情致和乡村风景的迷恋。（伍君之）

I000622 **大卫·科波菲尔——不可能的故事** ［美］大卫·科波菲尔著。电子工业出版社2002年9月版。32万字。28.00元。系当代最著名的魔术大师大卫·科波菲尔邀请当今最有才华的17位魔幻文学作家，历时两年共同创作完成的一部魔幻小说集。从极端美妙的，到极端邪恶的，作者们力求通过各自的精心创作，把一个个不可能的故事真切地展现在每个人的面前。从1995年开始，18个神奇的故事风靡欧美，让越来越多的读者充分体验到文学作品所营造出的神奇境地。

I000623 **巴黎烧了吗？** ［美］拉莱·科林斯、［法］多米尼克·拉皮埃尔著，董乐山译。译林出版社2002年7月版。28.4万字。20.50元。长篇小说。生动而又详细地描绘了1944年8月解放巴黎的战斗的全过程。两位作者系新闻记者，在作品的史实方面力求翔实，花了作者近三年时间搜集材料，翻阅了美、法、德三方面的军事档案，采访了上至艾森豪威尔、戴高乐高级助手、肖尔铁茨，下至法、美、德军普通士兵和巴黎市共达800多人，采用了其中536人的亲身经历，因此能使整部作品做到事事有根据，人人有下落，句句有出处。（孙峰）

I000624 **世界最佳恐怖小说选：猴爪** ［美］雅各布斯等著，赞扬译。新华出版社2002年4月版。21万字。28.00元。小说集。共收入《恐怖怪床》、《封闭的窗户》、《回家过圣诞》、《天国的马车》等23篇短篇小说。每个故事的情节都是按常理根本想像不到的，都有一个出人意料的结尾，让人感到一种震撼。《猴爪》中，一位老人用猴爪来实现愿望，但代价惨重。当他得到他想要200英镑时，才发现那是他儿子罹难的抚恤金。《小水手的故事》里，小水手在去会心爱的姑娘的路上被迫杀人，一只曾经被他救过的游隼变成老太婆把他带回了家。（黄绪国）

I000625 **世界最佳推理小说选：幸运数字3** ［美］玛格瑞·爱琳汉姆等著，北京拓维炜胜翻译公司译。新华出版社2002年4月版。28万字。28.00元。小说选。美国恐怖小说家协会推荐的推理小说集《幸运数字3》共收集了19篇推理小说，一件件如实话般的悬案，在侦探的面前展开。《崮卜林中的小屋》讲述的是一个神秘的失踪案，小屋的门和窗都被锁上，而屋中的女孩却可以在侦探的眼皮底下又一次失踪。《幸运数字3》中阴险的丈夫喜欢用浪漫的泡泡浴来杀死新娘，第三位妻子就要走向浴池，她能幸免于难吗？《隐身杀手》通过对狗的一系列反应来鉴定凶手到底是谁。小说悬念重重，扣人心弦。（黄绪国）

I000626 **世界最佳悬念小说选：谋杀伯恩斯坦** ［美］哈兰·埃里森著，北京拓维炜胜翻译公司译。新华出版社2002年4月版。28万字。28.00元。小说集。本书是由美国恐怖小说家协会推荐的16篇悬念小说组成，其中有史蒂芬·金的《戒烟公司》、莉萨·斯科特南的《藏着掖着》、埃勒瑞奎因的《法国皇子玩偶历险记》、安东尼·布切尔的《嫁给怪兽的女孩》等在侦探小说里颇有名气的名家名作。(黄绪国)

I000627 **欢情如潮** [美]周琼著。华夏出版社 2002 年 5 月版。25 万字。16.80 元。年过半百的华裔企业家马歇尔、舒心宜夫妇,因美艳的女秘书莫娜而发生婚变;马克前女友出现在他的婚礼上;马琳现男友与旧情人莫娜重逢;苏珊设下陷阱,走来的却是鲍尔斯;商业危机随着情感波澜接踵而至,复仇者总在云里雾里;韦尔斯脚踩两船游刃有余;葛莱丝与前夫分手却旧情不断;舒心宜秘密情人的妻子直接打来电话;蒙德妻子温柔典雅、中规中矩却对男人不感兴趣;陈小弟纵横黑道却阴沟翻船;艾薇为爱离婚却不筑爱巢…这里有新人旧人的比照权衡,有放线钓鱼的蓄谋破坏,有投鼠忌器的焦灼与无奈,有欲言又止的审慎与疑虑,有借腹生子的前卫与尴尬,有明知故犯的苦恼与遮掩,更有钱权美色的诱惑、惊颤、震恐与搏斗……(高苏)

I000628 **苹果酒屋的规则** [美]约翰·欧文著,刘国枝译。上海译文出版社出版 2002 年 12 月版。50.2 万字。36.00 元。当代美国最知名的小说家之一欧文的代表作,讲述了年轻人荷马的成长历程:离家出走,寻找真爱,定位人生。身为孤儿的荷马,生活在美国缅因州的圣克劳兹孤儿院。孤儿院的拉奇医生将自己的医术悉数传授给荷马,包括当时尚不为法律允许的堕胎手术,并希望荷马能够继承他的事业,但在拉奇医生父亲般的关爱和呵护下逐渐迈向成年的荷马却向往医术以外的东西,渴望学习生活的准则。后来,他跟随前来堕胎的坎蒂及男友华力一道离开了孤儿院,来到华力家的观海苹果园工作。二战爆发后,华力奔赴战场,荷马与坎蒂坠入爱河。但是面对从战场上伤残归来的华力,坎蒂和荷马只能选择分手,而他们爱情的结晶安杰尔则成了荷马的"养子"……全书围绕着荷马在燃情岁月里的悲、欢、离、合展开,反映现实生活不乏遗憾、忧伤,但同时又充满向往和希望。(管舒宁)

I000629 **凯恩河** 拉丽塔·塔德米著。人民文学出版社 2002 年 12 月版。34.8 万字。18.00 元。"21 世纪年度最佳外国小说"评选中美国文学入选作品。该作品是一部纪实性的家族小说,叙述了作者家族中的 4 位黑人女性伊丽莎白、苏塞特、菲洛敏和艾米丽的成长历程,她们的奴隶生活、家庭背景和复杂生活形态的多重故事,开启了美国种族史隐秘的一扇窗口。小说生动细腻地展示了美国黑人社群混乱的主要根源及其面临的复杂的肤色问题,从而对历史上有关奴隶制的问题进行再审视。它将历史建构与故事叙述相结合,揭露了美国历史上罕见的一幕的一角,即奴隶与奴隶主之间复杂而难以言说的契约关系。书中附有珍贵照片和文献资料,增强了故事的历史意识。(姚翠丽)

I000630 **星球大战前传Ⅱ:克隆人的进攻** [美]萨尔瓦托。人民文学出版社 2002 年 7 月版。22 万字。28.00 元。根据同名电影改编而成的科幻武侠小说。遥远的星系议会内部发生了危机,许多星球分裂了出去。在这场分裂与反分裂的斗争中,绝地武士奥比旺及其弟子阿纳金在尤达大师指挥的克隆人军队配合下,艰难地战胜了黑暗势力,但这只是星球大战的开始。(刘开华)

I000631 **爱伦坡恐怖侦探小说集:红死** [美]埃德加·爱伦·坡著,刘万勇译。新华出版社 2002 年 4 月版。23 万字。28.00 元。美国侦探小说之父埃德加·爱伦·坡所著的小说集,收入了《莫格街凶杀案》、《黑猫》、《泄密的心》、《失窃的信》、《红死》、《高低山的故事》等 19 篇侦探小说。其中,《莫格街凶杀案》、《玛丽罗吉疑案》、《失窃的信》和《金甲虫》典型地表现了人的智力在冷静、缜密、高度理性的推理中所能达到的限度,《金甲虫》虽然是探宝小说,但也表现了有关人物逻辑严谨的推理能力和透视能力;《泄密的心》和《黑猫》属于凶杀一类的题材,但又不是一般的凶杀小说,它们可以归入心理描写小说的范畴。本书不是单纯的恐怖小说,作者触摸到了人类内心深处的敏感神经,对人类的诸多情感进行了入木三分的刻画。(黄绪国)

I000632 **梦系廊桥** [美]罗伯特·詹姆斯·沃勒著,宋文伟、侯萍译。译林出版社 2002 年 11 月版。11.3 万字。14.00 元。《廊桥遗梦》的续篇,是一条曲曲弯弯细又长的寻旧之路。在续篇中,68 岁的男主人公,那个浪迹天涯的摄影师罗伯特·金凯,那个最后的牛仔,那头骑着彗星来到世上的豹子,循着 16 年前的相同路线,开着同一辆皮卡,带着同一条猎狗,带着 16 年始终如一的爱情,去见他的心上人,那个衣阿华农夫之妻弗朗西丝卡。廊桥一梦,沉沉不醒。16 年里,弗朗西丝卡的丈夫已经去世,儿女也长大成人离开家乡,只有她一人留守在廊桥边,在默默地谛听心灵的呼唤,在等待她的心上人的到来。在"美国最孤独的公路"上,金凯意外遇到了 36 年前的情人维妮,并得知他们俩竟有了一个儿子。

但是，在弗朗西丝卡之后，他心里已经装不下任何别的女人。弗朗西丝卡·约翰逊和罗伯特·金凯这两个令全世界千百万读者几年来牵肠挂肚的有情人的命运，他们之间的爱情故事，终于有了一个令人回味无穷的结局。

I000633 **北行漫记** [美]哈里森·福尔曼著，陶岱译。解放军文艺出版社2002年6月版。24万字。19.00元。纪实文学。被誉为《西行漫记》的姐妹篇。1944年，美国记者哈里森·福尔曼冲破重重阻碍，从国民党控制下的重庆一路北上，到达延安及中国共产党领导的华北抗日根据地进行战地采访，写下了轰动中外的《红色中国报道》，后译为《北行漫记》。福尔曼在采访中，不仅接触了王震、聂荣臻、朱德、毛泽东、江青、陈毅以及蒋纬国、胡宗南、阎锡山等众多的著名政治人物，而且将目光投向普普通通的八路军战士、少先队员和儿童团员。作者跋涉千里，通过亲身经历和亲眼所见，反映了波澜壮阔的人民战争及深刻的政治变革。更有意思的是，福尔曼这次北行，原本是在国民党的监视下进行"采风"的，结果作者完全被中国共产党领导下的人民战争所感动，后来竟在随军采访中，主动拿起武器，直接成为一名亲身抗击日寇的伟大国际主义战士。《北行漫记》建国后由解放军出版社以《红色中国报道》为名出版过，当初出版时中国尚未加入世界版权公约，现解放军文艺出版社经过中华版权代理公司取得独家授权，作为"外国人眼中的红色中国"丛书的一部出版。（陈京蕾）

I000634 **西行漫记** [美]埃德加·斯诺著，董乐山译。解放军文艺出版社2002年6月版。35万字。27.00元。纪实文学。真实记录了斯诺在1936年6月至10月在我国西北革命根据地（以延安为中心的陕甘宁边区）进行实地采访的所见所闻，向全世界真实报道了中国和中国工农红军以及许多红军领袖、红军将领的情况。毛泽东和周恩来是斯诺笔下最具代表性的人物形象。《西行漫记》建国以后曾经由生活·读书·新知三联书店和解放军出版社出版过，当初出版时中国尚未加入世界版权公约，现解放军文艺出版社经过中华版权代理公司取得独家授权，收入"外国人眼中的红色中国丛书"。（陈京蕾）

I000635 **有本事来抓我吧** [美]弗兰克·威·阿巴纳勒著，马爱农译。上海译文出版社2002年6月版。18.2万字。14.00元。作者弗兰克·威·阿巴纳勒亲身经历的故事。弗兰克从小父母离异，他随父亲生活。忙于生意的父亲对他疏于管教，他小小年纪就学会了泡妞。由于囊中羞涩，他开始用信用卡诈骗，从此一发不可收，开始了职业诈骗生涯。他先后冒充过飞机驾驶员，儿科医生，律师等，用各种手段诈得几百万元的美金。21岁前他的劣迹就已遍布全美乃至许多国家，成为美国和其他许多国家通缉的要犯。作者以纪实的笔法叙述其行骗过程，其中不乏生动有趣的描绘，让人忍俊不禁的同时看到美国社会中存在的单亲家庭对子女教育的问题，各个社会机构中制度不严从而让罪犯有空子可钻的问题等。令人对作者感到欣慰的是，他最终迷途知返，改邪归正。现在他是世界上最受尊重的金融安全和反诈骗专家之一。（乐韬昀）

I000636 **恋爱中的布莱希特** [美]露特·贝尔劳著。昆仑出版社2002年5月出版。20万字。18.00元。报告文学。以第一人称叙述的方式，披露了丹麦记者露特·贝尔劳与戏剧艺术大师布莱希特的爱情故事。为了爱情，露特·贝尔劳抛弃了令人羡慕的职业和优裕的物质生活，跟随布莱希特走上了流亡之路。她把自己的一切都献给了布莱希特，可已有妻室的布莱希特并不能完全属于她。在燃烧的爱情烈焰中，她走向了毁灭。（陈京蕾）

I000637 **续西行漫记** [美]尼姆·威尔斯著，陶宜、徐复译。解放军文艺出版社2002年6月版。31万字。25.00元。纪实文学。1937年7月，埃德加·斯诺当时的妻子尼姆·威尔斯冲破重重阻碍，从北平到西安，再辗转到达延安，历时四五个月，写成这部让世界对中国共产党刮目相看的纪实性作品，在访问陕甘宁边区期间，这位以独特身份走近毛泽东、周恩来、朱德、彭德怀、张闻天等中国共产党早期领导人的女记者，以同样温馨的手与蔡畅、刘群先、康克清以及丁玲等杰出女性紧紧相握，并以较大篇幅介绍了中国妇女与革命。此书原译名为《红色中国内幕》，在《西行漫记》之后出版，考虑到抗日统一大业，改译为《续西行漫记》。建国后1991年由生活·读书·新知三联书店出版过，当初出版时中国尚未加入世界版权公约，现解放军文艺出版社经过中华版权代理公司取得独家授权，收入"外国人眼中的红色中国丛书"。这个译本的许多篇章是首次公开出版的。（陈京蕾）

I000638 **最好的辩护** [美]亚伦·德萧维奇著，李贞莹、郭静美译。南海出版公司2002年9月版。35万字。29.80元。美国当代著名律师亚伦·德萧维奇的法庭辩论实录。他在法庭中力挽狂澜，既为弱者伸张正义，也为受争议的人辩护，在精彩动

人的情节中反映出真正独立的司法精神和对美国司法体制的批判。(廖思拍)

I000639 **世界上最糟糕的旅行** 阿普斯利·彻里一加勒德著,周鑫、池俊常、刘宪、李瑞译。海南出版社 2002 年 5 月版。44 万字。38.00 元。20 世纪百部探险书之一,入选《美国国家地杂志》。通过作者对参与 20 世纪初叶闻名的斯科特船长的几次南极探险经历的生动描述,讲述了关于勇气、磨难、饥饿、英勇、探索、发现和友谊等等的内涵,以事实证明了科学探索和旅行探险需要周密的策划,形象地记录了我们这个星球上最寒冷的地方和最黑暗的日子。(伍君之)

I000640 **在托斯卡纳的太阳下** [美]弗朗西·梅耶斯著,杨白译。海南出版社 2002 年 8 月版。22 万字。22.80 元。一部欣赏意大利美丽风景的游记。作者在意大利的托斯卡纳买下了一座山坡上的雅致旧屋,趁旧金山大学放假期间去那里度过了 7 个暑假和一个春假,尽情地享受和体验了异国的生活和愉悦。作者在这部作品中向读者展示了托斯卡纳地区及整个意大利的山川风貌、民俗风情、美味佳肴和历史古迹。(伍君之)

I000641 **带着希望出门垂钓** [美]保尔·昆内特著,李唯心斯译。海南出版社 2002 年 12 月版。20 万字。24.00 元。一位热爱钓鱼的心理学家关于钓鱼的耐人寻味、富于人生哲理的杂感集。作者从心理学家的视角,从一种全新的角度审视垂钓这一古老又被繁忙的都市人喜爱的活动,并由之自然、轻松地抒发了自己由此引发的人生感悟。本书看似一本关于钓鱼的书,但作者却闭口不谈钓鱼的具体技术,而是由这一活动生发开去,如从钓鱼人为什么会撒谎,讲到钓鱼人的独特伦理,从对鱼饵的选择中引申到神经胜利学等等,侃侃而谈,将科学性与哲理性恰到好处地融合在一起。(伍君之)

I000642 **美国景象** [美]亨利·詹姆斯著,容新芳、杜曼译。海南出版社 2002 年 1 月版。31 万字。28.80 元。美国著名作家亨利·詹姆斯在约一个世纪前写的一部游历美国的随笔集。本书并不是一部纯粹描写所见所闻和人文与自然景观的游记,文中更多是作者的印象、思考、及探索一些人文现象的论述。(伍君之)

I000643 **夏娃日记** 马克·吐温著,文楚安译。海南出版社 2002 年 11 月版。10 万字。20.00 元。中英文对照的幽默作品集,以传说中的亚当与夏娃的日记选集的形式,以虚拟人物的口吻,诙谐幽默地论述他们对诸如"新造物"又造出了"尼亚加拉瀑布"、惊异于竖立了"禁止践草坪"之类的新问题的看法,以及发生在亚当夏娃之间的小矛盾小摩擦,显示了这对千古恋人的世俗的情趣与迷茫的幸福。以夏娃日记为主,附带部分亚当的日记,并配有几十幅原书的插图及英文对照。(伍君之)

I000644 **波丽安娜** [美]埃莉诺·肯特著,丁超、季剑青译。安徽文艺出版社 2002 年 10 月版。17 万字。18.80 元。外国儿童小说。父母双亡的小女孩波丽安娜,不得不依附姨妈南希生活。小女孩虽然命运坎坷,处境艰难,但依然以其善良的性格、快乐的"游戏"、友好的举动、从困境中看到希望的心态,改变了南希姨妈的怪僻性格和生活方式,使她重新获得了爱情与幸福,同时波丽安娜的乐于助人的行动和活泼开朗的性格也感染了村里其他处于困顿中的人的精神状态。(葛永波)

J 艺 术

艺术理论

J000001 **贵州观赏石** 杨晓红、胡贤德编著。贵州民族出版社 2002 年 1 月版。1 万字。369 幅图。418.00 元。分古生物化石、矿物晶体石、自然造型石和纹理石 3 个部分,全面展示了贵州丰富多彩的赏石文化。第一篇,古生物化石,详尽介绍了贵州晚二叠世早期的海生爬行动物群、胡氏贵州龙、邓氏三桥龙、海百合化石等古生物化石 40 个品种;第二篇,矿物晶体石,介绍了辰砂、辉锑矿、雄黄、雌黄、萤石、重晶石、方解石、石膏等 20 多个品种;第三篇,自然造型石和纹理石,分象形石和抽象石两类,分别介绍了造型各异的贵州绿石、盘江石、黔太湖石、黄果树彩碧石、叶腊石、红河石、地埋石、盘江青石、硅质石、巧色石、锦纹石、卵石、墨石、乌江纹石、铁丸石等20多个石种，以及贵州新近发现的绢云母页岩画石。（孔燕君）

J000002　**艺术哲学引论**　副名：马克思哲学视野中的艺术。段虹著。黑龙江人民出版社2002年6月版。25万字。17.00元。通过对艺术起源四大理论的分析批判，站在人类学的总体演化观上，展现史前艺术在物质构成上的种类形成与演化，和在社会功能上的结构与深化。艺术是艺术作品的总和。艺术作品千差万别，它通过对各种艺术的了解去知晓什么是艺术、艺术的美，把对艺术的思考变成对艺术展开丰富的思考。（刘恺汐）

J000003　**艺术辩证法**　姜耕玉著。江苏教育出版社2002年10月版。34.8万字。49.50元。从中国哲学、美学以及西方现代艺术心理学、实验美学的背景上，对古代艺术辩证法的资源进行开发和运用，对艺术创造规律和一系列艺术形式范畴，作了深入独到的辩证法的理论阐述。作者是诗人型的理论家，表现出独特的艺术鉴赏力和理论创造力。（王家俊）

J000004　**审美艺术学**　赵连元著。首都师范大学出版社2002年2月版。26.2万字。17.00元。探讨了以古代希腊和罗马为开端的美学研究、欧洲文艺复兴运动时的美学繁荣，以及中国历史上的美学思想的发展。本书以大量的篇幅阐述了美的形态；美的种类；审美中美感的产生和发展；美感的本质和特征；美感的宏观标准；实用艺术、雕塑艺术、绘画艺术以及它们的美学特征。（张成水）

J000005　**裸体的艺术**　［英］肯尼斯·克拉克著，吴玫、宁延明译。海南出版社2002年1月版。17.2万字。29.80元。由作者的演讲集汇编而成。全书从“裸体”与“裸像”的区别入手，分别讲述了“阿波罗”、“维纳斯”、“力”、“痛苦”、“狂迷”等等。通过对现有艺术作品的深入分析，全面展示了肢体语言的魅力。书中列举了大量艺术作品，这些作品都广为人知，但作者从另一个侧面对其进行了深刻的剖析。本书是西方美术史的经典著作。（伍君之）

J000006　**艺术与人生**　丰子恺著，丰陈宝校订。湖南文艺出版社2002年4月版。15.7万字。18.00元。“丰子恺艺术读物”之一种。包括《艺术漫谈》（上海人间书屋1936年10月版）全部篇什和《率真集》（上海万叶书店1946年10月版）中9篇有关艺术与人生的文章，由丰氏后人重新校订。全书以浅显的语言和青年朋友谈艺术，谈人生，涉及艺术的方方面面。书末附有《艺术与人生》原版序、《率真集》原版序、译名表及校订记。（周爱华）

J000007　**艺术趣味**　丰子恺著，丰陈宝校订。湖南文艺出版社2002年4月版。13万字。15.00元。“丰子恺艺术读物”之一种。包括《艺术趣味》（1934年11月上海开明书店版）一书以及4篇选自《艺术丛话》（1935年4月上海良友图书印刷公司版）的艺术文章，由丰氏后人重新校订。全书从趣味的角度切入，谈及绘画与音乐的很多方面。书末附有原版《艺术趣味》付印记、原版《艺术丛话》付印记、译名表和校订记。（周爱华）

J000008　**体验现代精神——现代美术鉴赏**　甄巍著。广西师范大学出版社2002年10月版。8万字。19.80元。通俗读物。叙述现代美术作为特殊的观念和实践，解释现代美术的发展过程：从19世纪末印象派的出现开启了美术走向现代的大门之后，美术思想潮、流派迭起，艺术家们在各种旗帜下掀起轮番革命浪潮，彻底改变了美术的面貌。探讨现代美术的深刻内涵，提及美术作品产生的心理和精神源头，比较中西现代美术对社会历史的不同需要。

J000009　**美术鉴赏**　栾布等编著。武汉大学出版社2002年12月版。27.9万字。26.00元。以史为线，分中国美术、西方美术两大部分，并分别针对这两部分美术的流派、画家、作品进行推介，编著者更多地结合时代背景、人文历史、自然面貌、作者概况、艺术风格、潮流派别、作品技法以及美术作品在美术史中的地位进行综合介绍，从而将侧重点放在作品所包容的内容和艺术形式上，让鉴赏者在更多地把握美术语言的基础上，去领会艺术作品的内涵，更好地鉴赏美术作品。（曾建华）

J000010　**今日中国美术**　郭晓川主编。北京美术摄影出版社2002年2月版。1600.00元。一部反映近10年来（1990—2001年）中国美术各门类（中国画、油画、版画、雕塑和实验艺术）创作状况的学术专著。全书分为两卷，上卷收录了400名艺术家的600余幅作品，每件作品均由评论家作出客观的评论。下卷为资料卷，收录近600名艺术家的800件作品，是对上卷的补充。每卷后均附有按画种分类和按拼音分类的关于作者的索引。由十多名美术评论家撰写的反映近10年中国美术发展的理论文章，从不同的角度，不同的画种，深化了当代美术史、美术批评的研究。该书既是一部美术断代史，又是一部美术评论专著。（总编室）

J000011 **以“艺术”的名义** 陈履生著。人民美术出版社 2002 年 12 月版。15 万字。42.00 元。论著。收录作者自 2000 年以来对极端行为艺术、人体彩绘等当代艺术或社会现象的评论文章 7 篇。分 8 部分:一、以艺术的名义:中国行为艺术的穷途末路;二、虐杀动物:中国行为艺术的穷途末路;三、血腥的“行为艺术”禁而不止;四、极端的“行为”正蔓延感染;五、不能以艺术的名义拿穷人开心;六、比黄金还贵的《艺术家之屎》不可能是香的艺术;七、人体彩绘的流行反映了当下文化潮流中的低俗化倾向;八、2000 年以来关于行为艺术活动的记录。全书通过论说、图录和记事的形式对近年来极端行为艺术和人体彩绘现象做了较为全面的记录和理性的思考。全书附有前言,在各部分之后还附有大量注释,700 余幅中国和外国有关极端行为艺术和人体彩绘的图片分门别类地穿插在书中。(关宏)

J000012 **图像就是力量:王广义、张晓刚和方力钧的艺术** 何香凝美术馆编。湖南美术出版社 2002 年 11 月版。150.00 元。文献集。收录了王广义、张晓刚、方力钧 3 位艺术家 15 年以来围绕他们的所有正反两面的评价以及艺术家们在不同时期的思考,客观、详实、全面地展示了与中国当代艺术的这个研究个案有关的图像原典和研究文献。该书是一次关于当代艺术的历史动因的研究活动。首先,它以图像、对话等原始文献形式“还原”这些个案的历史文本;其次,它以尽量充分的方式“复制”形成三种图像的历史、社会、知识和时尚背景等动力因素;再次,它展示和汇集了它们所引起的批评制度和传媒系统的反应,最后以构筑问题的方式表明了编者的历史眼光和态度。(熊英)

J000013 **穿透灵魂之旅** 易中天主编。厦门大学出版社 2002 年 9 月版。73 万字。99.00 元。按艺术门类分为 5 册:雕塑、绘画、现代艺术、设计艺术、建筑。每本书的文风均抛弃了原先那种关于艺术问题的严肃的、史论性的叙述风格,而代以轻松、活泼的语言,举重若轻、深入浅出的表述,及丰富的信息量和深邃的哲理。他们或从艺术特有的规律入手,或从自己的个人感受出发,或有如照相抓拍,将生活中的艺术作品向读者娓娓道来,带领读者边走边聊地完成一次有意思的艺术之旅。关于艺术问题的“表达什么”与“怎样表达”一直贯穿于整套丛书的文字风格、表述方式及整体形象设计之中。(张文化)

J000014 **青少年现代艺术鉴赏辞典** 顾森、冯双白等编。海天出版社 2002 年 11 月版。100.8 万字。46.00 元/卷。青少年现代艺术鉴赏辞典。共 5 卷:一、绘画卷;二、雕塑卷;三、音乐、舞蹈卷;四、戏剧、电影卷;五、工艺美术、建筑卷。

J000015 **林家阳的设计视野——设计创新与教育** 林家阳编著。生活·读书·新知三联书店 2002 年 11 月版。96.8 万字。96.00 元。内容主要分为 6 部分。一、研究:视觉艺术理论及实践的创新理念论文集。二、交流:国内及国际间视觉艺术研讨活动的记录及思考。三、收藏:林家阳视觉艺术作品收藏。既有对大师的推介(如冈特、兰堡、金特·凯泽、福田繁雄、西摩、切瓦斯特等),也有对特定地域设计风格的展示(如波兰招贴艺术)。四、教育:设计教育之创新理念,介绍“全国视觉设计高级研修班”。五、竞赛:传达一项全国性的赛事——“全国大学生视觉设计大赛—靳埭强设计基金奖”的精神。六、实践:优秀的社会实践案例。全文图片丰富。(刘蓉林)

J000016 **造型原本** 吕胜中著。生活·读书·新知三联书店 2002 年 12 月版。47.5 万字。68.00元。分为两卷:讲卷与看卷。讲卷为作者“造型原本”课程的记录,共 20 讲,阐述各种风格形态之下艺术造型的心理或精神特质,目的在于消除创作者和欣赏者面对不同时期、不同文化的“造型”产生的困惑、寻源溯本,启发创作者、欣赏者在科学的认知方式之外保有观看世界的本真眼光。看卷针对讲卷的主题提供了大量图版,作品来源主要为原始艺术、古代传统艺术、民间艺术、西方近现代稚拙艺术、中国农民画、现代艺术及作者教学中的学生作业。(刘蓉林)

J000017 **平面构成法新解** 刘书堂、周大岂编著。北京理工大学出版社 2002 年 1 月版。29.5 万字。28.00 元。作者在长期的平面构成教学实践中,针对以往教学中涉及的形与形的空间配置关系,做出了“分接、覆减、透差、重联”的 8 种关系,四对矛盾的新解;对规律与非规律构成之间的内在“亲缘”关系,在顺序上做了新的调整;并提出和增添了“轴心发射”和“印象构成”等新的构成形式与方法,丰富了构成内容。大量的构成参考与应用实例分析图有利于启发读者的多向创意思维。(总编办)

J000018 **设计色彩搭配手册** 朱琳珺编著。上海书画出版社 2002 年 6 月版。150.00 元/册。色彩搭配设计的图典。书中除了色谱类图书常规的印刷标准配色、设计分类配色外,还增添了配色应用效果和印刷应用效果等运用电脑桌面系统进行图像处理的各种特技实例。如图片调色技法、电脑图片特技、网点变化处理、网线视觉选择、网纹艺术效果、网纹印刷特技等等。

J000019 **颜色技术原理** [美]ROY S. BERNS编著，李小梅、马如、陈立荣、王迪明、宣永军译。化学工业出版社 2002 年 10 月版。32.8 万字。40.00 元。一本介绍颜色技术的原理性专著，它将颜色相关理论及技术进行了有机的组织，分成若干个主题，清晰而富有逻辑性。首先从颜色的定义和命名讲起，接着阐述了颜色及颜色质量的测定，然后介绍着色剂和显色相关知识，最后在附录中给出了理解本书内容所需要的数学知识。（郭燕）

J000020 **色彩完全手册** 明天创意设计工作室编。上海科学普及出版社 2002 年 9 月版。共 36 万字。共 195.00 元。分 3 册，《设计选色标准图典》详尽地展示了色谱；《设计用色速查图典》精选了 160 余种典型的代表色及相近的相关色；《设计配色效果图典》着重指导同明度配色、同纯度配色、相近色配色。（毛增南）

J000021 **平面设计中的抽象思考** 汪二可著。人民美术出版社 2002 年 7 月版。8 万字。26.00 元。艺术技法理论。由原子弹！或是渔网?、抽象的纯粹、结构的“意味”、编织抽象之筐、个性化的设计、新的思考——向“八大”白石致敬、抽象图式探索 7 部分构成。讲述抽象思维在平面设计中的作用和表现手法，以及作者将中国传统绘画、印章构成中的抽象要素在平面设计中所做的探索与尝试。文中附有彩色插图 100 幅。（刘普生）

世界各国艺术概况

J000022 **包豪斯** [英]弗兰克·惠特福德著，林鹤译。北京三联书店 2001 年 12 月版。12 万字。54 幅图。32.00 元。系统研究著名的德国现代艺术教育学校——包豪斯(Bauhaus)在 1919—1933 年间创建并进行创新探索的过程，并对围绕这一过程而展开的现代艺术革新运动加以评析，其中介绍了著名建筑大师格罗庇乌斯、密斯·凡·德·罗，艺术家康定斯基、克利、莫霍利·纳吉等重要人物在艺术理论和实践上的贡献。作者弗兰克·惠特福德(Frank Whitford)为英国剑桥大学教授、艺术史专业学者，在亲至德国进行实地考察并查阅大量第一手资料之后撰成此书。共分 18 章：一、目标与雄心；二、艺术、工艺、建筑与学院；三、艺术教育改革；四、奠基人；五、问题重重；六、第一批教员；七、学生们；八、成果；九、生力军；十、基础课：色彩与图形；十一、分道扬镳；十二、走向新的统一：莫霍利—纳吉与艾尔伯斯；十三、公共形象；十四、德绍；十五、青年大师；十六、新任校长；十七、苦涩的结局；十八、评价。后附有文献、参考书目、引文出处和名称索引。（孟晖）

J000023 **西方视觉艺术史·中世纪的艺术** 董强等译。吉林美术出版社 2002 年 7 月版。35.00 元。从侵略时代的艺术、加洛林王朝时期的文艺复兴、公元 1000 年前后、罗曼艺术、最初的哥特艺术、哥特艺术的高峰、哥特艺术的传播、国际性的哥特风格、中世纪的终结几个方面，展示了在中世纪十几个世纪中欧洲艺术的演变和发展及对建筑、雕塑、饰品的影响。（孔庆梅）

J000024 **西方视觉艺术史·文艺复兴时期的艺术** 董强等译。吉林美术出版社 2002 年 7 月版。35.00 元。15 世纪初的文艺复兴是一场思想史上的革命，它开始重新发现古代文化、弘扬人文主义、提倡以人为中心描绘世界。文艺复兴时期的艺术作品则体现了如何用艺术反映世俗社会，提出了艺术与科学的融合。本书全面地介绍了文艺复兴时期欧洲各地的艺术活动、艺术家和艺术作品，并用大量的彩图展示出了这一时期艺术作品的特色和风貌。

J000025 **西方视觉艺术史·十九世纪的艺术** 董强等译。吉林美术出版社 2002 年 7 月版。35.00元。从 1848 年到 1905 年间，欧洲各种艺术流派依据一种新的节奏——即现代的节奏在增繁、接续、交叉影响和共同存在。这一时期是一个充满反差和区别、充满丰富性和复杂性的时代。本书即对这一时期做了研究，主要从绘画的观点说起，同时对建筑、雕塑以及欧洲象征主义艺术运动与新艺术相关的某些流派做了阐述，使读者得以从一个全新的视角来认识 19 世纪下半叶的艺术。（孔庆梅）

J000026 **西方视觉艺术史·当代艺术** 董强等译。吉林美术出版社 2002 年 7 月版。35.00 元。从客观的角度介绍了 20 世纪下半叶的艺术特色：朦胧的、不断变化着的艺术。“装置艺术”、“行为艺术”、“布置艺术”、“大地艺术”等艺术手段，使这一时期的艺术不再具有权威性。书中还以精练的文字和丰富的图片真实地记录了 20 世纪的艺术创作、艺术运动、艺术家和艺术作品。（孔庆梅）

J000027 **世界当代艺术状态丛书** 王林主编。湖南美术出版社 2002 年 8 月版。78.00 元。共 3

册,包括《影像与后现代》、《通俗文化与艺术》、《开放的雕塑》。本丛书所言"当代艺术",指的是20世纪60年代以来艺术所发生的种种变化,其艺术史标准则是波普艺术及超级写实主义的出现;在中国,特指90年代以来随着资讯国际化,艺术和当代文化背景发生的种种联系。(王林)

J000028 **西方视觉艺术史·古典主义与巴洛克** 董强等译。吉林美术出版社2002年7月版。35.00元。古典主义与巴洛克在17世纪的欧洲平分秋色,古典主义主要体现在建筑中,巴洛克主要活跃在绘画与装饰艺术领域,本书按年代分别介绍了这两种艺术的特点、差异及共同之处。(孔庆梅)

J000029 **西方视觉艺术史·现代艺术** 董强等译。吉林美术出版社2002年7月版。35.00元。分析了绘画、雕刻和建筑领域中最著名的一些运动—"野兽派"、"立体派"、"表现主义"、"抽象派"、"未来主义"、"超现实主义"、"构成主义"等,同时对当时并不张扬的一些流派,如"魔幻现实主义"等也作了概括的介绍。书中插页突出介绍了现代艺术史上的伟大人物的生平及作品。(孔庆梅)

J000030 **西方视觉艺术史·浪漫主义艺术** 董强等译。吉林美术出版社2002年7月版。35.00元。在18世纪这个动荡的时期中,孕育了艺术史上一大重要的运动——浪漫主义,出现了一批浪漫主义艺术大师和艺术作品。本书从前浪漫主义与新古典主义、法国大革命期间的艺术、宏伟的艺术、浪漫主义的传播、巅峰与衰落、自相矛盾的革命几个方面入手,用丰富的彩图和详实的文字全面介绍了这一艺术运动的产生、发展和演变的历史,同时,介绍了这一艺术流派的产生及对19世纪各艺术流派的影响。(孔庆梅)

J000031 **先锋派理论** [德]彼得·比格尔著,高建平译。商务印书馆2002年7月版。15万字。13.00元。作者首先阐释了批判科学的概念,说明批判科学要反观科学本身,说明科学知识是在什么社会条件下生产出来的。由此转到对先锋派理论的讨论上来,指出审美范畴不是永恒的,而是社会发展一定阶段的产物,先锋派则是对这些范畴的批判。书中专门讨论了艺术自律问题。自律使艺术离开现实生活,而先锋派艺术则使艺术回到现实。最后,作者讨论了介入或我们通常所说的政治、生活与艺术相互干预问题,以及与此相关的艺术体制问题。本书是西方探讨先锋派理论影响最大的专著之一。(何世鲁)

J000032 **世界美术名家名作大典** 朱伯雄、焦禹主编。浙江教育出版社2002年5月版。300万字。980.00元。一部画册型、知识性和欣赏性相结合的实用工具书。全书信息量大,涵盖人类史前至20世纪末美术发展及其主要流派的代表人物,文章300篇,叙述生动有趣,评析富有新意;图版近6000幅(含绘画、雕塑、建筑及美术所有门类的表现形式和最新创造)。

J000033 **中国艺术** 全国干部培训教材编审指导委员会组织编写。人民出版社2002年2月版。57.8万字。37.00元。全国干部学习读本之一。以门类艺术为对象,既把握传统,又瞩目未来,将教材分为上下两册,上册收音乐篇,舞蹈篇,曲艺篇,杂技、木偶、皮影篇,戏曲篇,话剧篇,电影篇,电视篇;下册收建筑篇,书法篇,绘画篇,雕塑篇,工艺篇。

J000034 **上海艺术史** 高春明主编。上海人民美术出版社2002年4月版。110万字。120.00元。分上下两册。由导论:上海艺术发展的历史轨迹和上海戏曲史、上海话剧史、上海曲艺史、上海音乐史、上海舞蹈史、上海电影史、上海电视剧史、上海美术史、上海摄影史、上海建筑园林史、上海杂技魔术史共11个艺术分类史组成。论述了上海从古代至20世纪末,上下1000多年各艺术门类的发展概貌。全书以史为线索,采用纵横交叉的结构,分门别类,加以论述。各门类自成体系,具有相对的独立性和完整性,同时又被统一在"上海艺术"这个大的概念和范畴之中,反映了上海艺术各门类的发展历程和成果,探讨上海艺术发展的规律和特征。(申美文)

J000035 **中国艺术史话丛书** 徐建融等著。上海书画出版社2002年12月版。25.00元/册。共5册:《中国建筑史话》、《中国园林史话》、《中国书法史话》、《中国收藏史话》、《中国雕塑史话》。其中《中国建筑史话》和《中国园林史话》的作者是我国著名的艺术史专家徐建融先生,他以大量殷实而丰富的图版、生动而谨严的笔调叙述了中国园林和建筑的发展的历史脉络。而《中国书法史话》的作者胡传海先生是中国书法家协会的学术委员,著名的书法理论和书法家,另一作者郑晓华是中国首届书法博士,人民大学教授,他们以通俗而浅显的方式将书法的历史发展的条块感梳理得十分清晰,重点突出,风格鲜明,是目前书法领域中通俗读物的佳作。而《中国雕塑史话》由著名美术理论家朱国荣先生撰写,他以生动的笔触勾勒了中国雕塑发展的源流和文脉,并侧力于鉴赏和分析，内容翔实。《中国收藏史话》则多有丰富的史料典故，读来亦趣味盎然。图书采用正文、图版、夹注、史料汇集共存的编排方式，具有较高的史料收藏价值。

J000036 **新中国艺术史:1949—2000** 邹跃进等编辑。湖南美术出版社 2002 年 11 月版。180 万字。2000 幅图。818.00 元。共 5 本:《新中国美术史》(邹跃进著)以 1949 年新中国为上限，2000 年为下限，用 3 章 17 节，对新中国美术的历史发展给予了描述、阐释和分析。涉及的主要美术门类有中国画、油画、版画、雕塑，以及装置、观念、表演、图片、录像等形式。讨论的重要文化主题是:一、新中国美术中意识形态的功能与作用;二、"毛泽东时代的美术";三、新中国美术中的乡村与都市表达;四、现代化与传统艺术和文化的关系;五、体制性质和建构与美术生态之间的互动关联;六、西方冲击、全球化语境与民族文化身份的认同等。《新中国电影史》(尹鸿、凌燕著)以 1949—2000 年的中国电影发展历史为线索，将当代中国电影置于社会的政治、经济文化背景中，考察各个时期电影的时代面貌、文化特征、修辞系统和典型文本，勾画了新中国电影从一元化的政治电影模式、多元化的艺术电影模式向大众化的产业电影模式的转换过程，展望了新中国电影在全球化背景下向中国新电影的转型。本书收录了 500 幅左右的电影剧照和其他相关图片，为了解当代中国电影提供了丰富资料。《新中国舞蹈史》(冯双白著)在大量的史料基础上，分析了 1949—2000 年间中国舞蹈艺术的历史发展轨迹，以重大的舞蹈历史事件作为历史分期的依据，分 6 章梳理了中华人民共和国之舞蹈艺术在事业概貌、创作收获、舞种沿革、杰出人物、重大组织活动等方面的基本历史现象，并且以整个中国原始舞蹈和封建社会舞蹈的发展为参照坐标，提出了新中国舞蹈是对中国女乐舞蹈文化和民间自娱歌舞文化的革命性转变，其历史本质是建立一种真正意义上的创作艺术，其发展方向是建立 21 世纪的独立自主的艺术美学表现体系。《新中国戏剧史》(傅谨著)从一个全新角度，全面叙述 1949—2000 年的新中国戏剧发展历程。作者将新中国 52 年的戏剧发展分为 4 个主要阶段，用"百花齐放、推陈出新"、"歌颂大跃进，回忆革命史"、"高大全，三突出"、"回到十七年，面向新世纪"彰显这 4 个历史阶段的基本特征，为当代中国戏剧发展勾勒出一个基本面貌。它不是通常意义上的以剧作家和剧本为文体的戏剧文学史，而是一部真正意义上的中国当代戏剧艺术史。《新中国音乐史》(居其宏著)从一个全新的角度，将共和国 52 年的音乐艺术思想、语言、风格以及历史发展变化作了系统的梳理和叙述。作者以音乐创作、音乐理论与思潮的历史发展及其风格和观念的演进变迁为主线，将广大音乐家在创作、表演、教学、理论研究等方面的曲折发展历程，以丰富的史实和首次公开披露的史料为依据，对新中国音乐史上若干重大而敏感的历史事件作了系统的梳理，就其历史功过进行了初步的总结和评述。从而使读者对新中国音乐的发展轨迹有一个全面而清晰的认识，具有非常实用的文献参考价值。

J000037 **中国当代艺术倾向丛书** 邹建平主编。湖南美术出版社 2002 年版。包括:《星星历史》、《伤痕美术》、《新生代》、《波普艺术》、《行为艺术》、《女性艺术》、《装置艺术》、《现代水墨二十年》、《新具象》、《新影像》、《新形象》、《新民间》、《新表现》、《新媒体》、《观念艺术的中国方式》、《艳俗艺术》、《卡通一代与消费文化》、《艺术批评》、《艺术访谈》、《艺术展览二十年》、《理性绘画》、《雕塑空间》、《书法艺术》、《超越泥性》。该丛书基于 20 年来艺术发展的基本历史，分析研究了这个时期中国当代艺术发展过程，具有代表性的艺术家和具有影响力的事件。(邹建平)

J000038 **千年遗珍——晋唐宋元国宝传奇** 得凯编著。上海画报出版社 2002 年 7 月版。10 万字。12.00 元。2002 年 11 月，上海博物馆举办一系列的文物展，以庆祝上海博物馆成立 50 周年盛典。其中，书画部特地向北京故宫博物院、辽宁省博物馆商借 40 件国宝级的珍贵书画文物，连同本馆内的珍藏，举办一个由 72 件国宝级作品组成的"千年遗珍——晋唐宋元国宝书画展"。本书即汇集了这次画展中的珍贵书画文物，为人们提供一次了解优秀的传统书画文化的极好机会。(陈幼霞)

J000039 **中央美术学院毕业生作品年鉴** 黄丹等编。吉林美术出版社 2002 年 1 月版。35.00 元。共选编中央美术学院中国画系、油画系、版画系、雕塑系、壁画系、设计系、美术史系毕业生的优秀作品几百幅，体现了中国当代美术最新创作思潮。(孔庆梅)

J000040 **中国西部艺术** 程金城著。敦煌文艺出版社 2002 年 1 月版。25 万字。18.50 元。详尽细致地介绍了中国西部绚丽多彩、博大精深的艺术宝藏，岩画、彩陶、歌舞、服饰、石刻、宗教艺术，大地湾、半坡、老官台、马家窑等遗址，以及兵马俑方阵的恢弘气势,法门寺宝藏的辉煌璀灿,三星堆文物的精美奇谲,敦煌艺术的美轮美奂等等,展现了中国西部独具的艺术天地。(刘铁巍)

绘 画

J000041 **当代中国书画优秀作品集锦** 宋德利主编。青海人民出版社 2002 年 10 月版。163 幅图。370.00 元。收录了活跃在当代我国书法界、国画界、油画界、篆刻界名家的优秀作品。作品内容丰富多彩,从不同的角度歌颂新世纪中我国在各行业取得的显著成绩和人们积极上进的时代精神面貌。这些作品源于生活,又高于生活,无不透露出各位名家探索艺术风格、大胆创新的艺术追求。该书为每幅作品配有作者的简介,为读者研究作品及作者提供了方便。(王小剑)

J000042 **庄万里家族捐赠上海博物馆两涂轩书画集萃** 上海博物馆编。上海书画出版社 2002 年 6 月版。260.00 元/本。菲律宾华裔企业家庄万里先生(1899—1965)两涂轩珍藏有宋代至现代书画 233 件,人物、山水、花卉和书法齐全,精品荟萃。曾经中国古代书画鉴定组启功、刘九庵、杨仁恺等鉴定,2000 年由其子女捐赠上博。本画册遴选两涂轩 136 件精美作品,不少罕见难得,可补书画史之阙如。如宋代范宽传派的《秋山萧寺图》,明代林良《竹禽图》、杜堇《十八学士图屏》4 幅,谢时臣、陈洪绶、蓝瑛父子,董其昌、张瑞图,清代王鉴、王翚、华喦、郑燮、黄慎等书画。卷首刊有两涂轩子女、上博专家所撰专文 4 篇,引人入胜。

J000043 **米丘观念十环境的艺术** 米丘编著。中国建筑工业出版社 2002 年 1 月版。33 万字。160.00元。"艺术家书系"之一。介绍了米丘先生自 1987 年以来的 13 个具有广泛影响的艺术作品。同时对其作品进行了深刻的哲学性的解析。米丘是中国第一代完全了解西方现代主义的艺术家。艺术作品以个人的个性和文化特性为中心,旨在表现民族传统文化如何与外界的冲击、压力相结合。(王雁齐)

J000044 **吴冠中 2001 年作品年鉴** 吴冠中著。广西美术出版社 2002 年 11 月版。10 万字。60.00元。广西美术出版社从 2000 年起每年出版一本吴冠中的作品年鉴,详尽收录了吴冠中的全年艺术和文学创作。该书有较高的艺术和历史价值。(梁坚)

J000045 **首届中国艺术三年展** 左靖等主编。湖北美术出版社 2002 年 9 月版。5 万字。315 幅图。59.00 元/册。分上下册,收集 2002 年 9 月 28 日～10 月 20 日在广州艺术博物馆举办的首届中国艺术三年展上的 100 位艺术家的参展作品及个人简历,旨在倡导中国当代艺术多元化和多样性的前提下,抵制血腥、暴力、色情及变态的艺术,使当代艺术与人性健康的相吻合,即创造性与进取性相一致,丰富性与高尚的趣味相一致,探索性与积极的人生态度相一致。(何金祥)

J000046 **晋唐宋元书画国宝特集** 上海博物馆、故宫博物院、辽宁博物馆编。上海书画出版社 2002 年 11 月版。6000.00 元/本。集故宫博物院、辽宁省博物馆、上海博物馆珍藏的国宝级古代书画名迹 72 件,艺术、文化和史料价值极高。其中有被庋藏于清宫"三希堂"的晋王珣的《行草书伯远帖卷》,有隋展子虔的《游春图卷》,有五代南唐时期顾闳中的千古杰作《韩熙载夜宴图卷》,还有北宋张择端脍炙人口的《清明上河图》、而王羲之的《行书上虞帖卷》、王献之的《行书鸭头丸帖卷》、欧阳询的《行书仲尼梦奠帖卷》、周昉的《簪花仕女图卷》等等精品,综观同类出版物,该书有三大特色:首先是入录书画均以原迹摄片电分,采用调频网先进技术印制。精密度高,真貌毕现。其次是卷册轴页形制齐全,所有作品前题后跋,作首次全面展示。三是历代鉴藏印记大都原收录,部分并以 X 光片摄片图版显示,以供研究。

J000047 **顾公雄家属捐赠上海博物馆过云楼书画集萃** 上海博物馆编。上海书画出版社 2002 年 1 月版。300.00 元/本。苏州过云楼是 100 多年前由顾文彬创建的书画宝库,传廷烈、麟士、则扬(公雄)历四代,备尽艰辛,且以文彬、麟士所著《过云楼书画记》、《过云楼续书画记》名闻天下。1951 年、1959 年顾公雄家属将所藏宋元明清至 20 世纪 40 年代的 308 件书画全部捐赠上海博物馆。本书遴选 80 件精印出版,计宋人 1 件,元 5 人 6 件,明 26 人 24 件,清 34 人 46 件,现代 2 人 3 件。内有赵孟頫、张渥、倪瓒、沈周、文徵明、唐寅、陈淳、徐渭、董其昌、项元汴和四王、吴恽、八大、石涛等名家手卷、册页、轴屏、扇页书画精品,甚为珍贵。

J000048 **21 世纪高等院校美术专业教材** 教材编委会主编。安徽美术出版社 2002 年 9 月版。150 万字。2000 幅图。共 570.00 元。高等院校美术专业教材包括美术教育和艺术设计两个专业,包括《中国画·人物》、《中国画·山水》、《中国画·花鸟》、《素描》、《水粉水彩画》、《油画》、《书法篆刻》、《艺用人体解剖与透视》、《外国美术史》、《中国美术史》、《立体构成》、《平面构成》、《现代设计思维与表现》、《装饰图案》、《图形创意》、《色彩构成》、《设计素描》、《立体形态设计基础》、《设计概论》19册。(詹灵)

J000049 **搜尽奇峰画丛** 王树洲等摄影。河南美术出版社2002年4月版。36.00元/册。分类收集了祖国名山大川的彩色照片，一般每册一处名山，每册选图近百幅。其中既有各主要山峰的整体面貌，又有一些局部岩壁与土石坡的具体图像，并有同一山峰不同角度的照片。可为专业画家、摄影家及爱好者提供创作素材。已出版发行的有《嵩山》、《华山》、《太行山》、《黄山》、《天山、阿尔泰山、五彩湾》、《黄土高原》、《青藏高原》，后续出有《川藏高原》、《雁荡山》、《峨嵋山、青城山、古岭雪山》等。(白秋伟)

J000050 **中国美术大辞典** 邵洛羊主编。上海辞书出版社2002年12月版。215.2万字。200.00元。在《中国美术辞典》基础上修订、增补、重新编纂完成。由原来的9大学科10大门类5816条160余万字扩充为10大学科11大门类(通用名词术语、绘画、版画、书法、篆刻、少数民族美术、工艺美术、建筑艺术、陶瓷艺术、青铜艺术、雕塑等)7130余条。作为该书主体之一的中国绘画部分，收词2200条，囊括了自先秦至现代的各类美术知识，释文史料翔实，又增添了漫画、岩画、年画和西方艺术设计，拓展了中国美术的丰富性和专业性。而工艺美术部分收录了有关现代设计的前沿条目，如“人机界面”、“数码设计”等，给人以耳目一新之感。书法部分则收录了反映最新考古成就的“睡虎地秦简”等条目。这次重编，还增添了少数民族美术学科。而本书最鲜明的变化是大幅度地增添彩图，达到2150幅左右，并以“图随文走”作为主要编排形式，充分展示视觉艺术的魅力。

J000051 **长安艺术与宗教文明** 李淞著。中华书局2002年12月版。49.8万字。58.00元。论文集。收录作者近年来发表于中国大陆和台湾主要艺术学刊物上的论文及作为国际学术研讨会的发言共14篇。主要论述唐代和南北朝时期以长安为中心的陕西及中原地区美术遗迹，内容包括佛教美术和道教美术。全书围绕着艺术作品的形式与内容，不同宗教艺术之间的相互联系与影响，中国本土艺术与外来艺术的交融等方面进行了深入分析。(王守青)

J000052 **雍和宫佛像宝典** 《雍和宫佛像宝典》编委会编。北京出版社2002年1月版。186.00元。雍和宫博物馆是中国著名的藏传佛教艺术博物馆，藏有10至20世纪初中国各个朝代的佛像，及14世纪早期以来的唐喀、法物、法器、纺织品、民族生活用品、明清家具等大量文物。这些文物，有的是清代帝王的宗教生活所用；有的是蒙古、西藏及内地高僧大德往来酬谢之馈赠；有的是皇帝给予寺院高僧的颁赐；还有许多是西藏上层人士、历代达赖、班禅进献给皇帝和本宫的贡品、礼品。均是中国文物宝库中独具魅力的珍宝。本书以画册形式，用中英文两种文字介绍了雍和宫馆藏藏传佛教艺术文物精品。收入馆藏精品佛像120尊，多为18世纪所制。分上师、密修本尊、佛母、佛、菩萨、罗汉、护汉7大部类，每类造型各异，自成一体，充分展示了雍和宫的皇家气派。(总编室)

J000053 **与经典相随——古典艺术鉴赏** 甄巍著。广西师范大学出版社2002年10月版。8万字。19.80元。通俗读物。介绍美术的基本概念、美术史上有代表性的名家名作、美术欣赏中的规律等。全书12篇从原始美术的起源讲起，展示了各个文明中美术的不同面貌，重点放在发源于古希腊罗马，经过基督教洗礼的欧洲美术的发展历程，并对欧洲美术史中的“古典”概念给予专门讨论。多幅美术作品传达绘画的趣味。每章节后有美术小知识。附参考书目。

J000054 **岩石意象画赏析** 云翔编著。青海人民出版社2002年4月版。167幅图。98.00元。作者对岩石图像进行了十几年的潜心研究后，利用计算机拓绘方法对选自大自然的岩石图像进行描绘编制而成。画册所描绘的石头里的神奇世界，多是对大自然智慧演绎、宇宙生态、地下风光、生命永驻、生死攸关的倾注，其景观颇为奇特、光怪陆离，甚至迷惘困惑。画册含有多幅双方向可视、四方向可视图像，并揭开了大自然岩石图像的神秘面纱，极具欣赏和研究价值。(杨俊峰)

J000055 **西洋画派十二讲** 丰子恺著，丰陈宝校订。湖南文艺出版社2002年4月版。11.4万字。16.00元。“丰子恺艺术读物”之一种。该书1930年3月由上海开明书店初版，此次经丰氏后人重新校订，对卷首插图亦略有调整。全书以通俗易懂的语言，讲述了西方绘画史上的重大流派。卷首

有彩色插图24幅，黑白插图1幅。书末附有原版卷首语、译名表和校订记。(周爱华)

J000056　**温迪嬷嬷讲述1000幅世界名画**　温嬷·贝克特嬷嬷著。吉林美术出版社2002年1月版。498.00元/套。展现了西方世界9个世纪的绘画历史，500多位艺术家和1000幅卓越的作品。每幅作品的主题、基本资料和细节都有专门的文字加以点评；最后还提供了每幅作品的现在收藏地。(孔庆梅)

J000057　**徐悲鸿与林风眠**　顾丞峰主编，黄丹麾、刘晓陶著。辽宁美术出版社2002年1月版。6万字。26.00元。"中国绘画流派与大师系列丛书"之一。分5章：一、画师之子与石匠之后；二、留洋求学与归国兴教；三、调和中西与个性差异；四、作品评论与画风研究；五、金无足赤与瑕不掩瑜。论述了中国20世纪的两个艺术巨匠——徐悲鸿与林风眠的成长历程、艺术思想、绘画风格和所取得的艺术成就。书中还穿插150多幅徐悲鸿与林风眠的具有代表性的绘画作品。书前是序言和导论，概述了徐悲鸿和林风眠的成长足迹和其艺术成就对中国近代美术史的深远影响，书后有参考书目。(魏丽)

J000058　**海上画派**　顾丞峰主编，江梅著。辽宁美术出版社2002年5月版。6万字。26.00元。"中国绘画流派与大师系列丛书"之一。分4章：一、大都会上海，自由繁荣的绘画市场；二、早期的海派绘画；三、兴盛前期的海上画派；四、兴盛后期的海上画派。"海上画派"是中国近代以来最为重要的绘画流派之一，兴起于19世纪中期，20世纪初达到鼎盛，本书论述了海上画派代表人物的成长历程、艺术思想、绘画风格和所取得的艺术成就，书中还穿插150多幅海上画派代表人物的绘画和书法作品。全书有序言、引言，概述了海上画派的形成、发展和对近代中国美术史的深远影响，书后附有参考书目。(魏丽)

J000059　**精彩POP快乐DIY**　丛斌绘。吉林美术出版社2002年2月版。48.00元。实用设计类的手绘POP丛书。作者一改以往POP作品中平面的、二维空间的作法，尝试着把三维艺术中的纸雕DIY等工艺溶入到手绘POP当中，让手绘POP从传统的平面形式中解脱出来，三维DIY与手绘POP的完美结合，让手绘POP有了更大的发展空间，同时也更增加了这一艺术形式的感染力。(孔庆梅)

J000060　**新编黑白画理**　白鑫编著。辽宁美术出版社2002年1月版。4万字。29.00元。主要介绍黑白画的画面构图等构成要素以及注意事项，并配有上百幅经典黑白画范例。全书共分15个章节，分别为：一、黑白灰；二、点；三、线；四、面；五、语言；六、重复渐变特异；七、节奏与韵律；八、对比调合变化与统一；九、错觉与图地；十、光感；十一、空间；十二、构图；十三、夸张与变形；十四、剪纸与影绘；十五、想象。(宰迪)

J000061　**中国儿童美术史摭拾**　黄可著。少年儿童出版社2002年10月版。21万字。18.00元。理论与资料图书。收有作者20篇有关中国儿童美术史方面的专文，如：鲁迅与儿童美术、张乐平与《三毛》、浓墨深情画童心——读丰子恺的儿童漫画、中国早期儿童书籍的插图和封面画、中央苏区和抗日革命根据地的儿童美术、中国美术电影发展钩沉、中国无文字儿童连环漫画的发展和传统、新旧年画中的儿童形象比较，等。(洪祖年)

J000062　**西方传统绘画与技法丛书**　安徽美术出版社2002年1月版。分《油画间接画法》(郭润文、车建全著，46.00元)、《油画直接画法》(翁诞宪著，56.00元)和《坦培拉绘画技法》(刘孔喜著，55.00元)3册。丛书重点突出西方传统绘画技法特色，对西方传统绘画技法的历史作一评述，更着重对绘画技法做直观的演示。作者在编著过程中，注意把技法与绘画观念、该技法的当前发展状况和趋势结合起来，既有技法层面的开启性的剖析，又有实例的生动展示，涉及到的绘画观念透彻，条理清晰，既触及到画家的个性世界，又触及到了那个特定时代的精神天地(如文艺复兴时期、巴洛克时期、印象主义时期均有较大差异)。写国内当前发展状况时结合了当前画家作品和实例来分析，把理论介绍与实例展示相结合，全面而系统地介绍了油画的写实技法和色彩规律，对油画的工具、材料、制作技术等相关的知识内容作了具体阐述。《坦培拉绘画技法》主要介绍"坦培拉"这一技法的历史和该技法整个制作的过程，也介绍了一些特殊技法，书中配备了大量的制作和绘画步骤图片，绘制过程非常直观。《油画直接画法》对各个时期的大师绘画技法均有相当分量的分析，深入浅出地讲解了如何学习油画直接画法技法，作者在每一步骤都细致地介绍了用笔、用色、出现的效果和自己的体会，具有极强的操作性和很高的学术价值。《油画间接画法》着重结合国内油画家的经典作品，分析了西方大师油画间接画法的技法和绘制步骤，对一些特殊效果作了深入的研究。(陈明)

J000063 **美术技法丛书** 梁宏理等著。中国纺织出版社 2002 年版。一套以美术高考考生和美术院校低年级学生为读者对象的绘画技法参考教材。丛书按画种和表现题材共分为 11 本，每本书均分为绘画技法和作品赏析两部分内容。《油画静物技法》(梁宏理著，12.5 万字，35.00 元)详细地介绍了画油画静物的工具材料；油画静物的构图、色彩、造型以及多幅作画步骤范例。作品赏析部分对 60 多幅不同风格的油画静物作品进行了分析和点评。《油画风景技法》(孙蛮著，10.6 万字，36.00 元)内容主要包括：油画风景的工具材料、多幅作品的写生步骤、各种表现技法介绍和作品赏析等。作品赏析均有技法特点、表现手法的文字介绍。《水粉静物技法》(武小川著，13.4万字，42.00 元)对水粉静物写生中所体现出的问题作精要的说明，并结合作品的评介，阐述色彩写生的规律性常识及作画方法，使读者清晰、直观地理解在写生过程中有哪些具体地问题要解决。《水粉风景技法》(张雪茵著，13 万字，35.00 元)主要内容包括：写生色彩的基础知识、各种表现技法、多幅作品的写生步骤和作品赏析等内容。全书共有 100 多幅作品范画，并附技法特点的文字分析。《水彩风景静物技法》(黄增炎著，15 万字，38.00 元)包括水彩画的工具材料、表现技法、作画步骤等内容。作品赏析部分介绍了 60 余幅水彩画作品的作画技法分析。《素描静物技法》(麻爱周著，16.4 万字，30.00 元)内容包括：作画前的准备工作、如何摆放静物、短期作业和长期作业、工具材料、作画步骤范例和作品赏析等。书中精选了 100 多幅素描静物范画作品，并配有相应的文字分析。《素描石膏像技法》(钟国昌著，16.4 万字，30.00 元)主要介绍了素描石膏像的基础知识和表现技法。内容包括：作画工具、构图、透视、线条的运用、结构与明暗的关系、作画步骤范例和作品分析等内容。书中收入了大量的范画作品并附有相应的文字点评。《素描人物技法》(孙黎著，23.1 万字，38.00 元)主要包括：素描的工具材料介绍、作品写生步骤、表现技法介绍和作品赏析等内容。书中选登了百余幅作品并附有技法特点、表现手法的文字介绍。《素描头像技法》(巨海波、宋群著，30.00 元)主要内容包括：工具材料介绍、观察方法、构图、作画步骤范例、作品赏析等内容。《速写人物技法》(李阳著，32.00 元)主要内容包括：速写的材料与工具、怎样学习画速写、怎样观察、速写的表现技法、临摹、默写与想像画、速写人物写生步骤范例、大师笔下的速写和作品赏析等内容。《写意花鸟技法》(廖军著，16 万字，38.00 元)主要内容包括：写意花鸟画的工具与材料、写意花鸟画的规律与方法、作画步骤范例、局部表现和作品赏析。(许小莉)

J000064 **美术基础教学临摹范本** 花山文艺出版社 2002 年 11 月版。共 6 册；包括：《飞地艺术坊素描》(22.00 元)、《素描人像》(20.00 元)、《王健素描人物作品》(20.00 元)、《人物速写》(20.00 元)、《水粉风景》(26.00 元)、《水粉静物》(26.00 元)。这套丛书作品都是从高等美术学院优秀教师和学生中选出，图文并茂，每幅作品都配有点评文字。(杨怀武)

J000065 **笔墨论** 林木著名。上海画报出版社 2002 年 8 月版。17 万字。20.00 元。“笔墨”是传统绘画领域中的一个重要命题。本书从传统画史的考证研究出发，力图为笔墨勾勒出一个清晰的完整的轮廓。搞清本世纪笔墨研究的概况，笔墨与传统绘画体系的关系，与自然造化、与色彩、与工具材料的关系，搞清笔墨在历史演进中在观念、形态、作用、功能、地位方面的变化。寻求笔墨历史发展的自身规律性，以指导创作实践。(陈幼霞)

J000066 **写意花鸟画高效学习法** 王忠民著。西泠印社 2002 年 10 月版。2 印张。12.00 元。学习花鸟画的基础用书，主要分 7 个部分讲述如何画花鸟画。一、画前准备；二、起手式；三、生发式；四、几种水族、草虫的画法；五、万能构图与万能造型；六、范本推荐；七、图例。(邵旭闵)

J000067 **课堂教学简笔画绘制技能** 蒋啸镝著。湖南师范大学出版社 2002 年 12 月版。14.8 万字。18.00 元。全书分 3 章共 14 节，对简笔画基本概念、基本技法进行了详细的阐述，并收集了作者在简笔画教学过程中积累下来的大量图例，内容涉及道具、交通工具、各类机械、屋宇、桥梁、树木花草、蔬菜瓜果、四时风景、昆虫鱼类、飞禽走兽、人物头像、人的表情、人的动态、人物组合、场面描绘等，其中人物简笔画是重点。收入“教师职业技能训练丛书”。(黄林)

J000068 **伯里曼人体结构绘画教学** [美]乔治·伯里曼著。广西美术出版社 2002 年版。20 万字。65.00 元。艺用人体结构画册，包括了伯里曼人体结构解剖体系的全部重要内容，囊括了他毕生的素描作品，综合了艺术家本人的 6 部知名著作。该书从造型入手研究人体结构解剖，通过无数精确图例做了详尽的解释。(梁坚)

J000069 **画家的人体模特儿·续** 吉美图书有限公司制作。吉林美术出版社 2002 年 1 月版。158.00 元。集中反映了在人体绘画训练及人体绘画教学中所运用的人体姿态,表现了东方的人体所特有的韵律与节奏、质感与丰浑、圆润而紧凑的特色。它运用摄影的艺术手段,将一个个有血有肉、有生命的人体模特儿展现在读者面前。(孔庆梅)

J000070 **绘画艺术与人体造型** 高盛奎摄。天津人民美术出版社 2002 年 9 月版。70 幅。12.30元。精选世界著名艺术大师鲁本斯、安格尔等名作,并配以相应的人体动态摄影作品,充分表现了人体结构的变化。(高虹)

J000071 **经典山水画法** 周阳高著。上海书画出版社 2002 年 11 月版。28.00 元/本。以宋元著名山水画作品为剖析实例,按树法、皴法、章法三大类分别探索画树、画石和构图的规律及相关画史画论,并落实在技法上,文字简洁明晰,插图精美丰富,既可作为学习范本,又可加深对传统绘画技法的理解。

J000072 **写意国画四君子** 陈玉圃绘。广西美术出版社 2002 年 6 月版。0.9 万字。22.00 元。普及型绘画工具书。分为梅、兰、竹、菊 4 册。对传统表现题材的梅、兰、竹、菊之经典名作与技法作简明扼要的赏析,并结合图例临习示范。(梁坚)

J000073 **中国书画装裱技术** 吴学英编著。金盾出版社 2002 年 8 月版。13.9 万字。8.00 元。以简洁明了的文字,明快清晰的图示,原原本本、详详细细讲授了书画装裱的新技术和方法,介绍了我国当前书画装裱的新材料、新设备及新的工艺方法和工艺标准,并分别讲授了用胶纸、胶膜和新型薄膜手工和机器快速装裱的方法和步骤。(王汉东)

J000074 **美术课堂全程训练丛书** 郭卫华、高维星、杨志刚等人编著。天津人民美术出版社 2002 年 9 月版。100 幅图/册。根据各种类型专业美术院校素描、色彩、设计的教学大纲,针对不同年龄,不同程度学生的特点和要求,从美术基础理论及技法入手编写。丛书共 10 册,分别是:《素描人像全程训练》(18.50 元)、《素描石膏面像全程训练》(18.50 元)、《素描石膏胸像全程训练》(18.50 元)、《素描静物全程训练》(18.50 元)、《水粉静物全程训练》(32.00 元)、《平面构成全程训练》(18.50 元)、《色彩构成全程训练》(24.80 元)、《立体构成全程训练》(24.80 元)。(高虹)

J000075 **工笔画鸟画的特技与肌理** 袁牧编。安徽美术出版社 2002 年 1 月版。9 万字。129 幅图。48.00 元。作者以毕生精力研究现代工笔画的肌理与特技的制作,成果丰硕,在我国处于领先地位。该书从 4 方面详细阐述了工笔花鸟画的特技与肌理:第一部分讲述笔、墨、纸、绢、色等工具材料的种类、历史、性能及其使用方法;第二部分阐述了拓印法、喷绘法、干擦法、留白法、分离法、制点法、复印法、浆画法、水洗法等 40 种特殊技法,并附有经典的范画,以详细解说各种肌理的制作过程;第三部分用 50 幅步骤图细致讲解了各种肌理在具体作品中的实际运用,展示了特技的制作过程;第四部分用 13 幅大型特技作品,具体示范各种特技在正式创作中的综合运用。为读者展示了用特技制作的精美的工笔花鸟画。(马涛)

J000076 **中国画技法全书** 尤汪洋主编。河南美术出版社 2002 年 4 月版。50 万字。1500 幅图。68.00元。分 5 大部分:一、中国画技法史略,上迄远古,下至 20 世纪,叙述中国画技法承传与流派;二、历代中国画论,从六朝到 20 世纪,侧重遴选论述画法的原文,仅注所录原书的年代、书名与作者,20 世纪中国画论兼顾了不同风格与流派,选取了 11 位较典型画家的绘画理论;三、名词术语,按其性质分为 8 类:通用名词术语、笔墨名词术语、画法名词术语、设色名词术语、章法名词术语、装裱名词术语、鉴赏名词术语,并附相应图例;四、现代中国画新技法,含新笔法、新墨法、新色法、新水法、新剂法、指画法、拓印类、撕染类、物化类、处理类、喷绘类、拼贴类、烫烙类、电脑制作类、投影感光类、现代构成类诸技法及新工具、新载体性能与应用、仿古与做旧等。五、历代大画家技法图析,以单个在画史上对中国画技法有独到贡献的大画家为实例,通过具体的经典历史名作分析其技法的传承与独特价值。(尤汪洋)

J000077 **中国画的世纪之门** 卢辅圣编。上海科技教育出版社 2002 年 5 月版。19.2 万字。29.00 元。"名家与名编——世纪初的对话丛书"之一。由面对现代、历史与我、超越传统、多元情境、绵延三维、无形的手、建构意义和边界何在 8 部分组成。反映了在当今高度发达的图像文化背景下,中国画作为中国人承载其观念意义的独到方式,正以前所未有的姿态步入新世纪之门。2000 年秋,来自纽约的自由艺术家谷文达与上海大学美术学院的教授徐建融、上海书画出版社的总编辑卢辅圣进行了一场关于中国画的对话,从不同的立场和角度阐述了当代中国画的现实情境。本书即以此为契机。

J000078 **水墨画** 谢稚柳著。上海画报出版社 2002 年 12 月版。24 万字。45.00 元。谢稚柳先生 20 世纪 50 年代所著的一本美术欣赏读物。此书在 20 世纪 70 年代由香港中华书局二次再版，重印。但在大陆地区脱销了很长时期，此次谢稚柳先生的学生徐建融教授，对《水墨画》进行逐段导读，并配以大量精美图片。图文对照演绎了中国美术史的兴衰变迁。（陈幼霞）

J000079 **走进大师·齐白石** 刘人岛著。人民美术出版社 2002 年 7 月版。8 万字。190 幅图。38.00元。齐白石是当代中国的艺术大师，他的艺术风格对中国的绘画创作产生了巨大的影响，1962 年被评为世界十大文化名人。本书从生活的角度，选用画家生前的大量照片，介绍了大师的艺术人生和成功的业绩。收录的作品有木雕、水墨画和书法篆刻，全书文笔生动、资料殷实、富有生活情趣，较为丰满地刻画了齐白石一生的成长成功历程。（胡建斌）

J000080 **芥子园画谱** 吴蓬、杨为国编。广西师范大学出版社 2002 年 7 月版。69.5 印张。398.00元。传统绘画的经典课本。本书原为黑白木刻版本，只有线条和结构，没有色彩和墨韵。现由当代著名画家吴蓬先生执笔临摹付印出版彩色版本，一套 3 本分为“山水”、“兰竹梅菊”和“花卉翎毛”部分。其以水墨渲染，并敷以彩色，又略加修正。

J000081 **荣宝斋画谱(142)山水部分** 钱松喦绘。荣宝斋出版社 2002 年 12 月版。63 幅图。18.00 元。中国画技法教材书。由写生、绘画步骤和绘画作品 3 部分构成。收集了作者写生作品中的 8 幅精品，展示了作者深厚的毛笔写生功底。由其学生为他的作品补充了绘画步骤图，便于学习者的自学和临摹。收选的绘画作品，代表了作者各个时期的不同创作风格，对重点作品，还配有点评。（孙志华）

J000082 **荣宝斋国画技法丛书·动物画苑** 方楚雄绘。荣宝斋出版社 2002 年 12 月版。51 幅图。24.50 元。中国画技法书。由松鼠、兔、猫、狗、羊、狐狸、骆驼 7 种动物的写意、工笔画法步骤及作品欣赏两部分组成。有较细致的各种动物画法步骤，工、写各有表现，配以简单的画法说明，便于自学和初学者的观摹、学习。配景的作品有利于学习者对构图及配景的学习和借鉴。（孙志华）

J000083 **中国画论研究** 王世襄著。广西师范大学出版社 2002 年 7 月版。60 万字。398.00 元。共 48 章。整部著作以史的描述为线索，以理论、品评、画法为分析论述重点。内容上起先秦，下迄清季，呈现了中国画论发展史的全貌。

J000084 **齐白石、黄宾虹、潘天寿、傅抱石** 顾丞峰主编，刘墨著。辽宁美术出版社 2002 年 1 月版。6 万字。26.00 元。“中国绘画流派与大师系列丛书”之一。分 7 章：一、从内部来改造中国画；二、鉴古非为复古——齐白石与黄宾虹；三、中西艺术要拉开距离——潘天寿；四、大器早成的傅抱石；五、齐白石之“趣”与黄宾虹之“法”；六、“强其骨”、“一味霸悍”的潘天寿；七、傅抱石环境的压迫以及生命的短暂。论述了 20 世纪中国画家的代表人物齐白石、黄宾虹、潘天寿、傅抱石的成长历程、艺术思想、价值观念和所取得的艺术成就，书中还穿插 150 多幅画家的绘画作品。全书有序言、引言，概述了 20 世纪中国画家的代表齐白石、黄宾虹、潘天寿、傅抱石的艺术成就对中国近代美术史的深远影响。书后附有参考书目。（魏丽）

J000085 **色彩的中国绘画** 牛克诚著。湖南美术出版社 2002 年 5 月版。200.00 元。中国色彩绘画的通史。以“色彩”为视点观照古典中国画，在“水墨”视野外重现中国绘画史，从而在中国绘画史研究中开辟全新领域。它从丰富的文献和画作切入，剖析古典中国画色彩语言的内部构成，阐明色彩与水墨语汇的彼此消长，从而勾画出中国古典绘画样式与风格演进的历史轨迹。它梳理了画史上一些概念的源流，钩沉了许多久被淹没的绘画史实，重评了众多画家、作品及绘画现象，提出了很多具有进一步研究价值的学术问题。（郑小娟）

J000086 **中老年书画速成技法丛书** 张琪、杜炳申等人绘。天津人民美术出版社 2002 年 1月版。40 幅图/册。9.50 元/册。共 10 册：《学画福寿三多》、《学画松鹤延年》、《学画高风亮节》、《学画连年有余》、《学画皆大欢喜》、《学画寿比南山》、《学画麻姑献寿》、《学画四季平安》、《学画鸡鸣富贵》、《学画和美幸福》。简要介绍和说明怎样用小写意的画法描绘这些专门题材。以观察写生、构图立意、描绘的步骤方法及表现效果等方面，阐发作者的实践经验和心得体会，并配有优秀的范图欣赏。（高虹）

J000087 **中国传统佛像绘画技法解析** 高万佳主编。安徽美术出版社 2002 年 1 月版。35.00 元。以通俗易懂的文字、详细的绘画步骤向读者形象地介绍了传统佛像的两大画法：一种是工笔重彩画法，另一种是仿敦煌画的画法。两种画法均以传统绘画技法为基础，融会了西方绘画丰富的色彩，既具现代特色又不失传统风格。由于佛像画画法有其特殊性,所以作者对于每种佛的形象和各部位的名称均一一加以标记,使读者认识清楚,以利于临摹与学习。(陈明)

J000088 **工笔花鸟画要诀** 曹福泉著。天津人民美术出版社2002年9月版。100幅图。30.00元。从纵横两个层面上对传统绘画所涉及的物理、画理、画材、基础技法和历代所形成的各种较为完美的表现形式,以及近代与当前各家各派的新特表现手段和不同风格,进行较为全面系统的综合归纳、凸现重点,引以图例,导以注疏,分篇条述,撮要成集。(高虹)

J000089 **人体造型解剖学基础** 王炳耀编著。天津人民美术出版社2002年1月版。247幅图。36.00元。选用了一些高水平的典型素描作品,编绘了精细的人体解剖图谱,并配以简单系统的说明文字,阐述出人体造型解剖学基础知识的要点,图文并茂,易学易记。(高虹)

J000090 **艺术院校教学参考丛书** 副名:石膏素描范作1—3。刘建国、张文亮等绘。天津人民美术出版社2002年9月版。60幅/册。10.00元/册。共3册,收入古希腊、罗马等雕塑品制成的石膏头像,并附有步骤图,详细解析制作过程。(高虹)

J000091 **创作素描** 韩大为、赵君超著。辽宁美术出版社2002年7月版。5万字。29.00元。从6个方面讲解和示范了素描的发展过程及素描的各要素之间的关系、素描大师与传统、素描教育及我国素描教育现状考察、影响素描的几个问题、关于素描的技法材料、美术学院素描作品赏析等,本书具有专业性强、学术价值高、重点强化在素描作品完成过程中的创新意识。打破传统观念,在设计中溶入了自己独特的设计理念,对一些创作素描作品进行了精彩的示范和讲解。(扬明远)

J000092 **花卉写生百图** 赵映罔编绘。四川美术出版社2002年9月版。3万字。160幅图。15.00元。赵映罔先生在本书中用多种手法,尽可能表现各种植物特有的美妙——不同的结构、在画面上不同的线条节奏,呈现出植物生命的律动。作者还对植物分类、属性作了介绍,以使读者对植物的生长规律、自然属性也有一个大概的了解。(任思淑)

J000093 **时装画示范作品精选1—4** 丰春华编绘。天津人民美术出版社2002年9月版。50幅图/册。22.00元/册。共4集,力求从多视点、多角度介绍作者不同创意的表现形式,在用笔、用色及体现个人风格等方面作简明分析。(高虹)

J000094 **实用园林绘画技法——素描·线描·钢笔画** 叶理著。中国林业出版社2002年7月版。20万字。28.00元。以图例为主,介绍作者在园林设计教学工作中的感悟,将教学内容中的基本技法、素描、线描及钢笔画作了大量图示,后部分附以记游速写图例。内容包括:基本技法、造景表现、速写的能力训练及速写示范。(刘若云)

J000095 **速写教学研究** 谷中良著。天津人民美术出版社2002年9月版。1万字。25.00元。分7章:一、概论;二、速写教学的方法研究;三、速写的发展史;四、速写训练前要掌握的知识;五、学画速写的方法步骤;六、速写的分类训练;七、学生作业分析。(高虹)

J000096 **速写基础** 王永兴编著。天津人民美术出版社2002年1月版。4万字。22.00元。分我的速写之路、速写概论、速写的基本方法与技法3个部分,其中"速写的基本方法与技法"中又分"人物、生活、场景、舞台人物"4小节,书中不但对速写内容进行分类及技法指导,而且又以丰富、生动的速写画面,突出了"速写"从生活中来这个主题。(高虹)

J000097 **新思维人物速写教程** 王守业绘。吉林美术出版社2002年4月版。22.00元。从构图讲起,对绘画中的人体比例、观察方法、思维方法、绘画技法等,都作了深入浅出、简单易行的讲解。(孔庆梅)

J000098 **徒手绘画与速写** 卡尔·克里斯蒂安·霍伊泽尔著,彭蕴琏、王乃川译。安徽科学技术出版社2002年6月版。25.5万字。30.00元。工程艺术设计专业徒手钢笔画的教本,从入门到精通一气呵成,自基本绘线开始到大幅面、技术深度很高的绘画,由浅入深、循序渐进。虽然其绘画技巧的传授内容跨度很大,但章节衔接科学合理、内容紧凑、过渡自然,符合学习规律。在关键章节,如三维透视画、阴影投射、绘画空间层次感的表达,都有非常贴切的传授。每个技术要领处,均配以相应的插图,细加指点。(刘三珊)

J000099 **色彩的表现与技法** 许世虎著。天津人民美术出版社2002年9月版。7.2万字。29.80元。介绍水粉画的技法书。从水粉创作、风景写生及静物写生3个方面论述,并介绍了多种特殊技法在水粉绘画过程中的运用。(高虹)

J000100 **构思与灵感** 副名：当代美国水彩画实际与表现。[美]鲁宾·沃尔夫著，栾良才译。辽宁美术出版社 2002 年 7 月版。6 万字。60.00 元。介绍了当代美国 105 位水彩画家的优秀作品，他们畅谈了各自作画的灵感和对作品构思的过程，从实践和理论上都阐述了自己特殊的观点，并提供了解决水彩画创作中所遇到问题的具体方法。(杨明远)

J000101 **漫画入门——跟方成学漫画** 方成著。湖南文艺出版社 2002 年 11 月版。20 万字。16.00元。自学漫画的入门教材。分 4 章，第一章分为 4 个阶段，全面展示了方成先生从一个初学者到能比较熟练的运用幽默夸张手法来反映具体事物的全过程。第二章到第四章共分 9 节，是对漫画的基本技法的阐述，详细地讲解了漫画的基本技法和具体创作方法。(欧阳强)

J000102 **漫画的幽默** 方成著。人民文学出版社 2002 年 9 月版。6 万字。26.00 元。图文书。作者从一生的创作实践和经验出发，对幽默的来源、特点和机制和规律进行了研究和探讨，总结出了三十几种幽默技法，书中还配有中外各种流派和风格的 160 余幅漫画杰作，图文相生，文图并茂，给人以潜移默化的幽默理论的熏陶和幽默艺术的感染。(杜丽)

J000103 **我与面具** 副名：中学生的现实主义。张进主编。江苏文艺出版社 2002 年 10 月版。20 万字。16.80 元。北京五十四中高二年级学生 240 余份主题为“我与面具”，副题为“中学生的现实主义”的美术作业的汇集。太阳(真实的)＋自我(感情的、想象的)＝心中的太阳(真实的自我)，而非真实的太阳。中学生们将他们对目前所在处境的认识、对纷繁复杂社会初步的感知、将一腔真实的情感寄托在一副“面具”之上，以充分的想像力，构制各自心目中的“太阳”。将各色各样真实自我的图画集中起来，便构成了目前北京五十四中高中学生的一个独特的心灵档案。这是一道命题作业，美术老师张进通过布置这一道题目，给中学生一个可以引发联想机会，以表达出他们内心深处真实的情感，“发泄”出积压在他们心中的不满。书中一页页地打开高中二年级六个教学班学生的内心世界。揭开自己的面具，更多的学生表达了对学习的厌倦和对学校生活的厌烦，从心底呼唤“自由自在”的生活，这是本书大多数篇幅所表达的主题。这就是一个客观真实具有普泛意义的“中学生的现实主义”。它强烈地呼唤我们的社会去关注中学生的现状、关注他们的心灵健康，从而真正地获得与学生的心灵的沟通，并同时去真正地关注目前尚不太完善的教育机制。

J000104 **雍和宫唐喀瑰宝(上)** 《雍和宫唐喀瑰宝》编委会编。北京出版社 2002 年 1 月版。208.00元(精)。唐喀是藏传佛教独有的宗教绘画艺术，它的发展与藏传佛教息息相关。雍和宫珍藏着 1500 多幅各种质地的唐喀，绝大部分都在百年以上的历史，至今色泽鲜明，光彩照人。本书收入其精品唐喀 120 幅，充分展示了雍和宫的皇家气派。(总编室)

J000105 **林屋山民送米图卷子** 钟叔河编订。岳麓书社 2002 年 4 月版。32 开本。9.125 印张。28.00元。“卷子”原是书画装裱的一种形式。此卷子始成于清光绪时，林屋山(太湖洞庭山)一穷小官得罪了上司被撤职，但他却没有得罪民众，山民们便给他送米送柴，参加者达七八千家。当时为此事感动，写诗作画的名家有俞曲园、秦散之、吴昌硕等。到 1948 年，又有胡适、朱自清、徐悲鸿、张大千等人继续作文绘画，成为现在这样既有文艺价值又有社会历史价值的一册图书。(胡颖)

J000106 **走进西藏** 梁平波著。浙江教育出版社 2002 年 7 月版。360.00 元。梁平波以西藏为题材的画册，由“宾至如归”“朝圣路上”“草原新曲”“走向阳光”4 个部分组成，巨幅长卷长 33 米，集 187 个人物，通过壮阔而生机勃勃的生活画面，生动地再现了今日西藏人民的精神风貌。其中所涉人物、山水、寺宇、走兽等，惟妙惟肖，写情传神，气势磅礴。

J000107 **吴良镛画记(Ⅰ、Ⅱ)** 吴良镛著。生活·读书·新知三联书店 2002 年 5 月版。300 万字。吴良镛是清华大学教授，中国科学院与中国工程院院士，著名的建筑与城市规划专家，著名水彩画画家。本画集收入了作者于 1944 年以来的 300 余件作品，分水彩与速写两集。内容包括作者近 60 年来旅行国内外进行专业考察与业余写生。该书为纪念吴先生诞辰 80 周年而出版。(张艳华)

J000108 **顾炳鑫画集** 上海人民美术出版社 2002 年 9 月版。0.3 万字。150 幅图。486.00 元。顾炳鑫先生是新中国连环画的创始人之一。画集收录了顾先生的中国画、连环画、版画、速写等多个画种的代表作品。分 8 个部分：1.评述，有程十发、邵克萍、陈燮君、贺友直、刘旦宅、戴敦邦、田遨、杨可扬的对顾先生画品、人品的评论文章 8 篇；2.美术活动事记；3.中国人物画，收画 59 幅；4.人物线描，收画 16 幅；5.连环图画，收画 36 幅；6.肖像速写，收画 18

幅;7.木刻版画,收画14幅;8.书法、常用印章,有书法3幅、印章26枚。(葛振纲)

J000109 **北京文物精粹大系·绘画卷** 北京市文物局、《北京文物精粹大系》编委会编。北京出版社2002年9月版。286.00元。分为唐至元、明、清3部分,共收入唐代至清代绘画精品178件。本书卷首收入概论《古都丹青七百年——元明清北京画坛》,专论《王原祁的绘画艺术及对清代画坛的影响》各1篇,卷尾附有图版说明文字。画册用大量精美的图片,向世人展示了北京地区出土和馆藏的文物精粹,充分反映了古都北京乃至中原地区悠久灿烂的文明和文化传承。(总编室)

J000110 **中国古代名家作品选粹·恽寿平** 人民美术出版社2002年6月版。2万字,86幅彩图。48.00元。恽寿平(1633—1690)中国绘画史上杰出的画家、清初"六大家"之一、与王时敏、王鉴、王翚、王原祁、吴历合称"四王吴恽"。恽寿平擅长画山水,尤以写生花卉蜚声画坛、创"没骨花"一派、是"常州画派"创始人。他又是一位诗人和书法家。诗、书、画异曲同工,有"南国三绝"之誉。其艺术成就在绘画史上占有重要地位。本书共选收其86幅彩图,附杨臣彬论文"恽寿平的绘画艺术"。(王效宓)

J000111 **钦定补绘萧云从离骚全图** 清·萧云从原绘,门应兆补绘。上海古籍出版社2002年12月版。280.00元。《楚辞》中神奇美丽的故事,曾吸引过历代许多画家将它们表现出来,其中就有宋代李公麟、元代赵孟频、明代文徵明等。而《楚辞》图有单刻本则自清代萧云从始,他第一次尝试将《九歌》、《天问》中的故事绘写出来,称之为《离骚图》。清乾隆帝编《四库全书》时见此本时,觉其不足,便命补绘其余各篇插图;并由当时的工部员外郎、《四库全书》绘图分校官门应兆补绘。两年后完成了91幅图,合之萧氏原本64幅,共155幅图,分为3卷,名为《钦定补绘萧云从离骚全图》,收入《四库全书》,成为第一部完整的插图本《楚辞》。本书据《四库全书》原本影印,图像清晰,层次分明,再现了原作的神韵。集欣赏与收藏于一身。(周小虹)

J000112 **中国近代画派画集** 天津人民美术出版社编。天津人民美术出版社2002年12月版。43印张/册。1496.00元/套。以20世纪初中国画坛最活跃的三个地区为背景,分别介绍了以任伯年、吴昌硕为首的海上画派;以中国画研究会和湖社为中心的京津画家群;以高剑父、高奇峰、陈树人为领袖的岭南画派。全套书共3册,即《海上画派》、《京津画派》、《岭南画派》,每册书以介绍绘画作品为主,图版达300多幅。作品多来源于国内各大博物馆和文物收藏单位,其中有很多画家和作品为首次出版。每册书中还包括由近代美术理论研究专家撰写的论文、美术活动年表和画家小传,是一部较全面反映中国近代美术作品的精品画集。(邢立宏)

J000113 **张大千** 张大川编。四川美术出版社2002年2月版。0.5万字。92幅图。380.00元。画册。从省内外博物馆和民间收藏家中集成,内容涉及山水、花鸟、人物与临摹敦煌壁画,其中包括了张大千早期绘画的主要内容。(任思淑)

J000114 **上海当代国画优秀作品选** 方增先等绘。上海书画出版社2002年10月版。250.00元/本。上海当代15名优秀中国画家的代表性作品合集。他们是:方增先、刘旦宅、陈家泠、张桂铭、杨正新、张雷平、韩硕、张培成、卢辅圣、施大畏等。这本画集不仅折射出上海中国画坛的概貌;亦可从中透视出上海中国画的未来走向。

J000115 **中国当代画家图典·人物** 丁立人等绘。四川美术出版社2002年3月版。600幅图。65.00元。当前中国画坛呈现多样性,画家为寻求自己独特的艺术语言各显身手。多样性的探索开拓了中国画坛的视野。本书用图录的形式,尽展当代画坛中有影响画家的人物绘画作品。(任思淑)

J000116 **中国名画家画虎画集** 王艾亭主编。河南美术出版社2002年9月版。246.00元。收录汤文选、许勇、张士莹、季则夫、顾青蛟、何业琦、周赐良等当代89位著名中国画画家的96幅画虎作品。作品风格多样,或工笔传神,或挥洒写意。虎的神态与意境各有千秋,既体现了对传统文化的师承,也融入了现代的人文精神,在艺术欣赏以及国画技法学习上,均可资借鉴。(白秋伟)

J000117 **中国近现代名家作品选粹·白雪石** 白雪石绘。人民美术出版社2002年6月版。0.6万字。49幅图。48.00元。当代著名画家白雪石毕生致力于将传统绘画与新时代的审美需要相结合的探索与创造。在长期的艺术积累及持续不断地深刻变革终于突破了旧的传统程式,逐步迈入自己的艺术自然王国。本画集共精选其自1943年至1995年50余年来所创作的代表作49幅,并附董玉龙撰写的评介文字一篇。(王思心)

J000118 **中国近现代名家画集·王盛烈** 王盛烈著。人民美术出版社2002年3月版。170幅图。300.00元。王盛烈是我国以独特写实技巧而闻名的水墨画家。他不仅擅长人物画，在山水、花卉方面也独树一帜地取得了优异的成绩，作品特点真实，一笔不苟。王盛烈把扎实的写实基本功与熟练的水墨画技法结合起来，创造了一种既非泼墨写意又非工笔重彩的水墨画，是继徐悲鸿、蒋兆和诸先辈之后，又一位以中西技法相结合的中国水墨人物画家。本书收编画家自1954年至2001年各时期代表作品100余幅，尺寸年代详尽，并有蔡若虹先生及于晨先生所做评论文章，王盛烈常用印章19枚、王盛烈艺术年表。(尹然)

J000119 **中国近现代名家画集·杜滋龄** 杜滋龄绘。人民美术出版社2002年10月版。1.1万字。190幅图。300.00元。《中国近现代名家画集》是人民美术出版社自1999年以来陆续出版的一套系列重点精装画册。旨在介绍近现代中国画坛成就卓著并具代表性和影响力的著名画家，弘扬和推动中国画的发展。现已编辑出版的有黄宾虹、李苦禅、潘天寿、郭味蕖、石鲁、黄胄、白雪石等画家的近30本画集，基本反映了近现代中国画的发展状况。杜滋龄师从著名画家叶浅予。1981年毕业于浙江美术学院中国画系人物画研究生班，曾在李震坚指导下专门研究中国意笔水墨人物画技法及创作。他善于人物风情画的创作，非常注重写生，有扎实的笔墨功夫。在绘画上既有笔墨酣畅的泼墨写意，又有妙趣天成的线描，刚柔相济，形成了自己的绘画风格。其代表作有：中国画《高原风雪》、《帕米尔初雪》选入《中国现代美术全集·中国画卷》。插图《盐丁儿》选入《中国现代美术全集·插图卷》。本书由丁炳启撰写《前言》，并附有《杜滋龄艺术年表》。所收入的190幅作品是自1978年至2002年绘画创作的精品和部分文学插图，以及深入生活现场写生的水墨速写，并收入了他的13方常用印章。(刘继明)

J000120 **冯今松画集** 冯今松绘。湖北美术出版社2002年5月版。1万字。100幅图。580.00元。冯今松，湖北美术院原院长、连任中国美术家协会中国艺委会两届委员。画作《红莲赋》入选"百年中国画大展"，并被选入《百年中国画展作品选·花鸟集》。本画册收集了画家花鸟、山水画、人物画代表作品，个人简历，大量的生活照、工作照片，以及海内外艺术家、艺评家对其作品的评语。是全面研究冯今松及湖北当代美术的重要参考资料。(何金祥)

J000121 **百鸟图像** 张桂徵著。荣宝斋出版社2002年9月版。0.1万字。46.00元。"百"字系列技法图书之一。以"百"字起头，以物种类别分册，立意新奇。本书为著名工笔画家张桂徵多年的精心创作，敷彩典雅，构图新奇、倚丽，风格独特，具有一定的欣赏和收藏性。(骆芃芃)

J000122 **2002年全国中国画作品展** 杨家永主编。安徽美术出版社2002年9月版。364幅图。460.00元。收录"2002年全国中国画作品展"全部获奖和入选作品，是中国美协继2000年和2001年举办的两次全国中国画作品展后的又一次全国性展览的总结。这次展览从全国寄送的数千件作品中经过评委们严格公证的评审，评选出三百多件作品，其中金奖作品3件，银奖作品6件，铜奖作品9件，特别奖1件，优秀作品50件，在一定程度上展现了当今中国画水平状况。本书在编排上分：获奖作品、优秀作品、入选作品及特邀作品四大块。每幅作品均标注名称、奖项、尺寸、作者及所在省份。(王红星)

J000123 **华三川绘新百美图** 华三川绘图，史良昭撰文。上海古籍出版社2002年6月版。120幅图。180.00元。宣纸彩印线装本画集。著名工笔重彩画家华三川先生多年来在中国仕女画苑中辛勤耕耘的精粹所在。由"名媛遗韵"、"阆苑惊鸿"、"红楼梦影"、"兰闺群芳"等4个块面组成，收集历年所作精品120幅。画家从大量的历史记载、民间传说、文学作品中挖掘脍炙人口的题材，塑造出一个个体态各异，各具艺术魅力的女性妩媚俊俏的形象。从西施浣纱、昭君出塞、木兰从军到易安题诗、红娘递柬、黛玉埋香，从女娲补天、精卫填海到嫦娥奔月、天女散花，画家不仅能准确地描绘出女性体态、容貌、衣饰等外在美，而且能生动传神地刻画出人物情思、性格、气质等内在美。同时，每幅画还配有简洁生动的介绍或题咏，具有很高的欣赏和收藏价值。(李保民)

J000124 **刘海粟** 谢海燕主编。江苏美术出版社2002年11月版。380.00元。一本集图像资料与文献资料于一身的大型书籍。选辑了刘海粟一生的优秀作品。是当今有关这位中国新美术运动的拓荒者和现代艺术教育奠基人之一的杰出艺术家的出版物中最具权威性的版本。全书把刘海粟的生平和创作划分为萌芽期、奠基期、扩展期、冶炼期、磨砺期、辉煌期和晚岁期7个时期，将纵的历史线索和横的社会文化背景以及艺坛思潮有机交错、相互补充，使读者对画家的艺术道路有清晰、明确和立体的印象。书中的有些文字资料和图照为第一次问世，弥足珍贵。谢海燕在书中对刘海粟先生的创作经历及其风格特征作了精辟的分析，具有"导读"的性质。

(樊达)

J000125 **奇迪杯第五届全国工笔画大展作品集** 人民美术出版社 2002 年 10 月版。2 万字。539 幅图。680.00 元。中国美协、中国工笔画学会、解放军艺术学院和浙江慈溪市人民政府共同主办的奇迪杯第五届全国工笔画大展作品汇编。画册分上、下两册,所选优秀获奖作品,题材新颖,构思巧妙,风格多样,绘制精美,在工具材质上也突破了旧有的范畴,有许多新的探索与拓展,代表了当前中国工笔绘画的水准与发展方向,尤其是现代工笔重彩画在全国专业画家与非专业画家的共同参与推动下,使传统工笔重彩技艺、技法和语言方式均有创造发展,大大拓宽其艺术表现的领域。(于瀛波)

J000126 **高山流水——当代山水画邀请展** 上海书画出版社编。上海书画出版社 2002 年 12 月版。60.00 元/本。上海书画出版社面向海内外遴选在山水画创作领域卓有建树的画家参展《高山流水——当代山水画邀请展》,该书为此展览会的作品集,并附有专文研讨。

J000127 **黄叶村画选** 汪友农编。安徽美术出版社 2002 年 1 月版。158.00 元。黄叶村是安徽省已故著名中国画画家,在山水、花鸟画方面具有很高的造诣,生前不求闻达,其晚期山水精品多不示人。黄叶村非常重视传统的笔墨工夫,又不囿于传统的笔墨图式,其笔墨的意义,不在于他对传统的继承,而在于其在继承基础之上的革新。他在中国画的创作过程中,面对时代的变化,努力获取与时代精神的沟通和艺术表现语言的个性化转换,从而反映具体的、活生生的现实。本册以黄先生晚期山水作品为主,精选上乘之作 86 件,其中包括少量的花鸟、书法、篆刻作品,力求全面展示画家深厚的传统功力和独特的创作风格。本册所选均为首次出版,艺术价值甚高。(王景琨 秦金根)

J000128 **新安张氏翰飞君逸仲平书画集** 朱秀坤、洪世平编。安徽美术出版社 2002 年 9 月版。134 幅图。380.00 元。20 世纪,新安画派在中国画坛上一直占据着重要地位。本画集是新安画派代表人物张氏翰飞、君逸、仲平祖孙三代的作品集,充分体现了新安画派在山水画方面的绘画风格,为山水画的发展起到承传、拓新的作用。翰飞,名张鹏翎,工诗善书,画艺精湛,是一位文人画家,山水画多取法宋元。生前曾与陈师曾、张大千等名家一起研习绘画,其画结构严密、清逸苍茫,笔墨技巧娴熟,别具风姿。从本书收集的 28 幅作品中,可览画家高深的绘画功底。张君逸毕业于燕京、清华大学,师从汪采白、黄宾虹等。其作品博采众长,构图多变,画风清峻秀逸,既有构图清旷、墨色纯净之作,也有对景写生、笔墨简括之作。书中所收的 41 幅作品尽能概括君逸山水画风格。张仲平自幼承袭家传,凭着对艺术的挚爱,刻苦自学,既师承先辈,又取法名山胜水。其笔下的黄山形神兼备,别具天趣,画中的长江三峡、峨眉山等景物给人以惊涛冲天、气势奔涌之感。书中所选 59 幅作品凸现了画家传统风范的魅力,也表现了他灵动润泽的笔法。三人书画同源,有新安历代画家的共同处:遍学名家,师法自然,出自传统而不泥于古人,作品风格雄迈而不粗犷、清秀而不单薄、俊逸而不轻飘,将山水画发挥到一个新的高度。他们既有一脉相承的传统风格,又有各自的个性特征:翰飞雄浑,君逸清逸,仲平则有泼辣放逸的艺术个性。本书把三人书画作品编汇在一起,使读者既能欣赏和研习三人的绘画风格,又能从中窥见 20 世纪新安派山水画的发展历程。(杨翰)

J000129 **漓江百里图卷** 黄格胜绘。广西美术出版社 2002 年 8 月版。700.00 元。此画卷长 200 米,为中国最长的山水国画,描绘了桂林漓江两岸美丽的山水风光,该画卷里的山水画全为作者实地写生而来,具有很高的艺术欣赏价值和学术价值。(梁坚)

J000130 **整体·局部·细部** 金纳等编。安徽美术出版社 2002 年 2 月版。28.00 元/册。包括《金纳工笔花鸟画》、《金鸿钧工笔花鸟画》、《许继庄工笔花鸟画》、《龚文桢工笔花鸟画》、《苏百钧工笔花鸟画》、《林若熹工笔花鸟画》、《贾广健工笔花鸟画》、《张伟民工笔花鸟画》、《刘怡涛工笔花鸟画》、《卢勇工笔花鸟画》10 册,收录有我国 10 位著名工笔花鸟画家完整的作品共 60 幅。书中将每幅完整的作品中具有典型意义的局部进行放大,为了使读者能看清作者对局部某几个物体是如何安排和处理的,作者通过技术处理,把局部中某个物体如花头、花蕾、小鸟、枝、干以及某个精彩部位放得更大、更清楚,使读者能透过放大了的细部看出作者用笔、用墨、用色和一些特殊技法的奥妙。书中还附有精炼的文字介绍,简要介绍了工笔花鸟画的技法,为学习者提供非常有价值的参考。(王晓军)

J000131 **王玉琦画集** 王玉琦绘。天津人民美术出版社 2002 年 12 月版。114 幅图。268.00 元。收录了我国旅美画家王玉琦的 114 幅油画作品。画集中包含了王玉琦早年创作的肖像画、人体画以及旅美期间的创作作品，其作品以西方古典主义写实绘画技巧展现了画家自身的艺术个性及对人类精神世界的理解，画风深沉，写实细致，极具感染力和扩张力，对国内学习和研究油画的读者具有重要的学习和参考价值。每位读者不但能从画集中感受到画家现代惟美的艺术理念，而且也能从中触摸到画家在艺术探索道路上的心路历程，在欣赏作品的同时，感受到心灵的震撼与启发。（袁金荣）

J000132 **陈可之油画集** 陈可之著。重庆出版社 2002 年 1 月版。50 幅图。56.00 元。陈可之以油画《东方之子》、《长江魂——三峡纤夫》著称。画册收入其作品 32 件及局部 24 图，附文字简介，全方位地介绍了陈可之的艺术风格及创作成果。（欧治渝）

J000133 **嘉德中国油画拍卖回顾** 《美术文献》编辑部编。湖北美术出版社 2002 年 7 月版。674 幅图。39.00 元。以画册的形式回顾了中国嘉德国际拍卖有限公司油画部拍卖的油画作品。本书分两册，记录的是 1994—2001 年春秋两季各拍卖的油画作品及其概况。（何金祥）

J000134 **水浒人物绣像白描百图** 郭德福著。辽宁美术出版社 2002 年 1 月版。1 万字。48.00 元。充分体现了郭德福先生扎实超凡的绘画功底，从绘画技法的把握到作品中 100 多个水浒人物性格特征的表现都非常生动，再现了作品所要表达的历史背景和人物的处境及心理状态，体现了绘画艺术的伟大魅力。在郭德福的笔下林冲苍凉的表情刻画到他受难时的悲愤、怅然，郭德福的白描一书把白描的艺术表现到了一个较高的境界，同时也把白描艺术的多种表现形式展现给了读者。（杨明远）

J000135 **当代写实素描头像** 李雄等绘。吉林美术出版社 2002 年 2 月版。18.00 元。精选写实素描头像作品 20 幅，均为中国院校素描创作之精品，展现了人像绘画的实例。（孔庆梅）

J000136 **吴银杉素描写生集** 吴银杉绘。青海人民出版社 2002 年 9 月版。68 幅图。19.80 元。编入作者深入生活所描绘的 68 幅素描作品。画册中的人物形象多数是生活在黄土高原窑洞里、晋西北乡村的农民，同时编入几幅甘南藏族牧民的肖像。这些作品里透着一股执著热情，一种质朴真诚的爱。作者运用传统的写实技巧，突出了线的运用，追求画面中线的节奏，探寻各种线条组合而形成的韵律美，用以加强人物肖像的表现力，素描中粗犷有力、质朴刚健的线条，加强了作品的视觉冲击力。（井汉升）

J000137 **哈定** 哈定绘。上海人民美术出版社 2002 年 1 月版。298.00 元。精选当代著名水彩画家哈定在 55 年绘画生涯中具有代表性的 96 幅水彩、油画作品。其中有被中国美术馆收藏的《城隍庙九曲桥》、《世界屋脊》、《塞外风光》；上海美术馆收藏的《绣球花》、《草原风情》；深圳美术馆收藏的《转经老人》等。分别收录于“城市和乡村风景”、“花卉·肖像”、“西藏风情”、“各地风情·儿童主题”4 个类目。附画家工作、生活照片及传略。文字为中英文对照。（王德蓓）

J000138 **第六届全国水彩粉画展作品集** 中国美术家协会编。上海画报出版社 2002 年 9 月版。285 幅图。200.00 元。由中国美术家协会主办、上海市美术家协会承办的第六届全国水彩、粉画展收到了来自全国的 2700 余件应征作品，经展览评选委员会认真反复公正的评选，从中遴选出 264 件入选作品，并从中评选出金奖 2 件，银奖 10 件，铜奖 18 件和优秀奖 30 件。包括评委的 18 件作品和特邀的 3 件作品，本次共展出作品 285 件。它不仅是一次高水准的水彩、粉画艺术的集中展示，让人们感受这一绘画艺术语言的独特风采与魅力，也让人们体会到当代水彩、粉画家为探求水彩、粉画艺术的当代精神而进行的积极探求与可喜收获。（陈幼霞）

J000139 **中国古代小说版画集成** 汉语大词典出版社主编。上海世纪出版集团汉语大词典出版社 2002 年 9 月版。480.00 元。从古代小说中遴选了 200 多种有版画的作品，选录了版画近 7000 幅，以供研究者欣赏研究。选编范围基本限于通俗小说，重点放在清中叶以前的刻本：凡上图下文的小说，选录部分具有代表性的，其他小说版画，除特别模糊不清的，基本全录。为方便使用，在每种书前特请李梦生先生对版本情况作了简单的介绍，从而使本书具有小说版本图录工具书性质。（李丽峰）

J000140 **中国清代宫廷版画** 曲延钧编。安徽美术出版社 2002 年 8 月版。2000 印张。共 12000.00 元。分 40 卷，所收入的清代宫廷版画内容涉及到殿本图书的各个种类，基本上收齐了现存的清宫插图版画与版画图书，而且书品精良，许多版本属首次影印，文献价值极高。清代，宫廷大量刻印图书，清宫刻印机构为内府下属的武英殿修书处。清内府所刊图书共 700 余种，多出自武英殿，史称“武英殿刻本”，简称“殿本”。殿本图书中多附有版画插图，称作“殿本版画”，因出于清宫内府，又称“宫廷版画”。宫廷版画以图书插图为主，或以图释文，或以文释图。这时期的版画大都构图饱满,讲究设境立意,注重装饰效果,绘图流畅,刀法细腻,以流利工致、纤巧秀丽、格调华富、场面恢弘著称。收入本丛书中的版画题材广泛,除政教宣言、太平盛典外,还有宫廷建筑、宫廷礼仪、宫廷器物、宫廷园囿、山川风物、寺庙市镇、风土人情、科技农业以及对战争场面的描绘等。这些版画多经宫廷画师描绘,由名工圣手镌刻,因是当时著名的画家与雕刻师完成,所以清宫版画带有明显的皇家版画的特点,是其他官刻、私刻的版画所无法比拟的。本丛书为清宫所藏版画文献的总汇,全面反映了清宫版画的整体风貌,是研究中国版画、中国文化史、学术史、美术史、风俗史、科技史的重要资料和依据。为便于查阅,全书按类编排,同类者以时代为序,所收各书均写有简明提要,用以交代版本及内容情况。(杨翰)

J000141 **朱仙镇木版年画(珍藏本)** 张继中、中原文化交流中心编著。大象出版社 2002 年 10 月版。国际 8 开,30 印张。380.00 元。朱仙镇木版年画是中国民间绘画的重要组成部分,有着悠久的历史和鲜明的民族风格。自北宋以至明清,朱仙镇一直是中国木版年画的重要生产基地。朱仙镇木版年画取材于当时现实生活、古代历史故事、神话传说以及小说戏曲等,运用活泼生动、刚健清晰的艺术形式,以及强烈明快的色彩和丰实的情节,塑造出具有鲜明个性的动人的形象,具有浓郁的生活气息和地道的乡土味。本书汇集历代朱仙镇木版年画原版影印,并附有大量说明文字,是迄今为止最具权威性且收集图版最多的一部反映朱仙镇木版年画全貌的大型画册。(惠萍)

J000142 **莎士比亚名剧卡通本** 蔼苓主编,康羚等改编,李伟等绘画。中国少年儿童出版社 2002 年 1 月版。130.00 元。莎士比亚戏剧卡通图画本。共 10 册,每册为一部戏剧,它们是:《哈姆雷特》、《奥赛罗》、《李尔王》、《麦克白》、《罗密欧与朱丽叶》、《威尼斯商人》、《第十二夜》、《仲夏夜之梦》、《错误的喜剧》、《佩里克利斯》。该丛书将莎士比亚的剧作以故事的形式再现,用色彩艳丽的卡通画来表现剧中各类人物,语言尽量保持原作风格,使人物形象更加鲜明直观,增强了故事性,适合少年读者阅读。(韩彬)

J000143 **麦兜麦唛系列** 谢立文编著,麦家碧插画。接力出版社 2002 年 12 月版。3.7 万字/册。16.00 元/册。漫画作品集。首批共出 4 册:《麦兜·微小小说》、《麦兜·尿水遥遥》、《麦唛·完美故事》、《麦唛·宁静声音》。是以小猪麦兜、麦唛为主角所建构的成人童话世界。麦兜天真、简单、乐观、善良、爱助人、无记性、资质平庸、读书成绩不好;麦唛单纯、善良、温柔,是活在童话式梦幻世界中的人物。书中有充满童趣的散文、发人深思的小小说、寓言式的小故事、令人印象深刻的小诗,还有作者精心创作的插图。书中叙述的两只快乐小猪的生活故事,最初在香港的儿童杂志上刊载,后来逐渐在院校以及知识界流行起来,成为一种时尚。(余人)

J000144 **黄永玉大画水浒** 黄永玉著。作家出版社 2002 年 8 月版。5 万字。38.00 元。艺术大家黄永玉在古稀之年倾力创作的作品。作者用中国水墨画的笔法、漫画的夸张形式,在尊重原作的基础上,重新演绎古典名著《水浒》中的人物 140 余人,并配有画龙点睛式的题跋。作者对《水浒》人物有自己的一套看法,或褒或贬、或抑或扬,在充满了喜剧效果的图文中,我们读出的不仅是忍俊不禁的眼泪,也读出了这位艺术大家独特的对人生、对世界的看法。贯穿全书的"永玉自白"是作者谈往事、生活和对人生独特看法的短小文字,它们或与他的"水浒"人物形成一种相得益彰的互补效果,或与"水浒"人物干脆造成一种有趣的对立关系。此类文字作为补白,穿插在全书的每一页,在精神上与他的"水浒"人物一脉相承,具有鲜明的"黄氏风格"。(应红)

J000145 **赵延年木刻插图本《狂人日记》** 鲁迅著。人民文学出版社 2002 年 9 月版。12 万字。15.00元。继《赵延年木刻插图本〈阿 Q 正传〉》之后,使鲁迅先生关于用木刻做文学作品的插图的主张,再次在他本人的作品中得以实现,同时,也为鲁迅作品的普及,做了一件很有意义的工作。(岳洪治)

J000146 **赵延年木刻插图本《阿 Q 正传》** 鲁迅著。人民文学出版社 2002 年 4 月版。2.6 万字。7.00元。赵延年是中国美术学院版画系教授。他从 1956 年开始以鲁迅形象为题材的木刻创作,至今他创作的鲁迅小说木刻插图,已有 120 余幅。《阿 Q 正传》是鲁迅先生的代表作;阿 Q 的形象,当今几乎所有的中国人都很熟悉。因为鲁迅先生通过阿 Q 这个人物,画出了我们国民的灵魂。赵延年为这个不太长的中篇小说,刻了 60 幅插图。"成功地塑造了绍兴这个典型的环境与阿 Q 这个人物的典型形象。"(岳洪治)

J000147 **徐宁宁插图集** 徐宁宁绘。青海人民出版社 2002 年 9 月版。187 幅图。38.00 元。编入彩图 24 幅,黑白图 163 幅。这些生动、鲜活、纯美的画面，展现了作者具备的广博艺术修养和丰富的生活基础；同时，体现出作者具有扎实的造型基础和色彩知识。作者既是长期专职从事书籍装帧艺术工作的美术编辑，又是一位插图画家。她的插图艺术的表现手法，体现着这位插图画家独特的个性。她的黑白插图有着娴熟的表现技法和风格。（井汉升）

J000148 **中国美术分类全集·中国敦煌壁画全集·西魏** 吴健编著。天津人民美术出版社2002年12月版。9.5万字。380.00元。《中国美术分类全集——中国敦煌壁画全集》中的一卷。分3部分介绍了莫高窟西魏(535—556年前后)时期的壁画艺术。第一部分：学术专论，从西魏时期的历史更变、壁画艺术发展的源流及艺术价值等方面进行了详细的论述。第二部分：图版，以全景与局部结合的方式展示了莫高窟西魏壁画艺术。第三部分：图版说明，对每幅图片从窟号、内容、艺术特点及价值等方面逐一进行了介绍。（高虹）

J000149 **卡通漫画《水浒传》** 潘志辉编绘。大象出版社2002年9月版。5印张。12.00元。“中国古典文学名著卡通漫画系列”之一，作者在人物造型上除了继承前一套书《卡通漫画〈西游记〉》大头短身、动作夸张的漫画精髓外，在风格上有了较大变化，人物形象比较贴近现实，并采用具有立体感的写实手法描绘当时的生活场景。内容上，在保留原著的基本结构、重要故事情节和过程的基础上，对原文进行了精心选编，使孩子们在轻松愉快的阅读中感受到中国古典文学名著的艺术价值。（李亚楠）

J000150 **西洋美术家画廊** 周异夫译。吉林美术出版社2002年6月版。15.00元/册，1500元/函。共100集，现已全部出版，被译成15种文本，在17个国家热销。该书收入了100位艺术家的作品，每一位艺术家都在美术史上拥有宗师、大师、天才的桂冠。每一集的内容都只针对一位艺术家，分别以艺术家生涯、风格与技巧、名作特写、作品选介、世界著名美术馆五个单元，作最完整的介绍与分析。（孔庆梅）

J000151 **中国历代画目大典·辽至元代卷、战国至宋代卷** 周积寅、王凤珠编著。江苏教育出版社2002年5月版。采辑海内外600多家博物馆、美术馆、寺庙、美术研究院、高等院校以及私人收藏中的历代5000余名重要画家的存世帛画、卷轴画7万多幅，大典集历代中国绘画存世之作之大成，始于战国，下至清代，以每一朝代画家出生年先后排列，先列画家小传、后列画名，以一画名为一词目，包括画题、幅式、年代、材质、尺寸、题款、印记、收藏、影印、著录、鉴赏、按语等，眉目清晰，为研究者提供了丰富的绘画史料和完备的检索途径。2002年出版两卷：辽至元代卷(103.0万字，280.00元)、战国至宋代卷(158.0万字，400.00元)。（王家俊）

J000152 **西洋名画巡礼·建筑讲话** 丰子恺著，丰陈宝、杨子耘校订。湖南文艺出版社2002年4月版。16万字。22.00元。“丰子恺艺术读物”之一种。包括《西洋名画巡礼》(上海开明书店1931年6月版)和《西洋建筑讲话》(上海开明书店1935年12月版)，由丰氏后人校订。前者介绍了十余位西方著名画家及其名作，后者介绍了西方各个时代、各种风格的著名建筑。卷首有彩色插图28幅、黑白插图1幅。书中或书末附有两书的原版序、译名表和校订记。（周爱华）

J000153 **当代俄罗斯画家作坊** 刘勉怡、邹敏讷主编。湖南美术出版社2002年8月版。58.00元。画册丛书。包括9册：《奥列格·叶列梅耶夫》，《尼古拉·列宾》，《瓦西里·索科洛夫、伊利娜·塔巴科娃》，《尤里·科佩科》，《马依·米图里奇》，《加·玛卡维耶娃》，《叶·兹维里科夫、瓦·库拉科夫》，《尼·穆欣》。每册介绍画家作品80幅及评论文章。（邹敏讷）

J000154 **蒙娜丽莎大观** 朱国荣编著。上海书法出版社2002年4月版。160幅图。40.00元。以图文对照的读图形式来展现世界各地艺术家根据达·芬奇名画《蒙娜丽莎》演化创造的作品。艺术家们通过他们的画笔和大师进行着不懈的探讨和对话，创造出他们心目中千姿百态的蒙娜丽莎；他们发挥超常规的想象，对原作进行戏剧化的处理、戏谑的重塑和大胆的渲染，似是而非、是像非像、亦幻亦真、亦美亦丑。（陈琪）

J000155 **全景博物馆丛书** 副名：中国名画博物馆、世界名画博物馆。全景博物馆丛书编委会主编。海燕出版社2002年1月版。145万字。370.00元。《中国名画博物馆》收入226位杰出画家的828幅经典作品，以图文结合的方式讲述了中国绘画从远古时期到近现代的发展历程。全面生动地反映中国绘画史上的名家名作。《世界名画博物馆》收入230位杰出画家的581幅经典作品，以通行的世界绘画史为框架，以图文并茂的形式把大量高水平的具有欣赏与收藏价值的传世名画呈现在读者面前。（李冰晨）

J000156 **乌克兰美术家油画精品集** ［乌克

兰]费拉基米尔·科列斯尼科夫和米哈依尔·顾依达著策划。黑龙江美术出版社 2002 年 2 月版。90.00元。收录当今乌克兰45位著名画家的代表性油画作品近 200 幅,题材包括肖像、静物、风景、风俗、宗教、主题创作等,较为全面、客观地反映出当今乌克兰油画艺术创作水平。(岳宏艳)

J000157 **当代写实油画人物** 马琳等编绘。吉林美术出版社 2002 年 2 月版。20.00 元。精选当代油画人物精品 20 幅,风格均为写实作品,油画名家之力作。(孔庆梅)

J000158 **当代写实油画风景** 何卫等绘。吉林美术出版社 2002 年 2 月版。20.00 元。精选当代油画风景精品 20 幅,作品风格各异,技法纯熟,是学习与居家装饰欣赏的优秀作品。(孔庆梅)

J000159 **当代写实油画静物** 何大桥等绘。吉林美术出版社 2002 年 2 月版。20.00 元。精选当代油画静物精品 20 幅,作品风格写实而严谨,是油画学习者的实用图书,也非常适合收藏及作装饰画。(孔庆梅)

J000160 **走进大师·夏加尔** 邹亚林、沈莹编著。人民美术出版社 2002 年 7 月版。6 万字。231 幅图。36.00 元。夏加尔是 20 世纪最受爱戴的艺术家之一,他出生于俄罗斯,其艺术活动主要在欧洲,他作品中蕴藏着戏谑性的智慧、幻想式的观念和优美的形式,在数量众多的作品中表达了对浪漫爱情的礼赞。本书选用大师生前的大量照片和创作草图,较为全面地介绍了夏加尔不平凡的一生。(胡建斌)

J000161 **法国里尔美术博物馆藏画** 天津人民美术出版社 2002 年 10 月版。241 幅图。328.00 元。里尔美术博物馆是法国第二大美术博物馆,拥有丰富馆藏。天津人民美术出版社以独特的审美观和视角精选了该馆 241 幅油画作品,由该馆馆长兼文化遗产总监阿尔诺·博融·德拉崴涅先生撰文评论作品并作前言,介绍西方油画技术、普及油画知识。所选作品分为 15 个阶段:15—16 世纪北欧画派,鲁本斯、凡·戴克和约尔丹斯,弗拉芒画,17 世纪佛兰德勒画派,荷兰画派,意大利、西班牙画,17—18 世纪法国画,18 世纪下半叶法国画,17—18 世纪下半叶里尔画家,19 世纪上半叶,巴比松画派,印象派及其同代画家,19 世纪油画中的学院派趋势,19 世纪的里尔画家,接近 20 世纪时的画作。(李朝刚)

J000162 **当代写实素描静物** 喻红等编绘。吉林美术出版社 2002 年 2 月版。18.00 元。精选当代写实素描静物作品 20 幅,作品体现了坚实的造型功底,是基础素描训练的范作。(孔庆梅)

J000163 **吴冠中速写意境** 黑马、何燕屏选编。广东人民出版社 2002 年 3 月版。8 万字。43.00元。从吴冠中先生多年的速写中选出其精华,配以意蕴幽深的文字,作者主要着力于意境与构图的推敲,采摘不同素材组成画面,使读者在绘画与文学相结合的新空间里得到一种美的享受。

J000164 **席勒人体速写** 席勒绘。吉林美术出版社 2002 年 6 月版。18.00 元。美术技法图书。共收入席勒作品 400 余幅,这些作品是从席勒 3000 多幅作品中精选出来的。书中囊括了作者短暂一生中各个时间段的作品。书中以人物为主,同时收入了肖像、道具、设计、静物、雕塑等多个艺术学科,充分体现了席勒在造型语言、表现手法上超人的能力。(孔庆梅)

J000165 **当代写实水粉静物** 刘洋等编绘。吉林美术出版社 2002 年 2 月版。20.00 元。精选当代写实水粉静物精品 20 幅,作品印刷精良,完美再现了作品的色彩感觉与造型功底。(孔庆梅)

J000166 **大清帝国城市印象** 副名:19 世纪英国铜版画。[英]托马斯·阿罗姆绘画,李天纲编著。上海古籍出版社 2002 年 8 月版。37 万字。68.00元。托马斯·阿罗姆是 19 世纪中叶英国维多利亚风格的建筑师和画家,亦是当今欧美艺术品市场最负盛名的“东方风景”画家。1843 年鸦片战争刚结束,阿罗姆收集了有关中国风土人情的素描速写稿,重新绘制并刻成铜版画印行。150 年来,阿罗姆的作品已经成为西方人描绘中国的代表作。《大清帝国城市印象》一书收集了阿罗姆 120 余幅铜版画作品。内容涉及 1793 年马戛尔尼使团觐见乾隆帝途经的城市,也有鸦片战争期间由英国海军画师记录的战争场面。学者李天纲收集了大量史料,悉心对比考证,又从文化比较的角度对这 120 余幅铜版画作了诠释。阿罗姆苍劲而又古朴的版画,李天纲详实而又细致的注释,构成了此书极高的学术价值与收藏价值。

J000167 **呱呱宝贝小恐龙** [法]居尔特里代尔绘,[比]米蒂克编,芮苑苑译。中国少年儿童出版社 2002 年 5 月版。18 万字。9.00 元/册。世界经典幽默漫画书。由法国达高出版公司授权出版。目前已译出的只有《呱呱的爱心》、《家庭的风波》、《不能没有呱呱》、《你喜欢呱呱吗?》4 册。书中的主角是一只叫呱呱的宠物小恐龙。它天真善良,充满童心雅趣，但常常因为单纯幼稚而做傻事。那个梳着两条朝天辫，名字叫蒂娜的小女孩是它的小主人，她和她的爸爸妈妈无时无刻不在忍受呱呱小恐龙上下颠倒、黑白不分的古怪行为，以及它做出的那些疯狂无忌的“野蛮”闹剧，但有时他们也会和它一起“疯”。（陈斌）

J000168 **布尔和比利** ［比利时］罗巴编绘，邹晓平等译。中国少年儿童出版社 2002年8月版。4.5万字。共225.00元。经典连环漫画作品集。作者采用虚构、想像、夸张等手法，创作了近千个富有童趣的幽默故事、上万幅十分精彩的漫画。讲述了调皮小男孩布尔和他的父母，特别是与长毛垂耳小狗比利、小乌龟卡罗琳娜所发生的一连串令人捧腹的滑稽故事。他们无忧无虑地游戏、玩耍，在生活中毫无烦恼，甚至做了蠢事也能乐观地泰然处之，轻松融洽和睦的家庭生活其乐陶陶余味无穷，令人神往。（杨向荣）

J000169 **魔法小女巫** ［比］克拉克绘，［比］吉尔松编，傲文译。中国少年儿童出版社 2002年9月版。10.00元/册。世界经典魔幻漫画书。共8册。分别是：《魔法》、《僵尸舞会》、《地狱》、《魔泉》、《爱情药水》、《精灵和矮妖》、《魔力》、《万圣节》。是讲中世纪的欧洲，一个出身于巫婆世家的小女巫梅露欣，因道行尚浅，性格马虎，粗心又顽皮，所学魔法不够完善，导致在施法过程中经常出错，出现失去控制而超出她想像的、极搞笑的结局，所以结果常常事与愿违，好心办坏事。这套漫画书在欧洲风靡已久。作者在书中营造了超现实的、充满幻想与悬念、幽默而惊险的、神奇又怪诞的想象空间。（陈斌）

J000170 **魔法学校** ［法］高泰吉亚尼，特朗香编绘，傲文译。中国少年儿童出版社 2002年9月版。10.00元/册。世界经典魔幻漫画书。由欧洲漫画界巨头达高出版公司推出，在欧美国家被喻为漫画版的“哈利·波特”。全套书共8册，分别为：《雨毯》、《龙宫》、《随你疯狂》、《弄巧成拙》、《惨痛的失败》、《灾难与快乐》、《虚惊一场》、《失败与挫折》。讲的是在没有固定上课时间的魔法学校里，魔法老师巴勒塔扎先生教学生们学习骑扫帚飞行、让树叶排队、乾坤大挪移、游览异度空间、大变活人等诸多魔法，但面对这群淘气的学生，学习的结果总是出人意料，笑话百出。奇怪的学校，爱搞恶作剧的学生，与学校一墙之隔的倒霉邻居，构成了一个神奇的、令人忍俊的、充满奇幻的世界。（陈斌）

书法、篆刻

J000171 **论书绝句（注释本）** 启功著，赵仁珪注释。生活·读书·新知三联书店 2002年6月版。16万字。25.00元。启功先生毕生研究中国书法的心得与心血之作，将中国书法史上浩如烟海的内容融入百首七言绝句之中。格律严谨，行文精美，内容广博，见地精深，显示了大家的高古笔力。为了便于现代读者的阅读理解，启功与赵仁珪先生在原作的基础上加以注释，注释与诗文密切配合，相得益彰。注释本保留了一诗一文一题的形式，解决了阅读理解上的障碍，丰富了原有诗文的内容，加深了读者对中国书法的了解。本书附录启功先生两篇长文——《论书随笔》、《论书札记》。（张荷）

J000172 **新编大学书法** 洪丕谟、晏海林编著。复旦大学出版社 2002年6月版。30万字。23.00元。“大学通用基础教材”之一。分上、下两编。上编“书学原理与基本知识”，总论书法的一般概念、基本理论和基础知识，以及有关材料、工具、技法、形式等；下编“书体源流与临习方法”，分述篆、隶、楷、行、草诸体书法产生、发展、变迁的简要过程，书体特征及临写要点等，并有示范例字及大量精选参考图版。另附硬笔书法部分于两编之末。（陈麦青）

J000173 **永字八法——书法艺术讲义** 周汝昌著。广西师范大学出版社 2002年1月版。15.3万字。39.80元。分上中下3篇。上篇为《答问》，以通俗而简要的问答形式讲解了中国书法的最基本的内涵、学识、意义，也涉及了学书的范本与笔法的各种问题；中篇《分论》是中国书法著作方法的分论，它追根溯源，从理论上矫正了以往对汉字书法的某些错误观念；下篇《综论》是单篇论文，但亦相互联系，多有创见，精言要义，可为书学较高深者提供研究的新课题与新理论。书中还选入了作者前些年写的长、短篇论文。

J000174 **语文硬笔书法作业** 孟威、孟姝书写。天津人民美术出版社 2002年9月版。5万字。10.00元/册。根据九年义务教育对汉字写法的规范性要求编写。共5册，1—5年级各1册。从内容上，紧紧贴近教材，低年级（即一、二、三年级）注重生字、生词的书写训练，从基本点画、基本笔顺入手；随着年级的增长，以教材中必背必默的篇目为主体，使学生在临写字帖的同时，反复进行核查。（高虹）

J000175 **外文美术字荟萃** 王弘力编著。辽宁美术出版社 2002 年 1 月版。0.3 万字。45.00 元。系统地介绍国际应用的主要字体和艺术字体。简述了拉丁字体的发展史、拉丁字体的分类。收集了古典罗马体、温恰尔和哥特体、行书、草书、新罗马体、无饰角体、创意字体及阿拉伯文、缅甸文、日文、斯拉夫文、泰文、希伯来文、希腊文、印地文等几百种外文字体,收录丰富。(杨明远)

J000176 **历代名帖技法丛书(集字系列)** 程同根编著。华夏出版社 2002 年 9 月版。12.80 元/册。共 11 本。分别是《石门铭集字》、《智永千字文集字》、《玄秘塔碑集字》、《郑文公碑集字》、《雁塔圣教序集字》、《张猛龙碑集字》、《崔敬邕墓志集字》、《孔子庙堂记集字》、《胆巴碑集字》、《勤礼碑集字》、《九成宫集字》。所有集字都采用原碑帖的原字,未加任何修改。为了方便读者选择,集字方式采用横幅、斗方、扇面、中堂、条幅 5 种方式。其中中堂书法均为七言古诗,均由专家依据原碑帖字精心组合创作。适合基本掌握了书法间架结构、用笔风格的读者,在创作实践阶段使用。(闫娜)

J000177 **中国书法二十八经典** 孟威、李宁、胡健编。天津人民美术出版社 2002 年 3 月版。8 万字。从近千万的精品中,精选具有经典意义的具有代表性的,而且在书法界公认的碑文或墨迹,采用反白碑文、放大至临习所需比例,供读者通临、学习。在此基础上,增加原文注释、碑文墨迹全貌、版本考论等内容,以便了解碑文墨迹的概况,从而体会大师的笔韵和神气妙法。本丛书已出 8 本:《放大全本——孙过庭书谱》(55.00 元)、《放大全本——颜真卿颜勤礼碑》(58.00 元)、《放大全本——欧阳询九成宫醴泉铭》(48.00 元)、《放大全本——王羲之十七帖》(40.00 元)、《放大全本——张迁碑》(38.00 元)、《放大全本——礼器碑》(35.00 元)、《放大全本——颜真卿祭侄文稿》(32.00 元)、《放大全本——王羲之兰亭集序》(32.00 元)。(薛强)

J000178 **中国国家图书馆碑帖精华** 任继愈主编。北京图书馆出版社 2001 年 12 月版。2600 页。7800.00 元。荟萃古今 260 余位名家题跋本大型碑帖丛书,由著名书法家启功先生任总顾问并撰写总序。该书规模宏大,版本弥珍。从中国国家图书馆数十万件碑帖藏品中认真勘核,再经启功先生等著名金石书画鉴定专家精心遴选,共精选了上迄秦汉碑碣,下至两宋刻帖 41 种、80 余件善拓碑帖,其中有近 30 种是宋、明拓本或初拓本,价值不凡,弥足珍贵。经名家评点,古今合璧。不仅将碑帖原有之历代学者、书法家、收藏家 200 余人的题签、题跋、观款、眉批共 300 余则以及大量的鉴藏印记,按原貌刊出,而且约请了当今两岸三地 57 位著名学者、书法家、金石学家撰书跋语,并依手书墨迹影印。古今 260 多位名家或记述递藏源流,或辨析优劣高下,或品评风格特点,或传授临习经验,从不同角度挖掘并阐发了其文物文献意义和书法艺术价值,是一部资料完备、递藏有序、考证详实、信息丰富的古今艺术合璧碑帖精粹。该书全部采用进口纸四色彩印,封面用特制的仿古纸专色印制并烫以金箔,外配以金丝楠木的卷帘门箱匣,装帧精致、典雅华美。采取编号限量发行,极具收藏价值。其版本文献价值、文物学术价值、艺术收藏价值,是文物、书法研究者、学书者、收藏家以及广大书法爱好者的重要参考资料,也是理想的欣赏、学习范本和收藏佳品。(赵海明 殷梦霞)

J000179 **中国美术分类全集·中国法帖全集** 启功先生主编。湖北美术出版社 2002 年版。48.3万字。5771 幅图。共 6800.00 元。从历代著名法帖中选编而成,共 17 卷,18 册。规模宏大,盛况空前。是中国法帖孤本、珍本、善本之集大成。影印版逼真、精美,精确地传达了原帖的风貌和神韵,是书家成名的珍贵宝典,文物鉴藏的精品。(何金祥)

J000180 **中国墨迹经典** 上海书画出版社版。上海书画出版社 2002 年 6 月版。10.00 元/本~18.00 元/本。《中国碑帖经典》的姐妹篇,遴选了自晋至清各时期的名家墨迹,真草隶篆诸体皆备,风格各异,诸如《欧阳询梦奠卜商张翰帖》、《苏轼洞庭春色赋》、《鲜于枢行书诗赞》、《赵孟頫与山巨源绝交书》等,总计百种,洋洋大观。

J000181 **宝贤堂集古法帖** 晋祠博物馆编。文物出版社 2002 年 3 月版。360.00 元。是继宋、明诸多丛帖之后,三晋之地集刻的最大书法丛帖,亦是继宋以来历代著名丛帖之一。以明晋藩宝贤堂堂名为帖名。此帖为明弘治初年集刻,其书法渊源于宋刻阁、绛、大观、宝晋斋等帖,而主要直接摹勒于大观帖,内容予以增、删、移、易,增益宋、元、明人之法书,特点明显。晋祠博物馆藏明拓本,及王鸿宾、屈克新两位先生撰写的释文,又与王鸿宾、王天庥两位先生论文合并,集为一书出版,书名亦为《宝贤堂集古法帖》。书中拓本流传有绪,拓裱甚佳,平整、清晰。释文亦有注释,两篇论文从不同角度对法帖予

以研究，有助于读者对帖的欣赏、阅读和理解。（张玮）

J000182 **敦煌书法精品选（一）** 黄征、江吟编著。西泠印社 2002 年 10 月版。3.7 印张。23.00 元。选自敦煌莫高窟经洞书法真迹，并对各篇经卷作了认真的"题解""释文""核注"，不但可以作为观赏、临摹的范本，而且还具有较高的学术文献价值。（邵旭闵）

J000183 **柳公权《玄秘塔》导摹** 华夏出版社 2002 年 9 月版。13.80 元/册。"毛笔字教学系列教程丛书"之一。选取柳体代表作《玄秘塔》若干范字。分为上、中、下 3 册。上册侧重笔画练习；中册为偏旁练习，扼要阐述偏旁常规写法，可领会其在整体字中的位置，及与其他部分关系。下册为整体结构练习，根据不同字型特点，从整体布局着眼，局部落笔，进行不同处理。三册有机联系，相辅相成。书中范字都有摹写指示。（闫娜）

J000184 **颜真卿《多宝塔》导摹** 华夏出版社 2002 年 9 月版。13.80 元/套。"毛笔字教学系列教程丛书"之一。选取颜体代表作《多宝塔》若干范字。分为上、中、下 3 册。上册侧重笔画练习；中册为偏旁练习，扼要阐述偏旁常规写法，可领会其在整体字中的位置，及与其他部分关系。下册为整体结构练习，根据不同字型特点，从整体布局着眼，局部落笔，进行不同处理。三册有机联系，相辅相成。书中范字都有摹写指示。（闫娜）

J000185 **中国历代经典名帖集成** 华夏出版社 2002 年 8 月版。8.00 元。该丛书已经出版 10 本。分别为：《赵孟頫墨迹二种》、《米芾行书三种》、《胆巴碑》、《麻姑仙坛记》、《文赋》、《苕溪诗帖》、《蜀素帖》、《张瑞图草书千字文》、《渚上座帖》、《勤礼碑》。整套丛书集中国历代经典名碑、名帖之大成，传世真迹、原拓、初拓本荟萃，帖文、碑文都配有简化字释文。（闫娜）

J000186 **欧阳询《九成宫》导摹** 华夏出版社 2002 年 9 月版。13.80 元。"毛笔字教学系列教程丛书"之一。选取欧体代表作《九成宫》若干范字。分为上、中、下 3 册。上册侧重笔画练习；中册为偏旁练习，扼要阐述偏旁常规写法，可领会其在整体字中的位置，及与其他部分关系。下册为整体结构练习，根据不同字型特点，从整体布局着眼，局部落笔，进行不同处理。三册有机联系，相辅相成。书中范字都有摹写指示。（闫娜）

J000187 **赵孟頫《胆巴碑》导摹** 华夏出版社 2002 年 9 月版。13.80 元/套。"毛笔字教学系列教程丛书"之一。选取赵体代表作《胆巴碑》若干范字。分为上、中、下 3 册。上册侧重笔画练习；中册为偏旁练习，扼要阐述偏旁常规写法，可领会其在整体字中的位置，及与其他部分关系。下册为整体结构练习，根据不同字型特点，从整体布局着眼，局部落笔，进行不同处理。三册有机联系，相辅相成。书中范字都有摹写指示。（闫娜）

J000188 **中国书法艺术·明** 崔陟编著。文物出版社 2002 年 12 月版。11 万字。80.00 元。明朝是中国书法史上一个重要的时代，书法阵容强大。在明朝初年有"二沈""三宋"，承元代书坛之风格，开有明墨海之先声。到了明代中期，随着经济的繁荣与发展，书法界也出现了异彩纷呈的局面，文徵明、祝允明、王宠等群星争辉，掀开中国书法史上崭新的一页。在明朝晚期，又出现了徐渭、董其昌等大家，风格各异，全面展现了明代书家的实力。由明入清的王铎、傅山等人，更是独树一帜，为中国书法在清朝发展奠定了基础，明朝的书法理论也有了进一步的发展，起到了继往开来的作用。明朝刻帖盛行，为繁荣、普及书法艺术，起到了积极的作用。本书收有 200 余件作品，对上述内容作了较为详尽的介绍。（崔志刚）

J000189 **荣宝斋藏明清及近代扇面书法集** 骆芃芃编。荣宝斋出版社 2002 年 8 月版。0.1 万字。9.80 元。"荣宝斋珍藏墨迹精选系列丛书"之一。精选了荣宝斋收藏的部分明清书法珍品，分真、草、隶、篆诸体，均为首次正式出版。为了便于阅读，书中做了展示作品原貌、再现原大、局部放大以及附部分彩色原作等编辑加工。本书收录了文彭、董其昌、陈鸿寿、沈寐叟等多位明清以及近代著名书法家和历史名人扇面书法作品。这些作品具有较高的艺术性，同时也再现了当时扇面书法艺术的风貌。本套丛书已出版 30 册。（骆芃芃）

J000190 **李瑞清选临法帖** 李定一辑。东南大学出版社 2002 年 5 月版。11.2 万字。李瑞清（1867—1920）是我国近代教育家、美术家、书法家。本书为李氏后人所辑，实际上是李瑞清研究帖学的最重要成果。从东汉张芝至明末八大山人，他选临了 40 多个书法派别，50 多种法帖，每临一种均有简赅题评，明源流，辨正变，可谓集李氏书才、书学于一册。（徐启平）

J000191 **陈进惠阿拉伯文书法选** 陈进惠著。中国民族摄影艺术出版社 2002 年 8 月版。200 幅图。90.00元。一本表现阿文书法艺术的专集。作者是我国回族著名的阿文书法家尤素福·陈进惠，他在长年研究伊斯兰文化的基础上，对阿文书法情有独钟。全书中收有作品200幅，其书法体裁有苏鲁斯体艺术造型、库法体艺术造型、波斯体艺术造型、迪瓦尼体艺术造型、加利迪瓦尼体艺术造型和中国体艺术造型等6种，其书写内容多为《古兰经》、圣训、阿拉伯谚语和与中国国情相关的名言、佳句及庆贺之词等；其表现形式有中堂、横披、条幅、对联等。(殷德俭)

J000192 **历代名帖技法丛书** 程同根编。华夏出版社2002年1月版。共五本，包括《草书导学——草书用笔间架100法》、《隶书导学——隶书用笔间架100法》、《楷书导学——楷书用笔间架100法》、《篆书导学——篆书用笔间架100法》、《行书导学——行书用笔间架100法》。分别介绍草、隶、楷、篆、行书的起源，研究其发展，剖析其特点，介绍学习经验。内容包括：特点剖析；笔法技巧；结字技巧；偏旁来源、特点、处理方式；字势的布白；笔法解析；学习程序；器具选择；名家名作赏析；选帖经验介绍等。以丰富的例字，平实细致的点评，使读者领会中国书法艺术的神韵。(闫娜)

J000193 **中国古代玺印大典** 吴鸿清编。中央广播电视大学出版社2002年11月版。16开。138万字。260.00元。收录了上自殷商，下迄清末，共计10683枚印面，目前所见明代以前各个时代的主要印章和明清著名篆刻家的代表作均已收录。全书按玺印的时代大体分为先秦古玺卷、秦汉魏晋南北朝印章卷、隋唐宋元印章卷、明代篆刻流派卷及清代篆刻流派卷，封泥及陶印单列一卷，因多为汉代作品，因此置于隋唐宋元印章卷之前。各卷从不同的角度细分为若干小类，明代以前按玺印的种类、内容及艺术特点分类，明清两代按篆刻流派分类。唐代以前的官印原则上以时代为序，私印以笔画多少为序。唐至元代的私印多见于书画，原则上以印章所有者的生年为序，明清篆刻流派的印章以作者的生卒年为序，全书后附有《明清篆刻家姓名索引》以备检索。

J000194 **汉印精品赏析** 汪星燚编著。西泠印社2002年10月版。16.5印张。6.50元。精选汉印百余方，全书共8章。第一章汉印概述；第二章四字官印赏析；第三章多字官印赏析；第四章汉玉印赏析；第五章汉私印赏析；第六章汉鸟虫印赏析；第七章汉烙马印赏析；第八章汉肖形印赏析。(邵旭闵)

J000195 **群玉留痕** 副名：纪念北京大学图书馆建馆一百周年藏书票。北京大学图书馆编，戴龙基主编。文物出版社2002年10月版。100幅图。400.00元。精选具有艺术性和代表性的印鉴50枚，配上50种善本书刊的书影，印制成精美的图册，并有中、英两种文字的说明。(崔志刚)

J000196 **中国篆刻百家** 沈沉主编。黑龙江美术出版社2002年6月版。150.00元(10卷本)。篆刻印谱。线装书，10卷本为一函。每位篆刻家的篆刻作品单独成卷。现已出版两函共20位中国著名篆刻家的作品。第一函有：叶国祥卷、陈国诚卷、宋歌卷、张耕源卷、马东生卷、赵熊卷、胡润芝卷、苏宝星卷、甘锦城卷、罗光磊卷。第二函有：谢梅奴卷、归之春卷、李元茂卷、王惠定卷、朱成国卷、沈沉卷、陈浩卷、洪亮卷、谢长伟卷、郑朝阳卷。(黄国楹)

J000197 **近现代书画家款印综汇** 卢辅圣主编。上海书画出版社2002年12月版。400.00元/本。一部辑录近现代书画家款印的工具书。书中收录的款印涉及已故书画家762人，其中各家的款识近4000条，各家所用的原大印鉴11500多枚。款印图版，皆按人物编纂，款识在前，印鉴在后，查检极为方便。入编书中的图版，版本精良，绝大多数为首次发表，对鉴定近现代的书画有着极其重要的参考价值。本书用红黑双色精印。

J000198 **雨花台烈士印谱** 南京市鼓楼区文化局、雨花台烈士陵园管理局编，王本兴篆刻。南京出版社2002年5月版。3万字。163幅图。80.00元。将在雨花台牺牲的烈士中的163位烈士用青砖刻成印谱，每位烈士一方青砖，每方10厘米见方，形式不一，风貌各异。并配有烈士的遗像和个人简介。(杨晓岗)

J000199 **中国书法史·魏晋南北朝卷** 刘涛著。江苏教育出版社2002年12月版。47.3万字。47.90元。《中国书法史》的第二卷。分为先秦·秦代、两汉、魏晋南北朝、隋唐五代、宋辽金、元明、清代7卷，对中国书法发展的历史作了全面、系统的分析介绍，内容涉及书家、书法作品、书法流派、书法理论、书法创作、书写工具和对外传播等各个方面。各卷分别由丛文俊(吉林大学)、华人德(苏州大学)、刘涛(中央美术学院)、朱关田(浙江书协)、曹宝麟(暨南大学)、黄惇(南京艺术学院)、刘恒(中国书协)撰写。(王家俊)

J000200 **时尚软陶DIY** 翁龙斌著。吉林美术出版社2002年10月版。45.00元。引进台湾版权的关于软陶制作技法的图书。书中对软陶的种类、常用工具、材料、制作技法、烘烤方式等都作了详尽的介绍与讲解，书中还配有大量精美、讲解详细的图片。（孔庆梅）

J000201 **清代匠作则例汇编（佛作、门神作）** 王世襄编著。北京古籍出版社 2002 年 2 月版。14 万字。23.00 元。清代匠作则例现存有 70 多种，内容涉及 40 余种匠作，是有关清代建筑、工艺美术及手工业发展史的珍贵文献资料。本书收集有佛作 976 条，门神 33 条。佛作的内容包括：总论、木刻、石刻、塑像、佛像装金、背光宝座漆饰、佛像装銮及壁画绢画等，从 7 个方面具体详尽地记录了制造佛像的工艺流程；门神作则从用料、用工饰件、搭色、裱造、什件做法、门神对联等几个方面对清代门神的制作作了全面的总结和详尽的分析。本书引证实例大多取自圆明园、颐和园和故宫。附彩色照片 16 幅。（总编室）

雕 塑

J000202 **中国藏传佛教雕塑全集** 北京美术摄影出版社 2002 年 1 月版。共 2160.00 元。中国美术分类全集的一个系列，包括彩塑、金铜佛（上）、金铜佛（下）、擦擦、石雕、木雕 6 卷，精选了 1477 幅图片，汇聚了我国藏区及内地的藏传佛教雕塑中的珍品，在藏传佛教研究中具有极高的价值。《彩塑》汇集藏传佛教著名寺院主供佛为主体的彩塑 215 件。其中以土蕃时期西藏山南吉如拉康寺、后弘初期西藏阿里托林寺、古格故城白殿、明代西藏江孜白居寺彩塑造像最具特色。这些泥质彩绘佛教造像，多为大型藏传佛教雕塑杰作。涉及藏传佛教造像的各个门类，包括佛、菩萨、度母、金刚护法、高僧等。《金铜佛》（上）收入故宫藏传金铜佛像 248 尊，作为皇家珍藏，保存紫禁城达数百年。主要来源于清朝西藏、蒙古等地的贡品和元、明、清三朝宫廷作品，凝聚了我国藏区及内地的藏传金铜造像精华，具有鲜明的西藏佛教艺术风格，故宫藏金铜佛像上保留有大量的清代宫廷黄条原始记录，说明时代、产地、风格的不同，具有重要的参考价值。书中佛像集中地反映了我国藏传金铜造像艺术发展的脉络，显示了各时代不同地区藏传佛像造型艺术的特色与成就。《金铜佛》（下）精选西藏地区珍藏的金铜造像 218 件，既有寺院大型的主供佛像，也包括民间流传的各种金铜造像。同故宫博物院珍藏的金铜造像交相辉映，全方位展示了藏传金铜造像的丰富性与多样性。本卷收集了西藏拉萨大昭寺、阿里托林寺、昌都八宿寺、山南敏珠林寺、江孜白居寺等不同地区和流派的金铜佛造像及布达拉宫的珍藏品。《擦擦》收集自吐蕃时期以来不同时期、不同地区、不同风格造型的擦擦 323 件。“擦擦”是藏语的音译，专指印制或脱模制作的小型泥造像和小塔，也有少数是藏文或梵文经咒。制作擦擦的材料以泥土为主，基本上是就地取材，因各地土质不同而使擦擦的颜色各异。擦擦在藏传佛造像上具有特殊的意义，由于它体积小、重量轻、制作简便，便于携带，具有极强的民间性和广泛性，对于藏传佛教造像艺术的传播起到重要的推动作用。《石雕》收集的石刻从 7 世纪西藏拉萨查拉鲁甫石窟到西藏山南地区、阿里地区、拉萨药王山和内地广泛地区，南到杭州飞来峰，北到内蒙五塔寺、河北居庸关，东到阜新海棠山等地，涉及藏传佛教文化的各个时期和各种风格流派。内容包括寺院、佛塔、石窟造像、摩崖龛像、玛尼石刻等各类佛造像 226 件。其中玛尼石刻是藏族供奉神灵的一种特有形式，石刻加彩绘并重，布局依石形随意变化，具有鲜明的宗教色彩和民间性。《木雕》汇集 248 幅图版，体现了藏传寺院建筑及藏文经书封盖的木雕艺术特色。藏传佛教寺院久已闻名于世，其中建于吐蕃时期的大昭寺，后弘初期的古格故城寺院及清代布达拉宫的木刻雕饰异彩纷呈，集佛造像、动物、植物、藻井图案于一体，是藏传寺院建筑木雕艺术之精华。木雕经书封盖是藏传佛造像艺术中的一个独特门类，构思恢弘，刻工精致，既体现佛教经典的丰富内涵，又具有极高的木雕艺术价值。此外，面具、糌粑模板等木雕造像也都各具独特艺术魅力。（总编室）

J000203 **朱成雕塑作品** 朱成著。四川美术出版社 2002 年 5 月版。2.8 万字。174 幅图。128.00元。作为中国 90 年代最活跃的雕塑家之一，朱成被称为公共艺术家。公共艺术在中国也称作城市雕塑、环境艺术。朱成的成就主要在于两个方面：对雕塑和公共性历史文脉的延展；对现当代艺术形式的吸收。本书收其代表性作品 174 件。（任思淑）

J000204 **扬州建筑雕饰艺术** 张燕等编著。东南大学出版社 2001 年 12 月版。40.7 万字。65.00元。从艺术学的视角研究扬州传统建筑雕饰，拍摄扬州古建筑及细部特写千余张，遴选 570 余张，编纂成册。书首冠以中英文对照目录和两万言总论；接着，分会馆书院、高门大宅、城郊园林、祠堂寺

庙、标志建筑、公私收藏六类,展示图例,每图下有详尽的鉴赏文字。(刘庆楚)

J000205 **第一届中国陶瓷艺术展作品集** 彭年生主编。湖北美术出版社 2002 年 2 月版。410 幅图。88.00 元。展示了"第一届全国陶瓷艺术与设计展览"中的优秀作品,此次展览是近年来规模最大,水平最高的陶瓷艺术展,展品风格多样,从现象和技术方面来看都显得成熟老到,全书反映了中国陶瓷艺术近年来取得的长足的进步,同时,也蕴藏着一些不足之处。(何金祥)

J000206 **欧美室内小型艺雕①②③** 吴晓丁编。天津人民美术出版社 2002 年 9 月版。100 幅图/册。27.80 元/册。收入欧美室内小型艺术雕塑近 300 件,均为作者在美国各大博物馆、纪念馆等地拍摄。以写实手法为主,概括反映欧美室内小型艺雕的面貌,具有广泛的代表性和多样性,是我国群众所喜闻乐见的风格样式。(高虹)

摄影艺术

J000207 **摄影色彩分析与应用** 姚殿科主编。辽宁美术出版社 2002 年 2 月版。6 万字。72.00 元。引用了国际最新色彩学概念从理性和感性两个方面对色彩加以研究:一、从理性方面认识色彩的基本性质和变化的基本规律;二、从生理方面研究色彩的视觉规律;三、从心理方面研究色彩的感情;四、从美学方面研究摄影色彩的表现技巧。书中为了适应摄影的艺术性要求、尽可能在保持艺术特点的前提下,运用有关"色度学原理,力求以科学化的定量方式来论述",并采用通俗的办法来系统地讲解色彩学的基本知识及其应用。(宰迪)

J000208 **摄影构图技巧** 谷威、文灿编著。山西科学技术出版社 2002 年 5 月版。19.3 万字。13.00元。作者就专题思想内容确定后,摄影者怎样寻求合乎内容的构图形式,并从分析照片入手来具体研究构图的一般规律和法则、技巧。(温洁茹)

J000209 **摄影** 大卫·约斯著,匡钊、廉萍译。生活·读书·新知三联书店 2002 年 2 月版。15 万字。38.00 元。从各个方面展示了摄影作为一种艺术形式、政治工具、时尚观念、治疗手段和保存人类值得珍藏的记忆的方法。作者追踪了摄影技术的发展与变革,介绍了众多著名的摄影家,让读者了解那些为之奋斗的摄影家们是如何在媒体中赢得自身地位的。(张志军)

J000210 **中片幅和大片幅摄影** 徐滇译。吉林摄影出版社 2002 年 8 月版。15 万字。27.50 元。"世界摄影大师技法丛书"之一,一本有关中片幅和大片幅摄影的指导书。内容包含从购买照相机到拍摄、印放。并对许多不同类型的照相机和胶片片幅,以及它们的优越性,提供了详尽的介绍,包括卷片和散页片。(秦真元)

J000211 **摄影佳作解构系列丛书** [英]巴塞尔等著。上海书画出版社 2002 年 5 月版。68.00 元/本。含《人像摄影》、《假日摄影》、《人体摄影》、《弱光摄影》、《彩色摄影》、《黑白摄影》等计 11 种,本丛书以摄影大师的独特眼光,通过大量的佳作范例,为摄影艺术爱好者剖示作品完成的奥秘,提供艺术表现的启示。

J000212 **数码相机摄影** 杨晓光翻译。吉林摄影出版社 2001 年 8 月版。17 万字。29.80 元。"世界摄影大师技法丛书"之一。不仅向读者介绍了数码摄影与传统摄影的差异、利弊,而且较细致地介绍了什么是数码摄影、数码相机、数码相机的镜头、数码相机的闪光灯、数码相机有用的附件、画面编辑与打印、正确的曝光、用光、构图与透视等。(秦真元)

J000213 **静物摄影** 邵大浪、寿冰青编著。吉林摄影出版社 2002 年 8 月版。157 幅图。29.00 元。"世界光影档案丛书"之一。汇集了世界多位著名摄影家的 157 幅优秀静物摄影作品。这些作品从不同的角度来构图、用光,采用不同的色彩和造型,来表现不同的意境和主题,不同的风格和流派。作者还从画意风格的静物摄影讲起,介绍了现代主义的静物摄影、后现代主义的静物摄影。(秦真元)

J000214 **汤加丽人体艺术写真** 汤加丽著。人民美术出版社 2002 年 9 月版。120 幅图。68.00 元。画册。辑录了我国青年舞蹈演员、影视新星汤加丽的人体艺术写真 120 余幅。该书通过对场景、造型、特技、化妆设计处理以及摄影师的摄影技巧等手段,从艺术的视点展现了人体美的风姿。书中附有作者简历、序言及作者自述文章。(关宏)

J000215 **雕塑家的人体模特儿** 依一译。吉林美术出版社 2002 年 6 月版。88.00 元。画册中所展示的模特儿是采用顺光摄影的手法,以雕塑感极强的画面效果表现了人体的神韵。(孔庆梅)

J000216 **新海派人像摄影教程** 谢荣生著。上海画报出版社 2002 年 5 月版。17 万字。270.00 元。上海是中国人像摄影的发祥地,海派人像摄影历来是全国人像摄影行业引领时尚的标志。本书作者谢荣生为国家级摄影大师,其立足学艺界,辛勤耕耘数十载,为公认的海派人像摄影的领导人物。谢先生倾其近40年之经验,站在充实丰厚的传统基础上,与时俱进,吸纳新潮,创新发展,汇集成书。本书内容涵盖人像摄影领域的方方面面,文字叙述通畅,版式活跃,图文并重,具有融教程读本与欣赏图册于一体的特色。(陈幼霞)

J000217 **摄影技术问答** 杨晓光、赵欣译。吉林摄影出版社2002年8月版。16万字。22.00元。"世界摄影大师技法丛书"之一,也是从英国引进的摄影专业畅销书。它通过一问一答的形式,对广大摄影者经常遇到的有关照相机、镜头、附件、曝光、色彩、人像摄影、儿童摄影、旅游摄影、风光摄影、特殊效果等200多个问题进行了详尽的解答。(秦真元)

J000218 **摄影爱好者必备手册(图解版)** 林路编著。福建科学技术出版社2002年8月版。39.5万字。30.00元。摄影技法书。分准备工作、基本技术、应用技法、创作实践、走入暗房等5章,介绍摄影爱好者所应知应会的知识和技巧。内容实用精到,文字通俗精练,图片丰富精美。(谢聿枫)

J000219 **我叫白鹭——少儿临摹白鹭摄影专集** 陈忠和摄影。中国少年儿童出版社2002年5月版。3.5印张。26.00元。摄影作品专集。收入摄影家陈忠和先生摄制的白鹭照片90幅。作者怀着对白鹭的一往深情,与白鹭为友,观察揣摩,不舍昼夜,在光与影、动与静的交织中,用镜头记录着白鹭的生活百态。在这本影集中,我们可以看到白鹭展翅欲飞的婀娜身姿;观赏它们在水中岩石上栖息时的悠然自得,还有它们觅食时的快速勇猛。本书在部分照片旁配有吟咏白鹭的古诗,同时在每帧照片前特意设计装订了一页透明描图纸,使孩子们在亲自动手临摹的同时,领略其中的诗情画意。(韩彬)

J000220 **敦煌奇观** 高德祥著。甘肃人民美术出版社2002年4月版。1万字。70幅图。88.00元。风光艺术摄影集。作者从不同的角度集中展示了敦煌雅丹的地质结构和千姿百态的独特造型。其错落有致、千姿百态的艺术群雕:古道驼铃、舰队出海、百舸争流、狮身人面、原始部落、城池街市、孔雀眺望、猫观日出……,世间万象尽显其中。那一幅幅壮美的景致,惟妙惟肖,栩栩如生,犹如一首华彩乐章,让人浮想联翩。本书是第一本全面介绍敦煌雅丹奇观的图书,具有较高的艺术性和可读性。(杨继军)

J000221 **光色律动** 黄杰著。黑龙江美术出版社2002年5月版。98.00元。人体摄影艺术作品集。摄影家把人体线条美和冰清玉洁的肌肤质感美,都表现得淋漓尽致,它不仅注重揭示心理、体态及环境的和谐统一,更注重艺术本体的冲击力和对美的表达。(岳宏艳)

J000222 **中国人体摄影年鉴** 高原、朱宪民主编。吉林美术出版社2002年6月版。238.00元。全方位、宽视野、大容量地展示了中国人体摄影艺术的现状。书中收入了全国各地摄影艺术工作者的优秀人体摄影艺术作品近千幅,全部由中国艺术摄影协会等权威机构审定。(孔庆梅)

J000223 **千年乌镇** 赵大督摄。宁夏人民出版社2002年7月版。66.00元。共精选作者有关乌镇的摄影作品100多幅。摄影家赵大督先生以对传统文化的热爱,对艺术的较高的审美追求,把我国江南小镇——乌镇,拍摄得那么幽雅宁静、亲切安详。无论是斑驳的石板小街,还是清清的小河流水,还有那大红灯笼、中国结以及瀑悬而下的蜡染花布,回廊曲阁、木雕古典,都无不透露出古老的中华文化的久远、博大,表现出千年历史的沧桑感。(何克俭)

J000224 **西藏秘境** 副名:成卫东专题摄影集。成卫东著。中国民族摄影艺术出版社2001年12月版。10万字。263幅图。320.00元。作者在其14年间走遍西藏7个地区近70个县的采访记录中的一部分,它从人文地理的角度,选择收入了14个以反映西藏边远地区那些鲜为人知的地理、地貌、生态环境、野生动物,人文生存现状和特有的历史文化现象为主题的摄影专题,将所见所闻和亲身经历,用第一人称讲述了西藏高原秘境中一个个照片背后的故事。(成卫东)

J000225 **走进额济纳** [新加坡]张美寅摄影。四川美术出版社2002年5月版。109幅图。120.00元。额济纳是历史上内蒙古西部最美丽的绿洲。缺水却给这片绿洲带来巨大的灾难,沙漠扩张,不断吞噬着森林和草场,胡杨树大面积死亡,生态环境急剧恶化。对这块土地的写真摄影,旨在呼吁人们关注和保护生态环境。作者张美寅,系新加坡影协研究会荣誉会长。(任思淑)

J000226 **香格里拉 天山南北** 副名:西部情系列。卞志武、谭明摄影。岭南美术出版社2002年1月版。125幅图。150.00元。摄影集。作者是北京知名风光摄影家。《香格里拉》反映滇西北高原被称为“世外桃源”(香格里拉)的太子十三峰、白茫草原、冰碛湖、草原峡谷和稻城的清丽深沉风光;《天山南北》记录了新疆“三山夹两盆”地区阿勒泰山、准噶尔盆地、天山、吐鲁番、塔里木盆地和帕米尔高原的神奇壮阔景色。文著简介了两地区因特殊的地理环境、气候形成的差异巨大的山川湖泊、土壤植被,摄影则以艺术手法定格了西部大自然的丰富表情。(杨石友)

J000227 **花之灵** 副名:王小慧观念摄影作品集。王小慧著。上海古籍出版社2002年6月版。5万字。120幅图。88.00元。旅德艺术家王小慧在国内出版的第一部专题摄影画册。她凭借自己的直觉与体验,观察各种各样花的生存状态,生命的斑斓、落寞与冲动,感人的视觉效果以独特的拍摄手法展现了出来,直指生命的灵魂与气质。(秦志华)

J000228 **艺术摄影** 邵大浪、寿冰青编著。吉林摄影出版社2002年8月版。157幅图。29.00元。“世界光影档案丛书”之一。汇集了世界多位著名摄影家的157幅优秀艺术摄影作品。这些作品代表着不同的流派、不同的风格、不同的表现手法、不同的主题,也代表了当今世界艺术摄影的最高水平。作者还向读者介绍了自摄影术发明以来,艺术摄影的历史发展,介绍了画意派摄影、纯粹派摄影、主观摄影,以及艺术摄影的多元化。(秦真元)

J000229 **时尚摄影** 邵大浪、寿冰青编著。吉林摄影出版社2002年8月版。157幅图。29.00元。“世界光影档案丛书”之一。汇集了世界多位著名摄影家的157幅优秀时尚摄影作品。这些作品有古典时尚的浪漫,有超现实主义与写实主义时尚风格的碰撞,也有时尚摄影向后现代主义风格的衍变。这些作品用独特的视觉语言和法则,给了人们美的享受,美的启迪。(秦真元)

J000230 **商业摄影** 邵大浪、寿冰青编著。吉林摄影出版社2002年8月版。157幅图。29.00元。“世界光影档案丛书”之一。汇集了世界多位著名摄影家的157幅优秀商业摄影作品。这些作品代表了目前世界商业摄影的水平和发展趋向。作者还介绍了百年商业摄影的历史和目前的发展状况。(秦真元)

J000231 **黑白摄影** 邵大浪、寿冰青编著。吉林摄影出版社2002年8月版。157幅图。29.00元。“世界光影档案丛书”之一。汇集了多位世界著名摄影家的157幅优秀黑白摄影作品。在这黑白之间,读者看到的是那些永不褪色的经典之作,黑白灰后面的五光十色。还有黑白摄影的回眸和现代黑白摄影的介绍。(秦真元)

J000232 **室内剧情——摄影家迷恋的隐秘空间** 林路编著。河南科学技术出版社2002年3月版。30万字。33.00元。“内心的景摄影丛书”之一。收入约200余幅世界优秀摄影家的佳作,通过12位摄影家讲述的室内故事、八种色彩纷呈的室内构成2部分共20个专题,向读者讲述了每张照片拍摄后面的故事,表现出摄影家们在特定时期、特定场合的精神状态、创作理念和思想情感,表现出摄影者的内心宣泄和他们想要表现什么的强烈欲望,同时也是这些摄影家个人对世界不同事物、观念和环境的观察所得出的结论。(赵志刚)

J000233 **人体摄影** 邵大浪、寿冰青编著。吉林摄影出版社2002年8月版。157幅图。29.00元。“世界光影档案丛书”之一。汇集了世界多位著名摄影家的157幅优秀人体摄影作品。透过这些作品,读者可以看到不同创意的人体摄影作品,不同摄影大师的人体摄影风格。流畅的文字向读者介绍了近现代人体摄影的历程,人体摄影中女性形象的重塑,人体摄影中的男性人体摄影,以及后现代解构游离中的人体影像。(秦真元)

J000234 **人像摄影** 邵大浪、寿冰青编著。吉林摄影出版社2002年8月版。157幅图。29.00元。“世界光影档案丛书”之一。汇集了世界多位著名摄影家的157幅优秀人像摄影作品。同时还介绍了人像摄影的发展脉络。(秦真元)

J000235 **艺用人体** 李伯虎、薛涛摄。天津人民美术出版社2002年1月版。16开,200余幅。46.00元。摄影作品集,选编了两位摄影师的200余件人体摄影作品。入编的摄影作品为大部分西方人体和少部分东方人体,展现了东西方人体的两种艺术特性的对比。通过对比,能从此书中深入体会到人体造型的大的动势和细微的变化之间的关系,以及掌握发掘人体造型所潜在的、更高层次的艺术内涵。(高虹)

J000236 **世界传世人体摄影** 崔俊主编。吉林摄影出版社2002年12月版。5万字。408幅图。232.00元。摄影集。选收408幅世界传世人体摄影作品。分3部分。即:19世纪人体摄影经典、20世纪50年代前及20世纪50年代后的人体摄影作品。第一部分的人体摄影主要呈现一种画意风格;第二部分人体摄影出现多元化,将画意摄影推向极致,同时也摆脱了画意的束缚,革新摄影手法,探索人体摄影的新的领域，使其达到一个新的高度；第三部分为人体摄影现代作品，人体摄影在表现领域中不断拓宽，从各个领域来展示人体摄影的经典。（严黛玲）

J000237 **世界传世人像摄影** 崔俊主编。吉林摄影出版社 2002年12月版。5万字。408幅图。232.00元。摄影集。选收408幅世界人像摄影经典。分3部分，即：19世纪人像摄影、20世纪50年代前人像摄影及20世纪50年代后人像摄影。第一部分是人像摄影开始发展，走向大众化、至臻完善的阶段，虽看来没有很多很高的艺术价值，但也留下了大量经典人像作品，创立了艺术人像的经典格式。第二部分摄影技术和工艺进一步革新，人像摄影体现纪实的特色，塑造了许多具有时代特色的人物形象。第三部分人像摄影已十分成熟，各流派有新的发展，他们不仅关注正统并美化形象，对真实、丑陋也大胆暴露，影视名人照片备受欢迎，形成时尚摄影。（严黛玲）

J000238 **风光摄影** 邵大浪、寿冰青编著。吉林摄影出版社 2002年8月版。157幅图。29.00元。“世界光影档案丛书”之一。汇集了世界多位著名摄影家的157幅优秀风光摄影作品。这些来自不同国家、有着不同风格和流派的风光摄影作品，无论是构图、色彩、用光、意境，还是视觉语言、拍摄技巧、暗层绝技、表现形式都各具特色，别有韵味。作者还介绍了早期的风光摄影、风光摄影的多元化历史风格等。（秦真元）

J000239 **自然精神——摄影家向往的伊甸天国** 林路编著。河南科学技术出版社 2002年3月版。30万字。33.00元。“内心的景摄影丛书”之一。收入约200余幅世界优秀摄影家的佳作，分摄影与自然风景的第一次亲密接触、摄影流派的发展与变幻多姿的风景、现代风景摄影的几位大师级人物、推开通向当代风景摄影之门、中国摄影家面对自然的天人合一5部共24个专题。通过摄影家们随手按下快门的瞬间，释放出他们对自然风景的眷恋，然后将最后一瞥储存在遥远的记忆中，充分表现出摄影家们的内心情感和他们想要表达出的某种强烈欲望，并通过这些图片，将他们的思想和情感定格和储存在世人的记忆当中。（赵志刚）

J000240 **都市灵魂——摄影家钟情的现代家园** 林路编著。河南科学技术出版社 2002年3月版。30万字。30.00元。“内心的景摄影丛书”之一。通过200余幅世界优秀摄影家的佳作，我们仿佛看到一个个热衷于都市题材的摄影家们行走在世界各地的街头巷尾，或是支起三角架放上照相机对都市“狂轰滥炸”，或是怀揣袖珍照相机不露声色地猎取都市的“声色犬马”，通过他们的视线，面对都市及都市人，流露出无所不在的生活感受。其拍摄作品中即便是空无一人的都市场景，也能阐述都市人对自己的生存空间、社会空间的理解，表现出人与都市的最为直接、最为深刻的相互关系。此外对所收作品从题材、结构、风格和拍摄技巧等进行深入评析。（赵志刚）

J000241 **世界传世纪实摄影** 崔俊主编。吉林摄影出版社 2002年12月版。5万字。408幅图。232.00元。摄影集。选收408幅世界传世纪实摄影作品。分3部分。即：19世纪纪实摄影作品、20世纪50年代前及20世纪50年代后的纪实摄影作品。第一部分为社会纪实摄影的萌芽期，摄影者将镜头对准城市现状进行深层的揭露，而非歌功颂德；第二部分确定纪实摄影的三大法则后，用摄影手段来全面关注人类的生存；第三部分摄影家着重都市的发展和人们生存的状态，拍摄引起争议的摄影作品，使其具有纪实的巨大穿透力从而产生震撼人心的力量。（严黛玲）

J000242 **我爱你，妈妈** 布拉德里·特雷弗·格里夫著。中信出版社、辽宁教育出版社 2002年6月版。3万字。20.00元。爱需要表达，爱妈妈其实可以这样说出口。我们内心充满了感激和爱，但是我们不习惯于和羞于表达，尤其是对自己的妈妈。面对这个把你带到世界上来，并且带你去看彩虹，为你擦眼泪，一直站在你身后，无条件地爱你，为你担忧，为你骄傲的人，总是不知道该说什么才好。本书将生动的动物照片与轻松的幽默和真挚的感谢话语艺术性地结合在一起，是献给母亲的一份深情的礼物。这本可爱的小书会告诉妈妈，你所做的一切是多么令孩子感激，他是多么热爱你。（胡大为）

J000243 **你今天心情不好吗？** 布拉德里·特雷弗·格里夫著。中信出版社、辽宁教育出版社 2002年5月版。4万字。20.00元。动物写真集，有忧郁的狗熊、寂寞的海狮、等待约会的猴子、憨态可掬的小胖猪，恋爱中翩翩起舞的对对天鹅，还有偷吃巧克力蛋糕的鼹鼠等，共收有100多幅百态千姿的动物照片。（胡大为）

工艺美术

J000244 **高等院校设计艺术专业系列教材**

潘鲁生主编。山东教育出版社 2002 年 10 月版。248.4万字。317.70 元。2002 年已出版有《外国工艺美术史》、《中国工艺美术史》、《西方现代艺术设计史》、《工艺美术概论》、《艺术设计原理》、《中国工艺文献选编》、《外国设计艺术文献选编》、《中国传统生活方式概论》、《艺术设计美学》、《民艺学概论》、《广告学原理》11 种。(赵燕瑚)

J000245 **平面设计的 7 大要素** [美]艾莉森·古德曼著,王群译。上海人民美术出版社 2002 年 6 月版。4.8 万字。49.00 元。详细分析了如何有效地运用调查研究、字体设计、对比、布局、网络系统、标识设计和批评与分析等手段。所附设计样品形象地说明了以下 7 个要点的重要性:1.与你的客户一起讨论并确定设计目标以及设计所需传递的信息;2.了解字体发展史、设计、性格、技术与术语来改进你的设计;3.运用调整好的大小、形状、质地和比例来防止你的设计中心太靠近乏味的中心区域;4.为你的设计布局中的诸多元素建立一种秩序,以便为观众提供一定的方向上的提示;5.创造一种内在的布局—网络,因为设计工作需要协调统一;6.掌握标识设计的三个策略和标识图案设计的四个步骤;7.通过学习如何对自己以及别人的作品进行批评分析来开发你的"设计眼光"。(申美文)

J000246 **东西方纹样比较** [日]城一夫著,孙基亮译。中国纺织出版社 2002 年 1 月版。14 万字。18.00 元。装饰图案纹样,因民族、时代、传统、习惯不同而表现为千姿百态的形态,但无不反映民族的哲学、思想、文化和美学观。长期从事纺织业时装、染织图案创作的作者,从比较文化的角度对东西方装饰纹样进行了比较探讨。(许小莉)

J000247 **现代装饰图案设计** 鲍小龙等编。东华大学出版社 2002 年 11 月版。20 万字。33.00 元。高等学校艺术设计专业教材。由装饰图案设计概论、中外装饰图案艺术的历史发展概况、装饰图案设计的美的规律与形式法则、装饰图案设计的平面构成、装饰图案设计的色彩构成、装饰图案的素材来源与构思方法、装饰图案设计的变化方法、装饰图案设计的表现技法和装饰图案设计作品赏析 9 个部分构成。从构图变化、用色处理、平面构成、空间布局等方面阐述装饰图案设计的基本理论和方法。(谭英)

J000248 **手工制作丛书** 余乐孝主编。江苏教育出版社 2002 年 6 月版。13.50 元/册。包括壁画、摆设、实用、娱乐 4 册,集工艺美术、民间艺术、设计、造型、劳技等教学于一体,内容全面,图文并茂,简洁实用地讲解了每一种工艺品的制作方法。(王家俊)

J000249 **吴永平面设计** 吴永著。吉林美术出版社 2002 年 3 月版。56.00 元。收入吴勇几百幅设计精品,每幅作品下都有吴勇对作品的分析和设计心得,使读者在欣赏作品的同时,理解大师的设计思想,学习其设计技巧。收入"中国当代著名设计师学术丛书"。(孔庆梅)

J000250 **张绮曼环境艺术设计** 张绮曼著。吉林美术出版社 2002 年 1 月版。56.00 元。张绮曼是我国著名环艺设计家。该书充分展示了张绮曼独特的创作理念和风格。收入"中国当代著名设计师学术丛书"。(孔庆梅)

J000251 **郑曙旸环境艺术设计** 郑曙旸著。吉林美术出版社 2002 年 1 月版。56.00 元。郑曙旸是我国著名环艺设计家。本书是其多年设计的精华汇编。书中,作者对自己作品的优劣作了分析评述,使读者在阅读时能充分了解作者的设计思想。收入"中国当代著名设计师学术丛书"。(孔庆梅)

J000252 **名师点击** 副名:21 世纪中国高等美术院校艺术设计教学经典。宫六朝主编。花山文艺出版社 2002 年 3 月版。共 10 册,包括《影视美术设计》(28.00 元)、《设计色彩》(30.00 元)、《装饰绘画·漆艺》(39.00 元)、《视觉传达艺术设计》(58.00 元)、《环境艺术设计》(40.00 元)、《服装·染织艺术设计》(53.00 元)、《设计基础》(39.00 元)、《工业造型艺术设计》(34.00 元)、《设计素描》(28.00 元)、《陶艺设计》(26.00 元)。本套丛书图文并茂,汇集了中国当代高等美术院校艺术设计学科精英教师的教学论文和专业设计成果作品,从一个侧面如实地反映了我国当代艺术设计院校的教学总体状况。(杨怀武)

J000253 **2010 上海世博会 100 招贴** 上海世博会申办工作领导小组办公室、同济大学设计艺术研究中心编著。上海画报出版社 2002 年 11 月版。9 万字。38.00 元。以 2010 上海世博会为主题的"国际主题招贴邀请展"和"全国大学生视觉设计大赛"的作品集,共精选百幅作品,叙述设计界的愿望。(陈幼霞)

J000254 **中国传统图案大观** 人民美术出版社 2002 年 9 月版。18.7 万字。668 幅图。49.00 元。广泛收集中国传统图案纹样的许多素材,反复研究,美化加工,最后精选了 2000 多个种类不同,形

态各异的纹样，分8大类、3册出版。（李秀玲）

J000255 **冲击设计** 靳埭强编著。江西科学技术出版社2002年4月版。5万字。190.00元。设计作品集。收录了314位不同年代、不同风格、不同创作范畴的香港设计师的艺术作品和设计作品，以艺术和设计并列，使两类作品产生对话，在互相冲击中创造出香港艺术的独特面貌，亦展示了香港设计师在过去80多年来的成果，设计分为多种类别：产品、时装、布料、室内、庭园、建筑等等。他们的作品呈现了当代香港艺术的一个具冲击力的意象，能成为香港艺术不能缺少的重要部分。（刘舒）

J000256 **最新标识图典** 席春滨、安璐编著。黑龙江美术出版社2002年3月版。88.00元。一本汇集国内外最新标识的工具书。分为数字符号标识、东方文字标识、西方文字标识、人物图形标识、动物图形标识、植物图形标识、装饰图形标识等7部分。书中既有国外著名设计大师的最新力作，也有国内优秀设计师的精品佳作。（黄国楹）

J000257 **靳与刘设计** 靳埭强、刘小康著。江西科学技术出版社2002年4月版。8万字。190.00元。精选靳埭强、刘小康最具代表性的商业平面设计作品，全书充分体现了每一项作品的设计理念。除了企业形象、品牌包装、销售环境外，还在陈列场馆、环境设计和公共艺术各方面，发挥了设计的潜力。如香港文化博物馆的指标系统及艺术作品，旨在保存香港丰富文化遗产，并推广文化艺术交流；中国银行的行标设计，是原创设计的代表作，由结了红绳的古钱启发出创意，钱孔与结绳构成一“中”字，简洁的现代造形，表现了国际化的主题。中银商标与中国银行企业形象的设计，走出了中国CI国际化的第一步。（刘舒）

J000258 **中国吉祥人物图案** 徐丽慧、侯琳琳编著。辽宁美术出版社2002年7月版。1.7万字。23.00元。装饰图案资料集。采用借喻、比拟、双关、象征及谐音等表现手法，以吉祥语、民间谚语、神话故事等为题材，从众多资料中精选出300多幅中国吉祥人物图案寿叟婴孩、各种神祇以及历史故事人物、戏剧故事人物等，赋予图案祈求吉祥、免难消灾的含义，将人物、情景融为一体。（魏丽）

J000259 **南京云锦** 徐仲杰等著。南京出版社2002年9月版。17万字。13.00元。云锦是享誉中外的著名丝织工艺品，是我国的三大名锦之一，“云锦”是南京生产的各种提花丝织锦缎的总称。本书向读者介绍了云锦的特色、解说南京为何成为云锦的出产地、云锦的品种、云锦的织造工艺、历代云锦织造业和云锦在当代的发展。收入“可爱的南京丛书”。（吴卫泽）

J000260 **中国绳结** 李立芳编著，柏立责编。湖南科技出版社2002年5月版。120页，16开。23.00元。《绳结艺术》的姊妹篇。主要介绍常用基本结的延伸、变化、组合，共收入中国结编结技法80余种。

J000261 **欢快动手做** 许恩真、蒋宏达等著。浙江科学技术出版社2002年11月版。13.00元/册。主要介绍用毛线、彩带等材料来编织作品，剪纸和制作灯笼等各种手工制作。包括《多彩线塑》、《美丽编织》、《精致彩灯》、《剪纸万花筒》和《百变绳结》等。（杨咏梅）

J000262 **纤维艺术设计与制作** 徐百佳编著。中国纺织出版社2002年3月版。11万字。22.00元。“艺术设计系列丛书”之一。系统阐述了纤维艺术的概念和特点，对纤维艺术的材料特性、激励表现性与空间多变性以及纤维艺术的创作及表现手法作了详尽的论述。探讨了纤维艺术和现代艺术、现代建筑环境、现代人的审美之间的交融和互动。（许小莉）

J000263 **中国历代服饰图典** 曾慧洁编著。江苏美术出版社2002年6月版。1000余幅图。48.00元。以图文并茂的形式展现了中国服饰发展的脉络。远古时期，人类就披上了兽皮和树叶，从旧石器时代起，人类就发明了骨锥和骨针。新石器时代，人类开始了原始农业和纺织业，用织成的麻布做衣服，后又发明了饲蚕和丝纺，从无阶级社会进入阶级社会以后，衣冠服饰便成了统治阶级“昭名分，辨等威”的工具，服饰制度逐渐形成。自秦始，采用典礼中最轻的小祀礼服。汉代基本“汉承秦制”，皇帝、皇后均以深衣为礼服，官员则穿较短的禅衣。从西汉开始直至隋唐，“丝绸之路”始终没有中断，各少数民族友好邻国和汉族间的文化、经济交流也影响了那个时期的服饰。魏晋时期的法定服制，仍袭用秦汉旧制。南北朝时期民族融合甚为明显，使服饰文化驱向多元化。隋代服饰基本沿袭南北朝之制。进入唐代特别是盛唐，服饰呈多元化的趋势，进入了五彩缤纷的时代。“安史之乱”后，服饰文化从开放、色调热烈的唐型文化转向了内向、色调淡雅的宋型文化。辽、金、元是中国古代三个少数民族建立的统治政权，既沿袭汉、唐、宋特点又具有本民族的特色。明朝是封建专制制度登峰造极的时代，社会各阶层的服饰都有明显的区别,到了晚期,人们追求新异的服饰突破了贵贱有别的限制。清朝以后除了保留本民族的习惯之外,强制汉民族遵照满族习俗,改穿满族服饰。1851年的太平天国运动至清末,中国服饰既承袭了传统又受到西方文化的影响,形成了庞杂的服饰样式。1911年,辛亥革命爆发,传统帝制废除,中国出现了一个服饰"向西看"的潮流。最有特点的出现了传统中式服装和西式服装的混血儿——中山装。(黄峻)

J000264 **人类童年时代吉祥物·刺绣与荷包** 王光普、王晓玲编著。甘肃人民美术出版社2002年4月版。1万字。160幅图。30.00元。"甘肃民间美术、民俗与古文化丛书"的一种。分刺绣与荷包两大部分16个类别。书中的刺绣品吉祥物和香包集中反映了中华五千年古老历史文化的传统习俗。这些艺术品质朴、纯真,丰富多彩,大多都是明、清两代的实物遗存。本书用翔实的文字介绍与精美的图片展示,充分表达出"美在人间"的艺术真谛所在。(刘江)

J000265 **精致手艺** 廖玉云、胡荧恬等著。浙江科学技术出版社2002年7月版。86.30元。主要介绍如何做生日卡、圣诞卡、父母卡、同学卡和情人卡等各式卡片,以及用立体串珠制作的手机吊饰及各种小饰物、编织中国结等,并附有详细的步骤说明。包括《LOVE'S卡片会说话》、《最新立体串珠吉祥饰物》、《3D立体串珠造型世界》、《初学中国结》和《节庆中国结》等。(杨咏梅)

J000266 **中国古典插花名著名品赏析** 王莲英、秦魁杰主编。安徽科学技术出版社2002年8月版。13万字。45.00元。分4部分,收有照片及古代绘画作品100余幅,图文并茂地介绍了我国古代插花艺术。第一部分"古典插花名著赏析"收录了6部著作:《花九锡》、《瓶花三说》、《瓶花谱》、《瓶史》、《浮生六记·闲情记趣》、《花镜·养花插瓶法》,按朝代顺序排列,分别进行注释、翻译与解析。每部原著虽然文字不多,但是包含的内容广泛,论理精深,从不同角度、不同层面系统地介绍了我国古代插花的应用、发展情况,以及插花的理论和技巧。第二部分"古典插花名品赏析"中收录了30余幅古典插花名作的照片;第三部分"插花与古人生活"中展示了30余幅相关画面,这些照片和绘画作品在市面上已鲜见。对于插花爱好者和从业、研究人员来说,具有一定的保存价值。最后一部分"仿古插花作品赏析"中,收录了作者在忠实于古典插花理念、结合现代审美情趣的基础上精心创作的56幅作品,以供读者参考和赏析。(胡彩萍)

J000267 **现代展示艺术设计** 李喻军著。湖南科技出版社2002年6月版。160页。50.00元。以图为主,介绍了展示艺术的文化魅力及展示艺术的设计原理;展示艺术的一般表现手段;展示艺术的特殊表现手段;展示艺术的宣传广告。书中的数百张精致、优美的展示艺术设计图包括:2000年汉诺威世界博览会各国展馆、慕尼黑德意志博物馆、英国自然科学博物馆、大英博物馆、奥林匹克博物馆、伦敦千禧宫、法国未来世界、巴黎雷威特科学技术城、伦敦现代艺术博物馆、巴黎汽车博览会、国企改革成就展等。

J000268 **赵庆泉盆景艺术** 赵庆泉、汪传龙著。安徽科学技术出版社2002年6月版。17万字。45.00元。赵庆泉是我国名扬海内外的盆景艺术大师,他的作品多次荣获国内外盆景展评大奖,具有极高的艺术欣赏价值。本书真实地记录了他在盆景艺术探索之路上留下的足迹,并结合自己多年的理论研究和实践摸索,对盆景艺术的创新进行了概括总结。书中还集纳了大师15件最具代表性的盆景精品,对其制作全过程,包括创作立意、主题表达、艺术表现、制作技法等各个环节作了一一讲解。(刘三珊)

J000269 **室内装饰植物设计与范例** 车生泉等编著。中国农业出版社2002年8月版。12万字。38.00元。以彩色图解照片和通俗的语言,介绍了室内装饰植物的类型(包括观叶植物、观花植物、观果植物、多肉植物、果蔬植物、芳香植物、藤蔓植物、观赏水草类等)、室内装饰植物的设计制作方法(包括水栽式、悬垂式、攀援式、壁挂式、箱景、碗碟景、瓶景、组合盆栽、盆艺、干花制作等)、室内装饰植物装饰范例(包括阳台、窗台、门厅、客厅、卧室、书房、厨房、餐厅、盥洗室的装饰效果)。书末附录有花语。(舒薇)

J000270 **家居装饰插花** 刘飞鸣、邬帆著。江苏科学技术出版社2002年4月版。4.5印张。28.00元。介绍家居日常插花的作法、选材、工具和容器及插制作品举例,分为适宜摆放在客厅、卧室、书房、餐厅部分和利用家居日用器皿等制作的插花及四季插花、小品插花、趣味插花等计100余款。(金宝佳)

J000271 **品位·品味家居装饰丛书** 比格出版有限公司编著。海天出版社2002年9月版。6

万字/册。26.00元/册。包括《巧用空间》、《小摆设》、《灯饰》、《沙发》、《窗饰》等5册。以大量精美、有独特场景的彩色图片作为范例，并配以少量文字说明。（王颖）

J000272 **蕙心饰家系列丛书** 尧日等编。东华大学出版社2002年6月版。8万字/册万字。19.80元/册。生活艺术类书籍。共5册：《蕙心饰家·墙饰》、《蕙心饰家、帘饰》、《蕙心饰家·桌面与搁物架布置艺术》、《蕙心饰家·绿饰》、《蕙心饰家·铁艺》。运用清晰的彩图和简练的文字说明，介绍如何对房屋的客厅、走廊、卧室、厨房、卫浴间以及庭院等各部分进行合理布置。（徐建红）

J000273 **当代铁艺设计(1、2)** 邱伟、孙毅主编。黑龙江美术出版社2002年1月版。98.00元/册。当代铁艺设计1包括：大门、围栏设计；当代铁艺设计2包括：楼梯、护窗、阳台和路灯设计。本书提供彩色图片和黑白色设计图稿，对于专业设计人员具有很好的参考价值。（岳宏艳）

J000274 **现代陶瓷艺术** 夏德武编著。安徽美术出版社2002年6月版。2万字。69幅图。36.00元。收录当今60余位中外艺术家多件陶艺作品，形式新颖，风格多变，展示了当今陶艺创作的整体概貌及现代陶艺创作的多种趋势。作者还分别就中国陶瓷辉煌的历史、国外现代陶艺的崛起、中国现代陶艺现状的文化思考做了较为详实的论述。（陈涛）

J000275 **中国民间美术丛书(第2辑)** 李绵璐主编。湖北美术出版社2002年5月版。7万字。810幅图。共220.00元。图文并茂，科学、系统地介绍了中国民间面具、灯彩、家具、枕具、织花、绳结、绘画、佩饰、灯具、银饰的主要知识、典型作品、历史演化过程等。（何金祥）

J000276 **生命生殖崇拜与远古图腾·民间传世剪纸纹样** 王光普、王辅民编著。甘肃人民美术出版社2002年4月版。1万字。160幅图。18.00元。“甘肃民间美术、民俗与古文化丛书”的一种。收入了流传于甘肃各地的民间艺术剪纸作品百余幅。这些作品，是从数万件剪纸中精选出来的传世艺术佳品，其表现形式独特，造型纹样丰富，具有特定的文化内涵。它是研究中国历史文化传统，民族原始图腾和古老民俗的实物见证。具有极丰富的哲学、美学、考古学、民俗学、社会学和人类学内涵，是中国民间文化的浓缩。（成冠伦）

J000277 **剪纸京剧脸谱** 姚明远主编。黑龙江美术出版社2002年1月版。308幅。130.00元。汇集308幅以京剧脸谱为创作题材的剪纸作品，是黑龙江省海伦市文化馆的剪纸艺术家们大胆创新、反复锤炼、悉心创作的精品。（黄国楹）

J000278 **甘肃民间皮影艺术** 陆志宏编著。黑龙江美术出版社2002年9月版。1.3万字。68.00元。收集明、清、民国和现代175幅皮影作品。从这些艺术形象中，我们不仅看到民间艺术家们非凡的造型能力，特别是对点、线、面的巧妙运用和色彩的合理搭配以及与牛皮晶莹透亮的质地有机结合。它所显现出的文化品位和格调，在中国民间皮影艺术中都是独具一格的。（岳宏艳）

J000279 **北豳神怪皮影** 王光普、张莉编著。甘肃人民美术出版社2002年4月版。3万字。200幅图。36.00元。“甘肃民间美术、民俗与古文化丛书”之一。北豳古时泛指现在在甘肃民间艺术与民间风俗中仍然保存着古老的历史文化遗存。这里的神怪皮影形象最为独特，最为完整，被称为中华皮影之最。本书在全面介绍北豳神怪皮影演变史的同时，对神怪皮影进行了详细分类。本书分为远古道场皮影、皮影的头式与身段、皮影戏大景片等8大部分，是作者在研究甘肃民间美术、古文化方面的代表作，特色明显，内容独到，古文化内涵丰富。（杨继军）

J000280 **设计前沿——平面设计图典** [美]B.R.尚艺伦主编。辽宁美术出版社2002年2月版。2万字。168.00元。“设计前沿丛书”之一。汇编了近两年比较流行的平面设计作品，其中多数作品出自北美加利福尼亚和纽约两地的设计公司。主要内容有：一、标志设计；二、信签与名片设计；三、宣传手册设计；四、企业标识与环境识别设计；五、网页设计；六、包装设计；七、招贴设计。（宰迪）

J000281 **白木彰平面设计作品集** [日]白木彰著。辽宁美术出版社2002年11月版。1.5万字。98.00元。平面设计作品集。白木彰是日本著名的平面设计师，在自己设计的招贴中，以汉字字形的变化，图与字的组合作为设计的主要元素。全书分7个部分：一、汉字；二、音乐会；三、发现；四、视觉个性；五、设计生活；六、武人礼赞；七、浅酌日记。本书中日文相对照，展示了白木彰设计的平面作品，并附有文字说明设计的构思过程。书前是中日设计名家的评介，书后有作者的年谱和作品目录。（魏丽）

J000282 **实用剪贴装饰图库** 德国教育行动协会编，郭泰然译。天津人民美术出版社2002年9

月版。500页。32.00元。收集图画作品500多页篇幅,分上下册。书中涉及面广,包括各种形象姿态不同年龄的人像作品、各类型动物、家庭日常生活用品等。(高虹)

J000283 **设计热点丛书** 解勇、姚鲁等编著。辽宁美术出版社2002年1月版。1.2万字。40.00元/册。专业艺术设计资料丛书。包括6册:《版面组构》、《文字创意》、《色彩魔力》、《质感延伸》、《导向设计》、《图形传真》。全面系统地展示了艺术设计中的平面设计、版式设计、图案造型设计、文字美术字设计、色彩效果设计等方面的前卫的创意思维和精妙的表现手法,汇集了成功的案例2000余个,并配有详尽的文字讲解构思的过程。(魏丽)

J000284 **标识广告:平面设计** 晓晓、天晨等编著。辽宁美术出版社2002年7月版。0.1万字。全套56.00元。广告设计资料集。精选国内外优秀的平面设计作品300多例,有"奥运"的标识设计以及人们熟知的肯德基、麦当劳、唐老鸭、可口可乐等,展示了当今国际标识广告创意设计的发展流行趋向。(魏丽)

J000285 **标识广告:立体设计** 晓晓、金路等编著。辽宁美术出版社2002年7月版。0.1万字。全套56.00元。广告设计资料集。精选国内外优秀的立体设计作品300多例,有酒吧、车站、球场、橱窗、商店等等立体标识广告,展示了国际标识广告创意设计发展的流行趋向。(魏丽)

J000286 **设计·21世纪生活风格** 赵萌、李建盛主编。河南美术出版社2002年12月版。100万字。80.80元/套。共5册,分别为《工业·技术与设计——设计文化与设计哲学》、《当代设计的艺术文学阐释》、《教育的设计与未来教育》、《希望的变异——艺术设计与交流美学》及《赢得国家形象》。本丛书不是从线条、色彩、形式和结构等具有可操作性的方面去研究和阐述设计问题,而是力图把设计放在一个更宽广多维的艺术文化语境中来分析和考察,阐述作为整体的设计活动和设计产品对人类的生活世界和文化世界的深刻影响。丛书结合现代设计史和当代设计的重要趋向,从理论逻辑和文化美学的角度,对设计中的一些重要问题作出某种理念性的思考和发散性的思维,提出了"设计哲学"、"多元化设计与诗意生存的可能性"等新的理论命题和主张,并就设计文化与设计哲学、艺术设计与交流美学、当代设计的艺术文学、教育的设计与未来教育诸方面,进行了跨学科、大视野的多维思辨和探讨。(白秋伟)

音乐、舞蹈

J000287 **音乐知识手册** 李德胜编著。海潮出版社2002年1月版。27万字。19.80元。"青年素质教育丛书"之一。就音乐的基本知识、中国音乐的历史、中国器乐、中国声乐、外国器乐、外国声乐曲、如何欣赏音乐等方面,从大量的资料中删繁就简,撷取精华,用科学的体例,流畅的文笔表述出来。(宋时松)

J000288 **音乐人类学导引** 管建华著。江苏教育出版社2002年11月版。20万字。18.00元。对音乐人类学的定义、历史、音乐概念与行为、实地考察与实验室工作的方法技术、音乐与社会文化结构、音乐文化历时与共时的研究、音乐的文化美学、心理学和哲学的研究、音乐文化变迁的研究、应用音乐人类学等内容进行了阐述。(王家俊)

J000289 **天籁与心灵的回声——音乐艺术审美论** 王朝元著。广西师范大学出版社2002年6月版。21万字。11.00元。文艺美学著作。从美学视角切入,对中西方音乐艺术的发展历史进行梳理,重点阐述音乐艺术的特点、内容、形式、创作问题,对音乐艺术的表演、欣赏、接受、功能及与心理、教育之间的关系进行审美观照,清晰论述论证了音乐艺术审美理论,展示音乐的起源和文艺美学的研究发展阶段。

J000290 **音乐批评导论** 冯效刚著。安徽文艺出版社2002年7月版。21万字。18.00元。分为概述和8个章节,全面阐述了音乐批评的产生、功能、标准、过程及话语空间、类型和方法。(段晓静)

J000291 **20世纪中国音乐思想批评导论** 明言著。人民音乐出版社2002年10月版。40万字。25.40元。一部对20世纪中国的音乐批评进行"观念"层面上的梳理与探寻的著作。作者对"音乐批评"这个学科作出了新的思考和定性。并以这个定性为基础,对整个20世纪中国音乐历史中的有关音乐批评线索作了评价与勾勒。音乐批评在国内是一门新兴的学科,本著作具有学术前沿性。本书适用于音乐艺术院校理论专业的辅助教材。

J000292 **走出大峡谷** 副名:李西安音乐文集。李西安著。安徽文艺出版社2002年8月版。30万字。19.00元。作为前中国音乐学院院长,《人民音乐》主编,中国音乐家协会书记处书记,李西安教授对中国音乐发展趋势、音乐教育管理与教学有着独到的见解。他的音乐创作评论和民族音乐研究在国内乐坛也享有盛名。本文集荟萃了李西安教授几十年的音乐研究成果。(段晓静)

J000293 **中国音乐研究在新世纪的定位国际学术研讨会论文集** 香港中文大学音乐系、中国艺术研究院音乐研究所、中国传统音乐学会合编。人民音乐出版社 2002 年 3 月版。93 万字。96.60 元。论文集。分上下册。选编 67 篇于 2001 年 1 月 5—12 日在香港中文大学召开的“中国音乐研究在新世纪的定位国际学术研讨会”的代表性论文,其作者来自中国大陆、港澳台及海外多个国家,均为当代中国音乐研究的知名专家。论文涵盖中国传统音乐和少数民族音乐专题研究、音乐考古学、音乐史学、音乐教育学、音乐美学、音乐社会学及中外音乐文化交流等学科领域。由曹本冶、乔建中、袁静芳执行主编,特邀郭乃安、于润洋外审。文集以繁体字出版,附研讨会少数民族民间音乐演出专场录音 CD 一张。(陈荃有)

J000294 **土家族音乐概论** 田世高著。中央民族大学出版社 2002 年 6 月版。23 万字。25.80 元。专著。对土家族音乐进行了全面、系统的分析与研究,内容涉及土家族音乐的历史回顾、土家民间音乐与相关学科、土家族民间音乐的构成、土家族民间音乐的文化特征、土家族歌舞音乐的特征、土家族民歌类系、土家族器乐类系、土家族戏剧曲艺等。收入“土家族研究丛书”。

J000295 **畲族音乐文化** 蓝雪霏著,汪毅夫主编,蓝炯熹、郭志超副主编。福建人民出版社 2002 年 6 月版。26 万字。23.60 元。全面系统研究畲族音乐文化的论著。以多年田野调查与长期积累的文献资料为基础,借鉴了人类学、民族学、民俗学、社会学、文学、宗教等诸多学科的研究方法及相关的研究成果,对纷纭复杂的畲族音乐进行梳理、总结和分析。在畲族音乐的研究方面取得新的突破与进展,全书共 5 章。第一章,对畲族音乐史迹的追踪。第二章以畲族音乐的原生方式作为分类原则,对闽浙为主及粤、赣、皖、黔诸省畲族民俗文化中的音乐种类及其艺术特点作了广泛的概说和甚为详尽的论述。第三章对畲族音乐的特质进行再认识,如对畲族音乐述语“双条落”、“真声”与“假声”问题进行了辨义,对畲族四大民歌基本音调及其间的关联进行了论证,对畲族音乐的形态特征进行了总结。第四章理清畲族与周边民族歌谣的关系。第五章对畲族音乐的现代化问题进行了探讨。收入《畲族研究书系》。(薛剑秋)

J000296 **古乐遗韵** 副名:云南大理洞经音乐文化揭秘。何显耀著。云南民族出版社 2002 年 4 月版。40 万字。30.00 元。研究洞经音乐专著。分 9 章:第一章 洞经音乐文化寻根;第二章 洞经音乐文化的文化特征;第三章 大理,洞经音乐文化的发源地;第四章 洞经音乐在大理产生和形成的历史文化背景;第五章 大理洞经会;第六章 大理洞经音乐——洞经;第七章 大理洞经音乐——乐曲、乐器及演奏形制;第八章 大理洞经音乐古曲谱;第九章 大理洞经音乐文化回顾与展望。对大理洞经音乐文化悠久的历史,丰富的文化遗存和完整的文化形态,及其丰富内涵作了阐述。(奚寿茹)

J000297 **美国乡村音乐** 谢为群编著。安徽文艺出版社 2002 年 8 月版。13 万字。12.50 元。“音乐之旅丛书”之二。从乡村音乐的渊源、概述和发展过程中形形色色的音乐种类到乡村音乐在 20 世纪的新的创新,都有详细的阐述。(段晓静)

J000298 **美国音乐剧** 余丹红、张礼引编著。安徽文艺出版社 2002 年 8 月版。12 万字。11.50 元。“音乐之旅丛书”之三。简洁浪漫的语言,华丽精致的图片,讲述音乐剧这一音乐文化的产生、发展、衰落的过程。(段晓静)

J000299 **爵士百年兴衰录** 洛秦编著。安徽文艺出版社 2002 年 8 月版。21 万字。19.50 元。“音乐之旅丛书”之一。详细讲述了爵士乐从缘起、兴盛到衰败的历史进程,并附录有爵士大师、爵士知名乐手、爵士音乐节的目录,资料翔实,文字通俗易懂。(段晓静)

J000300 **中国近现代音乐史** 汪毓和编著。人民音乐出版社、华乐出版社 2002 年 10 月(修订)版。30 万字。20.70 元。专业音乐院校及普通高校艺术课教材。共 13 章。一、鸦片战争以来中国传统音乐的新发展;二、西洋音乐的传入与学堂乐歌的发展;三、本世纪以来我国传统音乐的新发展;四、中国近代新音乐文化的初期建设(上);五、中国近代新音乐文化的初期建设(下);六、工农革命歌曲和根据地的音乐;七、20 世纪 30 年代城市音乐生活、音乐教育及黄自等人的音乐创作;八、“左翼”音乐运动及聂耳、吕骥等人的音乐创作;九、抗日战争初期的音乐创作及作曲家贺绿汀等;十、冼星海及音乐创作;十一、沦陷区的音乐生活及江文也的音乐创作;十二、国统区的音乐生活、音乐创作;十三、抗日民主根据

地及解放区的音乐生活及其各类音乐创作。(牛抒真)

J000301 **安徽音乐老野获编** 施文楠、施咏编著。安徽文艺出版社2002年12月版。18万字。15.00元。"野、获"两字摆在一起作为一个词组,大约表示民间搜集所得并多少有些谦意之谓。本书将安徽音乐从先秦、汉唐到中华人民共和国这一历史长河的古乐、乐府、宗教音乐、民俗音乐、民间歌曲、民间器乐曲、说唱、戏曲等等有关资料汇集于一册,为安徽这一吴头楚尾文化基质的大省填补了学术领域的空白。(段晓静)

J000302 **音乐基础知识(业余)测试范围(第一级——第五级)** 赵惟俭、方季年主编。人民音乐出版社2002年1月版。14.5万字。20.70元。"中央音乐学院校外音乐水平考级丛书"之一,是音乐表演各专业业余考级所共用的"音乐基础知识"教学指导用书和示范用书。包括第一级至第五级的测试范围,每一级包括笔试、口试以及《音乐基础知识》测试例卷3部分内容。该书以测试例题的方式,对测试内容、测试形式、测试目的、测试方法等作了介绍。(王建卫)

J000303 **20世纪音乐的素材与技法** [美]库斯特卡著,宋瑾译。人民音乐出版社2002年5月版。25万字。21.60元。音乐院校、师范院校音乐专业辅导教材。采用教材的体例,有丰富的谱例、精心设计的习题和精选的进一步阅读材料目录。本书分析了西方传统调性的衰微、自由无调性兴起的情况,从作曲技法的各个方面介绍了西方20世纪音乐的发展、演化过程,还探讨了序列主义、电子音乐、简约主义、新浪漫主义、机遇音乐等音乐现象。(徐德)

J000304 **童声合唱训练学** 杨鸿年著。人民音乐出版社2002年3月版。27.8万字。21.00元。童声合唱指挥教材,并适用于童声合唱团指挥自学参考。共8章,分别论述了童声合唱训练中的有关童声的分类与音区的划分,合唱的呼吸训练,发声中的起声与气息的关系,共鸣的常用训练方法和共鸣器官的调节方法,头声的训练,母音发音训练,变声期的问题,和声音准的训练,吐字咬字的训练,合唱中和弦与和弦音响的平衡、各声部织体要素的平衡等方面的训练方法。最后第九章是10首合唱作品的介绍与详细的排练方法介绍。(王华)

J000305 **古剧青阳腔** 班友书著。安徽文艺出版社2002年11月版。26万字。作者多年从事青阳腔研究的论文结集。自明代,在我国戏曲发展史上起着重大变革及承传作用的青阳腔,因为多种原因被误解、被讹传,以至于到了在戏曲领域几近淹没的地步。作者搜实迹、据陈篇,用比较研究的方法,强调纵向横向的联系,有比较、有鉴别、有分析、有说服力地描绘出青阳腔在安徽的土地上继承余姚腔发生、发展、生根、开发的生态过程。(徐海燕)

J000306 **即兴的乐趣** 戴夫·弗兰克、约翰·阿曼罗著,徐德译。人民音乐出版社2002年7月版。48万字。79.80元。音乐即兴演奏教程。作者为美国伯克利音乐学院教授戴夫·弗兰克、约翰·阿曼罗。全书分为两册,共52课,每课分为7个内容:①独奏模式、②爵士哈农、③和弦练习、④曲调练习、⑤乐曲练习、⑥跟唱大师名段、⑦复习。本书着重讲述爵士音乐的即兴演奏技巧以及理论,其中收集了许多世界级大师的著名演奏片断,并配合CD能使学生循序渐进地掌握布鲁斯爵士音乐的演奏技巧。本书不仅仅适用于钢琴演奏,并适用于任何乐器的爵士音乐演奏教学与练习。(杨光)

J000307 **钢琴演奏基础** 周广仁编。中央广播电视大学出版社2002年9月版。43.2万字。37.00元(含CD一张)。卫星电视师范音乐专业用教材,共20节课,主要内容是讲解钢琴演奏中技术训练的基本概念。全书分为3个部分:(1)技术训练;(2)乐曲讲解;(3)乐曲欣赏。同时配有一张CD光盘。

J000308 **电子琴演奏基础** 王梅贞编。中央广播电视大学出版社2002年9月版。16开。36万字。39.00元(含CD2张)。"卫星电视艺术教育丛书"之一。精选70多首中外名曲精品,并配有CD光盘。主要特点是:引领初学音乐者通过电子琴这一乐器进入音乐之门,掌握规范的键盘演奏技能;系统地、深入浅出地介绍音乐乐理,提供了在不同调上用填充练习的方法,以达到用电子琴为歌曲配伴奏的目的;还提供了练习电子琴的具体方法指导,以及教师教学辅导重点的提示。

J000309 **上海老歌名典** 陈钢编。上海辞书出版社2002年4月版。166.00元。共收录上海老歌313余首,无论是"歌坛双子"——陈歌辛和黎锦光、"歌王"姚敏、天才横溢的严折西,抑或是人民音乐家聂耳和冼星海、音乐界的铮铮铁汉——贺绿汀,他们的不朽旋律如《玫瑰、玫瑰我爱你》、《夜来香》、《恨不相逢未嫁时》、《如果没有你》、《毕业歌》、《夜半歌声》、《天涯歌女》等一一呈现。所收老歌的词曲作者、首唱者及词曲本身等均经精心考订,书中穿插有

350余幅珍贵的明星照片及电影剧照，从各个侧面淋漓尽致地再现了上海老歌的生长土壤。并附有明信片一套15张，所选照片皆为三四十年代的当红歌星及歌影双栖明星；另有精选42首老歌制成的CD两张。

J000310 **中国少数民族合唱** 王华编著。中央民族大学出版社2002年6月版。26万字。26.00元。中央民族大学音乐系使用教材，一部以少数民族多声部合唱训练的教材。全书共分3部分：第一是部分少数民族的原声多声部合唱；第二是根据少数民族音乐素材改编的合唱；第三是具有少数民族音乐风格的纯创作性合唱。书中选编的曲目仅仅是少数民族合唱曲目中的一小部分。（李飞）

J000311 **西北民歌与花儿集** 鲁剑编著。甘肃人民出版社2002年6月版。36万字。46.80元。西北民歌曲目资料汇编。分综述篇、民歌篇、花儿篇3部分。着重介绍了广泛流传于我国西北五省区，尤其是少数民族地区的民歌、民谣、小曲及地方戏剧的艺术风格和特点。重点介绍了西北民间的代表性民歌形式——“花儿”的流传情况和艺术特色。另外，还介绍了以兰州鼓子和兰州眉户为代表的西北地方戏剧的特点，所罗列的一些曲目唱词如今已不多见。全书内容丰富，资料翔实，后附有参考书目。（马强）

J000312 **唱儿歌练发音** 杨畅、杨碧霞编著。金盾出版社2002年11月版。5.2万字。5.00元。少年儿童读物。选收46首“绕口令”式的儿歌。每首儿歌的词句都是用声、韵、调极易混淆的字交叉、重叠编成。为方便读者作发音练习，全书参照汉语辞典按声母、韵母的顺序编排，每首儿歌都标注有发音练习的重点。儿歌内容贴近生活，语言生动，韵律响亮，活泼诙谐。每首儿歌还配有能反映主题的彩色卡通画。（李云清）

J000313 **红蜻蜓实用儿歌丛书** 李雪梅编，李文静绘。中国美术出版社、朝花少年儿童出版社2002年7月版。96幅图。9.80元。共4册，包括：《念儿歌学生词》、《念儿歌学英语》、《念儿歌学数学》、《念儿歌学拼音》。书中配有大量卡通插图，在念儿歌的同时，又能学到生词、拼音、英语、数学，寓教于乐。（李雪竹）

J000314 **生命如歌** 副名：中国第一部特殊教育音乐作品专辑。陈明大、郝健群主编。时代文艺出版社2002年8月版。34万字。30.00元。为长春大学特殊教育学院建院15周年之际，由该校历届残障学生为创作主体的歌曲集，收歌曲250首。其中不乏《女孩的心思你别猜》、《长大了我要去香港》、《大地上有一个我》等较有影响的歌曲，这是中国第一部特殊教育音乐作品专辑。所收歌曲充分体现了残疾群体对生活、对生命的热爱，体现了他们自强不息、顽强拼搏的精神，也体现了我国特殊教育事业的成果。（魏洪超）

J000315 **音乐之旅丛书** 余丹红等编著。安徽文艺出版社2002年8月版。共约50万字。共57.00元。分为4册，内容全面，资料翔实，既描写歌手、乐队的成长历程，音乐工业的兴衰，音乐风格流派的潮起潮落，又从更深层探讨了流行文化现象。（段晓静）

J000316 **奥斯卡歌曲** 薛范、黄大岗编。人民音乐出版社2002年1月版。462页谱文。22.80元。收集了从20世纪40年代至90年代奥斯卡获奖歌曲。每首歌曲都附有电影剧情简介以及英文歌词。中文歌词由薛范等国内著名的翻译家译配。（徐德一）

J000317 **外国音乐名著教程** 苏仲芳，虢胜龙主编。山东大学出版社2002年8月版。76.8万字。58.00元。将西洋古今名作曲家的二百多首代表作，从内容、形式、风格、音乐形象、艺术特点以及作品产生的时代背景，进行了较全面的介绍。按体裁分类：器乐作品有交响曲、协奏曲、交响序曲、交响诗、交响组曲、交响童话、狂想曲、随想曲、圆舞曲以及各种体裁的钢琴作品等；声乐作品有歌曲、声乐套曲、清唱剧、歌剧。本书对乐曲的解释采用简单扼要的谱例和曲式结构为主的分析手段。用内容与形式统一的观点，借形象的曲式结构图式，将音乐发展的组成部分融汇其中，使听众对乐曲的全貌一目了然，从心理上造成一种音乐“可见”的想象效果。（刘旭东）

J000318 **牛津简明音乐词典（第四版）** 肯尼迪·布尔恩编，唐其竞等译。人民音乐出版社2002年9月版。200万字。160.00元。目前世界上最具权威性的中型百科音乐词典，初版于1952年，近期翻译出版的是该书1996年修订的第四版。其结构疏密有致、繁简得当，立论中肯明确。收词目万余条，从名词、术语、曲式、体裁，到作品、人物、机构无所不包。共收录5000多名音乐家，其中作曲家有3000多人。一些重要的作曲家的作品列表一般超过百余部，列目的作品有1000多部，歌剧600多部。（张志羽）

戏剧艺术

J000319 **中国少数民族舞蹈发展史** 马薇、马维丽著。人民音乐出版社 2002 年 1 月版。24 万字。445 幅图。390.00 元。共 12 章。一、原始民族与原始舞蹈；二、夏商周时期的少数民族舞蹈；三、春秋战国时期的少数民族舞蹈；四、秦汉时期的少数民族舞蹈；五、魏晋南北朝时期的少数民族舞蹈；六、隋唐五代时期的少数民族舞蹈；七、辽宋西夏金时期的少数民族舞蹈；八、元时期的少数民族舞蹈；九、明时期的少数民族舞蹈；十、清时期的少数民族舞蹈；十一、民国时期的少数民族舞蹈；十二、中华人民共和国建国以来的少数民族舞蹈。基本勾画出我国少数民族舞蹈的发展脉络，从而揭示历代少数民族对中华舞蹈文化所作出的杰出贡献。（牛抒真）

J000320 **汉堡剧评** ［德］莱辛著，张黎译。上海译文出版社 2002 年 9 月版。37.8 万字。19.50 元。德国剧作家、文艺理论家莱辛为汉堡民主剧院历次演出而撰写的评论，共 104 篇，它们是现实主义戏剧理论的重要贡献。作者在这些文章中针对德国当时的社会现实和戏剧界的状况，广泛而深刻地探索了现实主义戏剧的一系列问题；他强调戏剧的教育作用，认为它是教育人民大众的有效办法；他主张戏剧应忠实地反映丰富多彩的生活，提倡写普通市民故事，认为市民的命运比帝王将相的命运更激动人心，更易引起人们的同情；他要求艺术忠实于现实，人物的刻画要有个性，合乎自然和逻辑，而不是那种古典主义戏剧所崇尚的矫揉造作、故弄玄虚的人物。同时，莱辛还要求在描绘客观世界时必须分清主次，抓住本质的东西。（乐韬昀）

J000321 **布莱希特论** 余匡复著。上海外语教育出版社 2002 年 3 月版。25.7 万字。20.00 元。书中不仅介绍了近年来国际上对德国戏剧家布莱希特的研究情况及主要观点，并就布莱希特的美学思想、文学创作和政治态度作了全面、深入的论述。指出布莱希特的非亚理士多德式的叙述剧理论是对传统美学的一次革命性突破，对 20 世纪世界戏剧的发展产生了重大影响。（赵丽君）

J000322 **丑角的复活** 副名：对西方戏剧文化的价值重估。孙柏著。学林出版社 2002 年 10 月版。30 万字。24.00 元。分 5 篇：第一篇，作为戏剧理论的模仿：摹仿，顺势巫术，戏仿；第二篇，丑角的面具，或在人神之间；第三篇，他者的扮演：欧里庇得斯《酒神的伴侣》中狄俄倪索斯的缺席在场；第四篇，拿撒勒丑角的诞生——中世纪戏剧简史：从教堂仪式剧到英国圣体剧；第五篇，哈姆雷特：一个丑角的镜中之死。另有全书导言、中英文译名和术语对照、主要参考书目及后记。作者通过西方戏剧起源、流变，以及戏剧角色配置和饰演关系的分析，对古希腊戏剧在西方传统戏剧中的地位，古典时期的戏剧与近代早期以来的剧场实践作出了新的解释。（乐雅清）

J000323 **国外后现代戏剧** 曹路生著。江苏美术出版社 2002 年 8 月版。6 万字。19.00 元。“国外后现代艺术丛书”中的第八本。该书作者曹路生为上海戏剧学院教师，该书所依据资料为作者在国外考察所搜集而来。本书首先强调对后现代戏剧定义所面临的问题，由此将当代国外戏剧创作中的后现代主义因素作为判定的标准。接下作者介绍了一些最有代表性的戏剧流派和戏剧家，如歇斯底里戏剧、零戏剧和死亡戏剧、环境戏剧、奥丁剧院、集体创作戏剧、解构主义戏剧、视像戏剧、被压迫者戏剧和互联文化主义戏剧等。本书同时附有大量珍贵的国外后现代戏剧舞台演出剧照。（顾承峰）

J000324 **中西戏剧文化交流史** 李强著。人民音乐出版社 2002 年 9 月版。65 万字。52.30 元。共 22 章。分别以华夏民族与雅利安人戏剧的发生；古埃及、印度、波斯、巴比伦、阿拉伯诸国等东方乐舞戏剧的起源；西方古希腊、罗马与犹太教、基督教戏剧的传播；东亚日本、朝鲜与东南亚越南、泰国、缅甸乐舞戏剧与中华民族交流；我国古代诸民族如突厥、鲜卑、契丹、女真、南诏、吐蕃、西夏、蒙古、回纥与汉族戏剧文化的交融，以及华夏民族对周边地区与诸国传统戏剧、乐舞之影响等课题，从历史地理学、考古学、宗教学、民族学、语言文字学诸学科作纵向与横向的考证与论述，从而梳理出中西戏剧文化交流史的孕育之来龙去脉。（牛抒真）

J000325 **世味的诗剧——中国戏曲发展史** 程芸著。湖南人民出版社 2002 年 8 月版。25.4 万字。28.00 元。对中国戏曲艺术的源头——各种雏形的戏曲形式——宋元南戏——元明杂剧——明清传奇——清中后期地方戏——现代诸戏曲剧种等作了全盘考察和详细描述，对戏曲的发展方向和中外戏曲的交流和互相影响也作了探讨。（曹有鹏）

J000326 **少儿表演艺术教程** 富丽编著。辽宁少年儿童出版社 2002 年 1 月版。19 万字。15.00元。根据儿童的特点，以少儿表演的类型为基础，将少儿表演所涉及的语言基础训练、诗歌朗诵、故事讲述等内容，进行科学的分类、总结，编写成实用性更强的教材，供学习表演专业的孩子使用。

J000327 **中国京剧衣箱** 刘月美主编。上海辞书出版社2002年12月版。15万字。2200幅图。480.00元。一部系统地阐述京剧传统服饰的著作，系统而又完整地描述了京剧衣箱的发展演变过程。分为彩匣子、梳头桌、盔箱、大衣箱、二衣箱、三衣箱、旗把箱、角色扮相、剧目等9章。每章均以图带文，逐箱逐箱地展示各种服饰等。不但有各类衣箱，而且有穿戴规则、脸谱造型、扮相谱和砌末；不但有一般说明，而且有尺寸比例、质料、式样、色彩、纹样、工艺制作提示，具有较高的艺术价值、资料价值、学术价值和实用价值。而且充分体现艺术家的风格，将京剧大师梅兰芳、荀慧生、周信芳等精心构思的绚丽多姿的舞台服饰充分展现。再则图文和绘图的有机结合，剧目内容和服饰形式的有机结合，从“静”与“动”两个方面来体现京剧艺术的无穷魅力。

J000328 **二人转史论** 王兆一、王肯著。时代文艺出版社2002年6月版。32万字。28.00元。共10章，分上下两篇。上篇6章为史。以实为史，其史料来自作者50年来踏查、追访的几百万字第一手资料，撰写中又借鉴近年来史志资料，从而使基础坚实、可靠，至广大而尽精微。大到一种艺术形态的发展全程，小到一个道具、乐器的演化，堪称东北二人转史料大全。为人们正确了解、认识二人转艺术，为东北人类学、文化学研究提供了珍贵的底本。下篇4章为论。基论点坚持马列主义唯物主义思想，坚持以“人”为本，以“史实”为宗。其最精要之处是坚持以几代二人转艺人的实践为依据，以广大农民观众的审美情趣为衡量的艺术标准。作者非常深刻地阐述了民间艺术随时代，随广大人民群众前进的道理。王兆一、王肯两位作者都已年过七旬，是东北三省公认的二人转研究专家。（魏洪超）

J000329 **中国昆剧大辞典** 吴新雷主编。南京大学出版社2002年5月版。310万字。228.00元。系统总结了600多年来昆剧发展的历史，展现了综合性艺术的立体性和动态性，全面反映了昆剧在文学、音律和舞台演唱等方面的艺术成就。全书分12个栏目，共收辞条5682条，另列5种附录。编写者一方面从历代典籍中发掘了大量的文字资料，勾稽沉埋湮没的史料，另一方面，又通过实地考察和调查研究，收集了第一手的新材料，并经过严谨的考辨，用科学的方法加以梳理，将文学与艺术、声歌与表演、理论与实际、历史与现实、人物与事件融为一体，其间精彩纷呈的流派，千古传颂的名剧，以及丰富的历史资料、细腻的人物风貌，生动再现了昆剧与时代、与社会息息相关的历程。此外，辞典还配合条文插有相应的图版、相片、书影、戏画和剧照，其中大部分都属珍贵的文物。（马蓝婕）

J000330 **豫剧名家演出本** 马紫晨、周绍成、海燕主编。中州古籍出版社2002年12月版。43.3万字。45.00元。收录8位豫剧名家的代表剧目：常香玉的《花木兰》（11场）、阎立品的《秦雪梅》（7场）、陈素贞的《洛阳桥》（11场）、牛得草的《唐知县审诰命》（8场）、唐喜成的《三哭殿》（3场）、马金凤的《穆桂英挂帅》（5场）、崔兰田的《秦香莲》（8场）、汪荃珍的《香囊记》（10场）。分别记述了个人简介、剧本、词曲。（孙宝瑞）

J000331 **百老汇音乐剧** 慕羽著。海南出版社2002年11月版。35万字。88.00元。以图文并茂的形式，对美国百老汇音乐剧的发展历史、艺术特点、经典剧目、著名演员进行了较为详尽的介绍。（伍君之）

J000332 **秦鸣晓 姚金芬少儿智力魔术** 秦鸣晓、姚金芬编著。中国人口出版社2002年9月版。22万字。56.00元。分春、夏、秋、冬4册。介绍了适合中小学生年龄特征和认知规律的科普性小魔术，所用道具都是身边常见的一些生活日用品。每个魔术分为表演（主要展示演出现象）、道具（表演所需的物品和材料）、制作（一些物品的改造及一些机关的制作）、关键（魔术的秘密）和注意（表演容易失败和露出破绽的地方）。（何军）

电影、电视艺术

J000333 **电影理论笔记** 郭小橹著。广西师范大学出版社2002年7月版。18.5万字。39.80元。文集。对世界电影在叙事、观念上的革命、电影理论的“语言”体系，电影中的两个“新女性”，中美文化的误读现象，特吕弗的爱情题材电影，女导演拍《男孩别哭》对布兰登的纪念，加拿大导演Atom.Egoyan电影中欲望与欲望的折射，哲学家亚恩·瑞德的思想与中国意识形态的冲突等，用文学语言进行理论化阐释，并附上百幅电影剧照。

J000334 **影视艺术概论** 倪祥保主编。苏州大学出版社2002年9月版。34.6万字。21.00元。“21世纪新闻传播学丛书”之一。全书9章，大致可分为三个方面内容。第一至第三章从宏观上概论影视艺术的本体界定、基本特性、文化传播意义等;第四至第六章论述画面、镜头与景别、蒙太奇等影视艺术本体范畴之各自功能;第七至第九章是全书重点,具体论述影视艺术的审美特征和发展趋势、影视片创作、影视表现艺术、影视摄影(像)艺术、电影美学流派及思潮、结构、类型、风格以及鉴赏和评论。(王英志)

J000335　**影视美学**　彭吉象著。北京大学出版社 2002 年 3 月版。34 万字。20.00 元。"北京大学影视艺术丛书"之一。从各个层面探讨了影视艺术独特的艺术语言和审美规律。上编把影视艺术放在世界电影发展史和流派史中探讨了影视艺术的发展状况、艺术表现流变情态,以及不同的艺术表现手法带给影视美学的变革与复苏;下编则把影视美学放在文化的整体构架中分析其美学特征,在影视艺术的实践中探讨了影视艺术的文化特性、美学特征、审美心理等等。(高秀芹)

J000336　**我的电影手册**　孙昌建著。湖南文艺出版社 2002 年 4 月版。25 万字。28.80 元。"艺术细胞丛书"之一种。既是一本实用的 DVD 收藏指南,又是一本个性化的电影欣赏手册。全书分为 4 个部分:一、跑片:一些类型;二、专场:情和色;三、产地:几方水土;四、加映:回忆和欲望。书中有彩色插图 16 幅,黑白插图 18 幅。(周爱华)

J000337　**20 世纪的电影**　副名:世界电影经典。吴冠平主编。生活·读书·新知三联书店 2002 年 1 月版。40 万字。58.00 元。精选 260 部具经典意义的优秀影片,借以展示电影诞生一个世纪以来的发展历程。每部电影均提供"影片档案"、"内容简介"、"简要评论"及"导演简介"等,同时插配相关图片。书后附录历届美国奥斯卡金像奖和法国戛纳电影节获奖名单及片名索引。(冯金红)

J000338　**流转的星河——欧美电影发展史**　韩莓著。湖南人民出版社 2002 年 8 月版。24.1 万字。27.00 元。作者从欧美电影发展所经历的诞生期、成长期、发展期、战时及战后期、多元发展新阶段等几个阶段,对欧美电影艺术的演进过程进行了研究。(张志红)

J000339　**昨夜星光——20 世纪中国电影史**　黄献文著。湖南人民出版社 2002 年 8 月版。22.6 万字。25.00 元。较为全面地论述 20 世纪中国电影史的著作。作者将 20 世纪中国电影的发展分为草创之初(1905—1926)、初盛景观(1927—1937)、"板块"漂移(1937—1945)、战地银花分外香(1945—1949)、政治与电影(1949—1966)、空镜头(1966—1976)、"代"的辉煌、"淡出"与崛起 8 个阶段,对中国电影发展的从无到有,从稚嫩到成熟辉煌进行了公允客观的分析研究。(张志红)

J000340　**影视表演学基础**　苏彭成著。中国广播电视出版社 2002 年 6 月版。26 万字。19.00 元。"21 世纪中国影视艺术系列丛书"之一。以开拓性的思维、全方位的视角,吸收了中外表演理论的最新潮流和现代影视表演的实践方法。内容包括演员的培养、演员的综合素质,解释了表演微相学等;讲述了影视演员应该怎样观察生活;对文学作品怎样改编;镜头前怎样进行表演;影视表演语言怎样运用等。(邹娓玲)

J000341　**寂寞恋人——Poser 爱情数码电影制作**　胡松涛主编。电子工业出版社 2002 年 1 月版。54.4 万字。38.00 元。"电脑艺术非常风景尖峰之旅丛书"之一。讲解三维人物数码电影(即复杂的三维立体动画)的制作方法。全书以一对恋人的爱情故事为线索,阐述了当今最先进的三维制作软件 Poser4.0、3DS MAX 4.0 和视频编辑软件 Premiere 的功能和使用方法。全书分 4 集。第一集讲解创建影片场景模型的过程;第二集揭示制作逼真的材质贴图的方法;第三集介绍如何利用 Poser 软件制作人物三维动画影片;第四集为通过使用 Premiere 软件合成影片的步骤和知识。书前有彩色插页,文中有黑白插图近 1200 幅。本书配有光盘。内容包括欣赏文件、制作实例使用的素材文件和效果文件。(刘文玲)

J000342　**首席执行官**　吴天明、罗雪莹、胡建新著。青岛出版社 2002 年 10 月版。18 万字。38.00 元。选收由著名导演吴天明亲自参与编剧并亲自执导的电影《首席执行官》的电影文学剧本和分镜头完成本。这部电影以海尔集团首席执行官张瑞敏带领全体员工,敬业报国,追求卓越,艰苦创业,走向世界的优秀事迹为题材,热情讴歌了他们胸怀振兴民族工业的大志,十七年如一日奋力拼搏,历经风雨百折不回的精神,展示了他们把一个曾经亏损 147 万元的手工作坊式的小厂,发展成全球营业额超过 600 亿元的跨国企业,创造了世界工业发展史上的奇迹的奋斗历程。剧本作者以"写海尔,就是写自己情同手足的兄弟姐妹;写张瑞敏,就是写中国顶天立地的民族英雄"的炽热情怀,根据生活原型进行了源于生活、高于生活的艺术创新。本书还选收了海尔集团首席执行官张瑞敏的部分精彩演讲。(贺中原)

K 历史、地理

史学理论

K000001 **历史的意义** [俄]别尔嘉耶夫著,张雅平译。学林出版社 2002 年 6 月版。13.5 万字。12.00 元。俄罗斯思想家别尔嘉耶夫关于历史哲学的代表性著作。他从历史形而上学的角度出发,对人类命运的发展规律、人类历史的本质意义进行了深刻的阐释,并重点强调了宗教意义上的神秘精神是维系人类文化永恒性的内在力量。作者是俄国"白银时期"的思想家,基于当时俄国深受西欧文化与哲学影响的情况,从俄罗斯思想涉及的哲学问题,描述了哲学体系上的俄罗斯民族意识,指出俄罗斯思想自成一体、与西方思想相区别的所在是:诉诸终极的末世论及其弥漫着启示录的情调。因而,别尔嘉耶夫在论述西方历史哲学的各个领域和各个范畴时,始终体现出强烈的俄罗斯思想意识的特征。

K000002 **历史学是什么** 葛剑雄、周筱赟著。北京大学出版社 2002 年 8 月版。17 万字。18.00 元。"人文社会科学是什么丛书"之一。分章节讲述了历史的来历、历史的类型、为什么要了解历史和怎样学习和研究历史。(刘方)

K000003 **20 世纪中国史学评论** 王学典著。山东人民出版社 2002 年 3 月版。32 万字。25.00 元。一部对 20 世纪中国史学进行专题探讨的批评性专著,对百年史学进程中的大关节和大转折的考察和思索构成全书的重点。认为,20 世纪中国史学变迁史,是"实证"与"诠释"两大"典范"此消彼长的冲突史。论述了 20 世纪史学进程中的"乾嘉范式"和"年鉴范式",肯定了唯物史观派史学的学术史意义,描述了当代中国史学的基本走向。(袁晖)

世界史

K000004 **世界文明图库** 汝信主编,中国社会科学院"世界文明研究课题组"编写。上海文艺出版社 2002 年 1 月版。150 万字。211.00 元。共 12 本,已出 6 本,分别为《走进黑非洲》、《西亚北非探源》、《樱花之国》、《犹太之旅》、《神气的拉丁美洲》和《年轻的美利坚》。每本图书选收黑白及彩色插图四百余幅,以图文并茂的形式介绍了世界各个主要文明的诞生、发展和现状,文字叙述简明扼要,图片生动精美,全书有汝信的总序,每本书有编写者的专题序言。后 6 本继出书目为《儒家之光》、《印度揽胜》、《西欧大观》、《斯拉夫——东正教的风貌》、《伊斯兰的历程》、《美丽的加拿大》。(鲁刚)

K000005 **西方文明的另类历史** [美]理查德·扎克斯著,李斯译。海南出版社 2002 年 2 月版。30 万字。22.00 元。辑录西方历史上的一些趣闻、逸事。内容涉及到犯罪、医学、宗教、商业、日常生活、政治的各个方面,让人们了解正史上没有记载的历史上各个时期社会生活在上述各个方面的真实情形。(伍君之)

K000006 **从黎明到衰落——西方文化生活五百年** [美]雅克·巴尔赞著,林华译。世界知识出版社 2002 年 6 月版。60 万字。68.00 元。论述了从 1500 年至今五百多年西方文化生活的方方面面,包括政治制度、宗教改革、社会思潮、学术发展、哲学、文学、音乐、美术、建筑、科技发明、民俗及社会生活,等等,系统性地全面介绍了自文艺复兴以来西方文明从兴盛到衰落的历程。

K000007 **东方文化通论** 侯传文著。山东教育出版社 2002 年 5 月版。25.8 万字。13.50 元。从问题出发,以论带史,以新颖的视角和简洁的笔墨,勾画了从上古东方四大文明、中古东方三大文化圈、近代东方启蒙运动、现代文化转型更新等东方文化数千年的发展历程。(赵燕瑚)

K000008 **西方文化史** 副名:从文明初始至启蒙运动。徐新编著。北京大学出版社 2002 年 8 月版。31.5 万字。25.00 元。系统介绍西方文化。在对西方文化进行探询时,着重对它的起源,它的形成,它的发展,它的面貌特征进行了有特色的概述。其内容包括组成西方文化源头的希腊理性和艺术、希伯来宗教、罗马法律,以及汇合成西方文化之流的中世纪文化、文艺复兴、宗教改革、科学革命、启蒙运动等。在较为完整地展示西方文化的内涵和发展历程的同时，特别注意凸现贯穿其中推动西方文明进程、对人类社会进步产生深远影响的思想、运动和成就。西方文化的重要方面如历史、社会形态、思想（如哲学思想、文艺思潮、文艺理论等）、影响社会发展的科学成就、与文学密切关联和相互影响的艺术等无不包含其中。（张冰）

K000009 **西方文化史鉴** 叶胜年著。上海外语教育出版社 2002 年 6 月版。44.2 万字。25.00 元。系统介绍西方文化，对古希腊文化、古罗马文化、犹太文化、基督教文化、中世纪哥特文化、文艺复兴运动、古典主义、启蒙运动、浪漫主义、自然主义和现代主义等在西方文化史上有重大影响的文化发展时期、运动和流派乃至社会思潮、宗教演变、哲学派别及其他方面成就都有所涉及。围绕西方文化这根主线，旁及有关时期西方社会的经济发展状况，从而勾勒出一个全方位的西方文化坐标体系。（钟悦）

K000010 **在时间的长河里** 副名：西方文化五千年。［德］马克斯·克鲁泽著，何珊、郭颖杰译。华夏出版社 2002 年 6 月版。79 万字。48.00 元。分上、下册。介绍宇宙的诞生、人类的起源、西方文明的兴起和发展。几乎包括了西方文化发展各个重要的阶段，全面回顾了历史、政治、经济、哲学、科技、文学艺术、宗教等方面的重要事件和主要人物。从古埃及的洞穴和迷信的中世纪、文艺复兴的曙光……一直到自然科学的高度发达、绚丽的知识大爆炸；还会遇到许许多多熟悉或陌生的历史人物：数学家毕达哥拉斯、哲学家亚里士多德、美丽的女诗人萨福……；了解乐谱的来历、基督教的产生和欧洲印刷术出现给西方文明所产生的影响，等等。（许婷）

K000011 **20 世纪大画卷(1900—1999)** 浙江教育出版社 2002 年 1 月版。1450.00 元。原出版者为德国贝塔斯曼年鉴出版社。共 5 卷，以年代为线索，以事件为核心，以图证史，平均每 10 年安排 60 个大事件，一个大事件又辐射出若干关联事件、人物、学术、军事、科技、文艺等，凡 20 世纪世界上发生过的重大事件尽收其中。每个年代都配有一盘 VCD，共 10 个。

K000012 **历史真相** 副名：20 世纪世界图片档案。任田主编。北京出版社 2002 年 1 月版。100 万字。450.00 元。选取了 200 多个不同的视角，从不同的侧面将无数的历史片断拼接起来。客观、历史地展现了 20 世纪人类的社会生活和意识形态，深刻地揭示了繁华陆离的世象掩盖着的神秘、困惑、无奈、恐慌与荒唐。3500 余幅珍贵的历史图片，展示了百年风云的每一个精彩瞬间；100 万字的客观报道，记录了世界历史变迁的轨迹；图文并茂的版式组合，锁定了历史和人性的显现。（总编室）

K000013 **帝国的荣光** 副名：追踪古罗马文明。何平、刘章才、何颖著。重庆出版社 2002 年 1 月版。18.7 万字。20.00 元。“追访逝去的世界丛书”第二辑。以作者的亲历记入手，以游记的方式引荡开去，牵引出一个伟大辉煌的文明——古罗马世界。全书既有激烈壮观的战争场景，又有紧张无比的格斗画面，还有无数曲折无比引人入胜的政治斗争故事，把近现代发现者无数的传奇经历穿插其间，烘出了一种古泪今痕般的艺术效果。（刘嘉）

K000014 **从文明起源到现代化——中国历史二十五讲** 全国干部培训教材编审指导委员会组织编写。人民出版社 2002 年 2 月版。47.1 万字。28.00 元。以专题的形式介绍了中国历史发展的基本脉络及基本知识。

K000015 **目击中国 100 年** 成勇编著。广东旅游出版社 2002 年 1 月版。53 万字。72.00 元。共 6 册，按年份辑录。记录当年无数知名或不知名的摄影者在目击历史的同时，用他们的镜头留下了目击的现场和人物的景象，书中还有真实的文字记载。（李瑞苑）

K000016 **五千年中外文化交流史(五卷本)** 李喜所主编，张静等著。世界知识出版社 2002 年 1 月版。266.4 万字。228.00 元。按时间顺序深入评述了从古代到 20 世纪末中外文化交流的历史，全面系统地论述中外文化交流历史沿革。全书共分 5 卷，上古至明中叶一卷，明末清初至鸦片战争一卷，1840 年以来三卷，特别是首次将新中国以来的中外文化交流单列一卷加以详尽的叙述，略古详今，重点突出，将历史和现状有机地结合起来，给人一种历史的整体感。（范景峰）

中国史

K000017 **中国文化史** 张维青、高毅清著。山东人民出版社 2002 年 3 月版。175 万字。135.00元。分 4 卷。共 10 编：《史前：中华民族的多元凝聚》、《夏商西周：敬畏神鬼的青铜时代》、《春秋战国：动乱世道的人本追求》、《秦汉：中原帝国的宏业伟功》、《魏晋南北朝：玄风秀骨的佛道崇尚》、《隋唐五代:恢弘壮美的阔大胸襟》、《宋:精致秀雅的审美趋尚》、《辽夏金元:农耕野牧的冲突融会》、《明:传统复归的盛衰气象》、《清:风起云涌的苦痛追寻》。按时间顺序,从史料出发,逐次介绍了中国文化,涉及思想、道德、科学、艺术、民俗等等多个层面,展示了中华民族在悠悠岁月中所创造的突出文化成就,揭示了各个时期文化发展的特点与特色。在对中国文化发展史进行纵向追溯的同时,也注重了各种文化现象之间的内在逻辑关系。以中国文化发展的历史线索为经,以各个历史朝代的文化事象为纬,时空融会,纵横交织,构成严谨的网络式的叙述体例。书中每编又分上、下卷,各有侧重,使读者在把握中国文化宏观概貌的同时,也能感受到各个领域的文化成果,从而得出简要的总体印象并获得具体的审美感受。配有精选插图近千幅,用以印证史论。(丁莉)

K000018 **中国文化史论纲** 许结著。广西师范大学出版社 2002 年 6 月版。42 万字。20.00 元。分 5 部分。第一部分中国古代文化特征,从理论模式、地理环境、经济基础、宗法制度展示传统文化特征的构成;第二部分中国古代文化特征,以职官、选士、教育、科技、礼乐为主体展示古代文化制度的情形;第三部分中国古代学术进展,从史官文化到诸子学、经学、玄学、佛学、理学的演进,展示中国古代学术进程;第四部分中国古代宗教艺术,分述宗教、艺术与文学;第五部分中国古代文化进程,是对中国文化由古代转向现代的现象进行描述和思想讨论。(总编室)

K000019 **中国文化教程** 马敏主编。华中师范大学出版社 2002 年 4 月版。37.8 万字。16.00 元。以史为纲,分专题对中国五千年文化作了全面而简要的阐介,内容涉及中国哲学、儒家思想、制度文化、风俗礼仪、文学、艺术、科学技术、宗教等方面,各专题以中华民族精神品格为内核,以丰富史料为依据,上下串联,左右贯通,描述出中华文化博大而精深的发展历程与主要内涵。全书用客观辩证的历史眼光观照文化史实,凸显主流,旁及支流,把握了历史长河中各种文化类型的主要特征与风貌。(王钱)

K000020 **中国古代北方民族文化史** 张碧波、董国尧主编。黑龙江人民出版社 2002 年 8 月版。132 万字。150.00 元。上下册。正确处理与解决了中华文化史、北方区域文化史与各族史的关系。提出了各文化系统由多元向一元转化,一元文化包含着多元的内容,多元与一元的相互制约与相互转化的辩证逻辑——中华文化发展的基本规律的观点。论者正确处理与解决了专史的体系展开、大背景轮廓(中华民族的整体、中国历史的全局以及世界文化史的全局)的勾勒与北方民族文化发展历史之间的关系,鲜明地提出中华文化观念,第一次为北方民族文化立传,并在此观点下展开研究,围绕 18 个母题作横向考察,纵横交叉,揭示了北方民族文化在中华文化发展史上的独特贡献。(刘恺汐)

K000021 **中国传统文化概览(英汉版)(An Outline of the Traditional Chinese Culture)** 杨敏等主编,季羡林为顾问。中国海洋大学出版社 2002 年 12 月版。80.5 万字。59.50 元;29.70 美元。采用英汉双语形式,分十大专题,简明扼要而又全面地介绍了中国传统文化的巨大成就和文化特点。十大专题分别是中国传统文化概论篇、历史人物与历史事件篇、古代文化篇、汉字文化篇、成语典故与神话传说篇、民俗文化篇、人文古迹与自然景观篇、中国武术篇、中国传统音乐篇及中国传统绘画篇。(刘宗寅、李曦聪)

K000022 **中国和马来西亚文化交流史** 周伟民、唐玲玲著。海南出版社 2002 年 12 月版。45.1 万字。40.00 元。论述的是从史前时期一直到 1975 年的中国和马来西亚地域中的政治、经济、贸易、文化、教育和社会习俗等诸多方面的交流史。其学术贡献是概述和论证了中国和马来西亚的文化交流是一个在"时间和空间里不时流动着的以'朝贡贸易'关系为基础的网络系统",而不完全是以国家间的关系进行的。作者的这一论证成果,既概括了中马文化交流的特点和本质,亦为中国和马来西亚交流史,甚至给中国和其他国家或地域的文化交流史的研究提供了一个新的视角、线索和方法。本书资料完备,论证充分,结论明确,构画出了中马几千年文化交流史的清晰完整的轮廓,总结出了中马文化不同于其他文化交流史的特点。(伍君之)

K000023 **齐鲁思想文化史·先秦秦汉卷** 副名:从地域文化到主流文化。孟祥才、胡新生著。山东大学出版社 2002 年 7 月版。56.4 万字。38.00 元。重点论述了先秦秦汉时期齐鲁思想文化的发展和规律以及它从地域文化到主流文化的过程和原因,研究了齐鲁思想文化的内涵、演变与基本特点,阐明了齐鲁文化在构筑主流文化过程中的主要贡献,全面展示了此期齐鲁文化在思想、教育、科学技术、文学艺术诸多方面的成就及其在中国古代文化史上的地位、作用和影响，为当代的思想文化建设提供历史借鉴。全书共分5章。第一章，史前至商夏时期的东夷文化。第二章，西周春秋时期的齐鲁思想文化。第三章，战国时期的齐鲁文化。第四章，秦与西汉时期的齐鲁文化。第五章，东汉时期的齐鲁思想文化。按照历史的顺序分段进行研究。每一章包括该时期的代表人物、代表人物的思想学说和科学技术与文学艺术等。(王桂琴)

K000024 **神话、祭祀与长江文明** 安田喜宪主编。文物出版社 2002年3月版。180万字。280.00元。所收主要为1999年6月在日本京都国际日本文化研究中心召开的日中国际学术研究会"神话、祭祀与长江文明"的参会论文。全书共分两个专题:其一,"长江文明的神话与祭祀"。其二,"世界文明的神话与祭祀"。围绕这两个密切相联且目前为国内外学术界异常瞩目的课题，多位海内外知名学者发表了颇有见地的文章。本书精选佳作，收录了包括《龙的文明史》、《青铜时代滇人的宗教》、《稻、鸟和太阳的祭祀》、《重庆巫山东汉墓出土西王母画像棺饰铜牌与道教》、《长江上游古巴蜀信仰的文化背景》、《论湖南的史前宗教遗存》和《吉野里遗址的祭祀与长江文明》等16篇。其中,《重庆巫山东汉墓出土西王母天门画像棺饰铜牌与道教》一文，对20世纪80年代中，我国长江水库区重庆市巫山县的一些东汉墓出土的鋈刻西王母和天门等图案的棺饰铜牌进行了研究。作者将传世文献与相关考古材料结合，同时考察了这些铜牌的画面组合与时代、地域特点，得出结论:铜牌所反映的已经不是一般的升仙思想，而是早期天师道形成并传入蜀地发展为五斗米道、西王母在道教神系中具有相对固定地位后的产物，属于早期五斗米道的宗教遗迹。(张庆玲)

K000025 **少年版二十五史** 丁柏铨等编著。江苏少年儿童出版社 2002年1月版。60.1万字。28.50元。历史故事类读物。选材取自《史记》、《汉书》、《后汉书》、《明史》、《清史稿》等二十五部"正史"。上起夏商周，下迄清代末期，书中所涉及的每一个历史事件、人物、时间、地点等等，都能在"二十五史"中找到确切的依据，使读者对中华民族辉煌而漫长的历史有一个整体、清晰的了解。(薛屹峰)

K000026 **经史说略——十三经说略与二十五史说略** 李学勤等著。北京燕山出版社 2002年10月版。78万字。60.00元。共2卷。全面、精练、准确地介绍《十三经》与《二十五史》的书名缘起、编纂始末、刊刻流布、内容特点、学术成就、思想影响、研究状况等各个方面，列有阅读参考书目，具有很强的实用价值和现实意义。(杨韶蓉)

K000027 **史记趣读** 傅健仁著。花山文艺出版社 2002年11月版。26.3万字。22.00元。对《史记》一百廿卷进行现代性之观照，从不同角度，采取归类方法，写出二十篇文章，诸如显贵、权术、皇后、皇亲国戚、战将、文人、侠客、少数民族等。夹叙夹议，对重要历史人物、重大历史事件深入剖析，比照生发，通篇体现出唯物史观。(王玉晓)

K000028 **中国重大文史公案** 夏日新、易学金等编。长江文艺出版社 2002年1月版。100万字。50.00元。从公案的角度重现中国历史文化方面的重大的事件或案件，时限上起远古传说，下讫"文化大革命"结束。范围涉及思想、学术、哲学、教育、学校、典章制度、文学艺术、语言文字、天文地理、农学医药、科技、出版、图书、博物、文物典籍、衣食住行、社会风尚、民间习俗等，分别由大案要案、悬案疑案、文化公案三大版块及附录"法制备要"相统摄，堪称视野开阔，内容丰赡，眉目清晰，颇便检索。(赵国泰)

K000029 **中国通史(彩图版)** 田晓娜主编。青海人民出版社 2002年5月版。1980.00元。共6册。以图文并茂的形式展示了中华民族的历史长卷。其内容上起远古时代，下至中华人民共和国，共25章，每个朝代以重要事件、重要人物为叙述主线，全面反映了中国各个地域、各个民族、各个方面的历史面貌。(陈浩)

K000030 **千古疑案** 副名:中国历史文化之谜。山齐著。吉林文史出版社 2002年1月版。56万字。25.00元。中国文化史通俗读物。共收入中国文化史范畴的疑案近百个，并详加阐释。该书编写上有这样三个特点:一是多方占有材料，纵横论析详明。凡主要观点，努力做到言之有据，尽力把问题说得清晰透彻，并提出倾向性意见;二是叙述角度新颖，不囿于传统识见。既尊重历史实际，又不拘泥于旧的材料和观点，尽力吸收新的研究成果，把争论引向更高的层次;三是论争结合评述，事例丰富生动。(杨晓天)

K000031 **历史的背影——中国古代权术批判** 秦学颀著。广西人民出版社 2002年10月版。16.8万字。16.00元。以权术为切入点，深入剖析了中国历史背后的"历史"，主要从五个方面的权术展开，较典型地突出了中国历史上的权术斗争，包括君主驭臣之术、臣事君之术、弄权之术、夺权之术和伐交之术。在历史背后权术斗争的舞台上，一方面是权力拥有者千方百计地保权、用权；另一方面是权力争夺者处心积虑地窃权、篡权。书中，既有统治者为笼络、防范或利用下属而披上的温情脉脉的面纱，又有臣下为避祸而佯狂、装疯卖傻，也有臣下为夺权而实施的蓄谋已久的阴谋。（郑维宽）

K000032 **中华史鉴** 赵禄祥主编。北京出版社 2002 年 11 月版。900 万字。6 卷。880.00 元（精）。对中国历史上治乱之事理进行了全面分析。还从史鉴学的要求入手，编写了《国史镜鉴》、《治乱警鉴》、《资政要鉴》。其中，一、介绍了治乱形成的具体问题；二、分析了一个历史时期的治乱始末；三、寻求了治乱的社会根源。（总编室）

K000033 **中国古史寻证** 李学勤、郭志坤著。上海科技教育出版社 2002 年 5 月版。24.4 万字。29.00 元。集国务院学位委员会委员，中国社会科学院历史研究所研究员，“夏商周断代工程”首席科学家、专家组组长李学勤，与中国版协人民出版工作委员会副主任，上海人民出版社总编辑郭志坤数十年访谈，就“古代史”、“考古学”、“文献学”、“古文字学”、“甲骨学”、“青铜器研究”、“简帛学”、“古代礼制研究”、“古代文明”、“夏商周断代工程”等 10 个方面的对话录。

K000034 **文史论稿** 熊宪光著。重庆出版社 2002 年 4 月版。32.2 万字。22.00 元。学术论文集，收论文 30 余篇，此外，还收有 20 多篇短小的文史读书札记。按论述专题，将文章分为“论古代散文及其他”、“纵横家探研”、“论先秦史家之文”、“论先秦诸子之文”、“作家作品研究”、“名篇论析”、“文史小札”几大类。论述内容包括《诗经》、《楚辞》、《国语》、《逸周书》、《战国策》，纵横家、庄子、荀子、韩非子、《吕氏春秋》、《晏子春秋》、韩愈、王安石、刘基以及古代散文、旅游文学等。这些论文主要发表在《文献》、《史学史研究》、《北京师范大学学报》、《西南师范大学学报》等重要学术刊物上，在学术界有较大影响。（陶志宏）

K000035 **追寻中国古代文明的踪迹** 本书文集编委会编。复旦大学出版社 2002 年 8 月版。82.3万字。60.00 元。李学勤先生长期致力于中国古代史、古文字学、古文献学、考古学等方面的研究，在诸多学术领域均有建树。本书是纪念李先生从事学术活动的五十周年所编的文集，文集撰稿的作者，有李先生的老朋友如著名学者饶宗颐先生等，有香港地区和外国的学者，还有先生的受业子弟和对先生治学深为钦佩的中青年学者等等。（孙晶）

K000036 **读史有学问** 冷成金著。南海出版公司 2002 年 4 月版。54 万字。46.80 元。研究中国历史的作品，讲述了中国历史上有名的皇帝、大臣的事迹以及很多著名的历史事件，对历史进行了反思和分析。全书由“认识帝王之术的学问”、“分析治乱成败的学问”、“看待政治与道德的学问”、“谙熟通权达变的学问”4 部分组成。（廖思拍）

K000037 **法国汉学（第七辑）** 《法国汉学》丛书编辑委员会编。中华书局 2002 年 12 月版。49.5 万字。40.00 元。论文集。作为宗教史专号，收编法国汉学家与中国学者的论文 17 篇，内容涉及自公元 2 世纪至近代中国的道教与佛教典籍、文物、仪规及民间宗教信仰研究，材料丰富，方法新颖。书中还收有 5 篇介绍法国几位已故汉学家生平、成就的文章，收录《法国道教研究文献目录(1831—2002)》，极具资料与参考价值。书后“中法学术系列讲座”一栏刊登了 3 篇关于老北京地域结构、道教文物、萨满教的学术报告。（柴剑虹）

K000038 **海外汉学研究** 副名：汉学在 20 世纪东西方各国研究和发展的历史。刘正著。武汉大学出版社 2002 年 9 月版。21.1 万字。18.00 元。“武汉大学学术丛书”之一。由 6 大章组成，从语言学、文字学、历史学、宗教学和思想史 5 个方面系统梳理了汉学在 20 世纪东西方各国研究和发展的历史，总结了东西方各国在汉学研究领域中的成果，探索了东西方各国汉学研究的规律和特色。（陶佳珞）

K000039 **中国历史纪年表** 侯新山编著。新疆人民出版社 2002 年 11 月版。20 万字。18.00 元。用累计纪年的法则记述了中国文明史。用表格的形式将中国历史按传统的历史朝代划分法分为二十四阶段，从黄帝纪年表至中华民国纪年表共 24 个表。其中清晰的列出了各朝代、各帝王的年代数及具体的公元前年数、黄纪年份、干支情况。介绍了查阅历史年代的方法并用算式（用减法、加法）列出了计算年代的方法，查阅和计算非常简便、准确。书后附有黄帝干支与天皇氏干支对照表。（丁璇）

K000040 **一刀劈开生死路——庖屠趣话** 王炜民著。广西师范大学出版社 2002 年 5 月版。14 万字。12.50 元。“百业趣话丛书”之一。庖屠是古代百业中的一个行业。本书对庖屠行业的历史源流、有关庖屠膳食的礼仪、轶闻趣事等进行了生动的描述，涉及正史、野史以及文学作品中的庖屠任务。（总编室）

K000041 **上下五千年(新版)** 林汉达等编著。少年儿童出版社 2002 年 9 月版。82 万字。50.00 元(平),55.00 元(精)。两个版本:平装 1～4 册;精装 1 册。与原版《上下五千年》相比,新版《上下五千年》有 3 个特色:1.原版的内容止于鸦片战争前,新版延至辛亥革命;2.篇目从 262 篇扩充到 332 篇;3.增加了科技、经济、文化、艺术、民族、法律、外交等方面的内容。(洪祖年)

K000042 **中华五千年图典** 徐湖平、夏维中、韩品峥主编。江苏少年儿童出版社 2002 年 9 月版。18 印张。98.00 元。《世界五千年图典》是姊妹篇。全书从龙文化与伏羲开篇,至辛亥革命结尾,共 6 大部分,124 个条目。以历史年代为顺序,根据历史事件和人物的影响,来确定各部分的篇幅。每篇配文字 1000 字左右,图片 8～10 幅。内容上既有与历代政治和经济密切相关的重大事件,又有文化上和科技上的创新和发明,并且体现以人为本的精神,突出了杰出人物在历史上的作用,全方位地介绍了各个历史时期的政治、经济、文化的总体风貌。(钱旭东)

K000043 **中国历史故事绘画丛书** 杨新华、钟银珍编。金盾出版社 2002 年 6 月版。每册 7.8 万字。7.00 元/册。共 20 册,生动、形象地向青少年展现了中华民族上迄夏朝,下至辛亥革命,其间各个朝代的一些重要人物、重大事件,以及政治、经济、军事、科技、文学艺术、外交等时代特征。(刘善一)

K000044 **诨砌随机开口笑——优伶趣话** 查洪德著。广西师范大学出版社 2002 年 5 月版。11.9万字。10.00 元。"百业趣话丛书"之一。展现了古代优伶的德与才、悲与欢、歌与哭、生活与奋斗。(总编室)

K000045 **谈古论今话书业——书商趣话** 邱瑞中著。广西师范大学出版社 2002 年 5 月版。8.5 万字。7.00 元。"百业趣话丛书"之一。从古到今介绍了书的发展历史、刻书地及刻书人的故事,商务与中华两大出版社及出版人的故事,古代书肆及学人淘书、买书的故事,以及书商的发展,他们与买书者之间发生的故事。(总编室)

K000046 **墨琴弹尽天下曲——木匠趣话** 刘祥学著。广西师范大学出版社 2002 年 5 月版。10.6万字。9.00 元。"百业趣话丛书"之一。木匠是古代百业中的一个行业。对木匠行业的历史变迁进行了生动的描述,对古代木匠掌故进行梳理,分门别类,可述可叹,有丰富的历史知识蕴含其中。(总编室)

K000047 **上古史探研** 沈长云著。中华书局 2002 年 12 月版。33.3 万字。23.00 元。论文集。探讨研究中国上古史历史,收文章 37 篇,分 4 个部分:夏商史方面 6 篇,西周史方面 20 篇,春秋战国史方面 5 篇,上古史理论问题 6 篇。对先秦史中的具体问题进行了实证研究,也对中国古代历史的发展道路、国家模式、社会形态等理论问题展开探讨。(李解民)

K000048 **绎史** 清·马骕撰,王利器整理。中华书局 2002 年 1 月版。431.2 万字。280.00 元。书中首列世系图、年表,下分一百六十卷,析为五部:第一《太古》十卷,记三皇、五帝;第二《三代》二十卷,记夏、商、西周;第三《春秋》七十卷,记春秋;第四《战国》五十卷,记春秋以后至秦亡;第五《外录》十卷,记天文、地理、名物、制度等。前四部以时代为经、人事为纬,末部系专题类编。在编制上,综合编年、纪传、纪事、学案等各式史体,配以多种图表。(凌金兰)

K000049 **炎黄汇典** 李学勤、张岂之主编。吉林文史出版社 2002 年 10 月版。500 万字。800.00元。分 8 卷:《史籍卷》,上起《尚书》,下至清代崔东壁《上古考信录》,从 160 余部古代典籍、传世文献中摘选炎帝、黄帝及其相关历史文化资料。《方志卷》,选录有关炎帝、黄帝及其同时代人物如蚩尤、嫘祖等上古人物的记载。《祭祀卷》,收集上起汉下至当代有关祭祀炎帝、黄帝的礼仪、活动和祭文等实录。《文论卷》,选编著名学者如夏曾佑、丁山、钱穆等关于炎帝、黄帝研究的著作和文章一百余篇。《考古卷》,以专著形式,考述炎帝、黄帝所处时代的生产、生活和宗教文化等现象。《诗歌卷》,汇集先秦以来,直至当代华夏子孙吟诵炎帝、黄帝的各种体裁的诗歌 600 余首。《民间传说卷》,精选有关炎帝、黄帝、蚩尤及同时代其他英雄人物的传说故事 200 余篇。《图像卷》,收录陕西黄帝陵、湖南炎帝陵、随州神农故里等十处有关炎帝、黄帝的文化遗迹的图片四百余幅。八卷《炎黄汇典》,资料收罗宏富,整理编纂精审。在"夏商周断代工程"初酬之后,振兴中的中华民族势必进一步探研中华文明的起源。(李本达)

K000050 **尚书注训** 黄怀信注训。齐鲁书社 2002 年 5 月版。30.6 万字。25.00 元。以"百忍堂"刊唐石经《尚书》为底本,主要参校中华书局影印《古逸丛书三编》所收南宋刊本《尚书正义》、嘉庆二十年(1815)江西南昌府学雕版《重刊宋本尚书注疏附校勘记》、中华书局影印本《十三经注疏·尚书正义》等，对《尚书》进行了校勘。各篇由题解、书序、本文、注、训五部分组成。对原文进行注解，采用传统的训诂方式，明义为止，不作过多的考据与附会。底本明显误字据校本径改，其余脱文掉字、避讳缺笔字以及无校勘价值的古体字与异体字均据参校本补出，或出校或不出校。（李兴斌）

K000051 **中国古代王朝的形成** ［日］伊藤道治著，江蓝生译。中华书局 2002 年 10 月版。16.9 万字。15.00 元。分为第一部“殷代史研究”：第一章祖灵观念的变迁；第二章宗教的政治意义；第三章祖先祭祀和贞人集团，第二部“西周史研究”：第一章西周王权的消长；第二章邑的结构及其统治；第三章西周“封建制度”考；第四章姬姓诸侯封建的历史地理意义。本书的突出特点，一是能够把甲骨文、金文的研究成果运用于古史，其次是注重甲骨文和金文的分期，再其次是把考古研究与文献研究融而为一。著者以分歧理论为武器，详细研究了殷代祖灵观念的变迁，还从贞人集团的研究着手，导出一系列古史方面的推论，如贞人集团和卜辞“新、旧派”的关系等。（郑仁甲）

K000052 **中国第一王朝的崛起** 副名：中华文明和国家起源之谜破译。陈剩勇著。湖南人民出版社 2002 年 6 月第 2 版。32 万字。25.00 元。“学海一牛鸣丛书”之一。把中华文明的生成过程视为一个多元的、历史合力交互作用的整合体，把生态环境、人口压力、经济结构和社会组织的进化、科学技术发展水平和文化、宗教以及中华文明独具的礼与礼制等方面因素综合起来考察，对文明发展过程作一深层而不是表层的、动态而非静止的、全方位而不仅仅是单项因素的探讨和研究。重点考察了夏文化或夏族发祥地及其迁徙变迁、中华文明崛起之际姓族社会内部的继嗣制和礼的起源三个问题。认为夏王朝崛起于东南，而非传统所说的中原，改写了历史。（许久文）

K000053 **甲古征史** 刘桓著。黑龙江教育出版社 2002 年 10 月版。15 万字。45.00 元。收载商史论文 18 篇、附录甲骨文释读 8 篇。通过对甲骨卜辞的释读和深入探索，就商殷史的若干重要问题作了专题研究，内容涉及商王世袭、祭祀、历法、农业、方国、战争以及社会阶层等方面，许多论述发前人所未发。（梁昌）

K000054 **勾吴文化的现代阐释** 吴恩培著。东南大学出版社 2002 年 9 月版。69 万字。50.00 元。以中国古代文献为蓝本，对勾吴文化进行了系统的梳理和阐释，具有较高的学术价值。对于吴文化研究，已有多种著作出版，但占据如此丰富的史料的论著，尚不多见。尤其是作者的文化视角，触及历史深处，尤为可贵。吴文化研究在江苏正方兴未艾。因年代久远，有些学术问题目前争论较大且涉及江苏省内的多个地区（南京、徐州、镇江、常州、无锡等）。（李玉）

K000055 **国语集解** 徐元诰撰，王树民、沈长云点校。中华书局 2002 年 6 月版。34.4 万字。35.00 元。记西周末年和春秋时期各国贵族的言论。共 21 篇，分《周语》、《鲁语》、《齐语》、《晋语》、《郑语》、《楚语》、《吴语》、《越语》。所用底本为：30 年代上海中华书局仿宋铅字排印本，以《国语》公序、明道本、《经义述闻》等十几部注本及史书做参校，施以全套标点，并加校勘、考证，是目前整理最好的《国语》注本。（凌金兰）

K000056 **中国中古社会史论** 毛汉光著。上海书店出版社 2002 年 12 月版。37.6 万字。35.00 元。运用社会学、政治学理论，通过统计、比较以及详细的个案分析，对从汉末至唐亡的中古社会史进行综合研究。总论 4 篇从宏观上探讨中古统治阶层的社会基础与社会成分、家族变动及士族性质的演变，分论 8 篇主要是个案研究和延伸讨论，总论与分论相互补充，共同将中古社会史研究落实到士族层面。（李远涛）

K000057 **中国中古政治史论** 毛汉光著。上海书店出版社 2002 年 12 月版。39 万字。35.00 元。从陈寅恪先生的“关陇集团”理论中提炼出核心区和核心集团观念，将这两大主题贯穿于北魏至北宋建立前后约六百年的历史中，探求中古时期核心区与核心集团的凝结及转移轨迹。通过对史料的翔实考辨，结合社会学、政治学理论，并充分运用计量统计和分析比较方法，就中古时期的核心区与核心集团，如何自拓拔氏以云代地区为其核心区、以国人为其核心集团，转变为西魏宇文氏以关中为本位、重新凝结胡汉关陇集团；再演进至唐代安史之乱以迄北宋建国，魏博汴梁一带成为核心区，河北河东河南等地的职业军人成为北中国各地藩镇的统治集团，并统一而成为各王朝的核心集团等纷纭复杂的历史现象，作了圆满周详的解答。（李远涛）

K000058 **战国策研究** 胡如虹著。湖南人民出版社 2002 年 1 月版。23.6 万字。20.00 元。以《战国策》的作者考辨、产生背景、思想价值、文学价值及其流传和影响等问题为重点，对《战国策》进行了较为全面的研究和论述。首先,从先秦、秦汉的古籍文献中搜集大量材料并对古今学者的研究成果进行了认真梳理。追溯了夏、商、周至春秋、战国的"行人"发展轨迹,进行通过分析其不同时期的特点,探讨了"行人"到纵横家的联系和嬗变过程,引述繁富,举例充分,论证严谨;论古代学者对《战国策》思想价值的认识,自汉代至清代,不遗要义,可窥全豹;论《战国策》其他有关问题的研究,在尊重古人时贤观点的同时,或推陈出新,或独抒己见,条分缕析中可见匠心。(莫金莲)

K000059 **楚国史** 李玉洁著。河南大学出版社 2002 年 6 月版。39.6 万字。28.00 元。研究楚史与楚文化的先秦国别史。在对楚史进行科学论证的同时,还对楚国的思想文化习俗,诸如用鼎制度、棺椁制度、上左习俗进行探索,并将其与周文化进行比较研究。(李玉洁)

K000060 **秦汉文化史大辞典** 林剑鸣、吴永琪主编。上海世纪出版集团汉语大词典出版社 2002 年 12 月版。135.00 元。从制度、军事、民族、区域、科学、宗教、考古、语言、文化等层面收目计1.5 万条,全面地反映秦汉文化的各个方面和各个层面。(张晓栋)

K000061 **木鱼石书系——秦汉生活掠影** 王凯旋编著。沈阳出版社 2001 年 12 月版。20 万字。17.80 元。反映了秦汉时代的政治生活、经济生活、文化生活和各阶层人士的日常生活,以及秦汉时代的民风民俗。(赵敏)

K000062 **两汉纪** 汉・荀悦、晋袁宏分撰,张烈点校。中华书局 2002 年 1 月版。66.9 万字。62.00 元。编年体史籍。为荀悦《汉纪》和袁宏《后汉纪》的合编。《汉纪》三十卷。仿《左传》体例,据班固《汉书》删繁就简,增益史评,重加编辑而成。逐年记叙西汉史事,在史事记载和资料订正方面稍有所增益。《后汉纪》三十卷。仿荀悦《汉纪》体例,据《东观汉记》和谢承、司马彪、华峤、谢沈、张璠等众家后汉史籍以及《汉山阳公记》、《汉灵献起居注》、《汉名臣奏》、诸郡耆旧先贤传等,摭拾剪裁,综合编成。逐年记东汉史事,考订精详。特别是本书成书早于范晔《后汉书》,其价值尤为学者所重。此次整理,点校者以《四部丛刊》所收上海涵芬楼影印明嘉靖黄姬水刊本为底本,校以南监本、龙谿精舍本、学海堂本,并尽量吸收了历代的校勘成果。(王景桐)

K000063 **魏晋生活掠影** 李洪权编著。沈阳出版社 2001 年 12 月版。20 万字。17.80 元。介绍了有关魏晋时期的生活内容,包括政治的、经济的、军事的、社会的、文化的、风俗的等等,勾画了当时重大的政治和军事生活,简要概述了当时重大的文学、哲学、艺术、宗教、建筑、医学和教育等,此外,对这个时期的民俗生活也多有涉猎,如方术、炼丹、婚姻、丧葬、服饰、饮酒、饮茶。其他的如经济生活和社会风气等方面的内容也稍有涉及。(赵敏)

K000064 **大金吊伐录校补** 金・佚名编,金少英校补,李庆善整理。中华书局 2001 年 10 月版。33.4 万字。29.00 元。金朝一位佚名作者辑录的有关宋、金两国往还的"国书",以及金立伪楚、伪齐的相关文件。诚如《四库总目》所说:"此书全据旧闻,不加增损,可以互校缺讹,补正史之所不逮,亦考古者所当参证也。"自明以来,只有两卷本钞本流行,错漏很多。清乾隆间修《四库全书》时,从《永乐大典》中辑出 158 篇,厘为 4 卷,这就是后来收入《守山阁丛书》的 4 卷本,与收入《墨海金壶》的两卷本并行。但无论哪种本子,都错讹,严重不称善本。1941 年,我国著名学者金少英先生,鉴于此书颇高的史料价值,开始以《守山阁丛书》4 卷本为底本,校以穴砚斋本等 5 种《大金吊伐录》的不同版本,从不同版本中补入了 5 篇,共得 163 篇。此后,金先生又从《三朝北盟会编》、《挥麈录》诸书中,补入了 45 篇,共得 208 篇,使全书"基本上已做到了有答,首属完整"。(见本书金少英《序言》)本书除辑补外,还有"考释"一项,意在对有关资料,"加以考证",以揭示"历史真象"。历经 30 多年,于 1972 年基本完稿。1979 年,金少英先生辞世,书稿由他的学生李庆善教授继续完善,并于 1990 年定稿。李先生辞世后,本书出版校定,由李先生的学生漆永祥先生最后完成。(崔文印)

K000065 **北梦琐言** 五代・孙光宪著,贾二强点校。中华书局 2002 年 6 月版。27.3 万字。26.00 元。《北梦琐言》是孙光宪博访熟知掌故的朝野贤达,并在反复参校后记录编写的一部史料笔记,是记载晚唐武宗以后下迄五代史事,包括朝野逸闻、风土民情诸多方面的重要文献,历来受到研治其时文史者的重视。此书传世版本均为二十卷,这次点校,收录了缪荃孙辑得的《北梦琐言逸文》四卷,点校者辑得的二十余条逸文则编为《北梦琐言逸文补编》。收入"唐宋史料笔记丛刊"。(冯宝志)

K000066 **南部新书** 宋・钱易撰,黄寿成点校。中华书局 2002 年 6 月版。10.4 万字。12.00 元。"唐宋史料笔记"之一种,分为 10 卷,《四库全书总目提要》说它“多录轶闻琐语，而朝章国典，因革损益，亦杂载其中。故虽小说家言，而不似他书之侈谈迂怪，于考证尚属有裨”。不仅可以补正史资料之不足，对于研究唐及五代的社会生活，亦是不可多得的第一手资料。（薛有红）

K000067 **唐代人的社会生活** 王志东著。国际文化出版公司 2002 年 1 月版。60 万字。68.00 元。分 3 册，分别介绍了唐代人的读书生活、唐代人的官僚生活、唐代人的爱情生活。该书以古代典籍、古诗词作为依据，以浅显易懂的文字阐述了唐代人的生活。展示了唐代人的精神世界以及盛唐时代辉煌灿烂的文化。（李正重）

K000068 **唐代城市史研究初篇** 程存洁著。中华书局 2002 年 11 月版。21.5 万字。17.00 元。城市史断代研究专著。上篇为“唐代东都研究”，下篇为“唐王朝边城研究”。作者广泛吸收前人研究成果，运用历史地理学、考古、金石、文书学资料，从经济、地理、军事等角度考察唐代都城及边城的建制、规模、地望、沿革，取得很多富有新意的成果。尤其关于唐代广州城以及岭南城市的研究，运用大量新鲜的考古资料，令人耳目一新。（李晨光）

K000069 **宋书校议** 丁福林著。上海古籍出版社 2002 年 6 月版。27.3 万字。26.00 元。中华书局出版之《宋书》，虽经王仲荦先生校点，是较完善之精本，但其中仍有校勘未到位者，标点欠妥者，或误改原书者。本书则是一部专门指正中华书局本《宋书》谬误的著作，体例仿朱季海《南齐书校议》。著者运用内外校相结合的方法，对《宋书》中的缺文、衍字、误笔、误标等讹误进行校勘纠谬。引用资料广泛，用力甚勤。对提出的问题，均进行翔实周密的考辨，言之凿凿。全书共纠误及提出疑问 1200 余条。（丁如明）

K000070 **墨庄漫录、过庭录、可书** 宋·张邦基、范公偁、张知甫撰，孔凡礼点校。中华书局 2002 年 8 月版。25.3 万字。24.00 元。《墨庄漫录》十卷，作者张邦基为北宋末南宋初人，书中所记大都是作者耳闻目睹之事，具有较高的史料价值。如徽宗时朱勔进太湖石，“费八千缗”，且“河渠浅淤，垂载不前”。“时人莫不目击”，作者“亦获一观”，真实地再现了北宋末年统治者的奢靡。本书保有当代文人的大量诗文评论，足资研究者参考。作者长于辨伪，对《碧云騢》、《龙城录》等，都能明确指出其为谁所伪作。同时，本书山川、风物、民俗等有所涉及，对了解宋一代历史，多所裨益。《过庭录》一卷，范公偁撰。作者的高祖即北宋名相范仲淹，而他的曾祖即哲、徽时名宦范纯仁。本书共记一百一十六事，大都是其父范直方及其族人的言行，其中特别是有关范家的遗闻轶事，如“范文正规滕子京”等等，对研究范仲淹及其所写《岳阳楼记》，颇有价值。本书还引录不少时人的诗文，可供辑佚和校勘。《可书》一卷，张知甫撰，故其书又名《张氏可书》。全书共记一百一十五事，其有上三事涉及北宋徽、钦及南宋高宗三朝的军政大事，颇有参考价值。以上三书均由孔凡礼点校，合为一册。（崔文印）

K000071 **师友谈记 曲洧旧闻 西塘集耆旧续闻** 宋·李廌、朱弁、陈鹄撰，孔凡礼点校。中华书局 2002 年 8 月版。23.1 万字。22.00 元。宋代史料笔记。《师友谈记》共六十一则，是书记宋代文坛领袖、经学名儒苏轼、范祖禹、苏辙、黄庭坚等人的谈话，故曰“师友”。所记内容丰富，皆它书所未载，在宋人笔记中堪称一流。《曲洧旧闻》十卷，本书是金灭宋后，作者羁留金国时追述北宋遗事之作，故曰“旧闻”。书中记载了朝廷政事、祖宗盛德、名臣言行等，为研究北宋历史提供了可信的资料。《西塘集耆旧续闻》十卷，书中记录了陆游、辛弃疾等诸家名流的言行，其诗文宗旨、片言要语，颇能开悟后学。书中“耆旧”指有丰富经历、熟悉掌故、值得尊敬的前辈。（凌金兰）

K000072 **范成大笔记六种** 宋·范成大撰，孔凡礼点校。中华书局 2002 年 9 月版。15.9 万字。18.00 元。宋代史料笔记，按写作时间依次为《揽辔录》、《骖鸾录》、《桂海虞衡志》、《吴船录》、《梅谱》、《菊谱》。前四种笔记是作者于宋孝宗乾道六年（1170）、八年（1172）出使金国及就职静江府任（今广西桂林）时的考察笔记。书中对沿途的许多名胜古迹、距离里程、社会经济状况、风土人情、知名人物的活动情况进行了详细考察，并用生动的笔触记载下来，有很高的史料价值。点校者又把宋人学者黄震《黄氏日钞》中有关笔记的相关材料收录书中，起到适时补充的作用。（凌金兰）

K000073 **宋代文史考论** 诸葛忆兵著。中华书局 2002 年 11 月版。20.9 万字。16.00 元。“中国人民大学古典文学研究丛书”之一。收论文 17 篇，其中文学类 10 篇、历史类 7 篇，既有对北宋“大晟词派”重新认识的新说、对宋代恋情诗之实质的新说，也有对宋代二府三省制度等问题的深入探讨。所收论文大都以翔实的材料为基础，立论公允。（张文强）

K000074 **辽金生活掠影** 韩世明编著。沈阳出版社 2001 年 12 月版。20 万字。17.80 元。分为辽和金两部分,着重叙述了契丹、女真族的社会生活状况,兼及其他民族,内容相当广泛,包括民族、宗教、社区、人口、衣食住行、婚丧嫁娶、时令节日、文化生活等诸多方面,这些对我国古代社会的发展都产生过非常重要的影响。(赵敏)

K000075 **夏文化论集** 郑杰祥编。文物出版社 2002 年 12 月版。113 万字。198.00 元。分上、下册。共 2 册。精选了自 20 世纪 30 年代至 90 年代的比较有代表性的研究论文 60 余篇,其中的部分文章经过重新修订。书后附有"夏文化研究索引",收录详实,以备检索。(杨轲)

K000076 **元史辞典** 邱树森主编。山东教育出版社 2002 年 11 月版。273.9 万字。198.00 元。"二十五史专书辞典丛书"之一。共收录《元史》原文中的词语、人名、地名、民族、职官、著作、天文、历算、艺术、科技、动植物名以记器物典制、历史事件等 30970 条。收词全面,释文正确,文字简练。附有《词目索引》。(赵燕瑚)

K000077 **上海图书馆馆藏明代尺牍** 上海图书馆编。上海科学技术文献出版社 2002 年 8 月版。3800.00 元。全 8 册。精选上海图书馆馆藏明代硕儒名士 340 多人共 580 余通书札,均按原件影印,经释文、标点,并配以作者小传、名人画像等,既便鉴赏,亦利研究。就史料价值而言,本书收入了明代许多不见于载籍的政治人物的书札,可资考见当时史实,足补文献之未备。而大量文人骚客之墨迹,则于考察流派众多、争锋迭起的明代文坛,殊有助益。其他有关社会、家庭、艺术以及个人生活之方方面面,亦无所不涉,堪称有明一代文化的一座宝藏。就书法而言,本书所收祝允明、文徵明、唐寅、董其昌、王宠、米万锺、莫是龙、陈洪绶等书画巨擘之尺牍墨迹,其中有些因是信手写来,非出刻意,往往神采秀发、意态天然而另具一种风味。(邹西礼)

K000078 **国史唯疑** 明·黄景昉著,陈士楷、熊德基点校。上海古籍出版社 2002 年 6 月版。29.8万字。25.00 元。本书是一部流传不广的明代珍贵史料,系作者怀疑明代所修"国史"有缺漏、不实和偏颇之处,而加以点评及修正、补充而成的。全书共十二卷,前十一卷按朝代顺序,依次记述自洪武至天启年间的史事,第十二卷为补遗。该书既不同于野史,也不同于考异,具有较高的史料价值。点校者以最早的抄本为底本,搜求国内仅有的高兆本、虹亭本、双云堂本、烟屿楼本、周星诒校本、杞菊轩本和台湾杞菊轩本 7 种珍本作为校本,经过多年的对勘比照、精心校订、整理而成。(李志茗)

K000079 **明清人口婚姻家族史论** 本书编写组编。天津古籍出版社 2002 年 9 月版。51.4 万字。28.00 元。选收 24 位明清史学者的论文 24 篇。涉及到明清时期的婚姻、家庭、家族、家谱、民族关系、江南瘟疫、人口、法律以及社会问题等。部分内容还涉及到古代的陶瓷茶具、社会教育、女性问题等。文集收录了当代著名的国内社会史学者(如常建华、杜家骥、王跃生、刘毅等)有代表性的论文,反映了目前的明清社会史研究的现状和某些热点问题。每篇文章都有摘要、关键词,在各篇文章之后还附有参考书目、作者简介。(侯林莉)

K000080 **烈皇小识(外一种)** [明]文秉等著。北京古籍出版社 2002 年 9 月版。17.3 万字。20.00 元。含两种明代野史:《烈皇小识》述明代最后一位皇帝朱由检治国得失及自缢煤山的结局,因是明末人述明末事,所以史料真实可信,而正史不载,恰可补正史之不足,而其中"袁崇焕被杀"事件,由于当时清廷还没有公布"反奸计"的内幕,所以明朝君臣还将袁作为"国贼"评论,这也如实表现在此书中,是在它书中很难读到的历史真实记录。《研堂见闻杂录》是明末人述明末的朝野诸多事件,也是真实可信的历史记载。(总编室)

K000081 **甲申史籍三种校本** [明]张永祺等撰,栾星辑校。中州古籍出版社 2002 年 10 月版。28 万字。28.00 元。辑录明末清初中州史籍 3 种,分别为明张永祺撰《偶然遂纪略》、清郑廉撰《豫变纪略》、清李宏志撰《述往》。《偶然遂纪略》记述了发生在崇祯十五年二月的襄城之战的全过程,详实可信,可作为明季史料来利用。《豫变纪略》客观地记述了朱明王朝覆亡的原因,其中关于灾异的描述反映了时代的局限性。该部书稿于清乾隆八年刊刻,乾隆二十二年被定为禁书,本次整理仍以清乾隆八年彭家屏刻本为第一底本,同时参校其他版本。《述往》"第述桑梓而已",主要述及崇祯十五、十六年明督师孙传庭两败于汝州之战事,可信度极高。其中所述李自成谋主、大顺丞相牛金星事,为他书所未载,对考订牛金星的籍贯、家世等有重要的史料价值。同时对山河形胜、城邑方位的描述,足订史传之失,补史籍之缺。三书相互印证,为明清历史研究提供了更为翔实可信的资料。(孙宝瑞)

K000082 **中国来信(1716—1735)** [捷克]

严・嘉乐著，丛林、李梅译。大象出版社 2002 年 9 月版。19.9 万字。16.20 元。书信集，作者是 18 世纪捷克的耶稣会士严・嘉乐。他于 1716 年来到中国传教，以毕生精力深入研究了汉语和博大精深的中国传统文化，并在传教期间给祖国写了大量的书信。从这些作品中我们可以看到他那深厚的宗教虔诚、救世热情以及渊博的学识。特别是他科学、求实的治学态度，为捍卫中国古代文化的真实性和科学性仗义执言，值得今人去学习。收入"国际汉学研究书系"中的"西方早期汉学经典译丛"系列。（李亚楠）

K000083 **柳弧** 清・丁柔克撰，宋平生、颜国维等整理。中华书局 2002 年 8 月版。26.4 万字。22.00 元。清人史料笔记稿本，存六卷。书中所记大多是发生在作者身边的真人真事或道听途说的奇闻轶事，内容丰富，官场百态、医卜星相、狐仙鬼怪无所不有。其中不乏具有文献价值的篇章，还有不少篇幅对形形色色封建官吏的丑恶面目做了深刻的揭露，同时也有一些篇章，反映了清末下层小官吏的生活境况。对于了解清代末期的社会生活状况和风土人情具有一定的参考价值。（凌金兰）

K000084 **翁方纲题跋手札集录** 清・翁方纲撰，沈津辑。广西师范大学出版社 2002 年 4 月版。101 万字。180.00 元。选集。翁方纲清乾嘉时期的金石大家，学贯经学、诗学、书志学、金石考据学及书法艺术。本书收录各图书馆珍稀馆藏，如"台北中央图书馆"的《诗稿》、《笔记稿》等重要手稿。收集翁氏就历代碑刻、图书、字画鼎彝金石文物所作的题跋及致友手札，计 1738 篇，500 余通。题跋对于今人从事文物鉴定，考据字画源流及古籍整理提供佐证，手札也是研究清乾嘉时期社会生活、历史文化、艺术品鉴赏及学术活动的文献资料。（总编室）

K000085 **清人社会生活** 冯尔康、常建华著。沈阳出版社 2001 年 12 月版。32.1 万字。22.50 元。分 5 个方面对清朝社会生活作了阐述：一、社会群体和社会结构；二、生活方式及其演变；三、人口社会；四、少数民族社会生活；五、社会生活在清代全部社会历史中的作用和地位。涉及的内容非常广泛，有清人的家庭、宗族、社会组织生活，清代的社会结构和等级制度，清人的衣食住行、婚嫁丧葬、时令节日、文化娱乐、社会交往的生活方式和习俗，清代各种年龄层次、性别、生育以及与人口增殖有关的移民、就业、社会救济等社会问题。这些研究内容与清代政治史、经济史、文化史、民族关系史、对外关系史的对象不同，但又有着密切的联系。在研究方法上，除了运用历史学的归纳法、演绎法、考证法，同时利用社会学、民俗学、民族学、文化人类学、人口学的研究方法和成果。（赵敏）

K000086 **清史论丛** 中国社会科学院历史研究所明清史教研室编。中国广播电视出版社 2002 年 7 月版。30 万字。28.00 元。汇集了中外著名史学家撰写的《清朝皇位继承制度特点研究》、《科举考试与明清政治》、《清代礼学思想演进探析》等 13 篇论文，对清代历史、文化、经济、政治等方面进行了论述。资料翔实，角度新颖，论述完全而充分。（邹娓玲）

K000087 **揭开雍正皇帝隐秘的面纱** 杨启樵著。上海书店出版社 2002 年 7 月版。30 万字。30.00 元。研究雍正其人其事，内容分为继位、私生活、红学与雍正史、小说与雍正史及原始档案 5 类。作为开篇之作的雍正继位，抛开以往皇位继承于皇四子、皇十四子选一的争论，而提出雍正继统，其胞弟辅弼的新观点。而私生活部分，利用新发现的史料——"活计档"，从各种角度观察雍正，揭开其隐秘的面纱。由雍正的研究而带出的红学、小说和史料诸问题便成为其余三个部分。（竺金琳）

K000088 **中国近代文化概论** 龚书铎主编。中华书局 2002 年 7 月版。25.6 万字。32.00 元。由近代社会与文化特点、近代文化发展历程和结构变化、近代中西文化问题的论争、"西学中源"说和"中体西用"论、社会思潮、儒学、史学、社会科学、文学艺术、教育、自然科学技术、宗教、社会风俗、文化事业和文化团体 14 章构成。前 4 章综合论述了中国近代文化的特征、发展变化、中西文化的论争，以及"西学中源"说和"中体西用"论问题；后 10 章是对社会思潮、儒学等具体文化领域的分别阐述，以不同专题，比较全面地论述了中国近代文化发展演变的历史。（柳宪）

K000089 **近代文献丛刊** 张之洞、王韬、冯桂芬、徐继畬等著。上海书店出版社 2002 年 1 月版。171 万字。141.00 元。所收的十种著作并不是创作于同一时间，而是在 19 世纪四五十年代到 19 世纪末由国内的一批读书人写作或翻译的。他们的社会地位不同，思想状况各异，而这些著作在面世后都引起很大的反响。而这些书的作者中有当时的知名人士如冯桂芬（写《校邠庐抗议》）、王韬（写《弢园文录外编》）和张之洞（写《劝学篇》）等，前两书后成为维新派在戊戌变法时期的有力思想武器，而张之洞的书则是为向慈禧表忠心而作。另有湖南的一些读书人则把自己反对维新的文章汇编成册,这就是丛刊中的《翼教丛编》一书。当时为了了解西方,便有不少介绍西方历史、地理的著作问世,丛刊中徐继畬的《瀛寰志略》和李提摩太译自英人的《泰西新史揽要》就是其中的代表。当洋务运动兴起时,前书成了驻外使节人手一册的"出国指南",后者则获得维新派的好评。《丛刊》中的其他四种,有西方传教士为清政府出谋划策的《自西徂东》和《佐治刍言》,有外国外交官介绍西方教育制度和国际法原理的《文学兴国策》(此处"文学"意为文化教育)和《万国公法》,也在当时起过重要的作用。(陆坚心)

K000090 **二十世纪中国三次历史性巨变研究** 郑德荣主编。东北师范大学出版社 2002 年 8 月版。22.7 万字。22.00 元。通过中华民族在 20 世纪由封建专制而建立民主共和,由任人宰割而实现民族独立,由贫穷落后而步入小康社会,在前进道路上经历的三次历史性巨变,重新检视 100 年来中华民族探索、变革、发展的历史足迹,检视 100 年来制约、影响和决定中华民族实现沧桑巨变的种种因素,以利于中华民族在新的世纪、新的伟大进程中,创造出更加波澜壮阔、可歌可颂的光辉篇章。(任云霞)

K000091 **口岸开放与社会变革——近代中国自开商埠研究** 杨天宏著。中华书局 2002 年 7 月版。31.4 万字。25.00 元。关于中国自开商埠问题的专著。中国自戊戌变法起,主动对外开放了大批口岸,这些口岸被称作"自开口岸",它是中国通商口岸中的一个重要类别。戊戌之后三十余年,自开商埠逐渐取代条约口岸,成为中国对外开放的主要形式。近代中国是如何从深藏固锁发展到主动开埠通商的?在这一过程中,有哪些口岸被开辟出来,自开商埠是如何建设的,在多大程度上借鉴了条约口岸,开放之后其对外贸易状况如何,口岸开放在哪些方面带动了中国的近代变革,留下了什么经验教训?本书在大量原始资料的基础上,首次对此作了全面的探讨,较为系统地阐释了这些问题。(张文强)

K000092 **历史聚焦书系** 冯小敏、项伯龙主编。上海书店出版社 2002 年 8 月版。80 万字。2400 幅图。96.00 元。包括《国门洞开》、《太平天国》、《边疆危机》、《自强新政》、《庚子国变》、《辛亥革命》、《开天辟地》、《曙光初照》8 本。其内容和意义,在于深入挖掘中国近现代历史上的素材,加强对青少年的历史教育,增强民族自尊性和爱国主义精神。与以往同类题材的读物比较,它有三个明显的特点:一、结构上纵横交织,相互连贯地展示了中国人民一百多年来争取民族独立和解放的奋斗历史,在具体生动的纪事中揭示只有共产党才能救中国的真理。二、行文上史话结合,以叙述历史为经,注意理清脉络突出重点;以说明问题为纬,引导读者以史为鉴提高认识。同时尽量撷取具体生动和鲜为人知的材料,作富于文采及情节性的描写,使之发挥陶冶青少年思想情操的针对性作用。三、形式上图文并茂,基本达到每本书都配有三百幅左右的插图及相关的文字说明,蔚成一轴轴直观形象的全景式观照,从而使历史的厚重感通过视觉的形象性得到凸显,更易为喜欢读图的青少年所接受。全套书系之所以用"历史聚焦"为品牌,在相当程度上就是以这个极富于感染力的特色做支撑的。(完颜绍元)

K000093 **从东方到西方** 钟叔河著。岳麓书社 2002 年 8 月版。46 万字。38.00 元。叙论集。《走向世界丛书》于 1980 年开始出版,1986 年出齐第一辑十卷(三十六种)。作者在每种(或相关的几种)书前各撰写了一篇叙论,并写了《走向世界丛书》总序。汇编为一册,共二十五篇。本书为丛书叙论的合集。书中专收 1919 年前国人亲历欧美和日本的记述。自从 1840 年鸦片战争失败那时起,先进的中国人,经过千辛万苦,向西方国家寻求真理。这些人都在东西洋游历、考察、从事外交活动之后,留下各种著作,记述翔实,态度认真,这在当时有极大的现实意义,现在看来,也具有极大的历史价值。合集中增加了大量有关的图片,更为生动、形象的进行了论述。从鸦片战争到五四运动这一历史时期中,西方国家虽然在许多方面比中国先进,值得中国人学习,但国家利己主义的本质,却总是要压迫剥削比他们落后的民族的。中国人走向世界、接触西方,既有一个学习外国长处的问题,又有一个抵抗外国侵略的问题,盲目排外和盲目崇外都是错误的。打开眼界,走向世界。一切好的东西,要拿来为我所用;一切有害的东西;要实行抵制和预防。叙论集中对于某些作品中不免流露的这类观点,都适当作了分析,供读者们参考。书中凡重要段落都在书页旁加注了要点,对原书人名、地名的异译都加注了原文和今译。(刘芳)

K000094 **李侃史论选集** 李侃著。中华书局 2002 年 4 月版。51.5 万字。43.00 元。收录了作者关于中国近代史的学术文章 40 余篇。作者从历史最基本的事实出发,用历史唯物主义观点和方法对其进行研究,控讨了中国近代史最根本的问题,即：如何认识反帝反封建的变革和革命的问题。同时，作者对一些有争议的问题提出了自己的看法：中国近代史的下限应为半殖民地半封建社会的终结。（陈雅）

K000095 **中国历史明信片** ［德］弗鲁克著，朱建华编。同济大学出版社 2002 年 7 月版。9 万字。30.00 元（精装）。从众多的以中国为主题，自 19 世纪末至 20 世纪上叶这段时期在国内外发行的明信片中，编著精选出内容和主题都十分典型的一小部分，组成了这本画册。主要展现了中国各大城市的部分历史，包括市民日常生活及那些尚存的或早已消逝的建筑场所。（缪临平）

K000096 **晚清生活掠影** 焦润明、苏晓轩编著。沈阳出版社 2001 年 12 月版。20 万字。17.80 元。侧重于从生活层面描述晚清社会这种西方文化和中国固有文化的并存，如白话文浪潮、西式音乐、银行股票、娱乐服饰、酒楼青楼、留学考试、婚姻习俗、民间信仰、电报电话、邮政彩票、警察积案、职业乞丐、西医茶馆等等，力图涵盖生活中的新与旧、外来与传统、“阳春白雪”与“下里巴人”等各个侧面，展现晚清民众日常生活中丰富多彩的社会景观。（赵敏）

K000097 **天国春秋** 副名：太平天国历史图录。太平天国历史博物馆编。文物出版社 2002 年 9 月版。400 余幅图。180.00 元。以简史和专题相结合的形式，运用丰富的文物资料和权威的研究成果，以 400 余幅图片和表格，全面展示了太平天国的历史和经验教训。上篇简史部分涵盖金田起义、建都天京、北伐西征、天京事变、挺进苏浙、保卫天京等。下篇专题部分则从军事、经济、艺术、对外关系、影响等几方面叙述。另外，还附有太平天国大事记。（贾东营）

K000098 **太平天国战争全史** 崔之清主编，崔之清著。南京大学出版社 2002 年 5 月版。216.1 万字。180.00 元。共 4 卷。从历史学与军事学的跨学科理论视角，运用清朝原始档案及其他史料，以实证研究为基础，真实再现了太平天国战争兴起、强盛、复振与衰亡的阶段性进程。同时，本书注重对各阶段、各战场的战役指挥之学理考察，凸显敌对双方战略互动态势，进而揭示太平天国总体战略指挥的演变流程、发展水平及基本形态特征，探究天国兴亡的军事学因素。（冯晓哲）

K000099 **劝学篇** 张之洞著。华夏出版社 2002 年 10 月版。12.3 万字。11.00 元。主要内容与思想就是宣扬“中学为体，西学为用”，即在中国封建政治体制下适当容纳一些西方资本主义先进的生产力，试图实现其“会通中西，权衡新旧”的宗旨，对作者多年从事的洋务运动实践进行了理论上的总结。本书以慎始基斋刊本为底本，参考了国内已有的整理成果。“影响中国近代史的名著”丛书之一。（倪友魁）

K000100 **中法战争（第四册）** 张振鹏、黄振南编译。中华书局 2002 年 10 月版。63.2 万字。50.00 元。档案资料汇编、翻译。收入法国外交部、海军部 1883 年 1 月至 8 月的文化，共 382 份（不计算附件）。对包括驻越南、中国官员的，指示外交官员的信函，中法官员来往公文及谈判纪要，传教士的报告等。所收文件均直接从法文译出，第一次在国内发表。（薛有红）

K000101 **中法战争史** 廖宗麟著。天津古籍出版社 2002 年 7 月版。55.7 万字。38.00 元。从战争史的角度，告诉人们一个最大限度接近历史本相的中法战争史，并得出一系列新的结论和观点。如广西巡抚潘鼎新不是中法战争的逃兵、而是指挥镇南关之役大捷的功臣；中法战争也不是令人感到窝囊的“不战而败”战争，而是应令中国人民感到自豪的战争。（蔡世华）

K000102 **历史的真相** 副名：义和团运动的史实及其再认识。林华国著。天津古籍出版社 2002 年 10 月版。14 万字。12.00 元。由义和团运动的兴起、义和团组织和活动方式的特点及其实力、庚子战前义和团运动发展中的若干问题、有关八国联军战争的若干问题等 4 章组成。附录关于史事考证中如何鉴别和使用史料的一些浅见、赫德·瓦德西关于义和团运动的言论摘编。主要考证了有关义和团运动的重大史事，推翻了一些传统结论。如：抗击八国联军的主力是义和团，还是清军？攻打使馆的是义和团，还是清军？清政府为什么敢于向八个国家“宣战”？本书客观地分析了义和团运动时期一些扑朔迷离的事件。（任世江）

K000103 **中国现代史** 陈廷湘主编。四川大学 2002 年 8 月版。65.8 万字。38.60 元。全面展示了 1912 年中华民国政府成立至 1949 年国民党大陆政权覆灭时期的历史。书中突出了经济、文化、思想、学术和对外关系方面的内容，在体例和内容上有别于以往的《中国现代史》。依据中国现代社会变化和政权更替，全书把中国现代史分为北洋军阀政权时期和国民党统治时期两大段，将中国现代史置于广阔的国际背景下，分析中国卷入世界潮流并继续成为东西方列强争夺的半殖民地的历史过程。既注意展示中华民族在中国共产党领导下反抗列强、捍卫主权、争取独立的历史画卷，又注意描述中国逐步扩大国际事务的参与，扩大国际联系，步入世界民族之林的历史进程。（汪萍、成杰）

K000104 **大对局——桂系军阀全传** 周亚平著。团结出版社 2002 年 2 月版。27 万字。24.00 元。桂系军阀是国民党统治时期最为显赫的地方实力派，不仅广西一直李宗仁还还官至南京政府副总统、代总统它也因此与蒋介石为首的中央系势力游乐一段盘根错节的恩怨史。桂系军阀势力最终成为蒋氏王朝的殉葬品，而它的代表人物如黄绍竑终于认清大势，投入了革命阵营，李宗仁辗转海外 15 载，也终于回到新中国，而白崇禧跟蒋跑到台湾，受尽冷落。1966 年 2 月，何因猝死于卧室地板上，至今仍是难解之谜。本书叙述了桂系军阀兴衰史。（傅雪莎）

K000105 **中华民国史(第三编第二卷)——从淞沪抗战到卢沟桥事变** 周天度等著。中华书局 2002 年 4 月版。84.5 万字。66.00 元。近代史资料。上下二册，分为"一·二八"淞沪抗战和伪满洲国的成立、华北军民抗战的开展和国民党内部的分化、国民党统治的加强、国民政府对"苏区"的围剿、华北事变和国民政府的对策、全国抗日救亡运动的新高涨、西安事变、国民党由内战转向抗日、国民政府的财政金融、国民政府的经济、国民政府的教育和学术研究等 12 章，主要叙述了这一阶段的民国政治、军事与外交，也涉及财政、金融、经济教育及科学。书后附有人名索引。（冯宝志）

K000106 **权力场——直皖军阀全传** 王国宇著。团结出版社 2002 年 2 月版。30.5 万字。25.00元。中国两千年的传统社会是一个官贵民轻、权力至尊的社会，到 20 世纪初，孙中山建立民国，中国看见一缕民主的曙光，但不久袁世凯窃国虽被唾弃，而接着由直皖军阀控制的北京政府更成为一个赤裸裸的权力争斗场。自 1916 年 6 月黎元洪继袁世凯任大总统，至 1928 年 6 月为国民党南京政府取代，直皖军阀把持的北京政府先后有 12 人(次)名义上担任总统职权，而内阁班子先后换了 38 届，黎段的政府院之争，直皖的争权血战，曹锟的银圆贿选，乃至明火执仗的劫车夺印，乱哄哄你方唱罢我登场，到处尔虞我诈，血雨腥风。一个中国社会最混乱、最腐败的年代，一个官场社会凑不出的权力怪圈。叙述了直皖军阀的兴衰史。（傅雪莎）

K000107 **夹缝生存——湘系军阀全传** 刘心语著。团结出版社 2002 年 2 月版。29.8 万字。25.00 元。20 世纪 30 年代，南北军阀把湖南作为必争之地湘系军阀没有足够势力与之抗衡，面临着一种令人难挨的夹缝生存的状态。湘系军阀以谭延闿为开山祖，1911—1920 年三次督湘。他以谋杀革命党起家又装出拥护革命的样子，暗地里却与旧军阀势力相勾结，人称八面玲珑的"水晶球"。赵恒惕也是一个"水晶球"他 1920 年督湘，便向各省军阀势力提出"联省自治"，同时又极力巴结吴佩孚，在南北势力的夹缝中求一块生存土壤。何键又是一个"水晶球"1928 年他先联络桂系，推倒湘督鲁涤平，后又向南京的蒋介石百般输诚，得以把持湘政九年。然而，夹缝里磨练出的一个个"水晶球"，惟有仰人鼻息得以生存，他们被历史的污泥浊水裹挟沉浮，终不能把握自身命运。本书叙述了湘系军阀的兴衰史。（傅雪莎）

K000108 **投机时代——北洋军阀全传** 欧阳雪梅著。团结出版社 2002 年 2 月版。32 万字。26.00 元。叙述了清末民初的袁世凯，刚刚还是维新运动的积极支持者，一会儿又成了仇视变法的慈禧太后的座上宾；昨天还做着清朝廷的内阁总理大臣，一晃又成了中华民国大总统，可说是前无古人政治变脸者和大投机家。然而变脸有术也有时，当袁氏恢复帝制，做起中华帝国的"洪宪皇帝"，终于露出投机者和独裁者的本来面目。在全国一片讨袁声中。北洋军的一个个干将也患起了"流行性政治病"，袁氏军阀集团四分五裂。袁氏在众叛亲离的绝望中孤影黄泉路。（傅雪莎）

K000109 **乱世之狐——晋系军阀全传** 黄启昌著。团结出版社 2002 年 2 月版。32 万字。25.00元。20 世纪上半叶，晋系军阀集团统治山西 38 年之久，其首领阎锡山成为"不倒翁"式的人物，让人们感觉到这个军阀集团一种独特，狡诡的生存方式。为了自己的生存，它一会儿又联冯倒蒋，导致百万大军血战中原，它面临民族危机，在与国共、与日伪的关系中，玩着"在三棵鸡蛋上跳舞"的游戏，它搞"保境安民"修筑窄轨铁路，竭力拥有自己的金融和军火工业为主的经济体系，以建立自己的独立王国，抗战胜利后，它反对国共停战，把自己拴牢在届氏内战的战车上，终于使自己归于覆没。历史的讽刺就在这里，晋军阀的精明所在，也是它的悲剧所在。本书叙述了晋系军阀的兴衰史。（傅雪莎）

K000110 **射天狼——奉系军阀全传** 六云波著。团结出版社 2002 年 2 月版。30.6 万字。25.00元。奉军从绿林队伍发展而来，在日俄战争中充当墙头草，在辛亥革命中甘当刽子手，在军阀混战中却又玩尽阴阳火，始终不愿被“掐脖子”做人，其首领张作霖，为日本人所害。饱尝国恨家仇，张学良率领的奉军后来有了新的面貌，厌恨长期内战，情愿在东北易帜，一判国家同意，为了与民休息，自裁军队，发展文教事业，面临严重民族抗战高潮的到来。奉军该有更灿烂的前程，但其命运到此寿终正寝，绿林中人总以“义”字当先。顾念民族大义，能让人做出惊天动地的伟业，但江湖之义，却给人留下无尽的遗憾和感慨。本书叙述了奉系军阀的兴衰史。（傅雪莎）

K000111 **黑红门——滇系军阀全传** 余应彬著。团结出版社 2002 年 2 月版。29.8 万字。25.00元。滇军是旧中国军阀割据时代一支很有代表性的地方军阀势力。最初，以唐继尧为首的一些新军军官热衷于独裁专制，穷兵黩武，他们靠在反清反袁斗争中钻营，把云南新军变成一支控制滇政，称霸西南的军阀队伍。后来，他又成为蒋介石新军阀势力剪除异己，发动内战的帮凶，红军长征时，他开赴滇黔边境，企图扼杀红军于北上抗日途中，解放战争时期，他又甘为鹰犬，长驱关内，与人民解放军兵戎相见。然而，1949 年 12 月，卢汉率领几万滇军突然于云南前线倒戈，彻底击碎蒋介石在西南建立反共基地的美梦。叙述了滇系军阀的兴衰史。（傅雪莎）

K000112 **中华民国历史图片** 中国第二历史档案馆编。团结出版社 2002 年 6 月版。3 万余幅图片。6800.00 元。全书共分政治、经济、军事、外交、文化、社会 6 大类，以图片的形式，简要的说明文字，叙说了中华民国各个历史时期和珍藏价值。（傅雪莎）

K000113 **抗日小勇士的足迹** 叶伟才、吴克强著。中国少年儿童出版社 2002 年 2 月版。15.375印张。18.50 元。抗日儿童团历史资料选集。分 3 部分，第一部分写老一辈革命家对抗战儿童的关怀。收录了毛泽东主席、周恩来总理以及党和国家领导人在抗战时期写给儿童团体的信、题词，还有建国后关心少年儿童事业的回忆文章。第二部分讲述了抗战爆发后，活跃在全国各地的儿童组织以戏剧、歌咏、舞蹈、绘画、演讲为武器，走城入乡开展抗战救亡、保卫祖国的宣传、慰问伤兵与抗日捐献活动等事迹。第三部分选收了当时脍炙人口的抗战儿童歌曲 26 首和一些珍贵的文献资料。（韩彬）

K000114 **中国抗日战争正面战场作战记** 郭汝瑰、黄玉章等主编。江苏人民出版社 2002 年 1 月版。125 万字。68.00 元。涵盖了日本侵略中国的全部历史以及中日两军展开的地域辽阔的所有重要战役、战斗，从东北三省到长城内外，到华东、华中、华南、西南，甚至缅甸，国内战线长达 5000 公里，记述重大战斗近百个，其中两军大规模会战 22 次，一方面以确凿的史料充分揭示日本帝国主义侵略中国的罪行；另一方面，从国家战略的高度、军事战略的角度考察战局的发展，记述正面战场上中国军队的兵力部署、作战指导、作战过程。论述其战略决策、战役指导上的成败得失。

K000115 **二十世纪三四十年代的晋察绥地区** 祁建民著。天津人民出版社 2002 年 5 月版。30 万字。25.00 元。从 20 世纪 20、30 年代的内蒙古自治运动谈起，论述了内蒙古自治势力与国民政府，蒙古王公与绥远、察哈尔地方当局，德王与关东军的相互关系，指出德王投靠日本有一个变化过程，伪蒙疆政权的建立是日本侵华政策的结果，是近代日本帝国主义对华侵略、分裂政策与内蒙古少数民族分裂势力相互作用的产物。同时阐明，中国共产党通过在晋察绥地区进行的团结蒙汉人民共同对日作战过程而基本形成了以民族区域自治政策为核心的少数民族政策。（吴锻霞）

K000116 **国共和谈秘梓** 戚如高主编。广东人民出版社 2002 年 9 月版。30 万字。22.00 元。详细描述了国共第二次合作前后的种种接触和谈判，对其背后的各方势力和来龙去脉作了全面的剖析。

K000117 **南京战·寻找被封闭的记忆** ［日］松冈环著。上海辞书出版社 2002 年 12 月版。31.45万字。23.00 元（平），30.00 元（精）。对当年曾参与南京大屠杀的日本官兵本人口述史的调查实录。是日本“铭心会”与旅日华侨中日友好促进会等团体，自 1997 年 10 月起，在日本东京、名古屋、大阪、广岛等 6 个城市开设了“南京大屠杀情报热线”，寻访曾参加侵华战争的日本老兵，向这些历史证人征集加害者证言的调查成果。主要集中了曾参与南京大屠杀的侵华日军第 16 师团，第 9 师团的 33 联队、38 联队、36 联队和 68 联队等日本老兵的证言。记述了这些日本兵当年在南京中华门、太平门、中山门、武定门、挹江门、光华门、和平门等地，对中国被俘官兵、妇孺、平民残酷施暴、奸杀、掠夺的罪行。从日军士兵的证言、阵中日记等资料反映，南京大屠杀是在绝对执行“上级命令”的情况下发生的惨剧，这弥补了以往只有为数较少的加害者证言这一历史的缺憾，与中方受害者和第三国外籍人士的证言相互印证，进一步揭露了南京大屠杀历史的真相。(辞书总办)

K000118 **重庆大轰炸** 徐朝鉴、王孝询主编。西南师范大学出版社 2002 年 4 月版。40 万字。28.00元。重庆大轰炸是一段不能忘记的民族屈辱史，是日本帝国主义侵略中国所犯下的滔天罪行的罪恶史，是战时重庆人民横遭蹂躏的血泪史。据不完全统计，从 1938 年 2 月 18 日至 1943 年 8 月 23 日历时 5 年半，日本帝国主义共出动飞机 9000 余架次，投弹 20000 余枚，炸死炸伤市民 30000 余人，炸毁房屋 30000 余栋。仅 1939 年“‘五四’大轰炸”就炸死 3318 人，炸伤 1973 人。重庆是第二次世界大战中遭受日本轰炸次数最多、规模最大、持续时间最长、损失最惨重的城市。本书按时间顺序，通过大量的史料记载了这段最惨烈的历史，记述了重庆人民反轰炸的壮烈场面及其地位和作用，也记叙了民间受害者对日本政府索赔的艰辛历程。(米加德)

K000119 **“七三一”部队罪行铁证** 副名：关东宪兵队“特殊输送”档案。黑龙江省档案馆等编。黑龙江人民出版社 2002 年 1 月版。54 万字。680.00元。收集了黑龙江省档案馆藏侵华日军关东宪兵队“特殊输送”档案。“特殊输送”档案，是侵华日军惨杀中国人民的又一铁证。为了揭露侵华“七三一”部队的罪行，黑龙江省人民政府于 1982 年批准建立了侵华日军“七三一”部队罪证陈列馆，收集、陈列了大批侵华日军“七三一”部队利用活人进行试验、研制细菌武器的图片和实物证据。在哈尔滨侵华日军“七三一”部队遗址，至今仍存有二十余处细菌工厂的残垣断壁。但由于侵华日军在日本投降前夕大肆销毁罪证，在我国一直未能发现侵华日军关东宪兵队向“七三一”部队输送活人的原始文字记载。这次发现的侵华日军关东宪兵队“特殊输送”档案是批驳日本右翼势力否认“七三一”部队罪行的有力证据。(刘恺汐)

K000120 **转折年代** 副名：中国的 1947 年。金冲及著。生活·读书·新知三联书店 2002 年 10 月版。38 万字。96 幅图。36.00 元。叙述和分析 1947 年中国大地上国民党和共产党双方力量对比发生巨大变化的过程及原因。共分 14 章：一、中国是怎样进入 1947 年的；二、新年前后的抗议美军暴行怒潮；三、主战场上第一回合的较量；四、从进攻延安到孟良崮战役；五、席卷全国的反饥饿、反内战风暴；六、局势急转直下的巨大震撼；七、美国政府的两难处境；八、拦腰突破挺进大别山；九、品字形阵势的形成；十、北线战局相继变化；十一、农村土地制度的大变动；十二、中间派政治力量的新抉择；十三、南京政府越来越孤立；十四、历史的转折点。内容涉及军事、政治、经济、文化等各领域，征引当年国共双方的第一手资料，以及当时报刊杂志评述。附录有作者的论文《抗日战争后期中国政局的重要动向——论 1944 年大后方的人心剧变和“联合政府”主张的提出》和征引文献。(潘振平)

K000121 **中国革命根据地大辞典** 蓝常周、谭克绳主编。广西人民出版社 2002 年 3 月版。10.72万字。160.00 元。系统、全面反映 1927—1949 年中国革命根据地建立、发展过程中有关事件、人物、战斗等内容的大型辞书。辞目按内容分为起义、暴动、军队、战争、战役与战斗、组织机构、著作、文献、事件、运动与活动、会议、社团、学校、报刊、人物等 11 部分，共 4082 条。在编纂上有三大特点：一是内容全面。为力求全面地介绍中国革命根据地的各个方面，充分地反映根据地历史的全貌，包括了根据地的经济、政治、军事、文化、教育、卫生等各条战线上的重大事件和重要人物。二是精选条目与内容。以对根据地的建立和发展产生过较大影响的重要事件与人物作为立目的依据。三是充分反映史学界研究的新成果。(郑维宽)

民族史志

K000122 **北部边疆民族史研究** 孟广耀著。黑龙江教育出版社 2002 年 5 月版。59 万字。42.00元。“边疆史地丛书”之一，分上、下册。由 3 个系列共 43 篇文章构成的。其中第一篇“历史琐论”包括 5 章，即“边疆经略”、“唐至元鄂尔多斯的历史面貌”、“辽金史拾遗”、“辽金元与王氏高丽、日本的关系”、“读史札记”；第二篇“文化史丛论”包括四章，即“儒家文化”、“蒙古族早期文化”、“女性文化的特点”、“马文化与骑兵”；第三篇“人口史论述”包括 3 章，即“东北民族人口的迁徙规律及高丽王国汉族人口”、“契丹——辽朝人口”、“元以前的蒙古族人口”。(张天栋)

K000123 **甘肃民族研究论丛** 李忱主编。甘肃人民出版社 2002 年 12 月版。26.2 万字。22.00 元。论文集。选收中青年研究工作者的论文 25 篇。反映了近期甘肃省民族研究新成果。内容涉及回族学、伊斯兰教学、藏学及甘肃省 3 个独有民族:裕固族、东乡族、保安族经济文化研究。从社会、政治、文化、宗教、经济、历史、科技、教育等多方面进行了探索研究。

K000124 **中国蒙古学研究概论** 吉木斯特额尔敦陶克套主编。辽宁民族出版社 2002 年 8 月版。50 万字。60.00 元。对我国蒙古学各学科历来研究情况及国内蒙古学研究单位、出版社、国家及自治区级学校、图书馆、档案馆、报刊杂志等机构也作了全面系统地介绍,对蒙古语文、历史、文学、医学等传统学科的历史和现状作了系统介绍,同时对建国以来尤其是改革开放以来的新兴学科——蒙古族哲学、经济、军事、宗教、文化教育、法律、科学技术、艺术等学科也作了较全面的阐述。客观公正地介绍了各学科已取得的成绩,并在重点介绍主要研究成果的同时注意介绍了不同学派的不同见解。(塔晓华)

K000125 **吐蕃文明面面观** 尕藏才旦编著。甘肃民族出版社 2002 年 12 月版。10 万字。10.00 元。少数民族古代史著作。为雪域藏民族文化博览丛书之一。用通俗的文字介绍藏民族吐蕃时期的历史与文化,主要包括吐蕃文明酝酿的历程、政治制度、经济文明、军事文明、社会组织、法律伦理、文化科技、对外交往等,反映了在藏族乃至整个中华民族文明史上占有重要地位的吐蕃王朝的全貌。(王跃)

K000126 **湖北苗族及 21 世纪苗学研究** 编委会编。中央民族大学出版社 2002 年 1 月版。33 万字。31.80 元。论文集。选收苗学研究论文共 39 篇。内容涉及湖北苗族文化的建构特征、楚祭与苗祭、苗学研究的回顾与展望、苗学社会化与 21 世纪苗族的复兴、苗学研究的世纪回眸和展望、苗、瑶、畲族传统服饰文化之比较研究、论“三祖文化”、氐人、鱼图腾与“窜三苗于三危”、明清云贵地区苗族农业经济研究、湖北苗族来源和移民特点、西部大开发战略与苗族文化的发展等。(李飞)

K000127 **云南彝学研究(第 3 辑)** 云南民族学会彝学专业委员会编。云南民族出版社 2002 年 7 月版。43 万字。40.00 元。论文集。选收 46 位彝学研究者的 49 篇文章。分 3 部分:一、关于如何编写中国彝族通史的建议。二、彝族历史问题探讨。三、有关彝族经济文化方面有代表性的论文。反映了现阶段彝学研究的概貌。全书有前言,部分论文还附有参考书目。(张仲仁)

K000128 **传衍·嬗变·融合** 副名:满族生活文化论。张雷军著。云南大学出版社 2002 年 1 月版。24 万字。15.00 元。从以下几个方面对满族历史文化进行了论述:第一章绪论,界定了满族文化的概念,探讨了研究满族文化的方法和应持有的态度;第二章满族先民的文化,该章对满族先民各个时期的文化进行了纵向叙述和分析;第三章满族物质生活文化,即满族人民在创造和消费物质财富的过程中不断重复的、带有模式性的活动,主要包括物质生产文化和物质消费文化;第四章满族社会生活文化,着重探讨满族家庭、人生习俗、节庆礼仪等文化;第五章满族精神生活文化,主要指满族传统和现实生活中存在的信仰和思想意识形态,包括萨满教、社会崇拜和各种各样的祭祀等内容;第六章满族文化的特征,即体现于行为规范、道德准则中的独特的价值观念;第七章满族文化的功能,指它在满族社会生活系统中的位置及与其他社会文化要素之间的关系,以及它所具有的客观效用;第八章满族文化研究综述,对国内外满族文化研究进行了较为详细的介绍。(徐曼)

K000129 **满族生活掠影** 刁书仁编著。沈阳出版社 2001 年 12 月版。20 万字。17.80 元。着重从社会生活角度介绍了满族的名称由来、先世足迹追踪、饮食、服饰、居室、姓氏、家族、人际关系、宗教信仰、婚丧嫁娶、戏曲歌舞、军事设置等等,此外,还介绍满族养儿育女的习惯、春节习俗、满文的创制与使用、丰富多彩的体育游戏以及围场骑射、八旗设置等。(赵敏)

K000130 **龙胜红瑶** 龙胜各族自治县民族局《龙胜红瑶》编委会编写。广西民族出版社 2002 年 6 月版。21.00 元。全面系统地介绍了红瑶人口分布、语言、族源、迁徙、经济、政治、文化、宗教、道德、风俗;历史上反抗压迫剥削斗争;解放后特别是改革开放以来涌现的新人新事等等。(徐美)

K000131 **东山瑶社会** 盘泡江主编。广西民族出版社 2002 年 8 月版。35 万字。25.00 元。系统研究介绍东山瑶社会和文化。全书分 13 部分论述:一、概述;二、东山瑶社会发展;三、生态与经济;四、物质生活;五、婚姻与家庭;六、社会组织;七、语言;八、教育;九、文学艺术;十、文娱与体育;十一、医药卫生;十二、宗教信仰;十三、民俗风情等。其特点:一是对东山瑶社会历史资料进行了比较系统的搜集和分类归纳整理;二是第一次公布了东山瑶社会过去鲜为人知的有关该支系来源、人口分布、姓氏构成、迁徙、经济生活、文学艺术、习俗信仰等方面的资料，是研究东山瑶社会和文化不可多得的重要史料。(廖汝年)

K000132 **金秀大瑶山瑶族史** 金秀大瑶山瑶族史编纂委员会编著。广西民族出版社 2002 年 11 月版。35 万字。28.00 元。系统、翔实记叙了金秀大瑶山瑶族 600 多年发展历程。全书分为 5 篇：第一，综述；第二，明清时期的金秀大瑶山瑶族社会；第三，民国时期的金秀大瑶山瑶族社会；第四，中华人民共和国成立后至改革开放前的金秀大瑶山瑶族社会；第五，新时期的金秀大瑶山瑶族社会。书后附有各时期的大事记。全书以历史唯物主义的观点，对金秀大瑶山各个时期瑶族的政治、经济、生态环境、民族来源、宗教信仰、语言文字以及瑶胞的生活情况统归综述，通过浓墨重彩的写史笔法，突出反映历史演变给予金秀大瑶山瑶族经济和社会的巨大变迁，重在对史料的整理提炼，经验的总结反思，以实事求是的态度对历史事件、人物和典章制度给予恰当、客观的评价，在叙史过程中，对瑶族长期历史发展创造的丰富民族文化的勾勒，展示了大瑶山瑶族独特的民族底蕴。(凌华)

K000133 **茶山瑶文化** 刘保元、莫义明著。广西人民出版社 2002 年 9 月版。23 万字。15.00 元。系统叙述了茶山瑶的经济、政治、文化、社会发展的历史，包括茶山瑶具体的经济生活、社会生活、传统习俗、宗教信仰、语言概况、文化教育、文学艺术及独具特色的医药与娱乐。通过描述茶山瑶独特的语言、绚丽的服饰、别具一格的恋爱婚俗、多样的丧葬仪式、古老的社会组织、巫道相通的宗教信仰、独创的鸟盆及其捕猎方法、独特的鸟酢和肉酢腌制工艺、特有的灵香草及剪禾把生产技术、独树一帜的文学艺术等等，从总体上勾勒了茶山瑶文化。本书特别可贵之处在于，作者根据大量的可信度较高的材料，为茶山瑶族源作出科学定位，明确指出，茶山瑶与同居住于大瑶山的盘瑶、山子瑶、坳瑶、花蓝瑶甚至瑶族共同体的其他支系均不同源，而是由百越民族中山越的一支演变而成的溪族后裔。本书另一突出之处是探讨了瑶族古老的社会组织——“巴引”组织、村社政治、石牌组织，尤其是对石牌组织的分析阐述，更使本书具有鲜明的地方民族特色。(廖集玲)

K000134 **哈尼族文化史** 雷兵著。云南民族出版社 2002 年 2 月版。31.3 万字。25.00 元。“云南少数民族文化史丛书”之一。共 13 章。从哈尼族族称族源、历史上的哈尼族、村寨聚落与家族结构、梯田文化、原始宗教、生活习俗、人生礼仪、生理心理特征、语言文字、文化教育、文学艺术、纪年与节日等方面，全面阐述了哈尼族包括泰国、缅甸、老挝、越南等国哈尼族的历史文化。全书有总序言和分序言，书后还附有参考书目。(杨羊就)

K000135 **木氏土司与丽江** 余海波、余嘉华著。云南民族出版社 2002 年 10 月版。25 万字。32.80 元。全面阐述丽江木氏土司对纳西族及滇西北的社会、经济、文化产生的深远影响，同时也指出其局限。(郑卫东)

K000136 **中国少数民族大辞典·纳西族卷** 广西民族出版社 2002 年 8 月版。130 万字。216.00元。中国 55 个少数民族大辞典(每族一卷)的首卷，收近 3000 个条目，全面且系统地介绍了我国纳西族的历史文化和社会现状。内容分社会、自然地理、历史、经济、科技、思想、教育、宗教、语言文字、文学、文化艺术、文物、风景名胜、医疗卫生、新闻出版、体育娱乐、风俗、人物、典籍论著共 19 大类。每大类又分设若干小类，以多级标题形式，逐层展示纳西族文化的丰富内涵。材料截止期为 1998 年，重点部分后移至 2002 年。正文前设有顺序目录；正文后附“辞目笔画索引”。(覃承勤)

K000137 **景颇族文化史** 刘刚、石锐、王皎著。云南民族出版社 2002 年 9 月版。28 万字。27.00 元。“云南民族文化史丛书”之一。全面涵盖了景颇族的渊源历史、语言文字、哲学思想、宗教信仰、婚姻家庭、伦理道德、风俗习惯、文学艺术、教育体育、科学技术、经济生产、医药卫生等各个文化领域，系统地反映了景颇族所处的特殊自然地理、人文地理环境和与之相联系的生产、生活发展情况，客观而详略适当地对景颇族灿烂文化的历史面貌作了生动而明晰的阐述。(岳灵玉)

K000138 **普米研究文集** 胡文明主编。云南民族出版社 2002 年 1 月版。82 万字。98.00 元。收入 60 余位对普米族素有研究的学者的论述，内容涵盖“民族识别”、“渊源历史”、“语言文字”、“古语新探”、“社会制度”、“经济形态”、“宗教哲学”、“道德教育”、“法律文化”、“文学艺术”、“格萨尔论”、“风俗习惯”、“传统科技”、“民族关系”、“历史人物”、“文物辑”等方面。(郑卫东)

K000139 **土家族民间文化散论** 曹毅著。中央民族大学出版社 2002 年 6 月版。19 万字。20.80 元。“土家族研究丛书”之一。在前人研究的基础上

对土家族文化的诸多方面，如族源、信仰、习俗、社会形态、民间文学等方面进行了深入的探讨。（李飞）

K000140 **土家族革命斗争史略** 胡济民、胡源著。中央民族大学出版社 2002 年 6 月版。22 万字。20.80 元。“土家族研究丛书”之一。以丰富资料介绍了湘鄂川黔土家族聚居区革命斗争史实，重点突出了民族特色，突出区别于其他根据地的特点，突出了根据地革命和建设成就。内容有湘鄂边苏区是我党在民族地区建立的第一块革命根据地、根据地党和政权建设、根据地的土地革命、贺龙在土家、苗族地区的统战思想及其实践等。（李飞）

K000141 **畲族与瑶苗比较研究** 吴永章著，汪毅夫主编。福建人民出版社 2002 年 6 月版。20.1万字。20.30 元。从历史与文化方面对畲瑶苗三族进行比较研究。主要章节内容包括：同是盘瓠子孙；三族的分流与分布格局的形成；族称、人口与分布；历代中央王朝的治理政策；经济生活；组织与习惯法；社会生活；教育；医药与武术；语言与文字；民间文学；音乐与舞蹈；婚姻与丧葬习俗；社会宗教信仰等方面。收入《畲族研究书系》。（薛剑秋）

K000142 **畲族风情** 雷弯山著，汪毅夫主编，蓝炯熹、郭志超副主编。福建人民出版社 2002 年 6 月版。22.5 万字。21.70 元。分 6 章，各章题目为：物质生产；物质生活；传统节日；人生礼仪；文学艺术；传统体育。系统地记录畲族民俗事象，包括物质民俗、社会民俗、精神民俗等。探讨有关民俗事象的传说、形成的原因、过程和特点，以及周边民族的民俗事象的比较。对现代社会生活中的民俗事象的发展、嬗变和走势，进行了分析和探讨。收入“畲族研究书系”。（薛剑秋）

K000143 **畲民家族文化** 蓝炯熹著，汪毅夫主编。福建人民出版社 2002 年 6 月版。31.7 万字。27.30 元。“畲族研究书系”之一。在对有关史料、典籍，特别是大量的畲族谱牒和田野考察资料进行分析和探讨的基础上，全面展示畲民家族文化的结构、功能和特征。着重剖析畲民家族的形成和在不同时期和不同地域的发展和嬗变，以及独具特色的家族传说（槃瓠传说、河南传说、迁徙传说），家族情感（民族族源与家族血缘的统一、神与人的家族观念——远祖和土主的权威、三公主的情结——家族女性的特有地位、槃瓠传说的解读），家族构成（家族谱系、象征物、家族权威、宗族和家族、家与家族），家族和村落营造（风水观念、寮和村居特色），家族组织和村落行政组织的关系（强化和弱化、建构和解构），家族行为（建祠、修谱、祭祖、奖赏和惩罚、年节活动、诉讼、公益活动），畲歌中的家族文化投影等，并思考畲民家族文化对畲族民族精神的影响，畲民家族文化与现代化的顺应过程，阐明畲民宗族文化在畲族文化中的地位和作用。并附有若干畲族村落家族的描述，以丰富畲民家族文化的内涵。（薛剑秋）

K000144 **畲族与客家福佬关系史略** 谢重光著，汪毅夫主编。福建人民出版社 2002 年 6 月版。25.5 万字。23.50 元。探讨畲族源流理论著作。把畲族的酝酿、形成和发展史放在六朝隋唐以来武陵蛮及北方汉族人民南迁的背景下，从闽粤土著与南迁武陵蛮及汉族居民相互斗争和融合的角度，特别是畲族与汉族客家、福佬二民系密切互动的角度，阐述了畲族族源多元论，畲族、客家、福佬都是文化的概念而不是种族的概念，这三个族群长期在血统上互相混合、文化上互相涵化等新的观点。书中阐明三族历史上密切互动关系，达到你中有我，我中有你的程度，这对各级领导加深认识省情，增进民族团结和族群团结，有较强的现实意义。书中发掘出不少新的历史文献资料，对挖掘畲族文化的深厚积累也很有意义。全书共分 6 章。主要内容包括：绪论；畲族先民的多元组成；客家先民的南迁；唐宋时期畲族先民与客家先民的斗争和融合；福佬民系的形成与拓殖；畲族与客家民系的形成；元代三族的族群发展与互动关系；明清时期畲、客、福佬的消长；三族文化交融诸事象举证。收入“畲族研究书系”。（薛剑秋）

K000145 **畲族研究书系** 汪毅夫主编。福建人民出版社 2002 年 6 月版。不是对畲族文化进行面面俱到的通俗性介绍，而是选取畲族研究中的闪光点，即畲族文化中最有代表性的侧面和在畲族研究领域中富有启发性、突破性和关键性的论题，进行深入研究，构成书系的总体内容。使读者能通过有限篇幅，探询畲族文化的全貌和真谛。共 6 本：《畲族与瑶苗比较研究》，吴永章著；《畲族与客家福佬关系史略》，谢重光著；《畲族语言》，游文良著；《畲族音乐文化》，蓝雪霏著；《畲族风情》，雷弯山著；《畲民家族文化》，蓝炯熹著。（薛剑秋）

地方史志

K000146 **中国地方志集成·北京府县志辑** 上海世纪出版集团上海书店出版社 2002 年 10 月版。5712 幅图。35.00 元。收录 17 种志书，包括《光绪顺天府志》、《康熙昌平州志》、《光绪昌平州志》、《光绪昌平外志》、《康熙宛平县志》、《康熙延庆州志》、《光绪延庆州志》、《康熙怀柔县新志》、《民国密云县志》、《民国顺义县志》、《康熙通州志》、《民国通县志要》、《民国平谷县志》、《康熙大兴县志》、《乾隆房山县志》、《民国房山县志》、《民国良乡县志》。(卢建幸)

K000147 **古代北京城市管理** 尹筠科等著。同心出版社 2002 年 4 月版。54 万字。38.00 元。分 3 章,将辽南京、金中都、元大都、明北京、清北京在城市规划及市政、户籍人口与民政、工商税务、社会治安、教育文化诸方面的管理机构、管理制度与措施、管理效益与经验等,作了全面阐述。(王小云)

K000148 **北京办公宝典** 北京办公宝典信息咨询有限公司、北京红卷广告有限公司。地质出版社 2002 年 9 月版。180 万字。120.00 元。收录的信息内容既有北京各企事业单位的详细地址、邮编、电话等信息,还有地图、列车时刻表、公交线路、旅游景点、网站、投诉、举报等大量与工作和生活贴近的实用信息。(杨军)

K000149 **北疆通史** 赵云田主编。中州古籍出版社 2002 年 12 月版。71.7 万字。88.00 元。"中国边疆通史丛书"之一。以时代发展为序分为 6 编,分别阐述了秦统一前,秦汉,魏晋南北朝,隋唐,五代十国和宋辽,金,蒙古汗国和元,明,清时期的北疆,附录大事记。每编分章论述了那一时期的疆域,民族,经济文化的发展概况。通过阐述突出反映了在中国北疆地区的形成和发展过程中民族融合的问题。主要是魏晋南北朝时期达到高潮的中国北疆少数民族和汉族的融合,另外是少数民族之间不断地融合。其重要的启示为:中国疆域的基本形成和民族分布的格局的大体固定应为清朝前期;北疆范围大小的变化,以及多种政权时期国界的不同含义。该书在坚持现实性、历史性和变化性的原则上,勾勒出了中国北疆的历史发展概貌。(孙宝瑞)

K000150 **东北通史** 李治亭主编。中州古籍出版社 2002 年 12 月版。85.2 万字。95.00 元。"中国边疆通史丛书"之一。以时代发展为序分为 9 编,分别阐述了东北文明的曙光和秦汉、魏晋南北朝、隋唐、辽金、明、明清之际、鸦片战争前、近代时期的东北。每编分章阐述了那一时期的区域划分、行政管理、社会经济文化的发展及重要事件。突出了疆域变迁,民族关系,民族文化的源流、内涵和特色,各代的民族政策及盛衰。本书提出了两个重要议题。一是朝鲜半岛的归属问题。作者通过充分论证,得出"在明以前数千年间,朝鲜半岛理应属于历史上东北区域的一部分","有清一代,亦取明制,继续以宗主国统治朝鲜"的结论。另一个是东北文化与中原文化的关系问题。通过考古资料论证了"中华大地上第一道文明曙光"是东北地区大凌河上游牛河梁红山文化,打破了黄河流域为惟一的"中华文明源"的传统定见,证明了中华民族文化的多源性。同时对最早发现的河南濮阳西水坡用蚌壳堆塑而成的长 1.78 米的龙被称为"华夏第一龙"的结论质疑,列举了在湖北黄梅白湖乡陈村发现用河卵石摆塑的长 4.46 米的"长江流域第一龙",在辽宁阜新查海发现用石块堆砌长达 19.70 米的龙。在辽宁地区发现的龙距今 8000 年,属新石器时代早期,应该真正被称为"中华第一龙"。(孙宝瑞)

K000151 **沈阳历史大事本末** 沈阳市文史研究馆编著。辽宁人民出版社 2002 年 3 月版。80 万字。66.00 元。以历史分期,采用纪事本末体,详细记录了沈阳以候城建制(公元前 300 年)之始,至 1948 年 11 月沈阳解放共计 7149 年间发生在沈阳地区范围内有关政治、军事、法律、人物、经济、文化、教育、卫生、宗教、民族等重大事件。全书系统地展示了沈阳历史的重要内容,是一部完整的地域城市发展史。全书共标立条目 389 个,有珍贵历史照片 14 幅。(于虹)

K000152 **昂昂溪原始文化** 辛健著。黑龙江人民出版社 2002 年 9 月版。9 万字。28.00 元。研究昂昂溪原始文化的"通史"。宏观地概括了 70 多年来有关科研成果,取精用弘,体例有所创新,以社会经济形态、物质生活状况、思维及观念等等为经,以历次发掘为纬,对原始人类的生产、生活方式进行科学的表述。(刘恺汐)

K000153 **中共三代中央领导集体与新疆** 朱培民、段良著。新疆人民出版社 2002 年 5 月版。22 万字。20.00 元。运用近几年陆续公布和出版的文献、档案、手稿、回忆录、志书、当事人采访录等,就 20 世纪 30 年代至 2000 年新疆在中共三代中央领导集体的亲切关怀和领导下的辉煌历史,进行了叙述和探讨。内容根据历史发展阶段,分为三章。第一章,中共第一代中央领导集体与新疆。叙述了 20 世纪 30 年代中共党人在新疆的革命活动;40 年代新疆三区革命以及新疆和平解放时期中国共产党人的历史贡献;新疆社会改革、经济建设、民族团结及各族人民政治觉悟的逐步提高;牧区的改革等。第二章,中共第二代中央领导集体与新疆。内容有:排除“左”的和右的干扰，开拓改革开放新路；坚持民族区域自治，反对民族分裂主义；保证新疆发展和稳定的两大决策；指导新疆制定发展战略。第三章，中共第三代中央领导集体与新疆。内容分为：西部大开发战略与新疆的发展机遇；充分认识反对民族分裂主义斗争的长期性和艰巨性；支持兵团的发展、壮大是中央治国安邦的一项战略决策；建国50年来经济和社会发展的巨大成就。（贺灵）

K000154 **中国边疆研究论稿** 马大正著。黑龙江教育出版社2002年8月版。32万字。23.50元。分3大版块。上篇从宏观论述了中国边疆及中华民族的发展历程，下篇对新疆地方史、新疆民族史、新疆探察史及毗邻新疆的中亚诸国的历史进行了宏观与微观相结合的研究。（梁昌）

K000155 **西域图志校注** 钟兴麒、王豪、韩慧校注。新疆人民出版社2002年版。60万字。80.00元。《西域图志》系了解清代新疆政治、经济、民族、地理、历史、文化等的第一手资料。1759年新疆重归统一以后，清政府为了全面了解新疆情况，授命刑部尚书刘统勋等纂修，至1782年最后增纂完成。本书共52卷，60余万字。卷首四卷为“天章”。卷首系乾隆皇帝西域题咏及清政府统一新疆的史实记等。正文分为四十八卷，其中图考三卷、列表二卷、晷度二卷、疆域十二卷、山四卷、水五卷、官制二卷、兵防附台站一卷、屯政附户口二卷、贡赋一卷、钱法一卷、学校一卷、封爵二卷、风俗一卷、音乐一卷、服物二卷、土产一卷、藩属三卷、杂录二卷。《西域图志》由于自始至终在乾隆皇帝的关心之下成书，故冠名《御制皇舆西域图志》。从总体而言，本书是清代或中国有史以来最具代表性的方志之一，反映了清乾隆年间我国纂修志书的发展水平和志书体例的完善情况，为后世编修志书提供了典范。本校注选清光绪十九年(1893)杭州便益书局《钦定皇舆西域图志》石印本，参照1970年台湾文海出版社出版之《钦定皇舆西域图志》加以校勘，订正错字；对新旧地名对照注释；对书中摘引史料与有关史籍对照正误，对个别可能引起歧义的引文据史籍加以填补；将繁体字改为简化字，使其学术性、实用性和资料价值更进一步提高。（贺灵）

K000156 **和田简史** 新疆《和田简史》编纂委员会编纂。中州古籍出版社2002年4月版。27.7万字。32.00元。按类分为9章，分别阐述了和田史概述、和田经济发展史及特色经济、和田文化发展史、和田民族史、和田宗教史、和田与中原关系史、和田维护祖国统一反对分裂斗争史、和田语言文字史、和田民俗，附录和田人物、大事年表。每章以历史发展为序，介绍了这一专题的历史沿革及每一时期的特色，勾勒出了纵向发展轮廓。与一般志书不同的是地方、民族特色突出，尤其是和田语言文字史部分，主要介绍了14个民族的7种语言12种文字，这些都是宝贵的历史资料。另外介绍了和田的俗食民俗，即面、米、肉及其他饮食的来源、制作方法、风味特色；人生礼仪民俗：即和田人的命名礼，包括临时命名的习俗、伊斯兰式的命名礼、古老而神奇的取名礼俗；和田人的成年礼，婚葬民俗等，风味有趣。（孙宝瑞）

K000157 **洛浦县志** 《洛浦县志》编委会编。新疆美术摄影出版社2002年1月版。130万字。160.00元。以马克思主义、毛泽东思想和邓小平理论为指导，坚持辩证唯物主义和历史唯物主义观点实事求是、客观地记述洛浦县各个时期社会各方面的历史和现状。采用编、章、节、目形式排列。文体为语体文记述体。寓论断和褒贬于记述之中，已有定论的人和事，也只加极简单的论断。断限：上限尽量向上追溯，能贯通古今的尽量自古至今，下限到1994年。图表：本着有史料价值，而且有助于说明内容及简缩文字的原则进行设置。“编”以及重要“章”前有概述性文字。资料：主要资料来源是档案资料。（木拉提）

K000158 **唐代扬州史考** 李廷先著。江苏古籍出版社2002年10月版。49.3万字。35.00元。分14章：一、唐代以前扬州经济、文化的发展进程；二、唐代扬州大都督及大都督府长史编年；三、唐代淮南节度使编年；四、唐代扬州城区的规模；五、唐代扬州的农业；六、唐代扬州的手工业；七、唐代扬州的商业；八、唐代江、淮地区的漕运；九、唐代江、淮地区的赋税；十、唐代扬州的道教；十一、唐代扬州的佛教；十二、唐代扬州的寺庙；十三、唐代扬州籍的学者、作家和艺术家；十四、唐代诗人和扬州。依据文献记载及出土文物资料，对唐代扬州历史的各个方面，作了比较详尽、深入的考辨。书末附录《扬州大明寺第五泉辨》、《扬州琼花考辨》、《隋炀帝在扬州的活动及其葬地》3篇论文。（卞惠兴）

K000159 **文化徽州** 《文化徽州》编委会编。安徽美术出版社2002年5月版。11.2万字。68.00元。以优美流畅的文字和摄影家独特的文化视角，真实而又艺术地展现了古徽州老街、老房、老巷、老桥以及居民生活的风貌。面对烟火万家的古村落,置身于深深的街巷,凭吊沧桑的古牌坊、古祠堂,人们无法遏制内心的文化冲动。这里的教育、文化、科技、出版、艺术、医学、工艺和建筑等领域都曾出现过空前繁荣的局面。古代中原文化与当地独特的自然环境和社会经济生活融为一体,形成了风格鲜明、体系完整、精细雅致而又独树一帜的徽州文化。(杨翰)

K000160 **爱我安徽** 副名:省级爱国主义教育基地巡礼。中共安徽省委宣传部宣教处。安徽科学技术出版社 2002 年 9 月版。113 万字。29.00 元。安徽——山川秀美,人杰地灵。在中华民族 5000 年的文明史中占有极其重要的一页。从和县猿人钻木取火,到金牛洞冶炼青铜;从曹氏三杰到桐城文派;从珠算大师程大位到人民教育家陶行知……我们的祖先在这块富饶的土地上繁衍生息,在经济、政治、军事、文化诸方面为中华文明的发展作出了卓越的贡献。特别是在中国人民争取民族独立自由的征程中,无数江淮儿女为之献出了宝贵的生命。他们的精神如同矗立在江淮大地上的一座座丰碑,将与日月同辉,与山河同在,永远鼓舞着我们去实现先烈的遗愿去不懈地进取。本书作者广收资料,编写了这本画册。书中图文并茂,内容详实。旨在通过介绍这些基地,让更多的人去了解安徽、热爱安徽,去增添做一名安徽人的自豪感,进一步鼓舞全省人民凝心聚力、同心同德,为实现省委、省政府提出的战略目标而奋斗。(刘桂霞)

K000161 **风雅钱塘** 许继锋主编。浙江人民出版社 2002 年 10 月版。23 万字。35.00 元。《风雅钱塘》是浙江电视台文艺部开办的一档新型的综合类社会性栏目。她撷取了浙江地域文化(以吴越文化为侧重点)的精华,在内容和表现手法上,既充分展示了浙江文化"雅"的一面,又兼顾其"俗"的一面,"由俗而雅,由民间性而艺术性,兼感受性与写意性,因民俗而阐发其深邃的历史文化积淀",以便于人们"重新发现浙江,了解浙江"。本书即在电视系列片的基础上编撰而成。其基本框架为:以每期节目为单位,每篇以解说词为主,配上相关图片;每篇前加一"记者手记",对历史背景和编导意图等作简要说明。全书共收 30 期节目,在编排上作适当归类,分为六辑:湖山人间、水乡古镇、唐诗之路、老家山水、吴越之间、湖山情梦。随文穿插图片近 400 幅,在版式设计上,既保持了影视画面的视觉冲击力,又兼顾内容的精致与典雅,图文可谓相得益彰。有评论称之为"吴越文化的感性之旅"。(王福群)

K000162 **萧山年鉴(2002)** 杭州市萧山区地方志编纂委员会办公室编。浙江人民出版社 2002 年 12 月版。99.2 万字。100.00 元。记载了 2001 年杭州市萧山区政治、经济、文化和社会生活等方面的发展状况。采用分类编辑方法,卷首设特载、大事记、总述,卷末设先进名录、重要文件辑录、重要文件目录选编、办事指南和索引,主体部分由类目、分目、条目三级组成,其中条目是主要信息载体。共设类目 41 个、分目 287 个、条目 1443 个。另外,还收录具有代表性的资料、照片和部分先进单位的彩页 118 面,以更加形象地反映一年来萧山区两个文明建设取得的新成就。(吴晓红)

K000163 **福州老行当** 方炳桂、方向红著。福建人民出版社 2002 年 5 月版。15.6 万字。14.50元。将上百个大大小小数得着的行当分成了"衣食住行"、"生活服务"、"街坊杂谈"、"婚丧寿养"、"文化娱乐"、"传统农事"、"工商制造"七个部分,分门别类的加以介绍。同时,由于"行当"一词在福州话中还有"规矩、习惯"的意思,因此特专辟一章,将婚丧寿养中的"行当"另行收录,以飨读者。书里虽然列举了上百个行当,但读起来却不会让人有看后忘前的感觉,而是趣味盎然,对每个行当都能留下较为深刻的印象。这是因为作者并没有把笔墨浪费在各行当具体的操作工序上,而是突出了一个"老"字,把重点放在了行当背后的民俗风情之上。书中有趣闻、有轶事、有俗语、有民谣:小孩得了腮腺炎,父母不是赶紧去找医生,而是直奔染坊而去;有人背着菩萨满街转,让你不用到庙里就能拜神求签;牙刷上的毛掉了还能再重新缚上去,而"去找表兄"竟然是上当铺的代名词,等等。书中有褒扬、有赞叹、有戏谑、有怀念:在读书的过程中,你会钦佩救火会和仵作的义举;会对亲家舅送灯时享受的待遇会心一笑;会回忆起旧时为吃鱼丸而期待着街巷中那调羹敲打小瓷碗的清脆声早点响起的美妙时刻……同时,你也可以在字里行间体味出作者对那些已经没落或消失的优秀老行当的淡淡感伤。(史霄鸿)

K000164 **林村的故事** 副名:一九四九年后中国农村变革。黄树民著,素兰、纳日碧力戈译。生活·读书·新知三联书店 2002 年 3 月版。21 万字。18.00 元。关于 1949 年后林村和林村的人的民族志。全书以福建厦门农村党支部书记叶文德富于戏剧性的生命史为主轴,展现铺陈出一幅幅贯穿时空背景的社会文化变迁图像。书中要揭示的是:在中国农民的生活普遍得到改善的情形下,一种全国性文化抬头，传统上小型、半自治而独立的农村社区，逐渐被以中央政府为主的大众文化所取代，然而，某些传统的信仰与习俗仍得以延续。(杜非)

K000165 **海南历史论文集** 苏云峰著。海南出版社 2002 年 9 月版。26.9 万字。24.00 元。苏云峰先生是名重海峡两岸的学者，也是中国近代史研究专家。本书是他多年研究海南历史文化专稿的结集。收录了论文 13 篇，附录 5 篇，分别从历史、文化、经济、社会等各方面论述了海南在各个时期的具体情况，并将之和台湾进行比较，对海南未来发展的趋势提出了十分宝贵的建议。作者在写作上十分忠实于海南历史的真实，既有详尽的引证，史料出处又有具体的依据，对了解真正的海南历史文化的面貌具有十分重要的参考价值。(伍君之)

K000166 **河南文化史** 申畅、申少春主编，陈有富、张清桂、岑青副主编。中州古籍出版社 2002 年 9 月版。87.2 万字。120.00 元。全面系统阐述河南文化发展概况。上起远古，下迄 1949 年中华人民共和国成立，分为 14 部分：哲学、宗教、民俗、文学、美术、戏曲艺术、教育、科学技术、文字学、新闻出版、图书博览、方志金石、先民遗址、古都。该书有以下突破：1. 以此分类全面研究河南文化整体发展概况的专著尚属首部；2. 运用新理念进行分类，如"科学技术"、"新闻出版"、"图书博览"等，从新的角度研究历史文化的发展史，与时俱进，开拓创新，有利于本省经济文化的发展；3. 语言通俗，深入浅出，具有普及功能。(孙宝瑞)

K000167 **河南通鉴** 河南省地方史志办公室编纂。中州古籍出版社 2001 年 12 月版。394.2 万字。568.00 元。分上、下册。以历史发展为序，详细记载了自原始社会至 1999 年在河南境内发生的大事要事。辅之以纪事本末体，对相对孤立和时间跨度不太大的史事，适当前伸后延，交待前因后果、来龙去脉。采用以事记人的方式，记述河南籍重要人物和在河南有重大影响的外省籍人物。各要目之前首设概述，提纲挈领地阐述该时期经济社会发展的基本情况和突出特点。该书以总结历史，服务现实，有益后世为宗旨，广泛吸收最新科研成果，注重思想性、资料性、学术性相统一，全面反映了河南政治、经济、文化、军事、史学、教育、哲学、道德、宗教、科技成就、民风民俗等方面的发展概况。(孙宝瑞)

K000168 **郑州大辞典** 郑州地方史志办公室编纂。中州古籍出版社 2002 年 6 月版。347 万字。600.00 元。全面反映郑州历史和现状。收录上起远古、下迄 2000 年，共 13500 多个词条。按照科学分类设为地理，区划，政治，经济，文化，基础设施，旅游，文物，人物，社会 9 卷，另有附录 5 篇。卷下设类目、条目两个层次。条目力求简明准确地描述其概况。该书从各个侧面记述了郑州的自然面貌、政治演变、经济发展、文化建设和社会进步，是认识郑州、研究郑州、宣传郑州的史料。(孙宝瑞)

K000169 **武汉现代化进程研究** 冯天瑜、陈锋主编。武汉大学出版社 2002 年 7 月版。57.3 万字。46.00 元。以历史史实为依据，运用马克思主义的辩证唯物主义和历史唯物主义的史学观，广征博引，缜密求证，从不同的角度，尤其是从经济意义的层面上，对武汉现代化的进程进行了实证研究，得出了令人信服的历史结论：若武汉能抓住当前的历史机遇，扬长避短，奋起直追，完全有可能在 21 世纪把武汉建设成为世界大都市。(张俊超)

K000170 **广东百年图录(上、下)** 广东省立中山图书馆编纂。广东教育出版社 2002 年 11 月版。4000 幅图。1280.00 元。历史图片集。反映 1900～2000 年广东的政治生活、民生建设和社会文化，其中有已绝版的清末书刊，有民国各级政府的档案，有旧时商家的票证，也有日伪时期的传单，还有土改运动的宣传品及"文革"时期的小报等，一直延伸到今天的改革开放时期。(李芮)

K000171 **岭南文化艺术** 谭元亨著。华南理工大学出版社 2002 年 9 月版。29 万字。18.00 元。从文化源流、族群民性、思想演进以及文学艺术诸方面展示出整个岭南文化丰富的、多层面的内容。(乔丽)

K000172 **千年重庆图典** 重庆市文化局、重庆市博物馆编。重庆出版社 2002 年 6 月版。24 万字。680.00 元。运用重庆市博物馆积累数十年的文物、图片资料，以图文并茂的形式，将一个浓缩了一千年时空的重庆生动形象地展现在读者面前，它让读者领略到巴国遗风、陪都气派和巴渝胜景。(余国枢)

K000173 **雪域先人** 强桑改编。西藏人民出版社 2002 年 8 月版。72 幅图。12.00 元。通过连环画形式，用藏汉两种文字生动地讲述了雪域高原的形成、藏族祖先的形成以及以自己的辛勤劳动开拓西藏高原，吐蕃王朝的兴衰，藏汉民族关系的发展历史，直到西藏人民摆脱帝国主义控制，回到祖国大家庭怀抱中的历史进程。(扎西平措)

K000174 **东方研究(二〇〇一年)** 北京大学

东方学研究院、东方文化研究中心编。国际文化出版公司 2002 年 11 月版。40 万字。35.00 元。论文集。选收 40 位大学教师、研究人员的论文共 39 篇，涉及印度、越南、埃及、日本、朝鲜等国家的文化、历史、文学、经济、语言等各领域。文章具有较高的学术价值。每篇文章之后都附有参考书目。(王逸明)

K000175 **我在战场官场商场跟日本人打交道** 陶萃权著。新华出版社 2002 年 1 月版。30 万字。25.00 元。陶萃权先生一生与日本有着特殊的因缘。19 岁时，"七七事变"爆发，他投笔从戎，奋起抗击日本，在战场上与日本人打交道，险些丧生。31 岁时，他奉命参加盟军对日本之占领工作，有幸扬眉进驻日本，在官场上与日本人打交道，感触良多。35 岁后，脱离军籍，改行经商，长期居留日本，又在商场上与日本人打了近半个世纪交道。他广泛接触日本，经年研析日本，始终不忘历史忧患。本书可谓是一部警示后人的"忧患之作"。(白云覃)

世界各国史

K000176 **沉沙中的失乐园** 副名：追踪上古印度文明。谢崇安著。重庆出版社 2002 年 1 月版。14.8 万字。16.00 元。"追访逝去的世界丛书"第二辑之一。描绘了印度河城市文明的远古风貌，展示出吠陀时代雅利安人的神话世界；既有现代探险者疲惫爬涉的身影，又有远古神祇们飘飘于天地间的潇洒情态。(刘嘉)

K000177 **都市的摇篮** 副名：追踪美索不达米亚文明。段渝、邹一清著。重庆出版社 2002 年 5 月版。16.3 万字。17.50 元。"追访逝去的世界丛书"第二辑之一。关于两河流域古代文明的图文并茂的普及性读物。从《圣经》入手，把读者的目光带到了美索不达米亚，在那里的沙土下，埋藏着一座座堂皇富丽的王宫、精美典雅的庙堂和令人叹为观止的远古国家图书馆等等。(刘嘉)

K000178 **二十世纪伊朗史** 冀开运、蔺焕萍著。甘肃人民出版社 2002 年 12 月版。23.6 万字。21.50 元。"二十世纪中东史研究史丛书"之一。全书 10 章，论述了 20 世纪伊朗的百年历史。首先运用历史交往的理论阐述了伊朗伊斯兰化与伊斯兰伊朗化、伊朗半殖民地化与伊朗现代化的相互关系，从历史纵深的角度说明了伊朗伊斯兰革命的背景。层次分明地分析了伊朗伊斯兰革命的过程，伊朗伊斯兰共和国的指导思想和占统治地位的意识形态。分析了伊朗伊斯兰化与现代化的关系，指出伊斯兰化的本质是运用符合国情民意的民族化做法来解决伊朗现代化中未解决的问题，伊朗有可能探索出一条独具特色的现代化模式与发展道路，伊朗的改革趋势符合经济全球化与政治多极化的世界潮流。(李树军)

K000179 **欧洲涅槃** 副名：过渡时期欧洲的发展概念。朱孝远著。学林出版社 2002 年 12 月版。33.2 万字。28.00 元。"欧洲文化系列"之一。分成 3 篇：第一篇，过渡期的提法；第二篇，早期革命的任务；第三篇，大革命的性质。从中世纪欧洲的黑暗、动荡、落后的社会面貌的介绍入手，通过"过渡期的原理"、"精神王国与世俗王国"、"理性历史的开始"、"英格兰的风暴"、"人民的自我肯定"等十个专题，对欧洲之所以在世界历史的进程中最早进入近代社会的原因作出了解释。在书中，作者描述了在动荡的过渡时期的欧洲社会，一些充满了激情的欧洲人是如何既崇尚理性又崇尚美德的。他们经过几代人不屈不挠的斗争，最后终于通过民众参与政治和社会改革，使欧洲摆脱危机，跨入了近代。(乐惟清)

K000180 **俄罗斯国情** 金亚娜主编。哈尔滨工业大学出版社 2002 年 1 月版。23 万字。15.80 元。有突出的三个特点：其一，资料新，参考、吸收了国内外有关的最新资料；其二，重点突出，去掉了国内现有教材共有的一般国情文化知识介绍，增加了目前国内同类教材缺少的政治、经济等方面内容的详细资料，其三，改变了原有此类教材厚古薄今的写法，突出了当代俄罗斯国情的内容，尤其是苏联解体后的现实状况，这可以说是一种尝试，也是一种突破。全书由五部分组成，俄罗斯地理，俄国历史、苏联历史和中苏关系史，新俄罗斯政治，新俄罗斯经济，等等。(甄森森)

K000181 **赫鲁晓夫执政史** 徐隆彬著。山东大学出版社 2002 年 7 月版。40.4 万字。26.00 元。有以下两个特点：第一，系统完整，重点突出。在相当系统地阐述赫鲁晓夫执政史的同时，对这一时期的重大历史事件和重大理论问题作了较为深刻的论述和分析。亦即没有眉毛胡子一把抓，对那些有启发性的历史事件、人们感兴趣的问题作了重点探讨。第二，语言生动，可读性强。应该说将一部严肃的历史著作写得生动活泼、诙谐风趣是比较困难的。但作者由于对历史史实的把握准确、游刃有余，使这一问题在书中得到了较好的解决。在苏联社会主义革命和建设史上，赫鲁晓夫时期无疑有特殊的意义，对赫鲁晓夫的研究也对中国的政治体制改革、健全社会主义法制等有十分重要的警示和借鉴作用。（王桂琴）

K000182 **独联体十年** 郑羽主编。世界知识出版社 2002 年 3 月版。75 万字。59.50 元。分上、下册。独联体的建立是当代国际社会中的一个独特现象。对于中国来讲，独联体无论从军事安全的角度看，还是从地区合作的角度讲，都有着重大的意义。可以认为，独联体一体化是当代国际关系中的一件大事，值得认真研究。它的进程和影响对于探讨当代世界格局问题有着重要的意义。本书援引了大量原始资料，对独联体进行了系统全面的研究。（范景峰）

K000183 **南斯拉夫的变迁** 赵乃斌、汪丽敏主编。广东人民出版社 2002 年 7 月版。40 万字。28.00 元。对巴尔干和整个欧洲具有重要战略意义的南斯拉夫地区的历史变迁作了全面而系统的阐述，内容包括统一的南斯拉夫王国的形成，由南共（南共联盟）领导的南斯拉夫社会主义共和国的创建、发展和解体，以及对解体后南斯拉夫联盟共和国的建立以及迄今为止的种种危机等等。本书还重点对前南斯拉夫联盟实行独特的社会主义自治制度及其成败的经验教训，对前南联盟解体后南斯拉夫地区出现的格局和种种危机等等都作了较详细而客观的介绍和分析。

K000184 **黄金帝国的落日** 副名：追踪美洲古代文明。潘守永、雷虹霁、宋海斌著。重庆出版社 2002 年 1 月版。16.8 万字。18.00 元。“追访逝去的世界丛书第二辑”之一。以倒叙的手法，从欧洲人偶然间发现了美洲大陆上神妙莫明的黄金帝国说开去，笔触远伸到冰河时代渡过白令海峡的远古猎人，与我国商文化面貌相仿的奥尔梅克文明、到后来神秘失踪的玛雅文明、被欧洲人灭掉的印加、阿兹特克文明等，追溯了欧洲人在美洲大陆上的种种历险和奇遇，也构画了当年殷商遗民开发美洲的那一幅假想图画。（刘嘉）

K000185 **美国通史** 刘绪贻、杨生茂主编。人民出版社 2002 年 10 月版。300 万字。400.00 元。共 6 卷：第一卷：美国的奠基时期（1585～1775）；第二卷：美国的独立和初步繁荣（1776～1860）；第三卷：美国内战和“镀金时代”（1861～19 世纪末）；第四卷：崛起和扩张的年代（1898～1929）；第五卷：富兰克林·D. 罗斯福时代（1929～1945）；第六卷：战后美国史（1945～2000）。

传记

K000186 **影响世界电影 100 名人排行榜** 邱华栋、杨少波著。海南出版社 2002 年 6 月版。26.6 万字。25.00 元。用全球化的视野收录了世界电影历史上 100 位名人，这 100 个人的传奇经历，基本上反映了电影发展的轨迹。（伍君之）

K000187 **古今中外人物传记指南录补编** 邵延淼主编。江苏教育出版社 2002 年 6 月版。165.1 万字。大 16 开。380 页。85.30 元。收入了 1991 年至 1997 年 7 月已出版的人物传记书籍，包括古今中外人物的大传、小传、别传、文传、画传以及年谱、侧记和轶闻趣事等。全书分正文和索引两部分，正文所列诸书均有提要或简介，除少数录用原书外，其余都为编者撰写。书中记录了传主一生中的主要生活经历，并参照单传考证有关资料，具有辞书作用，同时也体现了编者严谨扎实的学术态度。书后的附录摘录了难得的资料，以供研究者参考。索引部分则以人名为纲，把各书同一人物的资料收集于传主名下，如读者查找某人，有关传记书籍就一目了然，便于相互参照，节时省力。（王家俊）

K000188 **50 位诺贝尔大师致中国青少年** 廖红、郑艳秋主编。同心出版社 2002 年 5 月版。23.8 万字。32 开。20.00 元。50 位诺贝尔奖获得者写的自述，有相当的部分是专门写给中国青年的，这些自述或长或短，但每篇自述都寄托着大师们对中国青年的殷殷希望，他们在文章中回忆了自己的成长道路，讲述了对自己人生道路产生重要影响的人和事，这些故事生动有趣，感人至深，大师们的深邃、幽默、机智跃然纸上。（王小云）

K000189 **文艺复兴书信集** 李瑜译。学林出版社 2002 年 12 月版。24 万字。18.00 元。“欧洲文化系列”之一。收集了欧洲文艺复兴时期诸多著名文学家、戏剧家、艺术家、思想家、政治家以及达官贵人、宗教人物的往来书信，共分成“文艺复兴、人文主义和绅士学者”、“文学、戏剧”、“美术音乐”、“科学技术”、“宗教改革”、“政府、政治、宫廷生活、贵族”、“军事和战争”、“旅行、探险、殖民地、外国民族与贸易”、“上帝之爱与亵渎、家庭和妇女地位”、“乡村生活、社会生活和对自然的观察”等十个部分。（乐惟清）

K000190 **中外美育思想家评传** 曾繁仁主

编。广西师范大学出版社 2002 年 12 月版。65.5 万字。35.00 元。选取 24 位中外著名美育思想家为评述研究对象。对美育思想家相对系统的美育思想和历史上的影响,作专题性研究,联系其政治倾向、哲学观念、教育理念、社会与人生理想对其美育思想作总结和分析评价。(总编室)

K000191 **世界法学名人词典** 唐荣智主编。立信会计出版社 2002 年 6 月版。96 万字。81.00 元。有以下特点:面向世界。人物涵括各国、各地区,发达国家与发展中国家,不同法律体系与不同法律制度,主要法学学派与各种法学学说均力求有重大地收列。广义收词。就法学学科而言,涉及到立法、执法与司法各个层面,诸如立法者,法官,检察官,律师,以及学者,宣传者,教授,研究员等,而且有些人物虽然不属于法学界的,但其事业、活动或思想涉及制定法律、执行法律、法学学说和著作的,也酌情收入。客观介绍。尊重事实,尊重历史,通过史实反映人物在法制史上的作用、地位和影响,不加评论。即使对学术上有争议的法学人物,也如实介绍各家之言,避免偏颇。(戎其玉)

K000192 **犹太名人传·商业家卷** 刘中民主编。河南文艺出版社 2002 年 3 月版。46 万字。23.00 元。犹太民族是世界民族之林中一个多灾多难而又充满了传奇色彩的民族。他们不仅在精神领域留下了宝贵的思想财富,而且以不断创造奇迹和神话的巨大力量对世界经济产生了深远的影响。无论在市场拓建、金融运作、文化创意、经济秩序建构、经营管理创新等多个方面,犹太人的商业运作能力都冲击和震撼了整个世界。本书选择了 19 位世界犹太商业名人进行介绍,展示犹太商业文化的魅力。(陈莹)

K000193 **商界名家** 王少华主编。中国财政经济出版社 2002 年 4 月版。46 万字。48.00 元。收入书中的 30 多位商界人物,大都是各行各业中的佼佼者,他们人生经历坎坷,创业故事精彩,又是市场竞争中的高手。书中既有他们的经验教训和市场谋略,又有人物风采及其给予人们的诸多人生启示,对研究和关注经济的读者,尤其不可多得。(王晨)

K000194 **犹太名人传·文学家卷** 刘洪一主编。河南文艺出版社 2002 年 3 月版。50 万字。25.00 元。犹太人也被称为"文学的民族"。早在《圣经》时代,犹太人就把文学作为认知世界、表现情感的一种重要的方式方法;到了近现代,则涌现了海涅、斯坦因、卡夫卡、爱伦堡、辛格等一大批业绩卓著、影响深远的著名作家。本书评介了数十位有重要影响的犹太裔作家,他们的创作经历和个人生活,既昭示了现当代世界文学的演变走向,更表征了无限丰富的历史文化内涵。(陈莹)

K000195 **艺术之旅** 雪岗主编,闻艺等撰文。中国少年儿童出版社 2002 年 1 月版。20 印张。60.00 元。"大艺术家的真实故事丛书"之一。包括《莫扎特、贝多芬》、《舒伯特、肖邦》、《约翰·施特劳斯、柴可夫斯基》、《达·芬奇、米开朗琪罗》、《莫奈、凡·高》5 册。丛书用凝炼的文字深入浅出地叙述了在人类文明发展史中多个重要阶段有代表性的音乐家和画家,配有大量极其珍贵的历史彩色图片,立体再现了大艺术家的光辉天才历程,引领青少年穿梭于艺术之旅时光隧道,走进辉煌灿烂的世界艺术宝库,寻访大艺术家刻苦成才的不朽真谛,用心灵与他们对话。(杨向荣)

K000196 **犹太名人传·艺术家卷** 董友忱主编。河南文艺出版社 2002 年 3 月版。45 万字。22.50 元。介绍 17 位具有世界影响的犹太艺术家,他们是门德尔松、毕加索、格什文、梅纽因、伍迪·艾伦等。本书不仅集中展示了犹太人在世界艺术领域内的成就和影响,而且也揭示了这些世界级艺术大师们走向成功的要诀和人格魅力。(陈莹)

K000197 **你眼前的古典乐坛明星** 刘伟著。人民音乐出版社 2002 年 8 月版。37 万字。36.00 元。音乐表演艺术家传记。撰述了活跃在当今世界乐坛的演奏家、演唱家和指挥家 147 位。对他们的背景情况、演艺生涯、艺术观、人生观、对音乐的感悟、演奏风格、所取得的成绩及重要的录音等都作了全面深入的描述与评价。读者可通过本书详细了解当今世界音乐家表演艺术的脉络走向及这些活跃在舞台上的艺术家们人生的另一个侧面。(陈胜海)

K000198 **欧美流行音乐著名巨星图典** 陈兴荣主编。人民音乐出版社 2002 年 7 月版。820 幅图。280.00 元。欧美流行歌星辞典,共上、下卷。由乡村音乐、爵士乐与摇滚乐 3 部分组成,以图文形式汇集自 20 世纪初至当今欧美流行音乐、爵士乐歌星三百余位,对每一位歌星的生平、背景及演唱特点做了详细的描述。所收人物其绝大多数的歌曲均上过英、美流行歌曲排行榜首,书中亦将这些上榜歌曲一一列出。每一位人物除生平、背景外,还附一篇花絮文章,从一个侧面真实生动地反映了他们的人生苦乐和生活情趣,展现出他们艺术生涯中的一段真实感人的故事。(陈胜海)

K000199 **诺贝尔科学巨匠丛书** 钱立撰文，马坚绘图。上海科学普及出版社 2002 年 5 月版。40 万字。54.00 元。共 6 种，已出版了两种：《生命之歌——生物学家梅达沃的故事》、《天才与疯狂——数学家纳什的故事》。丛书旨在以生动活泼的语言，感人的故事情节，向青少年介绍 6 位著名的诺贝尔奖获得者从事科学事业的传奇般的经历，他们是如何刻苦学习、钻研，如何培养完善的人格，如何攻克一个个科学难题、摘取科学桂冠，取得辉煌成就的，从而使我国少年儿童从小立志，攀登科学的高峰。（总编办）

K000200 **犹太名人传·科学家卷** 董本建主编。河南文艺出版社 2002 年 3 月版。45 万字。22.80 元。按学科领域、时间先后顺序和科学理论内在的逻辑联系，深刻地阐述了在爱因斯坦的相对论和玻尔的原子理论所开创的“现代物理学的英雄时代”里，犹太科学家们以强烈的使命感，不畏艰难，不迷信权威，为追求科学真理，而勇于探索的奋斗经历，展现了科学发展史上最为壮观的一幕。介绍了 13 位具有代表性的世界著名科学家的生平事迹、科学成就和思想品格。（陈莹）

K000201 **犹太名人传·政治家卷** 肖宪主编。河南文艺出版社 2002 年 3 月版。48 万字。24.00 元。介绍了所罗门、基辛格、奥尔布赖特、托洛茨基、沙龙等 15 位犹太政治名人。（陈莹）

K000202 **新世纪政坛女杰** 王志俊著。河南文艺出版社 2002 年 10 月版。30 万字。23.00 元。选取了 34 位女性政治家作为传主，以世纪交替的国际政治斗争领域为广阔大背景，借助丰满翔实的资料，真实地、文学地、全方位地描述了女政治家艰难的奋斗足迹，展现她们卓越的政治丰采，昭示她们独特的个性魅力，披露她们多彩的婚恋家事，透析她们丰富的心路历程，从而塑造了一组新世纪世界政坛女杰的鲜活群像。书中辅之以大量的各国历史文化、地理及政党知识，配以百余幅生动图片。（陈莹）

K000203 **影响世界足球 100 名人排行榜** 兆丰著。海南出版社 2002 年 1 月版。32 万字。22.00元。从现代足球历史上数以千计的著名球星、著名教练、俱乐部老板、国际足联官员中遴选 100 位风云人物，择其足球生涯中的主要事迹奉献给读者。这个排行榜参照了世界各国评选的足球巨星名单，结合他们对足球历史所起的作用进行人物选择和座次排列。（伍君之）

中国人物传记

K000204 **中国历代人物像传** 郭磐、廖东编。齐鲁书社 2002 年 6 月版。720.00 元。共 4 册。共辑明清有代表性的历史人物像传 12 种，收历代帝王后妃、文武功臣、儒门先哲、文坛耆宿、地方仕绅、游侠剑客、隐逸高士、佳人杰女等 1200 余人，大多惟妙惟肖、栩栩如生，是现代摄影术发明以前的历史人物肖像留影。（刘岩）

K000205 **陈姓名人传** 陈协栞主编，郭豫涛副主编。大象出版社 2002 年 9 月版。30.6 万字。22.00 元。中国关于“姓氏”的研究由来已久，围绕各个姓氏产生的文化更是华夏文化的一大特色。周朝初年，周武王为了巩固统治分封了前代王朝的三个子孙，其中胡公妫满作为虞帝舜的后人被封为陈侯，这便是陈姓的由来。今天的陈姓家族多是颖川陈姓的后裔，他们繁衍至今人口已达 5000 多万，号称中国的第五大姓。本书收录了先秦至清朝这一段历史上的陈姓杰出人物，对他们的生平及主要事迹作了一一列述。（李亚楠）

K000206 **明人室名别称字号索引** 杨廷福、杨同甫编。上海古籍出版社 2002 年 12 月版。168 万字。200.00 元。古人一向有“讳名称字”的习惯，即对于尊长或平辈不直呼其名，而称其字、号、别称等，这就给后人考订其姓名带来不少困难。本书广搜明代总集、别集、笔记、杂著、诗话、词话、类书、地方志等文献，辑录明代凡政治、经济、军事、医药、文学、美术、音乐、戏剧、收藏等各方面有著作或一技之长者 23000 余人，将其字号、室名、别称共 50000 余条，编列为索引，分为甲乙两编：甲编由异名而查本名，乙编由本名而查其籍贯、字号、室名、别称及出处。该书搜罗较备，并附笔画与四角号码检字。（袁啸波）

K000207 **燕京大学人物志·第一辑** 燕京研究院编。北京大学出版社 2001 年 4 月版。73 万字。55.00 元。燕京大学创建于 1919 年，是一所由美国教会在中国创办的高等学府。1951 年改为公立，1953 年与北京大学合并。燕京大学在办学的 33 年中，毕业的学生和教职工有近万名，绝大多数燕大人都能“服务同群、为国效荩忠”，在不同的年代，不同的岗位上，为祖国作出了各自应有的贡献。为了向世人介绍燕京大学校友的风貌，积累燕大办学的宝贵资料，燕京研究院主编了《燕京大学人物志》，本书共两辑。第一辑介绍的燕大人物是中国科学院院士、中国工程院院士、中国科学院社会科学部委员、烈士、教职工和建校初期至1932年入学的学生,所收传记、回忆文章300余篇。本书为广义的"志",体裁文字,风格多样。内容大致分为3个部分:一为简历;二为成就;三为燕京情怀。燕京大学虽然只存在了33年,但培养的学生人才辈出,如黄昆院士、侯仁之院士就是其中杰出的代表。在回忆文章中,校友们从各个角度叙述了感人至深的友情、爱情和师生情。记述了在政治斗争中,学业领域里,校园环境中,各自感受最深,影响最大的人和事,读来亲切感人。(陈洁)

K000208 **燕京大学人物志·第二辑** 燕京研究院编。北京大学出版社2002年4月版。84万字。60.00元。燕京大学在办学的33年中,学生和工作人员近万人,众多的教师、职工、学生在学术上、事业上都取得了优异成绩,有些人更有突出的卓越成就。为了向世人介绍燕京大学校友们的风貌,积累燕京大学办学的宝贵资料,为进一步研究燕京大学的历史、办学经验,燕京研究院编写了《燕京大学人物志》一书,全书共两辑,第二辑介绍的燕大人物是1933年以后人校的学生,以及燕京大学附属中学、附属小学的学生,所收传记、回忆文章300余篇,本辑中还附有人名索引、历年人学的学生名单和后记。从本书中,读者可以领略到燕京大学的办学成果以及燕大精神。燕大33年,可谓人才济济。尽管每个燕大人的成长道路各不相同,成长的因素也不尽一致,但在书中,校友们都满怀深情地感谢燕京大学的培养教育,详细地记录了他们的生活轨迹、事业成就,以及对母校的无限眷恋。(陈洁)

K000209 **大象人物聚焦书系** 李辉主编。大象出版社2002年9月版。每册6.25印张。21.00元。以人物一生为背景,以优美的文笔扫描、透视了最能凸现人物性格和命运的片段,并通过历史照片、图片资料与传主自述、他人评点的完美结合,使人物的一生多层次、多侧面而又生动地呈现出来。已推出17本:《黄永玉:走在这个世界上》、《梁思成:永远的困惑》、《邓拓:文章满纸书生累》、《老舍:消失了的太平湖》、《巴金:云与火的景象》、《王世襄:找一片自己的天地》、《杨宪益与戴乃迭:一同走过》、《丁聪:画卷就这样展开》、《田汉:狂飙中落叶翻飞》、《萧乾:漂泊者在路上》、《张元济:书卷中岁月悠长》、《丰子恺:含着人间情味》、《聂耳:匆匆却又永恒》、《冯友兰:云在青天水在瓶》、《季羡林:静静走在喧嚣中》、《浦熙修:此生苍茫无限》、《林海音:城南依稀梦寻》。(惠萍)

K000210 **钱镜塘藏明代名人尺牍** 钱镜塘辑,杨臣彬释文,陈智超考证。上海古籍出版社2002年9月版。4800.00元。钱镜塘先生(1907~1983)是上海著名收藏家,曾慨然捐赠给上海博物馆、浙江博物馆、南京博物院等单位珍贵书画3000多件,不少是价值连城的宋元名迹,被收藏界誉为"今之项墨林"。本书为钱镜塘先生倾其毕生精力,孜孜以求,去伪存真,去粗取精,严审精鉴汇辑而成。原书共汇集明永乐至崇祯朝两百余年400多位重要历史人物的信札,其中王侯将相、文人墨客、忠奸贤佞莫不备焉,诸如徐光启、严嵩、文徵明、吴宽等均列其中,不少书札内容可补《明史》之疏漏。仅以400多位人物而计,已可称明代尺牍汇集之最,且400多人,每人只收一通书札,不重复收录,其精鉴可知。本书的印制采用了最新的制版印刷工艺,原作经世历久的纸色、墨色历历再现,毫发无爽,真实地再现了四五百年前原作的风貌。本书每部分装六册,前五册为原大仿真精印之明人尺牍,第六册为故宫博物院杨臣彬和中国社科院历史研究所研究员陈智超所撰写的释文、考证,并附有笔画检字和汉语拼音人名索引。(吴旭民)

K000211 **上海的豪门旧梦** 宋路霞著。中国友谊出版公司2002年10月版。25.4万字。22.00元。介绍了李鸿章、盛宣怀、邵友濂、孙家鼐等到8个近代上海豪门望族的百年兴衰史。从家族史的角度,透视了近代上海的社会变迁,其中各类人物的跌宕起落,各个时代政坛风云的冲击,各个豪门联姻的曲折,一个家族给一个地方、一个行业或是一个阶层所带来的剧烈而又微妙的变化。(张美丽)

K000212 **中国近现代名人图鉴** 熊沾祁主编。湖南人民出版社2002年4月版。88.00元。从鸦片战争到中华人民共和国成立(1840—1949年)110年间中国著名人物的影集,收有大约600位历史名人的照片。其中所收人物以政治人物为主,旁及军事、文化、经济、科学等各个方面的代表人物。全书分为6段。即:一、19世纪中晚期。二、20世纪初期。三、民国初期。四、20世纪20年代。五、20世纪30年代。六、20世纪40年代。除19世纪中晚期外,大体上每10年为一个时间段。这样划分,将活跃于各时间段内的各方面人物都包容在内(不仅仅是政治人物),而且中国近代史上的许多重大事件也得到了反映。如20世纪初期的重大事件是辛亥革命，民国初期是中华民国的成立与五四运动。20世纪20年代是中国共产党成立与北伐战争。20世纪30年代是九一八事变与抗日战争全面爆发。20世纪40年代是解放战争。（虢剑）

K000213 **近现代名人手札（鲁迅博物馆藏）线装** 北京鲁迅博物馆编。福建教育出版社2002年10月版。3册。辑录了鲁迅博物馆藏近现代文化名人如蔡元培、胡适、周作人、刘半农等往来书信数十函（因鲁迅书信坊间已广为流布，故未收录），每函均为翻拍原手书信件并加释文。所选录的文化名人大多在中国近现代历史上具有举足轻重的文化地位，而他们的往来书信中亦可见出文化巨匠们为中国新文化建设孜孜以求的不懈努力，如胡适、周作人等关于白话文传播、新诗问题、民间歌谣的收集整理等问题的讨论，具有极大的史料价值。同时又由于是朋友间往来书信，字里行间更是可见出文人的真情趣、真性情，读之令人神往不已。（黄旭）

K000214 **影响世界历史的三个犹太人** 副名：千年的三个天才。黎鸣著。河北人民出版社2002年8月版。45.1万字。32.00元。在西方思想的前沿，处于锋头地位的伟大代表人物，是爱因斯坦、马克思和弗洛伊德这三位犹太人，他们分别表征了现当代人类在自然科学、社会科学、心理科学领域思想影响的最高峰，他们是上个千年最伟大的三个天才。本书从这三个天才的个人传略入手，缕析他们人生与学术的历程，评述他们对人类的巨大贡献，同时检讨相关的缺失。（李大星）

K000215 **百年婚恋** 赵丽等编著。辽宁人民出版社2002年10月版。12.9万字。29.80元。“阳光文化电视图书·百年婚恋”系列第一辑。讲述了鲁迅、郭沫若、郁达夫、张爱玲四个人的婚恋故事。（边洛莎）

K000216 **中国现代文化名人小传丛书** 王子舟、周黎明等编著。湖北人民出版社2002年2月版。100万字。79.00元。共8集，分别是《张大千》、《冯友兰》、《李叔同》、《徐志摩》、《丰子恺》、《陈寅恪》、《宗白华》、《王力》等。分别介绍了上述8位文化名人的家庭身世、求学之路、治学精神、学术成就、国内外影响，以及各自不同的人生历程及其共性所在。尽管他们的人生际遇各异，但都有严谨的治学精神，对事业有执著的追求，公而忘私，忘我的劳动态度，对祖国对人民无比的关心和热爱。他们为了实现美好的理想都以顽强的意志和毅力百折不挠。其中有些人在“文革”那个非常年代里，都受到了非人的迫害，有的死里逃生，有的被折磨而死。但他们为了坚持真理，都进行了顽强的抗争。（沙铁军）

K000217 **走进中国100个院士的家** 牛群摄影，钱江晚报供稿。浙江教育出版社2002年5月版。20万字。18.90元。通过著名相声演员和摄影家牛群生活化的镜头和记者活泼幽默的语言，生动有趣地展示中国院士群体的人格魅力，特别是院士们认认真真做学问、兢兢业业做事、老老实实做人的“院士精神”。

K000218 **杨澜访谈录** 杨澜等编著。辽宁人民出版社2002年6月版。5万字。16.80元。“阳光文化电视图书·杨澜访谈录”系列之一，通过杨澜与被访者的精彩对话，介绍了他们的人生经历、他们的思想、他们成功的原因等等，展示了他们自身特有的风采。（边洛莎）

K000219 **新锐撞击2001** 彭国梁著。湖南人民出版社2002年7月版。23.7万字。26.00元。“湖南卫视《新青年》系列丛书”之一。收集了《新青年》栏目中先后播出的“新锐撞击2001”、“永远的奥运湘军”等节目，介绍了唐师曾、杨澜、宋朝弟、张扬、邱林、刘庆峰、吴鹰、张永和、刘光溪、李云迪、邓伟、杨二车娜姆、阿来等2001年各种新锐人物，以及获得7枚金牌的5位湘籍奥运冠军，通过与他们的对话，更深层次地了解他们的内心世界及不寻常经历，给读者较多的启示。（易斌）

K000220 **地方志人物传记资料丛刊·华北卷** 北京图书馆编。北京图书馆出版社2002年6月版。影印。56112页。35000.00元。全66册。收人物传记资料从明、清两代及民国时期华北地区（北京市、天津市、山西省、河北省、内蒙古自治区）1100余种方志中精心遴选出近450种整理、汇编而成。内容不但涉及方志中与人物有关的各类传记、表志以及艺文志中的墓志、碑记、传诔等，帝王将相、三教九流，无所不包；而且所收人物远及上古，下迄民国。还编有总目、各分册细目及人物姓名笔画索引，极易检索。（张爱芳）

K000221 **冯惟敏、冯溥、李之芳、田雯、张笃庆、郝懿行、王懿荣年谱** 刘聿鑫主编。山东大学出版社2002年12月版。21.6万字。19.50元。包括：梁乙真《明散曲家冯惟敏年表》，据《青年界》第八卷第一号（1935年6月号）刊本点校；毛奇龄《文华殿大学士、太子太傅兼刑部尚书易斋冯公年谱》，据《西河合集》本点校；程光禔《李文襄公年谱》，据康熙四十一年刻本点校;田雯《蒙斋年谱》、田肇丽《补年谱》及相关资料,据康熙、乾隆间田氏《德州田氏丛书》刻本点校;张笃庆《厚斋自著年谱》及相关资料,据山东省图书馆藏《厚斋自著年谱》抄本点校;许维遹《郝兰皋夫妇年谱附著述考》及相关资料,据《清华学报》1935年1月第十卷第一期刊本点校;王崇焕《王文敏公年谱》,据民国年间《中和月刊》第四卷第七期刊本点校。整理时,对原文进行分段,加以新式标点;对古体字、异体字等,均改以规范用字;对明显的误字,则径予订正。(林开甲)

K000222 **中州院士风采** 黄兴维主编。河南科学技术出版社2002年10月版。15万字。99.00元。共介绍了在豫工作的两院院士13名,其中中国科学院院士8名,中国工程院院士5名;豫籍在外工作的两院院士26名,其中中国科学院院士11名,中国工程院院士15名;豫籍中国科学院外籍院士2名;已故中国科学院院士18名。以及院士们在不同时期的照片近400幅照片。(赵志刚)

K000223 **河南历史名人籍里研究** 王兴亚、马怀云著。中州古籍出版社2002年1月版。45.5万字。30.00元。对河南境内的历史名人如老子、范蠡、墨子、庄子、商鞅、尉缭、陈胜、张仲景、蔡邕、干宝、钟嵘、范晔、谢灵运、花木兰、韩愈、白居易、程颢程颐、司马光、姚枢、许衡、朱载堉、牛金星、张缙彦等24位的籍里进行考证确认,以澄清历史疑团,解决纠纷,促进地方经济文化建设。全书采用文献资料、口碑资料、历史遗存和考古发现相结合的方法进行考证,坚持实事求是,排除地方干扰,注意吸收最新研究成果。对于实难定论的,留存质疑。书中所指籍贯的标准是,以其父母久居之地为依据,兼及出生地。譬如范蠡,原为宛三户(今河南淅川县西南)人,晚年寓居并葬于陶(今山东定陶),其籍贯应为宛三户;又如许衡,原籍是河南河内人,出生在河南新郑,后仍回原籍居住,仍是河南河内人;干宝,祖籍河南上蔡人,随父迁居浙江嘉兴府海盐,并不曾迁回上蔡,应为浙江海盐人;朱载堉,朱元璋的六世孙,出生居住在河南怀庆府城(今河南沁阳市),应为河南沁阳人,不宜定为安徽凤阳县人;再如明洪武年间官府有计划有组织地大规模移民,其籍贯应为迁入地。附录河南历代进士名录及其籍里分布。(孙宝瑞)

K000224 **岭南族谱撷录** 骆伟编著。广东人民出版社2002年6月版。48万字。40.00元。"岭南文丛"之一。将所收录的179种姓、2332种岭南(广东、海南、广西部分地区、香港、澳门)族谱的基本情况进行了介绍。

K000225 **皇裔沉浮** 副名:北京的完颜氏。景爱著。学苑出版社2002年6月版。10.9万字。10.00元。以翔实的资料,记述了金朝皇裔完颜守祥一支从国破家亡一直到现在的种种遭遇。根据大量的文献记载和实地考察,详细考述了北京完颜氏的由来、清代完颜氏的事迹以及完颜氏的故迹,其后又补充了甘肃、安徽完颜氏后裔的事迹。(学苑)

K000226 **开国将军轶事** 吴东峰著。解放军文艺出版社2002年1月版。28万字。20.00元。反映我军五十位开国将军高尚品质和性格魅力的传记作品。选择这些将军在各个历史时期的生活片断,采用笔记体的描绘方法,从各个侧面表现他们博大的内心世界和高风亮节。这五十位将军分别是:陈赓、张云逸、罗瑞卿、徐海东、黄克诚、粟裕、王平、邓华、叶飞、刘震、刘亚楼、许世友、李达、李天佑、杨勇、宋时轮、张爱萍、张震、陈士榘、陈再道、贺炳炎、唐亮、韩先楚、李德生、尤太忠、王必成、王近山、邓逸凡、孔庆德、虎定均、刘昌毅、孙毅、苏静、胡奇才、聂凤智、钱钧、陶勇、梁兴初、詹才芳、马宁、王扶之、龙书金、齐钉根、江燮元、陈锐挺、钟伟、陶汉章、崔建功、曾生与谢胜坤。(陈京蕾)

K000227 **近看许世友** 李文卿著。解放军文艺出版社2002年5月版。20万字。15.00元。讲述了"文革"期间,南京军区司令员许世友司令员同林彪、江青等进行的坚决斗争。他刚正不阿,一身正气,捍卫了马克思主义和毛泽东思想,有力地减少了"文化大革命"对南京地区的破坏。全书对许世友为党和人民所做的好事有着详尽的记述,取得的成果和获得的经验也讲述得比较全面。(陈京蕾)

K000228 **陈赓日记** 陈赓著。解放军出版社2002年6月版。30万字。28.00元。陈赓大将在战争年代(抗日战争、解放战争、抗美援越、抗美援朝)写下的部分日记。是陈赓大将人生几个阶段工作、战斗、心声感悟的真实记录。(杜艳丽)

K000229 **战将田维扬** 王富荣著。解放军出版社2002年5月版。13万字。20.00元。回忆录文集。收集了田维扬将军的家人、同事及党史军史工作者回忆原昆明军区副司令员田维扬中将的文章30余篇,田维扬将军生前所写的文稿和党史军史工作者撰写的田维扬将军的生平事迹。主要记述了田维扬将军大冶暴动参加革命、亲历长征、转战苏鲁豫等一生经历,展示了我军这位高级将领为中国革命和建设事业作出的卓越贡献。(杜艳丽)

K000230 **昨日征战不遥远** 萧文玖著。解放军出版社 2002 年 1 月版。24 万字。28.00 元。本书为老红军萧文玖同志亲笔撰写的回忆录，生动记述了作者亲身经历的多次战役和战斗，从一个侧面体现出中国革命发展进程。记述了萧文玖同志从童年成长为北京军区副司令员的经历。主要突出了战争年代与和平年代建设时期部队的光荣传统和辉煌成绩。（董玉华）

K000231 **洪学智回忆录** 洪学智著。解放军出版社 2002 年 7 月版。48 万字。48.00 元。以回忆录的形式叙述了作者自 1927 年大革命失败后投身革命的一生经历：战斗在鄂豫皖苏区，转战川陕苏区和参加长征，从陕北转移苏北坚持抗日武装斗争，解放战争时期又转战东北及入关挥师南下。较全面而简要地叙述了洪学智在新中国成立后的战斗、工作的实践活动和辉煌的业绩。较充分地反映了洪学智在抗美援朝战争中的军事指挥才能，是一位英勇善战的指挥员，为抗美援朝战争的胜利作出了杰出的贡献；较全面地反映了洪学智长期担任总后勤部部长，是军队后勤现代化建设的优秀领导人，为人民解放军的革命化、现代化和正规化建设，特别是后勤的现代化和正规化建设作出了卓越的贡献。（杜艳丽）

K000232 **洪湖曲** 刘秉荣著。解放军出版社 2002 年版。31 万字。28.00 元。中国人民解放军元帅传记丛书贺龙卷。以贺龙革命经历为主线，从幼年一直写到去世。都以激情之笔，讴歌了元帅伟大而光荣的一生，塑造出了一个真实而感人的元帅形象。对传主和有关人物的刻画及对有关事件的背景、情节和人物心态的描写等掌握得比较得体，符合客观历史环境。全方位地记述了贺龙的人品、性格、气质和业绩，较好地突出了贺龙这位开国元勋的形象。（杜艳丽）

K000233 **唐生智评传** 谭崇恩著。湖南人民出版社 2002 年 1 月版。25.1 万字。20.00 元。从佛教将军到反蒋斗士，从力主抗日到弃蒋拥共，从倾力办学到坚持真理，唐生智一生颇为传奇。他早年追随孙中山先生反对封建帝制，进行民主革命斗争。在袁世凯篡权称帝时，参加了“讨袁”“护法”运动。北伐战争时期，赞成孙中山先生提出的联俄、联共、扶助农工三大政策，并率领部队参加北伐战争，为消灭军阀，统一中国贡献了力量。1949 年参与湖南和平解放运动，为湖南和平解放作出了贡献。解放 20 多年来，唐生智拥护中国人民领袖毛主席和敬爱的周总理，拥护社会主义，拥护中国共产党，曾多次受到毛主席和周总理的接见。1957 年，当右派分子猖狂向党进攻时，他严正地声讨右派分子向党进攻的罪行。“文化大革命”中，他主持正义，拒绝书写陷害我党老同志的材料。唐生智几十载风风雨雨，与共产党分分合合，最后还是回到了人民大众之中，拥护共产党，拥护新中国。盖棺定论，共产党人把唐生智看作与自己“长期合作的老朋友”，也可以告慰英灵了。本书叙述了唐生智传奇的一生。（易斌）

K000234 **旌旗十万** 罗英才著。解放军出版社 2002 年 6 月版。35 万字。28.00 元。“中国人民解放军元帅传记丛书”之陈毅卷。侧重写陈毅军事生涯：大革命时期受党委派抓“枪杆子”，参加和领导湘南起义；土地革命战争时期，与毛泽东、朱德共事，开辟革命根据地，领导南方游击战争；抗日战争时期领导新四军挺进江南；解放战争时期率领华东野战军转战华东决战淮海，挥师过江等。最后一章写陈毅在新中国成立后的经历。（杜艳丽）

K000235 **归来之后——与七位海归派人物面对面** 汪祥荣、王红蕾著。中国经济出版社 2002 年 3 月版。20 万字。25.00 元。经济类人物传记。七位留学生的不同人生经历，浓缩新一代“海归派”的生存状态。对于“海归派”这个很少被集中“曝光”的群体，外界有着多种猜测：他们成功的秘诀何在？是不是因为他们的特殊身份？这些人是否真的像宣传中那样，是放弃了外国优厚待遇，为了报效祖国才毅然回国？本书首次近距离解开了这些人物的神秘面纱。作者多次深入地与这些人物长谈、交流，获得很多未曾被披露的第一手资料。向读者展示他们在“公众人物”面具背后、在各种光环之下，和普通人一样的苦痛，哀乐和纷繁复杂的内心世界。（张巍）

K000236 **陈光甫日记** 上海市档案馆编。上海书店出版社 2002 年 11 月版。22 万字。50 幅图。30.00 元。“近现代名人日记丛刊”之一。陈光甫是旧中国最有影响的银行家之一，与张嘉璈、钱信之等人被视为“江浙财阀”的主要人物。虽然他不屑于做官，但蒋介石对其的信用却不亚于任何部长级官僚，整个国民党统治时期的重要财经政策及活动如二五公债、币制改革、棉麦借款、黄金风潮等，无不见其时隐时显的活动。为此，这部尘封 50 年的日记不只是研究陈光甫生平和上海银行兴衰的第一手资料，同时也揭示了诸多人所鲜闻的南京政坛幕后活动，弥足珍贵。书后附有中外人物和企事业的名称索引。（完颜绍元）

K000237 **二十世纪文化名人丛书** 朱晓江等著。上海书画出版社 2002 年 12 月版。57.00 元。共 4 册,分别是《书生本色——胡适传》朱晓江著、《画坛圣手——吴湖帆传》、《殷红绚彩——李叔同传》方爱龙著、《铁笔神童——朱复戡传》侯学书著。讲述了四个领域中最富传奇色彩的代表人物的生平故事。作者既有专业领域的研究作者,又有其生平入门弟子,也有书国拍卖行业的专家,故披露了大量的第一手资料,图文并茂,相得益彰,尤其值得一提的是作者采用了文学性的笔调,饱含情感的笔墨,深刻地刻画了四个世纪老人的生活细节。

K000238 **八八流金** 林林著,卢祖品整理。北京十月文艺出版社 2002 年 10 月版。11.9 万字。14.00 元。作者在八十八岁"米寿"之间,回顾了在北平、东京求学时的不平凡经历、抗日烽火中办《救亡日报》的艰辛、奔赴菲律宾参与抗日活动险象环生的经历,以及建国后为中外文化交流所做的努力,展示了作者极为丰富的人生阅历,具有较重要的史料价值。(总编室)

K000239 **王国维与罗振玉** 张连科著。天津人民出版社 2002 年 5 月版。28 万字。22.00 元。王国维与罗振玉是中国近代学术史上的两位国学大师,他们在文学、经史、文字、训诂、音韵、考据、目录、版本等传统学术的诸多领域,研究博大精深,著述百种之多。近代中国社会动荡激变,他们的学术研究、社会活动和政治立场,都与时代的命运紧紧联系在一起。他们都是浙江同乡,自 1898 年二人相识于上海,至 1926 年绝交,他们的交往历时近三十年。他们之间的恩怨是非,政治上的趋于保守和反动,王国维的投水自尽,历来是人们议论的中心。本书即以二人的交往为线索,以丰富的史料为依据,叙述并客观评价了他们的生平经历、学术成就和社会活动。揭示罗王关系的本来面目,探讨他们取得卓越学术成就的原因所在,为今天的学术发展提供借鉴,乃本书写作主旨。(韩玉霞)

K000240 **屈万里书信集·纪念文集** 山东省图书馆、鱼台县政协编。齐鲁书社 2002 年 9 月版。37.2 万字。68.00 元。屈万里(1907~1979)先生是蜚声海内外的知名学者,在图书版本目录学、经学、古文字学等方面均有深邃的造诣。本书中的书信集共辑录屈万里先生与朋友往来信函 212 通,是研究屈万里先生生平、生活、交往、治学的宝贵资料,因是第一次公布于世,其资料价值是不言而喻的。书中对每一通信者都作一简介,主要是介绍他在通信时的情况。书中的纪念文集为其亲属、朋友、学生等撰写,收录各类几年回忆文章 30 篇,从各个时期、各个方面对屈先生做了比较详尽的回忆和总结。(于志强)

K000241 **钱玄同日记(影印本)** 北京鲁迅博物馆编。福建教育出版社 2002 年 10 月版。7000 页。起于 1905 年底,讫于 1939 年初,历史 35 年。其内容丰博、书法遒美的真实记录,将成为破译历史真相和心路历程的密码,展现出一段完整的历史链条,是完整具体反新文化运动必不可少的活的文献。而其经常"今日之我与昨日之我战"的思想轨迹,更是活生生再现出一个时时"解剖自己,批判文化,究究哲理"的大思想家、大学问家的独特的个性品格和思想风范。(黄旭)

K000242 **清华园日记** 季羡林著。辽宁美术出版社 2002 年 8 月版。25.8 万字。58.00 元。是一代人文宗师、九旬老人季羡林先生写于 70 年前,时间跨度为 1932 年 8 月 22 日到 1934 年 8 月 11 日,是季羡林先生在清华大学学习期间所写的日记。他是用 20 岁的青年学子眼光,对大半个世纪前老清华园进行了真切的描述,抒发了内心感受,系作者"最具体的生命痕迹的记录"。(宰迪)

K000243 **蒋天枢传** 朱浩熙著。作家出版社 2002 年 11 月版。22 万字。18.00 元。描述了一位卓有才华的中国学人献身民族文化事业的坎坷人生。蒋天枢(1903~1988),徐州丰县人,早年就读于无锡国学专修馆、清华国学研究院,师从唐文治、梁启超、陈寅恪先生,先后为东北大学、西北大学、复旦大学教授,从教六十余年,坚持治学做人并重,人品文品如一,成为著名文史学家,并培养了章培恒等一批国家学术精英。他同陈寅恪既是师生关系,又是无话不谈的逆友,被陈寅恪视为"最可信赖的人"。陈寅恪生前把为自己编辑出版文集的工作托付给蒋天枢。蒋天枢受命不辞,放弃自己一生研究成果的整理,倾注全部心血和衰年余力,终于将陈寅恪的学术著作比较完整地公诸于世,在海内外产生强烈而持久的反响。蒋天枢被誉为学术精湛、道德高尚的学人,著作有《全谢山先生年谱》、《论学杂著》、《楚辞论文集》、《楚辞章句校释》等。(罗静文)

K000244 **人民记者穆青** 张惠芳、王昉著。河南人民出版社 2002 年 12 月版。30.1 万字。插页 4。25.00 元。穆青是我党培育的第一代新闻工作者的代表,中国的名记者,新闻界的楷模。他写出过《县委书记的榜样——焦裕禄》等许多黄钟大吕式的新闻名篇，又长期担任新华社的领导工作，经历了党中央三代领导核心的直接领导。本书以白描和实录的手法，大量生动翔实的材料和照片，记录了穆青记者人生最辉煌的阶段，披露了许多鲜为人知的故事。回答了穆青是怎样一个人？为什么他的作品能够打动人心？他是怎样写出一部部新闻名篇的？他在新闻道路上为什么能够取得成功？从而给人以深刻的感动和启迪。本书生动记述了穆青记者生涯中最为辉煌的篇章，充满感人肺腑的故事和催人泪下的描述，其中许多事实鲜为人知。（李小龙）

K000245 **让心灵打个盹** 副名：央视著名主持人文清真情实写。文清著。花山文艺出版社 2002 年 4 月版。19.5 万字。18.00 元。全文分 6 章和后记"让心灵打个盹"。第一章放养童年，第二章小小少年，第三章青春触角，第四章工作状态，第五章时间女人，第六章缤纷心情。从文清出生的大山深处的小村庄讲起，描写了她儿时的种种趣事，还有她考大学的前前后后，在央视主持重大节目的细节，以及个人的爱情经历，从中我们可以寻到她的成长轨迹。她还谈婚姻、谈爱情、谈女人的生活品味，从另一个角度体现了文清作为一名青年知识女性对生活的感悟和思考，把自己的性格特点和内心世界表现得淋漓尽致，字里行间蕴含着丰富的感情，对自己的经历进行深深的思考。她对女性问题的独到见解，也颇有独到之处。（李爽）

K000246 **李曙森纪念文集** 《李曙森纪念文集》编辑小组编。天津大学出版社 2002 年 5 月版。39.5 万字。40.00 元。李曙森同志是中国共产党的优秀党员、忠诚的共产主义战士、杰出的教育家，新中国教育事业的重要奠基人之一。在漫长的革命生涯中，他长期从事教育领导工作，为新中国教育事业和天津教育事业的发展贡献了毕生的精力，为天津大学的建设作出了重要贡献。本书收集了各界人士对李曙森同志的 80 余篇纪念文章，内容丰富，情节真切，感情深挚，是一份生动感人的史料。（张颖）

K000247 **陈垣图传** 刘乃和、周少川等编著。北京师范大学出版社 2002 年 8 月版。188 面。120.00 元。陈垣（1880～1971）原北京师范大学校长，我国著名的教育家、史学大师。在七十多年的教育实践中，他积累了丰富的办学和教学经验，为国家培养出了大批栋梁之材。他长期担任北京大学、北京师范大学、燕京大学、辅仁大学教授。曾任教育部次长，先后任辅仁大学、北京师范大学校长达 45 年之久。《陈垣图传》是北京师范大学百年校庆的重点图书之一。该书是在跟随陈垣校长二十多年的学生和助手已故刘乃和教授积累的二千余帧图片的基础上，又从陈垣的故乡，以及报纸书刊上收集补充精选出最具代表性的画面二百余帧，加以文字说明。包括陈垣校长的学术研究和教育教学活动、社会政治活动、家庭生活和师友交游等。本书首先考证照片中表现的人物、时间、地点和事件；然后再以照片为中心，在文字说明中连缀相关内容，由点及面地展开叙述，以时间为线，贯通前后，以求系统地表现陈垣先生的生平事迹、学术成就和精神风貌。（傅占武）

K000248 **素质与命运** 解思忠著。作家出版社 2002 年 1 月版。20 万字。17.00 元。现身说法的感悟录，也是一部视角独特的回忆录。作者近年来致力于国民素质问题的研究，在完成《国民素质忧思录》、《观念枷锁》和《国民素质读本》"国民素质三部曲"之后，又回顾了自己半个世纪以来求学、治学道路上的得失成败，并追溯了自身素质方面的原因，阐发了"素质就是命运"的感悟。（潘宪立）

K000249 **我知道的中国足球——王俊生回忆录** 王俊生著。北京出版社 2002 年 11 月版。30 万字。28.00 元。记述作者在中国足协工作的回忆录，在一定程度上也折射出我国足球体制改革和内部机制转换的历史。（总编室）

K000250 **体育之子荣高棠** 李玲修、周铭共著。新华出版社 2002 年 5 月版。28 万字。26.00 元。通过记叙荣高棠投身体育事业半个世纪所走过的崎岖道路，展现新中国体育发展史中许多精彩片段，再现了党和国家三代领导人毛泽东、邓小平、江泽民、周恩来、陈毅等如何以富有个性色彩的言行，关注支持新体育的发展。（王晓顺）

K000251 **高空勇士阿迪力** 周建国撰稿，解耀华主编。新疆人民出版社 2002 年 9 月版。20 万字。28.00 元。客观地反映了达瓦孜艺术的发展历程；记述了在党和政府的热情关怀和支持下维吾尔青年阿迪力家族几代艺人及汉族师傅等人为保存、发展达瓦孜艺术做出的艰辛努力和突出成绩。全文重点围绕阿迪力追求达瓦孜艺术的成长过程，较翔实地记录了阿迪力五次打破高空走钢丝吉尼斯世界纪录所经历的惊心动魄的种种险阻及喜悦；歌颂了阿迪力以坚韧不拔的毅力和独步天下的技术，百折不挠，九死不悔，始终怀着为国争光的强烈愿望精益求精，不断向前，把维吾尔宝贵的传统文化介绍到全国，介绍到全世界。在前辈的指导下以顽强毅力和创新思维把地面杂技技巧移植到达瓦孜上，提高了这一古老艺术的表现能力及观赏性。他使亿万观众领略了达瓦孜艺术的魅力，同时体悟到不断超越自我、挑战极限的“达瓦孜精神”。在新的历史条件下阿迪力不断攀登达瓦孜艺术的新高峰。书中有三十多幅彩色照片和近百幅黑白照片。书后附有阿迪力、吾守尔达瓦孜世家家谱。(丁璇)

K000252 **三剑客丛书** 孙宜学主编。山东友谊出版社 2002 年 1 月版。100 万字。总 69.10 元。包括《金庸新传》、《梁羽生新传》、《李敖新传》。分别选取金庸、梁羽生、李敖作传。用生动的文学性的语言将传主的生平与创作经历结合起来，以人品印证作品，以作品考察传主内心世界，并折射上个世纪中国文坛的某些侧面。《金庸新传》依据作者访谈资料，以生动的生活细节描述了金庸复杂跌宕的人生旅程和心路旅程，透视金庸小说所反应的当代文化趋向、价值趋向，使读者看到一个血肉丰满的真实的金庸。《梁羽生新传》从学生到编辑再到自由撰搞人，一生平平淡淡，甚至缺少大起大落、大悲大喜；然而 35 部小说、70 余万字的联语和文史小品却饱含对朋友、亲友的深厚感情。这就是梁羽生！从他身上，你绝对能体会到什么是人生的快乐，什么是真正的人！《李敖新传》从大学时代及研究所的师生之情，从文星时代的风云契合，从被监禁时的从容机变、不屈抗争，到出狱后复出江湖、继续放言高论，到视总统竞选为儿戏的狂悖……其快意恩仇的人生、特立独行的人格让你不能不承认：李敖绝对是个人物！(孙锋)

K000253 **大象人物自述文丛** 李辉主编。大象出版社 2002 年 10 月版。120 万字。120.00 元。将用更多的篇幅来集中呈现各类人物的自述。所选择的人物，不再是被他人聚焦扫描的对象，而是一个叙述的主角，向读者讲述自己的人生。以图文并茂的形式，尽可能地集中展现各界人士的人生轨迹和精神世界。已出版以下 6 种：《巴金自述》、《田汉自述》、《蒋子龙自述》、《刘心武自述》、《汪曾祺自述》、《黄裳自述》。(惠萍)

K000254 **冯梦龙新论** 龚笃清著。湖南人民出版社 2002 年 10 月版。52 万字。37.50 元。研究冯梦龙作品及人生的论文合集。对冯梦龙的民歌俗曲观、冯梦龙的科举经历、冯梦龙的交游、冯梦龙与明代的刻书事业、冯梦龙几部作品的刊刻时间等诸多问题进行了深入研究，并对冯梦龙的生平行迹进行了系统考释。(何新波)

K000255 **如梦岁月** 白桦著。学林出版社 2002 年 12 月版。20 万字。21.00 元。书中记载的，既是作者个人的生命历程，也真切地折射出一个国家、一个民族在半个多世纪中的苦难、重生、坎坷与困惑。全书分为两辑：第一辑写童年和少年时代的故乡，即“梦中的大城”里度过的时光，叙所见所闻，细致、鲜活，有浓重的文学色彩；第二辑写成年后参加革命、从事创作、遭遇挫折，记人记事，笔触沉重，时现思想的光泽。(林震浩)

K000256 **李敖之谜** 汪幸福著。花山文艺出版社 2002 年 4 月版。34 万字。26.00 元。传记。李敖是闻名海内外的知名作家、历史学家、政论家，一生坎坷曲折，颇多传奇。同时，他又是公认的“情圣”，爱情经历多姿多彩。他是台湾文坛第一“狂人”，几十年来谈古论今，嬉笑怒骂，开展文化论战，抨击市井百态。他对台湾社会的贡献影响是多方面的，无人能及。此书基本将个性奇特、特立独行的李敖一生主要的、有代表性的大事记述下来，并将这些事件的谜底一一揭开。共分 7 章：一、揭开历史事件之谜；二、拆穿政客之谜；三、与老师之谜；四、情爱之谜；五、打官司之谜；六、妙斗国民党军警特务之谜；七、参选台湾“总统”之谜。书中很多内容，如李敖揭露蒋介石集团勾结日本人，出卖人民利益、揭露李登辉搞“台独”，李敖与另几名殷门弟子争夺殷海光“遗稿”及《殷海光全集》主编权，在台大闹殷海光学术研讨会等等都是在内地的第一次披露。(李奭)

K000257 **郭沫若与二十世纪中国文化** 中国郭沫若研究会编。福建人民出版社 2002 年 10 月版。25.9 万字。18.20 元。精选了学者们近年来专题研究郭沫若的论文，从各个时期、不同的角度和视觉去审视、重新评价郭沫若，用唯物主义的历史观定位郭沫若，具有较高的学术价值。(黄须友)

K000258 **黄遵宪师友记** 蒋英豪著。上海书店出版社 2002 年 8 月版。44 万字。58.00 元。记述黄遵宪身边人物以及黄遵宪与这些人物之间互动关系的书，共涉及人物逾五百人，以助了解黄遵宪所处的时代、他的政治事业、他的创作活动等。(王琳)

K000259 **鲁迅与陈西滢** 阎晶明著。河北人民出版社 2002 年 1 月版。23.3 万字。15.00 元。以议、叙相融的方式，对上个世纪 20 年代发生在鲁迅与陈西滢之间的论战的始末，进行了分析。将笔触深入到论战的最细部，进行文化的、文学的、政治现实的分析和研究。全书分两部分：前半部分叙述了论战的源起、进程、结果及今天的反思；后半部分则附录了论战中较为典型的文章，使读者基本得窥

论战的全貌。(贺秀红)

K000260 **鲁迅生平疑案** 王锡荣著。上海辞书出版社2002年12月版。38.5万字。42.00元。考订和阐述的17个问题都是近年来或多年来众说纷纭的“疑案”。这些问题有的跟鲁迅研究有直接关系,例如鲁迅弃医从文,跟周作人决裂,跟许广平结合,以及后期参加的一系列政治活动,都对鲁迅的思想发展和创作活动产生了明显影响。有些则关系不太大,比如鲁迅跟周恩来的亲缘,苏雪林咒骂鲁迅的心理因素等。有些问题他通过考证已作出了明确的、正确的结论,如指出鲁迅从事文学活动的目的是救国救民、强国强民,而另外有些问题他的研究虽在前人基础上有了新进展,但限于客观条件,目前还有存疑之处,如鲁迅贺红军东征信的准确内容和传递途径。这些问题颇具代表性,普通读者甚至于专家学者也是有些了解而又了解不是很多甚至是误解的话题。(辞书总办)

K000261 **暮年上娱** 副名:叶圣陶 俞平伯通信集。叶至善、俞润民、陈煦编。花山文艺出版社2002年1月版。45.5万字。30.00元。通信集。叶圣陶和俞平伯于青年时代,就在上海共办刊物,后均移居北京,相交甚密,友情至厚。暮年虽住同一城市,又常见面,但因相隔较远,不能日日相晤,就以书信代替面谈,你来我往,有书必复,被二人戏说为“酬答如是,无异于打乒乓球”。仅从1974年4月至1985年6月间,两人就书信来往八百余封。而就在这“银球”往复中,两人获得了“暮年之娱”。本书辑录的叶圣陶和俞平伯的八百余封书信,可以说无事不及,上论国事,下谈家私,评论诗词,说文辨字,品味人生,万千物象,都是他们谈及的内容。但无论他们论及什么,读后总让人有一种文章千古事,妙趣自然成的快感和惬意,给人以知识、以力量、以启迪、以激励。(刘斌武)

K000262 **中国当代灯谜艺术家大辞典** 刘二安、牛书友主编。中州古籍出版社2002年4月版。117.1万字。187.00元。收录中国当代灯谜艺术家1350人,按姓氏笔画为序排列,每辞条包含个人基本情况、主要业绩、灯谜代表作三部分内容。另附:当代中华谜坛十件大事、当代省级以上谜会、当代谜书目录、当代全国十佳谜刊、当代灯谜社团名录、灯谜网站一览等资料。(孙宝瑞)

K000263 **旋律的诗** 副名:中国当代儿童音乐家传略。郭文林主编。四川文艺出版社2002年1月版。36.5万字。28.00元(平),35.00元(精)。收入李劫夫等24位儿童音乐家的小传。这些儿童音乐家创作的作品,有的已成为20世纪的经典,伴随着几代青少年的成长。小传简洁生动地介绍了音乐家们的人生道路和艺术追求,小传还配有传主生活照、创作照、手稿照片等。(黄立新)

K000264 **关于罗丹** 副名:熊秉明日记择抄。熊秉明著。天津教育出版社2002年10月版。16.5万字。38.80元。怀着对古希腊和文艺复兴的崇拜,对另一种文化的好奇与追求,抗战胜利后的1947年,熊秉明以哲学考取了公费留学,来到了巴黎。但是,在巴黎这样的艺术之都读美学、谈艺术理论,简直就像在海滩上高谈蹈水游泳之道而不踊身于海浪去自在遨游,于是,一年后他毅然放弃哲学博士的攻读,改学雕刻。1948年到1950年,熊秉明潜心于雕刻学习,其间,他的两年公费留学到期,走与留的抉择竟也同时促成了他对东西方艺术的思想认识的成熟。书中,熊秉明所择抄的,正是他在1947年至1951年雕刻学习最关键的这五年间所写的日记。用从容、隽永的语言,以对罗丹的关注为主线,保留了熊秉明工作和生活的一些片段,将他对雕塑、对罗丹的作品及人生、对东西方艺术等等问题的思想认识汇聚在一处,将颗颗散乱的思想小珠连缀成了一串闪耀着个性、灵性与知性光芒的艺术与人生的项链;同时也从中折射出了当时海外中国知识分子的精神世界。(李勃洋)

K000265 **半岛铁盒** 方文山主笔撰写,周杰伦影像出演。接力出版社2002年4月版。30.00元。收入歌坛新星周杰伦生活图片208幅,如周杰伦在东京街头、西门町PUB、中学校园等生活照片,以及周杰伦作曲、方文山作词的《忍者》、《完美主义》、《热带雨林》、《娘子》、《刀锋边缘》等MTV拍摄的现场写真。而方文山在书中又写就如电影场景般的“图像诗”。这些写真无不透露出两位搭档的独特个性、资质以及他们对音乐的梦想、灵感和解读。(吴耀华)

K000266 **平民演员——我说于是之** 梁秉堃著。华夏出版社2002年1月版。14万字。25.00元。用生动感人的文字,言必有据的丰富材料(于是之大量的文章、日记、访谈等),写出了“是之的根”、“在当演员之前”、“程疯子一炮打响”、“程疯子传”、“六年半的曲折道路”、“走进茶馆”、“演‘洋平民’魏勒”、“工夫在诗外”、“生活·心象·形象”等章节。这些章节从三个方面展示了于是之的艺术人生:一、从于是之青少年时代的经历及在前辈艺术家石挥先生影响下，如何走上话剧之路；二、在恩师老舍先生、焦菊隐先生指导启发和培养帮助下，是之勤于思考，善于琢磨，形成他从生活出发，在心象形成的过程中，通过获得正确的人物的自我感觉而达到形象；三、于是之工作、生活在人艺优秀演员群体中，在多年舞台艺术实践中，提出了重要的美学观点：即真正决定演员艺术生命的是修养而不是技术。（赵晓燕）

K000267　**芝麻开门——张纪中访谈录**　乾达婆著。广西人民出版社 2002 年 9 月版。25 万字。23.80 元。采用了访谈的形式，记录了制片人张纪中的成长经历及十年制片经历，披露了很多电视剧制作的内幕。这些与电视相关的内容，会给渴望成功的人们尤其是年轻人一些感触，亦从一个侧面反映了中国电视制片行业的发展历程。（罗宇飞）

K000268　**昆剧泰斗俞振飞**　龚学平主编。上海辞书出版社 2002 年 8 月版。1000 余幅图片。560.00 元。充分展示俞振飞先生各个历史时期表演艺术形象的大型画册。从一个新的角度，生动地反映了俞振飞一生光辉的艺术生涯。书中的珍贵图照按历史线索分为七个部分，即：魏曲梁词 叶堂正宗，转移多师 京昆并举，滞留香港 苦心经营，焕发青春 量人"化"境，欣逢盛世 老骥伏枥，弘扬国粹 走向世界，幽兰倩影 俞艺留芳，清晰勾勒出俞振飞艺术道路的轨迹。为京昆专业工作者、理论研究者和海内外京昆爱好者提供了一份弥足珍贵的文献。画册中还披露了俞振飞在生命的最后十年里，著书、录像、出国讲学、收徒传艺、示范演出，为振兴昆剧事业鞠躬尽瘁。（总编办）

K000269　**中国文博名家画传·王世襄**　晨舟著。文物出版社 2002 年 5 月版。9 万字。60.00 元。全面而翔实地披露了王世襄(1914～　年)大俗大雅、跌宕起伏的一生，浓墨重彩地描绘了这位"国宝"级文博名家玩即学，学亦玩，在明式家具、漆器、竹刻、古建、书画、雕塑以及养鸽子、斗蛐蛐、怀鸣虫、范匏器、绘葫芦、架大鹰、训獾狗、品美食等方面饶有兴趣的研究和著述。全书由年近九旬的王世襄先生亲自审定，分 8 章，并附他的自序和生平简表，精印他的生平和相关的文物图片 160 幅，是了解这位享誉海内外的文博学者、感受老北京的风土人情、触摸 20 世纪中国文物研究脉搏的形象图卷。（周成）

K000270　**史魂——上海十大史学家**　姜义华主编。上海辞书出版社 2002 年 4 月版。36.25 万字。26.00 元。共选取了吕思勉、李平心、李亚农、周谷城、周予同、陈守实、陈旭麓、程应缪、谭其骧、魏建猷等 10 位史学前辈作为传主，通过撰写他们简要的学术传记、表彰他们的成就，展现他们的精神，继承和发扬这些史学前辈可贵的品德，继续在历史科学高峰上攀登，推动我国先进文化的发展。（总编办）

K000271　**劬堂学记**　柳曾符、柳佳编著。上海书店出版社 2002 年 9 月版。31 万字。30.00 元。柳诒徵先生(1880～1956)，号劬堂，是我国著名的历史学家、图书馆学家。本书编者为先生的长孙和曾孙女。书中收入了先生的自述及其学生、知交的回忆文章，如张舜徽、茅以升、胡焕庸、张世禄、蒋礼鸿、黄裳和郑逸梅等人以生动的文笔勾勒出先生一生的治学特点与成就。先生长孙则撰文介绍了先生与缪荃孙、柳亚子、王国维、胡适等名人的交往。书中并收入了梁漱溟等人对先生的主要著作《中国教育史》、《中国文化史》、《国史要义》的高度评价。先生是我国图书馆事业的开拓者，书中对此也作了详细的介绍。（陆坚心）

K000272　**钻石婚杂忆**　周一良著。生活·读书·新知三联书店 2002 年 5 月版。18 万字。32.00元。由作者口述，经人记录而成，穿插有大量珍贵的历史照片，是以作者家庭生活为主线的回忆录。从家世、读书时代、留学生活到教学生涯、学界交往、家庭变迁，用实录笔法记录了作者几十年间的丰富经历和复杂心境。作者是当代著名历史学家，与夫人结缡于 1938 年，到 1998 年恰是 60 年，也就是习称的钻石婚，书中，作者"把六十年间的酸甜苦辣、喜怒哀乐、悲欢离合等方方面面的事情作一总的回忆"，故此书对于研究中国知识分子的心灵史的一个重要方面——情感史是一个不可多得的范例。与作者另一部自传作品《毕竟是书生》为姊妹篇。（孙晓林）

K000273　**傅斯年传**　焦润明著。人民出版社 2002 年 12 月版。35 万字。24.00 元。傅斯年是我国近现代史上的著名学者，对于新文化建设、历史学新领域的开拓、新教育思想的提倡等，均做出过很大贡献。本书以严谨的态度客观论述了他的一生功过。

K000274　**宁静致远——崔琦的科学风采**　许良著。上海科技教育出版社 2002 年 11 月版。15.5 万字。14.00 元。1998 年诺贝尔物理学奖获得者、华裔科学家崔琦的生平事迹。包括"高山名茶"；害羞，却有勇气；比前人看得更远；1998 年，梅开二度；成功的背后；真知灼见；谦和的绅士；"只是时间问题”;“一种宗教上的‘感召’”九部分内容。另外还附有前言、崔琦年表、注释与参考文献。全书真切而简明地叙述了集合中西文化特长于一身的崔琦的生活历史背景、科学思想、研究方法、对知识的渴求以及具有典范作用的优越品格。(王细荣)

K000275 **寻找带色的雨滴——丁肇中的科学风采** 陈洁琦、淳麟著。上海科技教育出版社2002年6月版。27万字。22.00元。1976年诺贝尔物理学奖获得者、华裔科学家丁肇中的生平事迹。由12部分组成:一、“首先应感谢我的父母”,二、“数理权威”,三、密歇根大学,四、研究院,五、初出茅庐,六、11月革命,四、令人雀跃的J/ψ粒子,七、众里寻“他”千百度,八、三喷注现象,九、更上一层楼,十、“灵台无计逃神矢”,十一、实验物理学家,十二、物理学之外。另附有前言、丁肇中年表、注释、主要参考文献。主要介绍了丁肇中先生不平凡的成长历程、多方面的科学贡献、卓越的科研领导才华、深邃的科学思想、独特的研究方法,以及探美求真、自强不息的创造精神。(王细荣)

K000276 **严济慈:法兰西情书** 严济慈著。解放军出版社2002年9月版。16万字。19.80元。收录了严老自己长达60年间的一些书信、讲话、随笔、短文、图片等。体现的主要是严老崇高广博的爱国情怀、自信执著的人生追求、真挚赤诚的师友之情、温柔细腻的儿女情怀、无限殷切的寄予希望。反映了先生除了作为一代卓有成就的著名学者外,也是一个社会的人、家庭的人、自然的人,有着丰富多彩的人生追求和情感世界。(杜艳丽)

K000277 **细推物理须行乐——李政道的科学风采** 魏洪钟著。上海科技教育出版社2002年12月版。18.6万字。16.50元。分为好学少年、名校与名师、从芝加哥到哥伦比亚、“革命者”的角色、荣誉与创痛、物理的挑战、中国情结、科学外的思考8个部分,另附有前言、李政道年表、注释与参考文献。全书再现了李政道先生曲折的成长历程、杰出的物理学成就、睿哲的科学思想、对科学真理的激动人心的探求和对中国科技教育事业的深切关怀。(王细荣)

K000278 **钱三强年谱** 葛能全编著。山东友谊出版社2002年5月版。26万字。22.00元。按照时间顺序,全面、系统、公正地介绍了钱三强先生执着奋斗的一生。全书基于详实的资料,运用朴实的语言为读者展示了我国原子能事业的开创者——钱三强先生从早年留学法国到回国后全身心投入原子弹研制事业中直至终生的鞠躬尽瘁的一生。(王健男)

K000279 **卓越——2001〈房地产世界〉十大封面人物聚焦** 晏丽清主编。中国建筑工业出版社2002年8月版。36万字。80.00元。在《房地产世界》杂志原封面人物纵深报道的基础上,增补10位封面人物及其企业的有关资料编辑而成。内容包括:老总简历、封面人物、封面纵深、企业轨迹、老总华文、经典项目等。主要介绍了活跃在中国房地产界的10位精英人物。走近他们,沿着他们的思想轨迹,合拍他们的心路历程,体会他们的喜怒哀乐,领略他们的骄人业绩,欣赏他们的人格魅力,必会有所收获。(杨军)

K000280 **近代天津十二大名医** 中国人民政治协商会议天津市委员会文史资料委员会编。天津人民出版社2002年8月版。24万字。24.00元。所收录的12位名西医,都是在天津行医数十年,并在各医科上有所建树的已故的天津第一代名医。这一代名医出生在清末民初的动乱年代,历经中华百年风云。如揭开癌症之谜的女强人李漪,百岁老医生孙璧儒,创建天津医学院、被称为“钙磷代谢之父”的朱宪彝,我国现代肿瘤医学创始人、并筹建天津肿瘤医院的金显宅,开创天津泌尿外科的施锡恩,妇产病理学的开拓者、创建天津妇产科医院的林崧,被称为“中国胸外科第一刀”的张纪正,天津骨科医院(天津医院)的创建者、被称为“骨圣”的方先之,天津儿科事业的奠基人、儿童医院的创建者范权,天津总医院脑系科专家、中国神经外科的奠基人赵以成,天津耳鼻喉科专家林必锦,天津第一位推行“卡介苗”、并创建天津结核病防治院的朱宗尧。通过这一代名医的小传,展现了他们的可贵的医德、医术、医风,从一个侧面也反映了天津医学科学事业的发展。(李晶)

K000281 **蚕魂** 余广彤著。苏州大学出版社2002年9月版。15.5万字。15.00元。费达生,我国著名的女蚕丝专家,被媒体誉为“当代黄道婆”。她自20世纪20年代从日本留学归国起,先后在江苏、四川等地从事蚕丝教育和科技推广工作,为振兴、发展我国传统的蚕丝业作出了卓越的贡献。本书生动表现了费达生等一批蚕丝界知识分子爱国敬业、无私奉献的精神,也翔实地记述了古老的养蚕、缫丝等技术的新发展及走向现代化的途径。记录了费氏姐弟深情,同怀富民志,事业上相互支持,相互帮助,在坎坷人生道路上奋斗、跋涉的感人事迹。(薛华强)

K000282 **不朽的丰碑** 张松林主编。南海出版公司2002年12月版。25万字。28.00元。除了记载着李硕勋烈士的许多生平事迹以外,还收辑了许多革命前辈充满真情实感的缅怀文章,并编入了一批国内党史专家学者对李硕勋烈士的研究成果,读来使人能真切感受到中国革命一代先行者的伟大人格与精神力量。(廖思拍)

K000283 **中共党史风云人物(1921.7~1949.9)** 王健英著。广东人民出版社2002年7月版。56万字。48.00元。分为上、下册,撰写了中国共产党自1921年7月召开一大至1945年6月召开七大选出的第一届至第七届中央领导人201人生平传略,其中60多名中央委员的生平事迹属首次披露。传略对每个人物均真实地记述其生平经历、主要实践活动,特别是当选为中央领导成员前后的任职和参与领导的重大斗争。对人物出身、学历、成长发展、思想转变、职务变动、主要活动、去向归宿等进行了历史的概述。对其在历史的地位、作用和重要功过,作了客观公正的简评。对脱党、变托派、叛变者,采取历史唯物主义态度,给予全面介绍。

K000284 **末代皇弟溥杰传** 贾英华著。作家出版社2002年1月版。50万字。35.00元。以溥杰一生被命累,或坎坷,或曲折分开篇,作者对史实充满了敬重,他遍查国家各档案馆的珍贵历史档案资料,搜集并阅研了与此有关的大量书籍和文章,曾先后多次采访爱新觉罗家族的亲人,以及溥杰的秘书、好友,将历史的大事件大背景作为此书的重要线索,以溥杰的浮华沉沦写得严谨公正。全书将溥杰出生于两代皇帝之家,一朝入摄政王的醇亲府内;初涉人世进宫陪溥仪研读,乃至历经"逊帝"出宫,蛰居津门;继而又赴东北佐"康德",尔后被囚苏联,关押抚顺,特赦之后又经历了夫妻团娶、文革浩劫……等内容翔实披露,不仅折射晚清以来社会的错综复杂,还以其独有的角度和视野,反映了溥杰生平的历史进程,极其珍贵地留下了溥杰的一生遭际和历史回音。(懿翎)

K000285 **名相文学传记系列** 花山文艺出版社2002年4月版。45.9万字。包括:李彤、宋洁所著《伊尹:从奴隶到宰相》,45.9万字,35.00元(ISBN 7-80673-166-0/I·097),描述了伊尹从庖丁之子而成为商汤大夫、夏桀大夫,进而恢复缗国、助汤灭桀而为商相的传奇一生,历史感厚重,尤其是他与夏王妃晓月、莘侯女阿星间的忘年恋感人至深。映雪所著《陈平:千古智囊》,42万字,32.00元(ISBN 7-80673-165-2/I·096),描述了陈平少时则智挫郡守李由、加入陈胜义军后智败秦将王离、苏角,助刘邦六出奇计,灭楚兴汉。其勇批叔孙通的朝仪,解商人之禁,铲除吕氏而安刘等章节,尤为精彩,表现出高人一筹的史学观。孙英、学军所著《诸葛亮·功盖三分国》,描述了传主于刘备颠沛流离之时,以隆中对为其制订了生存与发展的战略方针,佐他齐吴败曹火烧赤壁,开创三国局面,进取四川,奠定蜀汉基业,六出岐山,意图统一中国,鞠躬尽瘁,死而后已。作者通过魏、蜀国力的对比,强调孔明常以五万之众而当司马懿三四十万众却令后者屡战屡败,突出了孔明的超人智慧。王鸿儒所著《张居正:悬崖之舞》,43.5万字,32.00元(ISBN 7-80673-168-7/I·099),描述了救时之相张居正利用万历帝年幼,与太监冯保联合,驱逐另一执政高拱而锐意改革之事迹。群臣的因循苟且预示着人亡政息的结局。(罗益群)

K000286 **李一氓纪念文集** 中华书局编辑部编。中华书局2002年5月版。27.5万字。20.00元。李一氓同志是一位久经考验的老共产党人,在其长达65年的革命生涯中,从事过地下工作、军队工作、文化工作、外事工作和古籍整理出版规划工作,对中国革命和社会主义建设事业做出了重要贡献。本书收集自1990年12月李老逝世至2001年底各种报刊杂志发表的悼念和缅怀李老的文章68篇,其作者大多是李老的老战友、老部下,还有一些专家学者。他们从不同方面描述李老的交往和真挚情谊,表达对李老的哀思与怀念。(沈锡麟)

K000287 **李济深全传** 姜平著。团结出版社2002年6月版。30.4万字。25.00元。李济深先生是我国近代历史上一位杰出的军事家、政治家是三个重要民主党派创始人和领导人之一,他曾在推翻清王朝的革命斗争中立功,追随孙中山护法,支持创办黄埔学校,出任国民革命军总参谋长,配合中国共产党和平解决西安事变。在全国人民要求和平、反对内战的一切努力均遭到镇压失败后,李济深认识到蒋介石集团决不会回心转意为了救国救民,他便毅然秘密赴港联合党内各派民主力量成立中国国民党革命委员会,公开举起了反蒋大旗,配合中共彻底推翻国民党蒋介石集团的反动统治。本书是在严格忠实于历史实事的前提下由李济深先生当年的秘书、副官、医生等身边工作人员,提供了许多鲜为人知的珍贵资料。(傅雪莎)

K000288 **宋美龄大传** 佟静著。团结出版社

2002 年 1 月版。63 万字。59.00 元。宋美龄是 20 世纪上半叶风靡一时、叱咤中国政坛的“第一夫人”。作者利用大量历史的、现实的资料，采用全方位的、多侧面叙述方式，将她漫长的人生轨迹概括为，“感情与权力携手叱咤乱世风云，美丽与哀愁相伴演绎百年风流”，全书资料异常丰富，438 幅精选的珍贵历史图片，图文并茂，是近几年研究的有关专著中相当全面、评价非常客观的一部，准确地反映了宋氏漫长复杂的人生底色。近日宋美龄将在她美国公寓里迎来 106 岁的生日，她的人生已经跨越了三个世纪。美雅的姿仪，娇小的体态，敢于冒险的精神，国际舞台上纵横捭阖斐声外交界，狠毒的心肠却戴着微笑的面具，垂帘听政的“秘书”，这一切，竟那么真实地存在一个女人身上。（傅雪莎）

K000289 **张学良世纪传奇（口述实录）** ［美］唐德刚访录，［美］王书君著。山东友谊出版社 2002 年 4 月版。90 万字。69.00 元。根据美国哥伦比亚大学著名华人学者唐德刚教授对张学良将军采访的 11 盘录音带整理而成，用口述实录的写作方式和丰富真实的史料，展现了张将军极富传奇色彩的百岁生涯，揭开了这位在中国历史上颇有影响的世纪老人的神秘面纱，从中可以了解到许多鲜为人知的历史真相。全书总计 100 章，有 200 余幅珍贵的历史照片。

K000290 **陈其美与辛亥革命** 张学继著。黑龙江人民出版社 2002 年 12 月版。40 万字。38.00 元。陈其美是叱咤风云的中国民主革命志士。他于 1878 年出生于浙江归安（今湖州）的商人家庭，怀着对国家和民族的强烈责任感，1906 年加入同盟会，先后任中部同盟会庶务，沪军都督，中华革命党总务部长等重要工作；他长于组织，工于谋略，任事勇锐，百折不回，以“四捷”（口齿捷、主意捷、手段捷、行动捷）著称，从而在中国民主革命中起到了突出的作用，尤其为推动长江流域革命形势的发展，为南京临时政府的建立作出了重要贡献。1916 年 5 月 8 日在上海被袁世凯的刺客所杀。本书叙述了他一生的经历。（刘恺汐）

K000291 **青年蒋经国** 张日新等著。花山文艺出版社 2002 年 4 月版。30.8 万字。24.00 元。真实地记述了蒋经国从少年时代到大陆解放的一段历史。共分 25 章，后附《蒋经国年谱》。作者很好地把握了人物个性与历史史实的关系，所涉事实有根有据，资料翔实可靠，并与情节故事、生活细节、心理表述等具象塑造手段熔为一炉，描绘出了一个客观、真实、形象、生动的蒋经国。插页有程思远先生的题词——“我是中国人”。（张根树）

K000292 **林则徐在伊犁** 安英新主编。新疆人民出版社 2002 年 10 月版。22.5 万字。16.80 元。林则徐作为一名伟大的爱国主义者，鸦片战争后被流放新疆。在新疆三年，不顾政治上所处的逆境，不在乎自己是个贬官，三年中为新疆的水利建设、勘荒垦荒等作出了较大贡献。本书收入了他在新疆三年期间的日记、诗钞、书信。内容分 3 卷，第一卷，日记。收录了林则徐 1842 年 7 月至 1845 年 7 月日记。其中 1843 年 8 月至 1844 年 12 月日记缺轶。第二卷，诗钞。收录了林则徐在新疆所著诗词数十首及邓廷桢有关诗作多首，并附“林则徐流放诗钞目录”。第三卷，书信。收录了林则徐流放新疆期间致其夫人、儿子及友人的书信数十封，并附“林则徐流放书信目录”。林则徐的上述作品虽然以日记、诗歌和书信的形式表现，但其史料价值不可低估。首先，他虽然被贬流放边陲，但他通过各种渠道，关心国家大事，关注政治形势的变化，与国家共荣辱，与人民同甘苦。这在其书信中反映较充分。其次，他在踏勘南疆地亩时，关心民疾民苦，传播内地的水利技术和生产经验，向上反映人民的呼声，受到维吾尔等各族人民的拥护，其日记中也反映了这些内容。再次，林则徐的日记中记录了他途经的新疆地区地名许多，这些地名资料都十分宝贵，对研究新疆地名文化具有较高的史料价值。（贺灵）

K000293 **周恩来人才之道** 顾振权、朱海山著。中国矿业大学出版社 2002 年 10 月版。24 万字。25.00 元。系统研究周恩来人才之道。主要从人才观、人才标准、任人、用人、培养人才等方面探讨周恩来的人才思想和用人艺术。（孙浩）

K000294 **周恩来自述** 周恩来著。解放军文艺出版社 2002 年 1 月版。20 万字。18.00 元。传记。以自述的形式出版的关于周恩来的传记文学。作者回忆青少年时期的刻苦求学、五四运动时期的被捕与抗争、赴欧勤工俭学时的意气风发、上共产国际面见斯大林的曲折经过、抗日战争和解放战争时的特殊经历及文革岁月中的艰难处境等。展示了作为我国伟大政治家之一的周恩来同志为缔造中华人民共和国、建设新中国、繁荣中华民族、在各个历史阶段的胸怀风范、胆略智慧和人格风采。周恩来没有写过正式的自传。但是，周恩来叙述自己的遭遇和心情的资料是较多的，集纳起来，便是这本书的诞生。本自述，按文章先后或重大事件依历史顺序编集。抗战时期的自述主要反映他奔波各地,终于结成国共统一战线;坚持抗战、反对投降,坚持团结、反对分裂,坚持进步、反对倒退,既保持了国共合作,又防止了国民党"溶共"。解放战争时期的周恩来,先尽力争取和平、避免内战,后在蒋介石发动全面内战期间,与毛泽东等指挥了辽沈、淮海、平津三大战役,直到建立中华人民共和国。新中国时期突出反映周恩来在治国安邦和坚持对知识分子的正确政策等问题上的主张。在文革中,周恩来又是中流砥柱,力挽狂澜,使党和国家、政府度过了万分艰难的岁月。(陈京蕾)

K000295 **周恩来的说服与攻心之道** 吴珏著。湖南人民出版社 2002 年 11 月版。21.8 万字。17.80 元。以时间为经,以周恩来一生经历的重大事件为线索,精选了他说服亲人、朋友、同事、民主人士甚至敌人的实例,深入分析了这些实例的背景、生动过程、所运用的说服技巧,展示了周恩来伟大的人格魅力、广博的知识、非凡的智慧和幽默感。(章红立)

K000296 **屈武回忆录** 陈江鹏著。团结出版社 2002 年 2 月版。4.49 万字。58.00 元。作者把自己一生亲历的往事,写得栩栩如生,有声有色真实感人,很有吸引力。屈武先生是国民党元老于右任先生的女婿,又与蒋经国是结拜兄弟。他与国共两党领袖历任领导人和上层人物有过亲密的接触和交往,这是他从事统一战线工作的得天独厚的条件。此回忆录不同传记,量大面广,涉及人物、事件众多,为了海峡两岸人民早日团聚,几十年来屈老东奔西走,一次又一次向海峡彼岸的蒋经国等故交旧友发出真挚的呼吁,希望他们为祖国统一贡献力量,他利用一切机会,通过各种方式,为两岸的接触和交流出谋划策不遗余力。(傅雪莎)

K000297 **胡乔木书信集** 人民出版社 2002 年 5 月版。50 万字。55.00 元。收录胡乔木写的各种书信 435 封,是从现已搜集到的胡乔木 1100 多封书信中选取的。收入本集书信始于 1945 年 4 月 9 日,终于 1992 年 9 月 27 日,时间跨度将近半个世纪。这些书信,生动具体地展现了胡乔木革命的人生轨迹和巨大贡献,真切丰富地反映出胡乔木在马克思主义理论、政治、经济、文化、思想教育、历史、文学艺术、语言文字等各方面的许多思想、观点,反映出胡乔木毕生忠诚党的事业,坚持原则、乐于助人、勤奋踏实、鞠躬尽瘁的高尚情操。

K000298 **帝王智慧** 刘奇民主编。青海人民出版社 2002 年 7 月版。200 万字。1280.00 元。"帝王智慧丛书"之一。以反映中国历代帝王智慧为主要内容,按时间发展顺序为主线,选收了中国历代杰出的九位帝王(秦始皇、刘邦、李世民、武则天、赵匡胤、朱元璋、康熙、雍正、乾隆)一生的故事片段,从而真实地再现了帝王们统驭有方、高瞻远瞩、用人灵活、处事果断的精神风貌,勾勒出整个中国古代社会中帝王们的真实形象。他们有的家世显赫,有的则出身微贱,但都凭着自己的坚强意志和雄才大略,一统天下,永垂青史。(王绍先)

K000299 **徐阶与嘉隆政治** 姜德成著。天津古籍出版社 2002 年 9 月版。35.2 万字。21.00 元。分 5 章:一、徐阶家世、生平与著述;二、次辅时期:"俭僚在前"——徐阶与严嵩;三、首辅时期:"严主在上"——徐阶与世宗;四、首辅时期:"悍相在后"——徐阶与高拱;五、后论:徐阶与张居正。全书有绪论,并有附录,介绍主要参考书及论文目录。书中附有徐世宗支图表(一世至六世);徐阶长房东分中厅宗支图表(徐璠支系六至十五世)。全书以明代政治为背景,认识嘉隆政治;以嘉隆政治为背景,研究徐阶,重点研究徐阶之为政及其对嘉隆政治的影响。(李梦芝)

K000300 **唐浩明评点曾国藩家书** 曾国藩原著,唐浩明评点。岳麓书社 2002 年 9 月版。69.2 万字。48.00 元。曾国藩传世的家书约有 1400 多封,收在岳麓书社出版的《曾国藩全集》里,唐浩明从中选取 364 封于今人仍有借鉴作用的书信,并在每封信后加以详细的评点。评点的内容大致包括如下 8 个方面的内容:一为介绍曾氏的家世、学养、人脉关系;二为交代该信写作的背景;三为阐发信中有关读者较为感兴趣的话题;四为介绍晚清官场的典章制度及社会习俗等;五为披露一些历史隐蔽;六为论说曾氏的言论通过某些大人物而对中国近代政局的影响;七为从中国传统文化的大视角来考察曾氏的思想,分析其对今人的启益价值;八为探索曾氏的内心世界,并抒发作者的读史领悟。书中还穿插有七十余帧照片,能给读者增加不少形象认识。(邓云生)

K000301 **浩气长存** 张松林主编。南海出版公司 2002 年 12 月版。138 幅图。78.00 元。纪念画册。追溯李硕勋烈士光辉的一生,缅怀他的丰功伟绩,弘扬烈士的崇高革命精神。(廖思拍)

K000302 **难忘的外交岁月——一个大使的成长与经历** 王嵋生著。世界知识出版社 2002 年 10

月版。20 万字。19.00 元。以自传的形式，讲述了一位资深外交官的成长和经历，记录了作者为新中国外交事业奋斗的历程，描绘了笔者一生学习、工作、生活的酸甜和成为一名大使、中国 APEC 高官的欢乐和苦恼。在书中还用一定篇幅分析和探讨了当前国际形势和一些重大国际问题。（范景峰）

K000303 **黄兴集外集** 刘泱泱编。湖南人民出版社 2002 年 1 月版。33.3 万字。26.00 元。仅我们收集有黄兴的佚文和未刊手稿 474 篇，超出原《黄兴集》总篇数的 2/3 以上，其中包括论文、序跋、题词等 42 篇，诗词、联语 24 首(副)，讲演、谈话 103 篇，书信 52 封，电稿 201 件，文告、命令、呈文、批札、启事、章程、合同、法规等公牍 52 件。这些为数可观的新材料，几乎涵盖了黄兴一生的各个历史时期。透过这些材料，我们可以更加全面和深刻的认识黄兴的生平业绩和思想。一个自少献身"振兴中华"，一切以"利国福民"为宗旨的伟大爱国者的形象；一个毕生为反对专制、争取民主而"无我"奋斗，遇事冲锋在前，屡经艰险，而愈挫愈奋的伟大民主革命家的形象；一个"笃实"沉着，实事求是，身体力行，埋头苦干的实干家的形象；一个一心关怀"党与大局"，不计"个人名位"，谦虚谨慎，功成不居，廉洁奉公，善于团结同志，具有高尚人格魅力的党政领导人的形象，清晰而感人地展现在我们面前。（易斌）

K000304 **盛衰苍茫——汉元成二帝传** 朱绍侯、龚留柱著。大象出版社 2002 年 9 月版。31.4 万字。25.00 元。以独特的视角、客观的态度，记述了最后一个时期先后执政的汉元、成二帝的生平历史，文笔简洁，线索明晰，并不时穿插有自己的见解，从而深刻剖析了西汉由盛转衰的本质原因。书中展现出的无情的权利之争，残酷的宫闱暗战，另人深思，发人深省。（李亚楠）

K000305 **梁启超与饮冰室** 郭长久主编。天津古籍出版社 2002 年 5 月版。16 万字。24.00 元。文集。"今晚丛书"之一。选收当代著名文史学者(罗澍伟、耿云志、陈振江、李喜所、冯景元等)追忆、纪念梁启超及饮冰室文章，共 65 篇，分 4 大部分。讲述各历史时期梁任公传奇的人生经历和鲜为人知的故事，饱含他对祖国、民族、家人、老师、学生的深情。书中有大量珍藏多年的照片、手稿，图文并茂，搜集了许多梁启超在津期间政治、生活方面史料，对于此项研究作用尤大。（赵娜）

K000306 **彭德怀自述** 彭德怀著。解放军文艺出版社 2002 年 1 月版。20 万字。19.00 元。传记。彭德怀同志是深受我国人民爱戴的老一辈无产阶级革命家，他在半个世纪的革命生涯中，英勇奋斗，南征北战，为人民军队的发展壮大倾注了大量心血，为新中国的创立与建设作出了卓越的贡献。本书是彭德怀元帅在蒙难的日子里写下的一部宝贵的自传。他用朴实的文字记述了苦难的童年、入湘军当兵、立场救贫、加入中国共产党、领导平江起义、上井冈山、重返湘鄂赣边区、五次反围剿、斗争王明左倾路线、长征、抗日战争、解放战争、抗美援朝、直至庐山会议前后与"文化大革命"的经历。该书比较全面地展现了彭德怀元帅作为中国人民解放军的领导者之一，在各个历史阶段和紧要关头所表现的军事家的胆略智慧和鲜明个性，特别是在庐山会议与十年动乱期间，他为澄清种种罪名而写的几份材料中，更是体现了一位共产党人的坚强信念。（陈京蕾）

K000307 **蒋经国大传** 李松林、陈光先著。团结出版社 2002 年 1 月版。55 万字。58.00 元。客观、公正地描述了蒋经国的一生。他出生名门，青年时代赴苏联留学，历经坎坷磨难。回国后在蒋介石的庇护下，轰轰烈烈一展非凡才干。随着蒋氏政权的崩溃，他走入政治低谷，直到晚年"主政"台湾，才有机会实施了迥异其父政治理想，受到广泛好评。从 20 世纪 40 年代末，他以国民党最高统治者蒋介石长子的特殊身份进入了国民党的最高决策机构，并在蒋介石世袭传子的安排下，一步步上了政治舞台的前沿，在蒋介石逝世后，顺利的接掌了国民党的大权，坐上台湾当局的第一把交椅。在其执掌大权的 13 年中，推行了一系列对台湾发展具有重大影响的政策。全书展示了他独特的性格魅力，剖析了蒋经国内心的隐痛和抱负。近 400 幅历史图片，大部分首现大陆，具有较高的收藏价值。（傅雪莎）

K000308 **蒋经国传** ［美］陶涵著，林添贵译。新华出版社 2002 年 1 月版。35 万字。29.80 元。传记。美国前国务院资深官员陶涵寻踪觅迹，大量引用莫斯科、美国国家档案资料，发掘了蒋经国鲜为人知的秘密，反映了美国对蒋氏家族历史功过、台湾政局演变过程及国共两党关系、海峡两岸关系所持的观点，评价了蒋经国的生平事略和思想观念。全书共分二部分，第一部分早年岁月叙述了蒋经国早年的经历及事迹；第二部分立足台湾，叙述了国民党败退台湾后蒋经国在台湾的主要生平事迹，评价了他对台湾的治理思想、措施及对两岸抱持的态度。（贾允河）

K000309 **曾氏三代家书** 清·曾麟书等撰，

王澧华等整理。岳麓书社 2002 年 9 月版。60 万字。29.80 元。汇编曾国藩的父辈、兄弟及子侄辈的往来家书的八百件,时间跨度约半个世纪。这批家书真实而详尽地体现了湘乡曾氏一门的兴衰荣辱与家风传承,如实而全面地反映了曾氏亲族在中国近代史若干重大问题上的内心感受与私下议论。它们既是曾氏家族的家史、家风的长幅画卷,又是中国近代史历史风云与众生百态的双重缩影。此次整理,乃是据《湘乡曾氏文献》与《湘乡曾氏文献补》之影印手迹为底本,以人为类,以时为序,考其作年以分编,撮其要语以评介,点其句读以便览,注其土语以释疑。

K000310 **磨难中的周恩来** 王永钦著。广东人民出版社 2002 年 1 月版。32 万字。23.00 元。描写了周恩来一生传奇般的经历:无数的艰辛、痛苦和挫折,许许多多棘手的难题,以及常人难以想象的大劫大难。记述了他一生中所经受的荣与辱、生与死、成功与失败的考验,但他始终坚持共产主义的理想和信念,把为革命出生入死、为国家和人民建功立业,看作是共产党应尽的义务和责任,不畏艰险、不怕牺牲,义无反顾、勇往直前。

K000311 **曹操大传** 王义祥著。海南出版社 2002 年 5 月版。68 万字。32.00 元。一本根据中国传统章回体小说体裁描写曹操生平故事的演义小说。本书根据史实,还原了曹操作为具有雄才大略的政治家、军事家的真实形象,与此同时,展现了建安时期诸侯争雄的广阔历史画面。(伍君之)

K000312 **水天皆有情** 兰珍珍著。海南出版社 2002 年 12 月版。32 万字。17.00 元。作者是一个成长于中国内地省份——四川的女性,由于她自己不懈的追求与努力,现出任世界著名化妆品跨国公司欧莱雅中国有限公司对外交流及公共关系部总监,取得了社会的认同,完善了个人价值,成为一个"成功"的女性。本书展现的不仅仅是她的奋斗成功的历程,更多的是描述她自己对人生的各个方面的感受,尤其是作为女人的人生感受。(伍君之)

K000313 **旷代才女顾太清** 张菊玲著。北京出版社 2002 年 1 月版。15.4 万字。12.00 元。详尽地介绍清代杰出的满族女作家顾太清生平与创作。在重点研究太清词艺术成就的同时,描述了太清、奕绘的伉俪深情及他们唱予和汝的风雅情趣,介绍了太清在京师与满汉才女结集的秋红吟社——她们的创作活动构成了中国女性写作史上一道亮丽的风景。作者还进一步论证了太清为"红楼梦"续书之一《红楼梦影》的作者,由此确证她为中国小说史上第一位女小说家。(总编室)

K000314 **热情:成功的第一要素** 张丽玉著。海南出版社 2002 年 9 月版。15 万字。19.80 元。南阳实业公司推销员张丽玉的自述集。作为一名有骄人业绩的成功女性,用自己奋斗的真实故事,讲述了自己的生活理念,在汽车销售工作中的历程。她所学不多,但善于钻研,努力学习推销技艺,并将之付诸工作实践。从业 18 年来,取得了销售了 1500 台轿车的业绩,平均每 3 天便可销出一台价值四五十万元的豪华车。书中作者还将她的推销技艺公之于众,同时她也乐于与同行共勉。(伍君之)

K000315 **激情浪花** 孙莉著。海南出版社 2002 年 12 月版。16 万字。20.00 元。现任世界著名跨国公司——瑞士雀巢公司中国商务经理孙莉的自传性作品。早在 20 世纪 80 年代初,她就以其独特的个性魅力和孜孜不倦追求成功的努力,促成了雀巢公司与中国的合作,并为众多的国际化大公司开拓中国市场,提供了一个成功的典范。作者在本书中自述了自己的成长历程和为雀巢公司拓展在华的业务取得辉煌业绩的历程。作者没有将自己的经历面面俱到,而将重点放在了一个女性应在生活历程中如何确认自己的价值,放在了一个"人"如何自强不息,不断进取才能取得成功的体验上,字里行间处处洋溢着作者热爱生活,追求成功的激情。(伍君之)

K000316 **上海的女儿** [美]周采芹著。广西人民出版社 2002 年 4 月版。15 万字。23.00 元。个人传记。作者系中国著名京剧艺术家周信芳的女儿。本书从个人经历的角度回顾了她的著名家族和个人在中国和西方的生活经历。既有著名家族背景、旧社会梨园界和黑社会的表现,及反叛社会的私奔式的爱情故事,也有旧式艺术家在新社会的改造和"文化大革命"的磨难;既有异国的包括百老汇和好莱坞的多彩经历,有中国人在西方社会的拼搏,还有改革开放后海外华侨与国内社会的文化联系。书中有不少珍贵而精彩的图片。(金芷竹)

K000317 **张学良的红颜知己——赵四小姐** 窦应泰著。团结出版社 2002 年 2 月版。45 万字。28.80 元。介绍了张学良的红颜知己赵一荻,以赵氏家族写起,写到赵四在广东和天津的少女时代,以及青年时代的随军生活,中年以后她成为张学良的红粉知己,特别侧重记述了赵一荻在台湾皈依基督教后的生活,以布道和传教为她晚年的全部生活内容,同时，也写了赵一荻自50年代起患肺病，红斑狼疮，直至因肺癌手术和晚年在夏威夷的最后岁月。全书以赵一荻特殊人生为线索，写出她由一个大家闺秀变成明史研究家、最后成为一个虔诚基督徒的曲折人生经历。(傅雪莎)

K000318 **蒋碧微回忆录** 蒋碧微著。学林出版社 2002年6月版。53万字。38.00元。以回忆录的形式，记叙了蒋碧微女士半个世纪的感情经历。书稿早于1964年10月即开始在台湾的《皇冠》杂志上连载，并获得轰动的效应。这不仅因为与蒋碧微先后有过密切感情关系的两位男性具有颇高的知名度——知名画家徐悲鸿、国民党高官张道藩，还因为蒋碧微的感情遭遇背负着伦理的重压，及其读者对其情与理之间矛盾的认可。《皇冠》杂志对此宣传为“中国第一部女性自传”。全书分上下两篇。上篇《我与徐悲鸿》，记录了蒋女士17岁随徐先生私奔日本，后往法国留学，在徐先生事业成功后，产生感情波折，从而分道扬镳的曲折过程。下篇《我与张道藩》，占据了全书的大半篇幅，而且，据蒋女士于“后记”中的说法，回忆录的成因取决于张道藩感念于两人爱情的珍贵，要求蒋碧微“为人世间留下一桩理想的爱情”，公开他俩之间的往来情书。但蒋碧微从独立的立场上记叙了自己真实的感情与感受，充分体现了一个历史阶段中一个知识女性的人生追求与感悟。她披露自身的隐密，勇敢地让世人去评说，理解与批评，在她则以真诚去面对。(曹坚平)

K000319 **财富良心** 康庄著。重庆出版社 2002年7月版。35.5万字。22.00元。财经报道文集，书中详尽地记录了2001年里中国资本市场的诸多重大事件，包括三九医药大股东占用巨额资金事件，发特、中联重组银广厦事件，凯地大闹证券市场，蓝田股份造假事件，山东三联重组郑百文事件，万科品牌危机等等。作者通过自己贴身跟踪采访所发掘的事情的真相，力求全面、深入地反映这些事件的前前后后、来龙去脉，解析资本市场运作的策略过程，并透过眼花缭乱、令人眩目的种种表象，还原其本来的面目。通过一个个扣人心弦、引人入胜的故事，展示了股市里的风云变幻，上市公司收购、兼并、重组中的纵横捭阖，资本市场运作中的波谲云诡。在分析事件的同时，还提出了一些追问和思索的问题。(陶志宏)

外国人物传记

K000320 **仓石武四郎中国留学记** [日]仓石武四郎著，荣新江、朱玉麒辑注。中华书局 2002年4月版。24万字。19.00元。日记及回忆录。辑录了日本现代著名中国学家仓石武四郎(1897—1975)在中国留学时所记《述学斋日记》及归国后撰写的《留学回忆录》。日记详细记录了1930年1～8月间作者以学问研究为主要内容的丰富生活，辑注者对其中涉及的学者与著述做了翔实的校注，提高了资料价值。9篇回忆录均围绕着某个专题反映当时的留学经历，为中日学术交流史提供了丰富的资料。书前有著名史学家周一良、史树青、池田温写的三篇序言和荣新江的前言。书后附有一篇围绕仓石博士的座谈会纪要、本书征引的参考文献及全书人名、书名、地名、机构名索引。(柴剑虹)

K000321 **泰戈尔** [印]R.泰戈尔著，白开元等译。国际文化出版公司 2002年7月版。30万字。29.80元。收录了泰戈尔三部自传性作品:《我的童年》、《人生回忆》和《孟加拉风情》。在这些作品中，作者以细腻的笔触，审视他早期的艺术探索，展示了他在文学之路上的跋涉的艰辛和得失，勾勒了他前半生的人生轨迹。泰戈尔的自传体作品，娴熟地运用了诗歌艺术要素，采用诗意浓郁的幽默手法，生动地表现出作者的睿智光芒，意蕴深厚，耐人寻味。

K000322 **知无涯者——拉马努金传** [美]罗伯特·卡尼格尔著，胡乐士、齐民友译。上海科技教育出版社 2002年10月版。39万字。33.30元。“哲人石丛书·当代科技名家传记系列”之一。印度人拉马努金是20世纪公认的数学奇才。他从未受过正规的数学教育，然而他的数学直觉和成就却令世界各国的数学家大为倾倒。1913年，身为印度一名无名小职员的拉马努金写信给英国大数学家哈代，请求哈代对自己的数学见解发表意见。哈代看出此信出自一位天才之手，就想方设法安排拉马努金来到英国，开展了非常富有成果的合作研究。拉马努金去世时才33岁，身后留下一份使人着迷的、深奥的数学遗产。直到如今，人们仍在孜孜不倦地探索其中的秘密。(卞毓麟)

K000323 **阿尤布·汗——巴基斯坦首位军人统治者** [巴基斯坦]世界知识出版社 2002年3月版。26万字。40.00元。作者曾在1963年至1969

年间担任巴基斯坦陆军元帅阿尤布·汗政权新闻秘书。他以观察者和参与者的双重身份,亲历了独裁体制政府的运作过程。作者以官方文件为主,佐以阿尤布·汗的日记和本人的摘记,揭开了一段严加保密的历史面纱。他在书中主要介绍了阿尤布·汗执政时期的各项重要活动。附有近30幅图片。(范景峰)

K000324　**中亚铁腕:纳扎尔巴耶夫**　[哈萨克斯坦]奥莉加·维多娃著,韩霞译。新华出版社2002年6月版。25万字。20.00元。叙述和评价了纳扎尔巴耶夫从一个哈萨克牧羊人家的孩子到成为独立的哈萨克斯坦国家总统的人生历程。由3部分组成:第一部分介绍了纳扎尔巴耶夫的成长过程;第二部分叙述了他从戈尔巴乔夫上台到苏联解体这段时期中的经历;第三部分叙述了纳扎尔巴耶夫从1991年底哈萨克斯坦成为独立的主权国家后他在政坛及国际交往中所发挥的作用和治国经历。(阎秋华)

K000325　**斯大林的儿子瓦西里**　[俄]安德烈·苏霍姆利诺夫著,李惠生等译。新华出版社2002年6月版。22万字。18.00元。在大量材料与采访的基础上,复原了斯大林的儿子瓦西里充满戏剧性的一生。瓦西里的一生既有性格上的悲剧色彩,也有时代的悲剧特色。在父亲的光环下,瓦西里19岁参加空军,25岁升为将军。卫国战争胜利后,瓦西里任莫斯科军区空军司令。1953年斯大林死后,瓦西里被投入监狱,在铁窗下度过8年时光,出狱一年后去世。全书分12章,附有大量有关瓦西里案件及申辩的原始材料。(贾晓伟)

K000326　**罗斯特罗波维奇传**　[俄]索·亨托娃著,焦东建、董茉莉译。东方出版社2002年1月版。19.2万字。14.50元。罗斯特罗波维奇是20世纪世界著名的指挥家和大提琴演奏家。本书是他的校友和挚友、俄罗斯著名音乐家、传记作家索菲娃·亨托娃所著。书中客观地介绍了罗斯特罗波维奇从1927年出生至90年代初的非凡生活经历,再现了伟大音乐家在音乐道路上大无畏的探索精神和坚定不移的爱国热情,展示了他对20世纪世界音乐发展的卓越贡献。虽然他经受了种种非议、误解和磨难,流亡国外16年,甚至沦为无国籍的世界公民,但他的俄罗斯民族精神却没有泯灭。从书中可以看出他是一个在灾难中与命运抗争的不屈不挠的斗士,是一位爱国者的代表和虔敬的音乐艺术家。

K000327　**斯特拉文斯基传**　[俄]德鲁斯金著,焦东建、董茉莉译。东方出版社2002年1月版。16万字。13.80元。伊戈尔·费奥多罗维奇·斯特拉文斯基(1882～1971年)是俄罗斯著名作曲家和指挥家。本书通过对作曲家三个创作阶段——第一阶段(15年):1908～1923年,一般称为俄罗斯时期;第二阶段(30年):1923～1953年,称为新古典主义时期;第三阶段(15年):1953～1968年,称为晚期或序列主义时期——的详细分析,清晰有序地将作曲家漫长艺术生涯中的重要创作阶段及艺术演进过程"蒙太奇"式地展现在读者面前,清楚地再现了这位20世纪音乐巨匠的美学观及创作观,从而有助于音乐工作者及音乐爱好者准确、真实、全面地了解欣赏其作品。

K000328　**第一人——普京自述**　[俄]普京著,史国强译。辽宁人民出版社2002年10月版。16万字。23.80元。真实地记述了普京由名不经传到举世闻名,成为深受俄罗斯民众爱戴的领导人的成长历程,披露了他在克格勃鲜为人知的往事。同时对他的瞬间掌权进行了深度探讨。普京既是一位举世闻名的政治家,也是一位高深莫测的传奇人物,他在创造一连串辉煌成就的同时,还给人们留下一个又一个难解之谜,本书揭示了这一段奋斗与成功的故事。(边洛莎)

K000329　**戈林**　兆丰著。海南出版社2002年12月版。16万字。25.00元。"第三帝国人物系列丛书"之一。作者以客观、真实的描写,揭露和批判了纳粹德国第二号人物戈林的纳粹行径和战争罪行。戈林在一战时是一位飞行员,被授予过十字勋章。一战后,德国经济全面崩溃,社会上流动阵阵不安,希特勒的纳粹党逐渐强大,戈林加入此党后,紧紧跟随希特勒,并一度被认为是其接班人。二战结束后,在纽伦堡监狱自杀。(伍君之)

K000330　**戈培尔**　郭威著。海南出版社2002年12月版。15万字。25.00元。"第三帝国人物系列丛书"之一,较为详尽、客观真实地描写了纳粹头子、宣传部长戈培尔的人生历程、感情生活。对戈培尔为纳粹所作的欺骗宣传,作者的立场和行文都是揭露批判性的。戈培尔因幼时患小儿麻痹,右腿肌肉萎缩,使他从小就不合群,但又爱慕虚荣。加入纳粹后,其口才很快迷惑了大众,得到希特勒的赏识,后与希特勒先后自杀。本书能使读者对戈培尔这样一个战争罪犯和人类有史以来最典型欺骗宣传家,有一个立体的本质的认识。(伍君之)

K000331　**邓尼茨**　王新霞著。海南出版社

2002年12月版。15万字。25.00元。“第三帝国人物系列丛书”之一，描写了第三帝国海军总司令、帝国覆灭前的“元首”邓尼茨的一生。邓尼茨生于一个贵族家庭，从小接受的家庭教育就是“顺从”，这为他以后紧跟希特勒埋下了伏笔。二战爆发，他主要指挥潜艇部队，采用“狼群”战术，给盟军造成了很大损失。二战结束后，受到了应有的惩罚。（伍君之）

K000332 **玻尔兹曼——笃信原子的人** 胡新和著。上海科学技术出版社2002年7月版。33万字。30.00元。展现了路德维希·玻尔兹曼，这位标志着物理学从19世纪到20世纪转折点的伟大科学家的生平、个性与他的科学和哲学成就。全书主要致力于在19世纪下半叶的情境中讨论他的科学和哲学思想。书中证明了他是宏观物体存在一个微观的、原子的结构基础这一学说的主要确立者这一事实。（吕芳）

K000333 **逻辑人生——哥德尔传** ［奥］约翰·卡斯蒂等著，刘晓力等译。上海科技教育出版社2002年11月版。12.5万字。12.30元。科学家传记。“哲人石丛书·当代科技名家传记系列”之一。智慧巨人库尔特·哥德尔的传记。哥德尔的不完全性定理不仅改变了数学，也改变了整个科学世界和建筑于此定理之上的哲学。本书是对哥德尔生活和工作的精彩介绍，以深入而敏锐的笔触透析了哥德尔思想的意义及其深刻的智慧遗产，描述了一个复杂个性的哥德尔：既入世又遁世，既雄心勃勃又固执己见；生活于维也纳文化上最富盛名、最具创造力的那个时期，深受语言哲学家维特根斯坦的影响，是维也纳小组的明星；后来去了普林斯顿高等研究院，成为爱因斯坦的知音，却在爱因斯坦去世后因担心细菌中毒而死于饥饿。（王世平）

K000334 **伽利略的女儿** ［美］达娃·索贝尔著，谢延光译。上海译文出版社2002年3月版。29.6万字。27.00元。伽利略是举世闻名的天文学家、物理学家，然而他与大女儿玛丽亚·切莱斯特的父女之情却鲜为人知。本书将父女二人的诸多通信由意大利文译成英文，并出色地编排到这本书中来，重新讲述了伽利略的故事，为这位谜一般人物的个性和奋斗历程着色添彩，引人入胜地再现了伽利略的伟大一生。在书中，读者将会看到一个迄今在历史上鲜为人知的人——伽利略的女儿玛丽亚·切莱斯特修女，这个被其父称为：心灵高尚、为人善良、对其有着极深感情依恋的女人，最能反映出其父的才华、勤奋和敏感。正是由于这些品质，她成了其父的知心朋友。无论伽利略身处逆境还是顺境，玛丽亚·切莱斯特对其父充满深情的关心和支持都是其父最大的力量源泉。（管舒宁）

K000335 **济慈书信集** ［英］约翰·济慈著，傅修延译。东方出版社2002年1月版。38万字。29.00元。收入英国浪漫主义诗人约翰·济慈（1795～1821年）传世的主要书信，从1816年10月9日致C.C.克拉克至1820年11月30日致查尔斯·布朗，共计170封。济慈的通信者主要是他的弟弟、妹妹、未婚妻以及其他诗人、朋友与出版商等，每封信长短不一，最短的只有一挥而就的十来行，最长的历时数月断续写成。这些书信的内容包罗万象，既有平淡的流水账，又有火热的情书，还有对旅行见闻与文坛是非的记录和议论。其中济慈本人对诗歌与人生的见解，虽未脱稚气，但他对诗才、想象力、真与美、善与恶等问题有自己独特的体会，对艺术、哲学与人类生存状况有敏锐的感受，这些才华横溢、真言无忌的滔滔论述构成了书信中最为引人入胜的篇章。

K000336 **斯蒂芬·霍金传** ［英］迈克尔·怀特等著，洪伟译。上海译文出版社2002年8月版。20.1万字。15.10元。世界著名科学家斯蒂芬·霍金的传记。霍金被人们称为当今的爱因斯坦，他在统一20世纪物理学的两大基础理论——爱因斯坦的相对论和普朗克的量子论方面走出了重要的一步。他的著作《时间简史：从大爆炸到黑洞》解答了人类有史以来一直探索的问题：时间有没有开端，空间有没有边界。他从研究黑洞出发，探索了宇宙的起源和归宿。令世人震惊的是，霍金竟是个患严重肌萎缩症的残疾人，他20多年来的所有惊人成就都是在轮椅上作出的。本书介绍了霍金的科学生涯，他的家庭，他的教育，他的婚姻，特别是他战胜疾病、探索科学真理的拼搏精神。（管舒宁）

K000337 **牵手亚太——我的总理生涯** ［澳］保罗·基廷著。世界知识出版社2002年1月版。21万字。18.00元。1944年生于悉尼，15岁加入澳大利亚工党的基廷1983年担任了内阁财政部长，1991年出任政府总理。上台后，基廷致力于重塑澳大利亚的国际形象，确立澳作为亚太重要成员的地位，以亚太经合组织为切入点，积极发展同本地区各国的关系。在本书中，作者以历史见证者的身份，回顾了亚太经合组织的发展及与克林顿、江泽民等领导人的接触。揭示了一些鲜为人知的历史秘闻，如他与马哈蒂尔的恩怨纠葛等，真实再现了历史，为读

者展现了一幅波澜壮阔的国际关系画卷。(范景峰)

K000338 **人生舞台——阿西莫夫自传** [美]艾萨克·阿西莫夫著,黄群、许关强译。上海科技教育出版社 2002 年 9 月版。53.6 万字。48.80 元。"哲人石丛书·当代科技名家传记系列"之一。分上、下册。作者艾萨克·阿西莫夫是誉满全球的美国科普巨匠和科幻大师,本书是他的第三部自传,完成于作者逝世前两年。作者的前两卷自传书名分别为《记忆犹新》和《欢乐依旧》。《人生舞台》并非它们的续集,写法也与前者迥异,它不再拘泥于时间顺序,而是一个话题接着一个话题,将作者的家庭、童年、学校、成长、恋爱、婚姻、疾病、挫折、成就、至爱亲朋、竞争对手,乃至他对写作、信仰、道德、友谊、战争、生死等诸多重大问题的见解一一娓娓道来。全书写得坦诚率真,在极平易的语言中充盈着睿智和哲理,使人读后不仅能了解作者辉煌的一生,而且能引发读者更深刻地领悟人生舞台的真谛。(卞毓麟)

K000339 **四海为家** 副名:追念考古人类学家张光直。三联书店编。生活·读书·新知三联书店 2002 年 5 月版。25 万字。23.00 元。为纪念当代美籍华裔人类考古学家张光直教授(1931—2001),在他去世一周年后,由三联书店邀请中国大陆、台湾和美国学术文化界的数十位知名学者及其亲友撰文回忆,编辑此纪念文集,以彰显这位毕生以考古发掘和研究写作为职志的优秀学者的业绩,并让更多的读者知道,作为一个乡情浓厚的中国人,一个四海为家的考古人类学家——张光直先生的精神魅力究竟在哪里。书中不仅有丰富的学术内涵,生动有趣的史事逸闻,而且对其学术生涯、思想贡献的研究乃至中国考古学史的研究当有长久的积极意义。书首精选百余件照片、手迹文稿、书影,按年代顺序编排,展现张光直的人生长卷。书末附有其生前以笔名发表的 3 篇小说及其毕生完成和发表的著作目录。(孙晓林)

K000340 **我的大脑敞开了** [美]布鲁斯·谢克特著,王元、李文林译。上海译文出版社 2002 年 4 月版。15.9 万字。15.00 元。20 世纪世界最伟大的数学家之一保罗·爱多士的传记,讲述了这位古怪独特的数学家传奇的一生:他出生于匈牙利的一个犹太人家庭,自幼就是个神童,少年时期就发表了数学论文。他一生命运多舛,因遭纳粹迫害,不得不亡命国外。上世纪 50 年代因与我国数学家华罗庚通过信而被怀疑通共亲华,被麦卡锡主义者赶出美国,从此终生漂泊,浪迹天涯。爱多士终身未娶,没有固定职业,把一生献给了科学事业,一天工作十几小时,一年四季奔波于世界各地,与数学界同行探讨数学难题。书中还介绍了爱多士所关注的一些世界著名难题,如哥德巴赫猜想、费马大定理,以及数学史上的许多奇闻趣事。书中所描写的科学家的开放的大脑,及其丰富多彩的人生,对于青少年一代具有启迪与激励作用。(管舒宁)

K000341 **奇异之美——盖尔曼传** [美]乔治·约翰逊著,朱允伦等译。上海科技教育出版社 2002 年 12 月版。33 万字。29.80 元。"哲人石丛书·当代科技名家传记系列"之一。美国著名物理学家、1969 年诺贝尔物理学奖得主默里·盖尔曼出生于犹太移民家庭,从小被视为神童,15 岁进入耶鲁大学,22 岁获麻省理工学院博士学位,23 岁时引入了基本粒子的"奇异数"概念,此外他还创立了基本粒子分类的八正法,并第一个指出所有物质均由更基本的组元——"夸克"——构成,从而极大地推动了人类对微观世界的了解。近年来,盖尔曼又发起创立了一个跨学科研究中心——圣菲研究所,以研究在自然和社会中广泛存在的各种复杂性现象。本书从盖尔曼的家庭、成长历程、科学贡献、个性特征等各方面,对其生平进行了全面、翔实的描述和刻画。(匡志强)

K000342 **突破维数障碍——斯梅尔传** [美]史蒂夫·巴特森著,邝仲平译。上海科技教育出版社 2002 年 10 月版。28.5 万字。26.00 元。科学家传记。"哲人石丛书·当代科技名家传记系列"之一。美国著名数学家、1966 菲尔兹数学奖得主斯蒂芬·斯梅尔在数学的许多领域中作出了卓越成就,突破了维数障碍,在高维庞加莱猜想上取得重大进展,并提出了混沌概念的先声——斯梅尔马蹄铁。斯梅尔还发起了旨在终结越南战争的反战运动,并为维护学术自由进行过不懈斗争。(匡志强)

K000343 **无奈的结局——司徒雷登与中国** 郝平著。北京大学出版社 2002 年 9 月版。39 万字。28.00 元(平),38.00 元(精)。20 世纪中叶,司徒雷登在中国产生的影响力,远远超过了同时代在华的其他外国人。他的一生是复杂而多面的。他既是一位传教士、神学教师,又是第一位见过孙中山并把辛亥革命作为中国的"独立战争"系统介绍到美国的人;他既与蒋介石、宋子文、孔祥熙、张学良、李宗仁等国民党人物关系甚笃,又曾是毛泽东和周恩来的座上客;抗战时期,他因支持燕大师生的抗日活动而被日本宪兵关押了三年零八个月;年逾古稀之际,他在中美两国舆论的一片赞誉声中出任美国驻华大使，但由于执行了美国政府的扶蒋反共政策而受到毛泽东的谴责。对于这样一位在中国生活了大半辈子的对中国高等教育及政坛发挥过巨大影响力的美国人，本书从历史的角度力求客观公正地作出评价。正如历史学家侯仁之教授在序言中说："作者的论点是建立在大量丰富、详实历史资料的基础上的，是经得起推敲的，其对司徒雷登的看法又是全面而多视角的……"。本书叙述了这个在中国颇有争议的历史人物。（段晓青）

K000344 **白宫岁月** ［美］基辛格著。世界知识出版社 2002 年 10 月版。151 万字。120.00 元。共 4 册。基辛格博士回忆录全集。详细记述了作者在尼克松政府第一任期内担任国家安全顾问所从事的大量外交活动，时间跨度为从 1968 年 11 月到 1973 年 1 月。其中，主要有与中国关系正常化、苏美首脑会晤、结束越南战争、中东冲突斡旋等。作者在书中不但阐述了尼克松和他的外交理念，而且披露了美国政府外交决策的诸多内幕。作为当事人和政策制定的参加者，他力求客观的写作态度，使他的回忆录可能帮助历史学家判断事情的真相。（范景峰）

K000345 **总统的魅力** ［美］弗兰德·I.格林斯顿著。北方文艺出版社 2002 年 5 月版。23 万字。18.00 元。传纪文学。获得"2002 年第四届北方八省一市文艺图书一等奖"。对从富兰克林·D.罗斯福到比尔·克林顿的每一位总统作了简明扼要的评价，还以一种见多识广、审慎小心、敏锐明智、毫无偏激的态度向读者展示出每一位白宫领导人的个性魅力以及各自的功过是非。（李相玲）

K000346 **第一夫人：从玛撒·华盛顿到劳拉·布什** ［美］罗伯特·沃森，黄爱萍等译。新华出版社 2002 年 10 月版。20 万字。22.00 元。对自美国建国以来，从玛撒·华盛顿至小布什夫人劳拉·布什的四十余位美国第一夫人进行了重点突出、详略得当的传略式描述。记述了这些富于传奇色彩的女性们多姿多彩的个人生活和婚恋故事，揭示了这些女性作为普通人的一面：她们在恋爱中面对选择的彷徨，在婚姻中遇到婆媳不和及丈夫外遇等问题时的痛苦与超越，以及她们对自我和世界的看法。（吴丹）

K000347 **田家英与小莽苍苍斋** 陈烈著。生活·读书·新知三联书店 2002 年 9 月版。48.00 元。曾任毛泽东政治秘书达十八年之久的田家英在公务之余，雅好辑藏清代学者墨迹，立意于研究、撰述清代历史。且因敬仰谭嗣同的风骨、气节而将自己的书斋命名为"小莽苍苍斋"（谭氏书斋名"莽苍苍斋"）。经其苦心经营，积之既久，渐具规模，成就了名闻海内外的"小莽苍苍斋"的收藏。本书作者系田家英女婿，一直在文物部门工作。由他编撰的本书以生动的文字介绍了"小莽苍苍斋"藏品及收藏故事。选收的百余件明清至近代人物的诗文手稿、楹联、条幅、信札及印章、铭砚、善本均系田家英藏品中富于文献研究价值的精品，读者在清赏翰墨胜迹的同时，可以从生动有趣的故事中，了解藏品的历史内涵与文化价值，更可以观见田家英身处权力中心而仍是一"京兆书生"的性格本色，而他那不泯的治学梦想、他的内心矛盾以及他的悲剧命运，都会引起读者的深深思考。（孙晓林）

K000348 **在线鉴定（午、未、申）** 望野著。上海书店出版社 2002 年 7 月版。共 102.00 元。共 3 册。以问答的形式，图文并茂地介绍了多种门类藏品的辨伪及购藏知识。同时因收藏文化的意蕴、基本的辨伪知识、藏品的历史文化内涵等都散见在一篇篇具体的答疑中，针对性强，故读来轻松。书中对所鉴定之藏品多有适宜的收藏价格提供。（王琳）

K000349 **第二批全国爱国主义教育示范基地故事** 中共中央宣传部宣传教育局编著。中国少年儿童出版社 2002 年 5 月版。30.2 万字。20.00 元。中国革命纪念地简介。共收入 14 个省、市、自治区的革命纪念地、遗址、故居、陈列馆等 50 处。每一处纪念地的介绍，都是一篇感人肺腑的历史故事和珍贵的历史资料。以位于重庆市的"刘伯承同志纪念馆"为例，首先介绍该馆的地点、建成时间、占地及建筑面积、建筑形式和馆内收藏的各种文物。其次是刘伯承的个人简历，并选取人物一生中具有代表性的事件，如"军神的由来"，"彝海结盟"等讲述人物的丰功伟绩。全书从"舟山鸦片战争纪念馆"到"南京路上好八连事迹展览馆"，时间跨越一百多年，从中可以管窥到中国革命历史风云之一斑。（韩彬）

K000350 **宿白先生八秩华诞纪念文集** 《宿白先生八秩华诞纪念文集》编辑委员会编。文物出版社 2002 年 9 月版。90 万字。11 面彩版。260.00 元。论文集。分上、下册。分 4 部分：第一部分是宿白先生学术论著目录，收录了自 1943 年 6 月至 2001 年 2 月正式发表的专著和论文的篇目；第二部分收 23 位作者的 20 篇自新石器时代至元代有关方面的考古学论文；第三部分收 16 位作者的 14 篇有

关宗教考古方面的论文;第四部分是2篇附录,回顾了宿白先生在新疆克孜尔石窟和山东青州的两次考古经历。(王霞)

文物考古

K000351 **敦煌沧桑** 副名:20世纪中国文化奇观书系。杨宝玉著。长江文艺出版社2002年3月版。17万字。15.00元。分14章,首章概述敦煌地区的地理气候与早期居民。第二章至第十三章,分时期(或专题)介绍从西汉到民国初年,敦煌地区的政治、军事、经济和文化的发展概况。末章简介敦煌学和敦煌学史的基本常识。(鲁文忠)

K000352 **敦煌话语** 李伟国编著。上海科技教育出版社2002年5月版。21.5万字。29.00元。"名家与名编——世纪初的对话丛书"之一。提出10个学术界和公众都格外关注的敦煌学话题,每个话题又分若干个小话题,用对话的形式,由作者本人和国内外敦煌学界的学者在书中各抒己见。全书为对话体,主要内容来自于作者比较熟悉的敦煌学学者所提供的书稿和文稿片段,因此往往在同一个话题上,集中了甚多不同的见解,兴味盎然。10个话题包括:1.敦煌这个词——语源及其地域、文明的含义;2.敦煌这片土地——为何曾经辉煌;3.敦煌文明的载体——石窟的历史和现状;4.敦煌艺术的载体——石窟的内容和内涵;5.敦煌的"重新发现"——敦煌藏经洞及其遗书;6.敦煌文明的尊严——敦煌遗书能散而复聚吗;7.敦煌学这门学问——敦煌学的形成和发展;8.串起遗落的珍珠——敦煌文献的编目、影印和整理;9.敦煌学的耕耘者——神圣虔诚的敦煌情节;10.永远的敦煌——敦煌在中国,敦煌学在世界。(王克平)

K000353 **中国十年百大考古新发现(1990~1999)** 国家文物局、中国考古学会、中国文物报社编著。文物出版社2002年5月版。130万字。660.00元。中国十大考古新发现工程书系(一),分上、下卷。汇集了1990—1999年间中国百大考古新发现,分为总论、旧石器时代、新石器时代、夏商周时代、秦汉时代、三国两晋南北朝时代、隋唐时代、宋元明清时代等部分,以图文对应的组合形式,由考古人详尽叙述发现的过程,全面展现发现的成果,客观评说发现的意义。(贾东营)

K000354 **2001中国重要考古发现** 国家文物局主编。文物出版社2002年9月版。300幅图片。80.00元。由国家文物局主编的中国重要考古发现年度快报,以简洁的文字和精美的图片反映每一年度各时代的重要考古发现。自1998年起,从国家批准的众多考古发掘项目中,遴选出当年我国田野考古工作中具有代表性和重要学术价值的成果近30项编辑成书,以展现考古工作科学、完整的面貌与学术水平。本书已出版1998年、1999年、2000年和2001年共4册,《2002中国重要考古发现》已经着手编辑。每册均选取近300张最新的考古工地实景和出土文物照片,配以中英文说明;每项发现有1500~3000字的简单中文介绍和300~500的英文摘要。(张小舟)

K000355 **中国博物馆陈列精品图解(二)** 国家文物局、中国博物馆学会、中国文物报社编。文物出版社2002年9月版。10余万字。300余幅图片。240.00元。中国博物馆陈列精品工程书系之二,以图文对应的组合形式,汇集了2000年全国十大陈列展览精品奖、提名奖、单项奖共25个,全方位解说了创造过程。10余万文字论述各个精品的特色与个性,300余幅图片、设计图、效果图、实景图,提供一个真实直观的精品展览。(贾东营)

K000356 **古玩真赝对比系列** 蔡国声、张尉、程庸等编著。上海古籍出版社2002年12月版。今日的中国拥有数目庞大的古玩收藏者和爱好者,同时中国古代艺术品在世界上的地位也在日益上升,价格不断提高。一些利欲熏心的人,为利所驱将制假之风愈演愈烈,以致古玩的仿品充斥市场,铺天盖地,加之造假者甚至还利用高新技术,有时连一些博物馆的专家们都被他们蒙骗了。一般的古玩收藏者、爱好者怎能不发雾里看花之叹,他们困惑、无奈,心生疑虑,望而却步,大大打击了他们对古玩的热情。本系列包括《古玉真赝对比鉴定》(张尉编著)、《晋唐宋元瓷器真赝对比鉴定》(程庸编著)、《明清瓷器真赝对比鉴定》(程庸编著)、《古玩杂件真赝对比鉴定》(蔡国声编著)、《古钱真赝对比鉴定》(孙仲汇、余榴梁编著)等5本。各书的作者不但在各自的研究领域有颇深的造诣,而且还具有长期鉴定古玩的实际经验,同时又经常深入古玩市场,掌握古玩仿品的最新动态。他们精心挑选各个时期的代表性器物,并煞费苦心地寻觅到与真品在用料、器型、纹饰等各方面都相对应的赝品,一真一假,比对介绍,图文并茂。各书还附录了各类古玩的发展简表和现行价格行情表,以便读者更多地掌握古玩的历史和现状。(谷玉)

K000357 **北京师范大学文物博物馆藏品选** 施建中、周启迪主编。北京师范大学出版社 2002 年 8 月版。150.00 元。所收内容是在北师大文博馆两万余件藏品中精选了 117 件,包括彩陶;甲骨文;玉器;青铜器;铜镜;钱币;三彩;雕塑;诏版、买地券和铜印;漆器、景泰蓝;瓷器等及清宣统退位诏书一件。(傅占武)

K000358 **杨鲁安藏珍馆藏品菁华** 杭桂林主编。文物出版社 2002 年 12 月版。200 幅图片。490.00 元。收入了杨鲁安藏珍馆 700 余件,其中古钱币、印章、碑帖 3 部分最为引人注目。(崔志刚)

K000359 **晋国奇珍** 副名:山西晋侯墓群出土文物精品。上海人民美术出版社 2002 年 4 月版。10 万字,90 幅图。260.00 元。由北京大学考古系和山西省考古研究所联合进行的晋侯墓地的发掘,被誉为中国 20 世纪的重大考古发现之一,出土的文物数以千计。其中发掘出的数百件青铜器,几乎涵盖了同期青铜器的全部器类,如猪尊、兔尊、鼎形方盒、方座筒形器、裸人为足的盉是十分少见之器。另一类是大量出土的玉器,由玉覆面、佩玉、葬玉、玩玉等组成,出土的还有金器、漆器、陶器、骨器,石器及成组出现的编磬与编钟。画册分别介绍了 114 号、113 号、9 号、13 号、91 号、92 号、1 号、2 号、8 号、31 号、64 号、62 号、63 号、93 号、102 号墓中的精品,许智宏、施联秀、陈燮君、张庆捷分别作序;李伯谦、李朝远、张尉撰写了有关论文,附晋侯墓地地理位置图、晋侯墓地平面图、积石积炭简介等。(王德蓓)

K000360 **咸阳文物精华** 陕西省咸阳市文物局编。文物出版社 2002 年 9 月版。6 万字。200 幅彩色图版。180.00 元。收录了咸阳地区馆藏文物精品和近年出土的珍贵文物 190 多件(组),分陶瓷器、青铜器、玉器、金银器、陶俑、砖雕和石刻八个部分编排,每部分有专题文章,并附有当地全部的博物馆、文物管理所的有关资料以及相关历史背景、历史人物的资料,从中人们可以较全面地了解到古都咸阳悠久而辉煌的历史。(张征雁)

K000361 **唐金乡县主墓** 西安市文物保护考古所王自力、孙福喜编著。文物出版社 2002 年 11 月版。15 万字。56 面彩版。120.00 元。考古发掘报告。分 10 部分:一、概述;二、墓葬形制;三、随葬品出土状况;四、壁画;五、彩绘陶俑(上);六、彩绘陶俑(下);七、其他遗物;八、墓志;九、金乡县主墓有关问题的探讨;十、金乡县主墓彩绘陶俑初探。金乡县主是唐代李渊的孙女、滕王李元婴之第三女。该墓是金乡县主与其丈夫蜀州司法参军于隐的合葬墓,位于西安市东郊灞桥区灞桥镇吕家堡村西,出土了 150 余件彩绘陶俑,均是唐开元十二年(724 年)安葬金乡县主时随葬的。(王霞)

K000362 **山东文物丛书** 朱正昌主编。山东友谊出版社 2002 年 10 月版。400 万字。980.00 元。“山东文物丛书”分为:《青铜器》、《陶瓷》、《化石》、《遗址》、《服饰》、《汉画像石》、《书画》、《玉器》、《文字与钱币》、《碑刻造像》、《工艺》、《建筑》共 12 卷。各卷所选条目,或为山东重点遗存,或为独具特色的藏品,均系山东同类文物遗存中具有代表意义,在齐鲁文化发展史上具有重要价值和一定影响的文物。在内容上,客观介绍文物外在形貌,揭示文物自身的价值、作用以及所处时代、地域和历史文化特点;在体例上,各卷内容以独立篇目形式构成,采取一物一文一图的方式;收录文物时间,上自远古,下迄辛亥革命之前;各卷根据不同文物类别,以综述形式加以概说,书后加附录。(朱晓云)

K000363 **江苏文化艺术精品集** 江苏美术出版社编。江苏美术出版社 2002 年 4 月版。136 幅图。150.00 元。收集了江苏文化艺术文物精品。江苏正式建省在清代前期。全省现有博物馆 80 多个,馆藏文物 80 余万件,各级文物保护单位 2500 多处,国家级文化名城 7 个。旧石器时代,江苏就有原始人类生息、繁衍、劳作;南京汤山猿人头骨化石的发现,把江苏地区拓荒史提早到 35 万年前。新石器时代,有江苏南部的马家滨—崧泽—良渚文化,江苏北部的青莲岗—大汶口—龙山文化等。养蚕取丝、舟楫制造、漆器和玉器制作等工艺门类,几乎都发端于江苏及邻近地区,尤其是良渚文化玉器,表明江苏一带位居中华早期文明发展史的前沿。商周春秋时期,吴文化的陶器、玉器、青铜器为特色。战国时期,中原文化和楚文化的双重影响,墓葬、窖藏中出土的青铜器、金兽等错金银、鎏金银、镂刻等金属工艺为代表。汉王朝的陵墓型制,规模大、结构复杂,如:徐州狮子山汉墓及兵马俑等。六朝时,政治文化中心移至南京,陵墓石刻、画像砖、金银器、玉器等门类齐全。隋代以后至明清时期,江苏经济空前发展,开创了中国近代工业的先河。更有“吴门画派”、“四王恽吴”、“金陵画派”、“扬州八怪”等文化流派出现于江苏,紫砂、苏绣、云锦等传统工艺也发端于江苏。(黄峻)

K000364 **福建博物院文物珍品** 福建博物院编。福建教育出版社 2002 年 9 月版。18 印张。

260.00元(平装),330.00元(精装)。中英文对照文物图片集。共收入文物藏品199件(套),照片共计247幅。内容包括陶瓷、金属、玉石牙雕、漆器木雕、纺织品、书画等。其中年代最远的有距今五千多年的昙石山文化的彩陶,最近的有著名的寿山石雕刻艺人林清卿的田黄石雕。本图录内的文物内容根据文物质地和年代顺序编排,比较系统地反映了福建省历代物质和精神文化的发展概貌。(张永钦)

K000365 **启封中原文明——20世纪河南考古大发现** 河南省文物考古研究所编著。河南人民出版社2002年7月版。30万字。200.00元。精选50项最能代表河南考古辉煌成就的重大发现,其中21项入选"全国十大考古新发现",17项被评为"中国20世纪100项考古大发现"之一,阐述其发现意义、文化价值及研究成就,并配有400多幅精美图片,以最直观的方式再现了发掘情景、展示出珍贵的出土文物。(李小龙)

K000366 **金沙淘珍——成都市金沙村遗址出土文物** 成都市文物考古研究所、北京大学考古文博院编著。文物出版社2002年4月版。31万字。168.00元。图录。收录了2001年在金沙村遗址"梅园"地点出土的58件文物,包括金器、铜器、玉器、石器等。每件器物都有详细的文字说明,清晰的彩色图片,精美的墨线图,有的还附有拓片。书中有主要发掘者撰写的金沙村遗址概述、每类文物的类说,对每件文物则有较为细致的研究。还附有地矿专家撰写的金沙村遗址出土玉、石器鉴定报告。(李缙云)

K000367 **探秘抚仙湖** 副名:寻找失去的古代文明。张增祺著。云南民族出版社2002年8月版。35万字。80.00元。分4章18节,彩照50幅,黑白图87幅。分:第一章,揭开抚仙湖水下建筑之谜;第二章,发掘古代动物化石,再现湖岸奇妙世界;第三章,悠久的史前文化,叙说着人间沧桑;第四章,滇国墓地及其青铜文化。全书主要记录阐述了抚仙湖水下考古,轰动世界的生命大爆发的新发现:帽天山古生物化石群,江川李家山考古的青铜器等古滇历史文化的神秘内涵。(刘正芳)

K000368 **中国农业博物馆馆藏中国传统农具** 雷于新、肖克之主编。中国农业出版社2002年9月版。7万字。100.00元。为中国农业博物馆自建馆始,历经多年,跋涉19个省、自治区、直辖市,搜集到1100多件的传统农具图片,涵盖了传统农具整地、施肥、播种、中耕、排灌、收获、运输、加工、饲养、劳动保护、渔猎等11个类别。本书绝大部分图照标明原件用途、尺寸和征集地点。(穆祥桐)

K000369 **鼻烟壶** 副名:故宫博物院藏文物珍品大系。李久芳主编。上海科学技术出版社、商务印书馆(香港)有限公司2002年12月版。10万字。410幅彩图。320.00元。精选410件。其中包括玻璃类鼻烟壶,金属胎珐琅类鼻烟壶,玉石类鼻烟壶,瓷器类鼻烟壶,竹木牙角匏和漆类鼻烟壶,内画类鼻烟壶等六大类,每类中又包含了诸多不同的品种。山山的鼻烟壶集中国艺术之大成,放射出奇光异彩。玻璃类鼻烟壶:此章节中以玻璃为胎展出了单色玻璃、彩色搅拌玻璃、金属玻璃,套色玻璃共120件鼻烟壶,精美异常,玲珑奇巧,异彩纷呈。金属胎珐琅类鼻烟壶:包括介绍早年康熙时期的作品,雍正、乾隆、嘉庆及以后各朝的精品鼻烟壶共55件,除了传统的器型,到雍正、乾隆时期其造型式样不断翻新、品种多达十几种,极尽制作技巧之能,釉色纯净多变、图纹丰富艳丽、色彩明快活泼、形态精确细腻,具有很高的艺术水平。玉石类鼻烟壶:此章节中除了常见的玉制品外,还有各种材质所制的鼻烟壶,如玛瑙、水晶、翡翠、碧玺、绿松石、青金石、珊瑚、孔雀石、蜜腊等材质所制的鼻烟壶,其造型小巧玲珑、质地精良,成为爱不释手的掌中珍玩、令人赞叹不已。瓷器类鼻烟壶:清代烧制瓷器类鼻烟壶有了多方面的创新和发展,这章节从康熙朝起一直介绍到清晚期的瓷类鼻烟壶共83件、其中较多的则是传世少见的宫廷御用珍品。从青花的烧制到釉里红、青花加紫,单色釉、五彩、粉彩和珐琅彩等诸多种类,其中尤以粉彩和珐琅彩更加艳丽多姿。竹木牙角匏和漆类烟壶和内画烟壶,则以30件的作品展示了自然界的植物、动物材质所制,而且十分珍贵的鼻烟壶,无论其凸雕山水,还是镶贴吉祥图案,其器型小巧别致,工艺精湛,制作精细,充分体现了清代制壶工匠的高超手艺和聪明才智。其品种和器物今遗存实物稀少而珍贵。(周祖贻)

K000370 **中国古代服饰研究** 沈从文编著。上海书店出版社2002年8月版。54万字。50.00元。时间上至旧石器时代,下迄于明清。服饰的整个历史变迁以图像为主,结合文献进行比较探索、综合分析。每一时代均以具有该时代特征的服饰为代表作一说明,又根据各时代的不同特征分别作不同处理。如商代部分辑录不同衣着的人形,文字说明较少;唐代服饰文献材料的论述则较多。尽管全书没有采用令人有惊喜之感的新理论,得出的结论却

准确可信，可加深对中国服饰的新的认识。（竺金琳）

K000371 **中国古代车舆马具** 刘永华著。上海辞书出版社 2002 年 1 月版。20 万字。298.00 元。细致梳理中国历代车舆马具的发展状况，在叙述中穿插 600 多幅精心摄制的文物照片、精心绘制的复原图片和剖面图、结构图等，具有很高的欣赏价值、收藏价值及学术价值。其中包括：文物发掘现场的平面图及相关的实物图片，作者前往发掘现场的摄影图片及实物写生作品，作者依据所发掘的实物及历史文献绘制的中国古代车舆马具的复原图。（辞书总办）

K000372 **中日交流砚作集** 胡中泰、山本中石主编。山东教育出版社 2002 年 5 月版。28 万字。260.00 元。分图文两部分。图录收集了中日两国当代部分知名砚雕家的作品，融传统与创新、实用与艺术、自然与雕琢于一体，材质优异，雕刻精湛、神韵独特、各具风姿、竞放异彩，无论砚种还是砚雕艺术风格，都具有较广泛的代表性。文字主要是日本砚友对中国名砚的探访文章和日本砚的介绍文章，记录了实地考察的足迹，具有学术性、科学性、真实性的重要资料。从古至今，中国有关砚的著述已不为少见，而日本砚友写中国砚，并集多篇与一书之中，乃此书之一大特色。（赵燕瑚）

K000373 **中国历代砚滴** 刘明编。湖北美术出版社 2002 年 8 月版。200 幅图。38.00 元。介绍了自晋至民国以来中国历代的砚滴藏品，图片精美清晰、文字介绍简明详实，并附有现代砚滴及古代重要瓷窑遗址。（何金祥）

K000374 **中国民间藏砚珍赏** 胡彬彬编著。上海书店出版社 2002 年 3 月版。124 幅图。110.00元。收录了自汉、三国、晋、唐至宋、元、明、清各代古砚 130 多方。材质上有石、陶、泥、玉、铜、铁等；形制上有圆形、六足形、箕形、平板形、抄手形等。品类众多，且大都经过全国著名古砚专家（如史树青、蔡鸿茹等）鉴定，有定为国家级的“药地大师自摹自形砚”、有全国仅见的“方盒形铁案朱批砚”等。（总编办）

K000375 **古砚拾零** 王靖宪编。湖北美术出版社 2002 年 7 月版。0.74 万字。182 幅图。32.00 元。收录书中的砚是作者从近几年收藏的 300 余方砚中选出的，选择时侧重于砚史的参考价值，民间流行性，大部分属于澄泥砚，全书图文结合，文字介绍详尽备述。（何金祥）

K000376 **中国历代货币大系（第 2 卷）秦汉三国两晋南北朝货币** 马飞海主编。上海辞书出版社 2002 年 12 月版。107.7 万字。620.00 元。分为总论、图录、专论和资料 4 大部分，共收秦半两、汉五铢、新莽钱及三国、两晋十六国、南北朝各种货币五千余枚、图版一万余幅，每枚钱币拓片下均标明直径、重量、收藏者、珍贵程度。这些钱币大多来自上海博物馆等单位，不少珍稀钱币均为首次发表。总论和专论中的文章主要介绍了这一时期各朝代各种货币发生、发展的过程，和货币产生的历史背景、对历史所起的作用及主要特征等，并结合历史文献和出土资料，综合国内外研究成果进行论述，极具科学性和创见性。资料部分，除对这一时期各种钱币的合金成分进行具体数据的分析外，还列出了秦、汉、三国、两晋、南北朝货币大事记、货币出土情况表、钱范出土情况表，所归纳的资料达数千余条。（辞书总办）

K000377 **中国西藏钱币** 西藏自治区钱币协会编，朱进忠主编。中华书局 2002 年 6 月版。560.00元。全面论述西藏钱币历史及发展的钱币学。分：序；导言；第一部分 西藏钱币概览；第二部分 西藏的造币工艺；第三部分 图录；第四部分 附录；后记。第一部分对西藏钱币进行分期和介绍。第二部分以新发现的档案、造币机器、钢模、钞版及大量金属币和纸钞等实物为资料，介绍西藏钱币的铸造工艺。图录部分展示了大量钱币及与钱币制造有关的砝码、模具的照片，其中不乏初次面世的精品。在附录中收有西藏钱币大事年表、藏币名称、藏币面值的藏汉文对照表、藏历纪年与公元纪年对照表、藏文字母表等。书中对西藏钱币发展的概貌有一个完整的论述，分期断代，脉络清晰。对西藏造币厂使用的砝码进行实测，发现这些砝码所用衡制都是库平制，说明西藏地方造币的币值和中央是一致的，再次佐证了西藏是我国领土不可分割的一部分。（王勉）

K000378 **天下第一剑** 副名：兖州镇水剑纵横谈。肖贵田著。山东大学出版社 2002 年 9 月版。9.7万字。16.80 元。以 1988 年兖州出土的长 7.5 米，重 1539.8 公斤的镇水大铁剑为引子，以通俗优美的语言介绍了古代剑的文化、剑的用途、剑的风度以及与剑有关的古代故事与传说。是将剑的介绍融入历史的事件及故事之中，以事论剑，以剑谈人，从而将剑的气质与风度淋漓尽致地给描绘了出来。书中配有 10 幅精美的彩图和 67 幅黑白图。（尹凤桐）

K000379　**古史的考古学探索**　俞伟超著。文物出版社 2002 年 7 月版。50 万字。100.00 元。收录论文 44 篇，其中大部分为 1990 年以后发表的。每篇文章皆经作者精心挑选和仔细通读，并做了一些修改和补充。内容涵括古代文化、艺术、信仰以及对考古学体系和古代文明的新思考等各个方面。反映了作者对中国古代文化面貌的总体认识及最新的思想和研究成果。(肖大桂)

K000380　**安徽省博物馆藏瓷**　安徽省博物馆编。文物出版社 2002 年 11 月版。3 万字。154 幅彩色图版。180.00 元。精选藏瓷 148 件，系统地展示了中国古代瓷器历史发展的概貌。此外书后还附有"安徽历代古窑址概况"、"安徽古代瓷器研究文献目录"。(张征雁)

K000381　**巩义黄冶唐三彩**　河南省文物考古研究所等编。大象出版社 2002 年 4 月版。10 印张。220.00 元。考古文物图册，共收录发掘于巩义市黄冶唐三彩器物图片 300 多幅，充分展示了黄冶唐三彩的产品特征及其烧制工艺。(惠萍)

K000382　**两宋瓷器**　副名:故宫博物院藏文物珍品大系。李辉柄主编。上海科学技术出版社、商务印书馆(香港)有限公司 2002 年 12 月版。15 万字。500 幅图片。320.00 元。分上、下两卷。上卷主要收录北方陶瓷，如:汝窑、钧、定、耀州、磁州等窑的制品，多达 260 余件器物。下卷主要收录南方的哥窑、越窑、龙泉窑以及景德镇、建窑的制品，上下两卷共计收入器物图片近 500 余件。全书均以一图一文形式对照评述皇家官窑用瓷和民间商品的民窑用瓷，对每件器物的窑口的划分，釉色、器型特征、断代都作出了较为科学的论断。从上、下两卷看，不仅对两宋官窑有一个较全面、详尽的认识，而且还得以充分展现其卓绝的风采。(周祖贻)

K000383　**晋唐瓷器**　李辉柄主编。上海科学技术出版社、商务印书馆(香港)有限公司 2002 年 12 月版。10 万字。300 幅图。320.00 元。"故宫博物院藏文物珍品大系"之一。所刊登 257 件器物、近 300 幅图片均为故宫博物院院藏品的精华，从而能更系统反映晋唐(包括五代)时期瓷器发展的概况。书中"青瓷的孕育与烧成"、"青瓷的发展与白瓷的出现"、"瓷器的发展与'南青北白'的形成"，"陶瓷生产的新成就"、"唐五代陶瓷的外销"等诸多方面以一图一文的论述方法融汇于全书之中。并从器型形制、釉色、用途、窑口等方面给读者有一个明确的、详尽的说明。(周祖贻)

K000384　**中国瓦当艺术**　傅嘉仪著。世纪出版集团上海书店出版社 2002 年 8 月版。1010 幅图。145.00 元。分上、下卷。收集 1700 余枚各具特色的瓦当，全面系统地介绍了瓦当发展的历史和各地域的艺术风格的特点。稿件大都为原拓片，且多数为未发表的作品，加上精良的印制，保持、反映了原作的风韵。(重辰翊)

K000385　**"文革"瓷器图鉴**　樊建川编著。文物出版社 2002 年 8 月版。900 余幅图。280.00 元。收录樊建川先生所藏"文革"瓷器精品 900 余件，按门类编排，分为塑像、瓷瓶、瓷板、摆件、挂件、盘碟、碗、杯、壶、坛罐、缸、杂件等 12 类，注明其名称、规格、款识。图鉴突出私人收藏之特点和民间专题藏品之档案价值。(贾东营)

K000386　**邛窑古陶瓷研究**　耿宝昌、朱清时、俞伟超编。中国科学技术大学出版社 2002 年 5 月版。46.3 万字。98.00 元。"邛窑"始创于南北朝，盛于唐和五代，荒废于宋。其遗址在 20 世纪初曾被地方军阀势力所破坏，直到新中国成立后，才得到史学和考古学者的关注。1984 年，以研究"邛窑"为主题，在邛崃市召开了中国古陶瓷学会，引起了考古、文物界对"邛窑"的重视和研究兴趣。21 世纪伊始，由中国科学技术大学、四川省文物管理局、邛崃市人民政府联合发起，于 2001 年 4 月召开"中国邛窑陶瓷科技考古研讨会"，对古老的"邛窑"进行了多方面的探讨。本书是在此基础上，进行收集整理，首次全文发表了四川省文物考古研究所陈显双等人历次对邛窑进行考古发掘的总结报告及有关实物照片、图片约 2000 幅;发表了参加会议的国内陶瓷界许多一流专家的论文;选择了 3 幅新得的邛窑古陶瓷釉面的显微照片，它们部分显示出了邛窑陶瓷的风化、分相结晶、气泡和裂纹结构之美。(谭觥)

K000387　**杭州老虎洞窑址瓷器精选**　杭州市文物考古所杜正贤主编。文物出版社 2002 年 10 月版。181 面彩版。180.00 元。中国古陶瓷图录。杭州老虎洞宋元瓷窑遗址位于杭州市上城区凤凰山与九华山之间的一个山岙平地上。1996 年被发现，1998～2001 年进行了两次较大规模的考古发掘，出土了大量瓷片和窑具。本书收各类日常生活用具、仿青铜器的礼器和窑具 167 件，日常生活用具有碗、盘、杯、罐、碟、壶等，仿青铜器的礼器有炉、尊、觚等。(王霞)

K000388　**景德镇陶瓷艺术精品鉴赏**　郑年胜、刘杨编。上海书画出版社 2002 年 9 月版。

280.00元/本。分4卷:《青花、釉里红和斗彩》、《粉彩》、《古彩、新彩和综合装饰》和《颜色釉、陶瓷雕塑和现代陶艺》。以由汉至今两千多年历史时序为纬,以瓷器的分类为经,以各个时期的精美作品为鉴赏对象,凸现了"瓷都"的千年风韵。

K000389 **中国青铜器研究** 马承源著。上海古籍出版社2002年12月版。71万字。120.00元。收论文40余篇,汇集了马先生最重要的研究成果,分为"概论"、"铭文考释"、"形制和纹样"及"实验考古"共四编,各自成篇而又构成了中国青铜器的研究系统,其主要贡献在于:开创全新的中国青铜器分期体系,总结出一系列规律性的认识;在成功考释众多铭文的基础上,综合利用铭文资料和历史文献研究历史文化领域的诸多问题;确立了更准确细致的青铜器纹样命名分类体系;提倡实验考古,善于利用先进技术手段,破解疑难问题。(王纯)

K000390 **西周纪年** 刘启益著。广东教育出版社2002年4月版。59万字。58.00元。考古学专著。对已发现的西周一朝500余件青铜器进行了详细、系统的清理、排队,以铜器类型研究、铭文中的月相研究和铜器共生关系研究为门径,并参照现代天文科学技术,推算出古代朔望时日,与西周铜器铭文中的朔望相校,推断出一批西周铜器的年代,进而推断出西周各王在位年数,最后编制出西周300年年表。西周起始年考订为公元前1070年。分上下编。上编为"西周纪年",包括西周年表和考订出西周年表的几个关键问题的论述;下编为"西周铜器断代研究",包括从武成时期到宣幽时期500多件铜器的考证及排队,各王世的铜器研究之后附有同期铜器墓葬情况。书后附有"西周纪年铜器所属王世月相对照表"。(常丹琦)

K000391 **盘龙城青铜文化** 李桃元编著。湖北美术出版社2002年5月版。7.9万字。300幅图。190.00元。介绍了黄陂盘龙遗址发现经过和基本情况,杰出的盘龙城商代青铜文化,并展示和说明了盘龙城发掘的珍贵青铜器和玉器,全书图片精美逼真,史料翔实。(何金祥)

K000392 **中国古代漆器鉴赏** 聂菲著。四川大学出版社2002年7月版。19.6万字。23.00元。分上下两篇:上篇为漆器概论,精辟地阐述了漆器的基本知识,制作工艺;漆器的种类、起源、沿革和中国髹漆工艺的价值和作用。下篇为历代漆器鉴赏。对有关漆器的考古资料搜罗无遗,结合历史文献的记载,对中国古代漆器七千年的发展史,作了非常全面、系统和科学的介绍和剖析,从中探索出中国漆器工艺发展的客观规律;并以优美、流畅的文笔,对中国古代各个时期不同风格漆器的审美情趣和美学价值尽情地鉴赏。还配有许多精美的图片。(汪萍、成杰)

K000393 **漆器鉴赏** 陈丽华著。广西师范大学出版社2002年3月版。23.5万字。22.00元。"中国文物鉴定丛书"之一。内容包括:漆器纹饰鉴别,春秋以前漆器特征及识别,战国、秦、汉时期的漆器特征及识别,三国至唐、五代时期的漆器及识别,宋元时期漆器的特征及识别,现代漆器的特征及识别,清代漆器的特征及识别,漆器辨伪。附有彩色部分,从新石器时代到清代的漆器图片共81幅。(总编室)

K000394 **甲骨文解谜** 副名:二十世纪中国文化奇观书系。罗琨著。长江文艺出版社2002年5月版。15万字。14.00元。揭示了甲骨卜辞隐含的一些历史奥秘。从甲骨文风雨坎坷的百年历程中,于千头万绪中抽绎出三大主要线索构筑全书框架,即:甲骨文的发现到组织发掘和整理、研究;甲骨文的破译和汉字探源;甲骨卜辞的商史解谜。(刘德)

K000395 **金石大字典** 汪仁寿编。天津古籍出版社2002年8月版。66印张。88.00元。以金文、古玺、汉印、封泥及汉碑、历代有关大、小篆文书籍为对象,按《说文解字》部首分类,用于篆书、篆刻人员查阅。根据民国碧梧山庄石印本印刷。作者对当时所见的大小篆文,一律手摹类编,故与原文相比,更为清晰,所以此书为治金石学之必备图书。然其中间有描摹失形者,也造成了使用上的不便。碧梧山庄本较其他版本失误少,笔画准确,影响较大。随书附编笔画索引。(王宏)

K000396 **吉金铸国史** 北京大学考古文博学院、北京大学古代文明研究中心编。文物出版社2002年6月版。30万字。250幅图版(包括彩版、拓片、线图)。280.00元。西周是中国青铜时代的鼎盛时期。位于陕西关中的周原是周族最重要的发祥地和政治、经济、文化中心,这里历来以出土大批精美绝伦的青铜器著称。周原出土的青铜器不仅数量堪称全国之最,更重要的是在铸造工艺、造型手法、装饰风格等多方面代表了西周青铜工艺的最高成就。周原出土青铜器多铸有重要铭文,有些长达数百字,内容涉及政治、经济、法律、军事、文化等方面,对研究文献缺乏的西周历史是弥足珍贵的资料,而且这些典雅庄重的金文作品在中国书法史上也占有重要地位。本书全面展示了周原出土的48件西周青铜器精品。每件器物不仅有各角度的彩色图版,而且都还有完整的器物墨线图、纹样和铭文拓片,有些还附有显示其铸造工艺的X光片。本书卷首刊4篇著名学者的研究论文,卷尾附相关图表和文献目录。(张征雁)

K000397 **金文引得·春秋战国卷** 华东师范大学中国文字研究与应用中心编。广西教育出版社2002年10月版。180万字。16开。230.00元。由"释文""引得""检字"三大部分构成。"释文"包括见于2001年以前的专书、杂志著录的春秋和战国青铜器2253器1692篇铭文的隶定断句;"引得"以字为单位列出各字在"释文"中所出现的所有句子;"检字"标明"引得"中所有单字的页码。(袁家剑)

K000398 **金文断代方法探微** 杜勇、沈长云著。人民出版社2002年7月版。23.7万字。20.00元。以翔实而可信的出土文物与地上文献,就标准器断代法和历朝断代法这两种金文断代方法进行了系统研究。

K000399 **中国碑文化** 金其桢著。重庆出版社2002年1月版。117.2万字。98.00元。既从文字、书法、镌刻的角度,也将碑文化置于数千年中国社会发展史和文化发展史的大背景中,从单一到综合,从微观到宏观,从零散到系统,从表象到内涵,从历史到现实,从国内到海外进行全方位的研究和考察,既弄清楚各个历史时期碑文化的发展概貌,又了解掌握各个历史时期碑文化的精华所在,清晰、准确地勾勒出一条中国碑文化演进、发展的历史轨迹,揭示出为什么会这样演进、发展的历史原因,进而透过纷繁复杂的表象,洞悉碑文化宏富而深邃的内涵,对源远流长、博大精深的中国碑文化,真正有一个全面、系统、深入的了解,客观地反映出碑文化在中国文化、中国社会几千年发展历史,乃至在世界文化中的地位、作用和影响。上篇主要包括碑的起源和繁衍,胚胎孕育中的先秦碑文化,雏形初现的秦代碑文化,蒙受劫难的西汉碑文化,碑碣云起的东汉碑文化,征战禁约下的三国碑文化,变异发展的两晋十六国碑文化,承袭两晋遗风的南朝碑文化,繁星满天的北朝碑文化,承上启下的隋代碑文化,百花盛开的唐代碑文化,萧条的五代十国碑文化,承袭盛唐余绪的宋代碑文化,民族鼎峙交融中的辽、西夏、金碑文化,汉文化浸润下的元代碑文化,亦衰亦盛的明代碑文化,碑学复兴的清代碑文化,战乱动荡中的民国碑文化,方兴未艾的现代碑文化,现代碑文化发展的新特点等;下篇主要包括:碑与文字语言,碑与诸子经典,碑与中医中药,碑与天文地理,碑与水文水利,碑与环境保护,碑与教育科举,碑与中华祖先,碑与帝王遗迹,碑与帝王陵墓,碑与古代圣哲,碑与历代诗词,碑与辞赋楹联,碑与宗教文化,碑与古代经济,碑与封建统治,碑与中外关系,碑与人民革命,碑与民间生活,碑的历史价值,碑的域外流传等。(廖建明)

K000400 **秦汉砖铭百种** 殷荪编。上海书画出版社2002年12月版。400.00元。收集秦汉砖铭文字100种。分先秦、秦、西汉、王莽、东汉各个历史时期,有大篆、小篆、古隶、隶、章草、隶楷各种字体,内容有姓氏、地望、干支、年号、纪事等各个方面,系作者多年研究的艺术成果。尤其是大量秦砖文字,系秦始皇兵马坑地砖,为首次披露,大量西汉砖铭文字填补了传统金石领域空白,这些都是极为珍贵的第一手资料。导论部分,对秦、汉砖铭所作的断代分析,极为精彩。

K000401 **隋代碑志百品** 蒋文先著。新时代出版社2002年6月版。87.9万字。60.00元。收集隋代碑碣墓志(包括砖志)、塔铭、造像题记等,共计104种,几乎将隋代主要碑志等囊括其间。凡著录的主要是原石或无原石而有原拓木的碑志。为使读者阅读和使用方便,按刻写年代(包括月、日)先后为顺序排列,无确切年代者均置于有年代的碑志之后。每件(尊)碑志均介绍具体年代、出土地点(或收藏地点)、尺寸规格、著录等自然情况,对一些书法精湛的碑志,作极简赅的评述。(李永忠)

K000402 **上博馆藏战国楚竹书研究** 上海大学古代文明研究中心、清华大学思想文化研究所编。上海书店出版社2002年3月版。35.8万字。38.00元。上海博物馆藏的战国楚竹书是有史以来出土的最大宗的早期文献文本实物资料,所以在首批资料刊布后,立即引起学术界的高度关注,已形成古代文献研究中一个新的十分活跃而重要的研究领域。本书即是汇集大陆及港台学者在这方面研究的一批最新成果,不仅研讨释文、编连等问题,而且在更大范围内深入讨论了与古代学术史、书史以及古代文献学、史料学基本概念和内容有关的诸多问题。(竺金琳)

K000403 **郭店楚墓竹简** 《简帛书法选》编辑组。文物出版社2002年12月版。约2万字。共15册,分别为《老子甲》、《老子乙、丙》、《缁衣》、《鲁穆公问子思、穷达以时》、《五行》、《太一生水、忠信之道》、

《唐虞之道》、《成之闻之》、《尊德义》、《性自命出》、《六德》、《语丛一》、《语丛二》、《语丛三》、《语丛四》。书中再现原简的面貌，每一支竹简均有原大的简影，又分段放大，可以充分欣赏分析字的细微结构及笔道书写的魅力所在。每页均有释文可对照阅读，文末还有全篇的释文句读。书后又附说明，扼要介绍简文化的文献价值及其思想精粹。（何巧珍）

K000404　**新出土秦代封泥印集**　傅嘉仪编著。西泠印社 2002 年 10 月版。15 印张。25.00 元。主要以西安中国书法艺术博物馆所收藏的西安北郊相家巷出土的秦代封泥为主要素材，收录的封泥条目排列顺序是先中央官职及其属吏、次地方职官、再次姓名印、最后附录资料。中央职官排序基本依《汉书·百官公卿表》为准；地方职官排序基本依《汉书·地理志》先内史、次关外；再次也裔；姓名印则依姓名笔画排序；附录排序同上。全书共收录封泥 432 品，其中西安中国书法艺术博物馆 341 品，北京古陶文明博物馆 34 品，附录 57 品，涉及官职、地理、姓名等。（邵旭闵）

K000405　**人类的瑰宝**　副名：中国的世界遗产。中国革命博物馆编。文物出版社 2002 年 12 月版。中英文各 5 万字。300 幅彩照。260.00 元。全面介绍我国 28 处世界遗产地的大型图录。采用的均是各个遗产单位精心选择的最能反映当地遗产特色的图片约 300 张。中英文介绍和图片说明简明扼要，装帧设计采用了许多现代工艺。（张昌倬）

K000406　**中华文明遗迹通览**　副名：第五批全国重点文物保护单位 518 处。国家文物局、中国文物报社编。上海古籍出版社 2002 年 12 月版。58 万字。58.00 元。收录史前至近现代重要的文明遗址五百余处，皆系国家公布的第五批全国重点文物保护单位。在每一遗址下皆详述其发展演变与历史文化价值，尤为可观的是每一遗址所附方位示意图与典型器物（建筑）图，不仅能使读者切实地感受到中华文明的伟大成就，更可以按图索骥，完成自己的“发现之旅”。（秦志华）

K000407　**《格萨尔》风物遗迹传说**　角巴东主著。青海人民出版社 2002 年 5 月版。13 万字。14.40元。“青海旅游丛书”之一。《格萨尔》是我国藏族人民集体创作的一部伟大的英雄史诗。它通过对主人公格萨尔一生不畏强暴、不怕艰难险阻、征战四方、降伏妖魔、除暴安良、造福人民的英雄业绩的描绘、热情讴歌了正义战胜邪恶、光明战胜黑暗的伟大斗争。这部史诗在广阔的背景下，以恢弘的气势，高度的艺术技巧，反映了古代藏族社会发展的重大历史阶段及其社会的基本结构形态，表达了人民群众的美好愿望和崇高理想。青海是《格萨尔》的故乡，也是《格萨尔》的发祥地，《格萨尔》的大部分风物遗迹都分布在青藏高原，这些风物遗迹与青藏高原雄奇古朴、鬼斧神工的自然景观浑然一体，和谐庄重、令人心驰神往，流连忘返，浮想遐思。本书用传说故事将《格萨尔》的遗物和遗迹串连起来，因为史诗中风物遗迹的存在本身就伴随着优美神奇的传说故事。这些传说故事与藏民族的历史形成、民间习俗、宗教信仰、社会生活及地理环境等诸多方面有着千丝万缕的文化联系。（喇海永）

K000408　**河姆渡文化精粹**　河姆渡遗址博物馆编。文物出版社 2002 年 12 月版。200 幅图片。200.00 元。共收录余姚河姆渡、鲞架山、鲻山、象山塔山，慈城慈湖，奉化名山后等河姆渡文化遗址出土的各类文物精品 180 余件，包括玉石器、骨角牙器、木器、陶器、木构遗迹遗物和动植物遗存等，涵盖了河姆渡文化遗址出土文物的各个方面。书的前言部分用简练的文字全面介绍了河姆渡文化遗址的发现、发掘和研究情况，每件器物都有清晰的图片和详细的文字说明，全面客观而又生动形象地展示了河姆渡文化的整体面貌和研究成果。全书为中、英、日三种文字对照。（谷艳雪）

K000409　**高句丽古城研究**　王绵厚著。文物出版社 2002 年 12 月版。40 万字。120.00 元。借助当代考古学和历史文献学手段从各个角度对高句丽古城进行了深入研究。包括：高句丽民族的起源及其考古学文化、高句丽的城邑制度与山城、高句丽的都城、鸭绿江两岸重要高句丽古城综录、高句丽古城的建置分期分区及其历史背景、高句丽古城的构筑特点及其规律、古城址出土文物的考古学断代分析、古城命名的文化内涵、古城的古今地理与地名考证以及高句丽诸名城与文献中相关史迹的考察等。特别是对 100 多座古城的调查，为高句丽民族的历史、考古研究提供了重要资料。还附有彩色图版 31 幅，线图 35 幅。（肖大桂）

K000410　**六朝都城**　卢海鸣著。南京出版社 2002 年 9 月版。30 万字。22.00 元。对六朝都城建康（今南京）进行了全面系统的研究，阐述了建康定都的条件、规划营建布局状况，探讨了三重城垣、城堡军垒、郡县治所、礼制建筑的位置，考察了市政建设、市场、里坊、园林、寺庙、陵墓的内涵，客观地评述了建康的历史地位，提出了一系列的新见解，其中

关于建康宫城和御道位置"东南移说"等等观点已经被最新地下考古发现所证实。(卢海鸣)

K000411 **南京明代城墙** 杨国庆著。南京出版社2002年1月版。23万字。16.00元。"可爱的南京"第三辑之一,与其他介绍南京城墙的图书相比,具有以下三个不同的特点。第一:全面性。分别论述了从明王朝以前直至1949年以来的南京城墙的方方面面,并提供了翔实的资料。全面、系统介绍和研究南京城墙。第二:学术性。对南京城墙的研究有相当的深度,具有较高的学术价值,得到了许多专家学者的认同和好评。第三:通俗性。较好地兼顾了学术与通俗的要求。(樊立文)

K000412 **圆明园遗址的保护和利用(法中文本)** 法国华夏建筑研究学会主编。中国林业出版社2002年1月版。42万字。258页。120.00元。介绍了圆明园的历史和兴盛时的景观面貌以及英法联军焚毁后到现在的情况,提出了保护和利用的有价值的建议。这是迄今为止最全面的研究圆明园的一本著作。(刘若云)

K000413 **中国建筑艺术全集桥梁、水利建筑** 副名:中国美术分类全集。中国建筑艺术全集编委会编。中国建筑工业出版社2002年1月版。60万字。350.00元。中国美术分类全集中的中国建筑艺术全集共计24卷,本书系其中第5卷。介绍其中的佼佼者,它们不仅代表着当时该类工程科学技术、文化艺术的最高水平,而且曾影响了世界上同类工程的技术进步和发展,成为中华民族文明的光辉一页。(郭洪兰)

K000414 **徽州古桥** 卞利著。辽宁人民出版社2002年9月版。10万字。21.00元。"徽州文化系列丛书"之一。对现今安徽皖南保存完好的明清时期的大量古桥的建筑历史、人文背景以及所体现出的徽州派建筑的艺术特色和独特工艺进行了全面细致的挖掘分析和介绍。同时配有100多幅精美照片。(边洛莎)

K000415 **"广州秦代造船遗址"学术争鸣集** 副名:广州考古悬案。李昭醇、罗雨林主编。中国建筑工业出版社2002年11月版。67万字。95.00元。1974年,在广州中山西路市文化局大院内发掘一古建筑遗址,发掘者认为这是一处秦代造船遗址,并上报省、国家文物管理单位,以定论纳入《中国大百科全书·考古卷》中。20多年来,随着这一遗址周边范围内发掘出越来越多的遗迹、遗物,在问题越来越清楚的情形下,"造船遗址"的定论受到质疑。2000年12月,中国造船工程学会船史研究会、广东省科学技术协会、广东省造船工程学会、广东省地理学会历史地理专业委员会、华南理工大学建筑学院、华南理工大学交通学院、中国第四纪热带亚热带环境委员会、广东省立中山图书馆、武汉造船工程学会、武汉理工大学等10个学术团体发起召开了"广州秦代造船工场遗址学术研讨会",通过正本清源、追根溯源,并从多学科、多角度予以考证,一致认为原定论是错误的,"造船遗址"当更正为"南越国宫苑宫殿建筑遗址"。至此,广东学术界一起历经20多年的考古悬案得以澄明。这便是《"广州秦代造船遗址"学术争鸣集》一书的由来及内涵。(崔勇)

K000416 **寺龙口越窑址** 浙江省文物考古研究所、北京大学考古文博学院、慈溪市文物管理委员会编著。文物出版社2002年10月版。25万字。480.00元。瓷窑遗址发掘报告。分7章:第一章,地理环境与历史沿革;第二章,历年的考古和研究工作;第三章,地层堆积;第四章,遗迹;第五章,出土遗物;第六章,分期与年代;第七章,结语。作者将寺龙口窑址纳入越窑研究的范畴之中,简要介绍了其自然环境、历史沿革及历年有关研究,重点报告了1998～1999年度发掘的遗迹、遗物,并依据地层叠压关系将窑址分为6期,通过与其他考古材料尤其是纪年材料的对比,将窑址年代推定为晚唐至南宋早期,约当9世纪中叶至12世纪中叶。为确定上林湖地区唐宋越窑的编考古学编年提供了标尺,且首次将越窑的烧造历史下限定在南宋早期,为研究宋室南渡后南北方制瓷工艺的交流和南宋初期宫廷用瓷的生产方式提供了重要资料。报告后附有"唐宋越窑纪年瓷器表"和"寺龙口越窑古瓷年代特征的核分析研究",并配有英、日、韩三种文字的内容介绍。(谷艳雪)

K000417 **北京的塔** 薛增起、薛楠编著。北京出版社2002年8月版。28.9万字。22.00元。对北京地区塔的塔名、塔址、类型、建年、特点及有关传说作了尽述其详的介绍,同时附有塔照308幅,并把今已残损或次要者列入附录。(总编室)

K000418 **雷峰遗珍** 浙江省文物考古研究所编著。文物出版社2002年9月版。10万字。270幅图。168.00元。分3部分,一、历史回溯,二、遗址寻踪,三、地宫探密。介绍了雷峰塔的历史沿革、考古发掘过程和出土文物。选取历史和出土文物照片约270张,并配有生动的文字说明,图文并茂。其中出土的银质阿育王塔、鎏金盘龙座铜佛像、玉童子

等国宝级文物有大量不同角度和局部的照片。(张昌倬)

K000419 **中国古代建筑·解州关帝庙** 柴泽俊著。文物出版社 2002 年 9 月版。30 万字。400.00元。全面而系统地展示了解州关帝庙的整体风貌。书中收录研究此庙沿革、建筑、库藏文物、关羽生平及关圣祖祠的有关文章 30 余万字,刊载各类实测与设计图 155 幅,精选多角度反映该庙面貌的彩色图版 280 幅,并配有翔实的图版说明。(周成)

K000420 **中国佛塔** 华瑞·索南才让著。青海人民出版社 2002 年 9 月版。33 万字。33.00 元。分 10 章,内容以祖国内地佛塔为主线,但又考虑到中国佛塔产生及其发展的区域性特征和文化之差异,以及人文背景的不同,主要是来自社会的政治、经济、佛教宗派、民族风俗、传统文化、地理环境、科学技术和受南亚和东南亚佛教影响等因素,对包括西藏佛塔、西域佛塔、傣族佛塔、走出雪域的藏式佛塔等在内的中国佛塔的起源、历史、类型、结构、布局、特点及其用途、功能等作了较为客观的分析和研究。(吴引水)

K000421 **河南出土汉代建筑明器** 河南博物院编著,河南博物院编著。大象出版社 2002 年 10 月版。16 开。190.00 元(精)。对河南出土汉代建筑明器进行了定名和分类,细分为 13 大类,根据考古发掘资料,利用已建立起来的汉代考古学标尺研究论述,对河南出土汉代建筑明器加以梳理分析,进行了系统的类型学、年代学研究,同时本书深入地探索了明器的起源和建筑明器流行的原因,并客观地描述和评价了建筑明器所反映的技术与艺术成就,从而指出明器研究的价值所在。

K000422 **岭南古代大式殿堂建筑构架研究** 程建军著。中国建筑工业出版社 2002 年 11 月版。34 万字。60.00 元。"华南理工大学建筑学术丛书"之一。阐述了随着历史上中原移民南迁的进程,中原先进文化不断地输入岭南地区,该区建筑也于宋元之际,以其域内不同民系为依托,形成了以粤中广府、粤东福佬,粤东北客家,以及粤西南雷州四个建筑支系,域内大式建筑构架形式亦因此而异。岭南原有的干栏构架方式在与岭北而来的抬梁构架方式的碰撞过程中,被逐渐溶解而式微;而后来者又因地理气候以及民俗的不同而异化。又由于边疆地区文化发展的时间滞后性和保守性,在岭南古建筑中保留着许多中原建筑古制,并能一一印证先秦历史文化,令人惊叹不已。(常燕)

K000423 **飞来峰造像** 杭州市历史博物馆、杭州市文物保护管理所、杭州市文物考古所编。文物出版社 2002 年 9 月版。4 万字。193 幅彩色图版。160.00 元。杭州灵隐寺前的飞来峰造像共计窟龛 102 个,造像 300 余尊,以北宋咸平三年至六年(1000～1003 年)所造小罗汉像数量最多,还有元代造像近百尊,其年代有题记可查的始自至元十九年(1282 年),终于至元二十九年(1292 年),其中约半数是藏密"梵式"造像。本书将飞来峰造像分为五代吴越国、北宋中期、南宋、元代和明代五个时期编排,较全面地展示了飞来峰造像的面貌。(张征雁)

K000424 **治理乐山大佛的前期研究** 四川省文物考古研究所、乐山大佛乌尤文物保护管理局编。四川科学技术出版社 2002 年 4 月版。20 万字。128.00元。通过查阅典籍、访问土著,摸清了乐山大佛的始建背景和历次修缮情况,继而以传统地质勘察及岩石物理学性质测定方法分析、论证了大佛风化病害的成因,再而又以声、光、电、核物理技术等现代化手段对大佛的现状和原状进行了综合研究。在室内与现场对比试验的基础上,作出了大佛修补材料的定量评价。(赵健)

K000425 **古建筑砖瓦雕塑艺术** 路玉章编著。中国建筑工业出版社 2002 年 1 月版。6.7 万字。26.00 元。主要内容包括:砖瓦雕塑艺术概论,砖瓦雕塑艺术的起源和发展、瓦作艺术、砖作艺术和砖瓦雕花艺术,并附有大量彩色图片。(周世明)

K000426 **徽州雕刻艺术细部设计** 刘宏、张奇著。广西美术出版社 2002 年 9 月版。2 万字。49.80元。介绍世界文化遗产村落——徽州的建筑雕刻艺术,即砖雕、石雕、木雕。还展示了未曾公开的呈坎、屏山、卢村等地的雕刻,如彩梁柱等。对细部放大的同时考虑到与场景交替相融,并附有简洁的背景资料。(梁坚)

K000427 **唐墓壁画珍品** 陕西历史博物馆编。文物出版社 2002 年 9 月～12 月版。9 万字,164 幅图。165.00 元。包括 3 种:《章怀太子墓壁画》、《懿德太子墓壁画》、《新城、房陵、永泰公主墓壁画》。墓主人均以极高规格下葬,壁画必选取最优秀的画工绘制,可以说代表了唐代初期至盛期的壁画艺术水平。壁画题材广泛,包括出行、仪仗、客使、打马毬、狩猎、后宫生活等,再现了太子公主生前丰富多彩的生活场景。(李诤)

K000428 **西亚考古史(1842～1939)** 拱玉书著。文物出版社 2002 年 4 月版。30 万字。80.00

元。对二战之前的西亚考古史进行了系统研究,将西亚考古史划分为"英雄时代"、"向科学考古学迈进"、"科学考古学的诞生"、"西亚考古的黄金时代"四个阶段,并分别对各个阶段的情况进行了论述和总结。并配有200余幅珍贵的图片。附录有"西亚考古学大事年表"、西亚历史"年代表"、"参考文献及其缩写"、"名词对译表"。(谷艳雪)

风俗习惯

K000429　**民俗学概论**　王娟编著。北京大学出版社2002年9月版。24.5万字。15.00元。系统地介绍民俗学的基本理论、基本知识及其研究方法。在运用先进的理论阐述神话、故事、传说、民歌、民谣、史诗、民间舞蹈、民间美术、民间建筑与服饰等民俗事项中,不乏新的内容和体系。其中有关美国民俗学理论的一些内容,还是初次介绍到中国来。(吕幼筠)

K000430　**旅游与中外民俗**　张世满主编,王守恩副主编。南开大学出版社2002年8月版。30.5万字。17.00元。从酒店管理专业主要是为酒店这一旅游接待单位培养服务和管理人才的目标出发,以旅游接待的视角介绍民俗旅游的资源。分上、下两编。上编中国民俗,介绍汉、满、朝鲜、蒙古、藏、回、维吾尔、壮、苗等20个民族的民俗。下编外国民俗,按基督教——英语国家,天主教——拉丁语族国家,基督教——日耳曼语族国家,东正教——斯拉夫语族国家,阿拉伯——伊斯兰教国家,佛教、印度教国家的编次讲述了各国的民俗。(薄国起)

K000431　**新编礼仪花卉**　冯天哲主编,舒贵、周瑞华编著。金盾出版社2002年5月版。16.5万字。13.00元。关于礼仪花卉的欣赏、应用与制作技艺的科普读物。其内容分为3编:第一编,花美情深——多视角、多层次、全方位地阐述礼仪花卉的美学价值及其在社交活动中的功能,翔实地介绍中外礼仪花卉应用的习俗、传说、典故等趣闻轶事,介绍中华民族历史悠久、博大精深的花文化;第二编,礼仪花锦——具体介绍在各种社交场合礼仪用花与赠花的习俗与实用知识;第三编,花材撷粹——全面系统地阐述礼仪花卉的应用类型、制作技艺与鲜花保鲜技术。(陈俊峰)

K000432　**圣诞欢乐颂**　周瑾编著。湖南文艺出版社2002年10月版。4万字。10.00元。圣诞节小史。由7个部分组成:一、圣诞节的历史;二、关于圣诞老人的一切;三、圣诞贺卡;四、圣诞树与其他应节植物;五、圣诞颂歌;六、圣诞电影;七、我的完美圣诞。全书从各方面介绍圣诞节的相关知识、背景与发展小史,组合成人类文化某一侧面的发展状况。另配有插图四十余幅,从视觉上弥补文字的单调与不足。(徐小芳)

K000433　**情人节夜曲**　萧桥编著。湖南文艺出版社2002年10月版。4万字。10.00元。情人节小史。分17个部分:一、缘起:古罗马的牧神节;二、圣瓦伦丁节小史;三、圣瓦伦丁其人;四、情书与信物;五、爱情与魔法:丘比特和他的箭;六、心语;七、玫瑰是红的,你是甜的;八、爱情的颜色;九、巧克力:众神的美食;十、爱情鸟;十一、音乐、美酒及其他。全书从各方面介绍情人节的相关知识、背景与发展小史,组合成人类文化某一侧面的发展状况。另配有插图四十余幅,从视觉上弥补文字的单调与不足。(徐小芳)

K000434　**中国风物 Things Chinese**　杜飞豹、杜白编著,李念培、凌原译。中国旅游出版社2002年4月版。23万字。60.00元。分10个部分介绍了中国的独有文化之物。第一部分为"古代遗物",如算筹、如意、轿子、封泥、符等。第二部分为"民间工艺",如刺绣、玉雕、泥人、蜡染、风筝等。第三部分为"建筑",如影壁、门钉、铺首、斗拱、藻井等;第四部分为"书画",如甲骨文、竹简、帛书与帛画、拓本等。第五至第十部分分别为:日用品、服饰、饮食、吉祥物、娱乐、医药,介绍了筷子、算盘、扇子、旗袍、补子、茶叶、饺子、粽子、年糕、春联、京剧、针灸等等。全书介绍的景物近200条。(谭燕)

K000435　**中国崇龙习俗**　吉成名著。天津古籍出版社2002年7月版。20万字。14.80元。运用民俗学的理论和方法,从民俗史的角度对中国崇龙习俗的起源、演变、性质、作用、地位以及崇龙习俗对民族精神的影响、研究崇龙习俗的意义等问题进行了深入探讨,并且对中西龙俗进行了比较,全面、系统地对中国的崇龙习俗进行了研究。全书包括总述、习俗内容、龙崇拜的起源、龙崇拜的演变、中西龙俗比较,崇龙习俗的性质、作用和地位等几部分,并对少数民族地区的崇龙习俗进行了剖析。书后并附有参考书目。(张玮)

K000436　**生命之树与中国民间民俗艺术**　靳之林著。广西师范大学出版社2002年1月版。22万字。88.80元。全书18章,用16章的篇幅在5000年的历史时间跨度和大江南北的空间跨度上:

从原始河姆渡生命之树、庙底沟太阳之花生命树，到周代巴蜀巨大的青铜太阳光华生命之树，再扫东汉画像石建木、扶若木生命之树，一直到世俗文化的“摇钱树”生命之树，以及从长江流域到黄河流域，大西北到东南沿海，一层层剥离出中华民族生命之内含的生命意识。最末两章论述人类的生命之树作为生命意识在人类文化中的永恒意义。（总编室）

K000437 **明清时代庶民文化生活** 王尔敏著。岳麓书社 2002 年 10 月版。14.5 万字。12.80 元。对明清时期有关民间多神信仰、日常生活节奏、饮食医药与养生益寿之法、日常礼仪规矩、应世规矩与关禁契约、玄理术数之信从、游乐才艺、风月调教等专题进行了详细深入的探讨论述。正文之前有大陆版自序和台湾版自序，书末附征引书目及参考书目。（曾德明）

K000438 **唐宋民间信仰** 贾二强著。福建人民出版社 2002 年 10 月版。34 万字。21.00 元。从民俗学这个角度考察唐宋的民间信仰。全书分为 3 个大部分：唐宋民间信仰的中心、唐宋民间信仰的基础、唐宋民间信仰与宗教。将唐宋民间信仰放在中国文化史长流中进行分析，既考察了唐宋民间信仰的来源与在唐宋时的演变，还说明了唐宋以后这些信仰的流传，展现了当时社会大众的普遍心理的某些方面。（江中桂）

K000439 **北京庙会史料通考** 北京燕山出版社 2002 年 10 月版。29 万字。28.00 元。所选史料有元代至民国期间的方志、笔记、小说及近现代报刊上所载关于庙会方面的资料。内容分为概述，各述、调查报告等篇，既有庙会各个场市的详述，也有整体庙会的沿革、纵述。（李剑波）

K000440 **中国育俗的文化叠合** 徐桂兰著。广西民族出版社 2002 年 4 月版。27.8 万字。25.00元。“人类学文库”之一。从求子风俗、孕子风俗、产子风俗、贺生风俗、养子风俗、教子风俗、取名风俗、成年礼风俗八个方面论述中国育俗的文化叠合。（韦光化）

K000441 **土家族哭嫁歌之音乐特征与社会涵义** 余咏宇著。中央民族大学出版社 2002 年 6 月版。21 万字。26.80 元。“土家族研究丛书”之一。从田野调查的角度，研究了土家族哭嫁这一文化现象，揭示了哭嫁这一现象背后所隐含的社会风貌与妇女的地位，同时对土家族不同区域的哭嫁现象进行了对比研究。（李飞）

K000442 **北京殡葬史话** 周吉平著。北京燕山出版社 2002 年 1 月版。46 万字。22.00 元。分 5 篇，一篇系丧俗篇，介绍了北京地区的民间丧俗以及明清两朝的宫廷丧礼。同时也介绍了清代满汉丧俗的异同与融合以及近代丧俗的变迁。二篇系火葬篇，介绍了北京的火葬史以及近代以来北京的火葬业。三篇系行业篇，介绍了北京葬丧业的十三行当即杠房、棺材铺、冥衣铺、丧事中的棚行、扎彩子、阴阳生、寿衣铺、寺庙丧葬服务、家伙铺、厨茶行、饽饽铺、租赁铺、丧葬慈善事业。四篇系墓葬篇，介绍北京地区的皇陵、家族墓地、义园、现代公墓、外国人墓地、太监墓地以及历代名人的墓地。五篇系名人丧事篇，筛选了近代以来在北京地区具有影响的名人丧事，即隆裕太后丧事略记、光绪奉安崇陵、袁世凯丧事记、中山先生丧事实录、李大钊烈士丧事纪实、段祺瑞暂厝大仪。全书精选了照片 8 张即旧京出殡、广济寺塔院化身炉、万安公墓外景、旧京名衣铺、孙中山先生奉安大典、段祺瑞灵柩进北平城、西什库外国人墓地、北京革命公墓外景（事务所）。（方彪）

K000443 **哈尼族婚俗歌** 红河人民广播电台编。云南民族出版社 2002 年 2 月版。25 万字。15.00元。哈尼文汉文对照。哈尼族传统婚俗歌选集。共 5 首：1. 远古出嫁歌；2. 婚女习俗歌；3. 寻找喜欢的姑娘；4. 不知已经许配人；5. 不爱听父母的话。五首婚俗歌分别搜集于云南省红河州的元阳、绿春等地，是哈尼族出嫁时在婚礼上唱的传统歌。有的由“摩批”唱婚嫁及其礼俗的由来；有的是父母对即要出嫁的女儿教授生产生活经验；有的是出嫁女跟父母和兄弟姐妹唱的，抒发自己对未来生活的忧虑。（杨羊就）

K000444 **格萨尔民俗研究** 岗·坚赞才让著。甘肃民族出版社 2002 年 6 月版。15 万字。15.00元。以民俗学的理论、方法为主，从多学科、多角度研究、分析了史诗《格萨尔》与民俗信仰（祭神、卜算、征兆、赌咒等）、社会民俗（父系氏族、部落及部落联盟等）、生活民俗（饮食、服饰、居住等）、生产民俗（狩猎、游牧、掠财等）的关系。对民俗的定义、本质、分类、主要思想流派等作了比较详细的介绍。（旦知草）

K000445 **满族风俗考** 杨锡春著。黑龙江人民出版社 2002 年 1 月版。27.3 万字。20.00 元。认为，满族是一个有着悠久历史和文化传统的民族，也是为中华民族的兴旺发达作出过重大贡献的民族，满族的风俗习惯，是在长期的历史发展过程中，在特定的自然环境、社会环境、社会历史条件和生活条件下逐步形成的。它蕴藏着满族的共同心理感情,表现着满族人民的共同风尚、志趣、意识和性格,体现了满族剽勇骁悍的特点。了解满族风俗,既不能把它看作完美无缺,一概加以肯定;也不能采取虚无主义的态度,妄加否定。(刘恺汐)

K000446　**土家族仪典文化哲学研究**　萧洪恩著。中央民族大学出版社 2002 年 6 月版。24 万字。23.80 元。"土家族研究丛书"之一。对土家族仪典文化作了较为全面的阐述与评价。内容涉及土家族过年仪典文化哲学、土家族过赶年仪典文化哲学、土家族节日仪典文化哲学、土家族赶仗仪典文化哲学、土家族建房仪典文化哲学、土家族薅草锣鼓仪典文化哲学、土家族婚事仪典文化哲学、土家族丧事仪典文化哲学等。(李飞)

K000447　**中国西部风物志丛书**　马大正主编。云南人民出版社 2001 年 7 月至 2002 年 1 月版。187 万字。系统介绍中国西部独具特色的历史传统、民族风情、地物风貌、风土特产。以一市、一县、一地立题,又以具有历史文化价值和地域特点、民族特色的旅游热点或将成为旅游热点地区为立题首选对象,重点突出,以点带面。各册均包括概览、风景名胜、民俗风情、地方民族文化、历史文化名人、名优特产、珍禽异兽、奇花异木、交通旅游等,为了解相关地区的多元文化提供了简洁明了的指南。第一辑:《新疆·哈密风物志》(14.80 元)、《新疆·吐鲁番风物志》(16.80 元)、《新疆·巴音郭楞风物志》(13.50 元)、《新疆·伊犁风物志》(14.00 元)、《新疆·喀什风物志》(18.20 元)、《内蒙古·阿拉善风物志》(13.50元)、《内蒙古·呼伦贝尔风物志》(14.20元)、《甘肃·河西走廊风物志》(19.50 元)、《宁夏·故原风物志》(15.00 元)、《宁夏·银川风物志》(16.50 元),第二辑:《内蒙古·锡林郭勒风物志》(15.00 元)、《甘肃·甘南风物志》(12.50 元)、《西藏·拉萨风物志》、《西藏·日喀则风物志》、《西藏·阿里风物志》、《四川·甘孜阿坝风物志》、《青海·环湖地区风物志》。(张波)

K000448　**湖北民俗志**　李德复、陈金安主编。湖北人民出版社 2002 年 1 月版。119.9 万字。88.00元。全面记录湖北民俗文化。所收民俗事象上自远古,下迄 1966 年"文化大革命",约 2000 条,基本涵盖了湖北民俗的方方面面。全书共分 13 编,分别是:劳动生产、经纪商贾、衣食住行、婚丧嫁娶、岁时节令、宗教信仰、医药卫生、民间文学、民间语言、音乐舞蹈、戏曲曲艺、民俗工艺、古迹名胜等。编以下按大目、子目编排,大目起归纳作用,子目备查考之需。其中,子目的收入原则是,以湖北本土民俗事象为主,酌收了少量由省外甚至国外传入湖北并融入湖北民俗文化之流的民俗事象。(左泽荣)

K000449　**六朝民俗**　张承宗著。南京出版社 2002 年 9 月版。33 万字。24.00 元。采用历史研究与民俗研究相结合的方法,从衣、食、住、行、婚、丧、嫁、娶、节庆、娱乐、信仰等方面,对六朝区域内的民间习俗进行了全面、系统、深入的考察,分析了六朝民俗产生的原因,阐述了六朝民俗的发展状况,总结了六朝民俗的时代特点,并将南、北民俗进行了适当的对比。(卢海鸣)

K000450　**泰国兰那十二个月习俗研究**　赵瑛译。云南民族出版社 2002 年 5 月版。27.3 万字。30.00元。论述和研究泰国北部兰那泰—傣历史文化及十二个月习俗仪式、庆典活动的内容、形式,节日的由来及其发展演变过程。(龚艾保)

地　理

K000451　**世界遗产**　胡德坤主编。广西人民出版社 2002 年 2 月版。180 万字。230.00 元。收录了截止到 1999 年 12 月被"世界遗产委员会"列入《世界遗产名录》的 630 项遗产。所收录的遗产分布于 119 个国家和地区,480 项属于文化遗产,125 项属于自然遗产,25 项属于文化和自然综合性遗产。全书对每一项遗产的形成、发展、原貌和现状进行了详尽而精确的描述,中肯而深刻地揭示其中历史和文化的蕴涵,选配约 2000 幅珍贵图片,使读者有亲临其境之感。(严颖)

K000452　**四洲志**　林则徐著。华夏出版社 2002 年 10 月版。14.4 万字。12.00 元。"影响中国近代史的名著"丛书之一。简要叙述了世界五大洲 30 多个国家的地理、历史和政治状况,是近代中国第一部相对完整、比较系统的世界地理志书。在林则徐的影响下,后来产生出一批研究外国史地的著作。此书实为开风气之先的创举;而作者林则徐也被后人誉为开始争眼看世界的第一人。本书以上海著易堂印行《小方壶斋舆地丛抄》为底本,原刊本没有目录和标题,为方便读者,这次整理根据文意添加了标题和目录。凡原刊本出现的年代、史实错误,一律在注文中订正;其他漏字、衍字、误字、倒文等明显错误,则径予改正,不再出注。(倪友魁)

K000453　**各国概况**　王成家主编。世界知识出版社 2002 年 6 月版。140 万字。102.00 元。包括:《各国概况(亚洲)》、《各国概况(非洲)》、《各国概况(欧洲)》、《各国概况(美洲和大洋洲)》。内容包括人文自然地理、政治、经济等基本内容。还收录了旅游、交通、文化习俗、中国驻外使领馆通讯地址等实用内容。融知识性、实用性、权威性、完整性于一体,具有很高的参考价值。此次出版,对原有内容作了全面的补充和修订。全套丛书分为亚洲、非洲、欧洲、美洲和大洋洲 4 卷,独立成册,体例统一。配有光盘,收录了各国国旗、国徽、地图、国歌等音像信息。

K000454 **世界地名手册** 张祖光主编。安徽科学技术出版社 2002 年 4 月版。101 万字。50.00 元。收入世界地名约 43000 个。其中包括外文地名和汉语拼音字母地名;外文地名包括英文、法文、西班牙文、俄文和阿拉伯文等 67 种外文的地名。此外还有 7 个附录,收入多种可用资讯。(李亚平)

K000455 **世界旅游指南** 托里斯托夫·赖斯等著。中华书局 2002 年 1 月版。8 万字(册)万字。18.00 元(册)。丛书,共 30 册。精选了世界上著名的旅游城市和景区景点,详细地介绍了各地的景区景点的风俗人情、实用资讯、名胜古迹、自然景观等,书中图文并茂,还点出了使景色更具光彩的文化意蕴。子书名为:《埃及》、《日本》、《莫斯科》、《伦敦》、《马德里》、《瑞士》、《蒙特利尔》、《罗马》、《巴塞罗那》、《英格兰》、《维也纳》、《巴黎》、《新加坡》、《新西兰》、《柏林》、《威尼斯》、《意大利》、《马来西亚》、《泰国》、《奥地利》、《佛罗里达》、《澳大利亚》、《阿姆斯特丹》、《纽约》、《悉尼》、《加利福尼亚》、《旧金山》、《多伦多》、《雅典》、《墨尔本》。(骈宇骞)

K000456 **走遍全球(系列丛书)** 日本大宝石出版社编。中国旅游出版社 2002 年 12 月版。960 万字。1440.00 元。共 24 种,包括《澳大利亚》《意大利》《美国》《加拿大》《德国》《英国》《法国》《新加坡》《马来西亚》《泰国》《香港》《韩国》《新西兰》《埃及》《南非》《以色列》《荷兰·比利时·卢森堡》《西班牙》《瑞士》《俄罗斯》《捷克·波兰·斯洛伐克》《希腊》《夏威夷》《奥地利》。在内容上更突出了旅行实用信息,全面细致,具有实用、实效性,属深度旅游指南书。书中配有大量图片、地图或相应的示意图。(潘美竹)

K000457 **世界名城之旅系列丛书** 中国旅游出版社 2002 年 1 月版。204 万字。300.00 元。包括《东京》、《罗马》、《港澳》、《悉尼》、《纽约》、《洛杉矶》、《旧金山》、《京都》、《巴厘岛》、《威尼斯》、《上海》、《伦敦》,专门针对旅游需求,介绍旅行前的准备、交通信息、行程规划、分区导游、购物信息、美食信息和住宿信息等。并配有各类旅游交通图。(管邗江)

K000458 **世界名城之旅** 马本华等编著。中国旅游出版社 2002 年 1 月版。200 万字。300.00 元。《世界名城之旅》是引进台湾生活情报媒体事业有限公司版权图书,包括《上海》《港澳》《纽约》《洛杉矶》《旧金山》《东京》《京都》《伦敦》《威尼斯》《罗马》《悉尼》《巴厘岛》等 12 种,根据大陆的具体情况进行了修订。每种书均按准备篇、玩乐篇、信息篇 3 部分设置,书中对该城市历史、文化、民俗、景点、交通、餐饮、购物、住宿等作了详细介绍。书中收录了大量精美的人文和风光图片,并附有详尽的城市分区地图。(王建华)

K000459 **在时间中沉醉——关于自然、历史和文化名人的散记** 杜欣欣、吴中超著。广西师范大学出版社 2002 年 6 月版。19 万字。29.80 元。游记。分非洲篇、美洲篇、亚洲篇、欧洲篇、宇宙篇共五篇。前四篇记录了作者在非洲、美洲、亚洲、欧洲各地的旅游经历,后一篇包含了作者对宇宙对生命的一些理性的思考和探索。(总编室)

K000460 **欧亚远征** 副名:我独自驾车穿越欧亚大陆的 142 天。廖佳著。中国旅游出版社 2002 年 10 月版。40 万字。58.00 元。以看似平实的笔法讲述驾车跨越欧亚大陆的经历和见闻,可字里行间所流露出的清新不羁、自由自在地驰骋在人生路上永不放弃的精神却着实令人感动,使读者自觉或不自觉地随着她一起走上这条充满艰辛、欢乐的穿越欧亚大陆的漫长道路,感受其挑战人生极限的勇气与胆识,领略行程中所面对纷繁世界的巨大反差,及其所带来的人生体验。(王建华)

K000461 **十六世纪中国南部行纪** [英]博克舍编注,何高济译。中华书局 2002 年 12 月版。20.2万字。18.00 元。“中外关系史名著译丛”之一。包括盖略特·伯来拉的《中国报道》,加斯帕·达·克路士的《中国志》,马丁·德·拉达的《出使福建记》和《记大明的中国事情》,系葡萄牙人和西班牙人在 1550～1575 年访问中国南部的报道。另附录有考证福建地名、桥梁、语言的 4 篇文章。(王守青)

K000462 **中国西部风光** 王建军摄影。中国旅游出版社 2002 年 9 月版。240 幅图。大 12 开。228.00元。表现中国西部自然风光的摄影画册,作

品浓缩了中国西部风光的精华。内容反映了中国西部丰富的地理资源、厚重的历史文化、独特的民俗风情。(龚威健)

K000463 **新北京地图册** 地质出版社地理图书编辑室编。地质出版社 2002 年 5 月版。5.25 印张。16.00 元。包括北京概况,北京市区,北京各区县,北京旅游,北京市公共汽车交通线路,市区街道地名索引 6 部分。北京概况:文字部分是从原政府网站和报纸编辑而得;地图内容均选我社出版的地图,对其表现方式进行了修改。北京市区图:由我社出版的《新北京地图》分幅而得。北京市各区县:由我社出版的《北京实用地图册》的相关图幅重新整饰而得,并补充了行政、道路等现势资料。北京旅游:资料来源于我社出版的《北京周边旅游地图册》和《北京观光旅游地图册》,并对有变动的价格以及联系方式等内容做了修改。北京市公共汽车交通线路:所有线路下载于北京公交网,截止日期为 2002 年 4 月 30 日。市区街道地名索引:将市区的重要要素进行编码,便于查找。(刘丽芬)

K000464 **珍藏沈阳** 贾鸥主编。沈阳出版社 2002 年 6 月版。22 万字。38.00 元。这是一本"影视同期书",配有 VCD 光盘,是沈阳电视台于 2001 年 5 月开播,至今仍在热播的专题节目《珍藏沈阳》近百期的解说词和专题文稿之精心集结。主要内容包括:沈阳的文物古迹、历史掌故、风土人情、名人传说等;对沈阳地区出现的历史人物,如努尔哈赤、张学良父子等都有重点介绍;地方及风物传说、山川古迹、风俗习惯皆包括其中。书中插入了大量珍贵的历史图片。(沈晓辉)

K000465 **中国西部神秘色彩** 陈自仁著。敦煌文艺出版社 2002 年 1 月版。26 万字。19.50 元。以引人入胜的笔触介绍了中国西部鲜为人知的自然地理、历史故事、生活习俗和不解之谜,揭开了西部神秘的面纱。

K000466 **新疆大地** 赵承安摄影。中国旅游出版社 2002 年 6 月版。1000 余幅图片。288.00 元。分为山中世界、生命之水、大漠野趣、丝路烟云 4 部分,从不同角度,不同季节系列地全方位展示新疆大地的豪放、深厚和阳刚。还编选了作者航空摄影的大量图片。(龚威健)

K000467 **嘉兴** 《嘉兴》编写组编。地质出版社 2002 年 4 月版。约 20 万字。30.00 元。"中国城市丛书"之一。收录的是与办公、旅游和生活紧密相关的实用信息,主要栏目有嘉兴概览、交通、邮电、党政机关、财政、金融、保险、文教、卫生、体育、科研、环保、城建、国土、农林、水利、旅游、饭店和其他一些相关的信息、介绍。收录的信息包括单位的地址、电话、邮编、有些单位还配有照片及简介。还收录了公交路线、列车时刻表、主要旅游景点、饭店的介绍等,图文并茂。(杜广慈)

K000468 **台湾省地理** 王建民、毕福臣著。福建人民出版社 2002 年 5 月版。37.6 万字。24.00元。"中国地理丛书"之一。详细地介绍了台湾省的自然地理和经济、人文地理的状况。全书共分为 17 章,前 9 章主要是台湾省自然、历史、地理、资源的分析与介绍,分别是"祖国的宝岛"、"沧桑开发史"、"稠密的人口与行政区划演变"、"多彩多姿的地形"、"众多的河川与水力资源"、"高温多雨的气候"、"多样化的土壤与生物资源"、"贫乏的矿产资源"、"宝贵的土地资源及其开发";后 8 章主要分析台湾省农业、工业、交通运输、对外贸易、旅游等发展及经济地理区域布局与都市化发展,分别是"蜕变中的农业"、"迅速发展的工业"、"成效显著的特定经济区"、"现代化的交通运输与邮政电信事业"、"蓬勃发展的对外贸易及海峡两岸贸易"、"旅游业的兴起与发展"、"地理区域的构成与变迁"、"都市化与都会区的形成"。(陈力凡)

K000469 **海上丝绸之路研究 3** 副名:澳门与海上丝绸之路。中国海上丝绸之路研究中心编。福建教育出版社 2002 年 12 月版。34 万字。30.00 元。400 多年来,澳门一直是中国惟一从未关闭过的对外开放的广户或通道,是促进中西贸易与文化交流的重要桥梁,因而在"海上丝绸之路"的发展过程中,占有独特的历史地位。1999 年 3 月,为迎接澳门回归祖国,澳门中华拉丁基金会、澳门基金会、联合国教科文组织、中国海上丝绸之路研究中心、澳门海上丝绸之路研究中心、福建省海上丝绸之路研究会,在澳门举行了"澳门与海上丝绸之路"国际学术讨论会。该书即为本次会议的重要讲话及论文集。它涉及了航海交通、经济贸易、国家关系、政治、科学、技术、文化、宗教、历史、地理等方方面面。(林毓琼)

K000470 **沙溪寺登街** 副名:茶马古道上惟一幸存的古集市。杨惠铭著。云南民族出版社 2002 年 7 月版。13 万字。16.00 元。分 12 部分:链接沙溪;茶马古道交会地;千年集市寺登街;沙溪四卡;四方街与兴教寺;古桥马道;古戏台;石宝山石窟;马帮与马锅头;古道世家;澧水依旧,名人踪迹可

寻;“二月八”太子会。(奚寺茹)

K000471 **景泰云南图经志书校注** 李春龙、刘景毛校注。云南民族出版社 2002 年 8 月版。59 万字。60.00 元。分 10 卷,前六卷是介绍云南的地理概况,后四卷由诗文组成。地理概况部分由建置沿革、事要、风俗、形势、公廨、学校、井泉、堂亭、楼台、寺观等内容组成。诗文部分由元、明初的诗文和碑记组成。全面地反映了当时云南的政治、经济、军事、文化等方面的状况。(刁桂兰)

K000472 **永远的香格里拉** 车志敏主编。云南大学出版社 2002 年 5 月版。236 幅图片。150.00元。摄影集。通过对云南迪庆藏族自治州历史、地理、民族宗教等方面的反映,确证了传说中的“香格里拉”就在云南迪庆。全书以图文并茂的形式,展示了该地区绚丽的自然风光、古朴的民族风情,揭示了这里是一个永恒、宁静美丽的家园。(丁群亚)

K000473 **世界奇观——乐业天坑群** 陈梧生主编。广西人民出版社 2002 年 3 月版。11.4 万字。15.00 元。以纪实文学、游记、探险考察亲历等形式,真实反映了乐业天坑群的分布情况、生态环境、旅游资源和科学研究价值。(胡晓波)

K000474 **永远的三峡** 人民美术出版社 2002 年 12 月版。6 万字。780.00 元。收录 900 幅彩色图片,分 4 个章节,一、介绍三峡即:瞿塘峡、巫峡、西陵峡以及小三峡的风光、四季、动、植物等;二、介绍三峡地区的考古发掘,文化古迹,以及古栈道和三峡地区特有的纤夫、纤痕;三、介绍三峡地区的人文环境、风土民情,包括:古代民居、峡区人民的衣、食、住、行、婚、丧、嫁、娶等生活状态和生活方式;四、介绍“世纪工程”的情况,它包括:移民工程、三峡大坝的工程建设等情况。(赵朵朵)

K000475 **临朐嵩山** 潘心德主编。山东大学出版社 2002 年 9 月版。25.2 万字。36.80 元。介绍了嵩山的地理概况、历史变迁、自然风光、人文景观、名优特产及有关诗文选辑、名人轶事、民间传说等。(林开甲)

K000476 **黄山** 张永富摄影。中国旅游出版社 2002 年 9 月版。84 幅图片。大 12 开。98.00 元。表现黄山自然风光的画册。千百年来,黄山以它独特的雄伟、隽美、秀丽吸引着古今中外的游客、以它巍峨奇特的山石、苍劲多姿的青松、变幻莫测的烟云,形成黄山的“三绝”。明代就有“五岳归来不看山,黄山归来不看岳”,“任他五岳归来客,一见天都也叫奇”的盛赞。(龚威健)

K000477 **黄山情** 刘传炎摄影。天津人民美术出版社 2002 年 1 月版。100 幅图。88.00 元。黄山风景,天工造化,毫无雕琢之痕。巍峨奇特的山石,苍劲多姿的青松,变幻无穷的云海,被誉为黄山“三奇”。作者正是以摄影家的充沛情感,艺术家的敏锐目光,先后四十余次登上黄山,将拍摄的黄山景色,春夏秋冬四季,雨雾风雪、日出日落以广阔的视野,独特的视角,记录下了百余幅稍纵即逝的黄山美景,真实地反映黄山本来面目和大自然本质的美。(高虹)

K000478 **雅鲁藏布江传** 李坚尚、郭翠琴著。河北大学出版社 2002 年 10 月版。32 万字。24.00 元。以雅鲁藏布江为载体,综合历史、地理、环境、生态、经济、文化、民族、民俗等多个学科,展示了江河文化的博大精深,表现了西藏各民族的历史、现在和未来。(杨金花)

K000479 **城市史研究 第 21 辑** 天津社会科学院历史研究所、天津市城市科学研究会编。天津社会科学院出版社 2002 年 3 月版。46.3 万字。30.00 元。汇集了中国、日本、美国城市研究学者的 28 篇论文,在中国城市发展的特性、中外城市发展的比较、生活时尚、城市基础设施以及华北城市经济、社会、文化、行政管理等诸多方面进行了深入探讨,不少论述颇有深度。在各部分论文之后还有一篇反映此次国际学术研究会的综述。(赵荣)

K000480 **雍录** 宋·程大昌撰,黄永年点校。中华书局 2002 年 6 月版。12.9 万字。16.00 元。“中国古代都城资料丛刊”之一。共 10 卷,是一部关于周、秦、汉、隋、唐五朝都城丰、镐、咸阳、长安的专著。本书不同于其他地理方志典籍之处在于,作者撰写本书时,跳出了以往地理方志以记述沿革、山川、物产、宫室、坊里,以及旧闻传说的巢臼,而是在保存文献记述的基础上,进一步作考证解说。点校本以明吴琯本为底本,校以明李经本,依原书各条标目补编了目录,书后附有标目索引,以供检索。(柳究)

K000481 **中国地名学源流** 华林甫著。湖南人民出版社 2002 年 6 月第二版。37 万字。25.50 元。“学海一牛鸣丛书”之一。根据中国地名学的产生、发展和演变的过程以及各时期地名学特点和贡献,初步建立了中国地名学史的架构,对过去学者未曾涉及的领域,作了比较系统的研究,如因山因水命名地名规律的产生、发展和完善,如历代地名学家和地名著作对地名学发展的贡献都有详尽的论述;又如对《水经注》一书在地名学方面的贡献,发表了自己的看法;对著名地名学著作《通鉴》胡三省注、《读史方舆纪要》中的一些错误也都一一指出,为后人带来很大方便。(许久文)

K000482 **西域地名词典** 冯志文等编著。新疆人民出版社 2002 年 10 月版。70 万字。49.00 元。收录了有关西域历史地名、文化地名、自然地理地名、行政区划分地名、名胜古迹、居民点地名等 5200 余条。地名信息丰富多彩;门类、语属语种繁多,既有阿尔泰语系突厥语族、蒙古语族和满通古斯语族地名,又有印欧语系伊朗语族和汉藏语系汉语族地名。地名语种又表现为单语种和复合语种。单语种有维吾尔、汉、哈萨克、蒙古、柯尔克孜、锡伯、满、塔吉克、达斡尔等民族语地名,还不排除存在西域古代民族语地名的可能。复合语种有维汉合璧、哈汉合璧、维哈合璧、维柯合璧、蒙汉合璧、哈满合璧、锡汉合璧、维锡合璧、哈锡合璧、柯汉合璧、汉满合璧、哈达合璧、蒙维合璧以及哈蒙汉、维蒙汉、锡蒙汉等三种以上语言合璧的地名。本书地名语意内容丰富多彩,包罗万象,可谓一部语言百科全书。从所录地名的语意看,地名命名和形成依据各有所不同,即地名的命名与形成和当代当时的地理环境、条件、人文因素等密切相关。有的以部族名、人名、植物名等命名;有的以自然资源和地理实体等命名;有的以水系名变地名、地名变山川名等。(徐晓琳)

K000483 **昆仑及南海古代航行考 苏门答剌古国考** [法]费琅著,冯承钧译。中华书局 2002 年 12 月版。11.2 万字。10.00 元。考古学论著。"世界汉学论丛"之一种。包括两篇考古论文,前者以鸿博之语言学识,对昆仑及南海古地名进行考订。后者鸠集汉、梵、巴利、大穆、波斯、吉蔑、暹罗、爪哇、马来、大食、葡萄牙诸文记述,综合考订苏门答剌古国地理。(王守青)

K000484 **国家图书馆藏琉球资料续编(全二册)** 北京图书馆出版社编。北京图书馆出版社 2002 年 10 月版。影印。993 页。900.00 元。收录了国家图书馆及部分兄弟图书馆所藏琉球资料 17 种。其中有数种抄本流传甚少,内容十分珍贵,是研究明清时期中琉、日琉,特别是琉球历史文化等极为重要的文献资料。(殷梦霞)

K000485 **庭院深深——3DS MAX 再造北京四合院** 副名:电脑艺术非常风景尖峰之旅丛书。方云飞编著。电子工业出版社 2002 年 1 月版。58.8万字。40.00 元。介绍了中国建筑文化的瑰宝——北京四合院。全书分为 7 集,第一集为四合院古貌神韵;第二集为风格四合院;第三集为小扣门扉;第四集为垂花怡情;第五集为游走回廊;第六集为庭院深深;第七集为榭台相映。北京四合院是中国建筑文化的瑰宝,是中国千百年来建筑文化的精华,四合院中凝聚着很多历史的内涵。全书概述了北京四合院的建筑史、结构特点和园艺布局等内容。利用 3DS MAX 模型并渲染,利用 Photoshop 进一步完善、丰富画面,获得四合院的艺术效果,再现四合院的神韵。书前有彩色插页,文中有黑白插图近 900 幅。全书配有光盘,内容包括欣赏文件、制作实例使用的素材文件和效果文件。(刘文玲)

K000486 **大雅中国旅行图鉴系列** 王仁定主编。中国旅游出版社 2002 年 10 月版。150 万字。270.00 元。共 10 册。包括《上海》《北京》《杭州》《苏州》《绍兴》《无锡》《昆明》《宁波》等。为国内自主开发的著名旅游城市指南系列,其特点是知识性和实用性兼而有之。尤其注重该城市特殊的文化品位。(潘美竹)

K000487 **中国旅游必备** 王正华主编。中国旅游出版社 2002 年 1 月版。64 万字。38.00 元。介绍了我国 1375 个景点、景区、名胜,并把我国的旅游目的地分成三类,第一类,如北京、上海、西安等 7 个旅游城市;第二类,如苏州、承德等近百座名城;第三类,如河北的野三坡、浙江诸暨的五泄等 1000 余个景区(景点)。(王建华)

K000488 **中国旅游线路精选** 刘寿如等编著。河南科学技术出版社 2002 年 5 月版。47.3 万字。29.80 元。依据旅游资源的分布与交通网络的现状,将全国分为华北、华东、华南、华中、西南、东北、西北、北疆、高原、港澳台十大旅游区,列举了 101 条线路,各条线路多以省、区、市首府为起点与终点,因为它们是水、陆、空交通的地区中心,有较完善的、辐射各地的交通网络等设施,同时书还简要介绍了各线路的行程与特点,重点介绍了各线路的景区、景点和风物特产,并附有各线路的旅游线路图和各景点之间的距离,既有传统的"黄金之旅",又有新辟的"热门之旅",更有为满足各种旅游爱好者需要的"特色之旅"。(赵志刚)

K000489 **中国旅游景点文化概览** 李凤玲、孙颖、辛建萍主编。山东大学出版社 2002 年 5 月版。83.8 万字。66.00 元。共 5 卷。在详细介绍中国大地上的山水风物、名胜古迹的同时,也把与其相关的人物、事件、典故、掌故、趣闻、传说以及诗词楹联、科学知识等展现在广大受众面前，使旅游者在游历山水、揽胜寻芳之余，能从中领略一个个旅游景点所蕴含的历史文化和科学奥秘，从而开拓视野，颐养身心，提高文化素养和对美好事物的鉴赏能力。全书分为东、西、南、北、中五个分册，分别介绍了包括台湾省和香港、澳门特别行政区在内的全国各省、市、自治区的旅游景点及与其相关的文化和科学知识。（邹宗良）

K000490 **中国最美的地方** 谭明摄影。中国旅游出版社 2002 年 4 月版。78 幅图片。128.00 元。以山、水、人三个单元组成。作品以饱满的热情、精湛的摄影技术、独特的视角和构图、强烈的色彩对比对祖国西部的山水、人文景观进行了再创作。作品从喜玛拉雅山到帕米尔高原；从昆仑山到横断山脉；从塔里木盆地到哈纳斯湖；从雅鲁藏布江到黄河；从云、贵、川的雪山到辽阔的高原和无垠的草原；从苍凉的戈壁滩到优美的九寨沟……一幅幅具有视觉冲击力的画面给读者带来强烈的心灵震撼。附有作品创作的感受和主要技术参数。（吴建群）

K000491 **自助旅游手册** 黄启勋、李彬等编。中国旅游出版社 2002 年 10 月版。15 万字/册万字。23.00 元/册。包括《北京》《上海》《南京》《杭州》《无锡》《沈阳》《大连》《乌鲁木齐》《西安》《太原》《苏州》《扬州》《敦煌·嘉峪关》《深圳》《厦门》《成都》《洛阳》《泰山·曲阜》《镇江》《桂林》《承德》《昆明》《兰州》《咸阳》《大同》《牡丹江》《黄山·九华山·太平湖》《伊春》《甘孜》《阳朔》等 40 种。（潘美竹）

K000492 **北京的世界遗产** 张百发主编。中国旅游出版社 2002 年 11 月版。257 幅图片。128.00元。北京的长城、故宫、周口店北京猿人遗址、颐和园、天坛已被联合国教科文组织列入《世界遗产名录》。本画册将这五处世界遗产合编，以众多摄影家拍摄的精美作品，表现出雄伟磅礴的长城；辉煌壮丽的故宫；群峰环绕的周口店北京猿人遗址；秀美瑰丽的颐和园；庄严肃穆的天坛。（吴建群）

K000493 **河北自助游** 李春宁主编。河北人民出版社 2002 年 5 月版。15 万字。96.00 元。以自助游的形式，围绕食、住、行、游、购、娱，详细介绍河北省以北京为中心的八条旅游线路，即：冀东海滨度假旅游线（清东陵、唐山地震遗址、北戴河和黄金海岸等）；承德皇家风情旅游线（避暑山庄和外八庙及北部围场县森林草原等）；京北草原风光旅游线（草原风情、民族歌舞等）；塞北旅游线（长城、草原和始祖文化等）；京郊太行风光旅游线（野三坡、白石山等）；燕赵文化旅游线（满城汉墓、直隶总督府、隆兴寺、赵州桥、黄粱梦吕仙祠等）；冀东南民俗风情旅游线（吴桥杂技、衡水内画鼻烟壶等）；长城旅游线（老龙头、金山岭等）。其中包括世界级文化遗产 3 处、国家级历史文化名城 5 座、中国优秀旅游城市 4 座，国家 AAAA 旅游景区 16 处及国家级风景名胜区、国家级森林公园、国家级自然保护区等 400 余处，有景点概况、道路、交通、服务设施、特色物产和问询电话等，配景点风光和物产照片近 600 幅。（周建图）

K000494 **山西导游** 王锴深主编。山西科学技术出版社 2002 年 4 月版。36.7 万字。22.00 元。山西因在太行山之西而得名，因古为晋国而简称晋。早在一百多万年前，中华民族的祖先就在这里劳动、生息，创造了灿烂的古代文明和华夏文化，可以说，山西是中华民族的主要发祥地。相传，华夏民族的开山始祖黄帝、炎帝曾主要在这一带活动；我国史前三位伟人尧、舜、禹也都先后在山西建都立业，人称山西是表里河山、帝王之乡、华夏之祖、炎黄之根。正是这源远流长的文明历史，给山西留下了丰富、古朴、厚重的宝贵遗产，文物古迹遍及全省。有世界五大佛教圣地的五台山；我国三大瀑布之一的黄河壶口瀑布；享誉中外的大同云冈石窟；著名的北岳恒山悬空寺；全国独特的应县木塔；道教三大祖庭的芮城永乐宫；武圣关羽出生的运城关帝庙；世界文化遗产平遥古城；历史上曾出过 59 个宰相的闻喜裴村；北方民居建筑明珠乔家大院等风光秀丽的自然保护区。本书全面、系统、翔实地反映了山西省旅游景观的基本情况。（温洁茹）

K000495 **望西北——绚丽风光、名胜古迹、自然奇观、神秘古城** 张田、王金主编。新疆人民出版社 2002 年 6 月版。48 万字。4 册。120.00 元。“中国西部旅游探险系列丛书”之一。出自摄影家之手的写真集，配以散文诗般的文字介绍。所展示的中国大西北，主要包括甘肃、新疆、青海、宁夏以及与四省区地域相邻、地貌相近的西藏、内蒙古西部和四川北部地区。位居西北五省区之首的陕西，以其厚重的文化历史和丰富的旅游资源已遐迩闻名，国内外出版过大量摄影作品，故在本书中没有涉及。丛书由绚丽风光、名胜古迹、自然奇观、神秘故城四册组成。“绚丽风光”介绍了西北的山和水，苍凉、美丽、剽悍、温柔的西北山水，让人痴迷，让人陶醉。“名胜古迹”介绍了西北丰富的历史。奇异的山川地貌，多民族的文化色彩，造就了光辉灿烂的人类遗迹，构成了古代文明的繁荣图景,“自然奇观”介绍了西北的沙漠、胡杨、雅丹地貌,这些大自然的杰作,景色壮观,缤纷多姿,构成了梦幻般的奇观。“神秘故城”展现了丝绸之路沿线古老的、失落的文明。沧桑的岁月冲逝了陈年旧事,历史的尘埃湮没了远古文明,厚重的黄土尘封了悠久文化,故城遗址隐藏了千古秘密。(李春华)

K000496 **深入黄山的背后** 副名:找寻徽州。武旭峰著。广东旅游出版社 2002 年 3 月版。8.2 万字。28.00 元。“发现之旅丛书”之一。徽者,美好之谓也。徽州顾名思义,即是美好的地方。徽州人杰地灵,历来以山水之秀、商贾之富、文风之盛、古迹之多、林茶之美、民风之淳而蜚声海内外;而徽州境内的黄山,更被冠以“中国十大风景名胜”之一、“世界自然文化遗产”之一的称谓,其名声早已超过徽州。本书就围绕徽州境内的名山秀水、人文历史,配以精美的彩图及相关的旅游资讯,带你访寻徽州。(李瑞苑)

K000497 **武夷山旅游实用图册** 章宜、陈光源编著。广东旅游出版社 2002 年 10 月版。3.5 万字。12.00 元。武夷山位于福建省北部,是绵延赣闽边界的武夷山脉的北段,在祖国的名山胜水中以奇妙而又独特的丹霞地貌山水景色闻名于世。本书配以当地的旅游示意图、住宿点示意图、四色风光图片,以及相关的导游实用资讯,让人轻轻松松游览武夷山。收入中国热点旅游景地实用图册丛书。(李瑞苑)

K000498 **台湾旅游 160 景点** 刘必权著。福建人民出版社 2002 年 1 月版。28.9 万字。50.00 元。以图文并茂的形式介绍了台湾的 160 个景点,包括自然景点和人文景点,其中有风景区、自然保护区、游乐园、主题乐园、公园、花园、植物园、动物园、天然湖泊、瀑布、名山、水库、牧场、林场、马场、农场、庙宇、寺院、故居、古堡、纪念馆、博物馆、美术馆、图书馆、文化城、广场、港口等,并配有 140 幅彩色图片,将景点按所在的地理位置,一个地区一个地区进行介绍。每个景点都首先指明其方位、地址,然后根据每个景点的具体情况,分别介绍其概况、面积、建筑特色、自然风光、游乐设施及特色、功能等,大部分景点还注明了服务电话,对一些远郊的景点并指明了到景点的交通路线、车次等。(陈力凡)

K000499 **九寨沟、黄龙四季精粹** 于宁摄影。中国旅游出版社 2002 年 7 月版。114 幅图片。大 12 开。98.00 元。表现九寨沟、黄龙的风光画册。九寨沟人称“童话世界”,黄龙为“人间瑶池”,她们的完美、奇幻充分体现了大自然的灵性和原始韵味。他们的山、水所呈现的美丽景色,恐怕是千百年变化无穷、永不重复、是我们手中的相机拍之不尽、摄之不竭的。因此,九寨沟、黄龙可以说是人间的极品风景区,摄影家们的天堂。(龚威健)

K000500 **中国牌坊** 金其祯主编,金其祯著。重庆出版社 2002 年 3 月版。17.2 万字。14.50 元。中国历代人文景观丛书·旅游专业参考用书。牌坊,又名“牌楼”,一种门洞式的纪念性建筑物,一般用木、砖、石等材料建成,上刻题字或图案花纹,旧时多用于庙宇、陵墓、祠堂、衙门前或园林前后或街道、路口,用以宣扬封建礼教,标榜功德。本书从牌坊的独特地位、历史演变、建筑构造、雕绘文辞、地域分布、种类繁衍、规模发展、形态变异、社会功能等方面,借助若干珍贵的图片资料和优美的文字描述,对军政功德牌坊、忠正名节牌坊、科甲功名牌坊、官宦名门牌坊、孝子懿行牌坊、贞妇节女牌坊、仁义慈善牌坊、百岁寿庆牌坊、历史纪念牌坊、学宫书院牌坊、文庙武庙牌坊、衙署府第牌坊、街巷道桥牌坊、会馆商肆牌坊、陵墓祠庙牌坊、坛庙寺观牌坊、胜景胜迹牌坊等进行了深入的剖析和鉴赏。(廖建明)

K000501 **福州古厝** 曾意丹著。福建人民出版社 2002 年 5 月版。7.7 万字。19.80 元。“福州民俗文化丛书”之一。“古厝”狭义指老房子,广义泛指所有古建筑。举凡福州的山川名胜、城垣、衙署、桥梁、驿路、防御工程、名人故居、典型民宅、纪念建筑、寺院宫观、塔庙、碑亭、池馆园林、祠堂、家庙、牌坊、碑亭、文庙(孔庙)、书院、书屋、会馆、洋行、领事馆及建筑雕刻、彩绘、彩塑、戏剧、土特名产等本书均有反映。(黄须友)

K000502 **中国石窟图文志** 卢秀文著。敦煌文艺出版社 2002 年 8 月版。120 万字。860.00 元。分上、中、下册。全面反映我国石窟现状,概括而系统地展示了我国现存石窟与摩崖造像的全貌。全书共分 3 部分:上编为《图录编》,收录了我国各主要石窟、诸多小石窟以及新发现石窟的图片资料 300 余幅,其中部分图片为首次公开发表;中编为《石窟志编》,收录了分布于全国各地的石窟与摩崖造像 400 余处,并分别对其建造年代、地理位置、洞窟分期、窟内形制、内容题材、艺术特征、宗教流派等方面,作了简明扼要的介绍;下编为《论著目录编》,收录了 1802 年至 2000 年间我国大陆及港、澳、台地区公开发表的石窟论著 10000 余篇(部),以及部分尚未公

开发表的手稿、打印稿和内部刊物稿。(李民发)

K000503 **中国奇碑** 金其桢、崔素英著。重庆出版社 2002 年 9 月版。15.2 万字。13.00 元。"中国历代人文景观丛书"之一。认为中国的碑文化以其博大精深而源远流长。碑源于人们的社会实际生活,又用于人们的社会实际生活,在历经数千年发展而形成的中国碑文化百花苑中,各类碑刻数不胜数、浩瀚如海。除大量常见的一般性普通碑刻外,还涌现出许多在文字、文体、书写、镌刻、碑材和形制等方面非同寻常,独具特色、怪异古奥、超凡脱俗的奇碑。如:标新立异、惊世骇俗的奇字怪书碑;多体交融、自成一格的字体嬗变碑;含隐含动、奥妙无穷的奇技巧制碑;稀世瑰宝、光华璀璨的异形奇制碑;大气磅礴、山岳增辉的巨型摩崖碑;别出心裁、匪夷所思的奇名怪称碑;超凡脱俗、别具神韵的奇镌妙刻碑;天地造化、水木奇缘的水下、木中奇碑;诡怪难辨、奇异莫名的神秘文字符号碑;非同常规、自古罕有的白话、标点古碑;匠心独运、千古流芳的集字碑。诸如此类,不一而足。(刘文)

K000504 **沧桑楼兰** 王炳华著。浙江文艺出版社 2002 年 3 月版。约 25 万字。19.80 元。"古代文明探索之旅丛书"之一。有关楼兰兼涉罗布淖尔考古的作品。描写了外国和中国学者进入楼兰,凝集在古迹文物上的楼兰史,楼兰人的社会经济生活,楼兰人科学文化军事思想等各方面知识,并配有楼兰大事年表。书中配有许多古文物照片。(徐虹)

K000505 **稻米部族** 周新华著。浙江文艺出版社 2002 年 3 月版。约 25 万字。19.20 元。"古代文明探索之旅丛书"之一。以较通俗的语言介绍了河姆渡遗址的情况及相关知识,介绍我们祖国丰富灿烂的古代文化。内容包括社会生活,历史文化,经济军事等各领域。从稻谷的发现到纺织术的萌芽再到古老的水井,还有独特的黑陶器,7000 年前的实物照片就在我们面前图文并茂地展现。(徐虹)

K000506 **塔影河声** 流萤著。敦煌文艺出版社 2002 年 3 月版。30 万字。35.00 元。是作者筹建兰州碑林的前后经过之记述。涉及碑林的选址、选石等一系列事件,内容丰富。一方面可以为来兰州碑林参观的人提供相关的背景资料,使其对每一种碑了解的更深入些;另一方面可以使人们对甘肃文史和碑林的建设始末有所了解。(何满意)

K000507 **中国书院书斋** 程勉中著。重庆出版社 2002 年 4 月版。15.7 万字。15.00 元。中国历代人文景观丛书·旅游专业参考用书。分两大部分。上篇:书院览胜,分别从古代书院的兴起与发展、书院的类型特色、风格纷呈的建筑艺术、依山傍水的书院景观、藏书学规与讲学、传说故事与题咏楹联等方面介绍书院的地理环境、建造年代、建筑风格、审美价值、历史背景。下篇:书斋探幽,从书斋雅名、藏书与印章、古民居中的书斋建筑、名人书斋、书斋联选等方面,既讲述了名人的经历、更展示了因他们厚重的文化背景给其书斋带来的特殊的审美情趣和历史价值。(冯青)

K000508 **西藏寺庙和民居** 马丽华、李玉祥著。江苏美术出版社 2002 年 2 月版。857 幅图。128.00元。"老房子"系列图集中的一册,以图为主,全部采用黑白照片。卷首由马丽华撰文《西藏的民居和神居》,介绍西藏地区的乡土建筑和宗教建筑,以及当地的民风、民俗。书中的图版部分分为两个大块:寺庙和民居。图版中所选用的建筑分布于拉萨市、那曲地区、日喀则地区、山南地区、阿里地区、林芝地区和昌都地区。卷末有本书建筑的分布图和卷首文章的英语译文。(朱成梁)

K000509 **明清皇家陵寝** 范成玉、邓士祥等编著。广东旅游出版社 2002 年 6 月版。5.7 万字。19.00 元。"世界自然文化遗产之旅丛书"之一。以图文并茂的形式介绍了世界自然文化遗产之一的明清皇家陵寝——明显陵、清东陵、清西陵,从历史、文化、艺术等方面展示了这些陵寝建筑杰作的不同风貌。(李瑞苑)

K000510 **长江三峡旅游文化** 郑敬东、刘放主编,刘聪、傅舟副主编。重庆出版社 2002 年 10 月版。25 万字。18.00 元。以绪论、长江三峡旅游史略、长江三峡自然旅游资源、长江三峡人文景观资源、三峡旅游资源评价及人文内涵、长江三峡旅游资源的开发、长江三峡旅游的配套设施的建设、三峡旅游的前景展望为理论架构,共 8 章 38 节。对长江三峡旅游文化进行了科学、客观、综合的评价;粗线条地概括出三峡旅游的历史渊源及发展脉络;多层面、要点式地介绍了三峡地区的自然旅游资源和人文景观资源;挖掘了三峡旅游文化的精神内涵;揭示了三峡旅游的审美价值;探讨并指出了对长江三峡旅游主线资源及副线资源的开发与保护;介绍了三峡地区文化游乐设施、旅游交通、酒店宾馆、购物餐饮等旅游配套设施的建设,对三峡未来的旅游,特别是三峡水利枢纽工程竣工后的三峡旅游进行了前瞻性的研究,从而提炼出长江三峡博大、浩繁、神秘、怪诞、浪漫、幽深、广渺、精湛而丰厚的文化内涵。(刘文)

K000511 **中国导游十万个为什么——上海** 《中国导游十万个为什么》编写组编。中国旅游出版社 2002 年 12 月版。介绍上海旅游知识。内容包含了上海的历史、民俗、旅游景点、风土特点、风味小吃等。(殷钰)

K000512 **黔东南之旅** 孙得贵编著。湖南文艺出版社 2002 年 5 月版。20 万字。26.80 元。详细介绍了贵州省黔东南地区的旅游资源,为旅游者提供了行、游、娱、住、食、购全方位的实用资讯。(龚湘海)

K000513 **在未知的中国** 东人达、东旻译。云南民族出版社 2002 年 2 月版。71 万字。50.00 元。以游记的笔调记述 1904 年到 1949 年间西方传教士柏格理、甘铎理等人到西南地区游历、传教及兴建教堂的过程中的所见所闻,同时也记录了他们亲身经历的一些鲜为人知的事件和历程。昇大堂记录了这一时期西南地区苗族、彝族等各少数民族的社会制度、教育状况、宗教信仰、经济社会等情况。(王时炜)

K000514 **东京** 高剑妩、张克昊译。中国水利水电出版社 2002 年 9 月版。13.4 万字。28.00 元。"袖珍异域伴游丛书"之一。介绍东京的各大名胜古迹,以及由当地作家、摄影家、摄影家斯蒂芬·曼斯菲尔设计的 14 条观光路线。书中推荐的前 4 条路线将风格迥异的东京四区——皇宫、购物及时装中心、商业区和娱乐区中的核心景点联接起来;紧接着是 6 条联接东京城其他名胜与特色的旅游路线;而后是 4 条东京附近风景名胜的观光路线。此外,还有历史文化、购物、进餐夜生活、重要节日和实用登记处等章节。(陈跃)

K000515 **聚焦阿富汗** 王春荣主编。新华出版社 2002 年 1 月版。4 万字。28.00 元。摄影画册。全书分 3 部分:一、聚焦阿富汗:从 9·11 事件,美国宣布对阿富汗塔利班实施军事打击,到 2001 年 12 月 22 日阿富汗临时政府主席卡尔扎伊宣誓就任。其中精选了纽约世贸中心姊妹楼被炸、积极备战中的美军、奔赴前线的塔利班士兵、大批阿富汗人逃离家乡以避战火、阿富汗边境的难民营、联合国关于阿富汗问题会谈等照片。二、目击阿富汗:新华社首批亲赴前线的记者,实地采访拍摄的生活在战乱中的阿富汗妇女、儿童、农民以及战斗中的士兵等照片。三、透视阿富汗:对阿富汗地理位置、经济、文化及主要政治派别组织的介绍。全书选用了新华社记者在阿富汗战争中实地拍摄的 220 余幅照片及战地采访报道。(庆春雁)

K000516 **俄罗斯之旅** 孙振彦编著。广东旅游出版社 2002 年 7 月版。8.2 万字。25.00 元。俄罗斯,横跨欧亚两洲的最大国家,但在世界旅游地域划分上一般把其划为东欧旅游地区。因为在俄罗斯,其欧洲部分是国家的政治、经济、文化中心,全国约四分之三的工业和人口以及首都莫斯科、名城圣彼得堡等大部分城市都集中在这一区域,所以俄罗斯传统上是一个欧洲国家。本书配以精美的图片,把俄罗斯这个多民族的国家的自然风光、文物古迹、纯朴民风都一一呈现读者眼前。收入"世界之旅热线丛书"。(李瑞苑)

K000517 **威尼斯** 王园、姚旗译。中国水利水电出版社 2002 年 9 月版。13.4 万字。28.00 元。"袖珍异域伴游丛书"之一。精心设计了一系列旅游路线,以免前来威尼斯的旅客迷路之虞。主要的三条路线接连着该城的各大景点。这些旅游路线通往的景点,包括历史、文化、餐饮和夜总会娱乐场所等,另有一些实用信息。除了一些必要的参观景点:博物馆、古老宫殿和广场外,还向旅客们展示出一幅与众不同的威尼斯城的画面。(陈跃)

K000518 **伦敦** 周晓凤译。中国水利水电出版社 2002 年 9 月版。14.6 万字。28.00 元。"袖珍异域伴游丛书"之一。伦敦是世界上最具变化、最令人兴奋的城市之一。为了从历史和现实两个侧面全方位公正地作出评判,本书向您展示了一个多彩迷人的大都市风采。(陈跃)

K000519 **悉尼** 新加坡 APA 出版有限公司编,吴文忠译。中国水利水电出版社 2002 年 9 月版。14.6 万字。28.00 元。"袖珍异域伴游丛书"之一。将悉尼及其周围环境中最好的东西展现给旅客。与旅游安排相搭配的是历史、文化、购物、餐饮、夜生活和节日的介绍,还附有详尽的实用指南,详细介绍了货币兑换、出行及一些精选的旅馆。(陈跃)

K000520 **地球漫步——澳大利亚** 中国旅游出版社编。中国旅游出版社 2002 年 11 月版。14 万字。25.00 元。"地球漫步系列"的首册。书中所用的资讯信息及精美图片,完全由旅游目的地国家旅游机构提供,从而大大增加了内容的丰富性、全新性和权威性。版面设计新颖明快,四色彩印,图文混排,装帧精美,内容实用,价位适中,适合出境旅游者行前查阅、合理预算以及旅游行程中的参考。(高瑞)

K000521 **夏威夷** 张志辉译。中国水利水电出版社 2002 年 9 月版。14.6 万字。28.00 元。“袖珍异域伴游丛书”之一。着眼于美国第五十州的悠久历史的灿烂文化，提供了一系列巧妙编排的旅游路线，遍及瓦胡岛、大岛、考艾岛和毛伊岛的全部景点。除旅游路线外，本书还有介绍购物、餐饮、夜生活和各种活动的章节，以及特殊历史事件时间表和包括部分精选酒店住处的实用信息指南。(陈跃)

K000522 **旧金山** 吴文忠译。中国水利水电出版社 2002 年 9 月版。13.4 万字。28.00 元。“袖珍异域伴游丛书”之一。介绍了美国旧金山市的风土人情、旅游景点。本指南开始介绍的是四个整天的旅游安排，其中包括金门大桥、索萨利托、49 英里大道、唐人街及阿尔卡特拉兹，然后给出一系列供选择的建议以适合不同的爱好，如对传教区的探索和到马利纳绿地上放风筝。伴以这些旅游安排的是对旧金山历史、文化、购物、餐饮及夜生活的介绍。在书的后部，还附有翔实的实用指南。(陈跃)

K000523 **河北省地图册** 杜秀荣主编。中国地图出版社 2002 年 1 月版。19.50 元。以政区和交通为主，亦反映主要城市街区、街道及城市服务业、文化教育、医疗卫生、金融、邮政、通信和旅游等内容的实用参考地图册。以最新的资料和详细的内容提供给读者制图区域内自然环境、社会经济和人文经济等综合信息。(杜秀荣)

K000524 **中国交通地图册** 哈尔滨地图出版社编制。哈尔滨地图出版社 2002 年 6 月版。15.00 元。由中国铁路、公路、航空、水运等总图、分省(区)交通图、主要城市图、航空干线图、主要公路里程表及各市县的电话区号、邮政编码等内容组成。详实地反映了各省(市、区)的道路交通状况及里程。(张文亮)

K000525 **中国高速公路地图册** 哈尔滨地图出版社编制。哈尔滨地图出版社 2002 年 7 月版。4 万字。18.00 元。由总图、省(区)交通图、城市图、高速公路沿线图及文字说明组成。总图综合表示了中国地势、公路、铁路、民航、水运、名胜等内容。省(区)交通图较详细地表示了各省(区)的不同等级的公路、公路里程数和通达地。城市图以省会城市为载体，表示了城市的街道分布、外埠车辆过境线路、停车场、加油站等。高速公路沿线图，详细介绍了已通的高速公路和正在建设中的高速公路。(张文亮)

K000526 **实用中国驾驶员地图册** 哈尔滨地图出版社编制。哈尔滨地图出版社 2002 年 6 月版。5 万字。由中国地形、公路、铁路、民航、水运、名胜等总图、省(区)交通图、城市图及文字说明组成。图册附有交通警察指挥手势图、行车前汽车保养常识、道路交通标志等内容。详细地表示了各省(区)及省内各地、市间的营运里程、营运线路和主要站点。(张文亮)

K000527 **通用中国地图册** 哈尔滨地图出版社编制。哈尔滨地图出版社 2002 年 8 月版。3.5 万字。15.00 元。由中国政区、地势、交通及风景名胜 4 幅总图、省(区、直辖市)政区图、主要城市周边区域图、主要城市图、部分风景名胜图及其照片、文字说明等组成。详细反映了各省的政区、交通、地理位置、旅游胜地等及周边地理环境。(张文亮)

K000528 **中国通交通图册** 西安地图出版社编制。西安地图出版社 2002 年 6 月版。18.00 元。涉及全国 34 个省、直辖市、自治区、特别行政区，主要表示各地图单元行政区划、境界、交通、旅游及各省区文字概述，内容详实，形式明快，易于读者阅读和使用。分为序图、省区图、城市图。省区图表示各省的交通情况、行政级别、道路里程及部分文字。城市图表示各城市的街道交通情况。高速路突出表示，国道清晰，并特别显示了历史文化名城和风景名胜区及自然保护区的道路、交通情况。(徐韬)

K000529 **中国通驾驶员地图册** 西安地图出版社编制。西安地图出版社 2002 年 6 月版。18.00 元。由序图、省区图和大中城市图组成。全面反映各省区的最新行政区划、气候、地势、地名、旅游及交通等综合信息。全书以地图为主，辅以图表和文字，详细介绍全国各省、市、自治区和特别行政区的交通发展最新现状，高速公路、国道、省道、县道的最新布局及大中城市的行车指南、汽车修理厂、加油站、餐饮网点的分布、高等级公路收费站、国道起止点、行车须知等信息。能帮助广大驾驶员朋友确定行车路线，估算行车里程，提高运输效率。另外，直观明了的公路里程梯度表，民航、列车运营时刻表等内容，使该书极具实用性。(徐韬)

K000530 **中国观光旅游地图册** 哈尔滨地图出版社编制。哈尔滨地图出版社 2002 年 1 月版。22 万字。25.00 元。用 135 幅地图、132 幅彩色图片、68 幅绘画和 22 万余文字，并依据国家旅游局 1993 年 1 月向海内外推出的 249 个国家景点，结合近年来新开发的著名景点、旅游热点及当地特有的民风民情，以图文并茂的形式编辑成书。全书以省级行政区划为单位，在每幅地图中，既可获得较详细的交通信息，又可获知该地区内各级景点的位置。(张文亮)

K000531 **中国通旅游地图册** 西安地图出版社编制。西安地图出版社 2002 年 6 月版。18.00 元。在“地图”这种科学表示方式的基础上，辅以翔实的文字介绍以及精美图片，重点介绍全国各著名旅游城市和著名风景名胜区的自然景观和人文景观，各景点道路、交通、航运情况及食宿购物等实用旅游资讯。以“当地人”的眼光，带领读者，以更方便、更省钱、更完善的方法游历中国。书中的分区导游，以路线标注景点资讯，保证读者更方便、更快捷、更经济地选择旅行线路。(徐韬)

K000532 **中国假日旅游地图册** 哈尔滨地图出版社编制。哈尔滨地图出版社 2002 年 1 月版。13 万字。15.00 元。由中国旅游景点分布图，中国铁路、公路图，省(区)、直辖市风景名胜古迹分布图，航空示意图，城市图和景区景点图片、文字等内容所构成。详实地反映出全国适合假日旅游景点的分布及交通等要素。(张文亮)

K000533 **新编中国旅游地图册** 哈尔滨地图出版社编制。哈尔滨地图出版社 2002 年 1 月版。12 万字。14.00 元。由中国政区、分省(区、直辖市)图、主要城市图、部分风景名胜图及其照片、文字说明等组成。详细地反映了全国旅游景点的分布，交通状况等内容。并且较为详实地反映了主要风景胜地的各景点的分布状况。(张文亮)

N 自然科学总论

N000001 **让科技跨跃时空** 副名:科技传播与科技传播学。翟杰全著。北京理工大学出版社 2002 年 10 月版。24.5 万字。18.00 元。对科技传播进行了系统研究，提炼了科技传播学的基本问题，能够帮助科技传播从业者更好地理解科技传播活动，也会给科技传播学研究者提供研究上的启发与借鉴。(总编办)

N000002 **建国以来中国共产党科技政策研究** 崔禄春著。华夏出版社 2002 年 10 月版。24.6 万字。25.00 元。对建国以来中国共产党的科技政策形成与实施历程进行概括性梳理，对中国共产党三代领导核心毛泽东、邓小平、江泽民科学技术思想给予深入的比较研究，并在历史与现实的交汇点上对我国科学技术发展的未来做有充满信心的整体展望。创新之处主要有以下几点:首次对建国以来 50 多年中国共产党科技政策进行框架性梳理，并将那一段发展历程划分为初创基石、曲折探索、十年扭曲和新时期四个阶段。对建国 50 多年来中国共产党的科技思想做有概貌性的评价。第一次尝试研究、归纳中国共产党三代领导核心毛泽东、邓小平、江泽民的科技观，并加以比较研究，亦提出了若干富于启示性的观点和建议。(袁平)

N000003 **科教兴国战略** 席巧娟主编。北京科学技术出版社 2002 年 6 月版。64.6 万字。78.00元。通过对古今中外大量事例的剖析，系统阐述了作为两大国略之一的科教兴国战略将产生的深远影响。21 世纪的发展，很大程度上取决于我国的综合国力，取决于我国的国际竞争能力。(张汉平)

N000004 **工程·技术·哲学** 副名:2001 年技术哲学研究年鉴。刘泽渊、王续琨主编。大连理工大学出版社 2002 年 2 月版。30.3 万字。16 开。25.00元。包括:工程、技术、工程技术的内涵及其关系;工程科学、技术科学及其在科学知识体系中的地位;工程科学、技术科学与自然科学、社会科学的不同特征和相互关系;工程技术、工程科学和技术科学的经济社会功能;工程技术、工程科学和技术科学的方法论;工程技术活动在人与自然界协调发展中的角色定位，工程技术成果的社会应用和社会评价;技术哲学的学科性质、研究对象、研究范式和理论体系;国外技术哲学及技术史、技术社会学、技术伦理学等相关学科领域的研究现状和发展趋向。(总编室)

N000005 **与真理为友——现代科学的哲学追思** 李建会著。上海科技教育出版社 2002 年 12 月版。35 万字。32.00 元。论文集。“八面风文丛”之一，选收科学哲学家李建会博士撰写的论文、随笔共 30 篇。分 6 部分:一、生命的本质;二、计算主义;三、时空本性;四、科学主义和人本主义哲学;五、科学技术与社会;六、学术互访散记。文集选收内容横跨生命科学哲学、物理科学哲学、复杂性科学哲学和科学技术与社会等领域，较为全面地反映了作者多年来的研究成果。其中关于生命科学哲学、计算主义哲学和人工生命的哲学问题的探讨，更是具有较高的学术价值和理论意义。(洪星范)

N000006 **现代技术的哲学反思** 王前主编。辽宁人民出版社 2002 年版。23.6 万字。23.00 元。分 5 编：第一编技术的本性与特征；第二编技术创新与发展；第三编技术与社会的互动；第四编技术哲学思潮评析；第五编技术哲学研究的途径与方法。该书从技术哲学的专业视角，以其深厚的哲学功底和对现代技术较为全面深入的了解，对现代技术进行了深刻的哲学反思。其内容大体上涵盖了技术哲学研究的主要方面。(王桂山)

N000007 **真科学——它是什么，它指什么** [英]约翰·齐曼著，曾国屏等译。上海科技教育出版社 2002 年 12 月版。37.8 万字。32.40 元。科学哲学类作品。"哲人石丛书·当代科学思潮系列"之一。从一位曾从事科学前沿研究的科学专家的立场出发，逐一消解了人们通常意义上的科学概念。科学的传统研究模型并不仅是一种方法，它还是一种独特的研究文化。还对自然科学和人文科学进行了广角特写，既承认了它们的独特价值，又揭示出其本身所具有的理性、可信性和普适性的局限。还证明，注重合作和考评制的后现代科学研究文化正或好或坏地改变着那些一度曾被认为是永恒的科学研究特征。(邢志华)

N000008 **陈昌曙技术哲学文集** 陈昌曙著。东北大学出版社 2002 年 3 月版。28 万字。20.00 元。"东北大学技术哲学博士文库"之一。研究和探讨了技术哲学这一学科的研究对象、研究纲领、学科特点，技术哲学研究在我国的历史和现状，以及与技术哲学有关的一系列问题。先后提出了一系列有价值并引起学术界重视的观点。(刘振军)

N000009 **科学研究的经济定律** 王耀德等译。河北科学技术出版社 2002 年 4 月版。30 万字。40.00 元。"鸟瞰科学丛书"之一。讨论科学与技术、经济的关系、科学的思想文化功能，政府的社会职能，政府与"自由市场"的关系，与科技相关的经济史。

N000010 **自然辩证法原理** 栾玉广主编。中国科学技术大学出版社 2002 年 8 月版。42 万字。22.00 元。内容包括，导言：自然辩证法的学科性质和功能，自然辩证法前史，自然辩证法本史及自然辩证法的传播和发展。第一篇自然观：自然界物质的存在方式；自然界物质系统的演化；自然界物质系统存在与演化的关系；人类与自然界。第二篇自然科学方法论：科学方法论的研究对象及其意义；科学问题和科研选题；科学认识的感性方法；科学认识的理性方法；系统科学方法。第三篇科学技术的辩证法：科学技术的本质和作用；科学技术发展的动力机制；科学技术的发展模式；现代科学技术发展的特点及其对社会的影响。结语：科技与自然、社会的协调发展。(冯慧滨)

N000011 **国学薪火：科技文化学与自然哲学论集** 李志超著。中国科学技术大学出版社 2002 年 11 月版。31 万字。18.00 元。以中国科技史为基础讨论一般的科技文化学基本概念和重要命题。书中 3 篇代表性论文是《科技文化学的基本概念》、《中国的家国主义时代与科技文化》、《同异机发论——中国宇宙学公理解说》。着重阐述：文化及其基础——科技是社会发展的主导；中国从秦朝到清朝的社会是高于封建的家国主义社会，其主导意识形态——儒学有不可否定的永恒真理部分；为促进马克思主义的中国化和现代化，对中国传统哲学进行扬弃，总结出"同异机发论"体系。(冯慧滨)

N000012 **世界著名科学学派丛书** 任定成、周雁翎主编。武汉出版社 2002 年 4 月版。80 万字。76.00 元。共 5 册。选取历史上一些有代表性的著名科学学派，分别对其进行个案分析，试图找出它们取得成功的历史经验。《英国地质调查局的创建与德拉贝奇学派》，王蒲生著，在详细介绍地质学的早期发展历史的基础上，全面探讨地质学中的德拉贝奇学派的产生、发展和衰微过程，包括对此学派的创立者和领袖人物德拉贝奇本人的身世、宗教观和科学观，以及对地质学思想的历史追溯。《现代"炼金术"的兴起——卡文迪什学派》，赵万里著，探寻英国剑桥大学卡文迪什实验室为中心的卡文迪什研究学派形成、壮大及解体的历史轨迹，重点探讨 1895～1953 年期间，该学派不仅创造性地复兴了牛顿以来的英国物理学传统，而且以物质结构纲领、实验研究方法、师生同侪纽带和教学科研制度联系起来，开创了原子物理学、核物理学和固体物理学等研究领域，主导世界实验物理学长达半个多世纪之久，并对分子生物学、射电天文学产生了巨大的影响。《一代神话——哥本哈根学派》，关洪著，主要是对现代理论物理学发展史上以玻尔为代表的对量子力学概念体系的观点的一种以历史角度和哲学角度所作的评析，主要包括：波动——微粒二象性、测不准原理、互补原理、态函数、统计分析及投影假设或“波包坍缩”等。《两度辉煌——费米学派》,莫少群著,在简要介绍费米成长为物理学家的基础上,主要评析费米所领导的在近代物理学史上产生重大而深远影响的罗马学派和芝加哥学派的辉煌历史,阐述它们在原子物理学、核物理学以及基本粒子、宇宙射线等方面作出的巨大贡献。《“热带丛林”苦旅——李比希学派》,李三虎著,叙述李比希学派的产生过程、科学成就、成功因素和对世界科学发展的深刻影响。通过了解、认识李比希学派在化学研究上的运作方式,既可以深刻地洞悉现代科学精神的奥秘,也可以在推动我国科学技术的发展上获得诸多启示。(郭庭军)

N000013 **科学进化史** [美]雅·布伦诺斯基著,李斯译。海南出版社 2002 年 1 月版。9.7 万字。29.00 元。一部科学发展的全景史,是为英国广播公司拍摄的科普巨片所写的脚本。作者是 20 世纪六七十年代著名的数学家、历史学家与诗人、当代科学人文主义运动的创始人。在本书中作者以数学家的严谨,诗人的才情,用散文诗一般的文笔,为读者描绘出了一幅壮观的科学进化史图卷,追溯了科学的发展,并将科学视为人不同于动物的主要特征。书中历数不同时期人类的重大发明,从结绳记事到几何演算,从牛顿力学到狭义相对论,作者认为知识的进步均可视为人类试图理解自然,并控制自然的努力。作者对每一个重大思想理论,均予以深刻评价,并力图将自然背后的规律以常人可以理解的语言展现出来。从中我们既可了解古代科学文明的神奇,又可观到近代科学的复兴,更可以看到当代科学对人类文明的重大影响。(伍君之)

N000014 **世界的种子** 埃里克·纽特著,李毓昭译。新疆人民出版社 2002 年 10 月版。20 万字。19.00 元。讲述了“改变人类历史”的科学故事,将人类充满好奇地探求自然科学真理的历史真实地呈现了出来。内容涉及天文学、生物学、物理学、化学、数学、医学等学科,记录了人类在上述领域中的科学发现过程、科学传播方式、重要科学人物及思想积淀,同时抒发了对未来科技发展的憧憬与反思。(俞康)

N000015 **目击科技 100 年** 成勇编著。广东旅游出版社 2002 年 7 月版。53 万字。72.00 元。共 6 册。运用大量的黑白摄影作品,以 20 世纪世界科技成就为主题,按年份辑录。回顾百年科技成就。(李瑞苑)

N000016 **百年科技聚焦(1900—2000 世界科技发展概览)** 吴长庆主编。上海科学普及出版社 2002 年 6 月版。64 万字。24.00 元。分 14 大类 3000 多个条目,以辞书的形式记述了重大发现、发明、创造 43000 多条(项),全方位地展现了 20 世纪人类科学技术发展的脉络,交叉性学科、边缘性学科和综合性学科发明状况,现代科技与人类社会生活的关系,科技发展对政治、经济、文化教育、军事的重大影响及其引起的深刻变革等。(总编办)

N000017 **现代科学与技术概论** 朱朝枝主编。福建科学技术出版社 2002 年 9 月版。36.7 万字。29.00 元。分绪论、古代科学技术的起源与形成、近代科学技术的兴起和发展、现代自然科学的发展、现代高技术的发展与成就、科学技术与社会 6 章。全书概述了科学技术的基本概念,简要介绍了从古至今科学形成与发展的脉络,重点论述了现代自然科学的发展以及高技术的发展与成就。(刘宜学)

N000018 **科技小史系列(第三辑)(10 册)** 王行国等编著。辽宁少年儿童出版社 2002 年 3 月版。114.4 万字。68.50 元。共 10 册,主要介绍了有关地图史、电报电话史、潜艇史、机器人史、钱币史、服装史、玩具史、家具史、电影史和体育器材史等。本套书的特点:一是以小见大,用具体的科技事物表现科技的发展变化;二是文图并茂。《地图史》,王行国编著。12 万字。7.00 元。简明系统地介绍了国内地图史的发展历史,反映了科技、社会、文化的相互关系。《电报电话史》彭祖钤编著。11.5 万字。6.50元。简明系统地介绍了国内外电报电话史的发展历史,反映了科技、社会、文化的相互关系。《潜艇史》,凌翔编著。10.5 万字。6.00 元。简明系统地介绍了国内外潜艇史的发展历史,反映了科技、社会、文化的相互关系。《机器人史》,刘兴良等编著。10.5 万字。6.00 元。简明系统地介绍了国内外机器人史的发展历史,反映了科技、社会、文化的相互关系。《钱币史》,刘兴良等编著。14 万字.7.50 元。简明系统地介绍了国内外钱币史的发展历史,反映了科技、社会、文化的相互关系。《服装史》,胡迎庆等编著。11.5 万字。6.50 元。简明系统地介绍了国内外服装史的发展历史,反映了科技、社会、文化的相互关系。《玩具史》,余俊雄等编著。17 万字。9.00 元。简明系统地介绍了国内外玩具史的发展历史,反映了科技、社会、文化的相互关系。《家具史》,乐嘉龙等编著。0.9 万字。5.50 元。简明系统地介绍了国内外家具史的发展历史，反映了科技、社会、文化的相互关系。《电影史》，崔金泰等编著。14万字。7.50元。简明系统地介绍了国内外电影史的发展历史，反映了科技、社会、文化的相互关系。《体育器材史》，周佳全等编著。13万字。7.00元。简明系统地介绍了国内外体育器材的发展历史，反映了科技、社会、文化的相互关系。

N000019 **科技创造未来** 徐冠华主编。北京理工大学出版社 2002年5月版。23万字。58.00元。全面简捷地展现科学技术的整体图景和主要发展线索，在内容的选择和安排上较为精心地照顾到理解科学技术所要求的必要知识结构，重要知识点和基本思想观念，在对原理和过程的阐释和对历史的回顾中展望科学技术的未来。（总编办）

N000020 **新人文主义的桥梁——解读萨顿《科学的生命》** 刘兵著。山东人民出版社 2002年5月版。11万字。14.00元。“名家解读经典名著丛书”之一。作为科学史这门学科的奠基人，萨顿被誉为20世纪上半叶“最渊博的学者”和“我们这个时代最伟大的导师之一”，《科学的生命》则被看作体现其学术思想的一部经典著作。该《解读》不仅将原著的基本思想、观点和方法忠实地介绍给读者，更要帮助他们在更广阔的背景下去理解原著精神对当代社会和生活的意义。该书由六个章节构成，不仅展示了萨顿为“使科学史成为联系科学与人文主义的桥梁”而走过的艰苦而辉煌的历程，而且，面对科学与技术突飞猛进而所谓“两种文化”分离倾向依然十分严重的现实，重提“新人文主义”这一20世纪的经典命题，有着更深刻的现实意义。（丁莉）

N000021 **中国科学技术史 · 水利卷** 副名：中国科学技术史。卢嘉锡总主编，周魁一著。科学出版社 2002年12月版。81.8万字。90.00元。采用以水利基础科学为经（包括水文学、水力学、土力学、泥沙运动学、水利测量学以及水利规划、设计、施工、管理中包容的基础科学理论），以传统技术为纬（包括防洪治河、农田灌溉、运河、海塘、城市水利和水力机械等专业技术门类）的写作结构，以水利科技为主要内容，范围涉及历史、地理、经济、文化等领域。共分为两编六章，两编前的第一章绪论，讲述中国传统水利发展的历史进程及特点、自然与社会背景等。基础科学编，论述水利基础科学、水资源与水环境治理规划；工程技术编，论述水利工程的设计与施工、水利管理与法规及水利史的应用研究与历史模型方法等。（总编业务部）

N000022 **中国科学技术史 · 论著索引卷** 副名：中国科学技术史。卢嘉锡总主编，姜丽蓉主编。科学出版社 2002年7月版。92.2万字。140.00元。为1900～1997年有关中国古代科学技术史研究的文献索引，分为中文和日文两部分。在每个文种中，又分为论文和图书两部分。内容涉及数学、物理学、化学、天文学、地学、生物学、医学、农学、技术（矿业、冶铸及金属加工、机械、陶瓷、漆器、食品加工、纺织与印染、造纸与印刷、建筑、水利、交通、军事技术与兵器等）各个学科。目录按学科分类，文献目录时间跨度大，书后附有作者索引。（总编业务部）

N000023 **中国科学技术史 · 纺织卷** 副名：中国科学技术史。卢嘉锡总主编，赵承泽主编。科学出版社 2002年7月版。70.5万字。152.00元。论述中国自史前至近代数千年纺织生产和工艺技术发展历史的著作。分为4编。第一编生产编，阐述古代的纺织生产体制、纺织生产与各时期社会经济的关系、纺织产品的输出和生产技术的外传；第二编技术篇，阐述古代的纺织工艺技术，包括原料、纺、织、染、机具、纺织品种及一些需要专门讨论的重要问题；第三编少数民族篇，阐述历史上少数民族纺织技术的发展及现存的传统纺织工艺；第四编近代篇，阐述中国自鸦片战争至1948年期间，纺织业的兴起和发展。（科学出版社总编业务部）

N000024 **古都西安 · 西安科技文明** 姚远著。西安出版社 2002年2月版。25万字。21.00元。系统展示了源远流长、独具异彩的古城西安及其周边地区的科技文明成果，集中介绍了秦地不凡建树的科技文明，勾勒出西安科技文化发展的基本轮廓，条理清楚，体系完整。（连英）

N000025 **从书海到网络——科技传播的演进** 林坚著。江西高校出版社 2002年5月版。28万字。20.00元。“走近新科技丛书”之一。力图勾勒人类科技文明传播的发展路径，探讨科技传播的主要特征、结构、模式和功能，分析科技传播的实质；徜徉书山报海，分析、点评科技传播中的问题，剖析科技传播的主体与受众，分析价值评判与文化整合过程；认识信息选择的必要性，总结信息选择的原则和途径；在信息化大潮中，提出我们的应对战略的策略。

N000026 **双刃剑的困惑——技术价值的分析** 何立松著。江西高校出版社 2002年8月版。27万字。18.00元。“走近新科技丛书”之一。对西方学者从不同的视角提出的批评现代技术使人异化的理论进行深思,剖析了技术自主论与技术的社会建构论、法兰克福学派及海德格尔的技术观;重点对信息网络技术的价值意蕴、生物技术及价值进行深入探讨;通过反思技术发展的价值取向,提出努力寻求技术与人性的融合。

N000027　**21世纪科技新视野丛书(英汉对照)**　吴文智、徐新主编。煤炭工业出版社2002年2月版。100万字。82.50元。以英汉对照方式编排的"语言学习+科技知识"的"链接"式丛书。所有英文原文均摘自英语国家的现版科普期刊或科普网络杂志,英文地道,内容新颖、通俗、有趣。阅读该丛书,能使得广大英语学习爱好者在学习英语的同时,可以接受新科学知识的熏陶,也使那些钟爱新科学知识的人们在吸收新知识的同时得以强化和提高自己的英语水准,特别是与这个时代特点相融合的那些"与时俱进"的科技英语水准。共11本:《未来环境科学》、《未来生物技术》、《未来医疗保健》、《未来通信》、《未来网络世界》、《未来交通》、《未来能源及新材料》、《未来太空探索》、《未来人工智能》、《未来海洋世界》、《未来军事科学》。(向云霞)

N000028　**产学创新的平台——从硅谷到中关村**　李建军著。江西高校出版社2002年5月版。28万字。20.00元。"走近新科技丛书"之一。以大量的案例分析,展示了硅谷产学创新体制的正反馈效应,探索这种体制形成的种种历史因素,从理论上对这种高技术创业激励体制的内在构成和集成效应予以深刻分析;结合中关村的高技术创业实践,从产学创新的视角具体分析了创业存在的种种体制"缺位"现象,提出了中关村激励高技术创业的基本思路和假设高效运作的产学创新体制的目标。

N000029　**走近新科技丛书(第一辑)**　刘大椿主编。江西高校出版社2002年8月版。共5种:《转型驱动力——现代科技革命与社会变革》、《国运所系——科技战略大抉择》、《双刃剑的困惑——技术价值的分析》、《产学创新的平台——从硅谷到中关村》、《从书海到网络——科技传播的演进》。丛书以现代科技革命为背景,把科学技术与人类社会生活紧密结合起来,探讨新科技对人类社会及人们思维方式、行为方式、生活方式的影响,揭示科学技术作为第一生产力驱动着社会转型;同时对科学技术的不当利用带来严重的负面效应,进行理性的思考和前瞻的回应。其主旨体现了:科学技术是人类的创造,而不是自主的、非人类的东西。我们走进它,就是走进人类的目标。科学与技术是人类文明的标志,应当从科学、技术和文明的全景视角理解科学的全貌,透视科学的精神实质。

N000030　**我的不满意**　朱大奎主编。江苏少年儿童出版社2002年8月版。36万字。36.00元。以孩子们寻找世界上的"不足"为起点,引出专家们对为什么会产生这些"不足"、如何解决这些"不足"的回答。全书共四个分册,内容涉及信息、交通、环保、生活等。反映了当代科技的新发明、新探索、新思维和新进展。全书视角独特、形式新颖、行文生动风趣,并配有多幅幽默插图。(钱旭东)

N000031　**转型驱动力——现代科技革命与社会变革**　刘大椿、段伟文著。江西高校出版社2002年5月版。30万字。22.00元。"走近新科技丛书"之一。回顾了从近代科学革命到现代科技革命的历程,分析科学技术成为第一生产力的机制;客观地分析当代资本主义国家"把蛋糕做大"的策略,细致地探索社会运动对体制的冲击和调整;透过苏联东欧社会主义国家发生巨变的表象,探讨重塑社会发展的动力和价值问题;以创新为切入点,阐述高科技产业与新经济问题;瞩目科技发展与人类的精神危机,审察科学与伪科学的互补,警醒科技活动中的伦理责任,提出面对现代化和后现代化的双重任务,中国的科学技术需要调整自己的方向。

N000032　**国运所系——科技战略大抉择**　刘海波著。江西高校出版社2002年8月版。28万字。20.00元。"走近新科技丛书"之一。分析了科学技术与国家和企业结成共同体,探讨作为国家发展战略重要组成部分的科学技术战略;比较美国、英国、日本等国家的科技政策和科技战略,介绍美国"国家利益至上"、日本"科学技术立国"的科技战略原则;着眼于中国的发展,分析"科教兴国"战略的决策过程和具体实施步骤;"十五"是中国科技发展的新阶段,这不仅表现在中国新的科技体制基本形成,也表现在战略目标的选择上。国运兴、科技兴,科技兴、国运兴,中华民族的伟大复兴,将为科学技术的迅猛发展提供广阔的舞台。

N000033　**河北省城市公众社会科学素养研究**　"河北省城市公众社会科学素养研究"课题组编。河北科学技术出版社2002年1月版。14.5万字。15.00元。通过详实的一手资料、数据对河北省城市公众社会科学素养进行了较为详实的研究,是我国首次大规模的社会科学普及调查研究。

N000034　**科技前沿与现代人丛书**　段伟文等著。江苏人民出版社2002年1月版。70.6万字。

51.00元。共4册。《网络空间的伦理反思》段伟文著。《高技术时代的人文忧患》肖锋著。《宇宙学的人文视野》肖魏著。《当代生命技术的伦理审视》李春秋著。

N000035 **科学家谈21世纪** 徐凤翔等编著。安徽科学技术出版社2002年版。10万字。7.00元。计7册,主要介绍了21世纪在战争武器、航天航空、生态家园、医药卫生、纺织工业、森林生态、三峡的作用等方面将出现或已经出现的重大科学成果与科研动态。从科普的角度出发,用浅显、通俗的语言向广大读者,尤其为青少年展示21世纪人类将发生的生活变化、环境变化和潜在的危机,引导广大青少年投身于造福人类的科研事业中去。(胡春生)

N000036 **科海探秘——现代科技掠影** 袁天才、许洪金等编著。上海科学技术文献出版社2002年6月版。74万字。36.00元。共16章50节,对自然科学、生命科学、生物工程、农业、医药、海洋、交通运输、材料、能源、电子信息、航天航空、国防军事等科学以及科学数理化中的热点问题,诸如大爆炸——宇宙开端、五维空间、两个宇宙相撞的"超弦"理论、基因、克隆、激光、纳米、信息高速公路、卫星、飞碟、外星人,以及现代军事装备和诺贝尔奖等等进行了阐述。每一部分按一、神话传说(或科海拾贝);二、什么、为什么;三、杰出科学家等体例编写,内容力求通俗易懂,深入浅出。书中运用古千字文的四言韵语形式,作为"节"、"目",便于琅琅上口,易读易记;在杰出科学家栏目中介绍科学知识和科学家的奋斗史。(何兰林)

N000037 **最新不列颠未来世界百科全书** [英]安东尼·威尔逊著,卫平译。明天出版社2002年2月版。15万字。45.00元。20世纪里,人类科技发生了翻天覆地的变化,人们在医药、通讯和交通等领域取得了一系列重大突破。那么,人类科技还将如何发展?人类未来将是怎样的?未来人类的生活和工作又是怎样?这是本书探讨的问题。本书以大幅彩图为主,配有简洁翔实的文字说明,既直观又生动,很适合少年儿童阅读。(王仕德)

N000038 **技术科学发展与展望——院士论科学技术** 王大中,杨叔子主编。山东教育出版社2002年6月版。43.1万字。2002卷。50.00元。收入了钱学森、王大珩等院士撰写的论文42篇,分"综合论述"、"专题论述"两部分,论述了技术科学发展的意义、作用、地位,并展望我国科学技术发展的前景。前7篇,论述了科学技术及其重要性;后35篇,大体涉及到技术科学的各个领域:信息、材料、机械、电力、航空航天、土木水利以及力学等。(赵燕瑚)

N000039 **美国科学与技术** 刘云等。中国科学技术大学出版社2002年8月版。30万字。25.00元。从英国科学技术发展的社会背景、科技体制与组织结构、科技政策、科技计划与管理、科技成果转化与产业化、国际科技合作、若干科技领域的发展趋势6个方面,对20世纪90年代以来英国科学技术发展现状及趋势作了较为系统的、全面和及时的论述与剖析。(高哲峰)

N000040 **历届全国青少年发明创造获奖作品点评丛书** 谭迪熬等主编。湖南师范大学出版社2002年6月版。36.4万字。3册。20.00元。精选了历届全国青少年科技创新大赛中具有代表性的获奖作品,并聘请长期从事青少年科技活动的评委、专家和优秀科技辅导员对作品进行了精辟的点评。丛书包括"小学篇"、"初中"、"高中篇"共3个分册。(何海龙)

N000041 **你也能当发明家** Steven Caney著,徐晓敏译。北京出版社2002年4月版。16万字。14.00元。分为两大部分。第一部分讲述了一些"伟大发明的故事"。这些看起来不起眼的发明汇集成了人类辉煌的文明。这些发明的故事只要一开头,就很难不把它读完,因为它太真实了,它在科学与人文交织的背景中,描绘了人类乐观而艰难的历程。书中的发明家们都是普通人,他们大多数境遇不佳,但坚韧刻苦,最终获得成功。书中还有许多幻想发明,有的已经或正在变成现实。第二部分告诉孩子们发明家是如何工作的,怎样构思,怎样为发明起名,怎样用专利保护自己的智力成果,教会孩子们像发明家一样思考,让孩子们直接进入发明创造的世界。(总编室)

N000042 **小小科学工厂** 乔恩·理查兹著,徐守勤译。安徽科学技术出版社2002年1月版。5万字。10.00元。共有10个分册,包含电、磁、光、声、力、化学等基础科学的核心内容,而且和生活密切相连。每个分册围绕一个科学论题,设计几种小实验或小制作,每个实验步骤简明易懂,材料也是生活中的常见物品,随手可得。实验是以孩子们喜欢的游戏形式设计的,点子巧妙,令人叫绝。同时还伴有"为什么会这样"的专题讨论,深入浅出地讲解科学原理和概念。(刘河洲)

N000043 **走进科学——好孩子365问** 黄建

民、李荣昌主编。重庆出版社 2002 年 4 月版。42.5 万字。29.50 元。儿童读物。共有天文知识、科学与技术、动物与植物、人类与人体、聪明与学习、饮食与生活 6 个板块,365 个问题,通过提问的方式引出核心内容再通过解答的方式系统、详细地阐述,每一篇都相应地配了一幅插图便于小读者理解,作品密切地与前沿科技、社会发展相结合、与当前社会热点相结合、与孩子们日常生活、学习相结合,这是与同类书籍相比所特有的一个显著特点。(张捷)

N000044 **儿童成长万事通** 李名慈主编。少年儿童出版社 2002 年 6 月版。15 万字。1500 幅图。100.00 元。共 5 册,全彩色,图文并茂。分《宇宙天地》、《建筑博览》、《交通纵横》、《动物世界》、《植物大观》,展示了关于宇宙、建筑、交通、动物与植物方面的种种有趣知识。各本还编排了一些智力与知识的测试内容,通过短小精悍的"知识信息",帮助小读者开动脑筋,学会思考,增长知识,打开眼界。书后附有答案。(洪祖年)

N000045 **不知道的世界** 赵世洲等编。中国少年儿童出版社 2002 年 10 月版。129.2 万字。153.00元。共有 17 册,分别是《鸟兽寻踪》、《六脚精灵》、《化学迷宫》、《物理未知》、《沙场疑云》、《文坛歧义》、《异想天开》、《冷血迷案》、《古生究竟》、《数学猜想》、《数典问祖》、《大洋探幽》、《微生疑迹》、《千古天问》、《绿色难题》、《社科求索》、《人体假说》。(韩彬)

N000046 **少年科学历险丛书** 肖显志著。湖北少年儿童出版社 2002 年 9 月版。25 万字。60.00元。共 4 册。《少年科学历险丛书》记述了苏达、苏吉兄弟俩野外探险过程中所经历的恐怖、惊险、刺激故事。在《恐怖森林》中,亚马逊河流域遍地恐怖:令人打颤的食人鱼,乌鲁布河血淋淋惨案,鹰蛇大战,凶猛河怪、食肉的草、双蟒恶斗、毒蝎封锁、狮群重围……幕幕场景让人浑身长满鸡皮疙瘩。《蛇岛探秘》记述勃海蛇岛上毒蛇、怪兽、鹰隼与人相存相斗的惊险场面。在神农架林区,苏达、苏吉兄弟俩《追寻野人》,与豹子碰头,遭遇白色怪物,在野人窝中过夜,夜遇母野人,与野人同眠,同偷猎者周旋……揭开了神农架野人之谜的面纱。《人蚁大战》讲述亚马逊丛林中众蚁食人、血战食人恶魔、貘虎搏斗、食蚁兽与水蟒恶战、人蚁较量、恐怖水池、千古之谜……展现了原始丛林中弱肉强食、适者生存的生态规律。《少年科学历险丛书》以环境保护和人与自然和谐共存为主题思想,描述了大量的自然知识和动物的生活规律、生存状态等,为人类了解大自然,保护大自然提供了范本。(周祥雄、江陵)

N000047 **中国科普名家名作** 章道义主编。山东教育出版社 2002 年 8 月版。210.2 万字。150.00元。既有人物介绍,又有科学知识介绍;既有不同题材、不同形式、不同风格的科普作品,又有对科普理念的精辟论述和对科普创作的切身感受;既有对科学精神的弘扬,科学思想的阐述,又有对科学方法的传播和介绍。基本上反映了 20 世纪,特别是新中国成立以来,我国科普创作界领导和骨干队伍的面貌、业绩和对科普与科普创作的理念、见解,具有较高的史料研究价值和学习借鉴价值。(赵燕琍)

N000048 **世界科普名著精选** 副名:人们为什么会相信一些稀奇古怪的东西。[美]迈克儿·舍默著,卢明君译。湖南教育出版社 2001 年 12 月版。31 万字。33.50 元。共 26 卷。从科学的角度阐述并揭露了风靡于当今社会的一些荒诞邪说,如火上行走,遭到外星人绑架,创世论和否定纳粹大屠杀的言论等等。本书是怀疑主义的宣言,它吹响了反对伪科学、弘扬理性的号角。舍默观点明确,一语破的;说理透彻,条分缕析,力透纸背;事例丰富,摇曳生姿;语浅意深,妙趣横生。(谭清莲)

N000049 **弘扬科学精神 100 题** 上海市反邪教协会编。上海科学普及出版社 2002 年 5 月版。13.4万字。8.50 元。围绕"弘扬科学精神"的主题,拟出 100 个题目,以通俗流畅的文字介绍了科学精神的内涵,阐述了什么是邪教,为什么要反邪教,如何自觉抵制邪教等问题,同时对社会发展史、自然发展史、人类宗教史、天文地理环境、人的思维与思想意识等人文社会科学和自然科学知识,作了生动简明的介绍。(总编办)

N000050 **幼儿启蒙·四季百科** 吴大宪著。新蕾出版社 2002 年 6 月版。20 印张。80.00 元。采用三只小动物抢答,老博士总结出正确答案的形式,把发生在四季里的、幼儿身边的问题用生动流畅的语言讲明白,用精美的图画(包括立体剖面图)画出来。(王公惠)

N000051 **2001 年公众科普年报** 上海市科学技术协会编。上海科学普及出版社 2002 年 4 月版。21.6 万字。15.00 元。将 2001 年度重大的科学发现、技术进步、重大科技事件等分门别类地加以介绍,内容有生命科学、生物科技、医药卫生与保健、地球资源和环境保护、计算机与数字技术、网络与通信技术、材料科学、天文学和军事技术、航天技术与空间开发、海洋科学、气象科学、能源技术和交通等。

(李选玲)

N000052 **创造波浪——从微波激射器到我的科学观** [美]查尔斯·H.汤斯著,颜严译。上海科技教育出版社2002年12月版。20.7万字。18.50元。"金羊毛书系"之一。1964年诺贝尔物理学奖得主查尔斯·H.汤斯对自己人生历程的回顾与剖析。全书共含4篇,第一篇通过微波激射器和激光器的发明过程,表达出作者对科技发明与发现的总体看法;第二篇更多地从技术角度出发,详述微波激射器的基本原理及应用,并由此引出作者本人有重大贡献的另一领域——分子天文学;第三篇是在回顾几十年科学生涯的基础上提炼出来的一些独特见解,它们有助于读者高屋建瓴地纵览科学、技术、研究与教育等诸多方面;第四篇描摹了作者的精神世界,包括对创生的认识以及对科学与宗教之关系的理解等。(卞毓麟)

N000053 **时间机器** 副名:对遥远过去的科学探索。[美]彼德·D.渥德著,王义豹译。湖南教育出版社2002年4月版。22.3万字。20.00元。作者通过自己的亲身体验,介绍了如何综合利用化石、放射性碳-14时间测定、功能形态分析、DNA分析、地磁学等"时间机器"探索遥远过去的科学历程。以"描述科学家是如何科学地解释和点化那些早已逝去的生命,重建那些生命的生活场景"为主线,分章阐述叙述了利用各种时间机器打开遥远过去的窗口的过程。讲述了地层中的渐变与突变、进化与灾难、演替和灭绝,奉献于此的科学家,用自己的冒险生涯和脚踏实地地实践,理智而科学地探索、追求、冷静地利用科学还原事实以本来的客观面貌,揭示遥远过去的科学事件,重建和复原太古时代生物学和地质学的场景。(黄永华)

N000054 **我问你答智慧启蒙A、B** 张晓明、陈伟编著。少年儿童出版社2002年6月版。1200幅图。36.00元。共2册。以140个知识点,用图文结合的形式,让幼儿认识种种事物,并以扩散性的方式,启发幼儿智慧。每一个知识点,除有一篇形象性的故事外,还设有"我问你答"、"智慧小博士"、"小词典"、"你知道吗"等栏目。(洪祖年)

N000055 **100系列丛书** 副名:《新发现100》、《环保新概念100》。河北少年儿童出版社2002年1月版。30.8万字。25.00元。共2册:《新发现100》主要记述了100个人类的发现,内容涉及范围广,包罗万象,有天文、地理、医学、生物,还包括对我们人类自身的研究和发现。让广大少年儿童读者认识到大千世界,多彩多姿,神秘而充满了趣味,从而充分调动他们的好奇心、求知欲,激励他们不断学习,帮助他们认识世界,开阔视野,引导他们在现实生活中积极"发现",并且锻炼他们的思维能力,让他们在读书的同时能够获得更大的收获。《环保新概念100》主旨在于呼吁人们热爱环境,保护环境,美化环境,尤其号召广大少年儿童,他们是未来的主人,现代化建设的接班人,更应该行动起来,以自己的实际行动,努力学习环保知识,维护生态环境。全书通过讲述我们生活中接触过的一些环境问题,让每一个读者切实感受到环境正遭受着破坏,环境危机的严重程度远远超出想像的范围,保护环境关系到每个人自身,解决环境破坏问题已经迫在眉睫。(邢薇)

N000056 **到宇宙去旅行** 李元著。辽宁少年儿童出版社2002年3月版。55万字。28.00元。我国著名科普作家、第6471号小行星命名获得者李元的自选科普文集,收录了10多个专题,100多篇各类作品;同时附有彩色照片数十幅,以及"李元科普活动简历"、"李元编创作品统计"和有关小行星命名等材料,比较全面地反映了作者的业绩,突出展示了具有代表性的科普佳作。(广大)

N000057 **尚未解开的科学之谜** [英]约翰·玛多克斯著。国际文化出版公司2002年1月版。28万字。25.00元。以一个物理学家的胆识对今后几十年甚至几个世纪的科学发现作出预言,同时,还提醒读者:科学家们曾经屡次为他们所没有预见到的发现而吃惊,而这些发现也没能在以前的类似书本中预见到。(杨华)

N000058 **注音本幼儿身边科学1000个为什么** 华翎主编。辽宁少年儿童出版社2002年10月版。60万字。69.00元。书中所选内容紧紧围绕幼儿身边的科学,从动物、植物、人体、科技、宇宙等基本方面着手,对幼儿最感兴趣的各种问题一一作了浅显、生动、科学的解答。书中还配有大量精美有趣的图片。通过图片,幼儿可以饶有趣味地看到一个形象真实、精彩纷呈的世界,进一步加深对内容的理解。《植物天地》曹艳红等编写。12万字。13.80元。所收内容与幼儿的生活紧密相关,每篇均采用"为什么"形式设计标题,围绕幼儿在日常生活中经常遇到的有关植物方面的现象或问题,简明通俗地阐述相关知识。每篇配有彩图,设有小栏目,内容实用,形式活泼。《动物世界》徐瑞裴等编写。12万字。13.80元。所收内容与幼儿的生活紧密相关,每篇均采用“为什么”形式设计标题,围绕幼儿在日常生活中经常遇到的有关动物方面的现象或问题,简明通俗地阐述相关知识。每篇配有彩图,设有小栏目,内容实用,形式活泼。《人体奥秘》钟宝良等编写。12万字。13.80元。所收内容与幼儿的生活紧密相关,每篇均采用“为什么”形式设计标题,围绕幼儿在日常生活中经常遇到的有关生理卫生方面的现象或问题,简明通俗地阐述相关知识。每篇配有彩图,设有小栏目,内容实用,形式活泼。《宇宙奇观》华翎等编写。12万字。13.80元。所收内容与幼儿的生活紧密相关,每篇均采用“为什么”形式设计标题,围绕幼儿在日常生活中经常遇到的有关宇宙与地球方面的现象或问题,简明通俗地阐述相关知识。每篇配有彩图,设有小栏目,内容实用,形式活泼。《科技之谜》刘顺清等编写。12万字。13.80元。所收内容与幼儿的生活紧密相关,每篇均采用“为什么”形式设计标题,围绕幼儿在日常生活中经常遇到的有关科学技术方面的现象或问题,简明通俗地阐述相关知识。每篇配有彩图,设有小栏目,内容实用,形式活泼。

N000059 **看世界丛书** 耿文秀等著。上海科学技术出版社 2002年12月版。11.5万字。20.00元/本。10种。涵盖物理、化学、生物、天文、数学、心理、医学、人工智能、科学哲学及上述学科间的交叉学科等领域,回避老式的说教式的科普读物形式,以图文并茂(每本书字数11.5万,文图比例1:1)的形式,使读者能轻松、直观地体会到了解科学的乐趣。丛书旨在培养中国公民在现代社会环境下的基本科学素养,以适应新世纪工作和生活的需要,重点在于开阔读者的思路,启发读者的思维。丛书第一辑包括全球大脑、宇宙中的星光、炼金家的罪与罚、两性冲突、颜色、血液、长生的幻灭、为什么打架、遥远的外婆桥和巨人的时代共10种。(彭江杰)

N000060 **科学6W** 林凤生等著。少年儿童出版社 2002年6月版。40万字。32.00元。分上、下册。以6个W打头的英文的词:什么(What)、为什么(Why)、何时(When)、怎样(How)、何地(Where)和谁(Who)为出发点,选取了666个科学知识点,展出科学知识介绍。(洪祖年)

N000061 **美国中小学生课外科普读物——问与答** [美]梅尔文·伯杰、吉尔达·伯杰。人民文学出版社 2002年6月版。10万字。180幅图。70.80元。从美国著名的学者出版公司引进的一套科普读物,包括《星星有尖角吗?》、《火山爆发为什么会掀掉山顶?》、《鲸有肚脐眼吗?》、《在太空中你能听到喊叫声吗?》、《蝙蝠怎样在黑夜里看东西?》、《恐龙在你家的后院生活过吗?》等6本,分别介绍了太空中的天体、火山与地震、鲸与海豚、太空探险、蝙蝠与其他夜行动物,以及早已灭绝的神奇动物恐龙等方面的自然知识及人类征服自然的成就。每一本书都有80个左右的问题,提供了数百条真实可靠的材料,配有精彩的彩色插图,以浅显的文字,生动的画面,直观地向读者介绍了以上各个领域的最新知识。采用提问的方式,用有趣的问题抓住孩子的好奇心,激发孩子的求知欲,让孩子在探究问题答案的期盼中逐渐掌握知识。书中的问题是在经过大量调查分析的基础上提出来的,既有普遍性的简单问题,也有一些稍微复杂的专业问题。通过对这些知识的了解,正如原书的作者所说:小读者们会成为每个领域的小专家。对家长们来说,这套丛书可以作为他们启发和激励孩子学习自然知识的方便手册,同时家长在与孩子一问一答的共同阅读过程中,可以增进相互间的交流和理解。(叶显林)

N000062 **探索丛书·探奇系列** 李继荣等编著。黑龙江少年儿童出版社 2002年3月版。50万字。1000幅图。79.00元。“探索丛书”的第二系列——“探奇系列”,分5册——《自然奇观》、《文明奇迹》、《生物奇闻》、《天文奇象》、《科学奇葩》。在内容上确定了五大板块:自然、文明、生物、天文、科学。每一板块都围绕“奇”字做文章:奇迹、奇观、奇异现象、奇特发现……然后用这些内容引出一个个奇妙的问题,引领读者的好奇心深入知识的海洋,去探索、去倾听、去发现。“探奇系列”在形式上仍然继承了“探索丛书”的一贯风格,图文并茂,采用了近千幅题材广泛、极具视觉冲击力的图片。(梁唯)

N000063 **眼见未必为实** 副名:似是而非错误百出的故事。陈天昌著。金盾出版社 2002年11月版。11万字。10.00元。科普读物。所触及的话题,都是日常生活中由于以讹传讹或是对科学概念的误解,以致司空见惯、见怪不怪的错误概念。内容涉及天文、地理、生物、高新技术等,例如狮子座流星雨并非来自狮子座,天气与气候是完全不同的气象概念,农历不是阴历而是阴阳合历,鸳鸯并不是爱情专一的禽鸟,四鳃鲈并非真有四鳃,似鱼非鱼文昌鱼,航天飞机其实不能算是飞机,酷似水上飞机的冲翼艇等。(李福海)

N000064 **第十大行星之谜** 卞德培著。辽宁少年儿童出版社 2002年3月版。46万字。24.00

元。我国著名科普作家、第6472号小行星命名获得者卞德培的自选科普文集，收录了10多个专题，100多篇各类作品；同时附有彩色照片数十幅，以及“卞德培科普活动简历”、“卞德培编创作品统计”和有关小行星命名等材料，比较全面地反映了作者的业绩，突出展示了具有代表性的科普佳作。（广大）

N000065　**淘气包巧问妙答大闯关**　湖北少年儿童出版社2002年9月版。130万字。82.50元。共5册。内容包括动物、植物、科技、自然、人体等多方面的知识。采用一个问题多种选项答案的形式，把单纯的科学知识扩展开来，不仅有利于孩子发挥他们的想象力，而且可以锻炼他们的分析能力和判断能力。有些问题的答案虽然相似，但在细微处却设置着一道道难关。小读者在闯过一道道难关后既能获得胜利的欢乐又有了掌握知识的喜悦。这种寓教于乐，寓学于乐的学习方式，不仅使孩子乐于接受，更易于使所学知识得到联系和巩固。（刘建华、肖岚）

N000066　**硬币与金字塔**　刘兵著。湖南教育出版社2001年12月版。30万字。28.30元。“中国科普佳作精选丛书”之一。分为5个部分：第一部分，知识性科普，是有关原子论和超导物理方面的科普知识；第二部分，介绍科学家，是有关科学家的故事；第三部分，审视科学，是有关科学史、科学批评和科学神精方面的文章；第四部分，科学教育中的人文因素，是论述科学教育中人文因素的意义和价值；第五部分，科普书话，是对于科普图书的评论。（符本清）

N000067　**蓝猫淘气3000问(1～40)**　湖南三辰影库卡通节目发展有限责任公司著。湖南美术出版社2002年版。232.00元。根据同名大型科普系列动画片《蓝猫淘气3000问》编绘而成。现已陆续出版了40册，书中塑造了一群个性突出的卡通形象：爱耍酷的又有点想当然的“蓝猫”，聪明、好恶作剧的“淘气”，憨憨的“甜妞”，书生气十足的“肥仔”，知识渊博的“鸡大婶”等，随着故事情节和矛盾冲突的跌宕起伏，对一个个涉及“地球科学”、“应用科学”、“生命科学”、“生活科学”等领域的谜团和疑问展开科学的解释，呈现一个五光十色的世界。有以下几个特点：1.探索科学，走近科学，是一套倡导素质教育的科普图书。用青少年喜闻乐见、童趣十足的卡通形象为载体，以生动有趣的故事情节为表现形式，普及、宣传科学知识、科学思想，科学方法和科学精神，传播先进文化。2.形象可爱，个性突出，是一套塑造中国卡通品牌的少儿图书。书中塑造了许多具有中国特色，中国气派的卡通形象。这些卡通形象精力旺盛、活泼好动、童趣盎然，脱离了传统卡通形象模式，他们有个性、有追求，也有忧愁、苦恼和缺点，活脱脱一个真实的当代少年儿童的缩影；故事情节生动有趣，人物语言贴近时代、贴近生活、贴近少儿，引起了广大少年儿童的强烈共鸣。3.画面斑斓，装帧精美，是一套设计制作精湛的艺术图书。在装帧、设计上符合当代中国少年儿童的审美心理：着力突破传统的国产动画风格，体现现代生活的明快节奏和缤纷气息，在创新中自然而然地保留了某些中国文化抹不去的神韵。创作理念的前沿，设计制作的精湛，造就了该书的艺术性和可读性。（熊英）

N000068　**新西游记**　李文庠、李盾著。北京科学技术出版社2002年1月版。42.8万字。28.00元。把许多科技成果、科技知识、科学的思维方法、做人做事的道理融入了有趣的取经故事之中。全书讲到西天灵山往西有一座力量山，住着众位科学圣人，众圣合力编出了一部《知识与思维大全》，内容包罗万象，意欲传世。唐僧师徒四人力克群雄，得以成为取经的最佳人选。新西游路上，险象环生，唐僧师徒或凭借自己的思维与智慧，或凭借古今中外科学家的帮助，或利用现代化科技手段，一一克敌，化险为夷。故事一半是惊险，一半是趣味。一路上孟德尔、居里夫人、达尔文、祖冲之、鲁班等中外名人纷纷亮相，笑谈人生，趣解难题，妙语连珠，令人拍案叫绝。（刘长梅）

N000069　**新编幼儿100000个为什么**　湖北少年儿童出版社2002年2月版。120万字。80.00元。收集了孩子们最想知道、最感兴趣的“动物王国”、“植物天地”、“人体奥秘”、“科技常识”、“自然现象”等5个方面的问题，并请专家作了准确、生动、浅显的答案。其特点是：(1)按儿童年龄不同、认知思维不同，该书分了5个年龄段(2～3岁)、(3～4岁)……这样就更适合不同年龄段儿童思维能力的培养与训练；(2)图画采用写实手法有的局部放大，使儿童更好的认识物体，图中还配有简练的文字说明，儿童会从中了解更多的科普知识。（刘建华）

N000070　**聪明娃娃600问**　副名：动物、植物、交通、人体、生活、天地。水云编文，腊月绘画。黑龙江少年儿童出版社2002年3月版。28万字。58.80元。针对6～10岁年龄段儿童编的科普知识小画册，共6册。采取一问一答的形式，配以生动活泼的插图，共600个问题，内容涉及动物、植物、交

通、人体、生活、天地等6大方面，每册一个方面含100题。(宣森)

N000071　**彩图新科技知识宝库丛书**　王国忠等主编，郑延慧等著。海燕出版社2002年9月版。2000幅图。10册。160.00元。采用360个原创科学童话，360篇最新的科技知识介绍，360幅珍贵的科技照片和2000幅彩色卡通图画。向少儿读者展示了生物工程、新材料、现代交通、海洋开发、信息技术、环境保护、现代建筑、现代航天、武器装备、机器人等十大领域新科技的研究成果和发展前景。(李冰晨)

N000072　**新知识大王丛书**　河北少年儿童出版社2002年3月版。69.125印张。92.20元。共6册，其中《新新动力》以轻松通俗的方式向读者介绍了有关新能源与新材料的新知识，展示了新能源与新材料给人类社会带来的无比美妙的前景。《时尚科技》介绍了有关生活时尚的新知识，为人类的时尚生活增添了高科技的眩目色彩。《环游宇宙》介绍了宇宙知识，与大家共同探讨宇宙的奥秘，为读者揭开了宇宙神秘面纱的一角。《天地纵横》向广大读者介绍了有关交通的新知识。其在海、陆、空三个维度上的任意纵横，为读者刻画了色彩鲜明的人类行进的足迹。《威武战神》介绍了有关军事武器的最新知识。其内容不仅涉及现代武器及其巨大威力，同时也饱含着对祖国强大、世界和平的美好愿望。《天天电脑》向广大读者介绍了有关电脑的新知识，以轻松通俗的方式为读者揭去了笼罩在电脑科技周围的那层神秘的面纱，展现了电脑科技天天发展的广阔空间。(孙秀银)

N000073　**杨振宁文录**　[美]杨振宁著。海南出版社2002年8月版。30万字。25.00元。在科学史上，美籍华裔、诺贝尔奖获得者杨振宁教授被认为是继牛顿、爱因斯坦之后最伟大的物理学家。本书是杨先生不同时间、不同题材的几十篇文章的合集，涉及杨先生的生平及家人、师友，也包括关于中国、关于科学及科学文化、关于美及宗教、关于教育等诸多方面的问题。在这些文章中，既有杨先生对宏观世界细致入微的探索，又有一位有血有肉的良师益友对情感、亲情、友情的真挚的描写。通过这本书，可使读者从多方面了解杨先生的科学体系和领略杨先生的人格魅力。(伍君之)

N000074　**智慧碰撞——科技论坛演讲录**　潘政主编。上海科学普及出版社2002年2月版。21万字。28.00元。收录了2001年11月第三届上海国际工业博览会上三次会议上的论文20余篇，这三次会议是：工博会论坛圆桌会议、风险投资与科技成果产业化国际研讨会、沪港科技合作研讨会。这些论文围绕着信息化与工业化、科技成果的产业化、上海与香港科技合作的发展前景与效益、上海科技工作发展规划等问题，各抒己见，具有理论上的前瞻性和实践中的可操作性。作者多为著名的中外信息科学、工业自动化、金融与投资、机械制造等领域的专家学者和企业家，因而他们的学识见解对发展上海的工业以及其他省市的工作，都具有很强的针对性和借鉴意义。(总编办)

N000075　**科学是美丽的**　副名：科学艺术与人文思维。沈致远著。上海教育出版社2002年版。32.6万字。26.00元。科学散文集。作者能把深奥的科学理论，阐述得浅显易懂，比喻得形象生动，不但给人阅读的兴趣，还能激活思想，促人思考。表述深入浅出，有中学文化程度的读者即能领会，特别适宜作大学生和中学生课外阅读。(毛永谦)

N000076　**十万个为什么——工程科学分册(哈萨克文)**　朱照红，沈福煦主编。新疆科技卫生出版社(K)2002年9月版。27.5万字。17.80元。根据少儿版《十万个为什么》(新世纪版)翻译出版，介绍了有关工程技术科学的诸多科学知识。

N000077　**聚焦第二课堂科学百科全书**　[意大利]巴巴拉·加拉沃蒂等著，杨德玲等译。明天出版社2002年8月版。120万字。307.20元。共计24册，阐释了大约1000个有关科学方面的问题。每册书的内容具有相对的独立性，但书中的各个部分以及每册书之间又以箭头标出了相互之间的联系。读者可以像阅读一般图书一样，挑选丛书中的任何一册从头至尾阅读，也可以像查阅百科全书一样，只阅读其中自己感兴趣的部分。在科学领域，每个问题之间都是有一定的联系的，而这些问题往往又分布在不同的学科和不同的分册中，读者只须根据书页外口处的图标和箭头所示，便能找到与自己正在阅读的内容相关联的部分。这样读者就可以从每册书中任选一页开始读起，并按照书中的标识进一步涉猎与此页内容相关的问题，逐渐进入一个奥妙无穷、充满诱惑的科学世界。(傅大伟)

N000078　**从系统论到混沌学——信息时代的科学精神与科学教育**　李曙华著。广西师范大学出版社2002年5月版。37万字。36.00元。论述20世纪系统科学发展经历的三个阶段。在创新传统经典科学的基础上对理论进行分析，先后阐释系统理论的奠基理论：系统论、信息论、控制论，以耗散结构理论、协同学、超循环及突变论为代表的自组织理论，分形与混沌理论，探索世界生成及其复杂性体系的对话。在导论部分指出信息时代下系统科学的新特点及对教育改革的推动作用。（总编室）

N000079 **灰预测与灰决策** 邓聚龙著。华中科技大学出版社 2002 年 9 月版。18.5 万字。14.80 元。华中科技大学邓聚龙教授 20 世纪 80 年代初创立的“灰色系统理论”（简称“灰理论”）的奠基性著作之一——《灰色预测与决策》的修订版，吸收了截至 20 世纪末灰预测与灰决策在理论和应用上的重要成果。与原版相比，本版作了脱胎换骨的更新、补充和扩展。共分 5 章，第一章灰预测与灰决策概论，强调了灰理论的基本属性：少数不确定性，阐述了预测与决策的时轴定位；第二章灰数，第一次提出谱映射、默认与否认原理等新概念，奠定了灰概念的量化基础，首次提出的概念数与潜数则为灰数学作了路基性的铺垫；第三章灰预测基础，概括了在灰预测方面有显著作用和突出价值的内容，包括各种数据处理方法、灰建模检验的理论、算式等；第四章灰预测方法，对原有各种灰预测方法做了补充、刷新，例如灰季节事件预测中，预测日期的走向（是往大靠，××日以前，还是往小靠，××日以后），一直困惑着人们，本版首次提出了判断方法；第五章灰决策，以灰局势决策、灰层次决策、灰模式关联决策为内容作了新的组构，其中灰层次决策，用决策层之间意向序列的灰关联分析作了联合决策的重新定位。（姜新祺）

N000080 **灰理论基础** 邓聚龙著。华中科技大学出版社 2002 年 2 月版。38.2 万字。28.00 元。对灰理论的理论基础、体系、方法、技术等进行了全新的开拓，是灰色系统理论进入发展新阶段的标志性著作。共分 11 章，第一章对灰色系统理论的发展历程，灰色系统的概念、主要理论内容、重要的应用成果等进行了概述；第二章阐述了灰理论的基本原理、认知模式、灰朦胧集、信息覆盖、灰因果律与构造模式、平射等灰色系统理论的基础理论内容；第三章论述了灰数的概念、灰数的灰度、灰数覆盖运算的运算规则和有关定理等；第四章包括灰生成的概念、累加生成 AGO；第五章概括了灰关联空间理论与灰关联分析技术；第六章总结了灰建模原理和方法，介绍了灰模型 GM(1,1)、GM(1,1) 派生模型、非等间隔 GM(1,1)、多维灰模型 GM(1,N)、灰色 Verhulst 模型、GM(0,N) 模型等；第七章简述了惯性灰建模理论及应用；第八章至第十一章则分别概述了灰预测、灰评估、灰决策、灰色预测控制的理论成果，并给出了应用示例。（姜新祺）

N000081 **系统工程基础** 唐永革等编著。辽宁科学技术出版社 2002 年 6 月版。29 万字。19.00元。全面介绍了系统工程的基本原理和常用方法。内容包括系统与系统工程的基本概念、系统工程的发展与应用、系统工程方法论、系统分析与系统评价、系统工程的理论基础、信息论与控制论的基本知识、线性规划、动态规划、网络计划技术、排队论和决策分析等。（李伟民）

N000082 **工程系统可靠性数值分析方法** 金星、洪延姬等编著。国防工业出版社 2002 年 7 月版。34.4 万字。27.00 元。运用可靠性工程学和安全系统工程学的理论与观点，介绍工程系统可靠性和安全性的定性与定量分析的基本原理、方法及大型工程系统可靠性、安全性、可用性、可信性、效能的数值计算方法，提供了完整的一般系统可靠性和安全性数值分析及故障树系统可靠性和安全数值分析的计算程序，用 C＋＋语言编写了直接进行工程系统可靠性和安全性数值计算的计算程序，并为相关的数值计算提供了子程序。（王华）

O 数理科学和化学

O000001 **青少年科技活动大全·理化分册** 波拉提·艾合买提，满苏尔·那斯提，吐尔洪·买买提翻译。新疆科技卫生出版社 2002 年 11 月维吾尔文版。30 万字。26.50 元。根据上海科教版《青少年科技活动大全》一书翻译出版。本分册介绍了常见的物理、化学现象等方面的内容。

O000002 **十万个为什么·数学分册** 王建磐主编，胡斯曼、热马赞译。新疆科技卫生出版社

2002年9月哈萨克文版。28万字。17.80元。根据少儿版《十万个为什么》(新世纪版)翻译出版。本分册介绍了基础数学知识以及新的科学发展成果和应用。

O000003 **小波与分布** 副名:小波应用的部分机理。杨奇祥著。北京科学技术出版社2002年10月版。18.5万字。58.00元。详细论述了小波的数学理论,构造了小波基,用小波基给出一系列函数空间的刻画,用小波研究了奇异积分算子,给出小波在复分析,算子论,偏微分方程和非线形分析等领域的应用。(卢小林)

O000004 **阿哈!灵机一动** [美]马丁·加德纳著,李正新等译。湖南教育出版社2002年12月版。25万字。26.00元。"世界科普名著精选"之一。本书是他的代表作。著者把问题分为6类:组合、几何、数字、逻辑、程序、文字。每一个问题都通过一个生动有趣的小故事提出,设置一些类似于"脑筋急转弯"的悬念,通过一些生动活泼、风趣幽默的生活故事或游戏,把枯燥或看似高深的数学问题阐述得简单明了、通俗易懂。并配有漫画家吉姆·格伦的连环漫画,不仅使读者在赏心悦目、趣味无穷的游戏中学到数学知识,而且在解决问题的过程中,领悟到创造性"思维技巧"的乐趣。引导读者打破解题常规,学会变换角度思考,产生对问题的特殊洞察力,出现"阿哈反应"。根据1999年最新版本翻译而成。(谭清莲)

数 学

O000005 **数学巡礼** [美]伊瓦斯·彼得孙著,裘光明译。湖南教育出版社2002年4月版。24万字。28.00元。26册。"世界科普名著精选"之一。带领读者游历一个充满探索性的、既混乱又有次序的数学之旅——追踪素数、破译密码、漫游迷宫、解开扭曲的空间、探索高维空间和耸立的分形塔。这些形象看似古怪而隐喻,却包含了20世纪80年代以来的重大数学成就和最新发展,而且,由于与计算机技术的结合而广泛应用于密码学、建筑学、化学、生物学等领域。在迷人的旅程中,逐一展示出计算区、分析区、拓扑区、分形区、统计区的一幅幅生动的现代数学图景。本书根据最新的1998年版本翻译的。(谭清莲)

O000006 **数学综合复习解题指南(理工类)** 副名:全国硕士研究生入学统一考试金版辅导。樊启斌编著。武汉大学出版社2002年4月版。81.7万字。45.00元。以解题为主线,将复习与解题有机地融为一体。在各章节阐述解题方法与技巧之前,对相应的基本概念与重要结论都给出了较为详尽的总结。所选例题和习题共计近3000道,其中精选了300道单项选择题列于第20章。(顾素萍)

O000007 **展望21世纪的生命科学** 本书编写组编著。山东教育出版社2002年6月版。20万字。24.40元。收入洪德元等院士撰写的12篇论文,分"21世纪生命科学展望——发展战略总报告"和"专题报告"两部分。"总报告"从生命科学的各个方面论述了生命科学发展对于人类生存和世界经济的可持续发展的极其重要的意义,并提出生命科学将成为21世纪的主流科学;"专题报告"涉及到生命科学的各个领域:生物学、农学、医学、生物技术等。(赵燕瑚)

O000008 **中外数学简史** 陈金干、孙映成编著。中国矿业大学出版社2002年11月版。27.2万字。24.00元。由8章构成:绪论;中国数学史概述;中国数学的萌芽和创始;中国传统数学的形成和系统化;中国传统数学发展的高峰;中国传统数学的停滞和西方数学传入;世界数学史简述;数学教育综述。教材本着尊重史实、突出重点的精神,着力展示数学的历史演进和数学发展的内在规律,重点介绍和评价了中外古今300余位数学家及其著作的历史地位和数学史价值。全书有前言,并附录有详细的数学大事年表(200个条目)。最后附有参考文献。(姜华)

O000009 **古今数学思想** [美]M.克莱因著,张理京等译。上海科学技术出版社2002年7月版。120万字。135.00元。共4卷。全面展示数学自古埃及、巴比伦等古代文明直至20世纪的发展史,洋洋百万字,气势恢弘,把主流数学的发展脉络交代得一清二楚。涉及到的数学各分支有:古希腊几何学、方程论、数论、解析几何、微积分、微分方程、复变函数、行列式与矩阵、群论、非欧几何、微分几何、代数几何、分析严密化、实变函数、泛函分析、抽象代数、拓扑学和数理逻辑等。作者不是把它们割裂开来描述的,而是注重数学发展的背景和动力。比如,数学是如何从蒙昧之时到古希腊的繁荣,又是如何跨越漫长的中世纪,完成常量数学向变量数学的飞跃——这一切都离不开人类经济贸易及自然科学之需要。但数学也依赖于自身发展的推动,19世纪的三大领域——数系、运算、空间维数的推广,分别革新了函数论、代数学和几何学；而数理逻辑的发展，又重新使人们思考与数学有关的哲学问题。难能可贵的是，作者非常注意描述数学家的创新过程，通过他们的书信、论文与专著的介绍，避免了教科书一开头就拿公式、定义使读者犯迷糊的通病，书中还配有数以百计的插图、数以千计的注释、参考文献。（田廷彦）

O000010 **邮票上的数学** ［英］罗宾·G.威尔逊著，李心灿等译。上海科技教育出版社 2002 年 8 月版。14 万字。34.50 元。“八面风文丛”之一，主题是数学史。作者从世界各国发行的数千枚与数学相关的邮票中，精心挑选出近 400 件精品，分为 55 个专题。每个专题由一个和合页组成，左边是文字评注，右边是放大的邮票。通过这种方式，集邮票赏析与数学普及于一体，生动展现了几千年来作为人类文明之花的数学与时俱进的发展历程。书末还附有正文述及的邮票目录，详细列出了每枚邮票的发行地、发行年份及其在斯坦利·吉本斯邮票目录里的编号。（洪星范）

O000011 **中国科普名家名作** 张景中、李毓佩著。中国少年儿童出版社 2002 年 1 月版。82.3 万字。64.00 元。共 6 册。分为两部分，一部分是院士数学讲座专辑，包括张景中院士的《数学家的眼光》、《新概念几何》、《帮你学数学》3 本书。从中学生熟悉的简单数学问题入手，在初等数学和高等数学之间穿针引线，用日常生活中的浅显事例，用数学思维进行解释，向青少年普及数学知识。另一部分是数学故事专辑，收入李毓佩教授的 3 部作品：《爱克斯探长》、《荒岛历险》、《奇妙的数王国》。李教授用少年儿童喜闻乐见的童话故事形式，将抽象、高深的数学知识讲得深入浅出，他还提倡调动青少年的情感因素，在喻悦中接触数学。（韩彬）

O000012 **MATHEMATICA 实用手册** 同济大学应用数学系编。同济大学出版社 2002 年 10 月版。39.5 万字。32.00 元(内含光盘 1 张)。主要介绍数学软件 Mathematica 的基本内容、符号演算、数值计算和图像制作等内容。在符号演算方面，本手册能够做多项式的各种计算和有理表达式的计算，能解多项式方程和一些有理方程、超越方程的解析解和数值解；更能做微积分的极限、导数、不定积分和定积分、幂级数展开和运算、求解微分方程等，能够做向量和矩阵的一系列运算；在数值计算方面，本手册能做精确的数值计算，也能求任意精确的近似解，能做实数运算，也能在多数范围中进行运算；在图像制作上，能作出平面图形（直角坐标图形、极坐标图形和参数方程图形），也能作三维的曲线、曲面图形。（李炳钊）

O000013 **高等数学一题多解 200 例选编** 李心灿、宋瑞霞、唐旭晖等编。机械工业出版社 2002 年 9 月版。37.4 万字。24.00 元。所收集的 200 例是从近十多年来硕士研究生入学统一考试试题和有关数学教材、著作中选取或改编的。每一个题目，至少列出了三种不同的解法，有的列出了五种以上的解法。这些解法所用到的概念、理论、方法涵盖了高等数学的主要内容。（郑丹）

O000014 **数学物理方法** 沈施编著。同济大学出版社 2002 年 8 月版。37 万字。30.00 元。共有 7 章。第一章，解析函数理论概述；第二章解析函数的应用；第三章二阶线性常微分方程；第四章希尔伯特空间；第五章偏微分方程的分离变量法；第六章积分变换法；第七章格林函数法。根据物理专业需要、并因课时限制的缘故，在介绍各数学理论时仅就其中主要的定理、推论和典型应用的基本公式，给出比较严格的数学证明；就整个教程而言，则重在方法、重在应用性讨论。对几门理论物理课程的主要数学基础均有所涉猎；而且注意阐述其物理涵义和方法论意义，避免过分抽象的纯数学论证。各章都配有齐备的习题，书末附有答案和解题说明，并附有主要参考书目。在阐述方式上务求方便学生理解，对有关的函数和变换作集中统一讲解，使学生思路更加清晰。本教程通过长期的教改实践，在取材和体例上作了若干调整；特别是由于体例的更动，导致教学内容的浓缩和教学方式的改变。例如，精简了解析函数理论的原理部分，但仍以解析函数作为一根主线贯穿始终；突出了希耳伯特函数空间概念，使其作为斯特母—刘维本征值问题的基石，对于各种特殊函数的讨论起到提纲挈领、融和一体的作用，并使求解偏微分方程的分离变量法有了可靠的理论依据；从理论物理课程的需求出发，相当集中地介绍了积分变换和广义函数的种种性质及其有关的定理和公式，并藉此用于求解某些偏微分方程的定解问题，以作为“数学物理方法”的典型范例。（张智中）

O000015 **高等代数简明教程** 蓝以中编著。北京大学出版社 2002 年 8 月版。60 万字。18.50 元(上)，13.50 元(下)。“北京大学数学教学系列丛书”之一。具有以下两个特色：一是结合教学实践精心设计了多个层次，由浅入深，从具体到抽象，由生动直观到理性推理，使学生较为顺利地进入代数学的抽象领域;第二个特色是以代数学的研究对象和基本思想、基本方法作为全书的主线,保证学生受到较充分的代数学训练,在理论上达到足够的深度和高度。全书共分12章,分上下两册出版。上册内容包括:向量空间,矩阵,行列式,线性空间与线性变换,双双线性函数与二次型;下册是带度量的线性空间及Jordan标准形,有理整数环及一元、多元多项式环,n维射影空间,张量积与外代数。(刘勇)

O000016 **群与组合编码** 樊恽、刘宏伟编著。武汉大学出版社 2002年10月版。18.1万字。12.50元。以群论、组合论、编码论的结合为切入点,通过对几个具体问题的解决,向读者介绍这些领域的若干基本思想与知识,以及这些基本思想与知识的相互作用与渗透。介绍了群论的作用,Polya计数理论,置换群理论,对换图、图的生成树和拟体等问题;并介绍了线性码,对偶码和对偶性质,以及利用群代数和有限域上的特征标理论介绍了循环码加BCH码。(李汉保)

O000017 **线性代数典型题精讲** 许甫华编著。大连理工大学出版社 2002年7月版。40万字。20.00元。内容有:行列式和CRAME法则,矩阵,n维向量(线性)空间,线性方程组,特征值和特征向量(含线性变换),二次形和欧几里得空间,共6章。(总编室)

O000018 **哥德巴赫猜想与孪生素数猜想** 司钊、司琳著。西北工业大学出版社 2002年1月版。26.3万字。19.00元。按照新的求证方法、以新的角度入手对"哥德巴赫猜想"和"孪生素数猜想"两个数学问题给以论述。思路清晰,方法简单易懂。文中同时给出了两个命题的具体求解方法和验证推导公式的大量实筛数据。书末附有100000以内的素数表。(蒋民昌)

O000019 **超图——有限集的组合学** [法]C.贝尔热著。东南大学出版社 2002年8月版。28.1万字。28.00元。第一部分是贝尔热"超图"译著。它论述了基本概念、横贯和匹配、分数横贯、着色、二部图在超图中的推广和拟阵中的着色等内容及其应用。全书内容丰富,系统性强,其中不少内容处在本方向的前沿,还附了大量文献。在每章后面搜集了相关的问题和习题,作为正文的延伸和拓广。第二部分将全部习题作了解答,使读者能更全面地掌握本方向的内容。(卜月华)

O000020 **现代分析引论** 邱曙熙编著。厦门大学出版社 2002年9月版。28.3万字。20.00元。分5章。第一章为公理化集论,涉及集的古典定义及其缺陷,公理集论,实数等内容;第二章为拓扑空间与连续函数,涉及一般拓扑,度量空间与半度量空间,连续函数与半连续函数,流形等内容;第三章为线性代数,涉及基本代数系统和线性空间,线性变换,内积空间及其正交基底,内积空间的自线性变换,切空间和变形运动等内容;第四章为测度与泛函,涉及可测空间与可加集函数,抽象测度和积分,线性赋范空间,测度与泛函和积分表示等内容;第五章为广义函数,涉及拓扑线性空间,广义函数的概念和基本性质,广义函数的卷积,广义函数的Forrier变换,Sobolev空间等内容。(陈进才)

O000021 **大学数学——多元函数微积分** 李林曙等编著。中央广播电视大学出版社 2002年7月版。大32开。11.7万字。9.00元。主要包括:多元函数微积分学、多元函数积分学2章内容,并附参考答案;每章有学习目标和练习。(总编室)

O000022 **近代实变函数论与泛函分析** 聂义勇等编著。东北大学出版社 2002年9月版。51.2万字。30.00元。由实变函数论和泛函分析两大部分组成。其中实变函数论部分主要论述了集和点集,测度,可测函数与积分三方面内容。泛函分析部分主要论述了度量空间,线性算子与线性泛函,广义函数与Sobolev空间,紧算子与Fredholm算子四方面内容。对基本概念、基本定理、引理、性质及其证明给予了重要阐述;同时对实变函数论和泛函分析在实际上的应用也给予了介绍。(张德喜)

O000023 **实变函数基础** 侯友良编著。武汉大学出版社 2002年10月版。20.6万字。14.00元。介绍一般空间上的测度论的基础知识和欧氏空间 IR^n 上的Lebesgue测度与积分理论。其内容包含了测度论和实变函数论的大部分基础知识。将一般空间上的测度论和 IR^n 上的Lebesgue积分结合起来介绍,交叉进行,将 IR^n 上的Lebegsue积分作为特例加以重点介绍,这样处理既避免了重复,又使得整个理论显得统一简洁。本书内容丰富精炼,结构紧凑,叙述简明清晰,定理的证明过程详略适中,并配有丰富的习题。(李汉保)

O000024 **小波与傅里叶分析基础** [美]Albert Boggess(艾伯特·博格斯)。电子工业出版社 2002年8月英文版。48.64万字。29.00元。分为8章和两个附录,前言部分是学习第一章至第七章的准备知识,即内积空间;第一章讲解傅里叶级数的基础知识;第二章讲解傅里叶变换;第三章介绍离散

傅里叶变换以及快速傅里叶变换;第四章至第七章讨论小波,重点在于正交小波的构建。(总编办)

O000025 **李国平函数论与数学物理** 丁夏畦主编。山东教育出版社 2002 年 6 月版。60.1 万字。40.00 元。“数学名家丛书”之一。李国平院士是我国函数论与数学物理学科老一辈的著名学者和奠基人之一,也是我国计算机科学系统科学与工程的执旗先导者之一。本书选录李国平先生关于函数论和数学物理方面的重要论文 50 篇。(赵燕瑚)

O000026 **动力系统的周期解与分支理论** 副名:现代数学基础丛书。韩茂安著。科学出版社 2002 年 3 月版。39.6 万字。31.00 元。系统地论述由常微分方程定义的动力系统的周期解及其分支理论,介绍研究有关周期解及其各种分支现象的一般理论与方法,包括 Hopf 分支、退化 Hopf 分支,自治、周期系统周期解的局部分支,非双曲孤立闭轨及闭轨族在自治、周期扰动下的非局部分支,平面系统的 Hopf 分支、Poifcare 分支及同异宿分支等。具有以下三个方面的特点:1. 较系统地介绍自治系统与周期系统周期解的各种分支方法,尤其是介绍在其他书中看不到的各种退化分支现象;2. 在论证上自成一体,通过阅读能够迅速了解和掌握分支理论的新发展;3. 在最基本的理论基础上展开讨论,并着重介绍作者本人的研究成果。(总编业务部)

O000027 **偏微分方程** 陈祖墀编著。中国科学技术大学出版社 2002 年 8 月版。30.9 万字。18.00 元。对偏微分方程的古典理论作了严谨的介绍和论证,在内容、概念与方法等方面注意了与现代偏微分方程知识的内在联系,对现代知识作了基本的阐述,注意了各数学分支知识在偏微分方程中的应用。内容主要包括:一阶拟线性方程的理论与解法;二阶半线性方程的分类与标准型;三个典型方程的理论与它们的定解问题的解法,其中对调和函数的诸多性质及其特征值问题作了详尽的讨论,并自然过渡到弱可微函数空间,即 Sobolev 空间和 Hilbert 空间的方法和算子方程理论;方程与方程组的特征理论及 Cauchy-Kovalevskaya 定理;广义函数与基本解。注重方法与技巧,并配有大量的例题与习题。(李攀峰)

O000028 **压杆非线性问题的解析方法** 刘晚成著。东北林业大学出版社 2002 年第 5 版。8.7 万字。12.00 元。考虑轴向压力对杆件弯曲变形影响的结构分析和结构稳定性分析,必须采用二阶分析的方法,即分析时不能忽略变形对外力效应的影响,属于弹性材料杆件系统的几何非线性问题。在弹性理论中被广泛应用的普通叠加原理不再适用于此种非线性分析。在求解上述问题时,传统的求解微分方程并根据边界条件确定方程解的积分常数、再建立稳定方程的方法,常常导致复杂的超越方程组,使问题过于复杂。使用电算的有限元的方法不能给出完整准确的表达式,与工程技术规范结合使用时很不方便。作者提出一种新的求解压杆弯曲问题的方法——解析方法。其基本原理是:建立压杆弯曲平衡的微分方程,将其解——挠曲线方程变换成以待定的几何参数表达的形式。该挠曲线的表达式由一正弦曲线与一多次曲线(多次曲线的次数根据压杆所承受的横向荷载为零、均布荷载或线性变化分布荷载分别为一、二或三)叠加而成。作者发现了分别与此正弦曲线和多次曲线相对应的压杆的特定受力平衡状态,从而把求解压杆微分方程的问题转化为根据压杆的边界条件和力的平衡条件确定挠曲线方程的待定的几何参数的问题。(卜彩虹)

O000029 **二阶抛物型偏微分方程** 陈亚浙编著。北京大学出版社 2002 年 12 月版。25 万字。16.00 元。系统讲述二阶抛物型偏微分方程的基本理论、方法和应用。全书分 9 章,内容包括:Campanato 空间,Sobolev 空间,弱解的存在性、惟一性,Schauder 理论,L^p 理论,DeGiorgi-Nash-Moser 估计,散度型拟线性方程,完全非线性型方程等。本书比较完整地介绍了 Campanato 空间在二阶抛物型偏微分方程的应用。首先引进了关于抛物距离的 Campanato 空间,以它为工具给出了关于 x 与 t 异性的 Sobolev 空间 $W_p^{2,1}$ 的嵌入定理,建立了抛物型方程的 Schauder 理论、L^p 理论,然后与 DeGiorgi-Nash-Moser 估计结合,证明了散度型拟线性抛物型方程解的相当丰满的正则性。对于非散度型的一般方程介绍了 Krg lov-Safonov 估计并用它来讨论完全非线性方程。(刘勇)

O000030 **算子代数上线性映射引论** 侯晋川、崔建莲著。科学出版社 2002 年 12 月版。38.7 万字。30.00 元。系统介绍了国内外算子代数上线性映射及其保持问题研究概况、现状以及最新进展。全书分 10 章。内容包括预备知识,保持算子秩不变以及保持各种谱函数的线性和可加映射,Banach 代数和 C*-代数上的线性映射,von Neumann 代数上的可加映射,以及套代数和初等算子及其保持问题等。供高等院校数学系高年级学生、研究生和有关科研人员参考。(刘嘉善)

O000031 **几何测度引论** 副名:当代数学园地。林芳华著。科学出版社 2002 年 2 月英文版。237 万字。主要介绍几何测度的基本理论、基本思想和方法,包括:Haudsoff 测度,Sobolev 函数和自相似集的一些精细性质,Federerr 的降维法,Lipschitz 函数的几何与分析性质,集合的可数可求性(Rectifiability),面积与余面积公式,BV 函数和有限周边(Finite perimeter)集,Varifold 理论,Current 理论和 Mass 极小的 current 的存在性和正则性等。揭示了几何测度论理论内部以及与其他学科的内在联系,阐述了几何测度论思想和方法在其他研究领域重要应用。(吕虹)

O000032 **黎曼几何引论** 陈维桓、李兴校编著。北京大学出版社 2002 年 12 月版。70 万字。24.00 元(上册)18.00 元(下册)。"北京大学数学教学系列丛书"之一。分上、下册。上册(第一章至第七章)前四章是黎曼几何的基础;第五章与第六章介绍黎曼几何的变分方法,是大范围黎曼几何的初步;第七章介绍黎曼几何子流形的理论。下册(第八章至第十章)内容为 Kähler 流形;黎曼对称空间;主纤维丛上的联络等。它们是黎曼几何的有机组成部分。(刘勇)

O000033 **点可数覆盖与序列覆盖映射** 林寿著。科学出版社 2002 年 8 月版。18 万字。26.00 元。"华夏英才基金学术文库"之一。以点可数覆盖为线索,利用映射的一般方法对用覆盖或网络来定义的许多广义度量空间类进行了系统研究。全书共 5 章。第一章简要综述 20 世纪 90 年代的广义度量空间理论;第二章介绍点可数覆盖与度量空间的 s 映射理论;第三章介绍了点有限覆盖列与度量空间的 π 映射、紧映射理论,发展了点正则覆盖的方法;第四章介绍遗传闭包保持覆盖、控制族与度量空间的闭映射理论,揭示了这些空间类的一些覆盖性质;第五章介绍星可数覆盖与局部可分度量空间的商映射理论,突出了具有星可数 k 网空间在研究局部可分度量空间映象中的地位。(总编业务部)

O000034 **同调论——代数拓扑学之一** 沈信耀著。科学出版社 2002 年 7 月版。31.8 万字。35.00 元。"现代数学基础丛书"之一。共 9 章。第零章为汇集了书中将要用到的一些非拓扑学知识。前三章介绍单纯同调论,包括同调群的不变性和相对同调群及其不变性。第四章为当前流行的范畴论。第五章介绍如何将单纯同调论推广为连续同调论。后四章分别是 CW 空间、一般系数的同调论、乘积空间的同调论和 Steenrod 运算。本书论述严谨,作者力图从较直观的几何概念出发引出极为抽象的概念。(总编业务部)

O000035 **广义 M—J 集的分形机理** 王兴元著。大连理工大学出版社 2002 年 5 月版。21.2 万字。25.00 元。介绍了广义 M—J 集和 IFS 吸引子计算机构造的基本原理,借助复变函数理论和计算机制图相结合的实验数学方法,研究了广义 M—J 集和 IFS 吸引子的结构特征。(总编室)

O000036 **动力系统的稳定性** [美]J. P. LaSalle 著,陆征一译。四川科学技术出版社 2002 年 7 月版。11 万字。12.00 元。著者为美国著名数学家。他于 20 世纪 60 年代初根据 Liapunov 稳定性理论及 Birkhoff 极限集提出了现称为 LaSalle 不变性原理。书中著者将其原理通过离散半动力、局部动力、局部半动力等几类系统清晰地展现在读者面前。将 LaSalle 原理应用于数学生物学中基本和重要的 Lotka—VoLterra 系统,对于一类微分方程和时滞方程得到了系统全局稳定的充要条件,它是 Liapunov 稳定性方法与 Birkhoff 极限集完美结合的理论产物,同时也是高维以及无穷维动力系统稳定性论证的强有力工具。(杨晓黎)

O000037 **概率统计复习和解题指导** 同济大学工程数学教研室编著。同济大学出版社 2002 年 10 月版。38.5 万字。23.00 元。由基本概念及基本例题分析、综合例题及其解答和习题及其解答三部分构成。第一部分按教材章节顺序编写,介绍随机事件及其概率、一维随机变量及其分布、二维随机变量及其分布、随机变量的数字特征、大数定律和中心极限定理、数理统计的基本概念、参数估计和假设检验等八章的复习及考试要求、内容提要及有关公式、概念的引入与背景及内涵、基本例题及分析等内容;第二部分重点叙述随机事件及其概率、一维随机变量及其分布、二维随机变量及其分布、随机变量的数字特征及其它、数理统计的典型例题;第三部分编入一定数量的概念和综合练习题及其解答,以满足读者自测的需要。(李炳钊)

O000038 **物质转化过程中的多尺度效应** 郭慕孙等著。黑龙江教育出版社 2002 年 12 月版。12 万字。22.00 元。物质转化过程中的时空多尺度效应在近年来受到科技界的关注,并与复杂性科学相联系,可能是未来过程工程科学研究的前沿问题之一。本书汇集了我国科学家有关多尺度效应的著作,总结了在化工系统和生物系统中的最新研究成

果。(梁昌)

O000039 **寿命估计** 郑祖康著。广西师范大学出版社2002年3月版。14万字。12.00元。“应用统计与信息丛书”之一。除了准备知识之外,还有三方面的内容:第一部分是定时截断与定数截断下的寿命估计,包括无失效数据分析、定时定数试验的改进与选择。第二部分是随即截断下的寿命估计,内容有k类估计、和型估计等。第三部分是有关污染数据的寿命估计,阐述了参数方法、非参数方法、小样本方法等。各章的后面都附有参考文献。(总编室)

O000040 **实用统计分析及其DPS数据处理系统** 唐启义、冯明光著。科学出版社2002年5月版。83.6万字。70.00元。“华夏英才基金学术文库”之一。从应用角度简要地阐述了现代统计学200多种实验数据统计分析和模型模拟方法,如试验设计、各类型方差分析、列联表分析及非参数检验;专业统计包括了生物测定、遗传育种、生存分析、作物品种区域试验、空间分布型、数值生态学方法等;各种回归分析、聚类分析、主成分分析、判别分析、典型相关分析、对应分析等多元分析技术;非线性回归模型参数估计、模型模拟技术;单目标和多目标线性规划、非线性规划等运筹学方法;以及状态方程、数值分析、时间序列分析、模糊数学、BP神经网络、灰色理论等方法、全书共8篇34章,配以作者开发的计算机全屏交互式DPS数据处理软件系统光盘1张。(彭克里)

O000041 **抽样调查** 倪加勋著。广西师范大学出版社2002年12月版。35.3万字。20.00元。“应用统计与信息丛书”之一。共分10章:绪论、简单随机抽样、分层抽样、比率估计和回归估计、不等概率抽样、整群抽样、系统抽样、二重抽样、多阶段抽样、一些其他的抽样方法。抽样调查是统计学的一个分支,它是获取统计数据的一种重要手段,广泛应用于各个领域,并为世界各国所普遍采用。本书兼顾抽样调查的理论的实际应用,但重点放在应用。还增添了一些新的内容,如缺乏抽样框情况下对总体容量的估计。介绍了捕捉——再捕捉的抽样方法和抽样密度估计等方法。(总编室)

O000042 **小样本多元数据分析方法及应用** 张恒喜、郭基联等著。西北工业大学出版社2002年9月版。15万字。15.00元。深入揭示了小样本多元数据的实质和特点,对多元回归法和现代多种建模方法进行了剖析、比较、验证和拓展,提出了小样本多元数据分析的理论和方法,构建了从不同侧面克服小样本多元数据建模困难的完整的建模方法体系。全书共分8章,包括:绪论,多元线性回归分析,偏最小二乘回归分析,方差分量线性模型,自变量筛选和综合特征参数模型,贝叶斯统计分析方法,统计学习理论与支持矢量机,其他分析方法的探讨。(雷军)

O000043 **运筹学** 吴良刚主编。湖南人民出版社2002年3月第1版。30万字。26.50元。着重阐述了定量优化决策的基本概念和原理,介绍了各类寻优方法,并对模型中各类数据、参数的事理意义和经济含义进行了详细说明。全书包括数学规划、图论与网络、存储论、排队论、对策论、决策论、搜索论和系统仿真等八大内容。(戴茵)

O000044 **运筹学** 吴祈宗主编。机械工业出版社2002年2月版。34.8万字。26.00元。主要包括线性规划、运输问题、动态规划、排队论、决策分析及图与网络分析等内容。着重阐述基本思想、理论和方法,力求做到深入浅出,通俗易懂,适于教学和自学。每一章末配置了适当的习题,便于读者理解、消化书中的内容。书的后部编写了结合各章内容的练习题,并附有参考答案,这部分内容相当于一个习题集,与教学内容构成一体。(曹俊玲)

O000045 **拟生灭过程与矩阵几何解** 田乃硕、岳德权著。科学出版社2002年5月版。9.6万字。12.00元。“现代应用数学方法丛书”之一。系统地论述了位相型分布、拟生灭过程和矩阵几何解的基本理论及其在复杂随机模型分析中的应用。通过含有位相分布的排队、多服务台休假排队、随机环境、供应链等随机模型的分析,着重介绍使用拟生灭过程建模和使用矩阵几何解进行指标分析的方法和技巧。书中包含电子商务营运分析、高峰期分析、供应链管理等现代随机模型应用的数值例子。(总编业务部)

O000046 **海萨尼博弈论论文集** [美]约翰·海萨尼著。首都经济贸易大学出版社2002年12月版。32万字。26.00元。在合理假设和对个人偏好选择具体分析的基础上,对不完全信息条件下的博弈方法进行的深入研究,突破了传统经济学的束缚,拓宽了经济学的研究领域,为信息经济学的发展,尤其为博弈论的发展、完美和应用提供了理论基础。书中收集了海萨尼教授在博弈理论上具有代表性的论文,包括“谈判模型”、“均衡点的概率”、“博弈的概率模型”、“关于协同博弈的非协同模型”等重要命

题,组成了不完全信息决策理论的完整体系。(袁浩)

O000047 **控制理论基础** 副名:高等工科院校电子信息类教材。王士宏、周思永编著。北京理工大学出版社 2002 年 9 月版。51 万字。29.00 元。既包含经典控制的理论基础又包括现代控制理论的原理及方法;既包含连续控制的方法又包括数字计算机控制的方法。全书尽管以单变量系统为主,但也涉及到多变量系统的设计方法。最后章节简要介绍了最优控制理论的基础知识。(总编办)

O000048 **遗传算法** 副名:理论、应用与软件实现。王小平等著。西安交通大学出版社 2002 年 1 月版。53.7 万字。40.00 元。全面系统地介绍了遗传算法的基本理论,重点介绍了遗传算法的经典应用和国内外的新发展。全书共分 11 章。第一章概述了遗传算法的产生与发展、基本思想、基本操作以及应用情况;第二章介绍了基本遗传算法;第三章论述了遗传算法的数学基础;第四章分析了遗传算法的多种改进方法;第五章初步介绍了进化计算理论体系;第六章介绍了遗传算法应用于数值优化问题;第七章介绍了遗传算法应用于组合优化问题;第八章介绍了遗传算法应用于机器学习;第九章讨论了遗传算法在智能控制中的应用;第十章讨论了遗传算法与人工生命研究的相关问题;第十一章介绍了遗传接算法在图像处理、模式识别中的应用。(薛玲玲)

O000049 **数值分析** 史子明、杨骅飞等编著。北京理工大学出版社 2002 年 8 月版。53 万字。28.00 元。对计算机常用的数值方法做了详细的阐述。主要涉及误差分析,方程组与线性方程组的求解,播值与至数逼近,快速傅里叶变换,矩阵特征值及特征向量计算,数值微分与数值积分,常微分方程与偏微分方程数值解法等问题。围绕构造算法、分析算法、使用算法编排内容,在表达上力求内容精炼、深入浅出,便于阅读和施教。(总编办)

O000050 **数值分析** 陈增荣等编。电子工业出版社 2002 年 4 月版。20.48 万字。12.00 元。全书按如下形式组织:第一章介绍了计算机中数的表示和算法的基本概念;第二章讲述了函数方程求解的方法;第三章则比较全面地叙述了线性方程组求解的直接法和迭代法;第四章和第五章分别介绍了数值插值、函数逼近和数值积分的基本算法;第六章列举了常微分方程数值求解的过程和实现算法;第七章系统介绍了 FFT 变换及其在图像压缩算法中的应用;第八章以 ScaLapack 为例描述了并行计算的一些基本概念和程序设计基础。(总编办)

O000051 **数值分析简明教程(修订版)** 王能超编著。华中科技大学出版社 2002 年 9 月版。28.3万字。19.80 元。以《数值分析简明教程》(高等教育出版社,1984 年版)为基础。编排上贯穿了计算方法的思想,同时为“数值分析”的习题课提供参考资料,新写了“数值微分例题选讲”部分,提炼、归纳了数值分析中最重要的一些方法,并对若干例题进行了解析。(刘丽昆)

O000052 **算法数论** 裴定一、祝跃飞编著。科学出版社 2002 年 9 月版。19.6 万字。19.00 元。“中国科学院研究生教学丛书”之一。论述了算法数论的基本内容,其中包括:连分数、代数数域、椭圆曲线、素性检验、大整数因子分解算法、椭圆曲线上的离散对数、超椭圆曲线。本书的特点是内容涉及面广,在有限的篇幅内,包含了必要的预备知识和数学证明,尽可能形成一个完整的体系。(总编业务部)

O000053 **消去法及其应用** 王东明著。科学出版社 2002 年 8 月版。35 万字。48.00 元。“数学机械化丛书”之一。系统介绍多项式系统零点分解的消去算法。这些算法能将任意多元多项式系统分解为三角系统、正则系统、简单系统、具有投影特性的三角系统和不可约三角系统。各种三角型系统理论上性质殊异,计算上难易匪同,应用上则各有所长。书中还简述基于结式和格罗布讷基的消去算法,讨论代数簇的等维与不可约分解以及多项式理想的准素分解,并介绍符号消去法的若干应用,包括代数方程求解、几何定理求证、多项式因子分解和微分系统的定性分析。(吕虹)

O000054 **系统建模和参数估计——理论与算法** 吴旭光编著。机械工业出版社 2002 年 8 月版。38 万字。23.00 元。系统地介绍了系统建模的概念、理论和算法。内容包括数学基础知识、基于统计理论的系统建模理论和算法以及系统建模的最新发展技术鲁棒建模等,给出了有关系统建模所涉及到的数学背景知识,还比较全面地介绍了系统建模的两大研究领域。在数学模型建立这一核心问题上,针对实际工程系统中数学模型往往难以准确描述的普遍问题,利用系统辨识这一先进技术进行了深入的探讨。书中的应用实例取自作者的研究成果。(王保家)

力学、物理学

O000055 **非线性固体计算力学** 宋天霞、郭建生、杨元明著。华中科技大学出版社 2002 年 11 月版。30.7 万字。21.80 元。详尽地阐述了“非线性计算力学”的基础理论和近代基础理论及其应用，注意了理论与方法的实用性和设计计算过程处理的技巧性等。(叶见欣)

O000056 **充液系统动力学** 王照林，刘延柱著。科学出版社 2002 年 3 月版。32.5 万字。35.00元。较系统地表述新的建模方法，推导充液系统旋转稳定性判据，分析微重环境下晃动和晃动抑制的特点，揭示大辐晃动和自由液面破碎以及分叉旋转等强非线性现象的特性。重点叙述充液系统晃动动力学的理论分析和数值模拟方法的研究成果，并重视流－刚－弹－控耦合复杂系统动力学与控制在航天高科技中的应用。全书共九章，分六个部分：理论建模；充液的刚体运动；微重条件下液体微幅晃动的数值分析，复杂结构充液系统晃动动力学与晃动抑制的研究；充液系统的定性理论；液体大幅晃动的非线性分析与数值模拟；函数空间中充液系统动力学与控制的泛函分析方法；最后为附录：微分几何基础。(总编业务部)

O000057 **理论力学学习方法及解题指导(下册)** 韦林编著。同济大学出版社 2002 年 4 月版。34.8 万字。18.50 元。主要包括：动力学基本方程、动量定理、动量矩定理、动能定理、达朗伯原理、虚位移原理、第二类拉格朗日方程、单自由度系统的振动、碰撞。每章由四部分组成，即理论概要、范例分析、学习方法及解题指导、综合习题。其中，范例分析共选择 200 多题。在一阶段教学内容结束后，按理论力学题库要求给出阶段的自查试卷。部分综合习题给出参考答案。(解明芳)

O000058 **理论力学学习方法及解题指导(上册)** 韦林编著。同济大学出版社 2002 年 3 月版。33.3 万字。18.00 元。分两篇：刚体静力学、运动学。主要包括：基本概念、汇交力系、力偶系、任意力学、摩擦、桁架、重心；点的运动、刚体的基本运动、点的合成运动、刚体的平面运动、定点运动。每章由 4 部分组成，即理论概要、范例分析、学习方法及解题指导、综合习题。其中，范例分析部分共选择各种范例 240 题。在一阶段教学内容结束后，按理论力学题库要求给出阶段的自查试卷。部分综合习题给出参考答案。(解明芳)

O000059 **脉冲束辐照材料动力学** 周南、乔登江著。国防工业出版社 2002 年 8 月版。54.6 万字。38.00 元。系统阐述脉冲束(X 射线、电子束及离子束等)辐照材料及结构产生的热—力学效应的基本概念、理论分析、数值模拟、基本规律和相似律，不同脉冲束之间的等效性和实验测量等，还包括了必要的弹塑性流体力学的理论基础。全书分四部分。一、论述脉冲束辐照材料动力学的基本理论；二、脉冲 X 射线辐照材料时的热力学效应研究；三、讨论脉冲电子束(包括离子束)辐照材料时的热—力学效应研究；四、介绍薄壳的热应力与结构响应。为了实验模拟和近似的工程分析需要，对脉冲束辐照所产生的热激波和冲量进行量纲分析和相似律讨论、脉冲束辐照热—力学效应的实验测试技术。(杜豪年)

O000060 **平面弹性复变方法** 路见可著。武汉大学出版社 2002 年 6 月第二版。23.3 万字。25.00 元。“武汉大学学术丛书”之一。简明扼要地说明了平面弹性理论中的复变函数方法，并提出各种重要基本问题，特别是断裂力学中的一些问题(包括复合材料问题)的求解方法。将各种问题用复变方法化为积分方程求解，并证明其惟一可解。书中大部分内容为著者的科研成果。(顾素萍)

O000061 **裂纹端部场** 匡震邦等著。西安交通大学出版社 2002 年 1 月版。52.5 万字。42.00 元。重点反映了作者及其合作者们在裂纹端部场方面的工作，涉及各向同性和各向异性介质的县弹性分析。快速裂纹传播，各向同性介质的弹塑性分析和有限变形分析。数值分析，裂纹与缺陷的相互作用，界面裂纹与 V 形切口等。(陈丽)

O000062 **散体动力学理论及其应用** 吴爱祥、孙业志、刘湘平著。冶金工业出版社 2002 年 1 月版。43.4 万字。42.00 元。对散体动力学理论及其应用作了全面详细的阐述，着重介绍十多年来，国内外及作者从事的散体动态剪切的微分动力模型、动力强度特征与振动时的激励响应、振动时的液化特征与机理、流动规律与振动助流、波在散体介质中的传播规律和作用机理、高浓度浆体的振动减阻，以及饱和散体的分形行为等理论研究成果。同时，对散体的动力测试技术、散体动力学理论在采矿和岩土工程中的应用，也作了较为详细的介绍。(谭学余)

O000063 **旋转流分离理论** 褚良银、陈文梅著。冶金工业出版社 2002 年 10 月版。22.7 万字。25.00 元。从旋流分离过程流体流动角度出发,着重论述旋流分离器内的分离过程行为和能量耗损行为,并阐述改善旋流分离器分离过程和降低其能量耗损的原理和方法,为旋流分离器分离性能提高和能耗降减提供理论指导和应用基础,并为其结构设计提供指导。还对旋转流强化浮选分离过程、以及旋转流强化管式微滤膜分离过程的基础理论进行了较详细的论述,为旋转流分离拓宽了应用领域。(宋良)

O000064 **近代流动显示技术** 范洁川等编著。国防工业出版社 2002 年 1 月版。41.2 万字。38.00 元。"近代空气动力学丛书"之一。主要介绍流动显示技术的基本原理、方法、基本实验装置和应用。除了一般介绍常规的流动显示技术外,重点介绍近代流动显示技术,包括片光流动显示、蒸汽屏流动显示、粒子图像测速、彩色图像流动显示、激光分子流场检测、激光诱发荧光流动显示、全息照相和全息干扰技术、光学层析技术、激光一超声流动测量技术、红外成像技术、发光压力传感技术以及复杂流动显示与流动特性分析。(吴芝萍)

O000065 **湍流** 张兆顺著。国防工业出版社 2002 年 1 月版。27.6 万字。24.00 元。"近代空气动力学丛书"之一。系统讲述湍流的理论、实验和数值研究方法,特别注重近代理论和方法的发展。分 6 章:一、讲述了不规则湍流现象的概率和统计描述,以及湍流脉动的主要测量方法。二、介绍湍流的动力学方程,它是湍流演化的基本规律,通过基本方程的分析揭示湍流最基本的性质。三、着重小尺度湍流脉动的性质和结构,即局部各向同性湍流;四、讲述剪切湍流脉动的性质和结构,重点是剪切湍流的相干结构。五、用计算机直接数值模拟研究简单湍流的物理本质;六、研究复杂湍流的计算机数值模拟方法。全书注重湍流物理本质的理解和分析。

O000066 **应用力学对偶体系** 副名:力学丛书。钟万勰著。科学出版社 2002 年 3 月版。48.2 万字。42.00 元。根据结构力学与控制理论模拟关系,将对偶变量理论体系引入弹性力学,改变了以往弹性力学半逆法凑合求解的传统。运用对偶体系亦使振动理论、波的传播和控制论得到重要推进。(总编业务部)

O000067 **十万个为什么·物理分册** 卢嘉锡主编,哈比译。新疆科技卫生出版社(K)2002 年 9 月哈萨克文版。28 万字。17.90 元。根据小儿版《十万个为什么》(新世纪版)翻译出版。本分册介绍了大量的物理知识。

O000068 **大学物理(网络教材)** 吴王杰、陆起图等编。上海科学技术出版社 2002 年 1 月版。90 万字。62.00 元。文字版分上、下两册,分别介绍了力学、热学,以及电磁学、波动光学和近代物理学(含狭义相对论)的知识,内容按教育部制定颁发的大学物理课程的教学基本要求进行取舍,并适当有所拓宽。本书最显著的特色是具有与传统的文字版教材相对应的网络电子版教材,此外还制成了远程教学视频节目。电子版教材采用了先进的媒体技术和教学设计,包含大量演示程序、动画和插图,师生可以网上演示电子版的动画和程序,演示过程中可以自行设定参数,进行人机交互式教学,适应了教学手段现代化、网络化的要求。(静晓英)

O000069 **大学物理学** 王少杰、顾牡、毛骏健主编。同济大学出版社 2002 年第二版。97.8 万字。27.90 元(上册)、32.70 元(下册)。上册分两篇。第一篇力学,由质点运动学、质点动力学、刚体力学基础、狭义相对论 4 章构成。第二篇电磁学,由电荷与电场、电流与磁场、电磁场与麦克斯韦尔方程组三章组成。下册分 4 篇。第三篇热学,由热力学基础、气体分子动理论二章构成。第四篇振动、波和波动光学,由振动学基础,波动学基础,波动光学三章组成。第五篇近代物理基础,由量子物理,原子核物理和粒子物理简介两章组成。第六篇专题,由固定物理基础,非线性物理简介两章构成。本书依据国家教育部颁布的"高等工业学校物理课程教学基本要求"编写,除覆盖"要求"的所有内容外,适当提供选修内容(以 * 号标记),并有提高性质的"阅读材料"。各章配有完备的思考题、习题,书末附有答案,全书另配有较完备的教参、教辅材料(光盘、习题分析与解答、同步学习指导等)。(张智中)

O000070 **大学物理实验** 周殿清主编。武汉大学出版社 2002 年 6 月版。71.9 万字。41.00 元。高等院校物理类专业实验教材。共设计出 83 个实验。分 5 章:一、测量误差、不确定度及数据处理的基础知识;二、力学与热学实验;三、电磁学实验;四、光学实验;综合性、设计性实验。前四章主要培养学生基本的实验技能、实验方法;第五章则是着力培养学生自主地进行科学研究工作的能力,让学生自行确定实验方案,选用仪器。书末有 16 个附表,提供实验必需的数据及相应的单位换算。一个基本实验的课堂实习任务在 3～4 学时内完成。部分实验有

多个实习内容，以供教师取舍或学有余力的优秀学生选取。（史新奎）

O000071 **古代物理学史** 戴念祖著。湖南教育出版社 2002 年 12 月版。43 万字。27.00 元。“中国物理学史大系”之一。全书 7 章，包括力、声、光、热、电磁以及物质结构和宇宙天体的思辨学说，中西物理学在明清两代的交融、近代物理学的兴起等内容。以分支学科为纲，对中国古代物理学概貌、特点、主要典籍和人物、重大成就等作了较为全面、扼要的论述。其中，热学、物质结构和宇宙天体的思辨学说两部分内容，是作者新近撰写、颇具特色的两章。在其他章节中，也有许多新史料、新观点，诸如朱载堉平均律理论向西方传播的证据簧管乐器中装簧方法在西方的传播等。关于罗盘、堪舆与航海的历史综述亦颇为清晰。书末附文献书目与各类索引。（谭清莲）

O000072 **电子工程物理基础** 唐洁影等编著。电子工业出版社 2002 年 6 月版。28.8 万字。18.00 元。涉及量子力学、统计物理、固体物理以及半导体物理方面的基本知识。内容包括：薛定谔方程及其在一些简单模型中的应用；三个统计分布；晶体中电子、原子运动的普遍规律及能带的概念；晶体的电学、光学及热学等性质；半导体材料的特性及应用。各章附有习题。（总编办）

O000073 **近代物理学史** 王士平、刘树勇、李艳平等著。湖南教育出版社 2002 年 12 月版。31 万字。22.00 元。“中国物理学史大系”之一。全面系统地展现了近代物理学在中国奠基和发展的历程，以及近百年来取得的重要成就。全书共 8 章，内容包括中国近代物理学教育与研究的发展，中国近代物理学家在力学、声学、热学和统计物理学、光学、电学和磁学、原子分子、原子核物理、粒子物理、固体物理等近现代物理学领域中所取得的成就，中国物理学家与“两弹一星”以及荣膺诺贝尔物理学奖的华裔物理科学家等。书中对中国老一辈物理学工作者热爱祖国、献身科学、筚路蓝缕、呕心沥血地推进中国近代物理学事业发展的精神和事迹也作了生动的介绍。文前和文中配有珍贵历史图片，书后附有人名和主题索引。（谭清莲）

O000074 **物理实验技术** 刘伟、邱晓明主编。大连理工大学出版社 2002 年 8 月版。16 开。35.4 万字。16.00 元。以传统的力、热、电磁、光、近代物理实验顺序为主线来组织安排实验教学，以基本实验技术方法为主线来组织安排实验教学，将不同的物理思想和物理实验方法贯穿融合在一起展开讨论，另外，在实验结果质量评定的表述中统一采用了“不确定度”概念。（总编室）

O000075 **超晶格量子阱物理** 陈亚孚、万春明、卢俊著。兵器工业出版社 2002 年 9 月版。39 万字。28.00 元。分为 6 章，第一、二、三章论述了量子论、固体物理和半导体物理的基本概念及主要理论方法，强化了相关物理概念，精炼了相关物理理论结构，为非物理专业人员研究和掌握超晶格量子阱物理提供了方便；第四、五、六章讲述了超晶格二维平面运动、垂直界面运动和光学应用及低维超晶格，阐述了超晶格量子阱物理的基本问题和主要应用。（郭佳）

O000076 **中国现代物理学史略** 申先甲著。福建科学技术出版社 2002 年 11 月版。29.8 万字。35.00 元。根据丰富、翔实、新颖的史料，引用具体、生动、感人的事例，从声学、力学、光学、光谱学、相对论、原子和分子物理学、量子力学、核物理学、高能物理学、固体物理学等方面，选择有代表性的重大事件、人物、学科、成就进行描述，全方位地勾勒出现代物理学在中国的传播、萌生、发展、繁荣的曲折历程。（谢聿枫）

O000077 **诺贝尔物理学奖一百年** 郭奕玲、沈慧君编著。上海科学普及出版社 2002 年 9 月版。74.5 万字。48.00 元(精)。介绍了 100 年来历届诺贝尔物理学奖获得者共 161 位科学家的卓越贡献，以及相关的专业领域和背景发展状况。首先介绍了诺贝尔物理学奖百年来的发展概貌，并与现代物理学的发展结合起来阐述。然后按年代分述获奖情况，介绍其历史渊源和社会背景，这些成果的价值与意义，以及获奖者的生平和杰出贡献等。同时，对与物理学相关的诺贝尔化学奖、生理学奖和医学奖，著名的学派和实验室如贝尔实验室、卡文迪什实验室、哥本哈根学派、拉比学派等亦加以专题介绍。既展示了物理学 20 世纪的发展全貌，又展示了物理学家的成长历程与人格魅力。（总编办）

O000078 **时间、空间和万物(第一推动丛书 第三集)** ［英］B. K. 里德雷著，李泳译。湖南科技出版社 2002 年 1 月版。28.9 万字。14.00 元。用简单的、没有数学的语言告诉我们，关于宇宙的基本结构，物理学会说些什么。他讲了现代物理学的所有基本概念，如基本粒子、黑洞、引力、量子论、时间、质量、相对论和能量；还包括了一些近年涌现的概念，如弦、虚时间和混沌。清晰而睿智的描述，将一般读者引向激动人心的世界,也为科学家们展望了科学的未来。

O000079 **数学物理基础** 任朗、廖成、王敏锡。西南交通大学出版社 2002 年 9 月版。48.6 万字。48.00 元。主要包括标量、矢量、张量和并矢;复变函数论;泛函分析和广义函数;收敛性理论和数值积分、代数方程、常微分方程和积分方程中的存在性和惟一性定理;近似理论;线性算子的谱论等内容。(刘娉婷)

O000080 **果壳中的宇宙** [英]史蒂芬·霍金著,吴忠超译。湖南科学技术出版社 2002 年 2 月版。14 万字。18 开。42.00 元。《时间简史》的姊妹篇。阐释了谜一般的处于宇宙内核的万物理论,从超对称到超引力,从量子理论到 M—理论,从全息论到对偶论。全书共有 9 章,分别介绍了相对论简史、时间的形态、预言未来、护卫过去、膜的新奇世界,并告诉人们:我们生活的宇宙具有多重历史,每一个历史都是由微小的硬果确定。书中有 200 多幅彩色插图。

O000081 **宇宙的琴弦** [美]B·格林著,李泳译。湖南科技出版社 2002 年 1 月版。35.8 万字。26.00 元。"第一推动丛书"第三集。当年,爱因斯坦满怀热情追求统一理论,却空手归来;如今,物理学家相信他们终于发现了一个框架,能把这些知识缝合成一个无缝的整体——一个单一的理论,一个原则上能描述一切现象的理论,这就是超弦理论,本书的主题。这个理论统一了大与小的定律,大到统领宇宙的尽头,小到深入物质的核心,我们能通过不同的道路走近它。B. 格林是当今世界领先的弦理论家之一,他把科学思想与写作融合起来,像所写的理论那么精妙无比。他撩开了弦理论周围的神秘面纱,揭示了一个十一维的宇宙。那里,空间的纤维撕裂了又自己缝合起来,一切物质——从最微小的夸克到最巨大的超新星——都在微观的小能量环的振动中产生。

O000082 **量子计算与通信加密** 张镇九、张昭理、李爱民编著。华中师范大学出版社 2002 年 9 月版。23.7 万字。30.00 元。"面向 21 世纪物理学丛书"之一。论述量子计算与通信加密的理论和实验基础及其最新进展。首先论述了量子物理和量子信息的理论基础,然后分别论述了量子通信、量子计算和量子加密的基础和实验实现,特别在量子交缠态的基础上对量子通信和加密、量子计算机的原理、量子算法、退相干和纠错码的研究进展做了论述,并对量子理论中的某些基本问题的实验检验现状进行了简介和讨论。

O000083 **量子信息论——物理原理和某些进展** 张永德等编著。华中师范大学出版社 2002 年 11 月版。18 万字。21.00 元。"面向 21 世纪物理学丛书"之一。分为 4 部分,第一部分较全面地讲述了量子信息论的物理基础;第二部分详细论述了量子态的超空间传送问题;第三部分详细讨论了量子纠缠问题;第四部分集中研究了量子信道的经典容量问题。书中论述的内容是典型的教学与科研相结合的产物。

O000084 **物理学的新神曲** 副名:量子力学曲率解释。赵国求、吴新忠、万小龙著。武汉出版社 2002 年 5 月版。32 万字。23.00 元。在全面介绍量子力学几大主要诠释学派的基础上,详细论证了量子力学曲率解释。主要包括量子力学数学形式——波函数本质上从宏观视角描述了电子等微观客体在不同论级和不同时空点上"形"的变化特征,波函数是曲率波。(郭庭军)

O000085 **量子力学基础教程** 陈鄂生编著。山东大学出版社 2002 年 8 月版。31 万字。20.00 元。论述量子力学基本概念、原理和方法。内容包括量子力学产生的历史背景,波函数与薛定谔方程,一维定态问题,力学量与算符,表象,三维定态问题,近似方法,自旋,全同粒子体系和散射等。力学量算符的引入是量子力学中的一个难点。全书从自由粒子平面波函数是动量算符的本征函数出发,逐步建立起任一力学量均用相应的厄密算符表示,初学者易于接受。对量子力学基本概念和原理的论述有利于读者自学。书中通过较多的例题介绍量子力学的应用。每章后面还附有一些习题和答案,这些习题大多取自 1990 年至 2002 年中国科学院,中国科技大学和南京大学等硕士研究生入学考试试题。(陈岩)

O000086 **非线性物理概论** 陆同兴编著。中国科学技术大学出版社 2002 年 10 月版。26 万字。15.00 元。有关非线性科学的教材和基础知识读本。以一般理工科大学生的高等数学水平与普通物理知识为起点,以典型的物理学模型或实验实例为切入点,逐步深入地引入非线性物理学的各个新概念,以简洁的内容和清晰的物理概念,全面而系统地讲述非线性科学中的一些基本问题。简要介绍了非线性科学中具有代表性的非线性动力学、分形与孤立子三个方面的基本概念和分析方法,内容包括非线性振动基础、数学分岔与奇怪吸引子、耗散系统与保守系统的混沌道路、分形及动力学体系的分形特性、混沌与分形的电子电路实验及计算机模拟、孤立波等。(李攀峰)

O000087 **混沌控制及其在保密通信中的应用** 关新平等著。国防工业出版社 2002 年 10 月版。23.3 万字。15.00 元。内容包括:介绍混沌系统的定义、特征、实现混沌的几种途径以及研究混沌系统的常用方法;论述了混沌系统的控制问题,给出了 OGY 控制方法的基本原理及一种改进的 OGY 控制算法;论述了混沌系统的时滞反馈控制方法、自适应控制方法、变结构控制方法、鲁棒控制方法以及混沌研究的另一个热点——混沌系统的反控制,并论述了混沌保密通信的关键问题——混沌同步。全书有绪论,各章有本章小节,分别概括出这一章的主要内容。(刘萍)

O000088 **光学·近代物理** 陈熙谋编著。北京大学出版社 2002 年 3 月版。30 万字。18.00 元。大学物理通用教程。光学部分主要为波动光学内容,包括光学导言,以及光的干涉、衍射、偏振等章节;近代物理部分讲述相对论、量子物理基础、原子和分子、原子核、粒子与宇宙等。(顾卫宇)

O000089 **激光如何偶然发现** [美]查尔斯·H.汤斯著,关洪译。上海科技教育出版社 2002 年 12 月版。20.7 万字。18.50 元。"金羊毛书系"之一。生动刻画了汤斯如何从对微波波谱学的开创性研究出发,研制出世界上第一台微波激射器,进而发明了激光器,书中还对其中的专利纷争给出了高度个人化的描述。(匡志强)

O000090 **小波分析与分数傅里叶变换及应用** 冉启文、谭立英著。国防工业出版社 2002 年 4 月版。20.7 万字。20.00 元。全面论述小波变换和分数傅里叶变换的基本原理、基本方法和典型应用。内容包括:小波变换与傅里叶变换;小波构造和多分辨分析;小波变换与时——频分析;正交共轭滤波器和小波;小波包分析与时——频分析;分数傅里叶变换;分数傅里叶变换的离散算法;小波变换与分数傅里叶变换;傅里叶光学;小波光学;分数傅里叶光学等。在应用方面,用新的数学方法对以往的光学现象进行描述,目的是进一步完善光学理论,以便建立新的光学理论框架,使理论更符合实际的光学现象。(熊思华)

O000091 **随机介质中光的传播与成像** 张逸新编著。国防工业出版社 2002 年 2 月版。34.7 万字。25.00 元。分 8 章:随机场的基本概念,随机场衍射,单次散射理论,大尺度不均匀介质中标量波的传输,多次散射理论,光波在大气介质中的传播,光波大气成像,光波在有生物介质中的传播与成像。(许波建)

O000092 **电和磁的历史** 戴念祖著。湖南教育出版社 2002 年 12 月版。36 万字。25.00 元。"中国物理学史大系"之一。叙述了中国古代有关静电和静磁两方面的知识,概括了它们从远古到 19 世纪末的进程。全书 9 章,从摩擦起电和雷电讲起,磁体、司南、指南针和罗盘赓续其后。对于尖端放电、避雷针思想、指南针起源年代、罗盘的演变等,本书有许多新材料、新观点。尤其是,从文化史角度论述了磁吸引与磁排斥,司南、指南针、罗盘和占卜方术之因缘,以及方士对磁知识作出的贡献。对罗盘与航海关系的叙述也有许多独到之处,诸如一些著名的航海典籍与郑和航海的关系,航海罗盘及航海中地磁零偏角的发现及影响等,都吸收了最新的研究成果。太阳黑子和北极光的论述是初次涉及天体磁场和空间磁场现象的古代知识。本书还讨论了古代人关于"气"和场的观念,明清时期电磁学的东渐进程。全书收集了大量相关的历史绘画和文物图书,文献书目与各类索引俱全。(谭清莲)

O000093 **电磁定理和原理及其应用** 杨儒贵著。西南交通大学出版社 2002 年 2 月版。8.8 万字。10.00 元。分 10 章,分别论述了 Maxwell 方程、Green 定理、惟一性定理、Helmholtz 定理、Babinet 原理等。对于各种定理和原理,不仅给出了翔实的物理描述和严格的数学证明,同时还列举了实例及其应用准则。(万方)

O000094 **电子衍射物理教程** 王蓉著。冶金工业出版社 2002 年 3 月版。49.80 元。系统论述了电子衍射和电镜高分辨像以及衍射衬度像成像的物理过程和数学表述。书中阐述了物理光学基础和信息传递过程的基本数学处理方法,论述了电子衍射运动学理论,给出了成像系统相位衬度成像的物理过程和数学表述,介绍了实际高分辨电子显微像衬度理论、像计算和图像处理的方法,描述了电镜衍射衬度成像的运动学理论和完整晶体的动力学理论,叙述了多速动力学理论计算方法的几种简化和近似处理方法,概括介绍了利用三束动力学交互作用测定结构振幅的方法,系统论述了非完整晶体的衍射衬度像动力学计算。(张卫)

O000095 **半导体光谱和光学性质** 沈学础

著。科学出版社 2002 年 7 月第二版。86.4 万字。88.00 元。系统深入地阐述半导体及其他凝聚态固体光学性质和光谱,并将这种光谱和光学性质与固体中微观电子态、声子态及其相互关联、相互作用及跃迁过程联系起来。从宏观光学常数和量子理论出发,系统论述了半导体的反射光谱与吸收光谱、发光光谱与辐射复合、光电导和光电子效应、磁光效应、拉曼散射以及超晶格、量子阱、量子线以及量子点结构等的光谱和光学性质。深入地总结了近 30 年来的大量优秀成果,并将这些研究成果与基本理论融会贯通,从光谱和光学性质中来研究半导体及其结构的微观过程状态和过程。(郦德平)

O000096 **金兹堡一朗道方程** 郭柏灵、黄海洋、蒋慕蓉著。科学出版社 2002 年 8 月版。51.2 万字。49.00 元。"现代数学基础丛书"之一。用比较简澍的方法介绍了当前研究 GL 方程的主要内容、典型方法以及所得到的最新成果。全书共分 5 章,主要介绍 Ginzburg－Landau 方程的物理背景,一维及高维 GL 方程的整体解及渐近性态,超导中的 GL 方程以及 GL 模型方程及其和调和映射的联系,总结了近年来 GL 方程研究的最新成果,阅读本书可使读者尽快地进入这一研究领域的前沿。(总编业务部)

O000097 **高温超导体的光电子谱研究** D. W. Lynch 和 C. G. Olson 著,上海应用物理研究中心译。上海科学技术文献出版社 2002 年 7 月版。46.3 万字。48.00 元。从理论与实验两个方面,描述用于研究铜氧化物("高温")超导体的光电子谱技术的现状,一并讲述由这些测量得到的结果。所描述的技术包括价电子的角分辨光电子谱,芯能级(ΣPS),还有诸如共振光发射之类的几种衍生技术,着重讲述的是解释这些谱所遇到的难点,以及在制备样品的优质表面和提高测量分辨率方面的问题。与得自其他实验技术的结果作了一些对照。还略述了这些技术将来可以预期的发展。附有参考文献 700 多篇。(蔡振敏)

O000098 **热学** 钟锡华、陈熙谋主编,刘玉鑫编著。北京大学出版社 2002 年 2 月版。21.9 万字。13.00 元。大学物理通用教程。包括平衡态与状态方程、分子动理论、热平衡态的统计分布规律、能量均分定理、近平衡态中的输运现象、热力学第一定律、热力学第二定律、热力学第三定律,单元系的复相平衡及相变等内容。以热物理学的基本概念和规律、典型现象和应用为主体内容,尤其注意定律的推导和分析,以及概念、现象和规律的讨论,同时注意知识的适度扩展和深化,特别是基本规律在当代科学前沿中的应用。(瞿定)

O000099 **研究生教材 两相与多相流动力学** 郭烈锦编著。西安交通大学出版社 2002 年 12 月版。50.5 万字。30.00 元。从多相流相场空间结构与分布、界面现象、波动现象、颗粒相的特性、可变形颗粒动力学、沸腾系统中的汽液两相流及其不稳定性、两相与多相流数理模化等方面,比较全面系统地阐述了两相与多相流动力学的基本概念、分析方法和基本理论,同时介绍了相关研究的国内外进展与部分成果。(薛玲玲)

O000100 **三旋理论初探** 王德奎著。四川科学技术出版社 2002 年 5 月版。70 万字。50.00 元。自洽地解释了物理学,生物学,脑与认知科学,宇宙、物质、生命起源,以及经济学中的许多现象,并给出了统一的数学图像。将"万物理论(TOE)"、"超弦理论"、"隐秩序"、"耗散结构学说"、"纤维丛"、"协同学"等理论有机地统一起来,分清了类圈体的自旋和类圈体上转座子的自旋,从而分清了场与实物。阐明了"无限可分"的本体论实质。(陈敦和)

O000101 **原子光谱分析** 邱德仁编著。复旦大学出版社 2002 年 3 月版。37.2 万字。20.00 元。内容包括原子发射光谱分析、原子吸收光谱分析和原子荧光光谱分析三门分支学科。阐述原子光谱分析的共同点、电感耦合等离子体原子发射光谱分析等。(秦金妹)

O000102 **反物质——世界的终极镜像** [英]戈登・弗雷泽著,江向东、黄艳华译。上海科技教育出版社 2002 年 12 月版。17.2 万字。16.60 元。"哲人石丛书・当代科普名著系列"之一。从卡罗尔小说里的镜像世界开始,通俗地介绍了反物质,明快易懂地讲述了反物质如何从科学幻想变成科学事实。作者没有使用过多的专业词汇或复杂烦人的方程式,而是通过讲述物理学中的镜像对称性,循序渐进地揭示出反物质(如正电子和反质子等)的性质及其发现过程,并介绍了随着欧洲和美国大型粒子加速器的建成使用,由高能碰撞产生的反物质碎片如何为反物质研究提供了新的线索。(柴元君)

O000103 **寻觅基元——探索物质的终极结构** [荷]赫拉德・特霍夫特著,冯承天译。上海科技教育出版社 2002 年 11 月版。20.3 万字。18.00 元。"金羊毛书系"之一。分 28 章,以个人的角度,通俗简明地阐述了理论物理学家和实验物理学家如何逐步发展现在的标准理论,如何越来越深入地探及物质实在的基本结构,越来越清楚地了解宇宙万物的终极基元;在后半部分还对一些比现在已知存在的更为小的结构,对黑洞、大统一等课题提出了独到的看法,并对它们在今后发展的可能方向作了预测。(柴元君)

化 学

O000104 **十万个为什么・化学分册** 杨德壬主编。新疆科技卫生出版社 2002 年 9 月哈萨克文版。28 万字。18.00 元。根据少儿版《十万个为什么》(新世纪版)翻译出版。本分册介绍了基础化学知识以及新的科学发展成果和应用。

O000105 **化合物辞典** 申泮文等主编。上海辞书出版社 2002 年 6 月版。169 万字。88.00 元。收录词目约 6613 条,约 173 万字,分上下两篇,上篇为无机化合物,下篇为有机化合物。主要收录 109 种元素,一般的、常见的、重要的、科研中需查阅的无机化合物,有机试剂,化工原料,染料、助剂,药物,农药等条目,每条释文内容有外文名称、别称、系统名、化学式、结构式分子量、物性、熔点、沸点、相对密度、析光率、溶解性、化学性、毒性、存在、制法及用途等,下篇中为便于读者理解,许多条目中化学性质及制法等用结构式加化学反应式表述。书末还附有词目英汉对照索引。(辞书总办)

O000106 **化学化工物性数据手册・无机卷** 青岛化工学院、全国图算学培训中心组织编写,刘光启、马连湘、刘杰主编。化学工业出版社 2002 年 4 月版。140.9 万字。80.00 元。《化学化工物性数据手册》分为无机卷和有机卷 。本书为无机卷,共分 16 章。内容包括水和水蒸气,无机气体,无机酸,金属、非金属及其氧化物,氢化物和氢氧化物,氰化物和氰酸盐,硼化物和硼酸盐,碳化物和碳酸盐,硅化物和硅酸盐,氮化物和硝酸盐,磷化物和磷酸盐、砷化物和砷酸盐,硫化物、硫酸盐和硫氰酸盐,氟化物和氟酸盐、氯化物和氯酸盐,溴化物和溴酸盐,碘化物和碘酸盐,金属酸盐和其他酸盐,硒化物和硒酸盐、碲化物和碲酸盐及其他无机物料的物性数据。书末附有附录,介绍无机物料的缩写和别名。(郭燕)

O000107 **化学化工物性数据手册・有机卷** 青岛化工学院、全国图算学培训中心组织编写,刘光启 、马连湘、刘杰主编。化学工业出版社 2002 年 5 月版。189.3 万字。95.00 元。《化学化工物性数据手册》分为无机卷和有机卷。本书为有机卷,共分 14 章。内容包括有机酸和酸酐,有机盐和有机碱,烷烃,烯烃和炔烃,芳烃,胺和腈,酚类,酯类,酮类,醚类,醇类,醛、醌类及酰基化合物,油类和燃料,其他有机物料的物性数据。书末附有附录,介绍有机物料的缩写和别名。(郭燕)

O000108 **探究物质之本** 姚子鹏著。上海科学技术教育出版社 2002 年 4 月版。9.8 万字。8.00元。《诺贝尔奖百年鉴》之"20 世纪化学纵览"卷。全面回顾了无机化学、分析化学、高分子化学、有机化学、物理化学、生物化学等化学的各个分支领域在 20 世纪的发展,简要介绍了百年来诺贝尔化学奖的所有获奖成就,为读者了解诺贝尔化学奖和现代化学起了提纲挈领的作用。共分 8 章:奇妙的化学;探索元素世纪;分析技术的革命;从胶体到高分子;有机化学的发展;从物理化学到量子化学;生命体中的化学;结束语。(匡志强)

O000109 **基础化学** 林三冬主编。大连理工大学出版社 2002 年 7 月第二、第三次印刷版。48.7 万字。24.00 元。16 开。分 15 章,内容包括:溶液、稀溶液的依数性、电解质溶液、缓冲溶液、酸碱滴定、热力学基础、化学平衡、化学反应速率、氧化还原与原电池、原子结构和元素周期律、分子结构、配位化合物、表面现象和胶体溶液、紫外一可见光光度法及生命活动与化学元素。(总编室)

O000110 **普通化学学习指导** 陶雷编著。同济大学出版社 2002 年 6 月版。46.7 万字。25.00 元。内容包括:化学反应的基本规律,溶液与胶体,电化学与金属腐蚀,原子结构与周期系,分子结构与晶体结构,非金属元素及其化合物,金属及配位化合物,有机高分子化合物等。各章在编排上均包括以下内容;①基础知识点——学生必须掌握的内容;②重点及难点解析——学生较难理解或普遍存在的问题;③题型及其解析——从解题思路入手,利用已学知识引导学生;④自测题——问答题、选择题、填充题和计算题;⑤自测题参考答案(附有提示)。(陶文文)

O000111 **无机化学(三年制)** 胡伟光主编。化学工业出版社 2002 年 6 月版。54.4 万字。32.00元。教育部高职高专规划教材。内容包括:化学基本概念、原子结构、分子结构、元素周期律、化学反应速率和化学平衡、电解质溶液、电化学基础、重要元素的单质及化合物、配位化合物及滴定分析法。

为适应教学要求,将四大平衡理论与滴定分析的内容相融合,直接体现了四大平衡理论知识的应用。为拓宽学生的知识面,精选了部分“阅读材料”。在每章后均有“本章小结”,以利学生巩固所学知识。(郭燕)

O000112 **无机固体化学** 副名:中国科学院研究生教材丛书。洪广言编著。科学出版社 2002 年 7 月版。46.8 万字。36.00 元。结合作者的工作实践与无机固体化学最新成果和发展趋势,介绍无机固体化学的基本内容和相关实验。从介绍固体材料的合成,包括玻璃、纳米粒子、晶体生长、相图等出发,讨论了固相反应、固体中的扩散及固体中的缺陷,简述了固体中的化学键和固体表面化学,并在此基础上探讨了固体材料与材料设计。全书共 9 章:绪论,玻璃与粉末多晶,晶体生长,固体中的缺陷,固相反应,固体中的扩散,固体表面化学,固体中的化学键,材料与材料设计。(总编业务部)

O000113 **世纪中兴** 周嘉华、倪莉著。上海科学技术教育出版社 2002 年 1 月版。7.2 万字。8.00 元。《诺贝尔奖百年鉴》之“现代无机化学”卷。不仅系统介绍了 20 世纪 100 年来科学家们在无机化学与胶体方面所作出的艰辛探索以及取得的辉煌成就,为广大读者展现了一幅无机化学发展的壮阔画卷,而且还就人类对臭氧空洞等环保问题的认识提出了自己的见解。(邢志华)

O000114 **化学元素遍览(修订本)** [美]艾伯特·斯特沃特加著,田晓伍、任金霞译。河南科学技术出版社 2002 年 1 月版。24 万字。15.00 元。主要介绍元素周期表、109 种化学元素及 3 个新元素的名称、所处的族号、原子序数、化学符号;每种化学元素的发现和研究过程,以及各元素的特征、特性,在工业、农业、医药卫生、军工、通信、建筑、航空航天等领域所产生的作用等。书后附有专业名词解释和元素发现年表。(赵志刚)

O000115 **21 世纪有机化学发展战略** 杜灿屏、刘鲁生、张恒主编。化学工业出版社 2002 年 1 月版。61.3 万字。49.00 元。征集 34 篇,由 10 位院士及 49 位专家、学科带头人精心撰稿,并特邀有关专家进行评议、讨论和修改而集成。本书结合国内外有机化学发展的规律和趋势,提出我国有机学科的发展规划,着重在各分支学科的层次上论及当前及进入 21 世纪后的有机化学发展战略,涉及重大、重点项目的遴选。其基础是简单的概念和标度律,所讨论的主要问题均概括于标度的统一理论框架之中。(郭燕)

O000116 **有机化学** 伍越寰、李伟昶、沈晓明著。中国科学技术大学出版社 2002 年 9 月第二版。106 万字。48.00 元。在 1994 年出版《有机化学》的基础上修订而成。全书共 22 章,以官能团为主线,按脂肪族和芳香族化合物混合体系进行介绍。内容包括各类有机化合物的结构、反应及其有关机理、合成、用途、测定有机化合物的物理方法(UV,IR,^{1}H—NMR,^{13}C—NMR 和 2DNMR,MS)、杂环化合物(生物碱)、周环反应、有机合成以及天然产物——碳水化合物、蛋白质和核酸、类脂化合物、萜类和甾族化合物等。在阐述每一章内容时,着重突出每类化合物的结构与其性质的关系,并结合各类重要有机反应的机理及有关的立体化学进行介绍,尽量联系到有机物或有机反应与生物体的关系。每章节后附有习题。(张春瑾)

O000117 **有机化学(五年制)** 初玉霞主编。化学工业出版社 2002 年 6 月版。51.2 万字。30.00元。教育部高职高专规划教材。包括绪论、烃类、烃的卤素衍生物、烃的含氧衍生物、烃的含氮衍生物、杂环化合物、碳水化合物、对映异构、氨基酸、蛋白质和核酸以及高分子化合物简介等内容。每章除编有学习指南、思考与练习、本章小结及习题外,还编入了与教材内容密切相关的阅读资料。书中采用了现行国家标准规定的术语、符号和单位,化合物的命名依据 IUPAC 及中国化学会提出的命名原则,体现了科学性和先进性。(郭燕)

O000118 **有机化学学习指导** 姜文凤、陈宏博编。大连理工大学出版社 2002 年 9 月版。45.7 万字。19.80 元。与面向 21 世纪课程教材《有机化学》(袁履冰主编)配套的教学参考书。全书分 17 章,每章结构内容如下:内容概要、同步例题、习题全解。附录部分包括模拟试题 11 套,各类有机化合物的主要制备方法及鉴别方法。(总编室)

O000119 **配位催化与金属有机化学** 何仁编著。化学工业出版社 2002 年 2 月版。19.4 万字。18.00 元。“面向 21 世纪课程教材”之一。简明阐述金属有机化学在高选择性有机合成及配位催化方面的基本知识与理论,着重介绍其应用领域。以高新技术为基础讲述学科前沿:特别是手性(配位)催化方面的成功应用,使学生了解金属有机化学在 21 世纪为解决资源、能源、环境等问题将起到的重要作用。如茂金属化合物作为烯烃聚合催化剂,将会改变聚烯烃材料工业的面貌,不对称催化技术可形成

高选择性、高原子经济性的化工过程,不仅节约资源,也解决了环保问题。(郭燕)

O000120 **有机合成化学** 孙明昆、钱佐国编著。青岛海洋大学出版社2002年6月版。76.3万字。45.00元。第一至第六章主要讨论与碳—碳键的生成和分子骨架的构建相关的各类重要反应,包括活泼亚甲基化合物的烃基化,缩合反应,金属有机化合物用于有机合成,周环反应,有机活性中间体的反应,有机磷、有机硼、有机硅和有机硫试剂的应用;第七、八章分别介绍还原反应和氧化反应;第九章讨论有机合成设计的方法。不对称合成的重要方法则在各相关章节中结合应用实例加以介绍。内容撰写在介绍基本概念、基本反应和基本合成方法的同时,力求反映近代有机合成研究的一些重要成果。(魏建功)

O000121 **西安交通大学"十五"规划教材有机化学实验** 唐玉海等主编。西安交通大学出版社2002年7月版。30.1万字。16.50元。选编了50个实验,内容有:有机化学实验的基本知识、有机化学实验的基本操作、有机化合物的性质、有机化合物的制备、波谱技术和综合实验等六大部分。每个实验后均附有注释和思考题。(薛玲玲)

O000122 **超分子化学——概念和展望** Jean Marie Lehn著,沈兴海等译。北京大学出版社2002年7月版。30万字。20.00元。不是对超分子化学领域的全面综述,而主要对超分子化学的基本概念给出详尽的解释和说明,将五彩缤纷的超分子世界呈现给读者,同时也对作者首先提出的"分子信息论"、"分子智能化"这些具有划时代意义的重要概念进行了阐述。(赵学范)

O000123 **结构化学基础** 周公度、段连运编著。北京大学出版社2002年7月第3版。60万字。32.00元。主要包括量子力学基础知识、原子的结构和性质、分子的结构和性质、超分子结构化学、化学键理论、晶体化学、研究结构的实验方法等内容。注重介绍结构化学的基本原理,同时也反映了结构化学的新成就、新进展以及作者在教学中的经验和体会。(赵学范)

O000124 **结构化学(第3版)习题解析** 周公度、段连运编著。北京大学出版社2002年12月版。40万字。24.00元。内容为3部分。第一部分为习题解析,基本保持上一版的风格和特点对书中所列习题逐一解析;第二部分为综合习题解析,不受章节限制以命题所涉及的内容进行扩展精细地分析典型实例,起到深入讨论、举一反三的效果;第三部分为结构化学实习,通过运算作图、搭制模型深入了解三维空间中电子的分布和原子排布的图像。(段晓青)

O000125 **实用无机物热力学数据手册** 叶大伦、胡建华编著。冶金工业出版社2002年9月第二版。185.6万字。178.00元。叶大伦先生编著的《实用无机物热力学数据手册》(冶金工业版,1981)是我国第一部集1233种纯物质热力学数据和简化计算方法于一体的系统的热力学手册。第二版与第一版相比,新增纯物质数724种,使纯物质总数达1957种,并修订了352种纯物质的热力学数据,从而大大拓宽了平衡态热力学的使用范围。凡所从事专业与化学平衡及能量平衡有关的人员,如冶金、材料、能源、无机化工、地质科学、航空航天等部门的科研及工程技术人员,都可从书中获得所需的基本热力学数据资料。(肖放)

O000126 **燃烧的数值模拟** 赵坚行著。科学出版社2002年6月版。36.5万字。36.00元。系统地叙述燃烧过程数值模拟中所涉及的基本理论、数学模型、数值解法以及数值模拟在实际工程装置中的应用,并着重介绍近年来计算燃烧学科最新的研究成果。全书共分6章。第一至三章主要阐述燃烧过程数值模拟的基础理论知识,包括多组分气相粘性反应流动基本方程以及层流和紊流扩散燃烧中的应用,气体紊流燃烧的模拟、以及紊流两相流动与燃烧模拟。第四至六章着重叙述近代计算燃烧学的新发展。在第五章的燃烧过程污染物生成的模拟中主要介绍污染物生成的数学模型以及计算方法。第六章的超音速流动与燃烧的模拟阐述了超音速燃烧流场计算的数学模型与数值解法等内容。(陈文芳)

O000127 **分析化学** 汪尔康主编。北京理工大学出版社2002年9月版。31.9万字。22.00元。"中国现代科学全书"理学分卷化学篇的七个分册之一。分4章,分别由黄本立、汪尔康、卢佩章和俞汝勤四位院士及相关学科专家共22位精心撰稿。本书较系统地总结了我国在原子光谱分析、电分析化学、色谱分析分离和化学计量学方面的发展和成就,也展望了这些学科领域的前景。(总编办)

O000128 **图释分析化学** [德]施威特著,谭忠印、何鸿斌、朱再明编译。辽宁师范大学出版社2002年7月版。9万字。55.00元。分11章:一、基本原理;二、样品制备;三、检测方法;四、化学和生物化学法;五、电化学分析法;六、热分析法;七、原子光谱分析法;八、分子光谱分析法;九、分离方法;十、分析程序的自动化;十一、特殊领域的应用和方法。从图入手,以图释文,是全书的一大特色,包括了近千幅分析化学彩图,有分析仪器的三维剖面图,有仪器分析原理示意图,还有分析原理的形象示意图及典型的分析谱图。(王琦)

O000129 **定理分析化学** 胡传训主编。四川大学出版社 2002 年 8 月版。33.1 万字。23.00 元。共 12 章。第一章是绪言,第二章是误差和数据处理,第三章是定量分析概述,第四章是重量分析法,第五章是酸碱滴定法,第六章是配位滴定法,第七章是氧化还原滴定法,第八章是沉淀滴定法,第九章是分光光度法,第十章是电位分析法,第十一章是定量分析的一般步骤,第十二章是分析化学中常用的分离方法。(汪萍 成杰)

O000130 **高等结构分析** 马礼敦主编。复旦大学出版社 2002 年 7 月版。76.3 万字。45.00 元。较深入地介绍了进行化学结构分析的几类主要方法,包括核磁共振、顺磁共振、红外光谱、拉曼光谱、质谱、X 射线吸收精细结构光谱、X 射线单晶衍射、X 射线多晶体衍射及电子显微镜。每种方法都阐述了其基本原理、实验仪器、可测量得到的物参数及由此获得结构数据的方法,还列举了这些方法的应用实例。除以上基本内容外,尚介绍了方法的一些最新发展及为掌握方法而设计的一些实验。

O000131 **现代压电学(中册)** 副名:应用物理学丛书。张福学主编。科学出版社 2002 年 6 月版。27.6 万字。27.00 元。全面介绍压电学理论、材料及应用。全书分上、中、下 3 册。本书为中册,介绍压电材料,共 6 章,主要介绍非铁电性压电晶体、铁电性压电晶体、压电陶瓷、无机压电铁电薄膜、压电聚合物和压电复合材料等。(总编业务部)

P 天文学、地球科学

P000001 **地外生存** 副名:人类文明在宇宙中的命运。[法]尼阔·普朗察著,王义豹译。湖南教育出版社 2002 年 4 月版。26 万字。22.70 元。作者充分利用自己天体物理学的专业知识和技能,对于人类文明及宇宙的未来作了描述。如这个未来到底会包含着什么?对于宇宙和恒星,人类到底能研究到什么程度?有朝一日,人类会与那些行为古怪的脉冲星、类星体和黑洞打交道吗?以当前的仪器装备的能力,何种工程项目是可行的?技术取得更大进步之后,人类能向其他星球殖民吗?……(黄永华)

P000002 **物理宇宙学讲义** 俞允强编著。北京大学出版社 2002 年 11 月版。23 万字。15.00 元。内容分 5 部分:一、恒星和星系;二、宇宙学基础(宇宙学的基本事实和宇宙膨胀的动力学);三、宇宙的早期(早期宇宙概况、光子背景辐射、大爆炸核合成);四、粒子宇宙学初步(正反物质的不对称、甚早期宇宙的暴胀);五、结构的形成(物质结团的理论基础、结构形成的模型研究)。(周月梅)

P000003 **少年天文观测** 尤仪编著。福建科学技术出版社 2002 年 1 月版。15 万字。11.00 元。科普读物。介绍太阳、月球、行星及其卫星、彗星、流星、恒星、变星、星系、星团、星云的目视观测、望远镜观测摄影、CCD 成像观测的原理和方法,以及国内外天文网站等有关天文资料。(王大达)

P000004 **宇宙探索者** 副名:来自地外文明的信息。[美]科特尼·布朗著,陈养正等译。湖南教育出版社 2002 年 4 月版。18 万字。16.80 元。将生物学、生理学、心理学、固体物理学、量子物理学等自然科学和哲学、社会学、政治学等社会科学融为一体,描述了人类对宇宙和外星文明的探索与思考。对外星文化的研究,对科学遥视方法和有关事件的详细描述,以及关于人类对未知事物探索的有趣描写是本书的主要内容。书中用科幻的写作手法介绍了通过遥视与外星人接触、了解外星文明动态的过程,叙述了人类渴望了解外星文化的需求,有助于人类真正地探索外太空和银河系的星球,客观地认识"外星文明"、"地外邻居"、"外星人"、"不速之客"等现象。(黄永华)

P000005 **探索宇宙奥秘** 李良主编。河南科学技术出版社 2002 年 10 月版。55 万字。148.00 元(精)。分天空动物园、太阳系的发现、神奇的太阳、探索行星世界、恒星探秘、星系和大宇宙6部分。介绍了宇宙的基本知识，包括星宿座文化、太阳系天体、恒星、银河系以及外星系等知识，讲述了宇宙形体从形成、发展到最后消亡的运动和演化规律，同时用500多幅天体图片展现了浩瀚宇宙的无穷魅力和壮美的风光。（赵志刚）

P000006 **傻瓜系列：天文** 梅兰（MeLand，P.）著，于系民译。辽宁教育出版社2002年2月版。19.5万字。25.00元。是美国天文学家兼科普作家史蒂芬·梅兰教授专门为国际知名的傻瓜系列丛书写的，它概括了2000多年来直到20世纪末人类探索天宫奥秘所获得的主要成果，指出了社会公众、尤其是天文爱好者从事天文活动的内容、意义和途径。（李姝）

P000007 **星座奥秘探索图典** 日本小学馆原出版者，邓久贵、潘海松译。浙江教育出版社2002年2月版。70.00元。收集了从太阳系到宇宙的各种星座图，介绍了各种星座在天体的位置、各种星座中所包含的各种星团的有关资料，如年龄、光度、外形以及与地球的距离等。

P000008 **十万个为什么·宇宙科学分册（哈萨克文）** 赵君亮主编，哈克木、巴合提汗译。新疆科技卫生出版社2002年8月版。28.3万字。17.50元。丛书根据少儿版《十万个为什么》（新世纪版）翻译出版。本分册主要介绍了宇宙科学，使人们了解天文与气象等的关系。

P000009 **观测宇宙学** 何香涛著。科学出版社2002年4月版。41.2万字。39.00元。讨论了宇宙的基本模型和演化过程，与此相关的是描述宇宙的各种基本物理参量，包括哈勃常数、物质密度、减速因子等。活动星系核是近代天体物理学的热点研究课题之一，本书从观测角度出发作了详细的讨论。本书的内容还包括星系的形成和演化，宇宙空间的大尺度结构等。书中讨论的所有内容都与观测验证相联系。（方开文）

P000010 **太阳系的起源和演化规律** 修树友编著。新疆科技卫生出版社（K）2002年3月版。20万字。15.00元。作者通过对太阳系演化史的研究，在现有星云假说的基础上，提出了一个具有全新特点的星云说，阐述了太阳系的普遍演化规律，统一的说明了太阳、行星和卫星绕其中央天体公转和绕自身质心自转的共面性和同向性，以及角动量来源和角动量分布等。

P000011 **月球探索** 副名：阿波罗登月纪事。［美］戴维.M.哈兰著，于喜海等译。湖南教育出版社2002年4月版。44万字。35.00元。以阿波罗月球探险为主线，将航天员在月面上的所行、所做、所看、所说、所感、所取（采标）的情景全面展示在读者面前，生动描述了月球探险的曲折历程。（黄永华）

P000012 **行星探索——外太阳系行星·彗星·地球** 万同山著。上海科学技术文献出版社2002年2月版。15.6万字。25.00元。根据最新的行星探测和研究结果编写，是“行星探索丛书”的第二本，依次描述了各种行星太空船到达木星、土星、天王星、海王星、冥王星和彗星探测的情况，以及各种未来的太空船探索计划。（刘梅毓）

P000013 **西藏的天文历算** 黄明信编著。青海人民出版社2002年9月版。是《藏学文库》中的一部，本书对西藏的藏历来源、传统历书的内容、基本原理作了详尽的阐述，同时重点介绍了物候历、藏传时轮历、藏传时宪历的具体内容等。（魏兴）

P000014 **测绘学基础与数字化成图** 毛亚纯等编著。东北大学出版社2002年4月版。44.5万字。28.00元。共两编。第一编主要介绍测绘学的基础知识及地形测量的基本原理，并结合实例详细地介绍各种小地区图根控制测量方法及计算方法，并根据测量范围，介绍了各等级控制及测图的一些限差要求。第二编主要介绍数字化成图系统所必备的软硬件条件及数字化成图的原理，几种数字化成图软件的应用。（刘淑芳）

P000015 **误差处理与可靠性理论** 李德仁、袁修孝著。武汉大学出版社2002年7月版。44.7万字。40.00元。讲述了以数理统计理论为基础的测量平差系统的误差理论、假设检验和可靠性理论，介绍了当代摄影测量平差在理论和技术发展中的新成就和主要动向。如GPS辅助空中三角测量；稳健计算机视觉；利用人工智能方法进行粗差的启发式搜索等。书中重点讨论了偶然误差的减少、系统误差的补偿、粗差的检测以及不同类型误差的区分等问题。（任翔）

P000016 **地理信息系统** 邬伦编著。电子工业出版社2002年7月版。41.6万字。25.00元。从地理信息系统的基本概念出发，详细介绍了地理信息系统总的体系结构。包括地理信息系统的发展现状、地理信息系统的基本概念、地理信息系统中的主要核心技术与方法，以及其分析功能和输出等，最后对地理信息系统的未来进行了展望。（总编办）

P000017　**地理信息系统原理与方法**　吴信才等编著。电子工业出版社 2002 年 3 月版。40.96 万字。25.00 元。分析了地理信息系统的特点、发展现状和发展趋势，并充分考虑了我国当前信息化建设的实际需要，力求将地理信息系统基础理论、技术方法和实践应用三者融为一体，系统论述了地理信息系统的基本原理、应用方法、关键技术、最新理论以及多个领域的应用实例。全书共 14 章，包括绪论、空间数据结构、地理信息系统的地理数学基础、地理信息系统的数据输入、地理信息系统的数据处理、空间数据管理、数学空间的几何对象、地理信息系统的数学模型、空间分析、数字高程模型、地理信息系统与遥感技术、地理信息系统的输出与数字制图、地理信息工程。(总编办)

P000018　**地理信息系统原理与应用**　郭达志主编。中国矿业大学出版社 2002 年 10 月版。45.2 万字。29.40 元。介绍了传统的 GIS 基础知识，同时又结合了 GIS 的最新发展。主要内容包括：地球空间与空间数据基础；空间数据结构与数据库；空间数据采集与处理；空间分析；空间数据的可视化与自动制图；GIS 工程与应用；GIS 的发展与展望。(宋党育)

P000019　**控制测量学**　孔祥元、梅星义主编。武汉大学出版社 2002 年 2 月版。(上册)48.5 万字，(下册)44.7 万字。(上册)28.00 元，(下册)26.00元。高等学校测绘类系列教材。上册共 6 章，系统介绍了建立工程测量控制网、国家测量控制网的原理、方法和仪器，包括水平控制网和高程控制网的布设原则、技术设计、精密测角、测距及测高的方法和仪器，以及在这些方面的最新研究成果，同时还讲述了 GPS 卫星定位基础及应用。下册共 7 章，系统介绍了测量控制网计算的基本原理和方法。内容包括：地球椭球几何性质，观测值归算及椭球面上的基本计算，高斯投影及控制网概算，国家及工程坐标系建立概念及应用，控制网的条件平差及近代平差理论及应用等。(王金龙)

P000020　**数字测图原理与方法**　潘正风、杨正尧编著。武汉大学出版社 2002 年 2 月版。42.8 万字。27.00 元。共 8 章，全书以大比例尺数字测图为主线，在阐述测量学的基本原理、基本仪器、常规方法、实用技能的基础上对数字测图的原理方法作了全面讲解，包括计算机地图制图基础、地形图的数字化、大比例尺地面数字测图、航摄外业的测图工作。(徐方)

P000021　**近景摄影测量**　副名：物体外形与运动状态的摄影法测定。冯文灏编著。武汉大学出版社 2002 年 2 月版。34.9 万字。21.00 元。高等学校测绘类系列教材。本书阐述了近景摄影测量的基本原理、设备方法与应用。主要内容包括：近景摄影测量的理论基础，近景摄影测量的摄影设备与摄像设备，近景摄影测量的摄影技术与控制，基于共线条件方程式的各种解析处理方法的原理与分析，直接线性变换解法的原理与分析，其他具有特点的近景摄影测量解析处理方法与近景摄影(摄像)机检校有关的理论和方法。(王金龙)

P000022　**遥感专题分析与地学图谱**　傅肃性著。科学出版社 2002 年 1 月版。33.8 万字。30.00元。是在遥感信息科学的基础上，运用地学多元综合分析原理方法，结合作者长期在该领域的工作实践撰写而成的。全书 12 章，内容可归纳为 3 部分：一是论述空间遥感信息机理与专题制图研究的理论与方法；二是阐述遥感图像地学多元分析、专题识别制图的实践；三是介绍遥感制图输出与制印工艺设计。同时，本书还简要地介绍了地球信息融合科学体系、地学信息图谱的地图创新和全息数字自动化制图与数字地球的数据共享等。(姚岁寒)

P000023　**地球内部的秘密**　李营华主编。河北科学技术出版社 2002 年 7 月版。11 万字。12.00元。“看不见的科学世界丛书”之一。本书探索和揭示了大量的地球自然之谜，为进一步研究地球之谜、解决地球能源资源枯竭问题提供了有益的启示。(总编室)

P000024　**地球物理学基础**　史谞编著。北京大学出版社 2002 年 4 月版。35 万字。25.00 元。主要介绍了地震学(天然地震和人工地震)、重力学、地磁学(含古地磁学)、地电学和地热学的一些基本原理和方法，以及它们在地质学和物理勘探上的某些应用。书后还附有物理基本常量、有关地球参量、单位换算、场的知识、δ(v)函数的性质和拉普拉斯方程的解等附录。(王艳)

P000025　**水文非线性系统理论与方法**　夏军著。武汉大学出版社 2002 年 11 月版。36.2 万字。30.00 元。运用水文非线性系统识别原理、水文系统非线性泛函分析与微分机理分析、水文非线性集总与分布式水循环模拟等方法，认识水文微观尺度非线性过程与宏观尺度非线性之间的转化联系，描述和处理水文过程与空间变化的复杂性问题，建立了独具特色的水文非线性系统理论体系。分别从水文循环线性过程变化特征、水文非线性系统描述的泛函模型、集总式水文非线性概念性模型以及流域分布式水循环系统多个层面，阐述了水文非线性系统模拟、水文预报、水量转化分析、水资源评价和水文一生态系统的特征与应用实例。（李汉保）

P000026 **南极乔治王岛柯林斯冰帽冰川学研究（英文版）（英文名：Glaciological Study of Collinsice Cap, King Geroge Island, Antarctica）** 韩健康、康建成主编。甘肃科学技术出版社 2002 年 8 月版。29 万字。25.00 美元。是我国对位于南极长城站附近的乔治王岛柯林斯冰帽一次较大规模冰川考察的科学总结。以冰芯分析为中心，展示了冰川气候学、冰川环境学、冰川物理学等方面的最新科研成果。（陈学祥）

P000027 **十万个为什么・地球科学分册（哈萨克文）** 严济远主编。新疆科技卫生出版社（K）2002 年 9 月版。28 万字。19.10 元。丛书根据少儿版《十万个为什么》（新世纪版）翻译出版。本分册介绍了有关地球科学的诸多科学知识。

P000028 **台风** 陈瑞闪著。福建科学技术出版社 2002 年 12 月版。52 万字。53.00 元。学术专著。全书分 7 章：第一章引论，论述了全球热带气旋的活动，台风及其名称的由来、编号、命名、预报的重要性及现状；第二章讲述台风的发生发展，并对台风发生发展的各种理论作了评述；第三章台风路径，对台风路径趋势、影响因素及疑难路径进行了综合分析与预报；第四章台风强度，介绍判断台风强度的各种方法、影响台风强度的加强与减弱的因素，台风强度变化的客观预报等；第五章台风结构，讨论了台风眼、台风云墙（眼壁）、台风螺旋云（雨）带、台风气压场、台风风场、台风流入流出层、台风结构的垂直变化特征及台风的空心现象；第六章台风天气，对台风大风、暴雨、暴潮、焚风、龙卷风等天气现象进行了探讨；第七章台风分析，利用高空卫星观测、地面实测资料，对台风形成地点、迁移路线、登陆点、强度及其影响时间等作出准确的判断。本书是作者近半个世纪以来从事第一线台风预报实践经验的总结，也是他对台风理论研究的综合与概括。（胡善美）

P000029 **青少年科技活动大全・天文、气象、地理，创造发明分册（维吾尔文）** 满苏尔・沙比提，吾布力哈斯木・阿西木翻译。新疆科技卫生出版社（K）2002 年 11 月版。25 万字。22.00 元。丛书根据上海科教版《青少年科技活动大全》翻译出版。本分册介绍了天文、气象、地理等方面的内容。

P000030 **中国地质学会 80 周年记事** 王弭力主编。地质出版社 2002 年 8 月版。42 万字。60.00元。以编年史的方式记述了中国地质学会自 1922 年成立至今 80 年来的重要工作和活动，包括国际、国内的学术活动，科技合作，地学普及，科技咨询，学术书刊出版，人才培养推荐和奖励等方面，以及中国地质学会会章和历届组织机构的演变等。（王大军）

P000031 **地球科学：世纪之交的回顾与展望** 中国科学院地学部“中国地球科学发展战略”研究组编著。山东教育出版社 2002 年 6 月版。4.9 万字。15.80 元。是中国科学院地学部“中国地球科学发展战略”研究组的报告，研究组由孙枢、苏纪兰等 9 位院士组成。本书回顾了在 20 世纪，诸如板块构造理论等地球科学的重大成果已对整个科学技术的发展所做出的重大贡献；并展望 21 世纪，地球系统科学新思维与地球观测新技术将对地球科学的发展和人类管理地球能力的提高产生革命性的影响。（赵燕瑚）

P000032 **秦岭造山带地球化学** 张本仁等著。科学出版社 2002 年 9 月版。38.2 万字。40.00元。是在国家自然科学基金“八五”课题的研究成果的基础上，经过进一步的扩充加工提炼而成。该课题研究以化学地球动力学的学术思想为指导，强调区域壳幔体系组成与状态的具体约束作用，在造山带常规地球化学研究的基础上，侧重开展壳幔深部组成、过程、演化及壳幔相互作用的研究，并强调和体现地球化学与地质地球物理研究的有机结合。本书尽可能从多个方面对秦岭造山带现今地球化学研究作一阶段性总结，从而为读者提供一个造山带地球化学系统综合研究的实例。（总编业务部）

P000033 **大别山造山带的构造几何学和运动学** 徐树桐、刘贻灿、江来利等著。中国科学技术大学出版社 2002 年 6 月版。22.4 万字。32.00 元。根据作者 1987 年以来，特别是 1996 年以来在大别山北部超镁铁岩带内发现的榴辉岩及其中的超高压变质现象等最新研究成果，将变质岩石学与构造地质学的研究有机地结合起来，以中小型构造分析和岩石学研究作为区域构造研究的具体内容，结合已有的和推测的资料，建立了大别山的几何结构，分析了大别山造山带的运动学特征和构造演化过程。本书反映了大别山的最新研究动态，特别是报道了大别山北部超镁铁岩带的最新研究成果（尤其是超高压变质形成的榴辉岩的发现以及有关岩石学和同位素年代学等方面的研究成果)和建立了不同于以往描述的、但比较符合实际地质情况的大别山几何结构,是全面讨论大别山造山带几何结构和运动学的专著。(李攀峰)

P000034 **板内造山带主要构造特征研究** 郭华、李明、李守林、杨庆著。地质出版社 2002 年 8 月版。23.7 万字。28.00 元。从活动论观点出发,以构造解析思想为指导,运用构造变形研究手段,结合地球化学和地球物理学研究方法,将燕山和大别山造山带作为研究实例,对板内造山带主要构造特征进行了系统的研究。(王章俊)

P000035 **黄骅坳陷古生界烃源岩二次生烃的构造控制** 朱炎铭、秦勇著。中国矿业大学出版社 2002 年 10 月版。20.5 万字。28.60 元。以构造演化为主线,综合运用现代油气地质理论以及矿物包裹体测试、裂变径迹分析、镜质组反射率测定等多种现代分析测试方法和 EASY%RO 数值模拟技术,深入研究了黄骅坳陷古生界烃源岩的构造—埋藏史、构造—热演化史和构造—生烃史,揭示出研究区古生界烃源岩构造控制下的二次生烃演化历程,首次从理论分析和实际验证方面阐明了黄骅坳陷古生界二次生烃作用发生的构造期次、生烃强度和时空分异特征,建立起渤海湾盆地的构造—热史模式和构造—成熟度模式,得出黄骅坳陷古生界烃源岩最重要、最有意义的二次生烃作用发生在喜马拉雅晚期的重要结论,科学地预测了黄骅坳陷古生界二次生烃作用的有利区带。(宋党育)

P000036 **松潘—甘孜造山带东缘穹隆状变质地质体** 侯立玮、付小方等编。四川大学出版社 2002 年 9 月版。25 万字。28.00 元。阐述了国内外对穹隆状变质地质体的研究现状、松潘—甘孜造山带东缘的建造特征、形成演化过程和不同类型穹隆状变质地质体的结构及其对成矿的控制作用。书中在对不同地史时期古构造环境、区域构造变形与变质作用特征、构造单元划分、不同穹隆状变质地质体的成因机制与类型划分、典型穹隆状变质地质体形成演化的 P—T—t—D 轨迹及其控制作用,以及不同类型穹隆状变质地质体时空分布的区域构造—成矿模式等研究方面,根据新的研究成果和思路,并结合以往研究资料,提出了许多的见解。(汪萍成杰)

P000037 **中国的世界自然遗产的地质地貌特征** 潘江编著。地质出版社 2002 年 6 月版。13 万字。15.00 元。论述了中国的世界文化与自然遗产泰山、黄山、峨眉山、武夷山,以及中国的世界自然遗产武陵源、九寨沟、黄龙等的地质地貌特征。(柳青)

P000038 **青藏高原中部冰冻圈动态特征** 姚檀栋等著。地质出版社 2002 年 11 月版。50 万字。50.00 元。对青藏高原中部冰冻圈动态特征进行了系统研究。其内容包括冰雪化学特征、不同下垫面微气候特征、土壤的水热分布特征、冰融过程和水分循环、影响土壤水热变化的一些因子,夏季降水的时空分布特征、水文过程及特征、现代冰川物质平衡与冰川变化,多年冻土退化与沙漠化及甲烷释放,陆面过程中的冻土参数化,气候与冰冻圈变化及未来趋势等。(白铁)

P000039 **塔里木地块矿产资源** 芮行健、贺菊瑞等著。地质出版社 2002 年 6 月版。54 万字。50.00 元。是根据国土资源部"九五"攻关项目——"塔里木地块周边地区成矿地质条件和找矿远景研究"最新研究资料编写而成。本书以塔里木板块的发生、发展和演化为主线,以矿产资源的产生和聚集为目标,以重要成矿带和典型矿例为内容,在将塔里木板块作为一个独立的完整的构造岩浆成矿域的前提下,划分了六大成矿亚域,论述了 20 多个成矿带。指出天然气、石油、铀、钾盐、铜金有巨大的找矿前景,铁、钒、钛、镍、银、铅、锌、金刚石、蛭石、宝玉石和石棉有明显的找矿潜力。(祁向雷)

P000040 **煤的结构与反应性** 谢克昌著。科学出版社 2002 年 10 月版。74 万字。70.00 元。内容包括煤的结构及其研究方法,煤在热解、气化、解聚液化、燃烧、溶胀、等离子体条件下的反应性和测试方法,以及煤的结构与反应性的内在关系。本书以大量的实验事实和深入的理论分析,回答了实现煤的优化转化需要解决的三个基础性关键问题:不同煤种的反应性有何共性,煤的结构在煤的热转化过程中如何变化,究竟什么是煤的结构。(总编业务部)

P000041 **中国东南部晚中生代花岗质火山——侵入杂岩成因与地壳演化** 王德滋、周新民等著。科学出版社 2002 年 4 月版。43.7 万字。60.00 元。以大量地质事实和分析数据为依据,借鉴国内外研究方法并结合我国实际的专题研究成果,从壳幔作用角度剖析了中国东南部晚中生代花岗岩的形成过程,总结了三类花岗质火山—侵入杂岩的时空分布规律及其与伸展构造的关系。从玄武质角砾岩筒中的辉长质麻粒岩包体,获取了玄武岩浆底侵作用的直接证据。在综合研究的基础上,建

立了东南沿海晚中生代构造岩浆作用模式。论述了内陆S型花岗岩形成与演化的规律。(总编业务部)

P000042 **胶东招莱地区花岗岩和金矿床** 罗镇宽、苗来成编著。冶金工业出版社 2002年2月版。25.1万字。28.00元。论述了招莱地区玲珑型、滦家河型、郭家岭型花岗岩类、脉岩类和金矿床的地质、地球化学特征和年代学。本书的特色之处在于首次采用先进的SHRIMP锆石U-Pb测年技术,对区内三大类型花岗岩及成矿后花岗斑岩脉进行了精确年研究,基本解决了区内争论近半个世纪的花岗岩成岩时代问题,同时对花岗岩类成因及其与金矿关系进行了探讨。(谭学余)

P000043 **面向21世纪的应用地球化学** 副名:谢学锦院士从事地球化学研究50周年。谢学锦著。地质出版社 2002年10月版。86万字。108.00元。分3卷,上卷为用中文发表的论文;中卷为在国际权威杂志上发表的论文中精选的一部分的中译文,在国内尚属首次发表。他一贯重视直接找矿信息,能以区域中化学元素精确的数据作为指引,按照填图比例尺的大小,逐步圈定远景区,直至找到隐优的矿体,为资源勘查开辟了新的方向。同时,他通过研究深部地球气活动,提出超微细金异常的新概念和新技术,在指导金矿找矿中取得成功。下卷是与作者共事的专家和他的学生撰写的专文。(郁秀荣)

P000044 **华北古陆西南缘(龙首山—祁连山)成矿系统及成矿构造动力学** 汤中立等著。地质出版社 2002年12月版。63万字。80.00元。从"活动论"、"系统论"思想出发,运用板块构造学说,依据本区地层、构造、岩浆作用的特点,厘定华北古陆西南边缘龙首山—祁连山的构造格局由北向南为:龙首山陆缘带、河西走廊弧后海盆、北祁连缝合带、中祁连离散型弧地体、南祁连弧后盆地、柴达木板块,探讨了它们的演化过程。根据构造发展和成矿作用,确定并划分了6大成矿系统和11个成矿组合。提出本区是中国也是世界的重要金属成矿带。阐述了本区富有特色的岩浆硫化物矿床(金川)、海底沉积喷流型铁矿(后期热液铜矿叠加,如镜铁山)、古海底热液对流循环块状硫化物矿床(白银厂)、岩浆热液钨矿(小柳沟—塔尔沟)、韧性剪切金矿(寒山—鹰嘴山)等的地质与成矿特征,探讨了成矿构造动力学等方面的问题。(王大军)

P000045 **郭文魁文集** 陈毓川主编。地质出版社 2002年9月版。郭文魁院士是我国老一辈著名的矿床地质学家,为中国地质事业的发展奋战了60余年,对我国各类矿床的成矿规律有独创的见解,作出了卓越的贡献。他发表专著、文章和讲话120余篇(部),本文集精选了54篇,其中中文45篇,英文9篇,涵盖了郭文魁先生各个时期的重要著作和学术观点。文章按发表的先后顺序分文种编排。文前的序旨在纪念和学习他"文章道德皆楷模"的精神。文后附有郭文魁院士的年谱和全部著作目录。(张义勋)

P000046 **山西煤田水文地质与环境地质研究** 陆远昭等著。山西科学技术出版社 2002年5月版。28万字。25.00元。作者首先研究了煤炭资源及其开发利用现状,提出了地质精查有效供给储量,已远远落后于煤炭发展所需要的重要结论。其次,对煤田水文地质进行了系统的研究,重点研究了山西各大矿区供水和岩溶地下水系统的划分、控水条件、太行山、吕梁山、太原盆地等地区深层地下岩溶水赋存特征等,办了综合开发利用岩溶水,解决山西省煤矿水资源短缺问题,提供了科学的依据,为缓解缺水的严重局面做出了重大贡献。再次,对环境地质进行了深入的研究与评价,提出了环境意识滞后对人类造成的危害。通过对平朔露天煤矿等六大煤田和矿区开采对水环境的影响研究,提出了环境地质方面一些新的理论和论断。(温洁茹)

P000047 **江西二叠纪含煤盆地特征及聚煤规律** 龚绍礼主编。江西科学技术出版社 2002年7月版。42万字。30.00元。共12章:一、岩石地层;二、生物地层;三、年代地层对比;四、江西省大地构造的基本特征;五、含煤系的岩石学特征;六、沉积环境和沉积体系;七、聚煤环境分析;八、层序地层分析;九、含煤盆地演化与古地理;十、海平面变化与聚煤规律;十一、煤质与煤类;十二、控煤构造。江西二叠纪含煤地层具有煤炭资源丰富,主采煤层稳定,分布广泛,煤质优良,煤种齐全的特点。(刘舒)

P000048 **陆相低渗透储层形成机制与区域评价** 赵霞飞等著。地质出版社 2002年12月版。33万字。28.00元。作者以沉积动力学为基础,坚持在工作中以露头、岩芯观测为第一位,分析不同大地构造环境中储层的沉积环境,在层序地层格架内完成金盆地的沉积相制图;利用地震正反演预测矿体分布及物性变化。围绕这一思路,书中对裂谷沉积受构造影响的两种模式(东非和北美)、裂谷火山岩及其构造意义、泥沙动力学有关进展、构造背景和底形——坝形尺度上的沉积条件对储层质量的影响、

成岩作用与演化、毛管压力曲线拟合与模糊数学评价都做了介绍。(陈军中)

P000049 **电法测井原理与应用** 张建华、刘振华、许杰编著。西北大学出版社 2002 年 11 月版。35.4 万字。35.00 元。主要介绍的是电阻率测井。利用电阻率测井资料计算储层含油气饱和度是油气勘探开发中储层评价和储量计算的重要手段。为此,书中第一部分主要介绍了传统电阻率测井方法,包括电阻率测井的地层岩石模型及基本概念、电位与梯度测井的测量原理和计算方法、侧向测井的基本原理和算法、感应测井的基本原理、聚焦感应测井的基本原理,并给出了作者提出的感应测井测量信号处理新方法。第二部分重点介绍了新型侧向测井和阵列感应测井的原理与方法,其中融入了作者在阿特拉斯公司和国内参与阵列感应测井仪器研究的成果。第三部分阐述了电测井反演与动态侵入的过程及其相应的电阻率动态测井响应、反演的一般算法。特别介绍了电流型和感应型测井响应联合反演的结果,以及阵列测井仪器构建的与传统反演模型不同的多参数地层模型,提高了反演的可信度。(兰世雄)

P000050 **脉状金矿床深部大比例尺统计预测理论与应用** 郭光裕、林卓虹编著。冶金工业出版社 2002 年 7 月版。34.1 万字。38.00 元。详尽地论述了脉状金矿床深部大比例尺统计预测理论、方法与应用。全书共 8 章。主要论述了脉状金矿床的地质、地球化学特征,金沉淀富集成矿的控制因素,脉状金矿床深部大比例尺统计预测的理论基础,建立成矿模式,金矿产资源量估价及评价,矿体定位预测方法及跟踪预测。(王之光)

P000051 **新疆东准噶尔陆相火山作用与金铜成矿** 刘家远、钱建平等著。地质出版社 2002 年 7 月版。34 万字。36.00 元。作者将研究区陆相火山喷发作用与浅成一超浅成及次火山岩浆侵入作用从成因上联系起来,统一成为陆相火山作用的两种作用形式;首次提出陆相火山作用两类成矿岩浆建造的见解,并从成岩物质来源、构造环境和侵位机制三个方面对两类岩石的成因加以综合研究,建立两类成矿岩浆建造形成的综合成因模式。这无疑是一次富有新意的成功尝试。在成矿作用方面,通过两类成矿岩浆建造与成矿关系的剖析,论证了与潜火山岩类有关的金、铜矿床系列的客观存在,对与陆相火山喷发岩类有关的浅成低温热液金矿床的基本特征和成因标志作了认真总结,在此基础上提出了研究区陆相火山作用"两层楼多因控制多位一体复合成矿"模式。(江晓庆)

P000052 **沉积盆地有效储集层综合识别技术** 李正文、李琼、吴朝容著。四川科学技术出版社 2002 年 5 月版。28 万字。30.00 元。以国家自然科学基金资助项目所获科学研究成果为基础,并吸收了国内外的最新研究成果编写而成。书中综合运用了学科的最新成就,论述了有效储集层综合识别的原理与方法、技术。通过不同地区、不同类型的储集层综合识别的实例,阐述了储集层综合识别技术特有的特色。(任维丽)

P000053 **中国矿产资源主要矿种开发利用水平与政策建议** 国土资源部矿产开发管理司编。冶金工业出版社 2002 年 9 月版。61 万字。90.00 元。是国土资源部矿产开发管理司对我国部分具有战略地位的矿产资源开发利用情况大规模调研的成果。通过对煤炭、石油、铁矿等 20 个矿种的调查研究,基本掌握了这些矿种的保有可采储量情况,全面了解了这些矿种当前的开发利用水平及存在的问题;在此基础上,提出了提高矿产资源合理开发与利用水平,加强矿产资源开发管理等方面的政策建议。同时,该成果还以市场经济的观点,分析了入世后我国矿业所面临的机遇和挑战,提出了实施"两种资源、两个市场"发展战略以及资源保护与环境保护并重的针对性建议。(谭学余)

P000054 **复杂环境中地质工程问题分析的理论与实践** 王士天等著。四川大学出版社 2002 年 2 月版。46 万字。50.00 元。主要根据地质(区域稳定、岩体、水岩相互作用、溶岩)方面情况为地质工程(对已建或拟建的大型工程,如水库、大坝、电站等)提供地震及地质灾害的可能发生性预测或评价。全书由 4 部分研究成果组成。第一部分:区域地壳稳定性研究;第二部分:工程岩体稳定性及地质灾害防治研究;第三部分:水岩相互作用研究;第四部分:岩溶(喀斯特)基本理论及应用研究。(汪萍 成杰)

P000055 **陕西省泥石流灾害与防治** 李昭书著。西安地图出版社 2002 年 10 月版。40 万字。30.00 元。论述了泥石流的类型、分布、成因,形成的机理流态与流速流量计算。从灾情指标评价了陕西省洪水、泥石流灾害的严重性。论述了黄土高原和秦巴山区泥石流特点及规律。依据区域泥石流灾害特征,阐述了防治泥石流的各种有效的工程与预防措施。作者通过实地野外考察,参阅了大量前人研究成果,全面总结了陕西省泥石流危害和综合防治

措施。(徐韬)

P000056 **灾害地质学** 潘懋、李铁锋编著。北京大学出版社 2002 年 4 月版。42 万字。25.00 元。阐述了灾害地质学的理论体系与研究方法，对灾害地质学的基本概念、基本理论和基本方法进行了系统的概括；对自然作用和人为活动影响下形成的主要地质灾害进行了详细的论述，介绍了各种地质灾害(地震灾害，火山灾害，斜坡地质灾害，地面变形地质灾害，矿山与地下工程地质灾害，表生环境地球化学异常与地方病，土地荒漠化，特殊地质灾害及洪涝、地下水资源恶化、海岸带地质灾害等其他地质灾害)的监测预报方法和防治措施。(赵学范)

P000057 **海洋的故事** [美]塞尔维亚·厄尔勒、艾伦·普拉格尔著，王桂芝、刘建新等译。海南出版社 2002 年 6 月版。20 万字。25.00 元。介绍了人类迄今为止研究海洋的主要成果、困难和前景。展示了从波浪、潮汐和海平面变化，到飓风、厄尔尼诺现象、全球变暖，以及海洋沉积物、板块运动，到生活在海洋中的繁盛的令人吃惊的生命形式。(伍君之)

P000058 **蓝绿激光雷达海洋探测** 徐启阳、杨坤涛、王新兵、许德胜编著。国防工业出版社 2002 年 7 月版。24.4 万字。22.00 元。简述了机载激光雷达海洋探测的研究、发展和在军事及经济上的重要意义；针对机载激光雷达海洋探测的特点，论述了激光束穿过大气、大气—海水界面及水下的传输特性、激光雷达方程、控测系统及参数的计算；描述了机载蓝绿激光器、水下回波信号的探测和处理、光发射与接收系统、水下激光成像探测及机载激光雷达海洋探测的应用研究。(刘仁)

P000059 **海洋随机资料分析** 方欣华、吴巍编著。青岛海洋大学出版社 2002 年 6 月版。23.5 万字。20.00 元。高等学校教材。由随机过程的一般概念、广义平稳随机过程的相关和频率谱、非平稳随机过程、正态过程、海洋随机资料的预处理及初步检验、均值和相关函数估计以及离散傅氏变换、实随机过程的粗谱估计、谱的平滑及区间估计、最大熵谱和小波谱、矢量旋转谱等 10 章，系统地阐述了在海洋随机资料分析中广泛应用的理论和方法以及所依据的基本假设、所得结果的可信程度和实际分析中应注意的事项等。(李建筑)

P000060 **海洋小百科全书** 关庆利主编，郑建国等著。中国少年儿童出版社 2002 年 5 月版。330.8 万字。228.00 元。共 19 册，分：海洋地理、海洋水文、海洋气象、海洋探险、海洋航运、极地科考、海洋生物、海洋动物、海洋渔业、海洋化学、海洋物理、海洋工程、海洋科教、海洋权益、海洋文学、海洋文化、海洋兵器、古今海战、海洋军事 19 册。全面、系统地介绍了海洋知识、海洋资源和海洋奥秘等科普知识。(杨向荣)

P000061 **凝看海洋** 庞天舒著。沈阳出版社 2002 年 1 月版。14 万字。14.00 元。是“人与地球丛书”之一。描写的是海洋的故事。行星胚胎从太阳母体中脱落，形成原始地球，大地经过 5 亿年的自我演化和苦苦等待，终于被蓝色海洋覆盖。第一个生命分子在海水与电光中出世，第一缕氧气被蓝藻制造出，各种鱼类先后由海中进化。当大片海床抬升成陆地，海藻被迫登陆，植物最终植根大地。深邃的大洋隐藏着无数谜与秘密，汹涌的海底火山使洋壳不断被更新，新大洋诞生，旧大洋死亡，喜马拉雅从古老的洋壳上站起，人类依傍着一条条大河创造了悠久的文明，又想追随大河去看看陌生的大海，中世纪地理大发现伴随着死亡和掠夺，最终让人类寻找到所有未知的大陆……。(潘晓翊)

P000062 **中国东南近海冬季逆风海流** 管秉贤著。青岛海洋大学出版社 2002 年 11 月版。22 万字。29.00 元。是作者 40 余年来对中国东南近海逆风海流研究的成果总结，它对逆风海流的发现和认识过程、时空分布特征、变化规律、与其他海流间的关系以及可能的形成机制作了论述。(里波)

P000063 **化学海洋学的无机痕量分析——思考与实践** 张经主编。青岛海洋大学出版社 2002 年 9 月版。21.9 万字。14.00 元。内容侧重于讨论痕量分析中的一些哲学思考与实验中的经验和技巧问题，包括怎样避免操作中的沾污与损失、实验工作的环境、实验室常用的材料、样品的贮存、试剂的处理与纯化，以及实验的设计思路与痕量分析的数据处理等。(魏建功)

P000064 **海域使用管理基本问题研究** 李永祺、鹿守本主编。青岛海洋大学出版社 2002 年 5 月版。21.6 万字。19.50 元。论文集。选收了“全国海域使用管理高级研讨会”上的交流论文 23 篇。这些论文围绕海域使用管理的一些基本问题，如沿海省、市间的勘界、海域使用的法律制度、海洋功能区划、海洋行政执法管理、海洋环境保护及管理、海岸带“灾害”管理、海洋特别保护区建设与管理等进行了深入的探讨。(里波)

P000065 **ARC/ZNFO 应用与开发技术** 樊

红、詹小国编著。武汉大学出版社 2002 年 4 月版。110 万字。80.00 元。是作者在参考 ARC/ZNFO 英文手册和随机文档资料的基础上,结合作者多年来使用和讲授 PC 版、工作站版、WindowsNT 版和 UnIX 版 ARC/ZNFO 的经验编写而成。本书共 17 章,内容包括 ARC/ZNFO 的基本概念、主要功能模块、二次开发语言、地形分析模块 TIN 和 ARC/ZNFO 8.0版新增环境、概念和工具等。本书的最后,详细介绍了设施选址和水土流失强度分析的工程实例。(王金龙)

P000066 **防沙治沙实用技术** 国家林业局科学技术司主编。中国林业出版社 2002 年 1 月版。19 万字。14.00 元。总结我国近半个世纪以来的群众防沙治沙经验和科学实验成果,运用新的观点结合西部地区的具体情况提出各种治沙措施。内容包括:我国沙模、沙地及沙化土地概况;沙区天然植被的保护与利用技术;飞播治沙技术;植被固沙技术;机械及化学固沙治沙技术;沙区植物开发技术;干旱区植被治沙模式;半干旱区植被治沙模式;半湿润地区沙地治理模式;沙区林木病、虫、鼠、兔害的防治。(刘若云)

P000067 **走进沙漠** 景爱著。沈阳出版社 2002 年 1 月版。16 万字。14.00 元。是"人与地球丛书"之一。这是关于沙漠的书,也是作者对沙漠数十年的研究成果。它饱含着作者步入沙漠之旅的种种艰辛和探求真理的喜怒哀乐。本书采用纪实手法,记述了人类与沙漠的渊源关系以及沙漠带给我们的种种危害,告诉人们:人类是土地沙漠化的制造者,也是改造者。(潘晓翊)

P000068 **触摸山脉** 庞天舒编。沈阳出版社 2002 年 1 月版。13 万字。13.00 元。是"人与地球丛书"之一。描写的是山脉的故事。地球最初没有山,是板块与板块在地壳深处的激烈碰撞拼杀,才使大地发生褶皱,在地球的一系列创口上诞生了雄伟的山脉。山把地球大劫难大裂变都写在自己沧桑的身上。人类与山有着无法剥脱的亲缘关系,当某战败的古民族逃向大山时,总能得到母亲一般的拥抱和抚慰。山是远方站立的圣者。是天堂……。本书带领读者在世界的大山名川中徜徉,让人们认识山、感知山、触摸山,知道它的雄伟,知道它的博大与宽容。(潘晓翊)

P000069 **中国盐湖志** 郑喜玉、张明刚等著。科学出版社 2002 年 5 月版。61.5 万字。87.00 元。是我国盐湖科学工作者在经历长期野外综合考察、专题研究、室内实验,并系统分析中国盐湖文献资料的基础上编写而成的。全书共两篇,13 章 27 节。第一篇中国盐湖总论,论述了中国盐湖概况,盐湖分布,盐湖沉积和盐湖自然资源;阐述了盐湖形成的自然环境,重点阐明了盐湖地形地貌,盐湖地表水系和盐湖气候;按照行政区划和地理分布,分述了中国盐湖的分区及其分区特征。第二篇中国盐湖分论,依次对藏、青、新、内蒙古和其他共 10 个盐湖区 1 平方公里以上 800 多个盐湖的地理位置,交通状况;卤水化学成分,盐类沉积矿物组成;湖盆成因类型,湖相沉积特征和成盐自然环境;盐湖资料及其开发利用等作了简要记述。(胡晓春)

Q 生物科学

Q000001. **生物数学模型的统计学基础** 唐守正,李勇著。科学出版社 2002 年 2 月版。26.5 万字。21.00 元。介绍了生物数学模型的统计学基础,从一元线性模型开始,逐步引入联立方程组,混合误差模型,度量误差模型以及向非线性模型的推广,讨论了这些统计模型之间的关系以及它们对某些与森林有关的数学模型的应用和局限。(总编业务部)

Q000002 **保护多彩的世界——全国青少年生物和环境科学实践活动第六届评选获奖项目汇编** 中国科协青少年工作部编。中国林业出版社 2001 年 12 月版。31 万字。17.00 元。汇集了全国青少年两年一次的生物环境科学实践活动评选优秀项目,代表了我国中小学生生物科学和环保实践的丰富内容,展示了我国青少年在生物和环保领域活动和实践的成果。内容涉及植物学、动物学、昆虫学、环境保护学、生态学、农学、林学等学科。(刘若云)

Q000003 **岁用时钟** [英]杰约翰·梅迪纳

著,李锐、夏云奇、任帅译。海南出版社2002年1月版。18.1万字。19.80元。从科学家的角度,用简单易懂的语言,讲述了人类身体衰老的过程,其中列举许多我们熟悉的著名人物,例如南丁格尔、奥斯汀、波拿巴及卡萨诺瓦的衰老过程,告诉我们时光对于所有的人类都是一样既多情又无情。本书从人类创造出的比自然生物体多存活两倍时间的生物体,谈到人类遗传基因隔离,以及老年病遗传学方面的最新研究进展等很多当前我们迫切关心的前沿性课题。(伍君之)

Q000004 **自然传奇系列丛书** 凌立主编,王飞鸿等撰稿,北京大陆桥文化发展有限责任公司制作。中国少年儿童出版社2002年8月版。8万字。75.00元。共5册,分:洪荒往事、探访远亲、深海妙境、空中精灵、大漠情深。丛书以"珍爱动物,热爱生命"为主旨,描述纯真可爱的小女孩贝蒂在格里芬先生指引下和魔法水晶球的帮助下漫游动物世界的故事。作者大胆采用新写法,用浪漫的童话故事为引线,以真实的动物生活为基调,融入了对地球生态环境的思考和深切关爱。丛书撷取280集电视系列片《奇趣大自然》中有趣的内容,并选配节目中的大量图片,将片中的精彩瞬间定格于永恒,使读者看到动物生活的真实记录。(杨向荣)

Q000005 **五彩科学** 江苏教育出版社2002年5月版。15万字。35.00元。丛书,以亲子共读寓教于乐的方式帮助儿童从认识身体开始认识自己。通过孩子感兴趣的图画把关于"出生"、"血液"、"皮肤"、"营养"、"牙齿"等科学原理以短小诙谐的故事形式带到儿童面前。《出生》从孩子的视角观察自然界生命的起源。其中对于人的出生的探讨更是对幼儿性教育的一种有益尝试。本书通过图画故事的形式,融入孩子对"出生"问题的独特思考、自由想像、诗意理解,充分表现了儿童的精神世界,并通过与儿童的对话对这个话题进行了正确的引导。《血液》告诉孩子关于血液的许多科学现象,克服了孩子对血的恐惧心理。《皮肤》里的精彩故事则让孩子对人种、皮肤的作用等有了初步认识。《营养》针对孩子挑食、偏食等不良习惯进行教育,并以幽默拟人的手法让孩子了解到人体消化的过程。各种动物的牙齿、蛀牙的形成都能在《牙齿》里找到答案。(王家俊)

Q000006 **第二重奥秘** 副名:生命王国的新数学。伊恩·斯图尔特著,周仲良等译。上海科学技术出版社2002年6月版。23万字。25.00元。所论及的与数学有关的生命现象极其广泛,有生命的起源、小鸡翅膀的发育、基因密码的出现、DNA的双螺旋结构、螺线型螺壳、凤梨上的纹路、天使鱼身上的蓝色纹斑、迷人的孔雀尾、动物憨态可掬的步法,以及珊瑚的生长,等等。(应韶荃)

Q000007 **解读生命丛书** 杨焕明主编。北京教育出版社·北京少年儿童出版社2002年9月版。148.00元。从"人之初、人之谜、人之惑"的角度全面解读生命之谜。丛书共10册,分别是:《人类进化足迹》、《史前生物历程》、《认识我们自己》、《捍卫生命长城》、《趣味生殖奥妙》、《大脑黑匣揭秘》、《走进内心世界》、《如何战胜疾病》、《珍惜生命权利》、《破解遗传密码》。(总编室)

Q000008 **进化对策与种群动力学** 陆征一、罗勇译。四川科学技术出版社2002年9月版。36万字。40.00元。英文版出版于1998年,正值国际数学家大会的召开。本书著者之一、奥地利著名生物学家Karl Sigmund为此次国际数学家大会的一小时全会报告者。著者将种群动力学中最为重要,最为简单的Lotka-Volterra系统和与其等价的复制方程作为本书的两大内容之一,给出了Lotka-Volterra常微系统整体稳定性与持续生存性方面最为完整的结果,而利用对策论研究生物进化又将现今关于进化对策的研究推进了一大步。(杨晓黎)

Q000009 **发育生物学** 桂建芳,易梅生等主编。科学出版社2002年8月版。83.4万字。60.00元。是作者在长期从事发育生物学研究和教学的基础上编著而成。在强调本学科基础知识的同时,适当兼顾应用及当前的热点问题。全书分6篇26章:基本原理与研究技术部分包括历史导论、发育的细胞和分子基础、发育生物学研究技术和方法、研究发育生物学的模式生物(4章);生命发育的基本过程部分包括配子发生与种系的延续、受精与生命的起始、卵裂和多细胞创造、原肠胚和胚胎细胞重组、三胚层与器官发生(5章);细胞分化与发育调控机制部分包括细胞命运的决定与细胞特化的机制、胚轴的特化与体轴的建立、神经细胞和神经信号转导、转录因子与特异基因表达、染色质激活与基因表达调控、基因转录后调节与发育控制(6章);发育过程中的细胞互作部分包括次级诱导与相邻组织细胞的互作、激素与远距离细胞的互作(2章);植物发育调控研究中的热点部分包括高等植物成花诱导及花器官发育的基因调控、植物细胞信号转导(2章);经典而重要的热点问题部分包括性别决定基因鉴定及性染色体进化,细胞核的全能性与可塑性,老化与寿命,体重、肥胖与疾病,再生与疗伤,发育与进化,以及干细胞培养与动物克隆技术(7章)。(总编业务部)

Q000010 **天演论** 严复译著。华夏出版社2002年10月版。12万字。12.00元。中国近代著名的启蒙思想家和翻译家严复翻译的英国科学家赫胥黎《进化论与伦理学》一书的节译本。原著的基本内容是宣传达尔文"物竞天择"的进化论和"适者生存"的生存斗争学说。严复取名《天演论》,也是要系统地介绍和宣传"优胜劣败"自然演化的进化论学说。本书的功绩不仅在于首次向国人介绍了达尔文的进化论思想,给人们提供了一种全新的世界观;更重要的是用自然界生物进化和演变规律阐述社会发展规律,揭示出国家落后就要挨打的定律,激发起人们救亡图存、变法维新的新观念,向世人敲响了国家危亡的警钟,成为近代中国资产阶级改良政治和社会革命的"先导"。本书以慎始基斋刊本为底本,参考了国内已有的整理成果。本书为"影响中国近代史的名著"丛书之一。(倪友魁)

Q000011 **生态学前沿ABC** 王如松、周纪伦、张迪恩等著。上海科学技术出版社2002年12月版。7万字(每本)万字。7.00~10.00元不等。选取生态学研究的7个前沿学科,即产业生态学、恢复生态学、生物多样性、进化生态学、行为生态学、城市生态学和分子生态学,分别介绍了各自的研究对象、研究方法及其在解决生态问题中所起到的指导作用。本套丛书含《从褐色工业到绿色文明——产业生态学》、《地球人迟到的忏悔——恢复生态学》、《人类生存的基础——生物多样性》、《时间舞台上的物种——进化生态学》、《追捕与逃亡——行为生态学》、《城市的迷惑与醒悟——城市生态学》和《剖析自然的小剪刀——分子生态学》共7种。(彭江杰)

Q000012 **现代生态学** 戈峰主编。科学出版社2002年10月版。68.2万字。49.00元。按照生态学从微观到宏观发展的层次,分述分子生态学、生理生态学、种群生态学、群落生态学、生态系统生态学、景观生态学、系统生态学和应用生态学。简要阐明生态学的基本原理,介绍生态学研究的基本方法,系统论述国内外最新研究进展,指出生态学未来发展方向。本书始终贯穿理论与方法结合,基础与前沿并重,着眼于提高分析问题与解决问题的能力。每章主要包括学习要点、基本概念、正文、思考题和参考文献5部分。(总编业务部)

Q000013 **保护生物学** 李俊清等编著。中国林业出版社2002年8月版。30万字。25.00元。是针对适合于保护生物学教学而编写的教材。综合了国内外在保护生物学方面的理论。主要内容有:生物多样性、遗传多样性、生物进化与生态条件、适应与生物多样性形成机制、物种问题与物种保护、遗传变异与保护、生物多样性保护的方法等。(刘若云)

Q000014 **干细胞技术** 裴雪涛主编。化学工业出版社2002年1月版。14.7万字。13.00元。介绍了干细胞研究的基础理论及其临床应用前景。涉及所有的干细胞种类:造血干细胞,间充质干细胞,神经干细胞,皮肤干细胞,胚胎干细胞,血管内皮干细胞,各种专能干细胞(肝脏干细胞、胰腺干细胞、肠上皮干细胞及生殖干细胞)。在内容上覆盖干细胞研究的起源和基本概念,干细胞分离、鉴别、培养和调控的实验技术,各种干细胞的生物学特性,干细胞的临床应用和相关领域的最新进展(干细胞与细胞治疗、基因治疗和组织工程的关系),以及干细胞研究的伦理学问题。(郭燕)

Q000015 **基因探奥秘——生物科技** 李绍武主编。北京理工大学出版社2002年1月版。16.8万字。10.00元。"百年科技丛书"之一,回顾了1900年孟德尔遗传定律重新发现100年来在遗传学领域具有划时代意义的若干重大发现,重要人物及其重大事件,书中介绍遗传学的基本原理,基本理论和基本规律。(总编办)

Q000016 **中国遗传学史** 谈家桢、赵功民主编。上海教育出版社2002年12月版。94.7万字。98.00元。共3篇。第一篇"遗传学在中国的发生和发展"是主干,按时期和分支学科全面反映在社会大背景下中国遗传学在近百年中所经历的坎坷道路。第二篇"历史的回忆"是请中国遗传学发展长河中的见证人和参与者,记述在特定历史时期值得存史的一件事或一个人,为丰富和匡正中国遗传学史料提供宝贵的第一手资料。第三篇"百年人物志",是为推动中国遗传学发展作出杰出贡献的中国遗传学家作传,从而"揭示科学史里一些真实方面"。书末附有1922~2000年中国出版的遗传学著作目录。(王义炯)

Q000017 **英汉遗传学及其应用词汇** 丁逸之、丁文山、高静编著。湖南科学技术出版社2002年8月版。66万字。32开。45.00元(精)。包括孟德尔遗传定律发现至今100年以来的遗传学(以

及各分科)及其在各方面应用的专业英语词汇3万余条。(沙一飞)

Q000018 **神经发育分子生物学** 陈宜张、路长林主编。湖北科学技术出版社2002年10月版。68万字。76.00元(精)。内容包括:神经系统的早期发育,神经元的决定及分化,神经元迁移,神经连接的形成及可塑性,以及神经营养素与神经细胞生长、凋亡。其中有的章节以描述早期实验胚胎学的成就为主,而有的章节则以描述后来分子遗传学的实验结果为主。(李荷君)

Q000019 **野生动物血液细胞学图谱** 刘志洁、宗英主编。科学出版社2002年8月版。39万字。150.00元。共收集100余种野生动物的血液细胞学图谱,分总论、各论两部分。总论包括血细胞形态学理论和彩色图谱。各论包括各种野生动物的血细胞彩图及注解。书中、英文对照两种文字,以利国际交流;图谱用电脑绘图与手工绘图相结合绘制,皆来自实际动物标本;图谱设计用计算机作统计学处理。(总编业务部)

Q000020 **青少年科技活动大全·生物及环境保护分册(维吾尔文)** 米吉提·巴吾东,塔依尔·居马洪,满苏尔·托合提翻译。新疆科技卫生出版社(K)2002年11月版。30万字。25.70元。根据上海科教版《青少年科技活动大全》翻译出版。本分册介绍了植物、动物及环境保护等方面的内容。

Q000021 **自由基生物学的理论与应用** 方允中,郑荣梁主编。科学出版社2002年7月版。142万字。110.00元。内容包括:自由基的基本概念、活性氧、一氧化氮、超氧化物歧化酶等抗氧化酶、模拟抗氧化酶、金属硫蛋白、氧化应激、活性氧的信号传导功能、自由基与基因表达的关系、活性氧在生殖及发育中的作用、植物中的活性氧、银杏叶提取物的抗氧化作用、量子化学在自由基生物学的应用、活性氧对超氧化物歧化酶的损伤、食物的抗氧化作用、自由基与营养、自由基与衰老、自由基与免疫、自由基与辐射损伤、严惩感染与一氧化氮,自由基与动脉粥样硬化、自由基与中医中药、自由基与疾病、自由基生物医学的临床应用、脉冲辐射技术在自由基生物学中的应用和电子顺磁共振波谱及其生物医学应用。(总编业务部)

Q000022 **医学分子细胞生物学** 章静波、林建银、杨恬著。中国协和医科大学出版社2002年6月版。101.2万字。70.00元。共8篇35章,包括细胞的概念与分子基础,细胞生命过程的动力学,发育的分子细胞生物学,神经系统的分子细胞生物学,免疫系统的分子细胞生物学,肿瘤的分子细胞生物学,肿瘤分子生物学研究进展,医学分子生物学当代研究方法与技术。特点是:一、着重介绍了当今分子细胞生物学重要领域的发展;二、密切联系疾病,体现出它的医学院校适用性;三、介绍了当代分子细胞生物学中常用的方法技术。(李春宇)

Q000023 **基础细胞生物学** 副名:细胞分子生物学入门。布鲁斯·艾伯茨等著,赵寿元等译。上海科学技术出版社2002年6月版。149万字。200.00元。从细胞的不同结构层次和细胞间的关系,阐述细胞的生物活动——生长、增殖、分化、遗传、变异、应答、运动、衰老等,几乎涉及到生命科学的所有分支领域,既反映学术研究的最新成果,又突出基本原理。本书共19章,分别阐述细胞的基本概念,细胞的化学成分,细胞中能量代谢及生物合成,细胞内蛋白质、DNA的结构与功能,细胞中膜的结构、转运,线粒体和叶绿体中的产能,胞内区室及运输,细胞通讯,细胞骨架,细胞分裂、细胞周期调控及细胞死亡,组成组织的细胞学知识。(濮紫兰)

Q000024 **生物芯片** 马立人、蒋中华主编。化学工业出版社2002年10月第二版。43.5万字。35.00元。收集了六七十家生物芯片的研究单位和公司迄止2001年底网上最新资料并查阅了数十种有关的期刊和书目。详细地描写了各种生物芯片的制作方法,生物芯片反应的微流路设计,生物芯片的检测方法,信号的采集和数据处理。尤其是重笔描述了生物芯片在基因测序、基因突变的检测、遗传病和肿瘤的诊断、微生物检测、农业方面的物种改良、新药靶标的寻找以及生物芯片在军事医学中的应用。(郭燕)

Q000025 **基因工程原理与技术** [中]王丽主编。东北师范大学出版社2002年12月版。21.6万字。22.00元。包括基因工程原理和基因工程技术两部分,采用简单的图表来阐述问题,加强了对基因工程基本概念的介绍,将重点放在解释"为什么这样做"而不是仅仅告诉读者"怎样做"。使学生在了解基因工程的基本原理后,有目的地去学习,去实践,去创新。(任云霞)

Q000026 **基因组研究与生物信息学** 李越中、闫章才、高培基主编。山东大学出版社2002年11月版。46.8万字。40.00元。是作者们从1996年开始收集有关资料,在1999年和2000年教学实践的基础上,参考了大量国内外书目和文献,特别是在参考了大量英文期刊文献的基础上编写而成的。本书主要是结合基因组学的研究,对研究生命现象的新学科——生物信息学进行了介绍。在介绍生物信息学基础理论和实验方法的基础上,对多个生物信息学分析软件作了编译介绍。(王翎)

Q000027　**人之书——人类基因组计划透视**　[美]沃尔特·博德默尔等著,顾鸣敏译。上海科技教育出版社 2002 年 9 月版。24.4 万字。23.00 元。"哲人石丛书·当代科普名著系列"之一。本书通过一系列生动的实例,介绍了自 19 世纪孟德尔发现遗传定律以来人类探索生命过程复杂机制的过程,揭示了为何我们的命运存在于我们的 DNA 之中。书中还透视了"人类基因组计划"这一生物学领域最雄心勃勃的事业,说明其目标是揭示控制人发育的数万个基因,并详细绘制 DNA 字母表。同时,书中也论述了可能相伴而生的极其严肃的伦理学问题。(王世平)

Q000028　**分子克隆实验指南**　副名:现代生物技术译丛。[美]萨姆布鲁克等著,黄培堂等译。科学出版社 2002 年 8 月第三版。291.7 万字。168.00 元。在前两版的基础上,对图书内容进行了完全的升级,修订了实验的每条方案,增加了大量新的材料,拓宽了它涉及的领域,使其具有用于学习遗传学、分子细胞生物学、发育生物学、微生物学、神经科学和免疫学等学科的重要指导和参考价值。全书分上、下两册,共 18 章。本书首先描述了一些基本的技术,包括已非常成熟的技术和一些新的方法,这些方法每天都在世界上最好的实验室中被用于进行着 DNA 分子的分离、分析和克隆。随后本书对cDNA 克隆和外显子截留、核酸探针的使用、突变和 DNA 测序等进行介绍。本书最后的章节,主要介绍筛选表达文库、克隆基因在原核和真核细胞的表达、转录物和蛋白质分析、探测蛋白质与蛋白质的相互作用。附录中包含了试剂、载体、培养基、技术支持等各类重要信息。(总编业务部)

Q000029　**食物的未来**　副名:国际生物技术市场与政策。[澳]菲力普等著,温思美等译。中国农业出版社 2002 年 10 月版。29 万字。28.00 元。分 6 部分:(一)导论,包括生物技术市场与政策综述和农业生物技术(关于澳大利亚的情况);(二)全球视角的展望,对于生物技术,贫富国家有不同的视角。需要评估遗传改良体对全球经济的影响,在此介绍了评估方法;对于转基因技术的发展看法;(三)知识产权政策与实践,包括国际农业研发中的自由运作问题和全球私营农业研究中的公共利益;(四)生物技术的影响:经济证据,包括农业生物技术的影响,耐除草剂小麦的经济学和国际市场的分歧,生物技术辅助选育技术对发展中国家育种项目的潜在影响;(五)生物技术政策的区域视角,包括拉丁美洲和加勒比海地区的农业生物技术,亚洲生物技术政策的目前进展与未来选择以及美国的生物技术(来自美国农业部经济学家的报告);(六)结论性评述,包括一些专家的观点。(柯文武)

Q000030　**第四纪生态学与全球变化**　刘鸿雁著。科学出版社 2002 年 7 月版。20.8 万字。20.00元。介绍了第四纪生态学的理论、方法和应用。作者以种群、群落和生态系统、景观和生物群区等不同的生命组建水平为线索,详细阐述了第四纪生态学的最新理论进展及其在全球变化研究中的意义。作者还选取内蒙古高原东南缘森林一草原过渡带这一全球变化研究的关键区域作为区域研究实例,从物种、群落和景观等不同水平上分析了研究区生态过渡带的空间特征,建立了表土花粉与现代植被及气候之间的定性和定量关系,并将生态学与古生态学研究结合起来,分析该过渡带晚冰期以来的景观演化的过程和特点,确定不同时期生态过渡带主要景观界线的位置和变化趋势,探讨物种迁移和景观演化的生态机制。(总编业务部)

Q000031　**陡山沱期生物群**　副名:早期动物辐射前夕的生命。袁训来、肖书海、尹磊明等著。中国科学技术大学出版社 2002 年 7 月版。25 万字。198.00 元。分别描述了在晚前寒武纪陡山沱期的岩层中发现的以多细胞生物化石为主的瓮安生物群、庙河生物群和蓝田植物群。它们都保存在新元古代南沱期之后第一个沉积单元的岩层中,距今约 6 亿年,统称陡山沱期生物群。瓮安生物群以微体化石的形式,立体保存于贵州省瓮安县的陡山沱组磷块岩中,包含了底栖和浮游的众多真核生物类型;庙河生物群产自湖北三峡庙河地区陡山沱组黑色页岩中,主要是底栖的宏体生物化石;蓝田植物群以宏体藻类为主,出自安徽南部休宁县蓝田镇蓝田组的黑色页岩中。精美化石照片(含比例尺)展示了地球早期真核生物多细胞化、组织分化、两性分化和形态多样性。本书描绘了寒武纪生命大爆发和埃迪卡拉生物群出现以前温暖浅海中早期动物辐射前夕的多细胞生命景观;它们的科学价值和意义:是地球早期生命从简单到复杂进化过程中的重要环节,是人类认识早期多细胞生命演化的新窗口。系统分析了后生生物在陡山沱期出现形态大分异是新元古代大冰期之后生物和环境协同演化的结果，也系统分析了陡山沱期的浅海底栖生态系统以多细胞藻类和后生动物为主体，它们取代了在地球上持续了近30亿年的、以原核生物形成的叠层石—微生物席生态系统。（高哲峰）

Q000032 **中国笔石** 穆恩之、李积金等著。科学出版社2002年3月版。178.6万字。280.00元。对我国1924年至1995年已描述的3000余种笔石作了系统厘定，分析整理归并为2286种，每种除描述其形态特征外，还论及其地层和地理分布，对属和种与种之间的区别有的也作了讨论和比较。本书总结了我国笔石研究的历史概况，在系统描述大量笔石属种的基础上，根据近年来发现的新材料，修正和补充中国笔石带的划分及其与国外的对比，分析中国奥陶纪地层分区及其岩相生物相特征，论述中国奥陶纪笔石动物群类型，以及正笔石式树形笔石和正笔石的演化和分类，参照新的分类标准，对中国笔石作了系统的归类。（胡晓春）

Q000033 **中国辽西中生代鸟类** 侯连海等著。辽宁科学技术出版社2002年1月版。19万字。120.00元。专著。记述了辽西中生代鸟类化石1999年以前的全部发现。全书共7章，内容包括辽西鸟类化石产地（热河生物群）的地质时代，古生物学的重大发现——孔子鸟类群，世界早白垩世最大的鸟类群——华夏鸟类群，鸟类起源的研究与带毛的恐龙，鸟类飞行起源的研究，孔子鸟及几种爬行动物骨组织结构及其生理意义，羽毛的发生和早期演化。（李伟民）

Q000034 **最新不列颠恐龙百科全书** ［英］戴维·伯尔尼著，刘在良、宋伟、袁光钢译。明天出版社2002年3月版。13.75印张。70.00元。分为远古的生命、古生代、肉食性恐龙、巨型食肉恐龙、穿盔甲的恐龙、空中的爬行类动物、海中的爬行动物、哺乳动物时代等，书末附有英汉对照词汇表。（李玉江）

Q000035 **现代微生物学** 刘志恒主编。科学出版社2002年7月版。133.8万字。88.00元。作为研究生的教科书在内容和结构上采用基础科学和应用科学相结合，以基础科学为主的编排处理。内容涵盖了当今微生物学迅速发展的领域，如原核微生物、极端微生物和古菌、真菌、病毒，以及它们的生态、生理、生化代谢、遗传、免疫学。书中介绍了细菌和真菌分子系统学、病毒学、微生物分子生态学、微生物生理学、微生物生物化学、原核生物基因表达、真核基因表达、免疫学等。为了增加本书的直观性，书中包含了大量的图表及说明，以增加直观教学的效果。（周辉）

Q000036 **普通病毒学** 谢天恩、胡志红主编。科学出版社2002年10月版。57.5万字。40.00元。论述各类病毒的本质、结构与功能的相似性和特点，概括各方面共同的理论和概念，从分子水平、细胞水平、机体水平及群体水平阐明病毒与宿主相互关系的规律。内容包括病毒的分类与命名、形态结构、理化性质、复制、遗传与变异进化、基因工程、朊病毒、病毒与肿瘤、病毒与细胞凋亡，人类致病性病毒、昆虫病毒、植物病毒等与宿主之间的相互关系。书后附有病毒专业术语汇编。（总编业务部）

Q000037 **益生菌基础与应用** 郭兴华主编。北京科学技术出版社2002年10月版。59.9万字。56.00元。综合了当前益生菌研究领域的科学进展，阐明了利用益生菌防治疾病，促进发育、增强体质，提高产量、延缓衰老和延长寿命的机制，并指出未来应探讨的重大课题和用分子生物方法改造益生菌的重要性。内容包括：菌种的分离鉴定；益生菌的生物学特性、生理功能；对益生菌的定性、定量、定位和定主的分析；益生菌在机体内外不同环境中的变化，发挥生理功能的物质基础和机制；益生菌制品的生产等。（施超）

Q000038 **观叶植物原色图谱** 林侨生编著。中国农业出版社2002年10月版。150万字。1000余幅彩色照片。158.00元。介绍了蕨类植物15科、裸子植物3科、被子植物双子叶类50科和单子叶类23科约270属1023种（含品种、变种、杂交种），各科属有简明扼要的描述，并着重介绍新引入的种类。以原色图片展示各种植物。每种植物均附原色照片。注重图书的学术性和科学内涵。各属植物附主要特征、原产地、分布、种类及栽培要点，每种植物均附有中文名和拉丁学名。各种植物介绍其栽培要点、繁殖方法、病虫害防治、日常管理注意事项及应用。书末附有中文名和拉丁学名索引。（张利）

Q000039 **实用植物组织培养技术教程** 曹孜义著。甘肃科学技术出版社2002年6月第三版。52万字。30.00元。收集国内外能规模化和商业化生产或将要商业化生产的植物种类，介绍植物组织培养和微型繁殖简史及国内外发展概况，植物组织培养的基本原理，方法和设备，植物茎尖脱毒、离体快繁，规模化、商业化生产及经营，成本核算及效益，离体快繁中应注意的问题及其应用和发展前景等。全教程共10章。

Q000040 **十万个为什么·植物分册(哈萨克文)** 黄建南主编,达尼亚尔等译。新疆科技卫生出版社(K)2002年9月版。40万字。17.80元。根据少儿版《十万个为什么》(新世纪版)翻译出版。本分册介绍了多种植物的生长环境、生长习性等内容。

Q000041 **光合作用效率** 许大全著。上海科学技术出版社2002年8月版。30万字。28.00元。包括5篇17章,主要介绍:光合效率的定义、术语和光合效率研究的意义;光合效率研究的实验方法,包括CO_2吸收测定、光合放氧测定和叶绿素荧光分析;光合速率的影响因素,光合诱导,光合作用对高浓度CO_2的适应和光合"午睡"现象,以及光合作用的气孔限制;光合量子效率的影响因素、日变化,光呼吸,光抑制,光系统Ⅱ可逆失活和状态转换;光合效率与作物产量的关系和绿色革命等,为"国家自然科学基金研究专著"之一。(濮紫兰)

Q000042 **英汉植物群落名称词典** 甘肃科学技术出版社2001年12月版。20万字。18.00元。作者从1981年开始,试探性地编写英汉植物群落名称词典。本书历时14年,从100余部中外专著、词典和大量期刊中,共广泛搜集和汇总了过去和当前英语及其他语种英语化的植物群落名称约2 000条(包括一般名称、地方名称、分类名称和理论名称等)。除全国自然科学名词审定委员会规范的植物群落(或植被)中文名称外,其余采用已发表文献使用过的中文名称,部分尚无中文名称的英语植物群落名称,则按原文意译或音译给予中文名称。(黄培武)

Q000043 **恢复中国的天然植被** 解焱著。中国林业出版社2002年8月版。5万字。20.00元。内容包括:天然植被重要价值、绿色沙漠的概念、植被恢复误区分析、天然植被恢复技术、加强利用当地物种进行生态恢复的教育和研究等。(刘若云)

Q000044 **黑龙江省植物志(十)** 曲秀春等编著。东北林业大学出版社2002年6月版。61.4万字。52.00元。《黑龙江省植物志》的第十卷,收载了黑龙江省的被子植物5个目,14个科(按A. Engler's Syllabus der Pflanzen familien Ⅱ. 1964中的系统),共106属、296种、1亚种、20变种、6变型,其中包括栽培种(变种、变型)21个。书中记载了各种植物的形态特征、生境、分布、用途,列出了分属、分种检索表,并附有图版143幅,卷末附有中文与拉丁文的植物名索引。编著者对每种植物的学名进行了考证,纠正了过去误用的名称,主要文献及异名翔实。(卜彩虹)

Q000045 **中国黄土高原植被建设与水土保持** 程积民著。中国林业出版社2002年5月版。68万字。56.00元。根据生态学原理全面总结了20年来黄土高原地区植被建设的实践与经验,系统研究了森林植被、灌丛植被和草地植被的类型、分布及其生态特点与演替过程。分析了西北黄土高原水土保持的现状及存在问题,提出了黄土高原地区以植被保护、合理利用、恢复、重建与水土保持为中心的综合治理技术措施。系统介绍了黄土高原森林、灌丛、草地植被类型、分布特点、掩体规律及保护利用等内容,提出了植被的规划布局、建设理论与技术途径。(刘若云)

Q000046 **中国苔藓志 第六卷 油藓目 灰藓目** 副名:中国苔藓志。吴鹏程主编。科学出版社2002年2月版。48.4万字。55.00元。所涉及的范围包括油藓目全部及灰藓目的薄罗藓亚目的大部分,共9科、53属和185种。附有分属检索表和分种检索表。各科、属和种有文献引证及详细表态描述、生境、产地与地理分布,大多数种附有形态解剖图,重要的异名及其文献和中国及其相邻近地区的文献均予收录。各检索表及附图图注均有中英文对照。全书附图109幅。(总编业务部)

Q000047 **中国银杏** 曹福亮著。江苏科学技术出版社2002年12月版。64万字。68.00元。介绍国内外银杏研究现状、进展及最新成果的学术专著。全书共18章,内容涵盖银杏的发展史、生物学、生理学、显微结构、生物技术、种质资源、病虫害、林农复合经营、育种、栽培及开发利用等方面。(张小平)

Q000048 **被子植物的受精生物学** 胡适宜、杨弘远主编。科学出版社2002年1月版。37.1万字。45.00元。介绍了被子植物有性生殖过程中的双受精机理和离体实验研究。在阐述双受精基本规律的基础上,着重介绍了此领域的最新研究进展。全书内容主要有:一、双受精的研究历史与双受精起源;二、配子体和配子发生时期,包括花粉发育的基因表达,花粉和花粉管及其生殖细胞和精细胞的细胞骨架,雄性和雌性生殖单位;三、受精前期,包括钙在受精中的作用,自交不亲和性及其分子生物学基础;四、配子融合时期,包括配子融合的方式和膜融合的机理,配子识别,配子的细胞质遗传,配子核

DNA的含量、核配合系统的细胞生物学和分子生物学研究。(总编业务部)

Q000049 **四合木保护生物学** 杨持等编著。科学出版社2002年8月版。24.9万字。35.00元。是在作者对珍稀濒危物种——四合木的研究基础上撰写的专著。全书共8章,第一章为四合木分布区的自然地理与气候;第二章为四合木的生物学特性;第三章为四合木的生理生态适应性;第四章为四合木传粉昆虫的研究;第五章为四合木种群结构与动态;第六章为四合木的群落特征;第七章为四合木的遗传多样性;第八章为四合木分布区景观破碎化及自然保护区建设。(总编业务部)

Q000050 **实验动物学** 孔利佳、汤宏斌主编。湖北科学技术出版社2002年8月版。290页。28.00元。分8章,包括绪论、实验动物遗传质量控制、微生物寄生虫学质量控制、实验动物环境设施质量控制、常驻用实验动物特点及应用、实验动物选择、人类疾病的动物模型、免疫缺陷动物、动物实验的质量控制、转基因动物技术和胚胎工程技术、动物试验技术等。系统地阐述实验动物学的基本理论知识和实际操作技能、发展趋势。(冯友仁)

Q000051 **十万个为什么·动物分册(哈萨克文)** 金杏宝主编,沙吾列等译。新疆科技卫生出版社(K)2002年9月版。28万字。16.70元。根据少儿版《十万个为什么》(新世纪版)翻译出版。本分册介绍了多种动物的生活习性、生长环境等内容。

Q000052 **走近动物丛书** 裘树平编著。河北少年儿童出版社2002年4月版。54.40元。共8本,分别是:《嘴巴、嘴巴、嘴巴》、《大眼睛、小眼睛》、《长鼻子、短鼻子》、《奇异的"手"和"脚"》、《了不起的尾巴》、《怪怪的"外衣"》、《有趣的行为》和《谁的翅膀怪》。本丛书主要介绍动物有趣的外观和习性,如:"带网兜的大水鸟"鹈鹕、大嘴巴河马、扁嘴巴的鸭嘴兽、嘴巴中有"梳子"的蓝鲸、嘴巴像针一样的蝉和深海中的大嘴鱼鮟鱇等各种长有奇特嘴巴的动物和它们的特有生活习性;眼睛长在触角上的蜗牛、有着"超级视力"的猫头鹰、眼睛不会闭的壁虎和两只眼睛长在一边的比目鱼等长有特殊眼睛的动物及其习性;"长鼻巨兽"大象、长鼻猴的像"大茄子"一样的大鼻子和"嗅觉大师"狗等动物鼻子的特点及特有习性;长腿仙鹤、八爪怪兽章鱼和"大刀将军"螳螂等动物有特点的四肢;蜘蛛猴、坦克龙、响尾蛇和袋鼠等动物尾巴的妙用;孔雀、鳄鱼、刺猬、青蛙等动物或美丽或坚硬或有刺或能呼吸的羽毛式皮肤;"织网专家"蜘蛛、有四个胃的牛和善于伪装的蝴蝶等动物的奇特本领;飞鱼、企鹅、蝙蝠、蜻蜓等动物滑翔式飞行本领。(李雪峰)

Q000053 **儿童动物百科** 于晓北主编。黑龙江少年儿童出版社2002年3月版。10万字。15.00元。对世界范围内的动物进行了概括。从低级的腔肠动物直到高级的哺乳动物的特征和习性、生活规律都有较详细的描写。并进行了适合儿童阅读的较简单的分类。(胡立滨)

Q000054 **世界野生动物百科** 原出版者:法国拉鲁斯集团SPL公司。浙江教育出版社2001年1月~2002年3月版。58.00元/卷。从野生动物的物种起源、进化、习性、生存状态及它们与人类关系的角度,描述了动物们的分布、生活、繁殖、喜怒哀乐以及面临的生存压力等多方面情况。大量参考世界著名动物学专家实地考察的科学结论,采用他们实地拍摄的动物图片,是这套书鲜明的特色。丛书包括8个分册:《狩猎明星》、《危险的杀手》、《好战的求婚者》、《最后的贵族》、《西部的英雄》、《足智多谋的攻击者》、《勤劳的能工巧匠》、《顽皮的精灵》。

Q000055 **人和动物寄生线虫图谱** 中国农业科学院兰州兽医研究所编著。中国农业科学技术出版社2002年11月版。102.8万字。198.00元。按分类系统编排,收录了线虫纲寄生于人和动物的线虫535种,隶属于2亚纲、4目、9亚目、40科、130属;绘制虫体形态图532幅,其中包括幼虫形态图10幅;记载各分类阶元的形态特征,列出分类检索表150篇,对各虫种均有寄主、寄生部位和形态特征的描述。图谱的分类系统,基本上是按苏联斯克里亚宾院士及其合作者的《线虫学基础》的系统。寄生虫学名的译名,大部分是参照有关典籍定的,很少一部分是编者根据虫种拉丁文原意试译的,个别虫种无译名。寄主学名的译名,主要参照《哺乳动物分类名录》(1992年版)和《世界鸟类名称》(1986年版)。图谱后面还附有圆形亚目消化道线虫和肺部线虫形态图及其分类检索表,还有两幅虫卵形态图供读者参考。(徐平丽)

Q000056 **黔东南早、中寒武世凯里组三叶虫动物群** 袁金良、赵亢龙、李越、黄友庄著。上海科学技术出版社2002年7月版。64.6万字。55.00元。介绍在贵州省丹寨县南皋乡九门冲、平寨和岩英,台江县革东镇八郎、屯州和川硐等地早寒武世晚期至中寒武世早期凯里组三叶虫动物群的新发现,根据大量保存完好的标本,对凯里组及同期地层三叶虫属种的定义及系统分类进行全面的修订，系统描述三叶虫4目18科62属(亚属)145种(亚种)和未定种。着重介绍全球广泛分布的掘头虫类三叶虫和宽背虫三叶虫，深入阐明确定全球下、中寒武统界线层型的标准种 Oryctocephalus indicus(Reed)及其完整的演化序列，不仅解决了同期地层全球对比问题，而且对在我国确立全球下、中寒武统界线层型剖面具有重要意义。与已发表的同类论文和专著相比，剖面资料更齐全，三叶虫序列完整，三叶虫标本保存精美，既有底栖类型的属种，又有浮游类型的属种；既有属种描述，又讨论了它们之间的演化关系；此外，在阐明凯里组三叶虫动物群系统演化规律的基础上，将黔东南的凯里组与全球范围内的同期地层进行了精确对比。(濮紫兰)

Q000057 **中国有毒及药用鱼类新志** 伍汉霖主编。中国农业出版社 2002 年 6 月版。100.6 万字。120.00 元。收集了近 30 年来我国有毒及药用鱼类的大量资料，经过综合分析，结合当前国内外有关有毒鱼类和药用鱼类的研究进展及最新成果，并在动物实验的基础上进行总结。长期以来，坊间出版的医药大辞典、药用动物志中对有毒鱼类和药用鱼类的种类鉴定存在诸多错误或继续使用无效学名，以讹传讹，影响科学研究的正确性，如香港石斑鱼中毒，致使许多外形与有毒种类相似的无毒石斑鱼被大量销毁，造成不应有的损失。因此，我们将本书以鱼类志的形式进行编著，本志分为有毒鱼类和药用鱼类两大部分。有毒鱼类又分为毒鱼类、刺毒鱼类和皮肤黏液毒鱼类。对各种类型的毒鱼重点进行概述、中毒症状、治疗、预防方面的讲解。每一种鱼则着重其种类鉴定、形态特征、毒性或毒器结构的介绍，对每种鱼的异名、分布、生态、经济利用均有较为详细的叙述；在药用鱼类编著上，本志除叙述各种药用鱼类的药用部位、性味功效和主治外，还重点介绍近年国内外关于角鲨烯、鲨鱼软骨粉、鱼油(DHA、EPA)、河鲀毒素等方面的药用功效和制药情况。(林珠英)

Q000058 **中国扬子鳄及世界鳄类的保护现状与未来** 国家林业局野生动植物保护司编。中国林业出版社 2002 年 9 月版。62 万字。78.00 元。介绍了中国扬子鳄种群动态和人工养殖技术；中国各省区及世界各地鳄类保护的现状与未来等。(刘若云)

Q000059 **常见龟鳖类识别手册** 中华人民共和国濒危物种进出口管理办公室主编。中国林业出版社 2002 年 1 月版。78.00 元。对国际贸易中常见的约 70 种龟鳖的名称、别名、拉丁名、英文名、分类地位、保护级别、分布、特征、习性、贸易状况等进行了简要记述。书后附有中国原产野生龟鳖类名录；《濒危野生动植物种国际贸易公约》；中华人民共和国濒危物种进出口管理办公室有关文件等；本书有中英文两个版本。(刘若云)

Q000060 **鳄蜥生物学** 张玉霞著。广西师范大学出版社 2002 年 10 月版。38.5 万字。35.00 元。学术专著。作者 1977 年至 2002 年来研究鳄蜥的理论研究的全面总结，提供鳄蜥为古老蜥蜴类的科学根据。共 9 章，研究鳄蜥的地理分布和分类地位、鳄蜥的解剖学与组织学、鳄蜥的超微结构、鳄蜥的生态学及遗传学，探讨鳄蜥的 DNA 序列、疾病防治和提高繁殖力的方法。配有图 165 幅，附有中英文摘、索引和参考文献。(总编室)

Q000061 **中国野鸟** 郑光美，张词祖主编。中国林业出版社 2002 年 7 月版。70 万字。220.00 元(精装)。介绍中国野外鸟类 650 多种。每种介绍其目科属分类、形态特征、生活习性、繁殖特性、迁徙特性及其种群数量的多少及保护级别。每种鸟类均配有彩色照片。本书有中英文两个版本。(刘若云)

Q000062 **丹顶鹤研究** 马逸清、李晓民编著。上海科技教育出版社 2002 年 6 月版。34 万字。29.00元。介绍了丹顶鹤的分类地位、地理分布、与人类生活的关系以及研究历史，论述了丹顶鹤的形态生理特征、生态与行为、人口驯养与繁殖、丹顶鹤的保护，反映了丹顶鹤分子生物学研究及保护工程的重要成果。(王义炯)

Q000063 **世界鸟类名称(拉丁文、汉文、英文对照)** 郑作新主编。科学出版社 2002 年 6 月第二版。56.8 万字。42.00 元。第一版出书时间为 1986 年，作者在第一版的基础上经过多年审查与精心修订现推出第二版。本版纠正了第一版中的一些错误，使一些冗长的鸟名更加精练，雷同的译名更加准确，新命名的鸟类名称得以补充，同物异名现象都给予特别仔细的校定。本书共包括世界鸟类拉丁学名约 9100 条，列有对应的汉文名和英文名。书后附有汉文名和英文名索引。(总编业务部)

Q000064 **中国鹭类** 朱曦、邹小平著。中国林业出版社 2001 年 11 月版。30 万字。70.00 元。介绍了中国鹭类的研究概况、分类地区和多样性、区系与分布、生物学与生态学特性、种群数量、环境因子对鹭类的影响、鹭类营巢及迁徙、鹭类资源保护及

利用等。(刘若云)

Q000065 **大熊猫研究** 胡锦矗著。上海科技教育出版社 2001 年 12 月版。35 万字。28.00 元。是国家“十五”规划重点图书“中国重点保护野生动物研究丛书”中的一本。介绍了大熊猫的历史记载、形态习性、栖息环境、活动、繁殖、数量与分布、起源演化、饲养繁殖与保护管理,其中不乏近年来最新发现与研究成果。(王义炯)

Q000066 **中国白头叶猴** 黄乘明著。广西师范大学出版社 2002 年 10 月版。23.6 万字。30.00 元。学术专著。作者 1991 年到 1998 年对我国一级保护动物白头叶猴的研究总结。从栖息地环境及猴群对栖息地的选择利用、种群年龄结构和性比、猴群的领域、行为、食物组成和营养等方面进行分析,揭示白头叶猴适应喀斯特石山栖息地形成的一系列行为和生态学特点。总论概述灵长类的研究现状和发展。全书配有 16 幅彩色照片,附有中英文摘要,参考文献,白头叶猴食物名录,世界现存非人灵长类种类中文、拉丁文、英文对照及分布。(总编室)

Q000067 **金丝猴研究** 全国强、谢家骅主编。上海科技教育出版社 2002 年 12 月版。42.8 万字。42.00 元。论述金丝猴的地理分布、种群数量和保护,展示了金丝猴种内分化、分子生物学和保护遗传学的研究成果,以及驯养繁殖和管理方面的研究成果。并分门别类地对 4 种金丝猴(川金丝猴、黔金丝猴、滇金丝猴和越南金丝猴)的研究成果作了论述。(王义炯)

Q000068 **中国灵长类生物地理与自然保护·过去·现在与未来** 张荣祖等编著。中国林业出版社 2002 年 8 月版。28 万字。120.00 元。是由美国国家地理学会资助,中科院地理所和中国国家林业局组织实施的“中国灵长类生物地理与自然保护”课题的总结,此课题已完成了一年多的前期工作,除在少数地点组队开展野外调查工作外,主要是通过国家林业局保护区系统和热心于自然保护的动物学同行,以有针对性的问卷方式,征集迄今为止各地对灵长类调查所获得的以下基本信息:各个种类在各地保护区与非保护区的分布点,包括对以往记录的核实;种群概况;各分布点已知个体数(约数或左右);保护现状与栖息地情况。(刘若云)

Q000069 **小蕾蕾观察日记** 孙利平、孙国平著。金盾出版社 2002 年 7 月版。7.8 万字。7.00 元。共 4 册,分别是《蜜蜂和蚕》、《蝈蝈、瓢虫、蝉》、《蜻蜓、蜘蛛、蝴蝶》、《螳螂、蚂蚁、蟋蟀》。这些小动物绝大多数是昆虫,它们的一生大多经过卵、幼虫、蛹、成虫几个阶段,每一阶段外形都不相同。书中较详细地介绍了它们从出生到成长到最后死亡的生命的全过程。(宋映雪)

Q000070 **中国琥珀昆虫志** 洪友崇著。北京科学技术出版社 2002 年 1 月版。130 万字。彩色图版 24 幅。280.00 元。共介绍的琥珀昆虫分为 8 个目、10 个亚目、7 个次亚目、30 个总科、56 个科、23 个亚科、8 个族、201 个属、223 个种。其中有 9 个新科、5 个新亚科、8 个新族、185 个新属、172 个新种。这些昆虫有别于波罗的海、多米尼加、地中海三大琥珀昆虫产地的种类,故此建立了中国抚顺昆虫群,为昆虫的分类与演化及其区域划分、确定提供新的科学资料。(吴建)

Q000071 **福建昆虫志(第五卷)** 黄邦侃主编。福建科学技术出版社 2002 年 8 月版。106 万字。72.00 元。包括蛾类 58 科 1788 种(补遗 2 种),含 10 新种、3 新属、11 中国新记录种、13 福建新记录种。每种均介绍了详细的形态特征、寄主和分布,绝大多数附有黑白线条形态图。附录包括本书所介绍的昆虫的学名索引和中文名索引。(张晨曦)

Q000072 **中国动物志 无脊椎动物 第二十八卷 节肢动物门 甲壳动物亚门 端足目** 副名:中国动物志。陈清潮、石长泰编著。科学出版社 2002 年 2 月版。34.9 万字。56.00 元。端足目蛾亚目是节肢动物门中经济价值较大的甲壳动物,本书介绍了产于中国海区的 14 科、41 属、120 种。全书分总论和各论两部分。总论简要地综述蛾亚目的研究历史、形态特征、分类系统、生态和生物学、地理分布、演化以及经济意义;各论中包括对各分类阶元的描述及检索表;种的记述中有中文名、学名、引证、形态、观察标本、生物学资料和地理分布。全书附有 178 张插图,书末附英文摘要、中文名和拉丁名索引。(总编业务部)

Q000073 **中国动物志 无脊椎动物 第三十卷 节肢动物门 甲壳动物亚门 短尾次目** 副名:中国动物志。陈惠莲、孙海宝编著。科学出版社 2002 年 3 月版。83.6 万字。128.00 元。分为总论和各论两大部分。总论部分论述蟹类的研究简史,形态特征,内部结构,生殖与发育,摄食与生长,栖息环境与防御,分类系统,地理分布和经济意义。各论部分对海洋低等蟹类物种进行全面记载和系统描述。共记述 212 种,分别隶属于 12 科、81 属,其中 7 个新种、15 个记录。每个种均描述其形态特征、生态环境、

地理分布,并附有形态特征插图。附录部分列有中文学名、拉丁文学名索引。(总编业务部)

Q000074 **中国动物志 昆虫纲 第二十八卷 同翅目 角蝉总科 犁胸蝉科 角蝉科** 副名:中国动物志。袁锋、周尧编著。科学出版社2002年3月版。82.6万字。112.00元。记述中国角蝉281种,隶属2科,4亚科,16族,42属,其中有72新种,2新属,5新族,并记载了23种若虫,19种染色体核型特征,84种角蝉的寄主植物,6种角蝉的生物学与生态学特征,绘制了273种角蝉的形态特征图,提供了科、亚科、族、属、物种群和种的检索表。(总编业务部)

Q000075 **中国动物志 硬骨鱼纲 灯笼鱼目 鲸口鱼目 骨舌鱼目** 副名:中国动物志。陈素芝编著。科学出版社2002年2月版。47.1万字。75.00元。记述了中国灯笼鱼目、鲸口鱼目、骨舌鱼目的3目18科41属116种鱼类。全书对这3目鱼类记述分总论和各论两大部分。总论包括各目的研究简史、形态特征、分类系统、地理分布、生物学特性等内容;各论则按系统以科为单位逐级进行分类记述,重点记述种级阶元,并对各分类阶元编列了检索表。每种记述均含参考文献、形态描述、插图、地理分布等项目,对部分经济鱼类型生物学特性及经济意义亦作了介绍。书后附有英文摘要、中文名索引、拉丁学名索引以及参考文献等。(胡晓春)

Q000076 **中国琥珀昆虫图志** 洪友崇著。河南科学技术出版社2002年8月版。85万字。398.00元(精)。书中的琥珀昆虫包括蜉蝣目、蜚蠊目、同翅目(蚜虫)、异翅目、啮虫目、鞘翅目、双翅目、膜翅目等共8目199种,全书分3部分:第一部分是琥珀及琥珀昆虫的基本知识,简要讲述琥珀及其中昆虫与煤的形成过程、理化性质,天然琥珀与人工琥珀的区别以及各种琥珀工艺品等等;第二部分介绍琥珀形成的地质背景,包含当初的古地理、古气候、古植被、地质特点、地层系统和时代归属,以及琥珀昆虫的野外采集与室内研究方法等;第三部分是琥珀昆虫系统分类,也是本图志的主干部分,每个分类单元都有代表性种类及其基本特征的说明。(赵志刚)

Q000077 **中国蛄目志(昆虫纲)** 李法圣著。科学出版社2002年7月版。293.7万字。298.00元。分总论、各论两大部分,总论5章全面论述了蛄目昆虫的研究史今、分类系统及演变、基本形态构造,分析归纳了生物学特性、各科分布特点及区系分布,提出了由于蛄虫对生境敏感、抗逆力差可作为环境监察昆虫等见解。各论部分按类系统排列,详细记述了中国蛄目3亚目14总科27科170属1505种,其中包括918新种和62新属或亚属,新组建和命名3总科,12亚科或级次和7新族以及79新组合和3个新名。书中备有详细的文献引证,凡含两个以上亚级分类阶元的均编制了检索表。全书各阶附有文字记述,除仅有记载的种类外,每种均绘制了较详细的黑白特征图及部分整体彩图和显微照片。(总编业务部)

Q000078 **中国麦蛾(一)** 李后魂著。南开大学出版社2002年8月版。84.1万字。148.00元。系统报道了中国麦蛾科的研究结果。全书分总论和各论两大部分。总论部分主要回顾麦蛾科的研究历史,介绍了国外国内麦蛾科的研究现状、地理分布、生物学和虫害防治、与分类学直接相关的形态特征以及适于各种小蛾类的研究方法,讨论了麦蛾总科和麦蛾科的各种分类系统。每个种都有详细的文献引证。除进行外部形态的描述外,同时绘制了外生殖器特征图和其他必要的形态特征图,提供了各阶元的分类检索表,对已知寄主、分布和生物学进行了记载,并给予简短的讨论。(李正明)

Q000079 **中国灰蝶志** 王敏、范骁凌著。河南科学技术出版社2002年4月版。80万字。360.00元(精)。共收录了中国灰蝶146属,515种,390亚种。其中通过研究发现并建立了1个新属,6个新种;1个新记录属,8个新记录种,1个新亚种,1个新亚科。全书采用中英文对照的形式,分别对灰蝶的产地、地区分布范围、形态和体态特征、鉴别方法加以介绍,在书后附有中文和英文检索表等。(赵志刚)

Q000080 **黑龙江省小蠹虫寄生蜂区系及生态地理分布** 马玲、王志英、原志华著。东北林业大学出版社2002年6月版。18.5万字。20.00元。作者历经三年多的时间,对黑龙江省小蠹虫的天敌昆虫区系进行了全面研究。在全省19个区县采集标本,并进行分类,鉴定出51个种,其中包括作者已发表或待发表的论文中记述的中国新记录属2个,即三盾茧蜂属 Triaspis,矛茧蜂属 Doryctes;新种10种,即长尾刻鞭茧蜂 Coeloides longicaudus,木小蠹三盾茧蜂 Triaspis nanchaeusis,樟子松矛茧蜂 Doryctes mongolicus,红足矛茧蜂 Doryctes dahuricus,小蠹光茧蜂 Bracon ipsi,小蠹柄腹茧蜂 Spathius korainensis,伊春柄腹茧蜂 S. yichunensis,鲜红深沟茧蜂 Iphiaulax raficorpus,长体丽旋小蜂 Calosota longicornis,长角灿姬小蜂 Entedon longifuniculi。

通过对小蠹虫寄生蜂自然控制作用的初步研究，为今后进一步利用小蠹虫寄生蜂奠定了一定的基础。(卜彩虹)

Q000081 **南京直立人** 吴汝康、李星学主编，吴新智、穆西南副主编。江苏科学技术出版社 2002 年 12 月版。50 万字。160.00 元(精)。共 8 章。第一章介绍了南京直立人遗址的地理和地质背景；第二章详细描述了南京直立人 1 号、2 号头骨化石特征，据此复原了南京直立人 1 号整体头骨和重塑了南京直立人的头部全貌，制作了南京直立人复原头像；第三章描述了与直立人伴生的哺乳动物种属和组合，并与国内外其他地区的哺乳动物进行了对比；第四章统计总结了孢子花粉、植硅体化石的组合特征，并分析了直立人生存时期的气候环境；第五章根据地球物理探测成果，分析了洞穴的成因和堆积演化过程；第六章根据石笋测年和氧碳同位素结果，讨论了南京地区的气候演变过程；第七章采用了 ^{230}Th 热电离质谱技术和哺乳动物牙化石氨基酸外消旋方法进行测年，阐明了南京直立人的生活环境和年代；第八章对全书进行了总结和对存在的问题进行了分析，认为南京直立人及其伴生的哺乳动物群的性质、年代与北京直立人及其伴生的哺乳动物群的相似，南京汤山葫芦洞与北京周口店第一地点属于同期的古人类遗址，南京直立人生活在一个气候干冷的环境中。书中具有大量翔实的资料和化石彩色图片，书后附有详细的英文摘要。(马桂琴)

Q000082 **中国民族肤纹学** 张海国编。福建科学技术出版社 2002 年 11 月版。43.8 万字。40.00元。分为概论(6 章)和各论(56 章，每一民族一章)两大部分，共 62 章。从肤纹研究的历史沿革、研究方法到每一民族(含藏族、高山族)的肤纹参数，分析、总结了各民族的肤纹特征，论述我国民族肤纹学的研究成果。(何捷)

Q000083 **心智家园** 李葆明著。上海科技教育出版社 2002 年 3 月版。10.3 万字。8.00 元。《诺贝尔奖百年鉴》之“神经与脑科学”卷。概要介绍了从古至今人类探索脑和神经系统的历程，聚焦于过去 100 年间神经与脑科学领域诺贝尔奖得主的杰出成就及相关人员的工作。共 8 章：一、认识脑的历程、二、神经元与突触；三、神经元的电子特性；四、神经元间的信号传递；五、感觉系统；六、神经内分泌和生长因子；七、大脑与行为；八、诺贝尔奖的启示。书末附有本卷大事记。(王世平)

Q000084 **生态人类学** 唐纳德·L.哈迪斯蒂著，郭凡、邹和译。文物出版社 2002 年 11 月版。22.5 万字。21.00 元。介绍了生态人类学的理论和方法，专题论述了民族生态学、人类古生态学。(李克能)

R 医药、卫生

医药、卫生

R000001 **生物医学的法律与伦理问题** 郭自力著。北京大学出版社 2002 年 5 月版。30 万字。18.00元。对现代医学在道德和法律领域给人们提出的难题作了科学的分析，特别强调运用法律手段为生物医学技术提供指导的重要性。内容涉及从死亡的标准到人类对待死亡的态度(安乐死问题)，从器官移植、基因治疗到人工生殖技术对未来人类发展的影响，以及人体实验和人工流产的一些相关的法律和伦理问题。(李霞)

R000002 **医学计量** 郭勇主编。中国计量出版社 2002 年 1 月版。146.1 万字。120.00 元。分上、下两册，共 3 部分 12 章，上册包括 1～7 章，下册包括 8～12 章。第一部分是计量基础知识；第二部分是医学计量专业知识；第三部分是法律法规及管理。医学计量专业知识包括了医用热学计量、生物力学计量、医用电磁学计量、医用超声学计量、医用光学计量、医用生物化学计量、医用激光学计量、医用声学计量、医用放射学计量、大型医疗设备应用质量的检测与评审等 10 个专业，其内容有专业基础知识，工作计量器具原理与结构，计量检定方法等。(朱和平)

R000003 **医生对你隐瞒了什么** [美]林内·麦克塔格著，杨青云、孙若亮译。新华出版社 2002

年10月版。23万字。20.00元。介绍了现代医学在预防、诊断、检查、化验、治疗及用药等方面存在的大量伤害人体健康的事例;剖析了产生这些伤害人体健康的原因;提醒并告诫人们在享受现代医疗技术预防及治疗疾病过程中,要以科学的观念审视现代医学中存在的不科学问题。(丁慧)

R000004 **365个提醒——健康最重要** 林明主编。海南出版社2002年5月版。25万字。20.00元。针对生活方式、疾病盛行和我国全面推行医疗保险的现状编写。共16个部分,既有就医的基本知识、常见小毛病的速效治疗、大病的预防诊察,又有牙齿的保健、减肥的指导、关于情绪的调节等,还有专门针对男人和女人的保健、性生活常识等方面的介绍,对于家庭保健的诸多方面都有涉及。(伍君之)

预防医学、卫生学

R000005 **卫生学** 宋伟民主编。复旦大学出版社2002年10月版。56.7万字。38.00元。包括3篇19章,涵盖了环境卫生学、职业卫生与职业医学和食品卫生学的主要内容。(肖英)

R000006 **公共卫生管理学** 孙全胜主审。黑龙江人民出版社2002年11月版。20万字。26.00元。介绍了卫生工作方针、各类食品的卫生、食品企业与饮食服务业卫生、食品污染与食品中毒、食品卫生监督管理、公共场所卫生要求、卫生防疫管理等内容(刘恺汐)

R000007 **饮用水卫生与处理技术** 秦钰慧主编。化学工业出版社2002年9月版。44.3万字。35.00元。共15章,内容涉及两大部分,第一部分主要介绍制定饮用水卫生标准的有关内容,包括水源选择和水源防护,饮用水卫生标准的制定原则和方法,我国饮用水卫生标准的发展历程,生活饮用水水质卫生规范的产生和主要内容,国内外饮用水标准的比较,饮用水的有机成分、无机成分、感官性状和一般化学指标、微生物学指标、放射性指标的卫生学意义、与人体健康的关系及其制定限值的科学依据;第二部分主要介绍饮用水的处理技术和检验方法,包括饮用水的常规处理技术和深度处理技术以及常用微生物学、化学和毒理学检测方法。本书收录文件突出对环境执法工作的指导性和实用性,力求准确性和权威性。书中既从管理决策的宏观层面,又从工艺设备的技术角度,全方位介绍了中小城市水污染控制和污水处理厂建设管理的基本理论、实施办法、工艺设计和操作实例。(郭燕)

R000008 **卫生进家家家净** 杨福平编著。中原农民出版社2002年7月版。8万字。9.00元。"三个代表"进农家丛书之一。本书着重介绍了有关生理卫生、环境卫生、妇幼保健等方面的内容。(郑电波)

R000009 **GB/T28001-2001《职业健康安全管理体系规范》企业实施指南** 陈全著。中国计量出版社2002年4月版。38.4万字。48.00元。依据GB/T28001-2001《职业健康安全管理体系规范》分析阐述了职业健康安全管理体系的基本原则、特征及实施职业健康安全管理体系的基本方法和步骤。主要内容包括:职业健康安全管理体系标准化产生的背景;职业健康安全管理体系国内外发展趋势;职业健康安全管理体系的基本特点和要求;职业健康安全管理体系建立与保持;职业健康安全管理体系审核;我国职业健康安全法规及事故预防原理等。(曹纪宗)

R000010 **六十亿人口的警示** 副名:21世纪的人口增长与食品安全。[美]K.雷辛格等著,朱爱萍等译,钟甫宁校。中国农业出版社2002年8月版。13.9万字。15.00元。以关心人类社会的前途问题为出发点,研究人口及人口增长面临的食品压力问题。分析了人类社会发展所取得的成就,包括社会进步、食品安全的成就、经济成就、生态成就以及政治上的成就,提出了面临的社会问题、经济问题、政治问题和生态威胁,指出了令人担忧的人口发展问题以及由此引起的城市化问题、人口老龄化问题、艾滋病问题等等,特别关注人口急剧增长对社会和经济的影响、对自然系统的压力,提出要制定政策,确保人口增长后的食品安全(包括贫困人口和贫困地区的食品安全)。同时,对于传统社会的人口和社会文化规范的关系进行了分析,提出要保护妇女和儿童,并且提出制定合理的人口政策的先决条件,如关注环境、合理的代际关系、个人福利与公众福利等,最后展望未来,谈到目前的乐观的和悲观的看法,并对生物技术提高生产潜力提出见解,提出综合解决途径。(柯文武)

R000011 **医学营养学** 郭红卫主编。复旦大学出版社2002年9月版。34.3万字。24.00元。介绍了营养素、各类食品的营养价值、特殊人群营养、合理膳食、疾病与营养关系以及营养评价方法。(王伟光)

R000012 **现代膳食营养手册** 吴成福主编。河南科学技术出版社 2002 年 9 月版。33.5 万字。19.00 元。共 7 部分:膳食营养基本常识、动植物性膳食的营养、果蔬类膳食的营养、调味食品的特点与烹饪营养、各种饮料及其特点、各种膳食习惯评说、营养食疗与保健。书后附有各种膳食营养表。(赵志刚)

R000013 **大脑的营养** [美]简·卡珀著,雷丽萍等译。新华出版社 2002 年 1 月版。25 万字。21.00元。基于大脑具有可塑性这一理论,作者传达了当今在大脑、饮食、营养等领域取得的科学成果,指导你如何通过合理的饮食和营养防止甚至逆转因年龄增长而带来的大脑衰老。主要内容包括:怀孕的妇女吃什么才能保证未来的孩子拥有高智商;老年人怎样吃才能找回往日的好记性,人们在不同的年龄阶段该如何安排自己的生活,才能长期享有一个功能活跃的大脑所带来的快乐。(丁慧)

R000014 **食品安全快速检测技术** 王晶、王林、黄晓蓉主编。化学工业出版社 2002 年 11 月版。35.5 万字。32.00 元。是根据食品安全影响因素进行分类编写的。全书共 6 章,即导论、检验技术基础知识、食品中有害化学物质快速检测方法、毒素快速检测方法、食品中有害微生物快速检测方法、转基因食品检验分析技术。分别介绍食品安全现状、食品中有害化学物质、毒素、食品中有害微生物、转基因食品的危害和检测基本情况,主要以污染物为主线详细地分别介绍了各种快速检测方法的基本原理、技术方法和实验过程中的质量保证,以及简易检验方法和现代最新快速检测技术等内容。(郭燕)

R000015 **生活方式与身心健康** 洪昭光著。湖北人民出版社 2002 年 7 月版。6.4 万字。8.00 元。是原卫生部心血管病专家咨询委员会副主任、国家心血管病防治科研领导小组副组长洪昭光教授在中央军委、中央组织部、中央宣传部、中央党校等机关团体数百场健康知识讲座的结晶,书中融入了大量生活事例、从医经历、实用口诀、调查数据、经济核算及人生体验,把健康生活、延年益寿的道理说得生动明了、简便易行。(徐德欢)

R000016 **亚健康:21 世纪健康新概念** 王育学著。江西科学技术出版社 2002 年 6 月版。17 万字。20.00 元。分为上篇和下篇。上篇阐述了亚健康的源起,将亚健康这一新的医学概念纳入科学范畴,建立了健康—亚健康—疾病的模型,阐明亚健康与中药复方的关系以及启动学术研究的具体措施,详细论述了亚健康的概念、内容和意义。下篇为我国医学发展史上,第一次对亚健康进行大样本的流行病学调查研究结果的总结报告,客观地反映了我国亚健康人群的特点,为构建"健康—亚健康—疾病"这一理论模型提供了可靠的科学依据。(刘舒)

R000017 **健康忠告** 洪昭光著。广东教育出版社 2002 年 10 月版。8 万字。9.80 元。根据北京安贞医院洪昭光教授在中央直属机关和各省市作过的多场关于《生活方式与健康》的专题报告编辑而成。全书分观念、修身、养心 3 篇。(罗克梅)

R000018 **健康超音速** [美]比尔·菲利浦斯、米切尔·多索著,刘宗亚、王锦燕译。新华出版社 2002 年 8 月版。17 万字。29.80 元。介绍一套通过 12 周的身体训练和饮食调整,达到良好的祛脂减肥、塑形美体、强身健体效果的快速健身方法。作者是美国著名的专业健身教练。这套快速健身方法是在调查数万人的健身经历后,总结成功和失败教训的基础上编制的,不仅教授训练方法、饮食要求及基本知识,而且纠正了多年来人们在健身方面的一些不正确认识。书中配有 200 多幅照片指导健身者练习,并有多个成功实例供健身者参照。(赵之援)

R000019 **健康掌握在自己手中** 许佩珉编著。湖南科学技术出版社 2002 年 6 月版。8.4 万字。16.00 元。作者结合现代医学发展,从坚持锻炼、调控欲望、合理饮食、戒烟戒酒、规律作息、卫生习惯等多方面给予科学地指导;并教您识别身体发出的疾病早期警报,使您走出误区重获健康。书尾附录中还介绍了太极拳及其对人类健康的作用。(沙一飞)

R000020 **家庭用药与保健** 李钦俦编写。江西科学技术出版社 2002 年 1 月版。13.9 万字。10.00元。由疾病信号、疾病浅谈、家庭用药、家庭保健、中医中药 5 部分组成。书中是以作者日常诊疗工作中的心得、体会、经验为基础,并从中选择、提炼出大家关心的热点、疑点、难点问题进行阐述。(刘舒)

R000021 **储蓄你的生命** 宋为民著。南京出版社 2002 年 10 月版。31.8 万字。22.00 元。阐述了体商、心灵商、人缘商、性商等 4 者结合的狭义健商,全面论述了包括健康意识、健康知识、健康智慧、健康能力等内容的广义健康。呼吁人们要开展健商行动,提高健商水平,为储蓄生命能力,延长生命周期,改善生命质量而努力。(王国钦)

R000022 **健身医疗运动处方** 郑宝田、刘尚达主编。湖北科学技术出版社 2002 年 10 月版。22.00元。用处方的形式规定体疗病人或健身运动参加者锻炼的内容、运动量和运动强度。它包括健脑强身的处方、健美减肥处方、健身处方,中老年健身处方、保健与按摩操、常见疾病的健身医疗处方。(冯友仁)

R000023 **大学生健康教育** 西北工业大学健康教育教研室编。西北工业大学出版社 2002 年 9 月版。31.8 万字。15.00 元。主要内容有健康教育概论,大学生身心发育特征,大学生心理卫生和身心健康,营养、环境、行为与健康,性心理卫生和性传播疾病,常见传染病及其防治,免疫与预防接种,大学生常见病及其防治,急症与急救,药物基本知识和合理用药,辅助诊断常识以及预防艾滋病健康教育处方等。(雷鹏)

R000024 **抗衰益寿法** 戴建评等编著。江西科学技术出版社 2002 年 6 月版。31 万字。20.00 元。引进大量古代医学经典和现代中外学者的科学研究资料,介绍各种衰老学说,论述许多抗衰防老的措施,介绍基因改造工程的新成就,指出了科学的益寿延年之道。分 11 章:一、寿命的奥秘;二、探索衰老延缓老化;三、益寿延年工程一细胞基因改造;四、维护脏腑健康;五、寿命的物质基础一食物的科学观;六、维持生命的要素一维生素;七、长寿的天然因素一量微功大的元素;八、科学剖释烟茶酒;九、防癌抗癌维护健康;十、时空震荡活作息;十一、益寿延年中医药的研究。(刘舒)

R000025 **实用临床整体护理健康教育指南** 王宝珠主编。山西科学技术出版社 2002 年 8 月版。38.9 万字。22.00 元。根据不同科别选择典型疾病进行阐述,疾病按病因讲解、临床表现、介绍治疗、一般宣教、特殊指导、康复指导 6 个方面进行介绍。(温洁茹)

R000026 **教师健康手册** 孟景春主编。南京出版社 2002 年 9 月版。29.6 万字。18.00 元。针对教师的职业特点,从教师的饮食、服饰、仪表、环境、心理、运动、性生活以及按摩、用药、常见病防治等方面介绍实用的保健知识,说明具体的保健方法。(王国钦)

R000027 **成长之道——青春健康生活技能培训指南(试用)** 中国计划生育协会编。中国人口出版社 2002 年 4 月版。34 万字。55.00 元。分 9 章:青春期健康、生殖与避孕、预防性传播疾病、预防艾滋病、价值观与决定、人际关系、性与性行为、远离毒品、未来计划。(樊艳华)

R000028 **青少年性健康教育与预防艾滋病读本** 储兆瑞主编。江苏美术出版社 2002 年 9 月版。10 万字。5.00 元。以不同的年龄阶段为编辑体例分册(小学本、初中本、高中本、大学本)是一套以性健康基本理论介绍为框架,穿插以生动活泼的问题回答和典型案例分析,同时配以幽默诙谐的卡通漫画,内容涉及到性生理、性心理、性伦理、性保健和相关政策与法规的对学生进行性健康教育与预防艾滋病的图书。(周海歌)

R000029 **怎样与孩子谈性** 汤清波、王和平主编。湖南科学技术出版社 2002 年 5 月版。13.1 万字。12.00 元。大 32 开。从性的基本知识、小儿性心理、性生理、性卫生保健、性伦理、异常性心理问题、常见性发育疾病及性传播性疾病等方面对与性有关的近 300 个问题进行了解答。(石洪)

R000030 **中国性学大师史成礼性健康咨询问答** 史成礼等著。广东旅游出版社 2002 年 9 月版。23 万字。25.00 元。通过病例的问答形式,解答了各类在性生活中出现的难言之隐。作者是我国著名的泌尿外科专家、人口学专家、性医学专家,在计划生育研究方面发表有关论文 300 多篇,为我国计划生育工作和性科学研究作出了突出的贡献。本书是他从事性科学研究 50 年来对各类"性"的疑难问题进行研究的成果。(李瑞苑)

R000031 **生育指导** 叶蓉华主编。湖南科学技术出版社 2002 年 6 月版。15.1 万字。20.00 元。介绍了女人从受孕到宝宝出生这一特殊阶段的身体变化和自我感受,即:孕期中出现的症状哪些是正常的,哪些是不正常的;怎样做到心中有数从而消除不必要的顾虑;如何主动地去配合产科医生的定期检查和必要的治疗。本书中关于孕前父母应注意的事项,怀孕与优生,孕期保健,心理与环境等都是年轻妈妈、年轻准妈妈们最为关心的问题。(沙一飞)

R000032 **怀孕知识百科** 张湖德主编。中国人口出版社 2002 年 12 月第二版。78 万字。48.00 元。从 5 个不同方面详细论述了孕前须知、孕期保健、正常分娩、产后养生和小儿保健等常识。(朱双龙)

R000033 **中国"优生、优育、优教"工程指南** 张瑞娟、易建华、侯伟主编。中国人口出版社 2002 年 10 月版。45 万字。48.00 元。共 3 册。《孕产妇每日必读》介绍了优生优孕的保健医学知识。《新妈咪育儿百科》介绍了婴幼儿成长的生理、心理知识以及育儿的现代方法。《母婴食谱与汤羹》依据孕产妇以及婴幼儿不同发展时期的生理变化和需求，科学地安排各阶段的营养食谱，并充分地考虑其营养价值与色香口味，详细地解说其制作配料。（何军）

R000034 **婴幼儿科学喂养** 张春改、吴家懿主编。中国人口出版社 2002 年 10 月版。20 万字。25.00 元。介绍了 0～3 岁婴幼儿的发育特点、早期教育与训练、喂养指导及保健等知识。书后还附有预防接种参考表、乳儿辅食填加及每日用量参考表，婴幼儿喂水参量表、常用食物成分表等内容。（朱双龙）

R000035 **新妈妈真功夫丛书** 艾郎编著。同心出版社 2002 年 3 月版。32 开万字。共 3 册，分别为：《专家教你孕儿》19.5 万字，18.00 元，《专家教你育儿》19.5 万字，18.00 元，《专家教你医儿》19.5 万字，18.00 元，《专家教你孕儿》为年轻的"准妈妈"提供了新的科学可靠的优生优孕知识，细心体会她们在"十月怀胎"过程中在身体、心理、精神方面经历的全新体验（积极的与消极的），详细讲解怀孕期间每个阶段的身体变化及应该注意的事项。《专家教你育儿》、《专家教你医儿》则介绍了 0～3 岁儿童的养育及疾病的预防与护理知识。（王小云）

R000036 **育儿百科** ［日］松田道雄著，王少丽等译。华夏出版社 2002 年 9 月版。80 万字。49.00元。由日本著名的儿科专家松田道雄教授编著，1967 年首次印制发行，30 年来多次修订再版，累计销售达数百万册，成为日本家庭家喻户晓的育儿名著。本次翻译的是松田道雄教授的最新修订本。书中包括儿童心理、生理，育儿方法，预防保健，疾病处理和治疗的知识。（陈玉琢）

R000037 **全新实用育儿指南** 刘纪平著。四川少年儿童出版社 2002 年 8 月版。33.5 万字。19.80元。介绍了从怀孕期到 6 岁这个宝贵的育儿时间段的基础养护知识，共 15 章。每章由各个时期孩子的表现与特征、喂养常识、日常照料、常见病、答疑等 5 部分内容组成。（杨路）

R000038 **战胜瘟疫** 洪涛等著。上海科技教育出版社 2002 年 4 月版。10.2 万字。8.00 元。《诺贝尔奖百年鉴》之"传染病与病毒"卷。由中国工程院院士洪涛等人撰写，通俗介绍了各种与传染病相关的科学知识，生动刻画了人类与传染病不懈斗争的伟大历史，着重介绍了许多诺贝尔奖获得者的丰功伟绩。主要内容包括：改变历史的魔咒；与传染病作斗争；病毒与传染病；第一种被消灭的瘟疫；制伏天赋之毒素；即将逝去的恶魔；对同类相食的惩戒；与病毒性肝炎的斗争；最恶的现代瘟疫；新世纪，新挑战。（匡志强）

R000039 **医学消毒学** 张文福主编。军事医学科学出版社 2002 年 7 月版。68 万字。55.00 元。介绍了消毒学的理论知识，各种实际情况下的具体消毒方法，消毒效果的监测技术，消毒实验与研究方法，国际与国内的消毒标准，最新的消毒网络资源。（李俊卿）

R000040 **实用消毒灭菌技术** 袁洽主编。化学工业出版社 2002 年 5 月版。30.6 万字。25.00 元。由总论和各论两个部分组成，共 15 章。总论介绍了消毒学基础知识、专业术语，消毒在疾病控制中的任务和作用，消毒方法的合理选择原则，消毒检验技术（包括实验菌株制备、中和剂选择、悬液载体定性定量实验等），物理消毒法（包括原理、各种干热和湿热消毒与灭菌方法、紫外线消毒法、电离辐射灭菌等），化学消毒法（主要介绍八大类消毒剂的特性和用法），消毒效果检测技术以及指示剂的使用方法、结果判定和有关标准值。各论部分针对疫源区、医院、公共场所和饮用水，详尽阐述了各种传染病疫点、疫区的随时消毒和终端消毒，医院中医疗器械消毒与灭菌，医院关键科室、辅助部门的消毒、医院污物、污水的处理，公共场所消毒，饮用水消毒以及突发灾害时饮用水的处理。（郭燕）

R000041 **医疗卫生组织如何实施 2000 版 ISO9000 族标准** 钟秉良、谢锦光主编。中国标准出版社 2002 年 7 月版。28.4 万字。30.00 元。是介绍医疗卫生组织如何具体实施 2000 版 ISO9000 族标准的书籍，是会同率先在医疗卫生组织实施 2000 版 ISO9001 标准的深圳市松岗人民医院、深圳市盐田区卫生防疫站等单位在贯标、认证、质量管理体系有效运行实践的基础上编撰而成。本书以 2000 版 ISO9001 标准为主线，紧密融合医疗卫生组织的行业特点，对 ISO9001：2000 标准条款进行理论联系实践的分析，给出各条款在医疗卫生组织管理中的理解与实施要点。（赵荣刚）

R000042 **卫生服务研究** 龚幼龙主编。复旦大学出版社 2002 年 10 月版。45.3 万字。38.00 元。论述了人群健康需要、需求、服务利用和卫生资源的概念，分析相互之间的关系，介绍卫生服务研究常用的定量、定性研究方法，并应用上述原理和方法为卫生计划的实施和评价提供科学依据，通过卫生服务研究的学习，改善卫生服务可及性，实现公平、

效率和质量三者的协调，为卫生事业改革及现代化管理提供指导。(宫建平)

R000043 **医保诊疗指导** 丁春庭、黄政德主编。湖南科学技术出版社 2002 年 3 月版。58.9 万字。32.00 元。分 15 章，第一章为基本医疗保险就医指导，主要介绍医保的性质与特点，医保的统筹基金、个人账户与使用方法，医保就诊的要求与程序，医保费用支付的要求与方法，特别病种的审批与支付方法，特别人群的医保补充机制。第二至十五章按系统分病种介绍疾病的概念、诊断指导、治疗指导、护理指导、治愈好转指征、医疗保险支付说明等内容。(黄一九)

R000044 **医院感染** 王琛、沈阳主编。甘肃科学技术出版社 2002 年 8 月版。56 万字。45.00 元。阐述了医院感染管理体系、医院感染综合监测的组织、方法和对医院感染流行暴发的调查，重点阐述了医院感染的细菌学检验、消毒与灭菌方法、高危易感区域管理及临床抗生素的合理应用及其使用管理。书中全面阐述了医院感染常见种类与治疗原则及医院感染诊断标准等。(祁庭林)

R000045 **医院领导** 陈志兴、孟垂祥、周曾同主编。上海科学技术出版社 2002 年 10 月版。约 60 万字。100.00 元。主要内容为：绪论(介绍了当今医院面临的背景，提到了一些读者感兴趣的热点问题)，医院领导的职业素质，医院领导的知识修养，医院领导的能力要求，医院领导的权力，医院领导的管理方法与技巧，医院领导的经营管理，医院领导的实务管理，医院领导的时间管理，医院领导会议手册，医院战略管理以及介绍了国外医院改革的最新动态等。(杨志洁)

中国医学

R000046 **中华医籍经典注释** 袁开昌等撰，杨柳竹等注释，白恒慧等校译。内蒙古科学技术出版社 2002 年 6 月版。64.6 万字。5 卷。52.00 元。包括养生之要、养性延命录、寿业青编、饮膳正要、老老恒言 5 分册。《养生之要》辑录了《内经》、《千金方》、《本草纲目》等二十余种书籍中的养生之道。《养性延命录》对养生的原则和实施办法做了详细的论述。《寿业青编》论述了养生、保健的必备知识。《饮膳正要》把养生理论和宫廷膳食、食品原料综合为一个整体。《老老恒言》前四卷主要介绍了老年人饮食起居等日常生活之中的养生之道，第五卷介绍了煮粥方一百余种，调养疗疾，颇为实用。(那明)

R000047 **健康长寿九十招** 孟心欣著。北京出版社 2002 年 10 月版。5.4 万字。8.00 元。从若干生活常识入手，介绍家居琐事中的健康知识。比如“自然食品都是健康食品吗?”“酒喝多了会得胃溃疡吗?”“喝浓茶会使人皮肤变黑吗?”“喝醋能使骨头变软吗?”“用铁锅烹饪，能治疗贫血吗?”“鱼刺哽喉，吞饭团就可以让刺下去吗?”“烫伤时，可以涂抹酱油吗?”等。本书是从台湾引进的《家庭自助养生》丛书中的一种。它还包括《饮食养生》《起居养生》《补益养生》《运动养生》《精神养生》《美容养生》《房事养生》，共 8 册。(总编室)

R000048 **中医基础理论研究** 李其忠主编。上海中医药大学出版社 2002 年 12 月版。42.9 万字。37.80 元。本书所列理论专题共 18 个，基本涵括了中医基础理论的主要内容。每个专题内容突出三点：一是专题所涉及的基本理论、知识、概念、术语等含义的确切表述，若有争议、争鸣之处，作概要介绍，并提出作者见解；二是对专题所涉及的基本理论、知识、概念、术语等形成的源流梳理，阐明其发展脉络；三是相关内容的现代研究的撷取，包括文献、临床、实验、流行病学调查等方面，突出研究的方法和思路，不以现代研究替代论述。(王德良)

R000049 **杂病论辑校** 姚廷周辑校，张仲景原著。中医古籍出版社 2002 年 7 月版。20.1 万字。10.00 元。《杂病论》是张仲景所著的《伤寒杂病论》中的杂病部分，为历代中医所重视。《金匮要略》为后人所整理，只收录了其中的一部分，此前无《杂病论》正式书名。本书以桂林古本《伤寒杂病论》中的杂病部分为底本，参合它书而成。分为 7 卷，卷第一为平脉法(一)，卷第二为平脉法(二)、杂病例，卷第三为辨血痹虚劳病脉证并治、辨咳嗽病脉证并治，卷第四为辨饮病脉证并治、辨水气黄汗历节病脉证并治，卷第五为辨胸痹病脉证并治、辨血证疮痈病脉证并治、辨白合狐惑阴阳毒病脉证并治。卷三至卷七每条条文后均有提要并逐条校注，部分条文加上按语。(郝恩恩)

R000050 **三订通俗伤寒论** 俞根初原著，连建伟订校。中医古籍出版社 2002 年 5 月版。48.4 万字。25.00 元。《通俗伤寒论》乃清代绍兴名医俞根初原著；后经何秀山撰按，何廉臣校勘；再经近人曹炳章增订，徐荣斋重订；现由连建伟三订，通过整理研究。全书分 12 章，以六经理论统治所有外感热病，又将八纲、卫气营血、三焦辨证汇入六经辨证之中，详细介绍了伤寒本证、兼证、夹证、坏证、复证的因、证、脉、治，充分体现了“绍派伤寒”的辨证论治特色。书中专列“六经方药”一章，载方 101 首，组方严谨，疗效确切。（郝恩恩）

R000051 **伤寒杂病论临床用方必读** 王付主编。中医古籍出版社 2002 年 7 月版。74.6 万字。46.00元。共 16 卷，卷一辨脏腑经络先后病脉证，卷二辨太阳病脉证并治，卷三辨阳明病脉证并治，卷四辨少阳病脉证并治，卷五辨太阴病脉证并治，卷六辨少阴病辨证并治，卷七辨厥阴病脉证并治，卷八辨百合狐惑阴阳毒疮痈脉证并治，卷九辨中风历节血痹虚劳病脉证并治，卷十辨痰饮水气黄汗消渴淋病脉证并治，卷十一辨吐衄下血胸满瘀血病脉证并治，卷十二辨奔豚转筋狐疝蚘虫病脉证并治，卷十三辨五脏风寒积聚黄疸病脉证并治，卷十四辨妇人妊娠产后杂病脉证并治，卷十五辨霍乱病脉证并治，卷十六辨阴阳易差后劳复脉证并治。其中每篇分原文、临床指导、古今医论、治法、方药、用药要点、古今方论、应用指导、药理作用等。（郝恩恩）

R000052 **伤寒论汇注精华** 清·汪莲石编著，刘德荣点校。福建科学技术出版社 2002 年 10 月版。14.1 万字。15.00 元。医籍点校本。本书为国家“十五”规划重点图书“民国名医著作精华”丛书中的一种，系清末民初伤寒学派著名医家汪莲石所撰。书凡九卷（其中卷一“辨太阳病脉证”又分上、中、下三卷，连卷首实为十二卷）。每卷内容均分《伤寒论》原文和各医家注文两大部分。所载各家学说，以喻嘉言、陈修园、舒驰远的为多，尤其推崇舒氏观点。此外，尚荟萃柯韵伯、陈平伯、程郊倩、张卿子、张志聪、汪苓友、魏念庭、周镜园等数十位医家著作之精华，并附汪氏个人评注。汪氏注文，既阐发中医理论，又联系临床实际，且颇具独到见解，值得后学《伤寒》者参考借鉴。本校注本以民国庚申年（1920 年）苏州扫叶山房石印本《伤寒论汇注精华》为主校本，并参考其他有关各书进行校勘。（俞鼎芬）

R000053 **经络实质揭析** 陈军德、秦博编著。内蒙古科学技术出版社 2002 年 10 月版。40 万字。35.00 元。主要就经络现象的发生机制、循经感传现象与经络学说的关系、经络的细胞连接通讯属性、细胞连接结构组成特点与信息传递、经络的形式及其作用机制和整体生物学意义等与经络实质有关的重大问题，从细胞生物学、分子生物学等学科研究进展的角度进行了讨论。阐明了经络的客观属性、结构特点、形成过程及机制等疑难问题。（许占武）

R000054 **经穴断面解剖图解** 严振国主编。上海科学技术出版社 2002 年 11 月版。约 1000 幅图。325.00 元（四册）。作者应用尸体冰冻断面解剖手段对全身 361 个经穴和常用奇穴进行系统研究，通过穴位作各种断面，客观地反映针刺所涉及的解剖结构，并阐明每一解剖结构的神经支配及其中枢节段的分布。对某些邻近重要器官的穴位均标明其安全针刺的深度、方向及角度、范围，以免临床盲目针刺而发生意外。同时还结合穴位循经分布的特点，按经路循行示意路线作循经解剖，以利于读者了解循经脉上下所涉及的形态结构。全书共 4 册，第一册（上肢）与第二册（下肢）分别介绍上肢、头颈部手三阴经、手三阳经和下肢部的足三阴经、足三阳经穴位断面；第三册（头胸）与第四册（腹盆）分别介绍头部、颈部、胸背部和腹盆部足三阴经、足三阳经、任脉、督脉的穴位断面。（虞厚安）

R000055 **实用中医诗通** 张佰奇著。内蒙古科学技术出版社 2002 年 4 月版。39 万字。24.00 元。以歌诀的形式表达医理，以内科辨证施治为重点，以传统辨证分类和现代证治分类相结合的办法，体现了中医多角度，立体审病求因，辨证论治的医术要领。全书由医史诗、妇科方证诗、儿科方证诗、外科方证诗、五官科方证诗、中药诗等内容组成。（喜迎）

R000056 **中国望诊** 黄攸立著。安徽科学技术出版社 2002 年 8 月版。18 万字。18.00 元。阐述了祖国医学望诊形成和发展的传统文化基础和医学理论基础。作者经过十多年的潜心探索和不懈耕耘，在系统考察祖国医学望诊发展过程的基础上，整体勾画出中国望诊发展的轮廓以及耳诊、舌诊和目诊等几种主要局部疗法的发展过程；对望诊的理论基础和临床经验探讨及相关问题进行了研究。全书共 6 章。阐述了祖国漫长的历史长河中，自先秦至今在望诊、耳诊、舌诊、目诊等方面的一系列发展的研究；并对望诊形成和发展的基础进行了创新性的探索。书中在深入探索和研究祖国医学望诊的发展过程中，始终贯穿着“五官对应五脏，局部映射脏腑，局部对应周身”这一传统的望诊观点，对不同疾患在体表不同部位的敏感效应和表现形式进行了深入的阐述。书中的重要研究贡献包括：尿液实验用于望诊辅助诊断的意义，考证了小儿食指络脉诊法的起源，首次勾画出人体面部脏腑肢节分位状况图等。（黄和平）

R000057 **新编耳穴望诊彩色图谱** 刘士佩等

主编。上海科学技术文献出版社 2002 年 10 月版。12.7 万字。38.50 元。作者们经过数十年的临床研究，为百余万病例作临床观察，总结出其阳性反应有色泽、形态、血管变化、丘疹、脱屑等病理反应物，以及“一病多穴反应和一穴多病反应”的规律和特征，成了中医“四诊”又一别具特色的简易快速的诊病方法。作者们应用耳穴望诊方法对内外科、妇儿科、骨伤科、肿瘤科等各科 100 余种病证进行定位和定性诊断，并经现代医学相关科学方法论证对照，总符合率达 85%以上，均有显著差异。本书共 4 章，彩图百余幅，反映了“耳穴望诊”这一中医诊断的新成果。(方金善)

R000058 **常见疾病中成药应用指南** 中医古籍出版社 2002 年 1 月版。30 万字。21.80 元。针对内、外、妇、儿、五官科的 100 余种常见病，收录了治疗效果好，药店有售的中成药 610 余种。编排采取以西医病名为纲，每一种疾病按中医辨证分型，继之以中成药介绍为目，分列[主要组成]、[解析]、[功能]、[主治]、[剂型规格]、[用法用量]、[备注]等条目，旨在通过对常见病的中医辨证分析，详细阐释中成药的组方原理、使用要点。(郝恩恩)

R000059 **全国高等中医药院校成人教育教材** 国家中医药管理局科技教育司委托修订。湖南科学技术出版社 2002 年 4 月第二版。由国家中医药管理局组织，在湘科社原出版的《全国高等中医院校函授教材》的基础上全面补充、修订而成。全套教材共 29 册，包括中医外科学、中医内科学、伤寒论讲义、内经、医古文、针灸学、病理学、中医基础理论、正常人体解剖学、中医诊断学、推拿学、中药学、药理学、方剂学、温病学、医学心理学、西医诊断学、急诊医学等。本教材保持了原“高函教材”的风格、特点，反应了中医学科的最新进展，更加适应新形式下中医药成人高等教育的需要，其课程设置也有所调整、变化。新教材采用“一书两纲”形式，即教材编写以本科水平为准，按本科、专科编写两套教学大纲供不同层次的需要选择使用。(黄一九、石洪等)

R000060 **中医外治疗法集萃** 秦玉峰、张小平主编。内蒙古科学技术出版社 2002 年 10 月版。45.9 万字。28.00 元。主要收集了内科、外科、儿科、妇科、男科、皮肤科等六大临床专科 250 种疾病的外治疗法。全书分总论和各论两部分。总论介绍了 18 种简易外治疗法，各论针对各科的临床表现，详细介绍了应采取的外治疗法。(那明)

R000061 **手诊手疗图解精要** 鲁京硕著。人民体育出版社 2002 年 1 月版。24.6 万字。18.00 元。是作者根据 28 年行医实践总结的宝贵经验。本书的特点在于将手诊、手疗的科学原理，用图文对照形式介绍了各种疾病的诊断方法和治疗方法。

R000062 **导引奇术** 张佰奇编著。内蒙古科学技术出版社 2002 年 10 月版。32.6 万字。20.00 元。“中医灵验疗法丛书”之一。主要介绍了三调术、宁神术、益智术、养心术、健脾术、宣肺术、壮肾术、补气术、补血术等基础导引术，以及内科疾病、外科疾病、妇科疾病、儿科疾病、五官科疾病和各种治疗方法、导引功法、动作要点、注意事项以及家传秘方等。(达古拉)

R000063 **按摩与健康** 王友仁编著。内蒙古科学技术出版社 2002 年 1 月版。34 万字。22.00 元。分 12 章：一、按摩疗法的基本知识；二、经络与腧穴的基本知识；三、按摩常用手法及其作用；四、按摩常用诊断方法；五、骨伤科疾病按摩方法；六、内科疾病按摩法；七、神精科疾病按摩法；八、妇科疾病按摩法；九、儿科疾病按摩法；十、五官科疾病按摩法；十一、急救；十二、其他疗法。重点介绍了按摩的基本知识、基础理论、经络学说、十四经腧穴、按摩常用手法和临床诊疗方法，并配有 383 幅插图。(斯日古楞)

R000064 **按摩奇术** 张佰奇编著。内蒙古科学技术出版社 2002 年 10 月版。28.8 万字。20.00 元。“中医灵验疗法丛书”之一。主要介绍了按摩宜忌、择医术、按摩劲力练习术、按摩识穴术、按摩取穴术、基础按摩术，以及内科疾病外科疾病、儿科疾病、五官科疾病和按摩技术等。并附录了保健按摩、按摩用药、民间按摩杂术，以及“幼儿铁镜”、“推拿捷径”、“幼儿推拿秘书”等按摩文献摘要。(达古拉)

R000065 **通督按摩法新论** 贺振中、李健仲著。山西科学技术出版社 2002 年 8 月版。21.6 万字。50.00 元。分总论、基本手法、内科杂病和伤科病症 4 章论述。(温洁茹)

R000066 **中药泡脚治百病** 张仁庆、赵庆华主编。内蒙古科学技术出版社 2002 年 10 月版。15 万字。12.80 元。由概述、中药泡脚验方、足部按摩介绍、常用中草药及功效等 4 章内容组成。第一章主要介绍足浴历史、泡脚治病的原理、泡脚治病的优点及注意事项等；第二章是本书的核心，主要介绍了内科、外科、妇科、男科、儿科、皮肤科和五官科等常见病的症状及泡脚验方；第三章介绍了足部的保健、足部诊断法、足部穴位知识；第四章介绍了 120 例常

用中草药的性质、功效和图片。(喜迎)

R000067 **药治奇术** 张佰奇编著。内蒙古科学技术出版社 2002 年 10 月版。24 万字。“中医灵验疗法丛书”之一,主要介绍了归聚术、出散术、隔周术等内治术,熏蒸术、溻浴术、敷罨术、含漱术、摩擦术、起泡术、导引术等外治术,正治术、反治术、标本兼治术等内容,以及感冒、霍乱、喘症、肺气肿、胃溃疡等多种内科病症,疮疡、丹毒、冻烧伤、正骨等外科疾病,妇科疾病,儿科疾病,五官科疾病的各种的祖传药治术等。并附有“大明陶节庵先生伤寒三十七刹车槌法”、“活人指掌赋”等珍贵资料。(达古拉)

R000068 **五百病症针灸辨证论治验方** 张文进等编著。河南科学技术出版社 2002 年 10 月版。82 万字。70.00 元(精)。从内科病症、外科病症、妇科病症、儿科病症、男科病症、五官科病症等加以论述,针对各科出现的常见病、多发病约 548 种病症,其中内科 87 种、外科 91 种、妇科 152 种、儿科 31 种、男科 17 种、五官科 166 种、其他 4 种。对每一个病症均先讲述其主症,某些病症还谈了其现代医学病名及可见于现代医学的哪些疾病,极少数病症用的则是现代医学病名,然后分述其病因病机、辨证、针灸验方、方义、疗效、注意事项等。(赵志刚)

R000069 **中医百家针灸荟萃** 齐淑兰、赵树桐等编。重庆出版社 2002 年 9 月版。75 万字。39.00元。从春秋至现代近百种中医和针灸类典籍中整理、选录了有关针灸内容,并进行分类编辑而成。上篇辑录了针灸的原则、方法、禁忌;经络的循行、病候;腧穴的定位、特点、主治病症等内容。下篇分别选录了针灸临床治疗各科病症的方法、技巧。(谢先)

R000070 **针灸奇术** 张佰奇编著。内蒙古科学技术出版社 2002 年 10 月版。30.8 万字。18.00 元。“中医灵验疗法丛书”之一。主要介绍了取穴术、择针术、消毒术、定度术、毫针施针术和施灸术,以及感冒、中暑、咳嗽、胃肠病、糖尿病、心脏病、肾病等内科病,痤疮、乳痈、鹅掌风、红斑等外科疾病,妇科疾病,五官科疾病和祖传针灸技术。并附有“长桑君天星秘诀歌”、“马丹阳天星十二穴并治杂病赋”、“灵光赋”、“经络疗法”等古今文献资料。(达古拉)

R000071 **疼痛针灸治疗学** 何广新、曲延华著。学苑出版社 2002 年 3 月版。98 万字。100.00 元。分上、中、下 3 篇。上篇 13 章,为现代医学关于疼痛的理论、针刺止痛原理和针刺实验研究。中篇 8 章,为中国传统医学关于疼痛和止痛的理论,针灸治疗疼痛的各种常用方法。下篇 10 章,详细介绍了常见各种疼痛的治疗。(学苑)

R000072 **浙江近代针灸学术经验集成** 杨楣良、盛燮荪编。浙江科学技术出版社 2002 年 5 月版。20.5 万字。20.00 元。主要收集了清代以来的浙江针灸学术资料,对学术经验、医事文物等分门别类进行了论述,主要包括针灸学术源流、特色针灸、临床经验和知名针灸医家等。(杨咏梅)

R000073 **中国针灸辞典** 高希言主编。河南科学技术出版社 2002 年 11 月版。82.5 万字。68.00元(精)。共收词目 5000 余条,包括经络、腧穴、针法、灸法、针灸器具、治则治法、配穴、常见病针灸治疗、历代针灸人物、著作、歌诀及与针灸有关的理论术语、解剖名称等。本书的特点是收载穴位多而全,解释了经穴、奇穴、头穴、耳穴等千余个穴位的归经、别名、定位、局部解剖、主治、刺灸法、现代机制研究及有关古典文献记载;尤其是增加了部分临床有效的现代针灸医疗器械和少数民族医疗法,如壮族的线灸等,突出临床实用。书中收载内科、外科、妇科、儿科、五官等科常见病、疑难病的针灸治疗法。(赵志刚)

R000074 **针灸治疗疑难病症的现代研究** 吴焕淦、方剑乔、江庆淇主编。上海科学技术出版社 2002 年 12 月版。57 万字。75.00 元。重点着眼于临床,系统论述了针灸对部分疑难病症的治疗方法和研究进展概况,全书分 4 篇,分别介绍内科、骨伤科、男科、妇科等疑难病症的现代研究。在介绍每一疑难病症时除中医针灸的辨证论治外,同时结合现代医学的相关知识。(王红九)

R000075 **实用美容美体针灸术** 李芳莉、吴昊主编。辽宁科学技术出版社 2002 年 2 月版。34.3万字。24.00 元。包括总论和各论两部分。总论分为 5 章,介绍了针灸美容美体的原理与特点、传统医学对损美性疾病的认识、针灸美容美体与经络和腧穴、针灸美容美体的常用方法、美容美体的现代医学基础。各论分为 4 章,分别介绍了皮肤科的 28 种损美性疾病、五官科的 11 种损美性疾病、其他科的 4 种损美性疾病,对每种疾病的病因病机、临床表现、鉴别诊断、辨证进行介绍之后,详细地介绍了治疗方法,包括各种不同的针灸疗法、中药及西药的内服与外用疗法、推拿按摩、手术,以及护理与预防等。最后还介绍了驻颜抗衰、防皱去皱、生发固发、乌发润发、丰乳隆胸、增重健身、轻身减肥、聪耳明目以及香口除臭的针灸疗法、中药的内服、外用、调护方法

等。(李伟民)

R000076　**水果食疗方**　谢英彪主编。金盾出版社 2002 年 5 月版。24.9 万字。11.50 元。介绍了山楂、苹果、枇杷、梨、草莓、桃、杏、樱桃、金橘、橘子、橙子、芒果、荔枝、葡萄、猕猴桃、菱角、柿子、西瓜、香瓜、椰子、菠萝、香蕉等 22 种水果 600 多个食疗方。每个食疗方均包括原料、制作、用法、功效等内容。(李占春)

R000077　**水果祛病强身 500 方**　袁庭方主编。河北科学技术出版社 2002 年 8 月版。19.1 万字。15.00 元。从食疗的角度,介绍了 24 种水果的营养特点、食用常识、食疗功效、保健作用、食疗方例,以及其他加食法。(总编室)

R000078　**老年人饮食营养与健康**　赵法伋主编。金盾出版社 2002 年 9 月版。13.5 万字。7.00 元。分 5 章,主要介绍了老年人的基本营养需要,食物的营养成分,延缓衰老的食物和营养素。还重点说明了老年人常见疾病的饮食调养原则和各种食疗方的原料、制作、用法、功效。(王明义)

R000079　**食药用菌疗方 1366 例**　严泽湘、陈启武、刘建先编著。农村读物出版社 2002 年 1 月版。41.5 万字。25.00 元。介绍了中国 30 种食药用菌的栽培现状、营养成分、药用价值、食疗菜谱及药用验方等内容。全书收集了食疗菜谱和保健食品 630 种,防病、治病验方 736 方,共 1366 例。(赵立山)

R000080　**简易药膳治百病**　徐勇刚、魏晖编著。浙江科学技术出版社 2002 年 10 月版。24.6 万字。19.00 元。介绍了内、外、妇、儿、骨、五官科常见百余种疾病和症状的治疗药膳及保健强身药膳。(杨咏梅)

R000081　**王清任研究集成**　钱超生、温长路主编。中医古籍出版社 2002 年 7 月版。180 万字。120.00 元。王清任先生是我国清代著名的医学科学家,他强调"业医诊病,当先明脏腑",亲自观察尸体,并做动物解剖,不断探索钻研,历经 42 年终将了解到的人体内脏绘成图形,连同其他论述写成《医林改错》。王清任在医学理论和临床方面的特点是强调重视气血,依据气有虚实、血有亏瘀的理论,结合临证经验总结出 60 种气虚证、50 种血瘀证。在治疗方面,主张补气与活血祛瘀相结合,自创了很多补气逐瘀方,为后世医家广为应用。本书分王清任生平研究、《医林改错》版本研究,已公开发表论文的总目录及论文选辑、已专门召开的学术会议的概况及论文选辑、纪念和研究王清任学术机构的情况、正在开发生产王清任品牌产品的厂家介绍等几部分。(郝恩恩)

R000082　**中国历代名医名术**　刘祖贻、孙光荣主编。中医古籍出版社 2002 年 6 月版。197.6 万字。150.00 元。概述了战国至清代 85 位医家其人、其书、其术,并以"家"为纲进行了系统研究。对每位医家按生平考略,师承治学、主要著述、学术经验、研究进展、轶闻趣事、序年记事胪列阐述。对有关条目还予以古评今鉴,突出历代名医的学术思想源流及其学术的临床应用价值,从医史、文献、临床、各家学说等方面进行了综合论述。(郝恩恩)

R000083　**中国现代名医医案精华(四～六)**　董建华、王咏炎主编。北京出版社 2002 年 2 月版。197.2 万字。162.00 元(精)。共收录 24 个省市自治区及人民解放军系统的 142 位名中医精选的医案 1884 例,以及大量的按语、评注。这些医案汇聚内、外、妇、儿、五官、骨伤、针灸等各科的众多疑难重症、罕见奇病和常见多发顽症的治疗经验,是现代名中医医案精华之总汇。(总编室)

R000084　**孟河丁甘仁医案**　丁甘仁著,王致谱点校,裘沛然审订。福建科学技术出版社 2002 年 10 月版。18.2 万字。18.80 元。医案集新校注本。本书为国家"十五"规划重点图书"民国名医著作精华"丛书中的一种,系清末民初名中医丁甘仁从医执教 40 多年丰富临床经验之结晶,由丁氏长孙丁济万及门人程门雪整理,并由中国中医研究院医史文献研究所王致谱研究员根据 1927 年上海华丰印刷铸字所出版的 15 卷本《孟河丁甘仁先生医案》铅印本点校,上海中医药大学裘沛然教授审订,是国内首次面世之版本。全书共介绍中医内、妇、儿诸科 41 门,外科 23 种病症的临床医案医话 530 余则,充分体现作者伤寒与温病融合、经方与时方并用的治学态度。(林前汐)

R000085　**内科名家刘树农学术经验集**　上海中医药大学中医文献研究所编。上海中医药大学出版社 2002 年 10 月版。11.7 万字。10.50 元。系"申江医萃丛书"之一。刘树农教授出身中医世家,系刘氏第七代传人,为近代山阳医学的代表人物之一。刘树农一生对中医四大经典研读勤奋,特别对《黄帝内经》中的哲理、医理有深刻精辟的理解,他的博学强记在上海中医学院是出了名的,被誉为"活字典"。他善于运用辨证法思想,指导临床实践。本书展现了刘树农(沪上十大名家)教授的医道及其丰富

的临床经验，为人们展示了一代名家的学者风范、宝贵的中医理论知识和临床诊疗技能。（王德良）

R000086　**内科名家董淑六学术经验集**　上海中医药大学中医文献研究所编。上海中医药大学出版社 2002 年 12 月版。12.3 万字。13.70 元。系“申江医萃丛书”之一。董淑六先生毕业于上海中国医学院，后再读于“上海厚生医专”。深得先师秦伯未真传，如其于进补原则，不早补，不乱补，反对以小病大补，总以驱病为主，消补并用，通补兼施；又如其治病时，常以呵护胃气为上策，对重病则重子和，善用攻伐，中病即止。董淑六博采从家之长，浑然一体，在其医案中得心应手，游刃有余，真知灼见，于承继中时有创新；尤为可贵的是董淑六以其学贯中西，把握辨证施治法则投药多中，观其善治哮喘及小儿重症，进退有度，令人折服。本书即为董淑六学术经验的结集。（王德良）

R000087　**碥石集（第三辑）——十七位著名中医学家经验传薪**　余靖主编。上海中医药大学出版社 2002 年 10 月版。25.8 万字。23.60 元。名老中医专家的学术经验与技术专长是中医药理论与实践经验相结合的结晶，是中医药学的宝贵财富。为了做好名老中医学术思想和临床经验的推广工作，由国家中医药管理局主办的第三期“全国名老中医专家临床经验高级讲习班”于 2002 年 10 月在上海举办。本书汇集了讲习班上来自全国各地 17 位著名老中医专家长期从事中医药临床、科研和教学的讲稿，其中既有理论的阐述，也有临床科研的报告，既有对专科专病诊治规律的系统认识，更有诸多老专家呕心沥血的用药经验，从不同的侧面展示了他们各自的学术风范和独到见解。（王德良）

R000088　**江南名医医案精选丛书**　上海科学技术出版社 2002 年版。有《周小农医案》、《丁甘仁医案》、《丁甘仁医案续编》、《程门雪医案》、《黄文东医案》、《董廷瑶医案》、《张羹梅医案》、《张伯臾医案》、《陆瘦燕针灸医案医话》、《姚和清眼科证治经验与医案》、《杨永璇针灸医案医话》等。对有些医案还加了按语，介绍该验案的特点及其施治的指导思想。（虞厚安）

R000089　**赵绍琴内科学**　赵绍琴著。北京科学技术出版社 2002 年 1 月版。49.3 万字。60.00 元。分上、下两篇。上篇详细论述了 49 种内科常见病证的证治，下篇为赵氏 14 篇精选医论。（章健）

R000090　**温病学全书**　李顺保著。学苑出版社 2002 年 5 月版。上、下册 339 万字。230.00 元。“中医古籍校注释译丛书”之一。本书共收录自明代至民国初 50 种温病学著作，其中不乏孤本、珍本图书，绝大多数为繁体字本刻本或石印本。今以简化字横排本刊出，对各著作的版本情况均作介绍，对不同版本著作进行了互校，并对错简、脱漏、错字、误句均作详细校正，且对奥涩词句酌加注释。（学苑）

R000091　**哮喘中医论治**　周兆山编著。中医古籍出版社 2002 年 4 月版。27.3 万字。15.00 元。分 9 章。介绍了中医药防治哮喘的古代基本理论以及现代理论研究的新动态。同时详细地介绍了古代治疗哮喘的有效方法以及现代临床研究的新进展。另外，从方法学的角度，讨论了中医药防治哮喘的研究思路与方法。还对新近中医药防治哮喘研究的某些日趋深化或者已成为研究热点的理论或临床问题，以专题的形式进行了介绍。（郝恩恩）

R000092　**肝胆病的中医特色治疗**　范仁忠、王键主编。安徽科学技术出版社 2002 年 2 月版。36 万字。20.00 元。采用现代医学的病名，集中阐述 19 种肝胆疾病及其 10 种常见症候的诊治、康复；治疗上首创辨证分型和专方互列施治，荟萃了与肝胆病证相关的方剂、药物，包括古今验方、专药、“新药”等，体现了病、证兼辨并治的诊疗模式；辑录病毒性肝炎的病原学分型、诊断标准、病毒标志物检测等，备检索。（储崇华）

R000093　**中医老年病学**　田金洲、李日庆主编。上海科学技术出版社 2002 年 9 月版。45.6 万字。28.00 元。总论介绍中医老年病学研究内容，老年病发病、治疗、康复护理的特点、延缓衰老的中医研究。各论介绍老年多发病、常见病的病因病机、临床表现、诊断、鉴别诊断、治疗、转归与预后、护理与康复、预防以及古代文献摘要与研究进展。包括老年神经精神系统疾病（老年性痴呆、帕金森病等）、老年呼吸系统疾病（肺源性心脏病、肺部感染等）、老年循环系统疾病（冠心病、高血压等）、老年内分泌与代谢系统疾病（甲状腺功能减退、老年人糖尿病、绝经综合征等）、老年消化系统疾病（消化不良、老年性便秘）、老年泌尿与生殖系统疾病（慢性肾功能不全、老年性阴道炎、前列腺增生症）、老年骨与关节病、老年性白内障、老年性耳聋以及常见的老年人贫血、营养不良等。（杨菁华）

R000094　**风湿病中医特色治疗**　吴启富，叶志中主编。辽宁科学技术出版社 2002 年 3 月版。52 万字。35.00 元。共 12 章。采用西医对风湿病的分类方法及病名，重点介绍了 30 余种常见多发的风湿病的诊治。对每个病种以概述、临床表现、辅助检查、诊断与鉴别诊断、中医治疗及预后等6项专题进行论述。“概述”重点介绍西医病名的定义、病因、发病机制并扼要介绍中医的源流及认识；“临床表现”以西医内容为主，突出主症；“诊断与鉴别诊断”采用西医的标准，简而不漏；“中医治疗”为本书的重点，从辨证分型治疗、专方治疗、单验方治疗、针灸推拿及外治方法等几个方面进行介绍，并列出方药。(李伟民)

R000095 **简明汉英中医词典** 李照国主编。上海科学技术出版社2002年2月版。81.7万字。45.00元。共收录中医学基础理论及临床各科名词术语20000余条，并在篇后附有“汉拉英中草药名称”和“针灸经穴国际标准化名称”。(刘诗发)

R000096 **临床中医肿瘤学** 李忠主编。辽宁科学技术出版社2002年8月版。50万字。38.00元。共3篇41章。上篇为基础篇，着重介绍中医肿瘤学的基本理论知识，包括中医肿瘤的病因病机剖析、辨证关键、治疗精要、护理、预防、临证思路与用药特色、现代研究回顾与展望及中西医结合治疗恶性肿瘤概要等。中篇为临床篇，对常见的24种恶性肿瘤及肿瘤并发症的中医治疗进行了论述，并结合作者独到的认识和临床经验，在选方中注重临床疗效的可靠性。下篇为常用抗癌中药，对临床中常用的抗癌中药进行了详细的介绍，包括清热解毒药、活血化淤药、理气解郁药、以毒攻毒药、扶正培本药等。(李伟民)

R000097 **陈渭良骨伤科临证精要** 北京科学技术出版社2002年5月版。84.8万字。120.00元。共8篇30章。内容有序篇——中医骨伤科学的创立、创新与发展；急症篇——急症论治、骨折并发症及脏器损伤；内治篇——内治概论、系列方药；外治篇——外治法的基本内容及方法；骨折篇——骨折论治、骨干骨折、近关节骨折、关节内骨折、躯干骨折；关节脱位篇——关节脱位论治、新鲜关节脱位、陈旧性关节脱位、骨折合并关节脱位，伤筋篇——伤筋论治、扭挫伤、牵拉伤、积累伤、颈肩痛、腰腿痛；骨病篇——骨病论治、无菌性炎症、骨髓炎。(郇扬清)

R000098 **中国手法治疗骨折彩色图谱** 袁邡编著。北京科学技术出版社2002年8月版。75万字。360.00元。分总论、各论共21章。主要介绍整骨手法、骨折与关节脱位的原因、分类、临床表现、诊断、固定方式、中药内服外用、功能锻炼、骨折愈合理论以及各个部位的骨折与脱位，包括肩部骨折与脱位、上臂骨折、肘部骨折与脱位，前臂骨折与脱位、腕部骨折与脱位、手部骨折与脱位、髋部骨折与脱位、大腿骨折、膝部骨折、小腿骨折、踝部骨折与脱位、足部骨折与脱位、躯干骨折与脱位、骨折与脱位的急救处理、骨伤科常用方药。全书配有1700余幅彩色照片及骨折治疗前后的典型照片。(郇扬清)

R000099 **中国骨伤治疗彩色图谱** 刘柏龄等编著。北京科学技术出版社2002年6月版。92万字。280.00元。分总论、骨折、脱位与错缝、筋伤、内伤杂病等5卷。本书充分展现了古今中国骨伤各流派的手法精华。(章健)

R000100 **分子生物学技术在中医药研究中的应用** 方肇勤主编。上海科学技术出版社2002年9月版。29.2万字。28.00元。作者根据多年来在国内外应用先进分子生物学技术的经验，结合分子生物学技术的最新进展，从中医药研究实际出发，介绍了分子生物学常用技术及其在中医药研究中的应用。将先进的分子生物学技术与传统的中医药学有机、紧密地结合起来，着重解决在中医药研究中如何应用该技术的问题。本书内容主要包括中医药对基因组(DNA)、单基因转录(mRNA)、多基因转录(mRNA)、广泛基因差异转录(mRNA)、单基因表达产物(蛋白质)、多基因表达产物(蛋白质)作用的研究，以及中医药对基因转录调控的研究和分子生物学的一些基本技术，篇后有附录。(刘诗发)

R000101 **临床实用中药学** 马清钧、王淑玲主编。江西科学技术出版社2002年5月版。150万字。190.00元。精选常用中药391味，按功效分类法将其分为19章，章下设节，节后介绍单味药，每味中药均以概述、现代研究、临床运用、注意事项、医家论药等编写而成。现代研究项中的“药理作用”和临床运用项中的“临床报道”是本书的重点，其中较为全面地汇集所选中药的现代研究成果。而临床运用项中的“配伍效用”则总结了前人配伍应用中药的经验，给人们正确用药以借鉴；注意事项项中的“中毒救治”给人们提供了对因服用中药不当而中毒者的有效解救方法。共收载入选中药的临床应用报道2568条，有效古方1746首，不同中药的配伍方法及效用951种，择要摘录了众多医药学家对入选中药的精辟论述1501段(节)。(刘舒)

R000102 **神农本草经疏** 缪希雍著，郑金生校注。中医古籍出版社2002年2月版。66万字。42.00元。《神农本草经疏》，明·缪希雍撰，初刻于明天启四年(1624 年)。全书 30 卷。前 2 卷相当于总论,有药学专论 33 篇,阐述临床用药原则,提出著名的治吐血三要(宜降气不宜降火,宜行血不宜止血,宜补肝不宜伐肝),每多新见。各论 28 卷,载药 495 种(多取《神农本草经》、《名医别录》之药)。各药分 3 项:"疏",阐发药性功治之理;"主治参互"列述配伍及实用方;"简误",提示用药易混误之处。全书重在阐述临床用药之理,多结合作者的用药经验,内容精博实用,对明末以后中医临床药学发展产生了巨大影响。今据明天启朱汝贤初刻本及改定本予以校点,兼参众书,并加简要注释。(郝恩恩)

R000103 **大观本草** [宋]唐慎微原著,艾晟刊订、尚志钧点校。安徽科学技术出版社 2002 年 4 月版。142 万字。90.00 元。31 卷。蓝本是宋代唐慎微所撰《经史证类备急本草》。大观二年(1108),艾晟将陈承《重广补注神农本草并图经》的《别说》辑入书中,改名为《大观经史证类备急本草》,简称为《大观本草》。是书 31 卷,目录 1 卷,载药 1745 种,新增药 628 种,附古方 3000 余首,集唐宋前各家医药名著以及经史传记、山经地志、诗赋杂记、佛书道藏中的本草学知识,详述各药功用、采集、炮炙、鉴别及名医心得。本书以 1904 年柯逢时刻本《经史证类备急本草》为主校本,以敦煌出土《本草经集注》、日本卷子本《新修本草》、《本草和名》等为旁校本,以《本草纲目》、《千金方》等为参考本。对其间所存在各种异文,均出注;底文所引前代文献有省略处也出注;凡底本有脱漏或讹误,据校本补或改,均出注。底本出现的难字、僻字,进行训释。底本中同名异物的药,在校勘时出注说明。本书正文前由校点者撰写的"前言"与"校点说明",对本书的学术价值与校点细则详加说明。书后,附录 16 篇论文,是校点者研究《大观本草》的心得。为方便检索,附药名索引。(胡世杰)

R000104 **《本草拾遗》辑释** [唐]陈藏器撰,尚志钧辑释。安徽科学技术出版社 2002 年 7 月版。46.8 万字。30.00 元。10 卷。《本草拾遗》是唐代陈藏器所撰的总结唐代药物学的一部名著。《唐本草》编撰时新增药物只有 114 种,而本书载药比《唐本草》新增药多 6 倍。明代李时珍曾评价说:"藏器著述,博极群书,精核物类,订绳谬误,搜罗幽隐,自本草以来一人而已。"书于 739 年编成,原书早佚。本书是我国本草文献专家尚志钧教授根据《证类本草》、《医心方》诸方中所辑的本书资料,加以归类排比,编辑恢复此书旧貌。共辑得 977 条,按类别分为 10 卷。书中对每个药物条文来源均标明出处,对于辑录中诸家文字上的增减参差作了校勘,而对古本草中较生僻的地名、物名则加以注释。本书恢复了这一唐代药学名著的原貌,弥补了佚书的空缺,而且在辑复过程中考订校正了诸书在辑录传抄书的衍误,对研究药物发展史和研究本草文献,都有很重要的参考价值。书末附《本草拾遗》研究论文 11 篇及本书药名索引。(胡世杰)

R000105 **御制本草品汇精要** [明]孝宗编,鲁军整理。九州出版社 2002 年 9 月版。5760 万字。19800.00 元。明弘治十六年(1503),孝宗下诏太医院编修一部新药典,于弘治十八年完成,孝宗为该书作序。这是中国历史上编修药典参与人数最多的一次,是中国古代最后一部未刊药典,又是中国本草史上现存的最大的一部彩色药物图谱。它根据药用来源分为玉石、草、木、人、兽、禽等 10 部,共收药 1815 种。正文用朱墨两色分写,正文之前有彩色写生图 1358 幅,由抄书工分色缮写文字,宫廷画师绘图。500 年来,由于其配有大量彩图,印刷成本昂贵,故从未印刷出版过。现存抄本中仅有四部是完帙,但全部流失于海外,国内所存只是少数残卷。1999 年,一位中国本草学专家在意大利罗马发现该书的明代抄本,经多方协调努力,终于全套拍摄完毕,现根据原刻本影印出版。(刘小曼)

R000106 **新校注本·本草纲目** 明·李时珍编纂,刘衡如、刘山永校注。华夏出版社 2002 年 1 月版。320 万字。98.00 元。上、下册。以国内仅存的两种金陵本为主副底本,以 3 种江西本、9 种明清版本为参校本,对李时珍引用过的书籍,约有 400 种都以现存最佳版本仔细核校,仅《证类本草》即在通览几十个版本的基础上选出历代 15 个版本为参校本。在最大限度地恢复《本草纲目》原著原义的同时,又极其谨慎地纠正了一些讹误。(曾令真)

R000107 **新编中药志第一卷** 肖培根主编。化学工业出版社 2002 年 1 月版。231.3 万字。200.00元。《新编中药志》是全面介绍我国中药资源的图书。本次出版的 3 卷,全部为植物药,其收载的品种大体上与《中华人民共和国药典》(2000 年版)相仿。为适应中药质量评价和现代化、国际化的需要,本书重点加强了化学成分与中药成分的定性鉴定,中药特征性成分或有效成分的定量分析等方面的内容;对一些重要的常用中药,还加强了药材的宏观与微观鉴别的内容;参考文献大多追踪至 2000 年。本卷中收载了根与根茎类常用中药 157 种。每种均分别就其历史、原植物、采制、药材及产销、化学成分、药材鉴定、性味及功效、药理作用及临床应用以及附注等作了介绍,并附有参考文献。(郭燕)

R000108 **新编中药志第二卷** 肖培根主编。化学工业出版社 2002 年 1 月版。180.3 万字。170.00元。收载了种子、果实、花类常用中药 150 种。每种均分别介绍其历史、原植物、采制、药材及产销、化学成分、药材鉴定、性味及功效、药理作用及临床应用以及附注等,并附了参考文献。(郭燕)

R000109 **新编中药志第三卷** 肖培根主编。化学工业出版社 2002 年 1 月版。212.2 万字。190.00元。收载全草、叶、皮、藤木、树脂、藻菌及其他常用中药 151 种。每种均分别就其历史、原植物、采制、药材及产销、化学成分、药材鉴定、性味及功效、药理作用及临床应用以及附注等,并附了参考文献。第六篇临床免疫学,包括机体免疫水平,感染免疫学,自身抗体和肿瘤标志物检验等的临床意义。重点介绍感染免疫和自身免疫检验的意义,肿瘤标志物的特异性、敏感性和临床应用的有限性。第七篇内分泌学和激素,介绍内分泌腺体功能试验、激素测定及其临床应用和临床意义。第八篇治疗药理监测和常见毒物毒理学,介绍常用毒副作用较大的数十种药物的监测,常见化学品中毒检测和成瘾性毒品监测的意义。(郭燕)

R000110 **实用中草药原色图谱** 肖培根、杨世林主编。中国农业出版社 2002 年 1 月版。76.6 万字。215.10 元(套)。共 4 册,收集常用中草药 632 种,每种分品名、来源、原植物、采收加工、药材性状、性味功能、主治用法以及附方等简要地叙述。书中所收集的原植物和药材照片共计 1180 幅,均是产地拍摄,如实地反映了这些中草药的生态环境。(赵立山)

R000111 **中药鉴别大全** 吕侠卿主编。湖南科学技术出版社 2002 年 11 月版。104.2 万字。68.00元(精)。集古今中药鉴别于一体,收载了需鉴别的中药材 334 种,涉及 1800 个物种。按珍贵药材、历史相沿错用品种、中药商品混乱品种、中药同名异物品种、多种来源的中药品种及不常用中药品种共 6 类,依次排列,详细介绍。(黄一九)

R000112 **常用中药材真伪对照鉴别图谱** 纪俊元等主编。辽宁科学技术出版社 2002 年 1 月版。45 万字。180.00 元。收载了常用中药材 150 种,非正品、习用品、伪品近 1000 种,均附彩色照片。对每种中药材均介绍产地、功效、用量等,重点介绍真伪鉴别,从来源、形状、大小、表面、颜色、质地、断面、气味等项,多以列表对比的形式,详细列出真伪品主要区别特征。个别药无伪品,则以文字形式列出性状鉴别一项。非正品或习用品均系指中药材的地方品种和地方习惯用药,伪品系指无正品的疗效作用,与国家药品标准不相符合的药品或以他种药物冒充及伪造此药的品种。中药材名称主要依据《中华人民共和国药典》(2000 年版)。(李伟民)

R000113 **中国地道药材鉴别使用手册** 张穗坚编著。广东旅游出版社 2002 年 12 月版。70 万字。52.00 元/套。上、下册。将各类中草药配以图示,分门别类地作详细的说明,根据其在防治疾病中的作用和临床医疗的需要,本书分 18 章,每味药按来源、产地、采收、成分、规格性状、常见伪品与鉴别、贮藏保管、性味、归经、功效、处方名、临床使用、用量用法、使用注意、药理作用、名著名言、验方经方、食疗验方等 18 方面编写。重点介绍临床使用。(李瑞苑)

R000114 **实用药膳药物全书** 彭铭泉主编。青岛出版社 2002 年 1 月版。45 万字。28.00 元。上篇重点介绍药膳用药的基本知识,内容包括药膳用药的历史、药物性能、药物鉴定,药物用法通则、配伍、禁忌等。下篇介绍 260 余种用于药膳烹调的中药。内容包括异称、来源品质、成分药理、性味归经、效用与常见配伍、药物炮制、烹饪应用、宜忌与注意、购买与短期储藏等。(郭东明)

R000115 **彩色图解中药饮片鉴别手册** 沈连生主编。华夏出版社 2002 年 1 月版。39.8 万字。59.00元。依据《中华人民共和国药典》2000 年版所收载的中药饮片品种及《全国中药炮制规范》1988 年版所收载的中药饮片品种,并参考中药材饮片市场及中药店、中药房所流通的中药饮片品种,包括稀少而不常用的一些品种,共收载 705 种中药的 1133 种中药饮片,并附收载了部分中药饮片的混乱品及伪品 88 种。文字说明部分重点描述中药饮片的特征。(曾令真)

R000116 **中药指纹图谱研究技术** 周玉新主编。化学工业出版社 2002 年 8 月版。9.6 万字。35.00元。在介绍了中药指纹图谱的基本概念、中药指纹图谱与中药研究的主要内容(安全、有效、稳定和可控)的关系、建立中药指纹图谱的意义和原则(系统性、特征性、重现性)的基础上,着重介绍了 3 方面的内容:一、中药指纹图谱研究的方法与技术,研究过程中的关键问题及其解决策略;二、通过几种中药注射剂指纹图谱实例，介绍了中药指纹图谱研究的具体内容和研究过程；三、中药指纹图谱的建立，中药指纹图谱相似度评价的理论和评价方法，我国自主开发的计算机辅助中药色谱指纹图谱评价软件及应用。（郭燕）

R000117 **中药及其制剂不良反应大典** 欧明，王宁生主编。辽宁科学技术出版社2002年5月版。40万字。38.00元。分为总论和各论两部分。总论介绍了中药不良反应的概念和分类，中药不良反应的产生原因及影响因素，中药不良反应因果关系的分析判断，中药不良反应的防治原则，克服中药不良反应的对策及中药不良反应的监察。各论收录了中药材250味，中成药249种，对每种中药按概述、主要成分、不良反应、相互作用、备考等内容编写。“概述”包括药物来源、性味归经及其功能主治。“主要成分”列出该药所含的化学成分，“不良反应”包括有记载的在人身上发生的各种毒副反应。“相互作用”着重阐明该药与其他药物（包括中、西药）联合应用时可能产生或加重的不良反应，不包括该药与其他药物的协同作用和拮抗作用。“备考”包括导致毒副作用的成分、原因和机理以及其他需要说明的有关问题。（李伟民）

R000118 **药理与中药药理实验** 张大方主编，孟宪丽、吴清和、金若敏副主编。上海科学技术出版社2002年9月版。25.6万字。20.00元。共3篇，上篇为药理学实验的基本知识与基本技能；中篇为人体各系统药物的基本实验方法，受试药物既有西药又有中药，既可用于基础药理实验的施教，又可用于中药药理实验的施教；下篇重点介绍了中药功效的药理研究方法和中药新药的研制开发实验内容，以开发学生的创新设计能力。（虞厚安）

R000119 **实用临床抗衰老中药** 方文贤等主编。辽宁科学技术出版社2002年4月版。40万字。36.00元。共收录临床常用具有抗衰老作用的中药近200种。对每种药物分别按药材来源、性味归经、炮制、功能与主治、现代研究、临床应用、注意事项和用量与用法等项进行论述。详细介绍了各药抗衰老药理作用及临床应用，着重介绍了各药在老年性疾病中的应用及其抗衰老方面的应用，并摘要介绍了其食疗养生方药及成方制剂等。对各药临床应用时的炮制用法、配伍禁忌、服药禁忌和不良反应等注意事项也进行了论述。（李伟民）

R000120 **常用中药及配伍手册** 王希林、吴晨、魏琴、周奎民编著。内蒙古科学技术出版社2002年7月版。39万字。23.60元。选取了临床最为常用的中药280余种，药对1580余对，除对每味药物的基本性味归经、功效主治、应用范围作了简明的介绍外，着重对每味药物与其他药物的配伍使用情况，尤其是两味药物的配伍应用问题，作了详细的介绍。（斯勤达来）

R000121 **简明中成药辞典** 左言富、孙世发编。上海科学技术出版社2002年10月版。95万字。55.00元。收录了临床常用的3474个复方或单味药制剂的3877个品种。所收中成药相关资料止于2000年，反映了中成药领域的科研成果。书中所收方剂都是近年临床通用的品种，大部分为古今名方、效方、秘方的剂型改变。每方下设药名、来源、处方、用法、功用、主治、宜忌、现代研究、备注等9项内容。非处方药品，均以*标明；毒剧品种也在宜忌项中注明。书后设主治病证索引，并附国家医疗保险基本药物中成药名录、急诊用中成药名录、中成药保护品种名录、非处方中成药名录等附录。（徐敏）

R000122 **中国八卦方阵** 刘杰著。青岛出版社2002年5月版。50万字。34.00元。为“中国八卦医学丛书”之一。目前中医方剂分类学，仍然沿袭清朝《医方集解》的格局。本书一改这种体例，从数理逻辑结构方面着手，把全部方剂分为8类：太极方阵、二仪方阵、三才方阵、四象方阵、五脏方阵、六经方阵、七情方阵、八卦方阵，论述了中医方剂所应包括的主要内容。对于方剂的结构、方理、应用，给予了更多的注意，并从药对、方根、结构方面，对于所列方剂进行了注解。尤其是对于经方，以太阳、阳明、太阴、少阴、厥阴、少阳为纲，以寒热、虚实、表里、上下为纬，进行了系统的分类和总结。（傅刚）

R000123 **方药传真——全国老中医药专家学术经验精选** 国家中医药管理局老中医药专家学术经验继承工作办公室、南京中医药大学编。江苏科学技术出版社2002年12月版。128万字。78.00元。是在我国第一次大规模的名中医问卷调查的基础上，以人事部、卫生部和国家中医药管理局命名的名中医为对象，通过综合调查获得的第一手资料而写成的。本次调查采用统一的问卷，系统规范的整理总结了全国330位名中医的学术思想与经验。书中每位名中医的学术经验均从介绍最擅长使用的数味药物和数张方剂入手，阐述主治范围、应用指征及禁忌、配伍或加减、用量及体会等应用经验。（傅永红）

R000124 **历代名医方选歌括** 百解比丘著。

湖南科学技术出版社 2002 年 7 月版。37 万字。24.00元。作者为南岳上封寺出家之人，早年学医，已行医 50 载。本书是作者多年潜心钻研心得，将伤寒、金匮、诸多典籍名方归纳为方歌形式。全书分上、下两编，上编统述“经方”273 首，下编为“时方”404 首，附方 141 个。共计 677 首，为便于记诵，作者以方名冠首，不但将药味、分量配伍、重要煮服法概括歌内，尤注重将一方之功效，主治病证括于歌内，部分方剂，将所指证原文入句内韵就。(鲍晓昕)

R000125　**补益中药滋补良方与禁忌**　唐军编著。农村读物出版社 2002 年 4 月版。16.6 万字。10.60元。为“药草实用疗法丛书”之一。本书由两个部分组成，第一部分概括地介绍了补益中药的概念、适用范围、分类和作用，及其正确运用补用中药的常识。第二部分分别介绍了 50 种补益中药的基础知识、使用禁忌以及附方应用。附方以日常便于操作的药膳方、食疗方为主。(黄宇)

R000126　**御修医方类聚**　[朝]世宗编，[朝]世祖校。九州出版社 2002 年 9 月版。27000 万字。33000.00 元。朝鲜世宗二十五年(1443)，根据世宗御旨，由文官、医官共同协作，斥重金搜集中国唐、宋、元、明初医方及高丽医书一部，历时三年，初步编成此书，但因卷帙浩繁，未能刊印。朝世祖四年(1459)，世祖下旨对原书全面校正和刊印，于成宗八年(1477)完成。据考证，原书今仅存世一部，藏于日本皇家图书馆。本影印本依据日本文久元年喜多闻直宽本，参校日本宫内厅书陵部的朝鲜祖本，分 92 门类，包括内、外、妇、儿、五官各科数百种疾病，共收方 5 万余首，有中国唐、宋、元、明初的重要医书 152 部及高丽医书 1 部，其中有中国历史上早已失传的医书 30 余种。(刘小曼)

R000127　**刘冠军临证医方妙用**　刘冠军主编。湖南科学技术出版社 2002 年 5 月版。18.4 万字。13.00 元。筛选出 189 首有效方剂，这些方剂应用范围涉及内、外、妇、儿、五官科各种疾病，还有美容、保健之妙方；每方均采用药物、制用法、功能、主治等项排列，并附有病例以供参考，最后采用按语形式，将该方之组成、每味药物之功能、现代药理研究进展，以及临床应用之注意事项，加以说明，所用药物剂量单位均采用目前国内法定度量衡单位，所选方药、剂型分别有汤、散、膏、丹等。(石洪)

R000128　**二十世纪中医药最佳处方丛书**　学苑出版社 2003 年版。本着尊重历史、客观总结、反复精选的原则，对 20 世纪中医药成就进行全面总结。它分别对过去一百年来有关中医内科、外科、妇产科、儿科、骨伤科、五官科、针灸科、皮肤科、癌症、男科、急症、中西医结合、小验方、按摩、外治、养生等十八个领域中的最佳处方及临床经验进行全面总结。本丛书全面收集了从 1900 年至 2000 年一百年内中医药处方，前五十年内着重介绍近代各中医药临床流派的精华和代表处方，特别吸收各派名家临床使用的效验经验；后五十年内着重介绍现代中医药临床的杰出成果和临床经验，而且兼顾到港、澳、台及东南亚中医药的临床成果，还重点吸收了现代中西医结合的经验。本丛书以处方经验发表的时间先后顺序作为贯穿全书的主线，以各科常见病、多发病、疑难病的病名作为本丛书大纲要目；以各科疾病专科性较强的形式排列病症、病名，在目录的编排方面采取病名包容关系同级出现的方式，便于病名、病症、处方的查找，书后还附有全书方剂和病症的笔划索引。本丛书包括：《二十世纪中医药最佳处方：急症卷》、《二十世纪中医药最佳处方：五官科卷》、《二十世纪中医药最佳处方：男科卷》、《二十世纪中医药最佳处方：皮肤科卷》、《二十世纪中医药最佳处方：儿科卷》、《二十世纪中医药最佳处方：癌症卷》、《二十世纪中医药最佳处方：骨伤科卷》、《二十世纪中医药最佳处方：小验方卷》、《二十世纪中医药最佳处方：针灸治疗卷》。(学苑)

R000129　**中医止痛方集锦**　刘学华主编。上海中医药大学出版社 2002 年 8 月版。31.7 万字。25.80 元。收录临床内、外、妇、儿、骨伤、肛肠、五官、肿瘤、虫蛇咬伤等科古今止痛方 618 首。所收处方，主要来源于历代医家经验，医学典籍，祖传秘方、验方，民间效验方。对现代临床报道，凡资料可靠，效果佳者，亦择优收录。每方分别从组成药物、用法用量、主要功用、主治病证、组方原理、临床疗效、现代研究等项加以阐述。(王德良)

R000130　**实用单方大全**　薛建国等主编。江苏科学技术出版社 2002 年 5 月版。53 万字。38.00元。采用以药为纲，以方为目、方药相附、病证相随的编写思路，将全书按中药的基本功用分为 18 章。全书主要简述了中药的来源、产地、品质优劣、保管贮藏、功用主治、用量用法、现代研究等内容，重点介绍各药的单方，每方均按组成、用法、功用、主治、附注等项目叙述。书末附有中药笔画索引和主治病症索引。(郑大坤)

R000131　**药草妙方治百病**　郝近大编著。农村读物出版社 2002 年 3 月版。20.3 万字。12.20

元。为“药草实用疗法丛书”之一。本书针对日常生活中的常见病、多发病，选出一般家庭可常备的 60 种中草药，分别介绍正名、别名、产地、真伪鉴别特征、现代研究、性味归经、功能主治、用量用法、服用禁忌、古代医家论述以及应用妙方等。重点在于介绍实用有效、完全可靠、简便易行的多首治病验方。同时，适当介绍中医药理论及配伍应用知识。（黄宇）

R000132 **药草美容护肤验方** 胡晓峰编著。农村读物出版社 2002 年 3 月版。23.3 万字。13.80元。为“药草实用疗法丛书”之一。本书分总论和各论两大部分，总论阐述中草药美容概念、发展简史、基本理论、有效成分及使用方法；各论精选常用美容中草药 111 种，附方二千多道，每种药物介绍别名、形态特征、主要成分、药理作用、性味归经、主治功效、应用方剂等。（黄宇）

R000133 **中医灵验疗法丛书** 张佰奇编著。内蒙古科学技术出版社 2002 年 10 月版。分为基础和应用两个部分，论述了古今比较权威的中医大家和民间屡试多效的验方。丛书除了选入了大量的正方外，还附录了“挑疗秘诀”、“大明陶节庵先生伤寒三十七刹车槌法”、“民间七十二痧急救法”等世所罕见的家传秘本医书。（达古拉）

R000134 **中华本草藏药卷** 国家中医药管理局《中华本草》编委会编。上海科学技术出版社 2002 年 12 月版。145.8 万字。90.00 元。内容包括概论、药物和附编 3 个部分，收载药物 396 味，插图 393 幅。它以“继承发扬，整理提高”为宗旨，广搜博采、系统整理古今文献研究成果，体现“全、新、精”的特色和藏药的民族特色。药物条目下设汉文正名、藏文正名、异名、品种考证、来源、原植（动、矿）物、采收加工、药材鉴别、化学成分、药理、炮制、药性、功能主治、用法用量、附方、制剂等项。附编设藏医病名解释、参考书目，索引设汉文名称索引，药用动、植、矿物拉丁学名索引及药物藏文名称索引。书中较多记载了已故权威藏药学家嘎玛曲培经实地调查研究多年的珍贵资料。（徐敏）

R000135 **四部医典大详解** 措如才郎著。四川民族出版社 2001 年 10 月版。292.57 万字。550.00 元（平），650.00 元（精）。6 卷。由四部医典诠释、藏药炮制配方和药物画册 3 大部分组成。《四部医典》系公元 8 世纪时藏医大师宇妥 · 云丹供波所著。四部即：“本续部”述人体生理病理；“释续部”述病症形象分类；“诀窍续部”述治疗方法；“后续部”述辨证论治、制药等。藏药配方是作者对《四部医典》深入研究和长期行医过程中总结的近万个藏药炮制配方的汇总，是《四部医典》理论的延伸和实践。药物画册是由 600 多幅药用植物、动物、矿物和人体解剖实物图构成。（仁青才让、央青娜姆、泽仁扎西、扎西、白玛次成）

R000136 **藏医学通史** 蔡景峰著。青海人民出版社 2002 年 10 月版。18.7 万字。34.30 元。以公历纪元的分期方法，介绍了各个时期藏医学的发展进程。（才让南杰）

基础医学

R000137 **口腔基础医学** 王翰章编著。四川大学出版社 2002 年 4 月版。58 万字。60.00 元。共 14 章，主要内容有口腔颌面种系演化、口腔解剖学、口腔颌面发育、口腔组织胚胎学、口腔生理学、口腔微生物学、口腔生态学、口腔生物化学、口腔免疫学、口腔分子生物学、口腔生物力学、口腔医学美学、口腔材料学、口腔医学信息学和口腔设备学等。（汪萍、成杰）

R000138 **系统解剖学彩色图谱** 徐国成、韩秋生、霍琨主编。辽宁科学技术出版社 2002 年 10 月版。43.6 万字。190.00 元。共编绘近 500 幅彩图，是一本采用水彩绘画语言表现人体结构的医学图谱。分为 5 部分，包括运动系统，内脏学（消化系统、呼吸系统、泌尿系统和生殖系统），脉管系统，感觉器官和神经内分泌系统。本图谱除系统地展示人体的形态结构外，还详细地揭示了人体重要部位结构间的毗邻关系。全书名词以全国自然科学名词审定委员会公布的“人体解剖学名词”（1991）为准。（李伟民）

R000139 **实用人体医学影像断面解剖学** 刘怀军主编。河北科学技术出版社 2002 年 1 月版。49 万字。80.00 元。以人体各解剖部位为次序，依次对头部、颈部、胸部、腹部、盆腔部、脊椎及四肢等各部位，通过切制尸体断面的方法用 CT、MRI、B 超等现代化医疗手段进行了描述和分析，准确地显示出身体各部位断面的形态变化和其比邻位置关系。而且通过连续界面结构与形态的观察，利用三维图像重建，整体地再现其立体解剖与断面解剖的实际关系，以便为疾病的立体定位提供根本保证。作者注意到，由于人体断面标本在制作过程中损失了相当一部分组织成分，破坏了连续断面之间微细结构的连续性，使得CT、MRI断面图像在很大程度上难以做到相互吻合，这样就远不能科学地做到人体连续断面的解剖学研究；还有，一般的断面解剖学图谱只注意到断面上表面的绘制与解释，不同程度地忽视了CT、MRI断面图像的成像特点。（总编室）

R000140　**口腔解剖学彩色图谱**　皮昕主编。湖北科学技术出版社 2002年10月版。国际大16开。170.00元(精)。按全国高等医药院校规划教材《口腔生理学》的解剖部分顺序进行编排，内容包括口腔、颌面部、颈部及相关颅部正常形态结构彩图和实物照片共600幅。（周景云）

R000141　**神经解剖学**　蒋文华主编。复旦大学出版社 2002年7月版。75.5万字。65.00元。共14章，配有相应插图300余幅。本书内容以神经形态学为主，结合神经系统的发育、神经系统的组织学和细胞学及化学神经解剖学等相关学科综合编写而成。第一章为概述，包括神经解剖学的研究方法及其发展以及中枢神经递质概论。第二章论述了神经系统的发生，包括种系发生和个体发生。第三章为神经系统的组织学和细胞学，包括神经元及神经胶质细胞等，并按神经形态学的叙述方法，先周围神经系统(第四章)，后中枢神经系统，由低级中枢至高级中枢(第五章至第十章)，每个局部先外形后内构，内外印证。然后以传导路(第十一章)与中枢递质通路(第十二章)，将神经系统各部率连成整体。第十三章为脑的保护装置，包括脑膜、脑室、脑脊液与脑屏障。第十四章是脑和脊髓的血管，并结合血管损伤所出现的临床症状，重温各局部的有关内部结构。（肖英）

R000142　**最新神经解剖图谱**　[美]杜安.E.海恩斯著，鲍圣德等译。江苏科学技术出版社 2002年1月版。54.8万字。55.00元。高等医学院校配套教材。人体解剖学是一门医学基础课，其中，神经解剖是教师最难教和学生最难学的部分。本书向读者展示一个清晰、详尽的中枢神经的形态结构，同时力求将结构与功能、基础与临床密切结合。本书特点：把脑的大体解剖图、脑厚片、显微切片与相应的磁共振成像图放在一起，使之相互关系一目了然；脑动脉造影、磁共振血管成像等清晰显示大脑动脉、静脉和静脉窦；标出脑干的核团和纤维束、中枢神经的传导通路，使结构与功能紧密相连。全书共8章、201幅照片或图。书末附有英中文索引。（顾志伟）

R000143　**眼科解剖学图谱**　王海林等编著。辽宁科学技术出版社 2002年3月版。15万字。48.00元。共15章，概括了眼科有关解剖学的内容，包括眼眶，眼睑，结膜，泪器，眼外肌，角膜，巩膜，前房角，虹膜，睫状体，脉络膜及脉络膜上腔，视网膜，晶状体，玻璃体，视路、视觉系统等。（李伟民）

R000144　**比较组织学彩色图谱**　周光兴著。复旦大学出版社 2002年8月版。38.7万字。78.00元。主要对常用实验动物(狗、兔、大鼠和小鼠)的各种组织器官进行比较组织学描述并拍摄彩色图片。组织切片均采用常规HE染色，图片拍摄倍数分别为40倍、100倍、200倍及400倍。除了各种动物之间同一组织器官进行比较组织形态学描述外，还将实验动物与人之间相同组织器官进行了比较描述。（王洪生）

R000145　**rhGM－CSF生物活性及临床研究**　张清民主编。江西科学技术出版社 2002年10月版。18万字。16.00元。由GM－CSF生物活性、rhGM－CSF的临床应用、rhGM－CSF研究进展3部分组成。（刘舒）

R000146　**细胞凋亡的分子医学**　胡野、凌志强、单小云编著。军事医学科学出版社 2002年8月版。89.1万字。88.00元。分4篇。第一篇着重阐述细胞凋亡的基础理论，包括基本概念、生物学特性、调控基因及因子、信号传导途径、酶学基础及其与整合素、活性氧、细胞因子、免疫学的关系，同时探讨了细胞凋亡的诱导因素及凋亡细胞清除机理。第二篇重点论述了细胞凋亡与脑血管、心血篇、肝脏、肾脏、皮肤、神经、生殖、消化等系统疾病以及创伤、血液病、艾滋病、肿瘤、自身免疫病、感染性疾病在发生发展机制上的相互关系。第三篇介绍了细胞凋亡的临床应用，主要阐述了细胞凋亡在疾病诊疗中的应用，包括新药研制、生物制品开发、肿瘤放化疗以及从促凋亡角度探索肿瘤的基因治疗等。第四篇详细介绍了一些细胞凋亡研究常用的技术方法，包括实验原理、操作方法、试剂配制及操作注意事项等。（李俊卿）

R000147　**实用组织学彩色图谱**　保天然、廖德阳主编。四川大学出版社 2002年4月版。17.9万字。38.00元。共两大部分。第一部分为光镜图片，共选载光镜标本图片365幅。标本以常无偏见的苏木精－伊红染色为主，辅以特殊处理和特殊染色。第二部分为电镜图片，精选了透射、扫描、冰冻蚀刻等标本图片共86幅，部分为自制标本，部分引自原版书。（汪萍、成杰）

R000148　**临床医学实验方法学**　汪谦主编。

科学出版社2002年6月版。191.8万字。180.00元。分为临床实验研究方法与临床实验诊断方法两个部分,共14篇。第一至八篇系临床实验研究方法,包括整体机能与器官功能检测方法、形态学方法、细胞功能检测方法、亚细胞结构及功能检测方法、医学化学分析方法、蛋白质与细胞因子的功能检测方法以及分子生物学方法等内容,概括了近年与临床科研相关的最先进的基础医学实验方法。第九至十四篇系临床实验诊断方法,包括临床体液检查方法、临床生化诊断方法、临床免疫学诊断方法、临床微生物诊断方法和临床血液学实验诊断方法等内容,是近年临床常用的实验诊断方法。(总编业务部)

R000149 **人类血红蛋白** 曾溢滔主编。科学出版社2002年2月版。33.8万字。42.00元。分7章。第一章和第二章分别叙述了血红蛋白分子各种肽键的化学结构、功能特性,以及由于肽链结构异常所引起的血红蛋白变种及其鉴定的技术方法,列表介绍了至今国际上已发现并鉴定过的750多种血红蛋白变种;第三章系统地介绍了血红蛋白疾病的分子基础,以及地中海贫血和地中海贫血样血红蛋白病的发病机制;第四章概括介绍了球蛋白基因表达调控机制的最新研究进展;第五至第七章着重介绍了血红蛋白疾病的诊断和治疗的原则、策略和方法,并结合作者多年的临床实践和科研工作经验,提出了血红蛋白疾病诊断和治疗的发展方向。(总编业务部)

R000150 **现代红细胞免疫学** 郭峰、钱宝华、张乐之主编。第二军医大学出版社2002年6月版。49万字。38.00元。介绍了国内外有关天然免疫研究前沿,即红细胞免疫研究的最新成果。主要内容包括红细胞天然免疫研究发展史;红细胞免疫物质研究分类与功能;红细胞载体制备方法及应用;红细胞免疫技术与理论在中西及兽医中的应用与创新。从整体、细胞、分子水平介绍红细胞及其他细胞天然免疫方法及研究成果。(李春德)

R000151 **视觉电生理的原理与实践** 李海生、潘家普主编。上海科学普及出版社2002年5月版。65.2万字。55.00元(精)。阐述了视觉电生理的原理知识,介绍了视觉电生理的记录装置、信号处理、波形分析等技术操作中的要领及注意事项等内容,同时对多种眼底疾病的视觉电生理特征及诊断方法加以阐释。(总编办)

R000152 **十万个为什么·人体科学分册(哈萨克文)** 杨秉辉主编,沙海都拉、卡德尔别克译。新疆科技卫生出版社(K)2002年9月版。28万字。17.30元。根据少儿版《十万个为什么》(新世纪版)翻译出版。本分册介绍了人体科学知识,使读者了解人体组织、器官、生理、医疗保健等方面的基础知识。

R000153 **医学教学图谱系列** 陈金宝总策划。上海科学技术出版社2002年6月版。214.00元。包括《人体解剖学彩色图谱》、《组织学与胚胎学彩色图谱》、《病理解剖学彩色图谱》、《实验诊断学彩色图谱》4种。(李珺)

R000154 **休克的细胞和分子基础** 赵克森、金丽娟主编。科学出版社2002年5月版。50.7万字。40.00元。从休克血管通透性变化、血管反应性变化、休克时体液因子和细胞信号转导、休克多器官功能不全、休克治疗的基础研究等方面,阐明了重症休克的发生机制,为重症难治性休克奠定了诊治基础,反映了国内外休克研究的最新进展,特别是反映了作者所在单位全军休克微循环重点实验室18年来的研究成果。(总编业务部)

R000155 **精编现代医学微生物学** 闻玉梅主编。复旦大学出版社2002年7月版。56.7万字。39.00元。选择《现代医学微生物学》中的细菌、病毒、支原体、衣原体、立克次体、螺旋体、真菌的总论部分编排而成。(王龙妹)

R000156 **人工免疫系统原理与应用** 莫宏伟编。哈尔滨工业大学出版社2002年11月版。41.5万字。48.00元。对国际最新科研领域——人工免疫系统及其应用进行全面介绍,重点放在免疫系统所使用的策略对解决实际工程问题的启示作用和抽象出来的各种计算方法上,介绍如何利用免疫学现象发展工程和计算的例子,并介绍免疫工程的应用和发展,给出免疫工程系统化的观点。(张晓京)

R000157 **实用免疫学实验技术** 吴雄文、梁智辉主编。湖北科学技术出版社2002年9月版。35.00元。分12章,着重介绍目前广泛应用的免疫学新技术,包括抗体制备、免疫亲和层析、免疫印迹、免疫标记、免疫PCR、免疫细胞分离、免疫细胞功能检测、细胞因子及其受体检测,细胞凋亡检测,HLA分型、T细胞克隆,HLA/抗原肽四聚体制备,噬菌体展示技术。(冯友仁)

R000158 **变态反应学实验技术** 乔秉善编著。中国协和医科大学出版社2002年8月第二版。32.4万字。24.00元。共17章。有变应原生产场地和实验管理设施的设计及使用;变应原浸液制备的工艺流程;各类变应原制备检索、PNU数值及多价变应原配方;变应原提取液及灭菌检查用培养基;脱敏注射液的配制及脱敏技术;变应原原材料的采集和处理;特异性过敏体内检测方法;体外实验测方法;变应原浸液的蛋白氮测定;空气花粉、空气真菌实验方法;空气中常见致敏植物花粉的生物学特征;常见致敏真菌的生物学特性;常见致敏昆虫的生物学特性;空气生物学摄像;菌苗的制备;消毒及灭菌。(李春宇)

R000159 **健康卫士** 何维、刘学礼著。上海科技教育出版社2002年1月版。9.8万字。8.00元。《诺贝尔奖百年鉴》之"免疫与内分泌"卷。系统介绍了20世纪100年来科学家们在免疫和内分泌领域所作出的艰辛探索以及取得的辉煌成就。(邢志华)

R000160 **现代临床分子与细胞遗传学技术** 丁显平主编。四川大学出版社2002年7月版。34万字。40.00元。在简要介绍人类基因组与医学遗传学基本理论的基础上,着重介绍了医学细胞遗传学与医学分子遗传学的常用技术、新进展、新方法,阐述了该领域实验室质量控制的要求和规范。本书内容包括人类基因组基本知识、医学遗传学基本知识、常用染色体制备技术、医学细胞遗传学检验的质量控制、核酸提取技术、基因体外护增技术、核酸杂交检测技术、基因突变分析技术、基因连锁分析技术、核酸定量荧光实时检测技术、基因芯片技术、临床分子遗传学检验的质量控制。(汪萍 成杰)

R000161 **基础医学遗传学** 郭亦寿、郭辰虹、孙茜编著。山东大学出版社2002年6月版。38.2万字。26.00元。主要讲述医学遗传学的基本理论和实践应用。内容分为两部分,分别为医学遗传学的基础理论和临床应用的基础知识。基础理论部分包括遗传的基本定律,遗传方式,分子遗传学基础,细胞遗传学基础,代谢性遗传病的基本概念、分类和发病机理,群体遗传和多基因遗传学的骨干理论部分。应用部分主要包括临床实践中的医学遗传学基本知识,如遗传咨询、家系分析,再发风险估计、遗传病的论断和遗传病的防治原则等。(孙秀英)

R000162 **心理健康600问** 许毅著。浙江科学技术出版社2002年1月版。33.7万字。19.50元。以问答形式,讲述了与心理健康有关的各种问题,包括儿童青少年心理、老年心理、睡眠障碍、神经症、精神病学症状、心理测验以及各种治疗方法等。(杨咏梅)

R000163 **心理卫生与心理咨询百科全书** 梁宝勇主编。南开大学出版社2002年11月版。125万字。80.00元。共设8篇36章,涵盖了心理卫生和心理咨询的基本内容。第一篇为两章,重点介绍了关于人们心理发展的主要理论观点、心理卫生的基本概念、各年龄阶段个体心理发展的特点及心理保健要点。第二篇为5章,重点阐述了心理障碍产生的原因。第三篇为4章,内容为心理障碍的评定,分别介绍了全面诊断、物理检查、临床常用的评定量表和心理测验。第四篇为6章,涉及人生各个阶段的一些常见的心理健康问题,简要地分析了这些问题的产生和持续不能解除的可能的原因,描述了它们各自的表现形式,并指出减少和摆脱它们的策略和方法。第五篇为3章,介绍了群体的心理健康问题,包括第四篇中没有专门讨论过的学生群体中的某些有共性的心理健康问题,以及职业群体和残疾人群体的一些心理问题和心理保健原则。第六篇分12章介绍了精神疾病的基本知识,包括常见精神疾病的病因与发病机理、临床表现与诊断,以及预防和诊断的基本原则与方法。第七篇为2章,介绍了心身障碍和心身疾病,是两大类同心理因素和心理健康密切相关的身体异常情况。第八篇为2章,重点介绍了心理咨询和心理治疗的服务形式,特别是它们的技巧与方法。(焦静宜)

临床医学

R000164 **小毛小病不求医** 何赛萍主编。浙江科学技术出版社2002年3月版。38万字。26.00元。围绕怎样诊治小毛小病这一话题展开,介绍了老人、儿童、妇女、男性以及一般人群易患的各种常见病的诊治方法,包括病症表现、病因、初步诊断、后果及治疗提示、护理方法等,并罗列了许多治疗方案和调养手段。(杨咏梅)

R000165 **现代医院诊疗常规** 高世明、李旭、郭晓东主编。安徽科学技术出版社2002年9月版。305万字。180.00元。包括临床诊疗常规和医技诊疗常规两大部分。临床诊疗常规共30章,分别介绍了人体各系统疾病的诊断方法与治疗措施,以及急诊常规、老年病诊治、新的治疗措施和营养部常规;医技诊疗常规共9章,介绍了检验科、临床实验室、输血科、病理科、药剂科、影像及超声诊断、核医学及各种临床功能性检查的一系列常规。(黄和平)

R000166 **新编诊疗常规** 张学庸主编。金盾出版社 2002 年 6 月修订版。239.5 万字。88.00 元(精)。共 29 篇 310 章。对临床各科 1700 余种疾病、综合征的常规诊断、治疗及各种特殊诊疗技术和方法作了全面介绍。包括传染性疾病,呼吸系统、消化系统、循环系统、泌尿系统、血液系统、免疫系统及神经系统疾病,代谢及内分泌疾病,物理及化学因素所致疾病,精神疾病,普通外科,矫形外科,胸部外科,心血管外科,泌尿外科,神经外科,整形外科,烧伤,儿科疾病,中医病证,皮肤及性传播疾病,妇产科疾病,眼科疾病,耳鼻咽喉科疾病,口腔疾病以及特种诊疗技术,临床检验正常值及意义等内容。修订版内容较原版书作了全面的修改和充实,体现了最新诊疗技术和方法以及作者们宝贵的临床经验。对疾病的诊断标准均采用国内或国际最新标准。(甄树德)

R000167 **临床医学信息学** 任懋榆、王建民主编。军事医学科学出版社 2002 年 11 月版。94.4 万字。88.00 元。从介绍临床医学信息学研究的一般方法开始,阐述了基因、蛋白质等生物信息学与临床医学信息学的关系,重点介绍了创伤信息学、护理信息学、健康教育信息学、药物信息学以及肿瘤、心血管疾病、肾脏疾病等主要专业与疾病数据库的建立及其在科研、医疗、教学中的应用。此外,还介绍了基于 Internet 的临床医学信息网络资源。(李俊卿)

R000168 **实用临床医学科研方法** 张震环,师伟编著。新疆科技卫生出版社(K)2002 年 11 月版。47 万字。38.00 元。对临床医学科研各个环节的基本知识、主要程序、具体内容及规定要求,包括表格填写方法、重点等细节问题,都分别制作了阐述,并列举了例证。

R000169 **美国最新临床病案精要——重症临护病案精选** 赵榕富主译。江西科学技术出版社 2002 年 2 月版。69.6 万字。62.00 元。医学类引进版。共收入 185 例临床病例摘要。读者可以像专家们在临床实践中所面临的挑战那样,自己尝试进行鉴别诊断,提出诊断方法和治疗方案。大多数病例附有插图,病例摘要之后是关于诊断的简明扼要的讨论,讨论的重点是用基本原理阐明病人临床过程中突出的和令人感兴趣的问题,并将所讨论的主要问题的临床要点加以整理,列在其后,以便参考。(刘舒)

R000170 **X 线摄影体位设计学** 刘志和等主编。河北科学技术出版社 2002 年 1 月版。58.00 元。对 X 线摄影的一些常规、特殊的摄影体位作了详细的介绍,对 X 线造影技术也作了系统讲解。针对放射技术的发展状况收录了数字摄影、自动冲洗技术、甲片标准等新知识。本书采用线条图、影像图与主原对照的形式,从人体各部位的非解剖形态到各系统的摄影体位设计作了全面的介绍。(总编室)

R000171 **怎样看懂化验报告** 金亚平主编。浙江科学技术出版社 2002 年 5 月版。16.8 万字。13.00 元。介绍有关化验检查的基本知识、常用化验参考值以及数值升高和降低的具体意义。(杨咏梅)

R000172 **精液细胞学与超微结构图谱** 黄宇烽、印洪林编。第二军医大学出版社 2002 年 10 月版。30 万字。118.00 元。介绍了精液细胞的收集、分类、染色和电镜技术,通过光镜检查与电镜技术相结合,对不同生精细胞正常和异常情况下形态特征、超微结构的变化进行了描述。精选各种类型生精细胞、非生精细胞光镜和电镜图片及男性生殖系统常见病、多发病的病理形态图片,共 318 幅。(李春德)

R000173 **免疫血液学** 刘达庄著。上海科学技术出版社 2002 年 7 月版。36.4 万字。38.00 元。介绍了免疫血液学各领域的基础理论与实践技能。(侯培东)

R000174 **袖珍临床常用化验手册** 江正辉主编。重庆出版社 2002 年 4 月版。25.6 万字。20.00元。收集三级医疗单位和临床研究机构现已应用的和正在开展的临床常用检验项目共 734 项。内容包括:①试验名称(中、英文);②试验方法及标本采集;③正常参考值;④试验原理及临床意义共 4 项。重点为正常参考值与临床意义。采用表格形式,按疾病系统编排分类。(王灿)

R000175 **家庭自诊自疗** 阎海、倪青主编。上海科学普及出版社 2002 年 10 月版。27.9 万字。21.80元。对 27 个系列的 220 种常见疾病症状的家庭观察、鉴别诊断、中西医治疗等方面作了介绍。内容包括:头痛、咽喉痛、胸痛、便秘、吐、泻、关节痛、皮肤体数异常、肥胖、小儿诊疗、儿童传染病、儿童营养障碍、孕期不孕、产妇自诊、妇女自诊等。(刘瑞莲)

R000176 **新编百病忌口** 徐晓东等编著。浙江科学技术出版社 2002 年 2 月版。28.5 万字。19.50元。在介绍忌口的益处、范围和种类的基础上,详细阐述了忌口的理论依据及具体应用,包括各类疾病的 100 多个病症的忌口知识。(杨咏梅)

R000177 **名医诊室丛书** 陶国枢主编。安徽科学技术出版社 2002 年版。每册约 15 万字。9 册。11.00～15.00 元。按照疾病系统分类,分为《心血管系统疾病自我防治》、《呼吸系统疾病自我防治》、《消化系统疾病自我防治》、《内分泌系统疾病自我防治》、《泌尿系统疾病自我防治》、《神经系统疾病自我防治》、《常见病自我护理》、《常见病化验手册》、《常见病用药手册》共 9 个分册。本丛书涉及常见疾病的早期诊断、治疗、护理、康复、保健及预防等方面的内容。(杨小红)

R000178 **随身医生丛书** 陈波、曲宝全、邹文华主编。内蒙古科学技术出版社 2002 年 10 月版。74.2 万字。详细介绍了疾病的概念、病因,各种疾病的分类与分型,各种病症的病理生理、病因及发病机制、临床特点及表现,各种病症的诊断与鉴别诊断,各种治疗方法、预防保健及国内外新进展等内容。(达古拉)

R000179 **临床实用补液手册** 王峻、萧传实主编。军事医学科学出版社 2002 年 10 月版。40.8 万字。38.00 元。是介绍临床治疗静脉用药输液和补液的实用手册。内容包括补液的基本理论,水电解质平衡,内科、外科、妇科和儿科的各种疾病临床治疗,静脉用药输液,补液方法及常规用量。(李俊卿)

R000180 **实用医疗体育手册** [英]凯蒂·希伊著,张路德、朱晓萌译。河南科学技术出版社 2002 年 1 月版。24 万字。48.00 元。分 9 个章节,根据人体结构和不同部位,分别设计出不同的练习方法和步骤,用以祛病健身,恢复运动系统和心脑等内脏器官的功能,提高人体自身的自愈功能。练习器材可以利用日常用品,以舒适为度,同时介绍如何避免在练习中因强度过大而出现意外伤害。(赵志刚)

R000181 **血浆和血浆蛋白制品的临床应用** 王鸿利主编,高峰副主编。上海科学技术文献出版社 2002 年 9 月版。26.2 万字。42.00 元。叙述了当前临床上常用的血浆和血浆蛋白制品,以及它们的临床应用。(张科意)

R000182 **中小学生意外伤害自防自救** 骆刚强、周慧主编。武汉出版社 2002 年 8 月版。13 万字。6.00 元。本书瞄准了当代中小学生在生活、学生、娱乐诸多等方面所面临的常见伤害,如火灾、性侵害、网络诱惑、善意伤害、体罚等,有针对性地对 100 个真实案例加以科学分析、归纳和总结,再详尽地给出应对方法。(廖国放)

R000183 **疾病自我诊疗手册** [日]服部光南、冈岛重孝著,张春玲、赵志刚译。河南科学技术出版社 2002 年 8 月版。36.1 万字。30.00 元。分人体结构、细胞与遗传基因、免疫系统、神经系统、循环系统、呼吸系统、消化系统、泌尿系统、运动系统、激素、感觉器官、生殖系统、经神疾病等部分。介绍了人体各系统和器官的结构、功能和作用,并通过图像对人体的结构与功能进行了说明,阐述了在组织与功能出现异常时的疾病表现和特征,并且列举了人体各系统中常见的、具有代表性的疾病病症,另外对这些典型疾病的发病部位、会出现的机能异常,以及应该实施的治疗方法等都进行了详尽的说明。(赵志刚)

R000184 **新编实习医师手册** 闻兆章主编。金盾出版社 2002 年 10 月版。131 万字。59.00 元。共 6 篇 43 章。第一篇为实习医师职责。第二篇为常见症状和危重病人的诊治。第三篇是各科疾病的诊治,为本书的主要部分。第四篇主要介绍医疗护理技术。第五篇是实验室和影像学检查,主要介绍目前常用的检验和影像学检查方法。第六篇是药物在临床治疗中的应用,为临床实习医师提供药物处方的合理使用知识。(陈定票)

R000185 **北京协和医院护理常规** 北京协和医院护理部编。中国协和医科大学出版社 2002 年 10 月版。40.7 万字。31.50 元。介绍了内科、外科、妇产科、儿科、神经科、五官科、手术室和加强医疗科等护理常规,并提出了不同疾病可能会遇到的护理诊断和医护合作性问题。(张忠丽)

R000186 **急救护理学** 周秀华主编。北京科学技术出版社 2002 年 8 月第二版。63 万字。48.00元。突出护理特色,主要介绍护理观察、救治原则、护理重点。(李金莉)

R000187 **精神科护理学** 李小麟主编。四川大学出版社 2002 年 1 月版。34.6 万字。24.00 元。以社会—心理—生物学模式为指导,从精神卫生和现代护理观出发,应用护理程序,就护理对象在医院、社区中经常出现的心理问题、心理障碍、精神疾病,从其基本概念、典型症状、治疗、护理和康复作了系统的介绍。全书共 16 章。第一、第二、第三章概述了精神科护理的发展、相关护理模式、护理理论及精神科系统化整体护理,第四、第五章介绍了治疗性护患关系和沟通技巧,第六章介绍了精神疾病的症状学,第七至第十三章介绍了各类精神障碍病人的

护理,第十四、第十五章介绍了精神病的躯体治疗及心理治疗,第十六章介绍了精神障碍的预防和医院内外的康复。(汪萍、成杰)

R000188 **新编临床护理手册** 冯玉荣、宋葆云主编。河南科学技术出版社 2002 年 1 月版。68.8万字。40.00 元(精)。主要包括内科护理、外科护理、妇产科护理、小儿科护理、眼科护理、耳鼻咽喉科护理、口腔科护理、皮肤科护理和中医科护理等9个方面,介绍了各种常见病的观察要点、护理常规、健康教育内容。除此之外,在内科、外科、妇产科、儿科护理章节中,除以上内容外,还系统地介绍了常见疾病的护理诊断(问题)的相关因素、期望目标与护理措施。(赵志刚)

R000189 **家庭医学图书馆** 《家庭医学图书馆》编委会编著。黑龙江美术出版社 2002 年 8 月版。180.00 元(套)。分 5 个单元 6 卷本进行介绍。即"健康生活"、"医疗保健"、"疾病防治"(三、四卷)、"护理与急救"、"人类特殊问题"。每卷本的扉页重点突出该卷本的内容构成,然后是目录,详列所要介绍的具体内容。内文以彩色图片、图片说明、图表、重点阐述的文字、医疗证方等连缀而成。(黄国楹)

R000190 **康复医学教程** 凌成勇等主编。新疆科技卫生出版社(W)2002 年 2 月版。68 万字。48.00元。介绍了康复医学的基础理论和基本技能以及康复护理等。内容包括康复医学概论、康复医学基础、康复评定、康复治疗、康复护理、常见病伤残疾的康复以及综合建立康复医学科的基本要求与设备配置等。(张宁)

R000191 **实用病症康复手册** 朱克俭主编。湖南科学技术出版社 2002 年 4 月版。67.9 万字。30.00 元(精)。是根据西医康复医学理念的转变和中医康复医学的特色,汇编了我国中、西医学康复诊疗技术与方法。针对不同疾病的特点,在处理西医临床诊疗与康复诊疗以及中医与西医康复诊疗关系方面作了一些探讨。全书分上下两篇。上篇主要介绍西医以功能障碍为主或常遗留功能障碍的常见疾病的诊断、康复指征和西医、中医康复方法。下篇介绍常见临床症状的康复方法,主要用于对与亚健康状态者及疾病的善后调理。附篇介绍了康复医学评定方法和中、西医常用康复治疗技术与方法。(黄一九)

R000192 **汉英疗养康复词典** 张怀明、贾风伦主编。北京科学技术出版社 2002 年 8 月版。80 万字。90.00 元。作者根据自己的工作经验参照了大量中外资料,根据疗养康复专业的需要收集了与疗养、康复各专业的中英名词,包括解剖、生理理疗、疗养、康复、旅游、中医、中药等名词。(邵德荣)

内科学

R000193 **内科急症手册** 上海科学技术文献出版社 2002 年 1 月版。58.5 万字。58.00 元。以内科急诊临床实践为基点,吸取国内、外急诊医学新理论、新方法,并结合各临床专科及护理要点编著而成。全书共 14 章,前 12 章主要介绍内科各专业急诊的诊治要点,并全面反映了各相关领域的最新进展;后 2 章针对内科常用急诊操作技术及护理进行了详尽阐述,并附实验室参考值及临床意义。(王鸣和)

R000194 **实用内科诊疗规范** 黄峻主编。江苏科学技术出版社 2002 年 10 月版。148 万字。90.00元。以内科病名为纲,以概述、诊断标准、治疗方案、疗效评估等 7 项内容为目,介绍了规范的临床诊疗思路及方案。(蔡克难)

R000195 **内科急症中西医汇通** 陈镜合、周海平主编。辽宁科学技术出版社 2002 年 8 月版。90 万字。65.00 元。介绍了内科各系统常见危重急症疾病中西医诊断和治疗。全书分 12 章,包括症状治疗学、感染性疾病急症、化学物理因素所致急症、代谢及内分泌系统急症、循环系统急症、呼吸系统急症、消化系统急症、泌尿系统急症、造血系统急症、神经系统急症、多系统器官衰竭、心肺脑复苏等内容,并简要介绍了内科急诊常用治疗手段、技术操作以及临床检验正常(参考)值及其临床意义。书中介绍的疾病达 120 多种,对每一种病都附有"临症心得",重点介绍中西医在治疗本病的长短方面,互补不足,以及作者从事急诊临床多年积累的经验。(李伟民)

R000196 **乙型肝炎防治 30 法** 尹国有主编。金盾出版社 2002 年 10 月版。21.1 万字。9.50 元。简要介绍乙型肝炎的基础知识,重点阐述乙型肝炎的防治方法,包括乙型肝炎的消毒、隔离、预防免疫、抗病毒疗法、护肝降酶疗法、中医辨证分型疗法,以及肝炎患者的饮食、起居、情志、运动等自我治疗与护理等 30 种方法。书后附有乙型肝炎患者普遍关心的 10 个问题,并作了回答。(周绍平)

R000197 **乙型肝炎病毒携带者必读** 张绪清、顾长海编著。金盾出版社 2002 年 11 月版。12.2万字。5.50 元。分 4 章,第一章介绍乙型肝炎

病毒携带的病原学和病程发展过程等知识，第二章至第四章详细阐述了诊断、治疗与预防。(王明义)

R000198　**从这里开始——迎接艾滋病挑战**　段金录、王汝巽主编。云南民族出版社 2002 年 12 月版。27 万字。56.00 元(共 7 册)。是根据中国政府和英国政府签署的中英性病、艾滋病防治合作项目专项基金项目——"对云南少数民族群体性病、艾滋病防治知识的宣传教育"项目的目标和要求编写的有关性病、艾滋病防治基本知识的宣传教育小册子。本书用汉文和分别用西双版纳傣文、德宏傣文、景颇文、哈尼文、苗文、佤文等 6 种少数民族文字与汉文对照，具体介绍了艾滋病怎样侵害人的身体健康以致造成对人类生存与发展的严重威胁；生活在可能受到艾滋病病毒攻击的危险环境中，应当注意些什么问题；怎样对待艾滋病病毒感染者和艾滋病病人，怎样与他们相处并帮助和照顾他们，同时又怎样采取防范措施防止艾滋病病毒的感染；如果不幸感染了艾滋病病毒，甚至发了病，那么，应该如何面对现实，建立自信与尊严，克服困难，战胜疾病等方面的知识。(董艾)

R000199　**艾滋病临床病理学**　刘德纯主编。安徽科学技术出版社 2002 年 11 月版。80 万字。98.00元。从传统病理学概念的角度出发，将内容分为总论和各论两大部分进行阐述。总论部分介绍了与艾滋病临床和病理有关的流行病学、病原学、免疫学与诊断学等方面的最新进展和研究成果；分别重点阐述了艾滋病的组织学与免疫学基础，诊断标准与指征，传播途径，病因和发病机理，病程经过与临床表现，艾滋病的诊断方法和评价。在各论部分，阐述了艾滋病毒所致的人体各系统的病变，以及在免疫缺陷基础上所继发的常见机会性感染和艾滋病相关的肿瘤；对各种相关疾病的发病情况、病因与发病机制、临床和病理表现、诊断方法和依据等进行了叙述。(黄和平)

R000200　**院士笔下的现代医药**　中国工程院医药卫生工程学部编。福建科学技术出版社 2002 年 6 月版。42.2 万字。55.00 元。收录中国工程院医药卫生工程学部 48 位院士为医药专业人员撰写的 48 篇科普文章，涉及基础医学、临床医学、预防医学、药学、中医学、生物技术工程等方面的基础研究与实际应用，介绍医药领域最新成就和研究动态。书后还附有作者简介。(林前汐)

R000201　**寄生虫病诊断与治疗**　薛纯良、许隆祺主编。湖南科学技术出版社 2002 年 5 月版。53.8万字。38.00 元。主要介绍我国常见的寄生虫病，考虑到我国援外医疗队员在国外会碰到大量的当地寄生虫病，同时从外国来中国工作、定居和旅游的人员日益增多，免不了要处理一些国外的寄生虫病。为此，本书有选择地介绍了一些国外的常见重要寄生虫病，特别是世界卫生组织提出要重点防治的寄生虫病。根据寄生虫病的特点，各段落标题依次为病因学和发病机制、流行病学、临床表现、诊断、治疗及预防。其中病因学和发病机制简要介绍寄生虫生活史与其传病致病的关系。流行病学主要说明其地区分布和流行规律或因素。这些都是为说明症状和联系诊断及治疗打基础的基本信息。诊断和治疗是本书的重点。诊断包括临床诊断、寄生虫学诊断和免疫诊断，以及必要的鉴别诊断，其中以寄生虫学诊断和/或免疫学诊断为重点。治疗的重点是抗虫化疗，着重介绍抗虫药物的药理作用和疗效、剂量疗程和给药途径、不良反应和注意事项。(黄一九　鲍晓昕)

R000202　**重要寄生虫病诊治指南**　许隆祺、薛纯良主编。北京科学技术出版社 2002 年 4 月版。27 万字。42.00 元。重点介绍了 21 种重要寄生虫病的临床表现、诊断和鉴别诊断及治疗方法。主要有：蛔虫病、钩虫病、鞭虫病、蛲虫病、粪类圆线虫病、旋毛虫病、广州管圆线虫病、腭口线虫病、华支睾吸虫病、肺吸虫病、猪带绦虫病、囊虫病、牛带绦虫病、亚洲带绦虫病、囊型包虫病、泡型包虫病、黑热病、弓形虫病、阿米巴病、蓝氏贾第鞭毛虫病、结肠小袋纤毛虫病。书中还介绍了各种寄生虫病常用病原学检查方法及治疗药物。书末还附有服药驱虫三十问。(邬扬清)

R000203　**内科学新理论与新技术**　戴瑞鸿、林果为、林庚金、林善锬主编。上海科技教育出版社 2002 年 3 月第二版。138 万字。110.00 元(精)。是"内科学新理论与新技术"丛书之一。在第一版体例特色的基础上，增加与充实了大量最新资料。内容包括心血管、呼吸、消化、肾脏、血液、内分泌等各系统的疾病以及感染性疾病；并对分子生物学、CT、MRI、核医学等技术在内科领域的应用也有新的叙述。(方婷娜)

R000204　**现代循证心脏病学**　黄峻编著。江苏科学技术出版社 2002 年 10 月版。120 万字。110.00元。共 15 章，除总论外，分述了心力衰竭、急性心肌梗死、心绞痛、高血压、心脏瓣膜疾病、心肌炎、心肌病、心律失常、感染性心内膜炎、心包疾病等

循证医学研究的方法和结果。(徐欣)

R000205 **心电图临床实习图谱** 陆恩祥等主编。辽宁科学技术出版社 2002 年 5 月版。30 万字。23.00 元。共 4 部分,第一部分简要地介绍了心电图的分析方法;第二部分为异常心电图部分,介绍各种常见病心电图的诊断标准,并配有典型的心电图图例及分析结果;第三部分以自测的形式出现,先给出图例,由读者先进行分析,其后附有图例的分析结果,以供读者对照检查;第四部分介绍较复杂的心电图病例诊断及鉴别诊断。(李伟民)

R000206 **临床心电信息学** 张开滋等主编。湖南科学技术出版社 2002 年 10 月版。43.6 万字。220.00 元。16 开,阐述了心电信息学概念、心肌细胞电生理、心电图形成、心电信息处理、导联系统等;创建性的按心电信息图形进行分类,全面介绍各类心电图以及心电图的计算机分析、计算机与心电信息管理与开发、心电图在流行病学中的应用,心脏电生理检查、心电信息学与心律失常的治疗等。全书紧扣临床,注重实用,穿插了 1300 余幅插图(含彩图),附录中载有许多有重要价值的仪器指标、检测方法、操作指南、诊断标准、心电图学名词术语标准化和著作汇览等。书中同时按英文字母顺序编排了本书的缩略语英汉对照。(张碧金)

R000207 **常见心电图的诊断与鉴别诊断图谱** 李高平、李景霞主编。复旦大学出版社 2002 年 10 月版。25.9 万字。20.00 元。收集了 144 幅具有代表性的,对各种心脏病诊断有一定价值的心电图图谱,如心房、心室肥大、心肌梗死、房室传导阻滞、束支传导阻滞、预激综合征、起搏器心电图、运动平板心电图以及各种类型的心律失常等。(王晓萍)

R000208 **心血管病中西医汇通** 李浩,孙志梅主编。辽宁科学技术出版社 2002 年 4 月版。50 万字。40.00 元。包括总论、各论和附录 3 部分。总论概述了心脏血管的解剖和生理、心脏血管疾病的诊断方法。各论分 18 章介绍了 30 多种心血管疾病,对每种疾病的病因病理、诊断、辨证要点、治疗、调摄养生与护理、预防等进行了介绍。重点介绍了诊断与治疗,结合典型病例心电图分析了心血管病的发生、发展,详述了每种病的中西医治疗。西医治疗包括一般治疗、病因治疗和药物治疗;中医治疗对每种病都分了十多种证型,对每个证型的治疗进行了详细介绍。附录介绍了治疗心血管病的常用西药、中成药,对每种药的疗效、使用方法及毒副作用进行了全面介绍。(李伟民)

R000209 **心血管疾病基础诊断与治疗** 赵水平主编。湖南科学技术出版社 2002 年 3 月版。33.9万字。25.00 元。共 23 章,重点介绍已证实对心血管疾病的诊断和处理有效的措施,并对近年已达成共识的新理论、新观点和新技术作了叙述。(邹海心)

R000210 **现代心脏内科学** 陈国伟、郑宗锷主编。湖南科学技术出版社 2002 年 10 月第二版。上册:128.5 万字、下册:151.7 万字。200.00 元。16 开。从临床实际出发,根据编者的诊疗经验,并结合国内外最新资料,除系统、全面地介绍心脏内科传统的诊疗技术外,着重介绍了近年来的新知识、新理论、新技术和新方法。在编写形式上打破一般教科书或参考书的编撰模式,突出重点,主要论述心脏内科疾病的诊疗方法和具体措施。附录有心脏内科常用诊疗技术、实验室正常参考值等;书末新增了英文索引、中文索引和常用缩略语英汉对照等。(张碧金、王一方)

R000211 **心血管系统疾病食疗** 顾奎琴主编。河北科学技术出版社 2002 年 6 月版。20.3 万字。13.50 元。“新世纪食疗丛书”之一,本册主要介绍心血管系统疾病的营养食疗方法,对高血压、动脉硬化、冠心病、高血脂等病症,从分析病因入手,分析了发病机理和病理,详细介绍了食疗方法和注意事项。

R000212 **赫斯特心脏病学** 郭继鸿等译。江西科学技术出版社 2002 年 1 月版。56.1 万字。65.00元。医学类引进版。本书为第九版的袖珍手册,涵盖了心脏病学所有疾病及相关的重要问题。在每章疾病的论述中都包括概念、流行病学、病理学、病理生理学、临床表现、诊断及实验室辅助诊断、重要鉴别诊断、药物及介入治疗等内容。(刘舒)

R000213 **心血管药物治疗手册** 朱文玲主编。辽宁科学技术出版社 2002 年 8 月版。17.8 万字。26.00 元。共 14 章,前 5 章将现今心血管药中最常用和涉及多方面作用的几类药物从纵的方面进行介绍,后 9 章则以疾病为重心进行综合叙述。全书内容包括:β受体阻滞剂;血管紧张素转换酶抑制剂和血管紧张素□受体阻滞剂;钙离子拮抗剂;利尿剂;抗血小板药,抗凝剂以及特殊抗凝血酶剂;高血压的药物治疗;心绞痛的药物治疗;急性心肌梗死的治疗;心力衰竭的处理;心律失常的药物治疗;感染性心内膜炎的治疗;高脂血症的治疗;妊娠和哺乳期心脏药物的使用;药物相互作用。(李伟民)

R000214 **介入心脏病学手册** 骆秉铨等主编。东南大学出版社 2002 年 11 月版。119.4 万字。68.00 元。介绍冠心病介入治疗包括冠脉病变介入治疗前后解剖学和生理学的评估(冠脉造影、血管内超声、多普勒血流导丝、压力导丝);经皮冠脉腔内成形术基本方法、各种斑块消蚀技术(激光血管成形术、斑块定向旋切术、斑块旋切吸出术、斑块旋磨术和血栓吸出术等);多种新型支架置入、血管内放射治疗再狭窄、心肌血运重建术、经导管局部药物释放和促血管新生技术等多种治疗技术;冠脉旁路移植术和辅助用药(如血小板糖蛋白Ⅱb/Ⅲa受体拮抗剂)等,并阐明各种冠脉特殊病变和特殊人群的介入治疗方法和处理策略,以及经皮冠脉介入治疗并发症和再狭窄的防治。同时还介绍了外周血管(动脉、静脉)病、心瓣膜病、先天性心脏病、肥厚型心肌病的介入治疗技术,以及经导管射频消融术、植入型复律除颤器和多部位起搏治疗各种心律失常和充血性心力衰竭。(常凤阁)

R000215 **冠心病** 陈波、曲宝全、邹文华主编。内蒙古科学技术出版社 2002 年 10 月版。26 万字。16.00 元。"随身医生丛书"之一,分冠心病的基础知识、发病机理、诊断、西医治疗、常用诊疗方法、中西结合治疗、非药物治疗、预防等 9 章内容,详细介绍了冠心病的概念、易患因素、特征、鉴别诊断、常用药物疗法,以及冠心病的针刺疗法、推拿疗法、拔罐疗法和气功疗法等内容。

R000216 **充血性心力衰竭** 龚兰生、于金德、施仲伟著。上海科学技术出版社 2002 年 6 月版。45.3万字。40.00 元。论述了神经激素系统、细胞因子、一氧化氮和内皮功能与心力衰竭的关系,探讨了心力衰竭中心肌重构和心肌凋亡的有关问题,并以临床试验资料为依据,阐述了心力衰竭治疗药物的应用。(侯培东)

R000217 **心脏能量学——代谢与治疗** 殷仁富、陈金明主编。第二军医大学出版社 2002 年 6 月版。50 万字。50.00 元。介绍了心肌细胞能量代谢与心肌能量代谢治疗,包括正常心肌细胞能量代谢的物质结构、底物供给和代谢调节;病理情况下的心肌细胞能量代谢的变化特征;心肌代谢治疗的基础概念;改善病理情况下心肌细胞能量代谢的药物及其临床应用;多种心血管病变的代谢治疗。(李春德)

R000218 **内科主治医生临床问答** 内科主治医生临床问答编委会编。中国协和医科大学出版社 2002 年 8 月版。377 万字。282.00 元。上、下册。共 11 篇,包括呼吸系统、心血管系统、消化系统、泌尿系统、血液系统、内分泌系统、结缔组织和风湿病、变态反应疾病、神经系统疾病、精神系统疾病和传染性疾病等系统疾病。

R000219 **衣食住行与高血压防治** 李法琦主编。重庆出版社 2002 年 5 月版。12 万字。16.00 元。是"衣食住行保健丛书"之一。分 3 篇即基础篇、未病预防篇、已病养治篇,介绍高血压病的基础常识,中西医诊断、预防方法和治疗原则;尤其是介绍蕴含在日常生活即"衣食住行"中的预防和治疗该病的知识。(王灿)

R000220 **高血压** 徐京育、张弘、郭晶主编。内蒙古科学技术出版社 2002 年 10 月版。27.2 万字。18.00 元。"随身医生丛书"之一,由高血压的流行病学、高血压的发病机制、高血压的诊断、高血压的治疗、降压药物的分类、高血压的中医药治疗、高血压的健康教育、高血压的调护等 8 章内容组成。(高云)

R000221 **简明高血压病学** 苏海主编。江西科学技术出版社 2002 年 11 月版。51.8 万字。45.00元。分 16 章:一、血压及血压调控;二、血压的测量及血压参数;三、高血压的诊断与鉴别诊断;四、高血压的流行及防治现状;五、高血压的发病机制;六、高血压病的靶器官损害及其消退;七、继发性高血压;八、高血压病的原则;九、高血压治疗药物;十、特殊人群的高血压;十一、高血压相关疾病;十二、高血压与脑疾患;十三、高血压急症;十四、特殊条件和特殊类型的高血压;十五、高血压的其他问题;十六、高血压病的预防。(刘舒)

R000222 **临床疑难血液病细胞形态学诊断精要** 姬美容主编。上海科学技术文献出版社 2002 年10月版。10 万字。29.5 印张。268.00 元。作者将多年积累的典型疑难病例的细胞图像结合血液病学理论和自己的心得体会整理成册,用实例说明从针吸细胞学、血片和皮损(或淋巴结)印片中获得信息的技巧对疑难细胞形态诊断的重要性。归纳了易混淆血液病和少见血液病的诊断和鉴别诊断,通过对临床资料和显微镜下真实的细胞形态图像的探讨提出了自己的看法。(何剑秋)

R000223 **腹部彩色超声诊断图谱** 王纯正等主编。辽宁科学技术出版社 2002 年 1 月版。60 万字。240.00 元。收录 925 幅腹部超声诊断图。分为 14 篇 70 章。第一篇和第二篇介绍了超声诊断的基础和腹部超声的检查方法;第三篇至第十三篇分别介绍了肝脏、脾脏、胆道、胰腺、胃肠、腹部血管、肾上腺、后腹壁、泌尿系统、妇科的超声解剖、检查方法、正常的超声图像和各科疾病的超声诊断等;第十四篇分别介绍了肝脏、胆道、胰腺、肾脏、前列腺、妇产科的介入性超声诊断与治疗方法等。(李伟民)

R000224 **衣食住行与胃炎及消化性溃疡病** 刘海峰编著。重庆出版社 2002 年 4 月版。15 万字。16.00 元。是“衣食住行保健丛书”之一。分 3 篇即基础篇、未病预防篇、已病养治篇,介绍胃炎及消化性溃疡病的基础常识、中西医诊断、预防方法和治疗原则;尤其是介绍蕴含在日常生活即“衣食住行”中的预防和治疗该类病的知识。(王灿)

R000225 **便秘** 蔡树涛主编。江西科学技术出版社 2002 年 1 月版。18 万字。12.00 元。介绍了便秘的概念、分类、成因、临床表现、诊断、实验室、检查等内容;对治疗便秘行之有效的自然疗法若干种,包括有起居疗法、沐浴疗法、按摩疗法、运动疗法、心理疗法、气功疗法、饮食疗法、其他自然疗法(针灸、磁穴、刮痧、拔罐、药枕、敷贴)等;哪些人容易发生便秘、便秘的预防等知识。(辜翔)

R000226 **临床肝胆系病学(新版)** 巫协宁著。上海科学技术文献出版社 2002 年 9 月版。117.4万字。85.00 元。分 12 篇 72 章,特点是将肝胆系疾病的基础理论和临床实践紧密结合,详尽介绍了肝胆系的实用解剖、肝脏的凝血与代谢功能、组织学、病理学、免疫学、肝再生、细胞凋亡、肝脏与细胞因子,各种肝病的检查与诊断方法(影像学诊断和内镜诊断技术)。对于各种肝胆系疾病,包括感染,病毒性肝炎,肝纤维化、肝硬化及其并发症,肝肿瘤,胆汁郁积,遗传性、先天性、小儿、妊娠期肝胆系疾病等的诊断及最新的治疗方法均作了详细的阐述。最后,对肝病研究的最新成果人工肝、肝移植、肝干细胞移植治疗、内镜治疗技术等也作了介绍。(何荟)

R000227 **药物与中毒性肝病** 陈成伟著。上海科学技术出版社 2002 年 11 月版。84.7 万字。78.00元。论述了外源性化学物引起的中毒性肝损害的病理变化、发病机制及临床表现,介绍了实验性中毒性肝病和环境相关肝脏中毒的现状,着重阐述了药物性肝损害的研究现状,包括细胞色素 P450 及其遗传多态性在肝损害中的作用,并对各类药物引起的肝损害作分类详尽介绍。(侯培东)

R000228 **衣食住行与脂肪肝酒精肝防治** 范建高主编。重庆出版社 2002 年 6 月版。17.3 万字。16.00 元。是“衣食住行保健丛书”之一。分 3 篇即基础篇、未病预防篇、已病养治篇,介绍脂肪肝、酒精肝的基础常识,中西医诊断、预防方法和治疗原则;尤其是介绍蕴含在日常生活即“衣食住行”中的预防和治疗该类病的知识。(王灿)

R000229 **胆汁反流相关性疾病** 许国铭主编。上海科学技术出版社 2002 年 9 月版。23.8 万字。35.00 元。分 4 章,前两章分别叙述胆汁对黏膜损害的机制与胆汁反流的诊断方法;后两章介绍与胆汁反流相关疾病的诊断与治疗。(柯如仙)

R000230 **专家告诉您——糖尿病怎么办** 田慧主编。河北科学技术出版社 2002 年 1 月版。26.3万字。17.00 元。对糖尿病的病因、病理、诊断、治疗、护理和并发症及相关疾病等方面进行了介绍,并附有营养成分含量表及糖尿病患者食谱举例等。(总编室)

R000231 **衣食住行与糖尿病防治** 张素华主编。重庆出版社 2002 年 2 月版。18.1 万字。16.00元。是“衣食住行保健丛书”之一。按丛书统一格式体例,分 3 篇即基础篇、未病预防篇、已病养治篇,介绍糖尿病的基础常识、中西医诊断、预防方法和治疗原则;尤其是介绍蕴含在日常生活即“衣食住行”中的预防和治疗糖尿病的知识。(王灿)

R000232 **享受健康人生——糖尿病细说与图解** 许曼音主编,罗邦尧等副主编。上海科学技术文献出版社 2002 年 11 月版。25 万字。591 幅画。28.00元。主要叙述:如何防治糖尿病,怎样合理地饮食、科学地运动,心理平衡对健康乃至人生是多么重要,什么时机进行药物治疗、如何检测自我血糖等指标、病人自我保护的技巧,等等,进而阐明糖尿病人同样可以享受健康人生。(张科志)

R000233 **糖尿病** 梁玮、马健、王育鹏主编。内蒙古科学技术出版社 2002 年10 月版。21 万字。14.00 元。“随身医生丛书”之一。详细介绍了糖尿病的概念、糖尿病和分类分型,胰岛素的主要生理作用,导致糖尿病的各种因素、发病机制、临床表现、鉴别诊断,以及糖尿病的饮食疗法、运动疗法、药物疗法、胰岛素治疗、糖尿病的预防等知识。(达古拉)

R000234 **糖尿病保健手册** 田林红,宁英远编著。甘肃科学技术出版社 2002 年 4 月第二版。13 万字。9.00 元。对第一版中糖尿病分型及诊断标准按美国糖尿病协会(ADA)1997 年的标准进行重新修订;并充实了糖尿病慢性并发症的内容;增加了新类别的口服降糖药及胰岛素泵的使用,强调了

糖尿病教育、自我血糖监测及糖尿病患者治疗达标的重要性。(陈学祥)

R000235　**血脂异常自我保健问答**　梁苓忠、田浩明著。四川科学技术出版社 2002 年 1 月版。10 万字。10.00 元。内容包括 5 部分,即血脂异常的基本知识、血脂异常的实验室检查、血脂异常的分型、与血脂异常相关的疾病、血脂异常的防治。(林思聪)

R000236　**中老年疾病调治**　崔建庄、王占伟主编。辽宁科学技术出版社 2002 年 11 月版。25 万字。20.00 元。分为高血压病防治、冠心病防治、脑血管病防治、糖尿病防治、癌症防治、前列腺疾病防治、肩颈腰腿疾病防治、养生长寿常识等 8 部分,以问答形式介绍中老年疾病的预防、治疗、保健,包括中老年人家庭治疗与养生,中西医药疗、食疗等保健方面的疑难问题。(李伟民)

R000237　**老年病的中西医结合治疗**　刘延祯,戴恩来主编。甘肃科学技术出版社 2002 年 10 月版。25.00 元。针对老年病的特点,分别对老年期的各种常见疾病慢性阻塞性肺疾病、慢性肺原性心脏病、原发性高血压、冠心病、糖尿病、脑出血、脑梗塞、脑血管意外后遗症的康复治疗、血管性痴呆、帕金森病、痛风、骨质疏松症、前列腺增生症、脂肪肝、单纯性肥胖症、失眠症、便秘等分别从临床表现、诊断、中西医结合治疗以及预防等方面予以了介绍,尤其注重中西医结合治疗和保健,书中还介绍了老年人的养生保健。(陈学祥)

R000238　**实用老年病诊疗**　杜振芳等主编。河北科学技术出版社 2002 年 9 月版。45.4 万字。31.00 元。分上下两篇,上篇着重论述老年的生理、心理与病理特点;下篇针对老年各科疾病,具体从病因、心理、诊断、治疗等方面进行论述。(总编室)

R000239　**常见老年病的诊疗与预防**　郑永明、施玮编。宁夏人民出版社 2002 年 10 月版。18 万字。18.00 元。介绍了老年生理、心理、药理、病理等方面的知识,重点叙述了常见老年病的临床表现、诊断、治疗和预防,同时扼要地叙述了相关疾病的中医中药治疗。(那大庆)

外　科　学

R000240　**当代麻醉学**　杭燕南、庄心良、蒋豪等著。上海科学技术出版社 2002 年 8 月版。23.5 万字。190.00 元。内容涉及临床麻醉研究的动态进展。包括临床麻醉、急救复苏、重症监测治疗和疼痛治疗 4 大部分。(吴洁)

R000241　**临床麻醉技术及神经阻滞图谱**　陈启智、刘流、韩承柱主编。湖南科学技术出版社 2002 年 10 月版。42.6 万字。34.00 元。分两个部分:临床麻醉部分着重于临床麻醉的实施,以理论和实际相结合的原则,突出各种麻醉方法和不同病种的麻醉实施和注意问题;神经阻滞图谱部分介绍了从头部至足部,从周围神经到神经节或丛的各种神经阻滞方法。(邹海心)

R000242　**外科基本操作手册**　[美]Herbert Chen,Christopher J. Sonnenday 主编;寿延宁,孙明主译。辽宁科学技术出版社 2002 年 12 月第二版。23 万字。24.00 元。共 10 章,包括气道管理、动脉和静脉通路、临床心脏操作技术、胸外科操作技术、胃肠道操作技术、神经外科操作技术、泌尿系统操作技术、整形外科和手外科操作技术、骨科操作技术、针刺活检和附录等。(李伟民)

R000243　**实用普通外科手术彩色图谱**　李衍杭、徐智、姜廷印主编。第二军医大学出版社 2002 年 1 月版。72 万字。380.00 元。介绍了普通外科范围内各种手术,包括颈部、乳腺、胃十二指肠、小肠、大肠、肝胆胰脾、肾上腺、血管、肛肠及肛周手术,以及门脉高压症与腹腔镜手术。既介绍经典、规范的手术术式和正规的操作方法,同时也介绍新开展的手术术式及操作方法与注意事项。(李春德)

R000244　**移植学前沿**　陈实主编。湖北科学技术出版社 2002 年 10 月版。130.00 元(精)。选择了作者认为今后有意义的、值得讲座的前沿问题,诸如:器官移植研究的热点与争议问题,基因差异加危险因子重新诠释免疫识别奥秘,凋亡细胞诱导免疫耐受的机制及意义,树突状细胞与移植免疫耐受,基因治疗与器官移植,转基因技术在器官移植中的应用,器官移植组织配型进展,免疫抑制剂应用进展、热点及其发展的新趋势,心脏移植的现状及进展,细胞移植治疗终末期心脏病,活体供肝移植,多米诺肝移植,人工肝脏研究进展,移植肾功能延迟恢复,移植病理学进展等等。(陈兰平)

R000245　**器官移植并发症**　闵志廉、何长民主编。上海科技教育出版社 2002 年 4 月版。47.5 万字。45.00 元(精)。针对我国器官移植的不断展开、器官移植并发症日益增多的现状,本书分总论和各论两大篇共 22 章分别阐述器官移植后的并发症。总论叙述与免疫抑制剂有关的并发症、感染并发症、肿瘤并发症、多器官衰竭并发症以及神经系统并发症。各论介绍了脑与神经组织、肺、心脏、肝脏、胰腺、胰一肾、胰岛、肾、肾上腺、脾、小肠、睾丸、骨、骨髓、血管、肌腱等移植后并发症的临床表现及其处理原则。同时还介绍了国内外有关器官移植并发症的最新治疗进展。(蔡平)

R000246 **手术与康复** 黄钟英、刘小蕉编。浙江科学技术出版社 2002 年 1 月版。16.7 万字。15.00元。以手术后患者面临的许多问题为基本内容,对患者的手术后康复进行了指导。内容涉及手术后常见问题、手术前准备、神经外科手术、甲状腺手术、肝胆系统手术、心胸外科手术、泌尿系统手术、骨科手术和妇产科手术等。(杨咏梅)

R000247 **张涤生整复外科学** 张涤生著。上海科学技术出版社 2002 年 1 月版。152.3 万字。200.00 元。为“上海科学技术出版社院士系列丛书”之一。作者将数十年来从事整复外科的临床经验,结合国内外的资料编辑而成。全面介绍了整复外科的基本原则、组织移植理论,各部位畸形和缺损的诊断和具体治疗方法,如深度烧伤的创面修复,瘢痕组织的处理,头皮、颅骨、眼睑、鼻、耳、唇颊、颅面畸形的整复,颈部、躯干、四肢以及生殖器的畸形和缺损再造。除了详细的文字介绍外,还配有 2000 余幅病例的彩色照片和手术示意图。本书还获得了上海科技专著出版资金赞助。(华春荣)

R000248 **整形美容手术图谱** 曾宪孔、王新华主编。军事医学科学出版社 2002 年 7 月版。54.6万字。88.00 元。介绍人体美学和医学基础概要、局部麻醉、缝合技术、皮瓣移植、皮管和皮肤扩张器技术等。在各章节中插入了应用解剖,在多项手术操作中介绍了术前准备和术后护理。本书介绍术式和治疗技术近 300 种,图 1400 幅,在实用和普及的基础上,尽可能多收录近几年开展的新术式、新疗法,如毛发移植术、隆乳术、形体美容术、妇科整形术等。(李俊卿)

R000249 **王正国创伤外科学** 王正国著。上海科学技术出版社 2002 年 12 月版。313.3 万字。300.00元。从“创伤外科基础、特殊原因损伤、烧伤、颅脑损伤、颌面颈部损伤、胸部创伤、腹部泌尿系创伤、四肢脊柱创伤和创伤整形与康复”着手,全面、系统地介绍、探讨各种创伤的发生原因、病理生理机制,分析具体的临床表现,制定各种行之有效的治疗措施。反映了我国创伤外科学目前的基本情况,体现了我国显微外科、手外科和创伤弹道等一些创伤研究领域内的特点和优势。(华春荣)

R000250 **现场创伤急救学** 胡林祥,方玉荣,武前文编著。中国矿业大学出版社 2002 年 12 月版。16.6 万字。10.80 元。医学院校教材。本书着重于介绍各类创伤致伤环境、原因、创伤的特点和创伤的现场伤情判断及早期紧急处理,重点放在临床实践方面。全书共 6 章,主要包括绪论、创伤后机体反应、创伤分类、严重度计分和现场判断及处理、现场急救的基本技术,各部位损作的现场判断及处理以及常见创伤并发症等。(姜华)

R000251 **现代神经外科学** 周良辅主编。复旦大学出版社 2002 年 3 月版。277.8 万字。180.00元。内容涵盖神经外科的各个方面。编写时特别注意结合国内外最新动态,并详细介绍神经外科各种疾患的临床表现、诊断和鉴别诊断及治疗。特别重点介绍脑动脉瘤、脑血管畸形、脑干和脊髓肿瘤等疾病的诊治以及颅底外科、放射外科等。对少见肿瘤、脑血管病变和先天性病变,对神经导航、神经内镜、功能性神经外科和 PET 等新技术也作了详细介绍。同时特辟章节介绍临床分子神经外科内容。(肖英)

R000252 **颅底疾病诊断与治疗** 李善泉、周梁著。上海科学技术文献出版社 2002 年 8 月版。35.75万字。100.00 元。作者集神经外科和五官科多年临床实践经验,对颅底疾病诊断和治疗作了阐述,包括颅底应用解剖,颅底疾病的外科基础,麻醉监测,手术基本入路,颅底肿瘤,骨性、感染性、外伤性、先天性、血管性、功能性疾病的临床诊治以及颅底重建等。(何银莲)

R000253 **颅脑重症与手术并发症的临床处理** 丁育基著。北京出版社 2002 年 2 月版。122 万字。90.00 元。分 30 章。第一编内容分为 11 章,讨论颅脑重症的基本问题,包括手术前后处理、麻醉、颅内压增高、脑疝、输血相关问题、心肺脑复苏、脑血流量和经颅超声、药物间相互作用等。第二编内容含 19 章,针对颅脑手术前后的各种颅内并发症和躯体各类合并症进行深入讨论,包括发生原因、机理、临床诊断和最新治疗措施,以及防治经验、处理中失误的原因和经验教训等。书中剖析了近百例临床手术实例,引用了许多图表照片。(总编室)

R000254 **颅脑创伤临床救治指南** 江基尧、朱诚主编。第二军医大学出版社 2002 年 3 月版。24.8万字。32.00 元。按照简介、概述、论点形成过程、科学基础、小结、前景与展望、主要依据和重点参考文献的格式,对颅脑创伤患者的急诊抢救、手术指征、手术方法、术后并发症防治、长期昏迷催醒措施、脑细胞保护剂和营养药物的选择、激素、过度通气及亚低温等的应用、预防性抗癫痫药的应用、应激性溃疡的防治、颅脑火器伤清创术等21个专题进行阐述。(胡加飞)

R000255 **脑血管疾病血管内治疗学及图谱** 马廉亭主编。河南科学技术出版社2002年6月版。40万字。98.00元(精)。是"微创手术图谱系列"之一。全书分血管内治疗技术发展简史、血管内治疗的适应证及方法分类、脑血管造影及血管内治疗的时机、血管内治疗所用材料、血管内治疗的准备及技术操作、血管内治疗的麻醉及围手术期处理、脑动静脉畸形、颅内动脉瘤、颈动脉海绵窦瘘、硬脑膜动静脉瘘、大脑大静脉动脉瘤样畸形、脑动脉血栓形成及栓塞的溶栓治疗、脑静脉窦血栓、颈外动脉系统血管疾病、脊柱脊髓血管疾病、脑血管疾病的经颅多普勒超声诊断、脑和脊髓血管疾病的治疗等,共17章。系统介绍了脑、脊髓血管疾病的血管内治疗技术,包括治疗的适应证、方法、种类、术前准备、术中处理、术后护理和手术所用材料,同时详细介绍了围手术期处理、麻醉等技术以及临床常见各类脑、脊髓血管疾病的治疗与护理。(赵志刚)

R000256 **耳鼻咽喉科全书·颈部疾病学** 彭勇炎、萧健云主编。上海科学技术出版社2002年4月版。63.6万字。62.00元。共11章,从临床需要出发,介绍颈部的胚胎学、应用解剖学、检查方法及与颈部疾病有关的基础理论知识;介绍颈部先天性疾病、损伤、血管性疾病、颈椎病、颈部肿块及甲状腺、甲状旁腺、胸腺等颈部疾病的诊断和治疗;反映耳鼻咽喉-头颈外科的发展实况。在再版修订中增添了一些发展较快的检查方法如影像学、放射性核素检查;介绍一些颈部疾病诊治的新方法如颈椎病、颈部肿块等;删去一些陈旧的理论和诊治方法;部分内容邀请有关普外科、口腔科、麻醉科和影像诊断科专家修订。(叶宏)

R000257 **创伤性假性动脉瘤与动静脉瘘** 马廉亭、郑明玉、楚宪襄主编。河南科学技术出版社2002年10月版。48.9万字。236.00元(精)。针对创伤性假性动脉瘤与动静脉瘘的发病机制与治疗方法,分3篇23章介绍了平、战时血管损伤严重并发症——创伤性假性动脉瘤与动静脉瘘的应用解剖、基础与实验研究及临床诊断治疗。其中重点介绍了作者在临床救治的310例创伤性假性动脉瘤、动静脉瘘病例中,应用与传统直接手术不同的治疗方法,如血管内栓塞技术、球囊导管暂时阻断动脉腔内血流代替外科手术控制出血,抢救邻近躯干大血管损伤,并提出阻断时安全有效的压力和时间参数等。(赵志刚)

R000258 **普胸外科学** 鲁世千、涂仲凡主编。湖北科学技术出版社2002年6月版。108.00元(精)。阐述普胸外科常见及少见的疾病的发现及发展状况,包括病因、病理、临床表现、近代检查手段、诊断及治疗。总论部分叙述普胸外科生理、解剖、诊断技术、围手术期处理及其进展;各论部分详尽地介绍病因、病理、临床表现、诊断、手术技术以及围手术期治疗。(武又文)

R000259 **新编食管外科学** 邵令方、王其彰主编。河北科学技术出版社2002年8月版。112万字。98.00元。从临床实用的角度出发,描述了食管解剖学、生理学、胚胎学、组织学的进展,对食管疾病的病因、病理、发病机制等进行了深入探讨,并以图文并茂的形式论述了食管外科疾病的诊断、治疗方法。尤其对近10年有较大进展的方面,如恶性肿瘤治疗手段的不断提高等进行了重点介绍。此外,对近10年兴起的、带动了食管外科进步的新技术,如食管功能检查、食管影像学、腹腔镜手术和食管狭窄的金属支架治疗等内容也作了介绍。

R000260 **实用胸心外科手术彩色图谱** 胡国强、王启松、刘京峰主编。第二军医大学出版社2002年1月版。44.5万字。240.00元。以彩色图谱(800多幅)为主,系统地介绍了胸外科和心外科手术的规范、术式和操作方法。(李春德)

R000261 **手外科手术图谱** 王澍寰等主编。浙江科学技术出版社2002年7月版。37.6万字。160.00元(精)。主要介绍手外科常见病种及疑难病种的手术处理方法,对其中的要点、难点进行了着重阐述。(杨咏梅)

R000262 **脊椎脊髓关连病与脊髓病诊断治疗学** 郑丕舜主编。北京科学技术出版社2002年6月版。62.4万字。80.00元。作者积50年临床经验,对脊椎脊髓关连病与脊髓病进行了论述,并配有近200幅临床检查图片。(齐立洁)

R000263 **椎间盘镜髓核摘除术** 张朝跃主编。湖南科学技术出版社2002年10月版。26.7万字。58.00元(精)。共7章,用133幅彩图、178幅黑白图,重点介绍了后路脊椎显微内镜治疗腰椎间盘突出的方法、步骤、技巧,详细介绍了手术原则、

镜下手术标准、复杂类型的手术策略、疗效预测和评定标准、体外训练方法等知识。(梅志洁)

R000264 **皮神经卡压综合征** 董福慧等著。北京科学技术出版社 2002 年 4 月版。40 万字。60.00元。提出了皮神经卡压综合征的病名,系统介绍了皮神经卡压综合征的概念、病因、病理、临床表现、诊断与鉴别诊断、常用治疗方法等。(章健)

R000265 **O'conner 关节镜外科学** 陈峥嵘主译。复旦大学出版社 2002 年 10 月版。103.4 万字。180.00 元。介绍了手术关节镜,包括膝关节的解剖、及膝关节各种疾病的 CT、MRI 表现,关节镜下的诊断和治疗以及近年来关节镜外科在其他关节中的应用。(贺琦)

R000266 **肘关节外科学** 毛宾尧著。上海科学技术出版社 2002 年 8 月版。105.1 万字。108.00元。介绍了包括肘关节的发育、解剖、各种不同病理生理在内的,在其他参考书中难以系统阐述的许多知识,重点突出了临床应用,如各种手术方法的选择、操作,不仅有像石膏、小夹板、手法整复等为一般骨科医生熟知的技术,而且还有关节镜外科、人工肘关节等运用现代高科技的治疗手段。(华春荣)

R000267 **骨关节影像学** 王云钊、兰宝森主编。科学出版社 2002 年 1 月版。129.8 万字。249.00元。为"现代临床影像学丛书"之一。本书囊括几乎所有骨关节疾病的影像学知识,配有近 1500 幅黑白照片图,重点论述各种骨关节包括脊柱的病理、临床、X 线、CT、MRI、造影等综合影像的诊断和鉴别诊断还包括关节周围、骨髓、软组织疾患及介入诊断治疗。本书以近 10 年新技术影像诊断的进展及实例为主,也有多年积累的少见骨关节病的珍贵资料,图文合一,附图均有详细注解。(李君)

R000268 **江苏泌尿外科史志** 孙则禹主编。第二军医大学出版社 2002 年 2 月版。70 万字。80.00元。分抗战前后的奠基时期、新中国成立至"文革"结束的发展初期、"文革"后至 20 世纪 80 年代后期的发展时期以及 20 世纪 90 年代以后的现阶段等 4 个阶段概述了江苏泌尿外科从无到有、从弱到强的发展历史,探寻了前人的"足迹"及贡献。同时介绍了江苏泌尿外科历届委员及学术交流大会、江苏泌尿外科各单位介绍、编制及人才梯队、专家介绍、发表专业论文目录汇编、出版教材及专著目录汇编、获奖科研成果目录以及专科医师名册,展示了江苏省各地区现阶段泌尿外科的临床、教学、科研及著作等各方面的成果。(胡加飞)

R000269 **实用泌尿外科手术彩色图谱** 程继义等主编。第二军医大学出版社 2002 年 6 月版。528 万字。275.00 元。共 11 章,附彩色插图 850 多幅。每章内容均包括适应症、术前准备、麻醉与体位、手术步骤、术后处理及注意事项。本书还对最近几年开展的一些新技术、新方法,如肾移植、可控性膀胱术、保留性功能的根治性膀胱切除术和前列腺癌根治术、男性勃起功能障碍的手术治疗及腔内泌尿外科手术方法作了详细介绍。(李春德)

R000270 **男科疾病中西医防治** 王国忠主编。金盾出版社 2002 年 6 月版。22.3 万字。10.00元。分为性功能障碍、不育症、前列腺疾病、性腺疾病和性传播疾病等 5 章共 33 种男科常见疾病。每个病种下设病因、诊断、治疗、调护和预防 5 项加以阐述。重点介绍现代诊断方法和最新防治技术,包括西医治疗和中医治疗措施。(周绍平)

R000271 **现代泌尿外科和男科学** 张元芳主编。复旦大学出版社 2002 年 12 月版。151.2 万字。88.00 元。内容突出泌尿外科的基础、诊断新技术,以及泌尿系统常见病的新治疗、新方法等。

R000272 **前列腺疾病中西医诊疗学** 曾庆明、黄小平编著。江西科学技术出版社 2002 年 7 月版。60 万字。48.00 元。由上篇总论、下篇各论组成。总论介绍西医前列腺的解剖与生理功能,前列腺疾病的临床表现、诊断和治疗方法;中医部分介绍前列腺的中医解剖与生理,前列腺与脏腑、经络、气血津液的关系,前列腺疾病的病因、病机、治则、治法和常用方药。各论以西医病名为纲,详述各病的诊断与鉴别诊断、中西医治疗、预防保健、古代研究、现代研究、现代名医经验、评述与体会等。(刘舒)

R000273 **经尿道手术学** 庄乾元主编。湖北科学技术出版社 2002 年 8 月版。138.00 元(精)。共 6 章,第一章介绍了经尿道手术的发展史,诸如泌尿外科内镜的发展,经尿道手术的历史,经尿道手术领域的新技术和新进展;第二章介绍了经尿道手术设备,比如经尿道泌尿内腔镜及其附件等;第三章介绍了经尿道输尿管镜的临床应用,比如经尿道输尿管镜治疗泌尿系结石、肾盂输尿管交界梗阻、输尿管狭窄、上尿路肿瘤等;第四章介绍了经尿道膀胱疾病的治疗,比如经尿道膀胱碎石术、膀胱肿瘤电切术、输尿管囊肿切除术等;第五章介绍了经尿道前列腺切除术;第六章介绍了尿道疾病的腔内手术,比如尿道狭窄、尿道尖锐湿疣。(陈兰平)

妇产科学、儿科学

R000274 **中国妇产科专家经验文集②** 王德智等主编。辽宁科学技术出版社 2002 年 7 月版。246 万字。180.00 元。本着面向临床、突出实用的原则,将 1993～1999 年刊登在《中国实用妇科与产科杂志》上的专题笔谈、综述讲座等优秀文章,请原作者进行修改和补充后重新选编。分为产科、妇科、计划生育及其他、诊断技术及治疗操作 4 篇,共 49 章 593 节。作者既收集了国内的最新文献资料,又密切结合了自己的临床经验体会,反映了当代的产科学诊断、治疗的发展水平及科研动态。(李伟民)

R000275 **妇产科超声诊断** 刘映粦、凌梅立、常才主编。中国协和医科大学出版社 2002 年 7 月版。38.4 万字。45.00 元。共 16 章,从妇科、产科和计划生育科 3 方面汇集了妇产科临床和妇产科超声专家的工作经验,从临床和超声角度阐述了常见妇科及产科疾病和罕见病的超声特征。(刘建春)

R000276 **妇产科急危重症手册** 张国楠、熊庆、黄薇主编。四川科学技术出版社 2002 年 3 月版。35 万字。24.00 元。重点介绍了妇产科急危重症的诊断及治疗,力求在诊断技术上反映最新的诊断手段及运用技巧,在治疗上反映新的药物治疗方法等。(李迎军)

R000277 **高级产科生命支持 ALSO 课程大纲** 美国家庭医师学会编,盖铭英译。中国协和医科大学出版社 2002 年 5 月版。68.2 万字。50.00 元。分 18 部分。早期并发症;妊娠期内科合并症;晚期出血;早产和胎膜早破;产中胎儿监护;难产;胎先露异常、胎方位异常以及多胎妊娠;阴道助产;肩难产;产后出血;孕产妇复苏与创伤;产科医疗的安全问题;产科病例;会阴Ⅲ度Ⅵ度撕裂;临产和分娩中的诊断性超声;新生儿复苏;剖宫产;分娩危象。

R000278 **孕中十月宜与忌** 张湖德主编。中国人口出版社 2002 年 10 月版。16 万字。25.00 元。主要介绍了受孕宜知、孕期优生宜与忌、妊娠心理保健、妊娠运动保健及孕妇药物、饮食、防病保健,还介绍了孕妇临产时的宜与忌。(朱双龙)

R000279 **中西医结合儿科手册** 徐新献、刘小凡主编。四川科学技术出版社 2002 年 8 月版。53 万字。34.00 元。依据西医疾病分类方法,重点介绍儿科常见疾病。每一疾病分为西医和中医两部分予以阐述。西医部分论述病因、临床表现、辅助检查、诊断和治疗等内容;中医部分则阐明其病因病机和辨证论治。(李迎军)

R000280 **小儿常见中毒急救手册** 王晓茵、徐积芬编著。辽宁科学技术出版社 2002 年 5 月版。30 万字。24.00 元。结合近年发展的中毒治疗新技术,运用药学知识,介绍了常见儿科各种中毒的毒理、中毒表现、诊断、治疗要点及预防措施。全书分两篇,总论部分简述急性中毒发生机制及中毒的一般诊断、治疗、处理、护理、血液净化、高压氧疗;各论部分重点阐述食物中毒、药物中毒、农药中毒、杀鼠剂中毒、常见动物咬螫中毒、实用化学洗涤剂中毒及工业中毒等。(李伟民)

R000281 **新生儿外科学** 施诚仁主编。上海科学普及出版社 2002 年 9 月版。132 万字。120.00元(精)。分 3 篇,第一篇"总论",着重介绍了新生儿外科手术的基本理论与方法;第二篇介绍了与新生儿外科有关的基础理论与最新进展情况;第三篇分门别类地介绍了新生儿外科的具体内容,如新生儿创伤、畸形、感染、肿瘤等病患的病因、发病机理、诊断与治疗等;最后的"附录"介绍了新生儿喂养、生长发育、检验正常值范围及与新生儿外科相关的部分综合症。书中附有大量彩色图片及黑白图片供诊疗参考使用。(总编办)

R000282 **小儿腹腔镜外科学基础** 叶明、周汉新主编。湖北科学技术出版社 2002 年 3 月版。38.00元(精)。分两部分,共 32 章。总论部分着重介绍了小儿腹腔镜外科的发展简史、开展小儿腹腔镜手术的设备配置,从业医师的培养、训练、手术操作基本要领以及手术资料的采集、保管和利用等入门基础知识。各论部分介绍了目前国内外常见的小儿腹腔镜外科技术,对各种手术的适应征、禁忌证的掌握、手术方法、步骤和术中注意事项以及并发症的防治等作了重点论述。(陈兰平)

R000283 **现代小儿妇科学** 郑伟主编,郭卫红副主编。福建科学技术出版社 2002 年 10 月版。33.5 万字。43.00 元。共 2 篇 15 章:第一篇介绍小儿妇科基础理论,阐述了女性小儿的生理特点、生殖器官发育机制与影响因素,介绍了小儿妇科疾病的检查手段及实验室诊断技术。第二篇介绍小儿妇科疾病的诊疗技术,重点阐述女性小儿生殖器官炎症、畸形、肿瘤、性分化异常、性早熟和性发育迟缓,青春早期常见的功能失调性子宫出血、痛经、闭经等临床疾病的诊断与治疗技术,并附常用药物的小儿用量、用法,检查器械的特殊使用方法,实验室检查方法及

正常值。(庄梅)

R000284 **小儿男科女科疾病问答** 王爱连、田洁主编。湖南科学技术出版社 2002 年 5 月版。10.9万字。10.00 元。以问答与实例相结合的形式,对小儿时期泌尿生殖系统常见疾病的原因、临床表现、对人体的危害、治疗、预防、家庭护理以及自我保健措施等作了解答,对一些异常的青春期变化也作了介绍。(石洪)

R000285 **实用儿科手册** 洪文澜主编。浙江科学技术出版社 2002 年 4 月第二版。84.4 万字。58.00 元。内容除儿童保健、生长监测、小儿营养、计划免疫以及各科、各专业疾病的诊断及治疗有不少新内容及新技术外,还包括小儿常规护理、心理护理、护理计划和目标等。(杨咏梅)

R000286 **衣食住行与癌症防治** 孔宪炳编著。重庆出版社 2002 年 2 月版。16 万字。16.00 元。是"衣食住行保健丛书"之一。分 3 篇即基础篇、未病预防篇、已病养治篇,介绍癌症的基础常识,中西医诊断、预防方法和治疗原则;尤其是介绍蕴含在日常生活即"衣食住行"中的预防和治疗癌症的知识。(王灿)

肿 瘤 学

R000287 **与癌症患者实话实说** 张秉琪、安煜致著。浙江科学技术出版社 2002 年 2 月版。14.2万字。15.00 元。介绍了癌症患者在患病、求医、治疗、康复等过程中应该注意的一些问题。(杨咏梅)

R000288 **肿瘤蛋白质组学** 陈主初、梁宋平主编。湖南科学技术出版社 2002 年 10 月版。32 万字。22.00 元(精)。内容包括:绪论,蛋白质样品制备与分离技术,蛋白质组研究中的蛋白质鉴定与功能分析,蛋白质组生物信息学和肿瘤蛋白质组学研究等。(梅志洁)

R000289 **肝胆肿瘤诊断外科病理学** 丛文铭、朱世能主编。上海科技教育出版社 2002 年 10 月版。74 万字。250.00 元(精)。分基础病理与诊断病理两大篇共 12 章,分别叙述了肝胆解剖学、肝胆组织学与发生学、肝脏生物化学、肝胆肿瘤分子病理学、肝脏病理诊断技术、肝脏免疫组化和特殊染色、肝胆良性、恶性肿瘤、肝胆瘤样病变、胆囊与肝外胆管肿瘤、肝癌转移与转移性肝癌以及肝脏移植诊断病理学等内容。本书全面而系统地介绍了 150 余种肝胆肿瘤的病理学分类和分型、形态特征、诊断与鉴别诊断。同时还介绍了术中病理诊断、细胞学和针吸活检病理诊断等新技术在肝胆肿瘤病理诊断中的应用等。(蔡平)

R000290 **常见肿瘤的诊疗手段与评价** 高永良、马胜林主编。浙江科学技术出版社 2002 年 4 月版。29.8 万字。25.00 元。除了介绍常见肿瘤的常规诊疗手段外,还根据最近的肿瘤学发展对各种手段的价值及意义进行了比较和评价。(杨咏梅)

R000291 **恶性肿瘤化疗及其对策** 徐萌主编。军事医学科学出版社 2002 年 9 月版。76.8 万字。70.00 元。主要内容包括:肿瘤化疗的细胞动力学和临床药理学、临床常用的化疗药物、化疗毒副反应防治、化疗和肿瘤多药耐药、细胞信号传导通路、辅酶 NADH 与肿瘤化疗、恶性肿瘤的多途径治疗、抗肿瘤辅助用药,中医药在肿瘤治疗中的应用,对临床各科恶性肿瘤的化学治疗和综合治疗原则、肿瘤化疗的应用及现状、方案设计及疗效评价、化疗的临床应用方式和常见肿瘤的化疗方案与多学科综合治疗等进行了全面系统的介绍。(李俊卿)

R000292 **肿瘤放射治疗学** 殷蔚伯、谷铣之主编。中国协和医科大学出版社 2002 年 10 月第三版。176 万字。136.00 元。包括肿瘤放射学的基本理论、方法、技术及临床应用两部分,前者阐述了肿瘤放射治疗学的总论、物理学基础、生物学基础以及热疗方法,后者阐述了头颈、胸部、淋巴、消化系统、软组织、神经系统、泌尿生殖系统、女性生殖系统、皮肤及乳腺等肿瘤放射学以及姑息性放射治疗和急诊放射治疗。(吴桂梅)

R000293 **肿瘤康复指南** 吴传恩主编。上海科学技术出版社 2002 年 8 月版。21.8 万字。17.00元。分 3 个部分:"名医指点"由 18 位著名肿瘤专家根据各自的研究领域而撰写的最新进展。"有问必答"就肿瘤病人及其家属特别关心和极愿了解的问题,如饮食营养、生活起居、心理调适等,给予了解答。"为您服务"推荐、介绍了国内外的防癌要点、早期信号、"生活方式癌"、"高危人群"及其检查方法等知识,并提供了国内部分肿瘤医院的地址等。(熊仕华)

R000294 **多发性骨髓瘤及其相关疾病** 侯健、傅卫军等编著。上海科学技术出版社 2002 年 10 月版。36.8 万字。40.00 元。是"现代医学研修系列"的一个分册。本书介绍了浆细胞疾病的流行病学,骨髓瘤细胞的起源、细胞遗传学及分子生物学,骨髓瘤的病理生理,多发性骨髓瘤的临床表现、诊断、分期、治疗和对并发症的处理。对多发性骨髓瘤的相关疾病,如意义未明的克隆丙种球蛋白病、孤立性浆细胞瘤与髓外浆细胞瘤、原发性巨球蛋白血症、重链病、冷球蛋白血症及其他浆细胞疾病也有较详细的论述。反映当代骨髓瘤研究的最新进展和成就,从分子免疫水平介绍本病的发病机制、最新的治疗方法,如新化疗方法、细胞因子的应用、抗血管增生药物的疗效、免疫疗法、干细胞移植等。作者在前人研究的基础上,结合自己的经验和体会完成本书。(罗安妮)

R000295 **现代恶性淋巴瘤病理学** 许良中著。上海科学技术文献出版社 2002 年 3 月版。82 万字。128.00 元。共 23 章,对恶性淋巴瘤的分类分型、形态特征、诊断和鉴别诊断的要点进行了详尽的阐述;对恶性淋巴瘤的流行病学、病因与发病机制、免疫组织化学以及非肿瘤性淋巴组织增生性疾病和副肿瘤综合征也作了介绍。应用最新技术所作的研究成果,如 P^{53}、P^{16}、bc1－2、MDR 与恶性淋巴瘤的关系以及基因重排方法学的研究等都是国内首次报道。(何蓉)

R000296 **胸部肿瘤学** 王德元编著。辽宁科学技术出版社 2002 年 8 月版。67.2 万字。68.00 元。共 3 部分,18 章。详细介绍了各种胸部肿瘤病例的病理、临床表现、诊断、治疗与预后等。第一部分肺脏肿瘤,包括肺脏解剖,非小细胞肺癌,小细胞肺癌,支气管低度恶性癌,肺的少见肿瘤,气管肿瘤,气管和支气管成形术,胸膜肿瘤;第二部分纵隔肿瘤,包括神经性肿瘤,皮样囊肿与畸胎瘤,胸腺肿瘤,心包周围囊肿,支气管囊肿与肠源性囊肿,其他肿瘤;第三部分食管肿瘤,包括食管胚胎发生、解剖和生理,食管癌,食管少见肿瘤。(李伟民)

R000297 **胃肠癌诊断治疗学** 王奇璐主编。中国协和医科大学出版社 2002 年 7 月版。84.8 万字。110.00 元。介绍了胃肠癌的流行病学、病因学、应用解剖学、组织学及胚胎学、临床分期、治疗方式及预后的结果。(刘建春)

R000298 **胆道肿瘤外科学** 郭仁宣主编。辽宁科学技术出版社 2002 年 8 月版。78 万字。70.00元。分 27 章,包括胆道肿瘤外科学发展史、肝脏与胆道系统的解剖、胆道系统的生理作用、胆道梗阻与黄疸、现代诊断技术在胆道肿瘤外科中的应用、胆道肿瘤患者的围手术期处理、胆道肿瘤患者的营养支持、胆道感染、胆道肿瘤患者的麻醉管理及重症监护、胆道肿瘤的病理学概论、胆囊癌、肝门部胆管癌、中下段胆管癌、壶腹部癌、高位胆肠吻合术、胰头十二指肠切除术、胆道癌根治术涉及的肝切除术、术中胆道置管引流术、介入放射技术在胆道肿瘤诊疗中的应用、内镜技术在胆道肿瘤治疗中的应用、肝脏移植术治疗胆管癌、胆道肿瘤术后并发症的防治、胆道恶性肿瘤的辅助治疗、中医中药对胆道肿瘤的认识、胆道恶性肿瘤的免疫治疗、晚期胆道恶性肿瘤患者的镇痛疗法、胆道肿瘤患者的护理与随访等。(李伟民)

R000299 **妇科恶性肿瘤放射治疗学** 孙建衡编。中国协和医科大学出版社 2002 年 6 月版。56 万字。60.00 元。阐述了从事放射治疗与妇科肿瘤工作所必须具备的知识,包括有关放射生物、放射物理的基本知识、妇科肿瘤诊断(恶性肿瘤)、分期、治疗方法,特别是近代妇科放疗的一些新概念和作者自己的经验,也包括了放疗后病理、细胞改变等相关知识和治疗后康复等内容。(吴桂梅)

R000300 **现代乳腺肿瘤学进展** 沈镇宙、邵志敏著。上海科学技术文献出版社 2002 年 4 月版。47.3 万字。50.00 元。共 25 章,内容涉及乳腺癌临床与基础研究的诸多领域,包括流行病学、高危人群的筛检普查、化学预防、多学科综合治疗以及乳腺外科新治疗模式与新观点、新理论、新技术对辅助化疗、内分泌治疗的应用和新药物等都作了详尽的介绍。重点对最新诊疗模式与技术,如保乳手术、前哨淋巴结与乳管内管的应用研究及乳腺癌的综合治疗模式进行了系统阐述。(何蓉)

R000301 **乳腺肿瘤** 吴亚群、薛新波主编。湖北科学技术出版社 2002 年 6 月版。58.00 元(精)。内容包括 5 部分,第一部分为乳腺疾病的病理,介绍了乳腺肿瘤的病理诊断,乳腺细胞病理学等;第二部分为乳腺疾病的影像学诊断,介绍了乳腺疾病的超声诊断、乳腺疾病的放射学诊断、乳腺肿瘤的核医学诊断、乳腺近红外线扫描检查、乳腺液晶热图检查和诊断乳腺红外热图检查等;第三部分为乳腺癌,介绍了乳腺癌的流行病学,乳腺癌的分子生物学研究,乳腺癌的诊断与治疗,乳腺癌的化学药物治疗,乳腺癌的内分泌治疗,乳腺癌的基因治疗等;第四部分为乳腺其他恶性肿瘤,介绍了乳腺叶状囊肉瘤、乳腺血管肉瘤等;第五部分为乳腺良性疾病,如乳腺囊肿、乳腺增生症等。(陈兰平)

R000302 **鼻咽癌** 王荣光主译。中国协和医科大学出版社 2002 年 7 月版。49 万字。98.00 元。

叙述了鼻咽癌的解剖学、组织病理学、流行病学、实验研究、发病机制、临床表现、实验室方法(诊断方法)和最新的影像学技术,并包括鼻咽癌的合理分期及有效的治疗方法等。(吴桂梅)

R000303 **口腔颌面部肿瘤基础研究新进展** 李金荣、何荣根主编。湖北科学技术出版社 2002 年 9 月版。113 万字。98.00 元(精)。分 4 篇,共 65 个专题。第一篇主要是关于口腔癌的病因、发病机理及侵袭和转移的相关研究;第二篇是口腔癌细胞系(株)及动物模型的建立及相关研究;第三篇为口腔癌治疗的应用基础研究,重点介绍口腔癌的生物治疗,如免疫治疗和基因治疗的研究进展;第四篇为涎腺肿瘤基础研究的新进展。(熊木忠)

神经病学与精神病学

R000304 **MERRITT'S 神经病学** [美]LEWISP. ROWLAND 著,高旭光等主译。辽宁科学技术出版社 2002 年 6 月版。202.4 万字。128.00元。介绍了神经病学的基础知识,全面反映了神经病学各个领域最新的研究进展。共 25 篇 165 章,包括神经系统疾病的症状学、如何选择诊断性检查、神经系统感染、血管病、脑脊液循环障碍疾病、肿瘤、创伤、产伤与发育异常、中枢神经系统的遗传性疾病、线粒体 DNA 疾病、神经皮肤疾病、周围神经病、痴呆、共济失调、运动障碍性疾病、脊髓疾病、神经肌接头疾病、肌肉病、脱髓鞘性疾病、自主神经疾病、发作性疾病、全身性疾病和普通医学、环境神经病学、康复、伦理和法律准则等。(李伟民)

R000305 **脑电图与脑电地形图图谱** 谭郁林主编。北京出版社 2002 年 2 月版。50 万字。270.00元。资料全部来源于北京神经外科研究所电生理室,病种广泛,部分病例有临床和脑电图动态观察,所举病例都是经过临床追踪,其诊断都是经临床和手术、病理、气脑、脑血管造影、脑室造影、CT、核磁共振等检测证实的。(总编室)

R000306 **英汉神经科学词典** 荔志云、焦海胜编纂。甘肃科学技术出版社 2002 年 8 月版。158 万字。98.00 元。共收集神经科学及与其密切相关的基础词及近年出现的新词 7 万余条。其中包括神经组织胚胎、神经解剖、神经生理、神经化学、神经病理、神经药理、神经毒理、神经遗传、神经影像、神经放射、神经超声诊断、神经内分泌、神经眼科、神经耳鼻喉科、神经内科、神经外科、精神病及心理学等方面的词汇。(祁庭林)

R000307 **眼内疾病超声图谱** 孔详端等主编。河北科学技术出版社 2002 年 8 月版。21 万字。50.00 元。作者搜集了近 5 年来的眼部超声诊断资料,从数万份病例中精心筛选出 250 余幅典型图片,结合作者多年的眼科临床经验,采用全国自然科学名词审订委员会公布的《医学名词(眼科学)》编写而成。(总编室)

R000308 **癫痫的诊断与治疗学** 刘玉玺著。山西科学技术出版社 2002 年 4 月版。34.4 万字。22.00 元。共 3 编 22 章。第一编第一至九章,扼要介绍了癫痫的发病机制,癫痫药理学等基础理论知识。第二编第十至十九章着重介绍了癫痫的诊断、分类、检查、药物、手术及治疗等临床实用知识。第三编第二十至二十二章描述了癫痫护理和心理学知识以及该方面的一些研究进展。(温洁茹)

R000309 **衣食住行与脑血管病防治** 晏勇主编。重庆出版社 2002 年 4 月版。16 万字。16.00 元。是“衣食住行保健丛书”之一。分 3 篇即基础篇、未病预防篇、已病养治篇,介绍“中风”的基础常识,中西医诊断、预防方法和治疗原则;尤其是介绍蕴含在日常生活即“衣食住行”中的预防和治疗“中风”的知识。(王灿)

R000310 **脑血管病中西医汇通** 李浩、曲生健主编。辽宁科学技术出版社 2002 年 3 月版。38 万字。30.00 元。包括总论、各论及附录 3 部分。总论介绍了有关脑血管的解剖、生理病理及中医对脑血管病的认识。各论介绍了短暂脑血管缺血发作、脑梗塞、脑出血、蛛网膜下腔出血、烟雾病、高血压脑病、脑动脉硬化、脑血管性痴呆、混合性中风、脑血管常见并发症等 10 种脑血管疾病的中西医诊疗方法,以及脑血管疾病的康复、护理。对每种脑血管疾病均按概述、病因病机、诊断与鉴别、辨证要点、治疗、调摄养生与护理等项进行分述。附录主要介绍了适用于脑血管病的常用中药、西药,对每种中药的介绍包括组成与制剂、功能与主治、用法与用量,对每种西药的介绍包括药名与制剂、作用与用途、用法与用量等。(李伟民)

R000311 **难治性癫痫** 王学峰、肖波、孙红斌等著。上海科学技术出版社 2002 年 5 月版。67.7 万字。55.00 元。是在现代科学技术对难治性癫痫的认识取得长足进步的基础上,从全新的角度探索、阐明难治性癫痫的成因、可能的发病机制、组成、临床特征、诊断方法,尤其是对临床癫痫的历史作了回顾,探索了难治性癫痫的新观念。同时对 50 多种内、外、妇、儿科疾病中癫痫出现的时间、发作类型、影响因素、可能的机制、鉴别要点及其治疗原则和预后作了阐述;对 126 种能诱导癫痫发作的药物及其药源性癫痫的特征、处理原则也作了专章介绍;对百余种以癫痫发作为突出表现的综合征作了复习;专章讨论极易误诊为难治性癫痫的非痫性发作性疾病的成因及鉴别要点也是本书的特色之一。(滕淑安)

R000312 **儿童行为与精神障碍** 秦红文、方立珍主编。湖南科学技术出版社 2002 年 5 月版。10.4 万字。大 32 开。10.00 元。介绍了正常儿童的生长发育和心理发展,儿童常见行为异常与精神障碍的症状、原因、治疗方法和家庭教育指导。(石洪)

皮肤病学与性病学

R000313 **中西医结合皮肤性病手册** 罗汉超、吴军主编。四川科学技术出版社 2002 年 8 月版。97 万字。63.00 元。按西医疾病分类方法,重点介绍皮肤病及性病的中西医诊治。每一疾病分为西医和中医两部分予以阐述。西医部分论述病因、临床表现、辅助检查、诊断和治疗等内容;中医部分则阐明其病因病机和辨证论治。(李迎军)

R000314 **皮肤病及性病学** 王光超主编。科学出版社 2002 年 1 月版。226.6 万字。170.00 元。为"现代临床医学丛书"之一。本书是作者结合多年丰富的临床诊疗经验,对近年来皮肤病、性病的许多重大进展作的全面总结。全书分为总论和各论两部分。总论 10 章,包括皮肤生理、皮肤生化、分子生物学、皮肤免疫学、皮肤病理学和皮肤遗传学等相关的基础医学。各论共 34 章,除介绍一般常见皮肤病外,还包括少见、罕见皮肤病,尤其对皮肤肿瘤、与皮肤病相关的 200 余种综合征,性病也用较大篇幅作了重点介绍。各种疾病的编写包括发病机制、流行病学、临床表现、诊断和治疗,以及相关免疫学或分子生物学内容、新技术和新的诊疗手段。(总编业务部)

R000315 **痤疮诊治彩色图谱** 虞瑞尧编著。北京科学技术出版社 2002 年 1 月版。21.2 万字。98.00 元。介绍痤疮的病因、发病机制、临床症状、流行病学、痤疮的分级分型、痤疮的诊断与鉴诊断、痤疮的局部治疗、痤疮的全身治疗、痤疮的皮损治疗,美容院对痤疮病人的皮肤护理、痤疮的防治与正确处治。(邬扬清)

耳鼻咽喉科学、眼科学、口腔科学

R000316 **耳鼻咽喉临床遗传学** 谢鼎华主编。湖南科学技术出版社 2002 年 10 月版。46 万字。37.00 元(精)。着重介绍了近 50 种耳鼻咽喉遗传性疾病的病因、遗传学研究概况和进展、临床表现、诊断和治疗,如鼻咽癌、近 200 型的遗传性非综合征性和综合征性耳聋、耳硬化症、梅尼埃病、与遗传有关的先天畸形等常见疾病。同时,书中还介绍了基本的遗传学知识、怎样在国际互联网上获取耳鼻咽喉遗传性疾病的研究信息以及人类基因组计划对耳鼻咽喉遗传性疾病研究的影响。(汪华)

R000317 **电子喉镜和纤维喉镜诊断治疗学** 周水森主编。第二军医大学出版社 2002 年 12 月版。21.5 万字。98.00 元。介绍了喉内镜的发展史、电子喉镜和纤维喉镜下喉部疾病的表现,声带良性疾病的摘除及喉部疾变的激光治疗和注射治疗方法;拓宽了电子喉镜和纤维喉镜下喉部疾病的微创治疗;还介绍了喉镜与现代电子计算机技术的衔接。(单晓巍)

R000318 **眼的病理解剖基础与临床** 倪逴主编。上海科学普及出版社 2002 年 11 月版。80 万字。75.00 元(精)。共 22 章,介绍了眼睛的胚胎、解剖、组织等方面的基础知识,突出病理与临床的结合、病理为临床服务的宗旨,并对前房角的组织结构及其病理生理等重点课题进行了探讨。(总编办)

R000319 **活体超声显微镜眼科学** 王宁利,刘文主编。科学出版社 2002 年 8 月版。48.4 万字。190.00 元。共 3 篇:第一篇基础篇,包括了 UBM 成像原理和检查方法,以及正常眼的 LBM 图像;第二篇临床篇,详细论述了各种眼前段疾病的 UBM 表现,以及 UBM 图像与临床表现的关系和 UBM 图像揭示的各种眼前段疾病的发病机制及临床意义等;第三篇,介绍了 UBM 在实验研究中的比较研究和国产 UBM 的研制及 UBM 发展的展望。特别是本书详细地介绍了采用此项设备在眼科基础及临床应用中所获得的新知识、新观点、新理论,采用图文并茂方式,将大量的 UBM 图和彩图对照,有利于读者理解。(总编业务部)

R000320 **眼超声生物显微镜诊断学** 刘磊主编。北京科学技术出版社 2002 年 1 月版。40 万字。120.00 元。介绍了超声生物显微镜在眼科中的应用。主要内容有超声成像的物理基础、超声生物显微镜设备、检查技术、眼超声生物显微镜的临床应用、青光眼、角膜和结膜疾病、巩膜疾病、晶状体疾病、玻璃体视网膜葡萄膜疾病、眼外伤、眼外肌病、眼前段肿瘤等。(邬扬清)

R000321 **眼与全身疾病鉴别诊断图谱** [英]杰克·J.肯思基著,姚宜译。福建科学技术出版社2002年9月版。41.6万字。168.00元。分3部分。第一部分描述各种眼部体征,将每一种眼部体征的相关全身疾病及其最重要的全身表现一并列出;第二部分描述了各种全身体征,将每一种体征的相关眼部病变按其重要性依次列出;第三部分总结了本书所涉及的每种疾病的全身表现与眼部表现。(何捷)

R000322 **青光眼** [瑞士]约瑟夫·弗拉梅著,姚克译。北京科学技术出版社2002年5月版。32万字。98.00元。作者弗拉梅教授是瑞士巴塞尔大学眼科医院院长和研究所所长。他在青光眼全自动各视野检查和青光眼的眼血流研究等方面作出杰出贡献,曾被多次授予国际大奖。本书为2001年《青光眼》英文版的翻译版,采用近四百余幅彩色图片、图表,介绍了当今青光眼领域的最新进展和最新知识。(李金莉)

R000323 **衣食住行与口腔疾病防治** 刘鲁川主编。重庆出版社2002年6月版。18.1万字。16.00元。是"衣食住行保健丛书"之一。分3篇即基础篇、未病预防篇、已病养治篇,介绍口腔疾病的基础常识,中西医诊断、预防方法和治疗原则;尤其是介绍蕴含在日常生活即"衣食住行"中的预防和治疗口腔疾病的知识。(王灿)

R000324 **口腔生物化学** 周学东主编。四川大学出版社2002年5月版。39.8万字。42.00元。共11章,第一章为牙体组织,第二章为牙周组织,第三章为口腔黏膜组织,第四章为牙齿表面沉积物,第五章为唾液,第六章为龈沟液,第七章为钙磷代谢与生物矿化,第八章为氟与氟化物代谢,第九章为口腔微量元素,第十章为羟磷灰石,第十一章为口腔生物化学常用分析技术。(汪萍、成杰)

R000325 **现代口腔修复前外科学** 李声伟、田卫东主编。四川大学出版社2002年9月版。56.6万字。59.00元。共22章,前11章主要对口腔修复前外科学的基础进行系统的总结和介绍。12～16章则对口腔修复前外科的手术原则、适应证和禁忌证、麻醉、常见手术、并发症等进行介绍,17～22章则对口腔修复前外科进展较快的一些领域进行介绍。(汪萍、成杰)

R000326 **实用口腔颌面外科手术彩色图谱** 王兴武、王志美、万克林主编。第二军医大学出版社2002年9月版。105万字。530.00元。彩图1800多幅。每章内容均按手术适应证、术前准备、麻醉与体位、手术步骤及术后处理排列。个别章节、术前准备、增添必要的外科解剖知识和理论知识。全书图谱的名词均标注中英文对照。(李春德)

R000327 **颞下颌关节疾病的诊断与治疗** 龙星主编。湖北科学技术出版社2002年1月版。23.00元。为"实用临床口腔医学丛书"之一,系统地介绍了颞下颌关节功能解剖,检查方法及疾病的分类,颞下颌关节紊乱病、颞下颌关节损伤、颞下颌关节脱位、颞下颌关节强直、颞下颌关节炎性疾患、颞下颌关节肿瘤、先天性畸形等疾病的临床表现特征,X片、CT、核磁共振等影像表现特点及造影的具体方法。各种颞下颌关节疾病的治疗方法,包括注射治疗、药物治疗、物理疗法等。(熊木忠)

R000328 **儿童牙病防治** 彭友俭、徐巍、赵心臣主编。武汉出版社2002年9月版。21.9万字。10.00元。根据世界口腔医学的最新进展,且结合我国大陆儿童牙病的实际状况,从儿童口腔常见病的预防和治疗两方面作了详细的介绍。共列出了相关的228个问答,将理论融入问答之中。书末编附了"口腔专业名词注释"。(廖国放)

特种医学

R000329 **核医学显像图谱** 周前主编。科学出版社2002年5月版。44.8万字。98.00元。汇集了480余幅人体各器官的核医学诊断图像,包括内分泌腺、骨骼系统、心脏和大血管、呼吸系统、肝脾胆、消化道、泌尿生死系统、脑和脑池、骨髓和淋巴等的核素影像,并对比了正常影像和异常影像、典型影像和非典型影像的区别。每张图像都加了简要说明,少数病例还附有相关的其他影像诊断图像。(总编业务部)

R000330 **眼部吲哚菁绿血管造影学** 吴德正主编。辽宁科学技术出版社2002年1月版。40.6万字。80.00元。分2篇12章,附有55幅彩色照片及384幅黑白照片。第一篇吲哚菁绿血管造影的原理与方法,包括吲哚菁绿血管造影的发展史、脉络膜的循环和生理、吲哚菁绿的特性、吲哚菁绿血管造影的仪器设备、吲哚菁绿血管造影方法、吲哚菁绿血管造影的正常与异常荧光形态;第二篇吲哚菁绿血管造影的临床应用,包括老年黄斑变性、黄斑疾病、高度近视性眼底病变、脉络膜肿瘤、脉络膜视网膜炎症性病变、视网膜和视网膜血管性病变。(李伟民)

R000331 **核药学概论** 朱建华、沈鸣华主编。复旦大学出版社 2002 年 5 月版。27.4 万字。25.00元。内容分为核物理和放射性药物的制备及应用两部分。前者主要介绍核物理基础、放射性测量、放射卫生防护;后者主要介绍放射性药物及标记化合物的制备方法、质量监控及临床上的应用,同时对属于实验核医学领域的放射性竞争结合分析及医药学中的示踪研究也作了适当的介绍。书后还选编了几篇英语阅读材料。(阮天明)

R000332 **现代军事病理学** 王德文主编。军事医学科学出版社 2002 年 7 月版。278.5 万字。280.00 元。内容主要包括当前军事医学中面临的特殊问题、特种武器损伤病理、常规武器损伤病理、高新技术武器(即"新概念"武器)损伤病理、非致命防暴武器伤和军事法医病理、军事特殊环境(如航天、航空、航海、高原、热带丛林、寒区、沙漠戈壁、电磁辐射等)和作业伤害病理、其他创(烧)伤与创伤修复病理和军事医学实验动物及其病理学等,并详细介绍了分子生物学和形态计量学新技术方法及其在军事病理学研究中的应用。(李俊卿)

R000333 **运动包扎** [日]原天一志等著,李鸿江等译。人民体育出版社 2002 年 8 月版。12 万字。25.00 元。着重介绍了身体不同部位受伤后的包扎手段和方法,其中不少方法对于国内从事救治损伤的工作者和运动者的损伤自救有着诸多指导作用。

药 学

R000334 **临床药物学** 王汝龙主编。重庆出版社 2002 年 1 月版。93.2 万字。70.00 元。以药物的药理作用和临床应用相结合的方法进行分类,介绍了药物的基本理论及其结构式、性状、剂量、规格、临床应用、毒副作用、注意事项。内容着重反映临床药学和临床药物治疗学中的新理论、新概念、新技术、新药物及其进展。(宿文忠)

R000335 **国家非处方药大全** 马长清、张揆一、张带荣主编。湖北科学技术出版社 2002 年 11 月版。100 万字。100.00 元(精)。以国家药品监督管理局先后两次(1999 年 6 月、2001 年 6 月)公布的非处方药品种共 1860 种(其中乙类非处方药为 615 个)为依据,共收载西药、中成药制剂 2237 个。每个品种的药物剂型逐一进行介绍。每个药项下按普通名、英文名(中成药为汉语拼音)、别名、作用与用途(中成药为功能与主治)、用法与用量、不良反应、注意事项、药物成分、性状与规格、注释(含贮藏)等顺序编写。本书共 4 部分:第一部分是用药须知,以问答形式介绍非处方药的相关知识及合理用药知识;第二部分是西药非处方药,共 543 种;第三部分是中成药非处方药,共 1694 种;第四部分是附录和索引(分中文索引、西文索引和汉语拼音索引)。(蔡荣春)

R000336 **常用非处方药选购使用指南** 王忠主编。内蒙古科学技术出版社 2002 年 5 月版。34 万字。22.00 元。根据我国国家药品监督管理局两次公布的非处方药目录(第一批和第二批)编写。所收入的药物分西药和中成药两部分,全部为甲类非处方药,计 441 种。西药部分按品名、异名、作用与用途、用法与用量、不良反应、注意事项、剂型与规格;中成药部分按品名、药物组成、功能与主治、用法与用量、注意事项、规格加以阐述。西药部分,按用途分为解热镇痛药、感冒药、助消化药等 23 类,中成药部分,按归属分内科、外科、妇科、儿科、皮肤科、五官科和骨伤科 7 个科别用药。(斯勤达来)

R000337 **临床合理用药手册** 汤光、吴永佩主编。浙江科学技术出版社 2002 年 5 月第二版。103.2 万字。86.00 元。共 29 章,在原有的基础上,适当增加了近年出现的许多新药种类和逐步淘汰的药物品种。书中对每类药物的来源、作用原理、分类等作了介绍外,还对药品的适应症、临床应用、具体用法、不良反应、相互作用、过量中毒急救等都作了详细的阐述。(杨咏梅)

R000338 **家庭用药指南** 《首都医药》杂志社编。中国标准出版社 2002 年 12 月版。27 万字。22.00元。《首都医药》杂志是由北京市药品监督管理局主办的医药卫生类综合杂志。本书是由《首都医药》杂志近期文章汇集而成,讲述了大众关注的常见疾病的成因、危害及防治,并针对不同年龄段人群的特点及不同疾病的机理,分析用药原理、选药原则,并对用药的注意事项、药品保存等科学用药方法进行指导。本书还选编了 OTC 药(非处方药)专题,对非处方药的选择、用药及必须注意的事项进行了说明。(王春娥)

R000339 **世界药名大全** 梅旭辉、张带荣主编。湖北科学技术出版社 2002 年 7 月版。206 万字。200.00 元(精)。规范了药品通用名,收录了世界各国生产的 9230 个药品品种,分类纳入了药品别名 8.7 万余个。主要参考世界卫生组织 1999 年发行的全套《DrugDictionary》和 1998 年出版的《中国药品通用名称》、《国家基本药物》、《当代结构药物全集》、《中国药典》等具有经典性、权威性的书籍,进行了收录、整理、加工、规范编写而成。(李荷君)

R000340 **非处方药物治疗学** 杨克剑、尹海峰等主编。湖北科学技术出版社 2002 年 6 月版。49.00元。对公布的 1860 个非处方药按人体各系统的药物治疗作用进行了分类,并对每个药品的治疗作用、适用征、用法用量、不良反应及用药注意事项逐个进行了介绍。具体内容有:非处方药物的治疗、合理用药、非处方西药对神经系统有关疾病的治疗、非处方西药对呼吸系统有关疾病的治疗、非处方西药对消化系统及有关疾病的治疗、非处方西药对五官科有关疾病的治疗、非处方西药对皮肤科有关疾病的治疗、非处方西药在妇科中的应用、非处方西药对营养与代谢有关疾病的治疗,非处方中成药对内科有关疾病的治疗、非处方中成药对外科有关疾病的治疗、非处方中成药对骨伤科有关疾病的治疗、非处方中成药对儿科有关疾病的治疗、非处方中成药对妇产科有关疾病的治疗、非处方中成药对皮肤科有关疾病的治疗、非处方中成药对五官科有关疾病的治疗。(陈兰平)

R000341 **新版家庭非处方用药** 王兴旺编。浙江科学技术出版社 2002 年 3 月版。58 万字。29.00元。从疾病诊断和药品基础知识入手,对我国首批公布的非处方药物(OTC)分西药和中成药两大部分作了介绍,并重点阐述了一些常见疾病的 OTC 自疗问题。各科疾病均按自我诊断、自我药疗、生活忌宜和重要警示 4 个条目编写。(杨咏梅)

R000342 **化疗药理学与临床研究新进展** 王浴生主编。四川大学出版社 2002 年 3 月版。56.3 万字。45.00 元。收载化疗药理学与临床应用研究论文综述 44 篇。其内容涉及我国及国际抗感染新药开发、细菌耐药性发展、细菌耐药与药物作用的分子与基因水平机制以及临床化学治疗研究的最新进展。本书所收多篇论文论述了化疗药物开发的新思路与途径,如开发阻断耐药机制的新药,有效药理化学结构修饰,分子生物与基因工程技术在细菌耐药机制、抗菌作用靶点的研究,人类抗菌肽基因的研究,新型免疫抑制剂,新型结核病疫菌与基因疫菌的研究成果均反映了近年来国内外最新进展与成果。(汪萍、成杰)

R000343 **新编抗肿瘤药物手册** 安鸿志、袁现明主编。河南科学技术出版社 2002 年 10 月版。28.8 万字。30.00 元(精)。按照抗肿瘤药物的作用机制,将其分为破坏 DNA 结构及功能,干扰核酸、蛋白质合成,影响体内激素平衡等药物及中药制剂等;并收载了肿瘤治疗辅助用药,包括免疫调节剂、升高白细胞药、止吐药、止痛药、升高红细胞药、升高血小板药及增敏药。同时还附有常用抗肿瘤药物缩写以及近年来 FDA 开发中的抗肿瘤新药。本书在阐明抗肿瘤药物作用机制的同时,对适应症、用法与用量、服药过程中出现的不良反应、注意事项等临床常用内容也作了详细的阐述。(赵志刚)

R000344 **疫苗技术基础与应用** 董德祥主编。化学工业出版社 2002 年 11 月版。44.8 万字。45.00 元。为"现代生物技术制药丛书"之一。本书从生物技术学的基础出发,对疫苗研制中的相关概念和特定内容作了介绍。全书共 11 章,分别就疫苗发生、发展的历史;与疫苗相关的免疫学基础;疫苗研制的技术学和疫苗效果的分析指标;疫苗流行病学效果分析的基础知识和技术特点;疫苗的基本类型及特点等进行了系统的介绍,并对新型疫苗的研制开发及相关新技术的发展进行了介绍。(郭燕)

R000345 **遗传毒理学的原理与应用** 印木泉主编。科学出版社 2002 年 10 月版。87 万字。76.00元。为"现代遗传学丛书"之一。本书包括遗传毒理学的发展简史和今后的发展趋势,遗传毒物在体内的生物转运和转化,DNA 损伤及修复、遗传毒物的类型和形成机制,遗传毒作用与细胞周期、信号转导、细胞凋亡、细胞分化的关系,遗传毒性的后果,遗传毒性检测策略和方法及其在环境和人群监测、化学物安全评价中的应用,危险度的评价方法和遗传毒作用的干预等。(霍春雁)

S 农业科学

农业科学

S000001 **农业标准化原理与方法** 张洪程等编。中国农业出版社 2002 年 7 月版。39.2 万字。28.00元。共 10 章。主要内容包括:农业标准化的基本概念、学科性质与研究内容;国外农业标准化发展概况;农业标准化的原理、方法、特点、种类、级别、体系;农业标准的制定与修改;农业标准化的规划、实施及监督;农业质量管理;有机食品、绿色食品和无公害食品的生产及其规范;农业标准化的发展趋势与对策。(张欣)

S000002 **科技进家家家富** 杨福平编著。中原农民出版社 2002 年 7 月版。8 万字。9.00 元。着重介绍种植、养殖和农产品加工等方面的实用技术。(郑电波)

农业基础科学

S000003 **绿色奏鸣曲——农业科技** 林菲、杨天桥主编。北京理工大学出版社 2002 年 1 月版。24.4 万字。14.00 元。为"百年科技丛书"之一。本书顺着历史的沿革,顺着生命演化的链条,追寻人类百年农业发展的足迹,从翻开"天书"到再造一个地球,从种子革命到生命的"裂变",从告别靠天吃饭到走向现代化……本书对此作了详述。(总编办)

S000004 **肥料实用手册** 高祥照、申朓、郑义等编著。中国农业出版社 2002 年 4 月版。31.3 万字。18.80 元。共 6 章,阐述了植物营养与施肥、肥料的种类、性质与施用、平衡配套施肥技术,主要作物施肥技术、施肥与农产品品质及环境、肥料的混合、贮存和鉴定。(贺志清)

S000005 **有机肥料加工与施用** 贾小红、黄元仿、徐建堂编。化学工业出版社 2002 年 2 月版。15 万字。14.00 元。从加工、施用有机肥料的重要意义、有机肥料的种类入手,介绍了利用秸秆、粪便、腐殖酸类原料、生活垃圾、污泥、粉煤灰、糠醛渣、钢渣等加工有机肥料的方法与技术,有机肥料的施用技术,接着又就有机肥料厂的规划设计、环境控制、质量控制、产品的登记管理以及化验室建设与常规检测技术等问题作了详细介绍。(郭燕)

S000006 **化肥科学使用指南** 褚天铎等编著。金盾出版社 2002 年 6 月修订版。35.1 万字。18.00元。由化肥的重要性及使用原则、氮肥、磷肥、钾肥、复混(合)肥料、中量元素肥料、微量元素肥料、叶面肥料的使用、硅元素在农业生产上的应用、硒元素与农产品、主要作物化肥使用技术、化肥在无土栽培中的应用、化肥及其质量辨识等 13 章构成。介绍了 8 类近 40 种主要常用化肥在作物生长中的作用、土壤中化肥元素状况、化肥品种和性质、施用技术。(刘真文)

S000007 **土壤学** 林大仪主编。中国林业出版社 2002 年 10 月版。60 万字。40.00 元。主要包括:与土壤学有关的地学基础知识;土壤矿物质、土壤有机质、土壤孔性、结构性和耕性、土壤水气热状、土壤酸碱性和氧化还原反应;土壤的发生、分类与分布,以及我国主要土壤类型的成土条件、成土过程和性状等内容。(刘若云)

S000008 **红壤物质循环及其调控** 赵其国等著。科学出版社 2002 年 7 月版。73.4 万字。95.00元。从研究红壤物质循环的规律着手,在分析红壤圈物质循环与全球变化的基础上,阐明了红壤物质循环与红壤形成过程,然后从水分与养分循环,红壤资源利用的物质循环,红壤生态系统的物质循环以及红壤退化过程与物质循环等 4 个方面,总结了红壤的物质循环规律,提出调控不利于人类与生态环境的物质循环过程的措施和整个红壤区域综合区划与治理方案。较全面的反映了我国红壤研究的水平与近期的研究成果,同时还提出了控制我国红壤退化的综合技术与调控途径。(杨红)

S000009 **中国东部红壤地区退化的时空变化、机理及调控** 赵其国等著。科学出版社 2002 年 3 月版。49.2 万字。58.00 元。系作者采用遥感和地理信息系统技术与传统分析方法相结合,获得大量翔实资料而撰写的科学专著。共 3 篇，第一篇介绍东部地理红壤退化的时空变化，叙述了东南丘陵区、典型区域土壤侵蚀的时空变化，红壤的肥力、酸度、污染的时空演变及其预测。第二篇论述东部红壤区土壤退化机理。叙述红壤旱地水土流失规律，土壤侵蚀退化的演替特征；红壤肥力退化、酸化、污染退化及生物学退化机理。第三篇阐明东部红壤区土壤退化的调控，阐述退化红壤的恢复治理模式和措施体系，防治土壤酸化和污染的调控对策以及区域治理的调控对策。书后附有彩照。（李锋）

S000010 **农地水土保持** 王冬梅主编。中国林业出版社 2002 年 10 月版。47 万字。38.00 元。对农地水土保持进行了全面的论述，内容包括理论基础、农业用地退化类型及其防治原理、农地水土保持农艺措施、农地水土保持工程措施、农地水土保持林草措施等。（刘若云）

农业工程、农学

S000011 **节水农业新技术研究** 钱蕴壁等编著。黄河水利出版社 2002 年 12 月版。91.5 万字。120.00元（精）。是"九五"国家科技攻关计划项目"节水农业技术研究与示范"研究成果的系统总结。通过调研、室内外试验、理论分析、模型计算及试验示范区建设、产品的定型中试等，取得了较好的研究成果。在成套技术方面，提出了黄河高含沙水滴灌净化处理模式，与灌溉管理和农艺技术组装配套，形成引黄高含沙水滴灌成套技术；首次系统开展激光土地精细平装技术的田间应用研究，提出波涌灌、水平畦田灌的适宜条件、设计及系统评价方法，研究提出了节水高效灌溉条件下冬小麦、夏玉米、棉花的调亏灌溉综合技术体系；综合水、肥、种、耕作、种植覆盖及化学制剂等技术要素组成的 8 套节水灌溉与农业综合配套技术模式；不同集流面地表处理技术和材料、水窖和沉沙池结构形式，以及雨水高效利用的农业综合配套技术体系；提出了适合我国国情和灌区实情的基于实时灌溉预报的渠系动态配水技术、墒情模拟及预测模型。在设备研发和改进方面，介绍了研发的 19 种节水灌溉设备在采用优化设计、改进制作工艺、新技术和新材料应用等方面的研究成果，以及成果的试验、示范推广和取得的节水增产效益。（武会先）

S000012 **人工汇集雨水利用技术研究** 吴普特、黄占斌、高建恩、杨新民编。黄河水利出版社 2002 年 4 月版。36.2 万字。28.00 元。基于雨水资源开发的可持续利用观点，阐述了人工方式汇集雨水及高效利用的技术体系。主要内容包括：雨水的汇集、存贮、净化及雨水高效利用技术；区域降水资源潜力与开发利用模式；雨水集、蓄利用工程的规划设计指南及对发展雨水集蓄利用若干战略问题的探讨等。论述了我国特别是黄土高原半干旱地区的集雨利用经验，全面汇集了国家"九五"科技攻关专题"人工汇集雨利用技术研究"（96－006－02－04）的成果。（雷元静）

S000013 **经济自立灌排区理论与实践** 张殿德、张庆华主编。中国农业科学技术出版社 2002 年 10 月版。22 万字。16.80 元。在 SIDD（经济自立灌排区的简称）的试点的基础上，以 SIDD 的实践应用为基本出发点，以供水公司和农民用水者协会的组建和运行为基本内容，论述了 SIDD 的基本理论、SIDD 的组建、供水机构的运行管理、用水者协会的运行管理、水费核算与征收、灌区管理和用水者协会的会计核算的理论与方法、SIDD 的建设与运行评价、政府在 SIDD 中的职能与作用等。本书的最后在附录中还列举了一系列章程和范例。（徐平丽）

S000014 **节水灌溉系统建模与优化技术** 付强、梁川主编。四川科学技术出版社 2002 年 6 月版。31 万字。18.00 元。运用系统工程与资源可持续利用的思想与研究方法，把现代建模与优化技术应用于三江平原井灌水稻的节水灌溉生产系统实践中，将地下水、农用机井、晒水池、渠系、本田池、环境因子、农业机械列为一个整体系统。首先，通过有关机理性分析，综合运用现代建模与优化技术对各个子系统进行数据处理，建立了各自相关的数学模型。其次，通过节水典型示范小区的设计，实现节水、增温、增产的目标。最后，通过系统建模优化、预测、节水技术以及相关机理研究，给出了科学灌水的数量指标与理论依据，对稳定三江平原粮食生产，节约地下水资源，对促进祖国的经济建设具有重要的政治与经济意义。（郑尧）

S000015 **作物生态学** 副名：农业系统的生产力及管理。李雁鸣、梁卫理、崔彦宏、李占英等译。中国农业出版社 2002 年 12 月版。72 万字。120.00元。根据剑桥大学出版社 *Crop Ecology——Productivity and management in agricultural systems* 1996 年修订版译出。全书共 18 章，大田条件下的光合作用和水分及无机营养的利用、作物和牧草的生产过程是贯穿于本书的中心问题。书中以环境物理学、土壤学以及植物生理学和形态学为立足点,对上述问题进行了说明,在运用综合方法分析大田生产系统方面做了尝试。(舒薇)

S000016　**旱地农业实用技术**　陈奇恩主编。金盾出版社 2002 年 6 月版。26.2 万字。14.00 元。由旱地农业概述,旱地水资源高效利用技术,旱地农田水分调控高效利用技术,旱地农田覆盖栽培技术,旱地土壤培肥与作物施肥技术,旱地土壤侵蚀与保护性耕作,旱区农业结构调整,旱地主要农作物栽培技术及品种选择和发展旱地草业等 9 章构成。(李钦)

S000017　**水田自然免耕的理论与技术**　谢德体、陈绍兰著。重庆出版社 2002 年 12 月版。33 万字。30.00 元。运用我国著名土壤学家、中国科学院院士侯光炯先生的土壤肥力生物热力学理论与生态农业系统理论,对作者近 20 年来在水田自然免耕方面的研究成果作了系统总结。全书共 8 章。概括介绍了国内外免耕技术的产生、发展及趋势,分析了我国稻田在生产中的作用和存在的问题,深入阐述了水田自然免耕的理论,并用大量的事实和数据论述了水田自然免耕增产机理。在此基础上,提出了水田自然免耕技术要点和综合利用模式,列举了该项技术在各地应用的实例。(叶麟伟)

植物保护

S000018　**种子病理学及检疫**　彭化贤主编。重庆出版社 2002 年 1 月版。31 万字。26.00 元。总结了种子病理学和植物检疫的最新理论成果与技术成果。内容分为 11 章两大部分:概论部分介绍种子病理学和植物检疫的基本理论、基础知识及适用技术;各论部分针对生产实际需要,尤其是四川省及西南地区的自然生态特点,介绍国内外重要种子病害和检疫性病害共 63 种,其中真菌病害 21 种,细菌病害 11 种,病毒病害 22 种,线虫病害 9 种,详述其症状学、诊断学、地理分布和铲除与控制技术,对寄生性种子植物、检疫性杂草也作了概括性介绍,并辟专章介绍了 20 种常用种子处理剂及其使用方法。(叶麟伟)

S000019　**农作物病虫无害化治理**　浙江省植物保护总站组编。中国农业科学技术出版社 2002 年 12 月版。52 万字。50.00 元。论文集。挑选了农作物病虫无害化治理技术研究与推广学术论文共 126 篇。分 6 个部分:第一,综述;第二,病虫发生及预测;第三,病虫无害化治理;第四,农药及应用技术;第五,杂草发生及防除;第六,植物检疫。系统地反映了浙江省农作物病虫无害化治理、无公害农产品生产进展。(徐平丽)

S000020　**中国小麦锈病**　李振岐、曾士迈主编。中国农业出版社 2002 年 4 月版。56.2 万字。120.00 元。共 16 章,主要介绍了中国小麦锈病的地理分布、发生和研究历史与主要成就;小麦锈病的超微结构、病害循环;小麦锈菌的寄生专化性、毒性变异和群体异质性、寄生适合度、与寄主相互作用的组织病理学和细胞学、生理病理学;小麦品种抗锈性和遗传特性;小麦锈病的流行规律、预测预报、防治;抗锈育种、药剂防治和栽培防治等内容。(赵立山)

S000021　**玉米病虫田间手册——病虫害鉴别与抗性鉴定**　王晓鸣、戴法超等著。中国农业科学技术出版社 2002 年 1 月版。10 万字。80.00 元。挑选了玉米生产中常见的病害和虫害 63 种:生物性病害(25 种)、非生物性病害(5 种)、虫害(33 种)。在介绍各种病、虫害中都配有彩色图片供参考。在病虫害部分,对病原和害虫特征、病虫害发生特点和症状识别、主要防治措施作了重点介绍。同时,在书中还全面介绍了玉米对主要病虫害的抗性鉴定工作程序、鉴定技术方法、田间调查和鉴定抗性评价标准,以及不同生态区玉米对病虫害抗性坚定。(徐平丽)

S000022　**新编蔬菜病虫草害防治手册**　肖崇刚、陈力编著。四川科学技术出版社 2002 年 9 月版。29 万字。18.00 元。针对蔬菜生产实际,介绍了各类蔬菜常发性和重要性病害 97 种、虫害 44 种、杂草 20 种的特征、发生特点及防治措施;阐述了菜田科学、安全使用化学农药的要点,杀虫剂 41 种、杀菌剂 49 种、除草剂 22 种。(牛小红)

S000023　**蔬菜病虫草害综合治理**　刘鸣韬等编著。中国农业科学技术出版社 2002 年 10 月版。30.1 万字。20.80 元。分上下两篇,上篇根据我国蔬菜生产的现状和存在的植保问题,结合菜田病虫害发生的特点,介绍了菜田病虫草害防治的基本原理和方法,以及我国无公害绿色蔬菜的生产情况。下篇共 7 章,介绍了主要蔬菜重要病虫草害的整体发生情况,发生规律及综合治理措施,例如,葫芦科蔬菜、茄科蔬菜、十字花科蔬菜、豆科蔬菜等重要蔬菜。每章还设专节编写了重要蔬菜病虫综合治理技术和重要蔬菜生理性病害。(徐平丽)

S000024　**黄瓜病虫害识别与防治**　黄仲生、张芝莉等编著。中国农业出版社 2002 年 4 月版。17.3万字。14.80 元。为“蔬菜病虫害诊治专科丛书”之一。本书介绍了蔬菜病虫害防治基本知识、黄瓜病害 18 种、黄瓜害虫 12 种的症状识别。同时，对容易混淆的病害进行了比较，并对黄瓜病虫害发生规律和防治方法作了阐述。特别提出了黄瓜病虫害的无公害防治方法，包括：农业防治、生态防治、物理防治、机械防治和化学防治。（舒薇）

S000025 **水果果实害虫** 陈乃中、沈佐锐主编。中国农业科学技术出版社 2002 年 6 月版。38.4万字。80.00 元。分为两部分：上篇概论，对危害水果果实有害昆虫的分类地位、地理分布、危害方式、寄主范围、不同类群的鉴别、经济意义、检疫和治理、世界贸易组织有关原则协议启示作了论述；下篇各论，收集了国内外重要水果果实的 5 目、20 科、106 属、304 种害虫资料，从害虫的异名、英文名、分类地位、分布、寄主、生物学、形态特征等方面进行了重点的详细阐述，其中对水果检疫的法规和做法也作了介绍。在附录中还列有学名索引。（徐平丽）

S000026 **果树病虫害诊断与防治原色图谱** 王国平、窦连登主编。金盾出版社 2002 年 9 月版。15 万字。98.00 元。以病虫原色图片为主，辅以简要文字说明，介绍了梨、山楂、桃、李、杏、樱桃、苹果、葡萄、猕猴桃、板栗、核桃、无花果等 15 种落叶果树和柑橘、香蕉、龙眼、荔枝、芒果、枇杷、番木瓜、杨梅等 8 种常绿果树共 23 种果树 566 种病虫害，其中病害有 308 种，害虫 258 种，彩色图 1440 幅。本书展示了病害原色症状和虫害自然状态。同时，简要介绍了各种病虫害的主要防治方法。（李钦）

S000027 **园林植物病虫害防治图鉴** 杨子琦等主编。中国林业出版社 2002 年 1 月版。108 万字。220.00 元。是集作者数十年实践经验及观察记录的资料编写而成。介绍了园林植物病虫害基本知识、发生特点、综合防治，重点介绍了常见园林植物病害 229 种，虫害 304 种，以及 34 种天敌及其保护利用等，共附 1500 多幅原色和生态彩色图片，涉及园林植物近 700 种。（刘若云）

S000028 **草坪病虫草害** 翁启勇、余德亿编著。福建科学技术出版社 2002 年 4 月版。33.6 万字。24.50 元。共 6 章，前 3 章详细介绍了草坪病原菌及病害、草坪虫害、草坪杂草种类，描述了这些草坪生物危害因子的分类学地位、生物学特性、发生流行规律及其生态学基础，为高品质管理草坪提供有效的、可以接受的方法和措施。第四章介绍了草坪病虫草害的栽培管理与防治，叙述了影响草坪病虫杂草消长的栽培因子及草坪建植前后的栽培管理措施。第五章介绍了草坪非生物危害因子，着重指出化学药剂对草坪产生的非靶标影响。第六章介绍了迄今为止已报道的草坪病虫草害记录。（林万泉）

S000029 **园林花木病虫害诊断与防治原色图谱** 张宝棣编著。金盾出版社 2002 年 9 月版。20.5万字。13.75 印张。40.00 元。作者从应用角度出发，将几十年收集的资料分为草本花卉（包括一二年生草本花卉和多年生宿根、球根花卉）、木本花卉（包括灌木、半灌木类花卉、乔木类花卉、攀缘与悬垂类花卉和观赏竹类），肉质、多浆植物，蕨类植物和水生植物 5 个部分。书中列举了 170 余种园林花木的 70 余种病虫害的病原、分类、发病原因、发病症状及防治方法。对于病虫形态的描述则从宏观角度加以概括，尽量避开专业性阐述。全书配有彩色写真照片 517 幅。（傅凯）

S000030 **除草剂药害诊断原色图谱** 张玉聚、赵永谦、孙化田主编。河南科学技术出版社 2002 年 10 月版。25 万字。220.00 元（精）。内容包括除草剂药害基础知识、酰胺类、均三氮苯类、磺酰脲类、脲类、硫代氨基甲酸酯类、苯氧羧酸类、苯甲酸类、芳氧基苯氧基丙酸类、联吡啶类、二硝基苯胺类、有机磷类、咪唑啉酮类、磺酰胺类、三氧苯酮类、吡啶羧酸类、环乙烯酮类、腈类、环状亚胺类及其他除草剂的药害诊断。概括介绍了除草剂药害的基本知识、各类除草剂药害的诊断方法，全面分析了除草剂药害产生的原因，并阐述了除草剂药害补救措施。全书共收录各类除草剂在主要农作物上产生药害的原色照片 1625 幅，并附有除草剂的中英文通用名、俗名对照表。（赵志刚）

S000031 **除草剂药害诊断及防治** 中国植物保护学会、杂草学分会组织编写，陈铁保、黄春艳等编著。化学工业出版社 2002 年 10 月版。23.5 万字。50.00 元。介绍了各种除草剂对玉米、小麦、水稻、大豆、西瓜等近 20 种作物的药害，包括药害症状、药害类型、药害产生的原因、对各种作物生长发育和产量的影响等等。提出了预防缓解药害的措施以及药害程度的评估方法。书后附有除草剂与药害相关的特性；各种作物对除草剂的耐药性分级（土壤处理）；各种作物对除草剂的耐药性分级（茎叶处理）；除草剂推荐使用方法；除草剂商品名称与通用名称对照。（郭燕）

S000032 **烟草常用农药使用指南** 赵铭钦、刘金海、刘会合、田建国主编。中国农业科学技术出版社 2002 年 3 月版。16.6 万字。25.00 元。论述了农药使用基本知识,沙虫剂、杀菌剂、杀线虫剂、除草剂、植物生长调节剂以及农药安全使用与防护等内容,共介绍了 97 种在烟草或其他作物上已登记的常用农药,其中杀虫剂 41 种,杀菌、杀线虫剂 34 种,除草剂 14 种,植物生长调节剂 8 种。每种农药分别简述其:英文通用名称、化学名称、商品名称及剂型、性质与租用特点、科学使用方法、登记情况及安全使用和防护注意事项。(徐平丽)

S000033 **农作物合理用药指南丛书** 曹辉辉等。安徽科学技术出版社 2002 年 8 月版。每册约 12 万字。6 册。5.50～9.00 元。包括《棉花合理用药指南》、《水稻合理用药指南》、《麦类合理用药指南》、《果树合理用药指南》、《油菜合理用药指南》、《蔬菜合理用药指南》6 本。本套书介绍了棉田、稻田、麦田、果园、油菜地、蔬菜地常见的病虫草害和农药的施药方法,重点阐述了上述作物田地近 200 种常用的杀虫剂、杀菌剂、除草剂和植物生长调节剂。每种农药均介绍了药剂特性、主要剂型、作用特点、使用方法和注意事项等。(陈军)

农 作 物

S000034 **中国小杂粮** 林汝法、柴岩、廖琴、孙世贤主编。中国农业科学技术出版社 2002 年 8 月版。32.8 万字。49.00 元。共 23 章,对甜荞、苦荞、糜子、谷子、高粱、燕麦、青稞、薏苡、籽粒苋、绿豆、小豆、豇豆、普通菜豆、多花菜豆、饭豆、黑豆、蚕豆、豌豆、小扁豆、鹰嘴豆、草豌豆等小杂粮的概况、植物生理学特征、生长发育特点、遗传资源与品种、分布、生产与区划、栽培技术以及加工、利用、市场等多个方面进行了详细的阐述。(徐平丽)

S000035 **水稻遥感估产** 王人潮、黄敬峰著。中国农业出版社 2002 年 5 月版。50 万字。90.00 元。在“应用遥感技术进行早稻氮素营养状况监测试验”等十余项课题连续近 20 年研究,并在水稻遥感估产的机理、技术和方法等方面取得丰硕成果的基础上撰写而成。本书共 10 章,详细论述了水稻遥感估产的农学机理研究、遥感资料的定量处理与图像增强技术、水稻遥感估产的分区(层)技术、水稻长势遥感监测与遥感数值模拟模型等内容。(贺志清)

S000036 **杂交水稻学** 袁隆平主编。中国农业出版社 2002 年 11 月版。73 万字。150.00 元。除了保存杂交水稻经典技术的一些精华部分以外,着重从理论和方法上阐述了两系法杂交水稻、超级水稻、杂交水稻分子育种以及繁育、制种、栽培方面的新技术。(赵立山)

S000037 **两系法杂交水稻实用技术** 彭腽生主编。江西科学技术出版社 2002 年 5 月版。21 万字。16.00 元。共 8 章:一、水稻雄性不育和杂种优势概论;二、光、温敏核不育系的育性转换特性;三、两系法杂交水稻育种技术;四、超级水稻育种;五、两系法杂交稻的种子生产技术;六、数字化气候资源及信息技术在两系杂交稻制种中的应用;七、两系杂交稻的高产栽培技术;八、两系杂交稻病虫草害防治技术。(刘舒)

S000038 **水稻轻型高效栽培机理与技术** 赵立武、文志平、汪汉林等著。湖南科学技术出版社 2002 年 5 月版。12.8 万字。14.00 元。是在国家水稻科技工程湘乡基础研究的水稻新技术、新成果的基础上,引进外地新技术、新成果综合编辑而成。书中介绍的技术体系全面系统,技术方法成熟而实用。

S000039 **水稻一次性全层施肥法** 张杨珠、黄运湘等著。湖南科学技术出版社 2002 年 7 月版。16.5万字。18.00 元。是作者在长期从事稻田土壤肥力化学与水稻施肥技术实践的基础上,根据作者及其协作者“九五”期间参与国家“九五”科技攻关项目(95－001－01)和湖南省“九五”重点科研项目(97JKY1001)所取得的研究成果撰写而成。内容包括:水稻一次性全层施肥法研究综合报告;水稻一次性全层施肥法的基础理论研究;水稻一次性全层施肥法技术效应分析;水稻一次性全层施肥法的示范推广效果等。

S000040 **中国小黑麦遗传育种及应用** 孙元枢主编。浙江科学技术出版社 2002 年 12 月版。25 万字。60.00 元(精)。是有关小黑麦遗传育种及应用目录,主要内容包括小黑麦的进化和分类、性状和遗传、细胞遗传和染色体工程、组织培养与分子标记、育种、生长发育及栽培管理、营养和品质、开发和利用及其现状和展望。(杨咏梅)

S000041 **食用豆类高产栽培与食品加工** 宗绪晓主编。中国农业科学技术出版社 2002 年 10 月版。30 万字。18.00 元。介绍了食用豆类的营养成分、发展历史、地域分布范围和栽培状况。重点涉及了蚕豆、豌豆、绿豆、小豆、普通菜豆、豇豆、木豆、藊豆、刀豆等 9 种食用豆类的良种简介、高产栽培技术及病虫害防治、营养价值和特点、菜肴加工技术及配方、风味与休闲食品加工技术及配方、芽苗的生产与加工、食品深加工技术以及储藏和保鲜技术等。全书有总论,在各类豆类介绍中还有相应的菜肴加工菜谱。(徐平丽)

S000042 **中国饲用植物** 陈默君、贾慎修主编。中国农业出版社 2002 年 1 月版。303.7 万字。380.00 元。描述了我国 104 科、657 属、3680 种有利用价值的饲用植物,对每种植物的形态特征、地理分布、生物学及生态学特性、饲用价值、栽培要点等都进行了详细阐述,并附有形态图和化学、营养成分分析表。(颜景辰)

S000043 **优质牧草生产大全** 顾洪如等编著。江苏科学技术出版社 2002 年 10 月版。22 万字。16.00元。从牧草的经济学和生态学功能入手,首先介绍了加入 WTO 给我国牧草产业和以草食动物为主的畜牧业发展带来的机遇、牧草生产的投资决策,然后分别介绍了优质牧草的品种、栽培技术、病虫害防治技术、加工调制技术及开发利用技术。根据当前发展草食动物生产的实际,还介绍了牧草与草食动物生产的关系。(张小平)

S000044 **中国棉花抗虫育种** 黄骏麒主编。江苏科学技术出版社 2002 年 12 月版。26 万字。25.00元。首先简要地介绍了我国棉花虫害发生危害情况及国内外棉花抗虫育种研究工作的进展,重点讲述了棉花抗虫(主要指对棉花生产威胁最大的棉铃虫)性的分类及应用,棉花抗虫性的遗传,棉花抗虫资源及抗性鉴定方法,棉花抗虫育种的机理及系统选育、人工杂交、物理诱变、化学诱变、基因工程等抗虫育种的方法,棉花抗虫育种所取得的成果,优良的棉花抗虫新品种的栽培技术及抗虫棉的良种繁育等内容。同时讲述了棉花其他虫害的抗虫育种方法及已经取得的新成果。(钱路生)

S000045 **80 种常用中草药栽培** 周成明编著。中国农业出版社 2002 年 5 月第二版。17.1 万字。18.50 元。介绍了根及根茎类中草药(甘草、黄芪、天南星、三七、人参、党参、白术、当归、柴胡、板蓝根、山药、川芎、天麻、栝楼、巴戟天等)、花类中草药(菊花、红花、金银花等)、果实种子类中草药(山茱萸、栀子、枸杞子、酸枣、牛蒡子、王不留行、连翘、罗汉果、银杏等)、树皮及根皮类中草药(杜仲、厚朴、肉桂等)、全草类(薄荷、穿心莲、藿香等)、真菌类中草药(灵芝、茯苓、猪苓)等 80 种中草药的概况、栽培技术、采收与加工。每一种中草药配以形态图。本书在第一版基础上,增加了 110 余幅彩照,用图片描述了乌拉尔甘草等中草药栽培技术的全过程。另外将新颁布的《中华人民共和国药品管理法》、《中药材生产质量管理规范(GAP)指导原则(草案)》等收载于附录部分。(舒薇)

S000046 **GAP 与地道药材栽培** 赵敏、于立河编著。东北林业大学出版社 2002 年 12 月版。23.8万字。20.00 元。共 25 章,第一章概括介绍了 GAP 制定和实施的过程、背景、必要性等,以及 GAP 的基本框架;第二章介绍了 GAP 基地的环境质量要求和农药、化肥的使用原则;第三章介绍了我国药材基地建设、运营机制和关键技术;第四章讨论了 GAP 基地管理体系建设和认证;第五章重点介绍了药用植物种子萌发与休眠生理机理,也具体介绍了一些解除药用植物种子休眠的方法;第六章介绍了编著者最新的研究成果——龙胆草全露地育苗技术;第七章介绍了五味子人工园技术;第八章介绍了天麻有性繁殖技术;第九至二十五章分别介绍了甘草断根平植技术、园参和充山参栽培技术、防风规模化栽培技术、狭叶柴胡栽培技术;穿山龙、轮叶党参、刺五加、刺嫩芽、细辛、黄芩、黄芪等适宜北方广大地区的地道药材栽培技术,对这些药用植物的形态特性、生态特性、分布、栽培技术、病虫害防治、采收加工、市场需求情况等分别进行了论述。(卜彩虹)

S000047 **药用植物实用种植技术** 宋廷杰主编。金盾出版社 2002 年 6 月版。46.5 万字。22.00元。重点介绍了我国丰富的中药资源及药用植物的栽培历史;药用植物种植与环境条件的关系,种植特点,引种驯化及病虫害防治;产地加工与质量控制的关系,并提出了为适应 21 世纪中药现代产业化的"中药材生产质量管理规范(GAP)"的新概念和指导原则;系统介绍了全国范围内 105 个常用中药植物的实用种植技术。(张春林)

S000048 **中国人参和西洋参** 李方元编著。中国农业科学技术出版社 2002 年 11 月版。61.5 万字。42.00 元。共 10 章,介绍人参和西洋参科学研究的成就和前沿领域。一、中国人参和西洋参的起源和分类;二、中国人参和西洋参生态环境和分布;三、中国人参和西洋参形态解剖与生长发育;四、中国人参和西洋参生理学研究;五、中国人参和西洋参遗传育种;六、中国人参和西洋参栽培;七、中国人参和西洋参病虫鼠害的防治;八、中国人参和西洋参加工技术;九、中国人参和西洋参化学成分;十、中国人参和西洋参药理作用。在每部分介绍中都列举了

大量的研究数据和实例。(徐平丽)

S000049 **兽药手册** 朱模忠主编。化学工业出版社2002年7月版。83.2万字。88.00元。除收入《中华人民共和国兽药典》(2000年版)的品种外,还收入近年来我国研制并批准的新兽药;国外在我国注册并登记允许使用的新兽药及美国FDA已批准使用的新兽药共533种,生物制品125种。第一章介绍了药物基础知识,特别是对药代动力学进行了详细论述;第二章介绍了兽药残留,反映了国内外研究动态和有关法规;第三章至第六章分别介绍各类化学药物,特别是抗寄生虫药和抗微生物药,并介绍了犬、猫等家庭宠物兽药的有关内容;第十七章收集了国内广为应用的兽医生物制品。手册重点讨论了药物的药理作用和临床应用时的注意事项,对药物在体内的代谢、药物的相互作用以及毒性等亦作了必要论述,是临床用药的基础。(郭燕)

园艺

S000050 **庭院苗圃林果花菜快速育苗技术** 彭祚登、李云编著。中国林业出版社2002年3月版。19万字。13.00元。主要介绍庭院苗圃地的选择与规划,育苗准备,常用的育苗方法和技术,苗木病虫害防治以及有重要经济价值的林果、花卉和高产优质蔬菜品种的繁殖技术和方法等。(刘若云)

S000051 **现代园艺设施** 编作者:邹志荣。中央广播电视大学出版社2002年3月版。39万字。23.00元。主要内容有:一是园艺工程设施,如温室、塑料棚、无土栽培等的设计和施工;二是环境调节控制设备,如温室内采暖、降温、通风、灌水、配电、照明、二氧化碳气体施肥设备的设计、安装调试及使用技术;三是环境监视、信息传递设备,如光、温、湿、气的检测仪器和自动控制等配套使用技术;四是材料和能源开发与利用技术。(总编室)

S000052 **林果花菜设施快速育苗技术** 李保明、李云主编。中国林业出版社2002年8月版。16万字。10.00元。主要包括育苗设施——温室的设计与建造,设施育苗技术与设备,主要树种、果树、花卉、蔬菜设施育苗技术,设施育苗病虫害防治以及苗木的管理、经销和运输等内容。(刘若云)

S000053 **山野菜保鲜贮藏与加工** 陈功、王莉编著。中国农业出版社2002年7月版。27.7万字。16.50元。分别对山野菜保鲜贮藏原理及其影响因素,山野菜采前采后的生理代谢及其对贮藏的影响,山野菜保鲜贮藏传统和现代的加工,山野菜鲜品和干品的加工,山野菜深加工及综合利用等技术均作了阐述。此外,书后附有山野菜成分和农产品安全质量标准。(贺志清)

S000054 **无公害蔬菜生产技术** 全国农牧渔业丰收计划办公室、农业部种植业管理司、全国农业技术推广服务中心主编。中国农业出版社2002年5月版。31.5万字。20.00元。主要阐述了无公害蔬菜产地环境条件及其控制技术、无公害蔬菜产品安全质量的主要问题、无公害蔬菜栽培技术、无公害蔬菜产销策略,加入WTO对我国蔬菜产业的影响与对策等内容。(杨金妹)

S000055 **植物激素与蔬菜的生长发育** 汪俏梅、郭得平编著。中国农业出版社2002年1月版。24.9万字。24.00元。共8章,前两章叙述了植物激素(生长素、赤霉素、细胞分裂素、脱落酸、乙烯)和其他植物内源生长物质(油菜素甾醇类、茉莉酸、水杨酸、多胺)的生物合成、代谢与生理功能等特性,以及植物激素作用机理研究的最新进展,并介绍了目前在农业生产上常用的各种植物生长调节剂的特性。后6章主要介绍植物生长物质对蔬菜生长发育的调控(包括调节生长,调控贮藏器官的形成与发育,控制性别分化、果实的形成与发育、种子的发育与萌发以及采后蔬菜产品的发育等),并讨论其在生产上的应用。本书收入"蔬菜高新技术丛书"。(杨金妹)

S000056 **蔬菜生物技术概论** 王得元、何晓明、王鸣编著。中国农业出版社2002年1月版。23.8万字。23.50元。介绍了蔬菜生物技术的原理和最新研究进展。全书共13章,前3章重点论述蔬菜细胞工程的原理和应用,内容涉及蔬菜组织培养、花药(花粉)及小孢子培养和原生质体培养;第四章至第十一章主要论述了植物基因工程的基本原理及其在蔬菜抗虫、抗病、抗逆、抗除草剂、品质改良、杂种优势利用和蔬菜作为生物反应器等方面的成功应用;后两章着重反映了DNA分子标记在蔬菜种质资源和遗传育种方面的研究进展和应用前景。本书收入"蔬菜高新技术丛书"。(杨金妹)

S000057 **无农药残毒放心菜生产技术手册** 山西省植物保护检疫总站编。山西科学技术出版社2002年12月版。25.2万字。20.00元。重点介绍了山西省蔬菜地主要病虫种类的危害症状,识别与防治技术,既包括露地病虫防治的常规技术,如农业防治技术、诱杀技术、化学农药喷雾技术等,又包括一批先进的棚室防治技术,如烟雾施药技术、粉尘施药技术、生物防治技术,以及预防病虫害发生的蔬菜嫁接技术、栽培技术、滴灌技术和棚室管理技术等。(温洁茹)

S000058 **菜田土壤与施肥** 葛晓光主编。中国农业出版社 2002 年 1 月版。27.8 万字。26.60 元。以生态学原理为指导,将菜田土壤—蔬菜作物—人工调控作为菜田生态系统的组成部分,分别阐述了菜田土壤的特性及培肥、菜田土壤的退化及其防止、蔬菜温室土壤及其管理、菜田土壤的污染及其防治、蔬菜的养分及吸收、不同类型蔬菜的需肥规律与施肥特点,以及蔬菜测土、平衡施肥等问题,特别是针对我国各地已经或将会出现的菜田土壤劣变及其所产生的生育障碍等问题进行了探讨,阐述了产生的原因,提出了防治对策与措施。本书收入"蔬菜高新技术丛书"。(杨金妹)

S000059 **蔬菜营养与施肥技术** 陈伦寿、陆景陵编著。中国农业出版社 2002 年 1 月版。10 万字。28.00 元。分 12 个部分,论述了蔬菜营养特性与蔬菜施肥技术两个主题。与蔬菜营养特性有关的内容有:各种必需营养元素的主要生理功能,蔬菜的营养特性与施肥特点,蔬菜的营养失调症等;涉及蔬菜施肥技术的有关内容有:合理施肥的基本理论,蔬菜配方施肥中确定施肥量的方法,蔬菜施肥的方法与技术,蔬菜品质与施肥的关系,以及主要蔬菜的需肥特性和施肥技术要点等。(贺志清)

S000060 **食用菌菌种生产与鉴别** 张金霞著。中国农业出版社 2002 年 7 月版。10.2 万字。6.60 元。共 3 部分,即品种和菌种、菌种生产与鉴别及其菌种贮藏与保藏。(杨金妹)

S000061 **果树保护地栽培问答丛书** 朱更瑞等编著。山西科学技术出版社 2002 年 3 月版。76.2万字。9.00 元。包括《桃》、《杏》、《樱桃》、《西瓜、甜瓜》、《葡萄》和《草莓》6 册。以一问一答的形式,介绍了樱桃、桃、葡萄、杏和草莓等果树保护地栽培中的若干技术,包括品种配置、园地选择、土壤管理、整形修剪、病虫防治及贮藏加工等技术环节。(温洁茹)

S000062 **梨树栽培实用技术** 杨宝生主编。山西科学技术出版社 2002 年 3 月版。15.14 万字。10.00 元。介绍梨树的建园、选种到修剪及病虫害防治等技术。(温洁茹)

S000063 **世界花卉鉴赏** 应立国、包志毅摄。中国林业出版社 2002 年 4 月版。38 万字。168.00 元。作者走遍世界各地,以其对花卉之美的灵通、感悟,通过摄影将美丽的花卉世界展现在你的眼前;又经花卉专家鉴别、配文,使其既可赏,又增见识。本大型画册,呈现近千幅精美彩色图片,并配以简要介绍。按花卉种类分为菊花、月季、兰花、海棠类、球根花卉、芭蕉及天南星科植物、凤梨类、水生花卉、仙人掌及多浆类、草本花卉、木本花卉等部分。(刘若云)

S000064 **成都园林植物** 成都市园林管理局、成都市风景园林学会编。四川科学技术出版社 2002 年 8 月版。64 万字。100.00 元。搜集成都市各公园及主要风景区所栽培的园林植物以及习见、野生绿化植物共 2301 种,加上重要的变种、变型和有拉丁名的栽培品种,总数 2798 种,隶属于 193 科,802 属。各种植物按进化系统排列,对属、种进行了简要描述。对属、种的形态特征描述力求准确,注重其识别效果,重点介绍了这些植物在成都及四川的野生分布情况,对习性、观赏特性、园林用途及重要经济价值也有所说明。(谢增桓)

S000065 **图解花木栽培与造型** [日]小黑晃等著,段传德等译。河南科学技术出版社 2002 年 10 月版。40 万字。19.80 元。共 8 章。第一至第三章介绍家庭园艺、园艺的基础知识及园艺器具的选择与利用;第四章介绍优质苗木的选择与适用栽培技术的有机组合;第五、六章介绍观赏植物的日常管理及观赏植物的繁殖与培育;第七章介绍观赏植物的四季管理与病虫害防治;第八章以列表的形式介绍了观赏植物在各个时期的管理要点和技术要求以及如何调节观赏植物花期的提前和延后的方法步骤等。(赵志刚)

S000066 **河北野生花卉** 张金轩主编。河北科学技术出版社 2002 年 6 月版。21.3 万字。19.00元。河北省的野生花卉资源非常丰富,有制作盆景的材料,如少脉雀梅藤、青檀;有木本花卉,如天女木兰、红丁香;有草本花卉,如蓝花的翠雀、华北蓝盆花,黄色和金黄色花的金莲花、黄海棠,红色和紫色花的浅裂剪秋萝、柳兰,白花的铃兰、玉竹;观叶的有普通铁线蕨、荚果蕨;还有棚架、凉亭、假石垂直绿色、美化的藤本植物,如北五味子、南蛇藤;以及水生花卉,如荇菜、萍蓬草等。本书共收集野生花卉 266 种,其中盆景植物 50 种,木本花卉 71 种,草本花卉 119 种,藤本花卉 15 种,水生花卉 11 种。记述了每种花卉的中名、别名、学名、所属科属、形态产地、生态环境、分布及贮量,有的附有插图。

S000067 **组合盆栽设计实例** 余静译。浙江科学技术出版社 2002 年 3 月版。32.00 元。在介绍有关组合盆栽基本知识的基础上,介绍了 83 例组合盆栽的实例及 102 种花草的生长习性,包括各种盆栽的具体操作方法及特点等。(杨咏梅)

S000068 **种花与养生** 邬志星编著。中国农业出版社 2002 年 1 月版。19.4 万字。13.50 元。将杜鹃、月季、水仙、凤仙、米兰、马蹄莲、一品红等 90 种常见的观花、观叶、观果植物的赏、养和医用价值汇编成书,每种花卉都详细地介绍了其栽培技术、观赏价值、应用、医用与选方等内容。(黄宇)

S000069 **食用花卉 200 种** 曹广才、曹臻、吴东兵、张仁庆主编。中国农业科学技术出版社 2002 年 11 月版。26.5 万字。28.00 元。选择了人们知名或不知名的常见花卉植物计 200 种,包括野生种和栽培种,按照拉丁文双名法学名的字母顺序编排。对每种花卉的介绍分 4 个层次,即正名、别名、拉丁文学名,每个学名由属名、种名、定名人组成;识别的植物学特征;生长环境和分布范围;花卉的食用部分和食用方法。同时对每种食用花卉配以能反映其外貌特征的彩图或黑白线条图。(徐平丽)

S000070 **家庭养花百宝箱** 王明启主编。辽宁科学技术出版社 2002 年 2 月版。48.7 万字。25.00元。共 4 部分,第一部分花卉知识篇——识花懂花以花为友,主要介绍花卉入门基本常识、花卉分类、养花的益处和花卉的欣赏等;第二部分养花基础篇——知因明理举一反三,主要介绍花卉生长发育与环境条件、花卉栽培和用具,土壤、施肥、浇水、光照、温度等养花共性的基础知识;第三部分养花技能篇——掌握技艺随心所欲,主要介绍花卉的繁殖、整形修剪与造型、病虫害防治、花卉盆栽、花卉栽培等新技术;第四部分养花实践篇——百种花卉花旁通,分别介绍了观花类、观叶类、观果类、仙人掌类及多肉植物等各种花卉的栽培技术要点及常见问答等。(李伟民)

S000071 **立体绿化美化种苗培育实用技术** 白埃堤、李锦文主编。山西科学技术出版社 2002 年 3 月版。37.8 万字。24.80 元。分为上、下两篇。上篇为种苗繁育实用技术概要,对种苗繁育技术作了介绍。下篇为立体绿化美化种苗各论,选择了适应我省及我国北方地区城乡生态工程建设和绿化美化的栽培树种、花卉、草坪共 7 类 75 科 339 个品种,对每一品种,介绍其形态、习性、用途,重点详尽地介绍了每一品种的采种、育苗、苗木管理及病虫害防治的方法和技术。(温洁茹)

S000072 **四季组合盆栽** 余静译。浙江科学技术出版社 2002 年 3 月版。35.00 元。介绍了四季花卉的各种组合盆栽,移植的基本技能,每日的管理要点等知识。(杨咏梅)

S000073 **花卉栽培学** 刘清华等编著。中央广播电视大学出版社 2002 年 11 月版。59 万字。16 开。48.00 元(附彩图盘 2 张)。分 3 部分:第一部分介绍了花卉的概念、作用、栽培简史和国内外花卉产业发展概况;第二部分综述了花卉的分类、生长因子、栽培设施等内容;第三部分详细阐述了各种花卉的形态特征、生态习性、栽培管理及园林应用等知识。(总编室)

S000074 **景观灌溉** [美]斯蒂芬·W.史密斯著。大连理工大学出版社 2002 年 2 月版。48.00 元。内容包括:灌溉方法与组成部分;绘图方法与说明;喷灌、滴灌方法与硬件;管道特性与水利学;控制系统;美国建筑规范学会灌溉规范。(总编室)

S000075 **君子兰栽培图说** 郭文场等主编。辽宁科学技术出版社 2002 年 3 月版。11 万字。30.00元。以彩色图解的形式系统介绍了君子兰的栽培技术及相关知识,主要包括君子兰的形态特征、园艺品种、栽培管理要点、授粉方法、分株繁殖、病虫害防治、组织培养、无土栽培和四季养护花事等内容,附彩色图片 137 幅。(李伟民)

S000076 **菊花赏鉴与培育** 段东泰、高全荣撰文并摄影。农村读物出版社 2002 年 7 月版。5 万字。640 余幅彩图。99.00 元。主要是从品种欣赏鉴别和培育两方面组织安排的。品种有 600 种,都是在菊株花开最佳时刻拍摄的,而且色彩真实,使读者不仅得到美的享受,也能在辨别品种时有所依据。所有品种按菊花舌瓣瓣形和花形分为 5 类,即平瓣类、匙瓣类、管瓣类、桂瓣类、畸瓣类,还有少量的引进品种。部分品种图片下附简单的文字,介绍花名的由来、典故等知识。培育部分主要介绍的是菊花的生长环境,即光、水、肥、土的管理及病虫害防治,繁殖,新品种培育等。书后附怎样为菊花拍照。(闫芹)

S000077 **图说家庭水仙雕刻养护与造型** 马文其、马莉编著。中国农业出版社 2002 年 9 月版。6 万字。18.00 元。介绍了水仙形态特征与品质鉴别、水仙生长习性、水仙雕刻技艺、水仙雕刻后的养护、家庭水仙造型类型及制作、水仙造型的用盆和用架、水仙造型(盆景)的点缀及题名。(黄宇)

S000078 **水生花卉** 赵家荣编著。中国林业出版社 2002 年 3 月版。30 万字。38.00 元。总论论述水生花卉的涵义、作用、历史及发展前景。系统地介绍了水生花卉的分类、繁殖与栽培、引种与育种、病虫害防治等。各论介绍了 47 科 90 属 255 种及 87 个品种水生花卉的形态特征、产地与习性、繁殖与栽培、用途等方面的科学知识与技术。附有墨线图、彩色插图百余幅。(刘若云)

S000079 **商品月季生产技术** 韩慧君、黄善武主编。中国林业出版社 2002 年 4 月版。15 万字。18.00元。介绍我国商品月季栽培的系统技术,包括目前生产中主要应用的种类品种以及种苗、鲜花、盆花、园林绿地等各种月季在不同类型、地区条件下的保护地栽培技术,我国目前条件下所采用的保护地的形式和结构等。内容包括:月季花的品种及繁殖,节能型日光温室月季花生产,现代温室月季花生产,盆花月季生产。(刘若云)

S000080 **"绿色家园"园艺入门系列丛书** [日]池上信夫、主妇之友社编著,蒋京蓉、易见等译。湖南科学技术出版社 2002 年 3 月版。16.00 元/本。选自日本主妇之友社著名畅销丛书——NEW MY GREEN 系列,原丛书已出版 21 种,今后还将陆续出版其他品种。本丛书引进 8 种,包括:《室内园艺 12 个月》、《盆花 12 个月》、《阳台园艺 12 个月》、《观叶植物 150 种》、《病虫害防治》、《花木、庭木的整枝、剪枝》、《菊花的 12 个月》、《君子兰的 12 个月》。丛书按照下述体例编排内容:每分册都包括 2 印张左右的四色彩版和 2.5 印张左右的双色黑版两个部分。彩版部分列举了 150 余种常见品种花卉的精美的图片,讲述了其生活习性、种植注意事项等。还包括了简易、直观的植物栽培管理月份表,该表将植物的开花期、繁殖期、放置场所、水分、肥料、病虫害等的管理时期填入 1~12 月的月份表中,让植物一年四季的管理时间都能一目了然。黑白版面部分线条图和表格较多,主要讲述该类植物的栽培管理知识。包括适宜生长的环境条件、种苗的选择、用土、肥料管理、生长期的管理、水分管理、换盆、花期后的管理、病虫害的防治、花木繁殖方法、适宜的种植器具等等,书后还附录了园艺知识问答。

S000081 **彩图室内园艺大百科** [法]米奥莱恩编,郑瑞斌等译。江苏科学技术出版社 2002 年 12 月版。100 万字。168.00 元。共 6 章:室内植物、室内园艺、室内植物百问百答、室内与封闭阳台内植物、室内植物逐月栽培指南、室内园艺用语汇编。全书共介绍了 1500 多种植物,分为观叶植物、观果植物、观花植物等,分别介绍这些植物的习性和养护要点,并附有 1500 多张照片。有 250 个不同房间的装饰构思,教人如何用不同植物装饰不同的环境。对许多具体的问题:如何浇水、何时换盆、使用什么样的土壤等都作了介绍。全书还有几百个养花小窍门和专家的建议。(孙连民)

S000082 **攀缘植物造景艺术** 臧德奎编著。中国林业出版社 2002 年 3 月版。7 万字。38.00 元。介绍了攀缘植物的作用、分类、栽培要点、造景特色和配置应用。(刘若云)

S000083 **观赏水草栽培与造景** 赵玉宝主编。辽宁科学技术出版社 2002 年 10 月版。58 万字。65.00元。从观赏水草的基础知识着手,介绍各种观赏水草的栽培要点和造景技术。全书分 9 章,第一章到第六章主要介绍了常见观赏水草的概念、发展及特点,栽培设施,主要品种,营养需求,栽培与养护,疾病与防治;第七章到第九章主要介绍了鱼草共生及管理技术,水草造景设计,生态缸造景设计。(李伟民)

S000084 **干旱地区草坪建植与管理** 郭有祯著。甘肃科学技术出版社 2002 年 10 月版。12 万字。5.00 元。分干旱地区草坪种子的选用,常用草坪草及特殊用途的草坪草;干旱地区绿草坪,运动场草坪及特殊用途草坪建植与管理技术的特殊性;干旱地区草坪园林规划艺术;草坪建植及管理的配套设施等方面的内容,作者收集和总结了多年来在甘肃河西走廊及新疆哈密地区草坪建植与管理的技术成果。(黄培武)

S000085 **实用草坪手册** 于学仁编著。中国农业科学技术出版社 2002 年 11 月版。12.6 万字。8.00 元。从草坪植物的概念及在园林中的作用入手,介绍了草坪类型、草坪种子及草皮生产技术、草坪建植方法、养护管理等草坪知识。重点介绍了草坪的质量的管理、修剪、病虫草防除、草坪更新复壮技术,以及草坪的质量评价。(徐平丽)

林 业

S000086 **现代林业论** 张建国、吴静和著。中国林业出版社 2002 年 2 月版。21.5 万字。33.00 元。是论述现代林业的历史渊源、理论和实践的专著。阐述了现代林业的历史发展道路,现代林业的基本特征,现代林业的组成内容。(刘若云)

S000087 **林业概论** 张於倩等主编。东北林业大学出版社 2002 年 9 月版。23.8 万字。19.00 元。主要阐述森林与林业的关系,林业的特点,中国林业与世界林业的发展,林业基础知识,森林培育、经营与保护,木材采伐及林产品加工,林业经济与管理等内容。全书概要介绍了林学、森林工业、林业经济管理等多学科的基本知识、理论技术、方法与研究成果。(卜彩虹)

S000088 **森林资源与环境导论** 韩海荣主编。中国林业出版社 2002 年 9 月版。45 万字。36.00 元。主要内容包括:森林与环境科学总论、森林与森林生态系统、我国森林资源现状与发展趋势、环境问题、森林环境问题等内容。(刘若云)

S000089 **中国森林生物多样性评价** 张颖著。中国林业出版社 2002 年 3 月版。17.2 万字。15.00元。对中国森林生物多样性的价值和实物变化进行了评价,得出了我国森林生物多样性的具体价值量。在此基础上,对森林生物多样性的发展变化状态和保护森林生物多样性的影响因素进行了分析,提出了保护的对策和措施。阐述了森林生物多样性的概念、研究状况、评价方法;我国森林生物多样性评价与分析;森林生物多样性保护等。(刘若云)

S000090 **亚高山针叶林生态学研究** 刘庆主编。四川大学出版社 2002 年 9 月版。48.4 万字。120.00 元。共 8 章,第一章为亚高山针叶林概述;第二章为亚高山针叶林的生态环境;第三章为亚高山针叶林类型及其针叶树种的多样性;第四章为亚高山针叶林代表类型的群落与种群动态;第五章为亚高山针叶林的生态功能;第六章为亚高山人工针叶林恢复的生态学过程研究;第七章为亚高山针叶林林窗与更新研究;第八章为亚高山针叶林的退化与健康诊断概述。(汪萍 成杰)

S000091 **天然次生林群落生态位结构的研究** 任青山著。东北林业大学出版社 2002 年 9 月版。14.1 万字。15.00 元。作者应用了 1958～1993 年近 40 年的样地资料,采用多种计测公式,对组成帽儿山地区天然次生林群落的 10 个主要种群(水曲柳、黄波罗、胡桃楸、椴树、山杨、白桦、枫桦、榆树、色木槭、蒙古栎)以及 6 个主要群落类型(栎木林、山杨林、杨桦林、白桦林、杂木林、硬阔叶林),分别在不同空间环境因子梯度(亦称空间资源轴),采用小尺度(典型样地法)、中尺度(千米网格固定样地法,反映种群在某一局部范围)和大尺度(应用森林资源二类清查样地数据,采用 GIS 进行图形处理和空间分类,反映种群和群落在整个地区的空间分布状况)三者相结合的办法,对各种群、群落的空间生态位数量特征进行了全方位的计测和分析,尤其是能在二维、三维或多维空间资源轴内确定出各种群的生态位中心点,形象地说明各种群在空间分布的离散和聚集程度。这是在方法上的创新和突破。以往对森林群落生态结构的研究,大多是集中对组成群落的种群进行研究,即主要是针对种群生态位属性。而本书在全面分析研究了主要种群的生态位特性后,又对其组成的主要典型群落类型的生态位结构进行了研究,即从种群水平的研究上升到群落水平的研究,对扩展的生态位理论做了尝试和验证,也拓宽了传统生态位理论研究的范围和层次。(卜彩虹)

S000092 **海南岛热带林生物多样性及其形成机制** 蒋有绪等著。科学出版社 2002 年 4 月版。59 万字。68.00 元。在对海南岛的生态环境介绍的基础上,概述了海南岛热带森林的主要类型及其主要特征;从海南岛的地层、古环境入手,分析了不同地质时期海南岛热带林植物群的发展和演化规律,探讨了古植物群与古环境变迁的关系;从古生物学的角度研究了现代植物区系的历史发生规律,给出了海南岛植物、孢粉和微古植物的化石目录;对海南岛的植物特有性、多样性、辐射性等进行了阐述,同时论证了海南岛的岛屿生物地理现象、边缘效应特征等对植物区系形成的影响规律;以群落内部的种群特征为对象,探讨群落内物种多样性与群落结构和群落环境的关系;从自然干扰体系所引发的森林循环为切入点,深入研究了海南岛热带林的自然干扰特征及其对群落内不同树种更新和多样性关系的影响,树种多样性特征随干扰的动态变化规律,以及森林景观中不同发育阶段森林斑块的镶嵌特征;分析了海南岛的主要热带森林群落类型及其空间格局变化规律,通过比较和分析,研究了海南岛现代森林群落与主要树种的分布特征及其驱动因素;以热带树木为主要研究对象,初步分析了海南岛热带树木的构筑型、分子生态及遗传多样性特征。最后在热带林生物多样性形成机制讨论的基础上,概述了海南岛热带林生物多样性研究的理论成果。(彭克里)

S000093 **生态林业论** 张建国、余建辉著。中国林业出版社 2002 年 2 月版。18.2 万字。33.00 元。在收集了大量资源的基础上,对现代林业的发展式进行了论述,并阐述了生态林业的概念、地位、作用、理论基础、原理及国内外生态林业实践进展,并提出了推进生态林业的对策措施等内容。本书包

括生态林业的理论概述，发展基石，地域分工基础，发展目标，核心要求，社会基石，基础调节，工业人工林建设等内容。（刘若云）

S000094 **海南森林昆虫** 黄复生主编。科学出版社 2002 年 7 月版。225.1 万字。230.00 元。总论部分详细介绍了海南省主要林区生态环境、植被类型、气候条件及其对于昆虫区系的影响，通过对于海南森林昆虫区系特点及组成、性质的分析，明确了热带昆虫区系在我国昆虫区系中的地位和意义。各论部分以分类系统为基础，以目或科为单元分别编写。各类群有一简要的形态介绍，并附以详细的属种检索表，进而一一列出种类、寄主及分布。全书包括昆虫纲 25 目 334 科 5842 种，另有蛛形纲 3 目 20 科 341 种，总计 28 目 354 科 6183 种；包括新亚科、139 个新种及 142 个中国新记录种，书后附有拉丁学名和中文名索引以及部分彩图。（总编业务部）

S000095 **退耕还林技术模式** 国家林业局编。中国林业出版社 2001 年 12 月版。41.6 万字。30.00元。内容有黄河上中游及北方地区退耕还林技术模式；长江上中游及南方地区退耕还林技术模式；退耕还林实用技术；有关退耕还林法律法规文件等。（刘若云）

S000096 **农田防护营造技术** 高椿翔编著。中国农业科学技术出版社 2002 年 2 月版。25.8 万字。23.00 元。以持续发展的观点作为指导思想，以生态经济学原理为依据，以科学实用性为目标，按我国气候特点、地形土壤条件、树种适应范围，分别阐述农田防护林的规划设计、栽植与管理、林（果）粮间作技术、速生丰产林生产技术、平原治沙技术、主栽树种栽培技术与相应的栽培模式，农田防护林的生产与经营、数学方法在林业生产中的应用等知识营造技术。（徐平丽）

S000097 **河南平原绿化理论与技术** 张敬增主编。黄河水利出版社 2002 年 10 月版。72.8 万字。120.00 元。主要介绍了河南平原绿化的发展历史与现状，河南平原绿化的理论基础、规划设计、造林技术、经营管理以及其所产生综合效益，认真总结了新中国成立以来河南平原绿化的经验教训，探索了平原林木的病虫害防治方法、采伐与更新方法、农田林网与防护林体系建设及未来的发展战略。（韩美琴）

S000098 **解读森林** 曹岩著。沈阳出版社 2002 年 1 月版。15 万字。14.00 元。是“人与地球丛书”之一。讲述了树木是如何从原始海洋中的一个没有属性的小小细胞脱颖而出，进化为最早的水生植物，并在阳光的感召下，生长出根、茎、叶，完成了最初的植物造型，后来受造山运动等环境因素的影响，被迫背弃海洋家园，登上陆地，继而经过演化和发展，最终以异常美丽的形态覆盖大地的生命故事。本书揭示了植物对于人类的长久恩惠和依存的关系，勾画了急功近利的人类长期以来对于森林和树木所进行的毁灭性砍伐和其他种种伤害，最终遭到报复的结局。它告诉人们一个毋庸置疑的事实：树木灭绝之时，就是人类最终失去家园走向毁灭之日。（潘晓翊）

S000099 **几种森林资源调查方法与实践** 熊奎山著。甘肃科学技术出版社 2002 年 12 月版。33 万字。20.00 元。由几种森林资源调查方法、数量化理论 1 应用方法、EL－5100 袖珍电子计算器在林业调查规划中的应用和专题研究实例 4 部分组成。本书以森林资源几种调查方法及数量化理论 1 举例介绍为主，同时收集了部分 EL－5100 袖珍电子计算器在林业调查规划中的应用程序和作者多年来在林业调查中的应用研究成果。（黄培武）

S000100 **中国国家级自然保护区** 《中国国家级自然保护区》编辑委员会编著。安徽科学技术出版社 2002 年 12 月版。300 万字。共 3 册。600.00 元。收录 133 个中国国家级自然保护区，主要分为自然生态系统类、野生生物类、自然遗迹类等。书中对每一个涉及到的自然保护区，都详尽地论述了其特有的、典型的生态系统，独特的、濒危珍稀的生物物种。书内提供了国家级自然保护区的大量资料。这些资料包括各个保护区的地理概况、自然环境、动植物资源、旅游资源、对保护区的评价等，是多种学科的科研基础资料。（叶洪渠）

S000101 **自然保护区工程项目建设标准（试行）** 国家林业局编制。中国林业出版社 2002 年 11月版。4.8 万字。10.00 元。包括自然保护区类型与规模；工程项目构成；主要建设项目与工程量；人员配置；主要技术经济指标等。（刘若云）

S000102 **长青国家自然保护区生物资源** 任毅等主编。西北大学出版社 2002 年 5 月版。53.6 万字。35.00 元。是在 2001 年春、夏、秋、冬四季共 9 次全面野外考察的基础上，通过研究、分析，记录了保护区的生物资源：在长青自然保护区共发现野生蕨类植物 18 科、35 属、59 种、2 变种；共发现野生种子植物 135 科、601 属、1556 种（不包括栽培植物，但一些重要的农作物或常见的由栽培逸为野生的植物在本书中也有记录),其中裸子植物5科、11属、15种,被子植物135科、590属、1540种;共发现野生脊椎动物311种,隶属于29目78科213属,其中,鱼类5目、7科、17属、18种;两栖类2目、5科、5属、8种;爬行类2目、6科、17属、20种;鸟类13目、36科、123属、202种;兽类7目、24科、51属、63种;共发现蝴蝶11科、88属、164种,其中珍蝶科为陕西省分布新记录科,17种为陕西分布新记录种,2种为陕西特有种。(张运琪)

S000103 **苗圃植物病虫害防治** 朱天辉主编。中国林业出版社2002年6月版。22万字。20.00元。从植物病虫害基本原理、基本理论着手,简明扼要地阐述了苗圃植物病虫害的基础知识,着重介绍了森林植物、经济林、园林植物苗木病虫的危害情况、病害的症状、病原、发病规律,害虫的形态、生活习性以及具体的防治方法。同时,介绍了苗圃植物常用农药种类及其施用方法。(刘若云)

S000104 **森林病虫害监测预报方法及应用程序** 国家林业局植树造林司主编。东北林业大学出版社2002年1月版。59.9万字。50.00元。共包括两部分内容,第一部分是"森林病虫害监测预报方法及Delphi程序",它将森林病虫数理统计监测预报中的常用方法,如样本特征数、统计假设检验、方差分析、相关和回归分析、时间序列分析、昆虫空间分布型频次分布检验、概率转移和马尔可夫链分析法,以及当前农林和生物学学科研究中重要的统计模型,如通径分析、主成分分析、关联度分析、模糊聚类分析和灰色系统分年,还有太阳黑子周期分析法等汇编成Delphi应用程序集,可在586以上微机、Windows95以上操作系统中运行。各种方法除数学方法概述和程序说明外,还有应用实例和计算结果。书中所附的每个Delphi程序的基础代码也可供从事林业、农业、环保、生物、医学的科技人员和软件开发爱好者参考。第二部分是"中国森林病虫指数",它将国家级中心测报点和各省(区、市)提供的数据编制成森林病虫指数,用于实时动态监测全国森林病虫害发生状况及发生趋势,并将分析结果以图表形式在Internet(中国森防信息网 http://www.sfzz.net.cn)上发布。(卜彩虹)

S000105 **中国扁叶蜂** 萧刚柔编著。中国林业出版社2002年7月版。13.8万字。20.00元。是昆虫分类的基础理论著作。主要介绍了中国分布的45种扁叶蜂的形态特征、分布、生物学特性等。(刘若云)

S000106 **林业遥感** 王晓春著。甘肃科学技术出版社2002年5月版。30万字。34.00元。内容有航空和航天遥感基本知识,图像处理技术,遥感在林业中的应用,以及遥感、地理信息系统与全球定位系统(3S技术)应用实例。本书共9章。第一章:遥感的物理基础。第二章:航空摄影基本知识。第三章:航空像片的立体观察与量测。第四章:航空像片判读。第五章:航天遥感。第六章:遥感图像处理。第七章:遥感在林业中的应用。第八章:"3S"及"3S"集成技术在林业中的应用。第九章:遥感技术在资源环境中应用实例。(黄培武)

S000107 **世界竹藤** 江泽慧主编。辽宁科学技术出版社2002年9月版。98.6万字。160.00元。在总结竹藤领域科研成果和生产经验的基础上,对世界竹类和棕榈藤植物的分布、分类、培育、加工利用以及综合效益等方面作了系统阐述。全书分为2编15章,从生物学、生理生态学、病虫害防治、培育和经营管理等方面,阐述了竹藤的生长发育规律、生态功能效益和社会经济效益、栽培繁殖和开发利用原理与技术、可持续发展策略等,并详述了重要的竹藤植物资源种类,集中反映和代表了当今竹藤领域科研和生产水平。(李伟民)

S000108 **西藏昌都左贡高海拔云杉冷杉育苗技术试验研究** 杨道贵、杨玉坡、扎西土登著。四川科学技术出版社2002年11月版。19万字。56.00元。青藏高原东南缘是世界闻名的横断山脉地区,山高谷深,地形复杂,森林茂密。川西云杉是西藏昌都地区高海拔地带的主要造林更新树种,因而受到有关方面的重视。为了适应西藏昌都高海拔林区生态林建设需要,在连续6年的时间里,四川省林科院、四川华西生态环境资源研究所的专家们紧紧围绕昌都地区高海拔育苗的存在问题、障碍因素,以及应采取的技术措施等,广泛开展试验研究,取得了云杉、冷杉育苗的成功经验,积累了宝贵的第一手资料,获得了不少的科研成果。本研究文集的出版将对西藏高海拔林区的造林绿化工作产生很大的推动作用。(罗小燕)

S000109 **樟子松造林技术** 戴继先主编。中国林业出版社2002年1月版。11.2万字。10.00元。作者在基层多年研究试验,创造了"小直坑回填整地"、"塑料护苗筒造林"等新技术,确保了在干旱沙地、沙丘上造林成活率。从理论和技术上进行系统论述,反映了我国目前樟子松造林技术和水平。(刘若云)

S000110 **中国桉树** 祁述雄主编。中国林业出版社2002年8月第二版。82万字。99.00元。在第一版11章的基础上，又增加了2章，收集了国内外桉树动态和新的信息，更系统全面地叙述了我国引种、栽培和利用桉树的生产经验和科研成果。主要包括桉树自然分布、发展历史与现状、桉树分类及我国栽培主要树种特征、引种与区划、育种、种苗繁殖、营林技术、主要病虫害及其防治、人工林经理与经营、采伐与更新、木材利用、桉树副产品利用、人工林可持续经营等。（刘若云）

S000111 **园林绿化树种手册** 蒋永明、翁智林编著。上海科学技术出版社2002年9月版。30万字。插页52页。42.00元。收入了传统园林树种和新优树种（品种）700余种，每一树种分别介绍了形态特征、地理分布、生态习性、栽培管理、园林用途等，树种出现的先后顺序，裸子植物部分按郑万钧系统、被子植物按恩格勒（Engler）系统进行编排；附录部分按园艺分类方法列表简介乔木、灌木、藤本、竹类等树种特性。另有彩色插图。（陆健）

S000112 **环青海湖地区草地蝗虫遥感监测与预测** 倪绍祥主编。上海科学技术出版社2002年12月版。38万字。36.00元。第一至七章从整个研究区角度探讨了草地蝗虫生境的监测、评价方法以及对草地蝗虫发生的预测方法；第八至十一章从样区研究角度探讨了如何采用空间统计与空间插值方法分析草地蝗虫的空间分布状况，并分析了草地蝗虫与植被之间的相关性，以及论述了草地蝗虫发生的遥感监测原理与方法。（孙庆安）

畜牧、动物医学、狩猎、蚕、蜂

S000113 **药用动物原色图谱及养殖技术** 陈德牛主编。金盾出版社2002年12月版。44万字。53.00元。介绍了具有药用价值的动物298个种类，配有原色图374幅。其中无脊椎动物54种，昆虫类46种，鱼类90种，两栖、爬行类11种，鸟类59种，兽类38种。内容包括各种药用动物的形态特征，生活习性，养殖、采集及加工方法。（李钦）

S000114 **动物磷营养与磷源** 霍启光等编著。中国农业科学技术出版社2002年4月版。25万字。45.00元。由磷的研究史略、动物磷的生理功能与代谢、动物对磷的营养需要、饲料中磷的生物学效价、磷酸盐的相对生物学效价及其在猪鸡配合饲料的应用、植酸梅及其在畜禽饲料中的应用、含磷矿物质饲料的制作、含磷矿物质饲料的质量控制等8部分构成，介绍了磷研究的最新资料和研究成果。在附录中还收入了有关磷产品质量评定的系列方法和标准，以及主要参考文献。（徐平丽）

S000115 **奶牛饲养管理与疾病防治** 刘占民、李铁拴、徐丰勋主编。中国农业科学技术出版社2002年11月版。61万字。32.00元。共23章，1～9章主要介绍奶牛的品种、生物学特征、奶牛的体型外貌与生产力评定、繁殖特点、营养需求、日粮配给以及奶牛不同生长发育阶段的饲养管理措施；10～23章主要介绍奶牛疾病的预防、诊断与检查技术、常用手术、内科疾病、外科疾病、产科疾病、传染病、寄生虫病、中毒性疾病和营养代谢性疾病的发生原因、临床症状、诊断方法、预防治疗等方面的理论知识和操作技能。（徐平丽）

S000116 **提高奶牛产量20%日本双轨饲养技术** 小泽祯一郎等著，张孝安、希古尔嘎译。中国农业科学技术出版社2003年1月版。21万字。18.00元。以“奶牛双轨饲喂法”为核心，介绍奶牛双轨饲养技术的饲料设计；临产前后母牛、子牛的管理及犊牛的培育方法；母牛的生活周期与饲料供给及管理方法；培育优良的高效益型奶牛；奶牛的健康管理，疾病诊断、对策以及优质青稞饲料的生产和贮藏等涉及奶牛业方方面面的理论与实践。本书还配有光盘。（徐平丽）

S000117 **养羊全书** 陈圣偶等编著。四川科学技术出版社2002年8月版。29万字。16.50元。为“中国现代养殖技术丛书”之一。修订版。介绍了养羊配套技术：中国养羊业概况及发展养羊业的意义；羊的生物学特性及国内外优良品种；羊的繁殖育种、饲养管理及规模化饲养；养羊业的产品生产及加工、开发；羊群的卫生保健及常见病防治。修订时进一步充实了实用技术，调整、增补了彩色插图。（郭俊铨）

S000118 **圈舍饲养绒山羊实用新技术** 高佩民、孙义和主编。沈阳出版社2002年9月版。9万字。8.00元。重点介绍了绒山羊的优良品种、营养与饲料、羊场建设与设备、羊的繁殖与人工授精、提高绒产量的关键技术、饲养管理、羊病防治、秸秆饲料加工调制技术、梳绒技术、绒保存与防蛀技术以及牧草品种栽培技术等。（董轶）

S000119 **养猪全书** 罗安治等编著。四川科学技术出版社2002年5月版。31.5万字。18.00

元。为“中国现代养殖技术丛书”之一。修订版。对国内外养猪发展概况、猪种资源及其利用;猪的纯种繁育、杂交利用、营养需求、饲养管理、肉的品质;猪场的经营管理以及常见猪病的防治等作了阐述。(郭俊铨)

S000120 **现代獭兔生产** 谷子林主编。河北科学技术出版社 2002 年 5 月版。28.9 万字。22.00元。介绍了獭兔生产的新技术和新方法。(总编室)

S000121 **肉犬生产大全** 徐汉坤等编著。江苏科学技术出版社 2002 年 8 月版。26 万字。17.00元。主要介绍肉犬经济价值与发展前景、投资与决策、犬场建设、肉犬品种、选种选配与杂交利用、肉犬生长特征与饲料利用、饲养管理、繁殖技术与特殊技术、疾病防治、肉犬产品与综合利用。(王达政)

S000122 **最新犬百科全书** [英]布鲁斯·佛格著,王金文主译。中国农业出版社 2002 年 2 月版。80 万字。360.00 元。从犬的进化历史、犬在人类社会生活中的地位,以及犬文化入手,在介绍犬的生理解剖特点的基础上,详细描述了世界各地 420 多种犬品种的来源、分布、外部特征、行为特点、别名等,同时介绍了犬的营养需求、饲养管理要点、训练方法和疾病防治。每种犬均配有多幅神态各异、反映该品种特点的图片,展现了各种犬的风采。书中还解决了犬类演化中一些有争议的问题(如一犬多名)。(刘兆)

S000123 **最新养狗手册** 夏兆飞、李芸、郭晔等编著。中国农业科学技术出版社 2002 年 1 月版。18.1 万字。25.00 元。描述各类种狗的性格特征及某些特殊要求,如狗舍的大小、锻炼方法及人的接触方式等,怎样辨别狗的体格缺陷和性情弱点、怎样让它服从人的命令、多长时间给它洗一次澡、怎样给它梳毛、修爪甲等等。同时介绍了狗常见病的症状及治疗方法,特别介绍了急救和一般简单护理常识,便于护理受伤或患病的狗。本书还附有 100 个狗品种的彩图。(徐平丽)

S000124 **规模化养鸡新技术** 王金洛、宋维平主编。中国农业出版社 2002 年 9 月版。28.9 万字。17.60 元。是作者在国家“九五”攻关成果的基础上,结合其生产实践经验编撰而成。全书以规模化养鸡所需基本技术为主线,突出介绍近几年涌现出的新技术。内容涉及规模化养鸡概况、品种、营养与饲料、现代商品鸡的繁育技术、养鸡场房舍与设备、鸡的人工孵化、雏鸡的培养、蛋鸡的饲养管理、蛋种鸡的饲养管理、肉鸡的饲养管理、肉种鸡的饲养管理等。本书详尽地介绍了规模化养鸡场的疫病综合防治技术,并专门讨论了我国规模化养鸡的安全意识和生物安全体系建设,以及经营管理模式等。(黄向阳)

S000125 **养鸡新法** 彭秀丽、邓干臻编著。中国农业出版社 2002 年 5 月版。35.7 万字。25.80 元。分 13 章。第一至七章详细地介绍了养鸡基础知识、生产技术和管理技术;第八章介绍了鸡场建设和常用的设备、用具;第九章介绍了鸡场经营管理措施;第十章介绍了鸡产品及养鸡业副产品的加工和处理;第十一章至十三章介绍了鸡病防治基础知识与鸡常见的流行病和普通病,在疾病介绍时,以介绍常见病、恶性劣性致死性疾病以及对现代养鸡业危害较大的新病为主。(舒薇)

S000126 **北京鸭脑立体定位图谱——北京鸭脑解剖学** 刘济五、颜水泉、李良玉主编。科学出版社 2002 年 10 月版。65.20 万字。70.00 元。采用两耳道连线中点和枕骨嵴中点作为坐标零点,设置 A、B 两套坐标系统绘制脑片线条坐标轮廓图。全书纵切图 46 张,横切图 104 张,与之对应编排的为 302 张 Nissl 法染色的神经细胞和 Weil 法染色的神经纤维的光镜脑片低倍照片。本书以大脑、间脑、中脑、脑桥、延髓和小脑的顺序,叙述了脑内形态结构特点,并配以低、高倍照片 203 张。附有定位坐标数据和鸭脑结构中、外文全称及缩写字索引。(高锋)

S000127 **鸭高效生产技术手册** 周新民、陈桂银主编,秦豪荣副主编。上海科学技术出版社 2002 年 10 月版。约 28 万字。插页 12 页。28.00 元。介绍鸭的品种、繁育、孵化、营养与饲料,蛋鸭的饲养管理、肉鸭的饲养管理、鸭场建设与经营管理、鸭病的预防、鸭病防治的常用药物、鸭的传染病、鸭的普通病。本书详尽地介绍了养鸭生产中的关键技术和操作方法。(黄庆)

S000128 **信鸽养训、观赏培育、肉用鸽养殖** 任忠芳等编著。山西科学技术出版社 2002 年 8 月版。53.4 万字。16.00 元。共 10 部分,130 个问答题,对鸽子的起源与分类、构造与特点,名称与特征,选配、遗传、变异及育种,饲料调配,鸽舍鸽具,饲养管理,鸽病防治等作了详细介绍。(温洁茹)

S000129 **肉鸽高效生产技术手册** 陈谊、康鸿明等编著。上海科学技术出版社 2002 年 9 月版。24 万字。插页 8 页。24.00 元。内容包括肉鸽的习性与行为,肉鸽的外貌、结构与生理功能,肉鸽的遗传、育种与品种，肉鸽的繁殖与人工孵化，肉鸽的饲养管理，肉鸽的营养与饲料，鸽舍设计与设施，鸽场经营管理，鸽病防治等。书末附有鸽场生物安全措施、饲养员饲养管理工作规程、常用消毒药物、鸽子的生理常数等。(黄庆)

S000130 **中兽医学大辞典** 于船等编著。四川科学技术出版社 2002 年 5 月版。130 万字。85.00元。收词 9069 条，配图 562 幅。全书词目分为中兽医学总论、中兽医史、古今中兽医人物、中兽医典籍、中兽医学基本理论、中兽医药物学、中兽医方剂学、中兽医针灸学、畜禽病症诊疗、畜禽阉割术及藏兽医药等 11 类。释文对词目进行了严格的定义、缜密的考证、原理的阐述和实用技术的推介。(郭俊铨)

S000131 **犬猫的按摩与针灸** 何静荣、陈耀星著。中国农业科学技术出版社 2002 年 2 月版。7.3 万字。11.00 元。分 3 篇。第一篇，介绍犬猫的正常生理行为、生活习性和解剖特点，便于认识疾病和进行穴位的确定。第二篇，包括概述、犬的常用穴位、操作技术、医案等内容。犬的常用穴位部分，着重介绍临床实践中证明疗效确切的穴位，并对其进行了解剖定位；在操作技术部分，从实际出发介绍了针灸按摩的常用手法，本篇精选了 20 个典型医案介绍犬疾病诊治中如何应用现代兽医学的诊治方法和手段。第三篇，介绍主人如何在自己的家中为心爱的猫咪进行保健按摩的方法。(徐平丽)

S000132 **奶牛 肉牛疾病防治** 冯端明、冯柏林编著。湖南科学技术出版社 2002 年 11 月版。13.2万字。10.00 元。详细介绍了奶牛、肉牛近 70 种常见病、多发病的防治技术，以及疾病诊断和治疗的基本方法。

S000133 **绵羊疾病诊断与防治手册** 王乐元主编。中国农业科学技术出版社 2002 年 7 月版。18.9万字。13.80 元。分为概论，流产，生产前后母养死亡，围产期羔羊死亡，生长不良，消瘦，贫血及黄疸，腹泻，腹部及里急后重，呼吸性疾病，行为改变及神经功能障碍，蜕毛和皮肤病，乳房疾病，口腔疾病，跛行，突然死亡等共 16 章，涵盖了养羊生产中常遇到的问题。在各章节中，对引起病症的常见病因、诊断技术、防治方法等分别进行了叙述。在诊断方面，主要采用了常用的、简单的方法和技术。附录中提供了常用缩写，标准参考值，羊病诊断程序，尸体剖检程序，采样和送样方法，羊免疫及诊断用生物制品，羊病防治常用药物等内容。(徐平丽)

S000134 **猪病诊断与防治原色图谱** 王春璈主编。金盾出版社 2002 年 12 月版。11.4 万字。17.50元。由猪病诊断与防治两部分构成。诊断部分有病状原色图 216 幅。内容包括猪病毒性传染病、猪细菌性传染病、猪寄生虫病、猪营养代谢性疾病、中毒症、外科病和产科病等 41 种常见猪病的诊断和防治方法。(李钦)

S000135 **兔病诊断与防治手册** 王永坤主编，朱国强、田慧芳副主编。上海科学技术出版社 2002 年 7 月版。12 万字。插页 26 页。20.00 元。重点介绍了兔常见的传染病(24 种)、真菌病(1 种)、寄生虫病(4 种)和肿瘤(1 种)的概述、诊断(临诊症状、病理变化、实验室诊断、鉴别诊断)、预防措施和治疗方法等。书末附有家兔主要传染病需采取的病料和常用的几种疫(菌)苗的用法等。书中还配有彩色照片 120 余幅。(黄庆)

S000136 **禽病临床诊断彩色图谱** 岳华、汤承主编。四川科学技术出版社 2002 年 8 月版。9 万字。198.00 元。书中涉及的禽类多，包括鸡、鸭、鹅、鸽、鹌鹑、雉鸡、珍珠鸡等多种家禽和珍禽；共收载了家禽的病毒病、细菌病、寄生虫病、营养代谢病、中毒病及杂症等 88 种。扼要介绍每种禽病的病原(病因)、流行特点、临床症状、大体病变及防治措施。(杨晓黎)

S000137 **水禽病诊断与防治手册** 王永坤、朱国强、金山等编著。上海科学技术出版社 2002 年 6 月版。12 万字。插页 46 页。25.00 元。重点介绍了水禽常见的传染病 18 种、中毒病 2 种、寄生虫病 2 种、维生素缺乏症 2 种、肿瘤 1 种和其他疾病 2 种。内容包括概述部分比较详细地叙述每种疾病病原特点及流行特点，为诊断和预防提供科学依据；临诊诊断，重点介绍病型及临诊症状；病理变化，介绍本病的特征性病变；实验室诊断，阐述了诊断意义、方法和部分新技术；鉴别诊断，主要介绍在临诊症状和病理变化容易混淆疾病的几种有意义的鉴别方法；预防措施和治疗方法，重点介绍如何防治疾病的发生和有效治疗方法。书中配有彩色照片 240 余幅。(黄庆)

S000138 **畜禽药物应用表解** 卜仕金主编。江苏科学技术出版社 2002 年 7 月版。15 万字。10.00元。以表格的形式讲述了防治畜禽疾病常用的 16 类 350 种药物，对每一种药物的作用与用途、用法与用量及注意事项作了详细地讲述，同时还介绍了各种药物的通用名、别名、常用剂型及分子式等内容。所收录药物除以《中华人民共和国兽药典》收载的主要品种外,还收录了近年来我国研制并已批准使用的新兽药及国外已在我国注册登记和使用生产的部分药物。(钱路生)

S000139 **兽药残留分析** 李俊锁、邱月明、王超著。上海科学技术出版社 2002 年 2 月版。109 万字。88.00 元。着重阐述如何根据待测物的理化性质、代谢特点和毒理学设计残留分析方法。第一至四章对残留分析原理和技术进行了概括和评述,包括残留监控原理、分析质量控制、样品处理方法、色谱分析、免疫分析及其研究与应用进展。第五至十七章讨论了 13 类兽药残留的分析原理和方法,包括各种抗生素、合成抗菌药、抗寄生虫药、同化激素和β—兴奋剂等。书中还介绍了一些对残留分析设计具有启发性的原理和方法。(孙庆安)

S000140 **野生动物解剖学与组织学** 王丽萍主编。东北林业大学出版社 2002 年 5 月版。33.6 万字。22.00 元。包括野生动物解剖学和野生动物组织学两部分内容,分 5 篇 14 章,囊括了细胞与基本组织、运动与被皮系统、消化系统、呼吸系统、泌尿系统、生殖系统、循环系统、神经系统、内分泌系统和感觉器官等内容。本教材采用了大量野生动物方面的材料,真正突出了野生动物解剖学与组织学的特点。在重点描述形态、位置及显微结构的同时,注意动物形态与功能相结合;并以哺乳动物解剖与器官组织为主干,同时增加其他类动物的比较解剖内容。(卜彩虹)

S000141 **中华黑豚北方养殖技术** 白秀娟主编。东北林业大学出版社 2002 年 7 月版。13.2 万字。10.00 元。研究了中华黑豚在东北地区养殖中的饲料与营养需要、饲养管理、繁殖及育种、疾病防治等。(卜彩虹)

S000142 **蝎子生产大全** 朱张海等编著。江苏科学技术出版社 2002 年 8 月版。14 万字。10.00元。介绍了蝎子的生产形势,蝎子的形态特征、生活习性、繁殖、饲养管理、病害敌害防治、蝎产品加工、蝎毒提取、蜇伤处理、蝎子饲料昆虫的饲养、蝎子的食用药用等方面的知识和技术。(郁宝平)

S000143 **现代养蜂技术** 李炳焜主编。福建科学技术出版社 2002 年 2 月版。26 万字。16.80 元。分养蜂效益、蜜蜂生物学、主要蜂种、主要蜜粉源植物、养蜂机具、养蜂基本技术、蜂群周年管理、不同养蜂模式管理、中蜂生活特性与管理特点、蜜蜂病敌害防治、蜜蜂产品及其应用以及不同地区养蜂历 12 部分。书中针对现代养蜂过程中出现的问题,分析其成因,并提出相应的解决办法;详细介绍我国各地的蜜粉源植物花期,对转地饲养提出合理的放蜂线路。(郑建苍)

S000144 **中国额尔齐斯河鱼类资源及渔业** 任慕莲等编著。新疆科技卫生出版社 2002 年 3 月版。37 万字。68.00 元。1999～2001 年"额尔齐斯河渔业资源调查及评价研究"课题组对额尔齐斯河的水文、水质、水生生物、鱼类以及渔业生产等方面进行了全面、系统的调查,为发展额尔齐斯河的渔业生产提供了科学依据。本书即为这次调查成果的结集。

S000145 **北京兽类志** 陈卫、高武、傅必谦编著。北京出版社 2002 年 2 月版。46.2 万字。48.00元。记述了北京地区的兽类 58 种,分别隶属于 19 个科、46 个属。对于每种兽类都列出名称的引证、鉴别特征、形态(包括外形、毛色、头骨、牙齿)、量衡度、生物学资料(含经济价值)、地理分布、分类讨论和亚种分化。书后附有兽类的野外鉴别、标本制作等,还附有兽类的中文名索引、拉丁学名索引及中、英、拉丁文名称对照和英、中、拉丁学名对照。(总编室)

水产、渔业

S000146 **养鱼全书** 郑曙明等编著。四川科学技术出版社 2002 年 5 月版。35 万字。19.50 元。为"中国现代养殖技术丛书"之一。修订版。系统介绍了淡水养鱼的配套技术,主要内容依次为:鱼类的形态结构;淡水养殖鱼类的主要品种;饲料及肥类的种类及应用价值;鱼类的育种及人工繁殖;池塘养鱼的饲养管理;湖泊、水库及河道养鱼的饲养管理;网箱养鱼的饲养管理;流水养鱼的饲养管理;稻田养鱼的饲养管理;渔场的经营管理;水产品的加工及产品开发;鱼病防治等。修订时充实了实用技术,增补了彩色图谱。(郭俊铨)

S000147 **淡水名特优水产品苗种培育手册** 戈贤平、宋迁红、刘柱军等编著。上海科学技术出版社 2002 年 10 月版。28.2 万字。26.50 元。包括鱼类(鳜鱼、史氏鲟、大口鲶、长吻鮠、河豚鱼、黄鳝、乌鳢、加州鲈、斑点叉尾鮰、美国大口胭脂鱼)、虾蟹类(河蟹、罗氏沼虾、青虾、刀额新对虾、南美白对虾)、其他养殖品种(鳖、鳄龟、大鲵、美国青蛙、三角帆蚌)等的简要生物学特性、人工繁殖、苗种培育及实例介

绍。(王刚)

S000148 **南方鲇的繁殖与饲养** 张耀光主编。西南师范大学出版社 2002 年 12 月版。15 万字。12.00元。内容涉及南方鲇的生物学特性、亲鱼培育、催产技术、孵化技术、其他繁殖技术、苗种培养、商品鱼养殖、饲料与加工、鱼病及其防治等。作者率先采用显微或亚显微技术对南方鲇性腺发育进行了研究。(米加德)

S000149 **淡水虾规模养殖关键技术** 唐建清等编著。江苏科学技术出版社 2002 年 7 月版。12 万字。9.00 元。主要介绍了青虾、罗氏沼虾、南美白对虾、克氏螯虾的生物学特性、苗种繁殖、成虾养殖、病害防治以及销售等方面的技术知识,着重介绍了近年来水产科技新成果、新技术和生产实践取得的新经验。此外,还讲述了如何因地制宜借鉴与应用相关新技术、如何找出适应本地区养殖的技术关键和发展方向等方面的知识。(郝宝平)

S000150 **河蟹规模养殖关键技术** 朱清顺等编著。江苏科学技术出版社 2002 年 8 月版。14.5 万字。10.50 元。主要讲述了河蟹的生物学特性、生态学特性,天然蟹种利用,人工育苗,饵料投饵技术,五期仔蟹强化培育,河蟹人工培育养殖,河蟹主要病虫害防治技术及常用药物,河蟹捕捞、暂养、运输,养殖技术规范等。着重介绍了近年来水产科技新成果、新技术和生产实践取得的新经验。(王达政)

S000151 **怎样养殖龙虾(克氏螯虾)** 石传翠等编著。安徽科学技术出版社 2002 年 7 月版。8 万字。6.00 元。详细介绍了龙虾(克氏螯虾)的养殖技术,内容包括亲虾培育,人工育苗,成虾养殖,龙虾捕捞和暂养,龙虾越冬,稻田、沟渠养殖,病害防治等。(陈军)

S000152 **海洋渔业实用指南** 刘殿伯编著。中国矿业大学出版社 2002 年 9 月版。36.4 万字。26.00 元。主要内容包括:海洋与渔业、底拖网作业、帆张网作业、流刺网作业、桁拖网作业、捕鳗苗作业、张蟹笼作业、渔品加工与贸易、海捕业安全等。并附有近 200 张图。作者是长期从事海洋渔业生产的领导者和组织者,以大量例证阐述海洋渔业捕捞事业的发展和操作实用技术。(罗时嘉)

T 工业技术

工业技术

T000001 **面向 21 世纪高职高专系列教材** 金林樵等主编。机械工业出版社 2002 年 1~12 月版。2000 万字。1300.00 元。共 58 册。分为 3 个专业系列:计算机专业、电子技术专业、机电专业,本教材系列是为积极发展高职高专教育,完善职业教育体系,深化职业教育改革,推进高职高专教育的发展,培养 21 世纪与我国现代化建设要求相适应的,并在生产、管理、服务第一线从事技术应用、经营管理、高新技术设备运作的高级技术应用型人才的指导思想下策划编写出版的一整套实用型教材。(田梅)

T000002 **标准编写指南** 副名:GB/T1.2—2002 和 GB/T1.1—2000 的应用。白殿一主编。中国标准出版社 2002 年 9 月版。45 万字。75.00 元。试图以市场经济的观点,从如何编写贸易型标准的角度介绍如何编写标准。首先介绍了要使标准符合《贸易技术壁垒协定(TBT)》,然后,在介绍了编写标准的基本规则、结构和层次的基础上,按照编写一项标准的顺序讲解如何编写标准。本书内容具有如下特点:回答了 GB/T1.1—2000 实施过程中所遇到的实际问题;融入了已经发布的 GB/T20000《标准化工作指南》和 GB/T20001《标准编写规则》各部分中的相关内容;尽量给出相关示例或实例,增加可操作性。随书附有《标准编写模板(TDS2.0)》光盘。(刘焱)

T000003 **设计和开发的理解与应用** 敖景主编。中国标准出版社 2002 年 11 月版。26.6 万字。30.00 元。结合 ISO 9000:2000 关于设计和开发的定义及 ISO 9001:2000 对设计和开发的要求,重点阐述了如何判断设计和开发的职能以确保正确删减设计和开发的条款及如何理解和实施设计和开发的要求。涉及人们对产品的认识过程、设计和开发的含义、设计和开发的原始度和复合度、设计和开发条款裁减的判断准则、设计和开发条款的解释、几种典型类型的设计和开发如何符合标准的要求、设计文件和记录的控制以及一些容易混淆的概念的澄清等。本书是由安索管理顾问有限公司和中国标准出版社共同策划的"ISO 9000:2000 理论与实践丛书"的第二本。该套丛书共9本,对2000版的ISO 9000系列标准的实施进行了详细的论述。(任亚江)

T000004 **欧洲共同体新方法指令应用指南** 副名:工业产品进入欧洲共同体市场的法律依据。国家标准化管理委员会、中国标准研究中心编。中国标准出版社 2002年10月版。102.7万字。110.00元。分4篇,第一篇为欧共体新方法指令的运行模式,它将新方法指令、标准、合格评定程序和市场监督之间的关系展示出来。第二篇讲述欧共体为消除内部技术性贸易壁垒、制定新方法指令所必须遵循的规范性文件,为新方法指令有效实施奠定基础。第三篇为欧共体迄今为止发布的24个新方法指令全文。第四篇为欧洲标准化组织依据新方法指令的基本要求所制定的全部协调标准目录。(刘晓东)

T000005 **产业技术范式的演化分析** 丁云龙著。东北大学出版社 2002年4月版。18.5万字。20.00元。"东北大学技术哲学博士文库丛书"之一。本书立足于工程技术哲学视角,采取一种非线性思维方式,将技术与产业的关系放到演化中加以分析,全面系统地对产业技术范式的演化进行分析和研究。包括产业技术的一般概念,产业技术范式的内涵,范式演化的技术—制度共生机制,范式演化的技术—知识协同整合机制,以及范式演化理论与产业升级现实等内容。(刘振军)

一般工业技术

T000006 **工程训练** 刘胜青主编。四川大学 2002年8月版。32.2万字。19.00元。是按照原国家教委最新颁布的课程教学基本要求和重点高等工科院校金工系列课程改革指南的精神,结合国内及本校工程训练课程的改革实践,借鉴香港地区及国外同类课程的有益经验编写而成的。本书的主要内容有:制造综述、铸造成型、连接成形、钳工、机械加工(含车、铣、磨、钻等)、新材料新工艺技术(含非金属材料、零件的模具成形、特种加工、快速原型制造技术、数控技术、工业机器人和CAD/CAPP/CAM等)以及工业系统运行概论等。(汪萍 成杰)

T000007 **工程数学** 同济大学应用数学教研室编著。同济大学 2002年8月版。上册40万字,下册42.5万字。上册27.00元,下册28.00元。上册由数值分析和矩阵论两部分组成;下册由数理统计和随机过程两部分组成。数值分析部分主要介绍解线性方程组的直接法和迭代法、矩阵特征值和特征向量的计算、非线性方程组的数值解法、插值与逼近、数值积分、常数分方程初值问题的数值解法等基本内容;矩阵论叙述矩阵基础知识、线性空间与内积空间、线性变换、矩阵的标准型、矩阵函数、广义逆等基本内容。数理统计则通过实例的基本概念、参数估计、检验方法、回归分析和方差分析;随机过程对随机过程理论与方法作了介绍,涉及的内容有马尔可夫链、平稳随机过程与平稳时间序列分析的理论与方法。(李炳钊)

T000008 **新编工程数学** 李颖主编。大连理工大学出版社 2002年8月版。121.2万字。36.00元。包括复变函数基础、积分变换、矢量分析与场论及数值计算4部分内容。(总编室)

T000009 **工程数学题解词典——问题与解答** 黄璞生、李柏玲、张琪等编。陕西科学技术出版社 2002年5月版。163.4万字。65.00元。包括了工程数学的主要内容:线性代数、概率论与数理统计、复变函数、积分变换、矢量分析与场论、计算方法、数学物理方程、变分法,全书分8章,共计2100余题。每章内容分两部分:第一部分内容提要,介绍与本章内容有关的定义、定理、推论、法则、公式、基本概念等;第二部分即是按课程内容顺序编写的题解。本词典有以下特点:1.重视与教材的密切配合,各章都给出了内容提要,所选题目中既有复习、巩固教材中基本内容的题目,又有综合性较高、技巧性较强的题目,以便于提高读者的知识水平和解题能力。2.重视提高解题的分析能力,由于数学本身的特点以及参阅本书的读者一般都具有一定的水平,所以,对大部分题目不专门进行分析解说,只给出了简捷的数学运算,仅在适当的地方作出说明,这样不仅能使读者得到简明而准确的解答,而且也利于培养读者自己分析问题和解决问题的能力。3.本词典中的题目是从国内外各种教材、习题集、数学竞赛题及考研题及部分重点高校的考试题中收集整理编写的,还有作者在多年教学过程中自己编写的部分题目,这些题目全面概括了工程数学中各门课程的全部内容,所收题目侧重于各部分的重点及难点。4.对所选题目认真归类，以典型带一般，题目编排分类清楚、条理分明，各类题目选好典型，使读者能举一反三，触类旁通。（赵生久）

T000010 **工程流体力学** 郭楚文主编。中国矿业大学出版社 2002 年 4 月版。33.3 万字。25.00元。共 11 章：流体的定义与性质；流体静力学；流体动力学；相似理论；粘性流动和水力计算；涡旋流动；理想不可压流体的无旋流；边界层理论初步；射流；多孔介质中的渗流；气体动力学初步。（钟诚）

T000011 **现代设计方法及应用** 余俊主编。中国标准出版社 2002 年 10 月版。197.4 万字。128.00元。分 11 篇，介绍 21 世纪国际最流行的 10 种现代设计方法。总论篇简述了设计综合、概念设计、反向工程、虚拟设计、虚拟装配、虚拟企业、分布式虚拟设计和制造等。创新设计篇介绍创造技法、系统化设计法、变异设计。生命周期设计篇介绍基本概念、面向维修/回收设计、材料选择设计、产品生命周期评估。有限元设计篇介绍弹性力学平面和空间问题的求解，涉及板壳问题、动力问题、稳定问题。虚拟设计篇介绍虚拟原型及其生成、虚拟环境的输入/输出设备和软件/硬件、虚拟设计的应用内容。优化设计篇对连续变量的优化设计、混合离散变量的优化设计方法、人工神经网络和模糊优化等方法进行归纳。稳健设计篇介绍因子试验与分析、损失模型法、响应面模型法、随机模型法。并行设计篇介绍并行化产品设计过程的建模、多功能团队的协同、集成化产品模型、设计评价。智能设计篇介绍智能设计系统的构成、知识表达方式及其实现、基于知识的推理、其他知识处理技术。机电一体化设计篇介绍传感器与自动监测技术、信息处理技术、微机自动控制技术、伺服驱动技术。计算机辅助设计篇介绍CAD基础、图形与工程信息交换标准、特征造型、产品概念设计、模块化设计、产品表面设计、产品数据管理。（韩基新）

T000012 **离散变量结构优化设计** 孙焕纯等著。大连理工大学出版社 2002 年 6 月第二版。34.3万字。30.00 元(精装)。是离散变量结构优化设计研究成果的系统归纳总结。包括：(1)对截面优化问题采用序列两极算法以简化计算，继而将原问题化为(0,1)、(0,1,2)、多值规划，采用隐枚举法、定届组合算法，大大减少了组合次数。相对差商法和多约束凝聚为单约束相结合的方法给出了一种高效的近似组合方法，并给出了解的误差估计公式和修正方法。(2)对形状、拓扑、布局三个层次的优化，给出了两类算法：一类是序列多重两极算法；另一类是综合算法。（总编室）

T000013 **工程测量学** 张正禄主编。武汉大学出版社 2002 年 7 月版。36.9 万字。21.50 元。普通高等教育测绘类规划教材。叙述了工程测量学的起源、发展和现状；在阐述该学科原理、方法和技术的基础上，对控制网布设、大比例尺数字测图、工程施工放样、变形监测分析与预报以及设备的安装检校测量等做了系统深入的介绍，并结合典型工程进行了概括说明；从信息获取、处理、表达和应用的角度展望了学科的发展。（王金龙）

T000014 **工程制图与计算机辅助绘图** 隆泗、母洪都主编。西南交通大学出版社 2002 年 8 月版。39.9 万字。35.00 元。是作者参照教育部批准印发的高等学校本科“工程制图课程教学基本要求”和最新颁布的国家标准和技术标准，总结多年来的教学经验，把从事工程技术教育的大、中专院校普遍开设的《工程制图》与《计算机辅绘图》两门课程结合起来编写而成的教材。主要内容包括：制图基础知识、计算机绘图基础、投影与视图、组合体的三视图、尺寸标注及视图输出、机件的表达方法、标准件和常用件、零件图、装配图、轴测图及计算机辅助三维作图。书中的制图部分采用了国家最新颁布的国家标准和技术标准，计算机绘图采用的是 Auto CAD 2000 版本。（王旻）

T000015 **设计透视效果图表现技法** 王捷编著。上海科学技术文献出版社 2002 年 2 月版。80 万字。22.00 元。从透视图法入手，介绍如何利用电脑辅助工具及麦克笔的色彩渲染应用技巧来绘制透视效果图。（何银莲）

T000016 **工程材料学** 耿香月、赵乃勤编。天津大学出版社 2002 年 3 月版。33.2 万字。18.00元。包括 9 章内容。第一章至第五章为基础理论部分，包括材料的固体结构、材料的凝固与结晶、二元相图、材料的变形与断裂、材料的固态相变与热处理；第六章至第八章为工程材料，包括金属材料、非金属材料及复合材料；第九章为材料的腐蚀，包括金属的腐蚀、腐蚀形态、高温氧化、腐蚀的控制与防护。（赵淑梅）

T000017 **计算材料学** [德]D.罗伯编著，向金钟、吴兴惠译。化学工业出版社 2002 年 9 月版。40.0万字。40.00 元。是根据德国 Wiley－VCH 图书公司出版的 D. Raabe 所著《计算材料学》(*Computational Materials Science*)译出的。作者在书中采用系统而独特的观点,论述了计算材料科学中广泛使用的各种不同的模拟方法。本书共 5 部分组成:第一部分为基础篇,主要介绍了在材料模型化和模拟中所采用的基本概念和原理;第二部分论述了纳观至介观尺度的模拟方法,包括各种 Metropolis 蒙特卡罗和分子动力学方法;第三部分是关于微观至介观层次的模拟方法,其中包括位错动力学、金兹堡一朗道型扩散相场动力学方法、元胞自动机、多态波茨动力学模型、几何及组分模型、拓扑网络及顶点模型;第四部分在介观至宏观层次,分析讨论了应用于大尺度模拟的有限元法、有限差分法和多晶体模型;第五部分主要阐述了模型化与模拟的集成化问题。在本书附录中,作者还对计算机分类、模糊集合论、人工神经网络和逾渗理论作了简要介绍。同时,每章还给出了各种模拟方法在材料科学中的应用例子,并附有大量参考文献。(郭燕)

T000018 **功能材料词典(Functional Materials Dictionary)** 黄泽铣主编。科学出版社 2002 年 9 月版。209.5 万字。128.00 元。按材料功能,全部词条分 10 大类,涵盖具有特殊电、磁、光、热、声、力、化学和生物功能的各种功能材料,共 5500 余条。书末附有收词用"功能材料专业分类目录"和英文字母顺序排列的英文词条索引。(总编业务部)

T000019 **材料科学与工程基础** 顾宜主编。化学工业出版社 2002 年 4 月版。61.1 万字。45.00元。共 5 章。绪论、物质结构基础、材料组成与结构、材料的性能、材料的制备与成型加工。从材料科学与工程的基本原理出发,综合介绍了各种材料组成、结构、制备工艺、性能及应用的共性规律及金属材料、无机非金属材料和有机高分子材料的个性特点和多种组分复合体系的基本特征。(郭燕)

T000020 **材料科学导论——融贯的论述** 冯端、师昌绪、刘志国主编。化学工业出版社 2002 年 5 月版。85.6 万字。90.00 元。分 4 篇:第一篇为"材料的结构",首先揭示了理解材料结构的主要线索,然后分别论述了晶态(包括了准晶)和晶体以外(包括玻璃与软物质)的结构。接着 4 章讨论了材料的实际结构,其中包括了点缺陷,位错与向错,表面与界面,以及多层次与非均质结构。第二篇为"材料的物性",在介绍了理解物性的必要理论基础之后,逐章论述了输运性质,磁性,铁电性,超导电性,光学性质与力学性质。第三篇为"材料制备的科学基础"。在简单介绍材料制备技术之后,分章论述了相图,扩散与固相反应及相变的基本原理。进而讨论了材料制备的前沿问题,诸如外延生长,生长界面的稳定性(枝晶与分形生长)和软物质的自组织。最后殿以"展望"一篇,分别对材料表征,材料设计,计算相图和新材料探索等方面的前沿问题进行了综述和展望。(郭燕)

T000021 **材料中的氦及氚渗透** 王佩璇、宋家树编著。国防工业出版社 2002 年 4 月版。14.8 万字。17.00 元。论述材料科学与技术中一个特殊问题,即惰性元素在材料中的行为和有关的氚的渗透问题。氚在材料中的聚集、扩散、释放以及对材料性能的影响与核技术中的氚工艺及未来的聚变能源有关,具有重要的实际意义。有关现象又涉及材料科学中许多基本问题,需要从新的角度及用新的方法来研究。书中还介绍了材料防氚渗透阻挡层的研究成果及发展方向。(邢海鹰)

T000022 **工程材料手册·非金属材料卷** 方昆凡主编。北京出版社 2002 年 2 月版。144 万字。98.00 元。共 13 章,包括塑料及塑料制品、橡胶及橡胶制品、胶粘剂、润滑剂、涂料、新型陶瓷、铸石及铸石制品、耐火材料、水泥及水泥制品、石棉及石棉制品、木材、工业用纺织品及复合材料等。书中还介绍了国内有关新型陶瓷材料及复合材料方面具有可靠使用价值的新品种,并辑录了国外新型陶瓷和复合材料常用品种的技术资料。(总编室)

T000023 **超大规模集成电路衬底材料性能及加工测试技术工程** 刘玉岭、檀柏梅、张楷亮编著,赵正平审校。冶金工业出版社 2002 年 8 月版。49.1万字。39.50 元。介绍了作为超大规模集成电路衬底材料硅的性能、硅单晶衬底的加工工艺以及相关测试技术。全书共 9 章,分别为:硅单晶及硅化合物的化学性质、硅单晶的加工成形技术、超大规模集成电路硅衬底的抛光、外延技术、ULSI 多层布线全局平坦化、集成电路中的清洗、硅单晶衬底及相关材料的物理性质、硅单晶中的缺陷及其对器件的危害、硅单晶性质的检测设备与技术。本书收集了大量国内外关于单晶制备、性能控制研发的文献与资料,补充了有关硅单晶加工性能控制及其相关技术的内容,结合作者多年的研发成果,系统地阐述了超大规模集成电路衬底材料的基本理论和工程应用,并附有 7 个附录和大量参考文献。(刘小峰)

T000024 **分子模拟与高分子材料(含盘)** 杨小震著。科学出版社 2002 年 6 月版。26.6 万字。

35.00元。介绍近年来飞速发展的让世人瞩目的分子模拟技术及其在高分子材料研究和设计中的应用。全书共18章,第一章至第六章介绍分子模拟的基本原理和分子模拟中的5种有效方法——分子力场、分子力学方法、分子动力学方法、分子蒙特卡洛方法和介观模拟;第七章至第十八章介绍分子模拟在高分子材料研究和设计中的应用,包括:分子模拟软件模拟(MP)、分子识别与催化剂的选择性、催化剂活性的预报、高分子链构象态的跃迁、高分子链统计尺寸预报、高性能树脂的性能预报、高分子玻璃态的运动与玻璃化转变、高分子链的结晶行为、高分子的相容性、高分子受限链的熵与焓、高分子的构象弹性和分子光谱的预报。(总编业务部)

T000025 **形状记忆聚合物及其应用** 朱光明编著。化学工业出版社 2002 年 11 月版。28.7 万字。35.00 元。介绍了形状记忆聚合物的记忆效应原理、形状记忆聚合物的结构特点、合成方法、性能及其应用等,全书共 12 章。第一章,介绍了各种形状记忆材料的特点;第二章,介绍了聚合物的形状记忆效应及其原理;第三章至第十二章,分别介绍了交联聚乙烯、氟塑料、聚氯乙烯、形状记忆聚氨酯、聚酯、反式聚异戊二烯、交联乙烯一醋酸乙烯共聚物、聚合物凝胶等形状记忆聚合物的制备方法、性能特点及其用途等。(郭燕)

T000026 **复合材料结构稳定性分析指南** 中国航空研究院编。航空工业出版社 2002 年 9 月版。25.3 万字。25.00 元。分 7 章和 1 个附录。第一章介绍结构稳定性分析的目的、方法和进展,并概括了复合材料结构稳定性分析的特点;第二章对层压板的解析和工程计算方法作了进一步的总结和拓展,并介绍了按稳定性要求进行设计的方法;第三章介绍加强层压板的分析方法和分析软件;并给出了最近十年来的试验和分析研究成果;第四章介绍复合材料面板的蜂窝夹层板的各种失效模式和总体稳定性的分析方法和通用软件;第五章系统地介绍了结构非线性后屈曲的分析理论、计算方法和最新研究进展,以及功能强大的分析软件;第六章介绍飞机复合材料结构稳定性的有限元分析,以及典型复杂构件的计算实例;第七章向设计者介绍稳定性试验的设计方法及试验结果的使用,以及新的试验技术;附录 A 中给出了层压板和加筋层压板的刚度、等效刚度和等效弹性模量的计算公式。(黄苏桥)

T000027 **电沉积多功能复合材料的理论与实践** 郭忠诚、杨显万著。冶金工业出版社 2002 年 10 月版。18.6 万字。19.00 元。首先阐述了复合电沉积目前国内外的研究现状、应用情况、发展趋势,以及相关的研究方法,对电沉积多功能复合材料进行了热力学分析。然后系统研究了电沉积 RE－Ni－W－P－SiC 复合材料的工艺条件,阴极过程、在不同介质中的腐蚀规律、耐磨性及影响因素、组织与结构以及抗氧化性;同时研究了 RE－Ni－W－P－SiC－PTFE 复合材料的制备工艺、耐磨性、抗氧化性、耐蚀性和组织结构,并与 RE－Ni－W－P－SiC 复合材料进行了对比。最后介绍了电沉积多功能复合材料的半工业试验结果、工业应用情况以及据此推测的此技术未来的经济和社会效益。(李梅)

T000028 **加工原子的技术:纳米技术** 罗蕾编著。江西科学技术出版社 2002 年 12 月版。11 万字。10.00 元。由纳米是什么、纳米技术的工具—扫描探针显微镜、纳米技术的载—纳米材料、纳米生物工程、纳米电子器件、纳米机器人技术展望 6 部分组成。本书是“科学大视野丛书”之一。(刘舒)

T000029 **纳米材料制备技术** 王世敏、许祖勋、傅晶编著。化学工业出版社 2002 年 2 月版。25.8万字。26.00 元。作者根据多年的工作经验并结合国内外最新的研究成果,介绍了纳米微粒,一维、二维、三维纳米材料,纳米复合材料及纳米结构的各种制备方法,重点阐述了纳米微粒的制备及其表面修饰技术。(郭燕)

T000030 **纳米碳管——制备、结构、物性及应用** 成会明编著。化学工业出版社 2002 年 8 月版。41.2 万字。34.00 元。编著者在参阅大量国内外有关科技文献和资料的基础上,认真总结国内外最新科研进展,并融入编著者多年科研工作的结果,全面介绍了纳米碳管所涉及的基本概念、基本理论和原理,详细叙述了纳米碳管的制备方法、生长机理、微观结构以及纳米碳管的电学性质、力学性质、场发射特性、储氢特性、电化学特性及其可能的应用前景。(郭燕)

T000031 **国外纳米材料技术进展与应用** 朱屯、王福明、王习东等编著。化学工业出版社 2002 年 6 月版。22.8 万字。25.00 元。就电子信息、航空航天、环保和能源、生物医药等领域介绍了国际上纳米材料的最新科研进展及应用,同时提供了在 Internet 上丰富的纳米应用资源。(郭燕)

T000032 **自蔓延合成技术及原位自生复合材料** 金云学、张二林编著。哈尔滨工业大学出版社 2002 年 6 月版。19 万字。13.80 元。以 Al－Ti－C

体系和 Al－TiO2－C 体系的自蔓延合成反应过程为主线，从理论上系统地分析了 SHS 反应热力学、SHS 反应动力学、SHS 反应过程及相组成，并叙述了原位自生复合材料的制备工艺参数对材料组织性能的影响，给出了复合材料的各种性能。内容包括：概述自蔓延合成技术；SHS 反应热力学；SHS 反应动力学；SHS 的反应模式；反应过程及相组成；TiC/Al2O3 和(TiC－TiO2)/Al 材料的制备及力学性能；自生 TiCp/2024 复合材料的组织、结构及性能等。(甄森森)

T000033 **环境材料** 孙胜龙编著。化学工业出版社 2002 年 5 月版。35.7 万字。28.00 元。系统地介绍了当前不同领域中形成的不同环境材料，包括绿色包装材料、环境降解材料、绿色建筑材料、环境净化材料、环境替代材料、微生物环境材料、废弃物利用材料、能源及新能源材料、自然岩石(矿物)材料、仿生保健材料、纳米材料和环境修复材料等。书中对每种环境材料的概念、类型、不同领域中应用的前景、国内外未来发展趋势与动向进行了详细介绍，同时也介绍了环境材料的分类、评价方法以及未来环境材料科学领域研究中的某些重大问题。(郭燕)

T000034 **蓄光型发光材料及其制品** 肖志国主编。化学工业出版社 2002 年 10 月版。19.4 万字。28.00 元。介绍了发光学的基本概念和基础性知识；对各类型蓄光型发光材料的制备工艺、发光性能和应用特性、发光机理等均作了论述，专章讨论了蓄光型发光制品的种类及相应生产工艺；对各种蓄光型发光制品在防灾和消防安全标志、工业生产、仪器仪表、军事设施以及人民生活等方面的实际应用也做了详细的介绍。(郭燕)

T000035 **工程爆破技术与安全管理** 陈庆凯、梅智学、赵德孝编著。东北大学出版社 2002 年 12 月版。33 万字。22.00 元。从工程炸药、爆破器材、起爆器材、起爆方法等爆破理论基础出发，针对矿山工程爆破技术、拆除爆破、特种爆破诸方面的工程爆破技术，从实用角度出发进行了详细的介绍。重点阐述了各种工程爆破技术的基本原理、技术设计、施工设计以及防止爆破意外事故、抑制爆破有害效应等。本书还分别阐述了爆破器材的检验与安全管理、工程爆破公害及安全措施，以及爆破安全管理等内容。(刘淑芳)

T000036 **工业造型设计** 李新平主编。中国矿业大学出版社 2002 年 11 月版。22.2 万字。21.00元。共 9 章：概论、工业造型设计基础、工业造型世界的形态要素、色彩设计、标志设计、工业产品设计表现技法、人机工程设计、计算机辅助设计、工业产品造型设计实例。(钟诚)

T000037 **展示设计艺术欣赏** 郭茂来著。人民美术出版社 2002 年 12 月版。10 万字。45.00 元。以国外的展示设计图例为主，结合消费者心理和形式美的一般规律，对展示设计的功能、要素，及其设计技法进行系统的介绍。(石松)

T000038 **设计辞典** 张乃仁主编。北京理工大学出版社 2002 年 1 月版。100.8 万字。90.00 元。根据设计辞条的内容分为产品、家具、照明、视觉传达、包装、书籍装帧、广告、展示、企业形象、服装、印刷、市场营销、材料、人机工学、计算机、构成、制图、美术、摄影、设计师、设计流派、设计团体、设计教育单位、专利共 26 个设计门类，辞条 3000 余个，辞条及内容以中国、日本和欧美等地的近、现代的内容为主。(总编办)

T000039 **中国外观设计专利精品集** 知识产权出版社编。国家知识产权、知识产权出版社 2002 年 5 月版。16.7 万字。160.00 元。以大量优秀的外观专利作品和国内著名工业设计专家及国家知识产权局外观设计专利审查员的点评为主要内容。书中每幅作品均附有设计思路、专家点评、设计人简历等主要信息。(向良穗)

T000040 **现代振动与噪声技术** 应怀樵主编。航空工业出版社 2002 年 9 月版。51.2 万字。50.00元。论文集。选收特邀报告 5 篇，学术论文 42 篇，分振动噪声理论与应用，减振降噪控制，模态试验与分析以及试验技术与分析方法等 4 部分。主要包括振动、噪声分析方法和技术，减振降噪控制及措施，模态试验分析与工程应用，动态测试与设备状态监测，信号信息处理及虚拟仪器应用等。(黄苏桥)

T000041 **噪声与振动控制工程手册** 马大猷主编。机械工业出版社 2002 年 9 月版。189 万字。96.00 元。从噪声与振动控制技术和基本理论着手，系统地阐述了隔声、吸声、消声、隔振、阻尼抑振以及最新的有源噪声振动控制技术与数字技术，汇集了大量的噪声与振动控制标准规范、测试方法、声源特性、控制设备、产品材料以及工程实例等。(曾红)

T000042 **空调用螺杆式制冷机(结构 操作 维护)** 周邦宁主编。中国建筑工业出版社 2002 年 5

月版。67.8万字。35.00元。重点阐述了有关螺杆式制冷机的工作原理、结构特点、自动控制系统及机组安装、运行管理、故障处理、维护保养等方面的知识。并简要介绍了机组的选型、各项经济技术指标内容。(姚荣华)

T000043 **数字照相机** 陈琳编著。江苏科学技术出版社 2002 年 1 月版。15 万字。28.00 元。分开篇、基础篇、拍摄技术技法篇、影像加工应用篇 4 部分,介绍了数字照相机的工作特点、基本结构及功能,给出了选购策略,详细介绍了使用数字照相机拍摄的各种要点、使用技巧、表现手法,以及如何利用计算机处理拍摄的数字影像,模拟拍摄特技和传统暗房技巧,输出、应用数字影像等。(宋平)

T000044 **最新数码照相机选购与操作手册** 王震编著。上海人民美术出版社 2002 年 7 月版。16.6万字。186 幅图。19.00 元。从 3 个主要方面介绍了如何选购和操作最新数码照相机:论述了最新数码照相机的现状及未来发展趋势,同时介绍了流行数码照相机的特点和数码摄影的技术用语等,并站在用户的立场上提出了许多选购最新数码照相机的参考性意见;以市场上畅销的 5 个著名品牌的数码照相机为重点,详细介绍了它们的操作方法,从而便于用户能顺利地、正确地使用数码照相机;介绍了数码照片的基本处理方法和常见数码照片处理软件的使用技巧。(申美文)

T000045 **创意摄影的奥秘** 副名:影像数码处理精技。[美]吉姆·朱克曼著,何积惠译。上海人民美术出版社 2002 年 6 月版。10 万字。238 幅图。55.00 元。提供了掌握数码摄影和影像处理所必需的创意、技巧和策略。从本书中将会学到如何改变以前拍摄的背景,度身定制崭新画面和将毫不相干的影像组合在一起,模拟以往难以想象的真实;怎样将照片变为绘画和将数码文件转变为适宜装配镜框的"真实世界"影像;告诉你在计算机上模拟暗室冲洗过程和如何应用滤镜以增强对比度、饱和度和氛围等。分引言和 Photoshop 介绍:模拟暗室技巧、艺术滤镜效果、背景更改、影像组合策略、高级处理、变照片为绘画、特技、影像输出 8 个章节,附索引。(申美文)

T000046 **计量标准考核规范实施指南** 全国计量标准、计量检定人员考核委员会组编。中国计量出版社 2002 年 1 月版。17.1 万字。28.00 元。对国家计量技术规范 JJF1033—2001《计量标准考核规范》中的具体条文逐条给出了解释和说明;对于一些难点如不确定度评定与验证,书中作了详细的解释;书中还对《规范》中表格的正确填写作了说明。(曹纪宗)

T000047 **质量与密度测量不确定度评定** 闫宝珠主编。中国计量出版社 2002 年 7 月版。23 万字。30.00 元。主要介绍质量与密度专业测量不确定度的分析计算。包括:质量与密度基本测量方法及其标准不确定度的评定;砝码、非自动秤、自动衡器和密度测量不确定度的评定与表示。其中详细介绍了标准砝码和密度标准装置的建立过程中测量不确定度的评定;砝码、非自动秤、自动衡器和密度的检定与校准及其测量不确定度应用的分析计算实例。(曹纪宗)

T000048 **测量不确定度表达百问** 李慎安编著。中国计量出版社 2002 年 1 月版。26.8 万字。24.50元。是作者继《测量不确定度表达 10 讲》之后,对近期在一些地方和部门讲学时,有些同行提出的以及一些读者在该书出版后提出的需要探讨的有关不确定度的问题中带有较普遍性的问题所作的解答。(总编室)

T000049 **中国物理学史大系** 副名:计量史。丘光明著。湖南教育出版社 2002 年 12 月版。55.6 万字。34.00 元。中国古代计量史按时间顺序,从起源到制度建立和专业器具的制作,从母系氏族社会的简单测量到商、周的立法建制以及春秋战国的混乱到秦统一天下后历代的延续、变化和发展,均按朝代顺序——作了系统的论述之外,更着重对于不同时期单位量值的考订。自古以来,计量便成为百物制度的标准。农业产量的高低、赋税的轻重、俸禄的多少、商品的贵贱,无不以计量单位来标度。然而,随着朝代的更迭、制度的变化,各个不同时期在测量时所用的单位名称和单位量值,既不断地延续,又不断地变化。因此,如何制定出历代的单位量值表,就成为学术界普遍关注的问题。本书在过去考校历代计量器具的基础上,结合历史文献,力求将中国几千年历史进程中反映出来的不完全统一的计量单位和参差不齐的数和量,用今天的法定计量单位制——国际单位制为惟一的标准,去换算历代以政权形式颁发的单位制的变化,并且不断地去伪存真,力求逐步接近历史的真值。本书还在过去只限于长度、容器、重量三个方面的研究之外,还对与科学技术相关的其他的测量,也做了初步的探讨。(谭清莲)

T000050 **密度计量** 副名:国家计量技术法

规统一宣贯教材。李兴华编著。中国计量出版社2002年8月版。19万字。20.00元。JJG86—2001《标准玻璃浮计》和JJF—2001《酒精密度—浓度测量用表》的宣贯教材。书中在介绍了密度计量基本知识、密度标准及量值传递、玻璃浮计及其测量的基础上,对这些计量技术法规的有关条文作了解释,并列举了有关实例,在附录中列出了有关的标准及数据表。(曹纪宗)

T000051 **流量测量不确定度分析** 王池主编。中国计量出版社2002年6月版。14.5万字。20.00元。国家计量技术规范JJF1059—1999《测量不确定度评定与表示》在流量专业的宣贯教材,由国家质检总局计量司审定。主要内容有流量计量和测量不确定度的基础知识;相关的仪器设备、流量标准装置和各种流量计的测量不确定度分析等。(曹纪宗)

T000052 **实用测量器具维修技术丛书** 辽宁省计量科学研究院组编。中国计量出版社2002年10月版。84万字。78.00元。包括:分光光度计类测量仪器,数字式三用表校验仪,压力表,数字温度显示调节仪表,水准仪立式光学计,电子式电能表,声学计量器具的修理知识,基本性能,结构原理,故障排除方法,使用技巧等。(曹纪宗)

矿业工程

T000053 **地下装载机——结构、设计与使用** 高梦熊编著。冶金工业出版社2002年4月版。59.6万字。55.00元。共14章。主要介绍地下装载机的动力装置,地下装载机传动系,地下装载机的行走系,地下装载机的制动系,地下装载机转向系,地下装载机工作机构,地下装载机液压系统,地下电动装载机卷排缆机构的结构与设计,地下装载机电气系统,地下装载机人机工程学设计,地下装载机主要技术参数计算,地下装载机性能的检验,地下装载机的生产能力。(王之光)

T000054 **地下铲运机** 张栋林主编。冶金工业出版社2002年10月版。79.3万字。68.00元。详细叙述了地下铲运机的基本理论和工程实践,主要内容包括地下铲运机主要技术参数和稳定性、铲运机的总体布置与组织部分、工作装置、柴油发动机与尾气净化装置、电力驱动与电缆缠绕装置、地下铲运机的传动系统、液力变矩器、变速箱、万向传动装置、轮式驱动桥、转向系统、制动系统、铲运机的静液压传动装置、液压系统与电气系统、轮胎与轮辋、铲运机的使用技术、维修技术,最后列举了国内使用地下铲运机的矿山实例以及国内外地下铲运机和主要配套件生产厂家与其产品技术性能。(谭学余)

T000055 **中国煤炭矿山机电设备及安全装备选型手册** 中国煤炭机械工业协会编。中国矿业大学出版社2002年6月版。226万字。236.00元。分上下两册,收录了400多家企业的几十大类数千个品种的产品,重点介绍了企业产品的技术性能、参数、企业技术开发能力及ISO 9000认证等相关情况,为煤炭生产现场设备及装备的综合使用提供了可靠的产品技术指导。(李士峰)

T000056 **现代提升机数字控制系统** 马建民、赵增玉编著。中国矿业大学出版社2002年8月版。30万字。68.00元。主要是针对从事矿山提升机工作的技术人员和技术工人的现场调试和维护需要而编写的,主要内容包括:现代数控提升机的主要类型、控制系统设计、主控和驱动控制系统功能、保护功能的设计及其实现方法、交交变频矢量控制、制动控制、故障排查、典型故障分析和提升机性能验收等。(何戈)

T000057 **矿业信息及计算机应用** 林在康主编。中国矿业大学出版社2002年8月版。49万字。236.00元。主要内容有:一、Excel软件基础知识及常用运算,包括Excel软件基础知识、用Excel快速求解一元线性回归、一元非线性回归、行列式、方程及矩阵运算。二、规划论中的线性规划、0－1规划和非线性规划的基本知识和用Excel快速求解线性规划的计算机解法。三、运筹学中常用的多目标决策、对策论、系统可靠性、专家系统、层次分析等5部分内容。四、计算机模拟的基本知识及实用程序,包括均匀随机数、指数分布随机数、正态分布随机数的产生方法和计算机程序,3种计算机模拟方法。五、采矿CAD初步知识。六、采矿制图标准。七、VB基本知识并介绍几个简单的采矿实例。每章后附有练习题。(李士峰)

T000058 **矿井通风机及通风安全新技术** 王德明主编。中国矿业大学出版社2002年10月版。40万字。40.00元。论文集。选收中国煤炭劳保学会矿井通风专业委员会第十一届年会的论文55篇。内容主要包括:矿井通风机及其改造;通风理论及技术;通风系统优化及评价;煤矿火灾防治;瓦斯防治及其他安全技术。(马跃龙)

T000059 **采场脉动通风理论及其在采矿安全**

中的应用 杨胜强、俞启香、王凯著。中国矿业大学出版社 2002 年 11 月版。14 万字。20.00 元。以粘性流体力学、空气动力学和瓦斯空气传质学为理论基础，根据流体力学的相似理论、紊流脉动的传质理论，将模型实验、脉动传质理论分析和现场试验有机结合起来，系统地开展了脉动通风治理回采工作面上隅角瓦斯积聚技术的理论、实验和工业性试验研究。（马跃龙）

T000060 **煤矿安全操作口诀丛书** 《煤矿安全操作口诀》编委会编。中国矿业大学出版社 2002 年 11 月版。500 万字。600.00 元。煤矿安全培训教育普及读物。本丛书以国家最新颁布的《煤矿安全规程》和《煤矿工人技术操作规程》为基准，以煤矿现场不同工种应知应会为结合点，编制了与煤矿生产最为密切相关的 92 个重要工种的安全操作口诀。每个工种均划分为 9 个模块——包括安全第一、下井须知、安全操作、灾害防治、自救互救、《安全规程》相关规定、《操作规程》相关规定、自救器使用技术、自救互救技术。全套丛书内容涵盖了与井工煤矿生产密切相关的采煤、巷道掘进、机电、运输提升、通风安全、地质测量、矿山救护等 7 个专业的工种或岗位操作要点。（马跃龙）

T000061 **自然 γ 射线煤岩界面识别机理及采煤机摇臂自动调高顶煤厚度监测技术** 王增才、徐建华、王泉夫著。中国矿业大学出版社 2002 年 8 月版。15 万字。20.00 元。对自然 γ 射线煤岩分界探测方法进行了详细讨论，提出了自然 γ 射线穿透顶煤后的衰减数学模型，并考虑了液压支架顶梁对射线衰减的影响。在多个矿井实验基础上，本书提供了大量实验数据，验证了数学模型的正确性。根据理论公式和实验结果，本书研制了一种以单片机为核心的顶煤厚度监测仪，并利用顶煤厚度监测仪组成了采煤机摇臂自动调高系统。（马跃龙）

T000062 **煤炭地下气化过程稳定性及控制技术** 梁杰著。中国矿业大学出版社 2002 年 10 月版。24 万字。38.00 元。是作者对所承担的国家高技术研究发展计划（863 计划）及近十六年来从事煤炭地下气化研究工作所取得的研究成果的总结。作者在理论分析、数值模拟、室内试验和现场试验的基础上，系统地研究了煤炭地下气化过程稳定性及控制技术。（王晓玲）

T000063 **2002 年第三届国际煤层气论坛论文集** 罗新荣、卡尔·舒尔兹、胡予红主编。中国矿业大学出版社 2002 年 11 月版。53.06 万字。80.00 元。论文集。选收 48 篇文章，其中 30 篇中文，18 篇英文。共 6 部分：机遇与挑战，资源评价与有利区块分析，地面开发与井下抽放技术，煤矿区煤层气利用，温室气体减排及清洁发展机制以及其他。主要对中国煤层气的开发前景、开采利用技术、经济评价、环境保护进行了研究。（宋党育）

T000064 **流态化分选理论** 骆振福、赵跃民著。中国矿业大学出版社 2002 年 9 月版。20 万字。28.00 元。是作者将近年来在干法分选领域取得的成果系统化，并着重介绍空气重介质流化床分选和外力场流化床分选的理论研究成果。描述了气固流态化的基本性质，详细研究了适合于矿物分选的浓相高密度流化床的特性；提出了空气重介质流化床选煤理论，讨论了加重质的级配原则及流化性能，分析了流态化分选过程，对流化床密度的动态稳定性及分选介质的动态平衡进行了研究，建立了相关的数学模型。（褚建萍）

T000065 **超净煤制备技术** 杨巧文编著。中国矿业大学出版社 2002 年 10 月版。12.5 万字。10.00元。主要介绍一种新型的分选方法——选择性聚团脱灰法，该方法脱灰率高，精煤产率高，耗药少，应用前景广阔。该方法不仅可用来制备超净煤，在高灰尾煤、极难选煤和细嵌布高硫煤的分选方面也有很好的脱灰降硫效果。本书在选择性聚团工艺、机理方面进行了深入、全面的介绍。（李朝雯）

T000066 **煤的炭化过程控制理论及其在煤基活性炭制备中的应用** 解强、边炳鑫著。中国矿业大学出版社 2002 年 10 月版。15 万字。30.00 元。以现代分析手段系统研究了炭质吸附材料的物质结构、孔结构与吸附性能间的关系，原料煤的组成、结构对制备的炭质吸附结构、性能的影响程度，详细研究了煤的炭化过程。在此基础上，提出并证实了炭化过程决定活性炭性能的观点，设计并研究了煤的炭化过程控制方法与机制，开发并完善了煤深度脱灰的新方法。（褚建萍）

石油、天然气工业

T000067 **石油化工设计手册 第 4 卷 工艺和系统设计** 王松汉主编。化学工业出版社 2002 年 1 月版。165.3 万字。120.00 元。共 8 章。其内容为：设计基础，工艺设计与计算，基础设计，系统设计和计算，自动控制，安全工程，计算机辅助设计。（郭燕）

T000068 **石油化工设计手册 第3卷 化工单元过程** 王松汉主编。化学工业出版社2002年1月版。493.2万字。220.00元。共17章,分别为:流体输送机械、非均相分离、液体搅拌与混合、冷冻、换热器、工业炉与空气预热器、蒸发、结晶、蒸馏、吸收与解吸、液一液萃取、吸附及变压吸附、气液传质设备、膜分离、干燥、化学反应器、石油化工贮罐工艺设计。(郭燕)

T000069 **石油化工设计手册 第1卷 石油化工基础数据** 王松汉主编。化学工业出版社2002年1月版。163.2万字。115.00元。共8章,分别为:物质特性数据及其估算方法,物质的热力学性质数据及其估算方法,物质的热化学性质及其估算方法,空气、水及其他82种常见物质的热物理和热化学性质,相平衡数据与化学平衡,传递性质数据与计算式,石油馏分物性数据。(郭燕)

T000070 **石油化工设计手册 第2卷 标准·规范** 王松汉主编。化学工业出版社2002年1月版。180.0万字。120.00元。包括安全与卫生、环境保护、消防、节能、国外环境标准选编和其他标准等6个方面的内容。收入国家、部级和行业标准与规范共75个。根据石油化工设计的需要,对每种标准有的是全部收人,有的是有针对性地摘录。(郭燕)

T000071 **合成气工艺技术与设计手册** 刘镜远主编。化学工业出版社2002年1月版。103.0万字。95.00元。主要介绍以煤、油和天然气为原料制取合成氨、合成甲醇、合成汽油、羰基合成的原料气和城市煤气的各种工艺和方法,并提供工艺设计所需的数据、公式、图表和计算方法。(郭燕)

冶金工业

T000072 **冶金物理化学研究方法** 王常珍主编。冶金工业出版社2002年4月第三版。74.3万字。48.00元。作者重新改写了冶金动力学研究一章,并新增加冶金反应工程学研究一章;删除了一些陈旧的内容,增加了一些近年来颇受人们关注的内容,如铬酸镧炉、微波炉、红外辐射温度计、新型化学传感器以及扩散偶法研究相平衡等内容。由于测试仪器精度的日益提高,热分析技术已在许多研究中采用,尤其在动力学研究中起着重要的作用,因此增加了“热分析技术”一章。为了适应教学改革发展的需要,学生不仅要有在实验室中进行科学研究的素质和能力,而且还要有进行扩大实验和在现场中进行实验设计,整理实验结果并由此得出正确结论的能力,为此特别注意加强了这方面的内容,并增写了“实验设计方法”一章。全书内容分20章:高温冶金物理化学研究的基本技术,温度测量方法,实验室用耐火材料,气体净化及气氛控制,真空技术,放射性同位素应用技术,量热,固体电解质电池的原理及应用,化学平衡的研究,相平衡的研究,蒸气压,表面张力和密度的测定,冶金熔体黏度的测定,电导率测定,扩散系数的测定,热分析技术,夹杂物及物相分析,冶金动力学研究,冶金反应工程学研究,实验设计方法;附录为实验数据处理。(宋良)

T000073 **钢铁工业给水排水设计手册** 王笏曹主编。冶金工业出版社2002年1月版。207.5万字。199.00元。共17章,包括厂址选择,全厂给水排水,采矿场给水排水,选矿厂给水排水,原料场和烧结球团厂给水排水,焦化厂给水排水,耐火材料厂给水排水,炼铁厂给水排水,炼钢厂给水排水,轧钢厂给水排水,铁合金厂给水排水,机修、电修、汽修、检验和动力设施给水排水,固粒物料的浆体输送,硫酸酸洗废液的处理及回收利用,盐酸酸洗废液的再生,循环冷却水水质稳定处理,水处理专用设备及材料等。(郭庚辰)

T000074 **现代铜湿法冶金** 朱屯编著。冶金工业出版社2002年10月版。27.9万字。29.50元。共10章,主要阐述了铜氧化矿浸出—萃取—电积的现代铜湿法冶金的基本工艺和技术,尽量反映铜湿法冶金的前沿技术和发展方向,对近年来铜湿法冶金的新进展,如薄层浸取、细菌浸取、就地浸取、新萃取剂、新萃取设备、新电极材料和阴极铜剥离技术等都做了叙述。书中还介绍了近年来几个受到国际广泛重视的硫化铜湿法冶金新流程,以及澳洲两家新湿法冶金铜厂从试验、设计到运行的基本情况。(谭学余)

T000075 **感应炉熔炼与特种铸造技术** 唱鹤鸣、杨晓平、张德惠等著。冶金工业出版社2002年1月版。28.1万字。24.80元。简要介绍了感应炉的熔炼原理及各种感应炉熔炼设备,所用各种原材料及铸造操作过程。重点讨论了感应炉熔炼过程中的钢液脱氮,包括真空感应炉脱氮和非真空感应炉脱氮,熔渣脱氮,脱氮剂脱氮;金属型离心铸管原理及设备,离心半连续铸管机设计原理、设备及操作过程;熔模精铸技术,铸型的设计制作,特别是新型黏结剂的开发、仿古艺术品的制作技术及成型过程。

(赵培德)

T000076 **电化学阻抗谱导论** 曹楚南、张鉴清著。科学出版社 2002 年 7 月版。24.5 万字。32.00元。是著者对有关不可逆电化学过程的电化学阻抗谱的主要研究工作的总结。系统地介绍了关于不可逆电极过程的电化学阻抗谱理论、电化学阻抗谱数据处理方法以及应用实例。全书共 9 章,主要包括:阻纳导论;电化学阻抗谱与等效电路;电极过程的表面过程法拉第导纳;表面过程法拉第阻纳表达式与等效电路的关系;电化学阻抗谱的时间常数;由扩散过程引起的法拉第阻抗;混合电位下的法拉第阻纳;电化学阻抗谱的数据处理与解析;电化学阻抗谱在腐蚀科学中的应用。(总编业务部)

T000077 **实用高炉炼铁技术** 由文泉主编,赵民革副主编。冶金工业出版社 2002 年 6 月版。39.7万字。29.00 元。为中国金属学会组织编写的"冶金科普丛书"之一。全书共 11 章,主要内容包括:炼铁原、燃料,高炉工艺主要系统的设备、操作、事故处理,炼铁烟气治理,小高炉及特殊矿冶炼等。书后附录给出了常用计算公式、炉渣碱度核算、高炉炼铁有关技术标准、高炉用主要燃料参考发热值、影响燃耗和产量的因素与数值等。本书依据炼铁技术的基本原理,在总结我国不同炼铁厂生产实践经验的基础上,对高炉炼铁工艺的操作进行了阐述,对主要设备和工艺做了介绍,并尽可能地将近年来的科技进步成果写入书中。(李培禄)

T000078 **高炉炼铁生产技术手册** 周传典主编。冶金工业出版社 2002 年 8 月版。154.8 万字。118.00 元。是在成兰伯先生主编的《高炉炼铁工艺及计算》(冶金工业版,1991 年版)的基础上编写而成的。本手册根据炼铁工艺近 20 年的技术进步情况,总结了我国大中小高炉的先进生产经验,概要地介绍了高炉炼铁用原料,燃料的生产过程、性能和要求;阐述了炼铁基本原理,高炉炉体结构和维护要求;重点介绍了高炉冶炼操作和特殊炉况的处理以及热风炉操作和炉前操作等。此外,还较详细地介绍了炼铁生产的环保要求和环保技术以及高炉冶炼的综合计算等。(杨传福)

T000079 **难混溶合金及其制备技术** 贾均、赵九洲、郭景杰、刘源著。哈尔滨工业大学出版社 2002 年 3 月版。23.2 万字。15.00 元。共 10 章,以难混溶合金液相分离热力学、动力学(液相分离机制)和制备方法以及工业应用为主要内容,同时介绍了难混溶合金凝固组织的模拟仿真以及用各种制备方法所得到的合金的组织特点和性能。其中第一章介绍了难混溶合金的冶金学特点、研究历程以及制备方法;第二章论述了有关难混溶合金的热力学和相图特点;第三章论述了有关难混溶合金的相分离动力学;第四章研究了难混溶合金熔化时两相分离及溶质均匀化过程;第五、第六章从两种不同的途径分别建立了描述难混溶合金液相分离和粗化过程的数学模型并进行了模拟,从理论上对难混溶合金的液相分离机制和粗化过程进行认识;第七、八、九、十章分别介绍了均质难混溶合金的多种制备方法以及相应的凝固特点、组织特点。(岳崇)

T000080 **锆铪冶金** 熊炳昆等编著。冶金工业出版社 2002 年 12 月版。48.1 万字。48.00 元。是"稀有金属冶金与材料工程丛书"之一,由锆铪冶金科研单位、企业等著名专家编写。本书详细讨论了锆铪的生产方法、锆英石精矿的处理、锆铪分离以及四氯化锆提纯,重点对镁热还原法和真空蒸馏制取海绵锆、致密锆的生产、锆冶金以及锆铪分析化学进行了讨论,并介绍了锆铪生产中的环保安全和工业卫生。(李梅)

金属学、金属工业

T000081 **无损检测手册** 李家伟、陈积懋主编。机械工业出版社 2002 年 1 月版。177 万字。88.00元。共 12 篇及附录。第一篇对无损检测的内涵及其在质量控制中的作用作了简明扼要的说明。第二篇是向未涉及过材料科学与工程领域的人员提供必要的有关材料学的基本知识。第三至第十一篇对 45 种方法的基本原理及适用要点和典型应用作了叙述。第十二篇则是对不同类型材料和制件所出现的问题利用无损检测方法予以处理的一些示例。附录列出了国际标准化组织及一些世界先进工业国家所发布的有关无损检测专业的标准、规范及实施方法。(武江)

T000082 **GB/T 228－2002《金属材料室温拉伸试验方法》实施指南** 梁新邦、李久林编著。中国标准出版社 2002 年 12 月版。31.2 万字。40.00 元。是 GB/T 228－2002 的宣贯资料,全书分 5 章,第一章介绍了金属拉伸试验方法的基础知识和该国家标准发展历史;第二章对新标准中主要技术规定变化作了对比和分析;第三章对新标准中规定的 12 项拉伸性能的测试技术作了详细说明;第四章对新标准所引用的 6 个有关国家标准技术内容作了重点介绍和说明;第五章提供了国际标准 ISO6892:1998、美国试验与材料协会标准 ASTM E8M－2000b 和日本标准 JIS Z2241－1998 的标准译文。书中对 GB/T228－2002 中的内容、主要条款进行了详细阐述。(袁晓玲)

T000083 **合金的形状记忆效应与超弹性** 赵连城等著。国防工业出版社 2002 年 1 月版。32.6 万字。30.00 元。分 8 章:前 4 章主要介绍合金的形状记忆效应与超弹性的基本概念和主要特征,包括相变与力学行为,界面结构与应变恢复弹性,超弹性及其微观变形机制等。第五章叙述了时效对合金相变与力学行为的影响。第六、七、八章分别叙述了记忆合金在工程、机敏结构和生物医学中的实际应用。(邢海鹰)

T000084 **工程材料手册·黑色金属材料卷** 方昆凡主编。北京出版社 2002 年 2 月版。201.2 万字。132.00 元。分 11 章,包括铸铁、铸钢、变形钢、钢材、耐蚀合金及其产品、高温合金及其产品、精密合金及其产品的有关技术资料,还介绍了优质碳素结构钢、合金结构钢等。书中辑录了国外主要工业国家和 ISO 的铸铁和铸钢的铸造标准技术资料,并介绍了国内外主要工业国家黑色金属材料牌号对照。(总编室)

T000085 **薄壁缺陷结构及其可靠性与安全性** 刘刚著。人民交通出版社 2002 年 10 月版。18.1 万字。24.00 元。内容共 7 部分。分别为绪论、几何缺陷薄壁箱形结构承载能力的实验研究及数值分析、起重机械的载荷分布性质、基于综合改进的神经网络的结构应力过程统计分析、几何缺陷薄壁箱形结构的可靠度、基于经济可靠度分析的结构优化、基于模糊方法的结构劣化指数及安全性评价与预测。本书结合实际工程结构的特点,通过实测与智能仿真方法,研究了该类结构的可靠性,从可靠角度出发,实现了结构概率优化设计,同时提出了结构安全评价的量化理论与方法,实现了结构安全使用期限的预测。(赵瑞琴)

T000086 **模具钢手册** 陈再枝、蓝德年编著。冶金工业出版社 2002 年 3 月版。51.8 万字。50.00元。共 4 章。第一章是模具钢的基础理论,主要介绍模具钢的发展概况,各种模具钢的特性、用途、主要质量问题和提高产品质量的途径。第二章、第三章和第四章是模具钢的性能数据,详细介绍各种牌号冷作模具钢、热作模具钢、塑料模具钢的化学成分、物理性能、力学性能、热加工工艺、热处理工艺及其显微组织等。本书反映了近 40 年来国内外模具钢的科研成果、生产技术、应用经验和模具钢的发展方向。(郭庚辰)

T000087 **铸铁彩色金相学** 周继扬著。机械工业出版社 2002 年 9 月版。36 万字。98.00 元。共 5 章,主要有导论、灰铸铁、球墨铸铁、蠕墨铸铁、白口铸铁。对各种铸铁均详细论述了初生相、共晶相、共晶末期晶界形成相及偏析等内容。(余茂祚)

T000088 **工程材料手册·有色金属卷** 方昆凡主编。北京出版社 2002 年 1 月版。11.6 万字。80.00 元。共介绍了 500 多个品种、10000 多个规格的材料,分 3 类:黑色金属材料、有色金属材料、非金属材料。本卷主要介绍有色金属材料,分为 5 章,包括轻金属、轻金属合金及其加工产品,重金属、重金属合金及其加工产品,稀有金属、稀有金属合金及其加工产品,贵金属、贵金属合金及其加工产品以及铸造有色金属及其合金。书中还辑录了国外主要工业国家铸造有色金属及其合金的约 100 种标准的技术资料,并介绍了国内外主要工业国家有色金属及其合金常用牌号对照。(总编室)

T000089 **镁基轻质合金理论基础及其应用** 刘正、张奎、曾小勤著。机械工业出版社 2002 年 9 月版。22.8 万字。19.00 元。共 9 章,简要地介绍了镁的资源、冶金、合金化、成形技术、实际应用和废品回收的全过程。本书还以镁合金在交通工具和电子信息产品上的应用为背景,描述了镁合金材料开发应用的历史过程和进一步发展的方向。(余茂祚)

T000090 **实用化学热处理与表面强化新技术** 黄守伦主编。机械工业出版社 2002 年 6 月版。33.5万字。22.00 元。为高等工业学校材料与热处理专业教材,系统介绍了以提高机械零件的表面疲劳强度、硬度、耐磨性、耐蚀性和抗高温氧化性的现代化学热处理与表面强化新技术,其主要内容有:钢的渗碳,渗氮,碳氮共渗及氮碳共渗,渗硼,渗金属及多元共渗,镀渗,真空化学热处理,等离子体化学热处理,气相沉积,离子注入和激光表面强化等新工艺的作用原理、使用设备、工艺参数及应用效果等。(崔世荣)

T000091 **现代表面工程技术** 徐重、高原主编。山西科学技术出版社 2002 年 7 月版。37 万字。25.00 元。收集了中国工程院徐滨士院士关于"表面工程技术在再制造业中的应用的研究"、中国工程院丁传贤院士有关"等离子喷涂方面的新进展"、金属材料表面离子注入专家张荟星教授关于

"功能薄膜方面研究、现状及发展"、膜基生物材料专家崔福斋教授的关于"薄膜生物材料的研究"、薄膜合成技术方面专家曹尔妍教授、吕反修教授的关于"超硬薄膜的研究进展及产业化",具有我国自主知识产权的高新技术"双层辉光离子渗金属技术"的发明人徐重教授有关该技术在钢铁材料、钛合金等方面的研究和产业化应用等的最新研究成果。(温洁茹)

T000092 **表面工程新技术** 徐滨士、刘世参编著。国防工业出版社 2002 年 1 月版。29 万字。25.00元。分 15 章介绍 20 世纪 90 年代以来表面工程研究领域的最新技术,包括特种减摩技术、等离子喷涂新技术、高速电弧喷涂技术、粉末涂装技术、气体爆燃式喷涂技术、摩擦电喷镀及复合电刷镀技术、表面粘涂与胶粘技术、激光熔覆技术、离子束表面强化技术、表面预处理新技术、陶瓷涂层加工新技术、电子束表面加工技术、表面力学性能检测新方法以及再制造工程等。反映表面工程新的发展现状与趋势,为解决零件表面强化与表面修复问题提供新途径、新方法。内容以作者研究成果为主,同时汇集国内外表面工程的一些新进展。(唐应恒)

T000093 **造型材料** 中国机械工程学会铸造分会编。机械工业出版社 2002 年 5 月版。70.6 万字。38.00 元。是《铸造手册》的第四卷。本卷有绪论,原材料及其性能,型砂、芯砂、涂料及其性能,造型材料检测方法等 4 章。详细介绍了造型材料发展过程,造型原辅材料的来源、性能、产地等,阐述了粘土砂、水玻璃砂、油砂、合成树脂砂等及砂型、砂芯用涂料的工艺要点、配比、性能、应用实例与再生处理等。第四章中介绍了造型材料的各种检测方法及仪器。附录中列出了各种铸造原材料、造型材料测试仪器的规格型号、主要性能、生产厂或供应商。(余茂祚)

T000094 **铸造工艺** 中国机械工程学会铸造分会编。机械工业出版社 2002 年 12 月版。179.4 万字。80.00 元。是《铸造手册》的第五卷。全书共 7 章,分别介绍了铸造工艺发展、前景与展望;液态金属的充型能力,凝固、结晶、收缩的控制和铸件中的气体、非金属夹杂物;砂型造型、制芯工艺设计,工艺参数选择,浇注系统、冒口、冷铁和出气孔设计及砂型(芯)的烘干与装配,并给出了应用实例;模样、模板、芯盒和砂箱的设计;铸件落砂除芯,浇冒口、飞翅和毛刺的去除,铸件的表面清理,矫形和挽救,内应力消除和防锈涂装;铸件缺陷的产生原因、防止方法及铸件质量检验等;计算机在铸造中的应用和快速成形、细晶铸造、电磁铸造等新技术。(余茂祚)

T000095 **特种铸造** 中国机械工程学会铸造分会编。机械工业出版社 2002 年 12 月版。140.4 万字。68.00 元。是《铸造手册》的第六卷。全书共 11 章,分别叙述了熔模铸造、陶瓷型铸造,金属型铸造,压力铸造,低压铸造、差压铸造和真空吸铸,离心铸造,消失模铸造,石膏型铸造,挤压铸造和连续铸造等 10 多种特种铸造方法的特点、原理、工艺过程、铸件及其工艺设计、工装及模具设计、原辅材料的规格与技术条件及应用特点、设备类型及技术参数、铸造工艺、质量控制及缺陷分析等内容。(余茂祚)

T000096 **铸铁** 中国机械工程学会铸造分会编。机械工业出版社 2002 年 2 月第二版。169 万字。75.00 元。是《铸造手册》的第一卷。全书共 12 章,包括绪论、铸铁的基础知识、铸铁材质的检测、灰铸铁、球墨铸铁、蠕墨铸铁、可锻铸铁、抗磨铸铁、冷硬铸铁、耐热铸铁、耐蚀铸铁、铸铁熔炼以及附录等。分别论述了铸铁生产的简史及其发展趋势;生产优质铸铁所必须掌握的基础知识;研究铸铁材质的常规及现代测试技术;各种铸铁的金相组织、性能、化学成分、生产工艺以及典型件等;铸铁的燃焦冲天炉、电炉和双联等熔炼方法及所用原辅材料。附录中列出了各种铸铁的国际标准和主要国家的现行标准对照。(余茂祚)

T000097 **铸造手册** 中国机械工程学会铸造分会编。机械工业出版社 2002 年 2 月第二版。813.7万字。381.00 元。分铸铁、铸钢、铸造非铁合金、造型材料、铸造工艺、特种铸造 6 卷出版。前 4 卷是铸造材质,后 2 卷是铸造工艺。本套书汇集了我国 40 多个研究院所、工厂、高等院校的 109 名铸造专家学者的生产经验,花费了 4 年时间,在第一版基础上修订完成的。第二版除保留了第一版的特点外,并对近几年国内外涌现出的铸造新工艺、新技术、新材料、新设备进行了补充和更新。全书采用了最新技术标准和法定计量单位。(余茂祚)

T000098 **铸钢** 中国机械工程学会铸造分会编。机械工业出版社 2002 年 9 月第二版。120.7 万字。58.00 元。是《铸造手册》的第二卷。全书共 13 章,分别介绍了铸钢发展史、前景及应用;铸钢的基本知识;铸造用钢的熔炼;炉外精炼;热处理;铸钢件的质量检测;铸钢的分类及牌号表示方法;一般工程与结构用铸造碳钢和高强度铸钢;铸造中、低合金钢;铸造不锈钢与耐热钢;铸造耐磨钢;铸造特殊用钢及专业用钢以及铸钢件购买指南、附录等。对各种铸钢的标准、牌号、化学成分、金相组织、性能及应用特点等都有详细论述。(余茂祚)

T000099 **铸造非铁合金** 中国机械工程学会铸造分会编。机械工业出版社 2002 年 1 月版。133.6万字。62.00 元。是《铸造手册》的第三卷。全书共 11 章,分别介绍了铸造非铁合金发展史;基础知识、金属及非金属原材料、熔炼炉;铸造铝合金、铸造镁合金、铸造钛合金、铸造铜合金、铸造锌合金、铸造轴承合金和铸造高温合金的合金牌号、化学成分、金相组织、各种性能、应用特点、熔炼工艺、热处理规范、质量控制及缺陷分析和质量控制等内容。附录中列出了铸造铝合金、铜合金的国际标准、国外主要国家标准及国内外标准对照。(余茂祚)

T000100 **金属塑性加工有限元模拟技术与应用** 刘建生、陈慧琴、郭晓霞著。冶金工业出版社 2002 年 12 月版。34.1 万字。35.00 元。作者首先介绍了刚塑性有限元有关理论及方法,然后重点阐述了有限元模拟的关键技术、变形与传热耦合、微观组织结构模拟,并给出了实际应用的一些计算实例及分析结果。书后附录给出了一个较完整的二维刚塑性有限元程序,并对程序结构设计、程序特点、主要变量等作了说明。(张卫)

T000101 **锻工实用技术手册** 李集仁、杨良伟主编。江苏科学技术出版社 2002 年 10 月版。63 万字。42.00 元。介绍了有关锻压设备、锻造用原材料、加热及加热设备、各种锻造工艺以及模具设计与制造、锻件控制等相关实用内容,同时还介绍了锻件以及锻模计算机辅助设计与制造的基本方法与思路。(熊亦丰)

T000102 **中国热轧宽带钢轧机及生产技术** 中国金属学会热轧板带学术委员会编著。冶金工业出版社 2002 年 4 月版。82.9 万字。75.00 元。共 10 章,第一章概述了我国现有的热轧宽带钢轧机及其技术发展;第二至六章对轧制线的机械、电气、计算机进行了系统的阐述,特别是对电气、自动化控制检测仪表的系统构成、特点、装备水平、采用的新技术进行了详细的论述,并对汇集的我国现有热轧带钢轧机的主要技术数据进行了分析比较;第七至八章介绍了辅助设施及生产管理;第九章论述了近几年出现的热连轧新工艺、新技术、新设备;第十章简要介绍了国内现有的 3 套 CSP 轧机的机械、电气、设备、辅助设施、技术经济指标等。书后附录提供了我国 9 套热轧宽带钢轧机及 3 套薄板坯连铸连轧 CSP 轧机的工艺参数、平面布置、轧制线的设备配置及自动化系统、设备性能、生产数据等。(李培禄)

T000103 **矫直原理与矫直机械** 崔甫著。冶金工业出版社 2002 年 7 月版。37.3 万字。30.00 元。共 6 章。主要内容包括:矫直技术的基本概念及基础理论;重点介绍各类矫直机的结构与设计,如压力矫直机、平行辊矫直机、斜辊矫直机、旋转反弯矫直机(转毂式矫直机及平动式矫直机)、拉伸与拉弯矫直机。(葛志祺)

T000104 **板带铸轧理论与技术** 孙斌煜等著。冶金工业出版社 2002 年 10 月版。27.5 万字。28.00 元。分上下两篇,共 10 章。上篇铝带铸轧部分包括 4 章,系统地用黏性流体力学的观点和流函数方法描述了双辊式铸轧机力能参数计算,从热力学和几何力学的角度介绍了工艺参数计算等内容,全面地介绍了双辊式铸轧机设备的结构原理和铸轧生产工艺过程。下篇带钢铸轧部分包括 6 章,主要运用有限差分法对双辊式薄带铸轧过程的流场和温度场及二者的耦合结果进行了分析,并讨论了工艺参数对结果的影响。(李培禄)

T000105 **带钢热连轧的模型与控制** 孙一康编著。冶金工业出版社 2002 年 10 月版。37.3 万字。38.00 元。主要内容包括:建模及模型自学习;温度数学模型以及终轧与卷取温度控制;厚度数学模型及自动厚度控制系统;板形数学模型及自动板形控制系统;宽度数学模型及自动宽度控制系统。(戈兰)

T000106 **高精度轧制技术** 黄庆学、梁爱生著。冶金工业出版社 2002 年 2 月版。44.5 万字。40.00元。介绍了现代高精度轧制技术,包括中厚板、热轧带钢、冷轧带钢、钢管、型线材等钢材生产中,在工艺、设备、检测和控制等方面提高产品精度的一些先进技术;重点介绍了作者多年来关于边界元法在板带材轧制过程中应用的研究成果。(李培禄)

T000107 **提高钢材的市场竞争力** 副名:2002 年全国轧钢生产技术会议暨中国金属学会第七届轧钢年会论文集。中国金属学会编著。冶金工业出版社 2002 年 7 月版。138 万字。150.00 元。共收入 150 余篇论文,系统地介绍了改革开放以来我国轧钢行业的技术进步和当前发展水平。全论文集分为 5 部分:综述;板带生产技术;型线材生产技术;新材料、新技术;钢管、轧辊、管理、环保、能源等。(赵培德)

T000108 **复合材料液态挤压** 罗守靖著。冶金工业出版社 2002 年 7 月版。23.4 万字。25.00 元。详细介绍了金属基复合材料制备与成形新技术—液态挤压。在重点阐述液态挤压过程、双重强韧化机制和过程模拟等的基础上，对金属基复合材料制备及固—液挤压过程、组织性能、力学行为及数值模拟等进行了深入地分析和论述。全书包括：绪论、液态挤压、短纤维增强金属基复合材料液态挤压及颗粒增强金属基复合材料半固态挤压等。（张登科）

T000109 **焊接工艺** 伍广主编。化学工业出版社 2002 年 7 月版。36.6 万字。18.00 元。依据国家教育部 2001 年最新颁布的焊接专业《焊接工艺》课程的教学大纲，结合目前中等职业教育对基础知识、能力培养的不同要求而编写。全书分两篇共 16 章，第一篇 8 章，主要分析常用焊接方法的特点及应用，内容包括气焊与气割、埋弧焊、熔化极气体保护焊、非熔化极气体保护焊、等离子弧焊与切割、电阻焊等重要焊接方法的基本原理、焊接工艺、设备选用、适用范围、典型实例的焊接等，同时简单介绍焊接结构的制造工艺及其他焊接方法如电渣焊、堆焊、热喷涂、激光焊、电子束焊、螺柱焊、摩擦焊在工程中的应用。第二篇 8 章，主要分析常用材料的焊接，内容包括金属焊接性及其试验方法、碳钢的焊接、低合金钢的焊接、不锈钢和耐热钢的焊接、铸铁的焊接、有色金属及其合金的焊接等，同时简单介绍焊接工艺规程评定和其他焊接工艺如异种金属、先进材料的连接及应用。（郭燕）

T000110 **实用焊接技术手册** 李亚江主编。河北科学技术出版社 2002 年 9 月版。112.5 万字。69.00 元。共 2 部分。第一部分介绍常用的焊接方法及工艺，包括手工电弧焊、埋弧焊、保护焊、电阻焊、钎焊、切割及焊接检验等，详细阐述了各种焊接方法的工艺特点、应用范围及工艺参数的选用。第二部分阐述了钢铁材料、有色金属、异种材料、陶瓷、复合材料等各种工程材料的焊接特点，给出了具体的焊接工艺参数、相关技术数据及针对一些展开工程结构产品的焊接应用实例，详细阐述了焊接工艺操作的技术要点。手册中的数据均选自近年的技术资料，也介绍了一些新工艺和成功经验，反映了当前焊接技术的生产和应用现状。（总编室）

T000111 **焊工手册** 副名：手工焊接与切割。中国机械工程学会焊接学会编。机械工业出版社 2002 年 1 月第三版。117 万字。59.00 元。系统地介绍了所必须掌握的基础知识、专业技术、操作工艺要领、质量控制方法、缺陷防止措施、设备的选用与维修、焊接材料的选择、劳动卫生与安全等，同时还列举了一些生产实例。在手册第二版内容的基础上，重点突出手册的实用性，增添了“焊接基础理论”、“下向焊操作技术”、“空气等离子弧切割”和“热喷涂”等新内容；删减了第二版中的详细电路叙述，只做简单的原理介绍，重点放在设备分类、选择、使用和维修维护方面。（武江）

T000112 **焊接工程师手册** 陈祝卓编著。机械工业出版社 2002 年 2 月版。259 万字。125.00 元。共 9 篇 58 章，第一篇汇集了焊接工程师最常用而又不易记忆的符号、公式和数据等资料；第二篇为焊接物理冶金，阐明了焊接过程中的物理行为和冶金行为，以及与金属焊接性密切相关的焊接裂纹问题；第三、四、五篇介绍了工程中的各种焊接方法及设备；第六篇以电焊条、焊丝和焊剂为重点介绍了焊接材料；第七篇介绍了各种金属材料的焊接性能及其焊接工艺；第八篇为焊接结构；第九篇为焊接结构生产。除介绍生产中常遇到的焊接工艺过程设计、焊接工艺评定和焊接质量检验外，还介绍了焊接工艺装备的设计和计算方法以及需用的相关资料。（武江）

T000113 **机床适应控制系统** 刘艳明编著。华中科技大学出版社 2002 年 1 月版。23.8 万字。25.00 元。内容有：机床适应控制的概念及分类、机能及意义、发展及应用；机床加工系统变量的检测及信号的处理方法；机床加工系统模型的建立；机床约束适应控制策略；机床加工参数优化方法；机床最优适应控制策略；机床几何适应控制策略；机床适应控制系统的构成和实现。（刘丽昆）

T000114 **数控机床诊断** 张魁林主编。机械工业出版社 2002 年 5 月版。25.9 万字。16.00 元。分 8 章：包括数控机床的发展、现状与未来；数控机床的机械结构及 CNC 系统；数控机床故障诊断的基本知识；数控机床的故障诊断；数控机床故障诊断实例；数控机床开机调试 28 步等。对 FANUC 系统、西门子系统、NUM 系统、沈阳一桥堡 PC·NC 式数控系统等作了介绍，并对数控机床参数作了说明，对其故障诊断作了详解（配以实例），对开机调试的实用操作步骤也一一进行讲解。（王英杰）

T000115 **磨工实用技术手册** 薄宵主编。江苏科学技术出版社 2002 年 10 月版。60 万字。40.00元。包括磨工应知的基本知识与技能，磨具、磨床、工艺与装备等基础知识，特殊结构零件的磨削

加工,难加工材料的磨削加工,并介绍了近年来发展起来的各种新的磨削技术。(钱亮)

T000116 **实用机械加工手册** 马贤智主编。辽宁科学技术出版社 2002 年 2 月版。350 万字。198.00 元。共 17 章,介绍了有关金属切削加工、特种加工、装配和技术检验与测量等方面的资料。主要内容包括:常用金属材料及热处理,公差与配合,机械加工余量,切削用量及切削液,金属切削机床,金属切削刀具,机床辅具,机床夹具,工艺规程设计,切削加工通用工艺守则及典型工艺,成组技术,难加工材料的切削加工,特种加工与超精密加工,技术检验与测量,自动制造系统,装配和常用的有关数、理、化方面资料,法定计量单位及相关单位间的换算,技术制图与机械制图,表面粗糙度,常用零件结构要素,常用国内外标准代号等。(李伟民)

T000117 **数控加工技术** 周济、周艳红编著。国防工业出版社 2002 年 1 月版。25 万字。25.00 元。围绕复杂形状零件的数控加工,从加工工艺、零件编程、数控仿形以及数控系统等方面,系统地介绍了有关理论、方法、实现技术及发展动态。主要内容包括:数控加工的现状与发展趋势;曲线曲面的几何建模;复杂形状零件加工的工艺特点、工艺方案与切削条件的确定;多坐标曲面粗、精加工的轨迹计算及干涉处理;数控加工的图形仿真、切削负荷校核与进给速度优化;多坐标机床后置处理中的运动变换与机构误差补偿、运动非线性误差与进给速度调节;数控仿形加工原理及数字化处理技术;现代数控系统结构与原理,包括开放体系结构、曲线曲面的直接插补、高速加工中的微程序段连续插补技术等。(邢海鹰)

T000118 **数控技术** 杜君文、邓广敏主编。天津大学出版社 2002 年 2 月版。45 万字。26.00 元。共 7 章,第一章介绍数控技术的产生和内涵,以及数控机床在先进制造中的地位和使用。第二章介绍数控编程的基础知识,FANVC OM(OT)系统编程实例和编程中流行的数学处理方法。第三章是计算机数字控制(CNC)系统的软硬件结构、插补算法和刀补算法。第四章是伺服系统,它包括常用的驱动元件及其速度控制方法、位置检测与反馈应用原理,典型伺服系统实例等。第五章是数控机床的机械系统,介绍主传动系统、进给传动系统、工作台、导轨、自动换刀装置等方面的精密机械技术。第六章是数控机床的 PC 控制技术,主要介绍数控机床上 PC 控制的内容、PC 在数控机床上的应用实例,以及 PC 和 NC(数控)协调完成数控机床自动工作循环的原理。第七章是数控技术的发展趋势。(尚丽娜)

T000119 **集成化激光智能加工工程** 虞钢、虞和济著。冶金工业出版社 2002 年 1 月版。73.9 万字。69.00 元。共 7 章。分别介绍了集成化激光智能加工系统的内涵、特点和发展趋势,激光加工的理论基础,柔性激光加工技术及其生产系统,激光加工机器人系统,智能测量技术,集成化智能控制,激光智能加工系统的实时在线监测。(葛志祺)

T000120 **金属切削实用刀具技术** 太原市金属切削刀具协会编。机械工业出版社 2002 年 9 月第二版。87.7 万字。52.00 元。从金属切削基本理论和工业用金属材料切削加工性的特点出发,系统总结了一批老工人技师的经验和近年来生产中涌现出来的先进高效实用刀具及技术。充分反映了国内外金属切削的最新成就,特别是一些难加工材料的实用刀具和切削技术、深孔刀具和切削技术以及铣削技术等。书中根据不同加工列举了大量实例,提供了刀具几何参数特点分析及切削条件说明。(朱华)

T000121 **模具数控加工** 武友德、陈洪涛主编。机械工业出版社 2002 年 8 月版。29.3 万字。17.00元。共 6 章:数控机床概述;数控编程基础;数控车床加工;数控铣床加工;加工中心加工;数控电火花线切割加工。(倪少秋)

T000122 **实用铆工读本** 翟洪绪、翟纯皎、翟纯垲主编。化学工业出版社 2002 年 9 月版。47.0 万字。36.00 元。讲述铆工工作的经验、窍门、方法和过程,在叙述的同时配以理论分析,使理论与实践密切结合。全书共 9 章,分别详细介绍了展开计算方法、划线方法、剪割方法、变形的矫正方法、压制胎具和方法、卷制方法,以及换热器安装方法、热处理操作方法和压力容器检验方法。(郭燕)

T000123 **机械常识与钳工技能** 王炳荣主编。电子工业出版社 2002 年 6 月版。30.72 万字。15.00 元。内容包括:机械制图、常用工程材料、常用机械传动、钳工基本操作 4 部分。分别介绍了机械图样的概念、机械制图基本规定、几何作图、正投影与三视图、图样的常用表达方法、标准件与常用件、零件的几何精度、零件图、装配图、钳工入门、常用量具、划线、錾削、锯割、锉削、钻孔和锪孔、攻丝和套丝、矫正与变曲、螺纹连接与铆接、钣金制作常识、综合实训等。(总编办)

机械、仪表工业

T000124 **连杆机构的分析与综合** 曹惟庆等著。科学出版社 2002 年 5 月版。37.3 万字。42.00元。是《平面连杆机构分析与综合》的第二版，共 11 章。第一章介绍机构自由度计算公式，并讨论机构奇异形位及瞬变系统自由度。第二章介绍机构及杆组的结构分类及类型综合。求解仅含单铰及含复铰的结构类型综合，得出了附录Ⅰ及附录Ⅱ的杆组结构图例。第三章介绍了机构的型转化理论，介绍了平面连杆机构转化基本单元类型，用拓扑分析求解杆组中最小型转化数，机构中杆组的分解。第四章到第六章分别介绍机构位移、速度、加速度及力计算并给出了杆组结构单元运动分析、力计算的数学模型及子程序。第七章介绍了液气压式连杆机构的分析。第八章介绍平面连杆机构解析法尺度综合。第九章介绍平面机构优化设计原理，内容涉及到多功能设计。第十章介绍空间机构的分析与综合。第十一章为装载机工作装置、优化设计的实例研究。(张建荣)

T000125 **中国机械设计大典——现代机械设计方法(第 1 卷)** 陆燕荪主编。江西科学技术出版社 2002 年 1 月版。200 万字。187.00 元。由总论、创新设计、生命周期设计、有限元设计、虚拟设计、优化设计、稳健设计、并行设计、智能设计、机电一体化设计、计算机辅助设计 11 部分组成。本书以设计创新为主线，充分体现现代设计的创新思维、理论与方法，总结了国家自然科学基金资助项目和国家 863 计划的许多科研成果，集中反映了当代机械设计的水平；本书跳出传统工具书按资料汇编的编写模式，采用从方法论、信息化、系统论、控制论到实践论的全新编写模式，系统地总结了机械设计各专业的技术内容。本书与机械设计实践紧密结合，所涉及的公式、数据和图表准确可靠，技术内容与国际接轨，所有插图均用国际通用工程语言绘制，每一部分内容都附有设计实例。书中涉及的标准均采用现行国际、国家及行业最新的标准。(刘舒)

T000126 **机械设计手册** 成大先主编。化学工业出版社 2002 年 1 月第四版。326.8 万字。120.00 元。共 5 卷，涵盖机械常规设计的所有内容。其中第一卷包括一般设计资料，机械制图、极限与配合、表面粗糙度，材料，机构；第二卷包括联接与紧固，轴及其联接，轴承，起重运输机械零部件，操作件、小五金及管件；第三卷包括润滑与密封，弹簧，螺旋传动、摩擦轮传动，带、链传动，齿轮传动，多点啮合柔性传动；第四卷包括减速器、变速器，液压传动，液压控制；第五卷包括气压传动，机械振动的控制及利用，机架设计，常用电机、电器及电动(液)推杆等。(郭燕)

T000127 **弹簧(材料)应力松弛及预防** 苏德达著。天津大学出版社 2002 年 9 月版。41 万字。40.00元。内容反映了作者及其科研组在 20 世纪 80～90 年代积累的大量实验数据、应力松弛动力学曲线、回归方程及电镜照片等，也包含了他们结合生产实际问题提出的许多改进弹簧产品质量和提高其使用寿命的技术思路及方法，这些可直接为生产服务。书中还介绍了作者在科研中取得的关于应力松弛的理论成果和技术专利，首次提出了材料在松弛过程中可动位错密度(ρm)随时间延续而呈双曲线规律衰减的假设，在著名的 Li 方程基础上导出了新的应力松弛动力学方程。通过大量电镜照片分析，作者等观察到松弛过程中材料内部发生了位错亚结构的变化特征，首次提出了体心立方材料与面心立方材料在应力松弛时的变形机制。(郭建国)

T000128 **现代水压驱动技术** 柯坚编著。西南交通大学出版社 2002 年 1 月版。17.7 万字。28.00元。论述了当今世界处于机械工程领域前沿的现代水压驱动技术。全书分 8 章，详细阐述了国内外现代水压驱动技术动态；水压驱动介质——水；水压基本回路；水压驱动元件——水压泵；水压控制元件——水压阀；水压执行元件——水压马达、水压缸；水压源设计；水压系统设计等内容。(万方)

T000129 **机械工程材料测试手册·腐蚀与摩擦学卷** 机械工业部科技与质量监督司、中国机械工程学会理化检验分会编。辽宁科学技术出版社 2002 年 5 月版。183.2 万字。130.00 元。分为腐蚀和摩擦学两大部分。腐蚀部分包括 4 篇，第一、二篇在简要介绍金属腐蚀基础原理以及金属腐蚀试验方法的一般原则的基础上，介绍了金属腐蚀的实验室测试技术；第三篇现场腐蚀试验，主要介绍在自然环境中，即大气、海水和淡水以及土壤中的试验方法；第四篇非金属材料耐腐蚀性能测试，主要介绍较为常用的塑料、橡胶、涂料和防锈油脂等的耐蚀性能、测试方法以及高分子材料耐老化性能测试方法。摩擦学部分包括 5 篇，第一篇阐述了如何获取和应用正确的摩擦学数据；第二篇摩擦测试；第三篇磨损测试及磨损减缓；第四篇润滑测试，包括概念、原理、名词术语、测试方法和测试装置;第五篇摩擦学应用资料,包括各种耐磨材料及润滑剂的摩擦和磨损性能,同时也对与耐磨有关的表面处理技术作了叙述。(李伟民)

T000130 **机械制造工艺学** 李淑娟等主编。山西科学技术出版社 2002 年 9 月版。43 万字。26.00元。共 8 章,包括机械加工工艺过程概述、机械加工精度与加工误差的统计分析、机械加工表面质量、提高劳动生产率的途径、机械加工的结构工艺性分析与机械加工工艺规程的制订、加工尺寸链与装配尺寸链、典型零件加工、机床夹具设计、机械加工中的先进方法等内容,每章后附有思考题与习题。(温洁茹)

T000131 **机械制造手册** 琬山、邢敏主编。辽宁科学技术出版社 2002 年 3 月版。150 万字。120.00元。共 25 章,涵盖了机械制造技术所需的基础内容。包括常用资料,技术制图与机械制图,极限与配合,形状和位置公差,表面粗糙度,工程材料,机械零件,毛坯,计量与测量,机床,液压与电气,数控机床及计算机辅助制造,机械加工工艺及夹具,金属切削原理,车削、铣削、钻削、扩孔、铰孔和镗孔,刨削、插削、拉削和磨削,齿面加工,特种加工及超精加工,钳工,焊接、胶接和铆接,机械装配工艺及尺寸链,机床使用、保养与维修,润滑冷却与防锈,技术经济与管理。还介绍了工人技术等级标准和国家职业标准。(李伟民)

T000132 **机械设备安装工程便携手册** 何焯主编。机械工业出版社 2002 年 1 月版。70 万字。46.00元。主要内容包括:设备安装工程的特点及主要施工内容,识图,公差配合的基本要求,机械设备安装基本操作法,材料、油料和清洗剂,常用工具和量具,机械设备安装程序,零部件拆卸与装配,起重作业基本知识,通用设备安装工艺,设备安装工程质量通病及防治.施工组织设计和工程预算编制。(何文军)

T000133 **设备起重吊装工程便携手册** 何焯编著。机械工业出版社 2002 年 1 月版。40.1 万字。29.00 元。主要介绍起重作业基础知识,识图,起重索具与吊具及起重机具的选用,起重作业基本操作工艺,大中型设备吊装方法,设备运输与装卸,脚手架的搭拆,设备起重的安全技术,起重吊装作业方案的制定等。(何文军)

T000134 **起重机司机安全操作技术** 张应立主编。冶金工业出版社 2002 年 5 月版。89.4 万字。70.00 元。共 10 章,在介绍起重机司机作业必须具备的吊装安全技术知识的基础上,分别对桥式、龙门式、塔式、流动式、门座式起重机和建筑起重机等起重机的特点、形式、构造、安装架设及安全操作方法、常见事故发生原因、防止措施、故障排除、维护保养和安全管理知识作了详细的介绍。(方茹娟)

T000135 **最新英汉机械电子技术词汇** 魏华梁主编。国防工业出版社 2002 年 10 月版。38.5 万字。20.00 元。收录与机械电子相关的绝大部分词汇,给出在机械电子行业的中文含义,并在一些词条内列出派生词、合生词和常用词组。在检索和参照 20 世纪 90 年代以来出版的机械电子工程类科技图书、教材、工具书和部分专业标准术语的基础上,收集了近 30000 个单词和词组。(张文峰)

T000136 **现代仪器仪表技术与设计** 王大珩主编。科学出版社 2002 年 10 月版。463 万字。380.00元。共 12 篇,分上下册出版。上卷:量子计量技术及基准,先进制造中的前沿技术,智能微系统技术,传感器技术,现代光学技术与光学系统设计,现代仪器仪表中的精密机械;下卷:创新设计与现代设计科学,现代仪器仪表的综合化设计,现代航空仪表及系统,现代舰船仪表及系统,陆军兵器仪表及系统,信息传输与网络化仪器相关发展技术。(张析顾英利)

武器工业

T000137 **火炮装药设计专家系统** 何勇编著。兵器工业出版社 2002 年 9 月版。25.5 万字。26.00元。研究了火炮设计专家系统的关键技术,首先讨论了专家系统的基本理论,研究了火炮设计的特点,给出了 ESGCD 的总体结构、联系方式和功能特点,并依靠装药设计的特点,提出了火炮装药设计知识模型和形式化的描述定义,并结合火炮装药设计特点提出了一种基于相似原理的融合示例、归纳和演绎的综合学习算法。(李翠兰)

T000138 **鱼雷涡轮机原理** 赵寅生主编。西北工业大学出版社 2002 年 8 月版。19 万字。12.00元。论述了鱼雷涡轮机的基本结构、工作原理、主要参数的选择、分析计算和设计方法。(王夏林)

T000139 **有翼导弹系统分析与设计** 过崇伟、郑时镜、郭振华编著。北京航空航天大学出版社 2002 年 11 月版。53.8 万字。24.00 元。综合运用系统工程的原理、观点及方法研究分析有翼导弹总体设计中的概念设计阶段有关技术问题，大量引入了当代有翼导弹设计研究中的新技术、新成就，例如大型系统即有翼导弹系统设计过程中综合协同工程的应用，大攻角飞行气动理论的新发展和其相应的气动布局设计技术，动稳定控制及非线性控制理论设计技术等。内容涉及系统设计与分析、系统优化与评价技术、系统参数计算与确定等方面的技术问题。就设计对象来看，既适用于战术导弹，也适用于战略导弹；就具体类型来看，包含了地空、空地、地地、空空导弹的设计技术问题。(胡敏)

T000140 **装甲车辆动力学分析与仿真** 居乃鵕编著。国防工业出版社 2002 年 4 月版。26.1 万字。28.00 元。作者从事坦克总体设计与计算机应用在车辆系统动力学分析与仿真理论研究和工程实践成果的汇集。基于车辆人—机—环境系统动力学模型和广义状态方程求解框架体系，实施装甲车辆在战斗情况下的射击与行驶过程动力学分析与仿真，是本书的主要内容。全书分 8 章：一、介绍本书的研究对象和研究方法；二、说明车辆环境随机变量、随机过程和随机事件的统计模拟模型；三、着重阐述系统建模方法、典型的车辆系统动力学数学模型和扩展的车辆系统动力学数学模型；四、介绍车辆的人体模型和人体动态特性及其评价指标，驾驶员操纵、炮长操纵以及坦克火挖人—机—环境系统的控制与决策模型；五、介绍系统广义状态方程及其数值解法；六、介绍车辆动力学分析与仿真应用实例；八、介绍多体系统动力学和刚体与可变形体混合模型，现代工程控制论和人的模型，随机微分方程和统计模拟求解模型等。主要特点是将车辆系统动力学建模理论与计算机仿真软件紧密结合，着重介绍在装甲车辆工程技术领域的应用成果。(朱秀芬)

能源与动力工程、原子能技术

T000141 **热工手册** 任泽霈、蔡睿贤主编。机械工业出版社 2002 年 11 月版。314.2 万字。168.00 元。内容涉及热工领域的基础理论、技术数据和国家标准；各种燃料，各种热工设备和装置；新能源的开发和利用；环境污染的控制和治理，以及能源管理科学等方面。本书共 23 章。前 6 章的内容是基础理论和物质的热学性质；第七至九章分别为燃料、核能及可再生能源，十至十六章介绍各种热工设备和装置；最后 7 章分别叙述空调与制冷、电站与供热、航空与航天以及热工测量与控制、热力系统及其优化、环境保护和能源管理与标准化。(李正民)

T000142 **燃烧理论** 谢兴华主编。中国矿业大学出版社 2002 年 8 月版。38 万字。28.00 元。主要介绍了燃烧理论的化学和物理基础以及结合电子计算机进行计算的数学物理方法，同时，运用实例说明了燃烧理论在实际问题中的应用与求解。本书对 20 世纪 80 年代以来提出和发展的一些燃烧理论和方法模型进行了分析和比较，介绍了燃料燃烧特性和化工燃烧装置与设备。(褚建萍)

T000143 **循环流化床锅炉过程控制** 孙伟著。中国矿业大学出版社 2002 年 11 月版。16.7 万字。20.00 元。介绍了过程控制系统的有关技术及其工程设计方案，分析了循环流化床锅炉的过程运行与控制特性，全面介绍了循环流化床锅炉的汽包水位、过热汽温、燃烧系统等过程控制方法。(何戈)

T000144 **循环流化床锅炉设备及运行** 屈卫东等编著。河南科学技术出版社 2002 年 10 月版。30 万字。25.00 元。对循环流化床锅炉的基本原理、设备特点及运行进行了讲解。主要内容包括：循环流化床锅炉的发展历史及现状、循环流化床燃烧与炉内传热、循环流化床锅炉主要设备、典型循环流化床锅炉介绍、循环流化床锅炉调试与运行、循环流化床污染物排放控制、循环流化床锅炉磨损问题等。(赵志刚)

T000145 **燃油燃气锅炉结构设计及图册** 赵钦新等编著。西安交通大学出版社 2002 年 8 月版。115.3 万字。100.00 元。阐述了燃油燃气锅炉结构设计的基本原理，并以图册的形式介绍了燃油燃气锅炉结构的演变过程以及燃油燃气锅炉未来发展的新技术。全书共有全剖面的燃油燃气锅炉本体结构图 200 多幅。(薛玲玲)

T000146 **柴油机燃油喷射及调节** 贾锡印、李晓波编著。哈尔滨工程大学出版社 2002 年 2 月版。37 万字。20.00 元。从柴油机燃油喷射系统的优化设计出发，系统地论述燃油喷射过程的基本理论、计算方法、优化造型，并从理论和实践上分析了系统中各部件的结构参数对柴油机性能的影响，还讲述了柴油机电控喷射的新技术。该书是作者在长期从事柴油机燃油喷射科研工作总结的基础上编写的。书中提供了大量的统计试验数据和图表，在给出的大量计算公式后，附有实例计算题。书中收集了当代国内、外柴油机科研的最新成果。(戴艳萍)

T000147　**高等内燃机原理**　蒋德明著。西安交通大学出版社 2002 年 12 月版。28.1 万字。30.00元。共 12 章,分别讲述了中国内燃机工业的发展;2020 年轿车动力装置和燃料;进排气管内的一维不定常流动;气缸内的湍流;火花点火发动机的电控燃油喷射系统和燃烧;压缩点火发动机的电控燃油喷射系统和燃烧;排气的后处理技术;内燃机中的传热;废气涡轮增压技术工作过程的数值模拟及优化燃料电池与混合以及内燃机研究的新进展。(李志丹)

T000148　**微粒爆惊雷—核能科技**　陈祖甲、殷雄主编。北京理工大学出版社 2002 年 1 月版。19.9万字。12.00 元。包括和平还是毁灭、当代的顶级能源、默默的朋友、探索原子粒奥秘的先驱者和核科技—可持续发展的选择共 5 章。(总编办)

电工技术

T000149　**电工电子技术**　李守成主编。西南交通大学出版社 2002 年 9 月版。51.8 万字。37.00元。分 3 篇。第一篇电工技术,编选了电路的基本概念、定律和分析方法,正弦交流稳态电路,电路暂态分析,变压器、低压配电系统接地形式和安全用电,异步电动机及控制(含 PLC);第二篇模拟电子技术,编选了二极管和整流电路,基本放大电路,集成运放及其应用,场效应管放大电路;第三篇数字电子技术,编选了数字逻辑基础和逻辑门电路,组合逻辑电路,时序逻辑电路,数/模和模/数转换器等。(张雪)

T000150　**常用电气设备故障诊断技术手册**　阎士琦编。中国电力出版社 2002 年 5 月版。84.5 万字。68.00 元。主要内容包括:配电变压器运行与故障诊断;配电线路故障诊断;高压电器运行均故障诊断;低压电器运行与故障诊断;电气照明运行与故障诊断;电工仪表的使用与故障诊断;配电装置故障诊断;电动机运行与故障诊断;三相异步电动机控制线路故障诊断;并联电容器故障诊断;水泵故障诊断;起重设备故障诊断;焊接设备故障诊断;机床电气设备故障诊断;常用电动工具故障诊断;电梯故障诊断;常用家电故障诊断;电工材料;电气安全;电工学基础知识。(华峰)

T000151　**电子学原理**　[美]Jerrold H. Krenz 杰罗尔德·克伦茨编,马爱文等译。电子工业出版社 2002 年 5 月版。62.08 万字。36.00 元。内容包括:电子技术在各个领域的应用、半导体二极管及其电路、晶体三极管及其放大电路、场效应管及其放大电路、集成运算放大电路及直流电源等 6 部分。书中通过对各种半导体器件及其电路的分析,系统地阐述了电子学中的基本原理。(总编办)

T000152　**常用电工计算**　周希章主编。中国电力出版社 2002 年 1 月版。41.2 万字。30.00 元。共 5 章,包括电路和磁路计算、电机及变压器计算、电器及电工仪表计算、电力电子技术计算、工厂供电计算等内容。(华峰)

T000153　**实用电工电器 300 例**　任致程主编。机械工业出版社 2002 年 1 月版。22 万字。13.00元。收集了城乡电工常见而实用的电路 305 例,包括照明、信号指示、仪器仪表、常用电热电器控制、变压器与电动机的接线、电动机控制、电动机降压起动、电动机制动、常用设备控制、自动控制、电气节能、功率补偿、发电机与电站配电屏、防盗与报警、电气保护及电工经验等 16 大类电路。书中对每类电路的工作原理、特征、用途以及应用中的注意事项等均作了扼要说明。(徐明煜)

T000154　**电工技术**　杨振坤等编著。西安交通大学出版社 2002 年 3 月版。44.5 万字。39.00 元。是在近年来面向 21 世纪教学内容和课程体系改革研究的基础上,依据原国家教育委员会 1995 年颁布的“电工技术”和“电子技术”两门课程的教学基本要求编写的。全套书分《电工技术》和《电子技术》共 2 册,每册均配有完整的多媒体课件。本书内容包括电路的基本概念与分析方法、电路的暂态分析、电路的正弦稳态分析、磁路与变压器、电机、电气自动控制、可编程控制器原理及应用、电气测量、安全用电共 9 章。各章配有丰富的例题、习题、练习题与思考题。章前有概述,章后有小结。(薛玲玲)

T000155　**电工操作技能自学读本**　白公、悦英等编著。机械工业出版社 2002 年 6 月版。48.8 万字。32.00 元。内容包括电工基本操作技能、工具器械和安全用具及使用、外线电工、内线电工、维修电工操作技能技巧等 6 章。从国家工人技术等级标准出发,结合作者亲身体会和培训青年工人的实践经验,详细介绍了外线电工、内线电工和维修电工必须掌握的基本技能。(牛新国)

T000156　**进网电工考试问答**　张理、肖文、邬琼编。中国电力出版社 2002 年 1 月版。36.3 万字。28.00 元。按《城市工矿企业电工考试提纲》编写,以满足各行业对本单位电工进行业务考核和技术培训的需要。主要内容包括变电安装与供用电系统运行，继电保护，电力变压器，过电压保护与接地装置，送配电架空线路与电缆线路，屋内低压配线安装与电气照明，电气仪表及电能计量，互感器、电容器与电动机，用电管理，配电装置等 10 个部分。（华峰）

T000157 **电工手册** 宋守信主编。中国电力出版社 2002 年 4 月版。87.8 万字。55.00 元。集合了工矿企业电工、电气技术人员在日常工作中经常遇到的技术问题，主要内容有：电工基本知识、常用电工材料、常用电工仪表、电工测量、低压电器、变压器、交流异步电动机、高压电器、仪用互感器、无功补偿、配电系统及配电线路、照明、用电申请及用电检查、电焊接设备、家用电器、电话与通信设备、安全用电等。（华峰）

T000158 **电工电子基础标准应用手册** 本书编写组编。中国电力出版社 2002 年 6 月版。113.9 万字。92.00 元。介绍了电工电子基础标准的主要内容和使用要求，包括量和单位，电的基本参数和电能质量，人机界面标志标识的基本和安全规则，绝缘材料性能、绝缘结构和绝缘配合，电工电子产品着火危险试验，电工电子产品应用环境条件，电工电子产品气候和机械环境试验，电气图形符号，电气文件编制（电气制图），电磁兼容性，电气安全性，电气产品可靠性，抽样检查等 13 章，共 328 项国家标准和国际标准，国家标准基本上依据国际标准（IEC 和 ISO）制订，技术内容实现了与国际标准接轨。（华峰）

T000159 **电力工程材料手册·阀门** 本书编写组编。中国电力出版社 2002 年 1 月版。78.7 万字。67.00 元。编录了发电工程所使用的各种型号的阀门及阀门附件，详细介绍了阀门型号的编制方法，列出了各种阀门的适用条件、外形、结构、性能参数、结构参数以及参考质量。（华峰）

T000160 **新型电机绕组——理论与设计** 许实章著。机械工业出版社 2002 年 1 月版。73 万字。58.00 元。对单波、双波和三波起动的机理做了详细的论述，从理论和实践上论证了谐波起动电动机起动电流小、起动转矩大和过载能力强的特殊的优越性。其中，用了很大的篇幅，对性能完善的三波起动，做了深入、具体的论述。如对定子绕组提出了 5 种不同的连接法，23 种不同工况下的绕组连接方案，提供了 75 个具体示例，同时也给出了具有实用价值的用计算机实现三相交流电机常规绕组和变极绕组的自动设计和谐波分析的通用程序。（李振标）

T000161 **新编电动机绕组彩色接线图集** 祝志斌编。中国电力出版社 2002 年 2 月版。19.1 万字。21.00 元。介绍了各类电动机绕组的布线和接线，对电动机制造与修理常用的绕线设备、工具及测试仪器和机电维修与故障诊断方面的新技术、新产品也做了较详细的介绍，汇集电动机绕组彩色布线接线图数百例、电工专用设备与电动机维修方面的新产品近千项。（华峰）

T000162 **电机检修实用手册** 潘成林主编。机械工业出版社 2002 年 8 月第二版。127.9 万字。58.00 元。以实用为主，全面而详细地介绍了三相异步电动机、三相同步电机、家用电器用单相异步电动机、直流电机、控制微电机、特殊用途电机以及控制电器的结构、常见故障及处理方法；电机绕组、换向器、集电环、轴承等零件的修理技术；电机拆装与调整、电机绕组的改极、改压和重绕的计算方法；电机的使用维护注意事项，电机修复后的试验方法。手册中列出了多种电机技术数据、绕组接线图和绕组排列方法以及修理电机常用材料。（朱华）

T000163 **水轮发电机组 PCC 控制** 南海鹏编著。西北工业大学出版社 2002 年 9 月版。22.6 万字。20.00 元。主要讨论了基于可编程计算机控制器（PCC）的数字式调速器和励磁调节器的原理和实现，并对 PCC 的软硬件进行了介绍。全书共 6 章。第一章阐述水轮发电机组控制的任务、发展及特点；第二章介绍 PCC 的工作原理及典型模块；第三章为 PCC 程序编写的基础知识及其时间处理单元功能模块的应用；第四章详细介绍步进式 PCC 调速器的工作原理；第五章主要分析水轮机调节系统的稳定性及最优参数整定方法；第六章简明介绍 PCC 励磁调节器的工作原理、运行方式及试验方法。（何格夫）

T000164 **电机与控制** 邸敏艳主编。电子工业出版社 2002 年 6 月版。22.4 万字。11.00 元。内容包括：单相异频电动机、直流电动机、单相串励电动机、三相异步电动机、其他类型电动机的原理与维修；洗衣机电动机及其控制、电风扇电动机及其控制、电冰箱、空调器电动机及其控制、其他家用电器电动机的原理及控制。（总编办）

T000165 **机电传动控制** 陈白宁、段智敏、刘文波主编。东北大学出版社 2002 年 4 月版。52 万字。30.00 元。根据机械设计制造及其自动化专业的《机电传动控制》课程教学大纲编写。全书共12章,介绍了机电传动系统的力学基础和过渡过程,直流电动机的工作原理、特性及其传动控制的基础与系统,交流电动机的工作原理、特性及其传动控制的基础与系统,继电器一接触器控制系统中用到的常用电器和基本控制线路以及典型的应用实例,PLC原理与应用,步进电动机传动控制系统的组成与工作原理及性能,各类常用控制电机的结构特点、工作原理、性能和应用,电动机的选择等内容。(刘淑芳)

T000166 **变压器分接开关实用技术** 陈敢峰、姚集新编著。中国水利水电出版社2002年3月版。42.7万字。38.00元。介绍了各种有载分接开关的工作原理、结构及技术参数、电动机构的工作原理、安装、投运和运行维护关用技术。主要包括:无励磁分接开关、有载分接开关的基本知识、M型系列有载分接开关、V型系列有载分接开关、ABB有分接开关、伊林有开分接开关、SYXZ和SYZZ系列有载分接开关。(陈跃)

T000167 **电力变压器设计计算方法与实践** 刘传彝编著。辽宁科学技术出版社2002年9月版。60万字。48.00元。把变压器电磁计算同电工基础理论紧密联系在一起,按电磁计算过程一一展开,分析了变压器的电路、磁路、漏磁效应、阻抗、附加损耗、机械力、绝缘及温升等问题。对变压器的电路,依据克氏二定律进行了按接线方式的不同进行分类的电流、电压和电势计算,并对构成电路的绕组进行了详尽地分析;对变压器的磁路,依据电磁感应定律、磁路欧姆定律分析了感应电热、磁通和磁密的计算,并对构成磁路的铁心进行了分析;对变压器的漏磁效应,依据磁路定律,采用漏磁组及解析法进行了按接线方式的不同、绕组排列方式的不同的阻抗计算,以及由于漏磁引起的附加损耗计算、机械力的计算等;对变压器的绝缘,分析了运行变压器所承受的各种过电压,进行了变压器主、纵绝缘计算。(李伟民)

T000168 **电工学实验教程** 许建安主编。中国水利水电出版社2002年6月版。23.7万字。16.00元。内容包括:电工学测量基础知识、电工基础实验、电子模拟电路、电子数字电路实验、电机及拖动实验。(陈跃)

T000169 **面向21世纪电力科普知识读本** 本书编写组编。中国电力出版社2002年10月版。23.2万字。16.80元。以"面向21世纪电力科学技术讲座"为基本纲目,并适当引用了《中国电力百科全书》中的基本概念,汇集了火电、输变电、水电、核电等电力科技新技术、新成果,反映了当代电力科技发展的动态。(华峰)

T000170 **工业电器与仪表** 开俊主编。化学工业出版社2002年7月版。46.2万字。23.00元。叙述了电工、电子技术、电动机及控制、变压器和安全用电等基本知识;介绍了过程检测仪表、过程控制仪表、可编程控制器、常规控制系统和新型集散控制系统的组成、基本工作原理和使用方法;同时介绍了与之相关的基本实验、综合实验及典型单元仿真操作等实践内容。(郭燕)

T000171 **现代高压电器技术** 林莘编著。机械工业出版社2002年5月版。35.3万字。25.00元。介绍高压开关设备特别是高压断路器的基本功能,高压断路器在电力系统中的作用,电力系统中各种短路故障与断路器的开断以及开断时的恢复电压,高压断路器的性能试验,真空和SF6高压断路器的结构及熄弧机理,其它高压电器的结构原理和应用,各种高压组合电器和户外紧凑型开关设备,智能化高压开关设备的概念和技术,现代高压开关电器的发展趋势及涉及到的关键技术等。(贾玉兰)

T000172 **王季梅论文选集** 《王季梅论文选集》编委会编。西安交通大学出版社2002年8月版。120.2万字。120.00元。为祝贺王季梅先生从事教育55周年暨80华诞而编辑的有关真空开关电弧理论、测试技术和应用,以及电力熔断器开断电流过程的理论研究、测试和应用的论文选集。书中着重介绍了真空开关和高、低压电力熔断器方面的理论分析、试验研究、设计方法和产品开发以及应用等共100篇论文。(薛玲玲)

T000173 **现代电气控制** 毛哲、田随明编著。华中科技大学出版社2002年12月版。35万字。27.00元。详细介绍了PLC网络与通信、可视化监控、计算机开发系统等新理论新技术。(叶见珍)

T000174 **可编程序控制器技术与应用系统设计** 陈在平、赵相宾主编。机械工业出版社2002年7月版。52.5万字。37.00元。从工程实际应用角度出发,阐述了目前国际上几个主要可编程序控制器(PLC)制造企业(包括三菱电机、西门子、欧姆龙、MODICON、通用电气、AB公司)的主流新型产品,以及它们在工程应用中所涉及到的主要技术问题,包括PLC应用系统典型配置、PLC功能模块的性能与功能指标、网络技术等,以及PLC系统工程设计思想及程序设计方法。书中介绍了多个应用与设计

实例。(孙流芳)

T000175 **遗传算法及其在电力系统中的应用** 熊信银、吴耀武著。华中科技大学出版社 2002 年 1 月版。17.7 万字。13.50 元。对遗传算法应用于电力系统中各种规划模型的建立、原理、求解步骤、相关函数值的计算作了系统的论述,附有简单算例。(黄以铭)

T000176 **电力工程师手册** 国家电力公司东北公司、辽宁省电力有限公司编。中国电力出版社 2002 年 3 月版。317.6 万字。202.00 元。共 8 篇 44 章,包括电力系统、发电、输变电、电力系统过电压、继电保护、供电、用电、计量等内容,全面介绍了电力系统各方面的知识。(华峰)

T000177 **电工实用技术手册** 沙振舜主编。江苏科学技术出版社 2002 年 3 月版。96 万字。60.00元。针对一般工矿企业常用的电气设备与电工技术,主要介绍技术数据及其应用条件,包括基础知识、常用仪表、电工材料、电动机、变压器、变配电、照明心脏电子技术、安全用电等。(王永发)

T000178 **循环流化床锅炉的启动调试与安全运行** 党黎军编著。中国电力出版社 2002 年 8 月版。41.5 万字。28.00 元。介绍循环流化床锅炉的启动、调试技术及安全运行方法。内容主要包括:循环流化床锅炉技术的发展概况,流化床的基本概念,循环流化床锅炉原理及关键控制,循环流化床锅炉的设计、安装、调试与运行之间的协调,循环流化床锅炉的启动与运行调节,循环流化床锅炉运行事故均防止、运行优化和设计改进技术等。(华峰)

T000179 **电力工程师手册・动力卷** 东北电业管理局编。中国电力出版社 2002 年 3 月版。373.1万字。238.00 元。内容涵盖了火力发电机组、火力发电机组启动调试、火电厂建筑、水电站、核电厂、燃气轮机及联合循环、环境保护与综合利用等技术内容。介绍了电力工程师在工作中最常用、最需要的技术知识和技术要领;介绍了业内的最新动态和较成熟的新技术、新工艺;汇总了大量的常用数据、公式和图表,供各专业工程师快速查阅;引用了现行的国家标准和行业标准约 420 余项,给出了发电工程主要专业应遵循的技术标准。(华峰)

T000180 **变电所运行调试及故障处理** 孙方汉主编。辽宁科学技术出版社 2002 年 5 月版。93.3万字。75.00 元。共 11 章,详细介绍了中高压变电所的设计、造型原则,配电装置布置,主要电气设备的技术参数、运行维护、检修试验等技术规范和现场经验;着重介绍了变电所防止雷电过电压和操作过电压的技术措施及应对事故的经验教训,继电保护的配置、整定计算、调整试验和灵敏度校核;最后介绍了安全用电、工作票、操作票、变电所运行管理制度,列举了典型事故案例,并提出防止事故的对策。(李伟民)

T000181 **微机保护与综合自动化系统** 丁毓山、南俊星主编。中国水利水电出版社 2002 年 4 月版。26.8 万字。28.00 元。主要论述了变电所微机保护和综合自动化系统的理论及最新技术与装置等。全书共 9 章,主要内容有:计算机保护和综合自动化的发展,继电保护算法分析,线路保护,变压器微机保护系统,BCH 综合自动化系统,配电网自动化系统和光纤通信系统,DISA-2 型分散式变电站自动化系统,电网调度主站 DF8002 和 DF1331 分布式 RTU 系统,自动化发展规划、协议与概算等。(陈跃)

T000182 **变电运行与事故处理——基本技能及实例仿真** 刘元津、吴涛、李志文、王勇编著。中国水利水电出版社 2002 年 5 月版。38.5 万字。29.00 元。按照部颁《电力工人技术等级标准》、《变电站值班员技能鉴定规范》和《变电运行岗位规范》要求,密切结合生产实际,以行业标准为主线,突出了生产技能、专业知识。其主要内容有:变电的运行管理制度;电气设备的运行及故障处理;变电所的倒闸操作、工作票管理;枢纽变电站配备的继电保护及自动装置;仿真变电站配备的继电保护及自动装置;变电站的事故处理原则;仿真变电站的事故处理实例及变电站的常见异常、常见缺陷和处理方法等。(陈跃)

T000183 **电力系统稳定与控制** [加]Prabha Kundur 编,本书翻译组译。中国电力出版社 2002 年 5 月版。114.3 万字。98.00 元。"EPRI 电力系统工程丛书"之一,分 3 篇:第一篇,提供总的背景信息,叙述现代电力系统的构成,指明控制的不同形式和水平,介绍稳定问题;第二篇,专致于设备特性和建模,系统稳定受电力系统中每一主要元件特性的影响,单个元件物理特性及其能力的知识对于了解系统稳定性至关重要,用恰当的数学模型描述这些元件是稳定分析的关键;第三篇,研究电力系统稳定的不同类别。重点放在对稳定性现象物理概念的了解,对分析方法连同为缓解稳定问题的控制措施也作了详细叙述。(华峰)

T000184 **35~220kV 送电线路施工技术** 陈

昌言编著。中国电力出版社 2002 年 1 月版。133.7 万字。98.00 元。结合大量实际施工和计算实例，阐述了送电线路施工全过程和施工组织管理，以及工程质量检查、评级、验收。分上、下两册，共 19 章。上册 9 章，分别是：送电线路基本知识；线路原材料及器材技术检验；物件运输与装卸；常用工器具的使用和强度计算；高处作业与防止高处坠落；预防电击和触电的现场急救；施工测量与杆塔基础分坑；杆塔预制基础施工；杆塔现浇混凝土基础施工。下册 10 章，分别是：混凝土电杆的排杆、焊接、地面组装；钢筋混凝土电杆整体起立和分解组立施工；常用铁塔组立施工；特高跨越铁塔组立；导线及避雷线展放；紧线施工及附件安装；紧线施工技术计算；送电线路缺陷检修；杆塔防雷接地装置的施工；送电线路工程验收。此外还包括 24 个附录。(华峰)

T000185 **高压架空输电线路架线施工计算原理** 李博之著。中国电力出版社 2002 年 1 月版。34.2万字。35.00 元。《高压架空输电线路施工技术手册(架线工程计算部分)》的姐妹篇，专门针对该手册 8 个部分所提计算方法、计算公式的由来和推理原则、推导过程，作详尽的解述。(华峰)

T000186 **架空送电线路施工手册** 中国电机工程学会输变电施工技术分会、广西送变电建设公司组编，李庆林主编。中国电力出版社 2002 年 9 月版。123.6 万字。98.00 元。内容分 7 篇 63 章，主要包括施工的准备工作，基础、接地、混凝土电杆组立、铁塔组立及架线的现场布置、操作、计算、器具配置、质量要求、安全措施，以及主要施工机具的型号、性能及使用注意事项。(华峰)

T000187 **电力电缆施工手册** 李宗廷、王佩龙、赵光庭、刘进国编著。中国电力出版社 2002 年 5 月版。59.3 万字。58.00 元。主要内容有：电缆的运输与保管，电缆在管道内、桥架上、土壤中、水下敷设的施工方法和要求，以及充油电缆在隧道内和高落差情况下的敷设方法；35kV 及以下挤包绝缘电缆热收缩型、冷收缩型、预制型、绕包型电缆终端与中间接头的制作；35kV 及以下油浸纸绝缘电缆热收缩型终端以及油浸纸绝缘电缆与挤包绝缘电缆中间接头的制作；110kV 及以上交联聚乙烯绝缘电缆、充油电缆终端与中间接头的制作；高压单芯电缆金属护套的连接与接地的安装；电力电缆的竣工试验，水底电缆和高压电缆在施工和运行中发生问题的处理。书中还介绍了电力电缆及其附件产品的种类、结构、特点、型号规格以及电力电缆的外径、重量、允许的工作温度和载流量等。(华峰)

T000188 **电力系统电缆防火指南** 湖北省电力公司编。中国电力出版社 2002 年 7 月版。11.8 万字。15.00 元。阐述电缆的火因控制、分隔封堵防火措施、火灾探测报警以及灭火设施等方面的技术要求；提供了电缆火灾防护在设计、施工、选材选型、验收过程中的实施方法；并列举了近年发生的电缆火灾事故实例。(华峰)

T000189 **配电线路典型装置图集** 黄为源、苏建军编。中国电力出版社 2002 年 10 月版。35.9 万字。25.00 元。以上海地区配电网改造中的典型装置为基础，总结"网改"经验和施工实践，结合新产品、新技术而编写。内容包括：新型电力线路器材；配电装置安装工器具使用方法；绝缘导线接续及耐张串装置图；架空绝缘导线典型装置图；架空裸导线典型装置图；裸导线耐张串装置及组装图。(华峰)

T000190 **复杂配电网简化分析与优化** 刘健、毕鹏翔、董海鹏著。中国电力出版社 2002 年 10 月版。24.5 万字。20.00 元。内容包括绪论、配电网的耗散网络模型、配电网的变结构网络模型、广义耗散网络等效负荷模型、等效负荷密度模型、配电网简化模型数据结构的优化、基于负荷的简化分析、配电网潮流计算、配电网不良数据辨识、配电网故障和异常区域判断与隔离、配电网络重构的研究进展、配电网络重构的改进支路交换法、随机初值的启发式优化方法、基于改进遗传算法的网络重构等 14 章。(华峰)

T000191 **电力电子设备设计和应用手册** 王兆安、张明勋主编。机械工业出版社 2002 年 7 月第二版。206.1 万字。106.00 元。第一版出版于 1990 年 6 月，第二版是在第一版的基础上，按照"除旧布新"的原则，删除了第一版中陈旧而已趋淘汰的内容，增加了 IGBT、电力 MOSFET 以及开关电源、不间断电源、焊机电源、电子镇流器等新内容。本手册内容包括各种电力电子设备的基本原理、设计方法和应用技术。全手册分为两大部分。第一部分包括有关电力电子设备的通用资料、基本元器件和单元、基本电路的计算和设计、配套件等共性内容。第二部分为各类电力电子设备的原理和设计，包括各类交直流电机调速装置用变流器、牵引变流器、感应加热电源、交流电力控制器、开关电源、焊机电源、电子镇流器、不间断电源、无功补偿和谐波抑制装置等内容。(孙流芳)

T000192 **输电线路新型距离保护** 许正亚编

著。中国水利水电出版社 2002 年 6 月版。81.2 万字。69.00 元。在阐明基础知识的基础上，着重阐明了测量式、动作方程判别式数字阻抗继电器和数字式工频变化量阻抗继电器(包括接地和相间两种形式)以及数字式零序电抗继电器的工作原理、方向特性、故障阻抗测量和在系统中的运行特性，对数字式方向阻抗继电器的实现方法也作了相应的叙述。因此，书中对仍在使用中的传统型方向阻抗继电器也作了必要的分析和讨论，同时也兼顾了国外超高压距离保护的先进产品。对于距离保护中必不可少的选相、起动、振荡闭锁和断线失压闭锁，与传统型距离保护中的相比，其工作原理、构成方法完全不同，性能大为提高。本书对各种突变量和稳态量数字式选相元件的工作原理、性能特点以及实现方法作了分析和讨论；在分析数字式滤序器频率偏差和系统振荡时的不平衡输出以及暂态输出的基础上，对相电流差突变量、相电流突变量、综合电流突变量起动元件的工作原理、性能特点、实现方法以及浮动门槛技术等作了论述；对于振荡闭锁和断线失压闭锁，着重分析了新型数字式振荡闭锁和断线失压闭锁元件的工作原理、运行特性以及非正常运行方式下的行为特点和运行中的注意事项。(陈跃)

T000193 **剩余电流保护系统及运行管理** 李家贤、纪贤宝编著。中国水利水电出版社 2002 年 2 月版。28.8 万字。22.00 元。共 9 章，列举了网改中剩余电流保护器应用的大量实例，重点从目前城市低压电网和农网的剩余电流保护系统在运行中遇到的种种问题和如何解决的方法入手，阐明分级保护是目前网改的最佳方式，并利用动作电流和动作时间的级差来相互配合，才能确保电网的用电安全。(陈跃)

T000194 **实用电源技术手册** 王鸿钰主编。上海科学技术出版社 2002 年 8 月版。84.8 万字。48.00 元。共 12 章，前 5 章介绍直流稳定电源和直流标准电源，第六章到第十一章介绍交流稳定电源和交流(交直流)标准电源，第十二章介绍蓄电池和原电池。(陈国钤)

T000195 **电冰箱、空调器原理与维修** 邹开跃等主编。电子工业出版社 2002 年 6 月版。44.8 万字。21.00 元。内容包括：制冷空调基础知识、电冰箱与空调器的主要部件、制冷设备电器及控制电路、电冰箱、空调器、制冷维修基本技能、制冷设备的维修。(总编办)

T000196 **PROCEEDINGS OF THE INTERNATIONAL SYMPOSIUM ON ELECTRICAL ENGINEERING EDUCATION** 沈颂华主编。电子工业出版社 2002 年 11 月版。54.4 万字。50.00 元。是电气工程教育教学国际研讨会(ISEEE 电子工业出版社 2002)论文集，收录论文 60 多篇，主要是学习、交流国内外电气工程高等教育的研究、改革与实践的经验与成果，建立并加强国内外高等院校之间的联系，拓宽视野，吸收国内外教育教学的先进思想与观念，提高电气工程类人才培养素质质量。(总编办)

T000197 **用电检查实用手册** 国家电力公司发输电运营部编。中国电力出版社 2002 年 1 月版。18.6 万字。17.00 元。按现场工作需要，挑选电力及相关法规和电力技术标准当中常用的数据和条文摘录编辑而成的，以供用电检查人员现场使用。分两部分：第一部分为常用法律法规，包括新装增容变更用电、用电检查、供电质量、供用电合同、供电设施、合理供用电、计量与收费以及并网电厂；第二部分为常用技术标准及数据，包括电能质量、安全距离、电气试验、导线安全载流量及最小截面、变压器温升、接地电阻与接地装置。书后附录为常用计量单位、名词术语、无功补偿和差错电量计算。(华峰)

T000198 **电能计量技术手册** 郑尧、李兆华、谭金超、李斌、谭玉玲编著。中国电力出版社 2002 年 1 月版。46 万字。40.00 元。根据电能计量技术监督标准和国家标准、电力行业标准以及供用电生产实际情况而编写，内容包括电磁式电能表、电子式电能表、电压互感器、电流互感器、一次和二次接线、计量柜等。主要介绍电能计量装置地位、用途、分类与等级，电能计量管理规定、专业计算与分析知识，电能计量装置关键技术；交流感应式电能表结构、原理、调整装置、检修、校验与调整、特殊用途表计；电压、电流、多抽头式电流和综合的互感器的结构、原理、接线方式、等级、特点、表用互感器试验、低压电能表与互感器特殊接线，高压电能计量装置接线方式；高压电能计量二次接线六角图测试、分析与运算，高压有功、无功电能表相量分析与计算，电压互感器正确与错误接线分析计算，高压电能计量装置断压、断流的更正系数计算；电子式电能表结构、测量与工作原理、功能与分类、线路、机电脉冲式电子电能表结构与原理，电子式电能表校验装置和集中抄表装置等，最后还附有电缆安全载流量和各种电能计量装置规格性能数据。(华峰)

T000199 **常用仪表的使用方法** 韩广兴编

著。电子工业出版社 2002 年 8 月版。26.00 元。介绍了在电子产品的调试和维修工作中常用仪表的基本特点、工作原理和操作使用方法,重点介绍了示波器的基本结构、工作原理、功能以及在维修电子产品中的使用方法。详细介绍了示波器在音响设备、电视机、影碟机等产品的维修、调试和检测中的使用方法,介绍了不同电路的测试条件、连接方法及避免误差的多种技巧。此外,对万用表、扫频仪、计数器、数字示波器等新型电子仪表的功能和使用方法也做了详细的介绍。(总编办)

T000200 **高压兆欧表** 刘志万、郭守贤著。中国水利水电出版社 2002 年 6 月版。21.3 万字。28.00元。主要包括:绝缘电阻测量,绝缘介质特性,兆欧表的技术指标、量值和检定,兆欧表概要、组构、分类,绝缘电阻测量动态准确度分析,兆欧表的现场干扰、测试,兆欧表某些参数的设计,试品绝缘特性参数的计算等。(陈跃)

无线电电子学、电信技术

T000201 **电子整机装配实习** 费小平主编。电子工业出版社 2002 年 6 月版。32.64 万字。16.00元。内容包括:常用电子材料、常用电子元器件、电子技术文件、常用工具仪器设备、焊接工艺、整机装配工艺、整机调试与检验。(总编办)

T000202 **电子技术** 陈国联等编著。西安交通大学出版社 2002 年 8 月版。54.3 万字。42.00 元。是在近年来面向 21 世纪教学内容和课程体系改革研究的基础上,依据原国家教育委员会 1995 年颁布的"电工技术"和"电子技术"两门课程的教学基本要求编写的。全套书分为《电工技术》和《电子技术》两册,每册均配有完整的多媒体课件。本书内容包括半导体器件、基本放大电路、集成运算放大器、波形产生电路、直流电源、集成逻辑门和组合逻辑电路、集成触发器和时序逻辑电路、数字技术中常用的应用电路、大规模集成电路共 9 章。各章均配有例题、习题,每节有练习与思考题。(薛玲玲)

T000203 **电子管手册** 郑国川等编著。福建科学技术出版社 2002 年 10 月版。90 万字。45.00 元。分 4 个部分收录国产、前苏联产、美日产、欧洲产常用电子管型号共 1202 个。指明每个型号所属类型、主要用途、可供代换的型号,给出基本参数、应用数据、极限参数、极间电容等。手册中穿插 36 篇"应用参考资料",重点解说 30 余种最常用电子管的典型应用、特殊应用、应用注意事项等专题。书末附录按电子管功能、产地进行分类,并指出各型号电子管在本手册中的页码。(林大灶)

T000204 **电子束离子束技术** 赵玉清编著。西安交通大学出版社 2002 年 10 月版。26.8 万字。28.00 元。对有关电子束离子束的产生、引出、加速和偏转的工作原理,物理过程和主要部件进行了介绍,介绍了带电粒子束与固体表面相互作用的原理和产生的结果,以及电子束离子束技术在微电子领域的部分应用,最后介绍了最近几年发展十分迅速的、与纳米技术息息相关的扫描隧道显微镜技术。(薛玲玲)

T000205 **光电子技术** 安毓英等编。电子工业出版社 2002 年 4 月版。42.24 万字。24.00 元。介绍了光电子技术的基本原理与应用基础。第一章、第二章介绍了光辐射的基本定律和光电子技术中常用的光源,讨论了光辐射传播理论及在不同介质中的传输特性。第三章介绍了光束的调制方法、扫描原理和几种典型光调制器。第四章讨论了光辐射探测原理及光辐射探测器的性能。第五章、第六章介绍了光电成像原理及器件、显示技术及相关器件。第七章介绍了光电子技术在国民经济、国防建设等方面的应用。(总编办)

T000206 **光学工程导论** 胡家升著。大连理工大学出版社 2002 年 8 月版。71.2 万字。58.00 元(精装)。为"大连理工大学教授丛书"之一,全书共 19 章,主要由 3 部分组成。第一部分论述以几何光学为主体的工程光学基础,为光学系统设计,光学和光电设备的总体设计奠定知识基础。第二部分论述像差理论和成像质量评价,包括各种像差的物理意义,初级像差与光学系统结构的关系,系统质量的评价方法。第三部分论述了光学和光电设备的总体设计。(总编室)

T000207 **超光速研究新进展** 黄志洵著。国防工业出版社 2002 年 6 月版。24.6 万字。22.00 元。论文集。以研究电磁波和光波的本质为核心。共收论文 13 篇。全书分 3 部分。一、主要讲述超光速的理论与实验,介绍了美国、德国、意大利和中国科学家的贡献,指出王力军博士等人的实验,主要回答了有关负群速的问题。此外,讨论超光速研究中的负能量概念。二、涉及与超光速研究有关的一些特殊问题:波粒二象性理论;从 EPR 思维、Bell 不等式到量子信息学;微波异常传播中心的负折射率问题;中微子质量的研究进展。三、表面上看与超光速研究关系不大，实际上是相互关联的——讨论涉及光本性的著名实验、极慢光速、四维电磁位与电磁场量子化及现代科学中的一些非线性问题。本书用不同学科（经典电磁理论、狭义与广义相对论、量子力学、量子电子学、量子光学、快子动力学EPR思维、量子场论、色散理论、微波技术等）的方法从多角度处理超光速科学问题。（陈洁）

T000208 **现代压电学（下册）** 张福学主编。科学出版社2002年7月版。44.6万字。44.00元。介绍压电学理论、材料及应用的专著，反映了该领域国内外学者所取得的成果和最新进展。全书分上、中、下三册出版。本书为下册，论述压电的应用，共14章，主要介绍压电振荡器、鉴频器和滤波器；压电惯性传感器；压电声表面波器件；压电水声器件；压电电声器件；压电超声器件；压电马达；压电变压器；压电加速计和力传感器；压电检测器；压电执行器；压电医用器件与装置；热释电器件等。（总编业务部）

T000209 **工业激光技术** 丘军林、程祖海等编著。华中科技大学出版社2002年3月版。33.4万字。25.00元。内容分3篇，上篇是谐振腔技术，包括M2参数与光束质量、微变形腔镜及晶体窗口、气动窗口、位相共轭镜及高斯镜谐振腔；中篇是激光器，包括高频CO_2激光器、扩散冷却CO2激光器、约束放电高气压气体激光器、大功率半导体激光器及二极管激光泵浦固体器；下篇是脉冲激光沉积薄膜技术，包括脉冲激光沉积薄膜技术原理、激光沉积超导薄膜、激光扫描沉积大面积均匀薄膜及脉冲激光沉积法制备非晶金刚石薄膜。（陈晓娟）

T000210 **半导体器件电子学** ［美］Warner.Grung（R.M.沃纳，B.L.格朗）著。电子工业出版社2002年9月英文版。153.6万字。72.00元。分5章，从现代电子学基础开始，依次讲述半导体特性、PN结、双极结型晶体管（BJT）、金属氧化物半导体场效应晶体管（MOSFET）等半导体器件电子学中最基本、最经典的主要内容。本书还特别强调SPICE分析方法。（总编办）

T000211 **半导体器件物理与工艺** ［美］施敏著，赵鹤鸣等译。苏州大学出版社2002年12月版。87.5万字。55.00元。介绍了现代半导体的物理原理和先进的工艺技术。由半导体物理、半导体器件及半导体工艺三部分组成。半导体物理部分描述了半导体的基本特性及其传导过程；半导体器件部分讲座所有主要半导体器件的物理过程和特性；半导体工艺部分介绍从晶体生长到掺杂等工艺技术，介绍了制作器件时的各个主要步骤，包括理论和实践情况，并特别强调其在集成电路上的应用。书后附有12个附录，列出了重要半导体材料的特性、共振隧道二极管的遂穿系数的计算方法以及各章部分习题的参考解答。（陈兴昌）

T000212 **二极管手册** 林吉申主编。福建科学技术出版社2002年10月第五版。183.4万字。70.00元。由“二级管对照表”和“外形与管脚排列图”两部分组成。在“二极管对照表”中，收录了中国、美国、日本及欧洲近百家半导体厂家（公司）生产的普通二极管、特殊二极管等型号数万个，每个型号的二极管都标出其主要生产厂家或公司、材料、外形与管脚排列、主要用途与简明特性参数，列出可供代换的二极管型号。“外形与管脚排列图”中给出633种二极管外形及管脚排列图，与“二极管对照表”配套使用。（林大灶）

T000213 **晶体之火——晶体管的发明及信息时代的来临** ［美］迈克尔·赖尔登、莉莲·霍德森著，浦根祥译。上海科学技术出版社2002年8月版。31万字。25.00元。是两位美国科学史作家耗时五年为科学发展史上这段重大篇章所写下的记录。本书以对于发明晶体管贡献最大和最直接的三个人——肖克利、巴丁和布拉顿的生平和经历作为最主要的内容，详细介绍了他们的家庭背景、求学经过和科技生涯，1956年他们三人因发明了晶体管而获得了诺贝尔物理学奖。在此同时，本书也介绍了对发明晶体管有重要贡献的其他许多科学家，如J.J.汤姆孙、泡利、利林费尔德（J.Lilienfeld）、奥尔（R.Ohl）、普番（B.Pfann）和蒂尔（G.Teal）等，以及集成电路的发明者基尔比和诺伊斯。此外，本书还描述了硅谷的诞生、英特尔公司的组建、日本索尼公司的后来居上等历史。（赵玲丽）

T000214 **汤定元文选** 副名：汤定元院士八十诞辰纪念。汤定元文选编委会编。上海科学技术出版社2002年5月版。47万字。70.00元。包括4部分：一、中国红外科学的开创者，介绍汤定元先生的科学生涯和生平；二、学术论文选，收入汤定元先生有代表性的学术论文42篇；三、往事回忆，收入汤定元先生自撰的8篇回忆录；四、祝贺与祝愿，收录汤定元先生80寿辰庆贺会收到的贺信、贺电、贺词。此外，在卷首还编入汤定元先生的照片30余幅。（李维靖）

T000215 **CMOS射频集成电路设计（英文原**

版) [美]Thomas H. Lee(托马斯·李)。电子工业出版社2002年6月版。81.92万字。31.00元。详细讲述了CMOS技术在吉赫兹射频电路中的应用。本书首先从电子学基本理论和IC技术的发展史入手,简要描述了无源RLC网络、无源IC器件和晶体管模型,然后重点讲述了特高频电路和宽带放大器的设计方法,如一些重要的近似方法和某些器件的模拟结果等。在射频电路的设计中,主要讲述了低噪声放大器、混频器、功率放大器、高频振荡器以及频率同步器的设计原理和方法。作者在书中列举了350多个电路实例,并附有大量习题。(总编办)

T000216 **电子爱好者集成电子线路设计手册** 宋家友主编。福建科学技术出版社2002年5月版。106.1万字。57.00元。收编40类585例常用典型的以集成电路为核心的电子线路图,反映了近年来电子技术应用的最新进展。每个电路除给出线路图外,还简明扼要地讲述其工作原理,并给出重要元器件的特性、参数及代换型号等。(吴志海)

T000217 **线性电路分析基础** [美]Leonard S. Bobrow(伦纳德·鲍勃罗)。电子工业出版社2002年9月第二版。119.4万字。59.00元。被列入牛津大学出版社电机和计算机工程系列丛书。全书分15章,从基本元件和定律开始,依次讲述电路分析方法、重要的电路概念、储能元件、一阶电路、二阶电路、计算机辅助电路分析、正弦分析、功率、重要的交流概念、拉普拉斯变换、双端口网络、傅里叶级数、傅里叶变换等线性电路分析中最基础的内容。本书为英文版。(总编办)

T000218 **逻辑电路设计基础** [美]Alan B. Marcovitz(艾伦·B.马科维奇)编,殷洪玺等译。电子工业出版社2002年5月版。73.6万字。39.00元。共7章,前4章介绍数制、开关代数、真值表和卡诺图、逻辑函数的化简、组合系统的分析与设计;后3章介绍时序系统的分析与设计、移位寄存器和计数器、可编程逻辑器件、列表法和状态分割法进行状态化简和状态分配。(总编办)

T000219 **数字电路与数字系统实验** 钮金真、廖芳、康凤兴等编著。中央民族大学出版社2002年5月版。22万字。19.00元。主要包括数字逻辑电路基本实验(12个)、数字逻辑综合性实验(6个)和可编程逻辑器件应用实验(6个)3部分。为了改变传统数字电路实验内容陈旧,形式呆板,方法单一的状况,适应现代技术发展的需要,本教材在实验内容中,除了选择一些与通用逻辑器件(例如74系列的TTL电路、4000系列的CMOS电路等)有关的数字电路实验以外,还同时增加了综合性和系统设计型实验,实验内容从易到难,从单项到综合,从芯片到电路,从电路到系统,以增强学生的综合素质和实践能力。(李飞)

T000220 **射频与微波电子学** [美]Matthew M. Radmanesh(马修·拉德马内斯)。电子工业出版社2002年8月版。140.8万字。79.00元。英文版。本书提供了有关射频与微波电路的基本概念、微波电子学以及高频电子线路设计原理等方面的基础知识。书中运用了大量的图解和实例,讲解了电波传输、线性电路阻抗匹配、微波线性放大器以及在微波集成器件中非线性有源电路内核的设计等。(总编办)

T000221 **青少年科技活动大全·无线电制作及计算机分册(维吾尔文)** 亚迪卡尔·阿不都拉,吐尔逊江·斯拉木翻译。新疆科技卫生出版社(K)2002年11月版。28万字。26.80元。根据上海科教版《青少年科技活动大全》一书翻译出版。本分册介绍了有关无线电及计算机方面的内容。

T000222 **工程电路分析** [美]William H. Hayt(威廉·H.海特)编,王大鹏等译。电子工业出版社2002年11月第六版。117.76万字。59.00元。从基本电路元件、电压电流定律等基本概念出发,介绍了节点和网孔分析、叠加原理和电源置换等常用分析方法。对于交流电路,也是从RLC电路的正弦稳态分析入手,然后讲解交流功率和磁耦合电路。为了适应现代发展趋势,作者充实了频域分析方面的内容,详细介绍了拉普拉斯变换和s域分析、频率响应和傅里叶分析、二端口网络。(总编办)

T000223 **ATX开关稳压电源与CRT显示器电路图集** 慕丕勋、冯桂林编。机械工业出版社2002年9月版。26.2万字。28.00元。是作者按照电路板实物绘制的电路原理图编辑而成的图集。包括国内外使用比较普遍的ATX电脑电源和CRT彩色显示器。(汪汉友)

T000224 **电子元器件与实用电路基础** 韩广兴等编著。电子工业出版社2002年8月版。61.44万字。38.00元。从认识电子元器件和半导体器件起步,到各种实用电路的结构、性能和工作原理进行了详细的讲解,特别是以大量的实用单元电路为例进行了图解。本书的重点是对各种常用电路的工作原理及所用元器件,用图示方法将它们的外形、标记、特征、性能及安装方法等表示出来,形象直观。

电路分析以实用为主，简化了公式推导和计算，适于自己动手制作。（总编办）

T000225 **电路** ［美］James W. Nilsson（詹姆斯·W.尼尔森）编，冼立勤等译。电子工业出版社 2002 年 7 月版。131.84 万字。69.00 元。讲述了电路中的基本概念、基本理论、基本分析和计算方法。全书分 18 章。主要内容有电路基本元件、简单电阻电路分析、电路常见分析法、运算放大器基本应用电路、一阶和二阶电路的分析、正弦稳态分析及其功率计算、平衡三相电路、拉普拉斯变换及其应用、选频电路、有源滤波器、傅里叶级数及傅里叶变换和双端口网络等。（总编办）

T000226 **电路与电子学** 刘淑英等主编。电子工业出版社 2002 年 3 月第二版。60.16 万字。30.00元。为全国计算机专业教学指导委员会确定的"九五"规划教材。本书分上、下两篇，上篇为电路基础，包括：简单电路分析、线性网络分析的一般方法和定理、一阶网络分析、正弦交流电路的分析基本知识。下篇为模拟电子技术基础，包括：常用半导体器件、放大电路基础、多级放大电路与频率特性、功率放大器、集成运算放大器、负反馈放大电路、信号的运算与处理电路、波形发生与变换电路、直流稳压电源。（总编办）

T000227 **电路及其应用** 刘希真、周文俊、杨爱琴编著。西北大学出版社 2002 年 10 月版。30.6 万字。20.00 元。共 8 章，首章概述电路的基本构成和基本规律，其余 7 章将所涉及的电路梳理为八大类，即直流电路、正弦交流电路、三相交流电路、暂态电路、电磁电路、继电控制电路、工厂输配电电路及安全用电电路；各大类下又延拓诸如谐振电路、微分电路、积分电路等有重要实用价值的一些小类电路，并配以基本应用。作者本着培养高素质应用型高职高专人才的宗旨，结合学生学习和接受能力的实际，打破了传统教学以电路分析和设计方法为主的理论模式，注重强调展示电路的多样性和各类电路应用的重要性；同时，在具体电路的介绍中，着力体现各种电路的结构特征和相应的功能；对功能的理论分析，则遵照循序渐进的原则，结合实例进行叙述。（兰世雄）

T000228 **基本电路理论** 王蔼主编，苏中义等改编。上海科学技术文献出版社 2002 年 10 月第三版。74.80 万字。55.00 元。共 12 章，即集中参数电路和基尔霍夫定律，电路元件，线性定常电阻性网络的一般分析法，电阻性网络的一般分析与网络定理，一阶、二阶电路，正弦稳态分析，三相电路，非正弦周期信号作用下电路稳态分析，运算法及其应用，双口网络，状态变量法。（方金善）

T000229 **电子设计自动化(EDA)技术** 唐亚平主编。化学工业出版社 2002 年 8 月版。38.1 万字。26.00 元。是作者总结多年的教学和实践经验，并结合新技术编写而成，并根据高等职业教育的要求突出了实用性、可操作性。本书介绍运用 EDA 技术进行电子系统设计的有关知识和相关 EDA 工具的应用，包括两大部分内容，第一部分介绍如何应用 EDA 工具（Protel 99SE）完成电路原理图设计、印制电路板设计。第二部分介绍应用 EDA 工具对可编程逻辑器件进行设计，包括数字电路设计方法、可编程逻辑器件、VHDL 语言、EDA 开发工具使用、可编程模拟器件及应用，从而对 EDA 技术有一个较全面的介绍。（郭燕）

T000230 **电路系统分析与设计** 龙建忠、王勇、方勇、李军编著。四川大学 2002 年 10 月版。57.5万字。38.00 元。内容由 3 部分组成：第一部分电路分析基础，主要介绍了电路分析的 3 种基本规律；电路分析的基本方法；电路基本定理及其应用。第二部分网络系统理论，重点阐述了现代电路系统分析理论和计算机辅助分析技术。第三部分现代电路系统设计，介绍了现代滤波器设计基础、有源 RC 滤波器设计方法、现代集成滤波器设计和计算机辅助设计技术。（汪萍 成杰）

T000231 **Protel 99 SE 电路原理图设计技术** 杨志亮主编。西北工业大学出版社 2002 年 2 月版。43.2 万字。23.00 元。以 Protel 99 SE 为依据，详细介绍了电路原理图的设计技术。全书共 9 章。第一章 Protel 99 SE 系统概述；第二章电路原理图设计基础；第三章电路图编辑环境设置；第四章电路原理图绘制技术；第五章电路原理图编辑技巧；第六章模块化电路原理图设计；第七章电路原理图零件库编辑；第八章电路原理图后期处理；第九章系统帮助信息及其使用。另外，附录中给出了电路原理图设计系统菜单命令小结，部分通用电路图零件名称及其图形样本。（何格夫）

T000232 **Protel 99 SE 印刷电路板设计技术** 王栓柱主编。西北工业大学出版社 2002 年 2 月版。43.2 万字。23.00 元。以 Protel 99 SE 为依据，详细介绍了印刷电路板的设计技术。全书共 9 章。第一章，电路板设计系统概述；第二章，PCB 图元放置与修改；第三章，电路板设计基础；第四章，电路板编辑环境设置;第五章,设计规则及其定义;第六章,电路板生成与布局;第七章,电路板布线技术;第八章,电路板元件库编辑;第九章,报表生成与打印输出。另外,附录中给出了印刷电路板设计系统菜单命令小结,部分常用零件封装名称及其图形样本。(何格夫)

T000233 **实用表面组装技术** 张文典编著。电子工业出版社 2002 年 2 月版。65.28 万字。48.00元。介绍 SMT 的相关知识,全书共 15 章,包括 SMT 焊接机理、SMT 工艺设计要求、热传导的基本概念、各种辅助材料的特性与评估方法、各种焊接设备的热传导特点及焊接曲线、贴片机验收标准、焊点质量评价与 SMA 性能测试技术、SMT 大生产中的防静电及质量管理。(总编办)

T000234 **高频电子线路学习与解题指导** 阳昌汉主编。哈尔滨工程大学出版社 2002 年 1 月版。19.00元。内容包括高频小信号调谐放大器、高频功率放大器、正弦波振荡器、振幅调制电路、调幅信号的解调电路、角度调制电路、调角信号的解调电路和变频电路等各章节的重点与难点分析说明,典型例题的分析计算和思考题与习题的参考答案。(戴艳萍)

T000235 **电子设计自动化技术** 陈松主编。电子工业出版社 2002 年 6 月版。25.6 万字。13.00元。主要内容分为:电子电路的仿真和模拟、印刷电路板(PCB)的设计及复杂可编程逻辑器件(CPLD)设计 3 大方面。主要内容有:绪论、电子电路仿真软件简介、电子电路原理图绘制、虚拟仪器的使用方法、仿真软件的高级分析功能、仿真器件模型的建立、仿真软件的分析结果的利用、印刷电路板基础、印刷电路板设计技术、复杂可编程逻辑器件基础、复杂可编程逻辑器件设计。(总编办)

T000236 **电子系统集成设计技术** 李玉山等编著。电子工业出版社 2002 年 10 月版。62.08 万字。30.00 元。以 EDA 工具为背景,从电路与系统的角度深入研讨新形势下的电子设计技术。内容为:对电子系统集成设计进展加以概述;进而介绍 IC 制造与测试;ASIC 底层电路及版图设计;数字电路设计技术和可编程芯片设计开发;深入讲述系统设计工具高级硬件语言的应用,包括 VHDL 和 Verilog—HDL 的设计技术;最后探讨新近迅速发展的 ASIC/SOC 系统设计技术的各种研究专题。(总编办)

T000237 **振荡电路实用设计手册** 段九州主编。辽宁科学技术出版社 2002 年 8 月版。44.9 万字。30.00 元。共 7 章。第一章简要介绍振荡的基本原理和常见振荡电路类型,后续各章收集介绍了大量振荡电路实例,包括音频振荡、射频振荡、多谐振荡、函数发生、时钟脉冲产生以及脉冲的整形变换等电路,对每个电路实例都给出了工作原理解释或主要特点的简要说明。(李伟民)

T000238 **经典晶体管电子线路 300 例** 任致程等编著。机械工业出版社 2002 年 6 月版。22 万字。13.00 元。收集了常用经典晶体管电子线路 303 例,包括整流电路、滤波电路、稳压电路、调压电路、开关电路、门电路、自动控制电路、放大电路、振荡电路、指示电路、保护电路及测试电路等 16 大类。书中对每类电路均作了详尽的介绍。(徐明煜)

T000239 **自适应滤波器原理** [美]SIMON HAYKIN(西蒙·赫金)。电子工业出版社 2002 年 7 月第四版。151.04 万字。56.00 元。英文原版。本书共 17 章,阐述了自适应滤波器的数学基础、基本结构和基本算法,从维纳滤波、卡尔曼滤波直到现代的盲自适应技术和神经网络方法,充分反映了近年来该领域的新理论、新技术和新应用。(总编办)

T000240 **离散信号的滤波** 王欣等著。电子工业出版社 2002 年 6 月版。30.72 万字。20.00 元。首先在最小均方误差条件下,介绍了 Wiener 滤波、Kalman 滤波和自适应滤波等一些线性滤波方法。然后又讨论了近来受到人们日益重视的一些非线性滤波方法,即小波滤波、同态滤波、中值滤波、形态滤波等。(总编办)

T000241 **射频电路设计—理论与应用** [美]Reinhold Ludwig(莱因霍尔德·路德维格)编,王子宇等译。电子工业出版社 2002 年 5 月版。71.68 万字。44.00 元。分析了普通低频电路和元件当工作频率升高到射频波段时所遇到的困难和解决方法,并重点讨论了 TEM(横电磁)波的传输特性及用微带线制成的各种射频器件的原理和方法。(总编办)

T000242 **射频模拟电路** 张玉兴编著。电子工业出版社 2002 年 9 月版。64 万字。34.00 元。主要内容包括:绪论,选频放大器,线性功率放大器,波形发生与变换电路,频谱搬移电路,频谱的非线性变换,射频电子系统,射频电路集成芯片,以及附录 A 传输线变压器的原理及应用、附录 B 余弦脉冲费解系数表。(总编办)

T000243 **数字电子技术重点难点及典型题精**

解 张锡赓编著。西安交通大学出版社 2002 年 5 月版。47.8 万字。26.00 元。是以原国家教育委员会电子技术课程教学指导小组于 1993 年修订的"电子技术基础课程教学基本要求"的内容为依据编写的,全书分 8 章,即数字逻辑基础、集成逻辑门、组合逻辑电路、集成触发器、时序逻辑电路、脉冲信号的产生和整形电路、D/A 和 A/D 转换器、半导体存储器及可编程逻辑器件。书中全面总结了数字电子技术中的基本概念、常用电路和逻辑器件的分析与设计方法以及常用中规模逻辑器件的应用。书中列举了大量例题,并对一些典型例题进行了详细的分析。每章后附有自我测试题和习题,书末附有本科生期末考试题和硕士研究生入学考试模拟试题。(薛玲玲)

T000244 **电路习题详解** [日]大下真二郎著,陈国呈译。机械工业出版社 2002 年 6 月版。82 万字。48.00 元。原著为《详解电气回路演习》,分上下两册。书中精心选择、汇集了大量习题并进行详细解答。上册内容为直流电路、正弦波交流电、相量符号法、交流电路、网络分析与基本定理、多相交流电、傅里叶变换与波形分析。下册内容为一端口网络、二端口网络、滤波器、过渡过程、拉普拉斯变换及其应用、分布参数电路的稳态现象和分布参数电路的过渡过程。(周娟)

T000245 **电路习题解析** 王仲奕等编著。西安交通大学出版社 2002 年 5 月第四版。46.2 万字。29.00 元。为配合高等教育出版社出版的普通高等教育"九五"国家级重点教材——西安交通大学邱关源教授主编的《电路》第四版一书的使用而编写。书中对教材中的全部习题进行了详细解答,对一些概念性较强的典型题目给出了基本理论和基本方法,并对重点、难点和疑点作了注释。(薛玲玲)

T000246 **变频器应用手册** 吴忠智、吴加林编著。机械工业出版社 2002 年 7 月第二版。56.9 万字。39.00 元。主要编入了异步电动机与变频器、变频器的质量与可靠性、各种类型变频器的主电路及特点、电力电子器件、数字控制芯片、异步电动机变频调速控制方式、调速系统变频器的选择和容量计算、电动机和负载特性与变频器的选择、变频器运行方式、变频器的电磁兼容(EMC)、变频器安装接线和维修及故障诊断,以及变频器在各行业中的应用及效果。书中还列举了国内外各种类型的变频器原理图以及在应用中的外部接线典型构成图、运行模式和应用效果等。(张沪光)

T000247 **十值逻辑电路与十值数字模糊计算机** 陈书开著。国防工业出版社 2002 年 5 月版。31.1万字。23.00元。高等学校计算机专业选修或研究生教材。由十值逻辑电路的研究与设计和十值数字模糊计算机的研究与探讨两个篇目构成。第一篇介绍十值 TTL 门电路的研究与设计、由运算放大器构成的十值逻辑门电路设计、十值组合逻辑电路设计、十值触发器的研究与设计以及十值时序逻辑电路的设计等内容。第二篇探讨十值数字模糊计算机的基本结构理论,包括十进制机器数的表示方法、运算方法和运算部件、指令系统与控制器结构以及存储器结构等内容。(刘萍)

T000248 **多值逻辑电路与神经网络和模糊计算机** 陈书开著。国防工业出版社 2002 年 3 月版。31.6 万字。25.00 元。高等学校计算机专业选修或研究生教材。由多值逻辑电路与四值计算机及模糊逻辑与神经网络和模糊计算机两个篇目构成。第一篇从工程设计需要出发,介绍了常用的多值逻辑代数,并给出了一系列功能完备的多值逻辑电路。系统论述三值逻辑门电路、四值逻辑门电路、八值逻辑门电路的设计思想和方法,以及多值组合逻辑电路、任意值触发器、任意值时序逻辑电路的设计、多值计算机的设计思想与结构。第二篇介绍模糊逻辑的基本概念、模糊逻辑的集合论基础、模糊逻辑基本电路设计、人工神经网络和多值模糊计算机的设计思想。其中多值计算机、人工神经网络和智能模糊计算机都是作为多值逻辑电路和模糊逻辑电路的应用来进行论述的。(刘萍)

T000249 **现代数字逻辑电路** 江国强主编。电子工业出版社 2002 年 8 月版。46.08 万字。23.00元。共 11 章,主要内容有:数制与编码,逻辑代数,门电路,组合逻辑电路,触发器,时序逻辑电路,脉冲单元电路,数模与模数转换,程序逻辑电路,可编程逻辑器件和 VHDL。各章后附有习题。(总编办)

T000250 **数字逻辑设计与 VHDL 描述** 徐惠民、安德宁编著。机械工业出版社 2002 年 4 月版。44.2 万字。26.00 元。在保留"数字电路与逻辑设计"的系统性和完整性基础上,详细介绍了用 VHDL 硬件描述语言对数字电路和系统进行描述和设计的方法。全书包括数字逻辑设计基础,以 CMOS 为主的数字集成电路,组合电路的分析、设计和描述,时序电路的分析、设计和描述,可编程逻辑器件,数字系统的描述和设计。(周艳娟)

T000251 **天线工程手册** 林昌禄主编。电子工业出版社 2002 年 6 月版。202.88 万字。260.00 元。4 篇计 29 章。第一篇为天线基础,介绍了天线的基本参数、基本原理、基本理论和基本分析方法;第二篇为天线设计,是全书的核心,介绍各类天线的工作原理和设计方法,可供使用的设计公式、图表和具体数据;第三篇概述天线在通信、雷达、导航、遥测、测向等军民方面的应用,还介绍了特殊用途的天线,如载体天线、圆极化天线、毫米波天线等;第四篇介绍了与天线相关的论题,如天线的测量、天线的散射载面天线罩等。(总编办)

T000252 **全固态调频立体声广播发射机操作·维护与测试** 赵伟主编,罗文祥主审。中国广播电视出版社 2002 年 9 月版。13 万字。12.00 元。《中波广播发射台值机员岗位培训教材》之一。以具有代表性的全固态调频立体声广播发射机为参考机型,讲述了调频立体声广播原理,并对全固态调频立体声广播发射机的基本构造、工作流程、技术特点、故障检测与排除,以及操作、测试和维护方法进行了全面而深入的讲解,着重介绍了高频功率放大器和控制系统。(邹娓玲)

T000253 **全固态中波广播发射机使用与维护** 陈晓卫主编。中国广播电视出版社 2002 年 9 月版。36 万字。17.00 元。《中波广播发射台值机员岗位培训教材》之一。以 10kW TSD－10 中波数字调制广播发射机为主要范例,附带介绍了 TS－01B1kW 全固态中波脉宽调制广播发射机。详细讲解了发射机的基本构造、工作原理、工作流程,以及日常使用与维护的注意事项。以定性讲解为主,着重于设备的使用、操作和故障的分析与处理。(邹娓玲)

T000254 **电源电路实用设计手册** 段九州主编。辽宁科学技术出版社 2002 年 8 月版。38.5 万字。26.00 元。共 7 章。第一章简要介绍了稳压电路原理,包括线性稳压电路和开关稳压电路,既有分立元件,也有集成稳压电路的原理。其余各章按照功能分类,依次介绍了整流与稳压、开关型稳压、DC/DC 变换稳压、电压基准与恒流源电路及其他类稳压电路的大量实例。(李伟民)

T000255 **实用电源技术手册·UPS 电源分册** 王其英主编。辽宁科学技术出版社 2002 年 8 月版。28.7 万字。24.00 元。共 8 章,系统介绍 UPS 电源技术及其发展现状;重点介绍当代 UPS 电路结构上质的变化,串并联 UPS 新技术的原理和它的优良性能、技术指标;深入讨论了 UPS 的选用、管理与监控、UPS 智能化等。同时对 UPS 电源的典型故障和如何提高 UPS 的可靠性、可用性均作了详尽的论述。(李伟民)

T000256 **实用电源技术手册·磁性元器件分册** 赵修科主编。辽宁科学技术出版社 2002 年 8 月版。27.5 万字。24.00 元。共 10 章。首先介绍了磁的基本概念、电路中电磁关系和磁性材料特性等基础知识;然后详细介绍了开关电源中磁性元件基本工作模式和对磁性元件的要求;着重分析了高频线圈的集肤效应、邻近效应和寄生参数的原理与磁性元件设计应注意的有关问题;给出了开关电源变压器设计和电源不同工作模式设计方法,同时给出了电流互感器、磁放大器和尖峰抑制器的原理和设计;并有选择地提供了磁元件设计的相关资料和国内外磁元件标准号等。(李伟民)

T000257 **通信原理(上)** 周炯磐、庞沁华、续大我、吴伟陵编著。北京邮电大学出版社 2002 年 8 月版。上册 46.4 万字,下册 32.1 万字。上册 32.00 元,下册 22.00 元。"九五"国家重点教材。本书介绍了通信的基本原理及基本分析方法。全书共 11 章,内容包括通信系统通信网的基本概念、确定信号及随机信号分析、模拟通信系统、数字基带传输、数字频带传输、信源编码、信道、信道差错控制编码、正交编码及伪随机序列及其应用、通信网的基本原理(重点阐述交换的基本原理、多址接入的交换方式以及协议和信令的基本知识)。(周明 郑捷)

T000258 **信号与系统** [美]Alan V. Oppenheim(艾伦·V. 奥本海姆)。电子工业出版社 2002 年 8 月第二版。158.08 万字。59.00 元。英文原版。本书讨论了信号与系统的基本理论、基本分析方法及其应用。本书共包括 11 章的内容,主要讲述了线性系统的基本理论;信号与系统的基本概念;线性时不变系统,连续与离散信号的傅里叶表示和傅里叶变换以及时域和频系统的分析方法等内容。本书作者使用了大量在滤波、抽样、通信和反馈系统中的实例,并行讨论了连续系统、离散系统、时域系统和频域系统的分析方法。(总编办)

T000259 **自适应信号处理** 何振亚著。科学出版社 2002 年 4 月版。57.1 万字。50.00 元。阐述了自适应信号处理的理论及其应用,包括确定性信号与随机过程滤波检测理论,不用训练序列的本身自应用的盲信号处理理论,从一维到多维、线性到非线性、经典自适应到神经智能自适应等近代信号处理。它将信息论、时间序列分析、系统辨识、谱估计理论、高阶谱理论、优化理论、进化计算,以及神经网络理论等学科知识综合而成一体。本书共10章,内容有自适应滤波基本原理、自适应 LMS 滤波器、自适应 RLS 滤波器、自适应格型滤波器、自适应递归滤波器、自适应谱线增强与谱估计、自适应噪声干扰抵消器、自适应均衡器、自适应阵列处理与波束形成,以及自适应神经信息处理。对于盲信号处理的理论与方法,将分散在最后3章中论述。(总编业务部)

T000260 **现代线性系统** 副名:使用 MATLAB。[美]罗伯特·D.斯特拉姆等著,刘树棠译。西安交通大学出版社 2002 年 5 月版。79.8 万字。65.00 元。系 Brooks/Cole 出版公司(Thomson Learning 出版集团的下属子公司)2000 年推出的 Book Ware 系列丛书(Book Ware Companion SeriesTM)之一。本书提供了利用 MATLAB 的普及型学生版本在计算机上解决"现代线性系统"中涉及的几乎所有方面的问题的分析思路、方法、MATLAB 脚本文件和处理结果的范例(解说题和例题),以及供学生学习研讨的习题。全书内容分 11 章,分别是:信号与序列、连续/离散系统、拉普拉斯变换/z 变换和应用、连续/离散系统频率响应、连续时间傅里叶级数和变换/离散傅里叶变换,以及连续系统/离散系统状态空间论述等。(薛玲玲)

T000261 **实时信号处理——信号处理系统的设计与实现** [美]John G. Ackenhusen(约翰·阿肯豪森)编,李玉柏等译。电子工业出版社 2002 年 7 月版。53.12 万字。31.00 元。给出了实时信号处理的基本概念;从时序逻辑电路和组合逻辑电路的简单定义开始,给出了处理器的定义和可编程数字信号处理器(DSP)的功能;讨论了信号处理系统设计中必然涉及的一系列折衷;介绍了解决实时信号处理问题的软件和硬件的各种要素以及系统的生命周期工程等问题。(总编办)

T000262 **信号处理滤波器设计——基于 MATLAB 和 Mathematica 的设计方法(英文版)** [美]Miroslav D. Lutovac(迈勒斯雷·D.卢特威)。电子工业出版社 2002 年 9 月版。123.52 万字。69.00 元。英文版。本书将滤波器理论与实践相结合,展示了过去5年里算法和设计的新发展,其中包括成熟的滤波器算法和 MATLAB、Mathematica 算法的实现。本书分为两个部分,第一部分讲述了常规滤波器的设计技术,展示了一些新算法并进行了案例研究。第二部分讨论了现代设计方法的理论。(总编办)

T000263 **信号、系统与信号处理的软硬件实现** 吴湘淇编。电子工业出版社 2002 年 3 月版。64 万字。35.00 元。在讲清基本概念和原理的基础上,突出用数字的方法对信号、系统进行分析与综合,重在技术实现与实践能力的培养。在软件方面,以离散傅里叶变换 DFT 为依据,以它的快速算法 FFT 为手段,通过 MATLAB 语言来实现。在硬件方面,以单片数字信号处理器 DSP 为基础,系统介绍其功能与使用。结合应用系统的构成、开发与调试阐明开发工具的使用并配有实验,把原理、方法与应用有机地结合起来。全书有 4 篇共 11 章。第一篇信号分析;第二篇线性系统分析与应用;第三篇数字信号处理技术实现与应用;第四篇近代信号分析与处理。(总编办)

T000264 **ADSP 系列数字信号处理器原理** 吴敏渊等编著。电子工业出版社 2002 年 4 月版。66.56万字。39.00 元。介绍 ADI 公司 ADSP-21xx 系列和 ADSP-2106x 系列 DSP 的工作原理、结构和应用,并提供了大量的程序实例。全书分为上、下两篇,共 21 章,包括 16 位定点 DSP 和 32 位浮点 DSP 处理器的计算单元、程序控制、数据寻址、串口、主机接口、模拟接口、存储器接口、DMA、多处理器系统、链路口、系统接口及系统设计等内容。(总编办)

T000265 **DSP 集成开发与应用实例** 张雄伟等编著。电子工业出版社 2002 年 6 月版。59.52 万字。35.00 元。在简要介绍 DSP 芯片的基本概念及 DSP 应用系统的基础上,分 3 部分介绍 DSP 芯片的开发与应用方法。首先介绍了基于 C 语言的 DSP 定点运算实例,为开发定点 DSP 程序奠定了原理基础;其次介绍了美国得州仪器公司推出的先进的 DSP 集成开发环境 CCS(Code Composer Studio)篇,为开发 DSP 程序奠定了工具基础;最后以 TMS320C5000 系列 DSP 芯片为例介绍了 DSP 芯片的软、硬件实例和系统实例,为开发 DSP 系统奠定了实用基础。(总编办)

T000266 **数字信号处理** 副名:使用 MATLAB。[美]维纳·K.恩格尔等著,刘树棠译。西安交通大学出版社 2002 年 6 月版。46.9 万字。38.00 元。系 Brooks/Cole 出版公司(Thomson Learning 出版集团的下属子公司)2000 年推出的 Book Ware 系列丛书(Book Ware Companion SeriesTM)之一。本书提供了利用MATLAB的普及型学生版本在计算机上解决“数字信号处理”中涉及到的基本问题的分析思路、方法、MATLAB脚本和例题，以及供学生学习研讨的习题。全书内容分10章，前8章为基本内容，分别是：离散时间信号与系统、离散时间傅里叶分析、z变换、离散傅里叶变换、数字滤波器结构及FIR/IIR滤波器设计等。最后两章着眼在应用，并有10多个大型作业。(薛玲玲)

T000267　**数字信号处理——系统分析与设计**　[英]Paulo S. R. Diniz(保罗·S. R. 迪尼兹)Eduardo A. B. da Silva(埃多尔多·A. B. 达西尔瓦)。电子工业出版社2002年11月英文版。102.4万字。49.00元。讲述了数字信号处理(DSP)设计和分析的重要内容，采用现代的方法来讨论问题，包括有Matlab范例和其他仿真工具的介绍。主要内容包括：数字信号处理系统使用，如何用多项式和比值多项式逼近转移函数并保持转移函数的特性，为什么在应用中要将转移函数用适当的结构进行图形表示，滤波器组和小波设计，以及信号的时域和频域表述的相互关系的探讨。(总编办)

T000268　**数字信号处理基础**　[加]Joyce Van de Vegte(乔伊斯·范德维格特)编，侯正信等译。电子工业出版社2002年12月版。103.68万字。56.00元。是关于数字信号处理(DSP)原理、实现和应用的最新教程。全书在概述了数字信号的产生、定义和处理实例之后，详细讨论了差分方程、数字卷积、变换、离散时间傅里叶变换和傅里叶级数、数字滤波器、传输函数、频率响应、频谱、无限和有限脉冲响应数字滤波器的设计以及离散傅里叶变换和快速傅里叶变换等基本概念和基本理论。介绍DSP的硬件实现和编程、DSP在声音和图像处理以及小波分析中的应用。(总编办)

T000269　**数字信号处理——频谱计算与滤波器设计**　[美]Chi－Tsong Chen(陈其宗)。电子工业出版社2002年9月英文版。73.6万字。43.00元。讲述了数字信号处理中的基本内容和基础知识，主要包括信号的频谱计算和滤波器设计两大部分。本书侧重于基本概念和程序，涵盖了这一领域的主要内容。(总编办)

T000270　**光电图像处理**　刘文耀编著。电子工业出版社2002年11月版。76.8万字。38.00元。是作者在试用教材经过30余遍教学实践的基础上，为学习光电图像处理的研究生和高年级本科生编写的教材。本书第一章至第六章系统地讨论了光电图像基础、光电图像的线性变换、光电图像增强、复原、分割及编码，属基础篇。在应用篇中，即第七章至第十一章，讨论了小波分析和应用、光电图像相关匹配识别、生物医学图像的重建处理、遥感图像处理和视频图像处理。本书在编写过程中兼顾了光电图像处理的基本共性，又涉及了不同光电成像系统的图像特性及适合的图像处理方法。(总编办)

T000271　**图形图像处理学**　傅德胜等编著。东南大学出版社2002年1月版。61.8万字。33.80元。介绍图形图像处理学基本原理、方法、系统以及图形图像处理学在各个领域的应用。主要内容有图形图像处理学研究内容与发展、图形图像处理学系统与原理、图形元素生成、图形多维变换、三维图形投影、图像增强、图像变换、图像分割、图像编码与压缩、图像分析等，并以两章的篇幅展示了图形图像处理学在统计、管理决策、装潢设计、焊缝缺陷检测、微机指纹识别、遥感图像处理、电子显微图像处理诸多领域中的应用风采。(张煦)

T000272　**通信电子线路**　顾宝良编著。电子工业出版社2002年5月版。35.84万字。20.00元。共8章，介绍通信机的体系结构和收发信通道电路。主要内容有：LNA、IFA、滤波器、RFPA、射频功率合成、锁相频率合成、DDS频率合成、模拟调制解调电路、数字调制解调电路、现代通信系统的集成化和软件化、通信系统电路实例等。(总编办)

T000273　**通信系统工程**　[美]John G. Proakis(约翰·G. 普埃克)编，叶芝慧等译。电子工业出版社2002年7月第二版。102.4万字。59.00元。以通信系统及其发展为线索，介绍了通信技术的基本原理及其应用，着重论述了数字通信原理。(总编办)

T000274　**数字通信**　桑林、郝建军、刘丹谱编著。北京邮电大学出版社2002年11月版。42.5万字。31.00元。以数字通信技术为主线，结合实际的数字通信系统，对信源编码、信道编码、复用及复接原理、数字传输系统、同步系统、多址技术及蜂窝技术进行了系统的论述，并特别介绍了一些数字通信技术新的应用。(孙伟玲)

T000275　**综合电信管理解决方案**　[美]Graham Chen，Qinzheng Kong(陈桂汉、孔沁真)编，程根兰等译。电子工业出版社2002年11月版。40.96万字。28.00元。介绍综合电信管理解决方案的构建原则与实施方案。主要讨论电信管理软件的研究开发和所面临的挑战，电信管理网的相关概念、模型和功能，电信管理网综合体系结构的软件开发与技术支持，电信管理解决方案分布式系统移植策略以及业务软件生命周期管理等。(总编办)

T000276 **数字与模拟通信系统** [美]Leon W. Couch，Ⅱ(利昂·W. 库齐二世)编，罗新民等译。电子工业出版社 2002 年 8 月第六版。99.84 万字。58.00 元。在前五版的基础上改编而成，系统地介绍了现代通信系统的基本理论和最新发展技术。全书共 8 章，内容包括：绪论；信号与频谱；基带脉冲与数字信号；带通信号传输原理与电路；AM、FM 及数字调制系统；随机过程与频谱分析等；每章都有一定的助学例题及大量的习题，部分例题及习题附有 MATLAB 仿真软件。此外，本书还包括 4 个附录，内容有：数学公式及图表，概率论及随机变量的简明教程，计算机通信标准，MATLAB 入门等。(总编办)

T000277 **数字集群移动通信系统** 郑祖辉、鲍智良、经明、郑岚等编著。电子工业出版社 2002 年 1 月版。71 万字。42.00 元。是“移动通信前沿技术丛书”中的一册，介绍数字集群移动通信系统及其相关技术。内容包括：一、移动通信系统概述；二、集群移动通信系统与技术；三、集群通信中的数字通信技术；四、集群通信应用及数字集群通信系统概述；五、我国电子行业推荐性标准的两种体制——iDEN 和 TETRA 数字集群移动通信系统；六、GSM－R 铁路指挥调度系统。提供图 273 幅。(张来盛)

T000278 **宽带光网络技术与应用** 张宝富等编。电子工业出版社 2002 年 6 月版。49.92 万字。29.00 元。内容包括：光网络的基本概念、特点、分类，与现有 SDH、ATM、宽带 IP 网络等的关系；光网络的体系结构、网络拓扑、网络的物理资源及组成要素；广播选择和波长路由光网络、光分组网络、光网络的安全与应用及光因特网等。(总编办)

T000279 **宽带数字接收机** [美]James Tsui(詹姆斯·徐)编，杨小牛等译。电子工业出版社 2002 年 10 月版。62.08 万字。48.00 元。分为 16 章，第一章为引言，第二章简要介绍 EW 方面的知识，第十六章讨论 EW 接收机的评估测试。对于宽带接收机设计者感兴趣的傅里叶变换、离散傅里叶变换以及某些与之相关的课题在第三、四和五章中介绍。第六章到第八章主要讨论接收机硬件技术，包括 ADC 及其对接收机性能的影响、以 ADC 为输出的接收机前端设计和同相正交变换器设计。第九章讨论虚警概率和检测概率。第十章介绍用于频率测量的相位测量法和过零点测量法。第十一章到第十四章讨论与接收机设计密切相关的各种方法，包括频率信道化技术、EW 接收机的简单设计方法等。(总编办)

T000280 **第八届全国青年通信学术会议论文集** 温巧燕等主编。电子工业出版社 2002 年 10 月版。111.36 万字。98.00 元。主要收录第八届全国青年通信学术会议论文 115 篇，分为通信类、密码学与信息安全、数字信号处理、计算机与计算机网络、DSP 及其他等 5 大类。本书充分展示并预测了当今通信、电子、信息科学领域前沿技术的科研成果和发展趋势。(总编办)

T000281 **计算机电话系统——CTI 与呼叫中心** [美]Michael Bayer 迈克尔·拜尔编，姜晓铭等译。电子工业出版社 2002 年 1 月版。39.00 元。计算机电话指的是所有将先进的计算机技术应用于电话系统功能的领域，包括使用先进的计算机底板和总线、操作系统、协议堆栈以及其他可构成电话系统部件的可再生硬件和软件模块。本书从计算机电话的 4 个主要组成部分，即交换组织、CTI、媒体服务以及系统管理进行详细的论述。本书以清晰的结构、简练的语言和标准的图像示例对 CT 进行全面的介绍，并且在本书中还提供了大量实例。(总编办)

T000282 **通信用户终端设备(电话机)维修实训** 任德齐主编。电子工业出版社 2002 年 6 月版。19.2 万字。10.00 元。根据教育部“通信用户终端设备(电话机)维修实训”教学大纲编写。全书内容包括：常用检测仪器与电话机检测基础、电话机整机性能测试、音频/脉冲拨号电路、分立元件通话电路、集成通话电路、振铃电路、电话机综合故障、无绳电话机。(总编办)

T000283 **新英汉电信科技词典** 吴同、刘一凡、贾循明编。国防工业出版社 2002 年 1 月第二版。118.9 万字。45.00 元。精选电信与信息技术词汇 5 万余条。包含基本名词术语，通信领域中的新词，国内外电信体制改革中出现的新机构、新业务名称和生产制造运营管理等方面的新词汇及行语。本词典对译名注明其来源；对不易理解的新名词和容易被误译的名词不但列举其译名，并附加辨疑性的注解或利用附录加以阐明；标注出美国英语和英国英语的差异，并相互参照。(许波建)

T000284 **密码学基础** [以色列]Oded Goldreich(奥迪德·戈德赖克)。电子工业出版社 2002

年11月英文版。62.72万字。39.00元。密码学涉及解决安全问题的计算系统的概念、定义及构造。密码系统的设计必须基于坚实的基础。本书对这一基础问题给出了系统而严格的论述:用已有工具来定义密码系统的目标并解决新的加密问题。本书集中讨论了:计算复杂性(单向函数)、伪随机以及零知识校验等。本书的重点在于澄清基本概念并论述解决加密问题的可行性,而不侧重于描述某种具体方法。(总编办)

T000285　**公开密钥密码算法及其快速实现**　周玉洁、冯登国编著。国防工业出版社2002年9月版。12.3万字。16.00元。对现有公钥密码算法(包括椭圆曲线密码算法)系统介绍,并对安全性做分析,特别是给出各种密码算法的快速实现方法,依照本书的算法,可以方便、快速地实现所需的公钥密码。全书分5章。一、介绍公钥密码的数字基础,特别给出域表示理论。二、讨论RSA的安全性及其典型攻击方法,给出素性检测方法及因子分解算法,特别给出快速模算术运算方法,进而给出RSA的快速实现方法。三、介绍ElGamal公钥密码,给出离散对数算法。四、介绍椭圆曲线公钥密码,讨论了椭圆曲线离散对数问题,给出计算椭圆曲线倍点的各种方法,进而给出椭圆曲线公钥密码的快速实现方法。五、介绍背包算法和其他公钥密码算法。(王祖珮)

T000286　**计算机通信技术**　潘新民主编。电子工业出版社2002年9月版。65.92万字。30.00元。从基本的数据通信理论开始,到数据通信在网络中的应用,层层深入,全面阐述了计算机通信的基本理论。本书共11章,主要包括数据通信模型、物理层接口及标准、计算机通信常用硬件设备、数据通信链路协议及计算机网络体系结构等。(总编办)

T000287　**xDSL技术与应用**　龙腾等编著。电子工业出版社2002年3月版。69.76万字。38.00元。共11章,内容包括DSL简介、数据通信的基本理论、HDSL和HDSL2技术、ADSL系统简介、ADSL收发器的实现、VDSL系统简介、VDSL的实现、VDSL标准的几个热点问题、DSL系统的性能分析与测试、xDSL产品和应用实例、DSL的最新热点——VODSL。此外,在本书的附录A、B、C中,作者还深入分析了高速数据通信的若干基本理论,包括调制解调理论、均衡器的原理和性能分析、离散多音调制(DMT)的理论分析等。(总编办)

T000288　**数字通信——基础与应用**　[美]Bernard Sklar(伯纳德·斯克拉)编,徐平平等译。电子工业出版社2002年9月第二版。130.56万字。69.00元。重点论述数字通信的技术基础和最新应用。全书共15章,详细阐述了数字通信系统的基本信号变换、信号处理步骤、基带信号及高斯噪声中的信号检测、带通信号及其调制和解调技术、链路分析、各种信道编码方法、网格编码调制、同步技术、多路复用和多址接入、扩频技术及其应用、信源编码、基本的加密/解密方法以及衰落信道等。(总编办)

T000289　**数据通信与计算机网络**　李昭智主编。电子工业出版社2002年4月版。60.8万字。30.00元。分3部分:数据通信、计算机网络、网络协议体系与网络管理。全书共18章,介绍了现代数据通信和计算机网络各个领域的基本原理与基础知识;具体内容包括:数据传输、传输介质、数据编码、线路配置与通信接口、数据链路控制、多路复用与数据压缩、传统广域网、高速广域网、传统局域网、高速局域网和无线局域网、Internet、客户机/服务器与Intranet、网络协议体系、网络互联、传输协议、网络管理、网络安全等。(总编办)

T000290　**MPEG标准及其应用**　余兆明、李晓飞、陈来春编著。北京邮电大学出版社2002年11月版。50.1万字。38.00元。介绍了所有MPEG标准和它们的应用,从终端设备、技术基础、组网技术、应用平台到组网实例都作了较详细的介绍。全书共6章:分别介绍了MPEG标准概述,MPEG－1标准及应用,MPEG－2标准及应用,MPEG－4标准及应用,MPEG－7标准及应用,以及MPEG－21标准及应用。在叙述中结合了大量的图表和电路框图,阐明了晦涩难懂的技术概念。(刘洋)

T000291　**数字图像处理**　[美]K.R.Castleman(卡斯尔曼)编,朱志刚等译。电子工业出版社2002年2月版。90.24万字。56.00元。既注重数字图像处理基本概念及理论的阐述,也注重它在各个领域内的实际应用与问题解决,力求做到理论与实践相结合。本书采用了理论基础、实例说明、数学分析、专业应用相结合的方法,使得读者可以循序渐进地深入数字图像处理的世界。并在每章最后给出了大量习题和作业,有助于读者巩固并掌握各章所介绍的知识。书的后面还附有大量的专业词汇、参考文献和相关的信息资源。(总编办)

T000292　**数字视音频技术与应用**　刘毓敏主编。电子工业出版社2002年12月版。56.32万字。29.00元。分9章。第一、二章介绍数字化信息系统技术概况;第三至六章介绍数字视音频技术原理,重点介绍数字视音频压缩编码技术及其标准,这些标准包括JPEG、MPEG系列、H.324、H.26X、G.723和AC—3等;第七至九章介绍实用化数字视音频系统,包括消费类数字音像、多媒体计算机、数字音频广播(DAB)、HDTV、交互式电视(ITV)和点播电视(VOD)等。(总编办)

T000293 **多媒体网络通信** 李小平、曲大成编著。北京理工大学出版社2002年1月版。67.5万字。46.00元。从基础知识、系统分析、设计方法等方面介绍了多媒体网络通信的设计及其关键技术,全面阐述多媒体网络承载技术、接入技术、IPoverATM技术、IPoverSDH技术、IP电话技术、视频会议以及IP网络的应用实例,介绍了与多媒体处理相关的压缩与解压缩技术、数据和文件格式标准、存储与检索技术、分布式多媒体系统、多媒体编程技术。(总编办)

T000294 **电子通信系统** [加]Roy Blake(罗伊·布莱克)。电子工业出版社2002年8月版。160.64万字。58.00元。主要介绍当今通信领域的最新技术。包括传统的电子通信系统和现代数字技术以及现代无线通信系统(蜂窝技术、无线电技术、寻呼系统和无线数据网络等)。第二版对数据通信、因特网技术、高分辨率电视和光纤通信等部分内容都进行了更新,以跟踪最新的技术发展趋势。(总编办)

T000295 **电子通信系统** [美]Wayne Tomasi(韦恩·托马斯)编,王曼珠等译。电子工业出版社2002年9月第四版。146.56万字。79.00元。是美国大学本科的专业教材,系统地讲述了电子通信领域的全面内容,从常规模拟电子通信系统的基本概念到更现代的数字、光纤、微波、卫星及蜂窝和PCS电话通信系统。涉及通信原理、通信电路、电波天线、数字和数据通信、通信系统等多门课程的内容。其先导课程为微积分基础和电子电路。(总编办)

T000296 **现代无线通信系统电波传播** [美]Henry L. Bertoni(亨利·L.伯托尼)编,顾金星等译。电子工业出版社2002年9月版。33.92万字。26.00元。是由世界无线通信专家亨利·伯托尼编写的关于无线电波传播模型的教科书。本书就建筑物、地形、树丛对路径损耗的影响进行了广泛而深入的研究,形成了窄带和宽带系统的空间变化、到达角度、延时扩散等关键影响的统一观点。通过大量例子给出了对建筑物拐角衍射的清晰描述,也给出了以前从未发表过的城市中移动体及移动体路径的研究内容,并提出了新的针对特定位置预测和基于射线理论信道统计模拟的有效模型(已引进英文版)。(总编办)

T000297 **宽带无线数字通信** [奥地利]ANDREAS F. MOLISCH(安德烈亚斯·F.莫利施)编,许希斌等译。电子工业出版社2002年9月版。69.76万字。39.00元。宽带无线数字通信是当前无线通信技术的发展前沿,在未来的话音、视频、数据及多媒体等综合业务方面有广阔的应用前景。宽带无线数字通信和传统的窄带无线数字通信不同,由于信道等方面的原因,必须采用一些全新的技术和方法,围绕这些技术和方法,需要深入了解并研究一些新的理论和概念。在这个领域中,这是一本对宽带无线数字通信进行全面、深入介绍的书。本书的主要特点是:将宽带无线数字通信系统分成最具有代表性的非均衡系统、单载波非扩频均衡系统、正交频分复用系统和码分多址系统4大类,涵盖了当前及未来宽带无线数字通信的新内容。(总编办)

T000298 **卫星通信导论** 吴诗其等主编。电子工业出版社2002年8月版。35.84万字。18.00元。主要介绍卫星通信的基本原理和技术,并结合系统组成介绍主要设备及当前所达到的水平。本书还包括了卫星通信的一些新技术和典型的实际系统。本书分9章。第一章为系统简述,第二章为卫星通信网结构,第三章为链路传输工程,第四章为多址技术,第五章为星载和地球站设备,第六章为VSAT通信网,第七章为卫星移动通信系统,第八章为卫星通信系统中的互联网业务和宽带综合业务,第九章为典型卫星通信系统简介。(总编办)

T000299 **卫星通信系统** 甘良才、杨桂文、茹国宝编。武汉大学出版社2002年3月版。34.1万字。20.00元。高等院校电子信息类各专业卫星通信系统教材。全书分10章:一、绪论;二、卫星通信的一般概念;三、通信卫星;四、卫星通信的体制;五、卫星通信线路的设计计算与性能测试;七、卫星广播电视;八、INMARSAT通信系统;九、卫星通信网;十、卫星通信技术的发展。(史新奎)

T000300 **光网络的存性技术** 吴彦文、郑大力、仲肇伟编著。北京邮电大学出版社2002年3月版。42万字。31.00元。"光通信技术丛书"之一。本书对光网络的自下而上性技术在实际应用中的诸多问题进行了探讨，其主要内容包括近几年来SDH自愈环及其相关领域出现的新要领和新技术、基于DXC格状网的网络保护、光层保护问题以及DPT分路由的优化、多种自愈环的经济特快分析、自愈环的互通、自愈环的组网设计、自愈环光缆物理路由的算法、自愈环网络规划辅助软件等，并给出了自愈环网络工程的设计实例。本书的最后对今后的光网络生存性技术作了展望。(时友芬)

T000301 **光网络的组网与优化设计** 龚倩、徐荣、张民、叶培大编著。北京邮电大学出版社2002年11月版。63.04万字。48.00元。论述了光网络的组网和优化设计技术。主要对光联网设备，光网络的生存性，波长路由与波长分配技术，逻辑拓扑设计与路由优化技术，以及波长转换器和光放大器等关键设备的优化配置等技术的基本原理、执行原理和性能优化进行了详细研究和举例说明。本书系统收集了目前国际上关于光网络的最新科研成果和研究资料，并总结了作者多年来对WDM光网络，全光网，IP over WDM等技术的研究成果和经验。(张学静)

T000302 **光纤通信** [美]Gerd Keiser(格尔德·凯泽)编，李玉权等译。电子工业出版社2002年7月第三版。77.44万字。47.00元。共13章，内容涉及光纤传输原理和传输特性、半导体光源和光检测器的工作原理及工作特性、数字光纤通信系统和模拟光纤通信系统、光放大器的工作原理和性能、WDM系统原理、光网络以及光纤通信系统测量。(总编办)

T000303 **光缆线路工程设计、施工与维护** 张引发等编著。电子工业出版社2002年8月版。25.00元。从光缆工程建设与管理的角度出发，首先介绍了光纤通信系统的基本概念，光纤、光缆的标准体系，光纤、光缆、光连接器件以及光放大器的组成；其次按工程建设顺序，详细介绍了光缆线路的设计、施工、测试、日常维护和故障处理，以及光时域反射仪、光纤熔接机等常用光缆线路仪表的操作使用；最后介绍了宽带网络中光缆线路工程的设计方法和设计要点，包括城域网、宽带接入网、有线电视(HFC)以及综合布线系统等。(总编办)

T000304 **非线性光纤光学原理及应用** [美]Govind P. Agrawal(阿戈沃)编，贾东方等译。电子工业出版社2002年11月版。92.16万字。59.00元。分原理篇和应用篇两部分。原理篇包括光传输方程、群速度色散、自相位调制、调制不稳定性和光孤子、偏振效应、交叉相位调制、受激散射和光参量过程等内容，科学归纳为非线性光纤光学，侧重于基本概念和原理。应用篇内容包括光纤光栅、光纤耦合器，各种光纤干涉仪、光纤放大器和光纤激光器，光脉冲压缩技术，以及有关光纤通信系统和孤子波系统中的传输问题，体现了非线性光纤光学在光波技术、光通信领域的应用。(总编办)

T000305 **移动通信原理与应用** 啜钢、王文博、常永宇等编著。北京邮电大学出版社2002年10月版。47.5万字。35.00元。内容包括：移动通信的发展、蜂窝移动通信系统的基本概念、移动通信的信道、移动通信系统的调制和抗干扰技术、语音编码技术、移动通信中的多址接入、移动通信网以及GSM系统、CAMA系统、CDMA1X简介和第三代移动通信技术。(孙伟玲)

T000306 **第三代移动通信:欧洲的先进技术** [美]Ramjee Prasad(瑞姆吉·普瑞塞德)编，杨晓春等译。电子工业出版社2002年3月版。77.44万字。46.00元。上、下两卷，内容包含了欧洲ACTS计划中移动领域各个项目的最新研究成果和最新技术。上卷包括移动和无线、ACTS移动领域的项目、地面空中接口、卫星空中接口、网络等内容。下卷包括终端技术、高级业务和应用、可行技术、试验、系列与特殊利益组及标准等内容。(总编办)

T000307 **无线寻呼机原理与维修** 伍湘彬主编。电子工业出版社2002年6月版。23.68万字。11.00元。内容包括：绪论、无线寻呼系统、无线寻呼协议、无线寻呼接收机、寻呼机维修技术。(总编办)

T000308 **CDMA蜂窝移动通信与网络安全** [韩国]Man Young Rhee(曼扬里)编，袁超伟等译。电子工业出版社2002年5月版。62.72万字。37.00元。主要介绍了CDMA原理与系统。本书采用了大量的实例和数学运算来帮助读者理解CDMA蜂窝系统、消息加密和网络安全。讲述了CDMA信道操作技术，反向和前向CDMA信道，移动台呼叫处理，基站呼叫处理，单向Hash函数和消息摘要，鉴权、加密和识别，前向和反向W－CDMA信道(已引进英文版)。(总编办)

T000309 **英德汉广播电视技术词典** Herbert Tillmann(赫伯特·蒂尔曼)编，梁瑛、徐衍艳、张莉译。中国广播电视出版社2002年3月版。63万字。35.00元。系广播电视领域最新版本的英德汉技术词典，体现了广播电视技术方面的新特点，包括

数字电视和广播、因特网和多媒体等新的内容。(邹娓玲)

T000310 **广播发射与卫星传输理论基础** 刘洪才、李天德、李栋、周国材编著。中国广播电视出版社 2002 年 9 月版。36 万字。30.00 元。《中波广播发射台值机员岗位培训教材》之一。本书论述中波广播发射台值机员的岗位职责、岗位规范和职业道德,系统讲解了中波广播发射机和利用卫星传输广播节目的基础理论知识和传播技术。(邹娓玲)

T000311 **有线电视技术** 易培林主编。机械工业出版社 2002 年 8 月版。26.7 万字。18.00 元。分理论教学和实践教学两大模块。理论教学内容包括有线电视系统概述,广播电视接收,卫星电视接收,前端,有线电视传输系统,网络规划及系统设计,系统安装调试及验收,现代 CATV 技术;实践教学内容包括 CATV 系统部件的认识与检测,CATV 系统安装调试实训,CATV 的日常维护和常见故障的检修,小型有线电视系统的设计实例(校园网)。(苏颖杰)

T000312 **国产彩色电视机故障检修实例** 蒋秀欣编著。金盾出版社 2002 年 2 月版。37.2 万字。23.00 元。以彩色电视机常见故障为主线,以国产彩色电视机常用机芯为支线,分别介绍了国产彩色电视机各功能电路中常见的故障现象、故障部位、主要故障元器件和检修的方法与技巧。介绍的常见故障现象有:全无故障、三无有加电反应故障、黑屏故障、幅度与线性异常故障、亮度高(或低)故障、行(场)不同步故障、图像效果差故障、搜台与锁台故障、伴音故障、无彩色或彩色不正常故障、干扰和其他故障。介绍的主要机芯有:东芝两片机、东芝三片机、东芝新两片机、东芝 NC-3、松下 M11、三洋 83P、三洋 A3、三洋 A6、飞利浦两片机、飞利浦三片机以及长虹 NC-5、长虹 NC-6、长虹 NC-7 等。介绍的主要机型有:长虹、康佳、牡丹、熊猫、海信、飞跃、厦华、TCL 王牌等。(张学敏)

T000313 **彩色电视机检测数据大全(续二)** 楼铁军、高旭光编著。江西科学技术出版社 2002 年 2 月版。56.8 万字。33.00 元。共包含了近 500 种不同型号集成电路的维修数据,囊括了大部分新型彩色电视机集成电路。从众多品牌的新型彩色电视机中筛选出 20 余种主流品牌的 71 种具有代表性的机芯(型),提供了准确可靠的整机检测数据和集成电路引脚功能。只需用万用表作检测工具,便可稳、准、快地查明彩色电视机的故障所在。书后还附有集成电路英文字母顺序检索表,能方便地查出集成电路的维修数据。(刘舒)

T000314 **大屏幕彩电常见故障剖析与检修方法** 彭克发编。电子工业出版社 2002 年 1 月版。94.08万字。48.00 元。分 14 章,讲述了长虹、熊猫、康佳、东芝、松下、TCL 等大屏幕彩色电视机电源电路、扫描电路及遥控、解码、视放、画中画电路的原理分析、故障剖析、检修方法、维修数据及 350 多个检修实例。(总编办)

T000315 **最新大屏幕(数字)彩色电视机检测数据大全** 李茂清、李焰萍编著。江西科学技术出版社 2002 年 7 月版。130 万字。43.00 元。汇集了 30 种国内外名牌彩色电视机最新机型的整机实测数据,反映了彩色电视机主要元器件的正常工作参数,给分析电路故障提供了可靠的依据。全部检测数据均以列表的形式,简明扼要标明了信号的来龙去脉;微处理器及受控电路的控制量,均以作了说明;彩色制式转换、伴音制式转换、TV/AV 转换及其他功能转换电路的工作电压,都有详细的记录。并附有所涉及的 390 余种集成电路检索表。(刘舒)

T000316 **数字电视技术:高清晰度数字视频原理与应用** [美]Jerry C. Whitaker 杰里·C. 惠特克编,曹晨等译。电子工业出版社 2002 年 1 月第三版。92.8 万字。49.00 元。介绍了高清晰度数字视频技术,分析了数字电视系统潜在的技术、基本原理。介绍了在图像分辨率、数字电视标准和清晰度方面取得的进展。(总编办)

T000317 **电视监控实用技术** 杨磊、李峰、付龙、杨娟编著。机械工业出版社 2002 年 9 月版。48.7万字。33.00 元。《闭路电视监控系统》的姐妹篇。本书从实用角度出发,不仅对传统电视监控系统中所有设备的原理及使用方法做了介绍,还特别对多媒体电视监控系统、数字远程图像监控系统、基于网络的电视监控系统以及数字硬盘录像技术等近年来出现在监控系统中的新技术做了介绍,并附有大量的原理图、实物图以及部分应用实例。另外,对数字视频技术及常见的数字视频压缩标准等涉及数字监控系统的基本理论也做了简单的介绍。(王虹)

T000318 **光纤陀螺仪** [法]H. C. Lefever 著,张桂才、王巍译。国防工业出版社 2002 年 1 月版。24.8 万字。25.00 元。共 12 章:分别介绍光纤陀螺的基本原理;光纤环形干涉仪的互易性,分析了互易性的基本概念在环形干涉仪中的应用,重点介绍了采用全光纤元件或集成光路的全导波方案;对背向反射和背向散射作了分析，并阐明宽带光源弱相干性的重要性；主要分析采用保编光纤和宽带光源来减少双折射引起的非互易性，介绍了光相干域偏振计；光纤陀螺存在温度瞬态和振动时的寄生效应；磁光法拉第效应和非线性克尔效应；标度因数精度；干涉式光纤陀螺仪最佳工作条件及优选的技术；干涉式光纤陀螺仪的其他光学结构及信号处理方案；谐振式光纤陀螺；光纤陀螺的应用和发展趋势。书末备有光学、单模纤维光学、集成光学方面知识的详细附录及符号表。(王华)

T000319 **隐身技术的物理学基础** A.Г.阿列克谢耶夫、陈开来、E.A.什塔盖尔编著。兵器工业出版社 2002年10月版。26.8万字。68.00元。论述隐身技术基本原则，普通隐身技术和深度隐身技术建造目标的有效散射面积降低极限程度和方法，目标强反射结构转换为弱反射结构的方法，宽频带多功能隐身涂料的关联磁谱理论以及隐身涂层减小不同形状目标有效散射面积的有效性。(刘燕丽)

自动化技术、计算机技术

T000320 **人工智能的原理与方法** 马宪民主编。西北工业大学出版社 2002年9月版。32.9万字。18.00元。介绍了人工智能的基础理论、基本方法和应用技术，人工智能的最新研究成果和应用领域。(傅高明)

T000321 **认知科学导论** 熊哲宏著。华中师范大学出版社 2002年9月版。40.1万字。30.00元。主要包括两方面的内容：一是概括认知科学自诞生以来，特别是20世纪90年代以来发展的新成就；二是在此基础上探讨了制约认知科学发展的深层哲学问题。本书首先追溯认知科学的起源和发展，弄清其对象和范围、主要问题和研究方法；然后在指明认知科学的指导性隐喻的前提下，探讨认知科学的两大"范式"，并具体分析这两大范式如何解决某些认知科学的普遍问题(如智能的本质，常识知识问题，计算机和计算的本质，认知科学解释及意识的地位)；最后展望认知科学的未来。(刘晓嘉)

T000322 **符号智能与计算智能** 王江晴译。湖北科学技术出版社 2002年8月版。199页。25.00元(精装)。分别从不同的角度实现对人类智能的模拟。全书论述了人工智能领域中各种智能模拟方法的基本原理、实现技术、应用领域以及目前的研究进展。书中汇集了作者近几年来的科研成果，介绍了国内外相关领域的一些最新资料，力图反映人工智能领域中的最新研究课题和发展方向。备注：1.按中图法分类：是指按《中国图书馆分类法》第三版进行分类，如：建筑制图习题集，分类号为TU204－44；2.书名：包括书名、副书名及说明书名的文字，如：电气操作技能训练(中专实习教材)(第三产业版)；3.版别：是指出版社的版别，如：机工版、北京工业大学版；4.版次：分为初版(即第1版第1次印刷)、修订版(如第21版)、重版(如第3次印刷)。(刘玲)

T000323 **智能机内测试理论与应用** 温熙森等著。国防工业出版社 2002年1月版。18.2万字。20.00元。在综述国内外BIT技术研究应用发展的基础上，系统阐述了智能BIT的理论、技术、方法，重点就BIT的智能设计、智能检测、智能故障诊断和智能维修决策等4个方面的理论、技术和国外最新应用实例进行了分析和论述。(邢海鹰)

T000324 **人工神经网络原理及其应用** 陈允平、王旭蕊、韩宝亮编著。中国电力出版社 2002年8月版。16.6万字。14.00元。"电力新技术丛书"之一，论述人工神经网络的基本单元、网络结构、几种常用的人工神经网络的算法及其在电力系统中的应用。全书分9章。前5章介绍人工神经网络的基本原理，对人工神经网络的生物背景、模型、算法进行了介绍。后4章介绍人工神经网络在电力系统负荷预报、稳定分析、系统辨识等几个重要领域中的应用。(华峰)

T000325 **信息融合 神经网络——模糊推理理论与应用** 权太范著。国防工业出版社 2002年8月版。31.6万字。26.00元。以神经网络——模糊推理融合技术为主线，以多目标多传感器跟踪系统为主要应用背景，探索和研究信息融合领域的前沿课题。共4部分：概论；基础部分，介绍信息融合系统的基本模型和基本算法；融合方面的7个专题，包括神经网络融合学习与估计、神经网络—模糊推理融合理论与结构、神经网络—模糊推理融合控制、神经网络—模糊推理多目标跟踪技术、多目标多传感器跟踪系统、复杂环境下的多传感器信息融合、多雷达信息融合演示系统；信息融合系统展望，介绍了未来信息融合技术的研究课题和发展方向。集中反映了当前信息融合学科的前沿和发展趋势。(王华)

T000326 **神经网络设计** [美]Martin T. Hagan等著，戴葵等译。机械工业出版社 2002年9月版。45万字。49.00元。主要讲述神经网络的基本概念，介绍实用的网络模型、学习规则和训练方法。内容涵盖神经元模型和网络结构、感知和学习规则、有监督的Hebb学习、Widrow－Hoff学习算法、反向传播算法及其变形、联想学习、竞争网络、Grossberg网络、自适应谐振理论和Hopfield网络。书中注重对数学分析方法和性能优化的讨论，强调神经网络在模式识别、信号处理以及控制系统等实际工程问题中的应用。同时本书包含大量例题、习题，并配有基于MATLAB软件包的"神经网络设计演示"程序。(李伯民)

T000327 **传感及其遥控遥测技术应用** 丁镇生编著。电子工业出版社2002年11月版。53.12万字。34.00元。介绍多种常用传感器的原理、性能和制作方法，叙述常用传感器在测量、探测、检测方面和传感遥控遥测领域的具体应用技术。叙述了常用传感测控电路和常用传感遥控遥测电路的设计及调试方法、步骤，使理论与实践紧密结合。书中以数字技术为重点，介绍了多种常用A/D转换器、数字编/译码器、无线电遥控发射/接收模块的巧妙应用。(总编办)

T000328 **传感器及应用技术** 沈聿农主编。化学工业出版社2002年1月版。32.8万字。21.00元。主要对工业自动化专业所涉及到的一些常用传感器的应用技术以及常用传感器的基本原理和结构进行了全面介绍，阐述了传感器作为检测技术核心部件具有的技术指标，并列举了常用传感器的应用实例。第一章阐述检测技术领域的一些基本概念以及基本的测量方法、误差分析的基础理论和测量数据的误差分析计算方法，对传感器的一般特性及评价方法做了分析及论证，对各种常用传感器的发展趋势进行探讨。从第二章至第九章主要对电阻式、电容式、变磁阻式、压电式、热电式、光纤式、光电式、霍尔式等常用传感器，从工作原理、结构、测量电路和应用实例等几个方面详细地加以介绍。本书第十章还针对石油、化工、电厂等企业的常用传感器应用技术进行了描述，使学生了解和掌握常用传感器使用和工程设计的主要方法。在附录中增加了配合本教材的5个实验，以方便教学使用，对培养学生提高传感器应用技术的工程实践能力有重要意义。本书包括直流电路、正弦交流电路、磁路与变压器、电动机、继电接触器控制系统、工业企业供电与用电安全技术、常用半导体器件、放大器基础、直流稳压电源、数字电路共10章内容。对常用的电气设备、电子器件、集成组件及实用电路的介绍，重功能及应用，尽量不涉及工作过程的分析。(郭燕)

T000329 **传感器集成电路手册** 赵负图主编。化学工业出版社2002年4月版。224.4万字。115.00元。收集了当前常用的各种传感器原理电路、结构电路、工作电路、应用电路及必要的性能参数、用途，同时给出了生产厂家。本书内容包括图像、电流、电压、功率、霍尔、磁阻、压力、应变、称重、测力、加速度振动、位移、角度、液位、物位、流量、超声、温度、湿度、气体、接近开关、声响及其他传感器电路。(郭燕)

T000330 **新型传感器原理及应用** 王元庆编著。机械工业出版社2002年5月版。32万字。20.00元。介绍了新型传感效应，新型敏感材料，新加工工艺，固态光电传感器，光电耦合器件(CCD)，光纤传感器，集成传感器，化学传感器，机器人传感器和薄膜传感器等新型传感器的工作原理、结构、特性等基本知识，并在此基础上进一步介绍了各类传感器的典型外围电路，传感器信号的引出、放大、补偿等应用类知识。本书对各类传感器列举了大量应用实例，对具体的应用问题进行了详尽的分析，并对新型传感器在几何量测量方面的应用进行了专题介绍，书中提供了大量的实用电路以及详细的电路分析。(卢若薇)

T000331 **新编传感器技术手册** 李科杰主编。国防工业出版社2002年1月版。203.4万字。130.00元。共3篇40章。基础篇由双向传感统一理论、传感器的特性、传感器的基础效应、传感器材料、弹性敏感元件和多传感器信息融合技术等组成；原理篇由光传感器、热传感器、磁传感器、磁电式传感器、磁弹性传感器、应变式传感器、电位器式传感器、压阻式传感器、电容式传感器、电感式传感器、变压器式传感器、电涡流式传感器、压电式传感器、谐振式传感器、陀螺、流量传感器、伺服传感器、数字传感器、声传感器、核辐射传感器、微波传感器、光纤传感器、气体传感器、湿度传感器、离子传感器和生物传感器组成；应用篇由传感器性能测试与校准、传感器系统抗干扰技术、传感器与微机接口技术、传感器的典型应用、各种传感器性能比较及用途和特点、常用传感器产品等组成。(彭华良)

T000332 **机器人感觉与多信息融合** 罗志增、蒋静坪著。机械工业出版社2002年6月版。19万字。18.00元。介绍了机器人的感觉、信息处理方法及应用。除了讨论机器人的一般原理外，还特别阐述一些新的技术与方法，并有不少篇幅叙述作者与之相关的研究成果。本书第一至第六章系统阐述了机器人的各种感觉和工作原理、实现方式、设计要点。第七章至第十章介绍多信息融合算法及其在机器人中的应用,针对智能机器人的感觉信息加工,介绍了适合机器人多感觉信息融合的各种方法。本书最后的第十一章以作者所在单位研制的一台智能机器人为对象,介绍了多感觉智能机器人的组成、工作原理及分析方法。(郑丹)

T000333 **机器人操作** 熊有伦、尹国平、熊蔡华等著。湖北科学技术出版社 2002 年 1 月版。315 页。98.00 元。分 3 部分:第一部分介绍 C 空间,线矢量和旋量,并有关机构,作为机器人操作的数理基础;第二部分讨论机器人多指抓放和规划控制;第三部分阐述机器人装配操作,包括装配顺序规划、装配运动规划和虚拟原型。(王连弟)

T000334 **数字系统设计与 Verilog HDL** 王金明著。电子工业出版社 2002 年 1 月版。48 万字。28.00 元。作者按照"器件—设计软件—设计语言"的顺序系统介绍了数字系统设计的方法、PLD 器件、流行的 EDA 设计软件和 HDL 设计语言。涵盖了数字系统开发所涉及的主要方面。重点对用 Verilog HDL 语言设计开发常用的数字电路和数字系统具体阐述,配以大量的实例。(杨逢仪)

T000335 **控制技术与系统** 黄惟一、胡生清编著。机械工业出版社 2002 年 7 月版。36.8 万字。22.00 元。主要内容为:执行元件介绍控制系统常用的低压电器、执行电动机和阀等;控制技术介绍模拟控制技术、数字控制技术和模糊控制与人工神经网络控制基础等;顺序控制系统主要介绍数控系统(CNC)和可编程控制器(PLC)等;过程控制系统主要介绍过程控制对象的动态特性、单回路控制系统、复杂控制系统、集散控制系统和现场总线简介等;控制系统的仿真技术主要介绍控制系统的模拟仿真、数字仿真和仿真环境简介等;控制系统的设计方法与实例主要介绍控制系统的设计思想、设计的技术指标、设计的一般方法和设计实例等。(贡克勤)

T000336 **自动控制:反馈的力量** 副名:使用 MATLAB。[英]塞奥德·E.特费斯,曹秉刚主译。西安交通大学出版社 2002 年 5 月版。12.9 万字。12.00 元。是 Brooks Cole 出版公司 2000 年推出的 BookWare 丛书之一。本书主要讨论"反馈"的基本概念,表明如何用它来设计各种自动控制器,并介绍了系统稳定性的概念。此外,还讨论了如何用反馈稳定一个系统并提高系统性能。最后用理论、仿真和实验方法设计计算机控制的模型汽车(CIMCAR-1)的简单控制器。全书内容分 7 章,分别是:导论;系统模型与微分方程;线性微分方程及求解;计算机仿真;稳定性与性能;反馈;计算机控制的模型汽车。(薛玲玲)

T000337 **自动控制原理** 田玉平主编。电子工业出版社 2002 年 8 月版。67.84 万字。32.00 元。介绍了自动控制的基本理论。全书共 8 章。第一章介绍自动控制的一些基本概念,第二章介绍连续和离散控制系统的数学描述,第三章介绍基于系统辨识的建模方法,第四章介绍控制系统基于时域和频域的稳定性分析方法,第五章介绍控制系统的时域运动性能分析,第六章介绍连续和离散系统的校正方法,第七章介绍线性连续和离散控制系统的状态空间分析与综合,最后一章介绍非线性控制系统的分析方法,主要是描述函数法和相平面法。(总编办)

T000338 **设备控制基础** 韩满林主编。电子工业出版社 2002 年 11 月版。37.76 万字。19.00 元。以液压、气压、电气等常用设备控制方式为研究对象,研究的内容是液压、气动和电器元件的工作原理,液压、气动和电气控制系统的组成及其特点以及液压、气动和电气控制的应用、发展方向与安装、调试、维护操作规程。全书共 17 章,分别介绍了液压传动基础、元件、回路和典型液压传动系统,气压传动元件、回路和典型气压传动系统,常用低压电器元件、线路和典型电气控制系统,可编程序控制器的基础知识、应用。(总编办)

T000339 **现代数控编程技术及应用** 王爱玲主编。国防工业出版社 2002 年 1 月版。53.8 万字。34.00 元。现代数控技术系列(共 6 册)之一。分 10 章:数控编程基础;程序编制中的工艺分析处理;程序编制中的数值计算;数控车库手工编程;数控铣床的编程;加工中心的编程;其他数控机床的编程;自动编程;刀位验证与轨迹编程;编程系统的后置处理。(彭华良)

T000340 **控制系统集成** 戴学丰、曲伟建、陆仲达编著。哈尔滨工业大学出版社 2002 年 8 月版。48.8 万字。28.00 元。从应用的角度对力控 TM 和 CitectTM 软件进行了详细的介绍,内容涉及图形页面的制作、报警、键盘和鼠标命令、历史数据记录、报表生成等功能的使用,以及 I/O 设备及网络配置等。考虑到内容的完整性,最后部分对 SCADA 系统中涉及到的计算机网络技术也做了相应的介绍。共16章，分别是：ForceCentrol开发工具，变量组态，动画连接与脚本，运行与实时数据库系统，标准图形，I/O设备驱动与网络应用，力控在油田聚合物注入采油中实现“四遥”，关于工程的基本操作，图形页面，监督与控制功能，Citect与I/O设备间的通信，计算机网络基础知识，计算机数据通信，网络通信协议，局域网，网络互连。（杨桦）

T000341 **智能容错技术及应用** 王仲生著。国防工业出版社2002年9月版。16.9万字。18.00元。分9章：概论，智能容错控制的构成，智能容错控制方式，智能容错控制方案，智能容错控制策略，智能容错控制器设计，智能容错控制的实现方法，智能容错控制的评价，智能容错技术的工程应用。各章后均附有参考文献。主要内容选自作者的科学研究成果和国内外文献资料。（刘华）

T000342 **智能检测与控制技术** 王仲生、陈东编著。西北工业大学出版社2002年9月版。56.2万字。29.00元。介绍了智能检测与控制技术的基础理论、所用仪器仪表及其实现方法。第一章绪论，简要介绍智能检测与控制技术的有关概念、应用方式、应用范围和发展趋势；第二章介绍智能检测与控制技术的基础理论，包括信号及其分类、测量仪表与测量系统、数据采集技术、数据处理技术、数据融合技术；第三至七章介绍智能检测与控制技术常用仪器仪表，主要包括信号检测传感器、中间转换电路、测量显示与记录仪表、计算机接口技术与数据采集技术、数据总线与通信技术等；第八章介绍智能检测与控制中的干扰抑制技术；第九章和第十章介绍智能结构和虚拟仪器检测与控制技术；第十一章介绍智能检测与控制技术的一些常用算法；第十二章给出了若干工程实例。（李阿盟）

T000343 **鲁棒与最优控制** 周克敏等著，毛剑琴等译。国防工业出版社2002年7月版。56万字。46.00元。阐述当代鲁棒与最优控制的主要和基本的内容。共21章。有绪论、阅读基础、理论基础、线性动态系统、性能指标、平衡截断法、不确定性和鲁棒性、结构奇异值、线性二次型优化、控制器降价、固定结构控制器、离散时间控制等。第一章较详细地介绍书中各章的主题和结论，全书有中译本序、译者的话、原著者中文版前言、前言、符号与注释、缩写表及参考文献等。（刘新）

T000344 **模糊自适应控制理论及其应用** 张化光、何希勤等著。北京航空航天大学出版社2002年7月版。53.8万字。50.00元。介绍模糊自适应控制理论及其主要技术内容，包括：模糊自适应控制领域当前的研究现状，模糊控制中的主要模糊模型及其辨识方法，几种主要的模糊自适应（自校正）控制方法和模糊控制系统的稳定性设计，以及模糊控制在一些工业过程中的应用等。（王实）

T000345 **第三届全国CSCW暨第一届全国AIN学术会议论文集** 叶新铭等主编。电子工业出版社2002年7月版。68.48万字。40.00元。收录了第三届全国CSCW学术会议和第一届全国智能信息学术会议的62篇论文，反映了我国近些年来CSCW和智能信息网络研究领域的最新进展，也反映了部分国外的研究成果。（总编办）

T000346 **化工原理学习指导** 匡国柱主编。大连理工大学出版社2002年9月版。59.2万字。28.00元（平装）。主要分6部分：教学基本要求、重点内容概要、典型例题解析、拓展迁移、习题详解、同步练习。本书阐述了各章内容要点，对于其中的难点和易混淆、疏漏之处给以说明。（总编室）

T000347 **计算机系统原理** 张基温编著。电子工业出版社2002年11月版。49.92万字。25.00元。主要内容包括：计算机系统原理概述，编码与运算基础，I/0系统，总线，存储系统，处理器及其管理等，每章后均附有习题。（总编办）

T000348 **电脑·网络扫雷新典** 副名：电脑·网络知识问答与操作。陈功富等编。哈尔滨工业大学出版社2002年4月版。99.4万字。50.00元。分上、下册。上册含第一篇，电脑基础知识与操作，共5章；下册含第二篇，网络基本功能与操作，共6章。书中出现的大量科技英语缩略语详细内容均在本书下册查询。（王超龙）

T000349 **电脑活用百问丛书** 吴启迪、陆建、乐平等。上海科学技术出版社2002年1月版。100万字。每册18.00元。作者将人们使用电脑时经常遇到的操作系统、办公软件、上网浏览、电子邮件、病毒防治等方面的各种问题归纳成百问，详细加以解答。其中每一操作步骤都经作者上机一一验证，并附图例。本丛书由6册组成：《Windows操作系统活用百问》、《Word文字处理活用百问》、《Excel电子邮件活用百问》、《E－mail电子邮件活用百问》、《IE网上冲浪活用百问》、《计算机病毒防治活用百问》。（程滨）

T000350 **信息技术基础** 杨芙清主编。地质出版社2002年7月版。55万字。25.00元。分两册,共 17 章。第一册为基础篇,内容包括:信息技术基础知识、操作系统、文字处理、电子表格、计算机网络技术及其应用、多媒体技术基础、图像处理、动画制作、文稿演示,以及信息技术在教学中的应用模式;第二册为提高篇,内容包括:多媒体课件的设计与制作、网络化远程教育、程序设计、数据库以及信息技术在教育中的综合应用。(杨友爱)

T000351 **领导干部电脑课堂高级篇** 张家生、王凤文编著。机械工业出版社 2002 年 3 月版。24.6 万字。19.00 元。是“领导干部学电脑丛书”之一。本书介绍 Word/Excel/Power Point 等办公软件的实用操作方法和使用技巧,比如在 Word 文档中怎样插入图片、艺术字、页眉页脚等特殊信息;如何在已经做好的 Excel 表格上进行排序、汇总,绘制出反映数据变化的趋势图表等;同时简单地介绍文件、磁盘的管理,电脑软件,上网及电脑选购等基本知识。(张克)

T000352 **新编计算机文化基础** 王殿复主编。大连理工大学出版社 2002 年 8 月版。30 万字。18.00 元。是“新世纪高等职业教育教材编审委员会”组编的基础类课程规划教材之一。内容分 7 个部分:如何认识计算机;如何通过操作系统驾驭计算机;如何使用计算机进行文字处理;如何使用计算机进行数据处理;如何使用计算机制作声形并茂的幻灯片;如何通过计算机网络传递信息;如何对计算机进行简单的维护。(总编室)

T000353 **计算机原理** 王书增主编。电子工业出版社 2002 年 6 月版。30.08 万字。15.00 元。按照中等职业教育培养目标及要求,应着力培养提高学生的运用能力和维修操作素质。在教材编写的指导思想上要重视计算机系统基础理论学习、电路原理分析与维修实践相结合的系统学习,使原理与维修融合为一体,根据计算机及应用类专业《计算机原理》新教学大纲和计划要求,作为原理教材的《计算机原理》是专门介绍计算机硬件和软件的基本理论的教材,在内容的选择上,采用了在我国十分流行的 MCS—51 系列单片机为模型机。(总编办)

T000354 **分布式计算的安全原理** [美]Glen Bruce 等著,李如豹等译。机械工业出版社 2002 年 7 月版。40 万字。35.00 元。包括 4 个部分,共 25 章。主要讲述了如何开发更加安全的分布式系统体系结构和方法;构建可信的、基于开放式系统的分布式事务处理系统;评估成本与风险;考虑人和组织因素,从而做到在提高安全性的同时把对人和过程的影响降至最低。本书探讨了分布式系统中的很多关键风险领域,其中包括网络、操作系统、应用程序、中间件及因特网,并为如何设计和实现安全策略提供了有价值、广泛的建议。(李炎)

T000355 **计算方法** 崔国华等编著。电子工业出版社 2002 年 7 月版。43.52 万字。22.00 元。介绍常用的数值计算方法及有关的基础理论知识。全书共 7 章,第一至六章包括了引论,插值方法等计算方法的基础知识及基本理论。前 6 章中每章都有小结和习题。第七章为计算实习内容,用于指导学生上机实习。该章共有 6 个实习,配有编程例题和上机实习题。(总编办)

T000356 **数据结构与算法分析(C++版)** [美]克利福德·A.谢弗编,张铭等译。电子工业出版社 2002 年 6 月第二版。55.04 万字。32.00 元。采用程序员最爱用的面向对象 C++语言来描述数据结构和算法,并把数据结构原理和算法分析技术有机地结合在一起,系统介绍了各种类型的数据结构和排序、检索的各种方法。作者非常注意对每一种数据结构的不同存储方法及有关算法进行分析比较。书中还引入了一些比较高级的数据结构与先进的算法分析技术,并介绍了可计算性理论的一般知识。(总编办)

T000357 **光互连与并行处理** 李之棠等。电子工业出版社 2002 年 1 月版。31.36 万字。25.00 元。收集、整理和总结了二十多年来国际上光互连领域的一些重要研究成果和发展现状,主要介绍了光互连技术的基本原理、构成、实现方法及其在大规模并行处理领域的应用。(总编办)

T000358 **数字逻辑与数字系统** 王永军等主编。电子工业出版社 2002 年 2 月第二版。52.48 万字。26.00 元。是在《数字逻辑与数字系统》1997 年第一版的基础上修订而成。内容包括:数字逻辑基础、逻辑门电路、触发却、时序逻辑电路、半导体存储器、脉冲波形的产生与整形、可编程逻辑器件、数/模和模/数转换、数字系统分析与设计。本书加强了中、大规模集成电路内容,对可编程逻辑器件 PLD 作了介绍,并以简易计算机为代表详细地阐述了数字系统的分析与设计方法。(总编办)

T000359 **计算机文化基础** 李银兴等主编。西北大学出版社 2002 年 8 月版。43.34 万字。21.00元。共 9 章。第一章简介计算机的产生、发展、特点和应用;第二章主要介绍了软硬件系统的组成、基本概念和术语、数的进制和转换;第三章主要介绍了键盘、鼠标的使用、指法练习以及汉字的“五笔字型”和“智能 ABC”输入法;第四章介绍了目前 PC 机的主流操作系统 Windows 98,重点介绍了如何操作和管理本地计算机的知识和方法;第五章介绍了目前 PC 机上最流行的字处理软件 Word 2000 的使用方法,包括文档的创建、编辑、格式化和打印等基本操作,同时还介绍了表格、图形、公式编辑器的用法;第六章介绍了用于数据处理的常用软件 Excel 2000,包括工作表的建立和编辑、公式和函数的使用、图表的创建和编辑;第七章介绍了 Power Point 2000 的使用方法;第八章介绍了网络、多媒体,特别是 Internet 的基本知识和基本使用方法;第九章介绍了计算机安全的基本知识,包括计算机病毒及其防护、计算机病毒入侵检测的基本方法和常用防病毒软件 KVW 3000 的使用方法。(张运琪)

T000360 **新编电脑装机完全手册** 《新编电脑装机完全手册》编委会编。西北工业大学出版社 2002 年 7 月版。63.8 万字。22.00 元。讲授最新多媒体微机的结构、配件、选购、组装、软件的安装和常见故障的维修、维护技术。从微机的实际硬件结构入手介绍微机的各个组成部分,如 CPU 主板、内存、显示器、各种接口卡、音箱、驱动器、机箱等配件的选购、安装以及各种软件的安装、测试,设备的维护、常见故障的判断和排除、病毒的防治。(刘晖)

T000361 **公钥基础设施 PKI 与认证机构 CA** 关振胜编著。电子工业出版社 2002 年 1 月版。51.84万字。29.00 元。以图文结合的方式介绍公钥基础设施 PKI 与认证机构 CA,所涉及的技术都是目前国内外 IT 前沿崭新技术。全书分 3 篇,共 15 章。上篇主要介绍了 PKI 的概念、主要内容、PKI 的理论基础、PKI 体系及其服务功能;中篇以中国金融 CA 为背景,具体结合 PKI 做典型分析,介绍了一个可信 CA 体系的功能、组成、安全体系及运作规范。下篇介绍如何利用安全协议 SSL 及 SET 创建 PKI 应用,主要介绍了网上银行、网上购物及网上证券的电子商务的应用系统。每章末尾均附有思考题,文中有黑白插图 174 幅。(杨章玉)

T000362 **计算机犯罪与防范** 杨力平编著。电子工业出版社 2002 年 1 月版。45.41 万字。28.00元。内容包括计算机犯罪、利用计算机为工具的犯罪以及与计算机、网络有关的违法活动。此外,结合国内外大量的案例,从理论上、法律上对计算机犯罪进行分析,从管理、技术等角度讲述防范计算机犯罪的措施,并介绍了计算机犯罪的调查方法。全书共 7 章,第一章介绍了计算机犯罪的概念及国内外计算机犯罪及计算机安全的概况。第二章介绍了引发计算机犯罪的原因以及计算机犯罪的特点。第三章至第六章介绍了各种计算机犯罪,利用计算机为工具的犯罪,以及与计算机、网络有关的违法活动的特点及防范措施。第七章简要介绍了计算机犯罪的调查方法。书末附录收录了我国一些有关计算机安全的法律法规文件。(郝黎明)

T000363 **软件工程** 副名:高职高专计算机系列教材。电子工业出版社 2002 年 1 月第二版。27.4万字。16.00 元。利用工程学的原理和方法讲述组织和管理软件生产,保证软件产品的质量、提高软件生产的生产率。本书着重从实用角度讲述软件开发模型,软件开发方法,系统设计方法、步骤与实现。同时也讲述了需求分析,软件测试、验证与确认,软件维护,面向对象设计方法,软件工程管理技术,软件开发工具与集成化环境等。新版除对原书做了修编外,还增加了一些软件工程的实用方法和技术。(赵家鹏)

T000364 **软件报 2001 年合订本** 《软件报》编辑部编。电子工业出版社 2002 年 1 月版。200 万字。38.00 元。分 9 部分:一、综述与评论;二、视窗风景;三、软件天地;四、网络冲浪;五、实用技术;六、办公自动化;七、语言与编程;八、硬件与维修;九、附录。内容涵盖了软件的使用、开发及其他电脑应用方面的基础知识。(陈歆懿)

T000365 **时序逻辑程序设计与软件工程** 唐稚松等著。科学出版社 2002 年 5 月版。36.4 万字。30.00 元。分上、下两册。上册介绍时序逻辑语言 XYZ/E,内容包括 XYZ 系统研制的技术和哲学背景,XYZ/E 的逻辑基础,XYZ/E 的基本特征和基本成分,XYZ/E 的控制结构,XYZ/E 中所表示的各种机制,XYZ/E 的实现,基于 XYZ/E 的实时程序设计与混成系统表示,以及在 XYZ/E 框架内的程序规范与 Hoare 逻辑验证等。下册介绍软件工程方法与工具,内容包括面向模块程序设计的可视化图形工具,基于形式规范的逐步求精过程、速成原型与模型检验方法,可视化体系结构描述语言与工具及其在软件开发过程中的应用,最后还介绍了语言转换工具及其在软件再造工程和某些专用领域的应用,实时及混成系统的验证等。(马长芳)

T000366 **系统分析与设计** [美]John W. Satzinger,Robert B. Jackson,Stephen D. Burd 著,朱群雄、汪晓男等译。机械工业出版社 2002 年 8 月

版。56 万字。65.00 元。介绍了最完整和最先进的系统分析与设计方法，在承认现实世界中开发环境多变的同时，强调基本的永久价值。指出在系统开发的生命周期中，项目管理、系统建模、对象技术、客户机—服务器体系结构、Internet 和打包技术是必须要关注的。(张金梅)

T000367 **Microsoft Visual Basic. Net 的编程技巧** [美]John Connell 编著。上海世界图书出版公司 2002 年 6 月版。101 万字。166.00 元。覆盖了最新版本——Visual Basic. NET 的关键性细节、它的集成开发环境、对 XML 的增强支持以及包括网络框架和服务的 ASP. NET 网络开发功能。(周应诚)

T000368 **计算机程序设计艺术** Donald E. Knuth 著，苏运霖译。国防工业出版社 2002 年 8 月至 9 月版。288 万字。98.00 元。作者计划出版 5 卷，现头 3 卷已出版并修订，本套书为头 3 卷最新修订版的中文版，包括第一卷“基本算法”、第二卷“半数值算法”及第三卷“排序与查找”。本套书的主题为“非数值分析”，其涵盖的课题为算法分析。作者对每一主题都提供了详尽的文献和历史数据。每卷书中附有大量习题和答案，标明了难易程度及数学概念的使用。原作者是算法和程序设计技术的先驱者，是计算机排版系统 TEX 和 METAFONT 的发明者，他因这些成就和大量创造性的影响深远的著作而获得了美国计算机协会图灵奖(ACM Turing Award)、美国数学学会斯蒂尔奖(AMS Steele Prize)等许多奖项和荣誉。(辛再甫)

T000369 **计算机程序设计艺术 第 2 卷 半数值算法** Donald E. Knuth 著，苏运霖译。国防工业出版社 2002 年 8 月第三版。95.9 万字。98.00 元。根据《计算机程序设计艺术》第 2 卷的第三版翻译，对半数值算法领域作了全面介绍，分“随机数”和“算术”两章，总结了主要算法范例及这些算法的基本理论，广泛剖析了计算机程序设计与数值分析间的相互联系，其中特别值得注意的是作者对随机数生成程序的重新处理及对形式幂级数计算的讨论。书中附有大量习题和答案，标明了难易程度及数学概念的使用。作者对每一主题都提供了详尽的文献和历史数据。本书为“计算机程序设计艺术”之一。(辛再甫)

T000370 **计算机程序设计艺术 第 3 卷 排序与查找** Donald E. Knuth 著，苏运霖译。国防工业出版社 2002 年 9 月第二版。104.1 万字。98.00 元。根据《计算机程序设计艺术》第 3 卷的第二版翻译，对经典计算机排序和查找技术作了考察。它扩充了第一卷对数据结构的处理，以将大小数据库和内外存储器一并考虑；遴选了经精心核验的计算机方法，并对其效率作了定量分析。其突出特点是对“最优排序”的修订和对排列论与通用散列法的讨论。书中附有大量习题和答案，标明了难易程度及数学概念的使用。作者对每一主题都提供了详尽的文献和历史数据。本书为“计算机程序设计艺术”之一。(辛再甫)

T000371 **计算机程序设计艺术 第 1 卷 基本算法** Donald E. Knuth 著，苏运霖译。国防工业出版社 2002 年 9 月第三版。88 万字。98.00 元。根据《计算机程序设计艺术》第 1 卷的第三版翻译，以基本的程序设计概念和技术开始，然后专注于信息结构——信息在计算机内部的表示、数据元素之间的结构关系以及如何有效地处理它们，给出了对于模拟、数值方法、符号计算、软件和系统设计的初等应用。书中附有大量习题和答案，标明了难易程序及数学概念的使用。作者对每一主题者提供了详尽的文页和历史数据。新版本增加了几十项简单且重要的算法和技术，并对有关数学预备知识作了大量修改以适应现时研究的趋势。本书为“计算机程序设计艺术”之一。(辛再甫)

T000372 **数据仓库与数据挖掘技术** 陈京民等编著。电子工业出版社 2002 年 8 月版。67.84 万字。33.00 元。介绍了数据仓库与数据挖掘技术的基本概念、基本原理、开发方法、开发工具、应用领域与管理方法等内容。全书共 13 章，包括数据仓库原理，数据仓库体系结构，数据仓库的开发工具，数据仓库规划分析方法，数据仓库开发实施方法，数据仓库应用管理方法，连机分析，数据挖掘基本原理，数据挖掘应用工具等内容。(总编办)

T000373 **数据结构** 张选平、雷咏梅编著。机械工业出版社 2002 年 2 月版。45.9 万字。27.00元。系“面向 21 世纪高等院校计算机教材系列”之一。书中从数据类型角度系统地介绍了各种类型的数据结构的逻辑特性、存储表示及其基本算法，并针对常用的数据结构，进一步讨论各种应用算法及实现方法。全书共10 章，采用C 语言作为数据结构和算法的描述语言。第一章介绍数据结构和算法的有关概念，在第二至六章中，分别介绍了线性表、栈、队列、串、数组、树、图等主要数据结构及有关算法，第七至十章介绍集合类型数据结构的排序和

查找方法，讨论了数据的组织结构和相应的排序和查找算法。（周艳娟）

T000374 **数据结构** 黄刘生、唐策善著。中国科学技术大学出版社 2002 年 4 月第二版。50 万字。19.80 元。介绍各种常用的数据结构和排序、查找的各种算法。阐述了各种数据结构内在的逻辑关系、存储表示及运算操作，并对类 Pascal 语言描述的算法做了详细的注解和简要的性能分析。（黄德）

T000375 **完全接触 Oracle** 荣钦科技主笔室编著。电子工业出版社 2002 年 1 月版。38.08 万字。26.00 元。是精选台湾省计算机图书改编而成。全书从介绍 Oracle 数据库的基本概念开始，依次介绍了 Oracle 数据库的安装和建立、Oracle 的网络连接与服务器和客户端的通信，最后详细讲解了 Oracle Developer 的程序设计以及 Oracle 的命令速查等内容。文中有黑白插图 132 幅。（杨章玉）

T000376 **数据库技术及开发教程** 常明华主编。电子工业出版社 2002 年 6 月修订版。55.68 万字。29.00 元。讲解了数据库系统基础知识、基本操作、基本设计以及数据库管理。还介绍了 SQL 查询语言及其使用方法；表单设计方法，面向对象程序设计基本知识，建立应用程序子类及应用子类的方法；表单与标签设计方法，使读者既掌握基本原理，又掌握设计方法，还有实例可以参考，以便能很快掌握、解决实际工作中的问题。（总编办）

T000377 **数据库系统教程** 王能斌编著。电子工业出版社 2002 年 9 月版。43.52 万字。22.00 元。分上、下册，介绍了数据库系统的基本概念和术语、数据模型。包括关系数据库语言、DBMS 结构和数据目录、数据库的存储结构、查询处理和优化、事物管理、数据库安全和完整性约束、触发子和主动数据库、数据依赖和关系模式规范化、数据库设计和管理。（总编办）

T000378 **数据库应用技术** 林桂花主编。大连理工大学出版社 2002 年 8 月版。41 万字。24.00元（平装）。共 11 章。第一章：绪论；第二章：Visual Basic6.0 语言基础；第三章：表的基本操作；第四章：查询与统计；第五章：数据库与视图；第六章：程序设计初步；第七章：窗口设计；第八章：菜单设计；第九章：表单设计；第十章：报表设计；第十一章：应用开发实例。（总编室）

T000379 **网络数据库技术及应用** 金林樵主编。机械工业出版社 2002 年 8 月版。43.9 万字。26.00元。系“面向 21 世纪高职高专系列教材”之一。本书通过具体实例，介绍在 ASP 中实现与 SQL 数据库结合开发站点的方法。为适应电子商务发展的需要，本书使用 SQL Server 作为后台数据库，为加强读者对数据库的理解，系统地讲述了数据库的概念及其特点，并介绍了 SQL 语言的语法规则，提供了在动态网页中用 ASP 访问和使用数据库的完整知识。最后通过一个具体实例，完整地介绍了在 ASP 中网络数据库的访问和使用。（周艳娟）

T000380 **SQL Server 2000 OLAP 服务设计与应用** 飞思科技产品研发中心编著。电子工业出版社 2002 年 1 月版。69.12 万字。38.00 元。针对 DTS、OLAP 模型与设计、SQL 分析服务、数据透视表和 Office 2000、开发决策支持程序、OLAP 商业应用程序、知识库及数据仓库管理等内容，以实例的方式加以介绍。（卢国俊）

T000381 **计算机导论与程序设计** 北京邮电大学出版社 2002 年 9 月版。60.3 万字。38.00 元。介绍了计算机基础理论知识、Turbo Pascal 的语法，将流程图引入程序设计。全书分 3 篇，共 24 章，突出了程序设计方法及算法的重要性，注重培养良好的程序设计风格与习惯，力求完美体现结构化程序设计的思想。书中附有大量的实验题目。（王琴秋）

T000382 **软件工程与软件测试自动化教程** 张克东等编著。电子工业出版社 2002 年 2 月版。44.8万字。32.00 元。论述软件工程与软件测试自动化的理论与技术。全书共 16 章，前 4 章简要回顾与介绍软件工程及软件工具和软件测试理论；从第五章开始到第十六章，着重结合 panorama 测试软件对当今国际上最新的软件自动化再工程和测试技术进行全面系统的阐述。内容包括软件危机和软件工程、软件工程和软件工具、软件测试的一般性理论、软件测试和测试用例设计、软件工程及测试难点和 ISA 的相关解决、软件自动化测试质量的规范和度量、Panorama 测试软件的安装和设置、软件系统结构与系统流程的自动分析、软件质量自动评估分析等。（总编办）

T000383 **软件工程：实践者的研究方法** [美]Roger S. Pressman 著，梅宏等译。机械工业出版社 2002 年 10 月第五版。90 万字。59.00 元。介绍了软件工程学科的概念和方法。本书从软件工程的概要介绍开始，进而介绍了管理软件项目、传统软件工程方法、面向对象软件工程方法以及软件工程的高级课题，包括传统的分析、设计、测试和度量，面向对象的分析、设计、测试和度量,形式化方法、净室软件工程、基于构件的方法、客户/服务器软件工程、再工程和 CASE 等。最后,还对软件工程学科的未来发展做了预测和展望。(杨海玲)

T000384 **软件可靠性、安全性与质量保证** 黄锡滋编著。电子工业出版社 2002 年 10 月版。42.24万字。26.00 元。以软件可靠性、安全性为重点,融软件工程学与可靠性工程学于一体,总结了国外软件可靠性、安全性的主要研究成果,同时介绍了我国科技工作者在这个领域中有影响的工作。内容涉及软件可靠性的基本理论,软件可靠性设计,软件测试,软件可靠性预计及可靠性增长分析,软件可靠性分配,软件可靠性与安全性分析,软件维护。在软件质量保证的章节中,除了介绍 ISO 9000 的软件质量保证要求外,还介绍了当前工作 IT 产业中炙手可热的 CMM 模型和国外软件质量保证的经验。(总编办)

T000385 **软件过程改进** [美]Sami Iahran 著,陈新等译。机械工业出版社 2002 年 8 月版。56 万字。49.00 元。内容包括:过程思维、软件过程改进框架、如何进行软件过程改进、当前主要软件过程改进模型与标准以及软件过程改进的商业收益等。作者首先介绍了软件过程改进的有关概念、软件过程改进产生的历史根源和思想基础,然后提出了一整套完整通用的软件过程改进框架,并且对如何在企业中实施软件过程改进给出了切实可行的建议。此外,作者还以通用软件过程改进框架为基础,对当前各种主流的过程改进模型的特点与优劣进行了分析与比较,从而有助于企业在过程改进中对不同的模型加以取舍。(武恩玉)

T000386 **软件项目管理——过程控制与人员管理** [美]Philip Metzger,John Boddie 编,陈勇强等译。电子工业出版社 2002 年 6 月第三版。58.24 万字。40.00 元。内容包括:软件团队及其工作方式;经理、分析员及程序员的角色定位与工作职责;软件设计过程与实践;软件开发过程与实践;软件系统测试过程与实践;软件开发过程中支持人员角色定位、工作职责与管理方式。书中还给出了一套经实践证明行之有效的完整的软件项目管理各流程模板,读者只需填入内容即可立刻应用于实践。(总编办)

T000387 **软件架构:组织原则与模式** [美]David M. Dikel 等著,张恂等译。机械工业出版社 2002 年 10 月版。21 万字。35.00 元。主要描述软件架构与软件组织之间的相互关系,依次介绍了作者根据多年管理经验和研究总结出的软件架构组织的 VRAPS5 项原则——构想、节奏、预见、协作和简化,并通过案例分析、模式和反模式展示了如何运用这一模型。(武恩玉)

T000388 **软件需求** [丹麦]Soren Lauesen 编,刘晓晖译。电子工业出版社 2002 年 11 月版。58.24 万字。34.00 元。专门讨论如何更快、更准确地编写软件需求。本书以面向实践、案例教学的方式,介绍了当前需求工程的各项技术。本书面向软件供应链牵涉到的所有人员,分析人员、开发人员到最终用户都将从中学习到新技术,并从其他专家所编写的需求中获得启发。软件供应商将学习到如何协助客户和如何编写有竞争力的建议书;程序员及其他开发人员将学习到如何陈述需求而又不涉及到过多的技术细节,了解如何降低系统开发的风险;IT 专业的学生将学习到需求工程的理论和实践经验,并为个案研究以及项目开发打下坚实的基础。(总编办)

T000389 **面向对象的软件测试** [美]John D. Mc Gregor,David A. Sykes 著,杨文宏等译。机械工业出版社 2002 年 8 月版。30 万字。35.00 元。详细介绍了面向对象软件测试的各个方面,将软件测试融合到软件开发的各个阶段,对于确保软件产品的质量具有重大意义。(王冰飞)

T000390 **CMMI 精粹** 副名:集成化过程改进实用导论。[美]Dennis M. Ahern 著,周伯生等译。机械工业出版社 2002 年 8 月版。27 万字。35.00 元。重点介绍了倡导集成化过程改进的组织和经验,并提示了潜在的缺陷和最佳实践。此外,本书描述了 CMMI 工具的结构和内容,并提供了具体和实用的实践指南。(温丹丹)

T000391 **用例分析技术** [美]Geri Schneider,Jason P. Winters 著,姚淑珍等译。机械工业出版社 2002 年 8 月版。27 万字。35.00 元。以一个邮购公司的订单处理系统为实例,以实际开发人员连续不断的讨论和工作,展现了整个系统的开发过程和技术应用成果。书中从不同的角度观察用例,展示用例如何有助于项目的体系结构设计、进度安排、需求分析、测度和验证。(李云静)

T000392 **共创未来——打破自由软件神话** [美]彼得·韦纳著,王克迪等译。上海科技教育出版社 2002 年 12 月版。29 万字。25.60 元。科学普及类作品。“哲人石丛书·当代科普名著系列”之一。作者在掌握大量第一手材料的基础上，讲述了一群来自世界各地具有奉献精神的软件高手，利用业余时间，齐心协力开发足以与强大的微软公司相抗衡的自由软件的故事。本书不但详细记述了自由软件运动的起源、形成与发展的历史，而且对自由软件运动中的大多数重量级人物，包括自由软件之父斯托尔曼、Linux之父托瓦尔兹等进行了描述。（洪星范）

T000393 **有效需求实践** ［美］Ralph R. Young 著，韩柯、耿民译。机械工业出版社 2002 年 8 月版。30 万字。35.00 元。通过大量不同类型项目的实际数据和实践活动，深入分析了产生项目延误和超支等问题的主要原因，提供了经过证实的框架和活动。（张金梅）

T000394 **死亡之旅：超常规软件项目的开发实践** ［美］Edward Yourdon 编，周浩宇译。电子工业出版社 2002 年 5 月版。31.36 万字。25.00 元。作者以生动的事例解释了死亡之旅项目的起因，深刻分析了这种现象的本质，并讲述了如何选择和使用项目中的人员、流程、工具和技巧在这类项目中求生并使项目成功的可能性最大化。（总编办）

T000395 **CMM 软件过程改进指南** ［美］Joseph Raynus 编，邱仲潘等译。电子工业出版社 2002 年 3 月版。29.44 万字。18.00 元。是用 SEI 的能力成熟度模型（CMM）改进机构软件开发过程的实用指南，向软件项目经理和管理员提供 CMM 软件过程改进的实用知识，并介绍软件寿命周期每个阶段的实现方法。本书强调软件过程定义、有效利用软件度量和尝试软件项目管理。（总编办）

T000396 **CMM 实践应用——Infosys 公司的软件项目执行过程** ［印度］Pankaj Jalote 编，胡春哲等译。电子工业出版社 2002 年 9 月版。40.32 万字。29.00 元。首先简要回顾了 CMM 的基础理论，介绍了 Infosys 的背景及其大致的开发过程，随后按照项目的生命周期分 3 部分介绍了 CMM 在软件开发过程中的应用，包括项目启动、项目计划、项目执行和终止。本书最后的附录说明了一个通过 ISO 认证的机构。（总编办）

T000397 **Rational 统一过程引论** ［美］Philippe Kruchten 著，周伯生等译。机械工业出版社 2002 年 5 月第二版。20 万字。38.00 元。简明扼要地介绍了 Rational 统一过程的概念、结构、内容和动机。（姚蕾）

T000398 **基于项目的软件工程：面向对象研究方法** ［美］Evelyn Stiller 等著，贲可荣等译。机械工业出版社 2002 年 4 月版。30 万字。30.00 元。阐述了软件工程生命周期的各个阶段，并通过对两个现有案例的分析来认识开发过程中的概念化、分析、设计和实现阶段。本书不依赖于具体的程序设计语言，采用 UML 的字集来建模，并解释了学生工作中需要用到的符号。（武恩玉）

T000399 **Microsoft Windows 下的 C＋＋编程** ［美］Charles Petzold 编著。上海世界图书出版公司 2002 年 6 月版。206 万字。188.00 元。展示了如何最大程度地利用 Windows 框架——下一代 windows 编程类别库，指导你如何运用 C＋＋为分布式或单独的应用程序创建动态用户界面和 Windows 应用程序的图形输出。（周应诚）

T000400 **Visual Basic 6 大学教程** ［美］Harvey M. Deitel 编，于伟等译。电子工业出版社 2002 年 11 月版。121.6 万字。68.00 元。介绍了 Visual Basic 6 语言的基本概念和编程技术，包括对象、属性、方法、语句、函数、结构等基本问题，以及面向对象编程、数据库管理和网络编程等高级课题。全书分为 21 章，系统地讨论了 Visual Basic 6 的编程技巧及应用，并且提供了大量实用和有趣的实例和习题。（总编办）

T000401 **Java 与模式** 阎宏编著。电子工业出版社 2002 年 10 月版。167.04 万字。88.00 元。是讲解设计原则以及最为常见的设计模式的实用教材。本书分成一系列的章节，每一个章节讲解一个编程模式，说明此模式的用意、结构，以及这一模式适合于什么样的情况等。每一个章节都附有多个例子和练习题。（总编办）

T000402 **C＋＋Builder 6 SOAP/Web Service 开发** 李维编著。华中科技大学出版社 2002 年 8 月版。40 万字。58.00 元。Internet/Intranet 正面临第三波的技术演变，SOAP 和 Web Service 正是其中的关键技术。本书主要介绍了什么是 SOAP，什么是 Web Service，SOAP 和 Web Service 能用来做什么，如何创建 SOAP/Web Service 应用系统，C/C＋＋的程序员又将如何把强大的 C/C＋＋语言与最新的软件观点和技术相结合。作者李维，美国佐治亚理工学院信息硕士，台湾《RUN！PC》、大陆《程序员》杂志专栏作家。已发表上百篇技术文章。著有“实战 C＋＋ Builder/Delphi”系列丛书 10 余本。对 C/C＋＋、Delphi 分布式架构以及组件技术有着丰富的研究和实作经验，现任台湾 Borland 公

司资深技术顾问。(陈晓娟)

T000403 **XHTML 从入门到精通** [美]Ed Titel, Chelsea Valentine, Lucinda Dykes, Mary Burmeister 著,马树奇等译。电子工业出版社 2002 年 1 月版。120 万字。76.00 元。从各个角度深入地介绍了 XHTML(可扩展超文本标记语言)。开篇的入门部分介绍普通的页面元素和一些较高级的特点以及页面出版;接着讲述 XHTML 效果处理,以及如何把 HTML 文件转换成 XHTML 形式;然后介绍如何使用级联样式单和 JavaScript,并在 Web 页面中包含多媒体效果;最后讲述如何开发和管理高水平的 Web 站点。特点之一是附有一个完备的开发者参考,其中包含了读者所需了解的个元素、属性、字符清单和技术规范及标准。(春丽)

T000404 **计算机基础与C语言程序设计** 耿国华等编著。电子工业出版社 2002 年 2 月版。55.04万字。27.00 元。内容分两篇:上篇为计算机基础知识篇,包括基本概念、硬件组成、软件概述、网络与安全、DOS 与 WINDOWS;下篇为 C 语言程序设计篇,包括程序设计的基本概念与 C 语言程序设计基本技术。下篇详细介绍 C 语言的基本知识、词法元素、语法要点、使用技巧及其程序设计的基本技术,重点突出了 C 语句的组成要件(即常量、变量、数组及表达式)与程序流程控制的基本构成。(总编办)

T000405 **Multisim 2001 电路设计及仿真入门与应用** 郑步生等编著。电子工业出版社 2002 年 2 月版。60.16 万字。40.00 元。在介绍软件安装使用的基础上,着重介绍一般使用者较难掌握的元器件库编辑技术以及在若干教学和工程技术领域的应用实例。由于新版本 Multisim 2001 有较大变动,其基本使用方法要比 EWB5.0 版复杂。本书兼顾 EWB5.0 版本和 6.0 版本,适合于新老软件用户,书中详细讲解了软件的功能和使用方法,并给出了一些作者在教学中使用过的电路设计仿真范例。(总编办)

T000406 **Java 网络编程技术内幕** 刘先勇、高志勇、乐莉、黄风雷译。国防工业出版社 2002 年 3 月第二版。123.4 万字。72.00 元。从美国 Manning 出版公司引进。原书第一版在美国被读者誉为一本杰出的网络编程参考书。引进的第二版在原书基础上,新增近 300 页内容,给出了开发强大的、高效的实战应用程序的方法。书中讨论了 java.io, java.net, java.rmi 以及 java.servlet 软件包;以丰富的实例,展示了用 Java 开发联网应用程序所必需的所有技巧,包括线程和异常处理的序言以及某些支持 CORBA 的 ARI 的详细内容;提供详细资料讨论许多联网应用程序开发实例,包括一个基于流的高级通信库。全书由 6 部分组成,一、预备知识介绍联网知识、Java 安全模型、线程以及异常;二、讨论 java.io 软件包,给出 API 的详细内容,示例代码及基于流的扩充;三、网络编程讨论 java.net 软件包,包括多个 TCP 与 VDP 客户和服务器、组播示例,完整讨论 VRL 类;四、其他技术详细讨论 Java 支持的 3 个专用联网技术;java.rmi, servlet 和 CORBA;五、讨论基于消息的联网库开发;六、附录包括一个全面深入的关于联网的概述和常用数据。(余敬春)

T000407 **Visual C++.net 时尚编程百例** 网冠科技编著。机械工业出版社 2002 年 7 月版。49.3万字。36.00 元。系"时尚百例丛书"之一。本书通过 100 个实例,讲解了 Visual C++.net 的程序开发方法和技巧。全书共 6 篇,第一篇介绍窗口和对话框的创建及应用;第二篇介绍菜单、工具条和状态栏的使用方法和技巧;第三篇介绍各种通用控件和使用方法及技巧;第四篇介绍如何进行图像和多媒体编程;第五篇介绍在 Visual C++.net 中如何对文件或系统进行访问和操作;第六篇介绍有关网络和数据库的操作。(田梅)

T000408 **UNIX 系统编程** [英]Keith Haviland 编,舒明等译。电子工业出版社 2002 年 12 月第二版。42.88 万字。24.00 元。给出了 UNIX 平台下 C 语言的编程方法和技巧,主要针对当前日趋流行的面向分布环境的 IT 解决方案。本书反映了 UNIX 操作系统的标准和本质,重点讲解了操作系统内核(UNIX 中真正的操作系统部分)、运行于 UNIX 环境系统中程序之间的系统调用接口以及 UNIX 系统所带的一些重要的库函数。(总编办)

T000409 **J2EE 应用与 BEA WebLogic Server** [美]Michael Girdley 编,邢国庆等译。电子工业出版社 2002 年 4 月版。76.16 万字。56.00 元。从实践的角度,对于每一个主要的 J2EE API 技术都进行了专门的介绍,并通过例子进行了详尽的解释。最后通过一个完整的电子商务应用的例子,详细说明了怎样利用每一种 J2EE 技术开发企业 Web 应用。(总编办)

T000410 **完全接触 ASP 之 VBScript** 杜宏毅、郑玄宜主编。电子工业出版社 2002 年 1 月版。71.12 万字。48.00 元。以功能点为经,范例为纬,经纬交织介绍了 VBScript 的功能。由最基本的编程配置安装步骤谈起，介绍了学习本书的文前准备、HTML 文件、VBScript 程序语言到设计一个完整的电子商务网站。本书共 6 章，全书围绕一个实际的商务网站的设计过程展开。（赵红梅）

T000411 **Windows 环境下 32 位汇编语言程序设计** 罗云彬编著。电子工业出版社 2002 年 9 月版。120.96 万字。78.00 元。从编写应用程序的角度，从“Hello World!”这个简单的例子开始到编写多线程、注册表和网络通信等复杂的程序，通过 60 多个实例逐渐深入 Win32 汇编语言的方方面面。（总编办）

T000412 **LabVIEW 6i 实用教程** ［美］Robert H. Bishop 编，乔瑞萍等译。电子工业出版社 2002 年 11 月版。62.08 万字。39.00 元。以 LabVIEW (6.0 版)为对象，介绍了虚拟仪器设计的主要思想、图形化编程语言的原理、方法及应用技术。全书共 12 章，内容主要包括：LabVIEW 入门，虚拟仪器，编辑和调试虚拟仪器，子 VI，结构，数组和簇，图表及图形，数据采集，字符串和文件 I/O，仪器控制，分析，LabVIEW 的其他应用。本书附带 LabVIEW 学习版软件光盘。（总编办）

T000413 **标准 C＋＋库大全** 官章全编著。电子工业出版社 2002 年 1 月版。77.8 万字。56.00元。介绍了 STL 的基本知识，如特点、组成和使用方法等，并根据实际中的使用详细说明了其中的每个部分，并附有大量实例。（鄂卫华）

T000414 **面向对象的 C＋＋程序设计** 李宁著。电子工业出版社 2002 年 6 月版。48.64 万字。27.00 元。以 C＋＋的面向对象程序设计语言为媒介，介绍了面向对象程序设计的基本理论、方法和技巧，同时也提供了运用 C＋＋语言解决实际问题的实际技能练习。本书每章后面都有习题，其中的部分程序设计题可安排为上机实习。本书配有光盘，其中包含了书中全部例题。（总编办）

T000415 **科学计算引论——基于 MATLAB 的数值分析** ［美］Shoichiro Nakamura 编，梁恒等译。电子工业出版社 2002 年 6 月第二版。62.72 万字。34.00 元。以最新版 MATLAB 为平台，介绍了数值分析与图形可视化。内容涉及 MATLAB 介绍，数值分析的数学基础，数值方法在工程、科学和数学问题中的应用以及 MATLAB 绘图等内容。本书重点讲述数值方法的思想和原理并图示其结果，尽可能避免过深的数学理论和过于繁杂的算法细节，有助于读者更有效地利用 MATLAB 的超强功能，来处理科学计算问题。（总编办）

T000416 **C＋＋语言的设计和演化** ［美］Bjarne Stroustrup 著，裘宗燕译。机械工业出版社 2002 年 3 月版。62 万字。48.00 元。综述了 C＋＋的历史和发展，C＋＋中各种重要机制的本质意义和设计背景，这些机制的基本用途和使用方法；讨论了 C＋＋所适合的应用领域及其未来的发展前景。作者还从实践的角度出发，讨论了许多与程序设计语言、系统程序设计、面向对象的技术和方法、软件系统的设计和实现技术等相关问题。（刘立卿）

T000417 **VisualProlog 语言教程** 雷英杰、张雷、邢清华、孙金萍著。陕西科学技术出版社 2002 年 2 月版。50 万字。35.00 元。从语言的角度，全面介绍了 VisualProlog 及其编程，包括：可视化开发环境介绍；VisualProlog 编程；VisualProlog 的预定义特性；VisualProlog 语言元素和模块化程序设计，以及与其他编程语言的接口等。（马红林）

T000418 **QBASIC 语言教程** 谭浩强著。电子工业出版社 2002 年 1 月第二版。51.8 万字。25.00 元。共 10 章，主要包括：程序设计的基础知识，QBASIC 语言的基础知识，顺序结构程序设计，选择结构程序设计，循环结构程序设计，函数和子程序，数组，字符串处理，屏幕控制和作图，文件等内容。（应月燕）

T000419 **QBASIC 语言教程习题与解答** 谭浩强编著。电子工业出版社 2002 年 1 月版。23.6 万字。12.00 元。是与《QBASIC 语言教程(第二版)》配套使用的辅助教程，全书共 149 道习题，并对其中绝大部分习题给出了参考解答和进行了重点分析讨论。（应月燕）

T000420 **C 语言程序设计** 秦友淑等编著。电子工业出版社 2002 年 3 月版。49.28 万字。23.00元。内容主要包括数据类型、运算符和表达式、输入输出、流程控制、函数与程序结构。其中对 C 语言的表达式、类型变换、变量的存储类型和指针等重点和难点均作了介绍。（总编办）

T000421 **MATLAB 原理与工程应用** ［美］Edward B. Magrab 编，高会生等译。电子工业出版社 2002 年 6 月版。85.76 万字。49.00 元。用大量涉及面广泛的工程实例来说明 MATLAB 的不同用法，借其阐明重要的工程原理及相关内容。有关矩阵的表示方法在本书的开始部分介绍，贯穿于全书的程序和函数中，以创建简洁、易读和高效的 MAT-

LAB程序,与此同时强调了计算结果的可视化。此外,原理部分涉及数据的输入与输出、程序流程控制、函数、二维图形和三维图形。书中给出了大量的MATLAB计算实例及程序清单,每章的结尾都附有练习题。(总编办)

T000422 **Visual C++高级开发范例解析(附光盘1张)** 胡晓军等编著。电子工业出版社 2002年1月版。52.0万字。36.00元。共7章,第一章详细介绍如何使用 Visual Studio. NET 创建应用程序框架。第二章介绍 ActiveX 控件和特性以及如何在 Visual Studio. NET 环境下开发 ActiveX 控件。第三章介绍 COM 技术的要领和基础知识,并结合实例讲解 COM 软件的开发过程。第四章介绍多线程编程的基础知识及概念,并结合实例讲解用 MFC 进行多线程编程的详细过程。第五章通过实例详细介绍 WinSock 的应用,内容包括 WinSock 函数及数据结构的形式及调用方法。第六章和第七章介绍 VFW 软件开发包的功能,函数及操作,并以此为基础,围绕一个基于局域网的小型多媒体点播系统进行详解。附录A介绍 Visual C++. NET 的新特性。附带的光盘含有本书所用到的超过100兆的源代码。(陈歆懿)

T000423 **高质量程序设计指南——C++/C语言** 林锐等编著。电子工业出版社 2002年6月版。44.16万字。28.00元。论述高质量软件开发方法与C++/C编程规范,共15章,分两部分。第一部分共4章,重点介绍软件质量和面向对象程序设计方法;第二部分共11章,重点阐述C++/C编程风格和一些技术专题。(总编办)

T000424 **VC++程序设计** 张凯主编。大连理工大学出版社 2002年8月版。36.6万字。24.00元(平装)。介绍了使用VC++开发 Windows 应用程序的原理及方法,全书由两部分内容构成。第一部分包括第一至四章,简单介绍了面向对象程序设计方法的基本概念,C++语言基本语法规则及在C++应用程序中如何实现封装性、继承性和多态性。第二部分包括第五至十二章,介绍了 Windows 程序的运行机制和 MFC,然后介绍使用 AppWizard 和 ClassWizard 编写 MFC 应用程序的方法和一个完整的数据库应用程序实例对前面的内容加以概括。(总编室)

T000425 **程序设计语言——原理与实践** [美]Kenneth C. Louden。电子工业出版社 2002年12月第二版。114.56万字。58.00元。介绍了程序设计语言的一般概念,包括程序设计语言的语法和语义,涉及命令式语言、面向对象语言、函数式语言和并行语言等多种范例,分析了各种语言的设计原理和内在机制,讨论了语言的理论基础和实现时必须考虑的问题。本书为英文版。(总编办)

T000426 **C#程序设计教程** 余安萍等编著。电子工业出版社 2002年1月版。46.1万字。24.00元。对新一代编程语言C#进行了全面的介绍。C#是基于微软的下一代开发平台 Net 的全新的面向对象的程序设计语言。采用循序渐进的方法,用丰富的示例和详尽的文档全面介绍了C#语言的基本知识,以及如何利用C#语言进行开发应用。本书分为5部分,第一部分为C#语言的简介;第二部分是C#语言的基本概念;第三部分为C#语言的编程进阶;第四部分是C#组件开发;第五部分是C#高级应用。(陈歆懿)

T000427 **Visual Basic 6.0 程序设计教程** 李书琴主编。西北大学出版社 2002年8月版。54.1万字。26.00元。由语言篇和实验篇两部分组成。语言篇,通过大量的实例,介绍了可视化编程的概念和步骤、Visual Basic 6.0 语言基础、顺序结构、选择结构、循环结构、数组及自定义数据类型、过程及作用域、文件、界面设计、图形图像设计和 Visual Basic 下的数据库技术。实验篇,巩固和理解基本知识,提高读者熟练操作计算机的能力、分析问题和解决问题的能力。每个实验均由实验目的、实验准备、实验内容和常见错误及处理办法4部分组成。(张运琪)

T000428 **Visual Basic 程序设计基础** 薛大伸、李延珩主编。大连理工大学出版社 2002年8月第二版。42万字。38.00元。介绍 Visual Basic 的程序设计语言基础、常用的控件,列举了一般程序设计语言教学中的常用算法,并通过实例加以说明。(总编室)

T000429 **C/C++/C#程序员实用大全——C/C++/C#最佳编程指南** [美]Kris Jamsa 著,张春晖、刘大庆、李越等译。中国水利水电出版社 2002年10月版。169.9万字。125.00元(含1CD)。通过对大量程序实例的分析,讲解了C/C++/C#语言基本知识、编译方法和程序设计技术,并给出了众多的编程技巧与应用。全书首先介绍了C语言的基本知识,对C语言编程的实际方法、技巧,以及常见的问题和难点进行了详细阐述和解答;然后逐步过渡到C++编程与 Windows 编程,用较大的篇幅对它们进行了深入地剖析;最后介绍了基

于 NET 环境的 C#编程。(陈跃)

T000430 **VisualBasic. NET 编程** [美]Peter Aitken 著,邓子梁等译。中国水利水电出版社 2002 年 11 月版。65.3 万字。45.00 元。针对初学者和中级编程人员对 VisualBasic. NET 编程进行精心讲解。本书不但覆盖了所有的基础编程概念如关键词、语法、数据存储、窗体、控件等,也讲解了派生子类等高级编程方法,以及新的 Web、多媒体和面向对象特性。通过对数据库编程三层模型的描述,本书还带领读者探索了相对复杂的数据库世界。(陈跃)

T000431 **Java 编程思想** [美]Bruce Eckel 著,侯捷译。机械工业出版社 2002 年 9 月第二版。100 万字。99.00 元。作者根据多年教学实践中发现的问题,通过简练的示例和叙述,阐明了在学习 Java 中特别容易混淆的诸多概念。本书的内容包含了对象的基本概念、面向对象的基本理论、分布式计算、高级面向对象功能、多线程处理等方面的内容。(杨海玲)

T000432 **精通 EJB** [美]Ed Roman 编,刘晓华等译。电子工业出版社 2002 年 10 月第二版。77.44 万字。59.00 元。共 4 篇,第一篇是对 EJB 编程的快速浏览,包括第一章到第三章,主要是针对 EJB 新手而介绍的基础知识。第二篇专门介绍 EJB 编程,包括第四章到第九章,本部分介绍了 3 种 Bean:实体 Bean、会话 Bean 和消息驱动 Bean,讲述了编写每种类型的 Bean 所需要的基础知识,包括示例和详细的 Bean 的生命周期图表。第三篇是本书最令人兴奋的部分,包括第十章到第十七章,主要讲述了高级 EJB 概念。第四篇是附录部分。(总编办)

T000433 **C++精髓** 副名:软件工程方法。[美]Victor Shtern 著,李师贤译。机械工业出版社 2002 年 10 月版。90 万字。85.00 元。从软件工程的角度讲述了 C++语言,并在讲授语言之前先介绍了面向对象的原理。书中所有带编号程序中的代码均已使用若干种编译程序进行彻底的调试和测试,这些编译程序包括 Microsoft Visual C++、Borland 和 GNU 编译程序。(温丹丹)

T000434 **语言程序设计** 李淑华、李贞主编。大连理工大学出版社 2002 年 2 月版。24.1 万字。22.00 元(平装)。简要介绍了 C 语言相关的基础理论,重点讲述指针、结构体的概念与设计方法。共 13 章。第一章:C 语言概述;第二章:数据类型与表达式;第三章:数据输入和输出;第四章:条件语句;第五章:循环控制;第六章:数组;第七章:函数与变量;第八章:编译预处理;第九章:指针;第十章:结构体与共用体;第十一章:C 语言绘图;第十二章:文件;第十三章:C++简介。(总编室)

T000435 **程序设计实用教程** 李卓玲主编。大连理工大学出版社 2002 年 2 月版。34.9 万字。19.50元(平装)。对 JAVA 语言中的各种语法结构、面向对象程序设计思想分析和讲述,对 JAVA 语言在网络应用、数据库应用等方面的应用进行了重点介绍。全书共 11 章,每章均配有适量的习题和相应学时的实训内容。(总编室)

T000436 **汇编语言与接口技术** 冯萍、史新福编。机械工业出版社 2002 年 9 月版。75.2 万字。42.00 元。以 Intel 80×86 为背景机介绍汇编语言与接口技术的基础知识、原理和使用方法。全书分为两部分:第一部分是汇编语言部分,以 MASM6.11 的 Programmers Work Bench 为平台,介绍 80×86 指令系统及汇编语言程序设计技术基础,并通过典型应用帮助读者深入学习和掌握汇编语言程序设计的方法。第二部分是接口技术部分,首先引入微机基本接口技术,详细地介绍了中断、串行和并行通信、时钟以及总线等技术的基本原理和应用方法,进一步讲述了 Pentium PC 发展的部分接口技术。(王小东)

T000437 **编译原理** 胡伦骏等编。电子工业出版社 2002 年 3 月版。39.04 万字。20.00 元。介绍了编译程序的一般构造原理、基本设计方法和主要实现技术。内容包括语言的基础知识、词法分析程序的设计原理和构造方法、各种语法分析技术、属性文法的基本概念和中间代码生成、符号表的构造、代码优化、目标代码生成、并行编译技术常识及运行时存储空间的组织等。(总编办)

T000438 **计算机常用文件格式转换** 河北科学技术出版社 2002 年 9 月版。45 万字。30.00 元。介绍了常用计算机文件格式的类型和基本概念,如文本文件格式、图形文件格式、数据库文件格式、影像文件格式等。针对文字处理、图形绘制、数据库调用过程中不同文件格式转换、调用时所遇到的问题,介绍一些实用技巧。主要介绍了文本格式转换、图形文件格式及其转换、数据库格式转换、高级语言的直接数据共享、图文混排、Excel 文件与其他文件的数据交换、Autocad 文件格式转换技巧等。

T000439 **用 ASP. NET 和 ADO. NET 创建**

WEB的解决方案 [美]Dino Esposito 编著。上海世界图书出版公司 2002 年 6 月版。61 万字。138.00元。介绍了 ADO.NET 先进的数据访问功能和 ASP.NET 强大的页创建功能,制作复杂网络应用程序的关键性技术,如:如何制作关于 ac－hoc 和有效网络报告应用程序,如何制作可以在和数据资源切断链接的情况下工作的应用程序,如何用 XML 和非.NET 系统连通,如何利用 ADO.NET 的数据抽象来制作通用目的性应用程序。同时,你还可以了解到 ASP.NET 专家为你提供的怎样利用重复代码、用户控制、支持代码、常规网络控制以及其他可以为你节约时间的使用技术。(周应诚)

T000440 **并行操作系统原理与技术** 夏卫民等著。国防工业出版社 2002 年 2 月版。32 万字。36.00元。共 7 章,论述了并行操作系统的并行机制、基本原理和主要技术。针对并行体系结构和并行程序设计环境,结合并行操作系统的基本概念、基本结构、基本原理和一些实例侧重论述了并行操作系统中的线程、并行 I/O、同步与互斥等并行机制以及微内核、虚共享、处理机调度等相关技术。为"并行与分布计算技术丛书"之一。(陈洁)

T000441 **应用 Microsoft.NET 平台创建 XML WEB 服务** [美]Scott Short 编著。上海世界图书出版公司 2002 年 6 月版。68 万字。148.00 元。介绍了 ADO.NET 先进的数据访问功能和 ASP.NET 强大的页创建功能,制作复杂网络应用程序的关键性技术,如:如何制作关于 ac－hoc 和有效网络报告应用程序,如何制作可以在和数据资源切断链接的情况下工作的应用程序,如何利用 ADO.NET 的数据抽象来制作通用目的性应用程序。同时,你还可以了解到 ASP.NET 专家为你提供的怎样利用重复代码、用户控制、支持代码、常规网络控制以及其他可以为你节约时间的使用技术。(周应诚)

T000442 **SQL Server 实用教程** 郑阿奇主编。电子工业出版社 2002 年 8 月版。77.44 万字。36.00元。内容包括:SQL Server 2000 简介、数据库和表的创建、表数据操作、数据库的查询和视图、T－SQL语言、索引与数据完整性、存储与过程触发器、备份恢复与导入导出、复制技术、系统安全管理、客户端/SQL Server 2000 开发与编程,SQL Server 2000 实验、客户端/SQL Server 2000 开发与编程实习、附录等。每一部分都有相应的上机实训。(总编办)

T000443 **新编 Windows 9X/2000/NT/Me/XP 注册表完全手册** 《新编 Windows 9X/2000/NT/Me/XP 注册表完全手册》编委会编。西北工业大学出版社 2002 年 12 月版。56 万字。25.00 元。介绍硬件和软件信息,并借以保存系统软、硬件配置信息的数据库,重点讲述了注册表在 Windows 9X/2000/NT/Me/XP 操作系统的启动和运行过程中所起的重要作用。全书共 8 章。第一章介绍注册表基础知识;第二章介绍注册表编辑器的基本操作;第三章介绍桌面设置;第四章讲述了管理"控制面板";第五章讲述了系统设置;第六章讲述了网络设置;第七章介绍系统维护安全;第八章介绍注册表管理软件。(王璐)

T000444 **Linux 教程** 副名:Windows 用户转向 Linux 的 12 个步骤。[美]Michael Joseph Miller 著,曾国平等译。机械工业出版社 2002 年 2 月版。44.5 万字。35.00 元。分为两部分。第一部分对 Linux 和 Windows 操作系统进行了比较,给出了 Microsoft 和 Linux 两大阵营间冲突的某些背景材料,并讨论了 Microsoft 和 Linux 操作系统之间在观念和术语方面的区别;第二部分介绍了从 Windows 转向 Linux 系统的 12 个步骤,详细说明了 Linux 在安装、配置、内核调整和管理等过程中采取的特殊操作方法。(田梅)

T000445 **电脑易学会丛书** 苏容等编。上海科学技术出版社 2002 年 8 月版。65.4 万字。108.00元。共 6 册:《Windows XP 易学会》、《Word XP 易学会》、《Excel XP 易学会》、《Power Point XP 易学会》、《Outlook XP 易学会》和《数码相机易学会》。(张帆)

T000446 **WPS Office 文字处理标准培训教程** 求伯君主编。电子工业出版社 2002 年 1 月版。38.4万字。25.00 元。是金山公司 WPS Office 授权教育系列培训指定教材,并且随书附赠金山公司开发的软件和 mini 游戏。全书分 10 章,分别讲述了 WPS Office 概览、熟悉文字处理环境、制作 WPS 文件、在文件中拆入表格、为文件增加更强的表现效果、公式编辑、表单文件的制作、文件的管理与联机操作、多媒体功能和打印文档等内容。(赵红梅)

T000447 **Office XP 教程** 飞思科技产品研发中心编著。电子工业出版社 2002 年 1 月版。49.2 万字。26.00 元。介绍了 Microsoft 最新推出的产品 Office XP 组件。全书共 8 章,主要介绍了 Office XP 的入门知识,Word 2002 的新增功能和基本功能;Excel 2002 的新增功能和基本功能、工作簿的建立、表格的建立、编辑工作表、公式的应用；Outlook 2002的新增功能、电子邮件的操作、设置约会提醒、策划会议；PowerPoint 2002演示文稿的创建与修改、创建基本演示文稿、在大纲视图中创建与加工文本、在幻灯片视图中加工文本、创建特殊形式的演示文稿；Access 2002的新增功能、创建Access数据库与表、建立查询、窗体的设计、报表的生成；FrontPage 2002的基础知识、实用技巧；以及Office XP的组建共享。（王树伟）

T000448 **中文版Authorware6.0学习与应用** 张西月主编。河北科学技术出版社2002年8月版。52万字。39.80元。介绍了中文版Authorware 6.0的概念、各种图标的功能及属性、函数及变量的应用、程序设计、课件开发与程序打包发行。随书配光盘。光盘中收录了本书所讲实例的全部源程序、UCD函数和大量实用素材，包括音乐、音效、图标、图片、动画和影像素材等。（总编室）

T000449 **时尚百例丛书** 网冠科技编著。机械工业出版社2002年1～12月版。4300万字。2800.00元。分为创作（动画影像设计）、编程和应用3个系列，共涉及平面设计、三维制作、多媒体设计、网络应用、建筑及装潢设计、现代工业产品设计、软件开发、办公及应用等行业的应用软件及相关技术。书中对每一个常用软件都精心制作了100个实例。（周艳娟）

T000450 **EJB编程指南** ［美］Rahim Adatia等著，喻中文等译。电子工业出版社2002年1月版。175万字。100.00元。介绍在Java 2平台企业版（J2EE）体系结构中的EJB（Enterprise Java Beans）部分，详细讲述如何用EJB开发基于Web的企业应用程序。介绍EJB体系结构开发的基础以及高级的课题，如设计策略、性能、测试和集成等内容。还提供了大量程序代码。（吴源）

T000451 **塑料橡胶加工助剂** 山西省化工研究所编。化学工业出版社2002年10月第二版。171.5万字。145.00元。共18章，包括绪论、增塑剂、抗氧剂、光稳定剂、热稳定剂、阻燃剂、润滑剂、抗静电剂、偶联剂、填充剂、发泡剂、着色剂、加工改性剂和抗冲改性剂、其他塑料助剂、橡胶硫化体系助剂和塑料交联剂、橡胶用其他助剂、胶乳专用助剂、塑料和橡胶中助剂的分析。书后还附有部分助剂研究、生产单位名单。（郭燕）

T000452 **可编程控制器原理与程序设计** 谢克明等主编。电子工业出版社2002年8月版。60.16万字。29.00元。可编程控制器（PLC）的应用包括PLC工作原理和程序设计。本书以日本欧姆龙公司的C200HX/HG/HE系列产品为主，系统地阐述了PLC安装、存储区分配和指令系统、顺序功能图和梯形图设计方法、模拟量单元的使用、PLC开发软件CX－P和CPT、PLC仿真软件TRiLOGI以及如何使用该仿真软件对可编程控制器进行仿真。（总编办）

T000453 **光信息科学与技术应用** 郑光昭编著。电子工业出版社2002年10月版。53.76万字。29.00元。分为概论篇、基础篇、技术篇、应用技术篇和发展篇，主要介绍有关光信息的产生、采集、存储、传输、加工、处理等方面的光学技术及其应用，如全息术、光学计量技术、层析成像技术、条形码技术、红外技术、高速激光印刷技术等，并且介绍了光信息技术领域中的新进展。（总编办）

T000454 **最新BIOS设置详解** 高海春等编著。电子工业出版社2002年12月第二版。41.6万字。22.00元。详细介绍BIOS的基本概念，讲述了Award BIOS和AMI BIOS设置的技巧和方法，标准BIOS设置、高级BIOS设置、芯片组设置、集成外设端口参数设置、电源管理、即插即用和PCI参数设置、其他参数设置、AMI BIOS设置，深入了解CMOS与BIOS、BIOS设置与超频、升级BIOS、修改开机LOGO和全屏开机画面、BIOS最新技术、BIOS设置常见问题等。（总编办）

T000455 **微机系统与接口技术** 吴产乐主编。华中科技大学出版社2002年1月版。47万字。29.00元。以32位微处理器为核心、以最新的接口技术和微机外设为外围，系统介绍微机系统的组成原理和接口设计。全书共9章，通过精选的图表和丰富的程序、实例，讲述了Intel 80486/Pentium微处理器，半导体芯片、软盘、硬盘、磁带、光盘组成的内外存储器，计数器/定时器、DMA控制器，并行接口、串行接口、用户交互接口、总线技术和流行的16位及32位微机系统等。（沈旭日）

T000456 **计算机显示器检测数据大全** 楼婷等编著。江西科学技术出版社2002年8月版。30万字。22.00元。有集成电路电压、电阻等检测数据，也备有集成电路方框图、原理图，还备有显示器常用二极管、三极管、行输出变压器、彩色显像管等详细数据。附录中附有计算机新型主板性能及数据、计算机CPU技术数据、计算机主板芯片组成数据等。（刘舒）

T000457 **中等职业教育国家规划教材** 赵子江等主编。机械工业出版社 2002 年 1～12 月版。300 万字。130.00 元。是为贯彻《中共中央国务院关于深化教育改革全面推进素质教育的决定》精神，落实《面向 21 世纪教育振兴行动计划》中提出的职业教育课程改革和教材建设规划，根据教育部关于《中等职业教育国家规划教材申报、立项及管理意见》(教职成[2001]1 号)的精神，由教育部职业教育与成人教育司规划编写的计算机及应用专业教材。全套书共 10 本：《计算机原理及应用》、《编程语言基础——C 语言》、《数据库应用基础——Visual FoxPro》、《计算机组装与维修》、《计算机组装与维修实训》、《计算机网络技术》、《多媒体应用技术》、《可视化编程应用》、《局域网组成实践》、《Internet 应用》。(田梅)

T000458 **电脑学校 4——入门篇** 北京博彦科技发展有限公司。北京大学出版社 2002 年 1 月版。39.9 万字。39.00 元。从最简单的电脑常识入手，循序渐进地教会使用者最基本的电脑软硬件知识，操作电脑的基本技能与技巧，操作系统(Windows)的使用，中文输入法及文字处理技术，电脑的互联网、游戏、多媒体应用，以及如何维护电脑，防治病毒等。(王登峰)

T000459 **新编办公自动化教程** 钱汉臣主编。苏州大学出版社 2002 年 9 月版。76.2 万字。38.00元。共 3 篇：办公自动化的计算机操作基础；Windows 98 视窗操作系统和因特网；办公自动化软件。第一篇介绍与计算机应用密切相关的必要的计算机基础知识，包括计算机工作原理与软硬件知识、多媒体技术和计算机网络基础等；第二篇详细介绍了 Windows 98 视窗操作系统，另外还介绍了因特网操作的知识，包括 Internet 接入、Internet Explorer 浏览器及电子邮件的应用；第三篇介绍了 3 种应用软件的使用，Word 2000、Excel 2000、Powerpoint 2000。(管兆宁)

T000460 **电脑图解自学丛书** 胡金海著。上海科学普及出版社 2002 年 1 月版。共 90 万字。(总)48.00 元。是为中老年人学电脑而写的普及性图书。共 4 册，《电脑和操作》讲解了电脑的构成和如何操作；《打字和文档》讲解了打字的方法和种类，如何使用文档；《数据和网络》介绍了网络方面的常识；《演示和网页》介绍了上网方面的知识。(总编办)

T000461 **领导干部学电脑丛书** 张家生等编著。机械工业出版社 2002 年 3 月版。84.3 万字。4 册。74.00 元。分为入门篇、基础篇、中级篇和高级篇 4 部分，主要面向各级党政领导干部和企事业单位的中、高层经营管理人员，目的是使他们在较短的时间内轻松地学到最基本、最实用的电脑、网络知识和操作技能。本套书从最基本的电脑和网络知识入手，详细讲述了常用办公软件的应用、操作，如 Word、Excel 等，同时还介绍了网上浏览、操作以及杀毒软件、电脑配置等知识。(张克)

T000462 **新电脑生活丛书** 尔屹著。上海科技出版社 2002 年 5 月版。5 万字/册万字。每册 10.00元。包括：《电脑起步》、《文字处理》、《电子表格》、《幻灯制作》、《新手上网》、《电子邮件》、《网页制作》、《电脑设置》共 8 册。内容涵盖了电脑用户的基本需要。体验版中介绍的都是最新版本的应用软件。(杨燕)

T000463 **微机原理及应用** 顾可民主编。大连理工大学出版社 2002 年 2 月版。41.3 万字。22.00元(平装)。是根据高职高专教学要求编写的。以 Inte18088 微处理器为背景，阐述了微型计算机基础知识、8088CPU 的结构，存储器组织、指令系统、汇编语言程序设计、输入与输出、中断系统和典型的 I/O 接口芯片，并适当介绍了 80286 以上至 PentiumCPU 的特点，每章后附有习题及实训，以便提高学生的动手能力。(总编室)

T000464 **英汉计算机新词词典** 胡传国主编。上海科学普及出版社 2002 年 1 月版。67.8 万字。36.00 元。收入近些年来新出现的计算机词语 4000 条左右，其中 75%是目前同类书籍中找不到的新语词，或能查到却无准确解释的词语。书中对易混用的词语通过类比对照给与进一步说明；对“黑客”们发明的行话词语的来龙去脉、含义和借喻等作出详细的解释；对部分条目注上“另可参见”、“比较”的字样，沟通了这些条目的使用上的关联性；对较难表述其含义、使用广却理解有差异的词汇作了详尽的阐释；书中还收入了计算机和网上交流中的一些忌用词语。(刘瑞莲)

T000465 **精选汉英计算机词典** 高建华、黄人杰、邱国华编。上海科学技术文献出版社 2002 年 1月版。82.2 万字。24.00 元。收入汉语通用词汇逾 1 万条，收入计算机软件、办公自动化、通信、多媒体、互联网、电子商务等方面的专业词 2.8 万多条，内容包涵了所有常用的通用词和专业词。本词典按照汉字的拼音排序，属于每一单字词目的通用词紧

接在单字的译义后，然后再分列专业词条以及英语词组的缩写。（袁仲江）

T000466 **数控显示器电路原理与维修实例** 孙光臣编著。电子工业出版社 2002 年 11 月版。42.88万字。24.00 元。介绍近年来已成为显示器主流机型的数控显示器的电路结构、工作基本原理和维修方法。全书共 8 章，内容包括显示器技术的发展和近况、显示器的相关概念、数控显示器各部分电路的基本工作原理、常见故障、维修方法以及部分电路中目前常用集成电路的详细资料。本书共介绍了 69 种新型显示器常用集成电路芯片，加上性能相同但型号不同的芯片上百种，是作者近年来从事显示器维修工作的经验总结和资料积累。（总编办）

T000467 **现代微机原理与接口技术** 杨全胜主编。电子工业出版社 2002 年 3 月版。69.12 万字。32.00 元。既注重接口原理和接口电路的设计与分析的讲解，又注重对接口软件编写方法（包括 DOS 和 Windows 环境下的汇编与 C 语言的编写方法，以及 Windows 98 和 Windows NT 下的驱动程序编写工具）的讲述。全书分 3 部分：微机系统与接口技术（第一章至第九章）、接口高级软件编写方法（第十章）和汇编语言程序设计（附录）。（总编办）

T000468 **ARM SOC 体系结构** ［英］Steve Furber 著，田泽、于敦山、盛世敏译。北京航空航天大学出版社 2002 年 10 月版。61.4 万字。55.00 元。介绍一般微处理器核的设计原理、基于微处理器核的 SOC 设计的基本概念和方法，通过对 ARM 系列处理器核和 CPU 核的详尽描述，来说明微处理器及外围接口的设计原理和方法；综述了 ARM 处理器核的研发成果，以及 ARM 和 Thumb 编程模型；对 SOC 设计中涉及到的存储器层次、Cache、存储器管理、片上总线、片上调试和产品测试主要问题进行了论述，在此基础上给出了几个基于 ARM 核 SOC 的嵌入式应用实例；最后对基于异步设计的 ARM 核 AMULET 及异步 SOC 子系统 AMULET3H 的研究进行了介绍。（马广云）

T000469 **C8051F 单片机应用解析** 潘琢金、孙德龙、夏秀峰译。北京航空航天大学出版社 2002 年 10 月版。68.5 万字。40.00 元。汇集 Cygnal 集成产品公司迄今为止发布的有关 C8051F 高速 S0C 单片机的全部 29 篇应用笔记，内容涉及到 C8051F 单片机内部各种模拟和数字资源的原理介绍、操作和编程，并给出了大量完整的应用实例。（刘晓明）

T000470 **单片机原理与接口技术** 姜武中主编。大连理工大学出版社 2002 年 7 月版。42.2 万字。24.00 元。是新世纪高等职业教育教材编审委员会组编的“计算机类课程规划教材”之一。讲述了单片机内部各部分的具体构成及其细小入微的工作过程。此外，在每个实例后面都附加了思路分析，在每一条指令后面均添加了代码注释。介绍了涵盖单片机各方面知识的若干综合实例。（总编室）

T000471 **ARM 嵌入式处理器结构与应用基础** 马忠梅、马广云、徐英慧、田泽编著。北京航空航天大学出版社 2002 年 1 月版。53.1 万字。36.00元。针对目前最通用的 32 位 RISC 处理器——ARM7 处理器核系列，介绍 ARM 体系结构和应用基础。既有软件编程部分——ARM 编程模型以及 Thumb 双指令集的说明，又有硬件部分——ARM7TDMI 处理器和 ARM720T 处理器的结构原理。而且对部分公司带 ARM 核嵌入式系统芯片的特点、开发工具以及整个 ARM 处理器核系列也进行了介绍。本书配有光盘 2 张，分别含 Hitool for ARM 开发系统的详细介绍和模拟调试，以及 Embest IDE for ARM 开发工具的详细介绍及其 Demo 内容。（马广云）

T000472 **嵌入式系统——Intel Strong ARM 结构与开发** 陈章龙、涂时亮主编。北京航空航天大学出版社 2002 年 10 月版。57.6 万字。38.00 元。从计算机系统结构和开发应用的角度，首先介绍目前最流行的嵌入式处理器 ARM 的体系结构和指令系统。在此基础上，系统地介绍了 Intel 公司的 32 位嵌入式处理器 StrongARM SA－1110 的总体结构、存储器组织、系统控制模块、存储器控制模块和 I/O 外围控制模块；介绍了 StrongARM SA－1110 的开发板、开发方法和开发环境，以及 Intel 集成性能函数库 IPP 的应用方法；介绍了在嵌入式 Linwx 与 Window CE 支持下的开发环境、I/O 驱动及开发方法。（马广云）

T000473 **多媒体技术应用** 赵子江主编。机械工业出版社 2002 年 7 月版。28.1 万字。13.80 元。属于“中等职业教育国家规划教材”之一。共 8 章，分别介绍了多媒体技术基础知识、多媒体数据的表示方法、图像处理软件、动画制作软件、声音处理软件、多媒体应用软件开发技术、Windows 中的多媒体软件工具、完成多媒体作品所进行的光盘制作，以及标签包装设计等内容。各章末附有小结，并配有习题。（赵慧）

T000474 **多媒体技术应用教程** 赵子江编

著。机械工业出版社 2002 年 10 月版。45.4 万字。26.00 元。系“面向 21 世纪高等院校计算机教材系列”丛书之一,是高等院校计算机及相关专业的教材。共 10 章,分别介绍多媒体技术基础知识,多媒体个人计算机,多媒体扩展设备,多媒体数据描述,多媒体数据压缩技术,图像、动画、音频等媒体形式的概念以及制作技巧,利用 Visual Basic 和 Authorware 进行多媒体制作等内容。各章配有习题。书后提供了参考文献。(赵慧)

T000475 **Excel 2002 易学通(Windows XP 版)** 健莲科技编著。机械工业出版社 2002 年 8 月版。30.3 万字。17.00 元。从最基本的创建工作表讲起,以图解方式介绍了使用 Excel 完成日常制表和计算工作的步骤。其中包括创建最普通的表格、创建带有计算功能的利润统计表,以及利用图表功能分析数据等。(孙业)

T000476 **查得快电脑码典** 饶甲群编著。湖南科学技术出版社 2002 年 11 月版。61 万字。32 开。28.00 元。汇集了 5 种常用输入码:汉语拼音码;国际区位码;郑码(Windows 系统含有,用它可以打出罕用字和繁体字);二笔阴阳码;五笔字型码。本码典采用作者首创的“右旁号码排检法”排检。其规则是:凡左右型字,一律从右旁依次取四位笔画代号(不足四码的以零补足)组码;而对非左右型字,则按自然笔顺取开头四笔代号作为正码,取其第五六笔代号作为附码(附码以小数表示),从小到大依次排检,并且要把其派生的左右型字排在它的后面。由于本码典将庞大的汉字整理成以“右旁”或“字首”为核心的“形近字首体系”,特别有利于音、形、义的对比辨认,不仅可以查得快,而且可以学得快。(戴湘辉)

T000477 **AutoCAD 2002 中文版使用详解** 二代龙震工作室编著。电子工业出版社 2002 年 1 月版。118.7 万字。78.00 元。共 20 章,介绍了 AutoCAD 的强大功能和操作技巧。书中从 AutoCAD 的历史、AutoCAD 相关的命令以及 AutoCAD 的软硬件配备和相关外围设备的介绍起,到 AutoCAD 窗口、基本操作和设置及各种命令的使用,最后介绍了设计布局规划、造型组件设计与菜单设计等方面的内容。(王树伟)

T000478 **Delphi 6 分布式开发** 飞思科技产品开发中心编著。电子工业出版社 2002 年 1 月版。54.4 万字。35.00 元。从分布式结构谈起,讲述了分布式组件的实现,CORBA 的原理及实现,多层分布式数据库系统,以及分布式 Web 技术,集成了一些开发经验及实例。(陆舒敏)

T000479 **Delphi 6 高级开发范例** 张子江、蓝薇、郑城荣等编著。电子工业出版社 2002 年 1 月版。91 万字。56.00 元。以应用系统的实例为背景,按照软件工程项目开发过程的顺序编写,包括系统需求分析、方案设计、系统设计、数据库设计、程序设计、系统验收交付和系统运行的全过程。结合应用系统的开发,本书重点介绍客户/服务器应用程序、Web 服务器应用程序的设计方法和步骤。此外,还简要介绍了 Delphi 6 的新特性、集成开发环境、Object Pascal 面向对象的编程、双平台应用程序的开发方法,以及与 Word 和 Excel 的连接应用。本书是 Delphi 程序设计的专著,主要介绍 Delphi 6 的高级应用技术和在 Windows 环境下如何开发中高级应用系统。(鄂卫华)

T000480 **Delphi 6 高级编程** 飞思科技产品研发中心编著。电子工业出版社 2002 年 1 月版。105.6 万字。58.00 元。分 8 篇,共 19 章,重点以 Delphi 6 的各种实用开发技术为主线,主要介绍了 OLE 自动化、DLL 的使用、多线程编程、Delphi 的文件处理、GUI 开发、多媒体应用的开发、组件开发、网络编程等方面的内容。该书涵盖了 Dephi 专业编程的最重要的几个方面,包含了 Delphi 专业编程者的所有开发实例和经验,随书附有光盘,包含书中全部实例源代码。文中有黑白插图 211 幅。(杨章玉)

T000481 **Delphi 6 编程指南** 飞思科技产品研发中心编著。电子工业出版社 2002 年 1 月版。60.64万字。38.00 元。从对象 PASCAL 语言的语法开始,逐步讲述 Windows 编程的基本知识,详细介绍 Delphi 6 的新特性与集成开发环境、编译与调试技术、VCL 的使用、数据库的开发及使用、打印功能的设置、组件的开发以及应用程序架构等内容。由于围绕着 Delphi 6 的一些基本应用而写的,并带有大量的例子,所以,也可作为 Delphi 5 的熟练使用者在使用 Delphi 6 时的参考。所附光盘包含书中全部实例源代码。(郝黎明)

T000482 **MP3 播放机** 潘亚强编著。江苏科学技术出版社 2002 年 2 月版。12.5 万字。25.00 元。介绍了 MP3 播放机的由来、特点、结构、选购策略、使用技巧,详细讲解了如何在 Internet 上检索 MP3 音乐文件、下载、与音乐好友交换乐曲,以及如何从 CD、磁带制作自己喜爱的 MP3 乐曲。(宋平)

T000483 **计算机平面设计** 林华编。中央广播电视大学出版社 2002 年 3 月版。35.8 万字。38.00元。主要包括两部分内容：一是计算机图形设计的基础知识和概念；二是结合不同的图形设计软件，介绍相关的软件与使用软件进行平面设计的基本技法。（总编室）

T000484 **计算机图形学** ［美］Donald Hearn 编，蔡士杰等译。电子工业出版社 2002 年 5 月第二版。83.84 万字。49.00 元。首先对计算机图形学进行综述，然后讲解了二维图形的对象表示、算法及应用，三维图形技术、建模和变换等等，还介绍了光照模型、颜色模型和动画技术。（总编办）

T000485 **计算机绘图** 杨欣欣编。中央广播电视大学出版社 2002 年 6 月版。41.5 万字。16 开。24.00 元。是按照教育部人才培养模式改革和开放教育试点“机械制造及其自动化专业”本科教学计划要求编写的系列教材之一。在介绍计算机绘图基本知识的基础上，全面介绍了绘图软件 AUTO CAD2000 的功能及其使用方法，包括二维对象绘制、图形显示控制、图形编辑、图层管理、图块创建、设计中心的使用、工程标注、面域创建、轴测图绘制以及三维图形绘制等。（总编室）

T000486 **电脑美术设计基础** 徐亚非编。东华大学出版社 2002 年 6 月版。24 万字。30.00 元。高等学校艺术设计专业教材。由电脑美术设计概论、电脑美术设计基本原理、电脑构成设计的训练与应用、电脑美术设计的立体构成、电脑美术设计的色彩构成和综合练习 6 个部分构成。以常用的电脑设计软件为工具，对各种设计素材在视觉、力学、光学、机能、空间上的创意组合进行介绍。（季丽华）

T000487 **矢量量化技术及应用** 孙圣和、陆哲明著。科学出版社 2002 年 5 月版。59 万字。60.00元。介绍了矢量量化技术理论近 20 年来的发展历程、目前的研究现状和未来的发展趋势，重点介绍了基本矢量量化的三大关键技术，即码书设计、码字搜索和码字索引分配，并开辟了矢量量化技术的新应用方向——数字水印处理。全书共 9 章，包括矢量量化的基本原理，各种矢量量化器的结构、特点和设计方法；基本矢量量化器的三大关键技术；矢量量化技术在图像压缩、语音编码、语音识别以及数字水印等领域的应用。（总编业务部）

T000488 **动漫设计先锋——首届《中国视协动画短片学术奖》精品集** 飞思中视动漫产品研发中心编著。电子工业出版社 2002 年 9 月版。45.44 万字。78.00 元。内容精选《中国视协动画短片学术奖》参评作品精心组织而成，是由《中国视协动画短片学术奖》活动组委会与电子工业出版社共同向动漫爱好者推出的精品图书。全书内容绘粹了国内最高端的动画设计高手的作品，包括二维、三维动画短片、用动画技术制作的影视栏目片头（以下简称：影视栏目动画片头）、动画广告、动画 MTV、网络动画短片等精选作品的精彩效果展示、作品描述、涉及软件等内容，随书光盘超值赠送书中作品展示。（总编办）

T000489 **Power Point 2002 时尚应用百例** 网冠科技编著。机械工业出版社 2002 年 3 月版。45.7万字。34.00 元。系“时尚百例丛书”之一。书中通过 100 个 Power Point 2002 实例，展示了 Power Point 在制作贺卡、幻灯片演示等领域的强大功能。全书共 6 篇：友情篇介绍如何制作精美的贺卡；爱情篇、感情篇、宣传篇、节日篇分别以情感传递、广告宣传、节日祝福为主题讲解了如何制作相关主题的幻灯片或电子贺卡；综合篇通过较复杂的实例，帮助读者学会制作内容丰富、形式多样的贺卡或演示课件。（赵慧）

T000490 **Tina 的 Flash 课堂** 田甜编著。电子工业出版社 2002 年 10 月版。46.08 万字。29.00元。介绍 Flash MX 的基本知识，作者的 Flash 获奖作品的制作过程，及 Flash 制作最重要的创意。（总编办）

T000491 **3D Studio VIZ & Photoshop 视觉传播实作·建筑设计** 二代龙震工作室编著。电子工业出版社 2002 年 1 月版。116.48 万字。78.00 元。详细介绍了如何创建建筑立体模型及其编辑技巧，并配以 Photoshop 制作出建筑广告效果图、室内与景观设计效果图，以及城市规划效果图等。通过 VIZ 的动画功能，结合 Premiere 动画剪接软件，将书中范例以剧情的方式连贯到一个称为“龙震宝岛”的虚拟范例上，视觉生动形象，使读者在创作的乐趣中，完成学习。（陆舒敏）

T000492 **CG 城的精灵——精灵初现（全彩）** 唐堂原创网编著。电子工业出版社 2002 年 8 月版。33.92 万字。45.00 元。分 3 章，第一章介绍几种所需要的软件以及硬件设备。第二章以实例制作的方式介绍了线稿的处理、线稿再处理、水彩笔触、钢笔和喷笔笔触、铅笔笔触、粉笔笔触、油笔笔触、自定义笔触以及图像输出。第三章介绍软件的综合使用和 CG 制作的高级技巧，包括几个完整的应用实例。（总编办）

T000493 **ArcView GIS 基础与制图设计** 李玉龙等编著。电子工业出版社 2002 年 8 月版。65.28万字。39.00 元。系统介绍了 ArcView 地理信息系统。全书共 3 个部分,第一部分为 ArcView GIS基础篇,主要介绍 ArcView GIS 的软件基础。第二部分为 ArcView GIS 高级功能篇,重点介绍 ArcView GIS 中的高级应用功能,包括 CAD、影像和 VPE 主题,优化工程设计和定制 ArcView 等。第三部分为 ArcView GIS 制图篇,重点介绍使用 ArcView GIS 进行制图设计。包括制图设计过程,图例编辑器,图例编辑器中的分类与面板,视图中的文字,地图投影与地图比例尺,视图与图版的高级应用。(总编办)

T000494 **新编中文 Photoshop 6.0/7.0 精彩制作 150 例** 《新编中文 Photoshop 6.0/7.0 精彩制作 150 例》编委会编。西北工业大学出版社 2002 年 6 月版。79.2 万字。40.00 元。从 Photoshop 的实例操作入手,详细列举了许多实例来说明进行图像特效制作、文字特效和网页特效制作的步骤。(季强)

T000495 **新编中文 Flash MX 精彩制作 150 例** 《新编中文 Flash MX 精彩制作 150 例》编委会编。西北工业大学出版社 2002 年 12 月版。124.8 万字。58.00 元。讲述了 Flash MX 的新特点以及基本操作,其中包括文字效果篇、按钮篇、公益广告篇、电影剪辑使用篇、电子贺卡篇、鼠标特效篇和其他应用篇等知识,并结合实例介绍了 Flash MX 绘制各种特效的方法。所讲解的实例操作到上机操作都采用了通俗语言,讲述了实例的操作步骤,并结合操作难易程度做了必要的注解和有关操作技巧的提示。(孙显章)

T000496 **家庭影像全攻略丛书** 王永辉编。上海科学技术出版社 2002 年 10 月版。80 万字。184.00 元。共 6 册,分别是《Photoshop 真容易》、《个性相片真容易》、《相片 VCD 真容易》、《VCD 制作真容易》、《网页制作真容易》和《光盘刻录真容易》。(王辉)

T000497 **精彩创作实例丛书** 段欣等编。上海科学技术出版社 2002 年 11 月版。169.3 万字。158.00 元。包括《Photoshop 精彩创作实例》、《Corel DRAW 精彩创作实例》、《FreeHand 精彩创作实例》和《Illustrator 精彩创作实例》,共 4 本。丛书结合实例,详细讲解了各软件的概念与应用技巧。(金波艳)

T000498 **AutoCAD 平面制图实作(机械设计)** 二代龙震工作室编著。电子工业出版社 2002 年 1 月版。43.6 万字。42.00 元。共 16 章,从最基本的 AutoCAD 的软硬件设备和基本设置介绍起,介绍了绘制基本图框、直线、基本曲线、正交视图(含等角作图)、辅助视图、剖视图、斜视图、交线图、展开图、透视图、等角管路图的操作方法,并在最后介绍了 AutoCAD 在平面制图方面的其他功能。(罗建强)

T000499 **AutoCAD 立体制图实做·建筑设计** 二代龙震工作室编著。电子工业出版社 2002 年 1 月版。35.6 万字。38.00 元。根据台湾地区相关计算机图书改编而成,内容兼顾理论与实务,随书光盘包含所有范例源文件。全书共 10 章,前两章为事前准备章和三位制图学的基本理论介绍。第三至五章主要介绍在 AutoCAD 中建构简单的建筑立体模型。第六至十章主要介绍材质贴附以及渲染效果的方法,主要是建筑相关专业案例,涉及创作建筑、室内设计、景观等效果图,以及动画、剪接等立体视觉传播内容。原繁体版图书名为《AutoCAD 立体画图(营建类)》,由林枫英出版。(郝黎明)

T000500 **机械工程 CAD 应用与开发** 肖世德、熊鹰、王小强编著。西南交通大学出版社 2002 年 2 月版。41.1 万字。25.00 元。作者集自己的教学科研开发成果之大成,用示例来深入阐述参数化 CAD 开发的思路,在全面介绍 AutoCAD2000 二次开发技术的基础上,着重介绍了 AutoLISP 语言在机械工程 CAD 参数化设计绘图中的应用,具体包括二维图形学基础、AutoCAD 交互式绘图、Visual-LISP 参数化绘图、AutoLISP 图形数据库操纵、菜单与对话框界面设计、ObjectARX 及 Active/XBA 开发技术。(秦薇)

T000501 **Pro/ENGINEER 2001 高级开发实例** 黄圣杰等编著。电子工业出版社 2002 年 2 月版。112 万字。68.00 元。以 Pro/ENGINEER 2001 版本为结构,继承 Pro/ENGINEER 机械设计自动化(Mechanical Design Automation, MDA)应用软件的系列版本,内容分 15 章,主题涵盖:高级特征功能、族表、关系、高级组装功能、CAE、模具设计、最佳化设计等内容。(总编办)

T000502 **小博士网络漫游** 李绯著。金盾出版社 2002 年 9 月版。7.8 万字。7.00 元。共 4 册,分别是《网络与生活》、《网络与学习》、《网络与娱乐》和《网络与沟通》。(宋映雪)

T000503 **计算机网络和网络安全基础** 高飞、高平编著。北京理工大学出版社 2002 年 6 月版。39 万字。23.00 元。介绍了计算机网络的知识和一系列网络安全服务方法及黑客技术。全书共 8 章,介绍了计算机网络基础、体系结构、局域网和广域网、网络互联与 Internet、网络操作系统、网络安全基础、密码技术、黑客技术和 Internet 服务的安全隐患等。(总编办)

T000504 **计算机网络实验技术** 石硕编著。电子工业出版社 2002 年 8 月版。48 万字。24.00 元。以构建计算机内联网网络平台为目标,以实现目标所需的支撑课程内容为范围,系统地介绍了相关的实验技术。这些支撑课程包括“计算机网络基础”、“网络操作系统”、“网络设备”和“综合布线技术”等。本书所列举的 18 个实验均围绕构建与管理维护内联网、接入因特网和实现局域网的远程连接而设计。(总编办)

T000505 **网络之痒** 杨晖著。湖南人民出版社 2002 年 7 月版。22.2 万字。24.50 元。收集了《新青年》栏目中先后播出的“网络之痒”及其背景资料,探讨了王志东高职新浪网的各种原因,“大话·COM”和“王树彤访谈录”等节目,研究当前存在的有关网络的各种问题如网络安全、网络黑客、色情网,讨论网络文学新课题,等等。(易斌)

T000506 **先进计算机网络技术** 卢锡城、龚正虎、苏金树等著。国防工业出版社 2002 年 2 月版。30.4 万字。35.00 元。一、概述网络技术的发展;二、讨论新一代网络体系结构;三、介绍异步传输模式等技术;四、讨论城域网结构和协议;五、讨论移动网络技术;六、详细讨论多媒体系统特性、媒体同步技术;七、介绍网络管理;八、介绍协议工程。本书是“并行与分布计算机技术丛书”之一。(余敬春)

T000507 **社区宽带业务与网络** 黄孝建编著。北京邮电大学出版社 2002 年 2 月版。42.4 万字。35.00 元。着重介绍社区宽带网络的基本概念、社区宽带业务以及社区宽带网所涉及的核心技术,在介绍 ADSL,HFC,FTTx 和无线等宽带接入技术的同时,比较它们所具有的优势和存在的问题,对社区宽带网络中的家庭网络部分,从需求、网络结构、户内网关、网络布线、涉及到的标准等进行详细的介绍。(陈露晓)

T000508 **组网用网:社区宽带网络** [美]George Abe 编,孙敬亮译。电子工业出版社 2002 年 1 月第二版。44.8 万字。25.00 元。共 8 章,分别介绍了社区宽带网络的市场动力、技术基础,以及不同类型的接入网,包括有线电视网、xDSL 接入网、FTTx 接入网、无线接入网的技术及发展前景。分析了未来家庭网络的几种技术方案和发展社区宽带网进程中可能遇到的问题。(总编办)

T000509 **宽带网络技术原理** 李宏乔、杨峰等编著。机械工业出版社 2002 年 5 月版。45.2 万字。26.00 元。系“宽带网络技术系列丛书”之一。围绕宽带网络的参考模型,从物理层和数据链路层详细描述了宽带骨干网络和宽带接入网络的技术原理。共 13 章,分别介绍了宽带网络的发展过程、技术特点及应用;描述了宽带网的参与模型、骨干宽带网络技术、宽带接人技术、宽带接口技术、宽带网络高层协议,以及宽带技术在家庭和小区中的应用。(赵慧)

T000510 **宽带增值服务开发实例** 顾淑珍、戴鑫等编著。机械工业出版社 2002 年 5 月版。47.8万字。25.00 元。系“宽带网络技术系列丛书”之一。从原理和实际应用两个角度论述了宽带增值服务。全书共 10 章,分别论述了开发宽带增值服务的网络技术基础和几种关键网络协议;阐明了如何在宽带网开发视频点播、网络电话、虚拟专用网站、流媒体等增值服务;介绍了 Web 方式增值服务的开发环境和开发工具。(赵慧)

T000511 **智能网技术及其发展** 杨放春、孙其博编著。北京邮电大学出版社 2002 年 2 月第 2 版。37 万字。34.00 元。以智能网技术演进为主线,首先介绍智能网技术的基本原理,然后分析和比较目前在固定电话网、移动电话网、宽带网和 IP 网等封闭网络中智能网技术发展的局限性。最后介绍和分析智能网技术向开放性、分布性和综合性发展中的几个有代表性的方向,即 CORBA 化智能网技术、TINA 化智能网技术、基于移动代理的智能网技术和基于 IARLAY/JAIN 技术的智能业务支撑网络。本书收入“21 世纪信息技术丛书”。(陈露晓)

T000512 **计算机通信与网络** 沈金龙编著。北京邮电大学出版社 2002 年 6 月版。52.5 万字。39.80 元。为 21 世纪信息通信系列教材之一,介绍了计算机通信与网络的基本原理和技术。全书共 10 章,阐述了计算机通信与网络的一系列关键性技术,主要有:计算机网络体系结构、数据传输与通信接口,数据链路控制规程,数据交换技术,局域网与城域网,因特殊性网和宽带 IP 网及 Ipv6,计算机网络服务和应用,组网与接入技术,网络管理与网络安

全技术。(王琴秋)

T000513 **MPLS 技术与实现** 李晓东编著。电子工业出版社 2002 年 12 月版。45.44 万字。29.00元。分 3 个部分:第一部分是全书的“引子”,即 MPLS 的基础,包括 MPLS 概览、MPLS 体系结构等;第二部分是全书的“内核”,即 MPLS 的控制,MPLS 是如何完成诸多功能,如何成为运营商网络的核心技术的;第三部分集中了目前 MPLS 在运营商网络的主要应用,包括服务质量 QOS 保证、流量工程(TE)、虚拟专用网(VPN),以及新的 MPLS 在光网络上的应用和在以太网快速恢复中所起的作用。(总编办)

T000514 **中国网页设计前线** 文芳、李明著。湖南美术出版社 2002 年 3 月版。90.00 元。分两部分:在第一部分“‘毁’人不倦”中,收集了多篇国内资深华人设计师和设计公司负责人首次发表的专业论文,分析了网页设计在国内外的发展历程、行业情况,以及专业课程的比较和工作流程等问题,同时还包括关于网络艺术和商业设计的探讨。另一部分“前线‘站’事”中,收录了国内几十个原创设计站的精选页面、网站介绍、设计师的详细资料和访谈录。(黄啸)

T000515 **ASP·NET 网页制作教程** 王国荣著。华中科技大学出版社 2002 年 8 月版。80 万字。78.00 元。首先介绍了如何建立 ASP·NET 工作平台及建立了工作区进入网页制作的相应准备工作,使读者了解 HTML 代码的意义、VB·NET 的语句类型、怎样组建函数、书写子程序。其次是使用ASP·NET 的功能。怎样建立文本框、列表框、如何使用 Server 控件与数据验证、增删修改功能、网页间的数据共享。最后用几大案例讲述了以上网页制作功能的灵活应用。(刘丽昆)

T000516 **计算机局域网** 王群著。冶金工业出版社 2002 年 6 月版。45.3 万字。28.00 元。共 10 章,内容包括:第一章讲述局域网基础,介绍了局域网的概念、组成和主要应用特点;第二章在第一章的基础上,深入介绍了局域网的通信协议、工作方式、千兆以太网、万兆以太网等技术,进一步对局域网加深认识。第三章讲局域网连接设备,介绍局域网常用的网卡、集线器、交换机、ISDN、ADSL、Cable Modem、路由器等设备的工作原理、特点和选购方法;第四章讲局域网传输介质,介绍了双绞线、同轴电缆和光纤的通信特点和相关技术;第五章为局域网连接设备的安装和配置,系统介绍了局域网中设备的连接和配置方法,该章的内容是系统集成的基础;第六章讲双机互联,以实例介绍了 Windows 95/98/Me/NT/2000/XP 通过计算机串口或并口进行通信的方法;第七章为对等网组网和应用,本章的对象是小型局域网用户;第八章从 Windows 2000 Server 服务器安装到服务器的配置和客户接入,全面介绍了客户机/服务器模式局域网的组建与特点;第九章为基于 Windows 2000 Server 的 Web 服务、FTP 服务和邮件服务的实现方法。本章为 Internet 的基础;第十章介绍了无线局域网的组网特点、标准和配置方法等。(程志宏)

T000517 **ADSL 完全攻略** 李彦庆、庄育维著。电子工业出版社 2002 年 1 月版。39.76 万字。22.00 元。是以我国台湾版的相应图书为蓝本改编而成的。主要介绍了 XDSL 系列、ADSL 和 Cable Modem 综合评比、ADSL 申请流程实践步骤、ADSL 网络安装和架设指南、如何构建局域网并连接 ADSL、如何解决 IP 地址不足的问题、Cisco Router 命令简介以及 MP3、ICQ、网络电视、联机游戏等宽带应用和用 Windows 2000 和 Linux 构建网络服务器等与 ADSL 相关的内容。(罗建强)

T000518 **局域网与城域网(英文版)** [美] William Stallings(威廉·斯托林斯)。电子工业出版社 2002 年 8 月第六版。71.68 万字。42.00 元。包括 4 部分,第一部分提供了必要的技术背景;包括对数据通信和网络中的一些论题的简要回顾以及对协议与 TCP/IP 协议栈的介绍。第二部分讨论局域网的一般性问题,包括局域网实现过程中常用的拓扑结构和传输介质、局域网协议体系结构及 LLC 的详细内容。第三部分介绍了 5 种相关类型的局域网。第四部分讨论了局域网的相关知识。(总编办)

T000519 **小网民掌中宝** 李秋弟编著。中国少年儿童出版社 2002 年 9 月版。7 万字。6.00 元。由网络常用的英文缩略语、汉语缩略语;OICQ 常用表情符号;常用精彩网址;常用计算机词汇英汉对照表 4 部分组成。(陈斌)

T000520 **因特网与社会** 杨伯溆主编。华中科技大学出版社 2002 年 3 月版。24.3 万字。14.80元。在参考了西方近年来对因特网研究成果的基础之上,从社区、性别、犯罪、文化、信息、传播等角度讨论了因特网这一媒体的时代意义,并对其在全球化进程中所扮演的角色进行了初步的定位。(李东明)

T000521 **因特网信息资源深层开发与利用研**

究 陈光祚主编。武汉大学出版社 2002 年 9 月版。38.8 万字。28.00 元。重点研究了因特网信息资源的组织与检索、虚拟图书馆的实现、个人数字图书馆的建设、网络远程教育的技术实现、网络发行信息资源的利用、基于 Internet 的软件系统的设计与开发、网络信息组织发布与网络平台建设、维护数字信息的长期存取等问题。

T000522 **全球中文网络黄页(2002/2003 版)** 查立、谭策主编。电子工业出版社 2002 年 1 月版。400 万字。300.00 元。收录了中国内地/中国台湾地区、香港特别行政区、澳门特别行政区以及美国、加拿大、新加坡等地最新最全面的中文网址。全书按照政府机关、新闻媒体、教育、科研、文学、医疗卫生、机械、电子、能源、商贸、金融、信息参考等上百个类别进行科学分类,同时又充分考虑广大上网用户的思维习惯,从而形成了一套条理清晰、脉络分明的检索系统。(张旭)

T000523 **Internet 易学通(Windows XP 版)** 健莲科技编著。机械工业出版社 2002 年 7 月版。32.3万字。18.00 元。从最基本的网络知识和软硬件使用开始,通过图解的方式介绍了网页浏览、电子邮件、软件下载、新闻组、网络游戏、在线视听、虚拟社区和网上聊天,以及微软 MSN 的使用方法。(孙业)

T000524 **轻松玩转 Director 8.5** 颜志翰、李卓融、李雅玫主编。电子工业出版社 2002 年 1 月版。50.4 万字。35.00 元。通过大量的实例,详细地介绍了 Director 8.5 的各个属性窗口,并将教您如何利用 MultiUser Server 制作多人联机聊天室,而且书中收录了大量精彩转场效果的实例和网址。最后部分列出了大量的 Lingo 语句以及详尽的解释。随书附赠本书所有章节的部分原始范例文件及完成作品文件,并附 Director 8.5 试用版软件。(赵红梅)

T000525 **精彩中文网站 1000 例(2002 版)** 九一工作组编著。电子工业出版社 2002 年 1 月版。30 万字。16.00 元。收录中文网址 1000 余个,主要是 2000～2001 年新注册的网址以及上网用户经常使用的经典网址,涉及到社会的各个层面,包括政府法律、信息财经、文化艺术、运动休闲、电脑网络、影视娱乐、新闻媒体、教育科研、生活时尚和人才商务各大类网址。(张毅)

T000526 **因特网免费资源手册** 吴富民、罗振侯主编。上海科学普及出版社 2002 年 6 月版。56.1万字。26.00 元。介绍的免费资源涉及域名、主页空间、电子邮箱、计数器、调查、图片、电子贺卡、音乐、歌曲和歌词、影视节目、报刊、图书、黄页、地图、软件、网络游戏、教学资源、教学软件、远程教育、网络电话和传真等。本手册还通俗地解释了相关的网络技术知识和专业名词,详细地讲述了每一类免费资源的应用基础。(刘瑞莲)

T000527 **计算机网络及应用** 张水平主编。西安交通大学出版社 2002 年 2 月版。45.3 万字。25.00 元。内容包括:计算机网络概述;数据通信技术;网络体系结构;局域网及组网技术;广域网技术;TCP/IP 协议;网络安全技术;典型网络操作系统(NetWare, Windows NT, Linux)及其互操作;Internet 及其应用。(薛玲玲)

T000528 **宽带网络技术系列丛书** 余洁等编著。机械工业出版社 2002 年 1～5 月版。130.5 万字。71.00 元。由 3 册组成:《宽带网实用指南》、《宽带网络技术原理》和《宽带增值服务开发实例》。《宽带网实用指南》介绍宽带网基础知识、宽带网接入硬件和软件相关知识;《宽带网络技术原理》面向中级网络用户,介绍了宽带网接入技术、宽带骨干网技术、宽带网 IP 技术、宽带网高层协议等内容;《宽带增值服务开发实例》面向网络管理人员和软件设计人员,讲述了如何在宽带网开发视频点播、网络电话、虚拟专用网等增值服务,并结合实例帮助读者掌握宽带网的应用开发技术。(赵慧)

T000529 **网络传播研究** 全国科技传播研究会编。上海科学普及出版社 2002 年 7 月版。31 万字。20.00 元。论文集。精选 2000 年 12 月在上海交通大学举办的全国科技传播研究会第四届研讨会论文 40 篇。内容有科技传播研究、网络传播与社会发展、网络技术在信息传播中的应用、网络管理及法规建设等问题。(总编办)

T000530 **英汉网络词典** 罗振侯主编。上海科学技术文献出版社 2002 年 5 月版。70.8 万字。26.00 元。包含 24000 多词条,均选自国际新版专业词典、相关专业报刊及网上出版物。覆盖了网络技术、互联网及相关的通信技术等领域的词汇以及近年新出现的网络专业词汇和网络文化相关词汇。涉及网络资源、因特网应用等内容的词条,如域名、文件扩展名等。收入了计算机专业文献资料中常见的非专业词汇,并给出释义。本词典中绝大部分词组都在后面的括号中给出了缩略语形式。(忻静芬)

T000531 **英汉网络和通信技术词典** 胡传国

主编。上海科学普及出版社 2002 年 6 月版。93.3 万字。36.00 元。共收入近年来该领域的基础词汇与新词一万条,对新词语的解释,尽量考虑专家的意见和约定俗成的使用习惯;对已定型下来的词语,在释义时与权威性工具书保持一致;在语言阐释上尽量通俗易懂。(刘瑞莲)

T000532　**宽带网实用指南**　余洁、杨丽等编著。机械工业出版社 2002 年 1 月版。37.5 万字。20.00元。系"宽带网络技术系列丛书"之一。从宽带网基础知识入手,基于实例介绍了宽带网络的各种应用:IP、ADSL 技术原理,ADSL 调制解调器及相关设备的选购、安装,ADSL 软件的安装及设置,有线电视网接入 HFC,以太网接入,宽带接入故障的诊断方法,以及宽带接入的增值服务等内容。(赵慧)

T000533　**电路基础**　田淑华主编。机械工业出版社 2002 年 8 月版。25.8 万字。17.00 元。系"面向 21 世纪高职高专系列教材"之一,是高职高专电子技术专业的基础理论教材。全书以应用知识为主线,系统讲解电路的基本概念与基本元件、基本定律与分析方法、直流激励下的一阶动态电路、正弦交流电路、谐振电路、互感耦合电路及非正弦周期交流电路,每章后面有小结与习题。附录中介绍复数及四则运算和电容的串联、并联及混联,并附有习题参考答案。(王虹)

T000534　**现代通信技术**　纪越峰等编著。北京邮电大学出版社 2002 年 3 月版。62.7 万字。46.00元。参照新的通信网络分层构架,从全程全网和网络融合的角度全面系统地讲述了各类先进的通信技术,重点是近年来涌现的新技术。本书主要包括 5 个部分的内容。第一部分概述现代通信网与支撑技术;第二部分讲述应用层技术,包括各种业务和终端技术;第三部分讲述业务网技术,包括电话网与电路交换技术、数据网与分组交换技术、智能网技术和移动通信技术;第四部分讲述传送网技术,包括 SDH 技术、OTN 技术、光纤通信技术、微波通信技术、卫星通信技术和综合业务接入技术;第五部分讲述支撑网技术,包括信令网、同步网和电信管理网技术。(陈露晓)

化学工业

T000535　**化工单元过程及操作**　冷士良主编。化学工业出版社 2002 年 7 月版。51.2 万字。25.00元。共 11 章。内容包括绪论、流体流动与输送、非均相物系的分离、传热、液体蒸馏、气体吸收、固体干燥、蒸发、结晶、液－液萃取、制冷和新型单元操作简介等。(郭燕)

T000536　**化工单元操作实训**　刘爱民、陆爱荣主编。化学工业出版社 2002 年 6 月版。21.6 万字。15.00 元。以化工各主要单元作为主线,重点讲述《流体流动与传热》和《传质分离过程》课程的主要实验和化工单元典型设备(或装置)的操作技术。全书共 4 章,包括流体输送单元操作实训、传热单元操作实训、传质单元操作实训、反应单元操作实训。每章内容包括:典型设备的结构及特点、单元操作的工艺过程(包括仿真和实际操作)、典型设备或装置的操作技术(包括仿真和仿现场实际操作)。各章中均附有复习与思考题。(郭燕)

T000537　**分离过程**　刘家祺主编。化学工业出版社 2002 年 5 月版。60.9 万字。49.00 元。是以陈洪钫、刘家祺合编的《化工分离过程》(1995 年版)为基础进行编写的。本教材保留了原书部分章节,在编排和内容上做了大幅度更新和扩充。教材内容包括全部的传质分离单元操作,较原书增加了吸附、结晶、膜分离等。对传统分离技术,反映了近年来化学工程的新进展。如增加了液液平衡和多相平衡计算;反应精馏、加盐精馏;多组分多级分离的内－外法和非平衡级模型等新内容。介绍了一些有重要应用前景的新型分离技术,如超临界流体萃取、反胶团萃取、双水相萃取、渗透蒸发等。全书内容分为 10 章。包括:绪论;单级平衡过程;多组分精馏和特殊精馏;气体吸收;液液萃取;多组分多级分离的严格计算;吸附;结晶;膜分离;分离过程及设备的选择与放大等。各章均列举大量例题及习题,书末附录介绍了有关 Aspen plus 化工软件的使用。(郭燕)

T000538　**超重力技术及应用——新一代反应与分离技术**　陈建峰主编。化学工业出版社 2002 年 7 月版。20.6 万字。25.00 元。共 8 章。主要介绍超重力技术的基本概念、超重力旋转床的设计及计算、超重力环境下流体力学与传递过程、超重力法制备纳米材料技术、超重力水脱氧技术、超重力技术在环境工业中的应用、超重力技术在生物化工中的应用及超重力技术在其他领域中的作用。(郭燕)

T000539　**超高压容器**　《化工设备设计全书》编辑委员会、邵国华、魏兆灿等编。化学工业出版社 2002 年 8 月版。51.2 万字。38.00 元。《化工设备设计全书》计划出版 15 种，有：《化工设备用钢》、《化工容器》、《高压容器》、《超高压容器》、《换热器》、《塔设备》、《搅拌设备》、《球罐和大型储罐》、《废热锅炉》、《干燥设备》、《除尘设备》、《铝制化工设备》、《钛制化工设备》、《石墨制化工设备》和《钢架》等。本书为对超高压容器的结构型式作了简明的介绍，重点论述了超高压容器应力分析及强度计算、自增强技术及其设计计算、疲劳分析及其设计计算，对超高压容器的零部件、超高压容器用钢及容器的检测、安全技术也作相应阐述。书中列举了许多计算和设计的实例，附录也提供了部分超高压容器设计参数。（郭燕）

T000540 **干燥技术** 金国淼著。化学工业出版社 2002 年 8 月版。102 万字。65.00 元。为“化工设备设计全书”之一。“化工设备设计全书”计划出版 15 种，有：《化工设备用钢》、《化工容器》、《高压容器》、《超高压容器》、《换热器》、《塔设备》、《搅拌设备》、《球罐和大型储罐》、《废热锅炉》、《干燥设备》、《除尘设备》、《铝制化工设备》、《钛制化工设备》、《石墨制化工设备》和《钢架》等。本书主要介绍干燥过程的理论基础，论述了厢式和带式干燥器、流化床干燥器、气流干燥器、喷雾干燥器、滚筒干燥器、回转圆筒干燥器、红外线和远红外线干燥器、高频干燥器和微波干燥器、真空耙式干燥器、立式干燥器、竖式粉碎气流干燥器、组合干燥器等的原理、结构、性能和设计计算方法，以及干燥设备的主要辅助设备设计。并列举了一些干燥器实例。（郭燕）

T000541 **化学试剂·精细化学品手册** 北京化学试剂公司编。化学工业出版社 2002 年 5 月版。555.0 万字。240.00 元。收集了目前国内、外常用的化学试剂及精细化学品产品近 9500 种的最新资料，包括中、英文正名和别名，结构式，分子式，相对分子质量，性状，理化常数，国家化学试剂标准号，国家危险物品名编号，行业化学试剂标准号，默克索引第 12 版的编号，染料索引编号，国际生物化学联合会对酶的编号，参考规格，参考单价，标准项目、用途及注意事项等。（郭燕）

T000542 **新型化工配方和工艺精选** 邓舜扬主编。江苏科学技术出版社 2002 年 10 月版。48 万字。30.00 元。汇编了最近几年国内外精细化学品配方和工艺，内容涉及纳米技术、胶粘剂和密封材料、涂料、油墨、表面活性剂和洗涤剂、化妆品、塑料、橡胶及其他有机合成等方面。（王明辉）

T000543 **日用化工辞典** 孙宝国主编。化学工业出版社 2002 年 6 月版。153.8 万字。68.00 元。涉及化妆品、表面活性剂、洗涤剂、香料、香精、牙膏、香皂（肥皂）、电池、鞋油、油墨、润滑油、火柴、胶水等日用化学品及综合性词条共 2970 多个，它包括：①按化学结构、性能和用途等划分的各层次类别名词，着重介绍该类名词的分类原则、主要产品及该类产品的主要特点和发展趋势；②日化行业中有发展前景的新产品，主要的大宗产品，性能及用途较为突出或覆盖面较广的产品，着重介绍这些产品的化学结构、性能、制法、配方、主要用途、应用原理、应用效果、发展趋势；③日化行业中的专业术语等，着重介绍这些术语的定义，并适当列举了该术语在描述产品的性能、应用等方面的实际意义。辞典正文按汉语拼音排序，书末附英文索引。（郭燕）

T000544 **工业水处理技术** 周本省主编。化学工业出版社 2002 年 5 月第二版。109.4 万字。85.00元。共 4 篇。第一篇介绍水的特性和工业用水预处理（混凝、沉淀与澄清、过滤、除铁、软化与除氯等）及其设备；第二篇介绍循环冷却水系统和循环冷却水处理（沉积物、金属腐蚀、微生物及其控制，清洗和预膜，日常运行及现场监测）；第三篇介绍锅炉用水及其处理技术（锅炉及其水汽质量标准、离子交换树脂及离子交换基本原理、离子交换水处理、膜法除盐水处理、凝结水的净化、锅内加药处理、热力设备系统的腐蚀与控制、锅炉的化学清洗）；第四篇介绍水质分析、沉积物分析和常用水处理药剂分析。本书还介绍了最新国家标准《工业循环冷却水处理设计规范》对循环冷却水要求的标准和控制指标、工业设备化学清洗的质量标准、一些主要水处理剂的质量指标，以及冷却水处理咨询用计算机专家系统、高压水射流清洗、用于锅炉化学清洗中的蒸汽加氧吹洗、EDI（电去离子除盐）、反渗透等新技术、新进展。另外还介绍了许多工业水处理的现场应用实例。（郭燕）

T000545 **化工安全技术与管理** 周忠元、陈桂琴编。化学工业出版社 2002 年 1 月第二版。55.3万字。38.00 元。主要内容包括：现代安全管理的基本理论和方法，如安全系统工程、人机工程学、安全经济学等；化工生产安全技术，如化工厂安全设计、储运安全、消防安全技术、压力容器及锅炉、化工管道、防腐蚀技术、安全检修及其相关的电气、焊接、起重等作业安全技术；还介绍了环境保护、职业危害因素和对人体的损伤及其控制与防护等内容。另外，为适应我国安全管理与国际接轨的需要，

书中对安全、环境、健康(HSE)一体化管理体系也做了简要介绍。(郭燕)

T000546 **无机精细化工工艺学** 张昭、彭少方、刘动昌编著。化学工业出版社 2002 年 6 月版。55.4 万字。45.00 元。共 4 篇 23 章。第一篇介绍 21 世纪新材料与新技术。包括纳米材料的性能及应用;单分散颗粒制备原理;溶胶一凝胶技术及仿生合成和微乳化技术等。第二篇介绍微粉制备工艺。包括气相法、固相法和液相法。第三篇介绍湿法制备微粉的化工问题。包括沉淀反应过程的动力学及反应器,超细粉末的脱水及湿粉末和湿凝胶的干燥方法与设备。第四篇介绍新兴无机精细化学品的制备工艺及研究进展。包括磁信息存储材料,精细陶瓷,铝、硅、钛系列产品及新工艺,无机抗菌剂,无机膜,新型多孔材料,纳米颗粒催化材料。(郭燕)

T000547 **工业气体手册** 黄建彬主编。化学工业出版社 2002 年 3 月版。79.0 万字。80.00 元。包括一般工业气体和特种气体,即高纯和超高纯气体,标准校正气体和具有特定组成的气体。全书分 10 章,分别介绍近 50 种气体产品。系统介绍了各种常用气体和特种气体的物理和化学性质、生产、制备方法和分离提纯方法、产品标准和分析检测技术。应用领域及主要用途,包括和贮运,以及安全、卫生、环保等方面的技术知识。(郭燕)

T000548 **电镀工程** 张胜涛等编著。化学工业出版社 2002 年 5 月版。52.9 万字。40.00 元。着重阐述了镀前处理,电镀溶液,电镀的实施,表面转化,电镀添加剂,电镀的测试与控制,电镀设备、车间的设计、管理及电镀在各领域中的应用等。(郭燕)

T000549 **陶瓷材料的强韧化** 穆柏春等著。冶金工业出版社 2002 年 7 月版。28.6 万字。29.50 元。论述了陶瓷材料强韧化的基础理论和强韧化手段。其中,重点介绍了作者在第二相颗粒、晶须与纤维、添加稀土改善显微组织等强韧化手段方面的科研成果;论述了表面改性、非晶结晶化处理、原位合成等技术在陶瓷材料强韧化方面的作用;最后介绍了多孔陶瓷强韧化在金属液纯净陶瓷过滤器、汽车尾气催化器及陶瓷涂层中的应用。(赵培德)

T000550 **耐火材料显微结构** 高振昕等编著。冶金工业出版社 2002 年 6 月版。66.2 万字。88.00元。共 9 章,涉及硅砖、高铝砖、烧结和电熔莫来石、刚玉制品、烧结和熔铸 AZS 制品、镁铬系制品、方镁石一尖晶石系制品、镁一钙一铁系材料、含炭制品和 SIALON 结合制品等诸多品种。(章秀珍)

T000551 **耐火材料厂工艺设计概论** 薛群虎、王宏联主编。冶金工业出版社 2002 年 7 月版。42.7 万字。35.00 元。主要介绍耐火材料工艺设计,包括两篇,其中第一篇重点介绍了工业企业设计的通用内容,包括我国自 1949 年至今设计程序的演变,建设程序和设计程序、项目建议书、可行性研究与设计任务书、初步设计(扩初设计)、施工图设计、开工报告与竣工验收、环境保护设计、成本设计与管理等各个工作阶段的衔接过程,设计内容及深度要求,设计要求,审批程序及权限等。第二篇详细介绍了耐火材料厂工艺设计原则、程序,物料平衡计算,车间工艺流程及设备选择,车间工艺布置,其他专业基本知识及技术等。(章秀珍)

T000552 **有机电化学合成导论** 马淳安著。科学出版社 2002 年 3 月版。44.7 万字。46.00 元。共 12 章。首先介绍了有机电化学合成的基本理论、研究方法、电合成反应器、电极材料、隔膜材料、性能评价方法等内容,然后重点阐述了有机电氧化、有机电还原、有机电氟化、金属有机电合成、间接电合成和特殊电合成的原理与方法,最后介绍了工业上应用的电解槽、电极材料、隔膜材料以及有机电化学合成的技术和工艺。书中编有不同类型的有机电化学合成实例,每章末均附有参考文献。(卢秀娟)

T000553 **聚合物降解与稳定化** 钟石云、许乾慰、王公善编著。化学工业出版社 2002 年 12 月版。54.7 万字。48.00 元。共 8 章。首先阐述聚合物降解现象和导致降解的因素,聚合物稳定化的必要性,以及聚合物的再生和可降解。进而深入阐述聚合物降解与稳定化的基本原理,并针对各种聚合物论述其降解过程和稳定化措施,还对塑料的再生及其稳定化、聚合物材料的阻燃稳定化和稳定化聚合物及可降解聚合物材料的设计、制备与应用加以介绍。(郭燕)

T000554 **塑料加工故障排除方法** 强信然编著。江苏科学技术出版社 2002 年 4 月版。60 万字。38.00 元。分 10 章,分别讲述挤出成型、注塑成型、吹塑成型、压延成型、压缩模塑及传递模塑成型,以及表面装饰及二次加工中故障产生的原因和排除方法。(黄元森)

T000555 **塑料着色实用色卡** 中国·色母粒专业委员会编著。化学工业出版社 2002 年 7 月版。3.4 万字。320.00 元。是作为化学工业出版社最新发行的《塑料着色配方设计》的姊妹篇,由中国·色母粒专业委员会组织行业内专家精心研究设计制作。具有以下特点：完整性——本色卡选用塑料上常用具有代表性的国际品牌有机颜料品牌；权威性——本色卡全部选用国际著名品牌颜料；新颖性——本色卡选用国际上最新推出的颜料红 279，颜料蓝 80，其中 50% 以上品种国内尚未开发和应用；实用性——色泽直观，有索引号、颜色性能数据、牢度数据，查阅方便。（郭燕）

T000556 **塑料异型材** 卢鸣主编。化学工业出版社 2002 年 3 月版。80.8 万字。65.00 元。从 1990 年创刊至 2001 年 8 月《塑料异型材》中精选的 123 篇文章，"浓缩"了塑料异型材的原料与助剂的作用、性能、选用原则及典型配方，塑料异型材的挤出成型工艺，塑料异型材的挤出、定型模具及设备，PVC 塑料门窗的装配与安装技术等方面的内容。本书反映了我国在该领域的发展历程、创新成果和丰富的经验，并与国际先进水平相比较，对我国近 20 年来 PVC 塑料门窗发展中存在的问题进行了全方位、客观的分析，提出了解决思路或措施。（郭燕）

T000557 **聚氨酯材料手册** 徐培林、张淑琴编著。化学工业出版社 2002 年 8 月版。121.6 万字。112.00 元。主要结合配方、工艺和产品性能介绍了聚氨酯生产的原料及其制法，主要配合剂（包括催化剂、表面活性剂、发泡剂、阻燃剂、扩链剂），聚氨酯软质泡沫塑料，聚氨酯硬质泡沫塑料，聚氨酯半硬质泡沫塑料，RIM－PU 材料，聚氨酯计量混合装备，聚氨酯泡沫后加工机械，RIM－PU 加工机械，聚氨酯橡胶，聚氨酯合成革，聚氨酯合成纤维，聚氨酯黏合剂，聚氨酯涂料，聚氨酯铺地材料，聚氨酯防水材、灌浆材，聚氨酯分析测定，聚氨酯的燃烧和阻燃，聚氨酯废料的回收处理，聚氨酯工业安全及环保卫生。（郭燕）

T000558 **短纤维增强塑料手册** ［美］Roger F. Jones 主编，詹茂盛、徐一琨、张继华译。化学工业出版社 2002 年 8 月版。12.9 万字。18.00 元。是［美］Roger F. Jones 先生主编的短纤维增强塑料材料的选材、使用以及自动化生产的基本知识的著作。本书从实践角度出发对短纤维增强塑料所使用的原材料及其选择、设计要点、快速模型、典型的成型工艺等分别进行了详细的介绍。（郭燕）

T000559 **橡胶工程——如何设计橡胶配件** ［美］A. N. 詹特主编，张立群等译。化学工业出版社 2002 年 11 月第二版。29.1 万字。30.00 元。主要内容包括：材料与配合、弹性、动态机械性能、强度、机械疲劳、耐久性、橡胶配件的设计、有限元分析、测试与规范等。（郭燕）

T000560 **英汉化学纤维词汇** 上海化学纤维（集团）有限公司、四川维尼纶厂主编。中国纺织出版社 2002 年 10 月第二版。105.2 万字。80.00 元（精）。共收词目 37500 条。鉴于化学纤维的迅速发展和向其他领域的渗透，新的词汇不断出现，为适应学习化纤新技术的需要，第二版删除了第一版中某些陈旧的商名和化学纤维生产商的名称及罕用的缩写词目等，增补了一些新的词汇。（许小莉）

T000561 **林产化学工艺学** 安鑫南主编。中国林业出版社 2002 年 8 月版。81.5 万字。556 页。48.00 元。是根据全国林业院校林产化工专业指导委员会讨论制定的教学大纲和编写原则来编写的。教材按林产原料的不同加工方法编排，分 4 篇，系统阐述了水蒸气蒸馏、精馏、溶剂提取、热分解、水解和生物处理等加工过程的基本原理和特点，介绍了用这些方法加工得到的主要林产化学产品的原料组成和性质、反应机理、生产工艺过程、适宜的操作条件、生产设备及产品质量和用途，并力求反映近年来林产化工方面的新成果、新进展。（刘若云）

T000562 **阳离子表面活性剂及应用** 郭祥峰、贾丽华编著。化学工业出版社 2002 年 7 月版。30.1 万字。25.00 元。介绍了阳离子表面活性剂的结构、分类、溶液性质、合成方法、生物降解性及其应用。内容包括阳离子表面活性剂水溶液的界面吸附，水溶液胶束，多组分复配体系的相互作用，各类阳离子表面活性剂的合成方法及其在织物柔软、抗静电，日用化工，沥青和燃油乳化，材料合成，合成纤维加工，金属缓蚀与防锈，原油开采，矿物浮选，医学及微生物学，工业循环水处理及造纸等领域的应用。（郭燕）

T000563 **高分子表面活性剂** 沈一丁编著。化学工业出版社 2002 年 12 月版。31.6 万字。30.00元。介绍了高分子表面活性剂的基本理论和应用。分 12 章，分别介绍了表面活性剂的基本性质，高分子表面活性剂的基础知识，嵌段型和接枝型高分子表面活性剂，高分子表面活性剂与胶体稳定性，高分子表面活性剂的溶液性质，无规型高分子表面活性剂，由高分子的化学改性制备表面活性剂，高分子表面活性剂在乳液聚合中的应用，用作共混增容剂的两亲聚合物材料，非水体系中的高分子表面活性剂，高分子电解质、高分子两性电解质、水凝胶及可聚合的表面活性剂，微乳液与高分子表面活性剂。配方与工艺是功能高分子材料最重要的部分，本书作了详细介绍，同时给出了结构、性状、用途等。书后附中、英文索引及参考文献。(郭燕)

T000564 **活性炭的应用技术——其维持管理及存在问题** [日]立本英机等主编，高尚愚译编。东南大学出版社 2002 年 7 月版。112.8 万字。120.00 元。分为基础编、应用编和资料编 3 部分。基础编中扼要地介绍了活性炭的基础知识。应用编是该书的重点，全面而具体地阐述了活性炭在食品工业、化学工业、医药、军工及环境保护等方面的应用。资料编中介绍了日本 20 多个现有活性炭企业以及中国、美国和欧洲诸国等 60 多个现有活性炭企业概况。(朱经邦)

T000565 **超强吸水剂** 邹新禧编著。化学工业出版社 2002 年 1 月第二版。61.9 万字。45.00 元。论述了超强吸水剂的分类、合成化学的基本原理、制造方法和工艺过程、吸水理论、性能和性能改善，以及它的加工特性、加工方法与加工过程、应用和今后的发展。尤其对于吸水剂的合成、性能及应用作了详细地论述。与《超强吸水剂》第一版相比增加了大量的新内容，如天然吸水性高分子、共混复合系吸水性高分子等。并且结合作者 20 多年从事超强吸水剂研究的成果和经验，反映了国内外超强吸水剂的新发展。(郭燕)

T000566 **胶黏剂选用与粘接技术** 李盛彪、黄世强、王石泉编著。化学工业出版社 2002 年 6 月版。31.7 万字。25.00 元。先简要介绍胶黏剂的粘接机理、粘接接头的设计及粘接工艺，然后分章详细阐述了在各应用领域中，包括建筑工业、木材工业、包装工业、纺织工业、汽车制造及机械加工工业、宇航工业、制鞋工业及医疗工业等行业中，胶黏剂的种类、生产工艺与配方，胶黏剂的选用方法、粘接技术及粘接实例，并预测了胶黏剂的发展趋势。(郭燕)

T000567 **现代胶粘技术手册** 李子东、李广宇、于敏编著。新时代出版社 2002 年 1 月版。163.8万字。118.00 元。系统介绍各类胶粘剂和实用的粘接技术。全书共 4 篇：一、为胶粘剂与粘接技术概论，简明地阐述了胶粘剂与粘接技术的特点，应用与发展前景；二、为胶粘剂，详尽论述各种胶粘剂组成、制备、性能、用途及品种；三、为粘胶技术，具体地讲述粘接技术的工艺实践及典型实例；四、为性能检测，汇集胶粘剂和粘接技术主要性能的标准测试方法。(肖志力)

T000568 **植物生长调节剂应用指南** 朱蕙香、张宗俭、陈虎保等编。化学工业出版社 2002 年 9 月版。13.3 万字。12.00 元。介绍了常用植物生长调节剂品种(单剂、混剂)170 余个，单剂品种主要内容包括每个品种的中文名、英文通用名、商品名和化学名，理化性质、毒性、作用机理、应用与注意事项。重点突出了应用技术，尽可能详细地描述了每种药剂在各种作物上的处理浓度，使用适期和使用方法以及效果等。书后附有常用植物生长调节剂生产厂家名录。书末附有美、英、日等国家在蔬菜上应用植物生长调节剂情况。(郭燕)

T000569 **药厂洁净室设计、运行与 GMP 认证** 许钟麟著。同济大学出版社 2002 年 1 月版。51.2万字。48.00 元。共 15 章，由 3 大部分内容组成。第一部分包括第一章 GMP 与空气洁净技术的关系、第二章厂区环境和第三章平面布置，重点论述了 GMP 与空气洁净技术的关系及 GMP 对洁净厂房的要求，强调 GMP 所实行的现代质量控制原则是全过程控制，是控制因素而非仅仅控制结果，只有实行空气洁净技术，才能保证厂房的环境因素和获得极高的效果。这是其他方法，如消毒所无法比拟的。第二部分包括第四章设计参数、第五章净化空调系统与设备和第六章室内气流组织。这是实行 GMP 的必要条件的空气洁净技术要点和重点所在，针对性地介绍参数、系统和气流组织，着重论述 GMP 执行中人们容易搞不清楚的几个问题。第三部分包括第七章至第十五章，5 种剂型或类型的具体工艺和空气洁净措施的结合。论工艺紧紧围绕净化措施，进而阐述如何实施洁净厂房的建设、安装、维护和运行，以及怎样进行验证，特别是厂房设施的具体合格与否的验证和验证后如何做好认证准备及申请认证。为了方便非制药行业人员参考与查对，书末还附有《药品生产质量管理规范》(1998 年修订)及其附录。(吴味隆)

T000570 **抗体工程药物** 甄永苏、邵荣光主编。化学工业出版社 2002 年 11 月版。59.8 万字。55.00 元。首先从抗体工程入手，介绍了杂交瘤细胞技术与单克隆抗体、基因工程抗体、抗体库技术、利用动物细胞与转基因动植物制备抗体和抗体的分离纯化技术，然后介绍了抗体免疫偶联物、基于抗体的融合蛋白、与酶相关的抗体药物、抗体的体外应用、抗体的药代动力学以及放射免疫显像与治疗，最后阐述了抗体和抗体工程药物在肿瘤、心血管疾病、病毒感染、免疫系统相关疾病等的治疗及基因治疗中的应用。(郭燕)

T000571 **海洋生物制药** 许实波主编。化学工业出版社 2002 年 11 月版。61.9 万字。56.00 元。共 11 章，分别论述了海洋生物制药的研究概况、海洋药用生物、海洋生物活性物质、海洋生物制药的生物技术、海洋生物新药的筛选与评价、海洋生物新药的药学评价、海洋生物活性物质的药理作用、海洋新药的药物动力学、海洋生物新药临床前安全性评价以及海洋生物新药的申报与技术审评。（郭燕）

T000572 **基因工程药物** 李元主编。化学工业出版社 2002 年 11 月版。47.7 万字。40.00 元。分为上下两篇。上篇是原理和技术篇，介绍了基因工程药物的发展沿革和进展趋势、基因工程技术的原理，以及基因工程药物的制备过程。重点阐述了基因工程和下游技术应用于药物开发和制备过程中的关键技术。包括聚合酶链反应、DNA 测序、基因文库构建、工具酶、基因表达，以及基因工程菌和基因工程动物细胞大规模培养、动物细胞反应器、基因重组蛋白分离等要点内容。下篇是药物篇，展示了当前主要基因工程药物的全貌，详尽地叙述了各个品种的结构特点、生物活性、合成路径、临床应用等内容，主要涉及基因重组细胞因子、基因重组激素、基因重组血栓药物、基因重组可溶性受体、基因工程血液代用品和反义核酸药物。（郭燕）

T000573 **煤液化化学** 魏贤勇等著。科学出版社 2002 年 6 月版。18.3 万字。26.00 元。全书共 6 章。论述了煤液化基础研究和工艺开发的重要性及煤液化工艺的发展前景，结合在煤的溶剂萃取和煤相关模型化合物反应方面的研究成果和参考国内外最新文献，提出煤中可溶有机物大分子结构的可分离及非破坏性分析的设想，系统地论述了煤液化所涉及的各种化学反应并分析了有关反应机理，还介绍了煤液体的分析、分离和利用。（总编业务部）

T000574 **GB/T18666－2002《商品煤质量抽查和验收方法》实施指南** 段云龙、施玉英、韩立亭主编。中国标准出版社 2002 年 9 月版。14.8 万字。18.00 元。介绍了 GB/T18666 2002 的制定背景和起草过程，并对标准的技术内容——方法提要，术语定义，煤样的采取、制备和化验，抽查和验收项目，单项质量指标评定和批煤质量评定准则做了详细阐述。为便于抽查和验收人员工作，本书还扼要讲述了商品煤采样、制样和化验的有关国家标准的要点，采样、制样和化验仪器设备的检定。本书还介绍了各种工业用煤的主要技术要求。（叶伊兵）

T000575 **有机涂料科学和技术** ［美］Zeno W. 威克斯，Frank N. 琼斯，S. P. 柏巴斯著，经桴良、姜英涛等译。化学工业出版社 2002 年 3 月版。60.8万字。66.00 元。集中介绍聚合和成膜、流动、机械性质、户外耐候性、附着力、涂层防腐蚀。随后介绍的颜色和外观章，均强调以基本原理为基础。展开了乳胶、氨基树脂、聚氨脂、环氧、酚醛、丙烯酸、聚酯、醇酸等基料，以及溶剂、颜料及其分散、施工方法、漆膜弊病、高固体及水性涂料、电沉积和粉末涂料、辐射固化涂料、工业涂料、建筑涂料、船舶及航空涂料等章节的讨论。最后一章是涂料配方的展望。（郭燕）

T000576 **油漆工实用技术手册** 朱庆红等编著。江苏科学技术出版社 2002 年 1 月版。68 万字。45.00 元。介绍了油漆工的基本知识，涂装技术与设备，典型涂装工艺示例，涂料病态防治与评级标准，涂料环境与安全生产。书后附有涂料产品选购一览表。本手册及时地收录了具有代表性的涂料新品种，既介绍了其组成、性能和用途，又介绍了使用方法和注意事项，同时，还重点介绍了涂料典型的和先进的涂料工艺和涂装工艺。（高志一）

T000577 **化妆品原料规格实用手册** 中国香料香精化妆品工业协会编。中国标准出版社 2002 年 3 月版。92.7 万字。90.00 元。编入化妆品生产中使用的 425 种原料，包括中文名称、INCI/CTFA（化妆品成分国际命名）名称或英文名称、别名、商品名、分子式、结构式、分子量、性状、原料规格、测试方法、安全性提示、用途及贮藏条件。其内容分为表面活性剂、油脂、脂肪酸、蜡、酯、醇、粉剂，酸、碱、盐，乳化剂，添加剂，染发烫发原料及其他原料，常用色素，日化用香精，通用分析测试方法等。（魏丽萍）

T000578 **林产精细化学品工艺学** 伍忠萌主编。中国林业出版社 2002 年 3 月版。56.5 万字。508 页。46.00 元。介绍了主要林产化工产品（松香、松节油、栲胶、糠醛、活性炭等）的重要精细化学品的生产工艺过程及主要相关基础化学，既包含有经典工艺，也汇集了当代新技术、新工艺和新的科研成果。（刘若云）

T000579 **酶工程** 罗贵民主编。化学工业出版社 2002 年 5 月版。61.6 万字。50.00 元。介绍了酶学的基本知识、酶学与酶工程的关系，主要介绍的是化学酶工程和生物酶工程的研究和应用技术，如酶的固定化技术、酶的化学修饰、酶在有机溶剂——非水介质中的催化作用、酶稳定化、酶的人工模拟技术(包括合成酶、抗体酶、分子印迹酶、杂合酶等)、核酶的研究应用和酶的定向进化策略等。(郭燕)

T000580 **蛋白质工程** 王大成主编。化学工业出版社 2002 年 9 月版。41.0 万字。36.00 元。着重介绍蛋白质工程的相关基础知识、主要方法和技术以及一些具有典型意义研究实例。全书共 6 章,第一章介绍作为蛋白质工程蓝图的蛋白质工程原理;第二章介绍蛋白质分子设计的方法;第三章的主要内容是进行蛋白质分子改造的分子生物学途径;第四章介绍突变蛋白质的物理化学性质分析;第五章概要介绍测定突变和天然蛋白质结构的主要方法;第六章列举了蛋白质工程的应用实例。(郭燕)

轻工业、手工业

T000581 **纺纱原理** 任家智主编。中国纺织出版社 2002 年 1 月版。32.2 万字。28.00 元。叙述了纺纱原料的选配、混和、开松与除杂、梳理、精梳、牵伸、加捻与卷染、环锭细纱机的张力与断头等纺纱的基本原理,同时还吸收了大量纺纱技术原理研究的最新成果。(许小莉)

T000582 **织造原理** 朱保林主编。中国纺织出版社 2002 年 1 月版。34.6 万字。28.00 元。主要介绍了织机的开口、引纬、打纬、卷取和送经运动的基本原理及织前准备的络筒、整经、浆纱、穿经、纬纱定捻和卷纬工序的工作原理。(许小莉)

T000583 **纺织 CAD/CAM** 段亚峰主编。西北工业大学出版社 2002 年 8 月版。49.9 万字。26.00元。从实用的角度出发,阐述了纺织—CAD/CAM 的基本概念,图像与编程基础,尤其介绍了纺纱工艺与织物规格 CAD,织物组织 CAD,纺织品专家系统及纺织 CIMS 等的构成、设计原理、开发方法和应用技巧等内容。(孙显章)

T000584 **喷水织造实用技术** 裘愉发、吕波主编。中国纺织出版社 2002 年 5 月版。379.6 万字。35.00 元。介绍了喷水织机的发展及应用现状、配水织造的原料及其开发、喷水织机织物设计与开发、加捻丝的准备工程、经轴的准备工程、喷水织机机构与原理、织造工艺参数设定和调整、喷水织造的生产技术管理、织物的后处理及喷水织机相关企业名录等内容。(许小莉)

T000585 **牛仔布生产与质量控制** 香港理工大学纺织及制衣学系、香港服装产品开发与营销研究中心编著。中国纺织出版社 2002 年 5 月版。29.1 万字。34.00 元。介绍了牛仔布的发展历史、生产工艺、技术、设备与牛仔布品种。主要包括牛仔布品种的最新发展、球经与片染牛仔布生产工艺的最新进展、各工序生产工艺参数、国内外牛仔布质量检验标准。从原料选取到纺纱、准备、织造、检验、整理,对牛仔布生产工艺进行了系统论述,并附有主要工序生产过程中的操作规程。(许小莉)

T000586 **新型染整助剂手册** 商成杰主编。中国纺织出版社 2002 年 10 月版。41.6 万字。30.00元。介绍了常用的纺织纤维前处理助剂、染色助剂和印花助剂、功能整理剂和后整理助剂。各类助剂中分别介绍了产品的化学组份、性状及规格指标、使用方法,部分产品还介绍了制造方法。书后附有印染助剂生产企业名录、常用酸碱盐性能表等。(许小莉)

T000587 **转基因食品** 殷丽君、孔瑾、李再贵编。化学工业出版社 2002 年 1 月版。14.8 万字。13.00元。是化学工业出版社组织出版的第二批“高新技术科普丛书”之一。本书简要介绍了转基因技术的基本原理,着重阐述转基因食品目前的发展状况和未来的发展方向、对人类生活造成的深远影响、具体的转基因食品的性状和生产情况、转基因食品的安全问题及管理办法。(郭燕)

T000588 **食品安全与卫生强制性标准实用手册** 杨国义主编。青海人民出版社 2002 年 5 月版。200 万字。980.00 元。收集了我国发布的有关食品安全与卫生食品包装材料、食品卫生检验方法等国家强制性标准与行业标准。分 6 部分:一、食品卫生标准;二、食品卫生理化检验方法;三、食品卫生微生物检验方法;四、食品包装材料卫生标准;五、食品中毒卫生标准;六、附录。(姜丽)

T000589 **国内外技术法规和标准中食品微生物限量** 中华人民共和国广东出入境检验检疫局编译。中国标准出版社 2002 年 9 月版。60.2 万字。85.00元。作者收集了中国、美国、英国、法国、日本、加拿大、澳大利亚、欧洲委员会、食品法典委员会、国际食品微生物规格委员会等 30 多个国家、地区和国际权威机构发布的技术法规和标准,对其中的食品微生物限量规定进行了编辑整理。全书涉及近 700 种食品,列出了 100 多种微生物/代谢物的 5000 多条限量规定及 150 多种取样计划。本书附录中收入微生物/代谢物中英文名称对照表、文献溯源等资

料。(赵荣刚)

T000590 **食品质量安全市场准入制度实用问答** 国家质量监督检验检疫总局产品质量监督司编。中国标准出版社 2002 年 8 月版。46.3 万字。45.00元。为保证消费者的健康安全,从源头上提高食品质量安全,国家质量监督检验检疫总局结合我国食品生产加工企业的实际情况,按照市场经济基本原理和世界贸易组织规则,在我国建立了食品质量安全市场准入制度。该制度是为保证食品的质量安全所采取的一项重要措施,首批实行食品质量安全市场准入制度的有 5 类食品,它们是小麦粉、大米、食用植物油、酱油和醋。自 2003 年 8 月 1 日起生产加工上述产品的企业,应按规定程序获得"食品生产许可证",产品须经检验合格并加贴准入标志后方可销售。本书由基本概念、生产加工企业保证产品质量的基本条件、食品生产许可证、食品强制检验、食品市场准入标志、食品质量安全监督管理、审查人员和检验人员资格管理、质量档案和工作文书、法律法规等 9 部分组成。本书采用一问一答的形式,对一些基本概念和工作中可能遇到的问题进行解释与说明。(曹锐金)

T000591 **畜产品安全知识** 甘肃省农牧厅。甘肃科学技术出版社 2002 年 7 月版。12 万字。8.60元。对畜产品不安全的因素、危害、发达国家在畜产品安全管理方面的经验以及中国对畜产品安全管理已采取的措施等进行了介绍。(黄培武)

T000592 **蔬菜贮运保鲜及加工** 张平真主编。中国农业出版社 2002 年 5 月版。31.5 万字。26.80元。为"农产品产后技术丛书"之一。在一至四章回顾了我国蔬菜产销体制的演变,展示了我国十大蔬菜产区和 150 种名特蔬菜产地的分布状况,并对如何实现蔬菜商品化的课题提出了可行的办法。同时简要介绍了蔬菜贮运保鲜和加工的基本原理和方法。在五至二十章,重点介绍了我国目前出产的十六大类 130 余种蔬菜商品的贮运保鲜及加工技术。每种蔬菜都包括名称、类别和上市时间等经营概况以及采收要求、贮藏特性、贮运方法、上市质量标准和加工方法等方面的具体内容。本书末还附有我国商品蔬菜产区分布、名特蔬菜产地分布、商品蔬菜铁路、公路、空运、水运线路图。(舒薇)

T000593 **酿造工艺学** 刘翊中著。甘肃科学技术出版社 2001 年 12 月版。50 万字。30.00 元。以食品微生物学、生物化学和化工原理为基础,综合应用食品机械和食品工程学等学科的理论和技术,利用特定微生物菌种的发酵作用,使农副产品中有效成分经过生物化学过程转化为色、香、味、体俱全,诸味调和的各种调味品、佐餐饮料等食品的专业课程。全书共 3 篇,并附有与实验有关的参考文献。第一篇为总论,包括前 3 章,系统介绍食品酿造与发酵的基础知识。第二篇为酒类工艺,包括第四、五、六、七、八章,分别介绍酒精生产原理、啤酒工艺、白酒、黄酒、果酒的生产工艺过程。第三篇为发酵调味品工艺,包括第九、十、十一、十二、十三、十四章,分别阐述酱油、食醋、酱类制品、味精,酱腌菜和饴糖的生产加工原理及过程。(黄培武)

T000594 **葡萄酒质量与检验** 马佩适编著。中国计量出版社 2002 年 6 月版。24.8 万字。32.00元。介绍葡萄酒的酿造工艺、葡萄酒的标准体系、葡萄酒质量评判方法,以及葡萄酒质量检验的有关理论、检验方法等。(曹纪宗)

T000595 **美人光彩饮** 林秋香编著。湖南科学技术出版社 2002 年 11 月版。78 页,16 开。22.50元。介绍了若干茶及其配料、做法和最佳喝法,如:瘦身山楂茶、菊花普洱茶、红花祛斑茶、强身茯苓茶、润肺清燥茶、美肤薏仁茶、胶原防皱茶、美白银花茶等等。(戴涛 王燕)

T000596 **美人活力饮** 林秋香编著。湖南科学技术出版社 2002 年 11 月版。78 页,16 开。22.50元。介绍了如何找出适合自己的药膳茶饮来保养及改善身体。书中按季节的不同介绍了特别的调养方式,如夏天用消暑解热及强心的茶饮,而秋冬则用保养肺气及增强抵抗力的茶饮。同时还就高血压及糖尿病患者的调养等作了解答。(戴涛 王燕)

T000597 **中国茶文化大辞典** 王镇恒等主编。上海世纪出版集团汉语大词典出版社 2002 年 4 月版。95.00 元。按内容分成"茶名"、"泉名"、"种名"、"产地"、"制作"、"烹饮"、"茶肆"、"茶具"、"制度"、"人物"、"礼俗"、"故事"、"著作"、"文艺"、"其他"15 大类,举凡茶文化诸事无不包罗。(张晓栋)

T000598 **饮食新天地·神奇生鲜蔬果汁对症疗法** 李联鑫审定。浙江科学技术出版社 2002 年 10 月版。29.00 元。提供 130 道自然生鲜蔬果汁的制作方法,以食疗法来改善体质,在毫无副作用之下使身体更加健康。(杨咏梅)

T000599 **人造板工艺学教材** 华毓坤主编。中国林业出版社 2002 年 10 月版。50.9 万字。396 页。36.00 元。内容包括:原料、基本单元加工、干燥、半成品加工与贮存、施胶、成型和预压、热压、后

期加工、无机胶粘剂人造板、人造板深度加工、质量控制、环境保护及工业卫生、人造板生产工艺设计等。(刘若云)

T000600 **人造板表面装饰工艺** 韩健编著。中国林业出版社2002年3月版。45万字。290页。30.00元。内容包括:人造板基材对装饰质量的影响,表面装饰用胶粘剂,纸质饰面材料,浸渍纸生产工艺,浸渍纸贴面装饰工艺,装饰层压板制造与贴面工艺,装饰纸贴面,天然薄木,人造薄木,薄木贴面,热塑性塑料贴面等。(刘若云)

T000601 **中国人造板应用现状及前景** 姚昌恬主编。中国林业出版社2002年7月版。12万字。112页。40.00元。内容包括中国人造板生产概况、区域调查概况、应用与开发现状、影响人造板工业发展的因素、国外人造板应用发展经验及借鉴等。(刘若云)

T000602 **竹材人造板工艺学** 赵仁杰、喻云水著。中国林业出版社2002年6月版。34.9万字。224页。30.00元。讲述竹材与竹材人造板的结构与特性、竹材人造板常用胶粘剂与涂料、构成单元的制备、构成单元的干燥、构成单元的施胶、竹材人造板的胶合、竹材人造板的加工与二次加工、各类竹材人造板的工艺特点、各类竹材复合人造板的工艺特点、胶粘剂与竹材人造板的性能检验等。(刘若云)

T000603 **麦秆纤维特性及纤维板工艺的研究** 艾军著。东北林业大学出版社2002年6月版。10.3万字。16.00元。在系统研究稻草、麦秆中密度纤维板制造工艺的基础上,用现代科研手段,研究了在不同条件分离纤维过程中,麦秆纤维的化学组成和主要成分的变化,麦秆纤维的表面性能,以及麦秆的表面性质和氧在麦秆横截面上的不同分布状态。通过化学分析及中密度纤维板的性能研究,确定麦秆在热磨前的预热处理条件。还进一步用表面改性方法,提高麦秆纤维表面活性,为扩大麦秆综合利用提供理论基础。研究结果解答了为什么用脲醛胶胶合麦秆成片状的碎料板,物理力学性能很难达到标准,而麦秆制成纤维,就能用脲醛胶胶合成麦秆中密度纤维板的道理。从化学性质上研究清楚了片状碎料和纤维之间的区别。(卜彩虹)

T000604 **人造板科学与技术** 陆仁书著。东北林业大学出版社2002年6月版。34.4万字。38.00元。论文集。共收集作者50篇文章。书中详实和突出地展示了作者在“非木材人造板及复合材料”、“新型低毒人造板胶粘剂”、“木材人造板制造工艺学”等诸多方面的科学研究和成果。(卜彩虹)

T000605 **儿童家具** 朱剑刚编著。江苏科学技术出版社2002年10月版。33万字。65.00元。阐述儿童家具的概念,从安全、功能、色彩和款式等方面分析了儿童家具设计时应考虑的因素,并通过对数百例儿童家具设计精品的解析,为家具和室内设计师、家具制造商和广大消费者提供借鉴。(刘屹立)

T000606 **家具与室内CAD技术实用教程** 王逢瑚、李鹏、陶毓博编著。东北林业大学出版社2002年10月版。42.2万字。32.00元。是以最新版AutoCAD为基础编写的专业书籍,用来解决家具生产中产品设计这个瓶颈问题,提高家具的设计速度,降低出错率,实现设计自动化,促进家具生产工业化。本书突出了家具计算机辅助设计的特点,以家具设计为主线,以家具的计算机辅助设计与开发方法为目标,在掌握AutoCAD使用方法的基础上,以最快捷的方式学会应用CAD技术设计家具与室内,绘制完善的家具开发用、生产用与销售用的各类图纸。(卜彩虹)

T000607 **明式家具研究** 杨耀著。中国建筑工业出版社2002年10月第二版。30万字。40.00元。作者数十年如一日研究明式家具,作出了卓著贡献。他确定以使用功能作为明式家具分类标准,将明式家具作为古代物质文明的一部分,放到具体的历史环境中去考察、解剖、研究分析,发掘、确定明式家具的专用术语,绘出图纸,至今有着无可替代的指导作用,对推动和组织家具的研究和设计工作作出了贡献。本书选编作者明式家具研究论文5篇,包括明代室内装饰和家具、明式家具艺术、明式家具线脚等,并附有四十余幅精美的明式家具测绘图和二十余幅实物照片。这些论文最早发表于1942年,最晚发表于1963年。陈增弼先生在整理编辑中尽量保持原貌,只对个别字句作了技术处理,并将论文按内容进行编排,论文题目作了调整。为纪念杨耀先生2002年诞辰100周年,本书是在第一版基础上修正了一些印刷错误后重新排版制作的。(刘爱灵)

T000608 **明清家具** 朱家溍主编。上海科学技术出版社、商务印书馆(香港)有限公司2002年12月版。10万字。600幅图。320.00元/册。所介绍的家具珍品均来自故宫博物院。上册展示了明代和明式家具简洁、明快的风格;下册介绍清式家具“精巧华丽”的风格。上册以花梨、紫檀等硬木家具为主。传世的明代家具精品，由于纹理、色彩的自然美，如黄花梨、鸡翅木等色泽美丽；紫檀、乌木沉稳庄重；瘿木的山水自然纹理，加上木性稳定，抛光面光洁，耐久性强，因而造就了明代家具造型简炼、浑圆、比例适度，显得既淳朴厚重又空灵秀丽、典雅清新的特点。下卷收录清代硬木家具和漆家具的宫廷珍品，藏品均来自故宫博物院。故宫所藏清代家具品种齐全，其中以紫檀占绝大多数，少量黄花梨、铁梨、乌木、鸡翅木。清代家具风格可以概括为"精巧华丽"4个字。上卷分为5类：一、床、榻，宝座，二、椅、凳、墩，三、桌、案、几，四、橱、柜、格、箱，五、屏风及其他家具，标准器物204件连同特写图片近300余幅。下卷依其造型和用途分为6类：一、床、宝座，二、椅、凳、墩，三、桌、案、几，四、屏风，五、柜、格、箱、架，六、天然家具。下卷共收录宫廷家具246件，连同家具实景陈设、家具局部特写共计300余幅图片。（周祖贻）

T000609 **制浆造纸新技术** 刘焕彬、詹怀宇、谢益民主编。华南理工大学出版社 2002年9月版。186万字。300.00元。论文集（英文）。选收"第二届制浆造纸新技术国际研讨会"论文134篇。分6部分：一、植物资源化学与纤维资源基因工程；二、制浆新技术、化学机械浆与二次纤维利用；三、纸浆漂白与生物漂白新技术；四、造纸与湿部化学新技术；五、废水处理与废弃物利用新技术；六、制浆造纸工业装备与过程控制。反映了近年来制浆造纸行业在世界范围内的发展趋势。（胡元）

T000610 **版式捷径——轻轻松松俏版式** ［英］格拉海姆·戴维斯著，吕无然译。中国纺织出版社 2002年9月版。21万字。88.00元（精）。从版式入门的基础讲起，介绍了网格的创建，主标题的设立，边距、边界、度量单位、字符格式，照片修剪，纸张选择，色彩运用，图片摆放，包装类型等一切创建版式的所需元素。逐张阐述了如何设计常用出版物，诸如通讯、宣传册、信纸和广告的版式，从简单到复杂，讲解详细，提供的范例多是优秀的专业设计师创建的版式作品。（许小莉）

T000611 **凹版印刷** 卑江艳主编。化学工业出版社 2002年10月版。21.5万字。25.00元。从凹版印刷的定义、优势、发展与应用领域入手，分3部分介绍了整个凹版印刷工艺。第一部分为印前工艺，详细介绍了制版文件的准备、滚筒的制备、腐蚀凹版工艺、电子雕刻制版工艺以及凹版打样；第二部分为印中工艺，分别介绍了凹版印刷油墨、承印材料、凹版印刷机和凹版印刷工艺；第三部分介绍了凹版印刷的印后加工工艺。书后附录介绍了有关的十几个国家标准以及凹版印刷相关设备供货商名录。（郭燕）

T000612 **塑料包装技术** 刘武辉主编。化学工业出版社 2002年4月版。29.3万字。25.00元。对塑料包装印刷的基本知识和理论，塑料印刷前的预处理，各种塑料包装印刷方法的工艺、技术及操作进行了全面阐述，并列举了印刷操作中的故障及处理办法、常见塑料包装容器的印刷工艺及实例。最后还对塑料包装的复合与制袋工艺及防伪技术进行了简要介绍。（郭燕）

T000613 **塑料制品印刷** 金银河编著。化学工业出版社 2002年3月版。52.6万字。40.00元。为"实用印刷技术丛书"中的一本。首先对塑料和印刷的基础知识进行了必要的介绍，接着，将塑料制品按应用领域分为软包装、标签与商标、电子产品、广告与标牌、磁卡、文教生活用品、容器共7大类，约40多个品种，针对其印刷油墨、工艺、设备、印后加工技术进行了详细的介绍。然后介绍了塑料制品印刷中常用的条码与防伪薄膜技术，以及塑料印刷产品质量检测及有关标准。书后附塑料包装材料英、汉名称和缩写代号对照表。（郭燕）

T000614 **丝网印刷** 宋强、洪杰文、杜晓杰编著。化学工业出版社 2002年10月版。23.6万字。19.50元。从丝网印刷的基础知识入手，以问答的形式，对有关版基的准备、制版、印刷等工艺中出现的问题进行了分析；介绍了纸张、塑料、玻璃、金属及其他承印材料的特性，以及与之相配的油墨的特性、配制和应用技术；并就丝网印刷数字印前技术、彩色阶调丝网印刷等内容作了阐述。（郭燕）

T000615 **建筑五金实用手册** 乐嘉龙主编。中国电力出版社 2002年5月版。143.5万字。115.00元。介绍建筑五金材料的工具书，内容包括钢铁材料、钢管、铸铁管、有色金属、五金、磨料、磨具、轴承与传动件、量具、刃具、螺栓与紧固件、焊接器材、涂料与粘接剂、各种工具、水暖器材、电工器材、防火门及防火涂料、非金属材料、吊顶材料、门窗、空调产品等各种最新建筑五金产品，对这些产品的性能、规格、主要用途等作了综合介绍。附录收入了一些与建筑五金材料有关的技术参数与换算关系。（华峰）

T000616 **五金手册** 李维荣主编。机械工业出版社 2002年9月版。126.5万字。89.00元。介绍了常用五金产品的品种、规格、标记、性能和应用等内容，并介绍了部分有关的基本资料和数据。全书包括常用数据和资料、常用金属材料、通用零部件、量具与刃具、工具、建筑五金、日用五金等产品。(曲彩云)

T000617 **新疆大漠奇石** 邹东升、陈东升、陈以河编著。新疆人民出版社 2002 年 8 月版。500 万字。360.00 元。为新疆首部赏石图书，所载奇石涵盖了新疆各地区的所有石种。全书设卵石、风砺石、硅化木、多种石、赏石文章 5 个系列，刊载 500 多幅奇石彩照，5 篇赏文和论文。每方奇石记有原石尺寸、产地、收藏者，并配有鉴赏品评与诗词。(许培龄)

T000618 **自然干燥花生产与装饰** 戴继先编著。中国林业出版社 2002 年 9 月版。9 万字。96 页。18.00 元。介绍了自然干燥花的概念和特点，开发利用价值，现状和前景，自然干燥花的分类，采集及干燥，人工栽培，引种驯化与育种，活植株加色，干燥花的种类及种植技术，居室装饰等。并附有自然干燥花彩色照片 60 余幅，便于对自然干燥花的辨认。书中一些选种育种方法、产业化集约栽培技术、栽培加色和活植株染色方法等均为首次公布。(刘若云)

T000619 **中西服装史(服装体系)** 叶立诚著。中国纺织出版社 2002 年 1 月版。52.8 万字。128.00 元。作者从多年从事服装业的实践经验和深厚的理论基础出发，对业内外围绕服装的众多热点、焦点进行了深刻阐述，对穿衣法则进行了细致的讲解。以文字及多达 1230 余幅珍贵的图片，向读者展现了古今中外丰富多彩的服饰文化。内容包括：史前时期至 20 世纪中西服装史；中西服饰细部比较；中西服饰图典。(许小莉)

T000620 **西"服"东渐——20 世纪中外服饰交流史** 张竞琼编著。安徽美术出版社 2002 年 1 月版。大 16 开。32.00 元。按时间顺序分别阐述了 20 世纪上半叶、新中国成立之初、改革开放至今服饰三次交流的历史。本书以丰富的资料分析了不同时期外来服饰文化传播的各种途径，剖析了人们接受外来服饰的不同心态以及由此产生的各种服饰模式。(李树梅)

T000621 **高级时装概论** 史林编著。中国纺织出版社 2002 年 4 月版。17.6 万字。22.00 元。从高级时装曾经产生的品牌价值、经济价值、宣传价值、法国政府对其的保护政策以及今后它的市场前景等方面，论证了高级时装在 21 世纪将继续存在并会得到持续发展；同时研究分析了高级时装的艺术性质，注重装饰将是今后的发展方向；并对高级时装与人体美的关系、设计构思特性、设计形态语汇、美学原则、整体美以及材料、色彩、结构设计、物化工艺等各方面进行了分析、研究、认识和论证。(许小莉)

T000622 **服饰美学(服装体系)** 叶立诚著。中国纺织出版社 2002 年 1 月版。27.2 万字。38.00元。内容包括：美学基本理论，服饰审美的背景意涵，人体的形态美，服装设计美学，中国服饰美学体系。(许小莉)

T000623 **立体与平面：中西服饰文化比较** 汤献斌编著。中国纺织出版社 2002 年 6 月版。18 万字。20.00 元。讲解了东西方文化在服饰文化层面的特质，比较了它们的异同及对整个世界服饰文化发展的影响。(许小莉)

T000624 **服装起拱与力学工程设计** 香港理工大学纺织及制衣学系、香港服装产品开发与营销研究中心编著。中国纺织出版社 2002 年 10 月版。25.5 万字。30.00 元。主要内容包括：人体与服装的接触分析、起拱测试与评价方法、机织物起拱的流变学机理、建立起拱模型与参数优化方法、数字化模拟人体与服装之间的三维弹性接触、服装力学性能工程设计 CAD 系统的开发和应用等。(许小莉)

T000625 **服装·人体——设计** 孙跃编。东华大学出版社 2002 年 5 月版。35 万字。23.00 元。高等学校服装设计专业教材。由服装概述、设计美的形式原理、服装的构成法则、服装造型设计构思和服装效果图的绘制方法 5 个部分构成。通过对不同人体结构的分析，点、线、面、立体、形态等设计原理的诠释，以及三维人体与服装之间的相互结合，介绍人体穿着艺术设计方法。(季丽华)

T000626 **服装号型标准及其应用** 戴鸿编著。中国纺织出版社 2002 年 1 月第二版。22.4 万字。28.00 元。叙述了 GB1335—91 国家号型标准的制定过程，介绍了 GB1335.1—GB1335.3—1997 服装号型的定义、标志及应用，着重讲解了服装的规格设计大企业成衣生产的规格设计，同时介绍了一些其他国家的尺码表及我国号型的比较。(许小莉)

T000627 **服装结构设计大系** 刘玉宝等编著。辽宁科学技术出版社 2002 年 9 月版。50 万字。38.00 元。介绍不同领型与衣身的配置方法和男女服装不同袖型与衣身的结构关系与板型制作；对下装部分包括男女裤、裙等多种款式的结构设计进行科学地讲解；就服装结构设计中经常出现的各种弊病如何进行修正做了技术上的说明及处理；对特殊体型的男女服装制作做了阐述；对服装工业生产中经常应用的打板、推板及各种款式服装的科学排料方法做了详细介绍。全书的每个部分都附有大量的图例。（李伟民）

T000628 **服装结构设计教程** 李正著。上海科学技术出版社 2002 年 4 月版。48 万字。38.80 元。介绍了作者在服装教学和服装企业实际操作中总结出的一套实用性较强的结构设计方法。全面讲授服装结构设计学，包括：服装结构设计原理，结构设计方法，结构难点解析，立体构成法，服装推板技术和服装技术文件。设计方法以实用原型为主，兼用综合法进行结构分解，强调结构设计与款式设计的关系。（方旭华）

T000629 **服装款式设计大系** 王鸣编著。辽宁科学技术出版社 2002 年 8 月版。52 万字。42.00元。分 3 篇 11 章。上篇介绍服装款式设计基础，包括服装款式设计概述、服装款式设计美学原理、色彩配置艺术、材料选用；中篇介绍服装款式设计方法，包括服装款式来源及其转换设计、外型与局部设计、女装款式分类设计、男装款式设计、童装款式设计；下篇介绍服装款式表现，包括服装款式与立体构形、时装绘画、电脑服装绘制及其他表现形式等。（李伟民）

T000630 **服装纸样计算机辅助设计** 张鸿志、赵锴平、谢朝编著。中国纺织出版社 2002 年 6 月版。53.7 万字。36.00 元。在论述电脑服装制板技术的基本概念、基本理论、基本方法及特征的同时，介绍了各类男女装纸样计算机辅助设计的方法与技巧。（许小莉）

T000631 **时装材质设计** 陈燕琳、刘君编著。天津人民美术出版社 2002 年 9 月版。198 幅图。40.00元。详细分析了服装材质的历史及概念；论述包括天然纤维、化纤、针织、毛皮革等材料的特性和功能；全面推出了材质设计的观念及过程，同时展现材质设计中诸如平衡与对称、对比与协调、比例与分割、节奏与韵律等诸多充满辩证法的设计理念；概括了材质设计中变形、覆盖、破损、装饰、钩编等手法，以及不同图案的搭配、不同材质或同种材质的搭配，总结了材质设计艺术与服装设计的关系等。（高虹）

T000632 **服装舒适性与产品开发** 香港理工大学纺织及制衣学系、香港服装产品开发与营销研究中心编著。中国纺织出版社 2002 年 10 月版。21.4万字。30.00 元。作者站在全球服装舒适性科研的前沿，以翔实的资料，丰富的实验数据，从心理学、神经生理学、热生理学、服装动态热湿传递等方面对这一领域进行了系统的阐述。（许小莉）

T000633 **中国毛缝裁剪法** 赵全福编著。中国纺织出版社 2002 年 1 月版。70 万字。39.80 元。作者通过对不同国家各种裁剪法的分析与类比，总结自己多年的教学体会和实践经验编写而成。本书以西装、礼服、大衣、旗袍等为例介绍毛缝裁剪和缝制方法，以特殊体型、量身订做的方式介绍毛缝裁剪法的步骤、要领、注意事项等内容，同时以国家标准为基础，教你打板、推板、成衣生产的过程。（许小莉）

T000634 **男西服技术手册** ［日］杉山等著。中国纺织出版社 2002 年 5 月版。42.6 万字。38.00元。内容包括男装用料的基础知识、怎样量体裁衣、男西服制图与工艺、快速缝制理论图解、西服企业经营管理理念等。（许小莉）

T000635 **牛仔服装的设计加工与后整理** 香港理工大学纺织及制衣学系、香港服装产品开发与营销研究中心编著。中国纺织出版社 2002 年 8 月版。36.4 万字。40.00 元。详细调查研究了牛仔服装的产生背景、设计构思、款式开发与演变，阐述了牛仔服装制作的流程、工艺、质量控制及生产设备，对牛仔服装的后整理过程、工艺、加工设备及测试方法进行了探讨，并提供了一些牛仔服装后整理的典型配方。（许小莉）

T000636 **礼服（男装语言与国际惯例）** 刘瑞璞编著。中国纺织出版社 2002 年 1 月版。14 万字。33.00 元。阐述了男装礼服的沿革、发展和定型，它会教你如何登上白领社会的礼服平台，如何得体的穿着，学习、掌握它们的典型语言、设计规则。（许小莉）

T000637 **现代男装设计艺术** 钱孟尧编。东华大学出版社 2002 年 1 月版。12 万字。24.00 元。服装艺术类书籍。由男装设计的基本概念、男装设计的历史变革、男装的分类与设计类别、男装款式造型基础、男装设计的色彩配置、男装设计的方法与步骤和男装设计的表现形式与风格 7 个部分构成。从穿着的对象、时间、场合以及服装设计的材料、机能、美学方面论述了男装设计的基本原理。（季丽华）

T000638 **羊毛衫生产工艺** 丁钟复主编。中国纺织出版社 2002 年 1 月版。23.4 万字。25.00 元。详细介绍了羊毛衫生产工艺，羊毛衫所用的原料和用纱要求，各类横机包括电脑横机的主要机构、编织原理、操作方法和保养，羊毛衫织物的组织结构、组织特性，羊毛衫产品设计、成衣、染整等，此外还介绍了羊毛衫生产中新技术的应用。(许小莉)

T000639 **时装** 塔克·金斯伟尔著，童未央，戴联斌译。生活·读书·新知三联书店 2002 年 2 月版。15 万字。38.00 元。介绍各个时期服装业的奥秘和魅力，探讨时装史上每一个重大的进展，陈述著名创意大师的风格以及主要的时装款式。另外在小栏贴士的文字中还列举了每一时期的时髦必备，包括服饰、背包等实物介绍以及各种专有词语。(张志军)

T000640 **汉英服装服饰词汇** 王传铭主编。中国纺织出版社 2002 年 10 月版。110 万字。80.00元(精)。共收词目 50000 条。内容包括:服装的史论、设计、美学、材料、品种、测量、结构、制作工艺、设备与工具、测试、管理、商贸等，以及服饰品与美容美发。其中以服装为主体，服饰次之。(许小莉)

T000641 **家庭科学饮食指南** 黄梅丽、王俊卿编著。金盾出版社 2002 年 6 月版。41.6 万字。25.00元。共 16 章 331 节，内容涉及科学饮食的方方面面，书中运用现代生理学、营养学、食品科学和我国传统医学理论及国内外最新科研成果，结合我国国情和居民饮食习惯的实际，对当前社会上人们普遍关注的有关饮食与健康的热点问题进行了阐释，以引导人们走出饮食误区，从科学饮食上保障身体健康。(陈俊峰)

T000642 **新编厨房小百科** 赵齐川、许归真主编。江西科学技术出版社 2002 年 4 月版。51.4 万字。48.00 元。由器具篇、技巧篇、烹调篇、饮食篇 4 部分组成。全书几乎囊括了厨房知识、厨房实务的全部，从厨具的介绍、食品的选购技巧到饮食营养知识应有尽有，可以不用费多少时间就能学到厨房里的全套知识、技能和技巧。修订后的书，增加了现代厨房的新知识、新结构、新概念，如新型的厨房器具，整体厨房概念，以及适应今天生活特点和节奏的食品新结构与烹调新方法等。另外，更新充实了许多彩图。(刘舒)

T000643 **百姓家宴菜谱** 胡敏坚、刘洪主编。浙江科学技术出版社 2002 年 3 月版。28.80 元。主要介绍适合老百姓的各种家庭宴客菜谱。包括冷盘、海河鲜、禽肉、点心等共 150 余款菜谱。(杨咏梅)

T000644 **美食大师 2·吃出美味百分百** 傅培梅、程安琪编著。浙江科学技术出版社 2002 年 5 月版。18.7 万字。39.00 元。专门介绍家庭宴席所作的菜肴，包括肉类、海鲜类、点心等百余种。(杨咏梅)

T000645 **美食大师 1·家宴美味百分百** 傅培梅、程安琪编著。浙江科学技术出版社 2002 年 5 月版。15.5 万字。35.00 元。专门介绍家庭宴席所作的菜肴，包括肉类、海鲜类、点心等 5 类。(杨咏梅)

T000646 **家庭美食 DIY·煎煮炒炸蒸** 苏明煌编著。浙江科学技术出版社 2002 年 2 月版。12.80元。是中式菜的基本入门菜谱，包括煎煮炒炸蒸等 60 余种菜的烹饪方法。(杨咏梅)

T000647 **美味家常冷菜 450 例** 封长虎编著。浙江科学技术出版社 2002 年 11 月版。27.5 万字。19.00 元。根据南方人的饮食习惯、食品结构和日常生活水平的实际，共选编了 17 种冷菜的烹饪方法和常用的荤素冷菜 450 例，同时也介绍了部分传统特色名菜。(杨咏梅)

T000648 **家庭美食 DIY·一点诀风味小菜** 陈淑娟编著。浙江科学技术出版社 2002 年 2 月版。12.80 元。为各式风味小菜的做法，包括海鲜类、肉类、蔬菜类、蛋类等菜谱。(杨咏梅)

T000649 **家庭美食 DIY·乡情地方小吃** 陈淑娟编著。浙江科学技术出版社 2002 年 2 月版。12.80元。收集的地方小吃，包括海鲜类、肉类、面饭糕点类、汤羹类和甜点类等菜谱。(杨咏梅)

T000650 **三晋风味丛书——菜肴、面食、小吃** 李先明等编著。山西科学技术出版社 2002 年 6 月版。17.9 万字。15.00 元。收集 200 多种传统小吃。山西小吃制作、食用大略可分为北部、中部、东南部和南部。北部小吃原料以耐寒、耐旱的豆类为主;中部和东南部以谷子、玉米为主;南部以小麦、玉米为主。山西风味菜肴大致可分为太原菜、晋南菜、上党菜、晋北菜 4 个部分，此外还有五台山为主的寺院斋菜。山西菜选材朴实，注重火功，油大色重，火强味厚，讲究原汁原味，刀工不尚华丽，擅长爆、炒、炸、烧、烩、扒、蒸等多味技法。菜品软、酥、烂、嫩，以求浓而不腻、淡而不薄、酥烂不失其形、味浓咸香，特别喜食用醋。(温洁茹)

T000651 **中国乡土美食系列丛书** 学苑出版社 2002 年 10 月版。是描述中国南方乡土美食的书。由 160 余位中国知名作家倾情演绎的，关于乡土美食的千奇百怪的故事。丛书由 6 卷组成，分别为《七彩云南乡厨秀》，张昆华、陈建群主编，10 万字，13.80元；《白汤浓汁品江汉》，刘富道主编，10 万字，13.80元；《红油劲舞觅蜀风》，徐康主编，10 万字，13.80 元；《冰泉老灶壮乡情》，冯艺主编，10 万字，13.80 元；《海味山珍话闽韵》，王炳根主编，10 万字，13.80 元；《神仙钵里辣椒舞》，谈谭、梁瑞彬主编，10 万字，13.80 元。

T000652 **防癌抗癌药膳 250 种** 彭铭泉主编。江苏科学技术出版社 2002 年 6 月版。13 万字。12.00 元。以药膳的形式，用食疗的方法，指导癌症患者如何在饮食上控制病情发展，争取较好的疗效。本书介绍的药膳中所用中药大部分药店能买到，所用辅料如肉类、禽类蔬菜等，在集贸市场都易于购得，而自制方法一学就会，本书所选药膳既有古方，又有创新方。每个配方根据药食性味、功能、特点等，进行科学配伍。既可预防治疗疾病，又可保健美容。（许礼光）

T000653 **养生保健菜谱丛书·抗衰老菜谱** 陆文彬编著。浙江科学技术出版社 2002 年 2 月版。14 万字。10.00 元。主要从养生保健的角度出发，介绍了大量延年益寿、抗衰老的菜谱。（杨咏梅）

T000654 **养生保健菜谱丛书·抗癌菜谱** 施仁潮、裘维焰编著。浙江科学技术出版社 2002 年 2 月版。10.8 万字。9.00 元。主要介绍了大量抗癌所用的菜谱，既有具体做法，又有一个月 30 天的营养安排。（杨咏梅）

T000655 **养生保健菜谱丛书·健脑菜谱** 陈永灿编著。浙江科学技术出版社 2002 年 2 月版。14.6万字。11.00 元。从保健益智的角度出发，介绍了大量的增强记忆力、健脑的菜谱，既有详细的做法，又有一个月 30 天的菜谱安排。（杨咏梅）

T000656 **养生保健菜谱丛书·减肥菜谱** 牟重临编著。浙江科学技术出版社 2002 年 2 月版。11.9万字。9.00 元。主要从饮食方面介绍了如何控制体重、减轻体重、保持苗条身材的方法，全书介绍了大量菜谱，既有具体做法，又有一个月 30 天的菜谱安排。（杨咏梅）

T000657 **养生食谱系列** 林秋香等编著。浙江科学技术出版社 2002 年 7 月版。18.00 元（每册）。从各个方面讲述了养生之道，其中包括《男性女性强身食谱》、《准新娘美体食谱》、《糖尿病健康厨房》、《减脂美容茶饮》、《排毒抗衰老食谱》、《美容减肥食谱》、《活力瘦身蔬果汁》、《女性健康美丽食谱》、《家常养生食谱》和《五大族抗病食谱》。（杨咏梅）

T000658 **疾病调养丛书·肝病调养** 周岳君、姚海清编著。浙江科学技术出版社 2002 年 1 月版。22.7 万字。18.50 元。主要介绍了常见肝病的饮食调养、生活起居、运动、进补等各方面的内容，同时也对肝病的发病原因、症状体征、治疗措施等作了详细的介绍。（杨咏梅）

T000659 **疾病调养丛书·肾病调养** 朱彩凤、李慧编著。浙江科学技术出版社 2002 年 3 月版。21 万字。16.00 元。从患者的角度组织内容，介绍了肾病的病理、病因、诊断、症状、检查、治疗等各方面的知识，其中重点介绍了肾病的治疗原则、并发症的治疗、饮食调养、进补运动、日常保健等调养方面的知识。（杨咏梅）

T000660 **疾病调养丛书·慢性支气管炎调养** 何赛萍、徐晓东编著。浙江科学技术出版社 2002 年 1 月版。19.8 万字。18.00 元。从患者的角度组织内容，介绍慢性支气管炎的病理、病因、症状、治疗、检查、预后等各方面的知识，重点介绍了治疗原则、饮食调养、日常保健、运动进补等调养方面的知识。（杨咏梅）

T000661 **新概念保健调补菜** 程尔曼、姜润泉编著。上海科学技术文献出版社 2002 年 6 月版。31.4 万字。20.00 元。作者以中国居民膳食营养素参考摄入量、常用食物的营养成分、性味和功效为依据，根据人体几个主要生长期的保健以及一些常见病、慢性病的防治和辅助治疗的需要。选择最佳的配伍组合，创造性地运用科学合理、适合家庭的烹饪方法，撰写 820 余例保健、调理食谱（包括主食、点心、菜肴、汤羹等），每例食谱有详尽的制作方法，并叙述了其特点和功效。为便于读者参照制作，书中还介绍了作者经实践总结的选料、加工和烹饪经验与技巧。书后还附录了"常用食物营养成分分析表"。（池文俊）

T000662 **瘦身白皙美人餐** 林秋香著。湖南科学技术出版社 2002 年 11 月版。124 页，16 开。30.00元。首先介绍几种肥胖体型及特点，怎样识别自己属何种体质的肥胖，从而"对症下菜"。书中按"水肿型"、"脂肪型"、"实壮型"、"失调型"、"产后肥胖型"等肥胖症状，介绍了与之相应的瘦身食谱及调制和"夏日美白"食谱。如："凤爪烧冬瓜"、"牛蒡肉丝"、"黄芪活虾"等适宜于"水肿型"肥胖者；"香草白酱猪排"、"蓝莓酸奶沙拉"等适应于"实壮型"肥胖者；"山药双脆"、"干煎小鸡腿"、"百合芦笋鸡丁"等适宜于"脂肪型"肥胖者等等。书后附录1、2、3还分别介绍了"常用中草药","外食族的瘦身食品"和"市售美食热量对照表"。(戴涛 王燕)

T000663 **家庭美食DIY·亲子儿童餐点** 胡家国编著。浙江科学技术出版社2002年2月版。12.80元。为儿童餐点菜谱,包括冷饮类、果汁类、点心类和面饭类等60余种菜的烹饪方法。(杨咏梅)

T000664 **低油清淡菜谱350种** 叶连海、郝淑秀编著。金盾出版社2002年3月版。12.4万字。9.00元。所选菜谱,分为五大类,共350个品种。书中对每种菜肴的用料配比和制作方法都作了具体介绍,并配有部分彩图。在原料选择上,主要选用了瘦肉、禽蛋、水产、蔬菜、豆制品等高蛋白、低脂肪、高纤维,以及富含钾、钙和各种维生素的食物;在烹调方法上,主要采用了以蒸、煮、氽、炖、拌、炝、腌为主的低油清淡制法,并注意在烹调中少放油、少放盐、少放糖。(安家坦)

T000665 **中国满汉名菜** 北海仿膳饭庄编著。河北科学技术出版社2002年1月版。108页。38.00元。详尽阐述了108种具有代表性的满汉菜点的原料、制作及特点,所选菜例既有清宫经典名菜,又有作者根据清宫档案仿制的新菜式。为了形象反映出宫廷菜肴豪华典雅、造型美观的特点,每菜均配有精美彩色图片。

T000666 **精致美食手绘POP** 丛斌主编。吉林美术出版社2002年2月版。48.00元。根据各地不同的饮食习惯和各异的口味,制作出千变万化的POP作品,表达了各地食品的不同风格。(孔庆梅)

T000667 **重庆川菜宝典** 陈鉴于编写。重庆出版社2002年6月版。10万字。15.00元。介绍具有重庆地方特色的川菜130余款,大部分是创新菜肴,或传统菜肴的变异品种,有少量是移植而来的菜肴。(张镇海)

T000668 **重庆乡土菜** 邓开荣编写。重庆出版社2002年10月版。16.5万字。14.00元。汇集170款源于重庆地区的乡土菜肴,对每款菜肴的由来、特色、原料、制作方法都作详细介绍。(张镇海)

T000669 **中国美容美学** 张晓梅、刘进著。四川科学技术出版社2002年11月版。20万字。58.00元。探讨美容美学新概念;从历史和哲学的角度回顾人类对美容美学的认识与探索过程;着眼美容市场的现状和发展走向,阐述现代美容美学形态;详细分析男性美容和女性美容意识与心态;展望随着科学技术的日新月异,美容美学将有着更大的发展空间。(谢增桓)

T000670 **美容保健** 李清亚等编著。金盾出版社2002年7月版。17.2万字。8.00元。"女性保健丛书"之一。全书共10章,包括概述、心理保健与美容、营养保健与美容、中医食疗保健与美容、按摩保健与美容、运动保健与美容、生活起居中的保健与美容、常见损容皮肤病的防治、使用化妆品与美容、乳房的保健与美容等内容。(甄树德)

T000671 **芳香疗法ABC** 王海燕主编。湖南科学技术出版社2002年9月版。11.1万字。大32开。15.00元。分认识常用芳香精油、芳香精油在脸部美容的运用、芳香精油在身体护理的运用、芳香疗法在生活中等4篇。全书介绍了芳香精油的产地、特性及作用;精油在护理中的使用、护理中的注意点、芳香精油护肤的程序及方法;适合身体护理使用的精油、胸部护理时使用的方法及程序,精油在减肥护理中的使用法等;书中强调了芳香油的神奇运用法,尤其最具特点的是芳香精油对身心调节的运用及对生活情趣的促进,也是本书的重点内容之一。(张珍)

T000672 **现代护肤美容学** 朱红穗编。东华大学出版社2002年9月版。22.8万字。26.00元。高等院校美容专业教材。分为基础护肤与实用护肤上、下两篇。基础护肤篇包括皮肤基础学、营养美容学、药物美容学、整形美容学和中医美容学5个部分;实用护肤篇包括专业皮肤护理、异常皮肤护理、眼部皮肤问题及护理、肥胖与减肥、身体护理、烫睫毛与脱毛脱痣、香氛学和纹艺学8个部分。对美容护肤的基本理论、手法技巧及各种美容技术做了详细说明。(张益储)

T000673 **美发秀** 余静、杨晓红等译。浙江科学技术出版社2002年8月版。152.00元。分别从不同的角度,提供了适合不同年龄段的各种新潮发型。包括《时尚发型115款》、《靓丽发型110款》、《创意发型222款》、《成熟发型116款》和《漂亮马尾辫》等。(杨咏梅)

T000674 **小家庭消费系列** 陈明、陈浩、向三久、赵四海编。湖北人民出版社2002年10月版。60.3万字。55.50元。由《小家庭理财》、《小家庭育才》、《小家庭旅游》、《小家庭购房》4本组成。《小家庭理财》主要介绍了家庭理财计划、原理,理财工具、方法,家庭股票、基金投资,储蓄、保险选择,理财观点教育,网上理财等。《小家庭育才》介绍了早期智力开发，少年兴趣培养，健康教育，智力成长，高中、大学、出国留学的选择、知识、财力、心理准备等方面的内容。《小家庭旅游》介绍了旅游各方面的知识。如线路选择，住宿安排，交通计划，景点推介，饮食文化，境外游玩，以及探险、野外自助旅游等。《小家庭购房》介绍了购房步骤、房屋选择，房产投资，购房贷款选定，防范欺诈，房屋装修，物业管理等方面的知识。（陈晓东）

T000675 **现代家政学** 简红雨编著。重庆出版社 2002 年 10 月版。21.8 万字。18.00 元。主要研究人类婚姻与家庭的起源及其发展；现代家庭结构及人际关系；现代家庭的科学管理、家庭理财与消费、膳食营养和卫生保健；家庭怎样科学地对子女进行教育；与家庭有哪些相关的法律及法律文书格式；怎样美化家庭与个人；家庭与社区的关系等等。对家庭内部人际之间、人与社会之间、人与自然之间的相互关系及其客观规律作了详尽的阐述。（宿文忠）

T000676 **绿色生活面面观——衣食住行除污染** 石中元编著。金盾出版社 2002 年 12 月版。12 万字。6.50 元。共 5 部分：第一部分绪论——绿色概念谈；第二部分衣妆——服饰化妆流行色；第三部分饮食——绿色食品潮；第四部分住房——绿色住宅新亮点；第五部分出行——绿色旅行上路来。本书从衣食住行一点一滴的环保行为谈起，介绍日常生活中的环保常识。（王金相）

T000677 **优质宝宝养育手册** 吴亭瑶等著。浙江科学技术出版社 2002 年 9 月版。15.0 万字。30.00 元。引进台湾上棋文化事业实用生活类图书版权。全书针对宝宝的衣食住行娱乐等方面作了阐述，方便父母在有疑问时随时查阅。（杨咏梅）

T000678 **现代男装穿着艺术** 钱孟尧编。东华大学出版社 2002 年 6 月版。12 万字。24.00 元。服装艺术类书籍。由穿着概念与行为动机、男装穿着的现代历程、男装穿着形象的建构、男装穿着的配色原理、男装穿着的协调原则、穿着倾向与个性表达和男装穿着的外观解读 7 个部分构成。通过多元化的个性展示，结合服装款式、穿着场合的合理搭配，演绎出了现代男士着装的新理念。（季丽华）

建筑科学

T000679 **中国古代建筑历史图说** 侯幼彬、李婉贞编。中国建筑工业出版社 2002 年 11 月版。38.4 万字。以中国古代建筑体系发展进程为脉络，详述以原始建筑、夏商周建筑、秦汉建筑，直至明清建筑以及延续传统的近代乡土建筑的发展历程和活动特点。对各个历史时期有代表性的城市、建筑实例和技术、艺术成就，采取列词条的写作体例，分项逐条展开深入细致的阐述。全书精选墨线图 500 多幅。（张建）

T000680 **中国四代建筑师** 杨永生著。中国建筑工业出版社 2002 年 1 月版。21.3 万字。20.00元。作者从历史、经济和教育的外在因素和建筑学界内部的自身规律出发，提出了每一代建筑师的代表人物和群体特征，对他们的重要成就、创作理念和人生经历都有论述。（刘爱灵）

T000681 **中国建筑文化研究文库** 沈福煦等。湖北教育出版社 2002 年 12 月版。843.00 元。由两院院士、清华大学教授吴良镛先生，中科院院士、法国科学院通讯院院士、建设大师齐康先生当任顾问，《华中建筑》主编、教授级高级建设师高介华任主编；作者刘先觉、吴庆洲、巫纪光、沈福煦、杨慎初、余卓群等先生均为国内建筑学界的著名学者。本文库是国内第一套系统的中国建筑文化研究集成，从建筑文化学到建筑思想渊源、流变，从建筑的词源到典章制度考录，从墓葬、园林、装饰小品的文化艺术观到建筑的外部空间构造及环境生态观、中西建筑文化交融，以及历代建筑名作名匠、军事桥梁建筑艺术等，莫不包罗。文库计划推出 30 本。已出版 6 本，双色，硬面精装，国际大 16 开本。（王位庆）

T000682 **中国徽派建筑** 樊炎冰主编。中国建筑工业出版社 2002 年 5 月版。100 万字。880.00元。所介绍的项目遍及古徽州一府六县，共 108 个项目，书中除了图片和文字介绍外，尚有大量的平面、剖面图，详细解析徽派建筑。（张振光）

T000683 **城市的演变** 副名：——21 世纪之初的城市建筑。肯尼思·鲍威尔著，王珏译。中国建筑工业出版社 2002 年 6 月版。70 万字。188.00 元。选择了 25 个国际性的城市，通过详尽地考察了城市生活的方方面面——交通、文化、住宅、商业和市政，从不同的视角分析了建筑为城市的复兴和再生所起的作用。本书分为 4 个部分①城市的复兴；②城市的变迁；③城市的扩张；④文化与城市。每一部分都选择了 3～7 个实例，而每一实例都有作者撰写的论文，以阐述城市的历史渊源以及当前存在的问题为主，同时指出了建筑师为解决这些问题所采取的一些手法和具体手段。实例的选择范围无论在地理位置还是规模上都较为广泛，从伦敦小规模的皇家剧院再开发到吉隆坡的市政和交通设施的戏剧性改建;从柏林的波斯坦广场的改造到香港机场的新建工程等等,而且这些项目都由世界著名建筑师设计,如诺曼·福斯特、R.皮亚诺、R.库尔哈斯、T.弗雷尔、理查德·迈耶、安藤忠雄和黑川纪章。(黄居正)

T000684 **建筑节能:怎么办?** 中国建筑业协会建筑节能专业委员会、北京市节能与墙体材料革新办公室编著。中国计划出版社 2002 年 11 月第二版。30 万字。20.00 元。从全球气候变暖、我国气候冬寒夏热以及建筑用能浪费严重的实际情况出发,用通俗易懂的语言和形象生动的插图,阐明建筑节能的方方面面,其中包括建筑节能的意义、减排温室气体的重要性、建筑节能的政策和法规、建筑节能计划安排、建筑节能管理、建筑节能的基本原理、建筑墙体和屋面的节能、建筑门窗的节能、建筑采暖系统的节能、建筑供热体制改革、建筑空调系统的节能、建筑物的冬暖夏凉、日常生活中的节能、建筑节能检测技术以及建筑节能的一些名词解释等。书中系统地列出了 260 多个建筑节能中的问题,做出了简明扼要、深入浅出的解说,既阐明了国家的相关政策、讲清了建筑节能的科学道理,又介绍了切合实际的技术措施、经常遇到的主要问题及其解决办法。(何欣)

T000685 **视觉与视觉环境** 杨大侠编著。同济大学出版社 2002 年 6 月修订版。21 万字。12.00元。从视觉、心理学、人类工效学、照明工程学等多角度探讨了视觉环境设计和评价方面的若干问题。本专著收集了国内外的许多相关资料,同时又是作者部分研究成果的总结,旨在改进建筑和照明设计,提高视觉环境的质量。(余蓝)

T000686 **工程建筑物变形观测和变形分析** 白迪谋编著。西南交通大学出版社 2002 年 10 月版。11.8 万字。11.80 元。论述了工程建筑物变形观测的理论和方法,对数据处理的理论做了高度的综合和概括;对变形分析和成果整理的方法做了详细的讨论。(万方)

T000687 **建筑制图袖珍手册** 刘国林主编。机械工业出版社 2002 年 9 月版。22.8 万字。20.00元。根据最新的房屋建筑制图国家标准编写而成。主要用于帮助现场技术人员查阅相关新建、改建、扩建工程的各阶段设计图、竣工图;原有建筑物、构筑物和总平面的实测图;通用设计图、标准设计图。书中附录中的建筑工程质量验收部分可作为建筑工程各专业施工质量验收规范编制的统一准则,建筑工程文件的归档整理及建设工程档案的验收。(汪汉友)

T000688 **建筑环境共鸣设计** [英]伊恩·本利特等著。大连理工大学出版社 2002 年 2 月版。16 万字。45.00 元。着重提出"哪些是最常出错的设计",作者针对现代建筑和城市设计,将过去一百年来经常被批判为非人性和被压抑的议题提出并讨论。阐述了如何透过适当的设计理念或方法与人造环境本身的构造物相连。(总编室)

T000689 **建筑概论** 焦志鹏编。哈尔滨工业大学出版社大学书店 2002 年 7 月版。30.6 万字。18.00 元。主要包括民用建筑概述、建筑施工图识读、基础与地下室、墙体、楼板与地面、建筑门窗、楼梯与电梯、屋顶、变形缝、预制装配式建筑、工业建筑概述、建筑材料概述等内容。(李艳文)

T000690 **空间结构计算机辅助设计** 龚景海、邱国志著。中国建筑工业出版社 2002 年 2 月版。35.6 万字。20.00 元。共 6 章。介绍了空间结构的基本知识和 CAD 技术的发展及应用;计算机辅助设计和计算机图形学的基本知识;详细讲述了如何开发适用于空间结构模型的图形环境;如何自动生成空间结构的几何模型;介绍了空间结构分析的基本理论;讲述了如何自动生成空间网络结构施工图。(郭栋)

T000691 **建筑设计数字化** 张永刚、陆卫东译。中国建筑工业出版社 2002 年 3 月版。30 万字。68.00 元。收录了 50 多位建筑师和设计师通过计算机图像,尤其是三维模型来表现的最新设计概念。本书的第三章介绍了设计师用到的计算机媒体的多种类型,概念研究、三维正交图、三维模型和渲染、排版格式、数字化分析、数字化合成和数字化多媒体等。该章中的每一种类型都用实例来说明计算机表现的用途。在本书的主要章节中,按字母顺序收录了所选建筑师用三维数字化媒体结合文字表现的最新设计作品。每一位设计师的作品介绍包括事务所和设计师的简介、数字化媒体的使用、绘图过程和图像技法、所用硬件和软件及设计概念。(程素荣)

T000692 **房屋建筑工程制图与识图速成手册** 岳晨曦主编。中国水利水电出版社 2002 年 8 月版。35.9 万字。36.00 元。针对建筑、结构、给水排水、电气等建筑工程各个组成部分的特点和要求,详尽地介绍了建筑工程制图与识图的基本知识、要求

和方法，并提供了丰富全面的图例、图样以及代表性较强的工程设计实例。(陈跃)

T000693 **现代环境空间艺术·新加坡篇** 杨凡凡编著。江西科学技术出版社 2002 年 6 月版。208 万字。55.00 元。共 4 部分：一、现代空间环境的设计要素；二、商业空间环境；三、居住空间环境；四、城市景观环境。(刘舒)

T000694 **国际设计潮流 1 国际设计潮流 2** 中国计划出版社、贝思出版有限公司合编。中国计划出版社 2002 年 1 月版。10.0 万字。270.00 元/册。画册辑录了以鲜明的色彩、坚实的材料和动感的造型迎接八方来客的新加坡 JIT 后勤中心；确立高效率现代工作环境的地标性建筑——奥克兰的 DELOITTE 大厦；建筑风格综合的悉尼公司新办公大楼；体现宁静潮流的新加坡 VILLA 温泉会所，多功能的香港大学研究生楼；以精细的设计达到更高标准的新西兰惠灵顿律师新居；具有开放式办公空间的狮王新居；浇铸玫瑰形装饰、幻想依然的市政剧场；华丽的悉尼超级穹顶等大量充满创意和灵感的案例实录。(何欣)

T000695 **建筑专业方案及初步设计深度示例集** 中国建筑西北设计研究院编著。中国建筑工业出版社 2002 年 4 月版。60 万字。60.00 元。以一项小型科研实验楼为基本示例，对照有关设计文件编制深度的规定，阐述建筑工程方案及初步设计文件〔说明书、概(估)算书、图纸〕的编制框架，以及建筑专业设计文件的编制方法及深度。(杨虹)

T000696 **HPP 建筑设计事务所作品集** 张利、姚虹编著。河南科学技术出版社 2002 年 6 月版。30 万字。125.00 元(精)。是“世界建筑精品书系”之一。本书收录了 HPP 建筑设计事务所 1989—1999 年的 36 个建筑作品，400 余幅彩色照片及平面、剖面、立面的黑白线条图，展示了每个作品的功能、环境、结构造型等。作者用中国人的眼光和视点来观察世界，选题的基本原则在于题材的典型性、代表性、学术性、社会性、创造性和启发性，不仅关注建筑作品本身，同时还关注其背后的设计思想、背景和产生过程，关注建筑作品得以最终实现的细小技术环节。(赵志刚)

T000697 **数码建筑** 刘育东编。大连理工大学出版社 2002 年 7 月版。12 万字。180.00 元(精装)。分为几个板块：空间概念的演化、参数智能的设计、空间与形体的开放、数码类型建构、数码媒体的呈现。(总编室)

T000698 **建筑动态新蜂一号** 邢日瀚、杨昌盛主编。中国计划出版社 2002 年 5 月版。1 万字。198.00 元。是香港日瀚国际文化有限公司出版的建筑动态系列丛书中的一本(第六卷)，全书共 3 章：第一章单体设计，含吉祥大厦、金叶大楼、世贸大厦、弘一大师纪念馆、中华文化学院、南加州艺术中心等；第二章规划设计，含福田体育中心、东上海花园、松江大学城、中关村西区规划、武林广场、中国国际科技广场概念设计等；第三章概念设计，含香港大学学生园、模糊居所、上海中心高架交汇点之公共居住综合体等。(何欣)

T000699 **建筑外观细部图典** 叶猛、叶斌编著。福建科学技术出版社 2002 年 10 月 5 版。302 码。248.00 元。收录建筑设计方案中的许多精彩细部，包括入口、裙房、墙面、玻璃窗、幕墙、阳台、山墙、女儿墙、顶部、端部、转角、楼梯间、开敞楼梯、大门、围栏等。这些细部元素均以彩色立体图像及局部立面 ACD 图表现，书后附光盘。(宁筱彤)

T000700 **建筑抗震设计规范理解与应用** 高小旺、龚思礼、苏径宇编。中国建筑工业出版社 2002 年 4 月版。59.6 万字。31.00 元。根据新的《建筑抗震设计规范》(GB50011—2001)编写，着重于理解与实际应用抗震设计规范。对新的建筑抗震设计规范所依据的理论、概念和设计方法等进行了阐述，对建筑抗震概念设计和各类结构抗震设计要求、抗震验算及构造措施进行了介绍，并给出了一些实例。同时，对应用建筑抗震设计新规范中应注意的一些问题也进行了探讨。(戚大庆)

T000701 **建筑结构抗震设计理论与实例** 吕西林等编著。同济大学出版社 2002 年 8 月第 2 版。54.4 万字。32.00 元。共 10 章。第一章地震及结构抗震的基本知识；第二章场地、地基和基础；第三章单自由度体系结构的地震反应；第四章多自由度体系结构的地震反应；第五章地震作用和结构抗震设计要点；第六章多层和高层钢筋混凝土结构房屋抗震设计；第七章多层砌体房屋和底部框架、内框架砌体房屋抗震设计。第八章钢结构房屋抗震设计；第九章单层厂房及单层空旷房屋抗震设计；第十章非结构构件抗震设计。(方芳)

T000702 **建筑抗震设计规范统一培训教材** 国家标准抗震规范管理组编。中国建筑工业出版社 2002 年 9 月修订版。52 万字。35.00 元。阐述了中国建设工程抗震防火的形势和任务，提高工程抗震设防质量的重要性。系统地介绍了新规范修订的背景、法律法规依据、技术政策以及修订的主要内容,包括:建筑抗震设防标准,抗震设计基本要求,均地、地基和基础抗震设计,结构地震作用和抗震验算,多层和高层钢筋混凝土房屋、多层砌体房屋和底部框架、内框架房屋、单层厂房等各类房屋的抗震设计新规定;介绍了新增加的多层和高层钢结构房屋抗震设计、建筑隔震与消能减震设计、非结构构件抗震设计的内容。特别强调新规范所包含的强制性条文的内容,以利新建工程的抗震设防管理。(邱锐林)

T000703 **设计师眼中的家** 徐存龙主编。浙江科学技术出版社 2002 年 7 月版。29.00 元(每册)。以建筑设计师的专业眼光,用图解的方式评析当前居室装饰的佳作。主要介绍同一户型的各种不同的装饰方法,从中可以选出适合你的那一种。并且介绍了黑胡桃色在各种场合的应用。(杨咏梅)

T000704 **现代居室设计效果图(1、2、3)** 王允波编著。辽宁美术出版社 2002 年 1 月版。0.1 万字。57.00 元。分 3 册:现代居室设计效果图 1;现代居室设计效果图 2;现代居室设计效果图 3.根据建筑结构完善细化的功能,全书精选了电脑设计的彩色效果图 300 余幅,有居室、客厅、卫生间、厨房等。(宰迪)

T000705 **现代居室·家创意** 王允波著。辽宁美术出版社 2002 年 8 月版。0.1 万字。45.00 元。汇集高档园区的关于居室、客厅、厨房、门廊、阁楼以及各类细部的比较成功实地拍摄的装饰装修图片 300 余幅。从不同角度、不同侧面反映空间、地面与色彩的相互呼应,充分展示了具有时代感、创意性的个性化的现代居室的装修效果。(宰迪)

T000706 **室内外设计资料集** 薛健主编,陈华新、周长积副主编。中国建筑工业出版社 2002 年 7 月版。102.6 万字。68.00 元。论述了室内外装修设计与做法及室内外设计表现技法等内容。全书注重设计理论与实际应用、艺术表现与工程技术的有机结合。(李金龙)

T000707 **室内设计艺术赏析** 人民美术出版社 2002 年 12 月版。4 万字。120 幅图。45.00 元。从人与建筑室内环境关系的角度,介绍室内空间、室内陈设、室内材料、室内色彩、室内照明设计的一般规律;并结合古今中外住宅室内设计实例,对不同使用功能、不同审美观念、不同结构形式的住宅室内设计作品进行具体分析。(许东升)

T000708 **室内绿化装饰** 徐惠风等编。中国林业出版社 2002 年 10 月版。28.8 万字。200 页。27.00元。从室内设计的基本原则入手,介绍室内装饰绿化的基本方法和技巧,并介绍了一些常用的室内装饰植物和插花盆景材料。(刘若云)

T000709 **家庭装修实录丛书·装修个性实录** 周瑞涛主编。浙江科学技术出版社 2002 年 9 月版。29.00 元。以彩色照片和文字说明介绍了各种家庭装修新款式,有和室风格、中西结合的,也有现代家居、自然简约的,充分体现了户主的个性和以人为本的装修理念。(杨咏梅)

T000710 **展示空间** [韩]建筑世界株式会社编。大连理工大学出版社 2002 年 4 月版。5 万字。198.00 元(精装)。通过某种展示来揭示分析博物馆的功用,从教育性看教育的结果,从展示类型、功能和目的相一致的展示材料等来处理一个博物馆的目的与基本含义。(总编室)

T000711 **装饰设计空间艺术·家居装饰** 叶斌编著。福建科学技术出版社 2002 年 5 月版。208 码。148.00 元。家居装饰效果图集。读者可从中根据不同的户型、不同的装修风格、不同的档次来选择自己所需的效果图作为设计或施工的参考。全书共收集个案近 150 例,同时还附上书中所展示的各图的光盘,可以通过电脑直接调用。(邓惟)

T000712 **现代环境艺术设计丛书** 朱小平著。天津人民美术出版社 2002 年 1 月版。按环艺课程及实际工作需要,分类、分项编写。其中基础理论、设计方法、表现技巧与作品分析贯穿全书,每册书的内容既独立成章又相互连贯,构成一套比较系统的丛书。本丛书包括:《环境艺术设计简史》,待出版;《环境艺术设计基础》,2001 年 1 月版,朱军著,39.00元;《欧洲建筑及装饰艺术》,2002 年 1 月版,朱小平著,55.00 元;《中国建筑及装饰艺术》,2003 年版;《室外景观艺术设计》,2003 年版;《室内环境艺术设计》,待出版;《环境设计素描表现艺术》,2002 年 7 月版,程远著,24.90 元;《环境设计色彩表现艺术》,待出版;《环境设计电脑表现艺术》,2002 年 7 月版,朱继毅著,34.80 元;《环境设计模型制作艺术》,待出版;《环境设计装饰材料与施工艺术》,待出版。(高虹)

T000713 **中国室内设计年刊(五)** 饶良修主编。天津大学出版社 2002 年 10 月版。84.5 万字。180.00 元。集中了中国室内设计领域在 2001 年 8 月至 2002 年 8 月间所设计完成的、最具有代表性的室内设计作品。内容包括获奖作品、办公空间、酒店与餐饮空间、商业与交通空间、文化与娱乐空间、家庭居室空间、方案精选及点石专栏等 8 部分。设计项目涉及全国各个城市，有许多皆是国内著名的招标项目，涵盖了室内设计的各个空间类型。（庞思昌）

T000714 **TIME—SAVER 系列手册 简捷图示室内设计手册** ［美］约瑟夫·德·契拉等著，韩伟等译。中国建筑工业出版社 2002 年 6 月版。280 万字。190.00 元。分 5 部分：第一部分论述了居住、办公、接待和商业建筑的室内空间设计。对这些不同功能的建筑在设计、构造详图和技术参数等方面作了详尽的分析。第二部分编入了各种室内空间的装饰构造详图，包括：隔墙设计、墙表面装饰、地面装修以及门、顶棚、楼梯、壁炉和照明等。第三部分主要阐述标准的细木工详图，如：各种壁柜设计、各种不同装饰效果挑檐、装饰线条及家具小五金等。第四部分阐述了标志、图案、窗的装饰及附件的选用等。第五部分主要介绍室内绿化景观设计等。（曲士蕴）

T000715 **家庭装修指南** 张青萍编著。中国建筑工业出版社 2002 年 10 月版。41.6 万字。24.00元。以百姓家庭装修全过程为主线，详细介绍了从装修前期准备到最后收尾工作的每一环节，户主应掌握的基本知识和注意事项。主要内容有：装修前期、设计须知、施工工程、安装工程、室内陈设和家装尾声，并附有相关国家标准。（周世明）

T000716 **室内装饰设计图集** 吴承钧主编。河南科学技术出版社 2002 年 3 月版。10 万字。95.00元。汇集了各类常用的室内装饰设计图，这些设计图全部是从工程实践中精选出来的实例，针对室内的天棚、墙面、隔断、吧台、门、窗、柱以及室内景点、楼梯、地面、客厅、卧室、厨房、餐厅、卫生间等装饰空间的安排、室内装饰的整体设计要领等，作者以概括的文字对各部件的概念、适用功能、设计理念、审美情趣等进行整体详尽的说明，然后以生动的图片实例配上简捷的文字明说，对各款式的设计进行多角度、全方位的阐述。（赵志刚）

T000717 **教育·福利空间** ［韩］建筑世界株式会社编。大连理工大学出版社 2002 年 4 月版。10 万字。198.00 元（精装）。遵循教育场所观念更新的原则，伴随终身教育意识的提高和教学设施综合化的趋势，充分考虑使用者的状况，创造出一种奋发向上的学习氛围。本书将教育场所划分为教学设施和大型图书馆两大类，确认设计条款所应涉及到的功能、空间规划、设计要素以及环境要素等问题。（总编室）

T000718 **清华大学建筑设计研究院设计作品集** 清华大学建筑设计研究院编。江西科学技术出版社 2002 年 8 月版。30 万字。220.00 元。设计作品集。由体育与展览建筑、剧场建筑、文化建筑、办公、旅馆、商业建筑、居住建筑、景观及古建筑修复、群体规划、工程设计软件等内容构成。展示了近年来已获得国家级、省级优秀设计奖达 40 余项中的设计精品，如：北京菊儿胡同居住区、北京大学图书馆、清华大学图书馆、北京天桥剧场、国家大剧院、北京国际会展体育中心等。（刘舒）

T000719 **中国城市住宅设计** 曹善琪、费麟主编。中国计划出版社 2002 年 12 月版。56.5 万字。66.00 元。以北京地区的住宅设计为基础，选择了一些有代表性的居住区和住宅单体设计成果，并吸取全国其他城市近年来部分优秀住宅设计方案，然后按章节论述城市住宅相关技术政策、规范标准、设计原则、质量保证、绿色生态住宅、智能住宅和住区规划设计、住宅建筑设计等，以及有关住宅结构设计、建筑设备设计，并附录住宅建设项目可行性研究和案例。同时对居住区和各类住宅单体有关图纸造优编排其中，然后综合编辑成本书。本书共 5 章 15 节和 2 个附件。内容包括概论、住区规划设计、住宅建筑设计、住宅结构设计、住宅建筑设备设计，以及附件城市住宅建设项目可行性研究及住宅规划设计实例。（何欣）

T000720 **当代居住小区规划设计方案精选** 韩秀琦主编。中国建筑工业出版社 2002 年 5 月版。55.1 万字。75.00 元。共收录全国各地 19 个居住小区的规划设计方案，其中既有建筑界著名专家学者的手笔，也有许多名不见经传的中青年规划师、建筑师的优秀作品。书中把各个方案的文字说明和主要图纸尽量收入，以展现方案全貌，并对每一个方案进行了简要评析。（李东禧）

T000721 **花园别墅外观设计** 柏相摄影室编。云南科学技术出版社 2002 年 10 月版。10.75 印张（全彩）。128.00 元。是“花园别墅外观设计系列丛书”之一。收录了国内外时尚的花园别墅外观设计实例约 200 例，每例既有精美的彩图直观展示，又辅以分楼层的平面设计图，有的甚至还配有环境和室内装饰的彩图。（欧阳鹏 孙琳）

T000722 **现代住宅空间设计——台湾设计师作品选** 上官消波编。上海辞书出版社 2002 年 12

月版。180.00元。汇集台湾诸多优秀室内设计师的精品之作,体现了当今台湾地区室内设计的理念和流行趋势。运用精美的图片和文字,着重推出具有代表性的、经典的室内设计案例,向设计师和读者展示经典案例以及其设计理念。(辞书总办)

T000723 **绘出大地新景象——21世纪华南最佳住区设计** 城设设计国际集团编。中国建筑工业出版社2002年7月版。45.9万字。150.00元。收入了近年来开发完成的15个居住区(含配套公建),并在书中总结了其规划和建筑设计思想手法,对加深其理解掌握其成功经验与手法具指导与深化作用。本书内容主要是通过对内地住宅建设的情况,从回顾、分析角度作了分析,并展望21世纪新的发展方向,并提供15个工程实例。(郭洪兰)

T000724 **样板房4** 中国计划出版社、贝思出版有限公司合编。中国计划出版社2002年7月版。10万字。280.00元。是"样板房"系列画册的第四册,本册将印张扩充到19个,所收集的样板房设计有嘉悦半岛、青云阁、港景峰、盈晖台、翠堤湾、嘉仑台、映湾园、御庭轩等,并均给出了房间细部。(何欣)

T000725 **家居设计潮流1 家居设计潮流2** 中国计划出版社、贝思出版有限公司合编。中国计划出版社2002年1月版。10.0万字。190.00元/册。画册辑录了以红杉模板浇铸的加里福尼亚马里布滩头家园;以水的流动之美来营造室外环境氛围的花园;可以眺望大海风光的玻璃屋;根据热带气温特点设计的"伊甸园"和巨大M&M共处一室的活动台吧;拥有近半公顷花园、与树木融为一体的枫叶下的住宅;给起居室深邃感觉的镜面天花板公寓;休闲烧饭两不误的厨房敞开式空间设计等许多充满创意和灵感的案例实录。配有文字说明,以提示其设计概念。(何欣)

T000726 **家居空间设计与快速表现** 杨健编著。辽宁科学技术出版社2002年6月版。20万字。118.00元。通过大量的家装设计案例进行分析和设计表现,阐明一种对家居的设计理念、空间处理技巧、装饰元素的运用,并重点连带展现和突出徒手景观图的表现手法。内容包括综述、整体设计与分析、深入设计与表现、室内徒手画表现技巧、手绘作品推介。(李伟民)

T000727 **深圳经典小区(1)、(2)** 张勇编著、摄影。中国建筑工业出版社2002年4月版。114万字。260.00元。作者以建筑师和策划师的独特眼光,配上作者亲自拍摄的精美实景图片,对每个案例的小区规划、建筑设计、平面户型设计、配套设施设计等各个方面,条分缕析,旁征博引,探究其成功的因素。(时咏梅)

T000728 **20世纪名流别墅** [英]德扬·苏季奇等著,汪丽君等译。中国建筑工业出版社2002年6月版。80万字。168.00元。由两部分组成:第一部分:"1900—1999:居住理念的历史",以10年为单位,阐述了住宅建筑和为住宅设计的配套人工制品的发展历程。德扬·苏季奇选取整个20世纪中一系列丰富的典型实例,通过展示它们的平面布局、整体外观与细部说明进行了生动的叙述。第二部分:"下一代",收集了50个现代住宅设计作品(其中很多仍处于方案阶段),这里既包括一些著名的建筑师如理查德·罗杰斯和安藤忠雄,同时也包括一些年轻的实践者如绍尔布鲁赫与赫顿联合建筑师事务所与MVRDV建筑事务所。作品的选择是全球性的并跨越广阔的范围,从具有政治颠覆性的到形式上引起人们好奇心的,这推动了对现代住宅当前状况以及通常意义上的居住设计的重要争论。(董苏华)

T000729 **美国最新别墅设计实录** [美]詹姆斯·格雷森·特鲁洛夫,金义编著。云南科学技术出版社2002年5月版。44印张(全彩)。228.00元。汇集近年来美国别墅设计中最富创意的佳作,并进行了细腻的评析。书中30多例出色的别墅设计实例,均出自名家之手。每个实例除大量精美的彩图外均配有草图、平面图、施工图以及某些特色设计的草图,并配有设计和技术方面的文字说明。(欧阳鹏 孙琳)

T000730 **赖特筑居** [英]斯宾塞尔·哈特著,李蕾译。中国水利水电出版社2002年3月版。30万字。190.00元。展示了著名建筑大师弗兰克·劳埃德·赖特具有独特风格的小住宅设计。书中所举实例均为赖特追求简洁、优美与亲切的现代建筑的经典之作,体现了其所倡导的"融舒适性、私密性与天伦之乐于一体的有机建筑理论"。(陈跃)

T000731 **国外花园别墅图集** 副名:豪华别墅200例。[美]美国住宅设计公司编,张国忠译。中国建筑工业出版社2002年1月版。218幅图。110.00元。"国外花园别墅图集"(6本)是一套专门介绍小住宅(别墅)设计作品的丛书,汇集了当今美国知名住宅设计公司近2000件经典之作。每一个作品均包括效果图(或实景照片)、平面设计图以及文字说明。本册所选作品主要包括以下风格:科德角式、殖民式和早期美国经典式别墅，乔治式、联邦式和南部殖民式别墅，乡村别墅与维多利亚式别墅，彻底的都铎式和欧式别墅，佛罗里达别墅和西南风情式别墅。(向建国)

T000732 **理想家园——大型住宅小区与度假村景观设计** 区伟耕主编。云南科学技术出版社 2002 年 3 月版。12 印张(全彩)。128.00 元。精选了广州、深圳、顺德、海南、泰国、菲律宾等地的大型住宅小区与度假村的景观设计实例，每一实例均以精美的彩图全方位的展示了建筑与园林设计的精髓，并附以简明的文字说明。(欧阳鹏 孙琳)

T000733 **新型小住宅** [西班牙]奥罗拉·基托；马里奥·凯特利。云南科学技术出版社 2002 年 2 月版。148.00 元。从西班牙引进，以彩图、文字说明介绍了来自全球近两年的具创意的小面积住宅(面积均在 20 多平方米至 100 平方米之间)室内设计实例。书中的 20 多个实例均配有平面图、草图、特色设计的详图以及巧妙利用小空间的窍门。(欧阳鹏 孙琳)

T000734 **无障碍设计** [英]詹姆斯·霍姆斯编著。大连理工大学出版社 2002 年 2 月版。30 万字。48.00 元。旨在帮助建筑设计师(建筑师和室内设计师)及建筑经理(设备经理)，在他们承建、改造或管理的建筑内，改进给残疾人提供的服务。(总编室)

T000735 **度假村** [美]WATG 公司编，张建华译。辽宁科学技术出版社 2002 年 10 月版。16.8 万字。226.00 元。介绍了由美国 WATG 公司设计的 75 项著名工程，反映了国际旅游发展趋势并体现了度假村的游客和业主在这方面的喜好，以图片的形式说明旅游胜地是如何来满足游客想要恢复活力、休闲娱乐、浪漫、刺激、消遣及充实等愿望。具体介绍每个工程的设计理念，并记录每个工程的客户、占地面积、工程规模、娱乐设施等。(李伟民)

T000736 **装饰设计空间艺术·公共建筑装饰** 叶斌编著。福建科学技术出版社 2002 年 10 月版。308 码。248.00 元。公共建筑装饰效果图集。全书分办公建筑、酒店建筑、文化科研、商业娱乐、体育医疗 5 章，共收集个案近 250 例。同时还附上书中所展示的各图的光盘，可以通过电脑直接调用。(邓惟)

T000737 **创意办公室** 符宁编著。辽宁科学技术出版社 2002 年 5 月版。15 万字。270.00 元。收录了 13 家有实力的设计公司设计的 34 个国内外办公室项目的实例。每一件作品都蕴涵着独特的设计主题和鲜明的设计概念，既强调企业形象的表现，又重视其功能布置的效率和品质。书中配有大量彩色图片，采用中英文对照形式加以说明。(李伟民)

T000738 **智能建筑实用技术** 杨绍胤主编。机械工业出版社 2002 年 4 月版。94 万字。59.00 元。介绍了智能建筑的概念、兴起、发展及前景，智能住宅和智能小区，智能建筑的基础——信息技术。对于智能建筑的 3 个主要组成部分：办公自动化系统、建筑物自动化系统和通信系统也做了全面的介绍，还详细介绍了火灾自动报警及消防控制，保安系统、电视接收系统、广播音响系统、结构化布线系统、智能建筑的系统集成、电源与防雷等。内容涉及技术原理、应用方法和工程实例。(周娟)

T000739 **智能建筑设计与施工系列图集** 中国建筑工业出版社 2002 年 10 月版。3 卷。115.00 元。以国家现行规范、标准为依据，总结了大量智能建筑工程实际案例，结合了参编人员从事智能建筑工程设计及工程实施多年的工程实践经验，并参考了国内外大量的相关资料编写而成。本套图集包括：《楼宇自控系统》金久炘、张青虎主编，定价：38.00元；《消防系统》郑强、么达主编，定价：26.00 元；《通信 网络系统》薛颂石主编，定价：51.00 元。(姚荣华)

T000740 **现代饭店规划与设计** 王捷二、彭学强编著。广东旅游出版社 2002 年 10 月版。38 万字。35.00 元。采用 16 开本的形式，内文加插某些著名建筑物的结构示意图，还有世界各地宏伟的建筑物，从饭店管理专家的角度分析饭店建筑周边环境与内部空间的科学合理的规划与设计，使饭店从设计之初在注重其艺术与文化特色的同时，就以客人的舒适便利为本，达到艺术与实用的完美结合。(李瑞苑)

T000741 **城市汽车停车场(库)设计手册** 王文卿编著。中国建筑工业出版社 2002 年 1 月版。21.8万字。18.00 元。结合大量的实例分别从城市汽车停车场、库设计的技术要求、汽车停车场、多层停车库、城市汽车地下停车库及城市机械停车库等多个视角论述了怎样设计最为合理、最为便捷、最为经济、最能体现时代特点的停车场(库)。书后还附录了关于汽车库、停车场的设计规范。(马鸿杰)

T000742 **建筑设计常用数据手册** 建筑工程常用数据系列手册编写组编。中国建筑工业出版社 2001 年 12 月第二版。98 万字。52.00 元。为建筑工程常用数据系列手册之一。本书按国家现行标准对第一版的内容进行了订正和补充,包括防火、建筑设计常用数据、城市规划及道路交通设施、各种类型建筑设计、建筑构造及设备、无障碍设计、建筑材料与构件、气象、气候与环境等,并增加了建筑节能、建筑抗震的内容。(刘江)

T000743 **垃圾焚化厂兴建与操作实务** 曹本善编著。中国建筑工业出版社 2002 年 4 月版。43.5万字。40.00 元。为作者十年来亲自参与台湾地区多座垃圾焚化厂的工程实例纪录与经验心得阐述,书中内容除包括建厂兴建过程中有关设计、规划、施工、运转、营运等各阶段外,亦将全台湾各厂的不同风格和特色作番比较分析。书中主题大致可分为两类:第一类为垃圾焚化厂重点系统设备的基本运作原理解说;第二类则着重在建厂期间与营运过程中实际发生过的工程个案作技术分析。作者汇集众多实例后并归纳出综合性的问题发生原因和具体可行的改进建议,期使未来的建厂人士和工程技术人员能有效避免相同或类似错误的再次发生。(董苏华)

T000744 **生态建筑——面向未来的建筑** 周浩明等编著。东南大学出版社 2002 年 3 月版。51.2万字。88.00 元。介绍了当前国外在生态建筑领域的理论研究与建筑实践,涵盖了生物气候学建筑、生土(覆土)建筑、太阳能建筑、生态高技术建筑等建筑理论和实践,从建筑环境规划、建筑设计方法、建筑材料选择、建筑施工建造、建筑能源利用等各方面分析建筑与自然环境的关系,并收录了大量的国外生态建筑实例,同时也对未来建筑的发展方向提出了自己的见解。(张莺)

T000745 **高技术生态建筑** 李华东等编著。天津大学出版社 2002 年 9 月版。52 万字。160.00 元。分理论和实例两部分:理论部分阐述了生态高技术建筑的起源、发展、技术手段和当代实践,对建筑与生态环境的关系,能源、通风、采光、植物和水、建筑材料和设备、室内空气质量及建筑运营管理等影响建筑与生态环境的主要因素作了介绍,并结合运用多个生态建筑元素和当代高技术生态建筑的若干例子作了进一步说明;实例部分精选了当代世界比较成功的 40 个类型各异的生态建筑,分别对其绿色化、数字化、智能化和仿生化特征作了具体介绍,展示了当今世界处于领先地位的建筑师们处理建筑与环境关系的多种理念和技术手段。(陈家修)

T000746 **房屋建筑工程** 杨滔、何广杰等编。西南交通大学出版社 2002 年 2 月版。48 万字。28.00元。内容包括:建筑结构体系与选型;建筑结构设计的一般概念;砌体结构设计;钢筋混凝土楼盖结构设计;建筑施工等。(万方)

T000747 **建筑结构原理** [英]马尔科姆·米莱著,童立萍、陈治业译。中国水利水电出版社 2002 年 5 月版。43.9 万字。50.00 元。试图通过建立一种概念体系,使任何一种建筑结构原理都能够容易被人理解。在由浅入深的探索过程中,建筑结构概念体系是通过生动的描述和简单的图形而非数学概念建立的,因此,复杂的结构设计过程变得十分清晰。此外,书中运用这些概念体系对 6 个经典建筑物的结构性能进行了解释和分析。(陈跃)

T000748 **结构可靠性鉴定与加固技术** 曹双寅、邱洪兴、王恒华编著。中国水利水电出版社 2002 年 2 月版。29.6 万字。30.00 元。以现行国家有关技术标准和国内外研究较成熟的理论为基础,介绍了工程结构鉴定与加固改造技术的基本原理和应用方法。主要内容:结构可靠性原理;有结构可靠性鉴定和检测方法;凝土结构、砌体结构、钢结构和地基基础加固技术、加固的基本原理和设计计算方法。(陈跃)

T000749 **工程结构动力监测理论与应用** 李国强、李杰著。科学出版社 2002 年 4 月版。31.8 万字。38.00 元。是作者多年从事工程结构动力检测理论与应用研究较为系统的成果总结。全书共 9 章。分别介绍了结构模态参数的频域和时域识别方法、结构物理参数的频域识别方法——模态转换理论和对象化理论、结构物理参数的时域识别方法——经典理论与动力复合反演问题、结构局部激振检测技术以及结构模态参数和物理参数实测的几个有关问题。(总编业务部)

T000750 **建筑结构 CAD** 钱若军、刘惠义、王人鹏编著。同济大学出版社 2002 年 9 月版。36.5 万字。21.00 元。全书分 3 个部分,共 10 章。第一部分介绍了建筑结构 CAD 系统的功能、界面设计的初步、建筑结构的表示和造型。第二部分讨论了建筑结构 CAD 的应用基础,简单介绍了几何图形的显示技术、几何造型、曲线曲面的表示以及三维实体模型 CAD 系统。第三部分主要讨论结构 CAD 系统的分析设计功能以及施工图档的组织。(易颖琦)

T000751 **工程结构抗震设计原理** 陈国兴、陈忠汉、马克俭等编著。中国水利水电出版社 2002 年 12 月版。38.5 万字。25.00 元。根据全国土水工程专业教学指导委员会对由建筑工程、岩土工程、地下结构工程、交通土建工程、矿井建设、城镇建设等相近的若干专业或专业方向合并成的大土木工程专业的培养规格要求和目标所规定的“工程结构抗震”课程教学的基本要求，按照 GB50011－2001《建筑抗震设计规范》、JTJ004－89《公路工程抗震设计规范》和 GB50010－2002《混凝土结构设计规范》的基本思想和要求而编写的。本书既重视基本理论和基本概念的阐述，也注重学科前沿知识的教学；注重理论的系统性和应用的可操作性。内容包括：地震工程学概论，场地与地基基础抗震，工程结构的地震反应分析，混凝土框架结构房屋抗震设计，多层砌体房屋和底部框架砌体房屋抗震设计，梁桥及拱桥抗震分析和工程结构的隔震与消能减震。（陈跃）

T000752 **板壳后屈曲行为** 沈惠申著。上海科学技术出版社 2002 年 10 月版。33 万字。37.00 元。内容包括：复合材料层合剪切板的非线性理论，薄板的后屈曲行为，各向同性剪切板的后屈曲行为，复合材料层合剪切板的后屈曲行为，圆柱薄壳屈曲的边界层理论，复合材料层合圆柱壳的后屈曲行为等。（魏晓峰）

T000753 **加州大学伯克利分校环境结构中心系列丛书** 克里斯托弗·亚历山大等著。国家知识产权局知识产权出版社 2002 年 3 月版。223 万字/套万字。295.00 元/套。全套 5 卷。第一卷《建筑的永恒之道》是本套书的基础。它提出了建筑设计、建造和规划的新理论。第二卷《建筑模式语言》是后工业时代建筑的工作文本。它是一种原型语言。第三卷《俄勒冈实验》详细阐述如何实施该理论。它描述了俄勒冈大学新的规划过程。第四卷《住宅制造》依据模式语言框架，描述 1976 年在墨西哥北部的一组建筑群。第五卷《城市设计新理论》提出了对城市问题讨论的全新理论框架，对当今城市设计的缺点提出了修改措施。（向良穗）

T000754 **现代加筋土挡土结构** 杨果林、肖宏彬、王永和著。煤炭工业出版社 2002 年 3 月版。31.4 万字。35.00 元。主要介绍了加筋土挡土结构的研究现状与发展趋势，对加筋土挡土结构的强度、稳定性、本构关系进行了探讨，对典型筋材工程特性试验、结构的动力特性模型试验与动态响应、结构的弹塑性等作了理论分析。书中还登载了作者指导和参与的几个加筋土工程的实录；最后还附有加筋土挡土墙的弹塑性有限元分析通用计算程序及部分计算结果。（向云霞）

T000755 **砌体结构设计** 苏小卒主编。同济大学出版社 2002 年 10 月版。31.4 万字。18.00 元。“土木工程系列丛书”之一。全书分 9 章，前 8 章结合最新颁布的国家标准《砌体结构设计规范》GB50003－2001 系统地阐述了：一、砌体结构的概况和发展方向；二、砌体结构的设计原则；三、砌体材料及其力学性能；四、砌体房屋结构的形式和内力分析；五、无筋砌体结构构件的承载力和构造；六、配筋砌体构件的承载力和构造；七、砌体结构中过梁、墙梁、挑梁、圈梁等特殊构件；八、砌体结构房屋抗震设计等内容。第九章则通过例题较完整地演示了运用前面各章所述的理论和方法对一幢四层砌体房屋的墙体和基础进行设计计算的过程。（周克荣）

T000756 **混凝土及砌体结构(上册)** 王振东主编。中国建筑工业出版社 2002 年 9 月版。43.3 万字。33.80 元。按国内最新修订的《建筑结构荷载规范》(GB50009—2001)、《混凝土结构设计规范》(GB 50010—2002)、《建筑地基基础设计规范》(GB 50007—2002)和《砌体结构设计规范》(GB 50003—2001)，进行全面整理编写而成。本书介绍了混凝土和砌体结构的基本计算理论和设计方法。内容包括：绪论、材性、设计方法、受弯构件正截面、受弯及偏心受力构件斜截面、受扭构件、受压构件正截面、受拉构件正截面、裂缝及变形、平面楼盖。本书由哈尔滨工业大学、大连理工大学、北京建筑工程学院、华北水利水电学院 4 校合编，东南大学主审。（张晶）

T000757 **现代混凝土配合比设计手册** 张应立主编。人民交通出版社 2002 年 12 月版。134.2 万字。92.00 元。分别介绍了国内外 100 多种混凝土配合比的设计原理、方法，包括各种特殊混凝土的配合比设计、特种性能混凝土配合比设计、特殊施工方法混凝土配合比设计、掺加外加剂混凝土配合比设计、沥青混凝土配合比设计、砂浆配合比设计等等。（沈鸿维）

T000758 **简明钢筋混凝土结构计算手册** 国振喜主编。机械工业出版社 2002 年 10 月版。235.1万字。99.00 元。主要内容包括：计算规定与材料标准；钢筋混凝土受弯构件计算及实例；钢筋混凝土受压构件计算及其实例；钢筋混凝土受拉构件计算及实例；钢筋混凝土受扭曲构件及其计算；钢筋混凝土受冲切、局部受压和疲劳计算及其实例；以及钢筋混凝土柱牛腿、结构预埋件、叠合式受弯构件、剪力墙结构等的计算及其实例，钢筋混凝土构件抗

震计算等。(何文军)

T000759 **钢筋混凝土结构设计** [美]艾伦·威廉斯著。中国水利水电出版社 2002 年 3 月版。57 万字。50.00 元。介绍了钢筋混凝土结构设计的基本原理,具体结构构件的设计计算方法。(陈跃)

T000760 **简明钢筋混凝土结构构造手册** 国振喜编。机械工业出版社 2002 年 9 月版。124.8 万字。63.00 元。是根据新颁布实施的国家标准《混凝土结构设计规范》(GB50010－2002)及有关相应实施的国家标准,并结合工程实践编写的工具书。主要内容包括:材料标准与一般规定;钢筋混凝土板、梁、柱、柱牛腿和基础的一般构造规定,截面选用原则,配筋构造规定,计算用表,计算例题及构造图例等;钢筋混凝土剪力墙结构、框架－剪力墙结构、底层大空间剪力墙结构的一般构造要求,截面尺寸确定原则,配筋方法及构造图例等;钢筋混凝土结构构件的板、框架梁、框架柱和剪力墙结构的抗震构造要求,截面尺寸选择确定,构造配筋规定及构造图例等;预埋件的构造规定及构造图例等。(何文军)

T000761 **钢结构复习与习题** 何敏娟主编。同济大学出版社 2002 年 10 月版。28 万字。19.80 元。分三大部分。第一部分为复习要点,对钢结构基础知识进行了扼要归纳和提炼;第二部分为习题,针对各章内容,作者收集和编写了大量选择题、填空题和计算题;第三部分为习题参考答案。(方芳)

T000762 **轻型房屋钢结构构造图集** 靳百川编著,黎钟审校。中国建筑工业出版社 2002 年 10 月版。517 万字。40.00 元。介绍由门式刚架结构和压型钢板围护的轻型房屋钢结构构造方法。从钢柱脚、刚架梁柱,以至墙面、屋面整个建筑系统分别以图形进行介绍,并附有不少实际工程照片。其中有单跨、多跨的常截面和变截面的刚架,也有在刚架内设楼层的。无论刚架梁柱、檩条、墙梁、支撑,以及压型钢板屋面、压型钢板墙板,还是檐口包边、屋檐雨水槽沟、雨篷、女儿墙等等,均有工程实用构造详图和非常直观的立体图、透视图。(王跃)

T000763 **地基——结构相互作用系统的参数识别** 黄义、刘增荣著。陕西科学技术出版社 2001 年 10 月版。18.5 万字。15.00 元。从参数识别这一侧面,为土木系统实体的动态仿具、预测、计算和控制提供了一种新的思路和方式,并为地基、结构以及地基—结构相互作用系统中参数的确定提供了新的方法。全书首先阐述了土木工程领域进行系统识别的必要性和地基、结构以及地基—结构相互作用系统的参数识别特征,摘要介绍了有关必备的参数识别的基本知识,重点讲述了地基参数识别方法、建筑结构参数识别方法、地基与建筑结构复合系统的参数识别方法。(林成岗)

T000764 **岩体力学** 凌贤长、蔡德所编著。哈尔滨工业大学出版社 2002 年 6 月版。47 万字。29.00元。以岩体工程为应用背景,在系统归纳岩体力学基本理论和基本概念的基础上,详细阐述了近 30 年来岩体力学在工程中应用研究的主要成果及其工作方法。内容有:岩石物理性质,岩体形成,岩体结构,岩石变形特性,岩体变形与强度,岩体强度理论,地下硐室围岩力学计算与稳定性分析,斜坡危岩体稳定性分析及坝基岩体应力计算与稳定性分析等。(尹继荣)

T000765 **岩体经验强度准则及其在地质工程中的应用** 宋建波等著。地质出版社 2002 年 12 月版。40.1 万字。35.00 元。结合 Mohr－Coulomb 强度准则的不足和岩体的非线性破坏特征,在重点介绍狭义 Hoelk－Brown 强度准则的内容、对岩体破坏的表述、准则适用条件、较 Mohr－Coulomb 准则的优点、准则的不同表示形式、参数确定方法后,分两部分阐述。第一部分是"经验强度准则在地质工程中的应用,研究重点集中于岩体强度预测、在地质工程中的应用、岩质边坡稳定性分析、在基础工程中的应用等 4 个方面;第二部分为"经验强度准则理论研究的最新成果",重点介绍二维和三维狭义 Hoek－Brown 强度准则的可靠度计算理论,并对基于该强度准则的数值算法及 FLAC 软件的基本原理、非贯通裂隙岩体经验强度准则的内容及其参数的确定方法等方面作简要介绍。(屠涌泉)

T000766 **地基基础测试新技术** 祝龙根、刘利民、耿乃兴编著。机械工业出版社 2002 年 4 月第二版。49.3 万字。32.00 元。共 9 章,其中 4 章详细介绍了地基土、基桩的静力和动力特性的测试技术;另外 4 章详细介绍了深基坑开挖、沉桩、软土地区地铁盾构和高等级公路施工的监测技术;还有 1 章详细介绍了探地雷达技术。各章对所述测试、监测技术的基本原理、仪器设备、测试方法、测试资料的整理与分析均作了全面阐述;另外还对测试成果在工程中应用方法作了深入探讨。(刘彩英)

T000767 **天然地基上的浅基础** 高大钊、徐超、熊启东编著。机械工业出版社 2002 年 3 月第二版。40.2 万字。27.00 元。内容包括地基土的工程性质、地基土的分类、建筑工程勘察、地基承载力设计、建筑物沉降验算与控制、浅基础设计、高层建筑箱形基础和筏形基础、浅基础施工以及既有建筑物地基基础的治理与补强等9章，介绍了基础设计对岩土工程勘察的技术要求、岩土工程勘察技术的进展和勘察成果的利用，阐述了地基设计的基本原理和基础设计方法及其最新进展，讨论了浅基础施工技术的现状与发展，既有理论的分析又有工程经验的总结。（刘彩英）

T000768 **软土工程若干理论与应用** 白冰、肖宏彬编著。中国水利水电出版社 2002年4月版。40万字。36.00元。就软粘土的一些基本特性和软土工程中的若干理论及其应用进行了深入研究，反映了近年来编著者在这些领域的研究成果。全书共8章，包括软粘土的基本物理力学特性，周期荷载作用下的软粘土性状，冲击荷载作用下的饱和软粘土性状、变形和强度计算理论，软土地基加固、强夯法加固软粘土地基的原理及应用，聚苯乙烯泡沫塑料在岩土工程中的应用，软土工程中的环境土工问题等。（陈跃）

T000769 **地基基础工程283问** 刘惠珊、徐攸在编著。中国计划出版社 2002年3月版。83.7万字。69.00元。内容涉及地基基础工程领域的各个方面，并根据迄今为止最新颁布的规范、规程以及近年来发表的科研成果，对内容作了相应的更新和充实。考虑到岩土工程技术发展很快，所以本书也不完全拘泥于规范和规程的条文，而主要还是阐明有关地基基础方面的基本规律，重在概念、设计原理和计算方法，省去了比较繁琐的推导，以便读者能较快地对地基基础工程的全貌有所认识。对当前应用较广泛的桩基、地基加固、基坑工程以及已有建筑物地基加固等工程技术问题作了介绍；对一些新技术，如疏桩基础、加劲水泥土搅拌墙支护、土工聚合物、基坑工程的时空效应等，也予以介绍。（何欣）

T000770 **绿色建材产品手册** 张玉祥主编。化学工业出版社 2002年9月版。47.7万字。45.00元。介绍了国内外绿色建材的发展概况及绿色建材认证方法和相关技术要求。重点介绍了不同品牌的新型墙体材料、隔热保温材料、建筑装饰材料、建筑涂料、塑料管材、节能型门窗、防水材料等符合绿色建材特性的产品的规格、特点、性能、适用范围、施工方法及生产厂家。（郭燕）

T000771 **常用建筑材料与结构工程检测** 汪黎明主编。黄河水利出版社 2002年12月版。84万字。88.00元。共27章，系统介绍了水泥、集料、混凝土、外加剂、钢材、砖、防水材料等十几种常用建筑材料的检验评定方法；介绍了预制构件、塑钢及铝合金门窗、室内环境质量及有害物质限量的检测。同时，密切结合工程实际，介绍了混凝土结构工程、砌体工程、桩基工程、复合地基工程的检测技术及质量评价，并列举了大量工程检测实例。在质量管理方面，介绍了检测试验管理与计量认证工作。（王路平）

T000772 **实用建筑五金手册** 施龚主编。机械工业出版社 2002年1月版。198万字。106.00元。主要介绍了黑色金属材料，有色金属材料，建筑五金工具，建筑门窗，建筑小五金，建筑玻璃，建筑用灯具及电气灯具，密封膏、胶粘剂及建筑涂料，卫生洁具及五金，铸铁管材及管件，塑料管材及管件，焊接材料，散热器、阀门，建筑用铜管、铝塑复合管等。（蓝伙金）

T000773 **工业废渣生产建筑材料实用技术** 闫振甲、何艳君编著。化学工业出版社 2002年5月版。41.3万字。34.00元。集中介绍了最热门的16项工业废渣综合利用实用技术。包括高防滑文化路面砖、粉煤灰预活化加气混凝土、高掺量废渣空心砌块、屋面轻质热反射式保温隔热砖、工业废渣低成本免烧砖、粉煤灰炉渣彩色釉质波瓦等。所涉及的废渣也基本涵盖了主要的品种，如粉煤灰、煤矸石、炉渣、有色金属冶炼渣、采矿废渣、化学石膏等。（郭燕）

T000774 **混凝土结构设计——实践与探索** 朱聘儒编著。西南交通大学出版社 2002年1月版。35.1万字。22.00元。高等学校建工专业教材。全书共12讲，涉及混凝土结构设计中的基本构件、无粘结预应力混凝土、楼盖结构、平板分析、单层厂房结构、多层结构、结构温度内力分析及弹性地基上梁等8个方面。（万方）

T000775 **混凝土配合比实用手册** 谢洪学编。中国计划出版社 2002年12月版。43.0万字。40.00元。收录了混凝土（C10～C50）使用不同强度的水泥，不同种类、规格的砂石，在不同温度、不同胡落度条件下的数千组配合比及其材料用量；介绍了混凝土配合比的设计以及用水量、水灰比、砂率、坍落度的适用范围等数据和使用水泥、砂石等材料的标准。对有特殊要求的混凝土配合比也作了简要介绍。（何欣）

T000776 **建筑系教师论文集** 华南理工大学建筑学术丛书编委会。中国建筑工业出版社 2002

年 11 月版。129 万字。180.00 元。"华南理工大学建筑学术丛书"之一。本书收集了华南理工大学建筑学院师生在各自的领域内的研究和设计成果，其中作者有老一辈的专家、教授，也有教育、生产一线的中青年教师、设计师和在读的硕士、博士研究生，作品涉及广泛，从建筑设计理论到城市规划，以及历史、文化和建筑技术方方面面的研究。(常燕)

T000777 **建筑装饰装修材料与施工** 中国建筑装饰培训中心编。中国建筑工业出版社 2002 年 3 月版。39.7 万字。21.00 元。为全国建筑装饰装修企业项目经理培训教材，系统地介绍了建筑装饰装修材料及选用、施工准备、施工方法、施工要点、质量要求及检验方法等。(刘平平)

T000778 **建筑涂料手册** 沈春林主编。中国建筑工业出版社 2002 年 3 月版。136.7 万字。80.00元。介绍了建筑刷浆材料、建筑装饰涂料、建筑油漆和建筑特种涂料的组成、性能、品种、规格、用途和生产基本知识。书中，以建筑涂料为导向，重点叙述了各种涂料的涂装施工方法，注意事项，建筑涂装设计和基础理论、生产技术。本书收录了大量的图表数据和 500 多个涂料配方。(唐炳文)

T000779 **工程机械使用与维修** 高忠民编著。金盾出版社 2002 年 12 月版。49.8 万字。26.00元。介绍各种工程机械的构造、使用、维修及管理。主要内容包括：土方、压实、桩工、起重、钢筋、混凝土施工、路面等工程机械和小型电动机具的构造、工作原理、使用条件及特点，工程机械的正确选择、合理使用及操作要点，工程机械的维修理论、故障诊断和排除、修理方法和修理工艺，并介绍了工程机械设备的管理与经营。(杨世福)

T000780 **市政工程施工监理实用手册** 黄兴安主编。中国建筑工业出版社 2002 年 2 月版。166.5万字。108.00 元。包括：概论、质量控制、进度控制、造价控制、质量监理要点和工程监理实例等内容。市政工程监理要点是本手册的编写重点，按专业划分为常用材料、公路与城市道路工程、桥梁工程、排水管道工程、排水构筑物土建工程、排水构筑物机电设备安装工程、地下工程等。按不同的施工项目分为施工要求、监理重点、质量标准与检验方法 4 部分。其中施工要求是监理根据规范、规程，对施工单位提出的要求，监理重点是监理怎样在这个项目中进行质量(安全)控制。(胡明安)

T000781 **国际工程施工索赔** 梁鉴编著。中国建筑工业出版社 2002 年 5 月第二版。43.2 万字。23.00 元。论述了国际工程施工索赔方面的理论、实践、惯例作法及最新发展。内容包括：施工索赔的发生和分类，施工索赔的依据，对合同条款的解释，索赔工作的程序，施工索赔的计价法，索赔文件的编写法，施工索赔的组织与管理，施工索赔的成败关键，反索赔，施工索赔管理信息系统的开发，施工索赔信息系统的开展等。(朱春明)

T000782 **怎样当好现场监理工程师** 王华生、赵慧如、王江南编著。中国建筑工业出版社 2002 年 9 月版。55.3 万字。31.00 元。从建设工程施工监理人员需要出发，综合介绍施工现场监理的基本知识，并围绕现场监理人员的业务介绍"三大控制"，即质量控制、进度控制、投资控制；"两管理"即合同管理、信息管理。书中还重点介绍了分部工程施工阶段质量监理，同时对公路、铁路施工阶段质量监理作了叙述。(封毅)

T000783 **建筑工程质量通病防治手册** 彭圣浩主编。中国建筑工业出版社 2002 年 10 月第三版。241 万字。124.00 元。第三版仍以采用传统施工技术的一般工业与民用建筑工程为主，并包括新技术、新工艺、新材料的施工。第三版对第二版作了较大的改动，新编了施工测量、爆破、深基坑、浅基坑、地下连续墙、特种混凝土、建筑幕墙、古建筑和室外工程等 9 章，全书由 40 章调整为 50 章，质量通病条目由第二版的 1040 项增加到 1633 项，并按照新颁布的国家和行业标准，特别是 2002 年新颁布的 14 本施工质量验收规范，对全书作了修订。(林婉华)

T000784 **建筑工程施工质量检查与验收手册** 毛龙泉等编。中国建筑工业出版社 2002 年 10 月版。174 万字。142.00 元。由于我国最新颁布的《建筑工程施工质量验收统一标准》(GB 50300—2001)及相配套的专业规范与原先的《建筑安装工程质量检验评定统一标准》(GBJ 300—88)的验收体系不同，为了满足广大参与工程质量检查验收的人员以及施工员和建设单位基建管理人员的需要，根据《建筑工程施工质量验收统一标准》(GB 50300—2001)及相关专业规范和众多技术标准编写了本手册，对单位工程的分项、分部(子分部)工作如何划分、如何检查验收作了较为详尽的介绍。本书以分项工程中检验批的验收为主线，并结合涉及到的有关标准，逐条逐项进行分析。主要内容包括：建筑工程施工质量验收规划，地基与基础工程，主体结构工程，建筑装饰装修工程，屋面工程，建筑给水、排水及

采暖工程，建筑电气工程，通风与空调工程，电梯工程，工程质量监督。（邱锐林）

T000785 **建筑工程监理实例应用手册** 崔朝栋主编。中国建筑工业出版社 2002 年 10 月版。99.5万字。56.00 元。分 4 篇，即监理通用部分、监理实例部分、监理案例分析部分、监理法规和示范文本。本书具有如下特点：第一，本书以《建筑法》、《合同法》、《招标投标法》、《建设工程质量管理条例》、《建设工程监理规范》为依据编写；第二，书中编入了全国各地不同类型的有代表性的工程项目监理工程实例 30 多个，总结了十几年来各地工程监理的实际作法、经验和监理效果；第三，书中编入了 60 多个案例，这些案例大体上反映了以往在实际监理工作中遇到的合同纠纷、费用、工期索赔以及工程质量、造价、进度控制等方面出现的问题。（余永祯）

T000786 **建设安全监理** 陈立道主编。中国电力出版社 2002 年 6 月版。44.4 万字。32.00 元。作者结合多年安全施工领域的研究、现场监理的工作实践和在上海市安全监理上岗培训实施过程中的经验，系统总结了安全监理的概念和阶段划分、施工现场安全监理的内容及基坑工程、脚手架、高处作业、施工机械操作、安全用电等施工现场安全技术，并分章讲述了与建设安全监理相关的工程风险管理与保险、施工职业卫生、伤亡事故预防与分析等内容。书后附了建设安全监理工作中常用的法律法规、重要文件和常用规程，及在上海市试用多年、修改完善且行之有效的施工现场安全管理表和安全生产保证体系等。（华峰）

T000787 **怎样当好安全员** 潘金祥主编。中国建筑工业出版社 2002 年 10 月版。43.5 万字。25.00元。为“建筑施工项目管理丛书”中的一个分册。书中根据《建筑施工安全检查标准》（JGJ59—99），结合施工现场对安全员的要求，从安全管理、文明施工、脚手架，基础土方模板工程、“三宝、四口”及临边防护、施工用电、起重吊装和劳动保护等 13 个方面用问答的形式作了叙述。（郭栋）

T000788 **工程项目管理百问** 王要武主编。中国建筑工业出版社 2002 年 2 月版。40 万字。28.00元。以问答形式，从基本知识、基本规范、基本操作、经验技巧、疑难解答 5 个方面，对工程项目管理，主要是施工项目管理进行了全面系统的介绍。全书共 13 章，对项目管理中的 294 个问题进行了系统的分析和解答。（尹珺祥）

T000789 **建筑防火禁忌手册** 王学谦主编。中国建筑工业出版社 2002 年 7 月版。51.2 万字。29.00 元。介绍了各种实用的建筑防火技术措施和建筑消防管理的要点。书中以建筑防火设计、施工、管理等过程中容易出现的一些错误做法和违规行为为“禁忌”条目，逐一指出由此带来的不良“后果”，并提出消除这些不良“后果”的正确做法和“措施”。（时咏梅）

T000790 **建设工程项目管理规范实施手册** 《建设工程项目管理规范》编写委员会编写。中国建筑工业出版社 2002 年 6 月版。107.2 万字。80.00 元。是由《建设工程项目管理规范》（GB/T50326—2001）编写委员会组织主要起草人编写的以实施《规范》为目的的大型实用手册。其内容涉及《规范》的全部内容及案例，并补充了国际项目管理的知识体系和项目经理资格认证标准。（时咏梅）

T000791 **工程施工组织与管理** 林知炎、曹吉鸣编著。同济大学出版社 2002 年 10 月版。58.88万字。32.00 元。工程管理教材。由理论篇、方法篇和管理篇 3 部分构成。理论篇阐述工程建设程序与施工生产要素及施工组织的管理机构与任务、施工任务组织管理、施工组织设计、网络计划技术等内容；方法篇着重介绍工程管理中的工程施工方案、施工进度计划、施工资源配置、施工平面图设计和计算机辅助施工组织设计等管理方法；管理篇从动态管理角度，讨论项目施工阶段中的工程施工技术管理、工程施工质量管理、工程施工进度管理、工程施工资源管理、工程施工现场管理和工程施工现场信息管理的工作和措施，并附有施工组织设计案例。（李炳钊）

T000792 **建筑施工组织与进度控制** 赵香贵编著。金盾出版社 2002 年 9 月版。31.2 万字。17.00元。包括建筑施工组织概论、流水施工原理和横道进度计划、网络计划的基本知识、施工组织总设计、单位工程施工组织设计、施工项目进度控制 6 部分，讲述了建筑工程组织施工的基本原则和编制施工组织设计的基本原理、方法、步骤，同时详细介绍了实际施工中进行施工项目进度控制的主要方法。书中首次提出了组织不等节拍流水施工的工期计算公式，采用经验法直接绘制横道计划的原则和方法，普通网络计划中的自由时差和时标网络计划中的总时差判定方法等。（杨世福）

T000793 **建筑企划实务** 日本建筑学会编著，胡弘才主编，黄志瑞等译。辽宁科学技术出版社 2002 年 4 月版。41.3 万字。38.00 元。共 3 篇 17

章。第一篇为介绍建筑企划为何成立的论述,包括何谓建筑企划、公私部门的建筑企划以及建筑企划顾问业务等;第二篇探讨建筑企划的实务,包括建筑企划的流程、建筑企划的技术以及办公大楼的企划、商业设施的企划、都市型旅馆的企划、住宅社区的企划、都市再开发等建筑企划的各种类型及运作。第三篇论述建筑企划的诸课题,包括建筑企划与法令、住宅产业与建筑企划、建筑的再生企划、建筑企划的专业、建筑企划的社会评价与展望。(李伟民)

T000794 **生产设备和设计一施工合同条件** 国际工程咨询工程师联合会编,中国工程咨询协会译。机械工业出版社 2002 年 5 月版。51.8 万字。110.00 元。是按照国际咨询工程师联合会(FIDIC,即菲迪克)编写的最新英文版本,由 FIDIC 在中国的成员协会——中国工程咨询协会组织专家翻译。内容包括:生产设备和设计一施工合同条件的通用条件,附争端裁决协议书一般条件,专用条件编写指南,附各担保函格式以及投标函、合同协议书和争端裁决协议书格式。本书适用于由承包商进行设计与施工的电气、机械生产设备供货的建设项目。(何文军)

T000795 **外资工程合同管理** 刘闯编著。中国建筑工业出版社 2002 年 9 月版。27.5 万字。15.00元。以外资工程中合同管理为主线,从承包商的角度,阐述了外资工程中 FIDIC 合同条件的应用。通过引证中建承包公司外资工程实践经验,并附上有关合同双方来往信函,分析了合同管理中常见的问题及应对策略,有利于国内承包商早日接轨国际惯例,赢得竞争优势。(丁洪良)

T000796 **设计采购施工(EPC)/交钥匙工程合同条件** 国际工程咨询工程师联合会编,中国工程咨询协会译。机械工业出版社 2002 年 5 月版。48.6 万字。105.00 元。按照国际工程咨询工程师联合会(FIDIC,即菲迪克)编写的最新英文版本,由 FIDIC 在中国的成员协会——中国工程咨询协会组织专家翻译。本书内容包括:设计采购施工(EPC)/交钥匙工程合同的通用条件、附争端裁决协议书一般条件;专用条件编写指南,附各担保函格式;投标函、合同协议书和争端裁决协议书格式。(何文军)

T000797 **施工合同条件** 国际工程咨询工程师联合会编,中国工程咨询协会译。机械工业出版社 2002 年 5 月版。50.8 万字。110.00 元。是对照国际工程咨询工程师联合会(FIDIC,即菲迪克)编写的最新英文版本,由 FIDIC 在中国的成员协会——中国工程咨询协会组织专家翻译。内容包括:施工合同的通用条件和专用条件,附有争议裁决协议书一般条件、各担保函以及投标函、合同协议书和争端裁决协议书格式。(何文军)

T000798 **简明合同格式** 国际工程咨询工程师联合会编,中国工程咨询协会译。机械工业出版社 2002 年 5 月版。16.8 万字。35.00 元。是对照国际咨询工程师联合会(FIDIC,即菲迪克)编写的最新英文版本,由 FIDIC 在中国的成员协会——中国工程咨询协会组织专家翻译。内容包括简明合同的通用条件和专用条件,附有裁决规则、指南注释。本书推荐用于资本金额较小的建筑或工程项目。(何文军)

T000799 **工程招标投标十日通** 张毅编著。中国建筑工业出版社 2002 年 1 月版。21.5 万字。13.00 元。内容涉及工程建设项目全过程的勘察、设计、施工监理、设备及材料招投标。(杨军)

T000800 **工程量清单及报价快速编制技巧与实例** 杜晓玲、廖小建、陈红艳主编。中国建筑工业出版社 2002 年 8 月版。30.3 万字。20.00 元。融合国际惯例、国内招标投标具体作法以及作者积累多年的工作经验和案例,提出了具有操作指导意义的工程量清单及报价快速编制的理论基础、操作思路、编制方法和技巧。全书主要内容包括:工程量清单编制概述,工程量计算技巧,工程量清单编制技巧,工程量清单报价策略,模糊数学在快速报价中的应用,计算机在工程量清单报价中的应用,国际通行的计价依据与计价模式简介。(刘江)

T000801 **全国造价工程师执业资格考试应试指南(2002 年版)** 天津理工学院造价工程师培训中心、武汉钢铁(集团)公司审计部、合同预算处编。中国计划出版社 2002 年 4 月版。100.7 万字。58.00元。是《全国造价工程师执业资格考试应试指南(2001 年版)》的修订版。强调对教材的深入理解和把握,对原版中各部分内容的文字理解和习题汇编与教材不符部分进行了整理和删除。本次修订还在原版基础上进一步增强了考生应试的针对性,删减了原版中习题汇编部分中重复、相似的题目或难度较低的题目,增加了一些经过精选和审定的较高难度的题目和计算量大、分析量大的题目,显著增强了应试力度。(何欣)

T000802 **建筑工程估价** 谭大璐主编。中国计划出版社 2002 年 7 月版。33.9 万字。23.00 元。以建设部颁布的《全国统一建筑工程预算工程量计算规则(土建工程)》GJDGZ－101－95 和四川省 2000 年颁布的《建筑工程计价定额》为依据，通过查阅大量关于工程估价与工程造价改革的书籍与论文编写而成。全书内容主要分为投资估算、设计概算、施工图预算、国内外标底与标价的编制方法和计算机在工程估价中的应用等 5 部分。(何欣)

T000803 **建筑技术经济分析** 于立君主编。中国建筑工业出版社 2002 年 7 月版。33 万字。22.00元。共 10 章。内容包括：绪论；项目经济评价要素；项目经济预测；资金的时间价值；现金流量法——单方案评价、多方案评价；不确定性分析；设备更新的技术经济分析；建设项目可行性研究与经济评价；价值工程等。每章后面均列有复习思考题，并附有复利系数表和复利定差系数表。(蒋月芳)

T000804 **建筑工程预算速学快算简明手册** 张晓钟主编。上海科学技术出版社 2002 年 12 月版。39.5 万字。37.00 元。主要内容包括建筑工程识图、土建工程预算与概算、设备安装工程识图与预算、工程预算资料 4 部分。书中首次提出了快速准确的工程量计算“程序公式”，提供了预算技巧、经验和资料，并列举多个算例。(胡毅)

T000805 **建筑项目建设程序实务手册** 章先仲编。国家知识产权局知识产权出版社 2002 年 8 月版。25 万字。20.00 元。介绍了建筑从投资策划，到最后建成使用全过程的各项程序，包括整个建设过程中的立项、用地、报建、产权证等一整套管理程序；设计、施工、监理实施程序，同时介绍了办理各阶段报政府审批手续所需资料和条件，其中还包括房地产开发与销售、外资企业开发建设有关审批手续。(向良穗)

T000806 **看图学施工设备检修技术** 《看图学技术》丛书编委会编。机械工业出版社 2002 年 7 月版。28.4 万字。18.00 元。系“看图学技术丛书——建筑施工类”之一。全书包括 7 章内容，分别是施工设备检修基础，发动机检修技术，电器设备检修技术，液压元件检修技术，自行式土方施工机械底盘检修技术，建筑起重机械检修技术，混凝土施工设备检修技术。(边萌)

T000807 **可视化仿真技术及其应用** 钟登华、郑家祥、刘东海、张伟波著。中国水利水电出版社 2002 年 3 月版。21.3 万字。18.00 元。是可视化仿真在工程领域中应用的研究成果。除了介绍仿真建模方法、全过程三维动态仿真理论及基于 GIS 的三维动态可视化仿真技术外，还具体介绍了在工程中应用的情况，如复杂地下厂房施工系统的可视化仿真、水电工程施工导截流三维动态可视化仿真、混凝土坝施工过程三维动态可视化仿真、大型地下洞室群交通运输及施工通风可视化仿真。(陈跃)

T000808 **建筑业 10 项新技术应用** 王华等主编。江苏科学技术出版社 2002 年 5 月版。218 万字。168.00 元。内容包括：深基坑支护技术、高强高性能混凝土技术、高效钢筋和预应力混凝土技术、粗直径钢筋连接技术、新型模板和脚手架应用技术、建筑节能和新型墙体应用技术、新型建筑防水和塑料管应用技术、钢结构技术、大型构件和设备的整体安装技术、企业的计算机应用和管理技术。(刘屹立)

T000809 **建筑施工放样技术** 赵五一编著。中国计划出版社 2002 年 10 月版。12.8 万字。9.00元。从建筑放样的基本知识说起，包括放样的作用、工具的使用、基本手法和应用技巧，并列举了大量的实例。(何欣)

T000810 **胡雪岩故居修复研究** 高念华著。文物出版社 2002 年 8 月版。10 万字。200 幅彩图版，34 幅黑白图版，40 幅线图。200.00 元(精)。胡雪岩在杭州的故居，被人称为清末巨商第一宅，距今已有 126 年的历史。故居建筑面积 5815 平方米，内有 13 座楼及一些附属建筑，而且还有较大规模的园林一座。20 世纪 30 年代以来，故居遭到了很大程度的破坏，许多建筑的破坏甚至是毁灭性的。1999 年杭州市政府开始了故居的修复工作，2001 年修复工程竣工。本书作者为故居修复工程的主持人。全书 10 万余字，300 余图，并有部分故居的历史照片，反映了在“修旧如故”原则指导下的故居全部修复过程。(张征雁)

T000811 **土木工程施工技术** 李慧民主编。中国计划出版社 2002 年 1 月版。43.6 万字。39.00元。为“全国注册结构工程师继续教育必读系列教材”之二。侧重介绍了土木工程施工技术的新方法及其应用成果，同时也包括了一些常见的主要施工方法。全书分绪论、地基处理技术、深基坑支护技术、桩基础施工技术、结构工程施工技术、顶管施工技术、道桥工程施工技术、建筑装饰施工技术、建筑防水施工技术、特种结构工程施工方法、悬索结构和膜结构施工技术、建筑施工质量与安全技术等 12 章。内容涵盖了土木工程的有关施工技术问题及其工程应用，并力求符合国家现行规范的要求、反映现代土木工程施工技术水平，以满足继续教育和工程

实践的需要,切实为结构设计人员提供一定的施工方法指导。(何欣)

T000812 **土木建筑国家级工法汇编(1999～2000年度)** 建设部工程质量安全监督与行业发展司中国建筑业协会编。中国计划出版社2002年9月版。86.7万字。55.00元。建设部2001年新审定出1999～2000年度国家级工法61项,并以建建[2001]222号文公布,至此,建设部已相继审定并公布了318项国家级工法。实践证明,国家级工法的颁布和推广应用,对提高施工企业的技术、管理水平和市场竞争能力起到了明显的作用。尤其是近年来建筑施工企业将工法与推广新技术的工作结合起来,在工程中广泛运用,产生了良好的经济和社会效益。2001年公布的61项国家级工法涉及地下工程与深基础施工、混凝土和预应力混凝土施工、模板工程、钢筋连接、特种结构和设备安装等新技术内容。为便于广大建筑施工企业学习和推广应用国家级工法成果,现将其汇编成《土木建筑国家级工法汇编》(1999～2000年度)。(何欣)

T000813 **詹天佑土木工程大奖获奖工程集锦(第一、二届)** 副名:詹天佑土木工程科学技术奖。中国土木工程学会、詹天佑土木工程科技发展基金编。中国建筑工业出版社2002年11月版。58万字。是我国土木工程界荣获最高荣誉奖的获奖工程集锦,对40个获奖工程做了简要介绍。书中配有具有代表性的图片。书中获奖项目包括以下工程:房屋及公共建筑工程、桥梁工程、交通工程、港口工程、隧道及地下工程、岩土工程、市政工程、特种工程。书中的每个工程都具有较高的科技含量,在工程设计和施工中突出体现了对先进科技成果的应用。(王莉慧)

T000814 **看图学技术丛书** 《看图学技术》丛书编委会编。机械工业出版社2002年7～9月版。275万字。180.00元。共10册,分别是《看图学暖通工程安装技术》、《看图学给排水系统安装技术》、《看图学建筑电气系统安装技术》、《看图学施工测量技术》、《看图学地基与基础施工技术》、《看图学砌体施工技术》、《看图学建筑装饰工程施工技术》、《看图学楼面与地面施工技术》、《看图学地下防水堵漏技术》、《看图学施工设备检修技术》。(边萌)

T000815 **注册岩土工程师基础考试复习教程** 同济大学编。中国建筑工业出版社2002年7月版。228.3万字。140.00元。分上、下册。全书共分:高等数学、普通物理、普通化学、理论力学、材料力学、流体力学、计算机应用基础、电工电子技术、工程经济、土木工程材料、工程测量、职业法规、土木工程施工与管理、结构力学与结构设计、岩土力学与土力学、工程地质、岩体工程与基础工程17章。(咸大庆)

T000816 **建筑桩基础工程便携手册** 李寓、薛文碧编著。机械工业出版社2002年5月版。25.1万字。26.00元。主要介绍桩基础的选型、预制桩的施工、灌注桩的施工、钢桩的施工、预应力管桩的施工、CGF桩的施工、水泥搅拌桩的施工、承台的施工、桩基承载力检验及桩基工程量计算等。本书对工艺原理作了简要阐述,对有关的新技术、新工法也作了相应介绍。(何文军)

T000817 **砌体工程施工质量验收规范培训讲座** 张昌叙主编。中国建筑工业出版社2002年10月第一版。27万字。20.00元。是依据新修订的《砌体工程施工质量验收规范》GB50203—2002编写的培训讲义。内容包括:砌体规范修订情况概述,砌体规范主要内容讲解,检验批、分项及子分部工程质量验收,各检验批验收表格的填写要求,砌体工程强制性条文实施指南以及有关检测资料的相关内容等。(常燕)

T000818 **钢筋工程便携手册** 曹照平编著。机械工业出版社2002年4月版。17.4万字。18.00元。主要叙述钢筋材料、钢筋配筋构造、钢筋配料与代换、钢筋加工、钢筋焊接、钢筋机械连接、钢筋的绑扎与安装、钢筋工程质量检验与评定。(何文军)

T000819 **地面工程便携手册** 朱晓斌、陆建玲编著。机械工业出版社2002年8月版。17.7万字。18.00元。主要介绍建筑地面工程的构造、工艺操作、质量控制、材料计算等实用技术知识。内容包括建筑地面构造、基土与垫层、找平层、隔离层、填充层、整体楼地面、板块楼地面、木质板楼地面、变形缝、台阶、坡道、散水等。按楼地面工程分项工程顺序,介绍各构造层次的工艺技术要点、质量缺陷控制、质量检验标准、工料计算等。(何文军)

T000820 **非标设备制作安装便携手册** 刘树礼编著。机械工业出版社2002年10月版。44万字。33.00元。主要叙述非标构件、容器与设备制作安装作业中的实用操作技能及相关的基础知识。包括内容有识图,钢材的基本知识,非标设备的制作机具,放样下料,非标设备的冷加工、热加工、钢结构制作与安装,容器设备制作安装,贮罐设备制作安

装，质量通病的防治，施工组织设计的编制，预算编制，安全技术，非标设备常用的起重工具等。（何文军）

T000821 **安装工程分项施工工艺手册 第八分册 容器工程** 强十渤、程协瑞主编。中国计划出版社 2002 年 8 月版。62.1 万字。45.00 元。是以现行的容器工程施工及验收规范、容器安装工程质量检验评定标准为准绳，按照合理的施工程序，以实用施工工艺为主，汲取了容器工程制作、安装的新技术、新工艺、新材料、新机具中的可予推广的成果，对容器工程所属的 13 个分项工程，按工程的适用范围、主要材料及制品、主要机具、施工作业条件、操作工艺、工程质量标准、成品保护、应注意的质量问题、安全施工注意事项、依据标准等内容，以贯彻施工技术标准为主线，集施工工艺要点于一体，按条目编写而成。容器工程分册供建筑安装企业的施工队长、工长、施工员、班组长、质检员、材料员、安全员及钳工、冷作工等使用。本书是企业各级工程技术和管理人员编制容器工程制作与安装施工方案，进行施工准备，技术交底，控制工程质量，制订安全措施和组织容器工程制作与安装技术培训的重要资料来源和适用的教材，也是指导容器工程制作与安装施工的主要参照依据。（何欣）

T000822 **建筑钢结构施工手册** 中国钢结构协会编著。中国计划出版社 2002 年 6 月版。162.4 万字。120.00 元（精）。主要包括以下内容：概述；建筑钢结构用钢材；钢结构详图设计；钢结构加工制作；焊接连接；螺栓连接；压型钢板围护结构；钢结构防腐涂装工程；钢结构防火涂装工程；钢结构安装技术；钢结构施工质量评定验收。（何欣）

T000823 **现行建筑安装规范大全** 本社编。中国建筑工业出版社 2001 年 12 月版。630.6 万字。300.00 元。分上、下册。本书按照安装工程专业分类，对现行的建筑安装工程规范、标准进行了筛选、整理和审核，共选收 127 个标准规范。其中：设备安装工程 22 个，采暖、通风 3 个，管道工程 14 个，钢结构工程 6 个，焊接工程 6 个，无损检验 11 个，压力容器工程 7 个，防腐保温工程 8 个，电气安装工程 19 个，自动化仪表工程 2 个，电梯安装工程 4 个，消防工程 3 个，安装工程质量验评标准 21 个，工业炉砌筑工程 1 个，共计新增规范 23 个，更换修订规范 21 个。（刘江）

T000824 **建筑安装工程质量监督检测手册** 潘延军主编。中国建筑工业出版社 2001 年 11 月版。85 万字。50.00 元。论述建筑安装工程施工现场质量监督、检查、检测工作要点。主要内容包括：地基基础工程质量监督、砌体工程质量监督、钢筋混凝土工程质量监督、钢结构工程质量监督、门窗与幕墙工程质量监督、屋面与防水工程质量监督、建筑地面工程质量监督、装饰工程质量监督、管道工程质量监督、电气安装工程质量监督、通风与空调工程质量监督、电梯安装工程质量监督、桩基础和地基加固工程质量检测、结构混凝土质量检测、现场砌筑砂浆质量检测、常用建筑材料质量检测共 16 章。系统地介绍了机关工程的基本概念和内容、施工技术重点、质量监督、检查、评定及检测工作要领及常见质量问题分析等。（邱锐林）

T000825 **建筑安装工程施工图集（1～4）** 王东涛等编著。中国建筑工业出版社 2002 年 10 月第二版。以现行的建筑安装工程施工及验收规范、规程和工程质量验收为依据，结合多年的施工经验和传统做法，以图文形式介绍建筑物中建筑设备的安装方法，图集中涉及的安装方法既有传统的方法，又有目前正推广使用的新技术。每册内容包括：《消防 电梯 保温 水泵 风机工程》，定价：45.00 元；《冷库 通风 空调工程》，定价：60.00 元；《电气工程》，定价：60.00 元；《给水 排水 卫生 煤气工程》，定价：45.00 元。（胡明安）

T000826 **建筑防水工程师手册** 沈春林主编。化学工业出版社 2002 年 11 月版。161.3 万字。130.00 元。共 6 篇，系统地介绍了建筑防水工程师需要掌握和了解的各类技术数据、规范、标准；防水材料的品种规格、性能、检验、使用方法；防水工程的设计、施工、验收、通病与防治、渗漏与维修等；同时还介绍了建筑防水工程概预算以及各类相关资料的编制，并举有实例。（郭燕）

T000827 **看图学地下防水堵漏技术** 《看图学技术》丛书编委会编。机械工业出版社 2002 年 9 月版。27.2 万字。18.00 元。系“看图学技术丛书——建筑施工类”之一。本书主要介绍防水工程基本知识、屋面防水工程施工、地下工程施工中围岩水的防排处理、地下防水工程施工、地下工程堵漏施工技术、防水工程缺陷及修补以及防水工程维护与保养的知识。（边萌）

T000828 **地下防水工程便携手册** 余德池、余征编著。机械工业出版社 2002 年 1 月版。13.9 万字。10.00 元。主要叙述地下防水工程的设计、防水材料选用、各类防水技术施工工艺及质量检查。

内容包括地下防水工程设计、防水混凝土、水泥砂浆防水层、卷材防水层、涂料防水层、金属防水层、密封防水、地下防水工程渗漏水修堵、排水和防水工程的工料计算。(何文军)

T000829　**实用地下工程防水手册**　鞠建英主编。中国计划出版社 2002 年 6 月版。115.3 万字。75.00 元。是依据新修订的国家标准《地下工程防水技术规范》GB50108—2001、《地下工程质量验收规范》GB50208—2002 及其他有关规范、规定和作者多年研究成果、工程技术经验及最新国内外资料编著而成。在详细阐述地下工程各种防水技术的同时,介绍了膨润土防水技术。(何欣)

T000830　**建筑施工工程师手册**　江正荣编著。中国建筑工业出版社 2002 年 6 月第二版。168.2万字。90.00 元。共 22 章,主要内容包括:施工准备、土方、爆破、支护与降水、地基与基础、墙体、混凝土与钢筋混凝土、特种工程构筑物、木结构、钢结构、吊装、防水与防腐、地面与楼面、隔断与幕墙、装饰、脚手架、冬期施工、质量通病及防治、安全技术、建筑物托换、加固与纠偏、现代化管理技术。(余永祯)

T000831　**屋面工程便携手册**　张宏祥编著。机械工业出版社 2002 年 12 月版。17.5 万字。16.00元。主要介绍各类屋面的结构和施工要求,屋面防水材料和性能,选材原则,各类防水节点的细部构造作法、操作要点,屋面工程质量通病及防治措施,屋面工程质量验收及工料核算等。(何文军)

T000832　**全国统一建筑装饰装修工程消耗量定额 GYD－901－2002**　建设部标准定额研究所、湖南省建设工程造价管理总站主编。中国计划出版社 2002 年 4 月版。36.7 万字。58.00 元。是完成规定计量单位装饰装修分项工程所需的人工、材料、施工机械台班消耗量的计量标准;是编制装饰装修工程单位估价表、招标工程标底、施工图预算、确定工程造价的依据;是编制装饰装修工程概算定额(指标)、估算指标的基础;是编制企业定额、投标报价的参考。本定额适用于新建、扩建和改建工程的建筑装饰装修。本定额是依据国家有关现行产品标准、设计规范、施工及验收规范、技术操作规程、质量评定标准和安全操作规程编制的,并参考了有关地区标准和有代表性的工程设计、施工资料和其他资料。本定额是按照正常施工条件、目前多数企业具备的机械装备程度、施工中常用的施工方法、施工工艺和劳动组织,以及合理工期进行编制的。本定额经中华人民共和国建设部批准。本定额可与《全国统一建筑装饰装修工程量清单计量规则》配合使用。(何欣)

T000833　**住宅装修工程施工质量控制与验收手册**　庄文华、龚花强主编。中国建筑工业出版社 2002 年 9 月版。97.5 万字。55.00 元。是以 2001 年和 2002 年新发布的国家标准相关质量验收规范为依据,结合近年来装修工程新工艺、新技术、新材料,分别对住宅的拆除、抹灰、门窗、吊顶、轻质隔墙、饰面板(砖)、地面、涂饰、裱糊与软包、细部、防水、给排水及卫洁设备、电气、智能化及环境工程等,就材料要求、质量验收标准、质量控制与质量预控等内容作了详尽而具体的说明。(朱象清)

T000834　**实用泥工粉刷工手册**　王晓澜等主编。江西科学技术出版社 2002 年 3 月版。33 万字。22.00 元。共 7 章:一、基础知识;二、砖瓦工、抹灰工常用材料;三、砖瓦工、抹灰工常用机具;四、砖瓦工施工操作技术;五、抹灰工施工操作技术;六、面饰材料及装饰;七、施工质量与安全。(刘舒)

T000835　**建筑装饰工程参考定额与报价(2003 年版)**　朱志杰主编。中国计划出版社 2002 年 11 月版。108.5 万字。98.00 元。是建筑装饰工程编制标底、投标报价和工程结算不可缺少的参考资料及依据。全书由装饰工程项目定额单价、家居装饰报价、质量要求、材料价格、取费标准和装饰工程报价编制、投标风险与防范及施工索赔等部分组成。共 21 章,主要内容有:楼地面装饰,隔断及墙面装饰,柱面装饰,天棚装饰,栏杆、扶手、护栏及踏步,门、窗及装饰,木装饰及线条,裱贴与软包装饰,油漆涂料装饰面,柜、台、架,卫生间、电梯间及大堂配套装饰,灯箱装饰,装饰脚手架,拆除、封洞、凿槽,配合比,家居装饰工程分项和单元综合报价,装饰工程取费费率,装饰工程材料价格,装饰工程报价编制及实例,装饰工程投标风险与防范,施工索赔与签证等。(何欣)

T000836　**建筑装饰工程推荐单价**　中国建设工程造价管理协会、中国建筑装饰协会编。中国计划出版社 2002 年 1 月版。45.6 万字。130.00 元。是中国建设工程造价管理协会和中国建筑装饰协会为适应国际上通行的工程量清单计价方式推出的装饰工程全费用推荐单价。它既是对现有以定额为主的计价方式不足部分的全面补充,也是实行工程量清单计价方式的权威计价资料。本书突出装饰工程造价特点,重点强调人工、主材的调整,可满足各类建筑装饰工程投资估算、招标标底、投标报价、装饰工程分包和工程预算、结算的需要。本书配套了相应的编制软件“预算大师”。（何欣）

T000837 **家居装饰造型报价与施工** 朱志杰主编。中国计划出版社 2002 年 5 月版。22.2 万字。20.00 元。分 A、B、C3 部分。A. 造型，介绍家居装饰造型和装饰材料；B. 施工、管理，介绍施工工艺和质量监督管理；C. 报价、材料、合同，介绍装饰项目报价单价，材料市场价格，合同签订和履行。本书共编制装饰项目参考报价单价 312 项，材料市场价格 518 项，合同样本 3 份。（何欣）

T000838 **装修之前请你读** 吴民编著。河北科学技术出版社 2002 年 1 月版。20.6 万字。15.00元。介绍了家庭装修之前的准备工作和装修过程中的注意事项。从如何选择装修公司及合同的签订，到装修设计、装饰材料的选择、施工方法、质量检查及验收、环境保护问题，以及后期的室内装饰等方方面面的问题都进行了介绍。

T000839 **建筑门窗手册** 王寿华主编。中国建筑工业出版社 2002 年 11 月版。134.8 万字。81.00元。是建筑装饰装修技术系列手册之一。系统介绍各类门窗的材质、品种、规格、技术要求、节点构造、五金配件、加工制作、安装工艺、方法和机具、质量通病及防治、质量验评要求和标准等。全书共 8 章，即概述、木门窗、钢门窗、铝合金门窗、塑料门窗（塑钢门窗）、彩板门窗、特种门窗、电动门。（余永祯）

T000840 **建筑装饰工程手册** 薛健主编。中国矿业大学出版社 2002 年 2 月版。578 万字。498.00元。分 5 部分：一、设计篇；二、施工篇；三、招投标与定额篇；四、概预算与管理篇；五、材料与设备篇。设计篇，提供了建筑装饰设计中最常见的方式方法和基本原理；施工篇，介绍了建筑装饰施工准备、施工程序、施工技术到施工做法和竣工验收；招投标与定额篇及概预算与管理篇，多以应用方式和图表形式介绍了建筑装饰工程概预算编制、投资估算、招标投标、定额应用和工程预决算；材料与设备篇，除介绍了建筑装饰常用材料外，对于新型材料和更新换代产品还作了重点介绍。（马跃龙）

T000841 **建筑幕墙与采光顶设计施工手册** 张芹主编。中国建筑工业出版社 2002 年 10 月版。125.4 万字。69.00 元。是“建筑装饰装修技术系列手册”之一，主要介绍建筑幕墙与采光顶成套技术。全书共 17 章，主要内容包括：概述、幕墙材料、荷载与间接作用、幕墙结构设计原理和方法、幕墙的种类和构造特点、幕墙的物理性能、元件式幕墙——明框幕墙、元件单元式幕墙——隐框幕墙、单元式幕墙、金属与石材幕墙、全玻璃及点式玻璃幕墙、幕墙的制作、安装、检验与质量控制、玻璃采光顶构造设计、现代全玻璃建筑、采光顶工程实例 13 例、玻璃采光顶结构设计、玻璃采光顶的制作、安装与质量控制。书中对幕墙及采光顶的选型、材料的选用、设计计算、制作、安装、施工工艺、验收和质量控制全过程进行了阐述，并附有实例。（余永祯）

T000842 **装饰工程(1)** 陈世霖主编。中国建筑工业出版社 2002 年 5 月版。65.7 万字。50.00元。为“建筑工程设计施工详细图集”中的装饰工程分册(1)——建筑外墙装修。书中有饰面石材、金属饰面板、玻璃装饰板、陶瓷面砖、陶瓷饰砖、建筑装饰涂料以及明框、隐框、半隐框、全玻璃、点式玻璃幕墙等建筑外墙新型装饰装修设计施工构造节点详图。图集中对每个装饰工程，除了编绘大量节点详图外，并注以详细尺寸，还编入了必要的说明及施工注意事项，以介绍有关设计、施工规范中对该装饰的有关规定和具体要求等。（唐炳文）

T000843 **水暖燃气工程预算编制入门** 余辉主编。中国计划出版社 2002 年 7 月版。24.3 万字。16.00 元。以 2000 年版《全国统一安装工程预算定额》和现行的工程建设管理文件为主线编写。简明扼要地介绍了室内给排水、室内供暖、室内燃气工程造价的构成、制定原理、预算定额运用、施工图识图、工程量计算、预算书的编制等内容。（何欣）

T000844 **结构体系与建筑造型** ［德］海诺·恩格尔著，林昌时译。天津大学出版社 2002 年 9 月版。79.2 万字。79.00 元。包括体系基本原理/分类学、形态作用结构体系、向量作用结构体系、截面作用结构体系、面作用结构体系、高度作用结构体系、混合结构体系和几何学与结构形态 8 部分。（宗洁）

T000845 **工业管道安装工程预算编制入门** 余辉、李小刚主编。中国计划出版社 2002 年 7 月版。29.7 万字。20.00 元。以中华人民共和国建设部、中国建设银行“建标(1993)894 号”通知联合颁发的《关于调整建筑安装工程费用项目组成的若干规定》与建设部“建标[2000](60)号”通知发布的《全国统一安装工程预算定额》（工业管道工程）GYD－206－2000 和《全国统一安装工程预算工程量计算规则》GYD GZ－201－2000 为依据编写的。含全国

统一安装工程预算定额的应用、管道安装工程施工图识图、管道安装预算工程量计算规则等内容。(何欣)

T000846 **CECS135:2002 建筑给水超薄壁不锈钢塑料复合管管道工程技术规程** 广西建筑综合设计研究院主编。中国计划出版社 2002 年 10 月版。3.1 万字。13.00 元。在总结各地实际应用经验的基础上编制,其内容包括总则、术语、材料、设计、施工及验收等方面。本规程由中国工程建设标准化协会建筑给水排水委员会 CECS/TC24 归口管理,由广西建筑综合设计研究院(南宁市华东路 39 号,邮编:530011)负责解释。(何欣)

T000847 **管道安装工程便携手册** 钱德永、郑学珍主编。机械工业出版社 2002 年 9 月版。131.3万字。79.00 元。主要内容包括:基础知识,焊接知识,管道工程识图,管道配件的展开下料,常用施工工具,常用管材、管件及辅材,常用阀门、补偿器,管道支架,管道的连接,给水、排水及消防管道安装,采暖管道安装,工业锅炉安装,制冷系统安装,工业管道安装,仪表及仪表管道安装,管道检验、试压与吹洗,防腐与绝热,工程竣工验收,管道施工质量通病及防治,文明施工及安全技术,施工组织设计的编制,施工图预算的编制。(何文军)

T000848 **建筑设备工程施工质量监理实施细则** 上海建通工程建设有限公司编。中国建筑工业出版社 2002 年 4 月版。269 万字。20.00 元。是根据我国监理的规定和经验,再结合工程监理的实践和体会编写而成的。全书分 6 部分,包括建筑给水安装工程施工质量监理实施细则、建筑排水安装工程施工质量监理实施细则、建筑通风与空调工程施工质量监理实施细则、建筑电气安装工程施工质量监理实施细则、建筑弱电安装工程施工质量监理实施细则、建筑电梯安装工程施工质量监理实施细则。(朱春明)

T000849 **CECS134:2002 燃油、燃气热水机组生活热水供应设计规程** 中国建筑设计研究院主编。中国计划出版社 2002 年 10 月版。3.4 万字。14.00元。根据中国工程建设标准化协会(98)建标协字第 08 号《关于下达 1998 年第一批推荐性标准编制计划的函》的要求,本规程编制组在广泛调查研究,认真总结实践经验,参考国内外有关标准,并广泛征求意见的基础上,制订了本规程。本规程的主要技术内容是:一、燃油、燃气热水机组选择原则;二、设备机房位置和设备选型;三、燃油、燃气供应系统设计和机组的热水供应系统;四、机房土建和设备专业技术要求。本规程由中国工程建设标准化协会建筑给水排水委员会归口管理,由中国建筑设计研究院(北京市西城区车公庄大街 19 号,邮编:100044)负责解释。(何欣)

T000850 **通风与空调安装工程便携手册** 盖仁柏主编。机械工业出版社 2002 年 4 月版。33.3 万字。28.00 元。主要内容包括:通风与空调工程基础知识及施工内容,识图,通风与空调工程常用材料与常用机具,下料放样展开,通风与空调工程管道与部件的制作,通风与空调系统安装,通风与空调工程试运转、测定与调整,通风与空调工程常见质量问题与防治措施,施工组织设计和预算的编制。(何文军)

T000851 **建筑电气设备选型** 《建筑电气设备选型》编。中国建筑工业出版社 2002 年 10 月版。90.3 万字。53.00 元。年刊,分 3 部分,第一部"高新电工产品技术参数广告",介绍国外 10 多个建筑电气设备生产厂家,本年度推出的最新电工产品和主流产品的特点、性能及技术参数;第二部"设备选型导则",刊载了多位电气专家的技术论文,介绍国内外建筑电气设备发展趋势和动态;第三部分"电工信息及附录"收集整理有关产品信息和政策法规等。(周世明)

T000852 **建筑弱电工程安装技术** 徐第、孙俊英编著。金盾出版社 2002 年 6 月版。24.6 万字。14.00 元。共 7 章:第一章弱电工程导线敷设,第二章电视工程,第三章通信工程,第四章消防工程,第五章保安工程,第六章扩声与音响工程,第七章智能大厦与综合布线工程。(张学敏)

T000853 **楼宇电气控制** 孙景芝主编。中国建筑工业出版社 2002 年 10 月版。60.2 万字。31.00元。围绕传统的继电一接触控制系统,结合建筑工程实际,从电气元件的构造原理入手,介绍了继电接触控制的基本环节。接着列举了建筑工程中的典型设计控制实例,包括生活给排水系统;消防给水系统;常用建筑机械的典型线路;电梯的电气控制;锅炉房动力设计的电气控制;空调与制冷系统的电气控制;建筑电气控制设备设计基础,就其各自的线路特点、工作原理、调试维护及与计算机接口等图文并茂地进行了详细阐述。为适应智能化建筑的系统集成需要,还介绍了可编程序控制的原理、控制系统、指令、程序设计及应用等。(唐炳文)

T000854 **音乐与建筑** 吴硕贤著。中国建筑工业出版社2002年11月第一版。37万字。60.00元。“华南理工大学建筑学术丛书”之一。主要内容:第一辑 音乐与声学;第二辑 建筑与教育;第三辑 城市与环境;附录建筑与环境诗词选。(常燕)

T000855 **住宅小区智能化系统** 徐超汉编著。电子工业出版社2002年7月版。36.48万字。25.00元。详细介绍住宅小区智能化系统的设计实施方案以及未来的发展趋势。内容包括系统构成、设计等级、智能化的规划与设计要点、通信信息网络,小区公共安全防范系统,消防报警系统,停车场车辆监控系统,卫星电视与有线电视系统,小区背景音响系统,住宅智能化系统,小区通信网络平台,楼宇机电设备监控系统,物业管理,智能小区设计方案。同时,对现场总线、一卡通、小区电子商务等技术也给予适当的介绍。本书还给出了2个设计案例供读者参考。(总编办)

T000856 **智能建筑综合布线系统设计与工程** 徐超汉编著。电子工业出版社2002年4月版。46.08万字。28.00元。内容包括基本概念;水平区段设计;干线子系统设计;管理子系统设计;设备间子系统;建筑群子系统简述;综合布线系统中的光纤;建筑与结构评估;家居布线系统;布线工程设计;布线系统工程管理;布线系统的安装施工、工程的验收;综合布线应用。(总编办)

T000857 **西门子 电气安装技术手册** [德]Günter G. Seip著,胡明忠、胡洙非译。中国建筑工业出版社2002年2月第二版。117.6万字。160.00元。共7章。即供电与配电、保护措施、电磁兼容性、电气安装用的装备和系统、电气安装技术应用实例、建筑自动化、国际级、地区级和国家级标准。本书介绍了建筑电网结构和设计的基本知识、必须应用的保护措施,并着眼于住宅建筑和实用建筑中的建筑系统工程新概念,详细论述了传统的和面向未来的建筑电器和系统,还着重介绍了荣获国际盛誉的instabusEIB总线系统联成的网络,通过面向实践的范例,不仅说明其拥有广泛的应用领域,而且更显示出它在用电安全性、经济性、灵活性和舒适性方面所具有的特有价值。针对经济贸易的自由化和市场的全球化,本书引用了相关的国际级、欧洲级和德国的标准化、标准规范和规程。(余永祯)

T000858 **建筑电气安装工程常用资料便查手册** 吕光大主编。中国电力出版社2002年2月版。73.1万字。39.00元。汇集了当前建筑电气安装工程中常用的技术资料和数据,主要包括工程常用公式及换算,常用电气设备选型计算及设备参数,以及常用汉英词汇等。(华峰)

T000859 **芬兰新建筑** 方海著。东南大学出版社2002年5月版。30.3万字。70.00元。概述芬兰现代建筑设计传统,评点芬兰新一代建筑师,精选24个典例,并配以由北欧最著名的建筑摄影家尤西·第艾宁提供的精美图片以及文字、线图。(姜来)

T000860 **弗兰克·盖里作品集** 薛皓东译。天津大学出版社2002年7月版。78.7万字。150.00元。是美国著名当代建筑师弗兰克·盖里1991～1995年期间的作品集,包括已建成和建造之中的方案。书中图片详实、生动,配以文字说明,以及盖里访谈录和盖里事务所的技术资讯。本书英文原版由西班牙著名的EL CROQUIS公司出版,(台湾)惠彰企业有限公司拥有繁体和简体中文版,于2002年授权天津大学出版社出版简体中文版。(张文红)

T000861 **原朴建筑画** 虞立保编著。中国计划出版社2002年5月版。5.0万字。298.00元。在欣赏虞立保先生的建筑画时,有一种想走进他所营造的意境中去的冲动,也许是因为画中建筑令人仿佛触摸到了理想,也许是因为那谜一样充满诱惑的和谐让人心驰神往。解读他的作品,我们会惊叹:人、建筑、环境三者之间的高度和谐会出现在某个特定的时间与空间的结点上。如:阳光透过古树时的王室公馆;晨光与雾霾中的别墅;落日余辉掩映着的海边泳池寓所;蓝天白云下巍峨的写字楼等。(何欣)

T000862 **外国古建筑二十讲** 陈志华著。生活·读书·新知三联书店2002年1月版。23万字。69.00元。共20讲,分上下两篇,以讲座的形式,按历史顺序,介绍19世纪新建筑运动开始之前的外国建筑。(杜非)

T000863 **青海古建筑论谈** 张君奇著。青海人民出版社2002年12月版。26万字。26.00元。详细论述了青海古建筑如乐都瞿昙寺、贵德玉皇阁、同仁隆务寺、湟中塔尔寺及青海马步芳公馆南楼等古建筑的维修工程及维修经过,并附有立体图、平面图、剖面图等;结合文化景点建设,精心设计了青海都兰吐蕃墓葬博物馆、湟中汉墓博物馆、贵德南海殿魁星阁、贵德文庙花园、贵德河滨公园戏台、牌坊等古建筑,也附有立体图、平面图、剖面图。全书依据青海古建筑的各自特点,详细论述了建筑结构与装

饰、建筑风格、大木榫卯法式、举 架与推山等。(喇海永)

T000864 **印度现代建筑** 邹德侬、戴路著。河南科学技术出版社 2002 年 12 月版。20 万字。68.00 元。分 5 章,包括:古代文明与建筑理念,现代建筑来到印度,西方建筑师认识印度,印度建筑师认识自己,中国建筑师认识印度。书中插入了约 600 幅图片,书后附有"20 世纪印度重要建筑作品图录",收录作品 220 项,以地区分类的形式详尽地反映了印度现代建筑的全貌。(赵志刚)

T000865 **地下防水工程质量验收规范培训讲座** 薛绍祖主编。中国建筑工业出版社 2002 年 10 月版。30.5 万字。20.00 元。为《地下防水工程质量验收规范》GB50208—2002 的培训讲座,共 8 章,主要内容有:编制简介;强制性条文;总则;基本规定;地下建筑防水工程;特殊施工法防水工程;排水工程;注浆工程;子分部工程质量验收。(常燕)

T000866 **高层建筑结构优化、动力和稳定的实用计算** 王全凤著。福建科学技术出版社 2002 年 10 月版。8 万字。10.00 元。主要介绍高层建筑结构的力学分析原理和计算方法,围绕优化、动力和稳定 3 个问题及计算机在结构工程中的运用进行阐述。本书理论与实践并重,作者在深入理论研究的基础上提出了简便实用的计算方法。(邓惟)

T000867 **风景建筑学场地工程** [美]史蒂文·斯特罗姆等著。大连理工大学出版社 2002 年 2 月版。20 万字。69.00 元(精装)。提供给景观建筑师技术上的培训资料,并使其知道怎样把设计思想转换到物质可靠的、环境敏感的场地中;它提供给他们一系列基于美学选择的、技术上和伦理上的原理;同时,参考当前的场地工程趋势、实践和规范,它将提供给在职的场地规划和建筑师很有价值的、第一手的原始资料。(总编室)

T000868 **21 世纪城市灯光环境规划设计** MINKAVE 城市灯光环境规划研究所编。中国建筑工业出版社 2002 年 2 月版。55.2 万字。97.00 元。分 5 篇 13 章。详细论述了城市灯光环境的发展状况;城市灯光环境规划设计的基本原理、基本知识和方法;城市灯光环境景观的设计;城市室内照明的规划设计;城市灯光环境设计的招标与投标;城市灯光环境工程设计常用灯具及灯饰的选择与配置;城市灯光环境工程的安装与线路铺设、维护与管理等,书后还附有大量的国内外城市灯光环境工程的实例。(王雁宾)

T000869 **城市设计历程** 洪亮平著。中国建筑工业出版社 2002 年 4 月版。38.4 万字。80.00 元。以城市设计的思想与文化发展为主线,以各个不同时期城市社会生活的历史画卷为背景,系统考察了中西方城市设计的发展历程。通过对不同历史时期城市设计观念、方法与杰出城市设计作品的分析,阐明千百年来所形成的城市设计基本精神和原则,并对当代城市设计走向和未来城市设计发展进行了总结与展望。(王玉容)

T000870 **城市设计——形式与装饰** 张斌、杨北帆编著。天津大学出版社 2002 年 3 月版。56.3万字。110.00 元。作者在书中重点论述了城市形式与装饰。内容涉及城市图式的制定、交通道路的组织、轴线的形成、广场花园安排、土地细分、城市策划、组团与社区划分等。通过对不同城市的对比分析,书中提出了较为理想的几种城市形式,并介绍了城市装饰工作的原则和经验。(魏秉哲)

T000871 **地下空间资源的开发与利用** 束昱编著。同济大学出版社 2002 年 4 月版。55.6 万字。32.00 元。土木建筑专业教材。共 8 章,一、地下空间利用与现代城市;二、日本的地下空间利用;三、欧洲等国的地下空间利用;四、未来地下空间利用;五、地下空间工程技术;六、地下空间的环保与防灾技术;七、地下空间利用的实例研究;八、城市地下空间的示范性规划。本书汇集了当代地下空间资源开发的主要成就,书后有两个附录:城市地下空间开发利用管理规定及我国城市地下空间开发利用"十五"规划纲要。(黄国新)

T000872 **中国景观与旅游规划设计丛书** 刘滨谊主编。东南大学出版社 2002 年版。由现代景观规划设计、现代旅游规划设计、景观与旅游相结合的景观旅游规划设计三大类型的系列专著组成。现已出版 3 种:《自然原始景观与旅游规划设计》、《人造生态景观与旅游策划规划设计》、《城市道路景观规划设计》。本丛书从景观与旅游规划设计的核心内因入门,研究以人为中心的游憩规划设计和以环境为主的资源策划;从景观与旅游规划设计的操作落实着手,研究各类风景旅游活动项目空间与时间分布的规律以及相应的规划设计;从景观与旅游规划设计诸纲目因素的分析评价突破,分析判定景观与旅游规划设计的价值观念,把景观与旅游经济——社会——环境的三大效益评价与旅游规划设计关联的各个要素挂钩量化,寻求发现满足社会市场需求的中国景观与旅游规划设计的内在规律性。

(徐步政)

T000873 **北京旧城二十五片历史文化保护区保护规划** 北京市规划委员会。北京燕山出版社 2002 年 10 月版。25 万字。600.00 元。在对北京旧城 25 片历史文化保护区的历史沿革,用地,人口,建筑和市政基础设施条件等方面进行深入细致现状调查的基础上,结合北京的地方特点并借鉴国内外保护历史文化保护区的先进经验,通过对历史文化保护区进行院落划分、用地调整、人口密度分类、建筑质量及建筑历史文化价值的评价与分类、改善市政基础设施条件等做法,进一步深化了《北京城市总体规划》和《北京市区中心地区控制性详细规划》对北京历史文化名城保护的要求。(陈果)

T000874 **城市滨水区设计与开发** 张庭伟、冯晖、彭淊权编著。同济大学出版社 2002 年 3 月版。40.8 万字。118.00 元。分 3 部分:第一部分讨论滨水地区的设计和开发的基本原则,并结合我国的实践,对城市滨水地区的开发提出一些建议;第二部分介绍美国和加拿大 20 多个城市滨水地区规划建设的实例,并作了评价;第三部分集中讨论芝加哥市滨水地区开发,重点在于政府的开发意图和市场对之的应答这一动态过程。书后附有芝加哥滨水地带规划的设计标准。(沈恬)

T000875 **城市规划 城市发展** 天津市城市科学研究会编。天津人民出版社 2002 年 8 月版。20 万字。20.00 元。主要研究并介绍了新世纪我国城市规划与持续发展;科学技术进步与现代城市规划科学的形成和发展;西方建筑思潮对东方发展中国家城市更新的影响;发达国家的城市土地利用规划对中国的启迪。在城市规划对环境的影响一文中强调将战略环境评介引入城市规划,综合考虑城市社会和经济的发展,提出城市发展项目的优化方案和污染治理措施,避免城市发展的盲目性。书中还探讨了城市道路交通管理与对策,智能交通系统(ITS)在城市的实施;房地产业政策研究;以现代物流产业提升城市功能;城郊型小城镇旧区改造的新模式。在我国小城镇的发展取向一文中提出在城市体系中小城镇数量最多、分布最广、与农村关系最密切,小城镇的发展能较快地带动周围农村的发展,实现农村人口城市化,另外也有利于扩大内需,提高农民的消费水平,推动国民经济更快增长。总之,本书从不同的角度和层面论述了城市规划、建设、管理的发展方向,提出了意见和建议。(解鸿茹)

T000876 **变革与发展:中国内陆城市成都现代化研究** 何一民主编。四川大学 2002 年 4 月版。99 万字。89.00 元。分上下两篇。上篇“传统与变革”,为国家社科青年基金课题的最终成果,旨在探讨近代成都城市现代化发展的过程、特点和一般规律。下篇“世纪之交的崛起”,为四川省学术带头人培养基金课题和四川省“十五”规划课题。全书以现代化为主线,着力研究了中国内陆城市成都从传统城市向现代城市演变的历程。其历程分为两个阶段。一、19 世纪中叶到 20 世纪中叶是成都城市早期现代化的启动和初步发展时期。作者从国际国内的大环境考察了成都城市早期现代化的背景,探讨了近代以来成都城市早期现代化的发展过程、特点和一般规律,深入分析了近代成都城市发展的原因及发展缓慢的制约因素,从经济变动、政治结构与社会控制、地域结构与城市规划、人口、教育、市民消费生活多个侧面探讨了成都早期现代化的进程。二、从新中国成立到 20 世纪末是成都城市现代化发展的第二个阶段。作者在总结成都城市发展的历史特点和城市建设经验的基础上,结合世界先进城市发展建设中的规律和经验,提出了 21 世纪成都城市建设的新思路:包括加强成都历史文化名城保护,确立名城保护的指导思想和措施对策;坚持可持续发展原则,城市空间向东向南发展战略,强化城市核心空间,建设中心商务区;重视生态园林建设等。(汪萍成杰)

T000877 **巴塞罗那的环境艺术** [日]嗵口正一郎著。大连理工大学出版社 2002 年 5 月版。15 万字。180.00 元(平装)。以艺术品为轴线,其中有代表的工程均现场取材,归纳了巴塞罗那最新的环境设计作品。(总编室)

T000878 **新世纪中国城乡规划与建筑设计丛书(第三辑)** 白德懋等主编。东南大学出版社 2002 年—2003 年版。是“十五”国家重点图书出版规划。第三辑现已出版下列分册:《城市形象设计》、《城市总体规划》、《现代城市设计理论和方法》、《中国山水文化与城市规划》、《城市空间理论与空间分析》、《城市规划与历史文化保护》、《城市休闲空间规划设计》。本丛书由我国建筑界、城市规划界著名专家、学者组成编审、编委会。中国城市规划设计研究院、北京建筑设计研究院、东南大学建筑系、同济大学建筑与城市规划院等 14 个单位的有关院士、博士生导师、教授、专家直接参与本丛书的策划、编著。本丛书力图站在该学科发展的前沿,瞄准 21 世纪初叶我国城乡规划与建设发展的需要,从理论、规划、管理、模式、技术等方面进行科学的探索、创新，对我国新世纪时期的城市规划、城市设计、城市更新、城市保护、城市交通、城市生态及其城市协同发展的建筑设计具有十分重要的指导意义。(徐步政)

T000879 **小城镇建设管理手册** 陈佳骆、李国凡、朱霞编。中国建筑工业出版社 2002 年 5 月版。25 万字。15.00 元。阐述了我国小城镇成长过程，小城镇经济发展与建设投资的关系，小城镇建设的政策法规，政府及其建设职能部门如何引导和管理小城镇建设、创造良好的投资环境。(姚荣华)

T000880 **草坪绿地实用技术指南** 孙吉雄主编。金盾出版社 2002 年 12 月版。48.9 万字。24.00元。由基础理论、应用技术和生产实践 3 篇组成。内容包括：草坪草的种子生产，园林植物的培育与栽培，草坪的建植、养护和病虫草害防治，运动场草坪的建植，公路绿化工程，园林及街道绿地的设计与施工，草坪绿地的灌溉，草坪绿地工程质量监理，草坪绿地工程质量评价等。(李钦)

T000881 **中国城市规划·建筑学·园林景观博士文库** 赵和生主编。东南大学出版社 2002 年—2003 年版。100.00 元。至今已出版 10 种。投稿、推荐、审稿、录用出版的论文均来自北京大学、清华大学、中国科学院、东南大学、复旦大学、同济大学、华东师范大学、哈尔滨工业大学、重庆大学、华南理工大学等名校。丛书立足当今中国城市发展的前沿，借鉴发达国家的理论与经验，以理性的思维研究中国当今城市发展问题，为中国城市规划及其相关领域的研究和实践工作提供理论基础。本博士文库的审稿、录用标准是：论文有观念创新性和理论创新性，理论研究贴近热点问题。(徐步政)

T000882 **商务园林与屋顶花园** [西]Cerver. F. A.编著，吴锦绣译。江苏科学技术出版社 2002 年 9 月版。65 万字。228.00 元。是《世界景观设计》(*World of Environmental Design*)系列丛书之一，共收有 27 个典型实例。除大公司及跨国公司之外，本书中所选的例子的服务对象并不局限于传统意义上的商业建筑，还包括大学校园及旅馆建筑等。屋顶花园可创造性地利用空间并促进与环境的互融，本书选取了两个例子，一个是由德里克·拉夫卓伊设计的 RMC 总部及屋顶花园，另一个是由 BDP 景观设计事务所设计的卡农桥屋顶花园(Cannon Bridge Roof Garden)。本书所选案例从多个侧面展示了景观设计学丰富的内涵和设计理念。(王剑钊)

T000883 **寻求伊甸园——中西古典园林艺术比较** 周武忠著。东南大学出版社 2002 年 3 月版。37.4 万字。128.00 元。作者用以历史比较和平行比较为主的综合比较研究法，对中国古典园林和西方古典园林进行了比较研究，侧重于风格的分析和植物、假山与石景的比较，也涉及理水和建筑等其他造园要素。作者不仅从地理环境、审美理想、文化背景、设计思想等方面分析了中西古典园林艺术的差异，还从人类共同的"本原观念"出发，揭示了造园艺术的本质，即：世界上的一切造园活动，不论是规则式的还是自然式的，都表明我们人类想营造一个理想的家园，寻求伊甸园。(陈晓燕)

T000884 **园林规划设计** 刘志成等编。中央广播电视大学出版社 2002 年 10 月版。60.3 万字。16 开。34.00 元。内容包括园林规划设计、城市绿地系统规划和规划设计实例 3 部分。(总编室)

T000885 **园林景观设计资料集——水景·桥** 区伟耕主编。云南科学技术出版社 2002 年 12 月版。12.25 印张(全彩)。108.00 元。"园林景观设计资料集系列丛书"之一。本书围绕水景和桥分为清溪、喷泉、瀑布、水幕、小桥、汀步和泳池等 7 大部分。每一部分既有精美彩图的直观展示，又有简明的文字说明。全书约 450 幅彩图。(欧阳鹏 孙琳)

T000886 **园林景观设计资料集——园路·踏步·铺地** 区伟耕主编。云南科学技术出版社 2002 年 5 月版。12.75 印张。108.00 元。为"园林景观设计资料集系列丛书"之一。铺装景观的设计是园林设计的要素，全书分为园路、踏步、铺地 3 部分。其中园路包括不规则砖石结构园路、规则砖石结构园路、圆形地砖、木桩小路等。踏步包括混凝土踏步、天然石材踏步、彩砖踏步等。而铺地细分为砖草铺地、碎料铺地等。(欧阳鹏 孙琳)

T000887 **中国园林建筑施工技术** 田永复编著。中国建筑工业出版社 2002 年 1 月版。61.4 万字。41.00 元。作者根据我国古代遗留下来的文化遗产和我国广大园林工作者多年的实践经验编写而成。全书共 10 章，分别阐述了中国古代园林建筑各个部分的结构形式、构件组成、制作安装和施工方法等内容。(李金龙)

T000888 **水景园** 余树勋著。天津大学出版社 2002 年 7 月版。40.5 万字。85.00 元。全面论述水景园文化内涵及如何规划与设计的专著，并对水生观赏植物进行了详细介绍。全书共 8 章：中华水文化的渊源、西方水文化的史说辑要、水景园的定义与内涵、水景园的类别、水景园的规划、水景园的

设计、水生观赏植物、水景园的管理。书后还附有水景园珍影撷萃。(徐桂英)

T000889 **园林水景** [英]詹姆士·艾里森著。大连理工大学出版社 2002 年 2 月版。6 万字。160.00 元(精装)。介绍水在园林景观中全方位的作用,提供如何把水景融入园林的设计思想,介绍了水生植物、各种观赏鱼及其品种的选择和如何设计、修建、营造一处野生动物池塘。(总编室)

T000890 **现代建筑环境小品设计精选** 高祥生等编著。江苏科学技术出版社 2002 年 6 月版。35 万字。65.00 元。就建筑环境小品的特征、类型以及环境小品的设计方法等进行了论述,并附有大量的图例。全书共 4 章,第一章为概论,主要阐明建筑环境小品的特征和作用;第二章为建筑环境小品的分类;第三章为环境小品的设计,主要介绍了环境小品设计原则和设计方法;第四章为各类环境小品分析,分别介绍了雕塑等 11 项小品的内容和设计要点。本书收集整理了 580 多个建筑环境小品的实例,同时还整理有关环境小品设计的工程图纸 3 套。(高志一)

T000891 **花园别墅造园实例图册** [日]三桥一夫等著。中国建筑工业出版社 2002 年 11 月版。38 万字。68.00 元。通过大量的最新实例分析,详尽地介绍了东西方庭园的设计、施工、管理方法。每册图书均有近 500 张精美的彩色照片、平立面图和简洁的实例文字点评,另外作者还在大量的实例分析之外,提供了具体的施工做法和维护建议。本套丛书共 4 册。第一册主要介绍了东西方的大门、围墙、通道和车库设计,从其园林设计手法、施工方法、及其如何同建筑协调方面进行了分析。第二册主要结合大量具体的实例介绍了石、水及点缀小品在园林设计中的成功应用,假山、叠石、台阶、石桥、瀑布、溪流、水池、石制小品、竹篱以及各种点缀小品的设计手法是本册的重点。第三册的主要内容是小庭园和宅园的具体设计理论和实践,通过本册图书的阅读,读者将能够去成功地设计有花草树木的小庭园、有草坪的小庭园、有叠石的小庭园、有小品的小庭园、有水的小庭园等等,通过大量的实例读者可以体会园林设计的精华。第四册则是树木、草坪和花卉的专辑。各种树木、草坪和花卉的特性在本册中一一得到介绍。同时作者着重介绍了如何在园林中成功应用植物的设计手法以及各种植物的种类、栽植、管理方法。花坛的设计也是本册的重点之一。(白玉彩 马明杰)

T000892 **西方现代景观设计的理论与实践** 王向荣、林箐著。中国建筑工业出版社 2002 年 7 月版。75 万字。210.00 元。回顾了西方园林发展的历史,简述了西方现代景观探索的过程,然后按地区的不同和时间先后,介绍西方现代景观产生和发展、以及西方现代景观的主要流派,最后介绍西方景观设计的新发展。全书所涉及的内容,从地域上看,包括欧洲和美洲两个大陆;从时间上看,跨越 19、20 世纪,直至 21 世纪初。全书将各个单一的现象联系在一起,把不同国家众多的设计思想、设计流派和设计师联系起来,构成西方现代景观产生和发展的脉络。(郭洪兰)

T000893 **法中历史园林的保护及利用** 法国华夏建筑研究学会主编。中国林业出版社 2002 年 1 月版。27 万字。144 页。36.00 元。出于保护人类文化遗产的共同愿望,法国和中国有关人员为保护和研究历史园林相互交流各自的经验教训。本书即为 1997 年召开的法中历史园林研究与利用研讨会的论文成果。(刘若云)

T000894 **文心画境** 副名:中国古典园林景观构成要素分析。刘晓惠著。中国建筑工业出版社 2002 年 5 月版。7.4 万字。176.00 元。从中国古典园林的形象特征、文化蕴涵、造园理念,中国古典园林形象构成要素、中国古典园林的物质构成要素等诸方面,对中国古典园林给予了详尽的分析。本书有墨线图一百余张,彩色照片 400 余幅。(张振光)

T000895 **江南名园指南** 朱宇晖著。上海科学技术出版社 2002 年 1 月版。26 万字。58.00 元。以图文并茂的形式,介绍了存世的江南古典园林的历史沿革、造园艺术特色及掌故等。全书分上下两册,分正文、附录两部分。正文部分介绍了分布于南京、常州、无锡、苏州、常熟、扬州、上海、杭州等地保存较为良好的二十多座古典园林。附录部分介绍了江南各地仍存世的一部分保存状况稍逊于正文中的那部分园林或重要性及艺术成就稍逊于前的园林。(陈立群)

T000896 **世界园艺博览园景观规划设计** 江三戈、吴采薇编著。中国建筑工业出版社 2002 年 1 月版。50.2 万字。158.00 元。分为概述、室外园区、室内展馆、专题园、企业展区、水体景观、公共服务设施与园林建筑小品、金殿风景名胜区等几部分。在概述部分,介绍了前景区和花园大道。在室外园区部分,依次介绍了中国园区各省、市、自治区,以及港、澳、台等地的34个室外园，而后是有34个外国园组成的国际园区。在室内展馆部分，依次介绍了中国馆、科技馆、人与自然馆、大温室以及国际馆。在专题园部分，依次介绍了树木园、名花艺石园、茶园、蝴蝶园、药草园、盆景园、蔬菜瓜果园和竹园。在企业展区部分，介绍了农友园、和谐园、万绿芦荟园、曹州牡丹园、林科园和金星园。最后介绍了水体景观、公共服务设施、园林绿化和建筑小品、观景塔以及金殿风景名胜区。(许顺法)

T000897 **造园书系——日本景观设计师枡野俊明** 章俊华编著。中国建筑工业出版社2002年3月版。58.00元。是"造园书系"4个分册中的第一本。本书专题介绍的日本景观设计师枡野俊明是日本最杰出的设计师之一。他的作品能够如此准确地把握和表现日本传统庭园的文脉，堪称是继承和表现日本传统园林艺术的典范。作者在本书中深入地剖析和阐明了枡野先生的设计理念；并通过"曲町会馆"、"今冶国际饭店中庭"、"加拿大驻日本大使馆庭园"，以及"新渡户庭园改造"等6个项目详述了枡野先生的作品风格和特色。枡野先生为本书提供了他这6个项目的全部图片资料和图纸资料。(张建)

T000898 **陈从周纪念文集** 同济大学建筑与城市规划学院编。上海科学技术出版社2002年5月版。32万字。38.00元。从各个侧面记录了陈从周的人生历程和学术生涯，全面展现了作为学者、文人的陈从周的风采和真性情。全书还首次发表了一批珍贵的历史照片。(陈立群)

T000899 **全国统一市政工程预算定额(第九册)地铁工程GYD－309－2001** 北京市建设委员会主编。中国计划出版社2002年4月版。23万字。55.00元。由土建工程、轨道工程、通信工程、信号工程等4部分组成。其中土建部分包括暗挖、盖挖、明挖法等施工内容，轨道部分包括地下区间正线轨道、地上轨道、车辆段轨道等施工内容，通信、信号部分包括地上、地下的通信、信号等施工内容。共计28章，511个子目。本定额适用于城镇范围内新建、扩建的地铁工程。本定额的编制依据如下：1.《全国市政工程统一劳动定额》(1985年、1997年)；2.《全国统一建筑工程基础定额》(1995年)；3.《全国统一安装工程预算定额》(2000年)；4.《地下铁道设计规范》GB50157－92；5.《地下铁道工程施工及验收规范》GB50299－1999；6.铁道部1995年铁路工程预算定额；7.北京、上海、天津、广州、深圳等地铁公司、设计单位、施工单位提供的国内已定型的标准图、通用图、设计图纸及有关定额资料。(何欣)

T000900 **给水排水工程施工手册** 刘灿生主编。中国建筑工业出版社2002年9月第二版。128.2万字。70.00元。介绍了给水排水工程的施工方法，在原第一版的基本框架上，进行了大量的改动，内容突出一个"新"字，并由原17章增加到20章，分别为常用资料、材料、施工工具、机械设备、施工准备、土方工程、吊装工程，钢制非标装置的制作与安装，防腐与隔热，一般建筑施工，特种混凝土施工，水下工程，管道施工，水池与塘，水塔，泵房，地表水取水构筑物与井，通用设备，给水、污水、污泥处理专用机械设备安装、仪表、自动控制系统的安装与调试，给水、污水处理厂的试运行等。(田启铭)

T000901 **水工艺与工程** 严道岸主编。化学工业出版社2002年4月版。86.1万字。85.00元。是《实用环境工程手册》的分卷。全书分为9篇26章。第一篇至第四篇为水工艺部分，计11章，内容涉及水取集与排放工艺，水处理工艺，水管渠网络运载工艺，水用户终端工艺；第五篇至第八篇为水工程部分，计15章，内容涉及水工程可行性研究，水工程设计与概预算，水工程施工，水工程管理与监理；第九篇为水工艺与工程实例部分，包括给水工艺和工程实例、排水工艺与工程实例。书末还附有重要的水法律文件及计算图表。(郭燕)

T000902 **水处理材料与药剂** 兰文艺、邵刚主编。化学工业出版社2002年1月版。109.8万字。90.00元。为"实用环境工程手册"的一个分册。介绍了吸附材料与滤料、膜与膜组件、离子交换树脂、混凝剂与絮凝剂、阻垢剂与分散剂、缓蚀剂、杀菌灭藻剂、清洁剂、其他水处理剂9类主要水处理材料与药剂。对每种材料与药剂则介绍了其英文名称、商品名称、别名、分子式(或结构式)、性状与包装、质量标准、检测方法、功能与用途、使用方法、产品特点、生产厂家等内容。书后还介绍了部分企业产品及联系方法。(郭燕)

T000903 **污水处理设备** 史惠祥主编。化学工业出版社2002年10月版。77万字。68.00元。为"实用环境工程手册"的一个分册。全书共5章。第一章简要介绍了废水中的主要污染物及其处理方法；第二章详细介绍了污水处理的通用设备，包括泵、风机、管材及配件等；第三章对污水处理的专用设备进行了具体介绍，包括各种专业设备的外形、主要技术参数、安装尺寸及适用范围等；第四章介绍了污水处理监控设备；第五章介绍了污水处理设备的

选择、运行及维护。(郭燕)

T000904 **新型水处理剂——二氧化氯技术及其应用** 黄君礼著。化学工业出版社 2002 年 5 月版。50 万字。38.00 元。介绍和阐述了新型水处理剂——二氧化氯的物理化学性质、化学原理、发生技术、消毒作用、除污染效果和工程实践等方面的基本理论和实际应用。(郭燕)

T000905 **膜法水处理技术及工程实例** 邵刚编著。化学工业出版社 2002 年 3 月版。57.6 万字。48.00 元。为"环境工程实例丛书"的一个分册。共 10 章。第一章概要介绍了膜技术的特点及发展概况,第二章介绍电渗析、反渗透等 8 种分离膜过程的基本原理、技术特点及发展概况,第三章介绍膜法水处理系统整体概念,对膜污染及防治作了简要介绍,第四章介绍了集成膜技术及工程设计,第五至十章系统介绍了海水和苦咸水淡化、工业纯水和高纯水生产、城镇自来水及优质饮用水净化、城市污水处理与回用、工业废水处理与回用等方面工程实例 100 个。(郭燕)

T000906 **城市与工业节约用水手册** 崔玉川主编。化学工业出版社 2002 年 5 月版。102.4 万字。96.00 元。全书分 3 篇,共 24 章。第一篇是城市与工业节约用水的基础性内容,包括水资源、城市给水水源及其保护、城市与工业供水用水和排水、需水量预测、节约用水基本途径和指标体系,以及节约用水状况和目标;第二篇是城市与工业节约用水的技术方法,包括循环冷却用水、循序用水、污水处理利用、建筑中水、海水利用、城区雨水利用、生产工艺节水、节水器具设备以及地下管道检漏防漏;第三篇是城市与工业节约用水的管理手段,包括节水行政管理、技术管理、经济管理和法制管理、节水管理信息系统、节水项目经济评价、节水考核评判、节水规划编制以及节水宣传教育和人员培训等。(郭燕)

T000907 **燃气工程便携手册** 李公藩编著。机械工业出版社 2002 年 6 月版。66.9 万字。39.00元。主要介绍燃气的分类、特点及输配系统,常用管材及附属设备,施工准备,土方工程,管道加工,管道连接,地下燃气管道安装,阀门安装,穿跨越工程施工,燃气管道的腐蚀与防护,管道分段耐压试验,道球扫线,调压计量站与储配站、压气站,城市燃气储存与压送,液化石油气供应,地上燃气管道施工,燃气管道带气接管、燃气管道置换与运行管理及工程竣工验收等。(何文军)

T000908 **消防工程学** 程远平、李增华编著。中国矿业大学出版社 2002 年 5 月版。50 万字。26.00元。高等院校消防工程、建筑工程和安全工程专业教材。由火灾基础、建筑火灾被动防护、建筑火灾主动防护和防爆基础 4 部分构成。教材内容涉及火灾发生、发展及蔓延的基础知识;建筑材料的高温性能、耐火试验、钢结构防火设计、建筑物的耐火等级、防火分区及防烟分区和安全疏散等防火方法和技术;火灾报警、灭火剂、灭火器,各种自动灭火系统等建筑灭火方法和技术;最后简要介绍了爆炸种类,以及气体、粉尘和水蒸气爆炸预防的基本方法。(马跃龙)

水利工程

T000909 **高拱坝坝身泄洪和消能防冲** 孙建著。西北工业大学出版社 2002 年 8 月版。22.1 万字。25.00 元。介绍作者在水垫塘水力学方面的最新研究成果。内容主要包括挑流水舌在空中以及在水垫塘中的扩散规律、水舌空中掺气对水垫塘底板动水压强的缩尺影响、多股分层挑流水舌作用下水舌入水优化间距及基岩冲刷平衡深度的数学模型、多股挑流水舌上下碰撞及左右碰撞作用下基岩冲刷平衡深度的数学模型、护坡不护底水垫塘基岩冲刷平衡深度的估算方法、护坡不护底水垫塘体型的试验研究、平底水垫塘底板稳定的数值模拟和反拱水垫塘底板稳定性的研究。(王夏林)

T000910 **中国水利发展战略研究** 朱尔明、赵广和主编。中国水利水电出版社 2002 年 7 月版。48 万字。68.00 元。以可持续发展为指导原则,根据中国的国情和中国水利的特点,通过水与社会进步、经济发展关系的分析,研究了人口、经济发展、城市化进展、生态环境保护和水利发展的关系;提出了防洪抗旱、水资源配置、水资源综合利用、水环境保护与改善、水管理模式、地区与流域的发展战略与决策,以及今后发展中值得深入研究的一些重大问题。(陈跃)

T000911 **20 世纪中国河流水电规划** 中国水电顾问有限公司编,朱铁铮主编。中国电力出版社 2002 年 8 月版。52.3 万字。60.00 元。收集整理中国 20 世纪有关水电建设和水电规划的资料,概括了中国河流水电规划的发展历程;收录了针对历史上当时、当地情况,为了促进水电规划事业发展而撰写的文稿 40 余篇;重点总结了建国以后河流水电规划的经验和教训;实录了 1980 年以后 40 余条河流

的水电规划成果及审查意见。本书内容是中国20世纪河流水电规划工作的经验总结,也是中国河流水电规划成果的发布。(华峰)

T000912　**中国西北干旱区冰雪水资源与出山径流**　康尔泗、程国栋、董增川主编。科学出版社2002年7月版。47万字。60.00元。是"九五"国家重点科技攻关计划项目"西北地区水资源合理开发利用与生态环境保护研究"中"冰雪水资源和出山口径流量及其变化趋势预测研究"专题的成果。书中论述了作为完整冰川系统的西北干旱区"小冰期"和近数十年来的冰川变化量及其地区分布规律;建立了年际波动完全协调一致的微波卫星遥感积雪时间序列和地面气象台站积雪时间序列,并发现了其长期变化的特殊规律;揭示了西北干旱区出山径流的形成和变化规律;建立了基于高山冰雪冻土带和山区植被带的山区流域水文模型,模拟了出山径流对气候变化的响应,进而预测了在气候变化情景下出山径流的可能变化趋势。(吴三保)

T000913　**水资源普查方法概论**　阮仁良主编。中国水利水电出版社2002年10月版。32.3万字。38.00元。20世纪80年代初,全国开展了第一次水资源调查工作。20年来,人们对水资源概念的认识、水资源调查的内涵和水资源管理的深度均有了新的要求。上海市水资源普查工作就是在这样的背景下,为适应上海市社会经济的可持续发展所开展的一项综合性、前期性和战略性的调查。上海市水资源普查是全国第一家以普查为要求的水资源调查工作,得到了水利部的高度评价。本书以上海市水资源普查技术细则为依据,提出了一整套水资源普查的调查理论和技术方法,包括水资源载体(河道和湖泊)、水资源数量、水资源质量、污染影响因子、水工程等水资源要素的调查,水资源管理信息系统的设计标准和方法等。(陈跃)

T000914　**以生命的名义**　副名:中国水资源问题的思考。康雪主编。福建教育出版社2002年11月版。20.3万字。19.60元。访谈录。选收10篇记者的采访及7篇报道(国外水资源可持续利用经验)。通过记者对专家、政府官员的采访,从中国水资源现状(洪涝灾害频繁,干旱缺水,水污染严重)出发,探讨水资源与国家安全、经济发展、生态环境等的关系,抒发专家们的所思所忧,借鉴国外水资源可持续利用经验,提出应对水资源危机的对策(如加强水资源的统一管理,节约用水,实行跨流域调水,污水、海水的利用等)。(郑杰)

T000915　**中国水资源的危机与对策**　翁文斌、赵建世著。河北人民出版社2002年6月版。33万字。23.00元。共11章,内容主要包括:中国水资源问题;水资源特性与水资源危机;中国人地水关系的历史与现状;可持续发展与水资源可持续利用;21世纪水资源供求分析;21世纪中国水资源的优化配置;洪水资源利用与水旱灾害防治;21世纪水资源环境与保护;水资源宏观调控与管理;水资源战略规划的新思路、新方法;实现节水型社会的奋斗目标。(王云弟)

T000916　**水资源保护及其立法**　袁弘任、吴国平等编著。中国水利水电出版社2002年3月版。23万字。26.00元。共8章,系统地阐述了水资源保护的内涵及与其他相关活动的关系,水资源保护立法的理论与实践,水资源保护经济政策的理论与实践等,并对水资源保护的前景进行了展望。(陈跃)

T000917　**水资源保护知识问答**　吴季松、袁弘任主编。中国水利水电出版社2002年5月版。19.5万字。22.00元。介绍了水资源保护所涉及的水资源、水生态系统、水污染、水质监测评价、水功能区划、水资源保护规划、水资源保护管理和法规,以及国外水资源管理经验等内容。(陈跃)

T000918　**现代水资源管理概论**　吴季松著。中国水利水电出版社2002年10月版。28万字。36.00元。积作者20年来在国内外对生态学、现代管理学和知识经济学的研究,对水文学、地质学和生物学的学习以及8年来对水资源的研究和管理实践,从高层管理的视野和国内外的丰富实践出发,阐述了水资源管理的一般与特殊规律。本书在知识经济与水资源、高技术与水资源、生态水、生态水的计算、负国内生产总值、涉水产业结构调整、缺水的经济与生态标准、水务管理体制改革、水生态系统建设、可持续发展议程和以水资源可持续利用保障可持续发展等方面有一系列创新尝试,并以作者亲身组织制定和实施的规划作为案例,分析和总结了这些创新的实践。(陈跃)

T000919　**坝基防渗与灌浆技术**　张景秀著。中国水利水电出版社2002年8月第二版。35.6万字。38.00元。论述坝基防渗的重要性等,并以灌浆技术为本书重点,有理论创新。(陈跃)

T000920　**水利工程造价**　中国水利学会水利工程造价管理委员会编。中国计划出版社2002年12月版。104.0万字。80.00元。介绍了工程造价管理的基础理论、法律法规以及水利工程建设全过程的工程造价管理方法，是水利行业对工程造价专业人员进行业务培训的指定教材。全书分为基础篇和专业篇两册。基础篇的内容主要有建筑产品价格理论；公益性建设项目造价特点；工程财务基础知识；工程项目管理；水利建设相关法规；水利工程经济评价等。专业篇的内容主要有工程造价基础知识；工程可行性研究、初步设计等建设前期的工程造价预测；工程招投标、合同价等建设实施阶段的工程造价管理；工程建成后的项目竣工决算、后评价等工程造价的验核管理。（何欣）

T000921 **水利工程概算预算系列定额** 水利部水利建设经济定额站著。黄河水利出版社 2002 年 6 月版。223 万字。280.00 元。包括《水利建筑工程概算定额》、《水利建筑工程预算定额》、《水利工程施工机械台时费定额》、《水利工程设计概（估）算编制规定》、《水利水电设备安装工程概算定额》、《水利水电设备安装工程预算定额》6 种，由中华人民共和国水利部颁布执行。适用于大中型新建、扩建水利工程，是编制水利工程概预算的依据。（吕洪予）

T000922 **水利水电枢纽施工技术** 司兆乐主编。中国水利水电出版社 2002 年 1 月版。68.8 万字。76.00 元。为“长江水利委员会大中型水利水电工程技术丛书”之一。本书总结了长江水利委员会 50 多年来在施工设计中所采用和研究开发的先进适用技术，并介绍了国内外的施工技术及其发展趋势，以供水利水电施工同行借鉴参考。（陈跃）

T000923 **水利水电工程施工手册·第 2 卷·土石方工程** 全国水利水电施工技术信息网组编、本书编委会编。中国电力出版社 2002 年 12 月版。94.1 万字。110.00 元。由全国水利水电工程施工技术信息网组织全国水利水电施工界的各专业的权威单位和专家编写而成。书中结合最新颁布的有关规程标准，总结了我国水利水电工程中土石方工程施工的新技术、新工艺、新方法。内容包括爆破工程、土石方明挖工程、边坡工程、地下工程、混凝土面板堆石坝工程、堤防工程、疏浚与吹填工程、土石方工程施工机械，以及有关的资料附录等。（华峰）

T000924 **水利水电工程施工手册·第 3 卷·混凝土工程** 全国水利水电工程施工技术信息网组编、本书编委会编。中国电力出版社 2002 年 12 月版。123.6 万字。150.00 元。结合最新颁布的有关规程标准，总结了我国水利水电工程中混凝土工程施工的新技术、新工艺、新方法，汇集了我国很多已建、在建水利水电工程的施工数据资料。内容涵盖水工混凝土施工规划，混凝土原材料选择及常态混凝土配合比设计，砂石骨料生产系统，模板、钢筋、预埋件，混凝土浇筑，混凝土温度控制及防裂，低温季节混凝土施工要求和措施，混凝土接缝灌浆，混凝土施工原型观测，碾压混凝土施工，砌石坝施工，特种水工混凝土，混凝土缺陷修补等。（华峰）

T000925 **施工导截流与围堰工程研究** 肖焕雄著。中国电力出版社 2002 年 5 月版。41 万字。36.00元。系统论述导流工程的基本理论、计算方法、模型试验、工程实践等的论文专辑，分施工导流、施工截流、施工围堰、施工水力学模型试验 4 篇。施工导流方面，主要包括导流标准的合理确定，导流标准的风险决策，施工导流系统超标洪水风险率模型，施工导流系统超载洪水风险率模型，明渠、隧洞及底孔导流水力计算与分析等。施工截流方面，主要包括平堵截流、立堵截流、双戗堤立堵截流、宽戗堤立堵截流十大块石串及混凝土四面体串截流、混合粒径的石块截流等的水力特性分析及计算研究。对截流时的分流建筑物泄水规律及深水截流规律进行了专题研究，并提出了对三峡工程三期截流的意见等。施工围堰方面，主要包括不过水围堰及过水围堰风险率分析与计算，土石过水围堰度汛的堰面及堰坡保护措施（大块石、铅丝笼、混凝土平板、混凝土楔形板）分析与计算，以及考虑垫层减压效果后土石围堰下游坡混凝土保护板的稳定分析及计算等。施工水力学模型试验方面，主要包括施工水力学模型试验特点，施工期水流特性分析，试验与原型的相似规律及换算分析，并分别具体论述了导流模型试验，截流模型试验，围堰模型试验等的难点及对策，还介绍了模型试验的经验教训等。（华峰）

T000926 **软土水利基坑工程的设计与应用** 吴睿、夏才初、陈峰、李小荣编著。中国水利水电出版社 2002 年 6 月版。37.1 万字。40.00 元。论述了软土水利基坑工程的设计理论和方法，介绍了软土水利基坑工程的施工及其质量控制、施工过程的监测和环境保护等内容。（陈跃）

T000927 **黄河万家寨水利枢纽** 王学鲁主编。中国水利水电出版社 2002 年 7 月版。80 万字。80.00 元。全面总结黄河万家寨水利枢纽工程的建设经验与得失，展示了工程建设的成就。包括开篇、设计篇、施工篇和管理篇。（陈跃）

T000928 **新型石渣坝——粗粒土筑的理论与实践** 屈智炯、何昌荣、刘双光、胡德金编著。中国水利水电出版社 2002 年 12 月版。35 万字。33.00 元。共 10 章,主要内容包括粗粒土筑坝的发展简述,粗粒土的级配和压实特性,粗粒土的渗透特性,粗粒土的力学特性,粗粒土的本构模型,石渣坝的渗流计算,石渣坝的变形计算,石渣坝的稳定分析,石渣坝的设计,石渣坝的施工质量、事故和安全指南等。(陈跃)

T000929 **拱坝设计与研究** 朱伯芳、高季章、陈祖煜、厉易生著。中国水利水电出版社 2002 年 12 月版。128 万字。138.00 元。总结了国内外拱坝设计、施工、运行的经验和科学研究成果,全书共 12 章,主要内容包括:拱坝的枢纽布置、泄洪消能、体形设计和优化、静态应力分析的结构力学方法和有限单元。法、动态应力分析和抗震设计、抗滑稳定、基础处理、坝体分缝、温度控制、细部结构、监测系统、特殊拱坝及应力控制标准等。本书既阐述了各种实用的设计方法、施工措施和监测系统,又阐述了各种新的先进的拱坝结构形式、体形优化、新的设计和计算方法。(陈跃)

T000930 **取水工程** 宋祖诏、张思俊、詹美礼编著。中国水利水电出版社 2002 年 9 月版。39.3 万字。38.00 元。"取水输水建筑物丛书"之一。本书主要介绍无坝取水、提水及城市生活与工业用水等水利枢纽工程布置形式、构造计算及防沙防冻措施。(陈跃)

T000931 **供水泵站工程新技术** 吴建华编著。中国水利水电出版社 2002 年 6 月版。33.2 万字。36.00 元。分 3 篇共 19 章,分别介绍了供水泵站工程优化设计的算法,供水工程的经济评价以及山西省万家寨引黄工程计算机仿真系统开发研究的水力学模型和要求等。(陈跃)

T000932 **病险水库加固实例** 牛运光编著。中国水利水电出版社 2002 年 3 月版。38.5 万字。46.00 元。汇集了 1949 年以来我国 62 座水库大坝失事和除险加固实例,每项工程包括概况、病险或失事情况、原因分析、经验教训、加固措施以及加固后的效果等内容。(陈跃)

T000933 **小型水电站机电设计图集** 王庆明主编。中国水利水电出版社 2002 年 7 月版。95.4 万字。275.00 元(含 1CD)。介绍了小型水电站设计中机电各专业各种类型的设计图内容,包括系统图、布置图、电路图、安装图等。图集针对小型水电站特点,以水力机械、电气一次、电气二次设计为重点,系统介绍了小型水电站机电设计的主要步骤和设计原则、设计方案比较和选择、设备选择和计算、各专业间技术资料提供和配合等。本图集配光盘。(陈跃)

T000934 **水力发电过程控制** 叶鲁卿著。华中科技大学出版社 2002 年 5 月版。42 万字。36.00元。由 1982 年至 2001 年作者在国内外著名刊物上发表的论文,经过筛选、补充、编辑而成。这些论文大部分被国际著名索引文献《科学索引》(SCI)、《工程索引》(EI)、《科学文摘》(SA)等引录,是作者 1982 年至 2001 年所取得的研究成果的结晶。全书论述了水力发电过程三大技术领域——控制、维护、技术管理中有关水电机组及水电站的控制、维护,并引申到智能控制—维护—管理系统。共 6 章,第一章对水力发电过程自动化的现状及其发展趋势进行了综述;第二章论述了水电机组的现代控制策略,含适应控制策略、模型参考多变量最优控制策略、智能自完善变构变参控制策略、智能模糊控制策略等;第三章介绍了微计算机调速器的理论原理及方法,包括微机调速器的结构、基于 PID 及基于现代控制理论及人工智能的控制策略、测频方式、故障诊断及处理技术等;第四章阐述了水轮机调节保证的标准、措施、计算方法(包括水泵水轮机调节保证的计算方法);第五章论述了控制系统容错、避错、纠错、诊断等多种高可靠性技术;第六章研讨了智能控制—维护—管理集成系统的概念、特性、方法论与工具,以及在水电站与电力系统中的应用。(姜新祺)

T000935 **延长黄河口清水沟流路行水年限的研究** 李殿魁、杨玉珍、程义吉等编著。黄河水利出版社 2002 年 3 月版。57.7 万字。80.00 元(精)。为"八五"国家重点科技攻关项目"黄河治理与水资源开发利用"的增列专题研究成果。作者通过调查研究、现场实测、资料分析和数学模型计算,对黄河入海流路演进规律和河口形势进行了系统研究,分析了渤海及黄河口附近海域环境、风场、水文状况、海洋动力基本特征、最大浑浊带及泥沙异重流形成机制,论证了利用海洋动力输送黄河泥沙在工程技术上的可行性。同时,研究了利用黄河口刁口河故道建设高水位分洪工程的必要性和可行性,对分洪道的位置、线路和工程设施进行了布局和计算;建立了黄河下游河道和河口段数学模型,得出了在利用海洋动力等综合治理工程条件下,现行清水沟流路还行水 100 年(1993 年起算)以上的结论。(武会先)

T000936 **黄河历史洪水调查、考证和研究** 史辅成、易元俊、慕平编著。黄河水利出版社 2002 年 12 月版。25.6 万字。30.00 元(精)。通过对黄河洪水调查、考证、研究经过及取得的成果进行简单回顾,重点介绍了历史洪水雨情考证及近代暴雨调查,洪水发生时间的调查、考证,洪水位的调查和考证,历史断面冲淤变化的调查、考证,洪峰流量计算,历史洪水重现期的调查、考证和研究,历史洪水地区平原的调查和推算,历史洪水洪峰流量的合理性调查,黄河历史洪峰成果在治黄中的重要作用,以及近期洪水调查。书后附有与历史洪水调查、考证和研究有关的常用表格 4 个。书中引用了大量照片以及拓片、奏折等,为成果的可靠性提供了依据。(胡志扬)

U 交通运输

交通运输

U000001 **运载设备** 余静、李安文编。中国矿业大学出版社 2002 年 11 月版。56.8 万字。30.00元。根据交通运输专业"运载设备"课程教学大纲编写,全书分为铁路机车、铁道车辆和汽车 3 篇共 13 章,主要介绍我国铁路、公路和矿山常见的主型机车、铁道车辆、汽车及自卸汽车等的基本结构、工作原理和工作过程。(何戈)

U000002 **轨道交通明珠线一期工程** 上海市建设和管理委员会科学技术委员会编。上海科学技术出版社 2002 年 8 月版。85 万字。200.00 元。2000 年 12 月 26 日,我国第一条高架轨道交通线——明珠线一期工程正式通车试运营。本书主要对上海市轨道交通明珠线一期工程的设计、施工、科研、建设管理等方面作了较为全面、系统的总结和阐述。(戎良)

U000003 **简明管道支架计算及构造手册** 曲昭嘉、王瑾、曲圣伟主编。机械工业出版社 2002 年 10 月版。91.5 万字。66.00 元。结合最新国家标准、有关行业的最新规程、规定和实践介绍管道支架的计算和构造的实用工具书。内容包括:管道布置设计通则、管道跨距、管道敷设、材料标准、结构设计规定、管架设计、大跨度结构设计、抗震设计、管架基础设计、构造及施工、计算例题、管道托吊架、桥架、管座和常用数据等。(何文军)

U000004 **板式轨道设计与施工** 王其昌、韩启孟编译。西南交通大学出版社 2002 年 12 月版。50 万字。48.00 元。作者在搜集整理日本 20 世纪 80 年代后日本轨道设计与施工技术成果,并归纳中日双方有关专家技术交流资料的基础上编译而成。全书分 5 篇 29 章。第一篇作为导论介绍了板式轨道的结构;第二篇详述了 A 型轨道板的设计理论方法与设计计算例;第三篇介绍了轨道板的制造和管理;第四篇详述了板式轨道的施工方法,作业要领和施工技术;第五篇介绍了板式轨道材料的试验方法。(刘莉东)

U000005 **地铁与轻轨** 张庆贺、朱合华、庄荣等编著。人民交通出版社 2002 年 3 月版。64.8 万字。39.00 元。高等学校土木、交通、铁道工程类专业教科书,系统介绍了地铁与轻轨交通工程在规划、设计、施工与灾害和防护方面的知识。第一章主要介绍了大中城市公共交通的困境及城市轨道交通发展的历史现状和前景;第二章则介绍了地铁与轻轨线路规划和设计,简要说明轨道工程特点及地铁隧道及车站限界;第三章介绍区间隧道建筑装饰设计原理方法;第四章重点叙述各类车站与隧道结构材料选择、荷载计算、内力分析、断面设计。第五章介绍车站、隧道施工组织设计编制、施工方法及工艺、施工过程中经济、进度、质量、安全管理控制方法;第六章介绍地铁轻轨工程供配电、通讯、信号、给排水、通风排烟和环境控制工程的原理和设计方法;第七章详述地铁轻轨工程受到自然灾害和人为灾害破坏机理及防护对策。本书既可作为从事地铁与轻轨交通工程勘察设计、施工、监理、监测和科学研究的工程师和技术人员的工具书,也可供岩土、工民建、铁道、道路与隧道工程等专业领域的师生和科技工作者参考,并可作为短训班培训教材。(曲乐)

U000006 **公路设计** 金仲秋、夏连学主编。

人民交通出版社 2002 年 8 月版。55.6 万字。36.00元。交通高等职业技术教育教材。集传统教材中的《道路勘察设计》和《路基路面工程》之设计内容于一体，主要论述公路勘测设计、路基路面设计的基本原理与使用方法。在内容编写上以“实用、实际、实效”为原则，紧密跟踪公路设计的发展，采用了最新标准、规范、规程，全面贯彻素质教育思想，注重学生个性与创新精神及实践动手能力的培养。在理论体系、组织结构、编写格式及体例方面均有新的尝试。(王霞)

U000007 **公路设计工程师手册** 刘伯莹、姚祖康主编。人民交通出版社 2002 年 9 月版。108.8 万字。82.00 元。一部公路工程设计实用性工具书。全书所述内容依据公路行业现行标准规范，紧密结合工程实践，系统总结以往公路设计中积累的成熟经验，吸收新科学技术、新科研成果，还涵括公路设计领域的相关内容。手册共 16 章：公路工程基本建设程序、公路基本设计政策和标准、社会经济与公路运输状况分析、公路交通量与轴载次数分析与预测、公路经济分析及评价、公路勘测设计、公路平面交叉和互通式立体交叉、公路路基设计与防护、公路工程建筑材料、公路路面、公路排水，公路安全设施、环境影响评价及公路环保设计、公路造价分析等。(曲乐)

U000008 **道路建筑材料** 姜志青主编。人民交通出版社 2002 年 3 月版。46.8 万字。29.00 元。为面向 21 世纪交通版高等职业技术教育教材。本书结合高等职业教育特点，围绕交通高等职业技术教育路桥专业的培养目标，将全书分为基础理论篇与应用技能篇。基础理论篇从实用角度，对道路建筑材料的定义、来源、分类、技术性能、影响因素及工程应用作了系统阐述。为了加强学生试验技能培养，本书将原中专、本科教材中附录的试验改编为与基础理论篇对应的道路建筑材料试验，按照现行的国家规范及行业标准，从适应高等级公路建设需要出发，选取了道路工程常用材料的相关试验项目 35 个。为便于学生自学，本书每章都列出了重点内容与学习要求，章后配有相应的思考题与计算题。(王霞)

U000009 **公路工程预算定额应用释义手册** 张国栋主编。人民交通出版社 2002 年 6 月版。53.8万字。38.00 元。与正在实施的《公路工程预算金额》相配套，针对公路预算中的计算规则、编制说明、定额套用作了全面细致的解释。(刘涛)

U000010 **公路工程概、预算编制指南** 张丽华编著。人民交通出版社 2002 年 4 月版。38.4 万字。26.00 元。分上下两篇。上篇主要介绍公路工程概、预算的相关知识，公路基本建设程序、公路工程构造物及工程计量规则。下篇主要介绍公路工程概、预算的编制程序和方法，并通过示例，解析用 WCOST2000(V7.11 版本)计算机编制软件编制施工图预算的全过程。(李世华)

U000011 **公路项目建设管理手册** 陈传德主编。人民交通出版社 2002 年 7 月版。110.7 万字。78.00 元。主要包括建设管理总论、建设前期管理、项目执行管理、项目运营管理 4 大部分共 27 章，论述了公路建设业主管理和政府管理的工作内容。(武晓涛)

U000012 **工程机械电气设备** 赵仁杰主编。人民交通出版社 2002 年 9 月版。58.2 万字。38.00元。交通行业高职高专院校统编教材之一，全套共 6 种，其余 5 种教材分别为:《发动机构造与维修》、《工程机械底盘构造与维修》、《公路施工机械》、《工程机械管理》、《工程机械液压与液力技术》。本书系统介绍了工程机械设备的基本结构、工作原理和维修技巧。(周往莲)

U000013 **路基路面施工及组织管理** 张润主编。人民交通出版社 2002 年 1 月版。59.2 万字。39.00元。介绍公路路基路面的机械化施工及其施工组织管理的科技图书。由概述、施工组织设计、路基施工、路面基层施工、沥青路面的施工、水泥混凝土路面的施工、施工机械、施工管理 8 个章节组成。概述中阐述了公路工程基础知识、公路工程材料、公路工程机械化施工的意义等主要内容。该书主要阐述了施工组织设计的原则、内容及方法，介绍了现代工程管理技术，针对我国目前公路施工队伍需要既懂土木、又懂机械的复合型技术人员的实际情况，用较大篇幅介绍了常用的各种路基路面施工机械的性能、作业方法以及机械化施工组织知识。该书还结合我国公路建设、特别是高等级公路建设的实践，适当介绍了国外的有关资料和经验。(赵蓬)

U000014 **道路设计资料集(3) 路基设计** 孙家驷、李松青主编。人民交通出版社 2002 年 3 月版。108 万字。65.00 元。《道路设计资料集》系列丛书共计 7 个分册，全面系统地汇集了道路设计的有关资料和相关的土木工程资料。本书为第三分册路基设计，包括：一、标准规范摘要；二、一般资料；三、路基断面资料；四、路基各部设计；五、路基排水；

六、特殊路基；七、防护工程；八、挡土墙；九、挡土墙参考图集；十、导治、改河工程。（武晓涛）

U000015 **交通土建工程爆破工程师手册** 张志毅、王中黔主编。人民交通出版社 2002 年 10 月版。76.9 万字。56.00 元。爆破工程实用手册。分为 12 部分：爆破工程地质，爆破器材，起爆方法，路基土石方爆破，地下工程爆破，水下爆破，市政工程爆破，爆破安全，施工机械，爆破工程招投标项目管理与爆破施工监理。手册包含了与交通土建爆破工程有关的理论、设计计算、施工工艺和实用表格。水下爆破和市政工程爆破的各种形式（如水下钻孔爆破、水下峒室爆破、桥梁拆除爆破、高耸构筑物的爆破拆除等）还配有工程实例。（何飞）

U000016 **公路养护工** 副名：工人技术等级岗位考核培训教材。河南省交通厅公路局主编。人民交通出版社 2002 年 10 月版。53.1 万字。40.00 元。养护工人技术等级岗位考核培训教材。分 12 章，内容包括：概论、公路养护材料、道路工程制图、公路常用测量仪器、路基养护、路面养护、桥涵养护、隧道养护、道路交通标志与标线、公路工程概预算、道班生产与管理、公路绿化等，并附有养护工技术等级标准及公路养护培训教学大纲。（赵瑞琴）

U000017 **高速公路养护管理手册** 《高速公路养护管理手册》编委会编。人民交通出版社 2002 年 12 月版。135 万字。98.00 元。全面系统地总结了我国高速公路养护管理经验和养护技术，并适当收集了国外相关技术及经验，主要包含了基本资料、养护管理、养护技术及附录 4 篇，内容涉及了高速公路养护数据采集、管理系统、计划管理、市场化、成本管理、施工组织管理、质量管理、材料与设备作业安全管理以及路基、路面、桥涵、隧道、交通安全设施、附属设施、灾害防治及绿化与环保的养护养键技术。（沈鸿维）

U000018 **桥梁构造与施工** 王穗平主编。人民交通出版社 2002 年 7 月版。22.9 万字。11.70 元。中等职业教育公路与桥梁专业 8 门主干课国家规划教材之一，其余 7 门主干课教材分别为：《公路工程施工技术》、《道路材料试验》、《工程测量》、《路面结构》、《钢筋混凝土结构》、《公路工程管理》、《公路养护与管理》。本套教材全面贯彻素质教育思想，从社会发展对高素质劳动者和中初级专门人才需要的实际出发，注意对学生创新精神和实践能力的培养。编写中融入了全国各交通职业学校公路与桥梁专业的教学改革成果，并结合了最新的技术标准、规范以及公路科技进步等情况，具有较强的针对性。（周往莲）

U000019 **桥梁建筑的结构构思与设计技巧** 张师定著。人民交通出版社 2002 年 7 月版。13 万字。16.00 元。作者借鉴建筑学的思想，为桥梁建筑学这一学科体系的建立提出了个人的一些粗浅想法。本书主要阐述桥式最优设计理论中的 20 条准则、桥式的新分类及新评价、桥梁孔跨布置的 20 条准则、桥梁结构构思、方案设计与比较、桥梁景观设计等内容。（陈志敏）

U000020 **桥梁结构分析及程序系统** 肖汝诚编著。人民交通出版社 2002 年 11 月版。26 万字。30.00 元。桥梁结构分析和设计类图书。全书共 10 章，以作者主持研发的"桥梁结构线性、非线性分析综合程序系统"（BAP）为主线，遵循由浅入深、结合专题的原则进行编写。对桥梁结构分析和程序系统进行了系统阐述。（陈志敏）

U000021 **索和膜结构** 张其林编著。同济大学出版社 2002 年 2 月版。24.96 万字。16.00 元。共 18 章。第一章结构体系和基本定义；第二章索的构成、材料及性能；第三章膜的材料及性能；第四章抗拉锚固；第五章索桁架的节点和构造；第六章单层索网的节点和构造；第七章膜结构的连接构造；第八章几何给定索杆体系的形状确定；第九章几何给定索梁体系的形状确定；第十章索结构的稳定性能分析；第十一章索网形状确定的力密度法；第十二章索网形状确定的动力松弛法；第十三章索网分析中的拉索单元理论；第十四章索网形状的特殊拉索单元；第十五章膜结构形状确定的应力密度法；第十六章膜结构形状确定的动力松弛法；第十七章膜结构形状确定的有限膜单元法；第十八章膜结构裁剪的等效有限单元法。全书有绪言，简介了索和膜结构的历史和现状，以及介绍了多个使用实例。书后列举了大量参考书目。（方芳）

U000022 **桥梁施工组织设计与实例** 田克平、张志新、张铁成编著。人民交通出版社 2002 年 9 月版。37.1 万字。30.00 元。"公路一局施工技术丛书"之一，详细介绍了公路桥梁工程施工组织设计的内容、方法和步骤，并附桥梁总体施工组织设计实例及单位工程、分部分项工程施工组织设计实例。（刘涛）

U000023 **闽桥写真** 林心华著。福建科学技术出版社 2002 年 9 月版。28.5 万字。98.00 元。彩色画册。收集福建有代表性的古代、现代桥梁

101座。其中古桥71座,今桥30座。分古代桥梁和现代桥梁两部分。古代桥梁分:一天生桥、磴步桥、浮桥,二梁桥,三拱桥;现代桥梁分:一梁桥,二拱桥,三悬索桥、斜拉桥,四立交桥,五铁路桥。按建成年代为序,每桥以一幅主图、一幅或多幅附图及数十或百把文字介绍组成。图以体现桥的主体特征及其历史文化背景为宗旨,文则简要描述桥的地理位置、建桥年代、桥的形态结构及与建桥有关的故事等。画册体现古往今来福建建桥技术发展的历史过程。(林为建)

U000024 **大跨度桥梁设计与施工技术(2002)** 中铁大桥局集团有限公司编。人民交通出版社2002年10月版。49.2万字。35.00元。论文集,共收录56篇论文。分为3部分:设计篇、施工篇、综合篇。设计篇(共14篇论文)和施工篇(共23篇论文)所述为国内有代表性的已建大跨桥梁在设计、施工方面的重点难点以及所采用的新技术、新工艺。综合篇介绍与大跨桥梁相关的技术成果、科研试验,以及大型机械在大跨桥梁中的技术应用。(何飞)

U000025 **超长大桥梁建设的序幕** 副名:技术者的新挑战。[日]伊藤李、川田忠树等著,刘健新、和丕壮译。人民交通出版社2002年9月版。48.6万字。35.00元。以过去—现在—未来的观点,回顾了作为长大桥梁最主要桥型的悬索桥100多年的发展历史,介绍了现代大跨度悬索桥的建造技术,展望了今后超长大跨度悬索桥的建设前景和应予解决的重大技术课题。该书详细介绍了悬索桥的设计理论和方法、施工技术和养护维修以及抗风和抗震的基本原理和对策,其中包括结构体系上的各种抗风措施以及桥梁深水基础技术的发展。本书的最后一章还着重介绍了世界各地的跨海大桥工程计划。本书作者是日本著名桥梁专家,国际桥梁与结构工程协会主席、日本东京大学名誉教授伊藤李先生,译者是我国著名的桥梁专家、国际桥梁与结构工程协会主席,项海帆院士不仅为本书的中文版写了序,而且还校正了书中的地名、桥名和人名,并对今后新形式的超长大跨度悬索桥给出了准确的命名。(赵蓬)

U000026 **中国名桥** 副名:中国科普佳作精选。茅以升著。湖南教育出版社2002年12月版。21.5万字。21.70元。茅以升第一本桥梁科普专著,收科普作品22篇,内容涉及中国古今著名桥梁,集中介绍了桥梁的不同类型和结构方式,以及有关桥梁的知识和技术,是一部具有历史价值的桥梁科普代表作品。从中我们可以看到中国桥梁工程技术的发展轨迹,尤其是建国以后,中国的科技和经济水平还很低,苏联又撤走桥梁专家,靠中国人自己的力量建成了武汉长江大桥,为世界所瞩目,以及由茅以升主持修建的钱塘江大桥,凝聚了茅以升一生奋斗的心血,展现了中国人民的智慧和力量。(符本清)

U000027 **隧道工程** 贺永年、刘志强主编。中国矿业大学出版社2002年7月版。40.2万字。28.00元。高等学校土木工程专业教材。内容包括:铁路隧道,道路隧道,越江隧道和海底隧道的设计与施工和管理方面的知识,共8章,隧道围岩分类与围岩压力,隧道结构及设计,山岭隧道施工,山岭隧道衬砌计算,盾构隧道施工,明挖隧道施工,沉管隧道施工,隧道运营安全管理和维护。(张乃新)

U000028 **山区隧道涌水量计算中的双场耦合作用研究** 黄涛、杨立中著。西南交通大学出版社2002年4月版。20.6万字。18.00元。学术专著。涌水是山区隧道工程施工中的重大地质灾害之一。本书将岩体水力学中相关的渗流场与应力场耦合作用的裂隙介质渗流理论引入到山区特长深埋隧道的涌水量预测中,在将裂隙围岩介质渗透性能等效处理的基础上,提出了渗流与应力耦合环境下裂隙围岩隧道涌水量预测计算的确定性数学模型方法(包括理论解析法、经验解析法和水文地质数值模拟法),并应用它对一隧道工程实例进行了计算验证。(万方)

U000029 **夏利轿车电气与电控系统维修** 王克才主编。电子工业出版社2002年1月版。34.6万字。20.00元。"汽车电系维修丛书"之一,夏利轿车是目前国内在用量较多的的8种车型中的一种,书中根据该车型特点,系统地讲述了该车电气设备与电子控制系统的故障诊断及其维修方法。全书设11个章节,每章均为相对独立的子系统,内容分别为:夏利车简介;电源系统;起动系统;点火系统;电控燃油喷射系统;制动防抱死系统(ABS);空调系统;仪表系统;照明与信号系统;辅助电器系统;全车线路。全书配有390幅插图。(张玉栋)

U000030 **飞轮载世界——汽车科技** 吕植中、刘煊编著。北京理工大学出版社2002年1月版。22.3万字。13.00元。"百年科技丛书"之一。以时间为线索,介绍了100年来世界主要汽车企业的兴衰,主要汽车公司的代表作品,汽车运动,汽车技术,杰出的汽车设计师,汽车造型演变过程以及汽车背后那些引人入胜的故事,向读者展示出一幅波

澜壮阔的百年汽车画卷。全书集知识性、趣味性于一体，图文并茂。（总编办）

U000031 **汽车振动分析** 勒晓雄等编著。同济大学出版社 2002 年 5 月版。46.7 万字。30.00 元。高等院校汽车设计专业本科生及研究生教材，从事汽车设计、研究人员参考用书。全书共 11 章：第一章至第五章主要阐述单自由度系统、二自由度系统、多自由度系统的振动以及多自由度系统固有特性近似计算，适用于本科生教学；第六章至第十一章主要阐述连续系统振动分析、振动分析的有限单元法、随机振动、振动分析的统计能量法、非线性振动分析以及 MATLAB 软件在解决汽车振动问题中的应用，适用于研究生教学和从事汽车设计研究人员选用。（王有文）

U000032 **汽车传感器使用与检修** 王银、陈丙辰主编。金盾出版社 2002 年 9 月版。23.4 万字。13.00 元。由概述和 8 章内容组成。系统地介绍了汽车常用的温度传感器、压力传感器、空气流量传感器（亦称空气流量计）、位置传感器、气体浓度传感器、速度传感器、加速度传感器、爆燃传感器等几十种传感器的结构原理、使用性能及故障检修技术，并对国内外常见汽车所用传感器的检修技术及技术参数，做了详尽介绍。（田沛然）

U000033 **福特汽车自动变速器维修手册** [美]摩托信息出版公司编，王宏雁等译。机械工业出版社 2002 年 5 月版。106 万字。56.00 元。书中给出了林肯大陆、金牛座、老侯爵、天霸、风之星等国内常见的福特汽车自动变速器的全面维修资料，包括自动变速器的基本维护与检查；维修中的安全注意事项；自动变速器的失速实验、油压实验、道路实验；自动变速器自诊断结果的读取；各传感器、执行器的测试；自动变速器的随车调整与维修；自动变速器的拆卸、解体、大修与重新安装；自动变速器电路图及各项维修、装配数据等等。书中资料均由生产厂家直接提供，详细可靠。全书按型号分章，按系统分节，便于查阅检索。（刘煊）

U000034 **亚洲车电子电路自我诊断** 李洪港等编。人民交通出版社 2002 年 1 月版。37.7 万字。24.00 元。“快车手汽车维修丛书”之一。收集了丰田、本田、日产、马自达、三菱、现代、大宇、大发、铃木、起亚、速波、五十铃等车系的自我诊断。每款车包含的内容有：发动机系统、自动变速器系统、SRS 系统、ABS 系统、自动空调系统、悬架系统、防盗系统等电子电路的自我诊断和一些主要车型的发动机和变速器系统进行电脑学习设定、怠速的程序设定等。（薛民）

U000035 **欧洲车电子电路自我诊断** 李洪港等编。人民交通出版社 2002 年 1 月版。50.5 万字。32.00 元。“快车手汽车维修丛书”之三。收集了奔驰、宝马、奥迪、富豪、欧宝、绅宝、雷诺、雪铁龙、路宝、喜悦、保时捷、积架、爱快罗密欧、菲亚特等车系的自我诊断。详尽介绍各款车的发动机系统、自动变速器系统、SRS 系统、ABS 系统、自动空调系统、悬架系统、防盗系统的自我诊断，以及对一些主要车型的特殊系统，如奔驰的电子节气门系统、PSE 气动控制系统、防滚杆控制系统、电动窗天窗控制系统等作了较详细地介绍。（薛民）

U000036 **美洲车电子电路自我诊断** 李洪港、黄林彬主编。人民交通出版社 2002 年 1 月版。36.3 万字。24.00 元。“快车手汽车维修丛书”之二。收集了美国通用、福特、克莱斯勒三大汽车公司的车型资料，详尽介绍各款车的发动机系统、自动变速器系统、SRS 系统、ABS 系统、自动空调系统、悬架系统、防盗系统的自我诊断，以及一些主要车型的发动机和变速器系统进行电脑学习设定、怠速的程序设定等。本书详细介绍了国外最新汽车技术，对常见故障的系统解决方案进行总结和提炼，是一本实用性极强的工具书。（薛民）

U000037 **进口轿车电控系统维修丛书** 戴冠军主编。机械工业出版社 2002 年 7～12 月版。650 万字。327.00 元。主要阐述了国外著名汽车公司 1995 年～2000 年生产的最新车型的发动机集中控制系统、自动变速器控制系统、防抱死制动系统、巡航控制系统、安全气囊控制系统等的维修。详细介绍了电控系统的基本结构及工作原理、基本检查和试验、故障码的提取及其诊断、无故障码的诊断、系统和部件的试验及总成和部件的拆装等。按车型详尽地介绍了故障码的提取及其诊断试验方法，对主要检查和诊断操作过程都附有示意图和电路图。本丛书包括《丰田轿车电控系统维修手册》、《本田轿车电控系统维修手册》、《日产轿车电控系统维修手册》、《马自达轿车电控系统维修手册》、《三菱轿车电控系统维修手册》、《欧宝轿车电控系统维修手册》、《宝马轿车电控系统维修手册》等。（蓝伙金）

U000038 **本田轿车电控系统维修手册** 戴冠军主编。机械工业出版社 2002 年 10 月版。98 万字。65.00 元。以日本本田汽车公司 1995 年以后生产的雅阁、思域和里程轿车的最新车型的电控系统为主,阐述了上述车型的车型识别、基本结构及工作原理、电控系统的基本检查和试验、故障码的提取及诊断、无代码故障的诊断、系统和部件的试验及总成和部件的拆装等。全书除绪论外,共分为3篇9章。介绍了本田轿车发动机集中控制系统、自动变速器(A/T)、防抱死制动系统(ABS)、巡航控制系统、安全气囊控制系统和防盗安全控制系统等的维修。考虑到电控系统的维修方式主要采用换件维修,主要难点是如何确定故障部位。因此,本书以较大篇幅,按车型详尽地介绍了故障代码的提取及其诊断试验方法等,具有较强的针对性和实用性。本书对主要检查和诊断操作过程都附有示意图和电路图,便于读者阅读和理解。(蓝伙金)

U000039 **亚洲汽车供暖与空调系统维修手册(上册)** [美]摩托信息出版公司编,曹正清等译。机械工业出版社2002年1月版。125万字。66.00元。书中给出了国内常见的丰田汽车(包括凌志、皇冠、佳美、陆地巡洋舰等车型)、本田汽车(包括阿库拉、雅阁、喜美、奥德赛等车型)、现代汽车(包括雅绅、速那达等车型)、起亚汽车(包括索菲亚、和谐等车型)供暖与空调系统的全面维修资料,包括日常检测与维护;维修中的安全注意事项;供暖与空调系统的检测规范;车内温度自动控制系统的诊断与检测;手控空调和供暖系统的诊断与检测;传感器和执行器的测试、调整与更换;冷却风扇的检测与维修;空调压缩机的检测与维修;供暖与空调系统的电路图及各项维修、装配数据等等。(刘煊)

U000040 **汽油机管理系统** [德]Bosch公司著,吴森等译。北京理工大学出版社2002年9月版。44.5万字。32.00元。译自Bosch技术丛书的英文版(1999年),综合介绍了Bosch公司有关汽油发动机管理技术领域带有指导性的内容,反映了当代发动机在电控和系统集成方面的最新成果。全书共10章。主要内容为:汽油机发展历程,汽油机的燃烧,排放控制技术,汽油发动机管理系统,汽油喷射系统,点火系统,火花塞,M－Motronic、ME－Motronic及MED－Motronic发动机管理系统,书末附有英汉术语对照表。本书着重应用,图文并茂,通俗易懂。(总编办)

U000041 **汽车电控发动机构造与维修** 夏令伟主编。人民交通出版社2002年7月版。44.2万字。21.60元。根据教育部最新颁布的德育课程、文化基础课程、专业技术基础课程和80个重点建设专业主干课程的教学大纲(课程教学基本要求)编写,并经全国中等职业教育教材审定委员会审定,是中等职业教育国家规划教材汽车运用与维修专业7本教材之一。其主要内容有:电控发动机的概况和分类;空气供给系统、燃油供给系统和控制系统的作用、组成、工作原理、各传感器与执行器件的结构检测、维修方法;电控点火系统、怠速控制系统、进气控制系统和废气排放系统的作用、组成、工作原理、检测和维修方法;本书还介绍了检测电控系统必须具备的自诊断系统知识和维修专用仪器设备的操作使用方法等。(李萍)

U000042 **汽车金属材料应用手册(下)** 姚贵升主编。北京理工大学出版社2002年6月版。103.3万字。86.00元。着重介绍汽车用铸铁有色金属和粉末冶金材料的要求,性能和选择等方面的知识,并提供了详尽的实用性知识和资料,内容上吸取了国内外近期的技术成果和应用经验,并附有我国和各主要工业化国家的合金牌号标准对照表及有代表性的材料技术条件。本书是汽车设计、生产工程技术人员、汽车用金属材料科研人员和生产技术人员重要的工具书,亦可供高等院校相关专业师生参考。(总编办)

U000043 **图解英汉汽车技术词典** 王锦俞、闵思鹏编。机械工业出版社2002年1月版。54.7万字。48.00元。以国外主要汽车公司近年生产的车型为主,按汽车各系统结构为单元,分22个部分,以380幅清晰、精致的结构立体图和平面示意图,直观、准确地反映了当代汽车新技术、新结构的发展全貌,如多点燃油喷射(MFI)、节气门体燃油喷射(TBI)、柴油机共轨燃油喷射、ABS、TCS、SRS等。书后有英文索引。全书共有9000词条。(吴柏青)

U000044 **日产轿车发动机维修手册** 张德、徐义华主编。辽宁科学技术出版社2002年1月版。102.5万字。48.00元。分5章,系统介绍了公爵王30S及20S发动机、无限Q45用发动机、阳光B14及N16发动机的技术数据、维修步骤、电控系统、自诊断及电路图等。(李伟民)

U000045 **捷达轿车电气与电控系统维修实例** 肖东主编。电子工业出版社2002年8月版。24.32万字。15.00元。详尽地列举了捷达系列汽车电控与电气系统常见故障的现象、故障的诊断与排除方法,并较全面地列举了东风系列汽车电气系统检修数据。主要内容分7章:一、充电系统维修实例;二、起动系统维修实例;三、点火系统维修实例;四、仪表、照明装置和信号系统维修实例;五、辅助电气设备维修实例;六、空调系统维修实例;七、车身电气系统维修实例。

U000046 **广州本田雅阁随车应急手册** 李东江等编著。江苏科学技术出版社 2002 年 7 月版。20.4万字。20.00 元。以大量图片详细介绍了广州本田雅阁汽车的常见故障、检修步骤、应急措施及急救方法。同时介绍了汽车经常性的维护保养内容,预防故障车上路。(孙广能)

U000047 **日产轿车电气系统维修手册** 徐昭、黄晓敏、徐义华主编。辽宁科学技术出版社 2002 年 1 月版。94.2 万字。45.00 元。分 7 章,系统介绍了公爵王 Y31、无限 Q45、风度 A32、阳光 B14 的安全气囊系统、防盗系统、空调系统、巡航控制系统及其他电气系统的技术数据、维修步骤、电路图等内容。书中还附有各种车型的全车电路图及电气元件位置图。(李伟民)

U000048 **日产轿车底盘维修手册** 黄晓敏、徐昭、徐义华主编。辽宁科学技术出版社 2002 年 1 月版。78.4 万字。38.00 元。分 6 章,系统介绍了公爵王 Y31、无限 Q45、风度 A32、阳光 B14/N16 的自动变速器、动力转向系统、悬架系统、制动系统等的结构原理、技术数据、维修方法等内容。同时附有油路系统图和电子控制系统电路图。(李伟民)

U000049 **长安之星微型汽车维修手册** 姚美红主编。辽宁科学技术出版社 2002 年 4 月版。42.7万字。25.00 元。详细介绍了长安之星系列车的发动机、底盘、电气系统的结构、工作原理、维修数据和故障诊断与排除方法等,其中对电控发动机、防抱死制动系统和安全气囊做了重点介绍。(李伟民)

U000050 **欧宝汽车维修手册** 刘瑞明主编。辽宁科学技术出版社 2002 年 9 月版。85 万字。45.00元。系统介绍了欧宝威达、欧米佳、赛飞利、雅特和上海通用赛欧汽车发动机、底盘、电气系统的维修知识,包括结构图、电路图、电控元件位置图、维修数据、故障码含义和故障诊断方法等。(李伟民)

U000051 **夏利 2000 轿车维修手册** 岳经纬、安宁主编。辽宁科学技术出版社 2002 年 1 月版。62.3 万字。40.00 元。分 7 章,除了介绍发动机机械部分、底盘机械部分外,重点介绍了电子控制燃油喷射系统、防抱死制动系统、安全气囊、空调系统和发动机电气、车身电气的故障诊断方法和检修过程。(李伟民)

U000052 **上海别克随车应急手册** 李东江等编著。江苏科学技术出版社 2002 年 8 月版。18.4 万字。20.00 元。专门为上海别克轿车车主编写的随车工具手册。全书以大量的图片详细介绍了上海别克轿车的常见故障、检修步骤、应急措施及急救方法。同时介绍了汽车经常性的维护保养内容,预防故障车上路。(熊亦丰)

U000053 **奥迪 A6 轿车电控装置检修技术问答** 刘廷振编。人民交通出版社 2002 年 5 月版。45.6万字。32.00 元。选收问答 164 条。分 7 部分即:概述、发动机控制系统、自动变速器控制系统、防抱死制动系统、空调与暖风控制系统、车身控制系统和电气系统与控制电路。全书介绍了奥迪 A6 轿车电子控制装置的结构原理、不解体诊断技术以及检修方法,以及该车的使用与维护知识。(赵瑞琴)

U000054 **现代轿车知识手册** 陈礼璠、顾剑青主编。上海科学技术文献出版社 2002 年 8 月版。94.6 万字。135.00 元。从汽车发展史开始,以详实的历史资料,生动地叙述了汽车及其工业化的发展过程,接着深入浅出地介绍现代汽车的一些新结构。然后以表格的形式用相当的篇幅提供世界著名厂商生产的有代表性的各类轿车的性能与技术参数。另外,对一般读者较为重要的汽车驾驶、使用技术以及汽车专业词汇作了专门的介绍。正篇前面的彩印插页是有代表性的现代轿车和著名汽车厂商的标志、商标,原则上按照国家和跨国集团的产品来编排。正篇后附有国内外主要汽车厂商的地址、网址,还附有参考文献 21 篇。(蔡振敏)

U000055 **轿车选购与用户手册** 田沛然、罗俊杰、李晓华主编。金盾出版社 2002 年 8 月版。76 万字。39.00 元。详细介绍了轿车用户(含准备购车族)应具备的轿车使用与维护等各方面的知识和技能。全书共 4 篇 28 章。结构性能篇简要介绍了轿车的基本结构和性能;购车注册与保险篇,介绍了轿车选购与注册、机动车保险的种类及其费率等投保方法;预防事故与安全驾驶篇,介绍了交通法规常识,预防和处理交通事故的原则、方法,对交通违章者的处罚和交通事故伤者的各项赔偿规定,同时还介绍了各种道路和交通环境下的安全驾驶技术;使用维护与节约经费篇,介绍了正确使用维护轿车和排除常见故障的基本方法及注意事项,以及节约燃油和使用费用的技巧。(董焕庆)

U000056 **现代电动汽车技术** 陈清泉、孙逢春、祝嘉光编著。北京理工大学出版社 2002 年 11 月版。27.7 万字。22.00 元。系统地介绍了现代电动汽车现有的技术、目前所出现的问题及其解决方法。本书不仅从理论层面上阐述了电动汽车技术的发展,而且详细地介绍了目前电动汽车各主要零部件的现状及未来发展趋势,注重理论与实践相结合,具有较强的实用性,是从事电动汽车研究和开发技术人员必备的参考用书,同时也可以作为有关专业师生了解电动汽车技术发展的参考读物。(总编办)

U000057 **燃气汽车** 郑耀鹏等编著。新疆科技卫生出版社 2002 年 7 月版。20 万字。16.00 元。分为 14 章,从汽车发动机原理、汽车发动机供气系统的结构等方面,讲述了天然气汽车的基本知识及特性。

U000058 **小车车主一本通——驾驶技巧、保险理赔、保养节油、应急维修** 谢云里主编。湖南科技出版社 2002 年 9 月版。29 万字。18.00 元。主要介绍了小汽车的基本分类、基本构造、主要仪表及装置使用方法和注意事项,汽车驾驶的基本知识和常识,新车驾驶技巧及注意事项以及节油方法、汽车美容与护理、汽车保险等内容。书中还详细介绍了行车过程中常见故障的排除及相关法律法规、标准汇总等。

U000059 **汽车驾驶技能培训简明教程** 王巍、韩大明主编。中国标准出版社 2002 年 11 月版。32.8 万字。26.00 元。根据交通部制定的《汽车驾驶员培训教学计划和教学大纲》撰写而成。分两篇,14 章。分别介绍了汽车、交通安全及道路交通管理、汽车驾驶技术及相关技能等方面的知识。本书体现了如下特点:1.结合了我国现有主要车辆的车型结构,以及各地区的气候条件、道路特征、交通状况和具体管理方式,有针对性地选择了相关内容。2.根据教学大纲的要求,适当增加了新型汽车方面的有关知识,并且对汽车维护与故障排除、道路运输、高速公路驾驶等做了一定程度的介绍。3.考虑到培训对象的年龄、职业和文化层次的差异性,在阐明驾驶员培训所必备的基本理论基础上,使内容安排简明扼要,通俗易懂,便于自学,具有很强的实用性。4.参考了公安部《中华人民共和国机动车驾驶员交通法规与相关知识考试题库》有关内容,除第八章外,在每章后均附有模拟试题,以便学员自测。本书适合于各地区机动车驾驶学校的学员和教师阅读,也可供从事道路交通运输管理的人员参考。(胡鲲)

U000060 **汽车指导驾驶员培训教材** 王晓林主编。人民交通出版社 2002 年 7 月版。58.8 万字。39.00 元。交通行业技师培训教材,“交通行业技师培训教材丛书”之一。全书共 10 章,内容包括:现代交通管理与汽车驾驶、汽车驾驶室和车厢的装备及仪表系统、汽车发动机电子控制燃油喷射系统、汽车柴油机燃料供给系统、汽车自动变速器、汽车防滑控制系统、汽车转向系和行驶系、汽车安全防护系统、车辆技术管理、现代汽车的检测等,并附有复习题。(智景安)

U000061 **营运汽车驾驶员职业培训教材(修订版)** 教材编写组编。人民交通出版社 2002 年 3 月版。50 万字。25.00 元。分理论和操作两篇,内容包括:营运驾驶员职业道德和运输法规、安全驾驶知识、汽车使用技术、道路旅客运输、道路货物运输、汽车常见故障处理、营运汽车基本操作、大型旅客运输车辆、汽车列车、场地驾驶等,并附有题库和题解。(智景安)

U000062 **英汉对照汽车维修技术词汇** 高玉民编著。福建科学技术出版社 2002 年 4 月版。70.3万字。46.00 元。翻译工具书。本书词条源自维修资料、故障码提示等,收录了汽车维修实际操作中经常出现的英文,以英汉对照方式逐条翻译,汇集成册,可供汽车维修专业人员阅读参考。(谢聿枫)

U000063 **一汽宝来轿车维修手册** 孙越、张大勇编。人民交通出版社 2002 年 8 月版。133.8 万字。89.00 元。“新型国产轿车维修丛书”之一。分 11 章:一、发动机机械部分;二、电控燃油喷射系统;三、离合器、手动变速器;四、自动变速器;五、行驶系统;六、转向系统;七、制动系统;八、普通电气设备;九、车身电气系统;十、暖风装置与空调系统;十一、整车电路图。除发动机、底盘机械部分和整车电路图外,重点介绍了发动机、自动变速器、ABS、防盗装置、安全气囊、舒适系统、中央门锁、全自动空调等电控系统及电气设备的自诊断和检修过程。(白峤)

U000064 **上汽奇瑞轿车维修手册** 孙越、张雁鸣编。人民交通出版社 2002 年 9 月版。43.8 万字。30.00 元。“新型国产轿车维修丛书”之一。分 11 章:一、整车部分;二、发动机机械部分;三、电控燃油喷射系统;四、传动系统;五、前桥及后桥;六、转向系统;七、制动系统;八、空调装置;九、电气设备;十、整车电路图。除发动机、底盘机械部分和整车电路外,重点介绍了电控燃油喷射系统、ABS 的结构和故障诊断,并详细地叙述了空调装置、电气设备的检修方法。(白峤)

U000065 **汽车维修工实用技术手册** 李东江、张大成主编。江苏科学技术出版社 2002 年 2 月版。130 万字。78.00 元。主要介绍了汽车电子、机械、电气设备、电控汽车的故障检测诊断技术，以及各种汽车检测维修技术参数。为了适应汽车修理的全球化要求，本书还收录了世界汽车识别代号(VIN)技术规范和部分常用汽车英语缩略语两部分的内容。(孙广能)

U000066 **新编汽车维修技术手册** 曹树清主编。上海科学技术出版社 2002 年 12 月版。151.5 万字。98.00 元。由汽车维修基础知识、汽车发动机修理、汽车底盘修理和汽车电气设备修理 4 大部分组成。结合现代轿车的典型结构，较详细地介绍了电子控制燃油喷射系统、电子点火系统、自动变速器和制动防抱死装置的结构及故障诊断、维修。(吕修悟)

U000067 **上海帕萨特 B5 轿车维修图册** 王赟松、宋作军、韩加蓬主编。人民交通出版社 2002 年 2 月版。36.8 万字。23.00 元。以图解配以简要文字说明的形式，详细介绍了上海帕萨特 B5 轿车电子燃油喷射系统、自动变速器、ABS、电气设备、暖风空调装置等部分的结构、拆装及维修。全书共 8 章，附有 438 幅图和大量数据参数。全书的最后还提供有附录。(张景)

U000068 **长安微型汽车使用维修图册** 许林、杨健主编。人民交通出版社 2002 年 3 月版。54.9万字。36.00 元。长安系列微型汽车是引进日本铃木公司的汽车设计和制造技术，结合我国国情研制、开发、生产的先进车型。全书主要以图解配以简要文字说明的形式，详细介绍了长安系列微型汽车的维修基础知识和发动机、底盘、电气系统的结构、拆卸、维修、调整、装配，主要总成、零部件的检验标准及维修规范，常见故障的分析、诊断及排除方法等。全书共分 19 章，附有大量图表，最后还提供有附录。(张景)

U000069 **汽车修理手册** 张凯良主编。机械工业出版社 2002 年 1 月版。176.7 万字。66.00 元。内容包括：常用代号及资料，汽车维修制度及一般工艺，汽车发动机的检修，汽车底盘的检修，汽车电器的检修，汽车综合性能检测 6 大部分。重点介绍汽车的拆装步骤和方法；检测方法；修理工艺和修理尺寸；安装调整数据以及汽车故障的现象、产生原因和排除方法。(朱华)

U000070 **中外摩托车驾驶与修理 720 问** 刘文举主编。上海科学技术出版社 2002 年 7 月版。50.4万字。38.00 元。"汽车摩托车实用技术问答丛书"之一。以问答形式叙述了中外摩托车的驾驶与修理技术。全书共 8 章，主要内容包括初学摩托车驾驶要求、摩托车驾驶技术、安全与防护、构造与原理、拆卸与检修、维护与调整、故障分析及排除方法，以及摩托车故障检修实例与应急维修。(陈国铃)

U000071 **智能车辆定位导航系统及应用** 张其善、吴今培、杨东凯著。科学出版社 2002 年 4 月版。28.3 万字。29.00 元。全面介绍智能交通系统(ITS)的基本概念和原理，以及智能车辆定位导航系统所涉及到的各种新方法和新技术。全书共 7 章，包括：智能交通系统概论、智能车辆定位导航系统的组成与原理、GPS 定位方法、车辆定位系统中的无线数据传输方法、导航电子地图、智能车辆定位导航系统的设计与实现、智能车辆定位导航系统的应用与展望。本书内容充分反映了国际上近年来先进的车辆定位导航系统的新理论、新应用和发展趋势。(鞠丽娜)

U000072 **智能交通** 杨佩昆编。同济大学出版社 2002 年 7 月版。17.2 万字。16.00 元。科普读物。共分 6 个部分：一、智能交通运输系统的兴起与发展；二、ITS 体系结构；三、ITS 能为我们做什么；四、ITS 基本原理；五、构成 ITS 的主要设施；六、ITS 的未来。(方芳)

U000073 **公路交通与环境保护** 赵剑强编著。人民交通出版社 2002 年 9 月版。25.7 万字。26.80元。全面系统地阐述了公路交通环境问题及其评价方法和控制措施。主要内容有：环境、资源与生态系统的关系；公路交通环境问题及环境保护任务；公路交通与重要生态系统的保护；公路交通与生物多样性保护；公路交通与水土保持；地表植被保护与绿化设计；公路交通水污染与控制；公路交通噪声污染与控制；公路交通大气污染与控制；公路建设项目环境影响评价；公路建设项目环境保护管理等。本书可作为从事公路交通环境保护科研、设计、监理及管理工作人员的参考书，亦可供公路工程专业、管理专业和大专院校师生学习参考。(蔡健)

U000074 **船舶概论** 金仲达主编。哈尔滨工程大学出版社 2002 年 1 月版。34 万字。19.50 元。系统而通俗地介绍了现代船舶和现代造船工程的基础知识。内容包括：海洋与船舶；军用舰船建筑与结构；船舶动力装置；船舶设备、系统与航行仪器；现代造船工程；船舶建造工艺。书中共有插图 250 多幅，对于各类新型船舶、新型设备以及船厂的新技术新

工艺都作了简要介绍。同时书中对于船舶的一个重要分支——军用舰船中作战舰艇及军舰装备也作了粗浅介绍。(戴艳萍)

U000075 **船舶结构力学手册** O. M. 帕利等著,徐秉汉等译。国防工业出版社 2002 年 8 月版。176 万字。198.00 元。共 3 卷。第一卷论述应用于船舶结构力学的基本概念、原理和方法;第二卷讨论非弹性系统的计算、结构稳定性和结构动力学;第三卷论述船体结构的三个基本命题——环境与载荷、结构响应分析、危险状态与强度衡准。本版属首次公开出版,在俄罗斯亦未曾公开出版。主要作者 O. M. 帕利为俄罗斯克雷洛夫研究院舰艇结构研究部主要学术带头人。(许西安)

U000076 **船体建造与修理工艺** 华乃导主编。人民交通出版社 2002 年 8 月版。58 万字。28.50元。中等职业教育船体建造与修理专业国家规划教材之一。按其教学大纲的要求,教学内容分为三大模块:基础模块、选用模块和实践性教学模块。本书编写内容包括前两者,后者则在教学计划中安排,由各校根据实际情况实施。基础模块包括:造船工艺概论、船体放样、计算机船体放样及软件、钢料加工、船体装配与焊接、船体建造方案、船舶下水、船舶试验、船舶涂装工艺、船体修理工艺等 10 章;选用模块包括:船体分段制造生产线、船台无余量装配、现代造船技术概论等 3 章。(黄兴娜)

U000077 **高级船舶电工操作技能** 杨石林等主编。哈尔滨工程大学出版社 2002 年 1 月版。16 开 240 页。21.00 元。根据劳动部和原中国船舶工业总公司联合颁发的《中华人民共和国职业技能鉴定规范(考核大纲)船舶电工》中对高级船舶电工的要求编写。主要内容有船舶自动电站控制系统、主机遥控系统、船舶报警系统、舵机控制系统、船舶辅助组合锅炉控制系统、焚烧炉控制系统、船用大功率主变流机组控制系统、PLR 可编程控制器及晶闸管整流技术等。各部分内容均由构造及功能、工作原理、调试和经验、故障及排除等组成。(戴艳萍)

U000078 **航海学** 徐宏元主编。人民交通出版社 2002 年 8 月版。59.4 万字。29.10 元。中等职业教育船舶驾驶专业国家规划教材之一。内容包括:球面三角和误差基础知识、地理坐标和海图、航迹推算和陆标定位、电子仪器定位和导航、天文导航、航标和航路资料、航线和航法等共 7 篇。(黄兴娜)

U000079 **船舶管理** 刘万鹤主编。人民交通出版社 2002 年 8 月版。33.3 万字。16.50 元。中等职业教育轮机管理国家规划教材之一。内容包括:运输船舶概述、船舶强度与结构、船舶管路系统、船舶运适航性基本知识、船舶适航性控制、船舶营运安全管理、船舶检验概述、船舶防污染、船舶安全操作与应急处理、船舶人员管理共 10 章。(黄兴娜)

V 航空、航天

V000001 **蓝天铸春秋——航空科技** 徐德康编著。北京理工大学出版社 2002 年 1 月版。28.5 万字。16.00 元。“百年科技丛书”之一,以近百年来人类以追求“飞天”的梦想,到当代超音速隐形飞机投入使用的现实为主线,围绕着各个时期的航空科技工作者演绎着许许多多鲜为人知的真实故事。(总编办)

V000002 **多相湍流反应流体力学** 周力行著。国防工业出版社 2002 年 1 月版。25.2 万字。22.00元。科技专著。系统阐述多相(气体—颗料/液雾,液体—颗粒/气泡,液体—液体)湍流有反应(包括燃烧)流动的基本理论、数学模型和数值模拟及其应用。全书共 8 章,分别阐述了颗粒群基本性质和颗粒动力学,层流和湍流多相流动基本方程组,湍流气粒两相流动的若干实验现象,单相湍流,两相湍流及其相互作用,湍流与化学反应相互作用的封闭模型,多相湍流反应流动的数值解法,以及多相湍流反应流体力学的应用示例。各章中都给出了理论的基本前提、基本方程、封闭模型、数值模拟结果及其实验验证。本书的特点是以多相流体力学为主线,同时和湍流模型理论及反应流体力学密切结合。书中着重反映了作者本人领导的研究组和国际上,特别是 1994 年以来的最新研究成果。“近代空气动力学丛书”之一。(吴芝萍)

V000003 **研究尾旋的风洞试验技术** 李永富、陈洪编著。国防工业出版社 2002 年 8 月版。15.6万字。17.00 元。科技专著。尾旋是飞机最复杂也是最危险的飞行状态之一，常被称为极限状态飞行。本书仅阐述预测研究飞机尾旋的风洞试验技术以及通过这些技术获得的数据的分析应用，不具体涉及其他预测飞机尾旋的技术。重点叙述立式风洞尾旋试验技术和普通风洞试验技术即低速大迎角静态测力、强迫振荡运动、圆锥运动和非定常气动力等风洞实验技术，以及如何获得气动数据来分析飞机的大迎角空气动力特征、飞行动态特性和预测飞机的极限状态飞行。（张文峰）

V000004 **飞机设计手册** 副名：载荷、强度和刚度。《飞机设计手册》编委会编。航空工业出版社 2001 年 12 月版。210 万字。248.00 元。《飞机设计手册》第九册，共有 6 篇 62 章。论述了飞机各类外载荷的确定，结构静强度、动强度、气动弹性、热强度分析，以及疲劳、耐久性和损伤容限设计与评定等。既列出了有关的设计准则，又提供了当前飞机设计中应用的许多工程方法，并吸收了国内外多种飞机型号的设计实践经验。（黄苏桥）

V000005 **航空发动机设计手册** 《航空发动机设计手册》编委会编。航空工业出版社 1998～2002 年版。1500 万字。共计 19 册，包括涡喷及涡扇发动机总体、涡桨及涡轴发动机总体、进排气装置、风扇及压气机、涡轮、加力燃烧室、附件传动及润滑系统、减速器、辅助动力装置及起动机、控制及燃油系统、空气系统及传热分析、强度、振动、转子动力学、计算机辅助设计、可靠性及维修性、通用基础、标准及工程制图等，基本覆盖了航空发动机设计技术的各个方面，它是我国第一套较完整、较全面的航空发动机设计用工具书，是我国 40 多年来航空发动机研究、设计经验的总结。（黄苏桥）

V000006 **航空发动机设计手册** 副名：空气系统及传热分析。《航空发动机设计手册》编委会编。航空工业出版社 2001 年 12 月版。55.2 万字。65.00 元。由空气系统、发动机主要构件热分析、涡轮气冷叶片传热设计、防冰系统、空气系统与传热试验 5 部分组成。第一篇对空气系统中的涡轮转子冷却、涡轮静子冷却、空气封严、转子轴向力控制、间隙控制、空气系统设计、空气系统的流阻计算等做了论述。第二篇说明了进行热分析工作的依据、热分析模型的建立、热分析方法、热分析的计算机程序、热分析的边界条件及向飞机提供的放热数据。第三篇对涡轮气冷叶片采用的典型冷却结构的流动与传热计算、气冷叶片的工作环境、冷却结构设计、叶片的传热设计等做了论述。第四篇对大气的结冰条件、防冰系统设计点的选择、防冰的传热传质分析进行了说明；介绍了防冰设计的方法及有关的防冰试验。第五篇中给出了航空发动机研制过程需要进行的空气系统与传热试验，包括：水流模拟试验、静态叶栅冷却效果试验、涡轮气冷叶片冷气流动特性试验、气冷叶片冷气流量分布试验、气冷叶片低周疲劳试验、高温涡轮试验器综合试验、发动机全流程测量试车、发动机主要零件温度测量试车、发动机对飞机短舱放热率测量试车等的试验（车）目的、试验内容、试验状态、试验要求。（黄苏桥）

V000007 **航空发动机设计手册** 副名：控制及燃油系统。《航空发动机设计手册》编委会编。航空工业出版社 2002 年 1 月版。123 万字。125.00 元。以数字式电子控制为主，兼顾液压机械式控制。主要有控制专用的计算方法、系统设计、部件设计等。全书共 10 章。第一章常用数表及计算公式。第二章涡喷及涡扇发动机控制系统，介绍设计技术要求、发动机建模技术、计算机辅助设计、系统设计计算和结构设计以及试验验证。第三章涡轴、涡桨发动机控制系统，论述了发动机建模技术、方案设计、系统结构设计和试验验证。第四章系统可靠性和维修性，介绍系统可靠性指标、模型及预测，系统可靠性分配、试验及增长试验，系统维修性。第五章油泵，介绍航空发动机上采用的各种主、加力燃油泵和喷口控制油源泵及燃油增压泵的设计。第六章液压机械式控制器及其元件，介绍液压机械式控制系统各控制器及其元件的设计。第七章传感器，介绍电子控制系统传感器的主要性能及其选用方法。第八章电子控制器，介绍电子控制器总体、模块电路、电子电路 CAD、机箱的设计及检测设备。第九章控制软件，介绍控制软件的设计基础，工程实现及其常用的方法，故障诊断与容错，软件验证及软件开发环境等。第十章数控系统执行装置及备用控制器，介绍数控系统各种执行装置及其备用控制器的设计。（黄苏桥）

V000008 **航空发动机设计手册** 副名：传动与润滑传统。《航空发动机设计手册》编委会编。航空工业出版社 2002 年 1 月版。108.8 万字。110.00元。共 4 篇 27 章。只涉及涡轮喷气、涡轮风扇、涡轮轴、涡轮螺旋桨发动机的传动与润滑技术。包括滚动轴承、航空发动机密封、润滑系统和航空发动机附件传动，技术内容多与设计有关，也提到主要的试验项目与方法。滚动轴承篇介绍了滚动轴承的设计基础、轴承材料与润滑冷却、计算机辅助设计、轴承试验与轴承故障。密封篇叙述了发动机的密封类型、动密封的基础理论、不同形式的密封结构、密封材料和新型动密封。润滑系统篇论述了润滑系统设计准则、循环系统的基本计算、润滑油、系统组件设计、系统状态监测、系统的维护与使用。附件传动篇重点介绍附件传动的结构形式、附件传动齿轮及其他构件的设计、计算与分析。(黄苏桥)

V000009　**航空发动机设计手册**　副名：加力燃烧室。《航空发动机设计手册》编委会编。航空工业出版社 2001 年 12 月版。75 万字。80.00 元。共 17 章。第一章加力燃烧室设计的基本原则。如何选择设计点，如何根据加力设计各指标间的相互影响确定加力燃烧室的直径和长度，如何确定加力温度和冷却空气量等。第二章加力燃烧室部件性能计算方法，其中包括流体损失计算、加力温度计算、燃烧效率计算和加力燃烧室各截面气流参数计算。第三章几种常见混合器的设计方法、混合后气流参数的计算和流体损失。第四章加力扩压器的设计方法，包括扩压器类型的选择、尺寸的确定、支板、内锥体的造型和流体损失计算等。第五章火焰稳定器设计方法，包括火焰稳定器类型的选择、阻塞比的确定、火焰稳定器的布局和稳定燃烧范围的计算。第六章燃油总管设计。第七章加力点火方式的选择和设计方法。第八章防振屏的设计方法和抑制振荡的方法。第九章加力燃烧室壁温的冷却计算方法和隔热屏设计方法。第十章加力燃烧室的数值计算方法。第十一～十二章加力部件结构设计中应考虑的问题和基本原则。第十三～十五章混合器、扩压器和加力筒体的结构设计方法。第十六章加力燃烧室使用中常见的结构故障和允许修改的故障尺寸。第十七章各项加力燃烧室试验的目的、内容、测试要求和试验件设计要求。(黄苏桥)

V000010　**飞机电气系统总体设计**　严东超等编著。航空工业出版社 2001 年 12 月版。54.3 万字。39.50 元。着重介绍了飞机电气系统设计的总体思路。论述了电气系统设计程序、电源系统设计、输配电系统设计、电网的计算与导线的选择、电气设备的选择、照明系统的设计、电气系统的安装、电气系统的试验、系统可靠性与维修性设计。本书用大量的图表数据给读者提供了可查询的技术资料。在内容安排上体现以军用飞机为主，兼顾民用飞机的特点，注重阐述飞机电气系统总体性能论证设计的基本原则、程序和方法，对具体设备繁琐复杂的设计计算、步骤不做过多的赘述。(黄苏桥)

V000011　**航空控制工程新装备与新技术**　谢军等编著。航空工业出版社 2002 年 5 月版。37.4 万字。46.00 元。高等军事院校航空控制专业教材。由飞机飞行控制系统、惯性导航设备、飞机电源及电气系统等机载装备的组成、原理、功能和发展趋势 3 大部分构成。飞行控制系统论述了：飞行自动控制系统、人工飞行控制系统、飞行控制系统的新技术、几种典型飞行控制系统实例、现代飞行控制系统事故与故障实例及分析。惯性导航设备阐述了：大气参数传感器和大气数据计算机、惯性元件和惯性导航系统、卫星导航和组合导航。航空电气论述了：飞机供电系统发展方向、发动机工作状态的电气控制、进气道电气控制、燃油电气控制系统、飞机操纵系统电气设备、飞机环境控制系统、照明灯光设备和应急、警告、通知信号系统、机载检测和告警系统。(黄苏桥)

V000012　**航空航天材料**　李成功、傅恒志、于翘等编著。国防工业出版社 2002 年 1 月版。49.9 万字。49.00 元。科技专著。主要内容包括：航空航天高技术产业的发展概况及航空航天材料的重要作用与发展方向；铝、镁、钛轻合金及超高强度钢；高温钛合金、镍基高温合金、金属间化合物及难熔金属及合金；聚合物基复合材料；金属基复合材料、陶瓷基复合材料及碳/碳复合材料；航空航天功能材料。(杜豪年)

V000013　**中国航空材料手册**　《中国航空材料手册》编辑委员会编。中国标准出版社 2002 年 7 月版。约 1000 万字。990.00 元。我国航空材料领域的一套大型工具书，共 10 卷，各卷内容包括：结构钢、不锈钢、变形高温合金、铸造高温合金、铝合金、镁合金、钛合金、铜合金、粉末冶金材料、精密合金与功能材料、复合材料、胶粘剂、塑料、透明材料、绝缘材料、橡胶、密封剂、涂料、镀覆层与防锈材料、燃料与润滑材料、纺织材料等共计 21 篇。收录了已成功地应用于现有航空器或具有应用前景的航空用材料共 2188 个牌号，充分反映了我国航空材料的技术水平。(高莹)

V000014　**复合材料飞机结构设计**　杨乃宾等编著。航空工业出版社 2002 年 5 月版。45.9 万字。80.00 元。全书内容以飞机复合材料结构为对象，以大量国内外最新研究成果和资料为基础，以结构设计流程为主线，全面、系统、完整地论述复合材料结构设计原理和方法，以期达到指导复合材料飞机结构设计目的。书中对国内外现已应用的复合材料结构设计要求、设计原则和设计方法，结构设计选材与许用值确定，层合板与典型结构件设计，连接设计，安定面、全动翼面与操纵面、机翼、机身部件结构设计等作了详细介绍；同时对结构验证、结构修理、雷电防护和复合材料与飞机隐身也作了扼要介绍。（黄苏桥）

V000015 **军用飞机生存力与隐身设计** 张考、马东立编著。国防工业出版社 2002 年 6 月版。29.8 万字。25.00 元。科技专著。介绍军用飞机生存力的概念、影响生存力的主要因素及飞机在不同对抗环境中生存力的计算（或评估）方法。书中将飞机隐身技术与生存力联系起来进行了讨论，并对各种隐身技术在国外多型隐身飞机上的具体应用及效果进行介绍。最后介绍飞机降低雷达散射截面的设计原则。（崔晓莉）

V000016 **世界飞机 100 年** 程昭武、沈美珍、孟鹊鸣编著。国防工业出版社 2002 年 1 月版。46.5万字。58.00 元。科普彩色画册。对飞机发明以来 100 年间，有关飞机的人、事、技术发展历程及展望作了介绍。讲述了上百种航空史上有典型意义的飞机型号，几十家对世界飞机发展有贡献的飞机制造公司及其创始人和设计师的故事。书中还对不同气动布局飞机的演变，预测了在新技术前景下新概念飞机的发展前景。全书共 10 章，分别是：一、飞机发明前的探索；二、实现动力飞行；三、军事航空的兴起；四、民用飞机的诞生；五、航空材料的飞跃；六、燃烧的天空；七、进入喷气时代；八、开拓广阔的飞行领域；九、智能化飞机；十、新世纪的飞机。（杨星豪）

V000017 **机场刚性道面动力分析** 许金余、邓子辰著。西北工业大学出版社 2002 年 6 月版。13.9万字。16.00 元。水泥混凝土道面是民航机场和军用机场普遍采用的一种道面形式，飞机从试车振动、滑行到着陆撞击对机场道面的动力作用以及对机场道面的安全性都具有重要影响，本专著即在对上述问题研究的基础上撰写而成。书中对飞机试车振动、滑行、着陆撞击、刹车、转弯等情况下，作用于机场刚性道面上的动力荷载进行了分析，应用有限元和边界元法建立了机场刚性道面体系静力和动力分析模型，并对计算模型进行了室内试验论证，对飞机各种动力荷载作用下机场刚性道面的动力响应进行了计算和分析。尤其是对 3 种机型飞机在试车振动、滑行、着陆撞击、刹车、转弯时作用在机场道面板的实际荷载和板表面的动弯沉所进行的测试数据极为有价值。（雷鹏）

V000018 **空中交通管理系统导论** 刘慧英、周勇编著。国防工业出版社 2002 年 10 月版。35.5 万字。30.00 元。系统阐述空中交通管理系统的基本原理、组成和实施方法，从空中交通管理系统所采用的设备开始，对空中交通管制、空域的管理、空中交通流量管理等进行系统论述。分两部分共 9 章。第一部分是空中交通管制常用设备，包括无线电导航设备与系统、通信系统、雷达系统；第二部分是空中交通管制部分，包括空域管理、空中交通管制、飞行管理系统、空中交通自动化管制、近地警告与防撞系统、空中交通流量管理。从适应 21 世纪全球民用航空运输量的增长和新航行系统的发展目标出发，作者还将当前国际和国内上所采用的先进技术编入本书，如卫星导航技术、数据链路的开发和利用技术、计算机网络化和自动化技术等。（杜钧）

V000019 **军事航天学** 常显奇等著。国防工业出版社 2002 年 10 月版。37 万字。38.00 元。军事航天理论专著。研究空间力量建设、发展和空间作战规律的军事航天理论专著。全书共 3 篇 18 章。第一篇空间技术基础（1～5 章）阐述航天器及其运载、发射、测控技术和载人航天技术；第二篇空间力量（6～10 章）及第三篇空间作战（11～18 章）是全书的重点，论述空间力量建设、发展及空间作战的基本规律。（王坡麟）

V000020 **导弹与航天技术概论** 金永德等编著。哈尔滨工业大学出版社 2002 年 8 月版。36 万字。22.00 元。高等学校导弹和航天工程专业的教材或相关专业的选修课教材及导弹、航天工程技术人员和相关人员使用。由导弹技术和航天技术 2 部分组成。分别介绍了导弹、运载火箭和航天器的组成及分类；动力装置、导弹的弹道及其制导原理；航天器的轨道及其控制原理、航天器的姿态动力学及姿态控制原理；战斗部和航天器有效的载荷的分类及工作原理；导弹、运载火箭和航天器的外形和结构设计原理；航天器的应用。（赵海燕）

V000021 **神剑搏苍穹——航天科技** 石磊主编。北京理工大学出版社 2002 年 1 月版。27.6 万字。16.00 元。“百年科技丛书”反映了航天、航空、核能、农业、生物、汽车等重要科技领域近百年来的发展历程和最新科技成就。本书为“百年科技丛书”之一。内容以近百年来人类在宇航技术发展史上具有里程碑意义的18件大事,横向展开成为18个可读性较强的故事,每篇故事既讲一段历史,又介绍相关宇航知识;既讲宇航技术与社会生活的密切关系,又介绍开发利用太空的广阔前景。本书回眸20世纪人类开拓天疆的辉煌创举,展示宇航科技的博大精深。(总编办)

V000022 **载人飞船返回舱空气动力学** 张鲁民主编。国防工业出版社2002年6月版。20万字。20.00元。科技专著。以作者在载人飞船返回舱气动问题研究领域新获得的研究成果为基础,论述载人飞船返回舱空气动力学各个方面。全书分8章:一、介绍返回舱气动问题的主要特点;二、介绍返回舱的气动布局设计;三、返回舱气动特征研究;四、五分别讨论返回舱的再入热环境和热防护问题;六、介绍通信中断问题;七、介绍返回舱的飞行稳定性特性;八、讨论返回舱气动特性、飞行性能的评估方法。(王坡麟)

V000023 **航天器空间环境试验技术** 黄本诚、马有礼著。国防工业出版社2002年1月版。39.9万字。42.00元。科技专著。系统论述航天器发射前在地面进行空间环境试验的试验技术、试验方法、试验理论、试验可靠性及试验测试技术等;并论述了初样试验、鉴定试验、验收试验以及试验规范、试验剪裁、空间环境试验预示技术以及整星级的热真空试验、热平衡试验、磁试验和材料与组件级的空间特殊环境试验等。其试验方法还论及物理模拟试验、效应模拟试验、数值模拟试验等。全书共9章,包括:航天器空间环境试验概论;空间环境与航天器可靠性;航天器空间热环境试验误差分析及航天器热缩比模型试验;航天器热平衡与热真空试验技术;载人航天的空间环境试验技术;航天器特殊组件的空间环境试验技术;空间辐照环境试验技术;其他空间环境试验技术;航天器空间环境试验中的测试技术等。(王祖珮)

X 环境科学、安全科学

X000001 **环境经济学** 霍斯特·西伯特著,蒋敏元译。中国林业出版社2002年1月版。33万字。30.00元。“环境科学系列丛书”之一。解释了自然和作为稀缺资源的环境,对环境配置问题进行了理论研究并且阐述了处理环境问题的不同政策方法,研究了环境配置问题的整个范围:静态关系中的环境使用、环境配置的国际和贸易方面问题、其区域范围大小、不确定情况下环境的长期使用,探讨了多种经济研究方法。本书的突出特点是提出并研究了环境配置的国际和区域方面问题,环境的长期使用,即污染物质的积累、环境污染问题,以及环境风险问题。本书可供环境科学和经济学学者、相关专业的师生及相关行业的工作人员参考使用。(吴金友 杜娟)

X000002 **环境科学与工程辞典** 王连生主编。化学工业出版社2002年5月版。110.8万字。68.00元。鉴于环境科学是一门新兴的综合性学科,与其他学科相互渗透相互交叉较多,本辞典在收词时尽量做到以下几点:①环境科学基本的、重要的名词术语尽量收全,并体现环境科学各学科、各专业知识的完整性和均衡性;②环境工程方面的新技术、新设备尽可能收录;③化工(含石油化工)、冶金等行业“三废”治理及清洁生产方面词汇适当收录。(郭燕)

X000003 **环境保护概论** 桂和荣主编。煤炭工业出版社2002年8月版。38.9万字。25.70元。给出了环境、环境问题、环境保护与可持续发展、清洁生产、生态学与生态系统学基本概念,重点阐述了大气、水、噪声、固体废物、土壤污染机理及控制技术,分析了矿区生态破坏及其防治、环境地质灾害与防治方法原理。在此基础上,阐明了环境监测、环境质量评价以及环境规划与管理方面的内容。(林金锋)

X000004 **辐射技术在环境保护中的应用** 吴明红、包伯荣主编。化学工业出版社2002年3月版。19.1万字。20.00元。“环境工程新技术丛书”之一。从辐射的基础入手,对水辐射净化及其在水处理方面应用、辐射技术与污泥处理、气体辐射处理等几个方面介绍了辐射在环境保护中的应用技术。(郭燕)

X000005 **环境地理学导论** 朱颜明，何岩等编著。科学出版社 2002 年 8 月版。44 万字。29.00元。“中国科学院研究生教学丛书”之一。共10章，分别介绍了地球环境演化与环境问题的产生；环境地理学的学科范畴、形成和发展；大气环境、水环境、岩石圈表生环境、土壤和生物环境的环境变化及其与人类活动的相互作用和影响；自然的和人为的地球化学异常引发的疾病的产生与防治；21世纪面临的重大环境问题；资源与环境可持续发展以及环境地理学的研究方法等问题。（朱海燕、姚岁寒）

X000006 **环境生物工程** 伦世仪主编。化学工业出版社 2002 年 9 月版。52 万字。45.00 元。“现代生物技术丛书”之一。系统地介绍了环境生物工程的基本概念、各种环境生物技术及其在防治污染中的作用，既包括废水、工业废气、城市生活垃圾的传统生物处理技术，也有污染物的微生物降解、重金属的生物吸附、化石燃料的生物脱硫、生物修复等新技术应用，还介绍了生物可降解塑料、环保酶制剂的开发应用以及环境工程菌的遗传改造技术，全面反映了国内外在这一新兴领域的研究、开发和应用状况。（郭燕）

X000007 **环境生态学** 张合平、刘云国编。中国林业出版社 2002 年 1 月版。38.5 万字。27.00元。“环境科学系列丛书”。运用生态学的理论和方法，观察、认识生态破坏和环境污染等各种环境问题，并阐明环境治理的生态学途径。重点阐述生态学的基本原理，各种全球性和区域性环境问题的成因、特点及其对生态系统的影响，环境问题的生态学对策，生态监测、生态规划、生态工程和生态评价的内容和方法等方面的内容。全书试图用简明的语言、明晰的结构，系统地介绍环境生态学的基本理论、基本知识及其应用，围绕学科的核心内容和前沿动态，在理论框架、知识集成等方面作了有益的探索。本书可供环境科学和生态学学者，相关专业的师生及相关行业的工作人员参考使用。（吴金友）

X000008 **生态工程学** 盛连喜、景贵和等著。东北师范大学出版社 2002 年 8 月版。25.6 万字。23.00 元。理论专著。在东北师范大学多年来有关生态学的教学和生态工程的实践基础上，尤其是在多个实验站和试验示范区实践研究成果的基础上写成。共 10 章：第一章生态工程导论，第二章生态工程的理论原理，第三章生态工程设计的方法，第四章种植业生态工程，第五章林业生态工程，第六章养殖业生态工程，第七章农林牧复合的生态工程，第八章荒芜土地恢复与重建的生态工程，第九章庭院生态工程，第十章城市生态工程。（任云霞）

X000009 **生态工程学** 钦佩、安树青、颜京松编著。南京大学出版社 2002 年 8 月版。34.3 万字。28.00 元。共 9 章。前 4 章是有关生态工程学的理论部分，包括生态工程的定义、由来、发展、原理、模型和设计。后 5 章是有关生态学的应用部分，包括在生态恢复、污染治理、复合农业、城镇发展以及海滩开发与管理等方面的生态工程技术及其应用实例。其中理论部分有相应实例的剖析，应用部分有相关理论的阐述。本书可作为高等学校生态、环科、农学、林学等专业的本专科生和研究生的教科书，也可作为专业科技人员的科研和科技开发参考用书。

X000010 **西部开发与生态建设** 王汉杰主编。中国林业出版社 2001 年 12 月版。50.2 万字。38.00 元。包括西部开发的政论文章 9 篇；生态环境建设论文 18 篇；造林、栽果、种草论文 11 篇。反映了当今的科技水平和最新研究成果，是关于西部生态环境建设的一部比较全面、系统的理论专著。（刘若云）

X000011 **环境工程专业毕业设计指南** 张林生主编。中国水利水电出版社 2002 年 8 月版。23.4万字。26.00 元。“大学生毕业设计指南丛书”之一，专门为环境工程专业应届毕业生进行环境工程毕业设计而编写，同时兼顾了在职的环境工程技术人员的实际需要。本书主要内容有环境工程毕业设计基本要求、毕业设计过程、环境工程专业基本知识体系、环境工程主要设备设计计算书、毕业设计实例等。（陈跃）

X000012 **中国西部环境特征及其演变** 副名：中国西部环境演变评估（第一卷）。秦大河主编。科学出版社 2002 年 2 月版。37.1 万字。65.00 元。中国科学院“西部行动计划”和“知识创新工程”重大项目“中国西部环境演变、生态建设与可持续利用研究”的成果之一，亦为中国科学院为实施我国西部大开发战略而完成的一项基础性、战略性和前瞻性综合研究成果。“中国西部环境演变评估”一套 4 卷。包括第一卷：西部环境特征及其演变；第二卷：西部环境变化的预测；第三卷：环境演变对中国西部发展的影响及对策；综合卷：中国西部环境演变评估综合报告（是 1～3 卷的综合和总结，为国家提供 7 大决策性咨询论题）。第一卷从自然、人文、社会、经济等多学科入手,对西部环境特征及其演变、未来环境变化预测、以及环境演化对中国西部发展的影响与对策方面进行了综合分析和评估。四卷内容前后呼应、相互协调,共同反映了我国西部地区特别是西北地区过去、现在和未来的环境面貌及其与社会经济发展的关系,从而为国家西部大开发战略决策提供了历史和现实的依据。本专著特点鲜明:①全面、系统地论述和评估了我国西部环境的过去、现在与未来50年的特征、演变趋势及其与社会经济发展的关系,为西部大开发战略提供了可靠的科学依据,对中央决策具有重要参考价值。②在研究与写作上借鉴了国际规范,包括评估的内容、图文表、注视窗的体例与表达等,使成果与国际接轨。③全书内容丰富、立论正确、形式新颖、印装精美,达到了国际水准。④书中所有评估意见均引自权威观点、权威结论和权威数据,因此本专著具有权威性和代表性。(吴三保)

X000013 **中国西部环境演变评估综合报告** 副名:中国西部环境演变评估。秦大河主编。科学出版社 2002年2月版。14.8万字。40.00元。根据国家需求和《中国西部环境演变评估》前三卷获得的新认识、新观点、新结果,从西部大开发战略的总体目标出发,以过去50年和未来50年为时间尺度,分析了过去到现在西部环境演变和预测未来环境变化,并着重讨论了人类活动对环境的影响及发展对策。在写作上参考和仿效了国际上IPCC评估报告的综合报告形式,内容上体现了中国国情,可为国家西部大开发战略提供宏观决策的科学依据。(吴三保)

X000014 **环境演变对中国西部发展的影响与对策** 副名:中国西部环境演变评估(第三卷)。秦大河主编。科学出版社 2002年2月版。28.3万字。56.00元。在第一、二卷对我国西部气候生态环境不同时间尺度演变过程与规律以及未来10年、30年、50年趋势分析的基础上,着重讨论了气候变化、气候事件、水资源变化、土地退化、冻土退化、冻雪灾害、山地灾害对西部不同区域经济发展的影响;探索了生态环境与人体健康的关系;最后就西部能源工程建设、重大基础设施建设、产业结构调整、西部生态环境建设等重大问题进行了评估,并从生态建设与经济协调发展的高度,针对不同区域的资源环境特点,提出合理利用水土资源、生态建设与环境保护、防灾减灾对策。(吴三保)

X000015 **青藏高原东缘环境与生态** 钟祥浩编著。四川大学出版社 2002年10月版。44.8万字。48.00元。青藏高原东缘为我国西部高原高山到东部盆地平原地形阶梯的过渡带,包括了整个横断山地区。2001年8月在成都召开了有50多名中外科学工作者参加的"青藏高原东缘环境演化与森林生态学术研究会"。会议以青藏高原东缘环境演化与森林生态为主题,同时还就现代冰川动态与气候、森林水文、退化生态与灾害及有关资源开发等问题进行了交流与讨论。本书从参会的50多篇论文中选出33篇结集出版。内容包括环境演化、冰川、气候与环境,森林生态,山地灾害与退化环境治理,新技术与新方法和旅游资源等六大方面。(汪萍、成杰)

X000016 **马克思自然观的生态哲学意蕴** 副名:"红"与"绿"结合的理论先声。解保军著。黑龙江人民出版社 2002年12月版。23万字。25.00元。充分肯定了西方马克思主义自然观的批判精神和理论创新,看到了这些观点对我们正确理解马克思自然观所起到的解放作用,对法兰克福学派的生态危机理论和"生态学马克思主义"的主要观点都给予了认真的评析。本文还分析了中国社会发展中面临的环境难题,论述了这些问题产生的历史与现实的原因。明确指出,可持续发展理念应该成为中国经济发展的绿色路标,马克思、恩格斯,解决环境问题的思路和方法对我们解决社会主义现代化进程中的环境问题有重要的指导意义。(刘恺汐)

X000017 **可持续发展战略** 周毅主编。北京科学技术出版社 2002年6月版。97.3万字。98.00元。分3篇。上篇为人口与环境可持续发展,阐述人口与环境的关系、污染与反污染、如何从人口与环境的失衡走向平衡。中篇为人口与资源可持续发展,阐述了我国的人口压力与自然资源的极限,提出了解决人口与资源问题的应对措施。下篇为人口与可持续发展,论述了人类与自然界的相关问题,人类人口和需求增长的负效应,如何使生态康复,以及我国生态失衡问题的严重性。大量的中外资料的对比,阐明了可持续发展战略的深远意义。(曾庆宇)

X000018 **中国文艺生态思想研究** 张皓著。武汉出版社 2002年6月版。25万字。21.80元。"文艺与生态丛书"之一。作者面对现实空前的生态灾场,既有一种危机感,更有一种使命感。他从文学这一视角出发,以饱蘸感情的笔墨回顾与总结了中国先贤的生态情怀,从而唤起国人的生态危机意识,更好地弘扬我国传统文化的"天人合一"的有机宇宙

观。(李杏华)

X000019 **以人为本与生命多样化** 副名:漫谈环境与自然生态哲学。蔡永海著。黑龙江人民出版社 2002 年 1 月版。30.8 万字。18.00 元。该书的论述立足于科学知识基础之上,对人类社会的未来充满忧虑的思考,也许对人类良知的呼唤起到一定的积极意义吧!人类作为一个物种,不应成为地球进货史上的一个匆匆过客,对于人类文明酿造的"罪孽",以人为本,悔过超越,才是人类惟一应选择的道路。为"以人为本"辩护是从人类社会历史视野阐发"以人为本"的现实意义,关系到人与自然关系的重新定位,即人在自然界中的位置,进而关系到人类未来的前途和命运。(刘恺汐)

X000020 **以人为本与生命多样化** 副名:漫谈环境与自然生态哲学。蔡永海著。黑龙江人民出版社 2002 年 1 月版。30.8 万字。18.00 元。该书的论述立足于科学知识基础之上,对人类社会的未来充满忧虑的思考,也许对人类良知的呼唤起到一定的积极意义吧!人类作为一个物种,不应成为地球进化史上的一个匆匆过客,对于人类文明酿造的"罪孽",以人为本,悔过超越,才是人类惟一应选择的道路。为"以人为本"辩护是从人类社会历史视野阐发"以人为本"的现实意义,关系到人与自然关系的重新定位,即人在自然界中的位置,进而关系到人类未来的前途和命运。(刘恺汐)

X000021 **中国的经济发展与环境问题研究** 薛进军等主编。东北财经大学出版社 2002 年 4 月版。29.6 万字。28.00 元。由 3 部分构成。第一部分是关于中国环境问题的状况、一般原因的分析、市场经济条件下如何进行环境保护等新课题、环境污染的地区分布及其演变的研究。第二部分是关于工业企业、特别是乡镇工业的环境污染问题的研究。第三部分集中做了一些案例分析,其中有通过能源结构转换治理大气污染的天津市的经验,有通过国际合作建设环境示范的大连市的经验,以及在国家指导下建成环境保护模范城市的张家港市的经验。(陈薇)

X000022 **ISO 14000 标准实用指南** 郑铭、刘宏、严山、郑剑云编著。化学工业出版社 2002 年 5 月版。24.8 万字。20.00 元。ISO 14000 系列标准是我国加入 WTO 后,继 ISO 9000 系列标准后又一重要认证标准。本书旨在给企业提供一个全面了解 ISO 14001 标准和 ISO 14004 标准以及如何操作的指南。本书针对企业建立环境管理体系应抓好六件工作进行分别介绍,包括最高管理者发表环境方针;环境管理者代表组建推进体系的专职机构;认识影响资源能源利用率和公众生活质量的环境因素;制订环境目标、指标、方案;将环境管理体系文件化;建立内审机制和管理评审机制。书中列举了一些范例可供企业参考,附录中列出我国环境法律法规清单,并将 ISO 14001 标准和 ISO 14004 标准全文收录。(郭燕)

X000023 **三江源自然保护区生态环境** 《三江源自然保护区生态环境》编辑委员会。青海人民出版社 2002 年 9 月版。36 万字。46.00 元。三江源自然保护区位于青藏高原腹地。著名的长江、黄河及国际河流澜沧江就发源于此,故得名"三江源"或"中华水塔"。该书共分为 7 章。主要包括概论、保护区自然环境演化、自然资源、植物区系与生态系统、环境态势与质量评价、生态环境分区与治理原则及生态治理工程规划等内容。并附有三江源自然保护区行政区划图、卫星照片、彩色图片及三江源头碑文、碑记。(陈孝全)

X000024 **中国西部环境变化预测** 副名:中国西部环境演变评估(第二卷)。秦大河主编。科学出版社 2002 年 2 月版。35.6 万字。60.00 元。按照 IPCC 评估报告的模式对我国西部未来 10－50 年气候、生态、环境的自然变率和人类活动引起的变化进行了预测和不确定性分析,给出了未来西部气候、生态环境变化的可能情景,可供政府部门在制定西部开发长远规划中作为决策参考。(吴三保)

X000025 **江西鄱阳湖国家级自然保护区管理计划** 吴英豪、纪伟涛编著。江西科学技术出版社 2002 年 6 月版。12.5 万字。21.00 元。鄱阳湖自然保护区管理计划是按照国家林业局和世界银行的要求而制定的。分 5 章:一、概述;二、抽述;三、评价;四、管理项目;五、行动时间表和预算。鄱阳湖自然保护区是一个湿地类型保护区,这里栖息有鹤、鹳、雁、鹬、鸥等 310 多种鸟类,属于国家一级保护的有 10 种,国家二级保护的有 40 种。并附有一、鄱阳湖国家级自然保护区监测与评估计划;二、鄱阳湖国家级自然保护区巡护计划;三、鄱阳湖国家级自然保护区职工培训计划;四、鄱阳湖国家级自然保护区宣传与教育项目。(刘舒)

X000026 **西部环境资源产业** 王天津著。东北财经大学出版社 2002 年 11 月版。34.3 万字。28.00 元。"西部大开发丛书"之一。共 7 章。第一章表明组建环境资源产业是历史发展的必然,是国家生态安全的具体表现形式。第二章阐述了环境资源产业的框架结构,组建产业的重要科学理论。第三章分析了环境资源产业运作的一些特点。第四章强调环境资源产业要依照市场规律组建富有效率的经营机构,建立产业风险机制,吸引国际合作伙伴等。第五章着重表述环境资源产业的价值如何在市场中得到法定货币数量化实现。第六章讲述了应当怎样结合西部情况,使用政策引导环境资源产业壮大的方式。第七章总结与展望了这个产业在一些领域内的创新和势能。(刘贤恩)

X000027 **清洁生产工艺及应用实例** 周中平、赵毅红、朱慎林编著。化学工业出版社 2002 年 5 月版。48.5 万字。42.00 元。“环境工程实例丛书”之一。分 10 章,分别介绍清洁生产概念、实行清洁生产的步骤与实施、绿色化学浪潮、清洁产品、清洁生产与环境管理体系、生命周期评价、循环经济与生态工业、实施清洁生产的技术和途径,以及国内外实施清洁生产实例。(郭燕)

X000028 **环境友好材料的生产与应用** 陈坚、堵国成编著。化学工业出版社 2002 年 4 月版。54.9 万字。46.00 元。主要介绍了环境友好材料的两个方面的内容,一是用于污染物源头控制的、对环境有害的已有材料的替代品,如可降解塑料、生物表面活性剂和生物农药等,以及某些环境友好酶制剂,其应用可以大大减少环境污染问题;二是作用于环境、有利于环境质量控制和改善、其本身也不会产生污染的物质,如环境微生物制剂、环保用酶制剂、生物吸附剂和生物絮凝剂等。该书不仅对环境友好材料的生产方法进行了技术阐述,给出了这些技术和产品商业化的状态、程度或应用情况,而且提出了进一步研究和工业化的方向以及技术或产品生产的经济性。(郭燕)

X000029 **20 世纪中国水旱灾害警示录** 赵春明主编。黄河水利出版社 2002 年 12 月版。26.3 万字。60.00 元。以上下两篇、分前后各半个世纪,选择发生在中国各地区不同条件下的 50 多次具有典型意义的严重水旱灾害,分次以通俗易懂、图文并茂的表现形式,通过简要的文字和珍贵的水旱灾情图片,记述了每次灾害的自然、社会背景、灾情及救灾情况。该书把着眼点放在对 21 世纪的“警示”作用上,为树立和提高社会大众、特别是提高各级决策者的灾患意识,提倡人类自觉地与大自然和谐共处,走可持续发展之路,具有重要而积极的意义。(武会先)

X000030 **地球与人——母亲与孩子** 姜建军、林景星编著。地质出版社 2002 年 8 月版。14 万字。15.00 元。科普读物,集自然科学知识介绍、环境事件和环境保护观念宣传及讲述奇闻趣事于一体,向作者介绍了地球及其圈层的形成,五个圈层的物质与能量循环、在人类干预下五个圈层物质和能量循环的变化,以及对五个圈层未来的展望。书前附有《地球与人》一百问。(王璞)

X000031 **环境保护设备选用手册——固体废物处理、噪声控制及节能设备** 大连市环境科学设计研究院组织编写,孙明湖主编。化学工业出版社 2002 年 10 月版。56.2 万字。52.00 元。共 13 章,包括固体废物处理设备、噪声及振动控制设备、环保节能型锅炉、无公害型能源及附属设备、废物综合利用设备、节能型高效换热设备等。全文绝大部分内容均来自相应生产厂家的产品样本,主要介绍设备的工作原理、结构、主要技术参数、生产厂家等方面的知识,以便于使用者选用合适类型的设备。(郭燕)

X000032 **城市污水处理厂的建设与管理** 卜秋平、陆少鸣、曾科主编。化学工业出版社 2002 年 5 月版。45.1 万字。35.00 元。首先介绍了有关城市排水管网工程、城市污水无害化处理及深度处理与回用工程的基本专业知识。在此基础上,依次论述了城市污水处理厂建设各主要阶段的工作内容、基本程序、技术要求和管理重点,并且列举了工程实例作为参考;对于污水厂建成投产后的日常管理工作,本书也较为详实地阐述了关于运行控制与维护管理工作的基本要求、操作规程、技术要领和规章制度。全书共 10 章,第一章城市污水处理概况;第二章城市污水处理厂项目立项工作;第三章城市污水处理厂的初期管理;第四章城市污水处理厂设计及其管理;第五章施工管理;第六章竣工验收;第七章城市污水处理厂试运行;第八章城市污水处理厂运行管理概述;第九章城市污水处理厂主要机械设备及其运行管理;第十章城市污水处理厂自动化和测量仪表。(郭燕)

X000033 **污染控制微生物学** 任南琪、马放著。哈尔滨工业大学出版社 2002 年 10 月版。52.5 万字。27.00 元。介绍了污染控制微生物学中微生物的形态结构、生理特征、新陈代谢、生长繁殖、遗传变异等知识,还阐述了难降解物质的降解与转化规律、废水生物处理基本原理和新工艺(制氢)、新技术及生物修复等方面内容,反映了国内外最新成果。

(贾学斌)

X000034 **大气污染控制技术** 吴忠标编著。化学工业出版社 2002 年 5 月版。32.6 万字。28.00元。“大气环境和污染控制丛书”之一，共 5 章。详细阐述了粉尘、氮氧化物、二氧化硫等有害气体成分的颗粒捕集、物理吸附、化学吸收的机理，重点阐述了除尘、二氯化硫、氮氧化物的控制技术，系统介绍了有机废气(VOC)、硫化氢、含氟废气、恶臭、铅雾等大气污染物的治理技术，本书在较全面系统地阐述大气污染控制实用技术和原理的同时，在相关章节中简要介绍了大气污染控制高新技术及发展趋势。(郭燕)

X000035 **天地·生命·环境 国民素质教育丛书** 黎先耀、梁秀荣、高桦选编。重庆出版社 2002 年 10 月版。42.4 万字。36.00 元。共 3 册:《天地徜徉录》、《自然启示录》和《家园忧思录》，所收文章从地球在宇宙中的位置，地球上生命间互为依存的关系，以及站在人类文明的高度去审视日益遭到破坏的家园等角度，揭示当今人类社会、自然环境所面临的各种问题和严峻的挑战。《天地徜徉录》分 4 章:四季的物候、山水登临、大地沧桑、宇宙之谜。其中收录有竺可桢的《唐宋诗中的物候》、东山魁夷的《北极午夜的太阳》、周而复的《死海不死》、位梦华的《南极冰川》、李四光的《看看我们的地球》、贾兰坡的《石器和人类化石》、尼尔·阿姆斯特朗的《人类必须了解宇宙》、李政道的《把微观元素同宏观宇宙联系起来》等散文、随笔精品 45 篇。《自然启示录》分 4 章:生命之网、人与动物、生态之灾、绿色的追求。其中收录有侯学煜的《生命的网络》、邓拓的《围田的教训》、罗素的《人类与昆虫》、哈罗德·海斯的《大猩猩夫人》、刘心武的《水仙之灾》、蕾切尔·卡逊的《再也没有鸟儿歌唱》、张抗抗的《黄土地绿文化》、李国文的《雨林之思》等散文、随笔精品 50 篇。《家园忧思录》分 4 章:环境的忧思、朋友的哀鸣、濒危的家园、明天的寓言。其中收录了洛德·霍夫曼的《环境的忧虑》、阿尔·戈尔的《切肤之痛》、佩西的《地球的极限》、吴琦的《野生动物的屠场》、曲格平的《世界上最危险的动物是什么?》、范曾的《诅咒沙尘暴》、黄维梁的《岌岌可危的地球地村》、比尔的《自然的终结》等散文、随笔精品 50 篇。(冯青)

X000036 **燃煤痕量元素的排放与控制** 郑楚光、徐明厚、张军营、刘晶著。湖北科学技术出版社 2002 年 12 月版。36.00 元。介绍煤燃烧过程中有关痕量元素的变化规律，描述痕量元素的排放行为，阐明痕量元素的测试方法，发展痕量元素的控制技术，同时还融入了作者多年来的研究思想和成果，以期推动该领域科研的发展。(赵襄玲)

X000037 **生物固定化技术与水污染控制** 王建龙著。科学出版社 2002 年 7 月版。39.9 万字。40.00 元。全面、系统地论述了生物固定化技术的原理、方法及其在水污染控制中的应用。全书共 10 章，分为基础篇和应用篇。基础篇主要内容包括:生物固定化技术的原理与方法、固定化对微生物生理及代谢活性的影响、固定化微生物应用的理论及工程分析等;应用篇主要内容包括:固定化微生物用于废水好氧及厌氧生物处理、生物脱氮、处理重金属离子、处理难降解有毒有机污染物以及环境分析与监测等。(杨淑兰、杨震)

X000038 **汉英环境科学词汇** 施士元主编。江苏科学技术出版社 2002 年 2 月版。100 万字。75.00 元。主要收录环境生态学、环境生物学、环境病理学、环境毒理学、环境化学、环境卫生学、环境监测、环境工程、环境管理、海洋生物学、生物工程学等方面的单词和复合词约 7 万条。本书所收词条一律按首字汉语拼音字母次序排列，并在篇首安排了汉语拼音音节索引和汉字笔画索引。(邓海云)

X000039 **环境保护小百科** 吉光树编著。重庆出版社 2002 年 5 月版。16.7 万字。14.00 元。由意识篇、政策篇、法规篇、生活篇、行为篇及附录 6 个部分组成。作者从身边的环境问题入手，介绍了环境保护的基本知识、方针政策、法律法规、重大事件，以及衣、食、住、用、行等诸方面的环境保护和行为规范。(周显军)

X000040 **现代除尘理论与技术** 向晓东著。冶金工业出版社 2002 年 6 月版。26.5 万字。26.00元。除尘技术理论专著。共 8 章:空气动力学基础、气溶胶力学基础、机械式除尘器、过滤式除尘器、湿式气体洗涤器、静电除尘器、除尘新技术、除尘系统的设计。在前两章介绍了在进行颗粒污染物控制的研究与应用中所必备的空气动力学基础和气溶胶力学基础;后 6 章则是根据前两章所建立的基本概念和基本理论，讨论各种除尘方法的分离机理，阐述除尘设备的性能、构造、设计和工程应用。本书与以往除尘技术方面的著作不同之处是为增强除尘理论与技术的系统性和完整性，添加了空气动力学和气溶胶力学方面的内容;在每个净化机理的论述中，都提出了新的分离理论和新的数学模型，在综述除尘技术研究现状的基础上，介绍了许多新的除尘技

术,而且还探讨了当前一些具有研究价值的课题和未来除尘理论与技术的发展方向。(朱华英)

X000041 **除尘技术手册** 张殿印、张学义编著。冶金工业出版社 2002 年 2 月版。79.5 万字。78.00 元。环保技术专业工具书。全书分为粉尘的性质、来源、危害、含尘气体收集、机械除尘技术、袋式除尘技术、静电除尘技术、湿式除尘技术、空气过滤技术、除尘用输排灰装置、除尘系统设计计算、通风机、烟气排放和除尘检测技术等部分。每一部分都结合实际需要,提出理论依据、设计计算、设备性能和应用实例。该书可供环保工作者使用,也可作为环保专业培训教材和大专院校有关专业师生的参考书。(朱华英)

X000042 **城市污水处理及回用技术** 肖锦主编。化学工业出版社 2002 年 5 月版。43.2 万字。35.00 元。针对当前我国水资源短缺和水污染严重的形势,以可持续发展的思想,讨论了城市水污染、污水再生与回用涉及的许多问题。全书共 13 章。介绍了城市污水来源与特性,回用水水质标准,城市污水处理技术,城市污水在农业、工业、市政、地层回灌方面的回用,污泥处理处置与资源化技术,西部开发与城市污水回用,以及我国城市污水处理与回用的展望。书中还介绍了大量的处理与回用实例。(郭燕)

X000043 **生活垃圾资源化原理与技术** 赵由才主编。化学工业出版社 2002 年 1 月版。38.4 万字。34.00 元。介绍了生活垃圾资源化原理及技术。主要内容包括生活垃圾分类处理中的分选原理,有机废物厌氧发酵工艺及制沼,废塑料的再生技术、焚烧技术,废橡胶的回收处理及热解工艺,金属、废电池和废电器的处理技术,医院垃圾的管理,填埋场中稳定化垃圾(矿化垃圾)及土地利用技术等,力求反映目前在生活垃圾处理方面的国内外新技术。(郭燕)

X000044 **固体废物污染控制与资源化** 赵由才主编。化学工业出版社 2002 年 5 月版。131.5 万字。110.00 元。“实用环境工程手册”的一个分册。从原理、工艺管理、法律和法规等方面介绍了城市生活垃圾处理与资源化技术(包括填埋、焚烧、堆肥等)、工业固体废物治理与资源化(包括废纸张与橡胶再生利用、废汽车的回收与处理、废塑料的利用、废电池的回收与综合利用等及清洁生产原理与技术)。全面而完整地描述了固体废物污染控制与资源化新技术、新工艺、新理论。(郭燕)

X000045 **火电厂循环冷却水处理** 高秀山主编。中国电力出版社 2002 年 3 月版。30.9 万字。22.00 元。根据国内外文献资料及作者多年的实践经验,通过理论阐述和具体实例,对火电厂循环冷却水处理的各个方面进行了详细介绍,主要内容包括火电厂冷却用水水质、冷却水系统、水垢与粘泥的沉积、冷却系统的防垢、水质稳定处理、循环冷却系统补充水处理及旁流处理、冷却系统中微生物的控制、凝汽器的腐蚀及其防止方法和凝汽器的清洗技术。(华峰)

X000046 **化工环境工程概论(第二版)** 汪大翚、徐新华、杨岳平编。化学工业出版社 2002 年 7 月版。34.9 万字。29.00 元。结合化工的特点,在介绍环境、环境污染及环境保护等概念的基础上,重点阐明了化工废水、废气、废渣的污染控制及资源化、环境评价等,并以一定的篇幅介绍了化工清洁生产工艺、绿色化工及化工可持续发展等最新内容。(郭燕)

X000047 **民用建筑工程室内环境污染控制规范辅导教材** 王喜元主编。中国计划出版社 2002 年 2 月版。58.5 万字。45.00 元。《民用建筑工程室内环境污染控制规范》是建设部为控制室内环境污染建章立制重大举措中的一项基础规范,2000 年 8 月初,委托河南省建设厅主编的。2001 年 8 月在郑州组织召开了全国审查会议对该规范进行了全面审查。2001 年 11 月由建设部批准、由建设部与国家质量监督检验检疫总局联合发布,于 2002 年 1 月 1 日起实施。该规范以设计选材、材料进场检验、竣工验收指标为重点,以控制对人体健康影响较大的放射性氡、化合物甲醛、苯、氨以及总有机挥发物为目标,针对建筑的不同使用功能、使用对象、使用条件等,围绕建筑材料、装修材料以及室外环境等可能对室内环境构成威胁的因素,作出了明确规定,为建筑工程及室内装修的设计、施工、验收及对建筑室内环境质量的监督管理,提供了具有可操作性的技术依据。本书是《民用建筑工程室内环境污染控制规范》的辅导教材,共 9 章,包括绪论、室内环境污染概况、材料控制、工程过程控制、土壤氡浓度及无机非金属材料放射性比活度测定、人造木板中游离甲醛的测定、涂料和胶粘剂中污染物的测定、室内空气中污染物的测定方法、化学实验的基础知识。附录中还给出了国外相关标准原文摘要。(何欣)

X000048 **涂料和胶粘剂中有毒物质及其监测技术** 李建主编。中国计划出版社 2002 年 2 月版。

37.5 万字。32.00 元。建设部联合卫生、环保、化工、建材等部门,编制的《民用建筑工程室内环境污染控制规范》GB50325－2001,对工程的勘察、设计、施工、验收等各个环节都提出相应的要求,以求从根本上控制室内环境的污染。本书分 5 章介绍了涂料和胶粘剂中游离甲醛、重金属、苯系物、甲苯二异氰酸酯、挥发性有机物(VOC)的来源、危害、控制的标准及相关的测定技术,对急性毒性与 Ames 试验方法也作简明扼要的叙述,并提供了相关测定方法和标准方法。可供化学、化工、环保、卫生、建筑、建材、质量监督等部门的科学工作者参考使用。(何欣)

X000049 **环境与资源价值评估** 副名:理论与方法。[美]A.迈里克·弗里曼著,曾贤刚译。中国人民大学出版社 2002 年 8 月版。45.7 万字。29.00 元。由环境与资源价值评估领域的国际权威、美国著名环境经济学家 A.迈里克·弗里曼撰写的一本专著。书中首次系统地将新古典经济学的有关理论运用于环境和资源价值评估之中,为环境和资源的价值评估提供了坚实的理论基础;不仅阐述了早期有关著作中所讨论的环境和资源价值评估方法的最新进展,而且还对目前新出现的一些环境和资源价值评估方法进行了深入分析,具体包括权变评价法、健康影响的评价模型、非使用价值的评估模型、房地产价值模型和代际间的福利计量等;内容丰富,吸纳了大量的最新资料,反映了目前国际上有关该领域的最新科研成果,收入"经济科学前沿译丛"。(于波)

X000050 **发展中国家环境影响评价** [印]莫达克、[墨]Biswas,K.A.著,吴延熊等译。中国林业出版社 2002 年 5 月版。42.4 万字。58.00 元。联合国大学组织出版的教科书。"环境科学系列丛书"之一。从环境影响评价的概述出发,讲述了环境影响评价的步骤、方法和工具,环境管理的措施和监测,环境影响评价的交流,环境影响评价报告的编制和评估,环境影响评价的发展趋势,以及案例研究。(刘若云)

X000051 **材料的环境影响评价** 刘江龙编著。科学出版社 2002 年 10 月版。22 万字。27.00 元。"华夏英才基金学术文库"之一。介绍材料与环境的关系,结合国内外的发展现状,叙述材料的环境负荷概念等。本书还对污染物因子进行了重点阐述,介绍了相关数学模型基础、常用环境影响评价模型;各种评价模型的应用背景和约束条件,最后以各种典型金属材料、无机材料和高分子材料为例,讨论了若干材料的环境影响评价应用事例与具体的评价方法和评价过程。

X000052 **安全学原理** 副名:高等院校安全工程专业教材。林伯泉主编。煤炭工业出版社 2002 年 7 月版。21.6 万字。19.80 元。以安全科学为基础,以事故致因理论为核心,论述人的因素、物的因素和环境的因素的控制原理和方法。全书分 6 章,即绪论,安全观,安全认识论,安全方法论,安全社会原理和安全经济原理。(翟刚)

X000053 **绝境求生** 约书亚·贝芬、大卫·保根内奇著,赵希锋译。广东经济出版社 2002 年 6 月版。10.4 万字。15.00 元。图文并茂的求生读物。介绍了 40 种极端事件的应对方法,列有详尽而实用的操作步骤。

X000054 **安全人机工程学** 副名:高等院校安全工程专业教材。欧阳文昭、廖可兵主编。煤炭工业出版社 2002 年 7 月版。34.80 万字。30.50 元。系统地阐述了人类生产、生活、生存领域中的安全人机工程学的思想、原理及方法。全书共 6 章,主要内容有:概论,人体的人机学参数,人的生理和心理及人体生物力学特性,安全人机功能匹配,人机系统的安全设计,安全人机工程学的实践与运用。(翟刚)

X000055 **安全工程概论** 副名:高等院校试用教材。王福成、陈宝智主编。煤炭工业出版社 2002 年 7 月版。22.4 万字。20.50 元。概要地介绍了安全工程的基本原理、知识和方法,包括安全工程的研究对象及任务,我国的安全生产方针、安全生产管理制度;伤亡事故的基本概念,伤亡事故致因理论及预防对策;危险源辨识、控制和评价;高处坠落、机械伤害、电气伤害等常见事故的发生与预防;起重运输、压力容器、火灾爆炸等专门安全问题;以及职业危害与防护等方面的安全知识。本教材在介绍安全工程基本原理、知识和方法的同时,适当地介绍了国内外安全工程新进展,以及行之有效的安全工程经验。(翟刚)

X000056 **安全系统工程** 副名:高等院校安全工程专业教材。张景林、崔国璋主编。煤炭工业出版社 2002 年 8 月版。26 万字。23.40 元。以安全学、系统工程学为基础,全面地介绍了安全系统的概念、安全分析方法、事故树分析方法、系统安全评价、安全决策和灰色理论在安全系统工程中的应用。(翟刚)

X000057 **安全管理学** 副名:高等院校安全

工程专业教材。吴穹、许开立主编。煤炭工业出版社 2002 年 7 月版。36.5 万字。31.50 元。较为系统全面地介绍了安全管理的基本原理，事故的统计与分析，事故的调查与处理，事故的预防与控制，安全管理体制与法规，灾难性事件及应急管理等主要内容；此外，还介绍了系统安全管理的基本概念和方法，使安全管理工作扩展到了系统的全寿命周期而非仅仅生产过程之中；同时较为全面地介绍了我国安全管理工作的成功经验和近年来最新的安全管理方法和技术。(翟刚)

X000058　**中国职业安全健康管理体系内审员培训教程**　国家经贸委安全科学技术研究中心、国家职业安全健康管理体系认证中心、国家职业安全健康管理体系咨询中心编。冶金工业出版社 2002 年 3 月版。43.1 万字。50.00 元。首先介绍了职业安全健康管理体系的发展状况和标准知识；然后详细论述了体系建立的意义、作用和前期准备工作，以及体系文件的编写、体系的试运行和审核的具体内容；最后着重阐述了危害辨识和风险评价，以及相关的法规。(张卫)

X000059　**中国煤矿事故暨专家点评集**　王捷帆、李文俊等编。煤炭工业出版社 2002 年 7 月版。461.2 万字。450.00 元。汇集了建国以来，特别是近 20 年来我国煤矿发生的 1500 余起事故案例，包含有煤矿(含瓦斯与煤尘)爆炸、矿井瓦斯窒息中毒、煤与瓦斯突出、煤尘爆炸、火灾、水害、顶板、爆破、运输提升、机电、矿山救护自身伤亡和其他等 12 种类型和方面。书中对每起事故分别从矿井概况、事故经过、事故原因作了介绍，有的还保留了事故技术鉴定及责任者处理的内容；在每起事故后都附有从不同侧面和角度的专家分析和点评；同时在各类事故及全书事故案例前还写有综述及总述。由此，不仅可以从大量事故案例中找出事故发生原因和规律，进一步加强安全管理，严格规章制度，完善防范措施，促进煤矿安全生产，而且唤起人们对事故的警觉，增强安全意识，提高遵纪守法的自觉性，杜绝违章指挥和违章作业，防止事故的发生。(金连生)

X000060　**安全生产法制教育读本**　江苏省司法厅等编。中国矿业大学出版社 2002 年 10 月版。22 万字。16.00 元。收集了近年来我国在安全生产方面已发布的重要法律、法规，收集了在全国特别是在江苏省范围内发生的有代表性的重、特大事故，并请专家、律师对事故爆发的原因、预防手段及事故发生后的法律责任进行了具体分析和点评。(朱明华)

X000061　**中国安全生产年鉴(2000—2001)**　闪淳昌等编。煤炭工业出版社 2002 年 9 月版。102.4 万字。148.00 元。全面反映 2000～2001 年全国安全生产工作的深刻变化和所取得的成绩的一本大型的资料性工具书。共分 12 部分，即党和国家领导人关于安全生产工作的批示、讲话，国家经贸委、国家安全生产监督管理局(国家煤矿安全监察局)领导关于安全生产工作的讲话、综述，有关领域的安全生产工作，行业安全生产工作，各省、自治区、直辖市安全生产工作，安全生产宣传教育工作，安全科学技术研究与信息工作，企业安全生产工作经验交流选编，重大事故案例选编，全国安全生产事故及职业病统计资料，安全生产法律、法规、规章及文件，2000～2001 年度全国安全生产大事记。客观描述了世纪之交我国安全生产状况，记载了党中央、国务院对安全生产工作的一系列重要指示，反映了安全生产监督管理和煤矿安全监察体制改革的历史进程，记录了安全生产监管系统开展的开创性工作。(刘新建)

Z　综合性图书

Z000001　**中国经典十种**　葛兆光著。上海书店出版社 2002 年 8 月版。18 万字。16.00 元。本书是作者在为清华大学全校学生所开选修课“中国文化名著导读”讲稿基础上修订而成。入选的经典为《周易》、《论语》、《老子》等 10 种。作者对入选的文本采取浅近的解说，《论语》着重介绍“礼”和“仁”的概念以及历史影响，三《礼》强调其对中国人日常生活的重要作用，《史记》集中于“通古今之变”与“究天人之际”的史学思想。而此不同的侧重以及将不属于所谓“正统思想”的道教、佛教、禅宗的经典文本

也列入其中正是作者对中国文化思想史的理解所在。作者在书后作了一份"参考书目",以备读者进一步了解之用。(竺金琳)

Z000002 **中国少数民族古籍集成** 徐立华主编。四川民族出版社 2002 年 12 月(汉文)版。7.5 万元。少数民族古籍丛书,全编收书 2000 余种,9000 余册,5 万余卷,影印编辑为一百册出版。有三大特点:一是收书范围广。全编共收书二千余种,内容涉及中国少数民族的文化、历史、政治、经济、军事、地理、民俗、文学艺术等方面,是研究中国少数民族文化必不可少的大型资料丛书。二是版本珍贵。该丛书收入的不少是明清以来的写本、稿本、抄本和民间刻本,有些甚至是读者很难看到的孤本或库本,极为珍贵。三是编纂体例精当。全书分为总类、晋至元民族王朝、汉以后北方各民族、汉以后东北各民族、汉以后西北各民族、汉以后中东南各民族、汉以后西南各民族等 7 大类,各大类下又分综述、分述等,既照顾到中国少数民族的历史分布状况,又充分重视了古籍文献的特点,方便读者使用。(陈华)

Z000003 **国学举要丛书** 王先霈等。湖北教育出版社 2002 年 9 月版。30 万字。264.00 元。中国传统文化丛书。由 8 卷本组成即"儒"、"道"、"佛"、"文"、"史"、"艺"、"医"、"技",每篇又分概要、精要、辑要等 3 篇。(王位庆)

Z000004 **徐复观论经学史二种** 徐复观著。上海书店出版社 2002 年 4 月版。28 万字。28.00 元。由著名学者徐复观先生的《中国经学史的基础》与《周官成立之时代及其思想性格》两书合集而成,前者纵述中国经学的发展历程,后者以《周官》为契入点深论经学在东汉时期的流行情况,两者纵横交错,交相映衬,比较全面勾画出中国经学史的发展轮廓及其时代内涵。(竺金琳)

Z000005 **海录碎事** 宋·叶廷珪著,李之亮校点。中华书局 2002 年 5 月版。59.5 万字。58.00 元。古籍整理。《海录碎事》22 卷,是一部中型类书,杂记古书中可资采用的诗文记事,分为天部、地部、衣冠服用部、饮食器用部、圣贤人事部、帝王部、臣职部、鬼神释道部、百工医技部、商贾货财部、音乐部、农田部、文学部、武部、政事礼仪部、鸟兽草木部共 16 部,部下详分为 500 多门。此书不仅可以为我们提供检索语词、典故、风物、制度之便,而且书中保留了大量古书的片断,可用于辑佚和校勘。李之亮的校点,除了用不同的版本校勘外,还对征引现存古书的条目核对了原文,对漏标出处的条目尽可能补注出处,对于读者使用本书大有益处。(冯宝志)

Z000006 **开心辞典智慧题库** 《开心辞典抢答》编辑室编。内蒙古科学技术出版社 2002 年 5 月版。30万字。26.60元。几乎囊括了国内所有电视台益智综艺栏目的题型和益智知识考核形式,完全以各类益智节目知识答题为模拟,包容了大量的知识点,以便读者能找到答案,参与其中。内容包括风云时事政治、时代经济管理、解读法律法规、世纪科技教育、诠释资源环境、聚焦交通通讯、圣洁民族宗教、浩瀚历史考古、经典文学艺术、咀嚼语言文字、欣赏影视戏曲、神奇音乐绘画、溯源成语典故、博览建筑风物、威猛战争兵器、奇妙生理心理、超级体育竞技、百味家庭生活、博大天文地理、梦幻信息电脑、放眼飞禽走兽、时尚休闲娱乐等。(许占武)

Z000007 **风从哪里来——趣说事物原由** 严宝康等编著。山西科学技术出版社 2002 年 5 月版。77.6万字。16.00元。分《科技、交通、体育卷》、《节日、文化、食物卷》、《名胜、地名卷》3 册。编者从数千本藏书及数百家报刊上收集与人们的生活、学习、工作密切相关的 1100 余个条目,内容包括节日、名胜、食物、文化、体育、地名、科技、交通等 8 大类。(温洁茹)

Z000008 **吉尼斯世界纪录大全** [英]坎安宁主编,宋长来等译。辽宁教育出版社 2002 年 1 月版。45 万字。65.00 元。《吉尼斯世界纪录大全》是世界上销量最大的拥有版权的图书,专门搜集全球各地的奇人、异物、怪事等。2002 年版不但承袭了本书以往准确、精美、图文并茂等特点,而且新增加了几百个惊人的新纪录和纪录种类。2002 年版比以往更具互动性的特点,读者在欣赏图片的同时,可以随时进入网络万花筒与全球的吉尼斯世界纪录爱好者进行网上沟通。更奇妙的是,读者可以使用书中全新的密码与打破纪录者本人通过网络共同探讨你喜欢的主题。(吴晓红)

Z000009 **名著与人生** 副名:人文素质教育·中外名篇导读。张从信等编著。云南大学出版社 2002 年 8 月版。73.5 万字。48.00 元。选编中外古今文史哲及自然科学中的名著名篇 200 余篇,通过作者简介、原文注释、提示及导读几个部分,引导读者对中外名篇进行学习和理解,加深对人文知识的学习和人文精神的培养。本书既是广大青年读者的自学读物,又可作大中专人文素质教育的课堂教材。(王登全)

Z000010 **POP 精品分类** 赵昆等著。吉林美术出版社 2002 年 6 月版。150.00 元/套。共 10 册，含唯美服饰、婚纱摄影、精品鞋业、精品图库、美影理容、文化传播、精致美食、酒吧茶艺、数码科技、家居地产等 10 个方面的内容，把 600 余款手绘 POP 商业设计按不同要求分别成册，实用性强。(孔庆梅)

Z000011 **十万个为什么小学版第二系列** 靳琼等编著。少年儿童出版社 2002 年 9 月版。25 万字。48.00元。继 1994 年第一系列后编辑出版的第二系列，共 8 册。每册 60 个题目，共计 480 个。第一册动物，第二册植物，第三册物理化学，第四册信息科学，第五册人体卫生，第六册天文气象，第七册地球科学，第八册军事武器。(洪祖年)

Z000012 **十万个为什么(彩图版)** 舒频、余晗编著。少年儿童出版社 2002 年 9 月版版。30 万字。88.00元。分上下两册。按"植物篇"、"动物篇"、"人体篇"、"常识篇"、"体育篇"、"宇宙篇"、"地球篇"、"信息篇"、"军事篇"、"交通建筑篇"、"新科技篇"11 类编排。共计 260 个问题，每个问题占两面，除有基本知识的回答文字外，尚有四五个扩散性的相关小问题。每题都配有四五个彩色图。(洪祖年)

Z000013 **小学生十万个为什么(图文本)** 崔钟雷主编。黑龙江美术出版社 2002 年 1 月版。65.00元(套)。少年读物。以小学生为读者对象，介绍了近万条科学知识。共分 6 卷。其中包括：天文地理卷、工程技术卷、动物植物卷、物理化学卷、人体医学卷、军事武器卷。(黄国樞)

Z000014 **小学百科故事** 《小学百科故事》编写组编。江苏教育出版社 2002 年 5 月版。共59.6 万字。共 48.90 元。按年级分册，所选故事按"语文、数学、自然、体育、音乐、美术"分为 6 个章节。其中有成语掌故，有包含了数学原理的童话，有解释自然现象和科学发明的小故事，有大文豪、科学家、艺术家的佚事，有来自孩子生活的体育小常识等。(王家俊)

Z000015 **少儿百科全书(注音图文本)** 崔钟雷主编。黑龙江美术出版社 2002 年 1 月版。65.00 元(套)。少年读物。共 6 卷。其中包括：文史卷、生活卷、生物卷、自然卷、科技卷、社会卷。文史卷分为：文化篇、文学篇、艺术篇、民族篇、民俗篇、历史篇。生活卷分为：生理篇、医疗篇、食品篇、日用百科篇、影视篇、交通篇。生物卷分为：生命起源篇、植物篇、动物篇、微生物篇、生物之谜篇。自然卷分为：天文篇、环保篇。科技卷分为：科学长廊篇、数学天地篇、物理知识篇、化学知识篇、电脑世界篇、科技生活篇。社会卷分为：宗教篇、政治篇、经济篇、法律篇、军事篇、教育篇。(黄国樞)

Z000016 **少儿趣味百科知识** 陈帼雄编。宁夏少年儿童出版社 2002 年 4 月版。共 150 万字。共 100.00 元。包括《神秘的太空》、《奇怪的地球》、《迷人的海洋》、《奇特的动物》、《奇妙的植物》、《人体的奥秘》、《发明发现趣事》、《航空航天探险》、《战争兵器趣闻》、《千古不解之谜》10 种。丛书采取直观的画面，形象的语言，独特的视角讲述了星星的传说和天文学家探求宇宙奥秘的故事，人类家园的沧桑巨变，地球上奇异的自然景观，神秘的海底世界，独特的动物，奇妙的植物等。作者大胆地寓科学的内容于故事的表述中，在介绍大自然的每一个知识点时，或引用典故、或引用寓言、或引用传说等，把孩子们自然而然地吸引到故事中来。(杨旭红)

Z000017 **少年万事做** 糜金龙、杨青主编。江苏少年儿童出版社 2002 年 7 月版。37 万字。25.00元。综合知识读物。由"学有成效"、"愉悦身心"、"健全体魄"、"课余七彩"、"走向社会"、"开心生活"、"发展素质"、"创新起步"等 8 个部分组成，内容包括电脑操作中的收发电子邮件，做个人网页，反黑客侵袭；学校生活中的做班级干部，当竞赛代表，做理财小专家，做小记者，做小编辑，做小老师；文娱生活中的吹、拉、弹、唱、舞、诵；课余生活中的收集邮票、币、报、火花，篆刻，剪纸等；社会生活中的公益、交通、安全、防盗、防匪、防"黑白黄"；家庭生活中的做饭，做菜，洗涤，修理；心理素质中的智力、情感、性格、品德等等，还给单亲少年提供了"调解"父母关系的巧计妙法；手工制作突破了传统的"手工制作"范围，输入当代少年能力和素质要求的最新"血液"。(钱旭东)

Z000018 **中国少年儿童百科全书** 边纪组主编。海燕出版社 2002 年 9 月版。115 万字。118.00元。包括《自然·环境》、《人类·社会》、《艺术·体育》、《科学·技术》4 册。既包括天文、地理、生物、历史、医学、经济、文学、艺术、数学、物理、化学等各门学科的基础知识，又涉及环境、社会、道德、心理、影视、体育、交通、电子等与我们日常生活和人类自身息息相关的知识领域。(李冰晨)

Z000019 **牛顿智慧——学生通用百科** 《学生通用百科》编委会编著。黑龙江美术出版社 2002 年 10 月版。188.00 元。青少年读物。分为 4 卷。一、人类卷分为"人类起源"、"民族"、"中国历史"、"世界史"、"经济"、"法律"、"军事"、"教育"、"国际知识"等

9个方面内容。二、文化卷分为“语言文字”、“中国文学”、“世界文学”、“哲学”、“宗教”、“音乐”、“绘画”、“舞蹈”、“戏曲”、“建筑园林”、“世界文化遗产”、“博物馆”、“电影”、“摄影艺术”、“媒体”、“体育”等16个方面内容。三、自然卷分为“天文”、“地理”、“地球”、“海洋”、“生态”、“植物”、“动物”、“人体与健康”、“常见病及保健”、“自然环境”、“自然奇观”等11个方面内容。四、科技卷分为“数学”、“物理”、“化学”、“计算机”、“电子信息技术”、“高新技术”、“航空”、“能源海洋资源”、“工业”、“农业”、“畜牧业”、“林业”、“未来科技”等13个方面内容。(黄国楹)

Z000020 **快乐宝贝认知小百科** 明天出版社编。明天出版社2002年9月版。12印张。36.00元。适于低幼儿童使用的多功能启蒙读物。以儿歌、谜语、小知识的形式向孩子们介绍了近400种事物,并加注拼音和英文。(傅玛丽)

Z000021 **香蕉为什么是弯的?——孩子们经常问的100个有趣的问题及其答案** [德]马蒂亚斯·米勒·米夏埃利斯著,王浣倩译。新华出版社2002年6月版。13万字。20.00元。分9章,回答了孩子们提出的一些有趣的问题,即:人的鼻子为什么长在脸的正中间?为什么我能听得见声音?大象为什么会有这么大的耳朵?蜗牛的背上为什么有一间小房子?外星人长的什么样?人能钻透地球?电话里的声音是怎样出来的?奶酪上为什么有许多小洞洞?等等。书中配有一些插图。(徐光)

Z000022 **新世纪幼儿版十万个为什么** 黄慧鸣等编写,徐开云绘画。少年儿童出版社2002年9月版。15万字。72.00元。4册彩图本。收有336个各种适合幼儿的日常生活中的知识问题。这些题目都通过故事的形式,把其中的知识内容,深入浅出地带了出来,让幼儿容易接受。每篇都配有彩图,并设“亲子聪明园”栏目,扩展小读者的知识面。(洪祖年)

Z000023 **科学门丛书** 雪岗主编,李蕊等编著。中国少年儿童出版社2002年12月版。62.5印张。共84.00元。青少年科普读物。分:数学号、物理号、化学号、天文号、地理号、人体号、动物号、植物号。丛书以学科为纲,纵横结合,向青少年介绍基础学科和相关的基本知识,反映学科的历史、现状和最新研究进展。(杨向荣)

Z000024 **有问必答丛书** 安徽科学技术出版社2002年版。7.00～25.00元。已出版《婴幼儿健康1000问》、《中老年健康800问》、《健康长寿200问》、《女性健康1000问》、《家庭投资理财1000问》、《现代社交礼仪问答》、《恋爱·婚姻·家庭800问》、《造就成功——大学生1000问》等16本。采用一问一答的编撰形式,解答了人们在生活中遇到的新问题、老麻烦。(李亚妮)

Z000025 **世界少年百科全书** [瑞典]利德曼编,王尚胜等译,于耀先主编。辽宁少年儿童出版社2002年1月版。105万字。80.00元。单卷本综合性小型百科全书。内容包括社会科学、自然科学、工程技术和文学艺术等各个方面,侧重于介绍世界文化、科技成就和当代知识。共收条目6500多条,附有彩色图片1200多幅。(广大)

Z000026 **麦克米伦百科全书** [英]艾伦·艾萨克斯主编,郭建中等译。浙江人民出版社2002年10月版。439万字。280.00元。单卷本综合性百科全书,根据麦克米伦出版公司的《麦克米伦百科全书》翻译、编辑而成。收录条目约25000条,其中人物条目约6000条。其知识涵盖人类活动的方方面面——艺术、科学、思想信仰、历史、人物、天文、地理、团体、机构,以及运动、娱乐等。该书自1981年初版以来,收录的条目每年更新一次。重版时改写条目,增补先前未收录的、最新出现的内容,如新当选的总统、总理姓名,最新的诺贝尔奖得主,以及政治新动态和新涌现的科技词汇,配图600多幅,附有中文索引,列出全部中文条目名和派生条目名。保留了各种参见功能,使读者对条目内容的理解更全面、更深刻。(王放鸣)

Z000027 **事物异名分类词典** 郑恢主编。黑龙江人民出版社2002年1月版。69万字。43.00元。查找事物异名的工具书。以事物正名带异名。正名为今人或古籍中对事物的通称,异名则以古代为主,兼及现代,全书共收事物正名3400条,异名6300条。本书收到的事物异名,包括别称、代称、尊称、敬称、爱称、昵称、雅称、美称、誉称、褒称、戏称、谑称、讥称、贬称、鄙称、讳称、婉称、乳名、绰号等。古称、自称、俗称、蔑称、隐语、外来语等,也选收了有较大影响的词目。至于直指、借指、喻指,以及简称、并称、合称等则未收入。(刘悒汐)

Z000028 **辞海1999年版普及本:音序** 夏征农主编。上海辞书出版社2002年8月版。1858.2万字。500.00元。在《辞海》1999年版缩印本(音序)2001年第一版的基础上改制而成,共4卷。全部条目按照汉语拼音音节顺序编排。新增纸口索引,同时配有词目外文索引、笔画查字表和四角号码索引,以供选用。有关夏商周年表的最新资料,已在《中国历史纪年表》及其相关条目的释文中作了相应的补充和改动,订正了部分错字。书中有黑白线条图3600余幅。新增的“四角号码词目索引”,系《辞海》一书首次编入。

Z000029　**世纪大讲堂**　赵炬、桂平主编。辽宁人民出版社2002年9月版。41.9万字。49.00元。以全记录的形式实录了75集“世纪大讲堂”的演讲稿和答问录,内容涉及政治、经济、科技、文学艺术、历史、哲学等领域和范畴,涵盖中西,信息密集,阐微发幽,打通古今。全书分一、二、三辑。(边洛莎)

Z000030　**杨园先生全集**　清·张履祥著,陈祖武点校。中华书局2002年7月版。105.8万字。80.00元。清人文集,是作者一生著述的汇编,共54卷。卷一为骚、诗;卷二至卷十四为书札;卷十五至卷二十四为序、记、题跋及短篇杂著;卷二十五为《问目》,录以奉政之语;卷二十六至卷二十八为《愿学记》,杂记论学之语;卷二十九、三十为《读书笔记》,内容广涉经、史、子、集;卷三十一至卷四十六依次为《言行见闻录》、《经正录》、《初学备忘》、《近鉴》、《备忘录》、《近古录》,或辑录前哲论学语要,或详载时贤嘉言懿行;卷四十九、五十为《补农书》;卷五十一为《丧葬杂录》;卷五十二至卷五十四为《训门人语》。书后附有清人学者东方树、万斛泉等人收集的相关资料。(凌金兰)

Z000031　**周培源文集**　周培源著,《周培源文集》编辑委员会编选。北京大学出版社2002年8月版。87.3万字。88.00元。为纪念周培源先生诞辰100周年而编辑出版。周培源是20世纪我国著名科学家,也是杰出的教育家、社会活动家、科研组织和管理的领导人。他一生著述颇丰,本书仅选编他在科学思想、科研管理、教育文化、社会工作、对外交往方面的重要讲话、重要文章,不包括专业学术论文。具体分6大部分,共147篇。(一)科技·教育;(二)中国科协·中国科学院;(三)人大·政协·九三学社;(四)三峡工程;(五)国际友好·和平运动;(六)纪念·回忆。为忠于历史事实,文章均尽量保持原貌。为便于读者特别是不了解当时政治历史状况的读者阅读,在个别地方加了若干注释。书中附有周培源先生生前各个时期的照片。(周月梅)

Z000032　**续四库提要三种**　胡玉缙撰,吴格整理。上海书店出版社2002年8月版。81万字。80.00元。为续《四库全书总目提要》而作,由《四库未收书目提要续编》4卷、《许庼经籍题跋》4卷、《续修四库全书总目提要礼类稿》1卷3种裒集而成。《续编》著录之书,凡740余种,均断至乾隆前,依《四库》分类排次;《题跋》著录乾隆后问世之书,凡405种,亦依《四库》分类排次。以上两种均依作者稿本整理而成。《续修》计收作者所撰经部礼类之提要稿85篇,录自齐鲁书社1998年影印《续修四库全书总目提要》之有关内容整理而成。三种合计,共著录古籍1200余种,为清阮元《四库未收书目提要》以后,续《提要》类个人著述中最重要的学术成果。为续《四库全书总目提要》而作,旨在补辑《提要》失收之古人著作并增辑《四库》未收之清人著述共一千余种,所撰解题、提要钩玄,考订精核,为清阮元《四库未收书目提要》以后续提要类著作中相当重要之学习成果。全书由3部分组成:《四库未收书目提要续编》收《四库》应收未收、《提要》之引而未载,《四库》焚毁、《四库》所收非足本、中土久佚而归海外、自《大藏经》、《道藏》钞出之书凡740余种;《许庼经籍题跋》收清人著述共400余种;《续修四库全书总目提要礼类稿》收书86种。书稿整理者吴格据尽归复旦图书馆之胡氏手写自订之遗稿,历经数载录标点,编成本书稿,并补编目录、索引,以利读者查阅。(徐力励)

Z000033　**一生的读书计划**　[美]克利夫顿·费迪曼著,乔西、王月瑞译。海南出版社2002年8月版。55万字。35.00元。费迪曼教授为18岁到80岁的读书人推荐的一份大规模读书计划。费迪曼教授是美国家喻户晓的广播和电视节目主持人、著名的报人和专栏作家,他根据多年的读书经验,为读者精选并评介了一百多种古今世界名著,体裁有戏剧、诗歌、小说、散文、历史、传记、自传等,始于荷马,迄于现代。这些介绍生动活泼,有时强调作者的生涯与人品,有时摘取叙述作品内容,有时援用权威人士的意见,有时劝告读者别为一般错误见解所迷惑,有时对读者早已熟识的作家如莎士比亚、歌德等做出新的评价。(伍君之)

Z000034　**哈佛书架**　[美]约翰·肯尼思·加尔布鲁思等著,王月瑞译。海南出版社2002年5月版。25万字。24.80元。为100位哈佛大学的教授各自推荐的一套读书目录。(伍君之)

Z000035　**辽宁省图书馆满文古籍图书综录**　卢秀丽、阎向东著。辽宁民族出版社2002年5月版。22万字。书影260幅。45.00元。辽宁省图书馆是全国重要的满文古籍图书藏书单位,尤其是清朝内府(武英殿)版刻图书极其珍贵。本书把辽宁省图书馆馆藏满文古籍图书进行了系统编目,依四部法分类,按照经、史、子、集、丛排序,附有满文书名罗马字母转写索引和汉文书名著者笔划综合索引。收书范围,上起清顺治七年(1650),下迄民国二十四年(1935),包括满文及其同汉、蒙、藏、回、维吾尔等两种或两种以上文字合璧之书266种。每种书以独立的款目出现,从该书书影、书名、著者、版本、稽核、辅助、解题和检索号(含同版书检索号)等项来反映辽宁省图书馆馆藏满文古籍图书状况。书影的展示,可以使人们直接一睹辽宁省图书馆馆藏满文古籍图书的风采;满文书名的著录,如实地反映了满文古籍图书的客观面貌;同种书不同版本的著录,体现了满文古籍图书的版本源流;而解题的作用,则更是为了学者们进一步了解每部书的内涵,为读者深入研究和开发辽宁省图书馆馆藏满文古籍图书资源提供了指南。目前,在满文古籍图书编目领域里,本书是国内外首部满文古籍图书综合性目录。(吴昕阳)

Z000036 **法兰西学院汉学研究所藏汉籍善本书目提要** 田涛主编。中华书局2002年1月版。16万字。31.00元。图书目录提要。选取法国巴黎法兰西学院汉学研究所收藏的140余本中国汉籍善本,按传统的经、史、子、集四部分类编目,记录版本,撰写包括作者介绍、内容概要、版本考述、相关收藏等内容的提要。由于所编图书为流散在海外的汉籍善本,具有重要的资料价值与参考意义。(柴剑虹)

Z000037 **订补海源阁书目五种** 王绍曾、崔国光等整理、订补。齐鲁书社2002年3月版。120万字。150.00元。清末,我国私人藏书有四大家,一为常熟瞿氏铁琴铜剑楼,二为聊城杨氏海源阁,三为归安陆氏皕宋楼,四为钱塘丁氏八千卷楼。海内岿然独存者,唯有前二,且二者收罗宏富,名扬海内。瞿氏所藏,终悉入北图(北京图书馆,今国家图书馆);而杨氏藏书,终因四散,成为中国近代藏书史上之最大浩劫。今有我国版本目录学家、山东大学古籍研究所教授王绍曾先生率众行家,集杨氏海源阁藏书之目,详加订补,考书流向,使杨氏藏书昭然于世。本书汇编的杨氏海源阁藏书的5种目录分别为:杨勰卿所撰《楹书隅录》、《楹书隅录续编》及《海源阁藏书目》;杨凤阿撰《海源阁宋元秘本书目》;勰卿撰成于前,凤阿增补于后之《海源阁书目》;勰卿所撰《宋存书室宋元秘本书目》。此书的面世,对了解杨氏海源阁藏书、版本流传及现存情况,均具有重要的参考价值。(赵发国)

Z000038 **中州文献总录** 吕友仁主编,查洪德副主编。中州古籍出版社2002年12月版。236.6万字。160.00元。一部河南地方文献工具书。收录上起先秦下迄清末河南籍及在河南有较大影响的作者及其著述。编纂体例以历史朝代为序,以作者立目。每目由两部分组成:1.作者小传;2.著述及其简介。同一作者如有多种著述,先书册,后散篇,且以经、史、子、集为序,并标明其出处及存佚。该书的编写参阅了大量的文献资料,如记载中州某一地区乡邦文献的《郑州先贤志》、《襄城文献录》、《郾陵文献志》;记载中州历史人物的《中州人物考》、《中州道学编》、《中州先哲传》;记载中州诗作的《中州诗钞》、《中州诗征》等;另外有一些中州史著,如《中州艺文录》、《河南通志艺文志稿》、《中州集略》、《历代中州作家简录》等。全面系统地反映了中州历史文献概貌,具有重要的参阅价值。(孙宝瑞)

Z000039 **中国医籍大辞典** 《中国医籍大辞典》编纂委员会编。上海科学技术出版社2002年8月版。445.3万字。400.00元。一部反映我国历代中医药文献概况的中医书目专名辞典。收载自先秦至20世纪末历代中医药书籍词目2.3万余条,包括亡佚医籍词目4700余条。将其分为23大类,按照成书或刊行年代先后顺序排列。此外,还补充了一些未被辞书收录的珍善本古医籍和流传海外的孤本医籍。本书所收录的医籍词目,既含有书目、卷次、作者、成书年代、版本、存佚情况等要素;又介绍了该书的源流与沿革,包括后世流传的通行书名、重刊书名、别名及简称等;更着重勾勒其内容提要,介绍其学术特点,力求客观公正、实事求是地评述其文献价值及对后世医学发展的影响,藉以达到“辨章学术、考镜源流”的治学目的。本书的每个词目均根据分类给予了“词目检索序号”,书后附书名索引与作者名索引,包括了别名、异名、简称及作者的字、号等。(虞厚安)

Z000040 **中国法律图书总目1999—2000** 法律出版社编。法律出版社2002年7月版。39.00元。中国法律图书总目是法律出版社组织编写的一部法律类图书分类总目。计划每一两年出一本,收集本年度或两个年度内国内出版的全部法律类图书,为法律界学者、院校师生、实际工作部门同志及其他读者提供长期、全面的法律图书信息。在分类上,采取部门法与学科专业相结合的方法,尽量使之比较科学和方便。每本书简要介绍出版单位、作者及其他基本情况。为检索方便,正文后附了书名汉

语拼音索引、作者汉语拼音索引。本书亦为书店系统、图书发行系统、网络网站、图书馆资料室等查询工作提供基础信息。(吴中华)

Z000041　**文字音韵训诂知见书目**　阳海清、褚佩瑜、兰秀英编。湖北人民出版社 2002 年 10 月版。121.2万字。128.00 元。收录了辛亥革命以前以传统撰述方式写成的有关文字、音韵、训诂方面的各种专著,并酌收与之相关的金石和群书文字音义方面的典籍,共 4813 种 12067 部。所收著述分为文字、音韵、训诂、音义 4 大类,每一大类下,又细分若干纲目。突破了以往图书分类的框架结构,而多创新。每一书目,详细著录刊刻情况,或原本,或刊刻本,或钞本,或影印本,能使读者了解本书的著述、刊布、流传的原委。为方便读者访书,书目下还载有收藏馆名。读者可因目求书,就近取阅,不羁晷刻。书末附有《藏书单位名称表》、《书名索引》、《著者索引》等,以便读者检索。

Z000042　**新编增补清末民初小说目录**　[日]樽本照雄编。齐鲁书社 2002 年 4 月版。120 万字。360.00元。日本学者樽本照雄搜集整理的一部工具书,所收小说已达 1 万 9 千种,可以说清末民初小说已网罗殆尽。本目录的特点如下:第一,收录的篇目广泛。不仅收录原创作品,而且也收录翻译作品,力求全面反映当时的历史原貌。第二,收录的版本齐全。从杂志初刊,到发行单行本,一直到近年来的再版,尽可能地收齐迄今为止的所有版本。第三,每个条目中所列项目详尽。从书名、编著译者,到发表载体、出版单位、出版时间等等无不齐备,且有别名、副题、翻译作品的原书名、原作者名等。由于目录大量使用了第二手资料,所以专门注明了资料的出处,以便使用者按图索骥,找到原本核对。(贺伟)

Z000043　**中国法律期刊文献索引 2001**　邹育理主编。法律出版社 2002 年 6 月版。25.00 元。以期刊法律文章的目录为前提的检索工具,它提供了 2001 年国内重要期刊法律文章的索引,可以迅速、准确、完整地查找到发表在国内期刊上的法律文章和资料;提供了一个迅速查阅了解我国法学研究动态,分析法学研究走势,将逐年编制新年度版的索引;并在适当的时机完成 2001 年前的回溯本,保证其检索系统的连续性和完整性。(吴中华)

获奖书目

第十三届中国图书奖获奖书目(145种)

〔书　名〕	〔出版社名称〕	〔著作责任者〕	〔责任编辑〕
伟大的理论创新:江泽民"三个代表"思想研究	解放军出版社	许志功　胡子克主编	刘善兴
中国马克思主义理论的丰碑——中国共产党三代领导集体对马克思主义的发展	南京大学出版社	刘林元主编	孙辉
中国共产党的社会主义建设理论与实践——科学社会主义在中国的胜利发展	青岛出版社	江流主编	曹永毅　李忠东
马克思主义党的学说及其发展	广东人民出版社	魏泽焕主编	陈海烈
中国共产党历史图志(全三册)	上海人民出版社	中共中央党史研究室编著	陆宗寅
《公民道德建设实施纲要》学习读本	学习出版社	中共中央宣传部宣传教育局组织编写	宋林　李路等
公民道德歌	安徽教育出版社	钱念孙撰稿　李向伟等绘图	唐元明
中国民主党派史丛书(八卷)	河北人民出版社	薛居亮主编	贺秀红　殷长存等
部队四个教育丛书(四册)	蓝天出版社	空军政治部宣传部编	许志强
社会法原论	中国政法大学出版社	董保华等著	张越
维护劳动者权益金袋鼠丛书(九册)	中国劳动社会保障出版社	陈淮主编	朱学敏　黄卫来等
入世与中国利用外资和海外投资	对外经济贸易大学出版社	卢进勇编著	谭晓燕
中国加入世界贸易组织知识读本(一)	人民出版社	石广生主编	李春生　欧阳日辉等
国际投资争端仲裁——"解决投资争端国际中心"机制研究	复旦大学出版社	陈安主编	张永彬
经济学原理(上、下册)	生活·读书·新知三联书店　北京大学出版社	[美]曼昆著　梁小民译	张艳华　薛松奎
中国财政管理	中国财政经济出版社	项怀诚编著	袁中良　陈迈利等
管理科学文库(四册)	中国人民大学出版社	成思危主编	安卫
中国当代中青年经济学家论著文库(十册)	首都经济贸易大学出版社	樊纲　刘伟等著	刘红　薛捷等

电信竞争	人民邮电出版社	[法]让·雅克·拉丰　让·泰勒尔著　胡汉辉等译	王亚明　王晓明
高新技术企业价值评估	中信出版社	王少豪著	陈玮
经济与快乐	东北财经大学出版社	黄有光著	方红星
走进马克思	江苏人民出版社	孙伯鍨　张一兵主编	周文彬　杨建平等
中国社会史论(上、下卷)	湖北教育出版社	周积明　宋德金主编	陆才坚　冯芳华
哲学理论创新丛书(九册)	云南人民出版社	韩庆祥主编	吉彤　杨铉等
当代中国心理学	人民教育出版社	中国心理学会编	魏运华　李俏
中国教育哲学史(四卷)	山东教育出版社	张瑞璠主编	温玉川　李广军
中国道教史[增订本](上、下)	中国社会科学出版社	任继愈主编	冯春凤
当代国外社会主义流派	安徽人民出版社	余文烈主编	杨咸海
两个主义一百年:社会主义·资本主义	当代世界出版社	肖枫著	康帅
当代西方政治思潮:20世纪70年代以来	天津人民出版社	徐大同主编	盛家林
网络时代的国家安全战略丛书(四册)	中原农民出版社	鲁杰　琴星等著	马保民
我观党史	济南出版社	石仲泉著	刘永凌
中央苏区史	江西人民出版社	余伯流　凌步机著	游道勤
中共满洲省委史研究	沈阳出版社	刘贵田　郭化光等著	田雪峰
辛亥革命大写真(上、下卷)	湖北美术出版社	章开沅　王兴科主编	查加伍　石锦华
黄河传	河北大学出版社	陈梧桐　陈名杰著	任文京　杨金花
黄土高原历史地理研究	黄河水利出版社	史念海著	韩美琴　雷元静
中国反贪史(上、下)	四川人民出版社	王春瑜主编	汪灏
南北朝文学编年史	人民文学出版社	曹道衡　刘跃进著	刘文忠
中国新闻事业编年史(上、中、下)	福建人民出版社	方汉奇主编	魏清荣
世界城市史	科学出版社	[意]L. 贝纳沃罗著　薛钟灵等译	姚平录　曲渊
当代中国教育结构体系研究	广东教育出版社	郝克明主编	常丹琦
学科教育学大系(十九册)	首都师范大学出版社	杨学礼主编	沈小梅　李荣平等
中小学学科教育心理学书系(十册)	北京教育出版社	林崇德主编	吕心鹏　何文天等
世界教育大事典	江苏教育出版社	顾明远主编	孙峪峨　赵明等
世界课程改革趋势研究(上、中、下)	北京师范大学出版社	钟启泉　张华主编	倪花
现代汉语成语规范词典	长春出版社	李行健主编	张樱　杜菲
现代汉语大词典(上、下册)	汉语大词典出版社	阮智富等主编	郭忠新　陈福畴等
近代汉语探源	商务印书馆	江蓝生著	李青梅
中国小学英语学习词典(英汉对照)	外语教学与研究出版社	霍庆文等主编	陈凯
中国工程院院士(共二卷)	高等教育出版社	中国工程院　中国工程物理研究院　高等教育出版社编著	王国祥

两弹一星功勋科学家(十册)	河北少年儿童出版社	于新和主编	孙天放　贾亚青
毛泽东之路——追寻父亲的足迹(上、下册)	云南教育出版社	邵华著	何学惠　黄显松等
梅兰芳全传	中国青年出版社	李伶伶著	常婷
写给世纪父母	中国妇女出版社	卢勤著	李白沙
赏识你的孩子——一个父亲对素质教育的感悟	四川少年儿童出版社	周弘著	田曦
一个人的抗战	中国对外翻译出版公司	樊建川著	宗颖
扬州文化丛书(八册)	苏州大学出版社	高敏　赵昌智主编	朱坤泉　金振华等
生态文化丛书(六册)	陕西人民教育出版社	殷登祥　徐恒醇主编	王方　李增宏等
广西民族风俗艺术(四卷)	广西美术出版社	吕胜中主编	余亚万
中国绘画思想史	贵州人民出版社	邓乔彬著	龚璐
中国服饰美学史	河北美术出版社	蔡子谔著	贡小秋　戴建慧
新中国美术文献博物馆(全八卷)	黑龙江教育出版社	刘树勇编著	张佳莉　安振家等
中国古代北方民族文化史(上、下)	黑龙江人民出版社	张碧波　董国尧主编	龚江红
中国书画鉴定学稿	辽海出版社	杨仁恺著	徐桂秋　谢丹等
中国藏书通史(上、下)	宁波出版社	傅璇琮　谢灼华主编	马玉娟
西陲古地与羌藏文化	青海人民出版社	李文实著	安海民　辛茜
图说中国艺术史丛书(六册)	浙江教育出版社	李希凡主编	王晴波
中国西藏文化大图集(三卷)	重庆出版社	曹自强　李书敏主编	杨希之　金乔楠
新西藏	西藏人民出版社	王殿元主编	马绍水　丹朗
中华生育文化导论(上、下)	中国人口出版社	潘贵玉主编	邱立
至高利益	作家出版社	周梅森著	懿翎
红色康乃馨	上海文艺出版社	陈心豪著	谢锦
永远的哨兵	南海出版公司	张品成著	刘一民　乔晖
中国人民解放军征战纪实丛书(五卷三十册)	解放军文艺出版社	程步涛主编	项小米　张良村等
撑起生命的蓝天——空难与我	宁夏人民出版社	王嘉鹏著	哈若蕙
奇想联翩的绅士堂吉诃德·德·拉曼恰	北京十月文艺出版社	[西班牙]米盖尔·德·塞万提斯著　孙家孟译	隋丽君　莫常红
中国国家图书馆碑帖精华	北京图书馆出版社	任继愈主编	赵海明　殷梦霞
20世纪中国城市雕塑	江西美术出版社	盛杨　钱绍武主编	陈政　李一意
保利藏金——保利艺术博物馆精品选(三册)	岭南美术出版社	《保利藏金》编委会编著	凌岚
中国当代油画名作典藏(四册)	山东美术出版社	靳尚谊　詹建俊等画　朱狄　曹意强编撰	姜衍波　徐昱
中国书法传世极品大幅仿真系列·傅山书法(五辑)	山西人民出版社	(清)傅山书	赵嗣成　董智敏等
启功书画集	文物出版社　北京师范大学出版社	启功著	苏士澍　张玮
李杜诗学	北京出版社	杨义著	孙恒年

草根的力量——台州戏班的田野调查与研究	广西人民出版社	傅谨著	李庭华
诗学中的时间概念	湖南教育出版社	史成芳著	符本清
中国艺术论丛书(十册)	山西教育出版社	程孟辉主编	刘立平　原琳等
机器人技术及其应用	电子工业出版社	张福学编著	龚兰方
酸沉降临界负荷及其应用	清华大学出版社	郝吉明　谢绍东等著	柳萍
纳米科技现在与未来	四川教育出版社	白春礼著	刘玲
固体电解质和化学传感器	冶金工业出版社	王常珍编著	李梅　杨传福
自旋波与铁磁链方程	浙江科学技术出版社	郭柏灵　丁时进著	周伟元
水体颗粒物和难降解有机物的特性与控制技术原理(上、下卷)	中国环境科学出版社	汤鸿霄　钱易等著	张维平
冷固结球团直接还原	中南大学出版社	邱冠周　姜涛等著	肖梓高
中国资源与可持续发展丛书(三册)	广西科学技术出版社	张岳　沈国舫等主编	覃春　卢荣等
湖南杂交水稻发展史(1964～2000)	湖南科学技术出版社	湖南省农业厅编	彭少富
中国北方草地植物根系	吉林大学出版社	陈世镄　张昊等编著	孟亚黎
中国杀虫植物志	新疆科技卫生出版社	姜传义编著	张新泰　侯彦君
农作物杂种优质	中国农业科学技术出版社	卢庆善　孙毅等主编	冯凌云
中国大型真菌	河南科学技术出版社	卯晓岚主编	赵中胜
畜禽药物手册(第二次修订版)	金盾出版社	阎继业主编	沈启新
实用小儿肿瘤学	河南医科大学出版社	张金哲　杨启政主编	杨秦予
临床皮肤病学	江苏科学技术出版社	赵辨主编	胡明琇
肺癌	辽宁科学技术出版社	[丹麦]Heine H Hansen主编　王洲　李厚文等主译	宋纯智　李夏
植物有性生殖实验研究40年	武汉大学出版社	杨弘远　周嫦编著	余运萍
中国科学思想史(上、中、下)	安徽科学技术出版社	袁运开　周瀚光主编	奚正新　孙述庆
中国地层典(十五册)	地质出版社	程裕淇主编	舒志清　王璞等
贾祖璋全集(五卷)	福建科学技术出版社	贾祖璋著	胡善美
中国层序地层研究	广东科技出版社	王鸿祯　史晓颖等著	敦怡甘　杨贵生
高科技知识读本	国防科技大学出版社	温熙森主编	徐飞　卢天贶
鸟瞰科学(五册)	河北科学技术出版社	任定成主编	高凤欣　王浩荧等
黑洞物理学	湖南师范大学出版社	王永久著	阙永忠
现代数学手册(五卷)	华中科技大学出版社	徐利治主编	余健棠　姜新祺等
稳定性的数学理论及应用	华中师范大学出版社	廖晓昕著	杨发明
科学之旅	辽宁教育出版社	路甬祥等著	柳青松　许苏葵等
生态安全预警	内蒙古教育出版社	周毅著	黄妙轩　王牧远等
系统科学	上海科技教育出版社	许国志主编	潘涛
裂纹端部场	西安交通大学出版社	匡震邦　马法尚	陈丽　潘瑞麟
中国电力百科全书[第二版](八卷)	中国电力出版社	谢绍雄主编	宗健　姜丽敏等

中国现代建筑史	天津科学技术出版社	邹德侬著	宗洁 王树泽
世界建筑史丛书(十二卷)	中国建筑工业出版社	[美]约翰·D.霍格等著 王贵祥 吕舟等译	董苏华 张惠珍
世纪畅想曲·理想之歌	安徽少年儿童出版社	金波 高洪波等主编	温湲 王笑非等
蓝夜书屋(七册)	北京少年儿童出版社	金波主编	徐莉萍
从小爱家园丛书(七册)	海燕出版社	王玲编著 王晓明等绘画	王昕 郑颖
海洋动物系列(十册)	海洋出版社	[美]洛兰·A.杰伊等著 [美]卡蒂·李等绘 申雨平等译	杨海萍
校园三剑客科幻小说系列[第一辑](六册)	湖北少年儿童出版社	杨鹏著	何龙 周祥雄
中国少年环境文学创作丛书(八册)	花山文艺出版社	金曾豪 沈石溪等著	阎丽
童书海论	明天出版社	海飞著	孙继班
新版小灵通漫游未来	少年儿童出版社	叶永烈著	谢志鸿
幼儿社会化训练	希望出版社	陈会昌主编	刘凤荣
中国儿童文学五人谈	新蕾出版社	梅子涵 方卫平等著	李春芬
少年普法丛书(三册)	新世纪出版社	康树华 陈春华主编	符绩才 熊雁
南极历险·北极历险	中国少年儿童出版社	位梦华著	徐德霞
小毛毛数学启蒙故事丛书(十册)	接力出版社	安桂香 孙禹编文 唐智华等绘画	郭玉婷 蒙力亚等
宋代郡守通考(十册)	巴蜀书社	李之亮撰	何锐
三礼研究论著提要	甘肃教育出版社	王锷编著	黄强
六十种曲评注(二十五册)	吉林人民出版社	黄竹三 冯俊杰主编	张长平
简帛佚籍与学术史	江西教育出版社	李学勤著	刘景琳
戴敦邦新绘全本红楼梦	上海古籍出版社	戴敦邦绘画 史良昭编文	仓阳卿
中国古籍稿钞校本图录(三册)	上海书店出版社	陈先行等编著	金良年
日本宫内厅书陵部藏宋元版汉籍影印丛书[线装](第一辑)	线装书局	全国高校古委会编	王大路 林辰
四部医典大详解[藏文](六卷)	四川民族出版社	措如才郎著	仁青才让 央青娜姆等
蒙医传统疗法大成(蒙文)	内蒙古科学技术出版社	博·阿古拉主编	斯勤达来
新校勘"成吉思汗金书"(蒙文)	内蒙古文化出版社	奇忠义 宝音等校勘	那顺乌力吉
藏传佛教神明大全(藏文)	青海民族出版社	久美却吉多杰编著	仁青当周

统计资料

2002 年图书出版情况

表一

	总数（种）	总印数（亿册或张）	总印张（亿印张）	折合用纸量（万吨）	定价总金额（亿元）	与上年相比品种数	与上年相比总印数	与上年相比总印张	与上年相比定价总金额
图书	170962（其中重版、重印70269）	68.7	456.45	107.43	535.12	+10.6%（新版+10.1%重版、重印+11.3%）	+8.9%	+12.4%	+14.6%
书籍	142952（其中初版91350，重版、重印51602）	32.76	237.5（包括附录用纸1.15）	55.81（包括附录折合用纸量0.27）	335.05（包括附录定价3.88）	+11.64%（初版+10.8%，重版、重印+13.14%）	+11.58%	+13.4%	+16.8%
课本	25817（其中初版8163，重版、重印17654）	35.52	217.81	51.19	195.74	+6.52%（初版+8.75%，重版、重印+5.52%）	+6.47%	+11.44%	+12.14%
图片	2193（其中初版1180，重版、重印1013）	0.41	1.14	0.43	4.34	−2.05%（初版−19.51%，重版、重印+31.05%）	+10.8%	−5.79%	−19.78%

*"+"表示增长，"—"表示下降。

2002 年使用《中国标准书号》22 类图书出版情况

表二

类别	种数（种）	总印数（万册或张）	总印张（千印张）	定价总金额（万元）	占总品种数的百分数	占总印数的百分数	占总印张的百分数	占定价总金额的百分数	与上年相比品种数	与上年相比总印数	与上年相比总印张	与上年相比定价总金额
马克思主义、列宁主义、毛泽东思想	324（初版227）	680	70344	9397	0.19%（初版占0.23%）	0.1%	0.15%	0.18%	+25.1%（初版+30.5%）	+107.3%	+86.3%	+70.4%
哲学	2053（初版1503）	1798	207858	33208	1.22%（初版占1.51%）	0.26%	0.46%	0.63%	+29.1%（初版+28.1%）	+36.9%	+37%	−0.4%
社会科学总论	1986（初版1511）	1532	202809	35384	1.18%（初版占1.52%）	0.22%	0.45%	0.67%	+9.6%（初版+6.1%）	+27.6%	+23%	+6.6%

续表

类别	种数（种）	总印数（万册或张）	总印张（千印张）	定价总金额（万元）	占总品种数的百分数	占总印数的百分数	占总印张的百分数	占定价总金额的百分数	与上年相比品种数	与上年相比总印数	与上年相比总印张	与上年相比定价总金额
政治、法律	7102（初版5402）	11162	1167071	176877	4.21%（初版占5.43%）	1.63%	2.57%	3.36%	+7.8%（初版+7.9%）	+10.3%	+11.8%	+11.5%
军事	493（初版447）	406	48062	10919	0.29%（初版占0.45%）	0.06%	0.11%	0.21%	+10.5%（初版+14.6%）	+32.2%	+52.3%	+83.1%
经济	12599（初版9200）	10101	1572725	270288	7.47%（初版占9.25%）	1.48%	3.46%	5.13%	+20.4%（初版+19.4%）	+14.2%	+29.2%	+30.6%
文化、科学、教育、体育	69488（初版32124）	563110	32316095	3066794	41.17%（初版占32.28%）	82.47%	71.16%	58.2%	+13.6%（初版+16.7%）	+8.1%	+11.3%	+13.9%
语言、文字	8253（初版4688）	13973	1973023	256272	4.89% 初版占4.71%）	2.05%	4.34%	4.86%	+16.2%（初版+19.4%）	+19.2%	+18.5%	+21.9%
文学	11199（初版8690）	12191	1419922	235045	6.64%（初版占8.73%）	1.79%	3.13%	4.46%	−0.3%（初版−0.3%）	−0.8%	−0.9%	+5.4%
艺术	10087（初版6940）	26819	1018920	248036	5.98%（初版占6.97%）	3.93%	2.24%	4.71%	+3.3%（初版+4%）	+8%	+7.3%	+14%
历史、地理	5245（初版4272）	6786	545452	153528	3.11%（初版占4.29%）	0.99%	1.2%	2.91%	+7.5%（初版+4.8%）	+64.2%	+19.6%	+27%
自然科学总论	853（初版516）	3631	172505	24932	0.51%（初版占0.52%）	0.53%	0.38%	0.47%	−4.5%（初版−9.6%）	−7.5%	+8.9%	+8%
数理科学、化学	3077（初版1388）	3741	531510	58941	1.82%（初版占1.39%）	0.55%	1.17%	1.12%	+15.1%（初版+8.2%）	+19.2%	+30.2%	+29.6%
天文学、地球科学	597（初版510）	169	20535	4824	0.35%（初版占0.51%）	0.02%	0.05%	0.09%	+7%（初版+4.5%）	−14.6%	+14.5%	+21.6%
生物科学	685（初版451）	431	67370	10539	0.41%（初版占0.45%）	0.06%	0.15%	0.2%	+22.3%（初版+25.6%）	+43.2%	+35.3%	+40.1%
医药、卫生	7105（初版4564）	5774	960916	153802	4.21%（初版占4.59%）	0.85%	2.12%	2.92%	+10.3%（初版+12%）	+9.3%	+13.7%	+14.6%
农业科学	2936（初版1894）	1954	179305	29870	1.74%（初版占1.9%）	0.29%	0.39%	0.57%	−10.5%（初版−7.3%）	−4.2%	+2.6%	−3.8%
工业技术	19517（初版11410）	13735	2380967	378973	11.56%（初版占11.47%）	2.01%	5.24%	7.19%	+10.3%（初版+5.7%）	+11.2%	+14.2%	+12.5%
交通运输	1647（初版1000）	1479	191845	29850	0.98%（初版占1%）	0.22%	0.42%	0.57%	+16.5%（初版+23%）	+24.1%	+22.8%	+16%

续表

类别	种数(种)	总印数(万册或张)	总印张(千印张)	定价总金额(万元)	占总品种数的百分数	占总印数的百分数	占总印张的百分数	占定价总金额的百分数	与上年相比品种数	与上年相比总印数	与上年相比总印张	与上年相比定价总金额
航空、航天	122(初版109)	34	4804	1246	0.07%(初版占0.11%)	0.005%	0.01%	0.02%	+9.9%(初版+7.9%)	-17.1%	-9.4%	-11.2%
环境科学	640(初版471)	461	48974	9830	0.38%(初版占0.47%)	0.07%	0.11%	0.19%	+27.5%(初版+38.9%)	+70.1%	+56.7%	+73%
综合	2761(初版2196)	2872	314102	70482	1.64%(初版占2.21%)	0.42%	0.69%	1.34%	-3.1%(初版-3.9%)	+14.9%	+0.2%	-1.7%

*"+"表示增长,"-"表示下降。

2002年各类课本及少年儿童读物出版情况

表三

类别	总数(种)	总印数(万册或张)	总印张(千印张)	定价总金额(万元)	与上年相比品种数	与上年相比总印数	与上年相比总印张	与上年相比定价总金额
大专及大专以上课本	11995(初版4760)	15682	2586035	312917	+12.68%(初版+8.92%)	+18.53%	+26.2%	+27.89%
中专课本	2149(初版668)	3820	499356	53989	+0.7%(初版+27.48%)	-10.08%	-9.69%	-3.45%
中学课本	3530(初版829)	152921	12025854	902325	+0.46%(初版+5.07%)	+7.78%	+11.75%	+14.79%
小学课本	4730(初版1005)	178319	6264818	647555	+7.26%(初版+16.86%)	+5.14%	+8.33%	+3.93%
业余教育课本	608(初版251)	1210	127901	15807	-1.14%(初版-11.93%)	+64.4%	+76.11%	+66.85%
教学用书	2805(初版650)	3270	276925	24777	-3.84%(初版-3.99%)	-16.11%	-14.3%	-5.43%
少年儿童读物	7393(初版4193)	23042	694849	151063	+1.92%(初版-5.41%)	+0.73%	-8.26%	-0.94%

*"+"表示增长,"-"表示下降。

2002 年图书发行网点情况

表四

图书发行网点类型	数量(处)	与上年相比(处)
全国图书发行网点	71824	－2411
在图书发行网点中:国有书店	2773	－33
在图书发行网点中:国有售书点	10595	－70
其他类型售书点:	58456	－2308
在其他类型售书点中:供销社售书点	9640	－2146
在其他类型售书点中:出版社自办售书点	620	－7
在其他类型售书点中:集、个体书店摊	36035	－413
在其他类型售书点中:其他	12161	＋258
新华书店系统发行网点	13189	－94
在新华书店系统发行网点中:书店	2709	－27
在新华书店系统发行网点中:售书点	10480	－67

*“＋”表示增长,“－”表示下降。

2002 年图书购进情况

表五

	数量(亿册)	金额(亿元)	与上年相比册数	与上年相比金额
全国图书发行全行业总购进	165.52	1052.21	＋3.77%	＋9.08%
从生产者处购进	91.63	654.54	＋4.42%	＋10.16%
从新华书店系统购进	125.67	671.75	＋1.71%	＋3.51%

*“＋”表示增长,“－”表示下降。

2002年图书总销售及库存情况

表六

	册数(亿册)	金额(亿元)	与上年相比册数	与上年相比金额
全国图书发行总销售	160.6	993.93	+2.87%	+7.93%
新华书店系统总销售	123.19	652.51	+0.75%	+3.41%
全行业纯销售	70.27	434.93	+1.48%	+6.47%
图书库存	36.89	343.48	+3.8%	+15.43%

*"+"表示增长,"-"表示下降。

2002年全国图书中各类图书销售情况

表七

类别	销售数量(亿册)	销售金额(亿元)	占销售数量的比重	占销售金额的比重	与上年相比销售数量	与上年相比销售金额
哲学、社会科学	5.54	72.68	3.5%	7.3%	-1.95%	+14.77%
文化、教育	44.82	254.74	27.9%	25.6%	+3.14%	+10.34%
文学、艺术	4.65	53.49	2.9%	5.4%	+1.74%	+7.75%
自然科学、技术	5.82	78.73	3.6%	7.9%	+2.02%	+6.32%
少儿读物	5.2	33.17	3.2%	3.3%	-10.52%	-3.65%
大中专教材	4.84	67.96	3%	6.8%	+14.08%	+27.07%
课本	85.98	394.28	53.5%	39.7%	+2.31%	+3.42%
图片	0.5	3.68	0.3%	0.4%	-24.9%	-20.84%
其他出版物	3.22	19.08	2%	1.9%	+65.53%	+26.72%

*"+"表示增长,"-"表示下降。

2002年全行业批发销售情况

表八

		批发销售总额(亿元)	与上年相比
全行业		666.68	+8.41%
其中	批给供销社	28.15	-9.64%
	批给国有商业部门	559	+9.08%
	批给集、个体书店(摊)	78.03	+11.35%
	出口	1.5	+17.48%

*"+"表示增长,"-"表示下降。

2002年图书出口情况

表九

图书类别	出口种次	出口数量(万册)	出口金额(万美元)	占出口种次的百分数	占出口数量的百分数	占出口金额的百分数
哲学、社会科学类	154172	54.69	268.03	17.86%	17.04%	19.66%
文化、教育类	142460	54.91	172.19	16.51%	17.11%	12.63%
文学、艺术类	190974	54.67	252.55	22.13%	17.03%	18.52%
自然、科学技术类	92922	27.28	117.5	10.77%	8.5%	8.62%
少儿读物类	49018	33.01	47.87	5.68%	10.29%	3.51%
综合类	233486	96.37	505.3	27.05%	30.03%	37.06%

2002年图书进口情况

表十

图书类别	进口种次	进口数量(万册)	进口金额(万美元)	占进口种次的百分数	占进口数量的百分数	占进口金额的百分数
哲学、社会科学类	100031	38.05	492.48	19.53%	14.74%	18.78%
文化、教育类	104930	58.49	333.12	20.48%	22.66%	12.7%
文学、艺术类	74977	58.08	538.8	14.64%	22.5%	20.55%
自然、科学技术类	191894	54.1	1017.73	37.46%	20.96%	38.81%
少儿读物类	27475	15.93	71.67	5.36%	6.17%	2.73%
综合类	12927	33.52	168.22	2.52%	12.98%	6.42%

(章玮根据新闻出版署计划财务司公布的新闻出版统计资料整理)

图书出版纪事

2002年图书出版大事记

1　月

8日　中国书刊发行业协会评选出2001年度全国优秀畅销书。《中国共产党简史中共党史》、《学习江泽民"七一"讲话辅导问答党建读物》等社科、文教、文艺、少儿4大类共576种书榜上有名。

△　人民教育出版社在长城饭店报告厅举行"2002年教材、图书推广暨新老朋友答谢会"。来自全国200多位各省店、市店及人民教育出版社特约经销店的经理参加了会议。

9日　河北省编办、省新闻出版局、省文化厅联合召开市级新闻出版机构改革座谈会。

10日　中国书刊发行协会举行颁奖仪式，向新近评选出的2001年度全国优秀畅销书社科、文教、文艺、科技、少儿5个门类的前10种图书颁发奖杯和证书。这50种图书分属中共党史、商务、人民文学、浙江少儿、人民卫生等42家出版社。

10～14日　北京第十五届图书订货会在国展举行。500多家出版单位、500多家新华书店、国营与民营书店参会。

11日　全国"讲信誉，重服务"社店互评活动颁奖大会上，被誉为"全国第一店"的北京图书大厦又一次以总分第一的好成绩被评为获称号单位。这也使大厦成为该项活动开展三年来，惟一获"三连冠"的图书发行单位。

12日　青岛出版社以向青岛市社区赠送价值200万元图书的特别方式来度过自己的15华诞。

15～18日　全国新闻出版（版权）局长会议在北京召开。在此期间，召开了全国试点出版集团、发行集团、大社名刊以及地方政府强化新闻出版管理工作经验交流会。

23日　商务印书馆宣布出资人民币100万元，设立语言学出版基金，用于资助国内的语言学出版。

28日　新闻出版总署机关暨直属单位2002年廉政工作会议在北京召开。

2　月

1日　中国出版工作者协会四届三次常务理事（扩大）会议暨第七届韬奋出版奖等三项大奖颁奖大会在京举行。中国大百科出版社编辑部主任徐慰曾等11人荣获中国出版界最高个人荣誉奖——韬奋出版奖，人民出版社郇中建等77人获第四届全国优秀中青年（图书）编辑奖，辽宁科学技术出版社等5家出版社获2001年亚太出版商联合会（APPA）图书奖。

5日　新闻出版总署批准全国中小学教材出版发行改革试点省、市——安徽省、福建省、重庆市的中小学教材发行招标方案，现已开始具体实施。这标志着我国教材发行改革已进入实质运作阶段。

21日　福州市新闻出版局正式挂牌。

26日　由中国科普研究所主办、科学时报与中国少年儿童出版社协办的"科学与文学国际科普论坛"在北京举行。

27～28日　全国新闻出版系统第八次纪检监察工作会议在广西召开。会议总结了2001年全国新闻出版系统党风廉政建设和反腐败工作，分析了当前及今后一段时期纪检监察工作面临的形势，部署了今年的工作任务。

3　月

2～4日　第13届全国科技出版社社长、总编辑年会暨第10届全国优秀科技图书奖颁奖大会在北京举行。本届科技图书奖共有145种图书获奖，其中北京师范大学出版社的《中国数学大系》(共8卷)等3种书获荣誉奖,中国地质出版社的《中国地质学》等20种书获一等奖,化学工业出版社的《分析化学手册》等41种书获二等奖,国防工业出版社的《微分对策及其应用》等81种书获三等奖。

5日 山西新华书店集团公司总结表彰2001年度先进会上,临猗县新华书店一举获得七项奖:综合奖第一、人均购书第一、销售增长率第一、实现利润率第一、费用率低第一,书店获先进单位、经理获先进工作者。

△ 南海出版公司在当地执法部门北京市大兴区工商局经济检查科的密切配合下,在位于大兴区的一处偏僻平房查抄了一个盗版书贩卖窝点,当场缴获《这样学习最有效》等盗版畅销书3千册左右。

6日 河南青年女作家戴来从著名作家王蒙手中领过获奖证书,成为春天文学奖的第一人。这是继鲁迅文学奖、茅盾文学奖、冯牧文学奖之后,中国文坛又一项重要的文学奖。

17日 由山西省新闻出版局、山西省出版工作者协会联合举办的2001年度晋版优秀图书评奖在忻州市揭晓,152种(次)图书分别获优秀图书奖、优秀美术读物奖、优秀装帧设计奖、优秀畅销书奖、优秀校对奖、优秀音像电子出版物奖。本届参评图书276种,152种(次)优秀获奖图书中,优秀图书65种。

18日 张景中院士李毓佩教授科普作品专辑出版研讨会在中国少年儿童新闻出版总社召开。

20～21日 新闻出版总署直属机关党的工作会议在北京召开。

21日 红旗出版社在北京为电子图书《家庭藏书集锦》举行新闻发布会,宣布用新招迎战日益猖獗的盗版活动,以自己的实际行动,为繁荣文化市场、建设诚信社会而努力。

25日 湖南省委、省政府制定的《关于加快文化产业发展若干政策措施的意见》正式出台。

27～29日 由中国书刊发行业协会非国有书业工委会和湖北省书刊发行业协会共同主办的"2002年春非国有书业图书交易会"在武汉的湖北饭店和洪山宾馆举行。报名参加交易会的出版社有120家,非国有书刊经营单位350家,与会人员近2000人。

28日 思考乐书局美罗店正式开张,数千平方米的营业面积一举成为上海西南地区最大的书店。

4 月

3日 新闻出版总署、公安部、国家工商总局、国家质检总局、全国"扫黄"办等五部门在京联合召开全国整顿和规范印刷市场秩序工作领导小组会议。

10日 江苏新华发行集团客户服务中心正式挂牌运营,中共江苏省委副书记任彦申、江苏省副省长张桃林为该中心揭牌。

22日 辽宁科学技术出版社将价值11万元的158种、5000余册科技图书,无偿捐献给了辽宁省法库县依牛堡子乡,这是该社为迎接建社20周年所采取的特殊纪念活动。

28日 北京科海电子出版社成立新闻发布会在北京举行。新闻出版总署、北京市新闻出版局、中科院及部分在京出版社等有关人士百余人参加了发布会。

28～29日 第十三届全国书市第一次预备会在福州召开。总署发行司、市场监管局,中国版协、发协及各省、自治区、直辖市新闻出版局、新华书店和福建省、福州市的代表共130余人出席了会议。

5 月

8日 湖南出版集团有限责任公司与海南诚成企业集团有限公司(简称"诚成集团")签订了《股份转让协议》。

14日 为纪念毛泽东《在延安文艺座谈会上的讲话》发表60周年,中共中央文献研究室、中国文学艺术界联合会、中国作家协会联合在北京人民大会堂召开《毛泽东文艺论集》出版座谈会。宋平、马文瑞、张震等老同志出席座谈。

19～22日 全国教育出版社工作研讨暨图书展示会在西安召开。本次会议由全国教育出版社图书发行协调会主办、陕西人民教育出版社承办。全国36家教育出版社及20家其他出版社参加了会议,正式参会代表超过800人。

20～21日 新闻出版总署召开在京出版社工作会议,来自232家在京出版社的负责同志参加了会议。

21日 “第九届北京国际图书博览会中国出版集团新闻发布会”在北京召开。

24～28日 第九届北京国际图书博览会(BIBF)在北京举行。此届BIBF的主题，鲜明地亮出了“版权贸易”的旗帜。参展总数达5万种，最终成交的和意向性的版权贸易达97个。

25日 由北京开卷图书市场研究所主办的中国书业市场调查报告会在北京举行。150多家出版社的代表参加了报告会议。

27日 中国版权协会全国会员代表大会在京举行。

6 月

6日 中华书局90周年庆祝大会在人民大会堂举行。

8日 由苏州大学出版社出版的“扬州文化丛书”出版座谈会在北京召开。

12～14日 第11届全国师范大学出版社教育图书订货会暨第四届草原书市在内蒙古呼和浩特市举行。11家师大出版社在内的50家出版社参加了订货会。

19～22日 2002年科技、教育图书双新促销会在杭州市举办。除科技发行委员会成员社外，参加该会的还有其他70余家科技、教育类出版社和600余名书店代表。

20日 中国大百科全书出版社被首都精神文明建设委员会授予“首都文明单位”称号，这是新闻出版总署系统出版社第二次获此殊荣。

23～26日 由上海出版工作者协会、上海出版社经营管理协会和上海书刊业发行协会主办的“2002年上海图书交易会”举行。

27日 《二十世纪中国百项考古大发现》由中国社科出版社出版。该书共计500余页，图片1512幅，全书主体由100篇文章组成。

△ 信息产业部第10次部务会审议通过《互联网出版管理暂行规定》。该《规定》是经2001年12月24日新闻出版总署第20次署务会和2002年6月27日信息产业部第10次部务会审议通过的。

△ 被称为中国出版“旗舰”的中国出版集团召开所属出版单位会议，汇报检查迎接十六大重点图书出版进展情况，研究部署相关活动计划。15家出版单位参加了会议。

27～28日 新闻出版总署在沈阳召开全国试点出版集团调研会，与会者就集团发展中所共同面临的问题进行了广泛的交流和探讨。

28日 即“花冈暴动”57周年的前夕，中国工人出版社和中国报告文学学会联合在北京召开了长篇报告文学《尊严——中国民间对日索赔纪实》作品研讨会。

7 月

2日 由21世纪出版社与北京大学国学研究院联合举办的《中华文明大视野》出版座谈会在人民大会堂召开。

△ 由西北大学出版社出版，卡特中心、福特基金会赞助的“当代中国乡村治理与选举观察研究丛书”首发式在人民大会堂举行。全国人大、国家民政部和政府其他部门的官员及中国社会科学院、北京大学、人民大学、中共中央编译局等学术机构的学者和专家参加了首发式。

2～4日 全国出版物发行工作会议在河北省石家庄市召开，各省、自治区、直辖市新闻出版局及发行处、市场处的负责同志100余人参加了会议。

4日 中国版权协会常务理事会召开，确定了近期的工作重点，反盗版将成为中国版权协会的一项重要工作。

9日 中国出版对外贸易总公司通过ISO9001国际质量体系认证跻身中国进出500强企业。

9～13日 由人民出版社组织的“2002人民出版社全国租型会议”暨“全国人民出版社发行联合体发行部主任工作会议”在贵阳召开。

16日 新华书店南北联合活动中心第十三届理事年会在广州台山举行。

17～22日 由香港贸易发展局主办的2002年香港书展在香港会议展览中心举行。

19日 第四届出版科研优秀论文评选揭晓，共有58篇论文入选本届出版科研优秀论文。

20日～8月10日 军队出版社联合体与全国20家大型书城联手举办军事图书主题联展。

29日 新闻出版总署在京举行了“哲学社会科学出版工作座谈会”。

8　月

1日　由新闻出版总署和信息产业部发布的《互联网出版管理暂行规定》正式施行。

6日　科学出版社近期成立了经济管理编辑部,该编辑部目前是国家自然科学基金委员会管理学部出版资助项目的主要合作者,并与南京大学、浙江大学、武汉大学、南开大学、厦门大学和重庆大学等著名高校合作开发经济管理类教材。

13日　新闻出版总署计财司编辑的《全国新闻出版统计资料汇编(2002)》由中国劳动社会保障出版社出版。

16日　中国高校教材图书网开通。

20日　全国文化市场管理工作在京召开。会议强调要加强出版、抑制复制、规范分销。

23～25日　由新闻出版总署、公安部、最高人民检察院、全国"扫黄""打非"工作小组办公室等单位组成的中央有关部门联合督察组在广东进行"扫黄""打非"调研工作。

26日　安徽新华书店发行集团正式成立。

28～30日　新闻出版总署新世纪首次全国新闻出版对外交流与合作工作会议在成都召开。

29日　新闻出版总署出台了《关于新华书店(发行集团)股份制改造的若干意见》。

9　月

3～4日　中华书局古籍整理学术著作辞书出版工作会议在北京召开,这是国内出版社第一次以"古籍整理学术著作出版"为主题召开的重要会议。

5～7日　由中国版协举办、版协出版材料工作委员会承办的"全国出版材料信息交流展示研讨会"在北京召开。

7日　由中国广东核电集团投资2.5亿的重庆沙坪坝现代书城开业。

9～11日　全国版权工作会议在青岛召开,会议重点要求各级著作权行政管理部门贯彻落实著作权法及其相关配套条例。

10日　安徽新华书店发行集团正式成立。

11日　江苏新华发行集团连锁总部在南京正式挂牌成立。

12日　国内规模最大综合性日汉双语工具书《日汉大辞典》将由上海译文出版社翻译编辑出版。

17日　新闻出版总署出台《关于推进和规范出版物发行连锁经营的若干意见》。

19日　第四届全国优秀教育音像制品颁奖会在北京举行。《美的启蒙——青少年美育系列片》、《源远流长的中国教育》、《红旗飘飘——中国共产党历史上的今天》等165种优秀教育音像制品获奖。

28日～10月2日　国际儿童读物联盟中国分会主席、中国少年儿童出版社社长海飞等一行14名中国少儿出版界代表参加了在瑞士巴塞尔举行的国际儿童读物联盟大会。

10　月

1～10日　由北京市新闻出版局土办、新闻出版服务中心和北京市新华书店承办的首都大型优秀出版物展示展销会在全国农业展览馆举办。

9～14日　我国以环球新闻出版发展有限公司、中国国际图书贸易总公司组成的"国家展团"的形式参加第54届法兰克福书展。

18～28日　第13届全国书市在福州举行。来自全国的35个出版代表团,6000名正式代表参加。本届书市展位数990个,其中图书展位733个、期刊展位162个、电子音像展位101个。

20～25日　由少年儿童出版社承办的第17届全国少儿社社长年会在上海召开。

21日　第17届全国少儿出版社社长年会即中国少儿出版高层论坛在上海举行。

25日　全国性反盗维权组织——中国版权协会反盗版委员会正式成立。

28日　第四届全国新华书店图书储运最佳店、先进店表彰会在杭州召开。浙江、江苏、四川等一批发行集团再次获得全国最佳发货店称号。

11　月

1～3日　全国书刊发行协会年会在贵阳召开,

新闻出版总署副署长、中国书刊发行业协会会长杨牧之在会上发表讲话。

5日 第二届国家电子出版物奖颁奖大会在北京召开。新闻出版总署署长石宗源在会上作了讲话。

6日 国家新闻出版总署决定本着“只要出好书,书号就不应成为障碍”的理念,对确有书号需求的出版社,进行每年度的数量追加。2003年起,书号的宏观调控政策将向着更加务实的方向改进。

8日 在中宣部、新闻出版总署指导下,全国20大城市同时参展中国出版集团在全国11大书城同时举办展示展销活动。

17日 新闻出版总署出台《关于推进和规范出版物发行连锁经营的若干意见》。

18日 由新闻出版总署出版物发行管理司主办,以“集团化与连锁经营”为主题的高层论坛在全国书市开幕当天隆重开讲。

20日 全国文化市场管理工作在京召开。会议强调要加强出版、抑制复制、规范分销。

29日 第二届郭沫若中国历史学奖揭晓。汪敬虞的《中国近代经济史》(1895～1927)获得一等奖,《中国历史时期冬半年气候冷暖变迁》等6部作品获二等奖,《中国工人运动史》等14部作品获得三等奖。

12 月

4～6日 中国出版集团2003年出版工作会议在北京召开,杨牧之作重要讲话。

7日 全国民营书店经营者在四川成都参加由四川新华书店集团旗下新划出版公司举办的“国有、民营书业恳谈会”。

10～13日 由中国大学出版社协会主办、中国大学版协发行会承办的第15届图书订货会在成都举行。

27日 第13届中国图书奖颁奖大会在京举行,《伟大的理论创新:江泽民“三个代表”思想研究》等145种图书榜上有名。

(胡海燕　于迎娣)

索　引

说　明

1. 索引的参检辞目，为本年鉴中"新书简介"的辞目。

2. 各辞目前均有 6 位数码，为该辞目的检索号，检索号前的英文字母为分类号代码，检索号按数序顺列，以便查找。本索引均直接指向辞目检索号，页码不参与检索。

3."辞目分类索引"以《中国图书馆分类法》(第四版)为框架，其编排方式与"新书简介"的正文一致。

4."辞目笔画索引"按辞目的中文笔画数顺序排列，笔画少的在前，笔画多的在后。先按首字分列，再按次字、第三字、第四字……余类推。同笔画字，按一、丨、丿、丶、乛起笔笔型顺列。阿拉伯数字、外文字母和标点符号均不计笔画，如《Windows 95 精选问题集》的首检字为"精"字。全是阿拉伯数字或外文字母的辞目，编排在中文笔画辞目之前。

辞目分类索引

A　马克思主义、列宁主义、毛泽东思想、邓小平理论

B　哲学、宗教

哲 学 理 论

中国哲学

外国哲学

超级智力大比拼

伦 理 学

美学、心理学

宗 教

C　社会科学总论

D 政治、法律

政治理论

中国共产党

工人、农民、青年运动与组织

世界政治

中国政治

日本政法考察记

外交、国际关系

法 律

E 军 事

F 经 济

经 济 学

世界各国经济概况、经济史、经济地理

中国经济

各国经济

经济计划与管理

农业经济

工业经济

交通运输经济

旅游经济

贸易经济

财政、金融

G 文化、科学、教育、体育

文化理论

世界各国文化与文化事业

信息与知识传播

科学、科学研究

教　育

各级教育

各类教育

体育

H 语言、文字

语言学

汉　语

中国少数民族语言

外 国 语

I 文 学

文学理论

世界文学

中国文学

作 品 集

诗歌、韵文

戏剧文学

小　说

报告文学

散　文

民间文学

各国文学

J 艺 术

艺术理论

世界各国艺术概况

绘　画

书法、篆刻

雕　塑

摄影艺术

工艺美术

音乐、舞蹈

戏剧艺术

电影、电视艺术

K 历史、地理

史学理论

世界史

中国史

民族史志

地方史志

世界中国史

传　记

中国人物传记

外国人物传记

文物考古

风俗习惯

地　理

N　自然科学总论

O 数理科学和化学

数　学

力学、物理学

化　学

P　天文学、地球科学

Q 生物科学

R 医药、卫生

医药、卫生

预防医学、卫生学

中国医学

基础医学

临床医学

内科学

外 科 学

妇产科学、儿科学

肿 瘤 学

神经病学与精神病学

皮肤病学与性病学

耳鼻咽喉科学、眼科学、口腔科学

特种医学

药　学

S　农业科学

农业科学

农业基础科学

农业工程、农学

植物保护

农作物

园艺

林业

畜牧、动物医学、狩猎、蚕、蜂

水产、渔业

T 工业技术

工业技术

一般工业技术

矿业工程

石油、天然气工业

冶金工业

金属学、金属工业

机械、仪表工业

武器工业

能源与动力工程、原子能技术

电工技术

无线电电子学、电信技术

自动化技术、计算机技术

化学工业

轻工业、手工业

建筑科学

水利工程

U 交通运输

V 航空、航天

X 环境科学、安全科学

Z 综合性图书

辞目笔画索引

三　画

〔一〕

〔丨〕

〔丿〕

〔丶〕

〔乛〕

四　画

〔一〕

〔丨〕

〔丿〕

〔丶〕

五　画

〔一〕

〔丨〕

〔乛〕

六　画

〔一〕

〔乛〕

七 画

〔一〕

八 画

〔一〕

〔丶〕

〔乛〕

九　画

〔一〕

〔丶〕

〔乛〕

十 画

〔一〕

〔丨〕

〔丶〕

〔乛〕

十 一 画

〔一〕

〔丨〕

十 二 画

〔丨〕

〔丿〕

〔丶〕

〔乛〕

十 三 画

〔一〕

〔丨〕

〔乛〕

十 五 画

〔一〕

〔丨〕

〔丿〕

〔丶〕

〔乛〕

十 六 画

十七画以上